JN192722

フランス学士院本

羅葡日対訳辞書

DICTIONARIVM
LATINOLVSITANICVM
AC IAPONICVM

解説 岸本恵実　書誌解題 三橋 健

付 参考文献目録

清文堂

フランス学士院図書館所蔵
キリシタン版『羅葡日対訳辞書』

凡　　例

1．本書は、*Dictionarium Latino Lusitanicum, ac Iaponicum*（羅葡日対訳辞書、1595年天草刊）のフランス学士院図書館蔵本（請求記号 4°O 18 L）のマイクロフィルムをもとに、所蔵館の許諾を受け、影印を刊行するものである。

2．本影印は、原本の約95%の縮小率である。

3．原本の前付にⅰ～ⅳ、本文（補遺・正誤表を含む）に1～908のページ番号を付した。扉（標題紙）の裏ⅱは白紙である。表紙・見返し・遊び紙の影印は省略した。

4．巻末に、岸本恵実「解説」、三橋健「書誌解題」および「参考文献目録」を付す。

5．原本は、他の諸本と同様に、裏うつりなどのため判読困難な箇所がある。このような箇所については、北堂本影印（1953）・ボドレイ本影印（1979）と対校するなどして確認していただきたい（「解説」の「0.はじめに」も参照されたい）。

DICTIONARIVM

LATINO LVSITANICVM, AC IAPONICVM EX AMBROSII CALE-

pini volumine depromptum: in quo omissis nominibus proprijs tam locorum, quàm homi-
*num, ac quibusdam alijs minùs vsitatis, omnes vocabulorũ
significationes, elegantioresq́; dicendi modi apponuntur:*
in vsum, & gratiam Iaponicæ iuuentutis, quæ Latino idiomati operam nauat, nec non Europeorũ, qui Iaponicũ sermonem addiscunt.

IN AMACVSA IN COLLEGIO
IAPONICO SOCIETATIS IESV
cum facultate Superiorum.
ANNO M.D.XCV.

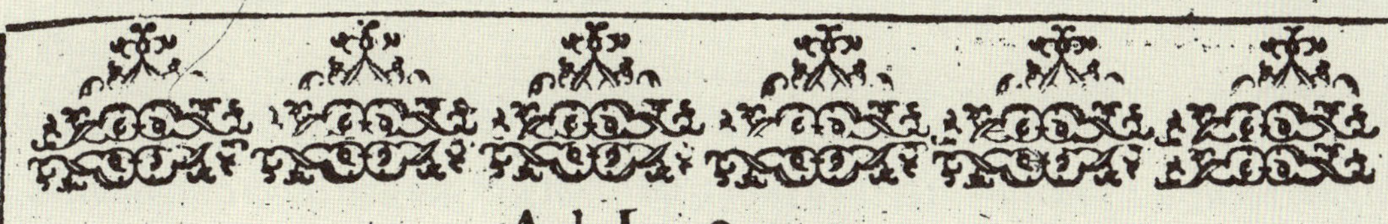

Ad Lectorem.

CVM Patres societatis IESV, qui in Iaponia versantur, magno conatu, studioq́; in eam curam, & cogitationem incumbant, vt Iaponiorum gentem in summo errore, maximaq́; rerum diuinarum ignoratione iacentē à tetris superstitionum tenebris ad vera religionis splendorem alliciant, idoneam, et salutarem rationem ad hunc finem cõsequendum arbitrati sunt, si pueros Iaponenses, in quibus egregiam quandam, et præclaram indolem esse cognoscebāt, à flexibili illa ætate non solū peculiari orthodoxæ fidei cognitione imbuerent, sed etiam virtutum documentis ad omnem honestatem erudirent, ac deniq́; in latinitatis palæstra exercerent, quò facilius multa, quæ & ad morum integritatem, & ad fidei nostræ propugnationem plurimum valent, è libris Latinè conscriptis tanquam reconditis è fontibus possent haurire, vt sic eos constanti iam ætate progressos gloriosi laboris socios cõsortesq́; sibi adiungerent. Quod consilium instinctu, afflatuq́; diuino susceptum exitum habuit sanè felicem: multi enim iam in nostram societatem cooptati, bonitate ingenij, & progressione discendi non mediocrem Latini sermonis notitiam, rerumq́; ad Christi fidem promulgandam necessariarum cognitionem sunt assecuti: multi etiam diligenti studio Latino idiomati operam nauantes, certa indicia, & argumenta ostendunt, fore, vt posteà altioribus disciplinis imbuti è suæ nationis hominum animis falsas Deorum opiniones auellant, cæcamq́; idololatriæ caliginem suauissima veritatis luce discutiant. Quod cùm Superiores societatis animaduerterent, tum vt Iaponensibus ad humaniores literas facilem viam munirent, nascentiaq́; studia promouerent, tum vt Europei, qui operã in Iaponica lingua perdiscenda consumunt, in ea progrederentur, vtile omnino fore existimarunt, si dictionarium edi curarent, in quo Latina verba Lusitano, Iaponicoq́; sermone verterentur: quam prouinciam nonnullis in Latino, Iaponioq́; idio mate versatis patribus, aliquibusq; Iaponiorum fratrum politiori vernaculæ linguæ facultate præditis demandarunt: qui non sine magno labore librum hûc ex Ambrosij Calep. dictionario deprompsêre, in quo omnes vocabulorum significationes, concinniores dicendi modi, elegantioresq; translationes apponuntur, prætermissis nominibus proprijs hominum, & locorum, alijsq; parum vsitatis, nec non sententiarum, exemplorumq; sylua, quæ non minùs copiosa, quàm diserta in ipso Calepino inuenietur, ne opus in vastam magnitudinem excresceret, & vt commodiùs asportari posset ab ijs, qui animarum saluti, Christiq; fidei propagandæ inuigilantes, diuersa Iaponiæ loca peragrant. Vale.

¶ Ad huius dictionarij ordinem intelligendum, aduerte ea, quæ sequuntur.

NOmina, quæ verborum, à quibus oriuntur, actionem significant, cùm Iaponij illis magna ex parte careant, explicata sunt per infinitiuum cum coto nari, vt auctio, casanuru coto nari.

¶ Quædam etiam substantiua, quæ in Iaponico sermone non reperiũtur, per eundem infinitiuum cum cotouo yũ, exposita sunt, vt Temperantia, chŭyŏuo mamoru cotouo yŭ.

¶ Latinis vocibus variæ interpretationes sũt affixæ, tũ quia aliquãdo ita latitudo Latini vocabuli postulabat, tum vt varia synonima adhiberentur, quò Europeis, qui Iaponicè loqui vellent, verborum copia affluentiùs suppeteret.

¶ Interdum in declaratione Iaponica aliquid minùs politè, & eleganter dictum est, vt Latini vocabuli vis apertiùs, & enucleatiùs exponeretur.

DE INCIPIENTI BVS A LITERA.

A

A NOMEN est literæ pri mæ Hebræis, Græcis, & La tinis, quæ à Cicerone salu taris litera dicitur, quòd no ta esset absolutionis, vt, C, condemnationis.

A, l, AB, l, ABS, præpositio. Lusitanicè, de, da, do. Iaponicè, yori, cara, ni.

A, l, Ab, significat motum à loco, vt redeo ab agro. Lus. Tornó do campo. Iap. Nò yori modoru. ¶ Item, Significat tempus, vt à puero. Lus. Desde menino. Iap. Yô xô yori. Interdum post. Lus. Depois. Iap. Nochi, cara, yori, sugite. Vt à prandio. Lus. De pois de jantar. Iap. Asamexi no nochi. ¶ A rege secundus. Lus. Primeira pessoa depois del Rey. Iap. Xexxô, Quambacu. ¶ Item, significat, Pro, vt ab aliquo facere, stare &c. Lus. Ajudar, ou defender a alguem. Iap. Fitouo fij qi suru, catôdo suru, cata yorini naru. ¶ A testibus, à voluntate, &c. Lus. Defensor de testimunhas, ou vontade alhea. Iap. Taninno zonbunuo fome cacaguru, l, xô coninuo fijqi suru mono. ¶ Ab aliquo soluere, numerare, &c. Lus. Fazer alguem q̃ outrẽ pague por elle, ou em seu nome. Iap. Vaga fumotuo tani fenben sasuru. ¶ Item, A, l, ab, officiorum, & dignitatum nominibus præpositũ, eos significat, qui ijs, aut officijs, aut dignitatibus fũgũtur, vt A rationibus. Lus. Contador. Iap. Suncája. ¶ A manu, vel à manibus. Lus. Escriuão do principe, ou senhor. Iap. Goyxifit, vôxegaqi. ¶ A pugione. Lus. Pagem do estoque. Iap. Tachimochi. Aliquãdo ponitur pro Cõtra, vt defẽdere se à frigore. Lus. Defenderse cõtra o frio. Iap. Cãuo fuxegu, sayeguiru. Aliquãdo, pro Per, vt ab se cantat. Lus. Canta desi, & de sua vontade. Iap. Vonoreto, l, cocoroto vtô. ¶ Item, pro Præter, siue Contra, vt ab re. Lus. Sem proueito, ou fora de pro posito. Iap. Muyacuni, niauazu. ¶ Itẽ, Pro eo quod dicimus, quod pertinet ad, vt à pecunia imparatus sum. Lus. Quanto ao q̃ se pertẽçe a dinheiro estou desapercibido. Iap. Caneno bunua bucacugo nari, l, fu nhoi nari. ¶ Item, à parte, vel versus aliquã partem, vt ab oriente. Lus. Da parte do oriente. Iap. Figaxi yori, l, figaxini. ¶ Itẽ, Cum ablatiuo personæ, domicilium signi ficat, vt à iudice venio. Lus. Venho de casa do juiz. Iap. Qendanninno xucuxo yori qitaru.

A ANTE B.

Ab, præpositio, vide suprà.

Abaces. Lus. Vasos em q̃ se guardaõ peças ri cas, & preciosas. Iap. Cõjiqi naru mono no iremono, iye.

Abaciô diminut. ab Abax. Lus. Mesa peque na de contar. Iap. Guinxenuo cazoyuru chijsaqi ban. ¶ Itẽ Mesa, ou banca peque na, em q̃ se poem pratos, ou outros vasos semelhantes. Iap. Cojendana.

Abactor, oris. Lus. O que furta gado. Iap. Guiũba, fitçuji, nadono nusubito.

Abactus, us. Lus. Empuxaõ, ou o lançar fo

A 3 ra

ra com força. Iap. Tçuqiyami coto, l, vo xi idalu cotouo yǔ. ¶ Item, Furto do gado. Iap. Guiũba, fitçuji nadouo nusu mu cotouo yǔ.

Abactus, a, um. vt Abacti greges. Lus. Gado furtado, ou leuado por força. Iap. Nusumaretaru, l, vbauaretaru guiũba, fitçuji.

Ábacus, i. Lus. Mesa, ou taboa, onde se poẽ algũa cousa, como a em q estendem as escudelas na cozinha. Iap. Iedana. ¶ Itẽ Mesa, ou taboa de contar, ou escreuer. Iap. Xoinxenuo cazoyuru ban, l, canbã. Aliquãdo hum assẽto plano de marmore. Iap. Meixeqi nite qiritaru yxino coxicaqe. ¶ Itẽ, Base do capitel da columna. Iap. Faxirano masugata. ¶ Item, Hum genero de copeira bem laurada. Iap. Chigayedanano taguy.

Abáculus, i, dimin. Idem. ¶ Item, Tentos pera fazer conta. Iap. San, sorobã.

Abagio, onis. Lus. Adagio, ou refaõ. Iap. Cotouaza. Antiq.

Abalienatio, onis. Lus. Venda, ou alienaçaõ dalgũa cousa. Iap. Coqiacu suru, l, fanasu coto nari. Aliquãdo ou apartar. Iap. Ribet, fanasu coto nari.

Abalieno, as. Lus. Vender, alienar, ou desapropiar. Iap. Coqiacu suru, vru, fanasu, tamotni nasu.

Abalienatus, a, um. Lus. Cousa alienada, ou separada. Iap. Tamotni naritaru coto, l, fanasaretaru mono.

Abambulantes. Lus. Os q se apartaõ. Iap. Tachivacaruru mono. Fest.

Abámita, æ. Lus. Irmaã do terceiro auô. Iap. Ficofico vógino vonna qiôdai.

Abannatio, onis. Lus. Desterro de hũ anno. Iap. Ichinenno ruzai.

Abanniti, orum. Lus. Desterrados por hũ anno. Iap. Ichinenno rõnin.

Ábaphus. Lus. Cousa por tingir. Iap. Somazaru mono.

Abauia, æ. Lus. Terceira auó. Iap. Ficofico vba.

Abauunculus, i. Lus. Tio irmaõ da terceira auó. Iap. Ficofico vbano vonocogono qiôdai.

Ábauus, i. Lus. Terceiro auô. Iap. Ficofico vôgi.

Abax, acis. Lus. Mesa, ou taboa sobre q se poe algũa cousa, como valos, pratos &c. Iap. Iendana. ¶ Item, Taboa, ou mesa pera escreuer, ou contar. Iap. Canban, l, guiuxenuo cazoye, san nadouo voqu ban. ¶ Item, Base do capitel. Iap. Faxira no masugata.

Abbà Hebræa, l, Syra dictio. Lus. Palaura cõ q os mininos primeiro chamaõ o pay. Iap. Acagono chichiuo yobu cotoba.

Abbas, atis. Lus. Abade, ou prelado dalgum conuento. Iap. Xuzôno tçucasa, l, giũgi.

Abbatia, æ. Lus. Dignidade do abade. Iap. Giũgixocu, xuzôno tçucasano curai. ¶ Item, Lugar onde reside o abade. Iap. Miguino tçucasano giũqio xeraruru tocoro.

Abbatissa, æ. Lus. Abadessa, ou prioressa. Iap. Bicunino tçucasa.

Abbreuio, as. Lus. Abreuiar, ou encortar. Iap. Riacusuru, mijicamuru, tçuzzumuru.

Abdicatio, onis. Lus. Deserdamento em vida. Iap. Zonjŏno aidani co no catocu uo fanasu cotonari. ¶ Item, Deixar, ou renunciar como cargo, ou dignidade &c. Iap. Yacu nadouo xofiô suru coto nari.

Ábdico, as. Lus. Priuar, depor, rejeitar. Iap. Fanasu, mexi aguru, qirai sutçuru. ¶ Abdicare filium. Lus. Deserdar o filho em vida. Iap. Zonjŏno aidani cone catocu uo fanasu. ¶ Abdicare se magistratu &c. Lus. Deixar, ou renunciar o officio. Iap. Yacuuo xofiô suru, aguru, curaiuo noberu.

Abdíco, is, xi, ctum. Lus. Engeitar, recusar. Iap. Qirai sutçuru, iiaisuru. ¶ Item, Dar a sentẽça por alguem. Iap. Yppŏni ficiqiô xi sadamuru.

Ábditè, adu. Lus. Escondidamente, ou secretamente. Iap. Cacurete, voi nai ni.

Ábditum, i. Lus. Lugar escondido. Iap. Ca curetaru tocoro.

Abdo, is, didi, itum. Lus. Esconder. Iap Cacusu. ¶ Abdere se literis, l, in literas. Lus. Empregar se todo nas letras. Iap.

Iap. Gacumonni conzuru.

Abdómen, inis. Lus. Banha, ou seuo do animal. Iap. Qedamonouo zǒfuni tçuite aru abura. ¶ Sumitur etiã pro ima vẽtris suilli parte, quæ etiã sumẽ appellatur. ¶ Itẽ, Gula, ou demasiado appetite de comer. Iap. Midarini xocuxi o nozomu. ¶ Abdomini indulgere. Lus. Darse agula, ou muito comer. Iap. Vonjiqini conzuru.

Abdúco, is, xi, ctum. Lus. Tirar, ou apartar. Iap. Fanasu, fiqinoquru.

Abecedarius, ij. Lus. Menino q̃ aprende as primeiras letras. Iap. Yrofauo narai fajimuru varanbe. ¶ Item, O q̃ ordena alguã cousa por ordẽ do alfabeto. Iap. Yrofano xidaini mononuo caqitatçuru fito. ¶ Itẽ, Cousa ordenada por ordem do alfabeto. Iap. Yrofano xidai vomotte caqitateraretaru mono.

Ábedo, is, I, abes, abédi, abedere. Lus. Tragar, ou consumir. Iap. Cuifatasu, curai farau.

Abellinæ, arum. Lus. Auellaans. Iap. Conomino na.

Ábemo, is, emi, emptum. Lus. Tirar. Iap. Noquru, torinoquru.

Abeo, is, iui, l. abij, itum. Lus. Yrse, ou apartarse. Iap. Yuqu, tatçu, tachisaru. ¶ Item Passar. Iap. Suguisaru. Vt decem menses abierunt. Aliquãdo, Chegar. Iap. Yuqitçuqu. ¶ Item, Deixar, ou largar. Iap. Saxiuoqu, fanasu, vt abire magistratu. ¶ Abire è medio. Lus. Morrer. Iap. Xisuru. ¶ Abire incepto. Lus. Desistir da obra começada. Iap. Xi fajimetaru xosauo yamuru

Aberceo, es. Lus. Prohibir, apartar. Iap. Saxi todomuru, imaximuru, noquru.

Aberratio, onis. Lus. Desuio, ou apartamento do caminho. Iap. Michini mayô coto nari.

Aberro, as. Lus. Desuiarse, ou apartarse do caminho. Iap. Michini mayô, michiuo fumichagayuru. ¶ Item, per translationem refugio, alliuio. Iap. Qizzucaiuo farasu cotouo yũ.

Aberrunco, as. vide Auerrunco.

Ábgrego, as. Lus. Apartar. Iap. Fiqi vaquru.

Abhinc, adu. Lus. Antes, ou auerà. Iap. Maye, saqi, yjen, vt abhinc triennium. Lus. Auerà tres annos. Iap. Sannen saqi. ¶ De futuro etiam tempore dicitur, vt abhinc quadraginta annis. Lus. Daqui à quarenta annos. Iap. Ima yori xijûnen.

Abhorrens, entis. Lus. Cousa fora de rezã, & extraordinaria. Iap. Dôrini fazzuretaru coto, fôni chigaitaru coto.

Abhorreo, es, rrui. Lus. Abhorrecer, ou afastarse, discrepar. Iap. Qirô, iyagaru, nicumu, l, tôuonoqu, chigô.

Abhorresco, is. Lus. Ter grande medo, & espanto. Iap. Vosore vononoqu, vosore aqiruru.

Abhortor, aris. Lus. Dissuadir. Iap. Mononuo xezaru yôni susumuru, xiauo cayuru yôni yqenuo nasu.

Abiectè, adu. Lus. Vil, & despriciuelmente. Iap. Iyaxiqu, asamaxiqu.

Abiectio, onis. Lus. Abatimento, ou vileza do animo. Iap. Vocubiô, cocorono iyaxisa.

Abiecto, as, freq. Lus. Deitar desi muitas vezes. Iap. Saisai naguesutçuru.

Abiectus, a, um. Lus. Cousa abatida, ou baixa. Iap. Sagaritaru mono, iyaxiqi mono. ¶ Itẽ, O q̃ esta abatido, desanimado. Iap. Vocuxitaru mono, xôqina mono.

Abies, etis. Lus. Hũa aruore. Iap. Qino na.

Abiecula, æ, dimi. Idem.

Abiegnus, a, um. Lus. Cousa feita desta aruore. Iap. Cano qinite tçucuritaru mono.

Abietarius, ij. Lus. Carpinteiro. Iap. Daicu, banjô. ¶ Abietarius negotiator. Lus. Mercador de madeira. Iap. Zaimocuno vricaiuo suru fito.

Abigeatus, us. Lus. Furto de gado. Iap. Guiûba, firçuji nadouo nusumu cotouo yũ.

Abigeus, ei. Lus. O q̃ furta gado. Iap. Vxi, firçuji nadouo nusumu mono.

Ábigo, is, egi, actũ. Lus. Tomar, ou leuar por

fórforça, ou enganosamente o gado. Iap. Fitçuji, nadouo vbaitoru, l, casumetoru. ¶ Item, Guiar, ou leuar o gado. Iap. Guiũ yǒ nadouo vô. ¶ Item, Deitar desi cousa odiosa, ou molesta. Iap. Qirai nicumu cotouo farǒ. ¶ Abigere partum. Lus. Mouer a molher voluntariamente applicando algũa mezinha. Iap. Cusuri vomotte couo vorosu.

Abijcio, is, eci, ectum. Lus. Botar desi, ou aremesar. Iap. Naguru, sutçuru, farai noquru. ¶ Item, Abater, abaixar. Iap. Saguru, iyaximuru. ¶ Abijcere hastam. Lus. Perder a esperança. Iap. Tanomoxiuo vxinǒ.

Abintegrò adu. Lus. De nouo, ou desdo principio. Iap. Ataraxiqu, fajime yori.

Abintestatò, adu. Lus. Sem testamento. Iap. Yuzzurijǒ, yuixo naqu.

Ábitus, us, l, abitio, onis. Lus. Partida dalgũ lugar. Iap. Tatçu cotouo yŭ.

Abiudico, as. Lus. Tirar algũa cousa a alguem por sentença, & aplicala a outro. Iap. Cuji satano toqi, qenbǒni macaxete monouo yppǒni tçuquru. ¶ Item, Engeitar, repudiar. Iap. Qirai sutçuru.

Ábiugo, as. Lus. Apartar do jugo. Iap. Cubicaxeuo fiqifanasu, caqe fazzusu. ¶ Itẽ Apartar, disunir. Iap. Fiqivaquru.

Abiungo, is, xi, ctum Lus. Diuidir, ou apartar. Iap. Fiqivaquru, fanasu.

Abiuratio, onis. Lus. O negar con juramẽto falso. Iap. Sorajeimon vomotte chinzuru, chinpǒ suru coto nari.

Abiuratus, a, um. Lus. Cousa negada com juramẽto falso. Iap. Sorajeimon vomotte aragaitaru coto.

Abiúro, as. Lus. Negar com juramento falso. Iap. Sorajeimon vomotte chinzuru, chinpǒ suru.

Ablacto, as. Lus. Destetar. Iap. Chibusauo fanasu.

Ablaqueatio, onis. Lus. O escauar a terra ao pe das aruores. Iap. Qino neno tçuchiuo torisucasu coto nari.

Ablaqueo, as. Lus. Escauar a terra junto das raizes das aruores. Iap. Qino neno tçuchiuo torisucasu.

Ablatiuus casus, est sextus casus apud latinos.

Ablectæ ædes. Lus. Casas polidas, & fermosas. Iap. Qirauo migaqitaru iye, qinden, xicacu. Plaut.

Ablegmina. Partes erant extorum, quæ Dijs immolabantur.

Ablegatio, onis. Lus. O mandar, ou despedir. Iap. Yosoye tçucauasu, l, voi fanasu coto nari.

Ablégo, as. Lus. Mandar alguem a algũa parte, ou despedir desi. Iap. Fitouo yosoye tçucauasu, voifanasu.

Ablepsia, æ. Lus. Cegueira, & inconsideração. Iap. Buxian, guchi.

Abligúrio, is, iui. Lus. Gastar a fazenda mal em comer, & beber. Iap. Vonjiqini tacarauo tçuiyasu.

Ábloco, as. Lus. A lugar, ou arrendar. Iap. Cauan, l, chin vomotte casu.

Ablúdo, is, si, sum. Lus. Discordar, ou ser dessemelhante. Iap. Chigǒ, nizaru.

Abluo, is, ui, utum. Lus. Lauar, alimpar. Iap. Arǒ, qiyomuru. ¶ Abluere somnũ, est post somnum se abluere, vt quod somno portendebatur, somni ablutione expietur. ¶ Abluere tenebras. Lus. Desfazer as treuas. Iap. Curayamiuo terasu, farasu. Antiq.

Ablutio, onis. Lus. O lauar. Iap. Arǒ coto nari.

Abluuium, ij. Lus. Diluuio vniuersal. Iap. Cǒzui.

Abmatertera, æ. Lus. Tia irmãa da terceira auó. Iap. Ficofico vbano vóna qiódai.

Abmitto, is, si, sum. Lus. Mandar fora. Iap. Yosoye tçucauasu. Antiq.

Ábnato, as. Lus. Nadando afastarse de algũa parte. Iap. Voyoguinoqu.

Ábneco, as. Lus. Matar. Iap. Corosu, gai suru.

Ábnego, as. Lus. Negar, recusar. Iap. Chinzuru, iyagaru.

Ábne

Abnepos, otis. Lus. Terceiro neto. Iap. Ficofico mago.

Abneptis. Lus. Terceira neta. Iap. Ficofico vonnamo mago.

Abnocto, as. Lus. Dormir fora de noite, ou estar ausente de noite. Iap. Yoru yosoni tomaru.

Abnodo, as. Lus. Alimpar as aruores dos nos, & esgalhos. Iap. Qino fuxibuxi uo vorosu.

Abnormis, e. Lus. Cousa fora de regra. Iap. Noriuo coyuru mono, furo naru mono.

Abnuo, is, nui, nutum. Lus. Negar, ou dizer q̃ naõ acenando com a cabeça. Iap. Cŏbeuo furte iyagaru, inato yŭ. ¶ Item Prohibir. Iap. Imaximuru, qinjei suru. ¶ Item, Dizer q̃ naõ de palaura. Iap. Cotoba vomotte iyato yŭ.

Abnutiuum, dissensionem, voluntatem con trariam sine actione ad impediendum ex promptam significat, apud iuris consultos.

Abnuto, as. Frequent. Lus. Dizer q̃ naõ muitas vezes, ou recusar bullindo com a cabeça. Iap. Caxirauo furte saisai iya to yŭ, iyagaru.

Aboleo, es, eui, l, lui, oletum, l, litum. Lus. Borrar, tirar, ou riscar. Iap. Qesu, qezzuri surçuru. ¶ Item, Desfazer, tirar officios, leys, &c. Iap. Yacuuo torifanasu, fatto nadouo yamuru, noquru.

Abolesco, is Lus. Desfazerse, aniquilar se. Iap. Foroburu, mecbŏ suru, tayuru.

Abolitio, onis. Lus. O apagar, ou tirar. Iap. Qesu, qezzuri surçuru, l, torifanasu coto nari.

Abolla, æ. Lus. Hum genero de vestido, q̃ traziam os nobres, & soldados. Iap. Saburai tŏ, baxixuno chacu xitaru yxŏno taguy.

Abomasum, i. Lus. Hum certo entestino. Iap. Farauatano taguy.

Abominandus, a, um. Lus. Abominauel, & digno de ser aborrecido. Iap. Fucaqu nicumuru, qirauaruru mono.

Abominatus, a, um. Lus. Cousa aborrecida, & amaldiçoada. Iap. Fucaqu nicu mi qirauare, xujuni norouaretaru mono.

Abominor, aris. Lus. Abominar, aborrecer. Iap. Fucaqu nicumu, qirai, norŏ.

Aborior, iris, l, eris. Lus. Parir fora de tempo, ou mouer a molher. Iap. Tçuqini ta razaru couo vmu, couo vmi nagasu.

Abortio, is. Idem.

Aborsus, a, um. Lus. Filho mouido, ou lã çado com mezinhas. Iap. Cusuri vomotte vorosaretaru co.

Abortio, onis. Lus. O parir fora de tempo. Iap. Tçuqini tarazaru couo vmu coto nari.

Abortium, ij. Idem.

Aborsus, us, siue abortus. Idem.

Abortiuus, a, um. Lus. Cousa q̃ faz mouer. Iap. Couo vorosaturu cusuri nado. ¶ Item Parto imperfeito. Iap. Tçuqini tarazaru co.

Aborto, as. Lus. Parir fora de tempo. Iap. Tçuqini tarazaru couo vmu, couo vmi nagasu.

Abortus, a, um. Lus. Cousa nacida, ou saida. Iap. Vmaretaru mono, l, idetaru mono.

Abpatruus. Lus. Tio irmão do terceiro auô. Iap. Ficofico vôgino vonocogono qiôdai.

Abra, æ Lus. Criada, moça. Iap. Vacaqi guegio.

Abrado, is, si, sum. Lus. Tirar raspando. Iap. Cosogui noquru ¶ Item, Rapar. Iap. soru. ¶ Item, Cortar, decepar. Iap. Qiri fanasu. ¶ Item, Arrebatar, ou tirar por força, ou por enganho. Iap. Moguitoru, vbaitoru, l, mouo tabaracaite toru.

Abripio, is, pui, eptum. Lus. Apanhar, ou tirar por força. Iap. Moguitoru, vottoru, vbaitoru.

Abrodo, is, si, sum. Lus. Roendo cortar. Iap. Cuiqiru.

Abrogatio, onis. Lus. O desfazer, ou anular. Iap. Munaxiqu nafu, yamuru coto nari.

Abrogo, as. Lus. Annular, tirar, ou desfazer. Iap. Munaxiqu nafu, yamuru, chŏji suru, toriaguru.

Abrotonum, i. Lus Hũa certa erua. Iap. Cu sano na.

Abrotonites,æ. Lus. Vinho feito desta erua. Iap. Cano cusanite tçucuritaru saqe.

Abrumpo,is,rupi, ruptum. Lus. Rasgar,cortar,ou romper. Iap. Fiqisaqu, voxiyaburu, qirifanasu.

Abruptè,adu. Lus. Subitamente. Iap. Niuacani, tatto,furioni. ¶ Abrupta loca. Lus. Lugares asperos,& fragosos. Iap. Nanjo, qeuuan naru tocoro.

Abruptio, onis. Lus. O quebrar,ou romper. Iap. Voxiyaburu, qiru coto nari.

Abs, præpositio. Lus. De. Iap. Yori, cara, ni.

Abscédo, is. Lus. Apartarse, partirse. Iap. Tocorouo tatçu, tachinoqu.

Abscessus,us, et abscessio, onis. Lus. Partida. Iap. Tocorouo tatçu cotouo yŭ. ¶ Itẽ, abscessus. Lus. Certo inchaço, ou postema Iap. Xumotno taguy.

Abscîdo,is.Lus.Cortar cercio.Iap.Qirifanasu

Abscindo, is. Idem.

Abscissus,a, um. Lus. Cortado cercio. Iap. Qirifanasaretaru mono ¶ Itẽ, Cousa quebrada. Iap. Yaburetaru,voraretaru coto.

Abscondite, adu. Lus. Escondidamente. Iap. Cacurete, cacuite.

Absconditus, a,um. Lus. Cousa escondida. Iap. Cacuretaru coto.

Abscondo, is, di, sum, l, ditum. Lus. Esconder. Iap. Cacusu.

Absconsio, onis. Lus. O Esconder. Iap. Cacusu coto nari.

Absens, entis. Lus. Ausente. Iap. Taxoni iru mono.

Absentia, æ.Lus. Ausencia. Iap. Rusunaru coto, taxoni iru cotouo yŭ.

Absentio, is, si, sum. Lus. Desconcordar no pareçer.Iap. Zonbunga sŏy suru, cŏxin xezu.

Absento, as. Lus. Ausentar a alguem. Iap. Taixuc sasuru, taxoye yaru. ¶ Item, Estar ausente. Iap. Yosoni yiu.

Absilio, is, ui, ultum. Lus. Apartarse, ou retirarse de salto. Iap. tobinoqu.

Absimilis, e, Lus. Cousa desemelhante. Iap. Nizaru coto, sŏy xitaru mono.

Absinthium, ij. Lus. Losna. Iap. Cusanona.

Absinthites. Lus. Hum genero de vinho feito, ou temperado com losna. Iap. Cano cusauo majiyete tçucuritaru saqe.

Absis, dis, siue absidia, æ. Lus. Curuadura da abobada, ou arco. Iap. Nijgatani magaritaru cotouo yŭ. ¶ Item, Hum circulo de pao q̃ cerca aroda. Iap. Curumano vano mauarino qi.

Absisto, is, abstiti. Lus. Apartarse, ou desistir. Iap. Tachinoqu, fanaruru, l, yamu.

Absoleo, es, Lus. Desacustumarse. Iap. Xinaretaru cotoga tayuru, fayaru cotoga sutaru. ¶ Absoletus locus. Lus. Lugar desprezado, & imundo. Iap. Iyaxiqi tocoro, tçutanaqi tocoro.

Absoluo, is, ui, utum. Lus. Desatar, liurar. Iap. Toqu, yurusu. ¶ Item, Acabar, ou perfeiçoar. Iap. Iŏju suru, fatasu. ¶ Absoluere creditorem. Lus. Pagar, ou satisfazer ao crédor. Iap. Xacumotuo fenben suru. ¶ Item, Partir, & dar a vela. Iap. Xuxxen suru. ¶ Absoluere pignus. Lus. Pagando o que deue recobrar o pinhor. Iap. Xichiuo vqecayesu.

Absolutè, adu. Lus. Perfeitamente. Iap. Taxxite.

Absolutio, onis. Lus. Liuramento, perfeiçam. Iap. Toqu, yurusu coto nari, tassuru coto nari.

Absolutorium, ij. Lus. Remedio q̃ liura. Iap. Nogaxi yurusu reôqen.

Absolutorius, a,um. Lus. Cousa q̃ pertence ao liuramento, ou absoluiçam. Iap. Nogaxi yurusuni ataru coto, xamenni ataru coto.

Absolutus, a, um. Lus. Cousa perfeita, & acabada, Iap. Iŏju xitaru coto, totonoye taxxitaru coto.

Ábsono, as. Lus. Descordar, soar mal. Iap. Chôxiga sorouazu, auazu, chigŏ.

Ábsonus, a, um. Lus. Cousa q̃ naõ soa, ou dissonante. Iap. Nari fibicazaru mono, chôxino sorouazaru mono. ¶ Itẽ, Cousa discoueniente. Iap. Sŏuŏ xezaru coto.

Absorbeo, es, bui, itum, l, psi, orptum Lus. Soruer, chupar de tudo. Iap. Sucomu,

comu, susuri tçucusu. ¶ Item, Souerter, Iap. Suicomu, xizzumuru. ¶ Item, Destruir, danar. Iap. Cuzzusu, sonzasu.

Absque, præp. Lus. Sem. Iap. naqute, naxini.

Abstemius, a, um. Lus. O q̃ naõ bebe vinho, ou temperado em beber vinho. Iap. Gueco, l, saqeuo yoqicoroni ficayuru fito.

Abstentus, qui tutoris authoritate ab adeunda hæreditate reuocatus est.

Abstergo, is, si, sum. Lus. Alimpar. Iap. Nogô, migaqu. ¶ Abstergere metum, dolorem, &c. Lus. Tirar fora o medo, dor, &c. Iap. Vosoreuo nozoqu, itamiuo yamuru, vomoiuo faraiu.

Abstergeo, es. Idem.

Absterreo, es, ui, itum, Lus. Meter medo, espantar. Iap. Vodosu, vodorocasu.

Abstinens, entis. Lus. Temperado, moderado, sem cobiça. Iap. Banji chŭyôuo mamoru fito, muyoqu naru fito.

Abstinenter, adu. Lus. Temperadamente. Iap. Chŭyôuo mamotte

Abstinentia, æ. Lus. Refreamento no appetite das cousas alheas. Iap. Muyocu, yocuuo ficayuru cotouo yŭ.

Abstineo, es, ui. Lus. Refrearse, reprimir. Iap. Ficayuru. ¶ Item, Afastar, ou apartar. Iap. Noquru, voxifanasu. Plaut.

Abstinetur, impers. Idem.

Absto, as, titi, titum, l, atum. Lus. Estar longe. Iap. Touozacaru, touonoite yru.

Abstorqueo, vide torqueo.

Abstractum. Lus. O q̃ se tira, ou aparta doutra cousa. Iap. Torifanasaretaru coto. ¶ A dialecticis verò dicitur id, quod significat formam aliquam cum exclusione subiecti.

Abstractus, a, um. Lus. Tirado, apartado. Iap. Fanasaretaru mono.

Abstraho, is. Lus. Tirar com força, apartar. Iap. Fiqifanasu, fiqivaqeru.

Abstringo, is, xi, ctum. Lus. Desatar, soltar. Iap. toqu, fodoqu, yurusu.

Abstrudo, is. Lus. Esconder, ou encerrar dentro. Iap. Cacusu, mexicomuru.

Abstrusus, a, um. Lus. Cousa escondida. Iap. Caçuretaru mono. ¶ Abstrusus homo. Lus. O q̃ encobre muito seus secretos. Iap. Cuchivomoqi fito, fimitnuo cotouo tagon xezaru fito.

Absum, abes, absui. Lus. Estar ausente. Iap. Taxoni yru, yosoni yru. ¶ Item, Estar apartado, ou distante. Iap. Touo qu fedataru, touozacatte yru. ¶ Item, Faltar, ou naõ hauer. Iap. Tarazu, caquru, arazu.

Absumedo, inis. Lus. O consumir. Iap. Tçucai tçucusu, fatasu cotouo yŭ.

Absumo, is, psi, ptum. Lus. Consumir, ou acabar de gastar. Iap. Tçucai tçucusu, fatasu. ¶ Absumi ferro, &c. Lus. Ser morto, ou acabar a espada, &c. Iap. Qiŭxẽni cacatte xinuru, yaibani atatte xisuru.

Absurdè, adu. Lus. Mal, & feamente, inconuenientemente. Iap. Qicoyezu xite, niauazu, axiqu.

Absurdus, a, um. Lus. Cousa desconueniente, disforme. Iap. Qicoyezaru coto, axiqi coto, niauazaru mono.

Abundans, antis. Lus. Cousa abundante, & copiosa. Iap. Bentônaru coto, fucqi naru mono.

Abundantia, æ. Lus. Copia, fartura. Iap. Iuntaqu, fucqi, bentô.

Abundatio, onis. Lus. Enchente dagoa. Iap. Vômizzu, côzui.

Abundè, adu. Lus. Copiosa, & abundãtemente. Iap. Bentôni, tacusanni.

Abundo, as. Lus. Abundar, ter grande copia, & abastança. Iap. Monouo tacusanni motçu.

Abuolo, as. Lus. Apartarse voando. Iap. Tobi noqu.

Abusque, adu. Lus. Desde, l, de. Iap. Yori, cara.

Abusio, onis. Lus. Mao vso, ou abuso. Iap. Axiqu tçucô cotouo yŭ, axiqi coto no fayaruuo yŭ.

Abusus, us. Idem.

Abusiuè, adu. Lus. Contra o costume, & natu-

natureza. Iap. Fidŏni, fŏni fazzurete. Quintil.

Abusus, a, um. Lus. Cousa consumida, ou mal gastada. Iap. Axiqu tçucai fataſaretaru coto, yocoximani tçucŏtaru coto.

Abútor, eris. Lus. Gastar viando, ou cõsumir com vso. Iap. Tçucai tçucuru, tçucai fatasu. ¶ Item, Vsar mal. Iap. Axiqu tçucŏ, yocoximani tçucŏ. ¶ Tempore, & labore abuti. Lus. Trabalhar muito sem proueito. Iap. Yeqi naqi xinrŏuo suru.

Abydéna. Lus. Cousas leues, & vilissimas. Iap. Sixerazaru mono, yacuni tatazaru mono.

Abyssus, i. Lus. Abismo, & immensidade dagoas, ou doutra cousa sem fundo. Iap. Socono xirezaru daicai, daiga nado.

A ANTE C.

AC, coniunctio, pro, Et, siue, atq;. Lus. E. Iap. Mata, to, mo. Aliquando pro, Quàm. Lus. Doque, como que. Iap. Gotoqu. Vt haud secus, ac ius si faciunt. ¶ Item, Ac, & acsi, post perinde, similiter, aliter. Lus. Como que si. Iap. Gotoqu, yŏni. Vt superbis, perinde acsi rex esses.

Ácabo. Lus. Hum animal. Iap. Qedamonono na.

Acacia. Lus. Innocencia, qietaçam. Iap. Tçumi naqu xite, cocorono buji ancannu yŭ. ¶ Item, Huã aruorezinha espinhosa. Iap. Qeiqiocuno taguy.

Acacus. Lus. Puro, candido, & simples. Iap. Xŏgiqi xŏroni xite cocorono isagui yoqi mono.

Academia, æ. Lus. Escola de Plataõ. Iap. Platamno gaccŏ. ¶ Item, Vniuersidade, ou lugar de estudos. Iap. Gaccŏ, gacumonjo.

Académicus, a, um. Lus. Cousa da seita, ou escola de Platam. Iap. Platamno vo xiye, l, gaccŏni ataru coto.

Acæna, æ. Lus. Vara de dez pes, com que mediaõ os campos. Iap. Toaxi aru xacuzzuye, denbacuni vtçu sauo. ¶ Itẽ, Aguilhada. Iap. Saqini cuguiuo vchitçu-

qetaru vxino buchi.

Acalanthis, l, acanthis, dis. Lus. Pintasirgo. Iap. Fuarini naru cotori.

Acalia. Lus. Hũa flor. Iap. Fanano na.

Acalyphe. Lus. Ortiga crua. Iap. Voniazami, iragusa. ¶ Item, Hum genero de mosca. Iap. Tobu faino ruy. ¶ Item Hum peixe. Iap. Vuono taguy.

Acantha, æ, siue Acanthus, i. Lus. Erua gigãte, ou coroa de Rey. Iap. Sŏquano taguy.

Acanthăuola. Lus. Hum instrumento de cirugiŏis, com que tiram as espinhas, q̃ se atrauessam na garganta. Iap. Nodoni tachitaru fone nadouo torĭdasu dŏgu.

Acapna, orũ. Lus. Lenha secca. Iap. Fitaru taqigui.

Acarus, i. Lus. Bichinho q̃ nace na cera, quasi imperceptiuel. Iap. Chijsaqi muxi.

Acatium, ij. Lus. Hum genero de embarcaçam ligeira. Iap. Fayafuneno taguy.

Accanto, as. Lus. Cantar com outros, ou junto dalgum lugar. Iap. Dŏuonni vtŏ, l, mononi yorisŏte vtŏ.

Accédo, is. Lus. Chegar. Iap. Tçuqu, yoru, chicazzuqu. ¶ Itẽ, per transl. Consentir. Iap. Dŏxin suru. Vt accedere sententiæ. ¶ Item, Ser semelhante, ou quasi igual. Iap. Mononi niru, tairacu taiyŏni naru. ¶ Item, Accrecentarse, ou ajuntarse. Iap. Casanaru, masaru.

Acceleratio, onis. Lus. Pressa. Iap. Fayasa.

Accélero, as. Lus. Apressarse. Iap. Isogu.

Accendo, is, di, sum. Lus. Accender, atear. Iap. Tobosu, fiuo taqu, tçuqeru. ¶ Item, Per transl. Animar, incitar. Iap. Susume tatçuru, qiuo tçuquru.

Accensus, i. Lus. Porteiro, ou ministro da justiça. Iap. Cumon, giŏzzicai.

Accentus, us. Lus. Accento, ou sonsoneto das palauras. Iap. Cotobano tenifa, caigŏ.

Acceptabulum, i. Vide Acetabulum.

Acceptilatio, onis. Lus. Quitaçam, ou paga que se faz com certas perguntas, & respostas. Iap. Sadamaritaru ychigi en vomotte fumotuo yurusaruruuo yŭ.

Acceptio, onis. Lus. O receber, ou aceitar.

tar. Iap. Vqetoru coto nari.

Accepto, as, freq. Lus. Receber muitas vezes. Iap. Tabitabi vquru.

Acceptor, oris. Lus. Recebedor. Iap. Mcnouo vqetoru fito.

Acceptrix, fiue Acceptrica, fœmi. Idem.

Acceptus, a, um. Lus. Aceito, & agradauel. Iap. Qini vôtaru coto, yorocobaxiqicoto, qixocuni vôtaru mono. ¶ Acceptum, ti. Lus. O q̃ ſe recebe por dadiua, ou empreſtado. Iap. Vqetoraruru cotouo yŭ. ¶ Acceptum ferre, l, referre. Lus. Darſe por pago, & ſatisfeito. Iap. Fumot nadouo fenben xe raretarito arauaſu. ¶ Accepto, l, acceptum rogare. Lus. Perguntar com certas palauras ao acredor ſe ſe da por pago, ou naõ. Iap. Sadamaritaru ychiguen vo motte xacu notoio cauariuo vqetoruto dôxin ſurucauo tazzunuru.

Accerſio, is, iui, itum. Lus. Chamar. Iap. Yobi yoſuru. ¶ Item, Acuſar. Iap. Vttayuru. ¶ Item, Tomar, tirar pera ſi. Iap. Toru, vquru. Virg.

Accerſo, is, iui, itum, & Arceſſo. Idem.

Accerſitor, oris. Lus. O que chama. Iap. Fito nadouo yobu mono.

Accerſitus, us. Lus. Chamamento. Iap. Yobu cotouo yŭ.

Accerſitus, a, um. Lus. Chamado. Iap. Yobaretaru mono. ¶ Accerſitum malũ. Lus. Mal q̃ hum ſe procurou aſi meſmo. Iap. Vaga xinxôni maneqitaru vazauai, mi yori idaxeru ſabi.

Acceſsio, onis. Lus. Acrecentamento, ganho. Iap. Cuuanaru cotouo yŭ, rijun, ritocu. ¶ Item, Vinda, ou chegada. Iap. Sanchacu, yuqi tçuqu cotouo yŭ. ¶ Item, Ceçam da febre, ou paroxiſmo. Iap. Necqiuo xicoru cotouo yŭ, ſacanni naturo yŭ.

Acceſſus, us. Lus. Vinda, ou chegada. Iap. Sanchacu, yuqi tçuqu cotouo yŭ.

Accidens, entis. Lus. Accidente. Iap. Taiyôno yô, taini ſô yô.

Accidentia, æ. Lus. Acontecimento, ou caſo. Iap. Tennen idequru cotouo yŭ, riogui, fuxiguinaru cotouo yŭ.

Accîdo, is, di, ſum. Lus. Cortar, conſumir, deſtruir. Iap. Qiru, tçuicuſu, forobosu.

Áccido, is, di. Lus. Acontecer. Iap. Idequru, xutrai ſuru, vocoru. ¶ Item, Cair, chegarſe. Iap. Corobu, vochiru, yoriſô. ¶ Itẽ Apud iuris côſultos, Morrer. Iap. Xiſuru. ¶ Itẽ, In tertia perſona, acõtecer algũa couſa fora do que ſe eſperaua. Iap. Ricgiai fuxiguini idequru.

Accieo, es, iui, itum. Lus. Chamar a ſi. Iap. Yobi yoſuru.

Accinctus, a, um. Lus. Diligente, apercibido. Iap. Ririxiqu mamenaru mono, ſaicannaru mono, cacugo xite iru mono.

Accingo, is, xi, ctum. Lus. Aparelhar, concertar. Iap. Totonoyuru, cacugo ſuru, xitacu ſuru. ¶ Accingere ſe armis. Lus. Armarſe. Iap. Mino yorô. ¶ Item, Acõmeter, ou aperceberſe. Iap. Xitagimuru, mono moyouoxiuo ſuru.

Áccino, is, ui, entum. Lus. Cantar com outros entoado. Iap. Chôxiuo ſuroye dôuô ni vtŏ.

Accio, is, iui, l, ij, itum. Lus. Chamar a ſi. Iap. Yobi yoſuru.

Accipio, is. Lus. Tomar, ou receber. Iap. Vquru, vqetoru. ¶ Item, Ouuir. Iap. Qiqu. ¶ Item, Iulgar, ſentir. Iap. vomô, vomoyuru. Aliquando, Entender, conhecer. Iap. Funbet ſuru, vaqimayuru. ¶ Item, Recolher, agaſalhar. Iap. Xôdai ſuru, mòxi vquru, xŏzuru. Aliquãdo, Tratar bem, ou mal alguem. Iap. Yocuca, axiquca fito uo ayxirŏ, motenaſu. ¶ Item, Aceitar, aprouar. Iap. Riǒjǒ ſuru.

Accipiter, tris. Lus. Açor, ou falcam. Iap. Tacano taguy.

Acciſſo, as. Lus. Fazer, ou dizer disbarates, ſem ſaborias. Iap. Vtçuqetaru cotouo yŭ, foruru. ¶ Item, Diſsimular o que muito deſejamos. Iap. Fucaqu nozomi nagara nozomazaru furiuo ſuru.

Acclamatio, onis. Lus. O dar vozes, ou acla-

mar-

mar. Iap. Saqebu, coyeuo aguru coto nari.

Acclâmo, as. Lus. Aclamar, dar vozes. Iap. Coyeuo aguru, saqebu.

Acclamito, as. freq. Idem.

Acclinis, e. Lus. Cousa inclinada, curua. Iap. Yogami, catamuqitaru coto, caga mitaru coto, ficuqi coto.

Acclinus, a, um. Idem.

Acclino, as. Lus. Inclinar, ou dobrarse. Iap. Catamuqu, tauemu, cagamu.

Accliuis, e, siue accliuus, a, um. Lus. Cousa costa arriba, ou ingrime. Iap. Qe uaxiqi tocoro, sagaxiqi tocoro.

Accliuitas, atis. Lus. A costa arriba, ou ladeira. Iap. Noborisacano qeuaxiqi cotouo yu.

Acclúdo, is. Lus. Fechar, encerrar. Iap. Fusagu, tatecomuru.

Accola, æ. Lus. O, que mora apar dalgum lugar. Iap. Yamaya, caua nado no fotorini sumu fito.

Accolo, is. Lus. Morar apar dalgum lugar. Iap. Yamaya, caua nadono fotori ni sumu.

Accommodatè, adu. Lus. Accommodadamente, aproposito. Iap. Sôuô xite, niauaxete.

Accommodatio, onis. Lus. O concertar. ou porem seu lugar. Iap. Arubeqi cacarini suru, sôtô sumi, I, tori voiamurucoto nari.

Accommodatus, a, um. Lus. Accommodado, concertado. Iap. Tori vosameraretaru coto, sôtô xitaru coto.

Accommodo, as. Lus. Accommodar, concertar. Iap. Arubeqi cacarini suru, tori voqu. ¶ Item, Emprestar. Iap. Casu.

Accommodus, a, um. Lus. Accommodado, disposto. Iap. Sôuô xitaru coto, totonôtaru coto.

Accrêdo, is. Lus. Crer, ou sentir com outros. Iap. Yojinto dôjeni xinzuru.

Accresco, is, eui. Lus. Crecer, acrecentarse. Iap. Xeigiô, xeijin suru, casanaru.

Acrementum, i. Lus. Crecimento, augmento. Iap. Casanaru, cotouo yu.

Accretio, onis. Lus. O crecer, ou augmentarse. Iap. Xeigiô suru, I, casanaru, mitçu ni coto nari.

Accubatio, onis. Lus. O assentarse junto dalguem. Iap. Rinzani nauoru coto nari.

Accúbitus, us. Idem.

Accubitalia. Lus. Cobertores de cobrir o leito e q se dorme entre dia. Iap. Firuneno yuçano xitone.

Accúbitum, i, siue accubita, æ. Lus. Leito em que se deitão, ou dormem dedia. Iap. Firuneno yuca.

Áccubo, as. Lus. Asentarse junto dalguem. Iap. Rinzani nauoru, scbazani yru.

Accúdo, is. Lus. Batendo cunhar coro moeda etc. Iap. Guinxen nadoni fanguiô uo vchitçuquru.

Accumbo, is. Lus. Asentarse junto dalgué. Iap. Rinzani nauoru. ¶ Item, Asentarse a mesa. Iap. Mexino zani tçuqu.

Accumulatè, adu. Lus. Acumulada, & copiosamente. Iap. Taculanni, juntacuni, tçumicasanete.

Accumulatio, onis. Lus. Cacumular, o amontoar. Iap. Tçumivoqu, tçumi tatçuru coto nari.

Accúmulo, as. Lus. Acumular, acrecentar. Iap. Tçumivoqu, tçumitatçuru, casanuru. ¶ Accumulare vitem, arborem &c. Lus. Ajuntar terra ara iz das vides, aruores &c. Iap. Budò nadoni netçuchiuo cô.

Accuratè, adu. Lus. Diligentemente, & com cuidado. Iap. Saicanni, cocorogaqe vomotte.

Accuratio, onis. Lus. Diligencia, & cuidado. Iap. Cocorogaqe, saican.

Accuratus, a, um. Lus. Cousa feita cõ grande cuidado, & industria. Iap. Nen uo iretaru coto, cocorogaqe vomotte xitotonoyetaru coto.

Accúro, as. Lus. Ter cuidado. Iap. Cocorogaquru, nenuo iruru.

Accurro, is. Lus. Correr pera algũa cousa. Iap. Faxe mucô.

Accu-

Accusabilis, e. Lus. Cousa digna de se acusar, ou reprehender. Iap. Togame vttayeraru̅beqi mono, modocaru beqi mono.

Accusatio, onis. Lus. Acusação. Iap. Vttaye, togame.

Accusatiuus, a, um. Lus. Aquillo polo q̃ acusamos alguem. Iap. Fitouo vttay uru daimocu nado.

Accusator, oris. Lus. Acusador. Iap. Vttayete, sonin.

Accusatrix, icis. fœmin. Idem.

Accusatoriè, adu. Lus. Acusando, ou por modo de acusar. Iap. Vttayuru yŏ ni, vttayete.

Accusatorius, a, um. Lus. Cousa que pertençe a acusaçam. Iap. Vttaye, togameni ataru coto.

Accuso, as. Lus. Acusar, reprehender. Iap. Vttayuru, togamuru.

Aceo, es, cui. Lus. Ser azedo, ou agro. Iap. Suxi.

Acephalus, i. Lus. Sem cabeça. Iap. Caxira naqi mono. ¶ Acephali, l, acephalitæ. Lus. Hũs herejes cujo author senão sabe. Iap. Sono vocoriuo xirazaru herejes. ¶ Acephali Sacerdotes. Lus. Clerigos que não estaõ de baixo de Bispo. Iap. Bispono xitani yrazaru Sacerdotes.

Acer, ris. Lus. Hũa aruore. Iap. Q̃no taguy.

Acernus, a, um. Lus. Cousa feita desta aruore. Iap. Cano qi nite tçucuritaru mono.

Acer, hæc acris, & hoc acre. Lus. Cousa azeda, ou que requeima. Iap. Sui mono, caraqi mono. ¶ Item, Forte. Iap. Tçuyoqi, l, qenaguenaru mono. ¶ Item, Ligeiro. Iap. Fayaqi mono. ¶ Item, Agudo, sutil. Iap. Ricon, rifat naru mono: vt Acri homo ingenio. ¶ Item, Terribel, cruel. Iap. qibixiqu couaqi mono. ¶ Item, Diligente, esperto. Iap. Saicanni ririxiqi mono.

Acerbè, adu. Lus. Aspera, & azedamente. Iap. Qibixiqu, couaqu, qibuqu.

Acerbitas, atis. Lus. Azedume de fruita verde, ou sabor q̃ traua. Iap. Mijucu naru conomino agiuai. ¶ Item, Per transl. Asperezã, crueldade. Iap. Tçurasa, arasa. ¶ Itẽ, Molestia, ou tristeza. Iap. Canaxisa, vrei.

Acerbo, as. Lus. Azedar, ou exasperar. Iap. Icariuo vocosasuru. ¶ Item, Agrauar, como crime &c. Iap. Toga nado uo vôqini iynasu.

Acerbus, a, um. Lus. Cousa azeda, ou q̃ traua. Iap. Sui mono, xibuqi mono. ¶ Item, Aspero, & duro. Iap. Qibixiqi mono, couaqi mono.

Acero, as. Lus. Encher, ou misturar de palhas, ou alimpaduras. Iap. Tçuchi nadoni susuuarauo iruru, majiyuru, l, mononi chiri, acuta, faxicauo iruru.

Aceratus, a, um. Lus. Misturado, ou cheo de palhas, ou alimpaduras. Iap. Varacuzzuuo majiyetaru mono, l, chiri, acuta, faxica vouoquaru mono.

Acerosus, a, um. Idem: vt panis acerosus. Lus. Pam feito de trigo mal limpo. Iap. Faxica majirino comugui nite tçucuritaru Pam.

Acerra, æ. Lus. Thuribulo, ou perfumador. Iap. Furigôro, cŏro.

Acersecomes. Lus. O que traz cabelos grandes. Iap. Zzufatno nagaqi fito.

Acerualis, e. Quoddã argumẽtationis genus.

Aceruàtim, adu. Lus. Iuntamente, ou a montoens. Iap. Fitotçuni tçumiaguete, tçumi casanete. ¶ Aceruatim dicere. Lus. Falar embrulhadamente, & sem ordem. Iap. Raxximo naqu monouo yŭ.

Aceruatio, onis. Lus. O acumular, ou amõtoar. Iap. Tçume casanuru, tçumi aguru coto nari.

Aceruo, as. Lus. Amontoar, acumular. Iap. Tçumi aguru, tçumi casanuru.

Aceruus, i. Lus. Monte, ou cumulo de cousas miudas. Iap. Tçuca: vt come, muguizzuca nado. ¶ Item, Per transl. Copia, abundancia. Iap. Tacusan, junta cu: vt aceruus bonorum.

Acesco, is. Lus. Fazerse azedo. Iap. Suqu naru.

Acet-

Acetabulum, i. Lus. Hũa certa medida. Iap. Facarimo taguy. ¶ Item, Hũas junturas concauas, onde se ajuntam os ossos das coxas. Iap. Momono foneno fuxi tçugaino tocorouo yŭ. ¶ Item, Sũt veluti quidam caliculi in piscibus. ¶ Itẽ, Huns vasos com q̃ os trejeitadores enganam os olhos. Iap. Fôcano fitono ma nacouo curamasu vtçuuamonouo yŭ.

Acetaria, orum. Lus. Eruas de que se faz salada, ou a mesma salada. Iap. Suſa uo totonoyuru yasaino ruyoi, susai. ¶ Itẽ, Carne picada feita como salada. Iap. Su saino tame comacani qizaru nicuuo yŭ.

Acétum, i. Lus. Vinagre. Iap. Su.

Achátes, is. Lus. Hũa pedra preciosa. Iap. Tamano taguy.

Achor, oris. Lus. Tinha. Iap. Xiracumo, faguegasa.

Áchras, adis. Lus. Certo genero de peras do mato. Iap. Yamanaxino ruy.

Achrestus, a, um. Lus. Cousa inutil, & desaproueitada. Iap. Yeqinaqi mono, yacuni tatazaru mono.

Achriógelos. Lus. O q̃ he inclinado a rir sem proposito. Iap. Xitai naqu xôte cu varŏ mono.

Aciaris, is. Lus. Machadinha, que seruia nos sacrificios. Iap. Tamuqeuo nasu to qini tçucaixi masacari.

Acicula, æ. Lus. Alfenete. Iap. Farino taguy. ¶ Item, Peixe agulha. Iap. Fari yuo. ¶ Item, Hũa erua. Iap. Cusano taguy.

Ácidi fructus. Lus. Fruitas que tem hũ certo azedo gostoso. Iap. Amazui coromi.

Ácidus, a, um. Lus. Cousa azeda. Iap. Sui coto.

Acidulus, i. Dimin. Idem.

Acies, ei. Lus. Gume da fouce, espada, etc. Iap. Cama, catana nadono fa, yaiba. ¶ Item, Exercito armado, & aparelhado pera pelejar. Iap. Yxxicu yoroitaru gũjeino sonaye ¶ Item, Batalha. Iap. Caxxen. ¶ Item, Lume, ou vista dos olhos. Iap. Ganxei, ganriqi, ganquŏ. ¶ Itẽ. Per tinaz. Agudeza, ou delgadeza do engenho. Iap. Ricon, tomei.

Acínacis, is. Lus. Espada Persiana. Iap. Qenno taguy.

Acinaceus, siue Acinaticius. Lus. Cousa feita dos bagos da vua, da romaã, etc. Iap. Budŏ nadonô tçubu nite tçucuritaru coto. Vt vinum acinaceum.

Acinosus, a, um. Lus. Cousa que tem mui tos bagos. Iap. Tçubuno vouoqi mono. Vt vua acinosa.

Acinus, i, & acinum, i. Lus. Bago da vua, da romãa, etc. Iap. Budŏ, jacuro nadono tçubu.

Acipenser. Lus. Hum peixe prezado. Iap. Mochijaru vuono taguy.

Aclassis. Tunica ab humeris non consuta.

Acléros. Lus. Desherdado, & sem parte. Iap. Catocuuo yezaru mono, faibunuo vqezaru mono.

Aclis, idis. Lus. Certo genero de arma de arremesso con cordel. Iap. Vdenuqiuo iretaru bugu.

Acólyti. Lus. Os que com nenhuãs ameaças alargam o proposito que tem. Iap. Vodoxitemo xianuo cayezaru mono. ¶ Item, Acolytos, ministros dos sacerdotes. Iap. Gonguiŏno toqi, Sacerdoteni tçucauaruru mono.

Ácone. Lus. Pedra de aguçar. Iap. Toixi.

Aconítum, i. Lus. Hũa erua peçonhenta. Iap. Docusŏno taguy.

Acontiæ, arum. Lus. Cometas. Iap. Qiacuxei.

Acor, oris. Lus. Azedume. Iap. Susa.

Acorum, i. Lus. Hũa erua semelhante a lirio. Iap. Caqitçubatani nitaru cusa.

Acquiesco, is. Lus. Descansarem algũa cousa. Iap. Moneri cacatte cutçurogu. ¶ Item, Descansar. Iap. Cutçurogu, yasumu. Aliquando, Estar, ou ocupar se em algũa cousa com gosto, & que façam. Iap. Yorocobi, buji ni motte nanigani tonjite yru. ¶ Item, Por sua esperanperança, & quietaçam em algũa cousa. Iap. Fito nadoni tanomiuo caqete cutçurogu.

Acquiro, is. Lus. Acquirir, alcançar. Iap. Motomuru, mŏquru.

Acratóphorum, i. Lus. Hum certo vaso. Iap. Saqe nadouo iruru vtçuuamonouo taguy.

Acredo, inis. Lus. Fortidam como de pimenta, ou mostarda, &c. Iap. Coxŏ nadono carasa. ¶ Item, O azedo, ou amargor. Iap. Susa, xibusa, nigasa.

Acredula, æ. Lus. Roxinol. Iap. Vguyisu.

Acrimonia, æ. Lus. Fortidam, como de pimenta, &c. Iap. Coxŏ nadono carasa. ¶ Item, per transl. Efficacia, ou vehemencia. Iap. Qibixisa, xeuiqi. ¶ Item, Seueridade. Iap. Qexicaranu cotoba, qexiqiuo yŭ: vomouomoxiqu aru cotoba, qixocuua yŭ.

Acritas, atis. Idem.

Aciter, adu. Lus. Com efficacia, & vehemencia. Iap. Xeiriqi vomotte, fanafadaxiqu, qibixiqu.

Acritudo, inis. Idem, quod Acrimonia, & acredo.

Acroama, atis. Lus. Representaçŏis, ou entremeses q se fazem pera alegrar. Iap. Zachŭno fitouo isamuru nŏ, qioguen no dono taguy. ¶ Itē, Musica que se da nas tragedias, ou banquetes. Iap. Zachŭno fitouo yorocobasuru quanguen, rappu.

Acrochordon, onis. Lus. Hum genero de verrugas. Iap. Ibono taguy.

Acrostolia, orum. Lus. Hũ certo ornamento que poem na proa das naos. Iap. Funeno fesaqini cazarito xite foritçuqetaru reô nadono taguy.

Acroteria, orum. Lus. Huns curucheos q poem no cume dos edificios. Iap. Iyeno muneni tçuqurivoqu cazarino taguy.

Acta æ. Lus. Praya escondida. Iap. Cacurete suzuxiqi fama.

Acta, orum. Lus. Actos, ou feitos. Iap. Xosa, tegara. ¶ Item, Feitos judiciaes.

Iap. Cujisatano rifiuo xiruxivoqu xo. ¶ Referre in acta. Lus. Escreuer entre os feitos. Iap. Finicqi, l, nendaiqini caqi cuuayuru. ¶ Acta diurna. Lus. Liuros, ou lembrança em q se escreuem as cousas de cada dia. Iap. Finicqi.

Actio, onis. Lus. Operaçam, ou obra. Iap. Xosa. ¶ Item, Acçam do orador. Iap. Danguixano moyŏ, fujei. ¶ Item, Acusaçam, ou petiçam. Iap. Vttaye, soxŏ, xŏso. ¶ Item, Defensam dalgũa cousa. Iap. Cujisatano toqi cotouariuo iy, fiqi suru coto uo yŭ, l, catŏdo xite fitono vyeuo iy firaquuo yŭ. ¶ Item, Auçam em juizo. Iap. Tadaxiteno mayeni monouo xŏso subeqi dŏriuo yŭ. ¶ Actiones item, certæ formulæ sunt apud iuris consultos, quibus iudiciũ datur. ¶ Gratiarum actio. Lus. Dar os agradecimentos. Iap. Vonno feiuo yŭ coto nari.

Áctito, as, frequent. ab acto. Lus. Tratar frequentemente causas. Iap. Xiguequ cuji satauo toriatçucŏ.

Actiuus. Lus. O que faz, ou obra. Iap. Xosauo nasu mono.

Actor, oris. Lus. O que faz algũa cousa. Iap. Xosauo suru mono. ¶ Item, Author em juizo. Iap. Cuji satano tŏnin, sonin. ¶ Item, Representador. Iap. Tayŭ, nŏno xite. ¶ Item, Feitor. Iap. Daiquan.

Actuarium, ij. Lus. Embarcaçam ligeira. Iap. Faya fune.

Actuariolum, i. dimi. Idem.

Actuarius, a, um. Lus. Cousa ligeira, & facil pera correr de ca para la. Iap. Anata conata ye faxiri mauaru tameni fayaqi mono. ¶ Naues actuariæ. Lus. Embarcaçŏis ligeiras, & bem esquipadas. Iap. Faya fune.

Actuarius, ij. Lus. Escriuão judicial, ou notario. Iap. Qendanninno fixxa, cujisatano caqite.

Actum est. Lus. Acabouse. Iap. Fate tari. ¶ Actum est de republica. Lus. Destru-

C Destru-

Destruyuse a republica. Iap. Tenca metbō xitari.

Actuosè, adu. Lus. Trabalhosamente. Iap. Facaşi xinrō vonıotte.

Actuosus, a, um. Lus. Cousa trabalhosa. Iap. Xinrō, taiguinaru coto. ¶ Actuosi homines. Lus. Os que muito meneam & exercitam o corpo. Iap. Sasoqireji mi uo caracasu mono. ¶ Actuosa vita. Lus. Vida actiua, ou trabalhosa. Iap. Xiqtaino tçutome bacariuo ron to suru cǒxeqi. ¶ Item, (passiuè) Cousa em q̃ se ha de trabalhar muito. Iap. Xinrō, temano inbeqi coto.

Actitum. adu. Lus. Depressa, logo. Iap. Qitto, fayaqu.

Actus, a, um. Lus. Cousa feita, & acabada. Iap. Deqitaru coto, jōju xitaru coto. ¶ Item, Leuado, ou constrangido. Iap. Ficaretaru mono, l, sucumeraretaru mono. ¶ Item, Chegado, ou aplicado. Iap. Yoxe caqetaru coto. ¶ Actum agere. Lus. Trabalhar debalde. Iap. Munaxiqi xinrōuo suru.

Actus, us. Lus. O que se faz, ou diz. Iap. Yǔ coto, l, suru xeti. ¶ Item, os actus, ou partes da comedia. Iap. Nō no ichiban, fitoba nadouo yū. ¶ Itē, Actus per transl. diuersas partes da idade do home. Iap. Fito no nenreiuo vaquru gugi, dandan. Vt yōxō, toxizacari nado. ¶ Item, No campo hum espaço de cento, & vinte pes. Iap. Dei bacuno fiacu nijǔ axidaqeno aidauo yǔ. ¶ Item, Caminho prano por onde pode passar carro, etc. Iap. Curumacaidō. ¶ Item, Gasto ou administração do dinheiro. Iap. Caneuo tçucai facaru coto uo yū.

Aculeatus, a, um. Lus. Cousa q̃ tem aguilhão, ou ponta como agulhão. Iap. Monouo sasu fanno aru mono, farino aru mono. ¶ Aculeatae orat io, aut epistola. Lus. Oração, ou carta que morde, ou pica. Iap. Qirifaru fumi, l, mono gatari.

Aculeus, ei. Lus. Aguilhão, ou ferrão d. abelha, mosquito, etc. Iap. Fachi nadono fari, cano cuchibaxi. ¶ Item, Pontas agudas como espinhos das eruas, cardos, etc. Iap. Cusano fari.

Aculeolus, i. Diminut. Idem.

Acumen, inis. Lus. Aguilhão, ou ponta aguda. Iap. Fari, surudo. ¶ Item, Agudeza do engenho. Iap. Ricon, sōmei, vt acumen ingenij.

Acuminatus, a, um. Lus. Cousa aguda, ou q̃ tem ponta. Iap. Surudonaru mono, togaritaru mono.

Acumino, as. Lus. Aguçar, fazer ponta. Iap. Togu, saqiuo togu tatçuru.

Acuo, is, cui, acutum. Lus. Aguçar, ou dar fio. Iap. Togu, atafuru. ¶ Item, Excitar, persuadir. Iap. Susume voco su. ¶ Item, Prouocar aira, escaperar. Iap. Icarasu, icariuo vocosasuru.

Acupedius. Lus. Ligeiro dos pes. Iap. Faxirumi axibayaqi mono. Fest.

Acupictores. Lus. Broslladores. Iap. Nui monoxi.

Acus, eris. Lus. Alimpadura do trigo. Iap. Mugui nadono fusuma.

Acus, i. Lus. Peixe agulha. Iap. Suzu noiuo, fariuo.

Acus, us. Lus. Agulha. Iap. Fari. ¶ Item. Hum instrumento com q̃ as molheres concertam os cabelos. Iap. Cŏgai, canzaxi, camivaqe. ¶ Item, A parte dianteira do exercito posta em orde. Iap. Saqigin.

Acutula, æ. dim. Idem.

Acutè, adu. Lus. Agudamente. Iap. Togatte. ¶ Item, Sotil, & engenhosamente. Iap. Riconni, vatarni. Al quādo dicitur de voce: vt vox acutè sonans. Lus. Voz aguda, q̃ vai sobre as outras. Iap. Surudonaru coye. ¶ Item, De visu, vt acutè videt. Lus. Ve agudamente. Iap. Surudeni menouo mitu. ¶ Acu um, Idem.

Acutus, a, um. Lus. Cousa aguda, ou afiada Iap. Surudonaru mono, togaritaru mono. ¶ Item, per transl. Sotil, & enge-

ebgeih. sp. Iap. Racon narumono.
Icúculus, i, dim. Idem.

A ANTE D.

Ad, præpositio acc. scr. Lus. Apar, ou perto. Iap. Soba, ye, ni, tame. ¶ Item, pro Circa, ut ad quæ tempora? Lus. A que tem po? Iap. Yçugoroni? ¶ Item, pro Circiter. Vt aureos ad decem coëgi. Lus. A juntei como dez cruzados. Iap. Vôcata fitcume bacari tçumetari. ¶ Itẽ, pro Versus. Vt ad oriente. Lus. Pera parte do oriente. Iap. Figaxino foye. ¶ Item, pro Post. Vt ad decem annos. Lus. Depois de dez annos. Iap. Iûgonen suguite no chi. ¶ Item, pro Propter. Vt ad nullas preces fieri potest. Lus. Por amor de nenhuns rogos se pode fazer isto. Iap. Nanitaru vabicoto, tanomi vomotte mo narazu. Aliqñ. pro Ante. Vt ad limina. Lus. Diante da porta. Iap. Monjen.

¶ Item, pro Præter. Vt ad hæc mala hoc etiam accidit. Lus. Alem destes males sobreueo este. Iap. Cono acujini acuiga casanaru. ¶ Item, pro Secundum. Vt ad arbitrium alterius. Lus. Segundo o parecer doutro. Iap. Fitono zonbunno mamani. ¶ Item, pro Quantum. Vt ad speciem. Lus. Quanto a aparencia exterior. Iap. Vomotemuqini voiteua. ¶ Item, pro Vsque. Vt ad multam noctem contendere. Lus. Porfiar ate alta noite. Iap. Yofuqeru made caracô. Aliqñ. significat visum. Vt ad dies f. ft os hac veste vtebar Lus. Vsaua deste vestido polas festas. Iap. Cano yxôuo iuaibini chacu xeri. ¶ Itẽ, significat officiũ. Vt ad manus. Lus. Criado que serue de escreuer. Iap. Yŭfitzno[illegible]. ¶ Ad pedes desilire. Lus. Descaualgar. Iap. Guebauo suru, vmayori vôruru. ¶ Ad extremum. Lus. Finalmente, por derradeiro. Iap. Xoxen, fit[illegible], aguequni, tçuini. ¶ Ad verbum. Lus. Palaura por palaura. Iap. Cucu, mon monni, cotoba vçuxini. ¶ Ad vnũ. Lus. Sem ficar nenhum. Iap. [illegible], fitotçumo nocorazu.

Adactio, onis. Lus. O constranger. Iap. Sucumuru coto nari.

Adactus, a, um. Lus. Constrangido, forçado. Iap. Sucumerare taru mono.

Adæquè, adu. Lus. Igualmente. Iap. Vonaji yôni, biôdôni.

Adæquo, as. Lus. Igualar. Iap. Narabu-ru, biôdôni nasu.

Adæratio, onis. Lus. O aualiar a dinheiro. Iap. Canemeni neuo tçuquru coto nari.

Adæro, as. Lus. Apreçar com dinheiro. Iap. Canemeni neuo tçuquru, tatçuru. ¶ Adærata prædia. Lus. Herdades, de que sepa gaua certo dinheiro. Iap. Sadamaritaru caneuo vosamuru chiguiŏ, denbacu.

Adæstuo, as. Lus. Tresbordar, ou espraiar. Iap. Tataye coboruru, afururu.

Adággero, as. Lus. Ajuntar, amontoar. Iap. Tçucauo tçuqu goroqu monouo tçumu, tçumi aguru.

Adagium, ij. Lus. Adagio, ou prouerbio. Iap. Cotouazã.

Adálligo, as. Lus. Atar hũa cousa a outra. Iap. Mononi tçunagu, yui tçuquru.

Ádamans, antis. Lus. Diamaõ. Iap. Mexuno taguy.

Adamántinus, a, um. Lus. Cousa de diamão. Iap. Cano mexu nite tçucuritaru coto. ¶ Item, Cousa dura como diamaõ. Iap. Cano meixuno gotocu catagi coto.

Adamantæus, a, um. Idem.

Ádamo, as. Lus. Amar muito. Iap. Xinxetni vomô, vari naqu vomô.

Adaperio, is. Lus. Abrir. Iap. Firaqu, aquru.

Adapértilis, e. Lus. Cousa aberta, cousa cil de abrir. Iap. Aqitaru mono, firaqetaru mono, I, aqiyasuqi mono.

Adapertus, a, um. Lus. Aberto, patente. Iap. Aqitaru coto, firaqitaru mono.

Ádaquo, as. Lus. Regar as aruores, ou eruas. Iap. Qi, cusani mizzuuo caquru, sosoqu. ¶ Item, Leuar abeber os caualos &c. Iap. Vmauo cauani fijte mizzu uo cô.

Adáresco, es, ui. Lus. Secarse. Iap. Canau

ruru, cauaqu, fru. Cato.

Adassus. Lus. Hum genero de vestido. Iap. Yxŏno taguy.

Adaucto, as, frequ. Lus. Acrecentar. Iap. Casanuru, vôqini nasu.

Adauctus, us. Lus. Crecença, ou augmento. Iap. Casanaru, vôqinaru cotouo yŭ.

Adaugeo, es, xi, ctum. Lus. Acrecentar. Iap. Casanuru, soyuru.

Adaugesco, is. Lus. Crecer, augmentarse. Iap. Vôqini naru, casanaru.

Ádbibo, is. Lus. Beber. Iap. Nomu. ¶ Item, per transl. Embeber, & arreigar no coraçam. Iap. Cocoroni fucaqu vo moicomuru, ximpuni tessuru.

Adcorporo, as. Lus. Ajuntar, misturar. Iap. Auasuru, majiyuru, junzuru.

Addephagia, æ. Lus. Insaciauel appetite de comer. Iap. Aqitarimo naqi vonjiqino nozomi.

Addenseo, es. Lus. Espessar, coalhar. Iap. Xigueracasu, atçuqu nasu, xeqiauasuru, catamuru. Virg.

Addenso, as. Idem.

Addico, is. Lus. Venderem almoeda. Iap. Fitouo atçume, vrimonono neuo fure te daiichi cŏgiqini cauanto yŭ fitoni vru. ¶ Item, Entregar alguã cousa a alguẽ por setẽça. Iap. Qiŭmei xite mononio ippŏni catazzuquru. ¶ Item, in augurali disciplina, aues dicuntur addicere, quando ratũ faciunt auspicium. ¶ Addicere sententiá. Lus. Vender a sentença. Iap. Vai roniyotte ficuŭuo rini qetgiacu suru. ¶ Addicere morti, supplicio, etc. Lus. Condenar a morte, ou castigo. Iap. Xizai, caxacuni qetgiacu suru. ¶ Addicere se cupiditatibus. Lus. Entregarse a seus appetites. Iap. Cocorocuno famŭni toifguacu suru. ¶ Addicere litem alicui. Lus. Dar sentença por alguem. Iap. Cujisatauo qiŭmei xite, ippŏni riuo tçuqete sadamuru.

Addictè, adu. Lus. Com sojeiçam, & a peito. Iap. Xitagayete, sucumete.

Addictio, onis. Lus. O entregar, ou apropiar. Iap. Tamotni nasu, ippŏni sadamuru coto nari.

Addictus, a, um. Lus. Cousa obrigada, ou sojeita a outrem. Iap. Fitoni tçuqi xitagŏ mono, vacasaretaru mono.

Addisco, is. Lus. Aprender bem, ou aprender mais. Iap. Yoqu monouo narŏ, l, narai casanuru.

Additamentum, i. Lus. Acrecentamento. Iap. Soyuru, l, casanuru cotouo yŭ.

Ádditus, a, um. Lus. Cousa ajuntada, acrecentada. Iap. Soyeraretaru coto, casanaritaru mono.

Addiuino, as. Lus. Adiuinhar. Iap. Satori vru, cangaye vru.

Addo, as. Lus. Acrecentar ao que se deu. Iap. Yarisoyuru, atayesoyuru.

Addo, is. Lus. Ajuntar; acrecentar. Iap. Soyuru, casanuru. ¶ Addere animum alicui. Lus. Esforçar a alguem. Iap. Qiuo tçuquru, chicarauo soyuru.

Addoceo, es. Lus. Ensinar. Iap. Voxiyuru, ximesu.

Addormisco, is. Lus. Dormir, ou adormecer. Iap. Neiru, nemuru.

Addúbito, as. Lus. Duuidar. Iap. Viagŏ, ayaximu. ¶ Item, Duuidar algum tanto. Iap. Sucoxi ayaximu.

Addúco, is. Lus. Leuar, ou trazer pera alguã parte. Iap. Fiqitçuruu. ¶ Aliqñ. Cŏstranger, forçar alguem pera fazer alguã cousa. Iap. Sucumete sasuru, xiqirini susume iruru. ¶ Interdũ, Apertar, encolher. Iap. Tçumuru, ximechigimuru. ¶ Item, Puxar, ou entesar. Iap. Fiqitçuru, fipparu. ¶ Item, Estender. Iap. Saxinoburu. ¶ Aliquando, Meter, reduzir. Iap. Fiqiiruru, voxicomu.

Addúplico, as. Lus. Dobrar. Iap. Tatamu, l, ichizŏbaini nasu, futayeni nasu.

Ádedo, is. Lus. Comer tudo, consumir. Iap. Cuifatasu, cuitçucusu.

Ademptio, onis. Lus. O tirar, ou priuar

uar, Iap. Toriaguru, torisanasu coto nari.

Adenes. Lus. Alporcas. Iap. Ruireqi, tono caguy.

Adeò, adu. Lus. Tam, entanta maneira. Iap. Fodo. Aliquando, Muito. Iap. Vô qini, fucaqu. ¶ Item, post atque. Antes mais. Iap. Qeccu, amassaye. Vt de foro, atque adeò de ciuitate sublatus est. ¶ Item, Certamente. Iap. Teido, xicato, fitgiŏni. Aliquando, Agora. Iap. Yma.

Adeòvsque. Lus. Em tanta maneira. Iap. Fodo.

Adeo, is, iui, l, ij, itum. Lus. Yr ter com algué. Iap. Mairu, ficoni aini yuqu. ¶ Adire hæreditatem. Lus. Darse, ou declararse por herdeiro. Iap. Catocu, yuzzuriuo vqetoru. ¶ Item, Tomar, sofrer trabalhos, etc. Iap. Nangui, xinrŏuo vqutu, coraywru. ¶ Item, Acometer. Iap. tori caqutu, xicaqutu.

Adeps, pis. Lus. Gordura, enxundia. Iap. Tori, qedamonono abura.

Adêsus, a, um. Lus. Cousa comida, ou gastada. Iap. Cui ratasaretaru mono.

¶ Adêsa pecunia. Lus. Dinheiro gastado. Iap. Tçucai ratasaretaru cane.

Adeptio, onis. Lus. O alcançar. Iap. Motomuru coto nari.

Adeptus, a, um. Lus. Cousa acquirida, ou alcançada. Iap. Motomeraretaru coto.

Adéquito, as. Lus. Yr a cauallo, ou yndo a cauallo achegarse a algũa parte. Iap. Vmani norite yuqu, l, vmani norite chicazzuqu.

Adêsurio, is. Lus. Ter fome. Iap. Vyeni nozomu, vyuru, catçuyuru.

Adfremo, is. Lus. Bramar, clamar contra algũa cousa. Iap. Mononi taixite vomeqi saqebu.

Adfringo, is. Lus. Quebrar, esmeuçar. Iap. Vchivaru, voru, vchicudaqu.

Adgemo, is. Lus. Gemer. Iap. Vmequ, niyoi vmequ.

Adhábito, as. Lus. Morar junto, ou por so peito. Iap. Qinpenni sumu, l, sobani tachiyoru.

Adhæc, siue adhuc. Lus. Alẽ disso, alem das

cousas ditas. Iap. Sono foca, sonovye, cotoni.

Adhæreo, es. Lus. Estar pegado, ou afferrado. Iap. Tçuqisô, l, fitato toritçuite yru. ¶ Item, Chegarse, encostarse. Iap. Yoritçuqu, yoricacaru.

Adhæresco, is. Idem.

Adhæsio, onis. Lus. O estar junto, ou pegado. Iap. Tçuqisô, toritçuqu coto nari.

Adhæsus, us. Idem.

Adhálo, as. Lus. Assoprar, ou respirar. Iap. Iqiuo fuqicaquru, l, tçuqicaquru.

Adhámo, as. Lus. Atar, & tomar com anzol. Iap. Tçuribarino motte tuouo toru.

Adhibeo, es. Lus. Ajuntar, acrecentar. Iap. Casanuru, cumiyuru, aisoyuru.

¶ Item, Por. Iap. Yocu, caquru.

Adhinnio, is. Lus. Rinchar os caualos entre si. Iap. Inanaqi vô, ibaiqurutu.

¶ Ad orationem alicuius adhinnire (per translat.) Lus. Festejar a oraçam dalgũa chea de beneuolencia. Iap. Cocorozaxino fucaqi cotoba ni canji yorocobu.

Adhorresco, is. Lus. Espantarse muito cõ medo. Iap. Vôqini guiotenxi suru, vosoreuonomoqu.

Adhortatio, onis. Lus. Amoestaçam. Iap. Susumu, susume.

Adhortor, aris. Lus. Amoestar. Iap. Susumuru, fassocu suru, yqen suru.

Adhuc, adu. Lus. Ainda, ategora. Iap. Imada, imamade. ¶ Item, Alem disso, mais ainda. Iap. Sonovye, cotoni.

¶ Adhuc locorum. Lus. Em toda parte. Iap. Izzucunitemo, docomo.

Adiaceo, es. Lus. Estar, ou jazer junto. Iap. Mononofobani yru, fusu.

Adiectio, onis. Lus. Acrecentamento. Iap. Casanuru, soyuru coto nari.

Adiectus, us. Idem.

Adiectiuum, i. Lus. O que se ajunta a outro. Iap. Betni soyeraruru mono.

Adigo, is. Lus. Constranger, empuxar, meter por força. Iap. Susumuru, voxicomu, voxiyuru. ¶ Adigere in verba. Lus. Constranger a alguem q̃ jure con-

conforme ao que dizemos, ou sentimos. Iap. Vaga yŭ coto macoto nari to sucu mete fitoni xeimôni tatçuru. ¶ Adigere iure iurando, siue ad iusiurandum. Lus. Obrigar alguem a jurar com certas palauras que elle lhe dita. Iap. Cuchi vo cuxini xeimon uo tatesasuru. ¶ Adigere arbitrium, l, arbitrum, ij, agere, siue adducere ad arbitrum.

Adjiciales cœnæ. Lus. Hūas ceas esplendidas dos sacerdotes antigos. Iap. Mucaxi no Sacerdotes no qecô naru furumai no yŭ.

Adjicio, is. Lus. Ajuntar, acrecentar. Iap. Sayuru, cuuayuru. ¶ Adjicere oculos ad aliquam rem. Lus. Desejar algũa cousa vista. Iap. Mitaru cotono nozomu. ¶ Adjicere calculum. Lus. Aprouar. Iap. Dôxin suru, dejenni vo yuru.

Adimo, is. Lus. Tirar, tomar. Iap. Torino-qiuru, toru.

Adimpleo, es. Lus. Encher. Iap. Mitasu, ippai iruru. Plin.

Adindo, is. Lus. Por, meter. Iap. Voqu, iruru. Antiq.

Adinstar. Lus. Amaneira, semelhança. Iap. Gotoqu, yŏni.

Adinuenio, is. Lus. Achar, ou inuentar. Iap. Mitçuquru, tazzune idasu, l, tacumi idasu.

Adipâlis, e. Lus. Cousa gorda. Iap. Coyete aburano vouoqi mono, futori xitaru mono.

Adipósus, a, um. Idem. ¶ Item, (sacris literis) Rico. Iap. Fucujin.

Adipatus, a, um. Lus. Cousa que tem mistura da gordura. Iap. Coyetaru mono no aburano majiuaru mono.

Adipiscor, eris. Lus. Alcançar. Iap. Motomuru, mŏquru. ¶ Item, Alcançar, chegar a alguem. Iap. Fitoni voitçuqu.

Aditio, onis. Lus. O yr ter com alguem. Iap. Fitoni aini iqu, l, yuqu coto nari.

Adito, as. frequ. Lus. Yr muitas vezes. Iap. Xiguecu icu, yuqu cayô.

Aditus, us. Lus. Entrada. Iap. Yriguchi, michi.

Adjudico, as. Lus. Aplicar algũa cousa a alguem por sentença. Iap. Nanizo ren o are chi-

rimei naxite yppôni tçuquru. ¶ Item, Atribuir algũa cousa a outro por parecer a elle. Iap. Fitoni cacubetni mata xetmono uo ategŏ.

Adiugo, as. Lus. Ajuntar hũa cousa a outra. Iap. Auasuru, ai soyuru.

Adiumentum, i. Lus. Ajuda. Iap. Cŏriocu.

Adiunctio, onis. Lus. O acrecentar, ou ajuntar. Iap. Soyuru, cuuayuru, tçuqu-ru coto nari. ¶ Item, Inclinação. Iap. Suqi, conomi. ¶ Item, Excepção. Iap. nozoqu, noquru coto uo yŭ. ¶ Item, Exornatio quædam verborũ est, figura dicit.

Adiunctor, oris. Lus. O que ajunta. Iap. Soyuru, auasuru fito.

Adiunctus, a, um. Lus. Ajuntado, ou acrecentado. Iap. Soyetaru mono, cuuayetaru mono.

Adiungo, is. Lus. Atar, ou ajuntar hũa cousa a outra. Iap. Yui auasuru, soyuru.

Adiurgium, ij. Lus. Contenda, ou reprehensam. Iap. Caracai, arasoi, l, isame, modoqi.

Adiurgo, as. Lus. Reprehender. Iap. Modoqu, isamuru.

Adiûro, as. Lus. Iurar. Iap. Xeimon uo tatçuru, chicauo suru. ¶ Item, Esconjurar, ou botar os demonios fora com certas palauras. Lus. Yŏmon uo motte tenguuo xeme idasu.

Adiuto, as. Lus. Ajudar. Iap. Cŏriocu suru, chicarauo soyuru.

Adiûto, as. frequ. Idem.

Adiûtor, aris, pro Adiuuo apud veteres.

Adiûtor, oris. Lus. O que ajuda. Iap. Cŏriocuuo suru mono.

Adiûtrix, icis. fœmin. Idem.

Adiutorium, ij. Lus. Ajuda, socorro. Iap. Cŏriocu.

Adlaboro, as. Vide Allaboro.

Adlumina. Lus. Porteiro. Iap. Mŏyacu

Adlino, vide Allino.

Adlubesco, vide Allubesco.

Admando, as. Lus. Encomẽdar, encarregar. Iap. Tanomu, l, atçucai yuru, macasuru

Admanum. Lus. Emp[r]onto, a mão. Iap. Tegicaqu, temotoni.

Adme-

Admetior, iris, mensus. Lus. Medir. Iap. Facaru, xacudoru.

Adminiculatus, a, um. Lus. Ajudado, sustentado. Iap. Cŏriocu uo vqetaru mono, cacayeraretaru mono.

Adminiculor, aris. Lus. Ter mão com pôtalete, sustentar. Iap. Cacayeru, tçuqe uo cŏ, cŏbari uo cŏ, tçucayeuo cŏ. ¶ Item, per transl. Ajudar. Iap. Cŏriocu suru.

Adminiculo, as. Idem.

Adminiculum, i. Lus. Pontalete. Iap. Tçuqe, cŏbari. ¶ Item, Ajuda. Iap. Cŏriocu.

Administer, i. Lus. O que serue, ou ajuda alguem. Iap. Tçucauaruru mono, l, cŏriocu suru mono.

Administratio, onis. Lus. Administração, gouerno, procuração. Iap. Saban, vosamuru, meǰino coto nari.

Administratiuus, a, um. Lus. Cousa q pertence a administração. Iap. Saban ataru coto.

Administrator, oris. Lus. O que gouerna, ou administra. Iap. Vosamuru fito, saban suru mono.

Administro, as. Lus. Administrar, gouernar. Iap. Vosamuru, sabanturu, macanô.

Admirabilis, e. Lus. Cousa espantosa, ou marauilhosa. Iap. Meô fuxiguinaru coto, jinben, qidocu, qeôcaru coto.

Admirabilitas, atis. Lus. Espanto, marauilha. Iap. Meô fuxigui, jinben.

Admirabiliter, adu. Lus. Marauilhosamente. Iap. Fuxiguini, jinbenni, qidocuni.

Admirandus, a, um. Lus. Digno de admiração. Iap. Vodoroqubeqi mono.

Admiratio, onis. Lus. Admiração, espanto. Iap. Guiŏten, vodoroqi aqiruru coto nari.

Admiror, aris. Lus. Marauilharse, espantarse. Iap. Vodoroqu, guiŏten suru. ¶ Item, louuar, estimar. Iap. Sŏqiŏ suru, mechijiru.

Admisceo, es. Lus. Misturar hũa cousa cõ outra. Iap. Majiyuru, conzuru, cŏjiauasuru.

Admissarius equus. Lus. Cauallo pera casta. Iap. Coua motasuru tamem cai voqu vmano yŏ. ¶ Item, per transl. Admissarius. Lus. Home libidinoso, & muito entregue a deshonestidade. Iap. Côxocuni tonzuru mono.

Admissio, onis. Lus. O admittir, ou dar entrada. Iap. Vqeiruru coto nari, qiyô suru coto nari. ¶ Item, O tempo do cio ou ajuntamento dos animais. Iap. Tori, qedamonono tçurumu jibun, l, tçuramu, tçuguŏ coto nari.

Admissionales. Lus. Porteiros del Rey, ou principe. Iap. Teivô, xôgunno soba.

Admissura, æ. Lus. Tempo do cio, ou ajuntamento dos animais. Iap. Tori, qedamonono tçucaru jibun, l, tçurumu, totçugu cotouo yŭ.

Admistio, onis. Lus. Mistura. Iap. Majiyuru, conji auasuru cotouo yŭ.

Admistus, a, um. Lus. Misturado. Iap. Majiyetaru coto.

Admitto, is. Lus. Aprouar, ou meter dentro, admittir. Iap. Dôxin xite vqegô, l, vqe iruru, qiyô suru. ¶ Item, Fazer, ou commeter. Iap. Itasu, vocasu. Vt, admittere scelus, facinus, &c. ¶ Admittere equum. Lus. Fazer correr o cauallo alargando as redeas. Iap. Tazunauo cutçurete fuxiracasu, caqesasu. ¶ Item, Fazer ajuntar os animais macho com a femea. Iap. Tori, qedamonouo totçugasuru.

Admodulor, aris. Lus. Cantar ou mouerente juntos. Iap. Chôxiuo toroyete vomoxiroqu vtô.

Admodùm, adu. Lus. Muito, grandemente. Iap. Vôqini, icanimo. ¶ Aliquando, Algum tanto, ou moderadamente. Iap. Sucoxi, yoqicoroni.

Admœnio, is, iui. Lus. Derribar os muros. Iap. Tçuigi, camayeuo cuzzuxi cobotçu.

Admolior, iris. Lus. Achegar, aplicar. Iap. Yoxecaquru, tçuquru.

Admoneo, es. Lus. Amoestar. Iap. Xi-

nan

nan furu, yqenuo cuuayiru.

Admonitio, onis. Lus. Amoestaçam. Iap. Xinan, susume. ¶ Admonitio mor bi. Lus. Lembrança, & reliquias da doença. Iap. Vazzuraino nagori.

Admónitus, us. Idem.

Admónitum, i. Idem.

Admónitor, oris. Lus. O que auisa, ou amoesta. Iap. Xinan, l, saifocu suru mono.

Admónitus, a, um. Lus. O que he amoestado. Iap. Susumeraretaru mono, yqenuo cuuayeraretaru mono.

Admordeo, es, di, sum. Lus. Morder, ou roer. Iap. Cuitçuqu, caburu. ¶ Item, per transl. Dar perda. Iap. Sonuo saxuru, ata uo nasu. Plaut.

Admotio, onis. Lus. Achegar, aplicar huã cousa a outra. Iap. Yoxe caquru, saxiatçuru coto nari.

Admótus, us. Idem.

Admótus, a, um, Lus. Cousa posta, aplicada. Iap. Caqeraretaru mono, saxi ateraretaru coto.

Admoueo, es, oui, otum. Lus. Achegar, ou aplicar. Iap. Yosuru, tçuquru, yoxecaquru, l, saxiatçuru.

Admugio, is, iui, itum. Lus. Berrar os boys. Iap. Vxiga foyuru, naqu.

Admurmuratio, onis. Lus. Aplauso que fazem os ouuintes aprouando, ou reprouando. Iap. Dãgui nadouo chōmon xite fofen suru coto nari.

Admúrmuro, as. Lus. Fazer aplauso os ouuintes reprouando, ou aprouando. Iap. Dangui nado uo chōmon xi, fofen suru, l, fome soxiru.

Admútilo, as. Lus. Dar feridas, ou descaçar. Iap. Qizuuo tçuquru, lunbun ni qiru, fqitaqu.

Adnascor, eris. Lus. Nacer apar, ou sobre outra cousa. Iap. Monono sobani xōzuru, l, vmaruru monono vyeni xōzuru.

Adno, as. Lus. Nadando chegar a algũa parte. Iap. Voyoguitçuqu.

Ádnato, as. freq. Idem.

Adnecto, is, xi, xum. Lus. A marrar em algũa cousa. Iap. Yuitçuquru, tçunagu.

Adnicto, as. Lus. Acenar, ou dar dolho. Iap. Mecuuaye, mesaxiqiuo suru.

Adnîtor, eris. Lus. Estribarse. Iap. Fumayuru, sugaritçuqu.

Ádnoto, as. Vide Annoto.

Adnúbilo, as. Lus. Toldarse, escurecerse oceo. Iap. Tenqiga cumoru.

Adnutrio, is. Lus. Criar jũto dalguã cousa. Iap. Monono sobanite sodatçuru, yaxinō.

Adobruo, is. Lus. Cubrir, enterrar. Iap. Vouô, vzzumuru.

Adoleo, es, leui, l, ui, ultum. Lus. Fazer deprecaçõis, & sacrificios queimando cheiros, &c. Iap. Xōcōuo xite qinen suru. ¶ Item, Queimar, ou por sobre o fogo. Iap. Yaqu, finicul uru.

Adolesco, is. eui, l, olui, ultum. Lus. Crecer. Iap. Xeigiō, l, xeijin suru, vaqini naru. ¶ Item, Queimarse, ou acẽderse nos sacrificiôs. Iap. Tamuqeno tcqini yaquru, moyuru.

Adolescens, entis. Lus. Mancebo, ou moço. Iap. Iacunennaru mono.

Adolescétulus, i, & Adolescétula, æ. dimin. Idem.

Adolescentia, æ. Lus. Mocidade, ou idade de mancebo. Iap. Iacunê, xônê.

Adolescentior, aris. Lus. Darse aboa vida, & ociosidade. Iap. Qi accei, quanracuni chōzuru.

Adolescenturio, is. Lus. Fazer como mãcebo, ou remoçarse. Iap. Vacamonobururuo suru, l, vacayagu. Verbum nouum.

Adonai. Nomen Dei apud Hebræos.

Adonia, orum. Festa Adonidi sacra.

Adoperio, is, ui, ertum. Lus. Cobrir. Iap. Cabusuru, vouô.

Adopînor, aris. Lus. Ter opinião, cuidar. Iap. Vomô.

Adoptatitius, Lus. O que he perfilhado, ou adoptiuo. Iap. Yóxini naru mono.

Adoptiuus. Idem. ¶ Adoptiua sacra, quorum ius per adoptionem acquirimus.

Adoptio, onis. Lus. Perfilhamento. Iap. Yóxini nasu coto nari.

Adop-

Adopto, as. Lus. Perfilhar. Iap. Yoxini nasu. ¶ Item, Determinar, escolher. Iap. Yerabi sadamuru.

Ador, indeclin. Lus. Hum genero de trigo. Iap. Muguino taguy. ¶ Adoreũ siue semen adoreum. Idem.

Adoratio, onis. Lus. Adoraçam. Iap. Raifai, rei.

Adordior, iris. Lus. Começar. Iap. Fajimuru, xisomuru.

Adorea, æ. Lus. Gloria, & fama, que se alcança na guerra. Iap. Yumiyano cǒmiǒ.

Adorior, iris, l, eris, ortus. Lus. Acometer. Iap. Caqe mucǒ, xemecacaru. ¶ Item, Trabalhar, por as forças. Iap. Xeiuo iru, chicarauo idasu. ¶ Item Começar. Iap. Xi fajimuru.

Adorno, as. Lus. Ornar, concertar, aparelhar. Iap. Cazaru, xôgon suru, fiqitçucurô, totonoyuru.

Adôro, as. Lus. Adorar. Iap. Vogamu, raifai suru. ¶ Item, Falar a alguem. Iap. Fitoni mucai cataru.

Adortus, a, um. Lus. O que acomete, ou começa. Iap. Caqemucǒ mono, l, xifajimuru mono.

Adpeto, is. Lus. Desejar muito. Iap. Fucaqu nozomu, q̃ ibô suru.

Adplendũ. Lus. Cheo. Iap. Michimichite.

Adplumbo, & Adplumbaturas, vide Applumbo.

Adposco, is. Lus. Pedir. Iap. Monouo cô, xomǒ suru.

Ádprecor, atis. Lus. Pedir, inuocar. Iap. Côi tanomu.

Adprime. vide Apprime.

Adprobus. vide Approbus.

Adpromissor. vide Appromissor.

Adprospero. vide Approspero.

Áppropinquo. vide. Appropinquo.

Adpugno, as. Lus. Pelejar, combater. Iap. Caxxen suru, xeme tatacǒ.

Adpultus, us, Lus. O yr, ou chegar ogado abeber. Iap. Fitçuji, gi uo mizzuuo cauaye fiqi, mizzubo cǒ cotouo yŭ.

Adquò, adu. Lus. Ate quando, ou ate quanto tempo. Iap. Icafodo, itçugoro made.

Adrado, is. Lus. Rapar rente. Iap. Soti farô.

Adrépo, is, Lus. Yr de gatinhas chegandose a algũa parte. Iap. Faiyoru. ¶ Item, per metaph. Entrar, ou chegarse caladamente. Iap. Fitocani faiyru, chicazzuqu.

Adrôdo, is. Lus. Roer ao redor. Iap. Caburimauasu.

Ádrogo, as. vide Arrogo.

Adrûmo, as. Lus. Fazer rumor, ou roido. Iap. Domequ, doximequ, dorômequ.

Adruo, is. Lus. Laurando descobrir, & cauar. Iap. Suqi cayesu.

Adscisco, Adsector, Adsentio, Adsequor, Adsero, Adseruo, Adseuero, Adsicco, Adsideo, Adsigno, Adsilio, Adsimilis, Adsimulo, Adsisto, Adsolet, Adstringo, Adtruo, vide in A, ante, S.

Adscio, siue adscisco. Lus. Ajuntar. Iap. Soyuru. ¶ Item, Aprouar. Iap. Dôxin xite vqegǒ.

Adscitus, a, um. Lus. Tomado, ou recebido. Iap. Toritaru, l, vqetaru mono.

Adscribo, Adscripto, Adscriptio. vide Ascribo.

Adsestrix, icis. vide Assestrix.

Adsignifico, as. Lus. Significar. Iap. Xiraxuru, arauasu.

Áditus, a, um. Lus. Cousa prãda a parte dalgũa cousa. Iap. Menono sobani vyetaru mono.

Adspuo, is, ui, utum. Lus. Cuspir pera alguem. Iap. menoni tçuba faqicaqeru.

Adstipulor, Adstituo. vide A, ante, S.

Adsum, es, fui. Lus. Estar presente. Iap. Mayeni yru, l, aru, l, ariyǒ. ¶ Item, Estar perto, ou vir ja por caminho. Iap. Chicayoru, chicazzuqu. ¶ Item, Ajudar. Iap. Côriocu suru. ¶ Adesse animo, l, animis. Lus. Estar propicio, & atento Iap. Cocorouo tçuqete qiqu. ¶ Item Chegar, (secunda persona.) Iap. Tçu

D

qu, yoru. ¶ Item, Vir. Iap. Citaru, quru. ¶ Item, Estar, ficar. Iap. To maru, todo maru.

Ad tempus, adu. Lus. Por algum tempo. Iap. Xibaxiga fodo, aida.

Adtexo, vide Attexo.

Adtibernalis, siue Attibernalis. Lus. O q habita em casas de taboas. Iap. Ita baca ni nite tçucuritaru iyeni sumu mono.

Adtondeo, vide Attondeo.

Aduectio, onis. Lus. O trazer de carreto. Iap. Mochi facobu coto nari.

Aduectus, us. Idem.

Adueho, is, exi, ctum. Lus. Leuar, ou trazer de carreto. Iap. Mochi facobu, mo te mairu.

Aduecto as, frequ. Idem.

Aduêlo, as. Lus. Cobrir. Iap. Cabusuru, vouô.

Áduena, æ. Lus. Estrangeiro. Iap. Yco cujin, tabijin tacocujin.

Aduéneror, aris. Lus. Reuerenciar, honrar. Iap. Vyamô, mochijru.

Aduenio, is. Lus. Chegar. Iap. Tçuqu, chicazzuqu. ¶ Item, Acontecer. Iap. Xutrai suru, idequru.

Aduentitius, a, um. Lus. Cousa fortuita q naõ se esperaua. Iap. Zonguanno coto, fu io naru coto. ¶ Item, Cousa que vẽ de fora. Iap. Yso yori qitaritaru coto.

Aduento, as. Lus. Chegar, ou vir perto. Iap. Tçuqu, I, chicayoru, chicazzuqu.

Aduentor, oris. Lus. O que vem muitas vezes. Iap. Saisai cayô mono.

Aduentorius, a, um. Lus. Cousa que se offerece, ou da ao que vem. Iap. Yoso yori qitaru fitoni atayuru mono.

Aduentus, us. Lus. Vinda, ou chegada. Iap. Raigui, sanchacu.

Aduerbero, as. Lus. Açoitar, dar pancadas. Iap. Chôchacu suru, vtçu.

Aduerbium, quasi iuxta verbum dicitur, quia in oratione prope verbum ponitur.

Aduersans, antis. Lus. O que contraria. Iap. Sacô mono, teqitô mono.

Aduersaria, orum. Lus. Rois, ou liuro de lembrança. Iap. Fumicqi, nicqi.

Aduersarius, ij. Lus. Aduersario, ou parte contraria. Iap. Teqitô mono, cuji tatamaite.

Aduersaria, æ. fœm. idem.

Aduersarius, a, um. Lus. Cousa contraria. Iap. Teqitô mono, atani naru mono.

Aduersator, is, oris. Lus. O que contradiz, ou contraria. Iap. Teqitô mono, taicai suru mono.

Aduersatrix, icis. fœm. Idem.

Aduersitas, atis. Lus. Contrariedade. Iap. Teqitô, tatacô cotouo yů.

Aduersio, onis. Lus. O vender, ou comprar muitas cousas juntas por hum preço. Iap. Xujuno vrimonouo vonaji neni vricô cotouo yů.

Aduersitores. Lus. Criados que acompanham o senhor. Iap. Xujinno tomouo suru fiquan.

Aduersor, aris. Lus. Contrariar. Iap. Teqitô, tataçô, tenqi suru.

Aduerso, as. Idem, apud antiquos.

Aduersus, a, um. Lus. Cousa contraria, incommoda. Iap. Teqitô mono, taican suru mono, atani naru coto. ¶ Aduersum, absol. Mal, roim sucesso. Iap. Acuji, axiqi xiauaxe. ¶ Item, Cousa que esta de fronte, ou diante. Iap. Vcmote ni aru coto, mayeni aru coto. ¶ Item, Cousa fronteira doutra parte. Iap. Mucaini aru mono, mucô mono.

Aduersus, l, Aduersum, Præpos. Lus. Contra. Iap. Taixite, teqitôte, Aliqñ. Pera com. Iap Tameni, taixite. ¶ Itẽ, Conforme, segundo, Iap. Xitagatte, võjite. ¶ Item, Diante, ou de frõte. Iap. Mucote.

Aduerto, is. Lus. Virarse perá algũa parte. Iap. Muquru, muqu, mucô. ¶ Item, Atétar. Iap. Cocoro yuru, xinio o cuuayuru. ¶ Item, Conuerter, attrahir asi. Iap. Fitono cocorouo vaga catani ficçu, biqi ru, iççuqeru. Plin.

Aduesperáscit, ebat. Lus. Fazerse tarde.

Iap.

Iap. Banzuru, banni naru.

Aduigilo, as. Lus. Vigiar. Iap. Yoban suru. ban suru. ¶ Item, pertransl. Por diligencia, e cuidado. Iap. Cocorogaqete qedai naqu mono uo tçutomuru.

Áduiuo, is. Lus. Viuer ainda. Iap. Mada iquru.

Adulatio, onis. Lus. Lisongeria. Iap. Tçuixô.

Adulator, oris. Lus. Lisongeiro. Iap. Tçuixônin, neijin.

Adulatrix, icis. fœmin. Idem.

Adulatorius, a, um. Lus. Cousa de lisongeria. Iap. Tçuixôni ataru coto.

Adulor, aris, vel adúlo, as. Lus. Lisongear. Iap. Tçuixô suru, fetçurô.

Adúlo, as. Idem. ¶ Item, Lamber, beber. Iap. Namuru, nomicomu.

Adúlter, i. Lus. Adultero. Iap. Mauotoco, bicquai suru fito, mippu.

Adulterinus, a, um. Lus. O que naçe de adulterio. Iap. Micquai no michi yori môqetaru co. ¶ Item, Cousa falsa, ou falsificada. Iap. Tçucuricoto, caiumetaru coto; vt Adulterinæ literæ, &c.

Adulterium, ij. Lus. Adulterio. Iap. Tabon, bicquai. ¶ Item, Transfertur ad alia, vt Adulteria naturæ. Lus. Obras que não sam verdadeiramente naturais. Iap. Xôtocuno michini fazzureta ideqitaru coto. ¶ Adulteria mercis. Lus. Enganos da mercancia. Iap. Xôbaino nuqi. ¶ Item, Adulteria arborum. Lus. Enxertos. Iap. Tçuguiqi.

Adúltero, as, l, Adulteror, aris. Lus. Adulterar. Iap. Tabonuo vocasu. ¶ Itẽ, Falsar. Iap. Nixecotouo suru: vt tçucurigaqeuo suru.

Adúlteror, aris. pass. Idem.

Adulteratus, a, um. Lus. Cousa falsificada. Iap. Nixe mono, nuqu tameni tçucuritaru coto.

Adultus, a, um. Lus. Cousa crecida, e de perfeita idade. Iap. Xeigiô, l, xeijin xitaru mono. ¶ Adultus iuuenis. Lus. Mancebo que esta na flor da idade. Iap. Toxizacarino fito. ¶ Virgo adulta. Lus. Dózella ja de idade pera casar. Iap. Cayẽuo musubu beqi coronio nhonin. ¶ Item, Cousa queimada. Iap. Yaqetaru coto.

Adumbratim, adu. Lus. Hum pouco escuro. Iap. Vsuguroqu, vsugumoritẽ, casumete.

Adumbratio, onis. Lus. Sombra, semelhança. Iap. Cague, l, manabu, nisuru coto uo yŭ.

Adumbro, as. Lus. Fazer sombra. Iap. Cagueuo sasu, vrçusu. ¶ Item, Debuxar, ou contrafazer. Iap. Xitayeuo suru, l, tçucuricoto, l, nixecotouo suru. ¶ Item, Imitar. Iap. Manabu.

Adunati. Lus. Iuntos. Iap. Fitotçuni naritaru mono, açumaritaru mono.

Aduncitas, atis. Lus. Encoruadura. Iap. Cagamitaru cotouo yŭ.

Aduncо, as. Lus. Encuruar. Iap. Magaru, cagamuru.

Aduncus, a, um. Lus. Cousa curua, ou reuolta. Iap. Magaritaru mono, cagamitaru mono.

Ad vnguem. Lus. Perfeita, e acabadamẽte. Iap. Taxxite.

Aduno, as. Lus. Ajuntar, vnir. Iap. Atçumuru, soroyuru, fitotçuni nasu.

Ad vnum. Lus. Todos sem ficar nenhum. Iap. Cotogotocu, fitotçu, l, fitorimo no corazu.

Aduocatio, onis. Lus. Ajuntamento de amigos em algum negocio. Iap. Dancô nadono tameni chijnno atçumaruuo yŭ. ¶ Item, Consulta. Iap. Dancô, fiǒgiô.

Aduocatus, i. Lus. Auogado, ou procurador dalgũa causa. Iap. Cuji satano sabaqite, atçucaite, toriatçucaite.

Áduoco, as. Lus. Chamar, ou conuocar em sua ajuda. Iap. Vaga côrioccuni yobi atçumuru.

Áduolo, as. Lus. Voar pera algum lugar. Iap. Tobi yataru. ¶ Item, Yr depressa, ou correr. Iap. Isogui yuqu, faxiru.

Aduolatus, us. Lus. O voar pera algũa parte. Iap. Tobivataru coto nari.

Aduplico, is. Lus. Leuar algũa cousa rodeado, ou ẽ côbos. Iap. Corobacaxi yaru, cocasu. ¶ Aduolut⁹ genibus. Lus. posto de joelhos. Iap. Fizamazzuite yru mono.

Ad votum. Lus. A vontade. Iap. Zonbunno mama, cocorono mama.

Adurgeo, es. Lus. Apertar muito, constranger. Iap. Voxitçuquru, voxiçumuru, ç ucemuru.

Aduro, is. Lus. Queimar. Iap. Yaqu.

Adustio, onis. Lus. O queimar. Iap. Yaqu coto nari.

Adusque. Lus. Ate. Iap. Made.

Adytum, i. Lus. Capella, ou lugar interior do templo. Iap. Naijin, bucden, fôden.

A ANTE E.

Æ Depol, idem ædepol.

Ædes, in vtroque numero. Lus. Templo, ou lugar sagrado. Iap. Tera, Foden. Sed fere semper cum additione, vt ædes sacræ, &c. ¶ Item, Casas. Iap. Iye, denraqu. ¶ Item, Ædis in singul. Idem.

Ædicula, æ. Lus. Casa pequena. Iap. Chijsaqi iye. ¶ Item, Capella. Iap. Fôden, mitono vchi. ¶ Item, Caixa, ou tabernaculo, onde esta a imagem. Iap. Zzuxi. Aliquando, Camarazinha. Iap. Chijsaqi feya.

Ædificatio, onis. Lus. O edificar. Iap. Conriu suru coto nari.

Ædificator, oris. Lus. O que edifica. Iap. Conriu suru mono.

Ædificatiuncula, æ. dim. Lus. Pequena fabrica, edificio. Iap. Cozôsacu.

Ædificium, ij. Lus. Edificio. Iap. Côriu, zôsacu, zôyei. ¶ Item, Chão do edificio. Iap. Iye nadouo tatçuru jiai.

Ædiles. Lus. Almotaceis. Iap. Machi buguio.

Ædilitas, atis. Lus. Officio de Almotacel. Iap. Machibuguiono yacu.

A ANTE AE.

Ædilatus, us. Idem.

Ædilitius, a, um. Lus. Cousa que pertence a almotacel. Iap. Machibuguioni ataru coto.

Ædilitius, ij. Lus. O que foi almotacel. Iap. Machino xenbuguiô.

Æditimus, i. Lus. Sanchristam, ou q̃ tem o cuidado da Igreia. Iap. Terano yacuxa.

Æditius, ij. Lus. O juiz eleito por hũa das partes. Iap. Yppô yori yerabi idasaretaru tadaxite.

Æditui, & Æditui nos. Lus. Guardas, ou defensores do templo, ou das cidades. Iap. Tera, moxiua iyeuo xugo suru, mamoru.

Æditus, a, um. Lus. cousa alta, & forte. Iap. Tacaqu tçuyoqi mono. ¶ Ædita loca. Lus. Lugares altos, & eminentes. Iap. Yononacacori yamamo tacaqi tocoro.

Æditumus, i. Lus. Sanchristam, ou o que tem o cuidado da Igreja. Iap. Terano yacuxa.

Æger, a, um. Lus. Doente. Iap. Biôja, yamaibito. Tam de animo dicitur, quã de corpore.

Ægialus, i. Lus. Praya. Iap. Fama, iso.

Ægloga, æ. Lus. Versos, ou poesia Pastoril. Iap. Vxicai catarino vta, xiicara.

Ægonomus, i. Lus. Pastor de cabras. Iap. Yaguiuo cŏ mono.

Ægrè, adu. Lus. Com enfadamento, & dor. Iap. Taicut xite, monzacu xite, canaxiqute. ¶ Item, Com trabalho, & difficuldade. Iap. Fuxô buxôni. ¶ Ægrè est mihi. Lus. Doeme. Iap. Itamu, vazzurô. Plaut. ¶ Ægrè facere alicui. Lus. Enfadara alguem. Iap. Taicut, l, qizzucaiuo caquru.

Ægresco, is. Lus. Agrauarse mais a doença. Iap. Yamaiga vomoru. Et proprie de animo dicitur.

Ægritudo, inis. Lus. Paixão, ou affecto desordenado da alma. Iap. Cocoro no yamai, xinqi, nindan faxa mozuru aiyû. ¶ Item, Doença do corpo. Iap. Xiqicai no yamai.

Æ gri-

Ægrimonia, æ. Idem.

Ægrotatio, onis. Lus. Doença. Iap. Yamai, biôqi. Aliquãdo etiam de animo dicitur.

Ægroto, as. Lus. Estar doente. Iap. Vazzurô, yamu. Transfertur etiam ad animum.

Ægrotus, a, um. Lus. Doente. Iap. Biôja, yamu mono.

Æmulatio, onis. Lus. Imitaçam, ou enueja. Iap. Manabu, l, sonemu coto nari.

Æmulator, oris. Lus. Emulo, ou enuejoso. Iap. Guaxinyô mono, sonemu mono, sonemi arasô mono. ¶ Item, O que estuda, ou aprende a mesma cousa com outros. Iap. Dôgacu, vonaji nôgueiuo narô fito.

Æmulor, aris. Lus. Imitar. Iap. Manabu. ¶ Item, Ter enueja. Iap. Sonemu, netamu, vqenarigaru, vrayamu.

Æmulus, i. Lus. Enuejoso. Iap. Sonemu mono. ¶ Item, O que estuda, ou aprende a mesma cousa com outros. Iap. Dôgacu, vonaji nôgueiuo narô fito.

Æmulus, a, um. Lus. O que emita. Iap. Manabu fito. ¶ Item, O que tem enueja. Iap. Sonemu mono.

Æmulum solis, et lunæ, sydus veneris dicitur.

Æneatores. Lus. Trombeteiros. Iap. Canano caitouo fuqu mono.

Æneus, a, um. Lus. Cousa de metal. Iap. Caracane, l, acagane nite tçucuritaru mono.

Ænigma, atis. Lus. Enigma, ou questaõ escura de entender. Iap. Nazo, l, fumbet xigataqi fuxin.

Ænigmaticus, a, um. Lus. Cousa escura que tem enigma. Iap. Futaqi cotouari no comoritaraxin.

Ænigmatistes. Lus. O que faz, ou propoem enigmas. Iap. Nazouo taçuru ida fu, l, caqeçuru fito.

Æneum, i. Lus. Caldeira, ou caldeiram. Iap. Cama, quanfu.

Æneus, a, um. Lus. Cousa de cobre. Iap. Acagane nite tçucuritaru dôgu.

Æquabilis, e. Lus. Igual, vniforme. Iap. Fitoxiqi coto, biôdô naru coto, vonajiyô naru coto.

Æquabilitas, atis. Lus. Igualdade, vniformidade. Iap. Vonaji fodo, vonajiyô, fitoxiqi cotouoyû, chûyô naru cotouoyû.

Æquabiliter, Lus. Igual, e vniformemente. Iap. Vonajiqiyôni, fitoxiqu, biôdôni.

Æquævus, a, um. Lus. Igual, e da mesma idade. Iap. Dônennaru mono.

Æqualis, e. Lus. Cousa igual, do mesmo tamanho. Iap. Vonaji yônaru mono, l, vonaji fodonaru mono. ¶ Item, Cousa semelhante. Iap. Nitaru coto. ¶ Itẽ, Igual na idade. Iap. Dônennaru mono.

Æqualitas, atis. Lus. Semelhança, ou igualdade. Iap. Nitaru coto, l, vonaji fodo, vonaji yônaru cotouoyû.

Æqualiter, adu. Lus. Igualmente, semelhantemente. Iap. Vonajiqi yôni, biôdôni, nixete.

Æquamentum, i. Lus. Igualdade de pesos, ou doutras cousas. Iap. Taiyô naru cotouo yû, facarino caqeyô cotouo yû.

Æquanimis, e, l, æquanimus, a, um. Lus. Moderado, e igual assi na aduersidade, como na prosperidade. Iap. Gôxin naru fito, l, yxeinimo, nanguinimo cocorono cauarazaru fito, l, yeijocu tomoni vogorazu, chicarauo votosazaru mono.

Æquanimiter, adu. Lus. Moderadamente, com paciencia. Iap. Yxeinimo, nanguinimo cocorono cauarazu, chûyôuo mamorite, cannin xite.

Æquanimitas, atis. Lus. Fauor, vontade beneuola. Iap. Qixocu, qiguen yoqu chisô itaru cotouo yû.

Æquatio, onis. Lus. Igualdade. Iap. Taiyô.

Æquator, oris. Lus. Linha equinocial. Iap. Tenno chûuô.

Æquè, adu. Lus. Igualmente, justamente. Iap. Vonajiqi yôni, fodo, qentôni. ¶ Item, Addito ac, vel atque, significat tam,

tam, vel tantum, l, similiter. Lus. Tanto, ou semelhantemẽte. Iap. Fodo, gotoqu: vt miseræquè atque ego.

Æquidiale, ab antiquis dictum, quod nũc dicimus æquinoctiale.

Æqui boniq; facio. Lus. Tomar em boa parte. Iap. Yoqi catani vomoi nasu. ¶ Ex æquo, & bono æstimare. Lus. Iulgar rectamente. Iap. Qenbŏni vomŏ, tadasu. ¶ Æquum, et bonum impetrare. Lus. Alcançar seu direito. Iap. Qenbŏ no vye yori vareni ataru cotouo motomuru.

Æquidium. Lus. Equinocio. Iap. Chŭyano nagasa vonajifodo naru jibũ. Antiq.

Æquilatatio, quasi æqualium linearũ productio secundum latitudinem.

Æquilanium, siue Æquilauium. Lus. A metade dalgũa cousa. Iap. Yorozzuno monono fanbunuo yŭ.

Æquilibris, e. Lus. Cousa de igual peso. Iap. Vonaji vomosano mono, vonaji facarimeno mono. ¶ Item, Qualquer cousa igual. Iap. Vonajiyŏ naru coto.

Æquilibrium, ij. Lus. Igualdade no peso da balança. Iap. Tenbinno farino cuchi no vŏ cotouo yŭ.

Æquilibritas, atis. Lus. Igualdade. Iap. Taiyŏ, facarimeno vonaji cotouo yŭ.

Æquimanus. Lus. O que joga dambas as maõs, ou direito dambas as maõs. Iap Riŏno teno vonajiyŏni qiqu mono.

Æquinoctium, ij. Lus. Igualdade dos dias, e noites. Iap. Chŭyano nagasa vonajiqi tociuo yŭ.

Æquinoctialis, e. Lus. Cousa desta igualdade dos dias, e noites. Iap. Chŭyano nagasa vonajiqi jibunni ataru coto.

Æquiparabilis, e. Lus. Cousa que se pode igualar ou comparar. Iap. Curaberaruru mono, naraberaruru mono.

Æquiparatio, onis. Lus. Igualamento, ou comparaçam. Iap. Taiyŏ, l, curaburu, l, naraburu coto nari.

Æquiparo, as. Lus. Igualar, comparar. Iap. Naraburu, curaburu, fisuru.

Æquipolleo, es. Lus. Valer, ou poder igualmente. Iap. Vonajiqu chicara aru, taiyŏ naru.

Æquipondium, ij. Lus. Igualdade do peso. Iap. Vonaji vomosa, vonaji facarime.

Æquitas, atis. Lus. Igualdade, e iustiça. Iap. Taiyŏ, qenbŏ. ¶ Æquitas animi. Lus. Constancia, e igualdade do animo. Iap. Gŏxin, suuaritaru cocoro.

Æquiualeo, es. Lus. Valer, ou poder igualmente. Iap. Vonaji chicara aru, taiyŏ naru.

Æquiuocum, i. Lus. Palaura q̃ tem muitas significaçŏis. Iap. Cocorono vouoqu sonauaru cotoba.

Æquo, as. Lus. Igualar, ou comparar. Iap. Taiyŏni nasu, tairacani nasu, l, naraburu, l, cacuraburu. ¶ Item, per transl. Diuidir igualmente. Iap. Vonajiyŏni faburi suru. ¶ Aliqñ. Continuar. Iap. Tçuzzuquru. ¶ Item, Alcançar, ou igualarse em algũa cousa. Iap. Gacumon nadoni voitçuqu, narabu.

Æquor, oris. Lus. Mar. Iap. Vmi. ¶ Item, Planicie da terra, ou campo. Iap. Nobarano feiteito xitaru cotouo yŭ, feigi. ¶ Aliquando, Ar. Iap. Cocŭ, vŏzora, fŭdai.

Æquoreus, a, um. Lus. Cousa que pertence ao mar. Iap. Vmini ataru coto.

Æquum, i. Lus. Igualdade, e justiça. Iap. Taiyŏ, qenbŏ.

Æquus, a, um. Lus. Cousa igual, plaina. Iap. Tairacanaru coto, fitoxiqi coto, taiyŏ naru coto. ¶ Item, Recto, e justo. Iap. Qenbŏ naru coto, tadaxiqi mono. ¶ Aliqñ. Cousa fauorauel. Iap. Cocoro yoqu hijŏ suru fito, l, cocorono mama naru coto.

Aër, aëris. Lus. Ar. Iap. Fŭdai, vŏzora. ¶ Aliqñ. Vento. Iap. Caje. ¶ Itẽ, Som, ou soido. Iap. Voto, fibiqi.

Æra, æ. Lus. Hũa nota de numero senalada na moeda por onde se entendia o preço della. Iap. Guinxenno neuo xirasuru voxitçuqetaru xiruxino yŭ. ¶ Item, Io yo.

yo, Iap. Carafu mugui.

Æramentum, i. Lus. Obra feita de cobre. Iap. Acagane nite tçucuritaru mono.

Ærarium, ij. Lus. Lugar do thesouro publico. Iap. Coccano tameni tacarauo tacuuaye voqu tocoro. ¶ Item, Dinheiro publico. Iap. Coccano tameni vo tacume voqu cane.

Ærarius, a, um. Lus. Cousa que pertence a cobre, ou a dinheiro publico. Iap. Acagane, l, coccano tameni tacuuaye vocaretaru caneni ataru coto.

Ærarius, ij. Lus. Official de obra de cobre. Iap. Acaganezaicu. ¶ Ærarius præfectus, Lus. Thesoureiro, ou almoxarife. Iap. Coccano caneno buguiô. ¶ Ærarius tribunus. Lus. Recebedor que paga os soldados. Iap. Caneuo voqetorite buxixuni faibun suru buguiô. ¶ Ærarius miles. Lus. Soldado que recebe soldo. Iap. Fuchicatauo toru buxi.

Æratus, a, um, Lus. Cousa chapeada, ou cuberta de cobre. Iap. Acagane nite qixemono xitaru, l, tçutçumitaru dôgu. ¶ Æratus homo. Lus. Homẽ endinheirado. Iap. Caneuo vôtaru fito.

¶ Item, Homẽ endinheirado. Iap. Cane mochi. Plaut.

Æreus, a, um. Lus. Cousa feita de cobre. Iap. Acagane nite tçucuritaru mono.

Ærica, æ. Lus. Hum peixe. Iap. Vuo no na.

Ærifer, a, um. Lus. Cousa que traz cobre. Iap. Acaganeuo mochi qitaru mono.

Ærificium, ij. Lus. Obra feita de cobre. Iap. Acagane nite tçucuritaru dôgu.

Ærineus, a, um. Lus. Cousa feita de joyo. Iap. Carasumugui nite tçucuritaru coto.

Ærinus, a, um. Idem.

Aëripes, edis. Lus. Cousa ligeira, ou veloz. Iap. Acaqiqi, axibaya naru mono.

Æripes, trium syllabarum. Lus. Cousa que tem pés de cobre, ou chapeados de cobre. Iap. Acaganeno axino mono, l, acagane nite tçucuritaru axi.

Aëreus, l, Aërius, a, um. Lus. Cousa que

se faz, ou viue no ar. Iap. Fôdaini idequru mono, l, cûgiũni sumu mono.

¶ Item, Cousa alta. Iap. Tacaqi coto, sobiyetaru coto.

Ærisonus, a, um. Lus. Cousa que faz so de cobre. Iap. Acaganeno gotoqu fibiqu mono.

Æro, as. Lus. Chapear, ou cobrir de cobre. Iap. Acaganeno qixemonouo suru, acaganeno canauonouo vchitçuqequru, l, acagane nite tçutçumu.

Ærôsus, a, um. Lus. Cousa que tem muito cobre, ou tem mestura de cobre. Iap. Acaganeno vouoqi mono, l, acaganeno majiuaritaru coto. ¶ Ærôsus lapis. Lus. Pedra de que se tira cobre. Iap. Acaganeno aru axi.

Ærûgo, inis. Lus. Azinhabre do cobre, ou metal. Iap. Acagane nado yori idequru rocuxô. ¶ Item, Ferrugem das sementeiras. Iap. Muguino foni tçuqu cuchi.

Æruginosus, a, um. Lus. Cousa chea, ou coberta de azinhabre. Iap. Rocuxôno fuqi idetaru coto, rocuxôno vouoqu aru mono.

Ærumna, æ. vel Ærumnula. Lus. (Propriè) Hũa certa forquilha em que os caminhantes amarram o fato que leuam. Iap. Caxezzuye. ¶ Item, Trabalho, ou afflição. Iap. Xincu, xinrô.

Ærumnosus, a, um. Lus. Cousa chea de trabalhos, e afflições. Iap. Xincu, xinrôno vouoqi mono, nangui naru coto.

Ærumnabilis, e. Idem.

Ærumnalis, e. Idem.

Ærufcator, oris. Lus. O que com artes, e enganos ajunta dinheiro de ca, e de la. Iap. Chôracu, tabacari vomotte coco caxico yori caneuo tori atçumuru mono.

Ærusco, as. Lus. Ajuntar dinheiro com artes, e enganos. Iap. Chôracu, tabacari vomotte caneuo tori atçumuru, motomuru. Antiq.

Æs, æris. Lus. Cobre. Iap. Acagane. ¶ Itẽ, Dinheiro. Iap. Ieni, cane. ¶ Iẽ,

Tem

Trombeta. Iap. Caneno cai. ¶ Æs nostrum. Lus. Dinheiro que nos deuem. Iap. Fitoni voxetaru cane. ¶ Æs militare. Lus. Dinheiro que se paga aos soldados. Iap. Buxiniuo fuchicatamo cane. ¶ Æs alienū. Lus. Diuida. Iap. Voimono, fumot. ¶ Æs ductile. Lus. Metal facil de lauar. Iap. Nobeyasuqu, yauaracanaru cane. ¶ Æs caldarium. Lus. Cobre, ou metal que se funde. Iap. Fuqitaru cane, caracane. ¶ Ære diruti milites. Lus. Soldados a que por ignominia tirauam o soldo. Iap. Quatainifuchicata uo fanaxi, fagimi voyobaxetaru buxi. ¶ Aliquem in ære suo esse. Lus. Ter alguem por amigo, & obrigado com boas obras. Iap. Vonxŏ vo motte fucaqi chijimi musubi naxitaru cotouo yŭ.

Æstas, atis. Lus. Estio. Iap. Natçu.

Æstimabilis, e. Lus. Cousa q̃ se pode estimar, ou aualiar. Iap. Mochijraruru mono, l, neuo tçuqeraruru mono, l, atai aru mono.

Æstimatio, onis. Lus. Estima, ou valia. Iap. Mochijru, l, neuo tçuquru coto nari.

Æstimator, oris. Lus. O q̃ cōsidera, ou apreça. Iap. Xian suru mono, vomō mono, l, neuo tçuquru mono.

Æstimo, as. Lus. Considerar, estimar. Iap. Xian suru, vomô, l, mochijru. ¶ Item, Aualiar, ou apreçar. Iap. Neuo tatçuru, tçuquru. ¶ Interdū, cum accusat. l, ablat. cum præpositione. Iulgar, ou ponderar. Iap. Tadasu, xian xitemiru. ¶ Æstimare litem. Lus. Aualiar as custas da demanda. Iap. Cuji satani iritaru zōsa, xitçuiuosanyô suru.

Æstifer, a, um. Lus. Cousa calmosa. Iap. Atçuqi coto, danqi naru coto. ¶ Itē, Encalmado, ou que padece calma. Iap. Atçuqi inono, yentenuo xinogu mono, atçusauo corayuru mono.

Æstiua, orum. Lus. Lugares frescos, e sombrios pera passar a calma no estio. Iap. Suzumidocoro, suzuxiqi tocoro, chin. ¶ Itē, Os gados q̃ estã ē lugares sombrios. Iap. Suzuxiqi tocoroni atçumeuoqu fitçuji, guiubu. ¶ Item, os mesmos lugares onde esta o gado pola calma. Iap. Fitçuji, guiubano atçumeuoqu suzuxiqi tocoro, cotaguie. ¶ Æstiua castra. Lus. Lugares onde os soldados passam o verão. Iap. Buxiuo yentenuo xinogui vocuru tocoro.

Æstiuo, as. Lus. Ter o estio em algūa parte pera passar as calmas. Iap. Yentenuo xinogu tameni, qioxouo cayuru.

Æstiuus, a, um. Lus. Cousa de estio. Iap. Natçuni ataru coto.

Æstuarium, ij. Lus. Esteiro do mar. Iap. Fiqita tomo nari, vmi tomo naru iriye.

Æstuatio, onis. Lus. Ajuntamento, e turbação. Iap. Munaguruxi saugu cotouo yŭ.

Æstuo, as. Lus. Ter calma, ou feruer. Iap. Yentecu, atçuxi, l, taguiru. ¶ Item, per transl. Affligirse, angustiarse de duuida, e perplexidade. Iap. Vomoi vazzurŏ, qizzucauŏ, xemeraruru. ¶ Aliqñ. Ondear, reuoluerse o mar. Iap. Vxiuo minaguiri saugu.

Æstuosus, a, um. Lus. Cousa calmosa. Iap. Atçuqi coto, fomequ coto.

Æstus, us. Lus. Calma, e grande calor do sol. Iap. Atçusa, yentē. Aliqñ. Mouimento, ou inquietação das ondas do mar. Iap. Namino sachi saugu cotouo yŭ. ¶ Secundo æstu procedere. Lus. Ir prosperamente. Iap. Sacaye yuqu. ¶ Item, Escrupulo, e duuida. Iap. Cocorogu ruxiqi fuxin. Plin. Itē.

Ætas, atis. Lus. Idade. Iap. Youai, nenrei, iudai. Interdum, Anno. Iap. Toxi. ¶ Item, Espaço de trinta annos. Iap. Sanjŭnenno aidauo yŭ. ¶ Interdum Espaço de cem annos. Iap. Fiacunenno aidauo yŭ. ¶ Item, Qualquer tempo, ou idade cōprida. Iap. Nagaqi jidai, youai. ¶ Ætas mala. Lus. Velhice. Iap. Rŏnen, voi. ¶ Ætas bona. Lus. Idade de mācebo. Iap. Vacaqi youai. ¶ Ætatem aliquid esse, aut facere. Lus. Durar, ou fazer algūa cousa per muito, e continuado tēpo. Iap. Nagabiqi, fisaxiqu cutayete coto

cu,

qu, Issaxiqu aitçuzzuqete monouo ſuru.

Ætatula, æ. Lus. Idade pequena, e tenra. Iap. Yôchinaru youai, y itoqenaqicoro, yôxô.

Æternitas, atis. Lus. Eternidade. Iap. Vouari naqi cotouo yŭ, Furaino fuiqi.

Æterno, as. Lus. Perpetuar. Iap. Fatexi naqu todocaſuru, itçumademo cotaye ſaſuru.

Æternus, a, um. Lus. Couſa perpetua. Iap. Vouarinaqi coto, muxi mujŭ naru mono. ¶ Æternùm, l, Æternò, adu. Lus. Pera ſempre. Iap. Itçumademo, furaini, fatexi naqu.

Æthaliones. Lus. Cegarregas. Iap. Xemi.

Æther, eris. Lus. Ceo. Iap. Ten. ¶ Itẽ, Ar. Iap. Fŭdai, vôzora.

Æthera, æ. Idem.

Ætherius, a, um. Lus. Couſa do ceo, ou do ar. Iap. Ten, l, vôzorani ataru coto.

Æthra, æ. Lus. Reſplandor do ar. Iap. Fŭquŏ, vôzorano ficari. ¶ Itẽ, Ar. Iap. Fŭdai, vôzora.

Æuitas, atis. Lus. Idade, ou muitos annos, velhice. Iap. Youai, nenrei, jidai, l, rŏnen, ſunenno fetaru cotouo yŭ.

Æuum, i. Lus. Ydade, tempo comprido, ou perpetuo. Iap. Nagaqi youai, faruca naru jidai, l, vouari naqi youai. ¶ Æuiternus. Lus. Couſa antiga, & de muytos annos. Iap. Nagaqi youaino mono, toxiuo fetaru mono.

A ANTE F.

Affabilis, e. Lus. Affauel, cortès, & aprazíuel na pratica. Iap. Fitoaino yoqi mono, yexacuno yoqi fito, jinjŏ naru mono.

Affabilitas, atis. Lus. Affabilidade, & corteſia no falar. Iap. Fitoaino yoqi cotouo yŭ, yoqi yexacu, jinjŏſa.

Affabiliſsimè. Lus. Muito affauel, & cortesmente. Iap. Ychidan yexacu yoqu, icanimo jinjŏni.

Affabrè, adu. Lus. Artificioſa, & eſquiſitamente. Iap. Teuo comete, teguiuani tçucuite, xixxite.

Affabrum, i. Lus. Couſa feita artificioſamente. Iap. Teuo comete tçucuri totonoyetaru coto. Apud Antiquos.

Affabulatio, onis. Lus. Moralidade da fabula. Iap. Tçucuri monogatarino xitagocoro.

Affaniæ, arum. Lus. Chocarrices, ou mentiras. Iap. Zŏua, zŏtan, l, itçuuaritaru fanaxi.

Affatim, adu. Lus. Copioſa, & abundãtemẽte. Iap. Tacuſanni, bentŏni, jŭtacuni.

Affectatè, adu. Lus. Afeitada, & curioſamente. Iap. Cobaite, cazarisugite.

Affectatio, onis. Lus. Muita diligencia, demaſiada curioſidade, & deſejo. Iap. Xeiuo ire ſugoſu coto nari. Vôqinaru monozuqi, midarinaru nozomi.

Affectatus, a, um. Lus. Couſa buſcada, & acquirida com diligencia. Iap. Xeiuo tçucuxite tazzune motomeraretaru coto. ¶ Affectata oratio. Lus. Oração curioſa, & affeitada. Iap. Goncuuo cazarite cobaxiſuguitaru dangui, l, cotouari. ¶ Itẽ Affectata fœmina, in bonam partem. Lus. Molher honrada. Iap. Fito yori agame vyamauaruru nhonin. In malam etiam partem. Lus. Molher poſta em extremo perigo. Iap. Daijini voyobitaru nhonin. Feſt.

Affecto, as. Lus. Apetecer, e buſcar demaſiadamente. Iap. Negŏ, l, xeiuo tçucuxite tazzunuru. ¶ Item, Fazer algũa couſa de induſtria. Iap. Vazato ſuru, l, vanizo xirinagara itaſu. ¶ Aliqñ. Mouer perturbar. Iap. Sauagaſuru, midaraſu.

Affectus, a, um. Lus. Couſa affligida, e trabalhada. Iap. Nangui, xinrŏni xememaretaru mono. ¶ Item, Couſa començada. Iap. Xiſometaru coto. ¶ Interdũ, Affeiçoado, diſpoſto. Iap. Vomoi tçuqitaru fito. ¶ Item, Alterado. Iap. Sauagui tateraretaru mono, l, tori midaxitaru mono. ¶ Item, Diſpoſto, compoſto. Iap. Totonouoritaru coto, l, yoqi caguen aru coto. ¶ Item, Couſa chegada, ou vezinha. Iap. Chicamitaru coto, l, ſoitaru coto.

E Affectus,

Affectus, us. Lus. Affeito, ou paixaõ do animo. Iap. Qido aiacuno cocouo yǔ. ¶ Item, Desejo, ou affeiçam. Iap. Suqi, negai, xǔnin, xǒgiacu.

Affectio, onis. Idem. ¶ Interdum etiam ad mala corporis extenditur.

Áffero, ers. Lus. Trazer. Iap. Motte mairu, motçu, gisan suru, taisuru. ¶ Interdum, Allegar, trazer por causa. Iap. Iy firaqu, cacotçuqeuo yǔ, xocoto yoxete yǔ. ¶ Aliquando, Dar por nouas. Iap. Sǒuo tçuguru, chǔxin suru. ¶ Afferre manus alicui. Lus. Fazer força, ou agrauar. Iap. Sucumuru, rǒjeqiuo xicaquru. ¶ Afferre sibi manus. Lus. Matarse. Iap. Iigai suru.

Afficio, is. Lus. Dispor, mouer, causar algum effeito em outro. Iap. Nabiquru, vocosu, tçuquru. Vt afficere aliquẽ lætitia. Lus. Causar alegria em alguẽ. Iap. Fitono cocoroni yorocobiuo vocosu. ¶ Interdũ, cumulare. Vt afficere aliquem maximis muneribus. Lus. Fazer grandes beneficios a alguẽ. Iap. Fitoni giǔ onuo qisuru. ¶ Item, Mulctare. Vt afficere aliquẽ poena. Lus. Castigar alguẽ. Iap. Fitoni xeccanuo cuuayuru, quataiuo caquru. ¶ Aliqñ. Nomẽ imponere, aut nominare. Vt nomine aliquem afficere. Lus. Por nomẽ, ou nomear alguem. Iap. Fitoni nauo tçuquru, fitouo nazasu.

Afficior, eris. Lus. Estar disposto, ou mouido. Iap. Nabiqeraretc yru, cacugo xite yru.

Affictitius, a, um. Lus. Cousa que se pega, ou ajunta a outra cousa. Iap. Monoᴺ ni tçuqeraruru coto, cuuaraturu coto, soyegoto.

Affigo, is, xi, xum. Lus. Pregar, meter, fixar. Iap. Vchitçuquru, voxicomu, vchicomu. ¶ Item, per transl. Emprimir, & fixar no animo. Iap. Cocoroni tessuru.

Affingo, is. Lus. Fazendo pegar, ou acrecentar a outra cousa. Iap. Mononi tçuqete tçuquru, tçugu, cuuauru. ¶ Itẽ, Fingir, & acrecẽtar mentiras contando algũa cousa. Iap. Monogatari nadono toqi, itçuuariuo cuuete tçuquru.

Affines, ium. Lus. Parentes por via de casamento. Iap. Yenjin, yenja.

Áffinis, e. Lus. Vizinho. Iap. Tonari, qinpen naru mono. ¶ Affinis culpæ, vel, sceleri. Lus. Aquelle de quem se sospeita algũa culpa, ou participante em algũ delicto, ou culpa. Iap. Toganiuo yǒni suriǒ xerareraru mono, l, togano dǒrui, dǒzaino fito.

Affinitas, atis. Lus. Parentesco por via de casamento. Iap. Yenjani musubouoretaru nacauo yǔ.

Affirmatè, adu. Lus. Affirmadamente. Iap. Cataqu, xicato, texxite.

Affirmatio, onis. Lus. O affirmar, confirmar. Iap. Cataqu iycatamuru, texxite yǔ coto nari.

Affirmo, as. Lus. Affirmar, ou confirmar. Iap. Cataqu iycatamuru, texxite yǔ.

Afflatus, us. Lus. O assoprar, ou vento. Iap. Iqiuo fuqicaquru coto nari. l, caje.

Affleo, es. Lus. Chorar. Iap. Naqu, namidauo nagasu.

Afflictio, onis. Lus. Afflição, trabalho. Iap. Qizzucai, nangui, xinrǒ.

Afflictatio, onis. Idem.

Afflictus, us. Idem.

Afflicto, as. freq. Lus. Affligir muito, dar trabalho. Iap. Saisai qizzucai sasuru, xinrǒ sasuru, xebamuru.

Afflictor, oris. Lus. O que afflige, ou atormenta. Iap. Qizzucaiuo sasuru mono, curuximuru mono.

Afflictus, a, um. Lus. Derrubado, e opprimido de trabalhos. Iap. Xincu, xinrǒni xizzumide yru, l, nanguini xemeraruru mono.

Affligo, is. Lus. Derrubar, ou prostrar. Iap. Tauosu, voxisaguru. ¶ Item, Affligir, dar trabalho. Iap. Curuximuru, xebamuru, qizzucai, xinrǒ sasuru.

Afflo, as. Lus. Assoprar, ou bafejar em algũa cousa. Iap. Iqiuo tçuqi caquru, fuqi caquru. ¶ Item, Excitar, inspirar. Iap. Cocorouo moyouosu, vocosu, so-

tumo

fumo, tinctura. ¶ Interdum, Per transl. Odores afflantur è floribus. Lus. Sayem cheiros das flores. Iap. Fana yori niuoi gamizzuru.

Affluens, entis. Lus. Cousa abundante. Iap. Bentŏ naru mono, fucuyŏnaru mono, juntacu naru mono.

Affluenter, adu. Lus. Copiosa, e abundantemente. Iap. Tacusanni, bentŏni.

Affluentia, æ. Lus. Abundancia. Iap. Bentŏlŏ.

Affluo, is. Lus. Ter copia, e abundancia. Iap. Mononi fucqi jŭman furu, tacusan ni motçu. ¶ Item, Correr cousa liquida por algũa parte. Iap. Mizzu nadoga nagare cacaru.

Affor, aris. Lus. Falar a alguem. Iap. Fitoni monouo yŭ.

Affore, pro fore, l, futurum esse.

Affor mido, as. Lus. Temer. Iap. Vosoruru.

Aforis. Lus. De fora. Iap. Foca yori.

Affrango, is. Lus. Quebrar. Iap. Varu, voru.

Áffrico, as. Lus. Esfregar hũa cousa cõ outra. Iap. Suriauasuru, furu.

Affrictus, us. Lus. O esfregar hũa cousa com outra. Iap. Suri auasuru coto nari.

Affrio, is. Lus. Esmeuçando algũa cousa entre os dedos espalhar. Iap. Fineri cudaite chirasu, l, fineri caquru.

Affulgeo, es. Lus. Dar resplandor. Iap. Caciyaqu, l, ficariga saxi iru. ¶ Spes mihi affulsit. Lus. A esperança me deu alento, e animo. Iap. Tanomoxiqiga chicaiani naru.

Affundo, is. Lus. Derramar, borrifar. Iap. Coboſu, nagasu, soſoqu. ¶ Fluium, l, mare affundi loco. Lus. Correr o mar, ou rio, ou passar ao longo de algum lugar. Iap. Vmi, caua monono sobauo nagaruru. ¶ Item, Deitar, ou derramar em algũa cousa. Iap. Mizzu nadouo iruru.

Affusus, a, um. Lus. Derramado, ou deitado em algũa cousa. Iap. Nagaxi iretaru coto.

Agallochum, i. Lus. Pao de aguila. Iap. Iincŏ.

Ágamus, i. Lus. O que não he casado. Iap. Tçumauo taixezaru mono.

Agáricum, i. Lus. Aagarico. Iap. Cusa no na.

Agáso, onis. Lus. Almocreue. Iap. Vma cata, toneri, chŭguen.

Age, l, Agedum, Agite, l, Agitedum. adu. Lus. Oratius, ea. Iap. Yza, izasaraba. ¶ Interdum, Corripientis. Vt, ola. Iap. Ya, nŏ, yare. ¶ Item, pro dic. Lus. Dize. Iap. Iye, mŏxe. ¶ Interdum, Cõsentientis. Lus. Seja assi. Iap. Nacanaca.

Agesis.i, Age si vis, hortantis vox.

Agelastus, i. Lus. Homem triste q̃ nunca se rij. Iap. Vreite yemigauo naqi fito.

Agellus, i, dim. l, Agelulus. Lus. Campo pequeno. Iap. Cobataqe.

Agêmia, atis. Lus. Esquadrão. Iap. Gunjei no firocaxita.

Ager, agri. Lus. Campo que se laura. Iap. Denbacu. ¶ Item, Termo, ou territorio dalgũa cidade, ou prouincia. Iap. Ribnai, riobun. ¶ Aliēn. Herdade, ou campo dalgum ẽ particular. Iap. Fitono chiguiŏ, riobun.

Ággemo, is. Lus. Gemer. Iap. Vmequ, niyoi vmequ.

Agger, ris. Lus. Vallado, ou cerca de pedras pera fortalecer algum lugar. Iap. Ixicaqi, tçuigi, dotei. ¶ Item, O meyo da rua, ou caminho eminente calçado de pedras. Iap. Cidŏno vchini ixi nite tacaqu tçuriagueta ru michi. ¶ Item, Forte, ou padrasto pera combater algum lugar. Iap. Xeirô.

Ággero, as. Lus. Amontoar, acumular. Iap. Tçumi casanuru, tçumi agu.u. ¶ Interdũ, per transl. Acrecentar, agrauar. Iap. Casanuru, fucaqu naru.

Ággero, is, essi, estum. Lus. Por, ou ajuntar hũa cousa a outra, Iap. Sobani voqu, soyuru.

Agglómero, as. Lus. Enuoluer, ou ajuntar. Iap. Curi maqu, l, cuuayuru.

E 2 Agglu-

Agglutino, as. Lus. Grudar, ou ajuntar hũa couſa a outra. Iap. Nicauanado vo mottetçugu, tçuquru, l, ſoyuru yauaſuru.

Aggraueſco, is. Lus. Agrauar ſe algũa couſa. Iap. Vomoru, vomoqu naru, couaru.

Aggrauo, as. Lus. Carregar, ou opprimir. Iap. Vomoqu natu, qixe caquru, l, xemetçumuru.

Aggredior, eris. Lus. Entrar, ou ir. Iap. Iru, mairu. ¶ Item, Acometer. Iap. Toricaquru. ¶ Item, Começar. Iap. Xifajimuru. ¶ Aliqn. Tentar, eſperimẽtar. Iap. Tameſu, cocoromuru.

Aggrego, as. Lus. Ajuntar como gados, &c. Iap. Guiñba, fitçuji nadouo voi atçumuru. ¶ Item, per transl. Ajuntar qualquer couſa. Iap. Soyuru, atçumuru.

Aggreſsio, onis. Lus. Acometimento. Iap. Toricaquru coto nari.

Agilis, e. Lus. Ligeiro, facil, prompto. Iap. Sugaruqi mono, fayaqi mono, mamenaru fito.

Agilitas, atis. Lus. Ligeireza, facilidade, promptidam. Iap. Fayaſa, mamenaru cotouo yũ.

Agiliter, Agilius, et Agillimè. Lus. Com muita preſteça, e ligeireça. Iap. Fayaqu, ſugaruqu.

Agina, æ. Lus. Braço da balança, ou eixo em que ſe meneam os braços da balança. Iap. Tenbinno ſauo, l, farino cuſarime.

Aginator, oris. Lus. Homem que ſe moue por pouco ganho. Iap. Xôrini cataruqi yaſuqi mono.

Aginatores, aurigæ ſunt, qui in ludis Circenſibus curuli certamine ſe ſe exercebant.

Aginor, aris. Lus. Tratar, ou chatinar ẽ couſas baixas, e de pouco preço. Iap. Iyaxiqi cotouo tori atçucŏ, l, comacanaru aqinaiuo ſuru.

Agitatio, onis. Lus. Mouimento, ou o fazer a miude. Iap. Vgoqi tataraqu coto nari, xiguequ monouo itaſu coto nari.

Agitator, oris. Lus. O que tange, ou rege carualos, ou carreyto. Iap. Chŏguen, toneri, l, cōmauano yaeuxa, curumacaqua.

Agito, as. frequ. Lus. Fazer amiude. Iap. Xiguequ ſuru. ¶ Item, Eſtimular, contranger. Iap. Saxiçuqu, ſuſume tatçuru, xemegaruru. ¶ Item, Guardar. Iap. Tçutome mamoru. Vt agitare dies feſtos. ¶ Itẽ, Perturbar, auexar. Iap. Sauagaſuru, xebamuru. ¶ Item, Caçar, & yr ẽ pos as feras. Iap. Qedamonouo caru, voi yuqu. ¶ Item, Exercitar. Iap. Tçutomuru. ¶ Agitare vitam. Lus. Viuer. Iap. Inochiuo iquru, nagarayuru.

¶ Item, Adminiſtrar, gouernar. Iap. Vo ſamuru, ſaiban ſuru. ¶ Item, Cuidar, cõſiderar. Iap. Xiriouo cufuuayuru. ¶ Aliqn. Diſputar, ventilar. Iap. Mondŏ ſuru, ſaidã ſuru. ¶ Agitare ferociter. Lus. Moſtrar ſe feroz. Iap. Yuo furũ, icariuo arauaſu.

¶ Agitare lætitiã. Lus. Moſtrar alegria. Iap. Yorocobiuo arauaſu.

Agmen, inis. Lus. Multidam, ou companhia de gente. Iap. Cunju, ninjuno atçumari. ¶ Item, Exercito, ou eſquadrão. Iap. Gunjei, gunbiŏno ſonaye. ¶ Item, Impeto. Iap. Iqiuoi, qiſſui, &c.

Agminalis, e. Lus. Couſa pertecente a exercito. Iap. Gunjeini ataru coto. ¶ Agminales equi. Lus. Cauallos que acarretão vitualhas, & moniçóis do exercito. Iap. Gunni fiqu conda, nimma.

Agna, æ. Lus. Cordeira. Iap. Chijſaqi mefitçuji. ¶ Item, Hũa medida pera demarcar os campos. Iap. Giuarino xacuzuye.

Agnaſcor, eris. Lus. Nacer apar, ou junto doutra couſa. Iap. Sobani xôji izzuru, vmaruru. Vt frater fratri, l, patruo agnaſcitur. ¶ Item, Nacer algũa couſa de ſobejo a outra. Iap. Bunni ſuguite idequru, xôzuru. Vt ſextus in manu digitus.

Agnati, orum. Lus. Parentes da parte do pay. Iap. Chichi catano xinrui. ¶ Agnatum. Lus. O que nace de ſobejo alẽ do deuido. Iap. Bunni ſuguite xôjitaru mono.

Agna-

Agnatio, onis. Lus. Parentesco da parte do pay. Iap. Chichicatano xinruino chi nami.

Agnellus, i. Lus. Cordeyrinho. Iap. Fitçujino co.

Agninus, a, um. Lus. Cousa de cordeiro. Iap. Fitçujino coni ataru coto.

Agnitio, onis. Lus. O Reconhecer. Iap. Mixiru coto nari.

Agnômen, inis. Lus. Alcunha, ou sobrenome alcançado por algũa via. Iap. Miŏji, l, zaimiŏ, ymiŏ.

Agnomones. Lus. Caualos velhos cuja ida de se não conhece ja polos dentes. Iap. Fauo mitemo toxino xirarezaru fodono rŏba.

Agnosco, is. Lus. Reconhecer. Iap. Mixiru. ¶ Item, Admittir, aprouar. Iap. Yoqini fuſuru, vqegŏ. ¶ Aliqñ. Confessar. Iap. Sangue, l, facujŏ suru.

Agnus, i. Lus. Cordeiro. Iap. Fitçujino co.

Ago, is. Lus. Fazer, Iap. Suru. ¶ Interdum, Induzir, mouer. Iap. Susumuru, fiqi catamuquru. ¶ Item, Ouuir. Iap. Qiqu. ¶ Aliqñ. Falar, tratar. Iap. Sataſuru. ¶ Item, Pronunciar. Iap. Monouo yŭ. ¶ Aliqñ. Cuidar. Iap. Vomô, xian suru. ¶ Item, Fingir, ou represen tar, Iap. Monouo manuru, l, monono furiuo suru. Vt Agere ſtultum. Lus. Fingirse paruo. Iap. Vtçuqetaru cauouo suru. ¶ Agere regem. Lus. Represen tar a pessoa do rey. Iap. Teivŏno maneuo suru. ¶ Aliqñ. Andar, viuer. Iap. Iru, nagarayuru, vt nudus ago. Lus. Ando, e viuo nũ. Iap. Fadacani iru, nagarayuru. ¶ Agere bonum ciuem. Lus. Fazer officio de bom cidadaõ. Iap. To corono yoqi giŭninni ataru cataguiuo yoqu tçutomuru. ¶ Itẽ, Estender, deitar. Iap. Sixi firoguru, sasu. Vt radices agere. ¶ Agere testudinem. Lus. Aplicar hum certo instrumento de guerra aos muros. Iap. Xirouo xemuru dŏguuo cazzuqi yo suru. ¶ Item, Vexar, affligir. Iap. Xeme tçumuru, curuximuru. ¶ Agere cum aliquo. Lus. Procurar, ou fazer com alguem que faça algũa cousa. Iap. Nanizo suru yŏni susumuru. ¶ Benè, vel præclarè agi cum aliquo. Lus. Socceder bem, e prosperamente a alguem. Iap. Nhoy manzoquni naru. ¶ Agitur res nostra, l, de re nostra. Lus. Toca a nos, ou estamos em perigo, e trabalho. Iap. Vareranı ataru, l, vareraui nanguiga cacaru. ¶ Agere cum aliquo tabellis obsignatis. Lus. Conuencer alguem com testimunho de suas cartas, ou escrituras. Iap. Xŏmon vomotte iytçumuru. ¶ Actum agere. Lus. Naõ fazer nada, ou trabalhar debalde. Iap. Muyacuno xosauo suru. ¶ Aliud agere. Lus. Naõ estar atento ao que se faz. Iap. Tani nenuo chirasu, suru cotoni cocorouo tçuqezu. ¶ Item, Virar, ou dar volta. Iap. Fiqimauasu. ¶ Item, Leuar, ou guiar diante. Iap. Voi yaru. ¶ Aliqñ. Yr apos de algũa cousa. Iap. Voi caquru. ¶ Item, Leuar, ou trazer. Iap. Motte mairu. ¶ Itẽ, Lãçar fora. Iap. Idasu, sutçuru. ¶ Agere diem festum. Lus. Celebrar o dia de festa. Iap. Iuaibiuo mochijru, yuŏ. ¶ Agere consilium. Lus. Conuocar a conselho Iap. Xuye, fiŏgiŏno tameni yobiatçumuru. ¶ Agere animam. Lus. Espirar, morrer. Iap. Iqiuo fiqiqiru, xisuru. ¶ Furti agere. Lus. Tratar, ou dar a dar de furto. Iap. monouo nusumitaritŏ, cuji satauo xicaquru. ¶ Agere reum. Lus. Acusar o reo. Iap. Qendãninni aiteuo vttayuru. ¶ Peragere reum. Lus. Fazer, & cõcluir que o reo seja condenado. Iap. Cujino aiteuo fini votosaruru yŏni xi sumasu. ¶ Agere cum populo. Lus. Rogar ao pouo que com seus votos mande, ou prohiba algũa cousa. Iap. Bãminno ychimi dôxin vomotte monono totonouoru yŏni tanomu. ¶ Agere cuniculos. Lus. Minar. Iap. Tçuchiro xitauo forinuqu. ¶ Agere viam. Lus. Abrir caminho de nouo. Iap. Fitonoca youazaru tocoroni michiuo fumi aquru.

¶ Age-

¶ Agere vitam. Lus. Viuer. Iap. Iquru, nagarayuru. ¶ Agere vigesimum annum. Lus. Ser de vinte annos. Iap. Nijiuni naru. ¶ Agere Senectutem. Lus. Ser velho. Iap. Xotaini naru.

Agon, onis. Lus. Contenda, porfia. Iap. Arasoi, tatacai. ¶ Item, Lugar da peleja. Iap. Xengiŏ, tatacaino ba.

Agonalia, orum, l, alium, festa erant apud Romanos quotanis celebrari solita in honorem Iani, l, Agonij.

Agonia, feriæ erant Romæ mense Ianuario celebrari solitæ. ¶ Item, Grande medo, e angustia. Iap. Vôqinaru vosore, canaximinuo yŭ.

Agonisima, atis. Lus. Palma, ou premio da peleja. Iap. Xencŏno vonxŏ.

Agonista. Lus. O que contende, ou peleja. Iap. Araső mono, tatacŏ mono.

Agonizo, as, & Agonizor aris. Lus. Contender, pelejar. Iap. Araső, tatacŏ.

Agonóteta. Lus. O que preside, e da os premios nos jogos, lutas, &c. Iap. Sumŏ nadono guiŏji.

Agrarius, ij. Qui legi Agrariæ suffragatur. ¶ Item, O que possue os campos publicamente diuididos. Iap. Mandocoro yori fatto xeraretaru denbacuuo vqetori xindaisuru mono.

Agrarius, a, um. Lus. Cousa q̃ pertence a cãpos. Iap. Dĕbacu, nobarani ataru coto.

Agrestis, e. Lus. Cousa rustica, ou que nace nos campos. Iap. Sanyani xŏzuru coto. ¶ Item, Cousa que pertence a campos. Iap. Sanyani ataru coto. ¶ Itẽ, Homem siluestre, saluagem. Iap. Bucotnaru yamagatçu. ¶ Item, Rustico, homem do cãpo. Iap. Denbuyajin, inacŏdo.

Agricola, æ. Lus. Lauradõr. Iap. Nônin, cŏsacunin.

Agricolatio, onis. Lus. Lauoura dos campos. Iap. Cŏsacu.

Agricultura, æ. Idem.

Agricultor, óris. Lus. Laurador. Iap. Cŏsacunin.

Agrionnardum. Lus. Erua benta. Iap. Cusano na.

Agrippa, æ. Lus. O que nace com os pés pera diante. Iap. Sacago, sacasamani vmaruru co.

Agrostis, is. Lus. Grama. Iap. Xibacusa.

A ANTE H, & I.

AH, siue, Aha. interiectio est multorum affectuum significatiua: nam modò dolẽtis est, siue commiserantis, modò admirantis, aliquando dehortantis, ac indignãtis, siue increpãtis seipsum, ac desiderantis, &c.

Ahênum, i. Lus. Caldeirão de cobre. Iap. Acaganeno nabe, quansu, cama. ¶ Item, Hum vaso grande, em que se tinge apurpura, ou graã. Iap. Xŏjŏfiuo son mu vtçuuamonono na.

Ahênus, a, um. Lus. Cousa de cobre. Iap. Acaganeni ataru coto.

Aheneus, a, um. Idem.

Ahu. interiectio animi perturbati significatiua.

Aio, is. Lus. Dizer, affirmar. Iap. Mŏsu.

Aiuga. Lus. Hũa erua. Iap. Cusano taguy.

A ANTE L.

ALa, æ. Lus. Asa dos passaros. Iap. Fane, tçubasa. ¶ Item, Sobaco do braço. Iap. Vaqitçubo. ¶ Item, Compa nhia de gente de caualo. Iap. Qibaxuno fitosoroye. ¶ Item, Vela da nao. Iap. Funeno fo. ¶ Alas alicui addere. Lus. Dar animo a alguem. Iap. Fitoni chicarauo tçuquru.

Alabastrites. Lus. Alabastro. Iap. Facuxeqino taguy. ¶ Item, Hũa pedra preciosa de varias cores. Iap. Xujuno irenaru tama.

Alabastrum, i. l, Alabaster. Lus. Vaso de alabastro. Iap. Cano xiroqi ixinite tçucuritaru vtçuuamono.

Alabrum, i. Lus. Sarilho em que se enbrulha o fio. Iap. Caxe.

Alacer, cris, cre. l, hic, & hæc alacris, & hoc alacre. Lus. Cousa alegre, viua, & esper-

esperta. Iap. Isamaxiqu ririxiqi mono, yorocobaxiqi mono.

Alacritas, atis. Lus. Alegria, viueza. Iap. Isami yorocobi, iqiyacanaru cocoro yŭ. ❡Item, Prontidam, feruor. Iap. Ririxisa, itamaxisa.

Alacriter. adu. Lus. Viuamente, alegremente. Iap. Isami yorocôde, ririxiqu.

Alacre, Idem.

Alapa, æ. Lus. Bofetada. Iap. Cauouo vtçu cotuo yŭ.

Alapatus, i. Lus. Hũa erua. Iap. Cusano na.

Alaris, e. I, alarius, a, um. Lus. Cousa q̃ pertence a esquadram de gente de cauallo. Iap. Q baxuno ſitotonayeni ataru coto.

Alatus, a, um. Lus. Cousa q̃ tem asas. Iap. Tçubasano aru mono.

Alauda, æ. Lus. Cotouia passaro. Iap. Aru coto.ino na.

Alazonia, æ. Lus. Soberba, arrogãça. Iap. Manqi, gaman.

Albarium, ij. Lus. Hum certo genero de cal de cayar as paredes. Iap. Cabeuo nuru xiratçuchino taguy.

Albatus, a, um. Lus. Vestido de branco. Iap. Xiroqi yxôuo chacuxitaru mono.

Albêdo, inis, et Albitudo. Lus. Brancura. Iap. Xirosa.

Albeo, es. Lus. Ser branco. Iap. Xiroxi, xiroqu :su.

Albesco, is. Lus. Fazer se branco. Iap. Xiroqu naru, xiromu.

Albeus, i. Lus. Tabuleiro das tabolas, ou do enxadrez. Iap. Sugurocu, xôguino ban.

Albeolus, i. dimi. Idem.

Albi calculi dicebantur, quibus Cretenses dies lætos, quos in vita agerent, numerare solebant.

Álbico, as. Lus. Embranquecer, ou ser algum tanto aluo. Iap. Xiroqu naru, vsuxiroxi.

Álbidus, a, um. Lus. Cousa algum tanto branca. Iap. Vsuxiroqi mono.

Albor, oris. Lus. Aluura. Iap. Xirosa. ❡Item, Clara do ouo. Iap. Caigono xiromi. Apiti.

Albûgo, inis. Lus. Clara do ouo. Iap. Caigono xiromi. ❡Item, Belida do olho. Iap. Xinozzuqi.

Albucum, i. Lus. Hũa erua. Iap. Cusa no na.

Album, i. Lus. Taboa engessada. Iap. Xiroqi c nban. ❡Item, Hũa aruore. Iap. Qino na.

Albûmen, inis. Lus. Clara do ouo. Iap. Caigono xiromi.

Alburnum, i. Lus. Medula, ou branco da aruore. Iap. Qino xiroqi su.

Albus, a, um. Lus. Cousa branca. Iap. Xiroqi mono.

Alcea, æ. Lus. Malua do mato. Iap. Yamani xôzuru auoino taguy.

Alcêdo, inis, Lus. Hũa aue. Iap. Aru tori no na.

Alcedonia, dicuntur dies hiberni ferè quatuordecim, quibus hæc auis oua parit in mari, & excludit.

Alea, æ. Lus. Iogo dos dados, ou os dados. Iap. Bacuchi, bacuyeqi, I, bacuchino sai. ❡Item, Qualquer jogo que depende de ventura mais que de arte. Iap. Fumacaxe naru xôbu. I. bi, ſugurocu nadoqitê, per trasl. Fortuna, ou perigo. Iap. fu, vn, I, nangui, ayauqi coto uo yŭ. ❡Aleã omnem iacere. Lus. Porse a perigo, & ventura. Iap. Ayauqi cotoni miuo macasuru, fuxidaini suru, funi macasuru. ❡Aleæ emptio. Lus. Compra anticipada de cousas incertas, & venturosas. Iap. Ygoni arubeqi cotouo fu xidaini canete cô coto nari.

Aleator, oris. Lus. Iugador de cartas, ou dados. Iap. Bacuchivchi.

Aleo, onis. Idem.

Aleatorium, ij. Lus. Iogo de cartas, dados etc. Iap. Bacuchi, ſugurocu, bacuyeqinado.

Ales, alitis. Lus. Aue. Iap. tori. ❡Item, Cousa que voa. Iap. Tobi caqeru mono.

Ales. Lus. Cousa ligeira veloz. Iap. Caroqu, fayaqi mono. ❡Item, Cousa que tem

tem asas. Iap. Tçubasano aru mono.
Alesco, s. Lus. Crecer. Iap. Xeigiǒ, I, xei ;in furu. Antiq. Verb.
Alga, æ. Lus. Seba erua que nace no mar. Iap. Caiǒno taguy.
Algeo, es, si, I, xi, alsum. Lus. Ter muito frio. Iap. Fiye cogoyuru, samuxi.
Algidus, a, um. Lus. Cousa fria. Iap. Fiyaqi mono, tçumetaqi mono.
Algificus, a, um. Lus. Cousa que esfria. Iap. Fiyaiu mono.
Algor, oris. Lus. Grande frio. Iap. Tçumetasa, gocan.
Algus, i. Idem. ¶ Item, Algus, us. Idẽ. ¶ Item, per transl. Tristeza, e dor. Iap. Canaxim, i, itami.
Algosus, a, um. Lus. Cousa, ou lugar abundante de seba erua do mar. Iap. Aru caisǒno vouoqi tocoro.
Alias, adu. Lus. Em outro tempo, ou lugar. Iap. Ygo, catanete, I, bexxoni.
¶ Item, Doutra maneira. Iap. Betno yǒni, moyǒuo cayete. ¶ Item, Algũas vezes. Iap. Toqi niyotte.
Alibi, adu. Lus. Em outra parte. Iap. Taxoni.
Alibilis, e. Lus. Cousa que pode criar, ou sustentar. Iap. Yaxinaini naru mono.
Alica, æ. Lus. Hũa especie de trigo. Iap. Muguino taguy. ¶ Item, Hũa cousa feita de farinha. Iap. Aru muguino co nite tçucuri torǒnoyeiaru mono.
Alicastrum, i. Lus. Hũa especie de trigo. Iap. Muguino taguy.
Aliculæ. Lus. Hum genero de vestido de menino. Iap. Varanbeno yxǒno taguy.
Alicubi, adu. Lus. Em algũa parte. Iap. Sarucatani, aru tocoroni.
Alicunde, adu. Lus. De algum lugar. Iap. Aru cata yori.
Alienigena, æ. Lus. Estrangeiro, forasteiro. Iap. Ycocujin, tabijin, tacocujin.
Alienigenus, a, um. Lus. Cousa de fora, ou estrangeira. Iap. Tacocuno mono, taxonǒ mono.
Alienatio, onis. Lus. Venda, alienaçam. Iap. Coqiacu, gamot uo tamot ni nasu coto nari. ¶ Item, Apartamento, ou diuisam entre amigos. Iap. Chijnno naca no guijet. ¶ Alienatio mentis. Lus. O estar fora de si, ou perturbado. Iap. Fonxǒuo vxinǒ cotouo yù, I, cocorono midare.
Alienatus, a, um. Lus. Alienado, afastado. Iap. Touozacari aru mono, ribet xitaru mono. ¶ Alienatus sensibus. Lus. Animo perturbado, e quasi fora de juizo. Iap. Iefuo vaqimayezaru fodono midaretaru cocoro.
Alieno, as. Lus. Vender; alienar. Iap. Coqiacu suru, gamotuo tamotni nasu. ¶ Item, Apartar, mudar. Iap. Fanasu, cayuru, firugayesu.
Alifer, a, um. Lus. Cousa que tem asas. Iap. Tçubasano aru mono.
Aliger, a, um. Idem.
Alimentarius, a, um. Lus. Cousa que pertence ao mantimento, ou sustentaçam. Iap. Mino yaxinǒ faicocumi ataru coto.
¶ Alimentarius. Lus. Aquelle aquẽ se deixa em testamento mantimento, ou sustentaçam. Iap. Yuixoni yotte yǒicu no cateuo vquru mono.
Alimentum, i. Lus. Sustentaçam, mantimento. Iap. Yaxinai, cate.
Alimonia, æ. I, alimonium, ij. Idem.
Alioquin, & Alioqui. Lus. Doutra maneira, por outra via. Iap. Sanaquba, xici fazuua.
Aliorsum, adu. Lus. Pera outra parte. Iap. Bechino cataye muqete. ¶ Item, De outra maneira. Iap. Aranu yǒni, bechini.
Aliouersum. Idem.
Alipes, edis. Lus. Cousa ligeira dos pes. Iap. Axino fayaqi mono, axibayanaru mono.
Aliptes, æ. Lus. Mestre que vntaua, & apa relhaua os lutadores. Iap. Sumǒtorino mini aburauo nuri, yǒyu o sattru mono. ¶ Item, Cirurjiaõ. Iap. Gueqiǒ.
Alipterium. Lus. Lugar nos bai hos onde se vntauão os que se lauauão. Iap. Yuyoriagari te mini mouo nuru tocoro

Alipilus, alarum pilos in balneis vellens.

Aliquà, adu. Lus. Por algũa parte. Iap. Aru tocoro cara.

Aliquando, adu. Lus. Algũa vez, algum tempo. Iap. Toqiniyotte, jibun vomotte.

Aliquandiu, adu. Lus. Por algum espaço de tempo. Iap. Xibaxi, sucoxino aida.

Aliquanti sper, adu. Lus. Por algum pouco de tempo. Iap. Zanji, xibaracu.

Aliquantum, nomen. Lus. Algum pouco. Iap. Sucoxi. ¶ Item, adu. Algũ tanto. Iap. Sucoxeqi, xibaxi.

Aliquantulum, diminut. Idem.

Aliquantillum. dimi. Idem.

Aliquantus, a, um. Lus. Cousa algum tan to grande, ou mediocre. Iap. Taigaino coto, chũgoro naru coto, sucoxi naru coto.

Aliquammulti. Lus. Alguns. Iap. Fitoni yotte.

Aliquatenus, adu. Lus. Dalgũa maneira, ou algum tanto. Iap. Sucoxi, teigai.

Aliquid. subst. Lus. Algũa cousa. Iap. Nanizo.

Aliquis, a, aliquod. Lus. Algum. Iap. Tare yaran, tare, naniyaran, nanizo.

¶ Item, Homem de algum ser, ou valia. Iap. Fitogamaxiqi mono.

Aliquispiam. Lus. Algum. Iap. Fitoniyotte.

Aliquò, adu. Lus. Pera algum lugar. Iap. Izzucataye, aru tocoroye.

Aliquorsum, adu. Lus. Em respeito dalgũa parte. Iap. Aru tocoroye mucatte.

Aliquot. indecli. Lus. Alguns. Iap. Vouoqumo naqu, sucunaqumo naqi mono no cazu uo arauasu cotoba nari.

Aliquo fariam, adu. Lus. Dalgũas maneiras. Iap. Moyŏuo cayete, iroironi.

Aliquoties, siue Aliquoties. Lus. Algũas vezes. Iap. Toqiniyotte, toqidoqi.

Aliter, adu. Lus. De outra maneira. Iap. Betno yŏni, samaqutia.

Alitura, æ. Lus. O criar, ou sustentar. Iap. Yaxinai sagocumu coto nari.

Alibi, adu. Lus. Em outra parte. Iap. Bexxoni.

Aliunde, adu. Lus. De outra parte. Iap. Bechino cata yori, yoso cara.

Alius, a, ud. Lus. Outro. Iap. Bechino mono.

Alius modi. Lus. De outra maneira. Iap. Bechino yŏni.

Allabor, eris. Lus. Correr, ou manar ao longo, ou junto. Iap. Monono sobauo nagare yuqu.

Allaboro, as. Lus. Trabalhar mais em algũa cousa. Iap. Nauonauo xeiuo iruru, xincŏuo casanuru. ¶ Item, Estribar. Iap. Tçuqi sugaru, fumayuru.

Allæuo, as. Lus. Aplainar, fazer liso. Iap. Tairacani, I, namefacani nasu.

Allambo, is, bi. Lus. Lamber. Iap. Namuru, neburu. ¶ Item, per transl. Tocar leuemente. Iap. Caroqu sauaru.

Allatro, as. Lus. Ladrar contra alguem. Iap. Fitouo foyuru. ¶ Itẽ, per transl. Dizer mal, ou murmurar por enueja. Iap. Sonemini yotte soxiru.

Allatus, a, um. Lus. Leuado, ou trazido. Iap. Mochi facobitaru mono.

Allecti, qui ex equestri ordine propter inopiam in senatus sunt numeru assumpti.

Allecto, as. Lus. Attrahir asi, carear. Iap. Aixirŏte fiqicatamuquru, aitçuquru.

Allector, oris. Lus. O que attrahe, ou afaga. Iap. Aixirŏte fiqi catamuquru mono, aitçuquru mono.

Allegatio, onis. Lus. Recado, ou embaixada particular. Iap. Xixauo motte iy vocuru coto nari.

Allego, as. Lus. Mandar embaixada, ou recado a algũa parte. Iap. Yosoye tçucaiuo yaru, xixauo tatçuru. ¶ Item, Libertar. Iap. Iiyǔni nasu. Vt allegare se ex Cruitute. Apud iuriscons.

Allego, is. Lus. Elegendo ajuntar. Iap. Yerabi cuuayuru.

Allegoria, figura est cùm aliud verbis, aliud sensu ostenditur.

Allelúia, i. Laudate Dominum.

Alleuatio, onis. Lus. Aliuio, ou diminuiçam da dor, etc. Iap. Itami, canaxiim no nadame, cutçurogui.

F All:-

Alleuamentum, i. Idem.

Alleuio, as. Lus. Aleuiar, diminuir. Iap. Cacomuru, ferasu, l, nadamuru.

Alleuo, as, Lus. Aleuantar em alto. Iap. Mochiaguru. ¶ Item, Aleuiar. Iap. Caromuru, fecasu. ¶ Item, per transl. Mitigar a dor, ou recrear. Iap. Canaximi nado uo nadamuru, Inagusamuru, qiuo farasu.

Alliatus, a, um. Lus. Cousa que tem alhos. Iap. Ninnicuno iritaru mono.

Allicio, is, exi, ctum. Lus. Attrahir, com afagos. Iap. Aixi nabiquru, ait, uquru, su caxi yosuru.

Allicefacio, is. Idem.

Allido, is. Lus. Ferir, ou arremesar, & esmeuçar em cousa dura. Iap. Vtçu, ixi nadoni atete vchicudaqu. ¶ Allidi alique n. Lus. Padecer, ou receber dano. Iap. Atauo vquru, sonuo furu.

Alligatio, onis. Lus. O atar, ou amarrar a algũa cousa. Iap. Yui tçuquru coto nari.

Alligator, oris. Lus. O que ata, ou amarra. Iap. Yui auasuru mono, carame tçuquru mono.

Alligatura, æ. Lus. Atadura. Iap. Musubu, carame tçuquru cotouo yŭ.

Alligo, as. Lus. Atar, ou amarrar a algũa cousa. Iap. Mononi carame tçuquru, tçunagu, xibaru. ¶ Item, per transl. Obrigar. Iap. Venxŏ, fatto, nadouo motte firouo caramuru, fodasu. ¶ Alligari alicui rei. Lus. Estar entregue, & aplicado em algũa cousa de tal maneira, q̃ não se possa apartar. Iap. Ficifanatarezaru fodo, mononi tongiacu suru. ¶ Item, Ligar. Iap. Musubu, caramuru.

Allino, is. Lus. Vntar, ou vntando pôr algũa cousa por cima. Iap. Nuru, nuricaquru.

Allium, ij. Lus. Alho. Iap. Ninnicu.

Alloquor, eris. Lu. Falar a outrem, ou cõ alguẽ. Iap. Fitoni monouo yŭ, fitoto cataru.

Alloquium, ij. Lus. Pratica, ou fala. Iap. Fitoni suru monogatari.

Allopecuron. Lus. Alcaparra. Iap. Aru cusano mi.

Allubesco, is. Lus. Fazer algũa cousa de boa vontade, &, fauorecer, consentir. Iap. Cocorocara monouo suru, yŭ, xitagŏ, l, dŏxin suru.

Alluceo, es, xi. Lus. Resplandecer, dar luz. Iap. Fícaru, cacayaqu.

Allucinatio, onis. Lus. Erro da vista, ou engano. Iap. Michigayuru coto nari, l, mayoi.

Allucinor, aris. Lus. Enganarse os olhos. Iap. Michigayuru. ¶ Item, Enganarse, errar. Iap. Mayŏ, vomoichigayuru.

Alludo, is. Lus. Festejar, ou fazer, caricias a alguem. Iap. Aixite asobu, amayacasu. ¶ Item, Alludir. i, falando tacitamente tocar em outra cousa. Iap. Yosoyete yŭ, taguyete yŭ.

Allusio, onis. Lus. O alludir, ou tocar tacitamente algũa cousa. Iap. Yosoyete yŭ coto nari. ¶ Itẽ, Ad vocis similitudinẽ refertur, vt possessio quasi positio magistri, etc.

Alluo, is. Lus. Correr junto, ou ao longo dalgũa cousa. Iap. Mono no sobauo nagare yuqu.

Alluuio, onis. Lus. Enxurrada, ou enchẽte do rio. Iap. Vômizzu, côzui, mizzu mi, mizzucasa.

Almus, a, um. Lus. Cousa que cria, ou sostenta. Iap. Yaxinaini naru mono. ¶ Item, Cousa sancta, ou fermosa. Iap. Tattoqi coto, l, itçucuxiqi coto. ¶ Itẽ, Cousa tranquilla, e serena. Iap. Nôdocanaru coto.

Alnus, i. Lus. Alemo, aruore. Iap. Aru qino na. ¶ Aliqn̄. Embarcaçam. Iap. Fune.

Alo, is, ui, litum, l, altum. Lus. Criar, sostentar. Iap. Yaxinai sodatçuru, yôicu suru, fagocumu. ¶ Item, Alentar, dar vigor. Iap. Fiqitatçuru, chicarauo soyuru.

Aloë. Lus. Erua babosa, ou azeuere. Iap. Aru cusano na.

Aloite, es. Lus. Mandragora, erua. Iap. Cusano na.

Alopecia, æ. Lus. Hũa doença da cabeça, e barba com que cayem os cabellos. Iap.

C.

Gami, figureno nuguru yamai.

Alopêcus, i. Lus. Doente desta doença. Iap. Cano yamaiuo vazzurô mono.

Alosa, æ. Lus. Peixe sauel. Iap. Vuono na.

Alpha, nomen primæ Græcorum literæ. ¶ Item, Cabeça, ou principal em algũa cousa. Iap. Tçucasa, caxira.

Alsiosus, a, um. Lus. Cousa fria, ou friorenta. Iap. Fiyemetaqi mono, l, fiyaqu fiye cogoyuru mono.

Alsius, a, um, comparat. ab Alsus. Lus. Cousa mais fria, ou fresca. Iap. Nauo tçumetaqi mono, nauo suzuxiqi mono.

Altanus, i. Lus. Vento terrenho. Iap. Gi araxi.

Altare, is. Lus. Altar. Iap. Voconai samuqeuo nasu dan.

Altè, adu. Lus. Alta, e profundamente. Iap. Tacaqu, fucaqu.

Alter, a, um. Lus. Hũ de duas cousas. Iap. Futatçuno vchi fitotçu, ninino vchi ichinin. ¶ Item, O segundo em ordem. Iap. Niban. ¶ Item, Cousa contraria, ou aduersa. Iap. Fuaxiqi mono, conomaxicarazaru coto, axiqi coto.

¶ Vnus, & alter. Lus. Hum, ou dous. Iap. Fitotçu, futatçu. ¶ Alter ego. Lus. Home com que tenho estreitissima amizade. Iap. Icanimo xitaxiqi chijn. ¶ Alterum tantum. Lus. Outro tanto mais. Iap. Ichizôbai.

Alter, êris. Lus. Massa, ou bolla de chumbo cõ que se exercitauaõ nos jogos. Iap. Caruvazano qeicono tameni tçucaitaru namarino tama, vomoxi.

Altercatio, onis. Lus. Contenda, altercação. Iap. Arasoi, mondô, caracai.

Altercator, oris. Lus. O que porfia, ou cõtende. Iap. Arasô mono, caracô mono.

Altercor, aris, l, Alterco, as. Lus. Porfiar, ou altercar. Iap. Arasô, caracô, ronuo suru.

Alternatim, adu. Lus. Areuezes. Iap. Cauariga uarini.

Alternè, l, Alternis. Idem.

Alterno, as. Lus. Alternar, por, ou fazer de dous, hora hum, hora outro. Iap. Futarino vchi cauarigauari suru, tagaini cauatte suru.

Alternatio, onis. Lus. O reuezarse. Iap. Cauarigauari suru coto nari.

Alternus, a, um. Lus. Cousa que se faz a reuezes, ou trocandose. Iap. Cauariga uari xeraruru coto.

Alteratio, est progressio ab vna qualitate in alteram. Apud philosophos.

Altero, as. Lus. Variar, mudar. Iap. Fenyeqi sasuru, bechini cayuru.

Altéruter. Lus. Qualquer de dous, hũ ou outro. Iap. Nininno vchi izzureni narito mo.

Alterutrinque. adu. Lus. De qualquer parte de duas, ou dambas as partes. Iap. Riôbôno vchi izzureno cata yori naritomo, l, riôbô yori.

Althæa. Lus. Hũ genero de malua. Iap. Auoi no taguy.

Áltilis. Lus. Cousa q̃ se ceua, ou engorda como aues, &c. Iap. Coyaxitaru chôrui, chicurui.

Altimeter. Lus. Hũ instrumento com q̃ os geometras medẽ os altos. Iap. Gicarino sata uo suru gacuxô no tacaqi tocorouo facaru varu dôguuo yũ.

Altísonus, a, um. Lus. Cousa q̃ soa alto. Iap. Tacaqu fibiqu mono.

Altítonans, antis. Lus. O q̃ soa, ou troueja de alto. Iap. Vyeyori fibicaturu mono, nararuru mono.

Altitûdo, inis. Lus. Altura, ou profundidade. Iap. Tacasa fucasa.

Altíuolans, antis. Lus. Cousa q̃ voa alto. Iap. Tacaqu tobiagaru mono.

Altíuolus, a, um. Idem.

Altor, oris. Lus. O q̃ cria, ou sostenta. Iap. Yaxinai sodatçuru mono, yôicu suru mono.

Altrix, icis. fœmin. Idem.

Altrinsecus, adu. Lus. de hũa parte, ou de hũa de duas partes. Iap. Ippô yori, l, izzureno cata yori naritomo. ¶ Itẽ, Iunto de hũa das partes. Iap. Ippôni.

¶ Item, Na parte mais alta. Iap. Nauo tacaqi tocoroni.

Altrouersum, adu Antiq. Lus. pera outra parte. Iap. Bechino cataye mucatte.

Altus, a, um. Lus. Cousa alta. Iap. Tacaqi coto. ¶ Interdum, Cousa funda. Iap. Fucaqi coto. ¶ Altum. Lus. Mar alto. Iap. Voqi, Yochu. ¶ Item, Ceo. Iap. Ten. ¶ Item, Cousa eccellente, grande. Iap. Qetacaqi mono. ¶ Itẽ, Cousa profunda, e oculta. Iap. Iinjin naru coto, cacuretaru coto.

Alueatium, ij, siue Alueare, vel Aluear. Lus. Colmear. Iap. Fachino suuo tçucuru vtçuuamonono vouoqi tocoro.

Alueatus, a, um. Lus. Cousa cauada amodo de canoo. Iap. Yinguei.bon narina mono, n izo i arini cubo canaru mono.

Alueolatus, a, um. Idem.

Alueolus, & Aueolum. Lus. Mesa, ou tabuleiro do jogo. Iap. Go, xoguinado no ban. ¶ Item, Hum vaso concauo de pao. Iap. Cuboca naru qino vtçuuamono.

Alueus, ei. Lus. Madre, ou canal do rio. Iap. Cauano nagaruru cuboqi tocoro. ¶ Item, Hum vaso concauo que seruia nos banhos. Iap. Yuyani aru cuboca naru vtçuuamono. ¶ Item, Tabuleiro do jogo. Iap. Go, xoguinadono ban. ¶ Itẽ, Alueus, siue Aluus. Lus. Colmea. Iap. Fachino suuo tçucuru vtçuuamono. ¶ Item, Embarcaçam, ou bojo da mesma embarcaçam. Iap. Fune, l, funeno mavchi.

Aluinus. Lus. Doente da barriga. Iap. Fucuchuuo vazzurõ mono.

Alũmen, inis. Lus. Pedra hume. Iap. Dõsa.

Aluminatus, a, um. Lus. Cousa que tem mistura de pedrahume. Iap. Dõsano majiuaritaru mono. ¶ Aluminosus. Idem.

Alumnor, aris. Lus. Criar, sostentar. Iap. Yaxinai sodatçuru.

Alumnus. Lus. Filho, ou discipulo criado, & doutrinado dalguem como de pay. Iap. Yaxinai sodateraruru co, l, dexi.

A ANTE M.

¶ Item, O que cria, ou sostenta. Iap. Yaxinai sodatçuru mono.

Alûta, æ. Lus. Pelle çurrada, & preparada pera fazer çapatos, etc. Iap. Tçucuri caua. ¶ Item, Saco, ou bolsa de dinheiro. Iap. Canebucuro.

Alutámen, & Alutamentum, i. Lus. Obra feyta de pelle curtida, & concertada. Iap. Tçucuricaua nite tçucuritaru dogu. Apud veteres.

Alutarius, ij. Lus. O çurrador, ou cortidor de pelles. Iap. Tçucuricauauo furu mono, yetta, cauaranc mono.

Aluus, i. Lus. Ventre, ou bucho. Iap. Fucuchu, darcl õno fu. ¶ Aliqñ. Barriga q̃ parece defora. Iap. Fara. ¶ Item, Colmea. Iap. Fachino suuo tçuquru vtçuuamono. ¶ Interdum, Vaso concauo. Iap. Cubocanaru vtçuuamono.

A ANTE M.

AMa. Lus. Hũa aue nocturna. Iap. Yoru tobu tori no taguy. ¶ Item, Hũ vaso apto pera deitar vinho. Iap. Saqeuo tçugu chôxino taguy.

Amabilis, e. Lus. Cousa amauel, suaue. Iap. Vomouaxiqi mono, taisetni naru mono.

Amabilitas, atis. Lus. Graça, boa condição. Iap. Vomouaxisa, fitogarano yoqi coto.

Amabiliter, adu. Lus. Amorauel, & amigauelmente. Iap. Vomouaxiqu, mutçumaxiqu, xitaxiqu.

Amabò, adu. interiectio blandientis. Lus. por amor demim, fazeime mercê. Iap. Vare ni taixite, atare negauacuua.

Amandatio, onis. Lus. O mandar, ou apartar de si pera algũa parte. Iap. yosoye tçucauasu, l, axoye fanatçu coto nari.

Amandatus, a, um. Lus. Cousa mandada ou apartada. Iap. Yosoye tçucauasaru ru mono, taxoye fanasaretaru mono.

Amando, as. Lus. Mandar, ou apartar, lançar pera outra parte. Iap. Yosoye tçucauasu, taxoye fanatçu.

Amans, antis. Lus. O que ama. Iap. Mono uo taixetni vomô fito.

Aman

Amanter, adu. Lus. Amorosa, & amigauel mente. Iap. Vomoitaxiqu, xitaxiqu.

Amanuensis, Lus. Criado que serue de escriuam. Iap. Fixxano.tameni mexitçucõ fiquan. ¶ Amanu. Idem.

Amaracus, i. Lus. Manjerona. Iap. Cõbaxiqi cusano na.

Amaracinum, i. Lus. Vnguẽto que se faz desta erua. Iap. Cano cusa nite auaxeta ru cõbaxiqi cusuri.

Amaranthus. Lus. Hũa erua que nunca se murcha. Iap. Toqiua, l, coconatçu na ru cusa.

Amaresco, is. Lus. Fazerse amargoso. Iap. Nigaqu naru.

Amarities, ei. Lus. Amargor. Iap. Nigasa. ¶ Item, per transl. Dor, & cuidado. Iap. Canaxisa, qizzucai.

Amaritudo, & Amaror. Lus. Amargor. Iap. Nigasa.

Amarulentus, a, um. Lus. Cousa muyto amargosa. Iap. Icanimo nigaqi coto. ¶ Item, per transl. Dor de animo azedado de enueja, ou maleuolencia. Iap. Sonemi, vppun yorizzuru cocorono vrei.

Amarus, a, um. Lus. Cousa amargosa. Iap. Nigaqi coto. ¶ Item, per transl. Cousa aspera. Iap. Qibixiqi mono, araqi coto.

Amasius, & Amasia. Lus. O que ama, ou he amado. Iap. Taixetni vomô mono, l, vomouaruru mono.

Amatio, onis. Lus. Amor desonesto. Iap. Yocoximanaru taixet.

Amator, oris. Lus. O que ama. Iap. Taixetni vomô mono.

Amatorculus, i. Idem.

Amatoriè, adu. Lus. A maneira dos que amam. Iap. Vomô fitono gotoqu.

Amatorium, ij. Lus. Cousa que inclina a amor deshonesto, e furioso. Iap. Qiôjin ni naruio to taixetni catamucasuru coto. Vt amatorio item poculum.

Amatorius, a, um. Lus. Cousa que pertence a amor. Iap. Taixetni ataru coto.

Ambactus, i. Lus. Criado. Iap. Fiquan. Ennius.

Ambages. Lus. Rodeos de palauras. Iap. Mauaxite monouo yŭ cotouo yŭ.

Ambagiosus, a, um. Lus. Cousa de muitos rodeos. Iap. Magari, mauarino vouoqi mono.

Ambaruualis. Lus. Hum genero de sacrificios. Iap. Tamuqeno taguy.

Ambarum, i. Lus. Hum genero de cheiro. Iap. Cõbaxiqi mononono taguy.

Ámbedo, is, edi. Lus. Comer, ou roer ao redor. Iap. Cuimauasu, mauarino caburu.

Ambegni, à veteribus bos, & veruex appellabantur, quum ad eorum vtraque latera agni in sacrificium deducebantur.

Ambesus, a, um. Lus. Comido, ou roido ao redor. Iap. Cuimauasaretaru coto, mauarino caburaretaru mono.

Ambidentes. Lus. Ouelhas que tem dẽtes em ambas as queixadas. Iap. Riŏbŏ no agitoni fa aru fitçuji. Apud veteres.

Ambidexter, tri. Lus. Direito dambas as mão. Iap. Fidari miguino qiqita u mono.

Ámbigo, is. Lus. Rodear. Iap. Tori mauasu, toricacomu. ¶ Item, Duuidar. Iap. Vtagŏ. ¶ Interdum, Litigar. Iap. Cuji satauo suru.

Ambigitur, impers. Lus. Altercarse. Iap. Arasouaruru, sataxeraruru.

Ambiguè, adu. Lus. Duuidosamẽte. Iap. Vtagauaxiqu.

Ambiguitas, atis. Lus. Equiuocaçam das palauras. Iap. Cotobano magure.

Ambiguus, a, um. Lus. Cousa duuidosa. Iap. Vtagauaxiqi coto, fuxin naru coto.

Ambio, is, iui, l, ij, ambitum. Lus. Rodear, cercar. Iap. Mauaru, meguru, torimaqu. ¶ Item, per transl. Fazer meiguices, e pedir, rogar. Iap. Sucaite monouo cô, l, tanomu. ¶ Item, Buscar, pretender honras. Iap. Fomareuo tazzunuru, nagueqi. ¶ Interdum, Desejar. Iap. Nozomu, negŏ.

Ambitio, onis. Lus. Rodeo. Iap. Mauari, meguri. ¶ Item, Ambição, desejo demasiado de honras, etc. Iap. Côy, yxeiuo mičarunaru nozomi, naguequi. ¶ Item, d.So degrangrangear a amizade dalguem. Iap. Iuccon xitaqito negŏ cotouo yŭ.

Ambitiose, adu. Lus. Com ambição. Iap. Cŏy, yxei nadouo midarinaru nozomiuo motte.

Ambitiosus. Lus. O q deseja honras desorde nadamente. Iap. Curai, yxei nadouo mi darini nozomu mono. ¶ Item, O que com palauras, meneos, & outros meios busca, & grangea misericordia, & fauor. Iap. Cotoba, moyŏ nado vomotte ren minuo cŏ, naguequmonc. ¶ Itē (Propriè) Cousa que tem grande circuito. Iap. Ma uarino firoqi mono.

Ambitus, us. Lus. Rodeo. Iap. Mauari, meguri. ¶ Ambitus ædium. Lus. Hũ caminho que se deixaua dentro das casas pe ra as andar em roda. Iap. Iyeno vchiuo meguru tameni, sadamaxitaru michi. ¶ Item. Ambição, ou pretensam desor denada de honras. Iap. Curai, yxei nadouo midarini nozomi naguequ cotouo yŭ. ¶ Item, O buscar misericordia com pa lauras, gestos, e outros meios. Iap. Cotoba, moyŏ nadouo motte renminuo tanomu, l, cŏ cotouo yŭ. ¶ Item, Rodeo comprido de palauras. Iap. Mauatte cudoqu yŭ cotouo yŭ.

Ambitus, a, um. Lus. Cousa rodeada, cercada. Iap. Torimauasaretaru mono.

Ambo. Lus. Ambos. Iap. Futari, futatçu tomoni.

Ambrices, Lus. Hũ genero de telhas. Iap. Cauarano taguy.

Ambrosia. Lus. Immortalidade. Iap. Fu xi, fumet. ¶ Item, Comer dos deoses. Iap. Buççu, buxxŏ, gocŭ. Apud Poëtas.

Ambrosius, a, um. Lus. Cousa diuina, e cheirosa. Iap. Tennŏ coto, cŏbaxiqi coto.

Ambubaiæ. Lus. Molheres baixas, e vadias. Iap. Itazzurani coco caxiconi samayŏ xengio, iyaxiqi vonna.

Ambubeia, æ. Lus. Almeiram, erua. Iap. Nazzuna.

Ambulacrum, i. Lus. Lugar de passear. Iap. Guiŏdŏ suru tameni sadamaritaru tocoro.

Ambulatio, onis. Lus. O andar, ou passear. Iap. Ayomu, ariqu coto nari. ¶ Item, Lugar pera passear. Iap. Guiŏdŏ suru tocoro.

Ambulatiuncula, æ, dim. Idem.

Ambulator, oris. Lus. O que anda, ou passea de ca pera la. Iap. Coco caxiconi ariqu, ayomu mono.

Ambulatrix, icis. fœm. Idem.

Ambulatorius, a, um. Lus. Cousa que anda, ou que se pode mouer. Iap. Aruqu mono, l, vgocaxi yasuqi mono. ¶ Ambulatoria turris. Lus. Torre que se leuaua em rodas pera combater cidades. Iap. Zaixouo xemuru tameni, curumani noxe taru yagura, xeirŏ. ¶ Item, Cousa mudauel, ou variauel. Iap. Cauariyasuqi mono. Apud iurisconsultos.

Ambulo, as. Lus. Andar, caminhar, passear. Iap. Aruqu, ayomu, guiŏdŏ suru.

Amburbiale, vel Amburbium, sacrificij genus erat, quo ciuitas lustrabatur.

Amburo, is. Lus. Queimar ao redor. Iap. Yaqimauasu.

Ambustio, onis. Lus. O queimar ao redor, ou queimadura. Iap. Yaqimauaxi coto nari, l, yaqetaru buntuo yŭ.

Ambustus, a, um. Lus. Queimado ao redor, ou não queimado de tudo. Iap. mauarino yaqetaru coto, l, yaqecaqetaru coto.

Amen, dictio Hebræa, verè, aut veritas, l, fiat, l, fideliter.

Amens, entis. Lus. Furioso, fem siso. Iap. Qiŏjin.

Amentatus, a, um. Lus. Cousa atada, ou amarrada com cordel. Iap. Vdenuqiuo tçuqetaru mono. Vt amentata hasta.

Amentia, æ. Lus. Doudice, desatino. Iap. Qiŏqi, qiŏran.

Amento, as. Lus. Arremesar ou amarrar com cordel. Iap. Nagucutçu, l, vdenuqiuo tçuquru, Apud Lucanum.

Amentum, i. Lus. Cordel que se amarraua em algũa arma pera arremesar. Iap. Vdenuqi. ¶ Item, Fita, ou cordão com

com que se apertaua o chapeo. Iap. Casa no xemeuo.

Amerina. Lus. Hũa especie de salgueiro. Iap. Yanaguino taguy.

Ames, itis. Lus. Estaca, ou vara pera caçar passaros. Iap. Vanaguxi.

Amethystus, i. Lus. Rubim, pedra preciosa. Iap. Acaqi tama no taguy. ¶ Item, Hũa especie de vuas. Iap. Budŏno taguy.

Amethystinatus, a, um. Lus. Cousa ornada de cor de rubim. Iap. Miguino tamano irouo tçuqetaru mono.

Amethystinus, a, um. Lus. Cousa feita desta pedra preciosa, ou que tem cor semelhante a esta pedra. Iap. Miguino tama nite tçucuritaru mono, l, cano tamano irouo aru mono.

Amica, æ. Lus. Amiga. Iap. Yocoxima ni vomô vonna.

Amicula, dim. Idem.

Amicabilis, e. Lus. Cousa digna de amigo. Iap. Chijnni sôtŏ xitaru coto.

Amicè, l, Amiciter, adu. Lus. Com amor, & amizade. Iap. Taixetuo motte xitaxiqu, mutçumaxiqu.

Amicinum, i. Lus. Boca do odre. Iap. Aru cauabucurono cuchi.

Amicitia, æ. Lus. Amizade. Iap. Xitaxiqi nacauo yŭ. ¶ Amicitiæ personam detrahere. Lus. Communicar todo interior aos amigos. Iap. Chijnni isasacamo tçutçumazu cocorouo arauasu.

Amicio, is. Lus. Vestir, cobrir. Iap. Qisuru, cabusuru, vouô.

Amico, as. Lus. Fazer amigo, & propicio. Iap. Iucconni suru, chijnni nasu.

Amictorium, ij. Lus. Hum certo vestido de linho muito fino. Iap. Suguretevsuqi nunono yxŏno taguy.

Amictus, us. Lus. Vestido de cima. Iap. Vuagui.

Amictus, a, um. Lus. O que esta vestido. Iap. Yxŏuo chacu xitaru mono.

Amiculum, i. Lus. Hum genero de vestido. Iap. Yxŏno taguy.

Amiculatus, a, um. Lus. O que esta cuberto deste vestido. Iap. Cano yxŏuo chacuxitaru mono.

Amicus, i. Lus. Amigo. Iap. Chijn, xitaxiqi naca.

Amiculus, i. dimi. Idem.

Amicus, a, um. Lus. Cousa beneuola, amiga. Iap. Xitaxiqi coto, mutçumaxiqi coto. ¶ Item, iunctum cum re inanimata. Lus. Cousa vtil, ou grata. Iap. Tocu to naru coto, tayorito naru coto. Vt amicus pratis humor.

Aminæum, ei. Lus. Hum genero de vides. Iap. Budŏno taguy.

Amis, tis. Lus. Forquilha pera armar redes. Iap. Vanaguxi.

Amita, æ. Lus. Tia irmaã do pay. Iap. Chichicatano voba. ¶ Maior amita. Lus. Irmaã de auô, & auó. Iap. Vôgi, vba vôna qiŏdai.

Amitini. Lus. Primos filhos de Irmaã, & irmão. Iap. Itoco, cono itocono riŏxinno, voyaua yppŏua votoco, yppŏua vonnano qiŏdai.

Amitto, is. Lus. Largar, deixar yr. Iap. Fanasu, yurusu, saxiuoqu. ¶ Item, Perder. Vxinŏ. ¶ Item, Perdoar. Iap. Yurusu, xamen suru. ¶ Item, Tirar. Iap. Torifanasu, torinoquru.

Ammonitrum, i. Lus. Massa de vidro. Iap. Suixŏuo tçucuru xitagino yŭ.

Amnenses. Lus. Os que morão iũto do rio. Iap. Cauano fotorini sumu mono.

Amnestia, æ. Lus. Esquecimento. Iap. Coxicatauo vomoi idasazaru cotouoyŭ, xitnen.

Amnis, is. Lus. Rio. Iap. Caua. ¶ Item, Enchente, ou enxurrada que vẽ dos mõtes. Iap. Vômizu no toqi, caua no gotoqu nagaruru amamizu.

Amnicola, æ. Lus. Morador junto do rio. Iap. Cauano fotorini sumai suru mono.

Amnicus, a, um. Lus. Cousa de rio. Iap. Cauani ataru coto.

Amo, as. Lus. Amar. Iap. Taixetni vomô.

Amodo. Lus. Daqui por diante. Iap. Qiŏcô, iigon ygo.

Amœ

Amœnitas,atis.Lus. Frescura,ou gozo q̃se to ma de cousas aprazitieis. Iap. Suzuxisa, biqei ni yorocobu cotouo yŭ.

Amœniter,adu. Lus. Fresca, e aprazivelmẽ te. Iap. Suzuxiqu, vomoxiroqu.

Amœno, as. Lus. Deleitar, alegrar. Iap. Nagusamuru, tanoximasuru

Amœnus, a, um. Lus. Cousa fresca, & apraciuel avista. Iap. Suzuxiqi coto, qei qi yoqi coto.

Amolior,iris. Lus. Apartar, ou afastar cousas q tem difficuldade de se mouer. Iap. Vgocaxinicuqi monouo voxi noquru. ¶ Item, Apartarse. Iap. Nogu, tachisaru. ¶ Item. Retirar. Iap. Iy curzusu, iyqesu.

Amômum, i. Lus. Hũa aruorezinha do mato. Iap. Chijsaqi yama qino na.

Amor, oris. Lus. Amor. Iap. Taixet, vo moi.

Amotio, onis. Lus. Apartamento. Iap. Torinoquru, fanasu coto nari.

Amoueo, es. Lus. Tirar, apartar. Iap. To rinoquru, fanasu.

Amphibia. Lus. Animais q̃ viuem hora no mar, hora na terra Iap. Vmi, yamauo caqete sumu qedamono.

Amphibologia. Lus. Palaura, ousentença duuidosa. Iap. Vtagauaxiqi cotoba, l, cotouari.

Amphimalla, æ. Lus. Hum genero de vestido. Iap. Yxôno taguy.

Amphitapa. Lus. Hum genero de vestido piloso dãbas asbandas. Iap. Vravomote ni qeuo voii idaxitaru yxôno taguy.

Amphitheâtrum. Lus. Hũa maneira de theatros donde se viam as festas. Iap. Nô nado uo qenbut suru tameni sadametaritaru ta caqi tocoro.

Amphitheatrâlis, e. Lus. Cousa q̃ pertence a theatro. Iap. Miguino tocoroni ataru coto.

Ámphora, æ. Lus. Vaso de barro q̃ tem duas asas. Iap. Riŏbŏni totte aru tçuchino vtçuuamono. ¶ Item, hum genero de medida de vinho, &c. Iap. Saqe nado uo facaru masuno taguy.

Amphoralis, e. Lus. Vaso capaz de hũa medida destas. Iap. Miguino masu fito tçu irufodono vtçuuamono.

Amphorarius, ij. Lus. O que leua este vaso alugado. Iap. Chinuo totte cano vtçuuamonouo mochi yuqu mono.

Ample, adu. Lus. Larga, & magnificamẽte. Iap. Firoqu, quŏqi, quŏcaini.

Amplissime. Lus. Cõ poder, & dignidade. Iap. Yxei, meiyouo motte.

Ampliter, adu. Idem.

Amplector, eris. Lus. Abraçar. Iap. Idaqitçuqu. ¶ Item, Amar. Iap. Taixetni vomŏ.

Amplexor, aris. Lus. Abraçar amiude. Iap. Sassai idaqitçuqu. ¶ Item, Amar muito. Iap. Fucaqu taixetni vomô.

Amplexus, us. Lus. O abraçar. Iap. Ida qitçuqu coto nari.

Amplificatio, onis. Lus. Acrecentamento. Iap. Firoguru, casanuru coto nari. ¶ Est item, Amplificatio apud Rhetores grauior quædam affirmatio, quæ motu animorum conciliat in dicendo fidem.

Amplificator, oris. Lus. O que acrecenta, ou alevanta algũa cousa, ou pessoa. Iap. Casanuru mono, vôqini nasu mono, iyfiroguru mono.

Amplifico, as. Lus. Acrecentar, dilatar. Iap. Casanuru, iyfiroguru, vôqini nasu.

Amplio, as. Lus. Acrecentar, alargar. Iap. Casanuru, noburu. ¶ Item, Prolongar, ou differir nas demandas. Iap. Cuji sata nadouo saxinoburu. ¶ Ampliatio quasi amplius dicêdi pronũciatio in iudicio.

Amplitudo, inis. Lus. Grandeza em poder, honras, riquezas, etc. Iap. Curai, zaifô nado vôqini xite jũtacu naru cotouo yŭ. ¶ Amplitudo corporis. Lus. Grandeza do corpo. Iap. Xiqitaino vôqini taqu na xiqi cotouo yŭ.

Amplius, adu. Lus. Mais. Iap. Nauo, iyo iyo. ¶ Item, Alem disso. Iap. Sono vyeni, cotoni. ¶ Item, Daqui por diante. Iap. Imayori xite, cŏnŏ.

Amplus, a, um. Lus. Cousa larga, e espaçosa. Iap. Bióbióto xitaru coto, vôqini firo-

siroqi coto. ¶ Item, Homem de muita honra, e authoridade. Iap. Yxei, meiyo no aru fito.
Ampulla, æ. Lus. Redoma de vidro, ou doutra materia. Iap. Suixŏ nadono vtçuuamono. ¶ Item, Empola. Iap. Te axini idequru mame, fibucure.
Ampullarius, ij. Lus. Official de redomas. Iap. Suixŏ nadono vtçuuamonono xocunin.
Ampullaceus, a, um. Lus. Cousa de redoma, ou a maneira de redoma. Iap. Suixŏ nadono vtçuuamononi ataru coto, l, aru suixŏno vtçuuamonono narina mono.
Ampullarius, a, um. Lus. Cousa pertencente a redoma, ou empola. Iap. Suixŏ nadono vtçuuamononi ataru coto, l, fibu cure nadoni ataru coto.
Ampullor, aris. Lus. Encharse. Iap. Fafuru, fucururu. ¶ item, Ensoberbecerse. Iap. Qeôman suru, manzuru.
Ámputo, as. Lus. Cortar ao redor, ou cortar cercio. Iap. Qiri mauasu, l, qirifanasu.
Ámula, æ. Lus. Hum vaso como caldebrinha dagoa benta. Iap. Voconaitaru miz zuuo iruru vtçuuamono.
Amulula. dimin. Idem.
Amulètum, i. Lus. Remedio contra peçonha. Iap. Docuno qexigusuri. ¶ Itẽ, Remedio contra feitiços. Iap. Majut uo mecqiacu suru cusuri.
Amurca, æ. Lus. Agoa ruça q̃ sae da azeitona. Iap. Aburano qinomino docqi, nigaqi xiru.
Amurcaria dolia. Lus. Talhas, ou pipas ẽ que se bota esta agoa ruça. Iap. Cano nigaqi xiruuo iruru vtçuuamono.
Amusium, ij. Lus. Hum instrumento pera discernir os ventos. Iap. Cajeno fŏgacuuo mixiru dŏgu.
Amussim, Adamussim, Amussatim, & Examussi n, adu. Lus. Direita, e exactamente. Iap. Suguni, taxxite, sumizuuo tçuite.
Amussis, is. Lus. Linha almagrada com que os carpinteiros tomam a medida. Iap. Daicuno tçubonoito. ¶ Item, Regra, ou esquadra. Iap. Banjŏno giŏgui, cane. ¶ Item, Qualquer ordem, ou regra. Iap. Xidai teitŏ.
Amussitata opera. Lus. Cousas feitas com grande exacçam, e diligẽcia. Iap. Xixxite, teuo comete xitaretaru coto.
Amûsus, i. Lus. Idiota sem letras. Iap. Mugacu naru fito, monmŏ naru fito.
Amygdala, æ. Lus. Amendoeira. Iap. Qi no na.
Amygdala, æ, l, Amygdalum. Lus. Amẽdoa. Iap. Aru conomino na.
Amygdalinus, a, um. Lus. Cousa de amẽdoeira. Iap. Cano qini ataru coto.
Amygdaliceum folium. Lus. Folha de amendoeira. Iap. Cano qino fa.
Ámylon, i. Lus. Amido. Iap. Muguino co nite tçucuritaru cayuno taguy.

A ANTE N.

AN, adu. interrogandi. Lus. Se, por ventura. Iap. Ca, ya. ¶ Anne. Idẽ.
Anabasis. Lus. Hũa erua. Iap. Cusano na.
Anabasius, ij. Lus. O que he mandado a outras terras pera espalhar algum rumor. Iap. Zŏxetsu rufu sasuru tameni, tacocuye yararuru mono.
Anabathrum. Lus. Pulpito, escada de graos, ou assentos. Iap. Yasu, noboritaxi, dan, coxi no caquru dŏgu.
Anachorêsis, sis. Lus. Ermo, ou deserto. Iap. Sanqio, jinrin fanaretaru tocoro.
Anaclinterium, ij. Lus. Camilha, ou catre. Iap. Fiyuneno suru toco.
Anacrisis. Lus. Exame, ou deuaça. Iap. qiŭmei, tadaxi.
Anagallis. Lus. Hũa erua. Iap. Cusano na.
Anáglypha, orum. Lus. Vasos, ou outras obras feytas de releuo. Iap. Monouo fori aguetaru vtçuuamono nado.
Anaglyptes. Lus. Official de obra de releuo. Iap. Miguino forimonoxi.
Anaglyphice, l, Anaglyptice. Lus. Arte de esculpir, & fazer obr de releuo. Iap. Miguino forimonouo suru narai.
Analecta, orum. Lus. Migalhas, cascas, ou outras cousas que caem da mesa. Iap.

Fandai yori coboruru cuzzu, qite nado uo yŭ.

Analectes, æ. Lus. O que apanha, ou varre as migalhas, ou sobejos da mesa. Iap. Miguino cobore ocouo firô, l, tacu mono. ¶ Itẽ, per transl. Homẽ de grande memoria que tudo quanto ouue, & lè tem em prompto. Iap. Vôqeyeno tçuyoqu xite yomi qiqu fodono cotouo taxicani soraní ni yru mono.

Analogia, æ. Lus. Propriedade, ou conueniencia. Iap. Sŏrŏ xitaru cotouo yŭ, ni yŏtaru cotouo yŭ.

Anas, anatis. Lus. Adem. Iap. Afiru.

Anaticula, æ. dim. Idem.

Anatarius, ij. Lus. O que guarda, ou cria, adens. Iap. Afiruuo mamoru, l, cŏ mono.

Anatarius, a, um. Lus. Cousa de adens. Iap. Afiruni ataru coto.

Anatinus, a, um. Idem.

Anathema, tis. Lus. Execração, excomunhão. Iap. Nicumi sutçuru cotouo yŭ, l, Ecclesiano curiqito cŏn urazu, Christãxuno sanquai yori faxxerarutu xeccanto yŭ. ¶ Itẽ, Offerta, ou dadiua que se dependuraua no templo. Iap. Terani ciqin xite caqeraretaru dŏgu.

Anathematizo, as. Lus. Amaldiçoar, ou escomungar. Iap. Nicumu, l, Ecclesiano curiqiuo cŏn urazu, Christãmaxu no sanquai yori fasiuru.

Anatocismus. Lus. Vsura que se multiplica, e renoua cada anno. Iap. Ritaino rini tçuqu ri.

Anatome, es. Lus. Notomia. Iap. Fito no firicu tçugaiuo yeqeu xiru tameni, cui saqu coto uo yŭ.

Anceps, pitis. Lus. Agudo d'ambas as partes, ou de deus gumes. Iap. Morofano catana nado. ¶ Item, Cousa duuidosa, ou incerta. Iap. Vtagauaxiqi coto, figiŏ naru coto.

Anchora, æ. Lus. Ancora da nao. Iap. Funeno icari. ¶ Sacra anchora. Lus. Derradeiro remedio. Iap. Xeccara narito ginno tanomidocoro, yoridocoro.

Anchorarius, ij. Lus. O que tem cuidado das ancoras. Iap. Funeno icariuo atçucŏ fito.

Anchorarius, a, um. Lus. Cousa que pertence a ancora. Iap. Icarini ataru coto.

Anchoralis, e. Idem.

Ancile. Lus. Hum genero de escudo. Iap. Tateno taguy.

Ancilla, æ. Lus. Criada. Iap. Guegio, guesu.

Ancillula, æ. dimi. Idem.

Ancillaris, e. Lus. Cousa que pertence a criada. Iap. Guegioni ataru coto.

Ancillariolus, i. Lus. O que ama a criada. Iap. Guegiouo vomô fito.

Ancillor, aris. Lus. Seruir, ou dedicarse a seruir como escraua. Iap. Guegiono gotoqu tçucauaruru, l, tçucauaretito vomô.

Anclabra, vel Anclabria. Lus. Huns vasos de que vsauam os sacerdotes. Iap. Mucaxino Sacerdotes tçucauaxi vtçuuamonono taguy.

Ancyloglossum. Lus. Freo da lingoa. Iap. Xitano tçurino.

Andabatæ, arum. Lus. Gladiadores que pelejauam com os olhos fechados. Iap. Meuo fusaguite qiriaitaru mono.

Andrago, inis. Lus. Molher varonil. Iap. Vonocoraxiqi vonna.

Anellus, i. Lus. Anel. Iap. Yubigane.

Anethum, i. Lus. Endro erua cheirosa. Iap. Niuoi aru cusa.

Anfractus, us. Lus. Rodeos, ou voltas das ruas, ou caminhos. Iap. Michi, cŏgino magari, mauari. ¶ Item, Rodeo de qualquer cousa. Iap. Yorozzuno cotono magari, mauari.

Angaria, æ. Lus. Seruiço forçado, ou constrangido. Iap. Sucumetaru focô, quayacu. ¶ Item, Postas, ou correos. Iap. Fayauchi.

Angelus, i. Lus. Núncio, Anjo. Iap. Tçucai, Anjo.

Angina, æ. Lus. Esquinencia, doença. Iap. Côfito yŭ yamai.

Angi-

Angiportus, i, & Angiportum. Lus. Beco sem saida, ou rua estreita, & de rodeos. Iap. Ide cuchi mo naqi côgi, l, maga-ntte xebaqi machi côgi.

Ango, is, xi. Lus. Affligir, angustiar. Iap. Qizzucauo sifuru, xemuru, curuximuru.

Angor, oris. Lus. Afflição, ou tormento. Iap. Qizzucai, nangui, l, curuximi.

Anguilla, æ. Lus. Enguia. Iap. Vnagui.

Anguifer, i. Signum quoddam cæleste.

Anguis, is. Lus. Cobra. Iap. Cuchinaua, ja, febi.

Anguiculus, i. dimi. Idem.

Angüineus, a, um. Lus. Cousa de cobras. Iap. Cuchinauani ataru coto. ¶ Itẽ, Cousa semelhante a cobra. Iap. Cuchinaua ninna mono.

Anguinus, a, um. Idem.

Anguimanus. Lus. Elefante. Iap. Zŏ.

Anguipedes. Lus. Hũs gigantes que tinhão as pernas tortas. Iap. Axino magarita gigante.

Angulus, i. Lus. Canto. Iap. Sumi, cado. ¶ Item. Lugar secreto, & escondido. Iap. Cacuretaru tocoro.

Angellus, i. dim. Idem.

Angularis, e. Lus. Cousa que tem cantos. Iap. Cadono aru mono.

Angulatim, adu. Lus. De canto en canto, ou polos cantos. Iap. Cadocadoni, sumizumini.

Angulatus, a, um. Lus. Cousa feita a maneira, & semelhança de canto. Iap. Cadouo araxete tçucuritaru coto.

Angulosus, a, um. Lus. Cousa que tem muitos cantos. Iap. Cado, sumi vouoqi mono.

Angustans, Angustatus, Angustandus. Participia sunt.

Angustè, adu. Lus. Estreita, & apertadamente. Iap. Xebaqu, fosoqu.

Angustia, æ. Lus. Lugar estreito. Iap. Xebaqi tocoro. ¶ Item, Estreiteza, aperto de qualquer cousa, ou afflição. Iap. Xebaqu fosoqi cotouo yŭ, l, nangui xececacu.

Angustitas, atis. Vetus nomen. Idem.

Angusto, as. Lus. Apertar, estreitar. Iap. Xebamuru, fosomuru, chigimuru.

Angustus, a, um. Lus. Cousa estreita, ou apertada. Iap. Xebaqi coto, fosoqi coto.

Anhelatio, onis. Lus. Difficuldade de respirar. Iap. Iqiuo tçuqicanuru coto nari.

Anhelator, oris. Lus. O que respira com difficuldade, & trabalho. Iap. Toiqiuo tçuqu mono, iqiuo tçuqicanuru mono.

Anhelatus, a, um. Lus. Cousa respirada. Iap. Fuqi idasaretaru coto.

Anhelitus, us. Lus. Folego, ou o respirar. Iap. Iqi, l, iqiuo tçuqu coto nari.

Anhelo, as. Lus. Ofegar, ou respirar com trabalho, e difficuldade. Iap. Sutaqu. ¶ Item, per trásl. Desejar ardentemente. Iap. Fucaqu nozomu.

Anhelus, a, um. Lus. O que ofega, ou respira com difficuldade. Iap. Sutaqu mono, iqiuo tçuqicanuru mono.

Anicetum, i. Lus. Erua doce. Iap. Niuoi aru cusano na.

Anicula, æ. Lus. Velhinha. Iap. Voitaru vonna, rŏgio.

Anicularis, e. Lus. Cousa de velha. Iap. Voitaru vonnani ataru coto.

Anilis, e. Idem.

Anilitas, atis. Lus. Velhice da velha. Iap. Rŏgiono youai, voi.

Aniliter, adu. Lus. Como velha. Iap. Rŏgiono gotoqu.

Anima, æ. Lus. Alma. Iap. Vjŏ, fijŏno meiconto naru mono. ¶ Item, Espirito, vida. Iap. Inochi, xinmiŏ. ¶ Itẽ, Ira. Iap. Tanrio. ¶ Item, Vento. Iap. Caje. ¶ Item, Animo. Iap. Chiyeno tai.

Animula, æ. dimi. Idem.

Animabilis, e. Lus. O que tem vida, e espirito. Iap. Inochi aru mono, iqi aru mono.

Animal, alis. Lus. Animal. Iap. Xŏrui.

Animalis, e. Lus. Cousa de animal, ou cousa que tem alma. Iap. Xŏruini ataru coto, l, inochi aru mono. ¶ Item, Cousa que respira. Iap. Iqiuo cayouasu mono.

¶ Animalis hostia, dicebatur, quæ solùm mactabatur, vt eius anima Deo alicui offerretur.

Animalitas, atis. Lus. Sustancia, ou natureza do animal. Iap. Xǒruino tai.

Animaduersio, onis. Lus. Aduertencia. Iap. Cayerimiru cotouo yŭ, xian. ¶ Itē, Castigo. Iap. Xeccan, isame.

Animaduersor, oris. Lus. O que castiga. Iap. Xeccanno xite.

Animaduersus, a, um. Lus. Considerado, e bem visto. Iap. Yoqu xian xerare taru coto. ¶ Item, Castigado. Iap. Xeccan xeraretaru mono.

Animaduerto, is. Lus. Aduertir, considerar, entender. Iap. Cayerimiru, xianuo cuuayuru, nattocu suru. ¶ Interdum, Castigar alguem. Iap. Xeccan suru.

Animans, antis. Lus. Animal. Iap. Xǒrui, vijǒno mono. ¶ Item, Qualquer cousa que tem vida como as plantas, &c. Iap. Xǒuo tamotçu fodono mono.

Animatio, onis. Lus. O dar animo, e esforço. Iap. Chicarauo tçuquru coto nari. ¶ Item, O animar, dar vida. Iap. Inochiuo atayuru coto nari.

Animatus, us. Idem.

Animatus, a, um. Lus. O que tem alma, ou vida. Iap. Xǒuo tamotçu mono. ¶ Item Afeiçoado, propenso. Iap. Vomoi tçuqitaru mono. ¶ Interdum, Forte, animoso. Iap. Cǒnaru mono, yumiǒno cocoro aru mono.

Animatus, i. Lus. O que esta disposto, e tem vontade pera algũa cousa. Iap. Naninitemo are, xentono cocorozaxi cacugo aru mono.

Animo, as. Lus. Dar animo, e esforço. Iap. Chicarauo tçuquru, isametatçuru. ¶ Aliqn. Animar, ou dar vida. Iap. Inochiuo atayuru.

Animosè, adu. Lus. Esforçada, & animosamente. Iap. Cocorozzuyoqu, cǒni, gǒxeini, yumiǒni.

Animositas, atis. Lus. Vehemencia, & efficacia do animo. Iap. Xeiriqi, icijuoi.

Animosus. Lus. Vehemente, esforçado. Iap. Cocorono tçuyoqi mono, gǒxeinaru mono, qibixiqi mono. ¶ Item, Altiuo, colerico. Iap. Qino saqetaru mono, qibayaqu tanrio naru mono.

Animus, i. Lus. Anima racional. Iap. Chiye funbetno reitai. ¶ Aliqn. Vontade, ou gosto, passatempo. Iap. Nozomi, cocoroate, l, nagusami, yorocobi. ¶ aliqn. Baso, ou vento. Iap. Yqi, caje. ¶ Itē, Esforço, animo. Iap. Cǒnaru cocoro, yǔqi. ¶ Itē, Memoria. Iap. Monouo voboyuru, l, soranzuru xei. ¶ Item, (in pluràli) Temeridade cõ algũa arrogãcia. Iap. Becqino yǔ.

Animulus, i. dimi. Idem.

Anisum, i. Lus. Erua doçe. Iap. Cusanona.

Annales, ium. Lus. Feitos, ou histories de cousas q̃ acontecẽ cada anno. Iap. Nen daiqi.

Annalis, e. Lus. Cousa q̃ pertence a annos. Iap. Toxini ataru coto. ¶ Tempus annale. Lus. Espaço de hũ anno. Iap. Ichinenno aida.

Annarius, a, um. Idem.

Annascor, eris. Lus. Nacer junto dalgũa cousa. Iap. Sobani xǒzuru, vmaruru.

Annáuigo, as. Lus. Nauegar pera algum lugar. Iap. Funauatari suru.

Annecto, is, exi, xum. Lus. Iũtar, ou amarrar a algũa cousa. Iap. Mononi auasuru, l, caramctçuquru.

Annexus, us. Lus. Ajuntamento, ou atadura. Iap. Auasuru, l, caramctçuquru cotouo yǔ.

Anniculus. Lus. Cousa de hũ anno. Iap. Ychinenno aidano mono, issaini naru mono.

Annifer, a, um. Lus. Cousa q̃ vem, ou se da cada anno. Iap. Maineni idequru mono.

Annilis, e. Lus. Cousa de muita idade, e velha. Iap. Toxiuo fetaru mono, votoru mono.

Annitor, eris. Lus. Estribarse, encostarse. Iap. Sugaru, yori cacaru. ¶ Itē, Pe-

as.

as forças em algũa cousa, Iap. Manoni xeiuo iruru.

Anniuersarius, a, um. Lus. Cousa q̃ vem cada anno em tempo determinado. Iap. Mainen sadamaritaru jixetni maguri quru coto.

Annôna, æ. Lus. Mantimento q̃ se guarda pera hum anno. Iap. Tacuuayuru nẽ giũno fanmai, care. ¶ Item, So, tentaçam determinada que se da cada anno. Iap. Nengiũno qiŭbun, qirimai. ¶ Item, Salario, ou paga de hum anno. Iap. Nen giũno fuchi, cain. ¶ Item, Pam. Iap. Iy, mexi.

Annonarius, a, um. Lus. Cousa que pertence a prouisam de hum anno. Iap. Nẽ giũno fanmai, fuchimi ataru coto. ¶ Annonariæ expensæ. Lus. Gasto que se faz em hum anno. Iap. Buxino tameni nen giũni tçucŏ fi, rŏno tçuiye.

Annosus, a, um. Lus. Cousa velha de muitos annos. Iap. Sujũnen uo fetaru mono, xeizŏ furitaru coto.

Annotator, oris. Lus. O que nota, ou escreue algũa cousa. Iap. Caqi xirusu fito.

Annotinus, a, um. Lus. Cousa de hum anno. Iap. Ichinenno aidano coto. ¶ Item, Cousa que pertence a prouisam, ou mantimentos de hum anno. Iap. Nẽ giũno fanmai, xitenni ataru coto. ¶ Annotinæ naues. Lus. Naos em que se trazia o mantimento de cada anno. Iap. Mainenno fiŏrŏbune.

Ánnoto, as. Lus. Notar, ou escreuer junto, ou sobre algũa cousa. Iap. Sobani caqi xirusu, l, caqicuuayuru. ¶ Item, Notar em algum liuro pera lembrança. Iap. Voboyeno tameni qiŏni caqi xirusu. ¶ Item, Determinar. Iap. Sadamuru. ¶ Annotari aliquem in reum. Lus. Ser alguem escrito no numero dos reos em autecia. Iap. Kujino aidani zaiquaninno cazuni caqi cuuayeraruru.

Annuâtim, adu. Lus. Cada anno. Iap. Toxigotoni, mainen.

Annumero, as. Lus. Ajuntar algũa cousa no numero de outras. Iap. Cazuniiru aruy cazoye, soyuru. ¶ Interdum, Contar. Iap. Cazoyuru.

Annuncio, as. Lus. Denunciar, ou dar por nouas. Iap. Tçuguru, sŏuo yŭ, chŭxin suru.

Annuo, is. Lus. Consentir açenando com a cabeça. Iap. Vnazzuqi riŏjŏ suru. ¶ Item, Affirmar. Iap. Guigiŏ suru, iy caramuru. Plaut.

Annus, i. Lus. Anno. Iap. Ichinengiũno ficazu, toxi.

Annuus, a, um. Lus. Cousa que se comprẽde em espaço de hum anno. Iap. Ichinenno aidano coto. ¶ Item, O que se faz cada anno. Iap. Toxigotoni aru, l, xe raruru coto. ¶ Annua, absolutè. Lus. Mantimentos pera cada anno. Iap. Toxigotono fanmai, care. ¶ Annua, pro Anno. Apud iuriscons.

Anodina, orum. Lus. Emprastos que abrãdão ador. Iap. Itamiuo carumuru tçuqeguluri.

Anomalia. Lus. Desigualdade. Iap. Biŏdŏni naqi cotouo yŭ.

Anómalum, i. Lus. Desigual. Iap. Biŏdŏni naqi coto. ¶ Item, Cousa aspera. Iap. Nameracanarazaru mono, araqi coto.

Anónymum, i. Lus. O que não tem nome, ou baixo. Iap. Nano naqi mono, iyaxiqi mono.

Anormis, e. Lus. O que não tem regra, ou não segue a regra dos outros. Iap. Xidai naqi mono, fufŏ naru mono.

Anquîna, æ. Lus. Cordas com que amarrão a verga no masto. Iap. Foguetauo fobaxirani yui tçuquru naua, vchimauaxi.

Anquîro, is. Lus. Inquirir, ou tirar deuaça. Iap. Qiŭmei suru, tadasu. ¶ Itẽ, Accusar. Iap. Vttayuru.

Ansa, æ. Lus. Asa do vaso. Iap. Vtçuuamonono totte, ye. ¶ Item, Cabo, ou estremidade que saye fora dalgũa cousa. Iap. Monono tçuca, ye, naco. ¶ Alçã. Correa, ou ataca. Iap. Fibo, vo.

Item

¶ Item, Argolas, ou fusis de cadea. Iap. cusarino va. ¶ Item, pertinacia. Occasião. Iap. Daimocu, tayori, tçuide. Vt Ansam quærere.

Ansula, æ. dimi. Idem.

Ansatus, a, um. Lus. Cousa que tem asas, como vaso, etc. Iap. Totte aru mono. ¶ Ansatus homo. Lus. Hom͂e que anda com as mãos na ilharga. Iap. Figiuo fatte yuqu mono.

Anser, eris. Lus. Gáso, ou pato. Iap. Ga, gã.

Anserculus, i. dimi. Idem.

Anserinus, a, um. Lus. Cousa de pato. Iap. Gani ataru coto.

Antæ, arum. Lus. Ombreiras, ou ilhargas da porta. Iap. Monbaxira. ¶ Itẽ, Colũnas quadradas. Iap. Xicacubaxira.

Antarticus circulus. Lus. Circulo do polo da parte do Sul. Iap. Nanqiocu no uauari.

Antè, adu. Lus. Antes, primeiro. Iap. Yjẽni. ¶ Itẽ, Præposit. Diante. Iap. Maye, saqini. ¶ Ante alios. Lus. Mais que os outros. Iap. Fitoni coyete, yojin yori mo.

Anteà. Lus. Antes, ou os dias passados. Iap. Maye, saqini, l, xenjit.

Anteactus, a, um. Lus. Cousa passada. Iap. Suguixi coto.

Anteambulo, onis. Lus. Escudeiro, ou pagem, que vai diante acompanhando. Iap. Saqibaxiri.

Ante canis. Signum quoddam cæleste.

Antecapio, is. Lus. Preuenir, anticipar Iap. Saqini toru, toricacaru, saye giru.

Antecaptus, a, um. Lus. Preuenido, anticipado. Iap. Toricacaretaru coto.

Antecapio, onis. Lus. Cõceito, ou noticia dalgũa cousa anticipada no animo. Iap. Canete vomoi facaru cotono yũ.

Antecedens, entis. Lus. O que precede, ou leua a vantagem. Iap. Sugururu coto, l, masaru mono.

Antecêdo, is. Lus. Preceder, ou ir diante. Iap. Saqini yuqu, saqidatçu. ¶ Itẽ, Exceder. Iap. Masaru, suguru ru, coyuru.

Antecellens, entis. Lus. O que excede, ou leua a vantagem. Iap. Masaru, l, coyuru mono.

Antecello, is. Lus. Exceder, ou sobrepujar. Iap. Masaru, coyuru, suguruu.

Antecenium, ij. Lus. Merenda. Iap. Chũ giqi.

Antecessio, onis. Lus. O ir diante, ou leuar a vantagem. Iap. Saqini yuqu, l, masaru coto nari.

Antecessor, oris. Lus. O que vai adiante. Iap. Saqidatçu mono. ¶ Item, Antecessor em algum cargo. Iap. Maye quan xocuni arixi fitó, xenxocuno fito.

Antecessum, i, siue antecessus, us. Lus. O que se da dante mão como paga, sinal, &c. Iap. Tanomi, yamagoxi.

Antecursor, oris. Lus. O que corre a diante. Iap. Saqibaxiri.

Antedico, is. Lus. Dizer dantes. Iap. Canete yũ.

Anteeo, is. Lus. Ir diante. Iap. Saqini yuqu, saqidatçu. ¶ Item, Sobrepujar. Iap. Masaru, suguruu, coyuru.

Ante expectatum, l, Ante expectatum, adu. Lus. Antes, ou mais cedo do que se esperaua. Iap. Vomoino focani fayaqu.

Antêfero, ers. Lus. Antepor. Iap. Vomoicayuru, fani coyete xôquan suru.

Antefixa. Lus. Ornato de obra de barro q̃ se poem debaixo das beiras. Iap. Nocqigauarano cazari.

Antegenitalis, e. Lus. O que pertence a cousa gerada dantes. Iap. Saqini vmaretaru mononi ataru coto.

Antegenitus. Lus. O que nace dantes. Iap. Saqini vmaruru mono.

Antegredior, eris. Lus. Yr diante. Iap. Saqini yuqu, saqidatçu.

Antehabeo, es. Lus. Antepôr. Iap. Vomoicayuru, yoni coyete xôquan suru.

Antehac, adu. Lus. Antes de agora, ou antes daquelle tempo. Iap. Cono maye, sono yjen.

Anteloquium, ij. Lus. Primeiro lugar no falar. Iap. Ichibanni monouo iy fajimuru curaiuo yũ.

Antelucanus, a, um. Lus. Cousa dante manhaã. Iap. Bimei, fuqeôni ataru coto.

¶ Ante-

¶ Antelucani flatus. Lus. Vento dante manhaã. Iap. Bimeini fuqu caje.

Antelúculo, adu. Lus. De madrugada. Iap. Bimeini, ſôtenni, sôchô.

Ante malorum .i. præteritorum malorum.

Antemeridianus. Lus. Couſa que he, ou ſe faz antes de meyo dia. Iap. Firuno mayeni aru, l, xeraruru coto.

Antemurale, is. Lus. Barbacão. Iap. Gamaye.

Antẽna, æ. Lus. Verga da nao. Iap. Fogueta.

Ante oculos. Lus. Diante, ou a viſta. Iap. Meno mayeni, ſaqini.

Anteoccupatio, onis. Lus. O preuenir, ou anticipar. Iap. Mayeni toru coto nari.

Anteoccupo, as. Lus. Preuenir, ou anticipar. Iap. Toricoſu, mayeni toru, ſayeguiru.

Antepagmenta, l, Antipagmenta. Lus. Chapas, ou guarniçóis da porta. Iap. Móno cazarimono, cazari.

Antepilani. Lus. Huns certos ſoldados bẽ armados, e dos principais. Iap. Gunjei no nacani daiychi cõni xite, yoqu yoroitaru muxa.

Antepôno, is. Lus. Por diante. Iap. Mayeni voqu. ¶ Item, Preferir, eſtimar mais. Iap. Vomoicayuru, tanin yorimo xôquan ſuru.

Antequàm. Lus. Antes que. Iap. Mayeni, ſaqini, vchini. Vt cacanu ſaqini, l, vchini.

Anterius, adu. Lus. Primeiro, antes de agora. Iap. Ichibanni, mazzu, cono mayeni.

Antermini, orum. Lus. Comarcãos, ou q̃ pouſam junto da raya. Iap. Ringocuno ſacaini ſumu mono.

Antes, ium. Lus. Pedras grandes, ou colunnas em que a fábrica eſtriba. Iap. Cômômochino fixira, ixizuye. ¶ Item, Primeira ordem das cepas, ou vides. Iap. Budôno cazzurano ichibanno vne.

Anteſignanus, i. Lus. Soldado que vai diante da bandeira pera a defender. Iap.

Fatano xugo ſuru buxi.

Anteſto, as. Lus. Eſtar diante. Iap. Mayeni aru, ſaqini yru. ¶ Item, per traſl. Sobrepujar. Iap. Maſu, ſuguruiru.

Anteſtor, aris. Lus. Tomar por teſtemunha. Iap. Fitouo xôconi taçuru.

Anteuenio, is. Lus. Vir diante. Iap. Saqini mairu, quru. ¶ Itẽ, Sair ao encontro. Iap. Mucaini mairu. Plaut.

Anteuerto, is. Lus. Anticipar, preuenir. Iap. Sayeguiru, ſaqidatçu.

Anteuolo, as. Lus. Voar, ou correr diante. Iap. Saqini tobu, faxiru, caqenuquru.

Anteurbanus, a, um. Lus. Couſa perto da cidade. Iap. Zaixo chicaqi coto.

Anthrax, acis. Lus. Caruam. Iap. Vocoxizumi. ¶ Item, Carbunculo pedra preciosa. Iap. Meixuno na. ¶ Item, Antraz enchaço. Iap. Yô, xumotno na.

Anthrácinus, a, um. Lus. Couſa preta como caruão. Iap. Qiyezumi irona coto.

Antiani magiſtratus. Lus. Officiais das cidades que duram ſeis meſes. Iap. Mutçuqino aidani zaixono yacuuo motçu mono.

Antiæ, arum. Lus. Cabellos do topete das molheres. Iap. Nhôbŏno fitaini midare cacaru camigue.

Ántica, æ. Lus. A parte, ou entrada dianteira. Iap. Mayeno cata, vomoteno iricuchi.

Ánticus, a, um. Lus. Couſa dianteira. Iap. Maye, l, vomoteni aru coto.

Anticipatio, onis. Lus. O anticipar, ou preuenir. Iap. Sayeguiru, l, ſaqidatçu coto nari.

Anticipo, as. Lus. Anticipar, ou preuenir. Iap. Sayeguiru, ſaqidatçu.

Antidôra, orum. Lus. Remuneraçam. Iap. Fenrei, fenpô.

Antídotum, i, ſiue Antidotus. Lus. Mezinha contra peçonha. Iap. Docuno qexi guſuri. ¶ Item, Remedio preſeruatiuo. Iap. Yamai naqi yjenni mochijru yôjôgu ſuri.

An

Antigrapheus, ei. Lus. Thesoureiro, ou veador da fazenda. Iap. Sŏmadocoro, ca neno tŏbuguiŏ.

Antigraphum, i. Lus. Trasunto, ou tresladado do veador da fazenda. Iap. Sŏmadocorono nicqi.

Antilêna, æ. Lus. Peitoral de jumentos. Iap. Munagai.

Antimelon, i. Lus. Mendragora. Iap. Cusano na.

Antiperistasis, idest, circumobsistentia, l, complexio vndiq; circunfusa, per quã vbi calidũ est, inde frigus expellitur, vbi frigidum, inde calor expellitur.

Antiphona. Lus. Voz que se canta alternadamente de dous coros. Iap. Xŏmiŏuo conguini vtŏ cotouo yŭ.

Antipodes, um. Lus. Antipodas que morão debaixo de nós. Iap. Vaga cuni no xitano catani sumu mono.

Antiquarius, a, um. Lus. Amador, & pesquisidor de antiguidades. Iap. Mucaxino cotoba, cataguiuo tazzune naguequ mono, furuqi cotouo suqu mono.

Antiquatio, onis. Lus. Anulação. Iap. Taiten lasuru, yamuru coto nari.

Antiquè, adu. Lus. Ao modo antigo. Iap. Mucaxino gotoqu, mucaxicataguini.

Antiquitas, atis. Lus. Antiguidade. Iap. Mucaxi, inixiye, toxifuritaru cotouo yŭ. ¶ Item, Os mesmos antigos. Iap. Mucaxino fito, cojin. ¶ Item, Amor antigo, & principal. Iap. Mucaxi yorino fucaqi taixet.

Antiquitus, adu. Lus. Antigamente. Iap. Vŏjacuni, mucaxini.

Antiquo, as. Lus. Anular, ou desfazer. Iap. Taiten sasuru, munaxiqu nasu, chŏji suru.

Antiquus, a, um. Lus. Cousa antiga, ou velha. Iap. Mucaxino coto, furuqi coto. ¶ Item, Cousa boa, & de estima. Iap. Yoqi coto. Vt Antiqui mores, antiquum vinum.

Antistes, itis. Lus. Prelado, ou cabeça dalgũa Igreja. Iap. Xuxqeno tçucasa, giŏgi qu, Item, per trás. O que excede, ou he eminente em algũa cousa. Iap. Yoninni suguretu fito, meijin.

Antistita, æ. Lus. Abadessa, ou prioresa. Iap. Bicunino tçucasa.

Antistitium, ij. Lus. Eminencia, ou excelencia em algũa cousa. Iap. Sugururu cotouo yŭ. ¶ Item, Prelacia. Iap. Xucqeno tçucasano curai, giŏgi xoqu.

Antistitor, oris. Lus. Presidente, ou prefeito. Iap. Qendanoin, xugodai, buguiŏ.

Antisto, as. Lus. Leuar a ventagem. Iap. Coyuru, masu. Antiq. verb.

Antlia, æ. Lus. Nora. Iap. Mizzuguruma.

Antonomasia, æ. est vocabulum, quod sine nomine positum, loco eius fungitur: quæ quidem dignitatem exprimit, vt Apostolus, idest Paulus, etc.

Antræ. Lus. Valles ou espaço que ha entre as aruores. Iap. Tani, l, jumocuno mo tono sucitaru tocorouo yŭ.

Antrum, i. Lus. Lapa, ou coua. Iap. Fora, tçuchiana.

Anularis, e. Lus. Cousa de anel. Iap. Yubiganeni ataru coto.

Anularius, ij. Lus. Ourives que faz aneis. Iap. Yubiganezaicu.

Anulatus, a, um. Lus. Cousa ornada de aneis. Iap. Yubigane vomotte cazaritaru mono.

Anulus, i. Lus. Anel. Iap. Yubigane.

Anus, us. Lus. Velha. Iap. Vba, rŏgio.

Anus, i. Lus. Lugar por onde se purgam os escrementos. Iap. Gueqet, daichŏno qet.

Anxiè, adu. Lus. Solicita, & cuidadosamente. Iap. Qizzucai xite, naguecite.

Anxietas, atis, & Anxietudo, inis. Lus. Afflição, amargura. Iap. Qizzucai, vrei, naguequi.

Anxifer, a, um. Lus. Cousa que traz afflição, amargura. Iap. Qizzucaiuo caqu ru mono, vreiuo fucun asuru coto.

Anxius, a, um. Lus. Cousa solicita, triste. Iap. Qizzucai suru mono, naguequ mono, vreôiu mono.

A Ante-

Apage, & apagete, adu. Lus. Tirate da hi. Iap. Soco noqe, tachisare.

Apagesis. Lus. Tirai vos, ou yuos de ahi, se quiserdes. Iap. Noqitaquiua noqe, sa nituo foxxeba sare. ¶ Item, Apartai, ou tirai dahi se quereis. Iap. Coreuo noqe taquua, noqeyo.

Apalæstri. Lus. Os que não sam exercitados na luta. Iap. Sumōni cōno iazaru mono.

Apella, æ. Lus. Circuncidado. Iap. Circuncisamuo vqetaru mono.

Apello, is, appuli, appulsum. Lus. Afastar, apartar. Iap. Xirizoquru, noqeru.

Aper, pri. Lus. Porco montès. Iap. Inoxxi.

Aperio, is. Lus. Abrir. Iap. Aqeru, firaqu. ¶ Item, Manifestar, declarar. Iap. Arauasu, yauaraguru. ¶ Item, Descubrir, ou descobrir. Iap. Nugu, l, aqeru, vouoi uo toru. ¶ Item, Communicar, ou dar parte. Iap. Faicŏ, l, faibun suru, rodocuru. Vt aperire rem familiare alicui. ¶ Interdũ, Dar principio. Iap. Cŏgiŏ, l, coriũ suru, xifajimuru. ¶ Item, Mostrar se prestes pera pagar. Iap. Xacumotuo fenben xen tono furiuo arauasu.

Aperte, adu. Lus. Claramente. Iap. Aqiracani, funmiŏni. ¶ Apertius, & apertissime. Idem.

Apertio, onis. Lus. O abrir. Iap. Aquru, firaqu coto nari.

Apertum. Lus. Direito, claro, & sem controuersia. Iap. Aqiracanaru, qenbŏ, magiure naqi satto.

Apertura, æ, Lus. Abertura. Iap. Aqima, qiricuchi, aqetaru coto uo yŭ.

Apertus, a, um. Lus. Cousa patente, & manifesta. Iap. Arauaretaru coto, funmiŏ naru coto.

Apes, l, Apis, is. Lus. Abelha. Iap. Fachi.

Apécula, æ, l, Apicula. dim. Idem.

Apex, icis. Lus. picaroto do barrete. Iap. Zzuqinno chŏjŏni tçuqetaru ito. ¶ Item, Mitra. Iap. Bispono tosuo toqi, cazzuqi tamŏ zzuqin, bŏxi. ¶ Item, Cocuruta da cabeça. Iap. Zzuchŏ, itadaqi.

¶ Item, Cume de qualquer cousa. Iap. Chŏjŏ, itadaqi, mine. ¶ Item, Summa, authoridade, l, ou dignidade dalgũa cousa. Iap. Yorozzuno cotono chŏjŏ, curai. ¶ Apices iuris. Lus. Direito alto, e dificultoso. Iap. Iinjinnaru cotouarino gomoru satto.

Apiculus, & Apiculum, dim. Idem.

Apexabo, onis. Lus. Chouriço. Iap. Qedamonono abura, chiuo iretaru fosonaua.

Aphæresis. Lus. Prisão donde soltauam os cauallos pera correr. Iap. Vmauo caqe idasaru tameni tatetoqu tocoro. ¶ Item, Certos instrumentos pera combater cidades. Iap. Zaizouo xemuru dŏgu.

Aphracta, orum. Lus. Nauios sem cuberta. Iap. Fanguaino naqi fune.

Aphractus, i. Idem.

Aphronitrum, i. Lus. Escuma de salitre. Iap. Yenxŏno awa.

Aphthæ, arum. Lus. Os çapinhos, ou sopagens que nacem na boca aos meninos. Iap. Xiqexirogasa, cuchinoqe.

Apiarius, a, um. Lus. Cousa que as abelhas comem com gosto. Iap. Fachino suqu tabemono. ¶ Vua apiana. Lus. Vuas moscateis. Iap. Amaqi budŏno taguy.

Apiarium, ij. Lus. Lugar das colmeas. Iap. Fachino suno voqu tocoro.

Apiarius, ij. Lus. O que tem cuidado das abelhas, ou as possue. Iap. Fachiuo cŏ mono, l, xindai suru mono.

Apiastra. Lus. Hũa aue que come as abelhas. Iap. Fachiuo cŭ tori.

Apiastrum, i. Lus. Madre silua, erua com que as abelhas muito folgam. Iap. Fachino suqu cusa.

Apiatus, a, um. Lus. Cousa que tem em si figura, l, ou semelhança de abelhas. Iap. Fachino yŏnaru moyŏ aru mono.

Apicæ oues. Lus. Ouelhas pequenas, e de pouca laam. Iap. Qe sucunaqu chijsaqi fitçuji.

Apicula, æ. Lus. Abelhinha. Iap. Chijsaqi fachi.

 Api-

Apium, ij. Lus. Aipo erua. Iap. Gusano na.

Aplustre, & in num.plur. Aplustra, I, Aplustria. Lus. Aparelhos que se poem na ponta do masto por ornato. Iap. Fobaxirano suyeni tçuquru cazarino dógu.

Apocalypsis. Lus. Reuelaçam. Iap. Gotçugue.

Apocha, æ. Lus. Carta de quitaçam, ou asinado. Iap. Vqejô, vqedori.

Apóchryphus, a, um. Lus. Cousa escondida que não tem authoridade. Iap. Texo tadaxicarazu, inyen xirezaru coto.

Apodyterium, ij. Lus. Lugar onde os que tomauã banhos, ou suadouros deixauão os vestidos. Iap. Yu, furono agariba.

Apogæi. Lus. Ventos terrenhos. Iap. Giyori fuqu caje.

Apógraphum, i. Lus. Tresladado tirado, ou tresladado doutro. Iap. Vtçuxi, nixetaru mono.

Apolactizo, as. Lus. Arremeter aos couces. Iap. Fumicacaru. ¶ Item, per transl. Desprezar. Iap. Sagueiyaximuru.

Apologia, æ. Lus. Defensam, reposta, satisfaçam. Iap. Iyvaqe, fenji, cotouari.

Apólogo, as. Lus. Pedir. Iap. Monouocô.

Apólogus, i. Lus. Fabula em que os animais se introduzem falando. Iap. Qedamonono monouo yŭ gotoqu, tçucuritatetaru monogatari.

Apophorêta. Lus. Cousas que se dam como janeiras, & reis. Iap. Daijina xuibini atayuru fiqidemono. ¶ Item, Huns presentes que se dauão no cabo da mesa a os conuidados. Iap. Furumaino suyeni xôbanxuni atayuru fiqidemono.

Apophthegma, atis. Lus. Dito breue, & sentencioso de homem graue. Iap. Meixôno qinguen, qincu.

Apoplexia, æ, siue Apoplexis. Lus. Gota coral. Iap. Tencan, cutçuchi.

Apoplecticus. Lus. Doente de apoplexia. Iap. Cutçuchi caqi.

Aporia, æ. Lus. Necessidade. Iap. Funhoy, fusocu. ¶ Item, Duuida, & perplexidade. Iap. Voboçucanŏ vomô cotouo yŭ.

Aporior, aris. Lus. Estar duuidoso, & perplexo. Iap. Voboçucanŏ vomô, anji vazzurŏ. ¶ Item, Estar em grande necessidade, & aperto. Iap. Funhoy, nangui ni qiuamaru.

Apostasia, æ. Lus. Apartamento de seu capitam, ou de sua religião. Iap. Vaga taixŏ uo somuqi suçcuru cotouo yŭ, I, vaga xŭtei, monpauo firugayesu cotouo yŭ.

Apostata, æ. Lus. Apostata que desempara seu capitam, ou religião. Iap. Vaga taixŏuo somuqi suçcuru mono, I, xŭtei, mŏpauo firugayesu mono.

Apóstato, as. Lus. Rebelar, apostatar. Iap. Vragayeri, I, cayerichŭuo suru, I, vaga xŭmon, I, monpani reqitô.

Aposthêma, atis. Lus. Postema. Iap. Earemono, xumot.

Apóstolus, i. latinè à Deo missus, siue Dei nútius. Lus. Nuncio, enuiado. Iap. Tçucai, xixa, tçucauaxaretaru mono. ¶ Apostoli etiam dicebantur literæ dimissoriæ.

Apothêca, æ. Lus. Adega, ou tauerna. Iap. Sacaya, sacabeya. ¶ Item, Tenda, ou botica onde se vende algũa cousa. Iap. Mixe, tana.

Apotheôsis, is. Lus. Canonizaçam, ou cósagraçam dos sanctos. Iap. Voconai vomotte Sanctosno cazuni iuru, I, cuuaye tamŏ cotouo yŭ.

Apozêma, atis. Lus. Cozimento de varias eruas. Iap. Xenyacu, xenjiguluri.

Apparatè, adu. Lus. Com aparato, e magnificencia. Iap. Yôy uo xite, moyouoxi, yxeiuo xite.

Apparatus, us. Lus. Aparato, magnificencia, ou aparelho. Iap. Yxei, xitachi, moyouoxi, I, yôy.

Apparatio, onis. Idem.

Appareo, es. Lus. Aparecer, estar presente. Iap. Mamiyuru, miyuru, ataiauru, mayeni yru. ¶ Item, Estar presente pera fazer o que lhe mandam. Iap. Tçucayeu tameni, mayeni yru

Appa-

Apparitio, onis. Lus. Apariçam. Iap. Mamiyuru coto nari. ¶ Item, O assistir aos officiais da justiça pera executar o que lhemandam. Iap. Qentanninno coximoto, l, sobani y tçucayuru coto nari.

Apparitores. Lus. Ministros que assistẽ junto os officiais da justiça. Iap. Qendãninno coximotoni y tçucayuru mono.

Apparitura, æ. Lus. Officio, ou ministerio dos ministros da justiça. Iap. Qendãninno coximotoni yru monono yacuuo yũ.

Apparo, as. Lus. Aparelhar, ou ornar cõ apparato, e magnificencia. Iap. Totonoyuru, cacugo suru, yôy suru, l, bibixiqu cizaru, yquôraxiqu detatçu.

Appellatio, onis. Lus. O chamar, ou falar a alguem. Iap. Yobu, l, ficoni monouo yũ coto nari. ¶ Item, Nomear. Iap. Nazzuquru coto nari. ¶ Item, Apellaçam, ou agrauo. Iap. Bechino tadaxiteno mayeni cujiuo casanete toritatçuru coto nari. Apud iuris consult.

Appellator, oris. Lus. O que appella pera outro juiz. Iap. Cono tadaxiteuo vtagai, bechino tadaxiteno mayeni cujiuo casanete toritatçuru mono.

Appello, as. Lus. Nomear. Iap. Nazzuquru, nazaite yobu. ¶ Item, Falar, ou chamar cortes, & familiarmente. Iap. Yobite xitaxiqu cataru, l, cotobauo caquru. ¶ Itẽ, Acometer a castidade dalguem com palauras brandas. Iap. Yauaracanaru cotoba vomotte fitoni jamõuo susumuru. Vlpianus. ¶ Item, Acusar. Iap. Vttayuru. ¶ Item, Pedir a alguem sua ajuda, ou fauor em algum testimunho. Iap. Xôco, cõrioctninni fitouo tanomu. ¶ Appellare debitorem. Lus. Pedir a diuida ao deuedor. Iap. Xacumotuo cô. ¶ Interdũ, Apellar, ou agrauar. Iap. Cono qetgiacu fito iy, bechino tadaxiteno mayeni cujiuo casanete toritatçuru, saicô suru. ¶ Apellare ex aduerso. Lus. Impor nome a algũa cousa contrario do que he. Iap. Vraauo yũ, caisamani nauo tçuquru.

Vt seitte guninto yuan tan eibi, chixato yũ.

Appellito, as. freq. Idem.

Appello, is, uli, ulsum. Lus. Achegar, encostar. Iap. Yosuru, tçuquru. ¶ Itẽ, Absolutè, Chegar. Iap. Tçuqu, yoru. ¶ Appellere animũ ad aliquid. Lus. Aplicarse a fazer algũa cousa. Iap. Monoẽni cocorouo tçuquru, xeiuo iruru. ¶ Interdum, Constranger, forçar. Iap. Sucumuru.

Appendeo, es. Lus. Estar dependurado jũto dalgũa cousa, ou de algũa cousa. Iap. Monono sobani, l, mononi cacatte aru, l, tçurarete aru.

Appendix, icis. Lus. Cousa que esta junta doutra, ou depende della. Iap. Mononi tçuqitaru coto, l, miguini chinamu coto nari. ¶ Item, Hum genero de espinho. Iap. Vbarano taguy.

Appendicula, æ. dim. Idem.

Appendo, is, di, sum. Lus. Dependurar. Iap. Tçuru, saguru, caquru. ¶ Interdum, Pesar, ou dar por peso. Iap. Tenbin, l, facarini caquru, l, caqete vatasu.

Appẽsus, a, um. Lus. Cousa depẽdurada. Iap. Tçuraretaru mono. ¶ Appensum aurũ. Lus. Ouro pesado. Iap. Caqetaru cogane.

Appetens, tis. Lus. Apetitoso, desejoso. Iap. Monouo nozomu fito.

Appetentia, æ. Lus. Appetite. Iap. Nozomi, conomi. ¶ Appetentia cibi. Lus. Apetite que se acha no manjar. Iap. Mono no fũmini yotte xocuno nozomi vocoru cotouo yũ.

Appetitio, onis. Idem. ¶ Item, Desejo de comer. Iap. Xocubutno nozomi. ¶ Item, força, ou mouimento de querer tomar algũa cousa. Iap. Monouo toran to suru xeiriqi.

Appetitor, oris. Lus. O que apetece. Iap. Monouo conomu fito.

Appetitus, us. Lus. Potencia concupisciuel, ou irasciuel. Iap. Monouo fuxegui nozomu xôtoquno xei.

Appeto, is. Lus. Desejar muito. Iap. Fucaqu nozo-

nozomu. ¶ Item, Sentir falta, buscar. Iap. Nagai nozomu, l, tazzunuru. ¶ Interdum, Vr ter com alguem. Iap. Fito ni sanqui xenzo yuqu. ¶ Itẽ, Chegarse, ou estar perto. Iap. Chicazzuqu. Vt appetit dies, nox, etc. ¶ Item, Acometer, intentar. Iap. Toricacaru. Vt appetere vitam alicuius. Lus. Procurar a morte a alguem. Iap. Fitono inochiuo zatanto cuuatatçuru. ¶ Appetere oculos, Lus. Arremeter aos olhos. Iap. Manaconi tçu camaçacaru. ¶ Item, Amar. Iap. Tai xetni yomô. Hieron.

Appetones, um. Lus. Os que desejão. Iap. Mono uo nozomu fito.

Appianum, i. Lus. Hum genero de cor verde. Iap. Moyegui irono caguy.

Appingo, gis, egi, actum. Lus. Acrecentar. Iap. Afioyuru, casanuru.

Appingo, is, xi, ctum. Idem. Lus. Pintar junto doutra cousa. Iap. Monono vaqi l, sobani yecaqu.

Appiosus morbus. Lus. Certa doença q̃ da nos gados. Iap. Fiçuji nadono vyeni aru yamai.

Applaudo, is. Lus. Batter com os pes no chão. Iap. Tçuchiuo fumi narasu. ¶ Aliqñ. Dar applauso batendo as mãos, e os pes. Iap. Teuo vtte fumuru, fenbu yuyacu xite canzuru, chisô suru.

Applausor, oris. Lus. O que da fauor, ou aplauso. Iap. Fenbu yuyacu xite canzuru mono, chisô suru mono.

Applausus, us. Lus. Fauor, ou aplauso. Iap. Teuo vtte fomuru, chisô suru cotouo yŭ.

Applausus, a, um. Lus. Batido. Iap. Vchitatacaretaru mono.

Applicatio, onis. Lus. Aplicaçam do animo. Iap. Cocorouo tçuquru coto nari. ¶ Item, O arrimar a outra cousa. Iap. Mo nouo yoxecaquru coto nari.

Applico, as, cui, itum, l, aui, atum. Lus. Applicar, ou chegar hũa cousa a outra. Iap. Tçuquru, yosuru, suyuru.

Applicatus, & Applicitus, a, um. Lus. Cousa aplicada, chegada. Iap. Tçuqeta retaru coto, yoxecaqeraretaru coto.

Applôdo, is. Lus. Batter com os pes no chão. Iap. Tçuchiuo fumi narasu. ¶ Item, Dar aplauso. Iap. Fenbu yuyacu xite canzuru, chisô suru.

Applôro, as. Lus. Chorar junto dalguem. Iap. Mono no sobani naqu. ¶ Item, Chorar juntamente. Iap. Tomoni naqu, tçurenaqiuo suru.

Applûda, æ. Lus. Farelos, ou alimpaduras de milho, panço, &c. Iap. Nuca, sixa.

Applumbo, as. Lus. Soldar com chumbo, ou outro metal. Iap. Rôzzuqeni suru.

Applumbatura, æ. Lus. Soldadura, ou liança que se faz com chumbo. Iap. Namarino rôzzuqe.

Appluo, is. Lus. Chouer, ou chouer junto dalgũa cousa. Iap. Ame nadoga furu, l, monono sobani furu.

Appono, is, sui, itum. Lus. Por, ajuntar. Iap. Voqu, soyuru, yosuru.

Apposite, adu. Lus. Accomodadamente, apropolito. Iap. Niyôte, yoqi yŏni.

Appositus, a, um. Lus. Cousa posta junto a outra. Iap. Sobani vocaretaru coto. ¶ Item, Cousa conueniente, accommodada. Iap. Sŏtŏ xitaru coto.

Apporrigo, is. Lus. Estender junto. Iap. Monono sobani firoguru, l, saxinoburu.

Apporto, as. Lus. Trazer, ou acarretar. Iap. Motte mairu, tazzusaye yuqu, nosete, l, cataguete mairu. ¶ Item, Dar nouas. Iap. Xirasuru, sôuo yŭ.

Apposco, is. Lus. Pedir algũa cousa de mais. Iap. Coitaru vyeni nauo cô, l, coi casanuru.

Appotus, a, um. Lus. O que bebeo muito. Iap. Nomi sugoitaru mono.

Apprehendo, is, & in carmine apprendo. Lus. Tomar, afferrar cõ as mãos. Iap. Mono uo tenite toru, toraiyuru. ¶ Interdũ, Aprender, perceber. Iap. Narai vuoboyuru, qiqi tomuru, qiqivaquru.

Apprehensio, onis. Lus. O tomar, ou afferrar com as mãos, ou apprender. Iap. Te

nite

nite monouo toru, l, narai yoboyuru co tô nari.

Apprimè, adu. Lus. Principalmente, excellentemente, muito. Iap. Sugurete, ichidan, icanimo.

Apprimo, is. Lus. Apertando ajuntar alguã cousa. Iap Ximetçuquru.

Approbatio, onis. Lus. Aprouaçam, louuor. Iap. Yoqini fusuru, vqegô coto nari, l, Fomuru coto nari.

Approbator, oris. Lus. O que aproua, ou consente. Iap. Yoqini fusuru mono, vqegô mono.

Approbo, as. Lus. Aprouar. Iap. Yoitó vomô, yoqini fusuru, dôxin suru. ¶ Item, Louuar. Iap. Fomuru.

Approbus. Lus. Muito bom. Iap. Sugurete yoqi mono.

Appromissor, oris. Lus. O que promete por outro, fiador. Iap. Fitono cauarini yacusocu suru mono, vqenin.

Appromitto, is. Lus. Ficar, ou prometer por alguem, ou prometer juntamente co que outro promete. Iap. Fitono cauarini yacusocu suru, l, fitono vqeni tatçu, l, tomoni qeiyacu suru.

Apprôno, as. Lus. Por se de joelhos. Iap. Fizauo tatçuru, fizamazzuqu.

Appròpero, as. Lus. Apresar se. Iap. Isogu. ¶ Approperatum opus. Lus. Obra apressada. Iap. Isoide xitaru coto, isogaretaru coto.

Appropinquatio, onis. Lus. O chegar se, ou estar perto. Iap. Chicazzuqu cotouo yû.

Appropinquo, as. Lus. Chegarse, ou estar perto. Iap. Chicazzuqu, chicayoru.

Apricatio, onis. Lus. O estar ao soalheiro. Iap. Finatabocco suru cotouo yû.

Apricitas, atis. Lus. Abrigo, ou quentura que ha no soalheiro no tempo do inuerno. Iap. Fuyuno ibunno atatacanaru qi, danqi.

Apricor, aris. Lus. Estar ao soalheiro. Iap. Finatabocco suru, finatani yru.

Apricus, a, um. Lus. Cousa posta, ou descuberta ao sol. Iap. Fino sasu tocoro, l, omotemuqu coto. ¶ Apricus home, vel Apricus aues. Lus. Homem, ou aue que folga de estar ao sol. Iap. Finatauo suqu fito, l, tori.

Apricior, & Apricissimus. Idem.

Aprilis, is. Lus. Mes de Abril. Iap. Nanbanno xiguat. ¶ Item, Adiect. cousa do mes de Abril. Iap. Xiguatni ataru coto.

Aprinus, a, um. Lus. Cousa de porco montes. Iap. Inoxixini ataru coto.

Apsis, idis: vide Absis.

Aptè, adu. Lus. Conuenientemente, & acomodadamente. Iap. Sôtô xite, niyaini, yoqi yôni. ¶ Aptè dicere. Lus. Falar distinta, ornada, e conuenientemente como orador. Iap. Benjetni goncuuo cazari, azayacani yû.

Aptitudo, inis. Lus. Conueniencia, concerto. Iap. Sôuô, sôtô, vtçuçuxisa, niyotosa.

Apto, as. Lus. Accomodar, ou ajutar hũa cousa a outra conuenientemente. Iap. Coxirayuru, l, niai niaini soroye, totonoyuru.

Aptus, a, um. Lus. Cousa conueniente, & apta. Iap. Niaitaru coto, sôtô xitaru coto. ¶ Interdum, Cousa bem concertada, & elegante. Iap. Yoqu totonoyetaru coto, jinjô naru mono. ¶ Item, Iunto, encadeado. Iap. Tçuranetaru coto, auaxetaru coto. ¶ Item, Cousa feyta, ou criada pera alguã cousa. Iap. Mononi niyôte tçucuraretaru coto. ¶ Item, Partic. p. ab Apiscor. Lus. O que alcançou. Iap. Monouo motometaru fito. Varro.

Aptôtum, i. Nomen sine casu, et numero: Vt aptôta nomina. i. indeclinabilia. Vt fas, nefas.

Apua, æ. Lus. Hum certo peixinho. Iap. Chijsaqi vuono taguy.

Apud, præp. Lus. Iunto, apar. Iap. Soba, atari. ¶ Item, pro In. Lus. Em. Iap. Nite, niuoite. ¶ Item, Significat loci, & personæ coniunctionem. Vt, Fui apud te. Lus. Estiue com vosco, ou em vossa casa. Iap. Sonata tomoni atta, l, sonata natano motoni yta. ¶ Apud se esse. Lus. Estar retirado, deixado todos os negocios. Iap. Xejenno itonamiuo saxi oite fiqicomuru. ¶ Apud aliquem obligari. i, alicui. Lus. Obrigarse a alguem. Iap. Yacusocu nadoni fodasaruru.

Apyrôtus, i. Lus. Carbunculo pedra preciosa. Iap. Meixuno na.

A ANTE Q.

AQua, æ. Lus. Agoa. Iap. Mizzu, sui dai.

Áquula, æ. dimi. Idem.

Aquæductus, us. Lus. Cano dagoa. Iap. toi, caqefi, ymizo, fi.

Aquælicium, ij. Lus. O tirar agoa de chuua dalgum lugar com certos engenhos. Iap. Caracuri vomotte aman izzuuo torù cotouo yũ.

Aquæ niuales. Lus. Agoa cozida esfriada pera beber. Iap. Nomu tameni, yuni vaca xi, mata fiyaxitaru mizzu.

Aquagium, ij. Lus. Cano de agoa. Iap. Toi, caqefi, ymizo.

Aqua intercus. Lus. Hidropesia. Iap. Sui xuno chôman.

Aqualicus, i. Lus. Ventre, ou bucho. Iap. Daichŏ no fu. ¶ Item, Hũa tripa larga de que se fazem as linguiças. Iap. Nicuuo comatani qitte iruru vata.

Aqualiculus, i. dimi. Idem. ¶ Item, Hũ vaso onde comem os porcos. Iap. Buta no monouo famu fune.

Aqiális, is. Lus. Iarro, ou gumil dagoa as maôs. Iap. Chôzzuno fisgueno tagũy.

Aquariola, æ. Lus. Canos onde deitam lauaduras. Iap. Zôzzu nadouo nagasu xexeragu e, mizo.

Aquarioli, orum. Lus. Rafiois, ou escudeiros de molheres publicas. Iap. Yũgio ni tçucuisoi, chisô turu mono.

Aquarium, ij, siue Aquariolum. Lus. Lugar em que se ceita agoa suja. Iap. Zôzzu nadouo sutçuru tocoro, l, suiri on.

Aquarium, ij. Lus. Chafariz, ou cu trelugar onde leuam a beber os animais. Iap. Guiŭba nadoni mizzuuo cŏ tocoro, ymizo.

Aquarius, a, um. Lus. Cousa que pertence a agoa. Iap. Mizzuni ataru coto.

¶ Aquarius sulcus. Lus. Rego dagoa. Iap. Ymizo.

Aquarius, ij. Lus. Hum sino celeste. Iap. Aru foxino yadori, l, xinxucu.

Aquaticus, a, um. Lus. Cousa que viue na agoa. Iap. Mizzuni sumu mono.

Aquatilis, e. Idem.

Aquatio, onis. Lus. O fazer agoada. Iap. Gunjei, funabito nadono tameni mizzuuo cumu coto nari.

Aquâtor, oris. Lus. Aguadeiro do exercito. Iap. Ginnite mizzuuo cumu fa cobu ytcturo.

Aquâtus, a, um. Lus. Cousa agoada, ou misturada com agoa. Iap. Mizzuuo ma jiyetaru mono. ¶ Interdum, Cousa q̃ tem muita agoa. Iap. Mizzuno vouoqi mono.

Aquë, a, ũ. Lus. Cousa de agoa. Iap. Mizzuni ataru coto, l, mizzuiro coroaru coto.

Aquifolia, æ. Lus. Hũa especie de azinheira. Iap. Caxino taguy.

Áquila, æ. Lus. Aguia. Iap. Vaxi. ¶ Item, Hum sino celeste. Iap. Aru foxino yadori. ¶ Item, Hum peixe. Iap. Vuono na.

Aquilegium, ij. Lus. O tomar, ou fazer agoa. Iap. Fitotocoroni mizzuuo cumi atçumuru, l, xicaquru cotouo yŭ.

Áquilex, egis. Lus. O que tira, ou leua agoa. Iap. Mizzuuo cumi atçumuru, l, xicaqu ru mono. ¶ Item, O vedor dagoas. Iap. Gichŭno mizzusugiuo xiru fito.

Aquilifer, i. Lus. Alferez do exercito Romano. Iap. Romano gunjeino fata buguiŏ.

Aquilinus, a, um. Lus. Cousa de aguia. Iap. Vaxini ataru coto.

Áquilo, onis. Lus. Vento norte. Iap. Qitano caje.

Aquilonâris, e. Lus. Cousa da parte do norte.

norte. Iap. Qitano catani ataru coto.

Aquilonius, a, um. Lus. Lugar, aonde venta amiude o norte. Iap. Xiguequ qitacajeno fuqu tocoro. Vt Aquilonia loca.

Aquilus color. Lus. Cor hum pouco preta. Iap. Vsuguroqi iro.

Aquiminale, is. Lus. Vaso de agoa. Iap. Mizzuno vçuuamono. Paul.

Aquiminarium, ij. Lus. Vaso de cousas de comer. Iap. Xocubutno vçuuamono.

Aquor, aris. Lus. Fazer agoada pera o exercito, etc. Iap. Gunjei nadono tame ni mizzuuo cumi tacobu.

Aquosus, a, um. Lus. Cousa agoacenta, ou que tem muita agoa. Iap. Mizzuno fucundaru coto, mizzuno vouoqi coto.

A ANTE R.

A Ra, æ. Lus. Altar. Iap. Voconaino dan. ¶ Item, Hũa estrela. Iap. Foxino na. ¶ Pro aris, focisque dimicare. Lus. Peleijar com efficacia por cousas q̃ muito amamos. Iap. Fuçaqu taixetni vomô monouo tameni, inochiuo caroniite tatacŏ.

Arabilis, e. Lus. Cousa que se pode laurar. Iap. Saqiyasuqi tocoro, tagayexi yasuqi tocoro.

Aranea, æ. Lus. Aranha. Iap. Cumo, chichŭ. ¶ Item, Tea de aranha. Iap. Cumono y.

Araneus, ei. Idẽ. ¶ Item, Hũa maneira de teas daranha que pegadas nas vides, ou oliueiras danam o fruto. Iap. Budŏ na dono fauo maqi, miuo sonzasu cumono yni nitaru coto no yŏ. ¶ Item, Hũ peixe do mar. Iap. Vuono na. ¶ Araneus mus. Lus. Hũa especie de doninha. Iap. Itachino taguy.

Araneolus, & Araneola. dimin. Idem.

Araneosus, a, um. Lus. Cousa que tem feiçam de aranha, ou de tea de aranha. Iap. Cumoni nitaru mono, cumono yno yŏnaru mono.

Aratio, onis. Lus. O laurar a terra. Iap.

Denbacuuo suqu, l, tagayesu coto nari. ¶ Item, Campo laurado. Iap. Tagaye xitaru denbacu.

Aratiuncula, æ. dimi. Idem.

Arâtor, oris. Lus. Laurador da terra. Iap. Nônin, cŏsacunin, nôfu, denbacuuo suqu mono.

Arâtro, as. Lus. Tornar a laurar as sementeiras. Iap. Tano fidete yori futatabi suqu, l, cayesu.

Arâtrum, i. Lus. Arado. Iap. Carasuqi. ¶ Aratrum inducere in vrbem. Lus. Asolar de todo a cidade. Iap. Zaixouo cu rotçuchini nasu.

Arbilla, l, aruina. Lus. Gordura do corpo. Iap. Coyetaru moncni aru abura.

Árbiter, tri. Lus. Iuiz louuado. Iap. Riŏbŏ aitaixite, tanomi sadamuru cujino tadaxite.

Árbitra. æ fœmin. Idem.

Arbitrarius, a, um. Lus. Cousa que se deixa ao aluidrio dalguem. Iap. Tano zonbũni macaxetaru coto.

Arbitrariò, siue Arbitrariè, adu. Lus. Conforme a vontade, ou parecer. Iap. Zonbunno mama, xindaini.

Arbitratus, us. Lus. Vontade, ou parecer. Iap. Zonbun, xozon.

Arbitrium, ij. Lus. Aluidrio, ou sentença que da o juiz louuado. Iap. Riŏbŏ aitaixite tanomi sadamuru cujino tadaxiteno racugiacu. ¶ Item, Vontade, ou parecer. Iap. Zonbun. ¶ Item, Poder que se da, ou tem o juiz louuado. Iap. Miguino tadaxiteno vqetaru curai, yacu.

Arbitror, aris. Lus. Cuidar, ter pera si. Iap. Zonzuru, vomô. ¶ Interdum, Inquirir, especular. Iap. Xianuo megurasu, cufŭ suru. ¶ Item, Sentenciar. Iap. Cujiuo saiqio suru. Apud iuris consultos.

Arbor, or s, & Arbos. Lus. Aruore. Iap. Iumocu, qi.

Arborarius, a, um. Lus. Cousa que pertẽce a aruore. Iap. Qini ataru coto.

Arborator, oris. Lus. Podador darbore. Iap. Qiuo yedauo tcasu fito.

Ar

Arboresco, is. Lus. Fazerse, ou crecer em aruore. Iap. Iumocuni naricauaru, l, Ju mocuro xeigiŏ suru.

Arborêtum, i. Lus. Aruoredo. Iap. Qinŏ vouoqi tocoro.

Arboreus, a, um. Lus. Cousa de aruore. Iap. Iumocuni ataru coto.

Arborideus ramus. Lus. Ramo que se cria pera se fazer aruore. Iap. Toriqini suru yeda.

Arbuscula, æ. dim. Lus. Aruorezinha. Iap. Chijsaqi qi. ¶ Item, Hum genero de machina pequena. Iap. Aru caracuri, dŏgu no na.

Arbusto, as. Lus. Plantar aruores pera encostar as vides. Iap. Budŏno cazzura tai eicaiu qiuo vyuru.

Arbustum, i. Lus. Lugar plantado darruores. Iap. Iumocuuo vyetaru tocoro.

Arbustiuus, a, um. Vt arbustiuæ vites. Lus. Vides plantadas, & encostadas nas aruores. Iap. Qini faicacaru budŏno cazzura.

Arbutum, i. Lus. Madronho. Iap. Yamamomono taguy.

Arbutus, i. Lus. Madronheiro. Iap. Cudamono conomino qi.

Arbuteus, a, um. Lus. Cousa feita de madronheiro. Iap. Cudamono qi nite tçucuri taru coto.

Arca, æ. Lus. Arca, ou caixa. Iap. Carŏto, fitçu, carafitçu. ¶ Arca camerata. Lus. Caixa arcada, ou baul. Iap. Nijigata nari no carafitçu.

Arcanè, & Arcanò, adu. Lus. Secretamente. Iap. Fimitni, fisocani.

Arcânum, i. Lus. Segredo. Iap. Fimit, mit ji, vonmit.

Arcânus, a, um. Lus. Cousa secreta, & oculta. Iap. Fimit naru coto, vonmit xi taru coto, fisocanaru coto.

Arcarius, a, um. Lus. Cousa pertencente a arca. Iap. Carŏto, fitçuni ataru coto.

¶ Arcarius seruus. Lus. O que tẽ cuidado da arca, onde està o dinheiro. Iap. Canebacouo ataican suru fiquan. ¶ Item, Feitor ou despenseiro. Iap. Daiquan, macanaixa.

Arcarius, ij. Lus. Thesoureiro que guarda o dinheiro publico. Iap. Sŏno cane uo voſameuru buguiŏ. ¶ Item, Hum genero de seruos. Iap. Fiquan, qeninno taguy. Apud iuris cons.

Arcatus, a, um. Lus. Cousa arcada, ou q̃ tẽ feição de arco. Iap. Nijigatano mono.

Arcella, æ. dim. ab Arcera. Lus. Hum genero de andas, ou palanquin peqeno. Iap. Norimono, coxino taguy.

Arceo, es, ui. Lus. Afastar, ou apartar. Iap. Nozoqu, voinoqeru xirizoqeru. ¶ Aliqñ. Apertar. Iap. Ximuru. ¶ Itẽ, Reter, reprimir. Iap. Vosaye todomuru, fuxegu. ¶ Arcere vim hostium. Resistir aos inimigos. Iap. Teqiuo fuxegu.

Arcera, æ. Lus. Carro, ou coche coberto de taboas. Iap. Norimono, coxino taguy.

Archarius, ij. Lus. Regedor, ou gouernador. Iap. Xugodai, Xoxidai, qenchamin.

Arcesso, is. Lus. Accusar. Iap. Vttayuru, foxo suru. ¶ Itẽ, Chamar, ou ir a chamar. Iap. Yobu, l, yobini yaru.

Archétypus, & Archetypum. Lus. Modelo, ou original. Iap. Fon, tefon. ¶ Item, Archetypa. Lus. Obras feytas por algum insigne artifice, como imagens, estatuas, etc. Iap. Meijinno saicu, vt yẽ, mocuzŏ nado.

Archiater, & Archiatrus, i. Lus. Fisico mor. Iap. Xeyacuin, tenyacu.

Archigrammatheus, ei. Lus. Chançarel mor. Iap. Fervono yufitno tçucasa.

Archigubernus, i. Lus. Gouernador principal. Iap. Sŏbuguiŏ, sŏmandocoro.

Archimagirus, i. Lus. Cozinheiro mor. Iap. Fŏchŏninno caxira, Jenbuxano caxira.

Archimandrita, æ. Lus. Abade, ou prelado principal. Iap. Xoxutqeno tçucasa.

Archimimus, i. Lus. Cabeça dos chocarreiros, ou momos. Iap. Afobiuido, vocogimi, qiocuxano caxira; qiŏguencayũ.

Archipirâta, æ. Lus. Cosairo mor. Iap. Cazocuno chŏbon, taixŏ.

Archippócomus,i. Lus. Estribeiro pequeno Iap. Vmayano bettŏ.

Architectonice,es. Lus. Arte de edificar. Iap. Sumicaneno gacumon.

Architectura,æ. Idem.

Architector, aris. Lus. Edificar, fabricar. Iap. Iyeuo tatçuru, conriŭ suru. ¶ Itē, per transl. Traçar, inuentar. Iap. Tacumi idasu. Cice.

Architectus,i. Lus. Architecto, ou mestre das obras. Iap. Daicu, sŏdaicu, daicuno tŏriŏ.

Architecton, onis. Idem.

Architriclînus,i. Lus. Mestresala. Iap. Iebanno guegiuo cuuayuru fito.

Archiuum, i. Lus. Cartorio, ou casa dos tombos. Iap. Vŏdaiqi, nenraiqi nadono vosameducoro.

Arcticus, a, um. Lus. Cousa do norte. Iap. Qitano catani ataru coto.

Arctôus, a, um. Idem.

Arcto, as. Lus. Apertar. Iap. Ximuru. Itē, Estreitar. Iap. Xebamuru, xebaqu nasu, chigimuru.

Arctophilax, acis. Lus. As guardas do norte. Iap. Focutoni tçuite mauaru futatçuno foxino na.

Arctos. Lus. As duas vssas donorte. Iap. Focutono mauarini aru foxi; vt xixxŏ nado.

Arctous, a, um. Lus. Cousa septentrional. Iap. Qitano catani ataru coto.

Arctûrus, i. Lus. Hũa estrela q̃ està na par te do norte. Iap. Focutoni tçuite mauaru foxi.

Arcuàtim, adu. Lus. A maneira de arco. Iap. Yumigatani, yuminarini.

Arcuâtus, a, um. Lus. Cousa arcada. Iap. Yumigatana mono. ¶ Item, Doente de boubas. Iap. Tŏsŏuo vazzurŏ mono.

Arcula, æ. Lus. Caixa peq̃na. Iap. Chijsaqi fitçu, carŏto.

Árculus,i, siue, Arcellus. Dim. Lus. Arco pe q̃no. Iap. Chijsaqi yumi. ¶ Item, Hum circulo como rodilha da cabeça pera leuar algũa cousa. Iap. Monouo itadaqu va.

Arcuo, as. Lus. Arcar algũa cousa. Iap. Yumigatani vaguru, tamuru.

Arcus, us. Lus. Arco pera atirar. Iap. Yu

mi. ¶, Item, Arco, ou abobada do edifi cio. Iap. Nijigatano cŏriŏ, fiqimono. ¶ Item, Arco q̃ a parece no ceo. Iap. Niji.

Ardea, æ. Lus. Garça. Iap. Sagui.

Ardelio, onis. Lus. Inquieto, & entremitido. Iap. Miuo mengiacu xi, canata co nataye zauo vtçusu mono, mononi camai tagaru fito.

Ardens, entis. Lus. Cousa muito quente, ou ardente. Iap. Icanimo atçuqi mono, l, moyuru mono. ¶ Itē, Resplandecen te, ou chamejante. Iap. Cacayaqu mono, l, moyetatçu yŏna irono mono.

Ardenter, adu. Lus. Com grande calor, ou inflammação. Iap. Icanimo atçuqu, moyetatte.

Ardeo, es, si, sum. Lus. Arder. Iap. Moyuru, moyetatçu. ¶ Item, Amar, ou desejar algũa cousa ardentemente. Iap. Cogarete vomŏ, fucaqu negŏ. ¶ Interd. Apresarse. Iap. Isogu. ¶ Interdum, Resplandecer. Iap. Cacayaqu, ficariuo fanatçu. ¶ Item, Agastarse, encolerazarse. Iap. Icaru, xinyuo vocosu. ¶ Ardere inuidia. Lus. Comerse de enueja. Iap. Fucaqu netamu. ¶ Ardere bello. Lus. Arder em guerra. Iap. Yumiya sacāni aru.

Ardor, oris. Lus. Grande quentura, ou abrasamento. Iap. Fanafadaxiqi atçusa.

Arduitas, atis. Lus. Altura. Iap. Tacasa.

Arduus, a, um. Lus. Ingrime, & difficultoso de subir. Iap. Qenso naru tocoro, noborigataqi tocoro. ¶ Item, per transl. Cousa trabalhosa, & difficultosa. Iap. Xigataqi coto.

Area, æ. Lus. Eyra. Iap. Gococuno fouo vtçusu tçmeno ba. ¶ Item, Terreiro, praza, ou chão. Iap. Zaixono vchini aru fi roqi baba, l, yaxiqi. ¶ Item, Leira, ou quarteram deterra bem concertada pera semear. Iap. Taneuo maqubeqi tameni coxirayetaru denbacuno xemachi. ¶ Itē Hũa doença da cabeça cõ q̃ se pelam os cabelos. Iap. Cxirano qeno nuquru ya mai. ¶ Item, Espaço, ou vão da figura geometrica. Iap. Sugiuo fiqitaru monono

I vchi

vchinori, ma. ¶ Item, Circulo que apa rece ao redor da lũa, ou estrelas. Iap. Tçuqino c..sa.

Areola, æ. dim. Lus. Leira, ou quarteirão da horta. Iap. Fataqeno xebaqi xemachi. ¶ Item, Espaço vazio dentro dalgũa figura geometrica. Iap. Xicacu nado no catachini fiqitaru sugino vchiuo yŭ.

Areator, oris. Lus. O que alimpa a eira, e debulha o trigo nela. Iap. Gococuno ta meni sadamaritaru tocorouo sǒgi xi, core uo vchi totonoyuru fito.

Arena, æ. Lus. Area. Iap. Suna, masago. ¶ Item, Lugar onde pelejauam os esgrimidores. Iap. Xiaino ba. ¶ Item, per transl. Camara, ou rolaçam. Iap. Cu,i tai qetno ba.

Arenaceus, a, um. Lus. Cousa de area. Iap. Suna nite coxirayetaru mono.

Arenaria, arum. Lus. Areal donde cauam area. Iap. Sunauo toru tocoro.

Arenarius, a, um. Lus. Cousa pertencente a area. Iap. Sunani ataru coto.

Arenarius, ij. Lus. Esgrimidor que peleijaua em campo. Iap. Xiai suru mono, qi riyǒ mono.

Arenatus, a, um. Lus. Cousa mesturada de area. Iap. Sunano majiritaru mono.

Arenatum, i. Lus. Obra feita de area. Iap. Sunanite tçucuritaru coto.

Arenosus, a, um. Lus. Cousa arienta, ou que tem muita area. Iap. Sunagi, l, sunano vouoqi mono.

Arenula. dim. Lus. Area muito miuda. Iap. Masago, comacanaru suna.

Arefacio, is. Lus. Secar. Iap. Cauacasu, carasu.

Areo, es, ui. Lus. Estar seco. Iap. Carete aru.

Aresco, is. Lus. Secarse. Iap. Caruru, ca uaqu.

Aretálogus, i. Lus. O que muito palra cõ ostentaçam de si. Iap. Qu agonuo faqu mono, mino vyeuo guiǒni yŭ mono. ¶ Item, O que finge mentiras com artificio pera alegrar. Iap. Qiǒguen qiguio

uo yŭ mono, fanaxite.

Argêma, tis. Lus. Hũa doença dos olhos como belida. Iap. Xinozzuqi, l, socofi, vuafino taguy.

Argentaria, æ. Lus. Mesa, ou casa do banqueiro, ou cambiador. Iap. Fitono caneuo cazoyuru sanbã, l, azzucarivoqu tocoro. ¶ Item, Officina onde se bate a moeda. Iap. Guinxenuo vchitçuquru tocoro. ¶ Item, Officio de cambiador. Iap. Fitono caneuo azzucari, toriatçucǒ xocu. ¶ Argentariam facere, l, exercere. Fazer officio de banqueiro. Iap. Miguino yacuuo tçutomuru.

Argentarius, ij. Lus. Cambiador, ou ban queiro. Iap. Fitono caneuo azzucari to ri atçucǒ fito.

Argentarius, a, um. Lus. Cousa de prata, ou que pertence a prata. Iap. Xiroca ne nite tçucuritaru coto, l, xirocaneni ataru coto.

Argentatus, a, um. Lus. Cuberto de pra ta, ou prateado. Iap. Xirocane nite tçu tçumitaru mono, l, guinbacuuo voxi, yaqitçuqetaru mono.

Argentangina. Lus. Deixar de falar o que releua por cubiça de dinheiro. Iap. Caneno nozominiyotte yŭbeqi cotouo yuaza ru cotouo yŭ. ¶ Argentangina laborare. Lus. Estar subornado pera não falar o q̃ toca ao bem comum. Iap. Vaironi fuqeri, banminno tocuto naru cotouo yuazaru cotouo yŭ.

Argenteus, a, um. Lus. Cousa de prata. Iap. Xirocane nite tçucuritaru mono, l, xirocaneno dǒgu.

Argentifodina. Lus. Mina de prata. Iap. Canayama.

Argentosus, a, um. Lus. Cousa que tem mistura de prata. Iap. Xirocaneno majiuaritaru mono.

Argentum, i. Lus. Prata. Iap. Guinsu. ¶ Argentum factum. Lus. Prata laurada como vasos &c. Iap. Dǒgu nadoni tçucuritaru guinsu. ¶ Argentũ infectũ. Lus. Prata tosca, & por laurar. Iap. Ymada fuqi tocot moyezaru guinsu, l, dōguni tçucurarezaru xirocane. ¶ Argentum signatū. Lus. Prata amoedada. Iap. Guinxen. ¶ Interdū, Argentum, absolutè. Lus. Prata lauradi como baixela. Iap. Xirocane no cagu, dōgu. ¶ Item, Absolutè, dinheiro de prata. Iap. Guinxen.

Argentum viuum. Lus. Azougue. Iap. Mizzucane.

Argestes, is. Lus. Hum vento que venta do poente. Iap. Nixino cata yori fuqu caje.

Argilla, æ. Lus. Barro pegadiço de q̃ vsão os oleiros. Iap. Fôrocuuo tçucuru nebaqi tçuchi.

Argillaceus, a, um. Lus. Cousa feyta deste barro, ou cousa que se pega como este barro. Iap. Cano nebaqi tçuchi nite tçucuritaru coto, l, cano tçuchino gotoqu nebaqi mono.

Argillosus, a, um. Lus. Lugar abundante deste barro. Iap. Nebaqi tçuchi, l, matçuchino tacusan naru tocoro.

Argumentatio, onis. Lus. Argumentaçam. Iap. Cotouariuo tessuru dōriuo yŭ.

Argumentor, aris. Lus. Prouar com argumentos. Iap. Dōri vomotte tessuru.

Argumentosus, a, um. Lus. Cousa engenhosa, & artificiosa. Iap. Chiye, saicacu uo cometaru coto.

Argumentum, i. Lus. Argumento. Iap. Dōri, cotouari. ¶ Item, Materia que se trata em algũa obra. Iap. Dai, daimocu. ¶ Interdum, Indicio, ou conjectura. Iap. Suirhōno motoito naru xiruxi. ¶ Item, Iuizo, ou parecer. Iap. Zonbun. ¶ Itẽ, Artificio ingenhoso. Iap. Chiye, saicacuuo cometaru cotouo yŭ.

Arguo, is, ui, utum. Lus. Acusar, reprehẽder. Iap. Vttayuru, togamuru mo dōqu. ¶ Itẽ, Mostrar. Iap. Arauasu, misuru. ¶ Aliqñ. Por a perigo. Iap. Ayauqu, abunaqi cotoni auasuru, çaquru.

Argutatio, onis. Lus. Traquinada de falar muito. Iap. Cuchiuo tataqu coto.

Argutator, oris, Lus. O que argumenta aguda, e enganosamente. Iap. Ricônifuo rini iy nasu mono, mōdō suru mono.

Argûtè, adu. Lus. Aguda, e sutilmente. Iap. Riconni, risatni.

Argutiæ, arum. Lus. Agudezas maliciosas em feitos, ou palauras. Iap. Vadacamarite saicacu naru cotouo yŭ.

Argutiola, æ, dim. Idem.

Argûto, as. Lus. Representar, ou trazer a memoria subtilmente. Iap. Aixirōte vomoi idasasuru.

Argûtor, aris. Lus. Palrar muito. Iap. Cuchi tataqu, monouo iy sugosu. ¶ Item, Dar saltinhos. Iap. Couodori suru.

Argûtus, a, um. Lus. Acusado, reprehendido. Iap. Vttayeraretaru mono, togameraretaru mono. ¶ Aliqñ. Cousa subtil, e aguda. Iap. Qibayaqi mono, susudoqi mono, risat naru mono. ¶ Interdum, Cousa sonora, ou que soa, e palra muito. Iap. Fibiqu mono, tacaqu naru mono, cuchi tataqu mono, sayezzuru mono. ¶ Interdum, Delgado, agudo. Iap. Fosoqu surudonaru mono.

Argyritæ, arum. Lus. Exercicio de lutar, & justar, &c. em q̃ se punha premio de dinheiro. Iap. Caneno caqemono no sadamaritaru sumō feifō, igueno asobi.

Argyritis. Lus. Escuma da prata. Iap. Xiro caneno canacuso.

Argyrocopus, i. Lus. Banqueiro. Iap. Fito no caneuo azzucari, toriatçucō mono. ¶ Item, O que laura prata. Iap. Xirocaneya.

Argyrologus, i. Lus. Almoxerife, ou thesoureiro. Iap. Coccano caneuo azzucari, vosamuru mono.

Argyrognomones. Lus. Cambiadores. Iap. Ieni caneno vricaiuo suru mono.

Arida, æ. Lus. Hũa certa erua. Iap. Aru cusano na.

Ariditas, atis. Lus. Secura. Iap. cauaqi, cansō.

Aridus, a, um. Lus. Cousa seca, ou enxuta. Iap. Caretaru coto, cauaqitaru coto. ¶ Interdū, Limpo, e resplandecente.

I 2 Iap.

Iap. Qiyoqu ficaru mono. Plaut.¶ Interdum, Cousa medonha. Iap. Vosoroxi qu, susamajiqi coto. Vt aridus fragor.

Aries, etis. Lus. Carneiro. Iap. Vofitçuji. ¶ Item, Vaiuem, instrumento bellico. Iap. Dôzzuqi. ¶ Item, Signum cæleste est primum in zodiaco. ¶ Item, Hũ peixe do mar. Iap. Vuono na.

Arietarius, a, um. Lus. Cousa pertencente a carneiro, ou semelhante a carneiro. Iap. Vofitçujini ataru coto, l, nitaru coto.

Arietînus, a, um. Lus. Cousa de carneiro. Iap. Vofitçujini ataru coto.

Arieto, as. Lus. Marrar, dar pancadas. Iap. Tçuqu, vtçu. ¶ Item, Derrubar. Iap. Taucsu, cuzzusu.

Ariolus, & Ariolor, vide hariolus.

Arista, æ. Lus. Pragana de trigo. Iap. Mugino nogui. ¶ Qñq;. Trigo. Iap. Mugui. Apud poët. ¶Interd. Estio. Iap. Natçu. Virg. ¶Item, Cabelos. Iap. Mino qe.

Aristocratia, æ. Lus. Gouerno da Rep. por homens principaes. Iap. Xcdaimiŏ dancŏ vomotte suru matçurigoto.

Aristóphorum, i. Lus. Vaso, ou prato onde se traze o jantar. Iap. Mexiuo irete dasu fachi.

Arithmetica, æ. Lus. Sciencia que trata de numeros, & algarismo. Iap. Sancan, vel, sanyôno gacumon.

Aritudo, inis. Lus. Secura. Iap. Cauaqi, cansŏ. ¶Item, Temperança, & modo no gastar. Iap. Zaifôuo tçucôni chũyŏ uo mamoru cotouo yŭ. Plaut.

Arma, orum. Lus. Armas. Iap. Fiŏgu, bugu. ¶ Item, instrumentos, & aparelhos doutras artes, & officios. Iap. Xoxocuno dŏgu. ¶Item, Guerra. Iap. Yumiya. ¶Item, Enganos, & ardijs. Iap. Buriacu, chôriacu, qeiriacu.

Armamenta, orum. Lus. Qualquer genero de instrumentos. Iap. Yorozzuno dŏgu.

Armamentarium, ij. Lus. Almazem de armas, & outras munições, & outros pedaços da nao. Iap. Bugu, funadŏguuo atçume voqu tocoro.

Armarium, ij. Lus. Almario em que se guarda algũa cousa. Iap. Voxiire, tana.

Armariolum, i. dim. Idem.

Armati. Lus. Armados, ou apercebidos de quaesquer armas. Iap. Yorôtaru mono, yxxucu xitaru mono.

Armator, oris. O que arma, ou veste armas. Iap. Yoroiuo qisuru mono.

Armatrix, icis. Idem. Fœm. gen.

Armatura, æ. Lus. Armadura. Iap. Yoroiyŏ.

Armatus, us. Idem.

Armentalis, e. Lus. Cousa de gado groso como bois, cauallos, &c. Iap. Guiŭba nadoni ataru coto.

Armentarius, ij. Lus. Pastor de gado groso. Iap. Guiŭba nadouo cŏ fito.

Armentinus, a, um. Lus. Cousa de gado groso. Iap. Guiŭba nadoni ataru coto.

Armentitius, a, um. Idem.

Armentosus, a, um. Lus. Cousa abundante, e fertil de gado groso. Iap. Guiŭba nadono vouoqi tocoro.

Armentum, i. Lus. Gado groso como bois, cauallos, &c. Iap. Guiŭba nadono atçumari.

Ármifer, a, um. Lus. O que traz armas. Iap. Cacchŭuo taisuru mono.

Ármiger, i. Lus. Pagem das armas. Iap. Taixŏ nadono tachi, yari, cabutouo motçu yacuxa.

Armillæ, arum. Lus. Braçaletes que se dam aos soldados. Iap. Qiboto xite buxini atayeraruru vdegane.

Armillatus. Lus. O que esta ornado com manilhas, ou colar. Iap. Vdegane, l, cubitamauo iretaru mono. ¶Armillatus cursor. Lus. Correo da posta. Iap. Fayauchi.

Armille, is. Lus. Enganos, e ardijs. Iap. Buriacu, chôriacu.

Armillum, i. Lus. Hum certo vaso de vinho. Iap. Saqeno vtçuuamono, sacatçubo.

Armípotens, tis. Lus. Poderoso em armas. Iap.

Iap. Yumitorino meixŏ.

Armísonus, a, um. Lus. O que soa, ou faz som com as armas. Iap. Mononogu uo narasu mono.

Armo, as. Lus. Armar, ou vestir armas. Iap. Gusocuuo qisuru, yorouasuru.

Armus, i. Lus. Hombros, ou espadoas. Iap. Cata.

Aro, as. Lus. Laurar a terra. Iap. Denba cuuo suqu, tagayesu.

Arôma, tis. Lus. Especieria, drogas, &c. Iap. Coxô, nicqei, chŏji, mata cuuyacu no taguy.

Aromáticus, a, um. Lus. Cousa que tem cheiro de especieria, &c. Iap. Cudanno cŏbaxiqi niuoi aru mono.

Aromatopôla, æ. Lus. O que vende espe cieria, ou drogas. Iap. Coxô, nicqei, cũ yacuno vrite.

Arquatus, a, um, siue, Arcuatus. Lus. Cousa que tem semelhança de arco. Iap. Yuminarino mono. ¶ Arquata. Lus. Canos, ou arcos por onde se traz agoa. Iap. Nijigatanari no mononi motaxetaru caqefi. ¶ Arquatus morbus. Lus. Doença de tericia. Iap. Qiuŏdan. ¶ Arquati. Lus. Doentes de tericia. Iap. Qiuŏdanuo vazzurŏ mono. ¶ Arqua tum pecus. Lus. Gado doente de tericia. Iap. Qivŏdanuo vazzurŏ guiŭyŏ.

Arquites. Lus. Frecheiros. Iap. Yumino xu.

Arrectus, a, um. Lus. Cousa irta, ou aleuantada. Iap. Suguni tachitaru mono.

Arrectarius, a, um. Idem.

Arreptitius, a, um. Lus. Arrebatado do demonio, ou indemoniado. Iap. Tenguni torarectaru mono, l, tenguno tacu xitaru mono.

Arrha, æ, siue Arrhabo. Lus. Sinal que se da pera retificação dalgũ contrato. Iap. Tanomi, caqe. ¶ Aliqñ. Pinhor. Iap. Xichi. ¶ Item, Arras dos desposados. Iap. Yenpen, qeiyacuno tanomi.

Arrideo, es. Lus. Fazer aplauso rindo, ou mostrar alegria con riso. Iap. Yemigauo

vomotte fomuru, l, yemigauouo arauasu. ¶ Item, Contentar. Iap. Qini vŏ.

Arrigo, is, exi, ectum. Lus. Aleuantar. Iap. Vocosu, tatçuru. ¶ Arrigere aliquẽ, siue alicuius animum: pertransl. Lus. Excitar, ou animar alguem. Iap. Fitoni chicarauo tçuquru, isamuru. ¶ Arrige re aures. Lus. Estar atento. Iap. Cocorouo tçuqete qiqu, mimiuo sumasu.

Arripio, is. Lus. Arrebatar. Iap. Vbaitoru, moguitoru, torayuru. ¶ Interdũ, Esca par, ou acolherse. Iap. Futto nogaruru, niguru. ¶ Aliqñ. Arremeter depressa. Iap. Niuacani toritçuqu, toricacaru.

Arrhostema, atis, l, Arrhostia, æ. Lus. Doença. Iap. Yamai.

Arrôdo, is, si. Lus. Roer ao redor. Iap. Caburi mauasu. ¶ Arrodere Remp. per trans l. Lus. Danificar a Rep. Iap. Coccauo sonzasu, midasu.

Árrogans, antis. Lus. Presuntuoso, ou arrogante. Iap. Yguen suru mono, jiman, gaman naru mono.

Arrogantia, æ. Lus. Presunçam, soberba. Iap. Gaman, jiman.

Arroganter, adu. Lus. Arrogante, e pre suntuosamente. Iap. Yguen xite, gamanni.

Arrogatio, onis. Lus. O perfilhar. Iap. Yŏjini suru coto nari.

Árrogo, as. Lus. Atribuir asi algũa cousa, ou presumir com arrogancia. Iap. Vagamini ategŏ, l, yguenuo suru, naqi tocuni qeôman suru. ¶ Aliqñ. Perfilhar. Iap. Taninuo yŏjini suru.

Arrugia, æ. Lus. Mina de ouro. Iap. Coganeuo fori idasu ana.

Ars, tis. Lus. Arte. Iap. Xoguei, xogacuno michi. ¶ Itẽ, Arte, ou liuro de preceitos breues pera aprender. Iap. Mo nouo narŏ chicamichiuo xiruxitaru xo. ¶ Item, Altucia, e sagacidade. Iap. Chô riacu, susudoqi chiye.

Arsenicum, i. Lus. Genero de cor, ou tin ta semelhãte a ouro. Iap. Qiiro naru yenogu.

Ar-

Artemon, onis. Lus. Vela grande da nao, ou moneta. Iap. Curofune no fo, l, cono foni xita yori tçugu fo. ¶ Item (Vt alij) Verga do masto. Iap. Fo gueta. ¶ Item (Vt alij) polè com que se aleuanta algum peso. Iap. Curumaqi.

Arteria, æ. Lus. Arteria. Iap. Qecqino cayô tugi. ¶ Item, apud antiq. Pulso. Iap. Miacu. ¶ Aspera arteria. Lus. Cano por onde respiramos. Iap. Iqi no cayô fuye.

Artesis, is. Lus. Doença das junturas dos membros. Iap. Foneno tçugai tçugaini vocoru yamai.

Artericus, i. Lus. Doente desta infirmidade. Iap. Cano yamai aru biǒja.

Arthriticis, is. Lus. Gota, doença. Iap. Ientaino tçugaini aru yamai.

Arthriticus, i. Lus. Doente de gota. Iap. Cano yamai aru biǒja.

Articularis, e. Lus. Cousa que pertence as junturas dos membros. Iap. Ientai no tçugaini ataru coto.

Articularius, a, um. Idem.

Articularius, ij. Lus. Doente de gota. Iap. Ientaino tçugaiuo itami vazzurǒ mono.

Articulatè, adu. Lus. Distintamente. Iap. Bunbunni, caccacuni. ¶ Item, Claramente. Iap. Azayacani, aqiracani.

Articulatio, onis. Lus. O yr crecendo os nos da cana do trigo, etc. Iap. Cusa qi no fuxibuxi çasanaru coto nari.

Articulatim, adu. Lus. Distinta, e separadamente. Iap. Bunbunni, caccacuni. ¶ Item, Polas junturas, ou nos dos mẽbros. Iap. Tçugai tçugaini, fuxibuxini.

Articulosus. Lus. Cheo de nos, ou iunturas. Iap. Fuxi tçugaino xigueqi mono.

Articulus. i. Lus. No, ou juntura dos membros. Iap. Ientaino fuxi tçugai. ¶ Item, No da vide donde brota o gomo. Iap. Budǒno medatçu fuxi. ¶ Itẽ, Outeiro, ou morro pegado com algum monte grande. Iap. Taisanni tçuzzuqu coyama. ¶ Item, Artigo, ou capitulo. Iap. Cagiǒ. ¶ Interdũ, Momento, ou ponto determinado pera fazer algũa cousa. Iap. Tanteqi, cocu. ¶ Item, parte da oraçam, ou periodo. Iap. Cutono fedate. ¶ Item, Est particula, quæ indeclinãdis nominibus præponitur, vt, hic, hæc, hoc.

Artifex, cis. Lus. Official. Iap. Saicuxa, xocunin.

Artificialis, e. Lus. Cousa feita por arte. Iap. Xocuninno tçucuritaru coto, l, narai vomotte tçucuraretaru coto.

Artificialiter, adu. Lus. Artificiosamente. Iap. Narai vomotte, l, teuo comete.

Artificiosè, adu. Idem.

Artificiosus, a, um. Lus. Cousa artificiosa. Iap. Teuo cometaru coto, tacumiuo tçucuxitaru coto. ¶ Itẽ, O que faz algũa cousa por arte. Iap. Narai vomotte monouo tçucuru fito.

Artificium, ij. Lus. Arte, e sciencia. Iap. Michi, narai, gacumô. ¶ Item, Ardil, engano. Iap. Tabacari, buriacu.

Artitus. Lus. Instruido, e ẽsinado em boas artes. Iap. Yoqi michiuo manabitaru mono.

Artócopus. Lus. Pádeiro. Iap. Pam yaqu fito. ¶ Interdum, Dispenseiro do pam. Iap. Pamuo sabaqu mono.

Artocreas, atis. Lus. Pastel. Iap. Reôri xitaru xocubutno na.

Artofaganus, i. Lus. Hum genero de pam mimoso. Iap. Suguretaru Pamno taguy.

Artopta, æ. Lus. Forneira. Iap. Pam yaqu vonna. ¶ Item (Vt alij) instrumento em que cozem pam. Iap. Pam yaqu dǒgu. ¶ Item (Vt alij) Alguidar de amassar pam. Iap. Pamuo conuru dǒgu.

Artoptitius panis. Lus. Pam de callo. Iap. Pamno ruy.

Artuo, as. Lus. Desmembrar, ou partir pollas junturas. Iap. Tçugaitçugaiuo qiri fanasu.

Artus, uum. Lus. Iunturas, ou nos do corpo. Iap. Ientaino fuxi tçugai. ¶ Item, Membros. Iap. fuxiai.

Aruina, æ. Lus. Gordura que esta entre a carne. Iap. Finicuno aini aru abura.

Arun-

Aruncus, i. Lus. Barba do bode, ou cabra. Iap. yaguiūno figue.

Arundifer. Lus. Cousa que traz, ou da canas. Iap. Dachicuuo moçu mono, l, ta qeno xŏzuru tocoro.

Arundinaceus, a, um. Lus. Cousa semelhante a cana. Iap. Taqeni nitaru mono.

Arundinetum, i. Lus. Canaueal. Iap. Yabu, taqeno fayaxi.

Arundineus, a, um. Lus. Cousa de cana. Iap. Taqeni ataru coto.

Arundinosus, a, um. Lus. Abundante de canas. Iap. Taqeno vouoqitocoro.

Arundo, inis. Lus. Cana. Iap. Taqe, dachicu. ¶ Item, Setta. Iap. Ya.

Aruspex, vide infra Haruspex.

Aruum, i. Lus. Campo que se laura. Iap. Denbacu.

Arx, cis. Lus. Fortaleza, ou castello. Iap. Xiro, jŏquacu. ¶ Item, per transl. Refugio, ou couto. Iap. Tasucaridocoro, tanomidocoro, yondocoro. ¶ Item, Qualquer lugar alto donde se resiste aos enemigos. Iap. Teqiuo fuxegu yama dori.

A ANTE S.

AS, assis. Lus. Peso de doze onças. Iap. Facarimeno na. ¶ Item, Herança, ou outra cousa semelhante que se diuide em partes. Iap. Faibun xeraruru, yuzzuri, tacara nado. ¶ Item, Hũa certa moeda de cobre. Iap. Acaganeno jenino taguy.

Asarotum, i. Lus. Solhado de huns certos azulejos. Iap. Irouo some vaqetaru xiqi gauarano taguy.

Asarum, i. Lus. Hũa erua. Iap. Cusano na.

Asbestinum, i. Lus. Hũa laya de linho q̃ não se consume no fogo. Iap. Fini yaqezaru asano taguy.

Asbestus. Lus. Cousa que não se pode acabar, ou extinguir. Iap. Qiyezaru mono.

Ascalonia, siue Alcalonium. Lus. Hum genero de cebola. Iap. Fitomojino taguy.

Ascendo, is. Lus. Subir. Iap. Noboru, agaru. ¶ Ascendere in concionem. Lus. Subir ao pulpito pera prègar. Iap. Danguiuo toqini yusuye agaru.

Ascensus, us. Lus. Subida. Iap. Nobori, agari.

Ascia, æ. Lus. Enxŏ dos carpinteiros. Iap. Chôno.

Asciola, æ, dimi. Idem.

Ascio, as. Lus. Laurar com enxŏ. Iap. Chônouo tçucŏ.

Ascisco, is, iui, itum, l, Ascio, is. Lus. Chamar pera si. Iap. Yobi yosuru. ¶ Itẽ, Attribuir asi. Iap. Mini ategŏ. ¶ Item, Admitir alguem no numero dos outros. Iap. Ninjuni junzuru.

Ascopera. Lus. Saco, ou bolsa de couro. Iap. Cauabucuro.

Ascribo, is, psi, ptum. Lus. Asinar se consentindo com alguem. Iap. Renban suru. ¶ Item, Ajuntar, ou admitir em algum numero. Iap. Ninzuru, junzuru. ¶ Interdum, Atribuir, ou imputar. Iap. Ategŏ, iycaquru. ¶ Ascripti, dicebantur qui in colonias nomina dedissent, vt cæteris colonijs adderentur. ¶ Item, Ascripti milites. Lus. Soldados de sobrecelente. Iap. Iregayeno muxa, suqejei, dôjei.

Ascriptitius. Lus. Elegido, e determinado pera algũa cousa. Iap. Yerabi xirusaretaru mono.

Ascriptiuus, Idem. ¶ Ascriptiui milites. Lus. Soldados de sobrecelente. Iap. Iregayeno muxa, suqejei, dôjei.

Ascriptor, oris. Lus. O que se asina aprouando o feito dalguem. Iap. Renban suru fito.

Asellus, i. Lus. Asninho. Iap. Chijsaqi roba. ¶ Item, Pescada peixe. Iap. Vuono na.

Asella, æ, idem. fœm. gen.

Asilus, i. Lus. Hum genero de mosca que molesta os animais. Iap. V xi, vmani tçuqu faino ruy.

Asinarius, ij. Lus. O que apascenta, ou guarda asnos. Iap. Robauo cŏ fito.

Asinarius, a, um. Lus. Cousa que pertence a asno. Iap. Robani ataru coto.

Asininus, a, um. Lus. Cousa de asno. Iap. Roba.

Robani ataru coto.
Asinus, i. Lus. Asno. Iap. Roba. Asina. idem. Fœm. gen.
Asio, onis. Lus. Mocho aue noturna. Iap. Mimitçucu.
Asotia, æ. Lus. Viço, & superfluidade em comeres, deleites, &c. Iap. Xiqiximno bur cuno taiqua.
Asotus, i. Lus. Prodigo, lascivo. Iap. Monoua tçucai sugosu fito, cŏxocu naru fito. ¶ Asotos. adu. Lus. Incontinente, & lasciuamente. Iap. Yoooximani, suguite, cŏxocuni.
Aspalathus, i. Lus. Hum genero de espinheiro. Iap. Iguino taguy.
Asparagus, i. Lus. Espargo. Iap. Aru cusano na.
Aspargo, inis. Lus. Bolor, ou mofo q̃ se cria com a chuiua, ou agoas. Iap. Xicqi niyotte idequru cabi.
Aspectabilis, e. Lus. Cousa digna de se ver. Iap. Mitarubeqi coto, migotonaru coto. ¶ Item, Cousa que se pode ver. Iap. Miraruru coto, manaconi sayeguiru coto.
Aspecto, as. Lus. Olhar alguem com os olhos fitos. Iap. Meuo tçuqete miru.
Aspectus, us. Lus. Vista. Iap. Miru coto uo yŭ.
Aspello, is. Lus. Apartar, deitar de si. Iap. Voifarŏ, fanasu.
Asper, a, um. Lus. Cousa aspera, escabrosa. Iap. Qibuqu araqi coto. ¶ Item, Cousa insuaue aos sentidos. Iap. Rocconni araqu vcboyuru mono. ¶ Item, per transl. Cousa dura. Iap. Couaqi mono. ¶ Item, Malfeitor. Iap. Fitoni atauo nasu mono. ¶ Item, Molesto, e desagradauel. Iap. Taicut. sasuru mono. ¶ Asper nũmus. Lus. Moeda noua que ainda não esta vsada entre as mãos. Iap. Imada fitono teni torazaru ataraxiqi guinxen.
Asperè, adu. Lus. Aspera, e rispidamente. Iap. Qibixiqu, araqu.
Asperiter. Idem. Apud Neuium.
Asperitas, atis. Lus. Aspereza. Iap. Qibixisa, arasa. ¶ Asperitas animi, l, animæ. Lus. Difficuldade de respirar. Iap. Iqiuo tçuqicanuru cotouo yŭ.
Aspredo, inis. Idem.
Asprerudo, inis. Idem.
Aspergillum, i. Lus. Isopo, ou outro instrumento cõ que se deita agoa. Iap. Mizzuuo sosoqu dŏgu.
Aspergo, is, si, sum. Lus. Borrifar, ou rociar. Iap. Mizzuuo sosoqu, furicaquru.
Aspergo, inis. Lus. O borrifar, ou rociar. Iap. Sosoqu coto nari.
Aspersio, onis. Idem.
Aspernabilis, e. Lus. Cousa pera se enjeitar, ou desprezar. Iap. Qirai, iyaximeraru beqi coto.
Aspernatio, onis. Lus. Desprezo. Iap. Qirai iyaximuru coto nari.
Aspernor, aris. Lus. Enjeitar, desprezar. Iap. Qirŏ, iyaximuru, sutamu.
Aspero, as. Lus. Fazer aspero. Iap. Araqu nasu, ar. su. ¶ Item, Coalhar, & indurecer. Iap. Catamuru, couorasuru. Virg.
Aspicio, is. Lus. Olhar. Iap. Miru.
Aspidisci, orum. Lus. Rodelas pequenas, ou cousas semelhãtes q̃ seruem de ornato. Iap. Chijsaqi tedateno narini xitaru cazari.
Aspiratio, onis. Lus. O asoprar, ou bafejar. Iap. Fuqu, I, iqiuo tçuqu coto nari. ¶ Item, Bafo, ou exalação. Iap. Iqi, dosui yori agaru qi. ¶ Item, Spiritus asper, quo literas quasdam vegetiore sono efferimus.
Aspîro, as. Lus. Soprar, bafejar. Iap. Iqiuo fuqu, fuqicaquru, iqiuo tçuqu. ¶ Interd. Ajudar, fauorecer. Iap. Cŏrio cu suru, chisŏ suru. ¶ Item, Procurar, & pretender cõ efficacia algũa cousa. Iap. Nagueqi nozomu, monouo motomento faguemasu. ¶ Interd. Chegar. Iap. Chicazzuqu, voyobu.
Aspis, dis. Lus. Aspide serpente. Iap. Docujano na.
Asplenum, i. Lus. Erua douradinha. Iap. Cusano na.
Asportatio, onis. Lus. O leuar pera outra parte

parte. Iap. Taxoye mochi yuqu coto nari.
Asporto, as. Lus. Leuar, ou açarretar pera outra parte. Iap. Taxoye mochiyuqu.
Assa, orum, l, Assæ carnes. Lus. Carnes puramente asadas. Iap. Aburitaru nicu.
¶ Assa vox. Lus. Voz sem armonia de instrumentos musicos. Iap. Xichicu quã guengo majiuatazaru coye. ¶ Assa, Lus. Lugar nos banhos onde tomauam suadouros. Iap. Yuya, furoyani voite axeuo caqu tameni sadamaritaru tocoro.
Assæ, atũ. Lus. As amas que criã. Iap. Vochi.
Assamenta, orum, Lus. Taboas serradas. Iap. Vogani caqetaru ita.
Assaratum, i. Lus. Hũa certa beberagem. Iap. Aru xetaru nomimonono taguy.
Assarius, ij. Lus. Hũa moeda, ou certo peso. Iap. Guinxen, l, facarimeno taguy.
Assatura, æ. Lus. Carne assada. Iap. Aburitaru nicu.
Assecla, æ. Lus. O que, l, a q̃ acompanha, ou segue a outro mais honrado. Iap. Vyetaru fitono tomo suru, l, xitõ monó.
Assectator, oris. Idem. Mascul. gen.
Assectatio, onis. Lus. O acompanhar, & seguir pera honrar alguẽ. Iap. Fitouo xôquã no tameni tomo suru, l, xitõ coto nari.
Assector, aris. Lus. A companhar, ou seguir a outro pera o honrar. Iap. Fitouo xôquan no tameni tomosuru, l, xitõ.
Assensio, onis. Lus. Consentimento. Iap. Dôxin, riôjô.
Assensus, us. Idem.
Assensor, oris. Lus. O que consente com alguem. Iap. Fitoni dôxin suru mono.
Assentatio, onis. Lus. Lisonja, afagos, ou caricias. Iap. Tçuixô, fetçurai.
Assentatiuncula, æ. dim. Idem.
Assentator, oris. Lus. Lisojeiro. Iap. Tçuixôjin.
Assentatoriè, adu. Lus. Com lisonja. Iap. Tçuixô xite.
Assentor, aris. Lus. Lisonjear, fazer caricias. Iap. Tçuixô suru, fetçurõ, tucasu.
Assequor, ris. Lus. Alcançar, ou a chegar a algũa cousa. Iap. Voyobu, voitçuqu. ¶ Item, per transl. Igualarse. Iap. Narabu. ¶ Item, Acquirir. Iap. Motomuru, mŏquru.
Asseres. Lus. Taboas serradas. Iap. Vogani caqetaru ita. ¶ Interdum, Huns paos de que vsam os que leuam as andas. Iap. Coxicaqino tçucô qi. ¶ Axis, is, & eris. Idem. ¶ Assiculus, Assula, & Asserculus. dimi. Idem.
Assero, is, seui, itum. Lus. Semear, ou plantar junto. Iap. Fotorini maqu, l, vyuru.
Assero, is, rui, ertum. Lus. Affirmar, dizer. Iap. Iy catamuru, yũ. ¶ Item, Tomar algũa cousa, e dizer que he sua em juizo. Iap. Monouo tori, tadaxiteno maye nite vaga mono narito yũ. ¶ Asserere in libertatem. Lus. Afirmar dalguem reputado por seruo que he liure. Iap. Ya tçucoto vomouaruru monouo yatçuconi arazuto iy fururu. ¶ Asserere in seruitutem. Lus. Tomar alguem por seu seruo, o qual se tinha por liure. Iap. Iiyũ narito vomouaruru monouo fudaino yatçu coni nasu. ¶ Asserere se ab iniuria immortalitatis, aut obliuionis. Lus. Liurar se das leys da morte, ou esquecimento por seus feitos. Iap. Côta ni cameino nocoru yŏ ni suru. ¶ Asserere manu. Lus. Libertar. Iap. Iiyũni nasu. ¶ Asserere se. Lus. Libertarse. Iap. Vagamiuo jiyũni nasu.
Assertio, onis. Lus. Affirmaçam. Iap. Iy catamuru coto nari. ¶ Item, Iuramento judicial. Iap. Tadaxite yori motçuqete yurusu coto nari.
Assertor, oris. Lus. O que liura, ou catiua alguem. Iap. Fitouo fudaini nasu mono, l, jiyũni nasu mono.
Asseruio, is. Lus. Seruir. Iap. Tçucauaruru.
Asseruo, as. Lus. Guardar. Iap. Tacuuayuru, mamoru.
Assessio, onis. Lus. O assistir, ou estar junto dalguem. Iap. Qinju suru, l, monono sobani iru coto nari.
Assessor, oris. Lus. Colateral, assessor. Iap. Tadaxiteno côqenja.
Assestrix, icis. Lus. A que esta junto. Iap. Sobani yru mono. fœmin. gen.
Asseueranter, & Asseueratè, adu. Lus. Affirmada-

K

madamēte.Iap.Texxite,cataqu,iy catamete.

Asseueratio, onis. Lus. Affirmaçã. Iap. Tessuru, iycatamuru coto nari.

Asseuêro, as. Lus. Affirmar fortemente. Iap. Tessuru, tçuyoqu iycatamuru.

Asseueror. pasiu. Idem.

Asicceſco, is. Lus. Secarſe. Iap. Cauaqu, firu, caruru.

Asicco, as. Lus. Secar. Iap. Cauacaſu, caraſu, foſu.

Asidelæ, arum. Lus. Meſas aque ſe aſſentauão os ſacerdotes pera fazer ſacrificios. Iap. Mucaxino Sacerdotes tamuqeno tameni zaxitaru fardaino na.

Asideo, es, edi, eſſi m. Lus. Aſiſtir, ou eſtar iunto. Iap. Qinju ſuru, l, ſobani yru. ¶ Item, Ser ſemelhante. Iap. Mononi niru.

Aſsido, is. Lus. Aſentarſe. Iap. Zauo naoſu, ſuuaru.

Aſsiduè, adu. Lus. Continuadamente. Iap. Fudan, tçuneni.

Aſsiduitas, atis. adu. Lus. Continuação. Iap. Tçune, feijei. ¶ Itẽ, Diligencia. Iap. Cuuaxiqu ſuſumu cocoro.

Aſsiduò, adu. Lus. Continuadamente, frequentemente. Iap. Iõgiũ fudan, xiguequ.

Aſsiduus, a, um. Lus. Couſa continua. Iap. Fudanno coto. ¶ Item, Diligente. Iap. Cuuaxiqu ſuſumu mono.

Aſsignatio, onis. Lus. O aſsinalar. Iap. Sadame. ¶ Item, O atribuir. Iap. Ategai.

Aſsigno, as. Lus. Aſsinalar, e determinar. Iap. Sadamuru. ¶ Itẽ, Atribuir. Iap. Ategõ.

Aſsilio, is, vi, l, iui, ſultum. Lus. Saltar. Iap. Tobu. ¶ Item, Acometer. Iap. Toricacaru, xemecacaru. ¶ Item, Dicitur de animalibus marib⁹, cũ fœminas ineũt.

Aſsimilis, e. Lus. Couſa ſemelhante. Iap. Nitaru coto.

Aſsimiliter, adu. Lus. Semelhantemente. Iap. Nite, l, vonajiqu.

Aſsimilo, as. Lus. Aſemelhar, comparar. Iap. Fiſuru, tatoyuru, curaburu.

Aſsimulatio, onis. Lus. Fingimento. Iap. Naqi cotouo aru furiuo ſuru coto nari, l, aru cotouo naqiyõni motenaſu coto nari.

A ANTE S.

Aſsimulo, as. Lus. Fingir. Iap. Naqi coto uo aru furiuo ſuru, l, aru cotouo nai yõni motenaſu.

Aſsipondium, ij. Lus. Peſo de doze onças. Iap. ſacarimeno na.

Aſsis, is. Lus. Taboa, ou ripa. Iap. Comai, l, ita.

Aſsiſto, is, ſtiti. Lus. Eſtar apar dalguem. Iap. Motiono ſobani yru, tçuqiſõ, qinju ſuru. ¶ Aliqñ. Defender a cauſa dalguem. Iap. Cujino catõdo ſuru.

Aſſo, as. Lus. Salhar. Iap. Itajiqi, l, ſunocouo caqu. ¶ Item, Aſſar. Iap. Aburu, yaqu.

Aſſocio, as. Lus. Acompanhar. Iap. Tomonõ. ¶ Item, Ajuntar hũa couſa a outra. Iap. Auaſuru.

Áſſolet. Lus. He coſtume. Iap. Narai nari, l, rei nari.

Áſſono, as, vi, itum. Lus. Retumbar. Iap. Fibiqu.

Aſſuefacio, is. Lus. Acoſtumar a outrem. Iap. Nare ſaſuru, xitçuquru.

Aſſuefio, is. Lus. Acoſtumarſe. Iap. Naruru, xitçuquru.

Aſſueſco, is, eui, etum. Idem.

Aſſuetudo, inis. Lus. Coſtume. Iap. Narai, catagui, rei.

Aſſuetus, a, um. Lus. Couſa acoſtumada. Iap. Naretaru coto, xitçuqetaru coto.

Aſſulla, æ. Lus. Cauaco, ou pedaço doutras couſas que ſe cortam. Iap. Coqera, qezzuricuzzu, qire.

Aſſullatim, adu. Lus. Em cauaquinhos, e u pedacinhos. Iap. Coqerani xi naite, l, tçudazzudani.

Aſſuloſe, adu. Idem.

Aſſultim, adu. Lus. Em ſaltos. Iap. Tonde.

Aſſulto, as. freq. Lus. Saltar a meude. Iap. Xiguequ tobu, l, toricacaru.

Aſſultus, us. Lus. O ſaltar. Iap. Tobu coto nari. ¶ Item, O acometer. Iap. Tori cacaru coto nari.

Aſſum, vide Adſum.

Aſſumo, is, pſi, ptum. Lus. Tomar, l, tomar

mara ſeu cargo. Iap. Toru, vqetoru.
¶ Interdum, Attribuir. Iap. Ategŏ.

Aſſumptio, onis. Lus. O tomar. Iap. Toru coto nari.

Aſſumptiuus. Lus. Couſa q̃ toma. Iap. Monouo toru coto.

Aſſuo, is, ui, utum. Lus. Coſer hũa couſa cõ outra. Iap. Nui tçuquru.

Aſſurgo, is, exi, ectum. Lus. Leuantarſe pera fazer honra a outrem. Iap. Tachi agatte reiuo naſu. ¶ Itẽ, per transl. Dar auentajem. Iap. Maquru, votoru. ¶ Itẽ, Crecer. Iap. Xeigiŏ ſuru, l, tachinobu. ¶ Colles aſſurgere. Lus. Ser ingremes os mõtes. Iap. Yamaga ſobiyuru coto.

Aſſus, a, um. Lus. Couſa aſſada. Iap. Yaqi mono, aburi mono.

Aſt. coniunct. Lus. Mas. Iap. Saredomo, ſarinagara.

Aſtaphis, dis. Lus. Vua paſſada. Iap. Foxi budŏ.

Aſter, i. Lus. Eſtrella. Iap. Foxi.

Aſteriſcus, i. Lus. Eſtrellinha que ſe poẽ nos liuros pera nota. Iap. Xomotni cotoba sŏy aru tocoroca, aruiua cotobano carazaru tocoroni xiruxito xite voqu chij ſaqi foxi.

Aſterno, is, straui, stratum. Lus. Derrubar por terra. Iap. Tauoſu.

Aſthma, æ. Lus. Aſma doença. Iap. Iqi no fiqu vazzurai, l, jenſocu.

Aſthmáticus, a, um. Lus. Doente de aſma. Iap. Iqino fiqu mono, l, jenſocuqena mono.

Aſtipulatio, onis. Lus. Conſentimento. Iap. Dŏxin, vqegai, riŏjŏ.

Aſtipulator, oris. Lus. O que conſente. Iap. Dôxin ſuru fito, vqegŏ mono.

Aſtipulatus, us. Lus. Conſentimento. Iap. Dôxin.

Aſtipulor, aris. Lus. Conſentir. Iap. Reŏjŏ ſuru, dôy ſuru, vqegŏ.

Aſtituo, is, ui, utum. Lus. Colocar, ou por junto. Iap. Monono ſobani ſuyevoqu, ſonayuru. ¶ Item, Por em ſeu lugar. Iap. Soreforeno tocoroni ſonayuru.

Aſto, as, ſtiti, tum. Lus. Eſtar em pè junto de outrem. Iap. Tachisôte yru.
¶ Item, Eſtar empè. Iap. Tachite yru.
¶ Item, Eſtar firme. Iap. Suuatte aru.

Aſtragalizo, as. Lus. Iugar aos dados. Iap. Bacuyeqiuo naſu. ¶ Aſtragalizontes. Lus. Os que jogam aos dados. Iap. Bacuyeqiuo naſu mono.

Aſtrágalus, i. Lus. Artelho do animal de vnha fẽdida. Iap. Fizzumeno varetaru qedamonono riŭno qeno voyuru tocoro. ¶ Itẽ, A parte do eſpinhaço junto do peſcoço. Iap. Xeboneni tçuzzuqu cubino tçugai. ¶ Item, Hum jogo de dados. Iap Bacuyeqino taguy. ¶ Item, Hũa erua. Iap. Cuſanona. ¶ Item, Hum genero de lauor dos edificios. Iap. Iyeno faxira no forimonono taguy.

Aſtrictè, adu. Lus. Apertadamente. Iap. Ximete, xebaqu.

Aſtrictio, onis. Lus. O apertar. Iap. Ximuru coto nari.

Aſtrictorius, a, um. Lus. Couſa que aperta. Iap. Ximegu, ximedŏgu.

Áſtrifer, a, um. Lus. Couſa eſtrellada. Iap. Foxino ſonauattaru mono, l, foxino tçuqitaru mono.

Aſtringo, is, xi, ctum. Lus. Apertar. Iap. Ximuru. ¶ Itẽ, per tranſl. Obrigar. Iap. Vŏtô vomotte fodaſu. ¶ Item, Prometer. Iap. Yacuſocu ſuru.

Aſtrolabium, ij. Lus. Aſtrolabio. Iap. Iit xeino meguru fodouo facaru dŏguno na.

Aſtrologia, æ. Lus. Aſtrologia. Iap. Foxi no gacumon.

Aſtrólogus, i, l, Aſtrónomus, i. Lus. Aſtrologo. Iap. Foxino gacuxŏ, yeqixa.

Aſtronomia, æ. Lus. Aſtrologia. Iap. Foxino gacumon, yeqigaqu.

Aſtrum, i. Lus. Signo celeſte. Iap. Xinxucu, foxino yadori.

Aſtruo, is, xi, ctũ. Lus. Fabricar junto. Iap. Monono ſobani tçucuru, l, zôſacu ſuru. ¶ Itẽ, per trãſl. Afirmar. Iap. Iycatamuru.

Aſturco, onis. Lus. Quartao. Iap. Fatabari vôqinaru vma.

Astutè, l, Astu, adu. Lus. Astutamente. Iap. Vadacamatte, damatte.
Astutia, æ, l, Astu. Lus. Astucia, malicia. Iap. Feôri, bôriacu.
Astus, us. Idem.
Astutus, a, um. Lus. Cousa sagaz, ou acautelada. Iap. Vadacamaritaru mono, feôri aru mono, bûriacuxa, damarimono, l, nucarazaru mono.
Asyla, æ. Lus. O direito de liberdade, q̃ alcança o q̃ se acolhe ao couto. Iap. Ecclesia na doye nigue iritaru monotatogamenni totemo, mexitoraiezaru yẽni xamenuo cômuru cotouo yŭ.
Asylum, i. Lus. Couto. Iap. Fitono nigueteta suca ru tocoro.
Asymbolus, i. Lus. O q̃ ecme sem entrar a escote. Iap. Cucuiuo sennuo idasazu xite, quainiǐ cũ mono.
Asymphonia, æ. Lus. Dissonancia. Iap. Chôxi fazzure.

A ANTE T.

AT, coniunct. Lus. Mas, todauia. Iap. Saredomo, sarinagara, xemete. ¶ At enim. Idem.
Atat. Interiectio est paulatim percepti mali, l, (timoris.
Átauus, i. Lus. Q̃ arto auô. Iap. Yaxiuavôgi.
Ater, a, um. Lus. Cousa preta, ou escura. Iap. Curoqi coto, l, curaqi coto. ¶ Itẽ, Cousa triste, e mal afortunada. Iap. Canaxiqi coto, funo varuqi coto. ¶ Atra bilis. Lus. Colera, malenconia. Iap. Vôzui, vôdã.
Athleta, æ. Lus. Lutador. Iap. Sumôtori.
Athanatos. Lus. Immortal. Iap. Fuxi fumetno mono.
Ather, eris. Lus. Ponta da espiga da ceuada. Iap. Vômuguino nogui.
Athletica, æ. Lus. Arte de pelejar. Iap. Bufenno narai.
Athleticè, adu. Lus. Muito bem, firmemẽte. Iap. Giôbuni, cataqu.
Athleticus, a, um. Lus. Cousa de lutadores. Iap. Sumôtorini ataru coto.
Athlotetes. Lus. Iuiz das pelejas. Iap. Xôbuno tadaxite.
Átnepos, otis. Lus. Quarto neto. Iap. Fimagono co, l, tçuruno co.
Atneptis, is. fœmin. Idem.
Átomus, i. Lus. Hũa cousa imperceptiuel como argueiro do sol. Iap. Migin. ¶ Item, Momento do tempo. Iap. Xetna. ¶ Item, Vnidade de numero. Iap. Fitotçuno cazu.
Atque, coniunct. Lus. E. Iap. Vonajiqu, mata. ¶ Item, Mais. Iap. Yorimo. ¶ Item, Logo. Iap. Yagate. ¶ Item, Depressa sem medo. Iap. Fayŏ, vosorezu xite. ¶ Aliq̃n. De pois q̃. Iap. Nochi, cara. ¶ Atq; adeò. Lus. Alem disto. Iap. Sonovye, massaye, qecconi.
Atqui, l, at enim. Lus. Mas, todauia. Iap. Sarinagara, saredc mo.
Atractylis. Lus. Specie de cardo. Iap. Azamino taguy.
Atramentarium, ij. Lus. Tinteiro. Iap. Suzuri.
Atramentum, i. Lus. Tinta. Iap. Suzurino sumi. ¶ Atramentum sutorium. Lus. Caparosa, ou tinta dos çapateiros. Iap. Tanpan, l, caua yaho sumi. ¶ Atramentum tectorium. Lus. Tinta dos pintores. Iap. Yenogu. ¶ Item, Sangue da siba. Iap. Icano curomi. ¶ Ebur atramento candefacere. Lus. Dar cor artificiosa a algũa forma natural. Iap. Xôtocuno cotouo cazaru.
Atratus, a, um. Lus. Cousa tinta de preto. Iap. Curoqu sometaru mono. ¶ Itẽ, Cousa vestida de preto, l, de luto. Iap. Cocuye no fito, l, curoiro, l, irouo qiru fito.
Atrici, corum. Lus. Porteiros da casa. Iap. Vomoteno fôxa, l, monyacu.
Atriensis, is. Lus. Porteiro da sala. Iap. Qiacudenno yacuxa.
Atrilicium, ij. Lus. Hũa parte do pateo ẽ q̃ se teciam os liços. Iap. Niuano vchi mɑmen no voru tameni sadamaritaru tocoro.
Atriplex, icis. Lus. Hũa erua. Iap. Cusano na.
Atrium, ij. Lus. Dianteira da casa, ou pateo. Iap. Vomoteno niua yori vomoteno zaxiqi madeno aida.
Atriolum, i. dim. Idem.
Atrocitas, atis. Lus. Crueldade. Iap. Nasaqenasa, araqenasa.
Atrociter, adu. Lus. Cruelmente. Iap Nasa-

saqenô, araqenô.

Atrophia, æ. Lus. Hũa doença com que todo o corpo, ou algũa parte delle não re cebendo o nutrimento se vai consumindo. Iap. Xiqixinno yechi qeqi cayoua zu xite, youari fatçuru yamai.

Átrophus, i. Lus. Doente da tal doença. Iap. Miguino yamai aru fito.

Atrox, cis. Lus. Cousa cruel, e deshumana. Iap. Nasaqe naqi mono, araqenaqi mono, taqeqi coto.

Attaceo, es. Lus. Calarse juntamente, Iap. Ichidoni xizzumaru, mugon suru.

Attactus, us. Lus. O tocar. Iap. Teuo caquru, l, sauaru coto nari.

Áttagen, l, attágena, æ. Lus. Hũa aue chamada francolim. Iap. Aru torino na.

Áttamen. Lus. Todauia. Iap. Sasuga, sarinagara.

Attámino, as. Lus. Apurar, alimpar. Iap. Migaqu, qiyomuru.

Attegiæ, arum. Lus. Choupanas, ou casas pobres. Iap. Iuori, varaya, cuzzuya.

Attegrare. Lus. Refazer, ou acrecentar. Iap. Suçô suru, casanuru.

Attemperatè, adu. Lus. A Bom tempo. Iap. Yoqi voricara, yoqicoroni, yoqi jibunni.

Attémpero, as. Lus. Acomodar. Iap. Totonoyúru, xiraburu.

Attendo, is, di, sum, l, tum. Lus. Estar a tento. Iap. Mimiuo sumaxi qiqu, tanenmaqu cufũ suru.

Attentus pater familias. Lus. Pay de familias vigilante, & diligente. Iap. Qenairo cotouo yoqu saiban suru ichizocuno voya. ¶ Attenta vita. Lus. Vida industriosa. Iap. Chŏfôraxiqi xindai.

Attentè, adu. Lus. Cõ atenção, e diligencia. Iap. Cocorogaqete, xeiuoirete, cocoroyete.

Attentio, onis. Lus. Atençam. Iap. Cocorogaqe, xeiuo iruru cotouo yũ.

Attento, as. Lus. Tentar, experimentar. Iap. Cocoromuru, tamesu. ¶ Item, aliqñ. Começar. Iap. Fajimuru.

Attenuatè, adu. Lus. Adelgaçadamente. Iap. Fosoqu, vsuqu, binbôni.

Attenuatio, onis. Lus. O adelgaçar. Iap. Fososa, binbô, l, vsusa.

Attenuatus, a, um. Lus. Cousa mingoada. Iap. Binbônaru coto, feritaru coto. ¶ Attenuata oratio. Lus. Oração baixa. Iap. Fuben naru cotouari.

Attenuo, as. Lus. Adelgaçar. Iap. Foso muru, ferasu.

Áttero, is, triui, itum. Lus. Quebrar. Iap. Vchicudaqu. ¶ Item, Esfregar hũa cousa roçãdoa cõ outra. Iap. Suriauasuru.

Attestor, aris. Lus. Tomar por testemunha. Iap. Xôninni tatçuru. ¶ Item, Testemunhar. Iap. Xôninni tatçu, xôconi tatçu. ¶ Item, Affirmar. Iap. Tessuru, iy catamuru.

Attexo, is, ui, extũ. Lus. Ajuntar. Iap. Soyuru.

Attica bellaria. Lus. Cousas doces. Iap. Amaqi mono. ¶ Item, per transl. Cousa agradauel, e deleitosa. Iap. Fucaqu qini ai taru coto.

Attica fides. Lus. Verdadeira, & indubitada fee, ou lealdade. Iap. Chǔxin: vt chǔxinuo xuto su.

Atticus testis. Lus. Testemunha aprouada, & sincera. Iap. Texxo tadaxiqi xônin.

Attiguus, a, um. Lus. Cousa chegada. Iap. qinjoni aru coto.

Attilus, i. Lus. Hum peixe grande. Iap. Taiguiono na.

Attineo, es, ui, entum. Lus. Pertencer. Iap. Ataru. ¶ Item, aliqñ. Ter junto, ou nas mãos. Iap. Monouo teni motçu.

Attingo, is, tigi, tactum. Lus. Tocar leuemente. Iap. Caroqu sauaru, caroqu teuo caquru. ¶ Attigo, is. Idem.

Attollo, is, tuli, latum. Lus. Aleuãtar. Iap. Motaguru. ¶ Aliqñ. Trazer. Iap. Tazzusaye yuqu. ¶ Aliqñ. Tirar de algũa parte. Iap. Torinoquru, tonidasu.

Attondens, entis. Lus. O que trosquia. Iap. Qe nadouo fasamu mono.

Attondeo, es, di, sum. Lus. Trosquiar rẽte. Iap. Ne yori fasami toru. ¶ Attondêre ali quẽ auro. Lus. Despojar alguẽ do dinheiro. Iap. Fitono caneuo cotogotocu toru.

Atto

Attonitè, adu. Lus. Cõ espanto. Iap. Guiŏten xite, aqirete, vodoroite.

Attónitus, a, um. Lus. Cousa muito espantada, ou atordoada. Iap. Guiŏten xi, aqiretaru mono, qeden xitaru mono.

Áttono, as, ui, itũ. Lus. Atroar, e espantar. Iap. Meidô xite vodorocasu. Verbũ rariss.

Attonsus, a, um. Lus. Trosquiado rente. Iap. Ne yori fasami toraretaru mono.

Attractio, onis. Lus. O achegar pera si. Iap. Fiqi yosuru coto nari.

Attractus, a, um. Lus. Cousa atrahida. Iap. Fiqiyoxeraretaru mono.

Attraho, is. Lus. Atrahir pera si. Iap. Fiqiyosuru.

Attrectatus, us. Lus. O trazer entre as mãos algũa cousa. Iap. Te nite xiguequ mo nouo tori atçucŏ coto nari.

Attrecto, as. Lus. Tratar com as mãos, ou apalpar algũa cousa. Iap. Te nite monouo tori atçucŏ, saguru.

Áttremo, as. Lus. Tremer, e espantarse com a voz dalguem. Iap. Fitono coye ni vodoroqu.

Áttribuo, is, ui, utum. Lus. Atribuir. Iap. Ategŏ, atçuru. ¶ Item, Dar. Iap. Atayuru. ¶ Atributum, l, attributa pecunia. Lus. Tributo, ou dinheiro que se impunha aos pouos. Iap. Ninbet.

Attritus, a, um. Lus. Cousa safada. Iap. Tçucai furusaretaru coto. ¶ Attritæ opes. Lus. Riquezas diminuidas, & gastadas. Iap. Tçuiyaxitaru tacara.

Attritus, us. Lus. O roçar, ou gastar por vso. Iap. Suri auasuru cotouo yũ, l, tçucai furusu cotouo yũ.

Atypus. Lus. Gago. Iap. Domori.

A ANTE V.

AV, interiectio est conturbatæ mentis.

Auarè, adu. Lus. Auarentamente. Iap. Yocuxin vomotte, l, yocuni.

Auariter, adu. Lus. Com desejo, e cobiça. Iap. Nenguan vomotte, yocuxinni.

Auaritia, æ. Lus. Auareza, ou cobiça. Iap. Tonyocu, yocu.

Auarities, ei. Idem.

Auarus, a, um. Lus. Cousa auarenta, ou cobiçosa. Iap. Yocu naru mono.

Auceps, cupis. Lus. Caçador de aues. Iap. Torino fiŏxi.

Aucupatorius, a, um. Lus. Cousa de caça de aues. Iap. Torino carini ataru coto.

Aucupium, ij, l, aucupatio, onis. Lus. Caça de aues. Iap. Torino cari. Per transl. Afagos, ou branduras. Iap. Amayacaxigoto.

Áucupo, as, l, aucupor, aris. Lus. Caçar aues. Iap. Toriuo caru. Per transl. Buscar con grande diligencia. Iap. Saicanni mo nouo tazzunuru, nagueqi.

Auctarium, ij. Lus. Crecença q̃ da de mais o q̃ vende algũa cousa. Iap. Vrimonono soye, l, facarimeno soye.

Auctificus, a, um. Lus. Cousa q̃ acrecenta. Iap. Casanuru mono.

Auctio, onis, l, auctus, us. Lus. Acrecentamento. Iap. Monouo casanuru cotonari. ¶ Item, Venda q̃ se faz em almoeda a quẽ da mais. Iap. Fitouo atçume vrimo nono neuo furete daiichi, cŏgiqini cauanto yũ fito ni vru coto uo yũ.

Auctionalia, orum. Lus. Papeis, ou escrituras de cousas q̃ se vendẽ em almoeda. Iap. Miguino yŏni xite monouo vru toqino vrigen.

Auctionarius, a, um. Lus. Cousa de almoeda. Iap. Miguino xŏbai ni ataru coto.

Auctionor, aris. Lus. Vender em almoeda. Iap. Fitouo atçume vrimonono neuo furete daiichi tacaqu cauãto yũ fitoni vru.

Aucto, as. freq. Lus. Acrecentar frequentemente. Iap. Tabi tabi casanuru.

Auctito, as. freq. Idem.

Auctor, oris. Lus. Acrecentador. Iap. Casanuru fito.

Auctrix, cis. fœm. Idem.

Auctoritas, Auctorare, Auctoramentũ, vide Authoritas.

Auctũ, spatiũ erat circi, quod super definitum modum victoriæ adiungebatur.

Audacia, æ. Lus. Atreuimento, ousadia. Iap. Icatçu, gai.

Audacter, l, audaciter, adu. Lus. Atreuida, & ousa-

ousadamente. Iap. Icatçuni, gaini, daitãni.
Audax, cis. Lus. Cousa o usada, e atreuida. Iap. Icatçunaru mono, gainaru mono, voconomono.
Audáculus, a, um. dimi. Idem.
Audens, tis. particip. Lus. Cousa atreuida. Iap. Gainaru mono, daitãna mono. ¶ Itẽ, Nomen. ¶ Itẽ, Confiado. Iap. Vomezu, firumanumono.
Audenter, adu. Lus. Atreuidamente. Iap. Icatçuni, ayabumazu, firumazuni.
Audeo, es, ausus sum. Lus. Atreuerse. Iap. Icatçu ni vomoi cacaru, yicacaru.
Audientia, æ. Lus. Atençam de ouuir. Iap. Cocorouo comete qiqu cotouo yŭ.
Audio, is. Lus. Ouuir. Iap. Qiqu. ¶ Itẽ, Obedecer. Iap. Xitagŏ. ¶ Interdum, Conceder o que se pede. Iap. Xomŏuo ca nayuru. ¶ Interdum, Dar credito. Iap. Xinzuru, macotoni furu. ¶ Audit bene. Lus. Tem boa fama. Iap. Qicoyeno yo qi fito nari. ¶ Audit malè. Lus. Tẽ maa fama. Iap. Qicoyeno varuqi fito nari.
Auditio, onis. Lus. O ouuir. Iap. Qiqu coto nari.
Auditiuncula, æ. dim. Idem.
Auditor, oris. Lus. Ouuinte, ou discipulo. Iap. Qiqite, dexi. ¶ Item, Ouuidor. Iap. Satano qiqite, tadaxite.
Auditorium, ij. Lus. Escola. Iap. Gacumonjo. ¶ Item, Lugar da audiencia. Iap. Qendanni cuji satauo vttayuru toco ro. ¶ Item, Auditorio. Iap. Chŏju no atçumari.
Auditus, us. Lus. Sentido de ouuir. Iap. Nixiqi, i, qiqu xei.
Aue, l, auete. verb. defect. Lus. Deos vos salue. Iap. Medetacare, yorocobe.
Aueho, is, exi, ectum. Lus. Trazer, ou leuar pera algum lugar. Iap. Fune, curuma nite monouo facobu, vnsŏ suru.
Auellana, æ. Lus. Auellaã. Iap. Qino mino na.
Auello, is, uelli, ulsi, ulsum. Lus. Arrancar, ou tirar por força. Iap. Fiqi nuqu, fiqiuoquru.

Auena, æ. Lus. Auea. Iap. Carasumu guino taguy. ¶ Item, Cana do trigo. Iap. Auoqi muguiuara. ¶ Interdũ, Pro stilo, siue charactere bucolico accipitur.
Auenaceus, a, um. Lus. Cousa feita de auea. Iap. Cano carasumuguinite tçucuritaru coto.
Auenaria, æ. Lus. Hũa especie de cegarrega. Iap. Xemino ruy.
Aueo, es. caret. Lus. Desejar. Iap. Negŏ, nozomu. ¶ Item, Folgar, e alegrar se. Iap. Isamu, yorocobu.
Auens, entis. Lus. O que deseja. Iap. Monouo conomu mono.
Auernus, i, l, Auerna, orum. Lus. Hũa certa lagoa horrenda. Iap. Voloroxiqi iqeno na. ¶ Item, Inferno. Iap. Gigocu. Apud poëtas.
Auerrunco, as. Lus. Desuiar, afastar. Iap. Noquru.
Auerruncasso. Idem.
Auersio, onis. Lus. O comprar, & vender, etc. muitas cousas por hũ mesmo preço. Iap. Amatano cotouo fitotçuneni xŏbai suru.
Auersatio, onis. Lus. Auersam. Iap. Qirai.
Auersor, aris. Lus. Abominar, desprezar. Iap. Qirŏ, l, nicumu, sutçuru.
Auersor, oris. Lus. O que tira algũa cousa de hum lugar pera outro. Iap. Monouo facobi vtçusu fito.
Auersus, a, um. Lus. O que vira as costas. Iap. Vxirouo muqetaru mono. ¶ Itẽ, per transl. Cousa irada, & inimiga. Iap. Icatte teqiuo nasu mono. ¶ Auersa venus præposterus, infandus, et execrandus coitus.
Auertæ, arum. Lus. Hũa peça entre os arreos do caualo. Iap. Caiguno vchino fitotçuno na.
Auerto, is, ti, sum. Lus. Virar. Iap. Muquru. ¶ Item, Afastar. Iap. Noquru. ¶ Itẽ, Tomar, & impedir cõ enagano que nã o chegue a cousa a seu dono. Iap. Buriacu vomotte tano monouo fasayete toru.
Auertor, eris. Lus. Desdanhar, ou desprezar. Iap.

Iap. Qirŏ, ſague iyax muru.

Aufero, ers, tuli, latum. Lus. Tirar. Iap. Torinoquru, torifanaſu.

Aufugio, is. Lus. Fugir. Iap. Niguru, ſaru.

Augeo, es, xi, ctum. Lus. Acrecentar. Iap. Caſanuru, ſoyuru.

Augeſco, is. Lus. Acrecentarſe, l, augmentarſe. Iap. Caſanaru.

Augmen, inis. Lus. Acrecentamento. Iap. Caſanaru cotouo yŭ. ¶ Augmine donare. Lus. Acrecentar. Iap. Caſanuru, ſoyuru.

Augmento, as. Lus. Acrecentar, augmētar. Iap. Caſanuru, ſoyuru.

Augmentum, i. Augmen. ¶ Item, Hũa certa iguaria. Iap. Reôri xitaru xocuno na.

Augur, ris. Lus. O que a diuinha polas aues, ou agoureiro. Iap. Caraſu naqi fa douo qijte, vranaiuo naſu fitó.

Auguraculum, i. Lus. Fortaleza. Iap. Iŏquacu. Apud veteres.

Augurale, is. Lus. Inſignia dos agoureiros. Iap. Miguino vracata taiſuru xiruxi.

Auguralis, le. Lus. Couſa de agoureiro. Iap. Miguino vracatani ataru coto.

Auguratio, onis. Lus. O adiuinhar polas aues. Iap. Tori vomotte vranŏ coto nari.

Auguratò, adu. Lus. Por via de agouros. Iap. Vranŏte.

Auguratus, us. Lus. Sciencia, ou dignidade de agoureiro. Iap. Vranaino michi, l, vonnhŏjino curai.

Augurium, ij. Lus. Agouro. Iap. Tori uo mite iuru vranai. ¶ Item, Qualquer adiuinhaçam. Iap. Sôbetno vranai.

Augurius, a, um. Lus. Couſa de agourei ro. Iap. Toriuo mite vranaiuo naſu fitoni ataru coto.

Áuguror, aris, l, auguro, as. Lus. Adiuinhar polas aues. Iap. Tori vomotte vranŏ, l, cangayuru. ¶ Item, Conjeiturar. Iap. Suirŏ ſuru.

Auguſtale, lis. Lus. Tenda do capitam. Iap. Taixŏ ginya. ¶ Item, Caſa do principe, ou do magiſtraco. Iap. Dairi, l, yacata, dencacu, l, daimiŏno fe3giŏxo.

Auguſtales, ium. Lus. Capitaẽs da vanguarda. Iap. Xengunno taixŏ.

Auguſtè, adu. Lus. Pia, & ſanctamẽte. Iap. Tattoqu.

Auguſtus, a, um. Lus. Couſa imperial, couſa ſancta, & digna de veneração. Iap. Tattoqi coto, agame vyamauarubeqi coto.

Auguſtus, i. Lus. Mes de Agoſto. Iap. Anatano cunino fachiguat.

Auia, æ. Lus. Auŏ. Iap. Vba.

Auiarium. Lus. Caſa, ou lugar onde ſe criáo paſſaros. Iap. Toya, l, toriuo atçumete cŏ tocoro. ¶ Itẽ, Lugar, ou boſque ſombrio de muitos paſſaros. Iap. Torino vouo qi fayaxi.

Auiarius, ij. Lus. O que cria paſſaros. Iap. Toricai.

Auicula, æ. Lus. Paſſarinho. Iap. Cotori.

Auidè, adu. Lus. Com muito deſejo. Iap. Fucŏ nozomite.

Auiditas, atis. Lus. Deſejo. Iap. Nozomi.

Auidus, a, um. Lus. Deſejoſo. Iap. Nozomu mono. ¶ Item, Cobizoſo. Iap. Tonyocu naru mono.

Auilla, æ. Lus. Cordeiro nacido de nouo. Iap. Vmarevochino fitçujino co.

Auis, is. Lus. Paſſaro, ou aue. Iap. Tori. ¶ Bonis, aut malis auibus. Lus. Proſpera, ou infelizmente. Iap. Xiauaxe yoqu, medetaqu, l, xiauaxe axiqu.

Auĩtus, a, um. Lus. Couſa de ſeus anteps ſſados. Iap. Xenzo yorino coto.

Auius, a, um. Lus. Couſa deſencaminhada. Iap. Michi no naqi coto. ¶ Item, Couſa deſuiada do caminho. Iap. Michini fazzuretaru mono.

Aula, æ. Lus. paços do Rei. Iap. Dairi, yacata, tachi.

Aulula, Auxila, æ. dim. Idem.

Aula, æ. Lus. Panela. Iap. Nabe. Apud antiq.

Aulæum, æi, l, aulæa, æ. Lus. Pano de armar. Iap. Cazarudŏguro na, l, qichŏ.

Auletes, æ. Lus. Tangedor de frauta. Iap. Fuyefuqi.

A u-

Aulœdus, i. Idem.

Aulœtrix, cis. fœm. Idem.

Auloeticus, a, um. Lus. Cousa acommodada pera frauta. Iap. Fuyeni niyŏtaru coto.

Aulicoqua. Lus. Cousas que se cozem na panela. Iap. Nabe nite nitaru coto. Apud veteres.

Áulicus, a, um. Lus. Cousa da corte, ou do paço. Iap. Dairini ataru coto, qinchŭni ataru coto.

Auocamenta, orum. Lus. Occupaçõis, ou negocios de recreaçam. Iap. Vreiuo farasu átçucai. ¶ Item, Caricias, e afagos de molheres. Iap. Fitono cocorouo toracasu vonnano tauamure.

Áuoco, as. Lus. Chamar a outra parte. Iap. Yobi noquru. ¶ Item, Apartar. Iap. Torifanasu.

Áuolo, as. Lus. Voar de algum lugar. Iap. Tobi yuqu. ¶ Item, Partir de repente. Iap. Isoide tatçu.

Aura, æ. Lus. Viraçam. Iap. Suzuxi qu soyogu caje. ¶ Item, Fauor. Iap. Sôqiŏ, chisô. ¶ Item, Resplandor. Iap. Ficari.

Auramentum, videtur instrumẽtum esse effodiendo, aut purgando auro accõmodatũ.

Aurarius, ij. Lus. Ourjues do ouro. Iap. Coganezaicu. ¶ Item, Fauorecedor. Iap. Chisô suru mono.

Aurarius, a, um. Lus. Cousa pertencẽte a ouro. Iap. Coganeni ataru coto. ¶ Auraria fodina. Lus. Mina de ouro. Iap. Coganeno foru tocoro.

Aurata, æ. Lus. Peixe dourado. Iap. Vuono na.

Auratus, a, um. Lus. Cousa dourada. Iap. Mecqiuo saxi, facuuo voqitaru mono.

Aureæ, arum. Lus. Cabeçadas dos cauallos. Iap. Vmano voxicaqe.

Auresco, is. Lus. Resplandecer como ouro. Iap. Coganeno ironi ficaru.

Aureus, a, um. Lus. Cousa de ouro mociço. Iap. Cogane nite tçucuritaru mono. ¶ Item, Cousa de cor de ouro. Iap. Conjiqi naru mono. ¶ Interdum, Cousa fermosa. Iap. Itçucuxiqi coto.

Aureolus, a, um. dim. Idem.

Aureus, ei. Lus. Moeda de ouro. Iap. Qinxenno taguy. ¶ Aureolus, i. dim. Idem.

Aurichalchum, vide orichalchum.

Auricomus, a, um. Lus. Cousa que tẽ cabelos de ouro. Iap. Conjiqino camigue aru mono.

Áurifer, a, um. Lus. Cousa, ou lugar q̃ tem ouro. Iap. Coganeno aru tocoro.

Áurifex, cis. Lus. Ourjues do ouro. Iap. Coganezaicu.

Aurificina, æ. Lus. Tenda de ouriues do ouro. Iap. Coganezaicuya.

Auricula, æ. Lus. Pelle da orelha. Iap. Mimino caua, l, mimino bicu.

Auricularius, a, um, l, auricularis, e. Lus. Cousa pertencente a orelha. Iap. Mimini ataru coto. ¶ Auricularis digitus. Lus. Dedo meminho. Iap. Teno coyubi.

Aurifodina, æ. Lus. Mina do ouro. Iap. Coganeuo foru tocoro.

Aurifur. Lus. Ladram q̃ furta ouro. Iap. Coganeno nusubito.

Aurilegus, i. Idem.

Auriga, æ. Lus. Cocheiro, ou o que gouerna o coche. Iap. Curuma tçucai, curumano vosamete.

Aurigarius, ij. Idem.

Aurigatio, onis. Lus. O reger o coche, ou carro. Iap. Curumauo vosamuru coto nari.

Áuriger, a, ũ. Lus. Cousa q̃ traz, ou da ouro. Iap. Coganeuo motçu, l, xŏzuru mono.

Auriginosus, a, um. Lus. Doente de tiricia. Iap. Qiuŏdanno biŏja.

Aurigo, as. Lus. Reger o coche, ou carroça. Iap. Curumauo vosamuru.

Aurigo, inis. Lus. Tiricia doença. Iap. Qiuŏdan.

Aurigor, aris. Lus. Reger, moderar. Iap. Vosamuru.

Auripimentum, i. Lus. Hũa tinta de cor de ouro. Iap. Coganeno iro aru yenogu no taguy.

Auris, is. Lus. Orelha. Iap. Mimi. ¶ Itẽ, Asas dos vasos. Iap. Vtçuuamonono totte. ¶ In vtranuis aurem dormire. Lus. Estar ocioso, e fora de cuidados. Iap. Qizzucai naqu, nanimo camauazu xite yru.

Auriscalpium, ij. Lus. Mondador das orelhas. Iap. Mimicaqi.

Aurîtus, a, um. Lus. O que tem grandes orelhas. Iap. Mimino vôqinaru mono.

¶ Aurîtus. O que ouue bem. Iap. Mimi toqi mono. ¶ Aurîtus populus. Lus. Pouo que esta atento. Iap. Cocorouo tçuqete yru chŏju.

Auro, as. Lus. Dourar. Iap. Qinbacuuo voqu, damu.

Aurora, æ. Lus. Menhaã, l, alua. Iap. Aqebono, bimei, sŏten.

Aurum, i. Lus. Ouro. Iap. Cogane, vŏgon. ¶ Item, Peças de ouro do ornato das molheres. Iap. Cogane nite xitaru vonnano cazari. ¶ Aurum factum. Lus. Obra de ouro. Iap. Vŏgon nitê tçucuritaru dŏgu. ¶ Aurũ infectũ. Lus. Ouro por laurar. Iap. Mononi tçucurazaru cogane. ¶ Aurum signatum. Lus. Moeda de ouro. Iap. Qinxen. ¶ Aurum, absol. Idem.

Auscarípeda, æ. Lus. Hum bicho de cabellos que nace nas eruas. Iap. Fŏju, ira muxino taguy.

Auscultatio, onis. Lus. O escutar, ou ouuir com atençam. Iap. Cocorouo tomete mo nouo qiqu coto nari.

Ausculto, as. Lus. Escutar. Iap. Mimiuo sobatatete qiqu, cocorouo tomete qiqu. ¶ Item, Obedecer. Iap. Xitagŏ. ¶ Itẽ, Ver. Iap. Miru.

Auscultator, oris. Lus. O que escuta. Iap. Mimiuo sumaite qiqu mono.

Ausio, onis. Lus. Ousadia. Iap. Gay, icatçu, daitansa.

Auspex, icis. Lus. O que adiuinha por aues. Iap. Toriuo mite vranŏ mono, vŏyŏji. ¶ Item, Homem por cuja autoridade nos guiamos. Iap. Michibiqite, yqéja.

Auspicatò, adu. Lus. Feito agouro por aues. Iap. Toriuo mite vranŏte, ¶ Itẽ, Em boa hora. Iap. Imijiqu.

Auspicialis, e. Lus. Cousa pertencente a agouro. Iap. Cano vranaini ataru coto.

Auspicium, ij. Lus. Agouro. Iap. Toriuo mite suru vranai. ¶ Item, Guia, autoridade. Iap. Michibiqi, yqen. ¶ Item, Senhorio, dominio. Iap. Xindai, tçucasadoru cotouo yŭ. ¶ Meis auspicijs. Lus. Por meu parecer, e ajuda. Iap. Vaga zonbun, l, cŏriocu vomotte.

Áuspicor, aris. Lus. Adiuinhar por aues. Iap. Toriuo mite vranŏ. ¶ Item, Começar algũa cousa. Iap. Fajimuru.

Áuspico, as. Idem. apud antiq.

Auster, tri. Lus. Vento sul. Iap. Minamino caje, fayeno caje.

Austérè, adu. Lus. Austera, ou asperamente. Iap. Qibuqu, qibixiqu.

Austeritas, atis. Lus. Austeridade, aspereza. Iap. Qibusa, qibixisa.

Austêrus, a, um. Lus. Cousa que traua como fruta verde. Iap. Mijucu naru conomino aguaino aru mono, xibuqimono. ¶ Item, per transl. Cousa austera, e aspera. Iap. Qibuqi coto, qibixiqi coto, araqenaqi coto. ¶ Austerum vinum. Lus. Vinho forte. Iap. Qitçuqi saqe.

Austrâlis, le. Lus. Cousa do sul. Iap. Minamino catani ataru coto.

Austrînus, a, um. Idem.

Austro, as. Lus. Humedecer a outra cousa. Iap. Ximesu.

Austrum, vide Haustrum.

Ausum, i. l, ausus, us. Lus. Ousadia. Iap. Gay, icatçu, daitannaru cocouo yŭ.

Aut. Lus. Ou. Iap. Mataua, aruiua, ca.

Autem, Lus. Mas. Iap. Va, sarinagara, ni voiteua, vt fitoua suqu, vareua cayeru, l, fitoua yuqutomo, vareni voiteua cayerŏ.

Autenticus, a, um. Lus. Cousa que tem autoridade. Iap. Texxo tadaxiqi mono.

Authepsa, æ. Lus. Hũa laya de panelas de ferro. Iap. Caneno nabeno taguy.

Authoramentum, i. Lus. Obrigaçam, ou paga. Iap. Inbut, chiguiŏ vomotteno yacusocu yuyeni, nogaregataqi tocoro yŭ.

Au-

Authoratus,i. Lus. Homem obrigado por algũa paga recebida. Iap. Miguino qeiyacuni caramerareraru fito.
Authoritas, atis. Lus. Autoridade. Iap. Mochij, xingŏ, yquŏ, voboye. ¶ Itẽ, Autoridade, ou direito com que possuimos algũa cousa. Iap. Monouo xindai suru dŏri. ¶ Item, Euictio, siue periculi præstatio.
Authôro, as. Lus. Obrigar com juramento, e com paga. Iap. Xeimon, inbut, chiguiŏ vomotte yacusocuuo catamesasuru.
Autógraphum, i. Lus. Escriptura da propria mão. Iap. Iifit.
Átoma, tis. Lus. Huns instrumentos engenhosos que se mouem per si. Iap. Vareto vgoqu caracurino na.
Autonomia, æ. Libertas viuẽdi suis legibus.
Autónomus, i. Lus. O q̃ viue per si esseto das leys. Iap. Fattono menqio aru mono.
Autópirus, i. Lus. Pam de toda farinha. Iap. Cașutomoni tçucuritaru comuguino mochino taguy.
Autor, oris. Lus. Autor. Iap. Xite, fajimete, sacuxa, tacumi idaxite. ¶ Item, Prometedor. Iap. Yacusocuno xite. ¶ Itẽ, Primeiro defendedor. Iap. Ichibanno fuxeguite, cacayete. ¶ Item, O primeiro anunciador. Iap. Ichibanno chŭxinno xite. ¶ Item, A prouador. Iap. Yoqito teŏjŏ suru mono, l, tessuru mono, l, guigiŏ suru mono. ¶ Item, Pessoa daqual outrem recebe algum dominio. Iap. Tani monouo xindai suru chicarauo ataye tru mono. ¶ Autores sententiæ. Lus. Aquelles cujo parecer, & autoridade seguimos. Iap. Méateni suru yqenja. ¶ Autor secundus. Lus. Fiador. Iap. Vqenin.
Autumnalis, e. Lus. Cousa de outono. Iap. Aqini ataru coto.
Autumnitas, atis. Lus. Conjunçam do outono. Iap. Aqino coro.
Autumnus, i. Lus. Outono. Iap. Aqi.
Autumnus, a, um. Lus. Cousa pertencente a outono. Iap. Aqini ataru coto.

Áutumo, as. Lus. Cuidar, ou crèr, ter pera si. Iap. Zonzuru, vomŏ. ¶ Itẽ, Afirmar. Iap. Tessuru, iy catamuru.
Auunculus, i. Lus. Tio, irmão da mãy. Iap. Vôgi. ¶ Auunculus maior. Lus. Irmão da auŏ da parte da mãy. Iap. Faua catano vbano qiŏdai.
Auus, i. Lus. Auô. Iap. Vôgi.
Auxiliaris, e. Lus. Cousa q̃ ajuda. Iap. Cŏreocuni naru mono.
Auxiliarius, a, um. Idem.
Auxilior, aris. Lus. Ajudar. Iap. Cŏriocu suru, caixacu suru.
Auxilium, ij. Lus. Ajuda. Iap. Cŏriocu, caixacu. ¶ Item, Gente de socorro. Iap. Caxei.
Auxilla, æ. Lus. Panelinha. Iap. Conabe. Antiq.

A ANTE X.

Axilla, æ. Lus. Sobaco. Iap. Vaqitçubo.
Axiôma, atis. Lus. Dignidade, e autoridade acquirida por alguns cargos honrosos. Iap. Quanxocuni yotte aru voboye. ¶ Itẽ, Proposiçam vniuersal dos principios das sciẽcias. Iap. Gacumon no fumayeni suru fongo. ¶ Itẽ, Pro oratione perfecta veri, aut falsi significatiua.
Axis, is. Lus. Eixo. Iap. Curuma nadono gicu. ¶ Item, Carro. Iap. Curuma. ¶ Itẽ (In cælo) hũa linha imaginaria q̃ atrauessa de polo a polo do mundo. Iap. Nanbocu yori tocuto made touoru chŭuŏ. ¶ Itẽ, Os polos do mundo. Iap. Nanbocuno qengicu. ¶ Item, Todo o ceo. Iap. Ten. ¶ Item, Certas taboas. Iap. Itano taguy.
Axungia, æ. Lus. Vnto de porco. Iap. Butano zôfu yori toritaru furuqi abura.

A ANTE Z.

Azimus, a, um. Lus. Pam sem formento ou leuadura. Iap. Formento naqi mono. ¶ Itẽ, per transl. Cousa sincera, e pura. Iap. Fonxiqi naru mono.

DE INCIPIENTIBVS Á LITERA B.

Acca, æ. Lus. Baga. Iap. Mucunomi, xĕdānomi nado no taguy. ¶ Item, Hũa pedra precioſa. Iap. Aru meixuno na.

Baccula, æ. dim. Idem.

Baccatus, a, um. Lus. Couſa ornada deſtas pedras precioſas. Iap. Cono tama nite cazaritaru mono.

Bacchans, antis. Lus. O que faz doudices, ou deſatinos. Iap. Qiŏran ſuru mono.

Baccharis, is. Lus. Hũa erua. Iap. Cuſano na.

Bacchatim, adu. Lus. A modo de deſatinado. Iap. Qiŏrã xitaru monono gotoqu.

Bacchatio, onis. Lus. Doudize, ou deſatino. Iap. Qiŏqi, qiŏran.

Bacchatus, a, um. Lus. Couſa deſatinada, ou douda. Iap. Qiŏqi ſuru mono.

¶ Item, Paſsiuè pro eo quod eſt à bacchantibus frequentatus.

Bacchor, aris. Lus. Andar deſatinado, ou doudo. Iap. Qiŏqi ſuru, qiŏran ſuru.

Bacchius, ij. genus pedis eſt ex tribus ſyllabis conſtans.

Baccifer, a, um. Lus. Couſa que da bagas. Iap. Mucunomino gotoqu naru miuo xŏzuru qi.

Bacillum, i. l, Bacillus, i. Lus. Bordonzinho. Iap. Chiſaqi tçuye.

Baculus, i. Lus. Bordam. Iap. Tçuye, bŏ.

Bäiulo, as. Lus. Leuar as coſtas. Iap. Cataguru, xeuŏ.

Baiulus, i. Lus. O que acarreta. Iap. Nin ſocu, ninbu. (no na.

Baius color. Lus. Cor baya. Iap. Aru iro

Balæna, æ. Lus. Balea. Iap. Cujira.

Balanatus, a, um. Lus. Couſa vntada com azeite de bolotas, lãdes, &c. Iap. Xij, caxij nadono abura nite nuritaru mono.

Balaninus, a, um. Lus. Couſa feita deſtas fruitas. Iap. Miguno conomi nite tçucuritaru mono.

Bálanus, i. Lus. Bolota, ou lãdẽ, &c. Præcipuè datiles, azeitonas, &c. Iap. Xij, Caxij nadono taguy. ¶ Itẽ, Mecha pera fazer camara. Iap. Cudaxi. i. ſaxigusuri nari.

Balatus, us. Lus. Berro da ouelha, ou cabra. Iap. Fitçuji, yaguiŭno naqigoye.

Balauſtinus, a, um. Lus. Couſa de cor de flor de romaã. Iap. Zacurono fanano iro naru coto.

Balauſtium, ij. Lus. Frol de romaã. Iap. Zacurono fana.

Balbè, adu. Lus. Gaguejando. Iap. Domotte.

Balbucinor, aris. Lus. Falar tartamudeando como os velhos. Iap. Fano nuqetaru toxiyorino yŏni monouo yŭ.

Balbutio, is. Lus. Ser gago, ou tartamudo. Iap. Domoru, jejecuru.

Balbus, a, um. Lus. Gago, tartamudo. Iap. Domori, jejecuri.

Balinæum, ei. Lus. Banhos. Iap. Yudono, yocuxit.

Balius color. Lus. Cor baya. Iap. Cauaraqe iro.

Baliſta, æ. Lus. Béſta de atirar. Iap. Fuxinqiŭ. ¶ Item, Trabuco. Iap. Ixiyumi.

Baliſtarium, ij. Lus. Lugar onde ſe aſeſta o trabuco. Iap. Ixiyumiuo ſuye voqu tocoro.

Balliſtarius, ij. Lus. Béſteiro que faz béſtas, ou trabucos. Iap. Fuxinqiŭ, l, ixiyumino tçucurite.

Balnearia, orum. Lus. Lugar onde ha banhos. Iap. Yocuxit, vonxenno aru tocoro. ¶ Item, O meſmo banho. Iap. Yudono, furo.

Balnearis, e. Lus. Couſa q̃ pertẽce aos banhos. Iap. Yudononi ataru coto.

Balnearius, a, um. Idem.

Balneator, oris. Lus. O q̃ tem cuidado dos banhos. Iap. Yocuxit, l, vonxenno ya cuuo mochitaru fito.

Balneatorius, a, um. Lus. Couſa pertencente aos banhos. Iap. Yudononi ataru coto.

Balneatrix, cis. Lus. Molher q̃ tem cuidado dos

dos banhos. Iap. Yuna.

Balneæ, arum, l, balnea, orum, l, balneum, ij. Lus. Banhos. Iap. Yocaxi, voxen, furo.

Balneolum, i. dimin. Idem.

Ballamum, i. Lus. Balsamo. Iap. Qinora.

Balsameleon. Lus. Balsamo. Iap. Migui no qi yori izzuru cobaxiqi cusuri.

Balsaminus, a, um. Lus. Cousa pertencente a balsamo. Iap. Miguino cobaxiqi aburani ataru coto.

Baltheus, ei, l, balteum, i. Lus. Talabartes. Iap. Coxiate, vobitori.

Balux, cis. Lus. Ouro em poo. Iap. Coganeno itago.

Bambacium, ij. Lus. Algodão. Iap. Qiuata.

Banausus, i. Lus. Official q̃ vsa de fornalha. Iap. Cagi, imonoxino taguy. ¶ Itẽ, Official mecanico. Iap. Xocunin.

Banditi, orum. Lus. Hum certo modo de desterrados. Iap. Ruzaino taguy.

Bannum, i. Lus. Hum certo modo de desterro. Iap. Ruzaino taguy.

Baphia, orum. Lus. Tintoraria. Iap. Cõya, somemonoya.

Baptismus, i, l, baptismũ, i, l, baptisma, atis. Lus. Baptismo. Iap. Baptismono sazzuqe, l, arŏ coto nari.

Baptisterium, ij. Lus. Lauatorio. Iap. Miuo arŏ mizzubune, l, tocoro.

Baptizo, as. Lus. Lauar, ou baptizar. Iap. Arŏ, Baptismouo sazzuquru.

Barathrum, i. Lus. Lugar sem fundo. Iap. Chitcono soco, l, caguirinaqu fucaqi fora, l, ana. ¶ Item, Concauidades da terra por onde se somem os rios. Iap. Cauano cuguru ana. ¶ Item, per transl. Voracidade. Iap. Taixocu.

Barba, æ. Lus. Barba com cabelos. Iap. Figue.

Barbula, æ. dim. Idem.

Barbarè. Lus. Barbaramente. Iap. Fufŏni, caticoo ni.

Barbaries, ei. Lus. Barbaria. Iap. Iinguini moretaru catagui ¶ Item, Gente barbara. Iap. Fufŏ naru mono. ¶ Item, Lingoa, ou fala barbara. Iap. Iuacaraxiqi cotoba.

Barbarica pauimenta. Lus. Argamassa. Iap. Xiqigauarano taguy.

Barbaricarius, ij. Lus. Tapeceiro, ou broslador. Iap. Nuimonoxi.

Barbaricus, a, ũ. Lus. Cousa fera, e de barbaros costumes. Iap. Yebisuni ataru coto. ¶ Cœnum barbaricum. Lus. Grande rudeza de entendimento. Iap. Chicuxŏni taru guchi.

Barbarismus, i. Lus. Barbarismo. Iap. Catacoto.

Barbarus, a, um. Lus. Homẽ rudo em costumes, e lingoa. Iap. Yebisu, yteqi.

Barbatus, a, um. Lus. Cousa q̃ tem barba. Iap. Figueno aru mono.

Barbatulus, a, um. dim. Idem.

Barbiger, a, um. Lus. O q̃ tẽ barba. Iap. Figuemochi.

Barbitium, i. Lus. Barba. Iap. Figue.

Bárbitus, i, l, barbitũ, i. Lus. Hum instrumẽto musico. Iap. Biua, l, gacuno dŏgu.

Barbo. Lus. Hum peixe Iap. Vuonona.

Bardocucullus, i. Lus. Hũ genero de vestido. Iap. Yxŏno taguy.

Bardus, a, um. Lus. Cousa groseira, e de pouco entendimento. Iap. Donnaru mono, rini curaqi mono.

Baro, nis. Idem.

Barritus, us. Lus. Bramido de elefante. Iap. Zŏno foyuru coye.

Barrus, i. Lus. Elefante. Iap. Zŏ.

Basanites, tis. Lus. Pedra de afiar. Iap. Toixi.

Basiatio, onis. Lus. Obeijar. Iap. Sŭ coto nari.

Basiator, oris. Lus. O q̃ beija. Iap. Sŭ fito.

Basilica, æ. Lus. Lugar de audiencia. Iap. Satauo qiqu tocoro.

Basilicè, adu. Lus. Real, e magnificamente. Iap. Vŏyni sŏ ŏ xite, yquŏraxŭ, qetacŏ.

Basilicus, a, um. Lus. Cousa real, ou pertencente ao rey. Iap. Teivŏni ataru coto. ¶ Basilica nux, l, basilicon. Lus. Hum genero de nozes excelentes. Iap. Suguretaru curumino taguy.

Basi

Basiliscus, i. Lus. Basilisco serpente. Iap. Docujano ychirui.

Basio, as. Lus. Beijar. Iap. Fito nado uo tŭ.

Basis, is. Lus. Basa, ou fundamento de qualquer cousa. Iap. Ixizuye, giban, dodai.

Basium, ij. Lus. Beijo. Iap. Fito nado uo sŭ cotouo yŭ.

Bastagia, æ. Lus. Officio de leuar as cousas necessarias ao exercito. Iap. Fiŏrŏ na douo mochi facobu yacu.

Basternæ. Lus. Hum genero de carro. Iap. Curumano taguy.

Bat. vox est, qua vtimur, cùm quempiã corripimus, iubemusq; eum tacere.

Batillum, i. Lus. Paa de ferro. Iap. Voqiçaqi. ¶ Item, Fouce de segar. Iap. Cusacarigamano taguy.

Batiocus, i. Lus. Hum vaso em que se leua vinho a mesa. Iap. Saqeno chôxino taguy.

Batiola, æ. Idem.

Batis, dis, l, batus, i. Lus. Hum genero de peixe. Iap. Vuono taguy.

Batis. Lus. Perrexil. Iap. Vmino cusa no na.

Batuo, is, ui. Lus. Bater, ou açoutar cõ vergas. Iap. Tataqu, l, buchi nite chôchacu suru.

Baubor, aris. Lus. Ladrar. Iap. Inuga foyuru.

Baxeæ, arum. Lus. Hum genero de chinelas. Iap. Cutçuno taguy.

B ANTE E.

Beatè, adu. Lus. Bemauenturadamente. Iap. Imijiqu, quafôni.

Beatitudo, inis. Lus. Bemauenturança. Iap. Quafô, goxŏno quatocu.

Beatitas, atis. Idem.

Beatus, a, um. Lus. Cousa bemauenturada. Iap. Quafô naru mono, ¶ Item, Rico. Iap. Fucujin. ¶ Beata vox. Lus. Voz so noera, e rara. Iap. Taye naru coye.

Beatulus, a, um, dimi. Idem.

Bechica, æ. Lus. Mezinha de tosse. Iap. Xiuabuqino cusuri.

Bellaria, orum. Lus. Cousas doces, ou fruitas de sobre mesa. Iap. Tçuqemono, l, amaqu reôri xitaru mono, l, quaxi.

Bellator, oris. Lus. Guerreador. Iap. Yumitori.

Bellatrix, cis. Lus. Guerreadora. Iap. Vô nano yumitori.

Bellatulus, a, um, dim. Lus. Cousa bella. Iap. Itçucuxiqi coto.

Belleatus, a, um. Idem.

Bellax, cis. Lus. Cousa guerreira. Iap. Bu fenxa, l, gun ginni yoqi vma, zŏ nado uoyŭ.

Bellè, adu. Lus. Bellamente. Iap. Airaxiqu, itçucuxiqu.

Bellicosus, a, um. Lus. Cousa guerreira. Iap. Bufen narumono.

Bellicum, i. Lus. Sinal da trombeta pera a cometer. Iap. Teqini cacareto yŭ xiruxini fuqu caino coye. ¶ Bellicum canere. Lus. Tocar a trombeta de guerra. Iap. Xengiŏnite caiuo fuqu coto.

Bellicus, a, um. Lus. Cousa de guerra. Iap. Yumiyani ataru coto.

Belliger, l, bellifer, a, um. Lus. Cousa apta pera a guerra. Iap. Qiŭxenni sŏtŏ xi taru mono.

Belligero, as. Lus. Guerrear. Iap. Yumiyauo toru.

Bellipotens, tis. Lus. Poderoso em guerra, Iap. Sumanno gunjeiuo xitagaye, buyŭ suguretaru xôgun.

Bellitudo, inis. Lus. Belleza. Iap. Birei, itçucuxisa.

Bello, as. Lus. Peleijar em guerra. Iap. Caxxen suru, yumiyauo toru.

Bellor, aris, deponens. Idem.

Bellua, æ. Lus. Besta fera. Iap. Taqeqi qedamono, mŏju. ¶ Item, Homem fero, e bestial. Iap. Chicuxŏni fitoxiqi mono.

Belluata tapetia. Lus. Panos de figuras de bestas. Iap. Qedamonouo voritçuqetaru qichŏno taguy. Paul.

Belluinus, a, um. Lus. Cousa de besta fera. Iap. Taqeqi qedamononi ataru coto.

Bel-

Belluosus, a, um, l, beluosus, a, um. Lus. Lugar abũdante de bestas feras. Iap. Mŏju vouoqi cocoro.

Bellum, i. Lus. Guerra, ou batalha. Iap. Yumiya, qiŭxen, l, caxxen.

Bellus, a, um. Lus. Cousa bella, ou boa. Iap. Itçucuxiqi coto, qeccô naru coto, l, suguretaru coto.

Béllulus, siue bellatulus. dimi. Idem.

Bene, adu. Lus. Bem. Iap. Yoqu. ¶ Aliqñ. Commodamente. Iap. Cocoro yasuqu. ¶ Interdum, Felizmente. Iap. Imijiqu. ¶ Item, Muito. Iap. Iunta cuni, tacusanni: vt bene nummatus homo. Iap. Caneuo tacusanni mochitaru fito. ¶ Bene, l, malè cogitare. Lus. Determinar de fazer bem, ou mal a alguem. Iap. Von, l, atauo nasanto, vomoi sadamuru. ¶ Bene alicui velle. Lus. Fauorecer. Iap. Chisô suru.

Benedicè, adu. Lus. Benignamente. Iap. Nengoroni.

Benedico, is. Lus. Dizer bem. Iap. Fome cacaguru, agamuru. ¶ Aliqñ. Falar sabia, & elegãtemente. Iap. Benjet, ricôni yŭ, l, cobite yŭ.

Benedicta, orum. Lus. Boas palauras, e be neuolas. Iap. Taixet naru cotoba, nengoro naru cotoba.

Benefacio, is. Lus. Fazer bem. Iap. Vŏuo qisuru. ¶ Item, Fazer o que deuo. Iap. Mini ataru cotouo yoqu tçutomuru.

Benefactum, i. Lus. Boa obra, l, beneficio. Iap. Von, vonxŏ, vondocu.

Beneficentia, æ. Lus. Liberalidade, & beneficencia. Iap. Iintocu, vonuo fodocosu jen.

Beneficiarius. Lus. Oque recebe mercè Iap. Vonuo vquru mono. ¶ Item, Soldado aposentado. Iap. Xencôuo tçucuxite nochi, vonxŏni azzucari gunyacu na xini yru buxi.

Beneficium, ij. Lus. Mercê, ou boa obra. Iap. Vou, vonxŏ. ¶ Item, Priuilegio. Iap. Menqio.

Beneficus. Lus. Liberal, l, bemfeitor. Iap. Vonuo atayuru fito, l, quŏqi naru fito.

Benemereor, eris. Fazer beneficios a alguẽ. Iap. Vonuo qisuru, vonuo fodocosu.

Beneuolè, adu. Lus. Amigauelmente, Iap. Xitaxiqu, taixetni.

Beneuolentia, æ. Lus. O bem querer, ou amor. Iap. Taixet, xinxet.

Benéuolus, a, um, l, Benéuolens, entis. Lus. Homem q̃ deseja bem a outro. Iap. Fitono vye yocarecaxito nozomu fito.

Benignè, adu. Lus. Benigna, ou liberalmẽte. Iap. Qi firoqu, taixetni, quŏqini.

Benígnitas, atis. Lus. Liberalidade, benigni dade. Iap. Quŏqi, qino firosa.

Benigniter, adu. Lus. Liberal, e benignamente. Iap. Quŏqini, taixetni.

Benignus, a, um. Lus. Cousa benigna, ou liberal. Iap. Taixet naru coto, quŏqinaru coto, qi firoqi coto. ¶ Terra benigna. Lus. Terra fertil. Iap. Iucugi.

Beo, as. Lus. Fazer bemauenturado, ou beatificar. Iap. Qeracu, l, anracu uo atŏru. ¶ Item, per transl. Consolar. Iap. Vreiuo nadamuru.

Bero, onis. Lus. Saco. Iap. Fucuro.

Beryllus, i. Lus. Hũa pedra preciosa. Iap. Aru meixuno na.

Bes, is. significat octovncias, l, geometrarum mensuram.

Bestia, æ. Lus. Besta. Iap. Fitouo no zoqite aru fodono xŏrui.

Bestíola, æ. dimi. Idem.

Bestiarius, ij. Lus. Condenado a peleijar com bestas feras. Iap. Xeibaini fuxerarete yori araqi qedamonoto tatacauaruru mono.

Beta, æ. Lus. Celga. Iap. Fudansŏ.

Beto, is. Lus. Ir. Iap. Yuqu, inuru.

Betónica, æ. Lus. Hũa erua. Iap. Cusano na.

B ANTE I.

Bibacitas, atis. Lus. O muito beber. Iap. Vôqini nomu cotouo yŭ, taiin.

Bibax, âcis, et bibosus, a, um. Lus. Cousa que muito bebe. Iap. Iôgo, nomite.

Bibáculus, dimi. Idem.

Bibli-

Biblia, orum. Libri, quo nomine libri sacri per excellentiam nominantur.
Bibliógraphus. Lus. O q̃ escreue liuros por paga. Iap. Ficcôuo totte monouo caqu fito.
Bibliopôla, æ. Lus. Liureiro que vende liuros. Iap. Xojacuno vrite.
Bibliótaphi, orum. Lus. Os que pera parecer doutos encobrem os liuros bons que acharam. Iap. Vare fitori gacuxôto vomouaren tameni, motometaru mezzuraxi qi xouo tani mixezaru mono.
Bibliothêca, æ. Lus. Liuraria. Iap. Qiôzô.
Bibliothecalis, le. Lus. Cousa que pertence a liuraria. Iap. Qiôzôni ataru coto.
Bibo, is, bi, itum. Lus. Beber. Iap. Nomu. ¶ Item, Ouuir atentamente. Iap. Cocorouo tomete qiqu.
Bibulus, a, um. Lus. Cousa que facilmente chupa. Iap. Mizzu nadouo fayaqu sui toru mono. ¶ Item, Bibula papyrus, Lus. Papel que logo embebe a tinta. Iap. Fayaqu sumiuo sũ cami.
Biceps, tis. Lus. Cousa de duas cabeças. Iap. Riôzzu, caxira futatçu aru mono.
Biclinium, ij. Lus. Lugar de duas mesas. Iap. Futatçuno fandai aru tocoro.
Bicolor, oris. Lus. Cousa de duas cores. Iap. Iro futatçu aru mono.
Bicornis, e. Lus. Cousa de dous cornos. Iap. Tçuno futatçu aru mono, l, futamatano mono.
Bicorpor, oris. Lus. Cousa de dous corpos. Iap. Dôtai futatçu aru mono.
Bicubitalis, e. Lus. Cousa de dous couados. Iap. Nagasa saniacuno mono, l, naga mono saxi nite nixacuno mono.
Bidens, tis. Lus. Hum instrumento rustico de cauar. Iap. Cumadeno taguy. ¶ Itẽ, (Vt quidã) Ouelha, ou outro animal semelhante de dous dentes. Iap. Fitçuji nadouo yũ.
Bidental, lis. Lus. Lugar onde cay o corisco, ou rayo. Iap. Caminari, raiquano votçuru tocoro. ¶ Item, O mesmo corisco. Iap. Raiqua.
Biduanus, a, um. Lus. Cousa de dous dias. Iap. Futçucaho aidani ataru coto.
Biduum, ij. Lus. Espaço de dous dias. Iap. Futçucano aida.
Biennis, e. Lus. Cousa de dous annos. Iap. Ninenni naru coto.
Biennium, ij. Lus. Espaço de dous annos. Iap. Ninen, l, futatoxeno aida.
Bifariàm, adu. Lus. De duas maneiras. Iap. Futasamani.
Bíferus, a, um. Lus. Cousa que da fruito duas vezes no anno. Iap. Nengiũni futatabi minoru qi nadouo yũ.
Bífidus, a, um, l, Bifidatus, a, um. Lus. Cousa fendida em duas partes. Iap. Futatçuni varetaru mono.
Bíforis, e. Lus. Cousa que tem duas portas. Iap. Futatçuno mon aru tocoro.
Biformis, e, l, Biformatus, a, um. Lus. Cousa que tem duas formas, ou figuras. Iap. Sugatano futatçu aru mono.
Bifrons, tis. Lus. Cousa de dous rostos. Iap. Riômen aru mono.
Bifurcus, a, um. Lus. Cousa de dous garfos. Iap. Futamatano mono.
Bigæ, arum. Lus. Carro de dous caualos. Iap. Vma nifiqino curuma.
Bigamia, æ. Lus. Casamento segundo. Iap. Nido mucayuru coto uo yũ.
Bígamus, i. Lus. O que casou a segũda vez. Iap. Futatabi nhôbôuo mucayexi fito.
Bigati. Lus. Moedas que por cunho tinhão hum carro de dous caualos. Iap. Vma nifiqino curumauo monni xitaru jeni.
Bigemmis, e. Lus. Cousa que tem duas pedras preciosas. Iap. Futatçuno meixu nite cazaritaru mono.
Bigenera. Lus. Animais nacidos de duas especies. Iap. Rui chigaitaru futaçuno çedamono yori xôjitaru qedamono.
Bignæ, arum. geminæ dicuntur, quia bis vna die natæ sunt.
Bijugi. Lus. Dous caualos em hũ jugo. Iap. Cubicaxeuo voitaru nifiqino vma.
Bilanx, cis. Lus. Balança de duas conchas. Iap. Tenbin.
Bilibris, e. Lus. Cousa de dous arrateis. Iap.

Iap. Niqinno nŏme aru mono.

Bilinguis,e.Lus. Cousa de duas linguas,ou homem dobrado. Iap. Iccô reŏjet.

Biliosus, a, um. Lus. Cousa colerica. Iap.Tanrio naru mono,qi mijicaqi mono.

Bilis, is. Lus. Colera. Iap. Vŏzui. ❡ Itẽ Ira. Iap. Icari, tanrio.

Bilix, cis. Lus. Cousa de dous liços. Iap. Fi futatçu no vorimono.

Bilustris, e. Lus. Cousa de dez annos. Iap. Iŭnenno aidano coto.

Bimaris, e. Lus. Cousa situada entre dous mares. Iap. Riŏbŏni vmi aru tocoro.

Bimarîtus, i. Lus. Homem que foi casado duas vezes. Iap. Futatabi nhôbŏuo mu cayetaru fito.

Bimatus, us. Lus. Idade de dous annos. Iap. Ninenno youai.

Bimembris, e. Lus. Cousa de duas partes, ou membros differentes; vt, ametade caua lo, ametade homem. Iap. Ruino chigai taru futatçuno xŏruino catachiuo gusocu-xitaru mono: vt, ninguiŏ nâdono taguy.

Bimensis, e. Lus. Espaço de dous meses. Iap. Futatçuqino aida.

Bimestris, e. Lus. Cousa de dous meses. Iap. Futatçuqini naru mono.

Bimulus, a, um. Lus. Cousa de dous annos. Iap. Ninenni naru mono.

Bimus, a, um. Idem.

Bini, æ, na. Lus. De dous em dous. Iap. Futatçuzzutçu. ❡ Itẽ, dous. Iap. Futatçu.

Binomius, siue Binominis, e. Lus. Cousa de dous nomes. Iap. Nano futatçu aru mono.

Biothânatus. Lus. Morto violentamente. Iap. Fitôno xinini vŏ mono, giŏmiŏ no caguirini itarazuxite xisuru mono.

Bipalium, ij. Lus. Hum instrumẽto de ca uar. Iap. Tçuchiuo foru suqino taguy.

Bipalmis, e. Lus. Cousa de dous palmos. Iap. Ixxacu nisun fodono mono.

Bipertîtò, adu. Lus. Em duas partes. Iap. Futatçuni.

Bipertîtus, a, ũ. Lus. Cousa partida em duas partes. Iap. Futatçuni vacaritaru mono.

Bíparus, a, um. Lus. A que pario duas

vezes. Iap. Futatabi san xitaru mono.

Bípatens, tis. Lus. Cousa aberta de duas partes. Iap. Riŏbŏ yori cuchino aqitaru mono.

Bipedâlis, e. Lus. Cousa de medida de dous pès. Iap. Axiato futataqeno coto.

Bipedanus, a, um. I, Bipedaneus, a, um. Idem.

Bipennis, e. Lus. Cousa que tem duas penas. Iap. Fane futatçu aru mono. ❡ Item, Cousa aguda de ambas as partes. Iap. Morofa aru mono. ❡ Item, Macha dinha de dous cortes. Iap. Morofano masacari.

Bipénnifer, a, um. Lus. O que traz macha dinha de dous cortes. Iap. Morofano masacariuo mochitaru mono.

Bipertio, tis, I, Bipertior, ris, I, Bipartior, iris. Lus. Partir em duas partes. Iap. Futatçuni vaquru.

Bipes, edis. Lus. Cousa de dous pès. Iap. axi futatçu, I, nisocuno mono. ❡ Bipedũ nequissimus. Lus. Homẽ pessimo. Iap. Ningiŭ niuoite firui naqi acunin.

Birêmis, is. Lus. Nauio de duas ordens de remos. Iap. Fiŏxenno taguy.

Bis, adu. Lus. Duas vezes. Iap. Nido, fu tatabi.

Bisellium, ij. Lus. Cadeira capaz de dous. Iap. Futari yru fodo firoqi qiocuroco.

Bisextus, I, bissextus. Lus. Bisesto que se faz cada quatro annos. Iap. Yonenni ichidozzutçu ichijituo soyuru tçuqi.

Bisseta, æ. Lus. Porca que tem no pesco ço sedas irtas, & desencontradas. Iap. Tate yoco iŭmonjini qeno voyetaru mebuta.

Bisulcus, a, um. Lus. Animal que tem vnha fendida. Iap. Fizzumeno varetaru qedamono. ❡ Itẽ, Cousa diuidida em duas pontas, ou garfos. Iap. Saqino futatçuni vacaru mono.

Bitûmen, inis. Lus. Certo bitume. Iap. Monouo yoqu tçuquru nebaqi tçuchino taguy.

Bituminceus, a, um. Lus. Cousa de bitume.

M

me. Iap. Miguino nebaqi tçuchini ataru coto.

Bitúmino, as. Lus. Vntar, ou barrar com bitume. Iap. Miguino tçuchiuo nuru. ¶ Aqua bituminata. Lus. Agoa mistura da com bitume, ou que passa por veas de bitume. Iap. Miguino nebaqi tçuchino aru tocorouo nagaruru mizzu, l, miguino tçuchini majiyetaru mizzu.

Biuiũ, ij. Lus. Lugar onde se ẽcõtrã dous caminhos. Iap. Reǒbǒye vaquru michitçuji.

Biuius, a, um. Lus. Lugar de dous caminhos. Iap. Michi futasugi aru tocoro.

B ANTE L.

Blácteto, as. vide Blátero.

Blesus, l, Blæsus. Lus. Homẽ tartamudo, ou q̃ não pode pronũciar algũa letra. Iap. Domori, jejecuri, l, catacotouo yũ fito.

Blandè, adu. Lus. Brandamente. Iap. Yauaracani, nhũnanni.

Blandífico, as. Lus. Abrandar. Iap. Yauaracani nasu.

Blandiloquentia, æ. Lus. O falar branda, e afauelmẽte. Iap. Yauaracani monouo yũ cotouo yũ.

Blandíloquus, a, um, l, blandíloquens, tis. Lus. O q̃ fala palauras brandas a vontade. Iap. Amayuru, l, qiguenuo toru fito.

Blandídicus, a, um. Idem.

Blandiloquentulus, i. dim. Idem.

Blandimentum, i. Lus. Afago, l, meiguice. Iap. Chôai, tçuixô, sucaxi.

Blandior, iris, itus sum. Lus. Afagar. Iap. Sucasu, amayacasu. ¶ Item, Lisonjear. Iap. Tçuixô suru. ¶ Bládior calamitatib⁹ meis. Lus. Sofro cõ paciencia me⁹ trabalhos. Iap. Nâguiuo cocoroyoqu cannin suru.

Blanditia, æ, l, Blanditiæ, arũ. Lus. Lisonja. Iap. Tçuixô. ¶ Itẽ, Afagos, l, meiguices. Iap. Chôai, sucaxi.

Blanditer, adu. Lus. Brandamente. Iap. Nhũnanni, yauaracani.

Blandítus, us. Lus. Lisonja, ou afago. Iap. Chôai, tçuixô.

Blanditus, a, um. Lus. Cousa jucunda, e agradauel. Iap. Yorocobaxiqi coto, qini aitaru coto.

Blandus, a, um. Lus. Cousa branda, e afauel. Iap. Yauaracanaru mono, nhũnan naru mono.

Blándulus, l, Blandiculus, l, Blandicellus, a, um. dimi. Idem.

Blasphemia, æ. Lus. Blasfemia, ou maldizer. Iap. Deus, Sanctos, sono focano tattoqi cotoye taixiteno accô, zôgon.

Blásphêmo, as. Lus. Blasfemar. Iap. Deus, Sanctos, sono focano tattoqi cotoye taixite accô, zôgon suru.

Blátero, as, & Blatio, tis. Lus. Palrar neciamente. Iap. Xianno naqu musato monouo yũ.

Blátero, onis. Lus. Palreiro. Iap. Cuchi tataqi.

Blatta, æ. Lus. Traça, bicho. Iap. Yxô, mo nono fon nadouo cũ muxi. Martialis. ¶ Item, Hum bicho que faz mal as colmeas. Iap. Mitçuuo tçucuru fachino suuo sonzasu muxi. ¶ Item, Purpura. Iap. Acaqi xôjôfi. ¶ Item, Bicho da seda. Iap. Caico. ¶ Item, Hum genero de trigo. Iap. Comuguino taguy.

Blattearia, æ. Lus. Hũa erua. Iap. Cusano na.

Blatteus, a, um. Lus. Cousa vermelha. Iap. Acaqi coto.

Blax, cis. Lus. Homem paruo, ou tollo. Iap. Donnaru mono, vtçuqemono. ¶ Item, Delicioso. Iap. Quacqeiuo conomu mono.

Blenus, i. Lus. Paruo. Iap. Gudon naru mono fôqemono. Plaut.

Blepharo, onis. Lus. Homem de grandes sobrancelhas. Iap. Mayuno vôqinaru mono.

Blesti, orum. Lus. Zambros. Iap. Vani axi.

Bletes, is. Lus. Hum genero de calçado. Iap. Cutçuno taguy.

Blitum, i. Lus. Bredo. Iap. Fiũ, yasai na. ¶ Item, Cousa vil, e de nenhum preço. Iap. Guegiqi naru mono, nandemo naqi mono.

B ANTE O.

Boa, æ. Lus. Hũa serpente grande. Iap. Dai

Dariano taguy. ¶ Item, Hũa certa do ença. Iap. Aru yamaino na.
¶ Apud antiquos, ludi boum gratia insti tuti.
Boaria, æ. Lus. Hũa erua. Iap. Cusa no na.
Boarius, a, um. Lus. Cousa de boy. Iap. Vxini ataru coto.
Boras. Lus. Hũ certo peixe. Iap. Vuono na.
Boethi, orum. Lus. Ajudadores. Iap. Cŏriocunin.
Boiæ, arum. Lus. Hũ genero de pêga, cu ello. Iap. Cubicaxe, l, cubigane no taguy.
Bolbitum, i. Lus. Esterco de boy. Iap. Vxino fun.
Bolêtus, i. Lus. Cogumelo. Iap. Cusabirano taguy.
Bolis, dis. Lus. Prumo dos nauegãtes. Iap. Vmino fucasa, l, asasauo xiru tameni irete miru xizzume. ¶ Itẽ, Dardo, ou lança daremesso. Iap. Naguoyari.
Bolus, i. Lus. Pedaço de qualquer cousa. Iap. Monono qire. ¶ Itẽ, O lanço da rede de pescar. Iap. Amiuo vtçu cotouo yŭ. ¶ Item, Rede de pescar. Iap. Vuouo toru amino taguy.
Bombilatio, onis. Lus. Zonido das abelhas. Iap. Abu, fachino coye.
Bombilo, as. Lus. Zonir como as abelhas. Iap. Abu, fachino coyeno gotoqu bume qu.
Bombus, i. Lus. Sonido ronco das trõbetas. Iap. Fuqu caino coye. ¶ Itẽ, Zonido das abelhas. Iap. Abu, fachino coye.
Bombycina, orum. Lus. Hum certo vesti do de seda finissima. Iap. Vtuqiqinuno qirumonono taguy.
Bombycinus, a, um. Lus. Cousa de seda. Iap. Qinuno itonite tçucuritaru mono.
Bombylis, is. Lus. Hum bichinho dõde nace o bicho da seda. Iap. Caicono caigo.
Bombyx, icis. Lus. Bicho da seda. Iap. Cai co.
Bonitas, atis. Lus. Bondade. Iap. Ien, xŏ ro. ¶ Item, Benignidade. Iap. Nhũua, xŏgiqi,

Bonus, a, um. Lus. Cousa boa. Iap. Yoqi coto, qeccŏ naru coto, migoto naru coto. ¶ Bona hæreditaria. Lus. Bens por herança. Iap. Yuzzuri. ¶ Bona venia. Lus. Sem ira. Iap. Tario naqu. ¶ Bonæ fi dei debitor. Lus. Bom pagador. Iap. Iibunno tagayezu fenben suru mono. ¶ Bonæ frugi homo. Lus. Homẽ de bẽ. Iap. Qeccŏ naru fito, yoqi fito. ¶ Bona pars. Lus. Grande parte. Iap. Catanogotoqu. ¶ Bona, orum. Lus. Bẽns, e riquezas. Iap. Xotai, zaifŏ. ¶ Bonum, i. Lus. O bem. Iap. Cŏji. ¶ Item, Cousa q̃ faz bẽ seu officio. Iap. Vaga yacuuo yoqu tçucomuru mono. ¶ Aliqñ. Bõdade. Iap. Iẽ, qẽbŏ. ¶ Aliqñ. Proueitoso. Iap. Yeqi aru coto. ¶ Itẽ, Ocio, e descanso. Iap. Qiŭsocu, cutçurogui. ¶ Item, Fauorauel. Iap. Nasaqe aru mono. ¶ Item, Fermoso. Iap. Itçucuxiqi coto. ¶ Item, Acõmodado. Iap. Sŏuŏ xitaru coto. ¶ Itẽ, Douto. Iap. Gacuxŏ, Hor. ¶ Bona caduca. Lus. Bens que herda alguẽ por falta de legitimo herdeiro. Iap. Fonnuxi naqini yotte, bechijinni vataru tacara.
Boo, as. Lus. Retumbar. Iap. Nari doyomu. ¶ Item, Mugir os boys. Iap. Vxiga foyuru.
Boötes, is. Lus. Guardas do norte. Iap. Ficutoni tçuite mauaru futatçuno foxi.
Boreas, æ. Lus. Vento do norte. Iap. Qi tacaje.
Boreus, a, um, l, boreâlis, e. Lus. Cousa de vento norte, ou do norte. Iap. Qitacaje, l, qitani ataru coto.
Bos, ouis. Lus. Boy. Iap. Vxi.
Bosphorus, i. Lus. Hum certo estreito do mar. Iap. Xecaini futatçu aru xebaqi vmino na.
Bostar, is. Lus. Curral de boys. Iap. Vxino voru, l, vxino atçumarite iru tocoro.
Bostrychus, i. Lus. Cabelo ornado, e bẽ concertado. Iap. Iroironi, qeccŏni cazaritaru camigui.
Botellus, i, l, botulus, i. Lus. Chouriço. ou

M 2

ou lingoiça. Iap. Aru cuimonono na.

Botrio, onis. Lus. Cacho de vuas. Iap. Budǒno fusa.

Botrus, i. Idem.

Bouatim, adu. Lus. A modo de boy. Iap. Vxino yǒni.

Bouîle, is. Lus. Curral de boys. Iap. Vxino voro.

Bouillus, l. bouinus, a, um. Lus. Cousa de boy. Iap. Vxini ataru coto.

Bouinatio, onis. Lus. O escarnecer. Iap. Azaqeru coto nari.

Bouinator, oris. Lus. Escarnecedor. Iap. Anadorite, azaqeru fito.

Bouînor, aris. Lus. Escarnecer. Iap. Azaqeru.

B ANTE R.

BRabîum, ij. Lus. Victoria, ou premio q̃ se da na peleija, ou contenda aos que vencem. Iap. Xôbuno caqemono, fiqidemono.

Braccæ, arum. Lus. Hum certo vestido. Iap. Yxǒno taguy.

Braccarius, ij. Lus. O que faz estes vestidos. Iap. Miguino yxǒno nui tachite.

Braccatus, a, um. Lus. O que traz este vestido. Iap. Cano yxǒuo qiru fito.

Brachiale, is. Lus. Nõ onde se ajũta a mão cõ o braço. Iap. Vdecubino fuxi. ¶ Itẽ, Atauios dos braços. Iap. Cainano cazari.

Brachiatus, a, um. Lus. Cousa feita a semelhança de braço. Iap. Fitono vdeni nitaru mono: vt, tçuru, cazzura.

Brachium, ij. Lus. Braço. Iap. Caina, vde. ¶ Item, per transl. Braço, ou enseada do mar, ou voltas de montes. Iap. Irivmi, l, yamano daqi mauaxitaru tocoro. ¶ Molli brachio aliquid fieri. Lus. Fazer se algũa cousa friamente, e cõ pouco vigor. Iap. Nibuqu monouo suru.

Brachiolum, i. dimin. Idem.

Bractea, æ. Lus. Lamina, l, folha, l, chapa de metal. Iap. Vsuqu vchinobetaru itagane.

Bractéola, æ. dimin. Idem.

Bractearius, ij, l, Bracteator, oris. Lus.

Batefolha. Iap. Vsuganeno nobete.

Branchiæ, arum. Lus. Guelras de peixe. Iap. Vuono vosa.

Branchus, i. Lus. Rõquidão. Iap. Coyeno caretaru cotouo yŭ.

Brásica, æ. Lus. Couue. Iap. Yasaino taguy.

Brauîum, ij. vide Brabîum.

Bregma, tis. Lus. Moleira. Iap. Caxira vo dorino tocoro.

Brephotróphia, orum. Lus. Hospital dos enjeitados. Iap. Sutegouo yaxinǒ tocoro.

Breui, adu. Lus. Em pouco tẽpo, breuemente. Iap. Sucoxi xite, fayaqu, zanji, l, cotobazucunani.

Breuia, ium. Lus. Baixos do mar, ou arrecife. Iap. Xe, alari, su, asami.

Breuiarium, ij. Lus. Summario. Iap. Nuqigaqi. ¶ Breuiariæ rationes. Lus. Cõtas resumidas. Iap. Tçugǒ xitaru sâyô.

Breuiloquens, tis. Lus. O que fala breuemente. Iap. Mijicǒ monouo yŭ fito.

Breuiloquentia, æ, l, Breuiloquium, ij. Lus. O falar abreuiado. Iap. Riacu xite monoyŭ cotouo yŭ.

Breuíloquus, i. Lus. O que fala, ou escreue breuemente. Iap. Riacu xite caqu, l, yŭ fito.

Breuio, as. Lus. Abreuiar. Iap. Riacu suru, tçuzzumuru.

Breuis, e. Lus. Cousa breue, l, curta. Iap. Mijicaqi coto, ficuqi coto, chijsaqi coto. ¶ Breuis item, & breue à quibusdã dicuntur in eo significato, quo vulgus vsurpat breue Apostolicum.

Breuitas, atis. Lus. Breuidade. Iap. Riacu.

Brisa, æ. Lus. Bagaço das vuas de que se faz agoa pee. Iap. Nibanzaqeuo tçucuru budǒno casu.

Brilo, as. Espremer. Iap. Xiboru.

Bróchitas, atis. Lus. O sair os dentes diantejros pera fora. Iap. Deba naru coto uo yŭ.

Bronchocela, æ. Lus. Hũa doença do pescoço. Iap. Cubini idequru xumotno i a.

Bronci, orum. Lus. Os que tem os beiços

ços, e dêtes dianteiros deitados pera fora. Iap. Deba naru fito.

Bruchus, i. Lus. Lagarta que roe as aruores. Iap. Sômocuno fauo curŏ muxino taguy.

Bruma, æ. Lus. Menores dias do inuerno. Iap. Fino mijicaqi corouo yŭ. ¶ Item, Inuerno. Iap. Fuyu.

Brumâlis, e. Lus. Cousa do inuerno. Iap. Fuyuni ataru coto.

Brutus, a, um. Lus. Homẽ bruto, & rude. Iap. Gudon, guchinaru mono. ¶ Bruta animalia. Lus. Animais estolidos. Iap. Donnaru qedamono.

B ANTE V.

Búbalus, i. Lus. Bufaro. Iap. Suiguiŭ.

Bubalînus, a, um. Lus. Cousa de bufaro. Iap. Suiguiŭni ataru coto.

Bubîle, is. Lus. Curral dos boys. Iap. Vxino atçumaritaru tocoro, l, voro.

Bubîno, as. menstruo mulierum sanguine inquino.

Bubo, onis. Lus. Bufo. Iap. Mimitçucu. ¶ Item, Mula doẽnca. Iap. Yocone.

Búbsequa, æ. Lus. Vaqueiro. Iap. Vxicai.

Búbula, æ. Lus. Carne de vaca. Iap. Vxino nicu. ¶ Bubula salita. Lus. Chacina de vaca, ou tasalhos. Iap. Vxino foxinicu.

Bubúlcito, as. Lus. Gritar como boeyro. Iap. Vxicai no vxiuo yobu gotoqumi saqebu.

Bubúlcitor, aris. Lus. Guardar boys. Iap. Vxiuo cŏ.

Bubulcus, i. Lus. O q̃ guarda boys de laurar. Iap. Cŏsacuno vxicai. ¶ Item, O que laura com boys. Iap. Vxiuo tçucŏ cŏfu.

Búbulus, a, um. Lus. Cousa de boy. Iap. Vxini ataru coto.

Bucca, æ. Lus. Bochecha, ou boca. Iap. Cuchiuo fuisaide fôuo fucuracaxi yru cotouo yŭ. ¶ Item, Bozina. Iap. Fuqu cai.

Búcculi, æ. dimin. Idem.

Buccea, æ. Lus. Bocado. Iap. Fitocuchi.

Buccella, æ. dimin. Idem.

Buccellatum, i. Idem. ¶ Item, Biscoto. Iap. Futatabi yaqitaru xôbacuno mochi.

Búccina, æ. Lus. Bozina. Iap. Fuqu cai, l, foranocai.

Buccinator, oris. Lus. Tanjedor de bozina. Iap. Caifuqi. ¶ Item, Louuador. Iap. Fitono fomareno cacaguete.

Búccino, as. Lus. Tanjer a bozina. Iap. Caiuo fuqu.

Búccinum, i. Lus. Bozina. Iap. Fuqu cai. ¶ Item, Hum genero de ostra. Iap. Vmino caino taguy.

Bucco, onis. Lus. Bochechudo. Iap. Tarefô naru mono. ¶ Item, Paruo. Iap. Guchi, gudon naru mono.

Búccula, æ. Lus. Boca pequena. Iap. Togariguchi. ¶ Item, Babeira das armas. Iap. Fôateno cuchi. ¶ Item, Lugar do capacete, onde se mete o penacho. Iap. Cabutono tçuno moto.

Bucculentus, a, um. Lus. Bochechudo. Iap. Tarefô naru mono.

Bucentaurus, i. Lus. Hũa laya de naos. Iap. Taixenno taguy.

Bucentes. Lus. Mosca que faz fugir os boys. Iap. Abu, l, vxini tçuqu fai.

Bucentrum, i. Lus. Aguilhada. Iap. Vxino nagaqi muchi.

Buceria, æ. Lus. Gado vacum. Iap. Vxino tamuro, l, atçumari.

Búcerus, a, um. Lus. Cousa que tem cornos de boy. Iap. Vxino gotoqumi tçuno uo mochitaru mono.

Bucólica, orum. Lus. Verso pastoril. Iap. Qicori vta, l, cusacarino vtŏ vta.

Búcula, æ. Lus. Vaquinha. Iap. Vacaqi mevji.

Búculus, i. Lus. Nouilho. Iap. Vacaqi vovji.

Bufo, onis. Lus. Sapo. Iap. Fiqigairu.

Buglossus, l, Buglossum, i. Lus. Borragens. Iap. Cusano na.

Búlbito, as. Lus. Sujar com sujidade de mininos. Iap. Acagono funnite qegasu.

Bulbosus, a, um. Lus. Cousa q̃ tem raiz como de cebola. Iap. Fitomoji, l, yunuadono yŏni neno aru mono.

Bul-

Bulbus, i. Lus. Hum genero de cebolas. Iap. Fitomojino ruy. ¶ Item, Qualquer raiz como cebolas. Iap. Fitomojino goco qu naru ne.

Buleuta, æ. Lus. Conſelheiro, ou ſenador. Iap. Dancōnin, l, firogiōxu.

Buleuterion, ij. Lus. Senado, ou lugar onde eſta o concelho. Iap. Dancōdocoro, quaixo.

Bulga, æ. Lus. Alforge, ou bolſa. Iap. Fucuro.

Bulimia, æ. Lus. Fome canina, doença. Iap. Cataqi no yamai, xôcat. ¶ Item, Hũa çerta doença. Iap. Yamaino na.

Bulla, æ. Lus. Tachão do cinto. Iap. Vobino cazari. ¶ Item, Hũa inſignia dos triumfadores Romanos. Iap. Riunno qiboto xite atayeraretaru cazari. ¶ Item, Empola da agoa. Iap. Miezutama. ¶ Itẽ, Tachoens dos arreos dos cavalos. Iap. Vmano cazaridōgu.

Bullula, æ. Dimin. Idem.

Bullatus, a, um. Lus. Couſa ornada cõ eſta inſignia. Iap. Miguino cazari aru mono. ¶ Item, Couſa inchada. Iap. Fucuretaru mono.

Bullio, is, iui, itum. Lus. Ferver. Iap. Taguiru, vaqu, vaqi agaru, yudamaga tatçu.

Bullo, as. Idem. ¶ Per metaphor. Iactarſe. Iap. Vogoru, jiman ſuru.

Bura, æ, l, buris, is. Lus. Relha do arado. Iap. Caraſuqino totte.

Burdo, onis. Lus. Mulo. Iap. Vmato, robato caxite vmitaru co.

Burrhus, i. Lus. Hũa cor vermelha. Iap. Acaqi iro. ¶ Item, Hum genero de veſtido vil, & felpudo. Iap. Iyaxiqi qirumonono ruy. ¶ Burrhæ per transl. Couſas de pouco ſer, e vijs. Iap. Nandemo naqi mono.

Buſtuarij. Lus. Hum genero de gladiadores. Iap. Qiriaitaru monono taguy.

Buſtum, i. Lus. Lugar onde ſe queimavam, & ſepultá os corpos mortos. Iap. Fiya, tacadocoro. ¶ Item, Sepultura. Iap. Quan, tantō.

Buteo, onis. Lus. Hũ genero de aves de rapina. Iap. Tacano taguy.

Butyrum, i. Lus. Manteiga. Iap. Fitçuji, l, vxino chi nite tçucuritaru xoqubutno na.

Buxetum, i. Lus. Lugar de buxos. Iap. Tçugueno qino fayaxi.

Buxeus, a, um. Lus. Couſa de buxo. Iap. Tçugueno qinite tçucuritaru coto. ¶ Itẽ, Couſa de cor de buxo. Iap. Tçugueno qirono mono.

Buxifer, a, um. Lus. Lugar que da buxos. Iap. Tçugueno qino yoqu voyuru dhi.

Buxoſus, a, um. Lus. Couſa ſemelhante a buxo. Iap. Tçugueno qini nitaru coto.

Buxum, i, l, buxus, i. Lus. Madeira de buxo. Iap. Tçugu no qino zaimocu.

Buxus, i. Lus. Buxo arvore. Iap. Tçugueno qi.

Byrſa, æ. Lus. Couro de animal. Iap. Qedamonono caua.

Byſsinus, a, um. Lus. Couſa de hum linho finiſsimo. Iap. Suguretaru foſonuno nite tçucuritaru coto.

Byſsus, i. Lus. Hum pano de linho finiſsimo. Iap. Vſuqu ſuguretaru nunono taguy.

DE INCIPIENTIBVS Á LITERA C.

CABallatio, l, caballitio, onis. Lus. Officio de criar cavallos publicos. Iap. Sono tocorono banminno tameni amatano vmauo cō yacu.

Caballinus, a, um. Lus. Couſa de rocim. Iap. Yaxe vmani ataru coto, l, zōbani ataru coto.

Caballus, i. Lus. Sendeiro, ou rocim. Iap. Yaxe vma, l, zōba.

Cabus, i. Lus. Hũa medida de trigo. Iap. Muguino facaru maſuno taguy.

Cacabo, as. Lus. Cantar a perdiz. Iap. Pudizco yũ toriga naqu.

Cácabus, i. Lus. Caldeiram, panela de cobre. Iap. Cama, acagane nabe.

C.

Cacaturio, is. Lus. Ter cor de fazer camara. Iap. Daiben xitagaru, l, xitai.
Cacatus, a, um. Excrementis foedatus.
Cachinnatio, onis. Lus. Risada. Iap. Tacauarai.
Cachinno, as, l, Cachinnor, aris. Lus. Dar risadas. Iap. Tacauarai suru. ¶ Item, Fazer estrondo grande. Iap. Fibiqu, naru.
Cachinnus, i. Lus. Risada. Iap. Tacauarai. ¶ Item, Grande som. Iap. Vôqinaru voto, fibiqi.
Caco, as. Lus. Fazer camara. Iap. Daibê suru.
Cacodæmon, onis. Lus. Fantasma que apparece de noite, ou diabo. Iap. Yûrei, baqemono, tenma.
Cacoëthes. Lus. Mao costume. Iap. Varuqi cuxe, acufeqi. ¶ Item, Hum certo genero de chaga, ou postema. Iap. Xumot, l, qizu uyôno taguy.
Cacostômachos. Lus. O que tem o estamago enfermo. Iap. Fiyno youaqi fito.
Cacozelia, æ. Lus. Roim imitaçam. Iap. Fitono jenuo manabi soconaite, cayette axiqu naru cotouo yŭ.
Cacozêlus, i. Lus. Mao imitador. Iap. Fitono jenuo manabi soconaite, cayette axiqu naru mono.
Cácula, æ. Lus. Moço que serue ao soldado. Iap. Buxino comono.
Cacûmen, inis. Lus. Cume, ou pico. Iap. Mine, itadaqi, chôjô.
Cacuminatus, a, um. Lus. Cousa feita aguda. Iap. Togaracasaretaru mono.
Cacûmino, as. Lus. Fazer agudo. Iap. Togaracasu.
Cadâuer, eris. Lus. Corpo morto. Iap. Xigai, xicabane. ¶ Per transl. Oppidorum cadauera. Lus. Ruinas de cidades arrasadas. Iap. Noto naru made aretaru zaixo.
Cadiuerosus, a, um. Lus. Cousa semelhãte a corpo morto. Iap. Xigaini nitaru mono, l, xibitono gotoqu naru mono.
Cadiscus, i. Lus. Vaso em que metem as sortes. Iap. Fitouo quan, l, curaini agueto yerabu toqi, fudauo irete toraſuru vtçuuamono.
Cadiuus, a, um. alius. Cousa que per si cae como fruita, &c. Iap. Vonozzu ucara votçuru, l, reiracu suru mono.
Cadmia, æ. corpus est metallicum.
Cado, is, cecidi, casum. Lus. Cair. Iap. Votçuru. ¶ Item, Morrer. Iap. Xisuru. ¶ Item, Acontecer. Iap. Ideqitaru. ¶ Cadere causa, l, à causa. Lus. Ser vencido na demanda. Iap. Cujini maquru. ¶ Cadere in cursu. Lus. Ser frustado da honra desejada. Iap. Nozomitaru fomare, l, curaino hozomiuo taxxezu. ¶ Cadere animo. Lus. Perder o animo. Iap. Chicarauo votosu, l, tanomoxiqiuo vxinô. ¶ Cadere commodè, opportunè, optatè. Lus. Sair a vontade o negocio. Iap. Cocorono mamani naru, l, idequru. ¶ Cadere in suspicionem. Lus. Ser tido por sospeito. Iap. Fitoni vtagauaruru.
Caduceator, oris, l, Cadúcifer, ri. Lus. Embaixador de paz. Iap. Vayono atçucaiuo suru xixa.
Caduceum, ei. Lus. Vara, insignia do embaixador das pazes. Iap. Bujiuo atçucô xiruxito xite sono xixano motçu buchi.
Cadúciter, adu. Lus. Mui depressa. Iap. Fatato, cappato, qitto. Antiq.
Cadûcus, a, um. Lus. Cousa fragil, vaã, mortal, e facil de cair. Iap. Facanaqi coto, moroqu adanaru coto, mimo naqi, l, cuchi fatçuru coto. ¶ Item, Doente de gotacoral. Iap. Cutçuchi caqi. ¶ Itẽ, O que morreo. Iap. Xixitaru fito. ¶ Caducæ literæ. Lus. Letra escura, e q̃ mal se pode lér. Iap. Gijimi, qiyete miyenu ji.
Cadurcum, i. Lus. Cuberta pera cobrir fato, &c. Iap. Yutan, vouoi. ¶ Item, (vt alij putant) Corredices, ou pauelhão da cama. Iap. Tocono qichŏ.
Cadus, i. Lus. Pipa. Iap. Sacadaruno taguy.
Cæcígenus, i. Lus. Cego de nacimento. Iap. Vmare tçuqino mŏmocu.
Cæcitas, atis. Lus. Cegueira. Iap. Meno curamitaru cotouo yŭ.

Cæ-

Cæco, as. Lus. Cegaria outrem. Iap. Fitono meuo tçubusu, l, mŏmocuni nasu, l, meuo cumamasu.

Cæcubum, i. Lus. Hum genero de vinho precioso. Iap. Suguretaru saqe, l, bixu no taguy.

Cæculto, as. Lus. Ver mal. Iap. Mega ca sumu. ¶ Item, Contra fazer os cegos. Iap. Mŏmocujinno maneuo suru.

Cæcus, a, um. Lus. Cousa cega. Iap. Mŏmocu naru mono. ¶ Quandoq; Malicioso, occulto. Iap. Cocorono fucaqu vadacamaritaru mono. ¶ Cæci aditus. Lus. Entrada fechada, e impedida. Iap. Iricuchi naqi tocoro, fusagaritaru tocoro. ¶ Cæcum vallum. Lus. Vallo semeado de abrolhos. Iap. Fixiuo vyetaru tocoro. ¶ Cæcum intestinum. Lus. Hũa tripa. Iap. Aru chŏyno na. ¶ Vestigia cæca. Lus. Passos errados. Iap. Michi uo fumi chigayetaru axi. ¶ Locus cæcus. Lus. Lugar escuro. Iap. Curaqi tocoro.

Cæculus. dimin. Idem.

Cæcútio, is. Lus. Ter pouca vista. Iap. Voboroni miru, mega casumu.

Cædes, is. Lus. Matança, morte a ferro. Iap. Xŏgai, gai. ¶ Cædem committere, l, facere. Lus. Fazer matança, ou matar. Iap. Corosu, xŏgai suru.

Cædicula, æ. dimin. Idem.

Cædo, is, cæcidi, cæsum. Lus. Ferir, dar pancadas. Iap. Teuo vŏsuru, qizuuo tçuquru, chŏchacu suru. ¶ Item, Matar. Iap. Corosu. ¶ Interdum, Cortar. Iap. Qiru. ¶ Item, Quebrar. Iap. Voru, varu. ¶ Testibus cædi. Lus. Ser conuencido de testimunhas. Iap. Amatano xŏconinni xemetaruru, l, iy tçumeraruru.

Cæduus, a, um; Vt cædua sylua. Lus. Mato publico de madeira, ou lenha. Iap. Xiba, taqigui, zaimocu toruni imaxime naqi yama.

Cælamẽ, inis. Lus. Debuxo, ou lauor de buril. Iap. Forimono. ¶ Itẽ, Arte de laurar de buril. Iap. Forimonono narai guei.

Cælator, oris. Lus. Escultor. Iap. Forimonoxi.

Cælatura, æ. Lus. Arte de escultura. Iap. Forimonono narai, guei. ¶ Item, Amesma escultura, ou lauor de buril. Iap. Forimono.

Cælatus, a, um. Lus. Cousa laurada ao buril. Iap. Forimononuo xitaru mono.

Cælebs, bis. Lus. Homem, ou molher que não he casada. Iap. Yamome nite yru mono, l, goqe. ¶ Cælibem vitam agere. Lus. Viuer sem ser casado. Iap. Tçuma naqu xite yru cotouo yŭ.

Cælestes. Lus. Moradores do ceo. Iap. Tenjŏni sumu mono.

Cælestis, e. Lus. Cousa do ceo. Iap. Tenni ataru coto.

Cælibatus, us. Lus. Estado de não casado. Iap. Tçumauo motazuxite yru cotouoyŭ.

Cælicola, æ. Lus. Morador do ceo. Iap. Tẽno giŭnin.

Cælicus, a, um. Lus. Cousa do ceo. Iap. Tenni ataru coto.

Cælites, tum. Lus. Celestiaes, ou moradores do ceo. Iap. Tenno giŭnin.

Cælitus, adu. Lus. Do ceo. Iap. Ten yori, sora yori.

Cælo, as. Lus. Laurar ao buril, ou esculpir. Iap. Forimonouo suru, l, foru.

Cælum, is. Lus. Instrumento de esculpir. Iap. Taganeno rui.

Cælum, i. Lus. Ceo. Iap. Ten. ¶ In cælum ferre, l, tollere. Lus. Louuar muito alguem, ou honrar. Iap. Vŏqini fomecacaguru. ¶ De cælo detrahere. Lus. Derrubalo do cume de suas honras. Iap. Curaiuo suberasuru. ¶ Item, Ar. Iap. Cocŭ, vŏzora. ¶ De cælo ici. Lus. Ser ferido de corisco. Iap. Raiquani ataru. ¶ De cælo seruare. Lus. Agourar obseruando o ceo. Iap. Tenuo mite vranŏ.

Cælum, i. Lus. Buril. Iap. Tagane.

Cæmentarij, orum. Lus. Pedreiros de edificar. Iap. Ixi nite iye nadouo tçucuru xocunin, l, anŏno taguy.

Cæ

Cæmentitius, a, um. Lus. Cousa feita de pedra tosca. Iap. Iinenxeqi nite tçumi aguetaru coto.

Cæmentum, i. Lus. Pedra tosca pera edificar. Iap. Zôsacuni tçucô ixi. ¶ Aliqñ. Edificio de pedra. Iap. Ixi nite tçucuritaru cöyei. ¶ Interpres vtitur in Biblijs pro Cal amassada com area. Iap. Sunani majiyete conetaru xirubai.

Cæpe, is, l, Cæpa, æ. Lus. Cebola. Iap. Fitomoji.

Cæpetum, i. Cæpitium. Idem.

Cæpina, orũ, l, Cæpinum, i. Lus. Lugar semeado de cebolas. Iap. Fitomoji bataqe. ¶ Item, Multidam de cebolas semeadas. Iap. Xiguritari fitomoji.

Cæpitius, a, ũ. Lus. Cousa de genero de cebola. Iap. Fitomojino taguyni ataru coto.

Cæpulla, æ. Lus. Cebolinha. Iap. Chijsaqi fitomoji.

Cæra, & eius deriuata, vide Cera.

Cæremoniæ, arum. Lus. Ceremonias. Iap. Reiji, guirôdono guixiqi.

Cæruleum, ei. Lus. Hum certo genero de area q̃ se acha nas minas de ouro, & prata. Iap. Qinguinuo foru uanano vchini mitçuqueru iunano taguy.

Cæruleus, a, um. Lus. Cor azul. Iap. Mizzuiro, sorairo, asagui.

Cærulum, i. Lus. Mar. Iap. Vmi.

Cærulus, a, um. Lus. Cousa azul. Iap. Sorairo, l, asaguino ironomono.

Cæsariati. Lus. Os que tem grande cabeleira. Iap. Nagaqi camigueno arumono.

Cæsaries, ei. Lus. Cabeleira, propriamente de varam. Iap. Nagaqi camigue.

Cæsim, adu. Lus. Cortando de talho. Iap. Qitte.

Cæsio, onis. Lus. O cortar. Iap. Qiru cotonari.

Cæsitium, ij. Lus. Certa toalha branca. Iap. Aru xiroqi tenogoi.

Cæsius, a, ũ. Lus. Cousa de cor verde claro. Iap. Ruri ironocoto.

Cæsones, um. Lus. Os q̃ nacẽ abrindo cõ ferro o vẽtre da may. Iap. Xixitaru faua

no taichŭuo vaqete tori idaxitaru co.

Cæspes, itis. Lus. Torram com erua. Iap. Tçutçumi nadouo tçuqu xiba.

Cæspetitius, a, um. Lus. Cousa feita cõ tal torram. Iap. Miguino Xibanite tçuqitaru mono.

Cæspito, as. Lus. Empeçar andãdo. Iap. Tçumazzuqu. ¶ Cæspitatores equi. Lus. Caualles que muitas vezes tropeçã. Iap. Xisai qe xitamu vma.

Cæstrum, i. Lus. Instrumẽto de laurar marfim. Iap. Zôgueuo foru dôguno na.

Cæstus, us. Lus. Hũ genero de maça. Iap. Bôno taguy.

Cæsura, æ. Lus. Cortadura. Iap. Qirime, qiricuchi. ¶ Item, Cæsura in carmine dicitur, cùm in medio versus vox pronũciantis quasi inciditur, pedis alicuius principio finem dictionis terminante.

Cæsuratim, adu. Lus. Sucinta, & breuemente. Iap. Riacuxite, tçuzzumete, fcqiôjite.

Cæsus, a, um. Lus. Cousa cortada. Iap. Qiraretaru coto. ¶ Item, Cousa morta a ferro. Iap. Qennani aite xixitaru mono.

Cætera. Lus. O restante. Iap. Yoji, l, nocorino coto. ¶ Item, Aduerb. Daqui por diante. Iap. Iigon igo.

Cæterò, adu. Lus. O restante. Iap. Nocoru tocorouo, l, nocoru fima.

Cæteroquin, l, Cæteroqui. Lus. De otro modo, l, no restante. Iap. Sinaqumba, betnoyŏni, l, nocoru tocoroua.

Cæterùm, adu. Idem. ¶ Item, Daqui por diante. Iap. Qiôcô.

Calamarium, ij. Lus. Cano da escriuaninha. Iap. Fudezzutçu, fudebaco.

Calamintha, æ. Lus. Hũa erua. Iap. Cusano na.

Calamister, l, Calamistrum, i. Lus. Hum ferro de encrespar os cabellos. Iap. Camigueuo chigimuru dôguno na.

Calamistratus, a, um. Lus. Cousa de cabellos crespos por artificio. Iap. Miguino dôgu nite caminuo chigimetaru mono.

Calamita, æ. Lus. Rans pequenas, & verdes.

N

des. Iap. Amagairuno taguy, cuijsaqi caitu.

Calamitas, atis. Lus. Destruiçam das semẽteiras que se faz cõ tempestade. Iap. Vôame, l, arafe vomotte gocacuno sonzuru cotouo yũ. ¶ Itẽ, per transl. Calamidade. Iap. Sainan, nangui, xeccacu.

Calamitose, adu. Lus. Desauenturadamẽte. Iap. Asamaxiqu, nanguni xite.

Calamitosus, a, ũ. Lus. Cousa damnificada cõ tempestade. Iap. Vôame, l, arafe ni motte sonjitaru coto. ¶ Itẽ, Cousa calamitosa, e desauenturada. Iap. Asamaxiqi coto, sainan nanni coto, nangui naru coto.

Cálamus, i. Lus. Caniço. Iap. Taqeno rui, ¶ Item, Setta. Iap. ya. ¶ Item, Pena de escreuer. Iap. Fude. ¶ Aliqñ. Frauta. Iap. Fuye. ¶ Item, Caniço de pescar. Iap. Tçurizauo. ¶ Item, Varinha de visco pera tomar passaros. Iap. Metçu buxi, cozauo. ¶ Item, Vergontea da aruore. Iap. Qino vacadachi, suuai. ¶ Itẽ Hũa certa medida. Iap. Xacu, giŏjacu.

Calantica, æ. Lus. Coifa. Iap. Vonnano boxi no taguy.

Calathiana viola. Lus. Hũa flor amarella. Iap. Vominamexi, giorŏqua.

Cálathus, i. Lus. Cabaz, ou cesto de vimes, ou varas. Iap. Cago. ¶ Itẽ, Hum vaso q̃ vsauã nos sacrificios. Iap. Tamuqe no toqi, mochijta vtçuuamonono taguy.

Calathiscus, i. dimin. Idem.

Calbei. Lus. Manilhas q̃ se dauã em premio aos soldados. Iap. Cŭcôno xŏni buxini atayeraretaru vdeno cazarini naru va.

Calcaneus, ei, l, Calcaneum, ei. Lus. Calcanhar. Iap. Cubisu.

Calcar, áris. Lus. Espora. Iap. Vmauo susumuru tameni cubisuni tçuqete sasu dŏgu.

Calcaria fornax. Lus. Forno decal. Iap. Ixibaiu o yaqu cama.

Calcarius, ij. Lus. O que faz cal. Iap. Ixibai yaqi.

Calcarius, a, um. Lus. Cousa de cal. Iap. Ixibaini ataru coto.

Calcata ædificia. Lus. Edificios bem acafelados com cal. Iap. Ixibaiuo motte yoqu nuritaru iye.

Calceamentum, i, l, Calceamen, inis. Lus. Calçado. Iap. Faqimono.

Calceatus, us. Idem.

Calcearium, i. Lus. Pronimẽto de calçado. Iap. Yrubeqi fodo no faqimonono yôy.

Calceo, as, et Calcio, as. Lus. Calçar çapatos, &c. Iap. Faqimonono faqu. ¶ Itẽ, Ferrar cauallos. Iap. Vmani canaguçuuo vchitçuquru.

Calceolarius, ij. Lus. çapateiro. Iap. Cutçu tçucuri.

Calceus, ei. Lus. çapato. Iap. Cutçu, faqimono.

Calceolus, i. dimin. Idem.

Calcitro, as. Lus. Dar couces. Iap. Fanuru, fumu.

Calcitratus, us. Lus. O dar couces. Iap. Fanuru coto nari.

Cálcitro, onis. Lus. Cauallo que da couces. Iap. Fanuru vma.

Calcitrosus. Lus. O q̃ da muitos couces. Iap. Saisai fanuru mono.

Calco, as. Lus. Pisar aos pees. Iap. Fumu, fumi tçuquru. ¶ Item, per transl. Desprezar. Iap. Iyaxime uru.

Calculator, oris, l, à calculis. Lus. Contador. Iap. Sancanja.

Cálculo, as. Lus. Contar por numeros. Iap. Sanyô suru, cangayuru, cangiŏ suru.

Calculosus, a, um. Lus. Cousa pedragosa. Iap. Ixivara, comacanaru ixino vouoqu aru tocoro. ¶ Calculosus. Lus. Doente de pedra. Iap. Xeqirinno biŏja.

Cálculus, i. Lus. Seixinho, l, pedrinha. Iap. Comacanaru ixi. ¶ Item, Peça do enxadrez. Iap. Xŏguino vma. ¶ Item, Pedra doença. Iap. Xeqirin. ¶ Item, Contos, ou tentos de contar. Iap. Sorobã, sangui. ¶ Reuocare, seu reducere ad calculũ. Lus. Fazer cõtas miuda, e exactamente. Iap. Comacani sanyô suru. ¶ Itẽ, Voto dos que julgam, ou dam seu parecer. Iap. Qendáninno zonbun, l, danzŏ xuno zonbun.

Cal-

Caldarium, ij. Lus. Caldeiram. Iap. Nabe, cama. ¶ Item, Lugar nos banhos pera lauar o corpo cõ agoa quente. Iap. Yocuxit.

Caldarius, a, um, vt caldaria cella. Lus. Lugar em que se lauauam com agoa fria. Iap. Mizzuuo abiru tocoro.

Caldarium æs. Lus. Metal de que se fazẽ caldeiras. Iap. Imonjigane.

Calder, oris. Lus. Quentura. Iap. Atçusa, yenjo.

Calefacio, & Calfacio, is, eci, actum. Lus. Aquentar algũa cousa. Iap. Atatamuru. ¶ Item, per transl. Vexar. Iap. Xemuru.

Calefacto, as. Lus. Idem.

Calefactus, a, um. Lus. Cousa aquentada. Iap. Atatameraretaru mono.

Calefio, is. Lus. Aquentarse. Iap. Atatamaru.

Calendæ, arum. Lus. Primeiro dia do mes. Iap. Tçuitachi, sacujit.

Calendaris, e, l, Calendarius, a, um. Lus. Cousa pertecente ao primeiro dia do mes. Iap. Tçuitachini ataru coto.

Calendarium, ij. Lus. Liuro aonde se escreuia o que se fazia cada mes. Iap. Maiguachino cotouo caqitaru picqi. ¶ Apud iuris consultos, pro negotiatione nominum faciendorum.

Caleo, es. Lus. Estar quente. Iap. Atatacanaru.

Calesco, is, ui. Lus. Aquentarse. Iap. Atatamaru. ¶ Calet res. Lus. Esta ainda fresca a cousa. Iap. Atarasi nari, ataraxixi.

Caliculus, i. Lus. Copozinho. Iap. Cosacazzuqi.

Caliditas, atis. Lus. Quentura. Iap. Atçusa, atatacasa.

Calidus, & Caldus, a, um. Lus. Cousa quẽte, ou feruente. Iap. Atçuqi coto, atatacanaru coto. ¶ Item, Homem precipitado. Iap. Buxino naru mono. ¶ Itẽ, Ligeiro, & apresado. Iap. Socuxit naru mono, fayaqi mono.

Caliendrum, i. Lus. Toucado, ou coifa de molher. Iap. Vonnano camino cazari.

Caliga, æ. Lus. Armadura das pernas, ou meas calças. Iap. Suneate, qiafan.

Caligula, æ. dim. Idem.

Caligans, antis. Lus. Cousa escura. Iap. Casunde curaqi coto.

Caligaris, e. Lus. Cousa q̃ pertence a armadura das pernas, ou meas calças. Iap. Suneate, l, qiafanni ataru coto.

Caligarius, a, um. Idem.

Caligatio, onis. Lus. Escuridade, ou cegueira. Iap. Casumi, voboro.

Caligatus, a, um. Lus. Armado das pernas. Iap. Suneateuo xitaru mono. ¶ Item, Calçado cõ meas calças. Iap. Fabaqiuo atetaru mono. ¶ Caligati milites. Lus. Soldados baixos, e vijs. Iap. Zôfiô.

Caliginosus, a, um. Lus. Cousa escura, ou cega. Iap. Casumitaru mono, yaminaru coto, curaqi coto.

Caligo, inis. Lus. Escuridade, ou cegueira, l, neuoa. Iap. Yami, casumi, qiri.

Caligo, as. Lus. Escurecerse. Iap. Casumu. ¶ Caligare in sole. Lus. Cegar se em cousas claras. Iap. Ficarino fanafadaxiqini yotte ganxeino youaru coto. l, fanano saqi naru cotouo xirazaru coto.

Quintil.

Calix, cis. Lus. Copo. Iap. Sacazzuqi. ¶ Itẽ, Panela em que se cozem legumes, e ortaliça. Iap. Xôjinnabe.

Calleo, es, l, Calesco, is, ui. Lus. Ter callos. Iap. Tacoga dequru. ¶ Item, Saber perfeitamente algũa cousa. Iap. Taxxite monouo xiru, l, mononi côga iru.

Callidè, adu. Lus. Astutamente. Iap. Vadacamarite.

Calliditas, atis. Lus. Astucia, sagacidade. Iap. Vadacamari, l, vadacamaritaru cocoro.

Callidus, a, um. Lus. Cousa astuta, e sagaz. Iap. Vadacamaritaru mono, nucarazaru mono.

Callis, is. Lus. Caminho seguido. Iap. Caidô.

Callosus, a, um. Lus. Cousa chea de callos. Iap. Tacono vouoqu deqitaru mono.

Callus, i, & Callum, i. Lus. Callo. Iap.

N 2 Te

Fe axini idequru raco. ¶ Callum obdu cere dolori, l, labori. Lus. Nam sentir ja o trabalho pollo costume. Iap. Nare taruni yotte, xinrõ nadbuo voboyezu.

Calo, as. Lus. Chamar. Iap. Yobu. Antiquum.

Calo, onis. Lus. Homem que traz lenha ao arrayal. Iap. Gangin niteno taqigui tori. ¶ Item, Seruos dos soldados que leuauam paos, ou maças as costas. Iap. Buxini tçucauaruru chũguen.

Calónes, um. Lus. Chiripos. Iap. Axida.

Calor, oris. Lus. Quentura. Iap. Atatacasa, atçusa.

Caltha, æ. Lus. Certa flor amarela. Iap. Qi irono fanano na.

Calthula, æ. Lus. Hum vestido amarelo. Iap. Qi iro naru yxõno taguy.

Calua, æ. Lus. Lugar da cabeça onde custumá estar os cabellos. Iap. Cõbeno camigueno voyuru bun, cõbeno fachi.

Caluaria, æ. Lus. Caueira. Iap. Xaicõbe.

Caluariæ, arum. Lus. Lugar de sepulturas publicas. Iap. Sanmai. ¶ Item, Lugar onde justiçam os condenados. Iap. Xeibaino ba.

Caluaster, a, um. Lus. Meyo caluo. Iap. Caxira fanbun faguetaru mono.

Caluata vinea. Lus. Vinha que tẽ as cepas poucas, e raras. Iap. Budõ, cazzurano sucunaqi fataqe.

Calueo, es. Lus. Ser caluo. Iap. Caxira faguete ari.

Caluesco, is. Lus. Fazerse caluo. Iap. Caxira faguru.

Caluefio, is. Idem.

Caluitium, ij, l, Caluities, ei. Lus. Calua da cabeça. Iap. Caxirano faguetaru tocorouo yũ. ¶ Item, O pellarse a cabeça. Iap. Caxirano faguru cotouo yũ.

Calumnia, æ. Lus. Calũnia que se faz nas demandas. Iap. Cujisatani voite nisefidõ.

Calumniator, oris. Lus. Calũniador, o falso acusador. Iap. Zanxa, zannin, l, qiomeiuo iy caquru fito, l, cuji satani voite fidõ suru fito.

Calumnior, aris. Lus. Acusar falsamente. Iap. Muxit, l, qiomeiuo iy caquru. ¶ Itẽ, Com enganos, & mentiras procurar de vẽcer a demanda. Iap. Itçuuariuo motte cujini catã to suru.

Calumniosè, adu. Lus. Falsa, & calumniosamente. Iap. Qiomei nite, fidõ nite.

Calumniosus, a, um. Lus. Homẽ custumado acalumniar a outros. Iap. Qiomeiuo iyuaretaru mono, fidõuo xinaretaru mono.

Caluo, as. Lus. Fazer caluo. Iap. Atamano qeuo nuqu.

Caluo, is, ui, & Caluor, eris. Lus. Enganar. Iap. Tabacaru, damasu.

Caluus, a, um. Lus. Cousa calua. Iap. Caxirano faguetaru mono.

Calx, cis. Lus. Calcanhar. Iap. Cubisu. ¶ Aliqñ. Couce. Iap. Fanuru cotouo yũ. ¶ Item, Fim de qualquer cousa. Iap. Izzureno cotono vouari, fate, suye. ¶ Itẽ, Cal. Iap. Xirobai, ixibai.

Calyx, icis. Lus. Casca que cobre as semẽtes, flores, ou fruito das aruores. Iap. Nochiniua firaqete noqu conomi, fana na dono vuacaua.

Cambio, is, psi. Lus. Cambar, ou trocar. Iap. Cauaxiuo suru, cauasu. ¶ Itẽ, Apud antiquos Peleijar. Iap. Tatacõ. ¶ Item, Começar a caminhar. Iap. Ayumi fajimuru.

Camelarius, ij. Lus. O que guarda camelos. Iap. Cameleto yũ qedamonouo cõmono.

Camelasia, æ, l, Camelaria, æ. Officio de ter cuidado de camelos. Iap. Cameleno yacu.

Camelinus, a, um. Lus. Cousa de camelo. Iap. Camelori ataru coto.

Camella, æ. Lus. Hum certo vaso. Iap. Vtçuuamonono taguy.

Camelopardalis. Lus. Hum animal. Iap. Qedamonono na.

Camélus, i. Lus. Camelo. Iap. Camelo to yũ qedamonono na. ¶ Item, Calabre, ou amarra da nao. Iap. Cagaru, võzzuna.

Camera, æ. Lus. Abóbeda. Iap. Ixino na

marutenjǒ. ¶ Item, Arco q̃ sostenta o edificio. Iap. Côreǒ.

Camerarius, a, um. Lus. Cousa semelhante a abóbeda. Iap. Marutenjǒni nixete tçucuraretaru coto.

Cameratus, a, um. Lus. Cousa abobedada. Iap. Ixi nite marutenjǒni tçucuritaru coto.

Cámero, as. Lus. Fazer abóbeda. Iap. Ixi nite maruqu tenjǒuo tçucuru.

Camillus, propriè puer ingenuus, qui flamini Diali ad sacrificia ministrabat.

Camîno, as. Lus. Fazer algũa cousa amodo de forno. Iap. Figamano narini monouo tçucuru.

Camînus, i. Lus. Fornalha. Iap. Fiuo taqu cama. ¶ Item, Chaminè. Iap. Qemuridaxi.

Cámarus, i. Lus. Camarão. Iap. Coyebi.

Campe, is. Lus. Hũ bicho que come as eruas, e folhas das aruores. Iap. Sǒmocuno fauo curǒ muxi.

Campestria, ium. Lus. Ercacho. Iap. Fadano vobi. ¶ Item, Lugares plainos. Iap. Vcaiiira jit: tairaca naru tocoro.

Campestris, e. Lus. Cousa do campo. Iap. Nobarani ataru coto.

Campter, eris. Lus. Limites, ou marcos dos campos. Iap. Nobara no sacai me, l, fǒji.

Campus, i. Lus. Campo. Iap. Firoqu tairacanaru tocoro, l, nobara.

Camum, i. Lus. Hũa certa beberagẽ. Iap. Nomimonono taguy.

Cámura, æ. Lus. Hũ vaso. Iap. Vtçuuamono na.

Cámurus, a, um. Lus. Cousa curua. Iap. Magaritaru coto, yugamitaru coto.

Camus, i. Lus. Laço, ou corda. Iap. Monouo cucuru fosobiqi, l, saxinaua. ¶ Item, Freo, ou cabresto do cauallo. Iap. Fazzuna. ¶ Item, Hũ ornamento de molheres. Iap. Vonnano cazarino taguy. ¶ Itẽ Hũa laya de charamela. Iap. Fuqimonono na. ¶ Item, Hũa laya de suio. Iap. Caqitçubatano taguy.

Cânabis, vide Cannabis.

C ANTE A.

Canalicolæ, arũ. Lus. Pedintes que ordinariamente està na praça. Iap. Cotgainin, l, cotjiqi.

Canaliceus, a, um. Lus. Cousa que pertence à cano. Iap. Cáqefi, l, Toini ataru coto.

Canaliculatus, a, um. Lus. Cousa feita amodo de cano. Iap. Toino narini tçucuritaru mono.

Canâlis, is. Lus. Cano de agoa. Iap. Toi, caqefi. Dicitur & hoc canale.

Canaliculus, i, l, Canalicula, æ. dim. Idem.

Canalitius, a, um. Lus. Cousa de cano. Iap. Caqefini ataru coto.

Canaria, æ. Lus. Hũa erua. Iap. Cusa no na.

Canarius, a, um. Lus. Cousa pertencente a cão. Iap. Inuni ataru coto.

Canatim, adu. Lus. A modo de cão. Iap. Inuno gotoqu.

Cancellarius, ij. Lus. Char zarel. Iap. Micadono goyǔfit.

Cancellatim, adu. Lus. A modo de grades. Iap. Renjino yǒni.

Cancellatus, a, um. Lus. Cousa a modo de grades. Iap. Cǒxino gotoqu naru mono.

Cancelli, orum. Lus. Cancella, ou grades. Iap. Qido, sudo, cǒxi, renji. ¶ Item, Gelosia. Iap. Madoni tatçuru sudaxido. ¶ Item, Hum genero de asento. Iap. Coxicaqeno taguy. ¶ Cancellos alicui circundare. Lus. Assinar a alguem certos limites dos quais se não posa sair. Iap. Core yori focani izzu becarazuto sacaimeuo sadamuru. ¶ Cancellos agere, l, à cancellis esse. Lus. Ter officio de chançarel. Iap Goyǔfituo suru.

Cancello, as. Lus. Fechar com cancella, ou grades. Iap. Renji vomotte monouo cacomu. ¶ Item, Borrar cousa escrita. Iap. Caqimonouo qesu.

Cancer, cri. Lus. Carangrejo. Iap. Cani. ¶ Item, Cancere doença. Iap. Fitcnomini idequru daijinaru casano na. ¶ Itẽ, Hum sino do ceo. Iap. Foxino yadori.

Candefacio, is. Lus Embranquecer a outra

tra

tia cousa. Iap. Xiromuru, xiroqu nasu. ¶ Item, Encender, ou fazer brasa. Iap. Ca ne nadouo acaqu yaqi nasu.

Candela, æ. Lus. Candea. Iap. Rassocu.

Candelabrum, i. Lus. Castiçal. Iap. Socu dai, rassocuno dai.

Candeo, es. Lus. Ser branco. Iap. Xiroqu naru. ¶ Item, Estar abrasado. Iap. Fino ironi narite aru. ¶ Item, per trasl. Agastarse. Iap. Xinyuo vocosu.

Candesco, is, ui. Lus. Fazerse branco. Iap. Xiroqu naru. ¶ Item, Inflamarse, ou tornarse brasa. Iap. Fini naru, l, canega yaqete acaqu naru.

Candicantia, æ. Lus. Brancura. Iap. Xirosa.

Cándico, as. Lus. Ser hum pouco branco. Iap. Sucoxi xiroqi irouo motçu.

Candidatus, a, um. Lus. Cousa vestida de branco. Iap. Xiroqi yxôuo qitaru mono, l, biacuyeno mono. ¶ Item, O que pede, ou pretéde officio na republica. Iap. Quáxocuuo, coi nozomu mono.

Cándide, adu. Lus. Sinceramente. Iap. Xô giqini.

Candidatorius, a, um. Lus. Cousa pertencente aos que pedẽ officio na republica. Iap. Quáxocuuo coi negô mononi ataru coto.

Candido, as. Lus. Embranquecer a outro. Iap. Xiromuru.

Candifico, as. Idem.

Cándidus, a, um. Lus. Cousa branca, & que resplandece. Iap. Xiroqu cacayaqu mono. ¶ Item, Home sincero, puro, candido. Iap. Xôgiqi, xôro naru mono. ¶ Item, Cousa abrasada como ferro ardente. Iap. Nettetno gotoqu yaqetaru coto. ¶ Interdum, Cousa ditosa. Iap. Qua fônaru mono.

Candidulus, a, um. dim. Idem.

Candor, oris. Lus. Brancura com resplandor. Iap. Xiroqu vtçucuxisa. ¶ Candor animi. Lus. Pureza de animo. Iap. Xôgiqi, xôro.

Caneo, es. Lus. Ser branco cõ velhice. Iap. Facufatni narite ari. ¶ Per transl. Estar branco com geada, neue, &c. Iap. Yuqi furi, ximo nado voite xiroxi.

Canesco, is, ui. Lus. Fazerse branco com velhice. Iap. Xiragaga voyuru, facufatni naru. ¶ Per transl. Enuelhecer. Iap. Toxiyoru, furuqu naru.

Cani, orum. Lus. Caás. Iap. Xiraga, l, facufat.

Canicies, ei, l, canitûdo, inis. Lus. Brácura da cabeça com caás. Iap. Facufat.

Canicula, æ. Lus. Cadelinha. Iap. Chijsaqi meinu. ¶ Item, Hũ signo celeste. Iap. Foxino yadori, xinxucu. ¶ Item, As dos dados. Iap. Bacuchino saino ichino fô. ¶ Item, Hũ peixe. Iap. Vuono na.

Caniculus, i. Lus. Cachorrinho. Iap. Ye noco.

Canînus, a, um. Lus. Cousa de cão. Iap. Inuni ataru coto.

Canis, is. Lus. Cão. Iap. Inu. ¶ Item, As dos dados. Iap. Suguroccuno saino ichi no catauo yŭ.

Canistellum, i, l, Canistellus, i. Lus. Canastrinha. Iap. Tecago, tçuzzura, cocago.

Canistrum, i, l, Canister, i. Lus. Canastra. Iap. Cago, cauago.

Canna, æ. Lus. Cana. Iap. Dachicu, yoxi.

Cannabaceus, a, um, & Cannabinus, a, um. Lus. Cousa feita, ou tecida de linho canemo. Iap. Asauo vo nite tçucuritaru coto.

Cánnabis, is, & Cannabum, i. Lus. Linho canemo. Iap. Asa.

Cannetum, i, Lus. Canaueal. Iap. Taqe no fayaxi.

Canneus, a, um. Lus. Cousa feita de cana. Iap. Taqe nite tçucuritaru coto.

Cannitiæ cameræ. Lus. Casas feitas de canas. Iap. Taqe nite tçucuritaru iye.

Cano, is, cecini, cantum. Lus. Cantar. Iap. Vtô. ¶ Item, Tanjer instrumentos. Iap. Narimonouo fiqu. ¶ Item, Louuar. Iap. Fomuru. ¶ Item, Profetizar. Iap. Miraiuo tçuguru. ¶ Canere bellicum. Lus. Tanjer a trombeta pera pe-

pelejar. Iap. Gacarigaiuo fuqu. ¶ Canere receptui. Lus. Tanjer a recolher na batalha. Iap. Eiqigaiuo fuqu. ¶ Intus canere. Lus. Em tudo buscar seu prouei to. Iap. Bájini mino yecouo fonto furu.
Cánon, onis. Lus. Regra. Iap. Fatto, sadame, voqite, feqixo. ¶ Item, Embraçadura da rodela. Iap. Tateno totte.
Cauónicus, a, um. Lus. Cousa regular. Iap. Fattoni tagauazaru coto.
Canór, óris. Lus. Canto sonoro, e concorde. Iap. Chôxino yoqi vtai.
Canórus, a, um. Lus. Cousa sonora. Iap. Nenocacaqu yoqi coto.
Canorosus, a, um. Idem.
Cantámen, inis. Lus. Encantamento. Iap. Majut.
Cantatio, onis. Lus. Cantiga. Iap. Vtai, covta.
Cantator, oris. Lus. Cantor. Iap. Vtaite, vtǒ mono.
Cantatrix, icis. fœm. Idem.
Cantatus, a, um. Lus. Cousa cantada. Iap. Vtauaretaru coto.
Cántharis, dis. Lus. Hum bicho. Iap. Muxino na.
Cántharus, i. Lus. Hũ vaso. Iap. Vçuuamonono taguy. ¶ Itẽ, Escarauelho. Iap. Muxino na. ¶ Item, Hum signo celeste. Iap. Foxino yadori. ¶ Item, Hũ peixe. Iap. Vuono na.
Cantheriatus, a, um. Lus. Cousa empada como vides. Iap. Qi nadoni fai cacaritaru budǒ.
Cantherinus, a, um. Lus. Cousa de caual lo castrado. Iap. Tamauo toritaru vmani ataru coto. ¶ Cantherinum hordeum. Lus. Hum genero de ceuada. Iap. Vǒmuguino rui.
Canthériolus, i. Lus. Forquilha que poẽ pera sustentar as aruores, ou vides. Iap. Co axi, tçuetçue.
Cantherium, ij. Lus. Hum certo carro. Iap. Curumano taguy.
Cantherius, ij. Lus. Hum genero de latada, ou empar de vinhas. Iap. Budǒno ta nano rui. ¶ Item, Traue que sustenta o tecto. Iap. Yocobari, qeta. ¶ Cantherius equus. Lus. Cauallo castrado. Iap. Tamauo toritaru vma.
Canthus, i. Lus. Cinta de ferro da roda do carro. Iap. Curumano vano fuchiuo toritaru curogane.
Cánticum, i. Lus. Canto, ou cantiga. Iap. Covta, vtai.
Cantilena, æ, l, cantio, onis. Idem.
Cantiuncula, æ. dimi. Idem.
Cántito, as. Lus. Cantar a miude. Iap. Xiguequ vtǒ.
Canto, as. Lus. Cantar. Iap. Vtǒ. ¶ Itẽ, Encantar. Iap. Majǒuo voconǒ. ¶ Itẽ Louuar. Iap. Monouo fomuru.
Cantor, oris. Lus. Cantor. Iap. Vtǒ mono.
Cantrix, icis. fœm. Idem.
Cantus, us. Lus. Canto. Iap. Vtaino coye, l, vtai. ¶ Item, Encantamento. Iap. Majǒuo voconǒ cotoba.
Canus, a, um. Lus. Cousa branca de cãas Iap. Xiragauo vôraru mono. ¶ Item, per transl. Cousa branca de neue, ou gia da. Iap. Yuqi, ximo nado furi cacarite xiroqi coto.
Capácitas, atis. Lus. Capacidade. Iap. Bũ zai, bunriǒ, fôreǒ, chibun, xitagi.
Capax, acis. Lus. Cousa capaz. Iap. Mono uo vquru, xitagi aru mono.
Capêdo, inis. Lus. Hum vaso pera sacrificar. Iap. Voconai, tamuqeni tçucǒ vtçuuamonono na.
Capeduncula, æ, dimi. Idem.
Capella, æ. Lus. Cabrinha. Iap. Chijsaqi meyaguiũ.
Caper, i. Lus. Bode castrado. Iap. Tama uo toritaru yaguiũ.
Caperatus, a, um, Lus. Os q̃ tem rugas na fronte. Iap. Mayuuo xiuamętaru mono.
Cápero, as. Lus. Fazer carranca, ou rugas na testa. Iap. Mayuuo fisomuru, xiuamu ru, l, fitaini xiuauo yoturu.
Capesso, is, iui, itum. Lus. Tomar. Iap. Toru, vquru. ¶ Item, Tomar a seu cargo algũa-

gũa cousa pera fazer. Iap. Monouo tçu tomuru tameni vqetoru. ¶ Domum se ca pessere. Lus. Tornar pera casa. Iap. Iye ni cayeru. ¶ Capessere se in altum. Lus. Engolfarse nauegando. Iap. Voqiuo noru. Plaut.

Caphura, æ. Lus. Canfora. Iap. Riũnô.

Capidulum, i. Lus. Hum certo vestido. Iap. Yxôno taguy.

Capillaceus, a, um. Lus. Cousa de cabellos. Iap. Qeni ataru coto.

Capillamentum, i. Lus. Cabellos. Iap. Camigue. ¶ Item, per transl. Folhagem das eruas, ou aruores. Iap. Sômocuno fa.

Capillare, is. Lus. Coifa dos cabellos. Iap. Vonnano camigueuo tçutçumu dôgu no na.

Capillatus, a, um. Lus. Cousa que tẽ longos cabellos. Iap. Camigueno nagaqi mono.

Capillitium, ij. Lus. Cabellos, ou cabelladura. Iap. Camigue, zzuřat, cami.

Capillus, i. Lus. Cabello. Iap. Qe, camigue. ¶ Capillus Veneris. Lus. Auẽca. Iap. Cusano na.

Capio, is, cepi, captum. Lus. Tomar. Iap. Toru. ¶ Quandoq; Fazer. Iap. Nasu. ¶ Item, Deleitar. Iap. Qiguenuo toru, yorocobasuru. ¶ Qñq; Enganar. Iap. Taburacasu, damasu, tabacaru. ¶ Item, Escolher. Iap. Yerabu. ¶ Qñq; Sofrer. Iap. Xinogu, corayuru. ¶ Item, Recolher, caber. Iap. Iru. ¶ Item, Tomar por força. Iap. Vosaye toru. ¶ Item, Aquirir. Iap. Môquru. Apud iuris conf. ¶ Capere consiliũ. Lus. Delibe rar. Iap. Xian suru, dancô suru. ¶ Ca pere rationem. Lus. Achar modo, e ma neira. Iap. Michi, xiyôuo mitçuquru. ¶ Aliqñ. Capi. Lus. Ser preso de amor. Iap. Taixetni moyetatçu.

Capisterium, & scaphisterium, ij. Lus. Ioeira, l, criuo. Iap. Touoxi, come burui.

Capistro, as. Lus. Encabrestar. Iap. Fanagauauo caquru.

Capistrum, i. Lus. Cabresto. Iap. Fanaga ua vmano tategu. ¶ Item, Asama. Iap. Cutçugo.

Capital, lis. Lus. Crime digno de morte. Iap. Corosarubeqi zaiqua.

Capitalis, e. Lus. Cousa de crime que toca a vida. Iap. Xizaini ataru coto. ¶ Aliqñ. Cousa maluada, & pestifera. Iap. Fucô ta no atani naru mono. ¶ Capitale odiũ, l, capitalis ira. Lus. Odio figadal. Iap. Xiny, vppun, nicumi. ¶ Capitalis mor bus. Lus. Doença mortal. Iap. Xini yamai. ¶ Capitalis locus. Lus. Lugar que se desennolaua com a morte do viola dor. Iap. Qegaxitaru fitouo corosu vomotte qiyo muru tocoro.

Capitaliter, adu. Lus. Figadalmente. Iap. Xinyno nicumiuo motte.

Capitatio, onis. Lus. Certo genero de tribu to. Iap. Zubet. ¶ Item, Mantimento de humano. Iap. Nenginno cate, xo cubut.

Capitatus, a, um. Lus. Cousa que tem fei çam de cabeça. Iap. Fitono caxirano na rinaru mono.

Capitellum, i. Lus. Cabecinha. Iap. Chijsaqi caxira. ¶ Item, Capitel da columna. Iap. Faxirano vyeno guibôxi. ¶ Item, Lambique. Iap. Coxiqi.

Capitium, ij. Lus. Barrete, ou chapeo. Iap. Zzuqin.

Capito, onis. Lus. Homẽ de grande cabe ça. Iap. Caxirano vôqinaru fito. ¶ Item, Cabeçudo, pertinaz. Iap. Sunei meno, jôno couaqi mono. ¶ Item, Hum pei xe. Iap. Vuono na.

Capitosus, a, um. Idem.

Capitularim, adu. Lus. Per capitulos. Iap. Cagiô vomotte.

Capitulo, as. Lus. Distinguir per capitu los. Iap. Cagiôni vaquru.

Capitulum, i. Lus. Cabecinha. Iap. Chijsaqi caxira. ¶ Item, Capitulo do liuro. Iap. Cagiô. ¶ Item, Capitel da columna. Iap. Faxirano guibôxi.

Capo, onis, l, Capus, i. Lus. Capam. Iap Niuatorino tamauo toritaruuo yû.

Cap

Capparis, is, l, Cappar, aris. Lus. Alcaparra. Iap. Aru çusano mi.
Capra, æ. Lus. Cabra. Iap. Meyaguiñ.
Caprarius, ij. Lus. Cabreiro. Iap. Yaguiñcai.
Caprea, æ. Lus. Cabra montès. Iap. Nicuto yŭ qedamono, l, reiyô.
Capreolus, i. dimin. à capreus. Idem. ¶ Item, Ello da vide com que se apega, e trepa. Iap. Budŏno mononi maqitçuqu fosoqi tçuru. ¶ Item, Hum instrumento de ca uar o campo. Iap. Côfuno cuuano rui.
Capricornus, i. Lus. Hum signo do ceo. Iap. Xinxucu, foxino yadori.
Caprificatio, onis. Lus. O dar golpes no tronco, e cortiça da aruore pera que creça. Iap. Qino xeigiŏ suru tameni caua uo qiru cotouo yŭ.
Caprificor, aris, est cum culices ex caprifici fructu ad ficos adolescentes lacteum humorem absumunt, eamq; ad maturitatem perducunt.
Caprificus, i. Lus. Figueira braua. Iap. Qino na.
Caprigenus, a, um. Lus. Cousa de genero de cabras. Iap. Yaguiñno taguy ni ataru coto.
Caprile, is. Lus. Curral de cabras. Iap. Yaguiñno iye, l, tachido.
Caprimulgus, i. Lus. O que ordenha as cabras. Iap. Yaguiñno chiuo xiboru. ¶ Itẽ, Hũ aue. Iap. Torino na.
Caprinus, l, Capreus, a, um. Lus. Cousa de cabras. Iap. Yaguiñni ataru coto.
Capripes, edis. Lus. Cousa que tem pees de cabra. Iap. Yaguiñno axiuo mochitaru mono.
Capronæ, arum. Lus. Topete dos cabellos. Iap. Fitaigami.
Capsa, æ. Lus. Caixa. Iap. Fitçu, carôto.
Capsula, æ. dimin. Idem.
Capsaces, is. Lus. Hum vaso de azeite. Iap. Aburatçubono taguy.
Capsarius, ij. Lus. Moço que leua os liuros. Iap. Qiŏuo mochite tomouo suru mono. ¶ Item, O que guarda os vestidos nos banhos. Iap. Yu, furo nite nugu yxŏ nobanuo suru mono. ¶ Item, O que faz caixas. Iap. Fitçu, carôtouo tçucuru mono.
Captatio, onis. Lus. O pretender cõ bran duras, e lisonjas algũa cousa. Iap. Monouo motomen tameni tçuixô. ¶ Itẽ, Diligencia demasiada em buscar palauras polidas. Iap. Cotobauo cazarite yŭni sugitaru nagueqi.
Captator, oris. Lus. Lisongeiro quec om branduras preten de auer algũa cousa. Iap. Monouo yeru tameni tçuixô suru mono.
Captatorius, a, um. Lus. Cousa lisonjeira. Iap. Tçuixô aru mono.
Captio, onis. Lus. O tomar algũa cousa. Iap. Monouo toru coto nari. ¶ Item, Engano. Iap. Tabacari, damaxi. ¶ Item, O grangear, ou aquirir bens. Iap. Zaifô uo motomento nagueqi coto nari.
Captiose, adu. Lus. Astuta, & maliciosamẽ te. Iap. Vadacamarite, damarite.
Captiosus, a, um. Lus. Cousa enganosa, & chea de enganos. Iap. Itçuuarino aru mono, tabacarino comoru coto.
Captiuitas, atis. Lus. Catiueiro. Iap. Torico ni naritaru monono xindai, l, iqedorino xinxô.
Captiuncula, æ. Lus. Engano pequeno. Iap. Vazzucanaru tabacari.
Captiuus, a, um. Lus. Homẽ catiuo, ou preso na guerra. Iap. Iqedori, torico, torauarebito.
Capto, as, l, Captito, as. Lus. Com afagos &, lisonjas catar algũa cousa. Iap. Tçuixôuo xite moncuo moqe coto uo nagueqi. ¶ Item, Procurar de enganar. Iap. Fitouo tabacaranto suru.
Captura, æ. Lus. O tomar, e caçar feras, aues, &c. Iap. Reô, sunadoriuo xite mononuo toru cotouo yŭ. ¶ Interdum, Fresta. Iap. Ramboni xitaru mono, l, tori, qedamono nadouo vonorega xocuno tameni vosayete toritaru yejiqi. ¶ Item, Ganho. Iap. Ritocu.
Captus, us. Lus. Capacidade. Iap. Fô-

reõ, chibun. ¶ Item, Sorte, ou condição de vida. Iap. Xindai, touori, xinxō.

Captus, a, um. Lus. Cousa tomada, ou vencida. Iap. Toraretani coto, maqetaru coto. ¶ Item, Enganado. Iap. Tabaracasaretaru mono.

¶ Captus oculis. Lus. Cego. Iap. Mômocunin.

¶ Captus mente. Lus. Doudo. Iap. Qiō qijin, qiōjin.

Cápula, æ, l, Capis, dis. Lus. Vaso de vinho. Iap. Saqeno vtçuuamono.

Capularis, e. vt capularis senex. Lus. Velho que esta perto da morte. Iap. Cata axi anani fumicomitaru tōjin, l, anani ne-zoqi [illegible] ¶ Capularis reus. Lus. Reo digno de morte. Iap. Xizaini voconaiaru beqi mexiûto, rôxa.

¶ Capulare stamen. Lus. Vida curta. Iap. Romei.

Capulator, oris. Lus. O que trasfega azeite. Iap. Aburauo bechino vtçuuamono ni vtçusu fito.

Cápulo, as. Lus. Trasfegar o azeite. Iap. Aburauo betno vtçuuamono ye vtçusu.

Cápulus, i, l, Capulũ, i. Lus. Cousa que recebe outra em si. Iap. Monouo vqururu mono. ¶ Item, Punho da espada. Iap. Catanano tçuca. ¶ Item, Tumba. Iap. Quan.

Capus, i. Lus. Capão. Iap. Niuatorino tamauo toritaruuo yũ.

Caput, itis. Lus. Cabeça. Iap. Caxira, cōbe. ¶ Item, Principio, e origem. Iap. Conbon, motoi. ¶ Item, Capitulo do liuro. Iap. Cagiô. ¶ Item, Cabedal com que se anda ao ganho. Iap. Motode. ¶ Aliqñ. Principal, ou cabeça em algũa cousa. Iap. Tôtiô, caxira. ¶ Item, Vida. Iap. Inochi. Vt, Capitis res est. Iap. Inochino daijini voyobu. ¶ Capitis aliquem arcessere. Lus. Dar querela, ou acusar de crime capital. Iap. Corosaru beqi zaiquauo vttayuru. ¶ Capitis dánare. Lus. Condenar a morte. Iap. Xizaini susuru.

Carbas. Lus. Hum vento do Oeste. Iap. Nixicarafuqu cajeno na.

Carbaseus, a, um. Lus. Cousa feita de hum certo linho finissimo. Iap. Suguretefosoqi nunonite tçucuritaru mono.

Carbásinus, l, Carbasineus, a, um. Idem.

Carbasus, i, l, Carbasa, orum. Lus. Certo linho muito fino. Iap. Suguete fosoqi nunono rui. ¶ Item, Vela de nauio. Iap. Funeno fo.

Carbatinæ, arum. Lus. Hum genero de calçado. Iap. Cutçuno táguy.

Carbo, onis. Lus. Caruão. Iap. Yaqizumi. ¶ Item, Brasa. Iap. Voqi.

Carbonarius, ij. Lus. Caruoeiro. Iap. Sumiyaqi.

Carbonarius, a, um. Lus. Cousa de caruão. Iap. yaqizumini ataru coto.

Carbúnculo, as, l, Carbunculor, aris. Lus. Inflammar como brasa. Iap. Voqino ironi moyasu, l, fino gotoquni nasu.

Carbúnculus, i. Lus. Caruãozinho. Iap. Comacanaru sumi. ¶ Item, Hum inchaço. Iap. Xumotno na. ¶ Item, Secura das flores, & gomos das aruores causada do frio. Iap. Ximogare, l, samusani yotte qino medachi, fana nadono careru cotouo yũ. ¶ Item, Carbunculo pedra preciosa. Iap. Meixuno na. ¶ Item, Terra, vbi tessellæ lapideæ, & nigræ reperiuntur.

Carcer, eris. Lus. Carcere. Iap. Rô, qingocu.

Carcerarius, a, um. Lus. Cousa pertencente a carcere. Iap. Rôni ataru coto.

Carceres, um. Lus. Lugar donde sayē os caualos a correr. Iap. Qeibani idezaru mayeni vmauo tatevoqu tocoro. ¶ Interdum, Ladrões, ou presos. Iap. Nusubito, l, rôxa. ¶ Item, per metaph. Principio. Iap. Saixo, fajime.

Carchedonius, ij. Lus. Hum certo genero de baixo metal. Iap. Axiqi caracane no rui.

Carchesium, ij. Lus. Certo copo. Iap. Sacazzuqino rui. ¶ Item, Gauea do nauio. Iap. Fobaxirano vyeno xeirô.

Car-

Carcinodes, dum. Lus. Hũa certa doença. Iap. Yamaino na.

Carcinôma, atis. Lus. Cancere doença. Iap. Xumotno taguy.

Cárcinus, i. Lus. Caranguejo. Iap. Cani, yebino rui. ¶ Item, Hum signo celeste. Iap. Foxino yadori.

Cardamine, is. Lus. Erua boa. Iap. Cusano na.

Cardamômum, i. Lus. Alcarauia siluestre. Iap. Cŏbaxiqi qino na.

Cardamon, onis, l, Cardamina, æ. Lus. Mastruço hortense. Iap. Cusano na.

Cardia, æ. Lus. Coraçam. Iap. Xinno zŏ.

Cardiaca, æ, l, Cardiacus morbus. Lus. Dor de estamago. Iap. Fiyno vazzurai.

Cardiacus, i. Lus. Doente do estamago. Iap. Fiyno vazzurŏ mono.

Cardialgia, æ. Lus. Dor, e tristeza de coraçam. Iap. Cocorono itami, canaximi. ¶ Item, Certa doença do estamago. Iap. Fucuchŭno vazzuraino na.

Cardinalis, e, l, Cardineus, a, um. Lus. Cousa de couceira da porta. Iap. Firaqidono ficitçuboni ataru coto. ¶ Item, Cousa principal. Iap. Canameto naru coto, l, daichi naru coto.

Cardinatus, a, um. vt, tignum cardinatum.

Cardo, inis. Lus. Couceira da porta. Iap. Tobirano tçubogane. ¶ Item, Os dous polos do ceo. Iap. Tenno mauaru nanbo cuno gicu. ¶ Item, Limites do campo que correm de sul a norte. Iap. Minami yori qitaye muqete aru denbacuno sacai. ¶ Interdum, Oportunidade. Iap. Saiuai, yoqi xiauaxe.

Carduelis, is. Lus. Pintasirgo. Iap. Cotori no na.

Carduus, i. Lus. Cardo. Iap. Azamini nitaru cusano na.

Carè, adu. Lus. Em grande preço, caro. Iap. Netacŏ, cŏgiqini.

Carcêrum, i. Lus. Lugar onde ha hũa erua como junço. Iap. Fucuy ni nitaru cusano aru tocoro.

Careo, es, ui, itum, l, cassum, l, cassus sum. Lus. Carecer. Iap. Gusocu xenu, motazu. ¶ Aliqñ. Estar ausente. Iap. Tafó ni yru.

Carex, icis. Lus. Hũa erua das alagoas como junco. Iap. Numa, sauabeni aru cusano taguy.

Cárica, æ. Lus. Hum genero de figo. Iap. Qinomino na.

Cárico, as. Lus. Carregar. Iap. Niuo vôsuru, tçumu.

Caries, ei. Lus. Caruncho, ou podridam da madeira. Iap. Zaimocuno muxini cu rauarete cuchitaruuo yŭ.

Carîna, æ. Lus. Quilha da nao. Iap. Funeno cauara. ¶ Item, Bojo da nao. Iap. Funeno vchiuo yŭ, l, funeno mauchi. ¶ Item, A mesma nao. Iap. Fune. Apud poëtas.

Carinatim, adu. Lus. A semelhança de quilha de nao, ou concauo como nao. Iap. Funeno cauarano narini, l, funeno narini.

Carinatus, a, um. Lus. Cousa curua como quilha, l, concaua como nao. Iap. Funeno cauara narini foritaru coto, l, funeno mauchi narinaru mono.

Carîno, as. Lus. Fazer algũa cousa a modo de quilha, ou bojo de nao. Iap. Funeno cauarano narini monouo tçucuru, l, funeno vchino narini monouo tçucuru. ¶ Aliqñ. Injuriar de palaura. Iap. Zŏgŏuo faqu.

Cariosus, a, um. Lus. Cousa caruncho sa. Iap. Muxino cuitaru mono.

Cáritas, atis. Lus. Carestia. Iap. Tatuazaru coto, mono tuqunaqi coto, cŏgiqinaru coto.

Carmen, inis. Lus. Verso. Iap. Vta. ¶ Item, Encantamento. Iap. Majutuo voconŏ tonaye.

Carminatio, onis. Lus. O cardar, ou carpear a lã. Iap. Fitçujino qe nadouo xigoqu coto nari.

Carminator, oris. Lus. Cardador. Iap. Fitçujino qe nadono xigoqite.

Cármino, as. Lus. Cardar, ou carpear laã. Iap. Fitçujino qe nadouo xigoqu.

Carnarium, ij. Lus. Lugar de guardar carne salgada. Iap. Nicuuo xiuobiqiuo tacuuaye vogu tocoro. ¶ Item, Carne. Iap. Xiximura. ¶ Item, Escapola de que se pendura carne salgada. Iap. Nicuuo xiuo biqiuo caquru cagui. ¶ Item, Açougue de vender carne. Iap. Xiximurauo vru tocoro.

Carnarius, a, um. Lus. Cousa pertencente a carne. Iap. Xiximurani ataru coto.

Carnarius, ij. Lus. O que vende carne. Iap. Xiximurauo vru fito. ¶ Item, Amigo de comer carne. Iap. Nicujiqiuo suqu mono.

Carneus, a, um. Lus. Cousa de carne. Iap. Nicuni ataru coto.

Carnifex, icis. Lus. Algoz. Iap. Tachidori, xeibaino xite.

Carnificîna, æ. Lus. Lugar onde justição homens. Iap. Xeibaino ba, chiñricuno ba. ¶ Item, Tormentos, & crueza. Iap. Caxacu, curuxumi.

Carnificium, ij. Lus. Exercicio, & obra de algoz. Iap. Xeibai xiteno vaza, l, xosa.

Carnifico, as, l, Carnificor, aris. Lus. Despedaçar corpo humano. Iap. Fitono qiri cudaqu, l, tçudatçudani qiru, l, funzunni qiru.

Carniuorus, a, um. Lus. Tragador de carne. Iap. Fucaqu nicujiqiuo conomu mono.

Carnositas, atis. Lus. Corpulencia, ou muita carne. Iap. Fiman, xixifno cachitaru cotouo yu.

Carnosus, a, um. Lus. Cousa carnuda. Iap. Xixino cachitaru mono, fiman naru mono.

Carnulentus, a, um. Idem.

Caro, nis. Lus. Carne, ou sustancia de peixe, fruitas, etc. Iap. Xiximura, nicutai, vuono mi, l, conomino mi.

Caro, is. Lus. Cardar, ou escarpear laã. Iap. Fitçujino qe nadouo xigoqu, muxiru.

Carpentarius, ij. Lus. Official de certos carros. Iap. Aru curumano tçucurite. ¶ Item, Carpinteiro. Iap. Daicu. ¶ Carpentarius equus. Lus. Caualo de hum certo carro. Iap. Aru curumano fiqu vma.

Carpentum, i. Lus. Certo coche, ou carro. Iap. Curumano rui.

Carpo, is, psi, ptum. Lus. Colher, ou tomar. Iap. Chiguiru, mogu, tçumu. ¶ Item, Escolher. Iap. Yerabu. ¶ Item, Repreender. Iap. Modoqu, togamuru. ¶ Item, Escarpear laã, &c. Iap. Fitçujino qe, vata nadouo muxiru, l, xigoqu. ¶ Item, Empecer, l, danificar. Iap. Atauo nasu. ¶ Carpere viam. Lus. Caminhar. Iap. Ariqu. ¶ Carpere cibum. Lus. Apacentarse os gados. Iap. Cusauo famu.

Carptim, adu. Lus. A pedaços tomando de cá, e de lá. Iap. Qireguireni, cococaxi coyori yeritorite.

Carptor, oris. Lus. Desdanhador, ou reprensor. Iap. Mononi fuo iruru fito, l, modoqite, togamete.

Carptus, us, &, Carptura, æ. Lus. Obra de colher. Iap. Chiguiru coto nari, tçumu coto nari.

Carrûca, æ. Lus. Carro de duas rodas. Iap. Riouano curuma.

Carrucarius, ij. Lus. Carreteiro deste carro. Iap. Miguino curumayari.

Carrucarius, a, um. Lus. Cousa pertencente a este carro. Iap. Cano curumani ataru coto.

Carrum, i, l, Carrus, i. Lus. Carro, ou carreta de quatro rodas. Iap. Yotçuno vano curuma.

Cartilagineus, a, um. Lus. Cousa de cartilagem. Iap. Mimino bicu nadono yŏnaru xiximurani ataru coto.

Cartilâgo, inis. Lus. Cartilagem. Iap. Mimino bicu nadono yŏnaru xiximurano taguy.

Carus, a, um. Lus. Cousa cara, e aceita. Iap. Taixet naru mono, qini aitaru mono. ¶ Item, Cousa cara em preço. Iap. Neno tacaqi mono, cŏgiqi naru mono, atai tacaqi mono.

Caryatides, um. Lus. Estatuas, ou figuras de molheres pera ornato de edificios. Iap. Iyeno cazarini tçucuritaru vonnano catachi.

Car-

Caryota, æ, l, Caryotides, um. Lus. Tamaras. Iap. Qinomino na. ¶ Item, Caryota, æ. Lus. Palmeira de tamaras. Iap. Qino na.

Casa, æ. Lus. Cabana, ou choupana. Iap. Fanifu no coya, iuori, cuzzuya, xizzugaya.

Casula, æ. dim. Idem.

Casaria, æ. Lus. Caſeira que guarda a caſa. Iap. Iyeno ruſumori ſuru vonna.

Cascus, a, um. Lus. Couſa mui antiga. Iap. Fiſaxiqi coto, mucaxino coto.

Caseale, is, Lus. Latrina. Iap. Xetchin, canjo, vonjo. ¶ Item (vt quidam existimant) Lugar onde ſe faz, ou guarda o queijo. Iap. Qeijo toyŭ xocubut uo totonoye, aruiua tontevoqu tocoro.

Casearius, a, um. Lus. Couſa pertencente a queijo. Iap. Qeijo toyŭ xocubutni ataru coto.

Caseus, ei. Lus. Queijo. Iap. Fitçuji, ya guiŭ nadono chi nite totonoyetaru xocubutno na. ¶ Caseus musteus. Lus. Queijo freſco. Iap. Miguino xocubut no atçaxiqiuo yŭ.

Casia, æ. Lus. Hũa aruorecinha cheiroſa. Iap. Cŏbaxiqi qino na. ¶ Casia fistularis. Lus. Canafistula. Iap. Migtrino qino conomi no na.

Caso, as, l, Casito, as. Lus. Cair muitas vezes. Iap. Xiguequ votçuru, l, corobu.

Cassis, is. Lus. Rede de caçadores. Iap. Ami.

Cassiculus, l, Cassiculum, i. dimin. Idem.

Cassis, dis. Lus. Capacete. Iap. Cabuto.

Cassida, æ. Idem.

Cassita, æ. Lus. Cotouia. Iap. Cotorino na.

Casso, as, vide Quasso.

Cassus, a, um. Lus. Couſa vaã, l, vazia. Iap. Vtçuqetaru coto, vtçuro naru coto, aqitaru coto.

Castaldia, æ. Lus. Adminiſtraçam das couſas do ſenhor. Iap. Xujin no xotaiuo ſabaqu cotouo yŭ.

Castaldus, i. Lus. Feitor, ou adminiſtrador do ſenhor. Iap. Xujinno xotaiuo ſabaqu mono.

Casta mola, genus erat ſacrificij.

Castanea, æ. Lus. Caſtanha. Iap. Curi. ¶ Item, Caſtanheiro. Iap. Curinoqi.

Castanetum, i. Lus. Souto. Iap. Curinoqi yama, l, curibayaxi.

Castaninum, i. Lus. Azeite de caſtanhas. Iap. Curino abura.

Castè, adu. Lus. Caſtamente. Iap. Xŏjŏni, fujŏnaqu xite.

Castellani, orum. Lus. Os q̃ moram em lugares cercados como villas, &c. Iap. Camaye aru zaixo, l, xirono mono. ¶ Item Os ſoldados que guardam os taes lugares. Iap. Camaye aru zaixo, l, xirono banuo ſuru buxi.

Castellanus, a, um. Lus. Couſa de lugar cercado, ou villa. Iap. Camaye aru zaixoni ataru coto.

Castellatim, adu. Lus. De lugar em lugar, ou villa em villa. Iap. Zaizai xoxo.

Castellum, i. Lus. Pouoaçam, ou lugar cercado de muros. Iap. Camayeuo xitaru zaixono rui, l, xiro. ¶ Item, Arca da agoa Iap. Ixinite tçucuritaru caqefi yori mizzuuo coco caxicoye vaquru tameni camayetaru ixino fune.

Castellarij. Lus. Os que tem cuidado de arcas da agoa. Iap. Migui no mizzubune no yacunin, bugiŏ.

Casteria, æ. Lus. Almazẽ onde ſe guardam aparelhos das naos quando não nauegam. Iap. Funeuo norazaru toqi, funaguſocuuo irevoqu cura.

Castificus, a, um. Lus. Couſa que faz caſto. Iap. Cocorouo fubon no catani xŏjŏni naſu mono, l, coto.

Castigatio, onis. Lus. Repreñſam, l, caſtigo. Iap. Modoqi, iſame, xeccan.

Castigator, oris. Lus. Repreñſor, ou caſtigador. Iap. Xeccan ſuru fito, modoqu fito.

Castigatus, a, um. Lus. Couſa emendada. Iap. Nauoſaretaru coto. ¶ Item, Couſa caſtigada. Iap. Xeccanuo vqetaru mono.

Castigo, as. Lus. Reprender de palaura. Iap. Modoqu. ¶ Item, Caſtigar. Iap. Xeccã ſuru.

Castimonia, æ. Lus. Caſtidade. Iap. Fubon, fujin.

fuinc.
Castitas,atis, l, Castitudo,inis. Idem.
Castor,oris. Lus. Hum animal. Iap. Qedamonono na.
Castorius, a, um. Lus. Cousa deste animal. Iap. Cono qedamononi ataru coto.
Castra,orum. Lus. Arrayal. Iap. Ginxo. ¶ Item, Frota de soldados. Iap. Fiôxen. ¶ Itẽ, Tendas de guerra. Iap. Ginya.
Castrametor, aris. Lus. Asentai o arrayal. Iap. Gindoru, ginuo suyuru.
Castratio, onis. Lus. O castrar. Iap. Qin, l, tamauo torucoto nari.
Castratura, æ. Idem.
Castrensis, e. Lus. Cousa de arrayal. Iap. Ginxoni ataru coto, ginni ataru coto.
Castro, as. Lus. Capar. Iap. Tama, l, qinuo toru. ¶ Castrare aluearia. Lus. Crestar colmeas. Iap. Fachino suuo toru.
Castrum, i. Lus. Lugar cercado de muros. Iap. Camaye aru zaixo.
Cástula, æ. Lus. Hum trajo de molheres. Iap. Vonnano yxŏno taguy.
Castus, a, um. Lus. Homem casto. Iap. Qirei naru,taxinami aru mono, fubonuo tamotçu mono, fuinuo tamotçu mono. ¶ Item, Homem pio, e de boa vida. Iap. Guiôgui tadaxiqi fito.
Castus, us. Lus. Castidade. Iap. Fubon, fuin.
Casura, æ. Lus. Cayda. Iap. Votçuru cotouo yŭ.
Casus, us. Lus. Acontecimento. Iap. Tẽnen xutrai suru cotouo yŭ. ¶ Item, De sastre. Iap. Ayamachi. ¶ Item, Cayda. Iap. Votçuru cotouo yŭ.
Cataclista, æ. Lus. Vestido fechado de todas as partes. Iap. Izzucuuomo nuifusaguita u yxŏ.
Cataclysmus, i. Lus. Diluuio, ou grande chuua. Iap. Côzui, vômizzu.
Catacrisis, is. Lus. Condenação. m. Iap. Tadaxitenoracugia. u. ¶ Item, Determinaçam. Iap. Sadame.
Catádromus, i. Lus. Lugar onde correm caualos. Iap. Baba. ¶ Item, Guindaste. Iap. Daimotuo ságue, aruiua aguru tameni caracu iraru dôgunc na.

Catálogus, i. Lus. Matricula, ou rol. Iap. Chŏmon, chacutŏ.
Catamitus, i, puer meritorius.
Cataphracta, æ. Lus. Corpo darmas. Iap. Gusocuno dô.
Cataphractarij, orum. Lus. Armados desta armas. Iap. Yoroitaru mono.
Cataphractus, a, um. Lus. Cousa armada de todas as partes. Iap. Rocugu ximetaru mono. ¶ Cataphractæ naues. Lus. Naos de cuberta. Iap. Fangai aru fune.
Cataplasma, atis. Lus. Emprasto. Iap. Tçuqegusurino taguy.
Catapotium, ij. Lus. Pirola. Iap. Guã yacu.
Catapulta, æ. Lus. Hum instrumento de arremesar pedras, &c. Iap. Ixi, yari nado uo touoqu naguru tameno dôguno na.
Catapultarium pilum. Lus. Lança, ou frecha despedida com tal instrumento. Iap. Miguino dôgu nite naguetaru, yari, l, ya.
Cataracta, æ, l, Cataractes, siue Catarrhacta, l, Catarrhactes. Lus. Porta leuadiça. Iap. Voroximon, voroxido. ¶ Item, Que da do rio de lugar alto. Iap. Mizzuno vot çu ru taqi. ¶ Item, Hũa aue. Iap. Torino na.
Catarrhus, i. Lus. Catarro. Iap. Gaiqi, gaibiŏ, gaisŏ.
Catarrhytus. Lus. Cousa regada, ou banhada de agoa. Iap. Vouoqu mizzuno nagaruru ta nadoue yŭ.
Catascopium, ij. Lus. Nauio de vigia. Iap. Qenmi, l, metçuqeno faya fune.
Catáscopus, i. Lus. Espia. Iap. Qenmi, metçuqe.
Catasta, æ. Lus. Lugar onde se punham os seruos pera vender. Iap. Fudaino monouo vrutocoro. ¶ Item, Tronco de pao em q̃ metem os pees. Iap. Axigaxeno taguy.
Catastrêma, atis. Lus. Banco de remeiros. Iap. Funaccno rouo vosu tocoro.
Catechesis, is. Lus. Catechismo. Iap. Christamni naru beqi mononi coto ba uo nattue goxŏno michiuo voxiyuru coto uo yŭ.

Cate

Catechismus, i. Idem.
Catechúmenus, i. Lus. Catechumeno. Iap. Christamni naru tameni Fides no coroiio chŏmon furu xu.
Categoremata, idest, prædicamenta.
Categoria, æ. Lus. Acusaçam. Iap. Vttaye. ¶ Categoriæ .i. prædicamenta.
Catella, æ, l, Catellum, i. Lus. Cadea pequena. Iap. Cogusari.
Catellus, i. Lus. Cachorrinho. Iap. Yenoco, chijsaqi inu. ¶ Catella, æ. fœm. Idē.
Catena, æ. Lus. Cadea de ferro. Iap. Canagusari.
Catenarius, a, um. Lus. Cousa atada com cadea. Iap. Cusari nite caramerareta ru mono.
Catenatio, onis. Lus. Encadeamento, ou atadura. Iap. Musubi, cusari.
Catenatus, a, um. Lus. Cousa encadeada. Iap. Canagusari vomotte cusaritaru mono. ¶ Catenati labores. Lus. Trabalhos que vem huns sobre outros. Iap. Ai tçuzzuqu xinrŏ.
Caténula, æ. Lus. Cadea pequena. Iap. Fosoqi cusari.
Caterua, æ. propriè Gallorum legio. ¶ Item, Multidam de gente. Iap. Vŏjei, mŏjei.
Cateruarij, orum. Lus. Iuntos em companhia. Iap. Soroitaru ninju.
Cateruatim, adu. Lus. De companhia em companhia. Iap. Fitomure fitomureni.
Cathárticus, a, um. Lus. Cousa, ou mezinha pera purgar. Iap. Cudaxi, xayacu.
Cáthedra, æ. Lus. Cadeira. Iap. Vtena, qiocuroku.
Cathedralitij, orum, vt cathedralitij serui. Lus. Os que leuam a cadeira. Iap. Co xicaqi.
Cathólicus, a, um. Lus. Cousa vniuersal. Iap. Amaneqi coto, l, sŏni yuqiuataritaru coto. ¶ Catholica præcepta. Lus. Regras, ou preceitos vniuersaes. Iap. Sŏbetno gacumonni ataru michi.
Catillatio, onis. Graue opprobrium, quod obijciebatur hominib⁹ generosis, siqui prouincias amicas popul. Rom. expoliassēt.

Catillo, as. Lus. Lamber os pratos. Iap. Sarauo nebutu.
Catillo, onis. Lus. O que lambe os pratos, l, goloso. Iap. Goqi sara neburi, taixocujin, tçumamiguy.
Catillus, l, Catillum, i. Lus. Prato pequeno. Iap. Cozara, l, sara. ¶ Item, Apar te decima da mŏ de moer. Iap. Vuavsu.
Catinus, l, Catinum, i. Lus. Prato grãde. Iap. Fachi, camabachi. ¶ Item, Hum certo vaso. Iap. Aru vtçuuamonono na.
Catulio, is, est gestire, & coitum maris appetere, propriéq; de canibus dicitur, quanuis ad alia etiam transferatur.
Catulinus, a, um. Lus. Cousa pertencente a cachorrinho. Iap. Yenoconi ataru coto.
Catulitio, onis. Lus. Cio dos caẽs. Iap. Inu nadono iacaru cotouo yŭ.
Cátulus, l, Catulaster, i. Lus. Cachorro. Iap. Yenoco. ¶ Item, Filho de qualquer animal. Iap. Qedamonono co. ¶ Itẽ, Hum genero de prisam. Iap. [illegible] ramuru dŏguno na. ¶ Quãdoq; Cão. Iap. Inu.
Catè, adu. Lus. Astutamente. Iap. Caxicoqu, vadacamatte.
Catus, a, um. Lus. Astuto, e recatado. Iap. Caxicoqi mono, nucarazaru mono, vadacamaritaru mono.
Caua, æ. Lus. Toca em que as aues fazẽ seus ninhos. Iap. Torino suuo caquru tocoro, l, suuo cũ tocoro.
Cauaticus, a, um. Lus. Cousa de buraco, ou coua. Iap. Fora, l, ananiataru coto.
Cauator, oris. Cauador. Iap. Foru fito.
Cauda, l, Coda, æ. Lus. Rabo. Iap. To ri qedamonono vo. ¶ Interdum ponitur pro virili membro.
Caudatus, a, um, l, Codatus. Lus. Cousa que tem rabo. Iap. Vono aru mono.
Caudeus, a, um. Lus. Cousa feita de trõco de aruore. Iap. Qino cabu nite tçucuritaru mono.
Caudex, l, Codex, icis. Lus. Tronco de aruore. Iap. Qino cabu, qino moto. ¶ Item, Liuro. Iap. Monono fon. ¶ Itẽ, Hum

Hum certo asento. Iap. Coxicaqeno taguy. ¶ Item, per transl. Homem paruo. Iap. Guchi nari mono.

Caudicalis, is. Lus. Cousa apta pera feder lenha. Iap. Taqiguino varu, tameni niaitaru dogu.

Caudicarius, a, um. Lus. Cousa de tronco de arvore. Iap. Qino cabuni ataru coto. ¶ Caudicaria nauis. Lus. Certa barca, que traz mantimẽtos. Iap. Fiŏ nobuneno taguy.

Cauea, æ. Lus. Gayola. Iap. Torinotago. ¶ Item, Coua. Iap. Ana, fora. ¶ Item, Ajuntamento do pouo em hum lugar. Iap. Bamminno ixxoni cunju xitaru coto uo yŭ. ¶ Item, Hum lugar do theatro. Iap. Butaino vchini sadamaritaru tocoro.

Caueo, es, cauj, cautum. Lus. Guardarse. Iap. Yŏjin suru. ¶ Item, Determinar. Iap. Sadamuru.

Cauo, is. Idem.

Cauerna, æ. Lus. Cauerna. Iap. Yama no fora.

Cauernula, æ. dim. Idem.

Cauernosus, a, um. Lus. Lugar cheo de cauernas, ou concauidades. Iap. Fora nŏ vouoqi tocoro.

Cauilla, æ, l, Cauillum, i, l, Cauillus, i. Lus. Palaura de zombaria. Iap. Azaqeri coteba.

Cauillatio, onis. Lus. Zombaria aciladas, & graciosa. Iap. Riconni xiuoraxiqu yŭ cotoba. ¶ Item, Rezam aparente que damos pera vencer em algũa cousa. Iap. Maeotoraxiqi dŏri.

Cauillator, oris. Lus. Zombador. Iap. Azaqerite, naburite.

Cauillor, aris. Lus. Zombar. Iap. Apadoru. ¶ Item, Enganar. Iap. Tabacaru.

Caula, æ. Lus. Curral de ouelhas. Iap. Fitçujino yauo.

Caulesco, is. Lus. Crecer o talo. Iap. Cuqiga xeigiŏ suru. ¶ Quandoque, Brotar as folhas. Iap. Qiga medatçu.

Caulis, is. Lus. Talo das eruas. Iap. Cusano cuqi. ¶ Item, Tronco da arvore. Iap. Qino moto. ¶ Item, Cabo da pena tirando o cano. Iap. Torino fano cuqino fano tçuqitaru bunuo yŭ. ¶ Item, Rabo do animal em que nacẽ os cabellos. Iap. Vozzutçu. ¶ Item, Pro virili membro. ¶ Item, Haste de lança, ou ferro. Iap. Yarino yc, l, yarino mi.

Cauliculus, i. dim. Idem.

Cauma, atis. Lus. Quentura, ou calma. Iap. Atçusa, atatacasa, yenten, danqi.

Cauo, as. Lus. Cauar. Iap. Foru, sagayesu. ¶ Item, Esculpir. Iap. Curu, l, ecubomuru.

Caupo, onis, l, Cupo, coponis. Lus. Vẽdedor de cousas de comer. Iap. Fatagoyano teixu.

Caupona, æ. Lus. Tauerna. Iap. Sacaya, l, fatagoya. ¶ Item, Tauerneira, ou estalajadeira. Iap. Fatagoyano nhŏbŏ.

Cauponula, æ. dim. Idem.

Cauponaria, æ. Lus. Officio de estalajadeiro. Iap. Fatagoyano xocu.

Cauponius, a, um. Lus. Cousa de vendeiro, ou estalajadeiro. Iap. Fatagoyano teixuni ataru coto.

Cauponor, aris. Lus. Ter officio de estalajadeiro, ou tauerneiro. Iap. Fatagoya no yacuuo tçutomuru. ¶ Item, Vsar mal dalgũa cousa pera ganhar. Iap. Riuo n ǒquru tameni, fidŏno furu, l, monouo atçucŏ coto.

Cautus, i, l, Ceurus. Lus. Vento galego. Iap. Nixi yori fuqu cajeno na.

Causa, æ. Lus. Causa. Iap. Xisai, yuye, inyen. ¶ Item, Achaque, escusa. Iap. Cacotçuqe. ¶ Item, Ocasião. Iap. Tayori, tçuide. ¶ Interdũ. Principio. Iap. Conbon, conguen, fajimari. ¶ Item, Razão. Iap. Dŏri. ¶ Item, Demanda. Iap. Cujisata. ¶ Causam dicere. Lus. Defenderse dizendo seu direito. Iap. Cotouari, l, mŏxi vaquru. ¶ Deserta causa vincere. Lus. Vencer a demanda sem resistencia. Iap. Aite teqitaiuo nasazu xite, cujini catçu.

Causula, æ. dim. Idem.

Cau-

Causarius, a, um, vt causarij milites. Lus. Soldados que por algũa causa erã esentos da milicia. Iap. Xisai aruni yotte, ginuo yurusaruru mononofu.

Causatio, onis. Lus. Escusa, ou achaque. Iap. Cacotçuqe. ¶ Item, Doença interior. Iap. Mino vchino yamai.

Causidicus, i. Lus. Procurador nas demandas. Iap. Catôdo, l, fitono cujiuo vqetorite qendanno mayenite satasuru fito.

Caussificor, aris. Lus. Escusarse. Iap. Cotouari, mǒxiuaqeuo iǔ, l, sogano naqi yo xiuo iyfiraqu, l, jitai suru.

Caussor, aris. Lus. Pôr achaque, l, escusarse. Iap. Cacotçuqui, cotouaru. ¶ Itẽ, culpar a outro. Iap. Tani cacotçuqu, l, ayamariuo nuri tçuquru.

Caustica medicamenta. Lus. Mezinhas q̃ tẽ virtude de abrasar. Iap. Monouo ataramuru atçuqi xeiuo motçu cusuri.

Caute, adu. Lus. Com cautela. Iap. Yôjin xite, yudan naqu.

Cautela, æ. Lus. Cautela. Iap. Yôjin.

Cauteriatus, a, um. Lus. Cousa cauterizada. Iap. Quaxinuo ateraru mono.

Cauterium, ij. Lus. Cauterio, ou ferro de queimar. Iap. Quaxino, l, yaqijiruxiuo atçuru fari.

Cautes, is. Lus. Rochedo, ou penedia. Iap. Yuauo, iaiseqi, ganjeqi.

Cautim, adu. Lus. Cautamente. Iap. Yôjin xite, l, caxicoqu.

Cautio, onis. Lus. Cautela. Iap. Yôjin. ¶ Item, Seguro, ou fiança. Iap. Vqeninni tatçu cotouo yŭ.

Cautionalis, e. Lus. Cousa de cautela. Iap. Yôjinni ataru coto.

Cautor, oris. Lus. O que defende a outrem. Iap. Tano cotouo vqetorite, catôdo.

Cautus, a, um. Lus. Cousa precatada. Iap. Nuqirazaru mono, yudan naqi mono, yôjin suru mono. ¶ Item, Cousa segura. Iap. Faxica naru coto.

Cauus, a, um. Lus. Cousa concaua. Iap. Cubogi coto. ¶ Item, Cousa oca. Iap. Vtçuronaru coto.

Cauus, i, l, Cauum, i. Lus. Buraco. Iap. Ana.

C ANTE E.

Cedo, is, si, ssum. Lus. Dar lugar. Iap. Zauo yuzzuru. ¶ Item, Dar auantagem. Iap. Tani maquru, tauo xôquan suru. ¶ Item, Condecender. Iap. Vqegô, dôxin suru. ¶ Cedere è vita. Lus. Morrer. Iap. Xinuru. ¶ Cedunt omnia ex sententia. Lus. Tudo socede a vontade. Iap. Banji nozomino mamani naru. ¶ Cedo, l, cedite, imperat. Lus. Dizè, l, dizei. Iap. Môxe, iye. ¶ Item, Da, l, dai. Iap. Atayeyo. Terent. ¶ Cedere iræ. Lus. Dar lugar a ira. Iap. Icariuo xizzumuru. ¶ Cedere liti. Lus. Ser vencido na demãda. Iap. Cujini maquru. ¶ Cedere diem. Lus. Começar a ser deuedor. Iap. Caneuo voi fajimuru.

Cedratus, a, um. Lus. Cousa vntada com azeite de cedro. Iap. Cedroto yŭ qi yori toritaru abura vomotte nuritaru mono.

Cedrides. Lus. Fruita do cedro. Iap. Mguino qinomino na.

Cedrinus, a, um. Lus. Cousa de cedro. Iap. Cedroto yŭ qini ataru coto.

Cedrium, ij. Lus. Hũ genero de pez. Iap. Aucuno yanino na.

Cedrus, i. Lus. Cedro. Iap. Finoqino yǒnaru qino na.

Celatim, adu. Lus. Escondidamente. Iap. Cacurete, xinobite.

Celatus, a, um. Lus. Cousa escondida. Iap. Cacuretaru coto.

Celebratio, onis. Lus. O festejar, ou celebrar. Iap. Xucunichiuo iuŏ coto nari. ¶ Item, Frequencia. Iap. Xiguequ yuqu coto nari.

Celebratus, a, um. Lus. Cousa celebrada de todos. Iap. Xonin yori fôbi xeraruru coto.

Celebresco, is. Lus. Fazerse celebre. Iap. Vchoyeuo tori fajimuru, qicoye fajimuru.

Celebris, e, l, Celebre, bris, bre. Lus. Cousa famosa, e celebre. Iap. Meiyo naru coto, na-

P

na tataqi coto, l, fomaretacaqi coto.

Celebritas, atis. Lus. Fama, ou gloria. Iap. Fomare, meiyo. ¶ Item, Frequencia, l, concurso de homens. Iap. Cuju.

Celebriter, adu. Lus. Famosamẽte. Iap. Mei yoni.

Celebro, as. Lus. Celebrar, ou festejar. Iap. Iuǒ. ¶ Item, Frequentar algum lugar. Iap. Xiguequ yuqu. ¶ Celebrare laudibus aliquem. Lus. Louuar. Iap. Fo me aguru. ¶ Celebrare diem festum. Lus. Festejar algũ dia. Iap. Fimo iuǒ, xucunichiuo iuǒ.

Celer, eris. Lus. Cousa ligeira. Iap. Fayaqi mono.

Celeripes, dis. Lus. Cousa ligeira dos pees. Iap. Axibaya naru mono.

Celeritas, atis. Lus. Ligeireza. Iap. Fayasa.

Celeritudo, inis. Idem.

Celeriter, l, Celeranter, l, Celeratim, adu. Lus. Ligeiramente. Iap. Fayaqu, sǒsǒ qitto.

Celero, as. Lus. Apresarse. Iap. Isogu.

Celeres, um. Lus. Caualos pera correr. Iap. Caqeaxino tame nomini cǒ vma. ¶ Item, Hũa certa embarcação. Iap. Aru funeno na.

Celetizontes, um. Lus. Caualeiros de cauallo ligeiro. Iap. Fayavmauo noru mono.

Celeusma, atis. Lus. Salamear dos marineiros, & outros. Iap. Funaco nadono yeiyagoye.

Celeustes, is. Lus. O que incita os remeiros a remar. Iap. Rouo vosu monouo coto ba vomotte susume tatçuru mono.

Cella, æ. Lus. Camara, ou despensa, &c. Iap. Riǒ, feya, cura. ¶ Item, Capella mór. Iap. Fǒden. ¶ Item, Lugar a onde nos lauamos nos banhos. Iap. Yocuxit.

Cellula, æ. dim. Idem.

Cellaria, æ. Lus. Adega de vinho. Iap. Sacabeya. ¶ Item. Molher que tem cuidado da adega. Iap. Sacagurano yacuuo mochitaru vonna.

Cellaris, e. Lus. Cousa da despensa. Iap. Curani ataru coto.

Cellarium, ij. Lus. Despensa, ou celeiro. Iap. Xocubutno taguyuo voſameuoqu cura.

Cellariolum, i. dimi. Idem.

Celo, as. Lus. Encubrir, l, escõder. Iap. Cacusu, tçutçumu.

Celox, ocis. Lus. Hũ genero de embarcação. Iap. Aru funeno na.

Celsitudo, inis. Lus. Alteza, l, excellencia. Iap. Tacasa, vzzutacasa.

Celsitas, atis. Idem.

Celsus, a, um. Lus. Cousa alta. Iap. Tacaqi coto, cǒjǒ. ¶ Item, Excelente cousa. Iap. Suguretaru coto.

Cenchramides, um. Lus. Grãos como milho de dẽtro dos figos. Iap. Figoto yǔ conomino vchini aru comacanaru sane.

Cenchris, dis. Lus. Hũa aue. Iap. Tori no na. ¶ Item, Certa serpente. Iap. Aru febino taguy.

Cenotaphium, ij. Lus. Esã. Iap. Cabane no vzzumazu xite tçucuri voqitaru rǒtǒ.

Censeo, es, ui, censum. Lus. Cuidar, julgar. Iap. Vomǒ, zonzuru. ¶ Item, Determinar. Iap. Sadamuru. ¶ Item, Aualiar. Iap. Neuo tatçuru. ¶ Item, Agalhar. Iap. Icaru.

Censeor, eris, l, Censere sua bona. Aliqñ. est profiteri apud censores.

Censio, onis. Lus. Castigo por via de justiça. Iap. Tadaxite yorino xeccan.

¶ Censio hastaria. Lus. Castigo que se da ao soldado tomando lhe alança. Iap. Quatai arite buxino yariuo toru coto uoyǔ.

Censor, oris. Lus. O que tem cuidado de emẽdar os costumes maos da Republica. Iap. Fitono fiuomite iſameuo naxi, xeccan uo nasu yacuxa. ¶ Item, O que tem alha as fazendas dos cidadãos. Iap. Cono higuǒ na cane niteua icafodo no atai arubexito neuo sasu fito.

Censitor, eris. Idem.

Censorius, a, um. Lus. Cousa do censor. Iap. Miguino yacuxani ataru coto.

Censorius, ij. Lus. O que foy censor. Iap.

Cen-

Censor. toyǒ yacuuo tçutometaru fito.

Censualis, e. Lus. Cousa de censor. Iap. Cē sorni ataru coto.

Censura, æ. Lus. Dignidade de censor. Iap. Curainona. ¶ Item, Decreto, ou ley. Iap. Sadame, fatto. ¶ Item, O notar, ou emendar. Iap. Xensacu.

Census, us. Lus. Valia dos bēs, ou fazenda. Iap. Ficono xochi, zaifôuo cane nite icafodono atai aru bexito neuo sa'u cotouo yǔ. ¶ Itē, Renda de cada anno. Iap. Riǒchi, l, riǒ nai yori mainē vosamuru tocu, l, négu.

Censûs, a, um. Lus. Cousa avaliada ao custume Romano. Iap. Romano catagui no gotoqu neuo sadamaritaru zaifô. ¶ Censi. Lus. Os que tinhā cem mil cruzados de seu. Iap. Xenguanme fodo mochitaru fito.

Centaurea, æ. Lus. Ruipontico, ou fel da terra, erua. Iap. Cusano na.

Centaurium, ij. Idem.

Centenarius, a, um. Lus. Cousa de numero de cento. Iap. Fiacuno cazuuo taxxitaru mono.

Centênus, a, um. Lus. Cousa de cento. Iap. Fiacuno cazuuo taxxitaru coto.

Centésimus, a, um. Lus. Cento por hum. Iap. Fiacuzŏbai. ¶ Item, O numero centesimo. Iap. Fiacubanme.

Centésima, æ. Lus. Hum genero de vsura. Iap. Aru ribaino xiyŏ.

Centesimare exercitum. Lus. De cada cem soldados matar hum em castigo. Iap. Xeibai subeqi buxi damouo atçume, narabe voqi, ippŏ yori cazuye, fiacunin meni ataru monouo sôno cauarini xeibai suru coto.

Cénticeps, ipitis. Lus. Cousa de cem cabeças. Iap. Cŏbe fiacu aru mono.

Centies, adu. Lus. Cem vezes. Iap. Fiacutabi.

Centimanus, a, um. Lus. Cousa de cem mãos. Iap. Te fiacu aru mono.

Centipeda, æ. Lus. Cento pea. Iap. Fiacusocu mucade.

Céntipes, edis. Lus. Cousa de cem pès. Iap. Axi fiacuaru mono.

Cento, onis. Lus. Mantas, ou sacas de la pera resistir aos tiros na guerra. Iap. Fitçujino qe nado nite tçucuritaru tateno ta guy. ¶ Item, Certo enxergam de rusticos. Iap. Guexen naru monono xiqu xitoneno na.

Centralis, e. Lus. Cousa de centro. Iap. Cētroni ataru coto.

Centrosus, a, um. vt centrosa scops. Lus. Limadura, ou serradura de cousas que tē nós Iap. Qino fuxino suri, l, fiqicuzzu.

Centrum, i. Lus. Centro. Iap. Centroto iyte monono mannacauo yǔ. Vt daigino mannaca. ¶ Item, Hum certo nò que se acha na pedra marmore, ou madeira. Iap. Xobocuni aru cataqi fuxino na. Cayŏno fuxi Marmore toyǔ ixinimo ari.

Centum. Lus. Cento. Iap. Fiacu.

Centumuiri, orum. Lus. Cem juizes que auia em Roma. Iap. Mucaxi Romani ari xi fiacuninno tadaxiteno na.

Centumuiralis, e. Lus. Cousa pertencente a estes juizes. Iap. Miguino curai aru fito ni ataru coto.

Centunculus. Lus. Vil cuberta, ou enxergão. Iap. Iyaxiqu, miguruxiqi xitone.

Céntuplex, icis. Lus. Cousa cem vezes dobrada. Iap. Fiacubaino coto.

Céntuplus, a, um. Idem.

Centuplicatò, adu. Lus. Cem vezes em dobro. Iap. Fiacuzŏbaini.

Centupódium, ij. Lus. Peso excesiuo. Iap. Vôqinaru vomosa.

Centuria, æ. Lus. Companhia de cem soldados. Iap. Fiacqino muxa. ¶ Item, Duzentas geiras de terra. Iap. Vxi nite ni fiacunichini tagayesaruru denbacuno bun uo yǔ.

Centuriatim, adu. Lus. De cento em cento. Iap. Fiacunin zzutçu. ¶ Item, Abū dantemente. Iap. Iuntacuni, bentōni.

Centuriatus, us. Lus. Dignidade de centurio. Iap. Fiacqino taixŏno yacu.

Centurio, as. Lus. Ordenar gente armada de cento em cento. Iap. Fiacunin zzutçu ninjuuo soroyuru. ¶ Centuriatus

P 2 ager,

ager. Lus. Campo de duzentas geiras. Iap. Vxi nite nifiacu nichini tagayaxitaru denba, uno bunuo yŭ. ❡ Centuriata comitia dicuntur, cùm ab omni sexu, & ætate fertur suffragium.

Centurio, onis. Lus. Capitam de cem homens de pee. Iap. Cachidachi fiacqino taixŏ.

Centusis, is. Lus. Hum cruzado. Iap. Iŭ monme.

Cepe, Cepina. vide Cæpe.

Cephalagia, æ. Lus. Dor de cabeça. Iap. Caxirano vtçu cotouo yŭ.

Cephalea, æ. Lus. Dor antiga de cabeça. Iap. Furuqi zzutçŭ.

Céphalus, i. Lus. Hũ peixe. Iap. Vuono na.

Cephénes. Lus. Filhos dos zangãos. Iap. Zangão toyŭ fachino co.

Cera, æ. Lus. Cera. Iap. Mitçu yori xŏzuru rŏ, mitrŏ. ❡ Item, Testamento. Iap. Caqiuoqi, yuzzurijŏ, yuigon. ❡ Item, Carta, ou escritura. Iap. Xo, xomot. ❡ Imis ceris radere. Lus. Apagar de todo. Iap. Atocatamo naqŭ qezuri noquru.

Cerarium, ij. Lus. O que se paga pola escritura. Iap. Ficcŏ.

Cerastes, æ. Lus. Hũa serpente que tem cornos. Iap. Tçuno aru jano na.

Cérasum, i. Lus. Cereija. Iap. Sacurano mi.

Cérasus, i. Lus. Cereijera. Iap. Sacura.

Ceratinæ, arum. Sunt argumẽtatiões quædam sophisticæ.

Ceratium, ij. Lus. Quilate peso. Iap. Icanimo caroqi vomorino na.

Ceratum, i, l, Cerotum, i. Lus. Diaquilão. Iap. Suigŏyacuno rui.

Ceratura, æ. Lus. O encerar. Iap. Monẽ nadoni rŏuo fiqu coto nari.

Cercopithecus, i. Lus. Hum animal. Iap. Qedamonono na.

Cerdo, onis. Lus. Official mecanico. Iap. Xocunin.

Cerebrosus, a, um. Lus. Homem obstinado, e pertinaz. Iap. Iŏno couaqi mono.

Cérebrũ, i. Lus. Miolo. Iap. Cŏbeno nŏ

Cerebellum, i. dimin. Idem.

Céreus, ei. Lus. Cirio. Iap. Vŏrassocu.

Ceréolus, i. dimin. Idem.

Cereus, a, um. Lus. Cousa de cera. Iap. Rŏnite tçucuritaru mono. ❡ Item, Cousa branda, e molle. Iap. Yauaraca naru mono. ❡ Item, Cousa loura. Iap. Vsuqiiro naru coto.

Cerinus, a, um. Lus. Cousa de cor de cera. Iap. Rŏno ironi nitaru coto.

Cerno, is, creui. Lus. Ver. Iap. Miru. ❡ Item, Considerar. Iap. Xian suru. ❡ Itẽ, Iulgar, ou determinar. Iap. Tadasu, sadamuru. ❡ Aliqñ. Diuidir, apartar. Iap. Vaquru. ❡ Qñq; Joeirar. Iap. Gococuuo furŭ. ❡ Item, Peleijar. Iap. Tatacŏ. ❡ Cernere hæreditatem. Lus. Tomar posse da erança. Iap. Yuzzuriuo vquru.

Cernuo, as. Lus. Inclinarse pera a terra com a cabeça. Iap. Cŏbeuo catamuqe, coxiuo cagamete xitauo miru.

Cernuus, a, um. Lus. Cousa inclinada cõ a cabeça pera a terra. Iap. Cŏbeuo catamuqete xitauo miru mono.

Ceroma, atis. Lus. Vnguento com que se vntão os lutadores. Iap. Sumŏtorino mini nuru cusuri. ❡ Item, Lugar em q̃ se vntam antes da luta. Iap. Sumŏtori no mini cusuriuo nuru iye.

Ceromáticus, a, um. Lus. Cousa vntada cõ tal vnguento. Iap. Miguino cusuriuo nuritaru mono.

Cerosus, a, um. Lus. Cousa que tem misturada cera. Iap. Rŏno majiritaru mono.

Cerotum, i. Lus. Diaquilão. Iap. Suigŏyacuno rui.

Cerrus, i. Lus. Hũa aruore delande. Iap. Qino na.

Cerreus, l, Cerrinus, a, um. Lus. Cousa desta aruore. Iap. Miguino qini ataru coto.

Certãmen, inis. Lus. Contenda. Iap. Arasoi. ❡ Itẽ, Peleija. Iap. Caxxen, tatacai, torai.

Certatim, adu. Lus. A prefia. Iap. Tagaini arasŏte.

Certatio, onis. Lus. Competencia, ou prefia. Iap.

Iap. Ronzaraſoi, tatacai.

Certatus, us. Lus. Contenda. Iap. Araſoi. ¶ Item, Peleija. Iap. Toriai, tatacai.

Certè, adu. Lus. Certamente. Iap. Macotoni, nacanaca. ¶ Interd. Ao menos. Iap. Xemete. ¶ Interd. De certo, ou claramente. Iap. Iitni.

Certiôro, as. Lus. Fazer a ſaber. Iap. Fitoni monouo tçugue xiraſuru.

Certiſſo, as. Lus. Ser feito ſabedor. Iap. Fitoyori monouo tçugue xiraxeraruru.

Certitado, inis. Lus. Certeza. Iap. Fitgiǒ, ichigiǒ, gigiǒ.

Certò, adu. Lus. Claramente. Iap. Meifacuni, ſadacani, aqiracani.

Certo, as. Lus. Contender. Iap. Ronzuru, araſô. ¶ Item, Peleijar. Iap. Caxxen ſuru, tatacǒ.

Certus, a, um. Lus. Couſa certa, e manifeſta. Iap. Fitgiǒ naru coto, vtagai naqi coto, funmiǒ naru coto. ¶ Item, Couſa ſeparada. Iap. Fanaretaru mono. ¶ Item, Couſa determinada por deliberação. Iap. Vomoiſadametaru coto. ¶ Interdum, Couſa firme, e determinada. Iap. Sadamaritaru coto.

Cerua, æ. Lus. Corza, l, cerua. Iap. Meyica, l, mega.

Ceruarius, a, um. Lus. Couſa que pertence a veado. Iap. Xicani ataru coto. ¶ Ceruarius lupus. Lus. Lobo cerual. Iap. Vǒcamino rui.

Ceruchi, orũ. Lus. Braços da verga da nao. Iap. Funeno fono te.

Ceruchus, a, um. Lus. Couſa que tem cornos. Iap. Tçunono aru mono.

Ceruícal, âlis. Lus. Cabeçal. Iap. Macura.

Ceruînus, a, um. Lus. Couſa pertécente a veado. Iap. Xicani ataru coto.

Ceruix, îcis. Lus. Toutiço. Iap. Vnaje. ¶ Ceruîcis duræ homo. Lus. Hom\u0303 m cabeçudo. Iap. Iǒno couaqi mono, ſunei mono.

Cervícula, æ. dimin. Idem.

Cérula, æ. dimin. Lus. Cera. Iap. Mitçu yori xǒzuru rǒ.

Ceruiſia, æ. Lus. Cerueja. Iap. Saqeno rui.

Ceruſſa, æ. Lus. Aluayade. Iap. Tǒno tçuchi.

Ceruſſatus, a, um. Lus. Couſa vntada com aluayade. Iap. Tǒno tçuchi nite qexǒ xitaru mono.

Ceruus, i. Lus. Veado. Iap. Xica, canoxixi. ¶ Item, Forquilhas com que ſuſtentam a caſa. Iap. Tçucaye.

Ceryx, cis. Lus. Embaxador de paz. Iap. Quabocuno tçucaiuo ſuru fito.

Ceſpes, itis. vide Cæſpes.

Ceſſatio, onis. Lus. Ocio, deſcanſo. Iap. Muxoſa, cutçurogui.

Ceſſator, oris. Lus. Vagaroſo. Iap. Buxǒ naru mono, nebaqi voſonauaru mono. ¶ Itē, Ocioſo. Iap. Muxoſani yru mono.

Ceſſatus, a, um. Lus. Couſa ceſada. Iap. Yameraretaru coto. ¶ Ceſſata arua. Lus. Cãpos deixados, e que ſenão laurã. Iap. Araxitaru denbacu.

Ceſsim ire. Lus. Tornar pera tras, recuar. Iap. Xizaru, atoye cayeru.

Ceſsio, onis, vt ceſsio in iure. Lus. O ceder de ſeu direito. Iap. Riuo maguete maquru coto nari.

Ceſſo, as. Lus. Ceſſar. Iap. Yamu, ſaxiuoqu. ¶ Item, Eſtar deſocupado. Iap. Muxoſani yru, ſuqi, l, fimaga aru. ¶ Item, Deterſe. Iap. Voſonauaru. ¶ Interdũ, Deſcanſar. Iap. Cutçurogu.

Ceſticillus, i. Lus. Rodilha de que vſam as molheres pera leuar peſos na cabeça. Iap. Vǒnano monouo itadaqu tameno ſuquru va.

Ceſtrum, i. Lus. Inſtruméto pera lauar mar fim. Iap. Zǒgueuo qizamigaqu, l, foru dǒgu.

Cetaria, arum. Lus. Almadraua de atuns, ou peixes grandes. Iap. Taiguiouo toru ajirono taguy.

Cetarius, ij. Lus. Peſcador, ou vendeiro de peixes grandes. Iap. Taiguiouo toru, l, vru mono.

Cetra, æ. Lus. Adarga. Iap. Caua nite tçucuritaru tateno na.

Cetratus, a, um. Lus. Homem adargado. Iap. Caua nite tçucuritaru tateuo tçuqu buxi.

Cetus, i, l, Cete. Lus. Balea, ou peixe muy grande

grande. Iap. Cujira nadono ruino taiguio.

Ceu, adu. Lus. Assi como. Iap. Gotoqu.

Ceua, æ. Lus. Hum genero de vaca. Iap. Mevjino rui.

Ceueo, es. Lus. Festejar bolindo com o rabo como o cão. Iap. Inuno gotoqu vo uo furi amayuru.

C ANTE H.

Chalaza, æ. Lus. Ingoa, ou caroço doença. Iap. Qixu toyŭ faremono.

Chalcantum, i. Lus. Caparrosa. Iap. Tápan.

Chalcis, dis. Lus. Hũa cobra. Iap. Cuchi nauano ichirui. ¶ Item, Hũa aue nocturna. Iap. Yoracano rui.

Chalybs, bis. Lus. Ferro. Iap. Curogane.

Chamæacte, es. Lus. Specie de sabugueiro. Iap. Qino na.

Chamælea, æ. Lus. Trouisco. Iap. Aru cusano na.

Chamæleon, onis. Lus. Cardo silvestre. Iap. Voniazami.

Chamæleon, ontis. Lus. Camalião. Iap. Cajeuo xocuni xite, moroni xitagatte iro uo fenzuru tocagueno yŏnaru muxi.

Chamæmelon, is. Lus. Hũa erua. Iap. Cusano na.

Chamæmirsine, is. Lus. Gilbarbeira. Iap. Fô qigusano taguy.

Chaos. Lus. Cõfusã. Iap. Vŏqinaru midare.

Characathus, a, um, vt characatha vinea. Lus. Vinha empada, ou posta em latada. Iap. Tanani fauasuru budŏno fataqe.

Character, eris. Lus. Sinal, figura, ou forma. Iap. In, xiruxi, nari, catachi. ¶ Item, Genus est, & figura dicendi.

Charisma, atis. Lus. Graça, beneficio. Iap. Govon, vonxŏ, jendocu.

Charis, tis. Idem.

Charitas, l, Caritas, atis. Lus. Charidade, amor. Iap. Taixet, conxet.

Charta, æ. Lus. Papel. Iap. Reôxi, caqu cami. ¶ Charta virgo. Lus. Donzella que nunca pario. Iap. Imada couo vmazaru vacaqi nhonin.

Chartula, æ. dimin. Idem.

Chartaceus, a, um, l, Chartulanus, l, Charteus, a, um. Lus. Cousa de papel. Iap. Camini tçucuritaru mono.

Chartarius, a, um. Lus. Cousa que pertence a papel. Iap. Reôxini ataru coto.

Chartiaticum, i. Lus. Salario que se paga ao escriuão pola escritura. Iap. Ficcô.

Chartophilacium, ij. Lus. Cartorio. Iap. Funi, xomotuo vosameuoqu tocoro.

Charus, a, um. vide Carus.

Chasma, atis. Lus. Abertura da terra, ou fenda, &c. Iap. Daigi nadono varemé.

Chaus, i. Lus. Lobo cerual. Iap. Vôcameno rui.

Chelæ, arum. Lus. Braços de escorpiam, ou caranguejo. Iap. Canito, Escorpian tei yŭ muxino te.

Chelidonia, æ, l, Chelidonium, ij. Lus. Hũa erua. Iap. Cusano na. ¶ Item, Hũa pedra preciosa. Iap. Aru meixuno na. ¶ Irê, Hum vento de oeste. Iap. Nixicaje.

Chelonium, ij. Lus. Concha das costas do cágado. Iap. Ixigameno cŏ.

Chelydros. Lus. Tartaruga. Iap. Vmino came.

Chelys, is. Lus. Tartarugas, ou cágado. Iap. Ixigame, l, came. ¶ Item, Alaude. Iap. Biuano rui.

Chenoboscium, ij. Lus. Lugar onde se criam aues da agoa. Iap. Mizzutori nadouo ire voqu toyä.

Chenoprophia, æ. Idem.

Chersina, æ. Lus. Hum genero de tartaruga da terra. Iap. Yamani aru cameno rui.

Chiliarchus, i. Lus. Capitam de mil hõmẽs. Iap. Xenguino taixŏ.

Chimastrum, i. Lus. Hum vestido de que os rusticos vsam no inuerno. Iap. Nônin nadono chacusuru fuyuno yxŏno na.

Chírager, l, Chirágricus, a, um. Lus. Gotoso das maos. Iap. Teno fuxini dequru aru yamaiuo mochitaru mono.

Chíragra, æ. Lus. Gota das mãos. Iap. Teno fuxini dequru yamaino na.

Chiridôta, æ. Lus. Hum vestido. Iap. Aru yxŏno na.

Chirographarius, vt chirographarius debitor. Lus. O que se asina no conhecimẽto do que deue. Iap. Xacujŏni jifanuo suyuru mono. ¶ Chirographarius creditor.

ditos. Lus. A credor que tem conhecimento do que emprestou. Iap. Xacujô uo vqetoritaru fito. ¶ Chirographaria pecunia. Lus. Dinheiro que se deue sobre conhecimento. Iap. Xichimot naqu xite xacujô bacari nite voitaru cane.

Chirographum, i. Lus. Escrito da propria mão em fe de algũa cousa. Iap. Iifitno xixo.

Chiromantia, æ. Lus. Adiuinhaçam que se faz polas mãos. Iap. Teno sugiuo mite sono fitono qicqeôuo xiru vranai.

Chironomia, æ. Lus. Baile que se faz meneando as mãos. Iap. Teyôuo suru vodori no na.

Chirónomus, i. Lus. O que baila bolindo, ou meneando as mãos. Iap. Teyôuo xite vodoru mono.

Chirotêcha, æ. Lus. Luua. Iap. Yugaqe.

Chirurgia, æ. Lus. Surgia. Iap. Gueqiôno michi.

Chirurgice, Idem.

Chirúrgicus, a, um. Lus. Cousa de surgião. Iap. Gueqiô ni ataru coto.

Chirurgus, i. Lus. Surgião. Iap. Gueqiô.

Chlamys, dis. Lus. Hũa laya de capa militar. Iap. Bu xino vuaguino na.

Chlamydula, æ. dimin. Idem.

Chlamydatus, a, um. Lus. Homem vestido de tal vestido. Iap. Miguino vuaguino qitaru mono.

Chœrades, dum. Lus. Alporcas. Iap. Rotoyŭ xumot.

Chólera, æ. Lus. Certa doença. Iap. Yamaino na. ¶ Item, Agastamento. Iap. Xiny, icari.

Choma, atis. Lus. Valado de terra. Iap. Dote, doi, tçutçumi.

Choragium, ij. Lus. Casa dos aparelhos de comedias õde se, vesté, e donde saye as figuras ao teatro. Iap. Gacuya. ¶ Item, Ornamento, ou aparelho de representar comedias, &c. Iap. Nôno dôgu, I, xôzocu. ¶ Item, Aparato de qualquer cousa. Iap. Monono yôy.

Choragus, i. Lus. Guia da dança. Iap. Furiŭ, vodorino tôdori. ¶ Itẽ, O que faz os gastos dos jogos, e festas. Iap. Asobino yôyuo suru buguiô.

Choraula, æ. Lus. Arte de tanger frauta. Iap. Fuyeno xôga, I, fuyeuo narŏ michi.

Choraules, is, I, Choraula, æ. Lus. Tangedor da dança. Iap. Vodorino fuyefuqi.

Choréa, æ. Lus. Dança. Iap. Vodori, furiŭ.

Choréuma, atis. Lus. Cantiga que cantam os que dançam. Iap. Furiŭno ba nite vtŏ vodorino vta.

Choreutes, is. Lus. Dançador. Iap. Furiŭno ba nite vodoru mono.

Chorda, æ. Lus. Corda de viola. Iap. Biuano vo.

Chordapsus, i. Lus. Dor de colica. Iap. Yamaino na.

Chordus, a, um. Lus. Os que nacem passado o tempo ordinario. Iap Tçuqini coyete vmaruru co. ¶ Item, Cousa terodea. Iap. Vesoqi conomi nado, vt, vocute

Chorocitharista, æ. Lus. O que tange na dãça. Iap. Vodorino biua nadono fiqite.

Chorodidáscalus, i. Lus. Mestre da dança. Iap. Vodorino voxiyete.

Chorographia, æ. Lus. Descripçam dalgũ reino particular. Iap. Cuni, tocorono yezzuuo caqi idaxi cotouo yŭ.

Chorógraphus, i. Lus. Descriptor dalgum reino, ou lugar particular. Iap. Cuni, tocorono yezzuuo caqi idaxi mono.

Chorostates, is. Lus. O que da tô aos que cantam. Iap. Vondôno torite.

Chorus, i. Lus Companhia de cantores, ou dançantes. Iap. Vtaino cuju, I, vodori xômiôno ninju.

Chrisma, atis. Lus. Vnçam. Iap. Nuru coto nari.

Chronici, orum. Lus. Chronistas dos tẽpos. Iap. Denqi, raireqiuo qirocu suru mono.

Chrónicon, i, I, Chrónica, orum. Lus. Historia, ou chronica dos tempos. Iap. Coji, raireqi, denqi, nendaiqi.

Chrónicus, a, um. Lus. Cousa pertencente a cronica. Iap. Nendaiqini ataru coto.

Chronisso, as, verbum græcum. Lus. Parar, de

detersc. Iap. Tomaru, todomaru.
Chronos. Lus. Tempo. Iap Quǒin.
Chrysolacanum, i. Lus. Hũa erua. Iap. Cusa no na.
Chrysólitus, i. Lus. Hũa pedra precio sa de cor de ouro. Iap. Confiqino tamano na.
Chytra, æ. Lus. Panela. Iap. Nabe.
Chytrapus, odis. Lus. Trempe. Iap. Canauua. ¶ Item, Panela que tem pès. Iap. Axino aru nabe.

CANTE I.

Cibâlis, e. Lus. Cousa pertencente ao comer. Iap. Xocubut ni ataru coto.
Cibaria, orum. Lus. Mantimento. Iap. Cuimono, fiŏrŏ, famimono, fâmai, rŏmai.
Cibarius, a, um. Lus. Cousa de mantimento. Iap. Xocubutni ataru coto. ¶ Cibarius panis. Lus. Pam de rala. Iap. Nibango nite tçucuritaru xôbacuno mochi. ¶ Cibarium vinum. Lus. Vinho vil, & roim. Iap. Varuqi saqe. ¶ Cibarius homo. Lus. Homem vil, & baixo. Iap. Nanpin n, feijin.
Cibatus, us. Lus. Mantimento. Iap. Fiŏrŏ, yeiiqi, cuimono.
Cibida, æ. Lus. Comilão, gargantão. Iap. Taixocuj n.
Cibilla, æ. Lus. Mesa redonda. Iap. Maro qi fandai.
Cibo, as. Lus. Mantèr, ou dar de comer. Iap. yaxinŏ, cuuasuru, tori qedamono no cǒ.
Cibus, i. Lus. Manjar, l, mantimento. Iap. Iiqimot, cuimono, famimono.
Cicâda, æ. Lus. Cegarrega. Iap. Xemi.
Cicatricosus a, um. Lus. Cousa chea de sinaes de feridas. Iap. Qizuatono vouoqi mono.
Cicâtrix, icis. Lus. Sinal da ferida. Iap. Qizuno ato. ¶ Cicatricem refricare. Lus. Renouar a dor ja passada. Iap. Suguixi itamiuo mata voccsu.
Cicer, eris. Lus. Grão legume. Iap. Mameno rui.
Cicera, æ. Lus. Hum legume. Iap. Sasaguino taguy.
Cicercula, æ. Lus. Chichero. Iap. Sasaguino rui.
Cichorium, ij. Lus. Almeiram. Iap. Nazzunano taguy.
Cicindela, æ. Lus. Cagalume. Iap. Fotaru.
Ciconia, æ. Lus. Cegonha. Iap. Cŏtoyŭ torino taguy. ¶ Item, Hum instrumento de lauradores. Iap. Nôguno na. ¶ Itẽ, Certa maneira de zombaria. Iap. Aru azaqeriyŏ.
Cicuma, æ. Lus. Hũa aue nocturna. Iap. Yoru tobi caqeru torino na.
Cicur, ris. Lus. Animal que de fero se amansa. Iap. Naçuqitaru tori qedamono. ¶ Cicur ingenium. Lus. Condiçam branda. Iap. Nhǒnan naru cocoro.
Cicuro, as. Lus. Amansar animaes. Iap. Tori qedamonouo natçuquru. Antiquum.
Cicuta, æ. Lus. Canudo da cana. Iap. Tagno yo. ¶ Item, Cigude erua peçonhẽta. Iap. Aru docuno cusa.
Cidaris, is. Lus. Coroa real como mitra. Iap. Camurino rui.
Cidonium malum. Lus. Marmelo. Iap. Cono mino na.
Cieo, es, l, Cio, is, iui, itum. Lus. Perturbar. Iap. Midasu. ¶ Item, Excitar. Iap. Moyouosu, susumetatçuru. ¶ Item, Chamando ajuntar. Iap. Fitouo yobi atçumuru.
Cigneus, a, um. Lus. Cousa de cisne. Iap. Facuchônni ataru coto.
Cignus, i. Lus. Cisne. Iap. Facuchŏ, cuguy no taguy.
Cilicium, ij. Lus. Hum genero de pano feito de pelo de cabras. Iap. Yaguiŭno qe nite voritaru nono. ¶ Cilicina vestis. Lus. Veste do tecido de cabelos de animaes. Iap. Qedamonono qe nite vorit ru yxŏ.
Cilium, ij. Lus. Capella do olho. Iap. Mabuta.
Cilleo, es. Lus. Mouer. Iap. Vgocasu. Antiquum.
Cilones, um. Lus. Os que tẽ a cabeça estreita, e comprida. Iap. Debitai, saizzuchi atamauo mochitaru mono.
Cima, vide Cyma.
Cimex, cis. Lus. Persouejo. Iap. Toccuxi.

Cima-

Cinaræ, arum. Lus. Cardos de comer. Iap. Gobôno taguy.

Cincinnatus, a, um. Lus. O que tem cabelos crespos por artificio. Iap. Chigimigaxirauo mochitaru mono.

Cincinni. Lus. Cabelos crespos. Iap. Chigimigaxira, chigimitaru camigue.

Cinclus, i. Lus. Aluêloa. Iap. Xeqirei, ixi tataqi.

Cinctatus, i. Lus. Homem preparado pera peleijar. Iap. Caxxenno yôyuo xita ru, l, xite yru fito.

Cincticulus, i. Lus. Certa cinta. Iap. Coximaqino taguy.

Cinctus, a, um. Lus. Cousa cingida. Iap. Vobi xitaru mono, fiqimauaxitaru mono.

Cinctus, us. Lus. Cinto. Iap. Vobi. ¶ Itẽ, Hum certo vestido. Iap. Yxôno na.

Cinctus, i. Lus. O que se asentou por soldado. Iap. Chacutôni tçuqerare, buxini cuuayeraretaru fito.

Cinctutus, a, um. Lus. Homẽ vestido de hũ certo trajo. Iap. Cinctoto yũ yxôuo chacu xitaru mono. ¶ Item (secundũ alios) Lus. Homem preparado pera a guerra. Iap. Caxxennò yôyuo xitaru buxi.

Cinefacio, is. Lus. Fazer em cinza. Iap. Fai ni nasu.

Cinefactus, a, um. Lus. Cousa feita em cinza. Iap. Faini nasaretaru mono.

Cineraceus, a, um. Lus. Cousa de cor de cinza. Iap. Fai irona mono, l, v suzumi, l, nezumi irô naru mono.

Cinerarius, ij. Lus. O que aquentaua hum instrumento de encrespar os cabelos. Iap. Camigueuo chigimuru tameni, sono dôguuo atçusai nite atatamuru fito. ¶ Itẽ, O que faz hum certo vnguento pera os cabelos. Iap. Camiguèni tçuquru cusuriuo chôgô suru fito.

Cinereus, a, um. Lus. Cousa de cinza. Iap Faini ataru coto. ¶ Item, cousa de cor de cinza. Iap. Fai ironaru mono.

Cinericius, a, um. Lus. Cousa de cinza. Iap. Faini ataru coto.

Cingo, is, xi, nctum. Lus. Cingir. Iap. Vobiuo suru. ¶ Item, Rodear. Iap. Fiqimauasu.

Cingriæ, arum. Lus. Hum genero de frautas. Iap. Fuyeno taguy.

Cingula, æ. Lus. Silha das bestas. Iap. Farubi.

Cingulum, i. Lus. Cinto. Iap. Vobi. ¶ Quandoq; Anel. Iap. yubigane.

Cinifiones, um. Lus. Os que encrespão os cabelos com certo ferrinho. Iap. Aru dôgu vomotte camiuo chigimuru fito.

Cinis, eris. Lus. Cinza. Iap. Fai. ¶ Item, Osada, ou cinza dos defunctos. Iap. Xigai no fai, faccot.

Cinnamômum, i. Lus. Canela. Iap. Nicqei, qeixin. ¶ Item, Hũa aruore cheirosa. Iap. Aru niuoi aru qi.

Cinnamum, i. Lus. Hũa aruorezinha que estila hum liquor precioso. Iap. Cŏbaxiqi aburauo idasu aru qino na. ¶ Item, O mesmo liquor. Iap. Sono qi yori izzuru abura.

Cinnus, i. Lus. Mestura de diuersas cousas. Iap. Naniniaritomo xinajinano monouo auaxetaru cotouo yũ.

Cippus, i. Lus. Cepo, tronco. Iap. Axigaxe. ¶ Item, Columna aleuantada com letreiro em memoria dalgũa cousa. Iap. Sotoba, cŏqini tomubeqi cotouo caqitçuqe, tatevoqitaru xiruxino ixi.

Circa, præp. Lus. Acerca. Iap. Tçuite. ¶ Item, Iunto, ou perto. Iap. Soba, ata ri, fodo. ¶ Item, Ao redor. Iap. Mauarini.

Circanea. Lus. Hũa aue. Iap. Torino na.

Circinatio, onis. Lus. Rodeo, l, circuito. Iap. Meguru coto nari, l, maromuru coto nari, l, vauo suru coto nari.

Circinatò, adu. Lus. Em rodeo. Iap. Guruto, l, maroqu.

Circino, as. Lus. Aredondar. Iap. Maromuru. ¶ Item, Andar aroda. Iap. Meguru.

Circinus, i. Lus. Compaso. Iap. Bunmauaxi.

Circiter, præp. Lus. Pouco mais, ou menos. Iap. Fodo, vovoso, yoppodo, vôcata, quafã.

Q Circi-

Circitas. Lus. Circulos feitos de metal. Iap. Cane nite tçucuritaru va. ¶ Item, Hũa laya de azeitonas. Iap. Conomino na.

Circius, ij. Lus. Hum vento. Iap. Cajeno na.

Circúeo, is, l, Circumeo, is, iui, itum. Lus. Andar aroda, ou cercar. Iap. Mauaru, meguru, torimauasu.

Circuitio, onis, l, Circumitio, onis. Lus. Rodeo. Iap. Mauari, meguri.

Circúitor, l, Circitor, oris. Lus. Rondador, ou alcaide que anda denoite. Iap. Yabã, yomauarino buguiõ. ¶ Item, Corretor de vestidos, etc. Iap. Yxõno taguyio vqetotte vru mono.

Circuitus, us. Lus. Circuito. Iap. Mauari, meguri.

Circuitus, a, um. Lus. Cousa rodeada, ou cercada. Iap. Mauasaretaru coto, megurasaretaru coto.

Circularis, e. Lus. Cousa circular, ou redonda. Iap. Maroqi mono. ¶ Circulares item magistratus dicuntur, qui in orbem deferuntur.

Circulatim, adu. Lus. Em roda, ou ajuntamento. Iap. Curumazani.

Circulator, oris. Lus. O que com fabulas, & tregeitos recrea os ouuintes. Iap. Fõca, qiõguenxa nadono taguy.

Circulatrix, icis. fœmin. Idem.

Circulatorius, a, um. Lus. Cousa de charlatão, ou chocarreiro. Iap. Fõca, qiõguenxa nadoni ataru coto.

Círculo, as. Lus. Rodear, ou cercar. Iap. Torimauasu, meguru.

Circulus, i. Lus. Circulo. Iap. Va. ¶ Irẽ, per transl. Mõ, cu roda, de gente que pratica. Iap. Curumazani atçumaru fito uo yũ.

Circum, præp. Lus. Ao redor. Iap. Mauarini.

Circumággero, as. Lus. Amontoar ao redor. Iap. Mauarini tçumi aguru, tçumi tatçuru.

Circũmago, is, egi, actum. Lus. Trazer ao redor. Iap. Mauasu, megurasu. ¶ Item, Afugentar. Iap. Voi nigasu.

Circumambulo, as. Lus. Andar ao redor. Iap. Meguru, mauaru.

Circumaro, as. Lus. Laurar ao redor. Iap. Tagayaxi mauasu.

Circumaspicio, is, exi, ectum. Lus. Olhar ao redor. Iap. Mimauasu.

Circũcidaneus, a, um, l, Circũsitius, a, um. vt circũcidaneum vinum. Lus. Agua pè. Iap. Budõno nibanzaqe.

Circũcido, is, di, sum. Lus. Cortar ao redor. Iap. Mauarino qiru, l, qirimauasu. ¶ Circũcidere vinum. Lus. Prohibir o vinho. Iap. Qinxuuo suru.

Circũcingo, is. Lus. Cingir ao redor. Iap. Torimauasu.

Circũ circa, adu. Lus. Ao redor. Iap. Mauarini.

Circũcisè, adu. Sucintamente. Iap. Tçuzzumete, riacuxite.

Circũcisio, onis, l, Circũcisura, æ. Lus. O cortar ao redor. Iap. Mauariuo qiru coto nari.

Circũcisus, a, um, Lus. Cousa cortada ao redor. Iap. Qirimauasaretaru coto.

Circũcludo, is, si, sum. Lus. Encerrar de todas as partes. Iap. Toricacomu.

Circũcolo, is, xi, ultum. Lus. Habitar perto, ou junto dalgum lugar. Iap. Tocorono mauarini, l, fotorini sumu.

Circũcolumnium, ij. Lus. Lugar cercado de varandas, ou craſtas. Iap. Rõcauo tçucuri mauaxitaru tocoro, l, quairono aru tocoro.

Circũculco, as. Lus. Pisar a roda. Iap. Fumi mauaru.

Circũcurro, is. Lus. Correr, l, discorrer a roda. Iap. Mauariuo meguru, caqeru.

Circũcurso, as. frequent. Idem.

Circũdatus, a, um. Lus. Cousa cercada. Iap. Toricacomaretaru coto.

Circũdo, as. Lus. Cercar. Iap. Toricacomu, torimauasu, torimaqu.

Circũdolo, as. Lus. Laurar madeira a roda. Iap. Qezzuri mauasu.

Circũduco, is, xi, ctum. Lus. Trazer, ou guiar ao redor. Iap. Fiqimauasu. ¶ Circumducere aliquẽ per dolos. Lus. Enganar a alguẽ alguē. Iap. Tabacanu, tabumacaſu. ¶ Itē, Anular o apagar. Iap. Yamuru. Apudiioris cõſ.

Circumductio, onis. Lus. Engano. Iap. Buriacu, l, taburacaſu coto nari.

Circumeo, is. Lus. Andar ao redor. Iap. Mauaru, meguru.

Circumequito, as. Lus. Andar a cauallo ao redor. Iap. Norimauaru, norimeguru.

Circũfero, ers, tuli, latum. Lus. Trazer à roda. Iap. Fiqimauaſu. ¶ Itē, per tráſl. Purificar. Iap. Qiyomuru.

Circũfirmo, as. Lus. Fortalecer em roda. Iap. Camayuru.

Circũflecto, is, xi, xum. Lus. Dobrar ē roda. Iap. Mauaſu, maguru.

Circũflexus, us. Lus. O dobrar em roda. Iap. Magari, vagari.

Circũflexus, a, um. Lus. Couſa dobrada em roda. Iap. Magaritaru coto.

Circũflo, as. Lus. Aſoprar ao redor. Iap. Xofŏ yori fuqu.

Circũfluens, entis. Lus. Couſa abundante. Iap. Iuntacu naru coto, bentŏ naru coto. ¶ Item, O que corre cercando em roda, como rio, &c. Iap. Vmi, cauano gotoqu nagare mauaru coto.

Circũfluo, is, xi, xum. Lus. Abundar, ter copia. Iap. Iũmanni moţçu, jũtacuni moţçu, tacuſanni aru. ¶ Itē, Cõcorrer a algũ lugar. Iap. Faxe atçumaru, yori tçudŏ. ¶ Item, Manar, ou correr ao redor. Iap. Nagare mauaru.

Circũfluus, a, um. Lus. Couſa que mana correndo ao redor. Iap. Nagare meguru mono. ¶ Item, Couſa cercada de mar, rio, &c. Iap. Vmi cauani torimauaſareta ru tocoro.

Circũfodio, is, di, ſſum. Lus. Cauar ao redor. Iap. Forimauaſu.

Circũforanea domus. Lus. Caſa portatil, e leuadiça. Iap. Toriuoqini furu iye.

Circũforanei, l, Circũforani, orum. Lus. Vagamũdos que andam polas praças ganhando dinheiro com chocarrices. Iap. Ichi, machinite tauaburegotouo yũte youo vataru mono.

Circũforo, as. Lus. Furar ao redor. Iap. Mauarini anauo aquru.

Circũfoſſor, oris. Lus. O que caua ao redor. Iap. Forimauaxite.

Circũfoſſura, æ. Lus. Cauadura a roda. Iap. Forimauaſu cotouo yũ.

Circũfrico, as, vi, ictum. Lus. Esfregar ao redor. Iap. Mauariuo ſuru, l, ſauara uo caquru.

Circũfulgeo, es. Lus. Reſplandecer ao redor. Iap. Cacayaqu, mauarini ficariuo faßatçu.

Circũfundo, is, di, ſum. Lus. Derramar ao redor. Iap. Soſoqi mauaſu, l, mauarini mizzu nadouo nagaſu. ¶ Item, Rodear. Iap. Torimauaſu.

Circumgelatus, a, um. Lus. Couſa congelada ao redor. Iap. Mauarini couori no faritaru coto.

Circũmgemo, is, vi, itum. Lus. Gemer ao redor. Iap. Naqi mauaru, vmeqi mauaru.

Circumgeſto, as. Lus. Trazer por todas as partes. Iap. Mochimauaru.

Circũmglobo, as. Lus. Arredõdar, fazer redondo. Iap. Maromuru. ¶ Item, Amontoar. Iap. Tçumiaguru.

Circumiaceo, es, vi, itum. Lus. Iazer ao redor. Iap. Mauarini yru, fuſu.

Circumiectus, us. Lus. O botar ao redor. Iap. Naguemauaſu coto nari.

Circumiectus, a, um. Lus. Couſa cercada. Iap. Torimauaſaretaru coto.

Circumjicio, is, eci, ectum. Lus. Arremeſſar ao redor. Iap. Naguemauaſu. ¶ Circumjicere vallum. Lus. Fazer valo em roda. Iap. Mauarini doiuo tçuqu.

Circumlambo, is. Lus. Lamber ao redor. Iap. Neburimauaſu.

Circũmligo, as. Lus. Atar ao redor. Iap. Yui mauaſu.

Circumlinio, is, iui, itum. Lus. Vntar ao redor. Iap. Nuri mauaſu.

Circũmlino, is, Idem.

Circumlitio, onis. Lus. Vntura. Iap. Nurimauaſu coto nari. ¶ Item, Derradeira mão que ſe dà a pintura enuernizando a doa &c. Iap. Qiyogaqi, vuanuri, yeno caqivoſame.

Circumlocutio, onis. Lus. O falar por ro deos. Iap. Voimauaite yũ coto nari.

Circumluo, is, lui. Lus. Correr couſa liquida ao redor. Iap. Nagare mauaru.

Circumluuio, onis, eſt cùm partem alicuius agri rapidus amnis in alueum ſuũ impulerit, & in modũ inſulæ circumvoluerit.

Circummitto, is. Lus. Mandar ao redor. Iap. Yarimauaſu.

Circummulceo, es. Lus. Afagar. Iap. Amayacaſu, yexacuuo ximauaru.

Circummunio, is, iui, itum. Lus. Fortalecer ao redor. Iap. Camaye mauaſu.

Circummunitio, onis. Lus. O fortalecer em roda. Iap. Camaye mauaſu coto nari.

Circũnaſcor, eris. Lus. Nacer eruas, &c. ao redor. Iap. Vouori mauaru.

Circumobruo, is. Lus. Cubrir de terra ao redor. Iap. Tçuchiuo qixe mauaſu.

Circumpango, is, egi, actum. Lus. Plantar ao redor. Iap. Vye mauaſu.

Circumpauio, is. Lus. Piſar, ou bater ao redor. Iap. Fumimauaru, tçuqimauaru.

Circũmpedes, um. Lus. Moços de ſeruiço. Iap. Qinjuno xũ, l, qinpenni tçucauaruru xũ.

Circumplector, eris. Lus. Abraçar ao redor. Iap. Idaqimauaſu.

Circumplexus, us. Lus. O abraçar a roda. Iap. Idaqi mauaſu cotouo yũ.

Circũmplico, as. Lus. Rodear emburulhãdo. Iap. Maqu. vt, cazzuraga qi o maqu.

Circumpono, is. Lus. Pór ao redor. Iap. Mauarini voqu.

Circumpotatio, onis. Lus. O beber em roda. Iap. Mauarinomiuo ſuru coto nari.

Circumrado, is. Lus. Rapar, ou raſpar ao redor. Iap. Mauariuo ſuru, mauariuo coſogu.

Circumretio, is. Lus. Enredar. Iap. Amiuo tatemauaſu.

Circumrodo, is, ſi, ſum. Lus. Roer ao redor. Iap. Mauariuo caburu. ¶ Item, per transl. Meditando rumiar. Iap. Xi-

yui, xoſuru. ¶ Item, Detrahir. Iap. Soxiru.

Circumſcalpo, is. Lus. Eſgaratuxar, ou eſcarnar ao redor. Iap. Neuo vgatçu.

Circumſcarifico, as. Lus. Çarafaçar ao redor. Iap. Fariſaqi nite qirimauaſu.

Circumſcindo, is. Lus. Cortar ao redor. Iap. Qirimauaſu.

Circumſcribo, is. Lus. Concluir, ou pór termo. Iap. Sacaiuo tatçuru, caguiriuo ſadamuru. ¶ Aliqñ. Enganar. Iap. Tabacaru.

Circumſcriptè, adu. Lus. Breue, e ſucintamente. Iap. Riacuxite, tçuzzumete.

Circumſcriptio, onis. Lus. Limite, ou termo. Iap. Caguiri, ſacai. ¶ Item, Engano. Iap. Taraxi, tabacari.

Circumſcriptor, oris. Lus. Enganador. Iap. Taraxite.

Circúmſeco, as, cui, ctum. Lus. Cortar ao redor. Iap. Qirimauaſu.

Circumſecùs, adu. Lus. Ao redor. Iap. Mauarini.

Circumſedeo, l, Circumſideo, es, di, ſſum. Lus. Cercar de todas as partes. Iap. Toricacomu, torimauaſu.

Circumſepio, is. Lus. Cercar com ſebe. Iap. Caqiuo yui mauaru.

Circúmſero, is, eui, atum, l, itum. Lus. Semear, l, plantar ao redor. Iap. Mauarini vyuru, l, maqu.

Circumſeſſio, onis. Lus. Cerco. Iap. Toricacomi.

Circumſido, is. Lus. Eſtar a roda, como ter de cerco algũa cidade. Iap. Xiro nado uo torimauaxite yru, l, toricacomite yru.

Circumſigno, as. Lus. Marcar, ou aſsinalar ao redor. Iap. Mauarini voxiteuo tçuqu, l, xiruxiuo ſuyuru.

Circumſiſto, is. Lus. Eſtar a roda de alguẽ. Iap. Mononomauarini yru.

Circúmſono, as. Lus. Soar de todas as partes. Iap. Fibiqi mauaru, narimauaru.

Circũſpectator, & circũſpectatrix. fœm. Lus. O que olha a todas as partes. Iap. Mimauaſu mono.

Cir

Circumspectè, adu. Lus. Com cõsideração. Iap. Yenriouo cuiuayete.

Circumspectio, onis, l, Circumspectus, us. Lus. Diligente consideração, l, circunspecção. Iap. Yôjin, xian.

Circumspecto, as. Lus. Olhar ao redor muitas vezes. Iap. Tabitabi mimauasu.

Circumspectus, a, um. Lus. Cousa bem aduertida, & considerada. Iap. Nenuo yoqu tçucaitaru coto, l, yenriouo cuiuayetaru coto.

Circumspergo, is. Lus. Espargir ao redor. Iap. Sosoqi mauasu.

Circumspicientia, æ. Lus. Aduertimento. Iap. Yôjin, xian.

Circumspicio, is. Lus. Olhar ao redor. Iap. Mimauasu. ¶ Item, Considerar attentamente. Iap. Tçucuzzucuto xian suru. ¶ Circumspicere se. Lus. Comprazerse de si mesmo. Iap. Miuo manzuru, vagami uo yorocobu.

Circumspicuus, a, um. Lus. Cousa que se pode ver de todas as partes. Iap. Fappô yori miyuru coto.

Circumstantia, æ. Lus. Circunstancia da cousa. Iap. Mononi chinamu coto. ¶ Item, O estar a roda. Iap. Mauarini yru cotouo yũ.

Circumstatio, onis. Lus. O estar a roda. Iap. Mauarini yru cotouo yũ.

Circumstipo, as. Lus. Acompanhar rodeado. Iap. Iengouo xugoxi ynhô suru.

Circumsto, as, titi, itum. Lus. Cercar, l, estar a roda. Iap. Mauasu, l, mauarini yru.

Circũmstrepo, is. Lus. Fazer estrondo ao redor. Iap. Narimauaru.

Circumstruo, is. Lus. Edificar a roda. Iap. Mauarini zôsacu suru.

Circumsũdo, as. Lus. Suar de todas as partes. Iap. Ientai yori axeuo nagasu, l, xofô yori xizzucuto nagasu.

Circũsuo, is. Lus. Coser ao redor. Iap. Nui mauasu.

Circũmtego, is. Lus. Cubrir a roda. Iap. Mauarini vouô.

Circumtexo, is. Lus. Tecer ao redor. Iap. Vorimonouo vorimauasu.

Circũmtextum, i. Lus. Hum genero de vestido. Iap. Yxôno na.

Circũtondeo, es. Lus. Trosquiar ao redor. Iap. Fasami mauasu.

Circũtono, as. Lus. Trouejar ao redor. Iap. Soraga narimauaru.

Circũtremo, is. Lus. Tremer a roda. Iap. Yurimauaru, vgoqimauaru.

Circumuãdo, is. Lus. A cometer de todas as partes em roda. Iap. Xofô yori toricacaru.

Circũmuagus, a, um. Lus. Cousa que corre a roda de outra cousa. Iap. Faxirimeguru mono.

Circumuallo, as. Lus. Valar, ou cercar. Iap. Tçuçumi, l, doiuo tçuqimauasu, l, camayuru.

Circumuectio, onis. Lus. O trazer ao redor ás costas. Iap. Xeuôte mauaru, l, noxete mauaru coto nari.

Circũmueho, is, exi, ectum. Lus. Trazer ás costas ao redor. Iap. Xeuôte mauaru, noxete mauaru.

Circumuecto, as. freq. Idem.

Circumuenio, is. Lus. Cercar. Iap. Torimauasu. ¶ Aliqñ. Enganar. Iap. Tabacaru, damasu. ¶ Aliqñ. Oprimir. Iap. Nayamasu, xemuru.

Circumuerto, as. Lus. Virar ao redor. Iap. Mauasu, meguraisu.

Circumuerto, is. Idem. ¶ Circumuertere aliquem argento. Lus. Por enganos tomar o dinheiro a alguem. Iap. Tabacatte fito no caneuo toru.

Circumuestio, is. Lus. Vestir ao redor. Iap. Qixe mauasu.

Circumuincio, is. Lus. Atar ao redor. Iap. Yuimauasu.

Circumuiso, is. Lus. Ver, ou visitar ao redor. Iap. Mimauasu, mimaimauaru.

Circũmuolo, as. Lus. Voar ao redor. Iap. Torino tobimauaru.

Circumuólito, as. freq. Idem. ¶ Item, per transl. Andar depressa vendo, ou visitando algũa cousa. Iap. Xiguequ mimô.

Circumuoluo, is. Lus. Virar em roda. Iap. Mauasu, meguraiu. Cir-

Circus, i. Lus. Circulo. Iap. Va. ¶ Itẽ, Lugar de jogos, e espectaculos. Iap. Nôruo miru xibai.

Ciris, is. Lus. Cotouia. Iap. Cotorino na.

Cirnea, æ. Lus. Vaso de vinho. Iap. Saqe no vtçuuamono.

Cirratus, a, um. Lus. Cousa de cabellos crespos. Iap. Camino chigimitaru mono.

Cirrus, i. Lus. Cabello crespo. Iap. Chigimitaru qe. ¶ Item, (secundum alios) Cabellos da cabeça trosquiados. Iap. Fasamitaru camigue.

Cis. Lus. Gurgulho. Iap. Comemuxi.

Cis, l, Citra, præp. Lus. Aquem. Iap. Cochino cata. ¶ Item, Sine. Lus. Sem. Iap. Naqute. ¶ Item, Antes. Iap. Yjen.

Cisarius, ij. Lus. Carreiro de certo carro. Iap. Aru curuma yari.

Cisium, ij. Lus. Hum genero de carro de duas rodas. Iap. Curumano na.

Cissus, i. Lus. Hũa laya de era. Iap. Tçutano taguy.

Cista, æ. Lus. Cesto. Iap. Cagono rui. ¶ Item, Certa arca. Iap. Carôtono taguy.

Cistella, l, Cistula, l, Cistellula, æ. dim. Idẽ.

Cisterna, æ. Lus. Cisterna. Iap. Amamizzuuo tame tacuuayuru tameni tocoroyetaru yno taguy.

Cisterninus, a, um. Lus. Cousa de cisterna. Iap. Miguino tocoroni ataru coto.

Cistifer, a, um. Lus. O que traz cesto. Iap. Cagouo zuixin xiraru mono.

Cistellatrix, cis. fœm. Idem.

Cistus, i. Lus. Sargaço. Iap. Chijsaqi qino na.

Citatim, adu. Lus. Apressadamente. Iap. Fayaqu.

Citatus, a, um. Lus. Cousa apressada. Iap. Fayaqi mono.

Citerior, & ius. Lus. Mais daquem. Iap. Nauo conatani aru coto.

Cithara, æ. Lus. Viola. Iap. Fiqu biua. ¶ Item, Ar monia de cordas. Iap. Biuano fiqiocu. Virg.

Citharœdus, i. Lus. O que tange, & canta a viola. Iap. Biua fiqi vtô mono.

Citharista, æ. Lus. O que tange a viola sẽ cantar. Iap. Biua fiqi.

Citharœdicus, a, um. Lus. Cousa de tangedor de viola. Iap. Biuafiqini ataru co to.

Citharistria, æ. Lus. Tangedora de viola. Iap. Biuauo fiqu vonna.

Citimus, a, um. Lus. Cousa de muito da quem. Iap. Conatani ichi chicaqi coto.

Cito, as. Lus. Chamar, ou citar. Iap. Qẽdannin no mayeni yobi idasu. ¶ Item, Prouocar. Iap. Vocosu, saisocu suru.

Citò, adu. Lus. Cedo, l, prestes. Iap. Fayaqu, sôsô, qitto.

Citus, l, Citatus, a, um. Lus. Cousa ligeira. Iap. Fayaqi coto.

Ciuicus, a, um. Lus. Cousa de cidade. Iap. Vôqinaru zaixoni ataru coto. ¶ Item, Cousa de cidadão. Iap. Daijôri, miyaco no giũninni ataru coto.

Ciuilis, e. Lus. Cousa de cidadão. Iap. Qiô fitoni ataru coto, l, vôqinaru zaixo no giũninni ataru coto.

Ciuilitas, atis. Lus. Policia, vrbanidade. Iap. Reigui, jigui, fô.

Ciuiliter, adu. Lus. Como cidadão. Iap. Qiôdan fitocuni xitagatte.

Ciuis, is. Lus. Cidadão. Iap. Vôqinaru jôcino giũnin.

Ciuitas, atis. Lus. Cidade. Iap. Daijôri. ¶ Item, Toda a prouincia que se gouerna polas mesmas leys. Iap. Vonaji fitocuni, fattoni xitagô cuni. ¶ Aliqñ, Priuilegio de cidadão. Iap. Miguino fitono menqio.

C ANTE L.

CLades, is. Lus. Destruição. Iap. Metbô, metqiacu, famet, faiguin.

Clam. præp. Lus. Escondidamente. Iap. Fisocani, cacurete, xinobite.

Clanculanius, a, um. Lus. Cousa escondida, & secreta. Iap. Cacuretaru coto, fimit naru coto.

Clanculum, adu. Lus. Escondidamente. Iap. Fisocani.

Clandestinò, adu. Idem.

Clandestinus, a, um. Lus. Cousa oculta. Iap. Cacuretaru coto, mitji.

Clama-

Clamator, oris. Lus. O que grita, ou clama. Iap. Saqebumono, yobauaru mono.

Clamatorius, a, um. Lus. Cousa que grita. Iap. Vomequ mono.

Clamo, as. Lus. Gritar, bradar. Iap. Va mequ, saqebu, nonoxiru, cŏxŏni yoba uaru, daiuonuo aguru. ¶ Item, Afirmar. Iap. Tessuru, iy catamuru. ¶ Item, Chamar. Iap. Fitouo yobu. ¶ Item, Aqueixarse. Iap. Xucquai suru.

Clámito, as. freq. Idem.

Clamor, oris. Lus. Brado, clamor. Iap. Vonjŏ, saqebi.

Clamosus, a, um. Lus. Cousa que muito grita. Iap. Vomeqi saqebu mono.

Clango, is, xi, l, gui. Lus. Soar, l, tanger trombeta. Iap. Caiuo fuqu, l, caiga naru. ¶ Item, Cantar o pato, ou aguia. Iap. Ga, l, vaxiga naqu.

Clangor, oris. Lus. Som da trombeta. Iap. Caino fibiqi, caino coye. ¶ Item, Voz do pato, ou sõ de outras cousas. Iap. Gano naqu coye, l, monono fibiqi.

Clarè, adu. Lus. Claramente. Iap. Aqiracani.

Clareo, es, vi. Lus. Ser claro. Iap. Ficaru, cacayaqu. ¶ Item, Ser afamado. Iap. Mei youo fodccosu. ¶ Claret mihi hoc. Lus. Entendo isto. Iap. Funbet suru.

Claresco, is. Lus. Fazerse claro. Iap. Aqiracani naru.

Clarifico, as. Lus. Aclarar, ou fazer claro. Iap. Aqiracani nasu, sumasu.

Clarigatio, onis. Lus. Opublicar a guerra quãdo os imigos nã querem satisfazer, & recompensar as injurias, ou dános feitos, etc. Iap. Ranbŏ, rŏjeqiuo naxitaru cataye sono tçucunoiuo xezumba, qiŏxĕni voyo bubeqi to iy caquru coto nari. ¶ Item, Pena pecuniaria. Iap. Quaxen, l, quatai ni idasu qinguin, beixen.

Clárigo, as. Lus. Denunciar guerra da maneira dita. Iap. Miguino gotoquni qiŭxẽ ni voyobu beqi to cotouariuo yŭ.

Claritas, atis. Lus. Claridade. Iap. Ficari, aqiracasa, quŏmiŏ. ¶ Aliqñ. Excellencia. Iap. Meiyo, fomare, fuguretaru coto. ¶ Item, Clareza da escritura, &c. Iap. Cotouarino aqiracasa.

Claritudo, inis. Idem.

Clarus, a, um. Lus. Cousa clara. Iap. Aqiracanaru coto. ¶ Item, Cousa illustre, & afamada. Iap. Cacure naqi coto. ¶ Interd. Cousa sonora. Iap. Tayenaru coto, vt tayenaru ne.

Classiarius, ij. Lus. Soldado da armada. Iap. Funamuxa.

Classicum, i. Lus. Trombeta. Iap. Cai. ¶ Item, Som da trombeta. Iap. Caino ne. ¶ Classicum canere. Lus. Tanger a arremeter. Iap. Cacarigaiuo fuqu.

Classicus, a, um. Lus. Cousa de armada. Iap. Fiŏxenni ataru coto. ¶ Item, Cousa de classe, ou ordem. Iap. Cumi, atçumarigiŭni ataru coto. ¶ Classici autores. Lus. Autores classicos. Iap. Latin no xouo iyaxiqi cotobauo majiyezu xitecaqi voqitaru firubito. ¶ Classici. Lus. Trombeteiros que conuocauão o pouo. Iap. Bãminuo atçumuru caifuqi.

Classis, is. Lus. Frota, armada. Iap. Fiŏxen, amatano muxabune. ¶ Item, Ordem de cidadãos, discipulos, &c. Iap. Fitono touoriduori, giŭgiŭ, dandan.

Clathrata fenestra. Lus. Ianela de grades. Iap. Renjino aru mado.

Clathro, as. Lus. Tapar com grades. Iap. Renji, cŏxiuo xitçuquru.

Clathrus, i, l, Clathrum, i. Lus. Grade. Iap. Renji, cŏxi.

Claua, æ. Lus. Maça. Iap. Caxira futoqi bŏ, l, caxirauo qiriconarini qezzuri naxitaru bŏ.

Clauatæ vestes. Lus. Hũa laya de vestidos. Iap. Canocono cosode.

Clauator, oris. Lus. O que vsa de maça. Iap. Caxirauo qiriconarini qezzuri naxitaru bŏuo tçucŏ fito.

Clauatus, a, um. Lus. Cousa cercada de pontas agudas como pregos. Iap. Cuguino saqiuo pixxito vchi idaxitaru yŏnaru mono. ¶ Clauata, orum. Lus. Certo vestido, ou

ou calçado. Iap. Yxǒ, l, cutçuno taguy.
Claudicatio, onis. Lus. O manquejar. Iap. Coxiuo fiqu coto nari.
Cláudico, as. Lus. Manquejar. Iap. Coxiuo fiqu. ¶ Item, per transl. Ser falto. Iap. Taxxezaru, fusocu naru.
Claudítas, atis. Lus. Manqueira. Iap. Coxi uo fiqu cotouo yŭ.
Claudo, is, si, sum. Lus. Cerrar, ou fechar. Iap. Fusagu, tozzuru, touo tatçuru, touo sasu. ¶ Itē, Cercar. Iap. Meguri mauaſu.
Claudus, a, um. Lus. Cousa manca dos pès, ou coxo. Iap. Axinayetaru mono, coxifiqi, chimba.
Clauicula, æ. Lus. Chauinha. Iap. Chijsaqi cagui. ¶ Item, Ello da vide. Iap. Budǒ no tçuru. ¶ Item, Parra, ou ramo tenro da vide. Iap. Budǒno vacayeda.
Clauicularius, ij. Lus. Chaueiro. Iap. Cagui tori, caguiuo azzucaru yacuxa.
Clauiculatus, a, um, i. clauiculis instructus.
Clauiculus, i. Lus. Preguinho. Iap. Chijsa qi cugui. ¶ Item, Ello da vide. Iap. Bu dóno tçuru. ¶ Item, Ramo tenro da vide. Iap. Budǒno vacayeda.
Clauis, is. Lus. Chaue. Iap. Iǒno cagui.
Clauola, æ. Lus. Estaca pera plantar. Iap. Qino tçuguifo sasu qi.
Claustrarius, ij. Lus. O que faz sebes, pagares, &c. Iap. Fitono cayouazaru yǒni, caqi, cabe nado nite michiuo fusagu fito.
Claustrum, i. Lus. Encerramento. Iap. Ficcomorite guaijinno itarazaru tocoro. ¶ Item, Porta, ou tudo com que se fecha algũa cousa. Iap. To, michiuo fusagu to, categu.
Clausula, æ. Lus. Clausula, ou termo. Iap. Sacai, l, cuno qiridocoro. ¶ Item, Fim. Iap. Monono fate. ¶ Item, Sentença. Iap. Go. ¶ Item, Conclusam. Iap. Qetgiacu.
Clausum, i. Lus. Lugar cerrado. Iap. Cacoi mauaxitaru tocoro.
Clausus, a, um. Lus. Cousa cerrada, ou fechada. Iap. Caqiuo yui mauaxitaru mono, ficcǒdaru mono, togi comeraretaru mono.

Clauus, i. Lus. Prego. Iap. Cugui. ¶ Itē, Cana do leme. Iap. Funeno cagizzuca. ¶ Item, Leme. Iap. Cagi. ¶ Item, Crauo do pè, ou mão. Iap. Anamata. ¶ Itē, Hum genero de vestido. Iap. Aru yxǒno na. ¶ Item, Hũa como burbulha q̃ nace no olho. Iap. Megasano taguy.
Clemens, entis. Lus. Cousa clemente, e piadosa. Iap. Nhǔnan naru coto, renmin fucaqi coto, airennaru coto.
Clementer, adu. Lus. Piadosamente. Iap. Nhǔnanni, airen vomotte.
Clementia, æ. Lus. Piedade, mansidam. Iap. Nhǔua ninnicu, renmin, airen.
Clepo, is, psi, ptum. Lus. Furtar. Iap. Monouo nusumu. ¶ Clepere verba alicuius. Lus. Notar curiosamente as palauras dalguem. Iap. Cotobano fibiqiuo qiqi vo te santo nerǒ.
Clépsydra, æ. Lus. Relogio de agoa. Iap. Mizzunorǒcocu. ¶ Item, Hum instrumēto dos astrologos. Iap. Foxiuo facaru dǒguno na.
Cleromantia, æ. Lus. Diuinhaçam q̃ se faz por sortes. Iap. Vracata, sanuo voqu, vranai.
Clerus, i. Lus. Bichinho. Iap. Muxino na. ¶ Item, Erança. Iap. Yuzzuri.
Clibanarius, ij. Lus. Homem que entra na batalha mui bē armado. Iap. Ixxucu yorǒte xengiǒni izzuru mono.
Clíbanus, i. Lus. Forno. Iap. Mochino taguy uo yaqu cama.
Clidium, ij. Lus. Parte da garganta do atum. Iap. Xibino yerano atarino vsumi.
Cliens, entis. Lus. Apaniguado. Iap. Yoriqino mono, l, yoriqo. ¶ Item, Encomēdado a algum auogado. Iap. Cuji satani tçuite vqe cacariteuo tanomu mono. ¶ Item, Vassalo. Iap. Qeraino mono.
Clienta, æ. fœmi. Idem.
Clientela, æ. Lus. Companhia dos apaniguados. Iap. Suyeno vonxǒni meuo caqete chisǒ suru monono cunju. ¶ Item, Lealdade, defensa, fè. Iap. Yoriqi nadoni tai xite atauasu tanomoxisa.

Clima, atis. Lus. Clima. Iap. Têni voite fan toqizzutçuno fedateuo arauasu sugi nari.
Climax, est figura, quæ dicitur gradatio, qua paulatim veluti per scalas ascendimus.
Clinâmen, inis. Lus. Inclinação. Iap. Mono ni catamuqu xei.
Clinice, es, Medicina est, quæ victu, & pharmacis corporibus medetur.
Clinicus, i. Lus. Medico. Iap. Yxa, cusuxi. ¶ Item, Doente incurauel. Iap. Reôgini cacauaranu biôja.
Clitella, æ. Lus. Albarda. Iap. Nigura.
Clitellarius, a, um. Lus. Besta dalbarda. Iap. Nigarauo vouqu vxi, vmano taguy.
Cliuôsus, a, um. Lus. Lugar de muitas ladeiras. Iap. Sacano vouoqi tocoro.
Cliuus, i. Lus. Lugar ingreme. Iap. Saca. ¶ Item, Outeiro. Iap. Coyama.
Cliuulus, i. dim. Idem.
Cloâca, æ. Lus. Cano, ou lugar onde se ajuntam immũdicias. Iap. Xexenague, l, suimon. ¶ Cloacale flumen. Lus. Immũdicia de todos os canos. Iap. Zaixo no vchino suimon.
Cloacarium, ij. Lus. Dinheiro quese paga por alimpar lugares immundos. Iap. Sui monuo sôgi suru fitoni nasu chin.
Cloâco, as. Lus. Sujar. Iap. Qegasu.
Clocidatus, a, um. Lus. Cousa doce, & suaue. Iap. Amaqi mono. Apud antiquos.
Cludo, is, si, sum. Lus. Fechar. Iap. Fusagu, xequ, touo tatçuru, tozzuru.
Clueo, es, i, Cluo, is. Lus. Ser estimado, & nomeado. Iap. Menbocuuo fodocosu, fomarega qicoye vataru.
Ciuma, æ, Lus. Capa do grão de ceuada. Iap. Vômuguino tçubuno caua.
Clunâculum, i. Lus. Cutelo de carniceiro. Iap. Vxi, fitçuji nadouo qiru fôchô.
Clunis, is. Lus. Nadegas. Iap. Vma nadono buchi vchi, fitono yebira tçuqe.
Cluniculus, i. dim. Idem.
Clypeatus, a, um. Lus. O que traz escudo. Iap. Tatemochi, tate tçuqi.
Clypeus, ei. Lus. Escudo. Iap. Tedate, tate.
Clyster, êris, l, Clysterium, ij. Lus. Cristel.

Iap. Xayacuno taguy. ¶ Item, Seringa. Iap. Xayacuno toqi mochiyuru mizzu fajiqino yônaru dôgu.

C ANTE O.

COA, orum, l, Coa vestis. Lus. Hum vestido de seda muito fina. Iap. Qinxano taguy nite xitaru yxôno na.
Coaccêdo, is. Lus. Chegar juntamente. Iap. Dôjini tçuqu, dôjini mairu.
Coaceruatio, onis. Lus. Amontoamento. Iap. Atçumuru, l, tçumu coto nari.
Coaceruo, as. Lus. Amontoar. Iap. Atçumuru, tçumu.
Coacesco, is. Lus. Azedarse. Iap. Sũ naru.
Coactilia, orum. Lus. Almofreixe, ou enuoltorio de vestidos, &c. Iap. Firazzutçumi.
Coactio, onis. Lus. Ajuntamento. Iap. Atçumuru coto nari.
Coacto, as. Lus. Constranger a miude. Iap Saisai sucumuru.
Coactor, oris. Lus. Constrangedor. Iap. Sucumete. ¶ Item, Ajuntador. Iap. Atçumete.
Coactus, us. Lus. Constrangimento. Iap. Sucumuru coto uo yũ.
Coaddo, is. Lus. Ajuntar em hũ. Iap. Fitotçuni atçumuru.
Coaddûno, as. Idem.
Coædifico, as. Lus. Fazer muitos ædificios jũtos em hum lugar. Iap. Ixxoni xiguequ amatano iyeuo tatçuru.
Coæqualis, e. Lus. Cousa igual. Iap. Vonaji fodo, vonaji touori naru mono.
Coæquo, as. Lus. Igualar hũa cousa cõ outra. Iap. Narabuiu.
Coætaneus, a, ũ. Lus. Cousa de hũa mesma idade, e tẽpo. Iap. Vonaji jidaino mono, vonaji toxibai, vonaji toxigorono mono.
Coæuus, a, um. Lus. Cousa da mesma idade. Iap. Dôneu, vonaji toxi naru mono.
Coagitatio, onis. Lus. O instigar ou picar. Iap. Mononi susumeto, moyouosu coto nari. ¶ Item, Mouimento, e alteração. Iap. Vmi nadono sauagu coto uo yũ.
Coagmenta, orum. Lus. Trauadura, liame. Iap. Auaxeme, tçuguime.

Coagmentatio, onis. Lus. O ajuntar, ou trauar hũa cousa com outra. Iap. Auasuru, l, tçugu coto nari.

Coagmento, as. Lus. Trauar, ou ajũtar hũa cousa com outra. Iap. Auasuru, tçugu.

Coagulatio, onis. Lus. O coalhar. Iap. Catamuru coto nari. ¶ Item, O ajuntar. Iap. Auasuru coto nari.

Coágulo, as. Lus. Coalhar. Iap. Catamuru.

Coágulum, i. Lus. Coalho. Iap. Guiũ yõ no co imada cusauo famazaru vchini, nomitaru chi xõfuni, catamarite aru uo yũ. ¶ Per transl. O que vne, & ajunta. Iap. Monouo auasuru coto, l, dõgu.

Coaleo, es. Lus. Crecer hũa cousa com outra. Iap. Tomoni xeigiŏ suru, l, xeijin suru. ¶ Item, Vnirse hũa cousa com outra. Iap. Fitotçuni naru, ichimi suru.

Coalesco, is. Idem.

Coalluo, is. Lus. Ajuntar o rio com enchente cisco, area, &c. em hum lugar. Iap. Cauano mizzu masatte ixi, suna nado nagare atçumatte suto nasu.

Coamicus, i. Lus. Amigos juntamente com outros. Iap. Tagaini vomoiaitaru chijn.

Coangusto, as. Lus. Estreitar. Iap. Xebamuru.

Coarctatio, onis. Lus. Estreitamento. Iap. Xebamuru coto nari.

Coarcto, as. Lus. Estreitar. Iap. Tçuzzumuru, xebamuru.

Coarguo, is, ui, utum. Lus. Reprender. Iap. Modoqu, togamuru.

Coaspernor, aris, atus. Lus. Desprezar juntamente. Iap. Amatano mono dõjenni sague iyaximuru.

Coasso, as, l, Coaxo, as. Lus. Enmadeirar, ou entaboar. Iap. Itauo fagui auasuru.

Coaxo, as. Lus. Cantar a raã. Iap. Cairuga naqu.

Coccinatus, a, um. Lus. Cousa vestida de graã. Iap. Acaqi xõjõfiuo chacuxitaru mono.

Coccineus, l, Cocceus, a, um. Lus. Cousa de cór de graã. Iap. Acaqi xõjõfinoiro naru mono.

Cóccinum, i. Lus. Vestido de graã. Iap. Acaqi xõjõfino yxõ.

Coccinus, a, um. Lus. Cousa tinta de cór de graã. Iap. Acaqi xõjõfino ironi somitaru mono. ¶ Item, Cousa de cór de graã. Iap. Acaqi xõjõfino ironi nitaru mono.

Coccum, i. l, Coccus, i. Lus. Graã pera tingir. Iap. Acaqi xõjõfiuo somuru cusano mi.

Coccyx, gis. Lus. Cuco. Iap. Fototoguisu.

Cocetum, i. Lus. Hum manjar que se faz de dormideiras cõ mel. Iap. Mitçuto qexiuo auaxete suru xocubut.

Cochlacæ, arum. Lus. Pedras de rios redondas. Iap. Cauani aru maroqi ixi.

Cochlea, æ. Lus. Caracol. Iap. Catatçuburi, nina. ¶ Item, Parafuso do feixe do lagar. Iap. Budõxuya aburayo xiboru dóguno na. ¶ Item, Seixo do rio, ou praya. Iap. Vmi, cauani aru maroqu nametacanaru ixi.

Cochlearium, ij. Lus. Lugar de criar os caracoes. Iap. Catatçuburiuo cŏ tocoro. ¶ Item, Hũa certa medida de cousas liquidas. Iap. Abura, saqe nadono taguyuo facaru chijsaqi fixacuno na.

Cochleare, is. Lus. Colher. Iap. Xacuxi.

Cochlidium, ij. Lus. Escada de caracol. Iap. Nixino magarino gotoquni vyeye tçucuri aguetaru faxi.

Cochlis, dis. l, Cochlea, æ. Idem.

Cocles, itis. Lus. Torto, cu falto de hum olho. Iap. Catame, canda.

Cóctibilis, e. Lus. Cousa facil de se cozer. Iap. Ni yasuqi coto.

Cóctilis, e. Lus. Cousa cozida. Iap. Niyetaru coto.

Coctio, onis. Lus. Cozimento. Iap. Monono niyuru cotouo yũ. ¶ Coctuatoria vasa. Lus. Vasos de cozinhar. Iap. Daidocorono dõgu.

Cócito, as. Lus. Cozer a miude. Iap. Saisai niru.

Coctiuus, a, um. Lus. Cousa facil de cozer. Iap. Niyasuqi coto. ¶ Item, Fruita facil de amadurecer. Iap. Iucuxi yasuqi conomi.

Coctu-

Cóctura, æ. Lus. Cozimento. Iap. Mono no niyuru cotouo yŭ. ¶ Item, Temperamento do ceo. Iap. Tenno yeqi cagué.

Coctus, a, ũ. Lus. Couſa cozida, ou aſſada, &c. Iap. Niyetaru coto, aburitaru mono.

Cóculum, i. Lus. Panela de cobre. Iap. Acaganeno nabe. ¶ Item, Cauacos. Iap. Coqera.

Cocus, i, l, Coquus, i. Lus. Cozinheiro. Iap. Reôrixa.

Codex, icis, l, Caudex, icis. Lus. Liuro. Iap. Monono ton. ¶ Item, Tronco da aruore. Iap. Qino cabu, qino moto. ¶ Codex robuſtus. Lus. Hum genero de tormento. Iap. Caxacuno dôgu.

Codicariæ naues. Lus. Naos fortes, e groſſas. Iap. Góbuni tacumaxij fune.

Codicillaris, e, vt poteſtas codicillaris, eſt poteſtas conficiendi codicillos.

Codicilli, orum. Lus. Cartas. Iap. Fumi. ¶ Item, Codicillo de teſtamento. Iap. Yuzurijôno taguy.

Codícillus, i. Lus. Liurinho. Iap. Chijſaqi mononofon.

Cœliaci, orum. Lus. Doentes de hũa doença de eſtamago. Iap. Fucuchŭno aru yamai uo vqetaru mono. ¶ Cœliacæ; Mezinhas pera eſta doença. Iap. Cono yamai uo iyaſu cuſuri.

Cœliacus morbus. Lus. Hũa doença do eſtamago. Iap. Fucuchŭqe, ribiŏno na.

Cœlum, i, vide Cælum.

Cœmiterium, ij. Lus. Adro, cemiterio. Iap. Moxo, ſanmai, tacadocoro.

Coëmo, is, emi, emptum. Lus. Comprar. Iap. Monouo caitoru.

Coëmptio, onis. Lus. Compra. Iap. Monouo caitoru coto nari.

Cœna, æ. Lus. Cea. Iap. Yŭmexi, fiji, báſui.

Cœnula, æ. dimin. Idem.

Cœnacularia, æ. Lus. Trato de alugar caſas pera comer. Iap. Tabiŭtono vonjiqi qiŭſocuno tameni yadouo caſu xocu, l, vaza.

Cœnacularius, ij. Lus. O que aluga a outra caſa pera comer. Iap. Miguino bunni yadouo caſu fito. ¶ Itẽ, O alugador de caſa pera elle comer. Iap. Vonjiqi qiŭſocuno tameni reoxucuni tachiyoru fito.

Cœnaculum, i. Lus. Sala pera cear. Iap. Yŭmexino za. ¶ Item, Caſa de ſobrado. Iap. Nicai yori vyeno za.

Cœnatio, onis. Lus. Caſa de comer. Iap. Mexino zaxiqi, jiqidŏ.

Cœnatiuncula, æ. dimin. Idem.

Cœnatoria, orum. Lus. Veſtido que ſe vſa nos conuites. Iap. Furumaino toqini tçucŏ yxŏno na.

Cœnatorius, a, um. Lus. Couſa que pertence a vſo da cea. Iap. Yŭmexino torinoyeni ataru coto.

Cœnatus, a, um. Lus. O que tem ceado. Iap. Yŭmexiuo cuitaru mono.

Cœnaturio, is. Lus. Ter vontade de cear. Iap. Yŭmexiuo cuitai, l, cuitagaru.

Cœnaticus, a, um. Lus. Couſa de cea. Iap. Yŭmexini ataru coto.

Cœnípeta, æ. Lus. O que anda comendo de caſa em caſa dizendo chocarrices. Iap. Qiŏguen, qiocuuoiyte taijin taicano mo tou mauarite inochiuo tçugu mono.

Cœnito, as. Lus. Cear, ou comer muitas vezes. Iap. Saiſai mexiuo cŭ.

Cœno, as. Lus. Cear. Iap. Fijiuo cŭ, yŭmexiuo cŭ.

Cœnobium, ij. Lus. Moſteiro. Iap. Xucqe amata atçumarite yru tera.

Cœnobîta, æ. Lus. Frade. Iap. Xucqe.

Cœnoſus, a, um. Lus. Couſa chea de lama. Iap. Doro nadono vouoqi tocoro.

Cœnum, i. Lus. Lodo. Iap. Doro. ¶ per transl. Homẽ vil, e baixo. Iap. Ninpinin.

Coëo, is, iui, itum. Lus. Ajuntarſe. Iap. Vagŏſuru, gaſſuru. ¶ Coire in alienam litem. Lus. Por ſa lide demãda a alguẽ pera depois entre ſi partir o ganho. Iap. Tano tacarauo toran tote niſannin iy auaxe, murina cujiuo caqur u.

Coitio, onis. Lus. Conjuração, ou ajuntamẽto. Iap. Ièji, l, acujino dancŏno ſanquai.

Coitus, us. i. concubitus.

Cœpi, iſti. Lus. Começar. Iap. Fajimuru.

Cœpto, as. Idem.
Cœptum, i, l, Cœptus, us. Lus. Desenho, intento. Iap. Atedocoro, meate.
Coëquito, as. Lus. Caualgar juntamente. Iap. Tomoni vmani noru.
Coërceo, es, cui. Lus. Refrear, apertar. Iap. Ficayuru, ximuru. ¶ Item, Constranger. Iap. Sucumuru.
Coërcitio, l, Co rtio, onis. Lus. Refreamẽto. Iap. Ficaye. ¶ Itẽ, Castigo. Iap. Xeccan.
Coërro, as. Lus. Andar com outros de hũa parte pera outra. Iap. Fitouo tomonai fai quai suru.
Cœtus, us. Lus. Ajuntamento de gente. Iap. Fitono cunju, atçumari.
Cogitabilis, e. Lus. Cousa digna de cuidar. Iap. Xian subeqi coto.
Cogitatio, onis. Lus. Pẽsamẽto. Iap. Xian, nẽ.
Cogitatò, Cogitatè, Cogitatim, adu. Lus. Cuidadamẽte, de industria. Iap. Xiã vomotte, vazato.
Cogitatum, i. Lus. Cousa cuidada. Iap. Yoqu xian xitaru coto.
Cogito, as. Lus. Cuidar. Iap. Xian suru, vomô, zonzuru.
Cognatio, onis. Lus. Parentesco. Iap. Xinruino yen.
Cognatus, a, um. Lus. Parente. Iap. Xinrui. ¶ Item, Cousa semelhante. Iap. Aitagaini nitaru coto.
Cognitio, onis. Lus. Conhecimento. Iap. Vaqimayuru coto nari, xiru coto nari. ¶ Item, Iuizo. Iap. Tadaxi, qiǔmei.
Cógnitor, oris. Lus. Conhecedor. Iap. Mixirite. ¶ Item, Procurador da demanda. Iap. Cujino toritçugui.
Cógnitus, a, um. Lus. Cousa conhecida. Iap. Xiretaru coto.
Cognobilis, e. Idem.
Cognomẽ, inis. Lus. Sobrenome. Iap. Miǒji.
Cognomentum, i. Idem.
Cognominis, is. Lus. Os que tem o mesmo nome. Iap. Dǒmiǒno mono.
Cognómino, as. Lus. Pór sobrenome. Iap. Miǒjiuo tçuquru.
Cognósco, is, iui, itum. Lus. Conhecer. Iap. Mixiru. ¶ Item, Entender, ou saber. Iap. Xiru. ¶ Cognoscere de aliqua re. Lus. Iulgar algũa cousa. Iap. Tadasu, satasuru. ¶ Cognoscere de actis alicuius. Lus. Inquirir dos feitos de alguem. Iap. Fitono vyeuo qiǔmei suru.
Cogo, is, egi, actum. Lus. Constranger. Iap. Sucumuru. ¶ Item, Ajuntar. Iap. Atçumuru. ¶ Quandoq;, Ordenhar. Iap. Chibusauo xiboru. ¶ Quandoq;, Endurecer a outra cousa. Iap. Catamuru, cauo rasuru. ¶ Item, Meter dentro, atochar. Iap. Iruru, comu. Vt, cusabiuo vchicomu. ¶ Item, Por em ordem. Iap. Xidaiuo voite naraburu. ¶ Cogere aliquem in ordinem. Lus. Meter em ordem a alguẽ tratando o igualmente como a outros. Iap. Fôbaino namini quafuguiǔ naqi yǒni fitono xindaiuo nasu.
Cohærarius, ij. Lus. Coadiutor no officio. Iap. Yacuno cǒriocunin.
Cohærentia, æ. Lus. Ajuntamento. Iap. Tçui, vt, tçuixenu, l, vagǒ.
Cohæreo, es, si, sum. Lus. Estar apegado a outro. Iap. Mononi toritçuqu. ¶ Itẽ, Quadrar. Iap. Niyǒ.
Cohæresco, is. Idem.
Cohæres, ēdis. Lus. Companheiro na erançа. Iap. Dôjenni yuzzuriuo vquru xu.
Cohibeo, es, ui, itum. Lus. Refrear, reprimir. Iap. Ficayuru, vosayuru.
Cohibitio, onis. Lus. Refreamento. Iap. Ficayuru coto nari. ¶ Item, Prohibiçâo. Iap. Qinjei.
Cohonesto, as. Lus. Honrar. Iap. Xǒquã suru, cacaguru.
Cohorreo, es, l, Cohorresco, is. Lus. Ter grande medo. Iap. Vôqini vosoruru, guiǒten suru.
Cohors, ortis. Lus. Esquadrão da guerra. Iap. Fitoteno ninju. ¶ Item, Ajuntamento de gente. Iap. Vôjei, gunjei, atçumari, cunju. ¶ Item, Acompanhamẽto dos magistrados quando hiam as prouincias. Iap. Tacocuye yucaturu xugodai no tomono buxi.

Cohors, l, Cors, tis. Lus. Casa de criar galinhas, adens, &c. Iap. Torino toya.

Cohortalis, l, Cortalis gallina. Lus. Galinha criada em tal casa. Iap. Toyani caua retaru niuatori.

Cohortatio, onis. Lus. Amoestação. Iap. Susume, isame.

Cohortor, aris. Lus. Amoestar, induzir. Iap. Susumuru, isamuru.

Cohum, i. Lus. Tamoeiro, ou correa com que se amarra o arado no jugo. Iap. Vxino cubicaxeuo curumano nagayeni yuitçuquru vo. ¶ Item, Ceo. Iap. Ten. Apud poëtas.

Coínquino, as. Lus. Sujar. Iap. Yogosu, qegasu.

Coix, cis. Lus. Hũa planta. Iap. Aru qino na. ¶ Item, Hum vaso de guardar farinha. Iap. Muguino couo tacuuaye voqu vtçuamonono na.

Colaphîzo, as. Lus. Dar bofetadas, l, punhadas. Iap. Cauouo vtçu, niguiri cobuxi nite vtçu.

Cólaphus, i, l, Colaphum, i. Lus. Bofetada, l, pescoçada. Iap. Cauouo vtçu coto uo yŭ, l, atamauo faru cotouo yŭ. ¶ Colaphos infringere alicui, l, incutere. Lus. Dar bofetadas. Iap. Cauouo vtçu.

Coles, is. dicitur hasta, siue virga mẽbri virilis.

Coleus, i. Lus. Testiculo. Iap. Tama, qin. ¶ Culeus, apud poëtas. Idem.

Colîna, æ. Lus. Cozinha. Iap. Curi, daidocoro.

Coliphium, ij. Lus. Hũ certo pam. Iap. Comugui nitetçucuritaru mochino taguy.

Colis, is. Lus. Gomo, ou talo da vide, ou outra erua. Iap. Medachi, cusano cuqi.

Coliculus, i. dim. Idem.

Colla, æ. Lus. Cola, ou grude. Iap. Nicaua.

Collabasco, is. Lus. Estar pera cair. Iap. Corobicacaru, tauore cacaru.

Collabefacto, as. Lus. Destruir. Iap. Cuzzusu.

Collabefio, is. Lus. Ser gastado, destruido. Iap. Cuzzururu, metbŏ suru.

Collabello, is. Lus. Ajuntar os beiços. Iap. Cuchibiruuo suburu, togaracasu.

Collabi, orum. Lus. Carauelhas da viola. Iap. Biuano tenju.

Collâbor, eris. Lus. Cair. Iap. Corobu.

Collachrymatio, onis. Lus. O chorar. Iap. Racurui suru coto nari.

Collachrymo, as. Lus. Chorar. Iap. Racurui suru.

Collachrymor, aris. Idem.

Collactaneus, ei. Lus. Colaço. Iap. Chiuototoi.

Collare, is. Lus. Colleira do cão. Iap. Ynuno cubitama.

Collaria, æ. Lus. Collar de ferro pera prender os malfeitores. Iap. Zaininni iruru curogàneno cubicaxe, cubigane.

Collatio, onis. Lus. Comparação. Iap. Tatoye. ¶ Item, Finta. Iap. Ninbet, munebet. ¶ Item, Est oratio rem cũ re ex similitudine conferens.

Collatitius, a, um. Lus. Cousa trazida de muitos. Iap. Amatano fitoni motaretaru coto.

Collatiuum, i. Lus. Dinheiro que a comunidade da ao Rey. Iap. Sôcara teivŏyeno daxigane, mitçuqino cane.

Collatiuus, a, um. Idem. ¶ Collatiuus venter. Lus. Ventre grande. Iap. Vôqinarufara. Plaut.

Collator, oris. Lus. O que da, ou contribue com outros algũa cousa. Iap. Tomoni monouo atayuru fito.

Collatus, us. Lus. Comparação. Iap. Curaburu cotouo yŭ, l, tatoye.

Collatus, a, um. Lus. Cousa conferida. Iap. Tatoyeraretaru coto. ¶ Item, Cousa trazida juntamente. Iap. Amatano fitoni motaretaru coto.

Collaudatio, onis. Lus. Louuor. Iap. Fomare, l, fomuru coto nari.

Collaudo, as. Lus. Louuar. Iap. Fomuru.

Collecta, æ Lus. Dinheiro ajuntado de muitos. Iap. Amatano fito yori coi atçumetaru cane.

Collectanea, orum. Lus. Escritos tirados de vari-

varios lugares. Iap. Amatano qiŏno nuqigaqi.
Collectaneus, a, um. Lus. Cousa de muitas misturas. Iap. Xinajinauo majiyetaru mono.
Collectarius, ij. Lus. O que troca moedas por prata. Iap. Ieniuo xirocaneni vru ya cuxa.
Collectio, onis. Lus. O ajuntar cousas espalhadas. Iap. Chirigirini naritaru monô uo atçumuru coto nari. ¶ Item, Inchaço que procede de humores. Iap. Xumot, faremono.
Collectiuus, a, um. Lus. Cousa que comprende, ou ajunta. Iap. Comuru mono, atçumuru mono.
Collêga, æ. Lus. Companheiro no officio. Iap. Aiyacu.
Collegati artifices. Lus. Hum certo genero de officiais determinados pera os enterramentos, & outros officios baixos. Iap. Mucaxi sôrei nadono sagaritaru yacuuo tçutomuru mono.
Collegia, orum. Lus. Certas companhias de homens baixos que exercitam o mesmo officio. Iap. Vonajiqi xocuuo tçutomuru iyaxiqi fitono cumi.
Collegium, ij. Lus. Collegio, ou congregaçăo. Iap. Ichimi xitaru xuno cuju, l, cumi. ¶ Item, Companhia de homens q̃ tem o mesmo magistrado. Iap. Cumiuo vosamuru buguiŏ no cumi.
Cólleuo, as. Lus. Aleuiar, ou abrandar. Iap. Caromuru, yauaraguru.
Colliberti, orum. Lus. Escrauos forros dum mesmo senhor. Iap. Iiyŭuo yetaru fôbai.
Collibet, ebat, & Collubet. Lus. Agradar. Iap. Qini vŏ.
Colliciæ, arum. Lus. Cano de agoa de telhas. Iap. Cauarano caqefi.
Colliculus, i. Lus. Outeiro pequeno. Iap. Voca, coyama.
Collîdo, is, si, sum. Lus. Bater hũa cousa cõ outra, quebrar. Iap. Vchiauasuru, vchicudaqu.
Colligâtio, onis. Lus. Atadura. Iap Ito, nauanado nite yui auasuru coto nari.
Colligatum, i. Lus. Amarrado. Iap. Fitocarague, fitotçucane.
Cólligo, as. Lus. Atar juntamente. Iap. Fitotçuni yuitçucanuru, yui auasuru. ¶ Colligare se cum multis. Lus. Embaraçarse com muitas cousas. Iap. Amatano cotoni fodasaruru, tazzusauaru.
Cóllîgo, is, egi, ectum. Lus. Colher. Iap. Firô, tçumu. ¶ Item, Ajuntar. Iap. Tori atçumuru, atçumuru. ¶ Item, Colligir. Iap. Suiriŏ suru, funbet suru. ¶ Aliqñ. Retirarse. Iap. Fiqicomoru. ¶ Colligere se in iram. Lus. Mouerse a ira. Iap. Farauo tatçuru. ¶ Colligere se in arma. Lus. Aperceberse pera pelejar. Iap. Caxxenno yôyuo suru. ¶ Colligere rationẽ. Lus. Fazer boa conta. Iap. Yoqu sanyô suru. ¶ Colligere beneuolentiam. Lus. Captar beneuolencia. Iap. Cocorouo toru, qixxenuo tçucurô.
Collimitium, ij. Lus. Limite do Reino. Iap. Cunino sacaime.
Collimitatus, a, um. Lus. Terra confim a outro Reyno. Iap. Bechino cunino sacaime naru tocoro.
Collimitor, aris. Lus. Ser confim. Iap. Ringocuno sacaimeni yru.
Collimo, as. Lus. Apontar ao aluo. Iap. Yumi, teppô nado nite nerŏ, tamuru.
Collineo, as. Lus. Apontar ao aluo. Iap. Matouo nerŏ. ¶ Item, Acertar no aluo. Iap. Matoni ataru.
Cóllino, is, liui, l, liui, l, leui, itum. Lus. Vntar. Iap. Monouo nuru. ¶ Item, Sujar. Iap. Qegasu.
Collînus, a, um. Lus. Cousa de outeiro. Iap. Vocani ataru coto.
Colliquiæ, arum. Lus. Cano dagoa de telhas. Iap. Cauarano caqefi.
Colliquefacio, is. Lus. Derreter, desfazer. Iap. Toracasu.
Colliquesco, is. Lus. Derreterse. Iap. Toquru.
Collis, is. Lus. Outeiro. Iap. Voca, coyama. ¶ Item, Parte da espada q̃ esta jun-

jũta do eſpinhaço. Iap. Caſiganeno fone.

Collisio, onis, l, Colliſus, us. Lus. O ferir, ou bater hũa couſa com outra. Iap. Mo nouo vchiauaſuru coto nari.

Collocatio, onis. Lus. Colocaçam, aſſentamento. Iap. Suyevoqu coto nari.

Cólloco, as. Lus. Aſſentar, ou pór. Iap. Suyuru, voqu.

Collocuplêto, as. Lus. Enriquecer a outro. Iap. Taninuo buguenni naſu.

Collocutio, onis. Lus. O falar hum com outro. Iap. Tagaino monogatari.

Colloquium, ij. Idem.

Cólloquor, eris, utus ſum. Lus. Praticar cõ outro. Iap. Tagaini cataru.

Colluceo, es, xi. Lus. Reluzir. Iap. Ficaru, cacayaqu.

Collûco, as. Lus. Desbaſtar as aruores. Iap. Qino yedauo ſucaſu.

Colluctatio, onis. Lus. Luta. Iap. Sumŏ.

Colluctor, aris. Lus. Lutar. Iap. Sumŏuo toru.

Collûdo, is, ſi, ſum. Lus. Iugar juntamente. Iap. Tagaini bacuchiuo vtçu. ¶ Itẽ, Brincar juntamente. Iap. Tagaini curũ. ¶ Item, Fazer algũa couſa diſimulada, & fingidamente. Iap. Vadacamarite mono uo ſuru.

Colluſio, onis. Lus. Contenda fingida do autor com o reo. Iap. Sonintoronninniy auaxete ſurũ tçucuricuji.

Colluſor, oris. Lus. Companheiro no jogo. Iap. Bacuchino tomo.

Colluſoriè, adu. Lus. Fingidamente. Iap. Damatte, vadacamarite.

Collum, i. Lus. Peſcoço. Iap. Cubi.

Collus, i. Idem. apud Plaut.

Colluo, is, vi, utum. Lus. Lauar. Iap. Arŏ, ſuſugu.

Colluſtro, as. Lus. Olhar ao redor. Iap. Mimauaſu. ¶ Item, Alumiar. Iap. Cacayacaſu, acaſu.

Collútulo, as. Lus. Sujar, ou afear. Iap. Yogoſu, qegaſu, miguruxiqu naſu.

Colluuies, ei. Lus. Immundicia. Iap. Fujŏ, chiri acuta, zŏzzu nadouo yŭ.

Colluuio, onis. Idem. ¶ Colluuio rerum.

Lus. Miſtura, & confuſam de couſas. Iap. Raxxi naqi torimidaxi.

Colluuiaria, orum. Lus. Cano de immundicias. Iap. Xexenague, fujŏuo nagaſu mizo.

Colluuiaris porcus. Lus. Porco ceuado com lauaduras. Iap. Zŏzzuuo motte yaxinaiaretaru buta.

Collybus, i. Lus. Cambio de dinheiro. Iap. Cayegane, Caneno cauaxe.

Collybiſta, æ, l, collybiſtes, æ. Lus. Cambiador. Iap. Cayegane, l, cauaxino xite.

Cóllyra, æ. Lus. Torta de pam. Iap. Comuguimochino taguy.

Collyrium, ij. Lus. Mezinha pera os olhos. Iap. Meguſuri. ¶ Item, Hũa certa mezinha pera boys, & caualos. Iap. Guiŭbano rameno cuſurino taguy.

Colo, as. Lus. Coar. Iap. Mizzu, ſaqe nadouo coſu.

Colo, is, vi, ultum. Lus. Adorar, ou fazer reuerencia. Iap. Vogamu, tattomu, vyamŏ. ¶ Item, Exercitar. Iap. Tçutomuru. ¶ Item, Amar com reuerencia. Iap. Vyamai taixetni vomô. ¶ Item, Morar. Iap. Sumu, ſumai ſuru. ¶ Item, Laurar a terra. Iap. Ta, fataqeuo ſuqu, tagayeſu. ¶ Item, Ornar. Iap. Cazaru. ¶ Colere vitam. Lus. Exercitar certo modo de viuer. Iap. Sadamaritaru cõxeqini nagarayuru.

Colobium, ij, l, Cólobum, i. Lus. Hum certo veſtido. Iap. Yxŏno rui.

Colocaſia, æ. Lus. Hum certo genero de fauas. Iap. Tŏmameno taguy.

Colocaſium, ij. Idem.

Colocynthis, dis. l, Colocyntha, æ. Lus. Abobora ſilueſtre. Iap. Yamano yŭgŏ.

Colomeſtrum, i. Lus. Hum certo genero de peçonha. Iap. Docuno rui.

Colon, onis. Lus. Hũa certa tripa grande. Iap. Daichŏno fu. ¶ Item, Membro do corpo. Iap. Gotaino vchi fitotçu, vt, te, axi nando. ¶ Item, per transl. Membrum orationis.

Colo-

Colona, æ. Lus. Molher do laurador. Iap. Nôninno nhôbô.

Colonia, æ. Lus. Gente que se mandaua a pouoar algum lugar. Iap. Murauo taten ta meni tacocuye tçucauaiaruru ninju. ¶ Itẽ Lugar da lauoura. Iap. Cŏsacuno tocoro. ¶ Item, Officio do laurador. Iap. Nônin no yacu.

Colónicus, a, um. Lus. Cousa pertencente a laurador. Iap. Nôninni ataru coto. ¶ Item, Cousa pertencente a pouoador dalgum nouo lugar. Iap. Cudanno yŏni tacocuni giŭsuru mononi ataru coto. ¶ Colonicum pecus. Lus. Gado veloso, e aspero. Iap. Qe fucaqu, couaqi guiŭyŏ. ¶ Colonicæ cohortes. Lus. Esquadrão de soldados da colonia. Iap. Cudanno yŏni tacocuni giŭxite vaga cunino fattouo sodatçuru buxino fitocumi.

Colônus, i. Lus. Laurador. Iap. Nônin, cŏsacunin. ¶ Item, Pouoador dalgum nouo lugar. Iap. Tacocuni murauo tate vaga cunino fattoni xitagai nagarayuru mono.

Colônus, a, um. Lus. Lugar bom pera laurar. Iap. Cŏsacuno tameni yoqi tçuchi.

Color, oris. Lus. Cór. Iap. Iro. ¶ Item, Tinta de pintar. Iap. Yenogu. ¶ Item, Elegancia da oraçam. Iap. Danguini voite cotobano cazari. ¶ Aliquem suis coloribus pingere. Lus. Descriuer alguem conforme a seus costumes. Iap. Fitono cŏxeqiuo arino mamani cataru. ¶ Item, Pretexto com que se encobre a verdade. Iap. Muriuo cazaru cotoba, l, cotouari.

Coloratus, a, am. Lus. Cousa palleada. Iap. Cazaritaru muri.

Colorius, a, um. Lus. Cousa de sua natural cór sem outra tinta. Iap. Xŏtocu no iro no mono.

Colôro, as. Lus. Dar cór, ou córar. Iap. Somuru, irouo tçuquru. ¶ Item, Pallear a verdade. Iap. Muriuo cazaru, cacusu. ¶ Colorata oratio. Lus. Oraçam polida, & ornada. Iap. Gôcuuo cazaritaru dangui.

Colos. Lus. Hum certo animal. Iap. Aru qedamononona.

Colossæus, a, um. Lus. Cousa feita a modo de estatua muito grande. Iap. Vobitataxiqi mocuzŏno yŏni tçucuritaru mono.

Colossicus, a, um. Idem.

Colostinus color. Lus. Hũa cór entre branco, & vermelho. Iap. Viu acaqi iro, vsu côbai.

Colossus, i. Lus. Estatua grande. Iap. Vôqinaru mocuzŏ.

Colostrati, orum. Lus. Meninos doentes per mamar colostro, leite de parida. Iap. Fajimete taru chiuo nomite vazzurŏ vbuco.

Colostratio, onis. Lus. Doença dos meninos que mamam o colostro. Iap. Fajimete taru chiuo nomu vbuçono yamai.

Colostrum, i, & Colostra. æ. Lus. Colostro, primeiro leite das paridas. Iap. Couo vmitaru vonnano ichibanni taru chi.

Colôtos, i, Colôtes, is. Lus. Hum certo bicho como lagartixa. Iap. Tocagueno yŏnaru muxi.

Cóluber, bri, seu Cólubra, æ. Lus. Cobra. Iap. Cuchinaua, fcbi.

Colum, i. Lus. Coadeira de vimes. Iap. Taqe nite tçucuritaru mizzucoxi, suinŏ. ¶ Colum niuarium. Lus. Vaso pera coar neue. Iap. Yuqiuo cosu vtçuuamono. ¶ Item, Hũa certa doença. Iap. Aru vazzuraino na.

Columba, æ. Lus. Pomba. Iap. Fato.

Columbar, aris. Lus. Hum certo genero de prisam. Iap. Aru rôno na.

Columbaris, e. Lus. Cousa de pombas. Iap. Fatoni ataru coto.

Columbarium, ij. Lus. Pombal. Iap. Fato no toya.

Columbarius, ij. Lus. O que cria pombas. Iap. Fatocai.

Columbatim, adu. Lus. A semelhança de pomba. Iap. Fatono yŏni.

Columbinus, a, um. Lus. Cousa de pombas. Iap. Fatoni ataru coto.

Columbus, i. Lus. Pombo. Iap. Vobato.

Columella, æ. Lus. Columna pequena. Iap. Cobaxira. ¶ Itẽ, Campainha da boca. Iap. Qenyô.

Colu-

Columellares dentes. Lus. Dentes que estam juntos das preỹas. Iap. Qibano vaqi naru fa.

Cólumen, inis. Lus. Cume dalgũa cousa. Iap. Monono ichi tacaqi tocoro: vt, yama no mine, iyeno mune nado. ¶ Columẽ Reipublicæ. Lus. Sustentaçam, e columna da republica. Iap. Cunino fasuqe, tôriǒ.

Cólumis, e. Lus. Enteiro, são. Iap. Mattaqi mono, yugô naru mono, & mucuguma-qi mono.

Columna, æ. Lus. Columna, ou pilar. Iap. Faxira.

Columnario, onis. Lus. Edificio de colũnas. Iap. Faxirano tatçuru coto nari.

Columnatus, a, um. Lus. Cousa esteribada em columnas. Iap. Faxirano uyeni saytaru mono.

Coluri, orum. Lus. Os dous coluros da esphera. Iap. Tenno zzuni aru vano na nari. ¶ Columna animalia. Lus. Animais se tabo. Iap. Yo nagi qedamono.

Colurnus, a, um. Lus. Cousa de hũa certa aruore. Iap. Aru qini ataru coto.

Colus, i, siue us. Lus. Roca pera fiar. Iap. Itouo tçumugu dôgu.

Colus, i, mascul. gen. Lus. Hum certo instrumẽto de guerra feito de couro. Iap. Caua nite tçucuritaru icusano dôgu.

Colyca, arum. Lus. Cousa em que se acha el cumpa de salitre. Iap. Aru yẽxǒno aru ana.

Colymbades, um. Lus. Azeitonas de conserua. Iap. Xiuozzuqeni xitaru a u conomi no na.

Coma, æ. Lus. Cabello. Iap. Camigue. ¶ Item, Rama daruore, ou erua. Iap. Qi no yeda, fa.

Coma, atis. Lus. Doença como modorra. Iap. Fucaqu nemuru yamai.

Comans, antis. Lus. Cousa de grande cabeleira. Iap. Camigueno nagaqi mono.

Comatus, a, um. Idem.

Comagulus, a, um. dim in. Idem.

Cómarus, i. Lus. Medronheiro. Iap. Yama momono yǒ naru qi.

Cómbibo, is, bibi, itum. Lus. Beber juntamente. Iap. Tomoni nomu. ¶ Combibere artes (per transl.) Lus. Aprender as artes de menino. Iap. Yôxô yori mono uo narǒ.

Combibo, onis. Lus. Companheiro no beber. Iap. Monono nomu tomo.

Combinatio, onis, figura est cũ in oratione ea dẽ dictio duplicatur, vt, Meme adsũ, &c.

Combino, as. Lus. Ajuntar. Iap. Auasuru, tçugu.

Comburo, is, ussi, ustum. Lus. Queimar. Iap. Yaqu.

Comes, es. Lus. Barba de bode, erua. Iap. Cusano na.

Cómedo, is, edi, esum. Lus. Comer. Iap. Xocusuru, Fa mu, curǒ.

Cómedo, onis, et Comedus, i. Lus. Comilão. Iap. Vôgurai suru mono, taixocujin.

Comes, itis. Lus. Companheiro, ou companheira. Iap. Fobai, michizzure. ¶ Item, O que a companha apessoa mais alta. Iap. Tomoxu. ¶ Comes largitionum. Lus. O que tem cargo de pagar as merces que el Rey faz. Iap. Teivǒno cudasaruru goxuchino xifaino yaqu. ¶ Comes domestiũ. Lus. Veador do principe. Iap. Tajinno qeraino vosamete. ¶ Comes horreorum. Lus. Prefeito do celeiro del Rey. Iap. Teivǒno micurano yacu. ¶ Item, Cõde, ou Condesa. Iap. Curaino na, cunidaimiǒni ataru beqica.

Comètes, I, Comêta, æ. Lus. Cometa do ceo. Iap. Quacuxei.

Comessabundus, a, um. Lus. O que se da demasiadamente a banquetes. Iap. Furumaini chôzuru mono.

Comessans, antis, & Comessator, oris. Idẽ.

Comessatio, onis. Lus. O comer desordenado, & rola do tempo. Iap. Ibunno qinqinni cacauarazu, midarini xocu suru coto nari.

Comessor, aris. Lus. Darse demasiadamente a banquetes. Iap. Furumai madeni curasu.

Cómicus, a, um. Lus. Cousa de comedia. Iap. Nôni ataru coto.

S Comi-

Comicus, i. Lus. Poeta que faz comedias. Iap. Nôno tçucuri te.
Cominus, adu. Lus. De perto. Iap. Chicaqu yori. ¶ Item, Logo. Iap. Yagate.
Comis, e. Lus. Homem cortes, tratauel, & humano. Iap. Nin ai yoqi fito, nhiua naru mono.
Comitas, atis. Lus. Cortesia, e humanidade. Iap. Nin ai, jingui.
Comitatus, a, um. Lus. Acompanhado, cu o que acompanha. Iap. Tomo xeraruru mono, l, tomo suru mono.
Comitatus, us. Lus. Acompanhamento. Iap. Tomono xu.
Comiter, adu. Lus. Cortês, e humanamente. Iap. Nin ai yoqu, inguinni, nhŭuani.
Comitia, orum. Lus. Ajuntamentos pera eleger officiais. Iap. Yacu, fattouo sadamuru dancŏninno xuye.
Comitialis, e. Lus. Cousa que pertence a tal ajuntamento. Iap. Cudanno dancŏni ataru coto.
Comitialis morbus. Lus. Gota coral. Iap. Curçuchi, tencan. ¶ Comitialis homo. Lus. Doente de gota coral. Iap. Curçuchi caqi. ¶ Item, Homẽ demandão. Iap. Cujigonomina fito.
Comitialiter, adu. Lus. Com gota coral. Iap. Ci tçuchiuo caqite.
Comitiarius, a, um. Lus. Cousa de ajuntamento como cortes. Iap. Xuyeni ataru coto.
Comitiati tribuni militares. Lus. Tribunos dos soldados eleitos em conselho geral. Iap. Xuyeni voite buxino tçucasani sadameraretaru fito.
Comitiatus, us. Lus. Ajuntamento do pouo pera conselho. Iap. Xuye.
Comitium, ij. Lus. Camara, ou lugar onde se ajunta o pouo pera cõselho. Iap. Dancŏno quaixo.
Comitor, aris, & Comito, as. Lus. Acompanhar ao maior. Iap. Tomo suru.
Comma, atis. Lus. Diuisão da clausula na escritura. Iap. Caqiri. ¶ Item, Represa de agoa pera regar os campos. Iap. Ide.

¶ Item, Hũa certa moeda baixa. Iap. Acu xenno rui.
Commaculo, as. Lus. Sujar. Iap. Qegasu, yogosu.
Commadeo, es, ui. Lus. Estar molhado. Iap. Nurete yru.
Commalaxo, as. Lus. Fazer algũa cousa cõ madureza, & peso. Iap. Xianuo cuuaye te mohouo suru.
Commanducatur. Lus. Come, ou traga. Iap. Monouo cǔ, xocuuo nomu.
Commanducatus, us. Lus. O mastigar. Iap. Monouo camu coto nari.
Commanducatus cibus. Lus. Comer bem mastigado. Iap. Cami voyaxitaru, l, cami cudaqitaru xocubut.
Commandûco, as. Lus. Mastigar. Iap. Camu. ¶ Item, Comer. Iap. Monouo cǔ.
Commanipulo, onis. Lus. Soldado da mesma bãdeira. Iap. Fitofatano buxi.
Commeatilis miles. Lus. Soldado que par te do soldo recebe em mantimento. Iap. Fuchino caneno vchiuo fanmainixite vqe toru buxi.
Commeatus, us. Lus. Saluo conduto. Iap. Nichiguenuo sadameraretaru iroma. ¶ Item, Mantimento. Iap. Fiŏrŏ, fanmai. ¶ Item, Passagem dalgũa multidão de gẽte. Iap. Vôjeino yuqi touoru cotouo yǔ.
Commeditor, aris. Lus. Cuidar. Iap. Xian suru, cufǔ suru.
Commemini, isti. Lus. Lembrarse. Iap. Vomoi idasu.
Commemorabilis, e. Lus. Cousa digna de ser lembrada. Iap. Vomoi idasaru beqi coto.
Commemoramentum, i. Lus. Lembrança. Iap. Vomoi idasu coto nari.
Commemoratio, onis. Idem.
Commemoro, as. Lus. Alembrar a outro. Iap. Vomoi idasasuru, xirasuru.
Commendabilis, e. Lus. Digno de ser louuado. Iap. Fomeraru beqi coto.
Commendatio, onis. Lus. Louuor. Iap. Fomuru coto nari, l, fôbi. ¶ Item, Encon ca-

comendação. Iap. Tanomi.
Commendatitius, a, ũ. Lus. Cousa de encomenda. Iap. Tanomini ataru coto.
Commendator, oris. Lus. O que louua. Iap. Fomuru mono.
Commendatrix, icis. fœm. Idem.
Commendatus, a, um. Lus. Cousa louuada. Iap. Fomeraretaru coto. ¶ Item, Cousa encõmendada. Iap. Tanomaretaru coto.
Commendo, as. Lus. Louuar. Iap. Fomuru, fôbi furu. ¶ Item, Encõmendar algũa cousa a outro. Iap. Fitoni mononuo tanomu.
Commensus, us. Lus. Medida. Iap. Monosaxi, sun, xacu.
Commentáculum, i. Lus. Vara que se vsaua no tempo do sacrificio. Iap. Mucaxi Sacrificiono toqi, fitouo voinoqexi tçuye, bô.
Commentariensis, is. Lus. O que tem cargo de assentar em rol os presos, & os dias que estão no carcer. Iap. Rôxato, sono ficazuuo caqi xirusu mono.
Commentarium, & Commentarius, ij, & Commentarij, orum. Lus. Memorial, ou liuro em que se escreuem cousas resumidamente. Iap. Tenicqi, voboye, riacu xitaru qirocu.
Commentariolum, i. dim. Idem.
Commentarius, ij. Lus. O que escreue memorial. Iap. Voboye, tenicqi nadono caqite.
Commentatio, onis. Lus. O cuidar. Iap. Xian, cufũ.
Commentatitius, a, um. Lus. Cousa fingida, ou falsa. Iap. Tabacarigoto, tçucuri coto.
Commentatus, a, um. Lus. Cousa fingida, ou imaginada. Iap. Tacumi idaitaretaru coto. ¶ Item, O que finge, ou imagina. Iap. Monouo tacumu fito, tçucuricoto uo suru mono.
Commentor, aris. Lus. Cuidar. Iap. Xian suru. ¶ Item, Tratar, disputar. Iap. Ronzuru. ¶ Item, Commentar, ou compôr liuros. Iap. Chũxacu suru, l, xouo caqu. ¶ Interdum, Fingir, inuentar enganos. Iap. Tabacarigotouo tacumu.
Commentor, oris. Lus. Inuentor. Iap. Tacumite.
Commentum, i. Lus. Fingimento. Iap. Tçucuricoto. ¶ Item, Comento. Iap. Qiŏ no xŏ, chũ xacu.
Commentus, a, um. Lus. O que finge, ou inuẽta. Iap. Tçucuricotouo suru mono, l, tacumu mono. ¶ Item, Cousa fingida. Iap. Tçucurimono, tçucuricoto.
Commeo, as. Lus. Ir a algũa parte. Iap. Tafôye yuqu. ¶ Item, Ir juntamente. Iap. Saſoi yuqu, tçureyuqu. ¶ Item, Ir, e vir. Iap. Cayô, yuqiqi suru.
Commercium, ij. Lus. Licença de poder tratar francamente. Iap. Tçûro, tçûyôno yuruxi. ¶ Item, Trato de compra, e vẽda. Iap. Tagaino xôbai. ¶ Item, Cõmunicaçam. Iap. Tçûyô.
Commercor, aris. Lus. Comprar muitas cousas juntas. Iap. Amatano cotouo ichidoni cŏ. ¶ Itẽ, Comprar. Iap. Monouo cŏ.
Commereo, es, siue Commereor, eris. Lus. Pecar. Iap. Togauo vocasu. ¶ Interdum, Merecer. Iap. Vonxŏni azzucarubeqi curaini voyobu.
Commetior, iris. Lus. Medir. Iap. Facaru, sunxacu uo toru.
Cómmigro, as. Lus. Mudarse com a casa pera outro lugar. Iap. Sumicauo cayuru, iyeuo vtçusu.
Commîles, itis. Lus. Companheiro na guerra. Iap. Fitocumino buxi, fitotcno buxi.
Commilito, onis. Idem.
Commilitium, ij, l, Commilitia, æ. Lus. Cõpanhia na guerra. Iap. Buxino cumi.
Comminatio, onis. Lus. O ameaçar. Iap. Vodoxi.
Comminiscor, eris. Lus. Fingir, ou inuentar. Iap. Tçucuricotouo suru, tacumi idasu.
Comministro, as. Lus. Ministrar. Iap. Tçucauaruru, miyazzucŏ.
Cómminor, aris. Lus. Ameaçar. Iap. Vodosu.
Comminuo, is, vi, utum. Lus. Esmiuçar. Iap. Cudaqu.

Commixtus, vide Comixtus.

Commiſceo, es. Lus. Misturar. Iap. Majiyuru, auaſuru.

Commiſtus, a, um. Lus. Couſa miſturada. Iap. Majiyetaru mono.

Commiſeratio, onis. Lus. Compaixam, miſericordia. Iap. Itauari, auaremi, airen.

Commiſereo, is. Lus. Ter miſericordia. Iap. Auaremu, itauaru.

Commiſereor, eris, eritus ſum. Idem.

Commiſeror, aris. Idem.

Commiſſa, orum. Lus. Delictos dos herdeiros em comprir o teſtamento, caſtigados com algũa pena. Iap. Atotçugui, yuixouo todaezatu niyotte, quatauo vquru ayantari.

Commiſsio, onis. Lus. Deſafio, ou contenda de dous acerca de hũa mesma arte. Iap. Vonajiqi nôgueini xoquitenoarasoi.

Commiſſorius, a, um, eſt exceptio, adiecta actioni, contra quam ſi quid commiſſum fuerit, conuentio reſolui dicitur.

Commiſſum, i. Lus. Peccado, delicto. Iap. Vocaxi, toga.

Commiſſura, æ. Lus. Iuntura como de taboa, &c. Iap. Ita nadono auaxete, tçugai.

Commiſſus, a, um. Lus. Couſa entregue, ou encõmendada. Iap. Vataxi, tanomitaru coto.

Committendus, a, um. Lus. Couſa que ha de ſer entregue, & encommendada. Iap. Vataxi tanomarubeqi coto.

Committo, is, ſi, ſſum. Lus. Entregar. Iap. Macaſuru. ¶ Item, Encommendar. Iap. Vataxi tanomu, azzucarayuru. ¶ Qñq; Pecar. Iap. Togauo vocaſu. ¶ Item, Ajuntar. Iap. Soyuru, tçuguru. ¶ Item, Fazer. Iap. Itaſu. ¶ Qñq; Permitir, ou dar occaſiam. Iap. Macaſuru, daimocuuo idaſu. ¶ Item, Começar. Iap. Fajimeru. ¶ Qñq; Fazer peleijar hũ cõ outro. Iap. Tagaini tatacauaſuru. ¶ Cõmittere prælium. Lus. Trauar peleija. Iap. Caxxen ſuru. ¶ Itẽ, Mandar juramente. Iap. Tomoni yaru.

Committor, eris. Lus. Ficar obrigado a algũa pena. Iap. Mõuoxo chigaiyeba, quaxxouo vqubeqi geijacu ſuru, l, vqe cacaru.

Commodatum, i. Lus. Couſa empreſtada. Iap. Caritaru mono.

Commodatarius, ij. Lus. O que toma a cõ empreſtimo. Iap. Monouo caru fito.

Commodatio, onis. Lus. Empreſtimo. Iap. Fitoni monouo caſu coto nari, l, xacuyô.

Commodatò, adu. Lus. De empreſtado. Iap. Fudã fitoni monouo caxite.

Cõmmodè, ſiue Commodùm, adu. Lus. Bem, cõmodamente. Iap. Yoqiyŏni, ſaiuai.

Commodulè, dim. Idem.

Commoditas, atis. Lus. Proueito, ou cõmodidade. Iap. Tocu, yeqi, yoqi xiauaxe.

Cõmmodo, as, cum datiuo. Lus. Accõmodar, aproueitar a outro. Iap. Fitoni chiyô ataru, yoni tatçuru. ¶ Item, Empreſtar. Iap. Tocu naxini monouo caſu.

Cõmmodum, i. Lus. Proueito, cõmodidade. Iap. Tocu, yeqi, ſaiuai. ¶ Item, adu. A bom tempo. Iap. Yoqi corom, ſaiuaini. ¶ Item, (frequente com ſ) Eſcaſamente. Iap. Yôyô. ¶ Commodare eſt alicui aliquid. Lus. Contentar a alguem algũa couſa. Iap. Qini vô.

Cõmmodus, a, um. Lus. Couſa cõmoda, ou proueitoſa. Iap. Nigaiuaſeoto, l, tocuto naru coto, ſaiuai naru coto.

Commolior, is. Lus. Entreſtecerſe. Iap. Canaximu.

Commolior, iris, itus ſum. Lus. Machinar. Iap. Tacumu, cuuatatçuru.

Cõmmolo, is. Lus. Moer. Iap. Fiqu, vt, cha, mugui nado.

Commonefacio, is. Lus. Amoeſtar, ou alembrar. Iap. Vqenſaſuru, iſamuru, l, xiraſuru.

Commoneo, es, ui, itum. Idem.

Commonitio, onis. Lus. Amoeſtação. Iap. Yquen, iſame.

Commonitorium, eſt contentio tacita & abſque ſcriptura facta.

Com-

Commolitus, a, um. Lus. Amolestado Iap. Itamxaretaru mono.

Commonstro, as. Lus. Mostrar. Iap. Misuru, mixecaquru.

Commoratio, onis. Lus. Detença, ou tardança. Iap. Tôriu, l, chôriu, l, vofonauari. ¶ Item, Habitação. Iap. Giǔqio. ¶ Item, est figura rhetoricæ.

Commordeo, es. Lus. Morder. Iap. Curai tçuqu. ¶ Item, Dizer mal. Iap. Soxiru, acôiuru.

Commorior, eris. Lus. Morrer juntamente. Iap. Morotomoni xisuru.

Cómmoror, aris, l, Cómmoro, as. Lus. Deterse, ou tardar. Iap. Todomaru, l, tôriu suru, l, vosonauaru. ¶ Commorari aliquẽ. Lus. Deter a alguem. Iap. Fitouo todomuru, yocanasuru.

Commortalis, e. Lus. Cousa mortal. Iap. Xixi fatçuru mono.

Commôlis, is. Lus. Primeiro fundamẽto do fruto do mel. Iap. Fachiuo suno xitagi.

Commotio, onis. Lus. Mouimento, ou perturbação. Iap. Sôdô, sauagui.

Commotiuncula, æ. dim. Idem.

Commotus, a, um. Lus. Cousa mouida. Iap. Vgocasaretaru mono ¶ Aliqñ. Cousa perturbada. Iap. Sôdô xitaru mono, sauaguitaru mono.

Commoueo, es, ui, tum. Lus. Mouer. Iap. Vgocasu, cocorouo vocosu. ¶ Item, Perturbar. Iap. Cocorouo midasu, sôdô suru, sauagasu. ¶ Item, Offender, empecer. Iap. Atauo nasu. ¶ Interd. Apartarse. Iap. Saru, xirizoqu.

Commulceo, es. Lus. Amansar, ou aplacar a outro. Iap. Yauaraguru, nadamuru, sucasu.

Commune, is. Lus. Communidade, republica. Iap. Cuni, cocca, igue.

Communicatio, onis. Lus. Cómunicação. Iap. Tçǔyô.

Commúnico, as. Lus. Cõmunicar. Iap. Tçǔzuru, dôdosuru, xirasuru.

Communio, onis. Lus. Cómunidade. Iap. Cuni, sôni ataru cotouo yǔ. ¶ Item, Participação. Iap. Tçǔyô, tagaini vqeyǒ cotouo yǔ.

Communio, is, iui, itum. Lus. Fortalecer. Iap. Catamuru, tçuyorasuru, camayuru.

Communis, e. Lus. Cousa commum a muitos. Iap. Sôno coto, sônamino coto.

Communitas, atis. Lus. Commũnidade. Iap. Cuni, sôni ataru cotouo yǔ. ¶ Itẽ, Communicaçam. Iap. Tçǔyô. ¶ Aliqñ. Iustiça, e direito. Iap. Qenbô.

Communiter, adu. Lus. Communmente. Iap. Sôbet, voxinabete.

Cómunitio, onis. Lus. Fortalecimẽto, guarnição. Iap. Camayuru coto nari.

Commúrmuro, as, l, Commurmuror, aris. Lus. Fazer roido como agoa. Iap. Rǔ fui no coyeno gotoquni naru, fibiqu.

Commutabilis, e. Lus. O que se pode trocar, ou mudar. Iap. Cayuru coto canô mono.

Commutatio, onis. Lus. Mudança. Iap. Cauaru coto nari. ¶ Item, Est Rhetorũ figura.

Commutatus, us. Lus. Troca. Iap. Cayuru coto nari.

Commuto, as. Lus. Trocar. Iap. Cayuru. ¶ Commutare verba. Lus. Dizer mal por bem. Iap. Yoqu yǔ cauarini, accôuo iy cayesu.

Como, is, psi, ptum. Lus. Compôr os cabellos. Iap. Camiuo cazaru.

Comœdia, æ. Lus. Comedia. Iap. Nô.

Comœdicè, adu. Lus. Suaue, e mansamente. Iap. Vamoxiroqu, yauaracani, nhǔnanni.

Comœdus, i. Lus. Representador de comedias. Iap. Nôno xite, sarugacu.

Comósus, a, um. Lus. Cabelludo. Iap. Qebucai.

Comotrix, arum. Lus. Molheres que enfeitam os cabelos a outrem. Iap. Fitono camigueuo cazaru vonna.

Comocrium, ij. Lus. Instrumento pera ornar os cabelos. Iap. Camigueuo cazaru dôgu.

Compáctilis, e. Lus. Cousa q̃ se póde aiuntar. Iap. Auasuru coto naru mono. ¶ Itẽ Conque eſta junta, ou pegada. Iap. Tçugui auaxetaru mono.

Compactio, onis. Lus. O ajuntar. Iap. Tçugu, auaſuru coto nari.

Compactum, i. Lus. Concerto. Iap. Fazzu, yacuſocu. ¶ Compacto, l, de compacto aliquid agere. Lus. fazer algũa couſa de concerto. Iap. Fazzuuo totte monouo iuu.

Compágino, as. Lus. Ajuntar hũa couſa cõ outra. Iap. Auaſuru, tçugui auaſuru.

Compâgo, inis, et Compâges, is. Lus. Iuntura. Iap. Auaxeme, tçuguime.

Compar, ris. Lus. Couſa ygual a outra. Iap. Taiyŏnaru mono. ¶ Item, Companheiro. Iap. Togui.

Comparabilis, e. Lus. Couſa que ſe pode cõparar. Iap. Curaburu coto canŏ mono.

Comparatè, adu. Lus. Em comparação. Iap. Taroyete.

Comparatio, onis, Lus. Aparelho. Iap. Caeugo, yŏy. ¶ Item, Comparação. Iap. Tatoye.

Comparatiuus, a, um. Lus. Couſa que ſe pode comparar. Iap. Curaburu coto canŏ mono.

Comparco, is, parſi, ſum. Lus. Ser eſcaſo. Iap. Voximu, xiuaqu ſuru, rinjacu naru.

Compareo, es, vi. Lus. Aparecer. Iap. Miyuru, mamiyuru. ¶ Item, Ficar, eſtar. Iap. Nocoru, todomaru.

Cómparo, as. Lus. Comparar. Iap. Curaburu, tatoyuru, narabu ru, fiſuru. ¶ Item, Ordenar. Iap. Sadamuru. ¶ Item, Aparelhar. Iap. Totonoyuru, caeugo ſuru. ¶ Item, Aquirir. Iap. Tazzune motomuru. ¶ Item, Ajuntar. Iap. Soyuru, auaſuru. ¶ Item, Comprar. Iap. Mcnouo cŏ. ¶ Item, Machinar. Iap. Monouo tacumu, cuuatatçuru.

Compaſco, is, ui, tum. Lus. Apacentar com outros. Iap. Tomoni fitçuji nado uo cŏ.

Compaſcuus, a, um, vt ager compaſcuus. Lus. Terra comũ de pacer gado. Iap. Fitçuji nadouo cŏ fŏno yama. ¶ Ius compaſcuũ, Lus. Direito de apacentar. Iap. Fitçuji nadouo cŏ yuruxi.

Cómpedes, dum. Lus. Priſão de pés, comgrilhoẽs. Iap. Axigaxe, fodaxi.

Cómpeda, æ. Idem. Antiq.

Compedio, is, iui, itum. Lus. Atar os pès. Iap. Axiuo caramuru.

Compeditus, a, um. Lus. Atado pollos pès. Iap. Axiuo carameraretaru mono.

Compellatio, onis. Lus. Accuſação. Iap. Ayamariuo vttayuru coto nari.

Compello, as. Lus. Falar a alguem. Iap. Fitoni monouo yŭ. ¶ Aliqñ, Accuſar. Iap. Vttayuru.

Compello, is, uli, ulſum. Lus. Ajuntar em hum lugar como gado, &c. Iap. Fitçuji nadono gotoqu fito tocoroni voiatçumuru. ¶ Item, Conſtranger. Iap. Sucumuru, voſayuru.

Compendiariò, adu. Lus. Breuemente. Iap. Riacuxite, tçuzzumete.

Compendiarius, a, um. Lus. Couſa breue, e ſucinta. Iap. Riacu xitaru coto.

Compendifacio, is. Lus. Falar breuemente. Iap. Riacu xite yŭ, mijicaqu yŭ. ¶ Itẽ, Ganhar. Iap. Mŏquru.

Compendioſus, a, um. Lus. Couſa muito proueitoſa. Iap. Fucaqi tocuno aru coto.

Compendium, ij. Lus. Pouco gaſto, ou poupar. Iap. Monouo ſucunaqu tçucŏ coto uo yŭ. ¶ Item, Ganho, ou proueito. Iap. Ritocu. ¶ Item, Atalho. Iap. Chicamichi. ¶ Item, Compendio. Iap. Riacu, tçuzzumaqi.

Compenſatio, onis. Lus. Recompenſação. Iap. Mucui, fenpŏ.

Compenſo, as. Lus. Recompenſar, galardoar. Iap. Mucuiuo atayuru, vonuo fŏzuru, chŭxŏuo atayuru.

Comperendinatio, onis, ſiue Comperendinatus, us. Lus. Dilação da cauſa que fazião os litigantes pera outro dia. Iap. Cujiuo xite ſono ſatauo noburu coto nari.

Comperéndino, as. Lus. Dilatar de dia em dia. Iap. Fibini noburu. ¶ Item, Dilatar as cauſas, e demandas. Iap. Cuji ſatauo noburu.

Compe-

Comperendinus, a, um, vt dies comperendini. Lus. Dias em que he licito mandar citar a alguem. Iap. Cujiuo saiqio suru fi.
Compendo, is, eri, ertum. Lus. Entender, conhecer dalguem. Iap. Fito yori xite xiru.
Comperior, iris. Lus. Ter por certo. Iap. Fu mióni xiru. ¶ Compertũ est mihi. Lus. Tenho por certo. Iap. Fitgiô xiru.
Comperiis, is. Lus. O que tem os joelhos demasiadamente juntos. Iap. Mata xebaqu fizamo suriyô mono.
Comperrò, adu. Lus. De certo. Iap. Fitgiô, funmiôni.
Compertus, a, um. Lus. Cousa que se sabe de certo. Iap. Funmiôni xiretaru coto.
¶ Compertus stupri. Lus. Comprendido em estupro. Iap. Fubon nari vonnauo vocaxitaruto arauaretaru mono.
Compes, vide Compedes.
Compesco, is, cui. Lus. Refrear. Iap. Ficayuru, vosayuru.
Competenter, adu. Lus. Mediocremente. Iap. Taigaini, yoqi cotoni.
Competentia, æ. Lus. Conueniencia. Iap. Sôuô, sôtô.
Competitor, oris. Lus. Competidor nos officios, & honras. Iap. Curai nadoue arasô fito.
Competitrix, icis. fœm. Idem.
Cómpeto, is, iui, itum. Lus. Competir. Iap. Curai nadouo arasô. ¶ Item, Conuir. Iap. Sôtô suru. ¶ Item, Estar em seu vigor no corpo, ou na alma. Iap. Taxicanaru. vt, Fungbet, me, mimi, nado taxica nari.
Compilatio, onis. Lus. Roubo. Iap. Nusumi, chûtô.
Compilator, oris. Lus. O que ajunta muitas cousas em hũ. Iap. Amatano cotouo fitotçuni atçumuru mono.
Compilatus, a, um. Lus. O que foi roubado. Iap. Tacarauo nusumaretaru mono.
Compilo, as. Lus. Roubar por todas partes. Iap. Xifô yori gôtôsuru, vbai toru, fagui toru. ¶ Item, Ajuntar em hum. Iap. Fitotçuni atçumuru.

Compingo, is, pegi, actum. Lus. Ajuntar. Iap. Auasuru. ¶ Item, Empuxar. Iap. Tçuqi yaru.
Cõmpita, orum. Lus. Encruzilhada. Iap. Chimata, yotçutçuji.
Compitalia, orum. Lus. Certas festas que se faziam nas encruzilhadas. Iap. Mucaxi chimatani xitaru matçuri.
Compitalis, e. Lus. Cousa de encruzilhada. Iap. Chimatani ataru coto.
Compitalitia, orum. Lus. Festas que se faziam nas encruzilhadas. Iap. Chimatani xitaru matçuri.
Compitalitius, a, um. Lus. Cousa pertecête a encruzilhada. Iap. Chimatani ataru coto.
Complaceo, es, cui, citum. Lus. Comprazer, ou contentar. Iap. Qini vô, qini iru.
Complâco, as. Lus. Aplacar. Iap. Nadamuru, sucasu.
Complâno, as. Lus. Aplainar. Iap. Feiginasu, tairacani nasu, giuo narasu.
Complaudo, is. Lus. Festejar algũa cousa batendo as mãos, e os pès. Iap. Fenbu suru, teuo tataqite fitouo fomuru.
Complector, eris, exus sum. Lus. Abraçar. Iap. Daqi tçuqu. ¶ Complector te amore. Lus. Eu te amo. Iap. Nangiuo taixetni vomô. ¶ Cóplector cogitatione. Lus. Cuido. Iap. Vomô, xian uru. ¶ Complector animo. Lus. Considero. Iap. Xianuo cuuayuru.
Complementũ, i. Lus. Enchimẽto. Iap. Monouo mitasu coto, io yũ, tassuru cotouoyũ.
Compleo, es. Lus. Encher. Iap. Mitasuru, I, mitasu. ¶ Item, per transl. Acabar. Iap. Fatasu. ¶ Itẽ, Suprir, perfeiçoar. Iap. Tassuru, jôju suru.
Completus, a, um. Lus. Cousa acabada, ou chea. Iap. Taxxitaru coto, I, michitarũ coto.
Complexio, onis. Lus. O abraçar, ou o cõprehender. Iap. Cotono xoxenuo cotoba zucunani yũ cotouo yũ.
Complexus, a, um. Lus. Cousa que abraça. Iap. Idaqi tçuqu mono. ¶ Itẽ, Cousa abraçada. Iap. Idaqi tçucaretaru mono.
Complexus, us. Lus. Abraço. Iap. Idaqitçuqu coto

cotouo yŭ. ¶ Item, Amor. Iap. Taixet.
Complexus. Lus. Comprendido, ou participante do mesmo delicto. Iap. Dôzaino mono.
Complico, as. Lus. Dobrar. Iap. Tatamu. ¶ Item, Encolher. Iap. Taguru.
Complodo, is, si, sum. Lus. Bater com os pes, & mãos. Iap. Te axiuo vtçu.
Comploratio, onis, l, Comploratus, us. Lus. Pranto. Iap. Naqi siqebu cotouo yŭ.
Comploro, as. Lus. Chorar. Iap. Naqu, namidauo nagasu.
Complures, & complura, l, ria. Lus. Muitos. Iap. Amata, cazucazu.
Complusculi, orum. dim. Idem.
Compluries, adu. Lus. Muitas vezes. Iap. Tabitabi, saisai, dodo.
Compluuiatus, a, um. Lus. Cousa feita a maneira de pateo. Iap. Xifôni camayetaru niua, l, tçubono vchini nitaru, l, narina tocoro.
Compluuium, ij. Lus. Pateo. Iap. Niua.
Compluuius, a, um. Lus. Cousa que pertence à chuiua. Iap. Amamizzuni ataru coto.
Compono, is, sui, itum. Lus. Ajuntar. Iap. Auasuru. ¶ Aliqñ. Por em orde. Iap. Xidai yoqu monouo voqu. ¶ Item, Edificar. Iap. Conritsu suru, tçucuri tatçuru. ¶ Itẽ, Conferir, comparar. Iap. Curaburu, tatoyuru. ¶ Quandoq; Ornar, atauiar. Iap. Cazaru, locutô. ¶ Item, Coligir, ou ajuntar. Iap. Amitatçuru, l, auasuru. ¶ Item, Amansar. Iap. Nadamuru. ¶ Item, Por fim. Iap. Fatasu, vouarasuru. ¶ Item, Concordar a outrem. Iap. Xizzumuru. ¶ Item, Fingir. Iap. Tçucuri cotouo suru. ¶ Item, Recrear. Iap. Nagusamuru, yasumuru. ¶ Item, Consultar, concertarse. Iap. Fazui o toru.
Comporto, as. Lus. Ajũtar, ou acarretar a hũ lugar. Iap. Yxxoni facobi atçumuru.
Compos, otis. Lus. O que alcança algũa cousa. Iap. Nozomi uo toguru mono. ¶ Compos animi. Lus. Senhor de si, ou que esta com enteiro juizo. Iap. Chiyeno midarezaru mono. ¶ Compos voti. Lus. O q̃ compre o desejo. Iap. Fonmôuo toguru mono. ¶ Cõpos miseriarum. Lus. Participante nos trabalhos. Iap. Xinrô, nangano tomo.
Compositè, adu. Lus. Ordenadamente. Iap. Yoqi yôni, xidai yoqu.
Compositio, onis. Lus. Cõposiçam. Iap. Auasuru coto nari. ¶ Interdum, Ordem. Iap. Xidai, xitô. ¶ Item, Pacto. Iap. Tagaino yacusocu, iy auaxe. ¶ Item, O apaciguar as discordias. Iap. Iiguan fusuru coto nari.
Composito, adu. Lus. Deliberadamente. Iap. Vazato, l, canete cacugo xite.
Compositor, oris. Lus. Compoedor. Iap. Tçucurite, auaxete.
Compositura, l, Compostura, æ. Lus. Cõpostura, concerto. Iap. Auasuru cotouo yŭ, fonzzucuri.
Compositus, a, um. Lus. Cousa concertada, ou atauiada. Iap. Xidai yoqu vocaretaru coto, cazaritaru coto. ¶ Item, Cousa cõposta. Iap. Auaxetaru mono.
Compotatio, onis. Lus. Beberete. Iap. Xuyê, sacamori.
Compôto, as. Lus. Beber juntamente. Iap. Sacamori suru.
Compôtor, oris. Lus. Companheiro no beber. Iap. Saceno tomo.
Compôtrix, icis. fœm. Idem.
Compraedes. Lus. Fiadores de hũa mesma cousa. Iap. Vonaji cotono vqenin.
Compransor, oris. Lus. Cõpanheiro na mesa. Iap. Xôbannin.
Comprecatio, onis. Lus. Rogo. Iap. Soxô, tanomi, inori.
Comprecor, aris. Lus. Rogar, inuocar. Iap. Tanomu, inoru.
Comprehendo, is, di, sum. Lus. Prender, ou aferrar com as mãos. Iap. Toraiuru. ¶ Aliqñ. per transl. Entender, perceber. Iap. Funbet suru. ¶ Item, Comprender, abarcar. Iap. Comuru, tçutçumuru. ¶ Item, Amar. Iap. Taixetni vomô.

Com

Comprehensibilis, e. Lus. Cousa que se pode cōprehender. Iap. Funbetni voyobu coto.

Comprehensio, onis. Lus. Intelligencia. Iap. Mononi funbet suru coto nari. ¶ Item, O prender, ou abarcar com a mão. Iap. Torayuru coto nari.

Comprehensum, i. Lus. Cousa que se percebe, ou entende. Iap. Gattenni ittaru coto ouo yũ.

Compressè, adu. Lus. Succintamente. Iap. Tçuzzumete, riacu xite.

Compressio, onis. Lus. Estreitura, breuidade. Iap. Cotouarino tçuzzumayaca naru cotouo yũ.

Compressus, us, i. Coitus. Iap. Caccu.

Compressiuncula, æ. dim. Idem.

Comprimis, adu. Lus. Particularmēte. Iap. Bexxite.

Cōmprimo, is, essi, ssum. Lus. Espremir, apertar. Iap. Xiboru, ximuru. ¶ Item, Reprimir, refrear. Iap. Ficayuru, xitagayuru. ¶ Comprimere aluum. Lus. Fazer stitico. Iap. Fu... qexxi sasuru, l, tomuru. ¶ Comprimere virginem, idest, vitiare. Iap. Vottono michiuo xiranu nhonin uo vosayete vocasu. ¶ Comprimere audaciam alicuius. Lus. Refrear a ousadia de alguem. Iap. Icatçu, inno gamanuo vosayuru.

Comprobatio, onis. Lus. Aprouaçam. Iap. Yoqito qetgiacu suru coto nari.

Comprobator, oris. Lus. Aprouador. Iap. Yoqito qetgiacu suru fito.

Cómprobo, as. Lus. Aprouar. Iap. Yoqito qetgiacu suru. ¶ Item, Louuar. Iap. Fomuru.

Compromissarius, a, um. vt Compromissarius iudex. Lus. Iuiz louuado. Iap. Riōbō yori cujino sanjani yerabitaru fito.

Compromissum, i. Lus. Prometimento de estar pelo que o juiz louuado disser. Iap. Miguino yōni yerabaretaru fitono cotoba ni xitagauan tono yacusocu.

Compromitto, is. Lus. Eleger juiz louuado. Iap. Riōbō yori cujino sanjani fitouo yerabu.

Comptus, a, um. Lus. Cousa ataniada, ornada. Iap. Qirabiyacani detachitaru mono, fanayacani cazaritaru mono.

Comptus, us. Lus. Atauio, ou ornato. Iap. Socutaino xōgon, l, cazari.

Cōmpugno, as. Lus. Pelejar hum com outro. Iap. Tagaini tatacō. ¶ Item, Contender profiando. Iap. Caracō.

Compulso, as. Lus. Bater hũa cousa com outra. Iap. Vchiatasuru, l, vchiatçuru.

Compulsus, a, um. Lus. Cousa constrangida. Iap. Susumeraretaru mono.

Compunctio, onis. Lus. Picadura. Iap. Farinado nite tçuqu coto nari.

Compunctus, a, um. Lus. Cousa assinalada, ou marcada. Iap. Inuo vosaretaru mono.

Compungo, is, unxi, unctum. Lus. Picar. Iap. Farinadonite tçuqu. ¶ Sensum compungere. Lus. Offender o sentido. Iap. Rocconno xeiuo itami youarasuru.

Computabilis, e. Lus. Cousa que se pode contar. Iap. Sansuno voyobu mono.

Computatio, onis. Lus. Computação, conta. Iap. Sanyō.

Cōmputo, as. Lus. Desbastar, ou alimpar as aruores. Iap. Qiuo qiri sucasu.

¶ Aliqn. Iulgar, ou ter pera si. Iap. Vomoi nasu, zonzuru. ¶ Item, Contar, ou fazer contas por numeros. Iap. Sanyō suru, l, san nado nite mono uo cazoyuru.

¶ Item, Imputar, atribuir. Iap. Ayamari nadouo iytçuquru.

Computresco, is. Lus. Apodrecer. Iap. Cuchi cuzzuru.

Conâmen, inis. Lus. Esforço, finca pee. Iap. Mononi xicacaru xeiriqi.

Conamentum, i, l, Conatus, us. Idem.

Cōncaco, as. Lus. Sujar com esterco. Iap. Funuo xi yogosu, cusouo tarete yogosu.

Concædes, ium. Lus. Vallos, ou tranqueiras feitas de aruores cortadas. Iap. Qiri tauoxitaru qi nite tçucuritaru caidateno taguy.

Concalefacio, l, Concalfacio, is. Lus. Aquētar. Iap. Atatamuru.

T

Con-

Concalefactorius, a, um. Lus. Couſa que tem virtude de aquentar. Iap. Monouo atatamuru xeino aru mono.

Concalefactus, a, um. Lus. Couſa aquentada. Iap. Atatametaru mono.

Concaleſio, is. Lus. Eſquentarſe. Iap. Atatamaru.

Concaleo, es, l, Concaleſco, is, ui. Idem.

Concalleo, es, ui. Lus. Fazer callo. Iap. Taconi naru.

Concameratio, onis. Lus. Abobada, ou tecto como abobada. Iap. Marutenjǒ, l, nijigata naru tenjǒ.

Concámero, as. Lus. Edificar a modo de abobada. Iap. Marutenjǒuo faru, l, nijigatanaru tenjǒuo tçucuru.

Concaſtigo, as. Lus. Caſtigar. Iap. Xeccan ſuru.

Concáuitas, atis. Lus. Concauidade. Iap. Cubocanaru cotouo yŭ, cubomi.

Cóncauo, as. Lus. Encuruar. Iap. Foru. ¶ Cóncauare brachia in duos arcus. Lus. Arcar os braços. Iap. Vdeuo maguru.

Cóncauus, a, um. Lus. Couſa concaua, cũ vacia. Iap. Cubocanaru coto; l, veguretaru mono.

Concédo, is, eſsi, eſſum. Lus. Conceder. Iap. Yuruxiuo atayuru. ¶ Aliqñ. Iſſe, apartarſe. Iap. Tachinoqu, tachifanaruru. ¶ Item, Conſentir. Iap. Vqegǒ, nǒjǒ ſuru, dǒzuru. ¶ Item, Dar. Iap. Atayuru.

Concélebro, as. Lus. Feſtejar, e celebrar. Iap. Iuǒ.

Concêlo, as. Lus. Encubrir. Iap. Cacuſu.

Concentio, onis. Lus. Armonia de muitas vozes. Iap. Vonjǒuo ſoroyete vtǒ coto nari.

Concentor, oris. Lus. O que canta juntamẽte com outros. Iap. Bechino fito to onajiqu vtǒ mono.

Concenturio, as. Lus. Ordenar os ſoldados de cento, em cento. Iap. Buxiuo fiacqizzutçu ſoroyuru. Plaut.

Concentus, us. Lus. Armonia de diuerſas vozes. Iap. Vôjeino coyeno ſorôtaru coto uo yŭ.

Conceptaculum, l, Conceptabulum, i. Lus. Lugar que contem, ou recolhe algũa couſa, l, receptaculo. Iap. Monono donatairidocoro, l, aridocoro.

Conceptio, onis. Lus. O conceber, ou cõceição. Iap. Couo faramu, l, yadoſu coto uo yŭ. ¶ Item, Quædam figura grammaticæ.

Conceptiuæ feriæ. Lus. Feſtas que ſe celebrão hũa vez no anno. Iap. Mainen mochijtaru xucunichino na.

Conceptus, a, um. Lus. Filho concebido. Iap. Yadoſaretaru co. ¶ Item, Couſa percebida, ou aprehendida. Iap. Vomoi ireraretaru coto, l, vomoiximeraretaru coto. ¶ Conceptum furtum. Lus. Furto tomado nas mãos do ladrão. Iap. Nuſubitono te nite mitçuqetaru nuſumimono.

Conceptus, us. Lus. Filho concebido. Iap. Faramaxetaru co, l, quainin ſaxetaru co. ¶ Item, Concebimento. Iap. Couo yadoxi faramu cotouo yŭ.

Concerno, is. Lus. Ver. Iap. Miru.

Concerpo, is, pſi, ptum. Lus. Deſpedaçar. Iap. Fiqiſaqu, qireguireni naſu, ſunzunni qiru.

Concerptus, a, um. Lus. Couſa deſpedaçada. Iap. Sunzũni fiqi ſaqitaru coto.

Concertatio, onis. Lus. Contenda. Iap. Iſacai, caracai, araſoi, tatacai.

Concertatiuus, a, um. Lus. Couſa contencioſa. Iap. Caracaigamaxiqi coto.

Concertatorius, a, um. Idem.

Concerto, as. Lus. Contender com outro. Iap. Iſacǒ, caracǒ, tatacǒ.

Conceſſatio, onis. Lus. O ceſſar, l, detẽça. Iap. Yamu cotouo yŭ.

Conceſsio, onis. Lus. Permiſsão. Iap. Yuruxi, xamen.

Conceſſo, as. Lus. Ceſſar. Iap. Yamu.

Conceſſum, i. Lus. Permiſsão. Iap. Yuruxi, xamen.

Conceſſus, us. Idem.

Concha, æ. Lus. Oſtra, ou mariſco de concha. Iap. Caino rui. ¶ Item, Concha. Iap.

Iap. Caigara, l, cataqi cõno rui. ¶ Item Hum vaſo. Iap. Vrçuuamono no chi. ¶ Abqio. Trombeta. Iap. Feragai.

Conchâtus, a, um. Lus. Couſa feita a modo de concha. Iap. Caigarano yŏni cubomi tcubo.

Conchis, is. Lus. Hum genero de faua. Iap. Soramameno taguy. ¶ Item, Hum manjar deſtas fauas. Iap. Soramame nite coxiraye taru xocubut.

Conchicula, æ. dim. Idem.

Conchyle, is, l, Conchylium, ij. Lus. Concha de tingir graã. Iap. Xŏjŏfiuo ſomuru caino taguy. ¶ Item, Còr da tinta de tingir purpura. Iap. Xŏjŏfiuo ſomuru caino iro.

Conchylium, ij. Lus. Todo genero de concha. Iap. Cai.

Conchyliatus, a, um. Lus. Couſa tinta de carmiſim. Iap. Acaqi xŏjŏfiuo ironi ſometaru mono.

Conchyta, æ. Lus. Mariſqueiro. Iap. Cai, canino taguyuo xocuto xite toru fito.

Concîdo, is, di, ſum. Lus. Cortar, ou talhar miudo. Iap. Sunzunni qiru. ¶ Itẽ, Quebrar. Iap. Cudaqu.

Cóncido, is, cidi, caſum. Lus. Cair. Iap. Corobu, votçuru.

Concieo, es, l, Concio, is, iui, itum. Lus. Conuocar. Iap. Yobiatçumuru. ¶ Itẽ, Mouer, excitar. Iap. Moyouoſu.

Conciliabulum, i. Lus. Lugar de concelho. Iap. Quaixo.

Conciliabundus, a, um. Lus. Reconciliador de amizades. Iap. Nacano nauoxite.

Conciliatio, onis. Lus. Vnião, amizade. Iap. Iuccon, ichimi. ¶ Item, Pacto, ou cõcerto. Iap. Fazzuuo tori, l, tagaini yacuſocu ſuru coto nari.

Conciliatura, æ. Idem.

Conciliator, oris. Lus. Reconciliador de amizades. Iap. Nacano nauoxite.

Conciliatrix, icis. fœm. Idem.

Conciliatricula, æ. dim. Idem.

Conciliatus, a, ũ. Lus. Reconciliado, ou feito amigo. Iap. Nacauo nauoſaretaru fito.

¶ Conciliatum mancipium. Lus. Eſcrauo comprado. Iap. Caitoraretaru fudaino mono.

Conciliatus, us. Lus. Vniam, ajuntamẽto. Iap. Majiuaru cotouo yŭ, l, fitotçuni naru cotouo yŭ, l, chigŭ.

Concilio, as. Lus. Reconciliar, ou fazer amizades. Iap. Nacauo nauoſu, quabocu ſaſuru. ¶ Item, Colher, aquirir. Iap. Motomeyru, mŏquru. ¶ Concilio odium mihi. Lus. Faço me odioſo. Iap. Fitoni nicumararu yŏni ſuru, fito yori nicumaruru daimocuuo idaſu.

Concilium, ij. Lus. Ajuntamento de conſelheiros. Iap. Dancŏninno cunju, l, atçumari. ¶ Item, Vniam, miſtura. Iap. Vagŏ, l, majiuaru cotouo yŭ. ¶ Item, Hũa flor. Iap. Aru fanano na.

Concinnatitius, a, um. Lus. Couſa bem poſta, e concertada. Iap. Qireini yoqu tori totonoyetaru coto.

Concinnator, oris, vt Concinnator cauſarũ. Lus. Inuentor de falſas demandas. Iap. Naqi cotouo cujini iymatçu mono.

Concinnatorius, a, um. Lus. Couſa de adornar, ou concertar. Iap. Monouo qireini totonoyuru dŏgu.

Concinnè, adu. Lus. Ornada, e conuenientemente. Iap. Itçucuxiqu, qireini, yoqu ſŏuŏ xite.

Concinnitas, atis, l, Concinnitudo, inis. Lus. Ornato, lindeza. Iap. Qirabiyacaſa, cazari.

Concinno, as. Lus. Concertar, adornar. Iap. Yoqu monouo coxirayuru, totonoyuru, cazaru.

Concinnus, a, um. Lus. Couſa bem compoſta, e polida. Iap. Qirabiyacani totonoyeraretaru coto, jinjŏni, l, vtçucuxiqu coxirayeraretaru coto.

Côncino, is, nui, entum. Lus. Cantar juntamente. Iap. Tomoni vtŏ, dŏuonni vtŏ. ¶ Item, per tranſl. Concordar. Iap. Vonajiqi cocorouo fucumu, l, dŏxin ſuru. ¶ Item, Profetizar. Iap. Miraino cotouo tçuguru.

Concio, is, iui, itum. Lus. Conuocar. Iap.

T 2 Yobi

Yobi atçumuru. ¶ Item, Mouer, excitar. Iap. Moyouofu.

Concio, onis. Lus. Pulpito. Iap. Yufu. ¶ Itẽ, Ajuntamento do pouo. Iap. Cunju. ¶ Item, Pregação, ou pratica que se faz a muitos. Iap. Dangui, fôdan.

Conciuncula, æ. dim. Idem.

Concionabundus, a, um. Lus. O que prégа. Iap. Danguiuo tcqu mono.

Concionalis, e, l, Concionatorius, a, um. Lus. Cousa que pertence a pratica, ou prègaçam. Iap. Dangui, fôdanni ataru coto. ¶ Item, O que costuma a prégar. Iap. Dã guixa, l, xeppôno xite.

Concionator, oris. Lus. Prégador, ou o que faz pratica. Iap. Danguixa.

Concionatorius, l, Cócionarius, a, um. Lus. Cousa pertencente a prégaçam. Iap. Dangui, fôdanni ataru coto.

Conciônor, aris. Lus. Prégar, ou fazer pratica. Iap. Danguiuo toqu.

Concipilo, as. Lus. Castigar, emendar. Iap. Fitono ayamariuo isamuru.

Concipio, is. Lus. Tomar muitas cousas jũtamente. Iap. Amatano cotouo ichidoni toru. ¶ Item, Conceber. Iap. Couo faramu. ¶ Item, Conceber na alma. Iap. Vomoicomuru. ¶ Interdum, Deliberar. Iap. Vomoi sadamuru. ¶ Item, Ajuntar, ou reduzir em hum. Iap. Atçumuru, fitotçuni nasu. ¶ Concipere verba iuramenti. Lus. Determinar as palauras, e forma de juramento ao que ha de jurar. Iap. Cotobauo sadamete chicaiuo sasuru. ¶ Concipere vadimonium. Lus. Determinar a forma, e maneira de se presentar ao juiz. Iap. Tadaxiteno mayeye finchito, moyǒ uo sadamete dasu.

Concisè, adu. Lus. Succintamente. Iap. Tçuzumayacani, riacu xite.

Concisura, æ. Lus. Cortadura. Iap. Qiruru cotouo yŭ, l, qiraruru cotouo yŭ.

Concisus, a, um. Lus. Cousa cortada. Iap. Qiraretaru coto. ¶ Concisa oratio. Lus. Oraçam solta, e não continuada. Iap. Cu qirino vouoqi dangui, l, monogatari.

¶ Concisus sonus. Lus. Som quebrado. Iap. Varetaru coye.

Concitatio, onis. Lus. Mouimento, & alteração. Iap. Moyouoxi, l, vocoxitatçuru coto nari, sôdô.

Concitator, oris. Lus. Aluoroçador, ou incitador. Iap. Moyouôxite, isamete, sauagasuru mono.

Concitatrix, icis. fœm. Idem.

Concitatus, a, um. Lus. Cousa mouida, ou aluoroçada. Iap. Vocoxitateraretaru coto.

Cóncito, as. Lus. Mouer, aluoroçar, perturbar. Iap. Moyouosu, isamuru, sôdôsasuru.

Concitor, oris. Lus. Mouedor, aluoroçador. Iap. Sôdôno saxete.

Concitus, a, um. Lus. Cousa mouida, ou aluoroçada. Iap. Moyouosaretaru mono.

Conclamatio, onis. Lus. Grita, ou clamor de muitos. Iap. Vôjeino saqebi goye.

Conclâmo, as. Lus. Gritar, ou chamar juntamente. Iap. Vôjei vomeqi saqebu.

¶ Conclamare vasa. Lus. Pubricar que se aparelhe a gente quando se muda o arrayal. Iap. Ginxouo cayento fureuo nasu.

¶ Conclamatum est. Lus. Acabouse, feito he. Iap. Zatto fateta, jurqeiga tçuqi fateta. ¶ Conclamata corpora. Lus. Corpos pranteados. Iap. Naqi naguecaretaru xigai.

Conclámito, as. freq. Idem.

Conclauata res. Lus. Cousas que estão de baixo de hũa mesma chaue. Iap. Vonaji jôuo voroxitaru vtçuuamononi aru coto.

Conclâue, is. Lus. Recamara. Iap. Vocuno ma.

Conclauium, ij. Idem.

Conclûdo, is, si, sum. Lus. Encerrar. Iap. Togicomuru. ¶ Item, Concluir a oração. Iap. Iy fatasu, iy vosamuru. ¶ Item, Coligir, inferir. Iap. Guigiǒ turu, atono cotouarini yotte qetgiǒ suru.

Conclusio, onis. Lus. Conclusão. Iap. Fate, aguequ, guigiǒ, xoxen.

Conclusiuncula, æ. dim. Idem.

Con-

Concoctio, onis. Lus. Digestão, cozimento. Iap. Xocubutuo xôsuru coto nari.

Concœnatio, onis. Lus. Cea, ou comida de muytos. Iap. Amata atçumarite yŭmexi, l, xocusuru cotouo yŭ.

Cóncolor, oris. Lus. Cousa de hũa mesma cór. Iap. Dôxiqinaru mono, vonaji iro naru mono.

Cóncoquo, is, xi, ctum. Lus. Cozer. Iap. Monouo niru, l, yaqu. ¶ Item, Digerir a comida. Iap. Xocubutuo xôsuru. ¶ Item, Sofrer consigo, ou tragar algũa cousa penosa. Iap. Cotoba nimo, qexiqi nimo arauasazu xingiŭni nomi corayuru.

Concordia, æ. Lus. Concordia. Iap. Dôxin, ichimi.

Concordialis. Lus. Hũa erua. Iap. Cusano na.

Concorditas, atis. Lus. Concordia. Iap. Ichimi, dôxin.

Concorditer, adu. Lus. Concordemente, & com consentimento. Iap. Dôxin, ichimi xite.

Concordo, as. Lus. Concordar. Iap. Dôxin suru, riŏjŏ suru.

Concórporo, as. Lus. Encorporar. Iap. Gattai sasuru, amatano cotouo fitotçuni nasu.

Concors, dis. Lus. Cousa concorde. Iap. Dôy naru mono, l, vonaji cocorono aru mono.

Concratitius, a, um. Lus. Cousa feita, ou tecida de vimes, caniços, etc. Iap. Yoxi, aruiua qi, taqe nite ajirono gotoqu cumitaru mono.

Concrêdo, is, didi, ditum. Lus. Confiar dalguem, ou entregarlhe algũa cousa. Iap. Taxica narito vomô fitoni azzuquru. ¶ Concredere mari nauigia. Lus. Entregar as naos as ondas do mar. Iap. Funeuo nami, cajeni macasuru.

Cóncremo, as. Lus. Queimar. Iap. Yaqitçuru, l, yaqi forobosu.

Cóncrepo, as, vi, itum. Lus. Fazer estrondo. Iap. Fibiqi naru. ¶ Item, Fazer soar. Iap. Narasu.

Concresco, is, eui, etum. Lus. Crecer juntamente. Iap. Tomoni xeijin suru, xeigiŏ suru. ¶ Item, Coalharse. Iap. Cori catamaru. ¶ Item, Vnirse, ajuntarse. Iap. Vagŏ suru, fitotçuni naru.

Concretio, onis. Lus. Vniam, ou ajuntamẽto de varias cousas ẽ hũa. Iap. Cacubet no coto fitotçuni atçumaru cotouo yŭ.

Concretus, a, um. Lus. Cousa misturada, e composta de varias cousas. Iap. Cacubet no monono fitotçuni atçumaritaru coto. ¶ Item, Cousa coalhada. Iap. Cori catamaritaru coto.

Concretus, us. Lus. Coalhamento. Iap. Catamari.

Concríminor, aris. Lus. Culpar, acusar. Iap. Vttayuru, sansuru.

Concrucior, aris. Lus. Ser atormentado, l, doerse, Iap. Curuximetaruru, itametaruru.

Concubina, æ. Lus. Concubina, l, manceba. Iap. Tecaqe, sobanhôbŏ.

Concubinatus, us. Lus. Estado de amancebado. Iap. Tecaqe, aruiua mavotocouo mochite yru xindai.

Concubînus, i. Lus. Sodomita paciente. Iap. Nhacudôuo tatçuru vacaxu.

Concúbitor, oris. Lus. O que dorme com outro. Iap. Tomoni nuru, l, macurauo narabete nuru fito. ¶ Itẽ, per transl. O q̃ conhece a femia. Iap. Totçugu, l, cacon uo nasu votto.

Concúbitus, us. Lus. Coito, ajuntamento. Iap. Cacon, totçugui.

Concubium, ij. Lus. Tempo do primeiro sono da noite. Iap. Yafan mayeni fitono neiru jibun. ¶ Concubia nox. Lus. Alta noite. Iap. Fuqetaru yo.

Cóncubo, as, l, Concumbo, is. Lus. Dormir com outro. Iap. Tomoni nuru.

Conculcatio, onis. Lus. O pisar. Iap. Fumitçuquru coto nari.

Cóculco, as. Lus. Pisar. Iap. Fumitçuquru.

Concupio, is, iui, itum. Lus. Desejar. Iap. Nozomu, negŏ.

Concupisco, is. Idem.

Concupiscentia, æ. Lus. Apetite de bem, ou mal. Iap. Ien nimo, acu nimo tçuqu nozomi.

Con-

Concilio, as. Lus. Ter cuidado. Iap. Sabaqu, saibanuo suru.

Concurro, is, curri, cursum. Lus. Correr jũtamente. Iap. Ichidoni faxiru. ¶ Item, Arremeter aos inimigos. Iap. Teqini tori cacaru, qiricacaru. ¶ Item, Concorrer a algũ lugar, etc. Iap. Faxe atçumaru, vagare atçumaru. ¶ Concurrunt multæ opiniones. Lus. Quadrão com isto muitas opiniões. Iap. Core ni dôxin suru amatano zonbunga sorô. ¶ Concurritur. Lus. Dase a batalha. Iap. Caxxenni voyobu.

Concursatio, onis. Lus. O correr de ca pera là. Iap. Faxiri chimadô coto uo yŭ.

Concursator, oris. Lus. O que corre de ca pera là. Iap. Chimadôte faxemauaru mono.

Concursio, onis, l, Concursus, us. Lus. Concurso. Iap. Faxeatçumari, cunju suru coto uo yŭ.

Concurso, as. Lus. Correr de ca pera là. Iap. Faxiri chimadô.

Concussio, onis, l, Cócussura, æ, l, Cócussus, us. Lus. Sacudidura, agitaçam. Iap. Yurugasuru coto nari, vgocasu coto nari.

Concutio, tis, ssi, ssum. Lus. Abalar, ou mouer com violentia. Iap. Qitçuqu yusuru, vgocasu. ¶ Item, Tirar por força, ou poder algũa cousa. Iap. Qeny vo motte monouo xemetoru.

Condalium, ij. Lus. Hum genero de anel. Iap. Yubiganeno taguy.

Condecenter, adu. Lus. Conuenientemente. Iap. Niyŏte, sŏtŏxite.

Condecentia, æ. Lus. Decoro, conueniencia. Iap. Sôtô, sôuô.

Cóndecet, ebat. Lus. Ser decente. Iap. Niyŏ, sŏtŏ suru.

Condecorè, adu. Lus. Conueniente, & graciosamente. Iap. Niyŏte, itçucuxite.

Condécoro, as. Lus. Afermosear, ornar. Iap. Cazaru, itçucuxiqu nasu.

Condemnator, oris. Lus. Accusador. Iap. Zanxa, vttayete. ¶ Itẽ, O que condemna. Iap. Taninuo zaiquani fusuru mono.

Condemnatus, vide in verbo Damno.

Condemno, as. Lus. Condenar. Iap. Zaiquano xacugiacu suru. ¶ Item, Acusar é juizo. Iap. Tadaxiteni vttayuru. ¶ Cõdemnare aliquem negligentiæ, inertiæ, &c. Lus. Arguir alguem de negligencia. Iap. Fitono qedaigayeuo arauasu.

Condenso, as. Lus. Espesar, condensar. Iap. Cô, l, côqu nasu, voxicatamuru.

Condenseo, es. Idem.

Condensus, a, um. Lus. Cousa espessa. Iap. Xigueqi coto, atçuqi coto.

Condepso, is. Lus. Misturar. Iap. Majiyuru.

Condico, is. Lus. Determinar. Iap. Sadamuru. ¶ Item, Denunciar. Iap. Tçugue xirasuru. ¶ Condicere cœnam. Lus. Prometer, ou denunciar que se ache no báquete. Iap. Furumaino yacusocuuo suru, l, furumaino annaiuo suru. ¶ Condicere rem aliquam. Lus. Tornar a pedir diante da justiça o seu. Iap. Caxitaru monouo tadaxiteno maye nite coicayesu.

Condictio, onis. Lus. Denunciar de fazer algũa cousa em certo dia. Iap. Monouo xẽto nichiguenuo sadamuru coto nari. ¶ Item, Acçam pessoal q̃ se faz diante de juiz requerendo o seu. Iap. Tadaxiteno maye nite caxitaru monouo coicayesu coto nari.

Condictitius, a, um, vt actio condictitia. Idẽ.

Condictum, i. Lus. Pacto, ou concerto entre alguns. Iap. Tagaino fazzu, yacusocu.

Condignè, adu. Lus. Dignamente. Iap. Sŏuô xite, sŏtŏ xite.

Condignus, a, um. Lus. Cousa digna. Iap. Sŏuô naru coto, sŏtŏ naru coto.

Condimentarius, ij. Lus. O que vende adubos. Iap. Chŏji, qeixin, coxô nadouo yŏ naru reôrini cuuauaru dŏguuo vru mono.

Condimentarius, a, um. Lus. Cousa pertencente a adubos. Iap. Miguino dŏguni ataru coto.

Condimentum, i. Lus. Adubos. Iap. Reôrino gu. ¶ Item, Graça, ou sal no falar. Iap. Cotobano xiuo.

Con-

Condio, is, iui, itum, ibus. Adubar, temperar manjares. Iap. Reôri suru. ¶ Condire tristitiam hilaritate. Lus. Téperar a tristeza com alegria. Iap. Canaxiuo yorocobi nite vmuru.

Condiscipulatus, us. Lus. Condiscipulado. Iap. Tomoni gacumo narŏ aidauo yŭ.

Códiscipulus, i. Lus. Códiscipulo. Iap. Aidexi.

Condiscipula, æ. fœm. Idem.

Códisco, is. Lus. Aprẽder. Iap. Narŏ, gacusuru.

Conditaneus, a, um. Lus. Cousa que se pode guardar, ou conseruar. Iap. Tacuuayerarubeqi coto, l, cabaiuoqu coto canŏ mono. ¶ Itẽ, Cousa que se pôde temperar. Iap. Reôrino naru mono.

Condîtio, onis. Lus. O adubar. Iap. Reôri suru coto nari.

Conditio, onis. Lus. Estado, sorte. Iap. Touori, xindai. ¶ Item, Pacto, concerto. Iap. Tagaino yacusocu, l, fazzu. ¶ Item, Códição. Iap. Yacusocuno yŏdai. ¶ Homo bonæ conditionis. Lus. Homẽ rico, abastado. Iap. Fucujin.

Conditionalis, e. Lus. Cousa que tem algũa condiçam, ou pacto. Iap. Yacusocuni ataru coto, l, qenyacu vomotte atayeraretaru coto, l, vqetoraretaru coto.

Conditionaliter, adu. Lus. Com condição. Iap. Yacusocu vomotte.

Conditiuus, a, um. Lus. Cousa guardada. Iap. Tacuuayeraretaru coto.

Conditiuum, i. Lus. Sepulcro. Iap. Quá.

Conditiuus, a, um. Lus. Cousa guardada. Iap. Tacuuaye, cabauaretaru mono. ¶ Itẽ, Cousa que se pode guardar, ou conseruar. Iap. Tacuuayuru coto canŏ mono.

Condîtor, oris. Lus. O que aduba iguarias. Iap. Reôrixa.

Códitor, oris. Lus. Autor, fundador. Iap. Sacuxa, mono tono amitatete.

Conditorium, ij. Lus. Lugar onde se guarda algũa cousa. Iap. Monono vosamedocoro, toriuoqidocoro. ¶ Item, Sepultura. Iap. Quan.

Conditura, æ. Lus. Adubos. Iap. Reôrino gu.

Condîtus, us. Idem.

Condîtus, a, um. Lus. Cousa adubada. Iap.

Reôri xeraretaru mono.

Cónditus, a, um. Lus. Cousa guardada. Iap. Tacuuayeraretaru coto. ¶ Aliqñ. Cousa edificada. Iap. Conriŭ xeraretaru coto, l, tçucuritateraretaru coto.

Condo, dis, didi, ditum. Lus. Esconder, guardar. Iap. Cacuxiuoqu, vosameuoqu. ¶ Qñdoq; Edificar. Iap. Conriŭ suru.

Condocefacio, is. Lus. Instruir. Iap. Voxiyuru, narauaxuru.

Condoceo, es. Lus. Ensinar. Iap. Xinan suru.

Condoleo, es, l, Condolesco, is. Lus. Doerse. Iap. Itamu, canaximu.

Condonatio, onis. Lus. Doação. Iap. Ataye, yuruxi.

Condonatus, a, um. Lus. Cousa concedida. Iap. Yurusaretaru coto, atayeraretaru coto.

Condôno, as. Lus. Dar graciosamente. Iap. Muyenni atayuru. ¶ Item, Perdoar. Iap. Yurusu, xamen suru.

Condormio, is. Lus. Dormir juntamente. Ipa. Ixxoni nuru.

Condormisco, is. Lus. Dormir. Iap. Suimen suru, l, ynuru.

Condrillon, l, Condrilla, æ. Lus. Hũa erua. Iap. Cusano na.

Conducibilis, le. Lus. Cousa prouejtosa. Iap. Tocuto naru coto, l, tayorito naru coto. ¶ Item, Cousa que se pode alugar. Iap. Chin nite cari yatouaruru coto canŏ mono.

Condûcit, ebat. Lus. Ser proueitoso. Iap. Tocuto naru, l, tayorito naru.

Condûco, is. Lus. Ajuntar, ou leuar a hũ lugar. Iap. Yxxoni atçumuru. ¶ Item, Alugar. Iap. Chin nite yatoicaru. ¶ Itẽ, Virar, mudar. Iap. Firugayesu, cayuru.

Conductio, onis. Lus. Arrendamento, ou aluguer. Iap. Chin nite yatoi caru coto nari. ¶ Item, O ajuntar. Iap. Atçumuru coto nari.

Conductitius, a, um. Lus. Cousa que se arrenda, ou he alugada. Iap. Chin nite cari yatouaruru mono.

Con-

Conductor, oris. Lus. Arrendador, ou aluga dor. Iap. Chin nite monouo yatoi caru mono. ¶ Item, O que toma algũa obra pera fazer por preço. Iap. Chinuo sadame monouo vqeotte suru fito.

Conductus, a, um. Lus. Cousa alugada. Iap. Chin nite cari yatouaretaru mono.

Condulus, i. Lus. Anel. Iap. Yubigane.

Conduplicatio, onis. Lus. Dobradura. Iap. Tatamu coto nari, l, ichibaini nasu coto nari. ¶ Item, Figura quædam rhetoricæ.

Condúplico, as. Lus. Dobrar. Iap. Tatamu, l, ichizŏbaini nasu.

Condus, i. Lus. Despenseiro que guarda os mantimentos. Iap. Curabuguiŏ.

Condylôma, atis. Lus. Almorreima. Iap. Gino vazzurai.

Cóndylus, i. Lus. Iuntura, ou nó dos dedos. Iap. Yubinc fuxi.

Confábulo, as, l, Confábulor, aris. Lus. Praticar com outros. Iap. Zŏtan suru.

Confarreatio, onis, genus erat sacrificij inter virum, & vxorem in signum firmissimæ coniunctionis.

Confatalis, e. Lus. Cousa do mesmo fado. Iap. Vonajiqi xucugŏno yenni musubŏretaru mono.

Confectio, onis. Lus. O acabar. Iap. Iŏju, tassuru coto nari. ¶ Item, O mcer, eliminar. Iap. Cudaqu coto nari.

Confector, oris. Lus. Consumidor, ou acabador. Iap. Fataxite, tçuyaxite. ¶ Ité, Executor. Iap. Tçutomuru mono.

Confectura æ. Lus. Confeiçam, composiçam. Iap. Chŏgŏ, l, auasuru cotouo yŭ.

Confercio, is, si, ertũ. Lus. Encher, recalcar. Iap. Vtçuuamono nadoni voxitçuqete monouo iruru, l, mitasu.

Cónfero, ers, tuli, latum. Lus. Trazer, ou acarretar a hum lugar. Iap. Monouo ixxoye facobi motçu. ¶ Item, Comparar. Iap. Taguyuru, tatoyuru, curaburu. ¶ Item, Aparelhar, dispôr. Iap. Yoqu facari totonoyuru. ¶ Q̃ñq;. Communicar. Iap. Tçŭyŏ suru. ¶ Item, Ajuntar. Iap. Auasuru, l, vomoi auasuru. ¶ Q̃nq;. Mudar, ou traspassar a outra parte. Iap. Taxoye monouo vtçusu. ¶ Ité, Ser proueitoso. Iap. Tayorini naru, tocuni naru. ¶ Conferre manum. Lus. Pelejar. Iap. Tagaini tatacŏ. ¶ Conferre gradum. Lus. Ir com passos iguaes em companhia. Iap. Dôjen ni narŏde ayumu. ¶ Conferre signa. Lus. Ajuntarse os dous exercitos em hũ lugar pera pelejar. Iap. Sŏfŏ icusabauo sadamete xiruxiuo tatçuru. ¶ Conferre se aliquò. Lus. Ir pera algũa parte. Iap. Taguiŏ suru. ¶ Conferre culpam in aliquem. Lus. Impôr a culpa a alguẽ. Iap. Fitoni ayamariuo caquru. ¶ Conferre verba in pauca. Lus. Reduzir a poucas palauras. Iap. Tçuzzumayacani monouo yŭ. ¶ Conferre beneficiũ in aliquẽ. Lus. Fazer bem a alguẽ. Iap. Fitoni vonuo qi suru.

Conferrúmino, as. Lus. Soldar. Iap. Rŏzzuqeni suru. ¶ Item, Grudar. Iap. Nicauazzuqeni suru.

Confertim, adu. Lus. Densamente, recalcadamente. Iap. Pixxito, ai tuqimo naqu, michimichite.

Confertus, a, um. Lus. Cousa densa, ou basta. Iap. Ai suqimo naqu aru coto, xigueqi coto. ¶ Item, Cousa chea, recalcada. Iap. Yppai irerarctaru mono.

Conferua, æ. Lus. Hũ certo musgo. Iap. Aru coqeno taguy.

Conferueo, es. Lus. Feruer jũtamente, l, feruer. Iap. Tomoni taguiru, l, taguiru. ¶ Item, Inflamarse. Iap. Moyetatçu. ¶ Item, Soldarse. Iap. Fone, tçugai nado ga tçuguiyŏ.

Conferuesco, is. Idem.

Confessio, onis. Lus. Confissão Iap. Sangue, l, facujŏ, l, xingiñuo arauasu coto nari.

Confessor, oris. Lus. Oque confessa seu pecado. Iap. Sangue suru mono, l, facujŏ suru mono.

Confessorius, a, um. Lus. Cousa que pertence a confissão. Iap. Sangue, l, facujŏni ataru coto.

Confessus, a, um. Lus. Oque confessa algũa cousa.

cousa. Iap. Sangue, l, facujô suru mono, l, xingiùuo arauasu fito. ¶ Item, Cousa confessada. Iap. Sangue, l, facujô xeraretaru coto. ¶ Confessa res. Lus. Cousa clara, e manifesta. Iap. Fũmiô naru coto.

Confestim, adu. Lus. Logo. Iap. Yagate, focujini, tachimachi, focuxitni.

Confibula, æ. Lus. Hum instrumento pera apertar as aruores quando fendem. Iap. Qino saqe, aruiua voretaruuo xime catamuru qinite tçucuritaru dôguno na.

Conficio, is, eci, ectum. Lus. Acabar, fazer. Iap. Iôju suru, fatasu, suru. ¶ Item, Executar. Iap. Tçutomuru. ¶ Conficere pacem. Lus. Concluir as pazes. Iap. Quabocuuo totonoye sumasu. ¶ Conficere iter. Lus. Caminhar. Iap. Michiuo yuqu. ¶ Conficere annales, l, librũ. Lus. Compor cronica, ou liuro. Iap. Coji, raireqi, nendaiqiuo amitatçuru, l, mononofonuo amitatçuru. ¶ Cõficere pecuniam. Lus. Aquirir dinheiro. Iap. Caneuo motomuru. ¶ Conficere exercitum. Lus. Fazer exercito. Iap. Ninjuzoroiuo suru. ¶ Conficere cibum. Lus. Mastigar. Iap. Xocuuo camu. ¶ Conficere argentum. Lus. Gastar mal a fazenda. Iap. Mochitaru zaifôuo axiqu tçucai fatasu. ¶ Conficere hominem. Lus. Matar, & despedaçar a alguem. Iap. Qiri tataite corosu. ¶ Conficit me solicitudo, etc. Lus. Cuidados me atormentam. Iap. Qizzucaiua vaga cocorouo cudaqu.

Confictio, onis. Lus. Machinaçam, ficçam. Iap. Naqi cotouo aru yôni xinasu coto nari, l, tçucuricotouo yũ.

Confictus, a, um. Lus. Cousa fingida, ou cõtrafeita. Iap. Tçucuricoto.

Confidens, tis. Lus. Cousa atreuida, e ousada. Iap. Gaynaru mono, futeqi naru mono. ¶ Item, Homem constante. Iap. Dôjenu mono, l, tagirocazaru mono.

Confidenter, adu. Lus. Ousada, e temerariamente. Iap. Icatçuni, gayni. ¶ itẽ, Animosamente, constantemente. Iap. Dôjezu, l, tagirocazu xite.

Confidentia, æ. Lus. Atreuimento, ousadia. Iap. Gay, daitansa.

Confidentiloquiùs, adu. Lus. Falando mais atreuidamente. Iap. Nauo icatçuni monouo yũte.

Confido, is, di, sum. Lus. Confiar. Iap. Tanomiuo caquru, l, tanomoxiqu vomô. ¶ Sibi Confidere. Lus. Confiar em si. Iap. Vaga chicarauo tanomu.

Configo, is, xi, xum. Lus. Pregar, fincar. Iap. Vchitçuguru. ¶ Configere aliquem sagittis. Lus. Assetear a alguem. Iap. Yauo fitoni ycaquru. ¶ Configere curas omnes in salute Reip. Lus. Pòr todo seu cuidado no bem da Repub. Iap. Cunino matçurigotoni cocorouo tçuquru. ¶ Configere spem in aliquo. Lus. Cõfiar em alguem. Iap. Fitoni tanomiuo caquru.

Configûro, as. Lus. Fazer da mesma figura, e forma. Iap. Vonaji narini nasu.

Confingo, is. Lus. Fingir, l, traçar. Iap. Tçuricotouo sumi, tacumi idasu. ¶ Item, Fazer algũa cousa de barro, &c. Iap. Tçuchi nado nite moncuo tçucuru.

Confinia, inium. Lus. Confins do reyno. Iap. Cunino sacaime.

Confinis, is. Lus. Vezinho em terminos, ou limites. Iap. Sacaimeuo fedatete tagaini sumu mono, l, sacaiuo fedatete aru tiôchi. ¶ Item, Semelhante. Iap. Ainitaru mono.

Confinium, ij. Lus. Limite do cãpo. Iap. Riôchino sacai. ¶ Item, per transl. Vezinhança. Iap. Tonari, qinpen.

Confio, is. Lus. Ser feito. Iap. Naru, nasaruru, idequru.

Confirmatio, onis. Lus. Confirmaçam. Iap. Texxo, catame, l, tçuyomuru coto nari. ¶ Est & confirmatio orationis, rhetoricæ pars, argumenta continens.

Confirmator, oris. Lus. Fortalecedor, animador. Iap. Tçuyomete, texxite, l, chicarano soyete.

Confirmitas, atis. Lus. Firmeza. Iap. Tçuyesa.

Confirmo, as. Lus. Fortalecer. Iap. Catamuru, tçuyomuru. ¶ Item, Affirmar. Iap.

V Tessu-

Teſſuru, l, caiumete yũ.

Confiſco, as. Lus. Confiſcar. Iap. Qexxo ſuru, moxxu ſuru.

Confiſio, onis. Lus. Confiança. Iap. Tanomoxiqi.

Confiſus, a, um. Lus. Confiado. Iap. Tanomoxiqiuo mochitaru mono.

Confiteor, eris, eſſus. Lus. Confeſſar. Iap. Sãgue ſuru, facujŏ ſuru, l, xingitŏuo arauaſu.

Confixus, a, um. Lus. Couſa pregada, ou fincada. Iap. Vchiçuqetaru mono, vchicomitaru mono.

Conflages. Lus. Lugar onde ſe encontram diuerſos ventos. Iap. Tçujicajeno fuqu tocoro.

Conflagro, as. Lus. Arder, ou conſumirſe cõ fogo. Iap. Moyuru, yaquru, l, yaqefatçuru. ❡ Conflagrare inuidia, &c. Lus. Comerſe cõ enueja. Iap. Fucaqu fonemu.

Conflátilis, e. Lus. Couſa fundida. Iap. Ymono.

Conflatio, onis, l, Conflatura, æ. Lus. Fũdiçam de metal. Iap. Caneuo yru michi, l, narai.

Conflecto, is, xi, xum. Lus. Curuar, dobrar. Iap. Tauomuru, maguru.

Conflictatio, onis. Lus. Conflito, combate. Iap. Toriai, tatacai. ❡ Item, Affliçam. Iap. Cocoroguruxiſa.

Conflictatus, a, um. Lus. Couſa affligida, ou atormentada. Iap. Curuximetaruru mono, xemeraretaru mono.

Conflictio, onis, l, Conflictus, us. Lus. Cõbate. Iap. Toriai, tatacai. ❡ Item, O bater hũa couſa com outra. Iap. Monouo vchiauaſuru cotouo yũ.

Conflicto, as, l, Conflictor, aris. Lus. Combaterſe, ou dar batalha. Iap. Toriyŏ, tatacaiuo ſuru. ❡ Item, Affligir, vexar. Iap. Curuximuru, itamuru.

Confligo, is. Lus. Pelejar, & dar batalha. Iap. Toriyŏ, yariuo auaſuru. ❡ Item, Fazer demanda. Iap. Fitotomoni cuji ſatauo ſuru, l, tori atçucŏ.

Conflo, as. Lus. Aſoprar, ou ventar juntamente. Iap. Caje amata ichidoni fuqu.

❡ Item, Fundir metaes. Iap. Caneuo yru, l, fuqu. ❡ Interd. Machinar, fingir. Iap. Soragotouo tacumu, l, tçucuricotouo ſuru. ❡ Conflare æs alienum. Lus. Endiuidarſe. Iap. Fitono caneuo vô, l, xacuxenuo ſuru. ❡ Conflare inuidiam. Lus. Fazerſe odioſo. Iap. Fitoyori nicumiuo vquru cotouo ſuru.

Confluctuari, impersonale. Lus. Andar fluctuando. Iap. Tadayô.

Confluens, tis. Lus. Lugar a onde ſe ajuntam dous rios. Iap. Futatçuno cauano vochiai.

Conflúges, gum. Lus. Lugar onde ſe ajuntão ribeiros. Iap. Amatano cogaua nagare atçumaru tocoro.

Confluo, is, xi, xum. Lus. Correr juntamente couſa liquida. Iap. Tomoni nagaruru. ❡ Itẽ, per transl. Concorrer, ajuntarſe. Iap. Faxeatçumaru, faxi atçumaru.

Confluus, a, um. Lus. Couſa que corre jũtamente. Iap. Tomoni nagaruru mono.

Confluxus, us, l, Confluuium, ij. Lus. Lugar pera onde corrẽ muitos ribeiros. Iap. Amatano cogaua nagare cudaru tocoro.

Confodio, is. Lus. Cauar. Iap. Tçuchiuo vtçu, l, foru. ❡ Itẽ, Traſpaſſar. Iap. Nuqu, tçuranuqu.

Confœdusti. Lus. Confederados. Iap. Quabocu xitaru mono.

Confœta ſus. Lus. Porca q̃ ſe ſacrificaua cõ os bacorinhos. Iap. Cotomoni tamuqeni xitaru mebuta.

Cónfore, compoſitum à verbo defectiuo fore. Lus. Auer de ſer. Iap. Aru bexito, &c.

Conformatio, onis. Lus. Conueniencia, e propórçam. Iap. Nareyŏ cotouo yũ, l, caccŏ. ❡ Item, quædam figura Rhetoricæ.

Conformatus, a, um. Lus. Couſa formada. Iap. Nari, catachiuo tçucuri ſadametaru coto.

Conformo, as. Lus. Dar forma, ou figura. Iap. Mononi nari, catachiuo tçucuri ſadamuru. ❡ Itẽ, Cõformar, accõmodar. Iap. Mononi vôjite ſuru.

Confórnico, as. Lus. Fazer a feiçam de abobada.

da. Iap. Nijigatani monouo aςucuru.

Confossus, a, um. Lus. Cousa traspassada. Iap. Tςuranucaretaru mono.

Confoueo, es, ui, tum. Lus. Abrigar, aquẽtar. Iap. Aisuru, itςucuximu, cauaigaru, atatamuru.

Confractus, a, um. Lus. Cousa quebrada. Iap. Varetaru coto.

Confragosus, a, um. Lus. Cousa fragosa, e aspera. Iap. Qeuaxiqi tocoro, xexxo, acuxo, ixidacana tocoro.

Cónfragus, a, um. Idem.

Cónfremo, is, ui, itum. Lus. Bramar, fazer estrondo. Iap. Vobitataxiqu fibiqi naru, vobitataxiqi votoga suru.

Cónfrico, as, ui, ictum. Lus. Roçar, & esfregar hũa cousa com outra. Iap. Suriauasuru. ¶ Interdum, Esfregar. Iap. Suru. vt, camiuo suru.

Confringo, is, egi, actum. Lus. Quebrar. Iap. Varu, voru.

Cónfuga, æ. Lus. O q̃ se acolhe ao couto. Iap. Inochiuo tasuquru tocoroye niguecomu fito.

Confugio, is. Lus. Acolherse, fugir. Iap. Niguru, voςuru. ¶ Confugere ad aliquẽ. Lus. Pedir socorro a alguem. Iap. Fitouo tanomu.

Confugium, ij. Lus. Lugar de refugio. Iap. Niguedocoro.

Confulcio, is. Lus. Sustentar fortificando. Iap. Cacayuru.

Confulgeo, es. Lus. Resplandecer. Iap. Cacayaqu.

Confundo, is, udi, usum. Lus. Perturbar, & confundir. Iap. Midasu, midaracu.

Confusè, adu. Lus. Confusa, e desordenadamente. Iap. Midaretete, xidaiuo tagayete.

Confusim, adu. Idem.

Confusio, onis. Lus. Confusam, perturbação. Iap. Midare.

Confusurus, a, um. Lus. Cousa que ha de perturbar, ou confundir. Iap. Midasubeqi mono.

Confusus, a, um. Lus. Cousa perturbada, ou confusa. Iap. Midaretaru mono.

Confutatio, onis. Lus. Refutação. Iap. Iy cuzzusu coto nari.

Confuto, as. Lus. Refutar. Iap. Iy cuzzusu. ¶ Item, Conuencer. Iap. Iy tςumuru.

Congelatio, onis. Lus. Congelamento. Iap. Coricatamaru cotouo yŭ.

Cóngelo, as. Lus. Congelarse. Iap. Coricatamaru. ¶ Item, Estar ocioso. Iap. Itazzurani yru, muxosani yru.

Congeminatio, onis. Lus. Reiteração. Iap. Vonajiqi cotouo saisan yŭ, l, suru coto nari.

Congèmino, as. Lus. Dobrar. Iap. Futaye ni nasu. ¶ Item, Multiplicar. Iap. Vonaji cotouo saisan yŭ, l, suru.

Cóngemo, is. Lus. Gemer juntamente. Iap. Tomoni naqi vreôru, tomoni vmequ.

Cóngener, eris. Lus. Cousa da mesma specie, ou genero. Iap. Vonajiqi taguyno mono.

Congènero, as. Lus. Ajuntar. Iap. Tomoni auasuru, fitotςuni nasu.

Congènitus, a, um. Lus. Cousa nacida juntamente. Iap. Tomoni xŏjitaru mono.

Congènulo, as. Lus. Ajoelharse. Iap. Fizauo tatςuru.

Conger, i, Congrus, i. Lus. Congro peixe. Iap. Aru vuono na.

Congeries, ei. Lus. Amontoamento. Iap. Tςumicasanetaru cotouo yŭ.

Congèmino, as, l, Congermanasco, is. Lus. Vnirse, ajuntarse. Iap. Cumi suru, fitotςu ni nasu. ¶ Item, Brotar, ou crecer juntamente. Iap. Medaςu, tomoni xegió suru.

Congero, is. Lus. Ajuntar, amontoar. Iap. Tςumicasanuru.

Congerro, onis. Lus. Companheiro com quem familiarmente nos communica mos. Iap. Xitaxiqu naca, xitaxqi to mo.

Congesticius, a, um. Lus. Cousa amontoada. Iap. Tςumori casanaritaru coto. ¶ Locus congesticius. Lus. Terra, ou lugar fofo. Iap. Vqiςuchi, catamarazaru gi.

Congestus, a, um. Lus. Cousa amontoada. Iap. Tςumicasanaritaru coto.

Congestus, us. Lus. Amontoamento. Iap. Tςu-

Tçumi[illegible] cotono yŭ.

Congialis, e. Lus. Cousa que leua noue quartilhos. Iap. Sanjô iru vtçuuamono.

Congiarium, ij. Lus. Dadiua real feita ao pouo. Iap. Daiyǒ yori banminni vocosare cudasaruru mono. ¶ Item, Hũa medida. Iap. [illegible]

Congiarius, a, um. Lus. Vaso que leua noue quartilhos. Iap. Sanjô iru vtçuuamono.

Congius, ij. Lus. Hũa medida de noue quartilhos. Iap. Sanjô iru masu.

Conglacio, as. Lus. Congelarse. Iap. Cori catamaru.

Conglobatim, adu. Lus. Em montões. Iap. Tçudoi casanatte, fitotçuni marumatte.

Conglobatio, onis. Lus. Amontoamento. Iap. Tçumi casanuru coto nari, fitotçuni marumuru coto nari.

Conglobatus, a, um. Lus. Cousa amontoada. Iap. Tçumori casanaritaru coto, l, fitotçuni marumaritaru coto.

Cónglobo, as. Lus. Amontoar, ou fazer em hum corpo. Iap. Tçumi casanuru, l, fitotçuni marumuru.

Conglutinatio, onis. Lus. Ajuntamento, trauadura. Iap. Nicauanite tçugui auasuru coto nari, l, ichiuni.

Conglútino, as. Lus. Grudar, l, ajuntar. Iap. Nicaua, socui nite monouo tçuqe auasuru.

Congræcor, aris, l, Congræco, as. Lus. Andar polas tauernas, ou darse a beber, & comer. Iap. Voniqini tonzuru, l, chôzuru. ¶ Item, Darse apassatẽpos, e leuar boa vida. Iap. Quanracuni fuqeru.

Congratulatio, onis. Lus. Alegria do bem alheo. Iap. Focano xiruxiuo motte tano vyeno cŏjiuo yorocobu coto nari.

Congrátulor, aris. Lus. Mostrar alegria do bẽ alheo. Iap. Focano xiruxiuo motte tano vyeno cŏjiuo yorocobu.

Congrediens, tis. Lus. O que se encontra cõ outro. Iap. Yuqivŏ mono.

Cógredior, eris. Lus. Andar juntamente com outro. Iap. Dôdô suru. ¶ Item, Encontrarse com outro na peleija. Iap. Vataxi auasuru, tatacŏ.

Congregabilis, e. Lus. Cousa facil de ajuntar. Iap. Atçumariyasuqi mono. ¶ Item, O que ama companhia. Iap. Sanquaiuo conomu mono.

Congregatio, onis. Lus. O ajuntar. Iap. Atçumuru coto nari.

Congregatus, a, um. Lus. Cousa ajuntada. Iap. Atçumeraretaru coto.

Cóngrego, as. Lus. Ajuntar. Iap. Atçumuru, soroyuru.

Congressio, onis. Lus. Conuersação, pratica. Iap. Sanquai, l, monogatari.

Congressus, us. Lus. Ajuntamento. Iap. Cũju. ¶ Item, O encontro da peleija. Iap. Tatacai.

Congrex, egis. Lus. Cousa junta ao gado. Iap. Guiûyôni tçuqe soyeraretaru mono.

Congruens, tis. Lus. Cousa conueniente, & accõmodada. Iap. Niaitaru mono, l, sŏuô xitaru coto.

Congruenter, adu. Lus. Conueniente mente. Iap. Niyôte.

Congruentia, æ. Lus. Conueniencia. Iap. Sŏuô, niai. ¶ Item, Semelhança. Iap. Niiru coto uo yŭ.

Congruo, is. Lus. Ser conueniente, l, concordar. Iap. Niyô, sŏuô suru.

Congruus, a, um. Lus. Cousa conueniente. Iap. Sŏuô xitaru mono.

Congrus, l, conger, i. Lus. Congro peixe. Iap. Aru vuono na.

Coniates, is. Lus. Acafelador de paredes. Xaquan, cabenuri. ¶ Item, O que vnta a os lutadores. Iap. Sumŏtoriuo abura nite nuru fito.

Conifera arbor. Lus. Aruore que da pinha. Iap. Matçucasano yŏnaru miuo xŏzuru qi.

Coniectarium, ij. Efficax, atque perfectum.

Coniectio, onis. Lus. O arremesar. Iap. Naguru coto nari. ¶ Item, O adeuinhar. Iap. Vranŏ coto nari. ¶ Coniectio causæ. Lus. Breue explicação da demanda. Iap. Cujisatano ficqiŏ uo tadaxiteni iyxirasuru coto nari.

Coniecto, as. freq. Lus. Conjeiturar. Iap. Su-

Suiriǒ furu. ¶ Item, Adeuinhar. Iap. Vranǒ.

Coniector, oris. Lus. Interprete, ou adeuinhador de ſonhos, ou prodigios. Iap. Vǒnhǒji, l, yumeuo fanzuru fito.

Coniectura, æ. Lus. Conjeitura. Iap. Suiriǒ, ſuiſat.

Coniecturalis, e. Lus. Couſa coligida por cǒjeitura. Iap. Suiriǒ xi ateraretaru coto.

Coniectûro, as. Lus. Conjeiturar. Iap. Suiriǒ, l, ſuiſat furu.

Coniectus, a, um. Lus. Couſa arremeſada. Iap. Naguevtaretaru coto.

Coniectus, us. Lus. Arremeſo. Iap. Naguevtçu cotouo yŭ.

Conjicio, is, eci, ectum. Lus. Arremeſar. Iap. Naguevtçu. ¶ Item, Conjeiturar. Iap. Suiriǒ, l, ſuiſat ſuru. ¶ Itẽ, Adeuinhar. Iap. Vranǒ. ¶ Conjicere ſe aliquò. Lus. Recolherſe apreſadamente em algũa parte. Iap. Faxiricomu, l, faxiri iru. ¶ Cǒjicere ſe in pedes, l, in fugam. Lus. Acolherſe. Iap. Niguru, aiteni vxitouo miſuru. ¶ Conjicere aliquem in vincula. Lus. Prender a alguem. Iap. Rǒni iruru. ¶ Conjicere aliquem in lætitiam. Lus. Alegrar a alguem. Iap. Yorocobaſuru.

Conila, æ, l, Conile, es. Lus. Hũa erua. Iap. Yafaino tagui.

Coniſco, as. Lus. Marrar como carneiro, etc. Iap. Tçunonite tçuqu.

Coniſtica, æ. Lus. Terreiro de luta. Iap. Sumǒno ba.

Coniugalis, e. Lus. Couſa que pertence à caſados. Iap. Fǔfuni ataru coto, yenpen ni ataru coto.

Coniugata, apud Rhĕtores ſunt, quæ ab vno genere veluti iugo flectuntur, vt iuſtitia, iuſtus, iuſtè.

Coniugatio, onis. Lus. Ajuntamento. Iap. Auaſuru coto nari. ¶ Item, A grammaticis variatio, et declinatio in verbis dicitur.

Coniugator, oris. Lus. O que ajunta. Iap. Auaxete.

Coniugalis, e. Lus. Couſa de caſados. Iap.

Fǔfuni ataru coto, l, yenpĕni ataru coto.

Coniugium, ij. Lus. Matrimonio. Iap. Yĕuo muſubu coto nari, l, yenpen. ¶ Item, Copula. Iap. Cacon.

Cóniugo, as. Lus. Ajuntar. Iap. Auaſuru.

Conium, ij. Lus. Cegude erua. Iap. Cuſano na.

Coniunctè, adu. Lus. Iuntamente. Iap. Auaxete, vonaji yǒni.

Coniunctim, adu. Idem.

Coniunctio, onis. Lus. Amizade. Iap. Chinami. ¶ Item, Ajuntamento. Iap. Auaſuru coto nari. ¶ Item, Conjunção da oração, das palauras, &c. Iap. Cotobauo cuſari auaſuru tenifa.

Coniunctus, a, um. Lus. Couſa vnida, & junta. Iap. Chinamitaru coto.

Coniungo, is, xi, ctum. Lus. Ajuntar. Iap. Auaſuru, cuuayuru. ¶ Coniunctiſsimè & amanciſsimè cum aliquo viuere. Lus Ser muito familiar de alguem. Iap. Fucaqu ſitoxi xitaximu.

Coniuratio, onis. Lus. Conjuração. Iap. Amata ichimino muſon.

Coniuratus, a, um. Lus. Conjurador. Iap. Muſonjin.

Coniûro, as. Lus. Conjurar. Iap. Muſonuo cuuatatçuru, l, chicai vomotte muſonuo cuuatateuo iyauaſuru. ¶ Item, Iurar. Iap. Chicai ſuru, xeimonuo tatçuru. ¶ Item, Conſentir jurando com outros em algũa couſa honeſta. Iap. Yoqi cotouo xento iy auaxete xeimonuo tatçuru.

Coniux, gis. Lus. Marido, ou molher. Iap. Tçuma.

Cónlatro, as. Lus. Ladrar a alguem. Iap. Inuga fitouo foyuru.

Conlutulo. vide Collutulo.

Cónnato, as. Lus. Nadar juntamente. Iap. Tomoni voyogu.

Connecto, is. Lus. Trauar, ou atar hũa couſa com outra. Iap. Muſubi auaſuru.

Connexio, onis. Lus. Trauadura, ou liança. Iap. Muſubi auaſuru coto nari.

Connexiuus, a, um. Lus. Couſa apta pera liar, ou trauar. Iap. Muſubi auaſuruni niaitaru coto.

Con-

Connexum, i. Lus. Conclusão. Iap. Ficqiŏ, xoxen.

Connexus, a, um. Lus. Cousa atada, ou liada cõ outra. Iap. Yui auaxetaru mono.

Connexus, us. Lus. Atadura, ou liança. Iap. Yuime, l, musubime, yen, chiguiri.

Connitor, eris. Lus. Estribar, ou pôr força. Iap. Axiuo fumisuyuru, l, chicarauo tçucuite fataraqu. ¶ Item, Parir. Iap. Couo vmu.

Conniuentia, æ. Lus. Dissimulaçam de não ver, ou ouuir algũa cousa. Iap. Minu cauo, l, xiranu cauouo suru cotouo yŭ, l, sora yne muriuo suru cotouo yŭ.

Conniueo, es, iui, l, xi. Lus. Pestanejar. Iap. Madataqiuo suru. ¶ Item, Dissimular. Iap. Xirazuqauouo suru.

Conno, as. Lus. Nadar juntamente. Iap. Tomoni voyogu.

Connubialis, e. Lus. Cousa pertencente a casamento. Iap. Yenpenni ataru coto.

Connubium, ij. Lus. Direito de matrimonio. Iap. Yenpenno fatto.

Connûbo, is, psi, ptum. Iap. Casarse. Iap. Yenuo musubu, fŭfuni cataraiuo nasu.

Connûdo, as. Lus. Despir nú. Iap. Acafadacani nasu.

Conopœum, i. Lus. pauelham contra os mosquitos. Iap. Caya.

Cónops, pis. Lus. Mosquito. Iap. Ca.

Conor, aris. Lus. Procurar fazer algũa cousa. Iap. Chicarauo tçucuxite naguequ, xeiuo irete faguemasu.

Conquadro, as. Lus. Fazer algũa cousa quadrada. Iap. Xicacuni nasu.

Conquassatio, onis. Lus. Alteração, mouimento. Iap. Dôyô, l, vgocasu coto nari.

Conquasso, as. Lus. Abalar, ou quebrar. Iap. Dôyô sasuru, l, cudaqu. ¶ Item, per transl. Destruir. Iap. Forobosu, cuzzusu.

Cónqueror, eris, estus sum. Lus. Aqueixarse. Iap. Xucquai suru, vramuru, cacotçu.

Conquestio, onis, Lus. Queixume. Iap. Xucquai, vrami.

Conquestus, us. Idem.

Conquiesco, is, eui, etum. Lus. Aquietarse, descansar. Iap. Curçurogu, qiŭsocu suru. ¶ Conquiescere in re aliqua. Lus. Deleitarse em algũa cousa. Iap. Mononi yorocobu, tanoximu.

Conquinisco, is, exi. Lus. Inclinar a cabeça. Iap. Cobeuo catamuquru, l, vnataruru.

Conquiro, is, siui, situm. Lus. Buscar com diligencia. Iap. Tazzune motomuru.

¶ Conquirere milites. Lus. Fazer gente de guerra. Iap. Xeiuo atçumuru.

Conquisitè, adu. Lus. Diligente, & exquisitamente. Iap. Xeiuo irete, nenuo tçucôte.

Conquisitio, onis. Lus. Diligente inquisição, ou busca. Iap. Xeiuo irete naguecqi motomuru coto nari. ¶ Conquisitio militum. Lus. O fazer gente. Iap. Xeiuo atçumuru coto nari.

Conquisitor, oris. Lus. O que faz gente de guerra. Iap. Muxauo atçumuru fito.

Conquisitus, a, um. Lus. Cousa buscada com diligencia. Iap. Nengoroni tazzune motomeraretaru mono.

Conrei, corum. Lus. Acusados, ou demandados juntamente em juizo. Iap. Tadaxiteno mayeni vonaji qi tçumini vttayeraretaru mono.

Consalutatio, onis. Lus. Saudação de hum a outro. Iap. Tagaino reigui.

Consalûto, as. Lus. Saudar hũ a outro. Iap. Tagaini reiuo suru.

Consanesco, is. Lus. Sarar. Iap. Reôgi suru, fonbucu suru.

Consanguineus, a, um. Lus. Parente do mesmo sangue. Iap. Xinrui.

Consanguinitas, atis. Lus. Parentesco do mesmo sangue. Iap. Xinruino yucari.

Consâno, as. Lus. Curar, ou sarar a outro. Iap. Cususu, reôgi suru. ¶ Item, Sarar. Iap. Iyuru, nauoru.

Consárcino, as. Lus. Coser pegando, ou ajuntando sem ordem algũas cousas. Iap. Raxximo naqu nuitçugu.

Consarrio, is. Lus. Sachar, ou cauar. Iap. Cuua nite vchicayesu.

Consaucio, as. Lus. Ferir. Iap. Qizuuo tçuquru, teuo vôsuru.

Con

Conſceleratus, a, um. Lus. Couſa ſuja com peccados. Iap. Togani qegaſaretaru mono.
Conſcélero, as. Lus. Sujar com peccados. Iap. Toganite qegaſu. ¶ Conſcelerare oculos. Lus. Cõmacular os olhos vendo algũa couſa fea. Iap. Meuo qegaſu.
Conſcendo, is, di, ſum. Lus. Embarcarſe. Iap. Funeni noru, jôxen ſuru. ¶ Item, Subir. Iap. Noboru.
Conſcenſio, onis. Lus. O embarcarſe. Iap. Iôxen, funeni noru coto nari. ¶ Item, O ſubir. Iap. Noburu cotouo yũ.
Conſcenſus, us. Idem.
Conſcientia, æ. Lus. Conciencia. Iap. Vaga xoſano yoxi axiuo chiyeno ficari vomote togamuru tocorono xoſauo yũ.
Conſcindo, is, idi, iſum. Lus. Eſpedaçar, ou raſgar em muitas partes. Iap. Sunzunni fiqiſaqu. ¶ Cõſcindere aliquem. Lus. Dizer mal dalguem. Iap. Fitono cotouo axiqu yũ. ¶ Conſcindere ſibilis aliquẽ. Lus. Eſcarnecer, e zombar dalguem. Iap. Soravſo fuite naburu, qiocuru.
Conſcio, is. Lus. Saber de ſi algũa couſa. Iap. Vareto cocoroni aru cotouo xiru.
Conſciſco, is, iui, itum. Lus. Determinar. Iap. Sadamuru. ¶ Item, Recolher em ſi, ou contrahir. Iap. Vquru, touoru: vt, atçuſaga mini touotta. ¶ Conſciſcere ſibi mortem. Lus. Mataſe. Iap. Iigai ſuru.
Conſciſſura, æ. Lus. Cortadura, rotura. Iap. Fiqiſaqu cotouo yũ.
Conſciſſus, a, um. Lus. Couſa raſgada. Iap. Fiqiſacaretaru coto.
Conſcius, a, um. Lus. Sabedor com outro de algũa couſa occulta. Iap. Vonajiqi fimituo xiritaru mono. ¶ Item, O que ſabe algũa couſa. Iap. Monouo xiritaru fito.
Conſcribo, is, pſi, ptum. Lus. Eſcreuer. Iap. Monouo caqu. ¶ Conſcribere milites. Lus. Aſſentar em rol os ſoldados. Iap. Buxiuo chacutõni tçuquru.
Conſcribello, is. Idem apud veteres.
Conſcripti, qui in ſenatu ſcriptis annotati erant, qui per inopiam ſenatorum ex equeſtri ordine in ſenatorum numerũ recipiebantur.
Conſcriptio, onis. Lus. Eſcritura. Iap. Caqimono.
Cónſeco, as. Lus. Cortar. Iap. Qiru.
Conſectio, onis. Lus. O cortar. Iap. Qiru coto nari.
Conſecraneum, ei. Lus. Couſa conſagrada. Iap. Tattoqi mono, tamuqeraretaru coto.
Conſecratio, onis. Lus. Conſagraçam, dedicaçam. Iap. Cuyô, ſaſaguru coto nari, l, tamuquru coto nari.
Cónſecro, as. Lus. Conſagrar. Iap. Cuyôzuru, tamuquru, ſaſaguru.
Conſectaneus, a, um. Lus. O que ſegue a outro. Iap. Atoni tçuqiyuqu mono. ¶ Item, O que ſegue a opinião de outro. Iap. Fitono zonbunuo xitõ mono.
Conſectarium, ij, eſt argumentum breuiter aſtrictum, in quo concluſio neceſſariò ſequitur antecedens.
Conſectarius, a, um. Lus. Couſa que ſe ſegue a outra. Iap. Ai tçuzzuqu cotomari.
Conſectatio, onis. Lus. O ſeguir, e pretender com diligencia algũa couſa. Iap. Fucaqu monouo xitai naguequ coto nari.
Conſectator, oris. Lus. O que ſegue, ou pretende com diligencia algũa couſa. Iap. Xitai naguequ fito.
Conſectatrix, icis. fœm. Idem.
Conſector, aris. Lus. Seguir, ou pretender com diligencia algũa couſa. Iap. Naguequi xitõ, l, fucaqu naguequ.
Conſemineus, a, um, l, Conſeminalis, e. Lus. Semeado de diuerſas ſementes. Iap. Aſſatano taneuo tori majete maqitaru tocoro.
Conſeneſco, is, nui. Lus. Enuelhecer. Iap. Toxiyoru, youai catamuqu.
Conſenſio, onis. Lus. Conſentimento, concordia. Iap. Dôxin, ichimi.
Conſenſus, a, um. Lus. Couſa concedida, ou confeſſada. Iap. Dôxin xeraretaru coto, vqegauaretaru coto.
Conſenſus, us. Lus. Conueniencia, conſentimento. Iap. Dôxin, cocorouo fitotçuni ſuru cotouo yũ.
Conſentaneus, a, um. Lus. Couſa conueniente.

ente. Iap. Sôuô naru coto.

Consentia sacra. Lus. Festas, ou sacrificios instituidos cõm consentimento de muitos. Iap. Amatano fito dôxin xite sadamaritaru jibunni sasaguru tamuqe, l, xucunichi.

Consentiens, entis. Lus. Cousa concorde, & conueniente. Iap. Sôtô xitaru coto, l, cocorouo auasuru mono, l, dôxin suru mono.

Consentio, is, si, sum. Lus. Consentir. Iap. Dôxin suru, nôjô suru.

Consepio, is, psi, ptum. Lus. Cercar com cerca. Iap. Caqi, fei nadouo ximauasu.

Conseptum, i. Lus. Lugar cercado com cerca. Iap. Caqi, fei nadouo ximauaxi cacomitaru tocoro. ¶ Item, Grades de ferro, ou pao. Iap. Côxi, renji.

Consequens, entis. Lus. Cousa conseguinte, ou que hade vir. Iap. Ai tçuzzuqu coto, qitaru coto. ¶ Item, argumenti conclusio.

Consequenter, adu. Lus. Conseguintemente. Iap. Tçuqetari, tçuiteua, tçuguiniua, tçuzzuitetia.

Consequentia, l, Consequutio, onis. Lus. Consequencia. Iap. Ai tçuzzuqu cotouo yû. ¶ Item, Necessitas conclusionis, quæ ex præcedentibus infertur.

Consequor, eris. Lus. Seguir. Iap. Xitô, tçuzzuqu. ¶ Item, Alcançar. Iap. Motomuru, môquru. ¶ Item, Exprimir, & declarar. Iap. Iy noburu.

Consero, is, erui, ertum. Lus. Trauar hũa cousa com outra. Iap. Cumi auasuru. ¶ Conserere manum. Lus. Virás mãos na batalha. Iap. Tachivchini voyobu. ¶ Prælium, siue pugnam conserere. Lus. Trauar batalha. Iap. Icusauo suru, yaiuo auasuru. ¶ Manus conserere. Lus. Trauar as mãos. Iap. Teuo torichigayuru.

Consero, is, eui, itum. Lus. Semear, l, plãtar. Iap. Taneuo maqu, l, qiuo suiu, tçuguiqiuo suru.

Conserratus, a, um. Lus. Cousa que tem dentes como serra. Iap. Nocoguiriba naru mono.

Conserte, adu. Lus. Trauadamente. Iap. Vôte, cumiauaxete.

Consertor, oris. Lus. O que traua, ou ajunta. Iap. Cumiauasuru mono.

Consertus, a, um. Lus. Cousa trauada. Iap. Cumi auaxeraretaru coto.

Conserua, æ. Lus. Molher que serue em cõpanhia de outras. Iap. Fôbaiuo mochitaru guegio.

Conseruatio, onis. Lus. O guardar. Iap. Taxinamu coto nari, mamoru coto nari.

Conseruator, oris. Lus. Guardador, conseruador. Iap. Xugo, mamorite, cacayete, tacuuayete.

Conseruatrix, icis. fœm. Idem.

Conseruatus, a, um. Lus. Cousa guardada, ou conseruada. Iap. Taxinamaretaru coto, tacuuaye vocaretaru coto.

Conseruitium, ij. Lus. Seruidão, catiueiro de muitos. Iap. Fudaini nasaretaru monodomono xinxô.

Conseruo, as. Lus. Conseruar, guardar. Iap. Taxinamu, mamoru, tamotçu, tabai voqu, lucu.

Conseruus, i. Lus. Seruo juntamente com outro. Iap. Fôcô no fôbai.

Consessor, oris. Lus. O que esta assentado jũtamẽte com outro. Iap. Dôza suru fito.

Consessus, us. Lus. Ajuntamento de homẽs assentados em hum lugar. Iap. Ixxoni namiyru ninju.

Consideo, es. Lus. Assentarse juntamente. Iap. Dôza, l, retza suru. ¶ Item, Ficar. Iap. Nocori todomaru. ¶ Item, Descansar. Iap. Cutçurogu. ¶ Item, Deterse. Iap. Voiopauaru. ¶ Item, Aquietarse. Iap. Yamu, xizzumaru.

Considerantia, æ, l, Consideratio, onis. Lus. Consideraçao. Iap. Xirio, xian.

Considerate, adu. Lus. Consideradamente. Iap. Xiriouo cuuayete, xian xite.

Consideratus, a, um. Lus. Cousa considerada. Iap. Xianuo cuuayetaru coto.

Consideratus, i. Lus. Homem attentado, e considerado. Iap. Xiani o fucaqi mono.

Considero, as. Lus. Considerar. Iap. Xian suru,

suru, xirio suru, cuitŏ suru.

Confido, is, fidi, fisum. Lus. Afirmarse pe ra assentar. Iap. Yasumu. ¶ Item, Habitar de assento em algũ lugar. Iap. Giũ gio suru, giũ suru. ¶ Item, Gretarse, abrir se. Iap. Varuru.

Consignatio, onis. Lus. O sellar, ou pôr sello Iap. Inbanuo vosu coto nari. ¶ Item, Assina do da propria mão. Iap. Cotono texxoni suru, ippitsu, l, jifitsu xomei.

Consignatus, a, um. Lus. Cousa sellada. Iap. Inbannuo vosaretaru mono.

Consigno, as. Lus. Pôr sello. Iap. Fanuo su yuru, inbanuo vosu. ¶ Consignare pecu niam. Lus. Depositaro dinheiro. Iap. Caneuo fitoni azzuquru.

Consileo, es, l, Consilesco, is. Lus. Calar. Iap. Xizzumaru, yamu.

Consiliarius, ij. Lus. Conselheiro cõ quem nos aconselhamos. Iap. Yqenuo couaru mono.

Consiliarius, a, um. Lus. Cousa pertencen te ao conselho. Iap. Dancõni ataru coto.

Consiliator, oris. Lus. Conselheiro. Iap. Yqẽ ia, yqenuo suru fito.

Consiligo, inis. Lus. Hũa erua. Iap. Cusano na.

Consilio, as. Lus. Pedir conselho. Iap. Yqẽ uo couo, yqenuo vqeru. ¶ Item, Dar conselho. Iap. Yqenuo suru.

Consilio, is, lui, l, liui, sultum. Lus. Saltar juntamente, ou acometer cõ impetu a alguẽ. Iap. Faxiricacaru, qiuoicacaru, tobi cacaru.

Consiltosus, a, um. Lus. Homẽ sabio, & de conselho. Iap. Xianfucaqi mono, funbetxa.

Consilium, ij. Lus. Conselho. Iap. Yqen, xi nan, qeôcun. ¶ Item, Deliberação, pare cer. Iap. Zonbun, xian. ¶ Quãq. Ajunta mento de juizes, &c. Iap. Tadaxiteno atçumari.

Consimilis, e. Lus. Cousa semelhãte. Iap. Ai nitaru coto.

Consisto, is, stiti. Lus. Parar, ou estar quedo. Iap. Tomaru, todomaru. ¶ Item, Cobrar forças. Iap. Chicaraga tçuqu. ¶ Salus, spes in aliquo consistit. Lus. Estriba a esperança em alguem. Iap. Fitoni tanomoxi qiga cacaru. ¶ Consistere in anchoris, l, ad anchoras. Lus. Estar surta a nao. Iap. Funeno icariuo vrte yru.

Consitio, onis. Lus. O plantar. Iap. Iumocuuo vyuru, l, sasu coto nari.

Consitura, æ. Idem.

Cónsitor, oris. Lus. O que planta. Iap. Iumocuuo vyuru, l, sasu fito.

Cónsitus, a, um. Lus. Cousa semeada, ou plantada. Iap. Taneuo maqitaru tocoro, l, vye saxitaru jumocu.

Consobrina, æ. Lus. Prima com jrmãa filha da tia. Iap. Vonnaqiŏdai yori vmaretaru vonnagono itoco doxi.

Consobrinus, i. Lus. Primo comirmão filho da tia. Iap. Vonnaqiŏdai yori vmaretaru vonocogono itocodoxi.

Cónsocer, eri. Lus. Consogro. Iap. Ai yaqe.

Consociatio, onis. Lus. Companhia, comunicação. Iap. Xitaxiqi cocorouo tçŭjiyŏ fŏbaino vchiua.

Consociatus, a, um. Lus. O que fez companhia, ou liga com outro. Iap. Fucaqu chiguir taru tomo.

Consocio, as. Lus. Fazer, ou liar companhia. Iap. Fŏbaino qeiyacuuo suru, ichimi suru.

Consolabilis, e. Lus. Cousa que recebe consolaçam. Iap. Yorocobaximuru michi aru mono.

Consolabundus, a, um. Lus. O que consola a outro. Iap. Yorocobaxete, l, canaximiuo nadamuru mono.

Consolatio, onis. Lus. Consolação. Iap. Canaximi satte qitaru yorocobi, canaxiqi cocorono nadame.

Consolator, oris. Lus. Consolador. Iap. Vreôru monono yorocobaxete.

Consolatorius, a, um. Lus. Cousa consoladora. Iap. Nadamuru mono, yorocobasuru mono.

Consolido, as. Lus. Refazer, renouar. Iap. Saicŏ suru, xuri suru. ¶ Visus fructus cõsolidatus, id est coniunctus cũ proprietate.

X Con-

Consôlor, aris. Lus. Consolar, aliuiar. Iap. Canaximiuo nadamuru.

Consôlo, as. Idem.

Consomnio, as. Lus. Sonhar. Iap. Yumeuo miru.

Cónsonans, antis. Lus. Cousa concorde, e conueniente. Iap. Sôuô xitaru coto. ¶ Cõsonantes literæ dicuntur, quòd cum vocalibus, non per se sonant.

Consonantia, æ. Lus. Consonancia de vozes. Iap. Voiiôno soroitaru coto uo yŭ, l, chôxi.

Cónsono, as, ui, itum. Lus. Soar juntamente. Iap. Ichidoni naru, tomoni fibiqu. ¶ Interdum, Concordar, conuir. Iap. Sôtô suru, niyŏ.

Cónsonus, a, um. Lus. Cousa conueniente, e conforme. Iap. Sôuô xitaru coto.

Consopio, is, iui, itum. Lus. Fazer dormir a outro. Iap. Nesasuru.

Consors, ortis. Lus. Companheiro, e participante da mesma sorte, e condição. Iap. Yorocobinimo canaximinimo yorozzu ni tomonŏ tomo. ¶ Item, Participante dalgũa cousa. Iap. Ien acuno tomoni naru, l, nin juni cuuauaru fito. ¶ Item, Semelhante. Iap. Ainitaru coto. Propert.

Consórtio, onis. Lus. Companhia, e vnião. Iap. Ichimi, cumi.

Consortium, ij. Idem.

Conspectus, us. Lus. Vista, presença. Iap. Maye, ganjen.

Conspectus, a, um. Lus. Cousa vista. Iap. Miraretaru coto.

Conspergo, is, si, sum. Lus. Espargir, derramar. Iap. Sosoqu.

Conspersus, a, um. Lus. Cousa derramada, ou espargida. Iap. Sosocaretaru coto.

Conspiciendus, a, um. Lus. Cousa insigne, e digna de ser vista. Iap. Mimono, vzzutacaqi coto.

Conspicilium, ij. Lus. Lugar donde secretamente vemos, ou espreitamos algũa cousa. Iap. Nozoqiana, l, cacurete miru tocoro. ¶ Item, Oculos. Iap. Megane.

Conspicillo, onis. Lus. Atalaya, ou espia.

Iap. Meçuque, [illegible]

Conspicio, is, exi, ectum. Lus. Ver. Iap. Miru. ¶ Item, Atentar. Iap. [illegible] miru, [illegible]

Cónspicor, aris. Lus. Ver, olhar. Iap. Miru.

Conspicuus, a, um. Lus. [illegible] ¶ Item, Cousa clara, e manifesta. Iap. [illegible] ¶ Conspicuus homo. Lus. Homem em quem todos poem os olhos. Iap. [illegible] megaqeru fito.

Conspirati, orum. Lus. Conjurados. Iap. Mufonno xu. ¶ Conspiratæ res. Lus. Cousas vnidas em huma. Iap. Fitotçuni atçumatta [illegible] coto.

Conspiratio, onis. Lus. Concordia, vnião. Iap. Ichimi, [illegible] ¶ Item, Conjuração. Iap. Mufon.

Conspiratus, us. Idem.

Conspiro, as. Lus. Assoprar, ou ventar juntamente. Iap. Ichidoni fuqu. ¶ Item, per transl. Concordar, consentir. Iap. Dôxin suru. ¶ Item, Conjurar. Iap. Mufonuo cuuatatçuru. ¶ Item, Enroscarse como cobra. Iap. Cuchinauano gotoqu matomaru.

Conspisso, as. Lus. Espessar. Iap. Xigueracasu, atçuqu nasu.

Conspuo, is, ui, utum. Lus. Cuspir em outro. Iap. Mononi tçufaqiuo faqicaquru.

Conspûto, as. frequent. Idem.

Conspurco, as. Lus. Sujar. Iap. Qegasu.

Constabilio, is, iui, itum. Lus. Estabelecer, fortalecer. Iap. Tçuyomuru.

Constans, antis. Lus. Cousa constãte. Iap. Suuaritaru mono, tagirocazaru coto, tçuyoqi mono.

Constanter, adu. Lus. Constantemente. Iap. Tçuyoqu, suuatte, tagirocazu.

Constantia, æ. Lus. Constancia, firmeza. Iap. Tçuyosa, dôten xezaru cocoro yŭ.

Consternatio, onis. Lus. Pauor, & perturbação. Iap. Munasauagui, qiuocure.

Consternium, ij. Lus. Lugar onde se guardão

dão veſtidos dos que entrão nos banhos. Iap. Yu, furoni yxǒye nugui voqu ſadamaritaru tocoro.

Conſterno, as. Lus. Perturbar, & cauſar pauor. Iap. Cocorouo ſauagaſu, vocu ſaſuru.

Conſterno, is, ſtraui, ſtratum. Lus. Eſtendendo cobrir, ou eſtender. Iap. Vouoi xiqu, l, firoguru.

Conſtipo, as. Lus. Condenſar, eſpeſar. Iap. Xigueracaſu, atçugu naſu.

Conſtituo, is. Lus. Determinar. Iap. Sadamuru, l, vomoi ſadamuru. ¶ Item, Fazer pacto, ou concerto. Iap. Tagaini yacuſocuuo ſuru, yacuſocuuo xiyǒ. ¶ Item, Gouernar, reger. Iap. Voſamuru. ¶ Itê, Apparelhar. Iap. Totonoyuru. ¶ Conſtituere pecuniam. Lus. Prometer ao aciè dor de lhe pagar em certo dia. Iap. Feben no ſunichiuo ſadamuru.

Conſtitutio, onis. Lus. Decreto, eſtatuto. Iap. Fatto, giǒmocu, ſadame. ¶ Item, Inſtituição. Iap. Fajime. ¶ Conſtitutio corporis. Lus. Compreiſão do corpo. Iap. Xiqixinno caguen. ¶ Eſt item Conſtitutio rhetoribus prima cauſarum cõflictio, quæ etiam ſtatus appellatur.

Conſtitutor, oris. Lus. O que determina, ou ordena algũa couſa. Iap. Menono ſadamete.

Conſtitutorius, a, um. Lus. Couſa q̃ determina, ou ordena. Iap. Monouo ſadamuru coto.

Conſtitutus, a, um. Lus. Couſa determinada, ou ordenada. Iap. Sadameraretaru coto. ¶ Corpus bene conſtitutũ. Lus. Corpo bem compreiſſionado. Iap. Yoqi ca gueu naru xiqixin.

Conſtitutus, us. Lus. Ajuntamento de homens. Iap. Fitono cunju.

Conſto, as, ſtiti, ſtitum, l, ſtatum. Lus. Perſeuerar, e ſer conſtante. Iap. Todoqu, cotayuru. ¶ Item, Conſtar de partes, &c. Iap. Vagǒ ſuru, l, comoru, l, qiuamaru. ¶ Item, Eſtar muitos juntos em pee. Iap. Vôjei tachinarabite yru. ¶ Item, Ter abundancia. Iap. Iuntacuni aru, fuſocu naqi nari. Vt, conſtant illi omnia. Lus. Tudo tẽ em abũdãcia. Iap. Careni funhoy naru coto naxi. ¶ Cõſtare ſibi. Lus. Eſtar conſtante na meſma opinião. Iap. Zonbuuo tagirocazaru. ¶ Conſtare mente, l, animo. Lus. Eſtar em ſeu perfeito juizo. Iap. Chiye caxicanaru cotouo yŭ. ¶ Magno, l, paruo aliquid conſtare. Lus. Valer pouco, ou muito preço algũa couſa. Iap. Atai yaſuxi, l, taçaxi. ¶ Cõſtat. Lus. He manifeſto. Iap. Meifacu nari. ¶ Hoc mihi tecum conſtat. Lus. Niſto cõuimos. Iap. Cono guini voitewa tagaini zonbunni sǒy naxi.

Conſtratus, a, um. Lus. Couſa cuberta, ou alaſtrada. Iap. Sauo midaxitaru gotoquni chitaxi vocaretaru coto, xicaretaru coto. ¶ Conſtratæ naues. Lus. Naos decubertas. Iap. Fangaino aru fune.

Cônſtrepo, is, ŭi, itum. Lus. Fazer eſtrondo. Iap. Caximaxiqu ſuru, ſauagaxiqu ſuru.

Conſtrictus, a, um. Lus. Couſa atada. Iap. Tçunagui xibaritaru coto, cucuriximeraru coto.

Conſtringendus, a, um. Lus. Couſa que ha, ou deue ſer amarrada. Iap. Carameraru bequi mono.

Conſtringo, is, xi, ctum. Lus. Apertar, amarrar. Iap. Ximuru, caramuru.

Conſtructio, onis. Lus. Compoſição, edificio. Iap. Conriŭ, l, cumi tatçuru coto nari, amitatçuru coto nari.

Conſtructus, a, um. Lus. Couſa compoſta, ou edificada. Iap. Conriŭ xeraretaru coto, amitateraretaru coto, cumitateraretaru coto.

Conſtruo, is, xi, ctũ. Lus. Ordenar, fabricar. Iap. Cõriŭ ſuru, amitatçuru, ſadamuru.

Conſtuprator, oris. Lus. O que força a algũa molher. Iap. Voxite vonnauo vocaſu fito.

Cónſtupro, as. Lus. Forçar a molher. Iap. Voxite vonnauo vocaſu.

Conſuadeo, es, ſi, ſum. Lus. Perſuadir. Iap. Saſumuru, ſaiſocu ſuru.

Conſuaſor, oris. Lus. Induzidor, ou o que

X 2 perſua

persuade. Iap. Susumete.
Consudo, as. Lus. Suar. Iap. Axeuo caqu.
Consudasco, is. Idem.
Consuefacio, is. Lus. Acostumar a outro. Iap. Monouo xiitçuru, l, narebaxuru.
Consuesco, is, eui, etum, l, etus sum. Lus. Acostumarse, auezarse. Iap. Naruru. ❡ Item, Conuersar a alguem. Iap. Chiin suru, xitaximu. ❡ Item, Ter ajuntamento carnal. Iap. Catsuru.
Consuetudo, inis. Lus. Costume. Iap. Fûzocu, rei, catagui. ❡ Item, Conuersação, amizade. Iap. Xitaxij fitono naca, tanquai.
Consuetio, onis. Idem. apud Plaut.
Consuetus, a, um. Lus. Cousa acostumada. Iap. Xitçuqetaru coto, cataguini naritaru coto.
Consul, lis. Lus. Consul. Iap. Roma nite tencauo vosametaru fito.
Consularis, e. Lus. Cousa de consul. Iap. Miguino curaino fitoni ataru coto.
❡ Consularis vir. Lus. Homem, que foi consul. Iap. Consulno xocuuo tçutometaru fito.
Consulariter, adu. Lus. Como consul. Iap. Consulno gotoqu, l, yŏni.
Consulatus, us. Lus. Dignidade de consul. Iap. Consulto yŭ curai. ❡ Item, O tempo do consulado. Iap. Sono yacuuo tçutomuru aidano yŭ.
Consulo, is, vi, ultum, cũ accusatiuo. Lus. Pedir conselho. Iap. Yqenuo vquru. ❡ Itẽ, Cum datiuo. Dar conselho. Iap. Yqenuo cuuayuru. ❡ Item, Ter conta, ou olhar por algũa cousa. Iap. Mononi nenuo tçucai tçutçuximu, monono cocorogaqeuo suru. ❡ Consulunt senatores. Lus. Fazẽ os senadores consulta. Iap. Xucunŏ dancŏ, fiŏgiŏ suru. ❡ Æqui, bonique consulere. Lus. Auer por bem, ou deitar a boa parte. Iap. Yoqu vomoinasu, yoqi catani toru. ❡ Grauiter de se consulere. Lus. Tomar roim determinação acerca de sua vida, ou estado. Iap. Vagamiuo vrami, jigai na doue xento vomoi sadamuru. ❡ Consulere aliquid in aliquem. Lus. Tratar, ou determinar algũa cousa contra alguẽ. Iap. Taninni atauo nasanto iy auasuru, l, taninno atani naru cotouo sacamuru.
Consultatio, onis. Lus. Deliberação. Iap. Xirio, dancŏ.
Consulte, adu. Lus. Prudentemente. Iap. Caxicoqu, yenriouo cuuayete.
Consulto, adu. Lus. Acinte, de proposito. Iap. Vazato, tacunde.
Consulto, as. Lus. Deliberar, consultar. Iap. Dancŏ suru, facaricotouo meguras u.
Consultor, oris. Lus. O que pede conselho. Iap. Xinanuo vquru fito, yqenuo vquru fito. ❡ Item, O q da conselho. Iap. Yqeja.
Consultoria hostia erat, qua diuina voluntas per exta disquirebatur ab ethnicis.
Consultrix, icis. fœm. Lus. A que proue, ou attenta por algũa cousa. Iap. Megumi uo fodocosu monio, l, mifacarŏte.
Consultum, i. Lus. Estatuto, determinação. Iap. Sadame, l, fatto. ❡ Consulto opus est. Lus. He necessario consultar. Iap. Dancŏ canyŏ nari.
Consultus, a, um. Lus. Aquele aquem se pede cõselho. Iap. Xinano naxite, xinanuo naxitaru fito. ❡ Itẽ, Homẽ prudẽte. Iap. Caxicoqi fito, anja. ❡ Consulta opera. Lus. Acinte, de proposito. Iap. Vazato, tacunde. ❡ Consultus iuris. Lus. Iurista. Iap. Guimiŏ vosamuru michiuo qiuametaru fito, l, sono michiuo manabu fito.
Consummatio, onis. Lus. Consummação, acabamento. Iap. Iŏju, tassuru coto nari.
Consummatus, a, um. Lus. Cousa acabada, e perfeita. Iap. Iŏju xitaru coto, taxxitaru coto.
Consummo, as. Lus. Acabar, perfeiçoar. Iap. Iŏju suru, xisumasu, tassuru.
Consumo, is, psi, ptum. Lus. Consumir, gastar. Iap. Tçuiyasu, tçucai tçucusu.
Consumptio, onis. Lus. O gastar, ou consumir. Iap. Tçuiyasu coto nari, tçucai tçucusu coto nari.
Consumptor, oris. Lus. Consumidor, gastador.

do. Iap. Tçuiyaxite, tçucaitçuuxite.

Consúmptus, a, um. Lus. Cousa consumida, e gastada. Iap. Tçuiyetaru coto, tçuqitaru coto.

Consuo, is, ui, utum. Lus. Coser hũa cousa com outra. Iap. Nui auasuru, nuitçugu. ¶ Item, Ajuntar. Iap. Auasuru.

Consurgo, is. Lus. Leuantarse juntamente. Iap. Ichidoni tachiagaru.

Consurrectio, onis. Lus. O aleuantarse juntamente. Iap. Ichidoni tachiagaru coto uo yũ.

Consutura, æ. Lus. Costura. Iap. Nuime.

Contabeo, es, l, Contabesco, is. Lus. Cõsumirse, gastarse. Iap. Cajiquru, xẽsui suru.

Contabulatio, onis. Lus. O entaboar, ou solhar. Iap. Itauo fagui auasuru coto nari, ita uo fagu coto nari, itajiqiuo suru coto nari.

Contábulo, as. Lus. Entaboar, ou solhar. Iap. Itajiqiuo suru, itauo fagui auasuru.

Contactus, a, um. Lus. Cousa tocada. Iap. Teni fureraretaru mono, teuo caqetaru mono.

Contactus, us. Lus. Tocamento. Iap. Sauaru coto nari, l, teuo caquru coto nari.

Contagio, onis, l, Contages, is. Lus. Doença pegadiça. Iap. Vtçuru yamai.

Contagium, ij. Idem.

Contagiosus, a, um. Lus. Cousa contagiosa. Iap. Vtçuru yamaini ataru coto.

Contaminatus, a, um. Lus. Cousa corrupta, e contaminada. Iap. Qegaretaru coto, yogosaretaru coto.

Contámino, as. Lus. Sujar. Iap. Qegasu, yogosu.

Contechnor, aris. Lus. Ordir, ou machinar enganos. Iap. Tabacarigotouo tacumu.

Contectus, a, um. Lus. Cousa cuberta. Iap. Vououaretaru mono.

Cóntego, is, xi, ctum. Lus. Cubrir. Iap. Vouô.

Contémero, as. Lus. Sujar, contaminar. Iap. Qegasu, yogosu.

Contemnendus, a, ũ. Lus. Cousa q̃ hade ser desprezada. Iap. Iyaximerarubeqi coto.

Contemno, is, psi, ptum. Lus. Desprezar. Iap. Iyaximuru, itô, naigaxiro ni suru.

Contempto, as. freq. Idem.

Contemplatio, onis. Lus. Cõtemplação, ou consideração. Iap. Fucaqi cotono quannen, cufû.

Contemplatus, us. Idem.

Contemplatiuus, a, ũ. Lus. Cousa cõtemplatiua, ou especulatiua. Iap. Quannen, l, cufû suru mono.

Contemplator, oris. Lus. O que contempla, ou especula. Iap. Fucaqi cotouo quannẽ suru fito, l, cacuxa.

Contemplor, aris, l, Contemplo, as. Lus. Cõtemplar, especular. Iap. Cufû suru, fucaqu quannen suru.

Contemporaneus, a, um. Lus. Cousa do mesmo tempo, e idade. Iap. Vonaji jidai no mono, l, vonaji toxôbai naru mono.

Contemptibilis, e. Lus. Cousa desprezíuel. Iap. Iyaxiqi coto, sagaritaru coto.

Contemptibilitas, atis. Lus. Desprezo. Iap. Iyaxisa.

Contemptibiliter, l, Contemptè, adu. Lus. Desprezíuelmente. Iap. Iyaximete, iyaxiqu.

Contemptim, adu. Idem.

Contemptio, onis, l, Contemptus, us. Lus. Desprezo. Iap. Iyaximuru coto nari.

Contemptor, oris. Lus. Desprezador. Iap. Iyaximete, iyaximuru mono.

Contemptrix, icis. fœm. Idem.

Contemptus, a, um. Lus. Cousa desprezada, ou vil. Iap. Iyaxiqi coto, l, iyaximeraretaru coto.

Contendo, is. Lus. Ir a algũa parte. Iap. Yuqu, vomomuqu. ¶ Item, Pelejar, contender. Iap. Tatacô, arasô, gaximuyô. ¶ Itẽ, Pedir cõ instãcia. Iap. Xiqirini monouo cô. ¶ Itẽ, Pôr as forças. Iap. Naguequ, xeiuo iruru, faguemasu. ¶ Item, Estirar, estender. Iap. Fipparu. ¶ Item, Conferir, cõparar. Iap. Curaburu, fiqi auasuru. ¶ Item, Apertar. Iap. Ximuru. ¶ Itẽ, Arremesar. Iap. Nagueutçu.

Conténebro, as. Lus. Fazerse tarde, ou anoitecer. Iap. Banzuru, cureyuqu.

Con-

Contentè, adu. Lus. Com força, e vehemencia. Iap. Xeiuo idaxite.

Contentio, onis. Lus. Grande força, e intensão. Iap. Faguemaxi, tanzocu, xeiriqi. ¶ Item, Contenda. Iap. Arasoi, ron. ¶ Item, Comparação. Iap. Curaburu cotouo nari. ¶ Est præterea contētio, oratio acris contrarijs verbis constās, ad confirmandum, & confutandum accommodata.

Contentiosè, adu. Lus. Porfiada, e pertinazmente. Iap. Iôxiqini, jôgouani.

Contentiosus, a, um. Lus. Cousa porfiadora, e litigiosa. Iap. Cujigonomi.

Contentus, a, ū. Lus. Cousa q se contē com outra. Iap. Yono cotoni comoru mono. ¶ Itē, Cousa contente. Iap. Fonmôuo to gue, manzocu suru mono. l. xoguan jôju xite tanoximu mono. ¶ Item, Cousa estirada, ou estendida. Iap. Fippari taru mono.

Contérminus, a, um. Lus. Cousa vezinha em terminos, ou limites. Iap. Qinpenno mono, sacaimeno mono.

Cóntero, is, iui, itum. Lus. Pilar, cōsumir, gastar. Iap. Vchicudaqu, tçuiyasu, tçucai fatasu.

Conterraneus, a, um. Lus. Homem da mesma terra. Iap. Dôcocu, dôqiôno mono.

Conterreo, es. Lus. Meter medo. Iap. Vodosu.

Contestatio litis dicitur, quæ nascitur ex petitione actoris, & responsione rei.

Contestatò, adu. Lus. Cō testemunhas. Iap. Xôninuo tatete.

Contestatus, a, um. Lus. Cousa manifesta, & clara. Iap. Cacuremo naqi coto, aqiracanaru coto.

Contestor, aris. Lus. Chamar em ajuda, ou inuocar. Iap. Cōrocuuo tanomu, xôconi tatçuru. ¶ Cōtestari litem, dicūtur duo, aut plures aduersarij, quòd ordinato iudicio, vtraque pars dicere solet, testes estote.

Contexo, is, xui, extum. Lus. Tecer. Iap. Fatauoru. ¶ Item, Ajuntar, compôr. Iap. Amitatçuru, auasuru, cumi auasuru.

Contextè, adu. Lus. Juntamente sem diuisão. Iap. Ichimi xite, vatinaqu chiguiuo-[illegible] fitotçuni xite.

Contextim, adu. Idem.

Contextus, a, um. Lus. Cousa tecida com outra. Iap. Vorimajyetaru coto.

Contextus, us. Lus. Tecedura. Iap. Fatauoru cotouo yŭ.

Conticeo, es. Lus. Calarse. Iap. Nariuo xizzumuru, l, mugon suru.

Conticesco, is. Idem.

Conticinium noctis. Lus. Alta noite quando todos calão. Iap. Yo fuqe fitono xizzumaru jibunuo yŭ.

Contignatio, onis. Lus. Sobrado. Iap. Nicai, sangai, &c.

Contigno, as. Lus. Sobradar, ou solhar. Iap. Itaxiqiuo suru, l, nicai, sangaino itajiqiuo suru.

Contiguus, a, um. Lus. Cousa contigoa, ou que se toca hūa com outra. Iap. Tçuzzuqitaru coto, gappi xitaru coto.

Cōntinens, entis. Lus. Cousa que se continua com outra. Iap. Tagaini tçuzzuqitaru coto. ¶ Item, Homem continente, temperado. Iap. Iiacuuo ficaye, guiôguiuo tadaxiqu vosamuru mono. ¶ Item, Cousa chegada, & vezinha. Iap. Chicaqu naru mono.

Cōtinens, entis, fœm. Lus. Terra firme. Iap. Ximanni arazaru firo, u tçuzzuqu guiuo yŭ. ¶ Cōtinens, neutri generis à rhetoribus accipitur pro firmamento orationis.

Continenter, adu. Lus. Regrada, & parcamente. Iap. Chŭyôuo mamotte, ficayete, tadaxiqu. ¶ Item, Continuamente. Iap. Iôgiŭ fudan.

Continentia, æ. Lus. Temperança. Iap. Iacuuo ficayuru jen.

Contineo, es, ui, entum. Lus. Conter, incluir. Iap. Comoru, comete motçu, fucumu. ¶ Item, Refrear. Iap. Ficayuru, tomuru, vosayuru. ¶ Aliqn. Continuar. Iap. Tçuzzuquru.

Contingens, entis. Lus. Cousa contingente. Iap. Xutai suru cotomo, xutai xezaru co-

co-

[illegible] coto. ¶ Itẽ, Cousa que ho [illegible] Iap. [illegible] coto.

Contingit, [illegible] Lus. Acontecer. Iap. Vo[illegible] xutai foru.

Contingo, is, tigi, tactum. Lus. Tocar. Iap. [illegible], [illegible].

Continuatio, onis. Lus. Continuação. Iap. Tçuzzuqi [illegible].

Continuitas, atis. Idem.

Continuè, adu. Lus. Continuamente, frequentemente. Iap. Iôgiũ, fudan, itçumo, feijei, xiguequ[illegible].

Continuò, adu. Lus. Logo. Iap. Yagatte, tachimachi.

Continuo, as. Lus. Continuar algũa cousa. Iap. Tçuzzuquru, xitodoquru.

Continuus, a, um. Lus. Cousa continuada, e perene. Iap. Tçuzzuqitaru coto, tayema naqu aru coto.

Contollo, is, vt cõtollere gradus. Lus. Caminhar com iguais passos com alguem. Iap. Narabiyuqu, vonaji yõni axiuo facobu.

Contóphori, orum. Lus. Caualeiros que vsam nas guerra de lanças compridas. Iap. Nagayariuo tçucô qibano muxa.

Contor, aris. Lus. Buscar, inquirir. Iap. Tazune saguru.

Contorqueo, es, si, tum. Lus. Virar em roda. Iap. Gururito mauasu. ¶ Item, Arremesar. Iap. Ixi, yari nadouo naguevtçu, nague tçuqu.

Contorquendus, a, um. Lus. Cousa que se ha de virar, ou torcer. Iap. Gururito mauasarubeqi coto, magueraru beqi mono.

Contortè, adu. Lus. Torta, e enuiesadamente. Iap. Yugõde, magatte.

Contortio, onis. Lus. O torcer. Iap. Magari, yugami.

Contortúplico, as. Lus. Torcendo dobrar. Iap. Yugõde tatamu.

Contortus, a, um. Lus. Cousa torta, ou torcida. Iap. Yugami magaritaru mono.

¶ Contortæ res. Lus. Cousas desordenadas, e confusas. Iap. Raxxi naqi coto, midaregauaxiqi coto.

Contórtulus, a, um. dim. Idem.

Contrà, præ. accus. Lus. Contra. Iap. Tai xite, teqitôte, mucôte. ¶ Item, Defronte. Iap. Mucai cara, l, ni. ¶ Aliqñ. Polo contrario. Iap. Cayette, qeccu. ¶ Itẽ, Aueuezes. Iap. Tagaini, cauarugauaru.

Contractio, onis. Lus. O estreitar, ou emcolher. Iap. Chigimuru coto nari, tçuzzumuru coto nari, mijicamuru coto nari.

Contractiuncula. dim. Idem.

Contractus, a, um. Lus. Cousa estreita, & encolhida. Iap. Chigimetaretaru coto, tçuzzumeraretaru coto, xebaqi coto.

Contractus, us. Lus. Contracto. Iap. Aqinai nadoni tçuiteno tagaino yacusocu.

Contradico, is. Lus. Contradizer. Iap. Tateyõte vrauo yũ, iy fuxegu.

Contradictio, onis. Lus. Contradição. Iap. Tateyõte vrauo yũ coto nari, iy fuxegu coto nari.

Contradictum, i. Lus. Dito em contrario. Iap. Tateyõte yũ cotoba.

Contraho, is, xi, ctũ. Lus. Estreitar, ou encolher. Iap. Chigimuru, mijicamuru, tçuzzumuru. ¶ Itẽ, Fazer, cometer. Iap. Suru, vocasu. ¶ Cõtrahere amicitiam. Lus. Trauar amizade. Iap. Iuccon suru, chijn ni naru. ¶ Contrahere æs alienum. Lus. Endiuidarse. Iap. Xacuxenuo suru, caneuo vacu. ¶ Contrahere frontem. Lus. Fazer carranca. Iap. Mayuuo fisomuru. ¶ Contrahere cum aliquo. Lus. Fazer cõtrato com alguem. Iap. Fazzuuo toru. ¶ Contrahere auxilia. Lus. Ajuntar gente de socorro. Iap. Caxeiuo soroyuru. ¶ Item, Ajuntar. Iap. Atçumuru.

Contraliceor, eris. Lus. Lançar mais na cousa que se compra. Iap. Caiteno vchini arasôte neuo tçuqemasu.

Contrapósitus, a, um. Lus. Cousa opposta. Iap. Mucaitaru coto.

Contrariè, adu. Lus. Ao contrario. Iap. Sacasimani, mucôte.

Contrarius, a, um. Lus. Cousa contraria, & repugnante. Iap. Teqitõ mono, cocu suru coto.

Cõ-

Contraſto, as. Lus. Contraſtar, reſiſtir. Iap. Teqitŏ, ſaſayuru.

Contrauenio, is. Lus. Contrapórſe. Iap. Tatezzuqi ucŏ.

Contrectabiliter, adu. Lus. Brandamente, & tractauelmente no tacto. Iap. Teni yauaracani cacatte, ſauarite.

Contrectatio, onis. Lus. O tratar entre as mãos. Iap. Teni fururu coto nari, l, atçucŏ coto nari.

Contrecto, as. freq. Lus. Tratar entre as mãos. Iap. Teni xiguequ fururu, atçucŏ. ¶ Item, Tocar amiude. Iap. Xiguequ te uo caquru, ſauarŭ.

Contremo, is. Lus. Tremer. Iap. Furui vananaqu, yurugu.

Contremiſco, is. Idem.

Contribuo, is, vi, utum. Lus. Contribuir, ou dar juntamente. Iap. Tomoni atayuru.

Contributio, onis. Lus. O contribuir, ou dar juntamente. Iap. Tomoni atayuru coto nari.

Contriſto, as. Lus. Entriſtecer a outro. Iap. Fitouo canaximaſuru.

Contritor, oris. Lus. O que piſa, ou trilha algũa couſa. Iap. Vchicudaqu, fumi cudaqu, fuminijiru mono.

Contritus, a, um. Lus. Couſa piſada, e feita em pò. Iap. Miginni cudacaretaru mono. ¶ Item, Couſa vulgar, e commum. Iap. Tçuneno coto, fujeino coto.

Controuerſia, æ. Lus. Demanda, contenda. Iap. Cuji, ſata, ron. ¶ Sine controuerſia. Lus. Sẽ duuida. Iap. Fitgiŏ, vtagai naqu.

Controuerſor, aris. Lus. Contender, litigar. Iap. Cuji, ſatauo ſuru, ronzuru.

Controuerſioſus, a, um. Lus. Couſa controuerſa, e duuidoſa. Iap. Imada ronni cacataru coto, mitet naru coto.

Controuerſus, a, um. Idem.

Contrucido, as. Lus. Matar cruamente. Iap. Araqe naqu fitouo xetgaiſuru, naſaqe naqu coroſu.

Contrudo, is, ſi, ſum. Lus. Empuxar com força. Iap. Voxiiruru, tçuqi idaſu, l, xiqirini iruru, idaſu.

Contrunco, as. Lus. Cortar membros. Iap. Tçugaiuo qiri fanaſu, l, mucurouo [illegible].

Contubernalis, e. Lus. Cõpanheiro da meſma caſa. Iap. Vonajiqi xucuxono tŏbai.

¶ Contubernalis mulier. Lus. Molher de eſcrauo. Iap. Fudaino mononomochitaru tçuma.

Contubernium, ij. Lus. Companhia de dez ſoldados que viuem em hũa meſma caſa. Iap. Vonaji ginyani ſumu jicqino cumi. ¶ Item, Tenda de guerra. Iap. Ginya. ¶ Item, Caſamento de eſcrauos. Iap. Fudaino mononono yenpen. ¶ Item, Cõpanhia dos que viuem na meſma caſa. Iap. Vonajiqi xucuxono fŏbai, no majiuari, yoriai.

Contueor, eris. Lus. Olhar com os olhos fitos. Iap. Monouo mitçumete [illegible]ſaru.

Contuitus, us. Lus. Viſta attenta. Iap. Mitçumete yru cotouo yŭ.

Contumacia, æ. Lus. Contumacia, e deſobediencia com ſoberba. Iap. Xitagŏ majiqito vomô jŏxiqi. ¶ Item, Conſtancia. Iap. Firumi tagirocazaru cotouo yŭ.

Contumaciter, adu. Lus. Contumaz, e deſobedientemente. Iap. Iŏxiqiuo xite, majire.

Contumax, acis. Lus. Contumaz, & deſobediente. Iap. Iŏxiqi naru mono. ¶ Item, Cõſtãte. Iap. Firumi tagirocazaru mono.

Contumelia, æ. Lus. Injuria, ou afronta de palauras. Iap. Chijocu, accô, zôgon.

Contumelioſè, adu. Lus. Afrontoſamente. Iap. Chijocuuo caqete, accô xite.

Contumelioſus. Lus. Enjuriador. Iap. Chijocuuo iycaquru, l, xicaquru mono.

Contumulo, as. Lus. Enterrar. Iap. Vzzumuru. ¶ Item, Cobrir de terra. Iap. Tçuchiuo caquru.

Contundo, is, udi, uſum. Lus. Desfazer, & piſar. Iap. Cudaqu, tçuqicudaqu.

Contuoli oculi. Lus. Olhos hum pouco fechados. Iap. Nemurime.

Contuor, eris. Lus. Ver. Iap. Miru.

Conturbatio, onis. Lus. Turbação. Iap. Sauagui, midarigaxiſa.

Conturbator, oris. Lus. O que quebra o

ban

banco, ou perde o credito nam podendo pagar. Iap. Voi nigue suru mono.

Conturbo, as. Lus. Turbar, & confundir hũas cousas cõ outras. Iap. Midasu. ¶ Item, per trãsl. Dar molestia, ou perturbar. Iap. Qizzucaiuo sasuru, sauagasu. ¶ Conturbare absolutè, l, conturbare rationes. Lus. Quebrar o banco não tendo por onde pagar. Iap. Voi nigueuo suru.

Contus, i. Lus. Pique. Iap. Yari. ¶ Item, Vara com que leuam a embarcação. Iap. Mizauo. ¶ Contatus miles. Lus. Soldado que traz pique. Iap. Yarino xu.

Contusus, a, um. Lus. Cousa pisada, moida. Iap. Tataqi fixijdaru coto.

Conuador, aris. Lus. Citar a alguem que apareça em juizo. Iap. Tadaxiteno mayeni te taiqetno nichiguenuo sadamuru.

Conualeo, es, siue Conualesco, is, lui. Lus. Cõualecer, tomar forças. Iap. Chicarazzuqu, "çuyoqu naru.

Conuallis, is. Lus. Vale. Iap. Fucaqi tani.

Conuâso, as. Lus. Furtar, e enfardelar pera fugir. Iap. Niguentote, nusumi monouo tçutçumu.

Conuecto, as. Lus. Leuar, ou acarretar a miude juntamente. Iap. Xigueqn monouo facobi tçururu.

Conuector, oris. Lus. Pasageiro que vai na mesma embarcação. Iap. Dôxenuo suru fito.

Conueho, is, xi, ctum. Lus. Leuar ás costas, ou ẽ nao, ou em outra cousa. Iap. Fune, curuma, vma, fito rado vomotte monouo facobi tçururu.

Conuello, is, elli, vulsi, vulsum. Lus. Arrãcar. Iap. Fiqi nuqu, fiqi fanasu. ¶ Itẽ, Anular, & desfazer. Iap. Yamuru, munaxiqu nasu. ¶ Item, Refutar. Iap. Iy cuzzusu.

Conuêlo, as. Lus. Cobrir. Iap. Vouô, cabusuru.

Cónuenæ, arum. Lus. Estrangeiros que se a juntam de diuersas partes. Iap. Tçuqi ai no ninjin.

Conueniens, entis. Lus. Cousa conuenien-

te. Iap. Niaitaru mono.

Conuenienter, adu. Lus. Conuenientemente. Iap. Yoqi yõni, sôuô xite, niyauaxete.

Conuenientia, æ. Lus. Conueniencia. Iap. Niai, sôuô.

Conuenio, is, ni, entum. Lus. Ajuntarse huns com outros. Iap. Fitotocoroni mairivŏ, cunju suru. ¶ Item, Vir juntamente. Iap. Dôdŏ suru. ¶ Item, Concordar, auirse. Iap. Tagaini qeiyacu suru, dôxin suru. ¶ Item, Demandar a alguem em juizo. Iap. Tadaxiteno mayeni fitoni satauo caquru. ¶ Item, Ir ter, ou falar com alguem. Iap. Fitoni sanquai suru. ¶ Quandoq; Determinar. Iap. Sadamuru. ¶ Item, Quadrar, ser conueniente. Iap. Sôuô suru, niyŏ. ¶ Item, Constar, & ser manifesto. Iap. Funmiô nari. ¶ Conuenire in manu, l, in manu venire, vxores dicebantur, cùm per coẽmptionẽ in familiam, et mancipiũ viri, et omniũ bonorum consortium veniebant.

¶ Quandoq;, Contentar. Iap. Qini vŏ. ¶ Item, Acusar. Iap. Tadaxiteno mayeni vttayuru.

Conuenticulum, i. Lus. Ajuntamento de gente maa, e reuoltosa. Iap. Butôjinno atçumari.

Conuentio, onis. Lus. Concerto, ou auença. Iap. Yacusocu, qeiyacu, fazu. ¶ Itẽ, Pratica, ou prégação. Iap. Dangui.

Conuentum, i. Lus. Concerto, ou pacto. Iap. Qeiyacu. ¶ Conuenta conditio. Lus. Os primeiros cõcertos em que se trata do matrimonio. Iap. Yenpenno ichibã no atçucai.

Conuentus, us. Idem.

¶ Conuentus, us. Lus. Ajuntamento, ou conuento de muitos. Iap. Fitotocoroni atçumaritaru ninju. ¶ Item, Pacto. Iap. Yacusocu.

Conuérbero, as. Lus. Açoutar. Iap. Chŏcha cu suru.

Conuerritor, oris. Lus. Varredor. Iap. Sôgi suru mono.

Conuerro, is, rri, uerſum. Lus. Varrer. Iap. Faqu, sógi ſuru.
Conuerſatio, onis. Lus. Conuerſação. Iap. Sanquai. ¶ Item, Mudança. Iap. Firugayeſu coto nari.
Conuerſè, adu. Lus. Limpamente. Iap. Qireini.
Conuerſio, onis. Lus. Mudança, ou conuerſão. Iap. Nari cauaru coto nari, l, cauaru coto nari, fengue.
Conuerſo, as, frequentatiuum. Lus. Virar muitas vezes. Iap. Xiguequ vchicayeſu, cayuru.
Conuerſor, aris. Lus. Conuerſar. Iap. Xitaxiqu ſanquai ſuru.
Conuerſus, a, ũ. Lus. Couſa cõuertida, ou mudada. Iap. Naricauaritaru mono, l, cauaritaru mono.
Conuerto, is. Lus. Virar. Iap. Muquru, vchi cayeſu. ¶ Conuertere ſe domũ. Lus. Tornarſe pera caſa. Iap. Qitacu ſuru. ¶ Cõuertere aliquem in admirationem. Lus. Fazer eſpantar a alguem. Iap. Guiŏten ſa ſuru. ¶ Itẽ, Interpretar hũa lingoa em outra. Iap. Yauaraguru, fonyacu ſuru.
Conueſtio, is. Lus. Veſtir, ornar. Iap. Qiru, cazaru.
Conuexitas, atis. Lus. Conueixo. Iap. Yẽsŏno vyeno cata.
Conuexo, as. Lus. Auexar, ou moleſtar. Iap. Xemuru, nayamaſu.
Conuexus, a, um. Lus. Couſa curua, ou cõuexa. Iap. Nijigata naru mono.
Conuicior, aris. Lus. Enjuriar de palaura. Iap. Chijocuuo iy caquru, accŏ ſuru.
Conuiciator, oris. Lus. O que enjuria. Iap. Chijocuuo iycaquru mono, l, xicaquru mono.
Conuicium, ij. Lus. Afronta de palauras. Iap. Cotobano chijocu, accŏ, zŏgon. ¶ Item, Eſtrondo de muitas vozes. Iap. Amatano fitono coyeno fibiqi.
Conuictor, oris. Lus. Collegial, ou companheiro na caſa, ou meſa. Iap. Tomoni ixxoni giũ ſuru fito, l, xŏbannin.
Conuictus. Lus. Conuerſação, ou o viuer jũtamente. Iap. Tomoni ixxoni giũ ſuru cotouo yũ.
Conuinco, is, ici, ctum. Lus. Conuencer. Iap. Iy tçumuru.
Conuiua, æ. Lus. O conuidado. Iap. Furumaino xu, l, xŏbanxu.
Conuiuator, oris. Lus. O que daa banquete. Iap. Furumaite.
Conuiualis, e. Lus. Couſa de banquete. Iap. Furumaini ataru coto.
Conuiuium, ij. Lus. Cõuite. Iap. Furumai.
Conuiuo, is, xi, ctum. Lus. Viuer em companhia com outros. Iap. Ixxoni tomoni giũ ſuru.
Conuiuor, aris. Lus. Conuidar, ou dar banquete. Iap. Furumŏ.
Conuocatio, onis. Lus. Ajuntamento, ou cõuocar. Iap. Cunju, l, ninjuuo yobi atçumuru coto nari.
Cõnuoco, as. Lus. Ajuntar, conuocar. Iap. Yobi atçumuru.
Cõnuolo, as. Lu. Voar juntamente. Iap. Tobitçururu. ¶ Item, per transl. Vir com muita preſa, ou concorrer. Iap. Iſogui faxiru, l, faxeatçumaru.
Conuoluo, is, ui, lutum. Lus. Embrulhar, ẽuoluer. Iap. Maqu, tçutçumu.
Conuóluolus. Lus. Hũ bicho que come as folhas das parreiras. Iap. Budŏ muxi. ¶ Itẽ, Hũa erua. Iap. Cuſano na.
Conuoti. Lus. Os que eſtam obrigados com o meſmo voto. Iap. Vonaji riũguan no fito.
Conus, i. Lus. Pinha. Iap. Matçucaſa. ¶ Item, Maçam de cipreſte, ou fruitas ſemelhantes. Iap. Finoqi nadono yŏ naru qino mi. ¶ Item, Cimeira do capacete. Iap. Cabutono tefen, teſaqi.
Conuúlnero, as. Lus. Ferir, ou chagar. Iap. Teuo vŏſuru, qizuuo tçuquru.
Conuulſio, onis. Lus. Eſpaſmo, ou encolhimento de neruos. Iap. Xetdo, l, ſugiqe, chũbuqe.
Conuulſus, a, um. Lus. Tolhido, ou encolhido como neruo, &c. Iap. Sugino tçuru fito, chũbuuo vazzurŏ fito.

Con-

Coopercúlum, i. Lus. Cobertura. Iap. Futa, l, vouoi.

Cooperio, is, vi, ertum. Lus. Cobrir. Iap. Vouô, futauo suru, monouo cabusuru.

Coopertus, a, um. Lus. Cousa coberta. Iap. Cabuxeraretaru mono, futa, l, vouoi xitaru mono.

Cooptatio, onis. Lus. Escolha, eleição. Iap. Yerabi ninzuru coto nari.

Coorior, riris, l, reris. Lus. Nacer, ou nacer hũa cousa com outra. Iap. Vmaruru, idequru, izzuru, l, ichidoni idequru, vocoru.

Copes, l, Copis. Lus. Copioso. Iap. Iuntacu naru mono. Apud veteres.

Cóphinus, i. Lus. Cesto de vimes. Iap. Cago.

Copia, æ. Lus. Abundancia, ou copia. Iap. Bentŏ, fucqi. ¶ Item, Licença. Iap. Itoma, yuruxi. ¶ Item, Copiæ, arum, mãtimentos. Iap. Fanmai, rŏmai. ¶ Item, Exercito, ou gente de guerra. Iap. Gũjei.

Copiola, æ, & Copiolæ, arum. dimin. Idem.

Copiosé, adu. Lus. Abundantemente. Iap. Bentŏni, tacusanni.

Copiosus, a, um. Lus. Cousa abũdante. Iap. Bentŏ, fucqi naru mono.

Copior, aris. Lus. Ajuntar gente de guerra. Iap. Gunjeiuo atçumuru.

Copo, onis. Lus. Tauerneiro. Iap. Fatagoyano teixu.

Copta, æ. Lus. Biscouto. Iap. Futatabi yaqitaru Pam.

Cópula, æ. Lus. Vinculo, ou atadura. Iap. Monouo caraguru naua ygue. ¶ Itẽ, Hũ casal, ou par de outras cousas. Iap. Fitome, votto, l, fitotçugai, l, ittçui. ¶ Item, apud grammaticos coniunctiones, &, que, cum similibus, copulæ vocantur.

Copulatè, adu. Lus. Vnida, e juntamente. Iap. Musubite, auaxete.

Copulatio, onis. Lus. Atadura, ou ajuntamẽto. Iap. Musubi, tçugui awasuru coto nari.

Copulatiuus, a, um. Lus. Cousa que ajunta, ou pode ajuntar. Iap. Musubu mono, awasuru coto canŏ mono.

Copulatus, a, um. Lus. Cousa atada, ou jũta. Iap. Musubitaru mono, l, auaxetaru mono.

Cópulo, as. Lus. Ajuntar, atar. Iap. Auasuru, musubu.

Cópulor, aris, deponens. Idem.

Coquina, æ. Lus. Cozinha. Iap. Curi, daidocoro, niyedono.

Coquinaria, æ. Lus. Arte de cozinhar. Iap. Reôri gatano narai.

Coquinarius, a, um. Lus. Cousa da cozinha. Iap. Daidocoroni ataru coto.

Coquînor, aris. Lus. Cozinhar o comer. Iap. Mexiuo suru, reôri suru.

Coquo, is, xi, ctum. Lus. Cozer, l, cozinhar. Iap. Monouo niru, xézuru, l, mexiuo suru. ¶ Coquere cœnam, l, cibũ. Lus. Cozinhar a cea, ou comer. Iap. Mexiuo coxirayuru. ¶ Coquere bellum, per trãsl. Lus. Vrdir guerra occultamẽte. Iap. Fisocani yumiyano yôyuo suru. ¶ Item, Digerir. Iap. Xocuuo xôsuru. ¶ Fructus coqui. Lus. Amadurecer a fruita. Iap. Conomi jucusuru. ¶ Coquit me cura. Lus. Cuidados me affligem. Iap. Vôqini qizzucai suru.

Cóquito, as. freq. Idem.

Coquus, qui. Lus. Cozinheiro. Iap. Mexi suru mono, reôrixa.

Cóquulus, i. dim. Idem.

Cor, dis, Lus. Coração. Iap. Coçoro, xinnozŏ.

Corácinus, a, um, Lus, Cousa de còr negra. Iap. Curoqi mono.

Coralium, ij. Lus. Coral. Iap. Xaco, vmini aru acaqi tama.

Coram, præpos. ablatiui. Lus. Em presença, l, presencialmente. Iap. Mano maye, giqini, taimenni.

Corbis, is. Lus. Hum cesto. Iap. Cago. ¶ Item, Gauia da nao. Iap. Funeno xeirô.

Corbitæ. Lus. Naos de carga, Iap. Quaixẽ.

Corbíto, as. Lus. Carregar a nao. Iap. Funeni niuo tçumu. ¶ Item, per trásl. apud Plautum. Encher a barriga. Iap. Xocuni bôman suru.

Córbula,æ. Lus. Cestinho. Iap. Chijsaqi cago.
Córculum,i. dimin. Lus. Coração pequeno, Iap. Chijsaqi cocoro.
Corculus, i. Lus. Prudẽte, sagaz. Iap. Susudoqi mono, riconnaru mono.
Cordatus homo. Lus. Homem prudente, de engenho, e sagacidade. Iap. Caxicoi fito, funbetxa.
Cordatè, adu. Lus. Prudente, e sabiamente. Iap. Caxicoqu, chiye, l, saicacu vomotte.
Cordax. pes, siue mensura metrica est.
Cordolium, ij. Lus. Compaixão. Iap. Aua remi, renmin.
Cordus, a, um. Lus. Cousa sorodea, cu q̃ nace tarde. Iap. Toqi fazzureni vosoqu idequru mono.
Cordila, æ. Lus. Atum pequeno. Iap. Chijsaqi xibi.
Corgo, adu. apud veteres. Lus. Em verdade Iap. Iitni.
Coriaceum auxiliũ. Lus. Ajuda fraca. Iap. Youaqi cõreocu.
Coriago. Lus. Doença, cu peste que da nos boys. Iap. Vxino yamai.
Coriadrum, i. Lus. Coentro. Iap. Yasaino na.
Corianus, ij. Lus. Cortidor de pelles, ou couro. Iap. Caua tçucuri. ¶ Item, Hũa erua. Iap. Cusano na.
Coricius, a, um. Lus. Cousa de couro. Iap. Cauano mono.
Coriácius, a, um. Idem.
Corinthia vasa. Lus. Vasos preciosos de hũ certo metal. Iap. Suguretaru caneno ataitacaqi vtçuuamono.
Corinthiarius. Lus. O que he muito amigo, ou afeiçoado destes vasos. Iap. Cono vtçuuamonouo fucaqu conomu fito. Suetonius.
Corium, ij, l, Corius. Lus. Couro, ou casca. Iap. Qedamonono, l, qicusano caua.
Cornéolus, i. Lus. Corno pequeno. Iap. Chijsaqi tçuno.
Cornesco, cis. Lus. Fazerse duro como corno. Iap. Tçunono yõni cataqu naru.
Cornêtum, i. Lus. Lugar de muitas cereijeiras brauas. Iap. Yamazacurano vouoqi tocoro.
Corneus, a, um. Lus. Cousa de cereijeira braua. Iap. Yamazacurano qi nite tçucuritaru mono. ¶ Item, Cousa de corno. Iap. Tçuno vomotte tçucuritaru coto. ¶ Corneus color. Lus. Cousa de còr de corno. Iap. Tçunono ironaru mono.
Córnicen, nis. Lus. Trombeteiro de corneta, ou trombeta. Iap. Caifuqi.
Cornîcor, aris. Lus. Gralhear, ou palrar como gralhas. Iap. Carasuno naqu yõni cuchi tataqu.
Cornícula, æ. Lus. Gralha pequena. Iap. Carasuni nitaru tori.
Cornículum, i. Lus. Corno pequeno. Iap. Chijsaqi tçuno. ¶ Item, Hum certo premio que dauam os capitães aos soldados. Iap. Cuncõno xõni buxini atayeraruru cazarino gu.
Cornígenus, a, um. Lus. Cousa que tem cornos. Iap. Tçuno aru mono.
Córniger, a, um. Lus. Cousa que traz, ou tẽ cornos. Iap. Tçunouo motçu mono.
Córnipes, edis. Lus. Animal que tem pès de corno. Iap. Fizzume aru qedamono.
Cornix, icis. Lus. Gralha. Iap. Carasuni nitaru tori. ¶ Item, Hũa argola de ferro com que batem as portas. Iap. Mon uo tataqu curoganeno va.
Cornu, u, l, Cornus, i. Lus. Corno. Iap. Tçuno. ¶ Item, Trombeta bastarda, ou corneta. Iap. Fuqu cai. ¶ Itẽ, Aquella parte do exercito que vai diante dambas as ilhargas. Iap. Mino teuo mauaxite ninju uo tatetaru reõno tesaqi. ¶ Itẽ, per tiãs. Cornua. Lus. As voltas dos rios. Iap. Cauano magari. ¶ Cornua antennarum. Lus. Lais das vergas da nao. Iap. Foguetano reõno faxi. ¶ Tollere cornua. Lus. Ensoberbecerse. Iap. Vogoru, fecoru.
Cornúpeta, æ. Lus. Animal q̃ fere cõ corno. Iap. Tçuno vomotte tçuqu qedamono.
Cornum, i. Lus. Cereija braua. Iap. Yamazacurano mi.

Cor-

Cornus, i. fœm. Lus. Cereijeira braua. Iap. Yamazacurano qi.

Cornûtus, a, um. Lus. Cousa que tẽ cor nos. Iap. Tçuno aru mono.

Corolla, æ. Lus. Coroa pequena. Iap. Chij saqi camuri.

Corollarium, ij. Lus. O que se daa mais de peso, ou medida. Iap. Facaritaru vyeni ai soyuru cotouo yŭ. ¶ Itẽ, Cousa vil, e bai xa. Iap. Nandemo naqi mono. ¶ Item, Coroa. Iap. Camuri.

Corona, æ. Lus. Coroa. Iap. Camuri. ¶ Itẽ, Ajuntamento de gente que esta presente. Iap. Curumazani nami yru ninju. ¶ Itẽ, Circulo que aparece na lũa. Iap. Tçuqi no casa. ¶ Item, Hum signo celeste. Iap. Foxino yadori, l, camurino yŏni tçuranaru foxi. ¶ Item, Hum ornamento de mo lher. Iap. Vonnano cazari.

Coronamentum, i. Lus. Cousa de que se faz coroa. Iap. Camuri, l, fanagasauo tçucuru xitagi: vt flores, &c.

Coronarius, ij. Lus. O que faz coroas. Iap. Camuriuo tçucuru fito.

Coronaria, æ. fœm. Idem.

Coronarius, a, um. Lus. Cousa q̃ pertence a coroa. Iap. Camurini ataru coto. ¶ Coronarium opus. Lus. Obra feita a modo de coroa. Iap. Camurino narini tçucuritaru mono.

Coronatus, a um. Lus. Coroado. Iap. Camuriuo qitaru mono.

Coronéola. Lus. Hũa rosa. Iap. Fanano na.

Coronis, dis. Lus. Cume de algum monte, ou de outra cousa. Iap. Chŏjŏ, mine. ¶ Item, Remate dalgũa cousa. Iap. Monono suye, fate. ¶ Item, Parte postrema & eminente da popa da nao. Iap. Funeno tomono saxi idetaru tocoro. ¶ Item, Cousa que se poem por remate, & ornato dalgũa cousa acabada. Iap. Iŏju xitaru monono vyeni voqu cazari.

Corôno, as. Lus. Coroar. Iap. Camuriuo qisuru.

Corporale, is. Lus. Cousa corporal. Iap. Xiqisŏ aru mono, l, rocconni fure voboyuru tai aru mono. ¶ Item, Cousa que pertence a corpo. Iap. Xiqitaini ataru coto: vt corporalia bona.

Corporatio, onis. Lus. Cõposição do corpo, ou grandeza. Iap. Xeidaqe, minofodo cotgara.

Corporatura, æ. Idem.

Corporatus, a, um. Lus. Cousa que tem corpo. Iap. Vsŏno mono.

Corporati. Lus. Companheiros da mesma cõpanhia. Iap. Tomodachi.

Corpóreus, a, um. Lus. Cousa de corpo. Iap. Vsŏno mono.

Córporo, as. Lus. Encorporar, fazer em hũ. Iap. Fitotçuni nasu. ¶ Item, apud antiquos, Matar. Iap. Corosu.

Corpulentia, æ. Lus. Corpolencia, ou carnosidade. Iap. Xixino cachitaru cotouo yŭ.

Corpulentus. Lus. Carnudo, & gordo. Iap. Coyetaru mono, xixino cachitaru mono.

Corpus, oris. Lus. Corpo, ou carne. Iap. Xiqisŏ, l, rocconni atari voboyuru tai, xiqixin, mi, catachi. ¶ Item, Algũa obra escrita como liuro, ou volume. Iap. Qiŏ ychibu. ¶ Item, Parte, ou ajuntamento de pouo. Iap. Fitocumino ninju. ¶ Toto corpore, atq; omnibus vngulis. Lus. Cõ grande pertinacia. Iap. Vôqini, jŏxiqide.

Corpusculum, i. dimin. Idem.

Corrâdo, is, si, sum. Lus. Raspar. Iap. Coso guru. ¶ Item, Ajuntar. Iap. Toriatçumuru.

Correctio, onis. Lus. Emmenda, ou castigo. Iap. Aratame nauosu coto nari, l, xeccan. ¶ Correctio etiam figura est apud Rhétores.

Corrector, oris. Lus. Emmendador, ou castigador. Iap. Nauoxite, l, xeccan suru fito.

Correctus, a, um. Lus. Cousa Emmendada. Iap. Nauosaretaru mono.

Corrêpo, is, psi, ptum. Lus. Andar de gatinhas. Iap. Faiaruqu. ¶ Item, Entrar sem se sentir. Iap. Voconaxini sororito iru.

Correptor, oris. Lus. O que reprehẽde. Iap. Modoqu fito.

Cor-

Correptus, a, um. Lus. Reprehendido, ou tomado. Iap. Modocaretaru fito, l, torare taru mono.

Corrideo, es. Lus. Rirse juntamente. Iap. Ichidoni vaiô.

Corrigia, æ. Lus. Correa, ou cinto. Iap. Cauano vo, fibo, vobi.

Córrigo, is, exi, ctum. Lus. Emendar. Iap. Nauosu, aratamuru. ¶ Item, Compensar. Iap. Cayasu, tassuru.

Corripio, is, vi, eptum. Lus. Reprehender, castigar. Iap. Modoqu, xeccan suru. ¶ Item, Tomar, ou aferrar. Iap. Torayuru, tçucamayuru. ¶ Corripi somno, febri, &c. Lus. Adormecer, ou adoecer de febre. Iap. Nemuru, l, necqini vocasaruru. ¶ Item, Abreuiar. Iap. Mijicamuru.

Corriuáles. Lus. Os que amam a mesma molher. Iap. Vonaji vonnauo arasô mono.

Corriuatio, onis. Lus. O correr, ou trazer agoa a hum lugar. Iap. Fitotocoroni mizzu gavochiyô coto nari, l, nagaxi caquru coto nari.

Corriuor, aris. Lus. Leuar agoa por regos a hum mesmo lugar. Iap. Amatano mizo yori mizzuuo nagaxi atçumuru. ¶ Corriuari amnes, & torrentes. Lus. Fazerése os rios de muitos regatos ajuntados em hũ lugar. Iap. Amatano cogaua vochiyôte nagaruru.

Corróboro, as. Lus. Fortalecer, ou confirmar. Iap. Tçuyomuru, chicarauo tçuquru.

Corródo, is, si, sum. Lus. Roer, ou cósumir roendo. Iap. Caburu, l, caburifatasu.

Córrogo, as. Lus. Rogar. Iap. Tanomu, cô. ¶ Item, Ajuntar pedindo. Iap. Coi atçumuru. ¶ Corrogati auditores. Lus. Ouuintes juntos com rogos do mestre. Iap. Xixôno tanomini yotte yobi atçumeraretaru chôju.

Corrúda, æ. Lus. Espargo syluestre. Iap. Aru ibarano midori.

Corrugi. Lus. Regos dagoa trazidos pera lauar ouro. Iap. Coganeuo arô tameni nagasu mizzu.

Córrugo, as. Lus. Fazer rugas. Iap. Xiuauo yosuru.

Corrumpo, is, upi, ptum. Lus. Inficionar, danar. Iap. Sonzasu, soconô, cusaracasu. ¶ Item, Peitar, subornar. Iap. Vairo vomotte fitouo nabiquru.

Corruo, is. Lus. Cair juntamente, ou arruinarse. Iap. Tauoruru, cuzzururu. ¶ Item, Cair, & errar. Iap. Votçuru, ayamaru.

Cors, tis. vide Cohors.

Corruptè, adu. Lus. Corruptamente. Iap. Cusatte.

Corruptio, onis. Lus. Corrupção. Iap. Cusaru, l, soconuru coto nari.

Corruptela, æ. Idem. ¶ Item, Peita, ou soborno. Iap. Vairo.

Corruptor, oris. Lus. O que corrompe, ou dana. Iap. Soconô fito, cusaracasu mono. ¶ Item, O que soborna, ou da peita. Iap. Vairo vomotte fiqicatamuquru mono.

Corruptrix, icis. fœm. Idem.

Corruptus, a, um. Lus. Cousa corrupta, danada. Iap. Soconetaru coto. ¶ Item, Cousa subornada, ou peitada. Iap. Vaironi fuqeru mono.

Cortes. Lus. Espaço que ha dentro da cerca das quintas. Iap. Fataqeno mauari ni tçuqimauaxitaru tçuigino vchiuo yû.

Cortex, icis. Lus. Cortiça, ou casca das aruore, & de outras cousas. Iap. Qi nado no caua.

Cortícula, æ dimin. Idem.

Corticatus, a, um. Lus. Cousa que tem cortiça, ou casca. Iap. Cauano aru mono.

Corticosus, a, um. Lus. Cousa de muita casca, ou cortiça. Iap. Cauano atçuqi mono.

Cortina, æ. Lus. Cortina corredice, ou pano darmar. Iap. Nôren, tochô, qichô, nacu. ¶ Item, Caldeira de tintureiro. Iap. Somemonouo xenzuru cama. ¶ Item, Pro tripode Apollinis, vnde oracula reddebantur. ¶ Cortina plumbea. Lus. Hũ vaso em que se recolhe o azeite no lagar. Iap. Aburauo xibori ireru vtçuuamono. ¶ Item, O lugar donde saem as figuras no teatro. Iap. Gacuya.

Cortinale, is. Lus. Lugar onde estão vasos en

em que se coze o arrobe. Iap. Xenjitaru saqeno vtçuuamono aru tocoro.
Corus, i, siue Caurus, i. Lus. Hum vento do poente. Iap. Nixicajeno na. ¶ Item, Hũa medida de quorenta e cinco alqueires. Iap. Aru masuno na.
Corusco, as. Lus. Resplandecer, relampaguear. Iap. Inabicari suru, ficcarito suru, cacayaqu. ¶ Item, Brandir. Iap. Furifiramecasu.
Coruscus, a, um. Lus. Cousa q̃ resplãdece. Iap. Ficaficato suru mono, ficaru mono.
Coruus, i. Lus. Coruo. Iap. Carasu.
Coruînus, a, um. Lus. Cousa de coruo, ou prêta como coruo. Iap. Carasuni ataru coto, l, carasuno yǒni curoqi mono.
Corycæus, i. Lus. Espia, escuta. Iap. Metçuqe, tachiguiqi.
Corycium, ij. Lus. Alforge, ou ceuadeira. Iap. Vchigaye.
Corydalus, i. Lus. Cotouia. Iap. Cotori no na.
Corylêtum, i. Lus. Aueleiral. Iap. Aru qi no vouoqi tocoro.
Córylus, i. Lus. Auelaam, ou aueleira. Iap. Aru conomino na, l, sono qi.
Corymbi. Lus. Bagas da era, ou outras semelhantes. Iap. Tçutanomi, l, sorenini taru monono mi.
Corymbifer. Lus. O que traz, ou daa bagas da era. Iap. Tçutano miuo tazzusayuru mono, l, xǒzuru mono.
Coryphæus. Lus. Cabeça, & principal em qualquer ordem. Iap. Fonnin, l, tôriǒ.
Corytus. Lus. Coldre das sétas. Iap. Vtçubo, yebira.
Coryza, æ. Lus. Catarro. Iap. Gaiqi.
Cos, tis. Lus. Pedra de aguçar. Iap. Toixi.
Cosmêta, æ. Lus. Camareiro que veste, & atauia o senhor. Iap. Xujinno yxǒuo caitçucurǒ yacuxa.
Cósmicus, a, um. Lus. Cousa do mũdo. Iap. Xecaini ataru coto.
Cosmographia. Lus. Descripção, ou faculdade de descreuer o mundo. Iap. Xecaino zzu, l, xecaino zzuuo caqu gacumon.
Cosmógraphus. Lus. Cosmographo. Iap. Xecaino zzuuo caqi manabu fito.
Cossus, i, l, Cossis, is. Lus. Bicho que roe a madeira. Iap. Qiuo curǒ muxi.
Costæ, arum. Lus. Costelas, ou ossos das ilhargas. Iap. Abarabone.
Costus, siue Costũ, i. Lus. Hũa erua cheirosa. Iap. Cǒbaxiqi cusano na.
Coticula, æ. dim. Lus. Pedra pequena de afiar. Iap. Chijsaqi toixi. ¶ Item, Pedra de toque do ouro, e prata. Iap. Qinguinuo suritçuqete yoxi axiuo tamesu ixi.
Cotoria, æ. Lus. Pedreira donde se tiram pedras de aguçar. Iap. Toixiuo toru tocoro.
Cothurnus, i. Lus. Borzeguim. Iap. Fucagutçu, l, fabaqino na.
Cothurnatus, a, um. Lus. Cousa que traz borzeguis. Iap. Cono cutçu, l, fabaqiuo faqu mono.
Cotidie. vide Quotidie.
Cotoneum, ei. Lus. Marmelo. Iap. Conomi no na.
Cottabus, i. Lus. Hum grande vaso de metal pera vinho. Iap. Saqeuo iruru caneno vôqinaru vtçuuamonono taguy.
Cottana. Lus. Hum genero de figos. Iap. Conomino na.
Coturnix, îcis. Lus. Codurniz. Iap. Vzzura.
Cotyla, æ. Lus. Hũa medida. Iap. Facarino na. ¶ Item, Lugar das junturas onde encaixam os ossos. Iap. Foneno tçugaime no cuboqi tocoro.
Cotyledum, i. Lus. Hũa erua. Iap. Aru cusano na.
Couinarius. Lus. O que gouerna certo carro. Iap. Aru curumayari.
Couinus, i, Couinum, i. Lus. Hum genero de carro que se vsa na guerra. Iap. Yumiyani tçucǒ curumano taguy.
Coxa, æ. Lus. Coxa, ou nadega. Iap. Coxi, yebira momo. ¶ Item, Hum genero de vaso. Iap. Vtçuuamonono na. ¶ Item, Hum certo jogo, ou brinco de meninos. Iap. Varanbeno mochiasobino taguy.
Coxendix, icis. Lus. Hũa erua. Iap. Aru cusano na.

Cra-

CRabro, ônis. Lus. Abespão. Iap. Cumabachi, fachino taguy.
Crambe. Lus. Hũa specie de couue. Iap. Yasaino taguy.
Cranium, ij. Lus. Casco da cabeça. Iap. Cõbeno fachi. ¶ Item, Hũm genero de copo. Iap. Sacazzuqino taguy.
Crápula, æ. Lus. Demasiado comer, & beber. Iap. Vonjiqino taiqua.
Crápulor, aris. Lus. Meterse muito no comer, & beber. Iap. Xifanni chǒzuru.
Cras, adu. Lus. Amenhaã. Iap. Mcǒnichi. ¶ Itẽ, Qualquer tempo futuro. Iap. Igo.
Cráſtinò, adu. Idem.
Cráſtinus, a, um. Lus. Cousa de amenhaã. Iap. Asuni ataru coto.
Craſſamen, inis. Lus. Grossura, espesura. Iap. Atçusa, futosa, coqicotouo yŭ.
Craſſamentum, i. Idem.
Craſsities, ei, & Craſsitudo. inis Idem.
Craſsè, adu. Lus. Grossamente, espessamente. Iap. Atçuqu, futôte, cô xite.
Craſſus, a, um. Lus. Cousa grossa, ou espesa. Iap. Atçuqi coto, futoqi coto, xigueqi coto. ¶ Craſſa Minerua. Lus. Grosseira, & toscamente. Iap. Sosǒni.
Craſſeſco, is. Lus. Engrossar, engordar. Iap. Futoqu naru, futoru, coyuru.
Crater, êris. Lus. Taça, ou copo. Iap. Sacazzuqi. ¶ Item, Taça da fonte. Iap. Mizzubune. ¶ Itẽ, Hum signo celeste. Iap. Foxino yadori.
Cratêra, æ. Idem.
Craterra. Lus. Hum genero de balde. Iap. Mizzuuo cumu tçururi be.
Crates, tis. Lus. Grades de pao, ou ferro, &c. Iap. Xixigaqi, cǒxi, renji.
Craticula, æ. Lus. Grelhas. Iap. Aburico.
Cratitius, a, um. Lus. Cousa feita a maneira de grades. Iap. Renjino yǒni tçucuritaru mono.
Cratio, tis. Lus. Gradar a terra. Iap. Giuo fiqi narasu.
Creatio, onis. Lus. Creação. Iap. Tane nareqte tçucuru coto nari. ¶ Item, Eleição de officiaes, &c. Iap. Yacuxauo yerabi sadamuru coto nari.

Creator, oris. Lus. Criador, autor. Iap. Sacuxa, tori tatçuru fito.
Creatrix, icis. fœm. Idem.
Creatura, æ. Lus. Criatura. Iap. Sacuno mono.
Creber, a, um. Lus. Cousa frequente, e amiude. Iap. Xigueqi coto, tabitabi aru coto.
Crebreſco, cis, ui. Lus. Celebrarse, ou diuulgarse. Iap. Cacuremo naqu, qicoye vataru, firomaru.
Crebriſurus. Lus. Vallo cercado com estacas. Iap. Sacuuo fori mauaxitaru doi.
Crébritas, atis. Lus. Frequencia, ou continuação. Iap. Xiguesa, tabitabi aru cotouo yŭ.
Crebrò, adu. Lus. Frequentemente, muitas vezes. Iap. Xiguequ, saisai, do do.
Credibilis, e. Lus. Cousa creiuel, ou prouauel. Xinjeraruru coto, macotoraxiqi coto.
Credibiliter, adu. Lus. Creiuelmente, prouauelmente. Iap. Maccotoraxiqu, macotosǒni.
Creditor, oris. Lus. Acreedor. Iap. Cane ygueno cotouo casu mono.
Creditrix, icis, fœm. Idem.
Creditum, i. Lus. Diuida. Iap. Fumot, xacu mot.
Credo, is, didi, ditum. Lus. Crér. Iap. Xinzuru, macotoni vqeru. ¶ Item, Encõmendar, ou entregar. Iap. Macasuru, fitouo tanomu, l, vatasu, azzuqe vqu. ¶ Item, Emprestar. Iap. Monouo casu. ¶ Item, Cuidar. Iap. Vomô. ¶ Intercũ, Reuelar, manifestar. Iap. Tçuguru. ¶ Credere Deum. Lus. Crér que ha Deos. Iap. Deusno maximasu cotouo xinzuru.
¶ Credere Deo. Lus. Crér o que Deos diz. Iap. Deusno micotobauo xinzuru.
¶ Credere in Deum. Lus. Crér, e confiar em Deos. Iap. Deusni tanomiuo caquru.
Credulitas, atis. Lus. Crêr de ligeiro. Iap. Carugaruto xinzuru cotouo yŭ.
Crédulus, a, um. Lus. O que cree deligeiro. Iap. Carugaruto xinzuru fito.
Crementum, i. Lus. Crecimento. Iap. Casanari, l, futoru cotouo yŭ.
Cremium, ij. Lus. Chamiço, ou garauato seco

co pera o fogo. Iap. Taqi tçuqeno xiba. ¶ Item, Carne frita na sartem. Iap. Iri caraxitaru nicu.

Cremo, as. Lus. Queimar. Iap. Yaqu.

Cremor, oris. Lus. çumo que se espreme da ceuada, ou doutra cousa. Iap. Vômugui nadouo cudaqi arai xiboritaru xiru.

Crenæ, arum. Lus. Cortaduras, ou móças. Iap. Qiricuchi, qizu. ¶ Item, Parte extrema da frecha onde se encaxa a corda do arco. Iap. Yafazu. ¶ Item, Empolgueira do arco. Iap. Motofazu, vrafazu. ¶ Item, Huns como ralos, ou biquinhos de hum certo lugar da garganta. Iap. Nodobuyeni aru fameni nitaru mono.

Creo, as. Lus. Criar, produzir. Iap. Tanenaqu xite tçucuru, l, xôzuru. ¶ Item, Eleger, ou fazer officiais. Iap. Yacuxauo sadamuru. ¶ Creare fraudé alicui. Ordir enganos, etc. à algué. Iap. Fitouo tabacaru michiuo tacumi idasu.

Crepax, âcis. Lus. Cousa que faz som, ou estrondo. Iap. Nari mono, voto suru mono.

Créperus, a, um. Lus. Cousa duuidosa. Iap. Vtagauaxiqi coto, sadamarazaru coto.

Crépida, æ. Lus. Alparca, ou çapato. Iap. Cutçuno taguy.

Crepidula, æ. dimin. Idem.

Crepidarius, ij. Lus. çapateiro de alparcas, ou chinellas. Iap. Cutçutçucuri.

Crepidarius, a, um. Lus. Cousa pertencente a chinella, &c. Iap. Cutçuni ataru coto.

Crepidatus, a, um. Lus. O que traz chinellas. Iap. Aru cutçuuo faqu mono.

Crepîdo, inis. Lus. Praya de rio, ou mar onde baté as ondas. Iap. Naguisa, l, miguiua. ¶ Item, per transl. Bocal do poço. Iap. Inomotono cuchi. ¶ Item, Estremidade de algum lugar alto. Iap. Sobiyetaru qixino fitai.

Crepitaculum, i. Lus. Sestro, l, pandeiro. Iap. Tobiôxi, naru mono.

Crepitacillum, i. dim. Idem.

Crépito, as. Lus. Soar, ou fazer estrepito a miude. Iap. Mono voto xiguequ naru.

Crepítulum, i. Lus. Hũ certo ornamento da cabeça. Iap. Côbeno cazari, cazarino taguy.

Crépitus, us. Lus. Estalo, ou soido. Iap. Voto, fibiqi.

Crepo, as, vi, itum. Lus. Estalar, ou soar. Iap. Monoga naru, votosuru. ¶ Item, per trásl. Queixarse, ou reprehender. Iap. Vramuru, l, togamuru.

Crepũdia, orum. Lus. Louçaynhas, ou brincos de meninos. Iap. Vosanaqi xono asobi dõgu, varabeno mochiasobi.

Crepusculum, i. Lus. Antrelusco, & fusco. Iap. Tasocare doqi, quõcon.

Cresco, is, creui, etũ. Lus. Crecer. Iap. Xeijin, l, xeigiô suru, casanaru.

Creta, æ. Lus. Barro pegadiço. Iap. Nebaqi tçuchi.

Crétula, æ. dim. Idem.

Cretaceus, a, um. Lus. Cousa deste barro. Iap. Miguino tçuchini ataru coto.

Cretatus, a, um. Lus. Cousa barrada com este barro. Iap. Cono tçuchi nite nuritaru mono.

Cretio, onis. Lus. O tomar posse da herança. Iap. Catocu, yuzzuriuo vqetoru cotonari.

Cretosus, a, um. Lus. Cousa chea de barro mole, ou pegadiço. Iap. Nebaqi tçuchi no vouoqi tocoro, l, cono tçuchi vouoqu maiiyetaru coto.

Cribellum, i. dim. Lus. Ioeira pequena. Iap. Coburui.

Cribrarius, a, um. Lus. Cousa que pertéce a ciranda, ou joeira. Iap. Furui, l, touoxini ataru coto.

Cribro, as. Lus. Cirandar, ou joeirar. Iap. Monouo furũ.

Cribrum, i. Lus. Ciranda, ou joeira. Iap. Furui, touoxi. ¶ Item, Peneira. Iap. Comuguino cono furui. ¶ Cribrum excusorium. Lus. Peneira rala. Iap. Araqi qinuburui. ¶ Cribrum pollinarium, siue incerniculũ. Lus. Peneira basta. Iap. Qinuburui.

Crimen, inis. Lus. Delicto, ou peccado. Iap. Zaiqua, toga, tçumi. ¶ Item, Accusaçaõ, l, objeiçaõ de crime, &c. Iap. Zan-

Z guen,

guen, zanſô. ❡ Item, Soſpeita falſa. Iap. Murini vtagô cotouo yŭ, l, jaſui.
Criminatio, onis. Lus. Acuſação, ou reprehensão. Iap. Vttaye, modoqi.
Criminor, aris. Lus. Acuſar, ou culpar. Iap. Vttayuru, l, togamuru. ❡ Item, Reprehender injurioſamẽte. Iap. Fagiximemodoqu.
Criminosè, adu. Lus. Culpando ſoſpeitoſamente. Iap. Zanguenuo yuite, jaſui xite.
Criminoſus. Lus. Soſpeitoſo, ou culpauel. Iap. Tçumino vtagauaxiqi coto, zaiqua no aru coto.
Crinale, is. Lus. Guirnalda, ou ornamento dos cabellos. Iap. Cazaxi.
Crinalis, e. Lus. Couſa que pertence a cabellos. Iap. Camigueni ataru coto.
Crinis, nis. Lus. Cabellos. Iap. Camigue. ❡ Item, Barbatanas do peixe. Iap. Vuo no fire.
Críniger, a, ũ. Lus. Couſa q̃ tem muitos cabellos. Iap. Camigueno vouoqi mono.
Crinina, æ. Lus. Hum certo vnguento. Iap. Cuſurino na.
Crinio, is. Lus. Nacer cabellos. Iap. Qega voyuru. Statius.
Crinîtus, a, um. Couſa que tem cabellos. Iap. Camigueno aru mono.
Criſpans, tis. Lus. O que brande lança, &c. Iap. Vchimono nadouo furi firamecaſu fito.
Criſpatus, a, um. Lus. Couſa creſpa, ou encreſpada. Iap. Chigimitaru coto.
Criſpo, as. Lus. Encreſpar. Iap. Chigimuru, xiuauo yoſuru.
Criſpus, a, um. Lus. Couſa creſpa. Iap. Chigimitaru mono.
Críſpulus. dim. Idem.
Criſta, æ. Lus. Criſta das aues. Iap. Toſſaca. ❡ Item, Penacho do capecete, ou elmo. Iap. Cabutono tatemono. ❡ Item, Cimeira do elmo. Iap. Cabutono teſen.
Criſtula, æ. dim. Idem.
Criſtatus, a, um. Lus. Couſa que traz criſta, ou penacho. Iap. Toſſacano aru tori, l, tatemonono aru cabuto, l, ſoreuo qitaru fito.
Críthe, es. Lus. Terſôr do olho. Iap. Meibo.
Criticus, a, um. Lus. Couſa que julga, ou cenſura. Iap. Xenſacu ſuru fito, l, nagite.
❡ Critici dies. Lus. Dias que os medicos obſeruam nas doenças. Iap. Yxano reôgi ſuruni atuiua imu, aruiua yerabu fi.
Crocatus, a, um. Lus. Couſa tingida com açafram. Iap. Qijrono ſomemono.
Croceus, a, um. Lus. Couſa de cór de açafram. Iap. Qijrona mono, l, cuchibairo naru coto.
Crócinus, a, um. Idem.
Crócinum, i. Lus. Hum certo vnguento. Iap. Cuſurino na.
Crócito, as. Lus. Cantar o coruo. Iap. Caraſuga naqu.
Crocitatio, onis, l, Crocîtus, us. Lus. O cantar do coruo. Iap. Caraſu naqi.
Crocodîlus, i. Lus. Crocodillo, ou lagarto. Iap. Riô, tatçu.
Crocodilinus, a, um. Lus. Couſa que pertence a crocodillo. Iap. Tatçuni ataru coto.
Crócota. Lus. Hũ certo veſtido de molher. Iap. Vonnano yxŏno taguy.
Crócotula, æ. dim. Idem.
Crocotularius, ij. Lus. O que tinge ẽſtes veſtidos. Iap. Cono yxŏuo ſomuru mono.
Crocus, l, Crocum, i. Lus. Açafram. Iap. Côqua, curenaino fanano taguy.
Crotalia, orum. Lus. Hũas pedras precioſas que ſe traciam nos veſtidos. Iap. Yŏracuno taguy.
Crótalum, i. Lus. Pandeiro. Iap. Tobiŏxi, l, naru mono.
Crótalus, i. Lus. Lingoaraz. Iap. Vô guchi tataqi.
Cruciabilis, e. Lus. Couſa que atormenta. Iap. Curuxinuhi naru mono.
Cruciabilitas, atis. Lus. Tormento. Iap. Curuximi, caxacu.
Cruciabiliter, adu. Lus. Cruelmente, cõ tormentos. Iap. Araqe naqu, curuximite.
Cruciarius, a, um. Lus. O que merece cruz. Iap. Fattçuqeni caqeraru beqi mono.
Cruciamentum, i. Lus. Tormento. Iap. Curuximi.

Cru-

Cruciatus, us. Idem.
Crucio, as. Lus. Atormentar, affligir. Iap. Xemuru, l, caxacufuru.
Crucifigo, is, xi, xum. Lus. Crucificar. Iap. Cruz, l, tattçuqeni caquru.
Crudaria, æ. Lus. Vea de prata que se acha no principio da mina. Iap. Xiro caneno tçuru.
Crudelis, e. Lus. Cousa cruel. Iap. Nasaqe naqi mono, qendon fôit naru mono.
Crudelitas, atis. Lus. Crueldade. Iap. Araqe nasa, qendon.
Crudeliter, adu. Lus. Cruel, e deshumanamente. Iap. Nasaqe naqu.
Crudesco, is, & Crudeo, es. Lus. Encruecerse, e fazerse brauo. Iap. Couaru, l, qibixiqu naru.
Cruditas, atis. Lus. Mà digistão. Iap. Fucuchŭno xocuuo xôxezaru cotouo yŭ.
Crudus, a, um. Lus. Cousa crua. Iap. Nama xiqi mono, ninu mono. ¶ Crudi cibi. Lus. Comeres indigestos. Iap. Xôxezaru xocu, xucujiqi. ¶ Itẽ, Fruita q̃ não esta madura. Iap. Iucu xezaru conomi. ¶ Crudus homo. Lus. Homem que digere mal o comer. Iap. Fyno youaqi fito. ¶ Crudum vulnus. Lus. Ferida fresca. Iap. Ataraxiqi qizu.
Cruento, as. Lus. Ensangoẽtar. Iap. Chini somuru.
Cruentus, a, um. Lus. Cousa ensangoentada. Iap. Chini somitaru mono. ¶ Aliqñ. Cousa cruel. Iap. Nasaqe naqi mono.
Cruména, æ. Lus. Bolsa. Iap. Fôzŏ, canebucuro.
Cruor, oris. Lus. Sangue dos feridos. Iap. Qizu yori nagaruru chi.
Crupellarij. Lus. Hũa laya de soldados. Iap. Buxino taguy.
Crurules. Lus. Hum genero de meas calças. Iap. Fabaqino taguy.
Crus, uris. Lus. Perna. Iap. Sune.
Crusculum, i. dim. Idem.
Crusma, tis. Lus. Pandeiro, ou sestro. Iap. Tobiŏxi.
Crusta, æ. Lus. Bostella, ou codea que se faz na superficie de algũa cousa. Iap. Casano futa, l, monono vyeni idequru cabeno yŏnaru mono, futa nando. ¶ Item, Casca da alagosta, ou de outra cousa seme lhante. Iap. Yebi nadono caua. ¶ Itẽ, Argamasa, ou semelhante materia de marmore, ou de vidro, cõ q̃ ornauam as paredes, e os sobrados das casas. Iap. Dogi cabeuo nuri itajiqiuo xiqi cazaru xiecui nadono yŏnaru taguy. ¶ Item, Hum certo ornato de diuersa materia q̃ se acrecentaua aos vasos douro, e prata. Iap. Qeniguinno vtçuuamonono vyeni tçuquru cazari.
Crustarius, ij. Lus. O que cafella, ou faz argamassa. Iap. Cabenuri.
Crustarius, a, um. Lus. Cousa que pertence a argamassa, ou codea de outra cousa. Iap. Vuanuri nadoni ataru coto.
Crustatus, a, um. Lus. Cousa cuberta desta materia dura. Iap. Xiecui, qiri ixi nado nite tçutçumitaru mono. ¶ Crustata vasa. Lus. Vasos ornados de certa materia por cima. Iap. Cazaritaru vtçuuamono no taguy. ¶ Crustata animalia. Lus. Animaes de concha. Iap. Cai, çanino taguy.
Crustosus, a, ũ. Lus. Cousa chea de codea, ou casca. Iap. Futa, l, cauano atçuqi mono.
Crustulata, æ. Lus. Hum genero de bollo. Iap. Mochino rui.
Crustum, i. Lus. Hum pedaço, ou parte de pam, ou de qualquer cousa de comer. Iap. Pam nadono qire.
Crústulum, i. dim. Idem.
Crux, cis. Lus. Cruz. Iap. Fatamono. ¶ Item, Qualquer cousa que nos atormẽta, ou da pena. Iap. Varetauo xemecuruximuru fodono coto.
Crypta, æ. Lus. Grutta, ou coua soterranea. Iap. Firoqi tçuchino ana, tçuca ana, docut.
Crypticus, a, um. Lus. Cousa soterranea, ou escondida. Iap. Tçuchino xitani aru coto, l, cacuretaru coto.
Cryptoporticus, us. Lus. Alpendre, ou casa soterranea em que se passa a calma no verão. Iap. A tçusauo xinogu dochŭno iye.

Crystállinus, a, um. Lus. Cousa de cristal. Iap. Suixǒni ataru coto.
Crystallum, i, & Crystallus, i. Lus. Cristal. Iap. Suixǒ.

C A N T E V.

CVbatio, onis. Lus. Lezida, ou o deitarse. Iap. Nuru, l, fusu coto nari.
Cubatus, us. Lus. O deitarse, ou o dormir. Iap. Fusu, l, nuru cotoue yŭ.
Cubicularij. Lus. Moços de camara, ou pagens. Iap. Coxǒxu.
Cubicularis, e. Lus. Cousa que pertence a camara, ou cubiculo. Iap. Feyani ataru coto.
Cubicularius, ij. Lus. Camareiro, ou moço que serue de camara. Iap. Neyani tçucauaruru mono.
Cubicularius, a, um. Idem.
Cubiculum, i. Lus. Camara de dormir. Iap. Reǒ, neya.
Cubîle, is. Lus. Leito. Iap. Nuru toco. ¶ Item, Couil das feras. Iap. Qedamonono ana. ¶ Cubîle salutatorium. Lus. Camara, ou oratorio ondese punhá imagens. Iap. Gibutdǒ.
Cubitale, is, l, Cubital. Lus. Ornamento do braço. Iap. Vdeno cazari.
Cúbito, as. Lus. Dormir no leito amiude, ou estar deitado. Iap. Saisai toconi nuru, l, fusu.
Cúbitor, oris. Lus. O q̃ esta deitado. Iap. Fuxite yru mono.
Cúbitus, l, Cubitũ, i. Lus. Cotouello. Iap. Figi. ¶ Item, Couado de medir. Iap. Xacuzzuye. ¶ Eodem Cubito. Lus. Polla mesma medida. Iap. Vonaji xacu nite.
Cúbitus, us. Lus. O estar na cama. Iap. Nete yru, l, fusu coto nari.
Cubo, as, vi, itum. Lus. Estar deitado. Iap. Fuxite yru, neiru. ¶ Cubare in faciem. Lus. Iazer de costas. Iap. Auonoqi yru. ¶ Item, Estar doente. Iap. Yamu, vazzurǒ.
Cubus, i. Lus. Cousa quadrada de todas as partes como dados, &c. Iap. Saino gotoquni xicacunaru mono.

Cúcubo, as. Cantar acuruja. Iap. Fucuro ga naqu.
Cucurio, onis. Lus. Capa dagoa, ou gual teira de rebuço. Iap. Fitçujino qeno mino, l, cauo made ficcomu boxino taguy.
Cucullus, i. Lus. Hum genero de vestido. Iap. Yxǒno taguy. ¶ Item, Hũa cobertura de papel. Iap. Cami nite tçucuritaru vouoi.
Cucullatus, a, um. Lus. O que traz vestido este genero de trajo. Iap. Cano yxǒ uo qitaru mono.
Cuculus, l, Cucullus, i. Lus. Cuco passaro. Iap. Aru torino na, vt, fototoguisu.
Cúcuma, æ. Lus. Vaso de cobre pera aquẽtar agoa. Iap. Yuuo vacasu acagane nabe. ¶ Itẽ, Choupanas de pobres. Iap. Cazzuyá, xizzugaya, finifuno coya. ¶ Itẽ, Hũ bordão ferrado. Iap. Ixizzuqiuo itetaru tçuye. Budeus. ¶ Item, Hum vaso. Iap. Vtçuuamonono taguy.
Cúcumer, siue Cúcumis. Lus. pepino, ou cogombro. Iap. Qivri, camo vri. ¶ Cucumis anguinus, siue siluestris. Lus. Pepinos de S. Gregorio. Iap. Fechimano taguy. ¶ Item, Hum peixe. Iap. Vuono na. ¶ Item, Hũas chapas de latão com q̃ se ornam os freos, e peitorais dos cauallos. Iap. Tazzuna, l, munagaini tçuqetaru chǔjacuno cazari. ¶ Item, Hum vaso. Iap. Vtçuuamonono taguy. Martial.
Cucumerarium, ij. Lus. Pepinal, ou lugar de cogombros. Iap. Qivri bataqe, l, camovri bataqe. ¶ Item, Choupana dos que guardã pepinos, ou melões, etc. Iap. Vri nadono banya.
Cucúrbita, æ. Lus. Abobara, ou cabaça. Iap. Yǔgauo, l, fiǒtan.
Cucurbitarium, ij. Lus. Campo das abobaras. Iap. Yǔgauo, l, fiǒtanno aru tocoro.
Cucurbitarius, ij. Lus. Amigo de abobaras. Iap. Yǔgauouo suqu mono.
Cucurbitinus, a, ũ. Lus. Cousa q̃ se parece com abobaras. Iap. Fiǒtãni nitaru mono.
Cucurbitula, l, Cucurbita. Lus. Ventosa. Iap. Suifucube.

Cu-

Cucurio, is. Lus. Carcarejar o galo. Iap. Vondoriga cucumequ.
Cudo, onis. Lus. Casquete, ou capacete de couro. Iap. Cauano cabuto.
Cudo, is, di, sum. Lus. Bater, ou malhar. Iap. Vtçu, l, qitŏ. ¶ Itẽ, Cunhar moe da. Iap. Caneniy nuo vosu, l, vchitçuquru.
Cuias, atis. Lus. De que terra, ou de que sei ta. Iap. Docono xŭzo? nani xŭzo?
Cuius, a, um. Lus. De quem. Iap. Tareno zo? taganozo?
Cuiusmodi. Lus. De que maneira. Iap. Na nito yŏni. ¶ Item, De qualquer manei ra. Iap. Dono yŏni naritomo, icayŏni na ritomo.
Cuiusmodicunq;. Idem.
Cúlcitra, æ. Lus. Colchão. Iap. Futon, ne docoroni xiqu mono.
Culcitrula, æ. dim. Idem.
Culcitula. fasciculus quidã ligneus in sacris dicebatur.
Culeolacus, l, Culleola, æ. Lus. Cascas de no zes verdes. Iap. Auoqi curumino caua.
Culeus, ei, siue Culeum, ei. Lus. Sacco de estopa, ou canemo. Iap. Nunobucuro, l, cauabucuro. ¶ Item, Hum certo sacco em que por castigo metiam ao que matou seu pay. Iap. Voyauo corosu monouo qua taito xite iruru fucurono taguy. ¶ Itẽ, Hum genero de medida. Iap. Masuno taguy.
Culex, icis. Lus. Mosquito. Iap. Ca.
Culigna, æ. Lus. Vaso de beber. Iap. Iuqi, monouo nomu vtçuuamono.
Culîna, æ. Lus. Cozinha. Iap. Daidocoro, tai no ya, niyedono, curi. ¶ Itẽ, Apud Iuue nalem. Comer cozinhado. Iap. Coxira yetaru xocu.
Culinæ, arum. Lus. Lugar onde enterrã os pobres. Iap. Finjano muxo.
Culinarius, a, um. Lus. Cousa da cozinha. Iap. Daidocoroni ataru coto.
Culinor, aris. Lus. Fazer a cozinha. Iap. Reŏ riuo suru, xocuuo totonoyuru.
Culmen, inis. Lus. Cume, ou cima de al gũa cousa. Iap. Mine, chójŏ. ¶ Item, Te lhado. Iap. Vuabuqi, yane. ¶ Item, Ca na do trigo. Iap. Mugui vara.
Culmus, i. Lus. Colmo, ou cana de trigo. Iap. Muguivara.
Culpa, æ. Lus. Culpa. Iap. Ayamari, fugui, toga.
Culpatio, onis. Lus. Reprehensão. Iap. Xec can, modoqi.
Culpo, as. Lus. Culpar, ou reprehẽder. Iap. Fitoni ayamariuo caquru, módoqu, toga muru.
Cúlpito, as. frequent. Lus. Culpar a miude. Iap. Xiguequ togamuru, modoqu, ayama riuo caquru.
Culcellatus, a, ũ. Lus. Cousa que tem forma de cutello. Iap. Fŏchŏno nari narumono.
Cultratus. Idem.
Cultellus, i. dim. Lus. Faca, ou caniuete. Iap. Cogatana.
Culter, tri. Lus. Cutello, ou faca. Iap. Fŏ chŏ, vôcogatana. ¶ Culter venatorius. Lus. Hũa certa arma dos caçadores. Iap. Cariudono tçucŏ yarino taguy. ¶ Culter tonsorius. Lus. Naualha. Iap. Camisori. ¶ Itẽ, Ferro de arado. Iap. Carasuqino fera.
Cultio, onis. Lus. Cultiuação. Iap. Cósacu.
Cultor, oris. Lus. Laurador, l, cultiuador dos campos. Iap. Cŏsacunin.
Cultrarius, ij. Lus. Ministro que sacrifica matando com cutello. Iap. Qedamono uo cotoxi tamuquru fito.
Cultrix, icis. fœm. Idem.
Cultum, i. Lus. Campo laurado. Iap. Tçu curitaru denbacu.
Cultura, æ. Lus. Lauoura do campo. Iap. Cŏsacu.
Cultus, us. Lus. Lauoura. Iap. Cŏsacu. ¶ Item, Honra, e veneração que se dà a Deos. Iap. Deusni taixi tatematçuritena vyamai. ¶ Item, Atauio, ornato. Iap. Xôzocu, idetachi, socutai.
Culullus, i. Lus. Copo de barro, ou puca ro. Iap. Tçuchino vtçuuamonono taguy.
Cum, præpositio ablat. Lus. Com. Iap. To moni

moni, to, vomotte. ¶ Item, Quando, ou como, comoquerque. Iap. Toqi. ¶ Item, Contra. Iap. Teqitóte. ¶ Aliqñ. Ainda que. Iap. Toiyedomo.

Cum, et tũ. Lus. Ahũa por tal, etc. aoutra, porque. Iap. Caremo, coremo, catçũua core, catçũua care. ¶ Cum dicto. Lus. Em dizendo. Iap. Cotobano xita yori. ¶ Cùm maximè. Lus. Mais do q̃ nunca, ou principalmente. Iap. Ima coso, na vomotte, nacanimo, nacanzzucu. ¶ Cũ primum. Lus. Logo como, em tanto q̃. Iap. Vorifuxi, toqi, to tomoni. ¶ Cũ primè, l, Cum primis. Lus. Principalmẽte. Iap. Toriuaqe.

Cumatilis color. Lus. Cór de ceo. Iap. Sora iro.

Cúmera, æ. Lus. Tulha feita de vimes, esparto, ou de barro em q̃ se guardaua trigo. Iap. Muguiuo irete voqu vôqinaru vtçuuamonono taguy.

Cumînum, l, Cymînum, i. Lus. Cominhos. Iap. Cusano na.

Cumulatè, adu. Lus. Abundantemente. Iap. Tacusanni, michimichite.

Cumulatim, adu. Idem.

Cumulatio, onis. est vnius actionis ad aliam adiuratio, l, est pluriũ rerum, l, actionũ coaceruatio contra eundẽ in iudicio legitimè proposita.

Cumulatus, a, ũ. Lus. Cousa acumulada. Iap. Tçumi casanetaru coto. ¶ Cumulatus locus. Lus. Lugar occupado, e empachado. Iap. Monouo torimidaxi voqitaru tocoro.

Cúmulo, as. Lus. Encher, acumular. Iap. Mitasu, tçumu, tçumicasanuru.

Cúmulus, i. Lus. Monte, ou cumulo. Iap. Tçumi aguetaru cotouo yũ, l, tçuca. ¶ Itẽ, Crecença quese daa alem da medida. Iap. Facaritaru vyeni soyuru cotouo yũ. ¶ Itẽ, per transl. Acrecentamento. Iap. Soye, casanari.

Cunæ, arum, & Cunabula, orum. Lus. Berço, Iap. Varabeuo nesasuru toco. ¶ Item, Lugar onde naçe a criança. Iap. Acago-no vmare votçuru tocoro. ¶ Item, per trãsl. Meninice. Iap. Yôxô.

Cunctabundus, a, um. Lus. Vagaroso, tardio. Iap. Vosoi fito, nibuqi mono.

Cunctás, cunctantior, cunctantissimus. Idẽ.

Cunctánter, adu. Lus. Tarde, vagarosamente. Iap. Vosoqu, nibuqu.

Cunctatio, onis. Lus. Detença. Iap. Tôriũ, vosonauari.

Cunctator, oris. Lus. O que tarda, ou dilata. Iap. Nobi nobi naru fito, vosonauaru fito, nobete.

Cunctor, aris, atus sum. Lus. Tardar, differir. Iap. Vosonauaru, noburu.

Cunctus, a, um. Lus. Todos, todo. Iap. Moromoro, mina, cotogotocu.

Cuneatim, adu. Lus. Per companhias. Iap. Cumicumini, caxiragaxirani.

Cuneatus, a, um. Lus. Cousa feita à maneira de cunha. Iap. Cusabino narini tçucuritaru mono.

Cuneo, as. Lus. Acunhar. Iap. Cusabiuo cõ. ¶ Cuneari. Lus. Estreitarse em forma de cunha. Iap. Cusabino narini naru.

Cunéolus, i. Lus. Cunha pequena. Iap. Cocusabi.

Cuneus, ei. Lus. Cunha de pao, ou de ferro. Iap. Cusabi. ¶ Item, per translat. Esquadrão de pé disposto amaneira de cunha. Iap. Qensaqini tatetaru gunjei. ¶ Item, Cunei, orũ. Lus. Lugares donde o pouo via no teatro. Iap. Xibai. ¶ Item, Turba multa de gente. Iap. Muragaritaru ninju.

Cunicularius, ij. Lus. Mineiro q̃ faz minas. Iap. Xiro nadouo votosu tameni anauo foru mono.

Cuniculatim, adu. Lus. Amodo de mina. Iap. Xiro nadono xitauo foru anano gotoqu.

Cuniculosus, a, um. Lus. Lugar cheo de minas, ou cauernas. Iap. Ana, l, forano vouoqi tocoro.

Cuniculus, i. Lus. Coelho. Iap. Vsaguini nitaru qedamono. ¶ Item, Mina pera minar fortaleza. Iap. Xiro nadouo votosu tameni foru ana. ¶ Item, Cano dagoa. Iap.

Iap. Toi, caqeri. ¶ Cuniculos agere. Lus. Minar. Iap. Cudanno anauo foru. ¶ Cuniculis oppugnare(per metaphoram) Lus. Fazer algũa cousa com enganos, & dissimuladaméte. Iap. Tabacatte monouo suru.

Cunila, æ. Lus. Pulgueira, ou poejo. Iap. Cusano na.

Cunio, is. Lus. Purgar os escrementos. Iap. Daiben suru.

Cupa, æ, siue Cuppa, æ. Lus. Cuba pera guardar vinho. Iap. Vôqinaru sacauoqe. ¶ Item, Vasos de enuasar naos. Iap. Funeno siqi aguru dŏgu.

Cupedia, orum. Lus. Manjares delicados. Iap. Bixocu.

Cupedia, æ. Lus. Golodice, ou apetite destes comeres. Iap. Iiqigonomi.

Cupédula, dim. Idem.

Cupedinarius, ij. Lus. Vendedor destes comeres delicados, e apetitosos. Iap. Bixocuuo vru mono.

Cupedinis forum, & Cupedinariũ forum. Lus. Praça onde se vendem comeres delicados. Iap. Bixocuuo soroyete vru tocoro.

Cupes, is. Lus. Dado a golodices. Iap. Iiqigonomi suru mono.

Cupêdo, inis. Lus. Desejo, l, cobiça. Iap. Nozomi, yocu.

Cupidè, adu. Lus. Affectuosamente, com grã de desejo. Iap. Nozomi fucŏ xite, l, nagueqite.

Cupidineus, a, um. Lus. Cousa de amor, ou desejo roim. Iap. Yocoxima naru taixet, l, nozomini ataru coto.

Cupiditas, atis. Lus. Desejo, ou cobiça, ou amor. Iap. Yocuxin, nozomi, taixet.

Cupîdo, inis. Idem.

Cúpidus. Lus. Cobiçoso, ou apetitoso. Iap. Yocuxin naru mono, l, monogonomi.

Cupiens, entis. Idem.

Cupienter, adu. Lus. Com grande desejo. Iap. Fucaqi nozomi vomotte.

Cupio, is, iui, itum. Lus. Cobiçar, ou desejar. Iap. Fucaqu nozomu, negŏ. ¶ Cupere alicui. Lus. Desejar bem à alguẽ. Iap. Fitono vyeni yoqi cotouo nozomu.

Cupîtus, a, um. Lus. Cousa desejada. Iap. Conomaretaru coto.

Cupîtor, oris. Lus. Apetecedor. Iap. Cono mu mono.

Cupressêtum, i. Lus. Lugar de acipereste. Iap. Fino qini nitaru qino yama.

Cupresseus, a, ũ. Lus. Cousa feita de acipreste. Iap. Miguino qi nite tçucuritaru coto.

Cupressifer, a, um. Lus. Cousa que da, ou produz aciprestes. Iap. Fino qiuo xŏzuru tocoro.

Cupréssinus, a, um. Lus. Cousa de acipreste. Iap. Cono qi ni ataru coto.

Cupressus, i, l, us. Lus. Acipreste. Iap. Fino qini nitaru qi.

Cupreus, a, um, siue Cuprinus. Lus. Cousa de cobre. Iap. Acagane nite tçucuritaru mono.

Cuprum, i. Lus. Cobre. Iap. Acagane.

Cur, adu. Lus. Porque, porq̃ causa. Iap. Na jeni. ¶ Aliqñ. Relatiuè, l, infinitè. Lus. Porque. Iap. Sonoyuyeni.

Cura, æ. Lus. Cuidado, affliçâo. Iap. Nagueqi, qizzucai. ¶ Item, Cargo, ou cuidado. Iap. Yacu, cocorogaqe.

Curantia, æ. Idem.

Curatè, adu. Lus. Com cuidado. Iap. Xeiuo irete, cocorogaqete.

Curatio, onis. Lus. Cura. Iap. Yŏjŏ, reôgi. ¶ Item, Curatio, siue Curatura. Lus. Titoria. Iap. Minaxigo nadono saiban suru cotouo yŭ. ¶ Item, Cargo, ou cuida do. Iap. Yacu, cocorogaqe.

Curator, oris. Lus. Procurador, ou titor. Iap. Saibannin, bugueô, sabaqite.

Curatoria, æ. Lus. Officio de procurador, ou titor. Iap. Saiban suru yacu.

Curatus, a, um. Lus. Cousa feita cõ diligencia, & cuidado. Iap. Cocorogaqe vomotte totonoyetaru coto.

Curax, ácis. Lus. Diligente, l, cuidadoso. Iap. Cocorogaqe aru mono, l, saicacu aru mono.

Curculio, onis. Lus. Gurgulho. Iap. Comemuxi. ¶ Item, Gorgumillo da gargan ganta. Iap. Nodobuye.

Curia, æ. Lus. Camara de conſelho. Iap. Quaixo, mongiŭxo. ¶ Curiæ, arum. Lus. Tribus, ou partes do pouo. Iap. Cumigumi.

Curiales. Lus. Os do meſmo tribu. Iap. Vonaji cumino fito. ¶ Item, Decurião, ou cabeça de algum lugar. Iap. Tocoro no tônin.

Curiatus, a, um. vt curiata lex. Lus. Ley ordenada em conſelho. Iap. Quaixoni ſadameraretaru fatto.

Curio, onis. Lus. Cura, ou capelão. Iap. Sa damaritaru ninjuuo ſaiban xeraruru Sacerdote. ¶ Curio maximus. Lus. Sacerdote ſupremo. Iap. Sacerdoteno tçucaſa. ¶ Item, Curio. Lus. Pregoeiro. Iap. Fure cuchi. ¶ Agnus curio. Lus. Cordeiro magro. Iap. Yaxetaru fitçujino co. Plaut.

Curionatus, us. Lus. Dignidade deſtes Sacer dotes. Iap. Miguino Sacerdoteno curai.

Curionia ſacra, quæ à curionibus in cunis fiebant.

Curionium, ij. Lus. Paga que ſe daua a eſtes Sacerdotes. Iap. Cano Sacerdoteni atayera retaru fuxe.

Curiosè, adu. Lus. Curioſa, e diligentemẽte. Iap. Xeiuo irete, ſaicacuni.

Curioſitas, atis. Lus. Curioſidade, e diligencia demaſiada. Iap. Monozuqi, ſuguitaru cocorogaqe.

Curioſus, a, um. Lus. Curioſo, e diligente. Iap. Monogonomi, monozuqi, ſaican naru mono.

Curmi. Lus. Hũa beberagem como cerueja. Iap. Saqeno taguy.

Curo, as. Lus. Ter cuidado. Iap. Cocoroga quru, xeiuo iruru. ¶ Curare ſe, l, corp⁹. Lus. Curarſe, e tratarſe bem. Iap. Miuo buicu ſuru, amayacaſu. ¶ Item, Curar. Iap. Reôgi ſuru, yôjô ſuru.

Currens, entis. Lus. O q̃ corre. Iap. Faxiru mono.

Curriculò, adu. Lus. De corrida. Iap. Faxirite, iſoguite.

Curriculum, i. Lus. Carrinho, ou coche pequeno. Iap. Chijſaqi curuma. ¶ Item, Curſo, ou carreira. Iap. Faxiru cotouo yŭ. ¶ Item, Lugar onde ſe corre. Iap. Baba, faxiriba. ¶ Curiculum vitæ. Lus. Eſpaço, ou curſo da vida. Iap. Zonmeino aida. ¶ Item, Tempo. Iap. Iibun.

Curro, is, cucurri, curſum. Lus. Correr. Iap. Faxiru. ¶ Interd. Correr couſa liquida. Iap. Nagaruru. ¶ Fruſtra currit. Lus. Trabalha de balde. Iap. Muyacuno ximŏ uoſuru.

Currûca, æ. Lus. Hũa aue que cria os filhos alheos cuidando que ſam ſeus. Iap. Yono torino couo vaga co to vomoi ſodatçuru torino na.

Currus, us. Lus. Carro, ou coche. Iap. Curuma, guiŭxa. ¶ Item, per tranſl. Triumpho. Iap. Riun.

Curſim, adu. Lus. De corrida, ou correndo. Iap. Faxirite, faxiri ſamani, iſoguiſamani.

Cúrſito, as. Lus. Correr de ca pera là. Iap. Anata conataye faxiru.

Curſo, as. Lus. Correr a miude, ou muito. Iap. Tabitabi, l, fayaqu faxiru.

Curſor, oris. Lus. Correo, ou o q̃ corre. Iap. Fayabaxiri, fayavchi, fiqiacu, l, faxiru mono.

Curſorius, a, um. Lus. Couſa pertencente à correr. Iap. Faxirini ataru coto.

Curſus, us, l, Curſio, onis. Lus. O correr, ou carreira. Iap. Faxiru cotouo yŭ. ¶ Curſus exhibitio. Lus. O dar das contas. Iap. Sanyôuo aguru, l, tçutomexi yacuno vomomuqiuo firô ſuru cotouo yŭ.

Curſura, æ. Idem.

Curto, as. Lus. Encurtar, e diminuir. Iap. Mijicamuru.

Curtus, a, um. Lus. Couſa curta, ou falta. Iap. Mijicaqi coto, fuſocu naru mono.

Curuâmen, inis. Lus. Couſa curua, ou arca dura. Iap. Cugumu, l, magaru cotouo yŭ.

Curuatio, onis. Idem.

Curuatura, & Curuitas. Idem.

Curuatus, a, um. Lus. Arcado. Iap. Cagamitaru coto, tauomitaru mono.

Curueſco, is. Lus. Fazerſe curuo, ou dobrarſe

brarse. Iap. Cagamu, tauomu.

Curuifrons, ontis. Lus. O que tem atesta curua, ou arcada. Iap. Debitai naru mono.

Cúruipes, edis. Lus. O que tem os pes arcados. Iap. Vanaxino mono.

Curuo, as. Lus. Arcar, encuruar. Iap. Cagamuru, maguru.

Curuus, a, um. Lus. Cousa curua, ou arcada. Iap. Magaritaru mono, çugumitaru mono.

Curûlis, e. Lus. Cousa de carro. Iap. Curumani ataru coto. ¶ Item, Curulis, fœm. Lus. Cadeira de marfim em que se assẽtauã certas dignidades. Iap. Aru curai no fitô coxiuo caqeraruru zôgueno qiocuracu.

Cuspidatim, adu. Lus. Agudamente, & a semelhança de ponta. Iap. Togarite, l, togaritaru saqino narini.

Cuspidatus, a, um. Lus. Cousa que tem põta. Iap. Saqino togaritaru mono.

Cúspido, as. Lus. Aguçar, ou fazer ponta. Iap. Saqiuo togaracasu.

Cuspis, dis. Lus. Ponta agúda como de espada, lança, &c. Iap. Catana nadono saqi, fo cosaqi. ¶ Cuspis longa. Lus. Espeto. Iap. Sasiguxi. ¶ Cuspides. Lus. Canos de barro como alcatruzes. Iap. Tçuchi nite tçucuritaru caqefi.

Custodia, æ. Lus. Guarda, vigia. Iap. Ban, qeigo, banxu. ¶ Item, Carcere, ou tronco. Iap. Rô. ¶ Item, Preso. Iap. Rôxa.

Custodio, is, iui, itum. Lus. Guardar. Iap. Ban suru, mamoru. ¶ Item, Venerar. Iap. Mochiyuru.

Custodite, adu. Lus. Muito arrecado. Iap. Qibixiqu yôjin xite.

Custos, ôdis. Lus. Vigia, guarda, guardador. Iap. Xugo suru fito, mamorite, banxu. ¶ Item, Vara noua de vide. Iap. Budôno vacadachi. ¶ Custos sacrorum. Lus. Sãcristão, ou o que tẽ cuidado de ministrar as cousas do templo. Iap. Voconaino dogu nadouo saiban suru fito.

Cutis, tis. Lus. Pelle delgada. Iap. Finicu, fifu. ¶ Ad cutem vsque radere. Lus. Auerse muy rigurosamente com alguem. Iap. Comacani fitouo qiŭmei suru, qeuo fuite qizuuo motomuru. ¶ Intus, & in cute notus. Lus. Conhecido por todas as vias. Iap. Naigue tomoni yoqu xiraretaru mono.

Cuticula, æ. dim. Idem.

C ANTE Y.

Cyamus. Lus. Faua. Iap. Soramameno rui.

Cyáneus, a, um. Lus. Cousa azul. Iap. Asaguiiro naru coto.

Cyanus, i. Lus. Turquesca, pedra preciosa. Iap. Xuguiocuno na.

Cyathisso, as. Lus. Dar de beber. Iap. Saqeuo moru.

Cyathus, i. Lus. Copo, ou taça. Iap. Sacazuqi. ¶ Item, Hũa certa medida. Iap. Masuno na. ¶ Ad cyathum stare, l, à cyathis esse. Lus. O que mede por esta medida o que se bebe. Iap. Miguino masu nite saqeuo facarumono.

Cyclaminus, i. Lus. Pam de porco, erua. Iap. Aru cusano na.

Cyclas, adis. Lus. Hum vestido de molher. Iap. Vonnano yxôno na.

Cygnus, l, Cignus. Lus. Cirne. Iap. Facuchô.

Cygneus, a, um. Lus. Cousa de cirne. Iap. Facuchôni ataru coto. ¶ Qñq;. Cousa branca. Iap. Xiroqi mono.

Cylindráceus, a, um. Lus. Cousa comprida, & roliça como oliuo. Iap. Faxirano yôni nagaqu, maroqi mono.

Cylindrus, i. Lus. Cousa roliça, e comprida. Iap. Nagaqu maroqu xite, xicamo nameracanaru mono. ¶ Item, Hum genero de arrecadas. Iap. Mimino yôracu.

Cyllo, onis. Lus. Sodomita paciente. Iap. Nhacudôuo tatçuru mono.

Cyma, æ. Lus. Grelo, ou olho da ortaliça. Iap. Yasaino medachi, l, vacabaye.

Cymátilis vestis. Lus. Vestido de cór do ceo. Iap. Vsu asaguiino yxô.

Cymba, æ. Lus. Barca de pescar. Iap. Reôxen. ¶ Item, Barca de passagem. Iap. Cauano vataxibune.

Cymbula, æ. dimin. Idem.

Cymbalisso, as. Lus. Tanger finos. Iap. Caneuo tçuqu.

Cymbalistes, æ. Lus. Sineiro, ou tangedor de finos. Iap. Canetçuqi.

Cymbalum, i. Lus. Sino. Iap. Tçuqigane.

Cymbium, ij. Lus. Hũ copo de vinho. Iap. Funeno narini tçucuritaru sacazzuqi.

Cyminum, i. Lus. Cominho. Iap. Aru cusanona.

Cynanche, is. Lus. Esquinencia. Iap. Nodono yamaino na.

Cyniphs, phis. Lus. Mosquito. Iap. Ca.

Cynocephalium, ij. Lus. Zaragatoa, erua. Iap. Cusano na.

Cynodontes, um. Lus. Dentes, presas da boca. Iap. Qiba.

Cynoglossus, siue Cynoglossũ. Lus. Lingoa de cão erua. Iap. Aru cusano na.

Cynomyia, æ. Lus. Mosca de cão, boy, &c. Iap. Inubai, vxibai. ¶ Item, Hũa erua. Iap. Aru cusano na.

Cynórrhodum, i. Lus. Hũa flor de lilio vermelho. Iap. Caqitçubatano rui.

Cynosbatum, i. Lus. Hũa laya de çarça. Iap. Aru chijsaqi qino na.

Cyparissus, i. Lus. Acipreste. Iap. Finoqini nitaru qino na.

Cyperus, i. Lus. Iunça cheirosa. Iap. Xeqixǒno taguy.

Cyprus, i. Lus. Hũa aruore. Iap. Qino na.

Cypselli, orum. Lus. Hũa laya de andorinhas. Iap. Tçubameni nitaru torino na.

Cymea. Lus. Vaso de vinho. Iap. Saqeno vtçuuamono.

Cytinus, i. Lus. Flor de romaã. Iap. Zacurono fana.

DE INCIPIENTIBVS A LITERA D.

DActylion. Lus. Anel do dedo. Iap. Yubigane.

Dáctylis, dis. Lus. Cousa de grossura de hũ dedo. Iap. Yubino futosano mono.

Dactylothéca, æ. Lus. Boçeta pera guardar aneis. Iap. Yubiganeno faco.

Dáctylus, i. Lus. Dedo. Iap. Yubi. ¶ Item, Dicitur pes metricus, cùm syllabã longam duæ breues sequuntur: Vt corpora. ¶ Item, Tamaras, ou datiles. Iap. Qino mino na. ¶ Item, Hũa erua. Iap. Cusa no na. ¶ Item, Hum peixe. Iap. Vuono na.

Dæmon, onis. Lus. Demonio. Iap. Tengu, tenma.

Dæmonium, ij. Idem.

Dæmónicus, a, um. Lus. Cousa de demonio. Iap. Tenguni ataru coto.

Dama, æ. Lus. Gamo, ou laya de cabra montès. Iap. Yamano yaguiǔno taguy, nicuni nitaru mono.

Dámula, æ. dim. Idem.

Damium, ij. Quoddã sacrificij genus.

Damnas. Lus. Condenado. Iap. Zaiquani fuxeraretaru mono. Apud iuris consultos.

Damnatio, onis. Lus. Condenação. Iap. Xizai nadoni qetgiacu suru coto nari.

Damnatus, us. Idem.

Damnatorius, a, um. Lus. Cousa que tem anexa condenação. Iap. Xeibaino racugiacuno daimocu aru coto.

Damnatus. Lus. Condenado. Iap. Xeibai nadoni fuxeraretaru mono. ¶ Itẽ, Obrigado. Iap. Xezu xite canauazaru mono. ¶ Damnatus voti, l, voto. Lus. O que alcançou ja o que votou. Iap. Xoguan jǒju xitaru mono. ¶ Damnatus capitis, l, capite. Lus. Cõdenado à morte. Iap. Xizaini voconauaretaru mono. ¶ Damnare aliquem voti, l, voto. Lus. Cõprir os do ceo algum voto a alguem. Iap. Tennin yori fitono guanuo canayesaturu.

Damnifico, as. Lus. Danificar. Iap. Sonuo sasuru, sonzasu.

Dam-

Damnificus, a, um. Lus. Cousa que dá per da. Iap. Ata, l, sonuo sasuru mono.

Damnigerulus, i. Idem.

Damnosè, adu. Lus. Com dano. Iap. Sonuo xite.

Damno, as. Lus. Condenar. Iap. Xizaini voconô, l, fusuru, l, xeibaini fusuru, l, racugiacu suru. ¶ Itẽ, Obrigar. Iap. Tçutomezu xite canauazaru cotono yǒni sasuru. ¶ Interd. Culpar. Iap. Togauo iy caquru. ¶ Itẽ, Desherdar. Iap. Iiqixini iye nadouo yuzzurazu.

Damnosus, a, um. Lus. Cousa danosa, ou que dà perda. Iap. Sonni naru mono, l, sonuo sasuru mono. ¶ Itẽm, O que rece be a perda. Iap. Sonuo suru mono. ¶ Itẽ, Prodigo, gastador. Iap. Tacarauo tçucai vxinǒ mono.

Damnum, i. Lus. Dano, ou perda. Iap. Ata, l, son.

Danista, æ. Lus. Onzeneiro. Iap. Ribai suru mono.

Danisticus, a, um. Lus. Cousa de onzena. Iap. Ribaini ataru coto.

Dapâlis cœna. Lus. Cea splendida de varios manjares. Iap. Sancaino chinbutuo soroyetaru bansui.

Dapáticè, adu. Lus. Abũdãte, & esplendida mente. Iap. Bentǒni, qirabiyacani.

Dapáticus, a, um. Lus. Cousa ampla, e magnifica. Iap. Quǒdai naru coto.

Dapes. Lus. Comeres exquisitos, e aparelhados. Iap. Quareini totonoyetaru bixocu.

Daphnoides. Lus. Hũa especie de louro. Iap. Xiqimini nitaru qi.

Daphnon. Lus. Lugar de loureiros. Iap. Mi guino qino fayaxi.

Dapîno, as. Lus. Aparelhar manjares. Iap. Bixocuuo totonoyuru.

Daps, pis. Lus. Hum certo manjar que faziam os antigos. Iap. Cojinno mochij taru xocuno taguy.

Dapsilè, siue Dapsiliter, adu. Lus. Abundante, e esplendidamente. Iap. Bentǒni, quareini.

Dapsilis, e. Lus. Cousa ampla, e magnifica. Iap. Tacusã naru coto, quǒqi naru mono.

Dardanarius. Lus. O q̃ compra dante mão pera vender mais caro. Iap. Cǒgiqini yru cameni caiuoqiuo suru mono.

Dardanium, ij. Lus. Hum genero de ornamẽ to dos braços. Iap. Cainano cazari.

Dasypus, odis. Lus. Coelho, ou lebre. Iap. Vsagui.

Datarius, a, um. Lus. Cousa gratuita, ou q̃ se dà de graça. Iap. Muyẽni atayuru coto.

Datatim, adu. Lus. Dando hũ a outro. Iap. Toricauaite.

Datio, onis. Lus. O dar, ou doação. Iap. Atayuru coto nari, l, ataye.

Datus, us. Idem.

Dato, as. freq. Lus. Dar a miude. Iap. Xiguequ atayuru.

Dator, oris. Lus. O que dà. Iap. Atayete, l, atayuru fito.

Datum, i. Lus. O que se dà, ou despende. Iap. Tçucaibun.

Datum est. Lus. Esta ordenado, & determi nado. Iap. Sadamaritari.

Datus, a, um. Lus. Cousa dada. Iap. Atayeraretaru coto.

Dautia, orum. Lus. Presentes que se dam a os embaixadores. Iap. Chocuxini tamouaru inbut.

D ANTE E.

De, præp. ablat. Lus. De. Iap. Yori. ¶ Itẽ, Acerca. Iap. Tçuite, tçuqete, vye.

Dea, æ. Lus. Deosa. Iap. Nhotaino fotoqe.

Deacinatus, a, um. Lus. Cousa limpa de bagulhos de vuas. Iap. Budǒno saneuo noqetaru mono.

Dealbo, as. Lus. Cayar, ou fazer branco. Iap. Xiromuru.

Deambulatio, onis. Lus. O passear. Iap. Guiǒdǒ.

Deambulatorium, ij. Lus. Lugar onde se passea. Iap. Guiǒdǒno tocoro.

Deámbulo, as. Lus. Passear. Iap. Ayomu, focǒ, guiǒdǒ suru.

Déamo, as. Lus. Amar de coração. Iap. Xin tei yori vomǒ, xinxetni vomǒ.

Dearmatus, a, um. Lus. Cousa desarmada. Iap.

Iap. Fróguuo taixezaru mono, l, yoroiuo nuguitaru mono.

Deartuo, as. Lus. Despedaçar, l, desmembrar. Iap. Tçugai tçugaiuo qirifanasu.

Deauratus, a, um. Lus. Cousa dourada. Iap. Qinbacu nite damitaru mono.

Deauro, as. Lus. Dourar. Iap. Qinbacu nite damu, mecqiuo saiu.

Debacchor, aris. Lus. Fazer desatinos de bebedice. Iap. Suiqiô furu, l, facagurui suru. ¶ Item, Fazer cousas desatinadas, e com estrondo. Iap. Qiójinno gotoqu vameite monouo suru.

Debellatò, adu. Lus. Devencida. Iap. Maqe icusani, l, xememaqete.

Debellator, oris. Lus. Vencedor. Iap. Xôriuo yetaru fito, l, xemecachitaru fito.

Debellatus, a, um. Lus. Vencido. Iap. Icusani maqetaru mono, l, xeme maqetaru mono.

Debello, as. Lus. Vencer, ou tomar por armas. Iap. Xemecatçu, l, qiritoru.

Debeo, es, vi, bitum. Lus. Deuer, ou ser obrigado. Iap. Monouo vqeuô, l, xezu xi te canauazaru monoto naru. ¶ Item, Ser necessario. Iap. Canyô naru.

Debilis, e. Lus. Cousa fraca. Iap. Youaqi mono.

Deb.litas, atis. Lus. Fraqueza. Iap. Youasa.

Debilitatio, onis. Lus. O enfraquecer. Iap. Chicara vototoyuru, l, youaru coto nari.

Debilito, as. Lus. Enfraquecer a outrem, ou debilitar. Iap. Youarasuru, chicarauo tçucaracasu.

Debitio, onis. Lus. Diuida. Iap. Xacumot, fumot, vqeuoi.

Debitum, i. Idem.

Debitor, oris. Lus. Deuedor. Iap. Vqeuoitaru fito.

Debitus, a, um. Lus. Cousa deuida. Iap. Vqeuoitaru coto. ¶ Item, Cousa conueniente, ou justa. Iap. Niaitaru coto, sôtô naru coto.

Deblátero, as. Lus. Falar paruoices. Iap. Vtçuqeuo yñ, tauacotouo yñ.

Decachinor, aris. Lus. Rir, e zombar. Iap. Azauarô, azamuqu.

Decachordum. Lus. Instrumento musico de dez cordas. Iap. Tosugino vouo caqetaru gacuno fiqimono.

Decacuminatio, onis. Lus. O cortar o alto, ou cume de algũa cousa. Iap. Qino cozuye nadouo qiri votosu.

Decacumino, as. Lus. Cortar o alto, ou cume de algũa cousa. Iap. Mine, l, mono no tacamiuo qirivotosu, l, fiqiqu nasu.

Decalcatum. Lus. Cayado. Iap. Xirebai vomotte nuritaru mono.

Decálogus, i. Lus. Liuro dos dez mandamentos da ley. Iap. Iitcagiôno govoqite no qiô.

Decanto, as. Lus. Louuar, ou diuulgar. Iap. Fomuru, iyfiromuru. ¶ Item, Repetir, & encomendar hũa cousa muitas vezes. Iap. Casanegasane monouo iy qicasuru, l, iy cayesu.

Decápulo, as. Lus. Vazar. Iap. Vtçuuamonouo vtçusu.

Decadórus. Lus. Longo de dez palmos. Iap. Nagasano coro xichixacu fodono mono.

Decas, dis. Lus. Cousa que contem dez em numero. Iap. Cazuno touo fodo aru mono.

Decauleico, is. Lus. Desfolharse. Iap. Racuyô suru.

Decêdo, is, ssi, ssum. Lus. Partirse do lugar. Iap. Tocorouo tatçu, izzuru. ¶ Decedere de summa. Lus. Deminuirse, ou desfalcarse da summa. Iap. Iibunno monoga feru. ¶ Item, Deminuirse. Iap. Feru. ¶ Decedere de suo iure. Lus. Decer de seu direito. Iap. Riuo maguete cannin suru. ¶ Item, Morrer. Iap. Xisuru. ¶ Decedere de statione vitæ. Idem. ¶ Decedere de more suo. Lus. Mudar o costume. Iap. Cataguino cayuru.

Decem. Lus. Dez. Iap. Touo.

December, iris. Lus. Mes de Decembro. Iap. Europano xiuasu.

Decemiuges. Lus. Carro de dez cauallos. Iap. Vma jippiqini ficasuru curuma.

Decémpeda, æ. Lus. Medida de dez pés. Iap. Taitaitu yoqen manacano xacuzzuye.

De-

Decempeditor, oris. Lus. O que mede com esta medida. Iap. Miguino xacuzzuyeuo vtçu mono.

Decemprimi. Lus. Dez homens principaes que gouernauã villas, ou lugares. Iap. Zaixôuo vosamuru jŭninno caxira.

Decemprimatus. Lus. Dignidade, ou officio destes homens. Iap. Miguino fitonio curai, l, yacu.

Decemscalmus, i. Lus. Hũa embarcação ligeira de dez remos. Iap. Ro jitchŏ aru fayabune.

Decemuiri, orum. Lus. Dez varoẽs que gouernauã ẽ Roma antigamente. Iap. So nocami Romano vosameraretaru jŭnino xitcurŏxu. ¶ Item, Dez homens determinados pera julgarẽ as demandas. Iap. Cujisata saiqiôsuru jŭninno xucurŏ.

Decemuiralis, e. Lus. O que pertence a estes dez varoẽs. Iap. Miguino jŭninno xucurŏ xuni ataru coto.

Decemuiratus, us. Lus. Dignidade, ou officio destes dez varoẽs. Iap. Miguino jŭninno yacu, l, curai.

Decennalis, e. Lus. Cousa de dez annos. Iap. Iŭnenni naru coto.

Decemnium, ij. Lus. Espaço de dez annos. Iap. Iŭnenno aida.

Decennis, e. Lus. Cousa de dez annos. Iap. Iŭnenni naru mono.

Decens, entis. Lus. Cousa decente, & conueniente. Iap. Niaitaru coto, sŏuŏ xitaru coto.

Decentia, æ Lus. Conueniencia, ou fermosura. Iap. Niai, sŏuŏ, l, vtçucuxisa.

Decenter, adu. Lus. Conueniente, & concertadamente. Iap. Niyŏte, yoqiyŏni, itçucuxiqu.

Deceptor, oris. Lus. Enganador. Iap. Taraxite.

Decermina, dicuntur, quæ purgandi causa decerpuntur.

Decerno, nis, creui, tum. Lus. Determinar, concluir, estabelecer. Iap. Sadamuru, qetgiacu suru. ¶ Aliqñ. Contender, e pelejar. Iap. Ronzuru, tatacŏ.

Decerpo, is, psi, ptũ. Lus. Colher como fruita, flores, &c. Iap. Fana, conomi nan douo toru, chigiru.

Decertatio, onis. Lus. Debate, l, contenda. Iap. Torai, caxxen, rondan.

Decertatorius, a, ũ; vt, decertatoria pugna. Lus. Peleija em q̃ se debate algũa cousa. Iap. Monouo arasô, l, ronzuru caxxen.

Decertatus, a, um. Lus. Cousa debatida, ou combatida. Iap. Tatacauaretaru mono, ronjeraretaru coto. ¶ Labores decertati. Lus. Trabalhos vencidos, e acabados cõ debate. Iap. Tatacai cachitaru cô.

Decerto, as. Lus. Peleijar, ou batalhar. Iap. Tatacŏ, caxxen suru, ronzuru.

Decessio, onis, siue Decessus, l, Discessus, us. Lus. Partida de lugar. Iap. Tocoro uo tatçu coto nari, ide. ¶ Item, Apartamento. Iap. Fanare, vacare.

Decessor, oris. Lus. O que dà lugar ao sucessor. Iap. Cauarino yacuxani yacuuo vatasu mono.

Decet, ebat. Lus. Ser decente, & honesto. Iap. Niyŏ, sŏuŏ naru, xicarubexi.

Decido, is, idi, isum. Lus. Cortar. Iap. Qiru. ¶ Item, per transl. Concluyr, e deslindar. Iap. Qetgiacu suru, aisumuru. ¶ Item, Fazer concerto. Iap. Tagaini qeiyacu suru.

Décido, is. Lus. Cair. Iap. Votçuru. ¶ Decidere spe, l, à spe. Lus. Perder a esperaça. Iap. Tanomoxiqiuo vxinŏ.

Decidium, ij. Lus. Morte, ou destruição. Iap. Xisuru, l, metbŏ, famet.

Deciduus a, um. Lus. Cousa caediça. Iap. Vochiyasuqi coto, votçuru mono.

Decies, aduerb. Lus. Dez vezes. Iap. Totabi.

Décimæ, arum, siue Decumæ. Lus. Dizimos Iap. Iŭbunychi.

Décuma, æ, in singulari. Idem.

Decimânus, a, um, l, potiùs Decumanus. Lus. Decimo. Iap. Iŭbanmeno mono. ¶ Itẽ, Cousa grande. Iap. Vôqinaru mono. ¶ Decumanus ager. Lus. Campo don de se pagam dizimos. Iap. Iŭbunychiuo nasu

nasu denbacu. ¶ Decumanus limes. Lus. Limite que diuide os campos de leste a oeste. Iap. Nixi figaxiye vataru denbacuno sacaime. ¶ Decumani. Lus. Officiaes que tem por officio arrecadar os dizimos. Iap. Iŭbunichiuo coi atçumuru yacuxa.

Decimodia, l, Decemmodia. Lus. Medida de dez alqueires. Iap. Masunotaguy.

Decimo, as. Lus. Dizimar, ou tomar de dez hum. Iap. Iŭbun ichiuo toru. ¶ Decimare legiones. Lus. Iustiçar de dez hũ no exercito. Iap. Ginnite jŭninno vchi yori ichininuo xeibai suru.

Decimus, a, um. Lus. Decimo e ordem de numero. Iap. Iŭbanme.

Decimũ, adu. Lus. Decima vez. Iap. Iŭdome.

Decipio, is, cepi, eptum. Lus. Enganar. Iap. Tabacaru.

Decipula, æ. Lus. Laço, lousa, ou ratoeira. Iap. Yana.

Decipulum, i. Idem.

Decircino, as. Lus. Desmanchar figura redõda. Iap. Maroqi monouo cuzzusu, nariuo cayuru.

Decirêmis. Lus. Embarcação de dez ordens de remos. Iap. Rouo touori tatetaru fune.

Decisio, onis. Lus. Talho das demandas, ou determinação. Iap. Cujiuo sumuru coto nari, l, qetgiacu. ¶ Item, Hũa ley com que as partes se compoem. Iap. Tagaini cujisatauo qetgiacu suru fatto, sadame.

Declamatio, onis. Lus. Declamação. Iap. Danguino qeico, l, niuo iy tatçuru qeico.

Declamator, oris. Lus. O que se exercita nas declamações. Iap. Danguino qeicouo suru fito, l, niuo iy vaqeyŏuo qeico suru xu.

Declamatoriè, adu. Lus. A maneira dos que oram. Iap. Danguiuo suru gotoqu.

Declamatorius, a, um. Lus. Cousa que pertence a declamação. Iap. Miguino danguino qeiconi ataru coto.

Declámo, as. Lus. Gritar muito. Iap. Vôqini saqebu. ¶ Item, Orar por exercicio, ou exercitarse. Iap. Danguino qeicouo suru.

Declámito, as. frequent. Idem.

Declaratio, onis. Lus. Declaração. Iap. Arauasu coto nari, yauaraguc.

Declâro, as. Lus. Declarar. Iap. Iy arauasu, yauaraguru.

Declinatio, onis. Lus. Declinação, desuio. Iap. Yoconi fazzusu, l, firaqu cotoc nari.

Declîno, as. Lus. Declinar, ou desuiarse. Iap. Catamuquru, l, xirizoqu, firaqu, yoquru. ¶ Itẽ, Guiar, ou leuar de hum lugar pera outro. Iap. Annaixa suru, michibiqu. ¶ Item, Apartar, eximir. Iap. Fanasu, yurusu.

Decliuis, e. Lus. Cousa inclinada. Iap. Catamuqitaru coto, catasagarina coto.

Decliuitas, atis. Lus. Inclinação, ou ladeira abaixo. Iap. Catamuqitaru cotouo yŭ, l, cudarisaca, catasagari.

Decoctor, oris. Lus. O que desbarata a fazẽda. Iap. Xotaiuo xi vxinŏ mono. ¶ Itẽ, O que gastãdo tudo não pode pagar. Iap. Xotaiuo xi vxinaite fenben xezaru mono.

Decoctum, i. Lus. Cozimento dalgũa cousa. Iap. Xenji xiru, ni xiru.

Decoctura, æ. Idem.

Decoctus, us. Idem.

Decollo, as. Lus. Degolar. Iap. Cubiuo qiru, aguiuo fanasu. ¶ Item, per transl. Enganar, frustrar. Iap. Tabacaru.

Decolor, oris. Lus. Cousa de côr desbotada, ou descórada. Iap. Irouo cayetaru mono, irono votoritaru mono. ¶ Item, Cousa torpe, l, inhonesta. Iap. Miguruxiqi coto, jinjŏni naqi coto.

Decoloratio, onis. Lus. Descóramento. Iap. Irouo soconŏ coto nari.

Decolôro, as. Lus. Tirar a côr, ou descórar. Iap. Irouo soconŏ, irouo cayuru.

Décoquo, quis, xi, ctum. Lus. Cozer minguando. Iap. Icanimo xenzuru, ni ferasu. ¶ Item, Consumir, e gastar mal a fazẽda. Iap. Xotaiuo xi vxinŏ.

Decor, oris. Lus. Fermosura, ou beleza. Iap. Vtçucuxisa, birei, bican, jinjŏ.

De-

Decorè, adu. Lus. Decente, & honestamẽte. Iap. Iinjōni, xicarubequ.

Décoro, as. Lus. Ornar, afermosear. Iap. Cazaru, itçucuxiqu nafu. ¶ Item, Honrar. Iap. Agamuru.

Decôro, as. Lus. Fazer algũa cousa agradauel à vista, ou aos ouuidos. Iap. Mi yoqu, qiqiyoqi cotouo suru.

Decorticatio, onis. Lus. O descortiçar, ou descascar. Iap. Cauauo muqu coto nari.

Decortico, as. Lus. Descascar, ou tirar a casca. Iap. Cauauo muqi sugu.

Decôrum, i. Lus. Honestidade, decoro, & graça com fermosura. Iap. Vtçucuxisa, jinjō.

Decôrus, a, um. Lus. Cousa fermosa, ornada, & graciosa. Iap. Vtçucuxiqi coto, bireinaru mono.

Decrepiti. Lus. Velhos que estão no derradeiro quartel da idade. Iap. Rōmô, gocurō,

Decresco, is, eui, etū. Lus. Mingoar, diminuir. Iap. Feru, fosoru, caqueru, sucunaqu naru.

Decretorius, a, um. Lus. Cousa judicial. Iap. Qiŭmeini ataru coto. ¶ Decretorium sidus, l, tempus. Lus. Estrella, ou tempo de que se toma conjeitura dalgũa cousa que ha devir. Iap. Ygono cotouo cangayuru foxi, l, jibun. ¶ Item, Cousa determinada pera julgar, ou arguyr a outro. Iap. Monouo tadasuni sadamaritaru michi.

Decretum, i. Lus. Decreto, ou ordenação. Iap. Fatto, voqite, sadame. ¶ Item, Sentença. Iap. Ichigiacu qetgiacu.

Decretus, a, um. Lus. Cousa determinada, ou ordenada. Iap. Sadameraretaru coto, l, qetgiacu xitaru coto.

Décumbo, as. Lus. Iazer. Iap. Fusu, nuru.

Deculco, as. Lus. Pisar aos pès. Iap. Fumi tçuquru.

Deculto, as. Lus. Esconder bem. Iap. Fucaqu cacusu.

Decuma, et Decumanus. vide Decimæ, & Decimanus.

Decumbo, is. Lus. Iazer, ou deitarse. Iap. Fusu. ¶ Item, Assentarse à mesa. Iap. Mexino zani natoru, fandaini mucǒ, l, tçuqu. ¶ Aliqñ. Morier. Iap. Xisuru.

Décuplus, a, um. Lus. Cousa de dez vezes tanto. Iap. Iŭzōbai fodono coto.

Decuria, æ. Lus. Companhia de dez homẽs. Iap. Icqi, l, jŭninno cumi.

Decuriatio, onis. Lus. O repartir por decurias. Iap. Iŭninzzutçuno cumiuo vaquru coto nari.

Decuriatus, us. Idem.

Decurio, as. Lus. Diuidir por decurias os soldados, ou outra gente. Iap. Icqizzutçu ni buxi iguetuo vaquru.

Decurio, onis. Lus. Decurião, ou capitão de dez. Iap. Iŭninno caxira, l, jicqino taixō. ¶ Item, Cabeça dalgum lugar. Iap. Tocorono tôreō, tônin.

Decurro, is, rri, sum. Lus. Correr pera baixo. Iap. Faxiri cudaru, nagaruru. ¶ Itẽ, Apresarse correndo. Iap. Quaqinni faxiru. ¶ Interdũ, Acolherse como a couto. Iap. Tanomoxiqi tocoroye niguru. ¶ Interd. Correr ate o fim. Iap. Faxiritçuqu. ¶ Decurrere milites. Exercitarse os soldados em batalhas fingidas. Iap. Caxxēno qeicouo suru.

Decursus, us. Lus. Corrida, ou o correr pera baixo. Iap. Faxiricudaru cotouoyŭ, l, nagare. ¶ Itẽ, Exercicio de guerra fingida. Iap. Tçucurigaxxen, caxxenno qeico.

Decursio, onis. Idem. ¶ Aliqñ. Asalto dos soldados. Iap. Buxino tori caquru cotouoyŭ.

Decursorium, ij. Lus. Lugar onde se corre. Iap. Faxiru baba.

Decurtatus, a, um. Lus. Cousa encurtada, e falta. Iap. Mijicametaru coto, l, fusocu naru coto.

Decus, oris. Lus. Honra, louuor, fermosura. Iap. Voboye, fomare, cazari, itçucuxisa. ¶ Decora militiæ. Lus. Premio que se dão aos soldados. Iap. Buxini atayeraruru fiqidemono.

Decussis, is. Lus. Hũa moeda. Iap. Ieninō taguy. ¶ Item, Hũa figura como X. Iap.

Iap. Iŭmonji.

Decusso, as. Lus. Ordenar, e repartir ẽ partes como ẽ figura de X. Iap. Iŭmonji narini vaquru.

Decussatim. Lus. Em forma de haspa. Iap. Iŭmonjini.

Decussus, us. Lus. Sacudidura, ou auanadura. Iap. Furui votosu cotouo yŭ.

Decutio, is, ssi, ssum. Lus. Auanando derrubar. Iap. Furuivotosu.

Dédecet, dedecebat. Lus. Não he decente, não conuem. Iap. Niauazu, xicarubecarazu.

Dedécoro, as. Lus. Deshonrar. Iap. Fagiuo cacasuru, menbocuuo vxinauasuru.

Dédecor, oris. Lus. Ignominioso, sem hóra. Iap. Menbocumo naqi mono.

Dedecorus, a, um. Idem.

Dédecus, oris. Lus. Infamia, deshonra. Iap. Fagi, chijocu.

Dedicatio, onis. Lus. Consagração, ou dedicação. Iap. Sasaguru coto nari, l, cuyŏ.

Dédico, as. Lus. Dedicar, ou cõsagrar a Deos. Iap. Deusni sasaguru, cuyŏzuru, l, qixin suru. ¶ Item, (apud antiquos) Referir. Iap. Firô suru.

Dedignatio, onis. Lus. Desprezo. Iap. Iyaxime.

Dedignor, aris. Lus. Não ter por digno, l, desprezar. Iap. Monono cazuni xezu, iyaximuru.

Dedisco, is, dedidici. Lus. Desaprender, ou esquecerse do aprẽdido. Iap. Naraitaru cotouo vasururu, raigacu suru.

Deditio, onis. Lus. O renderse, ou entregarse ao inimigo. Iap. Guejŏ, l, cŏsan.

Deditius, a, um. Lus. O q̃ se rende a outro. Iap. Cŏsan xitaru mono.

Deditus. Lus. O que se dá, ou entrega a algũa cousa, como vicio, ou virtude, &c. Iap. Togiacu suru mono. ¶ Dedita opera, l, data opera. Lus. A cinte, e de industria. Iap. Vazato, tacumite, xiri nagara.

Dedo, is, dedidi, itum. Lus. Darse de todo, entregarse, ou renderse. Iap. Xiccaiuo fitono xindaini macasuru, guejŏ, l, cŏsan suru. ¶ Item, Dar, ou entregar. Iap. Atayuru, vatasu.

Dedoceo, es, cui, ctum. Lus. Ensinar, o contrario doque se aprendeo. Iap. Naraitaru cotouo guiacuni voxiyuru.

Dedoleo, es. Lus. Não se doer, ou deixar de se doer. Iap. Itamazu, itami yamu, l, itauarazu.

Dedólo, as. Lus. Laurar a enxò. Iap. Chŏno vomotte qezzuru.

Dedûco, is, xi, ctum. Lus. Guiar, ou leuar de cima pera baixo. Iap. Annaixa suru, l, fiqi cudasu. ¶ Item, Guiar, ou leuar de hum lugar a outro. Iap. Fiqi tçururu, fiqi nauosu. ¶ Item, Tirar, apartar, ou diminuir. Iap. Torisanasu, torinoquru, l, ferasu. ¶ Item, Deduzir. Iap. Idasu, nauo catadoru. ¶ Deducere riuos, l, aquã. Lus. Trazer agoa ao campo. Iap. Denbacuni mizzuuo caquru. ¶ Dies deducere. Lus. Prolongar os dias. Iap. Fiuo noburu. ¶ Deducere carmina, l, poëmata. Lus. Compor versos. Iap. Vtauo yomu, xiuo tçucuru, renguuo suru. ¶ Item, Acompanhar a alguem honrandoo. Iap. Xŏquanno tameni tomo suru.

Deductio, onis. Lus. O tirar do lugar, ou trazer. Iap. Fiqi idasu, mochifacobu coto nari. ¶ Item, O tirar, ou dem inuir algũa cousa. Iap. Monouo ferasu, l, torinoquru coto nari.

Deductor, oris. Lus. O q̃ guia, e acompanha a outro pera o honrar. Iap. Annaixa, l, xŏquanno tameni tomo suru fito.

Deerro, as. Lus. Andar errado, ou desencaminhado. Iap. Madô, mayô, l, michini fazzururu.

Defæcatum vinum, Lus. Vinho limpo. Iap. Xeixu.

Defæco, as. Lus. Alimpar, ou tirar as fezes. Iap. Vori, casuuo toru, sumasu.

Defalco, as. Lus. Desfalcar, cortar, ou podar. Iap. Qirifarŏ, caru, naguifarŏ.

Defâmo, as. Lus. Infamar. Iap. Nauo tatçuru, acumiŏuo tatçuru.

Defatigatio, onis. Lus. Cansaço. Iap. Cutabire, conqiŭ.

De-

Defatigatus, a, um. Lus. Cansado. Iap. Xinrôni tçucaretaru mono.

Defatigo, as. Lus. Cansar a outro. Iap. Cutabire tçucaracasu, xinrô saturu.

Defectio, onis. Lus. Rebelião, ou leuantamento. Iap. Mufon, icqi. ¶ Aliqñ. Defeito, falta, ou mingoa. Iap. Fusocu, tarazaru coto, l, feru coto nari. ¶ Item, Deleixamento, ou desmayo. Iap. Youasa, mino nayuru coto nari, l, qiuo vxinô coto nari.

Defectiuus, a, um. Lus. Cousa defectuosa. Iap. Fusocu naru coto.

Defector, oris. Lus. Rebelde, ou tredo. Iap. Mufonjin, icqiuo vocosu mono.

Defectus, us. Lus. Falta, ou mingoa. Iap. Tarauazaru cotouo yŭ, l, fusocu. ¶ Defectus animi. Lus. Desmayo. Iap. Qiuo vxinô cotouo yŭ.

Defectus, a, um. Lus. Cousa falta, ou que carece dalgũa cousa. Iap. Fusocu naru mono, coto caqu mono. ¶ Item, pasiiuè, Cousa desemparada. Iap. Mi suteraretaru mono. ¶ Defectae senectutis homo. Lus. Homem velho gastado. Iap. Rômô.

Defendo, is, di, sum. Lus. Defender. Iap. Fuxegu, mamoru, fijqi suru. ¶ Item, Afastar. Iap. Voi farô.

Defensio, onis. Lus. Defensão. Iap. Fuxegui, xugo, fijqi. ¶ Item, Acusação. Iap. Vttaye. Iuris cons. ¶ Itẽ, Pro exceptione.

Defenso, as, frequent. Lus. Defender muitas vezes. Iap. Tçuyoqu, xiguequ fuxegu, fijqi suru.

Defensito, as, aliud frequent. Idem.

Defensor, oris. Lus. Defensor, ou procurador. Iap. Xugo, mamorite, fuxegu mono, l, fijqi suru mono.

Défero, ers, detuli, delatum. Lus. Leuar, ou trazer. Iap. Motte mairu, mochi facobu. ¶ Item, Fazer asaber. Iap. Xirasuru, annaiuo yŭ. ¶ Interd. Acusar, ou denunciar. Iap. Vttayuru. ¶ Item, Offerecer. Iap. Sasaguru. ¶ Deferre causam. Lus. Propor a causa ao procurador, & pedilhe conselho. Iap. Cuji satano catôdoni sono vomomuqiuo iy qicaxe, yqen uo cô. ¶ Deferre nomen. Lus. Accusar alguem em juizo. Iap. Tadaxiteno maye nite vttayuru. ¶ Deferre appellationem. Lus. Admitir a appelação. Iap. Bechino tadaxini cuji satauo toritatento cô yuruxiuo dasu.

Deferuefacio, is. Lus. Fazer feruer muito. Iap. Taguiracasu.

Deferueo, es, ui, l, bui. Lus. Deixar de feruer, resfriar se. Iap. Taguiri yamu, samuru. ¶ Item, per trãsl. Amansarse. Iap. Natçuqu, xizzumaru.

Deferuesco, is. Idem.

Defessus, a, um. Lus. Cousa cansada. Iap. Cutabiretaru mono.

Deficio, is, eci, ectum. Lus. Desfalecer, ou faltar. Iap. Caquru, tarazu. ¶ Interdum, Desemparar. Iap. Fanasu, sutçuru. ¶ Itẽ, Acabarse. Iap. Fatçuru. ¶ Item, Deitarse da banda dalguem, ou rebelar. Iap. Cocorogauari suru, vraga yeru, l, cayerichŭuo suru, mufonuo cuuatatçuru. ¶ Deficere debitores. Lus. Não poderem pagar os deuedores. Iap. Xacumotuo fenben suru coto canauazu.

Defigo, is, xi, xum. Lus. Fincar, meter, ou pregar. Iap. Tçuchini sasu, tatçuru, vchi comu, saxicomu. ¶ Defigere oculos in aliquo, l, in aliquem. Lus. Pór os olhos em alguem. Iap. Fitoni meuo tçuquru. ¶ Aliqñ. Ferir, traspasar. Iap. Qizuuo tçuquru, tçuranuqu.

¶ Defixus, a, ũ. Lus. Cousa fincada, ou arreigada. Iap. Vchicomitaru coto. ¶ Pauore, aut stupore defixus. Lus. Atonito, espantado. Iap. Aqirete yru mono, jengo uo bŏjitaru mono.

Definio, is. Lus. Determinar, ou limitar. Iap. Sadamuru, l, caguiri, bunnô, jibun, sacai nadouo sadamuru. ¶ Item, Definir, l, declarar a força, ou natureza de algũa cousa. Iap. Cotono inyen, xŏtocuuo arauasu, yauaraguru.

Definitè, aduerb. Lus. Limitadamente. Iap.

Vaqite, l, aicaguitte.

Definitio, onis. Lus. Definição, ou declaração. Iap. Cotono yauaragite, l, cocoro.

Definitiuus, a, um. Lus. Cousa definitiua q̃ declara, ou determina algũa cousa. Iap. Yauaraguru mono, sacugiacu surumono.

Definitum est. Lus. Assentei. Iap. Vomoi sadametari, guigiŏ xitari.

Definitus, a, um. Lus. Cousa determinada. Iap. Ai sadamaritaru coto.

Defióculus. Lus. Falto de hũ olho. Iap. Catame, canda.

Defit. Lus. Faltar. Iap. Taranu.

Deflagro, as. Lus. Arder, abrasarse. Iap. Moyuru, yaquru. ¶ Itẽ, Esfriarse, ou quietarse. Iap. Samuru, l, xizzumaru.

Deflagratio, onis. Lus. Chama, ou queima. Iap. Fonouo, l, yaquru cotonari.

Deflecto, is, xi, exũ. Lus. Dobrar, inclinar, ou entortar. Iap. Maguru, yugamuru, l, tauomuru. ¶ Item, Desuiarse. Iap. Yoquru.

Defleo, es, eui, etum. Lus. Chorar, ou lamentar. Iap. Naqu, naqi cudoqu.

Deflexus, a, um. Lus. Cousa dobrada, ou desuiada. Iap. Tauomitaru coto, l, yoqetaru mono.

Deflexus, us. Lus. Arcadura, ou tortura. Iap. Magari.

Deflo, as. Lus. Asoprar. Iap. Fuqu, fuqiyaru, fuqi chirasu.

Defloccati senes. Lus. Velhos que perderão as forças. Iap. Toxizacari suguitaru rŏxa.

Deflocco, as. Lus. Quebrar, moer. Iap. Vchi cudaqu.

Defloreo, es, rui, siue Defloresco, is. Lus. Perder a fermosura, ou flor. Iap. Xibomu, tacqua suru. ¶ Item, per transl. Perder o vigor. Iap. Chicaraga votoroyuru.

Deflôro, as. Lus. Contaminar, sujar. Iap. Qegasu.

Defluo, is, xi, xũ. Lus. Correr pera baixo. Iap. Nagare cudaru. ¶ Item, per transl. Ir descaindo. Iap. Votoroye yuqu. ¶ Defluere capillos. Lus. Cairem os cabellos. Iap. Qega nuquru.

Defluus, & Defluuium. Lus. O cair dos cabellos. Iap. Camiguega nuquru coto uo yŭ.

Defluxus, us. Idem.

Defodio, is. Lus. Enterrar. Iap. Vzzumu. ¶ Item, Cauar fundo. Iap. Fucaqu foru.

Deformatio, onis. Lus. Fealdade. Iap. Miguruxisa.

Deformis, e. Lus. Cousa fea, ou disforme. Iap. Miguruxiqi mono, l, minicuqi mono.

Deformitas, atis. Lus. Fealdade, ou deformidade. Iap. Miguruxisa, l, minicusa.

Defórmiter, adu. Lus. Fea, ou disformemente. Iap. Miguruxiqu.

Deformo, as. Lus. Afear. Iap. Qegasu, miguruxiqu nasu. ¶ Item, Traçar, ou deitar linhas. Iap. Xitaye, l, saxizzuuo suru. ¶ Item, Dar forma, ou figura a algũa cousa. Iap. Nari, catachiuo tçuquru.

Defossus, a, um. Lus. Cousa enterrada, ou sepultada. Iap. Vzzumetaru mono.

Defossus, us. Lus. Enterramento. Iap. Vzzumuru cotouo yŭ.

Defrænatus, a, um. Lus. Cousa desenfreada. Iap. Aramono, l, teni amaritaru mono.

Defraudator, oris. Lus. Enganador. Iap. Tabacarite.

Defraudo, as. Lus. Tomar por engano, ou enganar. Iap. Tabacatte toru, l, nuqu. ¶ Defraudare geniũ. Lus. Deixar a boa vida, ou refrear o apetite. Iap. Buicuuo yamuru, xiqixinno nozomiuo ficayuru.

Defricatè. Lus. Com ar, e graça. Iap. Xiuoraxiqu, vomoxiroqu.

Dêfrico, as, vi, ictum. Lus. Esfregar. Iap. Suru, momu.

Defrigesco, is. Lus. Esfriarse. Iap. Samuru, fiyuru.

Defringo, is, egi, fractum. Lus. Quebrar. Iap. Voru, vchivaru, yaburu.

Defrûgo, as. Lus. Deitar a perder, ou danar os fruitos, & sementeiras. Iap. Gocacuuo xi soconŏ, gococuuo sonzasu.

Defrutum, i. Lus. Vinho cozido a te mingoar a terceira parte. Iap. Sanbu ychiuo xen-

xenji feraxitaru saqe.

Defrutarius, a, um. Lus. Cousa q̃ pertence a vinho cozido, ate mingoar a terceira parte. Iap. Migurino xéjitaru saqeni ataru coto

Defruto, as. Lus. Cozer esta laya de vinho. Iap. Cano saqeuo xenzuru.

Defugio, is. Lus. Fugir, ou recusar. Iap. Niguru, l, iyagaru, jitai suru.

Defunctoriè, adu. Lus. Froxamente. Iap. Nebôte, yurucaxeni. (Xigai.

Defũctũ, i, subst. Lus. Corpo morto. Iap.

Defunctus, a, um. Lus. O que passou trabalhos, &c. Iap. Xinrŏ nadouo xinoguitaru mono. ¶ Defunctus vita. Lus. Morto. Iap. Xixitaru mono.

Defundo, is. Lus. Derramar. Iap. Nagasu, cobosu. ¶ Item, deitar ẽ algũa vasilha Iap. Tçugu, iruru.

Defungor, eris, defunctus sum. Lus. Exercitar. Iap. Tçutomuru. ¶ Item, Ser liure, escapar. Iap. Nogaruru.

Dégener, eris. Lus. Cousa que degenera da casta, ou virtude de seus ante passados. Iap. Xenzono ycatani chigaitaru mono, chichino guiŏuo tçugazaru mono. ¶ Aliqñ. Cousa baixa, evil. Iap. Iyaxiqi mono.

Degénero, as. Lus. Degenerar, ou não sair à casta. Iap. Xenzono ycatani chigŏ, chichino guiŏuo tçugazu.

Dégero, is. Lus. Leuar, ou trazer. Iap. Motteyuqu, motteqitaru.

Deglabro, as. Lus. Pelar a outra cousa. Iap. Qeuo nuqu.

Deglûbo, is, bi, itum. Lus. Tirar a casca. Iap. Cauauo muqu. ¶ Item, Esfolar. Iap. Cauauo fagu.

Deglútino, as. Lus. Desgrudar, ou desapegar. Iap. Fegu, nicauani tçuqetaru monouo fanasu.

Deglutio, is, iui, itũ. Lus. Tragar, ou engulir. Iap. Nomicomu.

Dego, is, gi. Lus. Viuer. Iap. Iquru, nagarayuru. ¶ Degere vitã, ætatem, &c. Lus. passar a vida, viuer. &c. Iap. Quŏynuo curasu, vocuru. ¶ Item, Tirar, ou deminuir. Iap. Fegu, l, ferasu.

Degrándinat. Lus. Chouer muita pedra. Iap. Vô ararega furi tçumoru.

Degrassor, aris, ssatus sum. Lus. Saltear, ou roubar. Iap. Gŏdŏ suru, sanzocu suru.

Dégrauo, as. Lus. Carregar, ou fazer pesado. Iap. Vomoniuo caquru, l, vomoqu nasu.

Degredior, eris, egressus sum. Lus. Decer. Iap. Cudaru.

Degrumari. Lus. Endereitar com hũa certa medida. Iap. Giŏjacuuo atete monouo suguni nasu.

Dégulo, as. Lus. Consumir em comeres. Iap. Vonjiqino taiquani tçucai tçucusu.

Degusto, as. Lus. Gostar, ou prouar. Iap. Agiuŏ, l, cocoromiru. ¶ Aliqñ. Exprimentar. Iap. Tamesu.

Dehaurio, is. Lus. Tirar agoa, & cousas semelhantes. Iap. Mizzu nadouo cumu.

Dehinc, adu. Lus. Desdagora, ou daqui por diante, Iap. Ima yori nochi, qeŏcô. ¶ Item, Depois disto. Iap. Sono tçugui.

Dehisco, is. Lus. Gretar, ou fender. Iap. Fivaruru, saquru.

Dehonestamentum, i. Lus. Mancha, ou dosormidade. Iap. Qizu, miguruxisa. ¶ Item, Afronta. Iap. Chijocu.

Dehonesto, as. Lus. Deshonrar a outro. Iap. Chijocuuo caquru, fomareuo qegasu.

Dehonestus, a, ũ. Lus. Cousa sem honra, e sem honestidade. Iap. Guiri, guaibun na qimono.

Dehortor, aris. Lus. Dissuadir. Iap. Xenu yŏni susumuru.

Deiectio, onis. Lus. O Lançar pera baixo. Iap. Tçuqi votosu coto nari. ¶ Item, Euacuação do ventre. Iap. Fucuchũ no cudaru coto nari.

Deiectus, us. Idem.

Deiectus, a, um. Lus. Cousa abaixada. Iap. Saguetaretaru mono.

Déiero, as. Lus. Iurar. Iap. Xeimŏ suru.

Deiicio, is, eci, ectũ. Lus. Abaixar, ou derrubar. Iap. Votosu, cudasu, voi saguru. ¶ Item, Tirar, ou apartar. Iap. Mexi fanasu, tori fanasu. ¶ Deiicere de dignitate.

te. Lus. Priuar a alguem da dignidade. Iap. Quanxocuuo toriaguru. ¶ Item, Lançando pregar. Iap. Vchitatçuru, naguevtçu. Liuius.

Dein, & Deinde, adu. Lus. Apos isso, depois. Iap. Sononochi, sonotçugui, tçuguiniua.

Deinceps, adu. Lus. Depois, daqui por diante. Iap. Iigon igon, qeǒcǒ, sononochi. ¶ Interd. Alem disso. Iap. Sono vye.

Deinsuper, adu. Lus. De cima. Iap. Vye yori.

Deintegrò, adu. Lus. De nouo, ou desdo principio. Iap. Fajime yori, l, cuchi yori, aratamete.

Deintegro, as. Lus. Deminuir, desconcertar. Iap. Taxxitaru cotouo ferasu, faxitani nasu.

Deitas, atis. Lus. Diuinidade. Iap. Deusno iontai.

Deiugo, as. Lus. Apartar, ou desunir. Iap. Fiqi fanasu, fiqi vaquru, ribet sasuru.

Deiungo, is. Idem.

Deiurium, ij. Lus. Iuramento. Iap. Chicai, xeimon.

Deiûro, as. Lus. Iurar. Iap. Chicaiuo suru, xeimon uo tatçuru.

Deiûrus, i. Lus. O que iura pia, e sanctamente. Iap. Tattoqu xeimon suru mono, qixǒuo caqu mono.

Déiuuo, as. Lus. Desaiudar. Iap. Cǒriocu xezu. Plaut.

Delâbor, eris, psus sum. Lus. Escorregar, ou cair pera baixo. Iap. Suberu, suberi votçuru. ¶ Item, Desuiarse. Iap. Yoquru, vtçuru, cauaru.

Delácero, as. Lus. Romper, despedaçar. Iap. Qireguireni fiqisaqu, fiqiyaburu. ¶ Itẽ, Gastar. Iap. Tçucai vxinǒ.

Delacrymatio, onis. Lus. Pranto, ou choro. Iap. Xǔtan, namida.

Delácrymo, as. Lus. Derramar lagrimas, estilar. Iap. Namidauo cobosu, l, xizzucuuo tarasu.

Delæuo, as. Lus. Fazer liso, ou acepilhar. Iap. Nameracani nasu, l, cannauo caquru.

Delambo, is, bi. Lus. Lamber. Iap. Neburu.

Delamentor, aris. Lus. Lamentar, chorar. Iap. Naqi saqebu, naqi cudoqu.

Delanio, l, Dilanio, as. Lus. Despedaçar. Iap. Fiqisaqu.

Delapidata. Lus. Ruas calçadas. Iap. Ixidatami xitaru michi.

Delasso, as. Lus. Cansar a outrem. Iap. Cutabire sasuru.

Delatio, onis. Lus. Accusação, ou denunciação à iustiça. Iap. Tadaxiteno mayeno vttaye, zansǒ.

Delatus, a, um. Lus. Trazido, leuado. Iap. Mochi facobitaru mono. ¶ Item, Accusado. Iap. Vttayeraretaru mono.

Délauo, as, ui, otum. Lus. Lauar. Iap. Arǒ.

Delebilis, e. Lus. Cousa que se pode apagar, ou acabar. Iap. Qexi yasuqi mono, l, fate yasuqi mono.

Delectamentum, i. Lus. Contentamento, deleite. Iap. Yorocobi, tanoximi.

Delectatio, onis. Idem.

Delectat, abat, impersonale. Lus. Deleitar, ou ser agradauel. Iap. Yorocobasuru, l, qini vǒ.

Delecto, as. Lus. Atrayr. Iap. Nabiquru. ¶ Item, Deleitar, alegrar a outrem. Iap. Yorocobasuru, tanoximasuru.

Delector, aris. Lus. Deleitarse. Iap. Yorocobu.

Delectus, a, um. Lus. Cousa escolhida. Iap. Yerabaretaru coto.

Delectus, us. Lus. Escolha, eleição. Iap. Yerabu cotouo yǔ. ¶ Delectum habere. Lus. Fazer gente pera a guerra. Iap. Xeizoroyeuo suru. ¶ Item, Delecto, ou juizo no escolher. Iap. Monouo yerabu xian.

Delegatio, onis. Lus. Embaixada, cargo, cõmisão. Iap. Miǒdaiuo dasu, l, xixauo tatçuru coto nari, l, yacu.

Delegatus, i. Lus. Delegado a quem se cõmetem as vezes do delegante. Iap. Miǒdai.

Delêgo, as. Lus. Sustituir, e deputar alguẽ em

em seu lugar, ou cargo. Iap. Miǒdaiuo tatçuru, sadamuru. ¶ Item, Dar fiador. Iap. Vqeninuo tatçuru. ¶ Item, Mandar embaixada. Iap. Xixa, l, chocuxiuo tatçuru.

Delenificus, a, um. Lus. O que fala brandamente. Iap. Amayacaxi gotouo yŭ mono.

Delenio, is, iui, itum. Lus. Afagar, ou abrãdar. Iap. Sucasu, nadamuru.

Deleo, es, eui, etum. Lus. Borrar, apagar, destruir. Iap. Qesu, cuzzusu, forobosu, metbǒ sasuru.

Deleteria medicamenta. Lus. Mezinhas que matam. Iap. Docuyacu.

Delétilis, e. Lus. Cousa que apaga, ou borra. Iap. Qesu dǒgu. ¶ Item, Cousa que se apaga, borra, ou pode borrar. Iap. Qexiyasuqi mono.

Deletitius, a, um. Idem.

Deletio, onis. Lus. O borrar, ou apagar. Iap. Qesu coto, l, qezzuru coto nari.

Delétrix, icis. Lus. Destruidora. Iap. Metbǒ sasuru mono.

Deletus, a, um, & Délitus. Lus. Cousa borrada, ou apagada. Iap. Qesaretaru mono, qezzuraretaru mono.

Delibatorium, ij, locus delibationi accõmmodatus.

Deliberabundus, a, um. Lus. O que muito cuida, ou consulta. Iap. Xianuo fucaqu suru mono, xigueqũ dancǒuo suru mono.

Deliberatio, onis. Lus. Deliberação, consulta, conselho. Iap. Xian, dancǒ.

Deliberatiuus, a, um. Lus. Cousa em que se delibera. Iap. Xian, l, dancǒno aru coto.

Deliberator, oris. Lus. O q̃ consulta. Iap. Dancǒ, l, xian suru mono.

Deliberatum, i. Lus. Cousa consultada, & determinada. Iap. Dancǒ vomotte sadamaritaru coto.

Deliberatus, a, um. Lus. Cousa deliberada, ou consultada. Iap. Vomoisadameraretaru coto, ai sadamaritaru coto, l, dancǒ xitaru coto.

Delibero, as. Lus. Deliberar, consultar, ou ponderar. Iap. Xian suru, dancǒ suru. ¶ Item, Determinar. Iap. Sadamuru, l, vomoi sadamuru. ¶ Aliqñ. Duuidar. Iap. Vtagǒ.

Delîbo, as. Lus. Prouar, ou tomar a salua. Iap. Sucoxi aguiǒte miru. ¶ Item, Menoscabar, manchar. Iap. Iy ferasu, qegasu.

Délibro, as. Lus. Tirar a cortiça, ou casca das aruores. Iap. Qino cauauo fagu.

Delîbro, as. Lus. Pesar. Iap. Facarini caquru.

Delibûtus, a, um. Lus. Cousa vntada. Iap. Cusuri, l, abura nite nuritaru mono. ¶ Transfertur & ad animum; vt lætitia delibûtus. Lus. Cheo de alegria. Iap. Fucaqu yorocobu mono.

Delicatè, adu. Lus. Delicada, e brandamẽte. Iap. Monoyauaracani.

Delicatus, a, um. Lus. Cousa delicada, ou mimosa. Iap. Monoyauaraca naru mono, fi youaqi mono.

Delicia, æ. Lus. Hum certo pao do madeiramento da casa. Iap. Iyeno vuadǒgu, sumigui.

Delicium, ij, & Deliciæ, arum. Lus. Deleites, passatempos. Iap. Tanoximi, yorocobi, yeigua. ¶ Delicias facere. Lus. Mostrarse arrogante com desprezo doutros. Iap. Fitoni coyuru furiuo suru.

Délico, as. Lus. Declarar, interpretar. Iap. Arauasu, yauaraguru. ¶ Item, apud veteres, Dedicar. Iap. Sasaguru.

Delicus, i. Lus. Porco q̃ ja não mama. Iap. Chibusauo fanaxitaru buta.

Delictum, i. Lus. Peccado. Iap. Zaiqua, ayamari.

Déligo, as. Lus. Atar, amarrar. Iap. Musubu, tçunagu, yuitçuquru.

Déligo, is, egi, ectum. Lus. Escolher. Iap. Yerabu, yeru. ¶ Item, Colher. Iap. Chiguiru.

Delîmo, as. Lus. Limar. Iap. Yasuri nite suru.

Delineo, as. Lus. Traçar, ou debuxar. Iap. Saxizzuuo suru, xitayeuo caqu.

Delingo, is, linxi. Lus. Lamber. Iap. Neburu.

Delinio, is, iui, itum. Lus. Vntar. Iap. Abu-

Aburauo nuru. ¶ Item, Afagar, abrandar. Iap. Aitçuquru, natçuquru, ſucaſu, yauaraguru.
Delinitio, onis. Lus. Afago. Iap. Sucaxi, nadame.
Delinimentum, i. Idem.
Delinîtor, oris. Lus. Careador, ou afagador. Iap. Sucaxite, nadamete.
Delinitus, a, ũ. Lus. Leuado, a traido. Iap. Ficaretaru mono, catamuqitaru mono. ¶ Itẽ, Abrãdado. Iap. Sucaſaretaru mono.
Dêlino, is, liui, ni, l, eui, itum. Lus. Borrar, ou ſujar. Iap. Qeſu, l, qegaſu.
Delinquo, is, qui, ctum. Lus. Peccar, faltar. Iap. Ayamaru, togauo vocaſu.
Deliqueo, es, l, Deliqueſco, is. Lus. Derreterſe. Iap. Toquru.
Deliquiæ, arum. Lus. Canos, ou regos por onde ſe vaza agoa. Iap. Mizzuuo nagaſu mizo.
Deliquium, ij. Lus. Falta, ou defeito. Iap. Ayamari, ſuſocu, toga. ¶ Item, O aclarar Iap. Sumaſu cotouo yũ. ¶ Deliquium animi. Lus. Deſmayo. Iap. Qiuo vxinô cotouo yũ. ¶ Deliquium ſolis. Lus. Sol eris. Iap. Nixxocu.
Dêliquo, as. Lus. Trasfegar de hum vaſo ẽ outro. Iap. Vtçuſu: vt ſaqe nado. ¶ Itẽ, Aclarar. Iap. Sumaſu.
Delirans, antis. Lus. O q̃ deſuaria. Iap. Foruru mono.
Deliratio, onis. Lus. Paruoice, deſuario de velhos. Iap. Toxiyorino foruru cotouo yũ, l, cocoronomayoi.
Deliramentum, ti, l, Deliritas, atis. Idem.
Delirium, ij. Lus. Freneſis, deſuario. Iap. Foruru cotó, l, fonxõuo vxinô cotouo yũ.
Delîro, as. Lus. Deſuiarſe do direito. Iap. Michini fazzururu, l, mayô. ¶ Item, Treſualiar. Iap. Foruru.
Delirus, a, um. Lus. Doudo, ou paruo. Iap. Forgtaru mono, vtçuqe mono, fôqetaru mono.
Dêlitens, tis. Lus. O queſe eſconde. Iap. Cacururu mono.
Deliteo, es, l, Deliteſco, is, vi. Lus. Eſconderſe, l, eſtar eſcondido. Iap. Cacururu, l, cacurete yru.
Delitigo, as. Lus. Contender, ou profiar muito. Iap. Ronzuru, caracô.
Dêlitus, a, um. Lus. Couſa afeada. Iap. Qegaſaretaru mono.
Delphin, inis, l, Delphis, & Delphinus. Lus. Golfinho. Iap. Vucno na. ¶ Item, Hũa eſtrela. Iap. Foxino na.
Delubrum, i. Lus. Templo. Iap. Dô, tera. ¶ Item, (vt alij) Lauatorio que eſta diante do altar. Iap. Butjenni aru chôzzu mizzu.
Delu̇ctor, aris. Lus. Lutar. Iap. Sumôtoru.
Delûdo, is. Lus. Zombar, ou enganar. Iap. Anadoru, l, tabacaru.
Deludificor, aris. Idem.
Delumbis, e. Lus. Couſa derreada, ou fraca. Iap. Coxiuore, coxino nayetaru mono, youaqi mono. ¶ Item, Mole, effeminado. Iap. Vonagoraxii mono.
Delumbo, as. Lus. Derrear, ou enfraquecer a outro. Iap. Coxiuo vchiuoru, l, youaraſu.
Deluo, is. vi, utum. Lus. Lauar. Iap. Arai qiyomuru. ¶ Item, Apagar com agoa. Iap. Arai votoſu.
Delutamentum, i. Lus. Obarrar com lodo. Iap. Tçuchi nite nuru cotouo yũ.
Dêluto, as. Lus. Cobrir, & barrar de lodo. Iap. Doronite nuri tçutçumu, tçuchi vomotte nuru.
Demadeo, es. Lus. Molharſe, ou eſtar humido. Iap. Nururu, l, ximeru.
Demagis, Lus. Muito mais. Iap. Nauonauo, iyoiyo.
Demando, as. Lus. Encommendar, & cometer. Iap. Tanomu, macaſuru.
Demâno, as. Lus. Manar, proceder. Iap. Vaqi izzuru, l, izzuru.
Demeaculũ, i. Lus. Decida pera lugares ſoterraneos. Iap. Tçuchino vchi aru tocoroye cudaru cotouo yũ, dochũni iru cotouo yũ.
Demens, tis. Lus. Doudo, ou paruo. Iap. Qiôjin, afô, vtçuqe mono.

Demen-

Demenſum, i. Lus. Hũa ração de trigo que ſe daua pera cada mes aos ſeruos. Iap. Gueppu.

Demenſus, a, um. Lus. Couſa medida. Iap. Facaritaru coto.

Dementer, adu. Lus. Paruoamente. Iap. Vtçuqete.

Dementia, æ. Lus. Doudice, ou paruoice. Iap. Qiǒqi, afǒ, vtçuqe.

Dementio, is. Endoudecer, ou emparuoecer. Iap. Qiǒqi ſuru, vtçuquru, tauaquru.

Demento, as. Lus. Fazerſe doudo, ou ſair fora deſi. Iap. Qiǒqini naru.

Demẽto, as, actiu. (in ſacris literis tantùm.) Lus. Fazer doudo a outro. Iap. Qiǒqini naſu.

Demeo, as. Lus. Decer pera baixo, ou a lugares ſoterraneos. Iap. Xitaye cudaru, l, tçuchini yru.

Demereo, es, ui, itum. Lus. Ganhar, ou merecer. Iap. Tocuuo vru, fuchiuo toru. ¶ Item, Abrandar a outrem com beneficios. Iap. Vonxǒuo qiſuru.

Demereor, êris. Lus. Obrigar com boas obras. Iap. Vonuo qiſuru. ¶ Item, Grãgear. Iap. Qiguenuo toru, nabiquru.

Demergo, is, ſi, ſum. Lus. Mergulhar. Iap. Xizzumuru. ¶ Demerſus ære alieno. Lus. Muito endiuidado. Iap. Xacumotni xizzumitaru mono.

Demetior, tîris, demenſus ſum. Lus. Medir. Iap. Facaru.

Demetitus, a, um. Lus. Couſa medida. Iap. Facaritaru coto.

Démeto, tis, ſſui, ſſum. Lus. Segar cõ fouce. Iap. Mugui, ine nadouo caru.

Démigro, as. Lus. Mudarſe de hum lugar pera outro. Iap. Yadogaye ſuru, taxoye vtçuru. ¶ Demigrare vita. Lus. Morrer. Iap. Xiſuru.

Deminuo, is. Lus. Deminuir, desfalcar. Iap. Feraſu, ſucunaqu naſu.

Deminûtus capite. Lus. Deſmembrado de ſua familia, ou paſſado pera outra cidade. Iap. Vaga ichimon, l, zaixo yori faxxeraretaru mono.

Demiror, aris, atus ſum. Lus. Eſpantarſe muito. Iap. Aqiruru, guiǒten ſuru. ¶ Aliqñ. Não ſaber. Iap. Xiranu.

Demiſsè, adu. Lus. Baixa, e humilmente. Iap. Fiqiqu, iyaxiqu.

Demiſsio, onis. Lus. Caida, ou acanhamẽto do animo. Iap. Vocu xitaru cotouo yũ.

Demiſsitiæ tunicæ. Lus. Veſtidos ſoltos, e cõpridos ate o artelho. Iap. Nagaqi vchicaqeno yxǒ.

Demiſſus, a, um. Lus. Couſa baixa, e humil de. Iap. Sagaritaru coto, guexen naru mono, fericudaritaru mono.

Demitigo, as. Lus. Amanſar, ou abrandar. Iap. Nadamuru, yauaraguru.

Demitto, is, ſi, ſſum. Lus. Botar de cima pera baixo. Iap. Vye yori votoſu. ¶ Item, Abaixar. Iap. Saguru. ¶ Item, Cauar fundo. Iap. Fucaqu foru. ¶ Demittere animum. Lus. Acanharſe. Iap. Vocu ſuru. ¶ Demittere mentem. Lus. Deſeſperar. Iap. Tanomoxiqiuo vxinǒ.

Demium, ij. Lus. Hũa pedra precioſa. Iap. Meixu.

Demiurgus. Lus. Nome de hum official ſupremo. Iap. Aru tacaqi curaino na.

Demo, is, pſi, ptum. Lus. Tirar. Iap. Tori noquru, toriidaſu.

Democratia, æ. Lus. Gouerno popular. Iap. Ichininno caxirauo ſadamezu yoriaite, zaixouo voſamuru cotouo yũ.

Democrátici. Lus. Os queſe gouernam deſta maneira. Iap. Miguino yǒni voſameraruru mono.

Demolior, îris, itus ſum. Lus. Derrubar, ou deſtruir. Iap. Tauoſu, vchicuzzuſu.

Demolio, is. Idem.

Demolitio, onis. Lus. Ruina, ou deſtruição. Iap. Tauoſu, l, cuzzuſu coto uo yũ.

Demolîtus, a, um. Lus. Couſa derrubada, ou deſtruida. Iap. Cuzzuſaretaru coto, tauoſaretaru mono.

Demonſtratio, onis. Lus. Demonſtração. Iap. Aqiracani tçuyoqi dǒri. ¶ Item, Cauſa oratoria que trata de louuores, ou vituperios. Iap. Oradoresno monouo fo fensen suru daimocu.

Demonstratiuus, a, um. Lus. Cousa demõstratiua. Iap. Tçuyoqi dŏri vomotte mo-nouo arauasu coto.

Demonstrator, oris. Lus. Demostrador. Iap. Dŏri vomotte aqiracani monouo tes suru fito.

Demonstro, as. Lus. Mostrar, ou declarar. Iap. Miluru, arauasu. ¶ Interd. Prouar algũa cousa com rezões euidentes. Iap. Aqiracani, tçuyoqi dŏri vomotte iy tessuru.

Demoratus, a, um. Lus. Detido. Iap. Tomeraretaru mono.

Demordeo, es, di, sum. Lus. Morder. Iap. Cuitçuqu. ¶ Item, Cortar com os dentes. Iap. Cuiqiru.

Demorior, eris. Lus. Morrer. Iap. Xisuru. ¶ Demori aliquem. Lus. Amar muito, & ardẽtemẽte com amor deshonesto. Iap. Fucaqu renbo suru.

Démoror, aris. Lus. Tardar, fazer detença. Iap. Tŏreô suru, vosonauaru. ¶ Item, Deter a outro. Iap. Todomuru. ¶ Itẽ, Esperar. Iap. Machi caquru.

Demortuus, a, um. Lus. Morto. Iap. Xixitaru mono.

Demoueo, es. Lus. Tirar de lugar, ou apartar. Iap. Torinoquru, l, fanasu.

Demugio, is, iui, itum. Lus. Mugir muito os boys, ou vacas. Iap. Vxiga foyuru.

Demulceo, es, si, sum. Lus. Afagar. Iap. Sucasu, nade fadaquru. ¶ Item, Abrandar. Iap. Yauaraguru.

Demum, adu. Lus. Finalmente. Iap. Tçuini, xoxen. ¶ Item, Totalmente. Iap. Issai, mattacu.

Demúrmuro, as. Lus. Dizer murmurando. Iap. Tçubuyaqigotouo yŭ.

Demussata contumelia. Lus. Injuria que se dissimula. Iap. Munẽ naru furiuo araua-sazu xite corayuru chijocu.

Demutatio, onis. Lus. Mudança. Iap. Cayuru, l, çauaru coto nari.

Demútilo, as. Lus. Cortar, desmembrar. Iap. Nagu, qiri farŏ, qiri votosu.

Demûto, as. Lus. Mudar. Iap. Cayuru, nauosu.

Denariæ cæremoniæ dicebãtur, quibus sacra adituris, decem cõtinuis diebus, certis quibusdam rebus carendum erat.

Denarius, a, um. Lus. Cousa que contem dez. Iap. Cazu touo fodo aru mono.

Denarius, ij. Lus. Moeda de dous vintẽis. Iap. Guinxenno na.

Denarro, as. Lus. Contar per ordem de historia, &c. Iap. Xidaiuo votte monouo cataru.

Denascor, eris. Lus. Morrer. Iap. Xisuru.

Denaso, as. Lus. Cortar, ou arrancar os narizes. Iap. Fanauo sogu.

Dénato, as. frequent. Lus. Nadar agoa a baixo. Iap. Cudari voyogu.

Dénego, as. Lus. Negar, ou recusar. Iap. Aragŏ, chinzuru, l, iyagaru. ¶ Itẽ, Não dar. Iap. Atayezu.

Deni, æ, a. Lus. De dez em dez. Iap. Touozzutçu.

Denicales feriæ dicebantur, quibus, hominis mortui causa, familia purgabatur.

Dénigro, as. Lus. Fazer negro. Iap. Curomuru, curoqu nasu.

Denique, adu. Lus. Finalmente. Iap. Tçuini, xoxen. ¶ Item, Totalmente. Iap. Issai, mattacu.

Denominatiua. Lus. Nome, ou palauras deduzidas de outras. Iap. Catadoritaru cotoba.

Denómino, as. Lus. Nomear, ou dar nome. Iap. Nazasu, l, nauo tçuquru.

Denormo, as. Lus. Afear, desigualar. Iap. Miguruxiqu nasu, chigŏ yŏni suru, chigauasuru.

Dénoto, as. Lus. Notar, assinalar. Iap. Ximesu.

Dens, entis. Lus. Dente. Iap. Fa. ¶ Item, Qualquer cousa com que se tem, ou corta outra. Iap. Cucumi, fasamino taguy. ¶ Item, Ferro do arado. Iap. Carasuqino fera. ¶ Dentes molares, siue maxillares. Lus. Dentes queixaes. Iap. Vocuba. ¶ Dentes genuini. Lus. Dentes do siso. Iap. Voya xirazu. ¶ Dentes primores, seu aducaduersi. Lus. Dentes diantei os. Iap. Mu caba. ¶ Dentes canini. Lus. Prelas. Iap. Qiba.

Densatio, onis. Lus. Espesura. Iap. Coqu naru cotouo yu, catamari, xiguei.

Densitas, atis. Idem.

Densè, adu. Lus. Espesamente. Iap. Coqu catamatte, xiguequ.

Denseo, es. Lus. Qualharse, fazerse basto. Iap. Catamaru, coqu naru, atçuqu naru, xigueru.

Denso, as. Lus. Fazer basto, ou espeso. Iap. Xiguerasu, catamuru, coqu nasu.

Densus, a, um. Lus. Cousa espessa, ou basta. Iap. Xiguericaru mono, catamaritaru mono, coqi mono.

Dentâle, is. Lus. Ponta do arado em q̃ se en caixa o ferro do arado. Iap. Carasuqino ca ra. ¶ Item, Ferro do arado. Iap. Carasu qino fera.

Dentarpaga, æ. Lus. Baticão, ou dentuça de tirar dentes. Iap. Fauo nuqu dŏgu.

Dentatim, l, Denticulatim. Lus. A maneira de dentes. Iap. Fano narini.

Dentatus, a, um, siue Dentosus. Lus. O que tem grandes dentes. Iap. Vôqinaru fauo motçu mono, ¶ Item, O que tem dentes, Iap. Fauo motçu mono. ¶ Dentata charta. Lus. Carta mordaz. Iap. Fitouo soxiru fumi.

Dentex, icis. Lus. Hum peixe. Iap. Aru vuonona.

Denticulatus, a, um. Lus. Cousa que tem dentes como de serra. Iap. Nocoguiriba naru mono.

Denticulus, i. dimin. Lus. Dentinho. Iap. Chijsaqi fa.

Dentifrangibulum. Lus. Cousa com q̃ se podem quebrar os dẽtes. Iap. Fauo vchicudaqu dŏgu. Plaut.

Dentifricium, ij. Lus. Mezinhas cõ que se fazem os dentes aluos. Iap. Fauo migaqu cusuri.

Dentíloquus. Lus. Oque fala por entre os dentes. Iap. Sumeguitte monouo yŭ fito. ¶ Item, Oque deita, ou cosp. os dentes fora. Iap. Fauo faqidasu mono. Plaut.

Dentio, is. Lus. Crecer os dentes. Iap. Fa ga voyuru.

Dentiscalpium, ij. Lus. Esgrauatador dos dentes. Iap. Yŏji.

Dentitio, onis. Lus. O nacer osdẽtes. Iap. Faga voyuru cotonari.

Denûbo, is, psi. Lus. Casarse amolher. Iap. Yomeiriuo furu. ¶ Item, Encostarse as vides, ou prãtas fracas às aruores. Iap. Ca zzurano taguy caqini fai tçuqu.

Denûdo, as. Lus. Despejar, despir. Iap. Yxŏuo fagu, nugu.

Denunciatio, onis. Lus. Denunciação. Iap. Caneteyori iy qicasuru, l, miraiuo tçuguru coto nari. ¶ Itẽ, Ameaças. Iap. Vodoxi.

Denuntio, as. Lus. Denunciar, ou auisar o futuro. Iap. Canete yori xirasuru, iy, qicasuru, miraiuo tçuguru. ¶ Aliqñ. Mãdar. Iap. Iy tçuquru. ¶ Item, Declarar, manifestar. Iap. Arauasu.

Denuò, adu. Lus. Desdo começo, ou de nouo. Iap. Motoyori, aratamete, l, casanete.

Deocco, as. Lus. Gradar aterra. Iap. Cumade nite tçuchicureuo cudaqu.

Deônero, as. Lus. Descarregar. Iap. Niuo vorosu, caromuru.

Deorsum. Lus. Pera baixo. Iap. Xitaye.

Deósculor, aris, atus sum. Lus. Beijar. Iap. Te nadouo sŭ.

Depactus, a, um, l, Depectus. Lus. Oque faz concertos ilicitos. Iap. Axiqi qeiyacuuo xitaru mono.

Depactus, a, um. Lus. Cousa plantada. Iap. Vyetaru qi nado.

Depalmo, as. Lus. Dar bofetadas. Iap. Cauouo vtçu.

Depango, is. Lus. Plantar, ou fixar na terra. Iap. Vyuru, l, sasu.

Deparcus, a, um. Lus. Escaso, pouco gastador. Iap. Xiuaxiqi mono, voximu fito.

Depaciscor, eris, siue Depeciscor, actus sũ. Lus. Fazer concertos. Iap. Qeiyacu, l, yacudacu suru.

Depasco, is, et Depascor, eris. Lus. Cõsumir

C c pacen-

pacendo. Iap. Cusauo famitçuctisu.

Depastio, onis. Lus. O pacer das bestas. Iap. Guiñba, firçujinado cusauo famu cotonari.

Depastus, a, ũ. actiuè. Lus. O que come, ou se apacenta. Iap. Cusa nadouo famu mono. ¶ Itẽ, O que he apacentado, ou comido. Iap. Nonĩ cauaretaru qedamono, l, famitaru cusa nado.

Depauperò, as. Lus. Empobrecer a outro. Iap. Bunocuni nasu.

Depeciscor, eris, pectus. vide Depaciscor.

Depecto, is, xui, l, xi, xũ. Lus. Pentear. Iap. Cuxi vomotte qezzuru. ¶ Interd. Peteando alimpar, ou deitar fora. Iap. Qeuo fuqui, qezzuru. ¶ Item, Abrandar com pãcadas. Iap. Vchi yauaraguru, l, xeccanuo xite yauaraguru.

Depeculator, oris. Lus. Ladrão dos bens da republica. Iap. Coccano tacarauo ranbó suru mono, l, nusumu mono.

Depéculor, aris, atus sum. Lus. Roubar a republica. Iap. Coccano tacarauo vbai toru. ¶ Aliqñ. Furtar qualquer outra cousa. Iap. Nusumu.

Depello, is. Lus. Afastar, ou lãçar fora. Iap. Noquru, l, voi idasu, tçuisŏ suru. ¶ Depellere agnos à lacte, l, à matre. Lus. Destetar os cordeiros. Iap. Firçujino cono chibusauo fanasu. ¶ Depellere absolutè. Idẽ. ¶ Depelli portenta. Lus. Impedirse o effeito dos roins pronosticos cõ rogos, &c. Iap. Zuisŏni arauaretaru acuji inori nadouo motte todomaru.

Dependeo, es. Lus. Estar depẽdurado. Iap. Chũni sagaru. ¶ Aliqñ. Depender, ou estribar ẽ alguẽ. Iap. Fitoni cacatte yru, iojŏni azzucaru.

Dependo, is, di, sum. Lus. Pesar. Iap. Facaru. ¶ Dependere vectigal, l, tributum. Lus. Pagar o tributo. Iap. Nẽguuo vosamuru, l, nasu, mitçuqi monouo aguru. Depẽdere pœnas. Lus. Pagar a pena. Iap. Quataiuo idasu.

Deperditus, a, um. Lus. Cousa perdida, ou destruida. Iap. Vxinauaretaru coto, cuzzuretaru coto. ¶ Item, Affligido. Iap. Fucaqu canaximu mono.

Deperdo, is, didi, itũ. Lus. Deitar aperder, ou perder. Iap. Sonzasu, l, vxinŏ, sonuo suru.

Depereo, is. Lus. Perderse. Iap. Vsuru, sŏzuru. ¶ Item, Perecer, morrer. Iap. Fatçuru, xinuru. ¶ Quãdoq; Amar desordenadamente. Iap. Midarini vomŏ, cŏru.

Depesco, is. Lus. Leuar, ou apacẽtar gado. Iap. Guiñyŏuo voi cŏ.

Depessus, a, um. Lus. Cousa despedaçada. Iap. Fiqi saqitaru mono.

Depesta. Lus. Hũs certos vasos de vinho que vsauão antigamente nos sacrificios. Iap. Mucaxi tamuqeno toqi tçucaixi saqeno vtçuuamono.

Depexo, as. freq. Lus. Pentear muitas vezes. Iap. Xigueqŭ qeuo qezzuru.

Depexus, a, um. Lus. Penteado. Iap. Camigueuo qezzuraretaru mono. ¶ Depexum aliquem reddere. Lus. Tomara alguem polos cabelos, & tratalo mal. Iap. Cozucauo totte vtçu.

Depictus, a, um. Lus. Cousa pintada. Iap. Yeni cacaretaru coto.

Depilatus, a, um. Lus. Cousa pelada. Iap. Qeno muqetaru mono. ¶ Item, Cousa feita rasa. Iap. Vsuqu naritaru mono.

Depiles. Lus. Os que não tem cabellos. Iap. Qeno naqi mono.

Depingo, is, xi, ctum. Lus. Pintar, ou debuxar. Iap. Yeuo caqu. ¶ Depingere verbis rem aliquam. Lus. Descreuer algũa cousa com palauras. Iap. Monouo comacani iy noburu.

Deplango, is, xi, nctum. Lus. Prantear. Iap. Naqi cudoqu, firuini muxebu, xũtansuru.

Deplano, as. Lus. Aplanar. Iap. Feigini nasu, biŏdŏni nasu.

Deplanto, as. Lus. Desarreigar. Iap. Monouo fiqi nuqu, nebiqini suru.

Depleo, es, eui, etum. Lus. Vazar, esgotar. Iap. Vtçusu, aquru.

Deploro, as. Lus. Prantear, ou lamẽtar. Iap. Naqi saqebu, naqi cudoqu. ¶ Aliqñ. Acabar de chorar. Iap. Naqi yamu.

¶ De-

¶ Deplorata Respublica. Lus. Republica destruida. Iap. Forobitaru cuni, cocca. ¶ Deplorati ægroti. Lus. Doentes desconfiados de remedio. Iap. Reôgini cacauarazaru beôja.

Deplûmis, e. Lus. Cousa sem penas. Iap. Qeno naqi mono, qeno voyezaru mono.

Depluo, is. Lus. Chouer. Iap. Ame, yuqi nadoga furu.

Depolio, is, iui, itum. Lus. Polir, perfeiçoar. Iap. Tassuru, xessa tacumasuru. ¶ Item, Polir, acacalar. Iap. Migaqu, togu.

Depolitus, a, um. Lus. Cousa perfeita. Iap. Taxxitaru coto.

Depônens, tis. Lus. O que abaixa, ou deixa algũa cousa. Iap. Monouo saguru, l, saxivoqu fito.

Depôno, is, sui, situm. Lus. Abaixar. Iap. Vorosu, catamuquru. ¶ Item, Pôr a parte, deixar. Iap. Yamuru, saxivoqu. vt Dolorẽ, inuidiam, &c. ¶ Item, Depositar. Iap. Azzuquru. ¶ Item, Destruir. Iap. Cuzzusu. ¶ Item, Depor, priuar. Iap. Tori aguru, fanasu. ¶ Deponere memoriam, l, ex memoria. Lus. Esquecerse. Iap. Bôqiacu suru. ¶ Deponere ædificationem. Lus. Deixar o proposito de edificar. Iap. Zôsacuuo vomoi todomaru. ¶ Deponere prouinciam. Lus. Deixar o cargo antes de acabar. Iap. Yacuuo xôfiô suru.

Depontani. Lus. Velhos de sesenta annos eximidos de cargos. Iap. Yacu nadoni tarazaru rocujŭ bacarino rôjin.

Depopulatio, onis. Lus. Destruição, ou roubo. Iap. Ranbô, faccô.

Depopulator, oris. Lus. Roubador, destruidor. Iap. Ranbô suru mono, faccô surumono.

Depópulor, aris, l, Depopulo, as. Lus. Roubar, saquear. Iap. Ranbô suru, faccô suru.

Deportatio, onis. Lus. O leuar, ou trazer. Iap. Mochi facobu coto nari. ¶ Item, Desterro pera certo lugar. Iap. Tocorouo saxiteno ruzai.

Deporto, as. Lus. Trazer, acarretar. Iap. Mochi facobu. ¶ Deportare in insulam, aut solam terram. Lus. Degradar pera certo lugar. Iap. Tocorouo sadamete ruzaini voconô. ¶ Deportare decus, l, laudem ex aliquo loco. Lus. Vir cõ honra de algum lugar. Iap. Menbocuuo fodocoxite qitaru.

Deposco, is, depoposci. Lus. Demandar, pedir com instancia. Iap. Dôrino vye yori xiqirini cô.

Depositarius, ij. Lus. Depositario. Iap. Azzucarite.

Depôsitor, oris. Lus. Depositador. Iap. Azzuqete.

Depôsitum, i. Lus. Deposito, ou o que se dá como penhor. Iap. Azzuqemono, l, xichi.

Depósitus, a, um. Lus. Cousa depositada. Iap. Azzuqetaru mono. ¶ Item, Cousa desconfiada, desesperada. Iap. Fatecuchini naritaru coto, tanomoxigue naqi mono.

Depóstulo, as. Lus. Pedir, demandar. Iap. Monouo cô, tanomu.

Deprecabundus, a, um. Lus. O que pede algũa cousa. Iap. Monouo cô fito.

Deprecatio, onis. Lus. O pedir, ou rogar ou perdão. Iap. Ayamarino yuruxiuo cô coto nari. ¶ Aliqñ. O lançar, ou apartar de si. Iap. Miyori voi farô, l, fanasu coto nari.

Deprecator, oris. Lus Intercessor, ou rogador. Iap. Toriauaxete, tanomite.

Depreciatus, a, um. Lus. Cousa feita de menos valia. Iap. Neno sucunaqu naritaru coto, neno sagaritaru coto.

Déprecor, aris, atus sum. Lus. Rogar muito. Iap. Fucaqu tanomu. ¶ Item, Rogando alcançar. Iap. Tanomitaru cotouo tassuru. ¶ Item, Recusar, ou pedir q̃ não aconteça o que recusamos. Iap. Qirô, l, fuqit naru cotono qitaranu yŏni, fucaqu tanomu. ¶ Item, Apartar, e lançar de si. Iap. Farô, fanasu.

Deprædator, oris. Lus. Roubador. Iap. Ranbô suru mono.

Deprædatrix, icis. fœm. Idem.

Deprædor, aris, atus sum. Lus. Despojar, roubar. Iap. Ranbô suru, nusumu.

Deprælior, aris. Lus. Peleijar, debater. Iap. Caxxen suru, tatacô.

Deprauatè, adu. Lus. Deprauadamente, & contra direito. Iap. Murini, axiqu.

Deprauatio, onis. Lus. O deprauar, ou falsificar. Iap. Tabacaru coto nari, nixemonouo suru, l, soconô coto nari.

Deprauatus, a, um. Lus. Cousa deprauada, & corruta. Iap. Cuzzuretaru coto, soconetaru mono.

Deprâuo, as. Lus. Falsar, & corromper. Iap. Cuzzusu, soconô, axiqu nasu.

Deprehendo, is, di, sum. Lus. Tomar, ou achar alguem no maleficio. Iap. Togauo vocasu monouo mitçuquru. ¶ Item, Aduertir, & cair com a consideração. Iap. Vomoi ataru, vomoixiru.

Deprehensa. Lus. Hum certo castigo que se daua aos soldados. Iap. Buxino xeccanno taguy. ¶ Deprehensus ab hostibus. Lus. Tomado dos imigos. Iap. Iqedoraretaru mono.

Deprehensio, onis. Lus. O tomar alguem no maleficio. Iap. Togauo vocasu monouo mitçuquru coto nari. ¶ Item, Conhecimẽto, noticia. Iap. Xiru cotouo yŭ.

Deprehensor, oris. Lus. O que acha a alguẽ no maleficio. Iap. Togauo vocasu monouo mitçuquru fito.

Depressus, a, um. Lus. Cousa abatida, posta em baixo. Iap. Voi saguetaretaru mono.

Déprimo, is, ssi, ssum. Lus. Abaixar, abater. Iap. Saguru, iyaximuru. ¶ Item, Pisar. Iap. Fumi tçuquru.

Deprômo, is, psi, ptum. Lus. Tirar fora. Iap. Tori idasu, l, idasu.

Depromptus, a, um. Lus. Cousa tirada fora. Iap. Toriidasaretaru mono.

Deprópero, as. Lus. Apresarse. Iap. Isogu.

Depsiticus, a, um. Lus. Cousa sctuada, ou amasada. Iap. Conaxitaru mono, conetaru mono.

Depso, is. Lus. Souar. Iap. Conasu.

Depûber, l, Depûbis. Lus. O que não chegou a idade de moço. Iap. Toxini tarazu xite xinuru mono.

Depûber porcus. Lus. Porco que se mata em quanto mama. Iap. Chiuo fanasanu vchini corosaruru buta.

Depudeo et. Lus. Desauergonharse. Iap. Fagizu, fagixirazuni naru.

Depudesco, is. Idem. apud S. Hier.

Depudîco, as. Lus. Corromper, ou violar a castidade. Iap. Fubonuo yaburasuru.

Depugnatus, a, um. Lus. Cousa combatida cõ peleija. Iap. Tatacai nite xemeraretaru mono.

Depugno, as. Lus. Peleijar. Iap. Tatacŏ.

Depugnatur, imperson. Idem.

Depulsio, onis. Lus. O deitar fora, ou apartar. Iap. Tçuifŏ, l, fanasu coto nari. ¶ Itẽ, O negar do reo. Iap. Ronninno aragŏ coto nari.

Depulso, as. frequẽt. Lus. Deitar fora a miude. Iap. Xiguequ tçuifŏ suru.

Depulsor, oris. Lus. O que deita fora. Iap. Tçuifŏ suru mono, l, tçuqifanasu mono.

Depulsus, a, um. Lus. Cousa deitada fora, ou apartada. Iap. Voi idasaretaru mono, l, torifanasaretaru mono. ¶ Interd. Desterrado. Iap. Chiuo fanasaretaru mono.

Depunio, is. Lus. Ferir, açoutar. Iap. Chŏchacu suru.

Depurgo, as. Lus. Purgar, alimpar. Iap. Qiyomuru, qiyoqu nasu. ¶ Depurgare crimina. Lus. Escusarse da culpa. Iap. Ayamariuo iyfaruquru.

Députo, as. Lus. Cortar, e podar. Iap. Yedauo qiru, qiuo tçucuru, qezzuru. ¶ Itẽ, Cuidar, julgar. Iap. Zŏzuru, âzuru, tadasu.

Dequeror, eris, estus sum. Lus. Queixarse, dizer lastimas. Iap. Vramuru.

Derâdo, is. Lus. Raspar, apagar. Iap. Qezzuri votosu.

Derectarij. Lus. Os que entram nas casas cõ animo de furtar. Iap. Nusumino cocoroate vomotte fitono iyeni iru fito.

Derelictio, onis. Lus. Desemparo. Iap. Tçuqi fanasu coto nari.

Derelictus, us. Idem.

Derelictus, a, um. Lus. Cousa desemparada. Iap. Tçuqi fanasaretaru coto, saxi fu te raretaru mono.

Derelinquo, is. Lus. Deixar, e desemparar. Iap. Saxivoqu, tçuqifanasu, furi sutçuru.

Dere-

Derepentè, adu. Lus. De improuiso. Iap. Niuacani, furtoni.
Derêpo, is. Lus. Andar polo chão em gatinhas. Iap. Fô.
Derideo, es, si, sum. Lus. Escarnecer, zombar. Iap. Azauarô, azaqeru.
Deridiculum, i. Lus. Escarneo, l, zombaria. Iap. Anadori.
Derisus, us. Idem.
Deridiculus, a, um. Lus. Cousa de riso, ou de escarneo. Iap. Ajaranaru coto, vocaxiqi mono.
Deripio, is. Lus. Tomar, ou tirar por força. Iap. Vbai toru, vosayete toru.
Derisor, oris. Lus. Escarnecedor. Iap. Anadorite.
Deriuatio, onis. Lus. Leuada de agoa. Iap. Mizzuuo nagasu coto nari.
Deriuatiuus, a, um. Lus. Cousa que se deduz doutra. Iap. Mononi catadoru coto, bechino mono yori ideqitaru mono.
Deriuo, as. Lus. Leuar, ou mudar agoa pera algũa parte. Iap. Mizzuuo yoquru, caquru. ¶ Deriuare culpam in aliquem. Lus. Impor a culpa dalguem aoutro. Iap. Taninno ayamariuo fitoni iy caquru.
Derôdo, is, si, sum. Lus. Roer. Iap. Caburu.
Derogatio, onis. Lus. Deminuição da ley. Iap. Fattouo carumuru coto nari.
Derógito, as, Freq. Lus. Rogar muitas vezes. Iap. Saisai tanomu. Antiq.
Dérogo, as. Lus. Derogar, deminuir. Iap. Fe rasu. ¶ Derogare legi, l, de lege. Lus. Deminuir da força da ley. Iap. Fattouo caromuru.
Derumpo, is. Lus. Romper, desfazer. Iap. Voxiyaburu, cuzzusu.
Deruncîno, as. Lus. Cortar ẽ pedaços. Iap. Sunzunni qiru.
Deruo, is. Lus. Cair embaixo. Iap. Votçuru. ¶ Item, Tirar. Iap. Fanasu, noquru.
Dèsacro, as. Lus. Dedicar, consagrar. Iap. Sasaguru, tamuquru, cuyôzuru.
Desæuio, is, iui, itum. Lus. Embrauecerse. Iap. Taqequ naru, araqu naru. ¶ Item, Deixar de se embrauecer. Iap. Yauaragu, nhŭuani naru, xizzumaru.
Desalto, as. Lus. Dançar. Iap. Mô. ¶ Item, Acabar de dançar. Iap. Vodori yamu.
Descendo, is, di, sum. Lus. Decer. Iap. Cudaru. ¶ Item, Sair. Iap. Izzuru, vt descendere in prælium, &c. ¶ Descêdere in sese. Lus. Conhecer sua fraqueza. Iap. Vaga youasauo vaqimayuru. Pers.
Descensus, us. Lus. Decida. Iap. Guecô, cudari.
Descensio, onis. Idem.
Descio, is. Lus. Não saber. Iap. Xirazu. Plaut.
Descisco, is, iui, itũ. Lus. Rebellar, l, botarse cõ os imigos. Iap. Musonuo cuuatatçuru, guiacuxinuo vocosu, vragayeru.
Descîtum. Lus. Apartado, ou desuiado. Iap. Fanaretaru coto, chigaitaru coto.
Descobinatus. Lus. Ferido, arranhado, cortado. Iap. Teuoi, caqi sacaretaru mono, l, qiraretaru mono.
Descrîbo, is, si, ptum. Lus. Escreuer, l, tresladar. Iap. Caqu, l, caqi vtçusu. ¶ Aliqñ. Distribuir, & pór por ordẽ. Iap. Xidaiuo voqu, sonayuru, sadamuru. ¶ Item, Deitar linhas, ou debuxar. Iap. Yaqifude vo motte xitayeuo caqu.
Descriptio, onis. Lus. Destribuição, ordem. Iap. Xidai teitô, yôdai.
Descriptus, a, um. Lus. Cousa distribuida, ou bẽ ordenada. Iap. Sonayeraretaru coto, l, xidaiuo yoqu sadameraretaru coto.
Déseco, as, cui, ctum. Lus. Cortar. Iap. Qiru, qiri fanasu.
Désecro, as. Lus. Profanar, degradar sacerdotes, e desconsagrar. Iap. Fujôni nasu, Sacerdoteno curaiuo fagu.
Desectio, onis. Lus. O cortar, ou segar. Iap. Qiru, l, caru coto nari.
Desectus, a, um. Lus. Cousa cortada, ou segada. Iap. Qiritaru coto, l, caritaru mono.
Désero, is, eui, itum. Lus. Plantar, semear. Iap. Vyuru, taneuo maqu.
Désero, is, rui, ertum. Lus. Desemparar. Iap. Misutçuru, fanasu. ¶ Deserere patriã, imperatorẽ, etc. Lus. Desẽparar a patria, ou

ou fey no tẽpo do perigo. Iap. Taixǒ, l, coqiǒuo nanguino toqi misutçuru.

Desetro, as. freq. Idem.

Desertor, oris. Lus. Tredo que desempara no trabalho, e perigo. Iap. Nanguino to qini furi sutçuru mufonjin. ¶ Item, qui per prolixũ tempus euagatus reducitur.

Desertũ, i. Lus. Deserto, ou ermo. Iap. Iin rin tanaretaru tocoro.

Desertus, a, um. Lus. Cousa deixada, l, desemparada. Iap. Tçuqi fanasaretaru mo no. ¶ Itẽ, Deserta, e inculta. Iap. Iinxe qi tayetaru tocoro, l, bŏxo. ¶ Deserta promissio, apud iuris cons. ¶ Deserere vadimonia. Lus. Deixar de aparecer em juizo. Iap. Yacusocuno fini tadaxiteno mayeni idezu.

Deseruio, is, iui, itũ. Lus. Seruir. Iap. Tçucauaruru, l, tçucayuru.

Deses, idis. Lus. Negligente, froxo. Iap. Bu xǒnaru mono, l, nuruqi mono.

Desicco, as. Lus. Secar. Iap. Fosu, l, cauacasu.

Desideo, es, edi. Lus. Estar ocioso. Iap. Itazzurani yru.

Desiderabilis, e. Lus. Cousa pera ser desejada. Iap. Conomaxiqi coto.

Desideratio, onis. Lus. Desejo. Iap. Nozomi, negai.

Desideratiua verba, quæ à Prisciano meditatiua vocantur, sunt: vt esurio, etc.

Desideratus, a, um. Lus. Cousa desejada. Iap. Nozomaretaru coto.

Desideria apud iuris consultos. Lus. Petiçoẽs. Iap. Measu.

Desiderium, ij. Lus. Desejo, ou saudade. Iap. Nozomi, natçucaxila, nocori vouoqi coto.

Desidero, as. Lus. Desejar, & buscar algũa cousa. Iap. Nozomu, nagueqi tazzunuru. ¶ Desiderare in aliquo eloquentiã, &c. Lus. Achar alguem falto de eloquencia, ou dalgũa cousa. Iap. Fitono vyeno fusocuuo micadomuru. ¶ Desiderare in acie milites. Lus. Faltarem os soldados na guerra, ou serem mortos. Iap. Vchijini xite ninjuga feru.

Desidia, æ. Lus. Priguiça, ou negligencia. Iap. Buxǒ, yudan.

Desidiosè, adu. Lus. Ociosamente. Iap. Itazzurani.

Desidiosus, a, ũ. Lus. Ocioso, negligente. Iap. Itazzuranaru mono, l, yudanaru mono.

Desido, is. Lus. Assentarse em baixo. Iap. Xitani zasuru, l, suuaru. ¶ Item, Abrirse a terra, &c. Iap. Varuru.

Designatio, onis. Lus. Ordẽ, destribuição. Iap. Xidai vaqete sonayuru coto nari. ¶ Item, Cõtractio, cõductioq; populi in vnũ, hoc enim contingit ei, qui aliquo flagitio populi in se oculos, & ora conuertit.

Designo, as. Lus. Notar, mostrar. Iap. Saxi xirusu, misuru. ¶ Interd. Assinalar, ou determinar. Iap. Sadamuru. ¶ Item, Elleger. Iap. Yerabi sadamuru. ¶ Aliqñ. Fazer algũa cousa de bem, ou demal. Iap. Suru, tçucamaturu.

Desilio, is, vi, ultum. Lus. Saltar decima pera baixo. Iap. Vyeyori xitaye tobu. Desilire de nauibus. Lus. Desembarcarse. Iap. Funeyori agaru.

Desino, is, iui, itum. Lus. Deixar, ou cessar dalgũa cousa. Iap. Saxivoqu, yamuru. ¶ Desinitur, Desinitum est, impers. Idem. ¶ Aliqñ. Acabar. Iap. Iǒjusuru, l, fatasu. ¶ Desinit esse soluẽdo. Lus. Não paga por algũ grãde trabalho, ou pobreza. Iap. Nangan, finniyotte fumotuo fenben xezu.

Desipio, is, vi, iui, et ij. Lus. Delirar, ou em paruoecer. Iap. Foruru, vtçuquru.

Desisto, is, stiti. Lus. Desistir, ou cessar dalgũa cousa. Iap. Saxivoqu, yamuru. ¶ Item, Estar, ou deterse em algũa parte. Iap. Tǒriũ suru, todomaru. ¶ Item, Apud iuris consultos. Desistir dalgũa cousa q̃ se ordia com calũnia. Iap. Tani cuuatatçuru fidŏuo yamuru.

Desitus, a, um. Lus. Cousa deixada, ou desacostumada. Iap. Saxi yametaru coto, l, sutaretaru coto.

Desmoterion. Lus. Prisão, ou carcere. Iap. Rŏ.

Desǒlo, as. Lus. Asolar, destruir. Iap. Forobosu, cuzzusu.

Des-

Despectio, onis. Lus. Desprezo. Iap. Iyaxime.

Despecto, as. Lus. Olhar pera baixo muitas vezes. Iap. Tabitabi xitauo miru, l, mivorosu.

Despectus, a, um. Lus. Cousa deixada, e desprezada. Iap. Misuteraretaru mono, iyaxi meraretaru mono.

Despectus, us. Lus. Vista de lugar alto pera baixo. Iap. Xitauo mivorosu cotouo yŭ. ¶ Item, Desprezo. Iap. Iyaxime.

Despêrans, tis. Lus. O que desespera. Iap. Tanomoxiqiuo vxinaitaru mono.

Desperanter, adu. Lus. Desesperadamente. Iap. Tanomoxiguemo naqu.

Desperatio, onis. Lus. Desesperação, descõfiança. Iap. Tanomoxiqiuo vxinô coto nari.

Desperatus, a, um. Lus. Cousa desesperada sem nenhũa esperança. Iap. Tanomoxigue naqi mono.

Despêro, as. Lus. Desesperar, desconfiar. Iap. Tanomoxiqiuo vxinô.

Despicatus, us. Lus. Desprezo. Iap. Iyaxime, vomoi saguru coto uo yŭ.

Despicatio, onis. Idem.

Despicientia, æ. Lus. Desprezo. Iap. Iyaxime, sague iyaximuru cotouo yŭ.

Despicio, is. Lus. Olhar pera baixo. Iap. Xitauo miru, l, mivorosu. ¶ Aliqñ. Desprezar. Iap. Iyaximuru, misaguru. ¶ Itẽ, Não atentar, ou não aduertir. Iap. Yosomiuo suru, nenuo chirasu.

Déspicor, aris. Lus. Desprezar, ou desestimar. Iap. Iyaximuru, mochijzu.

Déspico, as, actiu. apud veteres. Idem.

Despolio, as. Lus. Despir, despojar. Iap. Nugasuru, faguitoru.

Despondeo, es, di, sum. Lus. Prometer, ou desposar. Iap. Yacusocusuru, l, fŭfuno qei yacuuo suru. ¶ Despondêre animum. Lus. Perder a confiança, & quasi desesperar. Iap. Tanomoxiqiuo vxinô. ¶ Despondere sapientiã. Lus. Desesperar de saber, ou de poder vir a saber. Iap. Gacumôni tçuite tanomoxiqi naxi.

Desponsatus, a, um. Lus. Cousa desposada. Iap. Fŭfuno qeiyacu xitaru mono.

Desponso, as. Lus. Desposar, ou prometer molher ẽ casamento. Iap. Iy nazzuqeuo suru.

Desponsus, a, um. Lus. Prometido, ou desposado. Iap. Yacusocu no mono, l, Fŭfuno qeiyacu xitaru mono. ¶ Item, Destinado. Iap. Sadamaritaru mono.

Despûmo, as. Lus. Tirar a escuma. Iap. Aua uo torisutçuru. ¶ Item, per transl. Cozer, ou digerir. Iap. Xôsuru.

Despuo, is, ui, utum. Lus. Cuspir pera baixo. Iap. Tçuuaqiuo faqu; xitaye tçuuo faqu.

Desquâmo, as. Lus. Escamar. Iap. Vrocouo faqu. ¶ Desquâmare arbores. Iap. Qino cauauo fagu.

Desterto, is, ui. Lus. Deixar de roncar, ou de dormir. Iap. Ybiqiuo yamuru, nemuri, l, fuimen uo samasu.

Destico, as. Lus. Chiar como rato. Iap. Nezumino yôni naqu.

Destillo, as. Lus. Destilar, ou gotejar. Iap. Xizzucuga votçuru, l, xitadaru.

Destinatio, onis. Lus. Deliberação, proposito. Iap. Vomoi sadamuru coto nari, l, cuuatate.

Destinatus, a, um. Lus. Cousa determinada, certa. Iap. Sadamaritaru coto, guigiô xitaru coto.

Déstino, as. Lus. Eleger, determinar. Iap. Yerabu, sadamuru. ¶ quandoq́, Atar, ou amarrar. Iap. Tçunagu, caramuru. ¶ Aliqñ. Comprar. Iap. Caitoru. ¶ Item, Notar. Iap. Micadomuru. ¶ Aliqñ, Assinalar, & limitar. Iap. Sadamuru. ¶ Aliqñ. Mandar. Iap. Tçucauasu.

Destituo, is, ui, tutum. Lus. Desemparar. Iap. Saxifanasu, sutçuru, fôreqi suru. ¶ Interd. Não comprir a promessa. Iap. Yacusocuuo toguezu. ¶ Interdum, Priuar dalgũa cousa. Iap. Fanasu. ¶ Item, Desamarrar. Iap. Toqu, Yurusu. ¶ Item, Pôr, assentar. Iap. Voqu, za sasuru.

Destitutio, onis. Lus. Desemparo. Iap. Saxifanasu, l, sutçuru coto nari. ¶ Item, Deslealdade, ou treição. Iap. Yaxin, taxicu nara-

narazaru cocoro.

Destitutus, a, um. Lus. Cousa desempara da. Iap. Saxitanasaretaru mono.

Destrigmentum, i. Lus. Raspaduras. Iap. Suricuzzu.

Destringo, is. Lus. Arrancar, ou colher. Iap. Fiqinuqu, l, chiguiri toru. ¶ Item, Tirar, alimpar a sugidade, ou suor do corpo. Iap. Acauo caqi, axeuo arai nagasu. ¶ Per trasl. Destringere animi aciem. Lus. Cegar a vista interior. Iap. Chiyeno ma nacouo curamasu.

Destructilis, e. Lus. Cousa que se pode destruir. Iap. Cuzzureyasuqi mono.

Destruo, is, xi, ctum. Lus. Destruir, ou desfazer. Iap. Cuzzusu, toqu, cobosu.

Desubitò, adu. Lus. Subita, e aceleradamête. Iap. Niuacani, futto, qissocu.

Desúbulo, as. Lus. Furar, ou traspassar. Iap. Foru, tçuranuqu.

Desûdo, as. Lus. Suar, ou pòr força. Iap. Axeuo caqu, l, xeiuo ireru.

Desudasco, & Desudascitur, impers. Idem.

Desuefactus, a, um. Lus. Cousa tirada de costume. Iap. Xinaretaru cotoni touozacaritaru mono.

Desuefio, is. Lus. Desacostumarse. Iap. Tonaye vxinŏ.

Desuesco, is, eui, etum. Lus. Desacostumar se. Iap. Tonaye vxinŏ. ¶ Qñq; Acostumarse. Iap. Xinaruru.

Desuesco, is, l, Desueo, es, eui, etum. Lus. Desacostumar à outro. Iap. Xinaretaru coto touo sutesasuru. Rarum est.

Desuefacio, is. Idem.

Desuetûdo, inis. Lus. Descostume. Iap. Xinarezaru cotouo yŭ.

Desuêtus, a, um. Lus. Cousa desacostumada. Iap. Xinarezaru coto.

Desultura. Lus. O decer de salto. Iap. Tobi voruru cotouo yŭ.

Desultor, oris. Lus. Homem destro que salta de hum cavalo em outro. Iap. Qiocu nori, caiunorinojôzu.

Desultorius, ij. Idem.

Desultoria natura. Lus. Natureza varia, ou inconstante. Iap. Fenyeqi suru Natura.

Desultorij. Lus. Cavalos em osso em que se salta. Iap. Qiocunoriuo suru fadaxe vma.

Desum, es, fui. Lus. Faltar. Iap. Tarazu, caquru. ¶ Deesse officio suo. Lus. Não cõprir com o que deve. Iap. Vaga yacuni tçuite qedai suru. ¶ Deesse occasioni. Lus. Não lançar mão da ocasião. Iap. Yoqi xiauaxeuo fazzusu, vxinŏ. ¶ Nonnunquam, Estar ausente. Iap. Yosoni yru.

Desûmo, is, psi, ptum. Lus. Tomar. Iap. Toru, vqetoru.

Désuper, adu. Lus. De cima. Iap. Vye yori.

Detectus, a, um. Lus. Cousa descuberta. Iap. Vouoi, l, futa nadouo toritaru çoto, arauaretaru çoto.

Détego, is, xi, ctum. Lus. Descobrir. Iap. Vouoi, l, futa nadouo toru, l, arauasu.

Detendo, is, endi, sum. Lus. Estender. Iap. Firoguru.

Detergeo, es, si, sum, & Detergo, is. Lus. Alimpar. Iap. Nogô, migaqu. ¶ Detergere palmites. Lus. Podar vides. Iap. Budô no iranu yedauo qiru. ¶ Detergere fastidia. Lus. Tirar o fastio. Iap. Fuxocu uoya mesasuru. ¶ Detergere remos. Lus. Quebrar os remos. Iap. Rouo fiqi voru.

Déterus, l, Deter, a. ū. in vsu tantùm, à quo deterior, & deterrimus. Lus. Cousa vil, roim. Iap. Iyaxiqu varoqi mono.

Determinatio, onis. Lus. Conclusão, ou termo. Iap. Sacaime, vouari.

Detérmino, as. Lus. Limitar. Iap. Sacaime uo sadamuru. ¶ Item, per trasl. Determinar, concluir. Iap. Ai sadamuru, ai tumasu.

Détero, is, triui, tritum. Lus. Gastar com o vso. Iap. Tçucŏ, l, tçucai sonzasu. ¶ Itẽ, Debulhar, trilhar. Iap. Fumi vcotosu, vtçu, coqu. ¶ Nonnunquam, Desfazer, e deminuir. Iap. Cuzzusu, ferasu.

Deterreo, es, vi, itum. Lus. Espantar. Iap. Vodorocasu. ¶ Itẽ, Retirar, apartar. Iap. Todomuru, fanasu.

Deter-

Deterritus,a, um. Lus. Cousa espantada,ou arastada. Iap. Vodoroqitaru, l, aqiretaru mono, l, tanasaretaru mono.

Detestabilis,e. Lus. Cousa abominauel. Iap. Qirai nicumaruru coto, nicuqi coto, tçu tanaqi mono.

Detestatio, onis. Lus. Abominação. Iap. Qirŏ coto nari, nicuqi cotouo yŭ. ¶ Itē, apud iuris cons. Denunciação feita ē juizo com testemunhas. Iap. Xŏcouo fijte xirasuru coto nari.

Detestor,aris. Lus. Aborrecer, abominar, mal dizer. Iap. Xitatacani qirŏ, nicumu, accŏuo yŭ. ¶ Item, Tomar a alguem por testemunha. Iap. Xŏcouo tatçuru. ¶ Itē, Denunciar ao ausente. Iap. Taxoni yru mononi iy tçuguru.

Detexo, is, vi, tum. Lus. Tecer. Iap. Voru, amu, vtçu, cumu, caquru.

Detineo, es, vi, entum. Lus. Deter. Iap. To domuru.

Detondeo, es, di, sum. Lus. Trosquiar. Iap. Fasamu.

Detono, as. Lus. Deixar de fazer trouōis. Iap. Camiga nariyamu, raidēga xizzumaru.

Detorno, as. Lus. Laurar, ou fazer ao torno. Iap. Rocuro nite fiqu.

Detorqueo, es, si, tum. Lus. Torcer, ou apartar. Iap. Maguru, l, fiqifanasu, xirizo quru. ¶ Item, Interpretar mal. Iap. Yocoximani yauaraguru, axiqu iynasu.

Detractio, onis. Lus. O tirar, ou deminuir. Iap. Torinoquru coto nari, ferasu coto nari. ¶ Interd. Murmuração. Iap. Soxiri.

Detractor, oris. Lus. Praguejador em ausen cia. Iap. Soxirite.

Detraho, is, xi, ctum. Lus. Tirar por força. Iap. Vosayetetoru. ¶ Detrahere famæ, gloriæ, honori, &c. l, de fama alicuius. Lus. Praguejar, menos cabar da honra dalguē. Iap. Soxiru, nauo tatçuru.

Detrectatio, onis. Lus. O repugnar, ou recusar. Iap. Iyagaru coto nari, l, iitai.

Detrectator, oris. Lus. O que recusa, ou repugna. Iap. Iyagaru mono.

Detrecto, as. frequent. Lus. Recusar, repug nar. Iap. Iyagaru, iitai suru.

Detrimentosus, a, um. Lus. Cousa danosa, ou daninha. Iap. Atauo nasu, l, sonuo saisuru mono.

Detrimentum, i. Lus. Perda, ou dano. Iap. Son, ata.

Detrudo, is, si, sum. Lus. Derrubar, empuxar. Iap. Tçuqivotosu. ¶ Item, Cō strãnger. Iap. Sucumuru, xemuru.

Detrullo, as. Lus. Trasfegar. Iap. Vtçu uamononi vtçusu.

Detrũcatio ramorum. Lus. O cortar dos ramos. Iap. Yedauo qirivotosu coto nari.

Detrunco, as. Lus. Descabeçar, ou cortando botar fora. Iap. Cŏbeuo fanuru, qirisanasu.

Detrusus, apud iuris cōs. Lus. Deposto do officio. Iap. Yacu, curaiuo sanaxitaru mono.

Detumeo, es. Lus. Desinchar. Iap. Feru.

Deturbo, as. Lus. Derrubar com força, ou botar em baixo. Iap. Votosu, tçuqivotosu. ¶ Deturbare de mente. Lus. Alienar, ou tirar o juizo. Iap. Chiyeuo midarasu.

Deturgeo, es, si. Lus. Desinchar, ou min goar. Iap. Feru.

Deturpo, as. Lus. Afear. Iap. Miguruxiqu nasu, qegasu.

Deuasto, as. Lus. Destruir, asolar. Iap. Forobosu, arasu, faccŏ suru.

Deueho, is, exi, ctum. Lus. Leuar, ou acarretar pera baixo. Iap. Xitaye mochi facobu, motçu.

Deuello, is. Lus. Arrancar. Iap. Fiqinuqu.

Deuēlo, as. Lus. Descubrir. Iap. Vouoiuo tori noquru, arauasu.

Deuéneror, aris. Lus. Honrar, venerar. Iap. Vyamŏ, tattomu.

Deuenio, is. Lus. Vir, ou decer de lugar al to. Iap. Vye yori cudaru, voruru. ¶ Aliqñ. Vir. Iap. Mairu. ¶ Item, per trãsl. Deuenire in paupertatem, &c. Lus. Cair em pobreza. Iap. Vochiburuιu.

Deuenusto, as. Lus. Afear. Iap. Miguruxiqu nasu.

Deuérbero, as. Lus. Açoutar muito, ou dar pancadas. Iap. Qibixiqu chŏchacu suru, l, tataqu.

Deuerbium, ij, vide Diuerbium.

Deuerro, is. Lus. Varrer. Iap. Faqu, sôgi suru.

Deuersus, apud veteres. Lus. Pera baixo. Iap. Xitaye muqete.

Deuerto. Lus. Apartar, ou diuertir. Iap. Fanasu, yoquru.

Deuestio, is. Lus. Despir. Iap. Yxôuo nugu.

Deuexitas, atis. Lus. Costa, ou ladeira abaixo. Iap. Qeuaxiqi saca, catasagari.

Deuexo, as. Lus. Auexar, affligir. Iap. Xebamuru, qizzucai sasuru, nayamasu.

Deuexus, a, um. Lus. Cousa ingreme, ou alomborada. Iap. Qeuaxiqi saca, catasagari naru tocoro.

Deuictus, a, um. Lus. Cousa vencida. Iap. Vchimaqetaru mono.

Deuincio, is, xi, nctum. Lus. Atar, amarrar. Iap. Yui ximuru, caramuru. ¶ Deuinciri cupiditate. Lus. Ser preso do apetite. Iap. Iamôni tçunagaruru. ¶ Item, Obrigar com beneficios, etc. Iap. Von vomcte fodasu.

Deuinco, is, ci, ctum. Lus. Vencer. Iap. Catçu, xitagayuru.

Deuinctus, a, ũ. Lus. Cousa atada, ou amarrada. Iap. Caramerraretaru mono.

Deuio, as. Lus. Desuiarse do caminho direito. Iap. Sugunaru michini fazzururu.

Deuirgino, as. Lus. Violar a virgindade. Iap. Virgê naru nhoninuo vocasu.

Deuitatio, onis. Lus. Fugida, ou apartamento. Iap. Niguru, l, xirizoquru coto nari.

Deuito, as. Lus. Fugir, euitar. Iap. Niguru, nogaruru, xirizoquru.

Deuius, a, um. Lus. Cousa desuiada, ou apartada do caminho. Iap. Michini fazzuretaru mono.

Deunx, cis. Lus. Peso, ou medida de onze onças. Iap. Fiacume fodono vomosa. ¶ Item, Hũa medida com que medem os campos. Iap. Denbacuuo vtçu xacuzzu yeno taguy. ¶ Ex deunce aliquem hæredem facere. Lus. Deixar toda a erança a alguem tirando hũa parte. Iap. Ichibun ichiuo totte nocorito yuzzuru.

Déuolo, as. Lus. Voar de cima pera baixo.

Iap. Tobicudaru, tobu. ¶ Item, per trãs. Correr. Iap. Faxiri yuqu. ¶ Aliqn. Acolherse, ou apartarse. Iap. Taisan suru.

Deuoluo, is, ui, utũ. Lus. Lançar, ou derrubar de cima pera baixo. Iap. Tauosu, corobacasu, cocasu. ¶ Deuoluta est hæreditas, l, res. Lus. A fazenda, ou erança veo de mão ẽ mão. Iap. Sôriôxiqi sôden xitari.

Déuoro, as. Lus. Tragar, engolir. Iap. Nomicomu, vôguchini nomu. ¶ Item, Sofrer cõsigo. Iap. Ironi idasazu cānin suru.

Deuotio, onis. Lus. Offerecimento, dedicação. Iap. Sasaguru coto nari, l, cuyô.

Deuotorius, a, um. Lus. Cousa com que se hum offerece, ou dedica. Iap. Miuo sasaguru cotoba nadouo yŭ.

Deuôtus, a, um. Lus. Cousa offerecida, ou dedicada. Iap. Sasagueraretaru coto, xinmotni sadamaritaru coto. ¶ Item, Cousa execranda, & abominauel. Iap. Voso roxiqu, vtomaxiqi coto. ¶ Item, Os q̃ estam apostados a viuer, & morrer jũtamẽte. Iap. Xôjiuo morotomoni chiguiritaru chijn.

Deuoueo, es, oui, uotũ Lus. Offerecer, votar. Iap. Sasaguru, tamuquru, riŭguan suru. ¶ Item, Rogar pragas. Iap. Norô, xuso suru.

Deuôto, as. frequent. Idem.

Deûro, is, usi, ustum. Lus. Queimar. Iap. Yaqu. ¶ Item, Inflamar a serpente o lugar onde morde. Iap. Iagocurai fideracasu.

Deus, i. Lus. Deos. Iap. Tentô, tenxu, tenson, tentei.

Deustus, a, um. Lus. Cousa queimada. Iap. Yaqitaru coto.

Deuteria, æ. Lus. Agoape. Iap. Casu yori mata xiboritaru saqe.

Dextans, ãtis. Lus. Dez onças. Iap. Cujŭme fodono vomosa.

Dexter, tri, l, Dexteri, Dextra, trũ, l, Dextera, rum. Lus. Cousa que esta da mão dereita. Iap. Miguino catani ataru coto. ¶ Item, Cousa dextra, apta, ligeira pera qualquer cousa. Iap. Iiyŭ jizaino coto, taxxa naru coto. ¶ Ali. ñ.

Cousa

Cousa prospera. Iap. Sacanaru coto, nhoy manzocu naru coto.

Dextra, æ, siue Dextra manus. Lus. Mão direita. Iap. Miguino te. ¶ Dextrã dare, l, porrigere alicui. Lus. Ajudar a alguẽ. Iap. Cŏnocu suru, fiqiaguru. ¶ Item, Fé, lealdade. Iap. Chŭxin. ¶ Inijcere dextram alicui. Lus. Tomar amizade com alguem desatentadamente. Iap. Buxitioni xitaximu.

Dextera, æ. Idem.

Dexterè, adu. Lus. Prosperamente. Iap. Sacanni, cocorono mamani. ¶ Item, Bẽ, & dexteramẽte. Iap. Iiyŏ, jizaini, taxxani.

Dexteritas, atis. Lus. Dextreza, prontidam. Iap. Qiyŏ, taxxa, jiyŭ.

Déxtimus, a, um. Lus. Da parte direita. Iap. Miguino catani ataru coto.

Dextrale, is. Lus. Manilha. Iap. Vdegane.

Dextrarij. Lus. Cauallos de hũa junta. Iap. Curumauo ficasuru nifiqino vma.

Dextro, as. Lus. Fazer junta de dous caual-los. Iap. Nifiqino vmani curumauo caqu ru. ¶ Item, secundum Valam. Leuar a dextra. Iap. Norigayeuo fiqu.

Dextrocherium, ij. Lus. Bracelete douro. Iap. Foximonouo xi saixiqitaru vŏgonno vdegane.

Dextrorsum, & Dextrorsus, adu. Lus. Pera a mão direita. Iap. Miguino fŏye muqete.

Dextrouersum, adu. Idem.

D ANTE I.

Diabatra, æ. Lus. Hum genero de chinellas. Iap. Cutçuno taguy. ¶ Item, Escada por onde se sobe à nao. Iap. Taixenni noru faxi.

Diabolus, i. Lus. Diabo. Iap. Tengu, tẽma.

Diáconus. Lus. Diacono, ou ministro nos sacrificios. Iap. Voconaino toqi miyazzucŏ curaino fito.

Diacopij. Lus. Hũas abertas por õde ẽtraua a agoa do rio Nilo. Iap. Niloto yŭ daiga yori denbacuni mizzuuo toru minacuchi.

Diadêma, atis. Lus. Coroa real. Iap. Teivŏ no camuri.

Diadêmatus, a, um. Lus. O que esta ornado com esta insignia, ou diadema. Iap. Miguino camuriuo qitaru fito.

Diæresis, is, est figura apud grãmaticos, qua vna syllaba in duas diuiditur, vt Aulæ, Aulai.

Diæta, æ. Lus. Cenaculo, lugar õde se come. Iap. Iiqidŏ. ¶ Item, Modo de comer, e viuer regradamente. Iap. Xŏchŭyŏ.

Diætarij. Lus. Seruidores daquella casa em que comiam. Iap. Qiŭjino xu. ¶ Diætarij fures. Lus. Ladrões que entrauam nestas casas onde comiam pera furtar. Iap. Iiqidŏye monouo nusumanto yritaru mono.

Diætetæ, arum. Lus. Iuizes louuados. Iap. Fanja.

Diætetica, æ. Lus. Medicina que cura com dieta. Iap. Vonjiqiuo ficayete reôgi suru ygacu.

Diagramma, atis. Lus. Titolo do liuro. Iap. Guedai. ¶ Itẽ, Decreto, ou mãdado por escrito. Iap. Banminni caqi idasu fatto, furejŏ. ¶ Itẽ, Hũa certa escritura como rol, etc. pera se pagarẽ tributos. Iap. Ninbet, cadobet nadouo vosamuru tameni caqu chŏ. ¶ Item, Solfa da musica. Iap. Vtaino xŏ. ¶ Est itẽ figura geometrica.

Dialectica. Lus. Sciencia que ensina a disputar pera discernir o verdadeiro do falso. Iap. Qiojituo vaquru tameni ronzuru michiuo voxiyuru gacumon.

Dialectica, orum. Idem.

Dialecticè. Lus. Logicamente. Iap. Miguino gacumonno michini xitagatte.

Dialecticus. Lus. O que trata desta sciencia. Iap. Cono gacumonuo atçucŏ fito.

Dialecticus, a, um. Lus. Cousa que pertence a dialetico. Iap. Cano fitoni ataru coto.

Dialectos. Lus. Propriedade dalgũa lingoa. Iap. Cunigunini cauaru monono iyyŏ.

Diálogus, i. Lus. Dialogo. Iap. Tôtçu cotayetçu suru monogatari.

Dialogismus, i. Lus. Dialogismo em que hum tratando algũa cousa consigo faz asi

D d 2 pe

perguntas, e se responde. Iap. Iimon jitǒ.

Diameter. Lus. Diametro, ou linha q̃ parte igualmente a figura. Iap. Maroqi mono nadono nacauo varu sugi.

Dianœa. Lus. Entendimento. Iap. Funbetno xei, xǒriǒ. ¶ Dianœæ figuræ. Lus. Figuras rhetoricas q̃ consistem mais no sentido q̃ nas palauras. Iap. Cotoba yorimo cocorouo fonni suru Rhetoricano iy yǒ.

Diaphanum. Lus. Cousa transparente. Iap. Suqitouoru mono.

Diaphonia. Lus. Discordia, ou diferença. Iap. Ychimi, l, dǒxin xezaru cotouo yû.

Diaphora. Idem.

Diaporêsis, figura oratoria, quæ fit, quoties omnia et magna videntur, et paria, ita vt orator nesciat, vnde potissimum dicere incipiat.

Diarium, ij. Lus. Ração de cada dia, ou comer de hũ dia. Iap. Ichijitno fanmai. ¶ Item, Liuro e que se escreuẽ as cousas que se fazem cada dia. Iap. Finicqi.

Diarius, a, um. Lus. Cousa de hũ dia. Iap. Ychijitno aidano coto.

Diarrhæa. Lus. Disenteria. Iap. Ribiǒ.

Diastêma. Lus. Espaço, ou interuallo. Iap. Ai, aida.

Diathêca, æ, & Diatheca, orum. Lus. Testamento. Iap. Yuzzurijǒ. ¶ Item, Erâça que vem por testamẽto. Iap. Yuzzuri.

Dibapha, siue Dibaphos. Lus. Purpura duas vezes tinta. Iap. Futaxiuo sometaru curenai, saijǒno curenai.

Dica, æ. Lus. Feito de demãda, ou a demanda. Iap. Cuji satano rifiuo caqitatetaru xo, l, cuji sata.

Dicácitas, atis. Lus. O dizer bõs ditos. Iap. Fanaxi.

Dicatio, onis. Lus. Dedicação, ou apropriação. Iap. Sasaguru cotonari, ategǒcoto nari.

Dicax, âcis. Lus. Chocarreiro, & homẽ q̃ diz bons ditos. Iap. Fanaxite.

Dicaculus, & Dicacula. dim. Idem.

Dichoreus, pedis genus est ex duobus cõstans trocheis.

Dichótomos. Lus. Partido polo meio, ou diuidido em duas partes. Iap. Futatçuni vaqetaru mono.

Dico, as. Lus. Cõsagrar, dedicar. Iap. Sasaguru. ¶ Itẽ, Entregar, offerecer. Iap. Vatasu, sasaguru.

Dico, is, xi, ctum. Lus. Falar, dizer, contar. Iap. Monouo mǒsu, yû, cataru. ¶ Itẽ, apud oratores, Falar elegante, & copiosamente. Iap. Bejetni monouo yû. ¶ Itẽ, Chamar, nomear. Iap. Nazzuquru. ¶ Qñq;, Prometer. Iap. Yacusocu suru. Vt dicere dotem, l, cœnam. ¶ Quãdoq; Mostrar. Iap. Misuru. ¶ Quãdoq; Denũciar. Iap. Xirasuru. ¶ Dicere leges. Lus. Mandar, ou dar leys aos vencidos. Iap. Xitagayetaru mononi fattouo sadamuru. ¶ Dicere causam. Lus. Responder o reo por si. Iap. Nanguo iy firaqu. ¶ Dicere multam. Lus. Impor certa pena pecuniaria. Iap. Quataitoxite caneuo caquru. ¶ Dicere diem. Lus. Citar a alguem. Iap. Cuji qetgiacuno tameni tadaxiteno mayeni mexi idasu. ¶ Interd. etiã extra iudicium, Dicere diem. Lus. Determinar, ou assinalar o dia. Iap. Nichiguenuo sadamuru. ¶ Dicere salutem alicui. Lus. Saudar, ou dar encomendas a alguem. Iap. Cotozzuteuo suru, l, dengonuo mǒsu. ¶ Dicere sacramẽto. Lus. Iurar dos soldados quando prometem de não desemparar a Rep. Iap. Coccani taixite guncuxin arumajiqitono xeimonuo tatçuru. ¶ Dicere ad voluntatem alicuius. Lus. Lisongear. Iap. Tçuixǒuo yû. ¶ Qñ andoq; Dedicar. Iap. Qixin suru. ¶ Item, Cantar. Iap. Vtǒ. ¶ Dicere nomen alicui. Lus. Por nome a alguem. Iap. Nauo tçuquru. ¶ Dicere repudium. Lus. Repudiar. Iap. Saru, ribet suru. ¶ Ius dicere. Lus. Iulgar, ou gouernar juridicamente. Iap. Tadaxiteuo yacuuo tçutomuru. ¶ Dicere de scripto. Lus. Dizer por escrito. Iap. Yomi qicasuru. ¶ Dicere ex tẽpore. Lus. Orar derepẽte. Iap. Nitacani, l, toriayezu danguı suru. ¶ Dicere

cere testimonium, & testimonia. Lus. Testemunhar, prouar com testemunhas. Iap. Xôninuo tatete iy catamuru.

Dictamnũ, I, Dictamnus, i. Lus. Dictamo erua. Iap. Cusano na.

Dictata, orum. Lus. Anotaçoens que dà o mestre pera escreuer. Iap. Qiqigaqi. ¶ Itẽ, Documentos que se dam em quaisquer outras artes. Iap. Xogueino fatto, xi qimocu.

Dictator, oris. Lus. Dictador, nome de hũa dignidade suprema que se fazia em Roma em tempos trabalhosos. Iap. Romani voite daijini vo yobu toqi, banjiuo sabacaruru vo sameteno na nari.

Dictatorius, a, um. Lus. Cousa que pertence a este dictador. Iap. Miguino vosame teni ataru coto.

Dictatura, æ. Lus. Dignidade deste dictador. Iap. Miguino fitono xocu.

Dictatrix, icis. Lus. A que manda, e ordena o que se ha de fazer. Iap. Guegi suru vonna.

Dicteria, orum. Lus. Ditos de zombaria, & graças que tocão. Iap. Ajaragacattaru atecu.

Dictio, onis. Lus. Palaura, ou dição. Iap. Cotoba. ¶ Dictio testimonij. Lus. Dereito de poder testemunhar. Iap. Xôconi tatçu chicara, yuruxi. ¶ Item, Oração rhetorica, & elegante. Iap. Benjetni yǔ cotouari. ¶ Item, Oraculo. Iap. Tacuxẽ, micotonori.

Dictiosus. Lus. Chocarreiro, homem de bons ditos. Iap. Fanaxite.

Dictito, as. frequent. à Dicto. Lus. Falar muito a miude. Iap. Tabitabi cataru.

Dicto, as. frequent. à Dico. Lus. Notar, ou ditar a outro que escreue. Iap. Mongonuo yŭte caca suru. ¶ Item, Ditar a rezão, &c. Iap. Dŏriga voxiyuru. ¶ Itẽ, Prometer. Iap. Qeiyacusuru, yacuiocu, I, yacudacu suru. ¶ Dictare actionem, siue iudicium aduersario. (apud iuris cons.) Lus. Notificar ao reo. Iap. Cuji satano aiteni tçuguru.

Dictum, i. Lus. Dito, palaura, sentença. Iap. Go, cotoba, cotouaza. ¶ Item, Cousa dita. Iap. Iytaru coto. ¶ Dicto audiens. Lus. Obediente. Iap. Xitagŏ mono. ¶ Item, Dicta. Lus. Graças, zombarias. Iap. Zare coto, xiuoraxiqi cotoba.

Dicturio, ris. Lus. Ter desejo de dizer. Iap. Iytai, iytagaru.

Didascalia. Lus. Doutrina, ensino. Iap. Xinan, voxiye.

Didáscalus. Lus. Mestre. Iap. Xixŏ.

Dido, is, didi, diditum. Lus. Repartir. Iap. Vaquru, bunbunni suru. ¶ Item, Espalhar, & diuulgar. Iap. Iy firomuru, iy furasu.

Didôron. Lus. Cousa do tamanho de dous palmos. Iap. Ixxacu gosun fodono mono.

Didrachmum, i. Lus. Hum genero de moeda. Iap. Guinxenno taguy.

Diduco, is, xi, ctum. Lus. Diuidir, leuar a diuersas partes. Iap. Vaquru, fŏbŏye vaqete yaru.

Diécula, æ, dim. à Die. Lus. Breue espaço de tempo. Iap. Zanji.

Dierecti. Lus. Crucificados. Iap. Fattçuqeni caqetaru mono. ¶ Directus (apud veteres) Dia acinhago. Iap. Imauaxiqi fi. ¶ Dierectà, adu. Lus. Em má hora. Iap. Qimete voi idaru cotoba nari.

Dies, ei. Lus. Dia. Iap. Fi. ¶ Item, Fœmgen. Lus. Tempo indeterminado. Iap. Itbun, toqi, aida: vt Dies longa. Lus. Longo tempo. Iap. Fisaxiqi aida, tajit. ¶ Dies ciuilis. Lus. Dia de vinte quatro horas que começa des da meia noite ate a outra meia noite seguinte. Iap. Yasan yori yatan madeuo ychijitto suru fi. ¶ Dies naturalis. Lus. Dia desde que nace o sol, ate que se poem. Iap. Nichirin izzuru toqi yori iru madeuo ichijit to suru fi. ¶ Interd. Dies, absolutè. Lus. Dia des de que amanhece ate que anoitece. Iap. Bimei yori quŏcon madeuo ichijit to to ſitu fi. ¶ Die craſtini. Lus. Amenhâa. Iap. Miŏnichi. ¶ Dies ſeptimi. Lus. Septimo dia. Iap. Nanucame. ¶ Dies feſti. Lus. Dias de feſta. Iap. Iuaino fi. ¶ Dies profeſti. Lus. Dias de fazer. Iap. Tçuneno fi. ¶ Dies interciſi. Lus. Dias comũs pera feſtas, & culto diuino, & pera trabalho, ou negocios humanos. Iap. Iuaiuomo, xigoto uomo ſuru coto canŏ fi. ¶ Dies Solis, l, Phœbi. Lus. Domingo. Iap. Domingono fi. ¶ Dies Lunæ. Lus. Segunda feira. Iap. Segundano fi. ¶ Dies Martis. Lus. Terça feira. Iap. Terçano fi. ¶ Dies Mercurij. Lus. Quarta feira. Iap. Quartano fi. ¶ Dies Iouis. Lus. Quinta feira. Iap. Quintano fi. ¶ Dies Veneris. Lus. Sexta feira. Iap. Sextano fi. ¶ Dies Saturni. Lus. Sabbado. Iap. Sabbadono fi. ¶ Dies critici, l, criſimi. Lus. Dias ẽ que ſe pode dar juizo, ou fazer cõjectura da doença. Iap. Ixano reôgiuo ſuruni cangayuru fi. ¶ Die quarti, & die quartæ. Lus. Ao quarto dia que vem. Iap. Core yori yoccameni. ¶ Die priſtini, l, priſtinæ. Lus. No dia atras. Iap. Ichijit mayeni. ¶ In diem viuere. Lus. Ganhalo, e comelo ſem cuidado do que eſta por vir. Iap. Ichinichi, ichinichito mino faguemi vomotte inochiuo tçugu.

Dieſcit. Lus. Amanheçe, ou fazſe dia. Iap. Yoga aquru, l, acaqu naru.

Diéteris. Lus. Eſpaço de dous annos. Iap. Ninenno aida.

Diffâmo, as. Lus. Deitar fama, l, eſpalhar roim fama de alguem. Iap. Iy firomuru, l, acumiŏuo ſaraſu.

Diffarreatio, ſacrificij genus inter virum, & vxorem, quo coniugium diſſoluebant.

Differcio, is, ci, tum. Lus. Encher, e recalcar. Iap. Mitaſuru, voxitçuqete ippai iruru.

Differentia, æ. Lus. Differença. Iap. Xabet, cauari.

Differitas, atis. apud antiq. Idem.

Differo, ers, diſtuli, dilatum. Lus. Dilatar como tempo, &c. Iap. Fi nadouo noburu. ¶ Interd. Leuar, & apartar pera diuerſas partes. Iap. Fŏbŏye fiqichiraſu, fanaſu. ¶ Itẽ, Diuulgar. Iap. Iychiraſu, yi firomuru. ¶ Interd. Pôr por ordem. Iap. Xidaini voqu. ¶ Item, Differencearſe. Iap. Chigŏ, cauaru ¶ Item, Diuidir, & cortar. Iap. Qiru, vaquru.

Diſſibulo, as. Lus. Deſatar o cinto, &c. Iap. Vobi, fibo nadouo toqu.

Difficilè, Difficiliter, & Difficulter, aduerb. Lus. Difficultoſamente, com muito trabalho, l, eſcaſſamente. Iap. Narigataqu, l, xinrŏ vomotte, yŏyŏ.

Difficul. apud antiq. Idem.

Difficilis, e. Lus. Couſa trabalhoſa, e difficultoſa. Iap. Xigataqi coto, xinrŏ naru coto, narigataqi coto.

Difficultas, atis. Lus. Difficuldade, ou trabalho. Iap. Xinrŏ, tema, zŏſa. ¶ Itẽ, Falta, mingoa. Iap. Fuſocu, funhoy: vt difficultas rei nũmariæ, aut frumentariæ.

Diffidenter, adu. Lus. Deſconfiada, & timidamente. Iap. Tanomoxiqi naqu xite, vocubiŏni.

Diffidentia, æ. Lus. Deſconfiança, temor. Iap. Tanomoxicarazaru cotouo yŭ, vocubiŏ.

Diffido, is. Lus. Deſconfiar, deſeſperar. Iap. Tanomanu, tanomoxiqiuo vxinŏ.

Diffindo, is, di, ſum. Lus. Fender, rachar. Iap. Qiri varu, vchivaru. ¶ Diffindere diem. Lus. Dilatar a couſa pera outro dia. Iap. Monouo tçuguino fini noburu.

Diffingo, is, xi, ctũ. Lus. Deſmanchar, & desfazer algũa couſa feita. Iap. Tçucuritaru cotouo vchicuzzuſu.

Diffinio, is, iui, itum. Lus. Difinir, ou determinar. Iap. Monono xŏuo arauaſu, l, monouo ſadamuru.

Diffinitè, adu. Lus. Determinadamente. Iap. Sadamarite, caguirite.

Diffinitio, onis. Lus. Difinição. Iap. Monono xŏuo arauaſu cotouo yŭ.

Diffiſus. Lus. Deſconfiado. Iap. Tanomi naqi mono.

Diffiteor, eris. Lus. Nãc confeſſar, ou negar. Iap. Sangue xezu, chinpŏ ſuru, aragŏ.

Diſt.

Difflo, as. Lus. Derrubar asoprádo. Iap. Fuqi votosu, fuqitauosu.

Diffluo, is, xi, xũ. Lus. Correr cousa liquida pera diuersas partes. Iap. Coco caxico ye nagaruru. ¶ Sudore dffluere. Lus. Banharse em suor. Iap. Axeni fitaru. ¶ Diffluere otio, & luxuria. Lus. Darse muito a ociosidade, e luxuria. Iap. Iaracuni tonzuru, fitaru.

Diffringo, is, egi, actum. Lus. Quebrar em muitas partes. Iap. Vchivaru, vchicudaqu.

Diffugio, is. Lus. Fugir pera diuersas partes. Iap. Nigue aruqu, taxiri chiru. ¶ Item, per transl. Recusar. Iap. Iitai suru. ¶ Itẽ, Fugir, guardarse. Iap. Niguru, yôjin suru.

Diffugium, ij. Lus. Refugio. Iap. Niguedocoro, tanomidocoro.

Diffundo, is, di, sum. Lus. Derramar, espalhar. Iap. Nagaxi sutçuru, l, chirasu. ¶ Itẽ, Dilatar. Iap. Firoguru, noburu. ¶ Diffundere animũ alicuius. Lus. Recrear a alguem. Iap. Fitono qiñcutuo nôbesasuru, l, cocorouo nagusamuru.

Diffusè, adu. Lus. Larga, & diffusamente. Iap. Firoqu chiraite.

Diffusio, onis. Lus. Derramamento. Iap. Nagare, l, chirasu cotouo yũ. ¶ Itẽ, Dilatação. Iap. Firomuru coto, l, noburu cotouo yũ. ¶ Diffusio animi. Lus. Recreação do animo. Iap. Cocorono nagusami.

Diffusus, a, um. Lus. Cousa derramada, espalhada. Iap. Nagasaretaru mono, chirasaretaru mono.

Digamus, i, & Digama, æ. Lus. Casado, ou casada duas vezes. Iap. Futatabi yenpen no mi subitaru mono.

Digero, is, gessi, stum. Lus. Ordenar, ou despor. Iap. Xidaiuo sadamuru, xidaini voqu. ¶ Aliqn. Interpretar, declarar. Iap. Yauaraguru, iyvaquru. ¶ Quandoq; Cozer, e digerir. Iap. Xocuuo xôsuru. ¶ Itẽ, per transl. Digerere mandata. Lus. Executar o q̃ se manda. Iap. Fitono guegino tçutomuru.

Digestio, onis. Lus. O ordenar, ou despor. Iap. Xidaini voqu coto nari. ¶ Item, Digestão. Iap. Xocuuo xôsuru coto nari.

Digenes, ei. Idem.

Digitalia, orũ. Lus. Didal, l, dedeira deseg, dores, &c. Iap. Yubinuqi.

Digitâlis, e. Lus. Cousa do tamanho de hũ dedo. Iap. Yubi fodono mono, fitotçubuxe.

Digitâtus, a, um. Lus. Cousa que tem dedos. Iap. Yubi aru mono.

Digitellus, l, Digitellum, i. Lus. Erua ponteira. Iap. Cusano na.

Digítulus, & Digitellus, i. dim. Lus. Dedinho Iap. Chijsaqi yubi.

Dígitus, i. Lus. Dedo. Iap. Yubi. ¶ Digitum tollere. Lus. Fauorecer, ou dar voto por alguẽ. Iap. Chisô suru, l, côriocuni naru. ¶ Digitum deprimere. Lus. Não fauorecer, ou não dar voto por alguem. Iap. Chisô xezu, côriocuni narazu. ¶ Extremis digitis attingere. Lus. Tocar leuemẽte. Iap. Sotto sauaru. ¶ Metiri digitis. Lus. Fazer algũa cousa com sobeja exação. Iap. Amaru fodo xissuru. ¶ Monstrari digito. Lus. Ser insigne. Iap. Fitoni yubiuo sasaruru. ¶ Digitus aquæ. Lus. Hũ anel dagoa. Iap. Yubino xei fodoni nagaruru mizzu.

Digladior, aris. Lus. Esgremir, ou jugar ás cutiladas. Iap. Qiriyǒ. ¶ Item, Contender. Iap. Tatacǒ, ronzuru.

Dignandus. Lus. Cousa pera se estimar. Iap. Mochijrarubeqi coto.

Dignatio, onis. Lus. Hóra, reputação. Iap. Ninjenno xǒquan, mochij, vyamai.

Dignè, adu. Lus. Digna, e conuenientemẽte. Iap. Taxxite, mottomo, niyǒte. ¶ Itẽ, Conforme aos merecimentos. Iap. Chũxet, l, cuiqini xitagatte.

Dignitas, atis. Lus. Dignidade, nobreza, reputação. Iap. Curai, yoqi zocuxǒ, mochij. ¶ Interd. Gentileza viril. Iap. Vottono yǒgan birei. ¶ Dignitas in sermone. Lus. Grauidade, & modestia no falar. Iap. Monogatarino jinjǒ, vomouomoxisa.

Digno, as, l, Dignor, aris, depon. Lus. Ter por bem.

bem, julgar por digno. Iap. Mottomo xi carubexi tu vomô.

Dignor, aris, paſſiu. Lus. Ser tido por digno Iap. Mottomo naru.

Dignôro, as. Lus. Pòr marca, ou ferrete. Iap. Yaqijiruxiuo ſuru.

Dignoſco, is, oui, otum. Lus. Conhecer, e diſcernir. Iap. Mixiru, mivaquru.

Dignus, a, um. Lus. Couſa digna, ou merecedora. Iap. Curiqini voyobu coto, curaini voyobu coto, monono vquru mironaru coto.

Digredior, eris, eſſus ſum. Lus. Partirſe de algum lugar. Iap. Tachi yuqu, ſaru, vacaruru, fanaruru.

Digreſſio, onis. Lus. Partida, ou apartamẽto. Iap. Tatçucoto, ſarucoto no yŭ, vacare.

Digreſſus, us. Idem.

Digreſſus, a, um. Lus. Partido de lugar, ou apartado. Iap. Tachitaru mono, vacaretaru mono. ¶ Digreſſa. Lus. Apartada, ou deſquitada do marido. Iap. Vottoni ribet xitaru vonna.

Dijambus, i. Pes metricus ex duobus iābis conſtans.

Diiudicatio, onis. Lus. Debate, e cõtenda de juizes. Iap. Xengui yomotteno qiŭmei.

Dijúdico, as. Lus. Iulgar exactamente, e debater. Iap. Xenguiuomotte qiŭmeiuo ſuru. ¶ Item, Deslindar. Iap. Rifiuo yaquru.

Diiungo, is, xi, nctum. Lus. Deſunir, ou apartar. Iap. Fiqi vaquru, torifanaſu.

Dilabidus, a, ũ. Lus. Couſa caidiça, perecedeira. Iap. Fate yaſuqi coto, tauore yaſuqi coto.

Dilâbor, eris, apſus ſum. Lus. Apartarſe, yrſe ſecretamente. Iap. Fiſocani niguru, fanaruru. ¶ Item, Yrſe eſcorregando, ou caindo. Iap. Suberi votçuru, tauoruru. ¶ Aliqñ. Desfalecer, ou deſcair. Iap. Vororoyuru.

Dilacero, as. Lus. Deſpedaçar. Iap. Qiriſaqu, fiqiſaqu. ¶ Dilacerare opes. Lus. Eſperdiçar, ou conſumir as riquezas. Iap. Xotai, l, tacarauo tçuçai tçuyaſu. ¶ Dilacerare rempub. Lus. Deſtruir a rep. Iap. Tencauo botacu ſaſuru.

Dilanio, as. Lus. Deſpedaçar. Iap. Fiqiſaqu, qiriſaqu. ¶ Dilaniare comas. Lus. Carpirſe, deſcabelarſe. Iap. Camino canaguru, caqimidaſu.

Dilapido, as. Lus. Deſtruir, gaſtar, cõſumir. Iap. Cuzzuſu, tçucaifataſu, tçuiyaſu. ¶ Item, Alimpar algum lugar das pedras. Iap. Ixiuo torinoquru, firoi ſutçuru.

Dilapſus, a, um. Lus. Couſa caida, ou que deſcayo. Iap. Suberiivochitaru mono, l, vororoyetaru mono.

Dilargior, iris, itus ſum. Lus. Dar a diuerſos francamente. Iap. Quacquato mononuo fodocoſu, quŏqini atayuru.

Dilâto, as. Lus. Dilatar, alargar, eſtender. Iap. Firomuru, firoguru, noburu.

Dilaudo, as. Lus. Louuar. Iap. Fomuru.

Dilemma, atis, & Dilemmatum, i. Lus. Hũ genero de argumẽto que conuence ao aduerſario por ambas partes. Iap. Aiteuo iytçumuru futatçuno ri aru dŏri.

Diligens, ẽtis. Lus. Diligẽte, & cuidadoſo. Iap. Saicanna cocorogaqe aru fito, qimo iru fito, xeiuo iruru fito.

Diligenter, adu. Lus. Diligentemente, com cuidado. Iap. Saicani, cocorogaqete, xeiuo irete.

Diligentia, æ. Lus. Diligencia, & cuidado. Iap. Saican, cocorogaqe, xeirhen.

Diligo, is, exi, ctum. Lus. Amar. Iap. Taixetni vomô, l, vomô. ¶ Itẽ, Diuidir. Iap. Vaquru.

Dilogia, æ, figura eſt, cùm ambiguum dictũ duas res ſignificat.

Dilorico, as. Lus. Raſgar, romper. Iap. Fiqiſaqu, fiqiyaburu.

Diluceo, es, uxi. Lus. Reluzir, reſplandecer. Iap. Ficaru, cacayaqu. ¶ Item, per traſl. Ser claro, e manifeſto. Iap. Funmiŏ naru

Diluceſcit. Lus. Amanhecer. Iap. Yoga aquru.

Dilucidè, adu. Lus. Clara, e manifeſtamente. Iap. Aqiracani, meifacuni.

Dilucido, as. Lus. Aclarar, ou declarar. Iap. Aqiramuru, iyvaquru.

Dili

Dilucidus, a, um. Lus. Cousa clara, e manifesta. Iap. Aqiracanaru coto, meifacu naru coto.

Dilucułascit. Lus. Começa amanhecer. Iap. Aqebononi narifajimaru.

Dilúculo, as. Lus. Romper da alua, ou amanhecer. Iap. Aqebononi naru, yoaqeni naru.

Diluculò, adu. Lus. Ante manhaã, ou de madrugada. Iap. Sŏtenni, bimeini, asa tocçu.

Diluculum, i. Lus. Tempo dalua, ou manhaam. Iap. Aquru cotouoi, aqebono, bimei.

Diludia, orum. Lus. Interpolação de jogos, ou de outros exercicios. Iap. Asobi, feifó nadouo yamuru cotouo yŭ.

Diluo, is, lui, lutum. Lus. Lauar, alimpar. Iap. Arai qiyomuru. ¶ Item, Resoluer, ou desfazer. Iap. Toqu, toracasu. ¶ Itẽ, Misturar, ou temperar com outro liquor. Iap. Mazuru, vmeauasuru. ¶ Item, per transl. Diluere molestiam. Lus. Desabafar, ou tirar os enfadamentos. Iap. Qizzucaiuo farasu. ¶ Item, Declarar. Iap. Yauaraguru, iy firaqu. ¶ Diluere crimina. Lus. Defender asi, ou a alguẽ decrimes, e obieiçoẽs. Iap. Vqetaru ayamari, l, chijocuuoiy tarasu.

Dilŭtum, i. Lus. Liquor ẽ que esteue algũa cousa demolho. Iap. Coxituo xitaru saqe, abura nado.

Dilũtus, a, um. Lus. Cousa misturada, e temperada. Iap. Majiyuru coto, vmeauaxetaru coto. ¶ Dilutus color. Lus. Còr destemperada como com agoa, ou menos intensa. Iap. Mizzu nadonite nobetaru yenogu.

Diluuio, as. Lus. Alagar com enchentes. Iap. Vômizzuga izzuru; vt, dẽbacu nado ni vômizzuga izzuru, afururu.

Diluuium, ij. Lus. Diluuio, ou enchentes dagoa. Iap. Vômizzu, côzui. ¶ Per metaph. Destruição. Iap. Metbŏ.

Diluuies, ei. Idem.

Dimâno, as. Lus. Correr, manar ẽ diuersas partes. Iap. Fŏbŏye nagaruru, vaqi izzuru.

Dimensio, onis. Lus. Medida. Iap. Fácaru. cotouo yŭ.

Dimensus, a, um, particip. Lus. Cousa medida. Iap. Facaritaru coto. ¶ Item, O q̃ mede. Iap. Facaru mono.

Dimetiens, entis. Lus. Diametro, linha q̃ diuide a figura igualmente. Iap. Monono mannacauo fiqitouosu sugi.

Dimetior, îris, ensus sum. Lus. Medir, com passar. Iap. Facaru, sun, l, xacuuo toru.

Dimêtor, aris. Idem.

Dimicatio, onis. Lus. Peleija. Iap. Toriai, tatacai.

Dimico, as. Lus. Peleijar. Iap. Toriyŏ, tatacŏ.

Dimidiatim, adu. Lus. Polo meio. Iap. Fanbunni, mannaca yori.

Dimidiatus, a, um. Lus. Diuidido em duas partes. Iap. Mannaca yori varitaru mono.

Dimidius, a, um. Lus. Cousa meia. Iap. Fãbun naru coto.

Diminuo, is, vi, utũ. Lus. Deminuir, desfazer, adelgaçar. Iap. Ferasu, fosomuru.

Diminutio, onis. Lus. Deminuição. Iap. Ferasu coto nari. ¶ Diminutio capitis, apud iuris cons. Mudança do proprio estado em outro pior. Iap. Curaino sagaritaru cotouo yŭ.

Diminutus, a, um. Lus. Deminuido. Iap. Feritaru mono.

Dimissoriæ literæ sunt, quæ vulgò apostolicæ dicũtur, quòd per eas ad eum, qui appellatus est, dimittitur.

Dimissus, a, um. Lus. Cousa deixada. Iap. Fanasaretaru mono.

Dimitto, is, si, ssum. Lus. Mandar a diuersas partes. Iap. Fŏbŏye tçucauasu. ¶ Aliqñ. Despidir, ou largar. Iap. Inasuru, idasu, itomauo dasu. ¶ Aliqñ. Permitir. Iap. Macasuru, yurusu. ¶ Aliqñ. Deixar, ou desẽparar. Iap. Fanasu, misutçuru. ¶ Aliqñ. Satisfazer ao acredor. Iap. Caxiteno cocorouo nadamuru, nozomiuo canayuru, xacuxenuo nasu, l, tassuru.

Dimoueo, es, oui, otum. Lus. Apartar, ou afas-

E e

taltar. Iap. Fiqi noqunu, fiqitanasu.
Dinumeratio, onis. Lus. Conta. Iap. Cazoyuru cotonari, l, cangiǒ.
Dinumero, as. Lus. Contar. Iap. Cazoyuru.
Diobolares meretrices dicuntur, quæ duobus obolis conducuntur.
Diœcêsis, is. Lus. Cargo, gouerno, jurisdiçaõ. Iap. Yacu, saiban, daiquanxocu, xocauno chi. ❡ Diœcêsis in Patrum decretis. Lus. Bispado, ou jurisdição episcopal. Iap. Bispono xindaino bun, yacuxo.
Diœcætes. Lus. Procurador de algũ rey, ou senhor grande. Iap. Teivǒ, qinin, cǒqeno daiquan.
Dionysia, orum, festa erant Athenis in honorem Bacchi instituta.
Dioptra, æ. Lus. Instrumẽto cõ que os geometras tomam a distãcia, largura, &c. Iap. Geometrato yŭ gacuxǒ monono yǒqiu, cǔgueuo facaru dǒgu.
Diôta, siue Dyota, æ. Lus. Iarra, ou talha de duas asas pera guardar vinho. Iap. Riǒbǒni totteno aru sacatçubo.
Diplois, idis. Lus. Vestido forrado. Iap. Auaxeno yxǒ.
Diplôma, atis. Lus. Patẽte, prouisão, ou bula. Iap. Rinxi, qiojǒ, mẽqiono jǒ, mi gueǒxo. ❡ Itẽ, apud iuris consf. Presa no caminhar. Iap. Michiuo ariqu fayasa.
Dipondium, & Dipondius, siue Dupondium, & Dupondius. Lus. Hũa certa moeda. Iap. Iennino taguy.
Dipondiarius, a, um. Lus. Cousa do tamanho desta moeda. Iap. Miguino jenino vǒqisa naru mono.
Diradio, as. Lus. Fazer algũa cousa a maneira de rayos. Iap. Fi axino narini monouo tçucuru.
Diræ, arum. Lus. Furias infernaes, ou maldições que se rogam inuocando certos deoses. Iap. Gigocuno asǒraxet, chǒbucu, norǒ cotouo yŭ.
Directè, l, Directò, adu. Lus. Direitamente. Iap. Sugu uni, ichimonjini.
Directio, onis. Lus. Direção, ou o encaminhar. Iap. Michibiqu coto nari.
Directum, i. Lus. Direito. Iap. Sugunaru coto, renchocu.
Directus, a, um. Lus. Cousa direita. Iap. Sugunaru coto.
Diremptus, us. Lus. Apartamento, diuisão. Iap. Fanare, vacare.
Diremptio, onis. Idem.
Direptio, onis. Lus. Roubo, saco. Iap. Rãbǒ.
Diribitarium, ij. Lus. Lugar onde se fazia resenha, e se pagaua aos soldados. Iap. Chacutǒni tçuqitaru ninjuuo aqirame, fuchicatauo vatasu tocoro. ❡ Item, Lugar onde estam os que seruem a mesa, &c. Iap. Miyazzucaino mononofu ydocoro.
Diribitores. Lus. Os que faziam a paga aos soldados. Iap. Ninjuni fuchiuo vatasu bu guiǒxu. ❡ Item, Os que seruẽ. Iap. Miyazzucaino xu.
Diribo, is. Lus. Distribuir. Iap. Vaquru, cubaru.
Dirigeo, es, vi. Lus. Engelarse cõ frio, medo, &c. Iap. Cogoyuru, coueru, vosorete furui vananaqu.
Dirigo, is, exi, ctum. Lus. Dirigir, enderei tar. Iap. Michibiqu, suguni nasu.
Dirimo, is, emi, emptum. Lus. Apartar, diuidir. Iap. Fanasu, torivaquru. ❡ Item, Desfazer, destruir. Iap. Muiocuni nasu, yamuru, cuzzusu. ❡ Dirimere litem. Lus. Deslindar a demanda, ou contenda. Iap. Cujiuo saiqio suru. ❡ Dirimere tempus. Lus. Dilatar o tempo. Iap. Toqi, fiuo vtçusu, noburu.
Diripio, is, vi, eptum. Lus. Arrebatar, saquear. Iap. Vbaitoru, ranbǒ suru.
Diritas, atis. Lus. Crueldade. Iap. Iqidouori, qendon fǒit. ❡ Morum diritas. Lus. Aspereza, ou condição forte. Iap. Qitçuqi catagui.
Dirumpo, is. Lus. Rõper, ou rasgar cõ violẽcia. Iap. Fiqisaqu, fiqiyaburu, voxiyaburu. ❡ Itẽ, per trãsl. Dirumpi dolore. Lus. Arrebentar de dor, ou paixam. Iap. Xǔchǒ suru, corzuini texxite itamu.
Diruncino, as. Lus. Cortar, destruir. Iap. Qiru, cuzzusu.

Di

Dirunçio, as. Lus. Alimpar, e roçar como mato, &c. Iap. Sŏgi furu, qirifarŏ. Antiquum est.

Diruo, is, vi, utum. Lus. Derribar como edificios, e destruir. Iap. Vchitauosu, faqiacu suru, forobosu.

Dirus, a, um. Lus. Cousa cruel, feroz. Iap. Araqe naqi mono, qendon fóit narú mono. ¶ Aliqñ. Cousa grande. Iap. Vôqinaru mono.

Dis, tis. Lus. Rico, ou rica. Iap. Buguenxa, fucuyŭ naru mono. ¶ Item, apud antiquos, diuitiarum, & inferorum Deus.

Discalceo, as. Lus. Descalçar. Iap. Faqimono nadouo nugu.

Discapédino, as. Lus. Abrir. Iap. Aquru, firaqu. Apul.

Discaueo, es. Lus. Precatarse diligentemente. Iap. Migamaye suru, fucaqu yôjin suru. Plaut.

Discêdo, is, ssi, ssum. Lus. Partirse de lugar, apartarse. Iap. Tocorouo tatçu, fanaruru, taguiŏ suru. ¶ Item, Tirar, & exceptar. Iap. Noquru. vt, cũ discelsi à parentibus, nemo est mihi te carior. i. parentibus exceptis. ¶ Discedere in sententiam alicuius. Lus. Approuar, ou seguir o parecer de outro. Iap. Fitono zonbunni tçuqu. ¶ Si possum discedere. Lus. Se posso sair com isto. Iap. Zonbunno mamani naruni voiteua. ¶ Interd. Abrirse, ou fenderse como terra, &c. Iap. Varuru.

Disceptatio, onis. Lus. Contenda, disputa, ou demanda. Iap. Iôron, arasoi, mondŏ, l, cuji.

Disceptatŏr, oris. Lus. Iuiz dalgũa cousa, ou disputa. Iap. Tadaxite, l, saiqio suru fito.

Disceptatrix, icis. fœm. Idem.

Discepto, as. Lus. Contender, disputar. Iap. Ronzuru, mondŏ suru. ¶ Aliqñ. Determinar, cõcertar. Iap. Sadamuru, sumasu, toronoyuru. ¶ In vno prælio omnis fortuna reip. disceptat. Lus. Em hũa batalha consiste o estado, & ventura da republica. Iap. Tencano anpu fitocaxxenni aru.

Discerniculum, i. Lus. Hum instrumẽto pera apartar, ou diuidir os cabelos das molheres. Iap. Camigueuo qezzuri vaquru camisaxi. ¶ Item, per trãsl. Differença. Iap. Xabet, fedate.

Discerno, is, creui, etum. Lus. Apartar, ou discernir. Iap. Vaquru, tadasu, vaqimayuru. ¶ Aliqñ. Conhecer distinctamente. Iap. Aqiracani mixiru. ¶ Discernere litem. Lus. Desfazer a contenda. Iap. Cujiuo ai sumasu.

Discerpo, is, psi, ptum. Lus. Rasgar, ou despedaçar. Iap. Qiri vaquru, l, fiqisaqu.

Discerptus, a, um. Lus. Cousa despedaçada. Iap. Fiqisaqitaru coto.

Discessio, onis. Lus. Partida de lugar, apartamento. Iap. Tocorouo tatçu cotouo yŭ, l, vacare. ¶ Item, Diuorcio, ou apartamento de casados. Iap. Fŭfuno ribet. ¶ Discessionem facere in sentẽtiã alicuius. Lus. Seguir o pareçer dalguem. Iap. Tano zonbunni macasuru, l, dôxin suru.

Discessus, us. Idem. ¶ Item, Discessus terræ. Lus. Abertura da terra. Iap. Gino vareme. ¶ Discessus cæli. Lus. Rompimento do ceo q̃ parece quãdo ha relampagos, ou trouões. Iap. Raidenno toqi, tenno saqe yabururu yŏ naru cotouo yŭ.

Discinctus, a, ũ. Lus. Desapertado, ou sem cinto. Iap. Vobiuo xenu mono. ¶ Itẽ, Negligente, e deleixado. Iap. Nibuqi mono, nuruqi mono, buxŏ naru mono.

Discindo, is, di, ssum. Lus. Rasgar, fender. Iap. Saqu, vaquru, varu. ¶ Discindere amicitiam. Lus. Quebrar as amizades. Iap. Vomô nacauo saquru, yoqi nacauo fiqivaquru, guijet suru.

Discingo, is, xi, nctum. Lus. Desapertar, ou discingir. Iap. Vobiuo toqu. ¶ Interd. Desfazer, refutar. Iap. Iyeuzzusu.

Disciplina, æ. Lus. Arte, doutrina, ensino. Iap. Gacumon, qeico. ¶ Item, Bons, ou maos costumes. Iap. Yoxi, axino narauaxe, catagui. ¶ Itẽ, Instituto, ou regra. Iap. Tatefa, sadame. ¶ Item, Seita. Iap. Xŭmon, xŭxi. ¶ Item, Exemplo. Iap. Ca gami, tefon.

Diſciplinabilis, e. Lus. Couſa de inſino, ou doutrina. Iap. Voxiyeni ataru coto.

Diſciplinoſus. Lus. O que aprende facilmẽte boas, ou màs artes. Iap. Yoxi axino guei nôuo tayaſuqu narŏ mono.

Diſcipulus, i. Lus. Diſcipulo. Iap. Dexi.

Diſcipula, æ. fœm. Idem.

Diſciſſus, a, um. Lus. Couſa cortada, ou raſgada. Iap. Qiritaru mono, fiqi ſaqitaru mono.

Diſclûdo, is, ſi, ſum. Lus. Botar fora, ou apartar. Iap. Focaye voi idaſu, tori fanaſu.

Diſco, is, didici. Lus. Aprender. Iap. Narŏ, gacumon ſuru.

Diſcóbulus. Lus. O que deita, ou arremeſſa mancal. Iap. Maroqu, firaqi cane nadouo chicaradamexini naguru mono.

Diſcolor, oris. Lus. Couſa de diuerſas cores. Iap. Irono amatá aru mono, l, goxiqi naru mono. ¶ Item, per trãſl. Deſemelhante. Iap. Nizaru coto, chigaitaru coto.

Diſconuenio, enі, entum. Lus. Deſconcordar. Iap. Auanu, aichigŏ.

Diſcoquo, is, xi, ctum. Lus. Cozer. Iap. Niru, xenzuru.

Diſcordabilis, e. Lus. Couſa diſcorde. Iap. Chigaitaru coto.

Diſcordia, æ. Lus. Diſcordia, & inimizade. Iap. Nacachigai, fuua, fuquai.

Diſcorditas, atis. apud veteres. Idem.

Diſcordialis. Lus. O que aleuanta, ou ſemea diſcordias. Iap. Nacauo tagauaſuru mono.

Diſcordioſus, a, um. Idem.

Diſcorditer, apud veter. Lus. Com diſcordia. Iap. Ichimi dôxin xezu, nacatagŏte.

Diſcordo, as. Lus. Deſconcordar. Iap. Auanu, aichigŏ, dôxin xenu.

Diſcrepantia, æ. Lus. Differença. Iap. Chigaime, fedate, cauari.

Diſcrepo, as, pui, pitum. Lus. Diſcrepar, deſconcordar. Iap. Chigŏ, auanu, dôxin xenu.

Diſcrepito, as. frequent. Idem.

Diſcretè, adu. Lus. Separada, ou diſtintamente. Iap. Toriuaqete, caccacuni.

Diſcretim, adu. Idem.

Diſcretio, onis. Lus. Apartamẽto, diſtinção, ou diuisão. Iap. Fanare, vacare, fedate. ¶ Aliqñ. Eſcolha, ou delecto. Iap. Xendacu, l, yerabu cotouo yŭ.

Diſcretus, a, um. Lus. Couſa ſeparada, ou diuidida. Iap. Fanaſaretaru mono, vacaretaru mono.

Diſcrimen, inis. Lus. Differença. Iap. Xabet, cauarime. ¶ Itẽ, Diuisão, e concerto dos cabelos. Iap. Camiguŏuo vaqete cazaru cotouo yŭ. ¶ Itẽ, Riſco, ou perigo. Iap. Ayauſa, nangui, daiji. ¶ Item, diſtancia, ou interuallo. Iap. Ay. ¶ Item, Contenda, ou peleija. Iap. Araſoi, tatacai.

Diſcriminale, is. Lus. Hũ inſtrumento com que as molheres concertam os cabelos. Iap. Camiſaxi nadonó yŏ naru dŏgu.

Diſcriminatim, adu. Lus. Apartadamente, differẽtemẽte. Iap. Caccacuni, fedatete.

Diſcriminatus, a, um, particip. Lus. Couſa diſtinta, ou diuidida. Iap. Vaqetaru coto, l, fedatetaru coto.

Diſcrucior, aris. Lus. Ser affligido, ou atormẽtado. Iap. Curuximeraruru, xebameraruru.

Diſcubitorius lectus. Lus. Leito, ou catre ẽ que ſe deitauam os que auiam de comer. Iap. Necorobi mexiuo cŭ toco.

Diſcumbo, is, bui, itum. Lus. Aſſentarſe à meſa. Iap. Mexino zani naueru, tçuqu.

Diſcuneatus, a, um. Lus. Fendido, ou aberto cõ cunhas. Iap. Cuſabiuo irete varitaru mono.

Diſcupio, is. Lus. Deſejar muito. Iap. Fucaqu nozomu.

Diſcurro, is, rri, curſum. Lus. Deſcorrer, ou correr de hũa parte pera outra. Iap. Fŏbŏye faxiru.

Diſcurſio, onis. Lus. Corrida pera diuerſas partes. Iap. Coco caxicoye faxiru coto uoyŭ.

Diſcurſus, us. Idem.

Diſcus, i. Lus. Prato grande. Iap. Vôzara, vôqinaru fachi. Item, Mancal de pedra, ou de metal cõque ſe jugaua. Iap. Ixi, canè nadouo

douo motte maroqu, firaqu tçuqitaru asobidŏgu.

Discussio, onis. Lus. Exame, inquirição. Iap. Tadaxi.

Discussor, oris. Lus. O q̃ inquire, ou examina. Iap. Tazzune saguri tadasu mono.

Discussum. Lus. Cousa q̃ esta examinada, e julgada. Iap. Tazzune saguri tadaxitaru coto.

Discutio, tis, ssi, ssum. Lus. Botar fora com mouimento, & violencia. Iap. Vchi idasu, furi sutçuru. ¶ Item, per trãsl. Apartar, desfazer. Iap. Farŏ, qesu. ¶ Item, Examinar, & inquirir. Iap. Tazzune saguru, tadasu.

Disertè, adu. Lus. Eloquente, & copiosamente. Iap. Benjetni, ricôni.

Disertiones. Lus. Diuisões do patrimonio entre os erdeiros. Iap. Voyano yuzzuri uo qenzocuni vaquru cotouo yŭ.

Disertus, a, um. Lus. Eloquente. Iap. Benja, cuchino qijtaru mono, ricônaru mono.

Disijcio, is, ieci, ctum. Lus. Botar, & espalhar por diuersas partes. Iap. Fiqisutçuru, fŏbŏye chirasu.

Disiecto, as. frequent. Idem.

Disiectus, a, um. Lus. Cousa espalhada por diuersas partes. Iap. Fiqichiraxitaru coto.

Disiunctio, onis. Lus. Apartamento. Iap. Vacare, ribet. ¶ Disiunctiuæ coniunctiones sunt, quæ res, l, personas, l, tempora distingunt.

Disiunctus, a, um. Lus. Cousa apartada, ou desunida. Iap. Vacaretaru coto, fanasaretaru coto.

Disiungo, is, xi, nctũ. Lus. Apartar, desunir. Iap. Fanasu, torivaquru.

Dispalesco, is. Lus. Descubrirse, manifestarse. Iap. Arauaruru.

Dispâlo, as. Lus. Apartar. Iap. Fanasu. ¶ Item, Andar desgarrado. Iap. Madoi ariqu.

Dispando, is, di, ssum. Lus. Estender. Iap. Fipparu, firoguru.

Dispar, aris. Lus. Dessemelhãte, desigual. Iap. Niyorazaru coto, aichigaitaru coto.

Dispâtilis, e. Idem.

Disparata vocant Dialectici, quæ negatiuè opponuntur.

Disparo, as. Lus. Apartar, & diuidir. Iap. Fanasu, torivaquru.

Dispartio, tis. vide Dispertio.

Dispectus, us. Lus. Aduertencia, delecto. Iap. Xiyui, cufũ, xensacu.

Dispello, is, uli, pulsum. Lus. Espalhar, deitar ẽ diuersas partes. Iap. Fiqichirasu, farŏ.

Dispendiosus, a, um. Lus. Cousa danosa. Iap. Ataninaru coto. ¶ Itẽ, Cousa de muito gasto. Iap. Xittçuino iru coto.

Dispendium, ij. Lus. Gasto desnecessario, & demasiado. Iap. Buxirio naru xittçui, suguitaru xittçui. ¶ Aliqñ. Perda, ou dano. Iap. Son, ata. ¶ Item, Caminho torto, e por rodeos. Iap. Mauarimichi, magaritaru michi.

Dispendo, is. Lus. Ter occupado a alguem. Iap. Suqiuo curezu fitouo tçucŏ, l, mononi cocorouo caqete voqu. ¶ Aliqñ. Gastar, distribuir. Iap. Monouo tçucŏ, fodocosu. ¶ Aliqñ. Compositum à Pando, Estender. Iap. Fipparu, firoguru.

Dispenno, is. Lus. Estender. Iap. Firoguru, noburu.

Dispensatio, onis. Lus. O dispẽsar, e administrar. Iap. Macanai, saiban. ¶ Apud iuris consultos, Dispensação. Iap. Bexxiteno yuruxi, menqio.

Dispensator, oris. Lus. Despenseiro. Iap. Macanaixa.

Dispenso, as, frequent. Lus. Dispensar, ou gastar. Iap. Macanŏ, tçucŏ.

Disperditio, onis. Lus. Destruição. Iap. Cuzzure, metbŏ.

Disperdo, is. Lus. Consumir, esperdiçar. Iap. Tçuiyasu, cuzzusu, tçuiyasu.

Dispereo, is. Lus. Perecer de todo, ou de diuersas maneiras. Iap. Xixi fatçuru, l, samazamani fatçuru, sutaru. ¶ Dispeream, iurantis vox est.

Dispergo, is, si, sum. Lus. Espalhar, lançar em diuersas partes. Iap. Chirasu, fiqichirasu, sutçuru.

Dis-

Dispersè, & Dispersùm, adu. Lus. Espalhadamẽte. Iap. Chirigirini, chiraite.

Dispersus, a, um. Lus. Cousa espalhada, ou derramada. Iap. Chirasaretaru coto, nagasaretaru coto.

Dispersus, us. Lus. Derramamẽto. Iap. Chirasu, l, nagasu cotouo yŭ.

Dispertio, is, & Dispertior, iris. Lus. Partir, e diuidir em diuersas partes. Iap. Amatani vaquru, faibun suru, cubaru.

Dispesco, is. Lus. Apartar. Iap. Voi fanasu, l, tori fanasu.

Dispicientia, æ. Lus. Aduertencia, circunspeição. Iap. Xiyui, cufŭ, yenri o.

Dispicio, is, exi, ectum. Lus. Discernir, julgar. Iap. Vaqimayuru, tadasu. ¶ Item, Considerar, prouer, inquirir com diligencia. Iap. Tçucuzzucuto xian xite miru, cangayuru.

Displicentia, æ. Lus. Descontentamento. Iap. Qini auanu cotouo yŭ.

Displiceo, es. Lus. Desagradar. Iap. Qini auanu, qini irazu.

Displico, as. Lus. Desdobrar, estender. Iap. Firoguru, firaqu.

Displôdo, is, si, sum, l, Displando. Lus. Rõper com estrondo. Iap. Facchirito voxi tçubusu, yaburu.

Displosus, a, um. Lus. Cousa rota cõ estrõdo. Iap. Facchirito voxi yaburitaru coto.

Dispoliatio, onis. Lus. O despojar. Iap. Fagu, l, vbaitoru coto nari.

Dispoliabulum, i. Idem. Plaut.

Dispolio, as. Lus. Despojar. Iap. Faguitoru, vbaitoru.

Dispondeus, pes est, qui constat ex quatuor syllabis longis.

Dispono, is, sui, itum. Lus. Ordenar, ou despor. Iap. Xidaiuo sadamuru, xidaiuo voqu.

Dispositè, adu. Lus. Ordenada, & distintamente. Iap. Xidai vomotte.

Dispositio, onis. Lus. Ordem, dispoſiçam. Iap. Xidai teitõ.

Dispositus, us. Idem.

Dispositor, oris. Lus. O que ordena. Iap. Xidaiuo sadamuru fito.

Dispudet, dispuduit, l, dispuditum est. Lus. Ter muita vergonha. Iap. Vôqini fazzuru, fazucaxiqu vomô.

Dispuluero, as. Lus. Fazer em poo. Iap. Miginni cudaqu, coni suru.

Dispûmo, as. Lus. Escumar, ou tirar a escuma fora. Iap. Auauo fuqiaguru, l, auauo toru.

Dispunctio, onis. Lus. O borrar, & riscar. Iap. Qesu, l, cosoguru cotouo yŭ. ¶ Item, O reuer, & examinar as cõtas. Iap. Sanyôuo auasuru cotouo yŭ.

Dispungo, is, xi, nctum. Lus. Borrar, riscar. Iap. Qesu, cosoguru. ¶ Item, Reuer as cõtas, & examinalas. Iap. Sanyôuo auasuru.

Disputabilis, e. Lus. Cousa q̃ se pode disputar. Iap. Ronjeraruru coto.

Disputatio, onis. Lus. Disputa. Iap. Mondõ, rondan.

Disputator, oris. Lus. Argumentador. Iap. Mondôuo suru fito.

Disputatrix, icis. fœm. Idem.

Disputo, as. Lus. Purificar. Iap. Qiyomuru. ¶ Item, per transl. Disputar. Iap. Rõzuru, mondõ suru. ¶ Disputare ratione cum aliquo. Lus. Fazer as contas com alguem. Iap. Cangiôuo toguru. ¶ Item, Tratar, e ventilar algũa cousa, pera q̃ apareça a verdade. Iap. Iefiuo ronzuru.

Disquamatus, vide Desquammo, as.

Disquiro, is, iui, itum. Lus. Inquirir, e buscar por todas as vias. Iap. Xeiuo tçucuxi te tazzune saguru.

Disquisitio, onis. Lus. Inquirição diligente. Iap. Tadaxi, qiŭmei.

Dissâruo, as. Lus. Desfolhar o que esta muito viçoso, e basto. Iap. Fauo tçumi, yedauo sucasu.

Dissrumpo, is. vide Dirumpo.

Dissauior, aris. Lus. Beijar com affeito. Iap. Aixite cauo nadouo sŭ.

Disseco, as, vi, ectum. Lus. Cortar, diuidir, ou fazer em pedaços. Iap. Qiru, qirisaqu, qiriyaquru.

Dissectus, a, um. Lus. Cousa cortada, e diuidida ẽ partes. Iap. Qireguireni qiraretaru mono.

Di-

Dissémino, as. Lus. Espalhar, diuulgar. Iap. Iy furasu, iy chirasu, firomuru.

Dissentio, is, si, sum; l, Dissentior, iris. Lus. Desconcordar no parecer. Iap. Zonbun ga chigǒ, dǒxin xenu.

Dissensio, onis. Lus. Diuersidade de pareceres, contenda. Iap. Zonbunno sǒy.

Dissensus, us. Idem.

Dissentaneus, a, um. Lus. Cousa desproporcionada, desconueniente. Iap. Chigai taru coto, sǒtǒ xezaru coto.

Dissepimentum. Lus. Aquillo com que algũa cousa se aparta, ou diuide de outra. Iap. Fedate.

Dissepio, is, psi, ptum. Lus. Desmanchar, ou desfazer o que esta cercado, ou fortalecido. Iap. Fei, sacuuo cuzzusu.

Disserêno, as. Lus. Fazerse o tempo sereno. Iap. Xeiten facujitni naru, tenqi fareyacani naru.

Dissero, is, vi, ertum. Lus. Disputar, tratar, ou declarar. Iap. Ronzuru, satasuru, iy aqiramuru.

Disserto, as. frequent. Idem.

Dissero, is, eui, itum. Lvs. Semear. Iap. Taneuo maqu.

Dissertabundus, a, um. Lus. O que disputa. Iap. Rondan suru fito.

Dissertatio, onis. Lus. O disputar, ou tratar de qualquer materia. Iap. Rondan, mondǒ, l, iy tatçuru coto nari, iy noburu coto nari.

Dissidentia, æ. Lus. Discordia, diferença. Iap. Guijet, xabet, cauari, sǒy.

Dissideo, es, edi, essum. Lus. Desconcordar. Iap. Zonbunga tagǒ, auanu, sorouanu. ¶ Item, Diferencearse. Iap. Chigǒ, xabet aru.

Dissidium, ij. Lus. Discordia. Iap. Naca tagǒ cotouo yũ, guijet. ¶ Item, Apartamento. Iap. Fedate.

Dissilio, is, iui, vi, ultum. Lus. Sair, ou mouerse de lugar. Iap. Tocorouo fanaruru, fazzururu. ¶ Item, (proprie) Saltar pera diuersas partes. Iap. Tobichiru. ¶ Interd. Soar, quebrarse. Iap. Yabururu, fibiqu, naru.

Dissimilares partes, vocantur à medicis partes corporis compositæ, quæ similares non sunt.

Dissimilis, e. Lus. Cousa desemelhante. Iap. Ainizaru coto, chigaitaru coto.

Dissimiliter, adu. Lus. Diferentemente. Iap. Aichigǒte, nizuxite.

Dissimilitûdo, inis. Lus. Desemelhança, ou diuersidade. Iap. Fedate, l, nizaru coto, touo yũ, xinajinani cauaritaru cotouo yũ.

Dissimulabilis, e. Lus. Cousa quese pode dissimular. Iap. Cacusaruru coto, xinobi yasuqi coto.

Dissimulanter, l, Dissimulatim, adu. Lus. Dissimuladamente. Iap. Xirazugauoni, l, xinobite.

Dissimulantia, æ, l, Dissimulatio, onis. Lus. Dissimulação. Iap. Xiranucauo, xiranu furi, saranu tei.

Dissimulator, oris. Lus. Dissimulador. Iap. Xiranu furiuo suru mono.

Dissimulo, as. Lus. Dissimular, e encubrir. Iap. Xirazugauonite yru, l, saranu teiuo suru, xiranu furiuo suru, damari cacusu.

Dissipabilis, e. Lus. O que he facil dese apartar, e espalhar. Iap. Fanare chiriyasuqi coto.

Dissipatio, onis. Lus. O destruir, e desbaratar. Iap. Tçuiye, cuzzure.

Díssipo, as. Lus. Desbaratar, espalhar. Iap. Tçuiyasu, cuzzusu, chirasu. ¶ Dissipare famam, rumorem, &c. Lus. Espalhar fama, &c. Iap. Fũbun sasuru, l, sǒuo iy chirasu.

Díssitus, a, um. Lus. Cousa remota, e apartada. Iap. Touoqi coto, fedataru coto, touozacaritaru coto.

Dissociabilis, e. Lus. Cousa que não se pode amigar, nem ajuntar. Iap. Chinami gataqi coto.

Dissociatio, onis. Lus. Desunião. Iap. Fiqifanasu coto nari, l, fuquai.

Dissocio, as. Lus. Desunir, apartar. Iap. Fiqifanasu, fiqivaquru.

Dissolubilis, e. Lus. Cousa que se pode soltar. Iap. Toqiyasuqi mono.

Dissol-

Dissoluo, is, ui, lutum. Lus. Desatar. Iap. Toqiyurusu, fodoqu. ¶ Item, Resoluer. Iap. Firaqu, faraiu. ¶ Dissoluere amicitias. Lus. Desfazer as amizades. Iap. Guijet suru. ¶ Dissoluere interrogationes. Lus. Satisfazer às perguntas. Iap. Fuxinuo gueſuru, toqu. ¶ Dissoluere aliquem. Lus. Acabar com alguem, não o trazer suspenso. Iap. Fayaqu sumuru, qizzucaiuo farasu. ¶ Item, Pagar. Iap. Fenben suru.

Dissolubilis, e. Lus. Cousa que se pode soltar. Iap. Toqi yasuqi mono.

Dissolutè, adu. Lus. Froxa, &remissamente. Iap. Nurunuruto xite, nibuqu.

Dissolutio, onis. Lus. Desuniāo. Iap. Sǒy, caccacuni naritaru cotouo yǔ.

Dissolutus, a, um. Lus. Cousa solta, & desamarrada. Iap. Toqi yurusaretaru mono. ¶ Itē, Effeminado, & luxurioso. Iap. Rāguiǒ, fujǒnaru mono, cǒxocu naru mono.

Dissono, as, ṽi, itum. Lus. Desconcordar. Iap. Auanu, aitagǒ.

Dissonus, a, um. Lus. Cousa desentoada, & discrepante. Iap. Chôxiga scrouanu coto, l, fazzuretaru coto.

Dissuadeo, es, si, sum. Lus. Dessuadir. Iap. Xezareto susumuru.

Dissuasor, oris. Lus. O que dessuade. Iap. Xezaretosusumuru mono.

Dissuauior, aris. vide Disſauior.

Dissulcus. vide Disulcus.

Dissulto, as, frequent. Lus. Saltar pera diuersas partes. Iap. Xofǒye tobichiru.

Dissuo, is, ṽi, utum. Lus. Descoser. Iap. Nuitaru monouo toqu.

Distabesco, is. Lus. Desfazerse, derreterse. Iap. Toquru, qiyuru. ¶ Item, Consumirse cō doeça, tristeza, &c. Iap. Yamai, qizzucaini yotte yaxe votoroyuru, tçucaruru.

Distædet, ebat. Lus. Ter muito asco, & aborrecimento. Iap. Vǒqini qirǒ, taicut suru, mononi aqu.

Distantia, æ. Lus. Distançia, ou differença. Iap. Aida, fedate, xabet.

Distendo, is, di, entum, l, sum. Lus. Estender, entensar, alargar pera diuersas partes. Iap. Xofǒye firoguru, fipparu. ¶ Item, Encher. Iap. Mitasu.

Distento, as. frequent. Idem.

Distentio, onis. Lus. O estender. Iap. Firoguru coto, l, fipparu coto nari.

Distentus, us. Idem.

Distentus, a, um. Lus. Cousa chea. Iap. Michite aru mono. ¶ Item, A verbo Distineor. Lus. Occupado. Iap. Mononi cacatte yru mono, fima naqi mono.

Distermino, as. Lus. Diuidir, ou apartar. Iap. Vaquru, fedaçuru.

Distero, is. Lus. Trilhar, pisar muito. Iap. Tçuqicudaqu.

Distichon. Lus. Hum distico de dous versos. Iap. Vta yxxu.

Distillarius, ij. Cocinator, siue venditor distillationum.

Distillatio, onis. Lus. Catarro. Iap. Gaiqi.

Distillo, as. Lus. Destilar, ou gotejar. Iap. Xitadaru, moru.

Distinctè, adu. Lus. Distinta, & ordenadamente. Iap. Caccacuni, rachiuo vaqete.

Distinctio, onis. Lus. Distinção, diuisão. Iap. Xabet, fedate.

Distinctus, us. Idem.

Distinctus, a, um. Lus. Cousa distinta, ou differente. Iap. Fedatetaru mono. ¶ Item, Variada, & ornada. Iap. Irodori cazaritaru mono, l, xǒgon xitaru mono.

Distineo, es, ṽi, entum. Lus. Deter, impedir. Iap. Todomuru, sasayuru. ¶ Item, Occupar lugar, &c. Iap. Tocorouo fusagu. ¶ Item, Afastar, & deitar desi. Iap. Voifarǒ.

Distingo, is, xi, nctum. Lus. Distinguir, diuidir, ou fazer differença entre hũa cousa & outra. Iap. Vaquru, iy aqiramuru, xabetuo nasu, fedateuo suru. ¶ Aliqn. Variar, ornar. Iap. Cazaru, xǒgon suru.

Disto, as. Lus. Estar longe, e afastado. Iap. Fedataru, touozacaru. ¶ Item, Differençearse. Iap. Cauaru, chigǔ.

Distito, as. frequent. Idem.

Dis-

Distorqueo, es, si, tortum. Lus. Torcer. Iap. Nezzuru, yugamuru.

Distortio, onis. Lus. O torcer. Iap. Yugamuru coto nari.

Distortus, a, um. Lus. Cousa torta. Iap. Yugamitaru coto.

Distractio, onis. Lus. Apartaméto. Iap. Fanasu coto nari.

Distraho, is. Lus. Arrastar por diuersas partes, apartar, e tirar por força. Iap. Fōbōye fiqizzuru, fiqi fanatçu, tori fanasu. ¶ Distrahitur animus. Lus. Distraese o animo. Iap. Cocoroga sanran suru. ¶ Item, Véder, alienar. Iap. Coqiacu suru, vrifanasu. ¶ Item, Arrematar, concluir. Iap. Xisumasu, fatasu.

Distribuo, is, vi, utum. Lus. Distribuir, repartir. Iap. Fodocosu, faibun suru, cubaru.

Distributè, adu. Lus. Distintamente, por partes. Iap. Vaqete, bunbunni.

Distributio, onis. Lus. Repartição. Iap. Vaquru coto nari, faibun. ¶ Item, est figura quædam apud Rhetores, cùm singulis rebus suam proprietatem tribuimus.

Distributor, oris. Lus. O que reparte por diuersos. Iap. Fodocosu, l, faibun suru fito.

Districtè, adu. Lus. Estreitamente, apertadamente. Iap. Xebaqu, ximete.

Districtio, onis. Lus. Difficuldade, embaraço. Iap. Xigataqi cotouo yŭ, xôgue.

Distringo, is, xi, ctum. Lus. Atar fortemēte, e apertar. Iap. Yuiximuru. ¶ Qñq;. Impedir, e ter occupado. Iap. Yigotoni caqete voqu. ¶ Qñq;. Esfregar, e alimpar. Iap. Monouo nogô, l, minoaeauo caqu. ¶ Distringere gladiū. Lus. Arrācar a espada. Iap. Catanauo nuqu. ¶ Aliqñ. Colher. Iap. Tçumu, chiguiru, Vt, fana nadouo tçumu.

Distrunco, as. Lus. Cortar, e desfazer em partes. Iap. Qiru, qiriuaru.

Distruo, is, xi, ctum. Lus. Fazer, ou edificar separadamente. Iap. Cacubetni conriū suru, cumitatçuru.

Disturbatio, onis. Lus. O derrubar, e destruir. Iap. Cuzzusu coto nari.

Disturbo, as. Lus. Desbaratar, destruir. Iap. Forobosu, cuzzusu, metbô sasuru.

Disulcus à veteribus porcus dicebatur, diuisas in ceruice setas habens.

Ditesco, is. Lus. Enriquecer. Iap. Buguenni naru, tucqi suru.

Ditio, onis. Lus. Iurisdição, senhorio, ou mádo. Iap. Tçucasadoru, cotouo yŭ, xindai, guegi.

Dito, as. Lus. Enriquecer a outrem. Iap. Buguenni nasu.

Ditrochæus, pes constans ex duobus trochæis, vt, cantilena.

Diu, adu. Lus. De dia. Iap. Firu, facuchū, nicchū. ¶ Item, Muito tempo. Iap. Fisaxiqu.

Diuagor, aris. Lus. Andar vagabundo, ou distrahido. Iap. Faiquai suru, samayô, l, cocoroga vcaruru.

Diuárico, as. Lus. Estender, ou alargar apartando, como ramos, pernas, &c. Iap. Fiqi fataquru, fumifataquru, fiqifiroguru, matagaru, funzoru.

Diuello, is, uulsi, sum. Lus. Apartar, arrancar. Iap. Fiqinuqu, fiqifanatçu.

Diuendo, is. Lus. Vender, alienar. Iap. Coqiacu suru, vrifanasu.

Diuérbero, as. Lus. Cortar, ou diuidir. Iap. Vrçu, qiriuaquru.

Diuerbium, ij. Lus. Hũa certa parte da comedia. Iap. Nôno ichiban, niban, &c.

Diuersè, l, Diuersum, adu. Lus. De diuersa maneira, differētemente. Iap. Samazama ni, iroironi, aichigôte.

Diuersitas, atis. Lus. Diuersidade, differēça. Iap. Xabet, chigaime, xinajina, iroiro.

Diuersor, aris. Lus. Aposentarse, ou ser agasalhado. Iap. Rioxucu suru, yadouo toru. ¶ Item, Conuersar, ou yr frequentemēte a algum lugar. Iap. Tabitabi cayô.

Diuersorium, ij. Lus. Pousada, estalagem, ou venda. Iap. Rioxucu, fatagoya.

Diuersoriolum, i. dim. Idem.

Diuersorius, a, um. Lus. Cousa de estalagem, ou pousada. Iap. Rioxucu, l, fatagoyani ataru coto.

Diuersus, a, um. Lus. Cousa apartada, & diuidiuidida em partes. Iap. Fanafaretaru coto, bunbunni vaqeraretaru coto, cacubet naru coto. ¶ Item, Contrario, ou aduer fario. Iap. Teqitŏ mono. ¶ Aliqn. Outro, ou desemelhante. Iap. Bechino mono, l, nizaru mono.

Diuerticulum, i. Lus. Apartamento do caminho, desuio, ou rodeo. Iap. Michiuo yoquru coto, l, vaqiye yoru cotouo yŭ. ¶ Item, Pousada que esta apar do caminho. Iap. Michino fotorini aru fatagoya, iye.

Diuerto, is, & Diuertor, eris. Lus. Apartarse do caminho. Iap. Michiuo yoquru. ¶ Item, Agasalharse em algum lugar. Iap. Yadouo toru, yxxucu suru. ¶ Item, per trasl. Fazer digressão, ou discurso na pregação, pratica, &c. Iap. Dangui, monogatarino toqi majecotouo yŭ.

Diuersito, as. frequent. Idem.

Diues, tis. Lus. Rico, abundante. Iap. Buguenxa, vtocunin, fucujin.

Diuexo, as. Lus. Affligir, e vexar em diuer sas maneiras. Iap. Iroironi qizzucaiuo sasuru, xebamuru, nayamasu.

Diuidia, æ. Lus. Fastio, enfadamento. Iap. Taicut, qincut.

Diuidicula. Lus. Arcas donde cada hum le ua agoa pera sua erdade, &c. Iap. Varevareno denbacuye caquru tameni, mizzuuo tame voqu tocoro. Fest.

Diuido, is, si, sum. Lus. Apartar, diuidir. Iap. Vaquru, faitŏ suru. ¶ Item, Aprego ar, ou publicar. Iap. Iy firomuru, iyfurasu. ¶ Diuidere sententiam, est de singu lis rebus seorsum referre, vt pars altera, si ita opus fuerit, approbetur, altera repudietur.

Diuiduè, adu. Lus. Polo meio, ou pola metade. Iap. Fanbunni xite, mannaca cara.

Diuiduus, a, um. Lus. Cousa que se póde diuidir em partes. Iap. Vaqe yasuqi coto. ¶ Item, Cousa diuidida em partes. Iap. Bunbunni vacaritaru coto.

Diuidus, a, um. Idem. Apud Nonium.

Diuinatio, onis. Lus. O adiuinhar o q̃ ha de vir. Iap. Miraiuo satoru, l, tçuguru coto nari. ¶ Item, est iudicium, siue cognitio de constitutione accusatoris.

Diuinatus, a, um. Lus. Cousa adiuinhada. Iap. Canete tçugueraretaru coto.

Diuinè, adu. Lus. Diuina, & sobrenaturalmente. Iap. Xinbeôni, qimeô fuxiguini, qidocuni.

Diuinitas, atis. Lus. Diuindade. Iap. Deus no sontai.

Diuinitus, adu. Lus. Diuinamente, do ceo, de Deos. Iap. Qimeô fuxigui, ten yori, Deus yori. ¶ Item, A modo diuino, excelentemente. Iap. Xinbeôni, qidocuni, fugurete.

Diuino, as. Lus. Adiuinhar. Iap. Miraiuo satoru, cangayuru, vranŏ.

Diuinus, i. Lus. Adiuinho. Iap. Miraiuo cangayuru, l, tçuguru mono.

Diuinus, a, um. Lus. Cousa diuina, ou pertencente a Deos. Iap. Tattoqi coto, l, Deusni ataru coto. ¶ Interd. Cousa excelente mais que humana. Iap. Suguretaru coto, qimeô naru coto. ¶ Diuinæ rei operam dare, & rē diuinam facere. Lus. Offerecer sacrificio à Deos. Iap. Deusni tamuqeuo sasaguru, Missauo voconŏ. ¶ Diuina verba. Lus. Hũas certas palauras com que os antigos se purificauam, e defendiam contra os rŏis agouros. Iap. Acujiuo farŏ cotoba. ¶ Auis diuina imbrium. Lus. Aue que adiuinha, e declara que ha de chouer. Iap. Ameno furan cotouo arauasu tori.

Diuisio, onis, siue Diuisus, us. Lus. Diuisão. Iap. Vaquru coto nari, faitŏ, faibun. ¶ Item, apud Rhetores, diuisio est, perquam apertissimus, quid conueniat, quid incontrouersia sit, per quā exponimus, quibus de rebus dicturi sumus.

Diuisor, onis. Lus. Destribuidor, repartidor. Iap. Vacarite, vaquru mono. ¶ Item, O que faz abominações cõ mininos. Iap. Nhacudŏuo vocalu mono.

Diuisura, æ. Lus. Apartamento, diuisão. Iap. Fedate, qirime, vaqeme.

Diui-

Diuitiæ, arum. Lus. Riquezas. Iap. Zaifô.

Diuito, as. Lus. Fazer rico. Iap. Buguen ni naſu, fucqi ſaſuru.

Diuum, ij. Lus. Sereno, ou àr. Iap. Cocǔ, vôzora. ¶ Sub dio eſſe. Lus. Eſtar ao ſereno. Iap. Cocǔuo iyeni xite yru, nojucu ſuru.

Diuortium, ij. Lus. Diuorcio, ou apartamento entre caſados. Iap. Fǔfuno ribet.

Dius, a, um. Lus. Couſa diuina, & generoſa. Iap. Xinbeônaru coto, yǔqi naru mono.

Diurno, as. Lus. Viuer muito tempo. Iap. Fiſaxiqu nagarayuru.

Diurnum, i. Lus. Liuro ẽ que ſe eſcreue o que ſe faz cada dia. Iap. Finiqqi. ¶ Item, O jornal, ou mantiméro de hum dia. Iap. Ichijitno temachin, ychinichino fanmai.

Diurnus, a, um. Lus. Couſa de dia. Iap. Firu, l, facuchǔni ataru coto.

Diùtinè, adu. Lus. Por muito tempo. Iap. Fiſaxiqu, nagaqu.

Diùtinus, a, um. Lus. Couſa de muito tẽpo. Iap. Fiſaxiqi coto.

Diuturnus, a, um. Idem.

Diutiſsimè, adu. Lus. Longiſsimo tempo. Iap. Farucani, fiſaxiqu.

Diutiùs, adu. Lus. Mais algum tempo. Iap. Nauo fiſaxiqu.

Diutulè, adu. Lus. Por algum tempo. Iap. Xibaracu.

Diuturnitas, atis. Lus. Muito eſpaço, e tempo comprido. Iap. Naganagaxiſa, fiſaxiqi aida.

Diuulgatus, a, um. Lus. Couſa diuulgada, e notoria. Iap. Rufu xitaru coto, xiretaru coto.

Diuulgo, as. Lus. Diuulgar, ou publicar. Iap. Furuſu, rufu ſaſuru, iy firomuru.

Diuum. Lus. Ar. Iap. Fǔdai.

Diuus, a, um. Lus. Couſa ſancta. Iap. Tattoqi coto, Deusni ataru coto.

D ANTE O.

DO, as, dedi, datum. Lus. Dar. Iap. Atayuru. ¶ Dare fidem ſuam alicui. Lus. Dar ſua palaura a outro. Iap. Bechigui ino:

arumajiqito cataqu qeiyacu ſuru. ¶ Dare verba alicui. Lus. Enganar. Iap. Tabacaru. ¶ Dare vela. Lus. Nauegar. Iap. Fouo cagete faxiru, funeuo noru. ¶ Dare literas ad aliquem. Lus. Eſcreuer a alguem. Iap. Fitoni fumiuo caqu, tçucauaſu. ¶ Dare dono alicui rem aliquã. Lus. Dar algũa couſa de mercè a alguem. Iap. Inxinni monouo fitoni atayuru. ¶ Dare ſe alicui. Lus. Obedecer a outro. Iap. Fitoni xitagǒ. ¶ Dare linamẽtum in plagã. Lus. Porfios, ou meter mecha na ferida. Iap. Xumotno cuchini menmenuo yoriuo fineri comu, l, nuqi guſuriuo iruru. ¶ Dare ſe in diſciplinã alicui. Lus. Entregarſe a alguem pera ſer enſinado. Iap. Gacumõno tameni xixôni tçuqisô. ¶ Dare manus. Lus. Darſe por vencido. Iap. Cǒſan ſuru. ¶ Dare actionem, l, iudicium. Lus. Admitir a outro que faça demanda. Iap. Cujini xeyoto yuruſu, vqegǒ. ¶ Dare pœnas. Lus. Ser caſtigado, ou receber caſtigo. Iap. Xeccanuo vquru. ¶ Dare operam literis. Lus. Aprender letras, ou eſtudar algũa ſciẽcia. Iap. Qeico ſuru, gacumonuo ſuru. ¶ Dare operam. Lus. Trabalhar, e procurar. Iap. Xeiuo iruru, cocorogaquru. ¶ Item, Ajudar, ou ſeruir. Iap. Cǒriocu ſuru, yôni tatçu. ¶ Dare cuipiam pecuniam à trapezita. Lus. Tomar dinheiro do banqueiro, e dalo a outrem, ou dalo por mão do banqueiro. Iap. Fitono caneuo azzucaru yacuxa yori caneuo totte fitoni vataſu, l, ſono yacuxa yori vataſaruru. ¶ Item, Offerecer, ou ocorrer. Iap. Vocoru, idequru, vt res dãt ſeſe. ¶ Dare ruinã alicui. Lus. Ser cauſa da deſtruição de outro. Iap. Metbǒno motoiuo naſu. ¶ Mulieres dant. Lus. Dam as molheres copia de ſi. Iap. Vǒna cǒxocuni miuo macaſuru, micquainidôxi ſuru. ¶ Itẽ, Fàzer. Iap. Suru, naſu. ¶ Item, Excitar, ou aluoroçar. Iap. Vocoſu, ſuſume tatçuru. ¶ Dare veniã. Lus. Perdoar. Iap. Yuruſu, xamẽ ſuru. ¶ Interd. Cõceder. Iap. Xomǒuo canayuru. ¶ Dare poteſtatem.

Lus. Deixar, ou remeter ao parecer dalguẽ. Iap. Fitono zonbunni macasuru. ¶ Da re in manũ. Lus. Entregar, ou dar de mão. Iap. Tedeni tçutayuru, votegũni suru. ¶ Datur cernere. Lus. Podese ver, ou he licito ver. Iap. Miraruru, miyuru coto naru.

Docibilis, e. Lus. O que he capaz de doutrina pera ser ensinado, docil. Iap. Xinan vquru tameni xitagi aru mono, xitte yasuqi mono, gacumonno tameni qiyônaru mono.

Docilis, e. Idem.

Doceo, es, vi, ctũ. Lus. Ensinar, instruir. Iap. Voxiyuru, xinansuru. ¶ Itẽ, Fazer a saber, e formar. Iap. Xirasuru, tçuguru. ¶ Interdum, Mostrar, ou declarar. Iap. Arauasu.

Docilitas, atis. Lus. Sogeito, ou facilidade pera ser ensinado. Iap. Gacumonuo suru, l, voxiyeraruru xitagi.

Doctè, adu. Lus. Douta, e sabiamẽte. Iap. Gacuxônite, caxicoqu, gacumonuo cono ete.

Doctor, oris. Lus. Mestre, doutor. Iap. Xixô, gacuxô, voxiyete.

Doctrina, æ. Lus. Doutrina, ensino, arte. Iap. Voxiye, gacumon, narai.

Doctus, a, um. Lus. Letrado, sabio, erudito. Iap. Gacuxô, xeqigacuno fito, gacumonuo xitaru mono.

Documentum, i. Lus. Documento, ensino. Iap. Coraxime, voxiye, xinan.

Docus, i. Lus. Viga, ou traue. Iap. Vtçubari, fiqimono. ¶ Item, Huas certas exhalaçóis impresas no ar à semelhança de traue. Iap. Rinxei.

Dodra, æ. Lus. Hũa certa beberagem. Iap. Reôri xitaru nomimonono taguy.

Dodrans, antis. Lus. Peso, ou medida de noue onças. Iap. Vomoxi, l, facarino na.

Dodrantalis, e. Lus. Cousa de tres palmos mathematicos. Iap. Yxxacu fodono mono.

Dogma, atis. Lus. Preceito, decreto de alguã seita. Iap. Fatto, fô, xixi, tatefai.

Dogmatistes, æ. Lus. O que affirma, & da estas leys, ou preceitos. Iap. Miguino fatto, l, xixiuo sadamuru fito.

Dolabella, æ. Lus. Enxò pequena. Iap. Chijsaqi chônô.

Dolabra, æ. Lus. Enxò. Iap. Chôno.

Dolatus, a, um, vel Dolitus. Lus. Cousa laurada a enxò. Iap. Chônô nite qezzuritaru mono.

Dolenter, adu. Lus. Com magoa, & tristeza. Iap. Canaximite, xittan xite.

Dolentia, æ. Lus. Dor. Iap. Itami. apud antiq.

Doleo, es, vi, itum. Lus. Doerse, ou affligirse. Iap. Itamu, canaximu, curuximu. ¶ Doleo tuam miseriam, vel vicem tuam. Lus. Pesame de vossa miseria. Iap. Sonatano axiqi xiauaxeuo itauaru.

Doliaris, e. Lus. Cousa do tamanho de hũa talha, ou pipa. Iap. Aru sacatçubo, l, taru fodo naru mono. ¶ Vinum doliare. Lus. Vinho que ainda esta na talha, ou pipa. Iap. Imada tçubo, l, taruni aru saqe.

Doliarius, ij. Lus. Oleiro que faz talhas, ou tanoeiro que faz pipas. Iap. Sacatçubo, l, taruuo tçucuru fito.

Dolium, ij. Lus. Talha grande, ou pipa pera vinho. Iap. Sacatçubo, taru.

Dolo, as. Lus. Laurar madeira a enxò. Iap. Chônô nite qezzuru.

Dolio, is, iui, itum. Idem. apud antiq.

Dolo, onis. Lus. Hũ genero de armas. Iap. Bugu. ¶ Item, Vela da galea. Iap. Funeno xeirôno vye naru fo.

Dolor, oris. Lus. Dôr do animo, ou do corpo. Iap. Itami, canaximi, curuximi.

Dolorificus, a, um. Lus. Cousa q̃ causa dôr. Iap. Itamasuru mono, itamuru mono.

Dolosè, adu. Lus. Maliciosamente. Iap. Damarite, tabacarite.

Dolosus, a, um. Lus. Cousa maliciosa, ou enganosa. Iap. Damarimono, tabacaru mono.

Dolus, i. Lus. Engano, malicia, ou ardil pera enganar. Iap. Tabacari, bôriacu.

Doma, atis. Lus. Telhado da casa. Iap. Yane. S. Hiero.

Domabilis, e. Lus. Cousa domesticauel, e que se pode amansar. Iap. Natçuqe yasuqi mono, xitagayeraruru mono.

Domesticatim. adu. Lus. De casa em casa. Iap. Iyegotoni. Do-

Domesticus, a, um. Lus. Cousa que pertence a casa, ou cousa que he de casa. Iap. Iyeni ataru coto, l, qenaino mono. ¶ Item, Cousa mansa. Iap. Natçuqi mono.

Domesticus, i. Lus. O que mora cõ nosco na mesma casa. Iap. Dôqio suru mono.

Domicilium, ij. Lus. Assento, ou morada de muito tempo cõ todas as alfayas. Iap. Qiogiũ, sumai.

Domicœnium, ij. Lus. Cea que se faz em casa. Iap. Iyeni tocônoyũru bansui.

Domina, æ. Lus. Senhora da casa. Iap. Vônaxujin.

Dominator, oris. Lus. O que senhorea. Iap. Tçucasadoru fito.

Dominatrix, icis. fœm. Idem.

Dominatus, us. Lus. Imperio, ou senhorio. Iap. Quanriŏ, tçucasadoru coto uo yũ.

Dominatio, onis. Idem.

Dominicus, a, um. Lus. Cousa de senhor. Iap. Xujinni ataru coto.

Dominium, ij. Lus. Imperio, ou senhorio. Iap. Xindai, quanriŏ.

Dominor, aris. Lus. Reinar, ou senhorear. Iap. Xindai suru, xitagayuru, coccauo voiamuru. ¶ Dominor, passiu. Idem.

Dominus, i. Lus. Senhor da casa, ou pay de familias. Iap. Girô, xujin, aruji.

Domiporta, æ. Lus. Caracol. Iap. Catatçuburi.

Domito, as. frequent. Lus. Amansar muitas vezes. Iap. Saisai natçuquru.

Domitor, oris, siue Domator, oris. Lus. O que amansa. Iap. Natçuqete.

Domitrix, icis. fœm. Idem.

Domitura, æ. Lus. O amansar, ou sugigar. Iap. Natçuquru, l, xitagayuru coto uo yũ.

Domitus, us. Idem.

Domo, as, vi, itum, & aui, atum. Lus. Domesticar, ou amansar. Iap. Natçuquru, yauaraguru, xitagayuru.

Domuitio, onis. Lus. Tornada pera casa. Iap. Qiqiŏ.

Domuncula, æ, siue Domuscula. Lus. Casinha. Iap. Coiye.

Domus, us, l, Domi. Lus. Casa. Iap. Iye, yado, xucuxo. ¶ Aliqñ. Familia. Iap. Qenai no xu, ichimon, qenzocu. ¶ Aliqñ. Pouo, ou gente que tem origem dalguẽ. Iap. Ychimon. ¶ Aliqñ. Patria. Iap. Coqiŏ, furusato.

Donaria, orum. Lus. Offertas, ou cousas q̃ se offerecẽ a Deos, e se pẽduram no templo. Iap. Dŏ, terani caqe voqu sasaguemono. ¶ Quãdoq;. Lugar onde se poem estas offertas. Iap. Miguino sasaguemonouo caqe voqu tocoro. ¶ Item, Templo. Iap. Dŏ.

Donaticæ coronæ. Lus. Coroas que se dauam nos jogos aos vencedores. Iap. Cachitaru mononi atayuru camuri.

Donatio, onis. Lus. Doação liure, e liberal. Iap. Muyenni atayuru coto nari.

Donatiuum, i. Lus. Dom, ou mercè que faz algum senhor, ou capitam aos soldados. Iap. Taixŏ, l, xujin yori buxini atayuraru xŏrocu, fiqidemono.

Donaticus creditor. Lus. Acrèdor que faz doação da diuida. Iap. Xacumotuo yurusu mono.

Donatus, a, um. Lus. O que recebeo algum dom, ou mercè. Iap. Vonrocuuo vqetaru mono.

Donax, acis. Lus. Hũa certa cana. Iap. Suno naqi taqeno taguy.

Donec, adu. Lus. Atè, ou atèque. Iap. Made, vchiua. ¶ Item, Em quanto. Iap. Aidani.

Dono, as. Lus. Dar graciosamente. Iap. Muyenni atayuru. ¶ Item, Fazer mercè. Iap. Vonxŏuo qisuru. ¶ Donare aliquẽ ciuitate. Lus. Fazer a alguem cidadão, e dalhe priuilegios de cidadão. Iap. Tojŏno giũninno curaiuo yurusu.

Donum, i. Lus. Dom, mercè. Iap. Vonxŏ, xinmot, inbut. ¶ Donum honorarium. Lus. Presente que se dà aos procuradores, ou auogados. Iap. Cujisatano toritçuguite, catŏdoni atayuru fiqidemono.

Dorcas, adis. Lus. Gamo, ou cabra montès. Iap. Yamano yaguiũ.

Do ri-

Dorĭphorus, i. Lus. Homem da guarda do principe. Iap. Teivǒ; xǒgunuo xugǒ suru fito.

Dormio, is, iui, itum. Lus. Dormir. Iap. Nuru, inuru. ¶ Dormire in vtrâuis aure, l, in vtrumuis oculum: Lus. Estar muito descansado, & sem cuidado. Iap. Cocoro yasuqu, racu racu toxite yru.

Dormisco, is. Idem.

Dormitator, oris. Lus. Dorminhoco, priguiçoso. Iap. Nemurigachi naru mono, buxǒ naru mono.

Dormîto, as. frequent. Lus. Dormir leuemente, ou tosquenejar. Iap. Nemuru, madoromu.

Dormitorius, a, um, vt dormitorium cubiculum. Lus. Camara em que se dorme. Iap. Neya.

Dormitorium, ij. Idem.

Doron. Lus. Dom, ou dadiua. Iap. Vonrocu, fiqidemono.

Dorsualia, orum. Lus. Cobertas dos boys, ou cauallos. Iap. Vmaguinu, vxino qinu.

Dorsum, i, l, Dorsus. Lus. Espinhaço, costas, ou lombo. Iap. Xebone, vôsone, xenaca.

Dossum, apud antiq. Idem.

Dos, otis. Lus. Dote do casamento. Iap. Yomeiri suru vonnani tçuqete yaru zaifô. ¶ Item, Dote do corpo, ou alma. Iap. Animato, xiqixinni sonauaru tocugui. ¶ Dotes prædiorum. Lus. Proueitos, ou benesses q̃ vẽ de fora das erdades. Iap. Chiguiǒni tçuqu tocu.

Dossuaria iumenta. Lus. Bestas de carga. Iap. Niuo vôsuru qedamono.

Dotalis, e. Lus. Cousa pertencente a dote. Iap. Yomeiri suru nhoninni tçuqete yaru zaifôni ataru coto.

Dotatus, a, um, vt dotata mulier. Lus. Molher q̃ recebeo dote. Iap. Yomeiriuo xite tacarauo vqetaru nhonin. ¶ Item, Dotatus, a, um. Lus. Cousa dotada de dotes, ou partes naturaes. Iap. Xǒtocuno tocugui sonauaritaru mono.

Doto, as. Lus. Dotar. Iap. Yomeiri suru nhoninni tacarauo atayuru.

Dracæna, æ. Lus. Dragoa. Iap. Merǒ.

Drachma, æ. Lus. Hũ genero de peso, ou moeda. Iap. Facari, l, guixêno taguy.

Draco, onis. Lus. Dragão. Iap. Reô, daija. ¶ Item, Vara da vide velha. Iap. Budǒno furuqi cazzura.

Dracontium, ij. Lus. Hũa erua. Iap. Aru cusa no na. ¶ Itẽ, Hum genero de vide. Iap. Budǒno taguy.

Dracunculus, i. Lus. Hũa erua. Iap. Aru cusano na. ¶ Item, Hum peixe. Iap. Aru vuono na.

Dragma, tis. Lus. Molho, ou feixinho. Iap. Fitotçucane.

Drama, tis. Lus. Representação de comedias, &c. Iap. Nô.

Dramáticus stylus. Lus. Estilo de tragedia, ou comedia. Iap. Nôno cotouari.

Dromas, dis. Lus. Especie de camelo. Iap. Cameleto yŭ qedamonono taguy.

Dromones. Lus. Hũ genero de peixes. Iap. Vuono taguy. ¶ Item, Embarcações ligeiras. Iap. Fayafune.

Dropax, acis. Lus. Hum genero de vnguẽto pera pelar os cabelos. Iap. Minoqeuo votosu cusuri.

Drupæ, l, Drypetæ, arum. Lus. Azeitonas maduras. Iap. Iucu xitaru azeitona toyŭ conomi.

Dryophyte, es. Lus. Hum genero de rãs. Iap. Cairuno taguy.

D ANTE V.

DVa. apud veteres. Lus. Dous. Iap. Futatçu.

Dualis, e. Lus. Numero, ou cousa de dous. Iap. Futatçuni ataru coto.

Dubenus, apud veteres. Lus. Senhor. Iap. Aruji, xujin.

Dubiè, adu. Lus. Duuidosamente. Iap. Vtagauaxiqu, ayabumite.

Dubio, as. apud veteres, idẽ quod Dubito.

Dubiosus, a, um. Lus. Cousa incerta, & duuidosa. Iap. Fugiǒ naru coto, vtagauaxiqi coto.

Dubitabilis, e. Lus. Cousa de q̃ se pode duuidar. Iap. Vtagauaruru mono, vtagauaxiqi coto.

Dubi-

Dubitans, antis. Lus. O que duuida. Iap. Vtagŏ mono.

Dubitanter, adu. Lus. Duuidosa, ou timida mente. Iap. Vtagauaxiqu, vosorete.

Dubitatim, adu. Idem.

Dubitatio, onis. Lus. Duuida. Iap. Fuxin, vobotçucanasa.

Dubitatus, a, um. Lus. Cousa duuidada. Iap. Vtagauaretaru mono.

Dubito, as. Lus. Duuidar. Iap. Vtagŏ, fuxin suru, ayabumu.

Dubius, a, um. Lus. Cousa duuidosa. Iap. Ayabumu mono, l, vtagauaxiqi coto. ¶ Dubium. Lus. Perigo incerto. Iap. Ayauqi coto, abunaqi coto. ¶ In dubiũ venire. Lus. Estar em perigo. Iap. Nãgui ni vŏ. ¶ Cœna dubia. Lus. Cea onde ha tanta abundancia de comer que não sabe homem de que lance primeiro mão. Iap. Xocubutno xina vouoqi furumai.

Ducatus, us. Lus. Dignidade de capitão. Iap. Taixŏno curai.

Ducenarius, ij. Lus. Capitão de dozentos soldados. Iap. Nifiacqino taixŏ.

Ducenarius, a, um. Lus. Cousa que contẽ dozentos. Iap. Nifiacu aru mono.

Ducentenus. Lus. Cousa que tem numero de dozentos. Iap. Nifiacu aru mono.

Ducentesimus. Lus. Duzentesimo. Iap. Nifiacubanme.

Ducenties. Lus. Dozentas vezes. Iap. Nifiacutabi.

Duco, is, xi, ctum. Lus. Leuar, ou guiar. Iap. Fiqitçururu, l, michibiqu. ¶ Item, Tomar. Iap. Toru. ¶ Aliqñ. Ter pera si, respeitar. Iap. Vomô, zonzuru. ¶ Item, Desembainhar. Iap. Catanauo nugu. vt ducere mucronem. ¶ Vua ducit colorem. Lus. Toma cór a vua. Iap. Budŏga irozzuqu. ¶ Ducere somnos. Lus. Dormir. Iap. Neiru. ¶ Ducere muros. Lus. Edificar muros. Iap. Ixigurauo tçumu. ¶ Ducere vultus. Lus. Fazer roim rosto. Iap. Buqiguê naru cauouo suru, tçuracuxeuo suru. ¶ Item, Dilatar, differir. Iap. Noburu. ¶ Bellum ducere. Lus. Peleijar. Iap. Qiŭxen suru. ¶ Ducere pugnum. Lus. Dar de punhadas. Iap. Niguiricobuxinite vtçu. ¶ Ducere funus. Lus. Leuar a enterrar. Iap. Xigaiuo vocuru, sôsô suru. ¶ Ducere vxorem. Lus. Casar o homem. Iap. Meuo mucayuru, xŭgui suru. ¶ Qñq; (In passiuo) Deleitarse, ou ser leuado. Iap. Yorocobu, l, ficaruru; vt gloria, aut honore duci. ¶ Quandoq; Cuidar, e tratar consigo. Iap. Xian suru. ¶ Quandoq; Abaixarse, ou decer. Iap. Cudaru, voruru. ¶ Ducere se. Lus. Irse escondidamente. Iap. Xinobi izzuru.

Ductarius, a, um. vt ductarius funis. Lus. Corda que deitam nas polès. Iap. Curumaqini caquru naua.

Dúctilis, e. Lus. Cousa que facilmente se menea, & adelgaça. Iap. Fiqi xitagaye yasuqi mono, l, nobéyasuqi mono. ¶ Ductilis scena dicebatur, cùm tractis tabulatis, hac atq; illac species picturæ interior videbatur. ¶ Ductile flumen. Lus. Rio que se leua a diuersas partes. Iap. Nagaxitaqi cataye nagasu caua.

Ductim, adu. Lus. Pouco a pouco, deuagar. Iap. Sorosoro, xizzucani.

Dúctito, as. Lus. Trazer ẽ voltas muitas vezes. Iap. Tabitabi fiqimauasu.

Ducto, as. Lus. Guiar de hũa parte pera outra. Iap. Coco caxicoye michibiqu, fiqi tçururu. ¶ Itẽ, Ter copula carnal. Iap. Caconuo nasu, casuru.

Ductor, oris. Lus. Capitão do exercito. Iap. Taixŏgun.

Ductus, us. Lus. Mando, & dignidade do capitão. Iap. Taixŏgunno curai. ¶ Ductus aquarum. Lus. Canos dagoa. Iap. Mizzuno nagaruru mizo.

Dudum, adu. Lus. Agora pouco ha. Iap. Yjen, xencocu. ¶ Item, Espaço de mais de hũ dia. Iap. Conofodo, conogoro, xenjit.

Duella, æ. Lus. Terceira parte de hũa onça. Iap. Sanmonme fodono vcmosa.

Duellator, oris. Lus. O que guerrea, ou peleija. Iap. Caxxenuo suru fito.

Duel-

Bellicus, a, um. Lus. Cousa de guerra. Iap. Qiŭxenni atarucoto.

Duello, as. Lus. Pelejar, combater. Iap. Tatacŏ, caxxensuru.

Duellum, i. Lus. Guerra. Iap. Qiŭxen, icusa, yumiya. Apud Antiq.

Duicensus, cum altero, id est cum filio cēsus.

Duidens. Lus. Huns certo sacrificio. Iap. Tamuqeno taguy.

Dulcacidus, a, um. Lus. Agro doce. Iap. Amazui mono.

Dulce, & Dulciter, adu. Lus. Docemente. Iap. Amaqu.

Dulcêdo, inis. Lus. Doçura. Iap. Amassa, canmi, canro.

Dulceo, es. Lus. Fazerse doce. Iap. Amaqu naru.

Dulcesco, is. Idem.

Dulciarius, a, um. vt Dulciarius panis. Lus. Maçapão. Iap. Amaqi xocubutno taguy. ¶ Pistor dulciarius. Lus. Confeiteiro. Iap. Amaqi xocubutuo tçucuru fito.

Dulcifluus, a, um. Lus. Cousa que corre do ce, & suauemente. Iap. Vomoxiroqu nagaruru mono, xitadarucoto.

Dulciloquus. Lus. O que fala suauemente. Iap. Canro naru cotobauo iy idasu mono.

Dulcis, e. Lus. Cousa doce, suaue. Iap. Amaqi mono, canro naru mono.

Dulciculus, a, um. dim. Idem.

Dulcisonus. Lus. O que soa, suauemente. Iap. Vomoxiroqu fibiqu, l, naru mono.

Dulcitas, Dulcitudo, & Dulcor. Lus. Doçura. Iap. Amassa, canmi.

Dulco, as. Lus. Adoçar. Iap. Amaqu nasu.

Dulia, æ. Lus. Seruiço, ou honra de seruo pera senhor. Iap. Fôcô, sôgiô. ¶ Item, Seruos. Iap. Fiquan.

Dum, adu. Lus. Em quanto, ate que. Iap. Aidani, vchini. ¶ Item, Quando. Iap. toqi. ¶ Item, Com tantoque. Iap. Saye, dani. ¶ Interd. Syllabica est adiectio, vt adesdum. ¶ Interd. Depois que. Iap. Cara, xicôjite.

Dumêtum, i. Lus. Espinhal, ou lugar cheo de espinhos. Iap. Caratachiuara, ibarano xigueritaru yama.

Dumosus, a, um. Lus. Cousa chea de espinhos, ou tojos. Iap. Xigueri, qeiqiocuno vouoqi coto.

Dumtaxat, adu. Lus. Sómente. Iap. Bacari.

Dumus, i. Lus. Espinheiro, mouta de espinhos. Iap. Caratachi, ibara.

Duo. Lus. Dous. Iap. Futaçu.

Duodecies. Lus. Doze vezes. Iap. Iŭnitabi.

Duódecim. Lus. Doze. Iap. Iŭni.

Duodecimus, & Duodenus, a, ũ. Lus. Duodecimo. Iap. Iŭnibanme.

Duodenarius, a, um. Lus. Cousa que contē numero de doze. Iap. Iŭni aru coto.

Duodeuicies. Lus. Dezoito vezes. Iap. Iŭfachitabi.

Duodeuigesimus, a, ũ. Lus. Decimo oitauo. Iap. Iŭfachiban.

Duodeuiginti. Lus. Dezoito. Iap. Iŭfachi.

Duonũ. apud veteres. Lus. Bom. Iap. Yoqi.

Duplæ. Lus. Dobrado. Iap. Ichibai. ¶ Duplæ cautio est, cùm emptor stipulatur à venditore duplum preciũ rei, si ea euincatur.

Duplaris numerus. Lus. Dobrado numero. Iap. Ichibai. ¶ Duplares milites. Lus. Soldados que por seu esforço, e valētia recebiam hum colar douro, e paga dobrada mais que os outros. Iap. Guncôni yotte cogāneno yôraçuuo tamauari, sani coto naru fuchiuo azzucaru buxi. ¶ Duplanæ, siue duplares actiones dicūtur à iure cons, quæ in duplum dabantur.

Duplex, icis. Lus. Cousa dobrada. Iap. Futaye naru mono, l, ichibaino coto. ¶ Nō nunquam, Cousa de duas maneiras. Iap. Futasama naru coto. ¶ Item, Duas cousas. Iap. Futatçuno coto. ¶ Itē, Cousa larga. Iap. Firoqi coto. ¶ Duplices in plurali, masculini generis. Lus. Hũ genero de cartas em que se escriuiam cousas secretas, e de amores. Iap. Coibumi, l, mitjiuo caqitaru fumi.

Duplicarij, l, Duplicarij. Lus. Soldados q recebem dobrado soldo. Iap. Ichibaino fuchichiuo vquru buxi.

Duplicatò, adu. Lus. Dobrado, l, dous tantos. Iap. Ichibaini, futayeni.

Dupliciter, adu. Lus. De duas maneiras, ou por duas vezes. Iap. Futasamani.

Duplico, as. Lus. Dobrar, ou acrecentar. Iap. Futayeni nasu, casanuru.

Duplo, as. Idem.

Duplio, onis. Lus. Pena em dobro. Iap. Ichibaino quatai, apud veteres.

Dupondius, vide Dipondium.

Duplum, i. Lus. Dobrado. Iap. Ychibai.

Duplus, a, um. Lus. Cousa em dobro, ou duas vezes tanto. Iap. Futaye, ichibai naru coto.

Durabilis, & le. Lus. Cousa que pode durar. Iap. Cotayubeqi coto.

Duracina Persica. Lus. Pesegos duraceos. Iap. Saneno fanareçanuru momo.

Duracinæ vuæ. Lus. Vuas que tem a casca dura. Iap. Cauano couaqi budǒ.

Durâmen, inis, & Duramentũ, i. Lus. Ramos, parra de vide. Iap. Budǒno cazzura. ¶ Item, Duramentum. Lus. Duração, & firmeza. Iap. Tçuyosa, tacumaxisa, l, giǒbu.

Durateus, a, um. Lus. Cousa de pao. Iap. Qiaite tçucuritaru coto.

Durius, a, um. Idem.

Durè, & Duriter, adu. Lus. Dura, & cruelmente, ou asperamente. Iap. Qibixiqu, nasaqenaqu, araqu.

Dureo, es. Lus. Ser duro. Iap. Cataxi, couaxi.

Duresco, is. Lus. Fazerse duro. Iap. Cataqu, l, couaqu naru.

Duricoria. Lus. Cousas que tẽ a casca, ou pele dura. Iap. Cauano couaqi mono.

Duritia, æ, l, Durities, ei. Lus. Dureza de cousa solida. Iap. Couasa, catasa, taqeqi coto uo yŭ. ¶ Item, Aspereza, ou crueldade. Iap. Qibixisa, nasaqenasa.

Duritas, atis. Idem.

Duro, as. Lus. Fazer duro, e solido. Iap. Catamuru, cataqu nasu. ¶ Aliqn. Soffrer. Iap. Corayuru. ¶ Item, Perseuerar. Iap. Todoqu, cotayuru. ¶ Itẽ, per transl. Confirmar, fortificar. Iap. Tçuyomuru, catamuru. Quintil.

Durus, a, um. Lus. Cousa dura, tesa, e firme. Iap. Couaqi coto, xigataqi mono, gimi nari, tçuyoqi coto. ¶ Item, Cousa aspera, e cruel. Iap. Araqi mono, araqe naqi coto. ¶ Item, per transl. Calejado, e corrido nos trabalhos. Iap. Xinrǒuo cora ye tçuqetaru mono, xinrǒni naretaru mono. ¶ Item, Cousa nociua. Iap. Atato naru mono. ¶ Durus ad studia. Lus. O q̃ não gosta do estudo, ou letras. Iap. Gacumonni sucanu mono.

Duriusculus, a, um. dim. Idem.

Duumuiri. Lus. Dous officiais que gouernauam certas cidades. Iap. Aru zaixouo vosamuru riǒqendan.

Duumuiratus. Lus. O cargo destes dous officiais. Iap. Miguino riǒqẽdanno xocu.

Duumuiralis, e. Lus. Cousa que pertence a este officio, ou homẽ q̃ teue este officio. Iap. Miguino qendãno xocuni ataru coto, l, sono xocuuo mochitaru fito.

Dux, cis. Lus. Capitão, ou guia. Iap. Taixǒ, l, xendachi, l, annaixa.

D ANTE Y.

Dynastes, æ. Lus. O que esta em algum cargo, ou o que muito pode, e val na cidade. Iap. Quanxocuni ninjeraretaru fito, l, taimei, taijin.

Dynastia, æ. Lus. Dignidade deste homem. Iap. Miguino fitono quanxocu.

Dyota, æ, vide Diota.

Dyscolus, i. Lus. Homem rabujento. Iap. Tanriojin.

Dysenteria, æ. Lus. Camaras de sangue. Iap. Acaqi farano yamai, ribiǒ.

Dysentericus, i. Lus. Doente desta doença. Iap. Miguino yamaino aru mono.

Dyspepsia, æ. Lus. Crueza do estomago, e indigestão. Iap. Xǒxicanuru cotouo yŭ.

Dyspnœa. Lus. Asma. Iap. Iensocu.

Dyspnoicus, i. Lus. Asmatico. Iap. Iensocu uo vazzurǒ mono.

Dysuria, æ. Lus. Difficuldade de ourinar. Iap. Rinbiǒ.

DE INCIPIETIBVS Á LITERA E.

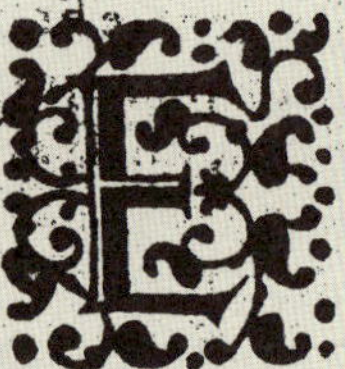

E vel, ex, præpositio. Lus. De. Iap. Yori, cara. ❡ Item, Cõforme. Iap. Xitagatte. ❡ Itẽ, Por, pera. Iap. Toxite, yuye, taixite. ❡ Econtrariò. Lus. Polo contrario. Iap. Cayette.

E ANTE A.

EAtenus, adu. Lus. Ate, em tanto. Iap. Made, soresodo. ❡ Item, Damaneira, ou polo modo que. Iap. Gotoqu, yŏni.

E ANTE B.

EBenus, I, Ebenum, i. Lus. Pao preto. Iap. Curoqi.

Ebibo, is. Lus. Bebendo esgotar. Iap. Nomi tçucusu, nomifosu. ❡ Item, per trãsl. Consumir. Iap. Tçuyasu, tçucusu.

Eblandior, iris. Lus. Alcançar, ou tirar algũa cousa dalguem com meiguices. Iap. Amanaite, l, tçuixô xite moronuo motomuru.

Eblanditus, a, um. Lus. Cousa persuadida, ou alcançada com afagos, & rogos. Iap. Tçuixô vomotte nabiqerasetaru mono, l, motometaru mono.

Ebóreus, a, um. Lus. Cousa de marfim. Iap. Zŏgue nite tçucuritaru coto.

Ebria, æ. Lus. Hum vaso de vinho. Iap. Saqeuo iruru vtçuuamono.

Ebrietas, atis. Lus. Bebedice. Iap. Chinsui, suiqiŏ.

Ebriolus, a, um. dim. Lus. Hum pouco tocado de vinho. Iap. Fanxei, farsuino fito.

Ebriôsus. Lus. O que se embebeda muitas vezes. Iap. Vôzaqezuqi, tabitabi suiqiŏ suru mono, chinsui suru mono.

Ebriolo, l, Ebriolo, as. Lus. Embebedar a outro. Iap. Fitouo saqeni youasuru.

Ebrius, a, um. Lus. Bebado. Iap. Chinsui suru mono, saqeni yeitaru fito. ❡ Interd. Cheo, abundante. Iap. Tacusannaru mono, juntacu naru coto.

E ANTE C.

Ebullio, is. Lus. Feruendo tresbordar, feruer em burbulhoins. Iap. Taguiri coboruru, yudama vaqi coboruru. ❡ Item, Dizer, ou mostrar algũa cousa com ostentação. Iap. Chibunni focotte monouo yŭ, chibunuo manjite monouo arauasu.

Ebullo, as. Lus. Sair fora, brotar. Iap. Vaqizzuru, vaqiagaru.

Ebulum, siue Ebulus. Lus. Hũa certa aruorezinha siluestre. Iap. Yamani aru cogui no na.

Ebur, oris. Lus. Marfim. Iap. Zŏgue. ❡ Item, Vasos, ou outras cousas feitas de marfim. Iap. Zŏgue vomotte tçucuritaru vtçuuamono.

Eburatus, a, ũ. Lus. Cousa cuberta de marfim. Iap. Zŏgue nite tçutçumitaru mono.

Eburneus, a, um. Lus. Cousa de marfim. Iap. Zŏgue nite tçucuritaru coto. ❡ Itẽ, Cousa alua como marfim. Iap. Zŏgueno gotoqu xiroqi mono.

Eburneolus, a, um. dim. Idem.

E ANTE C.

ECastor, adu. iurandi apud antiq.

Ecbasis figura est rhetorica, quæ latinè excursus dici potest.

Ecbolia, orum, siue Ecbulimæ, arum, siue Ecbólades. Lus. Mezinhas pera lãçar fora do ventre as crianças mortas. Iap. Tainai ni xixitaru couo vorosu cusuri.

Ecce, adu. Lus. Eis aqui, eisque. Iap. Sua, miyo.

Eccere, iusiurandum est apud antiq.

Ecclesia, æ. Lus. Ajũtamento, ou congregação. Iap. Cunju. ❡ Item, Ecclesia, id est, o ajuntaméto vniuersal dos Christãos espalhados por todo o mundo. Iap. Ixxecaini fanyei xitaru Christãono cotouo yŭ.

Ecclesiastes, is. Lus. Prégador. Iap. Danguixa.

Eccubi. Lus. Polauentura ẽ algũ lugar. Iap. Izzucunica.

Eccum, Eccam, Eccos, Eccas, sunt aduerbia demonstrandi.

Ecdicus. Lus. Defensor, ou libertador. Iap. Nogaxite, tasuqete.

Eche-

Echemythia. Lus. Silencio. Iap. Mugon.
Echeneis. Lus. Hum peixezinho que ferra, e tem mão de hum nauio. Iap. Caixŏ nite funeuo todomuru fodono chicara aru chij saqi vuo.
Echidna. Lus. Biuora. Iap. Cuchifami. ¶ Apud poëtas, Qualquer cobra. Iap. Febi, cuchinaua.
Echinatus, a, um. Lus. Cousa cuberta de espinhos como ouriço de castanhas, &c. Iap. Curino igano gotoquni tçutçumi mauaxitaru mono.
Echinus, i. Lus. Ouriço da castanha. Iap. Curino iga. ¶ Item, Ouriço do mar. Iap. Cabutogai. ¶ Item, Ouriço cacheiro. Iap. Curinoigano yŏnaru iga aru qedamono. ¶ Item, Hum certo vaso de metal em que se lauauam os copos. Iap. Sacazzuqiuo arŏ acaganeno vtçuuamono, l, suixŏno vtçuuamono.
Echo. Lus. Eco. Iap. Yamabiço, cotama.
Ecligma, atis. Lus. Lambedor. Iap. Mitçu no yŏnaru cusuri.
Eclipsis, est figura Rhetorica, qua in oratione aliquid reticemus, quod ad eius absolutionem sit necessarium.
Eclipsis lunæ, & solis. Lus. Eclipse da lua, & sol. Iap. Guaxxocu, nixxocu.
Ecliticus, a, um. Lus. Cousa defectiua, ou que se eclipsa. Iap. Fusocunaru coto, nixxocu, guaxxocuni ataru coto.
Ecloga, æ. Lus. Eleição. Iap. Xendacu. ¶ Item, Declaração. Iap. Yauarague. ¶ Item, Pratica, ou coloquio. Iap. Mono gatari.
Eclogarij. Lus. Os que praticam, ou fazem algum arezoamento, ou ouuintes dalgũa pratica, ou arezoamento. Iap. Monogatari, l, danguiuo suru fito, l, chŏju.
Ecnephias. Lus. Hum vento rijo, e tempestuoso. Iap. Tçujicaje, niuacani fuqi vorosu cajeno na.
Econ, vide Icon.
Econtrariò, vide Contrariè.
Ecphrasis. Lus. Narração pura, e singella. Iap. Arinomama naru monogatari.

Ecquando, adu. Lus. Por ventura, em algũ tempo, quando hora? Iap. Itçuzoya, itçu no corozo?
Ecquis. Lus. Alguem por ventura, ou quẽ. Iap. Taso, moxi fito arte, tare atteca.
Ecstasis. Lus. Pasmo, arrebatamento. Iap. Aqire fatçuru cotouo yŭ, bŏjento naru cotouo yŭ.
Ecstatici. Lus. Os que estão arrebatados. Iap. Bŏjento naritaru mono.
Eculeus, vide Equuleus.

E ANTE D.

Edacitas, atis. Lus. O muito comer com demasiado apetite. Iap. Taixocu, tonjiqi.
Edax, âcis. Lus. O que come, e gasta muito. Iap. Taixocu suru mono, vŏqini tçuyasu mono.
Edentatus. Lus. O que tem os dentes fora. Iap. Fano nuqetaru mono.
Edento, as. Lus. Botar os dentes fora, ou fazer alguem desdentado. Iap. Fauo nuqi sutçuru.
Edéntulus, i. Lus. O que não tem détes. Iap. Fano naqi mono.
Edendus, a, um. Lus. Cousa que se ha de comer. Iap. Xocusubeqi mono.
Edîco, is. Lus. Denunciar, mandar. Iap. Iy furasu, iy tçuquru. ¶ Item, Fazer a saber, auisar dátes. Lus. Canete xirasuru. ¶ Itẽ, Dizer. Iap. Monouo yŭ.
Edicta, orum. Lus. Ordenaçoẽs, leys, mãdados. Iap. Fatto, chocugiŏ, vŏxe.
Edictâles. Lus. Hũs certos estudantes de leys. Iap. Coccauo vosamuru gacumó uo suru fito.
Edictalis, e. Lus. Cousa que se faz por edicto, ou mandado. Iap. Fatto, l, guegini macaxete tçucurometaru coto.
Edictio, onis. Lus. Ordenação, mandado. Iap. Guegi, jŏy, chocumei.
Edictum, i. Idem.
Edicto, as. Lus. Falar, declarar. Iap. Monouo cataru, xirasuru.
Edilis, e, & Edûlis, e. Lus. Cousas de comer. Iap. Xocubutni ataru coto.

Ediſco, is. Lus. Aprender, e decorar. Iap. Sŏ ranzuru.

Ediſſero, is, vi, ertum. Lus. Declarar. Iap. Yauaraguru, ſaixacu ſuru.

Ediſſerto, as. frequent. Idem.

Editio, onis. Lus. Publicação come de liuros, &c. Iap. Xouo amitatete cugainidaſu cotouo yŭ. ¶ Aliqñ. Nacimento. Iap. Xuxxŏ. ¶ Editio multiplex. Lus. Tradição varia, e diſcrepante. Iap. Cuchi guchi naru tçutaye.

Edititius, a, um, vt iudex edititius. Lus. Iuiz eleito de hũa das partes. Iap. Ippŏ yori yerabitaru tadaxite.

Editus, a, um, particip. Lus. Nacido, ou gérado. Iap. Xŏjitaru mono, ideqitaru mono. ¶ Item, Couſa alta, e aleuantada. Iap. Tacaqi coto, ſobiyetaru coto. ¶ Item, Forte. Iap. Tçuyoqi mono. Horat.

Editus, us. Lus. Eſterco de boys, e caualos. Iap. Guiŭbano coye, fun.

Edo, es, eſt, edi, eſum, l, Eſtũ, l, Edo, is. Lus. Comer. Iap. Xocuſuru, buçuſuru. ¶ Itẽ, Gaſtar. Iap. Tçuyaſu.

Edo, onis. Lus. Comilão. Iap. Bŏxocujin, taixocu ſuru mono.

Edo, is, edidi, ditum. Lus. Tirar à luz, publicar. Iap. Cugaini idaſu. ¶ Item (paſſiuè) Nacer. Iap. Xuxxŏ, l, tanjŏ ſuru. ¶ Item, Moſtrar, fazer. Iap. Miſuru, ſuru. ¶ Edere animam. Lus. Morrer. Iap. Xiſuru. ¶ Edere frondem, fructum, &c. Lus. Produzir folhas, fruito, etc. Iap. Fauo xŏji, miuo muſubu. ¶ Edere leges. Lus. Fazer, e publicar leys. Iap. Fattouo ſadamuru, l, fururu, idaſu. ¶ Edere nomen. Lus. Dizer ſeu nome pera ſe eſcreuer. Iap. Chacutŏni tçuqu. ¶ Itẽ, Apreſentar pera algum officio, &c Iap. Curaini ſuſumuru tameni nauo xiruxite idaſu. ¶ Item, Edere nomen. Lus. Pòr nome. Iap. Nauo tçuquru. ¶ Edere oraculũ. Lus. Adiuinhar. Iap. Satoru, vranai tçuguru. ¶ Edere rationes. Lus. Dar conta. Iap. Cangiŏuo toguru, ſanyŏ ſuru. ¶ Edere operam. Lus. Seruir os eſcrauos forros aos ſenhores que os forrarão em reconhecimẽto do beneficio. Iap. Iiyŭuo yetaru yatçuco ſono vonuo canjite xujinni fŏcŏ uo ſuru. ¶ Edere ſcelus. Lus. Fazer algũ maleficio. Iap. Tçumiuo tçucuru. ¶ Edere teſtes. Lus. Tirar teſtemunhas. Iap. Xŏconinuo idaſu. ¶ Edere actionem, l, iudicium, eſt copiam deſcribendi facere, l, in libello complecti, & dare, l, dictare.

Edoceo, es. Lus. Enſinar diligentemente. Iap. Nengoroni voxiyuru, xiraſuru.

Edolo, as. Lus. Laurar a enxŏ perfeitamente. Iap. Chôno nite zaimocuuo qezzuru. ¶ Item, Polir, perfeiçoar. Iap. Xeſſa tacumaſuru, jôju ſuru.

Edomo, as. Lus. Amanſar, ſujigar. Iap. Natçuquru, xitagayuru.

Edor, ris. Lus. Hum genero de trigo. Iap. Muguino taguy.

Edormio, is. Lus. Dormir ate fartar. Iap. Aqumade nuru. ¶ Edormire vinum, ſiue crapulam. Lus. Acabar de cozer, & digerir o vinho, ou demaſiado comer dormindo. Iap. Nete xocuuo xôxi, yoiuo ſamaſu.

Edormiſco, icis. Idem.

Educatio, onis. Lus. Criação, ou enſino. Iap. Yŏicu, xitçuqe.

Educator, oris. Lus. O que cria, ou da enſino. Iap. Yŏicu ſuru mono, menŏto.

Educatrix, icis. Lus. Ama. Iap. Vochi, menŏto.

Educatus, a, um. Lus. Criado, ou enſinado. Iap. Yŏicu xitaru mono, ſodateraretaru mono, voxiyeraretaru mono.

Educo, as. Lus. Criar, enſinar. Iap. Sodatçuru, yaxinŏ, xinanuo ſuru.

Educo, is, xi, ctũ. Lus. Leuar, ou guiar pera fora. Iap. Tçure idaſu, fiqi idaſu. ¶ Itẽ, Tirar fora. Iap. Fiqinuqu. ¶ Aliqñ. Aleuantar. Iap. Aguru, tatçuru. ¶ Aliqñ. Criar, ſoſtentar. Iap. Yaxinŏ, ſodatçuru.

Edulco, as. Lus. Adoçar. Iap. Amaqu naſu.

Edulis, e. Lus. Couſa de comer. Iap. Xocubutni ataru coto.

Edu

Edulium, ij. Lus. Conduto, ou iguaria q̃ se come alem do pam. Iap. Xiru, sai, qua xi, &c.

Edurè, adu. Lus. Dura, e asperamente. Iap. Couaqu, qibixiqu.

Edûro, as. Lus. Fazer duro. Iap. Cataqu na su. ¶ Item, Curtir, e acostumar pera o tra balho. Iap. Xinrŏni narefasuru, xi iruru. ¶ Itẽ (Neutro) Durar. Iap. Fisaxiqu cota yuru.

Edurum, i. Lus. Mole. Iap. Yauaraca naru mono. ¶ Interd. Cousa muito dura. Iap. Icanimo couaqi mono.

E ANTE F.

EFFabilis, e. Lus. Cousa que se pode falar. Iap. Iuaruru coto.

Effarcio, is. Lus. Encher bem. Iap. Mitasuru.

Effari. Lus. Falar, arrezoar. Iap. Cataru, coto uaru. ¶ Effari augures. Lus. Acabarem os agoureiros suas deprecaçoens. Iap. Facaxeno vranaino toqi qinenuo fatasu, ye cŏuo sumasu. ¶ Effari precationes dicitur sacerdos, sacris operans, cui chorus respondet, Amen.

Effascinatio, nis. Lus. O olhado. Iap. Nirami corosu coto nari, meni maqesasuru nari.

Effascino, as. Lus. Encantar, ou dar olhado. Iap. Majut vomotte taburacasu, l, meni ma qesasuru, l, nirami corosu.

Effata. Lus. As derradeiras deprecaçoens. Iap. Qinenno vouari, yecŏ.

Effatum, i. Lus. Proposição, ou oração enũ ciatiua. Iap. Rifi funmeŏ naru iccu.

Effatus ager. Lus. Hum certo lugar onde se faziam agouros. Iap. Vranaino tameni sadamaritaru tocoro.

Effaxillo, as. Lus. Remangar o braço. Iap. Vdeuo furi aguru.

Effectio, onis. Lus. Obra, feitura. Iap. Sacu, xosa.

Effector, oris. Lus. O que faz algũa cousa. Iap. Sacuxa.

Effectrix, icis. fœm. Idem.

Effectus, us. Lus. Effeito, obra. Iap. Ideqitaru coto, l, cotonoyetaru cotouo yŭ, sacu nomono, vaza.

Effero as. Lus. Embrauecer a outro. Iap. Taqequ nasu, icarasu.

Effero, ers, extuli, elatum. Lus. Leuar fora. Iap. Fiqi, l, tçure idasu. ¶ Item, Aleuantar. Iap. Saxiaguru, agamuru. ¶ Itẽ, Louuar. Iap. Fŏbi suru, l, fomuru. ¶ Cõtrarijs cõmotionibus efferri. Lus. Ser leuado de contrarios mouimẽtos. Iap. Xiyocuni ficaruru. ¶ Efferre pedem. Lus. Sair fora. Iap. Focaye izzuru. ¶ Efferre cadauer. Lus Fazer o enterramento a alguem. Iap. Soreiuo suru. ¶ Interd. Aleuantar, exaltar. Iap. Cacaguru. ¶ Aliqñ. Aleuantar em alto. Iap. Saxiaguru. ¶ Interd. Dar, ou mostrar sinal, etc. Iap. Xiruxiuo arauasu. ¶ Aliqñ. Diuulgar, manifestar. Iap. Arauasu, iy furasu. ¶ Efferre se lætitia. Lus. Alegrarse. Iap. Yorocobu.

Efferueo, es, ui, vel, Efferbeo, es, bui. Lus. Feruer muito. Iap. Taguiri agaru, niye agaru.

Efferuesco, l, Efferbesco, is. Idẽ. ¶ Itẽ (metaphoricè) Alterarse, perturbarse. Iap. Sŏdŏ suru, sauagu. ¶ Itẽ, Sair cõ impeto. Caqi izzuru, voxicaquru. ¶ Item, Embrauecerse com ira. Iap. Vŏqini icaru.

Efferus, a, um. Lus. Cousa braua, cruel. Iap. Aramono, taqeqi mono.

Efficacia, æ. Lus. Efficacia. Iap. Xei, xeiriqi.

Efficacitas, atis. Idem.

Efficaciter, adu. Lus Efficazmente. Iap. Xeiriqi vomotte.

Efficax, acis. Lus. Cousa efficaz. Iap. Xeiriqi aru mono, tçuyoqi mono.

Efficiens, entis. Lus. O q̃ faz, ou acaba algũa cousa. Iap. Tçucurite, sacuxa, jŏju suru fito.

Efficienter, adu. Lus. Fazendo, causando. Iap. Xosauo naite.

Efficientia, æ. Lus. Efficiencia, ou virtude de obrar. Iap. Xosauo nasu xeiriqi.

Efficio, cis. Lus. Fazer, ou acabar de fazer. Iap. Xosauo suru, l, jŏju isasu, xi fatasu. ¶ Effectum reddere. Idem.

Effictio, onis. Lus. O esprimir com palauras a for-

a forma, & composição de algum corpo. Iap. Monono yǒsuuo arino mamani cotoba vomotte arauasu coto nari.
Effictus, a, ũ. Lus. Retratado, tirado ao viuo. Iap. Iqivtçuxini tçucuritaru mono.
Effigies, ei, l, Effigia, æ. Lus. Imagem, ou retrato ao viuo de vulto, ou de tintas. Iap. Yezǒ, mocuzǒ, sugata, vtçuxiye.
Effigio, as. Lus. Debuxar, ou tirar ao viuo. Iap. Caqi vtçusu.
Effingo, is, xi, ctum. Lus. Retratar, tirar ao viuo. Iap. Iqivtçuxini tçucuru, yecaqu.
Efflagitatio, onis. Lus. Petição com instancia. Iap. Xiqirini cô coto nari.
Efflagitatus, us. Idem.
Efflágito, as. Lus. Pedir com instãcia. Iap. Xiqirini cô.
Effleo, es. Lus. Consumirse cõ choro. Iap. Riůtei cogaruru, namidani xizzumu.
¶ Efflere oculos. Lus. Cegar com choro. Iap. Meuo naqi tçubusu. Quintil.
Efflictim, adu. Lus. Muito, com vehemẽcia. Iap. Fucaqu, varinaqu.
Effligo, is, xi, ctum. Lus. Affligir, tratar mal. Iap. Xebamuru, sainamu.
Efflo, as. Lus. Assoprando botar fora. Iap. Fuqi farǒ. ¶ Efflare animam. Lus. Morrer. Iap. Xisuru.
Effloresco, is. Lus. Florecer muito. Iap. Fanaga vouoqu saqu, l, saqi midaruru. ¶ Item, per trãsl. Estar prospero, & vigoroso. Iap. Yoni aru, sacayuru.
Effluentia, æ. Lus. Corrente, fluxo. Iap. Nagare coboruru cotouo yŭ, l, moru coto nari.
Effluuium, ij. Idem.
Effluo, is. Lus. Vazarse, correr pera fora, manar. Iap. Focaye nagaruru, vaqi izzuru. ¶ Item, per transl. Diuulgarse. Iap. More qiçoyuru, arauaruru. ¶ Effluere aliquid alicui. Lus. Esquecerse. Iap. Monouo bǒqiacu suru, vasururu.
Effôco, as. Lus. Afogar. Iap. Cubiuo ximuru, mizzuni voborasuru, iqiuo tomete corosu.
Effodio, is. Lus. Desenterrar, cauando botar fora. Iap. Foriidasu.
Effœminatè, adu. Lus. Effeminada, e molherilmente. Iap. Vonnagoraxiqu.
Effœminatus, a, um. Lus. Mole, effeminado. Iap. Vǒnagoraxiqi mono.
Effœmino, as. Lus. Fazer mole, e effeminado a outrem. Iap. Vǒnagoraxiqu nasu.
Effœtè, adu. Lus. Fraca, e debilitadamente. Iap. Youaqu, tçucarete.
Effœtus, a, um. Lus. Cousa que pario. Iap. Vmiidaxitaru mono. ¶ Effœta tellus. Lus. Terra magra, e esteril de muito produzir. Iap. Vrumi tçuqitaru dèbacu. ¶ Effœtæ vires, per transl. Lus. Forças gastadas. Iap. Tçuqitaru xei, tçucaretaru xeicon.
Effœtus, us. Lus. O parto, ou cousa parida. Iap. Tanjǒ, l, vmaretaru mono.
Effor, aris. vide Effari.
Efforo, as. Lus. Furar. Iap. Momi aquru, momi touosu.
Effractarius, ij. Lus. O que quebra, ou arrõba. Iap. Voxiyaburu mono.
Effractor, oris. Lus. O que arromba portas, ou quebra fechaduras pera entrar em casas, &c. Iap. Tateguuo voxiyabutte fitono iyeni yru mono.
Effractura, æ. Lus. Quebrar, arrombar. Iap. Voxiyaburu cotouo yŭ.
Effractus, a, um. Lus. Cousa quebrada. Iap. Vchiyaburaretaru mono.
Effrænatè, adu. Lus. Solta, e desenfreadamẽte. Iap. Fǒratni, zuini, gaini.
Effrænatio, onis. Lus. Desenfreamento, soltura. Iap. Fǒrat, jiyŭ, zui, gai.
Effrænatus, a, um. Lus. Desẽfreado, arremessado, e indomito. Iap. Araumа, tazzune ni amaritaru vma. ¶ Item, per trãsl. O que não tem modo, nem freo ẽ suas acções, e apetites. Iap. Fǒrat naru mono, gai, zui naru mono.
Effrænus, a, um, l, Effrænis, e. Lus. Sẽ freo. Iap. Cutçuua naqi mono. (voto su.
Effrico, as. Lus. Esfregar, sacudir. Iap. Momi
Effringo, is. Lus. Quebrar. Iap. Voxiyaburu.
Effugio, is. Lus. Fugir, escapar. Iap. Niguru, nogaruru. ¶ Interd. Passar depressa.
Iap.

Iap. Fayaqu touoru.

Effugium, ij. Lus. Acolheita, refugio, ou escapula. Iap. Niguedocoro, tanomidocoro, I, nogaruru cotouo yŭ.

Effulcio, is. Lus. Ter, sostentar sobresi. Iap. Mochi cacayuru.

Effulgeo, es. Lus. Resplandecer muito. Iap. Ficariuo fanatçu.

Effundo, is. Lus. Botar fora, derramar. Iap. Nagasu, sutçuru. ¶ Item, Gastar, e desbaratar. Iap. Tçuyasu, tçucai fatasu. ¶ Item, Sair fora com aluoroço, & impeto. Iap. Isogui fatameite izzuru. ¶ Item, Destruir. Iap. Faqiacu suru, taigi suru. ¶ Item, Deitar fora de lugar, etc. Iap. Voi idasu, fiqiidasu.

Effusio, onis. Lus. Derramaméto, effusão. Iap. Nagasu coto nari. ¶ Interd. Hũa grande largueza, e prodigalidade. Iap. Zanzato monouo fodocosu, I, quŏqini tçucŏ cotouo yŭ.

Effútio, tis. Lus. Falar inconsideradamente, e indiscretamente. Iap. Socot naru cotouo yŭ, buxirioni yŭ.

Effutitus, a, ũ. particip. Lus. Cousa dita incósideradamente. Iap. Socotni iytaru coto.

E ANTE G.

EGélido, as. Lus. Desfazer o que esta có gelado. Iap. Couoritaru monouo toqu.

Egélidus, a, um. Lus. Cousa que tem ja quebrada a frialdade, ou cousa morna. Iap. Nurumitaru mono.

Egens, tis. adiect. Lus. Cousa pobre, ou necessitada. Iap. Fin naru mono, I, funhoy naru mono.

Egênus, a, um. Idem.

Egeo, es, gui. Lus. Ter necessidade, ou carecer dalgũa cousa. Iap. Iru, fusocu nari, cotocaqu.

Egérmino, as. Lus. Brotar, arrebentar. Iap. Medatçu, megumu.

Egero, is, essi, estum. Lus. Botar fora. Iap. Focaye sutçuru.

Egestio, onis. Lus. O botar fora. Iap. Sutçuru coto nari.

Egestas, atis. Lus. Pobreza, mingoa. Iap. Mazzuxisa, cotocaqi, fin.

Egestus, us. Idem.

Ego, Lus. Eu. Iap. Vare.

Egredior, eris. Lus. Sair fora. Iap. Izzuru, yosoye yuqu.

Egregiè, adu. Lus. Excelentemente. Iap. Sugurete, qeccôni. ¶ Item, Muito. Iap. Vôqini.

Egregius, a, um. Lus. Cousa excelente, marauilhosa. Iap. Suguretaru coto.

Egressio, onis. Lus. Saida a fora. Iap. Izzuru coto nari.

Egressus, us. Idem.

Egula, æ. Lus. Hũa specie de enxofre. Iap. Iuŏno taguy.

Egúrgito, as. Lus. Vazar, esgotar. Iap. Vchiaquru.

E ANTE H.

EHem, interiectio est subitò aliquid deprehendentis.

Eheu, interiectio est dolentis. Lus. Ay. Iap. Hà, nagueqi catachi.

Eho, interiectio est ad se vocantis. ¶ Aliqñ. Interiectio est admirantis.

E ANTE I.

EIa. Lus. Ora sus. Iap. Iza.

Eiáculor, aris. deponens, & Eiaculo, as. actiuum. Lus. Arremeçar, deitar longe. Iap. Niguru, touoqu nagueutçu.

Eiectamentum, i. Lus. Excremento como cousa que o mar deita na praya. Iap. Mocuzzu, chiri acutano taguy.

Eiectio, onis. Lus. O lançar fora. Iap. Focaye voi idasu coto nari.

Eiectitius, a, um. Lus. Cousa que se deita fora. Iap. Focaye idasaruru mono.

Eiecto, as. frequent. Lus. Deitar fora muitas vezes. Iap. Saisai focaye idasu.

Eiectus, i. Lus. O que da à costa. Iap. Naguisani vchi aguerraretaru mono. Virgil.

Eiero, as. vide Eiúro.

Eijcio, is, eci, ectum. Lus. Deitar fora. Iap. Focaye sutçuru, voiidasu. ¶ Aliqñ. Estender. Iap. Saxinoburu. ¶ Item, absolutè, Mouer a molher, ou parir ante tẽpo. Iap. Tçuqini tarazuxite vmu, couo vorosu, vminagasu.

Eiu-

Eiulatio, onis, & Eiulatus, us. Lus. Pranto, choro, Iap. Naqi saqebu çoroua yŭ.

Eiulo, as. Lus. Chorar, fazer pranto. Iap. Naqu, naqi saqebu.

Eiŭro, as. Lus. Iurar, detestar com juramento. Iap. Xeimon suru, chicai vomotte qirŏ. ¶ Eiurare iudicem iniquum. Lus, Protestar com juramento que o juiz lhe he suspeito. Iap. Tadaxiteua fiiqi pen pauo nasuto, chicai vomotte yŭ. ¶ Eiurare bonam copiam apud Cic. Lus. Iurar que não tem sufficiente posse, &c, Iap. Burio cu narito chicaiuo nasu.

Eiero, as. Idem. vt aliqui legunt apud Cic.

Eiusmodi, siue Eiuscemodi. Lus. Tal, desta maneira. Iap. Coreſodo, cayŏni, cacuno gotoqu.

E ANTE L.

Elâbor, eris, elapsus. Lus. Fugir, escapar. Iap. Votçuru, niguru, nogaruru. ¶ Res è memoria elabuntur, Lus. Cair, ou irse algũa cousa da memoria. Iap. Monouo bŏqiacu suru.

Elabôro, as. Lus. Trabalhar muito, ou pôr diligencia. Iap. Vôqini xinrŏ suru, xei uo iruru.

Elacata. Lus. Hum genero de salmoura, ou cousa salgada. Iap. Xiuo xiruno taguy, I, xiuo xitaru mono.

Elactesco, is. Lus. Fazerse branco como leite. Iap. Chino gotoqu xiroqu naru.

Elangueo, es. Lus. Afroxar, enfraquecer. Iap. Chicara youaqu naru, youaru, cutabiruru.

Elanguesco, cis. Idem.

Elœonaria, æ. Lus. O cuidado, ou officio publico de comprar azeite. Iap. Tocoro no tameni aburauo cŏ yacu.

Elœon. Lus. Azeite. Iap. Abura. ¶ Item, Olival. Iap. Aburano qino voiqi tocoro.

Elaps. Lus. Hũa serpente. Iap. Iano taguy.

Elápido, as. Lus. Alimpar algũ lugar das pedras. Iap. Ixiuo firoinoquru, torinoquru.

Elapsus, particip. Lus. O que se acolheo, ou escapou. Iap. Nigue nogaretaru mono.

Elargior, îris. Lus. Dar com liberalidade. Iap. Quŏqini monouo atayuru, fodocosu.

Elassesco, cis. Lus. Cansar. Iap. Cutabiruru.

Elatè, adu. Lus. Soberba, e arrogãtemẽte. Iap. Manqini, gamanni. ¶ Itẽ, Em voz alta. Iap. Cŏxŏni, tacaracani.

Elaterium, ij. Lus. Hũa certa mezinha que serue pera purgar. Iap. Cudaxi.

Elâtus, a, um. Lus. Cousa soberba, arrogante. Iap. Manqi naru mono.

Elâtus, particip. Lus. Alto, aleuantado. Iap. Agueraretaru mono.

Elátro, as. Lus. Falar com estrondo, e raiua a maneira de caẽs q̃ ladram. Iap. Inuno foyuru gotoqu monouo yŭ.

Elauo, as. Lus. Lauar. Iap. Arŏ. ¶ Elauare se bonis, per transl. Lus. Despojarse de seus bens. Iap. Vaga tacarauo çotogotocu suteçuru, teto mitoni naru.

Elécebræ argentariæ apud antiq. Lus. Molheres publicas. Iap. Qeixei.

Electio, onis. Lus. Escolha. Iap. Xensacu, I, yerabu coto nari.

Electus, us. Idem.

Electo, as. frequent. à verbo Elicio. Lus. Tirar fora muitas vezes. Iap. Tabitabi torí idasu.

Elector, oris. Lus. O que escolhe. Iap. Yerabite.

Electrum, i. Lus. Alambre. Iap. Cofacu. ¶ Itẽ, Hum metal composto de certa mistura de ouro, & prata. Iap. Qinguinuo fuqi majiyetaru caneno taguy.

Electus, i, particip. Lus. Eleito, escolhido. Iap. Yerabaretaru mono.

Eleemósyna, æ. Lus. Esmola. Iap. Iifi, xemot.

Elegans, tis. Lus. Galante, ornado, e polido. Iap. Qeini naru mono, fanayaca naru mono, cazaritaru mono.

Elegantia, æ. Lus. Gentileza, bom concerto, ornato. Iap. Iinjŏ, qireisa, cazari.

Eleganter, adu. Lus. Elegante, & polidamẽte. Iap. Iinjŏni, qireini, benjetni, bunuo furite.

Elegîa, æ, siue Elegeia. Lus. Elegia, i. canto de cousas tristes. Iap. Vreino vtai.

Elegidion, dim. Idem.

Elegia, orũ. Lus. Versos elegiacos, ou tristes.

tes. Iap. Vreino vta.

Elegiacus, a, um. Lus. Cousa de elegia. Iap. Miguino vreino vtaini ataru coto.

Elegus, i. Idem.

Elegus, a, um. Lus. Cousa triste, & chorosa. Iap. Canaxiqi coto.

Elementa, orum. Lus. Elementos. Iap. Gi sui qua fŭno xidai. ¶ Item, Letras do A, b, c. Iap. Yrofa. ¶ Elementariæ literæ. Lus. Principios das sciencias. Iap. Yorozzuno gacumonno Yro fa, xitagi. ¶ Elementarius senex. Lus. Velho q̃ aprende o A, b, c. Iap. Yrofauo narŏ rŏjin.

Elemporia, vide Elæemporia, l, Elæentoria.

Elenchus. Lus. Argumento. Iap. Iefiuo qet giacu suru dŏri. ¶ Item, Argumento sofistico. Iap. Maguiracaxi dŏri. ¶ Item, Taboada do liuro, ou index. Iap. Mocu rocu. ¶ Item, Hũas certas pedras preciosas. Iap. Meixuno tagui.

Elenticus, a, um. vt, Elentici libri. Lus. Liuros dos Elencos. Iap. Maguiracaxi dŏriuo caqitatetaru qiŏ.

Eleo, es. Lus. Sujar, ou pòr nodoa. Iap. Yogosu, qegasu.

Elephantia, siue Elephantiasis. Lus. Lepra. Iap. Raibiŏ.

Elephantiacus. Lus. O doente de lepra. Iap. Raijin.

Elephantinus, a, um. Lus. Cousa de elefante. Iap. Zŏni ataru coto. ¶ Elephantini libri. Lus. Liuros em que se escreuiam antigamẽte os decretos do senado pertencẽtes aos principes. Iap. Taimei, taicani ataru arufattouo xiruxitaru xo.

Elephantozographi. Lus. Pintores que pintam sobre marfim. Iap. Zŏgueni yeuo caqu fito.

Elephas, antis, l, Elephantus, i. Lus. Elefante. Iap. Zŏ. ¶ Item, apud poëtas. Marfim. Iap. Zŏgue.

Eleuatio, onis. Lus. O aleuantar em alto. Iap. Toriaguru coto nari.

Eleuo, as. Lus. Aleuantar pera cima. Iap. Toriaguru. ¶ Item, Deminuir, e desfazer com palauras. Iap. Iyiferasu, iysaguru.

Eleutheria, orum. Lus. Hũs sacrificios. Iap. Aru tamuqeno na. ¶ Item, Hũs banquetes alegres que faziam os seruos liures. Iap. Yatçucono jiyŭuo yetaru yorocobino furumai.

Eleutherius, ij. Lus. Liberal, magnifico, ou libertador. Iap. Quŏqina fito, l, nogasu fito, l, tasuqete.

Elices. Lus. Canos, ou regos por onde se vaza a agoa dos campos. Iap. Denbacuno mizzuuo vtçusu mizo.

Elicio, is, cui, citum. Lus. Tirar fora, ou atrahir. Iap. Fiqiidasu, toriidasu, l, fiqi yosuru, nabiquru.

Elido, is, si, sum. Lus. Cortar, ou quebrar. Iap. Qiru, vchivaru. ¶ Item, Tirar fora. Iap. Fiqiidasu. ¶ Elidere ignem ex silice. Lus. Tirar fogo da pedra. Iap. Fiuo vtçu.

Eligo, is. Lus. Escolher. Iap. Yerabu, yeri idasu.

Elimino, as. Lus. Deitar fora da casa. Iap. Iye yori voiidasu. ¶ Eliminare dicta. Lus. Declarar, descobrir. Iap. Iyarauasu. Horat.

Elimo, as. Lus. Limar, perfeiçoar com lima. Iap. Yasuriuo caquru. ¶ Item, per transl. Elimare opus aliquod, idest, Dar a derradeira mão a obra. Iap. Xiaguru, jŏju suru. ¶ Interd. Desbastar com a lima. Iap. Yasuri nite suru.

Elinguatus, a, um. Lus. O que não tem lingoa. Iap. Xitano naqi mono.

Elinguis, e. Lus. Mudo. Iap. Voxi.

Elinguo, as. Lus. Arrancar a lingoa. Iap. Xitauo nuqiidasu.

Eliquâmen, inis. Lus. çumo espremido dal gũa cousa como de carne, &c. Iap. Nicu nado yori xiboriidaxitaru xiru.

Eliquesco, is. Lus. Derreterse. Iap. Toquru.

Eliquo, as. Lus. Derreter. Iap. Toqu, teracasu. ¶ Item, Gargantear, ou cantar cõ requebros. Iap. Qeôni jŏjite vtŏ. ¶ Aliqñ. Gastar annos, &c. Iap. Toxiuo feru, vocuru.

Elisus, a, um. particip. Lus. Quebrado, ou saido, tirado. Iap. Vchivaritaru coto, idetaru coto.

Elixo, as. Lus. Cozer com agoa. Iap. Mizzuni suru, niru, yuzzuru.

Elixus, a, um. Lus. Cousa cozida cõ agoa. Iap. Mizzu nite nitarumono, xenjitaru mono.

Elleborine, es. Lus. Hũa erua. Iap. Cusa no na.

Elleborum, i. Lus. Hũa erua que tem virtude de purgar. Iap. Mino acumotuo cudasu xei aru cusano na.

Ellobia. Lus. Hum genero de arrecadas. Iap. Mimini caquru yǒracu.

Ellum, i. vide Eccum.

Ellychnium, ij. Lus. Torcida, ou pauio de candea. Iap. Tǒximi, tôxin.

Eloco, as. Lus. Arrendar, alugar. Iap. Chin uo totte casu. ¶ Elocare filiam. Lus. Entregar a filha ao marido. Iap. Musumeni yomeiriuo sasuru.

Elocutio, onis. Pars est Rhetoricæ idoneorũ verborum, ac sententiarum ad inuentionem accõmodata.

Elogium, ij. Lus. Testemunho q̃ se da dalguem em louuor, ou vituperio. Iap. Meiyoto chijocuno xôco, xôjeqi. ¶ Item, Testemunho de proprio parecer. Iap. Vaga zonbunuo arauasu cotouo yŭ.

Elongo, as. Lus. Alongar, differir. Iap. Noburu, nagaqu nasu.

Eloquens, tis. Lus. Eloquente, rhetórico. Iap. Benja, gonbizzauayacani monouo yŭ fito.

Eloquentia, æ. Lus. Eloquencia. Iap. Benjet, ben.

Eloquium, ij. Lus. Pratica, & arrezoamento. Iap. Monogatari.

Eloquor, eris. Lus. Falar eloquentemente. Iap. Benjetni monouo yŭ, gonbizzauayacani monouo yŭ. ¶ Item, Declarar bẽ o que hum sente. Iap. Vomoi fucumitaru cotouo comagoma cataru, arauasu.

Eluceo, es. Lus. Reluzir, aparecer. Iap. Ficari cacayaqu, arauaruru, miyuru.

Elucesco, is. Lus. Ser mais claro, e resplãdecente. Iap. Nauo cacayaqu, l, arauaruru.

Elucifico, as. Lus. Priuar da luz. Iap. Ficariuo noquru.

Eluctor, aris. Lus. Vencer lutando. Iap. Cumi catçu, sumǒni catçu. ¶ Locorum difficultates eluctari. Lus. Vencer as difficuldades dos lugares. Iap. Nanjouo xinoi de tooru.

Elúcubro, as, et Elúcubror, aris. depon. Lus. Fazer algũa cousa velando. Iap. Youo nezu xite monouo suru.

Elûcum, i. apud veteres. Lus. Enfermo, ou mal tratado do vinho do dia passado. Iap. Vazzuraiqengu mono, l, futçuca yoiuo xitaru fito.

Elûdo, is. Lus. Zombar, enganar. Iap. Naburu, anadoru, l, tarasu, nuqu.

Elugeo, es. Lus. Deixar de chorar. Iap. Na qiyamu, namidauo todomuru. ¶ Itẽ, Chorar. Iap. Naqu, namidauo nagasu.

Elumbus, & Elumbis, e. Lus. Derreado, ou quebrado dos lombos. Iap. Coxiuore. ¶ Itẽ, per transl. Mole, e effeminado. Iap. Voriagoraxiqi mono.

Eluo, is, vi, lutum. Lus. Lauar. Iap. Arǒ, arai qiyomuru.

Elusco, as. Lus. Tirar hum olho. Iap. Catameuo nuqu.

Elûsus, a, um. Lus. Zombado, enganado. Iap. Naburaretaru mono, tabacararetaru mono.

Elutia, orum, dicuntur metalla auraria, in quibus aqua immissa, elutis sordibus, metallum ostendit.

Elutrio, as. Lus. Trasfegar. Iap. Irecayuru, vtçuxi cayuru.

Elûtus, a, um. Lus. Lauado. Iap. Araitaru mono.

Eluuies, ei, l, Eluuio, onis. Lus. Coua funda, ou cauerna feita da enxurrada. Iap. Vô mizzuno arai nagaxitaru ana, l, arai cubometaru tocoro. ¶ Item, Macula, contagião. Iap. Qegare.

Eluxatus. Lus. Desencaixado fora de seu lugar. Iap. Tçugaino tagaitaru mono.

Elu

Eluxurior, aris. Lus. Eſtar muito viçoſo, e verde. Iap. Ideqi ſuguru, ſacaye ſuguru, fabicori ſuguru.

E ANTE M.

EMaciatus, a, um. Lus. Couſa deſfalecida, e magra. Iap. Yaxe tçucaretaru mono, cajiqetaru mono.

Emacio, as. Lus. Emmagrecer a outro. Iap. Yaxeſaſuru, yaiăcaſu.

Emácitas, atis. Lus. Inclinação, ou grande apetite de comprar. Iap. Monouo cŏfucaqi nozomi, ſuqi.

Emacror, aris. Lus. Emmagrecer. Iap. Yaſuru, cajiquru.

Emáculo, as. Lus. Alimpar, ou tirar nodoas. Iap. Nogô, acauo arai votoſu, qiyomuru.

Emancipati. Lus. Os mancipados, i, que eſtam iſentos da juriſdição paterna. Iap. Youo vqetoritaru co. ¶ Item, Os que eſtam de baixo do dominio dalguem. Iap. Fitono xindaini zocuſuru mono. ¶ Emãcipatus ad omne facinus. Lus. Dado a toda maldade. Iap. Xoacuni miuo nague vchitaru mono.

Emáncipo, as. Lus. Mancipar. Iap. Ccni youo vataſu. ¶ Emancipare ſe alicui. Lus. Entregarſe todo totalmente a alguẽ. Iap. Vaga xindaiuo fitoni naguemacaſuru. ¶ Item, Vender, alienar. Iap. Coqiacuſuru.

Emanco, as. Lus. Cortar as mãos, aleijar. Iap. Teuo qiru, catauani naſu.

Emando, as. Lus. Mandar. Iap. Tçucauaſu.

Emaneo, es. Lus. Eſtarẽ os ſoldados muito tempo fora do arrayal ſem licẽça do capitão. Iap. Taixŏno menqio naxini buxi fiſaxiqu ginuo fazzuxite yru.

Emâno, as. Lus. Manar, ou ſair pera fora. Iap. Vaqiizzuru, nagareizzuru. ¶ Item, Publicarſe, ou diuulgarſe. Iap. Roqẽ ſuru, more qicoyuru, qicoyevataru. ¶ Interd. (Actiuè) Deitar de ſi. Iap. Idaſu.

Emanſor, oris. Lus. Soldado que eſta fora do arrayal mais do tẽpo aſinalado. Iap. Yuruxi yorimo, fiſaxiqu ginuo fazzuxitaru buxi.

Emarcum, i. Lus. Hũ genero de vuas. Iap. Budŏno taguy.

Emárgino, as. Lus. Tirar a codea, ou alĩpar ao redor da chaga. Iap. Caſano futauo torinoqete nogô.

Emáſculo, as. Lus. Caſtrar. Iap. Qinno tamauo toru.

Ematureſco, is. Lus. Amadurecer. Iap. Iucuſuru.

Emax, âcis. Lus. O que he inclinado a cõprar. Iap. Caitoru cotouo ſuqu fito.

Embamma, tis. Lus. Adubos, ou eſcabeche pera temperar o comer. Iap. Rcôrino dŏgu. ¶ Item, (vt aliqui putant) O enſopar pão, ou manjar ẽ algũa couſa liquida. Iap. Xocubutuo xirunadoni fitaſu cotouo yŭ.

Emblémata. Lus. Obra de moſaico, de ẽtretalho, &c. Iap. Ixi, qi nado nite mono no monuo tçuguĩ auaxe foricomitaru mono. ¶ Item, Hũa certa guarnição poſtiça de vaſos douro, prata, &c. Iap. Qinguinno vtçuuamononi tçuqetaru cazari. ¶ Item, Qualquer ornato, ou guarnição poſtiça dalgũa couſa. Iap. Tori voqini xitaru cazari.

Embola, æ. Lus. O leuar de hũa parte pera outra mantimentos. Iap. Fiŏrŏuo facobu cotouo yŭ.

Emboliſmus, i. Lus. O entreſachar, ou meter de algũ tempo pera cõcertar o anno cõ o curſo do ſol. Iap. Vrŭ.

Embolium, ij. Lus. O argumento da comedia, ou repreſẽtação da comedia. Iap. Nô no fajimarazaru ſaqini mazzu ſono cotouariuo cataru cotouoyŭ, nôno ai.

Embryo, onis, l, Embryon, ij. Lus. A criãça imperfeita que eſta no vẽtre da may ate o eſpaço de 40. dias. Iap. Imada jentai taxxezaru tainaino co.

Emedullo, as. Lus. Tirar o tutano, ou miolo. Iap. Zui, l, ſuuo idaſu. ¶ Item, per trã. l. Declarar. Iap. Iy aqiramuru, arauaſu.

Emendatè, adu. Lus. Puramente ſem erro. Iap. Qireini, aratameṭe, ayamarimo naqu.

Emendatio, onis. Lus. Emenda. Iap. Xinauoſu coto nari, qiôgŏ, xendacu.

Emendator, oris. Lus. O que emenda. Iap. Nauosu mono, xendacu suru mono.
Emendatrix, icis. fœm. Idem.
Emendatus, a, um. particip. Lus. Emendado, limpo. Iap. Nauoxitaru coto, qiôgô xitaru mono.
Emendicatus, a, um. Lus. Cousa pedida, ou alcançada com rogos. Iap. Moraitaru coto, l, vabicoto vomotte motome yetaru coto.
Emendico, as. Lus. Pedir como pedinte. Iap. Cotjiqi suru, fachiuo firaqu, tosô.
Emendo, as. Lus. Emendar, alimpar. Iap. Xinauosu, qiôgô suru.
Emensus, a, um. Lus. Cousa medida. Iap. Facaritaru mono.
Ementiens. particip. Lus. O que mente, ou finge. Iap. Itçuuaru mono, vsotçuqi.
Ementior, iris. Lus. Mentir, ou fingir. Iap. Itçuuaru, l, tçucuricotouo suru, l, yŭ. ¶ Item, Disimular algũa cousa que não ha. Iap. Naqicotouo aruyŏni misuru.
Ementitus, a, um. Lus. O que mintio, ou fingio. Iap. Itçuuaritaru mono.
Emereo, es, vi. Lus. Merecer. Iap. Xŏbat ni voconauarubeqi monoto naru.
Emereor, eris, itus. Idem.
¶ Emeritus, a, ũ. Lus. O que merece, ou mereceo. Iap. Xŏbatnî voconauarube qi mono. ¶ Emeriti milites. Lus. Soldados aposentados. Iap. Cuncôuo tçucuxite nochi jiyŭni cutçurogu buxi. ¶ Emerita arma. Lus. Armas victoriosas. Iap. Riunuo firaqitaru bugu. ¶ Emeritum stipendium. Lus. Soldo vencido. Iap. Gunyacu naxinitoru fuchi, chiguiŏ. ¶ Emeriti anni. Lus. Annos gastados. Iap. Votoroyetaru toxi, qiuamaritaru toxi. ¶ Emeriti boues. Lus. Boys cansados, e desfeitos do trabalho. Iap. Xinrŏni tçucaretaru vxi. ¶ Emeriti senes. Lus. Velhos que dam outros q̃ trabalhem por si. Iap. Xinrŏuo sasuru tameni miŏdaino motçu rŏjin.
Emergo, is, si, sum. Lus. Sair fora dagoa. Iap. Mizzuno naca yori vcami agaru. ¶ Itẽ, Sair aluz. Iap. Cugaini izzuru, araru ruru. ¶ Itẽ, Escapar de doẽça, ou algũ trabalho. Iap. Nanbiŏ, nanguiuo nogaruru.
Emeritum, i. Lus. Mercê, paga, ou tença que se dà aos soldados, que tem bem seruido na guerra. Iap. Chŭxetuo nuqindetaru buxini ataru fuchi, chiguiŏ.
Emetior, tiris. Lus. Medir. Iap. Facaru. ¶ Emetiri iter, per transl. Caminhar. Iap. Ayomiuo facobu. ¶ Emetiri labores. Lus. Passar, e sofrer trabalhos. Iap. Xinrŏuo xinogu.
Emeto, is. Lus. Segar, ou colher. Iap. Inenadouo caru.
Emico, as. Lus. Resplandecer. Iap. Ficariuo fanatçu. ¶ Item, Aparecer de subito, saltar fora. Iap. Niuacani arauaruru, tobi izzuru. ¶ Item, Exceder, leuar võtagem. Iap. Coyuru, masaru. ¶ Emicare in iugum. Lus. Aleuantarse. Iap. Tachi agaru.
Emigro, as. Lus. Mudarse pera outra parte. Iap. Taxoye vtçuru. ¶ Emigrare è vita. Lus. Morrer. Iap. Xisuru.
Eminatio, onis. Lus. Ameaça. Iap. Vodoxigoto.
Eminens, tis. Lus. Cousa alta, eminẽte. Iap. Tacaqi mono, masaru mono.
Eminentia, æ. Lus. Excellencia, alteza. Iap. Chôqua, suguretaru cotouo yŭ.
Emineo, es, vi. Lus. Aparecer, sair fora. Iap. Arauaruru, saxi izzuru. ¶ Item, Exceder. Iap. Suguruuru, l, masaru.
Eminor, aris. Lus. Ameaçar. Iap. Vodosu, vobiyacasu.
Eminulus, a, um. Lus. Cousa pouco eminẽte, ou que excede pouco as outras. Iap. Vazzucani tacaqi mono, l, isasaca suguruuru coto.
Eminùs, adu. Lus. De longe. Iap. Touoqu yori, yenpô yori, touoqu.
Emissarium, ij. Lus. Boca por onde vazam agoa. Iap. Iqeni aru fi, mizzuno deguchi.
Emissarius, ij. Lus. Espia, ou descobridor do cãpo. Iap. Metçuqe, ai naixa, qenmi. ¶ Itẽ, Mensageiro, ou hom ẽ prompto pera qual quer recado do senhor. Iap. Fiqiacu, fayauchi.

yauchi. ¶ Item, O ſobornado dos imigos. Iap. Naitçǔ ſuru tameni teqi yori vai
rouo vquru mono. ¶ Item, Guia de ladrões, ou ſalteadores. Iap. Nuſubito, gŏ
dŏno annaixa, qengomi. ¶ Item, Cauallo,
ou outro animal que ſe deixa pera fazer
caſta. Iap. Fanjŏno tameni, l, couo vma-
ſuru tameni cŏte voqu vma nado. ¶ Itẽ,
Vara de vide que ſe deixa pera ſubir ao al
to. Iap. Tacaqu faicacaru tameni qirazu
xite voqu budŏno yeda.

Emiſsio, onis. Lus. Tiro, arremeſſo. Iap. Na
gueuchi, naguezzuqi.

Emiſsitius, a, ũ. Lus. O que ſe manda a eſpi
ar, ou deſcobrir. Iap. Annai, qẽnai, l, me-
tçuqeni yararuru mono. ¶ Oculi emiſ
ſitij. Lus. Olhos esbugalhados. Iap. Saxi
idetaru manaco, deme.

Emitto, is. Lus. Mandar, l, lançar fora. Iap.
Focaye tçucauaſu, l, idaſu. ¶ Emittere
arcu ſagittas, aut tela. Lus. Deſpedir a fre
cha do arco, ou arremeſſar qualquer arma
da mão. Iap. Yauo fanatçu, l, yari nadouo
naguezzuqini ſuru, l, naguevchiuo ſuru.
¶ Aliqñ. Manifeſtar, ou dar moſtra. Iap.
Arauaſu, cugaini idaſu. ¶ Emittere manu aliquem. Lus. Forrar, ou libertar a alguem. Iap. Fudaino mononi itomauo ida
ſu, jiyǔni naſu.

Emmanuel, Hebraica dictio, i, nobiſcum
Deus.

Emo, is, emi, emptum. Lus. Comprar. Iap.
Caitoru. ¶ Item, Tomar arrendado. Iap.
Chinuo daite caru. ¶ Item, Tomar, apud
veteres. Iap. Toru, vquru.

Emódulor, aris. Lus. Cantar por arte, e muſi
ca. Iap. Chôxini auaxete vtŏ.

Emolior, iris. Lus. Expelir, lançar fora. Iap.
Voiidaſu, ſutçuru.

Emóllidus, a um. Lus. Couſa mole, e branda. Iap. Yauaracanaru mono.

Emollio, is. Lus. Abrandar, molificar. Iap.
Yauaracani naſu, yauaraguru. ¶ Item,
Fazer mole, e effeminado. Iap. Vonagora
xiqu naſu. ¶ Emollire aluum. Lus. Rela
xar o vẽtre. Iap. Farano xaſuru yŏni ſuru.

Emolo, is, ui, itum. Lus. Moer perfeitamen
te, ou acabar de moer. Iap. Suricudaqu,
fiqicudaqu, fiqi fataſu.

Emolumentum, i. Lus. Proueito, ou ganho.
Iap. Tocu, ritocu, mŏqe.

Emoneo, es. Lus. Amoeſtar, auiſar. Iap. Suſumuru, ſaiſocu ſuru.

Emorior, eris. Lus. Morrer. Iap. Xiſuru.

Emortualis dies. Lus. Dia em que hum
morreo. Iap. Xinibi, meinichi.

Emoueo, es. Lus. Mouer, ou tirar fora de
ſeu lugar. Iap. Torifanaſu, voi noquru.

Emôtus, a, um. Lus. Couſa mouida, ou
tirada de ſeu lugar. Iap. Voinoqetaru
mono, torifanaſaretaru mono

Emphaſis, eſt figura, cũ tacita verbis ſubeſt
ſignificatio, quæ pronuntiatione indicatur.

Emphetion. Lus. Hũa erua. Iap. Cuſano na.

Emphyteôſis, is. Lus. O enxertar, ou plã
tar. Iap. Qiuo tçugui, vel vyuru coto
uo yŭ. ¶ Fundum in emphyteôſi dare.
Lus. Dar algũa erdade a alguem a emphy
teoſi, ou aforar. Iap. Denbacuuo fitoni
vataxite tocuuo toru.

Emphyteutes, l, Emphyteuta. Lus. O que
toma arrẽdado algum campo, ou erdade
pera a cultiuar, e melhorar. Iap. Cãgiuo
jucugito naſu tameni azzucaru mono.

Empirice, es. Lus. Hũa arte de medicina q̃
cura por experiencia. Iap. Ygacu naxini
cô bacari nite reôgi ſuru narai.

Empíricus, i. Lus. O que cura ſomente por
experiencia. Iap. Ygacu nŏxite cô baca-
rinite reôgi ſuru mono.

Emplaſtratio, onis. Lus. O enxertar deſcudo.
Iap. Qiuo cauatçuguini ſuru coto nari.

Emplaſtro, as. Lus. Enxertar deſcudo. Iap.
Qiuo cauatçuguini ſuru.

Emplaſtrum, i. Lus. Empraſto. Iap. Voxi-
guſuri, cŏyacuno taguy.

Emporéticus, a, um. Lus. Couſa de mercã
cia. Iap. Xŏbaini ataru coto. ¶. Em-
poretica charta. Lus. Papel em que tẽ em
burulham couſas de mercancia. Iap. Cai
monouo tçutçumu cami.

Emporium, ij. Lus. Feira, ou eſcalla de mer
cancia.

cancia. Iap. Ichi, xŏbaino tameni xŏsŏ yo ri fitono tçuqiyŏ tocoro.
Empſito, as. frequent. Lus. Comprar a miude. Iap. Xiguequ monouo caitoru. Plaut.
Emptio, onis. Lus. Compra. Iap. Baitocu. ¶ Emptio imaginaria. Lus. Compra que ſe finge tal, não oſendo na verdade. Iap. Cŏ furiuo mixete, xinjitniua cauazaru cotouo yŭ.
Emptionalis, e. Lus. O que he frequente ẽ compras, e vendas. Iap. Xŏbaiuo xiguequ ſuru mono.
Emptitius, a, um. Lus. Couſa comprada, ou que ſe coſtuma cõprar. Iap. Baitocu xitaru mono, l, caimono.
Emptito, as. Lus. Comprar a miude. Iap. Xiguequ monouo cŏ.
Emptor, oris. Lus. Comprador. Iap. Caite.
Empturio, is. Lus. Ter deſejo de comprar. Iap. Monouo caitagaru, cŏ cotouo nozomu, caitai.
Emptus, a, um. Lus. Couſa comprada. Iap. Cauaretaru mono.
Empyreum cœlũ. Lus. O ceo empirio lugar dos benauenturados. Iap. Moromoro no jennin qetacu, tanoximiuo vqetamŏ tẽ.
Emucidus, a, um. Lus. Couſa chea de mofo, & bolorenta. Iap. Cabitaru mono.
Emugio, is. Lus. Dar vozes como boy. Iap. Vxino foyuru gotoqu vomequ, l, ſaqebu.
Emulgeo, es, ſi, l, xi, ctum, l, ſum. Lus. Ordenhar. Iap. Chiuo xiboru.
Emundo, as. Lus. Alimpar, purificar. Iap. Nogô, qiyomuru, qireini naſu.
Emunctio, onis. Lus. O aſoar os narizes. Iap. Fanauo camu coto nari.
Emunctorium, ij. Lus. Tiſouras, ou outro inſtrumento de eſpeuitar. Iap. Raſſocu no xintori.
Emunctus, a, um. Lus. Deſpojado, ou eſbulhado de dinheiro. Iap. Caneuo vbai toraretaru mono. ¶ Emunctæ naris homo. Lus. Homem de juizo riguroſo, e exacto. Iap. Qibixiqu, l, nengoroni xẽſacu ſuru mono.
Emungo, is, xi, ctum. Lus. Aſoar. Iap. Fanauo camu. ¶ Emungere lucernam, l, candelam. Lus. Eſpeuitar a candea. Iap. Tomoxibiuo cacaguru, l, raſſocuno xinuo toru. ¶ Itẽ, per tráſl. Deſpojar, ou tirar por enganos. Iap. Vbaitoru, faguitoru, l, tabacatte toru.
Emunio, is, iui, itum. Lus. Fortalecer. Iap. Qengoniſuru, camayuru, tçuyomuru.
Emuſco, as. Lus. Alimpar, & tirar o muſgo. Iap. Coqeuo torifarŏ.
Emutio, tis, iui, itũ. Lus. Falar como por antre dentes, ou falar com medo. Iap. Cuchino vchinite gudomeite monouo yŭ, vozzuvozzu monouo yŭ.
Emûto, as. Lus. Mudar, trocar. Iap. Cayuru.

E ANTE N.

EN. Lus. Eis aqui. Iap. Core miyo.
Enargia, æ. Lus. Euidencia, ou clareza no falar, ou eſcreuer. Iap. Monouo miru yŏni cataru, l, caqu cotouo yŭ.
Enarrabilis, e. Lus. Couſa que ſe pode contar, ou declarar. Iap. Catarubeqi coto, l, iynoberaruru coto.
Enarratio, onis. Lus. Declaração. Iap. Comagoma cataru, l, arauaſu coto nari.
Enarro, as. Lus. Contar por extenſo, & declarar. Iap. Comagoma cataru, arauaſu, iynoburu.
Enaſcor, ceris. Lus. Nacer, proceder. Iap. Vmaruru, xŏzuru, izzuru.
Enato, as. Lus. Sair, ou eſcapar a nado, ou chegar nadando a algum lugar. Iap. Voyogui agaru, l, voyogui tçuqu.
Enauigo, as. Lus. Nauegar ate o cabo, ou eſcapar nauegando. Iap. Fune nite vatari tçuqu, l, vataru, l, nori nogaruru, l, nogaruru.
Enâuo, as. Lus. Trabalhar cõ todas as forças. Iap. Xeiuo iruru, l, xeiuo tçucuſu.
Encænia. Lus. Renouação, ou feſta q̃ ſe faz na dedicação do templo, ou de outra couſa que ſe dedica. Iap. Caiyeqi, dŏtŏ nadono cuyŏ.
Encanthis. Lus. Hũa doença dos olhos. Iap. Meno vazzurai
Encauſtice, es. Lus. Hum genero de pintura

tura q̃ se fazia de tintas queimadas, e cera derretida no fogo. Iap. Caqitaru yeno taguy.

Encaustes, æ. Lus. Pintor destas imagens, ou pinturas. Iap. Miguino yecaqi.

Encaustũ, i. Lus. Hũ certo material queimado, pera pintar. Iap. Aru yenoguno taguy.

Encausticus, a, um. Lus. Cousa pintada cõ este material. Iap. Migui no yenoguuo motte caqitaru coto.

Enchiridion. Lus. Liuro manoal. Iap. Fudan teni mochinaretaru chijsaqi xomot. ¶ Item, Adaga, ou punhalzinho. Iap. Co vaqizaxi. ¶ Item, Aquella parte do remo que os remeiros tẽ na mão quãdo remão. Iap. Rovde.

Enchydris. Lus. Hũa cobra dagca. Iap. Suichũni sumu cuchinaua.

Encolpiæ, arũ. Lus. Huns ventos que vẽ do mar pollas enseadas. Iap. Voqi yori fuqiquru caje.

Encomiastes, æ. Lus. O que celebra os louuores dalguẽ. Iap. Taninuo fomeaguru mono.

Encomium, ij. Lus. Louuor, honra. Iap. Fomare, fôbi, meiyo.

Encyclios. Lus. Cousa redonda, circular. Iap. Maroqi mono.

Encyclopedia. Lus. Sciencia vniuersal, e perfeita. Iap. Xogacuuo cometaru michiuo taxxitaru gacumon.

Endeplóro, as. Lus. Queixarse chorando, e rogando. Iap. Vabicudoqu, vrami cudoqu. Antiq.

Endromis, dis. Lus. Hũ vestido como rou pão de cacheira, ou bernio. Iap. Ame, cajeuo fuxegu yxŏ.

Eneco, as, vi, ectũ. Lus. Matar. Iap. Corosu. ¶ Aliqñ. Molestar. Iap. Qizzucaiuo sasuru.

Enico. Idem. apud veteres.

Enectus, a, ũ. Lus. Morto, trabalhado, ou quasi morto. Iap. Corosaretaru mono, nãguini tçucaretaru mono, l, fanxŏ naru mono.

Energia. Lus. Energia, efficacia. Iap. Xeiriqi, iqiuoi.

Eneruatus, a, um. Lus. Cousa fraca, e deleixada sem vigor. Iap. Youaritaru mono, xeino naqi mono.

Eneruo, as. Lus. Enfraquecer a outro, debilitar. Iap. Youarasu.

Eneruis, a, ũ, l, Eneruis, e. Lus. Mole, e effeminado, e sẽ vigor. Iap. Xeino tçuqitaru mono, youayouaxiqi mono. ¶ Enerua saltatio. Lus. Bailo quebrado, e effeminado. Iap. Vonagoraxiqi vodori.

Enim, coniunctio causalis. Lus. Porque. Iap. Yuyeua, niyotte.

Enimveró. Lus. Certamente. Iap. Xinjitni.

Eniteo, es, vi. Lus. Resplãdecer muito. Iap. Vôqini ficari cacayaqu. ¶ Item, Ser emminente. Iap. Yoni coyuru.

Enitesco, is. Lus. Fazerse mais claro, & resplandecente. Iap. Masu masu cacayaqi yuqu.

Enîtor, eris, enisus, l, enixus. Lus. Parir. Iap. Vmu, sanuo suru. ¶ Itẽ, Esforçarse, e trabalhar. Iap. Xeiuo iruru, xeiriqiuo faguemasu.

Enixè, adu. Lus. Cõ força, e efficacia. Iap. Xeiriqiuo motte, conqiuo tçucuxite.

Eniximè. Idem.

Enno, as. Lus. Escapar nadando, ou chegar a algũa parte nadando. Iap. Voyoguinogaruru, l, voyoguitçuqu.

Enodatè, adu. Lus. Claramẽte. Iap. Meifacuni.

Enodatio, onis. Lus. Declaração. Iap. Yauaraguc, chŭxacu.

Enodatus. Lus. Declarado. Iap. Yauaragueraretaru mono, chŭxacu xeraretaru coto.

Enôdis, e. Lus. Cousa lisa sem nôs. Iap. Fuxino naqi mono, nameracanaru mono. ¶ Item, per metaph. Cousa sem difficuldade. Iap. Tayasuqi coto.

Enôdo, as. Lus. Alimpar dos nôs, cortar os nôs. Iap. Qino fuxiuo votosu, qirifarŏ. ¶ Itẽ, per metaph. Declarar. Iap. Yauaraguru, fuxinuo firaqu.

Enormis, e. Lus. Cousa grande, extraordinaria. Iap. Quŏdainaru coto, motteno foca naru coto, fôni suguitaru coto.

Enormiter. Lus. Sem medida, extraordinariamen-

mẽte. Iap. Mottenofocani, fõni fuguite.
Enotesco, is. Lus. Fazerse notorio, manifestarse. Iap. Funmiõni naru, arauaruru.
Ens, et Entia, à verbo Sum deducta, voces sunt à philosophis vsurpatæ.
Ensifer, eri. Lus. O que traz espada. Iap. Catanauo saxu, l, qenuo taisuru mono.
Ensis. Lus. Espada. Iap. Catana, qen, riqen, tçurugui.
Ensiculus, i. dim. Idem.
Entelechia. Lus. Vigor, e principio motiuo. Iap. Xeicon.
Enterocela. Lus. Hũa especie de hernia, ou quebradura. Iap. Ximocaje, xéqino taguy.
Enterocelicus, i. Lus. O que té esta doença. Iap. Xenqiuo vazzurõ mono.
Entimêma, atis, & Entimematũ, i. est figura rhetoricæ, l, syllogismus imperfectus.
Enûbo, is. Lus. Casar a molher com pessoa desigual. Iap. Vaga curaini niyauanu vottoni yome iri suru.
Enucleatè, adu. Lus. Clara, e distinctamente. Iap. Aratani.
Enucleatus, a, um. Lus. Cousa declarada, e manifesta. Iap. Yauaraguetaru coto, arauaretaru coto.
Enúcleo, as. Lus. Partir anoz, ou outra fruita semelhante, e tiralhe o miolo. Iap. Curumi nadono yõnaru conomiuo vari, miuo toru. ¶ Item, per transl. Declarar. Iap. Arauasu.
Enûdo, as. Lus. Despir nû. Iap. Yxõuo nugu. ¶ Item, per transl. Declarar, interpretar. Iap. Yauaraguru, chũsuru.
Enumeratio, onis. Lus. O contar. Iap. Cazoyuru coto nari. ¶ Item, Epilogo, e cõclusão que se faz na pratica, e pregação, &c. Iap. Danguino tçugõ.
Enúmero, as. Lus. Contar. Iap. Cazoyuru.
Enuntiatio, onis. Lus. Proposição, ou oração perfeita, Iap. Rifi funmiõ naru iccu.
Enuntiatum, i. Idem.
Enuntiatiuè, adu. deduci dicitur, cùm simili ter aliqua res sine mysterio, sine pondere, sine momento deducitur.
Enuntiatiuus, a, um. Lus. Cousa que denũcia, ou declara. Iap. Tçuguexirasuru, l, arauasu mono.
Enuntiatus, a, ũ. particip. Lus. Cousa pronũciada, declarada. Iap. Iydasaretaru coto, arauaretaru coto.
Enuntio, as. Lus. Dizer, pronunciar. Iap. Iyidasu. ¶ Item, Fazer a saber. Iap. Tçuguru, xirasuru. ¶ Item, Descobrir cousa secreta. Iap. Cacuretaru cotouo arauasu.
Enuptio, onis. Lus. O casar a molher com pessoa desigual. Iap. Vaga curaini niauanu vottoni yomeiri suru coto nari.
Enutrio, is. Lus. Criar, sostentar. Iap. Yaxinai, sagocumu.

E ANTE O.

EO, is, iui, itum. Lus. Ir, andar. Iap. Yuqu, ayomu. ¶ Item, Vir. Iap. Mairu.
Ire in sententiam pedibus. Lus. Seguir o parecer dalguẽ. Iap. Fitono zõbũuo xitõ.
¶ Ire pedibus. Lus. Andar à pè. Iap. Cachi nite ayomu. ¶ Ire in alia omnia. Lus. Discrepar do parecer principal, e consentir com os outros. Iap. Xobanno zonbunuo icchi xezu, yono zonbunni tçuqu, l, fitono zonbũni tçuqu. ¶ Ire rectis sensibus. Lus. Proceder direitamẽte. Iap. Xóro, xõgiqiuo fonto suru. ¶ Ire in aciem. Lus. Excercitar a milicia. Iap. Qiũxenni tazzusauaru. ¶ Ire inficias. Lus. Negar. Iap. Chinzuru. ¶ Ire in articulum. Lus. Ir otrigo, e aceuada, etc. crecẽdo, e fazendo nós. Iap. Mugui nado xeigiõ xite fuxibuxiuo xõzuru. ¶ Ire res. Lus. Soceder a cousa. Iap. Xutrai suru. ¶ It dies. Lus. Passa o dia. Iap. Figa cureyuqu.
Eò, adu. Lus. Tanto, em tal maneira. Iap. Fodo, core fodo. ¶ Qñq;. Porque, por isso. Iap. Yuyeni, fodoni. ¶ Aliqñ. Ate aquelle lugar, ate là. Iap. Anata made, sono tocoro made. ¶ Aliqñ. Isso, ou ate isso. Iap. Sore, l, sorefodo.
Eos. Lus. Manhaã, alua. Iap. Aqebono.
Eous, a, um. Lus. Cousa do Oriente. Iap. Figaxino catani ataru coto.
Eòvsque. Lus. Ate tanto, em tanto, de tal maneira. Iap. Fodo, sorefodo, yõni.

Epagon, ontis. Lus. Roldana. Iap. Mono uo fiqi aguru curumaqi.
Ephebia, æ. Lus. Mocidade. Iap. Iacunē, jacu fai, bijacu.
Ephebium, ij. Lus. Lugar onde os moços lutauam, e se exercitauã. Iap. Vacaqi mono iumŏuo qeico suru tocoro.
Ephêbus, i. Lus. Moço que lhe começa a pũgir a barba. Iap. Figueno voyesomuru vacaqi fito.
Ephémera, l, Ephémeros. Lus. Febre de hũ dia. Iap. Ichijitno aida ficanu necqi.
Ephémeris, dis. Lus. Liuro em q̃ se escreuem as cousas de cada dia. Iap. Finicqi.
Ephippia, orum. Lus. Sella, ou cuberta de caualo. Iap. Vmano cura, l, vmaguinu.
Ephippiati equites. Lus. Caualeiros de caualos sellados. Iap. Cura voqivmani noru fito.
Ephippiarij equi. Lus. Caualos de sella. Iap. Curavoqi vma, amba.
Epicedium, ij. Lus. Verso funebre q̃ se canta em louuores do defuncto antes de enterralo. Iap. Xigai vzzumazaru vchini sono xininno fomareuo iy arauasu vta.
Epicœnum, i. Lus. Cousa mesturada. Iap. Majiyetaru mono. ¶ Epicœnum genus apud grãmaticos est, quod sub vno articulo promiscuè vtrumque significat sexum in pecoribus tantùm.
Epicus, a, um. Lus. Cousa de verso eroico. Iap. Aru vtani ataru coto. ¶ Epicus poëta. Lus. Poëta de verso eroico. Iap. Mi guino vtano yomite.
Epídromos. Lus. Mezena, vela da popa, Iap. Curofuneno tomoni aru fo.
Epigamia, æ. Lus. Casamento, e parẽtesco cõ outra gente. Iap. Yenpen, yenjani naru cotouo yũ.
Epiglossis, seu Epiglotis. Lus. Campainha da boca. Iap. Qenyô.
Epigramma, atis, l, Epigramatum, i. Lus. Letreiro, ou mote sobre algũa cousa. Iap. Gacu, l, vta.
Epigrammatógraphus. Lus. O q̃ compoẽ epigramas. Iap. Miguino vtano yomite.
Epigraphe, es. Lus. Titulo. Iap. Gacu.
Epilepsia, æ. Lus. Gota coral. Iap. Tencan, cutçuchi.
Epileptici. Lus. Os doẽtes de gota coral. Iap. Cutçuchicaqi.
Epílogus, i. Lus. Conclusão, remate da oração. Iap. Ficqiŏ, tçugŏ.
Epímone, figura est, quãdo ad maiorẽ affectum denotandum, in eadẽ dictione perseueratur.
Epinicia, orum. Lus. Iogos, e festas por algũa victoria. Iap. Rivnuo firaqitaru iuai, yorocobi. ¶ Item, Versos em louuor do vencedor. Rivnuo firaqitaru fitouo fomete yomu vta.
Epiphania, æ. Lus. Aparição, ou manifestação. Iap. Arauaruru cotouo yũ. ¶ Epiphaniacũ. Lus. Festa da Epiphania. Iap. Sanninno teivŏni Iesu Christo arauaretamŏ iuai.
Epiphonêma, figura est rei narratæ, l, probatæ summa acclamatio. ¶ Itẽ, Clausula artificiosa, ou sentença cõ que se arremata algũ epigrama, &c. Iap. Vtano fatenj aru vomoxiroqi cotouari.
Epíphora. Lus. Hũa doença dos olhos. Iap. Ganqe.
Epirhedium, ij. Lus. Hũ genero de andas, ou coche. Iap. Coxi, curumano taguy.
Epischidion. Lus. Cunha de fender lenha. Iap. Qiuo varu cusabi.
Episcopiũ, ij. Lus. Morada, ou habitação do bispo. Iap. Bispono gozadocoro, giŭxo.
Episcopius, a, um. Lus. Cousa de espia, ou vigia. Iap. Metçuqe, l, ban uru mononi ataru coto.
Epíscopus, i. Lus. Bispo. Iap. Bispono coto nari.
Epístates, æ. Lus. Feitor, procurador. Iap. Daiquan, buguiŏ, macanaite.
Epístata, æ. fœm. Idem.
Epistola, æ. Lus. Carta. Iap. Fumi, xojŏ.
Epistolium, ij. dim. Idem.
Epistolaris, e. Lus. Cousa de cartas, ou que pertence a carta. Iap. Fumini ataru coto.
Epistomium, ij. Lus. Esguicho. Iap. Cane nite tçucuritaru mizzubuneno cuchi, l, fino

no cuchi.

Epistylium, ij. Lus. Capitel da columna. Iap. Faxirano mafugata.

Epitaphium, ij. Lus. Epitaphio, ou letreiro das sepulturas em louuor do morto. Iap. Xininno quanquacuno vyeni sono fomareuo caqitaru cotouo yŭ.

Epithalamium, ij. Lus. Verso, ou cantiga q̃ se canta em vodas. Iap. Xŭguino vta.

Epithemata. Lus. Mezinhas que se poem por fora na ferida, ou parte lesa como cataprasmo, &c. Iap. Cŏyacu, tçuqeguſuri.

Epitheton, dicitur appositũ, l, adiectiuum, hoc est, quod substantiuo apponatur.

Epithymia, æ. Lus. Desejo, concupiscencia. Iap. Fucaqi nozomi.

Epitome, es, siue Epitoma, æ. Lus. Abreuiação, compendio. Iap. Riacu.

Epôto, as. Lus. Beber tudo, esgotar. Iap. Nomitçucusu, nomi fosu.

Epulæ, árum. Lus. Comeres, manjares. Iap. Xocubut. ¶ Itẽ, Manjar das bestas. Iap. Yejiqi, famimono.

Epula, æ. in singulari. Idem. apud veteres.

Epularis, e. Lus. Cousa de banquete, ou comeres. Iap. Furumai, l, xocubutni ataru coto. ¶ Epulares. Lus. Os q̃ comiã em festas, e sacrificios. Iap. Matçurino zani xocu suru fito.

Epulatio, oris. Lus. Cõuite, comer. Iap. Furumai, xocu.

Epulatorius, a, um. Lus. Cousa que se pode comer. Iap. Xocubutni naru mono, cuuaruru mono.

Epulatus, a, um. Lus. O que tem comido, ou està banqueteado. Iap. Xocuuo xitaru mono, l, furumaini vŏtaru mono.

Epûlis, dis. Lus. Carne superflua que nasce nas gingiuas. Iap. Faguqini amari idequru xiximura.

Epulones. Lus. Os que ministrauã antigamente aos idolos, e lhes concertauam o comer. Iap. Buccu buxxuuo sonayuru fitô. ¶ Itẽ, Conuidados q̃ se acham no mesmo banquete. Iap. Furumaini retza suru xu.

Epulor, aris. Lus. Comer em conuites, banquetearse, Iap. Furumaini vŏ.

Epulótica. Lus. Mezinhas pera fechar as feridas. Iap. Qizuno iyeguſuri.

Epulum, i. Lus. Banquete publico, & solenne q̃ se faz ẽ algũa festa. Iap. Vôburumai, cuyŏ, toburai nadono toqino furumai.

E ANTE Q.

EQua. Lus. Egoa. Iap. Zŏyacu.

Equapium, ij. Lus. Hũa erua. Iap. Aru cusano na.

Equaria, æ. Lus. Rebanho de caualos. Iap. Vmano atçumari.

Eques, itis. Lus. Caualeiro. Iap. Vmanori, baxŏ, qibano xu. ¶ Item, Caualo. Iap. Vma. ¶ Itẽ, Homẽ q̃ tẽ dignidade de caualeiro. Iap. Aru buqeno curaino aru fito.

Equester, tris, & Equestris, estre. Lus. Cousa pertencente a caualeiro. Iap. Vmanorini ataru coto. ¶ Equestres copiæ. Lus. Gẽte de caualo. Iap. Qiba, l, baxŏno xu.

Equestria, ium. Lus. Hũs assẽtos determinados no teatro pera os caualeiros Romanos. Iap. Miguino curaino fito xibaini voite sadamaritaru tocoro.

Equiceruus, i. Lus. Hum certo animal. Iap. Aru qedamonono na.

Equidem, coniunctio. Lus. Em verdade. Iap Macotoni, xinjitni.

Equíferus, i. Lus. Caualo brauo. Iap. Maqidaxino vma, notorino coma.

Equîle, is. Lus. Estrebaria de caualos. Iap. Vmaya.

Equimentum, i. Lus. Aluguer que se da do caualo que se empresta pera geração. Iap. Couo motasubeqi tameni comauo caru chin.

Equînus, a, um. Lus. Cousa de caualo. Iap. Vmani ataru coto.

Equio, is, iui. Lus. Terem cio os caualos. Iap. Vmaga sacaru.

Equilia, orum. Lus. Hũas certas festas, & jogos que se faziam ẽ Roma. Iap. Inixiye Romanite tçuromexi aru iuaino yŭ.

Equisessor, oris. Lus. O que anda a caualo. Iap. Vmani notte ariqu fito.

Equisetum, i. Lus. Hũa erua. Iap. Aru cusano na.

Equi-

Equiso, onis. Lus. Estribeiro. Iap. Vmayano bettô. ¶ Itẽ, apud veteres. Mestre, ou official dalgũas cousas. Iap. Monono yacuxa, vt equisones nautici, etc.

Equitabilis, e. Lus. Lugar cõmodo pera passear os caualos. Iap. Vmauo noruni yoqi baba, l, tocoro.

Equitatio, onis. Lus. O andar a cauało. Iap. Vmani nori ariqu coto nari.

Equitatus, us. Lus. Gente de cauało. Iap. Baxô, l, qibano xu. ¶ Item, O andar a caualo. Iap. Vmani nori ariqu cotouo yŭ.

Equites dicebantur à Romanis, qui equestrẽ dignitatem erant adepti, aut ex equestri ordine prognati.

Equito, as. Lus. Andar a caualo. Iap. Vmani nori ariqu.

Equitor, passiu. Lus. Ser caualgado. Iap. Vmani noxeraruru.

Equula, æ. Lus. Egoa pequena. Iap. Chijsaqi zŏyacu.

Equuleus, ei. Lus. Potro. Iap. Vmano co. ¶ Item, Caualete, genero de tormentos. Iap. Aru caxacuno dŏguuo yŭ.

Equulus, i. Lus. Potro. Iap. Vmano co.

Equus, i. Lus. Caualo. Iap. Vma, coma. ¶ Equus gradarius. Lus. Caualo que anda quieta, e sossegadamente. Iap. Norigocochi yoqi vma. ¶ Equus verêdus. Lus. Caualo ligeiro no correr. Iap. Fayaqi vma. ¶ Equis, & quadrigis. Lus. Com todas as forças. Iap Xeiriqini voyobufodo.

E ANTE R.

Eradîco, as. Lus. Arrancar, e desarreigar. Iap. Necara fiqi nuqu, nebiqini suru, ne coguiuo suru. ¶ Item, per transl. Destruir, e desbaratar de todo. Iap. Vchi cuzzusu, faqiacu suru.

Erâdo, is, si, sum. Lus. Raspar, ou borrar. Iap. Cosoguru, qezzuru, qesu.

Eranarches, is. Lus. Rendeiro, ou arrecadador dos tributos. Iap. Nengu, l, mitçuqi mono nadouo vqetorite.

Erasus, a, um. Lus. Cousa raspada, ou borrada. Iap. Cosoguitaru mono, qesareta ru mono.

Ercisco, is. Lus. Diuidir. Iap. Vaquru, cubaru.

Erebus, i. Lus. Rio do inferno. Iap. Gigocuno caua. ¶ Item, Lugar escuro do inferno. Iap. Infernono curaqi tocoro.

Erectus, a, um. Lus. Cousa leuantada. Iap. Tatte yru mono, tateraretaru mono. ¶ Item, Esperto, aluoraçado. Iap. Isami tatteyru mono.

Eregione, adu. Lus. De fronte. Iap. Saximucôte, mamucai.

Ere natæ. Lus. Conforme a occasião presente. Iap. Tôjino xiauaxeni yotte. ¶ Ere natum exordium. Lus. Exordio inuentado de repente. Iap. Tonni tacumi idasaretaru jo.

Erémigo, as. Lus. Nauegar a remo. Iap. Voxivataru.

Eremodicium, ij. Lus. Iuizo, ou demanda deixada. Iap. Saxiyametaru cuji.

Erêmus, i. Lus. Ermo. Iap. Sanrin, jinrin fanaretaru tocoro.

Erêpo, is, psi. Lus. Sair de gatinhas de lugar escondido. Iap. Cacuretaru tocoro yori faiizzuru. ¶ Item, Subir trepando a lugares altos, & ingremes. Iap. Qẽso naru tocoroye fainoboru.

Erga, præp. Lus. Pera com. Iap. Taixite, vt erga Deum.

Ergasterium, ij. Lus. Tenda de officiais. Iap. Xocuninno iye. ¶ Item, Tenda. Iap. Mixe, tana.

Ergastularius, ij. Lus. Carcereiro. Iap. Rôno yacuxa.

Ergástulum, i. Lus. Mazmorra, ou carcere dos seruos. Iap. Gueninuo irevoqu rô. ¶ Item, Seruos presos. Iap. Rôni iritaru guenin.

Ergastulus, i. Lus. Seruo preso, ou q̃ trabalha no carcere. Iap. Rôni iritaru guenin, l, rônai nite xigotouo suru guenin.

Ergo. Lus. Portanto, ou assi que. Iap. Xicareba, xicaru tocoroni. ¶ Item, Por causa. Iap. Yuyeni, taixite, vt, illius ergo vênimus. ¶ Ergo ne indignantis. Demaneira que, assiq̃. Iap. Xite sonobunca.

¶ Ergo age. Eya pois. Iap. Iza sataba.
Erice, es, l, Erica, æ. Lus. Vrze, aruorezinha sylvestre. Iap. Chijsaqi qino na.
Erigo, is, erexi, ctum. Lus. Aleuantar. Iap. Aguru, vocosu. ¶ Item, per trāsl. Cōsolar. Iap. Nadamuru, chicarazzuquru.
Eripio, is, vi, reptum. Lus. Arrebatar, tirar por força. Iap. Vbaitoru, ficcocuru. ¶ Eripere aliquē morti, damno, &c. Lus. Liurar a alguē da morte, perda, &c. Iap. Fitono xisuru nāgui, sonxit nadouo nogasu.
Erîuo, as. Lus. Vazar a agoa por regos. Iap. Mizzuuo forinagasu.
Erodius, ij. Lus. Hũa aue. Iap. Torino na.
Erôdo, is, si, sum. Lus. Roer. Iap. Caburu.
Erogatio, onis. Lus. Distribuição, despesa. Iap. Monouo fodocosu, l, tçucō coto nari.
Erogatus, a, um. Lus. Cousa distribuida, & gastada. Iap. Fodocosaretaru coto, tçucaitaru coto.
Erógito, as. Lus. Rogar com instancia. Iap. Xiqitini, l, fitoyeni tanomu.
Erogo, as. Lus. Distribuir, ou despēder. Iap. Faibun suru, vaquru, fodocosu, tçucō.
Errabundus, i. Lus. Vagabundo, desgarrado. Iap. Samayô mono, madoi ariqu mono, sazorayuru mono.
Erratum, i. Lus. Erro, e peccado. Iap. Ayamari, mayoi, toga.
Erratio, onis. Idem.
Erráticus, a, um. Lus. Cousa vagabunda. Iap. Madoi ariqu mono. ¶ Erraticæ herbæ. Lus. Eruas que nacem por si, e se estendē por muitas partes. Iap. Itnenni voye fabicoru cusa.
Erro, as. Lus. Errar, peccar. Iap. Mayô, ayamaru. ¶ Item, Andar vagabundo, desgarrado. Iap. Samayoi ariqu, madoi ariqu. ¶ Aliqñ. Pacer gado. Iap. Fitçuji nado uo cô.
Erro, onis. Lus. Vadio, vagabundo. Iap. Samayô mono, faiquai suru mono.
Erroneus, a, um. Idem.
Error, oris. Lus. Erro, ou engano. Iap. Mayoi, madoi.
Erubesco, cis. Lus. Fazerse vermelho, ou envergonharse. Iap. Xeqimen suru, acaqu naru, fazzucaxiqu vomô, fazzuru.
Erûca, æ. Lus. Hum certo bicho que come a hortaliça. Iap. Namuxi, l, yasaiuo curô muxi. ¶ Item, Hũa erua. Iap. Aru cusa no na.
Eructo, as. Lus. Arrotar muitas vezes, ou arrotando lançar fora. Iap. Saisai vocubiuo tçuqu, l, vocubiuo xite monouo faqiidasu. ¶ Item, per transl. Lançar fora. Iap. Vchiidasu.
Erúdero, as, aui. Lus. Alimpar do cascalho, caliça, &c. Iap. Ixi, cauarano chiri acutauo caqi sutçuru.
Erudio, is, iui, itum. Lus. Ensinar, instruir. Iap. Voxiyuru, xitçuquru.
Eruditio, onis. Lus. Doutrina, ensino. Iap. Voxiye, xinan.
Eruditus. Lus. Douto, e letrado. Iap. Gacuxa, chixa.
Eruditulus, i. dimi. Idem.
Eruditus, a, um. Lus. Ensinado, instruido. Iap. Voxiyeraretaru mono.
Erugatio, onis. Lus. O desfazer as rugas. Iap. Xiuauo noburu coto nari.
Erugo, as. Lus. Desfazer as rugas. Iap. Xiuauo noburu.
Eruilia, æ. Lus. Eruilha. Iap. Sasaguine rui.
Erûpo, is, pi. Lus. Sair cō impeto. Iap. Caqe izzuru, vaqi agaru. ¶ Itē, Dar a salto. Iap. Niuacani voxiyosuru, voxi caquru. ¶ Item (Actiuè) Fazer sair, ou botar fora. Iap. Idasu.
Eruptio, onis. Lus. Asalto dos soldados. Iap. Buxino teqini voxicaquru coto nari.
Erunco, as. Lus. Mondar das eruas, e espinhas, &c. Iap. Cusa nadouo fiqu, toru.
Eruo, is, vi, utū. Lus. Tirar fora, arrācar. Iap. Nuqiidasu, fori nuqu. ¶ Item, Destruir de todo. Iap. Famet suru. ¶ Item, Descobrir, inuentar. Iap. Tacumi idasu.
Eruum, i. Lus. Hũ certo genero de legume semelhante a lentilha. Iap. Yendôni nitaru zaccocuno rui.
Erysipelas. Lus. Hum genero de chaga. Iap. Faremonono taguy.

E AN-

ESalon, onis. Lus. Hum genero de falcão, ou gauião. Iap. Tacano taguy.
Esca, æ. Lus. Comer, ou manjar. Iap. Xocubut. ¶ Item, Isca cõ que tomam peixes, ou aues. Iap. Vuono yeba, torino ye.
Escarius, a, um. Lus. Cousa pertencente a comer. Iap. Xocubutni ataru coto. ¶ Escaria vasa. Lus. Vasos pera comer. Iap. Xeijino dõgu. ¶ Escaria mensa. Lus. Mesa quadrada onde se come. Iap. Xicacuanru fandai.
Escâlis, le. Idem.
Eschara, æ. Lus. Codea que fica nas feridas depois de cauterizadas. Iap. Yaqitaru qizu no curobuta.
Escharotica medicamẽta. Lus. Mezinhas de fazer codea, ou encourar a ferida. Iap. Qizuno iyegusuri.
Esculentus, a, um. Lus. Cousa de comer. Iap. Xocubutni ataru coto.
Esculêtum, i. Lus. Lugar de aruores que dá landes, ou bugalhos. Iap. Xijno qino ruino vouoqi yama.
Esculeus, a, um. Lus. Cousa feita desta aruore. Iap. Cono qinite tçucuritaru mono.
Esculus, i. Lus Aruore que da landes, ou bugalhos. Iap. Xijno qino rui.
Esito, as. Lus. Comer muitas vezes. Iap. Xiguequ mono uo xocusuru.
Essedarius, ij. Lus. Cocheiro, ou carreteiro. Iap. Curumano atçucŏ mono, vxicai.
Essedum, i, l, Esseda, æ. Lus. Hum genero de carro, ou coche. Iap. Curuma, coxi no taguy.
Essentia, æ. Lus. O ser, & natureza das cousas. Iap. Monono xŏtai. Apud philosop.
Estrix, icis. Lus. Comedora. Iap. Mono uo xocu suru vonna.
Esuriales feriæ. Lus. Tempo em que se deixa de comer. Iap. Danjiqino jixet.
Esuries, ei. Lus. Fome, appetite de comer. Iap. Fidarusa, vyeni nozomu cotouo yŭ.
Esurio, onis. Lus. Faminto. Iap. Vyeni no zomu mono.
Esurio, is, iui, itum. Lus. Ter fome. Iap. Vyuru, xocujiuo nozomu.
Esuritio, onis, l, Esurigo, inis. Lus. Fome, ou appetite. Iap. Fidarusa.
Esurîtor, oris. Lus. Faminto. Iap. Vye ni nozomu mono.
Esus, us. Lus. Acto de comer. Iap. Mono uo xocusuru coto nari.

E ANTE T.

ET. Lus. E. Iap. Mata, to. ¶ Item, Tambem. Iap. Mo, mata. ¶ Item, Porque. Iap. Xisaiua. ¶ Item, pro Quanuis, siue tamen. ¶ Item, pro Quod, si sequatur si.
Etenim. Lus. Porque. Iap. Sonoyuyeua, najeni nareba. ¶ Item, Certamente. Iap. Macotoni, jitni.
Ethice, e, l, Ethica, æ, siue Ethica, orũ. Lus. Hũa parte da philosophia moral. Iap. Guiŏguiuo vosamuru gacumon.
Ethicus, a, um. Lus. Cousa pertencente ao moral. Iap. Cano gacumŏni ataru coto.
Ethmoides. Lus. Ventas dos narizes. Iap. Fanano su, l, ana.
Ethnicus. Lus. Gentio. Iap. Christãoni arazu butjinuo vogamu xu.
Ethologia, æ. Lus. O representar, ou arremedar. Iap. Maneuo suru cotouo yŭ.
Ethopœia, æ. Idem.
Ethólogus, i. Lus. Arremedador, ou representador. Iap. Maneuo suru fito.
Ethopœi. Idem.
Etiam, coniunct. Lus. Tambem, ou si. Iap. Mata, vŏ, nacanaca. ¶ Item, Ainda. Iap. Mada, made. ¶ Aliqñ. Alem disso. Iap. Sonovye, cotoni. ¶ Item, Antes. Iap. Qeccu. ¶ Interd. Não somente. Iap. Sore nominarazu. ¶ Etiam, atq; etiam. Lus. Mais, e mais, grandemente. Iap. Cayesuga yesu, bexxite. ¶ Etiam dum. Lus. Ainda. Iap. Saye. Etiam num, l, etiam nũc. Idem. ¶ Item, Logo. Iap. Yagate, socu jini. ¶ Etiam tum. Lus. Ate entam. Iap. Sono toqi made. ¶ Etiãsi, l, etiã vt. Lus. Postoq;. Iap. Saredomo, tomo, attemo. Etsi, coiũct. Lus. Postoq;. Iap. Saredomo, attemo.
Etymologia, æ. Lus. Etimologia, declaração de algũa palaura. Iap. Cotobano yauara-

uarague, fonyacu, chů.

Etymólogus,i. Lus. O que inquire a declaração das palauras. Iap. Cotobano coco rouo tazzune yauaraguru mono.

E ANTE V.

EVacuo, as. Lus. Vazar. Iap. Iremono uo aquru, vtçuſu.

Euâdo,is, ſi, ſum. Lus. Eſcapar, ou ſair, arremeter. Iap. Nogaruru, izzuru, caqe izzuru. ¶ Itẽ, Chegar ao cabo, parar. Iap. Taxxite xitodoquru, qiuamuru. ¶ Item, Fazerſe. Iap. Naru, vt gacuxŏni naru.

¶ Euadere in muros. Lus. Subindo chegar aos muros, Iap. Camayeno vyeni nobori tçuqu. ¶ Euadere ante oculos. Lus. Aparecer. Iap. Miyuru, arauaruru. ¶ Euadere ad coniecturam. Lus. Alcançar por conjeitura. Iap. Suiſat ſuru. ¶ Euadere in malum, Lus. Parar, ou ſocęder em mal. Iap. Acujini nari fatçuru.

Euagatio, onis. Lus. O andar de cà pera là. Iap. Samayoi ariqu coto nari.

Euagor, aris. Lus. Andar vadio, ou paſſear de cà pera là. Iap. Samayoi ariqu.

¶ Itẽ, per trãſl, Dizer algũa couſa fora do propoſito, ou ſair fora do propoſito. Iap. Daimocuni fazzuretaru cotouo catari idaſu, tçucanu cuuo yŭ.

Eualeo, es, ui. Lus. Fazerſe mais forte, & poderoſo. Iap. Iyoiyo tçuyoru, chicarazzuqu.

Eualleſco, is. Lus. Conualecer, tomar forças. Iap. Chicarazzuqu, chicarauo vru.

Euallo, as. Lus. Deitar fora. Iap. Voiidaſu. Verbum eſt abſolutum.

Euallo, is. Lus. Alimpar, joeirar. Iap. Mugui nadouo yuru.

Euaneo, es. Lus. Perecer, e deſaparecer. Iap. Vſuru, mamiyezu.

Euanidus, a, um. Lus. Couſa vaã, caduca, e perecedeira. Iap. Facanaqu, adanaru coto.

Euangelium, ij. Lus Boas nouas. Iap. Qiſsŏ. ¶ Item, Euangelho de Chriſto noſſo ſenhor. Iap. Ieſu Chriſtono Euangelhono cotouo yŭ.

Euangelia, orum. Lus. Alujçaras, ou premio, q ſe dà polas alegres nouas. Iap. Qiſsŏ uo tçuguru mononi toraturu fiqidemono. ¶ Item, Prociſſoens, e ſacrificios q ſe faziam polas boas nouas. Iap. Qiſsŏno vonreito xite voconaitaru fŏjito yŭ.

Euanno, as. Lus. Cirandar, ou padejar o trigo ao vento. Iap. Mugui nadouo firu.

¶ Item, Afaſtar, ou deitar fora, per transl. Iap. Noquru, xirizoquru.

Euaporatio, nis. Lus. O ſair dos vapores. Iap. Iqiga agaru, ſuijono qi noboru coto nari.

Euaſto, as. Lus. Deſtruir. Iap. Forobosu, tairaguru, metbŏ ſaſuru.

Euax, interiectio exultantis.

Eucæria, æ. Lus. Oportunidade. Iap. Xiauaxe, ſaiuai.

Eucharistia, æ. Lus. Acção de graças. Iap. Vôxŏno rei.

Eudoxia, æ. Lus. Bõ nome, ou boa fama. Iap. Meiyo, yoqi voboye, camei.

Euectio, onis. Lus. O leuar pera fora. Iap. Yoſoye monouo facobi yuqu coto nari.

¶ Euectiones. Lus. Prouiſoẽs, ou papeis aſinados por el Rey, ou Principe. Iap. Tei vŏ, l, xŏgunno goſanxi, iinxi.

Euectus, us. Idem.

Euecho, is, xi, ectum. Lus. Tirar, leuar pera fora. Iap. Yoſoye mononouo facobi yuqu. ¶ Item, per transl. Alçar, leuantar. Iap. Mochiaguru, fiqiaguru.

Euelatũ, i. Lus. Couſa ſacodida, l, padejada ao vẽto. Iap. Mi nadonite firaru mono.

Euello, is, elli, ulſi, uulſum. Lus. Arrãcar. Iap. Fiqinuqu. ¶ Euellere ſibi ſcrupulũ ex animo, per transl. Lus. Tirar o eſcrupulo da conſciencia. Iap. Qini caçaru coto uo voxi farŏ.

Euenio, is, eni, entũ. Lus. Acontecer. Iap. Dequru, xutrai ſuru, vocoru, ¶ Item, Vir, chegar. Iap. Quru, tçuqu. ¶ Aliqñ. Sair dalgũa dificuldade, e chegar a o cabo. Iap. Samataguęuo xinoide fonmŏuo taſſuru. ¶ Item, Cair por ſorte. Iap. Fŏuaqeni atararu, cujini toriataru.

Euentilo, as. Lus. Alimpar ao vento trigo. &c. Iap. Mi nadonite monouo firu.

Euen

Euentum, i. Lus. Acótecimento, ou caso. Iap. Monono ideqitaru cotouo yũ.
¶ Euentum præstare. Lus. Tomar o risco dalgũa cousa sobre si. Iap. Ayavqi mono uo vqecacaru.
Euentus, us. Idem.
Euérbero, as. Lus. Dar, açoutar. Iap. Vtçu, chŏchacu suru.
Euergo, is. Lus. Deitar desi. Iap. Focaye idasu.
Euerriator, oris. Lus. Erdeiro que he obrigado a fazer as exequias ao defunto. Iap. Ixxeqiuo yuzzuraretaru fitono xixitaru o atouo tomuraiuade canauazaru atotçugui.
Euerriculum, i. Lus. Rede varredoura. Iap. Vuouo fiqu ami.
Euerro, is, rri, sũ Lus. Varrer, alimpar. Iap. Faqu, sŏgi suru. ¶ Itẽ, per metaph. Roubar, despojar. Iap. Cotogotocu vbaitoru.
Euersio, onis. Lus. Destruição. Iap. Metbŏ, faqiacu.
Euersor, oris. Lus. Destruidor. Iap. Forobo xite, yaburite. ¶ Item, Prodigo que des barata a fazenda. Iap. Raxximo naqu zai fôuo tçucai tçuyasu mono.
Euersus, a, um. Lus. Cousa destruida. Iap. Forobosaretaru mono.
Euerto, is. Lus. Destruir. Iap. Faqiacu suru, forobosu.
Euestigiò, adu. Lus. Logo incõtinente. Iap. Yagate, sŏsŏ, socujini.
Euge, adu. congratulantis, siue laudãtis est.
Eugeniæ. Lus. Hũ genero de vuas. Iap. Budŏno taguy.
Eugium, ij. Lus. Claustro virginal da molher. Iap. Fubonno nhonin no virgindadeuo yũ.
Euictus, particip. Lus. Vencido, rẽdido. Iap. Miqetaru mono, cŏsan xitaru mono. ¶ Item, Conuencido. Iap. Dŏri, I, xŏconi tçumeraretaru mono.
Euidens, étis. Lus. Cousa manifesta, e clara. Iap. Meifacu, funmiŏ naru coto.
Euidenter, adu. Lus. Clara, e manifestamẽte. Iap. Meifacuni, funmiŏni.
Euidentia, æ. Lus. Clareza. Iap. Meifacu, funmiŏ.
Euigilo, as. Lus. Espertar, acordar. Iap. Nemuriuo samasu, vodoroqu. ¶ Aliqn. Velar. Iap. Nemuriuo nozoqite yiu, nemurazu xite youo acasu.
Euilesco, is. Lus. Fazerse vil, e despreziuel. Iap. Iyaxiqu naru.
Euincio, is, xi, nctum. Lus. Atar, amarrar. Iap. Musubu, caraguru, xibaru. ¶ Item, Coroar. Iap. Camuriuo cazzuquru.
Euinco, is, ci, ictũ. Lus. Vencer. Iap. Catçu, vnuo firaqu. ¶ Item, Conuencer. Iap. Dŏrinadonite tçumuru. ¶ Item, Recuperar algũa cousa por demanda que outro direitamente possuya. Iap. Dŏrino vye yori fitono xindai xitaru cotouo matacotouatte toricayesu.
Euinctus, a, um. Lus. Atado, cingido. Iap. Caramearetaru mono, naua nadouo mcttemaqitaretaru mono.
Euiratio, onis. Lus. O castrar. Iap. Tamauo toru coto nari. ¶ Item, Mollicie. Iap. Vonagoraxiqi coto uo yũ. ¶ Euiratio pilorũ. Lus. Tirar os cabelos. Iap. Qeuo nuqu coto nari.
Euiratus, a, um. Lus. Castrado. Iap. Tamauo toritaru mono. ¶ Item, Molle, e effeminado. Iap. Vonagoraxiqi mono.
Euiresco, is, rui. Lus. Reuerdecer. Iap. Auoqu naru, auomu.
Euiro, as. Lus. Castrar. Iap Tamauo toru. ¶ Itẽ, per trãsl. Fazer molle, e effeminado. Iap. Vonagoraxiqi mononi nasu.
Euisceratus, a, um. Lus. Desentranhado. Iap. Farauatauo tori idasaretaru mono.
Euiscero, as. Lus. Desentranhar. Iap. Farauatauo tçucami idasu.
Euitabilis, e. Lus. Cousa que se pode fugir, & euitar. Iap. Nigue, I, fazzuxi yasuqi coto, nogare yasuqi coto.
Euitatio, onis. Lus. O fugir, ou euitar. Iap. Niguru, I, qirŏ coto nari.
Euito, as. Lus. Fugir, euitar. Iap. Niguru, xirizoqu, qirŏ. ¶ Vitam euitare. Lus. Tirar a vida. Iap. Inochiuo tatçu, I, toru. Apud antiq.

Eulo-

Eulogia, æ. Lus. O bem dizer, ou bẽ fazer. Iap. Conxetno cotobauo caquru, l, nen goroni atçucǒ cotouo yŭ.

Eumetris. Lus. Hũa pedra preciosa. Iap. Aru tamano na.

Eunuchizo, as. Lus. Castrar. Iap. Tama uotoru.

Eunucho, as. Idem.

Eunuchus, i. Lus. Castrado. Iap. Tamauo toritaru mono.

Euocati. Lus. Homẽs que de repente são chamados em algum caso por soldados. Iap. Qiŭyôni yotte gunginno tameni yobi atçumeraretaru ninju.

Euocatio, onis. Lus. Chamamento. Iap. Yobi idasu coto nari.

Euocator, oris. Lus. O que chama. Iap. Yobi idasu mono.

Euoco, as. Lus. Chamar pera fora. Iap. Fo caye yobi idasu. ¶ Item, Chamar pera a guerra, &c. Iap. Qiŭxẽ nadono tameni ninjuuo yobi atçumuru. ¶ Euocare Deos, seu sacra, apud antiquos, idest precibus elicere numina illa, in quorum tutela vrbs obsessa esse putabatur, vt ea relicta in eorũ, qui obsidebant, vrbem transirent.

Euoláticus, a, um. Lus. Cousa que foge, ou se acolhe. Iap. Niguru, l, vochiyuqu coto.

Euolo, as. Lus. Voar pera fora, ou pera alto. Iap. Tobiizzuru, tobi agaru. ¶ Item, per transl. Fugir, escapar. Iap. Niguru, nogaruru. ¶ Euolare pœnã. Lus. Liurarse da pena. Iap. Quataiuo yurusaruru, nogaruru.

Euólito, as. freq. Idem.

Euolo, as. Lus. Furtar, arrebatar. Iap. Nusumu, ficcocuru, finbǒ.

Euoluo, is, ui, lutum. Lus. Rodar, virar, ou virãdo laçar. Iap. Corobaxivotosu, cocasu. ¶ Item, Desenuoluer. Iap. Fodoqu, firaqu. ¶ Item, per transl. Reuer, e reuoluer diligentemente. Iap. Xiriouo cuuayete cayeriyomiuo suru.

Euolutio, onis. Lus. O ler, e reuoluer. Iap. Cayeri yomi.

Euolutus, a, um. Lus. Cousa desembori lhada. Iap. Fodoqetaru coto.

Euomo, is. Lus. Vomitar. Iap. Faqu, toqiacu suru.

Euphonia, æ. Lus. Consonancia, armonia. Iap. Chôxino soroitaru cotouo yŭ.

Eurípus, i. Lus. Hum certo estreito do mar que enche, e vaza sete vezes no dia. Iap. Chŭyani xiuono michi fi nar atabi aru tocoro. ¶ Item, Certos canos dagoa. Iap. Aru caqefiuo yŭ.

Európa, æ. Lus. A terceira parte do mundo. Iap. Issai xecaino sanbũ ichiuo yŭ.

Eurus, i. Lus. Vento Oriental. Iap. Cochino caje.

Euthymia, æ. Lus. Quietação do animo. Iap. Cocorono buji.

Eutrapelia, æ. Lus. Graça, e policia. Iap. Xiuoraxisa, jingui, jinjŏ.

Euulgo, as. Lus. Diuulgar. Iap. Roqen, l, rufu sasuru, arauasu.

Euulsio, onis. Lus. O arrancar. Iap. Fiqinuqu coto nari.

E ANTE X.

Ex, præp. Lus. De, do, da. Iap. Cara, yori. ¶ Item, Por. Iap. Yuyeni, vt ex hoc. ¶ Item, Com. Iap. Vomotte, vt ex melle. Præterea alias hẽt infinitas significationes pro ratione adiuncti, vt ex abundanti. Lus. Alem da necessidade, ou obrigação. Iap. Amarufodo, l, ôni coyete. ¶ Ex æquo, Lus. Igualmente. Iap. Biǒdôni, vonaji yǒni. ¶ Ex consuetudine. Lus. Conforme ao costume. Iap. Cataǔni xitagatte. ¶ Ex industria. Lus. Acinte. Iap. Vazato. ¶ Ex tempore. Lus. De repente, sem cuidar. Iap. Socujini, tonni, toriayezu.

Exacerbesco, is. Lus. Exasperarse. Iap. Fucariŭ suru, icariuo vocosu.

Exacerbo, as. Lus. Azedar, prouocar a ira. Iap. Icarasuru, fomurauo moyasasuru.

Exacesco, is. Lus. Fazerse vinagre, azedarse. Iap. Suni naru, suqu naru.

Exactio, onis. Lus. O arrecadar rẽda, dinheiro, &c. Iap. Nengu nadouo coi vqetoru coto nari.

Exactor, oris. Lus. O arrecadador de rendas, ou dinheiro publico. Iap. Sôzôno cane, l, nenguno coi vqetorite. Ex-

Exactus, a, ũ. Exactior, & Exactissim⁹. Lus. Cousa perfeita, ou exacta. Iap. Taxxitaru coto, xixxitaru coto.

Exactus, us. Lus. Véda, ou alienação. Iap. Coqiacu.

Exactus, a, um. Lus. Cousa passada, ou deitada fora. Iap. Sugoxitaru coto, l, voi idasaretaru mono.

Exacuo, is, vi, utum. Lus. Aguçar. Iap. Saqiuo toguitatçuru, toguiracasu. ¶ Item, per transl. Incitar, inflammar. Iap. Susumetatçuru. ¶ Exacuere animum. Lus. Fazer o entendimento mais agudo, e sotil. Iap. Iyamaxini chiyeuo casanuru, fatmeini nasu.

Exacutus, a, um. Lus. Muito agudo. Iap. Toguitatetaru mono, surudo naru mono.

Exacutio, onis. Lus. O aguçar. Iap. Toguitatçuru coto nari. (yori.

Exaduersò, adu. Lus. Defróte. Iap. Mucai

Exaduersum. Idem.

Exædificatio, onis. Lus. O edificar. Iap. Cŏriũ suru coto nari.

Exædifico, as. Lus. Edificar. Iap. Tçucuru, zŏfit suru. ¶ Aliqñ. Botar fora de casa. Iap. Iyeuo voi idasu. ¶ Exædificare inchoatam ignauiam. Lus. Consumar sua começada negligencia. Iap. Buxŏni todoqu.

Exæquatio, onis. Lus. O igualar. Iap. Naraburu, l, curaburu coto nari.

Exequatus, a, um. Lus. Feito igual, igualado. Iap. Curaberaretaru mono, naraberaretaru mono.

Exæquo, as. Lus. Igualar. Iap. Curaburu, naraburu, auasuru.

Exæstuo, as. Lus. Feruer, empolarse o mar, ou outra cousa. Iap. Vaqi agaru, moye agaru, l, xiuobanaga tatçu, vmig aminaguiru.

Exæuo, is. Lus. Deixar de ser cruel, desém brauecerse. Iap. Taqeqi cocorouo yauaraguru, vodayacani naru.

Exaggeratio, onis. Lus. Accrecétaméto, ou amplificação. Iap. Tçumiaguru coto nari, l, vôqini iy noburu coto nari.

Exággero, as. Lus. Ajuntar, accumular. Iap. Tçumi casanuru, tçumiaguru. ¶ Item, Amplificar com palauras. Iap. Vôqini iy noburu, iy aguru. ¶ Exaggeratus virtutibus animus. Lus. Alma chea de virtudes. Iap. Xojéno côuo tçumitaru anima.

Exagitator, oris. Lus. O q̃ da pena, e auexa. Iap. Xebamuru mono, nayamasu mono.

Exagitatus, a, ũ. Lus. Auexado, affligido. Iap. Xebameraretaru mono.

Exágito, as. Lus. Atribular, auexar. Iap. Xebamuru, nayamasu, xegamu. ¶ Aliqñ. Prouocar a ira. Iap. Icarasuru. ¶ Aliqñ. Sacudir, ou escudrinhar. Iap. Furuitatçuru, farai noquru, l, tazzune saguru.

Exagôga, æ. Lus. O que leua fora algũa cousa. Iap. Monouo mochi idasu. ¶ Item, fœm. gen. O leuar pera fora. Iap. Monouo mochi idasu coto nari.

Exalbesco, is. Lus. Fazerse branco de medo. Iap. Vosoreni yotte irouo vxinŏ.

Exalbidus, a, um. Lus. Branco. Iap. Xiroqi mono.

Exalburno, as. Lus. Desbastar a madeira. Iap. Zaimocuno araqezzuriuo suru.

Exalto, as. Lus. Aleuantar, ensalçar. Iap. Aguru, agamuru, cacaguru. ¶ Item, per trásl. Engrádecer, louuar. Iap. Fome aguru, fôbi suru.

Exaluminatus, a, ũ. Vt vnio exaluminatus. Lus. Perla limpa, & polida. Iap. Migaqitaru tama.

Exâmen, inis. Lus. Enxame das abelhas. Iap. Fachino muretaru cotouo yŭ. ¶ Examen piscium. Lus. Cardume de peixe. Iap. Vuono atçumaritaru cotouo yŭ. ¶ Item, Fiel da balança. Iap. Tenbinno fari. ¶ Item, per metaph. Exame, & juizo exacto. Iap. Tadaxiqi xensacu, qiũmei.

Examinatio, onis. Lus. Examinação, pesquisa. Iap. Tadaxi, qiũmei, xensacu. ¶ Itẽ, pro iudicio priuato, & pecuniario.

Examinatus, a, um. Lus. Examinado, ponderado. Iap. Tadasaretaru coto, xensacu xitaru coto.

Exámino, as. Lus. Examinar, ponderar. Iap. Xensacu suru, tadasu. ¶ Examinare apes.

apes. Lus. Enxamear as abelhas. Iap. Fachiga ſubanateuo ſuru.

Examurcari oleum. Lus. Tirar as borras do azeite. Iap. Aburano voriuo cumi ſutçuru.

Examuſsim, adu. Lus. Direita, & exactamente. Iap. Suguni, xixxite, yoquy oqu.

Exanclo, as, ſiue potiùs Exantlo. Lus. Tirar fora, eſgotar. Iap. Cumi idaſu, l, tçucuſu. ¶ Itẽ, per metaph. Soffrer, leuar ate o cabo. Iap. Vouari made canninſuru. vt, exantlare labores. ¶ Aliqñ. Perfeiçoar. Iap. Iôju ſuru, taſſuru.

Exanguis, gue. Lus. Couſa ſem ſangue. Iap. Mini chino naqi mono. ¶ Item, Amarelo ſem ſangue. Iap. Chixŏ naqi mono.

Exanimalis, e. Lus. Couſa inanimada, ou q̃ não he animal. Iap. Muxin, munen naru mono, l, xŏruini arazaru mono.

Exanimatio, onis. Lus. Eſpanto, medo. Iap. Guiŏten, voſore.

Exanimo, as. Lus. Eſpantar, deſmayar. Iap. Guiŏten ſaſuru, qiuo vxinauaſuru. ¶ Item, Matar. Iap. Coroſu.

Exanimus, a, ũ, ſiue Exanimis, e, vel Exanimatus, a, um. Lus. Deſmayado, ou morto. Iap. Fonxŏuo voboyezaru mono, qiuo vxinaitaru mono, l, xixitaru mono. ¶ Item, Eſpantado fora de ſi. Iap. Bŏjẽto natu mono.

Exanio, as. Lus. Eſuurmar, tirar materia. Iap. Vmiuo voxiidaſu.

Exanthémata. Lus. Leicenços, ou frunchos. Iap. Nebuto.

Exantlatus, a, um. Lus. Tirado fora, eſgotado. Iap. Tori idaſaretaru mono, tçucuſaretaru coto.

Exaptus, a, um. Lus. Apto, diſpoſto. Iap. Sŏtŏ xitaru mono, totonoyetaru mono.

Exardeo, es, ſi, caret. Lus. Accenderſe, arder muito. Iap. Vôqini moyetatçu. ¶ Exardere ira, l, in iras. Lus. Aſanharſe com ira. Iap. Xinyno fonouoni moyetatçu.

Exardeſco, is. Lus. Inflámarſe. Iap. Yaquru, moyuru. ¶ Item, Inflámarſe com amor, ira, &c. Iap. Taixetni moyetatçu, xinyuo moyaſu.

Exareſio, is. Lus. Secarſe. Iap. Caruru, cauaqu.

Exareſco, is. Idem.

Exarêno, as. Lus. Tirar a area, ou alimpar da area. Iap. Sunauo yeri ſutçuru.

Exarmo, as. Lus. Deſarmar, tirar as armas. Iap. Guſocuuo nugu. ¶ Exarmare feras. Lus. Tirar os dentes, e vnhas às feras, e amanſalas. Iap. Qedamonono qiba, tçume, nadouo totte cai natçuquru. ¶ Exarmare accuſationẽ. Lus. Debilitar a accuſação. Iap. Zanſôuo iy yauaraguru.

Exaro, as. Lus. Laurando tirar fora. Iap. Caraſuqi vomotte ſuqi vocoſu, ſuqi idaſu. ¶ Itẽ, Recolher da lauoura. Iap. Sacuuo caritoru, xunôuo ſuru. ¶ Itẽ, per tranſl. Eſcreuer. Iap. Monouo caqu. ¶ Aliqñ. Desfazer, deſtruir. Iap. Foroboſu, bŏxoni naſu.

Exaſcio, as. Lus. Laurar a enxŏ. Iap. Chônono vomotte qezzuru.

Exáſpero, as. Lus. Fazer áſpero, e aguçar muito. Iap. Araqu naſu, l, fauo tçuquru, fauo fiqu. ¶ Item, per metaph. Aſanhar. Iap. Icaraſuru.

Exatio, as. Lus. Fartar, ſatisfazer. Iap. Bŏman ſaſuru, nhoy manzocuni naſu.

Exáturo, as. Idem.

Exaudio, is, iui, itum. Lus. Cõceder o que ſe pede. Iap. Nôju ſuru. ¶ Item, Ouuir. Iap. Qiqu.

Exauditus, a, um. Lus. Ouuido, ou deſpachado. Iap. Qicoyetaru coto, l, xomŏuo canayetaru mono.

Exaugeo, es. Lus. Acrecentar. Iap. Caſanuru, ſoyuru.

Exáuguro, as. Lus. Violar, profanar, ou deſconſagrar. Iap. Tattoqi tocorouo vaye fujôni naſu, l, Sacerdoteno curaiuo torifanaſu.

Exaúſpico, as. Lus. Adeuinhar por agouros. Iap. Vranŏ.

Exautôro, as. Lus. Deſobrigar os ſoldados do juramento, ou deſpedilos da milicia. Iap. Buxini qixŏuo yuruite itomauo toraſuru. ¶ Exautorati milites. Lus. Soldados

dos despedidos da guerra. Iap. Itomauo yetaru buxi.

Exbalisto, as. Lus. Derribar com besta. Iap. Fanqiũ vomotte yeauosu. ¶ Itẽ, per metaph. Enganar. Iap. Tabacaru.

Excæco, as. Lus. Cegar a outrem. Iap. Manacouo tçubusu, mŏmocuni nasu.

Excalceo, as. Lus. Descalçar. Iap. Faqimono, cutçu nadouo nugu.

Excalefacio, is, l, Excalfacio. Lus. Esquentar, requeimar, ou aquẽtar. Iap. Cuchi nadouo yaqu, l, atatamuru.

Excalfactio, onis. Lus. O escaldar, ou aquẽtar. Iap. Yaqu, l, atatamuru coto nari.

Excalfactorius, a, um. Lus. Cousa que tem virtude de aquentar, ou requeimar. Iap. Yaqu, l, atatamuru xeitocuno aru mono.

Excalfio, is. Lus. Aquentarse. Iap. Cuchi nadoga yaquru, l, atatamaru.

Excalpo, is. Lus. Laurar, ou furar com escopro. Iap. Nomi nite yeru, foru.

Excandefacio, is. Lus. Inflammar. Iap. Voqino ironi yaqi nasu. ¶ Excandefacere frumentum, l, annonam. Lus. Aleuantar muito o preço dos mantimentos, & fazer grande carestia. Iap. Fiŏrŏ, fanmaino neuo dai cŏjiqini nasu.

Escandesco, is. Lus. Accenderse. Iap. Figa moyuru, yaquru. ¶ Item, per transl. Irarse. Iap. Xinyuo vocosu.

Excandescentia, æ. Lus. Ira. Iap. Xiny, tãrio. ¶ Item, Appetite irasciuel. Iap. Nanuo fuxegu, icariuo vocosasuru xeicŏ.

Excanto, as. Lus. Encantar. Iap. Majutuo motte fitouo nayamasu, sainanuo xicaquru. ¶ Aliqñ. Tirar a alguem com encantamentos dalgum lugar. Iap. Majut, majinai vomotte fitouo taburacaxi idasu, izanai idasu.

Excarnifico, as. Lus. Despedaçar. Iap. Sunzunni qirisaqu. ¶ Item, per transl. Atormentar. Iap. Caxacuuo furu, cuguenuo atayuru.

Excauatio, onis. Lus. O escauar. Iap. Foru coto nari.

Excauo, as. Lus. Escauar. Iap. Foru.

Excêdo, is, essi, essum. Lus. Sair, ou partirse dalgum lugar. Iap. Izzuru, tocorouo tatçu. ¶ Item, Sobrepujar. Iap. Suguruiru, masaru. ¶ Excedere è vita, l, Excedere. Lus. Morrer. Iap. Xisuru.

Excellens, entis. Lus. Excelente, eminẽte. Iap. Suguretaru mono, masaritaru mono.

Excellenter, adu. Lus. Excelentemente. Iap. Sugurete.

Excellentia, æ. Lus. Excelencia, eminencia, nobreza. Iap. Suguretaru cotouo yŭ, qetacasa.

Excello, is, l, Excelleo, es. Lus. Sobrepujar, fazer ventajem. Iap. Sugururu, masaru, nuquru, coyuru. ¶ Itẽ, (propriè) Ser mais alto que outro. Iap. Sugurete xei tacaqu naru.

Excelsè, adu. Lus. Alta, e excelentemente. Iap. Tacaqu, sugurete.

Excelsitas, atis. Lus. Altura. Iap. Tacasa. ¶ Item, Grandeza de animo. Iap. Qino qetacasa.

Excelsus a, um. Lus. Alto, aleuantado. Iap. Tacaqi coto, qetacaqi coto.

Exceptio, onis. Lus. Exceição. Iap. Yeri vaquru coto nari. ¶ Item, Replica, ou sospeição que poẽ o reo. Iap. Soninno xomǒuo riuomotte vosayuru coto nari.

Exceptitius, a, um. Lus. Cousa escolhida, & selecta. Iap. Yeri vaqeraretaru mono.

Excepto, as. Lus. Exceituar, ou atrahir pera si. Iap. Yerivaquru, l, tori yosuru.

Excérebro, as. Lus. Tirar os miolos. Iap. Nŏuo vchi idasu.

Excerno, is, creui, cretum. Lus. Ioeirar, alimpar. Iap. Firu, yeri surçuru. ¶ Excernere aluum, l, excernere. Lus. Despejar o ventre. Iap. Daibenuo suru.

Excerpo, is, psi, ptum. Lus. Colher. Iap. Toru, chiguiru, tauoru. ¶ Item, Apartar, tirar fora. Iap. Fiqinoquru, fanasu. ¶ Excerpere se hominum consuetudini. Lus. Apartarse da conuersação dos homẽs. Iap. Fitono sanquaiuo nozoqu.

Excerpta. Lus. Cousas escolhidas, tiradas dos liuros. Iap. Qiŏno nuqigaqi.

Excessus, us. Lus. Saida, ou partida. Iap. Xucguió, taxut. ¶ Excessus è vita, vel Excessus absolutè. Lus. Morte. Iap. Xisu ru cotouo yŭ.
Excetra. Lus. Hũa serpete. Iap. Atu jano na.
Exchalcio, as. Lus. Esbulhar do dinheiro. Iap. Caneuo vbaitoru.
Excidium, ij. Lus. Destruição. Iap. Faqia-cu, metbŏ.
Excido, is, cidi, casum. Lus. Cair de lugar alto. Iap. Tacaqi tocoro yori votçuru, corobu. ¶ Excidere animo. Lus. Esquecerse. Iap. Vasururu. ¶ Item, Descon-cordar. Iap. Dôxin xezu. ¶ Excidere verbũ alicui. Lus. Soltarse a alguem algũa palaura q̃ não ouuera de dizer. Iap. Furio naru cotouo iy idasu, torifazzuxiteyŭ. ¶ Excidere aliquid è manibus. Lus. Escapulirse, ou perderse algũa cousa q̃ ja quasi tinhamos nas mãos. Iap. Sudeni motomu beqi cotouo motomefazzusu. ¶ Excidere vxore. Lus. Perder a esperança de casar cõ a molher que pretẽdia. Iap. Nẽuo caqetaru nhoninto fŭfuni narifazzusu.
Excîdo, is, cidi, cisum. Lus. Cortar, ou arrancar. Iap. Qiru, qirifanasu, l, toriida-su. ¶ Item, Destruir totalmente. Iap. Faqiacu, l, metbŏ sasuru.
Excindo, is. Lus. Destruir, assolar. Iap. Fo robosu, faqiacu suru.
Excio, is, l, Excieo, es, ciui, citum. Lus. Incitar, espertar. Iap. Vocosu, susumuru. ¶ Itẽ, Chamar pera fora. Iap. Yobiidasu. ¶ Excire tumultum. Lus. Aleuantar reboliço. Iap. Qenqua, cŏronuo vocosu. ¶ Excire lachrymas alicui. Lus. Mouer a lagrimas. Iap. Fitoni namidauo moyo-uosasuru.
Excipio, is, cepi, ceptum. Lus. Receber, ou agasalhar. Iap. Vquru, l, mŏxi vquru. ¶ Item, Exceituar. Iap. Torinoquru, ye ri vaquru. ¶ Aliqñ. Inquirir. Iap. Taz zune saguru. ¶ Item, Tomar a alguem de sobresalto, & por enganos. Iap. Daxi-nuqi tegomeni suru, torayuru. ¶ Aliqñ. Esconder. Iap. Cacusu. ¶ Item, Resistir ordenadamente sem estrõdo. Iap. Dŏten xezuni fuxegu. ¶ Aliqñ. Tirar fora perguiando. Iap. Michibiqi idasu. ¶ Ex cipere aliquem clamoribus. Iap. Chisŏ tappai xite firouo xŏzuru. ¶ Itẽ, Ouuir. Iap. Qiqu. ¶ Excipere auidis auribus. Lus. Ouuir attentamente cõ gosto. Iap. Mimiuo sumaite yorocŏde qiqu. ¶ Excipere tela. Lus. Tomar os golpes. Iap. Catana nadouo vqenagasu. ¶ Item, Escreuer ditando outro. Iap. Vŏxegaqi uo suru. ¶ Excipere se in genua. Lus. Aleuantarse de joelhos. Iap. Tacafizauo tatçuru. ¶ Item, Pôr o reo replica ao que o autor requere, ou pede. Iap. Soninno xo mŏuo ri vomotte vosayuru.
Excipulus, i. Lus. Instrumento, ou vaso cõ que se toma algũa cousa. Iap. Monouo iruru dŏgu, vtçuuamono.
Excipuus, a, um. Lus. O que se recebe. Iap. Vqetoraruru mono.
Excîso, as. Lus. Despedaçar, ferir. Iap. Sun zunni qirifanasu, qizuuo tçuquru, vtçu.
Excisorius, a, um. Lus. Cousa com que se corta. Iap. Monouo qiri noquru dŏgu, vt Excisorius scalper.
Excitatè, adu. Lus. Com vehemencia, viua, e espertamente. Iap. Tçuyoqu, l, iqiya-cani.
Excitatus, a, um. Lus. Cousa mouida, ou incitada. Iap. Vocosaretaru mono, susumeraretaru mono. ¶ Excitatus humo. Lus. Aleuantado do chão. Iap. Fiqitate-raretaru mono.
Excitus, a, um. Idem.
Excito, as. freq. Lus. Incitar, espertar. Iap. Susumuru, l, vocosu, vodorocasu. ¶ Ex citare mortuos ab inferis. Lus. Resuscitar os mortos. Iap. Xininuo yomigayesu. ¶ Excitare ædificium. Lus. Edificar. Iap. Conriŭ suru. ¶ Excitare aliquem de spe-ctaculis. Lus. Lançar fora a alguẽ do thea tro. Iap. Butai yori fitouo voitaçuru.
Exclamatio, onis. Lus. Brado, grito. Iap. Dai von, l, saqebu coto nari. ¶ Item, Est figura Rhetorica.

Exclâ-

Exclâmo, as. Lus. Bradar, gritar. Iap. Coye uo aguru, cǒxǒni yobauaru, ſaqebu.

Exclûdo, is, ſi, ſum. Lus. Deitar fora, fechar a porta a alguem. Iap. Voi idaſu, to uo tatete fitouo irezu. ¶ Item, per trãsl. Liurar. Iap. ſiyǔni naſu. ¶ Item, Tirar os ouos a galinha, & aues. Iap. Toriga cai gouo cayeracaſu, caiuo varaſu. ¶ Excludi tempore, aut temporis ſpatijs. Lus. Eſtar impedido, ou não ter tempo. Iap. Fimani ſayeraruru. ¶ Item, Excluir, recuſar o que ſe pede. Iap. Fitono xomǒuo riǒjǒ xezu.

Excluſus, a, um. Lus. Excluido, botado fora. Iap. Voinoqeraretaru mono, voi idaſaretaru mono.

Excogitatio, onis. Lus. Inuenção. Iap. Tacumi idaſu coto nari.

Excogitator, oris. Lus. Inuentor. Iap. Tacumite.

Excogitatus, a, um. Lus. Inuentado, cuidado. Iap. Tacumi idaſaretaru coto, xian xitaru coto.

Excogitatus, a, um. Lus. Couſa exquiſita, & eſmerada. Iap. Suguretaru coto.

Excogito, as. Lus. Inuentar cuidando. Iap. Tacumi idaſu. ¶ Item, Cuidar intenſamente. Iap. Tçucuzzucuto anzuru.

Excolo, is, ŭi, cultum. Lus. Ornar, pulir, fermoſear. Iap. Cazaru, xǒgó ſuru, migaqi tatçuru.

Excómunicatio, onis. Lus. Excómunhão. Iap. Igrejano cãqiuo cómuru cotouo yǔ.

Exconſul. Lus. O que foy conſul. Iap. Cõſul toyǔ curaiuo mochitaru fito.

Exconſularis. Idem.

Excoquo, is, xi, ctum. Lus. Cozer muito. Iap. Nicaraſu.

Excors, dis. Lus. Homẽ ſem ſiſo, tollo. Iap. Vtçuqemono, vodoqe mono.

Excreabilis, e. Lus. Couſa que ſe pode eſcarrar, ou cuſpir. Iap. Faqi idaſaruru mono.

Excreatio, onis. Lus. O eſcarrar, ou cuſpir. Iap. Tçufaqiuo faqu coto nari.

Excrementum, i. Lus. Excremento do corpo. Iap. Daiben, xôben. ¶ Excrementum oris. Lus. Cuſpo. Iap. Tçufaqi.

Excreo, as. Lus. Eſcarrar. Iap. Tçufaqiuo faqu, tanuo faqiidaſu.

Excreſco, is, eui etum. Lus. Crecer muito. Iap. Vôqini naru, xeijin, l, xeigiǒ ſuru.

Excretum, i. Lus. Alimpadura que ſe tira da joeira. Iap. Furuicaſu.

Excretus, a, um. Lus. Couſa crecida. Iap. Xeijin, l, xeigiǒ xitaru mono, vôqini naritaru mono. ¶ Itẽ, Couſa purgada, e limpa. Iap. Yuri qiyometaru mono. ¶ Excreta tritici. Lus. Alimpaduras do trigo. Iap. Muguino faxica, nuca.

Excruciabilis, e. Lus. Digno de ſer atormentado. Iap. Caxacuuo vqubeqi mono.

Excrucio, as. Lus. Atormentar, matar com tormẽtos. Iap. Caxacu ſuru, xemecoroſu.

Excubatio, onis. Lus. Vigia. Iap. Ban, yoban.

Excubo, as. Lus. Velar, vigiar. Iap. Ban ſuru, yoban ſuru. ¶ Excubare animo. Lus. Ser vigilante. Iap. Cocoroyôjin ſuru.

Excubiæ, arum. Lus. Vigias, guardas. Iap. Ban, nezuno ban. ¶ Excubias agere. Lus. Velar, vigiar. Iap. Banſuru, yoban ſuru.

Excubicularius, ij. Lus. O que teue officio de camareiro. Iap. Neyano yacuuo motaretaru fito.

Excúbitor, oris. Lus. Vigia, ou guarda. Iap. Banxu.

Excúbitus, us. Lus. Vigias. Iap. Ban, yobã.

Excûdo, is, cudi, cuſum. Lus. Batendo tirar fora. Iap. Vchi idaſu, vt, fi nado. ¶ Itẽ, Martelando fazer algũa couſa. Iap. Qitǒte tçucuru. ¶ Item, per trãsl. Eſcreuer, ou imprimir. Iap. Monouo caqu, l, ſurifonni ſuru. ¶ Item, Alcançar algũa couſa dalguem por força, e rogos. Iap. Vari naqu monouo coi motomuru. ¶ Excudere gallinas oua. Lus. Tirar a galinha os ouos. Iap. Niuatoriga caigouo cayeracaſu, caiuo varaſuru.

Exculco, as. Lus. Expremer piſando. Iap. Fumi idaſu, xitaſu. ¶ Item, Botar fora roçando os pes. Iap. Axizuriuo xite voi idaſu.

Excul-

Exculpo, is, psi, ptum, l, Excalpo. Lus. Esculpir, laurar. Iap. Foru, yeru, qizamu. ¶ Exculpere alicui oculum. Lus. Tirar o olho a alguem. Iap. Manacouo nuqi idasu. ¶ Aliqñ. Tirar por força, ou fazer dizer algũa cousa. Iap. Sucumete facujǒ fasuru.

Excultus, a, um. Lus. Ornado, polido. Iap. Xǒgon xitaru mono, migaqi tateraretaru coto.

Excuratus, a, um. Lus. Cousa exquisita, e aparelhada com cuidado. Iap. Nengoroni totonoyetaru coto.

Excurio, as. Lus. Lançar fora dalgum ajuntamento. Iap. Cumiuo fassuru.

Excurro, is, rri, sum. Lus. Correr pera fora, ou correr diãte. Iap. Focaye faxiru, l, saqini faxiru. ¶ Item, per transl. Sair fora das marcas, ou da ordem. Iap. Raxxiuo midasu. ¶ Littus, l, peninsula excurrit. Lus. A praya, ou peninsula bota algũa ponta ao mar. Iap. Susaqi, ximasaqiga saxiizzuru. ¶ Oratio excurrit. Lus. He a oração prolixa, e diffusa. Iap. Fǒdan nagaqu naru. ¶ Excurrere milites. Lus. Darem os soldados assalto. Iap. Buxiga ranbǒ, l, rǒjeqiuo suru.

Excursio, onis. Lus. Assalto dos soldados. Iap. Buxino ranbǒ, rǒjeqi.

Excursor, oris. Lus. O que corre, ou dà assaltos. Iap. Faxiru mono, l, voxicaqete ranbǒ suru mono.

Excursus, us. Lus. Corrida, ou arremetidura. Iap. Faxiru coto, l, voxicaquru cotouo yũ.

Excusabilis, e. Lus. Cousa digna de escusa. Iap. Iy fare yasuqi coto, l, mottomo iy faru beqi coto.

Excusatè, adu. Lus. Sem culpa. Iap. Ayamari naqu.

Excusatio, onis. Lus. Excusa. Iap. Cacotçuqe, ayamari naqi yoxiuo iy faruru cotouo yũ.

Excusatorius, a, um. Lus. Cousa que pertence a escusa. Iap. Iy faruru cotoni ataru daimocu.

Excûso, as. Lus. Escusarse, ou purgarse dalgũ crime imposto. Iap. Ayamari naqi cazaru, l, ayamari naqi yoxiuo iy firaqu, l, faruru.

Excussè, adu. Lus. Cõ força. Iap. Tçuyoqu.

Excussio, onis. Lus. Diligente inquisição. Iap. Qibixiqi xensacu, tadaxi.

Excussorius, a, um. Lus. Cousa pera sacudir. Iap. Furui, mino taguy.

Excussus, a, ũ. Lus. Sacudido, botado fora. Iap. Furui sutetaru mono, farai xitaru mono.

Excutio, tis, ssi, ssum. Lus. Sacudindo botar fora. Iap. Furui sutçuru, furisutçuru. ¶ Excutere oculos. Lus. Tirar os olhos. Iap. Manacouo nuqi idasu. ¶ Excutere clauum lapide. Lus. Lançar fora o prego com pedra. Iap. Ixiuo motte cuguiuo vchi nuqu. ¶ Excutere metum. Lus. Botar o medo fora. Iap. Vosoreuo farai sutçuru. ¶ Excutere iugum. Lus. Não obedecer. Iap. Xitagauazu. ¶ Excutere aliquem. Lus. Despejar a alguem da fazenda. Iap. Fitono zaifǒuo vbaitoru. ¶ Excutere debitorem, est auctionem bonorũ eius facere, et experiri, an sit soluendo. ¶ Item, Inquirir, e reuoluer diligentemente. Iap. Tazzune saguru, sagasu.

Exdécimo, as. Lus. Escolher, ou tirar de dez hum. Iap. Iŭbunichiuo toru, touono vchini fitotçu yerabu.

Exdorsuo, as. Lus. Derrear. Iap. Xeboneuo vchivoru, l, coxiuo vchicagamuru. Plaut.

Execo, as. Lus. Cortar. Iap. Qirisutçuru.

Execrabilis, e, & Execrandus, a, um. Lus. Abominauel, aborreciuel. Iap. Norouaru beqi mono, qirauarubeqi mono, qimeraruru mono.

Execratio, onis. Lus. Praga, ou maldição. Iap. Noroigoto, accǒ.

Execratus, a, um. Lus. Cousa maldita. Iap. Qimeraretaru mono, accǒuo xeraretaru mono.

Execror, aris. Lus. Amaldiçoar, abominar. Iap. Norǒ, noroigotouo yũ, accǒuo mǒsu.

Execti. Lus. Homens castrados. Iap. Tamauo toritaru mono. ¶ Itẽ, Os mininos q̃ se tiram do ventre da may morta abrindolhe

dolhe o ventre. Iap. Xixitaru; fauano farauo aqe, tori idaxitaru co.

Exectio, onis. Lus. Corte, ou talho. Iap. Qiru coto nari.

Executio, onis. Lus. Execução, effeito. Iap. Monouo xitomuru, l, tçutomuru coto nari.

Executor, oris. Lus. Executor. Iap. Monouo tçutomuru fito.

Exedo, is, l, Exes, edi, esum. Lus. Comer, roer, & consumir. Iap. Monouo curŏ, cuburu, cui fatasu.

Exedra, æ. Lus. Hũa maneira de salas, ou géral onde disputauam os philosophos. Iap. Mucaxi gacuxŏ tachi rondan, xeraretaru zaxiqi.

Exemplar, aris. Lus. Treslado, ou debuxo. Iap. Tefon, l, fon, yefon.

Exemplare, is. Idem.

Exemplum, i. Lus. Exemplo, ou treslado. Iap. Tefon. ¶ Item, Copia dalgũa carta, ou escriptura. Iap. Xeijŏ, qiyogaqi. ¶ Item, Escarmento. Iap. Mixexime, coraxime. ¶ Item, Exemplo pera ornar, ou prouar algũa cousa. Iap. Danguiba doni fiqu coji, xôco na douo yǔ. ¶ Itẽ, Mostra de cousas que se vendem. Iap. Cŏ fitoni cocoromitoxite misuru mono. ¶ Exempli gratia, l, causa. Lus. Como agora. Iap. Tatoyeba.

Exemplarium, ij. Idem.

Exémptilis, e. Lus. Cousa que se pode tirar. Iap. Noqeyasuqi mono, torifanasaruru mono.

Exemptio, onis. Lus. O tirar fora. Iap. Noquru, l, torifanasu coto nari.

Exemptor, oris. Lus. O que tira, ou bota fora. Iap. Torinoquru mono, tori idasu mono.

Exemptus, a, um. Lus. Tirado, isento. Iap. Yurusaretaru mono, fiqi noqeraretaru mono. ¶ Exemptus est rebus humanis. Lus. Morreo. Iap. Xixitari.

Exéntero, as. Lus. Desentranhar. Iap. Zŏfuuo tori idasu. ¶ Exenterare marsupium. Lus. Vazar a bolsa. Iap. Fôzôno caneuo cotogotocu tori idasu. Plaut.

Exénteror, aris. Lus. Affligirse, & angustiarse. Iap. Modaye cogaruru.

Exeo, is, iui, itum. Lus. Sair pera fora. Iap. Focaye izzuru. ¶ Item, per trásl. Escapar, liurarse. Iap. Nogaruru, tasucaru. ¶ Item, Sair com impeto. Iap. Quacquato izzuru, vaqi izzuru. ¶ Exire in laudé, l, vituperationé. Lus. Sair é louuor, ou deshonra. Iap. Fomare, guaibũni naru, l, chijocuni naru. ¶ Exire in tertium diem. Lus. Dilatarse ate o terceiro dia. Iap. Sannichi made nobu. ¶ Exire de potestate. Lus. Sair fora desi. Iap. Fŏ xŏuo vxinŏ. ¶ Exire è vita. Lus. Morrer. Iap. Xisuru. ¶ Exijt dies. Lus. Passou o dia. Iap. Figa suguitari. ¶ Exire in easdem literas. Lus. Terminarse nas mesmas letras. Iap. Vonaji jini vo uaru. ¶ Exire de patritijs. Lus. Fazer se de nobre plebeyo. Iap. Saburai yori iyaxiqi mononi naricauaru.

Exequens, entis. Lus. O que executa, ou guarda. Iap. Monouo tçutomuru fito.

Exequiæ, arum. Lus. Seimento. Iap. Sŏrei, toburaino fôji.

Exequialis, e. Lus. Cousa de exequias. Iap. Sŏreino fôjini ataru coto.

Exequior, aris. Lus. Fazer as exequias. Iap. Sŏreino fôjiuo suru.

Exequor, eris. Lus. Executar, effeituar. Iap. Tçutomuru, jôju suru. ¶ Exequi iniurias. Lus. Vingarse das injurias. Iap. Chijocuuo susugu.

Exerceo, es, cui, citum. Lus. Exercitar, atribular. Iap. Conasu, xessuru, xebamuru. ¶ Item, Fazer trabalhar. Iap. Tçucŏ, xigotouo sasuru. ¶ Aliqñ. Exercitar artes. Iap. Nôguei no xosauo tçutomuru. ¶ Itẽ, Ter. Iap. Arue. vt, Exercere iurgia, discordias, etc. ¶ Itẽ, Cultiuar bẽ a terra. Iap. Yoqu denbacuuo tçucuru. ¶ Exercere aliquem odijs. Lus. Perseguir cõ odio a alguem. Iap. Nicumi xemuru. ¶ Item, Ganhar. Iap. Mŏquru. vt, exercere sũptũ.

Exercitatio, onis. Lus. Exercicio, trato. Iap. Tçutome, vocunai, qeico.

Exer-

Exercitium, ij. Idem.

Exercitator, oris. Lus. O que exercita. Iap. Tçutomuru mono, xinaruru mono, qeico ſuru mono.

Exercitatrix, icis. fœm. Idem.

Exército, as. freq. Lus. Exercitar. Iap. Tçutomuru, xuguiŏ ſuru, xinaruru.

Exércitor, oris. Lus. O que exercita, ou coſtuma a outré em algũa couſa. Iap. Qeico ſaſuru fito, xinareſaſuru mono. ¶ Itẽ, Aquelle aquem vem os proueitos, e rendimentos da nao. Iap. Xenchin, vnchinuo vqetoru fito.

Exercitorius, a, um. Lus. Couſa que pertẽce ao que exercita, ou trata. Iap. Mono uo tçutomuru fitoni ataru coto.

Exercitus, a, um. Lus. Exercitado, acoſtumado. Iap. Xitçuqetaru mono, côuo tçumitaru mono. ¶ Item, Exercitado, e cortido em trabalhos. Iap. Xinrŏuo coraye tçuqetaru mono.

Exercitus, us. Lus. Exercito, ou gente de guerra. Iap. Gunjei, gunbiŏ.

Exero, is, rui, ertum. Lus. Tirar fora. Iap. Focaye ſaxi idaſu.

Exerto, as. freq. Lus. Deſcobrir, ou tirar fora muitas vezes. Iap. Saiſai arauaſu, l, focaye daſu.

Exertus, a, um. Lus. Couſa ſaida pera fora. Iap. Focaye ſaxi idetaru mono.

Exêſor, oris. Lus. Comedor, roedor, gaſtador. Iap. Monouo curŏ, caburu, l, tçuiyaſu mono.

Exêſus, a, ũ. Lus. Comido, gaſtado, roido. Iap. Caburitaru mono, tçuiyetaru mono.

Exfio. Lus. Purgar. Iap. Qiyomuru.

Exfodio, is. Lus. Cauando tirar fora. Iap. Fori idaſu.

Exgrumo, as. Lus. Sair o caracol do torrão. Iap. Catatçuburiga tçuchicure yori fai izzuru.

Exgúrgito, as. Lus. Vomitar, ou arrotar. Iap. Toqiacu ſuru, l, vocubiuo tçuqu, xacuriuo ſuru. ¶ Itẽ, per tráſl. Exgurgitare pecuniam domo. Lus. Eſgotar o dinheiro da caſa. Iap. Tacarauo tçucai fataſu.

Exhæredatio, onis. Lus. Deſerdamẽto. Iap. Yuzzurazaru coto nari.

Exhæredo, as. Lus. Deſerdar. Iap. Yuzzurazu.

Exhæres, edis. Lus. Deſerdado. Iap. Yuzzuriuo yezaru mono.

Exhæréſimus dies. Lus. Dia que ſe tira dalgum mes, pera que o anno và igual com o curſo do ſol, e da lũa. Iap. Ichijitno vrũ.

Exhalatio, onis. Lus. O baſejar. Iap. Iqiuo tçuqi idaſu coto nari. ¶ Item, Eſalação. Iap. Giyori izzuru canſŏno qi.

Exhâlo, as. Lus. Baſejar. Iap. Iqiuo idaſu, tçuqu. ¶ Exhalare animam. Lus. Morrer. Iap. Xiſuru.

Exhaurio, is, ſi, ſtum. Lus. Vazar, eſgotar. Iap. Iremonouo vtçuſu, cumi tçucuſu, cumi foſu. ¶ Exhaurire ſibi vitam. Lus. Tirarſe a vida. Iap. Vaga inochiuo tatçu, jigaiuo ſuru. ¶ Exhaurire mandata. Lus. Pòr por obra os preceptos. Iap. Guegiuo tçutomuru. ¶ Item, Deixar. Iap. Yamuru, vt Exhaurire dolorem.

Exhauſtum, i. Lus. O que ſe acaba, e eſgota. Iap. Tçuqifatetaru coto.

Exhauſtus, a, um. Lus. Couſa eſgotada. Iap. Tçucuſaretaru coto.

Exhebenus, i. Lus. Hũa pedra precioſa cõ que ſe alimpa o ouro. Iap. Vŏgonni irouo tçuquru tama.

Exherbo, as. Lus. Arrancar as eruas. Iap. Cuſauo fiqu.

Exhibeo, es, ui, itũ. Lus. Moſtrar, tirar em publico. Iap. Arauaſu, cugaini idaſu. ¶ Item, Apreſentar. Iap. Fiqi idaſu. vt, reum exhibere. ¶ Itẽ, Dar o neceſſario, ou ſuſtentação. Iap. Fagocumidŏguuo atayuru. ¶ Exhibere negotium. Lus. Dar trabalho, e enfadamento. Iap. Qizzucai, l, nanguiuo caquru.

Exhibitio, onis. Lus. Monſtra, apreſentação. Iap. Arauaſu, l, fiqi idaſu coto nari.

Exhilaratus, a, um. Lus. Alegre, regozijado. Iap. Yorocobiuo yetaru mono.

Exhilaro, as. Lus. Alegrar a outrem. Iap. Yorocobaſuru, quanguiſaſuru.

Exhor-

Exhorreo, es, ui, caret. Lus. Arrepiarſe de medo, & eſtremecer. Iap. Voſore vana naqu. ¶ Itẽ, (Actiuè) Fazer medo, ou eſpantar a outrem. Iap. Voſoreſaſuru, guiŏ ten ſaſuru.

Exhorreſco, is. Idem.

Exhortatio, onis. Lus. Amoeſtação. Iap. Suſume, ſaiſocu.

Exhortatus, a, um. Lus. Amoeſtado. Iap. Suſumeraretaru mono.

Exhortor, aris. Lus. Amoeſtar com efficacia. Iap. Xiqirini ſuſumuru, ſaiſocu ſuru.

Exhúbero, as. Lus. Ser abundãte, ſobrepujar. Iap. Tacuſanni aru, maſu. ¶ Aliqñ. (Actiuè) Fazer abundante. Iap. Tacuſanni, l, bentŏni naſu.

Exibilo, as. Lus. Deitar fora aos aſſouios. Iap. Vſouo fuite voi idaſu.

Exiccatus, a, um. Lus. Seco, & deſſecado. Iap. Foſaretaru mono, cauacaſaretaru mono.

Exicco, as. Lus. Secar, & deſſecar. Iap. Foſu, cauacaſu.

Exiens, euntis. Lus. O que ſaye. Iap. Focaye izzuru mono.

Exigo, is, egi, actum. Lus. Deitar fora. Iap. Voi idaſu. ¶ Item, Pedir o que ſe me deue. Iap. Mini sŏuŏ xitaru cotouo cô. ¶ Item, Paſſar. Iap. Nagarayuru. Vt, exigere vitam. ¶ Item, Inquirir. Iap. Tadaſu, tazzunuru. ¶ Item, Fazer. Iap. Itaſu. Vt, fames exegit cæcos. ¶ Aliqñ. Tirar por força. Iap. Xiqirini vbaitoru. ¶ Item, Determinar. Iap. Sadamuru. ¶ Interd. Comprir como dias, meſes. Iap. Taſſuru, manzuru. Vt, tçuqi, fi, cazuuo taſſuru. ¶ Exigere pœnam. Lus. Fazer pagar a pena, caſtigar. Iap. Quataiuo idaſaſuru, xeccan ſuru.

Exiguè, adu. Lus. Leue, e eſcaſamente. Iap. Carǒqu, ſucunaqu, xŏbunni.

Exiguitas, atis. Lus. Pouquidade. Iap. Sucunaſa, xŏbun.

Exiguus, a, um. Lus. Couſa pequena, pouca. Iap. Xŏbun naru coto, vazzuca naru coto. ¶ Exiguus animo. Lus. Homem

de pouco coração. Iap. Xŏqi, l, xechibenna fito. ¶ Exiguũ, ſubſtantiu. Lus. Hũ pouco. Iap. Sucoxi, xŏbun. ¶ Exiguùm, adu. Lus. Eſcaſamente, pouco. Iap. Sucunaqu, xŏbunni.

Exilio, is, lui, ultum. Lus. Saltar fora. Iap. Tobiizzuru. ¶ Itẽ, Saltar de prazer. Iap. Quangui yuyacu ſuru.

Exilis, e. Lus. Couſa delgada, magra. Iap. Foſoqi mono, vſuqi mono, yaxetaru mono, fiuazzu naru mono.

Exílitas, atis. Lus. Delgadeza, magreza. Iap. Foſoſa, vſuſa, fiuazzunaru cotouo yŭ.

Exiliter, adu. Lus. Delgadamente. Iap. Foſoqu, vſuqu, fiuazzuni.

Exilium, ij. Lus. Deſterro. Iap. Rurŏ, ruzai.

Eximiè, adu. Lus. Excelente, marauilhoſamente. Iap. Sugurete, qeccŏni.

Eximius, a, um. Lus. Couſa excelente. Iap. Sugure taru mono, qeccô naru coto. ¶ Item, (in malam partem) vt, Eximia iniuria. Lus. Grande injuria. Iap. Vôqinaru chijocu.

Eximo, is, emi, emptum. Lus. Tirar, exceituar. Iap. Tori idaſu, fiqivaquru. ¶ Eximere reum. Lus. Deter, ou impedir de qualquer modo o reo que não ſeja apreſẽtado no juizo. Iap. Toganinno qẽmŏno mayeni fiqi idaſaruruuo ſaſayuru. ¶ Eximere diem. Lus. Gaſtar o dia. Iap. Fiuo curaſu. ¶ Eximere noxæ in datiuo. Lus. Abſoluer, ou remittir a alguem culpa, ou pena. Iap. Ayamari, quataiuo xamen ſuru. ¶ Eximere honoribus. Lus. Priuar das honras. Iap. Curai, yxeiuo mexiaguru, xŏfiŏ ſaſuru. ¶ Eximere metu. Lus. Liurar do medo. Iap. Voſoreuo yameſaſuru.

Exin, ſiue Exinde. Lus. Depois diſſo. Iap. Sononochi, ſorecara.

Exinanio, is. Lus. Vazar. Iap. Vtçuuamonouo vtçuſu. ¶ Item, Reduzir em nada. Iap. Naqi mononi ſuru. ¶ Item, Deſcarregar. Iap. Niuo voroſu.

Exinanitio, onis. Lus. Euacuação. Iap. Vchiaquru, l, vtçuſucoto nari.

L l Ex-

Exinspiratò, adu. Lus. Fora do que se esperaua. Iap. Anguaini, xozonno foca.
Existimatio, onis. Lus. Boa reputação, & fama. Iap. Fomare, voboye. ¶ Item, (actiuè) Opinião, estima. Iap. Vomonzuru, l, caronzuru coto nari.
Existimator, oris. Lus. Iulgador, ou estimador. Iap. Xian suru fito, tadaxite.
Existimo, as. Lus. Cuidar, julgar. Iap. Vomô, zonzuru, xian suru.
Existo, is, extiti, extitum. Lus. Apparecer, sair. Iap. Aru, izzuru, idequru.
Exitiabilis, e. Lus. Cousa destruidora, & q̃ traz dano. Iap. Vazauai, sainanuo xicaquru mono, l, sonxituo sasuru mono.
Exitiale, is. Idem.
Exitium, ij. Lus. Perda, males, morte. Iap. Vazauai, sonxit, xetgai.
Exitus, us. Lus. Fim, ou saida, acontecimento. Iap. Vouari, suye, l, idequru coto, youo yŭ.
Exitus, a, um. Lus. Saido, acabado. Iap. Ideqitaru coto, suguitaru coto.
Exiûro, as. Lus. Affirmar com juramento. Iap. Xeimonuo motte iy tessuru.
Exlex, egis. Lus. O que viue sem ley, ou fora da ley. Iap. Fuiônaru mono, fattoni moretaru fito.
Exloquor, eris. Lus. Falar bem, & eloquẽtemente. Iap. Monouo yoqu iynoburu. l, vaquru. Antiq.
Exóbsecro, as. Lus. Rogar muito. Iap. Xiqirini tanomu. Plaut.
Exoche, es. Lus. Excelencia, grandeza. Iap. Suguretaru coto, qetacaqi cotouo yŭ.
Exóculo, as. Lus. Tirar os olhos. Iap. Manacouo nuqi idasu.
Axoculasso, as. Idem.
Exodium, ij. Lus. Hum certo canto ridiculo q̃ se cantaua no fim dos autos. Iap. Nôno vouarino côuta. ¶ Item, apud veteres. Fim. Iap. Suye, fate.
Exolesco, is, eui, etum. Lus. Acabar de crecer. Iap. Xeijin, l, xeigiŏ xezaru jibunni naru. ¶ Aliqñ. Enuelhecer, ou desusarse. Iap. Toxiyoru, furuqu naru, l, sutaru, vsuru, tayuru.

Exoleti, dicuntur scorta masculi, qui iam pro uectioris sunt ætatis, quàm vt amari sint idonei.
Exolêtus, a, um. Lus. Crecido, de statura perfeita. Iap. Taxxi:e xeijin, l, xeigiŏ xitaru mono. ¶ Item, Antigo, & desusado. Iap. Furuqi coto, sutaritaru mono, tayetaru coto.
Exoluo, is, ui, lutũ. Desatar, soltar. Iap. Fodoqu, toqu, yurusu. ¶ Item, Pagar, satisfazer. Iap. Xacumotuo nasu, fumotuo fenben suru. ¶ Exoluere aliquem religione. Lus. Tirar a alguem o escrupulo. Iap. Qigacari naru cotouo farŏ.
Exómides. Lus. Hũ vestido curto sem mãgas. Iap. Mijicaqu sode naqi yrui.
Exónero, as. Lus. Descarregar. Iap. Niuo vorosu. ¶ Item, per trãsl. Liurar a alguẽ do trabalho, ou molestia. Iap. Qizzucai uo farasu, xinrŏuo yamesasuru.
Exopinatò, adu. Lus. Fora do que se cuida ua. Iap. Vomoino foca, xozonno foca.
Exoptabilis, e. Lus. Cousa agradauel, desejada. Iap. Yorocobaxiqi coto, conomaxu ru coto.
Exoptatus, a, um. Lus. Cousa desejada, esperada. Iap. Conomaruru coto, coinegauaruru mono.
Expopto, as. Lus. Desejar muito. Iap. Fucaqu nozomu, qeibŏ suru.
Exorabilis, e. Lus. Tractauel, e facil ẽ cõceder o q̃ lhe pedem. Iap. Nhŭuani xite fitono yôuo yoqu qiqu fito.
Exorabula, orum. Lus. Rezões, ou palauras artificiosas com que o orador persuade. Iap. Gongouo cazatte susumuru danguixano cotouari.
Exorator, oris. Lus. O que pedindo alcança. Iap. Xomŏuo toguru, l, coivru mono.
Exoratus, a, um. Lus. Alcançado, vencido com rogos. Iap. Coi motometaru coto, l, fitono xomŏuo canayetaru fito.
Exorbeo, es, bui, bitum, l, psi, ptum. Lus. Soruer de todo. Iap. Sui fosu.
Exórbito, as. Lus. Sair fora do caminho, desgarrarse. Iap. Michiuo mayŏ, rini fazzururu.

Exor-

Exorbo, as. Lus. Cegar, ou tirar os olhos. Iap. Mŏmocujinni nasu, manacouo nuqi idasu, tçubusu. ¶ Exorbare animã. Lus. Matar. Iap. Xetgai suru. Plaut.

Exorcismus, i. Lus. Esconjuração. Iap. Qiŏ monuo tonayete xemeidasu cotouo yŭ.

Exorcisso, I, Exorcizo, as. Lus. Escõjurar. Iap. Qiŏmonuo tonayete xemeidasu.

Exorcista. Lus. O que faz exorcismos. Iap. Cudanno voconaiuo suru fito.

Exordine. Lus. Sem cessar, sem interromper. Iap. Tçuzzuqete, tayemamonaqu, tayezu.

Exordior, iris. Lus. Começar. Iap. Fajimuru, xi somuru. ¶ Item, Dar principio aoração. Iap. Danguino jouo fajimuru. ¶ Item, (propriè) Ordir dos teceloins. Iap. Itouo feru.

Exordium, ij. Lus. Principio, proemio. Iap. Fajime, saixo, jo.

Exorior, iris. Lus. Nacer. Iap. Vmaruru, xŏzuru. ¶ Item, Aleuantarse. Iap. Vocoru, idequru, xuttai suru. ¶ Item, Recrearse. Iap. Qiuo farasu, nagusamu.

Exornatio, onis. Lus. Ornato, cõcerto. Iap. Cazari, xŏgon, xidai.

Exornator, oris. Lus. O que orna, e concerta. Iap. Cazaru, I, fiqitçucurŏ mono.

Exorno, as. Lus. Ornar, concertar. Iap. Cazaru, xŏgon furu, caitçucurŏ. ¶ Aliqñ. Subornar. Iap. Vairouo motte firouo fiqiçuquru, yosuru.

Exôro, as. Lus. Alcançar por rogos. Iap. Coivru, motomuru. ¶ Item, Rogar efficazmente. Iap. Mappirani tanomu.

Exors, ortis. Lus. Sem sorte, não participãte. Iap. Faibũno monouo toriſazzusu fito. ¶ Exors culpæ. Lus. Alheo de culpa. Iap. Ayamari naqi mono.

Exorsus, a, ũ. O que começa, ou começou. Iap. Fajimuru mono, I, fajimetaru mono.

Exorsus, us. Lus. Principio, ou começo. Iap. Fajime, saixo.

Exortiuus, a, um. Lus. Cousa oriental. Iap. Figaxino coto.

Exortus, us. Lus. Nacimento. Iap. Tanjŏ, I, izzuru cotouo yŭ, xuxxŏ.

Exortus, a, um. Lus. Nacido. Iap. Vmaretaru mono, xŏjitaru mono, idetaru mono.

Exos, ossis. Lus. Cousa sem osso. Iap. Foneno naqi mono.

Exosculatio, onis. Lus. O beijar. Iap. Cauo nadouo suo coto nari.

Exósculor, aris. Lus. Beijar. Iap. Cauo nadouo suŭ.

Exossatus, a, um. Lus. Desossado, sem ossos. Iap. Foneuo nuqitaru mono. ¶ Item, Esmeuçado. Iap. Foneuo vchicudacaretaru mono. ¶ Aliqñ. Cheo dossos. Iap. Foneno vouoqi mono.

Exosso, as. Lus. Tirar os ossos. Iap. Foneuo tori noquru. ¶ Item, Quebrar, esmeuçar os ossos. Iap. Foneuo vchicudaqu.

Exôsus, a, um. Lus. O que aborrece. Iap. Nicumu mono. ¶ Item, Aborrecido. Iap. Nicumaruru mono.

Exóticus, a, um. Lus. Estranjeiro, peregrino. Iap. Tacocuno mono, yçocuno mono, tabijin.

Expalleo, es. Lus. Fazerse amarelo. Iap. Auojiroqu naru, auozameta ironi naru.

Expallesco, is. Idem.

Expallio, as. Lus. Tirar a capa. Iap. Vuaguiuo nugu.

Expalpo, as. Lus. Tirar, ou alcançar algũa cousa cõ branduras, e meiguices. Iap. Tçuixŏuo motte monouo coi motomuru.

Expánditor, oris. Lus. O q̃ se estẽde, ou sa ye dos limites. Iap. Firogaru mono, sacaiuo coyuru mono. vt, Expãditor amnis.

Expando, is, di, sum. Lus. Abrir, estender, desenrolar. Iap. Fiqifiroguru, firaqu. ¶ Expandere dicțis. Lus. Explicar cõ palauras. Iap. Iy firaqu.

Expango, is. Lus. Fixar, e assentar. Iap. Suyuru, sonayuru.

Expapillo, as. Lus. Despeitorar, ou descobrir ate os peitos. Iap. Muneuo aquru, I, catauo nugu. ¶ Brachium expapillatum. Lus. Braço arregaçado. Iap. Vdemacuri xitaru te.

Expatior, aris. Lus. Passear por fora, desgarrarse.

tarse. Iap. Coco caxicoye faiquai suru, yuqi suguru.

Expato,as. Lus. Manifestarse, porse em publico. Iap. Arauaruru, ninjenni izzuru. Fest.

Expatritius, ij. Lus. O que foi nobre. Iap. Saburaino curaiuo suberitaru fito.

Expatro, as. Lus. Fazer, e acabar. Iap. Itasu, jôju suru.

Expaueo, es, ui, siue Expauesco. Lus. Temer, espãtarse. Iap. Vosoruru, vodoroqu.

Expectatio, onis. Lus. Esperança, desejo. Iap. Tanomoxisa, negai.

Expectatus, a, um. Lus. Desejado, esperado. Iap. Mataruru coto, coi negauaruru coto. ¶ Item, Odioso, aborreciuel. Iap. Nicuqi mono, nicumaruru mono.

Expecto, as. Lus. Esperar. Iap. Matçu. ¶ Item, Desejar. Iap. Nozomu, coi negǒ. ¶ Item, Ter esperança. Iap. Tanomoxiqu vomǒ. ¶ Item, Temer. Iap. Vosoruru, vozzuru.

Expéctoro, as. Lus. Lançar fora do peito. Iap. Mune yori farai noquru, muneuo farǒ.

Expeculiati. Lus. Seruos despojados, ou esgotados de seus bens. Iap. Tacarauo cotogotocu vxinaitaru guenin. Plaut.

Expedio, is, iui, itum. Lus. Desembaraçar, soltar. Iap. Fodoqu, toqu, sumuru. ¶ Aliqñ. Tirar fora. Iap. Focaye toriidasu. ¶ Item, Aleuantar. Iap. Saxi aguru. Virg. ¶ Itẽ, (in tertia persona) Ser vtil, ou necessario. Iap. Tocuni naru, l, canhô naru. ¶ Item, Socceder. Iap. Idequru, naru, xutrai suru.

Expeditè, adu. Lus. Espedita, & facilmente. Iap. Tayasuqu, fayaqu.

Expeditio, onis. Lus. Exercito. Iap. Gin. ¶ Item, Aparelho de guerra. Iap. Qiŭxenno yôy, moyouoxi. ¶ Item, Guerra. Iap. Qiŭxen. ¶ Aliqñ. Remate, conclusão. Iap. Iôju suru coto nari.

Expeditus, a, um. Lus. Pronto, aparelhado, desembaraçado. Iap. Cacugo xite yru mono, detatte yru mono, l, tçunagarezu jiyŭni yru mono. ¶ Expedita coena. Lus. Cea leue, & socinta. Iap. Carug. ruto totonoyetaru yŭmexi. ¶ Expedita via. Lus. Caminho lestes, desembaraçado. Iap. Sauarimo naqi daidǒ. ¶ Expeditum iter. Lus. Caminho frãco, e liure. Iap. Tçŭrono jiyŭ naru cotouo yŭ. ¶ Expediti milites. Lus. Soldados escoteiros, despejados. Iap. Cogusocuuo xitaru muxa.

Expello, is, puli, pulsum. Lus. Lançar fora. Iap. Focaye voiidasu.

Expendo, is, di, sum. Lus. Pesar. Iap. Facarini caquru. ¶ Item, Ponderar, considerar. Iap. Xiriouo cuuayuru. ¶ Qñq; Pagar pena, culpa, etc. Iap. Quataiuo nasu, togavocuriuo suru. ¶ Aliqñ. Gastar. Iap. Tçucǒ.

Expensa, æ. & Expensum, i. Lus. Gasto, ou despesa. Iap. Xittçui, zǒsa. ¶ Expensum ferre. Lus. Pòr em despesa, ou assentar o gasto em rol. Iap. Tçucǒ bunuo nicqini tçuquru, tçucainiequiuo suru.

Expensus, a, um. Lus. Gastado, dado. Iap. Tçucaitaru coto, atayetaru coto.

Expergefactus, a, um. Lus. Espertado. Iap. Vodoroqitaru mono, meuo samaxitaru mono.

Expergisco, is, & Experifico. Lus. Espertar a outrem. Iap. Vocosu, vodorocasu.

Expergefacio, is. Idem.

Expergiscor, eris. Lus. Espertar, ou ser espertado. Iap. Voquru, vodoroqu, l, vocosaruru.

Expergo, is, rrexi, ctum. Lus. Espertar a outrem. Iap. Vocosu, vodorocasu. Antiq.

Expergo, is, expersi, sum. Lus. Molhar. Iap. Nurasu.

Experiens, entis. Lus. Esperimentado. Iap. Côxa.

Experientia, æ. Lus. Esperiencia. Iap. Tamexi, rei, cô.

Experimentum, i. Idem.

Experior, iris. Lus. Prouar, esperimentar. Iap. Cocoromiru, tamesu. ¶ Item, Tratar causa, ou demanda diãte do juiz. Iap. Tadaxiteno maye nite cuji satano atçucǒ. ¶ Experiri ius, l, iure. Idem.

Expers

Expers, ertis. Lus. O que carece, ou não tem parte em algũa cousa. Iap. Monouo motazaru fito, l, faibunuo vqezaru mono.

Expertus, a, um. Lus. O que esperimẽta, ou esperimentado. Iap. Tamesu fito, l, côxa. ¶ Item, Cousa esperimentada. Iap. Tame saretaru coto, cocoromiraretaru coto.

Expes. Lus. Cousa sem esperãça. Iap. Tanomoxiqu naqi mono.

Expetẽs, entis. Lus. O que deseja, ou apetece. Iap. Nozomu fito.

Expetesso, is. Lus. Pedir, desejar. Iap. Cô, nozomu.

Expetisco, is. Lus. Desejar affincadamente. Iap. Fucaqu nozomu.

Expetítus, a, um. Lus. Desejado. Iap. Conomaretaru mono.

Expeto, is, iui, itum. Lus. Desejar muito. Iap. Coi negǒ. ¶ Expetere pœnas ab aliquo. Lus. Castigar a alguem. Iap. Fitoni quataiuo atçuru, xeccan suru. ¶ Expetere preces à Deo. Lus. Rogar à Deos. Iap. Deusuo tanomi tatematçuru. Plaut. ¶ Itẽ, Acontecer. Iap. Idequru.

Expiabilis, e. Lus. Cousa q̃ se pode alimpar, e purificar. Iap. Qiyome yasuqi mono.

Expiatio, onis. Lus. O alimpar, purificar. Iap. Qiyomuru coto nari.

Expiamentum, i. Idem.

Expiatus, a, um. Lus. Cousa purgada, & purificada. Iap. Qiyomeraretaru mono.

Expilatio, onis. Lus. O roubar, ou saltear. Iap. Faguitori, l, vbaitoru coto nari, gǒdǒ.

Expilator, oris. Lus. Roubador, ou salteador. Iap. Gǒdǒ, sanzocu.

Expilatus, a, um. Lus. Roubado, despojado. Iap. Fagui toraretaru mono, sanzocuni aitaru mono.

Expîlo, as. Lus. Roubar, despojar. Iap. Faguitoru, vbaitoru, gǒdǒ suru.

Expingo, is. Lus. Pintar. Iap. Yecaqu.

Expio, as. Lus. Purificar, alimpar. Iap. Qiyomuru, qiyoqu nasu. ¶ Expiare scelera. Lus. Punir, castigar os peccados. Iap. Togauo bassuru, togano mucuiuo sasuru.

Expîrans, antis. Lus. O que bafeja. Iap. Iqiuo tçuqiidasu mono.

Expiratio, onis. Lus. O bafejar, ou respirar. Iap. Iqiuo tçuqiidasu coto nari.

Expîro, as. Lus. Bafejar, assoprar. Iap. Iqiuo tçuqiidasu, iqiuo fuqi caquru. ¶ Item, Espirar, morrer. Iap. Iqiga qiruru, xisuru. ¶ Item, per transl. Ir declinando, & acabando. Iap. Votoroye yuqu, sutari yuqu.

Expiscor, aris. Lus. Buscar, inquirir diligẽtemente. Iap. Cuuaxiqu tazzunuru, nẽgoroni tazzune saguru. ¶ Item, Alcançar, ganhar. Iap. Coi motome idasu, mǒquru.

Expisso, as. Lus. Espessar, fazer espesso. Iap. Xigueracasu, atçuqu nasu.

Explanatè, adu. Lus. Claramente. Iap. Aqiracani, funmiǒni.

Explanatio, onis. Lus. Declaração. Iap. Yauarague, iy firaqu coto nari, iy aqiramuru coto nari. ¶ Item, figura est rhetorũ.

Explanator, oris. Lus. Expositor, ou enterprete. Iap. Yauaraguete, l, fon yacu suru fito.

Explanatus, a, um. Lus. Declarado. Iap. Yauaragueraretaru coto.

Explâno, as. Lus. Declarar. Iap. Yauaraguru, iy aqiramuru. ¶ Item, Fazer plano. Iap. Tairacani nasu, feigito nasu.

Explanto, as. Lus. Arrancar plantas. Iap. Qi cusauo ne yori fiqinuqu.

Explendesco, is. Lus. Resplãdecer, reluzir. Iap. Ficaru, cacayaqu, arauaruru.

Explébilis, e. Lus. Cousa que se pode encher, ou fartar. Iap. Taxxi yasuqi mono, bǒman xiyasuqi mono.

Expleo, es, eui, etum. Lus. Encher, fartar. Iap. Mitasu, mitçuru, bǒman sasuru. ¶ Item, Comprir, perfeiçoar. Iap. Tassuru, jǒju suru. ¶ Interd. Consolar. Iap. Nadamuru, nagusamuru. ¶ Item, Descarregar. Iap. Niuo vorosu. ¶ Explere animum curis. Lus. Desaliuarse de cuidados. Iap. Vomoiuo farasu.

Expletio, onis. O encher, ou perfeiçoar. Iap. Mitçuru coto nari, jǒju suru coto nari.

Expletus, a, um. Lus. Cheo, perfeito. Iap. Mi-

Michitaru mono, jǒju xitaru mono, taxxi taru mono.

Explicabilis, e. Lus. Cousa facil de se declarar. Iap. Yauarague yasuqi coto.

Explicatè, adu. Lus. Clara, e manifestamente. Iap. Aqiracani, funmiǒni.

Explicatio, onis. Lus. O desemburulhar, ou declaração. Iap. Fodoqu coto nari, l, yauarague.

Explicatus, us. Idem.

Explicator, oris. Lus. O que declara. Iap. Yauaraguru mono.

Explicatrix, icis. fœm. Idem.

Explicatus, a, um. Lus. Declarado. Iap. Yauaragueraretaru coto.

Explicitus, a, um. Idem. ¶ Explicitus liber. Lus. Liuro acabado. Iap. Iǒju xitaru qiǒ.

Explico, as, cui, l, aui, atum. Lus. Desemburulhar, desenrolar, estender. Iap. Fodoqu, firaqu, fiqi firoguru, xiuauo nobùru. ¶ Explicare aciem, l, agmen. Lus. Tirar a gente ao cãpo, e pola em ordem pera peleijar. Iap. Ginuo farite xeicobariuo suru. ¶ Explicare negotium aliquod. Lus. Acabar algum negocio. Iap. Atçucai uo sumasu. ¶ Explicare se laqueis, & periculis. Lus. Liurarse de perigos. Iap. Nãguiuo nogaruru. ¶ Explicare annonam. Lus. Ter cuidado que haja mantimento. Iap. Fiǒrǒ, fanmai tçumarazaru yǒni, saiban suru. ¶ Item, per transl. Declarar. Iap. Yauaraguru, iy aqiramuru. ¶ Explicare, & diffundere vmbram. Lus. Fazer sombra. Iap. Cagueuo vtçusu.

Explôdo, is, si, sum. Lus. Rejeitar, ou deitar fora com estrondo, e ruido. Iap. Iroirono moyǒuo motte qirǒfuriuo arauasu, l, fitouo voiidasu, sutçuru.

Exploratè, adu. Lus. Certamente. Iap. Xin jitni, fitgiǒni.

Exploratò. Lus. Tendo por certo, e entendido. Iap. Funmiǒni xitte.

Explorator, oris. Lus. Espia. Iap. Metçuqe, qegouo miru fito, xinobi.

Exploratores. Lus. Os que descobrem os segredos aos imigos. Iap. Mittçǔ, l, naitçǔuo suru fito.

Exploratus, a, um. Lus. Certo, e notorio. Iap. Funmiǒ naru coto, reqijen naru coto. ¶ Exploratum habere. Lus. Saber de certo. Iap. Funmiǒni xiru.

Explôro, as. Lus. Gritar, chorar. Iap. Vomequ, saqebu, naqu. Apud antiquos. ¶ Item, Inquirir diligentemente. Iap. Nẽgoroni tazzunuru. ¶ Item, Espiar. Iap. Qegouo miru. ¶ Interd. Deliberar. Iap. Anzuru, vomô. ¶ Item, Secar. Iap. Fosu.

Expolio, as. Lus. Despojar, priuar. Iap. Faguitoru, mexi aguru.

Expolio, is. Lus. Ornar, e acabar perfeitamente. Iap. Cazaru, taxxite decasu, xissuru.

Expolitio, onis. Lus. O polir, e ornar. Iap. Migaqu, cazaru coto nari.

Expolitus, a, um. Lus. Polido, bem acabado. Iap. Migaqitaru coto, taxxite deqitaru coto.

Expôno, is, sui, situm. Lus. Tirar fora. Iap. Focaye tori idasu. ¶ Item, Largar algũa cousa, e commetela à ventura. Iap. Vnni macaxete saxivoqu. ¶ Interd. Declarar. Iap. Yauaraguru. ¶ Aliqñ. Gastar. Iap. Tçucǒ.

Expositio, onis. Lus. Declaração. Iap. Yauarague.

Expositius, a, um. Lus. Cousa enjeitada, ou botada por si. Iap. Suteraretaru mono.

Expositus, a, um. Lus. Cousa declarada. Iap. Yauaragueraretaru coto. ¶ Item, Disposto, aparelhado. Iap. Totonoyetaru coto, cacugo xitaru mono. ¶ Expositi infantes. Lus. Meninos enjeitados. Iap. Sutego.

Expopulatio, onis. Lus. Roubo, saco. Iap. Gǒdǒ, ranbǒ.

Expópulor, aris. Lus. Roubar, saquear. Iap. Gǒdǒ, l, ranbǒ suru.

Expórrigo, is, exi, ctum, siue Expergo. Lus. Estender, alargar. Iap. Fiqi firoguru, fiqi noburu. ¶ Exporrigere frontem. Lus. Ale-

Alegrarse, mostrar bõ sẽbrante. Iap. Yemigauouo arauasu, qiyetno mayuuo firaqu.

Exportatio, onis. Lus. O leuar pera fora. Iap. Monouo yosoye mochi facobu coto nari. ¶ Item, Desterro. Iap. Ruzai, ruto.

Exporto, as. Lus. Leuar pera fora. Iap. Yosoye mochi facobu.

Exposco, is, poposci, caret. Lus. Pedir com instancia. Iap. Xiqirini cô. ¶ Exposcere l, deposcere aliquem. Lus. Pedir alguẽ pera o castigar. Iap. Xeccanuo cuuayuru tameni fitouo coi cayesu.

Expostulatio, onis. Lus. Queixume contra aquelle que nos injuriou. Iap. Chijocuuo xicaqetaru mononi taixiteno xucquai.

Expostulator, oris. Lus. O que pede instãtemente. Iap. Xiqirini cô mono. ¶ Itẽ, O que se queixa contra aquelle que o injuriou. Iap. Chijocuuo xicaqetaru mononi taixite xucquai suru fito.

Expostulo, as. Lus. Pedir com efficacia. Iap. Xiqirini cô. ¶ Item, Queixarse a o q̃ o injuriou. Iap. Chijocuuo xicaqetaru mononi taixite xucquaiuo suru.

Expôtus, a, um. Lus. Cousa bebida de todo. Iap. Nomitçucusaretaru coto. Apud vet.

Exprӕcepto. Lus. Por mandado. Iap. Guioyni xitagatte, guegini macaxete.

Exprӕparato. Lus. De proposito. Iap. Vazato, xian, cacugouo motte.

Expressè, adu. Lus. Clara, & expressamente. Iap. Aqiracani.

Expressim. Idem.

Expressio, onis. Lus. O expremer. Iap. Xibori idasu coto nari.

Expressus, a, um. Lus. Retratado, tirado ao viuo. Iap. Iqivtçuxini cacaretaru coto.

Exprimo, is. Lus. Expremer. Iap. Xibori idasu. ¶ Item, Declarar. Iap. Arauasu. ¶ Aliqñ. Representar, tirar ao viuo. Iap. Iqivtçuxini caqu. ¶ Item, Tirar, alcançar algũa cousa com rogos. Iap. Coi motomuru.

Exprobratio, onis. Lus. O deitar em rosto. Iap. Togauo arauaxite fagiximuru coto nari.

Exprobro, as. Lus. Deitar em rosto. Iap. Togauo arauaxite fagiximuru, modoqu. ¶ Aliqñ. Deitar em rosto à alguẽ cõ obras. Iap. Xosa, moyŏuo motte fagiximuru.

Expromissor, oris. Lus. O q̃ promete, ou fica por outrem. Iap. Cacarite, vqenin.

Expromitto, is. Lus. Prometer, ou ficar por fiador. Iap. Vqecacaru.

Exprômo, is, psi, ptum. Lus. Tirar fora. Iap. Tori idasu. ¶ Item, Dizer seu conceito. Iap. Zonbunuo arauasu.

Expromptus, a, ũ. Lus. Tirado fora. Iap. Tori idasaretaru mono.

Expugnabilis, e. Lus. Cousa que se pode vencer. Iap. Xeme, l, qiritori yasuqi mono.

Expugnatio, onis. Lus. O combater, ou tomar por armas. Iap. Qiritoru, l, xemecatçu coto nari.

Expugnator, oris. Lus. Vencedor por combate. Iap. Xeme catçu, l, cachitaru fito. ¶ Expugnator castitatis. Lus. O que combate, & vence a castidade dalguem. Iap. Inbon no togani xemevotoiu fito.

Expugno, as. Lus. Combater, l, tomar por força. Iap. Xemevotosu, qiritoru.

Expulsim, adu. Lus. Botando, ou empuxando. Iap. Voi idaxite, tçuqivotoite.

Expulsio, onis. Lus. O botar fora. Iap. Voi idasu coto nari.

Expulsor, oris. Lus. O que bota fora. Iap. Voi idasu fito.

Expultrix, icis. Idem. fœm. gen.

Expulso, as. freq. Lus. Botar fora amiude. Iap. Saisai voi idasu.

Expûmo, as. Lus. Escumar. Iap. Auaga tatçu, fuqi agaru.

Expunctio, onis. Lus. O riscar cousa escrita, &c. Iap. caqitaru cotouo qesu.

Expungo, is, xi, nctum. Lus. Riscar, ou borrar o escrito. Iap. Caqitaru monouo qesu, qezzuru. ¶ Expungere rationes. Lus. Arrematar as contas. Iap. Sanyŏuo sumasu. ¶ Expungi iudices. Lus. Serem os juizes lançados do officio de julgar. Iap. Qiŭmeino yacuuo tori aguerareru.

Exp-

Expuo, is, vi, utum. Lus. Cuspir. Iap. Tçu uo faqu.
Expurgatio, onis. Lus. O alimpar. Iap. Qiyomuru coto nari. ¶ Expurgationem habere. Lus. Alimparse. Iap. Miuo qiyomuru.
Expurgo, as. Lus. Alimpar bem. Iap. Qiyomuru, migaqu. ¶ Expurgare se à criminis suspicione. Lus. Desculparse. Iap. Ayamarino naqi yoxiuo iyfiraqu.
Exputo, as. Lus. Decotar as aruores, ou podar as vides. Iap. Qiuo sucasu, yedauo vorosu. ¶ Item, Cuidar, e imaginar consigo. Iap. Cufŭ furu.
Exputresco, is, vi. Lus. Apodrecer de todo. Iap. Cusari fatçuru.
Exquæstor, oris. Lus. O que foi thesoureiro. Iap. Caneno buguiǒuo xitaru fito.
Exquiro, is, siui, situm. Lus. Buscar cõ diligencia. Iap. Nengoroni tazzunuru.
Exquisitè, adu. Lus. Diligentemente, e com cuidado. Iap. Saicanni, cocorogaqete.
Exquisitim, l, Exquisitiùs. Idem.
Exquisitus, a, um. Lus. Cousa exquisita, excelente. Iap Suguretaru coto.
Exradico, as. Lus. Desarreigar. Iap. Nebiqi ni suru.
Exrogo, as. Lus. Derogar, ou desfazer a ley antiga per outra noua. Iap. Ataraxiqi fattouo motte furuqiuo yamuru, fattouo caiyeqi suru.
Exsacrifico, as. Lus. Sacrificar. Iap. Tamuqu ru. Antiq.
Exscensus, us. Lus. Decida. Iap. Cudari.
Exscribo, is. Lus. Tresladar. Iap. Monouo caqi vtçusu.
Exterminariò, adu. Lus. De raiz. Iap. Necara.
Exsicco, as. Lus. Secar de todo. Iap. Fosu, cauacasu.
Exsigno, as. Lus. Asinalar. Iap. Xirusu, xiruxiuo tçuquru, fanuo suyuru.
Exsordesco, is, Lus. Sujarse. Iap. Qegaruru, tçutanaqu naru. ¶ Item, Fazerse vil, e baixo. Iap. Iyaxiqu naru.
Exsuscitatio, onis. Lus. O espertar a alguẽ. Iap. Fitouo vodorocasu coto nari.
Exsuscito, as. Lus. Espertar. Iap. Vocosu, vodorocasu.
Exta, orum. Lus. Entranhas. Iap. Farauata, zǒfu.
Extabesco, is, vi. caret. Lus. Emmagrecer, ou entisecarse. Iap. Yaxe votoroyuru, yaxe firu. ¶ Item, per transl. Perecer, ou acabarse. Iap. Sutaru, tayuru.
Extantia, æ. Lus. O que sobeja, ou aparece de fora. Iap. Focaye amari, e miyuru bun uo yŭ.
Exturus, a, um. Lus. Cousa q̃ ha de estar, ou permanecer. Iap. Ybeqi mono, l, todoqubeqi mono.
Extemplò, adu. Lus. Logo, derepente. Iap. Niuacani, futto, socujini.
Extemporalis, e. Lus. Cousa feita derepente sem cuidar. Iap. Toriayezuni, l, tonni xitaru coto. ¶ Extemporalis rhetor. Lus. O que ora de repente. Iap. Toriayezuni can guiuo toqu mono.
Extemporalitas, atis. Lus. Prontidão, ou facilidade pera dizer, ou fazer algũa cousa de repente. Iap. Tonsacu.
Extemporaneum. Lus. O que vem de subito. Iap. Furio naru coto, tõni xitaru coto.
Extempore, adu. Lus. Logo, derepente. Iap. Yagate, futto, niuacani. ¶ Item, Conforme ao tempo. Iap. Iiguini yotte.
Extendo, is, di, tum, l, sum. Lus. Extender. Iap. Firoguru, noburu.
Extensus, a, um. Lus. Extendido. Iap. Firoguetaretaru coto.
Extentus, a, um. Idem.
Extento, as. freq. Lus. Estender a miude. Iap. Saisai firoguru.
Extenuatio, onis. Lus. O adelgaçar, deminuir. Iap. Fosomuru, l, ferasu coto nari.
Extenuatus, a, um. Lus. Adelgaçado. Iap. Fosometaru mono.
Extenuo, as. Lus. Deminuir, adelgaçar. Iap. Ferasu, fosomuru. ¶ Extenuare mala ferendo. Lus. Aleuiar os trabalhos com paciencia, & igualdade. Iap. Cannin uo motte acuji, xinrǒuo caromuru. ¶ Extenuare rem aliquam verbis. Lus. Deminuir

nuir, & abater algũa cousa com palauras. Iap. Monouo iy ferasu.

Exter, l, Exterus, a, um. Lus. Estranjeiro. Iap. Tabino mono, tacocujin, ycocujin.

Extércoro, as. Lus. Alimpar. Iap. Sôgiuo suru, qireini nasu.

Extérebro, as. Lus. Furar cõ verruma, ou trado. Iap. Qiri momiuo suru. ¶ Aliqñ. per trãsl. Tirar, ou alcançar por força. Iap. Xiqirini coi motomuru, tesuriconbô xite motomuru. ¶ Item, Inquirir, escudrinhar. Iap. Tazzune saguru, sagasu.

Extergo, is, si, sum, l, Extergeo, es. Lus. Alimpar, espanar. Iap. Nogô, qireini nasu, fuqu.

Exterior, us. Lus. O que está mais de fora. Iap. Nauo focani yru mono. ¶ Comes exterior. Lus. Cõpanheiro que anda em lugar mais baixo. Iap. Guefaino mono.

Exterminator, oris. Lus. Destroidor. Iap. Metbô sasuru mono. ¶ Itẽ, Oq deita fora. Iap. Focaye voi idasu, l, tçuifô suru fito.

Extérmino, as. Lus. Deitar fora dos termos, ou desterrar. Iap. Tçuifô suru, ruzaini vo conô. ¶ Item, Destroir. Iap. Metbô sasuru. ¶ Exterminare morbum. Lus. Deitar a doença fora. Iap. Yamaiuo nozoqu.

Externatus, a, um. Lus. Espantado, fora de seu siso. Iap. Guiôten xitaru mono, aqire faretaru mono, xôneuo vxinaitaru mono.

Externo, as. Lus. Espantar, e fazer doudo a outro. Iap. Guiôten sasuru, xôneuo vxinauasuru, qiôjinni nasu.

Externus, a, um. Lus. Cousa de fora, estranjeiro. Iap. Yosono mono, tacocuno mono.

Extero, is, triui, tritum. Lus. Trilhar, esmeuçar. Iap. Vchicudaqu, fumicudaqu. ¶ Ex terere aciẽ ferri. Lus. Aguçar. Iap. Catana nadouo togu. ¶ Exterere literam. Lus. Riscar, apagar. Iap. Iiuo qesu, qezzuru. ¶ Exterere cibum. Lus. Digerir o comer. Iap. Xocubutuo xôsuru.

Exterraneus, a, um. Lus. Estranjeiro. Iap. Tacocujin, ycocujin, tabijin. ¶ Itẽ, Criança nacida, ou lançada fora de tempo. Iap. Tçuqini taraazaru co, voritaru co.

Exterreo, es, rui, itum. Lus. Espantar. Iap. Vodosu, vodorocasu.

Extérritus, a, um. Lus. Espantado. Iap. Guiôten xitaru mono.

Extersus, a, um. Lus. Limpo, polido. Iap. Migaqitaru mono, qireinaru mono.

Exterus, a, um. Lus. Cousa forasteira, de outra terra. Iap. Tacocuno mono, tabijin.

Extexo, is, xui, textum. Lus. Destecer o tecido. Iap. Voritaru momenuo tachimeuo toqi fatçusu. ¶ Item, per transl. Tirar a alguem de seu parecer. Iap. Fitono zonbunuo yamesasuru. Plaut.

Extillo, as. Lus. Gotejar. Iap. Mori xitadaru. ¶ Extillare lachrymis. Lus. Desfazerse em lagrimas. Iap. Namidani xizzumu, namidani cocoromo cure fatçuru.

Extimesco, is. Lus. Temer muito. Iap. Vôqini vosoruru.

Extimulator, oris. Lus. O que aguilhoa, ou estimula. Iap. Miuo saxi tçuqu yôni susumuru fito.

Extimulo, as. Lus. Incitar, & quasi aguilhoar. Iap. Miuo saxi tçuqu yôni susumuru. ¶ Extimulare aliquem dictis. Lus. Prouocar a alguem cõ palauras. Iap. Cotobauo motte icariuo vocosasuru.

Extimus, a, um. Lus. O mais afastado, ou derradeiro. Iap. Nauo touozacaritaru mono, ichi suyenaru mono.

Extinctio, onis. Lus. O apagar. Iap. Qesu coto nari. ¶ Itẽ, per trãsl. O acabar. Iap. Fatasu coto nari.

Extinctor, oris. Lus. O que apaga. Iap. Qesu mono. ¶ Item, Destroidor. Iap. Mecqiacu sasuru mono.

Extinctus, a, um. Lus. Apagado, ou acabado. Iap. Qesaretaru mono, l, qiye faretaru mono.

Extinguo, is, xi, nctum. Lus. Apagar. Iap. Qesu. ¶ Item, per trãsl. Apagar discordias, &c. Iap. Caracai nadouo tomuru. ¶ Aliqñ. Matar, destroir. Iap. Xetgai suru, forobosu. ¶ Extingui. Lus. Morrer. Iap. Xisuru. ¶ Itẽ, Distinguir perfeitamente. Iap. Taxxite mivaquru.

Extirpatio, onis. Lus. O arrancar. Iap. Ne biqini furu coto nari.

Extirpo, as. Lus. Arrancar de raiz. Iap. Ne biqini furu. ¶ Item, per trãs. Estinguir de todo. Iap. Nocosazu forobosu.

Extispex, icis. Lus. Agoureiros que adeuinha uam vendo as entranhas. Iap. Zǒfuuo mi te vranǒ vonyǒji.

Extispicium, ij, & Extispicina. Lus. O ver as entranhas pera agourar. Iap. Vranǒ tameni zǒfuuo miru cotouo yũ.

Exto, tas, titi, titum, l, extatum. Lus. Apa recer, ou sair fora. Iap. Focaye amarite miyuru. ¶ Item, Estar eminente, ou ma is alto. Iap. Saxiagaru, nuqi izzuru. ¶ Item, Durar. Iap. Cotayuru, mada aru. ¶ Item, Ser. Iap. Naru, aru.

Extollo, is, tuli, latum. Lus. Ensalçar, ale uantar. Iap. Aguru, cacaguru. ¶ Item, per trásl. Exagerar. Iap. Vôqini iynasu. ¶ Item, apud antiq. Differir. Iap. Noburu.

Extorqueo, es, torsi, tum. Lus. Tirar, ou tomar por força. Iap. Xemetçuqete toru. ¶ Extorquere veritatem. Lus. Fazer con fessar com tormẽtos. Iap. Caxacuuo mot te facujǒ sasuru, gǒmon suru.

Extorris, e. Lus. Desterrado. Iap. Rǒnin.

Extortor, oris. Lus. O que tira, ou toma al gũa cousa por força. Iap. Xemetçuqete monouo toru fito.

Extortus, a, um. Lus. Tirado, ou tomado por força. Iap. Xemetçuqete toraretaru coto. ¶ Item, Atormentado. Iap. Caxacuuo vqetaru mono.

Extra, præp. Accusat. Lus. De fora. Iap. Foca, soto. ¶ Item, Tirando. Iap. Noqete, yori foca. ¶ Extra iocum. Lus. De siso. Iap. Iitni.

Extraclusus ager. Lus. Lugar fora dos limites. Iap. Sacaimeno focani aru dẽbacu.

Extractorius, a, um. Lus. Cousa q̃ tira, ou faz sair fora. Iap. Fiqi idasu mono.

Extractus, a, um. Lus. Tirado fora. Iap. Fiqi idasaretaru coto. ¶ Item, Prolongado. Iap. Saxinobetaru coto.

Extraeo, is. Lus. Sair fora. Iap. Focaye izzuru.

Extraho, is, xi, actum. Lus. Tirar fora. Iap. Focaye idasu. ¶ Extrahere diem. Lus. Passar, ou gastar o dia. Iap. Fiuo curasu. ¶ Extrahere iudicium. Lus. Prolongar, ou differir a sentença. Iap. Qiũmeiuo noburu, ficayuru. ¶ Extrahere aliquem. Lus. Induzir a alguem q̃ faça algũa cousa. Iap. Xiqirini saisocu suru. ¶ Extrahere se ex aliquo negotio. Lus. Safarse, e liurarse dalgũ negocio. Iap. Mutçucaxiqi cotouo surifazzusu, nogaruru.

Extraneus, a, um. Lus. Cousa de fora, estra nho. Iap. Focano mono, tanin.

Extraordinarius, a, ũ. Lus. Cousa fora de or dem, ou desordenada. Iap. Fǒguini fazzuretaru coto, raxxi naqi coto, fǒratno coto.

Extrarium, ij. Lus. Cousa fora de proposito, ou do q̃ se trata. Iap. Tori atçucǒ coto ni sǒy xitaru coto.

Extrarius, a, um. Lus. Estranjeiro. Iap. Taco cuno mono, tabino mono.

Extremitas, atis. Lus. Cabo, ou fim de qual quer cousa. Iap. Monono suye, faxi.

Extremò, adu. Lus. Vltimamẽte. Iap. Vouarini, suyeni.

Extremus, a, um. Lus. Cousa derradeira. Iap. Vouarino coto. ¶ Item, Malissimo. Iap. Acuguiacu burǒ naru mono. ¶ Itẽ. Cousa que está no principio. Iap. Fajimeno coto, saixono coto, saxicuchi no coto. ¶ Extrema malitia. Lus. Suprema maldade. Iap. Gocuacu.

Extricabilis, e. Lus. Cousa de q̃ hũ se pode facilmente desembaraçar. Iap. Fazzuxi yasuqi coto, nogare yasuqi coto.

Extrîco, as. Lus. Desembaraçar, soltar. Iap Iy fodoqu, motçuretaru monouo toqu, sumasu. ¶ Extricare locum. Lus. Alim par. Iap. Sǒgi suru.

Extringo, is, xi, ctum. Lus. Apertar. Iap. Ximuru.

Extrinsecùs, adu. Lus. De fora. Iap. Focayori.

Extrorsum, adu. Lus. Pera parte de fora. Iap. Focano cataye. Ex-

Extructio, onis. Lus. Edificio. Iap. Conriň.
Extructus, a, um. Lus. Edificado. Iap. Cō riň xitaru coto.
Extrûdo, is, si, sum. Lus. Deitar fora porforça. Iap. Murini voi idasu.
Extruo, is, xi, ctum. Lus. Edificar. Iap. Tçucuri tatçuru, conriňsuru. ¶ Extruere mē sam epulis, & poculis. Lus. Aparelhar a mesa de iguarias, e de vinho. Iap. Fandai ni vonjiqiuo sonayuru.
Extuberatio, onis. Lus. Inchaço. Iap. Faremono, xumot.
Extúbero, as. Lus. Inchar. Iap. Faruru, fucururu. ¶ Item (actiuè) Encher, étulhar. Iap. Vmuru.
Extumeo, es, & Extumesco, is. Lus. Inchar. Iap. Faruru, fucururu.
Extúmidus, a, um. Lus. Inchado. Iap. Fare fucuretaru mono.
Extundo, is, tudi, tusum. Lus. Tirar, ou alcançar algũa cousa com força, ou afagos. Iap. Xemetçuqete monouo motomuru, l, fucaite toru. ¶ Item, Fazer diligentemente. Iap. Yurucaxe naqu monouo suru.
Exturbatus, a, um. Lus. Lançado, empuxado pera fora. Iap. Focaye voi idasaretaru mono, tçuqi idasaretaru mono.
Exturbo, as. Lus. Lāçar fora, empuxar. Iap. Voi idasu, tçuqi idasu.
Extussio, is. Lus. Tussindo cuspir fora. Iap. Suuabuqiuo xitemonouo faqi idasu.
Exúbero, as. Lus. Abūdar, ou ser fertil. Iap. Bentōni aru, sacayuru, sacannaru.
Exuccus, a, um. Lus. Cousa secca sem çumo. Iap. Cauaqitaru coto.
Exuctus, a, um. Lus. Cousa chupada sem çumo. Iap. Sui fosaretaru mono.
Exûdo, as. Lus. Suar, ou botar fora a maneira de suor. Iap. Axeuo tarasu, nagasu, l, axeno gotoqu yani nadouo idasu.
Exuertæ, l, Exuertæ, arum. Lus. Hũa certa maneira dalimpar a casa q̃ se fazia depois do defunto fora. Iap. Xigaiuo vosamete cara, sono iyeuo sōgi suru cotouo yŭ.
Exuerto, is, ti, sum. Lus. Preuenir, antecipar. Iap. Sayeguitte monouo itasu, saqidatçu.
Exûgo, is, xi, ctũ, et Exugeo, es. Lus. Chupar, ou mamar. Iap. Sui, dasu, sŭ, nomu.
Exul, lis. Lus. Desterrado. Iap. Rōnin, sāchŭjin.
Exulans, antis. Lus. O q̃ anda desterrado. Iap. Sanchŭ suru mono, rurō itasu mono.
Exulceratio, onis. Lus. O chagar. Iap. Qizuuo tçuquru coto nari.
Exulceratorius, a, um. Lus. Cousa que faz chaga. Iap. Qizuuo tçuquru mono. vt, exulceratorium medicamentum.
Exulceratrix, icis. Lus. A que chaga. Iap. Qizuuo tçuquru mono. fœm. gen.
Exúlcero, as. Lus. Chagar. Iap. Qizuuo tçuquru. ¶ Item per trāsl. Exasperar, ou azedar. Iap. Icarasuru.
Exulo, as. Lus. Andar desterrado. Iap. Sanchŭ suru, rōnin suru, rurō suru.
Exultanter, adu. Lus. Saltando de prazer. Iap. Tobitatçu fodo yorocôde.
Exultatio, onis. Lus. Alegria, prazer. Iap. Quangui, yuyacu.
Exultántia, æ. Idem.
Exultim, adu. Lus. Saltando de prazer. Iap. Tobi tatçu fodo yorocôde.
Exulto, as. Lus. Saltar de prazer. Iap. Quāgui yuyacu suru, tobitatçu fodo yorocobu.
Exululans, antis. Lus. O que vyua, ou grita. Iap. Foyuru, saqebu mono.
Exúlulo, as. Lus. Vyuar, ou gritar. Iap. Foyuru, saqebu.
Exum. i. Extra sum. Lus. Estar fora. Iap. Focani yru.
Exundatio, onis. Lus. Enchente. Iap. Vômizzu, côzui.
Exundo, as. Lus. Encher muito, tresbordar, e sair fora da madre o rio. Iap. Vômizzuga agaru, afururu, izzuru. ¶ Item, per transl. Ser abundante, ou copioso. Iap. Benuo canō.
Exungo, is. Lus. Vntar. Iap. Nuru, nuri tçuquru.
Exúngulo, as. Lus. Tirar as vnhas. Iap. Tçumeuo nuqu, vocosu.
Exuo, is, vi, utum. Lus. Despir. Iap. Nugu. ¶ Exuere se fortunis. Lus. Despojarse

jarſe de ſeus bens. Iap. Zaifôuo furi ſutçuru. ¶ Itẽ, Liurar, ſoltar. Iap. Iiyǔni naſu, toqu, yuruſu. ¶ Itẽ, Deſcobrir, deſpir. Iap. Vde, momo nadouo mucuri idaſu.

Exuperabilis, e. Lus. Couſa q̃ ſe pode vẽcer. Iap. Maqeyaſuqi mono, l, maquru coto naru mono

Exuperantia, æ. Lus. Ventagem, eminencia. Iap. Maſaru, l, nuqinzzuru cotouo yǔ.

Exuperatio, onis. ſignificatio eſt, quæ plus in ſuſpicione relinquit, quàm poſitum eſt in oratione.

Exuperatus, a, um. Lus. Vencido. Iap. Catetaru mono, maqetaru mono.

Exúpero, as. Lus. Vencer, fazer ventagẽ. Iap. Catçu, maſaru, nuqinzzuru.

Exurdo, as. Lus. Fazer ſurdo a outrem. Iap. Tçunboni naſu. ¶ Exurdare palatũ. Lus. Priuar do ſentido do goſto. Iap. Agiuaiuo voboyuru xeiuo vxinauaſuru.

Exurgo, is. Lus. Leuantarſe. Iap. Tatçu, agaru, voquru.

Exûro, is, vſsi, uſtum. Lus. Queimar de todo. Iap. Xôxit furu, yaqi fataſu. (coto nari.

Exuſtio, onis. Lus. Queima. Iap. Yaqi fataſu

Exuſtus, a, um. Lus. Queimado, conſumido do fogo. Iap. Yaqifataſaretaru mono.

Exúſcito, as. vide, Exſuſcito.

Exuuiæ, arum. Lus. Deſpojos. Iap. Bocudori, vchidori. ¶ Item, Pelles dos animaes. Iap. Qedamonono caua, qe. vt Xemino nuqegara, jaſi nado.

DE INCIPIENTIBVS Á LITERA F.

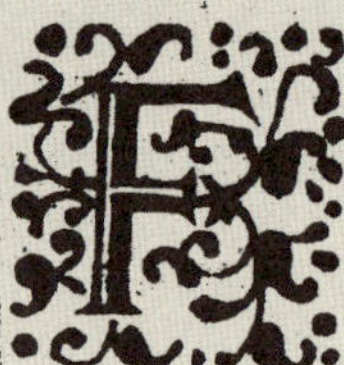

FAba, æ. Lus. Faua. Iap. Tǒmame, ſoramame.

Fabacia, æ. Lus. Hum certo comer de fauas. Iap. Soramameno ſaiuo yǔ.

Fabáginus, a, um. Lus. Couſa de fauas. Iap. Tǒmameni ataru coto.

Fabalia, ium. Lus. Canas das fauas. Iap. Soramameno cuqi.

Fâbâlis, e. Lus. Couſa de fauas. Iap. Sora mameni ataru coto.

Fabarius, a, um. Idem.

Fabella, æ. dimi. Lus. Rumor. Iap. Fǔxet, zǒxet. ¶ Item, Fabula pequena, ou conto fingido. Iap. Tçucurimonogatari, fanaxi, zǒtan.

Faber, bri. Lus. Official que trata em materia dura, como ferreiro, carpinteiro, &c. Iap. Saicunin. Vt, cagi, banjǒ nado. ¶ Faber ferrarius. Lus. Ferreiro. Iap. Caji. ¶ Faber aurarius. Lus. Ouriues douro. Iap. Coganezaicu.

Fabrè, adu. Lus. Polida, e artificioſamente. Iap. Qeccôni, teuo comete.

Fabrefacio, is. Lus. Edificar, ou cõpor cõ artificio. Iap. Teuo comete tçucuritatçuru, vomoxiroqu amitatçuru. ¶ Fabrefactum opus. Lus. Couſa feita com artificio. Iap. Teuo comete tçucuritaru coto.

Fabricatio, onis. Lus. Fabrica. Iap. Conriǔ, zǒſacu.

Fábrico, as, et Fabricor, aris. Lus. Edificar, ou fazer algũa couſa de materia dura. Iap. Conriǔ furu, tçucuru.

Fabricator, oris. Lus. Official de arquitectura, ou outra materia. Iap. Daicu, cagi, tôno ſaicunin.

Fabricatus, a, um. Lus. Couſa edificada, ou feita por artificio. Iap. Conriǔ xitaru coto, tçucuritaru coto.

Fábrica, æ. Lus. Edificio. Iap. Conriǔ, zǒſacu. ¶ Item, Officina, ou tenda de carpinteiros, &c. Iap. Banjǒ, ſmonoxi nadono iye. ¶ Item, Arte de carpinteiro, ferreiro, &c. Iap. Bãjǒ, cagi nadono narai.

Fabrílis, e. Lus. Couſa pertencente a official. Iap. Saicuni ataru coto.

Fábula, æ. Lus. Nouas, ou rumores que correm polo pouo. Iap. Zǒxet. ¶ Itẽ, Fabula, ou cõto que ſe diz pera recreação. Iap. Sǒxi, tçucurimonogatari, fanaxi. ¶ Item, Faua pequena. Iap. Chijſaqi ſoramame.

Fabularis, e. Lus. Couſa fabuloſa. Iap. Itçuuarino majiuaritaru coto.

Fabulator, oris. Lus. Contador de fabulas, ou

ou graças. Iap. Fanaxite, tçucurimonogatariuo fanasu fito.

Fábulor, aris, & Fabulo, as. Lus. Falar, ou praticar. Iap. Cataru, monogatariuo suru, fanasu. ¶ Itē, Falar sensaborias. Iap. Buxirioni xubixenu cotouo yŭ.

Fabulosè, adu. Lus. Fingida, e falsamēte. Iap. Itçuuarite, tçucuricotouo yŭte.

Fabulositas, atis. Lus. Fingimento de fabuladores. Iap. Tçucuricoto, zǒxet.

Fabulosus, a, um. Lus. Cousa fingida, ou mentirosa. Iap. Tçucuricoto, itçuuaritaru coto.

Fabulum, i. Lus. Faua. Iap. Soramame.

Facesso, is, ssi, ssum. Lus. Yr a fazer. Iap. Xigotoni yuqu. ¶ Item, Apartarse. Iap. Saru, xirizoqu, noqu. ¶ Facessere alicui negotium. Lus. Dar que entender a alguem, ou darlhe molestia. Iap. Qizzucai, l, xinrǒuo sasuru.

Facetè, adu. Lus. Graciosa, & airosamente. Iap. Xiuoraxiqu, vomoxiroqu.

Facetiæ, arum. Lus. Graças, ou ditos gostosos de ouuir. Iap. Vomoxiroqi monogatari.

Facetosus, a, um. Lus. Gracioso, apraziuel. Iap. Xiuoraxiqi mono, ficoaino yoqi fito.

Facêtus, i. Lus. Gracioso, prazenteiro, prattico. Iap. Fitoainoyoqi fito, cuchi qiqi, fanaxite. ¶ Item, Galante, polido. Iap. Iinjǒ naru mono, l, xiuoraxiqi mono.

Facies, ei. Lus. Rosto. Iap. Cauo, ganxocu. ¶ Item, Apparencia, e forma de todo corpo. Iap. Qiriǒ cotgara, sugata, catachi. ¶ Itē, Apparēcia de qualquer outra cousa inanimada. Iap. Yorozzuno fijǒno monono nari, catachi. ¶ Vertere se in omnes facies. Lus. Tentar todos os meyos. Iap. Yorozzuno michiuo tazzune saguru. ¶ De facie aliquē nosse, l, prima facie nosse. Lus. Conhecer alguē não mais que de vista. Iap. Fitome miru. ¶ Faciem perfricare. Lus. Perder a vergonha. Iap. Fagi xirazu, tçurano cauano atçuqu naru.

Facilè, adu. Lus. Facilmente. Iap. Tayasuqu, zǒsamo naqu. ¶ Item, Certamente, sem duuida. Iap. Vtagaimo naqu, fitgiǒni. ¶ Facilè doctissimus. Lus. O mais douto. Iap. Dai ichino gacuxǒ. ¶ Item, De boamente. Iap. Cocoro yoqu, yorocǒde.

Facilis, e. Lus. Cousa facil desēbaraçada. Iap. Yasuqi coto, zǒsamo naqi coto. ¶ Item, Brando, de boa condição. Iap. Cocorobayeno aru fito, nhǔua naru fito.

Facilitas, atis. Lus. Facilidade, inclinação pera fazer, ou dizer algũa cousa prontamente. Iap. Tayasuqu monouo suru, l, yŭ ricon, jiyǔsa. ¶ Itē, Brandura, humanidade. Iap. Nhǔua, cocorobaye. ¶ Facilitas carminis, vel orationis. Lus. Clareza, facilidade do verso, ou oração. Iap. Aqiracani yoqu qicoyuru vta, l, dangui.

Facinorosus, a, um. Lus. Homem maluado, facinoroso. Iap. Mǒacu burǒ naru mono, zaigô fucaqi fito.

Fàcinus, oris. Lus. Feito, ou façanha em boa, ou maa parte. Iap. Ien acuni tçuiteno tegara.

Facio, is. Lus. Fazer. Iap. Itasu, tçucuru. ¶ Item, Escreuer, compor. Iap. Amitatçuru. ¶ Item, Estimar. Iap. Mochijru. vt, Facere maximi, l, nihili. ¶ Facere verba. Lus. Falar. Iap. Cataru. ¶ Facere iter. Lus. Caminhar. Iap. Ariqu, focǒ suru. ¶ Facere iacturam. Lus. Perder. Iap. Sonuo suru. ¶ Facere naufragium. Lus. Fazer naufragio. Iap. Fason suru. ¶ Item, Sacrificar. Iap. Tamuquru. ¶ Item, Cōuir, quadrar. Iap. Niyǒ, sǒuô suru. ¶ Item, Ajuntar dinheiro. Iap. Caneuo atçumuru. ¶ Facere are, i, arefacere. Lus. Secar. Iap. Cauacasu, carasu. ¶ Facere ægrè alicui. Lus. Molestar a alguem. Iap. Fitoni qizzucaiuo caquru. ¶ Facere alicui animũ. Lus. Incitar, ou dar forças a alguem. Iap. Fitoni chicarauo soyuru. ¶ Facere argētariam. Lus. Ser bāqueiro, ou ganhar ao cambio. Iap. Rixenuo suru, l, cauaxiganeuo suru. ¶ Facere cadauer. Lus. Matar. Iap. Corosu, xetgai suru. ¶ Facere auspicium. Lus. Fazer a aue agouro. Iap.

Tori

F ANTE A.

Toriga fitono qicqiŏuo arauaſu. ¶ Facere copiam, & poteſtatem alicui. Lus. Dar licença, e poder a alguem. Iap. Menqio uo idaſu, itomauo atayuru. ¶ Facere cũ aliquo. Lus. Fauorecer, ou ſeguir as partes dalguem. Iap. Fitouo fijqi ſuru, mica tani naru. ¶ Facere fidem. Lus. Perſuadir, e fazer crente. Iap. Fitoni ſuſumuru, xinjeſaſuru. ¶ Facere gradum. Lus. Dar paſſos, andar. Iap. Ayomu. ¶ Facere gradum ad aliquid. Lus. Ir ſubindo a algũa couſa como de degrao em degrao. Iap. Curai nadoni fe agaru. ¶ Facere gratiam iuſiurandi. Lus. Soltar o juramento. Iap. Xeimonuo yuruſu. ¶ Facere gratum. Lus. Fazer boa obra, ou couſa aceita a alguem. Iap. Fitoni vonuo qiſuru, naſaqeuo caquru, fitono qixocuni vŏ cotouo ſuru. ¶ Ne longum faciam. Lus. Pera que não ſeja comprido. Iap. Riacuxen tote. ¶ Facere ludos aliquem. Lus. Zõbar dalguem. Iap. Fitouo anadoru. ¶ Facere manum. Lus. Fazer, ou ajuntar gẽte de guerra. Iap. Gumbiŏuo ſoroyuru, xeizoroyeuo ſuru. ¶ Facit mecum. Lus. He de meu parecer. Iap. Vareni dô xin ſuru. ¶ Facere mentionem. Lus. Fazer menção, ou tratar. Iap. Sata ſuru. ¶ Facere miſſum. Lus. Largar, deſpidir. Iap. Itomauo toraſuru, jiyŭni naſu. ¶ Facere modum alicuius rei. Lus. Temperarſe, & commidirſe. Iap. Chŭyŏuo mamoru, yoqi coroni ficayuru. ¶ Facere nomen alicui. Lus. Empor nome a alguem. Iap. Nauo tçuquru. ¶ Facere modos. Lus. Cantar entreſachadamente nos autos. Iap. Nôno aini vtauo vtŏ. ¶ Facere nomen alicuius amplum. Lus. Ganhar nome, & fama pera alguem. Iap. Fitoni voboyeuo toraſuru, nauo agueſaſuru. ¶ Facere nomina. Lus. Fazerſe deuedor. Iap. Vqeuô mono tonaru. ¶ Facere nomina. Lus. Empreſtar dinheiro a alguẽ. Iap. Fitoni monouo caſu, l, vouaſuru. ¶ Facere nomen cũ vineis. Lus. Fazer as contas do rendimento das vinhas. Iap. Budŏbataqeno ritoçuuo ſanyô ſuru. ¶ Facere otium. Lus. Dar deſcanſo. Iap. Yaſumuru. ¶ Facere oua. Lus. Pôr ouos. Iap. Caigouo vmu. ¶ Facere periculum. Lus. Prouar, eſprimentar. Iap. Cocoromiru, tameſu. ¶ Ratũ facere. Lus. Retificar, confirmar. Iap. Yoito qetgiacu ſuru, catamuru. ¶ Rem facere. Lus. Grangear a fazenda. Iap. Zaifôuo tazzune motomuru. ¶ Facere rẽ diuinam. Lus. Sacrificar, ou dizer miſſa. Iap. Tamuquru, ſaſaguru, l, Miſſauo voconŏ. ¶ Facere reum. Lus. Accuſar. Iap. Vttayuru. ¶ Facere ſanguinẽ. Lus. Derramar ſangue. Iap. Chiuo nagaſu. ¶ Facere ſatis alicui. Lus. Obedecer a alguem. Iap. Xitagŏ. ¶ Facere ſatis. Lus. Pagar a diuida. Iap. Xacumotuo fenbẽ ſuru. ¶ Facere ſtipendia ſub aliquo. Lus. Militar debaixo da bandeira dalguem. Iap. Taixŏno fataxita nite fuchiuo totte bufen ſuru. ¶ Facere ſtomacum alicui. Lus. Fazer agaſtar a alguem. Iap. Fucuriŭ ſaſuru. ¶ Facere vadimonium. Lus. Prometter de aparecer em juizo. Iap. Tadaxiteno mayeni idento, yacuſocu ſuru. ¶ Facere vela. Lus. Nauegar à vela. Iap. Fouo ague, tocai ſuru. ¶ Facere veſtigiũ. Lus. Andar. Iap. Ariqu, axiuo faco bu. ¶ Facere vitium. Lus. Dãnificarſe, ou arruinarſe por algũa parte. Iap. Ippŏ yoritaye ſuru, ſoconuru. ¶ Item, Facere vitium (actiuè) Lus. Corromper, danificar. Iap. Soconŏ, ſonzaſu.

Factio, onis. Lus. Bando, reuolta, ou motim dos cidadoẽs. Iap. Tocorono giŭnin tagaini teqi, micatani natte ſauagu cotouo yŭ, rangueqi, sŏdô. ¶ Interd. Poder, ou authoridade que algum tem na cidade. Iap. Qenca, qenmon nadono yxei. ¶ Itẽ, Poder, ou direito pera fazer algũa couſa. Iap. Monouo itaſu tameno jiyŭ, chicara, yuruxi.

Factioſus. Lus. Aparelhado, e inclinado a reuoltas, e bandos. Iap. Ranguеqi, ſŏdôni ſuqu mono. ¶ Item, Rico, & poderoſo. Iap.

Iap. Yxeiro, chicara aru mono.

Factitius, a, um. Lus. Cousa feita por arte. Iap. Fitono tçucuri idaxitaru coto. ¶ Factitia verba. Lus. Palauras inuentadas, ou fingidas a semelhãça dalgũa voz. Iap. Mono nono coyeuo catadorite tçucuri idaxitaru cotoba.

Fáctito, as. freq. Lus. Fazer a miude. Iap. XigueqHis monouo itasu.

Factor, oris. Lus. O que faz algũa cousa. Iap. Monouo suru, l, tçucuru fito. ¶ Item, Author dalgum crime. Iap. Acu no chǒbonnin, fonnin.

Factum, i. Lus. Feito. Iap. Deqitaru coto, l, tçucuritaru cotouo yǔ. ¶ Factum mutare. Lus. Mudar o parecer. Iap. Zon bunuo cayuru.

Factura, æ. Lus. Feitura. Iap. Tçucuritaru cotouo yǔ, sacu.

Facturio, is. Lus. Desejar de fazer. Iap. Tçucuru cotouo nozomu, monouo xitaqu vomô.

Factus, us. Lus. O fazer. Iap. Itasu cotouo yǔ. ¶ Factus villæ. Lus. Obra, ou edificio da quinta. Iap. Fataqe, l, sonono fuxin, zǒsacu.

Factus, a, um. Lus. Cousa feita. Iap. Tçucuritaru, l, totonoyetaru coto.

Fácula, æ. Lus. Facha pequena. Iap. Chijsa qi taimatçu.

Facularius, ij. Lus. O que leua facha. Iap. Taimatçuuo mochi ariqu fito.

Facultas, atis. Lus. Facilidade de fazer algũa cousa. Iap. Monouo itasu tameno jiyǔ, chicara. ¶ Item, Poder, ou commodidade. Iap. Xiauaxe, chicara, yuruxi. ¶ Itẽ, Arte, sciencia. Iap. Xogueino michi. vt, Rethorica est facultas bene dicẽdi. ¶ Omnẽ facultatem indutus est. Lus. Quanto tẽ traz sobre si. Iap. Qitaru yxô yori foca ni nanimo motazaru fito.

Facultates, um. in plur. Lus. Riquezas, fazenda. Iap. Zaifô, xotai.

Facundè, adu. Lus. Eloquentemente. Iap. Benjetni.

Facundia, æ. Lus. Eloquencia. Iap. Benjet, gonbizauayacanaru cotouo yǔ.

Facundiosus, a, um. Lus. Eloquente, facũdo. Iap. Benjetxa, bunja.

Facundus, i. Idem.

Fæcatũ vinum. Lus. Vinho espremido das fezes não purgado. Iap. Casu yori xiboritaru nigorisaqe.

Fæciniæ vuæ. Lus. Vuas que fazem muita borra. Iap. Saqeuo xiboruni vouoqu casuni naru budǒ.

Fæculentus, a, um. Lus. Cousa chea de fezes, ou borras. Iap. Vorino vouoqi mono.

Fæcutinus, a, um. Idem.

Fæx, æcis. Lus. Borra, ou fezes. Iap. Vori, casu. ¶ Fæx ciuitatis. Lus. Gente baixa da cidade. Iap. Tocoronite daiichi iyaxiqi mono. ¶ Fæcula, dimin. Idem.

Fagus, i. Lus. Faya aruore. Iap. Aru qino na.

Faginius, Fáginus, & Fageús. Lus. Cousa desta aruore. Iap. Cano qini ataru coto.

Falæ, arum. Lus. Torre de madeira pera cõbater. Iap. Xiro nadouo xemuru xeirô.

Falarica, æ. vide Phalarica.

Falcarius, a, um. Lus. Cousa pertẽcente a fouce. Iap. Cuuacarigamani ataru coto.

Falcarij. Lus. Armados com fouces, ou armas semelhantes a fouces. Iap. Cumade ni nitaru buguuo taisuru mono.

Falcatus, a, um. Lus. Cousa que tem feição de fouce. Iap. Camano yǒni magaritaru mono. ¶ Item, Armado com hũa arma a maneira de fouce. Iap. Camano yǒ naru buguuo taisuru mono, l, caqegamauo mochitaru mono.

Falcidia lex. Lus. Ley que derroga os legados. Iap. Sucoxizzutçuno yuzzuri, vaqebunuo yamuru fatto.

Fálcifer, a, um. Lus. Cousa que traz fouce. Iap. Camauo motçu mono.

Falco, onis. Lus. Falcão. Iap. Vôtaca.

Fálcula, æ. Lus. Fouce pequena. Iap. Cogama. ¶ Item, Vnhas das onzas, &c. Iap. Aru qedamonono tçumasaqi.

Faliscus venter. Lus. Bucho, ou payo feito a maneira de choriço. Iap. Aru xocubut no rui.

Falla-

Fallacia,æ. Lus. Engano, falſidade. Iap. Tabacari, buriacu.

Fallacioſus, a, um. Lus. Cheo de enganos. Iap. Tabacari vouoqi mono, buriacujin.

Fallaciter, adu. Lus. Maliciosa, e enganoſamente. Iap. Tabacatte, damatte.

Fallax, ācis. Lus. Enganador, mentiroſo. Iap. Tabacarite, itçuuarite, l, itçuuaru mono, qiogonjin.

Fallo, is, fefelli, falſum. Lus. Enganar. Iap. Tabacaru, damaſu. ¶ Item, Eſconderſe. Iap. Cacuruu, xinobu. ¶ Fallit me hoc. Lus. Não ſei iſto. Iap. Coreuo xirazu. ¶ Fallere ſpem, l, opinionem. Lus. Fazer fora do que ſe cuidaua. Iap. Vomoino foca naru cotouo ſuru.

Falſarius, ij. Lus. Falſario, ou oque falſifica as eſcrituras. Iap. Bôxouo caqu fito.

Falsè, adu. Lus. Enganoſa, e falſamẽte. Iap. Damatte.

Falsò. Idem.

Falsídicus, i, & Falſiloquus. Lus. O que engana, ou fala falſo. Iap. Tabacaru mono, qiogonjin.

Falsíficus. Lus. O que faz enganos. Iap. Bŏriacunin.

Falſiiurius, a, um. Lus. Perjuro. Iap. Sorajeimonuo tatçuru mono.

Falsíloquus, a, um. Lus. O q̃ fala falſidades. Iap. Qiogŏjin, tabacari gotouo yŭmono.

Falſimonium, ij. Lus. Engano, falſidade. Iap. Bŏriacu, tabacari.

Falſiparens, entis. Lus. O q̃ tẽ pay não proprio, mas reputado por tal. Iap. Fonno voyani arazaru fitouo vaga voyato vomŏ mono.

Falſitas, atis. Lus. Mentira, falſidade. Iap. Qiogon, itçuuari, tabacari goto.

Falſo, as. Lus. Falſar. Iap. Tabacaru, daxinuqu.

Falſus, a, um. Lus. Enganoſo, falſo. Iap. Tabacaru, l, daxinuqu fito.

Falſus, a, um. particip. Lus. Enganado. Iap. Nucaretaru mono, l, damaſaretaru mono.

Falx, alcis. Lus. Fouce, ou podã. Iap. Caqegama. ¶ Item, Hum inſtrumento bellico a maneira de fouce. Iap. Caqegamano taguy.

Fama, æ. Lus. Fama, ou rumor. Iap. Fŭbun, qicoye.

Famella, æ. dim. Idem.

Famelicoſus, a, um. Lus. O que ſempre anda faminto. Iap. Fudan vyeuo voboyuru mono. ¶ Famelicoſa terra. Lus. Terra apaulada. Iap. Numa, fucata.

Famélicus, a, um. Lus. O que tem fome. Iap. Vyeni nozomu mono.

Fames, is. Lus. Fome. Iap. Fidaruſa, vye. ¶ Item, Cariſtia, ou falta de mantimentos. Iap. Qiqin.

Famigerabilis, e. Lus. Couſa afamada, nomeada. Iap. Voboyeno aru mono, nano aru fito.

Famigeratio, onis. Lus. O diuulgar da fama. Iap. Voboyeuo iy firomuru cotouo yŭ, l, iy furaſu cotouo yŭ.

Famigerator, oris. Lus. O que eſpalha fama, ou nouas. Iap. Iy furaſu mono, sŏuo iy chiraſu mono.

Famigeratus, a, um. Lus. Diuulgado, ou afamado. Iap. Votoni qicoyetaru mono, l, qicoyeno aru fito.

Famigero, as. Lus. Diuulgar, eſpalhar fama. Iap. Iy firomuru, sŏuo iy chirasu.

Familia, æ. Lus. Gente de caſa, ou familia. Iap. Qenaino mono, ǰŭrui, qenzocu, cachŭ no mono. ¶ Itẽ, Familia, linhagẽ. Iap. Icca, ichimon, vgi. ¶ Itẽ, Os da meſma ſeita. Iap. Vonaji monteino xu, vonaji xŭtei.

Familiaris, e. Lus. Couſa pertencente a familia, ou caſa. Iap. Qenaino monodomoni ataru coto. ¶ Sepulchra familiaria. Lus. Sepulchros pera ſi, e ſua familia. Iap. Ichimŏ no xuno facadocoro, beŏxo. ¶ Item. Amigo intimo. Iap. Fucaqi chijn. ¶ Itẽ, Os de caſa. Iap. Ijŭrui, qenzocu. ¶ Arbor familiaris alicuius loci. Lus. Aruore q̃ nace communmente em algũ lugar. Iap. Tocoroni yorite vouoqu voyuru qi. ¶ Familiaris ſella. Lus. Aſſento, ou cadeira das neceſſarias. Iap. Aru xecchin no coxicaqe.

Fami-

Familiaritas, atis. Lus. Amizade, ou conuersação. Iap. Chijnno nacano xitaximi.
Familiariter, adu. Lus. Familiarmente. Iap. Xitaxiqu, mutçumaxiqu. ¶ Familiariter ferre mortem alicuius. Lus. Tomar dor, e pesar da morte dalguem. Iap. Fitono xisuruuo nagueqi canaximu.
Famôsus, a, um. Lus. Famoso em boa, e maa parte. Iap. Suguretaru mono. ¶ Item, Cousa infamatoria. Iap. Acumiŏuo tatçuru mono, mĕbocuuo vxinauasuru mono.
Fámula, æ. Lus. Criada. Iap. Guegio, guesu.
Famulanter, adu. Lus. Humilmente como seruo. Iap. Guegiono yŏni, tçuxxinde.
Famularè, adu. Lus. Como seruo. Iap. Guenin no yŏni.
Famularis, e. Lus. Cousa que pertence a criado, ou criada. Iap. Fiquanni ataru coto. ¶ Famularia iura dare. Lus. Mandar, ou dominar como Rey. Iap. Teivŏno yŏni gueguio nalu.
Famulatio, onis. Lus. Multidão de seruos. Iap. Fiquanxuno atçumari, yoriai.
Famulatus, us, & Famulitium, ij. Lus. Seruiço. Iap. Gueninno fŏcŏ. ¶ Item, Famulitium. Lus. Copia de criados. Iap. Gueninno atçumari.
Famulitas, atis. Lus. Seruiço. Iap. Fŏcŏ.
Fâmulor, aris. Lus. Seruir. Iap. Tçucauaruru, fŏcŏ suru, miazzucŏ.
Fámulus, i. Lus. Criado. Iap. Fiquan, guenin.
Fámulus, a, um. Lus. Cousa pertencente a criado. Iap. Fiquanni ataru coto.
Fanáticus, a, um. Lus. Aquelle que os antigos creiam falar arrebatado de espiritu diuino. Iap. Cuchibaxiru mono.
Fandus, a, um. Lus. Cousa digna de se falar. Iap. Mottomo catarubeqi coto. ¶ Itē, Cousa justa, & recta. Iap. Qenbŏ naru coto.
Fans. Lus. O que fala. Iap. Cataru mono.
Fanum, i. Lus. Templo. Iap. Tera, dŏ.
Far, ris. Lus. Qualquer genero de semente como trigo, ceuada, &c. Iap. Mugui, vômugui, aua nadono taguy. ¶ Item, Hũa certa especie de trigo. Iap. Aru muguino taguy.

Farcîmen, inis. Lus. Lingoiça, ou chouriço. Iap. Aru xocubutno rui.
Farcio, is. Lus. Rechear, encher. Iap. Ippai voxicomu, mitasu. ¶ Item, Engordar. Iap. Coyasu.
Farcitus, a, um. Lus. Cheo, recheado. Iap. Ippai voxicomitaru coto, michitaru coto.
Farfenum, i. Lus. Hum genero de vergontea. Iap. Vacadachino rui.
Farîna, æ. Lus. Farinha. Iap. Muguino co.
Farinaceus, a, ũ. Lus. Cousa feita de farinha. Iap. Muguino conite tçucuritaru coto.
Farinarium, ij. Lus. Lugar onde se guarda farinha. Iap. Muguino couo voqu tocoro.
Farinarius, a, um. Lus. Cousa pertencente a farinha. Iap. Muguino coni ataru coto.
Faris, l, Fare, fatur, fatus, &c. Lus. Falar. Iap. Cataru. ¶ Item, Falar dos mininos quando começam a falar. Iap. Varabega monouo yŭ.
Farraceus, a, um. Lus. Cousa feita de hũa certa especie de trigo. Iap. Aru muguino taguy nite tçucuritaru coto.
Farreus, a, um. Idem.
Farrâgo, inis. Lus. Mistura que se faz de muitos legumes pera se comer. Iap. Gococuuo majiyete totonoyetaru xocubut. ¶ Itē, Mistura de quaisquer outras cousas diuersas. Iap. Iroiro torimajiyetaru cotouo yŭ. ¶ Item, Hũa especie de trigo. Iap. Muguino taguy. Persius.
Farreatio, onis. Sacrificij genus erat, quo olim sacerdotum nuptiæ confirmabantur.
Farreum, ei. Lus. Hũ manjar feito de certa especie de trigo. Iap. Aru muguino taguy nite totonoyetaru xocubut. ¶ Item, Cileiro. Iap. Muguiuo vosamuru cura.
Fartilis, e. Lus. Cousa chea, ou recheada. Iap. Ippai voxi comitaru coto. ¶ Item, Ceuado, engordado. Iap. Coyesaxetaru mono, coye futoritaru mono.
Fartim, adu. Lus. Accumuladamente. Iap. Tçumi aguete, casane tatete, ippai xite.
Fartor, oris. Lus. O que faz lingoiças, ou chouriços. Iap. Aru xocubutuo totonoyuru mono. ¶ Item, O q̃ sabe os nomes de

N n todos

todos de memoria, e os nomea. Iap. Xoninno nauo voboyete nazaxite yobu fito. ❡ Item, O que ceua aues de caça pera vender. Iap. Vru tameni toriuo coyaſu mono.

Fartum, i. Lus. Hum genero de comer de muitas miſturas. Iap. Iroiro toii majiyete coxirayetaru xocubut. ❡ Item, Aquillo cõ que ſe enche, ou rechea algũa couſa. Iap. Monono nacagomi.

Fartura, æ. Lus. O ceuar aues. Iap. Toriuo coyaſu cotouo yŭ.

Fartus, ſeu Farctus. Lus. Cheo, recheado. Iap. Ippai voxicomitaru mono.

Fas. Lus. O que he juſto, & licito. Iap. Qenbŏnaru coto, dŏri naru coto, sŏtŏ xitaru coto.

Faſcéolæ, arum. Lus. Hũas como meas q̃ punhã por ornato nas pernas. Iap. Cazarino tameni atetaru qiafanno taguy.

Faſcis, is. Lus. Feixe, ou amarrado. Iap. Tabane, ichiua, iſſocu. ❡ Item, Carga. Iap. Vomoni. ❡ Item, Faſces, huns molhos de varas q̃ traziã diante os conſules Romanos por diuiſas. Iap. Mucaxi Romano qenmon ſaqini motaxeraretaru aijiruxiuo yŭ. ❡ Item, Os meſmos conſules que traziam eſtas varas diante. Iap. Cano aijiruxiuo motaxeraretaru qenmonuo yŭ. ❡ Submittere faſces. Lus. Sometterſe, ou humilharſe a outra juriſdição mayor. Iap. Vaga yxeiuo ſaguete, cŏyni tçuqi xitagŏ.

Faſcia, æ. Lus. Cueiros, ou faixa. Iap. Vbuqinu, faba firoqi vobi, futouobi. ❡ Itẽ, Faixa com que ſe cobrem os pees, e pernas. Iap. Axiuo tçutçumu qiafan, tabino taguy. ❡ Faſcia pectoralis. Lus. Faixa de molher. Iap. Nhoninno munaate. ❡ Item, Faſciæ dicuntur ſ[illegible] quædã orbis, quæ zonæ appellantur. ❡ Itẽ, Nuuem que parece no ceo a modo de faixa. Iap. Foſonagaqu tanabijtaru cumo.

Faſciola, æ. dim. Idem.

Faſciculus, i. Lus. Feixizinho, ou amarrado pequeno. Iap. Cotabane, fitotçucane. ❡ Item, Ramalhete cheiroſo. Iap. Cŏbaxiqi sŏquano fitotçucane.

Faſcinatio, onis. Lus. O dar olhado. Iap. Gãxeiuo motte fitouo ſoconŏ coto nari.

Fáſcinans, antis. Lus. O que da olhado. Iap. Ganxeiuo motte fitouo ſocenŏ mono.

Fáſcino, as. Lus. Dar olhado. Iap. Ganxeiuo motte fitouo ſoconŏ.

Fáſcinum, i. Lus. Hum genero de encantamẽto, ou feitiços com que homem fica amarrado, e fora deſi. Iap. Fonxŏuo vxinaua furu majut.

Faſélus, i. vide Phaſelus.

Faséolus, i, l, Faſelus. Lus. Feijóis. Iap. Mameno taguy.

Faſſus, a, um. Lus. O que confeſſou. Iap. Sangue, l, facujŏ xitaru mono.

Faſti dies. Lus. Dias de audiencia, ou relação. Iap. Cuji ſatauo ſabaquni ſadamaritaru fi. ❡ Faſti libri, l, Faſtus, us. Lus. Calendario. Iap. Coyomi.

Faſtidio, is, iui, itum. Lus. Deſprezar com arrogancia. Iap. Qeômanuo motte ſague iyaximuru. ❡ Item, Enfaſtiarſe, ou ter faſtio dalgũa couſa. Iap. Mononi taicut ſuru, aqu.

Faſtidioſus, a, um. Lus. O que tudo deſpreza com ſoberba. Iap. Qeômanuo motte nanigotouomo iyaximuru fito. ❡ Itẽ, O que tem faſtio a tudo, enfadonho. Iap. Banjiuo taicutſuru, l, aqu mono.

Faſtidiosè, adu. Lus. Cõ fauſto, ſoberba. Iap. Manqiuo motte.

Faſtidiliter, adu. Idem.

Faſtidîtus, a, um. Lus. Aborrecido, deſprezado. Iap. Qirauaretaru mono, l, iyaximeraretaru mono.

Faſtidium, ij. Lus. Deſprezo, faſtio. Iap. Iyaxime, l, taicut. ❡ Faſtidium meum. Lus. Faſtio meu com que eu enfado aos outros. Iap. Fitoni taicut ſaſuru cotouo yŭ. ❡ Faſtidium mei. Lus. Faſtio com que os outros ſe enfadã de mim. Iap. Varenitaixite fito yorino taicut. ❡ Faſtidiũ ſtomachi. Lus. Faſtio ao comer. Iap. Fuxocu.

Faſtigatio, onis. Lus. O adelgaçar, & aleuãtar a modo de ponta. Iap. Togaracaſu coto nari.

Faſ-

Fastigio, as. Lus. Adelgaçar, e aleuãtar a modo de ponta. Iap. Togaracasu, surudoni nasu.

Fastigo, as. Idem.

Fastigium, ij. Lus. Cume, ou ponta em que se remata algũa cousa. Iap. Mine, itadaqi, suye. ¶ Itẽ, Estado, ou dignidade. Iap. Yxei, curai. ¶ Attollere fastigium. Lus. Acrecentar nome, e reputação. Iap. Yxei uo sacanni suru, nauo aguru. ¶ Itẽ, Fim, e derradeira mão que se da a obra. Iap. Suyeno xiague, jôju.

Fastosus, a, um. Lus. O que com arrogãcia despreza a outro. Iap. Qeômanuo motte fitouo iyaximuru mono.

Fastus, ûs. Lus. Soberba, arrogancia. Iap. Mãqi, qeôman, jiman.

Fatâlis, e. Lus. Cousa certa, e determinada que a contece por ordẽ diuina. Iap. Deusno gofacaraiuo motte sadamarite aru coto. ¶ Item, Cousa que traz morte. Iap. Corosu mono, xinasuru mono.

Fataliter, adu. Lus. Necessariamente, por ordem diuina. Iap. Tocaqu, Deusno von sadameuo motte.

Fateor, eris. Lus. Cõfessar a verdade, affirmar. Iap. Macotouo arauasu, monouo sangue, l, facujô suru.

Faticanus, i. Lus. O que diz dantes as cousas futuras. Iap. Miraiuo tçuguru fito.

Fatícinus, i. Idem.

Fatídicus, a, um. Lus. O que declara os fados, & as cousas futuras. Iap. Miraino cotouo xirasuru mono.

Fátifer, a, um. Lus. Cousa que traz morte. Iap. Corosu mono, xinasuru mono.

Fatigatio, onis. Lus. Cansaço. Iap. Cutabire.

Fatigatus, a, ũ. Lus. Cãsado, trabalhado. Iap. Cutabiretaru mono, tçucaretaru mono.

Fatîgo, as. Lus. Cansar a outrem. Iap. Cutabiracasu, nangui, xinrô sasuru. ¶ Aliqñ. Ferir, ou apicaçar. Iap. Qizuuo tçuquru, saxitçuqu. Virg. ¶ Item, Perturbar. Iap. Sôdô, l, dôyô sasuru. ¶ Item, Excitar. Iap. Vocoxi susumuru. ¶ Aliqñ. Reter, enfrear. Iap. Ficayuru.

Fatíloquus, a, um. Lus. O que declara, ou adiuinha cousas futuras. Iap. Miraino cotouo xirasuru mono.

Fatim, adu. Lus. Abundantemente. Iap. Tacusanni, juntacuni.

Fatisco, is. Lus. Fenderse, ou abrirse muito. Iap. Xitatacani vararu, fibiqimega yuqu. ¶ Item, Cansar, ou desfaleçer. Iap. Chicaraga votoroyuru.

Fator, aris. Lus. Falar muito. Iap. Vôguchiuo qiqu, nagazôtanuo suru.

Fatuitas, atis. Lus. Paruoice. Iap. Afô, vtçuqe, guchi.

Fatuor, aris. Lus. Emparuoecer. Iap. Afôni naru, vtçuqemononi naru. ¶ Item, Ser arrebatado do espiritu maligno. Iap. Tenguno norimononi naru.

Fatum, i. Lus. Fado, ou destinação diuina. Iap. Deusno gofacarai, vôsadame. ¶ Itẽ, Natureza. Iap. Vmaretçuqi. ¶ Item, Oraculo que dizem os idolos. Iap. Tacuxen. ¶ Item, Morte. Iap. Xi, xeiqio. ¶ Fato concedere, l, fungi. Lus. Morrer. Iap. Xisuru.

Fatuus, a, um. Lus. Enxabido, ou sem sabor. Iap. Agiuaimo naqi coto. ¶ Item, Paruo, desasiſado. Iap. Afô naru mono.

Faueo, es, aui, autum. Lus. Fauorecer. Iap. Chisô, fonsô suru, meuo caquru. ¶ Item, Calarse. Iap. Xizzumaru, mugon suru. Terent. ¶ Fauere faucibus, l, linguis. Idẽ.

Fauetur impers. Idem.

Fauilla, æ. Lus. Faisca. Iap. Finoço. ¶ Itẽ, Cinza. Iap. Fai.

Fauillaceus, a, um. Lus. Cousa de cinza, ou faisca. Iap. Fai, l, fonoconi ataru coto.

Fauissæ. Lus. Hũas certas casas de Roma on de se guardaua o thesouro, e outras peças. Iap. Mucaxi Romani tacarauo tacuuaye voqitaru cura.

Fauor, oris. Lus. Fauor. Iap. Chisô, fonsô.

Fauorâbilis, e. Lus. Aceito, & bem quisto de todos. Iap. Fitoni aixeraruru, l, vomouaruru mono. ¶ Item, O q̃ he fauorauel a outro. Iap. Fitoni chisô suru mono.

Fauorabiliter, adu. Lus. Fauorauel, ou apra ziuelmente. Iap. Chisô xite, aixitôte.
Fautor, oris. Lus. O que fauorece a outro. Iap. Fitoni chisô suru mono.
Fauitor, oris. Idem. Antiq.
Fautrix, icis. fœm. Idem.
Faustè, adu. Lus. Prosperamente. Iap. Medetaqu, quafô imijiqu.
Faustianum vinum. Lus. Vinho excellente de hum certo lugar. Iap. Aru tocorono suguretaru saqe.
Faustitas, atis. Lus. Felicidade. Iap. Quafôno imijisa.
Faustus, a, um. Lus. Cousa prospera, bem afortunada. Iap. Quafô naru mono, buvn naru fito.
Fauus, i. Lus. Fauo do mel. Iap. Mitçuto, iô to aru fachino su.
Faux, ucis, vel potiùs plur. num. Fauces. Lus. Garganta. Iap. Nodo. ¶ Item, per trásl. As entradas estreitas dos valles, e doutros lugares. Iap. Tani nadono iricuchi.
Fax, acis. Lus. Facha, ou tocha. Iap. Taimatçu. ¶ Item, Atiçador, ou author dalgum crime. Iap. Acuno chôbonnin, susumete. ¶ Addere fauces alicui. Lus. Atiçar, ou acender a alguem a fazer algũa cousa. Iap. Fitouo susumetatçuru, moye tatasuru. ¶ Sub prima face. Lus. Aboca da noite. Iap. Yoi, finxocuno toqi, taiocaredoqi.
Faxo, is, pro faciam. Lus. Farei. Iap. Itasubexi.

F ANTE E.

FEbricito, as. Lus. Estar doente de febre. Iap. Necqiuo vazzurô.
Febrio, is. Idem.
Febricula, æ. Lus. Febrezinha. Iap. Asaqi necqi.
Febriculosus, a, um. Lus. O que muitas vezes tem febre. Iap. Saisai necqiuo vazzurô mono.
Febrilis, e. Lus. Cousa de febre. Iap. Necqini ataru coto.
Febris, is. Lus. Febre. Iap. Necqi. ¶ Febres periodicæ. Lus. Febres que vẽ, e se vá em certas horas. Iap. Vocori sameno necqi. vt Febris quotidiana, tertiana, & quartana.
Febrifuga, æ. Lus. Hũa certa erua. Iap. Aru cusano na.
Februa, orum. Lus. Cousa que antigamẽte se sacrificaua pera purgar os peccados. Iap. Mucaxi togano qiyometo xite butjinni tamuqetaru mono.
Februarius mensis. Lus. O mes de feuereiro. Iap. Europano niguat
Februo, as. Lus. Purgar, alimpar. Iap. Qiyomuru.
Feciales. Lus. Officiaes q̃ tinhã cargo de fazer a guerra, ou pazes. Iap. Qiũxento, quabocuno atçucaiuo suru yacuxa.
Fecialis, e. Lus. O que pertence a estes administradores da guerra, ou pazes. Iap. Qiũxento, quabocuno atçucaiuo suru yacuxani ataru coto.
Fel, llis. Lus. Fel. Iap. Nigaqimo, l, y. ¶ Item, Amargura do animo. Iap. Cocoroguruxiqi cotouo yũ. ¶ Fel terræ. Lus. Fel da terra, erua. Iap. Aru cusano na.
Felicito, as. Lus. Fazer a alguem ditoso, & bem auenturado. Iap. Quafôxani nasu.
Felicitas, atis. Lus. Prosperidade, bemauenturança. Iap. Quafô, yeiyô, yeiguaa.
¶ Felicitas terræ. Lus. Fertilidade da terra. Iap. Iucugiuo yũ.
Feliciter, adu. Lus. Prospera, & felizmente. Iap. Quafô imijiqu, medetaqu.
Felis, lis. Lus. Gato. Iap. Neco. ¶ Item, Gato montes. Iap. Yamaneco.
Felix, icis. Lus. Cousa prospera, & ditosa. Iap. Quafônaru mono, buvnnaru mono. ¶ Item, Propicio, fauorauel. Iap. Nasaqe uo caquru fito, chisô suru mono. ¶ Item, Commodo, & proueitoso. Iap. Tayorini naru mono, tocuni naru mono. ¶ Item, Fertil, fecũdo. Iap. Sacayuru mono, coyetaru mono.
Fello, as. Lus. Chupar. Iap. Sũ.
Femen, inis. Lus. Coxa da parte de dentro. Iap. Vchimomo. ¶ Item, Iunturas dos joelhos. Iap. Fizano tçugai, fizabuxi.
Feminalia, ium. Lus. Calçóis. Iap. Facama.
Femoralia, ium. Idem.

Fe-

Femur, oris. Lus. Coxa da parte de fora. Iap. Soto, momo, yebira.

Fenestra, æ. Lus. Ianela, ou fresta. Iap. Mado. ¶ Itẽ, Entrada, e occasião. Iap. Mono uo itasu xiauaxe, michi.

Fenestrenula, æ. Lus. Ianelinha. Iap. Chij saqi mado.

Fenestella, l, Fenestricula, æ. dim. Idem.

Fenestralis, e. Lus. Cousa de janela. Iap. Madoni ataru coto.

Fenestratus, a, um. Lus. Cousa de muitas janelas, ou frestas. Iap. Madono vouoqi coto.

Fenestro, as. Lus. Abrir, ou fazer janela. Iap. Madouo aquru.

Fera, æ. Lus. Animal brauo. Iap. Taqeqi qedamono, mŏju. ¶ Item, Qualquer animal terrestre. Iap. Chicurui, qedamono.

Ferácitas, atis. Lus. Fertilidade. Iap. Bentŏ, tacusan, juntacu.

Ferâlis, e. Lus. Cousa mortifera, ou cruel. Iap. Corosu mono, xinasuru mono, l, nasaqenaqi mono. ¶ Item, Cousa pertencente a defuntos, ou exequias. Iap. Mŏja, l, sono sŏreini ataru coto.

Feralia, orum. Lus. Dias de defuntos que se celebrauam antigamente. Iap. Muçaxi xininno vyeni tori voconattaru toburaino fi.

Ferax, âcis. Lus. Cousa fertil. Iap. Bentŏ, l, tacusan naru coto. vt, jucugi nado.

Ferbeo, es, bui, caret. Lus. Feruer. Iap. Taguiru, vaqiagaru.

Férculum, i. Lus. Manjar, ou iguaria que vẽ a mesa. Iap. Morite aguru xocubut.

¶ Item, Hũa maneira de charola em que se leuaua algũa cousa metida nas procissóis, ou triunfos. Iap. Vŏjeino guiŏdŏno toqi xujuno monouo irete cacasuru coxino yŏnaru monouo yŭ.

Ferè, adu. Lus. Quasi. Iap. Yŏyŏ, yŏyacu. ¶ Item, Polamòr parte. Iap. Vŏcata, tairiacu.

Ferentarij, orum. Lus. Soldados ligeiros, ou aiectareiros. Iap. Safadani iru vqimuxa.

Féretrum, i. Lus. Tumba. Iap. Quanquacu, gan. ¶ Item, Hũa laya de charola q̃ se leuaua nas procissóis. Iap. Vŏjeino guiŏdŏno toqi, xujuno monouo irete cacasuru coxino yŏnaru monouo yŭ.

Feréola, æ. Lus. Hum genero de vide. Iap. Budŏno cazzurano rui.

Feriæ, arum. Lus. Ferias, ou dias de descanso. Iap. Xosauo yamuru cutçuroguino fi.

Feriatus, a, um. Lus. O que esta em ocio, ou descanso. Iap. Xosauo yamete cutçurogu mono. ¶ Feriati dies. Lus. Dias ẽ que se tem ferias, ou se descansa. Iap. Xosauo yamuru cutçuroguino fi.

Feriaticus, a, um. Idem.

Ferînus, a, um. Lus. Cousa de feras. Iap. Mŏjuni ataru coto. ¶ Ferina (absolutè) Lus. Carne do mato. Iap. Yamani sumu qedamonono xiximura.

Ferio, as, & Ferior, aris. depon. Lus. Ter ferias, ou descansar dalgũa obra. Iap. Xosauo yamete cutçurogu.

Ferio, is. Lus. Dar, ferir. Iap. Vtçu, teuouasuru, qizuuo tçuquru. ¶ Item, Estabelecer, fazer concertos. Iap. Sadamuru, qeiyacu suru. ¶ Item, Bater. Iap. Vtçu, tataqu. ¶ Ferire iugulum. Lus. Degolar, matar. Iap. Vnqiuo fanuru, xetgaiuo suru. ¶ Ferire munere. Lus. Tirar presentes ẽ pena. Iap. Quaxenuo toru. ¶ Ferire aures. Lus. Excitar. Iap. Susumetatçuru.

Féritas, atis. Lus. Braueza, crueldade. Iap. Araqenasa, qibusa.

Fermè, adu. Lus. Quasi. Iap. Yŏyŏ, yŏyacu. ¶ Item, Facilmente. Iap. Yasuqu.

Fermentesco, is, vi, caret. Lus. Leuedarse o pão. Iap. Pãoga fucurete yaqu coroni naru. ¶ Item, per transl. Engrossarse a terra com esterco, e diligente cultiuação. Iap. Dengiuo tagayexi, coyeuo voquuo motte coyuru.

Fermento, as. Lus. Leuedar o pão. Iap. Pãoni formentoto iyeru monouo irete fucuracasu. ¶ Itẽ, per transl. Cultiuar a terra, e engrossala com esterco, &c. Iap. Dẽgiuo tagayexi, coyeuo motte coyasu.

Fermentum, i. Lus. Formento. Iap. Pãouo fucuracasu cŏjino taguy.

Fero,

Fero, ers, tuli, latum. Lus. Leuar, ou trazer. Iap. Motteyuqu, l, quru. ¶ Aliqñ. Sofrer. Iap. Corayuru. ¶ Item, Dizer. Iap. Monono yũ. ¶ Item, Offerecer. Iap. Sasaguru. ¶ Item, Desejar. Iap. Conomu. ¶ Aliqñ. Aleuantar, ou engrandecer. Iap. Fomeaguru. ¶ Item, Gèrar, produzir. Iap. Xŏzuru. ¶ Aliqñ. Ter. Iap. Motçu. ¶ Ferre manum. Lus. Peleijar. Iap. Tatacŏ. ¶ Aliqñ. Mostrar. Iap. Arauasu. ¶ Item, Tomar conselho, ou consultar. Iap. Ygenuo cŏ, dancŏ suru. ¶ Aliqñ. Guiar. Iap. Michibiqu. ¶ Item, Tirar, ou tomar. Iap. Toru, sana su. ¶ Item, Alcançar. Iap. Motomuru. ¶ Præse ferre iram, &c. Lus. Mostrar aga stamento. Iap. Icarino qexiquo arauasu. ¶ Ferre auras. Lus. Acostumarse a sofrer a variedade do àr nociuo. Iap. Sora no caguenno axiqi tocoroni sumi naruru. ¶ Ferre tribum. Lus. Ter propicio algum tribu. Iap. Aru fitocumi ichimonno xũ vareni catŏdo suru. ¶ Ferre suffragiũ. Lus. Dar seu parecer, ou voto. Iap. Vaga zon bunuo yũ. ¶ Ferre sententiam. Lus. Dar sentença. Iap. Qetgiŏ, l, racugiacu suru. ¶ Ferre expensum. Lus. Por em rol o que se [illegible] ou gasta. Iap. Tçucai nicqiuo suru. ¶ Ferre iudicem alicui, pro iudicio aliquem lacessere, & iudicem offerre. ¶ Ferre conditionem. Lus. Pòr condição. Iap. Xicaxicato fazzuuo toru.

Ferocia, æ. Lus. Braueza, crueldade. Iap. Taqesa, araqenasa.

Ferocitas, atis. Lus. Fereza, ou soberba. Iap. Araqenasa, taqesa, l, manqi.

Ferociter, adu. Lus. Cruelmente, ou cõ altiueza. Iap. Araqenaqu, taqequ, vogotte.

Ferocio, is, ciui, l, cij, citum. Lus. Fazerse brauo, ou feroz. Iap. Taqequ naru, araqe naqu, l, qibixiqu naru.

Feróculus, a, um. Lus. Hum pouco brauo. Iap. Sucoxi araqenaqi mono, coara mono.

Ferramentum, i. Lus. Instrumento de ferro. Iap. Xocuninno tçucŏ curoganeno dŏgu.

Ferramentarius faber. Lus. Official de ferramenta. Iap. Miguino curoganeno dŏguuo tçucuru cagi.

Ferraria, æ. Lus. Mina de ferro. Iap. Curo ganeuo foru yama.

Ferrarius, a, um. Lus. Cousa pertencente a ferro. Iap. Curoganeni ataru coto. ¶ Ferraria aqua. Lus. Agoa em que os ferreiros apagam o ferro ardête. Iap. Yubuneno mizzu.

Ferratus, a, um. Lus. Cousa ferrada, ou q̃ tem ferro. Iap. Curoganeno canamonouo vchi taru mono.

Ferreus, a, um. Lus. Cousa toda de ferro. Iap. Curogane nite tçucuritaru mono. ¶ Item, per transl. Cousa dura, cruel. Iap. Cataqi coto, araqenaqi mono.

Ferrugineus, a, um. Lus. Cousa morada, ou de còr de ferrugem. Iap. Irono susuqetaru mono, l, curiirono mono.

Ferrũgo, ginis. Lus. Ferrugem do ferro. Iap. Curoganeno sabi. ¶ Item, per trãsl. Còr morada, ou vermelho escuro. Iap. Curiiro.

Ferrũmen, inis. Lus. Solda do ferro, ou outro metal. Iap. Curoganeuo vchi tçuguro.

Ferruminatio, onis. Lus. Soldadura. Iap. Curoganeuo rŏuo motte vchi tçugu coto nari.

Ferrũmino, as. Lus. Soldar metaes, ou outras cousas. Iap. Canenado uo rŏuo motte tçugu, auasuru. ¶ Item, Grudar. Iap. Nicaua, socui nado nite tçuguru.

Fértilis, e. Lus. Cousa fertil, e abundante. Iap. Bentŏ naru mono, tacusannaru coto, iucugi, iucuden.

Fertilitas, atis. Lus. Abundancia, fertilidade da terra. Iap. Iucugino sŏmocu, gococuuo yoqu xŏzuru cotono yũ.

Fertum, i. vide Fartum.

Feruefacio, is. Lus. Fazer feruer. Iap. Taguí racasu. ¶ Item, Aquentar. Iap. Atatamuru, vacasu.

Feruenter, adu. Lus. Com feruor. Iap. Xei uo irete, moyetatte.

Feruens, entis. Lus. O que ferue, ou esta quente. Iap. Taguiru mono, atatamaritaru mono, atçuqi coto.

Ferueo, es, ui, l, bui. Lus. Feruer, ou aquẽtarse. Iap. Taguiru, vaqu, l, atatamaru. ¶ Feruere opus. Lus. Ir a obra com feruor. Iap. Fuxin nadoni qimouo iru, l, facagayuqu. ¶ Feruet ira, odio, &c. Lus. Arder em ira, ou odio. Iap. Ycon, xinyno fonouoni cogaruru.

Ferueſco, is. Idem.

Feruidè, adu. Lus. Com feruor. Iap. Taguitte, moyetatte.

Féruidus, a, um. Lus. Couſa muito quẽte, ou feruente. Iap. Xitatacani atatamaſitaru mono, taguiritaru coto. ¶ Item, Couſa efficaz, & vehemente. Iap. Qimouo iru mono.

Feruo, is. Lus. Feruer. Iap. Taguiru, vaqu.

Feruor, oris. Lus. Quentura vehemente. Iap. Xitatacanaru atçuſa, yentei, danqi.

Férula, æ. Lus. Palmatoria, ou vara com que caſtigão os mininos nas mãos. Iap. Varambeno tenofarauo vtçu dôgu. ¶ Itẽ, Cana frecha. Iap. Taqeno taguy.

Ferulaceus, a, um. Lus. Couſa de cana frecha. Iap. Miguino taqeni ataru coto.

Ferus, a, um. Lus. Couſa braua, indomita. Iap. Aramono, araqenaqi mono.

Feſſus, a, um. Lus. Cãſado. Iap. Cutabiretaru mono.

Feſtinanter, adu. Lus. Appreſſadamente. Iap. Iſogauaxiqu, fayaqu.

Feſtinatò. Idem.

Feſtinè. Idem.

Feſtinantia, æ, et Feſtinatio, onis. Lus. Preſſa. Iap. Iſogauaxiſa, fayaſa.

Feſtinatus, a, um. Lus. Apreſſado. Iap. Fayameraretaru coto, iſoguitaru mono.

Feſtino, as. Lus. Apreſſarſe. Iap. Iſogu. ¶ Item, Temer, turbarſe. Iap. Voſore ſauagu.

Feſtinor, aris. paſſiu. Idem.

Feſtinus, a, um. Lus. Couſa apreſſada, ligeira. Iap. Iſogu mono, fayaqi mono.

Feſtiuè, adu. Lus. Alegre, e prazenteiramente. Iap. Yorocôde, yorocobaxiqu, jinjǒni.

Feſtiuitas, atis. Lus. Graça, e vrbanidade. Iap. Xiuoraxiſa, jinjǒſa.

Feſtîuus, a, ũ. Lus. Alegre, pranzenteiro, e cortès. Iap. Yorocobaxiqi mono, jinjǒ naru mono. ¶ Item, Couſa de feſta. Iap. Iuai, l, iuaini ataru coto.

Feſtûca, æ. Lus. Hũa couſa pequena, e leue como palha, ou argueiro. Iap. Focori, chiri, miginnado. ¶ Item, Hũa certa vara que punham na cabeça do ſeruo quando o forrauã. Iap. Mucaxi fudaino monouo jiyǔni naſu xiruxito xite cǒbeni atetaru muchiuo yǔ.

Feſtucarius, a, um. Lus. Couſa de argueiro. Iap. Focori, chiri, miginni ataru coto.

Feſtus, a, um. Lus. Couſa de feſta. Iap. Iuaini ataru coto.

Feudum, i. Lus. Feudo. Iap. Sǒtǒno fǒcǒno yacuſocuuo motte atayeraruru yacu, chiguiǒ nadono cotouo yǔ.

F ANTE I.

Fiber, bri. Lus. Hum certo animal, ou abelpão. Iap. Aru qedamonono na, l, abu.

Fibra, æ. Lus. Cabo, ou eſtremidade dalgũa couſa. Iap. Monono ſuye ¶ Item, Fios, ou barbas das rayzes. Iap. Qino xirane.

Fibratus, a, um. Lus. Couſa que tẽ rayz cõ fios. Iap. Xiraneno aru sômocu.

Fibrînus, a, um. Lus. Couſa pertencente a hum certo animal. Iap. Aru qedamononi ataru coto.

Fíbula, æ. Lus. Fiuela do cinto. Iap. Vobi no coſaje. ¶ Item, Funda de ferro com que ſe cingem as virilhas. Iap. Yǒjǒni mochijiru curoganeno coxivobi. ¶ Item, Preſas de ferro com que ſe ajuntam as traues da caſa. Iap. Curoganeno caſugai.

Fíbulo, as. Lus. Cingir hũa certa funda de ferro. Iap. Miguino coxivobiuo ſuru. ¶ Item, Soſtentar. Iap. Cacayuru. ¶ Item, Ajuntar, ou prender hũa couſa cõ outra. Iap. Auaſuru, tçuquru.

Ficaria, æ. Lus. Figueiral. Iap. Figueirato yǔ qino aru mori.

Ficarius, a, um. Lus. Couſa pertencente a figo. Iap. Miguino qino mini ataru coto. ¶ Item, Couſa feita de figueira. Iap. Cono qi qinite tçucuritaru coto.

Ficatum iecur. Lus. Figado de animal ceuado com figos. Iap. Aru qino minite cŏtaru qedamonono qimo.

Ficedula, æ. Lus. Papafigo aue. Iap. Aru torino na.

Ficêtum, i. Lus. Figueiral. Iap. Figueirato yŭ qinofayaxi.

Ficitor, oris. Lus. Amigo de figos, ou o q̃ come figos. Iap. Figoto iyeru conomiuo suqu mono, l, chiguiru mono.

Fictè, adu. Lus. Fingida, e disimuladamente. Iap. Damatte, taranu tei nite.

Fictile, is. Lus. Vaso de barro. Iap. Tçuchi no vtçuuamono.

Fictilis, e. Lus. Cousa feita de barro. Iap. Tçuchi nite tçucuritaru mono.

Fictio, onis. Lus. Fição, ou fingimento. Iap. Vadacamaru coto nari, tçucuri cotouo suru coto nari.

Fictitius, a, um. Lus. Cousa fingida, e dissimulada. Iap. Tçucuri coto, damaxigoto.

Fictor, oris. Lus. Oleiro. Iap. Fôrocu tçucuri.

Fictrix, icis. Lus. A que forma, ou faz algũa cousa. Iap. Monouo tçucuru fito. Fœm. gen.

Fictus, a, um. Lus. Feito, ou formado. Iap. Tçucuraretaru coto. ¶ Item, Falso, & dissimulado. Iap. Damari mono, vadacamaritaru mono, tçucuricoto.

Ficulneus, a, um, siue Ficulnus. Lus. Cousa de figueira. Iap. Figueira toyŭ qini ataru coto.

Ficus, i, l, us. Lus. Figo. Iap. Figoto yŭ qinomi. ¶ Item, Fœm. gen. secundæ, l, quartæ declin. Figueira. Iap. Aru qinona. ¶ Item, mascul. gen. et secundæ declin. Hũa doença, ou chaga. Iap. Aru yamai, l, casano na.

Ficulus, i. dim. Idem.

Fidei commissarius, ij. Lus. Aquelle de q̃ se tem confiado, ou o fiador. Iap. Tanomoxiqu vomouaretaru mono, vqenin.

Fideicommissum, i. Lus. O que o testador cõmete na mão dalguem pera dar a outrem. Iap. Fitoni todoqeru tameni azzuqe voqitaru yuzzurimonouo yŭ.

Fidei cõmissus, a, um. Lus. Cousa depositada a pessoa de quem se confia. Iap. Taxicanaru mononi azzuqetaru coto.

Fide iubeo, es. Lus. Ficar por fiador dalguẽ. Iap. Vqeni tatçu.

Fideiussio, onis. Lus. Fiança por outro. Iap. Vqecacaru cotouo yŭ, vqeni tatçu cotouo yŭ.

Fideiussor, oris. Lus. Fiador. Iap. Vqenin.

Fidelia, æ. Lus. Vaso de barro. Iap. Tçuchi no vtçuuamono.

Fidelis, e. Lus. Fiel q̃ guarda sua palaura. Iap. Taxicanaru mono, tadaxiqi mono.

Fidelitas, atis. Lus. Fidelidade. Iap. Taxicanaru cotouo yŭ, tadaxisa.

Fideliter, adu. Lus. Fielmẽte. Iap. Taxicani.

Fidenter, adu. Lus. Confiadamente, cõ ousadia. Iap. Tanomoxiqu motte, vocuxezu, vosorezu.

Fidentia, æ. Lus. Confiança. Tanomoxisa.

Fides, ei. Lus. Fee, lealdade, ou credito. Iap. Fides, fitono taxicani mattai coto, l, chŭxin, xinjit. ¶ Fides tabularum. Lus. Authoridade de escritura. Iap. Xomotno texxo, tadaxisa. ¶ Fidẽ dare. Lus. Dar sua palaura, ou prometter. Iap. Qengoni qeiyacu suru. ¶ Fidem accipere. Lus. Dar, ou aceitar a palaura. Iap. Yacusocuni dôxin suru. ¶ Dare, l, interponere fidem publicam. Lus. Dar seguro, ou saluo conduto. Iap. Iibunuo caguirite atauo nasu becarazutono jŏuo dasu. ¶ Accipere fidem publicam. Lus. Alcançar saluo cõduto. Iap. Miguino yuruxino jŏuo vqetoru. ¶ Affecta, l, Afflicta fides. Lus. Palaura, ou concerto não comprido. Iap. Yaburetaru yacusocu. ¶ Habere fidem alicui. Lus. Dar credito a alguem. Iap. Fito no yŭ cotouo macotoni vquru. ¶ Implorare, l, ciere fidem alicuius. Lus. Pedir socorro, ou ajuda a alguem. Iap. Fitono cŏriocu, chicara, caxeiuo tanomu. ¶ Interponere fidem. Lus. Dar sua palaura. Iap. Yacusocu suru, vqecacaru. ¶ Fidem liberare. Lus. Comprir a promessa. Iap. Yacusocuuo toguru. ¶ Mutare fidem. Lus. Que-

Quebrar a conceito, ou palaura. Iap. Yacusocuuo fomucu. ¶ Fidem fallere. Idē. ¶ Facere fidem. Lus. Prouar algũa cousa com rezões, escrituras, ou testemunhas. Iap. Dŏri, l, xôcouo motte tessuru. ¶ Itē, Confiança. Iap. Tanomoxisa. ¶ Præstare fidem. Lus. Mostrar lealdade. Iap. Chŭxinuo nuqinzzuru. ¶ Bonæ fidei homo. Lus. Homem de confiança, e que guarda bem sua palaura. Iap. Taxicanaru fito. ¶ Bonæ fidei possessor. Lus. O que posue aquillo que comprou com boa fee. Iap. Fidŏno monouo, xirazu xite caitori, cocoroni sagezu xindai suru fito.

Fidè, adu. Lus. Fielmente. Iap. Taxicani.

Fides, ium. Lus. Viola, ou outro instrumento de cordas. Iap. Biua nadoni nitaru fiqimono. ¶ Item, Fides, is. in singul. apud poëtas. Idem.

Fidicen, inis. Lus. Tangedor de viola, ou outro instrumento de cordas. Iap. Biuanadouo, fiqu mono.

Fidicinius, a, um. Lus. Cousa que pertence a tangedor. Iap. Biua nadouo tanzuru fitoni ataru coto.

Fidicula, æ. Lus. Viola pequena. Iap. Chijsaqi biuano tagui. ¶ Item, Hũa estrella. Iap. Aru foxino na. ¶ Item, Fidiculæ, arum. Lus. Hum genero de tormento, ou tratos pera fazer confessar. Iap. Gômon suru dôgu.

Fido, is. Lus. Confiar, crér. Iap. Tanomoxiqu vomô, l, macotoni vquru.

Fiducia, æ. Lus. Cõfiança. Iap. Tanomoxisa. ¶ Item, Hum genero de contrato. Iap. Aru vricaino yacusocuuo yŭ.

Fiduciarius, a, ũ. Lus. O que recebeo algũa cousa sobre sua fee pera tornar a entregala. Iap. Azzucarite. ¶ Item, Cousa que se recebeo desta maneira. Iap. Azzucarimono. ¶ Fiduciaria mancipacio. Lus. Vẽda com condição de se tornar a resgatar o vẽdido. Iap. Igoni cai cayesu beqi yacusocu nite vritaru mono.

Fidus, a, um. Lus. Cousa fiel. Iap. Taxicanaru fito, yaxin naqi mono.

Figlina, æ. Lus. Arte do oleyro. Iap. Fôrocuuo tçucuru xocu.

Figlinum, i. Lus. Obra de oleyro. Iap. Fôrocuxino tçucuritaru mono.

Figlinus, a, um. Lus. Cousa pertencente a oleyro. Iap. Fôrocuxini ataru coto.

Figmentum, i. Lus. Ficção, cousa fingida. Iap. Tçucuricotouo yŭ. ¶ Item, Cousa de barro. Iap. Tçuchi nite tçucuritaru mono.

Figo, is, xi, xum. Lus. Pregar, meter. Iap. Vchicomu, saxicomu. ¶ Item, Firmar, estabelecer. Iap. Sadamuru, catamuru. ¶ Itẽ, Ferir. Iap. Vtçu, tçuqu. ¶ Figere arma. Lus. Dependurar as armas pollas paredes do tẽplo, etc. Iap. Buxiuo yamete yoroi, tachi, catana nadouo dŏni caquru. ¶ Figere spẽ in aliquo. Lus. Ter posta toda sua esperança em alguem. Iap. Fucaqu fitoni tanomiuo caquru. ¶ Figere beneficium clauo trabali. Lus. Trabalhar por não se esquecer dos beneficios. Iap. Vôxŏuo vasurezaru yŏni cataqu vomoiximuru.

Figularis, e. Lus. Cousa que pertence a oleyro. Iap. Fôrocuxini ataru coto.

Figulina, æ, seu potius Figlina. Lus. Officina do oleyro. Iap. Fôrocuya.

Figulus, i. Lus. Oleyro. Iap. Fôrocu tçucuri, l, tçuchi nite monouo tçucuru fito.

Figûra, æ. Lus. Forma, aspecto. Iap. Nari, catachi, sugata. ¶ Item, Elegancia, ou ornato da oração q̃ vsam os rhetoricos, ou grammaticos. Iap. Cotobano cazari, l, cobitaru cotoba.

Figuratè, adu. Lus. Por figuras, ou semelhanças. Iap. Tatoyeuo motte.

Figuratio, onis. Lus. O figurar, ou formar. Iap. Nari, l, catachiuo tçucuru cotouo yŭ. ¶ Item, Imaginação. Iap. Vomoinaxi, vomocague.

Figuratus, a, um. Lus. Figurado, expressado. Iap. Nari, l, catachiuo decasaretaru coto. ¶ Oratio figurata. Lus. Oração ornada cõ figuras. Iap. Goncuuo cazaritaru dangui.

Figûro, as. Lus. Figurar, formar. Iap. Nari, l, catachiuo tçucuru, caqu.

Filia, æ. Lus. Filha. Iap. Musume, socugio, fime.

Filicula, æ. Lus. Hũa erua semelhante a feito, Iap. Fotoro, xidani nitaru cosa.
Filictũ, i. Lus. Lugar onde ha muito desta erua. Iap. Cano cusano voiuoqi tocoro.
Filiola, æ. Lus. Filhinha. Iap. Itoqenaqi mu sume, comusume.
Filiolus, i. Lus. Filhinho. Iap. Chijsaqi co.
Filius, ij. Lus. Filho. Iap. Musuco, xisocu. ¶ Filius terræ. Lus. Nacido de baixa geração. Iap. Iyaxiqu fuginemo naqi co. ¶ Filius fortunæ. Lus. Aquele aquẽ socede tudo bem. Iap. Banji angiũni zocu su ru fito, l, fuuo yoqi mono. ¶ Filius familiâs. Lus. Filho que esta ainda e poder do pay. Iap. Voyani cacatte yru co.
Filix, icis. Lus. Feito, erua. Iap. Fotoro, xi dano taguy.
Filum, i. Lus. Fiõ. Iap. Itò. ¶ Item, Cordel dos carpinteiros. Iap. Banjõno tçubo no ito. ¶ Item, Apparencia, e fermosura do rosto. Iap. Yŏgan birei naruuo yũ. ¶ Item, Estilo da oração. Iap. Bunxŏ.
Fimbria, æ. Lus. Borda do vestido golpeado. Iap. Ganqui, l, nocoguiribano yŏni qirifu caxitaru yxŏno suso. ¶ Item, Borda, ou fim de qualquer cousa. Iap. Faxi, qiua, suye.
Fimbriatus, a, um. Lus. Golpeado ao redor. Iap. Mauarino nocoguiribano yŏni qirita chitaru mono.
Fimetum, i. Lus. Monturo onde deitam esterco. Iap. Coyeno sutedocoro.
Fimus, i, l, Fimum, i. Lus. Esterco das bestas, ou animais. Iap. Qedamonono fun.
Finalis, e. Lus. Cousa pertencente a fim, ou final. Iap. Suye, l, vouarini ataru coto, l, vouarino cotouo yũ.
Findo, is, di, sum. Lus. Fender, ou diuidir. Iap. Vaquru, varu. ¶ Findere freta classe. Lus. Nauegar com armada. Iap. Fiŏxen ni noru.
Fines, ium. Lus. Termos, limites. Iap. Sacai me. ¶ Item, Finis, is. in singulari.
Fingo, is, xi, ctum. Lus. Compor, formar. Iap. Tçucuru. ¶ Item, Fingir. Iap. Xira zugauouo suru, naqi cotouo aru furiuo su ru, l, tçucuricotouo suru mono.
Finio, is, iui, itum. Lus. Perfeiçoar, acabar. Iap. Tassuru, jŏju suru, fatasu. ¶ Itẽ, De terminar, assinalar tẽpo, etc. Iap. Sadamuru, fizaxi, toqizaxi nadouo suru. ¶ Itẽ, Diffinir, declarar. Iap. Monono xŏtaiuo arauasu. ¶ Finire (absolute) Lus. Falecer, morrer. Iap. Xisuru.
Finis, is. Lus. Fim, ou termo. Iap. Suye, vouari, fate, sacaime. ¶ Item, Fim, intẽção do q̃ faz algũa cousa. Iap. Cocorozasu qi uame, atedocoro.
Finitè, adu. Lus. Determinada, e limitadamẽte. Iap. Caguirite sadamete, corivaqete.
Finitimus, a, um. Lus. Vezinho, chegado. Iap. Tonari, qinpen naru mono, rinri, qingo.
Finitio, onis. Lus. Definição, determinação. Iap. Monono xŏtaiuo arauasu cotonari, l, sadamuru coto nari.
Finitor, oris. Lus. O que mede, ou demarca terras. Iap. Xacuzzuyetuo vtçu mono, l, qenchi suru mono. ¶ Item, O orizonte. Iap. Miyuru tento, miyezaru tenno sacaimeuo yũ.
Fio, is. Factus sum. Lus. Ser feito. Iap. Naru, dequru, itasaruru. ¶ Item, Ser estimado. Iap. Mochijraruru. ¶ Itẽ, Acótecer. (in tertia persona) Iap. Vocoru, idequru, aru, xutrai suru. ¶ Fiet tibi acceptum. Lus. Seruos ha agradecido. Iap. Sonatano vŏto naru bexi. ¶ Fieri obuiam alicui. Lus. Encontrarse com alguem. Iap. Yuqivŏ.
Firmamen, inis. Lus. Firmeza, estabilidade. Iap. Tçuyosa, chicara.
Firmamentum, i. Idem. ¶ Item, Ponto emque estriba a resolução da demanda. Iap. Cujino saiqiono qiuamaridocoro.
Firmator, oris. Lus. O que firma, ou estabelece algũa cousa. Iap. Cataqu sadamuru, l, tçuyomuru fito.
Firmatus a, um. Lus. Confirmado, estabelecido. Iap. Tçuyomeraretaru coto, catameraretaru coto.
Firmitas, atis. Lus. Firmeza. Iap. Tçuyosa. qen.

qengo. ¶ Firmitas vini. Lus. Força, e dura do vinho. Iap. Saqeno fiſaxiqu cotayuru cotouo yŭ.

Firmitudo, inis. Idem.

Firmiter, adu. Lus. Firme, e conſtantemente. Iap. Tçuyoqu, qengoni, catamete, cataqu.

Firmè, adu. Idem.

Firmo, as. Lus. Firmar, eſtabelecer, fortalecer. Iap. Tçuyomuru, qengoni naſu, catamuru.

Firmus, a, um. Lus. Firme, e conſtante. Iap. Tçuyoqi mono, cataqi coto. ¶ Firmus cibus. Lus. Comer que tem vigor, e ſuſtancia. Iap. Tçuyoqi xocubut. ¶ Firma valetudo. Lus. Diſpoſição boa, e robuſta. Iap. Qengo nari ſocuſai, mubiŏ, yugon naru cotouo yŭ. ¶ Item, Apercibido, e aparelhado. Iap. Yôyuo xitaru coto, camayetaretaru mono. ¶ Firmum vinũ. Lus. Vinho forte, e que dura. Iap. Fiſaxiqu cotaye ſoconezaru ſaqe.

Fiſcale, is. Lus. Couſa que pertence a dinheiro publico, ou del Rey. Iap. Coccano tameni tacuuayeraretaru cane, l, teivŏno gomotni ataru coto.

Fiſcella, æ. dim. Lus. Ceſtinha de vimes, ou de juncos, l, cairo. Iap. Cazzura, l, yuo motte amitaru cocago. ¶ Item, Boçal q̃ ſe poem na boca das beſtas pera não comer. Iap. Guiŭbano cuchini atçuru cutçugo.

Fiſcellus, i. dim. Idem.

Fiſcîna, æ. Idem.

Fiſcus, i. Lus. Seira, ou ſeiram, ou ceſto de eſparto. Iap. Aru cago, l, cugutçuno taguy. ¶ Item, Fazenda publica, ou del Rey. Iap. Coccano tameni tacuuayeraretaru tacara, l, teivŏno gomotno yŭ. ¶ Itẽ, Coadouro com q̃ ſe coa o azeyte. Iap. Aburauo coſu sŏqeno taguy.

Fiſſilis, e. Lus. Couſa fendida, ou que ſe pode fender. Iap. Varetaru mono, l, vari yaſuqi mono.

Fiſſio, onis. Lus. Ofender. Iap. Varu coto nari.

Fiſſum, i. Lus. Abertura, ou greta. Iap. Suqima, varime.

Fiſſura, æ. Lus. Fenda, ou abertura. Iap. Suqima, varime.

Fiſſus, us. Idem.

Fiſſus, a, um. Lus. Fendido. Iap. Varitaru mono.

Fiſtûca, æ. Lus. Maço grande, ou ingenho com que fincão paos. Iap. Faxibaxira nadouo tatçuru caracurino dŏgu, l, dôzzuqino taguy.

Fiſtucatio, onis. Lus. O aplanar, ou igualar a terra com eſte engenho. Iap. Miguino dôzzuqi nite giuo tçuqi naraſu.

Fiſtucatum, i. Lus. Igualado com eſte ingenho. Iap. Cano caracurino dŏguuo motte faxira nadouo tate narabetaru coto, l, tçuqi naraxitaru tocoro.

Fiſtula, æ. Lus. Cano dagoa. Iap. Caqefi, toi. ¶ Item, Frauta. Iap. Fuye, xacufachi. ¶ Item, Fiſtulæ, Chagas afiſtuladas. Iap. Cuchino aitaru xumot, l, qizu. ¶ Item, O gorgomillo por onde ſe come, ou reſpira. Iap. Nodobuye.

Fiſtulator, oris. Lus. O que tange frauta, ou trombeta. Iap. Fuyefuqi, caifuqi.

Fíſtulo, as. Lus. Abrirſe, ou fazer buracos a maneira de eſponja. Iap. Su, l, anaga amata aqu.

Fiſtuloſus, a, um. Lus. Couſa eſponjoſa, ou chea de buracos. Iap. Su, l, anano vouoqu aqitaru mono.

Fixula, æ. i, Fibula. apud veteres.

Fixus, a, um. Lus. Couſa metida, ou fincada. Iap. Vchi comitaru coto, tçuqitatetaru mono.

F ANTE L.

FLabéllifer, a, um. Lus. O que traz aueno. Iap. Vŏguiuo motçu mono.

Flabellum, i. Lus. Auano. Iap. Vŭgui, vchiua.

Flábilis, e. Lus. Couſa que ſe pode aſoprar. Iap. Fuqi yaſuqi coto.

Flabrum, i. vel potiùs Flabra, orũ. Lus. Aſopro do vento. Iap. Cajeno fuqu cotouo yŭ.

Flacceo, es, cui. Lus. Murcharse. Iap. Xibomu, xiuoruru. ¶ Itẽ, Deleytarse, enfraquecer. Iap. Youaru.

Flaccesco, is. Idem.

Flacci. Lus. Os que tem as orelhas largas, & caidas pera baixo. Iap. Mimino firoqu taretaru mono.

Flaccidus, a, um. Lus. Fraco, murcho. Iap. Youaritaru mono, xiuoretaru mono.

Flaces, ium. Lus. Fezes, ou borras do azeite. Iap. Aburano vori.

Flagella, orum. Lus. Varas tenras das vides. Iap. Budŏno vacayeda. ¶ Item, Açoute, ou azorrague. Iap. Vtçu dŏgu, xippei, chŏchacuno buchi. ¶ Item, Certo loro de que vsã os cocheiros pera esportar os cauallos. Iap. Curumauo yacuxano tçucŏ muchino taguy.

Flagello, as. Lus. Açoutar. Iap. Vtçu, chŏchacu suru. ¶ Itẽ, Soar, fazer estrondo. Iap. Votogasuru, naru, doximequ. ¶ Flagellare annonam. Lus. Fazer mais caros os mantimentos. Iap. Gococuno neuo tacaqu nasu.

Flagitator, oris. Lus. O que pede a miude, ou com importunação. Iap. Xiqirini mono uo cŏ fitŏ. ¶ Itẽ, O acredor q̃ pede o dinheiro que lhe deue. Iap. Xacuxen uo coi cayesu mono.

Flagitiosè, adu. Lus. Torpe, & viciosamente. Iap. Butŏni, vayacuni.

Flagitiosus, a, um. Lus. Torpe, & vicioso. Iap. Acuguiacu butŏnaru mono, vayacu narumono.

Flagitium, ij. Lus. Torpeza, vicio. Iap. Acuguiacu, fufŏ. ¶ Item, Perigo. Iap. Nangui, ayaya.

Flagito, as. Lus. Pedir com instancia. Iap. Xiqirini monouo cŏ. ¶ Item, Accusar. Iap. Vttayuru.

Flagrans, antis. Lus. Aceso, ardente. Iap. Moyuru mono, cogaruru mono.

Flagrantia, æ. Lus. Ardor, ou abrasamento. Iap. Moyuru cotouo yŭ.

Flagranter, adu. Lus. Ardentemente. Iap. Moyete, cogarete.

Flagrator, oris. Lus. O que se deixa açoutar por paga. Iap. Chinuo totte chŏchacuuo vquru mono.

Flagrio, onis. Lus. Seruo, escrauo. Iap. Guenin, fudaino mono.

Flagro, as. Lus. Arder. Iap. Moyuru, cogaruru. ¶ Item, Arder de amor, odio, &c. Iap. Taixetni vomoi cogaruru, icontc fucumu, xittyuo moyasu.

Flagrum, i. Lus. Azorrague. Iap. Vtçu dŏgu, xippei.

Flamen, inis. Lus. Assopro. Iap. Fuqu iqi. ¶ Item, Sacerdote dos idolos. Iap. Butjin ni tçucayetaru bŏzu.

Flaminia, æ. Lus. Casa do sacerdote dos idolos. Iap. Miguino bŏzuno iye, bŏ.

Flaminica, æ. Lus. Molher do sacerdote dos idolos. Iap. Cano bŏzuno nhŏbŏ. ¶ Itẽ, As donzellas que seruiam a esta molher. Iap. Cano nhŏbŏni miazzucari tçucaqi nhonin.

Flaminium, ij. Lus. Dignidade deste sacerdote. Iap. Cano bŏzuno curai.

Flaminius lictor. Lus. Hũ ministro q̃ seruia a o sacerdote nos sacrificios. Iap. Voconaino toqi cano bŏzuni tçucayetaru mono. ¶ Flaminius camillus. Lus. Hũ moço que ajudaua nos sacrificios. Iap. Voconaino toqi tçucauaretaru dŏji.

Flamma, æ. Lus. Labareda. Iap. Quayen, fomura, fonouo. ¶ Itẽ, per metaph. Perigo. Iap. Nangui. ¶ Præcipitare se ex fumo in flãmam. Lus. Liurando se do perigo menor cair no mayor. Iap. Xŏnanuo nogarete dainanni vŏ.

Flammatus, a, um. Lus. Aceso, inflammado. Iap. Cogasaretaru coto, yaçaretaru coto.

Flammearius, ij. Lus. Tintureiro de grã, ou escarlata. Iap. Xŏjŏfiuo somuru mono, acaneya.

Flammeum, ei. Lus. Veo vermelho com q̃ cobriam o rosto as noiuas. Iap. Xŭguino toqi yomeno cauouo tçutçumitaru aca irono vfuguinu.

Flammeolum, i. dim. Idem.

Flam-

Flammeolus, a, um. Lus. Cousa de cor de graã. Iap. Xŏjŏno irono mono, l, cure naino ironaru mono.

Flammesco, is. Lus. Accenderse, inflammarse. Iap. Moyetatçu, moyuru.

Flammeus, a, um. Lus. Cousa accesa, ou de cor de chama. Iap. Moyetaru coto, yaqi acamietaru coto, l, fino ironaru mono.

Flámmifer, a, um. Lus. Cousa que aquenta muito, ou inflamma. Iap. Xitatacani atatamuru mono, yaqi cogasu mono.

Flámmiger, a, um. Idem.

Flammigena, æ. Lus. Nacido de chama. Iap. Quayen yori idequitaru mono.

Flammigero, as. Lus. Chamijar, ou deitar flammas. Iap. Quayenuo idasu.

Flammiuomus, a, um. Lus. O que deita labaredas pola boca. Iap. Cuchi yori quayenuo idasu mono.

Flammo, as. Lus. Accender, inflammar. Iap. Moyasu, cogasu. ¶ Item, Arder. Iap. Cogaruru. ¶ Item, per transl. Excitar. Iap. Susumetatçuru.

Flator, oris. Lus. Trombeteiro. Iap. Cane nite tçucuritaru caino yŏnaru monono fuqite.

Flatus, us. Lus. Asopro, ou vento. Iap. Fuqu iqi, l, caje.

Flaueo, es. Lus. Ser louro. Iap. Qiiro nari, conjiqi nari.

Flauesco, is. Lus. Fazerse louro. Iap. Qironi naru.

Flauissæ, arum. Lus. Thesouro. Iap. Tacaramono. Antiq.

Flauus, a, um. Lus. Cousa loura. Iap. Qinaru irono mono.

Flébilis, e. Lus. Cousa pera se chorar. Iap. Mottomo naqi canaximu beqi coto.

Flebiliter, adu. Lus. Miserauel, e lastimosamēte. Iap. Auaregueni, canaxigueni.

Flecto, is, xi, xum. Lus. Dobrar, inclinar. Iap. Fiqitauomuru, nabiquru, maguru. ¶ Flectere animum. Lus. Vencer, dobrar o animo. Iap. Cocorouo nabiquru. ¶ Flectere vocem de græco. Lus. Deduzir algũa palaura do grego. Iap. Grego yori cotobauo toru.

Flegmina, l, Flemina, um. Lus. O sair do sangue junto dos artelhos com o cansaço do caminho. Iap. Michino tçucareni yotte axino vottorino fuxi yori chino nagaruruuo yŭ.

Fleo, es, ui, etum. Lus. Chorar. Iap. Naqu, namidauo nagasu.

Fletur, impers. Idem.

Flens, entis. Lus. O que chora, ou chorando. Iap. Naqu mono, l, naquni.

Fletus, a, um. Lus. Chorado. Iap. Naqi naguecaretaru mono.

Fletus, us. Lus. Choro, ou pranto. Iap. Canaximi, xŭtan, namida.

Flexánima oratio. Lus. Oração que moue os corações. Iap. Coco ouo yauarague mo youosu dangui, l, cocorouo fiqi nabiquru dangui.

Flexibilis, e. Lus. Cousa q̃ se pode torcer, ou dobrar. Iap. Nabiqi yasuqi mono, ma gari yasuqi mono. ¶ Flexibilis ætas. Lus. Tenra, e branda idade. Iap. Ien acuni nabiqi yasuqi jacunenno coro uo yŭ.

Flexilis, e. Idem.

Flexíloquus, a, um. Lus. O que fala cousas duuidosas, e obscuras. Iap. Ri curó xite vtagauaxiqi cotouo yŭ mono.

Flexio, onis. Lus. O dobrar, ou rodeo. Iap. Magari, l, tauomuru coto nari.

Flexúmines. Lus. Huns caualeiros Romanos. Iap. Mucaxi Romani arixi aru qibano xu.

Flexuosè, adu. Lus. Em voltas. Iap. Magatte.

Flexuosus, a, um. Lus. Cousa de muitas voltas, ou rodeos. Iap. Magari vouoqi mono.

Flexura, æ. Lus. Dobra, tortura. Iap. Magari.

Flexus, us. Idem. ¶ Flexus ætatis. Lus. O começar a descair a idade. Iap. Youaino catamuqi fajimuru cotouo yŭ.

Flexus, a, ũ. Lus. Cousa dobrada, torta. Iap. Tauomitaru coto, magaritaru mono.

Flictus. Lus. Fenda, ou golpe. Iap. Qizu, l, yeçu coto nari.

Fligo, is, xi, ctum. antiq. Lus. Ferir. Iap. Teuo vôsuru, qizuuo tçuquru.

Flo,

Flo, as. Lus. Aſoprar. Iap. Fuqu. ¶ Item, Fundir metal, etc. Iap. Cane nadouo fuqu, iru.

Floces vini. Lus. Fezes, borras do vinho, ou bagaço. Iap. Saqeno caſu, budono caſu.

Floccifacio, l, Floccipendo, is. Lus. Eſtimar em pouco. Iap. Môtô fodonimo vomoiuazu.

Floccus, ci. Lus. Pelo de laã. Iap. Qeſugi, chiri nadouo yŭ. ¶ Item, Pelo, ou laã q̃ ſaye pera fora do veſtido. Iap. Qirumono no boboqetaru qe.

Flócculus, i. dim. Idem.

Floralia, orum. Lus. Hũas feſtas, & jogos que ſe faziam antigamente. Iap. Mucaxi voconaitaru matçuri, ſairei. ¶ Item, Lugares de flores. Iap. Quadã, fanazono.

Floralicius, a, um. Lus. Couſa pertencente a aquellas feſtas. Iap. Cano matçurini ataru coto.

Floreo, es, vi. Lus. Florecer, ou eſtar florido. Iap. Fanauo ſacaſuru, l, fanaga ſaite yru. ¶ Item, per trãsl. Florecer, eſtar ẽ proſperidade. Iap. Sacannaru, ſacarini naru, ſacayuru.

Floreſco, is. Idem. ¶ Item, per metaph. Crecer, proſperarſe. Iap. Caſanaru, firomaru, ſacannaru.

Floreus, a, um. Lus. Couſa feita de flores. Iap. Fanauo motte tçucuritaru mono.

Flóridus, a, um. Idem. ¶ Item, Couſa florida, ou de muitas flores. Iap. Fanano vouoqi tocoro, fanano ſaqi midaretaru tocoro.

Floridulus, a, um. Idem. dim.

Flóriger, & Florifer, a, um. Lus. Couſa q̃ traz flores. Iap. Fanauo motçu mono, fanauo ſacaſuru mono.

Florilegus, a, um. Lus. O que colhe flores. Iap. Fanauo tçumu, l, chiguiru mono.

Florulentus, a, um. Lus. Cheo de flores. Iap. Fanano vouoqu aru mono.

Flos, oris. Lus. Flor. Iap. Fana. ¶ Item, per metaph. Hõra, nobreza. Iap. Guaibũ, fomare, qetacaqu ſuguretaru cotouo yŭ. ¶ Item, Virgindade. Iap. Fifuno majiuarino michiuo xirazaru cotouo yŭ. ¶ Flos vini. Lus. Flor do vinho. Iap. Saqeno cabi. ¶ Item, aliquando, Flos vini. Lus. Cheiro do vinho. Iap. Saqeno ca. ¶ Flos æris. Lus. Hũas areas de metal que ſaltã quando lhe deitam agoa fria no metal ardente. Iap. Yaqetaru caneno vyeni mizzuuo caqete chiru ſunicuzzuno yŏnaru ſuna.

Flóſculus, i. dim. Idem.

Fluctifragus, a, um. Lus. Couſa que quebra as ondas. Iap. Namiuo cudaqu mono.

Fluctiuagus, a, um. Lus. Couſa que anda ſobre as ondas vagueando. Iap. Namini tadayô mono, yuraruru mono.

Fluctuatim, adu. Lus. Ondeado, ou vangloriãdoſe. Iap. Namini tadayôte, l, jimaxite.

Fluctuatio, onis. Lus. O ondear. Iap. Namino tatçu coto nari. ¶ Item, Duuida, & perplexidade. Iap. Xian xivazzurŏ coto nari.

Fluctuatus, a, um. Lus. Trabalhado das ondas. Iap. Namini vchi yuraretaru mono.

Fluctuo, as. Lus. Andar ás voltas, & combatido das ondas. Iap. Namini yuraruru. ¶ Item, Leuantarenſe ondas. Iap. Namiga tatçu, vmiga ſauagu. ¶ Item, Eſtar perplexo, & com cuidado. Iap. Xianuo xivazzurŏ.

Fluctuor, aris, depon. Idem. ¶ Itẽ, Andar ſobre as ondas. Iap. Namini vcamu, tadayô.

Fluctuoſus, a, um. Lus. Couſa que faz muitas ondas, ou tempeſtuoſa. Iap. Namino ſauagui tatçu tocoro.

Fluctus, us. Lus. Onda do mar. Iap. Vmi no nami. ¶ Item, Impeto. Iap. Iqiuoi.

Fluentiſonus, a, um. Lus. Couſa q̃ ſoa, ou que faz eſtrondo. Iap. Fibiqi, votoga aru mono, minaguiri ſauagu mono.

Fluentum, i. Lus. Rio pequeno, ou corrente dagoa. Iap. Cogaua, xôga, l, mizzuno nagare.

Fluidus, a, um. Lus. Couſa liquida q̃ corre como agoa. Iap. Mizzuno gotoqu nagaruru mono, toqe qiyuru mono. ¶ Item, Mo-

Mulier, & sanguinis luēta. Iap. Yauaracani buamequ mono.
Fluito, as. Lus. Correr cousa liquida continuamente. Iap. Mizzu nadono goroqu fudan nagaruru. ¶ Item, Andar sobre a agoa. Iap. Suixŏni vcamu. ¶ Item, Vacilar, ou estar pera cair. Iap. Vtagŏ, l, corobicacaru.
Flumen, inis. Lus. Rio. Iap. Caua. ¶ Itē, Corrente. Iap. Mizzuno nagare.
Flumineus, a, um. Lus. Cousa de rio. Iap. Cauani ataru coto.
Fluminosus, a, um. Lus. Cousa abundante de rios. Iap. Cauano vouoqi tocoro.
Fluo, is, xi, xum. Lus. Correr como agoa, &c. Iap. Mizzuno gotoqu nagaruru. ¶ Item, Crecer, ou dilatarse muito. Iap. Xeigiŏ xi, firogaru, fabicoru. ¶ Item, De minuirse, ou faltar. Iap. Feru, caquru, votoroyuru. ¶ Item, Proceder, nacer. Iap. Idequru, xuxxŏ furu.
Flustrum, i. Lus. Calmaria, ou tranquilidade do mar. Iap. Caixŏno xizzucanaru cotouo yŭ, l, vmino naguitaru cotouo yŭ.
Flutæ, arum. Lus. Ingua, ou morea peixe. Iap. Vnagui, famo.
Fluuialis, e. Lus. Cousa de rio. Iap. Caua ni ataru coto.
Fluuiatilis, e. Idem.
Fluuiaticus, a, um. Idem.
Fluuiatus, a, um. Lus. Molhado no rio, ou deitado de molho no rio. Iap. Cauano mizzuni nuretaru coto, l, mizzuni tçuqetaru mono.
Fluuius, ij. Lus. Rio. Iap. Caua.
Fluxè, adu. Lus. Abundantemente. Iap. Tacusanni, michimichite.
Fluxio, onis, siue Fluxus, us. Lus. O correr de cousa liquida, l, fluxo. Iap. Mizzu, chi nado tari nagaruru cotouo yŭ.
Fluxus, a, um. Lus. Cousa que corre, ou mana. Iap. Tari nagaruru mono. ¶ Item, Cousa breue, & caduca. Iap. Adani facanaqi coto, qiye fateyasuqi mono. ¶ Itē, Cousa froxa, & mal apertada. Iap. Yurumetaru coto. ¶ Item, Remisso, dissoluto. Iap. Acuni miuo naguevchitaru mono, cocoro nuruqi mono, yurucaxenaru mono.

F ANTE O.

Focâle, is. Lus. Hũa maneira de faixa q̃ se deita no pescoço contra o frio. Iap. Vataboxino yŏnaru monouo yŭ. ¶ Item, (vt aliqui putant) Hum instrumento cõ que se encrespauam os cabelos. Iap. Cami gueuo chigimuru dŏguuo yŭ.
Focâneus palmes. Lus. Vara da vide que nace entre duas. Iap. Budŏno cazzurano mata yori izzuru yeda.
Focaria, æ. Lus. Concubina que se tinha pera ter cuidado da casa. Iap. Iyeno saiban suru tecaqe.
Focarij. Lus. Seruos que tem cuidado do fogão, ou lar. Iap. Fitaqi.
Focarius panis. Lus. Pão de soborralho. Iap. Aburitaru comuguino mochi.
Focillatio, onis. Lus. Fomentaçóis. Iap. Atatamuru cotouo yŭ.
Focillo, as. Lus. Aquentar, ou dar alento. Iap. Atatamuru, l, chicarazzuquru.
Focillor, aris, deponens. Idem.
Focula, orum. Lus. Nutrimentos. Iap. Qecqiuo masu xocubut.
Focus, i. Lus. Lar, ou fogão. Iap. Yururi, l, camado. ¶ Qñq;. Casa. Iap. Yado.
Foculus, i. dim. Idem.
Fódico, as. Lus. Estimular, aguilhoar. Iap. Tçuqitatçuru. ¶ Item, Arrancar, ou cauar. Iap. Fiqinuqu, foru. ¶ Item, per transl. Affligir. Iap. Qizzucaiuo xicaquru.
Fodîna, æ. Lus. Mina donde se tira algũa cousa. Iap. Canayama, l, monouo foriida su tocoro.
Fodio, is, di, ssum. Lus. Cauar, ou tirar algũa cousa da terra. Iap. Foru, fori idasu. ¶ Fodere ense iugulum. Lus. Degollar. Iap. Cañauo caqu. ¶ Fodere calcaribus. Lus. Dar de esporas. Iap. Vmauo caqe auoru. ¶ Fodire etiã dicitur per quartam coniug.
Fœcialis, e. vide Fecialis.
Fœcundè, adu. Lus. Fertil, e copiosamente. Iap. Bentŏni, tacusanni.

Fœcun-

Fœcunditas, atis. Lus. Fertilidade, abundancia. Iap. Bentǒsa, juntacu.

Fœcundo, as. Lus. Fertilizar. Iap. Sacayesa suru, jucugini nasu.

Fœcundus, a, um. Lus. Cousa fertil. Iap. Fǎjǒ suru mono, sacayuru mono, jucugi.
¶ Item, Cousa chea, e abundante. Iap. Michimichite aru mono, tacusan naru mono.

Fœdè, adu. Lus. Fea, e torpemente. Iap. Tçutanaqu, asamaxiqu.

Fœderati. Lus. Os confederados. Iap. Ichimi xitaru mono.

Fœdifragus, a, um. Lus. O que quebranta os concertos. Iap. Yacusocuuo yteñ suru mono.

Fœditas, atis. Lus. Fealdade, torpeza. Iap. Tçutanasa, asamaxisa, miguruxisa.

Fœdo, as. Lus. Sujar. Iap. Qegasu, yogosu.
¶ Item, per transl. Afrontar, deshonrar. Iap. Qegauo sasuru, fagiuo cacasuru.
¶ Item, Quebrar, desfazer. Iap. Vchiyaburu, cuzzusu.

Fœdus, eris. Lus. Paz, tregoas. Iap. Vadan, quabocu, quayǒ. ¶ Item, Amizade estreita. Iap. Xitaxiqi naca, juccon xitaru naca. ¶ Fœdera lecti. Lus. Vinculo conjugal. Iap. Fǔfuno yen. ¶ Qnq. Ley. Iap. Fatto. ¶ Ferire fœdus. Lus. Fazer tregoas, ou pazes. Iap. Vayouo suru.

Fœdus, a, ū. Lus. Cousa fea, e disforme. Iap. Minicuqi mono, miguruxiqi mono.
¶ Item, Horrendo, abominauel. Iap. Qirai nicumaruru mono. ¶ Item, Cruel. Iap. Araqenaqi mono.

Fœlix, icis. vide Felix.

Fœmen, inis. vide Femen.

Fœmina, æ. Lus. Femea. Iap. Vonna, me.

Fœmella, æ, & Fœminula. dim. Idem.

Fœmineus, a, um, & Fœmininus. Lus. Cousa de femea. Iap. Me, vonnani ataru coto.

Fœnarius, a, um. Lus. Cousa que pertence a feno. Iap. Guiñbani cǒ cusani ataru coto.

Fœnebris, e. Lus. Cousa pertencente a onzena. Iap. Ribaini ataru coto.

Fœn[e]ralia, orum. Lus. Tempo em que cessa a onzena, e se torna o dinheito. Iap. Rixenuo cayesu jibunuo yǔ.

Fœneratio, onis. Lus. O tomar, ou dar a onzena. Iap. Rixenuo xicaqu, l, casu coto nari.

Fœneraticius, a, um. Lus. Cousa dada a onzena. Iap. Riuo tçuqu coto. ¶ Item, Cousa pertencente a onzena. Iap. Ribaini ataru coto.

Fœneratò, adu. Lus. Com onzena. Iap. Riuo tçuqete.

Fœnerator, oris. Lus. Onzeneiro. Iap. Riuo tçuqete casu fito.

Fœneratus, us. Lus. O dar, ou tomar a onzena. Iap. Riuo tçuqete casu, l, caru cotouo yǔ.

Fœnero, as, & Fœneror, aris. Lus. Dar a onzena. Iap. Riuo tçuqete mononuo casu.
¶ Interd. Fœnero. Pagar com vsura, ou ganho. Iap. Rixenuo nasu, l, mononuo fuguite cayesu. ¶ Fœneror cum ablatiuo. Tomar a onzena. Iap. Riuo tçuqete mononuo caru. ¶ Beneficium fœneratum. Lus. Beneficio que se paga com onzena, ou ganho. Iap. Bacutaini fôjitaru von.

Fœneus, a, um. Lus. Cousa feita de feno. Iap. Cusa, iresucumitaru mono.

Fœniculariu, ij. Lus. O segar do feno. Iap. Guiñbani cǒ cusauo caru coto uo yǔ. ¶ Itẽ, O tempo e que se sega o feno. Iap. Cudanno cusauo caru jibunuo yǔ.

Fœniculum, i. Lus. Funcho. Iap. Vyqiǒ.

Fœnile, is. Lus. Lugar onde se guarda o feno. Iap. Guiñbani cǒ cusauo tçumi voqu tocoro.

Fœniseca, æ. Lus. O que sega o feno. Iap. Cudanno cusauo caru mono.

Fœnisex, ecis. Idem.

Fœnisecium, ij. Lus. O segar do feno. Iap. Cudanno cusauo caru cotouo yǔ.

Fœnisicia, æ. Idem.

Fœnum græcum, i. Lus. Alforuas erua. Iap. Aru cusano na.

Fœnum, i. Lus. Feno. Iap. Guiñbani cǒ cusa.

Fœnus, oris. Lus. Onzena, vsura. Iap. Ribai

Fœnusculum, i. dim. Idem.

Fœ

Fœteo, es. Lus. Cheirar mal. Iap. Axiqu niuô, cuſaxi.

Fœtiditas, atis. Lus. Fedor. Iap. Xŭqi, acqi, axiqi niuoi.

Fœtidus, a, um. Lus. Couſa que cheira mal. Iap. Axiqu niuô mono.

Fœtifer, a, um. Lus. Couſa q̃ faz gérar. Iap. Fanjŏ ſaſuru mono, xŏjiſaſuru mono.

Fœtifico, as. Lus. Parir, ou gérar. Iap. Fanjŏ ſuru, vmu, xŏzuru.

Fœtificus, a, um. Lus. Couſa que géra, ou pare. Iap. Fanjŏ ſuru mono, vmu mono, xŏzuru mono.

Fœto, as. Lus. Parir, gérar. Iap. Couo vmu, xŏzuru.

Fœtuoſus, a, um. Lus. O que eſta cheo de fruito. Iap. Ritocuno vouoqi mono.

Fœtura, æ. Lus. Géração do gado. Iap. Guiŭ yŏ farami, couo vmu cotouo yŭ. ¶ Item, per tranſl. Fœtura pratorum. Lus. O produzir dos prados. Iap. Cuſano moye izzuru cotouo yŭ.

Fœtus, us. Lus. Parto, filho dos animais. Iap. Iqimonono co. ¶ Item, Fruito da terra, e dàs aruores, &c. Iap. Sŏmocu nado yori xŏzuru mi.

Fœtus, a, um. Lus. Prenhe. Iap. Faramitaru mono. ¶ Item, A que pario. Iap. Couo vmitaru mono. ¶ Item, Couſa chea, e abundante. Iap. Monono vouoqi coto.

Foliaceus, a, um. Lu. Couſa feita de folhas. Iap. Conofauo motte tçucuritaru mono. ¶ Item, Couſa ſemelhante a folha. Iap. Co nofani nitarucoto.

Foliatum, i. Lus. Hum genero de vnguento. Iap. Cŏbaxiqi cuſurino taguy.

Folioſus, a, um. Lus. Cheo de folhas. Iap. Fano xigueritaru sŏmocu.

Folium, ij. Lus. Folha. Iap. Sŏmocuno fa. ¶ Itẽ, Folhas de liuro, ou papel. Iap. Qiŏ no chŏcazu, xomotno camicazu.

Fóllico, as. Lus. Reſpirar com os narizes. Iap. Fanaiqiuo tçuqu. ¶ Item, Imitar a largura, & o oco dos folles. Iap. Fuigo ni nixete monouo tçucuru.

Folliculare, pars remi, quæ folliculo tecta eſt.

Folliculus, i. Lus. Folle pequeno. Iap. Chij ſaqi fuigo. ¶ Item, Follelho, ou baynha em que eſta emburulhado o grão dos legumes, ou doutra couſa. Iap. Gococuno nu ca, caſu, cara, caua. ¶ Itẽ, Pella de vẽto. Iap. Vchini cajeuo fuqi irete cucuritaru temari. ¶ Item, Saco de couro. Iap. Cauabucuro. ¶ Item, per tranſl. Corpo humano. Iap. Xiqixin.

Follis, is. Lus. Folle. Iap. Fuigo. ¶ Itẽ, Pella de vento. Iap. Vchini cajeuo fuqi irete cucuritaru temari. ¶ Item, Bolſa de couro onde ſe guarda dinheiro. Iap. Caneuo iruru cauabucuro.

Fomentum, i. Lus. Couſa que fomenta, ou aquenta. Iap. Monouo atatamuru coto. ¶ Itẽ, Remedio de couſas quẽtes q̃ ſe poẽ ẽ chagas, dôres, etc. Iap. Qizu, itami nado uo yauarague atatamuru cuſuri. ¶ Item, per trãsl. Remedio, ou mitigação da dôr. Iap. Vrei, itamiuo nadamuru coto.

Fomes, itis. Lus. Iſca, ou outra couſa ẽ q̃ ſe atea facilmente o fogo. Iap. Focuchi, tçuqedaqe nado. ¶ Item, per trãsl. Qualquer couſa que nos excita, ou accende a algũa couſa. Iap. Fitono cocorouo ſuſume tatçuru mono.

Fons, ontis. Lus. Fonte. Iap. Ynomoto, izzumi. ¶ Itẽ, Agoa da fonte. Iap. Ynomotono mizzu. ¶ Item, per tranſl. Cauſa, ou origem. Iap. Conguen, inyen.

Fontanalia, ſiue Fontinalia, feriæ erant fontibus dicatæ.

Fontanus, a, um. Lus. Couſa de fonte. Iap. Izzumini ataru coto.

Fontalis, e. Idem.

Fonticulus, i, ſiue Fonticellus. Lus. Fontinha. Iap. Chijſaqi ynomoto.

Fora. Lus. Huns vaſos que vſauã os antigos nos lagares. Iap. Mucaxi ſaqeuo tçu curitaru tocoroni tçucaixi vtçuuamono.

Forábilis, e. Lus. Couſa que ſe pode furar. Iap. Momi touoxi yaſuqi mono.

Forágo, inis. Lus. Hum fio com que as tecedeiras diuidem a obra de hum dia. Iap. Momenno vorite ichijitno xigotouo va-

qi mayuru xirubení voqu itouo yŭ.
Forâmen, inis. Lus. Buraco. Iap. Ana.
Foraminoſus, a, um. Lus. Couſa que tem muitos buracos. Iap. Anano vouoqi mono.
Foras, aduerbium loci. Lus. Pera fora. Iap. Focaye.
Foratus, us. Lus. Buraco. Iap. Ana. ¶ Itẽ, O furar. Iap. Anauo aquru coto nari.
Forbea. antiq. Lus. Hum genero de comer. Iap. Xocuburno rui.
Forceps, ipis. Lus. Tanazes. Iap. Cagiyano faſami.
Forda, æ. Lus. Vaca prenhe. Iap. Faramitaru vxi.
Fordicidia, l, Fordicalia. Lus. Dia das feſtas em que ſacrificauam eſtas vacas prenhes. Iap. Mucaxi faramitaru vxiuo coroxi tamuqetaru iuaibi.
Forenſia. Lus. Huns veſtidos que vſauam na rolação. Iap. Qiŭmeino toqi chacu xitaru yxô.
Forenſis, e. Lus. Couſa que pertence a audiencia. Iap. Cuji ſatano qiŭmeini ataru coto.
Fores, ium, ſiue Foris, is. Lus. Porta. Iap. To, tobira.
Forfex, icis. Lus. Tiſouras. Iap. Faſami.
Forficulæ, arum, dim. Idem. ¶ Item, As mãos, ou vnhas das lagoſtas, caraguejos, &c. Iap. Yebi, cani, nadono faſami.
Fori, orum, l, Forus. Lus. Conués da nao, ou coxia da galè. Iap. Funeno dôno ma, l, fangaino vye. ¶ Item, Palanques, ou lugares donde ſe viam jogos. Iap. Sajiqi, xibai. ¶ Item, Huns regos compridos q̃ fazem como caminho nas hortas. Iap. Sai yenno nacani aru michi.
Foria, orum. Lus. Eſterco liquido. Iap. Xiruqi coye.
Fórica, æ. Lus. Neceſſarias. Iap. Xecchin.
Foricula, æ. Lus. Porta pequena. Iap. Comô, qirito.
Forínſec', adu. Lus. De fora. Iap. Foca cara.
Foriolus, i. Lus. O que anda de camaras. Iap. Iiyŭni daibenuo tçŭzuru mono.
Foris, adu. Lus. Fora. Iap. Foca, fotoni. ¶ Item, Cada paſſo, em toda parte. Iap. Izzucunimo, coco caxiconi.
Forma, æ. Lus. Forma, ou aſpecto dalgũa couſa. Iap. Sugata, menmeô. ¶ Item, Fermoſura. Iap. Itçucuxiſa, yôgan birei. ¶ Stata forma. Lus. Fermoſura mediocre. Iap. Taigai naru jinbut. ¶ Item, Semelhança, ou idea dalgũa couſa que concebemos. Iap. Monono vomocague. ¶ Itẽ, Cincho em que ſe eſpreme o queijo. Iap. Queijouo irete xibori catamuru sôqeno yônaru dôgu. ¶ Item, Specie, ou maneira. Iap. Iro, xina. ¶ Item, Regra. Iap. Fatto. ¶ Accipere formã. Lus. Tomar modo, metodo, ou feição dalgũa couſa. Iap. Mŏnouo itaſu michiuo ſadamuru, l, nanizo monono narini naru.
Formalis, e. Lus. Couſa que pertence a forma. Iap. Monono ſugata, catachi, l, fonni ataru coto. ¶ Epiſtola formalis. Lus. Carta que ſe eſcreue pola meſma forma que ſe dita. Iap. Vôxegaqino fumi.
Formator, oris. Lus. O que inſtruye. Iap. Xinanuo ſuru mono.
Formatura, æ. Lus. Forma, ou figura dalgũa couſa. Iap. Monono nari, catachi.
Formatus, a, um. Lus. Couſa feita, formada. Iap. Tçucuritaru coto, l, monono nari, catachiuo tçucuritçuqetaru mono.
Formica, æ. Lus. Formiga. Iap. Ari, rôgui. ¶ Formicæ indicæ. Lus. Huns certos animais. Iap. Aru qedamonono na.
Formicula, æ. dim. Idem.
Formicans pulſus. Lus. Pulſo formicãte. Iap. Biſacu naru miacu.
Formicatio, onis. Lus. Comicham, coceira. Iap. Inxinto yŭ caſano rui.
Formicinus, a, um. Lus. Couſa que pertence a formiga. Iap. Arini ataru coto.
Formicoſus, a, um. Lus. Couſa chea de formigas. Iap. Arino vouoqi tocoro.
Formidabilis, e. Lus. Couſa pera ſe temer. Iap. Voſorubeqi coto.
Formídãs, antis. Lus. O que teme. Iap. Voſoruru mono.

For-

Formidatio, onis. Lus. Otemer. Iap. Vosoruru coto nari.
Formidatus,a,um. Lus. Temido. Iap. Fito yori vosoretaruru mono.
Formîdo, inis. Lus. Grãde medo. Iap. Fucaqi vosore.
Formîdo, as. Lus. Temer. Iap. Vosoruru, vozzuru.
Formidolosè, adu. Lus. Com medo. Iap. Vosoreuo motte, vogite.
Formidolosus, a, um. Lus. Medroso. Iap. Vosoruru mono. ¶ Itẽ, pasiuè. Temido. Iap. Fitoyori vosoreraruru mono.
Fórmitet iuratur, quãdo cum causa adiecta, l, cum expresione contractus iuratur.
Formo, as. Lus. Dar forma, ou fazer algũa cousa. Iap. Nari, catachiuo tçucuru, l, mono uo tçucuru. ¶ Formare iuuentutem. Lus. Ensinar, & instruyr os mancebos. Iap. Iacufaini monouo voxiyuru.
Formositas, atis. Lus. Fermosura. Iab. Itçucuxisa, yôgan birei.
Formosus, a, um. Lus. Cousa bella, fermosa. Iap. Itçucuxiqi mono, biqennaru mono.
Fórmula, æ. dim. Lus. Fermosura pequena. Iap. Itaiqenaru cotouo yũ. ¶ Aliqñ. Nota, ou sinal. Iap. Monono xiruxi, xirube. ¶ Item, Maneira, ou genero dalgũa cousa. Iap. Monono iro, xina. ¶ Item, Certa solemnidade de palauras q̃ se vsauã nos actos judiciais. Iap. Cujisatano toqi tçucaixi sadamaritaru cotoba. ¶ Itẽ, Estrumento. Iap. Xômonno taguy. ¶ Cadere, l, excidere formula. Lus. Mudar algũa cousa do tenor, ou nota de certas palauras. Iap. Cuji satano toqi tçucaixi sadamaritaru cotobauo iy chigayuru.
Formularius, ij. Lus. Procurador, auogado nas demãdas. Iap. Cuji satano toqi catôdo suru fito.
Fornacalia, orum. feriæ erant farris torrendi gratia institutæ.
Fornacarius, ij. Lus. Forneiro que coze pão. Iap. Pão uo yaqu fito.
Fornaceus, a, um. Lus. Cousa feita a modo da fornalha. Iap. Pãouo yaqu cama no narini tçucuraretaru coto.
Fornácula, æ. dim. Lus. Fornalha, ou forno pequeno. Iap. Chijsaqi camado, cudo.
Fornax, acis. Lus. Fornalha, ou forno. Iap. Camado.
Fornicarius, ij. Lus. Vendeiro, ou official q̃ tem a tenda de baixo de arcos publicos. Iap. Fitono vôfen suru tocoroni mixe ta nauo dasu fito.
Fornicatio, onis. Lus. O edificar a modo de abobada. Iap. Niji narini monouo tçucuru cotouo yũ.
Fornicatus, a, um. Lus. Cousa feyta a modo de arco, & abobada. Iap. Niji narini tçucuritaru mono.
Fórnico, as. Lus. Fazer arco, & abobada. Iap. Nijinarini monouo tçucuru.
Fórnicor, aris. Lus. Fornicar. Iap. Tabon uo suru, qeixeigurui suru.
Fornix, icis. Lus. Arco, ou abobada. Iap. Nijinarini, l, sorifaxino yôni tçucuritateta ru cotouo yũ. ¶ Item, Lugar de molheres publicas. Iap. Qeixeiya. ¶ Item, Arcos triunfais. Iap. Rivnuo firaqitaru taixŏno matdai, meiyono tameni tatetaru nijigatano mon.
Foro, as. Lus. Furar. Iap. Anauo aquru.
Forpex, icis. Lus. Tanaz com que se tirã os cabelos. Iap. Qenuqi.
Fors, vocatiu. ò fors. Lus. Caso, fortuna. Iap. Rioguaini idequru cotouo yũ. ¶ Item, Fortuna boa, ou maa. Iap. Yoxiaxino fu.
Forsitã, adu. Lus. Por ventura. Iap. Icasama, xijen, moxi.
Fortasse, l, Fortasis. Idem.
Fortè. Lus. A caso. Iap. Tennen. ¶ Item, Por ventura. Iap. Icasama, xijen.
Fortesco, is. Lus. Fazerse forte. Iap. Tçuyoru, qengoni naru.
Fortífico, as. Lus. Fortificar. Iap. Tçuyo muru, qengoni nasu.
Fortis, e. Lus. Cousa forte. Iap. Tçuyoqi mono, qengonaru mono. ¶ Item, Ligeiro. Iap. Fayaqi mono. ¶ Quandoq;, Fermoso. Iap. Itçucuxiqi mono. ¶ Item, Rico. Iap. Yŭriocu naru mono.

Forticulus, i. dim. Idem.

Fortiter, adu. Lus. Forte, & animoſamente. Iap. Tçuyoqu, tacumaxiqu, qengoni.

Fortitûdo, inis. Lus. Fortaleza, & grandeza de animo. Iap. Tçuyoſa, cocorono taqeſa.

Fortúito, l, Fortúitu, adu. Lus. Acaſo. Iap. ſinen, tennen, furioni.

Fortúitus, a, um. Lus. Couſa que acontece a caſo. Iap. Iinenni aru coto, furioni idequru coto.

Fortûna, æ. Lus. Acontecimento ſubito, e inopinado. Iap. Vomoino focani ideqitaru cotouo yŭ. ❡ Item, (in vtroq; numero) Riquezas. Iap. Zaifô, tacara. ❡ Item, Fortunæ, arum. Lus. Felicidade. Iap. Fucqi, yeiguani tomiſacayuru cotouo yŭ. ❡ Fortuna æſtuaria. Lus. Fortuna varia, inconſtante. Iap. Xecaino giŏsŏ naqi coto uo yŭ, l, funo xôretno cotouo yŭ.

Fortunatus, a, um. Lus. Ditoſo, proſpero. Iap. Sacan naru mono, quafô naru mono.

Fortunatè, adu. Lus. Ditoſa, e proſperamête. Iap. Sacanni, quafôni.

Fortunatim, adu. Idem.

Fortûno, as. Lus. Proſperar a outrem. Iap. Fitouo fucqini naſu, quafôni naſu.

Forum, i. Lus. Praça. Iap. Ichiba. ❡ Item, Lugar que he feira, ou eſcala de mercadores. Iap. Fŏbŏno aqibitono tçuqivŏ tocoro. ❡ Item, Lugar de audiencia, ou rolação. Iap. Cujiſatauo qiŭmei ſuru tocoro. ❡ Foro vti. Lus. Eſtar aparelhado pera qualquer ſucceſſo. Iap. Náguinimo, yorocobinimo giŏxin aráto cacugo ſuru. ❡ Agere forum. Lus. Gouernar, e tratar as cauſas dalgum lugar. Iap. Tocorouo xugoxi, cuji ſatauo qiqu.

Foſſa, æ. Lus. Coua, ou caua. Iap. Ana, l, fori.

Foſſatum, i. Idem.

Fóſſula, æ. dim. Idem.

Fóſsilis, e. Lus. Couſa que ſe caua, ou pode cauar. Iap. Foraruru mono, l, fori yaſuqi mono.

Foſsitius, a, um. Idem.

Foſsio, onis. Lus. O cauar. Iap. Foru coto nari.

Foſſura, æ. Idem.

Foſſor, oris. Lus. Cauador. Iap. Foru mono.

Fotus, a, um. Lus. Quente, & abafado. Iap. Atatametaru mono.

Fotus, us. Lus. O fomentar, ou aquêtar. Iap. Atatamuru cotoue yŭ.

Fouea, æ. Lus. Coua. Iap. Ana.

Foueo, es, oui, otum. Lus. Aquêtar, abafar. Iap. Atatamuru. ❡ Aliqñ. Criar. Iap. Sodatçuru. ❡ Item, Fomentar, ou abrandar com mezinhas algũa parte leſa, ou doente. Iap. Itamu tocorouo cuſuriuo tçuqete yauaraguru. ❡ Item, Defender, guardar. Iap. Fuxegu, qeigo ſuru. ❡ Item, Abraçar, amimar. Iap. Idaqi chôai ſuru.

F ANTE R.

FRaceo, es. Lus. Corromperſe, ou apodrecer. Iap. Cuſaru, ſoconuru.

Fraceſco, is. Idem.

Fraces olei. Lus. Borras do azeite. Iap. Aburano vori, caſu.

Frácidus, a, um. Lus. Podre de muito maduro. Iap. Iucuxi ſuguitaru conomi.

Fractura, æ. Lus. Quebradura. Iap. Vchivaru cotouo yŭ, vareme.

Fractus, a, um. Lus. Quebrado, quebrantado. Iap. Voretaru coto, l, xinrŏni tçucaretaru mono.

Fræno, as. Lus. Enfrear. Iap. Cutçuuauo camaſuru. ❡ Item, per transl. Refrear. Iap. Ficayuru.

Frænum, i. Lus. Freo. Iap. Cutçuua. ❡ Frænum mordere. Lus. Sofrer mal, & cõ repugnancia algũa couſa. Iap. Fuxŏbuxŏni monouo corayuru. ❡ Accipere frænum (per transl.) Lus. Sogeitarſe a alguem. Iap. Fitoni tçuqi xitagŏ. ❡ In plur. num. Fræna, l, fræni, orum.

Fraga, orum, l, Fragum, i. in num. ſingul. Lus. Morangão. Iap. Ichigono taguy.

Frageſco, is. Lus. Quebrantarſe, afroxar. Iap. Xinrŏ nadoni tçucaruru, youaru.

Frágilis, e. Lus. Couſa quebradiça. Iap. Vareyaſuqi coto. ❡ Item, Couſa fraca, ou caduca. Iap. Youaqi coto, adani moroqi coto.

Fra-

Fragilitas, atis. Lus. Facilidade de quebrarse algũa cousa. Iap. Monono vareyasusa. ¶ Item, per transl. Fraqueza. Iap. Youasa, morosa.

Fragmen, inis, & Fragmentũ, i. Lus. Pedaço dalgũa cousa. Iap. Varetaru monono caqe, catauare.

Fragor, ris. Lus. Soido, ou estrõdo dalgũa cousa q̃ se quebra. Iap. Monono varuru voto.

Fragosè, adu. Lus. Com roido. Iap. Votoga xite.

Fragôsus, a, um. Lus. Cousa aspera, e fragosa. Iap. Qeuaxiqi coto, ixiuara. ¶ Fragosa oratio. Lus. Oração aspera, e escabrosa. Iap. Cotobano araqi dangui.

Fragro, as. Lus. Cheirar bem, recender. Iap. Niuô, yqiô cuzuru, cauoru.

Fragrantia, æ. Lus. Grande cheiro. Iap. Cũqiô, cõbaxiqi niuoi.

Framea, æ. Lus. Hum genero de lança. Iap. Yarino taguy.

Frango, is. Lus. Quebrar. Iap. Varu, voru. ¶ Item, per transl. Quebrantar, mortificar. Iap. Conasu, xessuru.

Frater, tris. Lus. Irmão. Iap. Qiŏdai.

Fratérculus, i. dim. Idem.

Fraternè, adu. Lus. Como irmão. Iap. Qiŏdaino gotoqu.

Fratérnitas, atis. Lus. Irmãodade. Iap. Qiŏdaino naca.

Fraternus, a, um. Lus. Cousa de irmão. Iap. Qiŏdaini ataru coto.

Fratilli. Lus. Cadilhos dalcatifa. Iap. Môxẽno faxino sugi.

Fratria, æ. Lus. Cunhada molher do irmão. Iap. Aniyome, vototoyome.

Fratricîda, æ. Lus. O que mata seu irmão. Iap. Vaga qiŏdaiuo corosu fito.

Fratro, as. Lus. Crecerem igualmente as tetas dos moços. Iap. Varanbeno ñôno chiga dôjenni ide vôqininaru.

Fratérculo, as. Idem. apud veteres.

Fraudatio, onis. Lus. Engano. Iap. Tabacarigoto.

Fraudator, oris. Lus. Enganador. Iap. Tabacarite.

Fraudo, as. Lus. Enganar, ou frustrar. Iap. Tabacaru, damasu, tarasu, l, muna xiqu nasu. ¶ Fraudare genium. Lus. Não cõprir cõ o apetite, nem deleites. Iap. Yoco ximanaru suqiuo ficayuru, buicuuo yamuru.

Fraudulenter, adu. Lus. Maliciosamente, e com engano. Iap. Tabacatte, damatte.

Fraudulentus, a, um. Lus. Enganoso, falso. Iap. Tabacaru, l, damaru mono.

Fraus, udis. Lus. Engano, falsidade. Iap. Tabacari, bôriacu. ¶ Item, Crime. Iap. Tçumi, zaiqua. ¶ Q̃ñq;. Perigo, e dano. Iap. Nangui, son.

Frausus, a, um. antiq. particip. Lus. O que enganou. Iap. Tabacaritaru mono.

Fráxinus, i. Lus. Freixo, aruore. Iap. Aruqino na.

Fraxineus, a, um. Lus. Cousa de freixo. Iap. Cano qini ataru coto.

Fráxinus, a, um. Idem.

Fraxo, as. Lus. Roldar as vigias. Iap. Banxuuo mimauaru.

Fremebundus, a, um. Lus. O que brama, e faz traquinada com agastamento. Iap. Icatte vamequ mono.

Frémitus, us. Lus. Roido das ondas. Iap. Namino vtçu voto. ¶ Item, Roido, ou rumor de gente agastada, e reuolta. Iap. Fitono icatte doximeqi sauagu voto.

Fremo, is, mui, itũ. Lus. Bramar, soar. Iap. Doximequ, votoga suru. ¶ Item, Agastarse com estrondo. Iap. Icatte vamequ.

Frendens, entis. Lus. O que range os dentes cõ ira. Iap. Icatte fagamiuo suru mono.

Frendeo, es. Lus. Quebrar. Iap. Vchivaru. ¶ Item, Arreganhar os dẽtes com ira. Iap. Icatte fagamiuo suru.

Frequens, entis. Lus. Cousa continua, & frequente. Iap. Xigueqi coto, vouoqi coto.

Frequentarius, a, um. Idem apud veteres.

Frequentamentum, i. Lus. Hum genero de musica. Iap. Quanguen.

Frequentatio, onis. Lus. Continuação, frequencia, ou ajuntamento. Iap. Xiguesa, cunju, atçumari. Fre-

Frequentia, æ. Idem.
Frequenter, adu. Lus. Amiude, muitas vezes. Iap. Xiguexiguexiqu, tabitabi.
Frequento, as. Lus. Continuar, frequentar. Iap. Xiguequ yuqu. ¶ Itẽ, Repetir muitas vezes. Iap. Curicotouo yũ. ¶ Item, Conuocar, ou ajuntar. Iap. Yobi atçumuru.
Fressa faba. Lus. Faua leuemente moida. Iap. Aracudaqini xitaru soramame.
Fretum, i. Lus. Estreito do mar. Iap. Xeto.
Fretus, i. Idem apud veteres.
Fretus, a, um. Lus. Confiado, estribado. Iap. Monouo tanomini xite yru fito.
Friabilis, e. Lus. Cousa que se pode esmiuçar entre os dedos. Iap. Fineri tçubuxi yasuqi mono.
Fribusculum, i. Lus. Apartamento de casados por pouco tempo. Iap. Fũfuno nacauo xibaxi fanaretaru cotouo yũ.
Fricatio, onis. Lus. O esfregar. Iap. Momu coto, l, suru coto nari.
Fricatus, us. Idem.
Frictio, onis, siue Frictus, us. Idem.
[F]rico, as. Lus. Esfregra. Iap. Momu, suru.
Frigefacio, is. Lus. Esfriar. Iap. Fiyasu, samasu.
Frigeio, as. Idem.
Frigeo, es, xi. Lus. Estar frio. Iap. Fiyuru, cogoyuru. ¶ Item, Estar froxo, & remisso. Iap. Yuruyuruto xite yru, nurunuruto xite yru.
Frigesco, is. Lus. Esfriarse. Iap. Fiye yuqu. ¶ Item, per transl. Estar ocioso, & froxo. Iap. Nurunuruto xite yru.
Frigẽdo, inis. Lus. Frio. Iap. Samusa, can ten. apud veteres.
Frigidaria cella. Lus. Lugar em que se lauauam nos banhos cõ agoa fria. Iap. Furoya nite mizzuuo aburu tocoro.
Frigidarium, ij. Lus. Vaso de cobre em q̃ se tinha agoa fria nos banhos. Iap. Furoya nite tçumetaqi mizzuuo iruru caneno vtçuuamono.
Frigidè, adu. Lus. Friamente, & sem graça. Iap. Fiyaqu, buxiuoni.
Frigidus, a, um. Lus. Cousa fria. Iap. Fiyaqi mono, samuqi coto. ¶ Itẽ, Remisso, & froxo. Iap. Nuruqi mono, nibuqi mono. ¶ Itẽ, Pernicioso, danoso. Iap. Atauo nasu mono. ¶ Frigida. Lus. Agoa fria. Iap. Fiyamizzu.
Frigidulus, a, um. dim. Idem.
Frigilla, æ. Lus. Hũa aue que canta no tempo do frio. Iap. Samuqi jibunni naqu torino na.
Frigo, is, xi, ctum, & xum. Lus. Frigir. Iap. Aburaaguru suru.
Frigus, oris. Lus. Frio. Iap. Samusa, fiyasa. ¶ Aliqñ. Medo. Iap. Vosore. ¶ Aliqñ. Desgraça. Iap. Buxiuo. ¶ Item, Ar. Iap. Fũdai.
Frigutio, is, iui. Lus. Tremer de frio. Iap. Cogoye furũ.
Frio, as. Lus. Esmiuçar com os dedos. Iap. Fineri cudaqu, fineri tçubusu.
Friritus. Lus. Estrondo, & roydo. Iap. Do ximeqi, voto.
Frit. Lus. O grão imperfeito da espiga ja madura. Iap. Gococu nadono fono xiye.
Fritillus, i. Lus. Taboleiro do jogo. Iap. Xõgui nadono ban.
Fritinio, is. Lus. Cantar a andorinha. Iap. Tçubamega sayezzuru.
Friuiculum, i. Lus. Discordia pequena, ou apartamento entre os casados. Iap. Fũfu no nacauo xibaxi chigai fanaretaru coto uo yũ.
Friuola, orum. Lus. Vasos de barro vazios. Iap. Aqitaru tçuchino vtçuuamono.
Friuolus, a, um. Lus. Cousa vãa, & leue. Iap. Nandemo naqi mono, mimo naqi mono, caroqi coto.
Frondarius, a, um. Lus. Cousa de folhas. Iap. Conofani ataru coto. ¶ Item, Cousa feita de folhas. Iap. Conofa nite tçucuritaru coto.
Frondatio, onis. Lus. O desfolhar, ou decotar os ramos superfluos. Iap. Yedauo sucaxi, fauo tçumu.
Frondator, oris. Lus. O que desfolha, ou decota os ramos. Iap. Yedauo sucaxi, fauo tçumu mono. Fron-

Frondeo,es. Lus. Estar com folhas, & verdes as aruores. Iap. Auobani xigueru.
Frondesco, is. Lus. Deitar folhas a aruore. Iap. Midoriga tatçu, faga izzuru.
Frondeus, a, um. Lus. Cousa feita de folhas. Iap. Conofa nite tçucuritaru coto.
Fróndifer, a, um. Lus. Cousa que dá, ou té folhas. Iap. Fano idasu mono, l, fano aru mono.
Frōdo,as. Lus. Desfolhar. Iap. Fano tçumu.
Frondosus, a, um. Lus. Cousa folhuda. Iap. Fano xiguetu mono.
Frons, ondis. Lus. Folha daruore. Iap. Conofa.
Frons,tis. Lus. Testa. Iap. Fitai. ¶ Item, Rosto, ou sembrante. Iap. Mentei, vomote, cauobaxe. ¶ Frontem explicare, siue exporrigere. Lus. Alegrarse, ou estar de bom sembrante. Iap. Yorocobiuo mayuuo firaqu, l, yoqi qixocuuo arauasu. ¶ Frontem contrahere. Lus. Entristecerse, ou estar de roim sembrante. Iap. Mayuuo xiuamu, fisomuru. ¶ Frontem perfricare. Lus. Desauergonharse. Iap. Fagiuo cayerimizu, fitomeuo fabacarazu. ¶ Item, Principio, ou primeira face dalgũa cousa. Iap. Saxi cuchi, vomote. ¶ Frontem ferire. Lus. Agastarse demasiadamente. Iap. Xinyni tayecanuru, vôqini icaru. ¶ Vera fronte aliquid facere. Lus. Fazer algũa cousa sinceramente, e sem refolho. Iap. Xôgiqini monouo suru.
Frontâle,is. Lus. Ornamēto da testa. Iap. Fitaino cazari.
Frontâtus,a,um. Lus. O que tem testa. Iap. Fitaiuo motçu mono. ¶ Item, O que esta no frontespicio. Iap. Xômeni aru mono.
Fronto,ônis. Lus. O que tem grande testa. Iap. Vôbitaino mono.
Frúctifer, a, um. Lus. O que dà fruito, ou fertil. Iap. Miuo xôzuru mono, l, rijun tacusannaru mono.
Fructíficus,a, um. Lus. Cousa frutuosa, e proueitosa. Iap. Minoru mono, tocuno aru mono.
Fructuarius,ij. Lus. O que recebe o fruito dalgũa cousa. Iap. Monono tocuuo toru fito.
Fructuarius, a, ũ. Lus. O q dâ fruito. Iap. Minoru mono, tocuno aru mono. ¶ Item, Cousa pertencente a fruito. Iap. Tocuni ataru coto.
Fructuosus,a,ũ. Lus. Cousa fructuosa, e vtil. Iap. Miuo quabunni xôzuru mono, tocuni naru mono.
Fructus, us. Lus. Fruito, ou parto. Iap. Mi, tocu, l, co. ¶ Item, per transl. Cōmodidade, proueito. Iap. Rijun, yeqi.
Frugâlis,e. Lus. Regrado, e prudente. Iap. Bãji chŭyôuo mamoru fito, caxicoqi mono.
Frugalitas,atis. Lus. Temperança, e modestia. Iap. Chŭyô, taxinami, jinjô.
Frugaliter,adu. Lus. Regrada, e temperadamente. Iap. Yoqi fodo, chŭyôuo taxinôde.
Fruges, ũ, l, Frux, gis. in num. singul. Lus. Fruitos da terra. Iap. Gi yori izzuru xotocu. ¶ Recipere se ad frugē bonā. Lus. Tornar a serbõ, ou emendarse. Iap. Iendôni tachi cayeru, xenpiuo aratamuru. ¶ Corrigere aliquem ad frugem. Lus. Reprender a alguem de maneira que seja bom. Iap. Fitouo isameté jendôni michibiqu.
Frugi. Lus. Regrado, prudente. Iap. Banji chŭyô uo mamoru fito, caxicoqi mono. ¶ Item, Vtil, e necessario. Iap. Tocuni naru mono.
Frúgiferens,entis. Lus. Cousa proueitosa, ou que traz fruito. Iap. Minoru mono, tocuni naru mono.
Frúgifer, a, um. Idem.
Frugilegus, a, um. Lus. O que recolhe fruito. Iap. Gococuno miuo firoitoru mono.
Frugiperda salix. Lus. Hum genero de salgueiro. Iap. Yanaguino taguy. ¶ Item, Homem pera pouco, e que nao serue mais que pera comer, e gastar. Iap. Gocutçubuxi.
Fruiscor,eris. Lus. Gozar. Iap. Yorocôde motçu, l, nozomiuo toguete yorocobu.
Fruiturus,a, um. Lus. O que ha de gozar. Iap. Nozomiuo toguete yorocobubeqi mono.

Fru-

Frumen,inis. Lus. Gorgumilo por onde entra o comer. Iap. Vonjiqino iru fuyeno cuchi.

Frumentaceus,a,um.Lus. Couſa de trigo,ceuada,etc.Iap. Mugui nite tçuçuritaru coto.

Frumentarius,a, um. Lus. Couſa que pertẽce a trigo, &c. Iap. Muguini ataru coto. ¶ Frumentarius mercator. Lus. Mercador de trigo, ceuada, &c. Iap. Muguino vricaiuo ſuru fito. ¶ Frumentarius ager. Lus. Campo de trigo,ceuada,&c. Iap. Muguiuo maqu facugi.

Frumentatio, onis. Lus. Saida dos ſoldados a tomar mantimentos, como trigo, &c. pera o arrayal. Iap. Buxino ginno tameni fiŏrŏuo torini izzuru cotouo yŭ. ¶ Item, Repartição do trigo, milho,&c. que ſe fazia antigamente em Roma. Iap. Mucaxi Romanite mugui nadouo faibun xitaru coto uo yŭ.

Frumentator, oris. Lus. Recolhedor de trigo, &c. Iap. Muguino tori atçumuru fito.

Frumentor, aris. Lus. Recolher o trigo, ceuada, &c. Iap. Mugui, vômugui nadouo tori atçumuru.

Frumentum, i. Lus. Trigo, ceuada, milho, &c. Iap. Mugui,aua nado. ¶ Item, Granzinhos dos figos. Iap. Figoto yŭ conomi no nacani aru ſane.

Fruor, eris. Lus. Gozar. Iap. Yorocôde mono motçu, l, nozomiuo toguete yorocobu.

Fruniſcor, eris. Idem. Antiq.

Frunitus. Lus. Homẽ prudente. Iap. Caxicoqi mono.

Fruſtatim, adu. Lus. Em pedaços. Iap. Qireguireni, ſunzunni.

Fruſtillatim, l, Fruſtulatim,adu.Lus. Em pedacinhos, ou em migalhas. Iap. Chijſaqi qireguireni, ſunzunni.

Fruſtrà, adu. Lus. Debalde, Iap. Munaxiqu, muſocuni. ¶ Fruſtrà habere aliquẽ. Lus. Enganar a alguem. Iap. Fitouo damaſu, nuqu.

Fruſtratio, onis. Lus. Engano. Iap. Tabacari.

Fruſtro, as, ſiue Fruſtror, aris. Lus. Enganar. Iap.

Tabacaru, damaſu. ¶ Item, Fruſtrari. Lus. Fruſtrar. Iap. Munaxŭ naſu.

Fruſtulentus,a, um. Lus. Cheo de pedaços, ou feito em pedaços. Iap. Qireno vouoqi mono, qireguireni naritaru mono.

Fruſtum, i. Lus. Pedaço, ou parte. Iap. Monono qire.

Frúſtulum, i, l, Fruſtillum, dim. Idem.

Frutêtum,i, ſeu Fruticetum, & Frutectum. Lus. Lugar de muitas aruores do mato, ou brenha. Iap. Zŏbocuno vouoqi tocoro.

Frutetoſus, a, um, l, Frutectoſus locus. Idẽ.

Frutex, icis. Lus. Aruore pequena do mato. Iap. Chijſaqi zŏbocu. ¶ Item, Tronco daruore. Iap. Qino moto.

Fruticatio, onis. Lus. O arrebentar das aruores em muitos ramos. Iap. Qino yedaga xigueru, l, medatçu coto nari.

Fruticeſco, is. Lus. Brotar as aruores. Iap. Qiga medatçu.

Frútico, as. Idem.

Fruticoſus, a, um. Lus. Couſa que eſtà viçoſa, e tem muitos ramos, e folhas. Iap. Yeda, fano xigueritaru coto.

Frux, gis. antiq. Lus. Os fruitos da terra. Iap. Gi yori izzuru xotocu.

F ANTE V.

FVcatus, a, um. Lus. Pintado, ou côrado com aluayade, ou outra tinta. Iap. Tŏno tçuchi nadouo motte qexŏ xitaru mono, irouo tçuqetaru mono. ¶ Item, per trãſl. Couſa fingida, contra feita. Iap. Tçucuricoto, nixemono.

Fucoſus, a, um. Idem.

Fuço, as. Lus. Pintar, ou enfeitar com aluayade, ou outra tinta. Iap. Tŏno tçuchiuo nuru, irouo tçuquru.

Fucus, i. Lus. Zangão que come o mel das abelhas. Iap. Fachino taguy. ¶ Item, Aluayade, ou outra poſtura que põe as molheres no roſto. Iap. Nhoninno qexŏ ſuru Tŏno tçuchi nado. ¶ Item, per tranſl. Engano. Iap. Tabacari, bôriacu. ¶ Fucus marinus. Lus. Seba, erua do mar. Iap. Aru caisŏno na.

Fuga, æ. Lus. Fugida. Iap. Niguru cotouo yŭ, chicuten.

chicuten. ¶ Aliqn. Pressa, ou ligeireza. Iap. Fayasa. ¶ Item, Corrida. Iap. Faxiru cotouo yŭ. ¶ Aliqn. Impeto. Iap. Iqiuoi.

Fugácitas, atis. Lus. Inclinação a fugir. Iap. Niguezuqi. ¶ Itẽ, Breuidade, ou incõstãcia dalgũa cousa. Iap. Adani facanaqi cotouo yŭ.

Fugax, acis. Lus. Cousa que foge facilmente. Iap. Yasuqu niguru mono. ¶ Item, O que foge. Iap. Niguru mono. ¶ Item, Ligeiro. Iap. Fayaqi mono. Virg. ¶ Item, Cousa breue q̃ pouco dura. Iap. Adani facanaqi mono, motoqi mono.

Fugiens, entis. Lus. Reo. Iap. Ronin. Apud iurisconf. ¶ Fugiens vinum. Lus. Vinho q̃ se dana. Iap. Sonzuru saqe. ¶ Fugientes literæ. Lus. Letras que se vão apagando de antiguidade. Iap. Toxiuo fete qiyuru monji.

Fugio, is, gi, itum. Lus. Fugir. Iap. Niguru, giôgai suru, chicuten suru. ¶ Fugit me aliquid. Lus. Não sey isto. Iap. Coreuo xirazu. ¶ Item, Ceder, dar de si. Iap. Mononi maquru, xitagŏ. Vt fictitiæ gemmæ scatificationis candicantiam fugiunt.

Fúgitans, antis. Lus. O que foge, ou se aparta. Iap. Nigue uogaruru mono, qirai nigiru mono.

Fugitiuarius, a, um. Lus. O que reduzia os seruos que fugiã. Iap. Niguetaru fiquanuo tazzunete fiqicayesu mono.

Fugitiuus, a, um. Lus. O que foge. Iap. Niguru mono, niguesaxiru mono. ¶ Fugitiua gaudia. Lus. Contentamẽtos que logo se acabam. Iap. Sumiyacani fagui saru tanoximi.

Fúgito, as. Lus. Fugir, desuiarse. Iap. Niguru, xirizoqu.

Fugo, as. Lus. Fazer fugir. Iap. Nigasu, faigun sasuru.

Fulcimentum, i. Lus. Cousa q̃ sostenta outra. Iap. Mochi cacayuru mono.

Fulcio, is, si, tum. Lus. Sostentar. Iap. Mochi cacayuru. ¶ Item, Fortalecer. Iap. Tçuyomuru.

Fulcrum, i. Lus. Pes do catre. Iap. Tocono axi.

Fulgeo, es. Lus. Resplandecer. Iap. Cacayaqu, ficaru, ficariuo fanatçu. ¶ Item, Relampaguear. Iap. Raidega suru, inazzumaga ficaru. ¶ Item, Ferir. Iap. Vtçu. apud antiq.

Fulgetrum, i. Lus. Relampago. Iap. Inazzuma, inabicari, denquŏ.

Fulgetra, æ. Idem.

Fulgo, is, si, tum. Lus. Resplãdecer. Iap. Ficaru, cacayaqu.

Fulgor, oris. Lus. Resplandor. Iap. Ficari, quŏmiŏ. ¶ Item, Relampago. Iap. Inazzuma, denquŏ.

Fulgur, uris. Lus. Relampago. Iap. Inazzuma, denquŏ.

Fulguralis, e. Lus. Cousa pertencente a relampago. Iap. Denquŏni ataru coto.

Fulguratio, onis. Lus. O relampaguear. Iap. Inazzumaga ficaru coto nari.

Fulgurator, oris. Lus. Agoureiro que obseruaua os relampagos. Iap. Inazzumauo mite vranŏ vonnhŏji.

Fulguritaũt, pro fulgure percutiũtur. Plaut.

Fúlguro, as. Lus. Relampaguear, dar resplãdor. Iap. Inazzumaga ficaru, ficariuo fanatçu.

Fulgurio, is. Idem.

Fulguritus locus. Lus. Lugar ẽ que deo o rayo. Iap. Raino vochitaru tocoro.

Fúlica, æ, siue Fulix, icis. Lus. Hũa aue. Iap. Aru torino na.

Fulîgo, inis. Lus. Fulugem da chaminè. Iap. Qemuridaxino susu.

Fullo, onis. Lus. Lauandeiro. Iap. Xendacu suru mono.

Fullónica, æ. Lus. Officina de lauãdeiro. Iap. Xendacu suru tocoro. ¶ Item, Arte de lauandeiro. Iap. Xendacuno narai.

Fulmen, inis. Lus. Corisco, ou rayo. Iap. Caminari, raiqua. ¶ Item, Violencia, impeto. Iap. Iqiuoi, xeiriqi.

Fulmineus, a, um. Lus. Cousa de corisco, ou rayo. Iap. Caminari, l, raiquani ataru coto.

Fulminatus, a, um. Lus. Cousa ferida com rayo. Iap. Riiquani atararu mono.

Fúlmino, as. Lus. Ferir com rayo, ou fulminar. Iap. Raiuo votoxi caquru, l, icazuchiuo fanachi caquru.

Fúlminor, aris. passiu. Idem.

Fulcûra, æ. Lus. Sostentamento. Iap. Mochi cacayuru cotouo yŭ.

Fulutana. Lus. Hũa erua vtil pera fazer ourinar. Iap. Xôbenuo tçŭjisasuru cusano na.

Fuluus, i. Lus. Cor aleonada, ruiua, ou amarela. Iap. Curiiro, qi iro.

Fumarium, ij. Lus. Lugar onde se defumauam os vinhos pera amadurecer. Iap. Saqeuo coxuno yŏni nasu tameni fusuburu tocoro.

Fumeus, a, um. Lus. Cousa de fumo. Iap. Qemurinarataru coto.

Fúmidus, a, um. Lus. Cousa fumosa. Iap. Qemuriuo idasu mono.

Fúmifer, a, um. Idem.

Fumífico, as. Lus. Perfumar, ou fumegar. Iap. Cŏuo taqu, cauo tomuru, l, qemuriuo ica su, qemuru.

Fumíficus, a, um. Lus. Cousa que faz fumo. Iap. Fusuboru mono, qemuru mono.

Fumigatio, onis. Lus. O perfumar. Iap. Cŏuo taqu, cauo tomuru coto nari, l, qemuru coto nari.

Fúmigo, as. Lus. Perfumar, ou fumegar. Iap. Cŏuo taqu, l, qemuru, fusuboru.

Fumo, as. Lus. Fumegar. Iap. Qemuru, fusuboru.

Fumosus, a, um. Lus. Cousa afumada. Iap. Susuqetaru mono, fusuboritaru mono. ¶ Item, Cousa que deita fumo. Iap. Qemuru, fusuboru mono.

Fumus, i. Lus. Fumo. Iap. Qemuri. ¶ Ité, per transl. Promessas, e comprimentos largos que não té effeito. Iap. Fanafada xiqi sorayacusocu.

Funâle, is. Lus. Tochas, ou candeas cubertas de cera, ou de pez. Iap. Matçuyani, arruua rŏuo motte coxirayetaru vôrassocu.

Funâles equi. Lus. Cauallos que vam diante do carro triunfal. Iap. Riuuuo firaqitaru taixŏno noritaru curumano saqini noru vma. ¶ Funalis cereus. Lus. Candea de cera. Iap. Rassocu.

Funámbulus, i. Lus. Trejeitador que anda por cima das cordas. Iap. Cumomai.

Functio, onis. Lus. V'so, ou execução dalgum officio. Iap. Yacuuo tçutomuru cotouo yŭ. ¶ Item, Paga. Iap. Fenben.

Funda, æ. Lus. Funda. Iap. Furizumbai. ¶ Item, Tarrafa. Iap. Naguedami, tôami. ¶ Aliqñ. Saco, ou bolsa feita a modo de rede. Iap. Amibucuro. ¶ Aliqñ. Hũa argola de ouro, ou doutro metal. Iap. Cogane nadono quan.

Fundamentum, i. Lus. Fundamento, ou firmeza. Iap. Giban, nitagi.

Fundâmen, inis. Idem.

Fundibularij, orum. Lus. Os que peleijam com funda. Iap. Furizumbaiuo motte tatacŏ mono.

Funditor, oris. Idem.

Fúndito, as. Lus. Derramar a miude. Iap. Saisai nagasu, cobosu. ¶ Funditare rem. Lus. Gastar prodigamente a fazenda. Iap. Tacarauo tçuiyasu.

Fúnditus, adu. Lus. De todo, de raiz. Iap. Xiccai, sococara, neyori.

Fundo, is, sudi, usũ. Lus. Derramar. Iap. Nagasu, cobosu. ¶ Aliqñ. Estender. Iap. Noburu, firoguru. ¶ Item, Destroir, destruir. Iap. Forobosu, xemevotosu. ¶ Aliqñ. Dar abundantemente. Iap. Quabunni atayuru. ¶ Item, Falar. Iap. Catarogoru. ¶ Aliqñ. Deitar de si. Iap. Dasu, fanatçu. Vt flammam fundere.

Fundo, as. Lus. Fundar. Iap. Gibanuo suyuru. ¶ Item, Estabelecer, firmar. Iap. Tçuyomuru, catamuru.

Fundum, i. Lus. Fundo dalgũa cousa. Iap. Monono soco.

Fundus, i. Lus. Fazenda, ou quinta. Iap. Chiguiŏ, xoriŏ. ¶ Item, Principal parte, ou author dalgum negocio. Iap. Tŏnin, fonnin.

Fúnebris, e. Lus. Cousa de enterramento, ou exequias. Iap. Toburai, l, sŏreini ataru coto.

to. ¶ Item, Cousa que traz morte, ou destruição. Iap. Xinasuru mono, metbǒ sasuru mono, xisuru conguento naru coto.

Funereus, a, um. Idem.

Funeræ, arum. Lus. Molheres parentas do defunto. Iap. Xininno xinrui naru hōnin. apud veteres.

Funerarius, &c. Funeratitius, a, um. Lus. Cousa que pertēce a exequias, ou enterramento. Iap. Toburai, l, sǒreini ataru coto.

Fúnero, as. Lus. Fazer as exequias, ou enterramento. Iap. Toburai, sǒreiuo suru.

Funesto, as. Lus. Violar, contaminar com morte, ou matança. Iap. Fitouo coroxi tatcoqitocorouo qegasu.

Funestus, a, um. Lus. Cousa que traz morte, ou destruição. Idp. Xisuru conguento naru mono, metbǒ sasuru mono. ¶ Itē, Inficionado. Iap. Qegasaretaru mono. ¶ Item, Cousa q̃ pertēce a exequias. Iap. Sǒreini ataru coto. ¶ Funesta familia. Lus. Familia do morto em quanto não està enterrado. Iap. Imada vzzumareza ru xininno qenzocu.

Fungor, eris. Lus. Vsar, ou exercitar officio. Iap. Yacuuo tçutomuru. ¶ Item, Pagar o que deue. Iap. Fumotuo fenben suru.

Funginus, a, um. Lus. Cousa de cugumelo. Iap. Cusabirani ataru coto.

Fungositas, atis. Lus. Raleza, & leuidade como de esponja. Iap. Famatatarmo go toqu caroqu su vouoqi cotouo yū.

Fungosus, a, um. Lus. Cousa leue, & rosa como cugumelo. Iap. Cusabirano yǒni caroqu su vouoqi mono.

Fungus, i. Lus. Cugumelo. Iap. Cusabira. ¶ Item, Homē estupido, e desengraçado. Iap. Vtçuqemono, buxiuonaru mono.

Funis, is. Lus. Corda. Iap. Naua.

Funiculus, i. dim. Idem.

Funirēpus, i. Lus. Volteador que anda sobre as cordas. Iap. Cumomai.

Funus, eris. Lus. Enterramento, ou exequias. Iap. Vocuri, toburai, sǒrei. ¶ Interd. Morte. Iap. Xisuru cotouo yū. ¶ Qñq; Sepulcro. Iap. Quan, beǒxo. ¶ Interd.

Corpo morto. Iap. Xigai.

Fur, ris. Lus. Ladrão. Iap. Nusubito.

¶ Item, Zangão das abelhas. Iap. Fachino taguy. ¶ Item, Seruo. Iap. Guenin. Virg.

Furacitas, atis. Lus. Inclinação a furtar. Iap. Nusumino suqi.

Furaciter, adu. Lus. Com desejo, ou intenção de furtar. Iap. Nusumitaqi cocoroateuo motte.

Furax, âcis. Lus. O que he inclinado a furtar. Iap. Nusumini suqu mono.

Furca, æ. Lus. Forquilha, ou forcado. Iap. Mononuo sucui aguru, l, motasuru mataguí. ¶ Item, Forca. Iap. Fattçuqegui, fatamonogui.

Fúrcifer, eri. Lus. Seruo que por delito trazia no pescoço hũa maneira de forquilha. Iap. Tçumino quataito xite mataguino yǒnaru dǒguuo cubini caqesaxe caraametaru guenin.

Furcilla, æ, siue Furcula. dim. Idem.

Fúrcilis, e. Lus. Hũa maneira de ancinho pera tirar o esterco. Iap. Cusacaqi.

Furens, entis. Lus. Furioso. Iap. Qiǒran suru mono.

Furenter, adu. Lus. Furiosamente, desatinadamente. Iap. Qiǒran xite.

Furfur, uris. Lus. Farelo. Iap. Muguicono furuicasu. ¶ Item, Caspa da cabeça. Iap. Cǒbeno aca.

Furfureus, a, um, siue Furfuraceus. Lus. Cousa de farelo. Iap. Muguicono casu nite tçucuritaru coto.

Furfurosus, a, um. Lus. Cousa que tem farelos mesturados. Iap. Muguicono furui casuuo majiyetaru mono. ¶ Item, Cousa que se parece com farelos. Iap. Muguicono furuicasuni nitaru coto.

Furiæ, arum. Lus. Furias infernais. Iap. Aforaxetno yǒnaru mono.

Furialis, e. Lus. Cousa furiosa. Iap. Qiǒran suru mono.

Furialiter, adu. Lus. Furiosamēte. Iap. Qiǒran xite.

Furiatus, a, um. Lus. Desatinado, furioso. Iap.

Iap. Qiŏran xite icaru mono.
Furibundus, a, um, Idem.
Furinalia, sacra erant Furinæ deæ.
Furinus, a, um. Lus. Cousa que pertence a ladrão. Iap. Nusubitoni ataru coto.
Furio, as. Lus. Fazer desatinar a outro. Iap. Qiŏran sasuru.
Furio, is. Lus. Sair fora de si, ou desatinar. Iap. Qiŏqini naru, qiŏran suru. ¶ Item, Agastarse muito. Iap. Vôqini icariuo nasu. ¶ Itẽ, Ser leuado, ou arrebatado dalgũ vicio, ou sensualidade. Iap. Acuni fiqixizzumeraruru. Vt furere scelere, libidine, etc.
Furiosè, adu. Lus. Furiosamente. Iap. Qiŏran xite.
Furiosus, a, um. Lus. Desatinado, doudo. Iap. Qiŏqinaru mono, qiŏran suru mono.
Furnaceus, a, um. Lus. Cousa cozida no forno. Iap. Murono yŏnaru camani yaqitaru mono.
Furnaria, æ. Lus. Arte de fazer pão. Iap. Pão uo tçucuru narai.
Furnarius, ij. Lus. Forneiro. Iap. Pãouo yaqu mono.
Furnus, i. Lus. Forno. Iap. Pãouo yaqu cama.
Furor, oris. Lus. Furor, ou desatino. Iap. Iqidouori, qiŏran. ¶ Item, Furor dos poetas, ou doutros tomados de certo espiritu. Iap. Cajinno qeôni jŏzuru cotouo yŭ, cuchiba xiru monono qe.
Furor, aris. Lus. Furtar. Iap. Nusumu, chŭtŏ suru. ¶ Itẽ, Alcãçar algũa cousa ás escõdidas. Iap. Fisocani monouo motomuru.
Furtificus, a, um. Lus. O que costuma furtar. Iap. Nusumiuo xitçuqetaru mono.
Furtim, l, Furtiuè, adu. Lus. As escondidas. Iap. Fisocani, xinobixinobini.
Furtiuus, a, um. Lus. Cousa furtada. Iap. Nusumimono. ¶ Item, Cousa escondida. Iap. Cacuretaru coto, xinobitaru coto. ¶ Furtiuæ literæ. Lus. Cartas escritas com tal artificio que não podem ser lidas se não de algũs. Iap. Aizzuuo sadamete yoninno yomi yezaru fumi.
Furtum, i. Lus. Furto. Iap. Nusumi, chŭtŏ.

¶ Item, Siladas. Iap. Fuxicusa.
Furunculus, i. Lus. Ladranzinho. Iap. Conusubito. ¶ Item, Forão. Iap. Itachini nitaru qedamono. ¶ Item, Leicenço. Iap. Nebuto. ¶ Item, Olho que deita a vide no lugar onde foy cortada. Iap. Budŏno qiricuchi yori izzuru medachi.
Furuus, a, um. Lus. Cousa preta, ou escura. Iap. Curoqi coto, l, curaqi mono.
Fuscator, oris. Lus. O que faz a côr quasi preta, ou baça. Iap. Vsuguroqi irouo tçuquru mono.
Fuscina, æ. Lus. Fisga. Iap. Canazzuqi, yasu. ¶ Itẽ, Hũ instrumento, q̃ se vsaua na esgrima. Iap. Feifŏjinno tçucaitaru dŏguuo yŭ.
Fuscinula, æ. dim. Idem.
Fusco, as. Lus. Fazer a côr baça, ou quasi preta. Iap. Vsuguroqi irouo tçuquru.
Fuscus, a, um. Lus. Cousa baça, ou que tira pera preto. Iap. Vsuguroqi mono. ¶ Fusca vox. Lus. Voz que não he clara, nem sonora. Iap. Xiuagaretaru coye.
Fusè, adu. Lus. Abundante, & copiosamẽte. Iap. Tacusanni, quabunni, firoqu.
Fusilis, e. Lus. Cousa que se pode fundir. Iap. Yyasuqi mono. ¶ Item, Cousa fundida. Iap. Ymono.
Fusim, adu. Lus. Diffusamẽte, ou espalhadamẽte. Iap. Tacusanni, firoqu, l, chiraite.
Fusio, onis. Lus. Derramamento. Iap. Nagasu, l, chirasu coto nari.
Fusores, orũ. Lus. Fũdidores. Iap. Ymonoxi.
Fusorius, a, um. Lus. Cousa que pertence a fundição. Iap. Cane nadono yyŏni ataru coto. ¶ Item, Cousa que se funde, ou pode fundir. Iap. Yraruru mono, l, yyasuqi mono. ¶ Fusorium vas. Lus. Vaso em que se derrete metal. Iap. Caneuo toracasu vtçuuamono.
Fusterna. Lus. Parte superior mais dura, e no dosa de hũa certa aruore. Iap. Fuxibuxino vouoqu cataqi qino vyeno catauo yŭ.
Fustis, is. Lus. Vara, ou bordão. Iap. Tçuye, muchi.
Fustuarium, ij. Lus. Castigo de vara. Iap. Muchiuo motte xeccan suru cotouo yŭ.
Fus

Fusura, æ. Lus. Fundição. Iap. Cane nado uo yru cotouo yŭ.

Fusus, a, um. Lus. Cousa fundida, ou derre tida. Iap. Ytaru mono, ymono, l, toracaxitaru mono. ¶ Aliqñ. Espalhado. Iap. Chirasaretaru coto.

Fusus, i. Lus. Fuso pera fiar. Iap. Itouo ma qu tçumi.

Futatim, adu. antiq. Lus. Derramadamen te. Iap. Chiraite, nagaite.

Fútilè, adu. Lus. Em vão, sem proueito. Iap. Munaxiqu, facanaqu, musocuni.

Fútilis, e. Lus. Cousa q̃ se vai como vaso que brado, &c. Iap. Moru vtçuuamono. ¶ Futile. Lus. Hũ genero de vaso. Iap. Aru vtçu uamonono taguy. ¶ Futilis homo. Lus. Homẽ q̃ não guarda segredo. Iap. Cotono more yasuqi fito, tagon suru mono. ¶ Itẽ, Cousa vaã, e sem proueito. Iap. Yeqi naqi coto, mimo naqi coto, musocu naru coto.

Futilitas, atis. Lus. Vaidade, liuiandade. Iap. Facanasa, yeqi naqi cotouo yŭ.

Futiliter, adu. Lus. Em vão, sem proueito. Iap. Munaxiqu, yeqi naqu.

Futio, is. Lus. Derramar, ou botar fora. Iap. Nagaxi sutçuru, l, idasu.

Futis. Lus. Hum vaso de agoa. Iap. Mizzu no vtçuuamono.

Futum, i. Idem.

Futo, as. Lus. Reprender. Iap. Modoqu.

Futurus, a, um. Lus. Cousa que se segue, ou hade vir. Iap. Saxitçuzzuqu coto, mirai no coto, qitaru beqi coto.

DE INCIPIENTIBVS Á LITERA G.

Abalus, i. Lus. Cruz em q̃ justiçauam antigamente. Iap. Fattçuqegui, fatamo nogui.

Gábata, æ. Lus. Hum prato, ou outro vaso semelhante concauo. Iap. Cuboqi vŏzarano rui.

Gabinus cinctus. Lus. Hũ genero de vestido comprido. Iap. Nagaqi yxŏno taguy.

Gagates, æ. Lus. Hũa certa pedra preciosa. Iap. Tamano taguy.

Galactites, æ. Lus. Hũa especie de pedra preciosa branca como leite. Iap. Xiroqi tama no taguy.

Galaxias, æ. Lus. Hum genero de pedra pre ciosa. Iap. Aru tamano na.

Galba, æ. Lus. Hum certo bichinho. Iap. Aru muxino na.

Gálbanum, i. Lus. çumo, ou resina de hũa aruore. Iap. Aru qino xiru, l, yani. ¶ Itẽ, Hũ genero de vestido. Iap. Yxŏno taguy.

Galbanatus, a, um. Lus. Homem vestido com este genero de trajo. Iap. Cano yxŏuo qitaru mono.

Galbaneus, a, um. Lus. Cousa de galbano. Iap. Aru qino yanini ataru coto.

Galbeum ei. Lus. Hum genero de ornamen to de molheres. Iap. Nhoninno xŏzocu no dŏgu.

Galbinus, a, um. Lus. Molle, e lasciuo. Iap. Vonagoraxiqu irogonomi naru mono.

Gálbula, æ. Lus. Hum passaro. Iap. Aru torino na.

Gálbulus, i. Lus. Maçaam de acipreste. Iap. Fino qini nitaru qino mi.

Gale, es. Lus. Doninha. Iap. Itachi.

Galea, æ. Lus. Capacete. Iap. Cabuto.

Galeatus, a, um. Lus. Armado com capacete. Iap. Cabutouo qitaru mono.

Galêna, æ. Lus. Vea comũa de prata, e chũbo. Iap. Canayamani aru xirocaneto, namarino majiritaru caneno tçuruuo yŭ.

Galéola, æ. Lus. Hum vaso a maneira de capacete. Iap. Cabutoni nitaru vtçuua mono.

Galeo, as. Lus. Pôr o capacete na cabeça. Iap. Cabutouo qiru.

Galeôtes, tæ. Lus. Hũa especie de osga, bicho peçonhento. Iap. Tocagueni nitaru chijisaqi docuchŭno rui.

Galêra, l, Galeria, æ. Lus. Chapeo. Iap. Qiru casano rui.

Gale-

Galericula, æ. dim. Idem.

Galêrus, i, l, Galerũ. Idem. ¶ Item, Cabelleira poſtiça. Iap. Camoji.

Galericulus, ſiue Galericulum. dim. Idem.

Galerîta, æ. Lus. Cotouia. Iap. Aru tori no na.

Gálgulus, i, eſt auis, quæ ſi expectetur à quopiam morbo regio laborãte ſanatur æger, & auis emoritur.

Galla, æ. Lus. Galha. Iap. Aru qinomi.

Gallicæ, arum. Lus. Chirípos. Iap. Bocuri.

Gallina, æ. Lus. Galinha. Iap. Niuatori.

Gallinaceus, a, um. Lus. Couſa de galinha. Iap. Niuatorini ataru coto.

Gallinaceus, ei. Lus. Galo. Iap. Niuatori no vondori.

Gallinarium, ij. Lus. Lugar onde ſe criã as galinhas. Iap. Niuatoriuo cŏ tocoro, toya.

Gallinarius, ij, & Gallinaria, æ. Lus. O q̃ tem cuidado das galinhas. Iap. Niuatori cai.

Gallicinium, ij. Lus. Aquela parte da noite ẽ q̃ os galos cantam. Iap. Torino naqu jibun, qeimeino jibunuo yŭ.

Gallo, as. Lus. Fazerſe furioſo, ou como doudo. Iap. Qiŏqini naru.

Gállulo, as. Lus. Barbar, ou mudar a voz o mancebo. Iap. Coyega cauari, figuega xŏzuru nenreini naru.

Gallus gallinaceus. Lus. Galo. Iap. Niuatorino vondori. ¶ Item, Caſtrâdo. Iap. Tamauo toritaru mono.

Gãmarus, i. Lus. Caranguejo, ou camarão. Iap. Cani, l, yebi.

Gammoides. Lus. Hum ferro de çurujão. Iap. Gueqiŏno dŏgu.

Gamos. Lus. Bodas. Iap. Xŭgui.

Ganea, æ, l, Ganeum, ei. Lus. Lugar de molheres publicas. Iap. Qeixeiya. ¶ Itẽ, Tauerna. Iap. Fatagoya.

Ganeo, onis. Lus. Calaceiro que anda por tauernas, e lugares de molheres publicas. Iap. Fatagoya to, qeixeiyani cayô itazzura mono.

Ganglion, ij. Lus. Hum enchaço que nace na cabeça, ou no peſcoço. Iap. Caxira,

l, cubini dequru faremonono rui.

Gangrena, æ. Lus. Carne podre, ou morta da chaga. Iap. Faremonono cuye cuzzuretaru nicu.

Gannio, is, iui, l, ij, itum. Lus. Ganir das raposas, ou cáis. Iap. Qitçuine, l, inuga amaye naqu, l, itami foyuru.

Gannitio, onis, l, Gannitus, us. Lus. O ganir das raposas, ou cáis. Iap. Qitçune, l, inuno amaye naqu coto nari.

Gargarizatio, onis, & Gargarizatus. Lus. O gargarejar. Iap. Mizzuuo cucunde nodouo narasu coto nari.

Gargarizo, as. Lus. Gargarejar. Iap. Mizzuuo cucunde nodouo narasu.

Garrio, is, iui, itum. Lus. Gralhar, ou chilrar dos paſſaros. Iap. Toriga xiguequ naqi ſayezzuru. ¶ Item, per tranſl. Palrar demaſiada, e incõſideradamente. Iap. Buxirioni vôguchiuo tataqu.

Gargárido, as. Idem. apud antiq.

Garrulitas, átis. Lus. O palrar deſaſiſadamẽte. Iap. Buxianni vôguchiuo qiqu coto nari.

Gárrulus, a, um. Lus. O que palra deſatentadamẽte. Iap. Buxirioni vôguchiuo qiqu mono. ¶ Aues garrulæ. Lus. Aues q̃ cantam bem, e com voz ſonora. Iap. Tacane nite ſayezzuru tori.

Garum, i. Lus. Hũa certa ſalmoura, ou escabeche q̃ ſe fazia das entranhas de peixes ſalgados. Iap. Fixiuo, naximono.

Garyophillum, i, ſeu potiùs, Caryophillũ. Lus. Crauo de eſpeciaria. Iap. Chŏji.

Gaſſidanes. Lus. Hũa pedra precioſa. Iap. Aru tamano na.

Gaſter, ſeu Gaſterium, ij. Lus. Hum genero de vaſo. Iap. Vtçuuamonono rui.

Gaudeo, es. Lus. Alegrarſe. Iap. Yorocobu, iſamu. ¶ Gaudere gaudium, Idem.

Gaudíloquus. Lus. O que fala alegre. Iap. Catari yorocobu mono.

Gaudium, ij. Lus. Gozo, alegria. Iap. Yorocobi, manzocu, quangui.

Gaudiolum, i, dim. Idem.

Gauia, æ. Lus. Gaiuota. Iap. Camome.

Gau-

Gaulus, i. Lus. Hum genero de embarcação pequena, e redonda. Iap. Maruqibune.
Gaunacum, i. Lus. Hum vestido grosseiro. Iap. Araqi yxō, soye.
Gausape, is. Lus. Vestido, ou cuberta de laã com grandes gadelhas. Iap. Fitçujino qe uo nagaqu vori idaxitaru yxō, l, yogui no taguy.
Gausâpina penula. Lus. Roupão de cacheyra. Iap. Fitçujino qeuo nagaqu vori idaxitaru yxō. ¶ Gausâpina, (absolute) Idem.
Gausapâtus. Lus. O que está vestido deste roupão. Iap. Cano yxōuo qitaru mono.
Gaza, æ. Lus. Fato, ou riquezas. Iap. Xotai, zaifō.
Gazophylacium, ij. Lus. Lugar onde se guardão as riquezas, & outras cousas preciosas. Iap. Fōzō, cura.

G ANTE E.

Gehenna, æ. Lus. Inferno. Iap. Gigocu. ¶ Gehenna (proprie) locus erat in Palæstina.
Gelabilis, e. Lus. Cousa que se pode cōgelar. Iap. Couori, l, catamari yasuqi mono.
Gelasini. Lus. Os dentes dianteyros q̃ mostramos rindo. Iap. Muçaba. ¶ Item, Rugas que se fazem no rosto rindo. Iap. Varō toqino yecubo. ¶ Item, Trejeitadores, ou chocarreiros. Iap. Qiōguenxa.
Gelasco, is. Lus. Congelarse. Iap. Couori catamaru.
Gelatio, onis. Lus. Congelação. Iap. Couoru coto nari.
Gelisidium, ij. Lus. Caramelo. Iap. Cōri.
Gelide, adu. Lus. Friamente, ou timidamẽte. Iap. Fiyete, voforete.
Gélidus, a, um. Lus. Cousa fria, & enregelada. Iap. Samuqi coto, cori catamaritaru mono.
Gelo, as. Lus. Cōgelar, ou enregelar. Iap. Couorasuru, cogoracasu.
Gelu, u. Lus. Caramelo. Iap. Cōri. ¶ Aliqñ. Frio, ou regelo. Iap. Samusa, goccan.
Gemebundus, a, um. Lus. O que geme demasiadamente. Iap. Fanafadaxiqu niyoi saqebu mono.

Gemellar, aris. Lus. Hum certo vaso. Iap. Vtçuuamonono rui.
Gemellus, a, um. Lus. Cousa gemea. Iap. Vonaji toqini, gocacuni dequru mono. Vt, futago nado.
Geminatio, onis. Lus. O dobrar, ou multiplicar duas vezes. Iap. Ichibaini casanuru, futayeni nasu, casanete suru, l, yů coto nari.
Gemino, as. Lus. Dobrar, ou repetir. Iap. Ichibai casanuru, casanete suru, l, yů.
Géminus, a, um. Lus. Cousa dobrada como dous, ou duas. Iap. Itçui naru mono, fito casaneno mono. ¶ Item, Cousa semelhãte a outra. Iap. Ichiyō naru coto, ai nitaru mono. ¶ Item, Hum sino celeste. Iap. Foxino yadori.
Gemisco, is. Lus. Gemer. Iap. Niyoi vmequ.
Genites. Lus. Hũa pedra preciosa. Iap. Aru tamano na.
Gémitus, us. Lus. Gemido, ou suspiro. Iap. Niyoi goye, toiqi.
Gemma, æ. Lus. Olho, ou gomo da vide. Iap. Budōno medachi. ¶ Item, Pedra preciosa. Iap. Tama, xuguiocu.
Gémmula, æ. dim. Idem.
Gemmans, antis. Lus. Resplandecente a maneira de pedra preciosa. Iap. Tamano gotoqu cacayaqi vataru mono.
Gemmasco, is. Lus. Brotarem as aruores. Iap. Qiga medatçu. ¶ Item, Fazerse duro, e semelhante a pedra preciosa. Iap. Tamano yōni cataqu naru.
Gemmatus, a, ũ. Lus. Ornado de pedras preciosas. Iap. Tamauo tçurane cazaritaru mono.
Gemmeus, a, um. Lus. Cousa feita de pedra preciosa. Iap. Tamanite tçucuritaru mono. ¶ Item, Cousa feita a semelhança de pedra preciosa. Iap. Tamano yōni tçucuritaru mono.
Gémmifer, a, um. Lus. Cousa que traz, ou tem pedras preciosas. Iap. Tamauo motçu mono.
Gemmo, as. Lus. Brotar o olho, ou gomo as ar-

as aruores. Iap. Medatçu, megumu.
Gemmosus, a, um. Lus. Cousa ornada de muitas pedras preciosas. Iap. Tamauo tçu rane cazaritaru mono.
Gemo, is. Lus. Gemer. Iap. Niyô, vmequ. ¶ Item, Ranger, ou soar de cousas inani madas. Iap. Monoga naru, votoga suru, mutimequ. ¶ Itẽ, Chorar. Iap. Naqu. ¶ Itẽ, Cãtar apôba, ou rola, &c. Iap. Fatoga naqu.
Gemoniæ, dicebantur scalæ Romæ, ad quas corpora damnatorum impacto vnco trahe bantur.
Gemursa, æ. Lus. Hum inchaço que nace debaixo dos dedos dos pes. Iap. Axino yubino farani dequru xumot.
Gena, æ. Lus. Capellas dos olhos. Iap. Ma buta. ¶ Item, As faces do rosto. Iap. Fô.
Genauius, a, um. Lus. Golcso, ou comedor. Iap. Taixocuuo suru mono.
Genea, æ. Lus. Companhia de mil homens de caualo. Iap. Xenguino sonaye. ¶ Itẽ, Hum certo espaço de tempo. Iap. Sadama ritaru ficazuno aidauo yũ.
Genearcha, æ. Lus. A cabeça da geração, ou linhagem. Iap. Ichizocuno tôriô.
Genealogia, æ. Lus. Linha, ou descripção dalgũa geração. Iap. Ichimonno qeizzu.
Gener, eri. Lus. Genro. Iap. Muco.
Generabilis, e. Lus. Cousa que se géra facilmente. Iap. Xôji, l, ideqiyasuqi mono.
Generâlis, e. Lus. Cousa géral, ou vniuersal. Iap. Amaneqi coto, sôzôno coto, sônamino coto.
Generaliter, adu. Lus. Geralmente. Iap. Amanequ, voxinabete, sônamini.
Generatim. Idem. ¶ Item, Por cada genero, ou especie. Iap. Xinajinani.
Generasco, is. Lus. Nacer. Iap. Vmaruru, xôzuru.
Generatio, onis. Lus. Géração. Iap. Vmaruru, l, xôzuru coto nari, xuxxô.
Generator, oris. Lus. O que géra, ou produze. Iap. Xuxxô saturu mono, xôjiidasu mono.
Género, as. Lus. Gérar, produzir. Iap. Xuxxô sasuru, xôji sasuru. ¶ Item, per trãsl. Inuentar, descobrir. Iap. Tacumi idasu.
Generosè, adu. Lus. Forte, valerosamente. Iap. Tçuyoqu, yumiô xôjinno cocorouo motte.
Generositas, atis. Lus. Nobreza, ou magnanimidade. Iap. Côqe, iyetaca, l, quôqi, yũqi.
Generosus, a, um. Lus. Nobre, & de alta géração. Iap. Côqeno fito. ¶ Item, per transl. Magnanimo. Iap. Quôqi, yũqi naru mono. ¶ Item, Cousa excellente, e de boa casta. Iap. Suguretaru coto. Vt arbor generosa.
Génesis, is. Lus. Géração, produção. Iap. xuxxô. ¶ Item, Estrela em que homẽ nace. Iap. Fitono vmarejôni ataru foxi.
Genethliaci, orum. Lus. Astrologos que colligem a ventura do homem polo dia, & hora em que nace. Iap. Medo, yeqiuo toru mono.
Genethlia, orum. Lus. Festas q̃ se fazem no dia do nacimento. Iap. Tanjônichino iuai.
Genethlius, a, um. Lus. Cousa do nacimẽto. Iap. Tanjônichini ataru coto.
Genethliacus, a, um. Idem.
Geniâlis, e. Lus. Cousa que pertence a prazeres, & boa vida. Iap. Yeiguatanoxini ataru coto. ¶ Genialis homo. Lus. Agasalhador, largo, & liberal. Iap. Furumai zuqi, furumaite, l, quôqinaru fito, quatdat naru mono. ¶ Genialis copia pecudum, i. fœcunda.
Genialiter, adu. Lus. Deleitosa, & esplendidamente. Iap. Quacqeini, quareini, qeccôni.
Geniculatim, adu. Lus. De noo em nô, Iap. Fuxibuxini.
Geniculatus, a, um. Lus. Cousa que tem muitos nôs. Iap. Fuxino xigueqi mono.
Geniculum, i. Lus. Noo da canna, ou da erua. Iap. Taqe, cusano fuxi. ¶ Itẽ, Olho, ou gomo da aruore. Iap. Qino medachi.
Génimen, inis. Lus. Géração. Iap. Sugime.
Genista, æ. Lus. Giesta. Iap. Faguini nitaru coguino taguy.
Genitale, is. Lus. Membro genital de homẽ, ou

ou outro animal. Iap. Tamaguqi.

Genitalis, e. Lus. Cousa que tem virtude de gérar. Iap, Xŏzuru xeiuo mochitaru mono. ¶ Genitale solum. Lus. Patria. Iap. Cojiŏ. ¶ Genitalis dies. Lus. Dia do nacimento. Iap. Tanjŏnichi. ¶ Genitalia membra, l, Genitales partes. Lus. Mẽbro genital de homem, ou molher. Iap. Tamaguqi, guiocumon, ingio.

Genitaliter, adu. Lus. Com virtude pera gérar. Iap. Xŏzuru xeitocuuo motte.

Genitiuus, a, um. Lus. Cousa que tem virtude pera gérar. Iap. Xŏzuru xeitocuuo mochitaru mono. ¶ Interd. Cousa natural que nace com nosco. Iap. Vmaretçuqini mochitaru coto. ¶ Item, Cousa de linha de géração. Iap. Sugimeni ataru coto, l, vgini ataru coto. ¶ Item, Cousa q̃ pertence a géração. Iap. Monouo xŏzuruni ataru coto.

Génitor, oris. Lus. Pay. Iap. Chichi, ximbu.

Génitrix, icis. Lus. May. Iap. Faua, bogui.

Genitûra, æ. Lus. O gérar. Iap. Xŏzuru cotouo yŭ. ¶ Item, Conjunção do nacimẽto de cada hum. Iap. Fitono vmaruru jicocuuo yŭ. Suet. ¶ Item, Semente humana. Iap. Fitono tane, yn.

Génitus, a, um. Lus. Cousa nacida, ou gérada. Iap. Xŏjitaru mono, vmaretaru mono. ¶ Genitus in seruitio. Lus. Nacido seruo. Iap. Vmaretçuqino fiquan. ¶ Genitus ad superbiam. Lus. Soberbo naturalmente. Iap. Vmaretçuqino manqijin.

Genius, ij. Veterum sententia dicitur vnius cuiusq; anima rationalis: multi eundem esse genium, & larẽ tradiderunt. Aliquibus genius dicitur hospitalitatis, & voluptatis Deus. ¶ indulgere genio. Lus. Darse a boa vida. Iap. Quacqeiuo suru, yeiguani fuguru. ¶ Item, Genius, ij. Lus. Ar, e graça de qualquer cousa. Iap. Airŏraxija, xiuo.

Gens, entis. Lus. Nação, gente. Iap. Dŏcocuno fito. ¶ Item, Familia, géração. Iap. Ichimon, ichizocu. ¶ Homo sine gente. Lus. Homem baixo. Iap. Vgi, xujŏno naql mono. ¶ Gentes, ium. Lus. Gentios. Iap. Christanni arazu xite butjinuo faisuru ninjuuo yŭ. ¶ Item, per transl. Géração de peixes, abelhas. Iap. Vuo, l, fachino ichirui.

Gentiana, æ, Lus. Hũa erua. Iap. Cusano na.

Génticus, a, um. Lus. Cousa da mesma nação. Iap. Vonaji cunino catagui nadoni ataru coto. ¶ Item, Cousa que pertence á mesma familia. Iap. Ichizocu, ichimonni ataru coto.

Gentîlis, e, Lus. Homem da mesma familia. Iap. Ichimŏ, ichizocuno mono. ¶ Item, Os que tem o mesmo nome, ou alcunha. Iap. Dŏmiŏ. ¶ Item, Cousa da mesma nação, ou gente. Iap. Vonaji cunino catagui na doni ataru coto. ¶ Item, Gentio. Iap. Christanni arazu xite butjinuo faisuru ninjuuo yŭ.

Gentilitas, atis. Lus. Parentesco, ou liança da mesma familia. Iap. Ichimonno vchi no yucari. ¶ Item, Multidão de gente da mesma nação. Iap. Dŏcocuno ninjuuo yŭ. ¶ Item, Os da mesma familia. Iap. Ichizocu, ichimonno atçumariuo yŭ. ¶ Item, Origem, & numero de homens nobres que tem o mesmo nome. Iap. Vonaji miŏjiuo mochitaru saburai.

Gentilicius, a, um. Lus. Cousa da mesma familia. Iap. Ichizocuni ataru coto. ¶ Item, cousa da mesma nação. Iap. Dŏcocuno fŭzocuni ataru coto. ¶ Gentilitia nomina. Lus. Nomes que declarão a origẽ dalgũa gente. Iap. Ninnin no miŏji. ¶ Gentilitiũ sacerdotium. Lus. Sacerdocio que vem por direito a algũa familia. Iap. Xisonni tçutauaru Sacerdocio. ¶ Gentilitium hocilli. Lus. Venlhe por géração. Iap. Core xenzo yori tçutauareri.

Genu, u. Lus. Ioelho. Iap. Fiza.

Genus, us. Idem.

Genualia, ium. Lus. Ataduras das pernas. Iap. Qiafan, fabaqino vo.

Genuînus, a, um. Lus. Cousa natural, ou de

R r

de nacimento. Iap. Vmare tçuqitaru coto, xõtocu naru coto. ¶ Genuini dentes. Lus. Dentes queixaes. Iap. Vocuba. ¶ Genuino dente rodere, l, genuinũ frangere. Lus. Dizer mal dalguem em absencia. Iap. Cague nite soxiru, l, caguegotouo yũ. ¶ Genuinus proprie dicitur dens, qui sub genis est, qui simul cũ homine nascitur, & vnà cum eo interit.

Genus, eris. Lus. Geração, l, linhagem. Iap. Sugime, xenzo. ¶ Item, Nação. Iap. Dõcocuno fito. ¶ Item, Laya, genero, &c. Iap. Taguy, ichirui. ¶ Genus etiam appellatur cui subjicitur species. ¶ Aliqñ. Sumitur pro accidente partium orationis. Vt animal est generis neutri.

Geodæsia, æ. Lus. Sciencia de repartir as terras, &c. Iap. Monono daixôuo facaru gacumon.

Geodætes, is. Lus. O q̃ diuide, ou mede as terras, ou campo. Iap. Qenchi suru fito, l, saiuo vtçu fito.

Geographia, æ. Lus. Descripção das terras. Iap. Xococuno yezzu.

Geomantia, æ. Lus. Adiuinhação que se faz pola terra. Iap. Tçuchiuo mite vranõ coto uo yũ.

Geomantes, is. Lus. O que adiuinha vendo a terra. Iap. Tçuchiuo mite vranõ mono.

Geómetres, & Geómetra, æ. Lus. O que mede, ou diuide as terras. Iap. Gidaiuo cangaye facaru mono.

Geometria, æ. Lus. Arte, ou sciencia de medir a terra. Iap. Gidaiuo cangayuru gacumon.

Geométrice, es. Idem.

Geométrica, orum. Lus. Preceitos de geometria. Iap. Miguino gacumonno xiyõno fatto.

Geométricus, a, um. Lus. Cousa pertencente a geometria. Iap. Giuo cangaye facaru gacumonni ataru coto.

Geórgica, orum. Lus. Liuros de agricultura. Iap. Cõsacuno xiyõuo voxiyuru xomot.

Geórgicus, a, um. Lus. Cousa pertencente a agricultura. Iap. Cõsacuni ataru coto.

Geranion, ij. Lus. Hũa erua. Iap. Cusano na.

Gerdius, ij. Lus. Moço. Iap. Varabe, comono.

Gerens, entis. Lus. O que faz. Iap. Tçutomuru mono.

Geritio, onis. Lus. Administração. Iap. Saiban.

Germâna, æ. Lus. Irmaam inteira. Iap. Ippucu ixxõno vonna qiõdai.

Germanè, adu. Lus. Sincera, e inteiramente como irmão. Iap. Qiõdaino yõni, xõgi qi xôroni.

Germanitus, adu. Idem.

Germánitas, atis. Lus. Irmandade. Iap. Qiõdaino nacà, taixet.

Germânus, a, um. Lus. Irmão inteiro. Iap. Ippucu ixxõno qiõdai. ¶ Aliqñ. Cousa semelhante. Iap. Ainitaru coto. ¶ Itẽ, Cousa verdadeira, e sincera. Iap. Fonxiqi naru mono, fitcye naru coto. ¶ Germana patria. Lus. Propria patria. Iap. Coqiõ.

Germen, inis. Lus. Vergontea da aruore. Iap. Medachi, codachi, iuuai.

Germinasco, is. Lus. Brotar, e deitarẽ vergõteas as aruores. Iap. Mecatçu.

Germinatio, onis, l, Germinatus, us. Lus. O brotar, e deitar vergonteas as aruores. Iap. Medatçu coto nari.

Gérmino, as. Lus. Brotar as aruores. Iap. Medatçu, megumu.

Gero, is, gessi, stum. Lus. Trazer. Iap. Mochiqitaru. ¶ Interd. Ter. Iap. Motçu. ¶ Itẽ, Fazer. Iap. Suru, itasu. ¶ Interd. Gouernar. Iap. Vosamuru. ¶ Moderatè se gerere. Lus. Auerse moderadamente. Iap. Cõxeqiuo mamaxiqu suru. ¶ Ingenium callidum gerere. Lus. Ser malicioso. Iap. Voxidamaru, vadacamaru. ¶ Honores gerere. Lus. Ter officios honrosos. Iap. Iõxocuuo tçutomuru. ¶ Gerere inimicitias. Lus. Andar em inimizades. Iap. Nacauo tagõ.

Gerræ, arum. Lus. Hũas grades tecidas de vimes

vlinies. Iap. Tçuzzura nite cumitaru cotoxi. ¶ Item, Cousas vaas, ou palauras leues. Iap. Zǒua, yeqi naqi coto.

Gerres, is. Lus. Hũ peixe. Iap. Vuono na.

Gerro, onis. Lus. O que fala cousas leues, e de riso. Iap. Yeqi naqu zǒua suru fito.

Gérulus, i. Lus. O que leua ás costas algũa cousa por dinheiro. Iap. Niuo ninǒte miuo suguru mono

Gerusia, æ. Lus. Conselho, ou ajuntamẽto de vereadores, ou senadores. Iap. Tcoro no xucurǒno atçumari. ¶ Item, O lugar onde fazem senado, ou conselho. Iap. Quaixo.

Gesoreta, æ. Lus. Hum nauio de vigia. Iap. Qeigobuneno taguy, l, qenminorune.

Gesta, orum. Lus. Façanhas militares. Iap. Yumiyano cǒmiǒ, l, tegara.

Gestâmen, inis. Lus. Cousa q̃ se traz como vestido, armas, etc. Iap. Mini tçusuru mono, motaruru mono, cataguearuru mono. ¶ Item, Carga. Iap. Nimot, vomoni.

Gestatio, onis. Lus. O leuar, ou acarretar algũa cousa. Iap. Monouo mochiyuqu, l, cataguru coto nari. ¶ Itẽ, Hum lugar onde se hiam pera conualecer, ou recrear se. Iap. Qiuo nobaxi, yǒjǒno tameni tçucuritaru tocoro.

Gestatorium, ij. Lus. Andas, coche, &c. Iap. Norimono.

Gestatorius, a, um. Lus. Cousa que serue pera acarretar. Iap. Monouo facobu dǒgu, nosuru dǒgu.

Gestatus, us. Lus. O leuar, ou acarretar algũa cousa. Iap. Monouo mochiyuqi cataguru cotouo yũ.

Gestatus, a, um. Lus. Cousa leuada. Iap. Motaretaru mono.

Gesticularia, æ, l, Gesticulatrix, icis. Lus. Molher trejeitadora. Iap. Xirabiǒxi.

Gesticulatio, onis. Lus. Trejeitos, ou meneos. Iap. Moyǒ, vodorrçu, mǒtçu, mongiacu suru coto nari.

Gesticulator, oris. Lus. Trejeitador, ou o que com meneos alegra o pouo. Iap. Moyǒ uo xite banminuo yorocobasuru mono.

Gesticulor, aris. Lus. Fazer meneos, ou trejeitos com o corpo. Iap. Teyǒ, mioyǒuo naxi mongiacu suru mono. ¶ Gesticulari carmina. Lus. Bailar ao som do que se cãta. Iap. Vtani auaxete vodoru. Suet.

Gestiens, entis. Lus. O que salta de prazer, e alegria. Iap. Yoroconde tobifanuru, quaguii yuyacusuru mono.

Gestio, is, iui, l, ij. Lus. Cõ gestos do corpo mostrar alegria, ou outro algum affeito. Iap. Xinginno yorocobi nadouo moyǒ uo motte focani arauasu. ¶ Interd. Desejar intẽsamẽte algũa cousa, & mostrar lo exteriormente. Iap. Fucaqi nozomi uo focani arauasu.

Gestio, onis. Lus. Administração, ou o tercuidado dalgũa cousa. Iap. Monouo tori atçucai sabaqu coto nari.

Gesto, as. Lus. Leuar, ou trazer sẽpre. Iap. Motçu, tazzusayuru.

Gestito, as. freq. Idem.

Gestuosus, a, um. Lus. O que tem graça nos meneos. Iap. Xiuoraxiqu moyǒuo suru mono.

Gestus, a, um. Lus. Cousa feita. Iap. Xetaretaru coto. ¶ Itẽm, Cousa leuada, ou trazida. Iap. Mochi yuqitaru coto, mochi qitaritaru coto, tazzusayetaru coto.

Gestus, us. Lus. Gesto, ou meneo do corpo. Iap. Mino nari, cacari, moyǒ.

Gethyum, ij. Lus. Hum genero de cebola. Iap. Fitomojino rui.

G ANTE I.

Gibber, a, um. Lus. Corcouado. Iap. Coxi cagamitaru mono.

Gibberosus, a, um. Idem.

Gibbosus, a, um. Idem.

Gibbus, a, um. Lus. Cousa corcouada, ou curua. Iap. Vǒjegoxi naru mono, coxi cagamitaru mono, l, cubocanaru mono vyenǒ fǒni ataru coto.

Gibbus, i. Lus. Corcoua. Iap. Vǒje, xenacano cagamitaru cotouo yũ. ¶ Item, Qualquer inchaço como lobinho, &c. Iap. Mininidequru cobu.

Gigantéus, a, um. Lus. Cousa de gigante. Iap.

Iap. Inixiye furŭno fitoni xiqixin, chica ra fanafada masaritaru fitoni ataru coto.

Gigantomachia, æ. Lus. Peleja de gigantes. Iap. Miguino ichiruino tatacai, l, caxxen.

Gigas, antis. Lus. Gigante. Iap. Miguino vôfito.

Gigeria, orum. Lus. Descaida de galinha. Iap. Niuatorino qimo farauatauo feôrini xitaruuo yŭ.

Gigno, is, genui, genitum. Lus. Gerar. Iap. Xŏzuru.

Geno, is. Idem. antiq.

Gilbus, a, um. Lus. Cousa de côr baya. Iap. Curi ironaru mono.

Gingiua, æ. Lus. Gengiua. Iap. Faguqi.

Gingiuula, æ, dim. Idem.

Gingrio, is, ij, itum. Lus. Cantar o pato. Iap. Gaga naqu.

Gingrinus, i. Lus. Hum instrumento de em burulhar o fiado. Iap. Itouo curu dŏgu.

Gith. Lus. Hũa certa semente. Iap. Tane no rui.

G ANTE L.

Glaber, a, um. Lus. Cousa pelada, ou sem cabelos. Iap. Qeno faguetaru mono, l, nuqetaru mono, l, qeno naqi mono.

Glabellus, a, um. dim. Idem.

Glabra, l, Glabella, æ. Lus. Espaço antre as sobrancelhas. Iap. Riŏbŏ no mayu no ai, miqen.

Glabreo, es. Lus. Ser sem cabelos, ou pelado. Iap. Qe faguetari, nuqetari. ¶ Itẽ, Ser a terra escaluada. Iap. Yama, voca faguetari.

Glabresco, is. Lus. Pelarse. Iap. Qega faguru, nuquru.

Glabrêta, orum. Lus. Lugares escaluados, e esteriles. Iap. No, yamano faguetaru tocorouo yŭ, arechi, cangi.

Glabrio, onis. Lus. O que não tem cabelos no corpo. Iap. Xintaini qeno naqi mono.

Glabro, as. Lus. Pelar. Iap. Qeuo nuqu, muxiru.

Glaciâlis, e. Lus. Cousa que se congela. Iap. Couori mono.

Glacies, ei. Lus. Caramelo. Iap. Couori.

Glacio, as. Lus. Cõgelar. Iap. Couorasuru.

Glacior, aris. Lus. Congelarse, ou coalharse. Iap. Couoru, caramaru.

Glaciatus, caseus. Lus. Queijo coalhado, e duro. Iap. Catamaritaru Queijo.

Glaciolus, i. Lus. Cauallo q̃ tẽ olhos de gato. Iap. Neconomeno gotoqu naru manaco aru vma.

Glacito, as. Lus. Cantar o pato. Iap. Gaga naqu.

Gladiator, oris. Lus. Esgrimidor, ou homẽ q̃ joga ás cutiladas. Iap. Feifôjin, teifŏ tçucai, l, xiai xite qiriyŏ mono.

Gladiatorius, a, ũ. Lus. Cousa pertencente a estes esgrimidores. Iap. Feifôjin, l, qiriyŏ mononi ataru coto.

Gladiatura, æ. Lus. Arte de esgrima. Iap. Feifôno michi, guei. ¶ Item, Encontro dos que jogam ás cutiladas. Iap. Xiai xite qiriyŏ cotouo yŭ.

Gladius, ij. Lus. Espada. Iap. Tachi, catana, qen. ¶ Item, Cutello. Iap. Fôchŏ. ¶ Item, Peixe agulha. Iap. Fari iuono atguy. ¶ Gladio plumbeo iugulare. Lus. Conuencer a alguem facilmente. Iap. Yasuqu fitouo iy tçumuru. ¶ Suo gladio iugulari. Lus. Conuencerse com suas mesmas palauras. Iap. Vaga cotobauo motte tçumaru, l, vaga atato naru cotobauo yŭ.

Gladiolus, i. dim. Idem. ¶ Itẽ, Hũa erua. Iap. Cusano na.

Glandarius, a, ũ. Lus. Cousa de bolota, ou lande. Iap. Xij, caxinomini ataru coto.

Glandatio, onis. Lus. O colher landes, ou bolotas. Iap. Xij, caxinomiuo firô coto nari. ¶ Item, O apacentar os porcos cõ lande. Iap. Xij, caxinomi nite butauo cai sodatçuru coto nari.

Glandifer, a, ũ. Lus. Cousa q̃ da, ou produze bolotas. Iap. Xij, caxinomiuo xŏzuru mono.

Glandium, ij. Lus. Pescoço, ou papada do porco montés. Iap. Inoxixino firacubi.

Glandula, æ. dim. Lus. Certa carne de porco que tem muitas landoas. Iap. Saneno

goto

gotoqu catamaricaru mono vouoqi butano ńicu.

Glandulæ, arum. Lus. Campainha da boca do porco. Iap. Bu'ano qenyô. ¶ Item, Alporcas. Iap. Ro, xumotno ne.

Glandulosus, a, um. Lus. Cousa chea de bolotas, ou landes. Iap. Xij, caxinomino vouoqi coto.

Glans, andis. Lus. Bolota, lande, &c. Iap. Xij, caxinomi. ¶ Item, Hũa pela de chũbo atada em hum loro de que antigamente vsauam naguerra. Iap. Namarino tama uo nauano saqini tçuqete fitouo vtçu dôgu. ¶ Item, Pars summa colis, quæ præputio tegitur.

Glarea, æ. Lus. Terra pedregosa, e chea de cascalho. Iap. Coixi vouoqi tçuchi, ixiuara.

Glaréola, æ. dim. Idem.

Glareosus, a, um. Lus. Lugar de muita pedra, ou cascalho. Iap. Coixi vouoqi tocoro.

Glastum, i. Lus. Pastel de tingir. Iap. Qen puuo somuru cusanona.

Glaúcito, as. Lus. Ladrar o cachorrinho. Iap. Yenocoga foyuru.

Glaucium, ij. Lus. Hũa erua. Iap. Cusano na.

Gláucoma, atis, l, Gláucoma, æ. Lus. Bellida do olho. Iap. Curomanaconi idequru foxi.

Gláucopis, idis. Lus. Molher que tem os olhos verdes. Iap. Auoironaru manacouo mochitaru vonna.

Glaucus, l, Gláucinus, a, um. Lus. Cousa de côr entre verde, e branco. Iap. Vsuauoqi iro naru mono, vsuaigui iro naru mono. ¶ Glauci oculi. Lus. Olhos verdes. Iap. Moyegui iro naru manaco. ¶ Glaucinæ vestes, l, Glaucina, absolutè. Lus. Vestido de côr verde. Iap. Moyegui irono yxô.

Glaux, cis. Lus. Hũa erua. Iap. Cusano na.

Gleba, æ. Lus. Torrão de terra. Iap. Tçuchicure, xibatçuchi.

Glebula, æ. dim. Idem.

Glebôsus, a, um. Lus. Lugar cheo de torrões. Iap. Tçuchicure vouoqi tocoro.

¶ Item, Cousa da feição do torrão. Iap. Tçuchicureno yônaru mono.

Glessum, i. Lus. Alambre. Iap. Cofacu.

Gleucinum, i. Lus. Hum certo azeite medicinal. Iap. Cusurini mochijru abura no taguy.

Glinon, i. Lus. Hũa aruore. Iap. Qino na.

Glirarium, ij. Lus. Lugar onde se criam arganazes. Iap. Vônezumini nitaru qedamonono aru tocoro.

Glis, iris. Lus. Arganaz. Iap. Vônezumini nitaru qedamono.

Glisco, is. Lus. Crecer, augmentarse. Iap. Vôqini naru, masaru, casanaru. ¶ Item, Desejar muito. Iap. Fucaqu nozomu. ¶ Gliscit terra. Lus. Engrossase a terra. Iap. Giga coyuru.

Globo, as. Lus. Fazer redondo. Iap. Maromuru, maroqu nasu.

Globosus, a, um. Lus. Cousa redonda. Iap. Maruqi mono, yensônaru mono.

Globus, i. Lus. Pela, bola, ou cousa semelhante. Iap. Tama, temari nadono yôni maruqi monouo yû. ¶ Item, Multidão de gente junta em pinha. Iap. Issunno ma mo naqi fitono atçumari, cunju.

Glóbulus, i. dim. Idem. ¶ Item, Almondega. Iap. Reôrino na.

Glócido, as. l, Glocio, is. Lus. Carcarejar a galinha choca. Iap. Niuatorino mendori caigouo atatame, l, couo sodatçuru vchi ni caregoye nite cucumequ.

Glomerâmen, inis. Lus. Cousa redonda como nouelo. Iap. Tama narini tçucuritaru mono.

Glomeratio, onis. Lus. O dobár, ennouelar. Iap. Itouo curu coto nari.

Glómero, as. Lus. Dobár, ennouelar. Iap. Itouo curu. ¶ Item, Enuoluer em figura redonda. Iap. Maroqu monouo maqi tatçuru. ¶ Item, Ajuntar, acumular. Iap. Tçumi casanuru, atçumuru.

Glomus, i, l, eris. Lus. Nouelo. Iap. Tçuguri.

Gloria, æ. Lus. Gloria, e fama. Iap. Meiyo, fomare.

Gloríola, æ. dim. Idem.

Glo-

Gloriabundus,i. Lus. O que se gloria muito. Iap. Fanafada vogoru mono, l. jiman uo suru mono.

Gloriandus,a,um. Lus. Cousa digna de gloria, e fama. Iap. Xucôdôuonni fomerarubeqi mono.

Gloriatio,onis. Lus. O engrandecer cõ louuores algũa cousa. Iap. Mottomo monouo fome cacaguru coto nari.

Gloriator, oris. Lus. O que vãa mẽte se gloria. Iap. Iiman xite vagamiuo fomuru mono.

Glorior,aris. Lus. Gloriarse, jactarse. Iap. Vogoru, jimanuo vocosu, qêôman suru.

Gloriose,adu. Lus. Cõ gloria, e louuor. Iap. Meiyoni, cômiôuo qiuamẽte. ¶ Item, Vãogloriosamẽte. Iap. Iimã xite, vogotte.

Gloriôsus, a,um. Lus. Cousa celebre, ou digna de gloria, e fama. Iap. Meiyo, l, fomare tacaqi mono, l, xôsan xerarubeqi mono. ¶ Itẽ, Vãoglorioso. Iap. Iiman uo vocosu mono.

Glos, tis. Lus. Cunhada, molher do irmão. Iap. Ani yome, vototo yome.

Glossa, æ. Lus. Lingoa. Iap. Xita. ¶ Item, Grosa, ou interpretação de escritura. Iap. Chŭxacu.

Glossêma,atis. Lus. Palaura escura, e pouco vsada. Iap. Cobitaru cotoba, l, tçuneni tçucauazaru cotoba.

Glossógraphus, i. Lus. O que interpreta, e declara palauras escuras. Iap. Xomot, l cobitaru cotobauo chŭ suru fito,

Glossopetra,æ. Lus. Hũa pedra preciosa. Iap. Meixuno na.

Glottis,idis. Lus. Hũa lingoazinha que tapa a boca do cano da garganta do folego. Iap. Qenyô. ¶ Itẽ, Hũa aue. Iap. Torino na.

Glubo ,is. Lus. Tirar a cortiça as aruores, ou esfolar. Iap. Monono cauauo fagu.

Gluma,æ. Lus. Casca em que esta enuolto o grão do trigo. Iap. Muguino sôcô, nuca casu.

Gluten,inis, l, Glutinum, i. Lus. Cola, ou grude. Iap. Nicaua, nori, socui.

Glutinamentum, i. l, Glutinatio, onis. Lus O grudar, ou ajũtar hũa cousa cõ outra. Iap. Nicaua nado nite tçugui auasuru coto uo yŭ.

Glútinator, oris. Lus. O que gruda, ou ajũta. Iap. Nicaua nadonite monouo tçugui auasuru fito.

Glútino, as. Lus. Grudar. Iap. Nicaua nado nite monouo tçuquru.

Glutinosus, a, um. Lus. Cousa pegadiça. Iap. Nebaqi coto.

Glutio, is, iui, itum. Lus. Tragar. Iap. Nomicomu.

Glutus,a, um. Lus. Cousa bem amassada, e vnida. Iap. Neyaxitaru mono.

Glycimerides, is. Lus. Hum peixe. Iap. Vuono na.

Glycirrhiza, æ. Lus. Alcasuz. Iap. Canzô.

G ANTE N.

Gnaphalium, ij. Lus. Hũa erua. Iap. Cusano na.

Gnarè, adu. Lus. Doutamente. Iap. Qẽsaini, l, saichiuo motte. ¶ Itẽ, Claramente. Iap. Aqiracani, meifacuni.

Gnariter, Idem. Apud antiq.

Gnaritas, atis. Lus. Inteligencia, experiencia. Iap. Mononi côuo tçumitaru cotouo yŭ, l mononi annaiuo xiritaru cotouo yŭ.

Gnarus, a, um. Lus. Inteligente, &experimentado. Iap. Monoxiri, côxa. ¶ Item, Cousa conhecida. Iap. Xiretaru coto.

Gnata, æ. Lus. Filha. Iap. Socugio, musume.

Gnathos. Lus. Queixada. Iap. Fô, aguito.

Gnatus, i. Lus. Filho. Iap. Musuco, l, xisocu.

Gnauiter. Lus. Diligente, e cuidadosamẽte. Iap. Saicanni, cocorogaqete.

Gnauus, i. Lus. Prompto, e diligente. Iap. Saicannaru mono.

Gnesion, ij. Lus. Hum genero de aguia. Iap. Vaxi cumadacano rui.

Groma, æ. Lus. Hum certo instrumento com que se conheciam os limites dos cãpos. Iap. Denbacuno sacaimeno xiruxi.

Gno

Gnomæ, arum. Lus. Ditos, ou sentenças que comummente se vsam. Iap. Fonmon, cotouaza, fongo.

Gnomon, onis. Lus. Estilo de relogios de sol. Iap. Fino toqeino nacani tatçuru chijsaqi qiuo yũ. ¶ Item os dentes por onde se conhece a idade das bestas. Iap. Guiubano toxiuo cangaye xiru aru fa.

G ANTE O.

Gobius, ij. Lus. Hum peixe. Iap. Vuo no na.

Goëtia, æ. Lus. Encantamento, ou feitiço. Iap. Majut, marõ, vranai.

Gonorrhæa, æ. Vitium est membrorum genitalium, cùm præter voluntatem sperma collaboranti effluit.

Corgonia, æ. Lus. Coral. Iap. Menõ.

Gosípinus, a, um. Lus. Cousa feita de algodão. Iap. Quataua nite tçucuritaru mono.

Gosipium, ij. Lus. Aruore que dá algodão. Iap. Quatano qi.

G ANTE R.

GRab. Lus. Hũa doença dos olhos. Iap. Ganqe.

Grabátus, i. Lus. Leyto, ou catre pequeno. Iap. Chijsaqi nedoco. ¶ Item, Leyto pobre. Iap. Fininno toco.

Gracilentus, a, um. Lus. Cousa delgada. Iap. Fosoqi mono. ¶ Item, Cousa magra. Iap. Yaxetaru mono.

Gracilesco, is. Lus. Emmagrecer. Iap. Yasuru, cajiquru. ¶ Item, Fazerse delgado. Iap. Fosoqu naru.

Grácilis, e. Lus. Cousa delgada. Iap. Fosoqi mono. ¶ Item, Cousa magra. Iap. Yaxetaru mono. ¶ Item, Cousa branda, e mole. Iap. Yauaraca naru mono.

Grácilens, entis. idem apud antiq.

Gracilitas, atis. Lus. Delgadeza do corpo. Iap. Mino fososa. ¶ Item, Magreira. Iap. Yaxetaru cotouo yũ.

Gracilitudo, inis. Idem.

Grácus, i, l, Gráculus, i. Lus. Gralha. Iap. Carasuno taguy.

Gráculus, i. Lus. Hum peixe. Iap. Vuono na.

Gradarij equi. Lus. Caualos de bom, e quieto andar. Iap. Vodorazu xite curano vchino yoqi vma, curajitano tçuyoqi vma.

Gradatim, adu. Lus. De passo é passo, l, de grao, em grao. Iap. Dandanni. ¶ Item, Pouco a pouco. Iap. Sorori sorórito, jenjenni.

Gradatiõ, onis. Apud Rhetores dicitur, cũ ex prima sententia oritur secunda, & ex secunda tertia, atq; ita deinceps.

Gradatus, a, um. Lus. Cousa feita em degraos. Iap. Dandanni tçucuraretaru coto, l, giñgiñni aru coto.

Gradior, eris, gressus. Lus. Andar. Iap. Ayomu, ariqu, yuqu.

Gradus, us. Lus. Degrao. Iap. Dan, faxinoco, l, qidafaxino dan. ¶ Item, Passo, l, passada. Iap. Fito axino aida. ¶ Addere gradum. Lus. Apresar o passo. Iap. Ayo miuo fayamuru. ¶ Gradum facere. Lus. Porse em riba de hũa cousa pera da hi sobir a algũa parte. Iap. Axi tçuguiuo suru. ¶ Gradum iacere ad aliquam rem. Lus. Abrir o caminho pera algũa cousa. Iap. Monono michiuo aquru. ¶ Gradu mouere. Lus. Fazer recuar, ou tornar a tras a alguẽ. Iap. Xirizoquru, ato axiuo fumasuru. ¶ Dejici de gradu. Lus. Perder o animo, e esforço. Iap. Vocusuru, chicarauo votosu. ¶ Gradus cognationis. Lus. Grao de parentesco. Iap. Xinruino xidai, sugimeno giñgiñ. ¶ Item, Reputação, e honra. Iap. Sôqiõ, fomare, curai.

Græcisso, as. Lus. Imitar os gregos. Iap. Greciano cuninofitouo manabu.

Græcor, aris. Lus. Darse ademasiados conuites, e beberetes. Iap. Furumai, xuyenuo sugosu, inxiyni chôzuru.

Grallæ, arum. Lus. Huns paos altos que tem hũas forquilhas sobre que estribam os pès pera andar. Iap. Sague axi.

Grallator, oris. Lus. O que anda sobre estes paos. Iap. Sague axini noru mono.

Grallatorius, a, um. vt Grallatorius gradus. Lus. Passo grande como o dos q andam ẽ estes paos. Iap. Sague axini notte matagaru monono gotoqu firoqu matagaru cotouo yũ. Gra-

Gramen, inis. Lus. Grama erua. Iap. Xibacusa.

Gramiæ, l, Gramæ, arum. Lus. Remela dos olhos. Iap. Meno yani, maqe.

Gramineus, a, um. Lus. Cousa feita de grama erua. Iap. Xibacusa nite tçucuritaru coto.

Graminosus, a, um. Lus. Lugar abundante de grama. Iap. Xibacusano vouoqu aru tocoro.

Gramma, atis. Lus. Letra. Iap. Monji.

Grammateus, ei. Lus. Escriuão judicial. Iap. Cuji sata xoreŏ tôni ataru cotouo xiruxi motçu yǔfit.

Grammatias, æ. Lus. Hũa pedra preciosa. Iap. Meixuno na.

Grammatica, æ, l, Grãmatice, es. Lus. Grãmatica. Iap. Cotobano tçuraneyŏ, monouo caqu tenisauo voxiyuru gacumon.

Grammatica, orũ. Lus. Estudo da grãmatica. Iap. Grãmaticatoyǔ gacumonno narai.

Grammaticè, adu. Lus. Grãmaticamente. Iap. Miguino gacumonno fattoni xitagatte.

Grammatici, orum. Lus. Criticos que censurauam a os outros escritores. Iap. Yono gacuxŏno vyeuo tadaxi togamuru gacuxŏ. ¶ Item, Letrados. Iap. Gacuxŏ.

Grammaticus, a, um. Lus. Cousa pertencente a grãmatica. Iap. Miguino gacumonni ataru coto.

Grammaticus, i. Lus. O que ensina grãmatica. Iap. Miguino gacumonuo voxiyuru fito.

Grammatista, æ. Lus. Mediocre letrado. Iap. Feitano gacuxŏ, futçǔno monoxiri.

Grammatophilacium, ij. Lus. Lugar onde se guardam escrituras publicas, historias, &c. Iap. Cunino cujisata, matçurigoto, nendaiqi tôuo vosame voqu tocoro.

Gramme, es. Lus. Linha, risca. Iap. Qe, sugi.

Gramosus, a, um, l, Graminosus, a, um. Lus. Remeloso. Iap. Metadare.

Granarium, ij. Lus. Cileiro, ou tulha. Iap. Gococuuo vosamuru cura, l, tocoro.

Granatum, i. Lus. Romaã. Iap. Zacuro.

Granatus, a, um. Lus. Cousa que tem muitos grãos como romaã, &c. Iap. Zacuro no gotoqu tçubuno vouoqi mono.

Grandæuitas, atis. Lus. Velhice, ou idade de velho. Iap. Voi, rŏgo.

Grandæuus, a, um. Lus. Cousa de muita idade. Iap. Toxi, voi, youai catamuqitaru mono, gocurŏ xitaru mono.

Grandesco, is. Lus. Crecer, fazerse grande. Iap. Futoru, xeigiŏ suru, xeijin suru.

Grandigro, as. Lus. Andar a passo largo. Iap. Matagatte ayumu. Plaut.

Grandiloquentia, æ. Lus. Graue, & sublime estilo no falar. Iap. Qetacaqu benjet ni monouo yǔ cotouo yǔ.

Grandiloquus, a, um. Lus. O que fala em graue, & elegante estilo. Iap. Cotobano tenifa, sugurete qeccôni bunuo motte monouo yǔ fito, l, bunuo motte benjet nicô ni monouo yǔ fito.

Grandinatus, a, um. Lus. Ferido da saraiua. Iap. Arareno ataritaru mono.

Grandino, as. Lus. Chouer pedra. Iap. Ararega furu.

Grandinosus, a, um. Lus. Lugar em que choue muita pedra. Iap. Arareno tçuyoqu furu tocoro.

Grandio, is, iui, itum. Lus. Fazer grande. Iap. Futorasuru, vôqini nasu.

Grandis, e. Lus. Cousa grande em idade. Iap. Toxi taqetaru mono. ¶ Item, Grande. Iap. Vôqinaru mono.

Grandiusculus, l, Grandiculus, a, um. dim. Idem.

Granditas, atis. Lus. Grandeza em idade. Iap. Toxi taqetaru cotouo yǔ. ¶ Item, Grandeza, ou alteza. Iap. Vôqisa, qetacasa.

Granditer, adu. Lus. Grandemẽte. Iap. Vôqini.

Grando, inis. Lus. Saraiua. Iap. Arare. ¶ Item, Hũa doença dos olhos. Iap. Ganqe. ¶ Item, Hũa doença que nace na boca dos porcos. Iap. Butano cuchini idequru vazzurai.

Gra-

Gránifer, a, um. Lus. Cousa que da, ou leua grãos. Iap. Tçubuuo Xôzuru mono, l, facubu mono.

Granosus, a, um. Lus. Cousa de muitos grãos. Iap. Tçubuno vouoqu aru mono. Vt, zacuro, qexi nado.

Granum, i. Lus. Grão de trigo, ceuada, &c. Iap. Vômugui, comugui igueno tçubu.

Graphe. Lus. Escritura. Iap. Xomot. ¶ Item, Acusação, ou reclamação publica contra algũa ley injusta. Iap. Fidŏ naru fattouo sadameraruru toqi, banmin ichidoni suru soxô.

Graphiarium, ij. Lus. Escriuaninha em que se guardam as penas. Iap. Fudezzutçu.

Gráphicè, adu. Lus. Polida, & elegantemẽte. Iap. Qeccôni, itçŭcuxiqu, azayacani.

Gráphice, es. Lus. Arte de pintar. Iap. Yeuo caqu michi. ¶ Item, Cuidado, e diligencia que se poem ẽ limar o que se escreue, ou compoem. Iap. Caqitatetaru xomotuo xensacu suru cocorogaqe, xian, cufŭ.

Gráphicus homo. Lus. Homem bem feito, e composto. Iap. Yeni caqitaru gotoqu itçucuxiqi fito, qiriŏ, cotgara fanayacani taxxitaru fito.

Graphis, idis. Lus. Debuxo sobre q̃ se pinta a imagem. Iap. Xitaye.

Graphium, ij. Lus. Estilo, ou ponteiro de ferro pera escreuer. Iap. Mucaxi monjiuo fo ritçuqe, caqitaru tagane.

Grassatio, onis. Lus. O saltear os caminhos. Iap. Yamadachi, gŏdŏ suru coto nari.

Grassatura, æ. Idem.

Grassator, oris. Lus. Salteador de caminhos. Iap. Yamadachi, gŏdŏ, voifagui suru fito.

Grassor, aris. Lus. Saltear os caminhos. Iap. Yamadachiuo suru, gŏdŏ suru. ¶ Item, Andar com passo muiapressado, e impetuoso. Iap. Yqiuŏte aruqu, isogaxigueni ayumu. ¶ Itẽ, Embrauecerse contra alguem, ou arremeter a alguem. Iap. Fitoni mucatte xinyuo vocosu, l, fitoni qisoi cacaru. ¶ Grassatur pestis. Lus. Vai crecẽdo furiosamente a peste. Iap. Yeqireiga xiqirini facanaru, sacanni naru.

Gratè, adu. Lus. Agradecidamẽte. Iap. Vŏuo xitte. ¶ Itẽ, Iucũda, e agradauelmẽte. Iap. Cocoro yoqu, vrexiqute.

Grates. Lus. Agradecimentos do beneficio recebido. Iap. Vqetaru vonno rei.

Gratia, æ. Lus. Beneficio. Iap. Vŏxŏ. ¶ Itẽ, Agradecimento. Iap. Vonxŏno fŏjano cocorozaxi. ¶ Itẽ, Beneuolencia, e fauor. Iap. Conxet, ceinei, chisŏ. ¶ Item, Causa, occasião, in ablat. tantùm. Iap. Xisai, yuye. ¶ Referre gratiã. Lus. Pagar na mesma moeda. Iap. Fitono vongiŏni xitagatte fŏuo nasu, l, vonua von, atauа atanite fŏzuru. ¶ Cũ illo magna est mihi gratia. Lus. Somos grandes amigos. Iap. Tagaini xitaxiqu, vannaqu cocorouo tçŭzuru. ¶ Gratias habere. Lus. Agradecer, ou conhecer o beneficio. Iap. Vonuo xiru. ¶ Facere gratiam. Lus. Perdoar o que lhe deuiá, ou remittir algũa obrigação. Iap. Fitoni vŏxetaru cotouo yurusu, l, xezuxite canauanu cotouo yurusu. ¶ Recipere aliquem in gratiã. Lus. Receber a alguem ẽ sua graça, e amizade primeira. Iap. Ycŏuo yamẽte chijn suru. ¶ Redire in gratiam. Lus. Reconciliarse. Iap. Nacanauori uo suru. ¶ Esse in gratia. Lus. Estar em graça, e ser aceito a todos. Iap. Bãminni qioyŏ xeraruru. ¶ Est gratia. Lus. Dar os agradecimentos. Iap. Vonno reiuo yŭ.

Gratificatio, onis. Lus. O fazer cousa aceita a alguem. Iap. Fitono qini vŏ cotouo suru coto nari.

Gratificor, aris. Lus. Fazer cousa agradauel. Iap. Fitono qini vŏ cotouo suru, vonuo qisuru.

Gratiosè, adu. Lus. Graciosa, e fauorauelmẽte. Iap. Fito ai yoqu, chisŏ xite.

Gratiosus, a, ũ. Lus. Homẽ bẽ quisto, e fauorecido de todos. Iap. Fitoni aixŏno yoqi mono, l, tadaxiqi guiŏguiniyotte, fito yori taixetni vomouaruru mono.

Gratis, adu. Lus. De graça, e sẽ premio. Iap. Muyenni, yuixo naqu. ¶ Item, De sua propria vŏtade. Iap. Nozomino vyeyori, jiyŭni.

S s Gra-

Grator, aris. Lus. Moſtrar alegria do bẽ alheo. Iap. Fitono cŏjiuo iſami yorocobu.
¶ Gratari ſuperis. Lus. Dar graças a Deos, e fazer lhe ſacrificio por algum bom ſucceſſo. Iap. Xutrai xitaru xiauaxe yoqini yotte, Deusye vŏreiuo mŏxi tamuqeuo naſu.

Gratuitò, adu. Lus. De graça. Iap. Muyenni, yuixo naqu.

Gratuitus, a, ũ. Lus. O que ſe da de graça. Iap. Muyenni atayeraruru coto.

Gratulabundus, a, um. Lus. O que muito ſe alegra de ſeu bem, ou do alheo. Iap. Iitano cŏjiuo yorocobi iſamu fito.

Gratabundus, a, um. Idem.

Gratulatio, onis. Lus. O alegrarſe do bom ſucceſſo proprio, ou alheo. Iap. Iitano xutrai xitaru yoqi xiauaxeuo yorocobu coto nari. ¶ Item, Prociſſão publica, e acçam de graças por algum beneficio géral. Iap. Deus coccani ataye cudaſaretaru vôqinaru govonno vonreitoxite banmin tori voconaitaru guiŏdŏ.

Grátulor, aris. Lus. Moſtrar alegria do bem alheo. Iap. Fitono cŏjiuo iſami yorocobu. ¶ Itẽ, Dar graças ẽ comũ a Deos por algum bõ ſucceſſo. Iap. Xutrai xitaru yoqi xiauaxeni yotte, banmin yori Deusye vonreiuo naxitatematçuru.

Gratus, a, um. Lus. Couſa agradecida. Iap. Vŏuo xiru mono. ¶ Item, Couſa agradauel. Iap. Qiniaitaru coto. ¶ Gratum facere. Lus. Fazer algũ ſeruiço, ou couſa aceita a outrẽ. Iap. Fitono qini yŏ cotouo ſuru.

Grauaſtellus. Lus. Velho, anciáo. Iap. Rŏjin, xucurŏ.

Grauatè, adu. Lus. Peſadamẽte, e cõtra võtade. Iap. Sucumete, fuxŏni, cocoro narazu.

Grauâtim, adu. Idem.

Grauatus, a, ũ. Lus. O que faz algũa couſa de maà võtade. Iap. Fuxŏni monouo ſuru fito.

Grauedinoſus, a, um. Lus. Sojeito a carregamento de cabeça com catarro, e toſſe. Iap. Xiguequ gaiqiuo ſuru mono.

Grauêdo, inis. Lus. Carregamento de cabeça com catarro, e toſſe. Iap. Gaiqi.

Grauéolens, entis. Lus. Couſa de cheiro roim. Iap. Cuſaqi mono, l, xŭqiuo faſſuru mono.

Graueolentia, æ. Lus. Mao cheiro. Iap. Xŭqi.

Graueſco, is. Lus. Fazerſe peſado. Iap. Vomoqu naru, vomoru.

Grauiditas, atis. Lus. Emprenhidão. Iap. Quainin, quaitai, quaiyô faramitaru cotouo yŭ.

Gráuido, as. Lus. Emprenhar. Iap. Quainin ſaſuru. ¶ Grauidare probro. Lus. Carregar a alguem de injurias. Iap. Chijocuuo vouoqu xicaquru.

Gráuidus, a, um. Lus. Couſa carregada de peſo. Iap. Vomoni nadouo xeuoi, l, niuo tçumitaru mono. ¶ Item, Grauida. Molher prenhe. Iap. Quainin, l, quaitaino vonna.

Grauiloquentia, æ. Lus. Pratica, e falar graue. Iap. Çaxicoqu vomouomoxiqi monogatari.

Grauíloquus, a, um. Lus. O que fala grauemente. Iap. Vomouomoxiqu mononuo yŭ fito.

Grauis, &c, e. Lus. Couſa peſada. Iap. Vomoqi mono. ¶ Item, Couſa moleſta, e peſada. Iap. Coraye gataqi mono, xeuaxiqi coto. ¶ Item, Homem graue. Iap. Vomouomoxiqi fito. ¶ Item, Couſa perniciosa, e acerba. Iap. Atani naru mono. ¶ Item, Couſa triſte. Iap. Canaxiqi coto. ¶ Item, Couſa importante. Iap. Daijinaru coto, ſarigataqi coto. ¶ Item, Forte, robuſto. Iap. Yugon naru mono, tçuyoqi mono, giŏbunnaru mono. ¶ Item, Fertil, e fecundo. Iap. Iucugi. ¶ Item, Muito. Iap. Vouoqi coto. ¶ Item, Couſa amargoſa. Iap. Nigaqi coto. ¶ Item, Cheo. Iap. Michitaru coto. ¶ Æs graue. Lus. Dinheiro por baterque ſe via a peſo. Iap. Guinxenno tçucurazu xite, facarini caqete tçucaitaru cane. ¶ Mulier grauis. Lus. Molher prenhe. Iap. Quainin, quaitaino vonna.

Grauitas, atis. Lus. Peſo. Iap. Vomoſa. ¶ Item, Grauidade. Iap. Vomouomoxiſa.

Graui-

¶ Grauitas morbi. Lus. Graueza da doença. Iap. Vazzuraino vomoſa. ¶ Grauitas cæli. Lus. Ares ruins. Iap. Sorano xiqi caguen.

Grauiter, adu. Lus. Mal, e moleſtamente. Iap. Tayegataqu. ¶ Item, Grauemente, com autoridade. Iap. Vomouomoxiqu. ¶ Interd. Muito. Iap. Vôqini, fanafada. ¶ Grauiter ægrotare. Lus. Eſtar muito doente, e com perigo. Iap. Daijini vazzurŏ.

Grauo, as. Lus. Carregar, ou fazer peſado. Iap. Vomoqu naſu. ¶ Interd. Moleſtar a outro. Iap. Fitoni qizzucaiuo ſaſuru, fitono cocorouo nayamaſu.

Gregâlis, e. Lus. Couſa do meſmo rebanho. Iap. Guiñyŏno fitomureni ataru coto. ¶ Item, Companheiro da meſma quadrilha. Iap. Ichimi dôxinno mono, fitocumi no mono.

Gregarius, a, um. Lus. Couſa de rebanho, ou manada. Iap. Guiñyŏno fitomureni ataru coto. ¶ Gregarius miles. Lus. Soldado de bagagem. Iap. Zŏfiŏ. ¶ Gregarius bos. Lus. Nouilho que ainda anda na manada. Iap. Imada maqiniaru vacaqi vxi.

Gregatim, adu. Lus. Em manadas. Iap. Muremureni.

Grego, as. Lus. Ajuntar, congregar. Iap. Atçumuru, ſoyuru.

Gremialis arbor. Lus. Aruore que tem garauatos, & raminhos ſecos. Iap. Caretaru coyedano vouoqu aru qi.

Gremium, ij. Lus. Regaço. Iap. Fizano vye. ¶ Item, Garauatos, ou raminhos ſe cos. Iap. Tçumagui, l, caretaru coyeda.

Greſſus, us. Lus. O andar. Iap. Ayumi, focŏ.

Grex, gis. Lus. Rebanho de gado meudo. Iap. Fitçuji, yaguiñno atçumari, l, muragari. ¶ Aliqñ. Gado groſſo. Iap. Guiŭba nadono muragari, l, atçumari. ¶ Item, Ajuntamento, ou multidão de homens, ou bando de aues. Iap. Fitono muragari, cunju, l, torino mure.

Griphus, i. Lus. Rede de caçar, ou peſcar. Iap. Reô, ſunadorino ami. ¶ Item, Enigma, ou ſentẽça eſcura, & difficil de declarar. Iap. Nazo, l, fumbet xigataqi coſocumadono yŏnaru go.

Groma, atis. Lus. Certa medida de campos. Iap. Qenchiuo ſuru dŏgu.

Groſſus, i. Lus. Figo verde. Iap. Mijucu naru Figoto yŭ conomi.

Gróſſolus, i. dim. Idem.

Gruma, æ. Lus. Certa medida com que ſe ẽdereitam os caminhos tortos. Iap. Yuga micaru michiuo ſuguni naſu giŏjaqu. ¶ Item, Lugar onde ſe encontram, e ajuntam quatro caminhos. Iap. Yotçuno michi-tçuji, chimata.

Grumus, i. Lus. Montizinho de terra, ou morro pequeno. Iap. Vocayama, tçuca. ¶ Grumus ſalis. Lus. Monte de ſal. Iap. Xiuozuca.

Grúmulus, i. dim. Idem.

Grunnio, is, iui, l, ij, itum. Lus. Grunhir o porco. Iap. Butaga naqu.

Grundio, is. Idem apud veteres.

Grunîtus, us. Lus. Grunhido, ou rõco do porco. Iap. Butano naqigoye.

Gruo, is. Lus. Cantar o grou. Iap. Tçuruga naqu.

Grus, is. Lus. Grou. Iap. Tçuru.

Gryllus, i. Lus. Grilo. Iap. Qiriguiriſu, matçumuxi, ſuzumuxi no taguy.

Gryphus, l, Gryps, yphis. Lus. Gripho. Iap. Yotçu axino vôqinaru tori.

Grypus, i. Lus. O que tẽ nariz aquilino. Iap. Nozoqibana, caguibana.

G ANTE V.

Gubernaculum, i. Lus. Leme. Iap. Funeno cagi. ¶ Item, pertransl. Gouerno. Iap. Voſame. ¶ Gubernacula reipub. tractare. Lus. Gouernar a repub. Iap. Coccano maçurigotouo tçucaſadoru.

Gubernatio, onis. Lus. Gouernança. Iap. Voſame.

Gubernator, oris. Lus. Piloto, ou o que gouerna o leme. Iap. Anji, l, candori. ¶ Itẽ, Gouernador. Iap. Voſamete, ſabanſuru mono.

Gubernatrix, icis. Fœm. Lus. A que gouerna.

Iap. Vosãmuru vonna.

Guberno, as. Lus, Gouernar a nao. Iap. Funeuo voiãmuru. ¶ Itẽ, per transl. Gouernar, administrar. Iap. Vosãmuru, saibãsuru.

Gula, æ. Lus. Guëla. Iap. Nodobuye. ¶ Itẽ, Garganta. Iap. Nodo. ¶ Item, per trásl. demasiado apetite de delicados comeres. Iap. Bixocuno ranmô.

Gulosè, adu. Lus. Golosa, e immoderada mente. Iap. Vôguraixite.

Gulosus, a, um. Lus. Comilam, e dado a gula. Iap. Taixocunaru mono, vôjiqi suru mono.

Gullioca, æ. Lus. Casca verde da nôz. Iap. Curumino focano auoqi caua.

Gummatus, a, um. Lus. Cousa que produz goma. Iap. Gomatoyŭ yaniuo xŏzuru mono.

Gummi. Lus. Goma. Iap. Aru qino yani.

Gumminus, a, um. Lus. Cousa feita de goma. Iap. Miguino yaninite tçucuritaru mono.

Gummitio, onis. Lus. O engomar algũa cousa. Iap. Miguino yaninite monouo nuru coto nari.

Gummosus, a, um. Lus. Cousa chea de goma. Iap. Gomatoyŭ yanino vouoqu aru mono.

Gurdus, i. Lus. Estolido, paruo. Iap. Guchinaru mono.

Gurges, itis. Lus. Pego, ou lugar fundo de muitas agoas. Iap. Fuchi, xinyen, fucami. ¶ Item, per transl. Lus. Comilão, insaciauel, ou outra cousa que nã se pode encher, ou fartar. Iap. Vôguraiuo suru mono, l, yorozzuni aqidarazaru mono.

Gurgulio, onis, l, potiùs Curcurio. Lus. Gorgumilo. Iap. Qenyô. ¶ Item, Gurgulho. Iap. Comemuxi.

Gurgustium, ij. Lus. Casa pobre, e estreita. Iap. Iuori, fanifuno coya, bŏuocu.

Gurgustiolum, i. dimin. Idem.

Gustatorium, ij. Lus. Taça onde cae a agoa da fonte. Iap. Mizzubune. Peret. ¶ Itẽ, Vaso que serue de comer. Iap. Xocubut iruru vtçuuamono.

Gustatus, us. Lus. Sentido de gostar. Iap. Agiuaino yoxi axino vaquru xitani aru xei, l, jexxiqi.

Gustus, us. idem. ¶ Item, Gosto ou sabor. Iap. Agiuai. ¶ De gustu cognoscere. Lus. Iulgar com pouca experiencia. Iap. Bucôni xite monouo tadasu.

Gusto, as. Lus. Gostar, ou prouar. Iap. Agiuŏ, l, agiuŏte miru. ¶ Item, per transl. Experimentar hum pouco algũa cousa. Iap. Sucoxi cocoromiru.

Gutta, æ. Lus. Gota de agoa, &c. Iap. Xizzucu, ytteqi, ¶ Guttam aspergere. Lus. Dar algũa parte pequena do grande ganho a alguem. Iap. Quabunno rijunno vchi yori sucoxi taninni cubaru.

Guttula, æ. dim. Idem.

Guttans, antis. Lus O que corre gota a gota. Iap. Xizzucuno taru mono.

Guttatim, adu. Lus. Gota a gota. Iap. Fitoxizzucuzzutçu, xitadatte.

Guttatus, a, um. Lus. Cousa variada cõ cór a maneira de gotas. Iap. Canoconogotoqunaru somemono, madaranaru mono.

Guttur, uris. Lus. Garganta. Iap. Nodo.

Gutturnium, ij. Lus. Gumil. Iap. Tŏbin.

Gutturosi, orum. Lus. Os que tem o papo, ou garganta inchada. Iap. Rouo vazzurŏ mono.

Guttus, i. Lus. Hum certo copo de boca estreita. Iap. Cuchino xebaqi sacazzuqino taguy. ¶ Item, Hum vaso de azeite Iap. Aburano vtçuuamono.

Gúttulus, i. dimin. Idem.

G ANTE Y.

Gygarthus, i. Lus. Leyto em que estam amarrados os indemonhiados, doudos, &c. Iap. Qiŏjin, aruiua tenguno tçuqitaru monouo caramevoqu toco.

Gymnas, adis. Lus. Exercicio. Iap. Tãren, renma, qeico.

Gymnasiarchia, æ. Lus. Officio de presiden

dente dos lutadores. Iap. Sumŏno guiŏjino yacu. ¶ Itẽ, Officio de prefeito dos estudos. Iap. Gacumonno vyeni saiban uo suru yacu.

Gymnasiarchus, i, l, Gimnasiarcha, æ. Lus. Presidente dos lutadores. Iap. Sumŏno guiŏji. ¶ Item, Prefeito dos estudos, Iap. Gacumonno vyeuo saibansuru fito.

Gymnasium, ij. Lus. Lugar de exercicio. Iap. Feifŏ, sumŏ nadono qeico no tameni sadamaritaru tocoro. ¶ Item, Classe, ou estudos. Iap. Gaccŏ, gacumonjo.

Gymnastes, is. Lus. Mestre, ou o que tem a seu cargo o lugar do exercicio. Iap. Mi guino cotono qeicono xixŏ.

Gymnástica, æ. Lus. Arte de ensinar, ou exercitar ẽ luta, esgrima, &c. Iap. Sumŏ, l, feifŏ nadouo voxiyuru michi.

Gymnásticus, a, um. Lus. Cousa pertecẽte a exercicio. Iap. Qeico, tárenni ataru coto.

Gymnici ludi. Lus. Festas de lutadores. Iap. Sumŏuo totte asobu iuaibi.

Gymnæceũ, ei. Lus. Lugar interior da casa onde estam as molheres. Iap. Tçubone, nhôbŏxuno ydocoro.

Gynæconítis. Idem.

Gypsátus, a, um. Lus. Cousa ẽgesada. Iap. Gesoto yŭ ixibai nite nuritaru mono. ¶ Gypsatæ manus. Lus. Mãos vntadas cõ mezinhas, e feitiços. Iap. Cusuriuo tçuqete majinauaretaru te.

Gypsum, i. Lus. Geso. Iap. Ixibaino taguy.

Gyratus, a, um. Lus. Cousa feita em roda. Iap. Maruqu naxitaru mono.

Gyro, as. Lus. Fazer volta em redondo. Iap. Mauaru, meguru.

Gyrus, i. Lus. Circulo, volta, ou circuito ẽ roda. Iap. Va, mauari, meguri. ¶ Ducere, seu compellere in gyrum aliquẽ. Lus. Coartar a alguẽ entre certos limites não o deixando dali sair. Iap. Core yori soto ye izzubecarazuto caguiriuo sadamuru, l, voqu.

DE

DE INCIPIENTIBVS À LITERA H.

HA, interiectio est correpientis, l, admonentis, ne quid fiat.

Hahahe, interiectio ridentis.

Habena, æ. Lus. Redeas. Iap. Tazzuna. ¶ Item, Poder, ou faculdade. Iap. Chicara, yuruxi.

Habénula, æ. dim. Idem. (zaifŏ.

Habentia, æ. antiq. Lus. Riqueza. Iap. Tacara,

Habeo, es, ui, itum. Lus. Ter. Iap. Motçu. ¶ Item, Fazer. Iap. Suru. ¶ Item, Sofrer. Iap. Xinogu, corayuru. ¶ Item, Ter pera si. Iap. Vomô, zonzuru. ¶ Item, Habitar. Iap. Sumu, sumai suru. ¶ Itẽ, Entender. Iap. Funbet suru. ¶ Item, Tratar a alguem bem, ou mal. Iap. Ataru, motenasu. ¶ Item, Deter, & ocupar. Iap. Todomuru, tazzusauarasuru. ¶ Habere frustrà aliquem. Lus. Enganar, frustrar a alguem. Iap. Tabacaru, damasu, munaxiqu nasu. ¶ Habere honorem alicui. Lus. Honrar a alguem. Iap. Agamuru, cacaguru, xŏquan suru. ¶ Bene habere. Lus. Estar bem disposto. Iap. Yugonni yru, mubiŏni yru. ¶ Malè habere. Lus. Estar enfermo. Iap. Vazzurŏ. ¶ Res bene, l, malè habet (aut absolutè) bene, l, malè habet. Lus. O negocio succede bem, ou mal. Iap. Yoqu, l, axiqu naru, idequru. ¶ Item, Guardar, ou reter em prisam, &c. Iap. Xugosuru, l, qingocu suru. Vt habere in custodijs. ¶ Habere gratiam in animo. Lus. Ter agradecimẽto do beneficio recebido. Iap. Vonuo mixiru. ¶ Habere iter. Lus. Partirse. Iap. Vttatçu, l, yuqu. ¶ Habere verba. Lus. Falar. Iap. Cataru. ¶ Habere fidẽ alicui. Lus. Dar credito. Iap. Xinzuru, macotoni vquru, xinyô suru. ¶ Habere rationem honoris, &c. Lus. Ter conta cõ sua honra, &c. Iap. Vaga nani qizu no tçucazaru yŏni cocorogaqaru, l, nauo voximu. ¶ Habere rem, l, rationem cum

cum aliquo. Lus. Ter negocios, ou trato com alguem. Iap. Fito tomoni mo-nouo tori atçucŏ. ¶ Habeo audire, l, dicere, &c. Lus. Posso dizer, &c. Iap. Qiqu coto, l, yŭ coto canŏ. ¶ Susquedeq; habere aliquid. Lus. Sofrer algũa cousa pacientemente. Iap. Cocoro yoqu xinnin furu. ¶ Ægrè habere. Lus. Sofrer mal algũa cousa. Iap. Tayecanuru. ¶ Habere delectum. Lus. Escolher, & ter delecto. Iap. Yerabu, l, suguri idasu, xensacu suru. ¶ Delectum militum habere. Lus. Ajuntar os soldados, & escolher os mais aptos. Iap. Xeiuo soroyete sono vchi yori suguretaruuo yerabu. ¶ Habere in delicijs. Lus. Amar muito. Iap. Xinxetni vomô. ¶ Habere derelictui vineam, &c. Lus. Deixar de cultiuar a vinha, &c. Iap. Budŏno fataqe nadouo arasu. ¶ Habere pro derelicto aliquid. Lus. Deixar, não ter cuidado de algũa cousa. Iap. Mo nouo busatani suru, l, sute voqu. ¶ Habere despicatum aliquid. Lus. Desprezar algũa cousa. Iap. Iyaximuru. ¶ Habere despicatui. Idem. ¶ Habeo dictum. Lus. Ia tenho dito. Iap. Iytari. ¶ Habeo dicere. Lus. Tenho que dizer. Iap. Yŭbeqi coto ari. ¶ Ita se habet. Lus. Asi passa o negocio. Iap. Conobun gia, l cacu nogotoqu nari. ¶ Habere periculum. Lus. Estar em perigo. Iap. Nanguini voyobu. ¶ Potiùs aliquid habere. Lus. Ter algũa cousa por principal. Iap. Saqidatçuru, dai ichini suru. ¶ Necesse habere. Lus. Ser constrangido da necessidade. Iap. Yôni ficasaruru. ¶ Habere in promptu aliquid. Lus. Ter algũa cousa prompta na memoria. Iap. Taxicani soranjite yru. ¶ Sic habeto. Lus. Tende isto pera vos, ou por certo. Iap. Cacuno gotoqu vomoye, l, xinjit to vomoye. ¶ Habere statiua. Lus. Passar o estio em algũa parte. Iap. Tocorouo yerabite natçuno yenjouo sugosu coto. ¶ Habere suspectum aliquem. Lus. Ter alguem por sospeito. Iap. Fitouo vxirometacu vomô. ¶ Iubere vxorem res suas sibi habere. Lus. Repudiar a molher. Iap. Saigiouo ribet suru. ¶ Sic habendum est. Lus. Asi se ha de entender. Iap. Cacuno gotoqu funbet subexi. ¶ Habere dignitatẽ alicui. Lus. Fazer muita conta da dignidade dalguem. Iap. Fitono curaiuo xŏquan suru. ¶ Nihilpensi habere. Lus. Nã fazer caso. Iap. Mochijzu, caronzuru. ¶ Habet. (absolutè). Lus. Esta ferido. Iap. Teuôtari. ¶ Habere rem cum muliere. Lus. Ter conta com molher. Iap. Cacon suru, casuru.

Habessét, pro Habeat.

Hábilis, e. Lus. Cousa apta, ou accomodada. Iap. Niyaitaru mono, l, sŏuôxitaru mono.

Habilitas, atis. Lus. Conueniencia. Iap. Sŏuô.

Habiliter. Lus. Apta, e conueniente mente. Iap. Sŏuô xite, l, niyŏte.

Habitabilis, e. Lus. Lugar q̃ se pode habitar. Iap. Fitono sumiuoto canŏ tocoro.

Habitaculum, i. Lus. Habitação, ou lugar de morada. Iap. Sumidocoro, giŭxo, sumica.

Habitatio, onis. Idem.

Habitator, oris. Lus. Morador. Iap. Giŭnin.

Habitissimus. Lus. Cousa muito gorda. Iap. Vôqini coyetaru mono.

Hábito, as. Lus. Habitar, ou morar em algũa parte. Iap. Tocoroni sumu, sumai suru, giŭsuru.

Habitûdo, inis. Lus. Disposição do corpo. Iap. Qiriŏ, cotgara, taitai.

Habitus, a, um. Cousa tida. Iap. Motaretaru coto, l, xindai xeraretaru coto.

¶ Vir magnæ autoritatis habitus. Lus. Tido por homem de autoridade. Iap. Yno aru fitoto vomouaruru mono, l, mochiiraruru mono. ¶ Interd. Gordo, e de boa disposição. Iap. Fimanxi qiriŏnaru mono.

Habitus, us. Lus. Forma, e disposição do corpo, ou de qualquer outra cousa. Iap. Nari, catachi, l, xiqitaino caccŏ, l, tocoro nadono caguen. ¶ Itẽ Vestido. Iap. Yxŏ, qiumono. ¶ Itẽ, Cõpreisão do corpo. Iap. Xiqixinno caguen.

caguen. ¶ Item, Habito, facilidade que se acquire com actos. Iap. Saisai xosauo xi casanuruuo motte monono suru tameni cocoroni motomeyetaru yasusa, cô.

Hac, adu. Lus. Por aqui. Iap. Coconouo. Vt co conouo touorite.

Hactenus, adu. Lus. Ate aqui. Iap. Cocomade. ¶ Item, Tanto. Iap. Sabacari.

Hadrobolum, i. Lus. Hũa certa goma. Iap. Aru qino yanino na.

Hadrosphærum, i. Lus. Hũa aruorezinha cheirosa. Iap. Cǒbaxiqi qino na.

Hæc, fœm. vide Hic.

Hædilia, ium. Lus. Curral de cabritos. Iap. Yaguiǔno cono tachido, l, iye.

Hædinus, a, um. Lus. Cousa de cabrito. Iap. Yaguiǔno coni ataru coto.

Hædus, i. Lus. Cabrito. Iap. Yaguiǔno co.

Hædulus, I, Hædillus, I, Hædiculus, dim. Idem.

Hæmachates, is. Lus. Hũa pedra preciosa. Iap. Meixuno na.

Hæmatinon, i. Lus. Hum genero de vidro vermelho. Iap. Acaqi suixǒno rui.

Hæmorrhagia, æ. Lus. Fluxo de sangue. Iap. Gueqet, xaqet.

Hæmorrhois. Lus. Hum genero de cobra peçonhenta. Iap. Docujano na. ¶ Item, Almorreimas. Iap. Gito yǔ yamǒ.

Hærediolũ, i. Lus. Erdade pequena q̃ erdamos. Iap. Sǒzocu xitaru sucoxino chiguiǒ.

Hæredipeta, æ. Lus. O que com branduras, e lisonjas emgoda os velhos, ou viuuas pera que o façam seu erdeiro. Iap. Goqe, aruiua toxiyorini nengorouo tçucuxi, qini aite sono xǒchi zaifǒno yuzzuriuo vqento suru mono.

Hæreditarius, a, um. Lus. Cousa pertencente a erança. Iap. Yuzzuri, l, sǒzocuni ataru coto.

Hæreditas, atis. Lus. Erança. Iap. Yuzzuri, l, sǒzocu, catocu.

Hæredium, ij. Lus. Erdade que nos veo por erança. Iap. Xenzo yori sǒzocu xitaru chiguiǒ.

Hæreo, es. Lus. Estar pegado. Iap. Tçuite, l, sôte yru. ¶ Ité, Estar suspenso, & duuidoso. Iap. Bǒjite yru, chǔni vcarete yru, xianxi vazzurǒ. ¶ Aliqñ. Estar posto, ou fixo. Iap. Aru, suuaru.

Hæres, edis. Lus. Erdeiro. Iap. Atotçugui, yotçugui. ¶ Secundus hæres. Lus. O que se substitue ao primeiro erdeiro. Iap. Fonno atotçuguini cayeto xite soye voqu fito. ¶ Hæredes arboris. Lus. Vergonteas, e ramos nacidos das aruores. Iap. Qino vacabaye, vacadachi.

Hæresiarcha, æ. Lus. Cabeça dalgũa heregia, ou seita. Iap. Iǒxiqini xite fitotçu naritomo, Fidesno giǒmocuuo somuqi, sono jarǒuo fitoni voxiyuru caisan, l, xǔxino caisan.

Hæresis, is. Lus. Opinião tenaz que concebemos dalgũa cousa. Iap. Iǒgouani fixito voxitçuqetaru zonbun. ¶ Item, Heregia, ou seita contra a verdadeira religiam. Iap. Iǒxiqini xite fitotçu naritomo, Fidesno giǒmocuuo somuqu cotouo yǔ, l, macotono voxiyeni atazaru xǔxi.

Hæreticus, i. Lus. Seguidor dealgũa opiniam, ou seita. Iap. Tano zonbun, xǔxiuo xitǒ mono. ¶ Item, Hereje. Iap. Iǒxiqini xite fitotçu naritomo, fidesno giǒmocuuo somuqu fito.

Hæsitantia, æ. Lus. Tardança, e difficuldade da lingoa em explicar o que sente. Iap. Monouo yǔni fubenni xite xitano canauazaru cotouo yǔ.

Hæsitatio, onis. Lus. Duuida, e perplexidade. Iap. Chǔni vcarete yru cotouo yǔ, l, vtagauaxisa, bǒjen. ¶ Item, Enleamento, e tardança da lingoa. Iap. Monouo yǔni cuchimotçurega xite xitano canauazaru cotouo yǔ.

Hæsitator, oris. Lus. Tardio, e vagaroso no falar, &c. Iap. Monouo yǔni jetnai canauazaru mono, l, monouo suruni vosonauaru fito. ¶ Item, O que duuida, ou està perplexo. Iap. Vtagǒ mono, l, chǔni vcarete yru fito, l, bǒjente xite yru mono.

Hæsito, as. Lus. Estar muito pegado. Iap. Fitato tçuqisǒ. ¶ Item, Estar duuidoso, e per-

perplexo. Iap. Bŏjire yru, xiaŏxi vazzurŏte yru. ❡ Hæsitare lingua. Lus. Embaraçarse, e titubar. Iap. Monouo yŭni cuchimotçurega si.ru, jejecuru.

Hagiógrapha, orum. Lus. Liuros canonicos. Iap. Christamno xinzu beqi tameni Spiritusancto yoricucu, monmon ni itaru ma de tçugue tamaitaru qiŏmon.

Hagnus, i. vide Agnus.

Halcyón, onis. Lus. Hũa aue. Iap. Torino na.

Halec, l, Halex, cis. Lus. Hum peixe. Iap. Vuonona. ❡ Item, Hũ manjar de tripas de peixe. Iap. Xiuocara.

Halecula, æ. dimin. Idem.

Halias, ados. Lus. Hũ genero de barca. Iap. Cobuneno taguy.

Haliæetus, i. Lus. Hũ genero de aue de rapina. Iap. Tacano rui.

Halicácabus, i. Lus. Erua noiua. Iap. Cusanona.

Haliéutica, orum. Lus. Liuros que tratão de peixes. Iap. Guioruino corouo sata surumomot.

Hálimus, i. Lus. Hũa aruorezinha. Iap. Chijsaqi qino taguy.

Hálito, as. Lus. Respirar a meude. Iap. Saisai iqiuo tçuqu.

Hálitus, us. Lus. Folego. Iap. Iqi. ❡ Halitus terræ. Lus. Vapor, ou exalação da terra. Iap. Suidono qi, xiqqe. ❡ Halitus solis. Lus. Bafo, e calor do sol. Iap. Nichirinno yŏqi, danqi. ❡ Efflare extremum halitum. Lus. Morrer. Iap. Xisuru.

Hallucinor, aris. vide Allúcinor.

Hallux, ûcis, l, Hallus, i. Lus. Dedo polegar. Iap. Vŏyubi.

Halmades, um. Lus. Azeytonas de salmoura. Iap. Xiuozzuqeno Azeitonato yŭ conomi.

Halo, as. Lus. Deitar de si cheiro, ou bafo. Iap. Ninoiuo idasu, l, iqiuo fayouasu.

Halos. Lus. Circulo, ou coroa que às vezes aparece ao redor da lũa. Iap. Tçuqino casa, tçuqigasa.

Halofanta, æ. Lus. Homens baixissimos que se alugão somẽte pera fingir mentiras. Iap. Itçuuariuo tacumi idasu tame bacarini yatouaruru fujinxa.

Halôsis, is. Lus. Tomada dalgũ lugar por força de armas. Iap. Tocorouo qiritoru coto nari.

Halter, êris. Lus. Pelas, ou bolas de chumbo que se tomam em ambas as mãos pera saltar mais certo. Iap. Miuo tçuri auaxete tobu tameni riŏbŏno teni mochitaru namarino tama.

Hama, æ. Lus. Instrumento pera apagar o incendio. Iap. Quajiuo qesu tameno dŏgu.

Hamátilis, e. Lus. Cousa pertencente a anzol. Iap. Tçuribarini ataru coto. ❡ Piscis hamatilis. Lus. Peixe tomado com anzol. Iap. Tçuribari nite tçuritaru vuo.

Hamâtus, a, um. Lus. Cousa feita como anzol. Iap. Tçuribarino narini tçucuritaru mono. ❡ Item, Cousa com anzoes. Iap. Tçuribarino tçuqitaru ito nadouo yŭ. ❡ Hamata munera. Lus. Presentes que se dão pera pescar outros. Iap. Tocuuo musabotte fitoni suru xinmot.

Hamaxa, æ. Lus. Carro, ou carreta. Iap. Curuma. ❡ Item, Barca do norte. Iap. Fopŏno xixxŏ.

Hamiota, æ. Lus. Pescador de anzol. Iap. Tçuriŭdo, tçuribito.

Hamo, as. Lus. Encuruar. Iap. Tçuribarino narini moncuo cagamuru, cugumuru, maguru.

Hamus, i. Lus. Anzol. Iap. Tçuribari. ❡ Item, Huns aneizinhos de ferro de q̃ se tecem as cotas de malha, &c. Iap. Qigomeno cusari gusocuuo tçucuru tameni maguru chijsaqi va. ❡ Item, Hum instrumento como sedeiro de sedar o linho. Iap. Asauo xigoqu tameno curogane no dŏgu. ❡ Item, Hum instrumento de ferro com que se cercam à roda as arcas do dinheiro. Iap. Canebacono mauarini tatemauaxitaru curoganeno dŏgu.

Hamulus, i. dim. Idem. ❡ Item, Hum instrumẽto do surgião com que se tira hũa carne que crece no olho. Iap. Meno fetcrini ama-

amariizzuru nicuuo fiqinuqu gueqiǒno dǒgu.

Haphe. Lus. Pò que boraum os lutadores sobre si pera fazer presa. Iap. Sumǒtori tagaini toritçuqu tameni, mini nuritaru tçuchi, focori.

Hara, æ. Lus. Corte de porcos. Iap. Buta no voro, tachido. ❡ Item, Casa, ou capoeira de patos. Iap. Gano toya.

Harena, æ, harenarius, hareola. vide Arena.

Hariola, æ. Lus. Molher que adeuinha. Iap. Vranaiuo suru vonna, mico.

Hariolatio, onis. Lus. O adeuinhar. Iap. Mi saiuo vranǒ coto nari.

Hariolor, aris. Lus. Adeuinhar. Iap. Mirai no cotouo vranai tçuguru.

Hariolus, i. Lus. Adeuinho. Iap. Miraiuo vranǒ fito.

Harmónia, æ. Lus. Armonia, e cõsonancia de musica. Iap. Yoqu totonouoritaru chôxi, xichicu quanguenno chôxi.

Harmónicus, a, um. Lus. Cousa pertencente a armonia. Iap. Xichicu quanguenno chôxini ataru coto.

Harpactíon, ij, siue Harpacticon. Lus. Hũa certa goma. Iap. Qino yanino na.

Harpâgo, as. Lus. Arrebatar. Iap. Tçucamitoru, vbaitoru, mogui toru.

Harpâgo, onis. Lus. Arpeo, ou farpão. Iap. Funa icusano toqi funeuo fiqiyosuru cagui. ❡ Item, Gato de ferro com que se apertá as pipas pera lhe por os arcos. Iap. Voqeno vauo ximuru fasamino yǒ naru curoganeno dǒgu. ❡ Item, Hum gancho, ou fateyxa cõ que se tirá do poço, ou rio as cousas que nelle cayram. Iap. Inomoto, caua nadoni vochitaru mono uo tori aguru curoganeno cagui.

Harpastum, i. Lus. Hum certo genero de pela. Iap. Temarino taguy.

Harpax, agis, l, gos. Lus. Alambre. Iap. Cofacu.

Harpe, es. Iap. Hum genero de terçado, ou cimitarra. Iap. Soritaru catana.

Harundo, & Harundinêtum. vide Arundo.

Haruspex, icis. Lus. O que adeuinha polos animaes q se sacrificauam. Iap. Sasaguetaretaru qedamonouo mite qicqiǒuo vranǒ mono.

Harúspiex, æ. fœm. Idem.

Haruspicina, æ. Lus. Arte de adeuinhar polas entranhas dos animaes sacrificados. Iap. Sacrificioni sasaguetaretaru qedamonono fatauatauo mite furu vranai.

Haruspicium, ij. Idem.

Haruspicinus, a, um. Lus. Cousa pertecente a esta arte de adeuinhar. Iap. Miguino vranaini ataru coto.

Hasta, æ. Lus. Lança. Iap. Yari. ❡ Hastam abjicere. Lus. Desconfiar, e desistir do q pretendia. Iap. Xencatanasani saxivoqu. ❡ Interd. Venda em almoeda. Iap. Mono uo bani idaxite neuo furete ichitacaqu neuo tçuquru mononi vru cotouo yŭ. ❡ Hastæ subijcere bona alicui⁹. Lus. Vender em almoeda os bens de alguem. Iap. Fitono tacarauo miguino yǒni xite vru. ❡ Sub hasta subire. Lus. Ser vendido. Iap. Vraruru. ❡ Primas iactare hastas. Lus. Contender, ou peleijar leuemẽte. Iap. Caruqu tatacǒ, axigaru icusauo suru.

Hasta centumuiralis, idcirco dicta, quòd centum viri, hasta in foro posita, iudicabant.

Hastarium, ij. Lus. Venda em almoeda. Iap. Miguino yǒni monouo vru coto nari.

Hastati, orum. Lus. Soldados de lança. Iap. Yarino xu.

Hastíle, is. Lus. Aste feita a modo de lãça. Iap. Yarino yeno yǒni tçucuritaru mono.

Hástula, æ. Lus. Lancinha. Iap. Teyari.

Hástula regia. Lus. Gamonito erua. Iap. Cusano na.

Hau. Interiectio est mentis conturbatæ.

Haud, adu. Lus. Não. Iap. Iya.

Haurio, is, hausi, haustum. Lus. Tirar agoa, ou qualquer cousa liquida de poço, ou lugar fundo. Iap. Mizzu nadouo cumu. ❡ Haurire auribus aliquid. Lus. Ouuir. Iap. Qiqu. ❡ Haurire oculis, l, haurire. (absolutè apud poët.) Lus. Ver. Iap. Miru. ❡ Item, Acabar. Iap. Fatasu. ❡ Item, Cansar, ou debilitar a outro,

T 3 Iap.

Iap. Cutabiresasuru, youarasuru, tçucaresasuru. ¶ Itẽ, Executar. Iap. Tçucomuru. ¶ Item, Consumir, e gastar. Iap. Tçuiyasu, tçucai fatasu. ¶ Item, Ferir. Iap. Teuo vouasuru, qizuuo tçuquru. ¶ Supplicia haurire. Lus. Receber o castigo. Iap. Bachiga ataru, xeccanuo vquru. ¶ Haurire dolorem, &c. Lus. Sofrer dór, &c. Iap. Itamiuo vquru.

Hausto, as. frequent. Idem.

Haustrum, i. Lus. Engenho de tirar agoa dos poços, ou rios, &c. Iap. Mizzugurumma. ¶ Item (vt ait Nonius) Alcatruzes. Iap. Mizzugurumani tçuqite aru voqe.

Haustus, a, um. Lus. Cousa consumida, e tragada. Iap. Tçuiyasaretaru coto, l, sui comaretaru coto. ¶ Item, Cousa bebida, ou esgotada. Iap. Nomifosaretaru mono.

Haustus, us. Lus. O beber. Iap. Monouo nomu cotouo yŭ. ¶ Item, Tirar agoa, ou outra cousa de algũ lugar. Iap. Mizzu nado uo cumu cotouo yŭ.

H ANTE E.

Hébdomas, adis, l, Hebdómada, æ. Lus. Somana. Iap. Ixxichinichi, l, nanuca.

Hébenus, i, l, Hébenum, i. vide Ebenus.

Hebeo, es. Lus. Ser, ou estar boto. Iap. Catana nadono faga yru, l, xiramu. ¶ Item, Estar priguiçoso. Iap. Cocoroga toroqete yru, nuruqu xite yru. ¶ Item, per transl. Ser rude. Iap. Don nari.

Hebes, etis. Lus. Cousa bota. Iap. Fano xiramitaru mono, ytaru mono. ¶ Item, Homẽ de grosseiro, e tardo entẽdimẽto. Iap. Guchi gudonnaru mono. ¶ Item, Priguiçoso. Iap. Buxŏnaru mono.

Hebesco, is, l, Hebetesco, is. Lus. Embotarse. Iap. Faga xiramu, yru. ¶ Item, Fazerse ronceiro. Iap. Buxŏni naru.

Hebetatio, onis. Lus. O embotar a outra cousa. Iap. Fauo xiramasuru coto nari. ¶ Hebetatio oculorum. Lus. O enneuparẽse os olhos. Iap. Meno casumu, l, ganxeino youaru cotouo yŭ.

Hebetûdo, inis. Idem.

Hebetatrix, icis. Vt hebetatrix vmbra. Lus. Sombra q̃ escurece. Iap. Monouo curamasu cague.

Hecatombe, es. Lus. Sacrificio de cem animaes da mesma especie. Iap. Ichiruino qedamono fiappiqiuo tamuqe.

Hecatompus, odis. Lus. Hũ peixe. Iap. Vuono na.

Hecta, æ. Lus. Cousa de minimo preço, e valia. Iap. Monono cazunimo arazaru coto. ¶ Itẽ, (vt alij) Empola que se aleuanta no pão quando se coze. Iap. Pão, aruiua mochi, mangiŭ nadouo yaqu toqini, chijsaqu fucure agaru cotouo yŭ. ¶ Hectæ te facio. Lus. Estimo vos em pouco. Iap. Nangiuo naigaxironi vomŏ.

Héctica, æ, l, Hecticæ, es. Lus. Etica febre. Iap. Xidaidaini firono jenxin, cotzui made mo yaqi tçuiyasu necqino taguy, xinnet, qionet.

Hédera, æ. Lus. Heraerua. Iap. Tçuta, cazzura, teica.

Hederaceus, a, um. Lus. Cousa de hera. Iap. Tçutacazzura, l, teicani ataru coto.

Hedychrum, i. Lus. Hum genero de perfume, ou cheiro. Iap. Taqimonono taguy.

Hediosmus, i. Lus. Ortelaã. Iap. Cusano na.

Hei. interiect. Lus. Hai. Iap. Hâ.

Helcisma, atis. Lus. Escoria da prata. Iap. Xirocaneno canacuso.

Helciarij, orum. Lus. Os que nas naos mouem, ou aleuantam pesos cõ cordas salameádo. Iap. Xenchŭni voite yeiyagoye uo idaxite, vomoni nadouo naua nite fiqi aguru yacuni sasaretaru mono.

Helcium, ij. Lus. Hũ instrumẽto que trazẽ os caualos, ou boys que tirã o carro, &c. Iap. Curumauo fiqu guiŭbano munagai no na.

Helenium, ij. Lus. Hũa erua. Iap. Cusa no na.

Hélice, es. Lus. Vrsa mayor, ou barca, signo celeste. Iap. Focutono sobani aru xixxŏ.

Helictêres, l, Helicæ, arum. Lus. Arrecadas. Iap. Miminо yŏracu.

Heliocamînus, i. Lus. Soalheiro. Iap. Fintaboccŏ

boccŏ furu tocoro

Heliopus, i. Lus. Hũa erua. Iap. Cuſano na.

Heliotropium, ij. Lus. Giraſol erua. Iap. Qiqua, auoi. ¶ Itẽ, Hũa pedra precioſa. Iap. Xuguiotçuno na.

Helix, icis. Lus. Hum genero de hera. Iap. Tçutacazzurano rui.

Hellĕborus, i, Hellĕborum, i. Lus. Erua de beſteiros. Iap. Cuſano na.

Helleboroſus, a, um. Lus. O q̃ em mezinha tomou deſta erua mais do neceſſario. Iap. Miguino cuſano cuſuriuo nomi ſugoxitaru mono.

Helops, pis. Lus. Hum peixe muito ſabroſo. Iap. Agiuaino yoqi iuono na.

Heluellæ, arum. Lus. Ortaliça meuda. Iap. Comacanaru yaſai.

Heluatio, onis. Lus. Voracidade, ou prodigalidade em comer, & beber. Iap. Taixocu, I, xuyenni chŏzuru coto nari.

Heluo, onis. Lus. Comilão, & tragador. Iap. Vonjiqi, xuyenni chŏzuru mono. ¶ Itẽ, O que immoderadamente eſperdiça ſeus bens. Iap. Vaga zaifŏuo midarini tçucai fataſu mono. Peſt. ¶ Heluo librorum, per transl. Lus. O que nunca ſe farta de lẽr liuros. Iap. Xojacuni yomi acazaru fito. ¶ Heluo patriæ. Lus. O q̃ com ſua maldade deſtrue, & infama a patria. Iap. Acuguiŏuo motte coqiŏno na uo qegaxi, ſono tacarauo tçuiyaſu mono.

Heluor, aris. Lus. Darſe a gula, e boa vida. Iap. Taixocu, xuyenni chŏzuru, quacqei, quantacuni conzuru.

Hĕluolus, a, um. Lus. Couſa de côr entre ruiuo, e branco. Iap. Yamabuqi ironaru mono.

Heluus, i. Lus. Côr entre ruiuo, & branco. Iap. Yamabuqi iro.

Helxine, es. Lus. Hũa erua que ſe pega nos veſtidos. Iap. Saxi, cuſano na.

Hem, Interiectio corripiẽtis ſeipſum, I, indignantis, I, admirãtis, quandoque demonſtrantis.

Hemereſios. Lus. Couſa de hũ dia. Iap. Ichijitni xeraretaru mono.

Hemeris, is. Lus. Hũa aruore. Iap. Qino na.

Hemerobius, ij. Lus. Hum bicho que não viue mais que hum dia. Iap. Ichijit bacari iquru muxino na, fiuomuxi. ¶ Item, Homem que não cura mais que do dia preſente. Iap. Aſuno fiuo vomouazu, ſono fi bacarino itonamiuo furu mono.

Hemerŏcalis, is. Lus. Hũa erua. Iap. Cuſano na.

Hemerŏdromi. Lus. Correos que fazem grã de jornada em hum dia. Iap. Faya vchi, faya michi.

Hemicrănicus, i. Lus. Doente de enxaqueca. Iap. Fanzzutçŭ naru mono.

Hemicyclus, i. Lus. Meyo circulo. Iap. Maruqi monono fanbun. ¶ Item, Hũa laya de cadeira a modo de meya lũa. Iap. Micazzuqi narinaru qiocurocuno taguy.

Hemĭna, æ. Lus. Hũa medida. Iap. Maſuno na.

Heminarius, a, um. Lus. Couſa que contẽ eſta medida. Iap. Miguino maſuni ippai aru mono. ¶ Item, per tranſl. Couſa pequena, ou pouca. Iap. Chijſaqi coto, ſucunaqi coto.

Hemĭblion, ij. Lus. Hum genero de embarcação. Iap. Funeno taguy.

Hemiolus, quædam arithmetica proportio continens aliquem totum numerum, atq; eius dimidium.

Hemĭplexia, æ. Lus. Poplexia que dà ẽ hũa parte do corpo. Iap. Catamino nayuru yamai.

Hemiſphærium, ij. Lus. A metade da eſphera celeſte. Iap. Varevareno tocoroni teno miyuru bunuo yŭ.

Hemiſtichium, ij. Lus. Meyo verſo, ou verſo por acabar. Iap. Yomi caqetaru vtano fanbun.

Hemitritæus, ei. Lus. Hũ genero de terçãs. Iap. Fimajeno vocorino taguy.

Hendecaſyllabus, verſus vndecim ſyllabarũ.

Hepar, atis. Lus. Figado. Iap. Qimo. ¶ Itẽ, Hum peixe. Iap. Aru vuono na.

Hepatarius, a, um. Lus. Couſa pertencente a figado. Iap. Qimoni ataru coto. ¶ Hepata-

T t 2

patarius morbus. Lus. Doença do figado. Iap. Qimono vazzurai, canno zŏno yamai.

Hepáticus, a, um. Idem.

Hepátici, orum. Lus. Doentes do figado. Iap. Canno zŏuo vazzurŏ mono. ¶ Item, O que tẽ naturalmente o figado fraco. Iap. Xŏtocu canno zŏno youaqi mono.

Hepatites. Lus. Hũa pedra precioſa. Iap. Mei xuno taguy.

Hepatitis, is. Lus. Vea do figado. Iap. Canno zŏni tçŭzuru furoqi chiſugi.

Hepatizon. Lus. Hum certo metal. Iap. Caracaneno taguy.

Hephæſtites, is. Lus. Hũa pedra precioſa. Iap. Meixuno na.

Hepiálus, i. Lus. Borboleta que de noite acode ao lume da candea. Iap. Fitori muxi, ga toyŭ muxi.

Hepſema. Lus. Arrobe. Iap. Xibun ichini xenjitaru budŏxu.

Hepteres. Lus. Nauios de ſete ordens de remos. Iap. Nanatouori rouo tatetaru fune.

Hera, æ. Lus. Senhora, ou ama de criado. Iap. Xujinnaru vonna.

Heraclius lapis, ſiue Heracleus. Lus. Pedra de cevar. Iap. Iixacu. ¶ Item, Pedra de toque. Iap. Qinguinno yoxi axiuo tameſu ixi.

Herba. Lus. Erua. Iap. Cuſa. ¶ Item, apud vet. Victoria. Iap. Rivn, xôri.

Hérbula, æ. dim. Idem.

Herbaceus, a, um. Lus. Couſa feita de erua. Iap. Cuſanite tçucuritaru mono. ¶ Item, Couſa q̃ vai crecendo, & leuantandoſe em erua. Iap. Xeigiŏ ſuru goccu, yaſai nado.

Herbarius, a, um. Lus. Couſa pertencente a erua. Iap. Cuſani ataru coto. ¶ Herbaria ars. Lus. Arte de conhecer a virtude das eruas. Iap. Cuſano xeitocuuo mi xiru narai.

Herbarius, ij. Lus. Eruolario que conhece a virtude das eruas. Iap. Miguino narai aru fito.

Herbeſco, is. Lus. Fazerſe ẽ erua, ou enuerdecer. Iap. Nayeni naru, qizaxi izzuru, cuſauo xŏzuru, cuſaga auomu.

Herbaſco, is. Idem. Plin.

Herbeus, a, um. Lus. Couſa verde, de côr de erua. Iap. Moyegui naru mono, l, cuſano irŏnaru mono.

Hérbidus, a, um. Lus. Cheo de eruas. Iap. Cuſano xigueqi aru tocoro. ¶ Herbidus color. Lus. Côr verde. Iap. Moyegui.

Hérbifer, a, um. Lus. Couſa que produz erua. Iap. Cuſauo xŏzuru mono.

Herbigrada cochlea. Lus. Caracol. Iap. Catatçuburi, quaguiŭ.

Hérbilis, e. Lus. Couſa apacentada cõ erua. Iap. Cuſanite cai ſodateraretaru mono.

Herboſus, a, um. Lus. Lugar abundante de eruas. Iap. Cuſa vouoqi tocoro, l, cuſano xigueritaru tocoro.

Herciſere. vide Erciſere.

Hercule, & Hercle, Hercules, Mehercules, & Mehercule, aduerbia ſunt iurandi.

Herculeè, adu. Lus. Fortemente. Iap. Tçuyoqu, giŏbuni.

Herculeus morbus. Lus. Gota coral. Iap. Cutçuchi, tencan.

Heri, l, Here. Lus. Ontem. Iap. Qinô, ſacujit.

Hericius, ij. Lus. Ouriço cacheiro. Iap. Mini farinogotoqu naru qe aru qedamono.

Herinacius, ij. Idem.

Herífuga, æ. Lus. O que foge a ſeu ſenhor. Iap. Xujinno te yori niguru mono.

Herîlis, e. Lus. Couſa pertencente a ſenhor. Iap. Xujinni ataru coto.

Hermæ, arum. Lus. Eſtatuas de cabeça poſtiça. Iap. Cŏbeuo torivoqini tçucuritaru mocuzŏ.

Hermaphrodîtus, vtriuſque ſexus homo.

Hermelion, ij. Lus. Hũa pedra precioſa. Iap. Aru meixuno na.

Hermenía, æ. Lus. Interpretação. Iap. Saixacu, chŭ, fonyacu.

Hermógryphus, i. Lus. Eſtatuario. Iap. Buxxi, bocuxeqi nadonite ninguiŏuo tçucuru mono.

Her-

Hermopoliũ, ij. Lus. Officina de estatuario. Iap. Miguino xocuninno iye. ¶ Item, Lugar onde se vendem estatuas. Iap. Mocu zŏ nadouo ,vru iye.

Hermupoa, æ. Lus. Mercuriaes. Iap. Cusano na.

Hernia, æ. Lus. Inchação dos testiculos, ou quebradura, doença. Iap. Qinno faruru yamai, xenqi, ximo caje ,l, sunbaco.

Herniosus, a, um. Lus. Quebradura das virilhas. Iap. Miguino yamai aru fito.

Heróicus, a, um. Lus. Cousa heroica, e excelente. Iap. Qetacaqi mono, suguretaru mono. ¶ Heroica ætas. Lus. Idade em que floreceram homens insignes. Iap. Mei xŏ, meijinno sacayetaru jidai. ¶ Heroicus versus. Lus. Verso heroico cõ que se escreuem façanhas de homens illustres. Iap. Meixŏ, meijinno tegarauo qirocu xitaru vtano taguy.

Herôus, a, um. Idem.

Heroides, um. Lus. Molheres excelentes, e nobres. Iap. Zocuxŏno suguretaru vonna. Apud veteres.

Heróina, æ. Idem.

Heros, óis. Lus. Homẽ insigne em nobreza, e façanhas. Iap. Zocuxŏ, tegara tomoni suguretaru fito.

Herpes, etis. Lus. Herpes doença. Iap. Ientai ni cusari iru xumotno na. ¶ Item, Hũ animal. Iap. Aru qedamono.

Herus, i. Lus. Senhor, ou amo. Iap. Xujin, aruji. ¶ Interd. Filho do senhor. Iap. Xujinno xisocu, co.

Hésperis, dis. Lus. Hũa erua. Iap. Cusano na.

Hésperus, i. Lus. Estrella boeyra. Iap. Bãgue ni ichibanni arauaruru foxi.

Hesternus, a, um. Lus. Cousa de ontẽ. Iap. Sacujit, l, qinôni ataru coto. ¶ Item, Cousa de hum dia de antes. Iap. Ichijitmayeni ataru coto.

Heterocranea, æ. Lus. Hũa doença da cabeça. Iap. Caxirano yamai no na.

Heterogenius, a, um. Lus. Cousa de diuerso genero, ou natureza. Iap. Cacubetno rui naru mono.

Heteromaschala. Lus. Vestidos felpudos de hũa parte accomodados pera escrauos. Iap. Gueninno qiru ippŏni qeuo vori ida xitaru yxŏ.

Heu. Interiectio dolẽtis. Lus. Hay. Iap. Aá. ¶ Interd. interiectio est exprobrantis.

Heus, aduerb. vocantis. Lus. Oula, ou. Iap. Móxi, nŏ, yare. ¶ Interd. interiectio est dolentis. Lus. Hay. Iap. Aá.

Hexaclínon. Lus. Cenaculo em que cabẽ seis leitos, nos quaes deitados se come. Iap. Necorobite xocusuru mutçuno tocouo naraburu fodono zaxiqi.

Hexagônum, i. Lus. Cousa de seis cantos. Iap. Roccacu naru mono.

Hexámetrum, i. Lus. Cousa de seis medidas, ou pès. Iap. Rocusai, l, rocuxô aru mono, l, axino taqe mutçu aru mono. ¶ Versus hexametri dicũtur, qui sex cõstant pedibus.

Hexáphorum, i. Lus. Cadeira que leuam às costas seis homens. Iap. Rocunin xite caqu coxi.

Hexástichum, i. Lus. Hũ genero de ceuada. Iap. Vômuguino rui.

Hexeres. Lus. Nauios de seis ordens de remos. Iap. Mutçuori rouo tatetaru fune.

H ANTE I.

Hiasco, is. Lus. Abrirse, ou fenderse. Iap. Fira quru, vararu.

Hiato, as. frequent. Idem.

Hiatus, us. Lus. Abertura da boca. Iap. Cuchiuo aqetaru cotouo yŭ. ¶ Item, per transl. Abertura da terra, &c. Iap. Daigi nadono varetaru cotouo yŭ.

Hiberis, dis. Lus. Hũa erua. Iap. Cusano na.

Hibiscus, siue Hibiscũ, i. Lus. Maluaisco. Iap. Auoini nitaru cusa.

Hic, hæc, hoc. Lus. Este, ou esta. Iap. Cono, core. ¶ Interd. Hic. Lus. Tal. Iap. Cayŏ naru mono, cacuno gotoqinaru mono. ¶ Item, adu. Em tal lugar. Iap. Cayŏno tocoroni.

Hîc, adu. Lus. Aqui, neste lugar. Iap. Coconi, cono tocoroni. ¶ Item, Aduerb. tẽporis. Lus. Entam, neste comenos. Iap. Sono toqi, sono miguirini.

Hicce.

Hicce. Idem, quod Hic. tam vt eſt pronomē quàm aduerbium.

Hiccine? pro Hic ne? Lus. He eſte poruētura? Iap. Core ca? core nariya?

Hierarcha, æ. Lus. Prefeito das couſas ſagradas. Iap. Tattoqi cotouo toriatçucŏ yacuxa.

Hierarchia, orum. Lus. Principado ou dignidade nas couſas ſagradas. Iap. Tattoqi cotouo toriatçucŏ curai.

Hieroglyphicæ literæ. Lus. Hũas figuras ſignificatiuas de que vſauam os Egipcios em lugar de letras. Iap. Egiptoni voite mono no guiŏſôuo çaqite monjino cauarini xitaru cotouo yŭ.

Hieróphylax, acis. Lus. Sancriſtão, ou o q̃ guarda couſas ſagradas. Iap. Terano dŏguuo mamori atçucŏ yacuxa.

Hierophanta. Idem. ¶ Interd. Sacerdote. Iap. Bŏzu, ſô.

Hila. Lus. Hũa certa tripa delgada. Iap. Foſouata.

Hilarè, & Hilariter, adu. Lus. Alegremente. Iap. Yorocŏde, iſamaxiqu. (rocobu.

Hilareſco, is. Lus. Alegrarſe. Iap. Iſamu, yo

Hilaria, orum. Lus. Hũas certas feſtas que faziam antigamente. Iap. Mucaxi voconaitaru aru matçuri.

Hílaris, e, l. Hilarus, a, ũ. Lus. Alegre, prazēteiro. Iap. Iſamaxiqimono, yorocobaxiqimono.

Hilárulus, i. dim. Idem.

Hiláritas, atis. Lus. Alegria, feſta. Iap. Iſami, manzocu, yorocobi.

Hilaritúdo, inis. Idem apud antiq.

Hiláritus, adu. Lus. Alegremente. Iap. Iſamaxiqu, Plaut.

Hilaro, as. Lus. Alegrar, deſenfadar a outro. Iap. Yorocobaſuru, iſamuru.

Hilla, æ, l. Hilla, orum. Lus. Tripas ſalgadas de cabrão. Iap. Yaguiŭno xiuo xitaru fatauata. ¶ Item (vt alij) Lingoiças. Iap. Qedamonono nicuto, vatauo motte tçutçunoyetaru xocubutno taguy.

Hilum, i. Lus. Olho preto da faua. Iap. Soramameni aru curoqi me. ¶ Item, Couſa de pouco, ou nenhum preço, e ſer. Iap. Caçunaranu coto, nandemonaqi mono.

Hin. Dictio Hebraica, eſt genus menſuræ continentis duos coros Atticos.

Hinc. adu. Lus. Daqui, ou deſte lugar. Iap. Coreyori, cono tocoro yori.

Hinnibundè. Lus. A maneira de mũs. Iap. Mu letoyŭ qedamonono gotoqu.

Hinnio, is, iui, itum. Lus. Rinchar o cauallo. Iap. Inanaqu, ibŏ.

Hinnîtus, us. Lus. Rincho de cauallo. Iap. Inanaqi.

Hínnulus, i. Lus. Filho do veado, cabra mõtès, e doutros ſemelhantes animais. Iap. Canoxixi, nicu nadono yŏnaru qedamonono co. ¶ Itẽ, Filho pequeno de cauallo, e aſna. Iap. Vmato robayori xŏjitaru co.

Hinnus, i. Lus. Mũ filho de cauallo, & aſna. Iap. Vmato roba yori xŏjitaru qedamono.

Hio, as. Lus. Reſpirar com a boca aberta. Iap. Cuchiuo firaqite iqiuo tçuqu. ¶ Item, Abrirſe, ou fenderſe. Iap. Firaqu ru, ſaquru. ¶ Hiare flores. Lus. Abrirenſe as flores. Iap. Fanaga firaqu. ¶ Hiare orationem. Lus. Eſtar a oração deſatada, & deſconcertada. Iap. Cotouariga axiqu tçuzzuqu. ¶ Item, per tranſl. Eſtar atonito, & duuidoſo. Iap. Guiŏten xite aqiruru. ¶ Item, Deſejar. Iap. Nozomu.

Hippacæ, es. Lus. Queijo de leite de egoas. Iap. Vmano nhŭnĭuo motte tçucuritaru Queijo.

Hippâco, as. Lus. Baſejar, ou reſpirar apreſſadamẽte. Iap. Sutaqu, fayaqu iqiuo tçuqu.

Hippago, inis. Lus. Hum genero de embarcação apta pera leuar cauallos. Iap. Vmauo tatçuru funeno taguy.

Hippódromus, i. Lus. Lugar em que ſe exercitam a correr. Iap. Baba.

Hippomachia, æ. Lus. Peleija a cauallo. Iap. Baxŏno xuno caxxen.

Hipp operæ. Lus. Saco, ou alforges em que os de cauallo leuam o neceſſario. Iap. Baxŏno mono michino yŏyni fiŏrŏ igue uo iretaru fucuro, vchigaye, coxibucuro.

Hippopótamus, i. Lus. Cauallo que nace ẽ rio. Iap. Daigani xŏzuru vma.

Hir. Lus. Palma da mão. Iap. Tanagocoro. Antiq.

Hira,

Hira. Lus. Hũa tripa que sempre està vazia. Iap. Munaxiqi farauata, vtçuuo narufarauata.

Hircinus, a, um. Lus. Cousa de bode, ou q̃ pertence abode. Iap. Voyaguiũni ataru coto.

Hircipili. Lus. Homens cabeludos de cabellos duros, e grandes como de bode. Iap. Voyaguiũno gotoqu naru couaqu nagaqi qeuo motçu fito.

Hircosus, a, um. Lus. Cousa suja, e que chei ra a cabram. Iap. Voyaguiũno gotoqu cusaqu qegarauaxiqi mono.

Hircus, i. Lus. Bode por castrar. Iap. Voyaguiũ. ¶ Item, Roim cheiro dos souacos como raposinho. Iap. Vaqigano cusasa.

Hirculus, i. Lus. Hũa erua. Iap. Cusano na.

Hirnea, æ. Lus. Hum certo vaso. Iap. Vtçu uamonono taguy.

Hirquitallio, is. Lus. Mudar a voz os moços que começão a barbar. Iap. Xeijin xi te figue voye some, coye cauaru.

Hirquitallus, i. Lus. Moço que começa a barbar, & mudar a voz. Iap. Xeijin xite coye cauari, figue xŏzuru mono.

Hirquus, i. Lus. Lagrimal, ou canto do olho. Iap. Namidano izzuru ana, magaxira, majiri.

Hirsutus, a, um. Lus. Cabeludo, aspero. Iap. Couaqu, qebucaqi mono.

Hirtus, a, um. Lus. Cousa suja, & agreste. Iap. Butagonaru mono, iyaxiqu qegarauaxiqi mono, butŏnaru mono.

Hirũdo, inis. Lus. Sanbixuga. Iap. Firuto yũ muxi. ¶ Hirudo ærarij. per transl. Lus. Gastador, & consumidor do tesou ro publico. Iap. Banminno tameni atçume voqu zaifŏuo tçuiyasu mono.

Hirundininus, a, um. Lus. Cousa de andori nha. Iap. Tçubameni ataru coto.

Hirundo, inis. Lus. Andorinha. Iap. Tçubame.

Hisco, is. Lus. Abrir a boca, ou beiços pera falar. Iap. Monouo yuantote cuchiuo firaqu. ¶ Item, Falar com medo tremelando, & quasi guaguejando. Iap. Vosoreni ficarete domorite monouo yũ. ¶ Quãdoq; Duuidar, estar perplexo. Iap. Vtagauaxiqu, ibucaxiqu vomŏ. ¶ Item, Abrirse, ou gretar a terra. Iap. Daigiga fiuaruru. ¶ Item, Abrirse. Iap. Aqu, firaqu.

Hispidus, a, um. Lus. Cabeludo, aspero. Iap. Qebucaqi mono, araqi mono.

Hispidosus, a, um. Idem.

Historia, æ. Lus. Historia. Iap. Yurai, coji raireqi, denqi, yengui. ¶ Item, Declaração de qualquer cousa. Iap. Monono fonyacu, chũ.

Historialis, e. Lus. Cousa pertencente a histo ria. Iap. Coji, raireqi, l, denqini ataru coto.

Histŏricus, a, um. Idem.

Historice, es. pars illa gramatices, quæ in enarratione authorum versatur.

Histŏricus, i. Lus. Historiador. Iap. Mucaxi arixi cotouo qirocu xi, coji raireqiuo caqi xirusu mono.

Histricus, a, um. Lus. Cousa pertencente a representador, ou autor de comedias, &c. Iap. Nŏno xiteto, sarugacuni ataru coto.

Histrionalis, e. Idem.

Histriŏnicus, a, um. Idem.

Histrio, onis. Lus. Autor de autos, ou repre sentador de comedias, &c. Iap. Nŏno xite, sarugacu.

Histrionia, l, Histrionica, æ. Lus. Arte de repre sentar autos, ou tragedias. Iap. Nŏno narai, michi.

Histrix. vide Hystrix.

Hiulcè, adu. Lus. Desproporcionadamente, e sem medida. Iap. Xubimo naqu, ximari mo naqu. (raqu, varu.

Hiulco, as. Lus. Abrir, fender. Iap. Aquru, fi

Hiulcus, a, um. Lus. Cousa fendida, ou aberta. Iap. Varetaru mono, saqetaru mono. ¶ Hiulca oratio, per transl. Lus. Oração desmanchada, e mal atada. Iap. Xubi xezaru monogatari, xidai naqi dangui.

H ANTE O.

HOc, pronomẽ demonst. Lus. Este, ou isto. Iap. Core. ¶ Item, Aduerbium. Lus. Pera aqui. Iap. Cocoye.

Ho-

Hodie. Lus. Oje, neste dia. Iap. Connichi, qeô. ¶ Item. Agora, ou neste tempo. Iap. Conogoro, imaguiuono jidaini.

Hodiernus, a, um. Lus. Cousa de oje. Iap. Connichijni ataru coto.

Holocaustum, i. Lus. Sacrificio de animal q̃ se queimaua todo. Iap. Tamuqeno tame ni nocosazu, yaqi fataxitaru qedamono.

Holocaustôma, atis. Idem.

Holographum. Lus. Testamento escrito todo por mão do testador. Iap. Iifitno yuzzurijô. ¶ Holographa epistola. Lus. Carta escrita por mão do que a manda. Iap. Iifitnofumi. Hieron.

Holoserica vestis, l, Holoserica, orum. Lus. Vestido todo feito de seda. Iap. Qinuno yxô.

Homicida. Lus. Matador de homem. Iap. Fitouo xetgai suru mono. ¶ Item, Homé forte, valeroso. Iap. Qenaguenaru mono, yûxa. Horat.

Homicidium, ij. Lus. Morte de homé. Iap. Fitono xetgai.

Homilia. Lus. Colloquio, e ajuntamento. Iap. Tagaino monogatari, cunju. ¶ Item, Oração, ou sermão. Iap. Dangui.

Homiliáticus, a, um. Lus. Cousa que pertence à pregação, ou oração. Iap. Danguini ataru coto.

Homo, inis. Lus. Homem. Iap. Fito, ninguen.

Hómulus, Homúlulus, Homunculus, & Homuncio, dim. Idem.

Homónymon. Lus. Cousa do mesmo nome, equiuoca. Iap. Nano vonajiu xite tai coronaru mono.

Homousius. Lus. Da mesma substancia. Iap. Vonaji taino mono, dôtaino mono.

Honestas, atis. Lus. Honra, honestidade, louuor de virtude. Iap. Fomare, jenno meiyo, jinjô.

Honestitudo, inis. Idem apud antiq.

Honestè, adu. Lus. Com honra, e louuor. Iap. Meiyouo motte, jinjôni.

Honesto, as. Lus. Honrar. Iap. Sôqiô suru, conxetni suru, curaini aguru.

Honestum, i. Lus. Virtude, bondade, honestidade. Iap. Ien, jinjô, cocoro yoqi coto no yŭ.

Honestus, a, um. Lus. Cousa honesta, honrada, nobre. Iap. Meiyo, voboyeno aru mono, jinjô naru mono. ¶ Item, Bello, fermoso. Iap. Icçucuxiqi mono, birei naru mono. ¶ Item, Rico. Iap. Vtocujin. Vlpia.

Honor, l, Honos, oris. Lus. Honra, reuerēcia. Iap. Sôqiô, vyamai. ¶ Item, Dignidade, ou cargo. Iap. Cŏxocu. ¶ Aliqn̄. Fermosura. Iap. Icçucuxisa, birei. ¶ Aliqn̄. Cheiros, & sacrificios que os antigos faziáo a seus Deoses. Iap. Mucaxi butjin ni sasaguexi tamuqemono, xôcôno yŭ. ¶ Aliqn̄. Premio. Iap. Inbut, fiqidemono. ¶ Mortis honos. Lus. Sepultura, enterramento. Iap. Sôrei, sŏsô. ¶ Aliqn̄. Amor. Iap. Taixet. ¶ Honorem præfari. Lus. Tomar a salua, ou pedir perdão aos circunstantes, quando seha de dizer algũa cousa pouco honesta. Iap. Niauazaru cotouo iydasu beqi tote, mazzu zachŭ no xuni xamenuo cô coto. ¶ Honorem habere auribus. Idem.

Honorabilis, e. Lus. Digno de ser honrado. Iap. Agamerarubeqi mono, vyamauarubeqi mono.

Honorarius, a, um. Lus. Cousa que pertence a honra. Iap. Curai, vyamaini ataru coto. ¶ Ludi honorarij, l, Honoraria, orū. Lus. Hũs certos jogos é que se dauão premios. Iap. Mucaxi caqemono, l, fiqidemonouo sadamete aru asobiuo yŭ. ¶ Honorarium donum. Lus. Presente q̃ se daua por honra aos consules quando hiam ás prouincias. Iap. Consulno curaina ru fito cunino xugoto xite nhŭbu xeraruru toqi, banmin yori no xinmot. ¶ Honorarium. Lus. Presente que dauão os apaniguados a seu defensor, ou procurador. Iap. Cuji satano toqi tontçuguini tanôdaru fitoni ataýuru inbut.

Honoratè, adu. Lus. Com honra, e louuor. Iap. Menbocuuo fodocoxite.

Honoratus, a, um. Lus. Honrado, estimado. Iap.

Iap. Mochijraruru mono, sôqiŏ xeraruru mono.

Honorificè,adu. Lus. Honrada, e magnificamente. Iap. Yquŏ atte, meiyouo motte, menbocuuo fodocoite.

Honorifico, as. Lus. Honrar. Iap. Xôquá furu, sôqiŏ furu, voboyeuo torasuru.

Honôro, as. Idem.

Honorificus, a, um. Lus. O que da honra. Iap. Voboyeuo torasuru mono, sôqiŏsuru mono. ¶ Item, Cousa que tem é si honra. Iap. Meiyo, curai aru mono.

Honôrus, a, um. Lus. Cousa hõrada, ou que da hõra. Iap. Meiyo, curaiaru mono, jinjŏ naru mono, l, voboyeuo torasurumono.

Hoplómachus, i. Lus. O q̃ armado saye á peleija, ou desafio. Iap. Yoroite xiaino bani izzuru mono.

Hora, æ, apud vet. Lus. Qualquer parte do tẽpo, ou anno. Iap. Iibũ, jixet. vt, Xixet. ¶ Itẽ, Hora. Iap. Toqi, jicocu. ¶ Aliqñ. Dia, ou algũ certo tẽpo determinado. Iap. Fi, l, sadamaritaru jixet.

Horariũ, ij. Lus. Relogio, ou outro instrumẽto q̃ mostra as horas do dia. Iap. Toqei, rŏcocu.

Horarius, a, um. Lus. Cousa de hũa hora. Iap. Fitotoqini ataru coto.

Hordi, æ. Lus. Vaca prenhe. Iap. Faramitaru vxi.

Hordeaceus, a, um. Lus. Cousa de ceuada. Iap. Vômuguini ataru coto, l, vômugui nite tçucuritaru coto.

Hordearius, a, um. Lus. O que viue, ou se sostenta com ceuada. Iap. Vômuguiuo curatte iquru mono. ¶ Æs hordearium. Lus. Paga que se daua ao caualeiro em lugar de ceuada. Iap. Qibano xuni vatasu vômuguino cauarini atayuru guinsu.

Hordeum, ei. Lus. Ceuada. Iap. Vômugui, daibacu.

Hordicia, orum. Lus. Festas dos antigos em que sacrificauã vacas prenhes. Iap. Mucaxi faramitaru vxiuo saságuexi iuaiuo yŭ.

Horia, æ. vide Oria.

Horizon, ontis. Lus. Orizonte. Iap. Mennno miru tocoro yori tenno fanbunuo arauasu sacaime.

Hornò, adu. Lus. Este anno. Iap. Cotoxi, connen.

Hornótinus, a, um. Lus. Cousa deste anno. Iap. Connenni ataru coto. ¶ Item, Cousa de hũ anno. Iap. Ychineni ataru coto.

Hornus, a, ũ. Idem. ¶ Horna messis. Lus. Grande proueito. Iap. Taitocu. Plaut.

Horologium, ij. Lus. Relogio. Iap. Toqei, rŏcocu.

Horóspicus. Lus. Parte do ceo q̃ cada hora se vai aleuantando do oriente. Iap. Fitotoqino aidani figaxiyori meguri agaru tenno bunuo yŭ. ¶ Itẽ, Põto, ou momẽto ẽ q̃ hũ nace. Iap. Vmarevotçuru toqiuo yŭ.

Horóspicus, a, um. Vt instrumenta, l, vasa horospica. Lus. Instrumentos em que se conhecem, e notam as horas. Iap. Toqiuo vaqimayuru dŏgu.

Horrearius, ij. Lus. O que tem cuidado, & guarda o cileiro. Iap. Muguino curauo ma mori saiban suru mono.

Horrendus, a, um. Lus. Cousa espantosa, e medonha. Iap. Vosoroxiqi mono, ibuxeqi mono, vosore qirauarubeqi mono.

Horreo, es, rrui. Lus. Ter horror, e espãto. Iap. Guiŏtẽ suru, fanafada vosoruru. ¶ Aliqñ. Estar frio. Iap. Fiyuru, cázuru. ¶ Item, Temer. Iap. Vosoruru. ¶ Item, Tremer. Iap. Furŭ, vananaqu. ¶ Item, Ser aspero, e escabroso. Iap. Araqu naru.

Horresco, is. Lus. Yr sentindo horror, tremor, ou espanto. Iap. Xidai xidaini vosoruru, furŭ. ¶ Itẽ, Tremer. Iap. Furui vananaqu.

Horreum, i. Lus. Cileiro. Iap. Muguino cura. ¶ Item, Logia onde se guardam riquezas, e outras cousas. Iap. Zaifôno cura. ¶ Ipso horreo dari. Lus. Darse muito, e em abũdancia. Iap. Quabunni atayeraruru.

Horréolum, i. dim. Idem.

Horribilis, e. Lus. Cousa pera se temer, ou causar espanto. Iap. Vosoroxiqi mono, ibuxeqi mono.

Horridè, adu. Lus. Aspera, e incultamente. Iap. Araqu, sosŏni, butŏni.

Horriditas, atis. Lus. Horror, eſpanto. Iap. Voſore, guiǒten, aqiſe.

Hórridus, a, um. Lus. Cabeludo, horrido, aſpero. Iap. Qebucaqu voſoroxiqi mono, araqi mono. ¶ Aliqñ. Deſconcertado, ſẽ ornato, e atauio. Iap. Sosǒ naru mono, xǒzocu naqi mono, ſiqitçucurouazaru mono. ¶ Horrida oratio (per tráſl.) Lus. Oração aſpera, eſteril. Iap. Xiuo naqi darigui, vomoxiroguenaqi monogatari, cataqi cotoba. ¶ Item, Temeroſo, medonho. Iap. Ibuxeqi mono.

Horrídulus, a, um. dim. Idem.

Hórrifer, a, ũ. Lus. Couſa que faz horror, e eſpanto. Iap. Voſoroxiqi mono, guiǒten ſaſuru mono, furuuaſuru mono.

Horríficus, a, um. Idem.

Horrífico, as. Lus. Meter medo, eſpãtar. Iap. Vodorocaſu, guiǒten ſaſuru.

Horripílo, as. Lus. Brotar, ou nacerem cabelos mais aſperos. Iap. Couaqi qega xǒzuru, voye izzuru.

Horríſonus, a, um. Lus. Couſa que ſoa cõ horror, e eſpanto. Iap. Voſoroxiqi voto ſuru mono.

Horror, oris. Lus. Tremer, e horror. Iap. Furui, guiǒtẽ, fucaqi voſore. ¶ Aliqñ. Carregamẽto do roſto. Iap. Voſoroxiqi qixocu. ¶ Aliqñ. Medo q̃ nace de reſpeito, e veneração. Iap. Vyamai yori izzuru voſore.

Horſum, aduerb. loci. Lus. Pera eſta parte. Iap. Cocoye mucatte, cono fǒye muite.

Hortamen, inis, & Hortamẽtum, i. Lus. Amoeſtação. Iap. Suſume, ſaiſocu, iſame.

Hortatio, onis, & Hortatus, us. Idem.

Hortatiuus, a, ũ. Lus. Couſa exortatiua, ou acõmodada pera exortar. Iap. Suſumeno tame ni nitaru coto, l, ſuſumeni naru coto.

Hortator, oris. Lus. Amoeſtador, induzidor. Iap. Suſumete, iſamete.

Hortatrix, icis. fœm. Idem.

Hortenſis, e. Lus. Couſa que nace na orta. Iap. Sononi xǒzuru mono.

Hortenſius, a, um. Idem.

Hortor, aris. Lus. Amoeſtar, induzir. Iap. Suſumuru, iſamuru, ſaiſocu ſuru. ¶ Hortor. Paſſiu. Idem.

Hortus, i. Lus. Orta, jardim. Iap. Saiyen, ſono. ¶ Itẽ, apud vet. Quinta, ou caſa do campo. Iap. Chiguiǒno voſameno tame, aruiua yũranno tameni riǒnaini tate voqitaru iye. ¶ Horti penſiles. Lus. Alegretes, ou crauoiros que poem ás janelas, ou ſobre colũnas. Iap. Iyeno vye nadoni tçucuritaru qadan, bonſanno taguy.

Hórtulus, i. dim. Idem.

Hoſpes, itis. Lus. Hoſpede da pouſada, ou hoſpede q̃ vem de fora. Iap. Qiacujin, l, teixu. ¶ Item, Peregrino, ou eſtrangeiro. Iap. Tabibito, tacocujin. ¶ Aliqñ. Homem eſtranho, não conhecido. Iap. Mixirazaru fito.

Hóſpita, æ. Lus. Hoſpeda da caſa, ou hoſpeda que ſe agaſalha. Iap. Vonna qiacujin, vonna teixu. ¶ Item, Eſtrangeira. Iap. Vonna tabibito.

Hoſpitalis, e. Lus. Couſa de hoſpede, ou q̃ pertence a hoſpede. Iap. Qiacujin, l, teixu ni ataru coto. ¶ Itẽ, Liberal, agaſalhador de hoſpedes. Iap. Tabibito, qiacujin uo vaga iyeni xǒji, conxetni ſuru cotouo ſuqu fito.

Hoſpitalitas, atis. Lus. Benignidade, facilidade ẽ agaſalhar hoſpedes, ou eſtrangeiros. Iap. Qiacujin, l, arujiani conxet aru cotouo yũ.

Hoſpitaliter, adu. Lus. Benigna, e liberalmẽte. Iap. Conxetni, cocoro yoqu, nengoroni.

Hoſpitium, ij. Lus. Pouſada franca pera os que vem de fora. Iap. Qiacujin, anguia no fitouo muyenni xǒdai ſuru iye. ¶ Itẽ Familiaridade, e amizade com que hum agaſalha a outro. Iap. Tagaini xǒdai ſuru fitono taixet. ¶ Item, Hoſpital de pobres. Iap. Cotjiqi, fininuo xǒji voqu iye.

Hóſpitor, aris. Lus. Agaſalhar a alguem com amizade. Iap. Cocoro yoqu, mutçumaxiqu xǒdai ſuru. ¶ Item, Agaſalharſe. Iap. Yado ſuru, caru. ¶ Item, per tranſl. Crecer em terra noua, e eſtranha. Iap. Chicayete xeigiǒ ſuru.

Hoſ-

Hóspitus, a, um. Lus. Peregrino, estrangeiro. Iap. Qiacujin, tabiñito, tacocujin, ycocuno mono.

Hostia, æ. Lus. Sacrificio, ou animal que se sacrificaua. Iap. Tamuqe, l, tamuqetaru qedamono.

Hósticus, a, um. Lus. Cousa do imigo. Iap. Teqini ataru coto.

Hostilis, e. Idem.

Hostilitas, atis. Lus. Inimizade. Iap. Fuquai, fuua, guijet.

Hostiliter, adu. Lus. Como imigos. Iap. Teqino gotoqu, teqitôte.

Hostimentum, i. Lus. Igualdade, recompẽsação. Iap. Fitoxiqu suru cotouo yŭ, taiyŏ, fôja, mucui.

Hostio, is. Lus. Recompẽsar, pagar na mesma moeda. Iap. Fôja suru, mucŭ. ¶ Qnq;. Reprimir, ter mão. Iap. Ficayuru, vosayuru, todomuru. ¶ Q̃nq;. Offender. Iap. Somuqu.

Hostis, is. Lus. Imigo. Iap. Teqi. ¶ Itẽ, (apud antiq.) Estrangeiro. Iap. Tabiñto, tacocujin.

Hostorium, ij. Lus. Rasoura com que igualam a medida de trigo, &c. Iap. Tocaqi, masucaqi.

Hostium, ij. vide Ostium.

Hostius. Lus. Cantidade de azeite que se faz de hũa moedura. Iap. Fitotabini xiboru aburano bunuo yŭ.

H ANTE V.

HVber, eris. Lus. Cousa fertil, abundante. Iap. Bẽtô, juntacu naru coto.

Huber, eris, subst. Lus. Teta, ou mama. Iap. Chibusa. ¶ Quãdoq;. Fertilidade. Iap. Bentôsa, juntacu.

Húbero, as. Lus. Fertilizar. Iap. Iuntacu ni nasu, bentôni nasu, sacayeiasuru. ¶ Item, Estar fertil, & fecundo. Iap. Bentôni naru, sacayuru.

Huberiùs, & Huberrime, adu. Lus. Fertil, copiosamente. Iap. Bentôni, juntacuni.

Hubertas, atis. Lus. Fertilidade, abundancia. Iap. Bentôsa, juntacu.

Hubertim, adu. Lus. Abundante, & copiosamente. Iap. Tacusanni, bentôni.

Hubertus, a, ũ. Lus. Cousa abũdãte, e copiosa. Iap. Tacusanni aru coto, bẽtônaru mono.

Huc, adu. Lus. Pera aqui, ou pera este lugar. Iap. Cocoye, conofôye. ¶ Huc, & illuc. Lus. De ca pera là. Iap. Coco caxicoye, canata, conata. ¶ Huc vsq;. Lus. Ate este lugar, l, ate este tempo. Iap. Cocomade, corẽ made, l, cono toqi made.

Huccine? Lus. Aqui, ou nisto porventura? Iap. Corefodo madeca? coremadeca?

Hui. Interiect. admirãtis. Lus. Huy. Iap. Suua, hatto. ¶ Hui, & Hem, vtimur aduersus eos, quibus irascimur.

Huiusce. genit. Lus. Deste. Iap. Caregano.

Huiusmodi, & Huiuscemodi. Lus. Tal, desta maneira. Iap. Cacuno gotoqu naru mono, cayŏnaru coto.

Hulcus. vide Vlcus.

Húlula. vide Vlula.

Húlulo. vide Vlulo.

Humanè, adu. Lus. Humana, benignamẽte. Iap. Nhŭuani, cocoroyoqu, conxetni.

Humaniter, adu. Idem.

Humanitas, atis. Lus. Natureza humana. Iap. Ningai, ninguenno xiqixin, Anima vagŏ xitaru cotouo yŭ. ¶ Item, Erudição, e sciẽcia de boas artes. Iap. Xoguei, xogacuno narai. ¶ Item, Brandura, & clemencia. Iap. Nhŭua, nhŭnan, renmin.

Humanitus, adu. Lus. Como homẽ, ou humanamente. Iap. Ninguenni fitoxiqu, fitoni niaicaru gotoqu.

Humanus, a, um. Lus. Brando, benigno, affauel. Iap. Nhŭuanaru mono, nengoro naru mono, nin ai yoqi fito. ¶ Itẽ, Cousa dos homẽs, ou q̃ não he alhea de homẽs. Iap. Ninguenni ataru coto, l, ninguenni sôuô xitaru coto.

Humatio, onis. Lus. Enterramento, ou sepultura. Iap. Sôrei, l, fômuru coto nari.

Humatus, a, um. Lus. Enterrado. Iap. Vzzumoretaretaru mono.

Humecto, as. Lus. Humedecer, molhar. Iap. Vruuoiu, ximesu, nurasu.

Humectus, a, um. Lus. Humido. Iap. Ximerimeritaru mono, xicqe aru meno.

Humeo, es, vi. Lus. Estar humido, e molhado. Iap. Ximeru, nurete yru.

Humerale, is. Lus. Vestido como mantilha que cobre os ombros. Iap. Catani nomi caquru mijicaqi yxŏno taguy.

Humerosus, a, um. Lus. Homẽ de grandes espadoas, ou que tem grandes ombros. Iap. Catano icaritaru fito.

Húmerus, i. Lus. Ombro, ou espadoa. Iap. Cata. ¶ Item, Cotos de que dependem as asas das aues. Iap. Torino fabuxi.

¶ Humeris sustinere. Lus. Sostentar com sua autoridade, &c. Iap. Ixeiuo motte cacayuru.

Humesco, is. Lus. Humedecerse. Iap. Ximeru.

Húmidus, a, um. Lus. Cousa humida. Iap. Ximeritaru mono, xicqe aru mono.

¶ Humida vina. Lus. Vinhos fracos, & agoacentos. Iap. Youaqi saqe, mizzuqeno vouoqu aru saqe.

Humídulus, a, m. Idem.

Húmifer, a, um. Idem quod humidus.

Humigatus, a, um. Lus. Cousa molhada, ou orualhada. Iap. Nuretaru mono, l, vru tosaretaru mono, tçuyuni ositocitaru mono.

Humiliatus, a, um. Lus. Cousa abatida, ou baixa. Iap. Sagueraretaru mono.

Humilio, as. Lus. Humilhar, abater. Iap. Fericudarasuru, sague iyaximuru.

Húmilis, e. Lus. Baixo, rasteiro. Iap. Ficuqi mono, sagaritaru mono. ¶ Item, Baixo, desprezivel. Iap. Guexenno mono, gueretno mono, iyaxiqi mono.

Humilitas, atis. Lus. Baixo, respeito de altura. Iap. Ficusa. ¶ Item, Baixeza, ou vileza de géração. Iap. Iyaxisa, vgi, sugin enomaqi cotouo yũ. ¶ Item, Humildade. Iap. Fericudari.

Humiliter, adu. Lus. Baixa, e humilmente. Iap. Sagarite, guexenni, fericudarite.

Humo, as. Lus. Cobrir de terra, sepultar. Iap. Vzzumuru, dosŏ suru.

Humor, oris. Lus. Humor, ou liquor. Iap. Vruuoi, xicqe, l, xitadari mono. ¶ Itẽ, A parte agoacenta que ha no vinho. Iap. Saqeni aru mizzuqeno bun.

Humus, i. Lus. Terra, chão. Iap. Tçuchi, gi.

¶ Humi vice, adu. Lus. No chão, ou polo chão. Iap. Tçuchini, chixŏni. ¶ Humi serpens oratio. Lus. Oração de estilo baixo, erasteiro. Iap. Cotouari, cotobano tçuzzuqi nadono iyaxiqi dangui.

H ANTE Y.

Hyacinthus, i. Lus. Hum genero de viola flor. Iap. Sŏquanona. ¶ Item, Hũa pedra preciosa. Iap. Meixuno na.

Hyacinthia, orum. Lus. Hũs sacrificios que faziam antigamente. Iap. Mucaxino tamuqe mono.

Hyacinthinus, a, um. Lus. Cousa de cor de violas. Iap. Violatoyũ sŏquano iro ni nitaru mono.

Hyæna. Lus. Hum animal que arremeda os homens no falar. Iap. Fitono cuchimane uo suru qedamono.

Hyálinus, a, um. Lus. Cousa de vidro. Iap. Rurini ataru coto.

Hyalurgus, i. Lus. Vidreiro. Iap. Rurino vtçuuamonouo tçucuru mono.

Hyalus. Lus. Vidro. Iap. Ruri, fairxŏ. ¶ Color hyali. Lus. Côr verde. Iap. Moyegui.

Hyberna, orum. Lus. Lugares em que os soldados inuernam. Iap. Buxidomo fuyu no aida sumu tocoro.

Hybernácula, orum. Idem.

Hyberno, as. Lus. Inuernar, ou passar o inuerno em algum lugar. Iap. Fuyuno aida sumu, fuyuuo vocuru, l, funega fuyuno aidani cacatte yru.

Hybernus, a, um. Lus. Cousa de inuerno. Iap. Fuyuni ataru coto.

Hybris, idos, l, Hybrida, æ. Lus. Animal, ou homẽ nacido de diuersas castas. Iap. Rui no chigaitaru mono, vagŏ xitexŏzuru co.

Hydrargirum, i. Lus. Azougue. Iap. Mizzu cane.

Hydraulos, i. Lus. Instrumento musico q̃ soa com artificio de agoa. Iap. Mizzuno ayatçuriuo motte tanzuru gacu.

Hydráulicus, a, um. Lus. Cousa que pertence a este instrumẽto. Iap. Miguino dŏguni ataru coto.

Hy-

Hydria, æ. Lus. Cantaro, ou vasilha de agoa. Iap. Mizzuno tçubo, vtçuuamono.
Hydrocéle, es. Lus. Hũa especie de ernia. Iap. Xenqi.
Hydrocélicus. Lus. Doente desta ernia. Iap. Xenqiuo vazzurŏmono.
Hydromantia, æ. Lus. O adeuinhar, ou agourar por agoa. Iap. Mizzu nite suru vranai.
Hydromeli. Lus. Hũa laya de agoa mel. Mizzuto, mitçuuo majiyetaru nomimono.
Hydrophanta, æ. Lus. Homẽ que busca agoa pera regar, ou beber. Iap. Denbacuno yaxinai, mata yŏsuino tameni mizzuuo tazzunuru mono.
Hydropóces. Lus. Bebedor de agoa. Iap. Mizzuuo nomu mono.
Hydrops, ôpis, l, Hydrópisis. Lus. Hidropisia. Iap. Suixuno chŏman.
Hydrópicus, i. Lus. Hidropigo. Iap. Suixuno biŏja.
Hydrus, i. & Hydra, æ. Lus. Hum genero de cobras dagoa. Iap. Suichŭni aru cuchinauano taguy.
Hyemális, e. Lus. Cousa de inuerno. Iap. Fuyuni ataru coto.
Hyematio, onis. Lus. O passar o inuerno. Iap. Fuyuno aidauo curasu coto nari.
Hyemo, as. Lus. Inuernar, ou passar o inuerno em algum lugar. Iap. Fuyuno aida giŭ suru, fuyuuo vocuru, curasu. ¶ Hyemat. Lus. He a força do inuerno, faz grãde frio. Iap. Fuyuno saichŭ nari, l, canqi fana fadaxiqinari.
Hyems, mis. Lus. Inuerno. Iap. Fuyu. ¶ Interd. Tempestade, ou tormenta. Iap. Taifŭ, l, gueqirŏ.
Hymber, is. Vide Imber.
Hymnifer, a, ũ. Lus. Cousa q̃ traz, ou da louuor. Iap. Meiyo, fomareuo cacaguru mono, meiyono motoitonaru mono.
Hymnus, i. Lus. Cãto ẽ louuor dalguẽ. Iap. Fitono fomareuo cacaguru vtai, xŏmeŏ.
Hyoscyamus, i. Lus. Hũa erua. Iap. Cusãnona.
Hypérbole, es. Est figura, cùm sententia aliqua fidem excedit, augendæ rei gratia.
Hyperbólicus, a, ũ. Lus. Cousa de excesso, & exageração. Iap. Monouo guiŏsanni cataru coto, l, vobitataxiqu iy nasu mono.
Hypenemium ouum. Lus. Ouo porgalar. Iap. Vondorino taneuo vqezuxite vmu caigo.
Hyperaspistes, æ. Lus. Defensor. Iap. Fuxeguite, xugonin.
Hypocaustum, i. Lus. Estufa, ou lugar de suadouros. Iap. Furo, l, axeuo caqu tameni sadamaritaru tocoro.
Hypócrisis, is. Lus. Dissimulação, ou hypocresia. Iap. Miŏmon, l, mane, sugatauo cayete xinobu cotouo yŭ. ¶ Itẽ, apud rhetores. Ação em gestos, e meneos. Iap. Dangui, monogatarino toqino moyŏ.
Hypócrita, æ. Lus. O que finge, ou represẽta outra pessoa. Iap. Fitono maneuo suru mono, sugatauo cayete maguiruru mono. ¶ Item, Hypocrita. Iap. Miómójin.
Hypodidáscalus, i. Lus. Repetidor, ou sotomestre. Iap. Coxinobŏ, xixŏno xitani yte voxiyuru mono.
Hypogæa, orum. Lus. Lugares soterranos. Iap. Anagura, dochŭni aru cura. ¶ Itẽ, A legas, despensas. Iap. Sacabeya, cura.
Hypomnêma, atis, & Hypomnématum, i. Lus. Interpretação, ou glosas. Iap. Saixacu, fonyacu, chŭ.
Hypóstasis, substãtia, siue natura subsistens.
Hypothêca, æ. Lus. Penhor. Iap. Xichi.
Hypothecarius, a, um. Vt, Hypothecarius creditor. Lus. O q̃ empresta tomando penhor. Iap. Xichiuo totte monouo casu fito.
Hypóthesis. Lus. Fim, intento. Iap. Qiuame, atedocoro. ¶ Item, Argumento, e sũma de toda a obra. Iap. Io, xojacuno giŏgiŏuo fitqiŏjite caqu cotouo yŭ. ¶ A rhetoribus itẽ dicitur quæstio finita, circa quam totius disputationis cardo versatur.
Hyssôpᵒ, i. Lus. Hũa erua. Iap. Cusano na.
Hyssopites, tæ. Lus. Vinho feito desta erua. Iap. Cono cusanite tçucuritaru saqe.
Hystrix, icis. Porco espinho. Iap. Qirifarini fitoxiqi qeno aru moxixi.

DE

DE INCIPIENTIBVS A LITERA I.

IAceo, es, cui, itum. Lus. Iazer, ou estar deitado. Iap. Fusu, ynuru. ¶ Q̃ñq̃. Estar situado. Iap. Aru, suuaru. ¶ Q̃ñq̃; Estar morto, e sepultado. Iap. Xixiteyru, vzzumoriteyru. ¶ Aliqñ. Estar vil, abatido. Iap. Sague iyaximeraruru. ¶ Iacens animus. Lus. Animo caido, abatido. Iap. Tanomoxiqiuo motazaru cocoro, iyaxiqi cocoro. ¶ Iacens hæreditas. Lus. Erança de que ainda se não tem tomado posse. Iap. Ymada vqetorazaru sŏriŏxiqi, catocu. Apud Iuris cons. ¶ Iacens res. Lus. Cousa, ou fazẽda cujo dono se não sabe. Iap. Nuxi xirezaru mono, tacara.

Iacio, is, eci, actum. Lus. Arremesar, atirar. Iap. Naguru, vtçu. ¶ Iacere fundamenta. Lus. Deitar os fundamẽtos. Iap. Yxizuye suyuru, gibanuo suyuru. ¶ Itẽ, per trãsl. Começar, e dar principio a algũa cousa. Iap. Fajimuru, xisomuru. ¶ Gradum iacere, atque aditum ad cætera. Lus. Abrir caminho, e entrada pera outras cousas. Iap. Xitagiuo totonoyuru, michiuo fumiaquru. ¶ Item, Diuulgar. Iap. Rufu, l, toqen saturu. ¶ Iacere in aliquem aliquid. Lus. Dizer algũa cousa atirando a alguẽ. Iap. Fitoni atatte monouo yŭ, l, atecuuo yŭ. ¶ Iacere contumeliã in aliquẽ. Lus. Injuriar alguẽ de palaura. Iap. Accô zôgô suru.

Iactanter, adu. Lus. Soberba, e arrogantemẽte. Iap. Gamanni, jimanni.

Iactantia, æ. Lus. Vangloria, arrogancia. Iap. Iiman, gaman.

Iactatio, onis. Lus. Mouimento, sacudidura. Iap. Vgoqu, l, tadayô coto nari. ¶ Item, Vangloria. Iap. Iiman.

Iactator, oris. Lus. O q̃ se louua, ou vãgloria. Iap. Iimansuru mono, jisan suru mono.

Iactatus, us. Lus. Mouimento, sacudidura. Iap. Vgoqu, l, tadayô cotouo yŭ.

Iactatus, a, ũ. Lus. Cõbatido, trabalhado. Iap. Xemeraretaru mono, nayamasaretaru mono, yuraretaru mono.

Iactito, as. freq. Lus. Lançar, ou arremesar ameude. Iap. Xiguequ naguru, vtçu.

Iacto, as. Lus. Deitar, ou arremesar muito, e ameude. Iap. Xiguequ naguru, vtçu. ¶ Aliquando, Imaginar, e cuidar muito cõsigo. Iap. Saisan, fucaqu cufŭ suru. ¶ Aliqñ. Affligir, molestar. Iap. Curuximuru, nayamasu, qizzucaiuo caquru. ¶ Aliqñ. Vangloriarse. Iap. Iiman suru, vogoru. ¶ Aliqñ. Falar em vão. Iap. Zŏua suru, irazaru cotouo yŭ. ¶ Aliqñ. Leuar, ou trazer frequentemente. Iap. Xiguequ fiqu.

Iactuosè, adu. Lus. Arrogante, e soberbamẽte. Iap. Gamanni, jimanni.

Iactuosus, a, um. Lus. Vanglorioso, ou ufano. Iap. Iiman, jisan suru mono.

Iactûra, æ. Lus. Dano q̃ se segue de alijar ao mar. Iap. Caixôni vuaniuo vtçu sonxit. ¶ Item, per metaph. Qualquer perda. Iap. Son, ata.

Iactus, us. Lus. O deitar, ou arremesar. Iap. Naguru coto nari. ¶ Iactus, (absolutè) Lus. Lanço da rede. Iap. Amiuo vtçu, l, vorosu cotouo yŭ. ¶ Item, O alijar em tempo de tormenta. Iap. Nanpŭno toqi vuaniuo vtçu, l, fanuru cotouo yŭ.

Iactus, a, um. Lus. Posto, lançado. Iap. Sadameraretaru coto, sunaitaru coto, nagueraretaru coto.

Iaculabilis, e. Lus. Cousa que se pode deitar, ou arremesar. Iap. Naguerarutu mono.

Iaculatio, onis, Iaculamen, & Iaculamentũ. Lus. O arremesar, ou atirar. Iap. Naguru, l, vtçu coto nari.

Iaculator, oris. Lus. O que arremesa, ou atira. Iap. Naguru, l, vtçu mono.

Iaculatrix, icis. fœm. Idem.

Iaculatorius, a, um. Lus. Cousa que pertẽce a arremesar. Iap. Naguru, l, vtçuni ataru coto.

Iaculor, aris. Lus. Atirar, ou arremesar como dardo, &c. Iap. Naguetçuqeni turu, vtçu, fanatçu.

Iaculo, as. Idem.

Iaculum, i. Lus. Arremesão, ou outra arma

com

com q̃ ſe atira. Iap. Nague vcçu bugu.

Iáculus, i. Lus. Hum genero de ſerpéte,ou cobra. Iap. Iano taguy.

Iam, adu. Lus. Ia,agora, logo. Iap. Faya, ima, yagate. ¶ Interd. Hortátis eſt, et veluti morá increpantis. Vt,iam ne imus? Lus. Pois imos ja? Iap. Imada yucazaru, ya? ¶ Interd. Pro modò. Vt,iá hos, iá illos ſequitur. Lus. Hora ſegue a eſtes, hora aqueles. Iap. Toqiniyotteua areuo xitai, toqini yotteua coreuo xitŏ. ¶ Interd. Alé diſſo. Iap. Sono vye.

Iamdiu. Lus. Ia ha muito tempo. Iap. Faya fiſaxiqu.

Iamdudum. Lus. Ia ha hum pedaço de tempo. Iap. Ijenyori, xencocu. ¶ Itẽ, Ia ha algum tempo. Iap. Xendo,fiſaxiqu.

Iam iam. Lus. Logo logo, depreſſa. Iap. Tadaima, sŏsŏ.

Iam olim. Lus. Ia ha muito tempo. Iap. Faya fiſaxiqu, farubaru.

Iampridem. Lus. Agora ha pouco tempo. Iap. Mayeyori,ijenyori. ¶ Item, Logo, depreſa. Iap. Yagate sŏsŏ, ſocujini.

Iam tũ. Lus. Deſde étão. Iap. Sonotoqi yori.

Iambus, i. pes metricus conſtans ex priore breui, et poſteriore longa.

Ianeus. Apud antiq. Lus. Porteiro. Iap. Monyacu.

Iánitor, oris. Idem.

Ianitrix, icis. fœm. Idem.

Iánthinus, a, um. Lus. Couſa de côr roxa. Iap. Muraſaqi iro aru mono. ¶ Iáthina, orum, l, Ianthina veſtis. Lus. Veſtido deſta côr. Iap. Muraſaqi irono yxŏ.

Ianua, æ. Lus. Porta por onde entrá. Iap. Mon, iricuchi.

Ianual. Libi genus, quod Iano tantùmmodò libabatur.

Ianuarius, ij. Lus. Mes da Ianeiro. Iap. Europano xŏguat.

Iaſpideus, a, um. Lus. Couſa que tem ſemelhança na côr de hũa pedra precioſa. Iap. Aru tamano ironi nitaru mono.

Iaſpis, idis. Lus. Hũa pedra precioſa de côr verde. Iap. Moyogui ironaru tama.

Iatros. Lus. Medico. Iap. Yxa.

Ibi, adu. Lus. Ahi, neſſe lugar. Iap. Soconi, ſono tocoroni. ¶ Aliqñ. Então. Iap. Sono toqi.

Ibices. Lus. Cabras mõteſas, muito ligeiras. Iap. Icanimo fayaqi yamano yaguiŭ.

Ibîdem. Lus. No meſmo lugar. Iap. Vonaji tocoroni.

Ibis, is. Lus. Hũa aue q̃ come cobras. Iap. Cuchinauauo curŏ torino taguy.

I ANTE C.

Ichneumon. Lus. Hum animal como rato. Iap. Nezumini nitaru qedámono.

Ichtyocolla, æ. Lus. Grude de peixe. Iap. Iuo nite tçucuritaru nicaua. ¶ Item, Caçáo. Iap. Fucano rui.

Ichthyopôla, æ. Lus. O que vende peixe. Iap. Iuovri.

Ichthyopolion. Lus. Praça do peixe. Iap. Iuono tana.

Ichthyotrophium, ij. Lus. Viueiro de peixes. Iap. Iuono iqe, ſu.

Ico, is, ici, ictum. Lus. Ferir, ou dar pancada. Iap. Vtçu, qizu, qizuuo tçuquru. ¶ Icere colaphum. Lus. Dar bofetada. Iap. Fôuo vtçu, tçurauo faru. ¶ Icere fœdus. Lus. Fazer concerto. Iap. Qeiyacu ſuru, fazuuo toru.

Icon, onis. Lus. Imagem, ou eſtatua. Iap. Yezŏ, mocuzŏ. ¶ Item, eſt figura, cùm formæ ad formam cum quadam ſimilitudine fit collatio, aut laudis, aut vituperationis cauſa.

Icónicus, a, um. Lus. Couſa tirada polo natural. Iap. Iqi vtçuxini cacaretaru mono.

Iconiſmus. Lus. Retrato, ou imagem tirada ao viuo dalgũa couſa. Iap. Iqi vtçuxi.

Ictéricus, a, um. Lus. Doente de tiricia. Iap. Qiuŏdanuo vazzurŏ mono.

Icterus. Lus. Tiricia doença. Iap. Qiuŏdan. ¶ Item, Hũa auezinha. Iap. Cotorino na.

Ictis, idis. Lus. Marta animal. Iap. Qedamonono na.

Ictus, us, l, i. Lus. Golpe, ou pancada. Iap. Tataqu, l, vtçu cotouo yŭ.

Ictus, a, um. Lus. Ferido, eſpancado. Iap Vta-

Vtaretaru mono, chŏchacu xeraretaru mono.

I ANTE D.

ID. Lus. Isso, ou aquillo. Iap. Sore, are. ¶ Id ætatis. Lus. Nessa idade. Iap. Sono jidaini. ¶ Id quod res est. Lus. O que he verdade. Iap. Xinjit naru coto. ¶ Idipsum. Lus. Isto. Iap. Core. ¶ Idest. Lus. Como agora, quer dizer. Iap. Tatoyeba, cono cocoroua.

Id quod. Lus. Por isso, por quanto. Iap. So reni yotte. Apud veteres.

Idcirco, l, Iccirco, coniunct. Lus. Por isso, por essa causa. Iap. Soreni yotte, sonoyuyeua.

Idea, æ. est prima rerum species, & inchoata intelligentia.

Idem. Lus. O mesmo. Iap. Vonaji.

Idéntidem. Lus. Frequentemente. Iap. Xiguequ, saisai.

Ideo, coniunct. Lus. Por isso, por essa causa. Iap. Soreniyotte, sono iuareua.

Idiôma, atis. Lus. Propriedade de falar, ou de lingoagem. Iap. Cunigunino qiŏdan, cotobano tçucai yŏ.

Idiôtes, l, Idiôta, æ. Lus. Homẽ particular q̃ não tem officio publico. Iap. Feijin muquanna mono. ¶ Item, Ignorante, idiota. Iap. Gucan, guchi naru mono, mugacunaru mono.

Idolólatra, æ. Lus. O q̃ adora idolos. Iap. Butjinuo vogamu mono.

Idololatría, iæ. Lus. Adoração de idolos. Iap. Butjinno reifai, faisũ.

Idolothytũ, i. Lus. Cousa sacrificada a idolo. Iap. Butjinni sasaguexi coto.

Idólum, i. Lus. Idolo, imagẽ, ou estatua. Iap. Fonzon, yezŏ, mocuzŏ. ¶ Aliqñ. Fantasma, ou visão imaginaria. Iap. Vtmocague, fengueno mono, mayoino mono.

Idonea, orum. Lus. Lugares conuenientes. Iap. Niaitaru tocoro.

Idoneè, adu. Lus. Conuenientemente. Iap. Niyŏte, sŏtŏ xite.

Idoneus, a, um. Lus. Cousa conueniẽte, acõmodada. Iap. Sŏtŏ xitaru mono, niaitaru mono.

Idúlis ouis, quæ omnibus Idibus Ioui immolabatur.

Idus, Iduum, Idibus. Lus. Treze, ou quinze do mes. Iap. Tçuqino jŭsannichi, jŭgonichicauo yŭ.

I ANTE E.

IEcur, oris, & Iecinoris. Lus. Figado. Iap. Qimo, can no zŏ.

Iecúsculum, i. dim. Idem.

Ieiunè, adu. Lus. Esteril, & enxabidamente. Iap. Youaqu, nuruqu, buxuoni.

Ieiunitas, atis. Lus. Abstinencia no comer. Iap. Xocuuo ficayuru cotouo yŭ. ¶ Itẽ, per transl. Esterilidade, & secura. Iap. Fusoqu, fuben.

Ieiunium, ij. Lus. Ieium, ou dia em que jejuamos. Iap. Xocuuo ficayuru cotouo yŭ, l, xocuuo ficayuru fi.

Ieiûno, as. Lus. Iejuar. Iap. Xocuuo ficayuru.

Ieiunus, a, um. Lus. O que esta em jejum. Iap. Imada xocuxezaru mono. ¶ Ieiunum intestinum. Lus. Hũa certa tripa q̃ sempre esta despejada. Iap. Cŭqio naru farauata, vtçuuonaru chŏy. ¶ Ieiunus animus. (per transl.) Lus. Animo fraco, & deleixado. Iap. Youaqu tçucaretaru cocoro. ¶ Ieiuna auiditas. Lus. Grande desejo. Iap. Fucaqi nozomi. ¶ Ieiuna oratio. Lus. Oração esteril, & seca. Iap. Fubennaru dangui. ¶ Ieiuna glarea. Lus. Terra seca, & esteril. Iap. Cangi, vruuoi naqi gi. ¶ Ieiuna saliua. Lus. Cuspinho do que esta em jeium. Iap. Imada xocu xezaru monono tçufaqi. Columel.

Ientáculum, i. Lus. Almoço. Iap. Asagia noco, asabosa.

Iento, as. Lus. Almoçar. Iap. Asagianoco uo suru.

I ANTE G.

IGitur, cõiũct. Lus. Asique, por tãto. Iap. Xicareba, saieba, carugayuyeni. ¶ Interd. Depois disso. Iap. Sono nochi, sono tçuguini.

Ignârus, a, um. Lus. Ignorante, sem saber. Iap. Guchinaru mono, gudonnaru mono, ¶ Interd. Desconhecido. Iap. Xirazaru mono, maxirarezaru mono.

Igna-

Ignauè, siue Ignauiter, adu. Lus. Remissa, efroxamente. Iap. Buxǒni, nuruqu.
Ignauia, æ. Lus. Priguiça, remor. Iap. Buxó, vosore, vocubiǒ.
Ignauus, a, um. Lus. Negligente, remisso, couarde. Iap. Buxǒnaru mono, nuruqi mono, vocubiǒ naru mono.
Ignesco, is. Lus. Accenderse, afoguearse. Iap. Moyuru, fini naru. ¶ Item, per transl. Accenderse e colera. Iap. Vǒqini fucuriū suru, moyetatte icaru.
Igneus, a, um. Lus. Cousa de fogo, ou que tẽ côr, ou natureza de fogo. Iap. Fini ataru coto, fino xei, l, iro aru mono. ¶ Igneus feruor. Lus. Feruor grande, e abrasado. Iap. Moyetatçu figuemi, l, yumiǒ xǒjin.
Igniarium, ij. Lus. Fuzil, e pederneira. Iap. Fiuchi, fiuchiixi.
Ignifer, a, um. Lus. Cousa q̃ tẽ, ou traz fogo. Iap. Fino aru mono, fino mochitçu mono. ¶ Ne ignifer quidem relictus est. Lus. Todo o exercito pereceo sem ficar nenhum. Iap. Gunjei minagoroxini xerareta.
Ignifluus, a, um. Lus. Cousa que deita de si fogo. Iap. Fiuo idasu mono.
Ignipes, edis. Lus. Cousa que tem pés de fogo. Iap. Fino axiuo mochitaru mono.
Ignipotens, tis. Dictus est Vulcanus, quòd ignis potestatem habeat.
Ignispicium, ij. Lus. Agouro que se tomaua de ver o fogo. Iap. Fiuo mite furu vranai.
Ignis, is. Lus. Fogo. Iap. Fi. ¶ Itẽ, per metaph. Amor. Iap. Taixet. ¶ Ignis sacer. Lus. Fogo de Sam Marçal. Iap. Moyecusa.
Ignitabulum, i. Lus. Lugar onde se mete, ou guarda o fogo. Iap. Fiuo iquru tocoro, l, fiuo voqu tocoro.
Igniculus, dim, idem. ¶ Item, per metaph. Inclinaçam, e incitamento pera a virtude. Iap. Ienni futumu xei, jenni catamuqu vmaretçuqi.
Ignitus, a, um. Lus. Aceso, inflamado. Iap. Moyuru mono, fi to naritaru mono. ¶ Aliqñ. Cousa que tem semelhança, ou natureza de fogo. Iap. Fini nitaru mono, fino xǒ aru mono. ¶ Ignitius vinū. Lus. Vinho mais forte, e excelente. Iap. Nauo caraqu suguretaru saqe.
Igniuomus, a, um. Lus. Cousa que bota fogo. Iap. Fiuo idasu mono.
Ignóbilis, e. Lus. Cousa vil, e desconhecida. Iap. Iyaxiqi coto, xirezaru mono.
Ignobilitas, atis. Lus. Baixeza. Iap. Iyaxisa, guexen. ¶ Ignobilitas generis. Lus. Baixeza de geração. Iap. Sugime naqu zocu xǒ naqi cotouo yǔ.
Ignómines. Lus. Homens sem fama, e sem nome. Iap. Namo naqu, mei yomo naqi fito.
Ignominia, æ. Lus. Infamia, vituperio. Iap. Acumeǒ, nano caqin, chijocu. ¶ Item, O infamar, ou deshonrar a outro. Iap. Tano nauo qegasu mono.
Ignominiatus, a, um. Lus. Infamado, deshõrado. Iap. Chijocu, l, acumeǒuo vqetaru mono.
Ignomínio, as. Lus. Infamar, ou deshonrar a alguem. Iap. Tano nauo qegasu, acumeǒ uo tatçuru.
Ignominiosè, adu. Lus. Com infamia, e deshonra. Iap. Nauo qegaite, fiqiǒni, menbocuuo vxinǒte.
Ignominiosus, a, um. Lus. Infamado, deshõrado. Iap. Chijocu, l, acumeǒuo vqetaru mono. ¶ Item, Cousa que causa infamia, e deshõra. Iap. Chijocu, l, acumeǒuo vqusu damonotaru coto, l, nani qizuuo tçuquru mono.
Ignorábilis, e. Lus. Cousa incognita, e desconhecida. Iap. Xirezaru mono. ¶ Item, Cousa facil de senão saber. Iap. Tayasuqu xirarezaru mono.
Ignorantia, æ. Lus. Ignorancia, ou não saber. Iap. Monouo xirazaru cotouo yǔ, l, yǔ beqi coto, subeqi cotouo xirazaru cotouo yǔ.
Ignoratio, onis. Lus. O não saber algũa cousa. Iap. Monouo xirazaru coto nari.
Ignóro, as. Lus. Não saber, ou não conhecer. Iap. Xirazu, mixirazu.
Ignoscens, entis. Lus. O que facilmente perdoa. Iap. Tayasuqu xarmen suru fito.

Ignoscentia, æ. Lus. Perdão do peccado, ou falta. Iap. Ayamarino xamen, yurуxi.
Ignoscíbilis, e. Lus. Cousa digna de perdão. Iap. Mottomo yurusarubeqi mono, xamen xerarubeqi mono.
Ignosco, is, oui, otum. Lus. Conhecer bẽ. Iap. Yoqu mixiru. ¶ Itẽ, Perdoar. Iap. Yurusu, xamen suru. ¶ Itẽ, Não saber, e não entẽder. Iap. Xirazu, l, funbet xezu.
Ignotúrus, a, um. Lus. O que ha de perdoar. Iap. Xamen subeqi mono.
Ignosciturus, a, um. Idem.
Ignôtus, a, um. Lus. Cousa incognita. Iap. Xirezaru mono. ¶ Interd. O que não sabe algũa cousa. Iap. Monouo xirazaru fito.

I ANTE L.

I La. vide Hila.
Ila, æ. Lus. Hũa parte do lombo, ou ilharga do porco. Iap. Butano soxixi.
Ilarchus, i. Lus. Capitão de cinta homens de caualo. Iap. Sanjieqino taixǒ.
Ile, is. Lus. Hũa tripa delgada dos animaes que dece do estomago. Iap. Qedamono no fosouata.
Ileos, l, Ileus, ei. Lus. Hũa doença como colica. Iap. Miguino fosouatano vazzuraino na.
Ilex, icis. Lus. Hum genero de azinheira. Iap. Xijnoqino taguy.
Ilia, ium. Lus. Tripas, ou intestinos. Iap. Fogamino aru atariniaru farauata.
Iliacus morbus. Lus. Doença de tripas. Iap. Farauatano itami, l, vazzurai. Plaut.
Ilias, adis. Lus. Hũ liuro que compôs Homero. Iap. Homerotoyũ cajinno ami tatetaru xo. ¶ Ilias malorum. Lus. Gran de calamidade. Iap. Vôqinaru acuji, sainan. ¶ Iliade prolixius opus. Lus. Liuro, ou obra muito diffusa. Iap. Nagasuguitaru xomot.
Ilicet. idest, ire licet. Lus. Podese ir. Iap. Yuqu coto canǒ. ¶ Itẽ, Aduerb. Lus. Logo. Iap. Yagate, tachimachi. ¶ Itẽ, Aduerbiũ est affirmantis.
Ilicêtũ, i. Lus. Lugar de muitas azinheiras. Iap. Xijnoqi yama, l, fayaxi.
Iliceus, a, um. Lus. Cousa feita de azinheira. Iap. Xijnoqi nite tçucuritaru mono.
Iligneus, l, Ilignus, a, ũ. Idẽ. ¶ Itẽ, Cousa de azinheira. Iap. Xijnoqini ataru coto.
Iliosus, a, um. Lus. Doente das tripas. Iap. Farauatano itamu mono, vazzurǒ mono.
Illâbor, eris, illapsus. Lus. Escorregar peradentro, decer, ou entrar quietamente. Iap. Suberi votçuru, nagare iru, nagare cudaru.
Illaboratus, a, um. Lus. Cousa feita sem trabalho, e diligencia. Iap. Cocorogaqeto, xinrǒ naqute jôju xitaru coto.
Illâc, adu. Lus. Por aquella parte. Iap. Ano tocoroуo, asocouo, l, asoco yori.
Illacerabilis, e. Lus. Cousa que não se pode despedaçar. Iap. Fiqisaqi nicuqi mono.
Illacessitus, a, um. Lus. Cousa não prouocada. Iap. Vobiqi idasarenu mono, qexicaqerarenu mono.
Illachrymabilis, e. Lus. Homẽ duro, e sem piedade. Iap. Cocorono cataqi mono, nasaqe naqi mono.
Illachrymo, as. Lus. Chorar. Iap. Naqu, namidauo nagasu. ¶ Illachrymare morti alicuius. Lus. Chorar a morte dalguẽ. Iap. Fitono xisuruuo teiqiǔ suru. ¶ Itẽ, Suar, ou deitar de si humor as aruores, &c. Iap. Ximerite xizzucudaru, l, ximeru.
Illæsus, a, um. Lus. Não offendido, sem dano. Iap. Atauo vqezaru mono.
Illætábilis, e. Lus. Cousa triste, e desagradauel. Iap. Vtomaxiqi coto, vqi coto, canaxiqi coto.
Illapsus, us. Lus. O correr brando, e quietamente. Iap. Vosomo xezu, xizzucani nagaruru cotouo yũ.
Illaqueo, as. Lus. Enlaçar. Iap. Vanani caquru, cucuru.
Illátebro, as. Lus. Esconder ẽ lugar secreto. Iap. Cacuretaru tocoroni cacusu.
Illatro, as. Lus. Ladrar. Iap. Inuga foyuru.
Illaudábilis, e. Lus. Indigno de louuor. Iap. Fôbi xerarumajiqi mono.
Illaudatus, i. Idem. (are.
Ille, a, ud. Lus. Aquelle, aquella. Iap. Ano, Ille-

Illecebræ, arum. Lus. Caricias, e afagos. Iap. Iap. Tçuixô, l, amayacaxigoto.

Illecebrosè, adu. Lus. Cō lisonjas, e afagos. Iap. Tçuixôni, amanôte, fetçuraite.

Illecebrosus, a, um. Lus. Cousa que moue, e atrahe com afagos. Iap. Tçuixôuo motte fitouo nabiquru mono.

Illecto, as. freq. Lus. Attrahir com afagos. Iap. Tçuixôuo xi, fetçuraite fitouo nabiquru, l, aisuru.

Illectus, a, um. Lus. Cousa attrahida com afagos. Iap. Tçuixôni catamuqitaru mono, aixeraretaru mono.

Illectus, us. Lus. Afagos, caricias. Iap. Tçuixô, amayacaxigoto, fetçurai.

Illectus, a, um. Lus. Cousa não lida. Iap. Yomazaru coto.

Illepidè, adu. Lus. Desengraçadamente. Iap. Buxiuoni.

Illepidus, a, um. Lus. Cousa desengraçada. Iap. Buxiuonaru mono, xiuoraxigue naqi mono.

Illex, egis. Lus. Homem sem ley. Iap. Fufô naru mono, l, fattono xitani yrū mono.

Illex, icis. adiectiu. Lus. Cousa que tē força de attrahir. Iap. Fitono cocorouo nabiquru xei aru mono.

Illex, icis. substant. Lus. Engodo, ou afagos. Iap. Tçuixô, l, fitono cocorono catamuqu mono, susume.

Illi, adu. Lus. Ahi. Iap. Soconi, soreni. ¶ Item, Ali. Iap. Asoconi, areni.

Illibatus, a, um. Lus. Cousa enteira, e incorrupta. Iap. Mattaqi mono, sonjezaru mono.

Illiberalis, e. Lus. Auareto, escaso. Iap. Xiuaqi mono, rinjacunaru mono. ¶ Item, Cousa indigna de homem honrado. Iap. Iintaini niyauazaru coto. ¶ Illiberalis iocus. Lus. Zombaria baixa, e vil. Iap. Iintai taru fitoni niyauazaru zare coto.

Illiberalitas, atis. Lus. Escaseza, auareza. Iap. Xiuasa, rinjacu, tonyocu.

Illiberaliter, adu. Lus. Sem justiça, e sem clemencia. Iap. Fufôni, qendonni. ¶ Itē, Com auareza, e escaseza. Iap. Xiuaqu, tôyocuni. ¶ Illiberaliter factū. Lus. Feito q excede todo maleficio. Iap. Suguretaru acu. Apud veteres.

Illic, adu. Lus. Ali, naquele lugar. Iap. Areni, ano tocoroni. ¶ Item, Aquelle. Iap. Are, ano fito.

Illicio, is. Lus. Atrahir com afagos, e branduras. Iap. Tçuixôuo xi, fetçuraite fitouo nabiquru, l, aisuru.

Illicitè, adu. Lus. Illicitamente. Iap. Fufôni, fidôni, niyauazu.

Illicitus, a, um. Lus. Cousa illicita, e não cōueniēte. Iap. Niyauazaru coto, fidô naru coto.

Illicium, ij. Lus. Engodo, ou cousa que a trahe com afagos. Iap. Fitono cocorouo nabiquru cotouo yū, susume.

Illicò, adu. Lus. No mesmo lugar. Iap. Vonaji tocoroni. ¶ Item, Logo. Iap. Yagate, tachimachi, socujini.

Illido, is. Lus. Quebrar hūa cousa dando cō ella em outra. Iap. Vchiatete varu. ¶ Nauē illidi scopulis. Lus. Dar a nao à costa. Iap. Funega xeni atatte vataru. ¶ Illidere dentē alicui rei. Lus. Meter os dētes em algūa cousa. Iap. Fagatauo tçuquru.

Illigo, as. Lus. Atar, amarrar. Iap. Musubi tçuquru, yuitçuquru. ¶ Itē, per trāsl. Embaraçar em algūa cousa. Iap. Mononi tori maguiracasu, midaracasu.

Illimis, e. Lus. Cousa pura, e sem limos. Iap. Isaguiyoqu, nigorimo naqi mono.

Illinc, adu. Lus. Dali, daquelle lugar. Iap. Asoco yori, areyori.

Illinio, is. Lus. Vntar. Iap. Monouo nuru.

Illino, is, leui, l, liui, itum. Idem.

Illiquefacio, is. Lus. Derreter em algūa cousa. Iap. Vrçuuamononi irete toracasu.

Illisus, a, um. Lus. Cousa quebrada em outra. Iap. Mononi atatte varetaru coto.

Illisus, us. Lus. O quebrar hūa cousa dando com ella em outra. Iap. Monouo mono ni vchi atete varu cotouo yū.

Illiteratus, a, um. Lus. Homem sem letras, e ignorante. Iap. Mugacu naru mono, guchi naru mono.

Illò, adu. Lus. Pera aquella parte. Iap. Asoco ye, areye.

Illocabilis, e. Lus. Cousa que não se pode alugar. Iap. Chinnite caru coto canauazaru mono. ¶ Virgo illocabilis. Lus. Donzela que por sua pobreza, ou deformidade não acha casamento. Iap. Mime axiqu, fin naruni yotte, yome irino xezaru vonna.

Illôtus, a, um. Lus. Cousa suja, ou não lauada. Iap. Qegaretaru mono, l, qiyome zaru mono. ¶ Illotis manibus, l, pedibus re aliquã aggredi. Lus. Empreder algũa cousa desauergonhada, e temerariamente. Iap. Buxinoni, l, fabacarazu mononi vomoicacaru.

Illuc, adu. Lus. Pera ali. Iap. Areye, asocoye.

Illuceo, es. Lus. Resplandecer. Iap. Ficaru, l, ficariuo fassuru.

Illucesco, is. Lus. Fazerse claro. Iap. Ageyuqu, xiraini cacayaqu.

Illuctor, aris. Lus. Lutar contra alguem, ou resistir lhe. Iap. Cumiyǒ, l, fuxegui tataco.

Illudo, is. Lus. Zombar, escarnecer. Iap. Azaqeru, azadoru. ¶ Interd. Empecer por modo de zombaria. Iap. Zarecotogacarite atauo suru.

Illuminate, adu. Lus. Claramẽte. Iap. Meifacuni, aqiracani.

Illúmino, as. Lus. Aclarar, alumiar. Iap. Cacayacasu, ficariuo fodocosu. ¶ Item, Ornar. Iap. Cazaru.

Illúminus, a, um. Lus. Cousa escura, & sem luz. Iap. Ficari naqi coto, curaqi coto.

Illûnis nox. Lus. Noite escura sem claridade da lũa. Iap. Yamino yo, curaqiyo.

Illusio, onis. Lus. Escarneo. Iap. Azaqeri, azadori.

Illusus, a, um. Lus. Cousa escarnecida. Iap. Azaqeraretaru mono. ¶ Vestes illusæ auro. Lus. Vestidos ornados com ouro. Iap. Coganeuo motte cazaritaru yxǒ, l, coxiraye taru yxǒ.

Illustramentum, i. Lus. Ornamẽto. Iap. Cazari, xǒgon. ¶ Item, Resplandor. Iap. Ficari. ¶ Item, Clareza. Iap. Meifacu.

Illustratio, onis. Idem.

Illustris, e. Lus. Cousa clara cõ luz. Iap. Cacayaqu mono. ¶ Nox illustris. Lus. Noite serena. Iap. Cumamo naqu xizzucanaru yo. ¶ Item, per transl. Homẽ nobre, e de grande nome. Iap. Taijin, taica, qicoye no aru fito. ¶ Facta illustria, & gloriosa. Lus. Façanhas afamadas. Iap. Banmin no cuchini noru fodono tegara.

Illustro, as. Lus. Alumiar, & fazer claro. Iap. Cacayacasu, terasu. ¶ Itẽ, per trãsl. Ennobrecer, & fazer celebre algũa cousa. Iap. Cacaguru, aguru, qicoye vataru yǒni suru. ¶ Itẽ, Declarar, manifestar. Iap. Arauasu, aqiracani nasu.

Illutibilis, e. Lus. Cousa que não se pode lauar. Iap. Qiyomerarezaru mono, susugarezaru mono.

Illuvies, ei. Lus. Immundicia, sugidade. Iap. Fujǒ, qegare.

I ANTE M.

Imaginabilis, e. Lus. Cousa que se pode entender. Iap. Funbetni vochiyasuqi coto.

Imaginarius, a, um. Lus. Cousa imaginada, ou fingida co a imaginação. Iap. Cocorono vchini tçucuritaru coto, tçucuri coto, nixe coto. ¶ Imaginarius emptor. Lus. O que fingidamente com o proprio dinheiro do escrauo o compra. Iap. Fudaino monono canenite sono fudaino mono uo caitoru fito.

Imaginatio, onis. Lus. Imaginação. Iap. Cocoronite tçuzzucuri, l, vomoi naxitaru cotouo yŭ.

Imaginatus, a, um. Lus. Cousa feita á imagem, & semelhança de outra. Iap. Mononi nixete tçucuritaru coto.

Imágino, as. Lus. Fazer, ou representar imagens. Iap. Vtçuritaru caguero misuru.

Imáginor, aris. Lus. Imaginar, ou fingir algũa cousa cõ a imaginação. Iap. Funbetuo meguraxi, cocoroni monouo tçuzzucuru, vomoi nasu.

Imaginosus, a, um. Lus. Cousa em que estam, ou se representam muitas imagẽs. Iap. Amatano cagueno vtçuritaru mono.

Imâgo, inis. Lus. Imagem, & semelhança, ou estatua. Iap. Cague, l, vtçuxi, l, yezǒ, mocuzǒ nado. ¶ I. é, Nobreza. Iap. Cǒqe.

ge. ¶ Item, Bainha da espada, &c. Iap. Saya. ¶ Item, apud Rhetores est figura, cum res gesta nõ simpliciter indicatur, sed vt gesta sit, ostenditur.

Imaguncula, æ. dim. Idem.

Imbecillis, e, & Imbecillus, a, ũ. Lus. Cousa fraca. Iap. Youaqi mono.

Imbecillitas, atis. Lus. Fraqueza. Iap. Youasa, tçucare. ¶ Imbecillitas materiæ murorum. Lus. Fraqueza dos muros. Iap. Yxigaqi, camayeno xitagino youaqi cotouo yũ.

Imbecilliter, adu. Lus. Fracamente, remissamente. Iap. Youaqu, l, nuruqu.

Imbellia, æ. Lus. Pouca esperiencia, ou fraqueza pera as cousas da guerra. Iap. Buhenni tçuite yoaqi cotouo yũ, l, qiixen nõ atçucai uo xiyazaru cotouo yũ.

Imbellis, e. Lus. Couarde, & que não he pera peleijar. Iap. Youaqi mono, l, vocubiŏ naru mono, l, buxini niauazaru mono. ¶ Imbellis cithara, l, lyra. Lus. Viola de brandas, & suaues vozes differẽtes de som guerreiro. Iap. Yauaracani neno tayenaru biua, gunginni fuqu caino coyeni vnderi chigaitaru neno aru biua. ¶ Imbelle telum. Lus. Arma arremesada com pouca força. Iap. Youaqu nague vchitaru bugu.

Imber, bris. Lus. Chuua. Iap. Ame. ¶ Itẽ, per transl. Humor como agoa, ou agoacento. Iap. Mizzuno gotoqu naru mono, l, mizzuqe. ¶ Item, Grande copia de agoa. Iap. Mizzu, l, vxiuono tacusan naru cotouo yũ. Virg. ¶ Item, Derramamento de lagrimas. Iap. Namidano nagare. ¶ Ferreus imber. Lus. Chuua de setas, ou lanças. Iap. Ameno furu gotoqu vochicacaru ya, l, nagueyari.

Imberbis, e. Lus. Desbarbado. Iap. Figuenaqi mono.

Imbibo, is. Lus. Beber, l, embeber. Iap. Nomu, l, mizzu nadouo suu, l, sũ. ¶ Itẽ, per metaph. Aprehender, ou conceber na alma. Iap. Vomoitoru, vomoixitomuru.

Imbrex, icis. Lus. Telha, l, cano do telhado. Iap. Amamizzuuo nagasu toi, l, cauara.

Imbricatim, adu. Lus. A modo de cano, ou telha de telhado. Iap. Miguino toi, l, cauarano gotoquni tçucutte.

Imbricatus, a, um. Lus. Cousa curua como telha, ou cano de telhado. Iap. Maruganata miguinoe oino gotoqunaru mono. ¶ Imbricata tecta. Lus. Telhados cubertos de telha. Iap. Cauarabuqino yane.

Imbricus, a, um. Lus. Cousa q̃ causa chuuas. Iap. Ameuo furasuru mono.

Imbrifer, a, um. Idem.

Imbubino, as. Lus. Sujar com menstruo. Iap. Guatsuiuo motte qegasu.

Imbulbito, as. Lus. Sujar com esterco de mininos. Iap. Varŏbeno funnite qegasu.

Imbuo, is, bui, butum. Lus. Encher, ensopar. Iap. Fitasu, ximesu. ¶ Itẽ, per trãsl. Instruir. Iap. Voxiyuru, ximesu. ¶ Literis imbutus. Lus. Letrado. Iap. Gacuxŏ. ¶ Imbutus bonis moribus. Lus. Ensinado em bons costumes. Iap. Xitçuqe yoqu naritaru fito.

Imitabilis, e. Lus. Cousa que se pode imitar. Iap. Manabaruru coto, nixetaruru mono.

Imitamen, inis. Lus. Imitação. Iap. Manabi, l, mane.

Imitamentum, i. Idem.

Imitatio, onis. Idem.

Imitator, oris. Lus. O que imita. Iap. Manabite, nixete.

Imitatrix, icis. fœm. idem.

Imitatus, a, um. Lus. Cousa imitada, ou contrafeita. Iap. Manabaretaru mono, l, nixeraretaru mono. ¶ Itẽ, O q̃ imita. Iap. Manabu mono, nisuru mono.

Imitor, aris. Lus. Imitar, contrafazer. Iap. Manabu, nisuru. ¶ Imitari chirographũ alterius. Lus. Furtar o sinal, ou falsificar a escritura de alguem. Iap. Bõxouo caqi, hõfanuo suyuru. ¶ Item, Fingir, ou dissimular o que não tem. Iap. Cocoroni naqi cotouo vomoteni arauasu, naqi cotouo aru yõni misuru.

Immadeo, es. Lus. Molharse, estar molhado. Iap.

Iap. Nururu, nurete yru.

Immânis, e. Lus. Cousa cruel, e deshumana. Iap. Qedō fôit naru mono, l, araqenaqi mono. ¶ Immania saxa. Lus. Penedos asperos. Iap. Qeuaxiqi iuauo. Virg. ¶ Aliqn. Cousa muito grāde. Iap. Vôqinaru coto, vobitataxiqi coto. ¶ Aliqn. Cousa rea. Iap. Mimicuqi mono, qegarauaxiqi mono.

Immanitas, atis. Lus. Crueldade. Iap. Araqenasa. ¶ Immanitas pretij. Lus. Grandeza do preço. Iap. Cōgiqi, neno tacaqi cotouo yū.

Immaniter, l, Immanè, adu. Lus. Cruelmēte. Iap. Araqenaqu, nasaqenaqu.

Immansuetus, a, um. Lus. Cousa braua, e indomita. Iap. Araqi mono, natçucazaru mono.

Immarcesco, is. Lus. Corromperse, apodrecer. Iap. Qiufu suru, cusaru.

Immaturitas, atis. Lus. O não estar maduro. Iap. Mijucu. ¶ Immaturitas sponsarum. Lus. Presa em casar donzellas que ainda não erã pera isso. Iap. Nenreiyorimo fayaqu yomeiriuo xitaru cotouo yū. ¶ Item, Presa, e anticipação demasiada. Iap. Iibunni fazurete fayaqi cotouo yū.

Immaturus, a, um. Lus. Cousa que não esta madura. Iap. Mijucu naru coto, vmazaru coto. ¶ Aliqn. Cousa fora de tempo, e sezão. Iap. Iibun fazzuretaru coto. ¶ Consilium immaturum. Lus. Cõselho inconsiderado, ou precipitado. Iap. Yenrio naqi dancō, raxxi naqi dancō, l, zôbun. ¶ Immatura mors. Lus. Morte antes de tempo. Iap. Toxinimo tarazu xite xisuru cotouo yū, sôxei.

Immeans, antis. Lus. O que entra dentro. Iap. Vchiyeiru mono.

Immediatè. Lus. Cedo, e depresa. Iap. Yagate, socujini, tachimachi.

Immedicabilis, e. Lus. Cousa incurauel. Iap. Reôgini cacaranu coto. ¶ Telum immedicabile. Lus. Lança que da feridas mortaes. Iap. Fucadeuo vôsuru yari.

Immeditatus, a, um. Lus. Cousa não considerada, nem cuidada. Iap. Yenricuo cumayezaru coto, l, vomoi gaqe naqi coto.

Immeio, is, inxi, ictum. Lus. Ourinar com certa doença. Iap. Aru yamaini yotte xôben suru.

Immemor, oris. Lus. Esquecido. Iap. Vomoi idasanu mono, bôqiacu suru mono. ¶ Immemor beneficij. Lus. Esquecido do beneficio recebido. Iap. Vonuo xirazaru mono.

Immemorabilis, e. Lus. Cousa de que se não pode, nem deue ter memoria. Iap. Vasururu beqi coto, xinteiyori farai suteçu beqi coto. ¶ Spatium immemorabile. Lus. Grandissimo espaço. Iap. Vôqini fisaxiqi ai, l, aida.

Immemoratus, a, um. Lus. Cousa noua, e não contada. Iap. Imada sata xezaru coto, mezzuraxiqi sô nadouo yū.

Immensitas, atis. Lus. Immensidade. Iap. Quōdai naru cotouo yū.

Immensus, a, um. Lus. Cousa immensa, e sem medida. Iap. Quōdai naru coto, facarimo naqi coto.

Immeo, as. Lus. Entrar, ou entrar nadãdo. Iap. Vchiye iru, l, voyogui iru.

Immerens, entis. Lus. Cousa innocēte, e q̃ nenhum mal merece. Iap. Atauo vqu majiqi mono, ayamari naqi mono.

Immerenter, adu. Lus. Innocentemente, sẽ o ter merecido. Iap. Vocaxi naqute, murini.

Immergo, is, si, sū. Lus. Ensopar, molhar. Iap. Fitasu, l, ximesu. ¶ Interd. Mergulhar. Iap. Mizzuni xizzumuru.

Immeritò, adu. Lus. Innocentemente, e sem culpa. Iap. Vocaxi naqute, murini.

Immeritus, a, um. Lus. Innocente, & sem culpa. Iap. Ayamari naqi mono, atauo vqubeqi xisai naqi mono.

Immersabilis, e. Lus. Cousa que se não po de mergulhar. Iap. Xizzumerarezaru mo no. ¶ Item, per transl. Cousa forte, e fir me. Iap. Tçuyoqi coto, tagirocazaru mono.

Immetatus, a, um. Lus. Cousa não limitada, ou sem limite. Iap. Sacaimeuo sada-

da-

dameçaru coto, ſacaime naqi coto.

Immigro, as. Lus. Mudarſe pera algum lugar. Iap. Taxoni yuqi vtçuru. ¶ Item, Entrar. Iap. Fairu, iru.

Immineo, es. Lus. Eſtar pera vir. Iap. Qiſoi quru, qicacaru. ¶ Imminere exitio alicuius. Lus. Buſcar ocaſião pera matar a alguem. Iap. Fitouo coroſubeqi, l, ſimauo vcagǒ.

Imminuo, is. Lus. Diminuir. Iap. Feraſu.

Imminutio, onis. Lus. O diminuir. Iap. Feraſu coto nari.

Immiſceo, es. Lus. Miſturar. Iap. Majiyuru, auaturu, maguiracaſu.

Immiſerabilis, e. Lus. Homem de que ninguem tẽ miſericordia. Iap. Fitono naſaqeuo vqenu mono, auaremarezaru mono.

Immiſericorditer. Lus. Cruelmente, e ſem piedade. Iap. Ataqenaqu, naſaqenaqu.

Immiſericors, dis. Lus. Cruel, & ſem piedade. Iap. Ataqenaqi mono, naſaqe naqi mono.

Immitis, is. Idem. ¶ Item, Couſa verde por amadurecer. Iap. Auoqi mono, jucu xezaru mono. ¶ Immitte pelagus. Lus. Mar alterado, & tempeſtuoſo. Iap. Minaguiru, l, ſauagu vmi.

Immiſſio, onis. Lus. O meter dentro. Iap. Vchiye iruru, l, comuru cotouo yŭ.

Immiſſum, i. Lus. Traue, ou viga de noſſa caſa, que eſtriba na parede do vezinho. Iap. Rincano cabeni cacaru vaga iyeno fiqimono.

Immitto, is. Lus. Enxerir, meter dentro. Iap. Vchiye iruru, comuru. ¶ Immiſſa barba. Lus. Barba comprida. Iap. Nagaqi figue. ¶ Item, Subornar. Iap. Vairo nite cocorouo nabiquru.

Immóbilis, e. Lus. Couſa fixa, e immouel. Iap. Dŏjezaru mono, tajirocazaru mono, vgocazaru mono, yurugazaru mono.

Immoderatè, adu. Lus. Demaſiadamente. Iap. Raxximo naqu, taiquani.

Immoderatio, onis. Lus. Deſcomedimento, demaſia. Iap. Butaxinami, chŭyǒ naqi cotouo yŭ.

Immoderatus, a, um. Lus. Couſa demaſiada, ou immoderada. Iap. Raxxi naqi mono, ſuguite monouo ſuru mono.

Immoderatè, adu. Lus. Deſcomedidamente. Iap. Butaxinamini, raxxi naqu, taiquani.

Immodeſtia, æ. Lus. Deſcomedimento, immoderação. Iap. Butaxinami, raxximo naqi cotouo yŭ.

Immodeſtus, a, um. Lus. Couſa immoderada, e deſordenada. Iap. Raxximo naqi mono, chŭyǒ naqi mono.

Immodicè. Lus. Demaſiadamente. Iap. Taiquani, ſuguite. ¶ Immodicè ferre aliquē caſum. Lus. Sofrer mal algum acontecimento. Iap. Ideqitaru ſainanuo curuxǔnde corayuru.

Immódicus, a, um. Lus. Couſa demaſiada, ou deſordenada. Iap. Fanafadaxiqi coto, ſucaqi coto.

Immodulatus, a, um. Lus. Couſa que não he feita com numero, e medida como verſo, &c. Iap. Vtano fattouo nozoqite tçucuritaru vta nadono taguy.

Immolatio, onis. Lus. Sacrificio. Iap. Tamuqe mono, l, ſaſague mono.

Immolator, oris. Lus. O que ſacrifica. Iap. Tamuqeuo ſuru mono, ſaſaguru mono.

Immolo, as. Lus. Sacrificar. Iap. Tamuqeuo ſuru. ¶ Aliqñ. Matar. Iap. Coroſu, xetgai ſuru.

Immorior, eris. Lus. Morrer ſobre algũa couſa, ou com deſejo della. Iap. Mononi fucaqu tonjite xinuru, l, fucaqu nozomite xinuru. ¶ Immori ſtudio alicui. Lus. Ocuparſe todo com grande intenção em algum eſtudo, ou exercicio. Iap. Xiſuru fodo gacumon nadoni tonzuru.

Immoror, aris. Lus. Tardar, deterſe. Iap. Chichi ſuru, yennin ſuru, l, todomaru, voſonauaru.

Immortalis, e. Lus. Couſa immortal. Iap. Fumet naru mono. ¶ Immortalis memoria. Lus. Lembrança que ſempre dura. Iap. Cŏtaini nocoru meiyo. ¶ Immortalia facinora. Lus. Façanhas, cuja memoria em nenhum tempo acabara. Iap. Maxxe, mat-

matdainimo nocorubeqi tagara.
Immortálitas, atis. Lus. Immortalidade. Iap. Fuxi, fumet.
Immortáliter, adu. Lus. Eternamente. Iap. Matdaini, côtaini, itçumademo.
Immortalè. Idem.
Immotus, a, um. Lus. Cousa firme, e immouel. Iap. Dôyô xezaru mono, vgocazaru mono, tagirocazaru mono.
Immugio, is, iui, l, ij, itum. Lus. Mugir o boy. Iap. Vxiga foyuru. ¶ Itē, perrásl. Retumbar. Iap. Vôqini nari fibiqu.
Immulgeo, es. Lus. Ordenhar o leite em algũa cousa. Iap. Chibusano chiuo xibori iruru.
Immundus, a, um. Lus. Cousa suja. Iap. Qegarauaxiqi coto, fujô naru coto.
Immunificus, a, um. Lus. Auarento, ou escaso. Iap. Rinjacu naru mono, xiuaqi mono, l, tonyocu naru mono.
Immûnis, e. Lus. Isento, e liure dalgũa obrigação. Iap. Xocuji, menqieno mono. ¶ Immunes agros, liberosque arare. Lus. Cultuar campos que não pagã foros, nẽ tributos. Iap. Nengu nasazaru denbacuuo tçucuru.
Immúnitas, atis. Lus. Isenção. Iap. Menqio.
Immunitus, a, um. Lus. Cousa não fortalecida. Iap. Camaye naqi coto, xugo naqi mono.
Immúrmuro, as. Lus. Fazer soido, ou borborinha. Iap. Votoga turu, fibiqi doximequ.
Immústulus, l, Immissulus. Lus. Hũa laya de aguia. Iap. Vaxino taguy.
Immutabilis, e. Lus. Cousa immudauel. Iap. Cauarazaru mono, & nyeqi xezaru mono.
Immutabilitas, atis. Lus. Firmeza imudauel. Iap. Fufen, fuyeqi, cauarazaru coto uo yŭ.
Immutesco, is, tui. Lus. Emmudecer. Iap. Voxini naru. ¶ Item, Calarse. Iap. Xizzumaru.
Immûto, as. Lus. Mudar, variar. Iap. Cayuru, tenyeqi saturu.
Imò. Lus. Masantes. Iap. Qeccu, cayette.
Impacatus, a, um. Lus. Não aplacado. Iap. Nadamerarezaru mono, xizzumerarezaru mono.
Impáges. Lus. Hũa maneira de pregos com que se pregam as taboas. Iap. Çuguino rui.
Impalleo, es. Lus. Ser, ou estar amarelo, ou inflado. Iap. Xini ironi naru, l, irono vxinŏ.
Impallesco, is. Lus. Perder as côres occupãdo se em algũa cousa intensamente. Iap. Iro no varŭ naru fodo mononi tonzuru.
Impatero, as. Lus. Aftemetel cõ impeto. Iap. Xeiriqiuo motte tori caqeru. ¶ Antiquum.
Impar, aris. Lus. Desigual. Iap. Taiyô xezaru mono. ¶ Fortuna est impar animo. Lus. A fortuna, ou dita he menos que a grandeza do animo. Iap. Cano fitono cocorono vôqisaniua nanitaru yoqi fuxi auaxe temo taiyô xezu. ¶ Impar nu merus. Lus. Numero que se não pode dividir em duas partes iguaes, l. Iap. Vonaji yoni vaqerarezaru cazu, vt, 5, 9. ¶ Par, impar. Lus. logo de pares, e nones. Iap. Chô fanno asobi.
Imparatus, a, um. Lus. Desapercibido, desaparelhado. Iap. Bucacugonaru mono, buyôjinnaru mono.
Imparens, entis. Lus. Desobediente. Iap. Xitagauazaru mono.
Impáriter, adu. Lus. Desigualmente. Iap. Auazu xite, fudôni.
Impasco, is, aui, astũ. Lus. Apacentar e algũ lugar. Iap. Izzucu nitemo are guiŭbauo cŏ.
Impastus, a, um. Lus. O que não comeo, l, não apacentado. Iap. Caiuo cauarezaru mono, xocu xezaru mono.
Impatibilis, e. Lus. Cousa intoleravel. Iap. Coraye gataqi coto. ¶ Impatibilis dolor. Lus. Dôr que se não pode sofrer. Iap. Coraye gataqi itami.
Impatiens, entis. Lus. Cousa que não pode sofrer trabalho, ou dôr. Iap. Xinrŏ, nangui uo cannin suru coto canauazaru mono. ¶ Item, Impaciente, rebuçento. Iap. Cannin naqi mono, qimijicaqi mono, fayaqu mouou qini caqeru mono.
Impatiênter, adu. Lus. Sem paciencia. Iap. Cannin naqu. Im-

Impatientia, æ. Lus. Impaciencia. Iap. Cã nin naqi cotouo yŭ.

Impauidè, adu. Lus. Sem medo. Iap. Voforemonaqu, firumazu.

Impauidus, a, um. Lus. Intrepido, e que não tem medo. Iap. Vosore naqi mono, firumazaru mono.

Impeccabilis, e. Lus. O que não peca. Iap. Ayamarazu, togauo vocasazaru mono.

Impedimentum, i. Lus. Impedimẽto. Iap. Xŏgue, samatague. ¶ Impedimenta exercitus. Lus. Bagajem do exercito. Iap. Gunginni motçu fiórŏ, feŏgu, guiŭba igue.

Impedio, is. Lus. Embaraçar, empachar. Iap. Midarasu, sanran saluru. ¶ Aliqñ. Sujar, manchar. Iap. Qegasu. ¶ Item, Impedir, estoruar. Iap. Samataguru, xŏgueuo nasu, sasayuru.

Impeditio, onis. Lus. Impedimento, occupaçam. Iap. Xŏgue, sauari, sasaye.

Impeditus, a, um. Lus. Cousa impedida, ou embaraçada. Iap. Sayeraretaru coto, sa mataguerraretaru coto.

Impedo, as. Lus. Empar, ou sostentar com pontaletes. Iap. Budŏno cazzura nado ni qiuo yui soyuru, l, soyeguiuo suru, l, tçu cayeuo suru, cobariuo cŏ.

Impello, is. Lus Induzir, incitar. Iap. Susumuru. ¶ Item, Empuxar, ou pór força. Iap. Xiiuo irete vosu, tçuqu. ¶ Aliqñ. Arremesar. Iap. Nague vtçu. ¶ Aliqñ. Destruir. Iap. Cuzzusu, faqiacu suru. ¶ Aliqñ. Mouer do lugar. Iap. Voxi noquru.

Impendeo, es. Lus. Estar dependurado sobre algũa cousa. Iap. Monono vyeni tçuttre aru, l, cacatte aru. ¶ Item, per me taph. Estar pera vir. Iap. Qisoi cacaru.

Impendiò, adu. Lus. Grandemente, demasiadamente. Iap. Fanafadaxiqu, vŏqini, taiquani. ¶ Impendio minus. Lus. Muito menos. Iap. Nauo sucunaqu.

Impendiosus, a, um. Lus. O que faz gastos demasiados. Iap. Caneuo tçuiyasu mono, caneuo tçucai sugosu mono.

Impendium, ij. Lus. Despesa, ou gasto. Iap. Caneno irime. ¶ Item, Vsura, ou ganho. Iap. Rixen, ribai.

Impendo, is, di, sum. Lus. Gastar, despender. Iap. Tacarauo tçucŏ, tçuiyasu. ¶ Impẽdere operam, curã, l, laborem alicui rei. Lus. Pór cuidado em algũa cousa. Iap. Mononi cocorogaqeuo nasu, xeiconuo tçucusu.

Impenetrabilis, e. Lus. Cousa que se não pode penetrar, ou traspassar. Iap. Touoraretu coto, tçuqi touosarenu coto.

Impenetrale, is. Lus. Recamara em que se não pode entrar. Iap. Guaijinno irazaru zaxiqi, l, tocoro.

Impennatæ agnæ, apud veteres. Lus. Espigas sem pragana. Iap. Bŏzumuguino fo, faxica naqi muguino fo.

Impensa, æ. Lus. Despesa, gasto. Iap. Irime. ¶ Item, Beneficio. Iap. Vonxŏ.

Impensè, adu. Lus. Muito, grandemente. Iap. Fanafadaxiqu, vŏqini.

Impensibilis, e. Lus. Cousa que se não pode de todo considerar. Iap. Xian xigataqi coto.

Impensius. Lus. Muito mais. Iap. Nauo nauo, iyoiyo.

Impensus, a, um. Lus. Soberbo, & descomedido. Iap. Manqi naru mono, zui naru mono.

Imperator, oris. Lus. Capitam géral. Iap. Sŏdaixŏ. ¶ Item, Emperador. Iap. Teivŏ.

Imperatrix, icis. fœm. Idem.

Imperatorius, a, um. Lus. Cousa pertencente a capitam géral. Iap. Sŏdaixŏni ataru coto. ¶ Item, Cousa pertencente a emperador. Iap. Teivŏni ataru coto.

Imperatum, i. Lus. Mandado. Iap. Guegi. ¶ Facere imperata. Lus. Obedecer ao mandado. Iap. Guegini xitagŏ.

Imperceptus, a, um. Lus. Cousa de todo não entendida. Iap. Taxxite funbetni no razaru coto, vaqimayezaru coto. ¶ Itẽ, Cousa que de todo se não pode entender. Iap. Taxxite funbet suru coto canauazaru coto.

Y y. Im-

Impercussus, a, um. Lus. Cousa sem som, ou estrondo. Iap. Votono xenu mono.
Impérditus, a, um, Lus. Cousa que se não pode destruir. Iap. Forobosarezaru mono, cuzzusarezaru mono.
Imperfectus, a, um. Lus. Cousa por acabar. Iap. Iôjuxezaru mono, taxxenu mono.
Imperfossus, a, um. Lus. Cousa não traspassada. Iap. Tçuranucarezaru mono, nuqenu mono.
Imperiosè, adu. Lus. Seueramente. Iap. Qibixiqu, araqu.
Imperiosus, a, um. Lus. Homem seuero no mandar. Iap. Araqu monouo guegi suru fito. ¶ Imperiosus sibi. Lus. Homẽ que modera, & refrea suas paixoẽs. Iap. Midaregauaxiqi nozomiuo ficayete guiŏgui tadaxiqi fito.
Imperitè, adu. Lus. Ignorantemente. Iap. Guchini, gudonni.
Imperitia, æ. Lus. Ignorãcia, pouca experiencia. Iap. Guchi, bucô.
Imperítus, a, um. Lus. Ignorante, ou não experimẽtado. Iap. Guchi naru mono, bucô naru mono. ¶ Imperita multitudo. Lus. Vulgo ignorante. Iap. Guchinaru banmin. ¶ Imperitus rerum. Lus. Homem que não tem experiencia das cousas. Iap. Mononi côno irazaru fito.
Imperium, ij. Lus. Mandado. Iap. Guegi, chocumei, vôxe. ¶ Item, Imperio, senhorio. Iap. Quanreô, l, tçucasadoru cotouo yŭ. ¶ Aliqñ. Poder, ou jurisdição. Iap. Menqio, yuruxi.
Impermissus, a, um. Lus. Cousa illicita. Iap. Niyauazaru coto, sôuô xezaru coto. ¶ Impermissa gaudia. Lus. Ajuntamentos deshonestos. Iap. Yocoxima naru cacon.
Impersonale verbum dicitur, quod non habet certas, aut distinctas personas, aut numeros, sed sub eadem voce omnibus personis vtriusq; numeri attribuitur.
Impero, as. Lus. Mandar, senhorear. Iap. Guegi suru, tçucasadoru. ¶ Imperare tributum. Lus. Pôr tributo. Iap. Mitçuqimonouo sasagueyoto yŭ. ¶ Imperare obsides. Lus. Mandar que dem refens. Iap. Fitojichiuo daxeto guegi suru. ¶ Item, Querer. Iap. Nozomu.
Imperito, as. freq. Idem.
Impertérritus, a, um. Lus. Intrepido, sem medo. Iap. Vosoremo naqi fito, qenaguena fito, dôten xenu fito.
Impertio, is. Lus. Repartir, ou dar. Iap. Cubaru, l, atayuru, fodocosu.
Impertior, iris. deponens. Idem.
Imperturbatus, a, ũ. Lus. Não perturbado. Iap. Dôten xezaru mono, sauagazaru mono.
Imperuius, a, um. Lus. Lugar por onde se não pode passar. Iap. Touorarezaru tocoro. ¶ Imperuius amnis. Lus. Rio que se não pode passar a nado. Iap. Cachinite vatararenu caua.
Impes, vide Impetus.
Impesco, is. Lus. Apacentar gado, &c. na viçosa sementeira. Iap. Guiŭbauo fanaxite deqi suguru dembacuuo famasuru.
Impetigo, inis. Lus. Empingem. Iap. Tamuxi.
Impetix, icis. apud antiq. Idem.
Impeto, is. Lus. Arremeter. Iap. Xeiriqiuo motte cacaru.
Impetrabilis, e. Lus. Cousa facil de alcançar. Iap. Motome yasuqi coto. ¶ Aliqñ. O que facilmẽte alcança algũa cousa. Iap. Tayasuqu monouo motomuru fito.
Impetratio, onis. Lus. O alcançar. Iap. Mŏqe, motome.
Impetritus, a, um. Lus. Cousa fixa, e immouel. Iap. Tçuyoqu suuaritaru mono, tagirocazaru mono.
Impetro, as. Lus. Alcançar. Iap. Mŏquru, motomuru.
Impetrasso, is. apud vet. Idem.
Impetuosus, a, um. Lus. Cousa impetuosa. Iap. Iqioi, l, xeino aru mono.
Impetus, us. Lus. Impeto. Iap. Iqiuoi, xei.
Impete, in ablat. Idem.
Impexus, a, um. Lus. Cousa não penteada. Iap. Cuxino fano tatezarenu mono, irezare-

renu mono. ¶ Antiquitas tristis,& impexa. Lus. Antiguidade barbara, & inculta. Iap. Iigui, fôtiomo xirazaru mucaxino gidai.
Impia, æ. Lus. Hũa erua. Iap. Cusano na.
Impiatus, a, um. Lus. Maluado. Iap. Acuguiacu butônaru mono. ¶ Item, Cousa suja, & manchada. Iap. Qegasaretaru coto, yogosaretaru coto.
Impico, as. Lus. Brear. Iap. Matçuyaniuo nuru.
Impiè, adu. Lus. Cruelmente, impiamente. Iap. Butôni, fufóni.
Impietas, atis. Lus. Maldade, ou iniustiça cõtra Deos, parentes, & amigos. Iap. Deus, voya, chijnni taixiteno fucô, butô, fufô.
Impiger, a, um. Lus. Diligente, & ligeiro. Iap. Saicannaru mono, fayaqi mono, mamenaru mono, xeixa.
Impigrè, adu. Lus. Diligentemente, ligeiramente. Iap. Saicanni, fayaqu, mameni.
Impígritas, atis. Lus. Diligencia. Iap. Saican, mamenaru cotouo yǔ.
Impilia. Lus. Fita, ou nastros dos cabelos das molheres. Iap. Vonagono cazaritaru motoyui.
Impingo, is, egi, actum. Lus. Empuxar. Iap. Voxitçuquru, tçuqi idasu. ¶ Item, Dar com hũa cousa em outra. Iap. Vchi atçuru. ¶ Impingere fustem alicui. Lus. Espancar a alguem. Iap. Chôchacu suru. ¶ Impingere dicam. Por demanda, ou escreuer feito de demãda. Iap. Cujiuo xi caquru, l, cujino jefiuo caqitçuquru. ¶ Itẽ, Por, meter. Iap. Voqu, iruru.
Impinguatus, a, um. Lus. Cousa ceuada. Iap. Cai coyasaretaru mono.
Impinguo, as. Lus. Ceuar, ou engordar a outro. Iap. Cai coyasu.
Impio, as. Lus. Contaminar com peccados &c. Iap. Zaiquauo motte qegasu.
Impius, a, ũ. Lus. Cousa maluada, e impia. Iap. Fufô naru mono, butônaru mono.
Implacabilis, e. Lus. Cousa que se não pode aplacar. Iap. Nadamerarezaru mono, yauaraguerarezaru mono.

Implacabiliter, adu. Lus. Obstinadamente, sem se poder aplacar. Iap. Nadamerarezu xite, yauaraguerarezu.
Implacatus, a, um. Lus. Cousa não aplacada. Iap. Nadamerarezaru mono.
Implácidus, a, um. Lus. Cousa inquieta. Iap. Cutçurogazaru mono.
Implanator, oris. Lus. Enganador. Iap. Bôriacunin, tabacarite.
Implâno, as. Lus. Enganar. Iap. Tabacaru. Cypnan.
Impleo, es. Lus. Encher. Iap. Micasu, ippai iruru. ¶ Implere intentionem, siue petitionem, l, implere, absolutè. Lus. Prouar o intento na demanda. Iap. Cujiuo tessuru. ¶ Implere suum officium. Lus. Comprir com sua obrigação. Iap. Mini ataru cotouo tçuto muru. ¶ Impleri brutas animâes. Lus. Conceberem os animaes. Iap. Qedamonoga faramu.
Implexus, a, um. Lus. Cousa enroscada, ou emburulhada ẽ outra. Iap. Mononi tori macaretaru coto, mutçubôretaru coto.
Implicatio, onis. Lus. O ẽburulhar, ou embaraçar. Iap. Maqu coto nari, l, mutçubôretaru coto nari. ¶ Item, Impedimento. Iap. Sauari.
Implicitè, adu. Lus. Confusamente, tacitamente. Iap. Maguirete, comotte.
Impliciturus, a, um. Lus. Cousa q̃ ha de enuoluer, ou rodear a outra. Iap. Maqubeqi mono, midasubeqi mono.
Implico, as. Lus. Enuoluer, emburulhar. Iap. Macô, maqu, midasu. ¶ Item, per transl. Oprimir, & apertar a alguem cõ palauras. Iap. Cotobauo motte semamuru. ¶ Implicari morbo. Lus. Estar doente. Iap. Vazzurô, nayamu. ¶ Implicari, & constringi multis officijs. Estar occupado em muitos officios. Iap. Amatano yacuni torimaguiruru. ¶ Implicare caput. Lus. Ornar, e cõcertar a cabeça. Iap. Atamauo cazaru.
Implicito, as. frequent. Idem.
Imploratio, onis. Lus. O inuocar ajuda de alguem. Iap. Córiocuuo tanomu coto nari,

Y y 2 Im-

Implôro, as. Lus. Pedir, ou inuocar ajuda de alguem. Iap. Côriocuuo tanomu.

Implúmis, e. Lus. Cousa sem penas. Iap. Fa, l, qeuo motazaru tori.

Impluo, is, pluui, l, plui, utū. Lus. Chouer so bre algũa cousa. Iap. Amega furicacaru.

Implûtus, a, um. Lus. Cousa molhada da chuua. Iap. Ameni nuretaru coto.

Impluuia, æ. Lus. Capa dagoa de q̃ vsauã os Sacerdotes. Iap. Mucaxino Sacerdoteno amayxō, l, minono taguy.

Impluuiatus color. Lus. Cor fusca, ou baça. Iap. Vsuzumi iro, vsuguroqi iro.

Impluuium, ij. Lus. Espelho, ou lugar aberto no meo do telhado pera receber luz. Iap. Yaneni aru mado. ¶ Item, Pateo. Iap. Niua, tçubono vchi.

Impolìtè, adu. Lus. Grosseiramente. Iap. Sosōni.

Impolitia, æ. Lus. Negligēcia, descuido. Iap. Yudan, yurucaxe. ¶ Impolitias facere. Lus. Não pagarem os censores ao caualeiro que tinha caualo mal curado. Iap. Censortoyŭ yacuxa yaxetaru vmani noritaru buxini caneuo dasazu.

Impolìtus, a, ũ. Lus. Cousa grosseira, ou não polida. Iap. Sosōnaru mono, migaqitatezaru mono. ¶ Item, Cousa começada, e não acabada. Iap. Xicaqetaru coto, jōjuxezaru coto.

Impollûtus, a, um. Lus. Cousa pura, & sincera. Iap. Xōjōnaru coto, qegare naqi coto.

Impomenta, quæ post cœnã mensis impōnebantur.

Impôno, is. Lus. Pôr sobre outra cousa. Iap. Monono vyeni voqu, suyuru. ¶ Imponere finem rei alicui. Lus. Pôr fim em algũa cousa. Iap. Monouo jōjusuru, xisatasu. ¶ Interd. Dar cargo, &c. Iap. Yacu nadouo ategō, vatasu. ¶ Aliquando, Enganar. Iap. Tabacaru. ¶ Imponere extremã manum. Lus. Dar a derradeira mão, ou per feiçoar. Iap. Xiagueuo suru, l, taxxite xi satasu.

Impórcitor, oris. Lus. O que faz camalhoens na lauoura, ou orta. Iap. Dēbacuni vneuo yaru, l, tatçuru mono. ¶ Item (vt ait Festus) O que faz certos regos pera a agoa. Iap. Aru mizouo foru mono.

Imporco, as. Lus. Fazer camalhoēs na lauoura, ou ortas. Iap. Vneuo tatçuru, l, vneuo yaru.

Importo, as. Lus. Trazer, ou leuar pera dētro. Iap. Vchiye facobu.

Importunè, adu. Lus. Fora de tēpo. Iap. Ii-bunfazzureni. ¶ Item, Importunamēte. Iap. Xiqirini, anagachini.

Importunitas, atis. Lus. A não oportunidade, ou importunação. Iap. Iibũni fazzunaru cotouo yŭ, xiqirini coi, monouo suru cotouo yŭ. ¶ Item, Maldade abominauel. Iap. Giŭzai, giŭbon.

Importûnus, a, ũ. Lus. Cousa importuna, e molesta. Iap. Taicutni naru mono. ¶ Item, Cousa cruel, abominauel. Iap. Araqenaqu butōnaru mono. ¶ Pauperies importuna. Lus. Pobreza penosa. Iap. Meiuacu sasuru fin.

Importuosus, a, um. Lus. Lugar sem porto. Iap. Minato naqi tocoro.

Impos, otis. Lus. Falto de algũa cousa, ou o que não alcáçou o q̃ desejaua. Iap. Funhoi naru mono, l, nozomiuo taxxezaru mono. ¶ Impos rationis. Lus. Homē que tē a rezão senhoreada das paixões. Iap. Xiyocunifunbetuo curamasaretaru mono. ¶ Impos animi. Lus. O que não tem perfeito juizo. Iap. Funbetni fusocu aru mono, l, fonxōno midaretaru mono. ¶ Impos voti. O q̃ não alcáçou o q̃ desejaua. Iap. Fonmōuo toguezaru mono.

Impositio, onis. Lus. O pôr hũa cousa sobre outra. Iap. Vyeni voqu coto nari.

Impositus, us. idem.

Impositítius, a, um. Lus. Cousa que se impoem, ou posta sobre outra. Iap. Vyeni vocaretaru coto. ¶ Seruitus imposititia. Lus. Catiueiro, ou seruidão que não he natural. Iap. Vmaretçuqini arazaru fudai. ¶ Impositìtia nomina, quæ à natura imposita sunt, vnde alia deriuantur.

Impositiuus, a, um. Lus. Cousa postiça. Iap.

Iap. Tçuqevoqu coto. ¶ Impositiua nomina. Lus. Nomes postiços. Iap. Inmiŏ.

Impósitus,a,um. Lus. Cousa posta em riba de outra. Iap. Vyeni noxeraretaru coto, vocaretaru coto.

Impossibilis,e. Lus. Cousa impossiuel. Iap. Canauazaru coto, narigataqi coto.

Impostor,oris. Lus. Enganador. Iap. Tabacarite, bŏriacujin.

Impostûra,æ. Lus. Engano. Iap. Tabacari, bôriacu. ¶ Imposturã facere. Lus. Enganar. Iap. Tabacaru, bôriacuuo suru.

Impotens,entis. Lus. O que não pode refrear seus affeitos, & paixoens. Iap. Mino nozomini xitagŏ mono. ¶ Impotés dominatus. Lus. Gouerno cruel, & injusto. Iap. Fufôni, araqenaqu vosãmuru cotouo yŭ. Liuius. ¶ Item, homem pobre, e de pouca posse. Iap. Finin, buriocujin.

Impotenter,adu. Lus. Tirãnicamente. Iap. Qendon fôitni, l, murini.

Impotentia,æ. Lus. Impotencia, ou fraqueza. Iap. Xeiriqi naqi cotouo yŭ, l, youasa. ¶ Itẽ, per transl. O não poder refrear os affeitos, ou paixoens dalma. Iap. Xiyocu uo xeisuru coto canauazaru cotouo yŭ.

Impotentissimus tyrânus. Lus. Tyrano de sobarbo, e violẽto dominio. Iap. Qendon fôitni fufŏnaru teivŏ.

Impræsentiarum,adu. Lus. Ao presente. Iap. Ima, imajibun. ¶ Itẽ, dicitur de eo, quod præsens fuit, aut præsens erit.

Imprãsus,a,um. Lus. Homem que não tẽ jantado. Iap. Imada asamexiuo xezaru mono.

Imprecatio,onis. Lus. Praga. Iap. Noroigoto.

Imprecor,aris. Lus. Rogar pragas a alguem. Iap. Fitouo norô, chôbucusuru.

Impresio, onis. Lus. Asalto violento, ou encontro como dos exercitos quãdo trauão batalha. Iap. Gungin nite tagaini tatacŏ toriyŏ iqiuoi. ¶ Item, Imagens das cousas que fingimos com a imaginação. Iap. Mitaru cotono cocoroni tomaritaru vocague.

Imprimo, is. Lus. Imprimir selo, ou figura ẽ algũa cousa mole. Iap. Yauaracanaru mononi ynban nadouo voxitçuquru.

Improbabilis,e. Lus. Cousa que se não pode aprouar. Iap. Yoxito fuxerarenu coto.

Improbatio, onis. Lus. O reprouar, ou regeitar. Iap. Vqegauazu, l, mochijzaru cotouo yŭ, l, riŏjŏ xezaru cotouo yŭ.

Improbè, adu. Lus. Peruersamẽte. Iap. Butôni, fufôni.

Imprôbitas, atis. Lus. Maldade, ou malicia. Iap. Acuguiacu butŏ.

Improbo, as. Lus. Reprouar, ou vituperar. Iap. Mochijzu, xôynxezu, iyaximuru.

Improbro, as. Lus. Dizer oprobrios, ou injuriar. Iap. Accô, zôgonuo yŭ.

Improbus, a, um. Lus. Homem mao, e perdido. Iap. Acuguiacu butônaru mono. ¶ Interd. Cruel. Iap. Araqe naqi mono. ¶ Interd. Feo. Iap. Minicuqi mono. ¶ Interd. Cousa grande, e incásauel. Iap. Vôqinaru mono, tçucare cutabirezaru mono. ¶ Qñq;. Daninho, e insaciauel. Iap. Atauo nasu mono, icafodo xocu xitemo bôman xezaru mono. ¶ Improba merx. Lus. Mercadoria injusta. Iap. Fidŏ naru aqinai mono. ¶ Improbum os. Lus. Rosto desauergonhado. Iap. Fazzucaxigue naqi mentei.

Impróbulus, dim. Idem.

Improcêrus,a, um. Lus. Cousa baixa. Iap. Ficuqi mono.

Improfessus. Lus. O que não declarou seu estado, e sorte de vida. Iap. Vaga xindaiuo arauasazaru mono.

Imprôlus,l, Imprôlis. Lus. O que ainda não tẽ priuilegio de cidadão. Iap. Tojônivoite Cidadãoto yŭ curaini ninjerarenu mono.

Impromiscuus, a, um. Lus. Cousa não mesturada. Iap. Majiuari naqi mono.

Impromptus, a, um. Lus. Cousa vagarosa, ou tarda. Iap. Fujiyŭ naru mono, vosonauaru mono.

Improperatus,a, um. Lus. Cousa não apressada. Iap. Isogazaru coto.

Imprópero,as. Lus. Lançar em rosto algũa cou-

cousa. Iap. Ninjenni fitono ayamarinadouo iy arauaxite fagiuo caquru. ¶ Aliqñ. Entrar apresadamẽte. Iap. Isoide iru, fairu.

Impropriè, adu. Lus. Impropriamente. Iap. Fusôuôni.

Improprius, a, um. Lus. Cousa impropria. Iap. Fusôuônaru coto, niyauazaru coto.

Improsperè, adu. Lus. Desditosamente. Iap. Buquafôni, fu axiqute.

Improtectus. Lus. Desemparado de protetor, defensão, &c. Iap. Tanomu catanaqi coto, xugo naqi mono.

Impróuidè, adu. Lus. Sem cautela. Iap. Buyôjinni, buxianni.

Impróuidus, a, um. Lus. Cousa inconsiderada, ou sem cautela. Iap. Buxian naru mono, buyôjinnaru mono. ¶ Improuida tela. Lus. Arma de que se não vigia homẽ. Iap. Atarubeqitoua vomoimo yorazaru yari nado.

Improuisè, adu. Lus. Subitamente. Iap. Furioni, niuacani.

Improuisò, adu. Idem.

Improuisus, a, um. Lus. Cousa repentina, & deimprouiso. Iap. Furionaru coto, niuacanaru coto.

Imprúdens, étis. Lus. Homem sem cósideração, e sem cautela. Iap. Buxian naru mono, buyôjinnaru mono.

Imprudenter, adu. Lus. Imprudentemẽte, & sem cautela. Iap. Yenrio naqu, buxirioni.

Imprudentia, æ. Lus. Imprudencia, ou o não saber. Iap. Yenrio naqi cotouo yŭ, l, nani nitemo are xirazaru cotouo yŭ.

Impúbes, is, l, Impubis, e, l, Impuber, eris. Lus. O que ainda não chegou a idade de ter barba. Iap. Imada figueno voyubeqi nenreini arazaru mono.

Impubescens, tis. Lus. O que ainda não tem penugem. Iap. Vbugueno naqi mono.

Impudens, entis. Lus. Homem desauergonhado. Iap. Fagixirazu, fabacari naqi mono, bôjacu bujin.

Impudenter, adu. Lus. Desauergonhadamẽte. Iap. Fazzucaxiguenaqu.

I ANTE M.

Impudentia, æ. Lus. Desauergonhamento. Iap. Fagiuo xirazaru cotouo yŭ.

Impudicatus, a, um. Lus. Pessoa com quem se cometeo a fornicação. Iap. Micquai xeraretaru mono.

Impudicitia, æ. Lus. Deshonestidade. Iap. Cŏxocu, rangiŏnaru cotouo yŭ.

Impudicus, a, um. Lus. Deshonesto. Iap. Cŏxocu naru mono. ¶ Quandoq; Desauergonhado. Iap. Fagiuo xirazaru mono.

Impugnatio, onis. Lus. Resistencia. Iap. Fuxegu, l, fasayuru coto nari.

Impugnatus, a, um. Lus. Cousa vencida. Iap. Maqetaru mono.

Impugno, as. Lus. Combater, ou resistir. Iap. Xeme tatacŏ, l, fuxegu.

Impulsio, onis. Lus. O incitar, ou instigar a alguem. Iap. Susumetatçuru cotouo yŭ.

Impulsus, us. Idem.

Impulsor, oris. Lus. O que moue, e incita. Iap. Susumetatçuru fito.

Impulsus, a, um. Lus. Cousa destruida, ou mouida de seu lugar. Iap. Cuzzusaretaru coto, l, fiqinoqeraretaru mono.

Impúnè, l, Impunitè, adu. Lus. Sem castigo. Iap. Quatainaqu, xecean naqu. ¶ Aliqñ. Sem dano. Iap. Atauo vqezuxite.

Impúnitas, atis. Lus. Perdão do castigo merecido. Iap. Quatai naqu xite xamen suru cotouo yŭ.

Impunitus, a, um. Lus. Cousa não castigada, ou punida. Iap. Xeccanuo xezaru coto, quataiuo caqezaru mono.

Impuno, onis. Lus. Homem desauergonhado. Iap. Fagixirazu, fazzucaxiguenaqimono. Antiquum.

Impuratus, a, um. Lus. Cousa suja, ou torpe. Iap. Tçutanaqi mono, qegaretaru mono.

Impurè, adu. Lus. Sujamente, ou deshonesta mente. Iap. Fujŏni, l, qegarauaxiqu.

Impúritas, atis. Lus. Torpeza, deshonestidade. Iap. Fujó, qegarauaxisa.

Impûrus, a, um. Lus. Cousa torpe, & suja. Iap. Fujŏnaru coto, qegarauaxiqi mono. ¶ Itẽ, Homem mao. Iap. Acuguiacu butŏ naru mono.

Impu-

Imputator,oris.Lus.O q attribuye aculpa, ou causa a alguem.Iap. Ayamari nadouo fitoni vôsuru mono.

Imputatus,a, um. Lus. Cousa não podada, ou cortada. Iap. Qirazaru coto.

Imputo,as. Lus. Attribuir, ou referir a causa de algũa cousa a alguem. Iap. Ayamari na douo fitoni vôsuru, l, caquru. ¶ Interd. Lançar conta. Iap. Sanyô suru. ¶ Itẽ, Impor como tributo.&c. Iap. Mitçuqimono, aruiua ninbet nadouo caqete toru.

Imputresco, is. Lus. Apodrecer. Iap. Cuchi cusaru.

Imus,a,um. Lus. Cousa infima, ou derradeira. Iap. Daiichi xitani aru coto, fate, l, vouarini aru coto. ¶ Aliquando, Cousa interior, ou intima. Iap. Vocu, l, soconi aru coto.

I ANTE N.

IN. Lus. Em. Iap. Ni, l, niuoite. ¶ Aliqñ. In bonam partem accipitur pro erga.Lus. Pera com. Iap. Taixite. ¶ Qñq; Encontrario. Iap. Teqitôte. ¶ Qñq; Pera. Iap. Ye. ¶ Qñq; Depois. Iap. Nochi,cara. ¶ Interd. Ate. Iap. Made. ¶ Nõ nunquam, Por. Iap. Toxite: vt, chocuxi to xite. ¶ Item, Entre. Iap. Nacani. ¶ In vino,in ioco. Lus. No beberete, ou jogo que se fazia de pois de mesa. Iap. Mexi suguite nochino sacamori, asobini uoite. ¶ In diem addicere. Lus. Vender a cousa ao primero que lançou sobre ella, quando ate certo dia não ha outro que de mais. Iap. Sadamaritaru fimade neuo tçu qe aguru fito naqini voiteua, fajimeni ne uo tçuqetaru fitoni vri vatasu. ¶ In dies singulos, l, in dies.Lus. De dia em dia, l, ca da dia. Iap. Nichinichi, mainichi. ¶ In horam. Lus. De hora, em hora. Iap. To qi gotoni, jiji coccocuni. ¶ In horam viuere. Lus. Não ter cuidado mais que da hora presente. Iap. Igouo camauazu tǒ zauo fonni suru. ¶ In manu, l, in manibus aliquid esse. Lus. Estar algũa cousa em nosso poder, ou vontade. Iap. Vaga te, vaga zonbunni aru. ¶ In manibus. Lus. Entre maõs. Iap. Temayeni, temotoni. ¶ In facili esse. Lus. Ser a cousa facil de entẽder, ou explicar. Iap. Funbet xiyasuqu, yauarague yasuqu naru. ¶ In continenti. Lus. Logo, sem mais tardar. Iap. Tachimachi, yagate, socujini. ¶ In manum dare. Lus. Dar às escõdidas como peitas, &c. Iap. Cacuxite vairo nado uo yaru. ¶ In medium. Lus. Encomũ, ou pera o vso comum. Iap. Voxinametenotame, sono tame. ¶ In mentem venire. Lus. Lẽbrarse. Iap. Vomoi idasu. ¶ Interd. In mentem venire. Lus. Pòderar, ou reuolver na imaginação. Iap. Funbetuo meguras u, xian, cufũ suru. ¶ In assem vendere. Lus. Vender em solido. Iap. Coto gotocu vri vatasu. ¶ In assem satis facere. Lus. Satisfazer por enteiro. Iap. Co togotocu cayesu, taxicani fenben suru. ¶ In aliquem torqueri. Lus. Ser atormẽtado por amor de alguem. Iap. Fitoni taixite xemeraruru, gômon xeraruru. ¶ In duplũ ire. Lus. Prometer o autor de pagar dobrado se não vencer a demanda. Iap. Cujini maquruni voiteua, cujino dai mocu yorimo ichibaino ataiuo idasubeqi to yacusocu suru. ¶ In ordinem redactus, siue coactus. Lus. O que de pois de ter cargos honrosos deceo a ser igual a outros seus inferiores. Iap. Côyuo subette feijinto nanitaru fito. ¶ In posterum. Lus. Da qui pordiante. Iap. Iigen, igo, qiôgô. ¶ In rem præsentẽ venire, l, in re præsenti disceptare. Lus. Vir ao proposito, ou tratar do intento. Iap. Vaga cocorozasu daimocuuo fata suru. ¶ In spem venire. Lus. Começar a esperar. Iap. Tanomoxiqu vomoi fajimuru. ¶ In tẽpore. Lus. A bom tempo. Iap. Yoqi xiyauaxeni, saiuaini, yoqi coroni.

Inabruptus,a, um. Lus. Cousa que se não pode romper. Iap. Varezaru coto, l, qirarezaru coto.

Inaccessus, a, um. Lus. Lugar a onde ninguem vai, ou não pode ir. Iap. Fitono yuqu coto canauazaru tocoro, l, fitono cayou a z aru tocoro. In-

Inadulabilis, e. Lus. Não sujeito a lisonjas. Iap. Tçuixô nadoni cocorouo catamuqezaru fito.

Inædifico, as. Lus. Edificar, ou encher algum chão de casas, ou edificios. Iap. Iyeuo tatçuru, l, yaxiqiuo tatefusagu. ¶ Item, Ajuntar, ou accomodar algũa cousa ao edificio. Iap. Ixi, zaimocu nadouo tocorodocoroni qiriauasuru, qirisamuru, tçucuri soyuru.

Inæquabilis, e. Lus. Cousa desigual. Iap. Taiyǒni naqi coto, biǒdôni naqi coto.

Inæqualis, e. Idem.

Inæquabiliter. Lus. Desigualmente. Iap. Taiyǒni naqu, biǒdôni naqute.

Inæqualiter, adu. Idem.

Inæqualitas, atis. Lus. Desigualdade. Iap. Taiyǒ, l, biǒdôni naqi cotouo yǔ.

Inæquo, as. Lus. Igualar, aplanar. Iap. Tairacani nasu, biǒdôni nasu.

Inæstimabilis, e. Lus. Cousa inestimauel. Iap. Facari naqi coto, l, ataino voyobazaru coto. ¶ Inæstimabile gaudiũ. Lus. Excessiua alegria. Iap. Vôqinaru yorocobi.

Inæstuo, as. Lus. Feruer muito. Iap. Niyecayeru, taguiru.

Inaffectatus, a, um. Lus. Cousa feita com pouco cuidado, e curiosidade. Iap. Neuo tçucauazaru coto, xixxezaru coto, cotobano cazariuo nozoqitaru dangui nado.

Inalbesco, is. Lus. Embranquecer, fazerse branco. Iap. Xiroqu naru.

Inalgesco, is. Lus. Esfriarse. Iap. Fiyuru, samuru.

Inamábilis, e. Lus. Cousa que não he pera se amar. Iap. Taixetni vomôbeqimononi arazaru mono, itôxigueno naqi mono.

Inamaresco, is. Lus. Fazerse amargo. Iap. Nigaqu naru.

Inambitiosus, a, um. Lus. Homem sem ambição. Iap. Curai, meiyono nozomi naqi fito.

Inambulatio, onis. Lus. O andar. Iap. Focǒ, l, ayumu cotouo yǔ.

Inambulo, as. Lus. Andar, ou passear. Iap. Ayumu, guiǒdǒ suru.

I ANTE N.

Inamœnus, a, um. Lus. Cousa que não he deleitauel. Iap. Qini auazaru coto, vomoxirogue naqi coto.

Inanesco, is, l, inaneo, es. Lus. Fazerse oco, ou vazarse. Iap. Vtçuroni naru, l, nanimo naqu naru.

Inanimus, a, um. Lus. Cousa sem alma. Iap. Inochi naqi mono, l, Anima naqi mono.

Inanimatus, a, um. Idem.

Inania, æ. Lus. O vazio, ou oco. Iap. Vtçuuo, cǒqio. ¶ Item, Vaidade. Iap. Mimo naqu adanaru cotouo yǔ.

Inanitas, atis. Idem.

Inaniloquus. Lus. O que fala cousas vãas. Iap. Mimo naqi cotouo cataru fito, tauacotouo yǔ fito.

Inanio, is, iui, itum. Lus. Euacuar, vazar. Iap. Vchi aquru, minani nasu.

Inânis, e. Lus. Cousa oca, ou vazia. Iap. Vtçuro naru coto, cǔqionaru coto. ¶ Qñq;. Homem ignorante, e de pouco tomo. Iap. Guchinaru mono, vtçuqetaru mono.

Inaniter, adu. Lus. Vãamente. Iap. Facanaqu, mimonaqu, adani. ¶ Item, De balde. Iap. Muyacuni, musocuni.

Inanîtus, a, um. Lus. Cousa euacuada. Iap. Vchi aqeraretaru mono.

Inapertus, a, um. Lus. Cousa fechada. Iap. Togiraretaru mono.

Inapparatio, onis. Lus. Negligencia, ou descuido em aparelhar. Iap. Bucacugo, bucocorogaqe.

Inaratus, a, um. Lus. Terra por laurar. Iap. Tagayasazaru denbacu.

Inárculum, i. Lus. Hũa varinha de romeira que a rainha tinha na cabeça quando sacrificaua. Iap. Mucaxino qisaqi tamuqeno toqi, cǒbeni sasaretaru zacurono qino yeda.

Inardeo, es. Lus. Arder em algũa cousa. Iap. Figa monono vyeni moyuru.

Inardésco, is. Lus. Acenderse. Iap. Figa tçuite moyuru.

Inarefactus, a, um. Lus. Cousa muito seca. Iap. Care cauaqitaru mono.

Inaresco, is. Lus. Secarse. Iap. Caruru, cauaqu.

Inargentatus, a, um. Lus. Cousa prateada, ou cu-

cu-

cuberta de prata. Iap. Guinbacuuo voxitaru mono, xirocane nite vchicucumitaru mono.

Inargútè. Lus. Sem sutileza. Iap. Ricôni naqu, donni.

Inaro, as. Lus. Laurar a terra. Iap. Denbacuuo suqicayesu. ¶ Interd. Laurando enterrar o restolho, esteua, &c. pera estercο. Iap. Maye maqitaru gococuno cabuuo suqicayexite coyeto nasu.

Inartificialiter. Lus. Sẽ artificio, ou sem arte. Iap. Munôni, gueinaqute.

Inaspectus, a, um. Lus. Cousa não vista. Iap. Miyezarixi coto, l, mitarezaru coto.

Inassatus, a, um. Lus. Cousa assada. Iap. Aburitaru mono, l, yaqimono.

Inassuetus, a, um. Lus. Cousa desacostumada. Iap. Narezarucoto, xitçuqezaru coto.

Inateres. Lus. Molheres que foram casadas com dous, ou mais irmãos. Iap. Vaga votto xixite yori, sono qiŏdaiuo tçumani sadametaru vonna.

Inattenuatus, a, um. Lus. Cousa não diminuida. Iap. Ferasarezaru coto, guejezarucoto.

Inaudax, acis. Lus. Timido, medroso. Iap. Vocubiŏnaru mono, vosore aru mono.

Inaudio, is. Lus. Ouuir cousa noua que não tinha ouuido. Iap. Xirazaru cotouo qiqu, fajimete mononuo qiqu.

Inauditiuncula, æ. Lus. Historiazinha aprazivel, & agradauel. Iap. Cotobazucunani vomoxiroqi monogatari.

Inauditus, a, um. Lus. Cousa noua, nunca ouuida. Iap. Iendai mimonno coto, imada qicazaru coto. ¶ Item apud veteres. O q̃ não ouue. Iap. Monouo qiqu xei naqi mono.

Inauguratò, adu. Lus. Fazendo agouro. Iap. Toriuo mite vranŏte.

Inauguro, as. Lus. Dedicar, & consegrar. Iap. Cuyŏzuru, sasaguru.

Inauratus, a, um. Lus. Cousa dourada, ou curberta de ouro. Iap. Qinbacuuo voxitaru mono, l, qiganenite vchicucumitaru mono.

Inauris, is. Lus. Orelheiras, ou arrecadas. Iap. Mimini caquru yŏracu.

Inaurĭtus a, um. Lus. O que não tem orelhas. Iap. Mimi naqi mono.

Inauspicatò, adu. Lus. Com roim agouro, sem fazer agouro. Iap. Toriuo mite acujiuo vranai daxite, l, vranai naxini.

Inausus, a, um. Lus. Cousa que não se pode acometer. Iap. Vomoi cacararenu coto.

Incæduus, a, um. Lus. Cousa quese não corta. Iap. Qirazaru mono. ¶ Incædui mõtes. Lus. Mõtes cubertos de arnoredos siluestres. Iap. Xinzan, xigueritaruyama.

Incalesco, is, lui. Lus. Aquentarse muito. Iap. Fanafada atçuqu naru.

Incalfacio, is. Lus. Esquẽtar. Iap. Atatamuru.

Incallidè. Lus. Simplesmente. Iap. Xŏgiqi, xŏroni, fiôri naxini.

Incallidus, a, um. Lus. Homem simples, sem astucia. Iap. Xŏgiqi, xŏronaru fito, fiôri naqi mono.

Incalo, as. Lus. Chamar. Iap. Yobu.

Incandesco, is, dui. Lus. Afoguearse como brasa. Iap. Fino ironi yaquru, l, fino ironi naru. ¶ Itẽ, per metaph. Indignarse muito. Iap. Xinyno fonouuo moyasu.

Incanesco, is. Lus. Fazerse branco com velhice, &c. Iap. Facufatni naru, xiragani naru. ¶ Item, per transl. Fazerse branco cõ escuma, neue, &c. Iap. Auadatte xiroqu naru, l, yuqi ximouo motte xiroqu naru.

Incantatio, onis, l, Incantamentum, i. Lus. Encantamento. Iap. Majut.

Incãto, as. Lus. Encãtar. Iap. Majutuo voconŏ.

Incãnus, a, um. Lus. Branco de velhice. Iap. Voite facufatto naritaru mono. ¶ Incana herba. Lus. Hũa erua que tem fios, ou barbas brancas. Iap. Fitono xiragano gotoqunaru qeuo mochitaru cusa.

Incapistro, as. Lus. Amarrar, atar. Iap. Yuitçuquru, tçunagu.

Incassũm, adu. Lus. Debalde, emvão. Iap. Musocuni, muyacuni.

Incastigatus, a, um. Lus. Não castigado. Iap. Xeccanuo vqezaru mono, modocarezaru mono.

Incauo, as. Lus. Cauar. Iap. Cuua nadonite foru.

Incautè, adu. Lus. Sem cautela. Iap. Yenrio naqu, buyôjinni.

Incautus, a, um. Lus. Homẽ inconſiderado, & ſem cautela. Iap. Yenriono naqi mono, l, buyôjinnaru mono.

Incêdo, is, ſsi, ſſũ. Lus. Andar, caminhar. Iap. Ayumu, yuqu. ¶ Itẽ, Andar cõ põpa, & aparato. Iap. Yxei, yquǒuo motte aruqu.

Incélebris, e. Lus. Couſa q̃ não he famoſa, nem celebre. Iap. Meiyono naqi mono, nano naqi mono.

Incendiarius, ij. Lus. O q̃ poẽ fogo ás caſas. Iap. Iyeni fiuo tçuquru mono. ¶ Incendiaria auis. Lus. Hũa certa aue de mao pronoſtico. Iap. Ygono acujino zuisǒto naru tori.

Incendium, ij. Lus. Incẽdio. Iap. Miǒqua, quaji, giǒmǒ. ¶ Itẽ, per metaphorã. Amor vehemente. Iap. Moyetatçu taixet.

Incendo, is. Lus. Acẽder, inflãmar. Iap. Fiuo tçuquru, yaqu. ¶ Incendere aliquem ira l, amore, per trãsl. Lus. Incitar alguẽ a ira, ou amor. Iap. Fitoni xiny, l, taixetuo vocoſaſuru.

Incenſio, onis. Lus. O acender, ou abraſar. Iap. Fiuo tçuquru, l, yaqu coto nari.

Incenſus, a, um. Lus. O que não aualiaua ſeus bens pera conforme a iſſo pagar o tributo. Iap. Mucaxi Romani voite ichi ninzzutçuno xochi, zaifôuo caneniteua ica fodo arubeqitono chǒni tçuqeraruruto iyedomo, ſono chǒni tçuqezaru mono.

Incentio, onis. Lus. Cantiga. Iap. Vtai, l, vta. ¶ Item, Hum certo encantamento que ſe faz com cantigas. Iap. Vtaiuo motte ſuru majut, vranai.

Incentiuus, a, um. Lus. Couſa que incita. Iap. Suſumuru, l, moyouoſu mono. ¶ Item, Couſa que cãta. Iap. Vtǒ mono.

Inceptio, Incepto, Inceptor. Vide Incœptio.

Incerniculum, i. Lus. Peneira, ou criuo. Iap. Furui.

Incerno, is. Lus. Peneirar. Iap. Come nadouo furǔ.

Incéro, as. Lus. Encerar algũa couſa. Iap. Rǒuo fiqu, rǒuo nuru.

Incerto, as. Lus. Fazer duuidoſo. Iap. Vtagauaxiqu naſu.

Incertus, a, um. Couſa duuidoſa, e incerta. Iap. Vſannaru coto, vtagauaxiqi coto. ¶ Incertum vulgus. Lus. Pouo incõſtãte, e vario nos pareceres. Iap. Zonbun caccacu naru banmin, l, zonbunuo ſayaqu cayuru banmin.

Inceſſo, is, ſsi, l, iui. Lus. Moleſtar, ou prouocar com palauras injurioſas. Iap. Accôuo motte fitouo icaraſuru. ¶ Inceſsit me l, mihi cupiditas. Lus. Tomoume deſejo. Iap. Vareni nozomiga vocotta. ¶ Aliqñ. Arremeter com impeto, e eſtrondo. Iap. Iqiuoiuo motte, l, doximeite toricaquru. ¶ Interd. Entrar. Iap. Fairu, iru.

Inceſſus, us. Lus. O andar. Iap. Ayumu, l, yuqu cotouo yǔ. ¶ Item, O andar cõ pompa, e fauſto. Iap. Yxei, yquǒuo motte yuqu cotouo yǔ.

Inceſtè, adu. Lus. Torpe, e feamente. Iap. Tçutanaqu, fujǒni.

Inceſtíficus, a, um. Lus. O que comete inceſto. Iap. Xinruini caconuo naſu mono.

Inceſtuoſus, a, um. Idem.

Inceſto, as. Lus. Sujar, manchar. Iap. Qegaſu, fujǒni naſu.

Inceſtus, a, um. Lus. Couſa immunda, ou suja. Iap. Qegaretaru coto, fujǒ narumono.

Inceſtus, us, & Inceſtum, i. Lus. Inceſto que ſe comete com parenta, ou religioſa. Iap. Bicuni, l, ſonomino xinruino vonnani caſuru cotouo yǔ.

Inchoatiua verba appellantur, quæ à verbis ſecundæ potiſsimũ coniugationis, aut à nominibus quibuſdam adiectiuis deducta, in, ſco, ſyllabã deſinunt. vt caleſco, frigeſco, &c.

Inchoo, as. Lus. Começar. Iap. Fajimuru. ¶ Quãdoq;, Perfeiçoar. Iap. Iǒju ſuru, taſſuru.

Incido, is, di, ſum. Lus. Cortar. Iap. Qiru. ¶ Item, Eſculpir. Iap. Foritçuquru, l, qizamu.

Incido, is, cidi, caſum. Lus. Cair. Iap. Votçutçuru, corobu. ¶ Icé, Cair ſobre algũa couſa. Iap. Monono vyeni tauore cacaru, l, vochicacaru. ¶ Item, Encontrar acaſo, ou derepente. Iap. Fureoni yuqi vó, l, vomoino focani vǒ. ¶ Mihi incidit ſuſpicio. Lus. Tiue ſoſpeita. Iap. Fuxinni zǒjita, vtagǒta. ¶ Incidit quæſtio. Lus. Aleuantouſe hũa queſtão. Iap. Fuxinga vocotta.

Inciduus, a, um. Lus. Couſa que não he licito cortar. Iap. Qiru yuruxiga naqi yama nado.

Inſciens, entis. Lus. A que eſta propinque ao parto. Iap. Yagate ſanuo ſubeqi mono.

Incîle, is. Lus. Leuada, ou cano de agoa que ſe faz junto dos rios. Iap. Caua yori mizzuuo toru mizo. ¶ Item, Rego de agoa pera regar. Iap. Denbacuni mizzuuo caqu ru y, l, mizo.

Incîlo, as. Lus. Reprender. Iap. Mitogamuru, modoqu.

Incingo, is. Lus. Cingir, cercar. Iap. Maqu, mauaſu.

Incino, is. Lus. Cantar com compaſo, e medida. Iap. Chôxini auaxete vtǒ.

Incipio, is. Lus. Começar. Iap. Fajimuru, l, fajimaru.

Incisè, adu. Lus. Cortãdo em pedaços. Iap. Qireguireni, tçudatçudani.

Incisim, adu. Idem.

Inciſio, onis. Lus. O cortar, ou cortadura. Iap. Qiru coto nari, l, qirime. ¶ Item, Inciſio in oratione, pars membri eſt.

Incitura, æ. Lus. Cortadura. Iap. Qirime, qiricuchi. ¶ Itẽ, As riſcas da mão. Iap. Teno ſugi.

Inciſus, us. Idem.

Inciſus, a, um. Lus. Couſa eſculpida, ou talhada em pedra, &c. Iap. Foritçuqetaru coto, l, qizami tçetaru coto. ¶ Spes inciſa. Lus. Sperança cortada. Iap. Vxinaitaru tanomoxi. ¶ Inciſum oratores vocant ſenſum, non expleto numero concluſum.

Incita, æ. Lus. Pobreza. Iap. Finhci, fin.

Incitábulum, i. Lus. Motiuo, ou incentiuo. Iap. Fitouo moyouoſu cotouo yŭ, l, ſuſume.

Incitatè, adu. Lus. Incitando, induzindo. Iap. Suſumete, moyouoxite.

Incitatio, onis. Lus. O incitar. Iap. Suſume moyouoſu coto nari.

Incitus, us. Idem.

Incitatus, a, um. Lus. Couſa incitada, ou mouida. Iap. Moyouoſaretaru mono, ſuſumeraretaru mono. ¶ Item, Couſa vehemente. Iap. Xeiriqi aru mono.

Incítega, æ. Lus. Hum inſtrumento ſobre que ſe punha o vaſo do vinho nos conuites. Iap. Furumaino toqi ſacatçubouo ſuyetaru daino na.

Incito, as. Lus. Incitar, prouocar. Iap. Moyouoſu, ſuſumetatçuru, vobiqi idaſu.

Incitus, a, um. Lus. Couſa ligeira, e apreſſada. Iap. Fayaqi mono.

Incibilia verba. Lus. Palauras deſcorteſes, e mal enſinadas. Iap. Iguiſóni cacauarazaru cotoba. Gellius.

Inclâmo, as. Lus. Reprender com clamor. Iap. Araracanaru coyeuo motte fitouo modoqu. ¶ Aliqñ. Chamar pera dẽtro. Iap. Yobi iruru.

Inclámito, as. frequent. Idem.

Inclareo, es, l, Inclareſco, is, ŭi. Lus. Fazerſe claro, ou manifeſto. Iap. Aqiracani naru, meiſacuni naru, qicoye vataru.

Inclêmens, entis. Lus. Homem aſpero, ſem clemencia. Iap. Renmin naqi fito, qibuqi fito.

Inclementer, adu. Lus. Sem piedade, aſperamente. Iap. Auaremi naqute, qitçuqu.

Inclementia, æ. Lus. Dureza ſem piedade. Iap. Renmin naqi cotouo yŭ, qitçuſa.

Inclinamentum, i. Lus. Declinação, ou terminação de nome, verbo, etc. Iap. Cotobano tenifauo vaquru cotouo yŭ.

Inclinatio, onis. Lus. O dobrar algũa couſa. Iap. Fiqitauomuru coto nari. ¶ Inclinationes rerum, & temporum. Lus. Mudãças dos tempos, e eſtado da Reſpub. Iap. Coccano fenyeqi.

Inclinatus, us. Lus. Deſuio. Iap. Miuo yo-

 guquru cotouo yũ.

Inclino, as. Lus. Inclinar, ou dobrar. Iap. Fiqi cauomuru, nabiquru. ¶ Acies inclinatur. Lus. Retirase o esquadrão, e pouco a pouco se poem em fugida. Iap. Gunjeiga xirizoite xidaini niguru.

Inclũdo, is. Lus. Encerrar, ou fechar dentro. Iap. Tate comuru.

Inclusia, æ. Lus. Camisa. Iap. Fadacatabira.

Inclusio, onis. Lus. O encerrar. Iap. Tate comuru coto nari.

Inclitus, a, um. Lus. Cousa insigne, e de gloriosa fama. Iap. Cacuremo naqu, suguretaru mono.

Incoactus, a, ũ. Lus. Cousa volũtaria. Iap. Vaga nozomino vye yori suru coto.

Incoctilia. Lus. Vasos de cobre estanhados. Iap. Suzuuo caqetaru acaganeno vrçuua mono.

Incoctus, a, um. Lus. Cousa cozida com outra. Iap. Nimajetaru mono.

Incœnatus. Lus. O que não tem ceado. Iap. Banxocuuo xezaru mono.

Incœnis, e. Idem.

Incœno, as. Lus. Cear. Iap. Bãxocuuo suru.

Incœptio, onis. Lus. Principio, começo. Iap. Fajime, saixo.

Incœpto, as. Lus. Começar. Iap. Fajimuru.

Incœptor, oris. Lus. O que começa algũa cousa. Iap. Monouo fajimuru fito.

Incœptum, i. Lus. Começo, principio. Iap. Fajime, saixo.

Incógitans, antis. Lus. O que não considera o q̃ ha de fazer. Iap. Yenriouo cuuayezaru mono, buxirio naru mono.

Incogitabilis, e. Idem. ¶ Item, Cousa que se não pode comprender com a imaginação. Iap. Funbetni voyobazaru coto. ¶ Item, Cousa q̃ se não cuida. Iap. Xianuo xezaru coto.

Incogitantia, æ. Lus. Inconsideração. Iap. Buxian, l, yenrio naqi cotouo yũ.

Incogitatus, a, um. Lus. Homem incõsiderado. Iap. Yenriono naqi mono, buxian naru mono. ¶ Item, Cousa não cuidada. Iap. Xianuo xezaru coto.

Incógnitus, a, um. Lus. Desconhecido. Iap. Xirezaru mono.

Incohibesco, is. Lus. Não refrear. Iap. Ficayezu, todomezu.

Incoíbilis, e. Lus. O que não se pode ajuntar. Iap. Yoriauarezaru mono, auaxerarezaru coto.

Incola, æ. Lus. Morador em terra alhea. Iap. Tacocuni giũ suru mono.

Incolatus, us. Lus. Habitação ẽ terra alhea. Iap. Tacocuno carino sumai.

Incolo, is, lui, ultum. Lus. Habitar. Iap. Giũ suru, sumu, sumai suru.

Incólumis, e. Lus. Cousa sãa, & salua. Iap. Nanigotomo naqi mono, tçutçuga naqi mono. (toculai.

Incolumitas, atis. Lus. Saude. Iap. Mubeõ,

Incomitatus, a, um. Lus. Cousa desacompanhada. Iap. Togui, l, tomonaqi mono.

Incomes, itis. Idem. Antiq.

Incomitio, as. Lus. Acusar, ou diuulgar o delicto dalguem na audiencia. Iap. Tadaxiteni vttayete qiũmeini auasuru.

Incommendatus, a, ũ. Lus. Cousa não encõmendada. Iap. Tanomarezaru coto.

Incommodatio, onis. Lus. Incõmodidade. Iap. Yeqinaqi coto, fujiyũ naru cotouo yũ.

Incommodè, adu. Lus. Incõmodamente. Iap. Fujiyũni, yeqinaqu.

Incommoditas, atis. Lus. Incõmodidade, dano. Iap. Yeqinaqi cotouo yũ, son.

Incómmodo, as. Lus. Empecer, ou fazer dano. Iap. Sonuo sasuru, atauo nasu.

Incómmodum, i. Lus. Dano. Iap. Son. ¶ Incommoda ferre alicui. Lus. Dar perda. Iap. Atauo nasu, sonuo sasuru.

Incómmodus, a, um. Lus. Cousa não proueitosa. Iap. Yacuni tatazaru mono, yeqinaqi mono.

Incommunè, adu. Lus. Igoalmente, cõmũmente. Iap. Vonaji yõni, voxinabete.

Incompactum. Lus. Cousa mal composta. Iap. Sosõni toriauaxetaru mono.

Incomparabilis, e. Lus. Cousa que não se pode comparar. Iap. Tatoyen cata naqi mono, narabi naqi mono.

In-

Incompertus, a, um. Lus. Cousa incognita. Iap. Xirezaru mono.
Incompositè, adu. Lus. Desconcertadamente. Iap. Sosǒni, midarete.
Incompositus, a, um. Lus. Cousa desconcertada. Iap. Midaretaru coto, raxximo naqi coto, sosǒnaru coto.
Incǒprehensibilis, e. Lus. Cousa que não se pode comprender. Iap. Funbetni voyobazaru coto.
Incǒprehẽsus, a, ũ. Lus. Cousa não cǒprẽdida. Iap. Imada funbetni voyobazaru mono.
Incomptus, a, um. Lus. Cousa desconcertada. Iap. Midaritaru mono, raxximo naqi mono, sosǒnaru mono.
Inconcessus, a, um. Lus. Cousa prohibida, ou não concedida. Iap. Imaximeno mono, yurusazaru mono, qinjeino mono.
Incǒciliatè, adu. Lus. Sem concordia. Iap. Chigǔxezu, juccon naqu, fuuani xite.
Inconcilio, as. Lus. Perturbar, espalhar. Iap. Sauagazu, sǒdǒ sasuru, chirasu. ¶ Itẽ, Fazer imigo. Iap. Nacauo tagauasuru.
Inconcinnus, a, um. Lus. Cousa desatauiada. Iap. Toritçucurouazaru mono, yemǒvaruqi mono.
Inconcinniter, adu. Lus. Desatauiadamente. Iap. Toritçucurouazu, yemon axiqu.
Incǒcussus, a, um. Lus. O que não se moue. Iap. Vgocazaru mono, tagirocazaru mono, dǒyǒ xezaru mono.
Incónditè, adu. Lus. Desconcertadamente. Iap. Sosǒni, toritçucurouazu.
Inconditus, a, um. Lus. Cousa desenxabida. Iap. Agi naqi mono.
Incǒditus, a, um. Lus. Cousa mal composta. Iap. Toritçucurouazaru mono, sosǒnaru mono. ¶ Corpora incondita. Lus. Corpos por sepultar. Iap. Vzzumazaru xigai.
Inconfessus, a, um. Lus. O que não confessa a verdade. Iap. Macotouo arauasazaru mono.
Incongelábilis, e. Lus. Cousa que não se pode congelar. Iap. Couarazaru mono.
Incǒgruens, entis. Lus. Cousa não conueniente. Iap. Niauazaru coto, sǒuǒxezaru mono.
Inconniuens, entis. Lus. Cousa que não pestaneja. Iap. Madataqiuo xezaru mono, megarexezaru mono.
Inconscius, a, um. Lus. Homem não sabedor. Iap. Cotoni yotteua zonjezaru fito.
Inconsequentia, æ. vitium est orationis, cùm aut res, aut verba prætermittũtur, quæ ad superiora subsequi par erat.
Inconsiderans, antis. Lus. Homẽ inconsiderado. Iap. Buxiannaru mono.
Inconsiderantia, æ. Lus. Inconsideração. Iap. Buxian, buyenrio.
Inconsideratè, adu. Lus. Inconsideradamente. Iap. Buxianni, buxirioni.
Inconsideratus, a, um. Lus. Cousa incǒsiderada. Iap. Buxiannaru mono, xian xerarezarixi coto.
Inconsolabilis, e. Lus. O q̃ não admitte cǒsolação. Iap. Xǔtan xite yorocobiuo vqezaru mono.
Inconstans, antis. Lus. Cousa inconstante, e não firme. Iap. Cauari yasuqi mono, sadamarazaru mono.
Inconstanter, adu. Lus. Sem firmeza, incǒstantemente. Iap. Sadamarazu, suuarazu.
Inconstantia, æ. Lus. Inconstancia, ou pouca firmeza. Iap. Cauari yasuqi coto, l, sadamarazaru cotouo yŭ.
Inconsuetus, a, um. Lus. Cousa desacostumada. Iap. Xinarezaru coto.
Inconsultè, l, Inconsultò, adu. Lus. Sem cǒselho. Iap. Xian naqu, buxirionixite.
Inconsultus, a, um. Lus. Homem sem cǒselho, inconsiderado. Iap. Xian naqi mono, buxirionaru mono. ¶ Item, Homẽ aquem se não pede cǒselho. Iap. Yqenjani tanomarezaru fito. ¶ Item, Homẽ incerto, sem conselho. Iap. Xianuo votoxitçuqezaru mono.
Inconsultu meo. Lus. Sem meu conselho. Iap. Vaga yqenuo vqezu.
Inconsumptus, a, um. Lus. Cousa não cǒsumida. Iap. Tçuqisatezaru mono.
Inconsutilis, e. Lus. Cousa sem custura. Iap. Nuime naqi mono.
Inconsútus, a, um. Idem.

In-

Incōtaminatus, a, um. Lus. Couſa limpa. Iap. Iagui yoqi coto, qegaremo naqi mono.

Incontentus, a, um. Lus. Couſa não eſten dida. Iap. Fipparazaru mono.

Incóntinens, entis. Lus. Homem incontinē te, immoderado. Iap. Cŏxocu, vôjiqiuo ficayezaru mono. ¶ Itē, Couſa q̄ não guarda, l, retem fielmēte o que ſe lhe entrega. Iap. Taxicani mononо tamarazaru mono. Vt, mizzu nadono tamarazaru vtçuuamono, &c.

Incontinenter, adu. Lus. Deſenfreadamente, incontinētemēte. Iap. Miuo ficayezu, l, mimochiuo taxinamazuxite.

Incontinentia, æ. Lus. Incontinencia, ou deſenfreamento. Iap. Miuo ficayezaru cotouo yŭ. ¶ Item, O não poder reter o que ſe deita. Iap. Taxicani mononо tamarazaru cotouo yŭ.

Inconueniens, entis. Lus. Couſa inconueniē te. Iap. Niyauazaru coto, ſŏuôxezaru coto.

Inconuenientia, æ. Lus. Inconueniencia. Iap. Busŏuô.

Inconuenientia, tium. Lus. Couſas que entre ſi não quadram. Iap. Tagaini auazaru mono, vagŏxezaru mono.

Incoquo, is, coxi, coctum. Lus. Cozer dentro de algũa couſa. Iap. Saqe nadono vchiye irete monouo niru.

Incordio, as. Lus. Pôr no coraçam. Iap. Cocoroni iruru. Antiquum eſt.

Incorporalis, e. Lus. Couſa que não tem corpo. Iap. Xiqitŏ naqi mono, l, musŏnaru mono.

Incorporeus, a, um. Idem.

Incórporo, as. Lus. Incorporar algũa couſa com outra. Iap. Amatano cotouo fitotçuni naſu, l, jŭzuru.

Incorrectus, a, um. Lus. Couſa não emendada. Iap. Imada nauorazaru coto.

Incorruptè, adu. Lus. Inteira mente. Iap. Tadaxiqu, cuſarazu.

Incorruptus, a, um. Lus. Couſa inteira, ou incorrupta. Iap. Cuſarazaru mono, tadaxiqi coto. ¶ Incorruptus iudex. Lus. Iuiz q̄ ſe não deixa ſubornar com peitas. Iap. Vaironi fuqerazaru tadaxite.

Incoxo, as. Lus. Aſſentarſe ſobre as coxas. Iap. Tçucubŏte yru, caxicomatte yru.

Increatus, a, um. Lus. Couſa não criada. Iap. Muxi mujŭnixite tçucurarezaru mono, l, tçucurarezuxite aru coto.

Incrебreſco, is. Lus. Diuulgarſe. Iap. Fŏbŏni firomaru, more qicoyuru, ſufuſuru. ¶ Item, Crecer. Iap. Caſanaru, maſaru.

Incredibilis, e. Lus. Couſa que não ſe pode crér. Iap. Xinjigatacǐ coto.

Incredibiliter, adu. Lus. Increiuelmente. Iap. Xinjigataqu.

Incrédulus, a, um. Lus. Couſa que não crée logo. Iap. Yaſuqu xinjezaru mono.

Incredulitas, atis. Lus. O não crér logo. Iap. Yaſuqu monouo xinjezaru cotouo yŭ.

Incrementum, ti. Lus. Acrecentamento. Iap. Caſanari, maſari. ¶ Item, Semente. Iap. Tane.

Increpo, as, ui, aui, itum. Lus. Fazer eſtrōdo. Iap. Votoga ſuru. ¶ Item, per traſl. Reprender. Iap. Modoqu, iſamuru.

Incrépito, as, frequent. idem. ¶ Aliqn̄. Deitar culpa a outro. Iap. Fitoni ayamariuo iy tçuquru, nuritçuquru.

Increſco, is. Lus. Crecer. Iap. Vôqini naru, xeigiŏ ſuru, chŏzuru, caſanaru.

Incruentus, a, um. Lus. Couſa não enſangoentada. Iap. Chini ſomazaru mono, l, chiuo nagaſazaru mono.

Incruentatus, a, um. Idem.

Incruſtatio, onis. Lus. O caſelar. Iap. Cabe nadono vuanuri ſuru coto nari.

Incruſto, as. Lus. Rebocar, ou caſelar. Iap. Cabe nadono vuanuri ſuru.

Incubatio, onis. Lus. O encoſtarſe. Iap. Mononi yori cacaru cotouo yŭ. ¶ Item, O eſtar ſobre os ouos. Iap. Toriga caigouo atatamuru coto nari.

Incubatus, us, ſiue Incubitio, onis. Idem.

Incúbito, as. frequent. Lus. Encoſtarſe muitas vezes ſobre algũa couſa. Iap. Saiſai mononi yori cacaru.

Incubitus, us. Lus. O ēcoſtarſe. Iap. Mononi yori-

yoricacaru coto nari. ¶ Itẽ, O estar sobre os ouos. Iap. Toriga caigouo atatamuru coto nari.

Incubo, as, bui, itum. Lus. Encostarse em al gũa cousa. Iap. Mononi yori cacaru. ¶ Incubare oua. Lus. Choearem os ouos as aues. Iap. Toriga caigouo atatamuru. ¶ Item, Morar. Iap. Sumai suru. ¶ Incubare Ioui, est in Capitolio dormire ad accipienda à Ioue responsa. ¶ Incubare pecuniæ. Lus. Cobiçar muito o dinheiro. Iap. Caneuo fucaqu nozomu. ¶ Item, Ter diante desi. Iap. Mayeni voqu.

Incubus, i. Lus. Pesadelo. Iap. Mononi vosouaruru cotouo yũ.

Incûdo, is. Lus. Imprimir martelando. Iap. Mon, l, catauo vchitçuquru.

Inculco, as. Lus. Recalcar algũa cousa sobre outra. Iap. Voxi iruru, voxicomu. ¶ Item, per transl. Tornar a dizer muitas vezes algũa cousa. Iap. Cayesugayesu mõsu.

Inculpatus, a, um. Lus. Cousa que não tem culpa. Iap. Ayamari naqi mono.

Inculté, adu. Lus. Grosseiramente. Iap. Sosõni.

Incultus, a, um. Lus. Cousa não cultiuada. Iap. Tçucuri totonoyezaru tçuchi nado, arachi. ¶ Item, Cousa grosseira, não polida. Iap. Sosõ naru mono, migacazaru mono.

Incumba, æ. est pars pilæ in fornicibus, cui onus ædificij incumbit.

Incumbo, is. Lus. Encostarse sobre algũa cousa. Iap. Mononi yoricacaru. ¶ Aliqñ. Aplicarse intensamente. Iap. Mononi tõjite yru. ¶ Item, Sobrevir. Iap. Qi cacaru, qisoi qitaru. ¶ Item, Guardar, ou ter algũa cousa com grande cuidado. Iap. Qengoni monouo motçu. ¶ Item, Arremeter. Iap. Toricaquru.

Incunábula, orum. Lus. Berço dos mininos. Iap. Voianagouo nesasuru tocoro.

Incuratus, a, um. Lus. Cousa não curada. Iap. Reôgiuo xerarezaru mono. ¶ Item, Cousa de que se não teue cuidado. Iap. Yudan xitaru coto.

Incuria, æ. Lus. Descuido. Iap. Yudan, yurucaxe, josai, soriacu.

Incuriosè, adu. Lus. Descuidadamente. Iap. Yudan xite.

Incuriosus, a, um. Lus. Homem descuidado. Iap. Yudanna mono, buxõnaru mono. ¶ Incuriosus agnus. Lus. Cordeiro gordo. Iap. Coyetaru fitçujino co.

Incurro, is. Lus. Arremeter a alguem. Iap. Mononi faxiri cacaru. ¶ Item, Roubar, ou destruir campos dos imigos. Iap. Teqino chiguiõni itte ranbõ suru. ¶ Incurrere maleuolentiam alicuius. Lus. Cair em desgraça dalguem. Iap. Fitono qigueuuo tori soconõ, l, fanauo tçuqu.

Incursans, antis. Lus. Cousa que arremete. Iap. Faxiri cacaru mono.

Incursim, adu. Lus. Depresa. Iap. Isoide. sõsõ, fayaqu. Antiq.

Incursio, onis, siue Incursus, us. Lus. Encõtro, ou acometimento. Iap. Faxiri cacaru coto nari.

Incurso, as. freq. Lus. Arremeter muitas vezes. Iap. Saisai faxiri cacaru.

Incuruesco, is. Lus. Encuruarse. Iap. Cagamu, magaru.

Incuruo, as. Lus. Encuruar. Iap. Cagamuru, vaguru, maguru.

Incuruus, a, um. Lus. Cousa muito curua. Iap. Vôqini cagamitaru mono, magaritaru mono.

Incus, ûdis. Lus. Bigorna. Iap. Canaxiqi, l, canatoco. ¶ Reddere versus incûdi. Lus. Emendar, e polir os versos. Iap. Vtauo xensacu suru. ¶ Eandem incûdem asiduè tundere. Lus. Perseuerar incansauel mente em algũa cousa. Iap. Cutabirezuxite mononi todoqu.

Incusatio, onis. Lus. Queixume, ou reprehensão. Iap. Xucquai, vttaye, l, isamuru coto nari.

Incûso, as. Lus. Acusar, ou reprehender, ou queixarse. Iap. Vttayuru, modoqu, l, xucqui suru.

Incussus, a, um. Lus. Cousa batida, ou pisada. Iap. Vchi cudaqitaru mono, l, vchicatataracaretaru mono.

Incusus,a,um. Lus. Cousa picada cõ picão. Iap. Ixiqiri taganenite foritaru mono.

Incustoditus, a, ũ. Lus. Cousa não guardada. Iap. Ban naqi mono.

Incutio, is, ssi, ssum. Lus. Dar com hũa cousa em outra. Iap. Vchiatçuru. ¶ Item, Meter dentro. Iap. Vchi iruru. ¶ Incutere scipione in caput alterius. Lus. Dar com o bordão na cabeça. Iap. Bŏnite cŏ beuo vtçu. ¶ Incutere metũ alicui. Lus. Meter medo. Iap. Vosoresasuru.

Indaganter, adu. Lus. Rastejando. Iap. Axi atouo xitŏte, tçunaide, tomete.

Indagatio, onis. Lus. O inquirir. Iap. Tazzune saguru cotonari, l, tandaye.

Indagator, oris. Lus. O q̃ vai inquirindo, e rastejando. Iap. Axiatouo xitŏ mono.

Indagatrix, icis. fœm. Idem.

Indágo, as. Lus. Rastejar, ou ir polo rastro. Iap. Monono axiatouo xitŏ, l, qedamonono axicatauo tçunagu, tomuru. ¶ Itẽ, Inquirir. Iap. Tazzune saguru.

Indágo, inis. Lus. Rede de caçar animais. Iap. Tori, qedamonouo toru ami. ¶ Itẽ, Busca. Iap. Monouo tazzunesaguru coto nari, l, tandaye. ¶ Itẽ, per transl. Enganos de que hum não se pode liurar. Iap. Nogaregataqi tabacari.

Inde, adu. Lus. Dahi. Iap. Sococara. ¶ Itẽ, Dahi pordiante. Iap. Sorecara.

Indébitus, a, ũ. Lus. Cousa não deuida. Iap. Vqevouazaru mono, l, niyauazaru coto.

Indecens, entis, Lus. Cousa fea, ou indecente. Iap. Miguruxiqi coto, l, niyauazaru coto.

Indecenter, adu. Lus. Fea, e indecẽtemẽte. Iap. Miguruxiqu, busŏuŏni.

Indecet. Lus. Não conuẽ. Iap. Sŏuŏxezu.

Indeclinabilis, e, Lus. Cousa que não se pode euitar. Iap. Nogarezaru, l, tazzurezaru coto.

Indeclinatus, a, um. Idem.

Indecor, oris. Lus. Cousa sem honra, Iap. Iyaxiqi mono, sagaritaru mono.

Indecŏrè, adu. Lus. Fea, e indecentemẽte,

Iap. Niyauazu, miguruxiqu.

Indecôrus, a, um. Lus. Cousa fea, e indecẽte. Iap. Minicuqi mono, miguruxiqi coto, niyauazaru coto.

Indefensus, a, um. Lus. Cousa não defendida, ou sem defensor. Iap. Xugonaqi mono, fijqi naqi mono.

Indefessus, a, um. Lus. Cousa não cansada. Iap. Cutabirezaru mono.

Indefinitus, a, um. Lus. Cousa sem termo. Iap. Caguiri naqi mono, musennarumono. ¶ Item, Cousa escura, e perplexa. Iap. Qicoyegataqi coto.

Indefletus, a, um. Lus. Cousa não chorada. Iap. Naqi canaximarezaru mono.

Indeflexus, a, um. Lus. Cousa não torcida, ou não dobrada. Iap. Tauomazaru mono, magarazaru mono.

Indelébilis, e. Lus. Cousa que não se pode borrar, ou destruir. Iap. Qesarezaru mono, fotobosarezaru mono.

Indelibâtus, a, um. Lus. Cousa inteira, ou intacta. Iap. Tadaxiqi coto, l, teuo caqezaru mono.

Indemnatus, a, um. Lus. Cousa não condenada. Iap. Vaga ayamarini fuxerarezarixi mono.

Indénis, e. Lus. Cousa não danificada, Iap. Sonuo xezaru mono.

Indémnitas, atis. Lus. O fugir o dano. Iap. Sonuo xirizocquru cotouo yŭ.

Indeploratus, a, um. Lus. Cousa não pranteada. Iap. Naqi canaximarezaru mono.

Indepranatus, a, um. Lus. Cousa não gastada, ou não corrompida. Iap. Votoroyezaru coto, cusarazaru coto.

Indeprecabilis, e. Lus. Cousa que não se moue cõ rogos. Iap. Tanomedomo, tanomarezaru mono.

Indepto, as. Lus. Alcãçar muitas vezes. Iap. Saisai motomuru, mŏcuru.

Indeptus, a, um. Lus. O que alcançou. Iap. Monouo mŏqetaru mono.

Indesertus, a, um. Lus. Cousa não desemparada. Iap. Saxi suterarezaru mono.

Indéses, idis. Lus. Cousa não priguiçosa, né

esp.

firoxi. Iap. Buxŏni arazaru mono, yurucaxe naqi mono, mame naru mono.

Indesinenter, adu. Lus. Sempre, sem cessar. Iap. Itçumo, jŏgiŭ, fudan, feijei.

Indetonsus, a, um. Lus. Cousa não trosquiada. Iap. Qeuo rasazaru mono.

Index, icis. Lus. Taboada. Iap. Mocurocu. ¶ Item, Descobridor do secreto. Iap. Fimitsuo arauasu mono. ¶ Item, Pedra de toque. Iap. Qinguinuo tamesu ixi. ¶ Itē, Dedo index. Iap. Fitosaxi yubi. ¶ Itē, Titulo do liuro. Iap. Qiŏno guedai.

Indicatio, onis. Lus. Aualiação. Iap. Neuo tateçuru, l, sadamuru coto nari.

Indicatiuus, a, um. Lus. Cousa cō que se mostra outra. Iap. Monouo arauasu dŏgu, cotoba nado. ¶ Indicatiuus modus dictus est, quia eo præsentem actum indicamus.

Indicatura, æ. Lus. Aualiação. Iap. Neuo tateçuru coto nari.

Indicium, ij. Lus. Indicio, ou sinal. Iap. Xiruxi. ¶ Item, O descobrir os crimes de alguem. Iap. Fitono ayamariuo iy arauasu cotouo yŭ.

Indicina, æ. Idem.

Indico, as. Lus. Mostrar, ou descobrir. Iap. Arauasu, misuru, yubiuo sasu. ¶ Item, Aualiar. Iap. Neuo tçuquru, sadamuru, tateçuru. ¶ Aliqn̄. Acusar. Iap. Vttayuru. ¶ Item, Prometer. Iap. Yacusocu suru.

Indico, is. Lus. Denunciar. Iap. Tçuguru, fururu. ¶ Indicere bellum voluptatibus. Lus. Abster se dos prazeres, ou refreallos. Iap. Yorocobi, nagusami nadouo xexxi fiçayuru. ¶ Indicere spectaculum. Lus. Publicar q̄ ha de auer espectaculos. Iap. Vomoxiroqi qenbut arŏzuruto iy furasu. ¶ Indicere funus. Lus. Chamar a gente com pregão pera as exequias. Iap. Fitono sŏreini yobi atçumuru. ¶ Indicere iudicium. Lus. Mandar que cesse o juizo, e demādas. Iap. Mina cuji satano tori atçucaiuo yameyoto guegi suru. ¶ Indicere forij. Lus. Asinalar lugar, e tēpo em que se julguem as causas. Iap. Cujisatano tori atçucaiuo suru tocoro, l, jibunuo sadamuru.

Indictio, onis. Lus. Tributo, ou finta posta polo principe. Iap. Teivŏ, xŏgun yori nin betni caqeraruru cane.

Indictiuus, a, um. Lus. Cousa apregoada. Iap. fureraretaru coto.

Indictus, a, um. Lus. Cousa denunciada com solennidade. Iap. Vobitataxiqi mo yŏuo motte fureraru coto.

Indictus, a, um. Lus. Cousa não dita antes. Iap. Caneteyori mŏxi arauasazaru coto, l, mŏsazaru coto. ¶ Indicta causa. Lus. Sem dizer o seu direito. Iap. Vaga dŏri uo mŏsazu xite.

Indicus, a, um. Lus. Cousa da India. Iap. Nanbanni ataru coto.

Indidem. Lus. Do mesmo lugar. Iap. Vonaji tocoro yori.

Indies. Lus. Cada dia. Iap. Fibini, mainichi.

Indifferens, entis. Lus. Cousa indifferente. Iap. Iennimo narazu, acunimo narazaru coto. ¶ Indifferens homo. Lus. Homē facil em despender. Iap. Voximazu monouo tçucŏ fito.

Indifferenter, adu. Lus. Indifferentemente. Iap. Xabet naqu, muranaqu, l, jennimo narazu, acunimo narazu. ¶ Indifferenter ferre. Lus. Sofrer com bō animo. Iap. Cocoro yoqu corayuru.

Indifferentia, æ. Lus. Indifferença, ou semelhança. Iap. Xabet naqi coto, l, nitaru cotouo yŭ.

Indigena, æ. Lus. Morador natural da terra. Iap. Xŏcocuni giŭ suru mono.

Indigens, entis. Lus. Necessitado, pobre. Iap. Tomoxiqi mono, binbŏnaru mono.

Indigentia, æ. Lus. Necessidade, pobreza. Iap. Tomoxisa, finsa, mazzuxisa.

Indigeo, es. Lus. Ter necessidade. Iap. Cotouo çaqu, monogainu.

Indigestus, a, um. Lus. Cousa confusa, e desordenada. Iap. Xidai naqi mono, midaretaru mono.

Indigetes, dij ex hominibus facti apud ethnicos.

Indigitamenta, libri pontificales, qui & nomina Deorum, & rationes ipsorum nominum continent.

Indigito, as. Lus. Chamar por seu nome. Iap. Nazaite yobu. Antiquum.

Indignabundus, a, um. Lus. O q̃ muito se indigna, ou agasta. Iap. Vôqini icaru mono.

Indignans, antis. Lus. Cousa que se agasta. Iap. Icaru mono.

Indignans, antis, subst. Lus. Homẽ que facilmente se agasta. Iap. Icariyasuqi mono.

Indignatio, onis. Lus. Indignação. Iap. Icari, xiny.

Indignatus, a, um. Lus. Cousa yrada. Iap. Icaru mono.

Indignè, adu. Lus. Sem merecimento, indignamente. Iap. Curiqinaqu, iyaxiqu.

Indignitas, atis. Lus. Indignidade, ou baixeza. Iap. Curiqi naqi cotouo yũ, iyaxisa, fiqiô.

Indignor, aris. Lus. Indignarse. Iap. Icariuo nasu, fucuriũ suru.

Indignus, a, ũ. Lus. Cousa indigna. Iap. Curiqinaqimono, curaini voyobazaru mono. ¶ Interd. Cousa miserauel. Iap. Nasaqeno naqimono, asamaxiqi coto. ¶ Item, Cousa grande. Iap. Vôqinaru coto. ¶ Indignũ aliquando interiectionis vim habet, & per parenthesim interponitur. Vt, infandum.

Indigus, a, ũ. Lus. Cousa necessitada. Iap. Yô aru mono, cotouo caqu mono.

Indiligens, entis. Lus. Negligente, ou priguiçoso. Iap. Fuyôna aru mono, buxôna aru mono.

Indiligenter, adu. Lus. Negligentemente. Iap. Yudan xite, yurucaxeni.

Indiligentia, æ. Lus. Descuido. Iap. Yudan, yurucaxe, iosai.

Indipiscor, eris, I, Indipisco, is. Lus. Alcançar. Iap. Motomuru, mŏquru.

Indirectus, a, um. Lus. Cousa mal concertada. Iap. Sosŏni totonoyezaru mono.

Indiseretus, a, um. Lus. Cousa não apartada. Iap. Vacarazaru mono.

Indiscriminatim, adu. Lus. Indeferentemente. Iap. Fedatemo naqute.

Indisertè, adu. Lus. Sem eloquencia. Iap. Mucuchini xite.

Indisertus. Lus. Homem não eloquẽte. Iap. Benjet naqi mono.

Indispositè, adu. Lus. Desordenadamente. Iap. Raxximo naqu, xidaimo naqute.

Indissolubilis, e. Lus. Cousa que se não po de desatar. Iap. Toqearezaru mono.

Indissolutus, a, um. Lus. Cousa que està atada. Iap. Musuborete aru mono.

Indistinctè, adu. Lus. Não distinta, nem apartadamente. Iap. Vacatazu, I, maguirete.

Indistinctus, a, um. Lus. Cousa confusa, não distinta. Iap. Maguiretaru mono, I, vacarazaru coto.

Indistrictus, a, um. Lus. Não estendido. Iap. Atauo vqezaru mono.

Inditus, a, um. Lus. Cousa metida dentro. Iap. Vchini iretaru mono.

Indiuiduè, adu. Lus. Sem se poder diuidir. Iap. Fanaretarezuxite.

Indiuiduus, a, um. Lus. Cousa que se não pode separar, ou diuidir. Iap. Fanarerarezaru mono, I, vaqerarezaru mono. ¶ Indiuiduũ, à dialecticis dicitur terminus singularis, qui de vno solo prædicatur.

Indiuisus, a, um. Lus. Cousa não diuidida. Iap. Vacarazaru mono.

Indo, is, didi, ditum. Lus. Meter dẽtro. Iap. Vchini iruru.

Indocilis, e. Lus. O que não pode ser ensinado. Iap. Voxiyerarezaru mono.

Indoctè, adu. Lus. Indoutamẽte. Iap. Mugacuni.

Indoctus, a, um, Lus. Homem indouto, & ignorante. Iap. Mugacunaru mono.

Indolentia, æ. Lus. O não ter dôr. Iap. Itami naqiuo yŭ.

Indoleo, es, siue Indolesco, is. Lus. Doerse muito. Iap. Fucaqu itami, canaximu.

Indoles, is. Lus. O sinal nos mininos em boa, ou maa parte. Iap. Varobeno ygono yoxi axino xiruxi. ¶ Item, Nos grandes

des final da virtude presente. Iap. Xeijinxitaru fitoni arauaruru jenno xiruxi. ¶Itē Generosidade de animo. Iap. Qetacaqi cocoro.

Indomabilis, e. Lus. Cousa que se não pode domar. Iap. Aramono, narçuqerarezaru mono.

Indómitus, a, um. Idē. ¶Aliqñ. Cousa grande. Iap. Vôqinaru coto.

Indonatus, a, um. Lus. Cousa sem galardão. Iap. Fiqidemonouo vqezaru mono, l, fuchinaqi mono.

Indormio, is. Lus. Dormir sobre algũa cousa. Iap. Monono vyeni yasumu, inuru. ¶Indormire alicui rei. Lus. Tratar algũa cousa friamente. Iap. Monouo yurucaxe ni atçucŏ.

Indotatus, a, um. Lus. Cousa sem dote. Iap. Mucofiqidemono naqi mono.

Indubitanter, siue Indubitatè, adu. Lus. Sem duuida. Iap. Vtaigainaqu.

Indubitatus, a, um. Lus. Cousa sem duuida. Iap. Vtagainaqi mono.

Indubitabilis, e. Idem.

Indúbito, as. Lus. Duuidar, ou desconfiar. Iap. Vtagŏ, ayaximuru, l, tanomoxiqu vomouazu.

Induciæ, arum. Lus. Tregoas da guerra. Iap. Iibunuo caguitteno quabocu, l, vadan, l, vayo.

Indûco, is. Lus. Meter dentro. Iap. Vchini iruru. ¶Item, Induzir. Iap. Susumuru. ¶Itē, Riscar. Iap. Iuo qesu. ¶Itē, Representar, ou arremedar a alguem. Iap. Nŏ nadoni nanigaxini naru. ¶Inducere animum, l, in animum. Lus. Persuadirse. Iap. Xicato vomoi toru, votoxitçuquru.

Inductio, onis. Lus. O meter dentro. Iap. Vchini iruru coto nari. ¶Item, Genus argumenti, quo fit à particularibus ad vniuersalia progressus.

Inductus, us. Lus. Persuasão. Iap. Susume.

Indúcula, æ. Lus. Hũ certo genero deuestido interior. Iap. Xitaguino rui.

Indugredior, eris. Lus. Entrar. Iap. Fairu. Antiquum est.

Indulco, as. Lus. Adoçar. Iap. Amaqunasu.

Indulcôro, as. Idem.

Indulgens, entis. Lus. O que faz mimos, ou brando. Iap. Buicu, suru mono, amayacasu mono. ¶Itē, Fermoso. Iap. Itçucuxiqi mono. ¶Item, Clemente, piadoso. Iap. Renmin aru fito.

Indulgenter, adu. Lus. Mimosa, e brandamente. Iap. Amayacaxite, buicu xite, nēgoroni.

Indulgentia, æ. Lus. Mimo, brandura. Iap. Chôai, buicu. ¶Item, Fermosura. Iap. Itçucuxisa. Statius.

Indulgeo, es, si, ultum. Lus. Amimar. Iap. Amayacasu, chôai suru, sucasu. ¶Item, Estar ocupado em algũa cousa. Iap. Mononi cacatte yru. ¶Item, Fazer a vontade de outro, ou condecender. Iap. Fitono zonbunni macasuru, l, yurusu. ¶Indulgere valetudini. Lus. Ter conta com sua saude. Iap. Yŏjŏ suru.

Indulgeor, passiuum. Idem.

Indulgitas, atis. Lus. Brandura. Iap. Chôai, buicu.

Indumentum, i, siue Indutus, us. Lus. Vestido. Iap. Yxŏ.

Induo, is, dui, dutum. Lus. Vestir. Iap. Qiru, chacu suru. ¶Item, Ferir, ou matar. Iap. Teuo vôsuru, xetgaisuru. ¶Indui in rem aliquam. Lus. Conuerterse em algũa cousa. Iap. Mononi nari cauaru. ¶Induere se in aliquid. Lus. Meterse em algũa cousa q̃ menos cuidaua. Iap. Vomoimo yorazaru cotoni cacatte yru.

Indupedio, is, iui. Lus. Empedir. Iap. Samataguru, jamauo suru. Antiq.

Induperator, oris. Lus. Emperador. Iap. Daivŏ.

Induresco, es, siue Induresco, is. Lus. Indurecerse. Iap. Cataqu naru, catamaru.

Induro, as. Lus. Indurecer a outrem. Iap. Cataqu nasu.

Indusiarius, ij. Lus. O que faz camisas. Iap. Fadacatabirano tçucurite.

Indusiatus, a, um. Lus. O que está vestido com

Aaa 2

com camisa. Iap. Fadacatabirauo qitaru mono.

Indusium, ij. Lus. Camisa. Iap. Fadacatabira.

Industria, æ. Lus. Industria, ou diligencia. Iap. Saican, saicacu.

Industriè, adu. Lus. Diligente, ou industriosamente. Iap. Saicanni, l, saicacuuo motte.

Industrius, a, um. Lus. Cousa diligente, ou industriosa. Iap. Saicannaru mono, mamenaru mono, l, saicacuxa.

Induuium, ij. Lus. Casca da aruore. Iap. Qi no cana.

Inebrio, as. Lus. Embebedar a outro. Iap. Fitouo saqeni youasuru.

Inebrior, aris. Lus. Embebedarse. Iap. Saqeni yô. ¶ Inebriari voluptatibus. Lus. Estar enfraicado em deleites. Iap. Tanoximini fuqeru.

Inebræ. Lus. Cousas que detem, ou retardam. Iap. Tomuru mono.

Inebræ aues dicebantur, quæ in augurijs aliquid fieri prohibebant.

Inedia, æ. Lus. Fome. Iap. Fidarusa.

Ineditus, a, um. Lus. Cousa que não say aluz. Iap. Imada cugaini idezaru mono. ¶ Item, Cousa não gastada. Iap. Imada tçugui fatezaru mono.

Ineffabilis, e. Lus. Cousa que se não pode falar. Iap. Gongoni voyobazaru coto.

Inefficax, âcis. Lus. Cousa sem efficacia. Iap. Xeino youaqi mono.

Ineffigiatus, a, um. Lus. Cousa sem forma. Iap. Nari, catachi naqi mono.

Inelaboratus, a, um. Lus. Cousa não laurada, nem polida. Iap. Teuo comezaru coto, fosôni tçucuritaru mono.

Inelegans, antis. Lus. Cousa sem fermosura, ou elegãcia. Iap. Itçucuxiqi guenaqi coto, mijimuxiqi coto, cotoba fubennaru coto.

Ineleganter, adu. Lus. Sem fermosura, ou sem elegancia. Iap. Miguruxiqu, cotoba fubennni xite.

Ineluctabilis, e. Lus. Cousa a que não se pode resistir. Iap. Fuxegarezaru coto.

Inemendabilis, e. Lus. Cousa que não se pode emendar. Iap. Nauosarezaru coto.

Inemorior, eris. Lus. Morrer sobre algũa cousa. Iap. Nanzouo tçutomuru vchini xinuru, mononi tôjite xinuru.

Inemptus, a, um. Lus. Cousa não comprada. Iap. Canenite cauazaru coto.

Inenarrabilis, e. Lus. Cousa que não se pode contar. Iap. Gongoni voyobazaru coto.

Inenarratus, a, um. Lus. Cousa não contada. Iap. Sata nacarixi coto.

Inenodabilis, e. Lus. Cousa que não se pode desatar. Iap. Fodocarezaru coto.

Ineo, is, iui, itum. Lus. Entrar dentro. Iap. Vchiye iru. ¶ Item, começar algũa cousa. Iap. Monouo xifajimuru. ¶ Item, Ter parte com a femea. Iap. Votoco vonnato majiuariuo nasu, l, cacônuo nasu. ¶ Inire gratiam ab aliquo. Lus. Entrar em graça dalguem. Iap. Fitono qini iru. ¶ Inire consulatum. Lus. Tomar cargo de consul. Iap. Consulno yacuuo vqetoru. ¶ Inire rationẽ alicuius rei. Lus. Achar modo pera fazer algũa cousa. Iap. Monouo subeqi michiuo tacumiidasu. ¶ Inire præliũ. Lus. Comecar a batalha. Iap. Caxxenuo fajimuru. ¶ Inire consiliũ. Lus. Tomar cõselho. Iap. Yqennuo cô. ¶ Inire nexum. Lus. Ser amarrado. Iap. Caramerareru. ¶ Inire beneficiũ. Lus. Alcançar beneficio. Iap. Vonuo vqeru. ¶ Inire cubile. Lus. Dormir juntamente com outro. Iap. Macurauo narabete neru.

Ineptè, adu. Lus. Neciamente, desmazeladamente. Iap. Afôni, l, buqiyôni.

Ineptia, æ, &, Ineptitudo, inis. Lus. Paruoice, ou inabilidade. Iap. Afô, l, buqiyô.

Ineptio, is, iui, itum. Lus. Dizer, ou fazer paruoices, ou sensaborias. Iap. Afôuo yũ, tauacotouo yũ, l, suru.

Ineptus, a, um. Lus. Cousa desmazelada, ou inabil. Iap. Buchôfônaru coto, buqiyônaru mono.

Inermis, e. Lus. Cousa desarmada. Iap. Yorouazaru mono. ¶ Item, per transl. O que carece de defensão. Iap. Miuo fuxegu beqi

beqi tayorinaqi mono.
Inermus, a, um. Idem.
Inermo, as. Lus. Despojar das armas. Iap. Yoroi, l, buguuo fagui toru, l, torifanasu.
Inerrans, antis. Lus. O que esta fixo, ou não anda deca pera là. Iap. Anata conatani sazorayezaru mono, l, coco caxicouo sama youazaru mono, l, suuatte yru mono.
Inerro, as. Lus. Andar errado decà pera là, ou vadio. Iap. Coco caxicouo faiquai su ru, sazorayuru, madoiariqu.
Iners, ertis. Lus. Cousa desaſada, l, priguiçosa. Iap. Buchôfônaru mono, l, buxônaru mono.
Inertia, æ. Lus. Priguiça. Iap. Buxô.
Inerticula, æ. Lus. Hũa vide q̃ dà vinho o qual não faz mal aos neruos. Iap. Sugino docutonaranu saqeuo xôzuru budô.
Ineruditus, a, um. Lus. Homẽ ignorante. Iap. Mugacunaru mono.
Inesco, as. Lus. Engodar, ou ceuar enganando pera tomar. Iap. Tabacaru tameni mononuo cuuasuru, l, fitono qiguenuo fetçurô.
Ineuitabilis, e. Lus. O que não se pode euitar. Iap. Nogarezaru coto.
Inexsaturabilis, e. Lus. Cousa insaciauel. Iap. Bôman xezaru mono, aqidarazaru mono.
Inexcogitatus, a, um. Lus. Cousa não imaginada. Iap. Vomoimo yorazaru coto, vomoigaqenaqi coto, zonguaino coto.
Inexcultus, a, ũ. Lus. Cousa não laurada, nẽ ornada. Iap. Sômocuuo vyezu, tagayesazaru tçuchi, l, arachi, l, cazarimonaqi mono.
Inexcusabilis, e. Lus. Cousa que não tem escusa. Iap. Cacotçuqe naqi coto, l, chinjerarezaru mono.
Inexercitatus, a, um. Lus. Cousa não exercitada. Iap. Cône irazaru mono, xoxinnaru mono.
Inexercitus, a, um. Idem.
Inexhaustus, a, um. Lus. Cousa que não se pode esgotar. Iap. Tçuqixezaru coto, jingo naqi mono.
Inexorabilis, e. Lus. Cousa que se não pode aplacar. Iap. Nadamerarezaru mono, tanomarezaru mono, xomô canayezaru mono.
Inexpectatus, a, um. Lus. Cousa não esperada. Iap. Vomoino focano coto, anguaino coto, furiono coto.
Inexperrectus, a, ũ. Lus. Cousa não despertada. Iap. Meno samezaru mono.
Inexpertus, a, um. Lus. Cousa não experimentada. Iap. Tamesazaru coto, cônaqi mono.
Inexpiabilis, e. Lus. Cousa que não se pode alimpar. Iap. Qiyomerarezaru coto.
Inexplanatus, a, um. Lus. Cousa não aplanada, ou não declarada. Iap. Tairacani, to cuni naqimono, yauaraguezaru coto. ¶ Inexplanata lingua. Lus. Lingua grossa, e embaraçada. Iap. Couaqi xita.
Inexplebilis, e. Lus. Cousa que não se pode fartar. Iap. Bôman xezaru mono.
Inexplebiliter, adu. Lus. Sem se poder fartar. Iap. Aqu cotouo yezu.
Inexpletus, a, um. Lus. Cousa não farta. Iap. Taxxezaru coto, bôman xezaru mono.
Inexplicabilis, e. Lus. Cousa q̃ não se pode declarar. Iap. Yauaraguerarezaru mono, l, cotobanite noberarezaru coto. ¶ Inexplicabiles viæ côtinuis imbrib. Lus. Caminhos de que pollas muitas chuuas se não pode desembaraçar. Iap. Amaxiguecqini yotte yuqigataqi michi. ¶ Laquei inexplicabiles. Lus. Laços de que se não pode desembaraçar. Iap. Nogaregataqi vana.
Inexplicitus, a, ũ. Lus. Cousa embaraçada, ou escura. Iap. Midaretaru coto, yauaraguegataqi coto.
Inexploratè, siue Inexploratò, adu. Lus. Sẽ resguardo, l, não buscando. Iap. Buyôjinnite, l, misacarauazu.
Inexploratus, a, um. Lus. Cousa não busca da, ou tentada. Iap. Tazzunezaru coto, l, tamesizaru coto.
Inexpugnabilis, e. Lus. Cousa q̃ não se pode vencer. Iap. Qiritorarezaru mono, xitagayegataqi mono.
Inexputabilis, e. Lus. Cousa que se não pode con-

contar. Iap. Cazuyerarezaru coto, sanfuni voyobazaru coto.

Inextinctus, a, um. Lus. Cousa não apagada. Iap. Qiyezaru coto.

Inextinguibilis, e. Idem.

Inextirpabilis, e. Lus. Cousa que não se pode desarreigar. Iap. Fiqi nucarezaru mono, necoguini, l, nebiqini xerarezaru sŏmocu nado.

Inextricabilis, e. Lus. Cousa q̃ não se pode desembaraçar. Iap. Tocarezaru mono, fodocarezaru mono.

Inexsuperabilis, e. Lus. Cousa que não se pode vencer. Iap. Xitagayerarezaru mono, maquru coto narazaru mono.

Infabrè, adu. Lus. Sem artificio. Iap. Teuo comezuxite, buteguiuani.

Infabricatus, a, um. Lus. Cousa não acabada, ou não polida. Iap. Buteguiua naru coto.

Infacetiæ, arũ. Lus. Desgraças, ou sẽsaborias. Iap. Buxiuo naru coto, catacunaxiqi coto.

Infacêtus, a, um. Lus. Homem desengraçado. Iap. Buxiuo naru mono.

Infacundia, æ. Lus. Falta de elegancia no falar. Iap. Benjet naqi cotouo yũ.

Infacundus, a, um. Lus. Homem não eloquente. Iap. Benjet naqi fito.

Infamatus, a, um. Lus. Cousa infamada. Iap. Menbocumo vxinaitaru mono.

Infamia, æ. Lus. Infamia, ou deshonra. Iap. Menbocumo naqi cotouo yũ, caqin, qega, acumiŏ.

Infâmis, e. Lus. Cousa infame. Iap. Acumiŏ tattaru mono, guaibunuo vxinaitaru mono.

Infamis digitus. Lus. Dedo do meo. Iap. Taqetaca yubi.

Infâmo, as. Lus. Infamar. Iap. Acumiŏuo tatçuru, menbocuuo vxinauasuru. ¶ Itẽ, Diuulgar. Iap. Roqen sasuru. ¶ Infamare agros. Lus. Destruir os campos. Iap. Tafataqeuo cuzzusu.

Infandus, a, um. Lus. Cousa que não se pode falar. Iap. Catararezaru coto, l, yuarezaru coto.

Infan dum, est interiectio dolentis, l, admirantis.

Infans, antis. Lus. Minino que não fala. Iap. Imada mono no yuazaru varábe. ¶ Itẽ, Os filhinhos dos animaes, aues, &c. Iap. Tori qedamonono co. ¶ Item, Cousa não crecida, ou tenra. Iap. Vacaqi coto: vt, qi, cusa nado. ¶ Item, Não eloquente. Iap. Benjet naqi mono. ¶ Itẽ, per trãsl. Paruo. Iap. Afŏna mono.

Infantaria, æ. Lus. Molher parida de pouco. Iap. Chicaqu sanuo xitaru vonna.

Infantia, æ. Lus. Meninice. Iap. Yŏxŏ, vosanaqi cotouo yũ. ¶ Item, O não poder explicar algũa cousa que entẽde. Iap. Xiritaru cotouo arauaxi yezaru cotouo yũ.

Infantîlis, e. Lus. Cousa pertencente a minino. Iap. Itoqe naqi mononi ataru coto.

Infântulus, i. Lus. Minino. Iap. Varábe.

Infantula, æ. fœm. Idem.

Infarcio, is. Lus. Encher, ou recalcar. Iap. Mitasu, ippai iruru, fumi, l, voxi iruru. ¶ Infarcire verba. Lus. Acumular palauras sem ordem. Iap. Raxximonŏ cotobauo iy soyuru.

Infatigabilis, e. Lus. Cousa incansauel. Iap. Cutabirezaru mono, tçucarezaru mono.

Infatuo, as. Lus. Fazer paruo a outrẽ. Iap. Afŏni nasu. ¶ Infatuatæ mulieres dictæ sunt, quæ Faunorũ ludibrijs attinguntur. ¶ Infatuati viri. Lus. Indemonhiados. Iap. Tenguno tçuqitaru mono.

Infaustus, a, um. Lus. Cousa desditosa. Iap. Fuaxiqi mono, miŏga tçuqitaru mono, fuvnnaru mono.

Infector, oris. Lus. Tintoreiro. Iap. Cŏya, cŏcaqi.

Infectus, us. Lus. O tingir. Iap. Somuru cotouo yũ.

Infectus, a, um. Lus. Cousa tingida. Iap. Sometaru coto. ¶ Item, Cousa inficionada com peçonha. Iap. Docuno iritaru mono. ¶ Item, Cousa ainda não feita. Iap. Imada xezaru coto.

Infelix, Infeliciter, Infelicitas. vide Infœlix.

Infenso, as. Lus. Ter odio, ser aduerso. Iap. Monouo nicumu, susamu, teqitŏ. ¶ Itẽ, Molestar. Iap. Qizzucai sasuru, xebamuru.

Infen-

Infensus, a, um. Lus. Cousa inimiga, ou aborrecida. Iap. Teqi, l, nicuteina mono. ¶ Item, O que tem odio a outro. Iap. Fitouo nicumu mono.
Infer. Lus. De baixo. Iap. Xitani. antiq.
Infercio, is, si, tum. Lus. Rechear. Iap. Voxi irete ippai tçumuru.
Inferi, orum. Lus. Inferno. Iap. Gigocu.
Inferiæ, arum. Lus. Sacrificios que se fazem pollos finados. Iap. Xininno toburai.
Inferior, & rius. Lus. Cousa mais baixa. Iap. Iap. Nauo xitano mono.
Inferiùs, adu. Lus. Mais baixo. Iap. Nauo xitani.
Infernâlis, e. Lus. Cousa do inferno. Iap. Gigocuni ataru coto.
Infernas, atis. Lus. Cousa de baixo. Iap. Xitano mono.
Infernè, adu. Lus. De baixo. Iap. Xitacara.
Infernus, i. Lus. Inferno. Iap. Gigocu.
Infernus, a, um. Lus. Cousa de baixo. Iap. Xitano mono.
Infero, ers, intuli, illatum. Lus. Meter dentro. Iap. Vchini iruru. ¶ Item, Trazer authoridades, &c. Iap. Go nadouo fiqu. ¶ Item, Inferir, e concluir. Iap. Riuo fiqi auaxete yŭ. ¶ Inferre manus alicui. Lus. Tratar mal a alguem de mãos. Iap. Fitoni chijocuuo xicaquru. ¶ Inferre se. Lus. Arremeter com impeto. Iap. Voxiyosuru, toricaquru. ¶ Inferre damnum alicui. Lus. Fazer dano a alguem. Iap. Fitoni sonuo iasuru. ¶ Inferre arma, l, bellum alicui. Lus. Fazer guerra a alguem. Iap. Yumiyauo toricaquru. ¶ Inferre alicui crimen. Lus. Botar em rosto. Iap. Fagiuo cacasuru tameni mayeno togauo iy arauasu. ¶ Inferre stuprum. Lus. Cometer stupro. Iap. Virgen naru nhoninuo vocasu.
Inferuefacio, is. Lus. Fazer feruer. Iap. Taguiracasu.
Inferueo, es, l, Inferuesco, is. Lus. Feruer. Iap. Taguiru.
Inferus, a, um, Lus. Cousa de baixo. Iap. Xitano coto. ¶ Inferum mare. Lus. Mar Tyrrheno. Iap. Aru vmiho na.
Infestatio, onis. Lus. Auexação. Iap. Xemuru coto nari.
Infestè, adu. Lus. Com inimizade, & odio. Iap. Teqini xite, l, nicŭde.
Infestiuus, a, um. Lus. Cousa desengraçada, ou rustica. Iap. Buxiuonaru mono, l, inacaraxiqi coto.
Infesto, as. Lus. Molestar. Iap. Varuqu atçucŏ, xemuru, xegamu, sainamu. ¶ Item, Danar. Iap. Sonzasu, soconŏ.
Infestus, a, um. Lus. Cousa odiosa, ou inimiga. Iap. Nicuteinaru mono, l, teqi. ¶ Item, Auexado, perseguido. Iap. Xemeraruru mono. ¶ Infestum mare habere. Lus. Ter o mar cercado com latrocinios. Iap. Caizocu vmino tçŭrouo qiru. ¶ Senectus infesta. Lus. Velhice trabalhosa, e sujeita a doêças. Iap. Vazzuraigachi naru voi. ¶ Signa infesta. Lus. Bandeiras dos imigos quando arremetem. Iap. Toricaquru teqino fata.
Infibulo, as. Lus. Meter a fiuela do cinto. Iap. Vobino quanuo caquru.
Inficialis, e. Lus. Cousa negatiua. Iap. Aragŏ tameno coto.
Inficias eo. Lus. Negar. Iap. Aragŏ, chinzuru, chinpŏ suru.
Inficiatio, onis. Lus. O negar. Iap. Aragai, chinpŏ.
Inficiator, oris. Lus. O que nega. Iap. Aragŏ mono.
Inficio, is. Lus. Tingir. Iap. Somuru. ¶ Itē, per transl. Corromper. Iap. Cusaracasu. ¶ Itē, Empeçonhētar. Iap. Docuuo ireru.
Inficior, aris. Lus. Negar. Iap. Aragŏ, chinzuru.
Infidelis, e. Lus. Desleal. Iap. Yacusocuuo chigayuru mono.
Infidelitas, atis. Lus. Deslealdade. Iap. Yaxin, l, yacusocuuo chigayuru cotouo yŭ.
Infideliter, adu. Lus. Sem lealdade. Iap. Yaxin nite.
Infidus, a, um. Lus. Cousa desleal. Iap. Taxicanarazaru mono, yaxin naru mono.
Infigo, is, xi, xum. Lus. Pregar. Iap. Vchicomu.

Infi-

Infimates, tum. Lus. Gente baixa, ou plebeya. Iap. Tami, xitajitano mono.

Infimo, as. Lus. Abater, abaixar. Iap. Saguru, iyaximuru.

Infimus, a, um. Lus. Cousa infima, baixa. Iap. Xitano mono, iyaxiqi mono, guexẽ no mono.

Infindo, is, di, ssum. Lus. Fender. Iap. Vchivaru, qirivaru.

Infinitas, atis, Lus. Infinidade, perpetuidade. Iap. Muxi, mujŭ, fajime, vouari naqiuo yŭ.

Infinitè, adu. Lus. Infinitamente. Iap. Vouarimo naqu.

Infinitò, adu. Idem.

Infinitio, onis, l, Infinitudo, inis. Lus. Infinidade. Iap. Vouarinaqi cotouo yŭ, cazu, caguirimo naqi cotouo yŭ.

Infinitiuus modus sine alterius verbi adminiculo poni solet.

Infinitus, a, um. Lus. Cousa sem fim. Iap. Vouarimo naqi mono, fatemo naqi mono.

Infirmatio, onis. Lus. O refutar a rezão, &c. Iap. Dŏri nadouo iy cuzzusu.

Infirmè, adu. Lus. Fraçamente. Iap. Youaqu.

Infirmitas, atis. Lus. Fraqueza. Iap. Youasa.

Infirmo, as. Lus. Enfraquecer a outrem. Iap. Youaqu nasu, youarasuru. ¶ Item, Refutar. Iap. Iycuzzusu.

Infirmus, a, um. Lus. Cousa fraca. Iap. Youaqi mono.

Infit, verbum defectiuum. Lus. Começa. Iap. Fajimuru. ¶ Item, Diz. Iap. Mŏsu.

Infixus, a, um. Lus. Cousa fixa, ou fincada. Iap. Vchicomitaru mono, voxitçuqetaru coto.

Inflammatio, onis. Lus. Inflãmação. Iap. Moyasu coto nari.

Inflammo, as. Lus. Inflãmar, ou acender. Iap. Moyasu, tobosu. ¶ Item, per transl. Acrecentar. Iap. Casanuru. ¶ Item, Inflammari. Lus. Arder ẽ desejo. Iap. Nozomini cogaruru.

Inflatio, onis. Lus. Inchação. Iap. Fucururu cotouo yŭ.

Inflatus, us. Lus. O inchar asoprando. Iap. Fucuracasu cotouo yŭ. ¶ Item, Asopro. Iap. Fuqu cotouo yŭ. ¶ Inflatus diuinus. Lus. Inspiração diuina. Iap. Deusno von votozzure, xingiŏni Deus yori susume tamŏ cotouo yŭ.

Inflatus animus. Lus. Animo soberbo, & altiuo. Iap. Vogoru cocoro.

Inflecto, is, xi, xum. Lus. Dobrar. Iap. Tauomuru. ¶ Vestigiũ cursus sui inflectere. Lus. Desuiarse de seu curso, ou caminho. Iap. Xitçuqetaru cotouo yamete betchino cotouo suru. ¶ Oculos aliquoi sum inflectere. Lus. Virar os olhos pera algũa parte. Iap. Mimuqu. ¶ Voces inflectere cantu. Lus. Gargantear. Iap. Vonguiocuuo suru.

Inflexibilis, e. Lus. Cousa que não se pode dobrar. Iap. Tauomazaru coto.

Inflexus, a, um. Lus. Cousa dobrada, ou torta. Iap. Tauometaru coto, magaritaru coto.

Inflexus, us. Lus. O dobrar. Iap. Tauomuru coto nari.

Inflexio, onis. Idem.

Infligo, is, xi, ctum. Lus. Dar golpe. Iap. Vtçu.

Inflo, as. Lus. Inchar asoprando. Iap. Fucuracasu. ¶ Inflare ambas buccas. Lus. Encher as bochechas com ira. Iap. Icatte fôuo fucumeasu. ¶ Item, Incharse. Iap. Faruru, fucururu.

Influo, is. Lus. Correr dentro cousa liquida. Iap. Nagare iru. ¶ Influere in aures. Lus. Entrar pouco a pouco nas orelhas. Iap. Jenjenni mimini iru.

Infodio, is, di, ssum. Lus. Soterrar. Iap. Fori vzzumuru. ¶ Aliqñ. Cauar. Iap. Foru.

Infœcunditas, atis. Lus. Esterilidade. Iap. Minarazaru cotouo yŭ.

Infœcundus, a, um. Lus. Cousa esteril. Iap. Minarazaru coto.

Infœlicitas, atis, l, Infelicitas. Lus. Desdita. Iap. Buquafô.

Infœliciter, l, Infeliciter, adu. Lus. Desditosamen-

mente. Iap. Fuga varuqute, buquafôni, mióga tçuqite.
Infœlicito, l, Infelicito, as. Lus. Fazer desditoso. Iap. Buquafôni nasu.
Infœlix, icis, l, Infelix. Lus. Cousa desditosa. Iap. Buquafônaru mono, miôga naqi mono. ¶ Item, Cousa esteril. Iap. Minaraza ru mono.
Informatio, onis. Lus. Primeira forma que da o artifice à obra. Iap. Arazzucuri. ¶ Item, per transl. accipitur pro rudi quadam, & imperfecta ratione à natura primũ animo impressa.
Informis, e. Lus. Cousa desforme, ou sem forma. Iap. Miguruxiqi coto, catachi naqi coto.
Informo, as. Lus. Dar a primeira forma a outra cousa. Iap. Arazzucuriuo suru. ¶ Item, Instruir. Iap. Voxiyuru.
Inforo, as. Lus. Diuulgar. Iap. Iy furasu. ¶ Aliquando, Furar. Iap. Momu.
Infortunatus, a, um. Lus. Desditoso, mal afortunado. Iap. Buquafôna mono, quafô tçutanaqi mono.
Infortunium, ij. Lus. Desdita. Iap. Buquafô, funo varusa.
Infortunitas, atis, Idem.
Infra, præp. Lus. Abaixo. Iap. Xitaye. ¶ Item, aduerb. Embaixo. Iap. Xitanite.
Infractio, onis. Lus. Oquebrar. Iap. Vchivoru, l, vchicudaqu coto nari. ¶ Infractio animi. Lus. Pusillanimidade, acanhamento do animo em cousas aduersas. Iap. Nãguino jixet chicarauo votosu cotouo yŭ.
Infractus, a, um. Lus. Cousa que não esta quebrada. Iap. Vchicudacazaru mono. ¶ Item, Cousa quebrada. Iap. Vchicudaqitaru mono. ¶ Item, Cousa forte, e firme. Iap. Tçuyoqi coto, tagirocazaru coto. ¶ Infractus animus. Lus. Animo quebrantado cõ as cousas aduersas. Iap. Nanguino jixetni youaritaru cocoro. ¶ Res infracta. Lus. Cousa perdida, que não tem nenhum remedio. Iap. Tanomoxiguenaqi coto. ¶ Oratio infracta. Lus. Oração, ou pratica humilde que pede misericordia. Iap. Mino finuo arauaxite fitono auaremiuo tanomu dangui.
Infragilis, e. Lus. Cousa forte. Iap. Tçuyoqi coto.
Infremo, is, mui, tum. Lus. Bramar com ira. Iap. Faguiximiuo xite xicaru. ¶ Item, Retumbar. Iap. Fibiqu, nari doyomu.
Infrænatus, a, um. Lus. Cousa desenfreada. Iap. Cutçuuanaqi mono.
Infrænis, e, l, Infrænus, a, um. Idem.
Infræno, as. Lus. Enfrear. Iap. Cutçuuauo famuru. ¶ Item, per transl. Deter, ou domar. Iap. Ficcayuru, tomuru, xitagayuru.
Infrendeo, es, dui. Lus. Ranger os dentes. Iap. Fagamiuo suru, fauo cuixibaru.
Infrêdens, entis. Lus. Mininos sem dentes. Iap. Fano voyezaru vosanai co.
Infrequens, tis. Lus. Lugar não frequentado. Iap. Fitono cayouazaru tocoro, jinxeqi tayetaru tocoro.
Infrequentia, æ. Lus. Despouoado, ou não frequentado. Iap. Iinxeqi tayetaru coto uo yŭ, xiguequ cayouazaru cotouo yŭ.
Infrico, as, cui. Lus. Esfregar. Iap. Suru, sasuru.
Infrigo, is, xi. Lus. Frigir iuntamente. Iap. Amatano monouo fitotçuni xite abura agueni suru.
Infringo, is, egi, actum. Lus. Quebrar. Iap. Cudaqu. ¶ Interd. Dar pancada, &c. Iap. Vtçu.
Infrio, as. Lus. Desmiuçando meter em algũa cousa. Iap. Cudaite iruru.
Infructuosus, a, um. Lus. Cousa sem fruito. Iap. Minarazaru mono, tocu naqi coto. ¶ Infructuosæ preces. Lus. Rogos sem proueito. Iap. Yeqinaqi tanomi.
Infrunitus, a, um. Lus. Paruo. Iap. Donna mono.
Infûco, as. Lus. Pòr rebique. Iap. Qeuai suru, qexŏ suru. ¶ Itẽ, per transl. Encobrir, ou dissimular o engano. Iap. Varuqi cotuo cazaru, tabacari cotouo caculu.
Infula, æ, Lus. Touca dos sacerdotes antigos. Iap. Mucaxino Sacerdoteno boxino taguy. ¶ Item, Hum ornato do templo,

Iap. Dŏ, terauo cazaru dŏgu.

Infulatus, a, um. Lus. Cousa ornada com esta touca. Iap. Miguino bŏxiuo cazuitaru mono.

Infulcio, is. Lus. Meter dentro. Iap. Vchini iruru.

Infulgens, entis. Lus. Cousa resplandecente. Iap. Cacayaqu mono.

Infumo, as. Lus. Secar ao fumo. Iap. Amanitçutte monouo carasu.

Infumibulum, i. Lus. Chamine. Iap. Qemuri daxi.

Infundo, is, di, sum. Lus. Deitar licor dentro. Iap. Mizzu nadouo tçugu. ¶ Item, Deitar licuor em riba. Iap. Mizzu nadouo caquru, tçugui soyuru.

Infundibulum, i. Lus. Funil. Iap. Iŏgo.

Infurnibulum, i. Lus. Pá do forno. Iap. Camadoni Pão nadouo saxi iruru dŏgu.

Infusio, onis. Lus. O deitar licor dētro. Iap. Mizzu nadouo iruru cotonari.

Infusus, us. Idem.

Infusco, as. Lus. Fazer preto, ou fusco. Iap. Monouo vsuguroqu nasu. ¶ Infuscare barbarie. Lus. Contaminar com barbaria. Iap. Iteqino fŏuo motte soconŏ. ¶ Infuscata aqua. Lus. Agoa turba. Iap. Nigoritaru mizzu.

Infuscus, a, um. Lus. Cousa de côr baça. Iap. Vsuguroqi mono.

Ingelabilis, e. Lus. Cousa que não se congela. Iap. Couorazaru mono.

Ingémino, as. Lus. Repetir, ou dobrar. Iap. Curicayesu, casanuru. ¶ Item, Repetir se, dobrarse. Iap. Casanaru.

Ingemo, is, mui, itum. Lus. Gemer muito. Iap. Vŏqini vomequ, niyŏ.

Ingemisco, is. Idem.

Ingénero, as. Lus. Gérar dentro. Iap. Vmitçuquru.

Ingeniculor, aris. Lus. Porse em giolhos. Iap. Fiza mazzuqu, fizauo voru.

Ingeniculus, i. Lus. Hum sino celeste. Iap. Foxino yadori.

Ingeniosè, adu. Lus. Engenhosamente. Iap. Riconni.

Ingeniosus, a, um. Lus. Homem engenhoso. Iap. Riconnaru mono.

Ingenium, ij. Lus. Condição natural. Iap. Vmaretçuqi. ¶ Item, Engenho. Iap. Ricon.

Ingénitus, a, um. Lus. Cousa gérada dentro. Iap. Vmaretçuqitaru mono.

Ingens, tis. Lus. Cousa mui grande. Iap. Vôbitataxiqi mono, quŏdainaru mono.

Ingenuatus, a, um. Lus. Homem fidalgo, ou aprimorado. Iap. Cŏqe, daimiŏ, guirinaru fito.

Ingenuus, a, um. Idem.

Ingenuè, adu. Lus. Fidalga, & honradamēte. Iap. Saburaiguiuo arauaite, guiriuo saite. ¶ Item, Liure, & singelamente. Iap. Iiyŭni, xŏgiqini.

Ingenuitas, atis. Lus. Fidalguia, primor. Iap. Saburaigui, guiri, l, zocuxŏ.o yoqi cotouo yŭ.

Ingero, is. Lus. Meter dentro. Iap. Vchiiruru. ¶ Ingerere dicta in aliquem. Lus. Injuriar a alguem de palaura. Iap. Fitoni accôuo suru. ¶ Ingerere cibum ægroto. Lus. Dar de comer ao doente. Iap. Biŏjani xocuuo cucumuru. ¶ Osculum ingerere. Lus. Beijar. Iap. Cauo nadouo sŭ. ¶ Semen sólo ingerere. Lus. Semear. Iap. Taneuo maqu.

Ingestabilis, e. Lus. Cousa que não pode ser trazida. Iap. Motarezaru mono.

Ingestum, i. Lus. O que se dà por força. Iap. Fuxŏni atayetaru mono.

Ingigno, is, enui, nitum. Lus. Gèrar dentro. Iap. Vmitçuquru. ¶ Ingenita nobilitas. Lus. Nobreza natural. Iap. Vmaretçuqitaru saburaigui.

Ingitas, quasi indigitas, atis. Lus. Pobreza. Iap. Finsa, buriocu.

Inglómero, as. Lus. Enuoluer. Iap. Itouo maqu, curu.

Inglorius, a, um. Lus. Homem que não acqrio honra. Iap. Fomareuo motomezaru fito.

Ingluuies, éi. Lus. Insaciauel apetite de comer. Iap. Tonjiqi. ¶ Item, Garganta. Iap.

Iap. Nodobuye. ¶ Item, Papo das aues. Iap. Yebucuro.

Ingrandesco, is. Lus. Fazerse grande. Iap. Vôqini nacu, xeigiô, l, xeijin suru, futoru.

Ingratè, adu. Lus. Desagradecidamente. Iap. Vonuo mixirazu. ¶ Item, Desagradauelmente. Iap. Qini auazu.

Ingratis, adu. Lus. Contra sua vontade. Iap. Sucumete, xijte.

Ingratijs. Idem.

Ingratus, a, um. Lus. Cousa desagradauel. Iap. Qini auazaru coto. ¶ Item, Desagradecido. Iap. Vonuo xirazaru mono. ¶ Item, Forçado. Iap. Sucumeraretaru mono.

Ingrauescens ætas. Lus. Velhice. Iap. Rŏgo, gocurô.

Ingrauesco, is. Lus. Fazerse carregado, e molesto. Iap. Vomoru, vomoqu naru, fitono taicutni naru.

Ingrauo, as. Lus. Carregar. Iap. Vomorasu ru, vomoqu nasu.

Ingredior, eris, Ingressus sum. Lus. Entrar. Iap. Iru. ¶ Item, Andar. Iap. Aruqu, ayumu. ¶ Ingredi consulatum. Lus. Entrar no consulado. Iap. Consulno xocuuo ygetoru.

Ingressio, onis. Lus. O entrar, ou andar. Iap. Iru coto, l, yuqu coto nari.

Ingressus, us. Idem. ¶ Item, Principio. Iap. Fajime, saixo.

Ingruo, is, vi. Lus. Arremeter com impeto, e grita. Iap. Toqino coyeuo tçucutte voxiyosuru, l, xeiriquo idaite tori caquru, xememacaru.

Inguen, inis. Lus. Verilha. Iap. Matagura. ¶ Item, Pudenda tam virorum, quàm fœminarum.

Inguinaria, æ. Lus. Hũa erua. Iap. Cusano na.

Ingurgito, as. Lus. Darse sobejamente a comer, e beber. Iap. Vonjiqini tonjite yru. ¶ Item, Engolfarse em algũa cousa. Iap. Mononi tógiacu xite yru: vt, toga, gacumō nadoni tongiaqu xite yru.

Ingustabilis, e. Lus. Cousa que se não pode gostar. Iap. Agiuauarezaru mono.

Ingustatus, a, um. Lus. Cousa não gostada. Iap. Imada agiuauarezaru mono.

Inhábilis, e. Lus. Não habil, desconcertado. Iap. Buqiyônà mono, fobona mono.

Inhabitabilis, e. Lus. Cousa que se não pode habitar. Iap. Sumaigataqi tocoro. ¶ Item, Lugar deshabitado. Iap. Iinxeqi tayetaru tocoro.

Inhabito, as. Lus. Morar. Iap. Sumu, sumai suru, qiogiũ suru.

Inhæreo, es. Lus. Apegarse. Iap. Toritçuqu. ¶ Inhærere voluptatibus. Lus. Estar afferrado com os deleites. Iap. Tanoximini fuqeru. ¶ Inhærere vestigijs. Lus. Seguir as pisadas dalguem. Iap. Fitouomanabu.

Inhâlo, as. Lus. Deitar bafo. Iap. Iqiuo idasu, fuqu.

Inhibeo, es. Lus. Tolher, ou vedar. Iap. Tomuru, chôji suru, qinjei suru.

Inhio, as. Lus. Desejar o comer os lobos cõ a boca aberta, e cõ alingoa fora. Iap. Vôcame cuchiuo firaqi, xitauo idaite xocuuo nozomu. ¶ Item, Desejar hũa cousa intensamente. Iap. Facaqu nozomu.

Inhonestè, adu. Lus. Deshonesta, ou feamente. Iap. Fagiuo xirazu, miguruxiqu.

Inhonesto, as. Lus. Deshonrar, ou afear. Iap. Fagiuo caquru, chijocuuo iyçaquru, qitanaguenì nasu.

Inhonestus, a, um. Lus. Cousa deshonesta, ou fea. Iap. Fagiuo xirazaru mono, miguruxiqi coto.

Inhonoratus, a, um. Lus. Cousa deshonrada. Iap. Fomare naqi mono, menbocu mo naqi mono.

Inhonorus, a, um. Lus. Homem baixo, e sem honra. Iap. Iyaxiqi mono, fomare naqi mono.

Inhorreo, es. Lus. Estar arrepiado, ou aspero. Iap. Minoqega yodatçu, araqu naru.

Inhorresco, is. Lus. Arrepiarse muito, ou fazerse irto. Iap. Minoqega tatçu.

Inhospitalis, e. Lus. O que não agasalha os hospedes. Iap. Qiacujinuo móxi vqezaru mono.

Inhoſpitalitas, atis. Lus. O mao agaſalhado. Iap. Qiacujinni taixitenu buchisô.

Inhóſpitus, a, um. Lus. Couſa, ou lugar de mao apoſento. Iap. Sumiñicuqi tocoro, buchisôni xite irarezaru tocoro.

¶ Inhóſpita téſqua. Lus. Lugares fragoſos, & aſperos. Iap. Qeuaxiqi tocoro.

Inhumanè, adu. Lus. Deshumanamente. Iap. Araqenaqu, naſaqenaqu.

Inhumaniter, adu. Idem.

Inhumanitas, atis. Lus. Deshumanidade. Iap. Naſaqenaſa, tçuraſa.

Inhumanus, a, um. Lus. Couſa deshumana, & cruel. Iap. Naſaqemonaqi mono, tçurenaqi mono, tçuraqi mono.

Inhumatus, a, um. Lus. Couſa não enterrada. Iap. Vzzumazaru mono.

Inhûmo, as. Lus. Enterrar. Iap. Vzzumuru, fômuru.

Inibi. Lus. No meſmo lugar. Iap. Vonaji tocoroni, dôxoni. ¶ Aliqñ. Aſi. Iap. Sonomama. ¶ Item, Logo. Iap. Socuji ni. ¶ Item, Entre eſtes. Iap. Cono fito no nacani.

Iniectio, onis. Lus. O arremeſar. Iap. Naguru coto nari. ¶ Manus iniectio. Lus. O direito que tem o dono de tomar o ſeu a onde o acha. Iap. Vaga moncuo mitçuqete toru cotouo yû.

Iniectus, us. Idem.

Iniecto, as. freq. Lus. Arremeſar muitas vezes. Iap. Saiſai naguru.

Inigo, is, egi, actum. Lus. Recolher o gado. Iap. Fitçuji nadouo tachidoni voi atçumuru.

Iniicio, is, ieci, ectum. Lus. Deitar dentro. Iap. Vchini nagueiruru. ¶ Item, arremeſar com impeto. Iap. Tçuyoqu naguru. ¶ Item, Arremeſar. Iap. Naguru. ¶ Iniicere manus. Lus. Tomar o que he ſeu a onde o acha. Iap. Vaga monouo mitçu qete toru. ¶ Aliqñ. Amarrar, atar. Iap. Yui tçuguru, caramuru.

Ininde, adu. Lus. Daquele lugar. Iap. Sono tocoro yori.

Inimicè, adu. Lus. Com animo inimigo. Iap. Teqixinuo motte, l, teqinixite.

Inimicitia, æ. Lus. Inimizade. Iap. Fuquai, fuua.

Inimîco, as. Lus. Fazer inimigo. Iap. Teqini naſu.

Inimicor, aris. Lus. Ser inimigo. Iap. Teqini naru.

Inimicus, i. Lus. Inimigo. Iap. Teqi.

Inimîcus, a, um. Lus. Couſa de inimigo. Iap. Teqinaru coto.

Inimitâbilis, e. Lus. Couſa que não ſe pode imitar. Iap. Manabarezaru coto.

Iniquè, adu. Lus. Injuſtamente. Iap. Murini, fidôni.

Iniquitas, atis. Lus. Injuſtiça, ou maldade. Iap. Buqenbô, muri, fidô, acuguiacu. ¶ Iniquitas loci. Lus. O ſer o lugar fragoſo. Iap. Tocorono qeuaxiſa. ¶ Iniquitas têporis. Lus. Trabalhoſo tempo. Iap. Sainanno jibun.

Iniquus, a, um. Lus. Couſa deſigual. Iap. Fudô naru mono. ¶ Item, Couſa injuſta. Iap. Fidô naru coto. ¶ Aliqñ. Couſa grande. Iap. Vobitataxiqi coto. ¶ Item, Couſa eſtreita. Iap. Xebaqi coto.

Initia, orum. Lus. Sacrificios, ou feſtas de Ceres. Iap. Ceresto yû fotoqeno fôji.

Initiatus, a, um. Lus. Ordenados em couſas ſagradas. Iap. Terano tçutomeni ſadamaritaru fito.

Initio, as. Lus. Ordenar de ordens ſacras. Iap. Terano tçutomeno ſuru curaini fitouo ſguru.

Initior, aris. Lus. Começar. Iap. Fajimuru.

Initium, ij. Lus. Principio. Iap. Fajime, ſaixo.

Inito, as. freq. Lus. Entrar a miude. Iap. Xiguecu fairu.

Initus, us. Lus. Ajuntamento do macho com a femea. Iap. Cacon.

Iniucundè, adu. Lus. Sem prazer. Iap. Vomoxiromo naqu, qiocumo naqu.

Iniucunditas, atis. Lus. Deſgoſto, ou deſprazer. Iap. Qini auazaru cotouo yû, vtateſa.

Iniucundus, a, um. Lus. Couſa não deleitoſa, ou triſte. Iap. Qini auazaru coto, qiocumo naqi coto, vtateqi coto.

Iniu-

Iniudicatus, a, um. Lus. Cousa não julgada. Iap. Imada qiñmei xezarixi coto.

Iniuges hostiæ. Lus. Animais q̃ se sacrificauã que nunca trouxerã iugo, nẽ forã domados. Iap. Imada cubicaxeuo caqezaru tamuqeno qedamono.

Iniungo, is. Lus. Encarregar. Iap. Mǒxitçuquru, macasuru. ¶ Item, Por ẽ cima, ou dentro de outra cousa. Iap. Monono vye ni, l, vchini voqu, soyuru. ¶ Iniungere detrimentum alicui. Lus. Fazer dano a alguem. Iap. Fitoni atauo nasu. ¶ Iniungere seruitutem. Lus. Catiuar. Iap. Fudaini nasu.

Iniuratus, a, um. Lus. O que não jurou. Iap. Xeimonuo tatezarixi mono.

Iniuria, æ. Lus. Injuria, agrauo. Iap. Chijocu, rǒjeqi. ¶ Item, Injustiça. Iap. Muri, buqenbǒ. ¶ Item, Dano. Iap. Son, ata.

Iniuriá, adu. Lus. Sem rezão. Iap. Murini, buqenbǒni.

Iniurius, a, um. Lus. Cousa que faz agrauo. Iap. Chijocuuo xicaquru mono, rǒjeqinin.

Iniuriosus, a, um. Idem. ¶ Iniuriosa vita. Lus. Vida chea de peccados, e q̃ faz mal a outros. Iap. Acugiacu burǒni xite fitoni atauo nasu catagui, guiǒgui.

Iniussus, a, ũ. Lus. Cousa não mãdada. Iap. Guegi xezarixi coto.

Iniussus, us. Lus. O não mãdar. Iap. Guegi xezaru cotouo yŭ. (dǒni.

Iniustè, adu. Lus. Injustamente. Iap. Murini, fi-

Iniustitia, æ. Lus. Agrauo. Buqenbǒ, muri, fidǒ.

Iniustus, a, um. Lus. Cousa injusta. Iap. Buqenbǒna coto, murinaru coto. ¶ Item, Cousa de grandeza desigual. Iap. Bunni suguite vǒqinaru coto.

Innábilis, e. Lus. Lugar que não se pode nadar, ou nauegar. Iap. Voyogarezaru tocoro, funeno norarezaru tocoro.

Innascor, eris. Lus. Nacer dentro. Iap. Vmarecçuqu. (voyogu.

Innato, as. Lus. Nadar dentro. Iap. Vchini

Innauigabilis, e. Lus. Lugar onde não se pode nauegar. Iap. Funauatariuo xerarezaru tocoro.

Innecto, is, xui, xũ. Lus. Trauar, ou atar. Iap. Motouo cusaru, l, yui caraguru, xibaru.

Innítor, eris, xus, l, sus. Lus. Arrimarse, ou estribarse. Iap. Fumayeto suru, sugaru.

Inno, as. Lus. Nadar. Iap. Voyogu.

Innocens, entis. Lus. Cousa inocente. Iap. Toga naqi mono.

Innocenter, adu. Lus. Inocentemente. Iap. Toga naqu.

Innocentia, æ. Lus. Inocencia. Iap. Toga naqi cotouo yŭ.

Innocuus, a, um. Lus. Cousa q̃ não empece. Iap. Atauo nasazaru mono. ¶ Item, Aquele aquem se não faz mal. Iap. Atauo vqezaru mono.

Innotesco, is. Lus. Ser conhecido. Iap. Xiraruru.

Innouo, as. Lus. Renouar. Iap. Ataraxiqu nasu, aratamuru.

Innoxius, a, um. Lus. Cousa inocente. Iap. Ayamari naqi mono. ¶ Item, Aquele a quem se não faz mal. Iap. Atauo vqezaru mono.

Innuba, æ. Lus. Molher que nũca casou. Iap. Ymada votocouo motazaru vonna.

Innúbilus, a, um. Lus. Cousa clara, e sem nuuens. Iap. Cumorazaru coto, aqiracanaru coto, cumo naqi coto.

Innûbis, e. Lus. Cousa sem nuuens. Iap. Cumo naqi mono.

Innubo, is. Lus. Casarse a molher. Iap. Yome iriuo suru.

Innumerabilis, e. Lus. Cousa que não se pode contar. Iap. Cazuyerarezaru coto, cazu, caguirimo naqi mono, sinsuni voyobazaru coto.

Innumerabilitas, atis. Lus. Multidão sem numero. Iap. Cazuno vouosa.

Innumerabiliter, adu. Lus. Sem se poder cõtar. Iap. Cazuyerarezuxite.

Innumeralis, e. Lus. Cousa que não se pode contar. Iap. Cazuyerarezaru coto. Antiq.

Innumerosus, a, um, siue Innumerus. Idem.

Innuo, is. Lus. Acenando com a cabeça consentir. Iap. Vnazzuqu, nǒjǒ suru.

Innuptus, a, ũ. Lus. Não casado. Iap. Yenuo-

uo musubazaru mono.
Innutrio, is, iui, itum. Lus. Criar em algum lugar. Iap. Yaxinǒ, sodatçuru, cǒ.
Inoblitus, a, um. Lus. O que nunca se esque se. Iap. Vasurezaru fito.
Inóbrutus, a, um. Lus. Cousa não soterrada, nẽ alagada. Iap. Vzzumarezaru mono, fitasarezaru mono.
Inobscúro, as. Lus. Escurecer. Iap. Curamasuru, curaqu nasu.
Inóbsequens, entis. Lus. Desobediente. Iap. Xitagauazaru mono.
Inobseruabilis, e. Lus. Cousa que não se pode notar cõ a vista, ou entendimẽto. Iap. Funbetni voyobigataqi coto, mivaqerarezaru coto.
Inobseruatus, a, um. Lus. Cousa não guardada. Iap. Tçutomerarezaru fatto nado.
Inocciduus, a, um. Lus. Cousa que não fenece, ou perpetua. Iap. Itçumademo cotayuru mono, mexxezaru mono.
Inocço, as. Lus. Gradar, ou cobrir a semẽte. Iap. Taneni tçuchiuo cazuquru, l, caquru.
Inóculo, as. Lus. Enxertar descudo. Iap. Qiuo tçugu, tçuguiqiuo suru.
Inoculatio, onis. Lus. O enxertar descudo. Iap. Tçuguiqiuo suru coto nari.
Inodôro, as. Lus. Dar desi cheiro. Iap. Niuô, iqiǒ cunzuru, cauoru.
Inodôrus, a, ũ. Lus. Cousa sem cheiro. Iap. Niuoi naqi mono, ¶ Itẽ, O que não tẽ olfato. Iap. Fanano qicazaru mono.
Inoffensus, a, um. Lus. Cousa não offendida. Iap. Atauo vqezaru mono.
Inofficiosus, a, ũ. Lus. Cousa descortés, e q̃ faz cõtra o q̃ deue. Iap. Bureinaru mono, jiguifônı fazzuretaru mono, l, vagamamı ataru cotouo tçutomezaru mono. ¶ Inoffi ciosum tẽstamentũ. Lus. Testamento q̃ se não fez cõforme a piedade de pay. Iap. Vo yagocoro naqu amanequ xezu, vatacuxi naru yuijo.
Inolesco, is, vi, eui, etũ, l, itũ. Lus. Crecer. Iap. Vôqini naru, xeijinsuru, xeigiǒ suru.
Inominatus, a, ũ. Lus. Cousa infeliz, e de mao agouro. Iap. Buqua fônamono, vnno tçuqitaru mono.

Inopâco, as. Lus. Fazer sóbra, ou escurecer. Iap. Ficagueni nasu, curamasuru.
Inopia, æ. Lus. Pobreza. Iap. Finsa, toboxisa.
Inopinans, antis. Lus. Homẽ sem cautela, que não considera o q̃ pode acontecer. Iap. Buxiǎna mono, nochino cotouo goxézaru mono.
Inopinabilis, e. Lus. Cousa que não se pode cuidar auer de acontecer. Iap. Yenrio xigataqi coto.
Inopináter, adu. Lus. Sem cuidar, subitamẽte. Iap. Vomoinofoca, xozonnofoca, furioni.
Inopinatè, siue Inopinatò, adu. Lus. Sem cuidar. Iap. Vomoino foca, anguaini, xozônofoca.
Inopinatus, a, um. Lus. Cousa não cuidada. Iap. Vomoimo yorazaru coto.
Inopînus, a, um. Idem.
Inopportunus, a, ũ. Lus. Cousa enfadonha, ou fora de tẽpo. Iap. Mutçucaxiqi mono, taicut iasuru mono, l, jibun fazzureno mono.
Inops, opis. Lus. Homem pobre. Iap. Finnaru mono, toboxiqi mono, buriocujin. ¶ Item, Sem ajuda. Iap. Tayori naqi mono. ¶ Itẽ, Não sepultado. Iap. Vzzumazaru xigai.
Inopiosus, a, um. Lus. Homẽ sem ajuda, pobre, Iap. Tayorinaqi mono, buriocu naru mono.
Inôra, Lus. Animaes que não tem boca. Iap. Cuchi naqi qedamono.
Inoratus, a, um. Lus. Cousa não referida. Iap. Mǒxi nobezaru coto.
Inordinatus, a, um. Lus. Cousa desordenada. Iap. Midaretaru coto, raxximonaqi coto.
Inorior, iris. Lus. Nacer. Iap. Vmaruru, xǒzuru, dequru.
Inornatè, adu. Lus. Desatauiadamente. Iap. Cazarazu, socutauazu.
Inornatus, a, um. Lus. Cousa desatauiada. Iap. Fiqitçucurouazaru mono, socutauazaru mono.
Inpôsterum. Lus. Daqui adiante. Iap. Imayori nochi, qiócǒ.

In

Inprimis. Lus. Primeiramente. Iap. Dai ichi banni, bexxite.
Inquam. Lus. Digo. Iap. Mŏsu.
Inquantum, adu. Lus. Tanto como. Iap. Fodo. vt, naru fodo.
Inquies, etis. Lus. Inquieto. Iap. Cutçurogazaru mono.
Inquietus, a, um. Idem.
Inquietûdo, inis. Lus. Desasosego. Iap. Sauagui, modaye, l, cutçuroguinaqi cotouo yŭ.
Inquies, etis. Idem.
Inquietatio, onis. Idem.
Inquiêto, as. Lus. Inquietar, ou desasosegar. Iap. Samataguru, jamauo furu.
Inquilinus, a, um. Lus. O que habita em casa alugada. Iap. Yadocari. ¶ Inquilini. Lus. Os q̃ morã na mesma casa. Iap. Dôxucuno mono, ixxucuno mono.
Inquinatè, adu. Lus. Sujamente. Iap. Qitanaqu, tçutanaqu.
Inquinamentum, i. Lus. Sugidade. Iap. Qegare, fujŏ.
Inquino, as. Lus. Sujar. Iap. Yogosu, qegasu.
Inquinatus, a, um. Lus. Cousa contaminada. Iap. Qegasaretaru mono, fujŏnaru coto.
Inquio, is. Lus. Dizer. Iap. Mŏsu.
Inquîro, is. Lus. Buscar, inquirir. Iap. Tazzunuru, sagasu. ¶ Item, Tirar informações. Iap. Tadasu. ¶ Inquirere in patrimonium, & vasa. Lus. Aualiar o patrimonio, e alfayas. Iap. Ixxeqi, ixxotai icafodo arubeqizo neuo sasu.
Inquisitio, onis. Lus. Busca. Iap. Tazzunuru coto nari. ¶ Item, Inquisição. Iap. Tadaxi.
Inquisitor, oris. Lus. Enqueredor. Iap. Tadaxite. ¶ Item, O que busca. Iap. Tazzunete.
Insalûbris, e. Lus. Cousa que não he sadia. Iap. Socusaini tataru mono.
Insalutatus, a, um. Lus. Cousa não saudada. Iap. Reiuo xerarezaru mono. ¶ Insalutato hospite discedere. Lus. Irse às escondidas sem se despedir. Iap. Itomagoi naxini cayeru, votonaxini cayeru.

Insanabilis, e. Lus. Cousa q̃ não pode sarar. Iap. Iyegataqi mono.
Insanè, adu. Lus. Doudamente. Iap. Qiŏqini xite.
Insania, æ, l, Insanitas, atis. Lus. Doudice. Iap. Qiŏqi.
Insanio, is, ui, itum. Lus. Endoudeçer. Iap. Qiŏqini naru. ¶ Item, Compor versos. Iap. Vtauo yomu, yeizuru.
Insanus, a, um. Lus. Homem doudo. Iap. Qiŏqijin. ¶ Item, Cousa grande. Iap. Vôqinaru mono. ¶ Item, (vt alij) Cousa saã. Iap. Mubiŏ naru mono.
Insatiabilis, e. Lus. Cousa que se não pode fartar. Iap. Acazaru mono, bŏman xezaru mono, tannu xezaru mono.
Insatiabiliter, adu. Lus. Sem se poder fartar. Iap. Bŏman xezu.
Insatîuus, a, um. Lus. Cousa que nace sem se semear. Iap. Macazaruni voye izzuru qi, cusa.
Insaturabilis, e. Lus. O q̃ não se pode fartar. Iap. Tannu suru coto canauazaru mono.
Insaturabiliter, adu. Lus. Sem se poder fartar. Iap. Taxxezu xite.
Inscendo, is, di, sum. Lus. Subir. Iap. Noboru, agaru.
Inscienter, adu. Lus. Neciamente, ignorãtemente. Iap. Guchini, mugacuni.
Inscitè. Idem.
Inscitia, æ. Lus. Ignorancia, pouco saber. Iap. Guchi, mugacu.
Inscientia, æ. Idem.
Inscîtus, a, um. Lus. Homem mal composto. Iap. Iinjŏ naqi mono, fiqitçucurouazaru mono.
Inscius, a, um. Lus. Ignorante. Iap. Guchinaru mono, mugacunaru mono.
Inscrîbo, is. Lus. Intitular. Iap. Guedaiuo vtçu, vuagaqi suru. ¶ Item, Assinarse no libelo. Iap. Sojŏni fanuo suyuru.
Inscriptio, onis. Lus. Titulo. Iap. Guedai, gacu, vuagaqi.
Inscriptum, i. Lus. Arrecadação. Iap. Qiojŏ. ¶ Item, Titulo. Iap. Gacu.

Ins-

Inſcriptus, a, um. Lus. Couſa não eſcrita. Iap. Imada cacazaru mono.

Inſculpo, is, pſi, ptum. Lus. Eſculpir. Iap. Foru. ¶ Item, Inſculpir na alma. Iap. Cocoroni yomoitodomuru.

Inſecabilis, e. Lus. O que ſe não pode cortar. Iap. Qirarezaru mono.

Inſeco, as. Lus. Cortar. Iap. Qiru.

Inſecta, orum. Lus. Bichos ſem ſangue, como formigas, e abelhas, &c. Iap. Chino naqi muxi. Vt, ari, fachi nado.

Inſectatio, onis. Lus. O perſeguir com palauras injurioſas. Iap. Accô, zôgonuo xite fitouo xebamuru coto nari.

Inſector, aris. Lus. Perſeguir inſtantemente. Iap. Qibixiqu xebamuru.

Inſedabilis, e. Lus. O que não ſe pode ſoſegar. Iap. Xizzumerarezaru mono.

Inſedabiliter, adu. Lus. Deſaſoſegadamẽte. Iap. Modayete.

Inſedatus, a, um. Lus. Couſa não ſoſegada. Iap. Xizzumarazaru mono.

Inſemino, as. Lus. Semear dentro. Iap. Vchini taneuo maqu.

Inſeneſco, is, nui. Lus. Enuelhecer exercitando algũa couſa. Iap. Toxiyorumade mononi cocorouo tçuquru.

Inſenſibilis, e. Lus. Couſa q̃ não ſe pode ſẽtir. Iap. Rocconno voyobazaru coto.

Inſenſilis, e. Idem.

Inſepultus, a, um. Lus. Couſa não enterrada. Iap. Vzzumazaru mono.

Inſequenter, adu. Lus. Fora do propoſito de que ſe trata. Iap. Cuuo tçuzzuqezu.

Inſequor, eris. Lus. Seguir. Iap. Atouo xitô, aitçuzzuqu. ¶ Item, Perſeguir. Iap. Voi xebamuru.

Inſero, is, eui, ſitum. Lus. Semear, ou plãtar. Iap. Taneuo maqu, l, vyuru. ¶ Itẽ, Enxertar de eſcudo. Iap. Qiuo tçugu. ¶ Inſerere inuidiam. Lus. Semear enueja. Iap. Nicuxinno taneuo maqu.

Inſero, is, rui, ertum. Lus. Meter dentro, ou enxerir. Iap. Vchini iruru, l, tçugu.

Inſerpo, is. Lus. Entrar dentro brandamente. Iap. Sorosoro, l, xizzucani vchini fairu.

Inſerto, as. frequent. Lus. Meter dentro. Iap. Vchini iruru.

Inſeruio, is. Lus. Seruir. Iap. Tçucauaruru, fôcôuo ſuru. ¶ Inſeruire ſuis commodis. Lus. Ter conta cõ ſeu proueito. Iap. Vaga yecouo ſonto ſuru.

Inſibilo, as. Lus. Aſouiar. Iap. Vſouo fuqu.

Inſiccatus, a, um. Lus. Couſa que não eſta enxuta, ou ſeca. Iap. Fizaru mono, cauacazaru mono.

Inſicia, æ. Lus. Iguaria feita de carne picada. Iap. Comacani qizaru nicuno reôri.

Inſideo, es. Lus. Aſſentarſe, ou eſtar ſobre algũa couſa. Iap. Mononi coxiuo caquru, ſuuaru, tomaru. ¶ Item, Fazer ſilada. Iap. Fuxicuſauo ſuru, machibuxeuo ſuru. ¶ Item, Cercar. Iap. Torimauaſu, cacomu. ¶ Inſidere itinera. Lus. Tomar os caminhos. Iap. Michiuo toriqiru.

Inſidiæ, arum. Lus. Silada. Iap. Fuxicuſa, machibuxe.

Inſidiator, oris. Lus. O que arma ſiladas. Iap. Fuxicuſauo ſuru mono, machibuxeuo ſuru mono.

Inſidior, aris. Lus. Armar ſilada, ou treição. Iap. Fuxicuſauo ſuru, muſonuo cuuatatçuru.

Inſidiosè, adu. Lus. Enganoſamente. Iap. Tabacatte, muſon xite.

Inſidioſus, a, um. Lus. Enganador, ou traidor. Iap. Tabacarite, muſonjin.

Inſido, is, edi, eſſum. Lus. Eſtar ſobre algũa couſa. Iap. Mononi ſuuaru, tomaru, coxiuo caquru.

Inſigne, is. Lus. Diuiſa, ou inſignia. Iap. Iyeno mon, quanno xiruxi.

Inſignia, ium. Idem.

Inſignio, is, iui, itum. Lus. Ornar. Iap. Cazaru, xôgon ſuru. ¶ Item, Recamar. Iap. Nuimonouo ſuru. ¶ Inſignire annum cladibus. Lus. Aſinalar o anno com calamidades. Iap. Nangui xigocuno daiqiô nenni naſu.

Inſignis, e. Lus. Couſa inſigne. Iap. Cacurenaqi coto, ſuguretaru coto. ¶ Item, Couſa grande. Iap. Vôqinaru coto.

In

Insigniter, siue Insignitè, adu. Lus. Insignemente. Iap. Ichidan sugurete.

Insignitus, a, um. Lus. Cousa asinalada, ou afamada. Iap. Suguretaru coto, cacure mo niqi coto.

Insile, is. Lus. Hum instrumento de tear. Iap. Mome, l, nunouo voru ftorçuno dogu.

Insilio, is, lui, sij, l, liui, insultum. Lus. Saltar dentro, ou sobre algũa cousa. Iap. Mononi vyeni tobiagaru, tobi cacaru, tobi iru.

Insimul, adu. Lus. Iuntamente. Iap. Tomoni, dôjenni.

Insimulatio, onis. Lus. Acusação. Iap. Vttaye, zansô.

Insimulo, as. Lus. Acusar. Iap. Vttayuru. ¶ Item, Dissimular. Iap. xitazugauouo suru, saranu teiuo suru.

Insinuatio, onis. Lus. Persuasão tacita que se faz aos ouuintes. Iap. Chôjuno cocoro uo totonoyuru coto nari.

Insinuo, as. Lus. Meter no seo. Iap. Futocoroni iruru, qiôchũni iruru. ¶ Item, Dar aconhecer. Iap. Mixirasuru, arauasu. ¶ Item, Meter dentro escondidamente. Iap. Cacuite vchini iruru. ¶ Item, Mouer, ou abalar. Iap. Voi yaru, vgocasu.

Insipidus, a, um. Lus. Cousa desenxabida. Iap. Agi vaniqi mono. ¶ Item, per transl. Homem necio. Iap. Guchinaru mono.

Insipiens, entis. Lus. Homem necio, ignorante. Iap. Guchinaru mono, gudonnaru mono.

Insipienter, adu. Lus. Neciamente, Iap. Guchini.

Insipientia, æ. Lus. Pouco saber, paruoice. Iap. Guchi, gudon.

Insisto, is, institi, institum. Lus. Estar firme em algũa cousa. Iap. Suuatte yru. ¶ Item, Insistir em algũa cousa. Iap. Mononi xeiuo iruru. ¶ Item, Solicitar, apresar. Iap. Xemetçuqete xetçuqu, isogasuru. ¶ Item, Deterse, ou fazer pausa. Iap. Todomaru. ¶ Insistere vestigia. Lus. Fumar os pês. Iap. Fumitatçuru, axiga tatçu. ¶ Insistere vestigijs alterius. Lus. Imitar a alguem. Iap. Fitouo manabu. ¶ Insistere hastæ. Lus. Encostarse na lança. Iap. Yarini sugaru.

Insitio, onis. Lus. O enxertar. Iap. Qiuo tçugu coto nari.

Insiticius, a, um. Lus. Cousa de enxerto. Iap. Tçuguiqini ataru coto.

Insititiuus, a, um. Idem.

Insitor, oris. Lus. Enxertador. Iap. Qino tçuguite.

Insitum, i. Lus. Garfo que se enxerta. Iap. Tçuguibo.

Insitus, a, um. Lus. Cousa dada da natureza. Iap. Vmitçuqetaru coto. ¶ Insitus vrbi ciuis. Lus. Cidadão nascido na cidade. Iap. Tocoroni vmaretaru giũnin.

Insitus, us. Lus. O enxertar, Iap. Qino tçugu coto nari.

Insotiabilis, e. Lus. Cousa que não se pode acompanhar, ou ajuntar. Iap. Tomonauarezaru mono, l, tçugarezaru mono.

Insolabiliter, adu. Lus. Sem consolação. Iap. Yorocobi naqu.

Insolatus, a, um. Lus. Cousa seca ao sol. Iap. Fini foxitaru mono.

Insolens, entis, Lus. Cousa desacostumada. Iap. Rinarazaru mono, tçunenarazaru mono. ¶ Item, Homem soberbo. Iap. Manqi naru, mono.

Insolenter, adu. Lus. Soberbamente. Iap. Mãqini, vogotte. ¶ Aliqñ. Raramente. Iap. Mareni.

Insolentia, æ. Lus. Nouidade de costume, &c. Iap. Tçune naqi cotouo yũ. ¶ Item, Soberba. Iap. Manqi, qiôman.

Insolidum, l, insolidò, adu. Lus. Inteiramẽte. Iap. Taxxite, mina.

Insolitè, adu. Lus. Fora de costume. Iap. Rei narazu, xinarezu.

Insolitus, a, ũ. Lus. Cousa desacostumada. Iap. Xinarezaru coto, rei narazaru mono.

Insolo, as. Lus. Secar ao sol. Iap. Fini fosu. ¶ Insolare crines. Lus. Pôr as molheres os cabelos ao sol. Iap. Vonna camigueuo fini fosu.

Insolúbilis, e. Lus. Cousa que não se pode desatar. Iap. Tocarezaru mono.

In solûtum accipere. Lus. Receber algũa cousa em satisfação do que se lhe deue. Iap. Vôxetaru mononocayeuo toru. ¶ In solûtum cedere. i. cedere insolutionem.

Insomnia, æ. Lus. O não dormir. Iap. Youo nezaru cotouo yŭ.

Insomniosus, a, um. Lus. Cousa que sonha muito. Iap. Xiguequ yumeuo miru mono.

Insomnis, e. Lus. Cousa que não dorme, ou sem somno. Iap. Youo nezaru mono.

¶ Insomnis nox. Lus. Noite que se passa sem dormir. Iap. Nezuxite acasu yo.

Insomnium, ij. Lus. Sonho. Iap. Yume.

Insono, as, nui, itum. Lus. Soar. Iap. Naru, fibiqu.

Insons, ontis. Lus. Cousa sem culpa. Iap. Ayamarinaqi mono.

Insonus, a, um. Lus. Cousa sem som. Iap. Narazaru mono, voto naqimono.

Insopîtus, a, um. Lus. Cousa vigilante que não dorme. Iap. Youo nezaru mono.

Insortîtus, a, um. Lus. Cousa não repartida por sortes. Iap. Cujidorini xezaru mono.

Inspecto, as. Lus. Olhar attentamente. Iap. Meuo tçuqete miru, tçucuzzucuto miru. ¶ Inspectare satellites. Lus. Vigiarem os da guarda a seu senhor. Iap. Xujinuo xugosuru.

Inspectio, onis. Lus. Attenta consideração. Iap. Fucaqi xian, cufŭ.

Insperabilis, e. Lus. Cousa que não se pode esperar. Iap. Tanomoxicarazaru coto.

Insperans, antis. Lus. O que não espera. Iap. Tanomoxiqiuo motazaru mono, vomoimo yorazaru mono.

Insperatus, a, um. Lus. Cousa não esperada. Iap. Furionaru coto, xezonofocano coto.

Inspergo, is, ersi, ersum. Lus. Espargir. Iap. Mizzu nadouo furu, sosoqu.

Inspicio, is. Lus. Olhar. Iap. Miru.

Inspico, as. Lus. Fazer agudo amaneira de espiga. Iap. Noguino saqino gotoqu surudoni nasu.

Inspîro, as. Lus. Asoprar. Iap. Fuqu, fuqi caquru.

Inspoliatus, a, um. Lus. Cousa não despojada. Iap. Yxŏ, tacara nadouo torarezaru mono, fagarezaru mono.

Inspuo, is, pui, putum. Lus. Cuspirem algũa cousa. Iap. Tçufaqiuo faqicaquru.

Inspûto, as. freq. Lus. Cuspir muitas vezes. Iap. Saisai tçuuo faqu.

Instabilis, e. Lus. Cousa instauel, e variauel. Iap. Cauariyasuqi mono, suuarazaru mono.

Instabilitas, atis. Lus. Pouca firmeza, variedade. Iap. Cauariyasusa, fenyeqi, mujŏ.

Instans, antis. I, instans tempus. Lus. Instante. Iap. Tŏza, tŏji. ¶ Item, Instãs. Lus. Cousa presente, ou q̃ esta pera vir. Iap. Tŏjiaru coto, l, qisoicacaru mono.

Instanter, adu. Lus. Instantemente, ou continuadamente. Iap. Fucaqu cocorogaqete, l, tçuzzuqete, todoite.

Instãtia, æ. Lus. Instãcia, ou cõtinuação. Iap. Fucaqi cocorogaqe, l, todoqu cotouo yŭ.

Instar, adu. Lus. Amaneira, ou modo. Iap. Gotoqu, fodo.

Instauratio, onis. Lus. Renouação. Iap. Aratame, saicô, caiyeqi.

Instauratiuus dies, vltim⁹ Circẽsiũ erat Iouis propitiandi gratia additus. ¶ Instaurătiui ludi. Lus. Iogos q̃ se faziam em recompensa de outros q̃ se deixaram por algũa causa. Iap. Yuye atte yametaru asobiuo furatabi côguiô suru.

Instauro, as. Lus. Renouar. Iap. Aratamuru, saicô suru, caiyeqisuru.

Insterno, is, straui. Lus. Cobrir, estẽder sobre algũa cousa. Iap. Vouô, cabusuru, xiqu.

Instigatio, onis. Lus. O aguilhoar, ou incitar. Iap. Fari nadonite tçuqisasu, l, susumetatçuru coto nari.

Instigo, as. Lus. Aguilhoar, ou incitar. Iap. Fari nite tçuqi sasu, xetçuqu, susumuru.

Instillo, as. Lus. Estilar, ou botar gota a gota. Iap. Xitadarasu. ¶ Item, per trãsl. Pouco a pouco meter no animo. Iap. Renren cocoroni susume iruru.

Instîmulo, as. Lus. Aguilhoar, ou incitar. Iap. Farinite tçuqu, sasu, susumetatçuru.

Inst-

Instinctor, oris. Lus. O q̃ incita. Iap. Susumete.

Instinctus, a, um. Lus. Cousa incitada. Iap. Xetçucaretaru mono, susumetateraretaru mono.

Instinctus, us. Lus. Persuasão, ou impulso diuino. Iap. Susume, l, Deusno von susume.

Instipulor, aris. Lus. Prometer cõ certas, e solẽnes palauras. Iap. Sadamaritaru cotoba uo motte monouo yacusocu suru.

Instita, æ. Lus. Hũa barra q̃ traziam as matronas antigas cosida no refego de certa saya. Iap. Mucaxino saburainaru nhonınno yxõ no susoni nuitçuqetaru qinuno ruiuo yũ.

Institio, onis. Lus. Tardança, demora. Iap. Vosonauari, chichi.

Institor, oris. Lus. Feitor. Iap. Aqibitono daiquan. ¶ Item, Homẽ q̃ anda vendẽdo vestidos, e outras cousas miudas. Iap. Yxõ igueno comacanaru monouo vri ariqu mono. ¶ Institor vestis. Lus. Hũa estrela. Iap. Aru foxino na.

Institorius, a, um. Lus. Cousa pertencente a o feitor. Iap. Aqibitono daiquanni ataru coto. ¶ Institoria actio. Lus. Demanda q̃ se faz do senhor ao feitor. Iap. Aqibito va ga daiquãto tadaxiteno mayeniteno cuji.

Instito, as. freq. Lus. Cõtrastar, ou resistir muitas vezes. Iap. Saisai fuxegui tatacõ, tateyõ.

Instituo, is. Lus. Propor, e determinar. Iap. Vomoi sadamuru. ¶ Aliqn̄. Começar. Iap. Fajimuru. ¶ Item, Ensinar. Iap. Voxiyuru. ¶ Item, Ordenar. Iap. Xidaiuo sadamuru.

Institutio, onis. Lus. Ensino. Iap. Voxiye, xinan. ¶ Institutiones, um. Lus. Introdução, ou regras pera aprẽder algũa sciencia. Iap. Xodóno y rofa, l, gacumonno tamenni xitagito naru xo.

Institutum, i. Lus. Bom costume. Iap. Yoqi catagui. ¶ Aliqn̄. Aluo, ou intẽto de algũa cousa. Iap. Monono atedocoro, meate.

Institutus, a, ũ. Lus. Cousa ordenada, e aparelhada. Iap. Sadameraretaru mono, totonoritaru mono. ¶ Item, Instruido. Iap.

Voxiyeraretaru mono. ¶ Item, Cousa começada. Iap. Fajimaritaru mono.

Insto, as. Lus. Apresar. Iap. Isogasuru, fitatçuqete xetçuqu. ¶ Item, Por suas forças sobre algũa cousa. Iap. Mononi xeiuo iruru. ¶ Itẽ, Arremeter dos inimigos por todas as partes. Iap. Teqiga xofõ yori xemecacaru. ¶ Instare rectam viam. Lus. Seguir bom caminho. Iap. Yoqi michiuo ariqu, l, jendõni iru. ¶ Item, Estar pera vir. Iap. Qicacaru.

Instragulũ, i, siue Instramẽtũ. Lus. Reposteiro, ou pano pera cobrir o leito, ou cauallo. Iap. Yogui, vmano cura nadono vouoi. ¶ Item, Qualquer genero de vestido q̃ se deita sobre outro. Iap. Vuagui, vuauosoi.

Instratũ, i. Lus. Cuberta, ou reposteiro. Iap. Vouoi.

Instrenuus, a, um. Lus. Não generoso, ou negligente. Iap. Vocubiõnaru mono, xôqinaru mono, l, nuruqimono.

Instrepo, is, pui. Lus. Fazer estrondo em algũa cousa. Iap. Monono vyeni doximequ, bumequ. ¶ Item, Fazer grande som. Iap. Võqini naru, fibiqu.

Instringo, is. Lus. Apertar. Iap. Ximuru.

Instructio, onis. Lus. O dẽ, e aparelho. Iap. Xidai teitô, yôy, cacugo.

Instructor, oris. Lus. O q̃ aparelha. Iap. Yôy uo suru mono, totonoyuru mono.

Instructus, us. Lus. Aparelho, ou ornato. Iap. Yôy, l, cazari. ¶ Itẽ, Aparelhos de agricultura. Iap. Nôgu.

Instrumentũ, i. Lus. Instrumẽto. Iap. Dõgu. ¶ Aliqn̄. Alfayas, ou pertrechos de algũa officina. Iap. Xocuninno xotaino dôgu. ¶ Item, Escritura das cousas acontecidas. Iap. Nenraiqi. ¶ Item, Aquilo cõ q̃ alguẽ he insinado. Iap. Voxiyeno daimocu.

Instruo, is, xi, ctũ. Lus. Ordenar, ou cõcertar. Iap. Xidai teitôuo sadamuru, monouo totonoyuru. ¶ Itẽ, Ensinar. Iap. Voxiyuru.

Instupeo, es. Lus. Estar pasmado, e como sem sentido. Iap. Aqirefatçuru, bôzuru.

Insuasum, i. Lus. Hũa carta côr amarela. Iap. Qinairono rui.

Ccc 2 Insu-

Inſuauis, e. Lus. Couſa deſsigoſtoſa, ou ſẽ goſto. Iap. Qiniauazaru mono, l, agi vaſugi mono.

Insúbidus, a, ũ. Lus. Arremeſſado, inconſiderado. Iap. Socotna mono, tonni buxiani cotouo ſuru mono.

Insúbidè, adu. Lus. Precipitadamẽte, temerariamente. Iap. Buxiani, ſocotni.

Inſubtiliter, adu. Lus. Não ſutilmẽte, indoutamẽte. Iap. Gudonni, guchini.

Inſucco, as. Lus. Enſopar, molhar. Iap. Mononi fitaſu, nuraſu.

Insûdo, as. Lus. Suar fazendo algũa couſa. Iap. Xinrŏ xite axeuo caqu.

Inſuefacio, is. Lus. Acoſtumar. Iap. Mononi nareſaſuru, tanren ſaſuru.

Inſuefactus, a, um. Lus. Couſa acoſtumada. Iap. Xi ireraretaru mono.

Inſueſco, is, eui. Lus. Acoſtumarſe. Iap. Mononi naruru. ¶ Item, Gozar da vitoria alcançada. Iap. Vnuo firaite andoſuru, yorocobu.

Inſuêtus, a, um. Lus. Couſa deſacoſtumada. Iap. Narezaru mono. ¶ Item, Deſuſada. Iap. Tçunenarazaru coto, reinarazaru coto.

Inſula, æ. Lus. Ilha. Iap. Xima. ¶ Item, Caſas apartadas das outras a modo de ilhas. Iap. Vonaji zaixono vchini muramurani tateraru iye.

Inſularis, e. Lus. Couſa de ilha. Iap. Ximani ataru coto. ¶ Inſularis pœna. Lus. Deſterro pera algũa ilha. Iap. Yentŏno ruzai.

Inſularius, ij. Lus. O que guarda as caſas apartadas das outras a modo de ilhas. Iap. Muramurani tachitaru iyeno ruſumori.

Inſulsè, adu. Lus. Necia, e deſengraçadamẽte. Iap. Xiuomo naqu, vtçuqete.

Inſulſitas, atis. Lus. Senſaboria, deſgraça. Iap. Buxiuo, vtçuqe.

Inſulſus, a, um. Lus. Couſa que não tem ſal. Iap. Xiuo tçuqezaru mono. ¶ Itẽ, Homẽ necio, deſengraçado. Iap. Xiuo naqi fito, vtçuqe mono.

Inſultatio, onis. Lus. Agrauo, ou auexação. Iap. Rŏjeqi, accŏ, zŏgon.

Inſulto, as. frequent. Lus. Saltar a miude com impeto ſobre algũa couſa. Iap. Saiſai xeiuo idaxite monono vyeni tobi agaru. ¶ Item, Fazer inſultos, ou agrauos. Iap. Fitoni rŏjeqiuo xicaquru, l, accŏ, zŏgonuo yŭ.

Inſultura, æ. Lus. O ſaltar com impeto. Iap. Xeiuo idaxite tobu cotouo yŭ.

Inſum, es. Lus. Eſtar em algũa couſa, ou encerrarſe. Iap. Mononi aru, l, comoru.

Inſumma, l, Inſummatim. Lus. Em ſumma. Iap. Ijŏ, tçugŏ, ficqiŏ.

Insûmo, is, pſi, ptum. Lus. Gaſtar, deſpender. Iap. Tçuiyaſu, tçucŏ, curaſu. ¶ Inſumere operam. Lus. Pôr diligencia em algũa couſa. Iap. Cocorogaqete mononuo ſuru.

Inſuo, is, ſui, ſutum. Lus. Coſendo ajuntar com outra couſa. Iap. Mononi nuitçuquru. ¶ Item, Ajuntar, ou miſturar. Iap. Auaſuru, majiyuru.

Inſuper, adu. Lus. Alem diſto. Iap. Sono foca, cotoſara, cotoni. ¶ Inſuper habere. Lus. Não fazer caſo. Iap. Caronzuru, caroximuru.

Inſuperabilis, e. Lus. Couſa que não pode ſer vencida. Iap. Maçezaru mono, cachigataqi mono. ¶ Inſuperabilis morbus. Lus. Doença incurauel. Iap. Iye gataqi vazzurai, riŏgini cacauarazaru yamai. ¶ Itẽ, Lugar aſpero por onde ſe não pode caminhar. Iap. Ayumarezaru qeuaxiqi tocoro.

Inſurgo, is. Lus. Aleuantarſe. Iap. Tachi agaru. ¶ Inſurgere alicui. Lus. Porſe cõtra alguem. Iap. Fitoni teqitŏ. ¶ Inſurgere remis. Lus. Remar com vehemencia. Iap. Xeiuo daite rouo voſu. ¶ Inſurgere altiùs in oratione verba. Lus. Irem as palauras da oração cada vez mais graues. Iap. Monogatariuo xidaini tezzuyoqu iy naſu.

Inſuſurro, as. Lus. Falar a puridade. Iap. Soſoyaqu.

Inſuſceptus, a, um. Lus. Couſa não tomada, nem recebida. Iap. Imada torazaru coto, vqetorazaru coto.

Inſyncêrus, a, um. Lus. Couſa corrupta, ou não

não inteira. Iap. Cusaritaru coto, l, moat taxarazaru coto.

Intabesco, is. Lus. Irse consumindo, ou emma grecendo. Iap. Yaxe votoroyuru.

Intactile, is. Lus. Cousa que não pode ser tocada. Iap. Teni sauamazaru mono.

Intactus, a, ũ. Lus. Cousa inteira, ou imma culada. Iap. Mattaqi mono, l, qegaremo naqi mono. ¶ Intactus à sibilo. Lus. Homem que não desagradou, nem foi reprouado ẽ actos publicos q̃ fez como oração, &c. Iap. Bãminni qirauarezaru danguixa.

Intaminatus, a, um. Lus. Cousa não corrupta, inteira. Iap. Cusarazaru mono, tadaxiqi coto.

Intantum, & Inquantum. Lus. Tanto, quã to. Iap. Sore fodo.

Integer, a, um. Lus. Cousa inteira, e perfeita. Iap. Mattaqi coto, tadaxiqi mono, tax xitaru mono. ¶ Integer vir. Lus. Homem puro, e innocente. Iap. Xõroni xite vocaxi naqi mono. ¶ Item, Homem sobrio. Iap. Vonjiqui chũyõuo mamoru fito. ¶ Integrum mihi est. Lus. Està em minha vontade. Iap. Vaga mamanaru. ¶ In integro res est. Lus. Esta a cousa ẽ termo pera se poder fazer, ou deixar. Iap. Subeqi cotomo, sumajiqi cotomo, mamanaru mono. ¶ In integrũ restituere. Lus. Tornar a cousa ao primeiro estado. Iap. Fonbucu suru, fonriõ nadoni cayesu, l, nauosu. ¶ Integrum se seruare. Lus. Não se deixar a nẽhũa parte. Iap. Dochinimo vochitçucazu. ¶ Ab integrò, siue de integrò, adu. Lus. De nouo. Iap. Arataxiqu, futatabini.

Intego, is, xi, ctum. Lus. Cobrir. Iap. Vouoiuo suru.

Integrasco, is. Lus. Renouarse. Iap. Casanete vocoru, aratamaru.

Integrè, adu. Lus. Inteiramente. Iap. Taxxite, tadaxiqu.

Intégritas, atis. Lus. Inteireza. Iap. Tadaxisa. ¶ Integritas corporis. Lus. Boa disposição. Iap. Mino socusai, yugon.

Integro, as. Lus. Renouar. Iap. Saicõ suru, aratamuru.

Integumentum, i. Lus. Cuberta cõ que se cobre algũa cousa. Iap. Vouoi.

Intellectus, us. Lus. Entendimento. Iap. Funbet. ¶ Item, Intelligencia, ou conhecimento dalgũa cousa. Iap. Monouo funbet suru cotouo yŭ. ¶ Item, instinto, ou noticia que tem os animais. Iap. Tori qedamonono monouo vaqimayuru xei. ¶ Intellectus saporum. Lus. O perceber os sabores. Iap. Agiuaiuo xiru coto uo yŭ.

Intelligentia, æ. Idem.

Intélligens, entis. Lus. Homem sagaz, sabio. Iap. Caxicoqi mono, chiyeno fucaqi mono.

Intelligenter, adu. Lus. Entendidamente. Iap. Funbet xite.

Intelligibilis, e. Lus. Cousa que se pode entẽder. Iap. Funbet xi yaluqi coto.

Intelligo, is, exi, ectum. Lus. Entender. Iap. Funbet suru, nattocu suru.

Intemerandus, a, um. Lus. Cousa q̃ não deue ser violada. Iap. Qegare majiqi mono.

Intemeratus, a, ũ. Lus. Cousa não violada. Iap. Qegarezaru mono, isaguiyoqi mono. ¶ Intemerata sacra. Lus. Sacrificios perfeitamente celebrados. Iap. Xiqixõni voconaitaru guiõji.

Intémperans, antis. Lus. Não temperado, e incontinente. Iap. Vonjiqi nadoni taiqua naru mono.

Intemperatus, a, um. Idem.

Intemperantia, æ. Lus. Intemperança. Iap. Taiqua.

Intẽperanter, adu. Lus. Desordenada, e demasiadamente. Iap. Taiquani, midarini.

Intemperatè, adu. Idem.

Intemperies, éi. Lus. Roim tempera, ou desproporção. Iap. Caguenno chigaitaru cotouo yŭ. ¶ Intemperies cæli. Lus. Destemperamento do ár. Iap. Sorano varuqi caguen.

Intempesta nox. Lus. Meyanoite. Iap. Yonaca, yafan jibun.

Intempestas, atis. Lus. Destemperamento do ár, e tempo. Iap. Sorano varuqi caguen.

Intem-

Intempestiuè, adu. Lus. Fora de tempo. Iap. Toqi narazu, fujini.

Intempestiuus, a, um. Lus. Cousa fora do tempo. Iap. Toqi naranu coto, fujinaru mono. ¶ Item, Cousa de mao agouro, ou pronostico. Iap. Imaimaxiqi coto, axiqi zuisŏno coto.

Intendo, is, endi, sum, l, tum. Lus. Estéder, ou entesar. Iap. Noburu, fipparu. ¶ Aliqñ. Estar atento. Iap. Mimiuo sumaite yru, cocorouo tçuqete qiqu. ¶ Intendere animum re aliqua per transl. Lus. Fazer algũa cousa com grande cuidado. Iap. Xeiuo irete monouo suru. ¶ Interd. Amarrar. Iap. Nauauo caquru, caramuru. ¶ Intendere, siue actionem Intendere. Lus. Fazer demáda. Iap. Cujiuo caquru.

Intensio, onis, siue Intentio. Lus. O estender. Iap. Fipparu coto nari. ¶ Item, Intéção. Iap. Cocoroate. ¶ Item, Atenção. Iap. Cocorogaqe. ¶ Item, Aumento. Iap. Masari, casanari. ¶ Item, Intensão, efficacia. Iap. Xeiriqi, bin. Vt, binni xite manabi yetari. ¶ Item, Demanda. Iap. Cuji. ¶ Item, Oração acusatoria. Iap. Fitouo vttayuru dangui.

Intentatus, a, um. Lus. Não prouado, nem esperimentado. Iap. Cocoromitarezaru mono, tamesarezaru mono.

Intentè, adu. Lus. Diligentemente, com cuidado. Iap. Cocorogaqete, saicanni xite.

Intento, as. Lus. Ameaçar. Iap. Vodosu. ¶ Intentare manus alicui. Lus. Tratar mal a alguem de mãos. Iap. Teuo motte fitoni rŏjeqiuo nasu. ¶ Intétare vim. Lus. Fazer força. Iap. Sucumete, l, maguete sasuru.

Intentus, a, um, siue Intensus. Lus. Cousa estendida, ou entesada. Iap. Fipparitaru coto. ¶ Item, Atéto, ou prompto. Iap. Cocorouo tçuqete yru mono.

Intentus, us. Lus. O estender. Iap. Noburu, l, fipparu cotouo yŭ.

Intepeo, es, l, Intepesco, is. Lus. Fazerse morno, aquecer. Iap. Samuru, nurumu.

Inter, præp. Lus. Entre. Iap. Vchi. ¶ Inter cœnã. Lus. No meyo da cea. Iap. Yŭmexino nacabani. ¶ Inter se diligere. Lus. Amarse hum a outro. Iap. Tagaini taixetni vomô.

Inter albico, as. Lus. Aluejar entre outras côres. Iap. Yono irono nacani xiromadara nari.

Interanea, orum. Lus. Entranhas. Iap. Fauata, zŏfu.

Interaresco, is. Lus. Secarse de todo. Iap. Corogotocu caturu.

Interbibo, is. Lus. Beber tudo. Iap. Nomi fosu, nomi farasu.

Interbito, as. Lus. Entre vir. Iap. Monouo suru nacabani idequru, vocoru.

Intercalaris, e. Lus. Cousa entre posta. Iap. Nacani soyetaru coto. ¶ Intercalaris mensis. Lus. Mes a que se ajunta hum dia pera perfeiçoar o anno. Iap. Ichijitno vrŭ aru tçuqi. ¶ Intercalaris dies. Lus. Dia que se ajunta ao bisexto. Iap. Ichijitno vrŭ. ¶ Intercalares calendæ. Lus. Primeiro de feuereiro, ou de março, quádo he anno bisexto. Iap. Vrŭno toxino Europano niguat, aruiua ságuatno tçuitachi. ¶ Intercalaris versus. Lus. Verso q̃ se repete em certos lugares. Iap. Tocoro docoroni curicayeite yomu vta.

Intercalarius, a, um. Idem.

Intercalarium, ij. Lus. O tempo que se acrecenta pera concerdar o ãno com o curso do sol. Iap. Xixetuo nichirinono junquãni auasuru tameni soyuru ficazuuo yŭ.

Intercalo, as. Lus. Entrepor, ou meter no meyo. Iap. Nacani comuru, majiyuru. ¶ Item, Prolongar. Iap. Noburu.

Intercapêdo, inis. Lus. Espaço entre dous tempos, ou lugares. Iap. Tocorocà, jibuncano aida.

Intercêdo, is, ssi, ssum. Lus. Meterse no meyo. Iap. Aidani, l, nacani aru, comoru. ¶ Item, Estoruar, ou pôr embargos. Iap. Samataguru, vosayuru. ¶ Intercedit mihi tecum necessitudo. Lus. Ha entre nos amizade. Iap. Vareta tagaini chijn nari. ¶ Item, Interceder, ou rogar por alguem. Iap. Torinasu, fiqei suru. ¶ Aliqñ. Ficar por fiador. Iap. Vqeninni tatçu.

Interceptio, onis. Lus. O tomar, ou apanhar. Iap. Vbai torucoto nari.

Interceptor, oris. Lus. O que toma, ou apanha. Iap. Monouo vbaitoru fito.

Interceptus, a, um. Cousa tomada. Iap. Vbaitoritaru mono. ¶ Interceptus mortalitate. Lus. Sobre salteado da morte. Iap. Vomouazuni mujŏno xecqini voitateraruru.

Intercessio, onis. Lus. Impedimẽto, ou prohibição. Iap. Samatague, sauari, vosaye. ¶ Intercessioni cedere. Lus. Admitir os embargos. Iap. Tadaxiteno racugiacuno soxôni yotte firugayesu.

Intercessor, oris. Lus. O que impede, ou po em embargos. Iap. Samataguru, l, vosayuru mono.

Intércido, is, di. Lus. Cair. Iap. Votçuru. ¶ Item, Morrer. Iap. Xinuru.

Intercîdo, is, cidi, cisum. Lus. Cortar polo meyo. Iap. Mannacacara qiru, varu.

Intercinctus, a, um. Lus. Cousa distinta de varias côres. Iap. Iroiro saixi qitaru mono.

Intércino, is. Lus. Cantar entre outros. Iap. Ninjuni cuuauatte vtŏ.

Intercipio, is, epi, eptum. Lus. Tomar por ẽganos. Iap. Tabacatte toru. ¶ Intercipi morbo. Lus. Ser sobresalteado da doença. Iap. Vomouazuni vazzuraini vocasaruru.

Intercisè, adu. Lus. Em pedaços. Iap. Sunzũ ni, tçudazzudani.

Intercisio, onis. Lus. O cortar polo meyo. Iap. Nacacara qirivaru coto nari. ¶ Intercisiones stomachi. Lus. Dóres, ou pōtadas do estomago. Iap. Curu yŏ naru fu cuchũno itami.

Intercisus, a, um. Lus. Cousa cortada por meyo. Iap. Qirivaritaru mono. ¶ Intercisi dies dicebátur deorum, homi ũq; communes.

Interclûdo, is, si, sũ. Lus. Tomar os caminhos, ou cerrar o passo. Iap. Michiuo fusagu, tçŭrouo tomuru. ¶ Aliqñ. Impedir, ou prohibir. Iap. Samataguru, sasayuru. ¶ Intercludere commeatu aliquẽ, l, cõmeatũ alicui. Lus. Impedir a alguẽ os mātimẽtos. Iap. Fitoni cateuo tomuru. ¶ Fugam intercludere. Lus. Tomar os passos aos inimigos por onde podẽ fugir. Iap. Teqino nigue michiuo toriqiru. ¶ Dolore intercludi. Lus. Ser impedido da dôr. Iap. Itamini sasayeraruru.

Interclusio, onis. Lus. O atalhar o passo. Iap. Michiuo fusagu, l, tçŭrouo tomuru coto nari.

Intercolumnium, ij. Lus. Espaço entre hũa colũna, & outra. Iap. Faxirato faxirano ai.

Interconcilio, as. Lus. Fazer amigo. Iap. Chijinni nasu.

Interculco, as. Lus. Calcar no meyo. Iap. Nacani voxi iruru, l, fumicomu.

Intercurro, is. Lus. Entre vir. Iap. Nacabani quru, idequru.

Intercurso, as. Lus. Entremeterse entre outros. Iap. Monono nacani majiuari iru, l, aru.

Intercursus, us. Lus. O sobre vir. Iap. Futto quru, l, idequru coto nari.

Intercus, udis. Lus. Cousa entre couro, & carne. Iap. Finicuno aidani aru coto. ¶ Aqua intercus. Lus. Dropesia. Iap. Suixuno chŏman.

Intercutaneus, a, um. Idem.

Interdatus cibus. Lus. Mantimẽto diuiso po las partes do corpo. Iap. Ientaini vacaretaru xocubut.

Interdico, is, xi, ctum. Lus. Tolher, prohibir. Iap. Tomuru, qinzuru, chŏji suru. ¶ Item, Impedir. Iap. Tomuru, sasayuru.

Interdictio, onis. Lus. Entredito, prohibição. Iap. Qincai, qinjei, xeitŏ.

Interdictum, i. Idem. ¶ Interdicta prætorum. Lus. Palauras determinadas cõ que os gouernadores mandauã, ou prohibiã algũa cousa. Iap. Xugodaino guegi, l, xeiqin suru sadamaritaru cotoba.

Inte-

Interdiu, adu. Lus. De dia. Iap. Firu.

Interductus, us. Lus. Ponto, ou distinção que ha entre os periodos da oração. Iap. Xomotno cuguiri, qetjo.

Interdum, adu. Lus. As vezes. Iap. Toqidoqi.

Intereà, adu. Lus. Entre tanto. Iap. Sono miguirini, sono aida. ¶ Item, Com tudo. Iap. Saredomo.

Intereà loci, I. Interea tēporis. Lus. Neste comenos. Iap. Cono miguirini, cono aidani.

Interemptio, onis. Lus. Matança. Iap. Gai, xetgai.

Intereo, is, iui, itum. Lus. Morrer. Iap. Xinuru.

Interequito, as. Lus. Andar a cauallo polo meyo. Iap. Mononô naçauo ymani noru.

Interest. Lus. Pertécer, importar. Iap. Atatu, canyônari. ¶ Item, Auer differença. Iap. Xabetari, fedate ari. ¶ Interd. Meterse no meyo. Iap. Fedatega aru, fedaretaru. Vt, çaua, yama nado. ¶ Itẽ, Acharse presente. Iap. Ariyô, yũô.

Interfacio, is. Lus. Fazer por interualos. Iap. Ai aini mono uo suru, suqizuqini suru.

Interfatio, onis. Lus. Interpolação da pratica. Iap. Monogatarino nacabauo qitte tajiuo cuuayuru coto nari.

Interfœmineũ, ei. Lus. Parte natural da molher. Iap. Guioeumon.

Interfaris, interfatur, interfari. Lus. Enterromper a o que fala. Iap. Monogatarino nacauo qiru.

Interfector, oris. Lus. Matador. Iap. Coroxite, vtte.

Interficio, is, feci, fectum. Lus. Matar. Iap. Corosu, xetgai suru, gaisuru. ¶ Interficere aliquem vita. Idem. ¶ Item, Destruir. Iap. Forobosu.

Interfio, is. apud antiq. Lus. Cõsumirse, morrer. Iap. Fatçuru, xinuru.

Interfluo, is. Lus. Correr pollo meyo. Iap. Naçauo nagaruru.

Interfluus, a, ũ. Lus. O q̃ corre polo meyo. Iap. Nacauo nagaruru mono.

Interfringo, is. Lus. Quebrar. Iap. Cudaqu, varu.

Interfundo, is. Lus. Derramar polo meyo. Iap. Nacauo nagasu, riôbôno aidauo nasuru.

Interfuro, is. Lus. O andar doudo, ou furioso entre dous. Iap. Riôbôno aidani qiôrã suru.

Intergerini parietes. Lus. Paredes entre duas casas q̃ sostentam o peso de ambos os edificios. Iap. Riôbôno iyeno fedateto nari, mata sono iyeuo cacayuru cabe. ¶ Item, Paredes fortes pera sostentar algũ peso. Iap. Vomoqi monouo cacayuru tçuyoqi cabe.

Interhæc. Lus. Entretanto. Iap. Sono aidani, sono vchini.

Interiaceo, es. Lus. Iacer, ou estar no meyo. Iap. Nacani fusu, I, aru.

Interibi, adu. Lus. Entretanto. Iap. Sono aidani.

Interiectio, onis. Lus. Entrepósição. Iap. Nacani voqu, I, aru coto nari. ¶ Item, Est pars orationis, animi affectum exprimés.

Interiectus, us. Idem.

Interiectus, a, um. Lus. Cousa entreposta. Iap. Nacani aru, I, voqitaru mono.

Interjicio, is, eci, ectum. Lus. Entrepor. Iap. Nacani voqu, I, iruru.

Interim, adu. Lus. Entretanto. Iap. Sono aidani. ¶ Itẽ, algũas vezes. Iap. Toqidoqi. ¶ Aliqñ. Derepente. Iap. Niuacani, futto. ¶ Item, Discretio est rei, quæ ad narrationem pertinet.

Interimo, is, emi, ptum. Lus. Matar. Iap. Corosu, gaisuru. ¶ Item, Priuar. Iap. Toriaguru, fanasu.

Interior, et rius. Lus. Cousa mais de dentro. Iap. Nauo vocuni aru mono.

Interitus, us. Lus. Morte. Iap. Xisuru coto nari. ¶ Interitus patriæ. Lus. Destruição da patria. Iap. Cunino metbô. ¶ Interitus legum. Lus. Annulação das leyes. Iap. Fattouo yamuru cotouo yũ.

Interitio, onis. Idem.

Interitus, a, ũ. particip. Lus. Morto. Iap. Xixitaru

taru mono, corosareraru mono.

Interiungo, is, xi, nctum. Lus. Iũtar algũas cousas entre si. Iap. Tçugui auasuru.

¶ Interiungere equos. Lus. Soltar os caualos do carro pera q̃ descansẽ. Iap. Curumauo caqe sazzuite vmauo yasumuru.

¶ Interiũgere dextras. Lus. Dar as mãos. Iap. Tagaini teni teuo toricauasu.

Interiùs, adu. Lus. Mais a dentro. Iap. Nauo vocuni.

Interlino, is, ini, iui, eui, itũ. Lus. Apagar a escritura, ou pintura. Iap. Caqitaru mono uo qesu.

Interlocutio, onis. Lus. Fala entreposta, ou interpolação. Iap. Monogatarino nacani catari soyetaru coto, l, monogatarino nacauo qiru coto nari.

Interlocutoria sententia. Lus. Sentença entre os litigãtes de algũ concerto, antes da sentẽça final. Iap. Cujisatano racugiacuna qi ijenni, soninto róninno aidano sadame.

Intérloquor, eris. Lus. Interrõper ao q̃ fala. Iap. Monogatarino nacauo qiru.

¶ Item, Determinar algũa cousa entre os litigãtes em quãto se dá a final sentença. Iap. Cuji satano racugiacunaqi ijéni, sonin to ronninno aidani monouo sadamuru.

Interlucatio, onis. Lus. O desbastar os ramos. Iap. Qino yedauo qiri sucasu coto nari.

Interlúceo, es. Lus. Resplandecer no meyo, ou ẽtre algũa cousa. Iap. Monono nacani ficaru. ¶ Interd. per trãsl. Aparecer no meyo da algũa cousa. Iap. Monono nacani miyuru.

Interlúco, as. Lus. Desbastar os ramos das aruores. Qino yedauo qiri sucasu.

Interlunium, ij. Lus. Entrelunho. Iap. Tçuqi naqiyo, yamino yo.

Interluo, is. Lus. Correr o rio polo meyo. Iap. Cauaga monono auaiuo nagaruru. ¶ Item, Lauar. Iap. Monouo arŏ.

Intermaneo, es. Lus. Ficar no meyo. Iap. Nacani nocoru, y ru.

Intermedius, a, um. Lus. Cousa q̃ està no meyo. Iap. Nacani aru mono.

Intermenstris luna. Lus. Entrelunho. Iap. Tçuqinaqi yo, yamino yo.

Intermenstruus, a, um. Vt luna intermenstrua. Idem.

Intermeo, as. Lus. Correr polo meyo agoa, &c. Iap. Mizzunadoga nacauo nagaruru.

Intérmico, as. Lus. Resplandecer no meyo. Iap. Nacani cacayaqu.

Interminatus, a, um. Lus. Cousa sem temo. Iap. Caguirimo naqi mono.

Interminus, a, um. Idem.

Intérminor, aris. Lus. Ameaçar grauemente. Iap. Qibixiqu vodosu. ¶ Interminari vitam alicui. Lus. Ameaçar com a morte a alguem. Iap. Inochiuo ta tanto fitouo vodosu.

Intermísceo, es. Lus. Mesturar. Iap. Majiyuru, conzuru.

Intermissio, onis. Lus. O cessar de fazer algũa cousa por algum tempo. Iap. Xibaracu monouo yamuru coto nari.

Intermissus, us. Idem.

Intermitto, is. Lus. Interrõper, ou cessar por algum tempo. Iap. Xibaracu saxivoqu.

Intermorior, eris. Lus. Morrer. Iap. Xinuru.

Intermortuus, a, um. Lus. Meyo morto. Iap. Nacarajini, l, fanxi, fanxõni naritaru mono.

Intermundium, ij. Lus. Espaço entre dous mundos. Iap. Futatçuno xecaino ai.

Intermuralis, e. Lus. Cousa de dentro de dous muros. Iap. Tçuigi futatçuno aini aru mono.

Internascor, eris. Lus. Nacer no meyo. Iap. Nacani vmaruru, xŏzuru.

Internecinus, a, um. Lus. Cousa que pertence a mortandade. Iap. Vôjinini ataru coto. ¶ Internecinum bellum. Lus. Guerra onde oue matança de hũa das partes. Iap. Ippŏni vôjinino xitaru caxxen.

¶ Internecinum testamentum. Lus. Testamento polo qual foi morto o testador. Iap. Yuzzuriteno xisuru motoito nattaru yuzzurijo.

Internecio, onis. Lus. Matança. Iap. Xetgai.

Intérneco, as, aui, atum, l, ectum. Lus. Matar. Iap. Corosu, xetgai suru.

Internecto, is. Lus. Atar juntamente. Iap. Catague auaſuru.

Internidifico, as. Lus. Fazer o ninho no meyo de algũas couſas. Iap. Monono nacani ſuuo caquru.

Internigrans, antis. Lus. Couſa que negreja. Iap. Curomadara naru mono.

Interniteo, es. Lus. Reſplandecer entre outras couſas. Iap. Monono nacani cacayaqu.

Internodium, ij. Lus. Canudo, ou eſpaço entre dous nós. Iap. Taqeno yo, fuxiai.

Internoſco, is, noui. Lus. Conhecer ẽtre muitos, ou diſtinguir. Iap. Amatano nacani mixiru, vaqimayuru.

Internuncius, ij. Lus. Terceiro, e menſageiro. Iap. Nacadachi, xixa.

Internuncia, æ. fœm. Idem.

Internuncio, as. Lus. Mandar menſageiro de parte a parte. Iap. Tagaini xixauo tatçuru.

Internundinium, ij. Lus. Eſpaço de noue dias. Iap. Coconocano aida.

Internus, a, um. Lus. Couſa interior. Iap. Vchino coto.

Intero, is. Lus. Eſmiuçando meter dentro. Iap. Cudaqite iruru.

Interopus, eris. Lus. O meyo da obra. Iap. Xigotono nacaba.

Interordinium, ij. Lus. Eſpaço entre duas ordens. Iap. Futatouorino auai.

Interpareo, es. Lus. Eſtar manifeſto, aparecer. Iap. Arauaruru, guenjen ſuru.

Interpedio, is. Lus. Impedir. Iap. Samatagu ru, ſauaru.

Interpellatio, onis. Lus. Eſtoruo. Iap. Samatague, ſauari, xŏgue.

Interpellator, oris. Lus. O que eſtorua. Iap. Samataguru fito.

Interpello, as. Lus. Eſtoruar a q̃ faz, ou diz algũa couſa. Iap. Mónouo ſuru, l, yũ fitouo ſamataguru. ¶ Aliqn̄. Amoeſtar, dizer. Iap. Yqenuo cuuayuru, monouo xiraſuru. ¶ Item, Rogar. Iap. Tanomu. ¶ Interpellare virginem de ſtupro. Lus. Acometerá donzella. Iap. Virgẽ naru nhoninni caconuo naſanto ſuſumuru.

¶ Interpellare ſtuprũ. Lus. Impedir o ſtupro. Iap. Vynovónano micquaiuo xeiſuru, yamuru. ¶ Interpellare debitorem. Lus. Pedir a diuida. Iap. Fumot, l, voimenouo cô. ¶ Interpellare partam victoriam. Lus. Impedir a vitoria q̃ eſtaua nas mãos. Iap. Rivnuo firacáto ſuruuo ſamataguru. ¶ Interpellare de negotio aliquem. Lus. Tratar com alguem algũ negocio. Iap. Fitoto monouo tori atçucŏ.

Interpenſiua. Lus. Certos aguieiros, ou barrotes da caſa. Iap. Taruqino taguy.

Interpenſiui parietes. Lus. Paredes feitas ſobre o ſobrado. Iap. Itajiqino vyeno cabe.

Intérplico, as. Lus. Dobrar em muitas dobras. Iap. Icuyenimo voru, tatamu.

Interpollator, oris. Lus. Aljabebe. Iap. Furuqi yxŏuo xi naucite vru fito.

Interpolatrix, icis. fœm. Idem.

Interpolis, is. Lus. Couſa renouada. Iap. Aratamaritaru coto. ¶ Itẽ, Molher que encobre a fealdade com poſturas. Iap. Minicuqi vomoteuo qexŏ ſuru vonna.

Interpolus, a, um. Idem.

Interpolo, as. Lus. Renouar. Iap. Aratamuru, vogurirŏ, ſaicŏ ſuru. ¶ Hinc interpolare mancipium. Lus. Eſcrauo velho enfeitado q̃ pareça moço, pera o vẽder. Iap. Vacaqu mixete vru tame ni jinbutno tçucuritatu fudaino mono. ¶ Interpolatæ veſtes. Lus. Veſtidos velhos renouados. Iap. Furuqiuo aratamexiqu mixetaru yxŏ.

Interpóno, is, ſui, itum. Lus. Entrepor, entreſachar. Iap. Nacani voqu, iruru.

¶ Interponere accuſatorem. Lus. Sobornar ao acuſador. Iap. Vttayeteni vairouo atayuru. ¶ Interponere authoritatem ſuã. Lus. Impedir algũa couſa com ſua authoridade. Iap. Qenyuo motte monouo tomuru. ¶ Interponere fidem ſuam. Lus. Ficar por fiador, ou dar ſua palaura. Iap. Vqeninni naru, vqecacaru. ¶ Interponere poſtulata. Lus. Propor ſuas petições. Iap. Xomŏuo firŏ ſuru. ¶ Interponere ſe rei alicui. Lus. Entremeterſe em algũa couſa. Iap. Camauazaru cotoni ſaxi izzuru.

Inter-

Interpositio, onis. Lus. O entrepor, ou entretachar. Iap. Nacani voqu, l, irùru coto nari. ¶ Item, Entre linha da escritura. Iap. Faxigaqi.

Interpósitus, a, um. Lus. Cousa entre posta. Iap. Nacani voqitaru coto.

Intérpremo, is. Lus. Apertar ẽtre duas cousas. Iap. Saxifasõde ximuru. ¶ Interprimere fauces. Lus. Afogar a alguẽ apertandolhe a garganta. Iap. Nodouo ximete corosu.

Interpres, etis. Lus. Lingoa, faraute. Iap. Tçǔzu ¶ Item, Interprete de cousas escuras. Iap. Qicoyegataqi cotouariuo chǔsuru mono. ¶ Item, O q̃ traduze algum liuro ẽ outra lingoa. Iap. Fitono caqitaru qiǒuo betno cotobani fonyacu suru mono.

Interpretamentum, i. Lus. Interpretação, ou exposição. Iap. Qiǒ nadono yauarague, fonyacu, xoiacu.

Interpretatio, onis. Idem. ¶ Item, Iuizo, conjeitura. Iap. Vomô coto nari, suiriǒ, suisat.

Interpretatus, a, um. Lus. Cousa esposta, ou declarada. Iap. Yauaraguetaru mono, fonyacu xitaru coto.

Intérpretor, aris. Lus. Declarar, ou espor. Iap. Qiǒ nadouo yauaraguru. ¶ Item, Iulgar. Iap. Tadasu. ¶ Interpretari memoriæ alicuius. Lus. Trazer à memoria algũa cousa a outro. Iap. Fitoni monouo voboyesasuru.

Interpunctio, onis. Lus. Distinção com pontos. Iap. Cuguiri.

Interpunctum, i. Idem.

Interpũctus, a, um. Lus. Cousa distinta com pontos. Iap. Cuguiriuo xitaru mono.

Interpurgo, as. Lus. Tirar, ou purgar o superfluo. Iap. Sǒgi suru, varuqi monouo yori noquru.

Intérputo, as. Lus. Decotar, e alimpar as aruores. Iap. Qino tçucuru, yedauo sucasu.

Interquiesco, is. Lus. Repousar. Iap. Cutçurogu, qiǔsocu su.

Interrãdo, dis. Lus. Raspar ao derredor. Iap. Cosogui mauasu. ¶ Item, Esculpir. Iap. Forimonouo suru.

Interrãsilis, e. Lus. Cousa raspada ao derredor, e esculpida. Iap. Mauariuo cosogui mauaxitaru mono, l, forimonouo xitaru mono.

Inter regnum. Lus. Tempo desde a morte dehum Rey atè a eleição do outro. Iap. Teivǒ sôguio atte xinvǒ socui xitamauanu aidauo yǔ.

Interrex, egis. Lus. Visorey por morte de hum Rey, atè fazerem outro. Iap. Teivǒ fôguio atte, xinvǒ socui xitamauanu aidano gomeǒdai, l, xexxǒ.

Intérritus, a, um. Lus. Cousa que não tem medo. Iap. Vosoremo naqi mono.

Interrogatio, onis. Lus. Pregunta. Iap. Tazzunuru coto nari, monjin.

Interrogatiuncula, æ. dim. Idem.

Intérrogo, as. Lus. Preguntar. Iap. Tô, tazzunuru. ¶ Interrogare lege. Lus. Preguntar a alguem juridicamente se fez algũ crimẽ. Iap. Zaiquano qiǒjituo qiǔmei suru.

Interrumpo, is, rupi, ruptum. Lus. Interrõper. Iap. Nacauo qiru, samataguru. ¶ Interrumpere ordinem. Lus. Perturbar a orden. Iap. Rixxiuo midasu. ¶ Interrũpere somnos. Lus. Perturbar o sono. Iap. Nemuriuo samataguru.

Interruptè, adu. Lus. Interruptamente. Iap. Nacauo qitte, samataguete.

Interruptus, a, um. Lus. Cousa interrompida. Iap. Samataguerataru mono, yameraretaru mono.

Interscalmium, ij. Lus. Espaço entre tolete, e tolete. Iap. Roguino ai.

Interscapilium, ij. Lus. Espaço entre as espadoas. Iap. Cariganebonono auai.

Interscindo, is. Lus. Rasgar, ou cortar polo meyo. Iap. Nacayori taqu, qiru.

Interscribo, is. Lus. Escreuer no meyo. Iap. Faxigaqiuo suru, l, caqimonono nacani monouo caqi soyuru.

Intérseco, as, secui, sectum. Lus. Cortar em pedaços. Iap. Sunzunni qiru.

Intersepio, is, psi. Lus. Cercar cõ sebes, &c. Iap. Caqi nadouo cacoi mauasu. ¶ Itẽ, Impedir os caminhos. Iap. Michiuo qiri

 ru-

ruságu, tçŭrouo qiru. ❡ Intercipere vrbẽ vallo. Lus. Fortalecer a cidade com vallo. Iap. Zaixono mauarini doiuo tçuqu.

Interſeptum, i. Lus. O que diuide duas couſas entre ſi. Iap. Monono fedate.

Intérſero, is, rui, ſertum. Lus. Meter no meyo. Iap. Nacani iruru, voqu.

Intérſero, is, ſeui, ſitum. Lus. Semear, ou plantar no meyo doutras couſas. Iap. Nacani vyuru, maqu.

Interſiſto, is, ſtiti. Lus. Fazer pauſa no falar. Iap. Iy yamu.

Interſiſtitur, imperſ. Idem.

Interſpiratio, onis. Lus. O reſpirar, ou reſfolegar. Iap. Iqiuo tçugu, l, tçuqu coto nari, iqiga izzuru coto nari.

Interſpîro, as. Lus. Reſpirar, ou resfolegar. Iap. Iqiuo tçuqu, l, tçugu, iqiga izzuru.

Interſterno, is. Lus. Entrepór. Iap. Naca ni voqu.

Interſtinguo, is. Lus. Diſtinguir, ou apartar hum do outro. Iap. Caccacuni vaquru. ❡ Interd. Apagar. Iap. Qeſu.

Interſtitio, onis. Lus. Interpolação. Iap. Todayuru coto nari.

Interſtitium, ij. Lus. Eſpaço, ou diſtancia entre algũas couſas. Iap. Monono ai. ❡ Interſtitium lunæ. Lus. Entrelunho. Iap. Yamino yo, tçuqi naqi youo yŭ.

Intérſtrepo, is. Lus. Fazer eſtrondo entre outros. Iap. Monono nacani doximequ, votoga ſuru.

Interſtringo, is. Lus. Apertar. Iap. Ximuru.

Interſtruo, is. Lus. Compor, ou ordenar jũtaméte. Iap. Atçume voqu, l, narabe voqu.

Interſum, es, fui. Lus. Eſtar preſente. Iap. Gioni yru, arivŏ. ❡ Item, Auer differença. Iap. Xabetga aru.

Intertextum, i. Lus. Couſa entretecida. Iap. Vorimajiyetaru mono. ❡ Clamys intertexta auro. Lus. Brocado. Iap. Qin ranno tagay.

Intertraho, is. Lus. Tirar. Iap. Monouo torinoquru, torifanaſu.

Intertrîgo, inis. Lus. Eſcozimento, do ſuor. Iap. Mino ſurijyŏ tocoroni axeno caqi xi mu cotouo yŭ. ❡ Item, Eſfoladura dos caualos quando no andar dam cõ os pés hũs nos outros. Iap. Vmano axi ſuri aite yaburetaru qizu.

Intertrimentum, i. Lus. Dano. Iap. Son, ata. ❡ Item, Quebra da fundição. Iap. Caneuo fuqu ferime.

Intertritura, æ. Idem.

Interturbatio, onis. Lus. Eſtoruo. Iap. Samatague, ſauari, xŏgue.

Interturbo, as. Lus. Eſtoruar. Iap. Samataguru, ſauaru, xŏgue ſuru.

Intéruaco, as. Lus. Ficar vazio no meyo. Iap. Nacani ſuqiga aru, l, nocoru.

Interuallatus, a, um. Lus. Couſa que vai, e torna entrepondo algum eſpaço. Iap. Aiuo voqite yuqiqi ſuru mono. ❡ Interuallata febris. Lus. Febre de ſazam. Iap. Vocori ſameno necqi, l, ſaxi fiqino aru necqi.

Interuallum, i. Lus. Eſpaço, ou diſtancia. Iap. Ai, aida, ſuqi.

Interuello, is. Lus. Arrancar do meyo. Iap. Nacayori fiqu, nuqu.

Interueniens, entis. Lus. Couſa que ſobre vẽ derepente. Iap. Furioni qitaru mono.

Interuenio, is, eni, entum. Lus. Sobreuir. Iap. Monouo ſuru nacabani futto qitaru. ❡ Item, Acharſe preſente. Iap. Ariyŏ.

Interuenium, ij. Lus. Eſpaço entre as veas da terra. Iap. Dochŭno ſugino auai.

Interuentor, oris. Lus. O que ſobrevem, ou eſtorua algũa couſa. Iap. Futto qitaru fito, l, ſamataguru mono. ❡ Item, Fiador. Iap. Vqenin.

Interuentus, us. Lus. O ſobreuir. Iap. Futto qitaru cotouo yŭ.

Interuerto, is, ti, ſum. Lus. Tomar com enganos. Iap. Tabacatte mononi o toru, nuſu te toru. ❡ Item, Deſtruir. Iap. Forobosu, metbŏ ſaſuru.

Interuígilo, as. Lus. Eſpertar muitas vezes no ſono. Iap. Saiſai mezame ſuru, meuo ſamaſu.

Interuiſo, is. Lus. Viſitar a certos tẽpos. Iap. Iibũ jibunni mimŏ.

In-

Intérula, æ. Lus. Camisa. Iap. Xiroqi fada catabira.

Interundo, as. Lus. Fazer algũa cousa ondeada. Iap. Namino monuo von tçuquru.

Intéruomo, is. Lus. Vomitar algũa vez. Iap. Toqini yotte toqiacu suru.

Interusurium, ij. Lus. Proueito da onzena. Iap. Ribaino rijun.

Intestabilis, e. Lus. Homẽ que não val por testimunha, nẽ lhe val testimunho alheo. Iap. Xôconi tatazaru mono, mata xôninuo tatçuru coto canauazaru mono. ¶ Itẽ, Homem que não pode fazer testamento. Iap. Yuijo suru coto canauazaru mono. ¶ Itẽ, Cousa detestauel. Iap. Nicuteina mono.

Intestatò, adu. Lus. Sem testamento. Iap. Yuigon naqute, caqivoqi naqu.

Intestatus, a, um. Lus. Homem que morreo sem testamento. Iap. Yuigonuo xezu xite xixitaru fito. ¶ Itẽ, Defunto cuja erança não foi aceitada. Iap. Caqivoqino gotoqu atotçuguino tatazaru xinin. ¶ Item, Cousa não prouada com testemunhas. Iap. Xôconin naqi mono.

Intestina, orum. Lus. Tripas. Iap. Zŏfu, farauata, chŏy.

Intestinus, i. Idem.

Intestinus, a, um. Lus. Cousa interior, ou intrinseca. Iap. Vchiuano coto, l, xinteino coto. ¶ Intestinum odium. Lus. Odio oculto. Iap. Yqidouori, vppun, icon. ¶ Intestinum bellum. Lus. Guerra ciuil. Iap. Vchiuano qinxen, vatacuxi doriai. ¶ Intestinum opus. Lus. Ornato da casa feito de madeira. Iap. Qi nite xitaru iyenó cazari.

Intexo, is, xui, extũ. Lus. Entretecer. Iap. Mo nouo vori tçuquru. ¶ Intexere aliquẽ. Lus. Represẽtar a alguẽ falãdo. Iap. Fitono xi mai, l, xicatauo suru, l, fitono maneuo suru.

Intimè, adu. Lus. De coração, intrisecamen te. Iap. Fottari yori, cocoro yori. (ru.

Intimo, as. Lus. Auisar. Iap. Tçuguru, xiraſu-

Intimus, a, um. Lus. Cousa muito de dentro. Iap. Vocuno vocuni aru coto. ¶ Itẽ, Familiar amigo. Iap. Xitaxiqi mono, chijn. ¶ In intimis alicuius esse. Lus. Ser amado de alguem intimamente. Iap. Fucaqu fitoni xitaxi maruru.

Intinctus, us. Lus. Adubos. Iap. Reôrini iruru dŏgu. Vt, chŏji, nicqei, coxô nadu.

Intingo, is, inxi, inctum. Lus. Molhar, ou tingir. Iap. Nurasu, fitasu, l, somuru.

Intolerabilis, e. Lus. Cousa que se não pode soffrer. Iap. Corayerarezaru coto.

Intolerabiliter, adu. Lus. Intoleraueimente. Iap. Corayerarezu, coraye gataqu.

Intolerandus, a, ũ. Lus. Cousa insoffriuel. Iap. Corayerarezaru coto, corayegataqi coto.

Intólerans, antis. Lus. Impaciente. Iap. Cannin xezaru mono, corayezaru monó.

Intoleranter, adu. Lus. Impacientemente. Iap. Canninxezu xite, corayegataqute.

Intolerantia, æ. Lus. Impaciencia, ou não poder soffrer. Iap. Bucannin, l, corayegatasa.

Intondeo, es. Lus. Trosquiar ao redor. Iap. Mauariuo fasamu, fasami manasu.

Intono, as. Lus. Trouejar. Iap. Raimei suru. ¶ Item, Fazer grande estrondo. Iap. Vôqini fibiqu. ¶ Item, Falar com impeto, e agastamento. Iap. Icatte monouo yũ.

Intónsus, a, ũ. Lus. Cousa não trosquiada. Iap. Qiuo fasamazaru mono. ¶ Intonsi homines, & inculti. Lus. Homẽs agrestes. Iap. Yebisu.

Intorqueo, es, si, tum. Lus. Arremesar com impeto. Iap. Xeiuo idaxite naguru. ¶ Itẽ, Torcer. Iap. Nenzuru.

Intortus, a, um. Lus. Cousa enuolta, ou enrodilhada. Iap. Matouaretaru mono.

Intra, præp. Lus. Dentro. Iap. Vchi. ¶ Itẽ, Aquẽ, ou menos. Iap. Sucunaqu. Vt, intra legẽ aliquid facere. Lus. Fazer aquẽ do que a ley cõcede. Iap. Yuruxi yorimo sucunaqu monouo suru. ¶ Itẽ, Aduerb. Dentro. Iap. Vchini.

Intractabilis, e. Lus. Cousa que não se pode tratar, nẽ domar. Iap. Chinamarezaru mono, natçuqerarezaru mono.

Intractatus, a, ũ. Lus. Cousa indomita. Iap. Natçucazaru mono, aramono.

Intrarius, a, um. Lus. Cousa de dentro. Iap. Vchi

Vchi, l, vocuno coto.

Intratus, a, um. Lus. Cousa que foi entrada. Iap. Fitono iritaru tocoro.

Intremo, is, l, Intremisco, is. Lus. Tremer. Iap. Furů, dôyô suru, yurugu.

Intrépidè, adu. Lus. Sem medo. Iap. Vosore naqute.

Intrépidus, a, um. Lus. O q não tem medo. Iap. Vosore naqi mono.

Intrîco, as. Lus. Embaraçar. Iap. Midasu, maguiracasu. ¶ Intricare peculiũ. Lus. Empenhar o seruo algũas cousas de seu cabedal por diuida. Iap. Guenin vatacuxi monouo fumotno cauarini xichini idasu.

Intrinsecùs, adu. Lus. De dẽtro. Iap. Vchi, yori, vchi cara.

Intrîtum, i. Lus. Hũa laya de manjar. Iap. Reôrini xitaru xocubutno taguy.

Intritũ, i, l, Intrita, æ. Lus. Hũ certo genero de cal amassada. Iap. Conetaru ixibaino taguy. ¶ Itẽ, Intrita. Lus. Emprasto de terra pera o enxerto. Iap. Tçuguiqiuo nuru tçuchi.

Intrò, adu. Lus. Pera dentro. Iap. Vchiye.

Intro, as. Lus. Entrar dentro. Iap. Vchin iru, fairu. ¶ Intrare in familiaritatẽ alicujus. (pertransl.) Lus. Tomar amizade cõ alguem. Iap. Fajimete fitoto chijn suru.

Introclûdo, is. Lus. Encerrar dẽtro. Iap. Togi comuru.

Intrôdo, as. Lus. Meterse dentro em algum lugar. Iap. Vchini iru, fairu.

Introdûco, is. Lus. Meter dẽtro guiando. Iap. Annaixa xite vchiye iruru. ¶ Item, Instruir. Iap. Voxiyuru. ¶ Item, Introduzir. Iap. Fayarasuru.

Introductio, onis. Lus. Introdução dalgũa sciencia. Iap. Gacumonno xitazzucuroi.

Introeo, is, iui, itum. Lus. Entrar. Iap. Fairu. ¶ Introire in vitam. Lus. Nacer. Iap. Vmare izzuru.

Introitur, impers. Idem.

Introfero, ers. Lus. Trazer, ou leuar pera dẽtro. Iap. Vchini motte yuqu, l, quru.

Introgredior, eris, gressus sum. Lus. Entrar. Iap. Iru, fairu.

Introitus, us. Lus. Entrada. Iap. Iru coto nari, l, irucuchi.

Intromitto, is, misi, missum. Lus. Meter, ou receber dentro. Iap. Vchini iruru, l, vquru, mǒxi vquru.

Introrsum, siue Introrsus, adu. Lus. Pera dẽtro. Iap. Vchiye.

Introrumpo, is. Lus. Entrar com impeto. Iap. Xeiuo idaite fairu.

Introspicio, is. Lus. Olhar pera dentro. Iap. Vchiuo miru. ¶ Item, Considerar atentamẽte. Iap. Tçucuzzucuto xiansuru.

Introuoco, as. Lus. Chamar pera dentro. Iap. Vchiye yobu, yobi iruru.

Intrûdo, is. Lus. Empuxar pera dentro. Iap. Voxicomu.

Intubus, siue Intybus, l, Intubũ, siue Intybum, i. Lus. Almeirão, ou indiuia. Iap. Nazuna.

Intubâceus, a, um. Lus. Cousa de almeirão. Iap. Nazunani ataru coto.

Intueor, eris, tuitus. Lus. Olhar ao perto. Iap. Chicaqu miru. ¶ Intueri animo. Lus. Considerar. Iap. Xiansuru.

Intúitus, us. Lus. O olhar ao perto. Iap. Chicaqu miru coto uo yǔ.

Intumeo, es, siue Intumesco, is. Lus. Inchar se. Iap. Faruru, fucururu. ¶ Item, Intumesco. Lus. Indinarse. Iap. Icaru.

Intumulatus, a, um. Lus. Cousa não sepultada. Iap. Vzzumazaru mono.

Intuor, eris, intuitus, l, intutus sum. Lus. Olhar. Iap. Miru.

Inturbatus, a, um. Lus. Cousa não perturbada. Iap. Sauagazaru mono.

Inturbidus, a, ũ. Lus. Cousa não turba. Iap. Nigorazaru mono.

Intus, adu. Lus. Dentro. Iap. Vchini.

Intusium. vide Indusium.

Intûtus, a, um. Lus. Cousa não segura. Iap. Abunaqi coto, ayauqi coto, taxicanarazaru coto.

Intibus. vide Intubus.

Inuâdo, is, di, sum. Lus. Acometer com impeto. Iap. Iqiuoiuo motte toricaquru, l, voxiyosuru. ¶ Item, Entrar. Iap. Fairu.

Inualentia, æ. Lus. Fraqueza, ou doẽça. Iap. Youasa, yamai.

Inu-

Inualetudo, inis. Idem.

Inualesco, is, siue Inualeo, es. Lus. Côualecer, ou tomar forças. Iap. Chicarazzuqu, tçuyoru. ¶ Inualescere consuetudinem. Lus. Ser introduzido algum costume por longo tempo. Iap. Cataguiatte furetari.

Inualidus, a, um. Lus. Cousa fraca. Iap. Yeuaqi mono.

Inuectio, onis. Lus. O leuar em nao, carro, &c. pera dentro. Iap. Fune, curuma nite vchiye toriyosuru coto nari. ¶ Item, Impeto de animo contra alguem. Iap. Fitoni taixiteno icari, iqiuoi.

Inuectitius, a, um. Lus. Cousa q̃ se traz dêtro. Iap. Vchiye facobitaru coto.

Inuectiuus, a, um. Lus. Cousa com q̃ nes indinam os contra alguem, ou praguejamos delle. Iap. Fitouo qimuru cotouari, accô, zôgon.

Inuectus, us. Lus. O leuar em em barcação, carro, &c. pera dentro. Iap. Fune, curuma nadonite vchiye facobi iruru coto uo yû. ¶ Inuecta illata. Lus. Bens q̃ hû leua pera as casas alugadas, os quais estã obrigados ao dono dellas pera o aluguer. Iap. Mochite quru yadocarino xotaino gu uo cotoni yoriteua xucuchinno cauarini teixuno mama suru cotouo yû.

Inueho, is. Lus. Leuar pera dentro em nao, carro, ou jumẽto. Iap. Monouo fune, curuma nado nite tori yosuru. ¶ Item, Leuar em nao, ou carro. Iap. Fune, curumanite facobu. ¶ Item, Tratar mal de palauras a alguem cô furia. Iap. Fitouo qimuru, xicaru.

Inuehor, eris, inuectus sum. Lus. Tratar a alguem asperamente com palauras. Iap. Fitouo qimuru, xicaru.

Inuenditus, a, um. Lus. Cousa não védida. Iap. Ceejacu xezaru mono.

Inuenio, is. Lus. Achar. Iap. Mitçuquru, tazzune idasu. ¶ Item, Inuẽtar. Iap. Tacumi idasu. ¶ Item, Acquirir. Iap. Motomuru.

Inuentarium, ij. Lus. Enuentario. Iap. Xotai dôgu no nicqi.

Inuentio, onis, & Inuentum, i. Lus. O achar, ou inuentar. Iap. Mitçuquru, l, tacumi idasu cotouo yû.

Inuentus, us. Idem.

Inuentiuncula, æ. dim. Idem.

Inuentor, oris. Lus. Enuentor. Iap. Mitçuquete, tacumite.

Inuentrix, icis. fœm. Idem.

Inuenustè, adu. Lus. Sem graça. Iap. Xiuomo naqute, buxiuoni.

Inuenustus, a, um. Lus. Cousa desengraçada. Iap. Xiuomo naqi mono, buxiuonaru mono.

Inuerecundus, a, um. Lus. Desauergonhado. Iap. Fagiuo xirazaru mono.

Inuergo, is, exi. Lus. Correr cousa liquida, ou derramarse. Iap. Nagaruru, cobooruru.

Inuersio, onis. Lus. O virar. Iap. Vragayesu coto nari.

Inuersum. Lus. Por ordẽ. Iap. Xidai xidaini, narabete.

Inuerto, is, ti, sum. Lus. Virar. Iap. Vragayesu. ¶ Inuertere negotium aliquod. Lus. Perturbar algum negocio. Iap. Monouo maguiracasu.

Inuesperascit. Lus. Fazerse tarde. Iap. Banguèni naru, banzuru.

Inuestigabilis, e. Lus. Cousa q̃ não se pode buscar. Iap. Tazzunetarezaru mono, tãda yeratezaru mono, funbetni voyobazaru mono.

Inuestigatio, onis. Lus. O buscar, ou inquirir. Iap. Tandaye, tazzunuru coto nari.

Inuestigator, oris. Lus. O que busca com diligencia. Iap. Nengoroni monouo tandayuru, l, tazzunuru fito.

Inuestigo, as. Lus. Rastejar. Iap. Axiatouo xitô, tçunagu. ¶ Item, Buscar, inquirir cô diligencia. Iap. Nengoroni tazzunuru, tandayuru.

Inuestio, is. Lus. Enfeitar, ornar. Iap. Qexô suru, cazaru.

Inuestis, e. Lus. Mancebo, desbarbado. Iap. Figueno fayezaru vacaqi mono.

Inueterasco, is. Lus. Enuelhecer. Iap. Furuqu naru. ¶ Itẽ, Corroborarse o costume, &c.

&c. Iap. Cataguiga attefuretari, catamaru.
Inueteratio, onis. Lus. O enuelhecer, Iap. Furuqu naru coto nari.
Inueteratus, a, um. Lus. Cousa enuelhecida. Iap. Furuqu naritaru mono. ¶Inueteratum malum. Lus. Mal velho. Iap. Fisaxiqu yoni tçutauaru acuji. ¶ Inueteratum vinum, Lus. Vinho velho. Iap. Coxu.
Inuétero, as. Lus. Guardar algũa cousa ate se fazer velha. Iap. Furuqu naru made monouo tacuuayuru. ¶ Item, Firmarse, corroborarse com vso. Iap. Atte furetari, catamaru.
Inuicem, adu. Lus. Areuezes. Iap. Tagaini, cauarigauari.
Inuictus, a, um. Lus. Cousa inuencibel. Iap. Maqezaru mono. ¶ Inuictum se à labore præstare. Lus. Mostrarse incansauel nos trabalhos. Iap. Xinrõni tçucarezarumono.
Inuidentia, æ. Lus. Enueja. Iap. Vrayami, sonemi, netami.
Inuidiola, æ. dim. Idem.
Inuideo, es, di, sum. Lus. Ter enueja. Iap. Vrayamu, sonemu, netamu.
Inuidè, adu. Lus. Enuejosamẽte. Iap. Sonemite, vrayamite.
Inuidia, æ. Lus. Enueja. Iap. Vrayami, sonemi. ¶ Item, Odio. Iap. Nicuxin.
Inuidiosè, adu. Lus. Com odio. Iap. Nicunde, nicuxinuo motte.
Inuidiosus, a, um. Lus. Cousa enuejada. Iap. Sonemaruru mono. ¶ Item, Cousa que faz odioso a alguem. Iap. Nicumaruru daimoçuto naru coto. ¶ Item, Enuejoso. Iap. Sonemu mono.
Inuidus, a, um. Lus. Enuejoso. Iap. Sonemu, l, vrayamu mono.
Inuígilo, as. Lus. Velar com cuidado. Iap. Cocorogaqete nezuno ban suru. ¶ Itẽ, Trabalhar em algũa cousa. Iap. Mononi xeiuo iruru.
Inuinius, a, um. Lus. O que não bebe vinho. Iap. Gueco. Apuleius.
Inuiolabilis, e. Lus. Cousa que se não pode violar, ou ferir. Iap. Qegasarezaru mono, somucarezaru mono, l, tcuqu coto canauazaru mono.
Inuiolatè, adu. Lus. Inuioladamente, inteiramente. Iap. Qegasarezu, tadaxiqu.
Inuiolatus, a, um. Lus. Cousa não violada, ou inteira. Iap. Qegarezaru mono, tadaxiqi mono.
Inuîso, is, si, sũ. Lus. Visitar. Iap. Mimŏ, votozzururu.
Inuisus, a, ũ. Lus. Cousa não vista. Iap. Ymada mizarixi mono. ¶ Itẽ, Cousa aborrecida. Iap. Nicuqi mono, nicuteina mono.
Inuitabilis, e. Lus. Cousa deleitosa. Iap. Vomoxiroqi mono.
Inuitatio, onis, siue Inuitamẽtũ, i. siue Inuitatus, us. Lus. O atrahir. Iap. Cocorouo caramuquru coto nari.
Inuitè, l, Inuitò, siue Inuitis plur. adu. Lus. Constrãgidamẽte. Iap. Fuxõni, sucumete.
Inuîto, as. Conuidar pera comer. Iap. Furumõ, l, furumaini xõdai suru. ¶ Item, per transl. Attrahir, incitar. Iap. Cocorouo caramuquru, susumuru, moyouosu. ¶ Inuitare aliquem poculis maioribus. Lus. Prouocar a alguẽ a beber muito. Iap. Mo nouo nomeço xitatacani xiyuru. ¶ Inuitare se. Lus. Meterse muito no comer, e beber sem ninguem o forçar. Iap. Xijzaru ni vonjiqini chõzuru.
Inuitus, a, um. Lus. Constrãgido. Iap. Sucumerataretaru mono.
Inuius, a, um. Lus. Cousa sem caminho. Iap. Michinaqi tocoro.
Inula, æ. Lus. Erua cãpana. Iap. Cusano na.
Inultus, a, um. Lus. Cousa não vingada. Iap. Ymada susugazaru chijocu. ¶ Itẽ, Homem que não vingou a injuria recebida. Iap. Chijocuuo susugazaru fito.
Inumbro, as. Lus. Fazendo sombra cobrir. Iap. Caqueuo motte vouô. ¶ Item, per trãsl. Defender. Iap. Mamoru, xugo suru. ¶ Inumbrata quies. Lus. Descãso falso, e enganoso. Iap. Adanaru cutçurogui.
Inunco, as. Lus. Arrebatar. Iap. Ficcaquru, finbôte toru, mogui toru.
Inunctio, onis. Lus. O vntar. Iap. Nuru coto nari.

Inundatio, onis. Lus. Enchente do rio. Iap. Afure nagaruru mizzu, cŏzui.

Inundo, as. Lus. Sair o rio fora da madre, ou tresbordar. Iap. Mizzucasaga masaru, afururu, l, michi afururu, coboruru. ¶ Item, Alagar. Iap. Casui denbacu nadoni afururu. ¶ Item, per transl. Correr muitos de rondam. Iap. Vôjei qiuoi cacaru.

Inungo, is, xi, unctum. Lus. Vntar. Iap. Nuru.

In vnguem. Lus. Perfeitamẽte. Iap. Taxxite, xixxite. ¶ Arbores in vnguem positæ. Lus. Aruores postas por tal ordem que fiquem todas iguais. Iap. Narabi vyetaru qi, namiqi.

Inuniuersum. Lus. Géralmente. Iap. Voxinabete, amanequ, sôjite, sôbet.

Inuocatus, a, um. Lus. Não chamado. Iap. Yobarezaru mono.

Inuoco, as. Lus. Chamar pera dentro. Iap. Yobicomu. ¶ Item, Chamar em socorro. Iap. Caxeini yobu. ¶ Item, Não chamar. Iap. Yobazu.

Inuolo, as. Lus. Arremesarse a alguem com impeto. Iap. Iqiuôte toricaquru. ¶ Item, Arrebatar, Iap. Vottoru, finbôte toru. ¶ Item, Voar pera dentro. Iap. Vchiye tobi iru.

Inuólito, as, frequent. Idem.

Inuolûcre, is. Lus. Toalha de barbear. Iap. Camisorino toqino tenogoi.

Inuólucris, e. Lus. Cousa que ainda não pode voar. Iap. Ymada sorauo tobi yezaru mono.

Inuolûcrum, i. Lus. Aquilo em que se embrulha, ou cobre algũa cousa. Iap. Firatçu tçumi, yutan, nado. ¶ Inuolucris simulationum tegi. Lus. Estar palliado com affeitos dissimulados. Iap. Yadacamatteyru.

Inuoluo, is, ui, lutum. Lus. Enuoluer. Iap. Maqu, tçutçumu, curu. ¶ Item, Enrodilhar, ou cobrir. Iap. Matô, vouô. ¶ Itẽ, pertransl. Escurecer algũa cousa. Iap. Cumorasu, curaqu nasu.

Inuóluolus, i. Lus. Bicho daruore. Iap. Qino fa nadouo curŏ muxi.

Inurbanè, adu. Lus. Rustica, & descortesmente. Iap. Bureini, zuini, jiguinaqu.

Inurbanus, a, um. Lus. Rustico, descortés. Iap. Iiguiuo xirazaru mono, bureinaru mono, inacaraxiqi mono.

Inurgeo, es. Lus. Oprimir. Iap. Xemuru, susume tatçuru, voxiyaru.

Inurîno, as. Lus. Mergulhar, e tornar arriba. Iap. Mizzuni xizzunde yori vcabu.

Inûro, is. Lus. Ferrar com ferro quente. Iap. Yaqejiruxiuo tçuquru. ¶ Item, Pintar com certas tintas queimadas. Iap. Monouo yaite yenoguni xite yeuo caqu. ¶ Inurere ignominiam alicui. Lus. Infamar a alguem. Iap. Acumiŏuo tatçuru. ¶ Inurere sibi maculam. Lus. Pór nodoa perpetua em sua fama. Iap. Vaga mardaino caqinto nasu.

Inusitatè, adu. Lus. Fora do costume. Iap. Rei narazuni.

Inusitatus, a, um. Lus. Cousa desacostumada. Iap. Rei narazaru coto, xinarezaru coto.

Inútilis, e. Lus. Cousa sem proueito. Iap. Tocu naqi coto, yeqi naqi coto, yôni tatazaru mono.

Inutilitas, atis. Lus. Desaproueitamẽto. Iap. Muyacu.

Inutiliter, adu. Lus. Sem proueito. Iap. Tocu naqu.

Inuulneratus, a, ũ. Lus. Não ferido. Iap. Teuo vouazaru mono, qizuuo vqezaru mono.

I ANTE O.

Io, interiectio dolentis, siue exultantis.

Iocans, antis. Lus. O que zomba de palauras. Iap. Iarecotouo yŭ mono.

Iocatio, onis. Lus. O zõbar de palauras. Iap. Iarecotouo yŭ coto nari.

Iocor, aris. Lus. Dizer, ou fazer algũa cousa zombando. Iap. Iarecotouo yŭ, l, suru.

Iocosè, adu. Lus. Zombando. Iap. Iarecotoni, ajarani.

Iocularis, e. Lus. Cousa de zombaria, ou ridiculosa. Iap. Naburi mono, vocaxiqi mono.

Iocularitet, adu. Lus. De zombaria. Iap. Iarecotoni, ajarani.

E ee Io-

Iocularius, a, um. Lus. Cousa dita, ou feita por zombaria. Iap. Iare cotoni yuitaru, l, xitaru coto. ¶ Item, Cousa ridicula. Iap. Vocaxiqi mono.
Ioculatorius, a, um. Lus. Cousa feita por zõbaria. Iap. Ajarani xitaru coto.
Ióculor, aris. Lus. Dizer, ou fazer algũa cousa zombando. Iap. Iare cotouo yŭ, l, suru.
Iocus, i, & Ioci, l, Ioca, orum. Lus. Zombaria. Iap. Iare coto.
Ióculus, i. dim. Idem.
Ionti, orum. Lus. Inchaços pequenos, e duros que nacem no rosto. Iap. Cauoni dequru cataqu chijsaqi faremono.
Iouis flos. Lus. Hũa flor. Iap. Aru fanano na.

I ANTE P.

IPes, is, l, Ips, ipis. Lus. Hum bicho que roe os olhos das vides. Iap. Budŏno cazurano medachiuo curŏ muxi.
Ipse, a, um. Lus. Elle, & ella mesma. Iap. Sono mono, are, sore. ¶ Is ipse. Lus. Elle mesmo, & não outro. Iap. Are vareto.
Ipsus. idem. apud antiq.
Ipsulces. Lus. Figuras de homẽs feitas de oropel. Iap. Chŭjacu no ninguiŏ.

I ANTE R.

IR, vide Hir.
Ira. vide Hira.
Ira, æ. Lus. Ira. Iap. Icari, fucuriŭ, tanrio.
¶ Iram eucmere in aliquem. Lus. Agastarse contra alguem. Iap. Fitouo qimuru, icaru. ¶ Exercere iras. Lus. Andar em inimizades, & iras. Iap. Fuquai xiteicaru.
Iracundè, adu. Lus. Agastadamente. Iap. Icatte, farauo tatete.
Iracundia, æ. Lus. Inclinação a ira. Iap. Tãrio naru vmaretçuqi. ¶ Item, Ira. Iap. Icari, tanrio.
Iracundus, a, um. Lus. O que facilmente se agasta. Iap. Tanrionaru mono, qimijicanaru mono.
Irascor, eris. Lus. Irarse. Iap. Icaru, farauo tatçuru. ¶ Irasci vicẽ alicuius. Lus. Doerse da sorte dalguem. Iap. Fitono vyeno itauaru.
Iratè, adu. Lus. Com ira. Iap. Icatte.
Iratus, a, um. Lus. Irado. Iap. Icaru mono.
Irceus, ei. Lus. Hum genero de lingoiça. Iap. Aru xocubut no na.
Irenarches, siue Irenarcha, æ. Lus. O q̃tem cuidado de emendar os costumes publicos, & apaziguar os cidadões. Iap. Toco rono axiqi cataguiuo nauoxi, fuquaino fitouo jugan sasuru yacuuo mochitaru mono.
Irinum, i. Lus. Vnguento de lirio. Iap. Caqitçubatanite chŏgo xitaru cusuri.
Iris, idis. Lus. Arco da velha. Iap. Niji. ¶ Item, Lirio azul. Iap. Caqitçubata.
Irion, onis. Lus. Hum genero de painço. Iap. Auano rui.
Irnella, æ. Lus. Hum certo vaso que se vsaua nos sacrificios. Iap. Tamuqeno toqi tçucaixi vtçuuamono.
Ironia, figura est, cùm pronuntiatione ipsa diuersum ostendimus significare abeo, quod verba ipsa videntur sonare.
Irpices. Lus. Hum genero de ansinho. Iap. Cusauo fiqu cumade.
Irradio, as. Lus. Deitar de si rayos, ou alumiar. Iap. Fiaxiuo sasu, l, ficariuo fanatçu, cacayacasu.
Irrasus, a, um. Lus. Cousa não raspada, ou rapada. Iap. Cosoguezaru mono, l, camisorazaru mono.
Irrationabilis, e. Lus. Cousa que carece de rezão. Iap. Chiye, funbet naqi mono.
Irrautio, is, si, sum, siue Irraucesco, is, cui. Lus. Enrouquecer. Iap. Coyega caruru.
Irrediuiuus, a, um. Lus. Cousa que se não pode refazer. Iap. Aratamerarezaru mono, voguinauarezaru mono.
Irredux, ucis. vt irredux via. Lus. Caminho donde se não pode tornar a saluamento. Iap. Tçutçuganŏ cayerarezaru michi.
Irreligatus, a, um. Lus. Cousa não atada. Iap. Musubazaru mono, caramezaru mono, tçunagazaru mono.
Irreligiosus, a, um. Lus. Cousa repugnante a piedade, & virtude. Iap. Ienxin narazaru mo-

mono, futŏnaru mono.

Irremeabilis, e. Lus. Donde se não pode tornar. Iap. Cayerarezaru tocoro.

Irremediabilis, e. Lus. Cousa sem remedio. Iap. Reôqetionaqi coto, xêcatanaqi coto.

Irremunerabilis, e. Lus. Cousa que não se pode remunerar. Iap. Fôji gataqi coto.

Irreparabilis, e. Lus. Cousa q̃ não se pode reparar. Iap. Saicô xerarezaru coto, aratamerarezaru coto.

Irrepertus, a, um. Lus. Cousa não achada. Iap. Mitçuqezarixi mono.

Irrêpo, is. Lus. Entrar como de gatinhas mãsa, e escondidamente. Iap. Nuqi axiuo xite fairu.

Irrepto, as, frequent. Idem.

Irreprehensus, a, um. Lus. Cousa sem culpa. Iap. Modocaru majiqi mono, vocaxi naqi mono.

Irrequietus, a, um. Lus. Cousa sem descanso, ou desassosegada. Iap. Cutçurogazaru mono, fataraqi vgoqi yamazaru mono.

Irresectus, a, um. Lus. Cousa não cortada. Iap. Qirarezarixi mono.

Irresolûtus, a, um. Lus. Cousa não desatada. Iap. Toqezaru mono, yurumazaru mono.

Irretio, is, iui, itum. Lus. Enredar, ou eganar. Iap. Amini caquru, l, tabacaru. ¶ Irretire illecebris. Lus. Enredar a alguem com afagos. Iap. Sucaxi nabiquru.

Irretîtus, a, um. Lus. Cousa enredada, ou presa com enganos, ou afagos. Iap. Amini cacaritaru mono, sucaxi nabiqeraretaru mono, tabacararetaru mono.

Irretortus, a, um. Lus. Cousa não torta. Iap. Yogamazaru mono, sunauonaru mono.

Irreuerens, tis. Lus. Cousa sem acatamento, ou descortés. Iap. Vyamai naqi mono, bureinaru mono.

Irreuerenter, adu. Lus. Sem acatamento. Iap. Vyamai naqu, bureini.

Irreuerentia, æ. Lus. Desacatamento. Iap. Vyamai naqiuo yů, burei.

Irreuocâbilis, e. Lus. Cousa que não se pode reuogar. Iap. Toricayesarezaru coto.

Irreuocandus, a, um. Idem.

Irreuocatus, a, um. Lus. Cousa não reuogada. Iap. Xinauosarezari xi coto.

Irreuoltus, a, um. Lus. Cousa não reuoluida. Iap. Mauasarezarixi mono.

Irrideo, es, si, sum. Lus. Escarnecer. Iap. Naburu, azaqeru.

Irridiculè, adu. Lus. Sem graça. Iap. Xiuomo naqute, buxiuoni.

Irrigatio, onis. Lus. O regar. Iap. Mizzuuo caquru, l, fiqu coto nari.

Irrigo, as. Lus. Regar. Iap. Mizzuuo caquru, l, fiqu.

Irriguus, a, um. Lus. Cousa de regadio, ou q̃ facilmente se pode regar. Iap. Mizzuno cacaru tocoro, l, mizzuno cacari yasuqi ta, fataqe nado. ¶ Irrigua aqua. Lus. Agoa de regar. Iap. Ta, fataqeni caquru mizzu.

Irripio, is. Lus. Entrar dentro pera roubar. Iap. Monouo vbaitoru tameni vchini voxi iru.

Irrisio, onis. Lus. Escarneo, ou zombaria. Iap. Naburi, azaqeri.

Irrisor, oris. Lus. Escarnecedor. Iap. Naburite.

Irrisus, a, um. Lus. Cousa escarnecida. Iap. Naburaretaru mono.

Irrisus, us. Lus. Escarneo. Iap. Naburi, azaqeri. ¶ Irrisui esse. Lus. Ser tido em zombaria. Iap. Varaigusa, l, naburi mononi naru.

Irritabilis, e. Lus. Cousa asomada, ou que facilmente se prouoca aira. Iap. Icariuo vocoxi yasuqi mono, tanrio naru mono.

Irritamentum, i. Lus. Cousa com que se prouoca, ou incita. Iap. Susume, moyouoxi, saisocu. ¶ Irritamenta gulæ. Lus. Adubos, ou temperas que despertão o apetite de comer. Iap. Xocuuo susumuru reôri nado dŏgu.

Irritâmen, inis. Idem.

Irritatio, onis. Lus. O atiçar, ou incitar. Iap. Icariuo vocosasuru coto nari, l, susumuru coto nari.

Irritatus, a, um. Lus. Cousa prouocada. Iap. Moyouosaretaru mono, susumeraretaru mono. ¶ Item, Homem irado. Iap. Tan-

Tanriouo vocoxitari mono.

Irrîto, as. Lus. Atiçar, ou prouocar. Iap. Sulumuru, qexi, caqtru, vocosu.

Irritus, a, um. Lus. Cousa sem valor, ou vigor. Iap. Sutaretaru mono. Vt, fatto nado. ¶ Itẽ, Cousa aniquilada, e apagada. Iap. Muni nattaru mono. ¶ Irritæ preces. Lus. Rogos sem efeito. Iap. Muyacu naru tanomi, l, soxô.

Irróboro, as. Lus. Fortalecerse. Iap. Tçuyoru, chicarazzuqu.

Irrogatio, onis. Lus. Imposição. Iap. Atçuru, l, sadamuru coto nari.

Irrogatus, a, um. Lus. Cousa imposta. Iap. Sadameraretaru coto, ategauaretaru coto.

Irrogo, as. Lus. Impor, ou atribuir. Iap. Atçuru, ategǒ, sadamuru. ¶ Irrogare alicui mortem. Lus. Matar. Iap. Corosu.

Irrôro, as. Lus. Rociar, ou molhar. Iap. Vruuosu, sosoqu.

Irrubeo, es, siue Irrubesco, is. Lus. Fazerse vermelho. Iap. Acaqu naru, acamu.

Irructo, as. Lus. Arrotar pera alguem. Iap. Fitoni vocubiuo tçuqicaquru.

Irrugeo, es. Lus. Bramir muito o lião. Iap. Xixiuǒ vôqini saqebu, foyuru.

Irrugo, as. Lus. Arrugar. Iap. Xiuauo yosuru.

Irrumpo, is, rupi. Lus. Entrar com impeto. Iap. Voxi iru, xiqirini iru.

Irruptio, onis. Lus. Entrada impetuosa. Iap. Voxi iru coto nari.

Irruo, is, rui, rutum. Lus. Arremeter com furia. Iap. Xeiuo daite toricacaru.

Irriola, æ. Lus. Hum genero de vide. Iap. Budǒno taguy.

I ANTE S.

IS, ea, id. Lus. Aquelle, ou este. Iap. Ano, cono, are, core. ¶ Item, Tal. Iap. Cono bun, cono yǒni.

Isagóge, es. Lus. Introdução, ou principios de algũa arte. Iap. Nôgueino y ro fa, xitagi.

Isagógicon. Lus. Liuro que trata de principios de algũa arte. Iap. Nôgueino y ro fa uo xiruxitaru xomot.

Isatis. Lus. Pastel de tingir. Iap. Mononuo somuru cusano na.

Ischades, um. Lus. Figos passados. Iap. Foxitaru figoto yũ conomi.

Ischas, adis. Lus. Hum genero de rabão agreste. Iap. Tendǒ daiconno rui.

Ischia, æ. Lus. Coxa. Iap. Yebira.

Ischiacus, a, um, siue Ischiadicus, a, um. Lus. Doente de ciatica. Iap. Cacqeuo vazzurǒ mono.

Ischias, adis. Lus. Ciatica. Iap. Cacqe. ¶ Item, Hũa erua que mastigada mitiga a dôr dos dentes. Iap. Camite fano itami uo yauaraguru cusano na.

Iscuria, æ. Lus. Angurria. Iap. Rinbiǒ.

Isocinnamon. Lus. Hũa aruorezinha de grã de cheiro. Iap. Cǒbaxiqi chijsaqi qino na.

Isódomon. Lus. Hum genero de fabrica. Iap. Aru iyeno tçucuri yǒuo yũ.

Isonómia, æ. Lus. Igualdade de direito. Iap. Fattono qenbǒnaru cotouo yũ.

Istac, adu. Lus. Por esse lugar. Iap. Sono tocoro yori.

Iste, ista, istud. Lus. Esse. Iap. Sore, core, sono, cono.

Istic, istæc, istoc. Idem.

Isthmia, inter quatuor sacra certamina numerantur, quæ quinto quoque anno in Græcia celebrari solebant.

Isthmus, i. Lus. Garganta da terra com q̃ a peninsula se ajunta à terra firme. Iap. Ximano gitçuzzuqi.

Istic, adu. Lus. Ahy. Iap. Soconi.

Istinc, adu. Lus. Dahy. Iap. Sorecara.

Istius modi, adu. Lus. Desta maneira. Iap. Sono bunni, sono yǒni.

Istò, adu. Lus. Pera essa parte. Iap. Sono cataye.

Istoc, adu. Lus. Dahy. Iap. Sorecara.

Istuc, adu. Lus. Pera ahy. Iap. Sono cataye.

Istorsum, adu. Idem.

Istuccine. Lus. Isso por ventura. Iap. Moxi soreca.

I ANTE T.

ITa, adu. Lus. Assi. Iap. Gotocu. ¶ Itẽ, Si. Iap. Nacanaca. ¶ Ita sanè. Lus. Assi he. Iap.

Iap. Sonobun nari. ❡ Itaque. Lus. Assi que. Iap. Xicareba.

Item, adu. Lus. Outrosi. Iap. Mata, vonajiqu.

Iter, itineris. Lus. Caminho. Iap. Michi, roxi, daidŏ. ❡ Itē, Instituto, ou determinação. Iap. Cuuatate, vomoitachi. ❡ Iter habere, vel facere. Lus. Caminhar. Iap. Aruqu, axiuo facobu, focŏsuru.

Iteratio, onis. Lus. O repetir. Iap. Futatabi monouo suru, l, yŭ coto nari. ❡ Item, O expremer a segunda vez as azeitonas. Iap. Aburano niban xibori. ❡ Item, O laurar os campos a segunda vez. Iap. Nido denbacuuo cŏsacu suru coto nari.

Itero, as. Lus. Repetir. Iap. Futatabi monouo suru, curicayesu. ❡ Iterare æquor. Lus. Tornar a nauegar. Iap. Casanete funavata riuo suru. ❡ Iterare terrā, agrum, &c. Lus. Tornar a laurar a terra. Iap. Casanete ta, fataqeuo tagayesu. ❡ Item, Apud Geliū. Caminhar. Iap. Aruqu.

Iterum, adu. Lus. Outra vez. Iap. Ima ichido, casanete, futatabi. ❡ Itē, A segūda vez. Iap. Nibanni.

Itidem, adu. Lus. Da mesma maneira. Iap. Vonajiqu.

Itinerarium, ij. Lus. Memorial dos lugares, e cousas do caminho. Iap. Roxino aidani mitaru tocoroto, arixi cotono nicqi.

Itinetor, aris. Lus. Caminhar. Iap. Aruqu, axiuo facobu.

Itio, onis. Lus. Ida, ou partida. Iap. Yuqu, l, tatçu coto nari.

Itus, us. Idem.

Ito, as. freq. Lus. Ir amiude. Iap. Xiguequ yuqu.

I ANTE V.

Iuba, æ. Lus. Coma dos animais. Iap. Qedamonono tategami.

Iubar, aris. Lus. Claridade, ou resplādor do sol, lũa, ou estrelas. Iap. Tçuqi, fi, foxino ficari. ❡ Item, per trāsl. Magestade. Iap. Fitono yquŏ, yxei. ❡ Item, Resplādor de ouro, prata, etc. Iap. Qinguinnado yori izzuru ficari.

Iubatus, a, um. Lus. Animais q̃ tem comas. Iap. Tategamino aru qedamono.

❡ Iubati angues. Lus. Cobras de crista, e de collo alto. Iap. Caxirauo tataqu mochi cossacano yŏnaru monouo itadaqitaru ja.

Iubeo, es, iussi, ssum. Lus. Mandar como senhor. Iap. Guegi suru. ❡ Itē, Determinar. Iap. Sadamuru. ❡ Item, Querer, ou desejar. Iap. Nozomu. Vt, iubeo te valere. ❡ Item, Rogar. Iap. Tanomu.

Iubilatus, us. Lus. Grito dos rusticos. Iap. Fiacuxŏrano saqebu coye.

Iúbilo, as. Lus. Fazer festa com vozes. Iap. Quangui, yuyacu suru.

Iúbilum, i. Lus. Contentamento q̃ se mostra na voz. Iap. Quangui, yuyacu.

Iucundè, adu. Lus. Alegremente. Iap. Yorocon de. (isami.

Iucunditas, atis. Lus. Prazer. Iap. Yorocobi,

Iucundor, aris, l, Iucundo, as. Lus. Alegrar se. Iap. Yorocobu, isamu.

Iucundus, a, um. Lus. Cousa jocunda. Iap. Yorocobaxiqi coto, vomoxiroqi coto.

Iudex, icis. Lus. Iuiz. Iap. Tadaxite, qĕmŏ.

Iudicatio, onis. Lus. O julgar, ou sentenciar. Iap. Qiŭmei, l, tacugiacu suru coto nari. ❡ Item, Principal ponto da demanda. Iap. Cujisatano canyŏna daimocu.

Iudicatus, us. Idem. ❡ Item, Officio de juiz. Iap. Tadaxiteno yacu.

Iudicatò, adu. Lus. Cō maduro juizo. Iap. Yoqu yoqu xianuo cuuayete.

Iudicatus, a, um. Lus. Cousa julgada. Iap. Tacugiacu xerarexi coto. ❡ Iudicatū facere. Lus. Pagar o q̃ mandou o juiz. Iap. Tadaxiteno sadamerarexi fodo fenben suru. ❡ Iudicatus pecuniæ. Lus. Condenado em pena pecuniaria. Iap. Quataini caneuo caqerare taru mono.

Iudicialis, e. Lus. Cousa q̃ pertence ao juizo. Iap. Qiŭmeini ataru coto.

Iudiciarius, a, um. Lus. Cousa de juizo, ou de juiz. Iap. Qiŭmeini ataru coto, l, tadaxiteni ataru coto.

Iudiciū, ij. Lus. Altercação dos litigātes diāte do juiz. Iap. Tadaxiteno maye nite no cujisata. ❡ Itē, Parecer dalguē. Iap. Zŏbū.

Iúdico, as. Lus. Iulgar. Iap. Qiŭmei suru, tadasu.

daſu. ¶ Itē, Sentenciar. Iap. Racugiacu, l, qergiacu ſuru. ¶ Interd. Ter opinião de algũa couſa. Iap. Vomô, zonzuru. ¶ Iudicare aliquem creditori. Lus. Entregar o deuedor ao acrédor. Iap. Qendannin xacuxenuo xitaru fitouo caxiteno te ni vataſu.

Iugales. Lus. Cauallos ajuntados ē hũ meſmo jugo. Iap. Vonaji cubicaxeuo caqetaru vma.

Iugalis, e. vt iugale vinculum. Lus. Vinculo matrimonial. Iap. Fūfuno yen, cayen.

Iugamentum, i. Lus. Armação das janelas de pao, ou pedra. Iap. Madono xiqij, camoi, tatezzume nado.

Iugarius, ij. Lus. Boeiro, ou carreteiro. Iap. Vxicai, l, curumayari.

Iugata vitis. Lus. Vide alçada, ou empáda. Iap. Taqe nado nite yuitatetaru budǒno tçuru.

Iugatorius, a, um. vt iugatorius bos. Lus. Boy q̃ tira o carro. Iap. Curumavji.

Iugeratim, adu. Lus. De geira, ē geira. Iap. Caraſuqi icchǒuo vxi nifiqi nite ichinichi ſuqitaru tçuchino bunbunni.

Iúgerũ, i. Lus. Geira. Iap. Caraſuqi icchǒ, vxi nifiqi nite ichinichi ſuqitaru bun.

Iuges, um. Lus. Boys, ou cauallos do meſmo jugo. Iap. Vonaji cubicaxeuo caqetaru vxi, l, vma.

Iugis, e. Lus. Couſa perēne, ou cõtinua. Iap. Fudanno coto, futaino coto, tayenu coto.

Iúgiter, adu. Lus. Perēnemēte, ou continuadamente. Iap. Iǒgiũ, fudan, tayezuxite.

Iuglans, andis. Lus. Nogueira. Iap. Curumi no qi.

Iugo, as. Lus. Ajuntar. Iap. Auaſuru. ¶ Itē, Ajuntar em caſamento. Iap. Yenuo muſubaſuru.

Iugo, is. Lus. Aſouiar os minhotos. Iap. Tobiga naqu.

Iugoſus, a, ũ. Lus. Couſa ingreme. Iap. Sobiyetaru tocoro, qeuaxiqi tocoro. ¶ Itē, Lugar cheo de outeiros. Iap. Vocano vouoqi tocoro.

Iugulatio, onis. Lus. O degolar, ou matar. Iap. Coroſu, l, cubiuo qiru coto nari.

Iúgulo, as. Lus. Degolar. Iap. Vnqiuo fanuru, aguiuo fanaſu, cubiuo qiru, carauo caqu. ¶ Item, Matar. Iap. Coroſu. ¶ Iugulare hominē ſuis verbis. Lus. Conuencer a alguē com ſuas meſmas palauras. Iap. Aiteno cotobauo motte aiteuo iytçumuru. ¶ Iugulare aliquem gladio plumbeo. Lus. Conuencer facilmente a alguē. Iap. Zǒſamonaqu fitouo iytçumuru. ¶ Iugulari ſuo gladio, ſuoque telo. Lus. Ser cõuēcido com ſeu proprio dito, ou ardil. Iap. Vaga cotoba, l, xiyǒni yotte tçumaru.

Iúgulus, i, l, Iugulum, i. Lus. Goella. Iap. Nodobuye. ¶ Dare, & præbere iugulũ. Lus. Deixarſe matar. Iap. Vaga cubiuo vtaſuru. ¶ Petere iugulũ. Lus. Procurar a morte a alguem. Iap. Fitono inochiuo tatanto cuuatatçuru. ¶ Iugulum oſtentare pro capite alicuius. Lus. Porſe a perigo de morte pola vida de alguem. Iap. Fitouo taſuqentote inochini caqete daijini voyobu. ¶ Iugulum petere. Lus. Inſistir o orador no ponto principal do aduerſario. Iap. Cuji ſatano canyǒ naru dai mocuuo iycuzzuſanto xemo iruru.

Iugum, i. Lus. Iugo. Iap. Cubicaxe. ¶ Itē, Cume do monte. Iap. Yamano mine, tacami, tacane. ¶ Item, Orgão do tear. Iap. Ynotçume. ¶ Item, Iunta de boys. Iap. Vonaji cubicaxeuo fiqu nifiqino vxi. ¶ Item, Iugo por onde paſſauam a os vencidos. Iap. Caxxẽni maqetaru teqiuo chijocuno xiruxitoxite touoſu toriyno yǒnaru qi. ¶ Item, Iuga. Lus. Bancos em que ſe aſſentã os remeiros. Iap. Caiuo caqumononо coxiuo caquru tocoro. ¶ Item, Latada da vinha. Iap. Budǒno tana. ¶ Item, Geira de terra. Iap. Caraſuqi icchǒno vxi nifiqi nite ichinichi ſuqitaru bun. ¶ Item, Braço da balança. Iap. Tenbinno ſauo. ¶ Item, Seruidão, ou carga peſada do catiueiro. Iap. Yatçucono nangui, nangan. ¶ Iactare iugum. Lus. Sofrer mal o catiueiro. Iap. Yatçu-

conc

cono xindaiuo fuxǒni corayuru. ¶ Item, Iugum. Lus. Cabo da viola onde estam os trastos. Iap. Bachino cubi.

Iulus, i. Lus. Penugem das aruores que sae antes das flores. Iap. Fanano tçubomini aru qe. ¶ Item, Bicho de cabellos que anda nas aruores. Iap. Qemuxi. ¶ Itẽ Penugem da barba. Iap. Vbugue.

Iumentum, i. Lus. Besta de carrega, ou azemela. Iap. Niuo vǒsuru qedamono. ¶ Item, Hum genero de carro. Iap. Arucuru mano tagŭy. ¶ Suo iumento sibi malũ accersere. Lus. Fazerse mal asi mesmo. Iap. Vareto mimi atauo nasu.

Iuncêtum, i. Lus. Iuncal. Iap. Yda.

Iunceus, a, um. Lus. Cousa feita de junco. Iap. Yni te tçucuritaru mono. ¶ Iuncea virgo. Lus. Donzella delicada. Iap. Fiuazzu, bijacunaru nhonin.

Iuncinus, a, um. Idem.

Iuncosus, a, um. Lus. Cousa chea de juncos. Iap. Y vouoqu aru tocoro.

Iunctim, adu. Lus. Iuntamente. Iap. Auaxete, tomoni.

Iunctio, onis. Lus. Cõneixão, ou ajuntamento. Iap. Auasuru coto nari.

Iunctura, æ. Idem. ¶ Genuum iunctura. Lus. Iuntura dos joelhos. Iap. Fizano tçugai. ¶ Verborũ iunctura. Lus. Encadeação das palauras. Iap. Cotobano cusari.

Iunctus, a, um. Lus. Cousa ajuntada. Iap. Auaxetaru, l, tçuguitaru coto. ¶ Puella iuncta matrimonio. Lus. Donzella casada. Iap. Yenuo musubitaru vacaqi nhonin.

Iuncus, i. Lus. Iunco. Iap. Y.

Iuncus odoratus. Lus. Hum certo genero de junco cheiroso. Iap. Cǒbaxiqi yno rui.

Iunculus, i. dim. Idem. ¶ Item, Alfeloa. Iap. Amaqi monono rui. ¶ Itẽ, Hũ genero de requeijão. Iap. Guiũyǒno chinite tçucuritaru xocubutuo yŭ.

Iungo, is, xi, nctum. Lus. Ajũtar. Iap. Auasuru, tçugu.

Iunices, icum. Lus. Vacas, nouilhas. Iap. Vacaqi vname, mevji.

Iuniculus, i. Lus. Vide velha cũprida. Iap. Nagaqu, furuqi budǒno tçuru.

Iunior, oris. Lus. O mais mãcebo. Iap. Nauo vacaqi mono.

Iuniperus, i. Lus. Zimbro aruore. Iap. Qino na.

Iunis, e. Lus. Cousa de fresca idade. Iap. Toxizacarino mono, sacarinaru mono.

Iunius, ij. Lus. Mes de Iunho. Iap. Europa no rocuguat.

Iunix. vide Iunices.

Iunonia auis. Lus. Pauão. Iap. Cujacu. ¶ Iunonius mensis. Lus. Mes de junho. Iap. Europano rocuguat.

Iupiter, Iouis. Lus. Ar. Iap. Sora. ¶ Item, Chuueiro. Iap. Ame. ¶ Item, Hum planeta. Iap. Foxino na. ¶ Item, Virtude do fogo, e ãr que concorre na geração das cousas inferiores. Iap. Banbut xǒqino motoito naru fũquano niqi.

Iuramentum, i. Lus. Iuramento. Iap. Xeimon, chicai, qixǒmon.

Iurandum, i. Idem.

Iuratus, a, um. Lus. Homem que jurou. Iap. Xeimonuo tatetaru mono.

Iure. Lus. Com rezão. Iap. Mottomo.

Iureiuro, as. Lus. Iurar. Iap. Xeimonuo tatçuru, chicǒ.

Iurgiosus, a, um. Lus. Homem muito porfioso. Iap. Caracaite, ronjite.

Iurgium, ij. Lus. Contenda. Iap. Ron, caracai, jǒron.

Iurgo, as, l, Iurgor, aris. Lus. Contender. Iap. Arasǒ, caracǒ, ronzuru.

Iuridicialis, e. Lus. Cousa pertencente a juizo. Iap. Qiǔmeini ataru coto.

Iuridicus, a, um. Lus. Cousa de direito. Iap. Qiǔmeini ataru coto. ¶ Item, Iuiz. Iap. Tadaxite, qedannin. ¶ Iuridici cõuentus. Lus. Rolação. Iap. Tadaxiteno xuye, sanquai.

Iurisconsultus, siue Iureconsultus, i. Lus. Iurista. Iap. Xeitǒno gacuxǒ.

Iurisdictio, onis. Lus. Iurisdição. Iap. Qeny, qenpei, l, monouo tadasu, l, vosamuru chicara, yuruxi.

Iurisperitus, i. Lus. Iurista. Iap. Xeitǒno gacuxǒ.

Iu-

Iuro, as. Lus. Iurar. Iap. Xeimonuo tatçu ru. ¶ Iurare conceptis verbis. Lus. Iurar da maneira que diz o q̃ dá o jurameto. Iap. Fitono cuchi vtçuxini xeimon uo tatçuru. ¶ Iurare in leges alterius. Lus. Iurar de guardar as leys doutrem. Iap. Fitono fattouo tamotçu beqito, xei monuo tatçuru. ¶ Iurare in litem. Lus. Iurar de não enganar na demanda. Iap. Cujino aiteuo damasumajiqito xeimonuo suru. ¶ Iurare corporaliter. Lus. Iurar tocando o altar, ou liuro dos Euangelhos Iap. Altar, aruiua Euangelhono qiǒmon ni teuocaqete xeimonuo tatçuru.

Iurulentus, a, um. Lus. Cousa cozida cõ caldo. Iap. Nitaru coto.

Ius, iuris. Lus. Direito, ou justiça. Iap. Dǒri, qenbǒ. ¶ Item, Amizade, ou parenteico, Iap. Xitaximi. ¶ Item, Lugar de ro lação. Iap. Qiǔmeino tameni sadamarita ru tocoro. ¶ Item, Authoridade concedida a alguem com consentimento de todos. Iap. Banminno dǒxinni yotte fitoni atayetaru qeny, chicara.

Ius, iuris. Lus. Caldo, ou molho. Iap. Xiru.

Iúsculum, i, l, Iuscum. Idem.

Iusiurandum, i. Lus. Iuramento. Iap. Xeimǒ, chicai, qixǒmon.

Iussio, onis, l, Iussus, us, l, Iussum, i. Lus. Mãdamento. Iap. Guegi, vǒxe, guioy.

Iusta, orum. Lus. Exequias. Iap. Sǒrei, tobu rai. ¶ Item, Cousas certas, e determina das que necessariamẽte se hã defazer. Iap. Xezu xite canauazaru coto. ¶ Iusta reddere. Lus. Comprir com sua obrigação. Iap. Vareni ataru cotouo tçutomuru.

Iustè, adu. Lus. Iusta, e igualmente. Iap. Qẽbǒni, biǒdǒni.

Iustificus, a, um. Lus. O que faz justiça. Iap. Qenbǒxa, l, qenbǒni surucoto.

Iustitia, æ. Lus. Iustiça. Iap. Qenbǒ.

Iustitium, ij. Lus. O cessarẽ as audiencias po la tristeza, ou calamidade da republica. Iap. Tencani xutrai xitaru vǒqinaru vreini yotte, cuji satano qiǔmeiuo yamuru coto uo yŭ. ¶ Iustitium remittere. Lus. Dar fim a esta interpolação de julgar. Iap. Miguino jixetuo yamete cujisatano qiǔmei uo iuru.

Iustus, a, um. Lus. Cousa justa, ou igual. Iap. Qenbǒ naru mono, sunauonaru coto. ¶ Item, Cousa mediocre. Iap. Chǔbun naru coto. ¶ Itẽ, Cousa legitima, e verdadeira. Iap. Xǒjinno mono, fonxiqinaru mono. ¶ Iusta hæreditas. Lus. Herança que veo a alguem por direito. Iap. Qenbǒno vyeyori vqetaru yuzzuri. ¶ Iusta ætas. Lus. Idade bastante pera se mancipar, ou casar. Iap. Yauo vqetori, l, tçumauo mucayuru nenrei. ¶ Iusti dies. Lus. Dias quese determinauam em juizo pera pagar sua diuida. Iap. Xacumotuo fenben subeqi tameni tadaxite yori sadametaretaru ficazu. ¶ Item, Iusti dies. Lus. Trinta etres dias que se dauã de espaço aos inimigos pera restituir o que tomaram. Iap. Ranbǒni toritaru monouo cayesazunba qiǔxenni voyobu beqito sada metaru sanjǔ sannichino figuiri.

Iuuâmen, inis, siue Iuuamentum, i, & Iuua tio, onis. Lus. Ajuda. Iap. Cǒriocu.

Iuuans, antis, Lus. O que ajuda. Iap. Cǒriocu suru mono.

Iuuenalia, orum. Lus. Festas que se fazião pola saude dos mancebos. Iap. Vacaqi mo nono soculaino qinento xite voconaitaru matçuri.

Iuuenalis, e. Lus. Cousa de mancebo. Iap. Vacaqi mononi ataru coto. ¶ Iuuenalis dies. Lus. Hũa festa que os mancebos celebrauam. Iap. Mucaxi vacaqi fito voconaitaru matçuri.

Iuuenca, æ. Lus. Vaca, nouilha. Iap. Vacaqimeuji.

Iuuẽcus, i. Lus. Boy, nouilho. Iap. Vacaqi vouji. ¶ Itẽ, Mãcebo. Iap. Vacaqi votoco.

Iuuenculus, i. dimin. Idem.

Iuuenesco, is. Lus. Fazerse mancebo. Iap. Vacayagu, toxizacarini naru.

Iuuenîlis, e. Lus. Cousa de mancebo. Iap. Vacaqi fitoni ataru coto.

Iuuenis, is. Lus. Mancebo, ou molher moça.

ça. Iap. Vacaqi vototo, l, vonna. ¶ Item, Cousa de mancebo. Iap. Vacaqi fitoni ataru coto.

Iuuenilitas, atis. Lus. Mocidade. Iap. Iacunen.

Iuueniliter, adu. Lus. Como mancebo. Iap. Iacufaino yǒni.

Iuuenta, æ. Lus. Mocidade. Iap. Iacunen. ¶ Item, Ajuntamento de mancebos. Iap. Vacaqi mononoatçumari, cunju.

Iuuentas, atis. Idem. ¶ Item, Dea, quæ iuuentuti præesse putabatur.

Iuuentus, utis. Idem quod iuuenta.

Iúuenor, aris. Lus. Dizer, ou fazer algũa cousa inconsideradamente como mancebo. Iap. Iacufaino yǒni buxian nite mono uo yǔ, l, suru.

Iuuo, as, iuui, adiutum. Lus. Ajudar. Iap. Cŏriocu suru, cocorouo soyuru, chicarauo auasuru. ¶ Item, Fazer bem a alguem. Iap. Fitoni vonuo qisuru, itauaru.

Iuuat, impers. Lus. Contenta. Iap. Qini vŏ.

Iuxta, præp. siue, Iuxtim, apud veter. Lus. Apar. Iap. Soba, atari. ¶ Aliqñ. Iuntamente. Iap. Tomoni. ¶ Item, Aduerb. Da mesma maneira. Iap. Vonajiyŏni, gotoqu. ¶ Item, Despois de. Iap. Sono tçugui. vt Francisconi tçuideua Pedroua gacuxŏ nari.

Iuxtim, adu. Lus. Apar. Iap. Soba, atari.

I ANTE X.

Ixia, æ. Lus. Hũa erua. Iap. Cusano na.

Ixon. Lus. Visco pera tomar aues. Iap. Torimochi.

DE LITERA K.

Litera Græcorum est, non Latinorum, quam ipsi Kappa nominant. Ea Latini nõ vtuntur, nisi in dictionibus Græcis, quibus tanquam Latinis vtuntur. vt, kyrie eleison. id est, Domine miserere. &c.

DE INCIPIENTIBVS A LITERA L.

Labarum, i. Lus. Bandeira do emperador. Iap. Teivŏno fata.

Labasco, is, l, labascor, eris. Lus. Ameaçar ruina, ou estar pera cair. Iap. Cuzzure cacaru.

Labécula, æ. Lus. Pequena nodoa. Iap. Sucoxino ximimono.

Labefacio, is, eci, actum. Lus. Fazer cair, ou destruir. Iap. Tauosu, cuzzusu. ¶ Aliqñ. Fazer perder a constancia metendo medo. Iap. Vodoxi caqete tçuyoqi cuuaiateuo yamesasuru. ¶ Labefacere fidem suam. Lus. Perder o credito o deuedor por pagar mal. Iap. Xacumotuo fenben xezaru yuyeni, guaibun vxinŏ. ¶ Item, Debilitar. Iap. Youarasuru.

Labefacto, as. frequent. Idem.

Labefactio, onis. Lus. O derrubar. Iap. Tauosu, l, cuzzusu coto nari.

Labefactus, a, um. Lus. Cousa destruida. Iap. Cuzzuretaru coto.

Labellũ, i. Lus. Beicinho. Iap. Chijsaqi cuchibiru. ¶ Itẽ, Vaso q̃ se vsa nos banhos. Iap. Furoyani tçucŏ vtçuuamononotaguy.

Labeo, l, Labro, onis. Lus. Beiçudo. Iap. Cuchibiruno vŏqinaru mono.

Labes, is. Lus. Nodoa. Iap. Ximimono, qegare. ¶ Item, Destruição. Iap. Metbŏ, cuzzure. ¶ Item, Enxurrada, ou grande chuueiro. Iap. Vôamega futte nagaruru vômizzu, l, vôame. ¶ Item, Abertura da terra. Iap. Daigino vareme.

Labium, ij, l, Labia, æ. apud. antiq. Lus. Beiço. Iap. Cuchibiru.

Labo, as. Lus. Cair. Iap. Votçuru, corobu, tauoruru. ¶ Item, Vacilar. Iap. Vochicacaru. ¶ Labare sermone. Lus. Falar timida, e inconstantemente. Iap. Vosorete xubixezaru cotouo yŭ. ¶ Labant animi. Lus. Desfalecem os animos. Iap. Chicarauo votosu.

Labor, eris, lapsus sum. Lus. Escorregar. Iap. Su-

Suberu. ¶ Item, Irse desusando algũa cousa. Iap. Sutaruru. ¶ Aliqñ. Errar. Iap. Ayamatçu, mayô. ¶ Item, Cair escorregãdo. Iap. Suberi votçuru, corobu.

Labor, l, labos, oris. Lus. Trabalho. Iap. Xinrô, nangueqi. ¶ Laborem serere. Lus. Trabalhar debalde. Iap. Muyacuno xinrô uo suru.

Laboriosè, adu. Lus. Trabalhosamente. Iap. Xinrô xite, nangueqite.

Laboriosus, a, um. Lus. Cousa trabalhosa. Iap. Xinrô naru coto, taiguinaru coto. ¶ Item, O q̃ muito trabalha. Iap. Fucaqu xinrô suru mono.

Labôrifer, a, um. Idem. (nona.

Laborum, i. Lus. Bordo amore. Iap. Qi

Laboratur, impers. Lus. Chegouse a grande perigo. Iap. Daijini voyobitari.

Laboratus, a, um. vt Laborati libri. Lus. Liuros feitos cõ diligẽcia. Iap. Cocoro gaqete amitatetaru qiô.

Labôro, as. Lus. Trabalhar. Iap. Xinrôuo suru. ¶ Item, Estar solicito. Iap. Qizzucai suru. ¶ Laborare re frumentaria. Lus. Auer penuria de mantimento. Iap. Cateni tçumaru. ¶ Laborare aliquo morbo. Lus. Estar doẽte dalgũa doença. Iap. Vazzurô. ¶ Item, Fazer algũa cousa artificiosamẽte. Iap. Teguiuauo tçucuite monouo suru.

Labrosus, a, um. Lus. Cousa de grandes bordas. Iap. Fatano atçuqi mono.

Labrum, i. Lus. Beiço. Iap. Cuchibiru. ¶ Item, Borda de qualquer cousa. Iap. Mononofaxi, fata. ¶ Item, Taça da fonte onde caye a agoa. Iap. Mizzu bune. ¶ Item, Hum vaso dos banhos. Iap. Furoyano tarai. ¶ Item, Qualquer vaso grande, e largo. Iap. Vôqinaru vtçuuamono. ¶ Item, Beiço da ferida. Iap. Qizuno cuchi.

Labrum venereum. Lus. Hũa erua. Iap. Cusano na.

Labrus, i. Lus. Hum peixe. Iap. Vuono na.

Labrusca, æ, l, Labruscum, i. Lus. Vide braua. Iap. Yamabudô.

Lac, ctis. Lus. Leite. Iap. Chi[illegible].

Lacer, l, Lacerus, a, um. Lus. Cousa despedaçada. Iap. Qireguireni natitaru mono, caqiyaburaretaru mono. ¶ Lacer. Lus. O que tem as orelhas cortadas. Iap. Mimino qiretaru mono. Fest. ¶ Item, Mẽbro falto, ou aleijado. Iap. Catauanaru te, axi nado.

Laceratio, onis. Lus. O despedaçar. Iap. Qireguireni nasu, l, caqiyaburu coto nari.

Lacerna, æ. Lus. Capa de caminho. Iap. Tabigoromo.

Lacernatus, a, um. Lus. Homem que tras capa de caminho. Iap. Tabigoromouo qitaru mono.

Lácero, as. Lus. Despedaçar. Iap. Zunzunni nasu, caqiyaburu. ¶ Lacerare diem. Lus. Gastar mal o dia. Iap. Itazzurani fiuo curasu. ¶ Lacerare rem suam. Lus. Esperdiçar sua fazenda. Iap. Tacarauo tçuiyasu.

Lacerta, æ. Lus. Lagartixa. Iap. Tocague.

Lacertulus, a, um. Lus. Cousa braçuda, ou robusta. Iap. Vdeno tçuyoqi mono, l, riqima, l, tçuyoqi mono.

Lacertus, i. Lus. Lagarto. Iap. Vôqinaru tocague. ¶ Item, Hum genero de peixe. Iap. Vuono na. ¶ Item, Forças do homem. Iap. Fitono chicara. ¶ Item, Lagarto do braço. Iap. Cainano nicu.

Lacesso, is, siui, itum. Lus. Prouocar. Iap. Vobiqi idasu, vocosu, susumuru, l, qexi caquru.

Láchanon, i. Lus. Ortaliça. Iap. Yasai, saiyẽ.

Lachanopôla, æ. Lus. O que vende ortaliça. Iap. Yasai vri.

Lachanopôlis, is. Lus. Molher que vende ortaliça. Iap. Yasaiuo vru vonna.

Lachanopolium, ij. Lus. Praça de ortaliça. Iap. Yasaiuo vru tocoro.

Lachanizo, as. Lus. Ser mole, e fraco. Iap. Youaxi.

Lacinia, æ. Lus. Borda da vestidura golpeada. Iap. Yxôno suseuo cazamo xite suçoxizzutçu qiritaru cotouo yŭ. ¶ Lacinia tenere. Lus. Ter algũa cousa leuemẽte. Iap. Vccaro monouo motçu. ¶ Pecus

cus in lacinias distribuere. Lus. Diuidir o gado em partes. Iap. Fitçuji nadouo caccacuni vaquru.

Laciniatim, adu. Lus. Em pedaços. Iap. Qi reguireni, tçudazzudani.

Laciniatus, a, um. vt laciniata vestis. Lus. Vestido rasgado. Iap. Fidauo toritaru qi rumono, l, mono aru yxô.

Laciniosus, a, um. Idem. ¶ Sermo laciniosus. Lus. Pratica de muitos rodeos. Iap. Cudoqi monogatari.

Lacio, is, cui, l, lexi, lacitum, l, lectum. Lus. Induzir enganando. Iap. Tabacatte susume iruru, nabiquru.

Lacônicum, i. Lus. Estufa pera suar. Iap. Furo.

Laconismus, i. Lus. O falar breue. Iap. Riacu xitaru monogatari.

Lácryma, æ. Lus. Lagrima. Iap. Namida. ¶ Item, Humor que estila a aruore. Iap. Qino xiru.

Lacrymula, æ. Dim. Idem.

Lacrymabilis, e. Lus. Cousa pera chorar. Iap. Naqu beqi mono.

Lacrymabundus, a, um. Lus. Quasi choran do. Iap. Namidagumitaru mono.

Lacrymatio, onis. Lus. O chorar. Iap. Namidauo nagasu coto nari.

Lacrymatus, a, um. Lus. Cousa chorada. Iap. Naqi canaximaretaru mono. ¶ Itẽ, Derramado, estillado. Iap. Nagaretaru coto, xitadaritaru coto.

Lácrymor, aris, l, Lacrymo, as. Lus. Chorar. Iap. Naqu, namidauo nagasu. ¶ Itẽ, Estilar humor as aruores. Iap. Qicara xiruga taru.

Lacrymosè, adu. Lus. Chorosamente. Iap. Namidauo nagaite.

Lacrymosus, a, um. Lus. Cheo de lagrimas, ou humor. Iap. Namidani xizzumitaru mono, namidano vouoqi mono, l, vruuoi vouoqi mono. ¶ Fumus lacrymosus. Lus. Fumo q̃ faz chorar. Iap. Namidauo nagasasuru qemuri. ¶ Carmen lacrymosum. Lus. Verso triste, e choroso. Iap. Namidauo moyouosu vta, vreino vta.

Lactarius, a, um. Lus. Cousa que em si tem leite. Iap. Chino aru mono, l, xiroqi xiru aru qi, cusa. ¶ Lactaria animalia. Lus. Animaes q̃ se apascentam pera leite. Iap. Chiuo xiborí coru tameni, cai yaxinô qedamono.

Lactarius, ij. Lus. O que faz cousas de leite. Iap. Qedamonono chinite xocubutno cotonoyuru fito.

Lactatus, us. Lus. O dar de mamar. Iap. Chiuo nomasuru cotouo yŭ.

Lacteo, es. Lus. Mamar o leite. Iap. Chiuo nomu. ¶ Lactant frumenta. Lus. Irse fazendo branco o trigo, ceuada, &c. Iap. Irozzuqitaru mugui nado.

Lactes, ium. Lus. Tripas. Iap. Fanuata, chôy.

Lactesco, is. Lus. Conuerterse algũa cousa em leite. Iap. Xocubut nhŭjŭni nari cauaru. ¶ Aliqn̄. Estar cheo de leite. Iap. Chi tacusan nari.

Lácteus, a, um. Lus. Cousa feita de leite. Iap. Chinite totonoyetaru coto. ¶ Item, Cousa branca. Iap. Xiroqi mono. ¶ Lacteus porcus. Lus. Porco que se sostenta com leite. Iap. Chiuo nomu buta.

Lacteolus, a, um. dim. Idem.

Lacteus orbis, siue circulus. Lus. Via lactea. Iap. Amanogaua, guinga.

Lacto, as. Lus. Dar de mamar. Iap. Chiuo nomasuru. ¶ Item, Enganar a miude cõ caricias. Iap. Saisai sucaite damasu, tçuixôuo xite tarasu. ¶ Lactans mulier. Lus. Molher que tem leite nas tetas. Iap. Chibusani chino aru vonna.

Lactûca, æ. Lus. Alface. Iap. Chixa.

Lactúcula, æ. dim. Idem,

Lacûna, æ. Lus. Lagoa, ou charco. Iap. Iqe, sua, mizzuno tamaritaru tocoro. ¶ Itẽ, Coua, ou concauidade. Iap. Ana, l, cubomitaru tocoro. ¶ Item, Defeito, ou falta em perfeiçoar algũa cousa. Iap. Mono no fusocu. ¶ Item, Engano, ou trapaça que se faz no ouro. Iap. Coganeno aqinai uo suru toqino tabacari. ¶ Item, parte concaua do beiço de cima. Iap. Fanano xi

Fff 2 tano

tano mizo. ¶ Explere lacunam rei familiaris. Lus. Refazer a perda da fazẽda. Iap. Zaifôno sonxituo voguinô.

Lacúnula, æ. dim. Idem.

Lacúnar, aris. Lus. Forro da casa. Iap. Iyeno tenjô.

Laçunatus, a, um. Lus. Cousa concaua amodo de alagoa. Iap. Cuboca naru çoto.

Lacûno, as. Lus. Forrar casas. Iap. Tenjôuo faru.

Lacunosus, a, um. Lus. Abundante de alagoas, ou charcos. Iap. Iqe, l, fuano vouoqi tocoro. ¶ Item, Cousa imperfeita, e q̃ tem faltas. Iap. Fusocu aru mono. ¶ Itẽ, Cousa chea de couas, ou desigual. Iap. Anano vouoqi tocoro, biôdô naqi tocoro.

Lacus, us. Lus. Lago donde corre algum rio, ou ribeira. Iap. Cauano nagare izzuru iqe. ¶ Item, Tina, ou dorna a onde caye o mosto do lagar. Iap. Sacabuneni su qetaru voqe. ¶ Item, Tulha do cileiro. Iap. Curano vchini fedateuo xite gococu uo iruru tocoro. ¶ Itẽ, Hũa traue, ou espaço q̃ ha entre traue, e traue do edificio. Iap. Iyeno fiqimono, l, fiqimono no ai.

Lacúlculus, i. dim. Idem.

Lædo, is, si, sum. Lus. Offender, ou mal tratar. Iap. Somuqu, yfai suru, l, atauo nasu.

Læna, æ. Lus. Vestidura de laã que traziam em riba dos outros vestidos os soldados, ou agoureiros. Iap. Mucaxi buxito, facaxetono chaçu xitaru vuaguino taguy.

Læsio, onis. Lus. Offensa, ou dano. Iap. Yfai, l, ata.

Læsus, a, um. Lus. Cousa offendida, ou quebrantada. Iap. Somucaretaru mono, yaburetaru fatto nado.

Lætabilis, e. Lus. Cousa digna de ser festejada. Iap. Yorocobaxiqi coto.

Lætâmen, inis. Lus. Esterco pera estercar a terra. Iap. Ta, fataqeno coye.

Lætans, antis. Lus. O q̃ se alegra. Iap. Yorocobu mono. (côde.

Lætè, adu. Lus. Alegremente. Iap. Yoro-

Lætifico, as. Lus. Alegrar a outro. Iap. Fitouo yorocobasuru, isamasuru.

Lætificor, aris, deponens. Lus. Ser alegre. Iap. Yorocobu, isamu.

Lætificus, a, um. Lus. Cousa q̃ dà alegria. Iap. Isamasuru mono.

Lætisco, is. Lus. Alegrarse. Iap. Yorocobu. Apud veteres.

Lætitia, æ. Lus. Alegria. Iap. Yorocobi, isami, quangui.

Lætitudo, inis. Idem.

Læto, as. Lus. Alegrar a outro. Iap. Fitouo yorocobasuru. Antiq.

Lætor, aris. Lus. Alegrarse. Iap. Isamu, xŭchacusuru.

Lætus, a, um. Lus. Cousa alegre. Iap. Isamaxiqi coto. ¶ Item, Cousa prospera, e bẽ afortunada. Iap. Quafônaru mono. ¶ Item, Cousa ligeira. Iap. Fayaqi mono. ¶ Lætæ segetes. Lus. Sementeiras viçosas. Iap. Sacayetaru gococu.

Læua, æ. Lus. Mão esquerda. Iap. Fidarino te, yûde.

Læuigo, l, Læuo, as. Lus. Acepilhar, ou fazer liso. Iap. Canauo caquru, l, nameracani nasu.

Læuis, e. Lus. Cousa lisa, ou macia. Iap. Nameraca naru mono, yauaracanaru mono. ¶ Item, Cousa sem cabelos. Iap. Qe naqi mono.

Læuitas, atis. Lus. Brandura de cousa macia. Iap. Nameracasa, monono yauaracasa. ¶ Item, O ser escorregadia qualquer cousa. Iap. Suberu monono nameraca.

Læuus, a, um. Lus. Cousa esquerda. Iap. Fidarini ataru coto. ¶ Item, Cousa de mao pronostico. Iap. Imauaxiqi coto, l, vaniqi zuisŏni ataru coto. ¶ Læuum fulmẽ. Lus. Corisco de bom pronostico. Iap. Yoqi zuisôuo arauasu raiden.

Laganum, i. Lus. Hũ certo genero de bolos. Iap. Aru mochino rui.

Lagari, orum. Lus. Hũ certo genero de versos. Iap. Vtano tagui.

Lagêna, æ. Lus. Hũ vaso de barro. Iap. Tçuchino vtçuuamonono taguy.

Lagúncula, æ. dim. Idem.

Lagois. Lus. Hũa aue. Iap. Torino na.

¶ Item

¶ Item, Hũ peixe. Iap. Vuonona.

Lagôpus, i. Lus. Hũa aue q̃ tem os pés como de lebre. Iap. Vsaguino yǒni axini qe noaru torino na. ¶ Item, Hũa erua. Iap. Cusano na.

Lagotrophia. Lus. Lugar onde criam lebres. Iap. Vsaguiuo cǒ tocoro.

Laicus, a, um. Lus. Cousa profana, ou secular. Iap. Zocuni ataru coto.

Lalisio, onis. Lus. Filho de asno montès. Iap. Yamarobano co.

Lalo, as. Lus. Dormir dos meninos. Iap. Varebega nuru. apud antiq.

Lama, æ. Lus. Poça dagoa, ou lagoa. Iap. Tamari mizzu, l, iqe.

Lambo, is, lambi. Lus. Lamber. Iap. Neburu. ¶ Item, Tocar leuemente. Iap. Sucoxi ataru, sauaru. ¶ Itẽ, Correr o rio junto dalgum lugar. Iap. Cauaga mono no sobauo nagaruru. ¶ Aliqñ. Cercar, ou cobrir. Iap. Mauasu, l, vouô.

Lamentabilis, e. Lus. Cousa digna de ser pranteada. Iap. Riǔtei xerarubeqi coto.

Lamentarius, a, um. Lus. Cousa q̃ moue pranto. Iap. Riǔteiuo moyouosu coto.

Lamentatio, onis. Lus. Pranto. Iap. Riǔtei.

Lamentum, i. Idem.

Lamentatus, a, um. Lus. Cousa pranteada. Iap. Riǔtei xerarexi mono.

Lamentor, aris. Lus. Prantear. Iap. Riǔtei suru, naqicudoqu.

Lamia, æ. Lus. Bruxa. Iap. Mafôuo vocono upvonna.

Lamina, æ. Lus. Lamina de metal. Iap. Vsuqu nobetaru caneno ita.

Lamna, æ. Idem. apud Horat.

Lamella, æ. dim. Idem.

Lamium, ij. Lus. Ortiga morta. Iap. Farino naqi iragusa.

Lampas, adis. Lus. Facha. Iap. Taimatçu. ¶ Item, Alampada. Iap. Tôro, tômiǒ. ¶ Item, Hũas exalações como lanças q̃ aparecem no ár. Iap. Vôzorani yarino goto qu miyuru riǔxei.

Lampiris, idis. Lus. Caga lume. Iap. Fotaru.

Lamyrus, i. Lus. Hũ certo peixe. Iap. Vuono na.

Lana, æ. Lus. Laã. Iap. Fitçujino qe.

Lanaria, æ. Lus. Erua saboeyra. Iap. Acauo votosu cusano na.

Lanaris, e. Lus. Cousa q̃ tem laã. Iap. Fitçujino qeno aru mono.

Lanatus, a, um. Idem.

Lanarius, ij. Lus. O q̃ trata ẽ laã. Iap. Fitçujino qeuo toriatçucǒ mono.

Lancea, æ. Lus. Lança. Iap. Yari, foco. ¶ Item, Ferro de arremesão, ou dardo. Iap. Naguezuqino yarino mi.

Lancéola, æ. dim. idem.

Lancearius, ij. Lus. O q̃ traz lança. Iap. Yarimochi.

Lanceatus, a, ũ. Lus. Armado cõ lāça. Iap. Yariuo taisuru mono. ¶ Item, Alanceado. Iap. Yari nite tçuqi corosaretaru mono.

Laneus, a, ũ. Lus. Cousa de laã. Iap. Fitçujino qenite voritaru mono.

Láncino, as. Lus. Espedaçar. Iap. Fiqisaqu. ¶ Item, Auexar. Iap. Xebamuru.

Lanerum, i. Lus. Hũ genero de vestido feito de laã crua. Iap. Fitçujino qe nite voritaru yxǒno rui.

Laneus lupus. Lus. Hũ peixe. Iap. Vuono na.

Languefacio, is. Lus. Enfraquecer a outro. Iap. Fitouo youarasuru.

Langueo, es. Lus. Enfraquecer, ou ser deleixado. Iap. Youaru, nayamu, cutabiruru. ¶ Itẽ, Ter medo. Iap. Vosoruru. ¶ Itẽ, Estar ocioso. Iap. Itazzurani yru.

Languesco, is. Lus. Ir enfraquecendo. Iap. Youaqu nariyuqu. ¶ Item, Murcharse. Iap. Xibomu, xiuoruru.

Lánguidè, adu. Lus. Froxa, ou ociosamente. Iap. Yurucaxeni, itazzurani, muxosani.

Lánguidus, a, um. Lus. Cousa fraca, ou deleixada. Iap. Youaqi mono, nayamu mono.

Languídulus, a, um. dim. Idem.

Lángula, æ. Lus. Hũ genero de prato. Iap. Sara, l, tachino tagui.

Languor, oris. Lus. Fraqueza, ou deleixamento. Iap. Youasa, cutabire.

Laniatus, a, um. Lus. Cousa despedaçada. Iap.

Iap. Fiqisacaretaru mono.

Laniatus, us. Lus. O despedaçar. Iap. Fiqisaqu corouo yŭ.

Lanicium, ij. Lus. Laã. Iap. Fitçujino qe. ¶ Item, Renda q̃ se tira da laã. Iap. Fitçujino qe yori toru tocu.

Laniena, æ. Lus. Azougue. Iap. Vxi nadouo coroxite vru tocoro. ¶ Item, O despedaçar. Iap. Fiqisaqu corouo yŭ.

Laniarium, ij. Idem.

Lánifer, a, ũ. Lus. Cousa q̃ traz, ou cria laã. Iap. Fitçujino qe aru mono. ¶ Laniferæ arbores. Lus. Arvores q̃ dam algodão, ou panha. Iap. Vatauo xozuru qi.

Lániger, a, um. Idem.

Lanificium, ij. Lus. Arte de tratar em laã. Iap. Fitçujino qeuo tori atçucŏ xocu.

Lanificus, a, um. Lus. O que faz cousas de laã. Iap. Fitçujino qenite monouo tçucuru fito.

Lanio, as. Lus. Espedaçar. Iap. Fiqi saqu.

Lanio, onis, l, Lanius, ij. Lus. Carniceiro. Iap. Guiŭyŏ nadouo coroxi vru mono.

Lanipendia, æ. Lus. Molher que pesa, e reparte a laã aos tecelões. Iap. Fitçujinoqeuo facarini caqete vorireni vatasu vonna.

Lanista, æ. Lus. Mestre de esgrima. Iap. Feifŏjin. ¶ Lanistæ auium. Lus. Os q̃ exercitauã aues q̃ peleijauam entre si. Iap. Tŏriuo qeauaxuru tameni yŏy sasuru mono.

Lanóculus, i. Lus. O que cobre com laã os olhos doentes. Iap. Fitçujino qeuo motte yamimeuo vouŏ mono.

Lanôsus, a, ũ. Lus. Cousa de muita laã. Iap. Iap. Qebucaqi fitçuji nado.

Lanuginosus, a, um. Lus. Cousa chea de penugem. Iap. Vbuqe vouoqi mono.

Lanugo, inis. Lus. Buço, ou penugem da barba, ou fruita. Iap. Vbuqe, l, conomino vyeni dequru qe. ¶ Itẽ, O q̃ caye do pao que serrão, ou limaduras do ferro, &c. Iap. Nocoguiri cuzzu, suri cuzzu.

Lanx, ancis. Lus. Prato grande. Iap. Vôzara. ¶ Itẽ, Concha da balança. Iap. Tenbinno sara. ¶ Item, Hum vaso que serue no culto diuino. Iap. Tattoqi cotoni tçucŏ vtçuuamono.

Lapathum, i. Lus. Labaça crua. Iap. Cusano na.

Lapicida, æ. Lus. Pedreiro. Iap. Ixiqiri.

Lapidicida, æ. Idem.

Lapicidina, l, Lapidicina, æ. Lus. Pedreira dõde tiram pedra. Iap. Ixiuo toru yama.

Lapidarius, a, um. Lus. Cousa pertencente a pedra. Iap. Ixini ataru coto.

Lapidarius, ij. Lus. Pedreiro, ou canouqueiro. Iap. Ixiqiri, l, ixiguruuo tçumu fito.

Lapidatio, onis. Lus. O apedrejar. Iap. Tçubuteuo vtçu coto nari.

Lapidator, oris. Lus. O que apedreja. Iap. Tçubuteuo vtçu mono.

Lapidesco, is. Lus. Converterse em pedra. Iap. Ixini naru. ¶ Item, Fazerse duro como pedra. Ixinogotoqu cataqu naru.

Lapideus, a, um. Lus. Cousa feita de pedra. Iap. Ixinite tçucuritaru mono. ¶ Itẽ, per trásl. Cousa pesada. Iap. Vomoqi mono.

Lápido, as. Lus. Apedrejar. Tçubuteuo vtçu. ¶ Itẽ, Chouer pedra. Iap. Arare ga furu. ¶ Lapidare aliquam verbis. Lus. Tratar mal a alguem de palauras. Iap. Fitouo xicari, accŏ suru.

Lapidosus, a, um. Lus. Cousa pedregosa. Iap. Ixiuara, ixidacaru tocoro. ¶ Itẽ, Cousa dura. Iap. Cataqi mono.

Lapillus, i. Pedrinha. Iap. Chijsaqi ixi. ¶ Itẽ, Pedra preciosa. Iap. Tama, xuguiocu.

Lapio, is, iui, icum. Lus. Fazer algũa cousa dura como pedra. Iap. Ixino gotoqu cataqu nasu.

Lapis, idis. Lus. Pedra. Iap. Ixi. ¶ Itẽ, Milha, terço de legoa. Iap. Ichirino sanbu ichi. ¶ Lapis incussus. Lus. Mŏ de mão. Iap. Ixi vsu. ¶ Lapis bibulus. Lus. Pedra arecenta. Iap. Isagono catamaritaru ixi.

Lappa, æ. Lus. Labaça. Iap. Cusano na.

Lappago, inis, Lus. Hũa erua. Iap. Cusano na.

Lápsana, æ. Lus. Couue, ou verça braua. Iap. Yasaino na.

Lapsio, onis. Lus. Ruina, ou caida. Iap. Iyenado tauoretaru cotouo yŭ.

Lapso, as. Lus. Escorregar a miude. Iap. Saisai suberu.

Lap-

Lapsus, us. Lus. Ruina, ou caida. Iap. Iyenado cauoretaru cotouo yŭ. ¶ Item, Erro, ou culpa da inaduertencia. Iap. Ayamari, buxitan, vochido. ¶ Item, O andar das cobras. Iap. Cuchinauano fŏtei.

Laquear, aris, l, Laqueariũ, ij, l, Laqueare, is. Lus. Forro, ou tecto da casa. Iap. Iye no ten jŏ.

Laqueatus, a, um. Lus. Cousa enlaçada. Iap. Vanani cacaritaru mono. ¶ Item, Casa forrada. Iap. Tenjŏ saritaru iye.

Laqueus, ei. Lus. Laço. Iap. Vana. ¶ Itẽ, Cousa com que hum he tomado, ou enganado. Iap. Fitouo tabacasu chŏgui, dŏgu. ¶ Suo ipsius laqueo captus est. Lus. Elle foy causa de seu mal. Iap. Are na vareto miniatauo naxitari. ¶ Mandare laqueum alicui. Lus. Mandar a alguem que se vá a enforcar. Iap. Norŏte fitouo voidasu cotoba nari.

Lar, aris. Lus. Lar. Iap. Camado. ¶ Itẽ, Casa. Iap. Iye, yado.

Lararium, ij. Lus. Oratorio da casa em q̃ se adorauam os idolos. Iap. Gibutdŏ.

Lardum, l, Laridum, i. Lus. Carne de porco salgada. Iap. Xiuo xitaru butano nicu.

Lares, ium. Lus. Deoses das casas. Iap. Iye uo mamoru camj.

Largiflũus, a, um. Lus. Cousa que corre abundantemẽte. Iap. Facusanni nagareru mono.

Largiloquus, a, um. Lus. Homẽ q̃ muito fala. Iap. Bejet naru mono, cuchicataqi.

Largior, iris, itus. Lus. Dar. Iap. Monouo atayuru. ¶ Tempus non largitur. Lus. Não permite o tempo. Iap. Iibun gara niyauazu.

Largitas, atis. Lus. Liberalidade, largueza. Iap. Quŏqi.

Largiter, l, Largè, adu. Lus. Larga, e liberalmente. Iap. Firoqu, quabunni, quŏqini.

Largitio, onis. Lus. Peita. Iap. Vairo. ¶ Itẽ, Liberalidade. Iap. Quŏqi.

Largitor, oris. Lus. Dador. Iap. Atayete. ¶ Item, Liberal. Iap. Quŏqinaru fito. ¶ Item, O que peita. Iap. Vairouo atayuru mono.

Largus, a, um. Lus. Cousa larga, e espaçosa. Iap. Firoqi coto. ¶ Item, Homem liberal. Iap. Quŏqinaru fito. ¶ Item, Cousa abundante. Iap. Bentŏnaru mono.

Larix, icis. Lus. Hũa aruore como pinheiro. Iap. Matçuno yŏnaru qi.

Larua, æ. Lus. Fantasma. Iap. Bŏcon, yŭrei. ¶ Item, Mascara. Iap. Men. ¶ Cum laruis luctari. Lus. Dizer mal dos mortos. Iap. Xininuo cacotçu, accô suru.

Laruales, e. Lus. Cousa disforme. Iap. Miguruxiqi mono.

Laruatus, a, um. Lus. Homem emmascarado. Iap. Menuo qitaru mono. ¶ Item, Furioso, ou indemonhiado. Iap. Qiŏrã suru mono, l, tenguno tacu xitaru mono.

Larus, i. Lus. Gaiuota. Iap. Camome.

Lasanum, i. Lus. Vaso de fazer camara. Iap. Maru.

Lascìuè, adu. Lus. Garrida, ou luxuriosamente. Iap. Yocoximani, cŏxocuni.

Lasciuiter, adu. Idem.

Lasciuia, æ. Lus. Luxuria. Iap. Irogonomi, cŏxocu. ¶ Item, Garridice. Iap. Midarinaru curui.

Lasciuibundus, a, ũ. Lus. Cousa garrida, ou luxuriosa. Iap. Midarini curŭ mono.

Lasciuio, is, iui. Lus. Andar garrido, ou distraido. Iap. Midarini curŭ. ¶ Lasciuire arbores. Lus. Estarem as aruores muito viçosas. Iap. Qiga sacayuru.

Lascìuus, a, um. Lus. Cousa garrida, ou deshonesta. Iap. Midarini curŭ mono, l, cŏxocunin, irogonomino mono. ¶ Item, Cousa desauergonhada. Iap. Fagiuo xirazaru mono.

Laser, eris. Lus. çumo dũa erua. Iap. Aru cusano xiru.

Laserpicium, ij. Lus. Hũa erua. Iap. Cusa no na.

Lassatus, a, um. Lus. Cousa cansada. Iap. Cutabiretaru mono.

Lassus, a, um. Idem.

Lassulus, a, um. dim. Idem.

Lasses-

Lassesco, is. Lus. Cansar. Iap. Cutabiruru, tçuçaruru.

Lassitudo, inis. Lus. Cansaço. Iap. Cutabire, tçucare, conqi.

Lasso, as. Lus. Cansar a outrem. Iap. Monouo cutabirosasuru.

Latè, adu. Lus. Largamente, ou em muitos lugares. Iap. Firoqu, firogate, l, amatano tocoroni.

Látebra, æ. Lus. Escondrijo. Iap. Cacuredocoro. ¶ Item, Couas dos animaes. Iap. Qedamonono ana. ¶ Item, Escusa. Iap. Cacotçuqe.

Latebrícola, æ. Lus. O que habita em lugar oculto. Iap. Cacuredocoroni sumu mono.

Latebrosè, adu. Lus. Escondidamente. Iap. Cacurete.

Latebrosus, a, um. Lus. Lugar cheo de escõdrijos. Iap. Cacuregano vouoqi tocoro.

Latenter, adu. Lus. Escondidamente. Iap. Cacurete, fitomeuo xinôde.

Lateo, es, tui. Lus. Estar escondido. Iap. Cacurete yru. ¶ Latet me hæc res. Lus. Não sei isto. Iap. Coreuo xirazu.

Later, eris. Lus. Tijolo. Iap. Xiqigauara.

Latérculus, i. dim. Idem.

Laterâlis, e. Lus. Cousa de ilharga. Iap. Vaqini ataru coto. ¶ Lateralia viatoria. Lus. Alforges. Iap. Vchigaye, coxibucuro.

Laterarius, a, um. Lus. Cousa feita de ladrilho. Iap. Cauara nite tçucuritaru iye nado. ¶ Laterarium. Lus. Hum genero de traue. Iap. Fiqimono, vtçubarino taguy.

Lateritius, a, um. Idem.

Laterna, æ. Lus. Lanterna. Iap. Andon, tôro, chŏchin.

Laternarius, ij. Lus. O que leua diante a lãterna. Iap. Chŏchinuo saqini motte iqu mono.

Latesco, is. Lus. Dilatarse. Iap. Firogaru.

Latex, icis. Lus. Qualquer licor, ou humor. Iap. Monono xiru, vruuoi, mizzu nado.

Lathyris. Lus. Figueira do inferno. Iap. Tŏgoma.

L ANTE A.

Latibulo, as. Lus. Estar escondido. Iap. Cacurete yru.

Latibulor, aris, depon. Idem. Antiq.

Latibulum, i. Lus. Escondrijo. Iap. Cacuredocoro. ¶ Item, Coua dos animaes. Iap. Qedamonono ana.

Laticlauius, ij. Lus. Senador Romano. Iap. Roma nite Senador toyŭ curaini ninjerare taru fito.

Latifundium, ij. Lus. Erdade grande, e espaçosa. Iap. Firoqi koriŏ.

Latinè, adu. Lus. Latinamente. Iap. Latinno corobani. ¶ Item, A modo dos Latinos. Iap. Latinno yŏni. ¶ Latinè scire. Lus. Saber a lingoa Latina. Iap. Latinno cuchiuo xiru.

Latinitas, atis. Lus. Lingoa Latina. Iap. Latinno cuchi, corobа.

Latînus, a, um. Lus. Cousa Latina. Iap. Latinno cuchini ataru coto. ¶ Latinæ consuetudini aliquid tradere. Lus. Conuerter algũa cousa em Latim. Iap. Latinno cuchini fonyacu suru.

Latio, onis. Lus. O trazer. Iap. Motte yuqu coto nari.

Latitatio, onis. Lus. O esconderse. Iap. Cacururu coto nari.

Látito, as. Lus. Escõderse a miude. Iap. Saisai cacururu. ¶ Item, Trazer a miude. Iap. XigueqU mochifacobu.

Latomiæ, l, Latumiæ, arum. Lus. Pedreiras donde tiram pedra. Iap. Ixiuo toru yama.

Látomus, i. Lus. Pedreiro, ou cauouqueiro. Iap. Ixiqiri, l, ixiguiuanо tçumu fito.

Lator, oris. Lus. O que traz, ou leua algũa cousa. Iap. Monouo tazzusayete quru, l, yuqu mono.

Latrans, antis. Lus. O que ladra. Iap. Foyuru mono

Latrator, oris. Lus. O que ladra. Iap. Foyuru mono.

Latratus, a, um. Lus. Cousa a quem se ladra. Iap. Inuni foyeraruru mono.

Latratus, us. Lus. Ladrido do cão, ou o ladrar do cão. Iap. Inuno foyuru coye, l, foyuru cotouo yŭ.

La-

Latria, æ. Lus. Adoração deuida sômente a Deos. Iap. Deusyeno vyamai.

Latrina, æ. Lus. Priuada. Iap. Xetchin, manaca, meixo.

Latro, as. Lus. Ladrar os cães. Iap. Inuga foyuru. ¶ Item, perfrausl. Gritar os homens. Iap. Fitoga saqebu. ¶ Aliqñ. Pedir. Iap. Monouo cô.

Latro, onis. Lus. Ladrão, ou salteador. Iap. Nusubito, sanzocu, zocutŏ. ¶ Item, Apud poëtas, Caçador. Iap. Caribito. ¶ Itẽ, Soldados alugados, ou de guarda. Iap. Xugono buxi, l, yatouaretaru buxi.

Latrunculus, i, dim. Idem.

Latrunculator, oris. Lus. Iuiz dos ladrões. Iap. Nusubitono tadaxite.

Latrunculi, orum, l, Latrones, um. Lus. Peças do enxadrez. Iap. Xoguino vma.

Latrocinatio, onis. Lus. O saltear, ou roubar. Iap. Faguitoru, l, nusumu coto nari.

Latrocinium, ij. idem. ¶ Item, apud veter. Milicia. Iap. Qiûxen.

Latrócinor, aris. Lus. Saltear, roubar. Iap. Faguitoru, vbaitoru, gôdô suru. ¶ Item, Militar por estipendio. Iap. Fuchiuo totte buxiuo suru.

Latus, a, um. Lus. Cousa trazida. Iap. Facobitaru coto. ¶ Item, Çousa larga, e espaçosa. Iap. Firoqi coto.

Latus clauus. Lus. Hum vestido dos senados, ou sacerdotes Romanos. Iap. Mucaxino Romano Senadoreo, Sacerdoteno xôzocu.

Latus, eris. Lus. Ilharga. Iap. Vaqi. ¶ Itẽ, Força. Iap. Chicara. ¶ Lateris dolor. Lus. Pontada, ou prioriz. Iap. Qiôrçu, vaqino itami. ¶ A latere, Lus. Priuados dos principes. Iap. Xuttônin, qinxin.

Latúsculum, i. dim. Idem.

Lauâcrum, i. Lus. Lugar onde se lauam. Iap. Yudono, yocuxit.

Lauatio, onis. Lus. O lauar. Iap. Arŏ coto nari.

Laudabilis, e. Lus. Cousa digna de ser louuada. Iap. Mottomo fomeraru beqi mono.

Laudabiliter, adu. Lus. Louuauelmente. Iap. Fomerarete, fomareuo motte.

Laudandus, a, um. Lus. Cousa pera se louuar. Iap. Fomeraru beqi coto.

Laudatio, onis. Lus. O louuar. Iap. Fomuru coto nari.

Laudatiuus, a, um. Lus. Cousa acomodada pera louuar outra. Iap. Monouo fomuru cotouari, daimocu. ¶ Laudatiuus casus, dictus est accusatiuus casus.

Laudator, oris. Lus. O que louua. Iap. Fomuru mono.

Laudatrix, icis. fœm. Idem.

Laudatus, a, um. Lus. Cousa louuada. Iap. Fomeraretaru mono.

Laudo, as. Lus. Louuar. Iap. Fomuru, canzuru, fôbi suru. ¶ Item, Nomear. Iap. Nazasu. ¶ Item, Alegar, ou citar testemunho. Iap. Xôcouo fiqitatçuru.

Lauer, eris. Lus. Rabaça. Iap. Xeri.

Lauo, as, laui, lotum, l, lauatum. Lus. Lauar. Iap. Arŏ. ¶ Item, Molhar. Iap. Nurasu.

Laurea, æ. Lus. Folha de louro. Iap. Xiqimino yônaru qino fa. ¶ Item, Capella de louro. Iap. Sono fano camuri.

Laureatus, a, um. Lus. Coroado de louro. Iap. Xiqimino yônaru qino fano camuriuo cazzuqitaru mono.

Laurentalia, feriæ erant in honorẽ Accæ Laurentiæ institutæ.

Lauréola, æ. Lus. Capella de louro pequena. Iap. Miguino qino fano chijsaqi camuri. ¶ Item, Triunfo. Iap. Xôri.

¶ Laureolam in mustaceo quærere. Lus. Buscar grande louuor em cousa de pouco momento. Iap. Sucoxino cotoni vôqinaru fomareuo nozomu.

Laureotis, is. Lus. Hũa certa cinza que cae da prata. Iap. Xirocaneuo fuqu toqi tobi chiru canacuso.

Laurêtum, i. Lus. Lugar de loureiros. Iap. Xiqimono yônaru qino fayaxi.

Laureus, a, um. Lus. Cousa feita de louro. Iap. Miguino xiqimino qinite tçucuritaru mono.

Lauriçes, fœtus sũt cuniculorũ è matre execti, I, vberibus ablati.

Lauricomus, a, um. Lus. Cousa que esta ornada de louro. Iap. Cano xiqiminite cazaritaru mono.

Laurifer, a, um, l, Lauriger, a, ũ. Lus. Cousa que traz, ou dà louro. Iap. Xiqimiuo motçu mono, l, xŏzuru tocoro.

Laurinus, a, um. Lus. Cousafeita de louro. Iap. Xiqiminite tçucuritaru mono.

Laurus, i. Lus. Loureiro. Iap. Xiqimino yŏnaru qi.

Laus, dis. Lus. Louuor. Iap. Fomare, fŏbi.

Lautia, orum. Lus. Dadiuas q̃ dauão os Romanos a os embaixadores estrãgeiros. Iap. Romaxu yoritacocuno chocuxiyeno in but. ❡ Item, Cousas q̃ pertencẽ ao apparato da mesa. Iap. Furumaino yŏy, moyouoxi.

Lautè, adu. Lus. Magnifica, e esplendida mẽte. Iap. Qirabiyacani, jinjŏni, quareini.

Lautulè, dim. Idem.

Lautitia, æ. Lus. Magnificencia, limpeza no comer, e vestir. Iap. Yxocuni tçuiteno qeccŏsa, quarei. ❡ Item, Farinha de trigo burrifado com agoa. Iap. Muguini mizzuuo caqete fijtaru co.

Lautus, a, um. Lus. Cousa lauada. Iap. Mizzu nite arauaretaru mono. ❡ Itẽ, Cousa esplẽdida, e abũdãte. Iap. Qeccŏnaru coto, bitŏnaru coto. ❡ Lautus homo. Lus. Homẽ polido, e magnifico. Iap. Iinjŏnaru fito, quareinaru fito. ❡ Itẽ, Homẽ rico, e poderoso. Iap. Buguen xa, yxei aru mono.

Lautulus, a, um, dim. Idem.

Laxè, l, Laxùm, adu. Lus. Froxamente. Iap. Yurumite, nuruqu.

Láxitas, atis. Lus. Froxidam. Iap. Yurusa, nurusa. ❡ Item, Capacidade, e largueza. Iap. Firosa.

Laxus, l, Laxatus, a, um. Lus. Cousa froxa, ou mal apertada. Iap. Yurumitaru coto, nuruqi mono. ❡ Itẽ, Cousa capaz, e espaçosa. Iap. Firoqi coto. ❡ Laxum tempus. Lus. Tempo comprido. Iap. Fisaxiqi aida.

Laxamentum, i. Lus. Recreação, ou descanso. Iap. Cutçurogui, qiũsocu.

Laxo, as. Lus. Afroxar, ou alargar. Iap. Yurumuru. ❡ Item, Liurar. Iap. Nogasu. ❡ Item, Abrir. Iap. Aquru. ❡ Item, Remitir algũa cousa da diuida. Iap. Xacumotuo sucoxi yurusu.

L ANTE E.

Lea, æ. Lus. Lioa. Iap. Mejixiuŏ. ❡ Item, Hũ genero de couues. Iap. Yasaino taguy.

Leæna, æ. Idem.

Lebes, ètis. Lus. Caldeirão de cobre. Iap. Caneno vŏnabe.

Lecanomátia, æ, diuinatio, quæ fit per peluim.

Lectîca, æ. Lus. Andas. Iap. Coxi, norimono.

Lectícula, æ. dimi. Idem.

Lecticariola, æ. Lus. Molher q̃ tem ruim conuersação com seruos baixos. Iap. Iyaxiqi fiquanto catarainu nasu vonna.

Lecticarius, ij. Lus. O q̃ leua ás costas as andas. Iap. Coxicaqi.

Lectio, onis. Lus. O lér, ou lição. Iap. Monono yomu coto nari. ❡ Item, O escolher. Iap. Yerabu coto nari. ❡ Itẽ, O ajũtar. Iap. Atçumuru coto nari.

Lectisterniator, oris. Lus. O q̃ faz a cama. Iap. Guagune toriatçucaite.

Lectisternium, ij. Dicebatur, cùm lecti in templis idolorum sternebantur sacrorum gratia.

Léctito, as. freq. Lus. Lér amiude. Iap. Xiguequ yomu. ❡ Item, Escolher. Iap. Yerabu.

Lector, oris. Lus. Lente, ou o q̃ recita algũa cousa. Iap. Yomite.

Lectus, a, um. Lus. Cousa lida. Iap. Yomaretaru coto. ❡ Item, Cousa escolhida. Iap. Yerabaretaru coto, suguretaru coto.

Lectus, us. Lus. Escolha. Iap. Yerabu coto uo yũ.

Lectus, i. Lus. Leito, ou cama. Iap. Toco, yasumijo, guioxinjo.

Léctulus, i. dimi. Idem.

Lécythus, i. Lus. Almotolia. Iap. Aburano vtçuuamono. ❡ Item, Hũ vaso de vnguen guentes cheiroſos. Iap. Cŏbaxiqi cuſuri no vtçuuamono, cŏbaco.

Legâlis, e. Lus. Couſa pertencente aley. Iap. Fattoni ataru coto.

Legatarius, ij. Lus. Aquem ſe deixa algũa couſa em teſtamento. Iap. Yuijoni yotte mo nouo yuzzuraretaru fito. ¶ Legataria pro uintia. Lus. Prouincia q̃ eſtà em carregada a alguem. Iap. Voſameratubeqi tameni, fitoni vataſaretaru cuni.

Legatio, onis. Lus. Embaixada. Iap. Tçucai, chocuxi. ¶ Legationem alicui dare. Lus. Dar cargo de embaixador a alguem. Iap. Fitouo xixani ſadamuru. ¶ Legationē gerere. Lus. Ser embaixador. Iap. Xixano yacuuo tçutomuru.

Legatîuum, i, ſiue Legatitiũ, (ſecundũ alios) Lus. O q̃ ſe dà ao ẽbaixador pera deſpeſa do caminho. Iap. Chocuxini michino zŏ ſatoxite atayeraruru mono.

Legâtor, oris. Lus. O q̃ deixa em teſtamento algũa couſa. Iap. Yuijo xite monouo yuz zuru fito.

Legâtum, i. Lus. Doação feita em teſtamen to. Iap. Yuijo xite fitoni monouo yuzzu ru cotouo yŭ.

Legatus, i. Lus. Embaixador. Iap. Xixa, cho cuxi. ¶ Item, Lugar tenente do capitão géral. Iap. Sŏdaixŏno miŏdai. ¶ Item, O q̃ he mandado do general por capitão dalgum preſidio. Iap. Xirono caxeitoxite tçucauaſaruru taixŏ. ¶ Legatum mittere de re aliqua. Lus. Mandar menſageiro ſo bre algum negocio. Iap. Tçucaiuo yaru. ¶ Legatos decernere. Lus. Iulgar hauer ſe de mandar embaixador, ou elegelo por ſeu parecer. Iap. Chocuxiuo tatento ſada muru, l, chocuxiuo yerabu.

Légifer, a, um. Lus. Legislador. Iap. Fattouo ſadamuru mono.

Legífera, æ. fœmin. Idem.

Legio, onis. Lus. Legião de ſoldados. Iap. Ro cuxẽ roppiacu rocujŭ rocqino fitoſonaye.

Legiuncula, æ. dimi. Idem.

Legionarius, a, um. Lus. Couſa de legião. Iap. Miguino fitoſonayeni ataru coto.

Legislator, oris. Lus. Legislador. Iap. Fatto no ſadamete.

Legirûpa, æ. Lus. Quebratador das leys. Iap. Fattouo ſomuqu mono, yſai ſuru mono.

Legirupio, onis. Idem.

Legítimé, adu. Lus. Legitima, e juſtamente. Iap. Qenbŏni, junroni.

Legîtimus, a, um. Lus. Couſa juſta, e conue niẽte. Iap. Qenbŏ, l, junronaru coto, sŏtŏ xitaru coto.

Lego, as. Lus. Mandar embaixador. Iap. Xixa, l, chocuxiuo tatçuru. ¶ Item, Suſtituir alguem em ſeu lugar, ou tomalo por companheiro no gouerno da guerra. Iap. Taixŏ ginni miŏdaiuo ſadame voqu, l, vaqidaixŏni ſadamuru. ¶ Item, encomẽdar algum negocio a alguem. Iap. Fitoni tanŏde ſoreni macaſuru. ¶ Item, Fazer doação em teſtamento. Iap. Yuijoxite fito ni monouo atayuru. ¶ Aliqñ. Atribuir a- maa parte algũa couſa. Iap. Axiqi yŏni iynaſu, l, ategŏ.

Lego, is, egi, ectum. Lus. Lêr. Iap. Yomu, do cuju ſuru. ¶ Item, Colher. Iap. Tçumu, chiguiru. ¶ Item, Eſcolher. Iap. Yerabu. ¶ Item, Nauegar ao longe da terra. Iap. Nadauo noru, iſogicŏ noru. ¶ Aliqñ. Furtar. Iap. Nuſumu.

Leguleius, i. Lus. O q̃ eſtuda leys. Iap. Cunino matçurigotono gacumonuo ſuru mono.

Légulus, i. Lus. O q̃ colhe vuas, ou azeitonas. Iap. Budŏ, l, azeitonas toyŭ conomi uo firoi toru fito.

Legûmen, inis. Lus. Legume. Iap. Zacocu.

Legumentum, ti, & Legarium, ij. Idem.

Lema, æ. Lus. Remela dos olhos. Iap. Maqe, meno aca.

Lembus, i. Lus. Hum certo genero de nauio ligeiro. Iap. Faya funeno taguy. ¶ Itẽ, Barco de rio. Iap. Cauabune. ¶ Item, Nao de carreira. Iap. Quaixen.

Lemma, atis. Lus. Argumento, ou prologo da qualquer obra. Iap. Xojacuno jo. ¶ Item, Matéria de que ſe trata na obra. Iap. Xojacuno daimocu. ¶ Item, Eſt ſũptio, quæ in ratiocinationibus aſſumitur,

Lemniscatus,a,um. Lus. Cousa nobre,hon rosa. Iap. Qetacaqi coto, vzzutacaqi coto.
Lemnisci, orum. Lus. Certos frocos, ou cadilhos que pendem das coroas. Iap. Camurino cazarito xite caquru fusa. ❡ Itē, Mecha que se mete nas feridas. Iap. Qizu ni iruru nuqi.
Lemosus, i. Lus. Remelcso. Iap. Maqeno aru mono.
Lémures, um. Lus. Fantasmas que aparecē de noite. Iap. Bŏcon, yūrei, bōrei.
Lemuria, orum, festa erant lemuribus sacra.
Lena, æ. Lus. Alcoviteira. Iap. Renbono nacadachiuo suru vonna.
Lenîmen, inis, l, Lenimentum, i. Lus. Afago, ou aliuio. Iap. Chôai, l, nadame, yauarague.
Lenio, is, iui, itum. Lus. Afagar, ou amansar. Iap. Sucasu, aisuru, l, natçuquru, nadamuru. ❡ Aliqn. Aliuiar. Iap. Carumuru.
Lénitas, atis. Lus. Mansidão, & brandura. Iap. Nhŭua, yauaracasa. ❡ Lénitas gustus. Lus. Suauidade do gosto. Iap. Agiuai, canmi.
Lenitûdo, inis. Idem.
Lenis, e. Lus. Cousa brãda, & mãsa. Iap. Yauaracanaru mono, natçucaximono.
❡ Lene venenum. Lus. Veneno que mata brandamente. Iap. Xicuuo vcete yezu xite conasu docu.
Lenis. Lus. Hum vaso. Iap. Vtçuuamono no taguy.
Léniter, l, Lenè, adu. Lus. Branda, & mãsamente. Iap. Yauaracani, xizzucani.
Leno, onis. Lus. Alcouiteiro. Iap. Micquai no nacadachi.
Lénulus, l, Lenunculus, i. dim. Idem.
Lenocinium, ij. Lus. Alcouiteria. Iap. Micquaino nacadachiuo suru cotouo yū.
❡ Item, Caricias, & afagos. Iap. Amayegoto, chôai. ❡ Aliqn. Enfeite, & ornato. Iap. Qeuai, socutai, cazari.
Lenócinor, aris. Lus. Alcouitar. Iap. Micquaino nacadachiuo suru. ❡ Itē, per transl. Grãjear, e carear a alguē. Iap. Chôai suru, aitçuquru. ❡ Interd. Fazer beneuolo a alguem. Iap. Qiguenuo toru, juccon suru.
Lenonius, a, um. Lus. Cousa pertẽcẽte a alcouiteiro. Iap. Micquaino nacadachini ataru coto.
Lens, endis. Lus. Lendea. Iap. Xiramino co.
Lens, entis. Lus. Lentilha. Iap. Yendô.
Lentícula, æ. dim. Idem. ❡ Item, Hum vaso. Iap. Vtçuuamononorui. ❡ Itē, Hũ certo sinal redondo que ha ē algũas pedras preciosas. Iap. Tamano nacani aru maruqi mon. ❡ Itē, Sarda do rosto. Iap. Vomocusa.
Lentè, adu. Lus. Tardia, & vagarosamēte. Iap. Xizzucani, tenibuqu. ❡ Lētè aliquid ferre. Lus. Sofrer paciētemēte algũa cousa. Iap. Cocoro nagaqu monouo corayuru. ❡ Lentè, ac fastidiosè probare aliquē. Lus. Aprouar a alguem depois de longo, e vagoroso exame. Iap. Nagaqi xensacu xite yoqito qetgiacu suru.
Lenteo, es. Lus. Ser molle, & vagaroso. Iap. Nibuxi, xizzuca nari, vosoxi.
Lentesco, is. Lus. Fazerse molle, & vagaroso. Iap. Nibuqu naru, vosoqu naru.
❡ Item, Fazerse pegadiço como grude. Iap. Nebaqu naru. ❡ Curæ lentescunt tempore. Lus. Os cuidados se abrandão com o tempo. Iap. Xidaini vomoiga asaqu naru.
Lenticularis, e. Lus. Cousa pertencente a lentilha. Iap. Yendôni ataru coto.
Lentiginosus, a, um. Lus. Sardento. Iap. Vomocusano vouoqi fito.
Lentîgo, inis. Lus. Sarda do rosto. Iap. Vomocusa.
Lentiscus, i. Lus. Aroeira. Iap. Qinona.
Lentiscinus, a, um. Lus. Cousa feita de aroeira. Iap. Miguino qinite tçucuritaru coto.
Lentitia, æ. Lus. Brandura, ou facilidade de se dobrar. Iap. Qi nadono tauamiyasusa.
Lentitûdo, inis. Lus. Tardãça. Iap. Vososa, nibusa. ❡ Item, Brandura. Iap. Yauaracasa.
Lento, as. Lus. Afroxar, ou abrandar. Iap. Yu-

Yurumuru, yauaraguru.
Lentor, oris. Lus. Humor pegadiço, e vi∫co∫o. Iap. Mononο nebaqi xiru, vruuoi.
Lentus, a, um. Lus. Cou∫a tardia, e vagaro∫a. Iap. Vo∫oqi mono, nibuqi mono. ¶ Itē, Cou∫a facil de dobrar. Iap. Tauome ya∫u qi mono. ¶ Item, per tran∫l. Man∫o, e brando. Iap. Yauaraca naru, l, xizzucana ru fito, nhŭuanaru fito. ¶ Interd. Ocio ∫o. Iap. Muxo∫ani yru mono. ¶ Lentus color. Lus. Cór que facilmente ∫e perde. Iap. Cayeri, l, qiye ya∫uqi iro.
Lenunculus, i. Lus. Barca pe∫careza. Iap. Riô xen.
Leo, onis. Lus. Lião. Iap. Xixiuŏ. ¶ Leo marinus. Lus. Hum genero de caráguejo. Iap. Canino taguy. ¶ Item, Hum ∫igno celeste. Iap. Foxino yadori.
Leoninus, a, um. Lus. Cou∫a de lião. Iap. Xixivŏni ataru coto.
Leopardus, i. Lus. Leo pardo. Iap. Xixiuŏno taguy.
Lepidè, ∫iue Lepidùm, adu. Lus. Gracio∫a, & aprazíuelmente. Iap. Xiuoraxiqu, ai∫ôraxiqu.
Lepidulè, dim. Idem.
Lépidus, a, um. Lus. Gracio∫o, galante, & apraziuel. Iap. Xiuoraxiqi mono, jinjŏ na ru mono, fitoaino yoqi mono. ¶ Item, Polido, ou limado. Iap. Migaqitaru coto.
Lepista, æ. Lus. Hum certo va∫o dagoa. Iap. Mizzuno vrçuuamonono rui.
Lepor, ôris, & Lepos, ôris. Lus. Graça, & po licia no falar. Iap. Monogatarino xiuoraxi ∫a, cotobano jinjŏ∫a.
Leporarium, ij. Lus. Lugar onde ∫e crião as lebres, ou cerca, õde ∫e crião outros ani mais. Iap. V∫aguiuo cŏ tocoro, l, caqiuo ximauaxitaru yono qedamonono maqi.
Leporinus, a, um. Lus. Cou∫a de lebres. Iap. V∫aguini ataru coto.
Lepra, æ. Lus. Lepra. Iap. Raisŏ, raibiŏ.
Leptorages. Lus. Hum certo genero de v-uas. Iap. Budŏno taguy.
Lepus, oris. Lus. Lebre. Iap. V∫agui. ¶ Itē, per transl. Infame, & torpe em cou∫as da luxuria. Iap. Ironi fuqeru mono, renbo-xa. ¶ Item, Hum certo peixe. Iap. Vuo no na.
Lepú∫culus, i. dim. Idem.
Le∫sus, us. Lus. Pranto. Iap. Ruitei.
Lethâlis, e. Lus. Cou∫a mortal. Iap. Xina∫uru mono, l, xi∫uru motoito naru mono.
Lethaliter, adu. Lus. Mortalmente. Iap. Xi∫uru fodo.
Lethargus, i. Lus. Modorra. Iap. Vŏnemuri no yamai.
Lethargía, æ. Idem.
Lethárgicus, a, um. Lus. Doente de modorra. Iap. Miguino yamaiuo vazzurŏ mono.
Léthifer, a, um. Lus. Cou∫a mortal, ou que traz morte. Iap. Xina∫uru mono, l, xinuru motoito naru mono.
Letho, as. Lus. Matar. Iap. Coro∫u, xetgai ∫uru.
Lethum, i. Lus. Morte. Iap. Xi∫uru coto-uo yŭ.
Leuâmen, inis, l, Leuamentum, i. Lus. Aliuio. Iap. Nadame, nagu∫ami.
Leuatio, onis. Idem.
Leucoion. Lus. Violeta. Iap. Aru fanano na.
Leucôma, atis. Lus. Liuro, ou taboa em que ∫e e∫criuiam os nomes dos juizes, e outras cou∫as. Iap. Tadaxiteno na nadouo caqi tçuqeraretaru canban. ¶ Item, Aluo do olho. Iap. Xiromanaco. ¶ Item, Clara do ouo. Iap. Tamagono xiromi.
Leucophæus. Lus. Cór ∫obre o preto. Iap. V∫uzumi iro.
Leucophæatus. Lus. Ve∫tido de∫ta cór. Iap. V∫uzumi irono yxŏuo qitaru mono.
Leuiculus, a, um. dim. Lus. Cou∫a leue. Iap. Caniqi coto.
Leuiden∫a, æ. Lus. Hum genero de ve∫tido baixo, e gro∫eiro. Iap. Araqi yxŏno taguy.
Leuífidus, a, um. Lus. O que facilmente quebra a palaura. Iap. Xubi xezaru fito, carugaruto yacu∫ocuuo chigayuru fito.
Léuigo, vide Læuigo.
Léuipes, edis. Lus. Ligeiro dos pés. Iap. Axigaruqi fito, axibayaqi mono.
Leuir, iri. Lus. Cunhado. Iap. Cojŭto.

Le-

Leuis, e. Lus. Couſa leue, e ligeira. Iap. Caruqi mono, fayaqi mono. ¶ Item, Couſa pequena. Iap. Aſaqi coto. ¶ Leuis armaturæ miles. Lus. Soldado de pé de armas leues. Iap. Coguſocu xitaru buxi. ¶ Leuis homo. Lus. Homem inconſtante. Iap. Zonbun cauari yaſuqi mono.

Leuiſomnus, a, um. Lus. O que tem leue ſono. Iap. Vſunemuriuo ſuru mono, vodoroqi yaſuqi mono.

Léuitas, atis. Lus. Leuidade, ou pouco peſo. Iap. Caruſa. ¶ Item, Inconſtancia, liuiãdade. Iap. Cauariyaſuſa.

Léuiter, adu. Lus. Leuemente, negligentemente. Iap. Caruqu, yurucaxeni. ¶ Aliqñ. Breuemente. Iap. Mijicaqu. ¶ Itẽ, Facil, e pacientemente. Iap. Cannin xite, yaſuqu. ¶ Item, Pouco. Iap. Sucóxi.

Leuo, as. Lus. Aleuantar em alto. Iap. Saxi aguru. ¶ Interd. Tirar, ou ſoltar. Iap. Tori fanaſu, yuruſu. ¶ Item, Deſcarregar, ou aleuiar. Iap. Vomioniuo carumuru. ¶ Itẽ, Diminuir, ou deſaliuiar. Iap. Carumuru, nadamuru, qizzucaiuo faraſu. ¶ Item, Curar, ou sárar. Iap. Reôgiuo ſuru, feiyũ ſaſuru.

Leuaſſo, as. Idem apud antiq.

Leuor. Leuus. vide Læuus.

Lex, gis. Lus. Ley. Iap. Fatto, voqite. ¶ Itẽ, Mandado de Rey, ou principe. Iap. Chocugiŏ, qimei. ¶ Itẽ, Condição. Iap. Yacuſocuno yŏdai, xiyŏ. ¶ Item, Regra, ou metodo. Iap. Gongo, xindaino fŏ. ¶ Lege agere cum aliquo. Lus. Ter demanda cõ alguem. Iap. Fitoto cujiuo ſuru. ¶ Inperd. Lege agere. Lus. Eſcutar a ſentença dada do juiz. Iap. Tadaxiteno racugiacuni xitagatte monouo ſuru. ¶ Legibus aliquem ſoluere. Lus. Diſpenſar com alguem. Iap. Fattono menqiouo idaſu.

Lexis. Lus. Palaura. Iap. Cotoba.

L ANTE I.

Læ, arum. Lus. Calces do maſto. Iap. Fobaxirano xemi.

Libamen, inis, ſiue Libamentum, i. Lus. Couſa offerecida em ſacrificio, ou offerta. Iap. Saſaguemono, cubut.

Libatio, onis. Lus. Proua, ou ſalua q̃ ſe tomaua nos ſacrificios. Iap. Buxxŏno ſabauo totte xocu ſuru coto nari.

Libatus, a, um. Lus. Couſa tomada, ou colhida. Iap. Toritaru coto, l, tçumi chiguitaru coto.

Libella, æ. Lus. Balança. Iap. Facarino rui. ¶ Item, Hum peſo de onze onças. Iap. Fiacume fodono fundô. ¶ Item, Hũa certa moeda de prata. Iap. Guinxenno taguy. ¶ Item, Plũbo, ou oliuel. Iap. Bájŏ, ixiqirino ſagueſumi dŏgu, ſumicane.

Libellio, onis. Lus. Taballião, ou eſcriuão. Iap. Sojŏ nadono caqite. ¶ Item, Liureiro que eſcreue liuros, & os vende. Iap. Qiŏno caite vru mono.

Libellus, i. dim. Liurinho. Iap. Chijſaqi qiŏ. ¶ Item, Carta. Iap. Fumi. ¶ Item, Petição. Iap. Sojŏ, meiyaſu. ¶ Itẽ, Liuro de memoria, ou lẽbrança. Iap. Voboyeno tameni caqitaru nicqi. ¶ Itẽ, Certidão, ou prouisão. Iap. Quaxo, l, migujôxo. ¶ Item, Hum genero de medida. Iap. Facarino taguy. ¶ Item, Libello com que i...m he citado, ou demandado em juizo. Iap. Tadaxiteno maye ni fitouo yobi idaſu jo. ¶ A libellis. Lus. Officiais q̃ tomão, e deſpachão eſtas petiçõis, e papeis. Iap. Sojŏ, quaxo nado no tori tçugui. ¶ Libellos ſignare, ſiue ſubnotare. Lus. Aſinar, ou deſpachar as petiçois. Iap. Sojŏ, nadoni fanuo ſuyete fenjiuo ſuru coto yŭ. ¶ Libellos proponere. Lus. Pór algum eſcrito em publico pera notificar algũa couſa. Iap. Xeiſat, tçuji fuda.

Libellulus, i. dim. Idem.

Libens, entis. Lus. O que quer de boa võtade, & folga. Iap. Coroyoqu monouo ſuru fito. ¶ Item, aduerb. Idem quod libenter.

Libenter. Lus. De boa vontade, alegremente. Iap. Cocoro yoqu, iſŏde. ¶ Libenter viuere, & cœnare. Lus. Ser amigo de bons comeres. Iap. Bixocuuo ſucu.

Libentia, æ. Lus. Deleite, mimo. Iap. Quaqei, buicu.

Liber,

Liber, eri. Bachus vini repertor. ¶ Item, Vinho. Iap. Saqe. ¶ Item, Sol. Iap. Nichirin. Virg.

Liber, i. Lus. Liuro. Iap. Qiŏ. ¶ Item, Cortiça, ou caſca da aruore. Iap. Qino caua. ¶ Item, Partes de hũ volume, ou tomo. Iap. Qiŏno ichiquan, niquan nadouo yŭ. ¶ Item, Inuentario, ou regiſtro. Iap. Zaifŏ nadono nicqi.

Liber, a, um. Lus. Liure, & iſento de ſeruidão. Iap. Yatçuconi arazaru mono, jiyŭ naru mono. ¶ Item, Liure, deſocupado. Iap. Fimauo yetaru fito. ¶ Item, Couſa mais alta, & aleuantada. Iap. Yoni nuqinde tacaqi mono. ¶ Item, Grande, & eſpaçoſo. Iap. Vôqini firoqi mono. ¶ Liberum eſt mihi. Lus. He me licito, ou poſſo fazer iſto. Iap. Vaga jiyŭ, l, mama nari. ¶ Libera lingua vti. Lus. Falar liure mẽte o que ſente. Iap. Vaga zonbunuo jiyŭni arauaſu. ¶ Liberæ ædes. Lus. Caſas que hum pode vſar como proprias. Iap. Vaga iyeno gotoqu vomoi ſumu yado. ¶ Liberum arbitrium. Lus. Vontade, e parecer liure. Iap. Iiyŭ naru zonbũ. ¶ Liberæ literæ. Lus. Cartas que falam liure, e atreuidamẽte. Iap. Zui, l, gainaru fumi. ¶ Libera mandata. Lus. Mandados de plena, e ampla poteſtade. Iap. Nanigotomo jiyŭni ſuru yuruxiuo daſu cotouo yŭ. ¶ Item, Liure, e iſento de algũa couſa. Iap. Nogaretaru mono. ¶ Liber à delictis. Lus. O que eſta liure de crime. Iap. Toga no naqi mono. ¶ Itẽ, Liberal. Iap. Quŏqinaru fito.

Liberalia, orum. Liberi, ſeu Bachi feſta.

Liberalis, e. Lus. Liberal, magnifico. Iap. Quŏqinaru fito. ¶ Item, Couſa fermoſa. Iap. Itçucuxiqi mono. ¶ Vir liberali ingenio. Lus. Homem de nobre, e boa cõdição. Iap. Saburaiguiuo mochitaru fito. ¶ Liberale coniugium. Lus. Caſamento entre gente honrada, e liure. Iap. Yatçuco ni arazaru fitono aidano yẽpe. ¶ Liberale iudiciũ, & cauſa liberalis. Lus. Demãda ſobre alforria. Iap. Yatçucouo jiyŭni naſantono cuji ſata. ¶ Liberales artes. Lus. Artes liberais. Iap. Xodŏ, xoguei.

Liberalitas, atis. Lus. Liberalidade. Iap. Quŏqi. ¶ Item, Amor, e boa vontade. Iap. Taixet, iſamaxiſa.

Liberaliter, adu. Lus. Liberal, e frãcamente. Iap. Iiyŭni, quŏqini. ¶ Liberaliter eruditus. Lus. Inſtruido em boas artes, ou ſciencias. Iap. Gacumonuo xitaru fito. ¶ Liberaliter ſeruire. Lus. Seruir alegremente. Iap. Ysŏdefôcŏ ſuru.

Liberatio, onis. Lus. Liuramento. Iap. Iiyŭ ni naſu, l, yuruſu coto nari.

Liberator, oris. Lus. Libertador. Iap. Iiyŭni naſu mono, nogaſu fito.

Liberè, adu. Lus. Liuremente, e a ſua vontade. Iap. Iiyŭni, l, nozomino mamani.

Liberi, orum. Lus. Filhos. Iap. Codomo. ¶ Itẽ, Filho, ou Filha vnica. Iap. Fitorigo. ¶ Itẽ, Netos, ou biſnetos. Iap. Vmago, fimago,

Libero, as. Lus. Libertar, ou liurar dalgũ perigo. Iap. Iiyŭni naſu, l, nanguiuo nogaſu.

Liberta, æ. Lus. Eſcraua ja liure. Iap. Iiyŭni naritaru guegio.

Libertas, atis. Lus. Liberdade. Iap. Iiyŭ. ¶ Itẽ, Ouſadia, liceça de fazer, ou dizer algũa couſa. Iap. Monouo ſuru, l, yŭ jiyŭjizai. ¶ Itẽ, Appetite, ou deſejo deſordenado. Iap. Iamŏ. ¶ Item, Honra, nobreza. Iap. yoqi zocuxŏ.

Libertinus, i. Lus. Seruo libertado. Iap. Iiyŭni naritaru guenin. ¶ Itẽ, Filho do que ſe libertou. Iap. Iiyŭni naritaru guenin no co.

Libertus, i. Lus. Eſcrauo ja forro. Iap. Iiyŭuo yetaru yatçuco.

Libet. imperſ. Lus. Agradar. Iap. Qini vŏ.

Libidinosè, adu. Lus. Conforme ao appetite, ſenſualmẽte. Iap. Yocoxima naru nozomini macaxete. ¶ Itẽ, Cruel, e tyrãnicamente. Iap. Araqenaqu, fidŏni.

Libidinor, aris. Lus. Darſe a luxuria. Iap. Iaracuni tonzuru.

Libitina, æ. Dea, in cuius templo vendebãtur, & locabantur ea, quæ ad ſepulturam per-

pertinebant. ¶ Ité, Pompa, e apparato funebre. Iap. Sóreino guixiqi.

Libitinarius, ij. Lus. O que vende, ou aluga cousas pertencentes ao apparato de exequias. Iap. Sóreino guixiqini ataru dōgu uo vru, l, casu fito.

Libo, as. Lus. Prouar, ou tomar a salua. Iap. Mexi nadono cocoromiuo suru. ¶ Itẽ, Sacrificar. Iap. Tamuqeuo suru. ¶ Itẽ, To car leuemẽte. Iap. Casuqu sauaru. ¶ Itẽ, Colher, ou tirar. Iap. Tçumi chiguiru, toru.

Libra, æ. Lus. Hum genero de peso de doze onças. Iap. Fundōno taguy. ¶ Item, Hum genero de medida. Iap. Masuno taguy. ¶ Item, Balança. Iap. Tenbin. ¶ Item, Hum sino celeste. Iap. Foxino yadori. ¶ Itẽ, Oliuel, ou outro semelhãte instrumẽto com que se coteja o rio, &c. com o lugar onde se ha de leuar. Iap. Cauano nagareuo fiqi vrçusu tameni guiguiō no tacabiqiuo sagueti mu dōgu. ¶ Item, A mesma altura que se toma com este ẽgenho. Iap. Cano dōguuo motte facaritaru tacabiqi. ¶ Item, Igualamento. Iap. Gocacu, l, taiyōnaru cotouo yū.

Libralis, e. Lus. Cousa de hũa libra. Iap. Miguino fundōni ataru coto.

Librarius, a, um. Idem.

Libramentum, i. Lus. Igualamẽto, ou temperamento. Iap. Gocacu, l, taiyōnaru cotouo yū. ¶ Itẽ, Cordas, ou aparelhos cõ q̃ se meneam tiros, ou outros instrumentos belicos. Iap. Ixibiya nadouo caqeuru ni tçucō dōgu. ¶ Libramenta plũbi. Lus. Hũs pilouros de chumbo. Iap. Namarino tamano taguy.

Libraria, æ. Lus. Moça que reparte a cada hum sua tarefa, ou officio. Iap. Menmẽni xosa nadouo ategō guegio.

Libraria, æ. Lus. Liuraria. Iap. Qiōzō.

Librarium, ij. Lus. Escritorio, ou cayxão de liuros. Iap. Qiōbaco, qiōno iremono.

Librarius, a, um. Lus. Cousa que pertẽce a liuros. Iap. Qiōni ataru coto. ¶ Taberna libraria. Lus. Officina onde se vendẽ liuros. Iap. Qiōuo vru mixe, tana.

Librarius, ij. Lus. O que escreue liuros, e os vẽde. Iap. Qiōuo caqi vtçuxite vru fito.

Librariolus, i. dim. Idem.

Librator, oris. Lus. O que toma a altura de rios, ou fontes. Iap. Cauano nagareuo fiqi vtçusu tameni guiguiōno tacabiqiuo saguefumu fito. ¶ Item, Os q̃ pelejão de longe arremessando armas, &c. Iap. Nagueutçu dōgu nite tataco fito.

Libratus, a, um. Lus. Pesado. Iap. Tenbinni caqetaretaru coto.

Librile, is. Lus. Braços da balança. Iap. Tenbinno sauo.

Librilla, æ. Lus. Huns instrumentos de guerra. Iap. Aru qiūxenno dōgu.

Libro, as. Lus. Pesar. Iap. Tenbin nadoni caquru. ¶ Item, Pōderar, esaminar. Iap. Xẽsacu xite miru, tadaxite miru. ¶ Aliqñ. Fazer pesado. Iap. Vomoqu nasu. ¶ Item, Igualar. Iap. Taiyōni naraburu. ¶ Item, arremessar. Iap. Nagueutçu. ¶ Aues se librant. Lus. As aues se arremessão de alto pera baixo. Iap. Tacano vo chiyō toqino gotoqu toriga tobi cudaru.

Libripens, endis. Lus. O q̃ pesa com balança. Iap. Tenbinni monouo caquru fito.

Libum, i. Lus. Hũ genero de comer doçe. Iap. Amaqi xocubutno taguy.

Liburna, æ, vel Liburnica, æ. Lus. Hũ certo genero de nauio ligeiro. Iap. Faya funeno taguy.

Liburnum, i. Lus. Hũ genero de andas, ou coche. Iap. Coxino taguy.

Licenter, adu. Lus. Liure, e ousadamente. Iap. Iiyūni, gaini.

Licentia, æ. Lus. Atreuimento, liberdade demasiada. Iap. Zui, gai. ¶ Item, Liberdade. Iap. Iiyū.

Licentior, & licentius. Lus. O q̃ he demasiadamente liure, e solto. Iap. Gainaru mono, saxi idetaru mono. ¶ Licentior vita. Lus. Vida dissoluta. Iap. Zuinaru coxeqi, furōnaru guiōgui.

Licentiosus, a, um. Lus. O q̃ he muito liure, e dissoluto. Iap. Gainaru mono, furōnaru mono.

Liceo, es, cui, itum. Lus. Offerecerse o preço

por algũa cousa. Iap. Vrimononi negatçuqu.

Liceor, eris. Lus. Offereçer o preço, ou dar tãto por algũa cousa. Iap. Neuo tçuquru.

Licet, ebat impers. Lus. Ser licito, ou poder. Iap. Iiyũ nari, sôrô nari, l, canõ. ❡ Itẽ, Ser facil. Iap. Tayasuqi nari. ❡ Itẽ, Seja. Iap. Samoaraba are. ❡ Itẽ, Posto q. Iap. Naredo mo. ❡ Si per me licet. Lus. Se mo permitir des. Iap. Yurusu naraba.

Lichen, enis. Lus. Empingẽ. Iap. Tamuxi. ❡ Item, Hũa erua com q se cura esta doẽça. Iap. Cano vazzuraino iyuru cusa.

Licia, orum. Lus. Liços da tea. Iap. Aje ito. ❡ Item, Os fios da ordidura, ou tea. Iap. Vorimonono tateno ito.

Licinia, æ. Lus. Hum genero de oliueira. Iap. Qinona.

Licitatio, onis. Lus. O offerecer o preço, ou o regatar. Iap. Yono fito yorimo vrimononi neuo tçuquru.

Licitator, oris. Lus. O que dà mais, ou regata sobre algũa cousa. Iap. Yono fito yorimo neuo tçuqe aguete cŏ fito. ❡ Licitatorem apponere. Lus. Peitar a alguem q lance mais sobre algũa causa pera que se venda mais cara. Iap. Monouo tacaqu caxaxen tote vatouo idaite, betjinni tacaqu neuo tçuqesasuru.

Licitor, aris. Lus. Offerecer o preço por algũa cousa. Iap. Neuo tçuquru. ❡ Item, Peleijar. Iap. Tatacŏ.

Licitum est. Lus. Ser licito. Iap. Sŏuô suru, jiyũ nari, mama nari.

Liciturum. Idem, in futuro.

Lictor, oris. Lus. Biliguim, ou ministro da justiça. Iap. Qeiricuno quannin, caicŏno mono.

Lictorius, a, um. Lus. Cousa que pertence a biliguim, ou ministro da justiça. Iap. Cudanno mononi ataru coto.

Lido, is. Lus. Quebrar. Iap. Vchicudaqu. Antiq.

Lien, enis. Lus. Baço. Iap. Canno zŏ.

Lienosus, a, um. Lus. O que he doente do baço. Iap. Canno zŏuo vazzurŏ mono.

Liénicus, a, um. Idem.

Lienteria, æ. Lus. Desenteria. Iap. Farano xasuru yamai, ribiŏ.

Lientéricus, a, um. Lus. Doente de desenteria. Iap. Ribiŏ vazzurŏ mono.

Ligâmen, inis, l, Ligaculum, l, Ligamentum, i. Lus. Atadura, ou ligame. Iap. Monouo caramuru naua nado.

Ligellum, i. Lus. Choupana, ou casa de palha. Iap. Iuori, cayano ya, bŏuocu.

Lignarius, ij. Lus. O que corta lenha, ou madeira. Iap. Taqiguiuo coru mono, l, soma.

Lignarius, a, um. Lus. Cousa pertencente a madeira, ou lenha. Iap. Zaimocu, l, taqiguini ataru coto.

Lignatio, onis. Lus. O fazer, ou trazer lenha. Iap. Taqiguiuo coru coto nari. ❡ Itẽ, Lugar onde se vai buscar lenha. Iap. Qiuo coru tocoro.

Lignatores. Lus. Soldados que vão a fazer lenha. Iap. Gin nite taqiguiuo coru buxi.

Ligneus, a, um. Lus. Cousa feita de pao, ou madeira. Iap. Qi nite tçucuritaru coto.

Ligneolus, a, um. dim. Idem.

Lignile, is. Lus. Lugar onde se guarda a lenha. Iap. Taqiguiuo tçumi voqu tocoro.

Lignor, aris. Lus. Fazer lenha. Iap. Qiuo coru.

Lignosus, a, um, Lus. Cousa dura como pao. Iap. Qino gotoqu cataqi mono.

Lignum, i. Lus. Lenha, ou madeira. Iap. Qi, zaimocu. ❡ Ligna cocta. Lus. Lenha, ou madeira seca. Iap. Caretaru qi. ❡ Item, Taboa em que esta escrita algũa cousa. Iap. Monouo caqi xiruxitaru ita.

Ligo, onis. Lus. Enxada, ou sacho. Iap. Cuua.

Ligo, as. Lus. Atar, amarrar. Iap. Musubu, caraguru, xibaru, tçunagu.

Lígula, æ, l, Lingula. Lus. Ligoa pequena. Iap. Chijsaqi xita. ❡ Itẽ, Correa, ou ataca. Iap. Fibo, cauano vo. ❡ Item, Espatula do boticairo. Iap. Fera, saji. ❡ Item, Hum certo genero de medida. Iap. Facarino taguy. ❡ Item, Espadinha a maneira de lingoa. Iap. Xitano narino chijsaqi qen.

Ligurio, is. Lus. Gastar mal, e destruir a fazenda. Iap. Tacarauo tçuiyasu. ¶ Item, Comer cousas delicadas brãda, e suauemente. Iap. Bixocuuo camiximẽ, agiuŏte cŭ. ¶ Ligurire lucra. Lus. Ir pouco a pouco furtando os ganhos. Iap. Xidaixidaini ribunuo nusu mu.

Liguritio, onis. Lus. Grande desejo, ou desordenado appetite. Iap. Midarinaru nozomi, tonyocu.

Liguritor, oris. Lus. Goloso, ou corredor de golodices ate lamber os pratos. Iap. Ton jiqixa, l, sarauo nebuiu madeni bixocuuo anagachini cŭ mono.

Ligustrum, i. Lus. Alfena aruore. Iap. Qino na.

Liliaceus, a, um. Lus. Cousa de lirio, ou cebola cessem. Iap. Guindaiquano yŏ naru fana.

Lilietum, i. Lus. Lugar de lirios, ou cebollas cessens. Iap. Caqitçubata, l, guindai qitano aru tocoro.

Lilium, ij. Lus. Cebolla cessem, ou lirio. Iap. Guindaiquano yŏ naru fana caqitçubata.

Lima, æ. Lus. Lima. Iap. Yasuri. ¶ Lima vti. Lus. Emendar, & polir. Iap. Nauosu, migaqu. ¶ Item, Qualquer cousa que esta atrauessada. Iap. Yoconi vataxitaru mono.

Limatè, siue limatiùs, adu. Lus. Ornada, & polidamente. Iap. Migaqite, xixxite, xessa tacumaxite.

Limatura, æ. Lus. Limaduras. Iap. Suricuzzu.

Limatus, a, um. Lus. Cousa polida, & perfeita. Iap. Migaqi tatetaru coto, xixxite tçucuritaru coto.

Limatulus. dim. Idem.

Limax, acis. Lus. Caracol, ou lesma. Iap. catatçuburi, l, namecuji.

Limbus, i. Lus. Barra, borda inferior do vestido da molher. Iap. Nhonin no yxŏni toritaru fen, l, fuso.

Limbulus, siue Limbellus, i. dim. Idem.

Limbolarius, ij. Lus. O que cose a borda, ou barra deste vestido. Iap. Cano yxŏ no suso, l, feriuo totte nuitçuquru mono.

Limen, inis. Lus. Lumear, ou vmbral. Iap. Xiqij, camoi. ¶ Item, Entrada da porta. Iap. Iricuchi, toguchi. ¶ Item, Casa. Iap. Iye, yado. ¶ Item, Amizade. Iap. Xitaximi. ¶ Limine submoueri. Lus. Ser botado da amizade. Iap. Chijnni sutérarurú. ¶ Limen imperij. Lus. Limites do imperio. Iap. Buncocuno saicaime. ¶ Itẽ, Lugar donde sayem os caualos a correr. Iap. Qeibani idezaru mayeni vmauo tatevoqu tocoro. ¶ Ad limina seruus. Lus. Porteiro da casa. Iap. Qiacudéno yacuxa.

Limenarcha, æ. Lus. Prefeito, ou guarda do porto. Iap. Tçu minatono toi, l, tone.

Limes, itis. Lus. Caminho atrauessado, ou atalho. Iap. Chicamichi, yocomichi. ¶ Item, Limites, ou marcas. Iap. Sacaime. ¶ Limes decumanus. Lus. Marco q̃ diuide os campos de oriente a occidente. Iap. Tôzaini debacuuo vaquru fôji.

Limeum, ei. Lus. Hũa erua com q̃ os caçadores eruão a seta. Iap. Yano neni nuru docusŏno na.

Limitanei milites. Lus. Soldados, ou guarnição q̃ vigia nas arrayas. Iap. Sacaimeni baturu buxi. ¶ Limitanei agri. Lus. Campos q̃ estão perto das arrayas. Iap. Sacaimeni aru denbacu.

Limitatio, onis. Lus. Limitação, ou diuisão. Iap. Sadamuru, l, vaquru coto nari.

Limito, as. Lus. Limitar, ou diuidir. Iap. Sadamuru, l, vaquru, varu. ¶ Itẽ, per trásl. Restinguir, cortar. Iap. Chijimuru, l, qiru.

Limnesium, ij. Lus. Fel da terra erua. Iap. Cusano na.

Limo, as. Lus. Limar. Iap. Yasuriuo caquru. ¶ Item, per transl. Ornar, perfeiçoar. Iap. Migaqitatçuru, xixxite suru. ¶ Item, Olhar com olhos vesgos. Iap Meuo sugamete monouo miru. ¶ Item, Ajuntar hũa cousa com outra. Iap. Tçugui auasuru, yoxeauasuru. Nonius.

Limosus, a, um. Lus. Cousa chea de lodo. Iap. Dorono vouoqi mono.

Lim-

Limpidus, a, um. Lus. Cousa limpa, e clara. Iap. Isaguiyoqi coto, qireinaru coto.

Limpitúdo, inis. Lus. Clareza, limpeza. Iap. Aqiraca, qireisa.

Limus, i. Lus. Hũ genero de vestido q̃ se cingia da cinta até os pés. Iap. Qiappuno taguy. ¶ Item, Lodo, ou vaza. Iap. Doro, gomi, vodei.

Limus, a, um, vel Limis, e. Lus. Torto, atrauessado. Iap. Yogamitaru coto. ¶ Limis oculis spectare. Lus. Olhar de torto e trauês. Iap. Sagamete miru.

Limulus, a, um. dim. Idem.

Linamentũ, i. Lus. Fios q̃ se poẽ, ou mecha q̃ se mete na ferida. Iap. Qizuno cuchini tçucuru fatçuritaru momẽ nadono ito, l, qizuno nuqi. ¶ Itẽ, Cousa feita de linho. Iap. Asano ito nite coxirayetaru mono.

Lictus, us. Lus. O lãber, ou prouar leuemẽte com a lingoa. Iap. Neburu coto, l, namete miru cotouo yũ.

Linea, æ. Lus. Linha. Iap. Sugi, qe. ¶ Item, Linha dos carpinteiros. Iap. Tçubono ito. ¶ Item, Cedela, ou linha dos pescadores. Iap. Tçurino ito.

Lineamentum, i. Lus. Linhas, ou feiçóis por onde se conhece a feição do corpo. Iap. Caccacuni vomoteno chigŏ xiruxi, sugi. ¶ Item, Linhas q̃ deitam os geometras. Iap. Geometrano yũ gacuxŏno torisata su ru sugi. ¶ Lineamenta animi. Lus. Ornamentos da alma. Iap. Animano xŏgŏ.

Lineâris, e. Lus. Cousa q̃ pertence a linha. Iap. Sugi, qe, l, itoni ataru coto. ¶ Linearis pictura. Lus. Debuxo da pintura. Iap. Xitaye.

Lineo, as. Lus. Traçar, debuxar. Iap. Xitaye uo caqu, monono zzuuo suru. ¶ Item, Deitar linhas. Iap. Qeuo fiqu.

Lines, vasa videntur fuisse ad fontes pertinentia.

Lineus, a, um. Lus. Cousa feita de linho. Iap. Asano itonite tçucuritaru mono.

Lingo, is, xi, ctum. Lus. Lamber, ou prouar leuemente com a lingoa. Iap. Neburu, namete miru. ¶ Aliqñ. Engulir pouco a pouco. Iap. Name xiuaburu.

Lingua, æ. Lus. Lingoa. Iap. Cuchino xita. ¶ Linguam conuertere ad mores alicuius. Lus. Reprender os costumes dalguem. Iap. Fitono cŏxeqiuo modoqu.

¶ Item, Lingoeta que facha o cano da garganta por onde respiramos. Iap. Nodono qenyŏ. ¶ Item, Lingoa, ou fala de cada nação. Iap. Cuniguniino qiŏdan, cotoba. ¶ Item, Pragas, e murmurações. Iap. Noroigoto, xucquai, varucuchi. ¶ Item, Lingua, siue lingula. Lus. Lingoa da terra q̃ saye ao mar. Iap. Vmiye saxiidetaru susaqi, ximasaqi. ¶ Item, Hũa erua. Iap. Cusano na. ¶ Lingua petrea. Lus. Hũa pedra preciosa. Iap. Tamano taguy. ¶ Lingua bubula. Lus. Lingoa de vaca. Iap. Cusano na. ¶ Linguis coruscare. Lus. Vibrar a lingoa as cobras. Iap. Cuchinauaga xitauo biramecasuru.

Lingula, æ, siue Lígula. dim. Idem.

Lingulaca, æ. Lus. Lingoado peixe. Iap. Careino taguy.

Lingulatus, a, um. vt lingulatus tabulus.

Linguax, âcis. Lus. Lingoaraz, ou falador. Iap. Cuchitataqi.

Líniger, a, um. O que traz vestido de linho. Iap. Nunono yxŏuo qitaru mono, asano coromouo chacuxitaru mono.

Linio, is, iui, itum. Lus. Vntar, ou esfregar vntando. Iap. Nuru, l, furi tçuquru.

Lino, is, leui, l, liui, l, liui, litum. Lus. Vntar, ou pôr algũa cousa molle sobre outra. Iap. Nuru, nuritçuquru, voxitçuquru. ¶ Aliqñ. Tapar. Iap. Nurifusagu. ¶ Item, Polir, e ornar. Iap. Cazaru, xŏgon suru, migaqi tatçuru.

Linquens, entis. Lus. O q̃ desmaya, ou desfaleçe. Iap. Chicarauo votosu mono, fonxŏuo vxinaitaru mono.

Linquo, is, liqui, lictum. Lus. Deixar, desêparar. Iap. Fanasu, furisutçuru.

Lintearius, ij. Lus. O que faz, ou vẽde toalhas de linho. Iap. Nunono tenogoi nadouo çoxiraye vru mono.

Linteatus, a, um. Lus. Vestido de pano de linho.

nho. Iap. Asano coromouo chacuxitaru mono.

Linteo, onis. Lus. Tecelão de panos de linho pera vestir. Iap. Yxòno tameni nuno uo voru mono.

Linteum, ei. Lus. Lenço, ou toalha de linho. Iap. Nunono tenogoi. ¶ Itẽ, Lintea, orũ. Lus. Velas da nao, ou o q̃ se esten de nos theatros. Iap. Momenbo, l, bucaino vyeni fari vouoitaru momen. ¶ Item, Vestido de linho. Iap. Nunono yxǒ.

Lintéolum, i. dim. Idem.

Linteus, a, ũ. Lus. Cousa de linho. Iap. Asano itonite tçucuritaru coto.

Linter, eris. Lus. Embarcação pera passar rio. Iap. Cauabune, cauano maruqibune.

Lipio, is, iui, itum. Lus. Fazerse remeloso. Iap. Meni maqeno aru monoto naru.

Lippitur. impers. Idem.

Lippitûdo, inis. Lus. Doẽça de olhos remelo sos, e chorosos. Iap. Tadaremeno yamai, ganqe.

Lippus, i. Lus. O que tem os olhos remelo sos, e chorosos. Iap. Meno tadaretaru mono. ¶ Item, Homem vil, e baixo. Iap. Iyaxiqi mono.

Liquâmen, inis. Lus. Manteiga pera temperar o comer. Iap. Riôrino tameni coxiraye taru qedamonono abura. ¶ Item, Hũ genero de escabeche feito das entranhas podres de peixe pera tẽperar comeres. Iap. Riôrino tameni cusaracaxite voqitaru vuono farauatano xiruuo yũ, l, naximono.

Liquefacio, is. Lus. Derreter. Iap. Tocasu, toracasu.

Liquefio. passiu. Idem.

Liqueo, es. Lus. Ser, ou estar liquido, e derretido. Iap. Toqete aru.

Liquesco, is. Lus. Derreterse. Iap Toqeru.

Liquet. impers. Lus. Ser manifesto, e claro. Iap. Funmiǒ naru, reqijen naru.

Liquidò, adu. Lus. Certa, e claramente. Iap. Funmiǒni, aqiracani.

Liquidè, sive liquidius. Idem.

Liquidum, i. Lus. Agoa. Iap. Mizzu. Horat.

Liquidus, a, ũ. Lus. Cousa liquida, ou fluida. Iap. Nagaruru mono. Vt mizzu, abura nado. ¶ Liquidus venter. Lus. Barriga relaxada. Iap. Xaxi fara, cudaribara.

¶ Aliqñ. Cousa pura, e clara. Iap. Qiyoqi coto, sumitaru coto. ¶ Itẽ, Cousa prospera, e boã. Iap. Quafônaru mono.

Liquo, as. Lus. Derreter. Iap. Tocasu, toracasu.

Liquor, eris. Lus. Derreterse, resoluerse. Iap. Toquru, toqe xiraru.

Liquor, oris. Lus. Liquor, ou humor liquido. Iap. Nagaruru monono taguy.

Lira, æ. Lus. Rego, ou margem entre dous regos. Iap. Vne, l, vne mizo.

Liratim, adu. Lus. De rego em rego. Iap. Vne vneni.

Lirinum, i. Lus. Vnguento, ou oleo de lirio. Iap. Caqitçubatano abura.

Liro, as. Lus. Fazer regos, e cobrir a semente. Iap. Vneuo tatete tçuchiuo cǒ. ¶ Itẽ, Traspassar. Iap. Tçuranuqu.

Lis, litis. Lus. Demanda. Iap. Cujisata.

¶ Litis instrumentum. Lus. Feitos da demanda. Iap. Cujisatano xômon. ¶ Litis contestatio. Lus. Relação que se da ao juiz de ambas as partes. Iap. Cujino daimocuuo riǒbǒyori tadaxiteni firô suru coto uo yũ. ¶ Litem perdere. Lus. Deixar a demanda. Iap. Cuji satauo saxivoqu.

¶ Lite cadere. Lus. Perder, ou ficar vencido na demanda. Iap. Cujisatani maquru. ¶ Litem suam facere. Lus. Tomar a causa a sua conta pera a defender. Iap. Cujiuo vqetotte satasuru. ¶ Litem in rem suam vertere. Lus. Aplicar asi o juiz com consentimento das partes a cousa sobre que ha demanda. Iap. Ronzuru monouo riǒbǒno dôxinni yotte tadaxitenaca yori toru.

Litanía, æ. Lus. Rogo, ou suplicação. Iap. Tanomi, qinen.

Litatio, ónis. Lus. Impetração per meyo do sacrificio. Iap. Tamuqeni yotte nengi sano canǒ coto nari. ¶ Item, Sacrificio de bom agouro. Iap. Yoqi zuisǒuo arauasu tamuqe.

Lita-

Litatò, adu. Lus. Com fauor dos sacrificios Iap. Tamuqeno rixŏni yotte.

Litera, æ. Lus. Letra. Iap. Ii, menji. ¶ Itẽ, Letra do escriuão. Iap. Xuxeqi. ¶ Literæ, arum. Lus. Carta. Iap. Fumi. ¶ Itẽ, Sciencias que estam por escrito. Iap. Caqi xiruxitaru xogacu. ¶ Ad literã. Lus. Palaura por palaura, à letra. Iap. Ichiji, l, ichiguĕuo chigayezu. ¶ Item, Escritura como conhecimento, &c. Iap. Xômŏ. ¶ Literas attingere. Lus. Tratar, ou estudar sciencias. Iap. Gacumonni quŏinuo vocuru, gacumŏ suru. ¶ Literæ interiores. Lus. Sciencias mais altas, e profundas. Iap. Yŭguĕnaru gacumŏ. ¶ Literæ publicæ. Lus. Catalogo em que se escreuẽ cousas notaueis. Iap. Nendaiqi. ¶ Item, Escritos. Iap. Xomot.

Litérula, æ. dim. Idem.

Literarius, a, um. Lus. Cousa que pertence a letra, ou letras. Iap. Monji, l, gacumŏ ni ataru coto.

Literatè, adu. Lus. Douta, & eruditamente. Iap. Quŏchi, saicacuuo motte, quŏgacuni.

Literator, oris. Lus. O que he algum tanto douto. Iap. Taigaino gacuxa. ¶ Item, O que ensina grammatica. Iap. Grammaticato yŭ gacumonuo voxiyuru mono.

Literatura, æ. Lus. Grãmatica. Iap. Grãmaticato yŭ gacumon. ¶ Aliqñ. Sciencia, ou conhecimento das letras. Iap. Manabi yetaru chiye, gacumon.

Literatus, i. Lus. Letrado, ou douto em sciencias. Iap. Gacuxŏ. ¶ Item, Cousa escrita, ou esculpida com letra. Iap. Caqi tçuqeuo xitaru coto, l, jiuo fori tçuqetaru mono. ¶ Literatum ocium. Lus. Tempo em que se estuda. Iap. Gacumonuo suru toqi.

Literátulus, i. dim. Idem.

Literosus, a, um. Lus. Letrado. Iap. Gacuxŏ.

Lithóglyphus. Lus. Esculror de pedras. Iap. Ixino forimonoxi.

Lithóstrotos. Lus. Lagiado de pedras. Iap. Ixidatamiuo xitaru tocoro. ¶ Lithostrota. Lus. Solhos da casa ladrilhada com pedrinhas que fazem varias figuras. Iap. Comacanaru qiri ixiuo irodotte monono sugatauo xiqitçuqetaru tocoro.

Líticen, inis. Lus. Tãgedor de trombeta bastarda. Iap. Caiuo fuqu mono.

Litigator, oris. Lus. Litigante. Iap. Cujisatauo xicaquru mono, satanin.

Litigiosus, a, um. Lus. Homem demandão. Iap. Xiguequ cujisatauo conomi, xicaquru mono. ¶ Litigiosa disputatio. Lus. Disputa porfiosa. Iap. Qibixiqi rondan. ¶ Litigiosa fora. Lus. Audĕcias de muitas demandas. Iap. Cuji satano xiguequ aru tocoro. ¶ Interd. Cousa altercada. Iap. Cuji satano arixi coto.

Litigium, ij. Lus. Demanda. Iap. Cuji sata.

Lítigo, as. Lus. Contender, litigar. Iap. Arasŏ, cujisatauo suru.

Lito, as. Lus. Aplacar a Deos cõ sacrificios. Iap. Sasaguemonouo motte Deusno gonaixŏuo yauaraguru. ¶ Aliqñ. Satisfazer. Iap. Tassuru, voguinŏ.

Litorâlis, e. Lus. Cousa de praya, ou maritima. Iap. Famabe, l, caifenni ataru coto.

Litoreus, a, um. Idem.

Litorosus, a, um. Lus. Cousa que esta apar da praya do mar. Iap. Famabeni aru mono.

Litûra, æ. Lus. Borrão. Iap. Monjino qexitaru tocoro. ¶ Aliqñ. Vntura. Iap. Nuru cotouo yŭ.

Litûro, as. Lus. Apagar, borrar. Iap. Qesu.

Litus, oris. Lus. Praya. Iap. Fama, nagusa. ¶ Item, Ribeira do rio. Iap. Cauara, cauabe. ¶ Item, Campo perto do mar. Iap. Caifenni aru denbacu. ¶ Item, Lugar junto do altar dos sacrificios. Iap. Tamuqeuo suru danjono soba, vaqi.

Litus, a, um. Lus. Vntado, cuberto com algũa cousa mole. Iap. Nuritaru coto. ¶ Aliqñ. Manchado de côres. Iap. Madaranaru mono.

Lituus, i. Lus. Hum genero de vara, ou cajado de que vsauam os agoureiros. Iap. Mu-

Mucaxi vonnhōji mochitaru muchi. ¶ Item, Trombeta bastarda. Iap. Fuqu caino rui.

Liueo, es. Lus. Ser como preto, ou de côr de chumbo. Iap. Namarino irono yŏni vsuguroqu naru, curojini suru, tçuximiguroqu naru. ¶ Item, per transl. Ter enueja. Iap. Sonemu, netamu.

Liuesco, is. Lus. Fazerse de côr entre verde, e negro, ou de chumbo. Iap. Vsuguroqu nariyuqu, curojini xiyuqu, tçuximiguroqu nari yuqu.

Líuidus, a, um. Lus. O que tem côr como preta de pâcada, ou virgóis. Iap. Qeibé no atono gotoqu tçuximiguroqu naru mono. ¶ Item, Cousa quasi preta, ou de côr de chumbo. Iap. Vsuguroqu naritaru mono. ¶ Item, Enuejoso. Iap. Sonemu mono.

Liuidulus. dim. Idem.

Liuor, oris. Lus. Côr ẽtre verde, e negro como de pâcada, etc. Iap. Auoguroqi iro, tçuximiguroqi iro. ¶ Item, Enueja. Iap. Sonemi, netami.

Lixa, æ. Lus. Agoadeiro, ou seruidor do arrayal. Iap. Ginxoni mizzuuo cumi, xétacuuo xi, mexi nadouo totonoyuru mono.

Lixabundus, a, ũ. Lus. O q̃ faz cousa baixa por pouca paga. Iap. Sagaritaru cotouo suru chintori.

Lixiuia, æ, l, Lixiuium, ij. Lus. Decoada. Iap. Sumaxitaru acu.

Lixo, as. Lus. Cozer ẽ agoa. Iap. Mizzuni nisuru.

Lixus, a, um. Lus. Cozido em agoa. Iap. Mizzuni ni xitaru mono.

L ANTE O.

LOba, æ. Lus. Canna, ou maçaroca, de hum certo milho grande. Iap. Tŏqibino cara, l, fo.

Lobus, i. Lus. Orelha da parte de baixo, Iap. Mimino bicu. ¶ Item, Parte estrema do figado. Iap. Canno zŏno mauari.

Locarium, ij. Lus. Preço que se paga da passada, ou estalagem. Iap. Fatagoxen, l, yachin.

Locatio, onis. Lus. Dar a aluguer, ou arrẽdar. Iap. Iye nadouo chinuo totte casu coto nari. ¶ Inducere locationẽ. Lus. Annullar o aluguer, ou arrendamẽto. Iap. Mono uo casu yacusocuuo cayuru.

Locator, oris. Lus. O que da a aluguer, ou arrenda. Iap. Iye nadouo chinuo totte casu fito. ¶ Item, O que aluga, ou determina salario por algũa obra. Iap. Chinuo sadamete fitouo yatŏ mono.

Locellus, i. Lus. Bolsinho. Iap. Cobucuro.

Lócito, as. freq. Lus. Arrendar, ou alugar a miude. Iap. Xiguequ chinuo totte mono uo casu.

Loco, as. Lus. Pòr, assentar. Iap. Monouo voqu, suyuru, ionayuru. ¶ Item, Dar a molher em casamẽto. Iap. Nhoninni cayenuo musubaxuru, yome iriuo sasuru. ¶ Item, Alugar, ou arrendar. Iap. Chinuo totte monouo casu. ¶ Locare alicui operam suam. Lus. Alugarse por salario. Iap. Temachinuo totte xigotouo suru. ¶ Locare alicui opus faciũdum. Lus. Determinar salario a alguem por algũa obra. Iap. Xigotono temachinuo sadamuru. ¶ Item, Empregar, ou gastar. Iap. Tçucŏ. vt locare bene, vel malè operam, vel pecuniam.

Loculamenta, orum. Lus. Casinhas, ou repartimentos dos ninhos das aues, ou outros animais. Iap. Tori nadono suuo caqe narabetaru tocorodocoro. ¶ Item, Gauetas, ou bucetas. Iap. Iremonono caqego, l, faco.

Loculatus, a, um. Lus. Cousa que tem diuersos lugares, ou repartimẽtos. Iap. Fedateno vouoqu aru tocoro.

Loculosus, a, um. Lus. Cousa que tẽ muitas bolsas, ou repartimẽtos. Iap. Caccacuni fucurono vouoqi mono, l, fedateno vouoqi mono.

Lóculus, i, dim. Lus. Lugar pequeno. Iap. Xebaqi tocoro, xôxo. ¶ Loculi. Lus. Casinhas, ou repartimentos dos ninhos das aues, ou outros animais. Iap. Tori nadono suuo caqenarabetaru tocorodocoro. ¶ Item, Bolsa, ou saco de dinheiro. Iap.

Cane-

Canebucuro. ¶ Itẽ Tumba, ou cayxão em que metem os corpos mortos. Iap. Quan, l, gan.

Locuples, etis. Lus. Rico, afazendado. Iap. Buguenxa, fucujin, vtocunin. ¶ Itẽ, Homem de authoridade, & credito. Iap. Mochij aru fito. ¶ Locuples oratio. Lus. Oração abundante, & copiosa. Iap. Ben jetnaru dangui. ¶ Item, pertransl. Homem que tẽ aparelho, e faculdade pera algũa cousa. Iap. Yoqi xitagino aru mono.

Locuplêto, as. Lus. Enriquecer a outrem. Iap. Fitouo buguenni nasu.

Locus, i. siue loci, orum, l, loca, orum. Lus. Lugar. Iap. Tocoro. ¶ Loco patris te habeo. Lus. Tenhovos em lugar de pay. Iap. Sonatauo voyano gotoquni mochijru. ¶ Itẽ, Loci sunt sedes argumentorum. ¶ Item Lugar, ou vaso da molher onde recolhe o semẽ viril. Iap. Vonnano tainaini cedaneuo vosamaru toccro. ¶ Secũdo loco. Lus. Alem disso. Iap. Cotoni, tçuguini. ¶ Itẽ, Estado, ou fortuna. Iap. Tei, yǒdai, xindai. ¶ Item, Estimação, priuança. Iap. Mochij. ¶ Item, Geração, ou linhagem. Iap. Sujime zocuxo. ¶ Item, Tẽpo, ou espaço de fazer algũa cousa. Iap. Monouo suru toqi. ¶ Aliqñ. Oportunidade. Iap. Saiuai, xiauaxe. ¶ Loco aliquid quærere. Lus. Buscar algũa cousa a seu tempo. Iap. Iibunni xitagǒte monouo tazzunuru. ¶ In loco. Lus. Oportunamẽte. Iap. Saiuaini. ¶ Locus non est bonitati. Lus. A bondade he despreza da. Iap. Ienuo mochijzu. ¶ Loco aliquem mouere. Lus. Botar a alguẽ de seu estado, ou dignidade. Iap. Curaiuo suberasuru.

Locusta, æ. Lus. Gafanhoto. Iap. Ynago. ¶ Item, Lagosta. Iap. Ixe ycbi.

Locutio, onis, siue Loquutio. Lus. Fala, pratica. Iap. Monogatari, sata.

Locutor, oris, seu Loquutor. Lus. O que fala, ou pratica. Iap. Monogatariuo suru mono.

Locutuleij. Lus. Palradores, lingoarazes. Iap. Cuchitataqi.

Locutus, siue Loquutus. Lus. O que falou Iap. Catarितaru mono.

Lodix, icis. Lus. Cobertor, ou manta. Iap. Guaxǒno vuauouoi, l, yoguino taguy.

Lodicula, æ. dim. Idem.

Logarium, ij. Lus. Conta meuda de cousas leues. Iap. Vazzucanaru sanyǒ, cāgiǒ.

Logeum, ei. Lus. Hum lugar alto no teatro. Iap. Butaini tacaqi tocorouo yũ.

Lógica, æ. Lus. Logica. Iap. Logicato yũ gacumon.

Lógica, orum. Idem.

Logistæ. Lus. Contadores. Iap. Sancanja.

Logisterium, ij. Lus. Lugar onde se faz resenha do exercito, & se paga aos soldados. Iap. Ixxoni buxiuo atçumete fuchiuo atayuru tocoro.

Logodædalus, i. Lus. O que faz mais caso das palauras, que das cousas. Iap. Cotouari yorimo goncuno cazariuo fonni suru mono. ¶ Item, O que com artificio de palauras procura enganar a outro. Iap. Cotobano iyyǒuo motte fitouo damasanto suru mono.

Logistice, es. Lus. Arte de contar. Iap. San yǒno michi.

Logos. Lus. Palauras, ou arrazoamẽto. Iap. Cotoba, l, cotouari, monogatari. ¶ Item, Palauras vãas, & ridiculas. Iap. Mimona naqu vocaxiqi cotoba.

Loliaceus, a, um. Lus. Cousa de Ioyo. Iap. Carasu muguinite xitaru coto.

Loliarius, a, um. Lus. Cousa pertencente a joyo. Iap. Carasu muguini ataru coto.

Loligo, inis. Lus. Siba, ou lula. Iap. Yca.

Loligúncula, æ. dim. Idem.

Lolium, ij. Lus. Ioyo. Carasu mugui.

Lolius, ij. Lus. Hum certo peixe. Iap. Vuo no na.

Lomentum, i. Lus. Farinha de fauas. Iap. Sora mameno co. ¶ Item, Hũa certa tinta dos pintores. Iap. Yenogunorui.

Longæuitas, atis. Lus. Muita idade. Iap. Nagaqi youai.

Lon-

Longæuus, a, um. Lus. Cousa de muita idade. Iap. Nagaqi yowaiuo fataru mono, furuqi mono.

Longánimis, e. Lus. Paciente, perseuerante. Iap. Canninni xitodoquru fito, canninjei no aru fito.

Longanimitas, atis. Lus. Paciencia, & perseuerança. Iap. Nagaqi cannin.

Longano, onis. Lus. Hũa tripa longa. Iap. Daichŏ.

Longè, adu. Lus. Longe. Iap. Touoqu. ¶ Item, Por espaço de tempo. Iap. Farubaru, farucani. ¶ Interd. Muito. Iap. Vôqini.

Longinquitas, atis. Lus. Distancia compri da de lugares. Iap. Tocoronofedataritaru aida. ¶ Item, Compridão de tempo, ou idade. Iap. Toxi fisaxiqi cotouo yŭ.

Longinquus, a, um. Lus. Cousa muito remota, ou distante. Iap. Farucani fedataritaru mono. ¶ Item, Cousa comprida. Iap. Nagaqu touoqi coto. ¶ Aliqñ. Estranjeiro. Iap. Tabino mono, ycocuno mono. ¶ Item, Cousa de muito tempo. Iap. Naganagaxiqi coto, fisaxiqi coto. ¶ Item, Vagaroso, tardo. Iap. Nagabiqu fisaxiqi coto. ¶ Longinquũ loqui. Lus. Falar prolixamẽte. Iap. Nagamonogatariuo suru.

Lôngipes, edis. Lus. O que tem longos pès, ou pernas. Iap. Axi, l, suneno nagaqi mono.

Longisco, is. Lus. Fazerse comprido. Iap. Nagaqu naru.

Longitûdo, inis. Lus. Compridão. Iap. Nagasa. ¶ Item, Longo espaço de tempo. Iap. Fisaxisa.

Longiusculus, a, um. dim. Lus. Cousa algũ tanto longe, l, cõprida. Iap. Sucoxi nagaqi coto.

Lôngulè, adu. Lus. Hum pouco longe. Iap. Sucoxi touoqu.

Longùm, adu. Lus. Por longo tempo. Iap. Iap. Fisaxiqu, farubaru.

Longurio, onis. Lus. Homem comprido. Iap. Xeino tacaqi fito.

Longurius, ij. Lus. Hum certo pao, ou vara comprida. Iap. Fiso, nagaqi qi.

Longus, longa, longum. Lus. Cousa comprida. Iap. Nagaqi coto. ¶ Item, Cousa aleuantada em alto, ou de grande estatura. Iap. Suguni tachitaru mono, l, xeino tacaqi mono. ¶ Item, per transl. Cousa de muito tẽpo. Iap. Fisaxiqi coto. ¶ Itẽ Prolixo, & diffuso. Iap. Nagabiqu fisaxiqi coto. ¶ Aliqñ. Pernicioso. Iap. Atato naru mono. ¶ Ne longum faciam. Lus. Por não ser comprido. Iap. Riacuxen tameni.

Lôngulus, a, um. dim. Idem.

Lopax, acis. Lus. Hum genero de concha. Iap. Caino taguy. ¶ Item, Hum genero de vestido. Iap. Yxŏno taguy.

Loquacitas, atis. Lus. O muito falar. Iap. Cuchi tataqu cotouo yŭ.

Loquaciter, adu. Lus. Palrando muito. Iap. Cuchiuo tataite.

Loquácito, as. Lus. Palrar muito. Iap. Cuchi tataqu, vôguchiuo qiqu.

Loquax, âcis. Lus. Falador, palreiro. Iap. Cuchitataqi, vôguchi qiqi.

Loquela, æ. Lus. Fala. Iap. Cotoba, iyyŏ.

Lóquitor, aris. Lus. Palrar muito. Iap. Cuchi tataqu.

Loquor, eris. Lus. Praticar, falar. Iap. Cataru, l, monouo yŭ. ¶ Loqui lapides. Lus. Falar cousas que chegã ao coração dos q̃ as ouuem. Iap. Mimini todomaru coto uo yŭ, l, qiqiteno cocorouo curuximuru cotouo yŭ. ¶ Loquuntur annales historiæ. Lus. Contam as cronicas. Iap. Nẽdaiqini arauaruru. ¶ Loquitur res ipsa. Lus. A cousa desy està clara. Iap. Aqiraca nari, reqijen nari.

Lora, æ, l, Lorea. Lus. Agoa pè. Iap. Mizzuno ire casuyori xiboritaru budŏxu.

Loramentum, i. Lus. Atadura, ou amarradura de qualquer cousa. Iap. Caragu auasuru, l, tçugui auasuru cotouo yŭ.

Lorarij serui. Lus. Seruos q̃ tinham per officio de amarrar, e açoutar com lategos a algum dos companheiros. Iap. Xujinno gusguegiuo mayete fobaiuo carame chŏchacu furu fiquan. ¶ Item, Ministros que acōpanhauam os magistrados. Iap. Xugodai uo gubu furu mono.

Loreus, a, um. Lus. Cousa de correa, ou latego. Iap. Cauano vo nadoni ataru coto.

Lorica, æ. Lus. Saya de malha. Iap. Cusarigosocuno qigome. ¶ Item, Qualquer genero darmas defensiuas do corpo. Iap. Yoroi. ¶ Itē, Hũa maneira de encosto q̃ se faz nos edificios pera não cairmos. Iap. Rancan. ¶ Item, Hum genero de argamasa. Iap. Iroirono monouo majiyetaru ixibai.

Loricatio, onis. Lus. O cafelar, ou rebocar. Iap. Cabe nadono vuanuriuo furu.

Loricâtus, a, ū. Lus. Vestido de saya de malha. Iap. Cusari gusocuno qigomeuo qitaru mono.

Lorico, as. Lus. Vestir saya de malha. Iap. Cusari gusocuno qigomeuo qiru.

Loricula, æ. Lus. Pequena saya de malha. Iap. Chijsaqi qigome. ¶ Item, Forte que fazē pera combater algũa cidade. Iap. Xeirô.

Lóripes, edis. Lus. O que tem os pès tortos. Iap. Axino yugamitaru mono.

Lorum, i, siue Lorus, i. Lus. Correa. Iap. Cauano vobi. ¶ itē, Redeas, ou outros aparelhos cō q̃ se amarram as bestas. Iap. Cauano tazzuna, fazzuna. ¶ Lora etiā sunt zonæ, ac volumina ex corio bubilo, quibus pugiles vtebantur. ¶ Item, Latego cō que açoutam. Iap. Caua nite coxirayetaru chŏchacuno dŏgu, qeiben. ¶ Itē, Precintas de couro cō que se amarram os catres, ou cadeiras. Iap. Toco, l, qiocurocuni faru, l, caquru cauauobi. ¶ Item, Cordão, ou colar douro, ou de prata, que se traz ao pescoço. Iap. Cubini caquru qinguinno cazari, cusari.

Lotium, ij. Lus. Ourina. Iap. Xŏben.

Lotos. Lus. Hũa aruore. Iap. Qino na.

L ANTE V.

LVbens, entis. Lus. O que faz algũa cousa de boa vontade. Iap. Isŏde monouo furu fito.

Lubens, adu. Lus. De boa vontade. Iap. Quāgui xite, yorocŏde, cocoro yoqu.

Lubenter, adu. Idem.

Lubentia, æ, & Libentia. Lus. Prazer, gozo. Iap. Quangui, yorocobi.

Lubet, ebat. impers. Lus. Aprazer, contentar. Iap. Qini vŏ.

Lubîdo, inis. Idē quod Libido. apud veteres.

Lúbricè, adu. Lus. Incerta, e duuidosamēte. Iap. Fugiŏni, adani, facanaqu.

Lúbrico, as. Lus. Fazer escorregar a outrem. Iap. Suberasuru.

Lúbricum, i. Lus. Escorregadio do caminho, &c. Iap. Suberu cotouo yŭ. ¶ Lubricum ætatis. Lus. Inconstancia da idade, ou vida. Iap. Zonmei fugiŏ. *Vlpianus.*

Lúbricus, a, um. Lus. Cousa escorregadiça. Iap. Suberu mono. ¶ Item, Enganador, & que vsa de muitas manhas pera escapar. Iap. Itçuuarite xujuno chiupŏ furu mono. ¶ Lubricus locus. Lus. Lugar, e passo perigoso, e difficil. Iap. Ayavqu daiji naru tocoro. ¶ Lubrici oculi. Lus. Olhos que se mouem facilmēte. Iap. Curumequ me. ¶ Lubrica adolescentia. Lus. Mocidade facil de cair. Iap. Toga na doni vochi yasuqi jacufai. ¶ Piscis lubricus. Lus. Peixe que escorrega facilmente das mãos. Iap. Te yori suberi yasuqi vuo.

Lucanica, æ. Lus. Lingoyça. Iap. Nicuuo comacani qiri fosouatani iretaru xocubutuo yŭ.

Lucæ boues, siue Lucanæ. Lus. Elefantes. Iap. Zô.

Lucar, aris. Lus. Preço, ou paga que se recebia dos bosques. Iap. Mori, l, fayaxi yori toru cauari, atai.

Lucaria, orum. festa quæ in luco Romani faciebant.

Lucellum, i. dim. Lus. Pequeno ganho. Iap. Xôri, vazzuca naru tocu.

Lucens, entis. Lus. Luzente, resplandecēte. Iap. Ficaru mono.

Luceo, es. Lus. Resplādecer. Iap. Ficaru, cacayaqu. ¶ Item, Ser de dia. Iap. Yoga aqeru quru, firu nari. ¶ Lucare facem alicui, aut cereum. Lus. Yr diante dalguem com tocha, ou facha. Iap. Fitono ſaqini vôraſſoeu, l, taimatçuuo toboſu.

Lucerna, æ. Lus. Candieiro, ou candea. Iap. Tôdai, xocudai, l, tomoxibi, ficari.

Lucernula, æ. dim. Idem.

Lucernarius, ij. Lus. O que traz candea. Iap. Tomoxibiuo motçu mono.

Luceſcit, imperſ. Lus. Amanhece. Iap. Yôga aquru.

Luci, adu. Lus. De dia, entre dia. Iap. Firu, facuchŭ.

Lúcidus, a, um. Lus. Couſa clara, lucida. Iap. Ficaru mono, cacayaqu mono.

Lúcifer, eri. Lus. Eſtrela dalua. Iap. Miŏjŏ.

Lucíferus, a, um. Lus. Couſa que traz, ou da luz. Iap. Ficariuo motçu, l, faſſuru mono.

Lucífico, as. Lus. Fazer claro, ou reſplandecente. Iap. Cacayacaſu.

Lucífugus, i. & lucifŭga, æ. Lus. O que foge a luz. Iap. Ficariuo qirai niguru mono. ¶ Item, Os que vſam da noite por dia. Iap. Yoruuo firuni cayuru mono. Seneca.

Lucígena, æ. Lus. Couſa gérada da luz. Iap. Ficari yori xŏjitaru mono.

Lucíni, orum. Lus. Os que tem olhos pequenos, e vem pouco. Iap. Chijſaqi manacouo motte voboroni monouo miru fito.

Lucrifacio, is. Lus. Ganhar. Iap. Monouo mŏquru.

Lucrificabilis, e. Lus. O que traz, ou dà ganho. Iap. Ritocuno aru mono.

Lucrifio, is. Lus. Ser ganhado. Iap. Mŏqeraruru.

Lucrifuga, æ. Lus. O q̃ foge, ou aborrece ganho. Iap. Ritocuuo qirŏ mono.

Lucriones. Lus. Os que grangeam ou buscã ganho por todas vias. Iap. Xoſŏuo caqete ritocuuo tazzune motomuru mono.

Lucror, aris. Lus. Ganhar. Iap. Monouo mŏquru, riuo toru.

Lucroſus, a, um. Lus. Couſa de muito ganho, proueitoſa. Iap. Ritocuno vouoqi mono.

Lucrum, i. Lus. Ganho, proueito. Iap. Ritocu, rijun, mŏqe. ¶ Lucro eſt, l, lucri eſt. Lus. He proueitoſo. Iap. Tocuga aru, l, tocu to naru.

Lucta, æ. Lus. Luta. Iap. Sumŏ.

Luctâmen, inis. Idem.

Luctatio, onis, ſiue Luctatus, us. Idem. ¶ Item, per transl. Luctatio. Lus. Peleija, ou contenda. Iap. Tatacai, caracai.

Luctator, oris. Lus. Lutador. Iap. Sumŏtori.

Lúctifer, a, um. Lus. Couſa que traz, ou denũcia triſteza. Iap. Canaximiuo moyouoſaſuru mono, l, vreiuo tçuguru mono.

Luctificabilis, e. Lus. O que tem triſteza. Iap. Vreiuo idaqu mono.

Luctíficus, a, um. Lus. Couſa que cauſa triſteza. Iap. Canaximaſuru mono.

Luctíſonus, a, um. Lus. Couſa que moſtra triſteza na voz, ou ſom. Iap. Canaxiqi coyeuo arauaſu mono.

Luctor, aris. Lus. Luitar. Iap. Sumŏuo toru. ¶ Item, Peleijar, ou contender. Iap. Tatacŏ, caracŏ.

Lucto, as. Idem apud veteres.

Luctuoſus, a, um. Lus. Couſa chea de choro, e triſteza. Iap. Canaxiqi coto, xŭtanuo fucumu mono. ¶ Item, Couſa que traz triſteza. Iap. Canaximiuo moyouoſaſuru mono.

Luctus, us. Lus. Triſteza, dôr. Iap. Canaximi, itauaxiſa. ¶ Item, Luto, ou dô. Iap. Vreino yxŏ, l, iro.

Lucubratio, onis. Lus. O fazer algũa couſa velando. Iap. Yoru nemuriuo nozoqi xoſauo ſuru coto nari.

Lucubratoria lectîca, in qua lucubrare ſolebat Auguſtus.

Lúcubro, as. Lus. Fazer algũa couſa velãdo à cãdea. Iap. Yoru nemuriuo nozoqi xoſauo ſuru.

Luculentè, vel Luculẽter, adu. Lus. Excellente, e copioſamente. Iap. Sugurete, bentŏni. ¶ Item, Claramente. Iap. Aqiracani.

Luculentitas, atis. Lus. Clareza, reſplandor. Iap. Aqiraca, l, ficari. Antiq.

Luculentus, a, um. Lus. Couſa clara, e reluzẽtete. Iap. Aqiracà narucoto, ficari cacayaqu mono. ¶ Item, Cousa graue, e elegante. Iap. Vomovomoxiqi mono, xuxônaru coto, gonicuuo cazaritaru coto. ¶ Aliqn. Cousa boa, e excellente. Iap. Suguretaru mono. ¶ Item, Rico. Iap. Buguenxa. ¶ Item, Grande. Iap. Vôqinaru mono.

Lucus, i. Lus. Bosque, ou aruoredo consagrado a algũ Deos. Iap. Butjinni sasaguetaru mori, fayaxi.

Lucuus, i. Lus. Hum genero de comer. Iap. Xocubutno taguy.

Ludia, æ. Lus. Molher bailadora, & trejeitadora. Iap. Xirabiŏxi, cumo mai suru vonna.

Ludibrium, ij. Lus. Desprezo, & zombaria. Iap. Varai gusa, azaqeri, naburi mono.

Ludibundus, a, um. Lus. O que faz algũa cousa como zombando, & tem dificuldade. Iap. Nanno zôsamonô, l, asobi asobi monouo suru fito.

Ludicer, a, um, siue Ludicrus, a, um. Lus. Cousa pertencente a zombaria, ou recreação. Iap. Asobi tauaburenì ataru coto. ¶ Exercere artem ludicram. Lus. Exercitar arte de representar, ou fazer autos. Iap. Nôuo suru, l, qiŏguen suru. ¶ Ludicræ tibiæ. Lus. Frautas que vsam nas festas. Iap. Asobino toqi fuqu fuye.

Ludicrum, i. Lus. Zombaria. Iap. Asobi tauabure, jarecoto. ¶ Vertere in ludicrũ prouerbij. Lus. Celebrarse em prouerbio ridiculo. Iap. Vocaxiqi cotouazani naru, l, vocaxiqi cotoni iy narauasu.

Ludificabilis, e. Lus. Cousa pera se zombar. Iap. Naburaruru mono.

Ludificans, antis. Lus. O que zomba, ou escarnece. Iap. Naburu, l, azaqeru mono.

Ludificatio, onis. Lus. O zõbar, ou enganar. Iap. Naburu, l, damasu coto nari.

Ludificatus, a, um. particip. Idẽ. ¶ Itẽ, passiu. Zombado, enganado. Iap. Naburaretaru mono, tabacararetaru mono.

Ludifico, as, siue Ludificor, aris. Lus. Zombar, ou enganar zombando. Iap. Naburu, l, naburi damasu.

Ludimagister, tri. Lus. Mestre de escola. Iap. Xoxinno gacumonno xixŏ, xogacuno xinobo.

Ludius, ij, siue Ludio, onis. Lus. Chocarreiro, ou representador de autos. Iap. Qiŏguenxa, l, nôuo suru mono.

Ludo, is, si, sum. Lus. Iugar. Iap. Asobu, l, caqemonouo xite bacuyeqiuo nasu. ¶ Item, Zõbar, escarnecer. Iap. Naburi azaqeru, varai anadoru. ¶ Interd. Bulir, ou mouerse. Iap. Vgoqu, fataraqu. ¶ Itẽ, Cantar, & tanger. Iap. Vtauo vtai, bìua nadouo tanzuru, fiqu. ¶ Item, Escreuer em verso algũa obra pequena. Iap. Monono cotouariuo mijicaqu vtani yomu. ¶ Ludere operam. Lus. Trabalhar debalde. Iap. Munaxiqi xinrŏuo suru. ¶ Item, Enganar. Iap. Tabacaru. ¶ Ludunt mea verba. Lus. Minhas palauras foram em vão. Iap. Iytaru cotoua munaxiqu naritari. ¶ Ludere in numerum. Lus. Bailar ao som do que se canta. Iap. Vtano fiŏxiuo auaxete vodoru.

Ludus, i. Lus. Iogo. Iap. Bacuyeqi, bacuchi. ¶ Item, Folguedo, zombaria. Iap. Asobi, ajara. ¶ Itẽ, Cãriga. Iap. Vta. ¶ Itẽ, Lugar onde se faz algum exercicio. Iap. Monouo qeicosuru tocoro. ¶ Item, Cousa facil, & grata de fazer. Iap. Tayasuqi coto, asobigoto. ¶ Itẽ, in plur. Iogos, ou folgue dos publicos. Iap. Fare naru asobi, voxijdaxitaru asobi. ¶ Ludum aperire. Lus. Pôr escola. Iap. Fajimete tenarai gacumonno xixŏ to naru. ¶ Ludos reddere, l, facere alicui. Lus. Zombar dalguem. Iap. Fitouo anadoru. ¶ Ludos operam facere. Lus. Trabalhar em vão. Iap. Munaxiqi xinrŏuo suru. ¶ Ludos cõmittere. Lus. Celebrar festa. Iap. Asobi uo suru.

Lues, is. Lus. Peste, ou mal cõtagioso. Iap. Yeqirei, l, vtçuru yamai.

Lugeo, es, luxi. Lus. Chorar. Iap. Naqu, namidauo nagasu. ¶ Item, Estar triste. Iap. Canaximu. ¶ Itẽ, Trazer dó pola morte dalguem. Iap. Xinnini vocurete iro uo uo qiru.

Lúgubris, e. Lus. Cousa pertẽcẽte a tristeza, ou dô. Iap. Canaximi, l, vreino yxõni ataru coto. ¶ Lugubria. Lus. Vestidos de dô. Iap. Canaximino yxõ, iro.

Lugúbriter, siue Lugubrè adu. Lus. Cõ triste za, e choro. Iap. Xũtan xite, riũtei xite.

Luitio, onis. Lus. Paga, Liuramẽto. Iap. Fen ben, l, vqecayesu cotouo yũ.

Luitur, imperſ. Lus. Pagaſe. Iap. Fenben xe-rarutu.

Luma, æ. Lus. Hũ genero de eſpinho. Iap. Ibarano taguy.

Lumaria falx. Lus. Fouce com que se cortão as matas destes eſpinhos. Iap. Miguino ibarauo qiru cama.

Lumbágo, inis. Lus. Doença, ou fraqueza dos lombos. Iap. Coxiqe, yôtçu.

Lũbâre, is. Lus. Encacho. Iap. Fadauobi.

Lumbifragium, ij. Lus. Derreamento, ou quebradura dos lombos. Iap. Coxino voretaru cotouo yũ. Plaut.

Lúmbrici. Lus. Minhocas. Iap. Mimizzu. ¶ Itẽ, Lombrigas. Iap. Fucuchũno muxi.

Lumbus, i, vel vsitatiùs, lumbi, orum. Lus. Lombos. Iap. Coxi, xenaca.

Lumen, inis. Lus. Lume. Iap. Ficariuo fas-suru mono, tomoxibi. ¶ Item, Luz, ou dia. Iap. Ficari, l, firu. ¶ Item, Olho. Iap. Manaco. ¶ Item, Ianela, ou fresta. Iap. Mado. ¶ Alicuius luminibus obstruere. Lus. Escurecer a fama dalguem. Iap. Fitono yoqi cuo guenzuru. ¶ Luminibꝰ obstruere. Lus. Impedir a luz da casa do vizinho. Iap. Qincano ficariuo sayuru. ¶ Lumina præferre menti alicuius. Lus. Inspirar na alma dalguem. Iap. Fitono cocorouo sulume vocosu. ¶ Item, Lumes da pintura. Iap. Yeno cumauo toraza ru tocoro. ¶ Lumina orationis. Lus. Sẽtenças, ou figuras que ornão a oração. Iap. Danguino cazaritoni aru goncu, go nadouo yũ. ¶ Lumina ciuitatis. Lus. Varões insignes na cidade. Iap. Zaixono ficarito naru fito, l, suguretaru fito.

Lumécum, i. Lus. Lugar de certos eſpinhos.

Iap. Ibaraguro.

Luminare, is. Lus. Lumieira, ou resplandor. Iap. Tomoxibi, ficariuo fanatçu mono, l, ficari, quõmiǒ. ¶ Item, Luminaria, per tr. nsl. Lus. Varões insignes. Iap. Meijin.

Lúmino, as. Lus. Alumiar. Iap. Acasu, terasu, acaqu nasu.

Luminosus, a, um. Lus. Cousa clara, e chea de lume. Iap. Aqiracanaru mono, l, vôqini ficaru mono.

Luna, æ. Lus. Lũa. Iap. Tçuqi. ¶ Quarta luna nati. Lus. Os que naçerão cõ pouca dita. Iap. Buquatôni vmaretaru mono, vmarejõno axiqi mono.

Lũnula, æ. dim. Idem.

Lunaris, e. Lus. Cousa que pertence a lũa. Iap. Tçuqini ataru coto.

Lunáticus, i. Lus. Lunatico. Iap. Tçuqino xeiuo vqete yori qiǒran suru mono.

Lunâtus, a, um. Lus. Cousa feita a semelhãça de lũa. Iap. Tçuqino narini tçucuritaru mono.

Luno, as. Lus. Encurvar, ou dobrar amaneira de lũa. Iap. Micazzuqinarini monouo maguru.

Luo, is, lui. Lus. Pagar, ou pagando remir. Iap. Fenbẽ suru, fumotuo nasu, l, vqecayesu. ¶ Luere pœnas, vel supplicĩu. Lus. Leuar castigo. Iap. Xeccãuo vquru. ¶ Luere maculas sanguine. Lus. Lauar, purgar os peccados com sangue, ou morte. Iap. Chiuo nagasuuo motte togauo nogaruru. ¶ Luere capite. Lus. Pagar com a vida. Iap. Quataini inochiuo tatatutu.

Lupa, æ. Lus. Loba. Iap. Mevôcame. ¶ Item, Molher publica. Iap. Qeixei, yũgio.

Lupânar, aris. Lus. Lugar de molheres publicas. Iap. Qeixeiyano aru tocoro.

Lupanarium, ij. Idem.

Lupanâris, e. Lus. Cousa que pertence a lugar de molheres publicas. Iap. Qeixeiyano aru tocoroni ataru coto.

Luparius, ij. Lus. Caçador de lobos. Iap. Vôcameuo caru fito.

Lupâtum, i. Lus. Freo aspero Iap. Araqi curçuna.

Lu-

Lupercalia, orum. solénia quædam sacra dicebantur.

Luperci, sacerdotes, qui hæc sacra peragebāt.

Lupīnus, a, um. Lus. Cousa de lobo. Iap. Vôcameni ataru coto.

Lupīnus, i. siue Lupinum, i. Lus. Tremoço. Iap. Mameno taguy.

Lupor, aris. Lus. Darse a molheres publicas. Iap. Qeixei guruiuo suru.

Lupus, i. Lus. Lobo. Iap. Vôcame, zairô. ¶ Item, Hum peixe muito estimado. Iap. Suguretaru vuono na. ¶ Item, Hum freo aspero. Iap. Araqi cutçuua. ¶ Item, Fateixa, ou gancho com que se tira algũa cousa do poço. Iap. Ynomoto yori mono uo fiqi idasu caguino rui. ¶ Item, Hũa especie de aranha. Iap. Aru sasagani, cumo no na. ¶ Item, Hũa erua. Iap. Cusano na.

Lura, æ. Lus. Boca do odre, ou saco. Iap. Aru fucurono cuchi.

Lurco, as. Lus. Comer sofregamente. Iap. Anagachini auate futameite cŭ.

Lurcor, aris. Idem.

Lurco, onis. Lus. Goloso, comedor, & destroidor de seus bens. Iap. Vonjiqixa, l, xocutanni xite tacarauo tçuiyasu mono.

Lúridus, a, um. Lus. Cousa muito amarela, ou de côr verde negro. Iap. Vrumi iro, l, murasaqino irono mono.

Luror, oris. Lus. Amarelidão. Iap. Qinairo, auozametaru iro.

Luscinia, æ. Lus. Rouxinol. Iap. Cotori no na.

Lusciniola, æ. dim. Idem.

Lusciosus, i, siue Luscitiosus. Lus. O que não ve a candea, ou tem curta vista. Iap. Tomoxibini mucŏte monouo mizaru fito, l, chicamenaru mono.

Luscus, i. Lus. Cego de hum olho. Iap. Catame.

Lusio, onis. Lus. Iogo. Iap. Asobi, l, bacuchi.

Lúsito, as. freq. Lus. Iugar amiude. Iap. Xigueqù asobu, bacuchiuo vtçu.

Lusor, oris. Lus. Iugador, ou enganador. Iap. Asobu mono, bacuchiuo vtçu mono, l, tabacaru mono.

Lusorius, a, um. Lus. Cousa que pertence a jogo, ou zombaria. Iap. Asobi, bacuchini ataru coto, l, jare cotoni ataru coto.

Lustrális, e. Lus. Cousa que tem força, ou virtude de purificar. Iap. Qegareuo qiyomuru xeitocuno aru mono. ¶ Lustralis aqua. Lus. Agoa benta. Iap. Voconaitaru mizzu. ¶ Lustralia exta. Lus. Entranhas gordas. Iap. Coyetaru zôfu. apud veter.

Lustrâmen, inis. Lus. O andar de ca pera lá. Iap. Faiquai.

Lustramentum, i. Lus. Purificação feita por feitiço, ou sacrificios. Iap. Mafôuo voconai, l, tamuqeuo naxite qegareuo qiyomuru cotouo yŭ.

Lustratio, onis. Lus. O rodear, ou andar de ca pera là. Iap. Anata conatauo femeguru coto nari. ¶ Item, Sacrificio de purgação. Iap. Qegareuo qiyomuru tameno tamuqe.

Lustrator, oris. Lus. O q̃ purificaua as criāças. Iap. Sanjuno qiyomeuo naxitaru fito.

Lustratrix, icis. fœm. Idem.

Lustratus, a, ũ. Lus. Limpo, purificado. Iap. Voconaiuo motte qiyomeraretaru mono.

Lústricus, a, um. Lus. Cousa que tem virtude de alimpar. Iap. Qiyomuru xeitocuno aru mono. ¶ Lustrici dies. Lus. Dias ẽ que se purificauam as crianças, e lhes punham nomes. Iap. Vbuconi sanjuno qiyomeuo naxi, nauo tçuqetaru fiuo yŭ.

Lustrificus, a, um. Idem.

Lustro, as. Lus. Andar a roda. Iap. Mauaru, meguru. ¶ Item, Correr terras, &c. Iap. Faicocu suru. ¶ Itẽ, Purificar. Iap. Voconai qiyomuru. ¶ Interd. Rodear com a vista, ou olhar por todas as partes. Iap. Mimauasu, l, xofôuo nagamuru. ¶ Lustrare animo. Lus. Cuidar bem, e ponderar. Iap. Fucaqu xiyui suru. ¶ Item, Seguir. Iap. Atouo xitŏ. ¶ Item, Alumiar, ou descobrir. Iap. Yamiuo terasu, l, arauasu. ¶ Lustrare exercitũ. Lus. Fazer resenha da gente. Iap. Xosotuo mimauaru, l, chacutôni auasuru.

Lustror, aris. Lus. Ser purgado, ou purificado.

do. Iap. Voconaiuo motte qiyomeraru-
ru. ¶ Item, Depon. Andar pelos lugares
de molheres publicas em desonestidades.
Iap. Qeixeiyani cayô.
Lustrum, i. Lus. Lugares, ou couas das fe-
ras. Iap. Corǒ yacamo sumido. ¶ Item,
Tauernas, e lugares publicos de molheres.
Iap. Fatagoyato, qeixeiyano tocoro.
¶ Item, Hum certo genero de sacrificio.
Iap. Tamuqeno taguy. ¶ Item, Espaço
de cinco annos. Iap. Gonenno aidauo yŭ.
Lusus, us. Lus. Iogo, ou zombaria. Iap.
Asobi, bacuchi, l. jarecoto.
Lusus, a, um. Lus. Enganado. Iap. Tabacara-
retaru mono.
Lutamētũ, i. Lus. Parede, ou outra obra de
barro, ou barrada. Cabe, l. tçuchi nite tçu-
curitaru mono.
Lutarius, a, um. Lus. Cousa q̃ viue no lo-
do. Iap. Dorono nacani sumu mono.
Lutea, æ. Lus. Hũa erua. Iap. Cusanona.
Luter, êris. Lus. Hũ genero de vaso, ou bacia.
Iap. Vtçuuamonono taguy, l. canabachi.
Lutesco, is. Lus. Fazerse lodo, ou amole-
cer como barro. Iap. Doroni naru, l.
dorono gotoqu xiruqu naru.
Luteus, a, um. Lus. Cousa feita de barro.
Iap. Tçuchi nite tçucuritaru mono. ¶ Itē,
Cousa vil, & baixa. Iap. Iyaxiqi coto.
Luteus, a, um. Lus. Cousa ruiua, ou amar-
rela. Iap. Qinaru mono.
Lutéolus, a, um. dim. Idem.
Luto, as. Lus. Enlamear, ou barrar com bar
ro. Iap. Dorouo motte yogosu, l. tçuchi
uo nuritçuquru. ¶ Itē, Sujar. Iap. Qegasu.
Lutosus, a, um. Lus. Cousa chea de lama,
ou barrenta. Iap. Doroni yogoretaru
mono, l. dorono vouoqi mono.
Lutra, æ. Lus. Lontra. Iap. Cauauso.
Lutulentus, a, um. Lus. Cousa chea de la-
ma, ou barrenta. Iap. Doroni yogoretaru mono, l. dorono vouoqi meno.
Lutum, i. Lus. Lama. Iap. Doro. ¶ Itē, Hũa
erua amarela. Iap. Qiiro naru cusano na.
Lux, cis. Lus. Claridade. Iap. Ficari, aca-
ri. ¶ Item, Dia. Iap. Firu, facuchǔ.

¶ Item, Vida, ou viuer. Iap. Zonmei, zon
jǒ. ¶ Lucis vsuram alicui dare. Lus.
Deixar viuer a alguem. Iap. Fitouo ica-
su. ¶ In luce. Lus. Em publico. Iap.
Ninjenite, arauarete. ¶ Itē, Olhos. Iap.
Manaco. ¶ Item, Luces in plur. Estrelas.
Iap. Foxi. ¶ Prima luce. Lus. Em amama-
nhecendo. Iap. Xǒten, sochǒ.
Luxa, siue luxata membra. Lus. Membros
desengonçados, ou fora de seu lugar.
Iap. Tagayetaru tçugai. ¶ Luxati. Lus.
Os que tē os membros desengonçados.
Iap. Tçugaino tagayetaru mono.
Luxo, as. Lus. Torcer, ou desengonçar algum membro. Iap. Te, axi nadono tçu-
gaiuo tagayuru. ¶ Item, Cortar, ou arrancar raizes com arado, ou enxada. Iap.
Qi cusano neuo suqi cayesu, caqi cayesu.
Luxuria, æ. siue Luxuries, ei. Lus. Luxuria, desonestidade, ou demasiado regalo.
Iap. Cǒxocu, irogonomi, l. mino bicu,
yxocuno chǒqua. ¶ Itē, Viço, ou super
fluidade das eruas, & aruores. Iap. Sǒmocuno amarini faiamo sucu, l. deqi suguru
cotouo yŭ.
Luxurians, antis. Lus. Cousa que esta mui
to viçosa, como plantas, &c. Iap. Xigueri
suguitaru sǒmocu.
Luxurio, as, siue Luxurior, aris. Lus. Estarem as eruas, ou plantas viçosas. Iap. Qi
cusaga fabicori suguru. ¶ Item, per transl.
Estar em prosperidade, & delicias. Iap.
Quacqei, quanracuni fuqeru.
Luxuriose, adu. Lus. Deliciosa, & regalada
mente. Iap. Quacqei, racuracuto xite.
Luxuriosus, a, um. Lus. Luxurioso, & de
licioso. Iap. Cǒxocu ni fuqeru mono, l.
quacqei, quanracuni fuqeru mono. ¶ Luxuriosa lætitia. Lus. Demasiada alegria.
Iap. Mini amaru yorocobi. ¶ Luxurio
sa frumenta, vitis, &c. Lus. Trigo, & vide muito viçosa, & de muita folhagem.
Iap. Deqi suguitaru mugui, budǒno caz
zura, nado.
Luxus, us. Lus. Delicias da carne, & superfluidade de comer, vestidos, &c. Iap. Cǒ
xocu

xocu,l,yxocuno chôqua.

Lychnobij. Lus. Os que vsão da noite em lugar de dia. Iap. Yoruuo firuni cayuru mono.

Lycnucus, i. Lus. Castiçal, ou homem q̃ tem a candea na mão. Iap. Tôdai,xocudai, l, tomoxibiuo teni motçu fito.

Lycnus, i. Lus. Candea. Iap. Tomoxibi. ¶ Lycni pensiles. Lus. Alampada de muitas torcidas. Iap. Amata fiuo tobosu caqe tôdai.

Lydius lapis. Lus. Pedra de toque. Iap. Coganeno yoxi axiuo surite miru ixi.

Lympha, æ. Lus. Agoa. Iap. Mizzu.

Lymphatio,onis. Lus. O fazer doudices.Iap. Qiŏran suru coto nari.

Lymphâtus, a, um. Lus. Furioso, doudo. Iap. Qiŏran surumono.

Lymphâticus, a, um. Idem.

Lympho,as, l, Limphor,aris. Lus. Fazer doudo, ou furioso. Iap. Qiŏran sasuru, qiŏqini nasu.

Lynceus, a, um. Lus. Cousa de lince, ou q̃ tem natureza de lince. Iap. Linceto yŭ qedamononi ataru coto, l, cano qedamo nono xŏ aru mono. ¶ Homo lynceus. Lus. Homem muito sagaz. Iap. Caxicoqi mono.

Lynx,incis. Lus. Lince animal de grande vista. Iap. Linceto yŭ ganxei tçuyoqi qedamonono na.

Lyra,æ. Lus. Viola,ou outro instrumẽto de cordas. Iap. Fiqu biua, xamixen. ¶ Itẽ, Hum sino celeste. Iap. Foxino yadori.

Lyrica, orum. Lus. Versos liricos. Iap. Vtano taguy.

Lyricen,inis, l,Lyristes, æ. Lus. Tangedor de viola. Iap. Biuauo fiqu mono.

Lyricus,a, um. Lus. Cousa que pertence a viola. Iap. Fiqu biuani ataru coto.

Lysis, is. Lus. Abertura, ou fenda que se faz nos edificios. Iap. Iye nadono vareme.

DE

DE INCIPIENTIBVS A LITERA M.

MACEllarius,ij. Lus. O q̃ vende carne, e outras cousas de comer. Iap. Xocubutuo vru mono.

Macellarius, a, um. Lus. Cousa de praça. Iap. Xocubutuo vru bani ataru coto.

Macellũ, i. Lus. Praça onde se vendem cousas de comer. Iap. Xocubutuo vru ba.

Macellus,a,um. dim. Lus. Cousa magra. Iap. Yaxetaru mono, xôsui xitaru mono.

Maceo, es. Lus. Estar magro,ou irse consumindo de magreira. Iap. Yasuru, l, yaxe votoroyuru.

Macer,a, um. Lus. Magro, e desfeito. Iap. Yaxetaru mono, xôsui xitaru mono, caxiqetaru mono.

Maceratus,a,um. Lus. Cousa amolecida,e feita branda. Iap. Fotobacaxitaru mono.

Maceresco,is. Lus. Mollificarse,e estar de molho. Iap. Fotoburu, yauaragu.

Maceria, æ, & Maceries, ei. Lus. Muro, ou parede de pedra em sossa. Iap. Ixigura. ¶ Item, Maceries apud antiq. Lus. Magreira. Iap. Yaxe, xôsui.

Mácero, as. Lus. Gastar, consumir, e debilitar. Iap. Xessuru, yaxesasuru, nayamasu. ¶ Itẽ, Amolentar, ou botar de molho. Iap. Fotobacasu, mizzuni tçuquru, fitasu. ¶ Item, Molhar, lauar. Iap. Nurasu, l, arŏ.

Macesco, is. Lus. Ir enmagrecendo. Iap. Yaxe yuqu.

Machæra, æ. Lus. Espada, ou punhal. Iap. Qen, catana, l, vaqizaxi.

Machæropæus, ei. Lus. Official que faz espadas. Iap. Qen, l, catanauo vtçu cagi.

Machærophorus, i. Lus. O que traz espada, ou punhal. Iap. Qen, l, vaqizaxiuo taisuru mono.

Máchina, æ. Lus. Artificio, machina. Iap. Caracuri, tacumi. ¶ Item, Engahno, arte. Iap. Bôriacu, tabacari, facaricoto.

Machinamentum, i. Idem.

Ma-

Machinális, e. Lus. Cousa que pertence a machinas. Iap. Caracuri, l, tacumini ataru coto.

Machinarius, ij. Lus. Official que com ingenhos aleuanta pesos em alto. Iap. Vomoqi mononuo caracuriuo motte fiqi aguru fito.

Machinatio, onis. Lus. Engano, ardil. Iap. Bôriacu, facaricoto. ¶ Item, Artificio, machina. Iap. Caracuri, tacumi.

Machinator, oris. Lus. Inuentor, & official de machinas. Iap. Caracuriuo tacumu, l, suru fito. ¶ Item, Autor, & inuentor de enganos. Iap. Bôriacuuo xi idasu fito.

Máchinor, aris. Lus. Inuentar, & ordir enganos. Iap. Bôriacuuo tacumu, xi idasu. ¶ Item, Traçar, & buscar inuenção pera fazer algũa cousa. Iap. Tacumi idasu.

Machinosus, a, um. Lus. Cousa feita com artificio, & machina. Iap. Caracurite tçucuritaru coto. ¶ Item, Cousa inuentada com enganos. Iap. Bôriacuuo motte xi idaxitaru coto.

Macidatus, a, um. Lus. Molhado. Iap. Nuretaru mono.

Macies, ei. Macritudo, inis. & Macor, siue Macror, oris. Lus. Magreza. Iap. Yaxe xôsui. ¶ Item, Tisica. Iap. Côjitaru rôsai.

Macilentus, a, um. Lus. Magro, desfeito. Yaxe votoroyetaru mono.

Macio, as. Lus. Fazer magro a outrem. Iap. Yaxesasuru.

Macreo, es, siue Macresco, is. Lus. Enmagrecer. Iap. Yasuru.

Macro, as. Lus. Enmagrecer a outrem. Iap. Yaxesasuru.

Macrochîra, æ. Lus. Hum vestido de mangas. Iap. Sode aru yxô.

Macrocôla, orum. Lus. Hum genero de papel. Iap. Riôxino taguy.

Mactandus, a, um. Lus. O que ha de ser morto. Iap. Corosaru beqi mono.

Mactator, oris. Lus. Matador. Iap. Coroxite, vtte.

Mactatus, us. Lus. Matança. Iap. Xetgai.

Mactatus, a, um. Lus. Morto. Iap. Corosaretaru mono.

Mactea. Lus. Mãjares preciosos, e exquisitos. Iap. Côjiqi naru chinbut, bixocu.

Mactea, orum. Idem. Martialis.

Macticus, i. Lus. O que tem grandes queixadas, e boca larga. Iap. Fô tarete, cuchi no firoqi mono.

Macto, as. Lus. Matar. Iap. Corosu, xetgai suru. ¶ Mactare hostiam Deo. Lus. Sacrificar a Deos. Iap. Tamuqeuo suru. ¶ Mactare orco. Lus. Mandar ao inferno. Iap. Gigocuye daracu sasuru. ¶ Item, Acrecentar mais. Iap. Nauo casanuru. ¶ Item, Lançar, derribar. Iap. Tçuqi votosu, nague votosu. ¶ Item, Honrar. Iap. Agamuru. ¶ Item, Violar, quebrar. Iap. Somuqu, yaburu.

Mactra, æ. Lus. Arca de pão. Iap. Pãouo iruru fitçu.

Mactus, a, um. Lus. Acrecẽtado. Iap. Casanaritaru coto. ¶ Macte, & macti, in vocatiuo tãtũ vsurpãtur, licet loco nominatiui, & accusatiui ponãtur. ¶ Itẽ, aduerb. Muito grãdemẽte. Iap. Vôqini, fanafadaxiqu.

Mácula, æ. Lus. Mancha, nodoa. Iap. Ximi mono, qegare. ¶ Item, Ignominia, e infamia. Iap. Caqin, chijocu. ¶ Item, Malha da rede. Iap. Aminome. Item, Maculæ, in plur. Côres differentes que ha no corpo. Iap. Chibcchiboto mino vchini aru xiruxi, vt, namazzu nadono taguy. ¶ Marmora variegata maculis. Lus. Marmores de varias côres. Iap. Madaranaru ixi.

Máculo, as. Lus. Sujar, afear. Iap. Qegasu, yogosu.

Maculosus, a, um. Lus. Cousa suja, e chea de manchas. Iap. Fujônaru mono, ximi monono vouoqu tçuqitaru yxô nado. ¶ Item, Māchado de diuersas côres. Iap. Madaranaru mono. ¶ Maculosus homo. Lus. Homẽ sujo, & torpe. Iap. Qegarauaxiqu iyaxiqi fito.

Madefacio, is, feci. Lus. Molhar, ou humedecer. Iap. Nurasu, fitasu, l, ximesu.

Madefio, is. Lus. Ser molhado, ou fazerse hu-

humido. Iap. Nurasuru,l, ximesaruru.
Madeo, es. Lus. Estar molhado, ou humido. Iap. Nururu, l, ximeru. ❡ Madere metu. Lus. Suar de medo. Iap. Vosoroxisani axeuo nagasu. ❡ Madere vino. Lus. Estar bebado. Iap. Saqeni yô, chinsui suru.
Madesco,is. Lus. Molharse,ou humedecerse. Iap. Nururu ,l,ximeru.
Mádido, as. Lus. Molhar. Iap. Nurasu.
Madífico,as. Idem.
Mádidus, a, um. Lus. Molhado, ou humedecido. Iap. Nuretaru mono, ximeritaru mono. ❡ Item, Bebado. Iap. Chinsui xitaru mono. ❡ Item, Instruido em algũa cousa. Iap. Voxiyeraretaru mono.
Mador, oris. Lus. Humidade. Iap. Ximeri, xicqe.
Madulsa, æ. Lus. Bebado. Iap. Chinsui xitaru mono.
Mæander, dri. Lus. Rodeo. Iap. Magari. ❡ Itẽ, Hũ genero de pintura. Iap. Yeno taguy. ❡ More mæandri. Lus. Por rodeos. Iap. Mauarite.
Mæna,æ. Lus. Arenque. Iap. Iuaxino taguy. ❡ Item, Salmoura, ou conserua q̃ se faz deste peixe. Iap. Cudanno vuono xiuobiqi.
Mæreo, mæstus, & mæstitia. vide Mœreo.
Magalia, æ. Lus. Choupanas. Iap. Yuori.
Magas, adis, siue Magadium, ij. Lus. Hũ instrumento musico. Iap. Quáguenno dōgu. ❡ Item, A parte da viola onde se tâge. Iap. Biuano bachimen.
Mage, adu. Lus. Mais. Iap. Nauo.
Magia, æ. Lus. Arte magica. Iap. Iutdŏ.
Mágice, es. Idem.
Mágicus, a, um. Lus. Cousa que pertence a arte magica, ou a encantador. Iap. Iutdŏ, l, facaxeni ataru coto.
Magida, æ. Lus. Hum genero de prato. Iap. Sara, fachino taguy.
Maginor, aris. Lus. Fazer algũa cousa vagarosamente como por zõbaria. Iap. Vua no sorani monouo suru.
Magírus, i. Lus. Çozinheiro, Iap. Daidocoroin.
Magis, dis. Lus. Alguidar, ou outro vaso semelhante. Iap. Muguino couo conururu iremono. ❡ Item, Hũa mesa redonda. Iap. Maruqi fandaino taguy.
❡ Itẽ, Hũ bacio. Iap. Sara, fachino taguy.
Magis, adu. Lus. Mais. Iap. Nauo.
Magister, tri. Lus. Mestre, ou ayo. Iap. Xixŏ, xinobŏ, xisan, l, menoto, mori.
❡ Magister equitum. Lus. Capitão dos jinetes. Iap. Qibano sôdaixŏ. ❡ Magister pecoris. Lus. Pastor. Iap. Bocuyŏ, vxi cai. ❡ Magister morum. Lus. O q̃ tem cuidado de emendar os costumes. Iap. Fitono cataguino nauosu yacuxa.
❡ Item, Magister. Lus. Porteiro que vende em almoeda. Iap. Neuo furete cugaini monouo vru yacuxa.
Magistellus, i. dim. Idem.
Magistra, æ. fœmin. Idem.
Magisterium, ij. Lus. Dignidade, ou officio de mestre. Iap. Xixŏno curai, yacu.
Magistratus, us. Lus. Homens constituidos em dignidade, ou officio. Iap. Curai, l, yacuni ninjeraretaru fito. ❡ Item, Dignidade, ou officio. Iap. Curai, yacu.
Magistro, as. Lus. Gouernar. Iap. Vosamuru.
Mágmata. Lus. Hũas bolinhas, ou pelas cheirosas. Iap. Maruqu guanjitaru caqegŏ, cunyacu.
Magmentum, i. idest maius augmentum. apud veteres.
Magnanímitas, atis. Lus. Grandeza de animo. Iap. Quŏqi, cocorono vôqinaru cotouo yũ.
Magnanimus, a, ũ. Lus. Homẽ de grãde animo. Iap. Qino quŏqi naru mono.
Magnarius, ij. Lus. Grande negociador, ou mercador. Iap. Vôaqibito, daijino coto uo tori atçucŏ mono.
Magnâtes, um. Lus. Homens grandes, & principais. Iap. Tocorono xucurŏ, cŏqe.
Magnes, etis. Lus. Pedra de ceuar. Iap. Iixacu.
Magnetes, um. Lus. Os senadores, & principais da cidade, Iap. Tocorono vosamuru xucurŏxu, cŏqe.

Magnéticus, a, um. Lus. Cousa de pedra de ceuar. Iap. Iixacuni ataru coto.

Magnifacio, is. Lus. Estimar muito. Iap. Vôqini xôquan furu, mochijru.

Magnificè, adu. Lus. Larga, & esplendidamente. Iap. Quôqini, quareini.

Magnificentia, æ. Lus. Grandeza, & liberalidade. Iap. Quôqi, quarei.

Magnifico, as. Lus. Aleuantar, engrandecer. Iap. Curaini aguru, vôqini nasu.

Magnificus, a, um. Lus. Liberal, grandioso. Iap. Quôqinaru fito.

Magniloquentia, æ. Lus. Grandeza de palauras, ou o falar cousas grandes. Iap. Cotobano qetacasa, l, cŏjŏ naru cotouariuo cataruuo yŭ.

Magniloquus. Lus. O que fala cousas grandes. Iap. Cŏjŏ naru cotouariuo cataru mono.

Magnipendo, is. Lus. Estimar muito. Iap. Vôqini xôquan furu, mochijru.

Magnitudo, inis. Lus. Grandeza. Iap. Vôqisa. ¶ Magnitudo animi. Lus. Nobreza, & excelencia do animo. Iap. Cocorono qetacasa.

Magnitas, atis. Idem apud antiq.

Magno. Lus. De grande preço. Iap. Atai tacaqu, cōgiqini.

Magnôpere, adu. Lus. Muito grandemente. Iap. Vôqini, xitataca ni.

Magnus, a, um. Lus. Cousa grande, & ardua. Iap. Vôqinaru coto, daijinaru coto. ¶ Magnum. Lus. Muito. Iap. Vôqini.

Magus, i. Lus. Sapiente. Iap. Chixa. ¶ Itē, Feiticeiro. Iap. Facaxe, vonnhôji.

Maiales. Lus. Porcos castrados. Iap. Tamauo toritaru buta.

Maiestas, atis. Lus. Alteza, majestade. Iap. Cujô, yquô, yxei. ¶ Maiestatis crimen, Lus. Crime contra a pessoa real, ou republica. Iap. Teivô, l, tencani taixite guenzuru quantai, l, mufon. ¶ Maiestatis reus. Lus. O culpado contra a pessoa real, ou republica. Iap. Teivô, l, tencani taixite quātaiuo guenjitaru mono. ¶ Maiestas, etiā Dea credita est, Honoris, & Reuerentiæ filia. ¶ Maiestas nominis. Lus. Grandeza, & dignidade do nome. Iap. Fomare, meiyo. ¶ Imminuere, l, soluere maiestatem. Lus. Commeter algũa cousa contra a dignidade do Rey, ou da republica. Iap. Teivô, l, tencani taixite quātaiuo guē zuru. ¶ Constituere maiestatem. Lus. Confirmar, & restituir o credito, & honra do Rey, &c. Iap. Teivô nadono yquôuo guenjitaruuo voguinô, l, vôguinôuo saicô furu.

Maior, ius. Lus. Cousa mayor. Iap. Nauo vôqi naru coto. ¶ Item, Mayor na idade. Iap. Toxino masaritaru mono.

Maiores, um. Lus. Os ante passados. Iap. Xenzo, cojin.

Maius, i. Lus. Mes de Mayo. Iap. Europano goguat.

Maiusculus, a, um. Lus. Pouco mayor. Iap. Sucoxi vôqinaru mono.

Mala, æ. Lus. Queixada, ou face. Iap. Fô.

Malabathrum, i. Lus. Folha de hũa aruore cheirosa. Iap. Aru cōba xiqi qino fa.

Malacia, æ. Lus. Bonança, ou calmaria do mar. Iap. Vmino naguitaru coto, l, vodayacanaru cotouo yŭ. ¶ Item, Deleixamento, desejo de molher prenhe. Iap. Quai ninno tçuuari. ¶ Malacia stomachi. Lus. Appetite desordenado do estomago. Iap. Tçuuarino gotoqu monouo nozomu yamai.

Malacisso, as. Lus. Amolentar, abrandar. Iap. Yauaraguru, nhŭuani nasu.

Malacus, a, um. Lus. Cousa molle, delicada. Iap. Yauaracanaru mono, fiuazzu naru mono.

Malasso, as. Lus. Fazer molle, e maduro. Iap. Yauaracani nasu, jucusasuru.

Male, adu. Lus. Mal, malignamente. Iap. Varuqu, xine axiqu. ¶ Item, Muito. Iap. Vôqini. ¶ Aliqū. Com difficuldade. Iap. Yôyô, nangataqu. ¶ Male sanus. Lus. O que não sã. Iap. Biôja, l, quaiqiuo xezaru mono. ¶ Male viuere. Lus. Viuer pobre, & necessitadamente. Iap. Binbôni curasu. ¶ Item, Male viuere.

nere. Lus. Viuer em anguſtia, & cuidados. Iap. Qizzucaixi curaſu. ¶ Malè conſulere in aliquem. Lus. Fazer algũa couſa que não caye em proueito dalguẽ. Iap. Fitono tocuni narazaru cotouo ſuru. ¶ Malè habet me hæc res. Lus. Iſto me afflige. Iap. Corega qizzucaini naru. ¶ Malè aliquem verbis accipere. Lus. Injuriar a alguem. Iap. Fitoni chijocuuo iy caquru. ¶ Malè eſſe animo. Lus. Eſtar deſmayado por algũa triſteza. Iap. Canaximinitayeiru. ¶ Malè cadit. Lus. Soccede mal. Iap. Axiqu naru. ¶ Malè cõciliatus. Lus. Comprado caro. Iap. Cõgiqini cauaretaru mono. ¶ Malè vertere. Lus. Socceder em mal. Iap. Axiqu naru. ¶ Maleuolo tibi. Lus. Quero vos mal. Iap. Nangiuo nicumu.

Maledicè, adu. Lus. Afrontoſamente, dizendo mal. Iap. Accô, zŏgonuo xite, chijocuuo caqete.

Maledicentia, æ. Lus. O praguejar, murmuração. Iap. Accô, zŏgon, noroigoto, ſoxiri.

Maledîco, is, xi, ctum. Lus. Maldizer, ou praguejar. Iap. Accô, zŏgonuo yŭ, norô.

Maledictio, onis. Lus. O dizer mal. Iap. Accô, zŏgonuo ſuru coto nari.

Maledictum, i. Lus. Praga, ou injuria de palaura. Iap. Noroigoto, cotobano chijocu. ¶ Figere aliquem maledictis, con gerere in aliquem maledicta, vexare aliquẽ maledictis. Lus. Deitar pragas, ou injurias a alguem. Iap. Accô, zŏgonuo iy caquru, meri fifô ſuru.

Malédicus, a, um. Maledicentior, & Maledicentiſsimus. Lus. Praguento, & murmurador. Iap. Accô, zŏgonuo yŭ fito, tçunenimeri fifô ſuru fito.

Malefacio, is. Lus. Fazer mal a alguem. Iap. Mononi atauo naſu.

Malefactum, i. Lus. Maleficio, dano. Iap. Acuguiŏ, ata.

Meleficentia, æ. Lus. Dano, maleficio, & injuria. Iap. Ata, acuji, chijocu.

Malaficium, ij. Idem.

Maleficiosè, adu. Lus. Peruerſamente, aſtu

tamẽte. Iap. Guiacuguiuo motte, damanite.

Maléficus, a, um. Lus. O que faz mal, ou nojo a outro. Iap. Atauo naſu mono, vazauaiuo xicaquru mono. ¶ Item, Feiticeiro, ou feiticeira. Iap. Facaxe, mico. ¶ Maleficæ artes. Lus. Feitiços. Iap. Majut, majinai.

Maleméritus, a, um. Lus. O que fez mal a alguem. Iap. Fitoni atauo naxitaru mono.

Maleſuadus, a, um. Lus. O que perſuade mal. Iap. Axiqu ſuſumuru mono.

Maléuolens, entis. Lus. O que quer mal, enuejoſo. Iap. Fitouo ſonemu mono, nicumu mono.

Maléuolus. Idem.

Maleuolentia, æ. Lus. Odio, enueja. Iap. Zŏxin, xitto, netami.

Malicorium, ij. Lus. Caſca de romaã. Iap. Zacurono caua.

Malignè, adu. Lus. Malicioſa, e peruerſamente. Iap. Guiacuguini, acuxinuo motte. ¶ Item, Com eſcaſeza. Iap. Xiuaxiqu.

Malignitas, atis. Lus. Malicia, ou vontade peruerſa. Iap. Acuxin, guiacugui. ¶ Itẽ, Eſcaſeza. Iap. Xiuaxiſa.

Malignus, a, um. Lus. Mao, peruerſo, ou ingrato. Iap. Acuxin aru mono, butŏjin, I, vonuo xirazaru mono. ¶ Itẽ, Eſcaſo. Iap. Xiuaqi mono. ¶ Maligna via. Lus. Caminho eſtreito, e difficultoſo. Iap. Xebaqu qeuaxiqi michi, qẽro. ¶ Maligna lux. Lus. Luz hum pouco eſcura. Iap. Caſucanaru ficari. ¶ Malignus ager. Lus. Campo eſteril. Iap. Cangi.

Malinus, a, um. Lus. Couſa feita de maceira. Iap. Ringo nite tçucuritaru coto.

Malitia, æ. Lus. Malicia, peruerſidade. Iap. Guiacugui, acuxin. ¶ Itẽ, Engano. Iap. Damari, bôriacu. ¶ Malitia cæli, vel terræ. Lus. Ruins âres. Iap. Tenno caguẽno axiqi tocoro, inqi xitaru tocoro.

Malitiosè, adu. Lus. Malicioſa, e aſtutamente. Iap. Acuxinuo motte, damarite, bôriacuuo motte

Malitioſus, a, um. Lus. Malicioſo, aſtuto. Iap. Acuxin aru mono, damari mono.

Malleator, oris. Lus. O q̃ malha cõ martelo. Iap. Canazzuchiuo vtçu fito, tçuchi vchi.

Malleatus, a, um. Lus. Cousa feita, ou batida com martelo. Iap. Qitaitaru mono, canazzuchiuo motte vtaretaru coto.

Malleolaris, e. Lus. Cousa que pertence a vara noua de vide. Iap. Budŏno vacaqi cazzurani ataru coto.

Malléolus, i. Lus. Martelinho. Iap. Chijsaqi canazzuchi. ¶ Item, Vergontea da vide. Iap. Budóno vacaqi cazzura. ¶ Itẽ, Hũa maneira de fachas feitas de breo, enxofre, &c. pera queimar edificios. Iap. Iye ni fiuo tçuqutu tameni iuŏ, matçuyaniuo auaxetaru taimatçu.

Malleus, ei. Lus. Martelo, ou malho. Iap. Canazzuchi, tarŏzzuchi, l, aizzuchi.

Malluuium, ij. & Malluuiæ, arum. Lus. Vaso, ou bacio, ẽ q̃ lauam as mãos. Iap. Chôzzubachi, chôzzudarai.

Malo, uis. l, Mauolo, is. Lus. Mais querer. Iap. Nauo nozomu.

Maltha, æ. Lus. Cera mesturada com pez pera encerar taboas, &c. Iap. Matçuyaniuo majiyete ita nadoni fiqu rŏ. ¶ Itẽ, Hum certo bitume feito de cal virgem, & vnto de porco. Iap. Ixibaito, butano abura uo motte auaxetaru xiccuy. ¶ Item, apud veter. Molle, & effeminado. Iap. Vonagoraxiqi mono.

Maltho, as. Lus. Enuernizar, ou vntar cõ este bitume. Iap. Miguino xiccuiuo motte nuru.

Malua, æ. Lus. Malua erua. Iap. Auoino taguy.

Maluaceus, a, um. Lus. Cousa de malua. Iap. Auoino cusani ataru coto.

Malum punicum, l, Malum granatum. Lus. Romaã. Iap. Zacuro.

Malum persicũ. Lus. Pessego. Iap. Momo.

Malum terræ. Lus. Hũa erua. Iap. Cusanona.

Malus, i. Lus. Maceira. Iap. Ringono qino taguy.

Malus, i. Lus. Masto. Iap. Fobaxira.

Malus, a, um. Lus. Cousa maa. Iap. Axiqi coto, varuqi mono. ¶ Mala mansio.

Lus. Hum genero de tormentos. Iap. Caxacuno taguy. ¶ Malũ, subst. Lus. Mal, trabalho, afflição. Iap. Acuji, nangui, xinrŏ. ¶ Item, Maldade, injustiça. Iap. Acuxin, acuguiacu, fidŏ. ¶ Itẽ, Cousa pequena. Iap. Vazzucanaru coto. ¶ Item, Malum, idem quod nefas.

Mamillana, æ. Lus. Hũ genero de figos. Iap. Figosto yŭ conomino na.

Mamma, æ. Lus. Teta. Iap. Chibusa. ¶ Itẽ, Ama, ou may. Iap. Vochi, faua.

Mammilla, æ. dim. Idem.

Mámmula, æ. dim. Idem.

Mammatus, a, um. Lus. Cousa quese parece com tetas. Iap. Chibusani nitaru mono.

Mammeatus, a, um. Lus. O q̃ tem grandes tetas. Iap. Chibusano vôqinaru mono.

Mammolus, a, um. Idem.

Mammillare, is. Lus. Veo, ou faixa de cobrir as tetas. Iap. Chibusauo vouô mono.

Mammôna, æ. Lus. Deos das riquezas. Iap. Fucuno cami. ¶ Item, Riquezas. Iap. Zaifŏ, tacara.

Mamphur. Lus. Torno de torneiros. Iap. Rocuro.

Manâlis fons. Lus. Fonte perenne. Iap. Fudan vaqi izzuru minacami. ¶ Manalis vrceolus, siue gutturnium. Lus. Gumil dagoa as mãos. Iap. Chôzzu, sifague no taguy. ¶ Manalis lapis. Lus. Hũa porta do inferno. Iap. Gigocuno aru iricuchi.

Manceps, ipis. Lus. O que compra, ou arrenda da communidade. Iap. Sŏmotuo bai tucu, l, xacuyô suru fito. ¶ Itẽ, O que ẽtrega algũa cousa ao dominio dalguẽ. Iap. Vaga monouo tano xindain nasu fito.

Mancipatio, onis. Lus. Hum contrato solenne entre os Romanos na compra, & venda. Iap. Mucaxi Romani voite fazzuuo totte xitaru baitocuno yacusocu.

Mancipatus, a, um. Lus. Vendido, & entregue ao dominio dalguem. Iap. Vriuataxaretaru mono, l, tano xindaini nasaretaru mono.

Mancipium, ij, siue Mancupium. Lus. Escracrauo, ou homem tomado na guerra. Iap. Yatçuco, l, qiŭxenni torauaretaru fito. ¶ Itẽ, Qualquer outra cousa que se toma cõ as mãos. Iap. Torayeraruru mono, tenni toritaru mono. ¶ Aliqn. Dominio, & poder. Iap. Xindai. ¶ Mancipio dare. Lus. Entregar, ou alienar algũa cousa cõ certa solennidade que costumauam os Romanos. Iap. Mucaxi Romanite sadamaritaru fattoni xitagatte vri vatasu.

¶ Item, Mancipio dare. Lus. Entregar, ou apropriar algũa cousa a alguem. Iap. Monouo fitono xindaini nasu. ¶ Sui mã cipij, vel mancupij esse. Lus. Ser liure sem sujeição a ninguem. Iap. Iiyŭno minaru, vaga mamanaru. ¶ Res mancipi, vel mã cupij. Lus. Cousas que estão em nosso dominio, & poder. Iap. Vaga xindaino mono. ¶ Emptio mancipij. Lus. Hum genero de compra. Iap. Baitocuno xiyŏ.

Mancipo, as. Lus. Vender, & apropriar algũa cousa a alguem. Iap. Fitoni monouo vri vatasu, coqiacu suru, l, tano mononi nasu.

Mancus, a, um. Lus. Aleijado, ou falto de hũa mão. Iap. Catateno naqi mono, l, ippŏno teno catauanaru mono. ¶ Item, Tolheito de algum membro. Iap. Catauanaru mono. ¶ Item, Cousa imperfeita, ou falta. Iap. Fusoqunaru mono, tarauazaru mono.

Mandatarius, ij. Lus. Aquelle a quem se comete, ou encomenda algũa cousa pera fazer. Iap. Monouo yitçuqeraruru, l, tanomaruru fito, l, monouo cotozzucaru fito.

Mandator, oris. Lus. O que manda, ou encomenda algũa cousa a outro. Iap. Monouo yui tçuquru fito, l, tanomu fito. ¶ Item, Procurador que instrue, & encaminha a alguem em algũa demanda. Iap. Cujisatauo suru mononi côqe suru fito.

Mandatum, i. Lus. Recado, ou encomenda. Iap. Tanomu, l, macasuru cotouo yŭ, tçucai. ¶ Itẽ, particip. Encommendado, ou cometido. Iap. Tanomaretaru coto, macaxeraretaru coto.

Mandibula, æ. Lus. Queixo, ou queixada. Iap. Aguito.

Mando, as. Lus. Encomendar, ou cometer. Lus. Tanomu, cotozzuquru, macasuru. ¶ Mandare aliquid memoriæ, vel literis. Lus. Decorar, ou escreuer algũa cousa. Iap. Soranzuru, chŭni vcboyuru, l, qirocu suru. ¶ Mandare terræ semina. Lus. Semear. Iap. Taneuo maqu, xujiuo vorosu. ¶ Item, Mandar, ou impor. Iap. Guegiuo suru. ¶ Mandare in vltimas terras. Lus. Desterrar pera longe. Iap. Vonruni xosuru, tçumi yuyeni touoqu nagasu. ¶ Mandare se fugæ. Lus. Fugir, escapar. Iap. Nigue nogaruru.

¶ Mandare aliquem humo, l, tumulo. Lus. Enterrar. Iap. Vzzumuru. ¶ Mã dare aliquem vinculis. Lus. Condenar alguem a prisão. Iap. Qingocu, l, rŏxani sadamuru. ¶ Mandare aliquid versibus. Lus. Escreuer algũa cousa em verso. Iap. Monouo vtani yomu. ¶ Mandare honores alicui. Lus. Dar honras, ou cargos a alguem. Iap. Fitouo curaini aguru. ¶ Mandare magistratum. Lus. Determinar officio, ou cargo. Iap. Yacuuo sadamuru, curaini sonayuru. ¶ Mã dare curam, l, curas alicui. Lus. Deixar, ou cometer a alguem o cuidado. Iap. Monono atçucai, saibanuo fitoni vatasu.

Mando, is, di, sum. Lus. Mastigar. Iap. Camu. ¶ Item, Roer, ou morder. Iap. Caburu, l, cuiraitçuqu.

Mando, onis. Lus. Comedor. Iap. Vôjiqixa, taixocu suru mono.

Mandra, æ. Lus. Curral, ou malhada de bois, ouelhas, &c. Iap. Guiŭyŏ nadono tachido. ¶ Itẽ, Recoua, manada de animaes. Iap. Guiŭba nadono atçumari, tamuro.

Mandragora, æ. Lus. Mandragora erua. Iap. Cusano na.

Manduco, as. Lus. Comer, ou mastigar. Iap. Monouo curŏ, xocu suru, l, camu.

Manducor, aris. Idem apud antiq.

Manduco, onis. Lus. Comilão. Iap. Vôjiqixa, taixocusuru mono.

Manducus, i. Idem. Ma-

Manè. Lus. Manhaã. Iap. Axita.

Maneo, es. Lus. Ficar, deterse. Iap. Tomaru, nocoritodomaru, tôriũ suru. ¶ Item, Esperar. Iap. Aimatçu. ¶ Item, Estar fixo. Iap. Suuatte yru. ¶ Item, Estar pera vir. Iap. Qicaru. ¶ Quando que, Perseuerar, durar. Iap. Todoqueru, cotayuru. ¶ Manere promissis. Lus. Comprir a promessa. Iap. Yacusocuuo toguru. ¶ Mane, gaudentis particula.

Manto, as. Idem quod maneo. apud antiq.

Manes, ium. Lus. Almas, ou deoses do inferno. Iap. Gigocuno bôcon, bôrei, vonri. ¶ Itẽ, Pena, ou castigo. Iap. Xeccã, quatai.

Mangones. Lus. Os que enfeitarã moços pera os vender melhor. Iap. Fitouo tacaqu vru tameni micaqeuo yoqu naxi, jinbutuo tçucurô mono. ¶ Item, Os que cõcertam, e dam lustro ás mercancias pera as vender caras. Iap. Nedacaqu vru tameni monono midateuo tçucurô fito.

Mangónicus, a, um. Lus. Cousa que pertence a taes vendedores. Iap. Cano aqibitoni ataru coto.

Mangonium, ij. Lus. Artificio, e afeite que se dá pera vender bem as cousas. Iap. Mono no atai tacaqu vru tameni midateuo tçucurô cotouo yŭ.

Mangonizo, as. Lus. Compor, e afeitar algũa cousa pera atrahir os compradores. Iap. Cauasuru tameni vrimononi midate, jinbutuo tçucurô.

Mania, æ. Lus. Furor, desatino. Iap. Qiôqi, qiôran, foreqe.

Maniæ, arũ. Lus. Pessoas feas, disformes. Iap. Minicuqi mono, meimiôno miguruxiqi mono. ¶ Item, Mascaras, ou cocos cõ que as amas ameaçam os meninos. Iap. Vochino varanbeuo vodosu men, vodoxigoto. ¶ Item, Mania, Dea larium mater. Item, Maniæ, l, Maniolæ. Hũas posturas feitas de farinha pera os rostos feos dos homens. Iap. Cauono minicuqi mono no tameni muguino conite coxiraye naxetaru qexô dôgu.

Mánica, æ. Lus. Manga. Iap. Sode. ¶ Item, Hũas cordas, ou amarras de nao. Iap. Funeno tçuna, cagasu. ¶ Itẽ, Algemas das maõs. Iap. Tegaxe. ¶ Item, Manopla. Iap. Cote. ¶ Item, Luuas. Iap. Yugaqe.

Manicatus, a, um. Lus. Cousa que tem mangas. Iap. Sodeno aru yxô nado.

Manícula, æ. Lus. Máo pequena. Iap. Chijsaqi te. ¶ Item, Pao que atrauesa na rabiça do arado. Iap. Carasuqino torite tçuca, ye, caxegui.

Manifestarius, a, um. Lus. Cousa manifesta, & clara. Iap. Aqiraca naru coto, funmiŏ naru coto. ¶ Fur manifestarius. Lus. Ladrão tomado no furto. Iap. Nusumu tantoqini mitçuqeraretaru nusubito.

Manifesté, adu. Lus. Claramẽte. Iap. Aqiracani, funmiŏni.

Manifestó, adu. Idem.

Manifesto, as. Lus. Manifestar, descobrir. Iap. Arauasu, roqen sasuru.

Manifestus, a, um. Lus. Cousa clara, & manifesta. Iap. Aqiraca naru coto, funmiŏ naru coto. ¶ Manifestus sceleris. Lus. Homem cujo peccado he manifesto. Iap. Bonquano roqen xitaru fito.

Manij. Lus. Os que naceram pola menhaã. Iap. Axitani vmaretaru mono.

Manipularis, e. Lus. Cousa que pertence a bandeira, ou manga de soldados. Iap. Fito caxirano ninjuni ataru coto.

Manipulatim, adu. Lus. De esquadrão em esquadrão. Iap. Gunjei, ytte ytteni, teuaqe teuaqeni.

Manipulus, i. Lus. Manolho, ou feixe de trigo, &c. dos segadores. Iap. Mugui, cuua nadono fitotçucane, fitoniguiri, fito tabane. ¶ Item, Manga de soldados que seguem hũa bandeira. Iap. Gunjeino fito caxira, fito sonaye.

Manlianũ imperiũ. Lus. Imperio duro, & cruel. Iap. Caxei, faguexiqi matçurigoto.

Manna. Lus. Manna, hum orualho do ceo que caye pola manhaã. Iap. Canro, l, sorayori sôtennifuru amaqi tçuyu.

Manni, orum. Lus. Facas, cauallos pequenos. Iap. Chijsaqu ficuqi vma.

Ma-

Mannulus, i. Lus. Potro cauallo. Iap. Vmano co.
Mano, as. Lus. Manar, gotejar. Iap. Vaqe izzuru, xitadaru, moru. ¶ Item, per trásl. Sayr, ou correr o liquido. Iap. Mizzu nado nagaruru, taru. Qñq; Espalharse, diuulgarse. Iap. Firomaru, rufu suru.
Manobarbulus, i. Lus. Hum genero de arma semelhante a pella de chumbo. Iap. Caxxenno toqi teqini nague vtçu dôgu-tio yŭ. ¶ Item, Soldado que vsa desta arma. Iap. Cano dôguuo tçucô buxi.
Mansio, onis. Lus. Ficada, detença. Iap. To domaru cotouo yŭ, tôriŭ. ¶ Item, Estácia onde se recolhiam os soldados no tẽpo da guerra. Iap. Yumiyano toqi buxixuno cutçurogui decoro. ¶ Item, Iornada de hum dia. Iap. Fitoigi.
Mansisterna, e. Lus. Vasilha de agoa. Iap. Mizzuno vtçuuamono.
Mánsito, as. freq. Lus. Deterse a miude. Iap. Saisai todomaru.
Mansuefacio, is. Lus. Amansar, domesticar. Iap. Natçuquru, nhŭuani nasu.
Mansuefio, is. Lus. Amansarse, fazerse brando. Iap. Natçuqu, nhŭuani naru.
Mansuesco, is. Idem.
Mansuetarius, ij. Lus. O que domestica, ou amansa feras. Iap. Araqi qedamonouo natçuquru firo.
Mansuetè, adu. Lus. Branda, e benignaméte. Iap. Nhŭuani, yauaracani.
Mansuetúdo, inis. Lus. Mansidão, brandura. Iap. Nhŭua, nhŭnan.
Mansuetus, a, um. Lus. Cousa mansa, branda. Iap. Nhŭuanaru mono, yauaraca naru mono.
Mansues, etis. apud antiq. Idem.
Mansus, a, um. Lus. Cousa mastigada. Iap. Camitaru xocubut nado.
Mantélum, i, & Mantelium, ij, & Mantele, is. Lus. Toalha das mãos. Iap. Tenogoi.
¶ Mantelta, siue Mantela. Lus. Hũ genero de vestido que vsauão os soldados em lugar de saya de malha. Iap. Qigomeno gusocu. ¶ Item, Capa, cu rebuço de baixo do qual se esconde algum engano. Iap. Bôriacuuo fucumi cacusu cacotçuqe, cotoba nadouo yŭ.
Mantes, is. Lus. Adeuinho. Iap. Menouo vranai cangayuru firo, vonnhôji.
Manteum, ei. locus oraculis dicatus.
Mantia, æ. Lus. Adeuinhação, profecia. Iap. Vranai, cangaye.
Mántica, æ. Lus. Alforjes. Iap. Vchigaye, coxibucuro.
Mántice, es. Lus. Arte de adeuinhar. Iap. Monouo vranai cangayuru michi.
Manticora, æ. Lus. Hũa besta braua q̃ ha na India. Iap. Nanbanni aru qedamononona.
Mánticula, æ. dim. Lus. Bolsa de dinheiro q̃ vsam os pobres. Iap. Finjano canebucuro.
Manticularia. Lus. Cousas q̃ sempre se vsão, ou trazem entre as mãos. Iap. Fudãno tçucai dôgu, l, tçuneni temotoni aru mono.
Manticularius, ij. Lus. Ladrão sotil que corta bolsas. Iap. Suri, l, nuqiuo suru nusubito.
Manticulatio, onis. Lus. Astucia, e ardil de furtar, ou cortar bolsas. Iap. Yoqu nusumiuo suru chôgui, facari coto.
Mantículor, aris. Lus. Palpar as bolsas pera furtar. Iap. Canebucurouo sagaite nusumu. ¶ Itẽ, Fazer algũa cousa maliciosa, e enganosamente. Iap. Taburacaite mono uo suru.
Mantile, is. Lus. Toalha das mãos. Iap. Tenogoi. (saqi te.
Mantiola, æ. Lus. Mão pequena. Iap. Chijsaqi te.
Mantis. vide Mantes.
Mantissa, æ. Lus. O que se acrecenta a o peso. Iap. Facarimeno soye.
Manualis, e. Lus. Cousa daltura de hũa mão estendida. Iap. Issocuno nagasa aru mono. ¶ Item, Cousa que se pode abarcar com a mão. Iap. Teni niguiru fodono mono.
Manuarius, a, um. Lus. Cousa que pertence a mão. Iap. Teni ataru coto. ¶ Æs manuarium. Lus. Dinheiro que se acquire com trabalho das mãos. Iap. Teno xigoto uo motte motomuru cane, temachin.

Ma-

Manubiæ, arum. Lus. Deſpojos. Iap. Bocudori, ranbŏdori. ❡ Manubias facere. Lus. Fazer preſas, ou tomar deſpojos. Iap. Rã bŏ ſuru, bocudoriuo ſuru.

Manubialis, e. Lus. Couſa que pertence a deſpojos, ou preſa. Iap. Bocudori, l, ranbŏni ataru coto.

Manubiarius, ij. Lus. O que leua parte dos deſpojos. Iap. Bocudorino faibunuo vqe toru fito.

Manubrium, ij. Lus. Empuhnadura, ou cabo dalgũa couſa. Iap. Monono tçucaye, totte.

Manubriolum, i. dim. Idem.

Manulearius, ij. Lus. O que faz veſtidos de mangas. Iap. Sodeno aru yxŏuo xitatçuru fito.

Manuleatus, a, um. Lus. Veſtido que tem mangas. Iap. Sodeno aru yxŏ. ❡ Manicatus, vel Manuleatus homo. Lus. Homem que traz veſtido de mangas. Iap. Sodeno aru yxŏuo chacuxitaru fito.

Manum, i. Lus. Manhaã clara. Iap. Sŏchŏ, sŏtan. Apud veteres.

Manumiſsio, onis. Lus. Liuramento do eſcrauo. Iap. Yatçucouo jiyǔni naſucoto nari.

Manumitto, is, ſi, ſſũ. Lus. Libertar o eſcrauo. Iap. Yatçucouo jiyǔni naſu, itomauo idaſu.

Manuor, aris, depon. Lus. Furtar. Iap. Nuſumu, chŭtŏſuru.

Manupretium, ij. Lus. Preço do feitio dalgũa obra. Iap. Temachin, ſacureô.

Manus, us. Lus. Mão. Iap. Te. ❡ Itẽ, Hũ genero de gancho com que afferram, & tem mão nas naos. Iap. Funeno vchi cagui. ❡ Item, Multidão de gente, ou exercito. Iap. Cunju, l, gunjei. ❡ Item, Poder. Iap. Xindai. Vt, in manu mea eſt. ❡ Item, Tromba do elefante. Iap. Zóno fana. ❡ Aliqñ. Eſcritura de mão. Iap. Xuxeqi, fixxeqi. ❡ Plena manu. Lus. Copioſa, & liberalmente. Iap. Tacuſanni, juntacuni. ❡ Manu breui. Lus. Direitamente, ſem rodeos. Iap. Suguni, mauarazu. Vlpia. ❡ Manu longa. Lus. Torta, & inuiaſdamẽte. Iap. Mauatte, yugŏde. ❡ Manu conſerere, vel manibus prælium facere. Lus. Peleijar. Iap. Tatacŏ, caxxen ſuru. ❡ Manu docere. Lus. Enſinar claramente. Iap. Aqiracani voxiyuru. ❡ Manus remittere in ludo. Lus. Perdoar no jogo o lanço ruim. Iap. Go, xŏguini teuo miſuru. ❡ Succedere ſub manus. Lus. Soceder algũa couſa bem como hum quer. Iap. Anno gotoqu yoqu monoga idequru. ❡ Rem ad manus venire. Lus. Vir à briga, e peleija. Iap. Ixxen, tatacaini voyobu. ❡ Per manus tradere diſciplinam, &c. Lus. Enſinar algũa ſciencia, ou outra couſa per tradição, ſem eſcreuer. Iap. Denju, sŏzocu ſuru. ❡ Præ manu dare. Lus. Dar dante mão. Iap. Sayeguitte monouo vataſu. ❡ Tollere manus. Lus. Aleuantar as mãos em ſinal de alegria. Iap. Amarino vrexiſa ni gaxxŏ xite yorocobu. ❡ Tendere manus. Lus. Pedir miſericordia. Iap. Cŏſan ſuru, conbŏſuru. ❡ Nihil eſt illi in manu. Lus. Não tem nada, he pobre. Iap. Buriocujin naru. ❡ Manus multas poſcit hoc opus. Lus. Iſto tem muito que fazer. Iap. Xinrŏ, temano iritaru coto. ❡ Manũ ferulæ ſubducere. Lus. Acabar os eſtudos, ou eſcola. Iap. Gacumonuo jŏju ſuru. ❡ Manibus, ac pedibus aliquid obire. Lus. Fazer algũa couſa com grande diligencia. Iap. Xeiuo irete monouo tçucomuru. ❡ Manus tua hæc eſt. Lus. Eſtes te fauorecem. Iap. Cano fito nangini cŏreocu ſuru.

Mapalia, orum. Lus. Choupanas. Iap. Iuori, iuo.

Mappa, æ. Lus. Toalha, ou guardanapo da meſa. Iap. Fandaino vyeni xiqu momen, l, tenogoi.

Máppula, æ. dim. Idem.

Maraſmus, i. Lus. Doença cõ que ſe ſeca o corpo, ou parte delle. Iap. Fãco, fanjin.

Marathrites. Lus. Vinho em que ſe deita fũcho. Iap. Vyqiŏuo majiyetaru ſaqe.

Marathron. Lus. Funcho. Iap. Vyqiŏ.

Marceo, es. Lus. Eſtar podre. Iap. Cuſarite aru. ❡ Item, Conſumirſe, debilitarſe. Iap. Tçu-

Tçucaruru, youaru.

Marcesco, is. Lus. Apodrecer. Iap. Cusaru. ¶ Item, Enfraquecer, debilitarse. Iap. Youaru, tçucaruru. ¶ Item, Murcharse. Iap. Xibomu, xiuoruru.

Marcidus, a, um. Lus. Podre, ou murcho, languido. Iap. Cusaritaru mono, xibomitaru mono, youari votoróyetaru mono.

Marcor, oris. Lus. Podridão, etiguidade. Iap. Cusaritaru cotouo yŭ, youari votoroye taru cotouo yŭ.

Marculus, i. Lus. Martelo de ferro. Iap. Canazzuchi.

Mare, is. Lus. Mar. Iap. Vmi. ¶ Mare cælo miscere. Lus. Turbar, e peruerter tudo. Iap. Cotogotocu ráguiacu, dôran sasuru. ¶ Mari, terraq; quærere. Lus. Buscar por todas as partes. Iap. Xotóuo tazzune meguru. ¶ Item, Enseada. Iap. iriye, iri vmi.

Marga, æ. Lus. Hũa certa terra que serue pe ra estercar. Ius. Cevegi, coyetç uchi.

Margarita, æ, l, Margaritum, i. Lus. Aljofar, ou perola. Iap Caino tama.

Margaritarius, ij. Lus. Lapidario que trata ẽ perolas, ou aljofar. Iap. Caino tamano n e qiqi sono vricaiuo suru fito.

Margaritifer, a, um. Lus. Cousa que traz, ou produze perolas, ou aljofar. Iap. Caino tamauo motçu, l, xŏzuru mono.

Margineus, a, um, & Marginatus. Lus. Cousa que tem grande margem, ou borda. Iap. Faxi firoqi mono.

Margo, inis. Lus. Margem, ou estremidade dalgũa cousa. Iap. Faxi, qiua, soye.

Marinus, a, um. Lus. Cousa do mar. Iap. Vmini ataru coto.

Marisca, æ. Lus. Hum genero de figos sem sabor. Iap. Agimo naqi Figoto yŭ conomi. ¶ Item, Almorreimas. Iap. Gino yamai.

Mariscus, l, Mariscum, i. Lus. Hum genero de junco. Iap. Yno taguy.

Maritalis, e. Lus. Cousa que pertence a marido, ou casamento. Iap. Votto, l, yenpenni ataru coto.

Maritimus, a, um. Lus. Cousa perto, ou vizinha a omar. Iap. Caifenni sumu, l, aru mono. ¶ Item, Cousa do mar, ou que està no mar. Iap. Vmini ataru coto, l, vmini aru coto.

Marito, as. Lus. Dar marido á molher. Iap. Yome iriuo sasuru. ¶ Itẽ, Empar, ou encostar as vides ás aruores. Iap. Budŏni soyeguiuo suru.

Maritus, i. Lus. Marido. Iap. Votto, tçuma. ¶ Item, Macho, asi nos homens, como nos animais. Iap. Moromorono xŏruino votoco.

Maritus, a, um. Lus. Cousa de casados. Iap. Fŭfuni ataru coto. ¶ Marita. Lus. Molher casada. Iap. Vottouo mochitaru vonna. ¶ Itẽ, Aruore q̃ sostenta a vide Iap. Budŏno soyegui. ¶ Marita pecunia. Lus. Dinheiro de dote. Iap. Yome irino toqi vonnani soyete yaru cane.

Marmor, oris. Lus. Pedra marmore. Iap. Meixeqino taguy.

Marmoratio, onis. Lus. Obra, ou fabrica de marmore. Iap. Cano meixeqi nite tçucuri tatçuru coto nari.

Marmoratus, a, um. Lus. Cousa feita, ou cuberta de marmore. Iap. Cano meixeqi nite tçucuri tatetaru coto, l, tçutçumitaru coto.

Marmoreus, a, um. Lus. Cousa de marmore. Iap. Cano meixeqi nite tçucuritaru mono. ¶ Ceruix marmorea. Lus. Pescoço branco. Iap. Xiroqi cubi sugi.

Marmoro, as. Lus. Edificar, ou fazer obra de marmore. Iap. Cano meixeqiuo mot te iye nadouo conriŭ suru.

Marmorulus, a, um. Lus. Cousa semelhante a marmore, ou q̃ dura como marmore. Iap. Cano meixeqini nitaru mono, l, cano ixino gotoqu cataqi mono.

Marplacidæ. Lus. Hum genero de n uio. Iap. Funeno taguy.

Marra, æ. Lus. Hum genero de enxada, ou sacho. Iap. Cuuano taguy.

Marrubium, ij. Lus. Marroyo erua. Iap. Cusano na.

Mars, tis. Lus. Deos da guerra. Iap. Yumi ya-

yagami. ¶ Item, Guerra. Iap. Icuſa, qiŭxen. ¶ Item, Hũa eſtrela. Iap. Foxi no na. ¶ Marte noſtro aliquid facere. Lus. Fazer algũa couſa de noſſa cabeça, & ingenho. Iap. Vaga chibunnite mono uo ſuru.

Marſupium, ij. Lus. Bolſa, ou ſaco de dinheiro. Iap. Canebucuro.

Martes, is. Lus. Marta animal. Iap. Aru qedamonono na.

Martialis, e. Lus. Couſa nacida em conjunção do planeta Marte. Iap. Marteto yŭ foxino vmarejŏno mono. ¶ Item, Qui Martis ſacris inſeruit.

Martígenus, a, um. Ideſt, Marte genitus.

Martius, ij. Lus. Mes de Março. Iap. Europano ſanguachi.

Martius, a, um. Lus. Couſa que pertence a guerra, ou Deos Marte. Iap. Icuſa, l, yumiyagamini ataru coto. ¶ Item, Couſa belli coſa. Iap. Qiŭxenuo ſuqi conomu mono, buyŭno aru mono.

Martyr, iris. Lus. Teſtimunha. Iap. Xôconin, xôjeqinin. ¶ Item, Martyr. Iap. Deusno go fôcôni taixite caxacuuo vqe, inochiuo ſaſagueraretaru jennin.

Martyrium, ij. Lus. Teſtimunho. Iap. Xôjeqí. ¶ Item, Templo dedicado aos martyres. Iap. Martyr xuni taixite conriŭ xitaru dendŏ. ¶ Item, Martyrio. Iap. Deusno gofôcôni taixite caxacuuo vqe, inochiuo ſaſaguru cotouo yŭ.

Maruda, æ. Lus. Hum genero de medida. Iap. Facarino taguy.

Mas, aris. Lus. Macho. Iap. Votoco, vonoco.

Maſculeſco, is. Lus. Fazerſe macho. Iap. Votoconi naru. ¶ Item, Fazerſe rijo. Iap. Tçuyoqu naru, votocoraxiqu naru.

Maſculêtum, i. Lus. Bacelo de vides machas. Iap. Aru budŏuo vyetaru fataqe.

Maſculínus, a, um. Lus. Couſa de macho. Iap. Votoconi ataru coto.

Máſculo, as. Lus. Fazer viril, & forte. Iap. Votocoraxiqu naſu, tçuyoqu naſu.

Máſculus, i. dim. Lus. Macho. Iap. Votoco, vonoco.

Máſculus, a, um. Lus. Couſa de macho. Iap. Votoconi ataru coto. ¶ Item, Couſa forte. Iap. Tçuyoqi mono.

Maſſa, æ. Lus. Maſſa de farinha. Iap. Muguino couo conetaru cotouo yŭ. ¶ Item, Qualquer outra maſſa de ferro, ou de ouro, &c. Iap. Qinguin, dôtetno marucaxe.

Mâſſula, æ. dim. Idem.

Maſſaris. Lus. Hũ genero de vuas ſylueſtres. Iap. Yamaniaru budŏno taguy.

Máſtiche, es. Lus. Almeſſega. Iap. Aru qino yani.

Maſtigia, æ. Lus. O que merece açoutes. Iap. Mottomo chŏchacuuo vqu beqi mono.

Maſtigea, æ. Idem.

Maſtigóphorus, i. Lus. Seruo que trazia vara pera afaſtar a gente, ou aquietala em hũas certas feſtas. Iap. Aru aſobino toqi bŏuo mochi, firouo xeiſuru qeigono mono.

Maſtix, igis. Lus. Açoute, ou latego. Iap. Chŏchacu ſuru dŏgu, xippei, qeiben.

Maſtrûca, æ. Lus. Hũ genero de veſtido. Iap. Yxŏno taguy.

Maſtrucatus, a, ũ. Lus. O que traz eſte veſtido. Iap. Cano yxŏuo chacuxitaru mono.

Maſtus, i. Lus. Teta dos animais. Iap. Qedamonono chibuſa. ¶ Item, Hũa certa laya de alcatruz. Iap. Tçuchi nite tçucuritaru fi, toino taguy.

Matella, æ. Lus. Ourinol. Iap. Xôbenno maru, xibin. ¶ Itẽ, Hũ vaſo de agoa. Iap. Mizzuno vtçuuamono.

Matellio, onis. Idem.

Matéola, æ. Lus. Sacho, ou enxada. Iap. Cuuano taguy.

Mater, tris. Lus. May. Iap. Faua, fibo. ¶ Itẽ, Ama. Iap. Vochi. ¶ Mater mellis. Lus. Abelha. Iap. Mitçuno fachi, mippô.

Matércula, æ. dim. Idem.

Materfamilias. Lus. Molher caſada, may de familia. Iap. Vottouo mochi iyeuo ſabaqu nhôbŏ.

Mater matrîma. Lus. May que tem ainda a may viua. Iap. Couo mochi nagara fauauo mochitaru vonna.

Materia, æ. ſiue Materies, ei. Lus. Materia, cu ſu-

sujeito de q̃ se faz algũa cousa. Iap. Mono no xitagi. ¶ Itẽ, Materia. Lus. Madeira, e outros materiais da casa. Iap. Iyeuo tçucuru dōgu, zaimocu. ¶ Itẽ, Materies. Lus. Casta, ou géração de caualos. Iap. Vma no sugi, tane. ¶ Itẽ, Materia. Lus. Materia do liuro. &c. Iap. Qiŏ, l, danguino daimocu.

Materiale, is. Lus. Material. Iap. Monono xitagini ataru coto.

Materialiter aliquid sumi dicitur, cùm non forma rei, sed materia significatur.

Materiarius, a, um. Lus. Cousa de madeira. Iap. Zaimocuni ataru coto.

Materiarius, ij. Lus. O que aparelha, ou da madeira pera os edificios. Iap. Zaimocu buguiŏ, l, zaimocuuo toronoye, fitoni vatasu mono.

Materiatio, onis, & Materiatura. Lus. O fazer madeira. Iap. Zaimocuuo toru coto nari.

Materiatus, a, um. Lus. Cousa feita de madeira. Iap. Zaimocuuo motte tçucuritaru mono.

Materior, aris. Lus. Cortar, ou fazer madeira na guerra os soldados. Iap. Ginnite buxi zaimocuuo toru.

Materis, is. Lus. Hũ genero de arma como pique. Iap. Nagayeno yarino taguy.

Maternus, a, um. Lus. Cousa de may. Iap. Fauani ataru coto.

Matértera, æ. Lus. Tia irmãa da may. Iap. Voba. ¶ Matertera magna. Lus. Tia irmãa da auŏ. Iap. Vobano vonna qiŏdai. ¶ Matertera maior. Lus. Tia irmãa da visauŏ. Iap. Fiubano vonna qiŏdai. ¶ Matertera maxima. Lus. Tia irmãa da terceira auŏ. Iap. Fiubano fauano vonna qiŏdai.

Mathemátic⁹, ci. Lus. Matematico Iap. Matematica toyŭ gacumonuo tçutometaru fito.

Matralia, matris Matutæ festa.

Matresco, is. Lus. Fazerse semelhante a may. Iap. Fauano yŏni naru, fauano manabu.

Matricîda, æ. Lus. O que mata á may. Iap. Fauauo gaixitaru mono.

Matricidium, ij. Lus. Homicidio da may. Iap. Fauano xetgai.

Matrimonialis, e. Lus. Cousa de Matrimonio, ou casamento. Iap. Yenpenni ataru coto.

Matrimonium, ij. Lus. Casamento. Iap. Yen pen, cayen.

Matrimus, i. Lus. O que tem a may viua. Iap. Fauauo motçu mono.

Matrix, îcis. Lus. Femea que se tem pera casta. Iap. Couo vmasuru tameni caivoqu qedamonono me. ¶ Itẽ, Madre onde cō cebem as molheres. Iap. Cono tanamaru tocoro, cobucuro. ¶ Matrices vrbes. Lus. Cidades metropolis. Iap. Cunino fuchŭ, cŏ. ¶ Mátrix arboris. Lus. Miollo daruore. Iap. Qino vchini tachitaru su.

Matrôna, æ. Lus. Matrona, ou molher casada. Iap. Votoco aru vonna.

Matronalia, orum. Lus. Festas das matronas que se faziáo antigamente. Iap. Mucaxi cano nhôbŏxuno vyeni aritaru iuai.

Matronalis, e. Lus. Cousa de matrona. Iap. Vottono aru vonnani ataru coto.

Matruêlis, e. Lus. Primo, filho do irmão da may. Iap. Fauano votoco qiŏdaino co, ytoco.

Matta, æ. Lus. Esteira de esparto, jũco, e outras cousas. Iap. Y nadouo motte vchitaru muxiro.

Mattya, æ. Lus. Hũ genero de comer. Iap. Aru xocubut.

Mátula, æ. Lus. Ourinol. Iap. Xôbenno maru, xibin.

Maturatus, a, um. Lus. Madurecido. Iap. Iucu saxetaru coto. ¶ Maturatum negotium. Lus. Negocio concluido de pressa, e cō tẽ po. Iap. Saicâni fayaqu totonoyetaru coto. ¶ Maturato opus est. Lus. He necessario pressa, e diligencia. Iap. Mopparani isogu coto nari.

Maturè, adu. Lus. A tẽpo, opportunamente. Iap. Yoqi coroni, iiuaini. ¶ Item, De pressa. Iap. Isoide, fayaqu.

Maturatè, maturissimè, & maturrimè, Idem.

Maturesco, is. Lus. Madurecer. Iap. Iucusuru, vmu. ¶ Item, Ir crecendo, e madurecêdo na idade. Iap. Xeijinxi votonaxiqu naru.

Maturitas, atis. Lus. Madureza. Iap. Iucusuru coto, l, vmu cotouo yů. ¶ Itẽ, Madureza, ou grauidade em outras cousas. Iap. Vomovomoxita. ¶ Item, Oportunidade. Iap. Yoqicoro, saiuai.

Matûro, as. Lus. Madurecer, ou fazer maduro. Iap. Iucu saluru, vmasuru. ¶ Item, Apressar. Iap. Isogasuru. ¶ Maturare cœpta. Lus. Acabar com tempo o começado. Iap. Fajimetaru cotouo fayaçu jôju suru. ¶ Maturare iram. Lus. Abrádar a ira. Iap. Tanriouo yamuru, icariuo yauaraguru, farauo suyuru.

Matûrus, a, um. Lus. Cousa madura, sazenada. Iap. Iucuxitaru mono. ¶ Item, Velho. Iap. Rǒtai, vt Maturus æui homo. ¶ Item, Cousa ligeira. Iap. Fayaqi mono. ¶ Aliqñ. Graue, & constante. Iap. Tadaxiqu vomovomoxiqi fito. ¶ Matura ætas. Lus. Idade madura, e perfeita. Iap. Toxino taqetaru cotouo yů. ¶ Maturũ facere. Lus. Despachar, ou negociar de pressa. Iap. Monouo fayaqu sumuru. ¶ Virgo matura viro. Lus. Molher casadoura. Iap. Yomeiri jibunno vonna.

Maturissimus, siue Maturrimus superl. Idem.

Matûta, æ. Lus. Manhaã, alua. Iap. Bimei, aqebono.

Matutinum, i. Lus. Polamanhaã. Iap. Asa, axita, aqegata.

Matutînus, a, um. Lus. Cousa de polamanhaã. Iap. Axita, l, aqegatani ataru coto. ¶ Matutinis omnibus. Lus. Cada manhaã. Iap. Asagotoni, maichô. ¶ Matutinò. Lus. Polamanhaã. Iap. Axita, aqegatani.

Máuolo, is. Lus. Mais querer. Iap. Nauo nozomu.

Mausoléum, ei. Lus. Hũ sepulchro magnifico de hũ rey passado. Iap. Aru teivǒno bibixiqi miquan. ¶ Item, Qualquer sepulchro sumptuoso. Iap. Bibixiqi quan.

Maxilla, æ. Lus. Queixo, ou queixada. Iap. Aguito.

Maxillare, is. Lus. Cousa q̃ pertẽce a queixo, ou queixada. Iap. Aguitoni ataru coto.

Maxillares dẽtes. Lus. Dẽtes queixais. Iap. Vocuba.

Maximè, adu. Lus. Principalmẽte, grandemente. Iap. Bexxite, toriuaqe, l, vôqini. ¶ Item, Si, pois não. Iap. Nacanaca.

Maximitas, pro magnitudine apud veteres.

Maximopere. Lus. Grandissimamente. Iap. Bacutaini, quôdaini.

Maximus, a, um. Lus. Cousa muito grande. Iap. Ichidan vôqinaru coto.

Maza, æ. Lus. Hũ genero de pão. Iap. Pãono taguy.

Mazara, æ. Lus. Hũa certa arma de que vsauam os antigos. Iap. Yaibano taguy.

Mazonomum, i. Lus. Prato em que leuam yguarias á mesa. Iap. Vôzara.

M ANTE E.

Meábilis, e. Lus. Cousa q̃ facilmẽte vai de hũa parte pera outra. Iap. Vôfen xiyasuqi mono.

Meapte, vt meapte causa. Lus. Por minha propria causa. Iap. Vareyuyeni.

Meâtus, us. Lus. Ida, ou curso. Iap. Focǒ, xenten, meguri.

Mecastor, aduerb. iurandi.

Mechánicus, i. Lus. Official mecanico. Iap. Xocunin.

Mechánicus, a, um. Vt ars mechanica. Lus. Arte mecanica. Iap. Xocu.

Mecônis, idis. Lus. Dormideiras. Iap. Qexi.

Meconítes. Lus. Hũa pedra preciosa. Iap. Tamano na.

Meconium, ij. Lus. çumo de dormideiras. Iap. Qexino xibori xiru.

Mecum. Lus. Comigo. Iap. Varetomoni. ¶ Interd. Dentro demi. Iap. Vagamino vchini. ¶ Mecum facere. Lus. Sentir comigo. Iap. Vareni dôxin suru.

Meddix, icis. Lus. Nome de hũa dignidade suprema. Iap. Mucaxi coccauo volamexi fitono quanxocuno na.

Medêla, æ. Lus. Mezinha, ou remedio dalgũa doença. Iap. Cusuri, l, reôgi.

Medeor, eris. Lus. Mezinhar, ou dar remedio. Iap. Reôgi suru, cusuru, l, reôqenuo cuuayuru.

Medérga, apud antiq. Lus. Pera comigo. Iap.

Iap. Vareni taixite.

Media vocabula. Lus. Palauras q̃ se tomão em boa, ou em má parte. Iap. Yoqi cata nimo, axiqi catanimo toru cotoba. Vt tẽpestas, valetudo, &c.

Medianum, i. Lus. Meyo. Iap. Mannaca.

Medianus, a, um. Lus. Cousa que esta no meyo. Iap. Nacani aru coto.

Mediástinus, i. Lus. Escrauo baixo. Iap. Iyaxiqi yatçuco. ¶ Item, Hũas pelezinhas delgadas que ha na barriga do homem. Iap. Fitono fucuchũnaru vsuqi caua.

Mediastúticus. Lus. Nome de hũa dignidade suprema. Iap. Mucaxi coccano vosamexi fitono quanxocuno na.

Medicabilis, e. Lus. Cousa que se pode curar, ou sarar. Iap. Reôgini cacauaru coto, l, feiyũ subeqi mono. ¶ Qñq;. Cousa medicinal. Iap. Cusurini naru mono.

Medibile, Idem.

Medicâmen, inis. Lus. Mezinha. Iap. Cusuri. ¶ Itẽ, Tinta cõ que se tinge a laã. Iap. Fitçujino qeuo somuru ay nadono taguy. ¶ Item, Tinta da purpura. Iap. Monouo curenaini some nasu xôjôno chi. Plinius.

Medicamentum, i. Idem. ¶ Aliqñ. Peçonha. Iap. Docuyacu. ¶ Medicamenta amatoria. Lus. Mezinhas que seruem pera causar amor. Iap. Taixetni catamuquru cusuri. ¶ Medicamenta soporifera. Lus. Mezinhas que fazem dormir. Iap. Nemuriuo susumuru cusuri.

Medicamentarius, ij. Lus. O que faz mezinhas. Iap. Cusuriuo chôgô suru mono. ¶ Medicamentaria, æ. Lus. Arte de fazer mezinhas. Iap. Cusuriuo chôgô suru narai.

Medicamentosus, a, um. Lus. Cousa medicinal. Iap. Cusurini naru mono.

Medicatio, onis. Lus. Mezinha, remedio. Iap. Cusuri, reôgi.

Medicatus, a, um. Lus. Cousa confeitada com mezinhas. Iap. Cusuriuo majiyetaru mono.

Medicîna, æ. Lus. Arte de medicina. Iap. Ydô. ¶ Item, Mezinha. Iap. Cusuri. ¶ Item, Peçonha. Iap. Docuyacu.

¶ Adhibere medicinam Reip. Lus. Dar remedio á Republica. Iap. Coccano tame ni reôqenuo nasu. ¶ Afferre medicinam, l, facere medicinam. Lus. Amezinhar. Iap. Reôgi suru.

Medicinæ, arum. Lus. Boticas de mezinhas. Iap. Cusuriya.

Medicinalis, e. Lus. Cousa medicinal. Iap. Cusurini naru mono. ¶ Medicinalis digitus. Lus. Dedo do anel. Iap. Bumeino yubi, cusuxi yubi, mumiôxi.

Médico, as, & Médicor, aris. Lus. Amezinhar, curar. Iap. Cususu, reôgi suru.

Médicum malum. Lus. Cidra. Iap. Buxxucanno taguy.

Médicus, i. Lus. Medico. Iap. Yxa, cusuxi.

Médicus, a, um. Lus. Cousa de medico. Iap. Cusuxini ataru coto.

Medietas, atis. Lus. Metade dalgũa cousa, ou meyo. Iap. Fanbun, l, monono mannaca.

Medimnus, & Medimnum, i. Lus. Hum genero de medida. Iap. Facarimeno na.

Mediocris, e. Lus. Cousa mediocre, de boa proporção. Iap. Taigaino coto, chũyônaru mono.

Mediocritas, atis. Lus. Mediocridade, meyo. Iap. Taigai, chũyô.

Mediocriter, adu. Lus. Mediocremente, moderadamente. Iap. Taigaini chũyôni.

Medióximus, l, Medióxumus. Lus. Mediocre, proporcionado. Iap. Taigainaru mono, chũyônaru mono. ¶ Medióximi dij vocantur potestatis mediæ.

Medipontus, i. Lus. Hum certo instrumento de cordas. Iap. Nauanite xitaru dôgu.

Meditabundè, adu. Lus. Com cuidados, e pensamentos. Iap. Cufũ xite.

Meditabundus, a, um. Lus. Pensatiuo. Iap. Cufũ xite yru mono.

Meditamentum, i. Lus. Consideração. Iap. Xian, quannen.

Meditatè, adu. Lus. Com consideração. Iap. Xian xite.

Meditatio, onis. Lus. Consideração. Iap. Xian, cufũ. ¶ Item, Exercicio, ou ensayo. Iap. Qeico, xugiô, naraxi.

Me-

Meditatiuum, apud gramaticos dicitur verbum quod sensum quendam meditandi videatur habere. vt esurio, &c.

Méditor, aris. Lus. Cuidar, ponderar. Iap. Xiã suru, cufũ suru. ¶ Interd. Considerando achar. Iap. Xianxi idasu. ¶ Interd. Exercitar. Iap. Xuxi guiôzuru, l, qeico suru, xuguiŏ suru. ¶ Meditari alicui insidias, l, dolum. Lus. Armar siladas, ou enganos. Iap. Machibuxeuo suru, l, buriacuuo suru. ¶ Interd. Cantar. Iap. Vtŏ. Virg.

Méditor, passiu. Idem.

Mediterraneus, a, um. Lus. Cousa remota, afastada do mar. Iap. Caifenni arazaru tocoro.

Mediterreus, a, um. Idem. antiq.

Meditrinalia, orum. sacra Deæ Meditrinæ.

Meditullium, ij. Lus. Sertão. Iap. Vmino touoqi tocoro.

Medius, a, ũ. Lus. Cousa que està no meyo. Iap. Nacani aru mono. ¶ Aliqñ. Cousa que està ẽ comum. Iap. Sômotni ataru coto. ¶ Item, Cousa mesturada, & têperada de duas. Iap. Futatçu auaxetaru coto. ¶ Aliqñ. Cousa duuidosa. Iap. Vtagauaxiqi coto. ¶ Aliqñ. Cousa manifesta. Iap. Funmiônaru coto. Virg. ¶ Item, Cousa importuna, ou que não vẽ a tempo. Iap. Toqi narazaru mono. ¶ Accipere aliquem medium. Lus. Tomar alguem polo meyo. Iap. Fitono dô nacauo torayuru. ¶ Ponere in medio, l, proferre aliquid in medium. Lus. Pôr algũa cousa em publico, pera que seja examinada de todos. Iap. Banminno tadasũ tameni monouo iy idasu. ¶ Vocare in medium. Lus. Pôr em duuida algũa cousa pera melhor se entender. Iap. Riuo aqiramuru tameni fuxinuo caqeru. ¶ Venire in mediũ, l, procedere in medium. Lus. Tratarse, ou disputarse algũa cousa. Iap. Mondŏ suru, sata suru. ¶ Itẽ, Procedere in medium. Lus. Lus. Sair diante dalgum ajuntamento de gente. Iap. Cunjuno nacani izzuru. ¶ Relinquere aliquid in medio. Lus. Deixar algũa cousa sem se deslindar, nẽ concluir. Iap. Racugiacu xezu xite saxivoqu. ¶ In medio esse, l, situm esse in medio. Lus. Estar claro, & facil, ou á mão. Iap. Aqiracanarazu, l, ganjenni aru. ¶ Aliqñ. In medio esse. Lus. Estar duuidoso, ou escuro. Iap. Funmiô narazu, l, fuxin nari. ¶ In medium consulere. Lus. Prouer em comum. Iap. Sôno tocumo cocorogaqutu. ¶ Pellere de medio, l, èmedio. Lus. Botar algũa cousa fora do numero, ou ajuntamento das outras. Iap. Mononiuo vchi yori fassuru, noquru. ¶ Recedere de medio. Lus. Retirarse, & escôderse. Iap. Nocicacusuru. ¶ Sumere argumenta de medio. Lus. Tirar argumentos de cousas claras, e sabidas. Iap. Aqiracanaru cotouo motte riuo ximesu. ¶ Tollere de medio. Lus. Matar. Iap. Gaisuru. ¶ Medio excedere. Lus. Morrer. Iap. Xisuru. ¶ E medio discedere. Lus. Apartarse, e esconderse. Iap. Noqi cacurusu.

Medius fidius, aduerbium est iurandi.

Medulla, æ. Lus. Tutano. Iap. Zui, nŏ.

Medullitùs, adu. Lus. De dentro dos mesmos tutanos, ou ate os tutanos. Iap. Zui yori, l, cotzuini. ¶ Item, per trãsl. Intimamente. Iap. Fottan yori, l, xinteini.

Medũsa, æ. Lus. Hũa erua. Iap. Cusano na.

Megalesia, orum. dies sacer Magnæ matri decrum.

Megalium, ij. Lus. Hum certo vngũento cheiroso. Iap. Cunyacu.

Megaloprepeia, æ. Lus. Magnificencia. Iap. Qi ŏqi.

Megalóprepes. Lus. Magnifico, grandioso. Iap. Qi ŏqinaru mono.

Megistánes. Lus. Homens principaes. Iap. Xucurŏ, tônŏ.

Mehercùlè, l, Mehercules, iurandi aduerbiũ.

Meio, is, xi, ctum. Lus. Ourinar. Iap. Xôben suru.

Mel, is. Lus. Mel. Iap. Mitçu. ¶ Mel vernum. Lus. Mel que se faz na primauera. Iap. Faru idequru mitçu.

Me-

Melabathrum, i. Lus. Hũa erua. Iap. Cusa no na.
Mel mpodion. Lus. Hũa erua purgatiua. Iap. Cudaxito naru cusa.
Melamphyros. Lus. Emilhaca. Iap. Carasumugui.
Melancholia, æ. Lus. Humor melanconico. Iap. Rǒsaiuo tçucasadoru qi.
Melancholicus, a, ũ. Lus. Melanconico. Iap. Rǒsaiqe naru mono.
Melancholyphus, phi. Lus. Papafigo aue. Iap. Turino na.
Melanteria, æ. Lus. Instrumento de metal com q̃ os çurujioens cortam a carne podre, e superflua. Iap. Amatte cusaru nicu uo gueqiǒno torinoquru caneno dǒgu.
Melanurus, i. Lus. Hum peixe. Iap. Vuo no na. ¶ Item, Hũa Cobra. Iap. Iano na.
Melapium, ij. Lus. Hum genero de maçaã. Iap. Ringono mino taguy.
Meleagrides. Lus. Galinhas da India. Iap. Nanbanno niuatori.
Melia, æ. Lus. Freyxo aruore. Iap. Qino na.
Melia terra, æ. Lus. Hũa certa terra. Iap. Aru tçuchino na.
Melicelis, dis. Lus. Hum certo inchaço que nace no corpo. Iap. Xumotno taguy.
Melicraton, i. Lus. Hũa beberagem feita de agoa, & mel. Iap. Mizzuto, mitçuuo auaxetaru nomimono.
Mélicus, a, um. Lus. Cousa de musica. Iap. Quanguen, l, vtaini ataru coto.
Mélicus, i. Lus. Poeta lyrico. Iap. Biuani auaxete vtǒ vtano yomite.
Melimêla. Lus. Hũa fruita doce. Iap. Amaqi conomi.
Melina, æ. Lus. Hũa certa frauta. Iap. Fuye no taguy. ¶ Item, Hũa laya de vestido. Iap. Yxǒno taguy.
Melinum, i. Lus. Madre silua erua com que folgão muito as abelhas. Iap. Fachino suqu cusano na. ¶ Item, Hum oleo de certas flores. Iap. Aru fanauo motte xiboritaru abura. ¶ Item, Hum certo vnguento cheiroso. Iap. Cunyacu. ¶ Itẽ, Hũa especie de tinta branca. Iap. Xiroqi yenoguno taguy.

Melior, & Melius. Lus. Cousa milhor. Iap. Iap. Nauo yoqi mono.
Meliúsculus, a, um. dim. Idem.
Meliusculè, adu. Lus. Hum pouco milhor. Iap. Sucoxi masatte.
Melioresco, is. Lus. Milhorarse. Iap. Nauo yoqu naru.
Melióro, as. Lus. Milhorar a algũa cousa. Iap. Monouo nauo yocu nasu.
Melipecta, æ. Lus. Comeres feitos com mel. Iap. Mitçu nite auaxetaru xocubut.
Meliphyllon, i. Lus. Madre silua. Iap. Niuoi aru cusano na.
Melipontus, i. Lus. Hũas certas cordas que seruião pera espremer azeite. Iap. Abura uo xiboru tameni tçucaitaru naua.
Melis, is. Lus. Teyxugo animal. Iap. Mitçuuo suqu qedamonono na.
Melissophyllon. Lus. Madre silua erua. Iap. Niuoi aru cusano na.
Melites. Lus. Hũa pedra precioſa. Iap. Tamano na.
Melitites. Lus. Hũa especie de beberagem doce. Iap. Amaqu auaxetaru nomimono. ¶ Item, Hũa certa pedra. Iap. Aru ixino na.
Melittónes. Lus. Cortiços em que se crião as abelhas. Iap. Fachino suuo tçucuru vtçuuamono.
Melliturgus, i. Lus. O que faz o mel. Iap. Mitçuuo coxirayuru mono.
Melium, ij. Lus. Hũa erua. Iap. Cusano na.
Melizômum, i. Lus. Hũa certa tempera feita de mel. Iap. Mitçu nite coxirayetaru reôri.
Mellacium, ij. Lus. Arrobe. Iap. Budǒxu uo sanbun ichi xenji feraxite tçucuritaru ameno taguy.
Mellarium, ij. Lus. Cortiço das abelhas. Iap. Fachino suuo tçucuru vtçuuamono.
Mellarius, ij. Lus. O que faz o mel, ou cresta as colmeas. Iap. Mitçuuo coxirayuru mono, l, fachino su yori tori idasu mono.
Mellarius, a, um. Lus. Cousa que pertence a mel. Iap. Mitçuni ataru coto.
Mellatio, onis. Lus. Cresta de colmeas. Iap. Fa-

Fachino su yori mitçuuo tori idasu coto no yŭ.

Melleus,a,um. Lus. Cousa feita de mel. Iap. Mitçunite auaxetaru mono. ¶ Itẽ, Cousa gostosa como mel. Iap. Mitçuno gotoqu amaqi mono

Mellicŭlum, i. Vox blandientis est.

Mellifer, a,um. Lus. Cousa que da mel. Iap. Mitçuuo xŏzuru mono.

Mellificatio, onis. Lus. O fazer mel. Iap. Mitçuuo tçucuru coto nari.

Mellificium, ij. Idem.

Mellifico,as. Lus. Fazer mel. Iap. Mitçuuo tçucuru.

Mellificus, a, um. Lus. Cousa de mel. Iap. Mitçuni ataru coto.

Mellifluus, a, um. Lus. Cousa meliflua, ou suaue. Iap. Canro aru coto, canmi aru coto.

Melligenus, a, um. Lus. Cousa da mesma laya, ou sabor de mel. Iap. Mitçuno agi aru mono.

Mellîgo, inis. Lus. çumo que chupão as abelhas das aruores, ou flores. Iap. Fachi no qi cusa yori sui taru xiru. ¶ Item, çumo da fruita verde. Iap. Mijucu naru conomino xiru.

Mellíloquus ,a, um. Lus. O que fala doce, & suauemente. Iap. Canmi aru yŏni monouo yŭ fito.

Mellilus, a, um. dim. Lus. Cousa de mel. Iap. Mitçuni ataru coto.

Mellîtus, a, um. Lus. Cousa feita com mel. Iap. Mitçunite auaxetaru mono. ¶ Mellitus puer. Lus. Menino doce, ayroso, & gracioso. Iap. Xiuoraxiqu airaxiqi varanbe.

Melódes, æ. Lus, O que canta suauemente os versos. Iap. Vomoxiroqu vtaiuo vtŏ mono.

Melodia, æ. Lus. Melodia. Iap. Vomoxiroqi vtaino chŏxi.

Melolontha, æ. Lus. Hum genero de escarauelho. Iap. Abuno taguy.

Melomeli, orum. Lus. Conserua de marmelos feita com mel. Iap. Aru conomiuo mitçuni tçuqetaru cotouo yŭ.

Melónes. Lus. Hum genero de meloẽs redondos. Iap. Acoda, vrino taguy.

Melonómus, i. Lus. Pastor de ouelhas. Iap. Fitçujicai, bocuyŏ.

Melopepónes. Lus. Hum genero de meloẽs. Iap. Vrino taguy.

Melos. Lus. Suauidade do canto. Iap. Vtaino vomoxirosa.

Melôta, æ. & Melôtes. es. Lus. Pelle de ouelha com lãa. Iap. Qeno aru fitçujino caua.

Membrana, æ. Lus. Pelle externa que cobre os membros. Iap. Mino caua. ¶ Itẽ, Qual quer pellinha delgada. Iap. Yorozzuno monono vsuqi caua. ¶ Item, Casca interior das aruores. Iap. Qino amafada. ¶ Item, Pergaminho. Iap. Camino cauarini vsuraguẽ xiromentaru qedamono no caua.

Membrânula, æ. dimin. Idem.

Membranaceus, a, ũ. Lus. Cousa semelhante a pelle, ou pergaminho. Iap. Miguino cauani nitaru mono.

Membraneus, a, um. Lus. Cousa de pergaminho. Iap. Camino cauarini vsuraguẽ xiromentaru caua nite xitaru mono.

Membratim, adu. Per partes, ou per mẽbros. Iap. Buabunni, iunzuni.

Membratura, æ. Lus. Postura dos membros. Iap. Gotai ximbunno sonauaritaru coto uo yŭ.

Membror, aris. Lus. Ser formado per membros. Iap. Gotai ximbun xidaxi ienbisuru.

Membrosus, a, um. Lus. O que tem grandes membros. Iap. Gotai ximbunno tacumaxiqi mono.

Membrum, i. (proprie) Lus. Carne que cobre os membros, Iap. Tçugai tçugaiuo tçutçumu nicu. ¶ Item, Membros do corpo. Iap. Gotai, mino tçugai. ¶ Itẽ, Parte de qualquer cousa. Iap. Monono bŭbun.

Memini. Lus. Lembrarse. Iap. Voboyuru, vomoi idasu. ¶ Item, Fazer menção. Iap. Sataxiru iy idasu.

Memor, oris. Lus, O que se lembra. Iap. Monouo voboyuru fito. ¶ Item, Cousa de que

q nos lêbramos. Iap. Vomoi idasu coto.
Memorabilis, e. Lus. Cousa digna de memoria, e excelête. Iap. Côqini tomerarubeqi mono, l, suguretaru mono, l, côtaini nocorubeqi coto.
Memorator, oris. Lus. O que traz à memoria, ou conta algũa cousa. Iap. Vomoi idasasuru mono, l, catasuru mono.
Memoratus, us, l, Memoratio, onis. Lus. Lembrança. Iap. Voboye.
Memoria, æ. Lus. Memoria, lembrança. Iap. Voboye. q Aliqñ. Antiguidade. Iap. Ienđai, mucaxi. q Omni memoria, l, in omni memoria. Lus. Em todo tempo. Iap. Iôgiũ, fudan. q Superiori memoria. Lus. No tempo passado. Iap. Coxicata, quaco. q Viqus ad hanc memoriam. Lus. Ate o tempo presente. Iap. Imani ita rumade. q Vt mea memoria est. Lus. Quanto me posso lembrar. Iap. Vaga voboyeno taqeua. q Memoria est. Lus. Lembrome. Iap. Vomoi idasu.
Memoriola, æ. dimin. Idem.
Memoriose, adu. Lus. Cõ memoria, ou lembrança. Iap. Voboyete, vomoi idaxite.
Memoriosus, a, um. Lus. O que he dotado de boa memoria. Iap. Voboyeno tçuyoqi mono.
Memóriter, adu. Lus. De memoria. Iap. Chũni.
Mémoro, as. Lus. Lembrarse. Iap. Vomoi idasu. q Interdum, Contar. Iap. Cataru, yũ.
Mémoror, Passiuum. Idem.
Memphites, æ, l, is. Lus. Hũa certa pedra que faz cõ quese não sinta dôr no corpo, quando o cortam, ou queimam. Iap. Miuo qiri, l, yaquni itamiuo voboyesaxenu xei aru ixi.
Menæchmi. Lus. Hũa certa comedia. Iap. Aru nôno na.
Menda, æ. & Mendum, i. Lus. Erro, falta. Iap. Ayamari, fusocu.
Mendaciloquus, a, ũ. Lus. O que fala mentiras. Iap. Itçuuariuo yũ mono, qiogonja.
Mendacium, ij. Lus. Mentira. Iap. Vso, itçuuari, qiogon. q Mendacium dicere. Lus. Mentir sem o pretender. Iap. Tacumazu xite itçuuariuo yũ.
Mendaciunculum, i. dim. Idem.
Mendáciter, adu. Lus. Mentirosamente. Iap. Itçuuarite.
Mendax, âcis. Lus. Mentiroso. Iap. Qiogonja. q Fui mendax mihi. Lus. Enganeime. Iap. Vomoi chigayeta.
Mendecium, ij. Lus. Hũ certo vnguento de preço. Iap. Atai tacaqi cunyacuno na.
Mendicabulum, i. Lus. O mendigar de porta em porta. Iap. Cadocadoni rosô coto uo yũ. q Item, O que pede polas portas. Iap. Cadocadoni rosô mono.
Mendicans, antis. Lus. Pedinte. Iap. Rosai nin, cotjiqi.
Mendicatus, a, um. Lus. Cousa mendigada. Iap. Rosaitaru coto.
Mendicimonium, ij. Lus. Pobreza. Iap. Buriocu, fin. Laberius.
Mendícitas, atis. Idem.
Mendiciter, adu. Lus. Pobre, e miserauelmẽte. Iap. Buriocuni, finni, l, asamaxiqu.
Médico, as. Lus. Pedir sustentação de porta em porta. Iap. Cadocadoni rosô, tachiuo firaqu, morô. q Mendicare sibi malum. Lus. Aquirir algum mal. Iap. Acuji uo manequ.
Mendicula, æ. Lus. Hũ certo vestido. Iap. Aru yxôno taguy.
Mendicum, i. Lus. Cevadeira vela de proa. Iap. Funeno yafo.
Mendícus, i. Lus. Pedinte que anda de porta em porta. Iap. Rosainin, tachi firaqi, cotjiqi. q Mendicissimus. Lus. Muito pobre, e miserauel. Iap. Icanimo finxen naru mono. q Interd. Fraco. Iap. Youaqi mono.
Mendîculus, i. dim. Idem.
Mendose, adu. Lus. Com erros, e faltas. Iap. Ayamatte, l, fusocuni.
Mendôsus, a, um. Lus. Cousa de muitos erros. Iap. Ayamari, fusocuno vouoqi mono. q Qũq;. Cousa viciosa, e deprauada. Iap. Yocoxima naru catagui nado.

M m m Men-

Mendum, i. vide Menda.
Menelæetus, i. Lus. Hũa especie de aguia. Iap. Vaxino taguy.
Meniana, orum. Lus. Hũa maneira de edificios. Iap. Aru iyeno tateyŏ.
Meninges. Lus. Duas pelezinhas, ou teas que cobrem os miolos por todas as partes. Iap. Cŏbeno nŏuo tçutçumi mauasu futatçuno vsuqi caua.
Mens, entis. Lus. Mente, memoria. Iap. Chiye, funbet, l, voboye. ¶ Qñq;. Vontade, ou tenção. Iap. Nozomi, l, cocoro ate. ¶ Qñq;. Conselho. Iap. Yqen, qeôqe. ¶ Item, Parecer. Iap. Zonbun. ¶ Suæ mentis esse. Lus. Ter cuidado, e prouidencia de si. Iap. Vaga xinxŏni ata ru cotouo yoqu cocorogaquru, l, miga mayeuo suru. ¶ Mente captus. Lus. Doudo. Iap. Qiŏjin.
Mensa, æ. Lus. Mesa de comer. Iap. Fandai. ¶ Qñq;. Iantar, ou cea. Iap. Asamexi, l, yŭmexi. ¶ Primæ, & secundæ mensæ. Lus. Antipasto, e pospasto. Iap. Mexino jengoni izzuru xocubut. ¶ Itē, Mesa dos banqueiros. Iap. Yono caneuo azzucari, tori atçucŏ fitono guinxenno san ban. ¶ Qñq;. Trincho que serue na mesa pera cortar o comer. Iap. Mexino tcqi nicu nadouo qiru fachi. ¶ De mensa mittere. Lus. Mandar do que se come na mesa. Iap. Sonayetaru xocuno vchi yori monouo totte fitoni yaru.
Mensula, æ. dim. Idem.
Mensarius, ij. Lus. Banqueiro. Iap. Fitono caneuo azzucari tori, atçucŏ fito.
Mensularius, ij. Idem.
Mensio, onis. Lus. Medida. Iap. Xacu, sun.
Mensis, is. Lus. Mes. Iap. Tçuqi. ¶ Menses. Lus. Regra que vem ás molheres. Iap. Guatsui, l, tçuqino sauari.
Mensores. Lus. Os que medem, ou demarcam os campos. Iap. Giuariuo suru mono. ¶ Item, Os que repartem estancias no arrayal, ou na cidade aos soldados. Iap. Meimeini ginuo sadamuru fito, l, zaixo nite buxini yadouo cubari vatasu fito.
Menstrua, orum. Lus. Regra que vē ás molheres. Iap. Guatsui, tçuqino sauari.
Menstrualis, e. Lus. Cousa que se faz cada mes. Iap. Tçuqizzuqini suru coto, maiguat suru coto. ¶ Menstrualis mulier. Lus. Molher a que vem sua regra. Iap. Tçuqino sauari aru vonna.
Menstruus, a, um. Lus. Cousa de hum mes. Iap. Fitotçuqini naru mono, fitotçuqino coto. ¶ Mestruum, l, Mestrua cibaria. Lus. Comer que se dá pera cada mes. Iap. Tçuqizzuqino fanmai, l, gueppu.
Mensura, æ. Lus. Medida. Iap. Xacuzzuye, mono saxi, l, masu. ¶ Item, Medida, ou cantidade dalgũa cousa. Iap. Sunpô, todorai.
Mentagra, æ. Lus. Hũa certa doença como empingem. Iap. Tamuxino taguy.
Mente captus, vide Mens.
Mentha, æ. Lus. Hortelaã. Iap. Hortelaã to yŭ nŏrini tçucŏ cusa.
Menthastrum, i. Lus. Mentrasto. Iap. Miguino cusano rui.
Mentigo, inis. Lus. Hũa doença que da nos gados. Iap. Guiŭ jŏno vazzurai.
Mentio, onis. Lus. Menção, memoria. Iap. Sata, vomoi idasu cotouo yŭ.
Mentior, iris. Lus. Mentir. Iap. Itçuuaru. ¶ Aliqñ. Dizer mentira por inaduertencia. Iap. Buxianni xite itçuuariuo yŭ. ¶ Interd. Fingir, ou mostrar o que não he. Iap. Furi, l, moyŏuo motte itçuuaru, saranu teini motenasu.
Mentum, i. Lus. Queyxo de baixo, onde estam os cabellos. Iap. Votogai.
Meo, as. Lus. Ir, e vir. Iap. Cayô, vŏfuqu suru. ¶ Item, Correr, ou manar. Iap. Nagaruru, xitadaru.
Mephiticus, a, um. Lus. Fedorento. Iap. Cusaqi mono.
Mephitis, is. Lus. Fedor da terra inficionada com enxofre. Iap. Iuŏ cusaqi tçuchi.
Meracus, a, um. Lus. Cousa pura, e sem mistura. Iap. Majirinaqi mono, conzŏ xenu mono. ¶ Vinum meracum. Lus. Vinho que não tem mestura dagoa. Iap. Mizzu no

no majiuarazaru saqe.
Meraculus, a, um. dim. Idem.
Meracior, comparat. & Meracissimus superlat. Idem. ¶ Meraciùs bibere. Lus. Beber o vinho com pouca agoa. Iap. Saqeni mizzuuo sucoxi vmete nomu.
Mercalis, e. Lus. Cousa quese vende. Iap. Vrimono.
Mercatio, onis. Lus. Compra. Iap. Baitocu.
Mercator, oris. Lus. Mercador. Iap. Xŏbainin.
Mercatus, us. Lus. Mercancia. Iap. Xŏbai. ¶ Aliqñ. Feira, praça, ou outro lugar de mercancia. Iap. Xŏbaiuo suru tocoro. ¶ Item, Tempo em que se fazẽ as feiras. Iap. Ichino tatçu jibun.
Mercatura, æ. Idem.
Mercatus, a, um. (actiuè) Lus. O que compra. Iap. Mono caitoru mono. ¶ Itẽ, passiuè, Comprado. Iap. Caitoraretaru mono.
Mercédula, æ. Lus. Pequeno salario. Iap. Sucoxino temachin.
Mercenarius, ij. Lus. Iornaleiro. Iap. Chinnite yatouaretaru mono.
Mercenarius, a, um. Lus. Cousa que se aluga por salario. Iap. Chinnite yatouaruru mono.
Merces, cedis. Lus. Paga, jornal. Iap. Fuchi, temachin. ¶ Qñdq;. Rendimento que cada ano se colhe dos campos. Iap. Maitenno toců, l, gixi. ¶ Item, Perda, dano. Iap. Sonxit. ¶ Item, Preço. Iap. Atai, nc.
Mercimonium, ij. Lus. Mercadoria. Iap. Aqinaimono, xŏbaino mono.
Mercor, aris. Lus. Comprar. Iap. Caitoru, baitocu suru. ¶ Mercari Græca fide. Lus. Comprar com dinheiro na mão. Iap. Tŏzani cauariuo vataxi monouo cŏ. ¶ Mercari præsenti pecunia. Idem.
Mercuriales videntur fuisse sodales ex collegio aliquo in honorem Mercurij instituto.
Mercurialis, e. Lus. Mercuriaes erua. Iap. Cudaxini tçucŏ cusano na.
Merda, æ. Lus. Excremento, ou esterco. Iap. Fun, daiben.

Merdo, as. Lus. Sujar com esterco. Iap. Daiben vomotte qegasu.
Merè, adu. Lus. Puramente, sem mistura. Iap. Majiuari naqu.
Merenda, æ. Lus. Merenda. Iap. Chůjiqi.
Merendo, as. Lus. Merendar. Iap. Chůjiqi suru.
Mereo, es, & Mereor, eris, merui, l, meritus sum. Lus. Merecer premio, ou castigo. Iap. Xŏuo vqe, l, batuo vqeruni voyobu, l, vqeru dai mocuuo nasu. ¶ Mereri de aliquo benè, l, malè. Lus. Fazer bem a alguem, ou mal. Iap. Fitoni vonuo qisuru, l, atauo nasu. ¶ Mereri de aliquo. Idem. ¶ Item, Mereo. Lus. Ganhar soldo na milicia. Iap. Fuchiuo totte buxiuo suru. ¶ Item, Militar. Iap. Yumiyauo toru. ¶ Item, Ganhar torpemente. Iap. Iyaxiqi michiuo motte monouo mŏquru.
Meretriciè, adu. Lus. Como molher publica. Iap. Yŭgiono gotoqu.
Meretricium, ij. Lus. Arte meretricia. Iap. yŭgiono michi.
Meretricius, a, um. Lus. Cousa de molher publica. Iap. Yŭgioni ataru coto.
Meretricor, aris. Lus. Fazer officio de molher publica. Iap. Qeixeino michiuo tatçuru. ¶ Item, Andar com molheres publicas. Iap. Qeixeiguruiuo suru.
Meretrix, icis. Lus. Molher publica. Iap. Yŭgio, qeixei.
Meretricula, æ. dim. Idem.
Mergæ, arum. Lus. Forquilhas de aleuantar o trigo. Iap. Muguiuo arauo vchi cayesu mataburi. ¶ Item, (vt alij) Hum instrumento com que cortam as espigas do trigo. Iap. Muguino fouo fasami toru dŏgu.
Merges, itis. Lus. Manolho, ou gauela de trigo. Iap. Muguino fitotçucane. ¶ Itẽ, Hum instrumento com que cortam as espigas do trigo. Iap. Muguino fouo fasami toru dŏgu.
Mergina, æ. Lus. Hũa erua. Iap. Cusano na.
Mergo, is, si, sum. Lus. Mergulhar, ou meter debaixo da agoa. Iap. Mizzuni xizzumuru.

Mmm 2.

muru. ❡ Item, per transl. Cubrir, enuol uer. Iap. Vouô, tçutçumu.
Mérgulus, i. Lus. Torcilla. Iap. Tôxin.
Mergus, goris. Lus. Hum certo vaso como balde. Iap. Mizzuuo cumu tçurubeno ta guy.
Mergus, i. Lus. Hum passaro dagoa. Iap. Suichô. ❡ Item, Vide de mergulhão. Iap. Tonqino cocoroni tçuchini vzzumuru budô no cazzura.
Meribibulus, i. Lus. O que bebe vinho sem agoa. Iap. Mizzuuo vmezu xite saqeuo nomu mono.
Meridianus, a, um. Lus. Cousa que pertence ao meyo dia. Iap. Nicchǔni ataru coto. ❡ Meridiano. Lus. Ao meyo dia. Iap. Nicchǔni, mappiruni. ❡ Item, O que pelei ja, ou se acoula com outro. Iap. Xiaiuo xite qiriyô mono.
Meridianus, siue meridianus circulus. Lus. Circulo meridiano. Iap. Tenchino zzuni qita yori minamini fiqitouosu sugi.
Meridiatio, onis. Lus. Repouso da sesta. Iap. Firune.
Meridio, as, & Meridior, aris. Lus. Comer ao meyo dia. Iap. Chǔjiqi suru. ❡ Aliqñ. Dormir a sesta. Iap. Firuneuo suru.
Maris. Lus. Hũa erua que nace junto do mar. Iap. Caifenni xôzuru cusa.
Merismos, est figura apud Rhetores, cùm scilicet genus in species, aut totum in partes dissecamus, ordine discreto.
Meritissimum, i. Lus. Grãde merecimẽto em bẽ, ou ẽ mal. Iap. Vôqinaru chǔ, l, fuchǔ.
Maritò, adu. Lus. Com rezão, e justamẽte. Iap. Qenbôni, mottomo.
Mérito, as, frequent. Lus. Ganhar. Iap. Monouo môquru.
Meritorius, a, um. Lus. Cousa que se aluga por preço. Iap. Chinuo totte casu mono. ❡ Meritorij equi. Lus. Cauallos de aluguer. Iap. Fachinuo totte casu vma. ❡ Meritoriæ rhedæ, l, meritoria vehicula. Lus. Carros, ou cousa semelhante de aluguer. Iap. Chinuo totte casu curuma radai. ❡ Taberna meritoria, l, Meritorium. Lus. Pousada, ou estalagem. Iap. Cariyado, xacuya. ❡ Meritoria. Lus. Lugares que se arrendão por pagá. Iap. Chinuo totte casu tocoro. ❡ Ratio meritoria. Lus. Rezão friuola, e fraca. Iap. Youaqi dôri.
Méritum, i. Lus. Boas obras, ou deseruiços. Iap. Chǔ, i, fuchǔ. ❡ Item, Paga, ou salario. Iap. Fuchi, chin.
Méritus, a, um. Lus. Cousa deuida, e conueniente. Iap. Sôtô xitaru coto. ❡ Item, O que mereceo algũa cousa. Iap. Monouo môqetaru fito, l, xôbatni voconauaru ru daimocuuo naxitaru fito. ❡ Itẽ, Cousa merecida. Iap. Chǔ, l, fuchǔno cauarini motomubeqi coto. ❡ Meritum meum est. Lus. Eu mereci. Iap. Xô, l, batni voconauarubeqi daimocuuo naxitari. ❡ Merito meo. Lus. Por meus pecados. Vaga togauo iyotte. ❡ Merito tuo facere possũ. Lus. Merecestes me que fizesse isto. Iap. Sonatano govon xôniyotte cereuo xitari. ❡ Pro merito. Lus. Conforme a o merecimẽto. Iap. Fitono chǔ, l, fuchǔni yotte.
Meróbibus, a, um. vide Meribibulus.
Meroctos. Lus. Hũa pedra que sua leite. Iap. Xiroqi xiruuo idasu ixi.
Merops, opis. Lus. Hũa aue. Iap. Torino na. ❡ Item, Meropes. Lus. Homens de diuersas lingoas. Iap. Cotobano cauaritaru fito.
Merso, as. Lus. Mergulhar a outrem muitas vezes. Iap. Saisai mizzuni xizzumuru.
Merto, as. Idem. ❡ Item, Entristecer a alguem. Iap. Canaximasuru. Nonius.
Mérula, æ. Lus. Melroa. Iap. Torino na. ❡ Item, Hũ peixe. Iap. Vuono na.
Merum, i. Lus. Vinho que não he agoado. Iap. Mizzuuo vmezaru saqe.
Merus, a, um. Lus. Cousa singela, sem mistura. Iap. Majiuari naqi mono, fitoyenaru mono. ❡ Item, Puro, e mero. Iap. Iiyoni conjenu mono. ❡ Merum officium Prætoris. Lus. Officio do gouernador diferente do juiz. Iap. Tadaxiteni arazaru Prætorno yacu. ❡ Mera pœna. Lus. Pena que não chega, nem toca a pessoa do reo. Iap. Quaxen, quatairi daiuo mono.
❡ Me-

¶ Merum imperium. Lus. Mando, ou gouerno que sómente entende em causas de morte. Iap. Fitouo xizai bacarini xeiba-doru yacu.
Merx, cis. Lus. Mercadoria. Iap. Aqinai mono, xôbaimono. ¶ Esculentæ merces. Lus. Comeres de véda. Iap. Vru xocubut.
Mesa. Lus. Partes do meyo das casas. Iap. Iye no nacani ataru coto.
Mesaræum, ei. Lus. Hũa pelle grossa, e gorda de muitas veas, e neruos. Iap. Sugi vouoqu atçuqi caua.
Mesarchon. Idem.
Mesenterium. Idem.
Mesaulæ, orum. Lus. Caminhos que estã entre duas salas. Iap. Riôno zaxiqino nacani aru michi.
Meses, æ. Lus. Hũ vento da parte do norte. Iap. Qita yori fuqu cajeno na.
Mesóchorus, i. Lus. O que estando no meyo da gente da sinal de cãtar, ou de outra cousa. Iap. Cunjuno nacani yte vtaye, vodore nadoto yũ xiruxiuo suru fito.
Mesocranium, ij. Lus. Cucuruta da cabeça. Iap. Zzujô, itadaqi.
Mesoleucos. Lus. Hũa pedra preciosa. Iap. Tamano na. ¶ Item, Hũa erua. Iap. Cusano na.
Meson, persona comica appellatur aut coqui, aut nautæ, aut eius generis.
Mesonauta, æ. Lus. O q̃ da sinal de remar aos remeiros. Iap. Xenchũ nite rocaiuo voxeto guegiuo suru mono.
Mesonyction. Lus. Meya noite. Iap. Yafan.
Méspilus, li. Lus. Nespereira. Iap. Aru qino na.
Méspilum, i. Lus. Nespera. Iap. Miguino qino conomi.
Messio, onis. Lus. O segar trigo, etc. Iap. Mugui nadouo caru coto nari.
Messis, is. Lus. Tempo da seifa. Iap. Carixiuo. ¶ Item, Messe madura. Iap. Carixiuo ni naritaru mugui nado. ¶ Itẽ, per trãsl. Multidão, ou copia dalgũa cousa. Iap. Bentôsa, vouosa. ¶ Interdum, O segar. Iap. Mugui nadouo caru cotouo yũ.

¶ Item. Fruito, ou rendimento de vinha, pomar, &c. Iap. Budô nadono fataqe yori toru tocu.
Messor, oris. Lus. Segador. Iap. Mugui nadouo carite.
Messorius, a, um. Lus. Cousa que pertence a segador. Iap. Muguino carite ni ataru coto.
Met, Pte, et Te. Syllabicæ sunt adiectiones, extra compositionem nihil significantes.
Meta, æ. Lus. Monte, ou cumulo de cousas juntas. Iap. Suyebosoni tçumitatetaru mono. ¶ Item, Marcos dos campos. Iap. Dẽ bacuno fôgini tatetaru mono. ¶ Item, per transl. Termino, ou fim. Iap. Sacaime, l, fuye. ¶ Peruenire ad metam. Lus. Chegar ao cabo dalgũa cousa. Iap. Monouo jôju suru. ¶ Meta lactis. Lus. Queijo feito em forma piramidal. Iap. Suyebosoni tçucuritaru Queijo. ¶ Item, Meta, parte inferior da mô. Iap. Xitausu.
Métula, æ. dim. Idem.
Metabasis, is. figura est, qua monemus, quid dictũ sit, & proponimus, quod superest.
Metalepsis, is. figura est, quæ fit, quum aliqua dictio aliud à propria sua significatione ex iis, quæ præcesserunt, denotat.
Metallarij, l, Metallici. Lus. Os que andam nas minas do metal, ou os condenados a ellas. Iap. Canayamani yte caneuo foru mono, l, quataito xite canayamani yette caneuo torasuru mono.
Metállicus, a, um. Lus. Cousa que pertence ao metal. Iap. Caneni ataru coto. ¶ Metallicum atramentum. Lus. Hum instrumento de metal com que os alueitares gastam a carne podre das postemas dos jumentos. Iap. Guiñbano xumotuo ferasu caneno dôgu.
Metallicus, i. Lus. O que se ocupa em tirar metal da mina, e em o alimpar. Iap. Caneuo foru, l, qiyomuru yacuxa.
Metallifer, eri. Lus. Cousa que géra metal. Iap. Caneno idequru tocoro.
Metallum, i. Lus. Metal. Iap. Cane. ¶ Metallum miniarium. Lus. Mina donde tiram

ram vermelhão. Iap. Xuiuo foii idasu yama.

Metamorphôsis, eos. Lus. Transformação. Iap. Fenguê.

Metáphora, æ. Lus. Metafora. Iap. Catadoru cotouo yů, nazoraye.

Metaphrenum, i. Lus. Parte do corpo que responde por de tras ás entranhas. Iap. Coxino vchino cata.

Metaplasmus, i. Lus. Mudança de hũa palaura em outra. Iap. Cotobano tenifauo iy cayuru cotouo yů.

Metáthesis, figura est, cùm vna litera necessitatis causa ex vno dictionis loco in alium transponitur.

Metatio, onis. Lus. O medir, ou pôr limites. Iap. Giuo varu, l, sacaimeuo sadamuru coto nari.

Metator, oris. Lus. O que despoem por ordem as aruores. Iap. Fataqeni qiuo narabe vyuru fito. ¶ Item, O que mede, ou reparte chão, campos, &c. Iap. Yaxiqiuo sadamuru fito, l, ta, fataqeuo vaqesadamuru fito. ¶ Item, O que por autoridade do principe, ou capitão assinala a gasalhados, ou estâcias aos soldados. Iap. Buxino ginxouo sadamuru fito.

Metatus, a, um. Lus. O que poem terminos, ou diuisam em algũa cousa. Iap. Mononi sacaimeuo sadamuru fito. ¶ Item, Cousa limitada, ou diuidida. Iap. Vaqe sadametaru coto.

Metaxarij. Lus. Mercadores que tratão em seda. Iap. Qinu donsuno taguyuo xôbai suru aqibito.

Meteôra. Lus. Mistos imperfectos que se gêram no ar. Iap. Fugiũni idequru yuqi, ame nado.

Meteoróscopus, i. Lus. Homem estupido, & inabil pera qualquer cousa. Iap. Vtçuqemono, l, yacuni tatazaru mono.

Methódici. Lus. Os que seguem algum caminho, ou metodo compendioso de aprêder. Iap. Gacumonno chicamichiuo manabu fito.

Méthodus, i. Lus. Metodo, ou modo com pêdioso. Iap. Gacumon nadono chicamichi, l, xiyô, yôdai.

Meticulosus, a, um. Lus. Timido. Iap. Vosoruru mono, vosore aru mono.

Meticulus, i. dim. Lus. Pequeno medo. Iap. Sucoxiqi vosore.

Metior, tiris, mensus. Lus. Medir. Iap. Facaru. ¶ Item, Iulgar, ou estimar. Iap. Vomô, cadasu. ¶ Aliqn. Passar, e irse. Iap. Vataru, tachi yuqu. ¶ Metiri stipendiũ. Lus. Determinar paga, ou soldo. Iap. Buxini fuchiuo sadamuru.

Meto, is, ssui, ssum. Lus. Segar trigo, &c. Iap. Mugui nadouo caru. ¶ Item, Colher fruita. Iap. Conomiuo moguitoru. ¶ Item, Apacentarse. Iap. Cusauo famu. Virg. ¶ Metere maximam messem malorum. Lus. Encontrar com grande numero de homens maos. Iap. Amatano acuninni vô. Plaut.

Metœcus, i. Lus. O que se passou de hũa cidade pera outra a morar. Iap. Zaixouo cayetaru mono.

Metonymia, figura est, cùm causa pro effectu, subiectum pro adiuncto, aut contrà ponitur.

Metopóscopus, i. Lus. O que pelas feições do rosto adeuinha o que ha de acontecer a alguem. Iap. Fitono mensouo mite sono fitono miraiuo cangayuru mono.

Metor, aris, l, Meto, as. Lus. Pôr limites, ou repartir. Iap. Fôgiuo sadamuru, l, vaqe sadamuru. ¶ Metari castra. Lus. Assentar o arrayal. Iap. Ginuo toru. ¶ Metari cælum. Lus. Medir o ceo. Iap. Tenuo facaru.

Metrenchytæ. Lus. Siringa de dar cristeis. Iap. Xayacuuo fajiqi comu dôgu.

Metrêta, æ. Lus. Hum vaso de vinte e duas canadas, em eya. Iap. Fanqi cujippai iru vtçuuamono.

Métricus, a, um. Lus. Cousa que pertence a verso, ou a medida. Iap. Vta, l, facarini ataru coto.

Metrocomia, æ. Lus. A principal das aldeas, ou lugares. Iap. Amatano murano vchini ceno caxira.

Me

Metrópolis, is. Lus. Cidade metropoli. Iap. Fuchû,cô.

Metropolitani. Lus. Os naturaes da cidade metropoli, ou os moradores della. Iap. Fuchûni vmaretaru mono, l, sumai surumono.

Metropolites, æ. Lus. Morador desta cidade. Iap. Fuchûni sumu mono.

Metrum, i. Lus. Medida. Iap. Facari. ¶ Item, Verso. Iap. Vta.

Metuendus,a, um. Lus. Cousa pera se temer. Iap. Mottomo vosoreraru beqi mono.

Metuens,entis. Lus. O que teme. Iap. Vosoruru mono.

Metuo,is, tui. Lus. Temer. Iap. Vosoruru, vozzuru. ¶ Metuo ne. Lus. Temo te que me façaș mal. Iap. Nangi vareni ata uo naſancato vosoruru. ¶ Metuo tibi. Lus. Temo não te aconteça algum mal. Iap. Nangini ſiinan qitarancoto vosoruru.

Metus, us. Lus. Temor. Iap. Vosore. ¶ Itẽ, Escrupulo. Iap. Qini cacaru cotoua yû. ¶ In metu aliquem ponere. Lus. Temer a alguem. Iap. Fitouo vosoruru. ¶ Metus meus. Lus. Medo que eu tenho a outros, ou que outros me tem. Iap. Iitano vosore. (mono.

Metutus. Lus. Témido. Iap. Vosoreraruru

Meus,a, um. Lus. Cousa minha. Iap. Vaga coto. ¶ Meum est. Lus. Isto he de meu officio. Iap. Coreua vaga yacuni ataru. ¶ Meum non est. Lus. Não he meu natural. Iap. Vaga xôni arazu. ¶ Meus carnifex. Lus. O que me despedaça, e atormenta. Iap. Vaga xiqitaiuo yaburi curuximuru mono. ¶ Meum est. Lus. Eu sou o autor disto. Iap. Vare cono sacuxa nari. ¶ Mea quidem sententia. Lus. Por meu parecer, l, o meu parecer. Iap. Vaga vomô bûua, l, vaga zonbunno motte. ¶ Meo pretio. Lus. Pello preço posto por mim. Iap. Vaga sadame taru neni.

M ANTE I.

MI, dandi casus à genitiuo, Mis. ¶ Item, Vocatiuus à meus. ¶ Item, Inuidiose rogitantis.

Mica,æ. Lus. Parte da area que scintilla como prata. Iap. Isagono nacani ficamequ suna. ¶ Item, Migalha de pão,ou de outra cousa. Iap. Pão nadono cudaqe.

Mico, as. Lus. Reluzir, scintillar. Iap. Ficamequ. ¶ Micare digitis. Lus. Deitar sortes com os dedos. Iap. Yubinite cujidoriuo suru. ¶ Micare digitis. Lus. Iugar a quem acerta o numero dos dedos q̃ hum mostra. Iap. Yubinite nangouo yobu. ¶ Item, Mouerse, ou menearse per interualos. Iap. Ay ayni biromequ.

Microcosmus, i. Lus. Mundo pequeno. Iap. Cojecai. ¶ Item, Homem. Iap. Fito, ninguen.

Micropsychia, æ. Lus. Pusilanimidade. Iap. Xôqi, vocubiô.

Micropsychos, i. Lus. Pusilanime, timido. Iap. Xôqinaru mono, vocubeô naru mono.

Micturio, is. Lus. Desejar de ourinar. Iap. Xôben xitai.

Mida, æ. Lus. Bicho das fauas. Iap. Soramameni idequru muxi. ¶ Item, Bom lanço no jogo dos dados. Iap. Saino meno yoqu voruru cotouo yû, l, atarime.

Migratio, onis. Lus. Mudança da casa. Iap. Qioxouo cayuru coto nari.

Migro, as. Lus. Mudarse com casa pera ou tra parte. Iap. Qioxouo cayuru. ¶ Migrare ex vita. Lus. Morrer. Iap. Xisuru. ¶ Interd. (actiuè) Mudar algũa cousa pera outra parte. Iap. Monouo bexxoni vtçusu.

Mihi. Lus. Amim. Iap. Vareni. ¶ Aliqñ. Em meu proueito, ou dano. Iap. Vaga tocu, l, atani. ¶ Aliqñ. Quanto ameu juizo. Iap. Vaga zonbunno tocoroua. ¶ Aliqñ. Demim. Iap. Vare yori. ¶ Aliqñ. Iunto de mim. Iap. Vaga sobani. ¶ Mihi crede, seu credas mihi vetim. Lus. Certamente. Iap. Iitni, firgiôni. ¶ Mihi metipsi. Lus. Amim mesmo. Iap. Vare cominil. ¶ Mihipte. Lus. Amim mesmo. Iap. Vareto mini. Cato.

Mil-

Milax, acis. Lus. Hũa aruorezinha semelhãte a hera. Iap. Tçutano taguy.

Miles, itis. Lus. Soldado. Iap. Buxi. ¶ Leuis armaturæ milites. Lus. Soldados ligeiros de pè. Iap. Axigaruno buxi, cogusocu xitaru buxi. ¶ Ærarij milites. Lus. Soldados que ganham soldo. Iap. Fuchicataru toru buxi. ¶ Causarij milites. Lus. Soldados cansados, ou debilitados de doença, que deixão de yr à guerra. Iap. Cutabire, tçucarururi, l, vazzurōni yotte gin ye tatazaru buxi.

Miliaria, æ. Lus. Hũa aue. Iap. Torino na. ¶ Item, Hũa erua. Iap. Cusano na.

Militaris, e. Lus. Cousa que pertence a soldados, ou milicia. Iap. Buxi, l, yumi yani ataru coto. ¶ Militaris via. Lus. Estrada publica. Iap. Caidō. ¶ Ætas militaris. Lus. Idade robusta, e apta pera a guerra. Iap. Bufenno xizacari.

Militarius, a, um. Idem apud antiq.

Militaris herba. Lus. Hũa erua. Iap. Cusano na.

Militariter, adu. Lus. A soldadesca. Iap. Bufenno yŏni.

Milito, as. Lus. Andar na guerra, e ganhar soldo. Iap. Fuchiuo totte buxiuo suru.

Militatur, impers. Idem.

Milium, ij. Lus. Milho. Iap. Awa.

Mille. Lus. Mil. Iap. Xen.

Millefolia. Lus. Hũa erua. Iap. Cusano na.

Millefolium, ij. Lus. Hũa certa erua. Iap. Cusano na.

Millepeda, æ. Lus. Centopea. Iap. Mucade, fiaculocu.

Millesimus, a, um. Lus. Milesimo. Iap. Xen banme naru mono.

Millare, is. Lus. Hũa milha. Iap. Fanri.

Milliarium, ij. Lus. Hũa milha. Iap. Fanri. ¶ Item, Hum vaso de cozer algũa cousa. Iap. Nabe, camano rui. ¶ Milliarium aureum. Lus. Columna dourada em Roma onde hiam dar os caminhos de Italia. Iap. Italia cocuchŭno mono Romanni [illegible] maru xorono michi tçujiniqeri nite dami tatetaru faxira.

Milliarius, a, um. Lus. Cousa de mil. Iap. Xen aru coto. ¶ Apri milliarij. Lus. Porcos monteses de mil libras de peso. Iap. Romano mono xocu xitaru xenguinno vomosa aru inoxixi.

Millies, adu. Lus. Mil vezes. Iap. Xentabi, chitabi.

Millus, i, Millum, i. Lus. Hũa coleira q̃ poẽ aos cães pera contra os lobos, &c. Iap. Fariuo tçuqetaru fabano firoqi inuno cubitama.

Miluinus, a, um. Lus. Cousa que pertence a minhoto. Iap. Tobini ataru coto. ¶ Miluinæ tibiæ. Lus. Frautas q̃ tẽ som de tipre. Iap. Neno surudo naru fuye. ¶ Miluinæ vngulæ. Lus. Maós de rapina. Iap. Tçucamitoru, l, vbaitoru te. ¶ Miluinus pes. Lus. Hũa Erua. Iap. Cusano na.

Miluus, ui, & Miluius, ij. Lus. Minhoto. Iap. Tobi. ¶ Item, Hum peixe. Iap. Vuono na. ¶ Item, Hũa estrella. Iap. Foxino na. ¶ Item, Miluus, per transl. Lus. Homem amigo de rapina. Iap. Monouo vbaitori cotouo guiôto suru mono.

Mima, æ. Lus. Molher que arremeda, & faz tregeitos. Iap. Qiŏguengamaxiqi cotouo suru vonna.

Mimula, æ. dim. Idem.

Mimesis, is. Lus. O arremedar costumes, ou manhas de outros. Iap. Fitomaneuo suru cotouo yŭ.

Mimicus, a, um. Lus. Cousa que pertence a homem que arremeda a outro. Iap. Fito maneuo suru mononi ataru coto.

Mimographus, i. Lus. Poeta que escreue lasciuamente. Iap. Cŏxocuno vta, l, coino vtauo yomu cajin.

Mimus, i. Lus. Chocarreiro que arremeda ditos, & feitos alheos. Iap. Fitomaneuo suru mono, qiŏguenxa. ¶ Item, Poesia lasciua. Iap. Cŏxocu, l, coino vta. ¶ Item, per trasl. Cousa ridiculosa. Iap. Vocaxiqi coto. ¶ Mimo subseruire. Lus. Ajudar ao chocarreiro, ou representador. Iap. Qiŏguenno adouo vtçu.

Mina, æ. Lus. Certa moeda, ou peso. Iap. Guinxemnona, l, fundô, vomori. ¶ Itẽ, Hũa

Hũa certa medida com que medião os campos. Iap. Denbacuuo varu xacuzzu ye. ¶ Item, Ouelha que tem a barriga pelada. Iap. Farani qeno naqi fitçuji.

Minaciæ, arum. Lus. Ameaças. Iap. Vodoxigoto. Plaut.

Minæ, arum. Idem. ¶ Aliqñ. Ameas dos muros. Iap. Xirono camayeno vyeni ai aini ixiuo tçumi voqitaru tocoro.

Minaciter, adu. Lus. Com ameaças. Iap. Vodoite.

Minans, antis. Lus. O que ameaça. Iap. Vodosu mono.

Minanter, adu. Lus. Com ameaças. Iap. Vodoite.

Minatio, onis. Lus. Ameaças, ou o ameaçar. Iap. Vodoxigoto, l, vodosu coto nari.

Minax, âcis. Lus. O que muito ameaça. Iap. Xigueqiu vodosu mono.

Minerual, & Mineruale, is. Lus. Hũa maneira de premio que se daua ao mestre. Iap. Xixŏni atayetaru fiqidemono.

Mingo, is, xi, ctum. Lus. Ourinar. Iap. Xŏben suru.

Miniacius, a, um. Lus. Cousa de vermelhão. Iap. Xuni ataru coto.

Minialia, æ. Lus. Lugar onde se tira o vermelhão. Iap. Xuuo fori idasu tocoro.

Miniarius, a, um. vt miniarium metallum. Lus. Mina donde tirão vermelhão. Iap. Xuuo fori idasu tocoro.

Miniatus, a, um, & Miniatulus. Lus. Cousa vermelha com este vermelhão. Iap. Xuni somecaru mono, l, nuritaru mono.

¶ Miniatula cera. Lus. Cera vermelha. Iap. Acaqi rŏ. ¶ Miniatula cera aliquid notare. Lus. Notar os lugares que se ham de emendar. Iap. Xomotno naucsu beqi tocorouo xiruxi voqu.

Minime, adu. Lus. Em nenhũa maneira. Iap. Ichiyen. ¶ Minime gentium. Idem.

Minimópere, adu. Lus. Pouco. Iap. Sucoxi, setto. apud antiq.

Minimum, adu. Lus. Muito pouco. Iap. Itatte sucoxiqu. ¶ Item, Ao menos, ou

quando menos. Iap. Sucunaqutemo, sucunŏtemo.

Minimus, a, um. Lus. Cousa muito pequena. Iap. Itatte sucoxiqi coto, chijsaqi coto. ¶ Minimus natu. Lus. O mais moço. Iap. Votogo.

Minister, tri. Lus. O que serue. Iap. Tçucauaruru mono, l, mexi tçucauaruru mono.

Ministra, æ. fœm. Idem.

Ministerium, ij. Lus. Seruiço, ou ministerio. Iap. Fŏcŏ, miyazzucai. ¶ Aliqñ. Ministro, ou seruidor. Iap. Tçucauaruru mono, l, fŏcŏnin.

Ministrator, oris. Lus. O que ajuda, ou ministra. Iap. Cŏriocunin, l, tçucauaruru mono.

Ministratrix, icis. fœm. Idem.

Ministratorius, a, um. Lus. Cousa que pertence a seruiço. Iap. Fŏcŏ, l, miyazzucaini ataru coto.

Ministro, as. Lus. Seruir, ministrar. Iap. Tçucauaruru, miyazzucŏ.

Minitabiliter, adu. apud vet. Lus. Ameaçando. Iap. Vodoite.

Minitabundus, a, um. Lus. O que muito ameaça. Iap. Vôqini vodosu mono.

Minitans, antis. Lus. O que ameaça. Iap. Vodosu mono.

Minitor, aris. freq. Lus. Ameaçar muitas vezes, ou cõ furia. Iap. Xigueqiu vodosu, l, araqenaqu vodosu.

Minito, as. Idem. apud antiq.

Minium, ij. Lus. Vermelhão. Iap. Xu.

Mino, as. Lus. Guiar, ou leuar diante. Iap. Fiqu, vô.

Minor, aris. Lus. Ameaçar, ou meter medo. Iap. Vodosu. ¶ Item, Estar alto de maneira q̃ appareça de fora. Iap. Tacaqu saxi izzuru, nuqi idete tacaxi, sobiye aru.

Minor, oris. Lus. Mais piqueno. Iap. Nauo chijsaqi mono, sucoxiqi coto. ¶ Interd. Mais moço. Iap. Nauo vacaqi mono.

Minthu, i. Lus. Escrementos do homem. Iap. Daiben. ¶ Item, Hũa flor que nace nos monturos. Iap. Chiri acutauo sutçuru tocoroni saqu fana.

Minuo,is, nui, utum. Lus. Diminuir. Iap. Ferasu, fosomuru. ¶ Item, Aliuiar. Iap. Carumuru.

Minurizo,as. Lus. Cantar em voz baixa. Iap. Ficuqu vtŏ.

Minus, oris. Lus. Mais piqueno. Iap. Nauo chijsaqi mono. ¶ Item, Menos, ou mais pouco. Iap. Nauo sucoxiqu, sucunaqu.

Minúsculus, a, um. dim. Idem.

Minutal, lis. Lus. Hũa laya de comer que se faz de verças cortadas miudamente. Iap. Yasaino comacani qitte totonoyetaru xocubut.

Minutâtim, adu. Lus. Em pedacinhos. Iap. Sunzunni, qireguireni. ¶ Aliqñ. Pouco a pouco. Iap. Xidai xidaini.

Minutim, adu. Idem.

Minutia, æ. Lus. Pouquidade de qualquer cousa. Iap. Xŏbun. ¶ Item, Hũa certa porta da cidade de Roma. Iap. Romano aru mon uo yŭ.

Minûtus, a, um. Lus. Cousa diminuida, ou mingoada. Iap. Feraxitaru coto. ¶ Aliqñ. Pusilanime. Iap. Xŏqinaru mono.

Minúsculus, a, um. dimin. Idem.

Mirabilis, e. Lus. Cousa marauilhosa. Iap. Mottomo vorodoqubeqi coto, qeccŏnaru mono.

Mirabilitas, atis. Lus. Espanto, marauilha. Iap. Guiŏten.

Mirabiliter, adu. Lus. Marauilhosa, ou espantosamente. Iap. Qidocuni, fuxiguini, vŏqini.

Mirabundus, a, um. Lus. O que se espanta, ou marauilha. Iap. Guiŏtenuo suru mono, vodoroqu mono.

Miraculum, i. Lus. Milagre, marauilha. Iap. Qidocu, fuxigui.

Mirandus, a, um. Lus. Cousa digna de espanto. Iap. Guiŏten subeqi coto.

Miratio, onis. Lus. Admiração. Iap. Guiŏten.

Mirator, oris. Lus. O que se espanta. Iap. Vodoroqu mono.

Miratrix, icis. fœmin. Idem.

Mirè, adu. Lus. Marauilhosamente. Iap. Qidocuni, ichidanni.

Mirificè. Idem.

Mirifico, as. Lus. Fazer marauilhoso, engrãdecer. Iap. Qeccŏni nasu, suguretaru.

Mirificus, a, um. Lus. Cousa marauilhosa, e excelente. Iap. Suguretaru coto, fuxiguinaru mono.

Mirmillo, onis. Lus. Hũ dos aduersarios que sayão ao campo pera pelejar com outro. Iap. Xiaini idete giriyŏ aite.

Miror, aris. Lus. Espantarse, marauilharse. Iap. Guiŏtensuru, vodoroqu. ¶ Item, Olhar com deleitaçã. Iap. Yorocŏde miru. ¶ Item, Ignorar. Iap. Monouo xirazu. ¶ Aliqñ. Engrandecer a alguem, e sentir bem delle. Iap. Fitouo fome aguru, yoqiyŏni vomoinasu.

Mirus, a, um. Lus. Cousa digna de admiração, e excelente. Iap. Guiŏten subeqi coto, suguretaru coto. ¶ Item, Mira. Lus. Mõstros, ou cousas medonhas. Iap. Tçuneni cauarite vosoroxiqi mono. ¶ Mirum ni, idest, mirandum nisi. ¶ Item, Mirum ni. Lus. Certamente. Iap. Xinjitni. ¶ Mirũ. responsio aduerbij cuiusdam formam habens. ¶ Mirũ in modũ, & mirandũ inmodũ. Lus. Grãdemẽte, ou extraordinariamente. Iap. Vŏqini, chŏquani, quabunni. ¶ Itẽ, Mirum quantum. Idem.

Misánthropos, i. Lus. O q̃ aborrece, e tẽ asco aos homẽs. Iap. Fitouo qirai nicumu mono.

Miscellanea, orum. Lus. Cousas varias, mistura das sem ordem. Iap. Musato xinajinano monouo majiyetaru coto.

Miscellaneus, a, um. Idem. ¶ Miscellanea turba. Lus. Ajuntamento, ou mistura de homens de diuersas sortes. Iap. Qixen, jŏgueno atçumari.

Miscellus, a, um. Lus. Cousa misturada. Iap. Majiyetaru coto. ¶ Miscellæ vites. Lus. Vides que se dão em toda a terra. Iap. Izzu cunitemo yoqu naru budŏno cazzura. ¶ Miscellæ vuæ. Lus. Vuas de que se faz hũ certo vinho q̃ vem cedo. Iap. Fayaqu dequru saqeuo tçucuru budŏ.

Misceo, es, miscui, mistũ. Lus. Misturar, confundir. Iap. Majiyuru, midarasu. ¶ Qñ q; Dar de beber. Iap. Nomimonouo atayuru.

¶ Mis-

¶ Miscere contractũ. Lus. Fazer cõtracto com alguem. Iap. Fazuuo toru. Paulus.

Miser, a, um. Lus. Cousa miserauel. Iap. Fubinnaru mono, buquafônaru mono, asamaxiqi mono. ¶ Miser animi. Lus. Afligido. Iap. Canaxiqi mono, vrei aru fito.

¶ Miser animo, l, miser ex animo. Idem.

¶ Interd. Doente. Iap. Biŏja. ¶ Interd. Innocente. Iap. Vocaxi naqi mono. ¶ Item, Miserum, interiectio dolentis est.

Misellus, a, um. dim. Idem.

Miserabilis, e. Lus. Miserauel, digno de compaixão. Iap. Auaremubeqi mono, fubinnaru mono.

Miserabiliter, l, Miserabilè, adu. Lus. Miserauelmente. Iap. Asamaxiqu, buquafôni.

Miserandus, a, um. Lus. Digno de compaixão. Iap. Auaremubeqi mono.

Miseranter, adu. Lus. Com compaixão. Iap. Auaremite, fubinni.

Miseratio, onis. Lus. Cõpaixão. Iap. Fubin, auaremi.

Miserè, adu. Lus. Miserauelmente. Iap. Asamaxiqu, buquafôni. ¶ Aliqn̄. Muito. Iap. Vôqini.

Misereor, eris, ertus, l, ritus. Lus. Compadecerse. Iap. Auaremu, fubinni vomô.

Misereo, es. apud antiq. Idem.

Miseresco, is. Lus. Mouerse a compaixão. Iap. Auaremiuo vocosu, auaremu.

Miserescit, ebat. impers. Idem.

Miseret, ebat. impers. Idem. ¶ Miseret me. Lus. Pesame, enfadame. Iap. Taicut suru.

Miseretur. idem. Apud veteres.

Miseria, æ. Lus. Miseria, calamidade. Iap. Acuji, sainan, buquafô.

Misericordia, æ. Lus. Compaixão, misericordia. Iap. Auaremi, fubin.

Misericorditer, adu. Lus. Com misericordia. Iap. Auaramite, fubinni.

Misericors, dis. Lus. Misericordioso, compassiuo. Iap. Ficouo auaremu mono, itauaru mono.

Miseriter, adu. Lus. Miserauelmẽte. Iap. Buquafôni, asamaxiqu.

Miseritudo, inis. Miseria. Iap. Buquafô, asamaxisa. Antiq.

Miseror, aris. Lus. Queixarse, lamẽtar. Iap. Cacotçu, vramuru, canaximu, naqicudoqu.

Misero, as. Idem. apud antiq.

Misiculo, as. frequent. Lus. Mandar frequentemente. Iap. Saisai yaru.

Missito, as. frequent. Idem.

Missilis, e. Lus. Cousa que se manda facilmente. Iap. Tayasuqu yararuru coto.

¶ Missile. Lus. Arma de arremesso. Iap. Nagueuchini suru bugu. ¶ Missiles lapides. Lus. Pedras cõ que se atira. Iap. Tçubuteno ixi, nagueutçu ixi. ¶ Missilia. Lus. Dadiuas de cousas miudas que os principes espalhauã ao pouo. Iap. Teivŏ, xŏgunno banminni baidorini saxeraruru mono.

Missio, onis. Lus. O mandar. Iap. Yaru coto nari. ¶ Itẽ, O despedir. Iap. Yurusu, l, fanasu coto nari.

Missus, a, um. Lus. Cousa mãdada, ou deixada. Iap. Yaritaru coto, l, saxivocaretaru coto.

Missus, us. Lus. O meter ás feras no corro, ou os q̃ se acutilauã no lugar da peleija. Iap. Xixi, zŏ, torauo curai auasuru tameni sono bani fiqi iruru, l, qiriyŏ ficouo xiainobani iruru cotouo yŭ. ¶ Aliqn̄. Mandar iguaria á mesa. Iap. Iiqidôni sai, sacanauo dasu cotouo yŭ. ¶ Item, Manjar q̃ se manda à mesa. Iap. Mexino zani agaru sai, sacana.

Mitella, æ. Lus. Mitra pequena. Iap. Cŏbeno cazarito naru chijsaqi zzuqinno taguy.

Mitesco, is. Lus. Amansarse. Iap. Nacuqu, nhŭuani naru. ¶ Aliqn̄. Abrandar, e aquietarse. Iap. Nagu, xizzumaru ¶ Aliqn̄. Amadurecer. Iap. Vmu, iucusuru.

Mithras, æ. apud Persas. Lus. Sol. Iap. Nichirin. ¶ Aliqn̄. Summo sacerdote. Iap. Dai ichino Sacerdote. Apul.

Mithrax, acis. Lus. Hũa pedra preciosa que posta ao sol reluz com varias côres. Iap. Nichirinni mucôte xujuno irouo misuru tama.

Mithriaca, orum. Sacra Mithræ, id est solis.

Mithridaticum antidotum. Lus. Hum genero

to de contra peçonha. Iap. Docuno qexigusurino na.

Mitifico, as. Lus. Abrandar, ou amansar. Iap. Natçuquru, nhŭuani nasu. ¶ Mitificare cibum. Lus. Digirir o comer. Iap. Xocubutuo xŏsuru.

Mitigatio, onis. Lus. O mitigar. Iap. Yauaraguru, l, nhŭuani nasu coto nari.

Mitigatorius, a, um. Lus. Cousa q̃ tem virtude de abrandar. Iap. Yauaraguru, l, nadamuru xei aru mono.

Mitigo, as. Lus. Abrandar. Iap. Yauaraguru, nadamuru. ¶ Item, Fazer maduro. Iap. Iucu sasuru.

Mitis, e. Lus. Brando, suaue. Iap. Yauaraca naru mono, nin ai yoqi mono. ¶ Q̃nq;. Quieto, tranquilo. Iap. Nodoyacanaru mono. ¶ Item, Maduro. Iap. Iucuxitaru mono.

Mitiùs, & Mitissimè, adu. Lus. Brandamẽte. Iap. Yauaracani, nhŭuani.

Mitra, æ. Lus. Mitra. Iap. Cõbeno cazarito naru zzuqinno taguy. ¶ Item, Hum certo ornamẽto da cabeça das donzelas. Iap. Vacaqi vonnano cãzaxino taguy. ¶ Itẽ, Hum genero de cinto q̃ as paridas desatauam, e offereciam a Diana. Iap. Sanuo xite yori Dianato yŭ fotoqeni sasaguetaru vobi.

Mitto, is, si, ssum. Lus. Mandar. Iap. Yaru, tçucauasu, vocuru. ¶ Interd. Deixar. Iap. Saxivoqu, yamuru. ¶ Item, Dar. Iap. Atayuru. ¶ Mittere in consilium. Lus. Largar aos juizes pera dar sentença depois que o orador acabaua. Iap. Danguino fataxite yori iono jefino racugiacuuo tadaxiteni macasuru. ¶ Mittere in possessionẽ. Lus. Entregar o pretor algũa cousa na mão dalguem pera que a guarde. Iap. Pretorto yŭ xugodai fitono teni monouo azzuqe voqu. ¶ Missum facere. Lus. Deixar, ou alargar. Iap. Yurusu, fanasu, saxi voqu. ¶ Mitti sanguinem. Lus. Sair o sangue da sangria. Iap. Tatetaru farino ato yori chiga taru.

Mixtarius, l, potiùs Mistarius, ij. Lus. Hum vaso ẽ q̃ se misturaua vinho cõ agoa. Iap. Mizzuto saqeuo majiyuru vtçuuamono.

M ANTE N.

MNA, vide Mina.

Mnemónica. Lus. Regras, ou preceitos que ajudam á memoria. Iap. Monouo voboyuru tameno tayŏrito naru xiqimocu.

Mnemósyne, es. Lus. Memoria. Iap. Voboye. ¶ Item, apud poët. Musarum mater dicitur.

Mnemósynon. Lus. Lembrança, ou prendas que deixamos pera nossa memoria aos amigos. Iap. Chijnni nocosu catamino mono.

M ANTE O.

MObilis, e. Lus. Cousa que facilmente se moue, ou muda. Iap. Vgoqi yasuqi mono, cauari yasuqi mono. ¶ Mobili animo esse. Lus. Ser leue, & incostante. Iap. Cauari yasuqi monoto naru, sadamarazu.

Mobilitas, atis. Lus. Facilidade de se mouer, ou mudar. Iap. Vgoqi, l, cauariyasusa. ¶ Item, Liuiandade, & incõstancia. Iap. Todocazu, l, sadamarazaru cotouo yŭ.

Mobiliter, adu. Ligeira, ou apressadamẽte. Iap. Fayaqu, isogaxiqu.

Mobilito, as. Lus. Mouer algũa cousa. Iap. Vgocasu.

Moderâmen, inis. Lus. Gouerno. Iap. Vosame.

Móderans, antis. Lus. O que rege. Iap. Vosamuru mono.

Modaranter, adu. Lus. Moderadamente. Iap. Chŭyŏuo mamotte.

Moderatè, adu. Idem.

Moderatim, adu. Idem.

Moderatio, onis. Lus. Moderação, ou gouerno. Iap. Chŭyŏ, l, vosame.

Moderator, oris. Lus. O que gouerna. Iap. Vosamete. ¶ Moderator iuuentæ. Lus. Mestre, ou ayo. Iap. Xixŏ, l, menoto.

Moderatrix, icis. fœmi. Idem.

Moderatus, a, um. Lus. Cousa moderada. Iap. Chŭyŏuo mamoru mono.

Mo-

Móderor, aris, I, Módero, as. Lus. Reger, ou pôr meyo em algũa cousa. Iap. Vosamuru, chǔyǒuo mamoru. ¶ Linguæ moderari. Lus. Calarse. Iap. Mugon suru, xizzumaru.

Modestè, adu. Lus. Temperadamente, com moderação. Iap. Chǔyǒuo mamorite, ficayete.

Modestia, æ. Lus. Temperança, moderação. Iap. Chǔyǒ, ficaye.

Modestus, a, um. Lus. Humilde, moderado. Iap. Fericudaritaru mono, chǔyǒuo mamoru mono. ¶ Modestus vultus. Lus. Rosto modesto. Iap. Vemouomoxiqu qitto xitaru catachi.

Modialis, e. Lus. Cousa de hũ alqueire. Iap. Tomasu fodonaru mono.

Modicè, adu. Lus. Moderadamente. Iap. Chǔyǒuo mamorite. ¶ Aliqñ. Pouco. Iap. Sucoxiqu.

Módicum, ci. Lus. Cousa pouca. Iap. Sucoxiqi coto. ¶ Item, Adu. Pouco. Iap. Sucoxiqu.

Módicus, a, um. Lus. Cousa piquena, ou pouca. Iap. Chijsaqi coto, sucoxiqi coto. ¶ Item, Pouco em numero. Iap. Sucunaqi mono. ¶ Item, (propriè) Cousa moderada. Iap. Chǔyǒuo mamoru mono, ficaye aru mono.

Modicellus, a, um. dim. Idem.

Modificatio, onis. Lus. Modo, temperança. Iap. Chǔyǒ, yoqi fodorai, yoqi coro. ¶ Item, Medida. Iap. Facari.

Modíficor, aris. Lus. Medir. Iap. Facaru, xacudoru.

Modiolus, i. Lus. A quarta parte de hum alqueire. Iap. Tomasuno xibu ichiiinno vtçuuamono. ¶ Item, Hũa maneira de balde quadrado. Iap. Xicacunaru tçurube. ¶ Item, Hũa Vasilha como pucaro, &c. pera beber agoa na mesa. Iap. Mexino toqi mizzuuo nomu vtçuuamono. ¶ Item, Parte da roda onde se metẽ os rayos. Iap. Curumano vaduchiuo vchi tçuquru nacano qi. ¶ Item, Hum instrumento de surgião. Iap. Guecióno aru dǒgu.

Modiperatores. Lus. Os que dam modo, e regra nos conuites. Iap. Furumaino toqi ni midarini monouo xocu xezaru yǒni xeisuru mono.

Modius, ij, siue Modium, ij. Lus. Alqueire. Iap. Tomasu. ¶ Modius vini. Lus. Hũa certa medida de vinho. Iap. Saqeuo facaru masu. ¶ Modius agri. Lus. Espaço de terra de cento, & vinte pès de cõprido, & largo. Iap. Débacuno fiacu nijǔ axidaqe yofǒuo yǔ.

Modò. Lus. Agora. Iap. Ima. ¶ Item, Agora, ha pouco. Iap. Sucoxi ijen. ¶ Item, Logo daqui apouco. Iap. Sucoxi xite cara. ¶ Aliqñ. Sómente. Iap. Nomi, bacari. ¶ Aliqñ. Contanto que. Iap. Saye, dani. ¶ Item, Ao menos. Iap. Xemete. ¶ Item, Algũas vezes. Iap. Toqi ni yotte. ¶ Modo non. Lus. Quasi. Iap. Yǒyǒ, I, tairacu.

Modulamen, inis. Lus. Melodia. Iap. Chǒxi, quanguen.

Modulatè, adu. Lus. Com medida, & com paso. Iap. Chǒxiuo soroyete, I, fiǒxiuo totte, xirabete.

Modulatio, onis. Lus. Compaso de musica, ou melodia. Iap. Fiǒxi, chǒxi, quanguẽ, xirabe.

Modulator, oris. Lus. O que faz compaso, ou canta. Iap. Fiǒxiuo toru mono, chǒxiuo ximburu mono, I, vtǒ mono.

Modulatus, us. Lus. O fazer compaso, ou cãtar suauemẽte. Iap. Fiǒxiuo toru, chǒxiuo soroyuru, I, vomoxiroqu vtǒ cotouo yǔ.

Modulatus, a, um. Lus. Cousa feita, ou cantada per compaso, & proporção. Iap. Fiǒxiuo sorôtaru coto, I, chǒxiuo soroyetaru coto, I, vomoxiroqu vtaitaru coto. ¶ Sonus modulatus. Lus. Voz, ou som proporcionado. Iap. Chǒxiuo soroyetaru coye.

Módulor, aris. Lus. Medir, ou compor cõ medida, & proporção. Iap. Facaru, I, chǒxino sorǒyǒni quanguen, I, vtaiuo tçuquru. ¶ Modulari carmen. Lus. Compor algũa cantiga, ou cantala. Iap. Vtauo yomu, I, vtǒ.

Mo-

Modus, i. Lus. Modo, ou regra. Iap. Coro, michi, yŏdai. ❡ Item, Quantidade. Iap. Fodorai. ❡ Interd. Fim, ou acontecimento. Iap. Suye, fate, xutrai xitaru cotouo yŭ. ❡ Item, Compasso, ou proporção da musica que os cantores guardão no canto. Iap. Fiŏxi.

Módulus, i. dim. Idem. ❡ Modulos vocabāt veteres architecti particulas quasdā, ad quas totum opus solent dimetiri. ❡ Itē, Hũas certas medidas cō q̃ se deduzia a agoa das arcas pera casas particulares. Iap. Mizzubune yori iye iyeni mizzuuo vaquru fodorai. ❡ Itē, Canto, ou melodia. Iap. Vtai, chôxi, quanguen. ❡ Itē, Garganta da voz, ou proporção do canto. Iap. Vonguiocu, l, fiŏxi. ❡ Item, Modulus, siue modus. Lus. Motete. Iap. Moteteto yŭ vtaiyŏ.

Mœchisso, as. Lus. Adulterar. Iap. Tanotçumauo vocasu.

Mœchor, aris. Idem. ❡ Item, Fazer deshonestidades. Iap. Micquai suru.

Mœchus, i. Lus. Adultero, ou deshonesto. Iap. Tano tçumauo vocasu votto, l, micquai suru mono.

Mœcha, æ, fœm. Idem.

Mœnia, nium. Lus. Muros. Iap. Iŏri, l, jŏquacuno camaye, tçuigi. ❡ Mœne singulariter dixit Ænnius.

Mœnitus, a, um. Lus. Cercado de muros. Iap. Tçuigiuo tçuqi mauaxitaru tocoro. Antiquum est.

Mœrens, entis. Lus. O que se doe, ou entristece. Iap. Canaximu mono, vreôru mono.

Mœreo, res, mœstus. Lus. Ter dór, ou tristeza. Iap. Canaximu, xŭtan suru. ❡ Itē, Lamentar. Iap. Riŭtei cogaruru, naqi cudoqu.

Mœreor, eris. Passiu. Idem. Rarum est.

Mœri, orum. Lus. Muros. Iap. Camaye, tçuigi.

Mœro, as. Lus. Entristecer a outro. Iap. Fitouo canaximasuru.

Mœror, oris. Lus. Tristeza, dôr. Iap. Canaximi, vrei, xŭtan.

Mœstè, adu. Lus. Com tristeza. Iap. Canaxŭde, xŭtan xite.

Mœstiter, adu. Idem. antiq.

Mœstitia, æ, & Mœstitudo, inis. Lus. Tristeza, ou grande sentimento. Iap. Canaximi, fucaqi vrei.

Mœstus, a, um. Lus. Triste, cheo de dôr. Iap. Canaximu mono, vreôru mono.

Mola, æ. Lus. Mô. Iap. Ixiusu. ❡ Molæ olcariæ. Lus. Mós com que se expreme oléo de nozes, ou de outras sementes. Iap. Aburani xiboru conomiuo fiqicudaqu vsu. ❡ Item, Mola. Lus. Queixada. Iap. Aguito. ❡ Item, Hũa carne informe que se géra no ventre das molheres. Iap. Vonnano tainaini fŭfuno majiuari atazu xite guaisuino catamarite ideqitaru nicu. ❡ Item, Hũa especie de trigo torrado, salpicado com sal. Iap. Yaqite xiuouo caqetaru mugui.

Molaris, is. Lus. Dente queixal. Iap. Vocuba. ❡ Aliqñ. Pedaço de mô. Iap. Ixiusuno vare.

Molaris, e, vt lapis molaris. Lus. Pedra de q̃ se faz a mô. Iap. Vsuuo qiru ixi.

Molarius, a, um. Lus. Cousa que pertence a mô. Iap. Ixiusuni ataru coto. ❡ Asinus molarius. Lus. Asno da tafona. Iap. Vsuuo fiqu roba.

Molendinarius, a, um. Lus. Cousa que pertence a moinho. Iap. Muguiuo fiqicudaqu caracurini ataru coto.

Molendinum, i. Lus. Moinho. Iap. Muguiuo fiqicudaqu caracuri.

Moles, is. Lus. Grandeza, peso. Iap. Vôqisa, vomosa, taiyei. ❡ Item, Dificuldade. Iap. Catasa, xigatasa. ❡ Item, Marachoẽs, ou valos pera resistir à agoa. Iap. Vxiuono saxicomazu, l, mizzuno irazaru yŏni xitaru ixicaqi nado.

Molestè, adu. Lus. Cō trabalho, & molestia. Iap. Fuxŏni, vomoqu.

Molestia, æ. Lus. Trabalho, enfadamento. Iap. Fuxŏ, qizzucai.

Molesto, as. Lus. Molestar. Iap. Qizzucaisa suru.

Mo

Molestus, a, um. Lus. Cousa molesta, graue. Iap. Qizzucai sasuru mono, taicutni naru mono. ¶ Molesta tunica. Lus. Hũ vestido embreado, ou coberto de outras materias pera se atear o fogo facilmente, q̃ se vestia aos que se condenauam. Iap. Zaiquninni marçuyani nadouo nutte qixetaru yxŏ.

Molettina, æ. Lus. Atafona em que os antigos pisauão, e desfazião o trigo. Iap. Mucaxi muguiuo tçuqi cudaqitaru caracuri. ¶ Item, Moinho de agoa. Iap. Muguiuo fiqu vsuuo mizzunite mauasu caracuri. Budæus.

Molile, is. Lus. Instrumento com q̃ se moe, ou desfaz algũa cousa. Iap. Monouo fiqi cudaqu dŏgu. ¶ Item, Molelha dos boys que puxã môs, ou dos homens que leuão algum peso. Iap. Ixiusu nadouo fiqu guiŭbano munagai zurino ideqinu yŏni atçuru futonno yŏ naru mono, l, fitono voizzuri.

Molimen, inis. Lus. Força com que procuramos fazer algũa cousa. Iap. Monouo suru toqino xei.

Molimentum, i. Idem.

Molior, iris. Lus. Mouer algũa cousa grande pesada. Iap. Xeiuo daite vomoqi monouo vgocasu. ¶ Item, Fazer, ou machinar algũa cousa de peso, ou negocio. Iap. Taiĵŏ naru cotouo tacumi idasu, l, suru. ¶ Moliri iter. Lus. Caminhar. Iap. Yuqu, focŏ suru. ¶ Moliri habenas. Lus. Gouernar o cauallo. Iap. Tazzunanite vmauo voiamuru. ¶ Moliri morã. Lus. Tardar. Iap. Vosonauaru.

Molior, iris. passiu. Lus Ser impedido, ou detido. Iap. Todomeraruru, sasayeraruru.

Molitio, onis. Lus. O fazer algũa cousa dificultosa, ou pesada. Iap. Taiĵŏ naru cotouo suru coto nari. ¶ Item, Força que se poem pera fazer estas cousas. Iap. Tai sŏnaru cotouo suru xei.

Molitor, oris. Lus. O que faz edificio, ou machina algũa cousa. Iap. Conriŭ suru, l, monouo tacumi idasu fito.

Molitrix, icis. fœmin. Idem.

Molitor, oris. Lus. Moleiro. Iap. Muguiuo vsunite fiqu mono.

Molitrix, icis. fœmin. Idem.

Molitus, a, um. Lus. Cousa feita, machinada. Iap. Xitaru coto, tacumiidaxitaru coto.

Molitura, æ. Lus. Moedura. Iap. Muguiuo vsunite fiqu cotouo yŭ.

Mollesco, is. Lus. Fazerse mole, ou brando. Iap. Focoburu, yauaracani naru, yauaragu.

Mollestra, æ. Lus. Pele de ouelha. Iap. Fitçujino caua.

Mollicina, æ. Lus. Hũa veste branda. Iap. Yauaracanaru yxŏno taguy.

Molliculus, a, um. dim. Lus. Brando, delicado. Iap. Yauaracanaru mono, fiuazu naru mono, figayesu naru mono.

Mollicellus, a, um. dim. Idem.

Mollifico, as. & Mollefacio, is. Lus. Abrãdar, ou fazer mole. Iap. Yauaracani nasu, yauaraguru.

Mollio, is, iui, l, lij, litum. Idem. ¶ Itẽ, Mitigar, ou aplacar. Iap. Nadamuru, xizzumuru. ¶ Mollire animos. Lus. Abrãdar os coraçoens. Iap. Cocorouo yauaraguru. ¶ Item, Mollire animos. Lus. Effeminar. Iap. Vonagoraxiqu nasu.

Mollipes, dis. Lus. O que tem os pés brandos. Iap. Axino yauaracanaru mono.

Mollis, e. Lus. Molle, brando. Iap. Yauaracanaru mono. ¶ Mollis homo. Lus. Homem mole, e effeminado. Iap. Vonagoraxiqi mono. ¶ Molle ingenium. Lus. Ingenho docil. Iap. Voxiyeru cotouo tayasuqu vqetoru chiye. ¶ Mollis animus. Lus. Condição brãda, e tratauel. Iap. Nhŭua naru cocoro. ¶ Itẽ, Mollis. Lus. Cousa domada. Iap. Xi iretaru mono, natçuqitaru mono. ¶ Qñq;. Facil. Iap. Tayasuqi coto. ¶ Item, Cousa madura. Iap. Iucuxitaru coto. ¶ Mollia vina. Lus. Vinhos brandos, e puros. Iap. Sumite qitçuqu naqi saqe. ¶ Item, Cousa oportuna. Iap. Sauainaru coto. ¶ Aliqñ. Cousa de pou-

pouco peſo, ou eſtima. Iap. Mochij naqi cotó. ¶ Aliqñ. Agradauel, ſuaue. Iap. Yorocobaxiqi coto, qini aytaru coto.
Mólliter, adu. Lus. Molle, ou brandamente. Iap. Yauaracani. ¶ Item, Delicada, e mimoſamente. Iap. Buicuxite, amayacaite.
Molliùs, comparat. idem.
Mollicies, ei, & Mollicia, æ. Lus. Brandura, ou delicadeza. Iap. Yauaracaſa, buicu. ¶ Item, Molicie, deleixaméto. Iap. Nibuſa, nuruſa. ¶ Mollicies maris. Lus. Tráquilidade do mar. Iap. Vmino nagui.
Mollitudo, inis. Idem. ¶ Item, Facilidade de couſa tratauel, ou meneauel. Iap. Yauaracaſa, l, monouo toriatçucŏ yaſuſa.
Molluſca, æ. Lus. Hũa certa eſpecie de nozes que tẽ a caſca molle. Iap. Cauano yauaracanaru curumi.
Molluſculum, i. Lus. Hũa maneira de nô que ha em hũa certa aruore. Iap. Aru qino motoni idequru cobu.
Molo, is, lui, litum. Lus. Moer. Iap. Viũ nite fiqu.
Moloche, es. Lus. Malua. Iap. Auoino taguy.
Molocheagria, æ. Lus. Malua braua. Iap. Yamani idequru auoino taguy.
Molochinarius, ij. Lus. O que tinge de côr vermelha. Iap. Mononi acaqu ſomuru firo.
Molóchinus color. Lus. Çôr que tira pera purpura. Iap. Vſucôbai iro.
Molochites. Lus. Hũa pedra precioſa. Iap. Tamano na.
Mólocrum, i. Lus. Hũ pao quadrado cõ q̃ os antigos ſacrificauão. Iap. Mucaxino fito tamuqeuo xitaru xiçaqunaru qi. ¶ Item, Pao com que ſe menea a mô. Iap. Ixiuſuno fiqigui. ¶ Item, Hũa inchazão da barriga. Iap. Fucuchũni idequru fare mono.
Moloithus, i. Lus. Prumo dos pedreiros. Iap. Saguefumi.
Moloſſus, eſt pes metricus, conſtans tribus ſyllabis longis: vt, Æneas.
Moly. Lus. Hũa erua. Iap. Cuſano na.
Molybdæna, æ. Lus. Vea de prata, e chumbo. Iap. Canayamani aru namarito, xirocane no tçuru. ¶ Item, Hũa erua. Iap. Cuſa no na.
Molybditis. Lus. Eſcuma da prata que ſe faz da fundição do chumbo. Iap. Namarino fuqu toqi, idequru xirocaneno aca.
Molyris, idis. Lus. Hũa eſpecie de gafanhotos. Iap. Inagono taguy.
Molyza, æ. Lus. Cabeça de alhos com as raizes. Iap. Xiraneno tçuq te aru ninnicuno mi.
Momen, inis. Lus. Qualquer eſpaço do tẽpo, ou peſo. Iap. Iicocu, l, vomoſa.
Momentaneus, a, um. Lus. Couſa caduca, e mudauel. Iap. Moroqi coto, adani facanaqi coto.
Momẽtarius, a, um. Lus. Couſa q̃ ſe faz ẽ hũ momẽto. Iap. Ittanjino aidani ſuru coto.
Momento, as. Lus. Endereitar, e igualar em couſa pouca. Iap. Sucoxino cotouo tôbũ ni naſu.
Momentoſus, a, um. Lus. Couſa de momento, ou importancia. Iap. Mochiyubeqi coto, daimocu naru coto.
Momentum, i. Lus. Qualquer eſpaço de tẽpo, ou peſo. Iap. Iicocu, l, vomoſa. ¶ Item, Momẽto de tempo. Iap. Ittanji, xetna. ¶ Aliqñ. Pequena cantidade de qualquer couſa. Iap. Xôbun. ¶ Res parui, l, magni momenti. Lus. Couſa de grande, ou pouco ſer. Iap. Daimocu naru coto, l, taxitemo naqi coto. ¶ Item, Pequeno eſpaço de lugar. Iap. Tocorono ſucoxiqi fedate, aidá.
Monachium, ij. Lus. Ajuntamento de frades, ou hermitaõs. Iap. Sanqiojinno atçumari, l, xucqeno atçuri ari.
Mónachus, i. Lus. Frade, ou hermitão. Iap. Xucque, ſanqiojin.
Monarcha, æ. Lus. Principe que gouerna ſó. Iap. Coccano tçucaſadori ichininno xucun.
Monarchia, æ. Lus. Gouerno de hũa cabeça. Iap. Ichinin xite tçucaſadoru xeitô.
Monas, adis. Lus. Numero de hum. Iap. Fitotçu.

Mo-

Monasterium, ij. Lus. Mosteiro, ou lugar so litario de religiosos do ermo. Iap. Yama dera, I, sanqiono dôninno atçumari yru tocoro.

Monaulos. Lus. Hũa sô frauta. Iap. Fiso- tçuno fuye.

Monédula, æ. Lus. Hũa certa especie de gra lhas. Iap. Carasuno taguy.

Moneo, es, nui, itum. Lus. Amoestar, aui- sar. Iap. Saisocu suru, xirasuru.

Monéta, æ. Lus. Moeda. Iap. Guinxen.

Monetâlis, e. Lus. Cousa que pertéce a mo- eda. Iap. Guinxẽni ataru coto. ¶ Mo- netales triunuiri. Lus. Fundidores de prata, & ouro, &c. Iap. Cengondŏno fuqite.

Monetarius, ij. Lus. O que faz moeda. Iap. Guinxenni yauo vtçu mono.

Monîle, is. Lus. Colar ornamento do pes- coço. Iap. Cubini caquru yŏracu. ¶ Item, ornaméto que poem nos pesco- ços dos caualos, &c. Iap. Vma nadono cubi ni caquru cazarino dŏgu. ¶ Itẽ, Hũ certo ornato de fios, ou póras douro, pur- pura, &c. Iap. Reôra qinxũno cazari.

Monimentum, i. vide Monumentum.

Monitio, onis. Lus. Amoestação, auiso. Iap. Susume, saisocu.

Mónitor, oris. Lus. Amoestador, ou admo- nitor. Iap. Susumete, saisocu suru mo- no. ¶ Item, O que com voz baixa aui- sa o orador, ou a o que represẽta as come- dias do que ha de dizer, ou fazer. Iap. Dã guixani yŭbeqi cotouo fiqiqi coyeuo motte iy qicasuru mono, l, nôno tocino yacuxano de iri tŏuo saiban suru mono. ¶ Item, Os seruos do laurador que tem por officio fazer trabalhar os obreiros. Iap. Nŏninno xigotobuguiŏ.

Monitorius, a, um. Lus. Cousa que auisa, ou amoesta. Iap. Susumuru mono.

Monitum, i. Lus. Auiso, amoestação. Iap. Susume, saisocu, &c.

Mónitus, us. Idem.

Monóceros, otis. Lus. Vnicorne. Iap. Icca cuno qedamonono na.

Monochordon, i. Lus. Instrumẽto musico que tem cordas da mesma voz. Iap. Ito no neno cŏuot naqi biua, cotono taguy.

Monochrómata, atum. Lus. Pinturas de hũa sô tinta. Iap. Ixxiqini caqitaru ye.

Monochromateus, a, um. Lus. Cousa que pertence a esta pintura. Iap. Miguino ye ni ataru coto.

Monodia, æ. Lus. Canto triste de exequias que cantaua hũa sò molher. Iap. Vonna ichinin sôreino toqi vtaixi canaxiqi vta.

Monogamia, æ. Lus. Casaméto do que ca- sou hũa sò vez. Iap. Fitotabino yenpen.

Monógamus, i. Lus. O que casou hũa sò vez. Iap. Fitotabi yenuo musubitaru mono.

Monogenion, i. Lus. Hũa erua. Iap. Cu- sano na.

Monogrammi. Lus. Homens magros, & descôrados. Iap. Yaxete irono axiqi mono, xôsui xitaru mono.

Monomachia, æ. Lus. Desafio de dous. Iap. Nininno tatacai.

Monómachi, orum. Lus. Os que hiam a es te desafio. Iap. Tatacŏ nininno mono.

Monóphagi, orum. Lus. Os q̃ comem se- paradamente sem companhia. Iap. Xŏ- ban naqu xite monouo xocusuru mono. ¶ Item, Os que se sostentam sempre cõ o mesmo comer. Iap. Chŏxeqi vonajiqi xocubutuo mochiyuru mono.

Monophagia, æ. Lus. O viuer sempre cõ o mesmo comer. Iap. Fudã vonaji xocu- butuo mochiyuru cotouo yŭ.

Monopodium, ij. Lus. Mesa que estriba so- bre hũ sò pè. Iap. Fitotçu axi aru fandai.

Monopolium, ij. Lus. Monopolio. Iap. Xŏ- baino zauo ichinin xite motçu coto uo yŭ.

Monoxilon, i. Lus. Embarcação feita de hum sò pao. Iap. Marugibune.

Mons, ontis. Lus. Monte. Iap. Yama. [illegible] Penedo. Iap. Faixeqi.

Monticulus, i, & Monticellus, i. dim. Idẽ.

Montânus, a, um. Lus. Cousa de monte. Iap. Yamani ataru coto.

Ooo. Mon-

Monstrabilis, e. Lus. Cousa dina de ser mostrada, ou conhecida. Iap. Arauasaru beqi coto, fitoni ximaru beqi coto.

Monstratio, onis. Lus. O declarar, ou mostrar. Iap. Misuru, I, arauasu coronari.

Monstrator, oris. Lus. O que mostra, ou declara. Iap. Misuru, I, arauasu mono.

Mónstrifer, a, um. Lus. Cousa monstruosa. Iap. Fuxiguino aru mono.

Monstrificabilis, e. Idem.

Monstrificè, adu. Lus. Monstruosamente. Iap. Yonotçune narazu, fuxiguini.

Monstrificus, a, um. Lus. O que diz, ou faz cousas monstruosas. Iap. Fuxigui naru cotouo yû, I, suru fito.

Monstro, as. Lus. Mostrar, declarar. Iap. Misuru, arauasu. ¶ Aliqñ. Ensinar. Iap. Voxiyuru.

Monstrosè, adu. Lus. Fora de ordem natural. Iap. Yonotçune narazu, vmaretçuqini chigôte.

Mónstrosus, a, um. Lus. Cousa monstruosa. Iap. Yonotçune narazaru coto, fuxiguinaru coto.

Monstrum, i. Lus. Monstro, marauilha. Iap. Yonotçune narazaru mono, fuxiguinaru mono. ¶ Item, Documento. Iap. Xinan. ¶ Monstrum ali. Lus. Estar oculto algũ vicio, ou falta. Iap. Fusocuga cacururu.

Montígena, æ. Lus. Nacido no monte. Iap. Yamani vmaretaru mono.

Montiuagus, a, um. Lus. O que anda, ou discorre polos montes. Iap. Yamauo meguri aruqu mono.

Montosus, a, um. Lus. Lugar de muitos montes. Iap. Yamano vouoqi tocoro.

Monumentum, I, Monimẽtũ, i. Lus. Cousa que nos amoesta, ou traz algũa cousa à memoria. Iap. Monouo vomoi idasasuru coto. ¶ Item, Penhor, ou prenda q̃ se deixam a alguem pera lembrança. Iap. Catami.

Mora, æ. Lus. Tardãça, ou detẽça. Iap. Vosonauari, chichi, tôrin.

Morula, æ. dimin. Idem.

Morâlis, e. Lus. Cousa que pertence a costumes. Iap. Cataguini ataru coto.

Moramentum, i. Lus. Tardãça. Iap. Vosonauari, chichi.

Morans, antis. Lus. O que tarda. Iap. Vosonauaru mono.

Morator, oris. Lus. O que tarda, ou detẽ algũa cousa. Iap. Vosonauaru mono, I, monouo todomuru fito.

Moratorius, a, um. Lus. Cousa de detença. Iap. Vosonauari, I, tôrinni ataru coto.

Moratus, a, um. Lus. Bem acostumado. Iap. Yoqi cataguino fito. ¶ Item, Mal acostumado. Iap. Cataguino varuqi mono. Plaut.

Mórbidus, a, ũ. Lus. Cousa enferma, ou doente. Iap. Vazzurô mono. ¶ Morbida vis. Lus. Virtude de causar doença. Iap. Yamaino motoito naru mono.

Morbificus, a, um. Lus. Cousa que traz, ou causa doença. Iap. Yamaino motoito naru mono.

Morbosus, a, um. Lus. Sugeito a doença. Iap. Vazzuraiga chinamu mono.

Morbus, i. Lus. Doença. Iap. Yamai, vazzurai. ¶ Itẽ, Vicio, ou falta velha, e corroborada por muito tempo. Iap. Furuqi cuxe, furuqi acufeqi.

Mordácitas, atis. Lus. O morder, ou picar. Iap. Cuitçuqu, I, sasu cotouo yũ. ¶ Item, Murmurar. Iap. Soxiri, fisô.

Mordax, âcis. Lus. O que morde, ou murmura. Iap. Cuitçuqu mono, I, soxiru mono. ¶ Mordax folium. Lus. Folha q̃ pica no tacto, ou no gosto. Iap. Caraqi fa, I, miuo sasu fa.

Mordeo, es, momordi, & morsi, morsum. Lus. Morder. Iap. Cuitçuqu. ¶ Item, per trãsl. Dizer mal. Iap. Soxiru, fifôsuru. ¶ Item, Picar, ou magoar. Iap. Miuo sasu, I, itamuru.

Mordicibus. Lus. Ás dẽtadas. Iap. Cuitçuite, camitçuite.

Mórdico, as. Lus. Dar cõr eomo de mordidura. Iap. Camitçuqu yŏni itami aru.

Mórdicus, adu. Lus. Ás dentadas. Iap. Camitçuite. ¶ Aliqñ. Apertadamẽte. Iap. Xi-

Ximete. ¶ Mordicus tenere. Lus. Defender com pertinacia. Iap. Iǒxiqini fijqi suru.

Moretum, i. Lus. Hum genero de comer feito de leite, vinho, & outras cousas. Iap. Yroirono monouo majiyetaru xocubut.

Moribundus, a, um. Lus. O que esta pera morrer. Iap. Xinicacatteyru mono.

Morigeratio, onis. Lus. O obedecer, ou fazer a vontade a outro. Iap. Xitagǒ, l, fito no zonbunni macasuru coto nari.

Morigerè, adu. Lus. Condescendendo cõ alguem. Iap. Fitono zǒbũni macaxete.

Morigeror, aris. Lus. Condescender cõ alguem, ou fazer a vontade. Iap. Fitoni xitagǒ, l, fitono zonbunni macasuru.

Morigero, as. Idem. Plaut.

Morigerus, a, um. Lus. O que obedece, ou o que faz a vontade de outro. Iap. Xitagǒ mono, dǒxin suru mono.

Morio, onis. Lus. Paruo passatẽpo de principes. Iap. Taimei tachino naburimono to naru vtçuqemono.

Morior, eris, & iris, mortuus. Lus. Morrer. Iap. Xisuru. ¶ Moriar. iurandi verbum.

Mormyra, æ. Lus. Hum peixe de varias cô res. Iap. Samazamano iro aru vuono na.

Morologiæ. Lus. Paruoices que se dizem. Iap. Vtçuqetaru monogatari.

Morólogus, i. Lus. O que fala paruoices. Iap. Vtçuqetaru cotouo yũ fito.

Moror, aris. (prima breui) Lus. Esperar. Iap. Matçu. ¶ Aliqñ. Ter conta, ou estimar. Iap. Vomǒ, mochiiru, cocorogaquru. ¶ Item, Deter a outro. Iap. Todomuru, yocurũ suru. ¶ Item, Deterse, ou ficar. Iap. Todomaru, nocoru. ¶ Item, Duuidar, ou estar sospenso. Iap. Anji vazzurǒ, vtagauaxiqu vomǒ.

Mõror, aris. (prima producta) Lus. Sair fora de si, ou eparuoecer. Iap. Vtçuquru, foruru, qiǒqi suru.

Moros, i. Lus. Paruo. Iap. Vtçuqe mono.

Morosè, adu. Lus. Com dificuldade, & enfadamento. Iap. Mutçucaxiqu, xeuaxiqu, cudǒte.

Morósitas, atis. Lus. Roim condição, e má de contentar. Iap. Xujuni mutçucaxiqi cotouo yũ catagui, cudosa, xeuaxeuaxisa.

Morósus, a, um. Lus. O que he demasiadamente exacto, & enfadonho. Iap. Cudoqi mono, xeuaxiqi mono.

Morphnus, i. Lus. Hũa especie de aguias. Iap. Vaxino taguy.

Mors, tis. Lus. Morte. Iap. Xi. ¶ Itẽ, Fim, ou destruição de outras cousas. Iap. Metbǒ, fate.

Morsicatim, adu. Lus. Mordendo. Iap. Camitçuite.

Morsus, us. Lus. O morder, ou mordidura. Iap. Cuitçuqu cotouo yũ. ¶ Itẽ, Dôr. Iap. Itami. ¶ Aliqñ. Murmuração. Iap. Soxiri, fifǒ.

Morsiuncula, æ. dim. Idem.

Morsus, a, um. Lus. Mordido. Iap. Camitçucaretaru mono, sasaretaru mono.

Mortâlis, e. Lus. Sugeito a morte. Iap. Xisubeqi mono.

Mortalis, substant. Lus. Homem mortal. Iap. Fito, ninguen.

Mortalitas, atis. Lus. Mortalidade. Iap. Xisuru cotouo yũ. ¶ Item, Homens mortais. Iap. Xisubeqi ninguen.

Mortarium, ij. Lus. Gral, ou almofariz. Iap. Monouo tçuqi cudaqu dǒgu. ¶ Item, Lugar em que se amassa cal. Iap. Ixibaiuo conuru tocoro.

Mortariolum, i. dim. Idem.

Morticini. Lus. Crauos dos pés. Iap. Axino vrani idequru inono me.

Morticinus, a, um. Lus. Cousa corruta, ou morta por si. Iap. Xixite cusaritaru mono. ¶ Morticina caro. Lus. Carne de animal que por si morreo. Iap. Xixitaru qedamonono nicu.

Mórtifer, l, Mortiferus, a, um. Lus. Cousa que dà, ou causa morte. Iap. Monouo corosu motoito naru mono.

Mortuale, is. Lus. Cousa pertencente a mortos. Iap. Xininni ataru coto.

Morum, i. Lus. Amora. Iap. Cuuano mi.

Ooo 2 ¶ Item,

¶ Item, Amoras de silua. Iap. Ichingono taguy.

Morus, i. Lus. Amoreira. Iap. Cuuano qi.

Mos, oris. Lus. Costume. Iap. Catagui. ¶ Interd. Costume aprouado como ley. Iap. Fattoni naritaru catagui. ¶ Itē, Mores, plural. Lus. Costume, cu manha de cada hum. Iap. Cuxe. ¶ Mores grauiores, l, Mores maiores. (apud iure cōs.) Lus. Vici os pouco honestos que ha entre os casados. Iap. Fūfuno aidani aru yocoximana ru cuxe. ¶ Mores cæli. Lus. Clima do ceo. Iap. Tenno caguen.

Moschátula, æ. Lus. Hūa casta de peras que cheirā à almisquere. Iap. Iacōno niuoi aru naxi.

Moschus, i. Lus. Hum animalzinho de que se faz o almisquere. Iap. Iacō, qedamono nari. ¶ Itē, O almisquere. Iap. Iacō, cūyacu.

Motacilla, æ. Lus. Alueloa. Iap. Xeqirei.

Motio, onis. Lus. Mouimento. Iap. Vgoqu cotouo yū, dôyô.

Moto, as. frequent. Lus. Mouer muitas vezes. Iap. Saisai vgocasu, dôyô sasuru.

Motor, oris. Lus. O que moue. Iap. Dôyô sasuru mono.

Motus, us. Lus. Mouimento. Iap. Dôyô. ¶ Item, Alteração, ou perturbação. Iap. Sauagaxisa, sôdô. ¶ Item, Causa. Iap. Xisai, inyen.

Motus, a, um. Lus. Cousa mouida. Iap. Vgocaaretaru mono.

Mouens, entis. Lus. O que moue. Iap. Vgocasu mono. ¶ Itē, (passiuè.) Lus. Cousa que se moue. Iap. Vgocasaruru mono.

Moueo, es, moui, motum. Lus. Mouer, apartar. Iap. Vgocasu, noquru. ¶ Mouere animum. Lus. Induzir, atrahir. Iap. Susumuru, nabiquru. ¶ Mouere castra. Lus. Abalar o arrayal. Iap. Ginxouo tatçu. ¶ Mouere ex opinione. Lus. Apartar da opinião. Iap. Zonbunuo cayesasuru. ¶ Mouere aluum, l, ventrem. Lus. Prouocar a fazer camara. Iap. Daibenno cudaru yôni suru. ¶ Bellum mouere. Lus. Mouer guerra. Iap. Yumiyauo toru. ¶ Arma mouere. Lus. Tomar armas contra alguem. Iap. Yumiyauo tori caquru. ¶ Mouere risum. Lus. Fazer rir. Iap. Varauasuru. ¶ Signa mouere. Lus. Aperceberse pera cometer o imigo. Iap. Teqini cacaru yôyuo suru. ¶ Mouere stomachum alicui. Lus. Prouocar a alguem a ira. Iap. Tanriouo vocosasuru. ¶ Mouere tragœdias. Lus. Representar de palaura cousas crueis, e tristes. Iap. Araqe naqu, canaxiqi cotono marieuo xite yū. ¶ Mouere tres magnæ. Lus. Mouense, ou aleuantanse grandes cousas. Iap. Daijiga idequru. ¶ Aliqn. Mouere passiuè ponitur.

Mox, adu. Lus. Logo. Iap. Yagate. ¶ Itē, Hum pouco depois, ou depois. Iap. Sucoxi xite, l, nochi. ¶ Item, Depois disso. Iap. Sono tçuguini.

M ANTE V.

MV, Particula est terrore significans. ¶ Mu facere. Lus. Falar com temor tartamudeando. Iap. Vosorete budomequ.

Muceo, es, cui. Lus. Estar com mofo, ou bolor. Iap. Caburu.

Mucesco, is. Lus. Criar bolor, ou mofo. Iap. Xidaini caburu.

Múcidus, a, um. Lus. Cousa que tem mofo, ou bolor. Iap. Cabitaru mono.

Mucor, oris. Lus. Mofo, ou bolor. Iap. Cabi.

Mucosus, a, um. Lus. Cousa chea de mofo, ou bolor. Iap. Cabino vouoqi mono. ¶ Item, Ranhoso. Iap. Fanacusono vouoqi mono. ¶ Mucosæ naris homo, per transl. Lus. Homem paruo. Iap. Vtçuqe mono.

Mucro, onis. (propriè) Lus. Ponta de espada, ou de outra arma. Iap. Qissaqi. ¶ Itē, Espada. Iap. Qen. ¶ Item, Ponta, ou cume de qualquer cousa. Iap. Yorozzu no monono fuye, saqi.

Mucronâtus, a, um. Lus. Cousa aguda na ponta. Iap. Surudonaru mono.

Mŭcula, æ. Lus. Hūa pedra preciosa. Iap. Tamano na.

Mucus, i. Lus. Monco de ranho. Iap. Fanacuso.

Mugil, l, Mugilis, is. Lus. Mugem peyxe. Iap. Yebuna.

Mu-

Muginor, aris. Lus. Fazer estrondo, ou murmurar. Iap. Faratto tatete cogotouo yŭ, l, votoga suru, fibiqu. ¶ Itẽ, fazer algũa cousa vagarosamente. Iap. Nibuqu mononouo suru.

Mugio, is, giui, l, gij, itum. Lus. Mugir. Iap. Naqu, foyuru. ¶ Item, per transl. Fazer grande estrondo, ou rugido. Iap. Vôqini fibiqu, naru.

Mugitus, us. Lus. Mugido, ou berro do boy. Iap. Vxino naqu çoye. ¶ Item, per transl. Qualquer soido. Iap. Fibiqi, coye.

Mula, æ. Lus. Mula. Iap. Robato vmato caxite idequru Mulato yŭ qedamono.

Mularis, e. Lus. Cousa que pertence a mũ. Iap. Mũto yŭ qedamononi ataru coto.

Mulcêdo, inis. Lus. Afago, ou mimo. Iap. Amayacaxigoto, chôai.

Mulceo, es, si, sum, & ctum. Lus. Abrandar, ou afagar. Iap. Nadamuru, sucasu, yauaraguru.

Mulcta. vide Multa.

Mulctra, æ. Lus. Vasilha em que se ordenha leite. Iap. Qedamonono chiuo xiboriiruru vtçuuamono. ¶ Interdũ, O mesmo leite ordenhado. Iap. Xiboritaru chi.

Mulctrale, is. Idem.

Mulctrum, i. Idem.

Mulgeo, es, si, l, xi, sum, & ctum. Lus. Ordenhar. Iap. Chiuo xiboru.

Mulgo, as. Lus. Manifestar, ou diuulgar. Iap. Arauasu, firomuru, rufu sasuru.

Muliebria, brium. Lus. Regra que vem ás molheres cada mes. Iap. Guassui. ¶ Item, Partes secretas da molher. Iap. Vonnano guiocumon. ¶ Interdum, pro præpostera libidine.

Muliebris, e. Lus. Cousa que pertence a molheres. Iap. Vonnani ataru coto. ¶ Muliebris animus. Lus. Animo timido, & inconstante. Iap. Vocubiŏnaru mono, rodocazaru mono. ¶ Muliebris folliculus. Lus. Ventre onde anda a criança. Iap. Cobucuro.

Muliébriter, adu. Lus. Molle, & effeminadamẽte. Iap. Vonagoraxiqu.

Mulier, eris. Lus. Molher. Iap. Vonna. ¶ Itẽ, Molher casada. Iap. Fitono tçuma.

Muliércula, æ. dim. Idem.

Mulierarius, ij. Lus. Homem dado amolheres. Iap. Cŏxocunaru mono, nhôbŏguruiuo suru mono.

Mulierosus. Idem. ¶ Item, Molle, ou molheril. Iap. Vonagoraxiqi mono.

Muliero, as. Lus. Fazer molle, & molheril. Iap. Vonagoraxiqu nasu.

Mulierôsitas, atis. Lus. Vicio de se dar a molheres. Iap. Nhôbŏgurui.

Mulio, onis. Lus. Almocreue, ou azemel. Iap. Vmauoi, vmacata. ¶ Item, Hum genero de mosquito. Iap. Cano taguy.

Mulionius, a, um. Lus. Cousa que pertence a almocreue, ou azemel. Iap. Vmacatani ataru coto.

Mullei, orum. Lus. Hũa certa laya de çapatos de gente nobre. Iap. Daimiŏno faqucutçu.

Mullo, as. Lus. Coser. Iap. Nũ. antiq.

Mullus, i. Lus. Hum peixe estimado. Iap. Fitono mochiiru vuono na.

Mullulus, i. dim. Idem.

Mulleus, a, um. Lus. Cousa doce. Iap. Amaqi mono.

Mulsum, i. Lus. Potagem feita de mel, e vinho. Iap. Mitçuto saqeuo auaxetaru nomimono.

Mulsus, a, um. Lus. Cousa que tem algũa Mistura de mel. Iap. Mitçuuo majiyetaru mono. ¶ Aqua mulsa. Lus. Agoa mel. Iap. Mitçuuo majiyetaru mizzu. ¶ Dicta mulsa. Lus. Ditos suaues. Iap. Aguai fucaqi cotoba, guinmi aru go.

Multa, l, Mulcta, æ. Lus. Pena pecuniaria. Iap. Caneno quatai. ¶ Dicere, infligere, irrogare, et facere multam. Lus. Impor pena pecuniaria. Iap. Caneno quataiuo caquru.

Multángulus, a, um. Lus. Cousa q̃ tẽ muitos cantos. Iap. Cadono vouoqi mono.

Multatitius, a, um. Lus. Cousa que pertence a pena pecuniaria. Iap. Caneno quatai ni ataru coto.

Mul-

Multesima pars. Lus. Quãtidade grãde, ou infinita. Iap. Muriŏ, muxu.
Multibarbus, i. Lus. O que tẽ muita barba, ou raizes. Iap. Figueno vouoqi mono, l, xiraneno vouoqi mono.
Multíbibus, i. Lus. O que bebe muito. Iap. Monouo nomisugosu mono.
Multicauatus, a, um. Lus. Cousa que tem muitos buracos, ou concauidades. Iap. Ana, l, cubomino vouoqu aru mono.
Multicaulis, e. Lus. Cousa de muitos talos. Iap. Cuqino vouoqi mono.
Multícauus, a, um. Idem.
Multícolor, oris. Lus. Cousa de muitas côres. Iap. Xujuniirodoritaru mono.
Multifacio, is. Lus. Estimar em muito. Iap. Vôqini mochijru.
Multifariam, adu. Lus. De muitas maneiras. Iap. Xujuni.
Multifariè. Idem.
Multifarius, a, um. Lus. Cousa varia, e de muitas maneiras. Iap. Xuju samazamanaru coto.
Múltifer, a, um. Lus. Cousa fertil. Iap. Tocu vouoqi mono, l, mino vouoqi mono.
Multífidus, a, um. Lus. Cousa que se fende em muitas partes. Iap. Amatani vacaru mono.
Multiforátilis, e. Lus. Cousa de muitos buracos. Iap. Anano vouoqi mono.
Multíforis, e. Idem.
Multiformis, e. Lus. Cousa varia, e de muitas feiçóis. Iap. Iroiro samazamanaru mono.
Multiformiter. adu. Lus. De muitas maneiras. Iap. Iroiro samazamani.
Multigéneris, & re. Lus. Cousa de muitas maneiras, ou especies. Iap. Iroiro samazamanaru mono.
Multigenus, a, um. Idem.
Multíjugus, a, um, & Multijugis, e. Lus. Cousa varia, e de muitas sortes. Iap. Iroiro samazama naru mono.
Multíloquus, a, um. O que fala muito. Iap. Cuchitataqi.
Multímodus, a, um. Lus. Cousa varia, e de diuersas layas. Iap. Xina vouoqi mono.
Multinuba, æ. Lus. Molher, ou homẽ que casou muitas vezes. Iap. Saisai yenuo musubitaru fito.
Multinummus, i. Lus. Homem que tem muito dinheiro, rico. Iap. Caneuo vouoqu mochitaru mono, buguenxa.
Multipartitus, a, um. Lus. Diuidido em muitas partes. Iap. Amatani vacaretaru mono.
Múltipes, edis, l, Multipeda, æ. Lus. Centopea. Iap. Mucade.
Múltiplex, icis. Lus. Cousa varia, ou de muitas dobras. Iap. Xina vouoqi mono, l, giŭ giŭni tatamitaru mono.
Multiplicabilis, e. Idem. ¶ Item, Cousa q̃ se pode multiplicar. Iap. Casaneraruru mono.
Multiplicatio, onis. Lus. Multiplicação, ou acrecentamento. Iap. Casanuru, l, cazu vouoqu nasucoto nari.
Multipliciter, adu. Lus. De muitas maneiras. Iap. Iroiro samazamani.
Multípotẽs, tis. Lus. O q̃ muito pode. Iap. Chicarano tçuyoqi mono, yriqi aru mono.
Multiscius, ij. Lus. O que sabe muitas cousas, sabio. Iap. Xujuno cotouo xiritaru mono, gacuxŏ.
Multisonôrus, a, um. Lus. Cousa que soa de muitas maneiras, ou tem diuerso som. Iap. Amatano fibiqi, l, coye aru mono.
Multísonus, a, um. Idem.
Multitia, orũ. Lus. Hũs certos vestidos tecidos de muitos fios muito delgados, e sutis. Iap. Fosoqi itonite voritaru yxŏ.
Multitudo, inis. Lus. Multidão. Iap. Vouosa, tatan. ¶ Item, Pouo. Iap. Banmin.
Multíuagus, a, um. Lus. O que anda muito vagabundo. Iap. Coco caxiconi madoi aruqu mono.
Multíuolus, a, um. Lus. O q̃ apetece muitas cousas. Iap. Iroirono cotouo conomu mono.
Multo, as. Lus. Castigar, ou condenar ẽ pena pecuniaria. Iap. Caneno quataiuo caqu ru. ¶ Item, Priuar. Iap. Toriaguru, torifanasu. ¶ Interdum, Espedaçar, ou dar pancadas. Iap. Qirisaqu, l, chŏchacu suru.

suru. ¶ Interd. Tratar mal. Iap. Sonzasu. ¶ Interd. Comprir os desejos. Iap. Fitono xoguanuo canayuru. ¶ Multare matrimonio. Lus. Fazer diuorcio os casados. Iap. Fufu ribet suru.

Multò, adu. Lus. Muito. Iap. Vôqini.

Multopere. Lus. Grandemente. Iap. Vôqini, fucaqu.

Multùm, adu. Idem.

Multus, a, um. Lus. Muito. Iap. Vouoqi coto. ¶ Multus in opere. Lus. Cótinuo na obra. Iap. Cacasazu xite fudan xigotouo suru mono.

Multo tantò. Lus. Outrotanto. Iap. Ichizôbai. ¶ Itē, De muitas maneiras. Iap. Iroiro samazamanaru mono.

Mulus, i. Lus. Mù. Iap. Robato vmaro caxite ideqitaru qedamono. ¶ Muli mariani. Lus. Forquilhas com que os caminhantes amarrã o fato que leuam. Iap. Niuo yuitçuquru matano aru vôco.

Mundanus, a, um. Lus. Cousa de mundo. Iap. Xecaini ataru coto.

Mundífico, as. Lus. Alimpar. Iap. Qireini nasu, qiyomuru.

Munditer, adu. Lus. Limpamente. Iap. Qireini, xôjôni.

Mundities, ei, & Munditia, æ. Lus. Limpeza, ou galancaria. Iap. Qireisa, xôjô, l, jinjô.

Mundo, as. Lus. Alimpar, purificar. Iap. Nogô, qiyomuru.

Mundulus, i. dimin. Lus. Mole, delicado, e que se enfeita pera parecer bem a molherinhas. Iap. Vonnani mayouaruru tameni binan suru mono.

Mundus, a, um. Lus. Cousa limpa, e polida. Iap. Qireinaru mono, xôjônaru mono.

Mundus, i. Lus. Ornamento, e louçainhas da molher. Iap. Vonnano yôracu, cazaridôgu. ¶ Item, Mundo. Iap. Xecai. ¶ In mundo aliquid esse. Lus. Estar algũa cousa a mão, e em prõto. Iap. Monoga temotoniaru. apud veteres.

Muneralis, e. Lus. Cousa que pertence a dadiua. Iap. Fiqidemononi ataru coto.

Munerarius, ij. Lus. O que fazia espectaculo ao pouo tirando a terreiro os que peleijauã, ou se matauã. Iap. Banminno qenbut suru tameni qiriyô monouo sonobani fiqi idasu mono.

Múnero, as, et Muneror, aris. Lus. Fazer merce a alguem. Iap. Vonxô, I, fuchiuo atayuru, yaru. ¶ Itē, Muneror. Lus. Exercitar algũ officio, ou cargo. Iap. Yacuuo tçutomuru.

Mungo, is, xi, nctum. Lus. Asoar os narizes. Iap. Fanauo camu.

Mungor, eris, deponens. Idem.

Munia, orum. Lus. Cargos, ou officios. Iap. Yacu, qinyacu.

Múniceps, pis. Lus. Homem que viuia liure cõ suas leys priuilegiado do pouo Romano. Iap. Romano menqiouo vqe, vaga fattoni macaxete jiyũni yru mono.

Municipâlis, e. Lus. Cousa que pertence a estes homens. Iap. Cudanno fitoni ataru coto. ¶ Municipalia sacra vocantur, quæ ab initio habuerũt municipes ante ciuitatem Romanam acceptam. ¶ Municipale ius. Lus. Direito, ou liberdade de cada cidade em particular. Iap. Zaizaixoxono fatto. ¶ Municipalia magisteria. Lus. Gouernos, e officios de cada cidade. Iap. Zaizaino daiquanxocu.

Municipatim, adu. Lus. Por estas cidades. Iap. Cano zaizaixoxoni.

Municipia, orum. Lus. Cidades que viuiam com suas leys gozádo dos priuilegios, e hõras do pouo Romano. Iap. Romano méqiouo vqete vaga fattoni macaxete jiyũni yru zaixo.

Múnifex, icis. Lus. O q̃ faz seu officio, ou cargo. Iap. Vaga yacuuo tçutomuru mono. ¶ Item, Soldado que faz certo officio. Iap. Aru yacuuo tçutomuru buxi.

Munificè, adu. Lus. Abundante, & liberalmente. Iap. Tacusanni, quôqini.

Munificentia, æ. Lus. Liberalidade, frãqueza. Iap. Quôqi.

Munífico, as. Lus. Enriquecer, e prospear a outro. Iap. Buguéni nasu, quafôni nasu.

Munificus, a, um. Lus. Liberal. Iap. Quôqinaru

naru fito. ¶ Item, Cortés, aprimorado. Iap. Richiguinaru fito.

Munîmen, inis, siue Munimentum, i. Lus. Forte, ou valo, etc. Iap. Ixicaqi, tçuigi, fei. ¶ Munimen ad imbrem, l, ad æstum. Lus. Cousa com que nos defendemos da chuua, ou sol. Iap. Ame, l, ficagueuo sayeguiru tameni faru cai.

Munitio, onis. Idem.

Munio, is, niui, l, nij, nitum. Lus. Fortalecer, repairar. Iap. Camayuru, qengoni nasu. ¶ Munire viam. Lus. Fazer caminho, ou calçalo. Iap. Michiuo tçucuru, l, michini ixidatamiuo suru. ¶ Item, Munire viã, per transl. Lus. Preparar, ou abrir caminho. Iap. Monono michiuo aquru.

Munis, is. Lus. Homem de bem fazer, cortés. Iap. Iinxin, l, richiguinaru mono.

Munus, eris. Lus. Dadiua, presente. Iap. Fiqidemono, xinmot. ¶ Item, Officio, ou cargo. Iap. Yacu, qinyacu. ¶ Item, Espectaculos, ou festas que faziam os principes ao pouo por mercé. Iap. Vonxŏto xite teivŏ xŏgun banminno tameni saxeraretaru asobi. ¶ Item, Carga, ou trabalho particular. Iap. Ichininni ataru xinrŏ, vomoni. Gelius. ¶ Munus gladiatorium. Lus. Festas em que sayam muitos de dous em dous apelejar. Iap. Futarizzutçu bani idete qiriyŏ asobi.

Munúsculum, i. dim. Idem.

Muræna, æ. Lus. Lamprea, ou morea peixe. Iap. Vuono na.

Murænula, æ. dim. Idem.

Murænulæ, arum. Lus. Colares, ou cadeas douro. Iap. Cubini caquru coganeno cusari, yŏracu.

Murâlis, e. Lus. Cousa que pertence a muro. Iap. Camaye, l, ixigurani ataru coto. ¶ Muralis corona. Lus. Corca que daua o capitam ao primeiro que subia aos muros. Iap. Ichibanni xironi ixigurani noboritaru mononi atayeraretaru canmuri. ¶ Machinæ murales. Lus. Machinas cõ q derrubam os muros. Iap. Ixigurauo cuzzusu caracuri. ¶ Muralis herba. Lus. Hũa erua que nace nos muros. Iap. Ixigurani voyuru cusa.

Murâtus, a, um. Lus. Cousa cercada de muros. Iap. Camaye, l, tçuiguiuo tçuqimauaxitaru coto.

Murci, orum. Lus. Homés timidos, e couardes. Iap. Vocubiŏnaru mono.

Murcidus, i. apud antiq. Lus. Couarde, e paruo. Iap. Vocubiŏnaru mono, tauaqetaru mono.

Murciolum, i. Lus. Hũa certa semente. Iap. Aru qino tane.

Murex, icis. Lus. Hum peixe de concha cõ cujo sangue tingem a graã. Iap. Xŏjŏfiuo somuru cai. ¶ Item, A mesma tinta, ou côr que se faz deste peixinho. Iap. Cono caiuo motte sometaru iro. ¶ Interd. Ponta, ou aspereza dalgum penedo que sãye pera fora. Iap. Saxi idetaru ganjeqino cadoca. ¶ Item, Estrepe de ferro quadrado. Iap. Curumabixi.

Murgiso, onis. Lus. Vagaroso, priguiçoso. Iap. Nibuqi mono, buxŏna mono.

Muria, æ. Lus. Escabeche feito de atum. Iap. Yono xocubutno reŏrini naru xibino naxi mono, l, xixibixiuo. ¶ Itẽ, Salmoura. Iap. Naxi monono xiru, xixibixiuo no xiru. ¶ Item, Hum certo sal sujo pisado que vsauam nos sacrificios. Iap. Tamuqeno toqini tçucaitaru xiuo. Fest.

Muriáticus, a, ũ. Lus. Cousa temperada cõ aquele escabeche, ou salmoura. Iap. Cudanno naximono nite xitatu coto.

Muricatim, adu. Lus. A modo de abrolho, ou estrepe. Iap. Curumabixino narini.

Muricatus, a, um. Lus. Cousa feita a semelhança de estrepe. Iap. Curumabixino narini xitaru mono. ¶ Muricati gressus. Lus. Passos temerosos. Iap. Vosoroxiqi axicata.

Muries, ei. Lus. Salmoura. Iap. Xixibixiuono xiru.

Murilegulus, i. Lus. O que apanha peixinhos de que se faz a graã. Iap. Xŏjŏfiuo somuru caiuo tôru mono.

Murina, l, Myrina, siue (vt alij) Myrrhina, si-

siue Murrhina. Lus. Hum genero de beberagem. Iap. Nomimonono taguy.

Murinus, a, um. Lus. Cousa de rato. Iap. Nezumini ataru coto. ¶ Murinum hordeum. Lus. Hũa erua. Iap. Cusano na.

Murmur, uris. Lus. Soido, tom brando de agoa, ou estrondo de outras cousas. Iap. Xizzucani nagaruru mizzuno voto, l, mononono fibiqi.

Murmuratio, onis. Lus. Fazer som, ou estrondo brandamente. Iap. Xizzucani fibiqu, l, votoga suru coto nari. ¶ Item, O murmurar cõsigo agastadamẽte. Iap. Farauo tatete fitorigotouo yŭ coto nari.

Murmurillo, as. Lus. Falar consigo murmurãdo. Iap. Farauo tatete tçubuyaqi gotouo yŭ.

Murmurillum, i. Lus. Piqueno soido, ou murmuração. Iap. Fiqiqi voto, l, tçubuyaqigoto.

Múrmuro, as. Lus. Soar brandamente como agoa, &c. Iap. Mizzuno xizzucani nagaruru, votoga suru, fibiqu. ¶ Item, Contradizer murmurãdo baixo. Iap. Farauo tatete tçubuyaqigotouo yŭ.

Murmuror, aris. depon. apud antiq. Idem.

Murrha, æ. Lus. Hũa pedra preciosa nomeada pelo cheiro, e variedade de côres. Iap. Iro, ca tayenaru tamano na.

Murrheus, a, um. Lus. Cousa feita desta pedra. Iap. Cano tama nite tçucuritaru coto.

Murrhinus, a, um, vel (vt alij) Myrrhinus. Idem.

Murrhina, orum. Lus. Vasos feitos desta pedra preciosa, Iap. Cano tama nite tçucuritaru vtçuuamono.

Murtatum, i. Lus. Hum genero de lingoyça. Iap. Lingoyçato yŭ xocubut.

Murus, i. Lus. Muro. Iap. Ixigura, tçuigi, camaye.

Mus, ris. Lus. Rato. Iap. Nezumi. ¶ Mus Indicus. Lus. Rato grande da India. Iap. Vôqinaru Nanbanno nezumi.

Musa, æ. Lus. Canto. Iap. Vtai. ¶ Item, Musa, ou Ninfa de que falam os poetas. Iap. Cajinno satasuru, Musato yŭ fotoqe.

¶ Crassiore musa. Lus. Grossairamente. Iap. Sosôni.

Musæus, a, um. Lus. Cousa de Musas. Iap. Musato yŭ fotoqeni ataru coto.

Musca, æ. Lus. Mosca. Iap. Fai.

Muscula, æ. dim. Idem.

Muscarium, ij. Lus. Auano de auanar moscas. Iap. Faiuo vô vôgui.

¶ Muscaria bubula. Lus. Auano, ou esco ua feita de rabo de boy. Iap. Vxôno focoriuo farô vxino vo nite tçucuritaru tôqi.

¶ Item, Espiga das eruas. Iap. Cusano fo.

Muscarius, a, um. Lus. Cousa que pertence a moscas. Iap. Faini ataru coto. ¶ Muscarius araneus. Lus. Aranha que pesca moscas. Iap. Faitorigumo.

Muscerda, æ. Lus. Esterco de rato. Iap. Nezumino fun.

Muscipula, æ. Lus. Ratoeira. Iap. Nezumino vana, nezumitori.

Muscor, aris. Lus. Estar cuberto de musgo. Iap. Coqeni vzzumoruru.

Muscosus, a, um. Lus. Cousa cuberta de musgo. Iap. Coqeni vzzumoretaru mono.

Musculosus, a, um. Lus. Cousa de muitos neruos, e arterias. Iap. Sugino vouoqi mono.

Músculus, i. dim. Lus. Rato piqueno. Iap. Conezumi. ¶ Item, Parte do corpo carnosa onde ha muitos neruos, & arterias. Iap. Sugino vouoqi nicu. ¶ Item, Hũ peixinho que gouerna a balea pera que não de nalgũa pedra. Iap. Cujirano xeni vchi aguerarezaru yôni michibiqu vuo. ¶ Itẽ, Hũa machina com que os da guerra se repairam da parte contraria pera liuremente entulhar cauas, &c. Iap. Xirono foriuo vmuru tameno tate.

Muscus, i. Lus. Musgo das fontes, &c. Iap. Coqe.

Muséum, ei. Lus. Lugar dedicado a as musas, & estudos. Iap. Musato yŭ fotoqeno tameni sadamaritaru tocoro, l, gacumonjo. ¶ Item, Obra feita de pedras pomes de tal maneira dependente q̃ faz hũa semelhança de lapa, ou coua. Iap. Caruix

Ppp nite

niteforano catachiuo tçucuritaru cotouo yŭ. ¶ Item, Dependurados que fazem os edificios a ſemelhança de Iapa. Iap. Iye no cabeni forano yŏni tçucuritaru tocoro.

Múſica, æ, & Muſice, es. Lus. Arte de cantar. Iap. Vtaino narai. ¶ Item, apud antiq. Eſtudo em que ſe enſinauam bõs coſtumes, ou artes. Iap. Xitçuqegatano gacumon.

Muſica, orum. Idem.

Muſicè, adu. Lus. Inteira, & perfeitamente. Iap. Taxxite, mattŏ. ¶ Item, Delicada, & mimoſamente. Iap. Buicu xite, quacqeini.

Múſicus, a, um. Lus. Couſa pertécente a muſica. Iap. Vtaino narani ataru coto. ¶ Artem tractare muſicam. Lus. Compor autos, e comedias. Iap. Nôuo tçucuru.

Múſicus, i. Lus. Cantor, ou muſico que ſabe, ou enſina muſica. Iap. Yoqu vtaiuo xiritaru mono, l, voxiyuru mono.

Muſimon, onis. Lus. Hũ animal ſemelhante a ouelha. Iap. Fitçujini nitaru qedamono. ¶ Item, (vt Nonius) Aſno, mù, ou caualo pequeno. Iap. Chijſaqi vma, l, roba.

Muſsitabundus, a, um. Lus. O que muito murmura tacitamente. Iap. Tçubuyaqigotouo yŭ mono, l, fitorigotouo yŭ mono.

Muſſo, as. Lus. Falar manſo per entre dentes. Iap. Couabiqi monouo yŭ, l, xizzucani fitorigotouo yŭ. ¶ Aliqñ. Calarſe. Iap. Mugon ſuru. ¶ Aliqñ. Duuidar. Iap. Vtagŏ, fuxin ſuru. ¶ Item, Murmurar, ou queixarſe. Iap. Vramuru, xucquai ſuru.

Múſsito, as. frequent. Idem.

Muſtace, es, ſiue potiùs Muſtax, acis. Lus. Hũa eſpecie de loureiro. Iap. Xiqimino yŏ naru qi.

Muſtaceus, & Muſtaceum, i. Lus. Hum genero de comer feito de varias confeiçoẽs. Iap. Xujuno monouo majiyetaru xocubut.

Muſtarius, a, um. Lus. Couſa que pertẽce a moſto. Iap. Budŏno xinjuni ataru coto.

Muſtella, æ. Lus. Doninha. Iap. Itachi. ¶ Item, Hum peixe. Iap. Vuono na.

Muſtellînus, a, um. Lus. Couſa que pertẽce a doninha. Iap. Itachini ataru coto.

Muſteus, a, ũ. Lus. Couſa doce como moſto. Iap. Budŏno xinjuno gotoqu amaqi mono. ¶ Item, Couſa freſca, ou noua. Iap. Ataraxiqi coto.

Muſtricola, æ. Lus. Buxo, ou forma dos çapatos. Iap. Cutçuuo nŭ cata.

Muſtulentum, i. Lus. Couſa que tem cheiro de moſto, ou vntada com moſto. Iap. Budŏno xinjuno niuoi aru mono, l, ſorenite nuraxitaru mono.

Muſtum, i. Lus. Moſto. Iap. Budŏno xinju.

Muſtus, a, um. Lus. Couſa freſca, ou noua. Iap. Ataraxiqi coto.

Mutabilis, e. Lus. Couſa varia, mudauel. Iap. Sadamarazaru mono, cauari yaſuqi mono.

Mutabilitas, atis. Lus. Mudança, e variedade. Iap. Fenyeqi, tei b. n.

Mutatio, onis. Lus. Mudança. Iap. Cayuru cotouo yŭ, fengai.

Mutatus, a, um. Lus. Couſa mudada. Iap. Fengai xitaru coto, cauaritaru mono.

Muteo, es. Lus. Emmudecer. Iap. Voxini naru. ¶ Item, Calarſe como mudo. Iap. Voxino gotoqu mugon ſuru.

Muteſco, is. Idem.

Múticus, a, um. Lus. Couſa eſtroncada, ou falta. Iap. Qirifanaſaretaru mono, fuſocu naru mono. ¶ Spica mutica. Lus. Eſpiga ſem praganas. Iap. Nogui, l, faxicauo ſaritaru muguino fo.

Mutilatus, a, um. Lus. Eſtroncado, diminuido. Iap. Qirifanaxitaru coto, feraxitaru coto.

Mútilo, as. Lus. Eſtrócar, desfalcar. Iap. Qirifanaſu, feraſu.

Mútilus, a, um. Lus. Cortado, ou deſmembrado. Iap. Tçugaiuo qirifanaſaretaru mono. ¶ Item, per transl. Couſa imperfeita, ou falta. Iap. Fuſocu naru mono, taxxezaru mono.

Muti-

Mutinensis color. Lus. Côr natural. Iap. Xǒtocuno iro.

Mutio, is, tiui, l, tij, titum. Lus. Falar timida, e imperfeitamente. Iap. Voquxite monouo iycanuru.

Muti, orum. Lus. Hũas certas pedras como marcos que punham sem titulo nas repartições dos campos. Iap. Denbacuuo vatte sacaimeni tatçuru ixi.

Muto, as. Lus. Mudar, ou fazer de nouo. Iap. Fengai suru, aratamuru. ¶ Qñq;. Trocar hũa cousa por outra. Iap. Tagaini monouo cayuru. ¶ Mutare se aliò. Lus. Mudarse com a casa pera outra parte. Iap. Yadogayeuo suru, qioxouo cayuru. ¶ Pace bellũ mutare. Lus. Escolher ātes guerra que paz. Iap. Vadanuo yabutte yumiyauo suru.

Mutuatio, onis. Lus. O tomar emprestado. Iap. Monouo caru coto nari.

Mutuatitius, a, um. Lus. O que se dà emprestado. Iap. Xacumot.

Mutuatus, a, um. Lus. Cousa tomada de ẽprestimo. Iap. Carimono.

Mutuè, adu. Lus. Entre si, ou hum a outro. Iap. Tagaini.

Mutuò. Idem.

Mutulus, i. Lus. Hũa pedra que saye pera fora na parede. Iap. Cabeno naca yori izzuru ixi.

Mutuo, as. Lus. Emprestar, ou tomar emprestado. Iap. Monouo casu, l, caritoru.

Mutuor, aris. Lus. Tomar emprestado. Iap. Monouo caru. ¶ Itẽ, per transl. Tomar de outra parte. Iap. Bechino tocoro yori monouo toru.

Mutus, i. Lus. Mudo. Iap. Voxi. ¶ Mutæ artes. Lus. Pinturas que esprimem as cousas sem falar. Iap. Yezzu. ¶ Item, Mutæ artes. Lus. Artes pouco nomeadas. Iap. Safodo qicoyenu naqi nôguei. Seruius. ¶ Mutæ, dicuntur literæ quædam ex consonantibus. ¶ Mutæ cicadæ. Lus. Cegarregas que cantam pouco. Iap. Sucoxi naqu xemi.

Mutuum, i. Lus. Emprestimo. Iap. Xacumot. ¶ Item, aduerb. Entre si, ou hũ a outro. Iap. Tagaini.

Mutuus, a, um. Lus. Cousa que se dà, ou toma emprestada. Iap. Caru, l, casu mono. ¶ Mutuus amor. Lus. Amor igual que hum tem a outro. Iap. Vonaji yônaru tagaino taixet. ¶ Mutuum cum aliquo facere. Lus. Responder na mesma moeda. Iap. Ai tagaini vonajiyǒni suru.

M ANTE Y.

MYa. Lus. Hum genero de concha, ou aljofar. Iap. Cai, l, caino tama.

Myacanthon. Lus. Espargo siluestre. Iap. Aru ibarano midori.

Myaces. Lus. Peixes de concha. Iap. Cai, canino taguy.

Mydriasis. Lus. Hũa doença dos olhos. Iap. Ganqe.

Mylacris. Lus. Hũ genero de barata, ou traça. Iap. Chijsaqi muxino na.

Mylæcos. Idem.

Myoparo, onis. Lus. Galião de piratas. Iap. Caizocubune, zocuxen.

Myopes. Lus. Os que tem vista curta. Iap. Chicamenaru mono.

Myriarchus, i, l, Myriarcha, æ. Lus. Prefeito de dez mil homẽs. Iap. Ichimãguino taixǒ.

Myrias, adis. Lus. Numero de dez mil. Iap. Ichimanno cazu.

Myrica, æ. Lus. Hũ genero de planta. Iap. Vyeqino na.

Myrinus, i. Lus. Macho da morea. Iap. Morea toyǔ voiuo.

Myristica nux. Lus. Noz noscada. Iap. Nicuzzucu.

Myrmecia, æ. Lus. Crauos que nacem nas palmas das mãos, ou nas solas dos pès. Iap. Te axino vrani idequru iuono me.

Myrmecites. Lus. Hũa pedra preciosa. Iap. Meixuno na.

Myrmeciũ, ij. Lus. Hũa especie da aranha. Iap. Cumono na.

Myrmecóleo, onis. Lus. Hum bichinho que mata as formigas. Iap. Ariuo corosu muxi.

Myrobalanum, i. Lus. Mirabolano fruita. Iap.

Iap. Aru conomino na.

Myrobrecharij. Lus. Os quefazem vnguẽtos cheirosos. Iap. Cunyacuuo chôgŏ suru fito.

Myrobrechi. Lus. Vasos, ou arredomas de vnguento. Iap. Cunyacuno vtçuuamono, cŏbaco.

Myropôla, æ. Lus. O que vende vnguentos cheirosos. Iap. Cunyacuuo vru mono.

Myropolium, ij. Lus. Botica onde vendem vnguentos. Iap. Cunyacuuo vru tocoro.

Myrothecium, ij. Lugar onde poem vnguentos. Iap. Cunyacuuo voqu tana.

Myrrha, æ. Lus. Aruore da mirra. Iap. Mirra toyŭ chijsaqi qi. ❡ Item, Mirra que saye desta aruore. Iap. Miguino qiyori izzuru yani.

Myrrheus, a, ŭ. Lus. Cousa de pao de mirra. Cano qinite tçucuritaru coto.

Myrrhinus, a, um. Lus. Cousa que tem mistura, ou tempera de mirra. Iap. Miguino yani nite tçucuritaru coto, l, nuritaru mono.

Myrrhapia, siue Mirrapia. Lus. Casta de peras cheirosas. Iap. Yoqu niuô naxi.

Myrrhis, idis. Lus. Hũ genero de ortaliça. Iap. Yasaino na.

Myrrhites. Lus. Hũa pedra preciosa que tem côr de mirra. Iap. Mirratoyŭ cusurino iro aru tama.

Myrtêrum, i. Lus. Lugar de murta. Iap. Aru qino fayaxi.

Myrteus, a, um. Lus. Cousa feita de murta. Iap. Cano qinite tçucuritaru coto.

Myrtinus, a, um. Idem.

Myrtídanum, i. Lus. Vinho feito com mistura de murtinhos. Iap. Miguino conomiuo auaxetaru saqe.

Myrtites. Lus. Vinho feito de murtinhos. Iap. Miguino conominite tçucuritaru saqe.

Myrtus, i. Lus. Murta. Iap. Murtatoyŭ qi.

Mystagôgus, i. Lus. Sancristam. Iap. Terano dôguuo tori atçucŏ yacuxa.

Mysteria, orum. Lus. Misterios, ou segredos. Iap. Cacuretaru tattoqi cotouari, fimit.

❡ Mystæ. Lus. Os que aprendem misterios, ou homẽs consagrados a Deos. Iap. Cacuretaru tattoqi cotouariuo narŏ mono, l, Deusno gofôcŏno tameni miuo sasaguetaru mono. ❡ Itẽ, Mysteria dicebantur quædam festa in honorẽ Cereris celebrari solita.

Mysticus, a, ŭ. (propriè) Lus. Cousas que se faziã nos sacrificios secretos aos deoses ãtigos. Iap. Butjinni cacuxite xitaru tamuqeno vchini arixi coto. ❡ Mystica sacra. Lus. Cousas sagradas, e misteriosas. Iap. Cacuretaru tattoqi coto, tattoqi fimit.

Mythologia, æ. Lus. Declaração da fabula. Iap. Tçucurimonogatarino xitagocoro.

Mythólogus, i. Lus. O que declara a fabula. Iap. Tçucuri monogatarino yuraiuo yauaragurumono.

Mytilus, i. Lus. Hũ peixe de côcha. Iap. Cai, l, canino taguy.

Myxa, æ. Lus. Ranho dos narizes. Iap. Fanacuso.

Myxon, onis. Lus. Hũ peixe antigamẽte prezado dos Romanos. Iap. Mucaxi Romani mochijtaru vuo.

Myxos, i. Lus. Bico de candieiro donde saye a torcida. Iap. Cana aburatçuqino fiuo tobosu cuchi.

DE INCIPIENTIBVS Á LITERA N.

NABIS, is. Lus. Hum animal. Iap. Aru qedamono no na.

Nablium, ij. dim. à Nablũ. Lus. Salteiro, instrumento musico. Iap. Ito tosugi caqetaru biuano taguy, ijcqenno biua.

Nacæ, arum. Lus. Lauandeiros. Iap. Xendacuuo xocuto suru mono.

Næ. Lus. Grandemente, muito. Iap. Fanafada, vôqini. ❡ Item, Certamente. Iap. Macotoni, xinjitni.

Nænia, æ, & Næniæ, arum. Lus. Verso que se cataua diante do corpo morto em louuor do defunto. Iap. Mucaxi xigaino mayenite cano xininno fomareuo tçuite vtaixi xi vta. ❡ Item, Deſconcerto, ou pouca graça de qualquer canto, ou pratica. Iap. Monogatari, l, vtaino buxiuoſa. Quint. ❡ Item, Epitaphio de ſepultura. Iap. Quã no vyeni caqitçuqetaru monji. Sidon. ❡ Item, Nænia, dea fuit apud veteres.

Næuoſus, a, ũ. Lus. Cheo de ſinaes pretos q̃ nacẽ no corpo. Iap. Vomocuſa aru mono.

Næuus, i. Lus. Sinal preto que nace no corpo. Iap. Fôcuro, l, vomocuſa.

Nam. Lus. Porque. Iap. Yuyeua, l, ſono xiſaiua. ❡ Aliqñ. Mas. Iap. Sarinagara, ſaredomo.

Nanciſcor, eris, nactus. Lus. Aquirir, achar. Iap. Motomevru, tazzune idaſu. ❡ Aliqñ. Achar a caſo. Iap. Fureoni, l, tennen mitçuquru.

Nanium, ij. Lus. Molher de pequena eſtatura mas de bõ parecer. Iap. Xeiua ficuxito iyedomo, bijinnaru võna. apud Comicos.

Nanque. Lus. A rezão he, l, porque. Iap. Yuyeua. ❡ Item, Porem, mas. Iap. Saredomo, ſarinagara, tadaxi.

Nanum, i. Lus. Hum vaſo de agoa. Iap. Mizzuno aru vtçuuamono.

Nanus, a, um. Lus. Anão. Iap. Iſſunbôxi, l, vonoregа xôtocuno taqeyorimo chijſaqi mono. ❡ Mala nana. Lus. Hũa caſta de maçaãs doces. Iap. Amaqi ringono taguy.

Naphtha, æ. Lus. Certo bitume muito delgado. Iap. Xiccôno taguy.

Napinæ, arum. Lus. Nabal. Iap. Nabataqe.

Napus, i. Lus. Nabo. Iap. Na.

Napunculus, i. dim. Idem.

Narciſsinus, a, um. Lus. Couſa feita de hum certo lirio vermelho. Iap. Acaqi caqirçu bata nite tçucuritaru mono. ❡ Narciſsinum vnguentum. Lus. Vnguento cheiroſo que ſe faz da flor deſte lirio. Iap. Miguino caqitçubatano fananite auaxetaru cunyacu.

Narciſsites. Lus. Hũa pedra precioſa. Iap. Aru meixuno na.

Narciſsus, i. Lus. Hum lirio vermelho. Iap. Acaqi caqitçubatano taguy.

Narcotica, orum. Lus. Mezinhas que abrã-

dam as dôres fazendo dormẽtes os membros. Iap. Itamiuo yamuru tameni mino xibiruru yõni ſuru cuſuri.

Nardinus, a, um. vt Nardina pyra. Lus. Peras que cheirã como nardo erua cheiroſa. Iap. Nardoto yũ cuſano gotoqu niuoi aru naxi. ❡ Nardinum. Lus. Hum certo vnguento cheiroſo. Iap. Cunyacuno taguy.

Nardus, di, & Nardum, i. Lus. Hũa aruorezinha. Iap. Aru chijſaqi qi. ❡ Item, Nardo erua cheiroſa. Iap. Cõbaxiqi aru cuſano na.

Nares, ium. Lus. Ventas dos narizes. Iap. Fanano ana. ❡ Naribus aduncis indulgere. Lus. Eſcarnecer de alguem arrugando os narizes. Iap. Fanani xiuauo yoxete fitouo azaqeru. ❡ Emunctæ naris homo. Lus. Homẽ prudente, e ſagaz. Iap. Caxicoqu, nucarazaru mono. ❡ Obeſæ naris iuuenis. Lus. Mancebo que não perce be cheiro de nẽhũa couſa. Iap. Monono niuoiuo voboyenu vacaqi mono.

Narica, æ. Lus. Hum genero de peixe miudo. Iap. Chijſaqi iuono taguy.

Narrabilis, e. Lus. Couſa que ſe pode praticar, ou contar. Iap. Iuaruru coto, l, cataru coto naru mono.

Narratio, onis. Lus. Narração. Iap. Iy nobe cataru coto nari. ❡ Itẽ, A rhetoribus ponitur pro quadam orationis parte.

Narratiuncula, æ. dim. Idem.

Narrator, oris. Lus. O que conta, ou pratica algũa couſa. Iap. Monouo catari, iy noburu fito.

Narratus, a, um. Lus. Couſa contada, ou referida. Iap. Catararetaru coto, iy noberaretaru coto.

Narratus, us. Lus. Conto, narração. Iap. Monogatari, l, monouo iy noburu coto no yũ.

Narro, as. Lus. Recitar, ou contar hiſtoria, &c. Iap. Cataru, l, iy noburu.

Narthecia, æ. Lus. Hũa aruorezinha. Iap. Chijſaqi qino na.

Narthecium, ij. Lus. Vaſo em que ſe guardam

dam mezinhas. Iap. Cusurino iremono.

Narthex, icis. Lus. Hũa aruoreszinha. Iap. Chijsaqi qino na.

Nasamonites. Lus. Hũa pedra preciosa. Iap. Aru meixuno na.

Nascor, ceris, natus. Lus. Nacer. Iap. Vmaruru, xŏzuru.

Nasiterna, æ. Lus. Hũa vasilha de agoa q̃ tem asas. Iap. Totte aru mizzuno vtçuuamonono na.

Nassa, æ. Lus. Nassa, ou couão de pescar. Iap. Vuouo toru amino taguy.

Nasturtium, ij. Lus. Masturço. Iap. Cusano na.

Nasus, i. Lus. Nariz. Iap. Fana. ¶ Item, Viueza, e sagacidade. Iap. Ririxisa, nucarazaru cotouo yŭ. ¶ Habere nasum. Lus. Ser sutil, e gracioso em zombar de alguẽ. Iap. Fitouo qeocururi xiuoraxiqu caxicoqi nari.

Nasuti, orum. Lus. Homẽs sutijs, e atilados em zombar de outros. Iap. Xiuoraxiqu, caxicoqu fitouo qeocuru mono.

Nasútula mulier. fœm. Idem.

Nasútulus, i. dim. Idem.

Nata, l, Gnata, æ. Lus. Filha. Iap. Musume, focugio.

Natabula, orum. Lus. Tanques, ou lugares a onde se nada. Iap. Mizzuuo aburu tame ni sadamaritaru iqe, l, tocoro.

Natáles, ium. Lus. Direito natural da propria liberdade q̃ a natureza deu aos homẽs. Iap. Ninguenno xŏtocu jiyŭnaru toccorouo yŭ. ¶ Restituere natalibus. Lus. Da o principe ao escrauo forro dignidade, e priuilegio de homem que nunca foy catiuo. Iap. Teivŏ xŏgun yori ſiyŭuo yetaru yatçucouo yatçuconi arazaru mononc nami ni nasaruru. ¶ Natalibus restituti. Lus. Escrauos forros postos em foro de homẽs que nunca foram catiuos. Iap. Miguinoyatçuconi arazaru mononō namini nasare taru fito. ¶ Item, Natalibus restitui Lus. Ser posto em grao de homẽ nobre aquelleque o não era. Iap. Saburaini nasaruru. ¶ Item, Festa, & celebridade do dia do nacimento. Iap. Tăjŏnichino iuai. Iuuen. ¶ Item, Anos. Iap. Toxi.

Natalis, e. Lus. Cousa que pertence a nacimẽto. Iap. Tăjŏ, l, xuxxŏni ataru coto. ¶ Natalis dies, l, Natalis. Lus. Dia do nacimẽto. Iap. Tanjŏnichi. ¶ Natale solum. Lus. Patria em que hũ naceo. Iap. Xŏcocu, l, coqiŏ. ¶ Iẽ, Cousa q̃ nace. Iap. Xŏzuru mono: in rebus inanimatis. ¶ Natalis vrbis. Lus. Dia da fundação da cidade. Iap. Iŏto conriŭ xifajimetaru fi.

Natalitia, orũ. Lus. Festas cõ que se celebra o dia do nacimento. Iap. Tanjŏ nichino iuai. ¶ Item, O banquete que naquelle dia se daa aos amigos. Iap. Tanjŏnichini chijnni furu furumai.

Natalitius, a, um. Lus. Cousa pertencente a nacimento. Iap. Tanjŏ, l, xuxxŏni ataru coto.

Natátile, is. Lus. Lugar onde nadam peixes, adens, &c. Iap. Guiorui, suichŏno aru iqe, l, tocoro.

Natátilis. Lus. O que nada, ou pode nadar. Iap. Voyogu mono, l, voyogu coto canŏ mono.

Natatio, onis. Lus. O nadar. Iap. Voyogu coto nari.

Natatitius, a, um. Lus. Cousa que nada. Iap. Voyogu mono.

Natator, oris. Lus. Nadador. Iap. Voyoguite.

Natatorium, ij. Lus. Lugar onde se nada. Iap. Voyogu tocoro.

Natatus, us. Lus. O nadar. Iap. Voyogu coto uo yŭ.

Nates, ium. Lus. Nadegas. Iap. Yebira.

Natinatio, onis. Lus. O negocear, ou tratar mercancias. Iap. Aqinaimonouo toriatçucŏ coto uo yŭ.

Natinatores. Lus. Sedicioſos, aluorotadores. Iap. Fitouo sauagasuru mono, l, sŏdŏ sasuru mono.

Natio, onis. Lus. Nação. Iap. Dŏcocuno mono. ¶ Item, Ordem, companhia, ou seita de algũa laya de homens. Iap. Vonaji curai, vonaji caiguiŭni aru fitono atçumari.

Nati-

Natiuitas, atis. Lus. Nacimento. Iap. Tanjŏ, xuxxŏ.

Natiuus, a, ū. Lus. Cousa natural. Iap. Vonozzucara, l, xŏtocu aru mono. ❡ Natiuum malum. Lus. Mal natural, ou de na cimento. Iap. Vmaretçuqino vazzurai, l, acu. ❡ Natiua verba sunt, quæ primitiua, seu primæ positionis vocant grammatici.

Nato, as. freq. Lus. Nadar. Iap. Voyogu. ❡ Item, per transl. Irse estendendo as vides, &c. Iap. Cazzuraga fŏ. Columel. ❡ Quandoq́, Ter medo. Iap. Vosoruru. ❡ Item, Nauegar, ou correr as naos. Iap. Funega saqiye yuqu. ❡ Interd. Estar molhado, ou banhado. Iap. Nurete, l, fitatte aru.

Natrix, icis. Lus. Hũa cobra. Iap. Cuchinauano taguy.

Natrix, l, Natatrix. Lus. Molher que nada. Iap. Voyogu vonna.

Natu, vt natu magnus. Lus. Mais velho. Iap. Ani, toxicasa.

Natura, æ. Lus. Natureza. Iap. Monono xŏ. ❡ Interd. Virtude, ou força natural dal gũa cousa. Iap. Xŏtocuno xei, l, chicara. ❡ Naturæ satisfacere, l, concedere. Lus. Morrer. Iap. Xisuru, xeiqio suru. ❡ In rerum naturam cadere. Lus. Acontecer algũas vezes. Iap. Toqiniyotte xutrai suru. Quintil. ❡ Aliqñ. accipitur pro genitalibus tam virilibus, quàm fœmineis. ❡ Natura itē specifica differentia est, quæ vnicuique rei formam dat.

Naturalia, iū. Lus. Partes vergonhosas. Iap. Guioqei, l, guiocumon.

Naturalis, e. Lus. Cousa natural. Iap. Xŏtocu naru coto, vmaretçuitaru coto. ❡ Naturalis filius. Lus. Filho proprio, e natural. Iap. Ixxi. ❡ Naturalia desideria. Lus. Desejo de ajũtamēto carnal. Iap. Cacŏno nozomi. ❡ Lex naturalis. Lus. Ley natural. Iap. Dŏrino vyeyori tamotazuxite canauazaru fatto, l, dŏri.

Naturaliter, adu. Lus. Naturalmente. Iap. Xŏtocu, l, vmaretçuqini.

Natus, a, um. Lus. Cousa nacida. Iap. Vmaretaru mono, xŏjitaru mono. ❡ Pro re nata. Lus. Conforme a o estado presente das cousas. Iap. Tŏjino cotoni xitagatte, jiguiniyotte.

Natus, i, l, Gnatus, i. Lus. Filho. Iap. Xisocu, socuman. ❡ Item, Neto. Iap. Mago. ❡ Item, Potro. Iap. Vmano co.

Nauâle, is, l, Naualia, iū. Lus. Estaleiro, ou lugar onde se fazem naos. Iap. Funagura, l, funeuo tçucuru, l, tçucurŏ tocoro.

Nauâlis, e. Lus. Cousa que pertence a nao. Iap. Funeni ataru coto. ❡ Naualis corona. Lus. Coroa que se daua ao primeiro que armado saltaua na nao dos imigos. Iap. Ixxucu xite teqino funeni ichibanni tobi noritaru mononi atayeraietaru camuri. ❡ Naualia vasa. Lus. Vasos em que se metem, ou leuam nas naos mercadorias. Iap. Aqinai monouo irete funeni tçumu carŏto, fitçu nado. ❡ Nauale bellum. Lus. Guerra naual. Iap. Funa icusa.

Nauarchus, i. Lus. Capitão géral da armada. Iap. Fiŏxenno sŏdaixŏ.

Nauci. Lus. Casca de noz. Iap. Curumino cara. ❡ Item, Miolo do carcço da azeitona. Iap. Azeitonato yŭ conomino saneno vchini aru mi. ❡ Item, A casquinha que esta entre as pernas da noz. Iap. Curumino mino vchini aru vsuqi caua. ❡ Item, Cousa sem valor, nem estima. Iap. Sucoximo mochijzaru coto.

Naucifacio, is. Lus. Estimar em nada. Iap. Sucoximo, l, miginmo mochijnu.

Naudericacus, a, um. Lus. Cousa pertencente a piloto da nao. Iap. Funeno anjini ataru coto.

Nauclerius, a, um. Idem.

Nauclêrus, i. Lus. Piloto, ou patrõ de nao, galé, etc. Iap. Funeno anji.

Naufragium, ij. Lus. Naufragio. Iap. Funeno fason. ❡ Item, per transl. Calamidade, destruição. Iap. Acuji, saman.

Naufragor, aris. Lus. Fazer naufragio. Iap. Funega fason suru, funeuo socorŏ.

Naufragus, a, um. Lus. Cousa que faz perder,

der, ou quebrar as naos. Iap. Funeuo ſoconai varu mono. ¶ Naufragum mare. Lus. Mar onde ſe fazem naufragios. Iap. Funeno ſoconuru vmi. ¶ Item, per trásl. O que eſperdiçou ſeus bens. Iap. Tacarauo midarini tçuçai vxinaitaru fito. ¶ Itẽ, O que padece algũa calamidade, ou tem ſeus bens perdidos. Iap. Zaifô nadouo vxinaite, nangui, l, ſainanni voyobu fito.

Nauífragus, a, um. Idem.

Náufragus, i. Lus. O que fez naufragio, & o que perdeo todos ſeus bens. Iap. Funeuo faſonjitaru fito, l, zaifôuo vxinaitaru fito.

Nauia, æ. Lus. Hum lenho eſcauado a modo de nao de que vſã nas vindimas. Iap. Budôuo toru toqi, tçucô foritaru qibune.

Nauicula, æ. Lus. Barco, ou embarcação pequena. Iap. Xôxen.

Nauicella, æ. dim. Idem.

Nauicularia, æ. Lus. Arte de gouernar a nao. Iap. Funeuo noru narai. ¶ Item, Ganho que ſe tira da nauegação. Iap. Funeuo norte môquru ritocu. ¶ Nauiculariam facere. Lus. Exercitar arte de gouernar a nao. Iap. Anjino yacuuo ſuru.

Nauicularius, ij. Lus. Piloto da nao. Iap. Funeno anji.

Nauiculator, oris. Idem.

Nauículor, aris. Lus. Andar em barca recreãdoſe. Iap. Funaaſobi ſuru.

Nauigabilis, e. Lus. Couſa que ſe pode nauegar. Iap. Funeno noraruru caua, vmi nado.

Nauigatio, onis. Lus. Nauegação. Iap. Tocai, funauatari.

Náuiger, a, um. Lus. Couſa que traz, ou ſoſtem a nao. Iap. Funeuo cacayuru mono, l, yaru mono.

Nauigium, ij. Lus. Nauio, embarcação. Iap. Fune. ¶ Nauigia ſpeculatoria. Lus. Nauios de vigia. Iap. Metçuqebune, qenmino fune. ¶ Aliqñ. Nauegação. Iap. Tocai, funauatari.

Nauigíolum, i. dim. Idem.

Náuigo, as. Lus. Nauegar. Iap. Funauatari

ſuru, l, funeni noru. ¶ In portu nauigo. Lus. Eſtou liure de perigo. Iap. Nágui naqu xite bujini yru, l, ayauy coto naqute yru.

Nauis, is. Lus. Nao. Iap. Fune. ¶ Frangere nauem. Lus. Fazer naufragio. Iap. Funeuo varu, funeuo faſon ſuru. ¶ Naues actuariæ. Lus. Embarcações de remo ligeiras. Iap. Voſu faya fune. ¶ Roſtratæ naues. Lus. Galiões, ou nauios de eſporão. Iap. Feſaqino togaritaru fune. ¶ Naues fluuiatiles. Lus. Embarcações de rios. Iap. Cauabune. ¶ Frumentariæ naues. Naos de trigo, &c. Iap. Comuguiuo facobu fune, l, gococuuo vnsô ſuru fune. ¶ Longæ naues. Lus. Galés. Iap. Funeno taguy. ¶ Piſcatoriæ naues. Lus. Barcas peſcareças. Iap. Riôxen. ¶ Prædatoriæ naues, l, piraticæ naues. Lus. Naos de coſſarios. Iap. Caizocubune, l, zocuxen. ¶ Prætoria nauis. Lus. Nao capitaina. Iap. Sôdaixôno fune. ¶ Turritæ naues. Lus. Naos de caſtellos na popa, e proa. Iap. Tomo, feni yagura aru fune. ¶ Conſtratæ naues. Lus. Naos de cuberta. Iap. Fangaino aru fune. ¶ Naues marinæ. Lus. Embarcações de mar. Iap. Vmibune.

Naula, æ. Lus. Hum inſtrumento muſico. Iap. Gacqi, l, gacuno dôgu.

Naulium, ij. dim. Idem.

Naulum, i. Lus. Fretes da nao. Iap. Xenchin.

Naumachia, æ. Lus. Guerra, ou batalha naual. Iap. Funa icuſa. ¶ Interd. Lugar onde ſe traua eſta batalha. Iap. Funa icuſa ſuru tocoro.

Naumachiarij. Lus. Os que peleijam ẽ guerra naual. Iap. Funa icuſa ſuru mono.

Naumachiarius, a, um. Lus. Couſa pertencẽte à guerra naual. Iap. Funa icuſani ataru coto.

Nauo, as. Lus. Pôr cuidado, forças, &c. Iap. Xeiuo iruru. ¶ Studium tuum alicui nauare. Lus. Ajudar, & fauorecer a alguem. Iap. Côriocu ſuru, l, mitçugu. ¶ Nauare, re, & efficere opus aliquod. Lus. Fazer, ou acabar algũa obra. Iap. Monouo furu, l, jŏju furu.

Naupêgus, i. Lus. Mestre que faz naos. Iap. Funadaicu.

Nauplius, ij. Lus. Hum peixe. Iap. Vuo- no na.

Naucio, is. Lus. Abrirse a faua quando se- meada começa a nacer. Iap. Soramameno tçubu medatçu toqi, futatçuni vareru.

Nausea, æ. Lus. Enjoamento, ou engulhos de arreuesar causados de roim cheiro. Iap. Axiqi niuoini yotte toqiacu xisŏnaru co- touo yŭ, l, funeni yô cotouo yŭ. ¶ Aliqñ. Enfadamento, e molestia. Iap. Taicut. ¶ Mouere nauseam. Lus. Causar molestia. Iap. Taicut sasuru.

Nauséola, æ. dim. Idem.

Nauseo, as. Lus. Vomitar, ou ter engulhos de arreuesar. Iap. Toqiacu suru, l, toqiacu xitagaru.

Nauseôsus, a, um. Lus. Cousa que prouoca a vomito. Iap. Toqiacuuo sasuru mono.

Nauta, & Nauita, æ. Lus. Marinheiro, ou of ficial da nao. Iap. Funaco, l, Funacata, l, funeuo atçucŏ fodono mono.

Nautea, æ. Lus. Sumagre. Iap. Cusano na.

Nautepibate. Lus. O que ẽ lugar de pagar fretes serue de marinheiro. Iap. Xechin no cauarini funacoto natte noru mono.

Nauticus, i. Lus. Marinheiro. Iap. Funaco.

Náuticus, a, um. Lus. Cousa de marinheiro, ou official da nao. Iap. Funaco, l, funeuo atçucŏ fodono mononi ataru coto. ¶ Nauticus panis. Lus. Biscouto. Iap. Fu- natabi yaqitaru xŏbacuno mochigo taguy. ¶ Nautica pecunia. Lus. Dinheiro cujo risco toma sobre si o acrédor atee certo tẽ po. Iap. Caneuo caxi nichiguenuo sada- me sono vchini son turuni voiteua, caxite- no xitteuito naru cane. ¶ Nauticus can tus. Lus. O salamear dos marinheiros. Iap. Funacono yeiyagoye.

Nautilus, i. Lus. Hum peixe do mar. Iap. Aru vmjvuo.

Náuitas, atis, siue Gnauitas. Lus. Diligen- cia, industria. Iap. Saican, l, xŏjin.

Náuiter, siue Gnauiter, adu. Lus. Diligẽ- temente. Iap. Saican, xŏjinni.

Nauus, a, um. Lus. Diligente, solicito. Iap. Saicannaru mono, cocorogaqe aru mono, l, yudan naqi mono. ¶ Interd. Sabedor. Iap. Monouo mixiru fito, l, xiru fito.

Naxia, æ. Lus. Pedra de aguçar pera polir marmores, ou pedras preciosas. Iap. Ta- ma, l, meixeqi nadouo migaqu to.

N ANTE E.

NE, adu. Lus. Não. Iap. Becarazu, l, nacare: vt ne iura. Lus. Não jureis. Iap. Xeimon suru coto nacare. ¶ Qñq;. Pe- ra q não. Iap. Naqi yŏni, l, naqi tameni. ¶ Aliqñ. Porventura. Iap. Moxi, qeda xi. ¶ Ne nihil, pro aliquid. vt, ne nihil amicis tribuamus. Lus. Pera que demos aos amigos algũa cousa. Iap. Chijnnni mo nouo atayuru tame. ¶ Aliqñ. Non: vt ego, id agam, mihi quî ne detur. Lus. Eu farei como se me não dee. Iap. Vareni ataye- rarenu yŏni subexi. ¶ Qñq;. Não somẽ te. Iap. Nominarazu. ¶ Item, Por vẽ tura? Iap. Ca? ya? ¶ Interd. Quanto mais. Iap. Iuanya. ¶ Aliqñ. Pro vt. Lus. Pera que. Iap. Tame.

Nébrides. Lus. Pelles de gamos, ou veados. Iap. Cano caua.

Nebrites. Lus. Hũa pedra preciosa. Iap. Aru meixuno na.

Nébula, æ. Lus. Neuoa. Iap. Qiri, casumi. ¶ Nebulæ erroris. Lus. Neuoa, ou escuri- dade de erros. Iap. Mayoino yami. ¶ Qua si per nebulam audire. Lus. Ouuir leue- mente, e sem atenção. Iap. Vuanosorani monouo qiqu.

Nebularium, ij. Lus. Certa casa que se faz nos campos pera recolher o trigo ẽ tem- po chuuoso. Iap. Ameno furu toqi, goco- cuuo tori iruru tameni tatetaru iye.

Nébulo, onis. Lus. Homẽ vão, baixo, & de nenhũa estima. Iap. Iyaxiqu xite qio- gŏuo iy, itçuuariuo tacumi, fito yori mo- chijrarezaru mono.

Nebulosus, a, um. Lus. Cousa neuoada, ou nu-

Qqq

nublada. Iap. Qiri, casumi, l, cumono cacaritaru tocoro.

Nec, & Neque. Lus. Nem. Iap. Naqu, naxi. ¶ Item, Não: vt nec video, &c. Lus. Não vejo. Iap. Mizu. ¶ Nec opinato. Lus. Derepète, fora do que cuidaua. Iap. Furioni, vomoino focani. ¶ Nec dum. Lus. Ainda não. Iap. Imada. ¶ Neque dum. Idem. ¶ Nec eo minus. Lus. Não de outra maneira. Iap. Chigauazu xite, l, cacunogotoqu. ¶ Neque fecius eo. Lus. Todauia. Iap. Sarinagara, saredomo. ¶ Ne quicquam aliud. Lus. Sómēte. Iap. Bacari, nomi. ¶ Neque quicquam, quā. Idem.

Necessariè, & Necessariò, adu. Lus. Necessariamente. Iap. Canyôni, xenichini.

Necessarij, orum. Lus. Parentes, ou amigos. Iap. Xinrui, chijn, yenja.

Necessarius, a, um. Lus. Cousa necessaria. Iap. Canyô naru coto, moppara naru coto. ¶ Necessarius hæres apud iuriscons. Lus. Seruo deixado por herdeiro. Iap. Yuzzuriuo vqeruni sadamaritaru yatçuco.

Necesse, siue Necessum, & Necessus, a, um. Idem.

Necessitas, atis. Lus. Necessidade. Iap. Canyô, moppara. ¶ Item, Negocios presentes, necessarios. Iap. Te mayeni aru canyônaru atçucai. ¶ Item, Amizade, ou parentesco. Iap. Xinrui, l, chijnno nacano yé, l, xitaxisa.

Necessitûdo, inis. Idem. ¶ Aliqn. Parente. Iap. Xinrui, yenja.

Neco, as, aui, atum, l, cui, ectum. Lus. Matar. Iap. Corosu, xetgai suru.

Necromantæ, arum. Lus. Nigromantes que adeuinham por corpos mortos. Iap. Xigai uo mite vranô sito.

Necromantia, æ. Lus. Nigromancia, ou adeuinhação q̃ se faz pollos corpos mortos. Iap. Xigai, l, xibitouo mite suru vranai.

Nectar, aris. Lus. Certa beberagem dos deoses dos gentios. Iap. Butjinno nomimono. ¶ Item, per transl. Vinho doce, e bom. Iap. Bixu. ¶ Interd. Mel. Iap. Mitçu.

Nectarea herba. Lus. Hũa erua. Iap. Cusano na.

Nectareus, a, um. Lus. Cousa de sabor, ou cheiro de nectar. Iap. Miguino butjinno nomimonono agiuai, l, niuoi aru mono.

Necto, is, xui, exi, xum. Lus. Atar, amarrar, ajuntar. Iap. Yui auasuru, yui tçuqu-ru. ¶ Nectere aquam. Lus. Congelar a agoa. Iap. Mizzuuo couorasuru. ¶ Nectere dolum alicui. Lus. Enganar, ou vrdir enganos contra alguem. Iap. Tabacaru, l, bôriacuuo megurasu. ¶ Aliqn. Meter em ferros, ou prisões. Iap. Qingocu suru, l, axigaxiuo iruru, fodaxiuo vtçu.

Nécubi. Lus. Em nenhum lugar. Iap. Izzureno tocoronimo naxi.

Necunde. Lus. De nenhum lugar. Iap. Izzucu yorinitemo naxi.

Necya. Lus. Festas, ou exequias que se faziã sobre as sepulturas dos finados. Iap. Biôxoni voite xitaru tomurai.

Necydalus, i. Lus. Hũ bichinho de q̃ nace o bicho perfeito da seda. Iap. Caicono chij saqi aidauo yŭ.

Necyomantia, æ. Lus. Adeuinhação q̃ se fazia metendo demonios nos corpos mortos. Iap. Xigaini tenguuo iroritçuqe cuchibaxirasuru cotouo yŭ.

Nedum. Lus. Não somente. Iap. Nomina razu. ¶ Item, Quanto mais. Iap. Iuáya.

Nefandus, a, um. Lus. Cousa indigna de se dizer, ou abominauel. Iap. Gongoni voyobanu fodono tçutanaqu vosoroxiqi coto.

Nefans, antis. apud antiq. Idem.

Nefariè, adu. Lus. Mal, e peruersamēte. Iap. Acuguiacu butŏni.

Nefarij, orum. Lus. Maos, e sacrilegos. Iap. Acuguiacu butŏnaru mono, mubu xecai naru mono.

Nefarius, a, um. Lus. Peruerso, & mao. Iap. Axiqi mono, mŏacu naru mono.

Nefas. Lus. Cousa illicita, ou abominauel. Iap. Butŏ naru coto, l, yŭ cotomo, suru cotomo canauanu fodono acuji, l, fidŏ. ¶ Nefas dictu. Lus. Cousa indigna de se di-

dizer. Iap. Yñ coto atauazu. ¶ Nefas habere. Lus. Ter por cousa maa. Iap. Axiqi to vomô.

Nefastus, a, um. vt nefasti dies. Lus. Dias em que o gouernador não podia julgar as causas. Iap. Xugodai, l, vosamete cuji satauo saxivoqu fi. ¶ Aliqñ. Mao, e peruerso. Iap. Acuguiacu burô naru mono. ¶ Nefasta terra. Lus. Terra de roim agouro, ou desuenturada. Iap. Fitono tameni funo varuqi tocoro.

Nefrendes. Lus. Bacoros, que ja deixaram de mamar. Iap. Chibusauo fanasaretaru buta. ¶ Nefrendes arietes. Lus. Carneiros que não podem rangir os dentes. Iap. Fagami suru coto canauazaru vofitçuji. ¶ Nefrendes infantes. Lus. Meninos q̃ ainda não podem mastigar. Iap. Imada xocuuo camu coto canauazaru varabe. ¶ Item, (apud alios) Nefrendes. Lus. Testiculos. Iap. Qinno tama.

Negans, antis. Lus. O que nega. Iap. Chinpô suru mono, aragô mono.

Negatio, onis. Lus. Negação. Iap. Chinpô, l, aragai.

Negantia, æ. Idem.

Negatiuus, & Negatorius, a, um. Lus. Negatiuo, ou o que nega. Iap. Chinpô suru mono, aragô mono. ¶ Actio negatiua, siue negatoria apud iurisconsultos, verbis concepta negantibus, per quam aut libertatem, aut seruitutem vindicamus.

Negatus, a, um. Lus. Cousa negada. Iap. Chinjeraretaru coto, aragauaretaru coto.

Négito, as. frequent. Lus. Negar, ou recusar. Iap. Saisai chinpô suru, ijtai suru.

Neglectus, us. Lus. Desprezo. Iap. Iyaximuru cotouo yñ.

Negligenter, adu. Lus. Negligentemente. Iap. Buxôni, yurucaxeni. ¶ Aliqñ. Com desprezo, e menos cabo. Iap. Iyaximete, caronjite.

Negligentia, æ. Lus. Negligencia, descuido. Iap. Buxô, yurucaxe, qedai. ¶ Negligẽtia tua feci. Lus. Fiz isto por que vos tenho em pouco. Iap. Nanjiuo nanitomo vomouanuni yotte, coreuo xitari.

Neglectio, onis. Idem.

Négligo, is, exi, ectum. Lus. Desprezar, ter em pouco. Iap. Iyaximuru, caroximuru, nanitomo vomouazu.

Néglego, is. apud veteres. Idem.

Nego, as. Lus. Negar. Iap. Chinzuru, chinpô suru. ¶ Interd. Recusar. Iap. Iitai suru, iyagaru.

Negotialis, e. Lus. Cousa pertencente a cargo, ou negocio. Iap. Monono saiban, yacu, atçucai igueni ataru coto.

Negotiatio, onis. Lus. O trato de mercancias. Iap. Xôbai, l, aqinai.

Negotiator, oris. Lus. Feitor da mercancia. Iap. Xôbaininno daiquan.

Negotior, aris. Lus. Mercadejar, ou tratar negocios. Iap. Xôbai suru, l, monouo tori atçucô. ¶ Negotiari animas. Lus. Matar homens por dinheiro. Iap. Vairouo totte fitouo corosu.

Negotiosus, a, um. Lus. Cousa chea de molestias, e dificuldades. Iap. Xinicuqi coto, xinrônaru coto. ¶ Negotiosi dies. Lus. Dias de fazer. Iap. Iuaibini arazaru fi.

Negotium, ij. Lus. Ocupação, negocio, ou cargo. Iap. Monono atçucai, saiban, l, yacu. ¶ Negotiũ dare. Lus. Mandar, ou dar cargo de algũa cousa. Iap. Guegi suru, iytçuquru, ategô. ¶ Aliqñ. Trabalho, e fadiga. Iap. Nangui, xinrô. ¶ Facessere negotium. Lus. Dar molestia, ou trabalho a alguem. Iap. Fitoni sainan, l, vazauaiuo caquru. ¶ Aliqñ. Controuersia, ou dissẽsão. Iap. Cuji, caracai, arasoi. ¶ Item, Feito, a cerca do qual se faz inquirição. Iap. Qiûmeino daimocu, l, qiñmei xeraruru coto. ¶ Item, Remedio. Iap. Reôqen. Plaut. ¶ Negotium est. Lus. Assi conuem. Iap. Cacunogotoqu canyô nari. ¶ Nullo negotio. Lus. Facilmẽte. Iap. Tayasuqu, zôsamonô.

Negotiolum. dimi. idem.

Nemeœa, sacra fuerunt Græciæ certamina.

Nemo, inis. Lus. Ninguẽ, nenhum. Iap. Taremo. Vt, Taremo cozu. ¶ Nemo homo.

Qqq 2 Lus.

Lus. Totalmente nenhum. Iap. Ichiyĕ tare mo: vt, ichiyen taremo xezu. ¶ Nemo hominũ est. Lus. Não ha homẽ nẽhum, &c. Iap. Taremo naxi. ¶ Item, Algum. Iap. Taſo, tareyaran. ¶ Non nemo. Idem.

Nemoralis, e. Lus. Couſa que eſtá ẽ boſque. Iap. Mori, l, fayaxino vchini aru mono.

Nemorenſis, e. Lus. Couſa de boſque, ou nacida ẽ boſque. Iap. Mori, l, fayaxini ataru coto, l, idequru coto. ¶ Nemorenſis rex dicebatur, qui Dianæ Aricinæ ſacrificijs præerat.

Nemoriuagus, a, um. Lus. Couſa que anda vagueando por boſques. Iap. Mori, l, fayaxino vchini ſumu mono, l, faiquai ſuru mono.

Nemoroſus, a, um. Lus. Lugar de muitos boſques. Iap. Mori, l, fayaxi vouoqi tocoro.

Nempe. Lus. Certamente. Iap. Macotoni, xinjitni.

Nemur. Lus. Senão, tambem, ou certamẽte. Iap. Naqini voiteua, l, yorifocaniua, l, mo. vt, varemo, ſonatamo, l, macotoni. Feſt.

Nemus, oris. Lus. Boſque, ou aruoredo que ſerue de recreação. Iap. Mori, fayaxi, l, fitono naguſamito naru reocujuno xigueritaru tocoro.

Nenum. Lus. Não. Iap. Arazu, ina. apud antiquos.

Neo, es, eui, etũ. Lus. Fiar. Iap. Itouo yoru, l, tçumugu.

Neógamus, i. Lus. Noiuo, l, caſado de pouco. Iap. Conogoro meuo mucayetaru vonoco.

Neomẽnia, æ. Lus. Lũa noua, ou o primeiro dia da lũa. Iap. Tçuitachi.

Neóphytus, i. Lus. Nouel, ou nouiço em algũa couſa. Iap. Buaunai, l, bucônaru fito, xoxinnaru mono.

Neotéricus, a, ũ. Lus. Couſa freſca, ou noua. Iap. Ataraxiqi coto, fiſaxicarazaru coto. ¶ Neoterici ſcriptores. Lus. Eſcritores modernos. Iap. Qindaino qiŏno ſacuxa, amitatete.

Nepa, æ. Lus. Eſcorpião. Iap. Docuchŭno taguy. ¶ Item, Hum ſigno celeſte. Iap. Foxino yadori. Feſt.

Nepenthes, is. Lus. Hũa erua que deitada no vinho tira a triſteza. Iap. Saqeni majiye te vreiuo faraſu cuſa.

Nephalia. Lus. Feſtas que celebrauam os homẽs ſobrios. Iap. Mucaxi guecotaru mono iuaibi.

Nephrites, is. Lus. Dôr de rins. Iap. Yôtçŭ, l, meimonno vazzurai.

Nephritici. Lus. Doẽtes dos rins. Iap. Bŏcŏ meimonuo vazzurŏ mono.

Nepos, otis. Lus. Neto. Iap. Mago. ¶ Nepos ex fratre. Lus. Sobrinho ſegũdo, neto de meu irmão. Iap. Vaga qiŏdaino mago. ¶ Nepotes. Lus. Vindouros da meſma linha. Iap. Xiſon. ¶ Item, Nepotes per transl. Raminhos ſuperfluos, que nacẽ nas vides. Iap. Budŏno minorazu yacuni tatazaru tçuru. ¶ Itẽ, Homẽ diſſoluto, e gaſtador. Iap. Fuſônaru mono, tacarauo tçuiyaſu mono.

Nepotulus, i. dimi. Idem.

Nepotatus, us. Lus. Demaſiado appetite de comer, e largueza no viuer. Iap. Bŏxocu no midarinaru nozomi, l, mino ſuguitaru buicu.

Nepotînus, a, um. Lus. Couſa que pertence a tragador, ou homem de gaſtos demaſiados. Iap. Tonjiqi, l, fuſônaru fitoni ataru coto, l, midarini tacarauo tçuiyaſu fitoni ataru coto.

Nepôtor, aris. Lus. Viuer prodiga, e luxurioſamẽte. Iap. Mino buicuuo fonto xi, midarini tacarauo tçucai vxinaite nagarayuru, l, bucŏni nagarayuru.

Neptis, is. Lus. Neta. Iap. Magomuſume.

Nequà, adu. Lus. Pera que por nenhũa parte, ou por nenhũa via. Iap. Nanitaru tocoro, l, michiuo motte: vt nanitaru tocoro, michi, l, chôguiuo motte xiremajiqi tame.

Nequalia, ium. Lus. Danos, ou perdas. Iap. Sonxit, vazauai.

Nequam. Lus. Homem de nenhũa eſtima, ou valor. Iap. Monono cazu naranu fito. ¶ Aliqñ. Luxurioſo, prodigo. Iap. Cŏxocu cu,tanguiŏnaru mono,l,tacarauo mufato tçuiyafu mono. ¶ Item,Aduerb.Lus. Luxuriofamente, prodigamente. Iap. Cŏxocuni,fufŏni, midarini.

Nequando. Lus. Pera que em nenhũ tempo. Iap. Izzureno jibunnimo naqi tameni.

Nequaquàm,adu. Lus. Não,em nenhũa maneira. Iap. Ina, ichiyen, iya.

Neque, vide. Nec.

Nequeo,is. Lus. Não poder. Iap. Canauazu.

Nequicquam, adu. Não,em nenhũa maneira. Iap. Ina,ichiyen,iya. ¶ Item, Debalde. Iap. Muyacuni, yeqinaqu.

Nequid nimis. Lus. Nem tanto, nem tam pouco. Iap. Vouoqumo naqu, fucunaqu mo naqu, fafodo naqutomo.

Nequiór, nequiſsimus. Lus. Muito mao. Iap. Sugurete butŏnaru mono.

Nequinunt, pro nequeunt apud veteres.

Nequis. Lus. Pera que ninguem. Iap. Taremo: vt taremo irumajiqitame.

Nequiter,adu.Lus. Deſtemperada,e luxurioſa mente. Iap. Cŏxocuni,fufŏni, midarini.

Nequitia, æ. Lus. Maldade. Iap. Fufŏ, butŏ. ¶ Item, Afagos laſciuos, ou largueza, e pro digalidade na vida. Iap. Renbono chôai, amayacaxigoto, l, yrui,bixocuni tacarauo tçuiyaſu cotouo yŭ.

Nequities, ei. Idem.

Nentæ,arum. Lus. Hũ genero de conchas. Iap. Caino taguy.

Nerium, ij. Lus. Hũa aruorezinha. Iap. Chijſaqi qino na.

Neruiæ, arum, l, Neruium, ij. Lus. Cordas de inſtrumentos muſicos. Iap. Gacuno dŏgu no ito.

Neruiceus,a, um. Lus. Couſa feita de neruo. Iap. Xŏruino ſugiuo motte tçucuritaru mono.

Néruicus, l, potius Neuricus, a,ũ. Lus. O q̃ padece infirmidade dos neruos. Iap. Sugi uo vazzurŏ fitŏ, l, ſugiqenaru mono.

Neruosè,adu. Lus. Ouſada,e fortemẽte. Iap. icatni, gaini, tçuyoqu.

Neruoſitas, atis. Lus. Vigor, força. Iap. Xei chicara.

Neruoſus, a, um. Lus. Couſa de muitos neruos. Iap. Sugino vouoqi mono. ¶ Item, per transl. Forçoſo, forte. Iap. Tçuyoqi mono, chicarano aru mono. ¶ Neruoſus orator. Lus. Orador copioſo, e eficaz. Iap. Benjetnixite cotobani xeiriqino aru danguixa.

Neruus, i. Lus. Neruo. Iap. Xŏruino ſugi. ¶ Quandoque, Forças. Iap. Riqi, chicara. ¶ Item, Corda do arco. Iap. Yunzzuru yumino tçuru. ¶ Item, Hũ genero de priſão dos pees, ou do peſcoço. Iap. Cubicaxe, l, axigaxeno rui. ¶ Item, Nerui, Lus. Cordas de viola. Iap. Biuano vo. ¶ Item, Membro viril. Iap. Tamaguqi. ¶ Neruos intendere, l, omnibus neruis cõ tendere. Lus. Trabalhar com todas as forças. Iap. Funcotuo tçuculu, l, xeiuo iruru.

Neruulus, i. dimi. Idem.

Neſcio, is. Lus. Não ſaber. Iap. Xirazu, zŏjezu. ¶ Neſcire latinè. Lus. Não ſaber latim. Iap. Latinno cotobauo xirazu.

Neſcius, a, um. Lus. Não ſabedor, ou o que não ſabe algũa couſa. Iap. Cotoniyotte xirazaru fito. ¶ Interd. Deſconhecido. Iap. Xirezaru mono.

Neſſotrophion, ij. Lus. Lugar cercado onde ſe criã adens. Iap. Suichô cai voqu tocoro.

Neu, pro Neue. Lus. Que não. Iap. Becarazu to.

Neuolo, is. Lus. Não querer. Iap. Nozomazu, qirŏ.

Neuras, dis. Lus. Hũa erua. Iap. Cuſano na.

Neurŏbatæ, arũ. Lus. Trejeitadores, ou volteadores. Iap. Cumomaiuo furu mono.

Neuroſpaton. Lus. Hũa erua. Iap. Cuſano na. ¶ Item, Neuroſpata. Lus. Imagens, ou bonifrates que por certas linhas ocultas ſe mencam. Iap. Quairaixino ayatçuru ninguiŏ.

Neuter, a, um. Lus. Nem hum, nem outro dos dous. Iap. Ninnno vchi taremo. vt nimimo vchi taremo xezu.

Neutiquam. Lus. De nẽhũa maneira. Iap. Ichiyen, ſarani.

Neutralis, e. Lus. Couſa neutral, ou do ge- nero

nero neutro. Iap. Izzucatayemo tçucaza ru mono.

Neutrò, adu. Lus. Nem a hũa parte, nem a outra. Iap. Dochiyemo catazzucazu.

Neutrobi. Idem.

Nex, cis. Lus. Morte violenta. Iap. Inochi uo tatçu cotouo yũ, l, xǒgai, l, xetgai. ¶ Necidatus. Lus. Morto violentamente. Iap. Gaixeraretaru mono. ¶ Item, Secundum Festum, Morto sem ferida como a fome, com peçonha, &c. Iap. Qizzuuo vqezu xite corosaretaru mono: vt docugai nado. ¶ In necem alterius aliquid facere. Lus. Fazer algũa cousa em dano, e destruição dos bens de alguẽ. Iap. Fitono xochi, zaisanno sonto naru cotouo suru. ¶ Artifices necis. Lus. Inuentores de nouo genero de morte. Iap. Fitono coroxiyǒuo tacumi idasu mono.

Nexum, i, & Nexus, us. Lus. Hũa certa vẽda solenne. Iap. Aru xiyǒuo motte xitaru coqiacu. ¶ Item, Obrigação. Iap. Xezu xite canauazaru coto, l, mononi fodasaruru cotouo yũ.

Nexus, a, um. Lus. Cousa trauada, ou vnida. Iap. Vagǒxitaru coto, l, auaxetaru coto, l, cusari auaxetaru coto.

N ANTE I.

NI, pro nisi. Lus. Senão. Iap. Naqini voiteua, l, naqumba. ¶ Interd. Pro ne. Lus. Não, peraque não. Iap. Naqiyǒni, naqi tameni. ¶ Interd. Porem, mas. Iap. Saredomo, sarinagara.

Nicerotianum, i. Lus. Hum vnguento precioso. Iap. Aru cunyacuno na.

Niceteria. Lus. Premios que se dam polla victoria, como colares douro, &c. Iap. Riunuo firaqitaru mononi guncǒno xǒto xite atayeraruru mono. ¶ Item, Sacrificios, ou contiites publicos com que os vẽcedores festejam a victoria. Iap. Xǒriuo yetaru iuaito xite nasu tamuqe, l, furumai.

Nicóphoros. Lus. Era das paredes, ou texo. Iap. Tçuta.

Nictatio, onis. Lus. O pestanejar, ou ofechar, & abrir os olhos. Iap. Madataqiuo suru coto nari.

Nictus, us. Idem.

Nicto, is. Lus. Ganir os cães quando sentẽ o faro da caça. Iap. Caribano inu cami voboyetaru tono xiruxini coyeuo idasu.

Nicto, as. frequent. à Niueo. Lus. Dar dolho, ou acenar com os olhos. Iap. Mefajiqiuo suru, meguuayeuo suru. ¶ Nictare. Lus. Procurar muitas vezes de fazer algũa cousa com força, ou fincapè. Iap. Saisai xeiuo irete monouo faguemasu.

Nidamentum, i. Lus. Lugar onde as aues fazem seus ninhos. Iap. Torino suuo caquru tocoro.

Nideo, es, dui. Lus. Resplandecer. Iap. Cacayaqu, teru. ¶ Item, Ter bom cheiro, ou recender. Iap. Yoqi niuoiuo idasu, l, cunzuru.

Nidifico, as. Lus. Fazer ninho. Iap. Suuo cũ, suuo caquru.

Nidor, oris. Lus. Cheiro de cousa queimada. Iap. Monono yaquru niuoi. ¶ Itẽ (propriè) Cheiro de carne assada, ou outros manjares cozidos. Iap. Aburi, l, nitaru nicu igueno xocubutno niuoi. ¶ Interd. Riso. Iap. Varai. ¶ Item, Fedor, ruim cheiro. Iap. Axiqi niuoi.

Nidulor, aris. Lus. Fazer ninho. Iap. Suuo cũ, suuo caquru. ¶ Aliqñ. Estar sobre os ouos, ou chocallos. Iap. Toriga caigouo atatamuru.

Nidus, i. Lus. Ninho. Iap. Torino su. ¶ Qñq;. Filhos dos passaros. Iap. Torino fina. ¶ Qñq;. Hum certo vaso. Iap. Vtçuuamonono na. ¶ Item, Repartimẽtos das tendas, ou lojeas em q̃ se metẽ as cousas de venda. Iap. Tenyano vchini vri monouo ire voqu fedate aru tocoro.

Nidulus, i. dim. idem.

Nigella, æ. Lus. Hũa aruorezinha. Iap. Aru chijsaqi qino na.

Nigellus, a, um. Lus. Algum tanto negro. Iap. Vsuguroqi mono.

Niger, a, um. Lus. Cousa preta, ou escura. Iap. Curoqi mono, curaqi tocoro. ¶ Itẽ, per transl. Morto. Iap. Xibito, xigai, mǒja.

¶ Qñq;.

¶ Qñq;. Cousa nociua, ou danosa. Iap. Ata, I, ionto naru mono. ¶ Qñq;. Cousa roim, ou mà. Iap. Axiqi coto. ¶ Nigra vena, i. medrana.

Nigrédo, inis, & Nigrities, ei, & Nigritia, æ. Lus. Côr preta. Iap. Cocuxiqi, curoqi iro.

Nigritûdo, inis. Idem.

Nigrefacio, is. Lus. Fazer preto. Iap. Curoqu nasu, curo ironi some nasu.

Nigreo, es. Lus. Ser négro. Iap. Cocuxiqi nari.

Nigresco, is. Lus. Fazerse preto. Iap. Cocuxiqini naru, curoqu naru.

Nígrico, as. Lus. Negrejar, ou ser hum pouco preto. Iap. Vsoguroqi nari, sucoxi curoqu miyuru.

Nigro, as. Lus. Fazer preto. Iap. Curoqu nasu, cocuxiqini nasu. ¶ Interd. Ser preto. Iap. Cocuxiqi nari, curoqi nari.

Nigror, oris. Lus. Cór preta, ou nigridão. Iap. Cocuxiqi, curo iro.

Nihil, l, Nihili. Lus. Nada. Iap. Nanimo: vt nanimo naqu.

Nil. Idem.

Nihildum. Lus. Ainda não, ou nada ate agora. Iap. Imadaxi, l, imamade naxi.

Nihili facio, is. Lus. Estimar em nada. Iap. Nanitomo vomouanu, l, sucoximo mochijzu.

Nihili pendo. Idem.

Nihilóminus. Lus. Não menos, não de outra maneira, toda via. Iap. Fedate naqu, tagauazu, l, sarinagara.

Nihilum. Lus. Nada. Iap. Nanimo: vt nani mo naqu. ¶ Item, Não. Iap. Ina, iya.

Nilion. Lus. Hũa pedra preciosa. Iap. Aru meixuno na.

Nimbatus, a, um. Lus. Cousa vntada com vnguento precioso. Iap. Cuncŏ, l, cunyacu nite nuraretaru mono.

Nímbifer, a, um. Lus. O que traz, ou causa chuueiros. Iap. Xigure, l, muramameuo vocosu mono.

Nimbôsus, a, um. Idem. ¶ Item, Sojeito a chuueiros, e ventos. Iap. Ame, caje xiguеqi tocoro.

Nimbus, i. Lus. Chuueiro. Iap. Xigure, murasame. ¶ Item, Vento. Iap. Caje. ¶ Item, Nuuem em que os deoses dos antigos deciam aeste mundo. Iap. Mucaxi mochijxi butjin notte ten yori cudaritaru cumo. ¶ Item, Hum vaso em que se guardam cousas liquidas. Iap. Saqe nado no vtçuuamono.

Nimiè, adu. Lus. Sobre maneira. Iap. Cotono foca, itçuyorimo. ¶ Interd. Muito. Iap. Vôqini.

Nimietas, atis. Lus. Superfluidade, e demasia. Iap. Suguitaru cotouo yũ, taiqua.

Nimiopere, adu. Lus. Grandemẽte. Iap. Fanafada, vôqini.

Nimîrum, adu. Lus. Sem duuida, certamẽte. Iap. Macotoni, xicato. ¶ Item, Conuem a saber. Iap. Tatoyeba.

Nimis. Lus. Demasiadamente. Iap. Suguite.

Nimium. Idem.

Nimius, a, um. Lus. Cousa nimia, e demasiada. Iap. Suguitaru coto. ¶ Nimius animi. Lus. Homem de animo demasiadamente grande. Iap. Qenague suguitaru mono.

Ningo, is, l, Ninguo, is, xi. Lus. Neuar. Iap. Yuqiga furu.

Ninguidus, a, um. Lus. Lugar de muita neue. Iap. Yuqino xiguequ furu tocoro.

Niptra. Lus. Banhos, ou lauatorios. Iap. Yudono, yocuxit.

Nis, pro nobis, apud veteres.

Nisi. Lus. Se não. Iap. Naqini voiteua, naqumba.

Nitédula, æ. Lus. Hum genero de rato pequeno. Iap. Farçuca nezumi, l, conezumi. ¶ Item, Cagalume. Iap. Fotaru.

Nitella, æ. Lus. Cousa que alimpa, e tira a sujidade. Iap. Acatori, l, acauo votosu mono.

Nitens, entis. Lus. Cousa resplandecẽte. Iap. Ficaru mono, cacayaqu mono. ¶ Item, Cousa ornada, e atauiada. Iap. Socutaitaru mono, cazaritaru mono.

Niteo, es, tui. Lus. Ser resplãdecẽte. Iap. Ficaru, cacayaqu. ¶ Item, Ser, ou estar ornado,

nado, epolido. Iap. Socutôte yru, detatte yru.

Nitesco, is. Lus. Fazerse claro, & resplandecente. Iap. Cacayaqi yuqu.

Nitidè, adu. Lus. Resplandecendo, ou com resplandor. Iap. Cacayaite, ficatte.

Nitidiùs, l, Nitidissimè, adu. Idem.

Nitiditas, atis. Lus. Fermosura, ornato. Iap. Vtçucuxisa, biuei, l, qirabiyacasa.

Nitidiusculè, adu. dim. Lus. Hum pouco mais ornada, & atauiadamente. Iap. Nano sucoxi qireini, l, cazatte.

Nitido, as. Lus. Fazer reluzente, ou açacalar. Iap. Migaqu, togu.

Nitidus, a, um. Lus. Cousa resplandecente, ou bem polida. Iap. Ficaru mono, migaqi tatetaru mono, qireinaru mono.

Nitor, oris. Lus. Resplandor, ornato, & fermosura de qualquer cousa. Iap. Ficari, cazari, vtçucuxisa.

Nitor, eris, nixus, & nisus. Lus. Esforçar se por leuar algum peso, &c. Iap. Vomoniuo vôte chicarauo idasu. ¶ Interd. Estribarse, ou encostarse. Iap. Yoricacaru, sugaru. ¶ Niti gradu. Lus. Andar. Iap. Ayomu, focô suru. ¶ Niti alis. Lus. Voar. Iap. Sorauo caqeru, l, tobu. ¶ Aliqñ. Trabalhar, ou pór cuidado em algũa cousa. Iap. Faguemasu, xeiuo iruru.

Nitibundus, a, um. Lus. Cousa muito resplandecẽte, ou polida. Iap. Suguretecacayaqu mono, l, cazaritaru mono.

Nitraria, æ. Lus. Lugar onde se faz, ou donde se tira salitre. Iap. Yenxôuo xenzuru, l, yenxôuo fori idasu tocoro.

Nitratus, a, um. Lus. Cousa misturada cõ salitre. Iap. Yenxôuo majiyetaru mono.

Nitrosus, a, um. Lus. Cousa que tem salitre. Iap. Yenxôno aru tocoro. ¶ Item, Cousa que tem sabor de salitre. Iap. Yenxôno agiuai aru mono.

Nitrum, i. Lus. Salitre. Iap. Yenxô. ¶ Itẽ, Hum genero de pedra de sal. Iap. Yama yori fori idasu xiuo.

Niuâlis, e. Lus. Cousa pertencente a neue. Iap. Yuqini ataru coto. ¶ Niualia loca. Lus. lugares, onde neua muito. Iap. Yuqino xiguequ furu tocoro. ¶ Niuales dies. Lus. Dia em que cae muita neue. Iap. Yuqino vouoqu furu fi. ¶ Niuale cælũ. Lus. Clima em que neua a miude. Iap. Saisai yuqino furu tenno caguen. ¶ Osculũ niuale, per metaphorã. Lus. Beijo frio. Iap. Nuruqu fitouo suu cotono yũ.

Niuarius, a, um. vt niuarium colum. Lus. Coadouro de coar neue. Iap. Yuqixiru no cosu suinô.

Niueatus, a, um. Lus. Cousa resfriada cõ neue. Iap. Yuqi nite fiyaxitaru mono.

Niueo, es, xi, ctum. Lus. Dar de olho, ou acenar com os olhos. Iap. Mesajiqiuo suru, meguuayeuo suru. Non est in vsu.

Niueus, a, um. Lus. Cousa de neue. Iap. Yuqini ataru coto, l, yuqinite tçucuritaru coto. ¶ Item, Cousa branca. Iap. Xiroqi mono.

Niuosus, a, ũ. Lus. Lugar de muitas neues. Iap. Yuqino xiguequ furu tocoro. ¶ Niuosa hyems. Lus. Inuerno neuoso. Iap. Yuqino xiguequ furu fuyu. ¶ Niuosa grãdo. Lus. Neue q̃ cae conuertida ẽ saraiua. Iap. Arareni natte furu yuqi.

Nix, iuis. Lus. Neue. Iap. Yuqi. ¶ Ninguis apud antiquos. Idem.

Nixij dij, tria signa in capitolio ante cellam Mineruæ.

Nixor, aris. Lus. Estribarse. Iap. Suuaru, yoricacaru.

Nixurio, is, ij. Lus. Querer, ou desejar estribarse. Iap. Yoricacarauto nozomu, funbarauto nozomu. ¶ Item, Procurar de fazer algũa cousa. Iap. Menouo xento naguequ.

Nixus, a, um. Lus. Estribado, ou sostentado em algũa cousa. Iap. Mononi yoncacari, fũbari, l, suuaritaru mono.

Nixus, us. Lus. Dôr, e trabalho do parto. Iap. San suru toqino itami. ¶ Item, Fincapè, ou o estribarse. Iap. Mononi xicacaru xeiriqi.

Nixus, i. Lus. Hum sino celeste. Iap. Foxi no yadori.

NO

NO, as, aui, atum. Lus. Nadar. Iap. Voyogu.

Nólibis,e. Lus. Nobre,eilustre. Iap. Qicoye aru mono, meiyo aru mono, l, cacuremo naqi mono. ¶ Itẽ, Nomeado, ou conhecido. Iap. Na aru mono. ¶ Nobilis genere, nobili loco, l, honesto natus. Lus. Homẽ nobre. Iap. Zocuxō yoqi fito, sugime yoqi fito. ¶ Facinus nobile. Lus. Façanha, ou feito insigne. Iap. Suguretaru tegara, cōmiō.

Nobilitas, atis. Lus. Nobreza, ou excelencia. Iap. Yoqi zocuxō, monono suguretaru cotouo yŭ. ¶ Item, Fama, ou nome. Iap. Qicoye, meiyo, l, cacuremo naqi coto uo yŭ.

Nobiliter, adu. Lus. Nobre, e insignemẽte. Iap. Sugurete, daimiŏraxiqu.

Nobilito, as. Lus. Ennobrecer, ou acrecẽtar honra, e dignidade. Iap. Saburaini nasu, cu raini ninzuru. ¶ Aliqñ. Fazer afamado, e manifesto. Iap. Cacuremo naqu nasu, qicoyevataru yŏni nasu. ¶ Nobilitare aliquem flagitijs. Lus. Persuadir a alguem peccados, e despois publicalo. Iap. Fitoni acuuo vocasaxete, sono fitono acumiŏuo tatçuru.

Nocens, entis. Lus. O que injuriou, e u cometeo algum maleficio. Iap. Rŏjeqiuo xicaqetaru mono, tegacin. ¶ Item, O que empeceo, ou danificou a alguem. Iap. Fitoni atauo naxitaru mono, sonuo saxetaru mono.

Nocenter, adu. Lus. Cem dano, l, pesa e m pecer. Iap. Atauo motte, l, atauo nasu tame.

Noceo, es, cui, itum. Lus. Empecer. Iap. Atauo nasu, chijocuuo xicaquru. ¶ Nocere no xam. Lus. Fazer dano. Iap. Sonuo tatsuru, atauo nasu.

Nocetur, impersonale. Idem.

Noctes Atticæ. Lus. Hum certo liuro. Iap. Aru xomotno na.

Noctesco, is. Lus. Fazerse noite. Iap. Yoni nru.

Noctifer. Lus. Estrella boyeyra. Iap. Fi curete ichibanni miyuru foxino na.

Noctifuga, æ. Lus. O q̃ foge, ou aborrece a noite. Iap. Yoruuo qirŏ mono.

Noctilúca, æ. Lus. Lũa que resplandece de noite. Iap. Yoruuo terasu tçuqi. ¶ Itẽ, apud alios, Cagalume. Iap. Fotaru, qeiqua.

Noctipugæ. Lus. Cousas torpes, e sujas. Iap. Cŏxocuno fujŏnaru coto. Lucil.

Noctiuagus, a, ũ. Lus. O que anda de noite. Iap. Yoru atuqu mono.

Noctu. Lus. De noite. Iap. Yoruni, l, yainni.

Noctua, æ. Lus. Curuja. Iap. Fucuro.

Nocturnus, a, um. Lus. Cousa nocturna, ou da noite. Iap. Yoru, l, yainni ataru coto.

Nocuus, a, ũ. Lus. Cousa nociua, ou danosa. Iap. Atauo nasu mono, sŏuo tasuru mono.

Nodatio, onis. Lus. O ter muitos noos amadeira, &c. Iap. Zaimocuno fuxidaraqenaru cotouo yŭ.

Noda, æ. Lus. Hũa erua. Iap. Cusano na.

Nodo, as. Lus. Atar, dar noos. Iap. Musubu.

Nodosus, a, ũ. Lus. Cousa de muitos noos. Iap. Musubime, l, fuxi vouoqi mono.

Nodus, i. Lus. Noo. Iap. Musubime.

¶ Nodus Herculeus. Lus. Hum noo cego, e apertado. Iap. Mamusubi. ¶ Itẽ, Nodus Herculeus. Hũ noo com que as nouias amarrauam o cinpidouro. Iap. Yomeiri xitaru vonnano vobino musubime. ¶ Item, Noo da aruore, ou dedo. Iap. Fuxi, l, qino fuxi. ¶ Corporis nodi. Lus. Iũturas dos mẽbros. Iap. Gotaino tçugai tçugai. ¶ Aliqñ. Enigma, ou questão dificultosa. Iap. Nazo, l, funbet xigataqi fixin. ¶ Itẽ, Qualquer dificuldade. Iap. Mot eno xigataqi cotouo yŭ. ¶ Itẽ, Multidão de gẽte de pee vnida, e q̃ facilmẽte se não podẽ rõper. Iap. Caqeyaburarezaru cachidachino muxano atçumari. ¶ Cælestis nodus. Lus. Hũ sino celeste. Iap. Foxino yadori.

Nódulus, i, dimi. Idem.

Noegæum, ei. Lus. Hũ genero de vestido. Iap. Aru yxŏno na guy.

Noéma, atis. est sententiæ quoddam genus, cùm aliud intelligitur, quàm videtur dici.

Nolens, entis. Lus. O que não quer. Iap. Monouo cirŏ, l, nozomanu mono.

Nolo, nonuis. Lus. Não querer. Iap. Nozomanu.

mazzu, iyagaru, qirŏ.

Nomæ, arum. Lus. Chagas, ou postemas, que pouco a pouco comem, e gastam o corpo. Iap. Xitaini gotaino cuzzure, l, cusariyuqu xumot.

Nomarcha, æ. Lus. Presidente em algum soficio, ou cargo. Iap. Xugodai, daiquan, buguiŏ.

Nomarchia, æ. Lus. Officio, ou cargo de presidir. Iap. Buguiŏ, daiquanxocu.

Nomen, inis. Lus. Nome. Iap. Na. ¶ Aliqñ. Fama, ou gloria. Iap. Meiyo, qico ye. ¶ Item, Linha da geração. Iap. Zocu xŏ, sugime. ¶ Item, Nomina, Capitolos em que se escreuem os nomes dos deuedores, a quē se entregou dinheiro. Iap. Caneuo caritaru monono nauo caqitaru chŏ. ¶ Aliqñ. Deuedor. Iap. Cane nadouo voi taru mono. ¶ Itē, Diuida. Iap. Xacumot. ¶ Item, Acrédor. Iap. Caxite. ¶ Aliqñ. Causa. Iap. Yuye, xisai. Vt, Reip. nomine. Lus. Por causa da Republica. Iap. Rep. yuyeni.

Nomenclatio, onis, et Nomenclatura, æ. Lus. O nomear, ou chamar por seu nome. Iap. Nazzuquru, l, nazaxite yobu cotouo yŭ.

Nomenclâtor, oris. Lus. O que sabe os nomes de todos, e chama a cada hũ por seu nome. Iap. Bâminno nauo xitte nazaxite yobu fito.

Nominatim. Lus. Nomeadamente, ou nomeando hum ē hum. Iap. Nazaite. ¶ Aliqñ. Expressamente. Iap. Aqiracani, arauarete, arauani. ¶ Itē, Em particular, ou particularmēte. Iap. Caccacuni, ichiichini.

Nominatio, onis. Lus. O nomear. Iap. Nazasu, l, nazzuquru cotouo yŭ. ¶ Item, Est figura Rhetorum.

Nominâtus, a, um. Lus. Nomeado, afamado. Iap. Qicoye aru mono, cacuremo naqi mono.

Nómino, as. Lus. Nomear, ou pôr nome. Iap. Nazasu, l, nauo tçuquru. ¶ Interd. Chamar por seu nome. Iap. Nazaite yobu. ¶ Aliqñ. Declarar, exprimir. Iap. Arauasu, roqen sasuru. ¶ Item, Nomear, ou apresētar a outro pera algũ cargo, &c. Iap. Xocu, l, curaini ninzuru tameni fitono nauo xirusxi sasaguru.

Nomínito, as. frequent. Idem.

Nomisma, vide Numisma.

Nomodidáctes, æ. Lus. O que ensina a ley. Iap. Fattouo voxiyuru mono.

Nomophylaces. Lus. Guardadores da ley. Iap. Fattouo mamoru mono.

Nomos. Lus. Officio, ou cargo de presidir. Iap. Buguiŏ, l, daiquanxocu. ¶ Item, Ley, ou regra. Iap. Fatto, sadame.

Nomothetæ, arum. Lus. Legisladores. Iap. Fattouo sadamuru fito.

Non. Lus. Não. Iap. Ina, iya. ¶ Non nihil. Lus. Algũa cousa. Iap. Nanizo. ¶ Nihil non tibi debeo. Lus. Tudo vos deuo. Iap. Vare motçu fodono coto mina sonatano govon nari. ¶ Non ita pridem. Lus. Não ha muito tempo. Iap. Fisaxicarazu, conogoro. ¶ Nō modò. Lus. Não sómente. Iap. Nominarazu. ¶ Item, Non modo. Lus. Quanto mais. Iap. Iuanya.

¶ Nonnullus. Lus. Algũ. Iap. Taso, tareyaran, naniyaran. ¶ Non sobrius. Lus. Bebado. Iap. Chinsui xitaru mono, saqeni yoitaru fito. ¶ Nō tacendus. Lus. Cousa pera se contar, ou louuar. Iap. Catatarubeqi coto, l, fomerarubeqi coto. ¶ Nonnũquā. Lus. Algũas vezes. Iap. Toqiniyotte.

Nonæ, arum. Lus. Nonas do mes. Iap. Europano tçuqini yotteua itçuca, l, nanucame.

Nonagéni, æ, a. Lus. De nouenta em nouenta. Iap. Cujŭzzutçu.

Nonagies, adu. Lus. Nouenta vezes. Iap. Cujŭtabi.

Nonarius, a, um. Lus. Cousa de noue. Iap. Coconotçuni ataru coto. ¶ Nonaria meretrix. Lus. Molher publica que exercitaua o torpe officio das tres horas do meyo dia por diante. Iap. Fitçujino cocu yori xocuuo tçutometaru qeixei.

Nondum. Lus. Ainda não. Iap. Imada.

Noningenti, l, Nongenti, æ, a. Lus. Noue cen-

centos. Iap. Cufiacu.

Noningeni,& nongeni. Idem.

Norma, æ. Lus. Regoa, ou esquadra de carpinteiros, &c. Iap. Cane,I, giŏjacu. ¶ Item, per metaphoram, Ley, ou regra. Iap. Fatto, sădame.

Normalis, e. Lus. Cousa feita a esquadra, ou regoa. Iap. Sumizuuo tçuite caneni atete xerauetaru mono.

Normatus, a, um. Idem.

Nos, nostrûm, I, nostri. Lus. Nos. Iap. Varera. ¶ Nosmet. Lus. Nos mesmos. Iap. Varera. ¶ Nos metipsi. Idem.

Noscitabundus, a, um. Lus. O que conhece. Iap. Mixiru mono.

Nosco, is, oui otum. Lus. Conhecer. Iap. Xiru, mixiru. ¶ Item, Ter entendido, e claramente conhecido algũa cousa. Iap. Vnuŏuo xiru, yoqu vaqimayuru.

Noscito, as. frequent. Idem.

Nosocomion, ij. Lus. Hospital de pobres doentes. Iap. Fininnaru biŏjauo canbiŏ suru tocoro.

Noster, a, um. Lus. Nosso. Iap. Vareraga coto. ¶ Item, Noster (absolutè) Lus. Nosso filho. Iap. Vareraga co. ¶ Item, Homē de nossa nação, ou patria. Iap. Dŏcocu, dŏqiŏno mono.

Nostrapte culpa. Lus. Por nossa mesma culpa. Iap. Vareraga ayamarini yotte.

Nostras, âtis. Lus. Cousa de nossa nação, ou patria. Iap. Dŏcocu, dŏqiŏno mono.

Nota, æ. Lus. Marca, ou final. Iap. Xiruxi, in. ¶ Item, Ignominia. Iap. Caqin, nano qizu. ¶ Aliqñ. Escritura. Iap. Xomot, caqi mono. ¶ Aliqñ. Louuor. Iap. Fomare, meiyo. ¶ Item, Sinal com que se significa algũa cousa. Iap. Monouo arauasu xiruxi. ¶ Item, Notæ, Cifras com que se escreuem cousas secretas. Iap. Mitjiuo caqu tameni, tçgaini yacusocuxite tçucuru monji. ¶ Notis scribere. Lus. Escreuer, e resumir o que outrem vai ditando. Iap. Fitono yŭ cotouo riacuxite caqixirusu. ¶ Eximere notæ. Lus. Perdoar a injuria. Iap.

Chijocuuo yurusu. ¶ Qñd. Notæ. Lus. Indicios. Iap. Monouo suiriŏ suru xiruxi.

Notabilis, e. Lus. Cousa notauel, e digna de consideração. Iap. Xian xerarubeqi coto, I, vomoi idasaru beqi coto. ¶ Item, Cousa insigne, ou manifesta. Iap. Sugureta-ru coto, cacuremo naqi coto, I, funmiŏ naru coto.

Notabiliter, adu. Lus. Notauelmente. Iap. Micadomaru fodo, meni tatçu fodo.

Notarius, ij. Lus. Notario, ou escriuão publico. Iap. Cuji satauo caqi xirusu coto uo xocuto suru mono.

Notatio, onis. Lus. Aduertencia, ou o notar. Iap. Cayerimiru cotouo yŭ, I, xian.

Notatus, a, um. Lus. Cousa eleita. Iap. Caqi xirusaretaru mono. ¶ Item, Cousa celebre, & afamada. Iap. Caquremo naqi coto, qicoyetaru coto.

Noteo, es, ui. Lus. Ser notorio, e manifesto. Iap. Funmiŏ nari, cacuremo naqi nari.

Notesco, is. Lus. Fazerse manifesto, ou conhecido. Iap. Funmiŏni naru, cacuremo naqu naru.

Nothia, æ. Lus. Legado que o pay deixaua em testamento ao filho bastardo. Iap. Tecaqeno coni yuzzuritaru zaifŏ.

Nothus, i. Lus. Filho bastardo. Iap. Tecaqe no co. ¶ Item, Elefante de Arabia. Iap. Arabiato yŭ cunino zŏ.

Notia, æ. Lus. Hũa pedra preciosa. Iap. Meixuno na.

Notifico, as. Lus. Fazer notorio, e manifesto. Iap. Roqen sasuru, rufu sasuru, cacuremo naqu nasu.

Notio, onis. Lus. Conhecimento, intelligencia. Iap. Funbet suru, I, xiru cotouo yŭ. ¶ Item, O julgar a demanda. Iap. Cujino saiqio, I, qiŭmei.

Notitia, æ. Lus. Noticia, conhecimento. Iap. Vaqimayuru cotouo yŭ, xiru cotouo yŭ.

Notities, ei. Idem.

Notius, a, um. Lus. Cousa do sul. Iap. Minamino catani ataru coto. ¶ Item, Cousa humida. Iap. Xicqe aru coto, ximeri taru coto.

Noto, as. freq. Lus. Notar, aduertir. Iap. Cayerimiru, xian suru, nattocu suru.
¶ Notari ignominia. Lus. Ser infamado do censor, ou emperador por algum crime cometido. Iap. Teivô, l, cataguiuo nauosu yacuxa yori vocaxini yotte nani qizuuo vquru. ¶ Item, Marcar, ou assi nalar. Iap. In uo vosu, xiruxiuo turu.
¶ Notarunt hoc annales. Lus. Isto esta escrito nas coronicas. Iap. Core nendaiqini ari. ¶ Item, Infamar, ou injuriar a alguem. Iap. Fitono nani qizuuo tçuquru, rŏjeqiuo suru.
Notorius, a, um. Lus. Cousa manifesta. Iap. Aqiracanaru coto, funmiŏnaru coto. ¶ Item, Notoria, orum. Lus. Accusaçóes que se fazem aos juizes. Iap. Tadaxiteno mayenite no vttaye.
Notus, i. Lus. Vento sul. Iap. Fayeno caje.
Notus, a, um. Lus. Cousa conhecida. Iap. xiretaru coto, arauaretaru coto. ¶ Item, O que conheceo. Iap. Mixiritaru mono.
Nouácula, æ. Lus. Naualha. Iap. Camisori. ¶ Item, Faca, ou cutello. Iap. Fŏchŏ, vôcogatana.
Nouâlis, is, & Nouale, is. Lus. Campo q̃ se semea hum ano, e outro não. Iap. Ichinen aiuo voite tçucuru denbacu. ¶ Itẽ, Campo nouamẽte aberto pera laurar. Iap. Ataraxiqu firaqitaru denbacu. Seruius.
¶ Item, (secundum Seru.) Campo que cada ano se semea. Iap. Mainen tçucuru denbacu.
Nouandus, a, um. Lus. Cousa que ha de ser renouada. Iap. Aratameraru beqi coto, saicô xeraru beqi coto.
Nouans, antis. Lus. O que faz, ou inuenta de nouo algũa cousa. Iap. Ataraxiqu monouo tçucuru firo, l, tacumi idasu fito.
Nouatio, onis. Lus. Mudança de hũa diuida, ou obrigação em outra que se faz juridicamente. Iap. Xezu xite canauanu coto no tadaxite yori bechno xesaxi ca yeqi xeraruru cotouo yŭ.
Nouator, oris. Lus. O que faz de nouo algũa cousa, ou a inuenta. Iap. Monouo ataraxiqu xi idasu, l, tacumi idasu fito.
Nouatrix, icis. fœm. Idem.
Nouè, & Nouiter, adu. Lus. Nouamente, fora do vso, e costume. Iap. Ataraxiqu, mezuraxiqu, rei narazu.
Nouelletum, i. Lus. Bacéllo. Iap. Ataraxiqi budŏno fataqe.
Nouello, as. Lus. Cultiuar, ou laurar de nouo algum campo. Iap. Ataraxiqu denbacuuo firaqu. ¶ Item, Pôr bacello. Iap. Budŏno cazzurauo sasu.
Nouellus, a, um. dim. Lus. Cousa noua. Iap. Ataraxiqi coto, vacaqi coto.
Nouem. Lus. Noue. Iap. Coconotçu.
Nouenarius, ij, & Nouenarius, a, um. Lus. Numero de noue, ou cousa que contem noue. Iap. Coconotçuno cazu, l, coconotçu aru mono.
Nouendiale sacrificium. Lus. Hum sacrificio que se fazia em noue dias. Iap. Coconocano aidaxitaru tamuqe.
Nouendium, ij. Lus. Espaço de noue dias. Iap. Coconocano aida.
Nouenus, a, um. Lus. Cousa que contẽ noue. Iap. Coconotçu aru mono.
Nouerca, æ. Lus. Madrasta. Iap. Mamafaua, qeibo.
Nouercâlis, e. Lus. Cousa de madrasta. Iap. Mamafauani ataru coto.
Nouercor, aris. Lus. Fazer como madrasta cõ odio, e rancor. Iap. Mamafauano mamaconi ataru gotoqu, nicuxinuo motte mononouo suru.
Nouissimè, adu. Lus. Vltimamente. Iap. Vouarini.
Nouissimus, a, um. Lus. Vltimo, derradeiro. Iap. Vouarinaru mono.
Nouitas, atis. Lus. Nouidade. Iap. Ataraxisa, l, mezzuraxisa. ¶ Itẽ, Geração baixa. Iap. Guexennaru sugime. ¶ Homo nouus. Lus. Homem baixo. Iap. Guexennaru mono, iyaxiqi mono.
Nouitius, a, um. Lus. Cousa noua ou feita pouco tempo ha. Iap. Ataraxiqi coto, cogoro deqitaru coto. ¶ Nouitia mancipia. Lus. Escrauos que ainda não seruiram

ram humano. Iap. Imada ichinenuo tax xite fôcôuo xezaru yatçuco.

Nouo as. Lus. Fazer de nouo, inuẽtar. Iap. Mouou araraxiqu xi idaſu, l, tacumi idaſu. ¶ Itẽ, Apud iuriſconſ. Mudar hũa obrigação ẽ outra. Iap. Xezu xite canauanu cotouo tadaxite yori bechino xoſani caiyeqi xeraruru.

Nouus, a, um. Lus. Couſa noua. Iap. Atataxiqi coto. ¶ Item, Couſa increiuel, e admirauel. Iap. Xinji gataqi fodo naru coto, vôqinaru coto. ¶ Noui homines. Lus. Homens que não ſendo de géração illuſtre, por ſi começá a valer, e ter cargos na cidade. Iap. Sonomino ſaicacuuo motte ſaburaito nari cõxocuuo tçutome fajimuru fito.

Nouuncium, ij. Lus. Peſo de noue onças. Iap. Xichijũ nimonme fodono vomoſa.

Nox, ctis. Lus. Noite. Iap. Yoru. ¶ Æquare nocti ludũ. Lus. Iugar toda anoite. Iap. Xũya bacuyeqi ſuru. ¶ Item, Sono. Iap. Nemuri, ſuimen. ¶ Nox æterna. Lus. Morte. Iap. Xiſuru cotouo yũ, l, xi. ¶ Nox animi. Lus. Ignorancia, & cegueira do animo. Iap. Funbetno curaqi cotouo yũ, l, mayoino cumo, l, yami. ¶ Itẽ, Nox, pro noctu. Lus. Denoite. Iap. Yachũni, yainni. ¶ Noctes, & dies. Lus. Continuamente. Iap. Xũjit, xũya, yafacu tomoni. ¶ Dare noctes alicui, de meretricibus dicitur.

Noxa, æ. Lus. Delicto, maleficio. Iap. Zaiqua, bonqua. ¶ Item, Danificação, ou detrimento que algũa couſa recebeo. Iap. Monono qizu, l, ſoconetaru cotouo yũ. ¶ Capere, concipere, & cõtrahere noxam ſeruos. Lus. Receberẽ os eſcrauos dano, e detrimento pollos muitos trabalhos. Iap. Yatçuco xinrõni yotte xeiriqiga tçuquru. ¶ Noxam nocere. Lus. Danificar, ou empecer. Iap. Sonuo ſaſuru. ¶ Noxæ dedere. Lus. Entregar o ſeruo, ou beſta que danificou ẽ recompenſa do dano feito. Iap. Sonuo xitaru fitoni ſonuo ſaxetaru yatçuco, l, guiũbauo vataſu. ¶ Itẽ, Noxæ dedere. Lus. Entregar o mal feitor a aquelles cõtra quẽ cometeo o maleficio. Iap. Atauo vqetaru fitoni atauo naxitaru monouo vataſu. ¶ Noxis ſolutus ſeruus. Lus. Seruo que a ninguem fez dano, ou detrimento. Iap. Tarenimo ſonuo ſaxezaru yatçuco.

Noxalis, e. vt noxalis actio. Lus. Demanda que ſe poem a alguem ſobre o dano q̃ ſeus ſeruos, ou gado fizerão. Iap. Monouo ſoconaitaru guiũyô, l, yatçucono xujinni caqeraruru cuji.

Noxia, æ. Lus. Culpa. Iap. Ayamari, votdo. ¶ Noxiæ eſſe. Lus. Ser atribuida algũa couſa a vicio, ou culpa. Iap. Ayamari, l, zaiquani fuſuru.

Noxitûdo, inis. Idem, apud veteres.

Noxius, a, um. Lus. Couſa nociua, e danoſa. Iap. Sonuo ſaſuru, l, atauo nasu mono. ¶ Noxius ſeruus. Lus. Seruo q̃ danificou, ou deu detrimẽto a alguem pollo qual lhe fica obrigado. Iap. Sonuo ſaxetaru fitoni vataſaru beqi yatçuco.

N ANTE V.

Nubes, is. Lus. Nuuem. Iap. Cumo. ¶ Nubes peditum, per trãsl. Lus. Multidaõ eſpeſſa de gente de pee. Iap. Cachidachino monono yxxoni catamari yru cotouo yũ.

Nubis. apud Plaut. Idem.

Nubécula, æ. dimi. Idem. ¶ Item, per transl. Carranca do reſto. Iap. Mayuni xiuauo yoſuru cotouo yũ, l, mayuuo fiſomuru cotouo yũ.

Núbifer, a, um. Lus. O que traz, ou cauſa nuẽs. Iap. Cumouo vocoſu mono. ¶ Nubiferi montes. Lus. Montes altos que ſe vão ás nuuẽs. Iap. Cumoni ſobiyuru tacaqi yama.

Nubífugus, a, um. Lus. Couſa que eſpalha, ou afugenta as nuuẽs. Iap. Cumouo faraſu, l, farô mono.

Nubígena, æ. Lus. Gérado de nuuem. Iap. Cumo yori xôjitaru mono. ¶ Nubigenæ, dicuntur centauri, quód ex nube ſint nati.

Nubilarium, ij, l, Nubilar. Lus. Lugar, ou caſa emque ſe recolhe o trigo que ſe debulha,

quã

quando choue. Iap. Amaqe naru toqi co qi votoxi, cachi votosubeqi comuguiuo irevoqu iye.
Núbilis, is. Lus. Donzella casadoura. Iap. Yo meirino jibun naru vonna.
Núbilo, as. Lus. Nublarse, toldarse o ceo, etc. Iap. Cumoru, cumoga tatçu.
Núbilor, aris, deponens. Idem.
Nubilosus, a, um. Lus. Cheo de nuuens. Iap. Cumono vouôtaru tocoro.
Núbilum, i. Lus. Nuuem. Iap. Cumo.
Núbilus, a, um. Lus. Nublado, ou toldado de nuuens. Iap. Cumoritaru, l, cumoni tçutçumaretaru mono. ¶ Nubilus color. Lus. Côr escura. Iap. Curoiro.
Nubo, is, psi, ptum, l, nuptus sum. Lus. Cobrir. Iap. Vouô, cazzuquru. ¶ Item, Casarse a molher. Iap. Yomeirisuru. ¶ Itē, Casar o homem. Iap. Tçumauo mucayuru. ¶ Item, apud aliquos, Sojeitarse o marido à molher. Iap. Vottoua vaga tçumani xitagŏ. ¶ Nubere in familiam claram. Lus. Casarse com pessoa de familia nobre. Iap. Côqeno fitoni yomeiriuo suru. ¶ Aliqñ. Encodilharense, estenderense as vides pollas aruores. Iap. Budóno cazzura qini maqitçuqu.
Nucamenta, orū. Lus. Hũa maneira de maçarocas que dam algũas aruores. Iap. Tôqibino fono gotoqu naru mono.
Nuceus, a, um. Lus. Cousa de noz. Iap. Curumini ataru coto, l, curumi nite tçucuri taru coto.
Nucifrangibulū, i. Lus. Dête. Iap. Fa. Plaut.
Nucleus, ei. Lus. Miolo da noz, ou fruita da casca dura. Iap. Curumi nadono gotoqu cataqi cara aru cononi. ¶ Item, Bagulho de vuas. Iap. Budôno sane. ¶ Qui ex nuce nucleum esse vult, frangat nucem. Lus. Quem quer proueito não fuja o trabalho. Iap. Tocuuo nozomu monoua xinrôuo qirô coto nacare. ¶ Nucleus ferri. Lus. Asso. Iap. Fagane.
Nudè. adu. Lus. Simplesmente, sem refolho. Iap. Xôgiqini, xôroni.
Nudipedalia. Sacra erant Herculis solēnis.
Núditas, atis. Lus. Simplicidade. Iap. Xôgiqi, xôro. ¶ Itē, Pobreza, mingoa. Iap. Fin, mazzuxisa.
Nudius tertius. Lus. Antontem. Iap. Issacu jit, vototoi.
Nudius quartus. Lus. Tras antontem. Iap. Cono sannichi izen.
Nudius quintus. Lus. Quatrodias antes de oje. Iap. Yocca izen.
Nudo, as. Lus. Descobrir, despir nû. Iap. Arauani nasu, fadacani nasu. ¶ Nudatur arbor folijs. Lus. Caem as folhas a aruore. Iap. Qino faga chiru, racuyô suru.
¶ Nudare gladios. Lus. Arrancar as espadas. Iap. Catanauo nuqu. ¶ Nudatus defensoribus murus. Lus. Muro sem defensores. Iap. Fuxeguite naqi xiro, camaye.
Nudus, a, um. Lus. Cousa descuberta, ou nua. Iap. Fadacanaru mono. ¶ Itē, Pobre, e necessitado. Iap. Finin, buricujin. ¶ Nudus ab amicis. Lus. Homem que não tem amigos. Iap. Chijn naqi mono, muyen naru mono. ¶ Nuda vrbs præsidio. Lus. Cidade q̃ não tem desēsa. Iap. Fuxeguite naqi jŏri. ¶ Nudo vestimenta detrahere. Lus. Esperar proueito daquelle que não tem nada. Iap. Buricunaru fito yori tocu, l, tacarauo motomento tano moxŭ vomô. ¶ Itē, Nudus, per metaphoram, Cousa clara, e manifesta. Iap. Fumiŏnaru coto, arauaretaru coto, l, menomo tçutçumanu fito.
Nugæ, arum. Lus. Zonbarias, ou palauras de pouco momento. Iap. Iarecoto, tauabure goto, l, mimonaqi cotoba.
Nugamenta, orum. Idem.
Nugâlis, e. Lus. Cousa chea de zombarias, ou de palauras vaãs. Iap. Tauamuregoto vouoqi coto, l, tauacoto vouoqi coto.
Nugâtor, oris. Lus. O q̃ fala palauras vaãs. Iap. Tauamuregotouo yŭ mono.
Nugax, acis. Idem.
Nugatorius, a, um. Lus. Leue, e de pouco momento. Iap. Yeqinaqi mono, vomocazaru coto.
Nugigérulus, i. Lus. O que denuncia cousas vaãs,

vaãs, ou falsas. Iap. Zôxet, l, musato xitaru cotouo iy furasu, l, iy chirasu mono.
Núgiger, a, um. Idem.
Nugiuendus, i. Lus. O que vende algũa cousa a molheres. Iap. Vonnani monouo vru fito. Antiq.
Nugor, aris. Lus. Falar cousas vaãs, ou fazer cousas de zombaria. Iap. Tauacotouo faqu, mimonaqi cocotouo itasu, l, ajaru.
Núllibi. Lus. Em nenhum lugar. Iap. Izzucunimo: vt izzucunimo naxi.
Nullus, a, um. Lus. Nenhum. Iap. Taremo: vt taremo arazu. ❡ Itẽ, Leue, e de pouco momento. Iap. Mimonaqi mono, yeqinaqi mono, l, monono cazunarazu mono. ❡ Item, Nullus pro non. Lus. Não. Iap. Arazu, ina. Nullis literis homo. Lus. Homẽ idiota, e sem letras. Iap. Ichi mon futçũna mono, mugacunaru mono. ❡ Nullus fum. Lus. Pereci, acabei. Iap. Forobitari, nari fateta.
Nullusdum. Lus. Nenhum, ou ninguem ate agora. Iap. Imani itarumade taremo: vt imani itaru made taremo nasazu.
Num. Lus. Porventura? Iap. Qedaxi, moxi, ca, inaya?
Numne, l, an num. Idem.
Nummarius, ij. Lus. Cobiçoso de dinheiro. Iap. Qinguinuo midarini nozomu mono.
Nummarius, a, um. Lus. Cousa pertencente a hũa certa moeda, ou a dinheiro. Iap. Arujeni, l, tçucaiganeni ataru coto. ❡ Nũmarius interpres pacis, & cor.cordiæ. Lus. O que apazigua, e faz amizades por peitas. Iap. Vairouo totte nacauo nauosu mono. ❡ Nũmarius iudex. Lus. Iuiz corrupto com peitas. Iap. Vairouo toru qendan, tadaxite. ❡ Nũmarium iudicium. Lus. Iuizo, ou sentença dada por peitas. Iap. Vairouo totte xisaru tacugiacu.
Nummatio, onis. Lus. Abundancia de dinheiro. Iap. Caneno taci sansa, bentôsa.
Nummatus, a, um. Lus. Rico de dinheiro. Iap. Caneuo tacusanni motçu mono, qinguinno buguenxa.
Numella, æ. Lus. Hum genero de corda cõ que atormentam os delinquentes. Iap. Mexitouo carame xemuru nauano taguy. ❡ Item, apud Festũ, Corda de amarrar cães. Iap. Inuuo caquru tçuna.
Numen, inis. Lus. Võtade, e poder diuino. Iap. Deusno go naixô, l, facarai, yriqi. ❡ Aliqñ. Deus. ❡ Numẽ diuinum. Idẽ. ❡ Numẽ senatus. Lus. Autoridade, e poder do senado. Iap. Cunino xucurô tachino yxei, chicara.
Numerabilis, e. Lus. Cousa que se pode cõtar. Iap. Cazoyeraruru mono, sansuno voyobu mono.
Numeralis, e. Lus. Cousa q̃ pertẽce a numero. Iap. Cazu, l, sãyôni ataru coto. ❡ Numeralis scientia. Lus. Sciencia q̃ trata de numeros. Iap. Cazu, l, sancãno gacumô. ❡ Numeralia nomina. Lus. Nomes que significam numero. Iap. Cazuno cotoba. vt, ichi, ni, san, ichiban, niban, &c.
Numeratim, adu. Lus. Por numeros. Iap. Cazoyete.
Numeratò. Idem.
Número, as. Lus. Contar por numeros. Iap. Cazoyuru, monouo tçumoru, sanyô suru. ❡ Item, Medir, ou julgar com o entendimento. Iap. Fitono vyeuo saguesumu, l, vomoi facaru, sassuru. ❡ Numerare pecuniam. Lus. Pagar logo em dinheiro de contado. Iap. Caneuo caqete nasu, l, guinxenuo cazoyete vatasu. ❡ Item, Cõtar, ou meter alguem em numero de outros. Iap. Iunzuru, cazoye iruru. ❡ Nullo loco numerare. Lus. Ter em nada. Iap. Monono cazuni xenu. ❡ In numerato esse pecuniam. Lus. Ter o dinheiro prestes, e á mão. Iap. Caneuo totonoyete voqitari. ❡ Ingeniũ in numerato habere. Lus. Ter o engenho prompto, & espedito pera tudo. Iap. Banjini tayasu qu fataracasu funbet ari.
Numerò, adu. Lus. Muito de pressa. Iap. Sassocuni, quaqiũni. Antiq.
Numerosè, adu. Lus. Por consonancias, ou medidas musicas. Iap. Chôxini macaxete, l, auaxete.

Nume-

Numerosus, a, um. Lus. Cousa de grãde numero, ou que contem muitos. Iap. Cazu vouoqi mono. ¶ Oratio numerosa, quæ numeris oratorijs constat.

Numerus, i. Lus. Numero. Iap. Cazu. ¶ Aliqñ. Quãtidade de algũa cousa. Iap. Bũriô, fodorai. ¶ Interd. Ordem. Iap. Xidai, teitô. ¶ Item, Numeros da musica, ou armonia. Iap. Gacuno chôxi. ¶ Aliquando, Grao, ou conta em que cada cousa se ha de ter. Iap. Monouo mochijru beqi giñgiñ, dandan. ¶ In numero esse. Lus. Ser contado, ou ajuntado ao numero de outros. Iap. Cazuni junjeraruru. ¶ In numeros nomen referre. Lus. Matricularse. Iap. Chacutŏni tçuqu. ¶ Item, Honra, credito. Iap. Curai, mochij. ¶ Numero, l, in numero aliquo haberi, l, esse. Lus. Ser contado, & numerado entre outros. Iap. Iunjeraruru, cumayeraruru. Omnibus numeris absolutum. Lus. Cousa perfeita, & acabada. Iap. Taxxitaru coto, fusoqu naqi coto. ¶ Numeri. Lus. Liuro da matricula dos soldados escolhidos. Iap. Yerabaretaru buxino chacutŏ.

Nũmisma, l, Nomisma, atis. Lus. Moeda. Iap. Ieni.

Nũmularius, ij. Lus. Banqueiro, ou cambiador. Iap. Ienino vricai, l, xôbai suru mono.

Numus, l, Nummus, i. Lus. Moeda, ou dinheiro. Iap. Ieni, cane. ¶ Aliqñ. Numus, l, nummus sestertius. Lus. Dez reis. Iap. Ichimonno atai aru ieni. ¶ Numus adulterinus. Lus. Moeda falsa. Iap. Nixe jeni, tçucurijeni.

Nunciatio, onis. Lus. O denunciar. Iap. Tçugue xirasuru coto nari.

Nunciator, oris. Lus. O que denuncia algũa cousa. Iap. Tçugue xirasuru mono. ¶ Item, Acusador, ou o que denuncia de alguem. Iap. Tadaxiteno mayeni vttayuru fito.

Nunc. Lus. Agora. Iap. Ima, Tŏji, ma jibun. ¶ Interd. Por derradeiro, finalmente. Iap. Aguecuni, tçuini. ¶ Interd, Porem, mas. Iap. Sarinagara, tadaxi. ¶ Nunc nuper. Lus. Pouco ha. Iap. Conogoro, fisaxicarazu.

Nuncio, l, potiùs Nuntio, as. Lus. Denunciar, fazer a saber. Iap. Tçugue xirasuru.

Nuncius, l, potiùs Nũtius, ij. Lus. Mẽsageiro. Iap. Tçucai, monono xiraxete. ¶ Itẽ, Mẽsage, ou noua. Iap. Sŏ, tŏrai, tçucai. ¶ Nuntium remittere vxori. Lus. Repudiar á molher. Iap. Tçumauo ribet suru. ¶ Nuncium remittere virtuti. Lus. Apartarse da virtude. Iap. Iendŏuo saxivcqu, l, caiyeqi suru.

Nũncupo, as. Lus. Nomear, chamar. Iap. Nazuquru, yobu. ¶ Nũcupata vota. Lus. Votos que fazem os consules, ou pretores quando vam a suas prouincias. Iap. Cunino xugoto natte yuqu toqino riŭguan. ¶ Nuncupare vota. Lus. Fazer votos. Iap. Riŭguan suru. ¶ Nuncupare testamentum. Lus. Declarar o testador por palaura sua vltima vontade. Iap. Yuigon suru. ¶ Nuncupatiuum testamentum. Lus. O que o testador deixa por palaura que se faça depois de sua morte. Iap. Yuigon. ¶ Nuncupatus hæres. Lus. Herdeiro que nomeo por palaura o testador. Iap. Yuigonni sadametaru atotçugui. ¶ Nuncupata pecunia. Lus. Dinheiro, ou moeda q̃ tem certo, ou proprio nome. Iap. Sorezoreni nano cauaritaru jeni.

Nũndinæ, arum. Lus. Feira. Iap. Ichi.

Nundinalis, e. Lus. Cousa pertencente a feira. Iap. Ichini ataru coto.

Nundinarius, a, um. Idem. ¶ Item, Cousa determinada pera a feira. Iap. Ichino tameni ai sadamaritaru coto.

Nundinatio, onis. Lus. O vender, ou negocear em feiras. Iap. Ichini voiteno xôbai.

Nundinator, oris. Lus. Mercador que trata ẽ feiras. Iap. Ichini tatte xôbai suru mono.

Nũndinor, aris. Lus. Vender publicamente, ou em feiras. Iap. Ichini tatte monouo vru. ¶ Item, Comprar. Iap. Caitoru.

Nunquam. Lus. Nunca, em nenhum tempo. Iap. Nandoqimo, tçuitoni motte itçu rotemo aru becarazu.

Nunquam non. Lus. Sempre, em todo tempo. Iap. Itçumo, nandoqimo.

Nunquando? Lus. Por ventura algũa hora? Iap. Itçuzo? xijen? vt, itçuzo attaca?

Nunquis, nunqua, nunquod, I, nunquid. Lus. Porventura alguem? Iap. Moxi taso?

Nunquisnam, & nunquidnam. Idem.

Nuncia, æ. Lus. Mensageira. Iap. Vonna no tçucai, I, tçuguete.

Nuntio, as. Nuncius. vide Nuncio.

Nuntium, ij. Lus, Nouas, ou mensage. Iap. Sŏ, tçuc i.

Nuo, is. Lus. Querer. Iap. Nozomu. Antiq.

Nuper. Lus. Pouco ha, os dias passados. Iap. Conogoro, qinjit. Qñq;. Estes anos passados. Iap. Qinnen, qindai.

Nuperrime. superl. Lus. Muito pouco ha. Iap. Xencoca.

Núperus, a, um. Lus. Cousa noua, e que ha pouco que passou. Iap. Conogorono coto.

Nupta, æ. Lus. Molher casada. Iap. Yome iri xitaru mono. ¶ Noua nupta. Lus. Noiua. Iap. Yome iri suru vonna.

Nuptiæ, arum. Lus. Casamento. Iap. Yome iri. ¶ Item, Vodas, ou solenidade com que se celebra o casamento. Iap. Yome irino xũguen.

Nuptialis, e. Lus. Cousa que pertence a vodas, ou casamento. Iap. Xŭguen, I, yome irini ataru coto.

Nuptialitius, a, um. Idem.

Nuptialiter, adu. Lus. Amodo de vodas. Iap. Yenpenno guixiqino gotocuni.

Nupturio, is. Lus. Desejar an olher de se casar. Iap. Yomeiriuo nozomu.

Nuptus, a, um. Lus. Casado. Iap. Yome iri xitaru vonna, I, cayenuo musubitaru votto. ¶ Nupta verba. Lus Palauras lasciuas, e des honestas. Iap. Renbono cotoba.

Nuptus, i. Lus. Noiuo. Iap. Tçumauo mucayuru votto.

Nuptus, us. Lus. O casarse a molher. Iap. Yome iri suru coto nari. ¶ Nuptui dare, I, Nuptui collocare. Lus. Casar à molher, ou entregalla ao marido. Iap. Yome iri saturu.

Nurus, i. Lus. Nora. Iap. Yome. ¶ Itẽ, Molher, ou femea. Iap. Vonna, nhonin. Apud poëtas.

Nusquam. Lus. Em nẽhũa parte. Iap. Izzu cunimo. vt, izzucunimo naxi. ¶ Nusquam gentium. idem.

Nusquam non. Lus. Em toda parte. Iap. Izzucunimo.

Nuto, as. frequent. Lus. Dar a entender acenando com acabeça. Iap. Vnazzuite monouo arauasu. ¶ Interd. Estar pera cair. Iap. Corobi sŏnari, vochisŏ nari. ¶ Item, Vacilar, ou estar duuidoso. Iap. Vochitçucazu, vtagŏ.

Nutricatio, onis. Lus. O criar, ou sustentar. Iap. Yŏicu, yaxinai.

Nutricatus, us. Idem.

Nutrimentum, i. Lus. Mantimento. Iap. Yaxinai, xocubut. ¶ Item, O criar. Iap. Yŏicu.

Nutrimen, inis. Idem.

Nutrio, is, iui, I, ij, itum. Lus. Criar, nutrir. Iap. Yŏicu suru, sodatçuru.

Nutrico, as. Idem.

Nutricor, aris, I, Nutrior, iris, depon. Idem.

Nutritia, orum. Lus. Paga, ou salario que se dá a ama. Iap. Vochini atayuru fuchi, qiñbun.

Nutritius, ij. Lus. Ayo. Iap. Mori, I, menoto.

Nutritor, oris. Idem.

Nutritius, a, um. Lus. Cousa pertencẽte a criar, ou nutrir. Iap. Yŏicuni ataru coto.

Nutritus, us. Lus. Nutrimento, sustentação. Iap. Yaxinai, xocubut.

Nutrix, icis. Lus. Ama. Iap. Vochi.

Nutricula, æ. dim. Idem.

Nutus, us. Lus. Aceno que se faz com a cabeça, olhos, maõs, &c. Iap. Vnazzuqu coto nari, I, teyŏ, meyŏ, cauoyŏuo motte aiazu suru coto. ¶ Itẽ, O querer, ou não querer q̃ se declara com estes acenos. Iap. Miguino moyŏuo motte arauasu zonbun.

Nux, cis. Lus. Noz, e outras fruitas de casca

S s 5 dura,

dura.Iap.Curumi,caya,curi nadono taguy. ¶ Relinquere nuces. Lus. Deixando meninices,darse a negocios graues. Iap. Varabetaxij cotouo caiyeqi xite vomouomoxiqi cotouo tçutomuru. ¶ Nux Græca. Lus. Amendoa. Iap. Aru qinomino na. ¶ Nux iuglans,I, regia. Lus. Noz. Iap. Curumi.

N ANTE Y.

Nyctalops,opis. Lus. O que vee de dia,e de noite he cego. Iap. Torime.

Nyčteris,idis. Lus. Hum genero de morcego. Iap. Cŏmuri, I,fenpucuno taguy.

Nicticorax, acis. Lus. Coruo que anda denoite. Iap. Yoruno carasu.

Nyctileta,sacrificia, quæ Bacho fiebant.

Nyctilops,opis, I, Nyctigretum,i. Lus. Hũa erua. Iap. Cusano na.

Nympha, æ. Lus. Esposa. Iap. Yome iri suru vonna. ¶ Item, Nymphas, ou deosas dos gentios. Iap. Gentiono nhotaino camino taguy. ¶ Itẽ, Abelhas nouas q̃ começam acer forma de abelhas. Iap. Fachino cono fachino catachini narisomuruuo yũ. ¶ Item, Nympha vocatur carũcula in muliebribus pudendis bifariàm prominens.

Nymphæa, æ. Lus. Hũa erua que nace nas alagoas. Iap. Iqeni xŏzuru cusano na.

Nymphæum, æi. Lus. Banho, ou lauatorio. Iap. Yocuxit, furo.

Nyssa, æ. Lus. Lugar donde saem os cauallos a correr. Iap. Qeibani idezaru mayeni vmauo tate vequ tocoro. ¶ Itẽ, O fim da carreira onde param os cauallos. Iap. Babazuye.

DE INCIPIENTIBVS Á LITERA O.

Aduerbium vocandi. Lus. Ou,oula.Iap. Icani, no, mŏxi. ¶ Item, Interiectio admirandi. Lus. O! Iap. Hà sateme sateme. ¶ Aliqñ. Indignandi. Vt, O tempora! O mores! Lus. O tempos desastrades! Iap. Hà asamaxiqi jidai cana! ¶ Interdum est interiectio dolentis. Vt, O me miserũ. Lus. O coitado de mim. Iap. Há asamaxino vaga miya. ¶ Item, Exultantis. Vt, O factum bene. Lus. O que cousa tão bem feita. Iap. Satemo migotoya. ¶ Aliqñ. Exclamantis. Vt, O audaciam! Lus. O ousadia! Iap. Gainaru coto cana! ¶ Aliqñ. Irridentis. Vt, O præclaram sapientiam. Lus. O gentil sabiduria! Iap. Satemo suguretaru chiye cana! ¶ Item, Vtinam. Lus. Ouxala. Iap. Negauacuua.

Oatáricha, æ. Lus. Ouas salgadas de mugés. Iap. Xiuo xitaru yebunanoco.

O ANTE B.

Ob. præpo. Lus. Por amor, ou causa. Iap. Niyotte. ¶ Qñq;. Diante. Iap. Mocujenni, mayeni. ¶ Aliqñ. Pers. Iap. Ye, tameni.

Obacerbo, as. Lus. Exasperar, azedar. Iap. Icariuo vocosasuru.

Obácero, as. Lus. Enterromper, ou contra dizer ao que fala. Iap. Cotobano naca uo qiru, jŏron iuru.

Obæratus, a, um. Lus. Endiuidado. Iap. Caneuo voitaru mono, xacuxen xitaru mono.

Obambulatio, onis. Lus. O passear. Iap. Guiŏdŏ.

Obámbulo, as. Lus. Passear, ou andar de ca pera la. Iap. Guiŏdŏ suru,coco caxico aruqu. ¶ Item, Andar á roda. Iap. Fai quai suru. ¶ Aliqñ. Ir, ou andar junta mente. Iap. Dŏdŏ suru. ¶ Item, Ir cõtra alguem, ou porselhe diante. Iap. Tachi mucŏ, I, yuqi mucŏ.

Obarelco, is. Lus. Secarse ao derredor. Iap. Mauariga caruru.

Obarmo, as. Lus. Armar. Iap. Yorŏ.

Obaro, as. Lus. Laurar ao derredor. Iap. Cataşuqinite suqi mauasu. ¶ Item, Cul tiuar laurando. Iap. Cŏsacu suru.

Obáter, a, um. Lus. Hum pouco preto. Iap. Vsuguroqi mono.

Obaudio, is (apud aliquos) Lus. Não ouuir. Iap.

Iap. Mimi qicoyezu. ¶ Item, apud vete res, Obedecer. Iap. Xitagŏ.

Obba, æ. Lus. Hum genero de copo. Iap. Sacazzuqino taguy.

Obbibo, is. Lus. Beber. Iap. Nomu.

Obbruteo, es. Lus. Perder o sentido, ou pasmar. Iap. Aqirefatçuru, fonxŏuo vxinŏ.

Obbrutesco, is. Lus. Fazerse bruto, ou perder o juizo. Iap. Vtçuqquru, funbetuo vxinŏ.

Obcæco, l, occæco, as. Lus. Cegar a outro. Iap. Mŏmocuni nasu, meuo tçubusu. ¶ Aliqñ. Escurecer, nublar. Iap. Cumorasu. ¶ Item, Entulhar as couas do cãpo. Iap. Denbacuno anauo vmuru.

Obdo, is. Lus. Pôr diante, ou atrauessar. Iap. Maye, l, yoconi monouo voqu. ¶ Aliqñ. Fechar. Iap. Tozzuru, fusagu.

Obdormio, is. Lus. Dormir. Iap. Ynuru. ¶ Obdormire crapulam. Lus. Cozer a bebedice, e demasiado comer. Iap. Yoiuo samasu.

Obdormisco, is. Lus. Adormecer. Iap. Suimen suru, madoromu.

Obdûco, is. Lus. Cobrir. Iap. Vouoiuo suru, vouô, cazzuquru. ¶ Aliqñ. Descobrir, abrir. Iap. Vouoiuo toru, aquru, fira qu. ¶ Aliqñ. Guiar, ou leuar pera algũa parte. Iap. Michibiqu, ninjuuo inzot su ru. ¶ Aliqñ. Meter dentro. Iap. Vchini iruru, ire voqu. ¶ Obducere frontem. Lus. Fazer carranca. Iap. Mayuuo fisomuru, maiuuo xicamuru. ¶ Obducere diem. Lus. Gastar o dia. Iap. Fiuo curasu. ¶ Obducere callum dolori. Lus. Pollo muito costume sofrer as cousas aduersas com paciencia. Iap. Nangui, xinrŏni nare cocoroyoqu cannin suru.

Obducto, as. frequent. Idem.

Obductio, onis. Lus. O cobrir. Iap. Vouŏ coto nari.

Obdulcesco, is. Lus. Fazerse doce. Iap. Amaqu naru.

Obdureo, es, rui. Lus. Ser duro, ou fazer callo. Iap. Cataqu nari, l, cataqu nari.

Obduresco, is. Lus. Endurecerse. Iap. Cataqu naru. ¶ Item, per translat. Pollo muito costume sofrer as cousas aduersas com paciencia. Iap. Nangui, xinrŏni nare cocoroyoqu cannin suru.

Obdûro, as. Lus. Fazer duro, ou endurecer a outro. Iap. Catamuru, cataqu nasu.

Obediens, entis. Lus. Obediente. Iap. Xitagŏ mono.

Obedienter, adu. Lus. Obedientemente. Iap. Xitagaiuo motte.

Obedientia, æ. Lus. Obediencia. Iap. Xitagai.

Obedio, is. Lus. Obedecer. Iap. Xitagŏ.

Obedo, is. Lus. Consumir, ou roer ao derredor. Iap. Ferasu, l, caburimauasu.

Obeliæ, arum. Lus. Paens que se offerecião a Baccho. Iap. Baccho to iyeru fotoqeni tamuqetaru mochino taguy.

Obeliscolychnium, ij. Lus. Hum certo instrumento de soldados. Iap. Buxino tçucaitaru dŏguno na.

Obeliscus, i. Lus. Agulha de pedra, ou piramide de hũa soo pedra. Iap. Xicacuni xite suyebosoqu nagaqi ixino faxira.

Obêlus, i. Lus. Espeto. Iap. Monouo aburu cuxi. ¶ Item, Hũa risca, ou sinal com que nos liuros se mostra o que esta falsificado, ou malescrito. Iap. Xomotno vchi vtagauaxiqi, l, itçuuariuo arauasu tameno xiruxi. ¶ Item, Sinal com que na escritura sagrada se nota algũa cousa que não esta nouotras trãslaçoens. Iap. Sagrada Escrituranimiguino xiruxi aru toqiua yono qiŏni naqitono xiruxi nari.

Obeo, is, ij, itum. Lus. Ir, l, ir ter com alguem. Iap. Mairu, l, fitoni aini yuqu. ¶ Obire mortem, l, morte. Lus. Morrer. Iap. Xisuru. ¶ Obire diem, l, obire, absolutè. Idem. ¶ Obire vadimonium. Lus. Aparecer diante do juiz o dia determinado. Iap. Sadametaru fini tadaxiteno mayeni izzuru. Obire diem. Lus. Apresentarse no dia determinado. Iap. Yacusocuno fini mayeni izzuru. ¶ Aliqñ. Ter, ou exercitar algum officio, &c. Iap. Yacuuo tçutomuru. ¶ Obire prouinciã. Lus. Gouernar a prouincia, ou tomar cargo della. Iap.

Cuniuo vosãmuru, l, cocuxuno yacuuo vqetoru. ¶ Item, Comprir, acabar de fazer. Iap. Iǒju ſuru, Xifataſu. ¶ Quãdoq̃. Rodear, cercar. Iap. Macǒ, l, maqu.

¶ Item, Sair ao encontro. Iap. Mucaini izzuru.

Obſequito, as. Lus. Andar a caualo ao derredor. Iap. Vmauo norimauaſu.

Oberro, as. Lus. Andar errado de ca pera la. Iap. Samayǒ, mayoi aruqu. ¶ Oberrare eadem corda. Lus. Cauſarem faſtio os que tangem, e cantam a viola por irem ſempre com a meſma toada. Iap. Gacuni auaxete vonajiqi chǒxini vtai taicut ſaſuru.

¶ Item, Voar ao derredor. Iap. Toriga tobi mauaru. Perſius.

Obeſco, as. Lus. Pór iſca, ou ceuo pera tomar aues, peixes, &c. Iap. Yebauo voqu.

Obeſitas, atis. Lus. Gordura, ou ſer gordo. Iap. Fiman.

Obêso, as. Lus. Engordar, ou ceuar. Iap. Cai coyaſu.

Obeſus, a, um. Lus. Delgado, ou magro. Iap. Yaxetaru mono, toſoqi mono.

¶ Aliqñ. Gordo, ou groſſo. Iap. Coyetaru mono, fiman xitaru mono.

Obex, icis. Lus. Obſtaculo, impedimẽto. Iap. Xǒgue, ſãmatague, ſaſauari. ¶ Itẽ, Ferrolho, ou aldraua. Iap. Caqigane, jǒno taguy.

Obfirmatè, adu. Lus. Obſtinadamente. Iap. Iǒgouani.

Obfirmatus, a, um. Lus. Couſa fixa, e obſtinada. Iap. Iǒxiqi, guigouana mono, l, qen gonaru coto, cataqi coto.

Obfirmo, as. Lus. Eſtar firme, e immouel em algum propoſito. Iap. Vomoitçumete yru, cataqu vomoi ſadamuru.

Obgannio, is. Vide Gannio, e Oggannio.

Obherbeſco, is. Lus. Cobrirſe, ou encherſe de erua. Iap. Cuſaga voye ſuſagaru.

Obhæreo, es. Lus. Eſtar pegado, ou aferrado. Iap. Tçuqiuǒ, l, ficato toritçuite yru.

Obiaceo, es. Lus. Iazer, ou eſtar de fronte, ou à roda. Iap. Mucǒni aru, mauarini aru.

Obiectaculum, i. Lus. Porta, ou tudo aquillo cõ q̃ ſe fecha algũa couſa. Iap. Tocorouo cacoi, l, fuſagu mono: vt, to, tçuitçumi, nado.

Obiectatio, onis. Lus. O lançar em roſto. Iap. Acuuo arauaxite fagiximuru coto nari.

Obiecto, as freq. Lus. Lãçar ẽ roſto amiude. Iap. Xiguequ firono acuuo arauaxite fagi ximuru. ¶ Interdum, Expor, offerecer como aperigos, &c. Iap. Daijini voyobaſuru, ichimeiuo matoni caquru.

Obiectum, i. Lus. Objecto de algum ſentido. Iap. Rocconni mucǒ qiǒgai.

Obiectus, a, um. Lus. Couſa opoſta, ou que eſta diante. Iap. Mucǒni aru coto. ¶ Itẽ, Couſa que ſe offerece, ou repreſenta. Iap. Cocoroni qizaſu coto. ¶ Aliqñ. Couſa deitada em roſto. Iap. Arauaxite fagiximetaretaru acu nado.

Obiectus, us. Lus. Oppoſição, ou o porſe diante. Iap. Mucǒ coto nari, l, nacani fedataru cotouo yǔ.

Obijcio, is, eci, ectum. Lus. Pór diante, ou offerecer. Iap. Mayeni voqu, l, ſonayuru. ¶ Aliqñ. Pór empedimento, ou eſtoruo. Iap. Sayuru, todomuru. ¶ Objicere ſe, l, caput ſuũ periculis. Lus. Porſe, ou offerecerſe aperigos. Iap. Daijini miuo caquru. ¶ Aliqñ. Meter dentro. Iap. Vchini iruru. ¶ Aliqñ. Moſtrar de repente. Iap. Niuacani miſuru. ¶ Objicere mentem alicui. Lus. Perſuadir, ou meter em cabeça a alguem. Iap. Suſumuru, vomouaſuru.

¶ Objicere moram. Lus. Deter. Iap. Todomuru, voſonauaraſuru. ¶ Aliqñ. Deitar em roſto. Iap. Acuuo arauaxite fagi ximuru. ¶ Crimini obijcere Lus. Atribuyr a vicio. Iap. Acuni ſuſuru, acuto qetgia cu ſuru.

Obinânis, e. Lus. Couſa oca, ou vazia. Iap. Vtçuuonaru coto, vtçuqetaru coto, aqitaru coto.

Obiratus, a, um. Lus. Agaſtado, irado. Iap. Xinyuo moyaiu mono, icaru mono.

Obiter, adu. Lus. De caminho, a caſo. Iap. Caruqu, cariſomeni, tçuideni. ¶ Itẽ, En tre tanto. Iap. Vchini, aidani.

Obi-

Obitus, a, um. Lus. Acabado, morto. Iap. Xixi forobitaru mono, fatetaru mono.

Obitus, us. Lus. Morte. Iap. Xisuru coto uo yũ. ¶ Item, O porse dos sinos celestes, estrellas, &c. Iap. Iirguei xeino nixini iru coto nari. ¶ Aliqñ. Vinda, ou entrada. Iap. Fitono qitaru, l, vchiye iru coto uo yũ. ¶ Aliqñ. O sair ao encontro. Iap. Demucô cotouo yũ, l, mucaini izzuru cotouo yũ.

Obiurgatio, onis. Lus. Reprehensão. Iap. Isame, modoqi, xicaru coto nari.

Obiurgator, oris. Lus. O que reprehende. Iap. Isamete, togamete, xicaru fito.

Obiurgatorius, a, um. Lus. Cousa pertencente a reprehensão. Iap. Isame, l, togame ni ataru coto.

Obiurgo, as. Lus. Reprehender. Iap. Isamuru, modoqu, xicaru, togamuru. ¶ Aliqñ. Lançar em rosto. Iap. Acuuo arauaxite fagiximuru.

Obiúrgito, as. freq. Idem.

Oblædo, is. Lus. Empecer, fazer mal. Iap. Atauo nasu.

Oblangueo, es. Lus. Ser fraco, ou deleixado. Iap. Youaqi nari, nayuru, youaru.

Oblatio, onis. Lus. Offerta. Iap. Tamuqe, sasague mono.

Oblatrator, oris. Lus. O que ladra, ou diz mal. Iap. Foyuru mono, l, varucuchi suru mono.

Oblatratrix, icis. fœm. Idem.

Oblatro, as. Lus. Ladrar contra, ou ao derredor. Iap. Fitoni muite foyuru, foye mauaru. ¶ Item, per transl. Murmurar, ou dizer mal. Iap. Soxiru.

Oblâtus, a, um. Lus. Cousa offerecida. Iap. Sasaguetaru mono. ¶ Oblatum furtum. Lus. Cousa furtada dada por alguem. Iap. Fito yori atayetaru nusumimono.

Oblectamentum, i. Lus. Consolação, ou aliuio que hum busca nos trabalhos. Iap. Qizzucaino toqino cocorono nadame, cutçurogui.

Oblectâmen, inis. Idem.

Oblectatio, onis. Lus. Deleitação, recreação. Iap. Yũran, nagusami.

Oblecto, as. Lus. Recrear, deleitar. Iap. Nagusamuru, yorocobasuru, fanyũ sasuru.

Oblector, aris. deponens. Idem.

Oblîdo, is. Lus. Fazer mal, afogar. Iap. Atauo nasu, iqiuo tomete corosu, l, nodo uo ximete corosu.

Obligans, antis. Lus. O que obriga a alguẽ com beneficios, &c. Iap. Von nadouo motte fodasu mono, l, vôuo qisuru mono.

Obligatio, onis. Lus. Obrigação. Iap. Xezuxite canauanu cotouo yũ, l, mononi fodasarete yru cotouo yũ.

Obligatus, a, um. Lus. Obrigado, ou deuido a outro. Iap. Mononi fodasaretaru mono, fito nadoni ataru coto. ¶ Item, Cousa atada, ou amarrada. Iap. Carameraretaru mono, musubitaru mono.

Obligo, as. Lus. Amarrar, ou atar em derredor. Iap. Caramuru, musubu, yũ, yuiauasuru. ¶ Item, per transl. Obrigar a alguẽ com beneficios. Iap. Vonnite fodasu, l, vôuo qisuru. ¶ Obligare se furti. Lus. Encorrer em crime de furto. Iap. Nusumi uo suru.

Obliguri o, is. Lus. Darse a demasiados comeres, e beberes. Iap. Vonjiqini tonjite yru. ¶ Item, Gastar mal a fazenda. Iap. Tacarauo tçuiyasu.

Oblimo, as. Lus. Ennatar os campos, cubrir de lodo. Iap. Denbacuni dorouo nagaxi comu, l, doronite coyasu. ¶ Itẽ, per transl. Cegar, ou sujar. Iap. Mômocu ni nasu, l, funbetuo curamasu, l, qegasu. ¶ Item, Consumir, gastar. Iap. Tçuiyasu, tçucai fatasu.

Oblinio, is. Lus. Vntar, ou esfregar ao derredor. Iap. Nurimauasu, sasuri mauasu, l, nade mauasu.

Oblino, is. Lus. Vntar ao derredor. Iap. Nuri mauasu.

Oblîquè, adu. Lus. Torta, ou enuiesadamente. Iap. Yugamite.

Obliquitas, atis. Lus. Tortura. Iap. Yugamitaru cotouo yũ, l, yugami.

Oblîquo, as. Lus. Entortar, curuar. Iap. Yu-

Yugamuru, tamuru, tauomuru.

Oblîquus, a, um. Lus. Cousa torta. Iap. Yugamitaru coto.

Oblítero, as. Lus. Apagar, borrar. Iap. Qezurinoquru, qesu. ¶ Itẽ, Pòr em esquecimento. Iap. Vasure sasuru, vasururu.

Oblitesco, is. Lus. Esconderse. Iap. Cacururu, l, cacurete yru.

Oblitus, a, um. Lus. Cousa vntada, ou sujada ao derredor. Iap. Nuri mauasaretaru coto, mauariuo qegasaretaru coto. ¶ Oblitus stultitia, atq; inhumanitate. Lus. Paruo, & cruel. Iap. Afô, bôjacu bujinnaru mono. ¶ Parricidio oblitus. Lus. Contaminado cõ morte de pay, may, &c. Iap. Voyauo coroxite acumiŏuo yetaru mono.

Oblîtus, a, um. Lus. Esquecido, ou o que se esquece. Iap. Vasururu fito, xitnen, l, bŏqiacu suru fito.

Obliuio, onis. Lus. Esquecimento. Iap. Vasururu cotouo yŭ, bŏqiacu, xitnen. ¶ Huius rei capit me obliuio. Lus. Esqueçome disto. Iap. Coreuo vasururu. ¶ Hanc rẽ obliuione cõtero, l, obliuioni do, l, obliuione deleo, obruo. Lus. Ponho isto ẽ esquecimẽto. Iap. Futatabi vomoi idasubecarazu. ¶ Res hæc in obliuione diu iacuit. Lus. Isto esteue muito tẽpo ẽ esquecimẽto. Iap. Core fisaxiqu sataxezarixi nari, l, fisaxiqu vomoi idasazu. ¶ Hãc rẽ nulla obscurabit obliuio. Lus. Auera perpetua memoria disto. Iap. Matdai made cono sata aru bexi. ¶ Hãc rẽ ab obliuione vindicabo. Lus. Liurarei, ou tirarei isto de esquecimento. Iap. Cŏno cotouo vasurenu yŏni subexi.

Obliuiosus, a, um. Lus. Esquecediço. Iap. Yasuqu monouo vasururu fito.

Obliuiscor, eris. Lus. Esquecerse. Iap. Vasururu, bŏqiacu suru, xitnen suru.

Obliuium, ij. Lus. Esquecimento. Iap. Bŏqiacu, xitnen.

Obliuius, a, um. Lus. Cousa esquecida. Iap. Vasuretaru mono.

Oblocc, as. Lus. Alugar, arrendar. Iap. Cauan, l, chinuo motte casu.

Oblongus, a, um. Lus. Cousa longa. Iap. Nagaqi coto.

Obloquor, eris. Lus. Enterromper ao que fala. Iap. Fitono cotobano nacauo qiru. ¶ Interd. Detrair, dizer mal. Iap. Fifô suru, soxiru.

Obloquutores. Lus. Detraidores, murmuradores. Iap. Fifŏ suru mono, soxiru mono.

Obluctor, aris. Lus. Resistir, ou pór força, e vehemẽcia cõtra algũa cousa. Iap. Funbarite fuxegu, xeiuo idaxite vosu.

Obludo, is. Iap. Zombar, gracejar. Iap. Iarecotouo yŭ, ajaru.

Obmanens. Lus. Cousa permanente, e que dura muito tempo. Iap. Fisaxiqu cotayuru mono.

Obmolior, iris. Lus. Pòr empacho, ou empedir o passo com algum estoruo, &c. Iap. Michiuo qiri fusagu, l, michiuo fusagu.

Obmoneo, es. Lus. Amoestar. Iap. Xinan suru, yqenuo cuuayuru. Antiq.

Obmûrmuro, as. Lus. Murmurar, ou dizer em contrario. Iap. Tçubuyaqigotouo yŭ, l, iyfuxegu.

Obmutesco, is. Lus. Ficar como mudo. Iap. Voxino yŏni naru. ¶ Item, Não se vsar. Iap. Xidaini suraru, fayararu.

Obnato, as. Lus. Nadar contra, ou aquem de algũa cousa. Iap. Mizzuni sacŏte voyogu, conatauo voyogu.

Obnecto, is. Lus. Atar, ou obrigar. Iap. Musubu, l, todasu.

Obniger, a, um. Preto, ou sobre preto. Iap. Curoqimono, l, vsuguroqi mono. ¶ Item, apud alios, Cousa muito preta. Iap. Maccuronaru mono.

Obnîtor, eris. Lus. Resistir, estribar, ou fazer fincapee contra algũa cousa. Iap. Fumitodomari xeiuo irete fuxegu, chicarauo tçucuxite naguequ.

Obnixè, adu. Lus. Com todas as forças. Iap. Xeiuo irete, xeicon nuqindete.

Obnoxiè, adu. Lus. Seruilmente, cõ temor. Iap. Vosorete, yatçucono gotoqu.

Obnoxius, a, um. Lus. Sogeito, ou obrigado a algũa pena. Iap. Toganiyotte quataiuo vqubeqi mono. ¶ Item, Obrigado, ou ou ſogeito a alguem por beneficios, &c. Iap. Von nadoni fodaſaretaru mono. ¶ Aliqn. Couſa expoſta a danos, perigos, &c. Iap. Atauovquru coto canō mono. ¶ Item, Obediente. Iap. Xitagō mono. ¶ Interdum, Couſa nociua, ou que empece. Iap. Ataninaru mono. ¶ Obnoxium ingenium. Lus. Condição vil, e baixa. Iap. Iyaxiqi cocoro. ¶ Obnoxia corpora. Lus. Corpos enfermos. Iap. Vazzurauaxiqi xiqitai. Plin.

Obnúbilo, as. Lus. Eſcurecer. Iap. Cumoraſu, curaqunaſu.

Obnúbilus, a, um. Lus. Couſa eſcura. Iap. Cumoritaru coto, curaqi coto.

Obnúbo, is. Lus. Cobrir. Iap. Vouō, cazzuquru.

Obnuntiatio, onis. Lus. O denunciar couſas roins, ou de mao agouro. Iap. Acujiuo tçuguru coto nari, acujiuo vranaitçuguru coto nari.

Obnuntio, as. Lus. Denunciar couſas roins, ou dar roins nouas. Iap. Acujiuo tçuguru, axiqi ſôuo iychiraſu. ¶ Item, Denunciar os agoureiros o roim ſucceſſo futuro. Iap. Acujiuo vranai tçuguru.

Oboleo, es. Lus. Cheirar mal. Iap. Axiqi niuoiuo faſſuru. ¶ Interdum, Sentir, ou conjeiturar leuemente. Iap. Niuoiga aru, ſuiriō itaſu.

Oborior, iris. Lus. Brotar, nacer. Iap. Vaqiizzuru, xōzuru, idequru.

Obolus, i. Lus. Peſo de ſeis ſiliquas. Iap. Aru facarime. ¶ Item, Hũa moeda. Iap. Aru jenino na.

Obrépo, is. Lus. Entrar, ou vir caladamente às eſcondidas. Iap. Xinobi, l, ſilocani iru. ¶ Obrepit mors. Lus. A morte vẽ ſem ſe ſentir. Iap. Xiua voboyezaruni qitaru. ¶ Obrepit ſomnus, &c. Lus. Vẽ oſono caladamente. Iap. Voboyezuni nemuru. ¶ Interd. Enganar, ou tomar de ſobre ſalto. Iap. Tabacaru, l, niuacani qiſoi cacaru. ¶ Obrepere ad magiſtratus. Lus. Com fal ſa aparencia de virtude ſobir a algũa dignidade. Iap. Ienno furiuo arauaxite cōxocuni ninjeraruru, l, ſonauaru.

Obrepto, as. frequent. Idem.

Obreptio, onis. Lus. Entrada calada, e engano ſa. Iap. Xinobite fito xirezuni vchiye iru coto nari, l, tabacatte fairu coto nari.

Obreptio, is. Lus. Enredar. Iap. Amini cáquru, l, amiuo tatemauaſu.

Obrigeo, es. Lus. Enregelarſe, conjelarſe. Iap. Couoru.

Obríſum, l, obrizum, i. Lus. Ouro puro, ou muito fino. Iap. Fiacuienno vōgon.

Obrôdo, is. Lus. Roerão redor. Iap. Caburi mauaſu.

Obrogo, as. Lus. Enterromper, ou eſtoruar aquem fala. Iap. Monogatarini ſamatague uo naſu. ¶ Obrogare legẽ. Lus. Anular hũa ley pera pór outra. Iap. Ima madeno fattouo caiyeqi, l, caiquan ſuru.

Obrumpo, is. Lus. Romper, quebrar. Iap. Saqu, voru, varu.

Obruo, is. Lus. Soterrar, ou cobrir com terra, pedras, &c. Iap. Vzzumuru, vouō, l, tçuqi comuru. ¶ Voluptates obruunt dolorem. Lus. Os prazeres tirão, e abafadam a dôr. Iap. Yorocobiua itamito, canaximiuo nadamuru, l, naguſamuru. ¶ Obruere aliquem lapidibus, &c. Lus. Matar a alguem ás pedradas. Iap. Ixicozzumuni ſuru. ¶ Obrui ſitu vetuſtatis. Lus. Deſtruirſe, ou danificarſe com velhice, e antiguidade. Iap. Aruru, l, fiſaxiqini yotte cuzzururu. ¶ Obruere itinera ſtrage. Lus. Arraſar os caminhos de corpos mortos. Iap. Axino fumidomo naqi todo fitouo qiritauuſu. ¶ Obruere ſe vino. Lus. Embebedarſe. Iap. Chinſui ſuru. ¶ Obruere ſe ære alieno. Lus. Endiuidarſe muito. Iap. Xacuxen noſuchini xizzumu. ¶ Obruere memoriam, l, nomen alicuius. Lus. Pór em eſquecimento a memoria, e nome de alguẽ. Iap. Fitono na, l, meiyouo qeſu, l, vaſure ſaſuru. ¶ Obruere copia ſententiarũ, &c. Lus. Afogar com copia de ſentenças. Iap. Iqiuomo curezu cogouo fiqu.

Obruteo, vide Obbruteo.

Obſæuio, is. Lus. Embraueccerſe, ou agaſtarſe contra alguem. Iap. Fitoni taixite xinyuo mo-

moyasu, l, qendonni ataru.

Obsalûto, as. Lus. Encontrarse, ou irter cõ alguem pera o saudar. Iap. Demucuite iei-uo suru. Antiq.

Obsâturo, as. Lus. Fartar atè causar fastio. Iap. Bŏman sasuru.

Obscœnè, adu. Lus. Torpemente. Iap. Fujŏni, qegauaraxiqu.

Obscœnitas, atis. Lus. Torpeza, deshonestidade. Iap. Qegarauaxisa, tçutanasa.

Obscœno, as. Lus. Dar, ou denunciar roim agouro. Iap. Acujino vranai tçuguru, l, qini caqesasuru.

Obscœnus, a, um. Lus. Cousa de roim agouro. Iap. Ymaimaxiqi coto, qini cacaru coto. ¶ Aliqñ. Cousa torpe, & suja. Iap. Tçutanaqi coto, fujŏnaru coto, qegarauaxiqi coto.

Obscuratio, onis. Lus. O escurecer. Iap. Cumorasu coto nari, l, cumori.

Obscurè, adu. Lus. Obscuramente. Iap. Curaqu, aqiracanarazu. ¶ Obscurè aliquid ferre. Lus. Sofrer algũa cousa consigo sẽ dar mostras no exterior. Iap. Ironi mixezu xite mono uo corayuru.

Obscuritas, atis. Lus. Escuridade, treuas. Iap. Yami, curasa, cumori. ¶ Item, Difficuldade. Iap. Xigatasa, muzçucaxisa. ¶ Aliqñ. Baixeza de geração. Iap. Vgi, sugimenaqi cotouo yŭ.

Obscûro, as. Lus. Escurecer, encobrir. Iap. Cumorasu, curamasu, cacusu. ¶ Item, Abaixar, abater. Iap. Iyaximuru, sague iyaximuru.

Obscûrus, a, um. Lus. Cousa escura, ou escondida. Iap. Curaqi coto, cumoritaru coto, cacuretaru coto. ¶ Obscura oratio. Lus. Oração escura, & difficultosa de entender. Iap. Funbet xigataqi dangui. ¶ Qñdq;. Homem de baixa sorte. Iap. Zocuxŏno iyaxiqi fito, iyaxiqi mono. ¶ Aliqñ. Astuto, & enganador. Iap. Vadacamaritaru mono, damaritaru mono.

Obsecratio, onis. Lus. Rogo que se faz por algũa cousa sagrada. Iap. Tattoqi cotoni caqete tanomu coto nari, l, inori, qinen.

Obsecro, as. Lus. Rogar affectuosamente, ou pedir por algũa cousa sancta. Iap. Tattoqi cotoni caqete tanomu, l, inoru. ¶ Obsecro, loco adu. Lus. Peço vos que me digais. Iap. Vareni yŭte tabe.

Obsecundo, as. Lus. Obedecer, fazer a võtade dalguem. Iap. Xitagŏ, fitono nozomino mamanisuru.

Obsecundor, aris. depon. Idem.

Obsepio, is, psi, septum. Lus. Cercar de sebe. Iap. Caquio yuimauasu, feiuo tçuqemauasu. ¶ Obsepire iter ad honores, per transl. Lus. Empedir, e fechar o caminho pera as honras. Iap. Voboyeno tori, curai nadoni agaruni samatagueuo nasu.

Obsequéla, æ. Lus. Obediencia, ou o fazer a vontade a outro. Iap. Xitagai, l, fitono zonbunuo toguru cotouo yŭ.

Obsequens, entis. Lus. Obediente. Iap. Xitagŏ mono.

Obsequenter, adu. Lus. Com obediencia. Iap. Xitagŏte.

Obsequíbilis, e. Lus. O que obedece, ou faz a vontade a outro. Iap. Xitagŏ mono, fitono zonbunuo toguru mono.

Obsequiosus, a, ũ. Lus. Prompto, e facil pera cõ prazer, ou fazer a vontade de alguem. Iap. Tayasuqu xitagŏ mono, l, tayasuqu fitono zonbunuo toguru mono.

Obsequium, ij. Lus. Obediencia, ou o fazer o que a outro contenta. Iap. Cocoroni vomonjiteno xitagai, l, fitono cocoroni canŏ cotouo suruuo yŭ. ¶ Obsequium animo sumere. Lus. Darse a boa vida. Iap. Vaga cocorono mamani furumŏ, miuo buicu suru.

Obsequor, eris. Lus. Obedecer, ou fazer a vontade de alguem. Iap. Fitoni xitagŏ, fitono zonbunuo toguru. ¶ Obsequi animo suo, l, animo obsequi. Lus. Darse a boa vida. Iap. Vaga cocorono mamani furumŏ, miuo buicu suru.

Obsero, is. Lus. Semear, ou plantar. Iap. Taneuo maqu, vyuru, qiuo sasu. ¶ Obserere mores. Lus. Ensinar alguns costumes. Iap. Catagui, xitçuqeuo voxiyuru.

¶ Qñq;. Cobrir. Iap. Vouŏ. Ob-

Obſero, as. Lus. Fechar cõ fecho. Iap. Iǒuo voroſu, ſaſuuo voroſu.

Obſeruabilis, e. Lus. Couſa que ſe pode notar, ou aduertir. Iap. Tayaſuqu miyuru mono, miyaſuqi mono, vagimaye yaſuqi mono. ¶ Item, Couſa digna de ſer acatada. Iap. Vyamǒ beqi mono.

Obſeruans, antis. Lus. O que venera, e acata a outro. Iap. Fitouo vyamǒ mono, l, xǒquan ſuru mono.

Obſeruantia, æ. Lus. Reuerencia, e acatamẽto. Iap. Vyamai, xǒquan, agame.

Obſeruatio, onis. Lus. O atentar, ou notar algũa couſa. Iap. Cayeri miru coto nari, cagayuru coto nari, xian. ¶ Item, Reuerencia, acatamento. Iap. Cuguiǒ, agame, vyamai. Val.

Obſeruatus, us. Idem.

Obſeruo, as. Lus. Notar, conſiderar. Iap. Xianſuru, miru, cagayuru. ¶ Item, apud Sꝯtui. Aduertir malicioſamẽte. Iap. Vadicamatte cocoro miru, l, coçorouo tçuquru. ¶ Item, Venerar, e acatar. Iap. Vyamǒ, agamuru. ¶ Itẽ, Guardar ley, etc. Iap. Fattouo mamoru, tamotçu.

Obſes, idis. Lus. Homem que ſe daa em refens. Iap. Firojichi.

Obſeſſi. Lus. Os que eſtá cercados dos inimigos. Iap. Teqini toricacomaretaru mono, l, tori macaretaru mono.

Obſeſſor, oris. Lus. O que poem cerco na guerra. Iap. Toricacomu, l, torimaqu mono.

Obſidiæ, arum. Lus. Siladas. Iap. Machibuxe, fuxicuſa, buriacu.

Obſidianus, a, um, vt obſidianum vitrum. Lus. Hũa laya de vidro. Iap. Suixǒno taguy.

Obſidionalis, e. Lus. Couſa pertencente a cerco. Iap. Torimaqi, l, cacomini ataru coto. ¶ Corona obſidionalis. Lus. Coroa que ſe daua ao que fazia aleuãtar o cerco. Iap. Teqino cacomiuo nogaſu, fitoni xhũcǒto xite atayuru camuri.

Obſidior, aris. Lus. Fazer ſiladas. Iap. Machibuxe, fuxicuſauo ſuru, buriacuuo

ſuru.

Obſidio, & Obſeſſio, onis. Lus. Cerco. Iap. Cacomi, torimaqu coto uo yũ. ¶ Cingere vrbem obſidione, claudere muros obſidione, facere obſidionem. Lus. Pòr cerco. Iap. Xirouo torimaqu. ¶ Soluere obſidionem, l, obſidium, eximere obſidione. Lus. Deſcercar a cidade, etc. Iap. Teqino cacomiuo nogaſu.

Obſidium, ij. Idem.

Obſido, is, et Obſideo, es, ſedi. Lus. Cercar, ou pòr cerco. Iap. Toricacomu, tori maqu. ¶ Interd. Aſſentarſe. Iap. Coxiuo caquru. ¶ Obſidere ſtuprum. Lus. Buſcar cõ inſidias, e engano ocaſiam de cometer eſtupro. Iap. Ixxǒ fubonno nhoninuo chǒguiuo motte micquai xento ſu. ¶ Varia, & incerta pericula humanã vitam obſident. Lus. A vida humana eſtà rodeada de muitos, e incertos perigos. Iap. Fitono ichimeiniua nanguixeccacu nichimichite ari. ¶ Aliquando, Deter, impedir, ocupar. Iap. Tomoru, todomuru, chichi ſaſuru.

Obſignator, oris. Lus. Teſtemunha q̃ ſe aſſina nos teſtamentos. Iap. Yuzzurijǒni renbanuo ſuru mono. ¶ Itẽ, Tabaliã que eſcreue no teſtamento ſeu nome, e os das teſtemunhas. Iap. Yuzzurijǒni ſonomino nato, xǒconinno nauo caqu fixxa.

Obſigno, as. Lus. Sellar, ou mutrar. Iap. Fumi nadouo fũjite inuo voſu. ¶ Q̃nq̃. Sellar, ou aſsinar com o ſinal do tabaliam, e teſtemunhas. Iap. Fixxano fanto, xǒconinno fanuo ſoyete fũzuru, l, inuo voſu. ¶ Pecunia obſignata. Lus. Dinheiro que ſe paga por eſtas eſcrituras. Iap. Migui no fixxani idaſu ficcǒ.

Obſipo, as. Lus. Pòr, ou deitar diante. Iap. Mayeni voqu, l, mayeni naguru.

Obſiſto, is. Lus. Opporſe, reſiſtir. Iap. Fuxegu, tatacǒ.

Obſitus, a, um. Lus. Enuolto, cuberto. Iap. Matoitaru mono, vouoitaru mono. ¶ Itẽ, Veſtido groſſeiramente, e cuberto de ſujidade. Iap. Eeiye, ſoyeuo chacuxi, mino qegaretaru mono. ¶ Niuibus obsitũ iter. Lus. Caminho cuberto de neue. Iap. Yuqino furi tçumoritaru michi. ¶ Item, Lugar semeado. Iap. Taneuo maqitaru dê- bacu, l, jumocuuo vyetaru tocoro.

Obsolesco, is. Lus. Enuelhecer, ou desusarse. Iap. Furuqu naru, sutaru. ¶ Item, Perder o vigor, ou fermosura. Iap. Votoroyuru.

Obsoletè, adu. Lus. Fora do vso. Iap. Fayarazu, furite.

Obsolêtus, a, um. Lus. Cousa ja desusada, e desacostumada. Iap. Sutaritaru coto, faya razaru coto, furitaru coto. ¶ Item, Cousa suja, e esfarrapada. Iap. Fujônaru coto, tçutanaqi coto, yaburetaru mono.

Obsonium, vide Opsonium.

Obsorbeo, es, sorpsi, bui, ptum. Lus. Soruer. Iap. Sũ, susuru, suicomu.

Obsordeo, es. Lus. Fazerse sujo. Iap. Fujôninaru. ¶ Item, Enuelhecer. Iap. Furuqu naru.

Obstáculum, i. Lus. Impedimento. Iap. Samatague, xôgue.

Obstinatè, adu. Lus. Firme, e obstinadamẽte. Iap. Tagirocazu, jôxiqini.

Obstinatio, onis. Lus. Obstinação, e pertinacia. Iap. Iôxiqi, jôgoua, l, cocorono qengo.

Obstinatus, a, um. Lus. Pertinaz, ou fixo ẽ algũa cousa. Iap. Iôxiqinaru mono, cocorono tagirocazaru mono, jôxinnaru mono.

Obstino, as. Lus. Ser pertinaz, ou estar fixo em algum proposito. Iap. Iôuo cuuatacasu, l, tçuyoqu mononuo vomoi sadamuru.

Obstipo, as. Lus. Pòr, ou botar diante. Iap. Mayeni voqu, l, naguru. ¶ Item, (apud alios). Estpessar, ou calafetar, e tapar as fendas. Iap. Xiguerasuru, l, suqimauo fusagu. ¶ Obstipare verticem. Lus. Inclinar, ou entortar a cabeça como fazem os que estam pensatiuos. Iap. Xian suru monono gotoquni côbeuo catamuquru. Plautus.

Obstipus, i. Lus. O que tem o pescoço ir- toj, e a cabeça torta, & inclinada pera hũa parte. Iap. Côbe yugamite inoxixi cubi naru mono.

Obsto, as, titi, titum. Lus. Estoruar, resistir. Iap. Samataguru, xôgueuo nasu, fuxegu.

Obstatur. imperson. Idem.

Obstrágulum, i. Lus. Cobertura cõ que se cobre algũa cousa. Iap. Vouoi, yutan. ¶ Crepidarum obstragula. Lus. Rosto do çapato. Iap. Cutçuno côno cata.

Obstrepo, is, trepui. Lus. Fazer estrondo contra alguem. Iap. Mononi votouo motte samataguruo nasu, l, sôdô suru. ¶ Item, Contra dizer, ou enterromper o que se fala. Iap. Monogatarini samatague uo nasu, iy fuxegu, tateaite mononuo yũ. ¶ Laudi alicuius obstrepere. Lus. Desfazer nos louuores dalguem. Iap. Fitono meiyouo iy qesu. ¶ Obstrepi clamore. Lus. Resoar com clamor, e alarido. Iap. Fibiqi, meidô suru.

Obstrepitur, imperson. Idem.

Obstrigillo, as. Lus. Detrair dalguẽ, cõtra dizer. Iap. Soxiru, iy fuxegu, tatezzuite mononuo yũ.

Obstringo, is, inxi, ctũ. Lus. Atar, amarrar. Iap. Caraguru, caramuru, yũ, yuitçuquru. ¶ Obstringere sibi aliquẽ munere, beneficio, &c. Lus. Obrigar a alguẽ cõ dadiua, ou beneficio. Iap. Von nite fudasu. ¶ Legibus obstringi. Lus. Ser obrigado pollas leys. Iap. Fatto nite carameraruru. ¶ Religione obstringere. Lus. Meter a alguem medo de Deos, ou porlhe escrupulo, &c. Iap. Tenbatuo vqubeqito vodosu, l, qini caqesasuru. ¶ Obstringere se aliquo scelere. Lus. Cometer algum maleficio. Iap. Zaiquauo vocasu.

Obstructio, onis. Lus. O encobrir, ou esconder. Iap. Cacusu coto nari, vonmit suru coto nari.

Obstrûdo, is, si, sum. Lus. Cerrar, ou fechar. Iap. Fusagu, tozzuru, feisocu suru, togi comuru. ¶ Item, Escõder, encobrir. Iap. Cacusu. ¶ Recessus obstrusi. Lus. Lugares,

gares ocultos, ou escondidos. Iap. Cacure taru tocoro, l, cacuregai.

Obstruo, is. Lus. Cerrar, ou tapar com sebe, &c. Iap. Fei, caqiuo ximauasu, togi comuru. ¶ Obstruere luminibus. Lus. Tomar, ou impedir a vista da casa cõ algũ edificio mais alto. Iap. Iyeno tate rincano fica rino sãmataguéni naru. ¶ Obstruere luminibus alterius. Lus. Escurecer o nome, ou fama de alguẽ. Iap. Vaga meiyouo motte fitono meiyouo naqiga gotoquni nasu. ¶ Obstruere vndas molibus. Lus. Empedir, ou resistir ás ondas com marachoens, &c. Iap. Tçutçumi nadouo tçuqite mizzuuo todomuru. ¶ Obstruere aures alicui. Lus. Endurecer a outro de modo q̃ se não dobre com rogos. Iap. Tanomarenu yõni cocorouo qendonni nasu. ¶ Fauces obstruere. Lus. Calarse. Iap. Mugon furu, monogatariuo yamuru.

Obstupefacio, is. Lus. Espantar, ou fazer ficar atonito a outro. Iap. Guiõten sasuru, qimouo qesasuru.

Obstupeo, es, & Obstupesco, is. Lus. Pasmar, ficar atonito. Iap. Aqiruru, guiõten suru, qimouo tçubusu. ¶ Aliqñ. Ficar sem sentido, e fora de si. Iap. Tayeiru, fonxõuo vxinõ.

Obstupidus, a, um. Lus. Pasmado, espantado. Iap. Guiõten xitaru mono, aqiretaru mono.

Obsum, es. Lus. Empecer. Iap. Atauo nasu, l, atani naru, tataru.

Obsuo, is, sui, sutum. Lus. Coser ao derredor. Iap. Nui mauasu.

Obsurdesco, is. Lus. Fazerse surdo, ensurdecer. Iap. Mimi xiiru, tçũbonni naru.

Obtego, is. Lus. Cobrir. Iap. Vouô, cazzuquru. ¶ Obtegere se corpore alicuius. Lus. Repararse cõ alguem. Iap. Fitouo tate ni tçuqu.

Obtemperatio, onis. Lus. Obediencia. Iap. Xitagai.

Obtempero, as. Lus. Obedecer, fazer a võtade. Iap. Xitagõ. ¶ Interd. Ter conta, ou olhar por algũa cousa. Iap. Mononi cocoroguzeuo suru, gofuru.

Obtendiculum, i. Lus. Cobertura. Iap. Vouoi, yutan.

Obtendo, is. Lus. Pôr, ou estender diante. Iap. Mayeni voqu, sonayuru, l, mayeni firoguru, l, faru. ¶ Aliqñ. Escusarse, ou dar por achaque. Iap. Caccotçuquru, cotouo sõni yosuru. ¶ Mons aduersus obtenditur. Lus. Esta hum monte de fronte. Iap. Mayeni yamaga aru.

Obtentus, us. Lus. Pretexto, ou capa. Iap. Monono furi, iro, cacotçuqe. ¶ Aliqñ. O estender. Iap. Monouo firoguru, l, faru cotouo yũ.

Obtentus, a, um. Lus. Cousa estendida. Iap. Firoguetaru coto.

Obtero, is, triui, itum. Lus. Pisar, quebrar. Iap. Cudaqu, fumi cudaqu. ¶ Aliqñ. Esmiuçar, ou pisar em almofariz, gral, &c. Iap. Tçuqi cudaqu, coni suru.

Obtestatio, onis. Lus. O rogar affectuoso, ou o inuocar com vehemencia á ajuda de alguem. Iap. Fitoyeni tanomu coto nari, qinen.

Obtestor, aris. Lus. Rogar com vehemencia, ou pedir por amor de algũa cousa o socorro, e ajuda de alguem. Iap. Fitoyeni tanomu, qinen suru, l, mononi caqete tanomu. ¶ Aliqñ. Pedir, ou rogar. Iap. Tanomu.

Obtexo, is. Lus. Tecer ao derredor. Iap. Vorimonouo vorimauasu, l, torimauasu.

Obticentia, æ. Lus. O callarse. Iap. Mugõ, l, cotobauo yamuru coto nari.

Obticeo, es, cui, itum. Lus. Callar, ou encobrir as cousas de que temos pejo. Iap. Fagiuo cacusu, mugon suru.

Obtineo, es, nui, entum. Lus. Acquirir, alcançar. Iap. Motome vru, mõquru.

¶ Interd. Conseruar, ou guardar fortemẽte. Iap. Tamotçu, mamoru, tacuuaye voqu. ¶ Interd. Ter certo, e determinado lugar, ou grao. Iap. Soresoreno giũ, l, cai guiũni aru. ¶ Aliqñ. Occupar lugar, &c. Iap. Tocorouo fusagu.

Obtento, as. frequent. Idem.

Obtingit, ebat. Lus. Acontecer. Iap. Xutrai

rai ſurui, idequru. ¶ Obtingere alicui prouinciã. Lus. Cair em ſorte a alguem algũa prouincia pera a gouernar. Iap. Voſamuru tameni cujidoriuo xite cono cuni vareni ataritari.

Obtorpeſco, is, l, Obtorpeo, es. Lus. Fazerſe, ou ficar dormente, e perder todo o ſentido. Iap. Xibiriga qiruru, fonxŏuo vxinŏ.

Obtorqueo, es. Lus. Torcer com força. Iap. Tçuyoqu nezzuru.

Obtortus, a, um. Lus. Couſa torcida. Iap. Negitaru coto.

Obtrectatio, onis. Lus. Enueja, ou ciume de outro poſſuir o que elle deſeja. Iap. Xitto, ſonemi. ¶ Item, Murmuração, detracção. Iap. Fifô, ſôxiri.

Obtrectatus, us. Idem.

Obtrectator, oris. Lus. Murmurador. Iap. Soxiru mono.

Obtrecto, as. Lus. Murmurar. Iap. Soxiru, fifo ſuru. ¶ Aliqn. Culpar, condenar. Iap. Ayamariuo vôſuru, ayamarini fuſuru.

Obtritus, us. Lus. O pilhar, ou quebrar. Iap. Fumicudaqu coto nari, cudaqu coto nari.

Obtrûdo, is. Lus. Empuxar cõ vehemẽcia pera algũa parte. Iap. Voxiyaru, tçuqiyaru. ¶ Obtrudere fores alicui. Lus. Dar a alguẽ cõ as portas nos focinhos. Iap. Tada daſu. ¶ Item, Offereçer, ou dar algũa couſa a alguem contra ſua vontade. Iap. Sucumete atayuru, xijirini ſaſaguru.

Obtruncatio, onis. Lus. O cortar, ou o deſmembrar. Iap. Coroſu, l, qiru coto nari, tçugaiuo fanaſu coto nari.

Obtrunco, as. Lus. Matar, ou deſmembrar. Iap. Qiru, coroſu, tçugaiuo fanaſu.

Obtruſus, a, um. Lus. Couſa eſcondida, ou eſcura. Iap. Cacuretaru coto, l, curaqi coto.

Obtueor, eris, obtuitus, l, obtutus ſum. Lus. Olhar com diligencia, e tenção. Iap. Nenuo ire, l, nengoroni miru.

Obtuor, eris. Idem.

Obtundo, is, di, ſum. Lus. Piſar, ou ferir tudo, ou á roda. Iap. Vtçu, tataqu, tataqi mauaru. ¶ Item, Embotar os fios, ou corte. Iap. Fauo fiqu, fauo ficaſu, xirari

ſuru, l, marubini naſu. ¶ Aliqñ. Cauſar faſtio, ou enfadamento repetindo as meſmas couſas. Iap. Cudoqu imonouo yŭte taicut ſaſuru, curicotouo yŭte acaſuru. ¶ Obtuſum ingenium, & obtuſa acies. Lus. Engenho rudo, e groſſeiro. Iap. Donguchi.

Obturamentum, i. Lus. Tapadoura, ou botoque. Iap. Futa, cuchi.

Obturbo, as. Lus. Eſtoruar os negocios, ou pratica de alguẽ. Iap. Fitono ſamataguenisuru, l, monogatariuo ſamataguru.

Obturo, as. Lus. Tapar, ou fechar. Iap. Fuſagu.

Obtuse, adu. Lus. Groſſeira, e indoctamente. Iap. Guchini, mugacuni.

Obtuſus, a, ũ. Lus. Couſa piſada, ou ferida. Iap. Vtaretaru mono, chŏchacu xeraretaru mono, tatacaretaru mono. ¶ Itẽ, Couſa boca, ou ruda. Iap. Guchi, mugacunaru coto.

Obtunſus, apud Plinium. Idem.

Obtûtus, us. Lus. Viſta. Iap. Miru cotouo yŭ, mitaru cotouo yŭ.

Obuagio, is. Lus. Chorar meninos de mama. Iap. Xôniga naqu.

Obuallo, as. Lus. Cercar de vallo, ou eſtacada. Iap. Saccuuo tçuqi mauaſu, l, furimauaſu.

Obuaricatores. Lus. Os que empedem a alguem pera que não faça caminho direito. Iap. Michiuo ſaſayuru fito, l, yoqeſaſuru mono.

Obuárico, as. Lus. Empedir, eſtoruar. Iap. Saſayuru, ſamataguenaſu, jamauo naſu.

Obuâro, as. Lus. Deprauar, peruerter. Iap. Midaſu, cuzzuſu.

Obuenio, is. in tertijs perſonis. Lus. Aconteçer, ſobreuir. Iap. Xutrai ſuru, vomoino focani idequru. ¶ Aliqñ. Cair em ſorte. Iap. Cujini tori ataru. ¶ Obuenire exhæreditate, l, hæreditatem. Lus. Vir por herãça. Iap. Yuzzurini yotte foreni ataru.

Obuentio, onis. Lus. Renda, ou proueito que ſe recolhe de algũa couſa. Iap. Chigiŏ, l, ſonomino xocu, yori toru tocu.

Obuerſatio, onis. Lus. O paſſear. Iap. Guiŏdŏ ſuru coto nari.

Obuer

Obuersor, aris. Lus. Andar, ou estar diãte dos olhos algũa cousa. Iap. Mocujenni aru, l, sonauaru. ¶ Itẽ, per metaph. Representarse algũa cousa ao entendimento como se estiuesse presente. Iap. Meni miru gotoquni funbetni qizaru.

Obuerto, is. Lus. Virar pera algũa parte em contrario. Iap. Fiqi nauoru, fiqi muqeru. ¶ Obuersus sto. Lus. Estou virado pera, ou contra algũa parte. Iap. Mucõte yru.

Obuiam, adu. Lus. Ao encontro. Iap. De mucõte, mucaini. ¶ Procedere, prodire, properare, ire, venire obuiam alicui. Lus. Sair ao encontro a alguem. Iap. Mucaini izzuru, demucõ. ¶ Mittere obuiam alicui. Lus. Mandar ao encontro de alguem. Iap. Mucaini yaru, l, idasu. ¶ Obuiam fieri alicui. Lus. Encontrarse com alguem. Iap. Yuqi vŏ. ¶ Obuiam ire periculis, l, conatibus. Lus. Resistir aos perigos, ou intentos de alguem. Iap. Nanguiuo nogarẽto suru, l, cuuatateuo samataguru.

¶ Obuiam esse. Lus. Estar lestes, ou a mão. Iap. Temotoni aru, caçugo xite yru.

Obuio, as. Lus. Ir, ou sair ao encontro. Iap. Mucaini izzuru, de mucŏ. ¶ Item, per transl. Empedir, estoruar. Iap. Samataguru, jamauo nasu.

Obuius, a, um. Lus. Cousa que se encontra, ou sae ao encontro. Iap. Yuqi vŏ mono, l, mucaini izzuru mono. ¶ Obuium se dare alicui. Lus. Encontrarse, ou sair ao ẽcontro. Iap. De mucŏ, mucaini izzuru. ¶ Obuius, & expositus homo. Lus. Homem que facilmẽte admite a todos a sua pratica, e conuersação. Iap. Fitoaino yoqi fito.

Obumbro, as. Lus. Cobrir com sombra. Iap. Fivouoiuo suru. ¶ Item, per transl. Emparar, defender. Iap. Xugo suru, mamoru. ¶ Aliqñ. Escurecer. Iap. Cumorasu, curaqu nasu.

Obuncus, a, um. Lus. Cousa curua, ou torta. Iap. Cagamitaru coto, magaritaru coto.

Obuoluo, is. Lus. Enuoluer. Iap. Maqu, tçutçumu. ¶ Item, per metaph. Dissimular, encobrir. Iap. Xirazugauouo suru, l, cacusu.

O ANTE C.

Occa, æ. Lus. Grade, de que vsam os lauradores nos campos. Iap. Maga.

Occado, vide Occido.

Occalleo, es. Lus. Ter callos, ou ser calejado. Iap. Tacoga deqitari, cõga iritari. ¶ Item, per transl. Endurecerse. Iap. Catacqu naru, catamaru.

Occallesco, is. Lus. Fazer callo. Iap. Taconi naru. ¶ Occalluit animus. Lus. Ia o animo sofre bem as cousas aduersas pollo callo que tem feito. Iap. Nangui xeccacuni narete cocoroyoqu corayuru. ¶ Fauces gulonum occallescere. Lus. Terem os gololos as gvelas calejadas de maneira que não sentem os comeres muito quentes. Iap. Tonjiqixa, atçuqi monouo curainare, nodoni atçusauo voboyezu.

Occæco, vide Obcæco.

Occano, is. & Occino, is, nui, l, ini, l, antũ, entum. Lus. Cantar de parte contraria, ou ẽ cõtrario. Iap. Ronguini vtŏ, l, toriga coyeuo auasuru naqiyŏ.

Occasio, onis. Lus. Ocasiam, oportunidade. Iap. Xiauaxe, tayori. ¶ Aliqñ. Copia, abundancia. Iap. Iuntacu, tacusan. ¶ Captare occasionem. Lus. Buscar ocasiam. Iap. Bin, fimauo veagŏ. ¶ Occasionem parere, l, dare. Lus. Dar occasiam. Iap. Daimocuni naru. ¶ Occasionem nancisci. Lus. Achar ocasiam. Iap. Tayoriuo vru. ¶ Occasionem amittere. Lus. Perder a ocasiam. Iap. Tayori, l, xiauaxeuo vxinŏ. ¶ Item, Occasionem veteres Romani deam esse putauerunt.

Occasiúncula, æ. dim. Idem.

Occáso, as. Lus. Morrer, acabar. Iap. Xisuru, foroburu antiq.

Occasus, us. Lus. Morte, fim. Iap. Xi, fate, metbŏ. ¶ Itẽ, O por do sol. Iap. Nichirin no nixini iru cotouo yŭ, l, nichirinno xeqibot. ¶ Aliqñ. Occidente. Iap. Nixi.

Occa-

Occatio, onis. Lus. O gradar a terra. Iap. Denbacuni māguauo caquru coto nari, l, denbacuno tçuchiuo varu coto nari.

Occator, oris. Lus. O que grada, ou desfaz os torroẽs. Iap. Denbacuno tçuchiuo varu mono, l, manguauo caquru fito.

Occatorius, a, um. Lus. Cousa pertencente a gradar a terra, ou desfazer os torroens. Iap. Manguauo caqe, l, denbacuno tçuchiuo varuni ataru coto.

Occêdo, is, essi, essum. Lus. Ir, ou sair ao ẽcontro. Iap. Mucaini izzuru, de mucŏ.

Occentus, us. Lus. Armonia de diuersas vozes. Iap. Vôjeino coyeno ioroitaru coto uo yŭ. ¶ Item, Cantar da parte contraria, ou em contrario. Iap. Konguini vtŏ.

Occidens, entis. Lus. Cousa que acaba, ou perece. Iap. Foroburu mono, fatçuru mono, vouaru mono.

Occidens, entis. subslant. Lus. Occidente. Iap. Nixi.

Occidentalis, e. Lus. Cousa occidẽtal, ou q̃ esta pera occidente. Iap. Nixini aru coto.

Occiduus, a, um. Idem. ¶ Aliqñ. Cousa que acaba, ou fenece. Iap. Vouaru mono, fatçuru mono. ¶ Aquæ occiduæ. Lus. Mar de Espanha. Iap. Aru tocorono vmi.

Occidio, onis. Lus. Matança, mortandade. Iap. Xŏgai, gai. ¶ Occidione occidere. Lus. Destruir, matar de todo. Iap. Vchi fatasu, forobosu, corosu.

Occîdo, is, idi, isum. Lus. Matar. Iap. Xŏgai suru, gaisuru. ¶ Aliqñ. Atormẽtar, ou dar pena, e molestia a alguem. Iap. Vô qini taicut sasuru. ¶ Aliqñ. Ferir, dar pãcada. Iap. Teuo vôsuru, qizuuo tçuquru, chŏchacu suru, vtçu. ¶ Item, Cortar, ou fazer secar aruores, eruas, &c. Iap. Tachi qiuo qiru, qiri carasu.

Occido, is, idi, casum. Lus. Morrer, acabar. Iap. Xisuru, messuru, vouaru. ¶ Occidit spes nostra. Lus. Feneceo, ou acabouse nossa esperança. Iap. Tanomoxiqiga fate tari. ¶ Aliqñ. Acontecer. Iap. Xutrai suru, idequru. ¶ Item, Secarse, ou acabarse as aruores, ou eruas. Iap. Sŏmocuga caru ru. ¶ Aliqñ. Cair, ou porse o sol, planetas, &c. Iap. Vorçuru, l, jirguet xeiga ni xini iru.

Occilo, as. Lus. Pisar, esmagar. Iap. Vchi cudaqu, vchi varu.

Occino, is, vide Occano.

Occipio, is. Lus. Começar. Iap. Fajimuru. ¶ Aliqñ. Tomar, ou entrar no cargo, &c. Iap. Fajimete xocuuo vqetoru.

Occiput, itis. Lus. Toutiço. Iap. Vraji.

Occipitium, ij. Idem.

Occisio, onis. Lus. Matança. Iap. Xŏgai, xetgai. ¶ Occisione occidere. Lus. Destruir, matar de todo. Iap. Vchifatasu, forobosu.

Occîsor, oris. Lus. Matador. Iap. Coroxite, l, gaisuru mono. apud veteres.

Occisus, a, um. Lus. Morto com morte violenta. Iap. Corosaretaru mono, gaixeraretaru mono. ¶ Item, Ferido. Iap. Teuo voitaru mono, teuoi. ¶ Occisa res. Lus. Negocio, ou cousa de que ja nenhũa esperança se tem. Iap. Tanomi, l, tanomoxiqi no naqi coto.

Occlûdo, is, usi, usum. Lus. Cerrar, fechar. Iap. Feimonsuru, tozzuru. ¶ Occludere linguam alicui. Lus. Tapar a boca dalguem com rezões, &c. Iap. Feicô sasuru, iytçumuru.

Occlusus, a, um. Lus. Cousa fechada, ou escondida. Iap. Feimon xitaru coto, togitaru coto, cacuretaru coto.

Occo, as. Lus. Gradar a terra, ou desfazer os torroẽs. Iap. Māguauo caquru, l, denbacuno tçuchicure uo cudaqu.

Occubo, as. Lus. Morrer, cair. Iap. Xisuru, votçuru.

Occulco, as. Lus. Pisar, ou calcar. Iap. Fumitçuquru.

Occulo, is, lui, ultum. Lus. Esconder, encobrir. Iap. Cacusu, tçutçumu.

Occultatio, onis. Lus. O encobrir, ou esconder. Iap. Cacusu, l, tçutçumu coto nari.

Occultator, oris. Lus. O que encobre, ou esconde. Iap. Cacusu, l, tçutçumu fito.

Occul-

Oculus, i. Lus. Olho. Iap. Me, manaco. ¶ Itẽ, Malhas redondas de pelles, ou olhos do cabo do pauão. Iap. Qedamonono caua, torino fa nadoni aru foxi, madarauo yŭ. ¶ Item, O olho da aruore donde sae a vergontea. Iap. Qino me. ¶ In oculis, & luce. Lus. Diãte dos homens. Iap. Banminno mayeni, ninjẽni. ¶ Adjicere oculos rei alicui. Lus. Desejar, ou apete cer algũa cousa. Iap. Monouo nozomu. ¶ Capere rationem oculis. Lus. Iulgar cõ a vista algũa cousa. Iap. Daixô, yenqin uo mifacaru. Plaut. ¶ Habere alicuius oculos in suis. Lus. Estar com os olhos postos em alguem pera ver o que quer, ou lhe manda fazer. Iap. Guegiuo vcagai yru. ¶ In oculis aliquid habere. Lus. Ter sempre diante dos olhos. Iap. Fudan mocujenni sonaye voqu, fudan xian suru. ¶ Oculi mei in vultu illius habitant. Lus. Nunca tiro os olhos delle. Iap. Itçumo ano fitoni meuo tçuqete yru. ¶ Oculum exculpere. Lus. Arrancar os olhos. Iap. Meuo nuqu. ¶ Oculi dolẽt mihi. Lus. Vejo cousa que me causa molestia. Iap. Canaximi, vreino daimocuto naru cotouo miru. ¶ Intendere oculos. Lus. Olhar algũa cousa com os olhos fitos. Iap. Manacouo mitçumuru, mi faru. ¶ Oculos aliquorum tenere. Lus. Atrahir asi os olhos dalguns. Iap. Banminno me uo caquru yŏni suru. ¶ Oculos tollere, per trãsl. Lus. Recrearse, ou alegrarse cõ algũa boa noua de cousa que se desejaua. Iap. Qisŏ, l, nozomaxiqi cotouo qijte yorocobu. ¶ Oculis captus. Lus. Cego. Iap. Mŏmocu.

Ocymum, i. Lus. Ferram, ou alcacer pera os boys. Iap. Guiŭbani cŏ cusa.

Ocyor, & Ocyssimus. Lus. Mais ligeiro, muito ligeiro. Iap. Nauo fayaqi mono, icanimo fayaqi mono.

Ocyter. Lus. Cedo, eligeiramente. Iap. Fayaqu, qiŭni.

Ocyùs, & Ocyssimè, adu. Lus. Mais, ou muito ligeiramente. Iap. Nauo fayaqu, icanimo fayaqu.

Ode, es. Lus. Cãto. Iap. Vtai, vta, xŏmiŏ.

Odeum, ei. Lus. Coro, ou lugar determinado pera se cantar. Iap. Xŏmiŏno tameni sadamaritaru tocoro, l, vtŏ tocoro.

Odacio, is. Lus. Cheirar, ou receber o cheiro. Iap. Cagu. Apud veteres.

Odi, odisti, odit. verbum defect. Lus. Ter odio, ou aborrecer. Iap. Nicumu, qirŏ.

Odinolyontes. Lus. Huns peixes pequenos. Iap. Chijsaqi vuono na.

Odiosè, adu. Lus. Com odio, ou aborrecimento. Iap. Nicunde, qirŏte.

Odiosus, a, um. Lus. Cousa odiosa, ou aborrecida. Iap. Nicuqi coto, qirŏ coto. ¶ Aliqñ. Cousa molesta. Iap. Taicut, l, qizzucaini naru coto.

Odium, ij. Lus. Odio, mal querença. Iap. Nicumi, icon, zôxin. ¶ Interd. Molestia, enfadamento. Iap. Taicut, qizzucai.

Odo, onis. Lus. Hum genero de calçado. Iap. Cutçuno taguy. Vlp.

Odontagra, æ. Lus. Boticão, ou akaprema de tirar dentes. Iap. Fauo nuqu dŏgu.

Odor, l, Odos, oris. Lus. Cheiro. Iap. Niuoi, ca. ¶ Qñq;. per transl. Indicio, conjeitura. Iap. Suiriŏ, suisat. ¶ Odores. Lus. Especias aromaticas. Iap. Cunyacu.

Odoramentum, i. Lus. Pera de cheiro, pastilha, ou outra confeição cheirosa. Iap. Cuncŏ, cunyacu, caqegŏno taguy.

Odorarius, ij. Lus. O que faz, e vende perfumes. Iap. Cunyacu, cuncŏuo auaxe vru mono.

Odorarius, a, um. Lus. Cousa que pertence a perfume, ou cheiro. Iap. Cunyacuni ataru coto.

Odoratio, onis. Lus. O cheirar, ou perceber o cheiro. Iap. Cauo qiqu coto nari.

Odorator, oris. Lus. O que tem o cheiro esperto. Iap. Yoqu cagu mono.

Odoratus, a, um. Lus. Cousa perfumada. Iap. Niuoi tometaru dŏgu. ¶ Interdũ, Cousa odorifera, e cheirosa. Iap. Cŏbaxiqi mono.

Odoratus, us. Lus. Olfato, ou sentido de cheirar. Iap. Bixiqi monouo cagu xei.

Odórifer, a, um. Lus. Cousa cheirosa. Iap. Cunzuru mono. ¶ Arabia odorifera. Lus. Arabia que dà, ou produze bons cheiros. Iap. Cunyacuno aru cunino na.

Odorisequus, a, ū. Lus. Os que tem o cheiro, ou faro agudo como caens, &c. Iap. Fanano qiqitaru mono.

Odóro, as. Lus. Perfumar. Iap. Cauo tomuru, cauo fassuru. ¶ Item, Encher de cheiro. Iap. Cunji fasuru.

Odóror, aris, deponens, & Odóro, as. Lus. Cheirar, perceber o cheiro. Iap. Cagu, cŏ uo qiqu. ¶ Item, per transl. Ter sospeita, ou indicio de algũa cousa. Iap. Mono uo suisat suru. ¶ Odorari sagacius. Lus. Inquirir com diligencia. Iap. Xeiuo irete tazzunuru. ¶ Odorari, & degustare aliquem. Lus. Tentar, ou experimentar maliciosamente o que hum té no animo. Iap. Vadacamatte fitouo cocoro miru, l, atari miru.

Odórus, a, um. Lus. Cousa cheirosa. Iap. Cauo fassuru mono, l, cunzuru mono. ¶ Item, O que tem agudo o sentido do cheiro. Iap. Fanano qiqitaru mono.

O ANTE E.

Oeconomia, æ. Lus. Gouerno das cousas de casa. Iap. Iyeno saiban, sabaqi, atçucai, xotai. ¶ Est item dispositio oratoribus, & poëtis necessaria, quæ quid quo loco dicendum sit, ostendit.

Oeconomica, orū. Lus. Cousas q̃ pertécé a familia, ou casa. Iap. Qenzocu, l, qenaino dŏguni ataru coto.

Oecónomus, i. Lus. Veador, ou o que admi nistra as cousas de casa. Iap. Iyeuo sabaqu mono, naixŏno macanaite.

Oecos. Lus. Casa, ou familia. Iap. Iye, qenzocu. Plinius.

Oecuménicus, a, um. Lus. Cousa vniuersal, pertencente a todo o mundo. Iap. Ameqi coto, issai xecaini ataru coto. ¶ Oecumenicum concilium. Lus. Concilio, ou sinodo géral. Iap. Sancta Igrejano vŏsadameni ataru godancŏ, l, sŏdancŏ.

Oenantárium, ij. Lus. Vnguento cheiroso feito de flor de certa vide braua. Iap. Yamani aru budŏno fana nite auaxetaru cŏbaxiqi cusuri.

Oenanthe, es. Lus. Flor de certa vide silues tre que não dà fruito. Iap. Mino naraza ru budŏno fana. ¶ Item, Hũa érua que nace pollos penedos. Iap. Iuani xŏzuru cusano na.

Oenanthínus, a, um. Lus. Cousa feita de flor desta vide. Iap. Miguino budŏno fana nite tçucuritaru mono.

Oenóphorum, i. Lus. Frasco, ou vasilha de vinho. Iap. Saqeno vtçuuamono, chŏxino taguy.

Oenóphorus, i. Lus. Escanção. Iap. Chŏxino xacuuo toru mono.

Oenopóla, æ. Lus. Tauerneiro. Iap. Saqeuo vru mono.

Oenopolium, ij. Lus. Tauerna de vinho. Iap. Sacaya, saqeno vriba.

Oenoptæ, arum. Lus. Hum que tinha por officio nos bãquetes fazer que bebessem todos géralmente. Iap. Furumaino toqi amanequ saqeuo nomuyŏni xijru mono.

Oesóphagus. Lus. Gvela. Iap. Nodobuye.

Oestrum, i. Lus. Mosca das bestas. Iap. Guiŭbani toritçuqu fai. ¶ Oestro perciti poëtæ. Lus. Poetas tomados de furia como diuina. Iap. Tenno tçŭriqiuo vqetaru cajin.

Oesypum, i. Lus. Grossura, ou sugidade q̃ està pegada no veo, ou laã das ouelhas por lauar. Iap. Fasŏdaru fitçujino qeni aru aca.

O ANTE F.

Offa, æ. Lus. Hũa certa iguaria de carne de porco como lingoiça, &c. Iap. Butanadono nicu nite nori xitaru xocubut. ¶ Item, Pedaço, ou posta de carne. Iap. Nicuno qire. ¶ Offa pinita. Lus. Posta de carne de porco que tem o rabo pegado. Iap. Vono tçuqite aru butano nicu. ¶ Item, Hũa iguaria como panetella. Iap. Aru xocubutno na. ¶ Item, Papas, &c. Iap. Xôbacuno caino taguy. ¶ Item, Ma

Massa, ou materia de qualquer cousa. Iap. Monono xitagi.
Offarius, ij. Lus. Cozinheiro que faz estas iguarias. Iap. Miguino xocubutno riŏrixa.
Offatim, adu. Lus. Em pedaços, ou fatias. Iap. Qireguireni.
Offella, æ. Lus. Posta pequena de carne. Iap. Nicuno chijsaqi qire.
Offula, æ. dim. Idem.
Offectores. Lus. Tintureiros, ou os que dão tinta ao que esta ja desbotado. Iap. Somemonô xi, l, irouo agui u mono.
Offendiculum, i. Lus. Estoruo, impedimento, tropeço. Iap. Samatague, sauari, tçumazzucasuru mono.
Offendimentum, i. Lus. Nò dos cordoés, ou fitas do chapeo que se dà de baixo da barba. Iap. Casano ximeuono musubime.
Offendix, icis. Idem.
Offendo, is, endi, ensum. Lus. Achar, ou encontrarse a caso com alguem. Iap. Yuqivŏ. ¶ Item, Empecer, ou tratar mal. Iap. Atani naru, l, sôzasu, soconŏ. ¶ Itẽ, Achar acaso. Iap. Tenneu mitçuquru, mi idasu. ¶ Offendere apud aliquem. Lus. Soceder mal, ou ser injuriado diante de alguem. Iap. Fito yori fagiuo caqu, l, chi jocuuo vquru. ¶ Offendere apud iudices. Lus. Ser condenado dos juizes. Iap. Tadaxite yori qetgiacu xeraruru, zaiquani fuxeraruru. ¶ Interd. Peccar, offender. Iap. Somuqu, togauo vocasu. ¶ Item, (absolutè) Fazer algũa cousa mal. Iap. Ayamaru, mayô.
Offensa, æ, Offensio, onis, & Offensus, us. Lus. Offensa, erro, ou dano. Iap. Yrai, ayamari, quantai, sonxit. ¶ Item, Pouca aceitação, ou o desagradar algũa cousa. Iap. Fitono qini auanu cotouo yŭ. ¶ Esse in offensa. Lus. Offender a alguem. Iap. Somuqu, atauo nasu. ¶ Offensioni esse. Lus. Causar molestia. Iap. Taicut sasuru. ¶ Offensiones belli. Lus. Danos, e perigos da guerra. Iap. Qiŭxenno ayausa, l, yumiya yori ideqitaru son. ¶ Offensiones ex morbis. Lus. Dôres, ou danos que se recebẽ da doença. Iap. Vazzuraino itami, cutuximi, cutçŭ, fippacu. ¶ Item, Offensa. Lus. O cair, ou empeçar. Iap. Corobu, l, tçumazzuqu cotouo yŭ.
Offensiuncula, æ. dim. Idem.
Offensaculum, i. Lus. Tropeço, ou cousa q̃ se poem diante pera que hum empece, e caya. Iap. Tçumazzucasuru tameni voqu mono, l, tçumazzucasuru mono.
Offensatio, onis. Lus. O encõtrarse a caso cõ alguem muitas vezes. Iap. Xiguequ yuqi vŏ coto nari.
Offensâtor, oris. Lus. O que muitas vezes empeça, & cae. Iap. Xiguequ tçumazzuqu mono. ¶ Item, O que erra. Iap. Ayamaru mono, somuqu mono.
Offenso, as. Lus. Empecer, ou tratar mal muitas vezes. Iap. Xiguequ atauo nasu, sonzasu, soconŏ. ¶ Item, Tropeçar. Iap. Qetçumazzuqu.
Offercio, is. Lus. Encher. Iap. Mitasu, ippai iruru.
Offero, ers, obtuli, oblatum. Lus. Offerecer, apresentar. Iap. Sasaguru, tan uquru, sonayuru. ¶ Offerre vitium virgini. Lus. Forçar, ou violar a virgem. Iap. Sucumete Virgenuo vocasu. ¶ Interd. Meter, ou por dentro. Iap. Vchini iruru, l, irevoqu. ¶ Interd. Pôr diante. Iap. Mayeni voqu, mayeni sonayuru. ¶ Item, Prometer. Iap. Yacusocu, l, qeiyacu suru. ¶ Aliqñ. Opporse, ou resistir. Iap. Fuxegu, teqitŏ. ¶ Offerre religionem. Lus. Pôr escrupulo. Iap. Qini caqesasuru. ¶ Offerre se liti. Lus. Fazerse juiz de cousa que lhe não pertence sem lhe ser cometido. Iap. Vaga xocunimo arazu xite cujisatauo fifan suru.
Offerrumenta. Lus. Offertas que se offereciam aos deoses. Iap. Tamuqe mono.
Offerrumētæ, arum. pertransl. Lus. Feridas, pancadas. Iap. Chŏchacu, l, qizu.
Offertus, a, um, & Offertissimus. Lus. Cousa chea. Iap. Michitaru mono, ippai aru mono. ¶ Aliqñ. Abundante, copiosa. Iap. Iuntacunaru coto, tacusan naru coto.

Officialis, e. Lus. Cousa que pertence a officio. Iap. Xocu, l, yacuni ataru coto. ¶ Item, Cousa que trata de officio, ou cargo. Iap. Xocu, l, yacuni tçuite satasuru mono. ¶ Item, Officialis. Lus. Official, ou ministro dos gouernadores das cidades, ou prouincias. Iap. Xitadai.

Officio, is, eci, ectũ. Lus. Empecer, estoruar. Iap. Atauo nasu, l, atani naru, gaiuo nasu, tataru, l, samataguru. ¶ Officere, & obstare commodis alicuius. Lus. Periudicar, ou empedir o proueito de alguem. Iap. Fitono tocuto naru cotouo samataguru. ¶ Interd. Tingir. Iap. Somuru. ¶ Officere luminibus. Lus. Tomar, ou empedir a luz de casa cõ algũ edificio mais alto. Iap. Iye no tatçu tincano acariuo samataguru.

Officiose, adu. Lus. Cortes mente, ou com amor, e promptidão. Iap. Guirini, nengoro ni, xitaxiqu.

Officiosus, a, um. Lus. O que faz bem a outros, ou o q̃ cõ diligencia, e promptidão serue, e faz a votade a aquelle, a quẽ esta obrigado. Iap. Vonuo vqetaru fitoni conxet, l, teineiuo tçucusu mono, l, cocoro yoqu miazzucŏ mono, l, taninni vonuo qisuru mono. ¶ Item, Torpe, e deshonesto. Iap. Cŏxocu naru mono. ¶ Officiosus dolor. Lus. Dôr, ou tristeza toma da por iustas causas. Iap. Dŏrino vye yorino canaximi, l, mottomono vrei.

Officium, ij. Lus. Officio, ou obrigação, ou debito. Iap. Yacu, l, tçutomezu xite canauazaru cotouo yŭ. ¶ Deserere officium, l, discedere ab officio. Lus. Não fazer o que deue. Iap. Xezu xite canauazaru cotouo saxivoqu. ¶ Obeo, persoluo, præsto officium meum. Lus. Cumpro com minha obrigação. Iap. Mini ataru cotouo tçutomuru. ¶ Officij duxit. Lus. Teue pera sy que pertencia a sua obrigação. Iap. Xezu xite canauazaru to vomŏta. ¶ Item, Beneficio, boa obra. Iap. Vonxŏ, von. ¶ Aliqñ. Honra, reuerencia. Iap. Sŏqiŏ, vyamai. ¶ Item, Officio, ou dignidade de official de justiça. Iap. Xugoxocu. ¶ Qñq;. Arte, ou officio. Iap. Xocu, narai. ¶ Summo officio præditus homo. Lus. Homem virtuoso, & inteiro que varonil mente faz o que conuem. Iap. Qenjin, xeijin.

Officina, æ. Lus. Tenda onde trabalhão os officiaes. Iap. Xocuya, xocuninno iye. ¶ Officina dicendi. Lus. Escola de rhetorica. Iap. Rhetoricato yŭ gacumonuo voxiyuru tocoro. ¶ Item, Tenda onde se vende algũa cousa. Iap. Mixe, l, tana, tenya.

Officinator, oris. Lus. Official mecanico. Iap. Xocunin.

Offigo, is, xi, xum. Lus. Fincar, pregar. Iap. Vchitçuquru, tçuqitatçuru.

Offirmo, as. Lus. Ter algum proposito firme no animo, ou estar pertinaz em algũa cousa. Iap. Cataqu vomoisadamuru, jŏxiqi suru.

Offlecto, is. Lus. Virar pera aparte contraria, ou ao derredor. Iap. Mauasu, l, voxi muquru, modosu.

Offoco, as, l, (secundum alios) Offuco. Lus. Gargarejar. Iap. Vgai suru, l, mizzuuo fucumite nodouo goromecasu.

Offringo, is. Lus. Tomar a laurar outra vez o que estaua laurado. Iap. Suqitaru den bacuuo mata suqi cayesu.

Offucia, æ. Lus. Rebiqi, ou postura das molheres. Iap. Vonnano qexŏno dŏgu. ¶ Item, per metapho. Engano, falacia. Iap. Tabacari, bŏriacu.

Offula, æ. Lus. Posta pequena de carne. Iap. Nicuno chijsaqi qire.

Offundo, is, udi, usum. Lus. Derramar, ou esparzir ao derredor. Iap. Mizzuuo totoqi mauaru, l, mauarini mizzu nadouo nagasu. ¶ Offundere rei alicui caliginem, noctem, tenebras, &c. Lus. Escurecer a algũa cousa. Iap. Curamasu, curoiasu.

Offusco, as. Lus. Escurecer, ou tornar preto. Iap. Curamasu, curocu nasu.

O ANTE G.

Ogannio, is, iui, itum. Lus. Garrir, ou repetir as mesmas cousas are causar fastio. Iap.

Iap. Amaye, itôde naqu, foyi ru, l,curi coto, l, cudoqu monouo iyte taicut sa-suru.

Oggero, is. Lus. Estender, ou lançar. Iap. Firoguru, noburu, y aru.

Oggrassor, aris. Lus. Caminhar, andar. Iap. focô suru, l, atuqu.

O ANTE H.

O H. Interiectio, qua vtimur vbi ex interuallo notos videmus. ¶ Aliqñ. Admirantis cum contemptu quodam. ¶ Aliqñ. Affirmatis vehemetiùs. ¶ Aliqñ. Dolentis, et repehédentis. ¶ Aliqñ. Exultantis ob rem bene gestam.

Ohe, interiectio exclamantis. Lus. Interje ção com que bradando significamos que basta. Iap. Monouo todon urucoye nari.

Oho. Lus. Voz de hũ que se espanta quá do vee fazer algũa cousa derepente. Iap. Vodoroqu toqino coye. ¶ Aliqñ. est particula agnoscentis cum gaudio.

O ANTE L.

Olea, æ, et Oliua, æ. Lus. Oliueira. Iap. Aru qino na. ¶ Itẽ, Azeitona. Iap. Migui no qino mi. ¶ Olea conditiua. Lus. Azeitona é conserua. Iap. Miguino qinomino xiuozzuqe.

Oleâginus, a, um. Lus. Cousa de oliueira. Iap. Miguino qini ataru coto, l, sono qi nite tçucuritaru coto. ¶ Itẽ, Cousa de côr de azeite. Iap. Miguino qinomino aburano iro aru mono.

Oleagineus, a, um. Idem.

Oleanis, e. Lus. Cousa pertencẽte a azeite de oliueira. Iap. Miguino qinomino aburani ataru coto.

Olearius, a, ũ. Idem. ¶ Olearia cella. Lus. Adega de azeite. Iap. Aburauo voqu tocoro.

Olearius, ij. Lus. Lagareiro, ou azeiteiro. Iap. Aburauo xiboru mono, l, aburauo vru mono, l, aburaya.

Oleastellus, i. Lus. Hũa aruorezinha. Iap. Aru chijsaqi qino na.

Oleaster, tri. Lus. Zambugeiro. Iap. Aru qino na.

Oleastrense, is. Lus. Hũ genero de chumbo preto. Iap. Curoqi namari.

Oleastrinum, i. Lus. Azeite de zambugeiro. Iap. Aru qinomino abura.

Oleatius, a, um. Lus. Cousa de oliueira, ou semelhante a oliueira. Iap. Miguino qini ataru coto, l, nitaru mono.

Oleatus, a, um. Lus. Cousa de azeite, ou q̃ tem mistura de azeite. Iap. Aburano majiuaritaru mono.

Oleitas, atis. Lus. O tẽpo de colher a azeitona. Iap. Aru qinomiuo firô jibun.

Oleo, es, eui, olui, etum, itum. Lus. Deitar de sy cheiro, ou recender. Iap. Cunzuru, cauo fassuru. ¶ Olere aliqua re. Lus. Cheirar a algũa cousa. Iap. Niuoiga iuru, niuô.

Oleosus, a, um. Lus. Cousa chea de azeite. Iap. Aburano vouoqi mono. ¶ Itẽ, Cousa gorda. Iap. Coyetaru mono, fimanxitaru mono.

Oleraceus, a, um. vt oleraceus frutex. Lus. Erua que daa semente como ortaliça. Iap. Na, daiconno gotoqu miuo nasu cusa. ¶ Item, Erua semelhante a ortaliça. Iap. Na, daicô, yasaini nitaru cusa.

Olesco, is. Lus. Ser cheiroso. Iap. Niuô, niuoiga aru.

Oletum, i. Lus. Oliual. Iap. Aru qino fayaxi, l, vouoqi tocoro. ¶ Item, Esterco do homem. Iap. Fitono daiben. ¶ Item, Priuada, ou lugar de fazer camara. Iap. Xetchin, xeijô.

Oleum, ei, et Oliuũ, i. Lus. Azeite de oliueira. Iap. Aru qino mino abura, l, abura.

¶ Oleum addere camino. Lus. Acrecẽtar mal a mal. Iap. Acuni acuuo casanuru, cotono tçunoru yônisuru. ¶ Oleum, & operam perdere Lus. Trabalhar de balde. Iap. Rôxite, cônaxi. ¶ Item, Ensayo, ou exercicio pera a peleija. Iap. Caxxenno qeico.

Olfacio, is, eci, actum. Lus. Cheirar, perceber o cheiro. Iap. Cagu, cauo cagu. ¶ Aliqñ. Sentir por conjecturas. Iap. Suiriô, l, suisuru.

Ol-

Olfacto, as. frequent. Idem.

Olfactorium, ij. Lus. Couſa que ſe traz pera cheirar como ramalhete de flores, &c. Iap. Cagu tameni teni moçu cŏbaxiqi mono.

Olfactus, a, um. Lus. Couſa que ſe cheira. Iap. Caguitaru mono, niuoitaru mono.

Olfactus, us. Lus. O ſentido de cheirar. Iap. Bixiqi, cagu xei.

Olidus, a, um. Lus. Couſa de bom, ou roim cheiro. Iap. Cuſaqi mono, l, niuô mono.

Olim, adu. Lus. No tempo paſſado, preſente, e futuro. Iap. Mucaxi, xŏco, ima, matdai, mirai. ¶ Item, Algũas vezes. Iap. Toqini yotte. ¶ Interd. Ha muito. Iap. Fiſaxiqu, tarubaru. ¶ Aliqñ. Pouco ha. Iap. Conogoro. ¶ Item, Qualquer tempo. Iap. Iibun, jixet. ¶ Olim iam. Lus. Ia ha muito tempo. Iap. Faya fiſaxiqu.

Olitor, oris. Lus. Ortelão. Iap. Sono, l, ſaiyẽ uo tçucuru mono. ¶ Item, O que vende ortaliça. Iap. Yaſaiuo vru mono.

Olitorius, a, um. Lus. Couſa pertencẽte a ortaliça. Iap. Saiyen, l, yaſaini ataru coto. ¶ Horti olitorij. Lus. Ortas de ortaliça. Iap. Saiyen. ¶ Oſtia olitoria. Lus. Porta, ou cancella da orta. Iap. Saiyẽni aru qido.

Oliua, æ. Lus. Oliueira. Iap. Aru qino na. ¶ Itẽ, Azeitona. Iap. Miguino qino mi.

Oliuâns, e. Lus. Couſa pertencente a azeite. Iap. Aburani ataru coto.

Oliuarius, a, um. Lus. Couſa que pertence a oliueira, ou azeitona. Iap. Miguino qi, l, qinomini ataru coto.

Oliuêtum, i. Lus. Oliual. Iap. Miguino qino fayaxi, l, vouoqi tocoro.

Oliuifer, a, um. Lus. Couſa que daa, ou produze oliueiras, ou azeitonas. Iap. Miguino conomiuo xŏzuru qi, l, aru tocoro.

Oliuîna, æ. Lus. Adega de azeite. Iap. Aburauo voqu tocoro. ¶ Item, Grande copia de azeite. Iap. Aburano tacuuanſa, vouoſa.

Oliuitas, atis. Lus. Tẽpo de apanhar a azeitona. Iap. Miguino qinomiuo firô jibun. ¶ Interd. Nouidade do azeite. Iap. Mainen voſamuru aburano bun.

Oliuo, as. Lus. Apanhar a azeitona. Iap. Miguino qino miuo firô.

Olîuum, i. Lus. Azeite. Iap. Abura.

Olla, æ. Lus. Panella de barro. Iap. Fôrocu, tçuchinabe.

Ollaria, æ. Lus. Certa tempera, ou miſtura de metal. Iap. Bechibechino caneuo fuqi mazuru cotouo yŭ.

Ollans, e. Lus. Couſa de panella. Iap. Tçuchinabeni ataru coto. ¶ Ollares vuæ. Lus. Vuas que ſe conſeruam bem em panellas de barro. Iap. Fôrocuno vchinite cotayuru budŏ.

Olli, & ollic, pro illi, & illic, ſcripſerunt veteres.

Ollula, æ. Lus. Panelinha de barro. Iap. Chijſaqi tçuchinabe.

Olo, is. Lus. Cheirar, botar de ſy cheiro. Iap. Niuô. Antiq.

Ololygones. Lus. Rans machos quando andão com o cio. Iap. Sacaru jibũno vogairu.

Olor, oris. Lus. Ciſne. Iap. Facuchô, cuguy.

Olorînus, a, um. Lus. Couſa de ciſne. Iap. Facuchôni ataru coto. ¶ Color olorinus. Lus. Côr branca. Iap. Xiroqiiro.

Olus, eris. Lus. Ortaliça. Iap. Yaſai. ¶ Quañq;. Comer leue, e quotidiano. Iap. Tçuneno xocubut, l, caruqi xocu.

Olúſculum, i. dimin. Idem.

Olus atrum. Lus. Hũa [illegible]. Iap. Cuſano na.

Olympia, orum, ludi ab Hercule inſtituti in honorem Iouis.

Olympias, adis. Lus. Eſpaço de cinco anos. Iap. Gonenno aida. ¶ Itẽ, (apud alios) Eſpaço de cincoenta meſes. Iap. Gojŭ tçuqino aida.

Olympionîces, æ. Lus. O que ficaua vẽcedor nos jogos olympicos. Iap. Olympicoto yŭ xôbuni cachitaru mono.

Olympius, a, um. Lus. Couſa do ceo. Iap. Tenni ataru coto.

Olympus, i. Lus. Ceo. Iap. Ten. Apud poëtis. ¶ Propriè autem eſt nomen montis altiſsimi, cuius vertex cælum ipſum pertingere videtur.

Olynthi, orum. Lus. Figos pequenos verdes. Iap. Mijucu naru qinomino na.

Olyra, æ. Lus. Hũa laya de trigo. Iap. Xŏbacuno taguy.

OMásum, i. Lus. Certa tripa grossa, e gorda. Iap. Coyetaru farauatano na.

Ombria, æ. Lus. Hũa pedra preciosa. Iap. Meixunona.

Omen, inis. Lus. Agouro bom, ou mao. Iap. Miraino vranai.

Omentatus, a, um. Lus. Cousa chea debanha, ou gordura das tripas. Iap. Chǒyni aburano vouoqi mono.

Omentum, i. Lus. Banha das tripas. Iap. Chǒyni aru abura. ¶ Item, Tea do miolo. Iap. Nǒno vyeni aru vsuqi caua. Macrob.

Ominator, oris. Lus. O que pronostica bom ou mao agouro. Iap. Miraiuo vranǒ mono.

Ominor, aris. Lus. Pronosticar bom, ou mao agouro. Iap. Miraiuo vranǒ, l, vranai tçuguru.

Omino, as. apud antiq. Idem.

Ominôsus, a, um. Lus. O que denuncia, ou pronostica roim agouro. Iap. Acujiuo vranai tçuguru mono, miraino cotono zui sôto naru mono.

Omissior ab re. Lus. O que não procura de acquirir riquezas. Iap. Zaifôuo naguequi motomenu mono.

Omissus, a um. Lus. Cousa deixada. Iap. Sute, l, saxivocaretaru coto. ¶ Item, Negligente, e remisso. Iap. Buxǒnaru mono, gedainaru mono.

Omnifariam, adu. Lus. De todas as maneiras. Iap. Samazamani, xujuni, iroironi.

Omnifarius, a, um. Lus. Cousa de todas as maneiras. Iap. Samazamanaru coto.

Omnifer, a, um. Lus. Cousa que traz, ou produze todas as cousas. Iap. Yorozzuno cotouo xǒzuru mono.

Omnígenus, a, um. Lus. Cousa de todo genero, e de toda sorte. Iap. Xinajina, samazama, iroirono coto.

Omnímodè, adu. Lus. Totalmente. Iap. Iucqeiuo tçucuxite.

Omni modis. Lus. Por todas as vias. Iap Michiuo tçucuxite.

Omnímodus, a, um. Lus. Cousa de todas as maneiras. Iap. Xinajina naru coto, xiccai, banji.

Omnino. Lus. Totalmente. Iap. Cotogotocu, xiccai. ¶ Aliqñ. Tanbem. Iap. Mo. vt varemo. ¶ Aliqñ. Sómente. Iap. Nomi, bacari.

Omníparens, entis. Lus. Cousa que géra, ou produze todas as cousas. Iap. Yorozzuno cotouo xǒzuru mono.

Omnípotens, entis. Lus. Todo poderoso. Iap. Banji canǒ mono.

Omnipotentia, æ. Lus. Omnipotencia. Iap. Banjini canǒ cotouo yŭ.

Omnis, e. Lus. Todo. Iap. Yorozzu, xiccai, mina.

Omnitenens. Lus. O que contem, ou abarca todas as cousas. Iap. Yorozzuno mo nouo motçu mono, l, daqi mauasu mono.

Omníuagus, a, um. Lus. Cousa que anda vagueando per todas as partes. Iap. Xofóuo faiquai suru mono.

Omníualens, entis. Lus. O que pode tudo. Iap. Banji canǒ mono.

Omnívolus, a, um. Lus. O que tudo quer, & cobiça. Iap. Yorozzuno cotouo nozomu mono.

Omníuorus, a, um. Lus. O que come toda amaneira de cousa sem distinção. Iap. Naniuomo curǒ mono.

Omologia, æ. Lus. Conueniencia. Iap. Niai, sôuô.

Omophagus, i. Lus. O q̃ come carne crua. Iap. Buyenno nicujiquo suru mono.

Omoplatæ. Lus. Paas das espadoas. Iap. Carigane bone.

Omphacinus, a, um. Lus. Cousa que se faz de agraço. Iap. Mijucunaru budó nite tçucuritaru mono. ¶ Oleum omphacinum. Lus. Azeite que se faz de azeitonas verdes. Iap. Aru mijucu naru qinomino abura. ¶ Item, Oleo de hũa certa vua. Iap. Aru budó nite tçucuritaru abura.

Omphacium, ij. Lus. çumo de agraço. Iap. Mijucunaru budǒno xiboritaru xiru.

Omphalocarpon. Lus. Hũa erua. Iap. Aru cusano na.

Onæ

Onæ, arum. Lus. Huns certos figos doces. Iap. Aru amaqi qinomino na.

Onager, gri. Lus. Asno montes, ou brauo. Iap. Yamani aru, l, iumu roba.

Onagrus, i. Idem.

Onerarius, a, um. Lus. Cousa que se carrega, ou pode carregar. Iap. Niuo vô mono, l, tçumu mono. ¶ Nauis oneraria. Lus. Nao de carga. Iap. Quaixen, xôbaino fune.

Oneratus, a, um. Lus. Carregado que leua carga. Iap. Niuo voitaru mono. ¶ Aliqñ. Cousa chea. Iap. Michitaru mono, ippai aru mono.

Onero, as. Lus. Carregar. Iap. Niuo vôsuru, l, tçumu. ¶ Onerare aliquem curis. Lus. Dar muitos cuidados, ou enfadamẽtos a alguem. Iap. Qizzucai sasuru.

¶ Onerare lætitia. Lus. Encher de alegria. Iap. Fucaqu yorocobasuru. ¶ Onerare maledictis. Lus. Injuriar a alguem de palaura. Iap. Chijocuuo iycaquru. ¶ Onerare pugnis. Lus. Dar de punhadas. Iap. Niguiri cobuxinite vtçu. ¶ Onerare laudibus. Lus. Louuar muito. Iap. Fucaqu sandan suru. ¶ Onerare promissis. Lus. Prometer muito. Iap. Vouoquno yacusocuuo suru. ¶ Onerare rationes. Lus. Fazer muitos gastos. Iap. Tçucai vxinô, tçuiyasu. ¶ Onerare præceptis. Lus. Dar preceitos. Iap. Fattouo sadamuru.

¶ Onerare populum. Lus. Oprimir o pouo com fintas, & tributos. Iap. Ninbetuo caqere tamiuo nayamasu.

Oniscus, i. Lus. Centopea. Iap. Fiacusocu mucade.

Onocentaurus, i. Lus. Hũ animal. Iap. Aru qedamono no na.

Onóchelos. Lus. Hũa erua. Iap. Aru cusano na.

Onocrótalus, i. Lus. Hũa aue. Iap. Aru torino na.

Onomatopœia. idest, nominis fictio.

Ononis, is. Lus. Hũa erua. Iap. Aru cusano na.

Onus, eris. Lus. Peso, carga. Iap. Vomori,

vomoni, ni. ¶ Aliqñ. Molestia, enfadamẽto. Iap. Taicut, qizzucai. ¶ Aliqñ. Cargo, officio. Iap. Xocu, yacu. ¶ Abjicere onus. Lus. Deitar a carga de si. Iap. Vomoniuo sutçuru, qizzucaiuo farô. ¶ Imponere onus. Lus. Pôr carga, ou dar officio trabalhoso. Iap. Niuo vôsuru, l, muzucaxiqi yacuuo atçuru.

Onustus, a, um. Lus. Carregado que leua carga. Iap. Niuo voitaru mono. ¶ Aliquando, Cousa chea. Iap. Michitaru mono, ippai aru mono.

Onychinus, a, um. Lus. Cousa pertencente a hũa pedra preciosa, ou a hum marmore. Iap. Aru meixuni, l, meixeqini ataru coto. ¶ Item, Cousa feita desta pedra preciosa. Iap. Cono meixu, l, meixeqinite tçucuritaru coto. Onychina pruna. Lus. Hũa casta de ameixas. Iap. Sumomo no taguy.

Onyx, ichis. Lus. Hũa pedra preciosa. Iap. Aru meixuno na. ¶ Item, Alabastro. Iap. Facuxeqino taguy. ¶ Item, Vnha. Iap. Tçume. ¶ Aliqñ. Vaso pera vnguẽtos preciosos feito desta pedra. Iap. Miguino meixeqinite qiritaru cunyacuno vtçuuamono. ¶ Item, Hũa maneira de neuoa, ou belida do olho. Iap. Vuasi.

O ANTE P.

OPácitas, atis. Lus. Espessura, ou escuridade. Iap. Cague, yami, xiguri.

Opâco, as. Lus. Fazer sombra, ou cobrir. Iap. Cagueuo sasu, vouô.

Opâcus, a, um. Lus. Cousa sombria, ou escura. Iap. Cague naru tocoro, l, curaqi tocoro.

Opalia, festa erant Opi Deæ dicata.

Opalus, i. Lus. Hũa pedra preciosa. Iap. Aru meixuno na.

Ope conciua, dies festi Opecôciuæ Deæ instituti.

Opera, æ. Lus. Trabalho, industria. Iap. Xosa, saicacu, xigoto, xinrô. ¶ Item, Operæ, arum. Lus. Iornaleiros. Iap. Yatoido.

¶ Operæ publicanorum. Lus. Feitores dos rendeiros publicos. Iap. Baichi xite tçucuru monono daiquan. Item, Operæ, ræ. Lus. Homens vis, & baixos, alugados por dinheiro pera fazer algum maleficio. Iap. Acujiuo saſuru tameni yatoitaru iyaxiqi mono. ¶ Operæ libertorum. Lus Seruiços que os eſcrauos forros fazem a ſeus ſenhores em ſinal de agradecimento. Iap. Fiyŭuo yetaru yatçuco vonxŏtoxite ſuru fôcô. ¶ Operam dare, impendere, nauare. Lus. Trabalhar, ou eſtar ocupado ẽ algũa couſa. Iap. Xeiuo iruru, faguemaſu. ¶ Dedita opera, l, data opera. Lus. Deinduſtria. Iap. Vazato. ¶ Operam conferre in aliquam rem, l, operam conſumere in aliqua re. Lus. Pôr cuidado, ou trabalhar em algũa couſa. Iap. Monouo ſuru, tçutomuru. ¶ Operas, l, operam dare alicui. Lus. Ajudar a alguem. Iap. Cŏriocu ſuru. ¶ Dare operam in exercitationem aliquam. Lus. Exercitarſe em algũa couſa. Iap. Qeico ſuru. ¶ Dare operam alicui. Lus. Ouuir com atenção a alguem. Iap. Cocorouo tçuqete qiqu. ¶ Dare operam præceptori. Lus. Aprender de algum meſtre. Iap. Xixŏni monouo narŏ. ¶ Dare operam funeri. Lus. Acharſe preſente ás exequias. Iap. Sŏrei, toburaino bani yru. ¶ Dare operam tonſori. Lus. Troſquiarſe, ou fazer o cabello. Iap. Qe uo ſaſamaruru. ¶ Id operam do. Lus. Trabalho por iſto. Iap. Coreuo nagueqi. ¶ Eadem opera aliquid facere. Lus. Fazer algũa couſa com a meſma diligencia, e cuidado. Iap. Vonaji fodoni xei uo iruru, nagueqi. ¶ Opera eſt mihi. Lus. Tenho que fazer, eſtou occupado. Iap. Fimagu iru. ¶ Opera tua, l, opera mea aliquid fieri. Lus. Fazerſe algũa couſa por meu, ou teu meyo. Iap. Fitono tor auaxe, chiſŏni yotte cacu naru. ¶ Opera tibi vita eſt. Lus. Soſtentais vos cõ voſſo trabalho. Iap. Mino itonamiuo motte miuo yaxinŏ. ¶ Perdere, l, ludere operam, &c. Lus. Perder o trabalho. Iap. Cŏnaqi xinrŏuo ſuru. ¶ Vti opera alicuius ad aliquid faciendum. Lus. Ajudarſe dalguem pera fazer algũa couſa, Iap.

Monouo ſuru tameni cŏriocuuo vquru. ¶ Operæ eſt. Lus. He neceſſario, proueitoſo, & conueniente. Iap. Canyŏ nari, ſŏuŏ xitari, tocu nari. ¶ Opera eſt. Lus. He neceſſario. Iap. Moppara nari, xen ichi nari.

Opella, l, Operula, æ. dim. Idem.

Operæ pretium, l, pretium operæ. Lus. Proueitoſo, conueniente. Iap. Tocu, ſŏuŏ. ¶ Magna operæ pretia mereri. Lus. Merecer na milicia grandes premios. Iap. Xŏrocuuo vqebeqi guncŏ ari. ¶ Facere operæ pretium. Lus. Fazer algũa couſa agradauel, & proueitoſa. Iap. Fito no qiui canai tocuto naru cotouo ſuru. ¶ Operæ pretiũ habere. Lus. Ter em paga, & em recompenſação de ſeu trabalho. Iap. Xinrŏno cauarini monouo xindai ſuru.

Operaria, æ. Lus. Obreira, trabalhadora. Iap. Xoſauo ſuru vonna.

Operarius, ij. Lus. Iornaleiro. Iap. Chinuo tot te fataraqu mono, yatouarebito.

Operarius, a, um. Lus. Couſa feita com trabalho, e induſtria. Iap. Xinrŏuo, l, ſaicacu uo motte xitaru coto. ¶ Item, Couſa que pertence a jornaleiro. Iap. Yatoidoni ataruco to. ¶ Operarius homo. Lus. O que trabalha. Iap. Xoſauo ſuru mono, fataraqu mono. ¶ Operarij lapides. Lus. Pedras que ſe podem acomodar, ou leuar pera algum edificio. Iap. Zŏſacuno dŏguni tçucauaruru, l, tçucŏ cotono naru ixi. ¶ Operarius vſus. Lus. Vſo de algũa couſa em algũa obra, &c. Iap. Monono tçucaiyŏ. ¶ Operarium pecus. Lus. Gado de que vſam nas lauouras, &c. Iap. Dembacu nadono tameni tçucŏ guiŭba. ¶ Operarius dies. Lus. Dia de fazer. Iap. Xucunichini arazaru fi.

Operatio, onis. Lus. Obra, l, operação. Iap. Xoſa. ¶ Item, Sacrificio. Iap. Tamuqe.

Operatus, a, um. Lus. O q̃ trabalhou. Iap. Xoſa, l, xinrŏ xitaru mono. ¶ Itẽ, Operatus (abſolutè.) Lus. O que miniſtrou, ou offereceo ſacrificio. Iap. Tamuqeuo naxitaru mono.

Xxx Oper-

Operculo, as. Lus. Cobrir. Iap. Vouô, cazzuquru.

Operculũ, i. Lus. Cobertura. Iap. Vouoi, futa, yutan. ¶ Operculum ambulatoriũ. Lus. Cobertura que facilmente ſe menea pera hũa e outra parte. Iap. Nuqiſaxino yaſuqi cuchi, l, futa.

Operimentum, i. Idem.

Operio, is, rui, ertum. Lus. Cobrir. Iap. Vouô, cazzuquru. ¶ Itẽ, Fechar. Iap. Tonzuru, fei ſocu ſuru. ¶ Itẽ, Encobrir, eſcõder. Iap. Cacuſu, ſimit ſuru.

Operior, iris, paſsiuum. Idem.

Operor, aris. Lus. Trabalhar, ou pôr cuidado em algũa couſa. Iap. Mononi xinrôſuru, l, xeiuo iruru. ¶ Item, Sacrificar. Iap. Tamuqeuo ſuru, l, cuyôzuru. ¶ Luna operatur noctes. Lus. A lũa acaba ſeu curſo nocturno dando luz ao mundo. Iap. Guarrin ficariuo banmotni todocoxite ichiyano aidauo meguri facaſu.

Operosè, adu. Lus. Dificultoſamente, com trabalho. Iap. Xinrôuo motte.

Operóſitas, atis. Lus. Trabalho, fadiga. Iap. Xinrô, naguecqi.

Operôſus, a, um. Lus. O que trabalha, ou faz algũa couſa. Iap. Xinrô ſuru mono, nagequ mono. ¶ Operoſus alicuius rei. Lus. O que trabalha em fazer algũa couſa. Iap. Mononi xeiuo iruru mono, faguemaſu mono. ¶ Quanq;. Couſa feita com muito trabalho. Iap. Xinrôuo motte tçucŭritaru mono. ¶ Itẽ, Couſa difficultoſa de acabar, ou de fazer. Iap. Mutçucaxiqi coto, xigataqi coto. ¶ Aliqñ. Couſa eficaz. Iap. Xeimaru mono.

Opertaneus, a, um. Vt Opertanea ſacra. Lus. Sacrificios que ſe faziam em lugares ſecretos. Iap. Fitono cayouazaru tocoronite xitaru tamuqe.

Operto, as. frequent. Lus. Cobrir Iap. Vouô, cazzuquru.

Opertorium, ij. Lus. Cobertura. Iap. Vouoi.

Opertum, i. Lus. Eſcondido, encuberto. Iap. Cacuretaru mono. ¶ Opertum bonæ deæ, ſacrificij genus erat, quod à ſolis mulieribus in loco operto fiebat.

O ANTE P.

Opertus, a, um. Lus. Couſa cuberta. Iap. Vouoixitaru mono, l, vouoiuaretaru mono.

Opes, opum. Lus. Riquezas, boa fama, autoridade, &c. Iap. Zaifô, mochij, fomare. ¶ Opes acciſæ, vel imminutæ. Lus. Riquezas deminuidas, e gaſtadas. Iap. Tçuiye, l, feritaru zaifô. ¶ Opes integræ. Lus. Riquezas inteiras, e florentes. Iap. Tçuiye, l, ferazaru tacara. ¶ Qñq;. Socorro, ajuda. Iap. Cŏriocu, tayori.

Ophiaſis. Lus. Hũa doença da cabeça. Iap. Atamano aru vazzurai.

Ophidion. Lus. Hũ peixinho. Iap. Chijſaqi vuono na.

Ophiogenium, ij. Lus. Hũa erua que comẽ os veados pera ſe defender das cobras. Iap. Riŏjano gaiuo ñogaruru tameni canoxixi no mochijru cuſa.

Ophiophagi. Lus. Os que comẽ cobras. Iap. Cuchinauauo curô mono.

Ophites. Lus. Hũ genero de marmore. Iap. Meixeqino taguy.

Ophiuſa, æ. Lus. Hũa erua. Iap. Cuſano na.

Ophthalmia, æ. Lus. Certa doença dos olhos. Iap. Meno vazzurai. ¶ Item, Hum peixe. Iap. Vuono na.

Ophthálmicus, i. Lus. Medico de curar olhos. Iap. Meguſuxi.

Ophthalmus, i. Lus. Olho. Iap. Manaco, me.

Opicus, a, ũ. Lus. Couſa ſuja, ou torpe. Iap. Vaye fujônaru mono. ¶ Itẽ, Barbaro no falar, &c. Iap. Yebiſu, iteqi, iyaxiqu monouo yŭ fito.

Opifer, a, um. Lus. O que ajuda, ou ſocorre. Iap. Cŏriocu, l, caxei ſuru mono.

Opifex, icis. Lus. Artifice, official. Iap. Xocunin, ſacuxa. ¶ Opifex mundi. Lus. Deos criador de todas as couſas. Iap. Banmotno ſacuxa.

Opificium, ij. Lus. Obra. Iap. Xoſa, tçucuritaru mono, l, amitatetaru mono.

Opificîna, æ. Idem.

Opilio, onis. Lus. Ouelheiro. Iap. Bocuyô, fitçujicai.

Opilio, onis. Lus. Hũa aue. Iap. Torino na.

Opimè, adu. Lus. Abundantemente, ricamente.

te.Iap. Tacuſanni, iuntacuni, fuceqini.

Opímitas, atis. Lus. Abundancia. Iap. Iuntacu, tacuſan.

Opimo, as. Lus. Ceuar, engordar. Iap. Coyaſu, caicoyaſu.

Opîmus, a, um. Lus. Couſa fertil, abundante, rica. Iap. Tacuſannaru coto, beitŏnaru coto, fuceqinaru coto. ❡ Item, Couſa groſſa, ou gorda. Iap. Nicuno cachitaru mono, coyetaru mono, futoqi mono. ❡ Opima ſpolia. Lus. Deſpojos ricos que hum capitão toma a outro na guerra. Iap. Gŭjei nite micatano taixŏ teqino taixŏ yori vbaitoritaru atai tacaqi bugu, fiŏgu.

Opinabilis, e. Lus. Couſa deque ſe pode ter opiniam, ou que ſe pode cuidar. Iap. Xian, cufŭno voyobu coto, qigui machimachi ni ſata xetaruru coto.

Opinatio, onis. Lus. Opiniam, juizo. Iap. Zonbun.

Opinator, oris. Lus. Oque não confirma nada porcerto, mas tem opinião. Iap. Xicatoua xirazu xite caqu arubeqica nadoto vomoitoru mono. ❡ Item, Oque recolhe, ou tem cuidado do mantimento do exercito. Iap. Fiŏrŏ buguiŏ.

Opinio, onis. Lus. Opinião, ou fama que ſe tem de alguem. Iap. Qicoye, guaibun. ❡ Qñq;. Iuizo, ou parecer que temos acerca de algũa couſa. Iap. Zonbun, vomoitoru cotouo yŭ. ❡ Obtinere, imbibere opinionẽ de aliqua re. Lus. Cobrar, ou tomar algũ conceito. Iap. Vomô, vomoi ſadamuru, funbet xivaquru. ❡ Fallit me opinio. Lus. Enganame meu parecer. Iap. Xian, l, funbetuo xi chigayuru. ❡ Adducere quépiam in opinionem. Lus. Trazer alguem a algum parecer. Iap. Dôxin ſaſuru. ❡ Euellere opinionem ex alicuius animo. Lus. Tirar a alguem de ſeu parecer. Iap. Zonbunuo firugayeſaſuru.

Opinioſiſsimus, a, um. Lus. Muito amigo, ou autor de nouas opiniões. Iap. Xian uo xi idaſu mono, l, ataraxiqi zonbunni tçuqitagaru mono.

Opînor, aris. Lus. Imaginar, ter pera ſy. Iap. Zonzuru, vomô, zonbun ari. ❡ Ex opinato, adu. Lus. Conforme a opinião, e parecer de cada hum. Iap. Zonbunni xitagatte, zonbun xidai. ❡ Nec opinato. Lus. De improuiſo, de repente. Iap. Niuacani, furioni. ❡ Ex nec opinato. Idem.

Opíparè, adu. Lus. Abundantemente, eſplendidamente. Iap. Quareini, bibixiqu, quartarni.

Opíparus, a, um. Lus. Couſa eſplendida, e de muito gaſto. Iap. Quareinaru coto, bibixiqi coto. ❡ Opiparum conuiuium. Lus. Conuite eſplendido, e abundante. Iap. Bibixiqu, quareinaru furumai.

Opiſtógraphus, i. Lus. Papel eſcripto dambas as bandas. Iap. Riŏmenni caqitaru riŏxi.

Opiſthotónicus. Lus. O que tem o peſcoço torcido, e enteiriçado. Iap. Cubino yugami ſaxi ſucumitaru mono.

Opiſthótonos. Lus. Eſta doença. Iap. Miguino yamai.

Opiſthophílaces. Lus. Os q̃ vão na retaguarda do exercito. Iap. Dŏjei.

Opiter, eris. Lus. Oque fica orfão do pay tẽdo ainda o auô viuo. Iap. Chichiua xixite vôgino nocoritaru mono.

Opitrix, icis. fœmi. Idem.

Opitulator, oris. Lus. Oque ajuda, ou ſocorre. Iap. Cŏriocu ſuru mono, chicarauo ſoyuru mono.

Opítulor, aris. Lus. Ajudar, ſocorrer. Iap. Cŏriocu ſuru, tayorito naru. ❡ Opitulari contra aliquid. Lus. Ajudar, ou ſer ajuda contra algũa couſa. Iap. Cŏriocu ſuru, l, cŏriocuto naru.

Opítulus, dictus eſt Iupiter, quaſi opis lator, & propriè in rebus dubijs, & malis dicitur.

Opium, ij. Lus. çumo de dormideiras. Iap. Qexino xiboritaru xiru.

Oplómachus. vide Hoplomachus.

Opobálſamum, i. Lus. Balſamo. Iap. Aruqi yori izzuru cobaxiqi abura, l, cuſuri.

Opórice, es. Lus. Hũa certa mezinha. Iap. Aru cuſurino na.

Oporinus, a, um. Lus. Couſa do outono. Iap. Aqi xŏzuru coto, l, aqini ataru coto.

Oporophylacion. Lus. O guardar fruita. Iap. Conomino baⁿ mamoru cotouo yŭ.

Oporothêca, æ. Lus. Lugar onde ſe guarda a fruita do outono. Iap. Aqino conomiuo tacuuaye voqu tocoro.

Oportet, imperſ. Lus. Cóuem, he neceſſario. Iap. Xenichini nari, sŏuô nari, tocu nari. ¶ Oportuit facere, & oportuit factũ. Lus. Foi neceſſario fazerſe. Iap. Xezu xi te canauazarixi nari. ¶ Hunc hominẽ malum eſſe oportet. Lus. He couſa pera eſpantar, ſe eſte não he mao. Iap. Cono fito acunininî arazaru cotoua qidocu nari.

Oppango, is, egi, actum. Lus. Fixar, l, ajuntar. Iap. Vchitçuquru, voxicomu, auaſuru.

Oppedo, is, edi. Lus. Reſponder com traq̃. Iap. Feuo fitte cayeſu. ¶ Itẽ, petransl. Cótra dizer, reſiſtir. Iap. Iycayeſu, ſuxegu.

Opperior, iris, ertus. Lus. Eſperar. Iap. Matçu.

Opertus, a, um. Lus. O que eſpera por alguem. Iap. Matçu mono.

Oppeto, is. Lus. Padecer, ou ſofrer. Iap. Xinogu, corayuru. ¶ Itẽ, Morrer. Iap. Xeiqio ſuru, xiſuru. ¶ Oppetere mortem. Idem.

Oppico, as. Lus. Brear. Iap. Matçuyaniuo nuru.

Oppidânus, i. Lus. Cidadão, ou morador de villa, ou lugar murado. Iap. Iŏri, l, zaixono giŭnin, l, camaye aru zaixono giŭnin.

Oppidânus, a, um. Lus. Couſa que pertence a cidade, ou lugar murado. Iap. Iŏri, l, zaixoni ataru coto.

Oppidatim, adu. Lus. De cidade em cidade, de villa em villa cercada. Iap. Iŏri, l, camaye aru zaizaini.

Oppidò, adu. Lus. Muito grande mẽte. Iap. Vôqini. ¶ Aliqñ. Logo. Iap. Yagate.

Oppidum, i. Lus. Cidade, ou villa cercada. Iap. Iŏri, l, camaye aru zaixo.

Oppignero, as. Lus. Empenhar. Iap. Xichini voqu.

Oppilatio, onis. Lus. Opilação. Iap. Xacujuno taguy.

Oppílo, as. Lus. Tapar, fechar. Iap. Fuſagu, tozzuru.

Oppleo, es. Lus. Encher. Iap. Mitaſu, ippai iruru.

Opplôro, as. Lus. Chorando cauſar enfadamento. Iap. Naqi taicut ſaſuru.

Oppôno, is. Lus. Opor, por diante. Iap. Xeqi todomuru tameni monouo mayeni voqu, l, ſonayuru. ¶ Molles fluctibus opponere. Lus. Fazer marachão, &c. pera reſiſtir as ondas. Iap. Cauauo xequ, namiuo fuxegu. ¶ Aliqñ. Pôr em apoſta algũa couſa. Iap. Aragaiuo xite caqemonouo idaſu.

Opportúnè, adu. Lus. Em boa conjunção. Iap. Saiuai, yoqi jibunni, tçuideni, yoqi xiauaxeni.

Opportunitas, atis. Lus. Oportunidade, boa cõjũção. Iap. Yoqi jibũ, ſaiuai, yoqi xiauaxe, tçuide. ¶ Qñq;. Facilidade. Iap. Tayaſuſa. ¶ Aliqñ. Proueito. Iap. Tocu. ¶ Opportunitate bona aduenire. Lus Vir a bom tempo. Iap. Yoqi jibunni qitaru.

Opportûnus, a, um. Lus. Couſa oportuna, ou que vem a bõ tẽpo. Iap. Saiuai, l, yoqi xiauaxenaru coto, l, yoqi jibunnaru coto. ¶ Qñq;. Couſa idonea, e acomodada. Iap. Sŏuô, l, sŏuô xitaru coto. ¶ Item, Cum datiuo. Inclinado, & ſojeito. Iap. Nabiqu, ſuqu, l, xitagŏ mono.

Oppoſitio, onis. Lus. Contrariedade, repugnancia. Iap. Teqitŏ coto nari, l, mucŏ coto nari.

Oppóſitum, i. Lus. Contrario. Iap. Teqitŏ coto.

Oppóſitus, us. Lus. O pôr diante, ou no meyo. Iap. Mayeni, l, nacani voqu coto no yŭ.

Oppreſsio, onis. Lus. Violencia, oppreſsão. Iap. Xemuru, l, xerçuqu coto nari.

Oppreſsiuncula, æ. dim. Idem. Plaut.

Oppreſſor, oris. Lus. O que oprime, ou extingue, &c. Iap. Xemuru mono, forobo xite.

Op-

Opprimo, is, essi, essum. Lus. Oprimir, perturbar, ou estinguir. Iap. Xemuru, xeçu qu, nayamasu, l, nhôrâ sasuru, fatasu, cuzzusu. ¶ Interd. Fechar. Iap. Tozzuru, fusagu. ¶ Item, Achar, ou comprehender a alguem no maleficio. Iap. Acuuo vocasuuo mitçuquru. ¶ Opprimere virginem. Lus. Violar a virgem. Iap. Fubonno nhio ninuo vocasu. ¶ Aliqn̄. Affligir, ou angustiar. Iap. Nangui sasuru, meiuacu sasuru. ¶ Item, Preuenir, anticipar. Iap. Toricosu, laiguiru. ¶ Item, Encobrir, calar. Iap. Cacusu, l, mugon suru. ¶ Qn̄q;. Apertar, amarrar. Iap. Ximuru, caramuru.

Opprobramentum, i. Lus. Oprobrio, vituperio. Iap. Accô, zongon, acumiŏ.

Opprobratio, onis. Lus. O vituperar, ou botar em rosto. Iap. Accô, zongon suru cotonari.

Opprobrium, ij. Lus. Infamia, vituperio. Iap. Accô, zongon, acumiŏ.

Opprobro, as. Lus. Vituperar, dizer palauras injuriosas. Iap. Accô, zongonuo iycaquru.

Oppugnatio, onis. Lus. O combater. Iap. Xeme tatacŏ coto nari.

Oppugnator, oris. Lus. O que combate. Iap. Xeme tatacŏ mono.

Oppugno, as. Lus. Combater, resistir. Iap. Xeme tatacŏ, fuxegui tatacŏ.

Opputo, as. Lus. Podar, ou decotar as aruores. Iap. Qiuo tçucuru, yedauo sucasu.

Ops, opis, l, Opis, is. Lus. Rico. Iap. Buguenxa. antiq. ¶ Item, apud antiquos, O que ajuda, ou fauorece. Iap. Chisô, l, cŏriocu suru mono. ¶ Aliqn̄. Forças, poder. Iap. Chicara, xeiriqi. ¶ Itē, Riquezas. Iap. Zaifô, tacara. ¶ Opis egens. Lus. O que tem necessidade de ajuda, e socorro. Iap. Cŏriocuno iru mono, l, cŏriocu fusocu naru mono. ¶ Summa ope niti. Lus. Trabalhar com todas as forças. Iap. Xei, l, xeiriqiuo tçucusu.

Opsimathes, æ. Lus. O que aprende ja de muita idade. Iap. Xŏnenuo suguite narŏ, l, gacu suru mono.

Opsimathia, æ. Lus. O aprender, ou estudar depois de ser homem. Iap. Toxi taqete, l, toxi fuqete mononuo narŏ cotouo yŭ.

Opsonator, oris. Lus. Comprador de comeres tirando o pão. Iap. Xirusaino dŏguuo cŏ mono.

Opsonatus, us, & Opsonatio, onis. Lus. O comprar estes comeres. Iap. Miguino dŏguuo cŏ coto nari.

Opsonium, ij. Lus. Conduto, ou todo comer, ou manjar que se come com pão. Iap. Xirusai.

Opsôno, as, & Opsônor, aris. Lus. Côprar, ou aparelhar estes comeres, ou conduto. Iap. Xirusaino dŏguuo cŏ, l, totonoyuru. ¶ Opsonare famem ambulãdo. Lus. Passear pera despertar o apetite, e vontade de comer. Iap. Xocuuo susumuru tameni guiŏdŏ suru, l, miuo tçucŏ.

Opsônito, as. freq. Idem.

Opsopœius, i. Lus. Cozinheiro. Iap. Riŏrixa.

Opsopôlis, is. Lus. Molher que vende comeres fora do pão. Iap. Xirusaino dŏguuo vru vonna.

Opsopolium, ij. Lus. Lugar onde se vendem estes comeres. Iap. Cono dŏguuo vru tocoro.

Optabilis, e. Lus. Cousa pera se desejar. Iap. Nozomaxiqi, l, conomaxiqi coto.

Optabiliter, adu. Lus. Com desejo. Iap. Nozomaxiqu, conomaxiqu.

Optatô, adu. Idem.

Optatum, i. Lus. Cousa desejada, l, desejo. Iap. Nozomitaru coto, l, nozomi. ¶ Respondet optatis meis fortuna. Lus. Socedeme as cousas conforme a meu desejo. Iap. Vomô yŏni naru.

Optatus, a, um. Lus. Cousa desejada. Iap. Nozomitaru coto, conomitaru coto. ¶ Optati. Lus. Os q̄ sam eleitos pera algum grao honroso. Iap. Quan, l, curaini ninzuru tameni yerabaretaru xu.

Optice, es. Lus. Perspectiua sciencia. Iap. Tocorono yenqin, tacasa, firosauo mite tçumoru gacumon.

Opti

Opticus, a, um. Lus. Cousa visiuel, que se pode ver. Iap. Manaconi saiguiru mono, l, miyuru mono. ¶ Nerui optici. Lus. Dous neruos por on dese comunica aos olhos a virtude, ou spiritus vitaes pera ver. Iap. Cōbe yori manaconi monouo miru xeiuo cudasu futatçuno sugi.

Optimas, atis. Lus. Homem dos principaes, ou nobres na cidade. Iap. Taijin, taimei, l, iōrino xucuro, caxira. ¶ Optimates matronæ. Lus. Molheres das principaes. Iap. Cōqeno nhonin.

Optimè, adu. Lus. Muito bem. Iap. Suguretete, ichidan. ¶ Aliqn̄. A bom tēpo, em boa conjunção. Iap. Saiuai, yoqi jibunni.

Optimitas, atis. Lus. Proueito, comodidade. Iap. Ritocu, tocu.

Optimus, a, um. Lus. Cousa muito boa. Iap. Suguretaru coto. ¶ Optimo iure prædia. Lus. Herdades isentas que não pagam foro. Iap. Néguuo facarazaru chiguiŏ.

Optio, onis, l, Optatio. Lus. Escolha. Iap. Yerabu cotouo yŭ. ¶ Dare, & facere, l, deferre optionē alicui. Lus. Deixar ē escolha de alguem. Iap. Izzureuo yerabubeqimo sonomino zonbunni macasuru.

¶ Aliqn̄. Optio, mascul. gen. Ministro do decurião, ou centurião q̄ lhes negoceaua seus negocios particulares em quanto se elles ocupauão nas cousas publicas. Iap. Iicqi, fiacqino taixŏ sonomino xocuuo tçucomoru aida miŏdai toxite ladame voqu meno.

Optiuus, a, um. Lus. Adoptiuo, perfilhado. Iap. Yŏji, yaxinaigo.

Opto, as. Lus. Desejar. Iap. Nozomu, conomu, negŏ. ¶ Qñq;. Escolher. Iap. Yerabu. ¶ Aliqn̄. Pedir, rogar. Iap. Tanomu. ¶ Interd. Ajuntar ao numero de outros. Iap. Iunzuru, cuuayuru.

Optatiuus modus apud grammaticos.

Opulenter, adu. Lus. Esplendidamente, custosamente. Iap. Quareini, bentŏni, tacarauo tçucŏte.

Opulentia, æ, & Opulentitas, atis. Lus. Riquezas, abundancia. Iap. Tacara, zaifŏ, bentŏ.

Opulento, as. Lus. Enriquecer a outro. Iap. Fucuyŭni nasu, tanoxiqu nasu. ¶ Item, Fazer abundante. Iap. Bentŏni nasu, tacusanni nasu.

Opulentus, a, um. Lus. Rico, abundante. Iap. Fucuyŭnaru mono, tanoxiqi mono, bentŏnaru mono.

Opulesco, is. Lus. Fazerse rico. Iap. Fucuyŭni naru, tanoxiqu naru.

Opulus, i. Lus. Hũa aruore. Iap. Aru qino na.

Opuntia, æ. Lus. Hũa erua. Iap. Aru cusano na.

Opus, eris. Lus. Obra feita. Iap. Tçucuritaru mono, l, xisacu. ¶ Opera auctorum. Lus. Liuros de alguns autores. Iap. Aru fitobitono amitataru xomot. ¶ Itē, Opera. Lus. Edificios. Iap. Connhu xitaruiyenado: l, cŏriŭ, zŏyei. ¶ Aliqn̄. Necessidade, ou cousa necessaria. Iap. Yŏ, canyŏ, xenichi. ¶ Opus est aliquid, l, re aliqua. Lus. He necessaria algũa cousa. Iap. Yŏga aru, monoga iru.

Opusculum, i. dim. dem.

O ANTE R.

Ora, æ. Lus. Borda, ou fim de qualquer cousa. Iap. Monono faxi, suye, fata, fate, feri, suso. ¶ Item, Limites, ou fins dalgũa região, ou terra. Iap. Cunino sacaime, l, faxi. ¶ Item, Regioens maritimas. Iap. Caifen, l, caifenni aru cuni. ¶ Aliqn̄. Costa, ou ribeira do mar. Iap. Caifen. Plini. ¶ Item, Região, ou prouincia. Iap. Cuni. ¶ Itē, Clima do ceo. Iap. Tenni uoite fantoqizzutçuno fedate uo arauasu sugi. ¶ Itē, (apud aliquos) Amarra da nao. Iap. Funeno tçuna, cagasu. ¶ Aliqn̄. Principio de algũa cousa. Iap. Monono fajime, saixo. Cicer. ¶ Oræ vulneris. Lus. Beiços da ferida aberta. Iap. Qizuno reŏno vaqi.

Orabia, æ. Lus. Hum genero de encenso miudo. Iap. Comacanaru nhhŭcŏ.

Oráculum, i. Lus. Oraculo, reposta de Deos. Iap.

Iap. Buejinno tacuxê, l, Deosno vǒ fenji. ¶ Qñq;. Templo ẽ que os idolos dauam repoſtas. Iap. Butçu miguino fenjiuo xitaru dẽdǒ. ¶ Itẽ, Sẽtẽça graue, e digna de ſer notada. Iap. Qinguẽ, miǒcu. ¶ Item, Sonho em que ſe nos reuela, ou denuncia algũa couſa. Iap. Musǒ. ¶ Edere oraculum, l, oraculo aliquid edere, l, fundere oraculũ. Lus. Reſponder Deos ao que lhe preguntã. Iap. Deus yori fenji xitamǒ. ¶ Petere oraculũ. Lus. Preguntar algũa couſa a Deos. Iap. Deusni toi tatemarçuru.

Orans, antis. Lus. O que roga. Iap. Tanomu, l, qinen ſuru mono.

Orâta, æ. Lus. Dourada peixe. Iap. Vuo no na.

Oratio, onis. Lus. Fala, pratica, oração. Iap. Monogatari, cotoba, danguij, cotouari. ¶ Item, Oração com que pedimos algũa couſa a Deos, &c. Iap. Qinen, tanomi, negai. ¶ Oratione beneficus. Lus. O que muito promete de palaura. Iap. Cotoba vouôxite, xina ſucunaqi mono. ¶ Orationis operam compendio facere. Lus. Reſumir em poucas palauras. Iap. Riacuxite yŭ. Plaut. ¶ Orationem ſibi parare. Lus. Cuidar, ou aparelhar o que ha de dizer. Iap. Yŭbeqi cotono cacugouo ſuru. ¶ Item, Oratio eſt, totius oratoris ratio, & argumentorum arte diſpoſitorum enumeratio.

Oratiuncula, æ. dim. Idem.

Orator, oris. Lus. Orador, ou homem que trata cauſas em juizo. Iap. Danguixa, l, tadaxiteno mayeni cuji ſatauo toriatçucǒ mono. ¶ Item, Embaixador. Iap. Chocuxi, xixa. ¶ Itẽ, O que roga, ou pede. Iap. Monouo tanomu fito. ¶ Item, Hum liuro q̃ Cicero compos a cerca do orador. Iap. Cicero danguixano xinâni ataru cotouo amitatetaru qiǒno na. ¶ Canorus, & volubilis orator. Lus. Orador ſuaue, e elegante. Iap. Benjetni, vomoxiroqu danguiuo ſuru mono.

Orâtrix, icis. fœm. Idem.

Oratoriè, adu. Lus. Polida, & elegantemẽte como orador. Iap. Gonciuuo tçuranete, benjetni, gonbiuzauayacani.

Oratorius, a, um. Lus. Couſa pertencente a orador. Iap. Danguixa, l, benjani ataru coto.

Orátum, i. Lus. Petição, ou couſa pedida. Iap. Negai, tanomi, xomǒ.

Oratus, us. Lus. O rogar, ou pedir. Iap. Tanomu cotouo yŭ.

Oratus, a, ũ. Lus. O q̃ he rogado. Iap. Tanomaretaru fito, xomǒ xicaqeraretaru fito.

Orbatio, onis. Lus. O priuar de couſa amada. Iap. Xǒgiacuxitaru cotouo fanaſu coto nari.

Orbatus, a, um. Lus. Priuado, ou deſpojado de couſa amada. Iap. Taixetni vomô coto yori fanaſaretaru mono.

Orbiculatim, adu. Lus. Em forma redonda, l, em roda. Iap. Maruqu, mauatini.

Orbiculatus, a, um. Lus. Couſa de figura redonda. Iap. Maruqi mono, yensǒ naru mono. ¶ Poma orbiculata. Lus. Fruita de figura redonda. Iap. Maruqi conomi.

Orbículus, i. Lus. Circulo pequeno. Iap. Chijſaqi va. ¶ Item, Roda da roldana. Iap. Curumaqi.

Orbicus, a, um. Lus. Couſa que ſe vira, ou menea ao derredor. Iap. Meguru, l, mauaru mono, xenten ſuru mono.

Orbîle, is. Lus. Redondeza da roda do carro. Iap. Curumano vano fuchi.

Orbis, is. Lus. Circulo. Iap. Va. ¶ Itẽ, Bola, ou globo. Iap. Yensǒnaru mono, maruqi mono. ¶ Orbis terrarum. Lus. Redondeza da terra. Iap. Xecai. ¶ Item, Curſo, ou moto dos ceos. Iap. Tenno lŭquan, l, xenquai. ¶ Item, Ceo. Iap. Ten. ¶ Item, Orbes. Lus. Concauidades da cabeça onde eſtam os olhos. Iap. Xaricǒbeni aru reǒno menoana. ¶ Itẽ, Olhos. Iap. Reǒgan. ¶ Aliqñ. Região. Iap. Cuni. ¶ Aliqñ. Cobertura redonda. Iap. Maruqi futa. ¶ Orbis ablaqueationis. Lus. Terra eſcauada a roda das cepas, & aruores. Iap. Qino ne yori fori ſucaxicaxitaru tçuchi. ¶ Qñq;. Redondeza, ou extremidade da roda Iap. Curumano vano fuchi. ¶ Qñq;. Ano. Iap. Toxi. ¶ Item, Meſa redonda. Iap. Maruqi fandai. ¶ Itē, Boa, e proporcionada conexão dos periodos, & ornato da oração. Iap. Goncuuo cazari, cotouarino yoqu tçuzzuqitaru cotouo yũ.

Orbita, æ. Lus. Roda. Iap. Curumano va. ¶ Itē, Carro. Iap. Curuma. ¶ Itē, Raſto, ou ſinal da roda do carro. Iap. Curumano touoritaru ato. ¶ Itē, Rẽdõdeza. Iap. Maruſa.

Orbitas, atis. Lus. Orfandade, ou perda de filhos, ou pays. Iap. Minaxigoni naritaru cotouo yũ, l, voya, qiŏdaini vocuretaru cotouo yũ.

Orbitûdo, inis. Idem. Antiq.

Orbo, as. Lus. Priuar a alguẽ de algũa couſa amada. Iap. Taixetni vomô monouo tori fanaſu. ¶ Orbare ſe luce. Lus. Matar ſe. Iap. Iigai ſuru. ¶ Orbari auxilio. Lus. Carecer de ſocorro, ou ſer deſemparado. Iap. Tçuqi fanaſaruru, l, caxei naqi nari.

Orbus, i. Lus. Cego. Iap. Mŏmocu. ¶ Item, per transl. O ꝗ he priuado de algũa couſa amada. Iap. Taixetni vomô coto yori fanaſaretaru mono. ¶ Orbæ ſuis natis matres. Lus. Mãis a quem morrerão os filhos. Iap. Cono xixitaru faua, l, cono vxinaitaru faua. ¶ Item, Orbi. Lus. Filhos orfãos. Iap. Minaxigo. ¶ Orbi palmites. Lus. Varas da vide que não arrebentarã, nem brotaram. Iap. Megumazaru budŏno cazzura.

Orca, æ. Lus. Eſpadarte peixe. Iap. Xachi foco. ¶ Item, Hũa vaſilha de vinho. Iap. Saqeno vtçuuamonono na. ¶ Item, Hum vaſo pera guardar figos. Iap. Aru qinomiuo tacuuaye voqu vtçuuamono. ¶ Item, (apud aliquos) Hum vaſozinho de que vſauam no jogo pera deitar os dados. Iap. Sugurocuno dŏ. ¶ Item, Hũ certo vaſo de boca eſtreita, de que vſauã em hum certo jogo. Iap. Banno vye no aſobino toqi tçucaitaru cuchino xebaqi vtçuuamono. ¶ Item, Hũa pedra pre

cioſa. Iap. Aru meixuno na.

Orcula, æ. dimin. Idem.

Orcheſtra, æ. Lus. Lugar donde os ſenadores ſe aſentauam no teatro. Iap. Senadores tachino irareraru ſajiqi. ¶ Item, Ajuntamento do ſenado, & varoẽs principaes. Iap. Senadores quaixoni atçumararetaru cotouo yŭ, l, Senadoresno xuye.

Orchia lex, prima fuit inter leges ſumptuarias, quæ ab Orchio Tribuno plebis nomen accepit.

Orchis, is. Lus. Hũa erua. Iap. Aru cuſano na. ¶ Item, Hum peixe muito duro. Iap. Icanimo cataqi vuono na.

Orchites, tis, l, Orchis. Lus. Hũa laya de azeitonas. Iap. Aru conomino na.

Orcinus, a, um. Lus. Couſa pertencente ao inferno. Iap. Gigocuni ataru coto. ¶ Orcinus libertus. Lus. Eſcrauo que ficã forro por morte do ſenhor. Iap. Xujinno ſaigoni jiyŭuo yetaru yatçuco. ¶ Orcinus theſaurus. Lus. Sepultura. Iap. Quan, biŏxo.

Orcus, i. apud veteres. Lus. Plutão deos do inferno. Iap. Afŏraxet, gigocuno tçucaſa. ¶ Itē, apud Varronē, Terra. Iap. Gidai. ¶ Aliqñ. Inferno. Iap. Gigocu. ¶ Itē, Hũ rio. Iap. Cauano na. ¶ Itē, Hũ rio do inferno. Iap. Gingocuno caua. ¶ Cũ orco rationē habere, l, ponere. Lus. Exporſe a euidente perigo de morte. Iap. Ichimeiuo matoni caquru.

Ordeum, ei, & Ordeaceus, a, um. Vide Hordeum.

Ordinarius, a, um. Lus. Couſa ordinaria, ou em que ſe guarda ordem. Iap. Yonotçune no coto, xidai teitŏ aru coto. ¶ Ordinaria ſemina. Lus. Sementes poſtas por ordem. Iap. Xidaiuo motte maqi vyetaru tane. ¶ Ordinaria vitis. Lus. Vides poſtas por ordem. Iap. Xidaiuo motte vyetaru budŏno cazzura. ¶ Ordinarij lapides. Lus. Pedras ſemelhantes, & da meſma figura. Iap. Vonaji narinaru ixi. ¶ Ordinarius homo. Lus. Homem torpe, mao, & demãdão. Iap. Cujigonominaru fito, l, guiŏ

guino

guino midarinaru mono. ¶ Ordinarium officium. Lus. Officio certo,e determinado que se dá a alguem. Iap. Sadamaritaru yacu. ¶ Ordinarius seruus. Lus. Seruo ordinario que não tem officio na casa. Iap. Sadamaritaru yacuuo motazaru yatçuco.

Ordinatè, adu. Lus. Distinta,e ordenadamẽte. Iap. Xidai,teitǒuo motte, l, aqiracani, caccacuni, xi daixidaini.

Ordinatim, adu. Idem.

Ordinatio,onis. Lus. O ordenar,ou pór em ordẽ. Iap. Xidaini voqu coto nari, l, xidai teitǒuo voqu coto nari. ¶ Item, O gouernar a prouincia. Iap. Cunino vosame.

Ordinator, oris. Lus. O q̃ da ordẽ, ou ordena. Iap. Xidaiuo sadamuru fito, l, xidai ni sonayuru mono.

Ordinatus, a, um. Lus. Cousa ordenada. Iap. Xidaini vocaretaru mono.

Ordino, as. Lus. Ordenar, pór em ordem. Iap. Xidaini voqu, l, xidaiuo sadamuru.

Ordior, iris, orsus, & Orditus sum. Lus. Começar a falar, ou praticar. Iap. Iy fajimuru. ¶ Item, Começar. Iap. Fajimuru. ¶ Itẽ, Vrdir a tea. Iap. Feuo caquru.

Ordo, inis. Lus. Ordem. Iap. Xidai, teitǒ. ¶ Aliqñ. Estado, ou sorte de vida. Iap. Caiguin, curai, l, touoridouori. ¶ Q̃r.q;. Homẽs que tẽ amesma dignidade. Iap. Vonaji touorino mono, tôfai. ¶ Itẽ, Cõdição, maneira de viuer. Iap. Xindai. ¶ Ordo amplissimus. Lus. Numero, ou ajũtamẽto dos senadores. Iap. Senadores no atçumari. ¶ Digerere in quincuncem arborum ordines. Lus. Plantar as aruores em tal ordẽ que pera qualquer parte que homem se vira vee hũa rua de aruores. Iap. Fappôye michi aru yǒni junuo yatte qiuo vyuru. ¶ Ordines ducere. Lus. Capitanear, ou gouernar soldados. Iap. Taixǒno yacu suru. ¶ Honesti ordinis homines. Lus. Homens ricos, e abastados. Iap. Fucujin. ¶ Extra ordinem. Lus. Fora do costume, e vso. Iap. Catagui, l, facconi fazzurete. ¶ Item, Extra ordinem per metaph. Lus. Excellentemente. Iap. Tani coyete, tani cotoni.

Orea, æ. Lus. Freo. Iap. Cutçuua.

Oreoselînum, i. Lus. Aipo brauo. Iap. Yamani aru xenqiñ.

Oretenus. Lus. Atè a boca. Iap. Cuchi made.

Orexis. Lus. Apetite, ou fome. Iap. Fidarusa, vye, nozomi, qicat.

Organarij. Lus. Os que fazem instrumentos musicos, ou certas machinas pera os edificios. Iap. Gacuno dǒguuò tçucuru mono, l, daimotuo atçucǒ tameni caracuriuo suru mono.

Organicè, adu. vt organicè moueri. Lus. Ser mouido, ou abalado com engenhos, ou machinas. Iap. Caracuri nite atçucauaruru.

Organici, orum. Lus. Os que tangem instrumentos musicos. Iap. Narimonouo fiqu fito.

Orgánicus, a, um. Lus. Cousa pertencente a musica. Iap. Narimonouo fiqu, l, vǒ gacuni ataru coto.

Organum, i. Lus. Instrumento. Iap. Dǒgu. ¶ Itẽ, Organa. Lus. Instrumẽtos musicos. Iap. Gacuqi, l, gacuno dǒgu. ¶ Item, Certos engenhos, ou machinas de architectos. Iap. Daicuno suru caracuri. ¶ Itẽ, Hum instrumento de medir. Iap. Xacuzzuyeno taguy.

Orgyia, æ. Lus. Hũa medida de seis pees, ou de hũa braça. Iap. Fitofiro fodo aru xacuzzuye.

Oria, æ. Lus. Barca pescareza. Iap. Riǒxẽ.

Orichalcum, i. Lus. Latão mourisco. Iap. Chǔjacu.

Oricularius, a, um. Lus. Cousa pertencente ás orelhas. Iap. Mimini ataru coto. Celsus.

Oriens, entis. Lus. O que nace. Iap. Vmaruru mono, xǒzuru mono. ¶ Item, Oriente. Iap. Figaxi.

Orificium, ij. Lus. Boca, ou entrada de qual quer cousa. Iap. Monono cuchi, l, iricuchi.

Originum, i. Lus. Ouregão. Iap. Aru cusano na.
Originâlis, e. Lus. Cousa que pertence a nacimento, ou origem. Iap. Xŏtocuni ataru coto, vmare tçuqini ataru coto.
Originarius, a, um. Idem.
Originatio, onis. Lus. Etimologia, deriuação. Iap. Cotobauo catadoru cotouo yŭ.
Origo, inis. Lus. Origem, principio, gèração. Iap. Conbon, minacami, conguen, fajime, qeizzu, vgi.
Orion, onis. Lus. Hum sino celeste. Iap. Foxino yadori.
Orior, eris, l, iris, ortus. Lus. Nacer. Iap. Vmaruru, xŏzuru. ¶ Interd. Aleuantarse, sair. Iap. Izzuru, tachi agaru.
Orithes. Lus. Hũa pedra preciosa. Iap. Aru meixunona.
Oriundus, a, um. Lus. Homem que traz origem de algum lugar, no qual elle não náceo se não seus paes, cu ante passados. Iap. Xenzono zaixoni arazu taxo nite vmaretaru mono. ¶ Item, Nacido, ou gèrado dalguem. Iap. Xŏjitaru mono, vmaretaru mono.
Orminum, i, l, potiùs Horminon. Lus. Hũa erua. Iap. Aru cusano na.
Ornamentum, i. Lus. Ornato, atauio. Iap. Xŏgon, cazari. ¶ Aliqñ. Beneficio que redunda em honra, e estima de outro. Iap. Sonomino meiyoto naru vonxŏ. ¶ Ornamento esse. Lus. Ornar, fermosear. Iap. Xŏgon suru, cazaru.
Ornatè, adu. Lus. Com ornato, e elegancia. Iap. Cazatte, berjetni.
Ornatus, us. Lus. Ornato, ou vestido, e trajo. Iap. Cazari, idetachi, yxŏ.
Ornatus, i. Idem.
Ornatus, a, um. Lus. Cousa ornada, atauiada. Iap. Xŏgon xitaru coto, cazaritaru coto. ¶ Itẽ, Instruido ẽ boas artes, ou o q̃ acquirio hõras do pouo. Iap. Nŏgueiuo naraitaru mono, l, banmin yori quan, l, curaini ninjeraretaru mono.
Ornithobescion. Lus. Casa, ou lugar onde se criam passaros. Iap. Toya, l, toriuo atçumete cŏ tocoro.
Ornithon, onis, l, Ornithotrophium, ij. Idẽ.
Orno, as. Lus. Ornar, atauiar. Iap. Cazaru, xŏgon suru. ¶ Item, Aparelhar. Iap. Totonoyuru, yŏy suru. ¶ Ornare classes. Lus. Aperceber, e aparelhar armadas. Iap. Fiŏxenuo yŏy suru. ¶ Ornare magistratum apparitoribus, scribis, librarijs. Lus. Dar aos gouernadores das cidades, ou prouincias escriuaẽs, e outros officiaes. Iap. Fajinete cunino xugoto naru fitoni xitajitano yacuxauo vatasu. ¶ Item, Honrar, ou fazer honras a alguem. Iap. Fitoi o agamuru, xŏquan suru. ¶ Ornare fugam. Lus. Aperceberse pera a fugida. Iap. Niguruyŏy uo suru. ¶ Ornare munus verbis. Lus. Engrandecer a dadiua com palauras mais do que he. Iap. Xinmot, l, inxinno mono no atai yorimo vouoqu fŏbi suru. Terentius.
Ornus, i. Lus. Hũa especie de carualho. Iap. Caxino qino taguy.
Oro, as. Lus. Pedir, rogar. Iap. Tanomu, cŏ, negŏ, qinen suru. ¶ Item, Praticar, orar. Iap. Danguiuo suru, monouo iy noburu.
Orobites. Lus. Hũa laya de solda dos ouriues. Iap. Xirocaneyano tçucŏ rŏ.
Oropygium, vide Vrupygium.
Orphanotrophium, ij. Lus. Lugar pera criar orfaõs. Iap. Minaxigouo yaxinŏ tocoro.
Orphanotrophus, i. Lus. O que tem cuidado de criar orfaõs. Iap. Minaxigouo yaxinŏ yacuxa.
Orphanus, i. Lus. Orfão. Iap. Minaxigo.
Orsus, a, um. Lus. O que começa. Iap. Fajimuru mono. ¶ Aliqñ. apud poëtas, O q̃ acaba. Iap. Fatasu mono, jŏju suru mono.
Orsus, us. Lus. Começo, ou principio. Iap. Fajime, saixo.
Orthiũ carmen. Lus. Hũ genero de musica. Iap. Vta, vtai o taguy.
Orthodoxia, æ. Lus. Opiniam certa, e verdadeira. Iap. Vtagauaxicarauu zonbun.
Orthodoxus, i. Lus. Homem de acertado parecer, e boa opiniam, ou fee. Iap. Vtagauaxicaranu zonbunno mono, l, tadaxi-

daxiqi Fides uo moţçu mono.

Orthogonius, a, um. Lus. Cousa de partes, ou angulos iguaes, e direitos. Iap. Xicacu naru mono.

Orthogónus, i. Lus. Angulo recto. Iap. Caneno gotoquni sumino tachitaru mono.

Orthographia, æ. Lus. Sciencia de escreuer, ou pintar bem. Iap. Fippô, ye,l, mono uo yoqu caqu narai.

Orthomaltica, æ. Lus. Certa fruita. Iap. Aru qinomino na.

Orthopnæa, æ. Lus. Hũa maneira de asma. Iap. Ienfocuno taguy.

Orthopnoici. Lus. Doentes desta doença. Iap. Ienſocuqena mono.

Orthostæ, atum. Lus. Ombreiras da porta. Iap. Toguchino riŏno faxira.

Orti pensiles. vide Hortus.

Ortus, a, um. Lus. Nacido. Iap. Vmaretaru, l, xŏjitaru mono, l, idetaru mono.

Ortus, us. Lus. Géração, nacimento, linhagẽ. Iap. Vgi, sugime, tanjŏ, xuxxŏ. ¶ Interdum, Nacimento de algum planeta, ou sino celeste. Iap. Iitguet xeino izzuru coto uo yũ. ¶ Item, Oriente. Iap. Figaxi.

Ortus, i, & quæ ab eo deducuntur, vide in dictione Hortus.

Ortygómetra, æ. Lus. Hũa aue. Iap. Aru torino na.

Ortyx, igis. Lus. Codorniz. Iap. Vzzura. ¶ Item, Hũa erua. Iap. Aru cusano na.

Oryx, cis. Lus. Hum animal. Iap. Aru qedamonono na.

Oryza, æ. Lus. Arroz. Iap. Come, bei.

O ANTE S.

OS, oris. Lus. Boca. Iap. Cuchi. ¶ Itẽ, Rosto. Iap. Cauo, menmiŏ. ¶ Aliqñ. Focinho de animal. Iap. Chŏrui, chicuruino tçura. ¶ Item, Boca, ou entrada de qualquer cousa. Iap. Monono cuchi, l, iricuchi. ¶ Item, Desauergonhamento, temeridade. Iap. Fagiuo xirazaru cotouo yũ. ¶ Item, Presença. Iap. Maye, ninjẽ, mocujen. ¶ Aliqñ. Fauor, beneuolencia. Iap. Chisô, teinei.

Os, ossis. Lus. Osso. Iap. Fone. ¶ Item, Caroço de fruita. Iap. Sane.

Oscêdo, inis. Lus. O bocejar muitas vezes. Iap. Xiguequ acubiuo suru cotouo yũ.

Oscen, inis. Lus. Aue, ou passaro que causa agouro com canto. Iap. Naqite fitono qini caqesasuru tori. ¶ Item, Toda aue q̃ canta. Iap. Sayezzuru, l, naqu tori.

Oscheum, ei. Lus. Bolsa dos testiculos. Iap. Qin, l, tamanofucuro.

Oscillans, antis. Lus. Os que jugauam, ou celebrauam certos jogos. Iap. Tecugutçu nadono asobiuo suru mono, l, quaitaixi.

Oscillo, as. Lus. Iugar, ou celebrar huns jogos com hũas bonecas, ou imagẽsinhas. Iap. Tecugutçu nadono asobiuo nasu.

Oscillum, i. Lus. Boca pequena. Iap. Chijsaqi cuchi. ¶ Item, Hũas imagẽsinhas de barro que os antigos offereciáo aos idolos por sy, e polos seus. Iap. Butjinni sasague taru tçuchi nite tçucuritaru ninguiŏ.

Oscinum, i. Lus. Agouro de aues. Iap. Torino coyeuo qijte qiequiŏ uo vranŏ coto uo yũ.

Oscitans, antis. Lus. Ocioso, negligente. Iap. Buxŏnaru mono, itazzuranaru mono, itazzurani yru mono.

Oscitanter, l, Oscitabundè, adu. Lus. Negligentemente. Iap. Buxŏni.

Oscitatio, onis. Lus. O bocejar. Iap. Acubiuo suru coto nari. ¶ Aliqñ. Ociosidade, ou quietação do animo. Iap. Muxosa, l, fuyŏ, l, cocorono quanyũ.

Oscito, as. Lus. Bocejar. Iap. Acubiuo suru. ¶ Item, per transl. Abrir. Iap. Aqeru, firaqu. Plin.

Oscitor, aris, depon. Idem.

Osculatio, onis. Lus. Obeijar. Iap. Cauo nadouo sũ coto nari.

Osculor, aris. Lus. Beijar. Iap. Cauo nadouo sũ.

Osculum, i. Lus. Boca pequena. Iap. Chijsaqi cuchi. ¶ Item, Beijo. Iap Cauo nadouo sũ cotouo yũ.

Os leonis. Lus. Hũa erua. Iap. Aru cusano na.

O si. aduerbium est optandi. Lus. O se, oxala. Iap. Coi negacacuua.

Osor, oris. Lus. O que tem odio, ou rancor. Iap. Nicumu, l, qirô mono.

Osseus, a, um. Lus. Cousa feita de osso. Iap. Fone nite tçucuritaru mono.

Ossiculatim, adu Lus. Per partes miudas, de osso em osso. Iap. Qireguireni, comacani, fonebonení.

Ossiculum, i. Lus. Osso pequeno. Iap. Chijsaqi fone.

Ossifragus, a, um. Lus. Cousa que quebra ossos. Iap. Foneuo cudaqu, l, voru mono. ¶ Ossifraga. Lus. Hum genero de aguia. Iap. Vaxino taguy.

Ossilegium, ij. Lus. O apanhar, ou ajuntar ossos. Iap. Foneuo firoi atçumuru coto uo yů.

Ossilegus, i. Lus. O que ajunta, ou apanha ossos. Iap. Foneuo firoi atçumuru mono.

Ossuaria, æ. Lus. Lugar em que se guardão os ossos dos defuntos. Iap. Cordŏ, l, xibitono foneuo atçume voqu tocoro.

Ossum, i. Lus. Osso. Iap. Fone. Antiq.

Ostendo, is, di, sum, & entũ. Lus. Amostrar. Iap. Misuru, arauasu. ¶ Ostendere se virum. Lus. Mostrar se varonil. Iap. Vototocoraxiqu furumŏ. ¶ Ostédere se optimè. Lus. Auerse muito bem. Iap. Yoqu suru, l, tçutomuru.

Ostentatio, onis. Lus. Ostentação, vããglória. Iap. Iman.

Ostentator, oris. Lus. Vãoglorioso. Iap. Iiman, l, jisan suru mono.

Ostentatus, a, um. Lus. Cousa amostrada. Iap. Mixeraretaru mono, arauasaretaru mono.

Ostentiferum, i. Lus. Cousa que traz, ou significa pronostico. Iap. Igono qicqiŏno zuisŏto naru mono.

Ostento, as. frequent. Lus. Amostrar muitas vezes. Iap. Xiguequ misuru, l, arauasu. ¶ Aliqñ. Iactárse, vããgloriarse. Iap. Iimá suru, jimanuo xite monouo arauasu. ¶ Ostentare alicui periculum capitis. Lus. Ameaçar com a morte a alguem. Iap. Cai subexito vodosu. ¶ Ostentare iugulum pro capite alterius. Lus. Porse a perigo da vida por amor de alguem. Iap. Fitoni taixite inochiuo matoni caquru.

Ostentosus, a, um. Lus. Cousa prodigiosa, ou que pronostica algũa cousa. Iap. Zuisŏto naru coto.

Ostentum, i. Lus. Monstro, pronostico, l, cousa prodigiosa em bem, ou mal. Iap. Vmarezoconai, l, zuisŏ, yôquai.

Ostentus, a, um. Lus. Cousa amostrada, ou patente. Iap. Mixeraretaru coto, l, arauasaretaru coto.

Ostentus, us. Lus. Escarneo, desprezo. Iap. Iyaxime, azaqeri.

Ostiarius, ij. Lus. Porteiro. Iap. Monyacu.

Ostiaria, æ. fœm. Idem.

Ostiatim, adu. Lus. De porta em porta. Iap. Cadocadoni. ¶ Item, per transl. Nomeadamente. Iap. Toriuaqe, meimeini.

Ostiensis porta. Lus. Porta de São Paulo em Roma. Iap. Romani voite São Pauloto yŭ mon.

Ostiolum, i. dim. Lus. Porta pequena. Iap. Cuguri, qirito.

Ostium, ij. Lus. Porta por onde se entra, e sae. Iap. Toguchi, mon. ¶ Item, Foz por onde o rio entra no mar. Iap. Vmiye nagare iru caua suío, l, cauaguchi.

Ostracina. Lus. Votos, ou pareceres q̃ os Athenienses dauão escritos ẽ hũs testinhos, ou telhas de barro. Iap. Athenas no monodomo xuyeno toqi méméno zóbũno chijsaqi cauarani caqitçuqetaru cotouo yŭ.

Ostracis, siue Ostracites. Lus. Hũa pedra preciosa. Iap. Aru meixuno na. ¶ Item, Hũa pedra. Iap. Aru ixino na.

Ostracismus, i. Lus. Hũa maneira de desterro que duraua dez annos. Iap. Iŭnenno aida no ruzai.

Ostraciũ, ij. Lus. Vaso, telha, ladrilho, &c. feito de barro. Iap. Doqi, cauara. ¶ Itẽ, Hũa pedra preciosa. Iap. Aru meixuno na.

Ostrearia, arum. Lus. Lugar onde se tomam ostras, e marisco. Iap. Caiuo toru tocoro.

Ostrearius, a, um. Lus. Cousa pertencente a ostras, marisco, &c. Iap. Vmino cai ataru ru coto. ¶ Oftrearius panis. Lus. Pão q̃ os antigos comião cõ as oftras, ou mariſ co Iap. Cojinno caiuo cuuayete mochiy taru Pão.

Oftreum, ei, I, Oftrea, æ. Lus. Oftra, ou todo peixe, e marifco de cõcha afpera, e efcabro fa. Iap. Cai, cani nadono taguy.

Oftrifer, a, um. Lus. Coufa que cria, ou produze oftras, &c. Iap. Caiuo xŏzuru mono.

Oftrinus, a, um. Lus. Coufa tinta de purpura, ou efcarlata. Iap. Xŏjŏfino ironi fometaru mono. ¶ Item, Coufa de côr de efcarlata, ou graã. Iap. Xŏjŏfino gotoqu acaqi mono. ¶ Oftrinæ veftes. Lus. Veftidos de graã, ou purpura. Iap. Xŏjŏfino yxŏ.

Oftrum, i. Lus. Purpura, ou graã com que fe tingem os panos. Iap. Xŏjŏfino gotoqu acaqi iro.

Oftrya, æ, I, oftris, is. Lus. Hũa aruore. Iap. Aru qino na.

Oftus, I, potius, Hoftus, i. Lus. Azeite que fe moe de hũa moedura. Iap. Ichidoni xiboritaru aburano bun.

Ofus, a, um. Lus. O que tem odio. Iap. Icŏuo fucumitaru mono, I, nicumu, I, qirŏ mono.

Othonne, es. Lus. Hũa erua. Iap. Arucufa no na.

Othia, æ. Lus. Hũ peixe. Iap. Aru vuono na.

Othis, idis. Lus. Batarda. Iap. Aru torinona.

Othium, ij. vide Otium.

O ANTE V.

Ouális, e. Lus. Coufa q̃ pertence a hũ certo triunfo. Iap. Vnuo firaqite qiracu furu toqino guixiqini ataru coto. ¶ Oualis corona. Lus. Coroa de murta que fe daua a certos triũfadores. Iap. Vnuo firaqitaru mononi Romaye juracuno toqi guncôno xiruxitoxite atayetaru camuri.

Ouans, antis. Lus. O que triunfa. Iap Vnuo firaqite vôqinaru guixiqiuo n otte Romani juracu furu mono. ¶ Item, O que fe alegra. Iap Yorocobi ifan u mono. Virg.

Ouatio, onis. Lus. Certo triunfo. Iap. Miguino fitono Romaye juracuno guixiqi. ¶ Item, Tempo em que as galinhas poem ouos. Iap. Niuatorino caigouo vmu jibũ.

Ouatus, us. Idem.

Ouatus, a, um. Lus. Coufa de figura ouada. Iap. Caigo no narinaru mono. ¶ Item, Coufa vntada cõ ouo. Iap. Caigô nite nuritaru mono. ¶ Ouatum marmor. Lus. Certo marmore de varias côres. Iap. Xina jinano iro aru ixi.

Ouiaria, æ. Lus. Rebanho de ouelhas. Iap. Fitçujino ficomure.

Ouiáricus, a, um. Lus. Coufa de ouelha. Iap. Fitçujini ataru coto.

Ouicula, æ. Lus. Ouelha pequena. Iap. Chijsaqi fitçuji.

Ouífera, æ. Lus. Aque poem, e da ouos. Iap. Caigouo vmu mono.

Ouíle, is. Lus. Curral de ouelhas. Iap. Fitçujino voro.

Ouillus, a, um. Lus. Coufa de ouelha. Iap. Fitçujini ataru coto.

Ouinus, a, um. Idem.

Ouis, is. Lus. Ouelha. Iap. Fitçuji.

Ouo, as. Lus. Alegrarfe, ou moftrar alegria cãtando, ou gritando. Iap. Vtai, coyeuo aguete, yorocobu, I, yorocobino qixocu uo arauafu. ¶ Item, Triunfar com certo triunfo. Iap. Riunuo firaqite banmin yori fôbi xŏquan xerare, vôqinaru guixiqiuo motte Romani yru.

Ouum, i. Lus. Ouo. Iap. Caigo, I, ranxi. ¶ Vitellus, I, luteum oui. Lus. Gema do ouo. Iap. Caigono vchini aru qinaru mono. ¶ Albumen, I, album oui. Lus. Clara do ouo. Iap. Tamagono vchini aru xiroqi mono.

O ANTE X.

Oxalis, is. Lus. Hũa erua como azedas. Iap. Guixiguixino taguy.

Oxibaphum, i. Lus. Hũa certa medida. Iap. Facarino na.

Oxigala, æ. Lus. Leite azedo coalhado. Iap. Qudamonono chino catamarite fuqiuo yũ.

Oxygarum, i. Lus. Hũa maneira de tempera azeda que fe faz de peixes miudos. Iap. Naximono, fixiuono taguy.

Oxylapathum, i. Lus. Hũa efpecie de labaça. Iap.

Iap. Aru cuſano na.

Oximeli. Lus. Certa beberagẽ de vinagre, e mel. Iap. Mitçuto, ſuuo majiyetaru nomimono.

Oxyporon, i. Lus. Certa maneira de ſalada que ſe faz com queijo, nozes, eruas, &c. Iap. Curumi, cuſa nadouo majiyetaru ayemonono taguy.

Oxyporopôla, æ. Lus. O q̃ vende iguarias tẽperadas com vinagre. Iap. Suuo ſaxitaru xocubutuo vru mono.

Oxyrrhodinũ, i. Lus. Mezinha de vinagre, e agoa roſada que ſe poem nas cabeças dos freneticos. Iap. Neccini vocaſaruru mono no cõbeninuru cõbaxiqi fanaro xiuuto, ſuuo majiyetaru cuſuri.

Oxyſácchar um, i. Lus. Hũa beberagem de vinagre com açucre. Iap. Satõto, ſuuo majiyetaru nomimonono taguy.

Oxyorrhinchus, i. Lus. Hũ peixe. Iap. Vuono na.

Oxyſchenos, i. Lus. Iunco marinho. Iap. Vmi ni aru mo.

O ANTE Z.

Ozena. Lus. Hũ peixe. Iap. Aru vuono na. ¶ Item, Hũa doença dos narizes. Iap. Fanano vazzurai.

Oze, es. Lus. Bafo que cheira mal. Iap. Cuſaqi iqi.

Ozimon, i. Lus. Hũ certo manjar. Iap. Xocubutno taguy.

Ozymum, vide Ocimum.

DE INCIPIENTIBVS Á LITERA P.

Abulâris, e. Lus. Couſa que pertence a paſto de animais. Iap. Qedamonono famimononi ataru coto.

Pabulatio, onis. Lus. O ir buſcar erua no arrayal pera as beſtas. Iap. Ginnite guiũbano fami, l, cuſauo carini yuqu coto nari. ¶ Aliqñ. Paſto dos animais. Iap. Qedamonono famimono.

Pabulator, oris. Lus. O que vai buscar paſto, ou erua pera as beſtas. Iap. Guiũbano famimono, l, cuſauo carini yuqu mono.

Pabulatori⁹, a, ũ. Lus. Couſa pertẽcẽte a paſto. Iap. Guiũbano famimononi ataru coto.

Pábulor, aris. Lus. Ir buſcar erua pera as beſtas no arrayal. Iap. Ginnite guiũbano fami, cuſauo carini yuqu. ¶ Interd. Paſcer o gado. Iap. Guiũba nado cuſauo famu.

Pábulũ, i. Lus. Paſto do gado, e outros animais como erua, palha, &c. Iap. Guiũba nadono fami, cuſa, vara. ¶ Pabulũ ſtudij. Lus. Paſto, e goſto do eſtudo. Iap. Gacumonni voite vru yorocobi.

Pacâlis, e. Lus. O que traz, ou ſignifica paz. Iap. Bujino xiruxi aru mono.

Pacatè, adu. Lus. Manſa, e pacificamente. Iap. Yutacani, bujini, xizzucani.

Pacâtor, oris. Lus. Pacificador. Iap. Bujiuo atçucõ, fitochũbunin.

Pacatus, a um. Lus. Pacificado, e quieto. Iap. Buji xitaru mono, xizzumaritaru mono

Pácifer, a, ũ. Lus. O q̃ traz, ou moſtra paz. Iap. Bujino xiruxi aru mono, l, bujiuo atçucõ mono.

Pacificatio, onis. Lus. Reconciliação. Iap. Buji, l, nacanauoxiuo ſuru coto nari.

Pacificator, oris. Lus. O que faz as pazes. Iap. Buji nadouo atçucõ mono, nacanauoxiuo ſuru fito.

Pacificatorius, a, um. Couſa que pertence a pacificar. Iap. Buji, l, nacanauoxini ataru coto.

Pacífico, as. Lus. Pacificar. Iap. Nacanauoxiuo ſuru, l, bujiuo atçucõ.

Pacificus, a, um. Lus. Pacifico, ou amigo da paz. Iap. Bujiuo conomu mono, nhũuanaru mono, bujinaru mono.

Paciſcor, eris, pactus. Lus. Fazer concertos. Iap. Fazuuo toru. ¶ Itẽ, Prometer. Iap. Qeiyacu ſuru.

Paco, as. Lus. Abrandar, ou aquietar. Iap. Yauaraguru, nadamuru, xizzumuru.

Páctilis, e. Lus. Couſa compoſta, e junta de muitas partes. Iap. Amatano monouo tçuguite tçucuritaru mono.

Pactio, onis. Lus. Concerto, ou auença. Iap. Fazu, tagaino qeiyacu.

Pactitius, a, um. Lus. Couſa de concerto. Iap.

Iap. Fazu, l, qeiy. cum ataru coto.

Pactor, oris. Lus. O que faz concertos. Iap. Fazuuo toru mono.

Pactus, a, um. particip. Lus. Cousa asentada por concerto. Iap. Fazuuo totte sada metaru coto. ¶ Aliqñ. Pactum. Lus. Cõcerto, ou auença. Iap. Fazu. ¶ Eo pacto. Lus. Desse modo. Iap. Sono yõni.

Pæantides, dũ. Lus. Pedras preciosas semelhantes a caramelo. Iap. Couorinogotoqunaru tama.

Pædagogium, gij. Lus. Casa particular onde estam os moços, e criados da casa. Iap. Qenainite chũgué, comononono yru tocoro. ¶ Itẽ, apud iurisconsᷓ Seruiço, ou multidão de criados. Iap. Qenaini aru fodono fiquan.

Pædagôgus, i. Lus. Ayo, ou mestre de meninos. Iap. Varanbeno menoto, mori.

Pædía, æ. Lus. Doutrina, e ensino pera boas artes. Iap. Yoqi michino gacumon, l, voxiye.

Pædîco, as. Lus. Cometer peccado nefando. Iap. Nhacudõuo vocasu.

Pædicones, l, Pædicatores, puerorum amatores, concubitoresq;.

Pædomatheis. Lus. Os q̃ aprendẽ logo de meninos. Iap. Yõxõ yori gacumon suru mono.

Pædor, oris. Lus. Sugidade, ou fedor. Iap. Fujo, xũqi.

Pædotríbes, æ, siue Pædotriba, æ. Lus. O q̃ ensina, & exercita os moços pera serem mais robustos, & bem despostos. Iap. Vacaqi monono sucuyacani nari, sassocuno qiqu yõ nadouo voxiyuru mono.

Pædotribia, æ. Lus. Arte de exercitar os moços corporalmente. Iap. Miguino xosano qeico, l, narai.

Pæon, genus est pedis metrici.

Pæonia, æ. Lus. Hũa erua. Iap. Cusano na.

Pætus, i. Lus. O que olha pera cima com os olhos de torto ẽ traues. Iap. Sugame uo motte vyeuo miru mono. ¶ Item, O que tem hum olho menor. Iap. Catameno foloqi mono.

Paganalia, feriæ, quibus sacra fiebant Cereri, & Telluri.

Pagánicus, a, um. Lus. Cousa que pertence a homẽs do campo. Iap. Denbu yajinni ataru coto. ¶ Paganicum peculium, l, paganicum, absolutè. Lus. Renda, ou proueito que se tira dos campos, herdades, &c. Iap. Tocũ, l, denbacuno rijun.

Pagânus, i. Lus. Homem que naceo, & se criou no campo. Iap. Denbu yajin. ¶ Item, Homens da cidade que não sam soldados. Iap. Machũdo. apud iurecõsult.

Pagânus, a, um. Lus. Cousa de aldea, ou de rusticos. Iap. Inaca, l, denbu yajinni ataru coto.

Pagátim, adu. Lus. Per cada aldea. Iap. Inacagotoni.

Página, æ. Lus. Pagina, ou folha de liuro. Iap. Xomot icchõ, nichõ. ¶ Item, Espaço que fica entre duas latadas das vides. Iap. Riõbõ yori tanani fai cacaritaru budõno auai. ¶ Paginam vtranque facere in re aliqua. Lus. Ter alguem tanta autoridade em fazer algũa cousa que não se faz nada sem elle. Iap. Ichininno guegi yori focaniua banjiuo xezu.

Pagella, æ. dimin. Idem.

Pagínula, æ. dimin. Idem.

Pago, is, pepegi, pactum. Lus. Fazer concerto. Iap. Fazuuo toru. antiq.

Pagrus, i. Lus. Hũa especie de cangrejo. Iap. Canino taguy.

Pagus, i. Lus. Aldea. Iap. Inaca, fendo. ¶ Itẽ, Todo o territorio da jurisdição. Iap. Riõnai, buncocu.

Pala, æ. Lus. Pà, instrumento de que vsam os lauradores. Iap. Nôninno mugui nadouo sucũ dõgu. ¶ Item, Pà do forno. Iap. Pãouo camani ire, l, fiqi idasu dõgu. ¶ Item, Hum certo lugar onde se guarda o fogo. Iap. Fiuo iqete voqu tocoro. ¶ Item, Palæ. Lus. Paas das costas. Iap. Carigane bone. ¶ Item, Barras, ou paens de ouro puro pequenas. Iap. Vógonno chijsaqi itagane, l, chijsaqi marucarucaxe. ¶ Item, Parte do anel concaua onde se engasta apedra. Iap. Tamauo ituru yubiganeno cuboqi tocoro. ¶ Item, Hũa aruore. Iap. Qino na.

Palacra, siue(vt alij) Palacrana. Lus. Barra, ou pão grande de ouro. Iap. Vǒgonno vǒqinaru itagane, l, marucaxe.

Palæstra, æ. Lus. Luta, ou exercicio de luta. Iap. Sumǒ. ¶ Item, Cousa, ou lugar onde se hum exercita. Iap. Qeicosu ru coto, l, tocoro. ¶ Item, Mouimento, & gesto do corpo conueniente. Iap. Iinjǒ naru sugata, cacari, l, tachiy furumai.

Palæstricè, adu. Lus. A maneira de lutadores. Iap. Sumǒtorino gotoqu.

Palæstricus, a, um. Lus. Cousa que pertence a luta. Iap. Sumǒni ataru coto. ¶ Palæstrici motus. Lus. Meneos,& gestos do corpo muito affeitados. Iap. Date naru furi, chǒqua xitaru furumai.

Palæstricus, i. Lus. Lutador. Iap. Sumǒtori. ¶ Item, Mestre de luta. Iap. Sumǒno xixǒ. ¶ Aliqñ. Os que fazem bem os meneos do corpo,& os ensinam. Iap. Iigui, xitçuqeuo voxiyuru mono.

Palæstrîta, æ. Idem.

Palàm, adu. Lus. Manifesta, & descubertamente. Iap. Aqiracani, arauarete. ¶ Palam quæstum facere. Lus. Ganhar a molher publica com seu corpo. Iap. Yŭgiono michiuo tatete modouo mǒquru.

Palangæ. Lus. Huns certos paos lisos como os que poem de baixo dos nauios pera os varar, ou botar ao mar. Iap. Funeuo vmi ni voroxi, l, fiqi aguru toqi, xitani xiqu nameracanaru qi.

Palangiarij. Lus. Os que leuão, ou empuxão algum peso sobre paos. Iap. Xitani qiuo suqete vomoqi monouo fiqu mono.

Palango, as. Lus. Leuar algum peso sobre estes paos. Iap. Xitani qiuo suqete vomoqi monouo fiqu.

Palaria, æ. Lus. Lugar onde estaua metido hum pao deredor do qual se exercitauão os soldados. Iap. Buxino miuo fataraca-su tameni qiuo tatete mauaritaru tocoro.

Palaris, e. vt palaris sylua. Lus. Mato donde tirão paos. Iap. Qiuo toru yama.

Palatha, æ. Lus. Massa, ou pasta de figos. Iap. Catametaru figos toyŭ conomi.

Palâtim. Lus. Andando de cà pera là, ou vagueando. Iap. Coco caxicouo madoi ariuite.

Palatio, onis. Lus. Fundamento que se faz em lugares humidos de gradas, ou outro engenho de paos sobre que estriba o edifficio. Iap. Iyeuo tatçuru dodai.

Palatium, ij. Lus. Paços, ou casa real. Iap. Dairi.

Palatînus, a, um. Lus. Cousa do monte Palatino. Iap. Palatino toyŭ yamani ataru coto. ¶ Palatina officia. Lus. Officiaes do paço. Iap. Qinchŭno yacuxa.

Palatual, sacrificium, quod fiebat Romæ in monte Palatino.

Palatualis. Lus. Sacerdote deputado pera este sacrificio. Iap. Cano tamuqeuo xiruru xǒ.

Palâtum, i. Lus. Ceo da boca. Iap. Vua agui.

Palatus, i. Idem.

Palatus, a, um. Lus. Cousa espalhada. Iap. Chiritaru mono, l, cococaxicoye sanzai xitaru mono.

Palea, æ. Lus. Palha. Iap. Vara. ¶ Itẽ, Barbas do gallo. Iap. Niuatorino vondorino bicu. ¶ Palea æris. Lus. Raspaduras, ou escorea do metal. Iap. Canacuso, l, xencuzzu. ¶ Item, per metaph. Cousa leue, e vil. Iap. Nandemo naqi coto, cazunarazaru mono.

Palearia, ium. Lus. Papada do boy. Iap. Vxi no cubini xiuano yori sagaritaru caua.

Palearium, rij. Lus. Palheiro. Iap. Varabeya, l, varauo voqu tocoro.

Paleatus, a, um. Lus. Cousa feita de palhas, ou que tem mistura de palhas. Iap. Vara nite tçucuritaru coto, l, varauo majiyetaru coto.

Palilia, l, Parilia. Palis Deæ festa dicuntur.

Palilicium sidus. Lus. Sino celeste q̃ consta de sete estrellas. Iap. Foxino yadori, nana tçuno foxi nari.

Pa-

Palillogia, æ. Iterata locutio, hoc est, dictionis alicuius, maioris vehementiæ causa, repetitio.

Palimbachius, genus pedis ex prima, & secunda longis,& vltima breui,vt August'.

Palimpissa,æ. Lus. Pez liquido recozido,& feito basto. Iap. Futatabi neri catametaru qino yani.

Palimpsestus, i. Lus. Pergaminho raspado a segunda vez. Iap. Futatabi cosogue taru pergaminhoto yŭ caua. ¶ Item, (secundum alios)Papel,ou taboa em que se apaga facilmente o que se escreue pera tornar a escreuer de nouo. Iap . Canban.

Palingenesia, æ. Lus. Regeneração. Iap. Futatabi vmaruru cotouo yŭ,saitan.

Palinodia, æ. Lus. O retratar, ou reuogar o que esta dito. Iap. Iytaru cotouo iy cayuru cotouo yŭ.

Paliurus, i. Lus. Hũa aruorezinha de espinho. Iap. Iguino aru chijsaqi qi.

Palla, æ. Lus. Manto, ou sayo alto de molheres. Iap. Vonnano cazzuqi.

Pallacana, æ. Lus. Hum genero de cebola como porro. Iap. Fitomojino taguy.

Pallace, seu Pallaca,æ. Lus. Concubina. Iap. Tecaqe.

Palladium, ij. Palladis simulacrum.

Palleo, es, lui. pallidus sum. Lus. Ser, ou estar amarelo. Iap. Qiironi aru.

Pallesco, is. Lus. Fazerse amarelo. Iap. Qi na ironi naru.

Pallistrum, i. Lus. Capa grosseira, baixa. Iap. Sosŏnaru vuagui,sora naru vuagui.

Palliatus, a, um. Lus. Vestido, ou cuberto com capa. Iap. Vuaguiuo qitaru mono.

Pállidus, a, um. Lus. Amarelo. Iap. Qi ironaru mono.

Pallidulus, a, um. dim. Idem.

Pallio, as. Lus. Encubrir, ou palear. Iap. Cacusu, tçutçumu. Apul.

Palliolatim, adu. Lus. Com capa. Iap. Vuaguiuo qite.

Palliolatus, a, um. Lus. Vestido com capa curta. Iap. Mijicaqi vuaguiuo qitaru mono.

Pallium, ij. Lus. Capa, ou mantilha. Iap. Vuagui.

Palliolum, i. dim. Idem.

Pallor, oris. Lus. Amarelidão. Iap. Fitono quo vxinŏ toqi, qini naritaru iro.

Palma, æ. Lus. Palma da mão. Iap. Tanagocoro. ¶ Item, Toda a mão. Iap. Te. ¶ Item, Palmeira. Iap. Yaxiuono qi ¶ Item, Vitoria, ou sinal de vitoria. Iap. Riun, l, riunno xiruxi. ¶ Item, Premio. Iap. Fenpô, fiqidemono. ¶ Item, Hum vestido, que se daua aos que alcan çauão vitoria dos inimigos. Iap. Riunuo firaqitaru mononi atayeraretaru yxŏ. ¶ Palmam ferre. Lus. Ser vencedor. Iap. Xôriuo vru. ¶ Palmam dare alicui. Lus. Confessar a alguem por vencedor. Iap. Areua cachitarito arauasu.

Palmaris, e. Lus. Cousa que pertence a palma, ou vitoria. Iap. Palmato yŭ qi, l, riunni ataru coto. ¶ Palmaris statua. Lus. Estatua que se aleuanta a alguem pola vitoria. Iap. Xôriuo yetaru fitouo fomete cane nite tatetaru guiŏzŏ. ¶ Palmare facinus. Lus. Façanha digna de premio. Iap. Gŭcôno xŏni azzucarubeqi tegara. ¶ Palmare vestigium. Lus. Sinal que fica épre ssoda palma da mão. Iap. Tenocata. ¶ Item, Cousa do tamanho de hũ palmo. Iap. Fassun fodonaru mono.

Palmarius, a, um. Lus. Cousa de hum, ou muitos palmos. Iap. Nagasa fassunno mo no, l, fassunzzutçu amata aru mono. ¶ Item, Cousa digna de premio. Iap. Fôbi xerarubeqi mono, vonrocuni azzucaru beqi mono.

Palmes, itis. Lus. Vara da vide. Iap. Budŏ no cazzura. ¶ Itẽ, Raminho tenro da vide. Iap. Budŏno vacadachi. ¶ Itẽ, Parra da vide. Iap. Budŏno vacayeda.

Palmetum, i. Lus. Palmar. Iap. Yaxiuo no qino fayaxi. ¶ Item, Abundancia de palmeiras. Iap. Cano qino tacusansi.

Palmeus, a, um. Lus. Cousa de palmeira. Iap. Cano qi nite tçucuritaru mono.

Pálmifer, a, um. Lus. Lugar que da palmeiras.

tas. Iap. Palmeirato yũ qiuo xǒzuru tocoro.

Palmipedalis, e, Lus. Medida do tamanho de hum pé, & hum palmo. Iap. Fito axino nagaſani faſſun caſanetaru xacu.

Pálmipes, edis. Lus. O q̃ tẽ os pés planos como a palma da mão. Iap. Tanagocoro no gotoqunaru axiuo mochitaru mono.

Palmo, as. Lus. Atar, ou amarrar madeira. Iap. Qiuo caraguru, l, tabanuru. ¶ Item, Imprimir ſinal cõ a palma da mão. Iap. Tegatauo tçuquru.

Palmos, i. Lus. O palpitar extraordinariamẽte do pulſo, ou de qualquer parte do corpo. Iap. Ranmiacuni naru cotouo yũ, l, mino bicumequ cotouo yũ.

Palmoſus, a, ũ. Lus. Lugar abũdãte de palmeiras. Iap. Yaxiuono qino tacuſannaru tocoro.

Palmus, i. Lus. Palmo. Iap. Faſſun fodono xacu. ¶ Item, Palmo geometrico. Iap. Yotçubuxe, iſſocu.

Palo, as. Lus. Fortalecer, ou ſoſtentar com pao. Iap. Soyeguiuo ſuru.

Palor, aris. Lus. Andar vago de ca pera la. Iap. Coco caxicouo madoi aruqu.

Palpatio, onis. Lus. O palpar brandamente. Iap. Saguru coto nari. ¶ Item, Liſonjeria. Iap. Tçuixǒ.

Palpâtor, oris. Lus. Liſonjeiro. Iap. Tçuixǒnin.

Pálpebræ. Lus. Peſtanas dos olhos, Iap. Matçugue. ¶ Item, Capelas dos olhos. Iap. Mabuta.

Palpitatio, onis. Lus. O palpitar do coração, e de outras partes do corpo. Iap. Cocorone, l, mino vchi izzucu naritomo bicumeqi vodoru cotouo yũ.

Pálpito, as. frequent. Lus. Palpitar. Iap. Bicumeqi vodoru.

Palpo, as. & Palpor, aris, depon. Lus. Tocar brandamente, ou palpar. Iap. Saguru. ¶ Itẽ, Liſonjear. Iap. Tçuixǒ ſuru.

Palpo, onis. Lus. Liſonjeiro. Iap. Tçuixǒnin.

Palpum, i. Lus. Afagos, ou liſonjas. Iap. Chôai, l, tçuixǒ.

P ANTE A.

Paludamenta, orum. Lus. Inſignias, e ornamentos dos capitães, ou ſoldados. Iap. Taixǒ, l, buxino xǒzocu, cazaridǒgu. ¶ Item, Veſtido militar do capitão. Iap. Taixǒ ginno toqi chacu xitaru yxǒ. ¶ Item, Veſtido de molher. Iap. Vonnano yxǒ.

Paludapium, ij. Lus. Hũa eſpecie de aypo. Iap. Cuſano na.

Paludatus, a, um. Lus. Veſtido com veſtidura de capitão. Iap. Taixǒno xǒzocuuo qitaru mono. ¶ Item, Armado, ou ornado de inſignias militares. Iap. Muxadetachiuo xitaru mono, yoroitaru mono.

Paludôſus, a, um. Lus. Couſa alagadiça. Iap. Mizzugi naru coto.

Palumbarius, ij. Lus. Hũ genero de gauião que mata as põbas. Iap. Fatouo toru taca.

Palumbes, bis. Lus. Pombo trocaz. Iap. Yamabato.

Palumbus, i. & Palumba, æ. Idem.

Palúmbula, æ. dimin. Idem.

Palumbínus, a, um. Lus. Couſa de pombo trocaz. Iap. Yamabatoni ataru coto.

Palus, i. Lus. Pao agudo como eſtaca. Iap. Saqiuo togataca xitaru qi, cui.

Palus, ûdis. Lus. Alagoa. Iap. Iqe.

Paluſtris, e. Lus. Couſa de alagoa. Iap. Iqeni ataru coto.

Pambaſilia. Lus. Reino perfeito, e abſoluto no dominio. Iap. Tenxeinaru cuni, matçurigotono taxxitaru cuni.

Pampillum, i. Lus. Hũ genero de carro, ou coche delicado. Iap. Qeccônaru coxi, l, curuma.

Pampinaceus, a, um. Lus. Couſa de gomo, ou parra de vide. Iap. Budǒno medachi ni ataru coto.

Pampinarium, ij. Lus. Vara noua da vide q̃ ſaye da cepa. Iap. Budǒno moto yori izuru vacadachi. ¶ Item, Copia, ou ajuntamento de muitas varas nouas. Iap. Budǒno vacadachino xiguecitaru cotouo yũ.

Pampinarius, a, um. Lus. Couſa de gomo, ou parra de vide. Iap. Budǒno medachi ni ataru coto. Pam-

Pampineus, a, um. Idem. ¶ Pampineus odor. Lus. Sabor de vinho. Iap. Saqeno agiuai.

Pampinatio, onis. Lus. Tirar os gomos, ou parras das vides. Iap. Budǒno vacadachi uo mogu coto nari.

Pampinator, oris. Lus. O q̃ tira gomos, ou parras das vides. Iap. Budǒno vacadachi uo mogu mono.

Pampinatus, a, um. Lus. Cousa que tem se melharça de gomo da vide. Iap. Budǒno vacadachini nitaru mono.

Pámpino, as. Lus. Desfolhar as vides dos gomos, ou parras. Iap. Budǒno vacadachi uo mogu.

Pampinosus, a, um. Lus. Cousa que tẽ muitos gomos de vide. Iap. Budǒno vacadachino vouoqu aru mono.

Pampinus, i. Lus. Gomo, ou raminho tenro da vide. Iap. Budǒno vacadachi, medachi. ¶ Aliqñ. Cabellos crespos de hũs ouços que poem o poluo peixe. Iap. Tacono cono chijimitaru qe.

Pânaces, is, & Panax, cis. Lus. Ruiponto erua. Iap. Cusino na.

Panacea, æ. Idem.

Panagrum, i. Lus. Rede varredoura. Iap. Yorozzuno monouo toru vôami.

Panáretus, i. Lus. O que tem todas as virtudes. Iap. Xojenuo taxxitaru mono.

Panarium, ij. Lus. Lugar onde se guarda o pão. Iap. Pãouo voqu tana, l, iruru fitçu.

Panariolum, i. dimin. idem.

Panathenaicon. Lus. Hũ genero de vnguento cheiroso. Iap. Cunyacu.

Pancarpiæ. Lus. Capelas feitas de varias flores. Iap. Xujuno fanauo motte xitaru camuri.

Panchrestos, l, Panchrestũ, i. Lus. Mezinha excelẽte, q̃ serue pera todas as cousas. Iap. Xobiǒno royacu, man biǒyen.

Panchros, i. Lus. Pedra preciosa que tem todas as côres. Iap. Xujuno iro aru tama.

Pancratiastes, æ. Lus. O que vencia em hũa luta, ou jogos. Iap. Sumǒ nadoni cachitaru fito.

Pancratius, ij. Idem. Seneca.

Pancraticè, adu. Lus. Robusta, e fortemente. Iap. Tçuyoqu, qenagueni. ¶ Pancraticè valere. Lus. Ser robusto, e bẽ desposto. Iap. Yugon nari, sucuyacanari.

Pancratium, ij. Lus. Exercicio de luta, e outros jogos. Iap. Sumǒ nacono asobi.

Pandatio, onis. Lus. Odobrar, ou encuruar. Iap. Maguru coto nari.

Pandectæ, arum. Lus. Volumes, ou liuros que cõtem tudo. Iap. Yorozzuno coto uo caqicometaru xojacu. ¶ Pandectæ legũ. Lus. Liuro q̃ cõprẽde todo direito. Iap. Yorozzuno macuurigotono michiuo caqicometaru xo.

Pandens, entis. Lus. O que declara, ou abre. Iap. Arauasu, l, aquru mono.

Pandicularis dies, in quo communiter omnibus dijs sacrificabatur.

Pandiculatio, onis. Lus. O bocejar, ou espriguiçarse. Iap. Acubi, l, nobiuo suru coto nari.

Pandiculor, aris. Lus. Espriguiçarse. Iap. Nobiuo suru.

Pando, is, pandi, passum. Lus. Declarar, ou manifestar. Iap. Arauasu. ¶ Item, Abrir. Iap. Aquru.

Pando, as. Lus. Dobrar, ou encuruar. Iap. Maguru, tauomuru. ¶ Aliqñ. Encuruarse, ou arcarse. Iap. Magaru, tauomuru.

Pandochæus, i. Lus. Tauerneiro, ou estalajadeiro. Iap. Fatagoyano teixu.

Pandochium, ij. Lus. Tauerna, ou estalajem. Iap. Fatagoya, rioxuqu.

Pandus, a, um. Lus. Cousa aberta, ou curua. Iap. Firaqitaru mono, l, magaritaru mono.

Panegyrici. Lus. Praticas, ou orações em q̃ se louua a alguem em publico. Iap. Cugainite fitouo fôbi suru dangui.

Panegyricon, tertium dicendi genus, quod demonstratiuum dicitur.

Panegyris. Lus. Feiras, ou a juntan cnto publico. Iap. Ichi, l, fitono cunju.

Pango, is, pepigi, l, panxi, pactum. Lus. Plãtar, ou fixar. Iap. Vyuru, l, sasu. ¶ Itẽ, Ajuntar. Iap. Auasuru. ¶ Pangere osculũ.

Lus. Beijar. Iap. Cauo nadouo su. ¶ Pangere inducias. Lus. Fazer tregoas. Iap. Vadan suru.
Pánica, orũ. Lus. Terrores repētinos, e sobre saltos. Iap. Fôxôuo vxinŏ fodono vosoroxisa.
Pánicus, terror, l, Panicus, subst. Idem.
Pnaicula, æ, dimin. Lus. Maçaroca, ou espiga de milho, painço, &c. Iap. Aua, qibi nadono fo. ¶ Item, Botão da rosa, folhelho, ou cousa semelhante. Iap. Fana nado no tçubomi.
Pánicum, i. Lus. Painço. Iap. Auano taguy.
Pánifex, icis, & Panificus, i. Lus Pádeiro q̃ faz pão. Iap. Pãouo tçucuru mono, páoyaqi.
Panifica, æ. fœm. Idem.
Panificium, ij. Lus. O fazer pão. Iap. Pão uo tçucuru cotouo yŭ.
Panis, nis. Lus. Pão. Iap. Pão.
Panneus, a, um. Lus. Cousa de pano. Iap. Fitçujino qenite voritaru momenuo motte tçucuritaru mono.
Pannicularia, æ. Lus. Cousas que leua cōsigo o preso á cadea. Iap. Qingocu xeraruru monó rôchŭye mochiyuqu fodono mono.
Panniculus, i, dim. Lus. Paninho. Iap. Chijsaqi momen. ¶ Aliqñ. Trapos, ou pedaços de pano. Iap. Qireguirenaru momē, l, momenno tçuguiguire.
Pannosus, a, um. Lus. O q̃ traz vestido baixo, e grosseiro. Iap. Soyeuo qitaru mono.
Pannuceus, a, um. Idem.
Pannuelium, l, Pannelium, ij. Lus. Lêço. Iap. Tenogoi, axenogoi.
Pannus, i. Lus. Pano. Iap. Fitçujino qenite voritaru mono, l, momen. ¶ Pannum, i. Idem. Neuius. ¶ Item, Fios, ou mecha da ferida. Iap. Qizuno vyeni voqu momē no fatçuxi ito, l, nuqi.
Panóplia, æ. Lus. Todas armas que sam necessarias pera armar hum soldado. Iap. Yoroi yxxucu.
Pansa. Lus. Os q̃ tẽ os pes largos. Iap. Cuuabira axinaru mono, axino firoqi mono.
Pansebastos. Lus. Hũa pedra preciosa. Iap. Tamano na.
Panther, eris. Lus. Onça. Iap. Feôni nitaru qedamono.
Panthéra, æ. Idem. ¶ Item, Caça de aues, ou o que se toma na caça. Iap. Torigari, l, carini toritaru tori.
Pantherínus, a, um. Lus. Cousa que pertence a onça. Iap. Feôni nitaru qedamononi ataru coto.
Pantheron, l, Pantherum, i. Lus. Hũa certa rede de tomar toda maneira de aues. Iap. Yorozzuno toriuo toru ami.
Pántices. Lus. Fluxo do ventre. Iap. Ribiŏ. ¶ Item, (vt alij) Demasiada gordura da barriga. Iap. Fucuchŭni aru vôqinaru bura.
Pantomîmus, i. Lus. O que arremeda todas as figuras do auto. Iap. Nôni voite iroiro no mononi natte izzuru mono. ¶ Itẽ, Obra de auto, ou ficção. Iap. Nôno cotouari.
Panurgia, æ. Lus. Engano, astucia. Iap. Tabacari, bôriacu.
Panurgus, i. Lus. Experimentado em todas as cousas. Iap. Banjini cōtô iritaru fito.
Panus, i, l, Panis, is. Lus. Maçaroca de fiado côque recẽ. Iap. Cuda. ¶ item, Inchaços que nacem de baixo das orelhas, na garganta, ou virilhas. Iap. Ro, yoconeno taguy. ¶ Panellus, dim. Idem.
Pánula, & Panicula, æ dim. Idem.
Papæ admirantis interiectio.
Papauer, eris. Lus. Dormideiras. Iap. Qexi.
Papauerata toga. Lus. Hũ certo vestido bráco. Iap. Xiraqi yxôno taguy.
Papilio, onis. Lus. Borboleta. Iap. Chô. ¶ Item, Tenda pera defender do sol, chuua, &c. Iap. Ame, yenten ni dcuo xinogu tameni faru cai.
Papilla, æ. Lus. Burbulha. Iap. Axebo. ¶ Item, Pontas das tetas. Iap. Chibusano caxira. ¶ Item, As tetas. Iap. Chibusa, chicubi. ¶ Item, Esguichos da fonte. Iap. Mizzubuneno xen.
Papillatus, a, um. Lus. Cousa feita amaneira de tetas. Iap. Chibusano yôni xitaru coto.

Pap-

Pappa. Lus. Primeira voz dos mininos cõ que chamam o pay. Iap. Varanbeno ichibanni chichiuo yobu cotoba.

Pappas. Lus. Pay, ou ayo que cria o menino. Iap. Chichi, l, menotoi

Pappi. Lus. Flores dos cardos como laã, ou penugem. Iap. Varano gotoquni natte chiru azanino fana.

Pappo, as. Lus. Comer o manjar partido, & mastigado como fazẽ as amas a as crianças. Iap. Varanbe fitono camicudaqite cucumuru xocuuo cũ.

Pappous, a, um. Lus. Cousa de auôs, ou antepassados. Iap. Xenzo yorino coto.

Pappus, i. Lus. Auô. Iap. Vôgi.

Papula, æ. Lus. Burbulha. Iap. Casa, l, axebo.

Papyraceus, a, um. Lus. Cousa feita de aruore de que se fazia papel. Iap. Camiuo suqu cõzzuniataru coto.

Papyrifer, a, um. Lus. Lugar que dá, ou cria aruores de que se faz papel. Iap. Cõzzuno voyuru tocoro.

Papyrus, siue Papyrum, i. Lus. Hũa aruorezinha de que se fazia o papel. Iap. Camiuo suqu cõzzu. ¶ Itẽ, Papel. Iap. Cami.

Par, paris. Lus. Cousa igual. Iap. Taiyõnaru coto, vonajiyõnaru mono. ¶ Interd. Pares. Lus. Dous. Iap. Futatçu. ¶ Interd. Cousa justa, conueniente. Iap. Qenbõnaru coto, sôtô xitaru coto. ¶ Parem esse. Lus. Ser sufficiente pera fazer algũa cousa. Iap. Mononuo suruni niyô. ¶ Paria facere. Lus. Refazer, ou compensar. Iap. Fusocuuo tassuru. ¶ Par pari referre. Lus. Pagar na mesma moeda. Iap. Vonaji yõni fôzuru. ¶ Par, impar. Lus. Iogo de pares, e nones. Iap. Chôfanno asobi.

Par, paris. substant. Lus. Hum par de duas cousas iguais. Iap. Itçui, fitotçugai.

Para, & Parula, æ, l, Parus, i. Lus. Hũa certa aue. Iap. Aru cotorino na.

Parabasis. Lus. Fala que fazia o coro ao pouo fora do argumento da comedia. Iap. Nôno vchini nôno cotouarinĩ arazaru cotouo banmini qicasuru cotouo yũ.

Parabia, æ. Lus. Hũa certa beberagem. Iap. Auaxetaru nomimonono taguy.

Parabilis, e. Lus. Cousa que esta em prompto, & q logo se pode auer. Iap. Temotoni aru mono, l, motome yasuçi mono.

Parabola, æ. Lus. Cõparação, ou semelhãça. Iap. Tatoye, fiyu.

Parabolani. Lus. Os que estauam sempre occupados na agricultura de maneira que não se podiã apartar. Iap. Fudan cõsacu uo saxivoqu coto canauanu fito. ¶ Itẽ, per transl. Homens de baixa sorte, deputados ao seruiço de hospitais, ou igrejas de maneira que não lhes era licito sair delle. Iap. Igrejato, jifiyaino fôcôni sadame rarete sonouo saxivoqu coto canauanu fito.

Paracentesis. Lus. O curar das feridas com pontos. Iap. Qizuno cuchiuo nũ reôgi.

Parachlamys, dis. Lus. Certo vestido que vsauam os soldados, ou meninos. Iap. Buxi, l, varanbeno yxô.

Paraclêtus, i. Lus. Defensor, ou auogado. Iap. Toriauaxete, catôdo suru fito. ¶ Itẽ, Cõsolador. Iap. Nadamete, yorocobaxete.

Paraclytus, i. Lus. Homem de ruim fama. Iap. Acumiônotachitaru mono.

Paradigma, atis. Lus. Exemplo dalgũa obra, ou dito. Iap. Fiqicoto.

Paradisus, i. Lus. Pomar, ou orta. Iap. Sono. ¶ Item, Cerca de animais, ou viueiro de peixes. Iap. Qedamonono voro, l, vuono iqesu. ¶ Item, Paraiso terreal. Iap. Deus Adamuo voqitamaixi yorocobi jũmanno tocoro.

Paradoxa, orum. Lus. Cousas extra ordinarias, & fora da comũ opinião. Iap. Fuxiguinaru coto, qimiõnaru coto, iendai mimonnaru coto, bonniono voycbanu coto.

Paradoxon, schema est, quod primum sensum suspendit, ac deinde subjicit aliquid contra expectationem auditoris.

Paradromis, idis. Lus. O andar ao sereno. Iap. Yaqini vearete ayumu cotouo yũ. Item, Alpendre largo. Iap. Quairô, l, rôca.

Paræ-

Paraenesis. Lus. Auiso, ou amoestação. Iap. Susume, xinan.

Paraenéticus, a, um. Lus. Cousa de preceito, ou amoestação. Iap. Xinan, l, susume ni ataru coto. ¶ Oratio paraenetica. Lus. Pratica que excita a virtude. Iap. Fitouo jendŏni susumuru dangui.

Paragaudes, l, Paragauda, ae. Lus. Hum genero de vestido de homem, que se trazia de baixo de outros. Iap. Xitagino tagoy, l, xitagasane.

Paragogia, ae. Lus. Poros, ou veas das agoas. Iap. Mizzusugi.

Parágraphe, es. Latinè praescriptio, exceptio. ¶ Item, Tropus apud poëtas, cùm praecedente absoluto, ad alia fit transitus. ¶ Item, Anotações que se escreuẽ à margem. Iap. Xomotno faxini caqu qiqigaqi, l, chŭ.

Parágraphus, i, l, Paragraphe, es. Lus. Paragrafo, ou final q̃ se poem nos liuros das leys. Iap. Tçuzzuqu cotouariuo mata aratamete caqi fajimuru toqino xiruxi. ¶ Itẽ, Periodo em que se encerra hũa sentença. Iap. Icco.

Paralleli. Lus. Paralelos. Iap. Xecaino zzuni nixi, figaxini auai vonaji yŏni fiqivatasu sugi.

Paralipómenon. Lus. Cousa deixada. Iap. Saxi voqitaru coto. ¶ Libri paralipomenō in sacris literis dicuntur, quibus ea, quae in libris Regum, aut praetermissa erant, aut leuiter degustata, comprehenduntur.

Paralogismus, i. Lus. Argumentação falsa, e enganosa. Iap. Mondŏni damaite iytçumuru cotouo yŭ.

Parálysis. Lus. Parlesia. Iap. Catami vcboyezaru yamai, l, chŭbu.

Paralyticus, i. Lus. Paralitico. Iap. Chŭbuuo vazzurŏ mono. ¶ Restringere paralyticos. Lus. Sārar os paraliticos. Iap. Chŭbuuo vazzurŏ monouo iyasu.

Paranymphus, phi. Lus. Padrinho dos noyuos. Iap. Yenuo musubu toqi xŭgoni tatçu mono. ¶ Item, O sacerdote que assis te ao casamento, ou casa os noyuos. Iap. Matrimoniouo iazzuquru Sacerdote.

Paraphema, l, Paraphernal a. Lus. Cousas q̃ se dà ao esposa alem do dote. Iap. Tçuma no yarazuxite canauazaru mono no fococani mata betni yaru mono.

Paráphrasis, is. Lus. Declaração da mesma sẽtença per outras palauras. Iap. Gono yauarague.

Paraphrastes, ae. Lus. Interprete que declara, ou grosa o sentido dalgũa cousa. Iap. Gouo chŭxuru mono, xono yauaraguete.

Pararius, ij. Lus. Corretor. Iap. Xŏbaino fiqeija. ¶ Pararium aes. Lus. Salario dobrado que se daua aos caualeirõs por dous cauallos. Iap. Qibano xuni nifiqino vmano caino cauarini ichibai vatasu cane.

Parasanga, ae. Lus. Hũa legoa. Iap. Ichiri.

Parasceue, es. Lus. Preparação. Iap. Cacugo, yŏy. ¶ Item, O dia em que Christo nosso senhor padeceo na Cruz. Iap. Von arujiIesu Christo Cruzni cacari tanŏ fi.

Parasitaster, tri. Lus. Homem que imita o chocarreiro. Iap. Qiŏguenxano maneuo suru fito.

Parasitor, aris. Lus. Andar de casa em casa co mendo à custas alheas com graças, e chocarrices. Iap. Fitono iye iyeuo mauatte qiŏguégamaxiqi cotouo yŭte youo vataru.

Parasitus, i. Lus. O que anda de casa em casa dizẽdo lisonjas pera comer, e beber. Iap. Iye iyeuo mauari fetçuraite nomi yaxinŏ mono. ¶ Item, Chocarreiros que estamà mesa dos ricos. Iap. Buguenxano qiqidŏ ni voite xujuno vocaxiqi cotouo yŭ mono. ¶ Item, Antigamente era companheiro dos pontifices, e magistrados. Iap. Mucaxi Sacerdoteto yŭ sŏno iyecasa, l, xugouo fŏbai.

Parástades, dum. Lus. Pedras que seruẽ de ombreiras das portas. Iap. Toguchino riŏbŏni tatetaru ixi.

Parástatae. Lus. Hũas pedras como pilares q̃ se poẽ sobre as colũnas. Iap. Ixino faxira no vyeni tatesoyuru faxira. ¶ Item, Hũ dos ossos da perna de cima dos animais. Iap.

Iap. Guiũbano momon, fone. ❡ Item, Dicuntur meatus illi, per quos genitura ex epididymide in colem effertur. ❡ Item, Huns certos officiais no exercito. Iap. Gũginno aru yacuxa.

Paratè, adu. Lus. Pronta, e aparelhadamente. Iap. Yôyxite, focuxitni.

Paratragœdio, as. Lus. Exagerar com palauras. Iap. Vôqini iy nasu.

Paratus, us, l, Paratum, i. Lus. Aparelho. Iap. Yôy.

Paratus, a, um. Lus. Cousa aparelhada. Iap. Yôy xitaru coto.

Parazonium, ij. Lus. Hum genero de espada. Iap. Qen.

Parcè, adu. Lus. Com moderação no gasto, &c. Iap. Chũyǒuo mamotte.

Párcitas, atis. Lus. Moderação no gastar, &c. Iap. Chũyǒ.

Parco, is, peperci, l, parci, parsum. Lus. Absterse, ou temperarse. Iap. Monouo ficayuru. ❡ Lamentis parcere. Lus. Deixar o choro. Iap. Namidauo vosayuru. ❡ Itẽ, Perdoar. Iap. Yurusu, xamen furu. ❡ Aliqñ, Prohibir, ter mão. Iap. Vosayuru, saiayuru. ❡ Item, Deixar. Iap. Saxivoqu. ❡ Qñq;. Desistir. Iap. Yamuru.

Parcitur, imperson. Idem.

Parcus, i. Lus. Moderado, ou temperado no gasto. Iap. Chũyǒuo mamoru mono. ❡ Parcus comitatu. Lus. O que tem poucos no acompanhamento. Iap. Fitouo fucunaqu tçuretaru fito. Plin.

Pardalios. Lus. Hũa pedra manchada de varias côres. Iap. Madaranaru tama.

Pardális. Lus. Onça animal. Iap. Feôni nita ruqedamono.

Pardalium, ij. Lus. Hum certo vnguento. Iap. Cunyacu

Pardus, i. Lus. Onça animal macho. Iap. Feôni nitaru qedamonono vosu.

Parecbasis. Lus. Digressão que se faz em pratica, pregação, &c. Iap. Danguino vchini sono cotouariuo tenjite betno cotouo iy noburu cotouo yñ.

Parectatus, i. Lus. O q̃ de moço chega a ida de de barbar. Iap. Figueno voyuru nenreini naru mono.

Parens, entis. Lus. Pay, ou may. Iap. Voya. ❡ Item, Tronco da aruore donde sayem os ramos. Iap. Qino motocuchi.

Parentalia, orum. Lus. Conuites que se faziam nos enterramentos dos pays, ou parentes. Iap. Voya, l, xinruino tomuraino furumai.

Parentalis, e. Lus. Cousa que pertence a enterramento dos pays. Iap. Voyano tomurai ataru coto. ❡ Dies parentales. Lus. Dias em que traziam comeres ás sepulturas dos mortos. Iap. Xininno facadocoroni bucuuo sonayetaru fi. ❡ Vmbræ parentales. Lus. Almas dos pays mortos. Iap. Voyano bôcon.

Parentêla, æ. Lus. Parentesco. Iap. Xinruino ichimonno musubi.

Parenthesis, is. Clausula est orationis cõtextui interiecta, qua remota, sensus manet integer.

Parentia, æ. Lus. Obediencia, ou sujeição. Iap. Xitagai.

Parẽticida, æ. Lus. O q̃ matou a seu pay, ou may. Iap. Voyauo coroxitaru mono.

Parento, as. Lus. Fazer exequias aos pays. Iap. Voyano tomuraiuo furu.

Pareo, es, parui, paritum. Lus. Aparecer, ou ser visto. Iap. Miyuru, l, miraruru. ❡ Interd. Obedecer. Iap. Xitagǒ. ❡ Promissis parere. Lus. Comprir a promessa. Iap. Yacusocuuo toguru. ❡ Parere intercessori. Lus. Cõdecẽder cõ o que pede alguẽ. Iap. Xomǒ furu, l, fitono zonbunni macasuru. ❡ Parere gulæ. Lus. Darse á gula. Iap. Bôxocu, l, tonjiqiuo nasu.

Paretur, imperson. Idem.

Parergon, i. Lus. O que se acrecenta a algũa cousa como pera ornato, &c. Iap. Cazarini soyuru mono. ❡ Item, Cousa que se da de mais alem do arrendamento. Iap. Fen benxezu xite canauazaru cotono vyeni soyuru reimot. Budæus.

Pariatio, onis. Lus. Escritura em que se concertam as contas do gasto, e receita. Iap. Vçe-

Vqedorino nicqini tçucaigatano nicqiuo auasuru coto nari.

Pariator, oris. Lus. O que deu bem as contas do gasto. Iap. Tçucaigatano sanyôuo yoqu xitaru fito.

Paries, etis. Lus. Parede. Iap. Cabe. ¶ Intra domesticos parietes aliquid fieri. Lus. Fazerse algũa cousa dentro de casa. Iap. Qenaini voite monouo suru. ¶ Intra parietes disceptare, l, experiri. Lus. Permitir aos amigos o concerto dalgũa demanda em sua casa fora de juizo. Iap. Xugono maye nite subeqi cujino tandanuo xitacu nite sumaxeto yurusu. ¶ Paries craticius. Lus. Paredes que se fazem a maneira de grades. Iap. Renjino yŏni xitaru cabe, nuritaru côxi.

Parietaria, æ. Lus. Alfauaca erua. Iap. Itçumadegusa, cabeni voyuru cusa nari.

Parietinæ. Lus. Muro velho arruinado. Iap. Cuzzure cacaritaru furuqi ixigura.

Parilia, orum, vide Palilia.

Parilis, e. Lus. Cousa igual. Iap. Taiyŏ naru coto, vonajiqi yŏnaru coto.

Parilitas, atis. Lus. igualdade. Iap. Taiyŏ.

Parilitium sydus. vide Palilitium.

Pario, is, peperi, paritum, l, partum. Lus. Parir. Iap. Couo vmu, san suru. ¶ Itẽ, per transl. Aquirir com grande trabalho. Iap. Vôqini xinrŏ xite monouo motomuru. ¶ Parere oua. Lus. Porem as aues os ouos. Iap. Toriga caigouo vmu. ¶ Parere verba. Lus. Fingir palauras nouas. Iap. Ataraxiqi cotobauo tçucuru.

Pario, as. Lus. Igualar, ou justar as contas. Iap. Vqedorino nicqini tçucaigatano nicqiuo auasuru.

Pariter, adu. Lus. Igualmente. Iap. Taiyŏ ni. ¶ Aliqn̄. Conuenientemente. Iap. Sôtŏ xite. ¶ Aliqn̄. Semelhantemente. Iap. Nite, vonaji yŏni. ¶ Item, Iunctamẽ te. Iap. Tomoni.

Parito, as. Lus. Aparelhar muitas vezes. Iap. Saisai totonoyuru, yôysuru.

Paritudo, inis. Lus. O parir. Iap. Couo vmu coto nari. Antiq.

Paritura, æ. idem.

Partio, onis. Idem. Antiq.

Parius lapis. siue Parium marmor. Lus. Hũ certo marmore branco. Iap. Facuxeqi.

Parma, æ. Lus. Rodela. Iap. Tate.

Parmula, æ. dim. Idem.

Parmatus, a, um. Lus. Arrodelado. Iap. Tateuo tçuqitaru mono.

Parmularius, ij. Lus. O que esgrime, ou peleja com rodela. Iap. Tedateuo motte tatacŏ mono.

Parnacides, dum. Lus. Vestidos de donzelas. Iap. Vacai vonnano yxô.

Paro, as. Lus. Aparelhar. Iap. Totonoyuru, yôy suru. ¶ Aliqn̄. Aquirir. Iap. Motomuru. ¶ Ita paratum est. Lus. Assi esta determinado. Iap. Cono bunni sadamaritari.

Parochus, chi. Lus. O que tinha cuidado de dar sal, & lenha aos embaixadores, & outra gente semelhante que vinha a Roma. Iap. Romanite chocuxi nadono tameni xiuo, taqigui nadouo totonoyetaru yacuxa. ¶ Item, (vt alij) Padrinhos dos noiuos, ou sacerdote que os casa. Iap. Xŭguino toqi xôconi tarçumono, l, yenpen uo musubu fitoni, yômonuo tonayeraru ru xucqe.

Parodontides, siue Parulides, dum. Lus. Hũa carne crecida que nace nas gingiuas. Iap. Faguqino deqimono.

Parœcia, siue Parochia, æ. Lus. Freguesia. Iap. Tera ixxoni ataru danna xŭ.

Parœcus, i. Lus. Fregues de hũa freguesia. Iap. Tera ixxono danna.

Parœmia, æ. Lus. Prouerbio que se vsa conforme as cousas, ou tempos. Iap. Iibun jibunni fayaru cotouaza.

Paromológia, æ. Figura est, cùm aliquas res concedimus aduersario, deinde inferimus aliquod maius.

Paron, onis. Lus. Hum genero de nauio. Iap. Funeno taguy.

Paronomásia est, cũ aliquod nomen ab alio voce quidem simili, verùm significatione diuersissimo, petimitur.

Paronichya, æ. Lus. Vnheiro. Iap. Tçumabarabaramī. ¶ Hũa aruorezinha que nace nas pedras. Iap. Ixini Voyuru chijſaqi qi.

Parónimon, i. Lus. Nome deduzido de outro. Iap. Bechino cotoba yori detaru cotoba.

Paropſis, dis. Lus. Prato de comer. Iap. Vôzara, l, torizara. ¶ Item, Hum certo caldo. Iap. Aru xocuno nixiru. Pollux.

Parotis, tidis. Lus. Peſtema q̃ nace junto das orelhas. Iap. Mimino atarini idequru xumot. ¶ Item, parotides. Lus. Duas arterias que vão por junto da garganta a té paſſar as orelhas. Iap. Nodoyori xite mimino vye made tçũzuru ruçatçuno ſugi. ¶ Iem, Os cabelinhos das orelhas. Iap. Mimino vchini idequru qe. ¶ Item, Aquellas partes do peſcoço deſde baixo das orelhas até as queixadas. Iap. Mimino xita yori votogaino atariuo yũ. ¶ Itẽ, Hũas dôres que dão nas gingiuas. Iap. Faguqi no itami.

Paroxiſmus, i. Lus. Alteração, eſtimulação. Iap. Suſumetatçuru, l, vocoſu cotouo yũ. ¶ Item, Paroxiſmo, ou pino da febre de ſesão. Iap. Necqino maſſaichũ.

Parrha, æ. Lus. Hum genero de aue de roim agouro. Iap. Quaiyno sŏuo arauaſu tori, l, acujino sŏuo arauaſu tori.

Parricîda, æ. Lus. O que matou a ſeu pay, ou may. Iap. Voyauo gaixitaru mono. ¶ Item, O que deſtruyo, ou fez mal á patria. Iap. Vaga coqiŏuo metbŏ ſaxetaru fito, l, coqiŏni daiacujiuo naxitaru mono. ¶ Item, Matador de qual quer homem. Iap. Xetgainin.

Parricidium, ij. Lus. Matança de pay, ou parentes. Iap. Voya, l, xinruino xetgai. ¶ Itẽ, O que deſtruyo, ou fez mal á patria. Iap. Coqiŏuo metbŏ ſaxetaru fito, l, daiacujiuo naxitaru mono.

Pars, tis. Lus. Parte. Iap. Bun. ¶ Pars magna. Lus. Boa parte, ou muitos. Iap. Tabun. ¶ Pars multa. Lus. Muitos. Iap. Amata. ¶ Magna ex parte. Lus. Pola maior parte. Iap. Vôcata, ſaiſai. ¶ Itẽ, Em grande parte. Iap. Tabun. ¶ Ex-

parte, & in parte, l, parte. Lus. Em parte. Iap. Catçũua. ¶ Partes aliquas tenere. Lus. Caminhar por algũa parte. Iap. Aru tocorouo aruqu. ¶ Pro ſua quiſque parte. Lus. Quãto cada hũ pode. Iap. Menmen zuibunni. ¶ Item, Pars, (ferè in plurali) Lus. parte, ou bando. Iap. Cumi, l, yppŏ. ¶ Aliqñ. Pars. Lus. principio. Iap. Ynyen, motoi, fajime. ¶ Aliquando, Parte, ou em parte. Iap. Catçũua. ¶ Aliqñ. Molher caſada. Iap. Vottouo mochitaru nhonin. ¶ Partes alicuius agere. Lus. Fazer oficio dalguem. Iap. Fitono miŏdaiuo ſuru. ¶ Priores partes alicui tribuere. Lus. Eſtimar, ou louuar mais a alguem. Iap. Tani cotoni mochijru, l, fomuru. ¶ Priores partes habere apud aliquem. Lus. Ter mais poder, & autoridade com alguem. Iap. Yoni coyete fito no mayeni yxei aru. ¶ Facere partes. Lus. Diuidir algũa couſa em partes. Iap. Mono uo bunbunni vaquru. ¶ Audire vtraque partem in litibus. Lus. Dar audiencia ao reo, & a o autor. Iap. Riŏbŏno cujino ri fiuo qiqu. ¶ Pars diuerſa, l, aduerſa. Lus. Aduerſario. Iap. Aite, teqi. ¶ Partes primas agere. Lus. Sair muitas vezes ao teatro nas comedias. Iap. Saiſai idete nôuo ſuru. ¶ Meæ partes ſunt, & mearum partium eſt. Lus. He meu officio. Iap. Vaga yacuni ataru. ¶ Alicuius partes deſiderare. Lus. Pedir o fauor, & ajuda dalguẽ. Iap. Fitono chisŏ, l, coriocuuo tanomu.

Partícula, æ. dim. Idem.

Parſimonia, æ. Lus. Moderação no gaſto. Iap. Chŭyŏ.

Parthenium. Lus. Hũa erva. Iap. Cuſano na.

Particeps, cipis. Lus. Participante. Iap. Faibunuo vquru mono, l, jen acuno tomoni naru mono.

Participium, ij. Pars orationis apud Grammaticos.

Partiarius, ij. Lus. Parceiro com que repartimos algũa couſa. Iap. Tagaini vaqebunuo vquru mono, l, monouo vaqete toru mono.

a *

mono. ¶ Partiarius legatarius. Lus. Homẽ a quem vẽ algũ legado da herança. Iap. Yuzzurijõni xi agõte monouo vqetoru fito. ¶ Partiaria pecora. Lus. Gados cuja geração se reparte entre o senhor do gado, e o pastor. Iap. Xujinto fitçujicaino aidani vaqetaruru fitçujino co.

Participo, as. Lus. Dar, ou tomar parte. Iap. Faibunuo vquru, l, furu.

Particulátim, adu. Lus. Per partes, ou empedaços. Iap. Bunbunni, sunzunni.

Particulones, ũ. Lus. Os q̃ juntamente herdão. Iap. Tomoni yuzzuriuo vquru mono.

Partim, adu. Lus. Em parte, l, parte. Iap. Catçuua. ¶ Partim hominum. Lus. Algũs homens. Iap. Fitoni yotte.

Partior, iris, & Partio, is, tiui, titum. Lus. Repartir. Iap. Vaquru, faibun suru.

Partîte, adu. Lus. Distintamente. Iap. Vaqete, caccacuni.

Partitio, onis. Lus. Repartição. Iap. Faibũ, l, vaquru coto nari.

Partitor, oris. Lus. Repartidor. Iap. Vaquru mono, Faibun suru mono.

Partor, oris. Lus. O que acquirio algũa cousa. Iap. Monouo motometaru fito.

Parturio, is. Lus. Parir com trabalho, ou trabalhar por parir. Iap. Nanzanuo suru, l, couo vmato iqizzumu.

Partus, us. Lus. Parto. Iap. Couo vmu coto, couo yũ, san. ¶ Item, per transl. O produzir das aruores. Iap. Qino quayôtôuo xôzuru coto nari. ¶ Aliqn̄. Cousa parida, ou produzida. Iap. Xôjitaru mono.

Paruidûco, is. Lus. Estimar em pouco. Iap. Caronzuru, naigaxironi suru. (xaxô.

Páruitas, atis. Lus. Pouquidade. Iap. Sucoxi,

Pârulis, lidis. Lus. Carne que crece nas ginjiuas. Iap. Faguqini deqimono.

Parum, adu. Lus. Pouco. Iap. Sucoxiqu.

Parumper. Lus. Em pouco tempo. Iap. Xibaracu, xibaxi, zanji. ¶ Item, Pouco a pouco. Iap. Xidai xidaini.

Paruus, a, um. Lus. Cousa piquena. Iap. Sucoxiqi coto, chijsaqi coto. ¶ Item, Paruum. Lus. Cousa de pouco preço, ou estima. Iap. Guejiqi naru mono, mochijnacimono. ¶ In paruo. Lus. Quasi. Iap. Tairiacu.

Páruulus. dimin. Idem. ¶ Item, Menino. Iap. Varanbe.

Paruulùm, adu. Lus. Muito pouco. Iap. Itatte sucoxiqu, gocuxô.

Pascales. Lus. Ouelhas, e galinhas que andão pacẽdo. Iap. Coco caxiconi cusauo famu fitçuji, niuatori.

Pascéolus, i. Lus. Saquinho, ou bolsa de couro. Iap. Chijsaqi cauabucuro.

Pascha, æ. Lus. Passagem. Iap. Touoru coto uo yũ. ¶ Item, Festa da Paschoa. Iap. Vonaruji Iesu Christono gofoxeino fi.

Pasco, is, paui, pastum. Lus. Pacer, comer. Iap. Monouo bucusuru, famu. ¶ Item, dar de comer, ou apacentar. Iap. Buci fasuru, l, cô. ¶ Item, per transl. Deleitar. Iap. Nagusamuru, isamuru. ¶ Interd. Alentar, ou sustentar. Iap. Fagocumu, sodatçuru.

Pásc ito, as. frequent. Idem.

Pascor, eris, depon. Lus. Comer, ou pacer. Iap. Monouo bucusuru, l, famu.

Pascuum, i. Lus. Lugar onde pacem os gados. Iap. Guiũyũno cusauo famu tocoro. ¶ Item, Pascua. Lus. Terras, ou herdades de que tirão algũ rendimẽto. Iap. Riôchi, chiguiô, denbacu.

Pascuus, a, ũ. Lus. Lugar apto pera apacẽtar gado, &c. Iap. Guiũba nadouo cô tameni niaitaru tocoro.

Passer, eris. Lus. Pardal. Iap. Suzume.
¶ Item, Hũ peixe. Iap. Vuono na.
¶ Passer solitarius. Lus. Passaro solitario. Iap. Isoçugumi.

Passerculus, i. dimin. Idem.

Passernices, um. Lus. Hũas pedras de aguçar. Iap. Toixino rui.

Passim, adu. Lus. Espalhadamente, por ca e por acola. Iap. Vchichitte, l, coccoxiconi. ¶ Interd. De todas as partes. Iap. Xofôyori. ¶ Interd. Como cada hũ quer. Iap. Menmen cocorogocoroni. ¶ Itẽ, Cada passo, em todo lugar. Iap. Izzucuni mo.

Passio, onis. Lus. Paixão, ou perturbação do

do animo. Iap. Qi,do,airacuno sômiô, l, xiyocu.

Passiuus, a, um. Lus. Cousa que denota paixam do animo. Iap. Qi,do,airacuno xiuxiuo arauasu mono. ¶ Passiua venus pro ol scœna pathicorum libidine.

Passum,i. Lus. Vinho de passa. Iap. Foxitaru budônite camoxitaru saqe. ¶ Passum Secundarium. Lus. Agoa pé que se faz de passa. Iap. Foxitaru budônite camoxitaru mizuzaqe. ¶ Item, Cousa seca, e engelhada. Iap. Xiboni, xiuanoyoritaru mono.

Passus, a, um. Lus. O que padeceo. Iap. Nangui nadouo corayetaru mono. ¶ Vua passa. Lus. Vuas passadas. Iap. Foxitaru budô.

Passus, a, um, à Pando. Lus. Cousa aberta, ou estendida. Iap. Firaqitaru coto, l, firoguetaru coto. ¶ Capillus passus. Lus. Cabelo solto. Iap. Midaregami.

Passus, us. Lus. Passo, ou passada. Iap. Fitoaxi. ¶ Item, Hũa medida de dous pés e meyo. Iap. Axino faqe futaaxi fan. ¶ Passus minor, l, passus simplex. Idem. ¶ Passus maior, l, passus geometric⁹. Lus. Passo que consta de cinco pees. Iap. Axino faqe itçutçuno xacu.

Pastillum, i. Lus. Hũ certo manjar doce que vsauão nos sacrificios. Iap. Tamuqeni xitaru amaqi xocubut.

Pastillus, i. Lus. Qualquer materia amasada, & feita a maneira de pão pequeno. Iap. Chijsaqi Pãno narini tçucuritaru mono. ¶ Item, Hũas certas mezinhas secas. Iap. Cogusuri. ¶ Pastilli medicinales. Lus. Pastilhas de cheiro Iap. Auaxegô.

Pastillico, as, & Patûlico, as. Lus. Fazer ẽ forma de pão pequeno. Iap. Chijsaqi Pãno narini monouo tçucuru.

Pastináca æ. Lus. Cenoura. Iap. Ninjin. ¶ Itẽ, Hũ peixe peçonhento. Iap. Docqi no aru vuo.

Pastinatio, onis. Lus. O cauar o campo. Iap. Denbacuuo tagayesu coto nari.

Pastinatus, us. Idem.

Pastinator, oris. Lus. O que caua. Iap. Tagayesu mono.

Pastinatum, i. Lus. Terra cauada outra vez. Iap. Tagayexitaru denbacu.

Pastino, as. Lus. Cauar o campo, vinhas, &c. Iap. Denbacuuo tagayesu.

Pastinum, i. Lus. Ancinho. Iap. Cumade. Item, Terra cauada de nouo. Iap. Tagayexitaru denbacu.

Pastio, onis. Lus. O pacer. Iap. Famu coto nari. ¶ Item, Pasto do gado. Iap. Guiŭba nadono famimono.

Pastomis, idis. Lus. Aziar das bestas. Iap. Cutçurogo, l, fiôxi.

Pastophorium, ij. Lus. Habitação, ou casa do sacerdote do templo. Iap. Sacerdoteno riô.

Pastor, oris. Lus. Pastor. Iap. Fitçuji, guiŭbai o cŏ mono.

Pastoralis, e. Lus. Cousa de pastor. Iap. Fitçujicaini ataru coto.

Pastorius, l, Pastoricius, a, um. Idem.

Pastus, us. Lus. O comer, ou pasto. Iap. Xocubut, l, famimono.

Pastus, a, um. Lus. Farto, ou apacentado. Iap. Côtaru mono, bôni axitaru mono.

Patagium, ij, l, Patagium. Lus. Hũ vestido de ouro que se vestia sobre outros vestidos preciosos. Iap. Qeccônaru yxŏno vyeni qitaru qinranno vuagui.

Patagiarius, ij. Lus. O que faz estes vestidos. Iap. Cano yxŏuo tçucuru mono.

Patagiatus, i. Lus. O que anda cõ este vestido. Iap. Cano yxŏuo chacu xitaru mono.

Patefacio, is. Lus. Abrir. Iap. Aquru, firaqu. ¶ Aliqñ. Descobrir, ou declarar. Iap. Arauasu, xirasuru.

Patefactio, onis. Lus. O abrir, ou declarar. Iap. Aquru, l, arauasu coto nari.

Patefio, is. Lus. Descobrirse, manifestarse. Iap. Arauaruru, xiruru.

Patella, æ. Lus. Prato pequeno. Iap. Cozara. ¶ Item, Hũ mal que dá nas aruores com grande sol. Iap. Xetcuni yotte kiqeguru qino yamai. ¶ Item, Iuntura das pernas com as coxas Iap. Fiza buxi.

Patellarius. Vt Patellarij Dij.

Patens, entis. Lus. Cousa patente, ou manifesta. Iap. Firaqitaru coto, l, arauaretaru coto.

a* 2 Pa-

Patenter, adu. Lus. Manifestamente. Iap. Arauarete, funmiǒni.

Pateo, es, tui. Lus. Estar aberto, ou patente. Iap. Firaqete aru. ¶ Item, Estenderse. Iap. Firoqu naru. ¶ Aliqñ. Estar em poder, ou mão dalguem. Iap. Firono xindai ni aru. Vt omnia mea tibi patent. ¶ Aliqñ. Estar sujeito, ou ocasionado como a doença, &c. Iap. Atauo vqeyasuxi. Vt senectus morbis patet. ¶ Aliqñ. Estar manifesto. Iap. Funmiǒ nari. ¶ Item, cum datiuo. Estar esposto. Iap. Arauanixite yru.

Pater, tris. Lus. Pay. Iap. Chichi. ¶ Item, Auô, bisauô, &c. Iap. Vôgi, fivôgi nadô. ¶ Item, Senador, ou outro homem principal q̃ gouerna. Iap. Xucurǒ, vosamete.

Patera, æ. Lus. Taça, ou copo. Iap. Cuchino firaqitaru sacazzuqi.

Pater familias. Lus. Pay de familias. Iap. Iceno voya.

Paternus, a, um. Lus. Cousa de pay. Iap. Chichini ataru coto.

Pater patratus. Lus. Sacerdote principal por quem se fazia paz, ou denunciaua guerra. Iap. Qiǔxen, l, vadanno atçucaiuo suru xǒno tçucasa.

Pater patrimus. Lus. O que sendo pay tem ainda pay viuo. Iap. Couo motte imada voya aru fito.

Patesco, is. Lus. Abrirse. Iap. Firaqu, aqu. ¶ Item, Manifestarse. Iap. Arauaruru, miyuru.

Pathética oratio. Lus. Oração que se ordena pera excitar ira, ou misericordia. Iap. Icari, l, auaremiuo vocasasuru susume, dangui.

Pathos. Lus. Perturbação, ou paixão do animo. Iap. Qi, do, airacuno sǒmiǒ, l, xiyocu.

Patibilis, e. Lus. Cousa que se pode sofrer. Iap. Corayeyasuqi coto.

Patibulatus, a, um. Lus. Posto na Cruz. Iap. Fattçuqeni cacaritaru mono.

Patibulum, i. Lus. Tráca da porta. Iap. Quǎnuqi. ¶ Item, Cruz, ou forca. Iap. Fattçuqe, facamono. ¶ Item, Hum instrumẽto de vindimar, ou colher azeitonas. Iap. Azeitonato yŭ qinomi, l, budǒuo mogu dǒgu.

Patibulus, i. Idem. apud antiq.

Patiens, entis. Lus. O que padece, ou o que he paciẽte. Iap. Corayuru mono, l, cânin aru mono.

Patienter, adu. Lus. Forte, e constantemente. Iap. Tçuyoqu, tagirocazu.

Patientia, æ. Lus. Paciencia, ou sofrimento. Iap. Cannin.

Pátina, l, Patêna, æ. Lus. Prato da mesa. Iap. Sara.

Patinarius, a, um. Lus. Cousa posta em prato. Iap. Sarani moritaru coto.

Patior, eris, passus sum. Lus. Sofrer, ou padecer. Iap. Corayuru, l, cocoroyoqu xinogu. ¶ Hoc non patietur æuum. Lus. Isto não durará. Iap. Coreua todoqumajij. ¶ Hoc patitur consuetudo. Lus. Assi se acustuma a fazer. Iap. Coreua cono bunni xiqitatta. ¶ Patior te esse desertum. Lus. Deixo te, ou desemparo te. Iap. Nangiuo saxi sutasu.

Pator, oris. Lus. Abertura. Iap. Vareme.

Patratio, onis. Lus. O gérar filhos. Iap. Couo mǒquru michini xeiuo iruru coto nari. ¶ Item, O fazer, ou acabar algũa cousa. Iap. Itasu, l, jǒju suru coto nari.

Patratus, a, um. Lus. Cousa feita, ou acabada. Iap. Xitaru coto, l, jǒju xitaru coto.

Patres conscripti. Lus. Fidalgos Romanos que entrauam no numero dos senadores. Iap. Romano Senadorno curaini ninjeraretaru fito, xicqeri no xu.

Patria, æ. Lus. Patria. Iap. Cǒqiǒ. ¶ Aliqñ. Reino, ou prouincia onde nacemos. Iap. Xǒcocu.

Patriarcha, æ. Lus. Patriarcha. Iap. Sacerdoteno sǒzzucasa.

Patricîda, æ. vide Parricida.

Patriè, l, paternè, adu. Lus. Com affeito de pay. Iap. Voyano taixetuo motte.

Patrimonium, ij. Lus. Herança que deixa o pay. Iap. Voya yori yuzzuraretaru tacara. ¶ Deuorare patrimonium. Lus. Gastar tat o patrimonio. Iap. Voyano tacarauo tçuiyasu.

Patrimus,i.& Patrima,æ. Lus. Homē,ou molher que tem pay ainda viuo. Iap. Imada voyauo mochitaru fito.

Patriciatus, us. Lus. Dignidade dos patricios Romanos. Iap. Romanite aru daimiŏxuno curai, quan.

Patriciè, adu. Lus. Ao modo patricio, e nobremente. Iap. Daimiŏraxiqu, saburaimeite.

Patritij. Lus. Os que vinhā de geração dos senadores. Iap. Romano Senadorto yŭ xicqĕno xison. ¶ Exire è patritijs. Lus. Fazerse plebeyo. Iap. Curaiuo subette feijinni naru.

Patritius, a, um. Lus. Cousa de patricios, ou nobres. Iap. Saburai,l, daimiŏni ataru coto.

Patritus, a, um. Lus. Cousa de pay. Iap. Voyani ataru coto.

Patrius,a, um. Lus. Cousa de pay, ou de patria. Iap. Voya,l, coqiŏni ataru coto.

Patrizo,l, Patrisso,as. Lus. Imitar os custumes do pay. Iap. Voyano cataguiuo nisuru.

Patro,as. Lus. Gerar filhos. Iap. Couo mŏquru michini xeiuo iruru. ¶ Item, Fazer, ou acabar. Iap. Itasu, jŏjusuru.

Patrocinium,ij. Lus. Defensão, ajuda. Iap. Xugo, cŏriocu.

Patrócinor,aris. Lus. Defender a alguē. Iap. Fitouo xugo suru, fijqi suru.

Patrônus,i. Lus. Padroeiro, ou defensor. Iap. Xugonin,l, fijqi suru mono. ¶ Item, O que libertou ao escrauo. Iap. Yatçuconi itomauo yaritaru xujin.

Patrôna, æ. fœmi. Idem.

Patronymicum,i . Á grămaticis appellatur nomen,quod formatum à nomine patris filium significat.

Patruéles. Lus. Primos filhos de irmãos. Iap. Itoco.

Patruêlis, e. Lus. Cousa de primos filhos de irmãos. Iap. Itoconi ataru coto.

Patruus, trui. Lus. Tio irmão do pay. Iap. Vogi, Ecubu. ¶ Patruus magnus. Lus. Tio irmão do auô. Iap. Vôgiuogi. ¶ Patruus maior. Lus. Irmão de meu bisauô. Iap. Fi vôgino qiŏdai. ¶ Patruus maximus. Lus. Irmão do terceiro auô. Iap. Ficosico vôgino qiŏdai.

Patruus, a, um. Lus. Cousa de tio irmão do pay. Iap. Vogini ataru coto. ¶ Item, per transl. Seuero. Iap. Qitçuqi mono.

Patúlico,as. Lus. Abrirse. Iap. Aqu, firaqu.

Patulus, a, um. Lus. Cousa aberta, ou patente. Iap. Firaqetaru coto.

Paua, æ. Lus. Pauoa. Iap. Cujacuno mendori.

Paucies, adu. Lus. Poucas vezes. Iap. Mareni. Antiq.

Pauciloquium, quij. Lus. Breuidade de palauras. Iap. Cotobazucunasa.

Paucitas, atis. Lus. Pouquidade, penuria. Iap. Sucunasa, funhoy.

Paucus, a, um. Lus. Cousa pouca. Iap. Sucunaqi coto. ¶ Paucis. Lus. Em poucas palauras, ou breuemente. Iap. Cotobazucunani, riacuxite. ¶ Item, Pauci, apud antiq. Bons. Iap. Yoqi fito.

Páuculus, dimin. idem.

Pauefio, is. Lus. Fazerse timido. Iap. Vocubiŏni naru.

Pauendus, a, um. Lus. Cousa pera se temer. Iap. Vosoru beqi coto.

Pauens, entis. Lus. O que teme por algũa cousa. Iap. Xisai atte vosoruru mono.

Paueo, es, paui. Lus. Temer. Iap. Vosoruru, vozzuru.

Pauesco, is. Lus. Temer, ou fazerse timido. Iap. Vosoruru,l, vocubiŏni naru.

Pauicula, æ. Lus. Pisão com que se iguala, & aperta a terra da eira. Iap. Giuo fiqi naraite caramuru dŏgu.

Pauidè, adu. Lus. Com medo. Iap. Vosorete, vocu xite.

Páuidus, a, um. Lus. Medroso. Iap. Vosoruru mono, vocubiŏnaru mono.

Pauimento, as. Lus. Solhar, ou ladrilhar a casa. Iap. Ixibai, sumi nadouo majiyete dodanuo nuru, xiqigauarauo xiqu.

Pauimentum, i. Lus. Solhado da casa. Iap. Ixi-

ixibai, funa nadouo mijiyete nuritaru doccu, xiqigauara.

Paulo, is, ui, pauitum. Lus. Bater, ou dar pancadas. Iap. Vtçu, tçuqu. Antiq.

Páuito, as. frequent. Lus. Temer muito. Iap. Vôqini voforuru.

Paulatim, adu. Lus. Pouco a pouco, brandaméte. Iap. Xidaixidaini, fororito, xizzucani.

Paulisper, adu. Lus. Por hũ pouco de tẽpo. Iap. Xibaracu, fucoxino aida.

Paulò, adu. Lus. Pouco. Iap. Sucoxiqu. ¶ Paulo magis. Lus. Muito. Iap. Vôqini. ¶ Paulo minus. Lus. Quasi, ou por pouco. Iap. Tairiacu, fudeni. ¶ Paulò mox. Lus. Logo. Iap. Yagate, socujini.

Paulùm. dim. Idem.

Páululum. dimin. Idem. ¶ Aliqñ. Hum pouco de tempo. Iap. Xibaracu, zanji.

Páululus, a, um. Lus. Cousa. Piquinina. Iap. Sucoxiqi coto, chijsaqi coto.

Pauo, onis. Lus. Pauão. Iap. Cujacu.

Pauoninus, a, um. Lus. Cousa de pauão. Iap. Cujacuni ataru coto.

Pauor, oris. Lus. Temor grande. Iap. Farafadaxiqi vosore.

Pauper, ris. Lus. Pobre. Iap. Finja, buriocujin.

Paupera, æ. fœm. gen. Idem apud antiq.

Paupérculus, i, & Paupercula, æ. dim. Idem.

Pauperies, ei. Lus. Pobreza. Iap. Fin, burioeu. ¶ Item, Dano feito das bestas, ou animais. Iap. Qedamonono naxitaru son. Apud iureconsult.

Paupertas, atis. Idem.

Páupero, as. Lus. Empobrecer a alguem Iap. Finjani nasu.

Paupertinus, a, um. Lus. Cousa pobre. Iap. Finjani ataru coto.

Pausa, æ. Lus. Reposo, ou interpolação em algũa obra. Iap. Cutçurogui, qiufocu.

Pausarius, ij. Lus. O que faz remar com ordem, & pausadamente. Iap. Ichiyôni rouo vosasuru buguiô.

Pausia, æ. Lus. Hũa specie de oliueira. Iap. Azeitonaro yŭ qino na.

Pausilypus, i. Lus. Hum certo copo que vsauam nos conuites. Iap. Furumaino toqi mochijxi sacazzuqi.

Pauso, as. Lus. Descansar. Iap. Cutçurogu, qiusocu suru.

Pauxillatim, adu. Lus. Pouco a pouco. Iap. Sorosito, xidaixidani.

Pauxillisper. Idem.

Pauxillus, & Pauxillulus, a, um. Lus. Hum tamanino. Iap. Itatte sucoxiqi coto.

Pax, cis. Lus. Paz. Iap. Bujhancu. ¶ Aliqñ. Licença, ou perdão. Iap. Yuruxi, itoma, l, xamen. ¶ Item, Misericordia, ou fauor. Iap. Auaremi, l, chisô. ¶ Pace tua. Lus. Com vosa licença. Iap. Nanginoyuruxiuo vqete. ¶ Itẽ, Aduerb. Sóm ẽte. Iap. Bacari. ¶ Item, Silentium quoddam imperantis vim habens.

Paxillus, i. Lus. pao agudo na ponta. Iap. Cui.

P ANTE E.

PEccatum, i. Lus. Peccado. Iap. Toga, ayamari.

Peccatus, us. apud veter. Lus. Adulterio. Iap. Tano tçumauo vocaru cotouo yŭ.

Pecco, as. (propiè) Lus. Fazer adulterio. Iap. Tano tçumauo vocasu. ¶ Item, Peccar, ou errar. Iap. Togauo vocasu, l, ayamaru.

Pecorarius, ij. Lus. Rendeiro de gados. Iap. Chinuo daite guiũyôuo caru mono. ¶ Item, O que guarda gado. Iap. Guiũyôuo cô mono.

Pecorinus, a, um. Lus. Cousa de gado. Iap. Guiũyôni ataru coto.

Pecorosus, a, um. Lus. Cousa de muito gado. Iap. Guiũyôno tacusannaru tocoro.

Pecten, inis. Lus. Pentem do tear. Iap. Vosa. ¶ Item, Ansinho. Iap. Cumade. ¶ Item, Hum instrumento de ferro com que segam o trigo mais ralo. Iap. Mabarani voyetaru muguiuo caru dôgu. ¶ Item, Pubes, hoc est, locus vbi pili ad verenda nascuntur. ¶ Item, Hum instrumento com que tãgem a laude, &c. Iap. Biuano bachi. ¶ Item, Pectines, siue Pectunculi. Lus. Peyxes que se arremessão da agoa como seta. Iap. Tobi vuo. ¶ Item,

¶ Item, Pente de pentear os cabelos. Iap. Camiuo qezzuru cuxi. ¶ Item, Pectines. Lus. Hũas veas que vão direitas ao comprido na aruore. Iap. Qino vchini aru nagaqi sugi. ¶ Pecten veneris. Lus. Hũa erua. Iap. Cusano na.

Pectinatim, adu. Lus. A modo de pentem. Iap. Cuxino yŏni.

Pectinatus, a, um. Lus. Cousa feita a maneira de pentem. Iap. Cuxino yŏni xitaru coto. ¶ Itẽ, Penteado. Iap. Camiuo qezzuritaru mono. ¶ Pectinatũ tectũ. Lus. Telhado de duas agoas. Iap. Qirizzumazzucurino yane.

Pectino, as. Lus. Colher as espigas, ou segar com certo instrumento de ferro. Iap. Curoganeno dŏguuo motte muguiuo caru.

Pectitus, a, um. Lus. Penteado. Iap. Camiuo qezzuritaru mono. ¶ Item, Cardado. Iap. Xigoqitaru coto. ¶ Item, per transl. Cousa concertada, ou cultiuada como terra. Iap. Yoqu tagayexitaru denbacu.

Pecto, is, xui, l, xi, xum. Lus. Pentear os cabellos. Iap. Camiuo qezzuru. ¶ Itẽ, Almofaçar as bestas. Iap. Vma nadouo fadaquru, nazzuru. ¶ Pectere cytharã. Lus. Tanger a citara com instrumento. Iap Bachinite biuauo tanzuru. ¶ Pectere lanam. Lus. Cardar a laã. Iap. Fitçujino qeuo xigoqu. ¶ Pectere vestes. Lus. Frisar, ou tosar vestidos. Iap. Fitçujino qe nite voritaru monono vyeuo fasamite qẽ uo tatçuru.

Pectoralis, e. Lus. Cousa que pertence ao peito. Iap. Muneni ataru coto. ¶ Itẽ, Pectorale. Lus. Peito darmas. Iap. Muneuo yorŏ gusocu.

Pectorosus, a, um. Lus. O que tem grãde, & forçoso peito. Iap. Muneno vôqini xite chicara tçuyoqi mono.

Pectus, oris. Lus. Peito. Iap. Mune. ¶ Itẽ, Coração, ou animo. Iap. Xinno zŏ, l, cocoro. ¶ Ab pectore toto pectore. Lus. Amar a alguem com animo, & com a von

tade. Iap. Fucaqu fitouo taixetni vomô.

Pectũsculum, i. dimin. idem.

Pecuaria, orum. Lus. Grandes rebanhos de gado. Iap. Guiŭyôno vôqinaru mure, l, gun. ¶ Aliqñ. Lugar, ou outra cousa de que se tira algum rendimento. Iap. Riju uo toru chiguiŏ, cauocu nado.

Pecuaria, æ. Lus. Granjeria de gado. Iap. Tocuuo motomuru tameni guiŭ yôuo cŏ cotouo yŭ. ¶ Item, Lugares onde ha rebanhos de gado. Iap. Guiŭyŏno aru tocoro. ¶ Pecuariam rem facere. Lus. Criar, ou pastar gados. Iap. Guiŭ yôuo cŏ.

Pecuarius, ij. Lus. Pastor de gado. Iap. Guiŭyôuo cŏ mono, bocuyŏ.

Pecuarius, a, um. Lus. Cousa que pertece a gado. Iap. Guiŭyŏni ataru coto.

¶ Pecuarius canis. Lus. Rafeiro que guarda o gado. Iap. Fitçujiuo ban suru inu.

Peculator, oris. Lus. O que furta bens do Rey, ou da Rep. Iap. Teivŏ, l, coccano tacarauo nusumu mono.

Peculatus, us. Lus. Furto de dinheiro publico, ou do Rey. Iap. Cocca, l, teivŏno cane no nusumi.

Peculiaris, e. Lus. Cousa que pertence a bens ganhados por propria industria. Iap. Vaga saicacuuo motte motometaru tacarani ataru coto. ¶ Item, Cousa propria, & particular. Iap. Vatacuxini ataru coto, jico no coto. ¶ Peculiare edictum. Lus. Mãdado determinado ẽ particular pera certa cousa. Iap. Ichijini caguitte tajini vatarazaru fatto. ¶ Item, Fazenda dos seruos. Iap. Yatçucono tacara.

Peculiariter, adu. Lus. Propriamente, especial mente. Iap. Bexxite, dai ichini.

Peculiarius, aduerb. comparat. Idem.

Peculiatus, a, um. Lus. O que tem muito fato, ou dinheiro. Iap. Buguenxa, fucujin.

Peculiosus, a, um. Idem.

Peculio, as. Lus. Impor pena de dinheiro a alguẽ. Iap. Ocuaini caneuo caqúru.

¶ Item, Tomar a fazenda a alguem. Iap. Fitono tacarauo vbaitoru.

Peculium, ij. Lus. Cabedal, ou bens que hum

hum alcançou com ſua induſtria. Iap. Saicacuuo motte motometaru tacara. ¶ Itẽ, Bens proprios do ſeruo, ou filho familias. Iap. Yatçuco,l, feyazumino cono tacara, l, voyani cacatte yru cono tacara. ¶ Peculium caſtrenſe. Lus. Bens que os pays, ou parentes derão ao filho familias, que eſta na guerra. Iap. Gindachiuo xitaru fitoni voya xinrui yori atayetaru tacara. ¶ Item, Soldo, ou outros bens alcançados na guerra. Iap. Gin nite motometaru tacara, fuchi.

Peculiolum, i. dimi. Idem.

Péculor, aris. Lus. Furtar bẽs da republica, ou do rey. Iap. Cocca,l, teivǒno tacarauo nuſumu.

Pecunia, æ. Lus. Dinheiro. Iap. Cane, qinguin.

Pecuníola, æ. dimin. Idem.

Pecuniarius, a, um. Lus. Couſa que pertence a dinheiro. Iap. Qinguin, zaifôni ataru coto.

Pecuniaris, e. Idem.

Pecunioſus, a, um. Lus. O que tem muito dinheiro. Iap. Qinguin, zaifô vouoqu mochitaru mono, buguenxa.

Pecus, udis, & oris. Lus. Beſtas, ou gado. Iap. Iyeni cǒ qedamono, fitono tçucǒ qedamono. ¶ Item, Pecus, oris. Lus. Multidão de gado. Iap. Guiǔyǒno gun. ¶ Interd. Ouelha. Iap. Fitçuji. ¶ Interd. Qualquer animal. Iap. Qedamono.

Pecu. Idem apud antiq.

Peda, æ. Lus. Pegada de homem. Iap. Fitono axigata.

Pedâlis, e. Lus. Couſa de hũ pé. Iap. Axino taqe aru mono.

Pedâmen, inis, & Pedamentum, i. Lus. Pao de vinha, ou o que ſe arrima a algũa aruorezinha. Iap. Budǒ nadono ſoyegui.

Pedaneus, a, um. Lus. Couſa de hũ pé. Iap. Axino taqe naru mono. ¶ Pedaneus iudex. Lus. Iuiz conſtituido pera determinar cauſas menores. Iap. Daijinarazaru cujiſatauo tadaſu tameni ſadameraretaru fito.

Pedarij. Lus. Senadores que não faziam mais que aprouar o parecer dos outros no ſenado. Iap. Yono fiǒgiǒxuno tadaxiuo yoxito, dôxin xitaru xicqennoxu.

Pedatim, adu. Lus. Paſſo apaſſo. Ia. Fitoaxizzutçu, l, nette.

Pedatio, onis. Lus. O épar das vinhas. Iap. Budǒni ſoyeguiuo ſuru coto nari.

Pedatũ, i. Apud antiq. Lus. O vir, ou tornar a ſegunda, ou terceira vez. Iap. Saiſan vǒrai ſuru cotouo yũ.

Pedatus, a, um. Vt vinea pedata. Lus. Vinha empada. Iap. Soyeguiuo xitaru budǒ. ¶ Itẽ, Couſa que tem pès. Iap. Axino aru mono.

Pedema, atis. Lus. Hũa maneira de bailo. Iap. Aru vodoriyǒ.

Pedepreſsim, adu. Lus. Devagar, pouco apouco. Iap. Xizzucani, xidaixidaini.

Pedes, itis. Lus. O que anda apé. Iap. Cachidachino mono. ¶ Itẽ, Pedites. Lus. Soldados que peleijam de pé. Iap. Cachi muxa.

Pedes, dum. Lus. Pés. Iap. Axi. ¶ Suo ſe pede metiri. Lus. Fazer gaſto com forme a ſua poſſe. Iap. Vaga bunzaini xitagatte xitçuiuo ſuru. ¶ Pes magnus. Lus. Chão da caſa. Iap. Iyeuo tatetaru yaxiqi. ¶ Item, Pes. Lus. Hũa medida com que medẽ as terras. Iap. Xacuzzuye, giǒjacu. ¶ Item, Hũa corda com que ſe extende a vela na nao. Iap. Funeno fouo faru naua. ¶ Item, Pedes. Lus. Pes com que ſe medẽ os verſos. Iap. Vtano cotobano cazu. ¶ Item, Pes. Lus. Piolho. Iap. Xirami.

Pedeſter, tri. Lus. O que caminha apé. Iap. Cachidachino mono.

Pedeſtris, e, vt pedeſtris exercitus. Lus. Exercito de gente de pé. Iap. Cachidachino gunjei. ¶ Pedeſtris oratio. Lus. Proſa. Iap. Vtani arazaru monogatari. ¶ Pedeſtre iter. Lus. Caminho por terra. Iap. Cuga, ricugi. ¶ Pedeſtria auguria. Lus. Agouros que ſe tomauão de animais de quatro pés. Iap. Xiſocuno monouo mite ſuru vranai.

Pedetentim, adu. Lus. Pé ante pé, pouco a pouco. Iap. Xidai xidaini, xizzucani.

Pédica, æ Lus. Laço dos pés. Iap. Qedamonono axini caquru vana.

Pe-

Pedicosus, siue Pediculosus, a, um. Lus. Piolhoso. Iap. Xiramino vaqitaru mono. ¶ Item, Pedecosus. apud antiq. Idem.

Pedicularis, e. Lus. Cousa que pertence a piolhos. Iap. Xiramini ataru coto.

Pediculatus, a, um. Vt pediculata poma. Lus. Fruita com pés pera se poder pendurar. Iap. Fozono aru conomi.

Pediculus, i. dimin. Lus. Pé piqueno. Iap. Chijsaqi axi. ¶ Item, Pé da fruita. Iap. Conomino fozo. ¶ Item, Piolho. Iap. Xirami. ¶ Pediculus terræ. Hũ genero de escaruelho. Iap. Abuno taguy.

Pediolus, i. dimin. Lus. Pezinho. Iap. Chiisaqi axi.

Pedisequus, i. Lus. O que acompanha ao senhor. Iap. Xujinno tomosuru mono.

Pedisequa, æ. fœmin. Idem.

Peditatus, us. Lus. Exercito de gente de pé. Iap. Cachidachino gunjei.

Pēditus, i, Peditum, i. Lus. Traque que se faz de ventosidade da barriga. Iap. Fe, vonara.

Pedo, as. Lus. Ir. Iap. Yuqu. ¶ Item, Empar a vinha, &c. Iap. Budŏ nadoni suyeguiuo suru.

Pedo, is, pepedi. Lus. Dar traques. Iap. Feuo firu, vonarauo suru.

Pedule, lis. Lus. Banquinho que serue pera os pés. Iap. Axiuo motasuru xocu.

Pedum, i. Lus. Cajado de pastor. Iap. Bocu yŏno tçuye.

Pedusculus, i. Lus. Pezinho. Iap. Chijsaqi axi.

Péganon. Lus. Arruda erua. Iap. Cusano na.

Pégasus, i. Lus. Hũ certo caualo com asas de q̃ falarão os poetas. Iap. Mucaxino cajin sataxitaru tçubasano aru vma. ¶ Item, Cadalete de pao sobre que botauão os vestidos, &c. Iap. Yendai, yco.

Pegma, atis. Lus. Hũa machina de madeira ẽ que asentauam as estatuas. Iap. Canenite ytaru ninguiŏuo suye voqitaru dai. ¶ Item. Hũa maneira de tabernaculo, ou charola em que sayão meninos asentados ao teatro. Iap. Nŏni varambeuo irete idaxitaru tçucurimonono iye. ¶ Item, Hũas machinas em que se representaua hũa semelhança de guerra. Iap. Yamauo tçucutte caxxenno maneuo suru caracuri. ¶ Itẽ, Hũs braçóis de metal, ou de marmore em que estauão esculpidas façanhas, ou virtudes de homens insignes, ou antepassados. Iap. Mucaxino gŏriqixano tegarauo araualu tameni ixi cane nado nite yeritçuqetaru mon.

Pegmates. Lus. Os que peleijauão naquellas machinas. Iap. Miguino yamanite caxxenno maneuo xitaru fito.

Péiero, as. Lus. Iurar falso. Iap. Soraieimon uo tatçuru. ¶ Item, Quebrar o juramento. Iap. Xeimonuo yaburu.

Peior, Peius. Lus. Cousa pior. Iap. Nauo axiqi mono.

Paiôro, as. Lus. Fazer pior a outro. Iap. Nauo axiqu nasu.

Peius, adu. Lus. Pior. Iap. Nauo axiqu.

Pelagia, æ. Lus. Hũ peixinho que tem hum humor com que tingem agraã. Iap. Xŏjŏ fiuo somuru cai.

Pelágicus, a, ũ. Lus. Cousa que viue no mar, ou he do mar. Iap. Vmini yru mono, l, vmi ni ataru coto.

Pelagius, a, um. Idem.

Pélagus, i. (propriè) Lus. Profundo do mar. Iap. Caitei. ¶ Item, Mar. Iap. Vmi.

Pélamis, midis. Lus. Atum que não passa de hũ ano. Iap. Imada ichinen suguizaru xibi.

Pelargus, i. Lus. Cegonha. Iap. Torino na.

Pelasgos. Lus. Hũa atuorezinha. Iap. Chijsaqi qino na.

Pelechinus, i. Lus. Hũa erua que nace nas sementeiras. Iap. Gococuno nacani majiuatte xŏzuru cusano na.

Pelícanus, i. Lus. Pelicano aue. Iap. Torino na.

Pellacia, æ. Lus. Engano, afago. Iap. Tabacari, amayacaxigoto.

Pellax, acis. Lus. O que gana a alguem cõ afagos. Iap. Qiguenuo totte taburacasu mono.

Pellex, icis. Lus. Molher que pecca cõ homẽ casado. Iap. Tçumauo mochitaru mononi casuru vôna. apud iure cõsult. ¶ Item, Adul-

b *

Adultero, ou adultera. Iap. Tano tçumani caſuru mono. ¶ Item, Dicuntur mali cultri, quibus mariti, relictis coniugibus, concumbunt.

Pellicator, oris. Lus. O q̃ cõ meiguices engana a alguem. Iap. Sucaite fitouo damaſu mono.

Pellicatus, us. Lus. Adulterio. Iap. Tano tçumani caſuru cotouo yŭ.

Pelliceo, es, cui. Lus. Alcãçar algũa coiſa cõ meiguices. Iap. Fitono qiguĕuo totte monouo coi motomuru. Columel.

Pelliceus, a, um. Lus. Couſa de pele. Iap. Qedamonono cauani ataru coto.

Pellicio, is, llexi, llectum. Lus. Enganar, ou atrahir com afagos. Iap. Qiguĕuo totte taburacaſu, l, ai tçuquru.

Pellicula, æ. Lus. Pelle pequena. Iap. Fito, l, qedamonono chijſaqi caua. ¶ Curare pelliculam. Lus. Tratar o corpo mimoſamente. Iap. Miuo buicu ſuru. ¶ Veterẽ pelliculã retinere. Lus. Não perder manhas velhas. Iap. Furuqi cuxeuo vxinauanu.

Pellículo, as. Lus. Cobrir, ou tapar cõ peles. Iap. Cauanite monouo tçutçumu, l, fuſagu.

Pellio, onis. Lus. Peliqueiro. Iap. Cauagoromo nadouo tçucuru mono.

Pellis, llis. Lus. Pele. Iap. Iqimonono caua. ¶ Quieſcere in propria pelle. Lus. Viuer contente com ſuã ſorte. Iap. Menmenno bunni manzocu ſuru. ¶ Sub pellibus eſſe. Lus. Eſtar no arrayal de baixo de tendas. Iap. Ginyani yru.

Pellîtus, a, ũ. Lus. Couſa q̃ tẽ, ou eſta cuberta de peles. Iap. Cauano aru mono, l, caua nite tçutçumitaru mono.

Pello, is, pepuli, pulſum. Lus. Ferir, ou bater. Iap. Vtçu, tataqu. ¶ Aliqñ. Empuxar, ou lãçar fora. Iap. Voi idaſu, tçuqi idaſu. ¶ Interd. Perturbar, ou affligir. Iap. Cocorouo nayamaſu, l, dôten ſaſuru.

Pellos, l, Pellus, i. Lus. Hum aue. Iap. Torino na.

Pelluceo, es, lluxi. Lus. Reluzir, ou ſer trãſparente. Iap. Ficaru, l, ſuqi touoru. ¶ O-

ratio pellucens. Lus. Oração clara. Iap. Rino ſumitaru dangui.

Pellucidus, vide Perlucidus.

Pelluo, is. Lus. Lauar muito. Iap. Fanafadaxŭ arŏ.

Pelluuium, ij, & Pelluuia, æ. Lus. Vaſo, ou bacia de lauar os pés. Iap. Axiuo arŏ tarai.

Pelôris, ridis. Lus. Hum genero de concha. Iap. Caino taguy.

Pelta, æ. Lus. Eſcudo a maneira de meya lũa. Iap. Fanguet narino tedate.

Peltatus, a, um. Lus. Armado com eſte eſcudo. Iap. Miguino tedateuo mochitaru mono.

Peluis, is. Lus. Bacia de lauar os pés. Iap. Axiuo arŏ fachi.

Peminoſus, a, um. vel potiùs Pæminoſus. Lus. Couſa de mao cheiro. Iap. Cuſaqi mono.

Penarius, ij, l, Penaria, æ, vel (vt alij) Penarium, ij. Lus. Deſpenſa. Iap. Xocubutno taguyuo tacuuayuru cura.

Penaria cella. Idem.

Penarius, a, um. Lus. O que pertence a comeres que ſe guardam na deſpenſa. Iap. Curani tacuuaye voqitaru xocubutni ataru coto.

Penatores. Lus. Os que trazem comeres, ou mantimentos. Iap. Fiŏrŏuo facobu mono.

Pendens, entis. Lus. Couſa que eſtà pendurada. Iap. Tçutte aru mono. ¶ Pendens vinum. Lus. Vinho que eſta ainda na vide. Iap. Imada budŏni comorite aru ſaqe.

Pendeo, es, pependi. Lus. Eſtar dependurado. Iap. Tçurite aru. ¶ Item, per transl. Depender, ou eſtribar em alguem. Iap. Fitoni caçatte yru, tanôde yru. ¶ Pendere ex nutu alterius. Lus. Eſtar em tudo ſujeito a vontade dalguem. Iap. Banjiuo fitono zonbunni macaturu. ¶ Pendere ex fortuna. Lus. Variarſe conforme ao vento da fortuna. Iap. Fuxidaini ſuru. ¶ Qñq. Eſtar com pena, e duuida dalgũa couſa. Iap. Xian xiuazzurŏ. ¶ Item, Eſtar tam ocupado com deſejo de algũa couſa que ceſſa de todo o mais. Iap. Banjiuo ſaxivoqi voqu, ichijiuo nozomu. ¶ Item, Cessar. Iap. Yamu. ¶ Aliqñ. Pesar, ou ter tanto de peso. Iap. Meni cacaru; vt fiacume ni cacaru. ¶ Pendere reos. Lus. Estarẽ os culpados escritos em hũa taboa publica. Iap. Zaiquaninno naiuo fudani caite tatçuru.

Pendo, is, pependi, pensũ. Lus. Pesar. Iap. Me ni caquru. ¶ Itẽ, per transl. Pôderar. Iap. Xian suru, tadasu. ¶ Item, Pagar. Iap. Fẽ ben suru. ¶ Pœnam pendere. Lus. Paga a pena pecuniaria dalgũ delicto. Iap. Quartaini caneuo idasu. ¶ Item, Pœnam pendere. Lus. Ser condenado a morte. Iap. Xizaini vocona uaruru. ¶ Magni, l, parui pendere. Lus. Estimar muito, ou pouco. Iap. Fucaqu, l, asaqu mochijru.

Péndulus, a, um. Lus. Cousa que esta dependurada. Iap. Tçutte aru mono.

Penè, adu. Lus. Quasi. Iap. Tairiacu, fudeni.

Penélopes. Lus. Hũas certas aues. Iap. Aru torino na.

Penes. Lus. Iunto, ou em poder. Iap. Sobani, l, xindaini.

Penetrábile. Lus. Cousa que entra, ou penetra facilmente. Iap. Vchiye iri, l, toue riyasuqi mono. ¶ Interd. Cousa que se penetra, ou traspassa facilmente. Iap. Tayasuqu touosaruru mono.

Penetrâle, is. Lus. Interior da casa, ou do tẽplo. Iap. Dendŏno vocu. ¶ Itẽ, Adiectiuum. Lus. Cousa, ou parte interior. Iap. Vocuni aru coto. ¶ Penetrale sacrificium. Lus. Sacrificio que se faz na parte interior do templo. Iap. Naijinite voconŏ tamuqe.

Penetraliùs, adu. Lus. Mais intima, ou penetratiuamente. Iap. Nauo vocuni.

Penetratus, a, um. Lus. Cousa traspassada. Iap. Touosaretaru mono.

Pénetro, as. Lus. Entrar dentro, ou penetrar. Iap. Vchiye iru, l, touoru. ¶ Item, Passar, ou atrauessar como montes, &c. Iap. Yamauo coyuru. ¶ penetrare se in specum. Lus. Meterse nalgũa coua, ou lapa. Iap. Foraniiru, comoru. ¶ Penetrare se in fugã. Lus. Fugir. Iap. Nigu̇ru.

Penicillum. vide Peniculus.

Peniculamentum, i. Lus. Parte do vestido que toca no chão. Iap. Yxŏno suso.

Penículus, i, & Penicillus, i, Peniculum, & Penicillum, i. Lus. Escoua, ou esfregão. Iap. Baren, l, cutçu, vtçuuamonouo migaqi nogŏ dŏgu. ¶ Item, Pincel dos pintores, ou de cayar. Iap. Yefude, l, feini xi tatçuchiuo nuru dŏgu. ¶ Item, Planche ta de fios, ou mecha das feridas. Iap. Qizuno cuchini tçuquru momenno fatçuxi, l, qizuno vchini iruru nŭqi.

Península, æ. Lus. Peninsula. Iap. Gi tçuzzu qi nagara ximano gotoquni vmini saxi idetaru tocoro.

Penis, nis. Lus. Rabo. Iap. Qedamonono vo. ¶ Item, Membro viril. Iap. Guioc-qei, tamaguqi.

Penitus, a, um. Lus. Cousa que tem rabo. Iap. Vouo mochitaru mono. ¶ Pénita offa. Lus. Lingoiça feita da rabeda de porco. Iap. Butano vouo ataritno nicuuo tçucuritaru xocubut.

Pénitus, a, um. Lus. Cousa interior. Iap. Vocuni aru mono.

Pénitùs, adu. Lus. Totalmente. Iap. Cotogotocu, cutto. ¶ Aliqñ. Longe. Iap. Touoqu, farucani.

Penna, æ. Lus. Pena grossa das aues. Iap. Torino fa. ¶ Pennæ renascuntur. Lus. Tornar à primeira autoridade. Iap. Vxinaitaru yxeiuo tori cayesu.

Pénnula, æ. dim. Idem.

Pennatus, a, um. Lus. Cousa que tem pena. Iap. Tçubasa aru mono.

Pennarium, ij. Lus. Cano da escreuaninha. Iap. Fudezzutçu.

Pennículum, i. Lus. Grimpa do telhado. Iap. Cajeuo miru tameni tacaqi tocoroni voqu fa, l, cazacuruma.

Pénniger, a, um. Lus. O que traz, ou tem penas, ou asas. Iap. Tçubasa aru mono, faneno aru mono.

Pénnipes, edis. Lus. Cousa legeira cos pés, ou

b ✱ 2 que

que tem penas nos pes. Iap. Axiba yaqi mono, l, axini fane aru mono.

Pennipotens, entis. Lus. Aue forte, ou poderoſa em voar. Iap. Tçuyoqu tobu tori.

Penſator, oris. Lus. O que pondera, ou peſa. Iap. Tadaſu mono, l, facaru mono.

Penſiculatè, adu. Lus. Com ponderação, e exame. Iap. Xiãnö xite, xenſacu xite.

Penſiculator, oris. Lus. O que pondera, & examina as obras, e palauras. Iap. Gongo, xindaiuo yoqu tadaſu mono.

Penſiculo, as. Lus. Examinar, ou ponderar exactamẽte, ou muitas vezes. Iap. Çomacani, l, ſaiſai tadaſu, xenſacu ſuru, xianuo cuuayuru.

Pénſilis, e. Lus. Couſa que eſtà alta, ou dependurada. Iap. Tacaqu tçurte aru mono, l, tacaqi tocoroni aru mono. ¶ Penſilis homo. Lus. Homem enforcado. Iap. Cubiuo cucuritaru mono. ¶ Penſilis vrbs. Lus. Cidade que eſtà minada, ou cauada por baixo. Iap. Xitauo foritaru zaixo. ¶ Penſile horreum. Lus. Cileiro que eſtà no alto da caſa. Iap. Muguino nicaigura.

Penſio, onis. Lus. Paga q̃ ſe dà por algũa couſa alugada, ou arrendada. Iap. Caxitaru monono chin.

Penſiuncula, æ. dim. Idem

Penſionarius, ij. Lus. O que tem obrigação de fazer eſta paga. Iap. Miguino chinou vqeuô mono.

Penſior, & Penſius, comparat. Lus. Couſa de maior eſtima, ou preço. Iap. Nauo cǒjiqi naru mono, l, mochij aru mono.

Penſitatio, onis. Lus. Paga, ou recompenſa. Iap. Fenben, fenpô.

Penſitator, oris. Lus. O que examina, ou põdera algũa couſa. Iap. Tadaſu mono, xen ſacu ſuru mono.

Penſitatus, a, um. Lus. Couſa ponderada, ou examinada. Iap. Tadaxitaru coto, xen ſacu xitaru coto.

Pénſito, as. Lus. Ponderar, ou examinar muytas vezes, ou exactamente. Iap. Comacani ſaiſai tadaſu, xenſacu ſuru. ¶ Itẽ, Pagar. Iap. Fenben ſuru.

P ANTE A.

Penſo as. Lus. Peſar muitas vezes, ou conſiderar. Iap. Saiſai facaru, l, tadaſu. ¶ Aliqñ. Pagar, & recompenſar, Iap. Fenpô ſuru, fôxa ſuru. ¶ Aliqñ. Suplir. Iap. Fuſocuuo taſſuru.

Penſum, i. Lus. Armeo de lã, ou de linho. Iap. Itoni yoru fitçujino qe, l, aſauono tçucane, l, tçugurino tagui. ¶ Item, per transl. Officio, ou negocio que ſe encarrega à alguem. Iap. Meimeini ataru yacu. ¶ Trahere penſa. Lus. Fiar. Iap. Itouo yoru, tçumuru. ¶ Abſoluere, vel peragere penſum. Lus. Acabar ſeu officio, ou tarefa. Iap. Miniataru cotouo fataſu. ¶ Accurare penſum. Lus. Fazer diligentemente, & com cuidado ſeu officio. Iap. Vaga yacuuo taxxite tçutomuru. ¶ Exigere penſum ab aliquo. Lus. Inquirir dalguem ſe fez o que lhe encarregarão. Iap. Fitono yacuuo yoqu tçutomeraiya inayato tazzunuru. ¶ Item, Penſa. Lus. Fios, ou fiado. Iap. Yoritaru ito.

Penſum, i. Lus. Eſtima, ou cuidado dalgũa couſa. Iap. Monono cocorogaqe, mochij. ¶ Nihil penſi habere. Lus. Não fazer caſo. Iap. Naigaxironi ſuru.

Penſus, a, um. Lus. Couſa cuidada, ou ponderada. Iap. Tadaſaretaru coto, xenſacu xitaru coto, xiãuo cuuayetaru coto. ¶ Itẽ, Couſa peſada. Iap. Menicaqetaru coto.

Pentaphyllon, & Pentápetes. Lus. Hũa erua que tem cinco folhas. Iap. Goyôno cuſano na.

Pentarchus, i. Lus. O que preſide a cinco homens. Iap. Goninno vyeuo ſaiban ſuru fito.

Pentateuchon, i. Lus. Volume que contem cinco liuros. Iap. Ichibu goquan.

Pentathli. Lus. Os que ſe exercitauam ẽ cinco maneiras de jogos. Iap. Itçuſamano aſobiuo xitaru mono.

Pentecoſte, es. Lus. Dia quinquageſimo deſdo dia da paſchoa. Iap. Paſchoano fi yori gojŭnichime. ¶ Item, Hum genero de tributo. Iap. Aru mitçugi mono.

Pentecontarchia, æ. Lus. Officio de preſidir a cinçoenta ſoldados. Iap. Gojicqino tai xŏno yacu.

Pentecontarchus, i. Lus. Capitam de cincoẽta ſoldados. Iap. Gojicqino taixŏ.

Pentirémis, is. Lus. Embarcação que tem cinco remos em cada ordẽ. Iap. Fitonarabini ro gochŏzzutçu tçuqiuru fune.

Penuarium, vide Penarium.

Pénula, æ. Lus. Capa dagoa, ou bedem. Iap. Ameuo fuxegu vuagui. ¶ Item, Hum veſtido como roupão de cacheira contra o frio. Iap. Canuo fuxegu tameni qeuo nagaqu vori idaximaru yxŏ.

Penulatus, i. Lus. O que traz eſte veſtido. Iap. Cano yxŏuo chacu xitaru fito.

Penularium, ij. Lus. Lugar onde ſe guardão eſtes veſtidos. Iap. Miguino yxŏno voqi docoro.

Penuria, æ. Lus. Mingoa, ou careſtia de algũa couſa. Iap. Fuben, fuſocu, funhoi.

Penus, us, l, oris, & Penum, i, l, Penu, & Penus, i. Lus. Prouiſão de couſas de comer que ſe guardão na deſpenſa. Iap. Curani tacuuaye voqu xocubut.

Peplus, ſiue Peplum, i. Lus. Hum veſtido de molheres feito de linho fino. Iap. Vŏnano vſuqi carabira.

Pepo, onis. Lus. Melão. Iap. Vri.

Per, præpos. Lus. Per, ou por. Iap. Cara, yori. ¶ Qñq; Por meyo. Iap. Motte. Vt per meos amicos obtinui. ¶ Per ætatem. Lus. Permitindo a idade. Iap. Youaini xitagatte. ¶ Per eos annos, l, dies. Lus. Durando eſtes anos, ou dias. Iap. Cono toxi, l, ficazuno aidani. ¶ Per fas, & fidem deceptus. Lus. O que foi enganado ſobre algũa couſa boa fiandoſe muito dalguem. Iap. Yoqi cotoni tçuite fito uo tanomi ſugoite tabacararetaru mono. ¶ Per gratiam bonam abire ab aliquo. Lus. Apartarſe dalguem contente. Iap. Qiguen yoqu xite fitoni vacaruru. ¶ Per iocum. Lus. Zombando. Iap. Iareni. ¶ Per me licet tibi hoc facere. Lus. Não vos tolho fazer iſto. Iap. Nangino xoſauo ſamataguenu. ¶ Per me didici legere. Lus. Por mim, ſem ajuda de ninguem aprendi a ler. Iap. Vareto mono uo yomi naraitari. ¶ Item, Per me. Lus. Quanto o que amim toca. Iap. Vareni ataru bunua. ¶ Per ſe. Lus. Quanto ao que pertence a ſi. Iap. Soreni ataru bunua. ¶ Aliqñ. Per ſe. Lus. De ſi, ou naturalmente. Iap. Xŏtocu, l, vareto. ¶ Aliqñ. Per ſe. Lus. Por amor de ſua excelencia. Iap. Sonomino qetacai cocoroni yotte. ¶ Per ſpeciem. Lus. Per diſſimulação. Iap. Saranu teinite. ¶ Per otium. Lus. Deſcanſadamente, a ſua vontade. Iap. Zonbunni macaxete, l, vomoino mamani. ¶ Per te ſtetit. Lus. Vos foſtes em cauſa. Iap. Sonata yuyeni. ¶ Per tempus. Lus. Abó tépo. Iap. Saiuaini. ¶ Per vinum exortum eſt diſſidium. Lus. Aleuantouſe briga por cauſa da bebedice. Iap. Suiqiŏni yotte qenqua côron vocoritari. ¶ Per te, per me. Lus. Por voſſo, ou meu beneficio. Iap. Sonata, l, vaga vonni yotte. ¶ Item, Per. Lus. Entre. Iap. Nacani, vchini.

Pera, æ. Lus. çurrão. Iap. Cubini caqurucauabucuro. ¶ Pera viatoria. Lus. Ceuadeira, ou alforges em que ſe leua prouiſão de comer pera o caminho. Iap. Vchigaye.

Pérula, æ. dimin. Idem.

Perabſurdus, a, um. Lus. Couſa muito fora de propoſito, ou diſconueniente. Iap. Sŏtŏ xezaru coto.

Perâcer, cris, cre. Lus. Couſa muito azeda, e forte. Iap. Qitçŭ ſui mono, caraqi mono. ¶ Itẽ, Muito ſutil, e agudo. Iap. Suguretę ticonnaru mono.

Peracerbus, a, um. Lus. Muito azedo, ou q̃ muito traua. Iap. Qitçŭ ſui mono, l, xibuqi mono.

Peraceſco, is. Lus. Fazerſe muito azedo. Iap. Qitçŭ ſŭ naru.

Peracuo, is. Lus. Aguçar bem. Iap. Yoqu togu, ſurudoni togu.

Peracutè, adu. Lus. Muito aguda, & engenhoſamente. Iap. Sugurete riconni.

Per-

Peracûtus, a, um. Lus. Couſa muito aguda. Iap. Surudoni toguitaru mono.

Peræquatores. Lus. Arrecadadores de dinheiro, renda, &c. Iap. Banminno cane nadouo coi atçumuru mono.

Peræquè, adu. Lus. Muito igualmente. Iap. Chǒdo vonaji yǒni, tǒbunni.

Peræquo, as. Lus. Fazer igual. Iap. Biǒdǒ ni naſu, vonaji yǒni naſu.

Peræquus, a, um. Lus. Couſa muito igual. Iap. Chǒdo vonaji yǒnaru coto, biǒdǒnaru coto.

Perȧticum, i. Lus. Hũa aruore. Iap. Qino na.

Peractio, onis. Lus. O acabar. Iap. Iǒju.

Pérago, is, egi, actum. Lus. Acabar. Iap. Iǒju ſuru. ¶ Interd. Leuar ate o cabo. Iap. Fiqitçuquru. ¶ Aliqn. Paſſar noites, &c. Iap. Quǒinuo vocuru. ¶ Interd. Tratar, e cuidar conſigo. Iap. Cufū ſuru. ¶ Interd. Leuar por força. Iap. Xiqirini fiqu. ¶ Peragere reum. Lus. Fazer que o reo ſe ja condenado, ou condenalo. Iap. Toganinuo zaiquani voconauaruru yǒni ſuru, l, zaiquani fuſuru. ¶ Peragere partes ſuas. Lus. Fazer ſeu officio. Iap. Vaga yacuuo tçutomuru. ¶ Peragere penſum laboris. Lus. Acabar ſua tarefa. Iap. Vaga temayeuo xi fatasu.

Perágito, as. frequent. Idem.

Peragratio, onis. Lus. Ida de ca pera la. Iap. Faiquai.

Peragratus, a, ũ. Lus. Couſa andada, ou corrida. Iap. Fitono faiquai xitaru tocoro.

Péragro, as. Lus. Andar, ou diſcorrer por diuerſas partes. Iap. Coco caxicouo aruqu, faiquai ſuru.

Perámbulo, as. Lus. Andar ate o fim, ou indo rodear. Iap. Suye made yuqitodoqu, l, yuqimeguru.

Péramans, antis. Lus. O que muito ama. Iap. Fanafada taixetni vomǒ mono.

Peramanter, adu. Lus. Com muito amor. Iap. Fucaqi taixetuo motte.

Péramo, as. Lus. Amar ate o fim, ou amar perfeitamente. Iap. Taixetni vomoitodoqeru, l, taxxite vomǒ.

Perámplus, a, um. Lus. Couſa muito grande, e eſpaçoſa. Iap. Quǒdainaru coto.

Perámputo, as. Lus. Cortar perfeitamente. Iap. Taxxite qiru.

Perangustè, adu. Lus. Muito eſtreita, e apertadamente. Iap. Fanafada xebaqu.

Perangustus, a, um. Lus. Muito eſtreito. Iap. Fanafada xebaqi coto.

Peranno, l, Perenno, as. Lus. Viuer, ou durar hũ ano inteiro. Iap. Ichinenno ficazuuo vocuri faſu.

Perantiquus, a, ũ. Lus. Couſa muito velha, ou antiga. Iap. Vǒqini furuqi coto, mucaxino coto.

Perappóſitus, a, um. Lus. Muito proprio, e conueniente. Iap. Ichidan fǒtǒxitaru coto.

Perarduus, a, um. Lus. Muito difficil. Iap. Icanimo xigataqi coto.

Perareſco, is. Lus. Secarſe muito. Iap. Vǒqini caruru.

Perargûtus, a, um. Lus. Muito ſutil, e engenhoſo. Iap. Rifatnaru mono, chiriconnaru mono.

Peráridus, a, um. Lus. Totalmente ſeco. Iap. Cotogotocu caretaru mono.

Perarmo, as. Lus. Armar bem, e perfeitamente. Iap. Yoqu yorǒ.

Péraro, as. Lus. Laurar tudo, e totalmente. Iap. Xiccai ſuqicayeſu. ¶ Item, per traſl. Fazer rugas na teſta. Iap. Fitaini xiuauo yoſuru. Vt rugis perarauit ora. ¶ Interd. Andar, ou diſcorrer. Iap. Canata conatani faiquai ſuru. ¶ Interdum, Eſcreuer, ou pintar. Iap. Caqu, l, yecaqu.

Peraſper, a, um. Lus. Muito aſpero, ou eſcabroſo. Iap. Vǒqini araqi mono.

Peraſtutè, adu. Lus. Muito aſtuta, e acautelladamente. Iap. Icanimo vadacamatte, fucaqu yǒjinxite.

Peraſtûtus, a, um. Lus. Muito aſtuto, ou ſagaz. Iap. Vadacamaritaru mono, nucarazaru mono.

Perattentè, adu. Lus. Muito atentamente. Iap. Yoqu cocorouo tçuqete.

Perattentus, a, um. Lus. Muito atento. Iap. Yô cocorouo tçuquru mono.

Per-

Perbacchor, aris. Lus. Beber muito, e andar per conuites. Iap. Xiguequ furumaini dete vôzaqeuo nomu.

Perbeatus, a, um. Lus. Muito ditoso, e bemauenturado. Iap. Dai quafôja.

Perbellè, adu. Lus. Muito bem. Iap. Ichidan, qeccôni.

Perbellus, a, um. Lus. Muito bello, ou bom. Iap. Ichidan itçucuxiqi mono, l, qeccônaru coto.

Pérbene, adu. Lus. Muito bem. Iap. Ichidan, qeccôni.

Perbenignè, adu. Lus. Muito benignamente. Iap. Nhŭnanni.

Pérbibo, is. Lus. Beber tudo. Iap. Nomifosu.

Perbito, is. Lus. Ir, ou seguir. Iap. Yuqu, l, xitô.

Perblandus, a, um. Lus. Muito brando, e benigno. Iap. Ichidan yauaracanaru mono, nhŭuanaru mono.

Pérbonus, a, um. Lus. Muito bom. Iap. Ichi dan yoqi mono.

Pérbreuis, e. Lus. Muito breue, e curto. Iap. Icanimo mijicaqi coto.

Perbreuiter, adu. Lus. Muito breuemente. Iap. Icanimo mijicaqu.

Perca, æ. Lus. Hũ peixe muito delicado. Iap. Yoqi vuo, biguiono na.

Percalleo, es. Lus. Estar cheo de callos. Iap. Mamega vouoqu aru. ¶ Item, pertransl. Fazer se duro, e paciente nos trabalhos. Iap. Xinrŏni naruru.

Percándidus, a, um. Lus. Muito branco. Iap. Ichidan xiroqi mono.

Percantatrix, icis. Lus. A que cáta, ou faz encã tamentos. Iap. Vtauo vtŏ vonna, xirabiŏ xi, l, mico.

Percautus, a, um. Lus. Muito acautelado. Iap. Fucaqu yôjin furu mono, nucarazaru mono.

Percélebro, as. Lus. Diuulgar, ou celebrar mui to. Iap. Vôqini rufu saslru. qicoyesasuru.

Pérceler, ris, re. Lus. Muito veloz. Iap. Icani mo fayaqi n ono.

Per causam, siue Per speciem. Lus. Per algũa causa fingida. Iap. Bŏriacuuo naite tçucu- riconauo yŭte.

Percello, is, li, l, perculsi, perculsũ. Lus. Des truir, ferir, ou cortar. Iap. Forobosu, qiru, vtçu.

Percéseo, es. Lus. Cõtar. Iap. Cataru, sata suru.

Perceptio, onis. Lus. O tomar, ou recolher. Iap. Vqetoru, l, voiamuru coto nari.

Percído, is. Lus. Dar pancadas, ou ferir muito. Iap. Tçuyoqu vtçu, tataqu.

Percieo, es. Lus. Mouer. Iap. Vgocasu.

Percingo, is. Lus. Cingir, ou cercar por todas as partes. Iap. Xifôuo torimauasu.

Percipio, is. Lus. Entender, ou perceber. Iap. Fũbetsuru, voboyuru, l, mixiru. ¶ Itẽ, (propriè) Recolher como fruitos, &c. Iap. Caritoru, l, chiguiru.

Pércitus, a, um. Lus. Mouido, perturbado cõ ira. Iap. Sauaguitaru mono, icariuo vocoxitaru mono.

Perclâmo, as. Lus. Bradar muito. Iap. Tçuyoqu saqebu.

Percnos, i. Lus. Hũa especie de aguia. Iap. Vaxino taguy.

Percoarcto, as. Lus. Apertar grandemente. Iap. Vôqini ximuru.

Percognosco, is. Lus. Conhecer perfeitamẽte. Iap. Taxxite mixiru.

Pércolo, is. Lus. Honrar, e amar perfeitamente. Iap. Taxxite vyamô, l, taixetni vomô. ¶ Interd. Acabar, e perfeiçoar alauecura. Iap. Xixxite cŏsacuto suru, l, jŏju suru.

Percôlo, as. Lus. Coar. Iap. Monouo cosu, iujnŏnite coiu.

Percômis, e. Lus. Muito cortes, e humano. Iap. Ninaiyoqi fito, jigui aru fito.

Percômodè, adu. Lus. Muito comodamẽte. Iap. Ichidan xiauaxeyoqu, niyôte.

Percômodus, a, ũ. Lus. Muito comodo. Iap. Ichidan niaitaru coto, l, tocutonaru coto.

Percónditus, a, um. Lus. Cousa muito escondida. Iap. Fucaqu cacuretaru coto.

Percontatio, onis. Lus. Pergunta, ou inquirição. Iap. Tazzune, tandaye, qiŭmei.

Percontator, oris. Lus. O que pergũta, ou inquire. Iap. Tazzune, l, tandayuru mono.

Percontor, aris. Lus. Perguntar, e inquirir diligen-

ligentemente. Iap. Comacani,nengoroni tazzunuru, tandayuru.
Percóntumax, acis. Lus. Muito contumaz. Iap. Ichidan jŏxiqinaru mono.
Percopiosus, a, um. Lus. Muito abundante. Iap. Fanafada tacusannaru mono,tebiroqi coto.
Pércoquo, is. Lus. Cozer, ou cozinhar perfeitamente. Iap. Yoqu niru,l, iycaxiqu.
Percrebresco, is, percrebui. Lus. Diuulgarse. Iap. Firomaru, rufusuru.
Pércrepo, as. Lus. Soar, ou fazer estrondo. Iap. Fibiqu, naru, vorogasuru.
Percrucio, as. Lus. Atormentar muito. Iap. Vôqini curuximuru.
Percrûdus, a, um. Lus. Cousa muito verde, e por amadurecer. Iap. Icanimo mijucunaru mono.
Percûdo, is. Lus. Bater, ou quebrar. Iap. Vchivaru, l, vtçu.
Perculsus, a, um, Lus. Tocado, ou ferido. Iap. Vtaretaru mono, l, cocorouo cudaqitaru fito.
Percultus, a, um. Lus. Ornado, polido. Iap. Cazaritaru mono, migaqitaru mono.
Percunctatio, onis. Lus. Inquirição. Iap. Tadaxi, tandaye.
Percunctor, aris. Lus. Inquirir, perguntar diligentemente. Iap. Comacani, l, nengoroni tazzunuru, l, tadasu.
Percúpidus, a, ũ. Lus. Muito desejoso. Iap. Fucaqu nozomu mono.
Percupio, is. Lus. Desejar muito. Iap. Fucaqu nozomu.
Percuriosus, a, um. Lus. Muito curioso, & diligente. Iap. Ichidan saicannaru mono, monozuqinaru mono.
Percúro, as. Lus. Curar, & sarar perfeitamente. Iap. Taxxite riôgi suru, quaiqi sasuru.
Percurro, is. Lus. Chegar correndo, ou perseuerar em correr. Iap. Faxiritçuqu, l, faxiri todoquru. ¶ Item, per transl. Passar de corrida por algũa cousa. Iap. Zanzato monouo suru.
Percursatio, onis. Lus. O correr muitas vezes. Iap. Saisai faxiru coto nari.
Percursio, onis. Lus. Corrida. Iap. Faxiru cotouo yŭ, l, zanzato monouo yŭ.
Percurso, as. frequent. Lus. Correr muitas vezes. Iap. Xiguequ faxiru.
Percursus, a, um. Lus. Cousa corrida, ou passada depressa. Iap. Zatto xitaru coto.
Percussio, onis. Lus. O ferir, ou dar pancadas. Iap. Vtçu coto nari. ¶ Item, Pro ictu, & dimẽsione temporum in pedibus, aut musica.
Percussor, oris. Lus. O que fere, ou mata. Iap. Vtçu mono, l, gaisuru mono.
Percussus, a, um. Lus. Ferido, ou espancado. Iap. Vtaretaru mono.
Percussus, us. Lus. O ferir, ou dar pancadas. Iap. Vtçu cotouo yŭ. ¶ Item, Pulso das arterias. Iap. Miacuno vtçu cotouo yŭ.
Percutio, is, percussi, ssum. Lus. Ferir, ou dar pancada. Iap. Vtçu, tataqu. ¶ Percutere aliquem palpo. Lus. Linsonjiar cõ palauras, & persuadir brandamente. Iap. Cotobauo motte sucaite susumuru.
¶ Percutere fœdus. Lus. Fazer concerto. Iap. Fazuuo toru.
Perdecórus, a, um. Lus. Muito honroso, ou fermoso. Iap. Fomare aru fito, l, vtçucuxiqi mono.
Perdensus, a, um. Lus. Cousa muito basta, ou espesa. Iap. Fucaqu xiguecitaru mono, icanimo coqimono.
Perdespuo, is. Lus. Desprezar. Iap. Sague iyaximuru.
Perdicium, ij. Lus. Hũa erua. Iap. Cusa nona.
Perdifficilis, e. Lus. Muito difficultoso. Iap. Vôqini xigataqi mono, narigataqi mono.
Perdifficiliter, l, Perdifficulter. Lus. Com muita difficuldade. Iap. Icanimo narigataqu, xigataqu.
Perdignus, a, um. Lus. Muito digno, ou merecedor. Iap. Sono cutaini voyobu fito.
Perdiligens, entis. Lus. Muito diligente. Iap. Icanimo saicannaru mono.
Perdiligenter. adu. Lus. Muito diligentemente. Iap. Icanimo saicanni.

Perdisco, is. Lus. Aprender perfeitamente. Iap. Taxxite narŏ.

Perditè, adu. Lus. Corrupta, e estragadamente. Iap. Soconŏte, sonzaite. ¶ Item, Grandemente. Iap. Fucaqu.

Perditio, onis. Lus. Perdição. Iap. Sonxit, l, metbŏ.

Pérditor, oris. Lus. Destruidor. Iap. Forobo-xite. ¶ Item, O que perde, ou recebe perda. Iap. Monouo vxinŏ, l, sonsuru fito.

Pérditus, a, um. Lus. Cousa perdida, ou destruida. Iap. Vxinaitaru coto, metbŏ xitaru coto. ¶ Item, O que està desconfiado sem esperança de remedio em doença, vitios, &c. Iap. Riôgini cacauatararu mono, l, acuuo yamu beqitono tanomoxiguena qi mono. ¶ Perditum perdere. Lus. Acabar de destruir, ou derrubar. Iap. Forobitaru mono uo nauonauo forobosu.

Perdiù, adu. Lus. Por muito tempo. Iap. Farucani, fisaxiqu.

Perdîues, itis. Lus. Muito rico. Iap. Daifucujin.

Perdius, ij. Lus. O que dura, ou persevera todo o dia ẽ algũa cousa. Iap. Xŭjit monouo suru fito.

Perdiuturnus, a, um. Lus. Cousa que dura muito. Iap. Fisaxiqu cotayuru mono.

Perdix, icis. Lus. Perdiz. Iap. Torino na.

Perdo, is, didi, ditum. Lus. Perder algũa cousa. Iap. Monouo vxinŏ. ¶ Aliqñ. Receber dano, ou perda. Iap. Sonxit suru, l, atauo vquru. ¶ Item, Matar, ou destruir. Iap. Gai suru, l, forobosu. ¶ Perdere aliquem. Lus. Danar a alguem com maos costumes. Iap. Axiqi cataguini yotte fitouo forobosu, soconŏ. ¶ Aliqñ. Expor alguem a perigo de morte. Iap. Fitouo xinanni voyobasuru. ¶ Perdere aquam. Lus. Gastar o tempo em vão. Iap. Munaxiqu quŏynuo vocuru.

Perduo, is. apud antiq. Idem.

Perdoceo, es. Lus. Ensinar perfeitamẽte. Iap. Taxxite voxiyuru.

Perdoctè, adu. Lus. Muito doutamẽte. Iap. Chiye fucaqu, gacuxŏmeite.

Perdoctus, a, um. Lus. Muito douto, ou ensinado. Iap. Yoqu gacumon xitaru mono, l, voxiyeraretaru mono.

Perdoleo, es. Lus. Doerse muito. Iap. Fucaqu itamu.

Perdómitus, a, um. Lus. Bem domado. Iap. Yoqu natçuqeraretaru mono, xitagayetaru mono.

Pérdomo, as. Lus. Domar, ou amansar de todo. Iap. Yoqu natçuquru. ¶ Prouinciam aliquam perdomare. Lus. Sujeitar, ou sujugar algũa prouincia. Iap. Cuniuo xitagayuru.

Perdormisco, is. Lus. Dormir por certo tempo continuado. Iap. Sadamaritaru todo meuo samasazu xite nuru.

Perdûco, is, xi, ctũ. Lus. Leuar ate o cabo. Iap. Suyemade todoquru, l, fiqitçuquru. ¶ Perducere ad exitum. Lus. Acabar, concluir. Iap. Iŏju suru. ¶ Aliqñ. Leuar por força. Iap. Xiqirini fiqu, tçururu.

Perducto, as. frequent. Idem.

Perductor, oris. Lus. O que leua fazẽdo algũa força pera algum vicio. Iap. Sucumete acuno catani fiqi tçuquru mono.

Perduellio, onis. Lus. Crime feito contra a pessoa real, ou Republica. Iap. Tencan taixireno zaiqua.

Perduellis, is. apud antiq. Lus. Inimigo. Iap. Teqi. ¶ Item, Inimigo que comete algum crime contra o Rey, ou Republica. Iap. Tecani taixiterŏjeqiuo naxitaru fito.

Perduresco, is. Lus. Fazerse muito duro. Iap. Icanimo cowaqu naru.

Perdûro, as. Lus. Durar ate o fim. Iap. Suyemade todoquru, cotayuru.

Peredia, æ. Lus. Desejo de comer, ou fome. Iap. Monouo xocu xitaqitono nozomi, l, vye.

Péredo, is. Lus. Comer tudo, ou gastar comẽdo. Iap. Cuitçucusu, l, cuitçuyasu.

Péregrè, adu. Lus. Fora da patria. Iap. Tabiuo xite.

Péregri, adu. Idem. Apud antiq.

Peregrinabundus, a. Lus. O que he acostumado

mado andar por fora. Iap. Tabiuo xiuguetaru fito.
Peregrinatio, onis. Lus. O andar fora de casa. Iap. Tabiuo furu coto nari.
Peregrinator, oris. Lus. O que quasi sempre anda fora de sua patria. Iap. Fudan tabiuo furu mono.
Peregrinitas, atis. Lus. O morar é terra alhea. Iap. Tacocuni sumu cotouo yŭ.
Peregrinor, aris. Lus. Andar por terras alheas. Iap. Tacocuuo arumu, l, tabiuo furu. ¶ Peregrinari aures. Lus. Não ouuir, ou não estar atento. Iap. Cocorouo tçuqete qicanu. ¶ Peregrinari animũ. Lus. Esparecer, ou recrearse. Iap. Cocorouo nagusamuru, qiuo noburu.
Peregrinus, a, ũ. Lus. Estrágeiro, ou forasteiro. Iap. Tabijin, tacocujin. ¶ Peregrinæ arbores. Lus. Aruores trazidas de outras partes. Iap. Betno tocoro yori vtçuxi vyetaru qi. ¶ Item, Peregrinæ. Lus. Molheres publicas. Iap. Yŭgio. apud antiq. ¶ Peregrina sacra. Lus. Sacrificios que vieram de outras partes. Iap. Taxono cataguiuo manabite suru xamuqe.
Perelegans, antis. Lus. Cousa muito elegante, ou concertada. Iap. Ichidan jinjŏnaru mono, qeccŏnaru mono.
Pereleganter, adu. Lus. Muito elegãtemẽte. Iap. Ichidan jinjŏni, qeccŏni.
Pereloquens, ẽtis. Lus. Muito eloquẽte. Iap. Dai benjetnaru mono.
Peremptalia. Lus. Relampagos que tiram os agouros passados. Iap. Suguixi yŏqetno majinaito naru raiden.
Peremptorius, a, um. Lus. Cousa que tem força de matar. Iap. Corosu xei aru mono. ¶ Peremptoriæ exceptiones dicuntur, quæ semper agẽtibus obstant, & rem, de qua agitur, perimunt.
Peremptus, a, um. Lus. Morto violentamẽte. Iap. Gaixeraretaru mono.
Perendie, adu. Lus. Depois damanhaã. Iap. Miŏgonichi.
Perendinus dies. Lus. Terceiro dia começãdo de oje. Iap. Miŏgonichi.

Peremnè, adu. Lus. Continuamente. Iap. Fudan.
Perennia, orum. Lus. Ceremonias que se fazia nos agouros das aues. Iap. Torini tçuite vranaiuo suru toqino guixiqi.
Perennis, ne. Lus. Cousa perpetua. Iap. Yŏgŏ futaino coto, tayezaru coto. ¶ Fons perennis. Lus. Fonte que sempre mana. Iap. Iŏgiŭ fudan vaqi izzuru izzumi.
Perenniseruus, i. Lus. Escrauo que perpetuamente serue a hũ senhor. Iap. Fudan ichininno xujinni tçucayuru yatçuco. antiq.
Perennitas, atis. Lus. Eternidade, ou tempo de muitos annos. Iap. Yŏgŏ futai, l, toxiuo hisaxiqu nagarayuru.
Perenno, as. Lus. Durar por muito tempo. Iap. Fisaxiqu cotayuru, nagarayuru.
Pereo, is, iui, l, ij. Lus. Perderse, ou consumirse. Iap. Vxinuru, l, sutaru. ¶ Item, Morrer. Iap. Xisuru. ¶ Pereream, iurantis, vel imprecantis vox est. ¶ Perire mulierẽ. Lus. Amar desordenada, e ardẽtemẽte a algũa molher. Iap. Vonnano coi cogaruru.
Perito, as. frequent. Idem.
Perequito, as. Lus. Rodear a caualo. Iap. Vmauo nori mauasu.
Pererratus, a, um. Lus. Lugar que foi corrido, ou rodeado. Iap. Quaicocu xitaru tocoro.
Pererro, as. Lus. Andar rodeando, ou andar de hũa parte pera outra. Iap. Yuqi mauaru, l, canata conatani saiquaisuru.
Pereruditus, i. Lus. Muito douto, & erudito. Iap. Chixa.
Perẽsus, a, um. Lus. Cousa comida, ou gastada de todo. Iap. Cui tçuiyaxitaru coto.
Perexcrucio, as. Lus. Matar com tormentos. Iap. Xeme corosu.
Perexiguus, a, ũ. Lus. Cousa muito pequena, ou delgada. Iap. Icanimo chijsaqi coto, vsuqi coto, fosoqi mono.
Perexilis, e. Lus. Cousa muito delgada, ou sotil. Iap. Icanimo fosoqi mono, vsuqi mono.

Pere-

Perexpeditus, a, um. Lus. Muito preſtes, e aparelhado. Iap. Yoqu cacugo xitaru mono, ſauarimo naqi mono.

Perfábrico, as. Lus. Acabar afabrica. Iap. Zŏſit ſuru, ſacujiuo fataſu. ¶ Item, per transl. Enganar com ardis. Iap. Chŏgui uo xite tabacaru.

Perfacêtè, adu. Lus. Muito aprazíuel, & gracioſamente. Iap. Icanimo xiuoraxiqu

Perfacêtus, a, um. Lus. Muito gracioſo. Iap. Ichidan xiuoraxiqi mono.

Perfacilè, adu. Lus. Muito facilmente. Iap. Icanimo tayaſuqu.

Perfacul, apud veteres. Idem.

Perfácilis, e. Lus. Couſa muito facil. Iap. Icanimo tayaſuqi mono.

Perfamiliâris, e. Lus. Muito familiar. Iap. Fucaqu xitaxiqi mono.

Perfatuus, a, um. Lus. Muito paruo, ou necio. Iap. Dai vtçuqemono, dai guchinaru mono.

Perfectè, adu. Lus. Perfeitamente. Iap. Taxxite, xixxite.

Perfectio, onis. Lus. Perfeição, ou remate. Iap. Taxxitaru cotouo yŭ, jentai, l, jŏju.

Perfector, oris. Lus. O que acaba, ou perfeiçoa. Iap. Iŏju ſuru, l, taſſuru mono.

Perfectus, a, um. Lus. Couſa acabada, perfeita. Iap. Iŏju xitaru coto, taxxitaru coto.

Pérferens, entis. Lus. O que leua ate o cabo, ou ſofre pacientemente. Iap. Suyemade mochi todoquru mono, l, cannin ſuru mono.

Pérfero, ers. Lus. Leuar ate o cabo. Iap. Suyemade mochi todoquru. ¶ Item, Fazer a ſaber. Iap. Xiraſuru, sŏuo tçuguru. ¶ Aliqn. Sofrer, ou ſofrer pacientemente. Iap. Corayuru, l, cocoroyoqu cānin ſuru.

Perféruidus, a, um. Lus. Couſa muito quēte, ou ardēte. Iap. Fanafada atçuqi mono, gocunet naru mono.

Perficio, is. Lus. Acabar, ou perfeiçoar. Iap. Iŏju ſuru, taſſuru. ¶ Perficere promiſſa. Lus. Comprir a promeſſa. Iap. Yacuſocuuo toguru. ¶ Perficere cibum. Lus. Digerir o comer. Iap. Xocuuo xŏſuru.

¶ Aliqn. Pôdo as forças, & induſtria alcançar. Iap. Xeiuo irete motomuru.

Perfidêlis, e. Lus. Muito fiel. Iap. Chŭxinnaru fito, l, taxicanaru fito.

Perfidia, æ. Lus. Deslealdade. Iap. Yaxin.

Perfidiosè, adu. Lus. Sem lealdade. Iap. Yaxinni xite.

Perfidioſus, a, um. Lus. Cheo de perfidia, ou deslealdade. Iap. Dai yaxinnaru mono.

Perfîdo, is. Lus. Confiar muito. Iap. Fucaqu tanomu.

Pérfidus, a, um. Lus. O q̃ quebra a palaura, ou faz treição. Iap. Yacuſocuuo yaburu mono, l, mufon uo naſu mono.

Perfixus, a, um. Lus. Traſpaſſado. Iap. Tçuranucaretaru mono.

Perflábilis, e. Lus. Couſa que ſe pode aſſoprar. Iap. Fucaruru mono.

Perflatus, us. Lus. O aſſoprar. Iap. Fuqu cotouo yŭ.

Perflo, as. Lus. Aſſoprar per todas ás partes. Iap. Xofŏni fuqu.

Perfluctuo, as. Lus. Mouerſe de ca pera la como ondas. Iap. Namino gotoquni dŏyŏ ſuru.

Perfluo, is. Lus. Irſe como liquor de algum vaſo. Iap. Moru. ¶ Item, per transl. Ser roto em guardar ſegredos. Iap. Fimitsuo moraſu. ¶ Perfluere voluptatibus. Lus. Viuer em paſſatempos, & deleites. Iap. Yeiguani fuqeru. ¶ Aliqn. Correr ao lógo como agoa. Iap. Sobauo nagaruru.

Perfodio, is. Lus. Romper, ou traſpaſſar. Iap. Vchiyaburu, l, tçuranuqu.

Pérfore. Lus. Totalmente auer de ſer. Iap. Xicato ſŏ arŏzu.

Performidatus, a, um. Lus. Muito timido. Iap. Vôqini voſoreraretaru mono.

Performo, as. Lus. Acabar de dar forma a algũa couſa. Iap. Monono nari, catachiuo tçuqe ſumaſu.

Perforatus, a, um. Lus. Couſa furada. Iap. Foritaru coto.

Pérforo, as, Lus. Furar de todo. Iap. Fori (fataſu.

Perfortiter, adu. Lus. Muito fortemente. Iap. Ianimo tçuyoqu xite.

Perfractè, adu. Lus. Pertinazmente. Iap. Ioxiqini, jógouani.

Perfractus, a, um. Lus. Couſa quebrada. Iap. Vchiyaburitaru coto, varitaru coto.

Pérfremo, is. Lus. Bramar muito, ou ſoar. Iap. Fanaſadaxĭ vomequ, l, fibiqu.

Pérfrico, as. Lus. Esfregar muito. Iap. Tçuyoqu ſuri momu. ¶ Perfricare os, ſeu frõtem. Lus. Deſauergonharſe. Iap. Fagiuo xiraſu.

Perfrigeo, es. Lus. Ter grande frio. Iap. Cogoyuru.

Perfrígero, as. Lus. Esfriar. Iap. Samaſu.

Perfrigeſco, is. Lus. Resfriarſe muito. Iap. Vôqini ſamuru, fiyefatçuru.

Perfrígidus, a, um. Lus. Couſa muito fria. Iap. Icanimo tçumetaqi mono.

Perfringo, is. Lus. Quebrar, ou violar. Iap. Vchiyaburu, vchivoru, l, ſomuqu.

Perfruor, eris. Lus. Gozar compridamente. Iap. Fiſaxiqu toguru, tanoximu.

Pérfuga, æ. Lus. O que foge pera os inimigos. Iap. Teqini vragayeru mono.

Perfugio, is. Lus. Acolherse a alguem a pedir refugio. Iap. Fitouo tanôde faxiri comu.

Perfugium, ij. Lus. Couto, ou refugio. Iap. Tanomidocoro, l, cutçuroguidocoro, l, naguſami.

Perfulcio, is. Lus. Fortalecer bem. Iap. Yoqu tçuyomuru, camayuru.

Perfunctio, onis. Lus. Acabar de comprir ſeu officio. Iap. Vaga yacuuo tçutome fataſu.

Perfunctoriè, adu. Lus. Remiſſa, & deſcuidadamente. Iap. Yurucaxeni, xeiuo irezu.

Perfunctorius, a, um. Lus. Couſa feita remiſſamente, & com pouco cuidado. Iap. Yurucaxeni xitaru coto, xeiuo irezu xitaru coto.

Perfundo, is. Lus. Molhar, ou borrifar com algum licor. Iap. Mizzu nadouo ſoſoqu, nuraſu. ¶ Perfundere animum religione. Lus. Cauſar no animo piedade, ou religião. Iap. Xinuo vocoſaſuru. ¶ Perfunde re animũ ſuauitate. Lus. Encher a alma de ſuauidade. Iap. Cocorouo yorocobaſuru.

Perfungor, eris. Lus. Comprir inteiramente o ſeu officio. Iap. Taxxite vaga yacuuo tçutomuru, jôju ſuru.

Perfuro, is. Lus. Endoudecer muito, ou deſatinar. Iap. Fucaqu qiôran ſuru.

Perfuſorie, adu. Lus. Eſcura, ou diſsimuladamente. Iap. Cacurete, ſaranu teinite.

Perfuſus, a, um. Lus. Banhado, ou rociado. Iap. Sosoqitaru mono, nuraxitaru mono.

Pergamênus, a, um. vt charta pergamena. Lus. Pergaminho. Iap. Monouo caqu tameni tçucuritaru qedamonono caua.

Pergaudeo, es. Lus. Folgar muito. Iap. Fucaqu yorocobu.

Pergigno, is. Lus. Gérar, ou produzir. Iap. Xôzuru.

Pergo, is, rrexi. Lus. Ir, ou caminhar. Iap. Yuqu, aruqu. ¶ Aliqñ. Continuar, ou proſeguir. Iap. Tçuzzuquru. ¶ Aliqñ. Fazer. Iap. Suru. ¶ Qñq;. Apreſſarſe. Iap. Iſogu. ¶ Qñq;. Trabalhar, ou pór força. Iap. Xeiuo iruru, faguemaſu.

¶ Aliqñ. Paſſar, ou deixar. Iap. Saxivoqu.

¶ Perge in virum. Lus. Moſtrate forte, e animoſo. Iap. Vôqiuo arauaxe. Plaut.

Pergrácilis, e. Lus. Muito magro, e delgado. Iap. Yaxetaru mono, fuazzunaru mono.

Pergræcor, aris. Lus. Darſe a comer, e beber. Iap. Vonjiqini tonzuru.

Pergrãdis, e. Lus. Muito grande. Iap. Vôqinaru mono.

Pergráphicus, a, um. Lus. Couſa perfeita, e bem acabada. Iap. Teguiuauo tçucuite xitaru coto, teuo cometaru coto.

Pergratus, a, um. Lus. Muito grato, e aceito. Iap. Ichidan qini aitaru mono.

Pérgrauis, e. Lus. Muito peſado. Iap. Icanimo vomoqi mono.

Pergrauiter, adu. Lus. Muito grauemente. Iap. Icanimo vomoqu, jinjŏni.

Pérgula, æ. Lus. Corredor, ou varanda onde ſe cuſtuma paſſear, ou cear no verão. Iap. Chin, l, rŏca. ¶ Itẽ, Lugar accomodado pera pôr couſas de vẽda ẽ publico. Iap. Mixe, tana. ¶ Item, Gente que eſta neſtes lugares. Iap. Miguino toccoroni yru

yru nimu. ¶ Item, Latada da parteira. Iap. Budôno tana. ¶ Itẽ, Escola de ensinar, ou tenda de officiais. Iap. Gaccô, l, xocunin no iye.

Pergulanus, a, um. vt Pergulana vitis. Lus. Parreira. Iap. Tanani faicacaritaru budô.

Perhibeo, es. Lus. Dizer, ou afirmar. Iap. Yũ. ¶ Interd. Dar. Iap. Atayuru. ¶ Perhibere testimonium. Lus. Dar testimunho. Iap. Xôconi tatçu.

Perhonorificè, adu. Lus. Muito honrosamente. Iap. Fanafada agamete, chisô xite.

Perhonorificus, a, um. Lus. Cousa muito honrosa. Iap. Ichidan sôqiô xeraruru mono, fomareno aru mono.

Perhorreo, es, siue Perhorresco, is. Lus. Tremer, ou temer muito. Iap. Furui vananaqu, l, fucaqu vosoruru.

Perhórridus, a, um. Lus. Muito horredo, & espantoso. Iap. Icanimo vosoroxiqi mono, ibuxeqi mono.

Perhospitalis, e. Lus. Muito humano, & agasalhador. Iap. Fitouo xôdaixite, nengoroni, suru mono.

Perhumanus, a, um. Lus. Muito humano, & benigno. Iap. Yauaracanaru mono, nhũuanaru mono.

Perhyemo, as. Lus. Passar todo o inuerno. Iap. Fuyuuo vocuri fatasu.

Periboëtos. Lus. Nobre, afamado. Iap. Xujô yoqi fito, qicoye aru mono.

Péribolus, i. Lus. Cerca, ou maneira de encostos que se fazem pera andar seguramente ao derredor das casas. Iap. Rancan.

Pericardion. Lus. Hũa pelezinha que cerca o coração por todas as partes. Iap. Xinno zôuo tçutçumitaru vsuqi caua.

Pericarpium, ij. Lus. Casca em que està embrulhada a semente, ou fruito. Iap. Cono miuo tçutçumu caua: vt cusino iga nado no taguy. ¶ Itẽ, Manilha da mão. Iap. Vdegane.

Pericarpum, i. Lus. Hum genero de cebolas. Iap. Fitomojino taguy.

Periclitatio, onis. Lus. Experiencia, ou proua. Iap. Tamexi, cô.

Periclitor, aris. Lus. Perigar, ou meter se em perigo. Iap. Nanguini voyobu, ayauqini nozomu. ¶ Item, Esperimentar. Iap. Tamesu, cocoromiru. ¶ Periclitor fama, capite. Lus. Estou em perigo de perder a fama, ou vida. Iap. Inochiuo vxinai, camiuo qizuuo vqencato ayabumu. ¶ Periclitor siti. Lus. Estou em risco de morrer com sede. Iap. Xisurufodono catni voyobu.

Periclymenos, siue Periclymenon. Lus. Madre silua. Iap. Cusano na.

Péricope, es. Lus. Cortadura. Iap. Qiru coto uo yũ.

Pericranion. Lus. Paniculo que cobre o casco. Iap. Côbeno nôuo tçutçumu vsuqi caua.

Periculor, aris. Lus. Ter perigo, ou porse a perigo. Iap. Nanguini voyobu.

Periculosè, adu. Lus. Com perigo. Iap. Nanguini xite, ayavqu.

Periculosus, a, um. Lus. Cousa perigosa. Iap. Nanguinaru coto, ayauqi coto.

Periculum, i. Lus. Perigo, trabalho. Iap. Nangui, xinrô, ayausa. ¶ Aliqñ. Experiencia. Iap. Tamexi, cô. ¶ Subjicere aliquem periculo, l, creare periculum alicui. Lus. Meter a alguem em perigo. Iap. Fitouo nangui sasuru. ¶ Vocari in periculum, venire in periculum. Lus. Vir, ou cair em perigo. Iap. Nanguini voyobu, ayauqini nozomu.

Peridoneus, a, um. Lus. Muito acomodado. Iap. Ichidan sôtô xitaru mono.

Periergía, æ. Lus. Curiosidade, ou demasiada diligencia. Iap. Suguitaru cocorogaqe, xixxi sugosu cotouo yũ, monozuqi.

Perileucos, i. Lus. Hũa pedra preciosa. Iap. Aru tamano na.

Perillustris, e. Lus. Cousa muito illustre, e afamada. Iap. Fomare aru mono, l, qicoye aru mono.

Perimbecillus, a, ũ, l, Perimbecillis, e. Lus. Muito fraco. Iap. Icanimo youaqi mono.

Périmo, is. Lus. Matar, extinguir. Iap. Gaisuru, l, forobosu. ¶ Perimere reditum. Lus.

Lus. Impedir a tornada. Iap. Fitono cayeru cotouo todomuru.

Perincertus, a, um. Lus. Muito incerto, e duuidoso. Iap. Icanimo fugiŏnaru coto.

Perincómmodè, adu. Lus. Muito incomodamente. Iap. Icanimo funhoini xite, vomoino mama narazu.

Perincómmodus, a, um. Lus. Cousa muito incomoda, ou danosa. Iap. Funhoinaru coto, fujiyŭnaru coto.

Perinconséquens, entis. Lus. Cousa muito desconueniente. Iap. Icanimo busŏuŏ naru coto.

Perindè, adu. Lus. Da mesma maneira. Iap. Vonajiyŏni, vonajiqu. ¶ Aliqn. Igualmente. Iap. Vonaji fodo. ¶ Aliqn. Por esta maneira. Iap. Cono bunni.

Perindulgens, entis. Lus. O que muito com praz, ou faz a vontade a outro. Iap. Tçu neni fitono zonbunuo sodatçuru mono.

Perinfâmis, e. Lus. Muito infame. Iap. Acumiŏno tachitaru mono, menbocuuo vxinaitaru mono.

Perinfirmus, a, um. Lus. Muito fraco, ou de pouca força, e ser. Iap. Icanimo youaqi mono.

Peringeniosus, a, um. Lus. Muito habil, e engenhoso. Iap. Ichidan riccnnaru mono.

Periníquus, a, um. Lus. Muito roim. Iap. Icanimo acuguiacu naru mono.

Perinsignis, e. Lus. Cousa muito insigne, e sinalada. Iap. Icanimo cacurenaqi mono.

Perinteger, a, um. Lus. Totalmente inteiro, e incorruto. Iap. Mattaqi mono, qizunaqi mono.

Periocha, æ. Lus. Argumento, ou breue explicação dalgũa obra. Iap. Xojacuno riacu, l, daimocu, l, jo.

Periódicus, a, um. Lus. Cousa que torna a vir em certo, e determinado tempo. Iap. Sadamaritaru jixetni cayeriquru mono. ¶ Periodicæ febres. Lus. Febres terçãs, ou quartãs. Iap. Fimaje, l, fitçuca fazameno vocori.

Periodus, i. Lus. Periodo, ou clausula. Iap. Xomotno cu nado. ¶ Itẽ, Espaço que ha de hũa febre de cesão, a outra. Iap. Vocorino necqino sameteaтu aida, l, mabi. ¶ Periodo vincere. Lus. Vẽcer ẽ quatro maneiras de jogos que custumauam os gregos. Iap. Græciano cunini fayaritaru yçsamano asobini catçu.

Peripetasma, atis. Lus. Panos darmar, ou tapeçaria. Iap. Cabeno cazari dŏgu, l, qichŏ.

Periphêria, æ. Lus. Circunferencia de cousa circular. Iap. Yensŏno mauari. ¶ Interd. Erro, ou vagueação do animo. Iap. Cocorono mayoi, l, nenuo chirasu cotouoyŭ.

Períphrasis. Figura est, cùm id, quod vno, aut certè paucioribus verbis dici poterat, pluribus explicatur.

Periplerôma, figura est, cùm particula aliqua ad sensum minimè necessaria, carminis causa adijcitur.

Peripneumonia, æ. Lus. Inflamação, ou chaga do bofe. Iap. Faino zŏni idequru xumot.

Peripneumaticus morbus. Lus. Doença dos bofes. Iap. Faino zŏno vazzurai.

Peripneumónicus, i. Lus. O q̃ tẽ esta doença. Iap. Cano yamai aru mono.

Peripséma, atis. Lus. Limaduras, ou escoria. Iap. Suricuzzu, canacuso. ¶ Item, Hũ certo sacrificio. Iap. Aru tamuqeno na. ¶ Item, Pó, ou sugidade que se raspa dos pés. Iap. Axi yori farai sutçuru tçuchi, focori.

Períscelis, idis. Lus. Hũa maneira de ornamẽto que as molheres vsauão dos jolhos pera abayxo. Iap. Nhoninno axino cazari.

Perisseuma, atis. Lus. Abundancia. Iap. Tacusan. ¶ Item, Dadiua real que se faz ao pouo. Iap. Teivŏ yori banminni cudaxitamauaru mono.

Perissológia, æ. Lus. Redundancia, ou superfluidade de algũa palaura. Iap. Gongon.

Peristereos, l, Peristereon. Lus. Hũa erua. Iap. Aru cusano na.

Peristerotrophium, ij. Lus. Pôbal. Iap. Fatono toya.

Peristereon, onis. Idem.

Peristrôma, atis. Lus. Pano de armar. Iap. Cabe

Cabeno cazari dōgu, l, qichō.
Perilsylium, ij. Lus. Patio entre colunas, ou crastas. Iap. Xifōni jyeuo tatemauaxitaru niua, l, rōcauo tçuçurimauaxitaru tocoro, quairōno aru tocoro.
Périto, as, frequent. Lus. Perecer, morrer. Iap. Foroburu, xisuru.
Perîtè, adu. Lus. Sabia, e doutamente. Iap. Gacuxōmeite, gacumonrio nuo comete.
Perîtia, æ. Lus. Sciencia. Iap. Gacumon, chibun.
Perîtus, a, um. Lus. Sabio, douto. Iap. Gacuxō, chixa.
Periucundè, adu. Lus. Muito agradauelmente. Iap. Fucaqu yorocōde, l, cocoroyoqu.
Periucûndus, a, um. Lus. Muito agradauel, e aceito. Iap. Fucaqu qiniaitaru coto, yorocobaxiqi coto.
Periuratio, onis. Lus. Iuramento falso. Iap. Sorajeimon.
Periuratiuncula, æ. dimin. Idem.
Periuriosus, a, um. Lus. O que jura falso. Iap. Sorajeimonuo tatçuru mono.
Periurium, ij. Lus. Iuramento falso, ou juramento que se não guardou. Iap. Sorajeimon, l, yaburitaru xeimon.
Periûro, as. Lus. Iurar falso. Iap. Sorajeimon uo tatçuru.
Periûrus, i. Lus. Perjuro. Iap. Sorajeimon suru mono, l, xeimonuo yaburu mono.
Perizôma, atis. Lus. Hũa maneira de calçóis. Iap. Facamano taguy.
Perizônium, ij. Lus. Hũ genero de vestido cõ que as donzelas se vestiam dos peitos pera a baixo. Iap. Vacaqi vonnano coximaqino taguy.
Perlâbor, eris. Lus. Entrar, ou passar escorregando. Iap. Suberi comu, l, nagare iru.
Perlætus, a, um. Lus. Muito alegre. Iap. Fucaqu yorocobaxiqi mono.
Perlatè, adu. Lus. Muito largamente. Iap. Icanimo firoqu.
Perlatus, a, um. Lus. Cousa muito larga. Iap. Icanimo firoqi mono.
Perlécebra, æ. Lus. Afagos, ou caricias. Iap. Amayacaxi goto, chôai.

Perlecto, as. frequent. Lus. Atrahir, ou induzir com afagos muitas vezes. Iap. Xiguequ sucaite sušumuru, nabiquru.
Pérlego, is. Lus. Lér desdo principio ate ocabo. Iap. Faxicara vocumade yomitouosu.
¶ Perlegere oculis. Lus. Ver tudo cõ cõsideração. Iap. Yorozzuno monouo tçucuzzucuto miru.
Perlépidus, a, um. Lus. Muito gracioso, e aprazíuel. Iap. Ninai yoqi mono, xiuoraxiqi mono.
Pérleuis, e. Lus. Cousa muito leue, ou ligeira. Iap. Icanimo caruqi mono, l, fayaqi mono.
Perleuiter, adu. Lus. Muito ligeira, ou leuemente. Iap. Icanimo caroqu, l, fayaqu.
Pérlibens. Lus. Não constrangido, de boa võtade. Iap. Cocoroyoqu monouo suru fito.
Perlibenter, adu. Lus. Muito de boa võtade. Iap. Icanimo cocoroyoqu.
Perliberalis, e. Lus. Mui liberal. Iap. Ichidan quōqinaru mono.
Perliberaliter, adu. Lus. Mui liberalmente. Iap. Icanimo quōqini.
Perlîbro, as. Lus. Medir, ou igualar perfeitamente. Iap. Taxxite facaru, l, biōdōni nasu. ¶ Interd. Brandindo arremesar. Iap. Monouo yuricaqete naguru.
Perlicio, is, lexi, lectũ. Lus. Atrahir, ou induzir com afagos. Iap. Sucaite susumuru, nabiquru.
Pérligo, as. Lus. Amarrar, e apertar. Iap. Ximuru, caramuru.
Perlinio, is, niui, nitum. Lus. Vntar tudo. Iap. Cotogotocu nurimauasu.
Pérlino, is, lini, liui, l, leui, itum. Idem.
Pérlito, as. Lus. Sacrificar perfeitamente, ou acabar o sacrificio. Iap. Taxxite tamuqeru, l, tamuqeuo jōju suru.
Pérlitus, a, um. Lus. Cousa toda vntada. Iap. Xiccai nuritaru mono.
Perlongè, adu. Lus. Muito longe. Iap. Farucani touoqu.
Perlongus, a, um. Lus. Cousa muito comprida. Iap. Farucani touoqi mono, nagaqi mono.
Perlonginquus, a, ũ. Lus. Cousa muito longe, e di-

e diſtante. Iap. Icanimo fedatarikaru mono.

Pérlubens, entis. Lus. O q̃ quer, ou deſeja muito. Iap. Fucaqu nozomu mono.

Pérlubet, ebat. Lus. Deſejar grandemente. Iap. Fucaqu nozomu.

Perluceo, es, luxi. Lus. Ser tranſparente. Iap. Suqitouoru.

Perlucidus, a, um, & Pellucidus. Lus. Claro, tranſparente. Iap. Suqitouoru mono.

Perlucidulus, a, um. dimin. Idem.

Perluctuoſus, a, ũ. Lus. Muito triſte, e choroſo. Iap. Fucaqu xŏtan ſuru mono, naqi canaximu mono.

Perlûdo, is. Lus. Iugar, ou zombar. Iap. Aſobu, ajaru, naburu.

Perluo, is. Lus. Lauar muito. Iap. Fanafadaxiqu arŏ.

Perluſorius, a, um. vt perluſorium iudicium. Lus. Iuizo fingido, e diſsimulado. Iap. Xŏroni arazaru qenbŏ.

Perluſtro, as. Lus. Indo, ou rodeando ver tudo meudamente. Iap. Cocorogaqete mimauaru. ¶ Interd. Contar. Iap. Cazuyuru.

Perlitus, a, um. Lus. Muito laudo. Iap. Fanafadaxiqu arairaru mono.

Pérmacer, cra, crum. Lus. Muito magro. Iap. Fanafadaxŭ yaxetaru mono.

Permadeo, es. Lus. Eſtar todo molhado. Iap. Xiccai nurete yru.

Permadeſco, is. Lus. Irſe molhando todo. Iap. Cotogotocu nurevataru.

Permagnus, a, um. Lus. Muito grande. Iap. Icanimo vôqinaru mono.

Permánans, tis. Lus. O q̃ chega, ou penetra. Iap. Vchiye iru mono, l, touoru mono.

Permananter, adu. Lus. Paſſando, ou penetrando. Iap. Vchini touotte, itte.

Permaneo, es. Lus. Perſeuerar, ou eſtar ate o fim. Iap. Vouari made tomaru, l, todoqu.

Permaneſco, is. Lus. Vir em noticia dalguẽ. Iap. Fitoni xiraruru.

Permâno, as. Lus. Traſpaſſar, ou chegar a algũa parte. Iap. Vchiye iru, l, yuqitçuqu. ¶ Item, per tranſl. Diuulgarſe. Iap. Firomaru. Plaut.

P ANTE E.

Permanſio, onis. Lus. Oficar, ou perſeuerar. Iap. Todomaru, l, todoqu coto nari.

Permatureſco, is. Lus. Amadurecer de todo. Iap. Xiccai jucuſuru.

Permediocris, cre. Lus. Muito mediocre, ou meão. Iap. Yoqi fodonaru mono.

Permeo, as. Lus. Paſſar, ou penetrar. Iap. Touoru, vataru, vchini iru.

Permerdo, as. Lus. Sujar com eſterco de homem. Iap. Daibenuo carete yogoſu.

Permenſus, a, um. Lus. Couſa medida. Iap. Facararetaru coto, l, xacudorаretaru coto.

Permetior, iris. Medir. Iap. Facaru, xacudoru.

Permetuo, is. Lus. Temer muito. Iap. Fucaqu voforuru, vozzuru.

Perminûtus, a, um. Lus. Muito pequeno, ou pouco. Iap. Icanimo chijſaqi coto, l, xôbunnaru coto.

Permirus, a, um. Lus. Couſa de grande admiração. Iap. Vôqini gqiŏten ſubeqi coto.

Permiſceo, es. Lus. Miſturando confundir. Iap. Majiye midaſu, l, conzŏ ſaſuru.

Permiſsio, onis. Lus. Permiſsão. Iap. Yuruxi, iuaxqmezaru cotduo yŭ. ¶ Item, Eſt figura rhetorum, cùm oſtendimus in dicendo, nos aliquam rem totam tradere, & concedere alicuius voluntati.

Permiſſus, us. Idem.

Permiſſus, a, um. Lus. Couſa permitida, ou concedida. Iap. Yuruſaretaru coto, zonbunni macaxeſaretaru coto.

Permiſtè, adu. Lus. Confuſamente. Iap. Midaite.

Permiſtio, onis. Lus. Miſtura, ou confusão. Iap. Midare, conzŏ.

Permiſtus, a, um. Couſa miſturada. Iap. Majiyetaru coto, conzŏ xitaru coto.

Permîtis, e. Lus. Bem maduro. Iap. Yoqu jucu xitaru mono.

Permitto, is. Lus. Permitir, conceder. Iap. Yuruſu, zonbunni macaſuru. ¶ Interd. Entregar. Iap. Vataſu. ¶ Permittere ſe fidei, l, in fidem alicuius. Lus. Confiar

ſe

se da palaura de alguem. Iap. Fitono yacusocuuo tanomini suru. ¶ Item, Meter dentro, ou incitar. Iap. Vchiye iruru, susume iruru. ¶ Interd. Præcipitar. Iap. Naguru, tçuqi votosu. ¶ Interd. Cometer. Iap. Macasuru. ¶ Item, Passar algũa cousa de hũa parte a outra. Iap. Taxoye vtçusu.

Permittitur, Imperson. Idem.

Permodestus, a, um. Lus. Muito modesto, & moderado. Iap. Micaqeno yoqi mono, chůyǒuo mamoru mono.

Permodicè, adu. Lus. Muito pouco. Iap. Icanimo sucoxiqu.

Permódicus, a, um. Lus. Cousa muito pouca. Iap. Icanimo sucoxiqi coto.

Permolestè, adu. Lus. Muito molesta, e trabalhosamente. Iap. Icanimo nágui, xinrǒ xite, l, taicut xite, cocoro guruxiqu.

permolestus, a, um. Lus. Cousa muito molesta, e enfadonha. Iap. Nágui, xinrǒ naru coto, taicutni naru coto, cocoroguruxiqi coto.

Permotio, onis. Lus. Mouiméto, ou perturbação. Iap. Vgoqu coto nari, dôyô, sǒdǒ.

Permôtus mente. Lus. Perturbado, ou fora desi. Iap. Qiǒqi xitaru mono, cocorono midaretaru mono.

Permoueo, es. Lus. Mouer grandemente, ou perturbar. Iap. Vôqini dôyô sasuru, sǒdǒ sasuru.

Permulceo, es. Lus. Mitigar, afagar brandamente. Iap. Nadamuru, sucasu.

Permultò, adu. Lus. Muito. Iap. Vôqini, fanafadaxiqu.

Permultùm, adu. Idem.

Permultus, a, um. Lus. Muito assaz. Iap. Amatano coto, vouoqi coto.

Permundus, a, um. Lus. Muito limpo. Iap. Ichidan isaguiyoqi mono.

Permunio, is. Lus. Fortificar bem, ou acabar de fortificar. Iap. Qengoni camayuru, l, camaye sumasu.

Permunîtus, a, um. Lus. Bem fortificado. Iap. Qengoni camayetaru coto.

Permutatio, onis. Lus. Mudáça, variedade.

Iap. Caiyeqi, fenyeqi, tenben. ¶ Item, Troca, ou cambi o. Iap. Monouo cayuru coto nari.

Permûto, as. Lus. Mudar, ou trocar. Iap. Cayuru, fenyeqi suru. ¶ Interd. Cóprar. Iap. Caitoru. ¶ Permutare pecuniam. Lus. Fazer que por via do banqueiro se pague o dinheiro ẽ outro lugar. Iap. Bâminno caneuo azzucaru yacuxa fitoni cauaxiuo xento suru. ¶ Permutare Remp. Lus. Perturbar a republica. Iap Coccauo midarasu.

Perna, æ. Lus. Presunto. Iap. Xiuobiqini xitaru butano yeda. ¶ Item, Hũ genero de peixe de concha. Iap. Cai, l, cani no taguy.

Pernáuigo, as. Lus. Nauegar per toda hũa paragem. Iap. Cocorozasu tocoroye funeuo nori sumasu.

Pernecessarius, a, ũ. Lus. Cousa muito necessaria. Iap. Icanimo canyǒnaru coto. ¶ Itẽ, Muito amigo, & chegado. Iap. Icanimo xitaxiqi mono, xinxetnaru mono. ¶ Tempus pernecessarium. Lus. Tempo em que releua muito fazerse algũa cousa. Iap. Canyǒnaru jibun.

Pérnego, as. Lus. Negar muito, ou totalmẽte. Iap. Anagachini aragǒ.

Pernegatur. imperson. Idem.

Perniciabilis, e. Lus. Cousa perniciosa, e q̃ traz morte. Iap. Atani naru mono, gaiuo nasu mono.

Pernicialis, e. Idem.

Pernicies, éi. Lus. Morte, ou destruição. Iap. Xi, metbǒ.

Perniciosè, adu. Lus. Com dano, e destruição. Iap. Atauo xite, metbǒ saxete.

Perniciosus, a, um. Lus. Cousa danosa, e q̃ destrue. Iap. Atato naru mono.

Pernicitas, atis. Lus. Ligeireça. Iap. Fayasa, socuxit.

Perniciter, adu. Lus. Ligeiramente. Iap. Fayaqu.

Pérniger, a, um. Lus. Cousa muito preta. Iap. Icanimo curoqi mono.

Pernimiùm, adu. Lus. Muito demasiadamẽ-

d * te.

te. Iap. Taiquani xite.

Pernio, onis. Lus. Frieiras dos pés. Iap. Axino ximobare.

Perniunculus, i. dim. Idem.

Pernix, icis. Lus. Laborioſo, e perſeuerante em algũa obra. Iap. Xinrǒ ſuru fito, mamenaru fito, l, mononi xeiuo ire todoquru fito. ¶ Aliqñ. Ligeiro. Iap. Fayaqi mono.

Pernóbilis, e. Lus. Muito nobre, e excelente. Iap. Cǒqeno fito, l, ſuguretaru mono.

Pernocto, as. Lus. Paſſar toda a noite em algum lugar. Iap. Youo acaſu.

Pernoſco, is. Lus. Conhecer perfeitamente. Iap. Taxxite mixiru.

Pernoteſco, is. Lus. Ser conhecido bem, e de certo. Iap. Aqiracani xiruru.

Pernox, noctis. Lus. Couſa que dura toda a noite. Iap. Xũya aru mono. ¶ Luna pernox. Lus. Lũa que alumia por toda a noite. Iap. Ariaqeno tçuqi.

Pernúmero, as. Lus. Contar. Iap. Cazoyuru.

Pero, onis. Lus. Calçado de couro crũ. Iap. Aracauanite tçucuritaru curçu.

Peronatus, a, um. Lus. O que traz eſte calçado. Iap. Cano cutçuuo faqitaru mono.

Perobſcurus, a, um. Lus. Muito eſcuro. Iap. Icanimo curaqi coto, l, qicoyegataqi coto.

Perodioſus, a, um. Lus. Muito odioſo. Iap. Ichidan nicuteinaru mono.

Peroleo, es. Lus. Cheirar muito. Iap. Ichidan niuô.

Peropportunè, adu. Lus. Muito opportunamente. Iap. Ichidan ſaiuaini, sǒtǒ xite.

Peropportunus, a, um. Lus. Couſa muito opportuna, ou q̃ vẽ a bom tẽpo. Iap. Ichidan ſaiuainaru coto, l, yoqi jixetni qitaru coto.

Peropus eſt. Lus. He muito neceſſario. Iap. Ichidan canyô nari.

Peroratio, onis. Lus. Fim, e remate da oração. Iap. Danguino ficqiô xite iy fataſu coto nari.

Peroriga, æ. Lus. O que larga o cauálo a egoa. Iap. Vmauo tçurumaſuru fito.

Perornatus, a, um. Lus. Couſa bem ornada, e concertada. Iap. Yoqu cazaritaru mono.

Perorno, as. Lus. Ornar, e concertar bẽ. Iap. Ichidan cazaru, xǒgon ſuru.

Peróro, as. Lus. Acabar de orar. Iap. Dãguiuo xi vouaru. ¶ Itẽ, Mouer os corações. Iap. Cocorouo vocoſu. ¶ Perorare orationẽ. Lus. Cõtinuar algũa pratica, ou eſcritura começada ate o fim ſem interromper. Iap. Fajimecara vouari made dangui, monogatariuo xi fataſu, l, tçuzzuqete monouo caqi fataſu. ¶ Perorare rem aliquam. Lus. Tratar, ou falar de algũa couſa na peroração. Iap. Danguino vouarini yeno cotouo ſata ſuru.

Perôſus, a, um. Lus. O que tem odio, ou aborrecimento a alguem. Iap. Fitouo qirai nicumu mono.

Perpâco, as. Lus. Aplacar, e aquietar. Iap. Nadamuru, nodoyacani naſu, xizzumuru.

Perparcè, adu. Lus. Muito parcamente. Iap. Voxũde, chũyǒuo mamotte.

Perparum. Lus. Muito pouco. Iap. Icanimo ſucoxiqu.

Perparuus, a, um. Lus. Muito piqueno. Iap. Icanimo chijſaqi coto.

Perparuulus, a, um. dim. Idem.

Perpaucus, a, um. Lus. Muito pouco. Iap. Icanimo ſucunaqi coto.

Perpauculus, a, um. dim. Idem.

Perpauefacio, is. Lus. Meter grande medo, ou eſpanto. Iap. Vôqini voſore ſaſuru, guiǒten ſaſuru.

Perpaulùm, adu. Lus. Muito pouco. Iap. Icanimo ſucoxiqu, xôbunni.

Perpaululùm. dim. Idem.

Perpaucillum. dim. Idem.

Perpauper, eris, l, a, um. Lus. Muito pobre. Iap. Icanimo burioculin.

Perpello, is. Lus. Induzir com força, contrãger. Iap. Tçuyoqu ſuſumuru, ſucumete ſaſuru.

Perpendicularis, e. Lus. Couſa perpendicular. Iap. Maſſuguni vyecara xitaye ſagaritaru coto. ¶ Radios ſolis perpendiculares habere. Lus. Ter o ſol ſobre a cabeça. Iap. Nichirinno meguru maxxitani yru.

Per-

Perpendiculum, i. Lus. Prumo, ou oliuel. Iap. Saguesumi.

Perpendo, is, Lus. Examinar bem, ou considerar diligentemente. Iap. Yoqu xensacu furu, l, xŏriŏ furu.

Perpensa, æ. Lus. Hũa erua. Iap. Cusano na.

Perpensè, adu. Lus. Examinada, e consideradamente. Iap. Xensacuxite, xŏriŏ xite.

Perpensus, a, um. Lus. Cousa bem examinada, e considerada. Iap. Yoqu xensacu xitaru coto, l, xŏriŏ xitaru coto.

Pérperam. Lus. Mal, e peruersamente. Iap. Axiqu, yocoximani, xine axiqu.

Perperitũdo, inis. Lus. Maldade, ou imprudencia. Iap. Xinenoaxisa, acu, l, guchi.

Pérperus, a, um. Lus. Ignorante, paruo. Iap. Guchinaru mono, vtçuqemono. ¶ Item, (vt alij) Precipitado, e leue. Iap. Buxianna mono, icatçunaru mono, sadamarazaru mono.

Perpes, etis. Lus. Cousa cõtinua, ou perpetua. Iap. Tçuzzuqu coto, tayezaru coto, furainaru coto.

Perpessio, onis. Lus. O sofrer, ou padecer. Iap. Corayuru, l, cannin furu coto nari.

Perpessus, a, um. Lus. O que tem padecido, ou sofrido. Iap. Cannin xitaru mono.

Pérpetim, adu. Lus. Continua, ou perpetuamente. Iap. Tayezu, fudan.

Perpetior, eris, ssus sum. Lus. Padecer, ou sofrer. Iap. Xinogu, cannin furu.

Pérpetro, as. Lus. Acabar de fazer, ou executar algũa cousa. Iap. Monouo xifatasu, jŏju furu.

Perpetualis, e. Lus. Cousa geral, ou vniuersal. Iap. Voxinabeteno coto, amaneqi coto.

Perpetuarius, ij. Lus. O que tomou algũa cousa alugada, ou arrendada em perpetuo. Iap. Yeitai caritaru mono.

Perpetúitas, atis. Lus. Continuação, ou perpetuidade. Iap. Fudan tçuzzuqu cotouo yŭ. ¶ Item, Immortalidade. Iap. Fuxi, fumet-

Perpetuo, as. Lus. Continuar sem interromper, ou perpetuar. Iap. Tayezu tçuzzuquru, tayezaru yŏni furu.

Perpetuùm, adu. Lus. Continuamente, sempre. Iap. Tçuzzuqete, fudan.

Perpetuus, a, um. Lus. Cousa continua, e sem se interromper. Iap. Tayezaru mono, tçuzzuqu mono. ¶ Item, Cousa perenne, e perpetua. Iap. Fuxi, fumetnaru mono.

¶ Item, Cousa que sempre he verdadeira. Iap. Cauarazaru macoto.

Perpictus, a, ũ. Lus. Cousa pintada bẽ, & exactamẽte. Iap. Teuo tçucuxite caqitaru ye.

Perplaceo, es. Lus. Contentar muito. Iap. Ichidan qinivŏ.

Perplexabilis, e. Lus. Cousa escura, ou duuidosa. Iap. Qicoyegataqi coto, vtagauaxiqi coto.

Perplexabiliter, adu. Lus. Escura, & duuidosamẽte. Iap. Qicoyegataqu, vtagauaxiqu.

Perplexè, adu. Idem.

Perplexim, adu. Idem.

Perplexor, aris. Lus. Duuidar sobre algũa cousa. Iap. Vtagŏfuxinuo nasu.

Perplexus, a, um. Lus. Cousa duuidosa, e perplexa. Iap. Midaretaru coto, matoitaru coto. ¶ Item, per transl. Cousa escura, & difficultosa de entender. Iap. Vtagauaxiqi coto, qicoyegataqi coto.

Perplicatus, a, um. Lus. Cousa bem dobrada. Iap. Yoqu tatamitaru coto.

Perpluo, is. Lus. Chouer pelo meyo. Iap. Amega furicomu.

Perplurimùm, adu. Lus. Assaz, muito. Iap. Fanafadaxiqu, vôqini.

Perplus, pluris. Luo. Muito mais. Iap. Nauo vouoqi coto.

Perpolio, polis. Lus. Limar, ou dar a derradeira mão àobra. Iap. Yoqu, l, xixxite furi migaqu, l, jŏju furu.

Perpolitio, onis. Lus. Perfeição, ornato. Iap. Iŏju, cazari.

Perpópulor, aris. Lus. Roubar, & destruir de todo. Iap. Xiccai vbai toru, l, mecqiacu furu.

Perpotatio, onis. Lus. O gastar tempo em bebedices. Iap. Taixuni quŏinuo vocuru coto nari.

Perpôto, as. Lus. Gastar todo o tempo em

em muito beber. Iap. Taixuni quǒinuo vocuru.

Perpruriſco,is. Lus. Sentir comichão no cor po. Iap. Caigaru.

Perpulcher,a,um. Lus. Muito fermoſo. Iap. Ichidan itçucuxiqi mono.

Perpurgo, as. Lus. Alimpar de todo. Iap. Xixxite nogô, qiyomuru. ¶ Perpurgatis auribus. Lus. Atentamente. Iap. Mimiuo ſumaite. Plaut. ¶ Item, pertransl. Acabar,ou perfeiçoar algũa couſa. Iap. Iǒju ſuru,l,taſſuru.

Perpuſillùm, adu. Lus. Muito pouco. Iap. Icanimo ſucoxiqu.

Perpuſillus,a,um. Lus. Muito pequeno. Iap. Icanimo chijſaqi mono.

Pérputo, as. Lus. Iulgar,ou declarar perfeita mente. Iap. Taxxite tadaſu, vomô, l, meifacuni arauaſu.

Perquàm. Lus. Muito,ou grandemẽte. Iap. Vôqini, fanaf.daxiqu.

Perquîro, is. Lus. Buſcar diligentemẽte. Iap. Nengoroni tazzunuru. ¶ Item, Pergun tar. Iap. Tazzunuru.

Perquiritur, imperſ. Idem.

Perquiſitè,adu. Lus. Diligente,ou exquiſitamente. Iap. Xeiuo irete, xixxite.

Perquiſitor, oris. Lus. O que buſca com diligencia. Iap. Xeiuo irete nengoroni taz zunuru fito.

Perquiſitus,a, um. Lus. Couſa buſcada com diligencia. Iap. Nengoroni tazzunetaru coto.

Perrarò, adu. Lus. Muito raramente. Iap. Icanimo mareni.

Per rarus, a,um. Lus. Couſa muito rara. Iap. Icanimo marenaru coto.

Per rêpo, is. Lus. Paſſar de gatinhas, ou che gar algũa parte em gatinhas. Iap. Fôte touoru,l,fai tçuqu.

Perrepto,as. freq. Lus. Andar vagaroſamẽte, & cõ trabalho. Iap. Yǒyǒtoxite, xizzucani ayumu.

Perridiculè,adu. Lus. Muito ridiculoſamen te. Iap. Ichidan vocaxiqu.

Perridiculus,a,um. Lus. Couſa muito ridicula. Iap. Ichidan vocaxiqi coto.

Perrôdo,is. Lus. Roendo penetrar,ou furar. Iap. Caburi iru.

Pérrogo, as. Lus. Perguntar o parecer do ju iz,ou conſelheiros. Iap. Fiǒgiǒxuno yqẽ uo vquru,l, tô.

Perrumpo, is.Lus. Romper, ou entrar com impeto polo meyo.Iap. Vatteiru,voxi iru. ¶ Itẽ, Quebrar,ou reſgar polomeyo. Iap. Maſutatçuni varu, l, ſaqu. ¶ Perrumpere leges.Lus.Quebrar as leys. Iap. Fattouo yaburu.

perſæpe,adu. Lus.Muitas vezes.Iap. Saiſai, xiguequ.

Perſalsè, adu. Lus. Muito gracioſamẽte.Iap. Icanimo xiuoraxiqu.

Perſalſus,a, um. Lus. Couſa muito ſalgada, ou gracioſa.Iap. Xiuouo xitaru mono, l, xiuoraxiqi mono.

Perſalûto, as. Lus. Saudar frequentemente, ou ſaudar atodos hũ por hũ.Iap. Saiſai, l, meimeini reiuo yǔ.

Perſanctè, adu. Lus. Muito ſancta,e religioſa mente. Iap.Ichidan tattoqu.

Perſâno, as. Lus. Sārar a alguẽ de todo.Iap. Taxxite quaiqi ſaſuru.

Perſapiens, entis. Lus. Muito ſabio. Iap. Dai gacuxǒ, chixa.

Perſapienter, adu. Lus. Muito ſabiamente. Iap. Icanimo gacumonuo comete, chiye fucaqu.

Perſcienter,adu. Lus. Com ſaber,e induſtria. Iap. Chiye,l,ſaicacuuo motte.

Perſcindo, is.Lus. Quebrar, ou reſgar polo meyo. Iap. Maſſutatçuni varu,fiqiſaqu.

Perſcribo, is. Lus. Eſcreuer perfeita,e inteira mente. Iap. Xixxite caqu, l, caqi fataſu. ¶ Aliqñ. Eſcreuer entre os feitos,ou em hiſtoria. Iap. Finicqi, l, nenraiqini caqu. ¶ Perſcribere pecuniam. Lus. Pagar ao crédor o dinheiro.Iap. Caxiteni caneuo fenben ſuru.

Peſcriptio,onis. Lus. Eſcreuer inteira mente, ou ate o fim. Iap. Taxxite rocuo caqu, l,caqi fataſu coto nari. ¶ Itẽ,cõtrato,e eſtromẽto ſobre algũ cõcerto. Iap. Aqinai nado nadoni iycatame yacuſocuxitaru xômon. ❡ Item, Conhecimento, ou aſinado. Iap. Xacujô.

Perſcriptor, oris. Lus. Notario, ou tabaliâo que faz eſtes eſtromentos, ou conhecimẽtos. Iap. Miguino xômonno fixxa.

Perſcrûtor, aris. Lus. Inquirir, ou buſcar com diligencia. Iap. Nengoroni tazzunuru, ſagaſu.

Perſea, æ. Lus. Hũa aruore. Iap. Aru qinona.

Pérſeco, as. Lus. Cortar, ou abrir polo meyo. Iap. Nacacara qiru, vaquru.

Perſéctor, aris. Lus. Seguir diligentemente, ou buſcar. Iap. Xitauo daite vô, xitô, I, nẽgoroni tazzunuru.

Perſecutio, onis. Lus. O ſeguir ate o cabo. Iap. Suyemade voitçumuru coto nari. ❡ Item, Inſiſtir, e perſeuerar em o começado. Iap. Fajimetaru cotouo vocotarazu ſuru coto nari.

Perſédeo, es. Lus. Eſtar ſẽpre aſſentado. Iap. Itçumo anza iuru, coxicaqete yru.

Perſegnis, gne. Lus. Muito vagaroſo, ou negligente. Iap. Ichidan nicuqi mono.

Pérſenex, nis. Lus. Muito velho. Iap. Gocurô, rômô.

Perſentio, is. Lus. Sentir muito. Iap. Fucaqu voboyuru.

Perſentiſco, is. Lus. Sentir, ou perceber. Iap. Voboyuru, xiru.

Pérſequor, eris. Lus. Seguir ate o fim. Iap. Suye made voitçumuru. ❡ Aliqñ. Perſeuerar na couſa começada. Iap. Xifajimetaru cotouo vocotarazu ſuru. ❡ Item, Perſeguir. Iap. Xebamuru. ❡ Promiſſa factis perſequi. Lus. Effeituar a promeſſa. Iap. Yacuſocuuo toguru. ❡ Perſequi imperium patris. Lus. Fazer o que manda o pay. Iap. Voyano guegiuo tçutomuru. ❡ Perſequi ius ſuum. Lus. Defender ſeu dereito. Iap. Vaga xindaini ataru cotouo dôriuo motte fuxegu. ❡ Perſequi mores patris. Lus. Imitar, ou exprimir os cuſtumes do pay. Iap. Voyano cataguiuo manabu.

Perſero, is. Lus. Diuulgar. Iap. Rufu ſaſuru, iyfuraſu.

Perſeuérans, antis. Lus. O que perſeuera. Iap. Todoqu mono.

Perſeueranter, adu. Lus. Cõ conſtancia, e perſeuerança. Iap. Tagirocazu, toguete.

Perſeuerãtia, æ. Lus. Cõſtancia, ou perſeuerãça. Iap. Vocotarazu todoqu cotouo yŭ.

Perſeueratum eſt. Imperſ. Lus. Perſeuerouſe. Iap. Todoqetari.

Perſeuêro, as. Lus. Perſeuerar, ou permanecer. Iap. Todoqu.

Perſeuêrus, a, um. Lus. Muito ſeuero, & riguroſo. Iap. Qitçuqi mono, araqi mono.

Pérſica, æ. Lus. Peſegueiro. Iap. Momono qi.

Pérſicum malum. Lus. Peſſego. Iap. Momo, tôjit.

Perſideo, es. Lus. Permanecer, ou durar. Iap. Nocori todomaru, I, cotayuru.

Persîdo, is. Lus. Decer pera baixo, ou penetrar. Iap. Cudaru, vchini iru, tôuoru.

Perſigno, as. Lus. Sellar, ou fechar. Iap. Fŭzuru, inuo voſu.

Perſimilis, e. Lus. Muito ſemelhante. Iap. Ichidan nitaru mono.

Perſiſto, is. Lus. Durar, perſeuerar. Iap. Cotayuru, todoqu.

Perſôlata, æ. Lus. Hũa erua. Iap. Cuſanona.

Perſólido, as. Lus. Fazer duro, eforte, ou endurecer. Iap. Catamuru, I, couoraſuru.

Perſoluo, is. Lus. Pagar de todo. Iap. Cotogotocu fenben ſuru. ❡ Item, per transl. Recompẽſar o beneficio. Iap. Vonuo fôzuru. ❡ Perſoluere pœnas. Lus. Ser caſtigado. Iap. Xeccanuo vquru. ❡ perſoluere promiſſum. Lus. Comprir a promeſſa. Iap. Yacuſocuuo toguru.

Perſôlus, a, um. Lus. Só, e ſem miſtura. Iap. Majiuari naqi coto, fitori yru mono, tomo naqi mono.

Perſôna, æ, eſt naturæ rationalis indiuidua ſubſtantia. ❡ Itẽ, Maſcara. Iap. Men. ❡ Item, per transl. Qualidade, ou condição com que hũa peſoa ſe differença de outra. Iap. Menmenni cauaru fitono vmaretçuqi, tocugui nado. ❡ Item, Figura de auto. Iap. Nôno xite, nôuo ſuru mono. ❡ Aliqñ. Homem. Iap. Fito. ❡ Perſonâ impo-

imponere alicui. Lus. Dar algum cargo a alguem. Iap. Fitoni yacuuo motasuru. ¶ Imponere alicui personam calumniæ, aut alterius rei. Lus. Pór nodoa a alguem de injuria, ou de outra cousa. Iap. Fitono caqinto nasu. ¶Itẽ, Carrancas, ou figuras q̃ deitam agoa pola boca. Iap. Cuchicara mizzuuo faqi dasasuru ninguiô.

Personalis, e. Lus. Cousa que pertence a pessoa. Iap. Iintaini ataru coto. ¶ Personale verbum, quod per personas distinguitur.

Personata, l, Personatia, æ. Lus. Hũa erua. Iap. Cusano na.

Personatus, a, um. Lus. Enmascarado. Iap. Menuo qitaru mono. ¶ Itẽ, Palleado, ou o que mostra outra cousa do que he. Iap. Fiôri aru mono. ¶ Personata vulnera. Lus. Feridas fistuladas, ou mais penetrantes do que parecem por fora. Iap. Focani mi yuru yorimo daijino itade. ¶ Personata felicitas. Lus. Felicidade aparente, e não verdadeira. Iap. Xinjit narazaru quafô, tanoximi. Senec. ¶ Personatus pater. Lus. O que representa figura do pay na comedia. Iap. Voyani natte nôni izzuru mono. ¶ Personata fabula. Lus. Historia, ou fabula que representam as figuras do auto. Iap. Nôuo suru monono yũ cotouari.

Persono, as. Lus. Soar muito, ou perfeitamente. Iap. Vôqini fibiqu, yoqu naru.

Persorbeo, es. Lus. Soruer tudo. Iap. Cotogotocu suicomu.

Perspeculor, aris. Lus. Ver, e especular tudo diligentemente. Iap. Tçuratçura xian suru, yorozzuno cotouo miru.

Perspergo, is. Lus. Rociar, ou aspergir. Iap. Sosoqu, mizzuuo caquru.

Perspectè, adu. Lus. Diligente, & doutamente. Iap. Saicanni, gacuxômeite.

Perspectus, a, um. Lus. Cousa sabida, & bẽ conhecida. Iap. Yoqu xiraretaru coto. ¶ Interd. Cousa bem considerada. Iap. Yoqu xian xitaru coto.

Perspicacia, æ. Lus. Agudeza de ingenho, ou clareza. Iap. Ricon, fatsumei.

Perspicacitas, atis. Idem.

Perspicax, acis. Lus. Sagaz, agudo. Iap. Riconnaru mono, anja.

Perspicientia, æ. Lus. Conhecimento perfeito. Iap. Taxxite xiru cotouo yũ.

Perspicio, is. Lus. Ver, ou conhecer de todo. Iap. Taxxite mixiru, l, miru.

Perspecto, as. frequent. Idem.

Perspicuè, adu. Lus. Euidentemente. Iap. Funmiôni, meifacuni.

Perspicúitas, atis. Lus. Clareza, e facilidade. Iap. Funmiô, aqiracasa, tayasusa.

Perspicuus, a, um. Lus. Cousa clara, trãsparẽte. Iap. Suqitouoru mono. ¶ Item, per transl. Cousa certa, e manifesta. Iap. Funmiŏnaru coto, xinjitnaru coto, fitgiŏnaru coto, vtagauaxicaranu coto.

Perspissò, adu. Lus. Tarde, e vagarosamente. Iap. Vosoqu, xizzucani.

Persterno, is. Lus. Cobrir, alastrar de todo. Iap. Cotogotocuni monouo xiqu, l, vcuoi cacusu.

Perstimulo, as. Lus. Estimular, ou aguilhoar. Iap. Susumetatçuru, l, saxitçuqu.

Pérstino, as. Lus. Comprar. Iap. Caitoru.

Persto, as. Lus. Permanecer, continuar. Iap. Todoquru, tçuzzuquru.

Pérstrepo, is. Lus. Soar muito, ou fazer estrõdo. Iap. Vôqini fibiqu, votoga suru.

Perstringo, is. Lus. Apertar muito, ou fechar. Iap. Qitçuqu ximuru, l, tozzuru. ¶ Aliqñ. Dizer, ou escreuer sũmaria, e resumidamente. Iap. Riacu xite moncuo yũ, l, caqu. ¶ Aliqñ. Reprender leuemente. Iap. Sucoxi modoqu. ¶ Aliqñ. Escurecer. Iap. Curamasu. ¶ Perstringere aures sonitu. Lus. Atroar os ouuidos com algum som. Iap. Mimino tçubururu fodoni fibicasuru. ¶ Terram aratro perstringere. Lus. Abrir, ou romper a terra com o arado. Iap. Carasuqi nite denbacuuo tagayesu, l, firaqu.

Perstudiosus, a, um. Lus. Muito diligente, ou estudioso. Iap. Icanimo saicannaru mono, gacumonzuqi.

Persuadeo, es. Lus. Persuadir. Iap. Susumuru, saisocu suru. ¶ Ita tibi persuadeas. Lus.

Lus. Tende assi pera vos. Iap. Xicato cono bunni vomoye.

Persuasibilis, e. Lus. Cousa q̃ se pode persuadir. Iap. Susume yasuqi coto.

Persuasibiliter, adu. Lus. Persuadindo. Iap. Susumete, saisocu xite.

Persuasio, onis. Lus. Persuasão, ou opinião firme de algũa cousa. Iap. Xicato vomoi sadamuru cotouo yũ, guigiŏ.

Persuasor, oris. Lus. O q̃ persuade. Iap. Susumuru mono.

Persuastrix, icis. fœmin. Idem.

Persuasorius, a, um. Lus. Cousa que persuade, ou que serue pera persuadir. Iap. Susume to naru mono, l, susumuru mono.

Persuasus, a, um. Lus. Cousa persuadida, ou crîda. Iap. Susumerareraru coto, l, macotoni vqetaru coto.

Persubtilis, e. Lus. Muito sutil. Iap. Surudonaru mono, l, yŭyen naru coto.

Persulto, as. Lus. Saltar a miude. Iap. Xiguequ tobu. ¶ Item, Andar, ou discorrer por algum lugar fazendo insultos. Iap. Cococaxicoye aruite rŏjeqiuo suru.

Persuo, is. Lus. Acabar de coser. Iap. Nuifatasu.

Pertædeo, es, dui, l, pertædesco, is. Lus. Ter grande fastio, ou enfadamento. Iap. Vôqini taicut suru, aqu.

Pertædet, l, Pertædescit. impers. Idem.

Pertæsus, a, um. Lus. O que tem fastio, ou enfadamento de algũa cousa. Iap. Taicut xitaru mono, aqitaru mono.

Pertego, is. Lus. Cobrir bem por todas partes. Iap. Xitô, tappô yori yoqu monouo vouoi cacusu.

Pertendo, is. Lus. Estender atè o fim. Iap. Corogotocu firoguru, l, noburu. ¶ Aliqñ. Ir caminho direito, ou acabar o caminho começado. Iap. Suguni aruqu, l, michiuo aruqi fatasu. ¶ Aliqñ. Contender. Iap. Ronzuru, arasô. ¶ Aliqñ. Leuar ao cabo a cousa começada, ou pretẽdida. Iap. Fajimetaru cotouo xitodoquru, l, cuuatatetaru cotouo toguru.

Pertento, as. Lus. Inquirir, e escudrinhar astutamente o parecer dalguem. Iap. Vadacamatte fitono zŏbunuo tazzune saguru. ¶ Aliqñ. Tomar, e ocupar. Iap. Torayuru, toru. Vt, pertentant gaudia mentem.

Pertenuis, e. Lus. Muito delgado, & sutil. Iap. Icanimo vsuqi coto, fosoqi mono.

Pertérebro, as. Lus. Furar com verruma. Iap. Qiri nite momitouosu, qirimomiuo suru.

Pertergo, is. Lus. Alimpar bem. Iap. Yoqu nogô, qiyomuru.

Pértero, is. Lus. Esmiuçar, desfazer. Iap. Suri cudaqu, tçuqi cudaqu.

Perterrefacio, is. Lus. Espantar. Iap. Vodorocasu, guiŏten sasuru.

Perterreo, es. Idem.

Perterrícrepus, a, um. Lus. Cousa que faz estrondo medonho, e espantoso. Iap. Vosoroxiqi fibiqiuo nasu mono.

Pertérritus, a, um. Lus. Muito espantado. Iap. Vôqini guiŏten xitaru mono.

Pertexo, is. Lus. Acabar de tecer. Iap. Fata uo vorifatasu. ¶ Item, per transl. Acabar, ou perfeiçoar. Iap. Fatasu, jôju suru.

Pértica, æ. Lus. Vara, ou pao comprido. Iap. Nagaqi.

Perticalis, e. Lus. Cousa que pertence a esta vara, ou pao. Iap. Nagaqini ataru coto.

Pertimesco, is. Lus. Temer muito. Iap. Fucaqu vosoruru.

Pertimescitur. passiuè. Idem.

Pertinacia, æ. Lus. Obstinação, ou pertinacia. Iap. Iôxiqi, l, vomoi sadameno tçuyoqi cotouo yŭ.

Pertinaciter, adu. Lus. Obstinada, & pertinazmente. Iap. Iôxiqini, jĉgouani.

Pértinax, acis. Lus. Obstinado, contumaz. Iap. Iôxiqinaru mono, jôgouanaru mono. ¶ Item, Constante, ou perseuerante ẽ algum bem. Iap. Canninjeino aru mono, l, jenno cuuatateuo toguru mono. ¶ Pertinax certamen. Lus. Peleija perfiada, & difficultosa. Iap. Couaqi caxxẽ. ¶ Pertinax fama. Lus. Fama inuariauel, e firme. Iap. Cauarazaru fomare. ¶ Item, apud Plaut. Escasso, & auarento. Iap. Xiuaqi mono,

mono, yocuxinnaru mono.

Pertineo, es. Lus. Chegar, ou estenderse. Iap. Todoqu, saxizzuru. ¶ Item, Pertencer. Iap. Ataru. ¶ Pertinet ad me. Lus. Pertenceme a mim, ou he meu oficio. Iap. Vaga yacu nari. ¶ Item, Pertinet ad me. Lus. Releua a mim. Iap. Vaga chôfô nari. ¶ Pertinet ad rē. Lus. Não he fora de proposito. Iap. Sôtô xitari. ¶ Oratio, l, sententia eò pertinet. Lus. A oração, ou sentēça vai, ou dirigese a isso. Iap. Dangui, l, gono cocorozasu tocoroua core nari.

Pertingo, is. Lus. Estenderse, chegar. Iap. Tçuzzuqu, todoqu.

Pertólero, as. Lus. Sofrer ate o cabo. Iap. Cannin xitodoquru.

Pertorqueo, es. Lus. Torcer muito. Iap. Vôqini yugamuru. ¶ Item, Affligir muito. Iap. Fucaqu nayamasu.

Pertractatio, onis. Lus. O tratar, ou reuoluer muitas vezes. Iap. Saisai satasuru, l, curicayesu coto nari.

Pertracto, as. Lus. Tratar, e tocar muitas vezes com a mão. Iap. Saisai teni fururu. ¶ Item, per transl. Cuidar, ou considerar consigo diligentemēte. Iap. Yoqu cufŭ suru. ¶ Item, Tratar, ou disputar de algũa cousa. Iap. Sata suru, ronzuru.

Pertraho, is. Lus. Leuar ate o fim determinado. Iap. Sadamaritaru tocoro made fiqi tçuquru. ¶ Pertrahere vitam. Lus. Prológar a vida. Iap. Inochiuo noburu.

Pertranseo, is. Lus. Traspassar, ou passar de todo. Iap. Nuqetouoru.

Pertranslúcidus, a, um. Lus. Cousa muito trāsparēte. Iap. Vôqini suqitouoru mono.

Pertribuo, is. Lus. Dar. Iap. Atayuru.

Pertristis, e. Lus. Muito triste. Iap. Fucaqu vreôru mono.

Pertumultuosè, adu. Lus. Cō grande estrōdo, ou reboliço. Iap. Sauagaxiqu, sôdô xite.

Pertumultuosus, a, um. Lus. O que faz grāde estrondo, ou reboliço. Iap. Sôdô sasuru mono, l, vôqini sauagasuru mono.

Pertundo, is. Lus. Pisar, ou furar. Iap. Fixigu, tçuqicudaqu, l, fori nuqu.

Perturbatè, adu. Lus. Cōfusa, e desordenadamente. Iap. Raxxiuo midaite.

Perturbatio, onis. Lus. Perturbação, ou cōfusão. Iap. Sôdô, sauagui, midare. ¶ Perturbationes animi. Lus. Payxões dalma desordenadas. Iap. Cocorono vazzurai, xinqi, midarenaru nozomiuo yŭ, rāmō.

Perturbator, oris. Lus. Perturbador. Iap. Sauagasuru mono, sôdô sasuru mono.

Perturbatrix, icis. fœmi. Idem.

Perturbatus, a, um. Lus. Cousa perturbada, confusa. Iap. Sauaguitaru mono, midaretaru mono.

Perturbo, as. Lus. Perturbar, confundir. Iap. Sôdô sasuru, midasu.

Perturpis, e. Lus. Muito torpe, & feo. Iap. Icanimo miguruxiqi mono.

Pertusus, a, ū. Lus. Cousa furada. Iap. Mominuqitaru mono, anauo aqetaru mono.

Peruâdo, is. Lus. Passar com impeto, ou abrir caminho com força. Iap. Xeiuo idaite touoru, l, michiuo voxi aquru.

Peruagatus, a um. Lus. O que andou, ou discorreo per diuersas partes. Iap. Coco caxicoye madoi aruqitaru mono. ¶ Itē, Cousa diuulgada. Iap. Rufu xitaru coto, firomaraetaru coto.

Péruago, as, & Péruagor, aris. Lus. Andar vago, ou correr per diuersas partes. Iap. Fôbôye madoi ariqu.

Péruagus, a, um. Lus. Muito vagabundo, & inconstante. Iap. Coco caxicouo madoi aruqu mono, l, giŭxouo sadamezaru mono.

Perválidus, a, um. Lus. Muito forte. Iap. Qengonaru mono, qenaguenaru mono.

Peruariè, adu. Lus. Com variedade. Iap. Iroiro samazamani.

Peruarius, a, um. Lus. Cousa muito varia. Iap. Samazamanaru mono.

Peruasto, as. Lus. Destruir de todo. Iap. Corogotocu sonzasu, cuzzusu.

Perueho, is. Lus. Leuar ate algum lugar determinado. Iap. Sadamaritaru toco

ro

ro madefacobu, l, mottçu.

Peruello, is. Lus. Biliscar, ou molestar. Iap. Tçumeru, xemuru, curuximuru.

Peruenio, is. Lus. Chegar ate o fim. Iap. Vouarini voyobu, tçuqu.

Peruenor, aris. Lus. Caçar diligentemente. Iap. Xeiuo irete cariuo suru. ¶ Item, per transl. Inquirir, inuestigar com cuidado. Iap. Nengoroni tazzune saguru.

Peruersè, adu. Lus. Peruersamente. Iap. Xiuo axiqu, yocoximani.

Peruersitas, atis. Lus. Maldade, & peruersidade. Iap. Xinno axisa, acuxin.

Peruersus, a, um. Lus. Peruerso, maluado. Iap. Yocoximanaru mono, acuxinnaru mono. ¶ Peruersus dies. Lus. Dia inco modo. Iap. Axiqi fi. Plaut.

Peruerto, is. Lus. Peruerter, deprauar. Iap. Axiqu nasu. ¶ Item, Reuoluer, ou confundir. Iap. Midasu.

Peruestigatio, onis. Lus. O buscar diligentemente, ou buscando achar. Iap. Nengoroni tazzunuru, l, tazzune idasu coto nari.

Peruestigo, as. Lus. Buscar com diligencia, ou buscando achar. Iap. Nengoroni tazzu nuru, l, tazzune idasu.

Peruetus, teris. Lus. Cousa muito velha, ou antiga. Iap. Icanimo furuqi mono, l, mucaxi mono.

Peruetustus, a, um. Idem.

Peruicacia, æ. Lus. Dureza, e pertinacia em algũa cousa. Iap. Catasa, l, jǒxiqi.

Peruicax, acis. Lus. Porfioso, contumaz. Iap. Iǒxiqinaru mono, jǒgouanaru mono.

Peruicus. Idem, apud veteres.

Peruideo, es. Lus. Ver diligente, & perfeitamente. Iap. Yoqu, l, nengoroni miru.

Peruigeo, es. Lus. Ter muito vigor, & força, ou florecer. Iap. Chicaraga aru, l, sacayuru.

Peruigil, gilis. Lus. Muito vigilante, & esperto. Iap. Yoqu bansuru mono, l, isamaxiqu ririxiqi mono.

Peruigilatio, onis. Lus. O vigiar sempre, ou por toda a noite. Iap. Nezuno ban suru, l, fudan bansuru coto nari.

Peruigilium, ij. Lus. Longas vigias. Iap. Nagaqi ban.

Peruigilo, as. Lus. Vigiar sempre, ou por toda a noite. Iap. Fudan bansuru, l, xiya banuo suru.

Peruilis, e. Lus. Muito vil, ou de pouco preço. Iap. Icanimo iyaxiqi mono, l, guegi qinaru mono.

Peruinco, is. Lus. Acabar de fazer, ou vencer. Iap. Monouo xifatasu, xisumasu, l, catçu.

Peruiridis, e. Lus. Muito verde. Iap. Icani mo auoqi mono, midorinaru mono.

Peruiuo, is. Lus. Viuer ate algum certo limite. Iap. Sadamaritaru caguiri nagarayuru.

Peruius, a, um. Lus. Lugar por onde se po de caminhar, ou passar. Iap. Ayumi, l, touori yasuqi tocoro.

Perunctio, onis. Lus. Vntura. Iap. Nuru coto uo yŭ.

Perungo, is. Lus. Vntar per todas as partes. Iap. Corogotocu nuru.

Peruolgo, as. Lus. Correr deca pera la, ou vaguear. Iap. Madoi aruqu.

Peruolo, peruis, peruulr. Lus. Desejar grandemente. Iap. Fucaqu nozomu.

Peruolo, as. Lus. Voar, ou ser leuado a algum certo lugar. Iap. Sadamaritaru toco ro made tobu, l, tçureraruru, ficaruru.

Peruólito, as. frequent. Idem.

Peruoluo, is. Lus. Reuoluer, ou virar com força. Iap. Xeiuo daite vchicayesu, l, corobacasu.

Peruolito, as. frequent. Idem. ¶ Peruolutare libros. Lus. Reuoluer os liuros com grande diligencia. Iap. Curicayexi curicayexi vǒqinaru cocorogaqeuo motte qiǒ uo yomu.

Perurbanus, a, um. Lus. Muito cortesão. Iap. Richigumaru mono.

Peruro, is. Lus. Queimar, & abrasar de to do. Iap. Yaqifatasu.

Perustus, a, um. Lus. Cousa queimada de todo. Iap. Yaqi fatsaretaru mono.

Perútilis, e. Lus. Muito proueitoso. Iap Ichi-

Ichidan tocuni naru mono.

Peruulgo, as. Lus. Deuulgar. Iap. Iy furasu, rufu lasuru.

Pes, pedis, vide Pedes, dum.

Pessi, I, Pessarij, fœminarum medicamenta sunt, quæ in molli lana in naturalibus earũ conduntur.

Pessimè, adu. Lus. Muito mal. Iap. Gocuacuni.

Pessimus, a, um. Lu. Muito mao. Iap. Gocuacunaru mono.

Pessulatæ fores. Lus. Portas trancadas, ou fechadas com aldraba. Iap. Quannuqiuo saxitaru mon.

Pessulus, i. Lus. A'draba. Iap. Quannuqi.

Pessum, adu. Lus. Pera tras. Iap. Vxiroye. ¶ Item, Pera baixo, ou debaixo dos pés. Iap. Xitaye, l, qiaccani. ¶ Pessum premere. Lus. Pisar de baixo dos pés. Iap. Fumitçuquru. ¶ Pessum ire, siue abire. Lus. Ir ao fundo dalgũa cousa q tem agoa, ou vinho, &c. Iap. Soconi xizzumu. ¶ Item, Pessum ire. Lus. Ir pera tras. Iap. Atoni cayeru.

Pessundo, as. Lus. Pisar aos pés. Iap. Fumitçuquru. ¶ Item, Ter mao, ou reprimir. Iap. Ficayuru.

Pestifer, a, u m. (proprie) Lus. Cousa que traz peste. Iap. Yeqireino motoito naru mono. ¶ Item, per transl. Lus. Cousa que causa morte, e destruição. Iap. Gaiuo nasu mono, l, metbŏ sasuru mono.

Pestiferè, adu. Lus. Pestifera, e perniciosamente. Iap. Gaiuo naxite, l, atauo naxite.

Pestilens, entis. Lus. Pestifero, ou prejudicial. Iap. Yeqireino motoito naru mono, l, gaiuo nasu mono, l, atauo nasu mono.

Pestilentia, æ. Lus. Peste. Iap. Yeqirei. ¶ Item, Roindade, ou corrupção de ares. Iap. Sorano axiqi caguen, l, tocorono axi sani yotte yamaiuo vocosu cotouo yũ.

Pestis, is. Idem. ¶ Item, per metaphoram, Grande mal, ou calamidade. Iap. Dai nangui, sainan, l, metbŏ. ¶ Item, Homem mao que dana, e corrompe aos outros. Iap. Tapiuo axiqu nasu mono, l,

socono mono.

Pestilitas, atis. Idem. Apud antiq.

Petalium, ij. Lus. Hu genero de vnguento precioso. Iap. Acai racaqi cunyacu.

Petasatus, i. Lus. O que traz chapeo na cabeça. Iap. Casauo qitaru mono.

Petaso, onis. Lus. Toucinho, ou presunto. Iap. Butano xiuobiqi, l, butano abur..

Petasunculus, i. dimin. Idem. (Casa.

Petasus, i. Lus. Sombreiro, ou chapeo. Iap. ¶ Item, per transl. Hũa maneira de curucheo que fazem sobre os edificios. Iap. Yaneno vyeni catano narini tçucuritçuqetaru carachi.

Petauristæ. Lus. Volteadores, ou trejeitadores. Iap. Gumo maiuo yonaru mono.

Petaurum, i. Lus. Hum genero de machina com que estes volteadores saltam polo ar. Iap. Miguino cumononi vyeuo tobu yŏni xitaru ayatçuri. ¶ Item, Qualquer instrumento como corda, ou lança em que volteam, ou fazem trejeitos. Iap. Cumo mai, l, focano tçucaitaru dŏgu.

Petesso, is. Lus. Pedir. Iap. Cô. Antiq.

Petigo, inis. Lus. Empingem. Iap. Tamuxi.

Petilius, ij. Lus. Hũa flor do outono. Iap. Aqi saqu fanano na.

Petilus, i. Lus. Delgado, ou magro. Iap. Fitazu naru mono, yaxetaru mono.

Petimen, inis. Lus. Matadura que se faz nos lombos das bestas. Iap. Guiŭbano xeni dequru casa, l, qizu.

Petiolus, i. dimin. Lus. Pé piqueno. Iap. Chijsaqi axi. ¶ Item, Pé da fruita. Iap. Conomino fozo.

Petitio, onis. Lus. Petição. Iap. Tanomi, xomŏ. ¶ Item, Petição que se faz em juizo. Iap. Sojŏ, meyasu. ¶ Aliqñ. Acometimẽto, ou golpe que da a outro o que esgrime, ou peleija. Iap. Feifŏjin, l, qiriyŏ mono aiteni vtte cacaru cotouo yũ. ¶ Item, per transl. Asalto, ou acometimento de homens matadores, ou que estão ẽ silada. Iap. Machibuxe, l, xetgainin no fitoni tobi cacaru cotouo yũ. ¶ Itẽ, Ambição, ou pretensão desordenada de honras. Iap.

Iap. Curai,yxei nadoue midarini nozomu cotouo yŭ.

Petitus, us. Idem.

Petitor, oris. Lus. O que demanda, ou faz demanda a alguem. Iap. Meyasuuo mot te taninno cotouo vttaye, fitoni cujiuo xi caquru mono.

Petitorium iudicium in libris iuris consultorũ dicitur, quo res vindicatur.

Peto, is, tiui, petij, petitum. Lus. Pedir, rogar. Iap. Cô, tanomu. ¶ Aliqñ. Contar. Iap. Sarasuru, iydasu, cataru. ¶ Aliqñ. Tomar caminho, &c. Iap. Michiuo aruqu. Vt, petere alium cursum. ¶ Aliqñ. Alcançar. Iap. Motomuru. ¶ Aliqñ. Armar ciladas. Iap. Machibuxeuo suru. ¶ Aliqñ. Acometer com impeto. Iap. Yqi uoiuo daite teri cacaru. ¶ Aliqñ. Estar esperando. Iap. Matçu. Vt, Troyanos hæc monstra petunt. ¶ Item, Desejar, a petecer. Iap. Conomu, negŏ. ¶ Aliqñ. Ferir, ou dar golpe. Iap. Qizuuo tçuqu ru, vtçu. ¶ Aliqñ. Buscar. Iap. Tazzu nuru. ¶ Aliqñ. Escolher, ou tomar. Iap. Yerabi toru. ¶ Aliqñ. Irse, ou partirse. Iap. Tachiyuqu. ¶ Petere fugã. Lus. Fugir. Iap. Niguru. ¶ Petere salutem fuga. Lus. Saluar a vida fugindo. Iap. Niguete inochiuo tasucaru. ¶ Campum petit amnis. Lus. O rio entra nos campos. Iap. Cawaga denbatini nagare iru. ¶ Petere cursu. Lus. Alcançar correndo. Iap. Faxiri aqui te mononuo motomuru. ¶ Petere blanditijs. Lus. Fazer afagos. Iap. Amayaca su, sucasu. ¶ Petere muneribus, precibus, &c. Lus. Grangear com dadiuas, & rogos &c. Iap. Miague, fiqidemonouo motte l, tanôde fitono qiguenuo toru. ¶ Petere oculis. Lus. Olhar. Iap. Miru. ¶ Petere auribus, naribus, &c. Lus. Ouuir, cheirar, &c. Iap. Qiqu, cagu. ¶ Petere tactum. Lus. Palpar. Iap. Saguru.

Petoritum, i. Lus. Hum genero de carro, ou coche. Iap. Curumano taguy.

Petra, æ. (propriè) Lus. Rocha, ou penedia. Iap. Iua, ganjeqi. ¶ Item, Pedra. Iap. Ixi.

Petreia, æ. Lus. Hũa molher que hia diante da gente nas festas arremedãdo hũa velha bebada. Iap. Nagusami, iuaino toqini saqeni yoitaru vbano maneuo xite fito no faqini atiqitaru vonna.

Petrelæum, æi. Lus. Bitume liquido que sa ye de pedras. Iap. Ixiyori nagare izzuru xiccô.

Petrones, apud vet. Lus. Rusticos, ou homens do campo. Iap. Denbuyajin. ¶ Item, Carneiro castrado. Iap. Tamauo toritaru vofitçuji. Plaut.

Petroselinum, i. Lus. Salsa. Iap. Aru yasaino na.

Petrosus, a, ũ. Lus. Cousa de muitas pedras, e penedias. Iap. Ixiuara, l, iua, ganjeqino vouoqi tocoro.

Petricosus, a, um. Idem.

Petulans, antis. Lus. Mao, Desauergonhado. Iap. Butôjin, fagiuo xirazaru mono. ¶ Aliqñ. Torpe, e luxurioso. Iap. Cŏxocunin.

Petulanter, adu. Lus. Desauergonhada, e lasciuamente. Iap. Fagiuo xirazu, irouo conomite.

Petulantia, æ. Lus. Lasciuia, e soltura demasia da pera qualquer vicio. Iap. Cŏxocu, l, ficayezu xoacuni miuo naguevtçu cotouo yŭ. ¶ Ramorum petulantia. Lus. Demasiada frescura, ou viço dos ramos. Iap. Yedano xigueri suguru cotouo yŭ.

Petulcus, a, um. Lus. Desonesto, ou lasciuo. Iap. Isami curũ mono, l, cŏxocunin. ¶ Itẽ, Petulca. apud antiq. Lus. Molher publica. Iap. Yŭgio.

Peucedanum, siue Peucedanus, i. Lus. Hũa erua. Iap. Aru cusano na.

Pexa folia. Lus. Folhas grossas que tẽ no meyo como frisa aleuantada. Iap. Vyeni fucuro agaritaru cino fa. ¶ Pexa munera. Lus. Vestidos frisados. Iap. Fitçujino qenite voritaru mononoqeuo fasami idaxitaru yxô. Martial. ¶ Pexæ vestes. Idem.

Pexatus. Lus. O que traz estes vestidos. Iap. Cano yxôuo chacu xitaru fito.

Pexitas, atis. Lus. Frisa, ou tosadura. Iap. Fitçu

jmo qenite voritaru monono qeuo fasami idaxitaru cotouo yũ.

Pezitæ. Lus. Hũ genero de cucumelos. Iap. Cusabirano taguy.

P ANTE H.

Phæcasius, ij. Lus. Hũ genero de calçado. Iap. Curçuno taguy. ¶ Phæcasiatus. Lus. O q̃ tem calçado estes çapatos. Iap. Cano curçu uo faqitaru mono.

Phagedæna, æ. Lus. Chaga que vai gastando ate os ossos. Iap. Fone made cusari touoru xumot.

Phagedænicus, a, ũ. Lus. Cousa q̃ pertẽce a esta chaga. Iap. Cano xumotni ataru coto.

Phagus. Vide Fagus.

Phalacrocorax, acis. Lus. Coruo marinho. Iap. Vmo tori.

Phalacræ. Lus. Lugares escaluados, e esteriles. Iap. Noyamano faguetaru tocorouo yũ, arechi, cangi.

Phálacron, i, Lus. Caluo. Iap. Caxirano fague taru mono.

Phalæ, vel (vt alij) Falæ. Lus. Torres de madeira. Iap. Qinite tçucuritaru yagura.

Phalæcium carmen. Lus. Hũ genero de verso. Iap. Vtano taguy.

Phalangæ. Lus. Paos de manilhas. Iap. Vôco. ¶ Item, Hũs paos sem nos com que se pelejaua antigamente. Iap. Mucaxino caxxe ni mochijtaru fuxinaxino bô. Plinius. ¶ Item, Hũs paos que poem de baixo dos nauios pera os vararem, ou botarem ao mar. Iap. Funeuo agueoroxino toqi xitani xiqu nameracanaru qi.

Phalangarij. Lus. Soldados de hũas certa esquadra. Iap. Fitosonayeno buxi. ¶ Itẽ, Mariolas. Iap. Ninmochi, ninsocu.

Phalangitæ, arum. Idem.

Phalangites. Lus. Hũa erua. Iap. Atu cusa no na.

Phalangium, ij. Idem. ¶ Item, Hũa laya de aranha. Iap. Cumono taguy.

Phalanx, gis. Lus. Hũa certa esquadra de soldados. Iap. Buxino fitosonaye. ¶ Item, Braço das balanças. Iap. Tenbin no sado. ¶ Item, Hũ genero de aranha. Iap. Cumono taguy. ¶ Itẽ, Phalanges. Lus. Nós dos dedos. Iap. Yubino fuxibuxi.

Phalarica, æ. Lus. Hũ genero de arma como lança. Iap. Yarino rui.

Phaleræ, arum. Lus. Iaezes de cauallos. Iap. Vmano qeccôtaru caigu. ¶ Item, Ornamento de caualeiros, e homẽns nobres. Iap. Qibano xu, l, fabacarimo xôgon no gu.

Phaleratus, a, ũ. Lus. Ajaezado. Iap. Qeccôni caiguxitaru vma. ¶ Item, Cousa ornada, ou enfeitada. Iap. Cazaritaru mono, l, xôgon xitaru mono.

Phalérides. Lus. Certas aues dagoa. Iap. Suichôno rui.

Phanaticus, i. Lus. Aquele que os antigos criam falar arrebatado do spirito diuino. Iap. Cuchibaxiru mono. ¶ Phanaticus error. Lus. Furia, ou arrebatamento deste homem. Iap. Miguino fitono mononoqe.

Phanissa, æ. Lus. O que sendo pobre faz os tentação de rico. Iap. Buguenxano furi uo suru finin.

Phantasia, æ. Lus. Fantasia, ou imaginação. Iap. Vomocague.

Phantasma, atis. Lus. Visão, ou imaginação fantastica. Iap. Yumeni miyuru vomocague.

Phantásticus, a, um. Lus. Cousa de visão, ou imaginação. Iap. Vomocague, fengue, l, baqemononi ataru coto.

Phanum, ni. Lus. Templo. Iap. Tera, dô.

Pharetra, æ. Lus. Aljaua. Iap. Yebira, vtçubo.

Pharetratus, a, um. Lus. O q̃ traz aljaua, ou coldre. Iap. Yebirauo tçuqetaru mono.

Phárias. Lus. Hũa cobra. Iap. Iano na.

Pháricon. Lus. Hũa especie de peçonha, ou mezinha. Iap. Cusuri, l, docuno taguy.

Pharmacéutice, es. Lus. Arte de medicina q̃ cura com purgas, e outras mezinhas semelhantes. Iap. Fondôno yjut.

Pharmaceutria, æ. Lus. Feiticeira. Iap. Mico.

Pharmacôdes. Lus. Cheiro de mezinha. Iap. Cusurino niuoi.

Pharmacopola, æ. Lus. Boticairo. Iap. Cusuriya.

Phármacum, i. Lus. Mezinha, ou peçonha. Iap. Cusuri, l, docu.

Pha

Phari. Lus. Torres de vigia, ou atalaya. Iap. Tomi sitatocoro, l, ban yagura.

Phase. Lus. Passagẽ. Iap. Touoru cotouo yŭ.

Phaselinus, a, um. Lus. Cousa feita de feijóis. Iap. Aru mamenite tçucuritaru coto.

Phaselus, i. Lus. Hũ genero de nauio. Iap. Funeno taguy.

Phaseolus, siue Phaselus, i. Lus. Feijão. Iap. Mameno taguy.

Phasiana, æ. Lus. Fajão aue. Iap. Qiji no taguy.

Phasiani. Idem.

Phasianarius, ij. Lus. O que cria fajoẽs, ou galinhas do mato. Iap. Miguino toriuo cŏ mono.

Phasma, atis. Lus. Visão, ou monstro. Iap. Baqemono, fengueno mono.

Phaulix. Lus. Hum genero de azeitonas. Iap. Azeitonato yŭ conomino na.

Phellus. Lus. Sôuaro aruore. Iap. Aru qino na.

Phengîtes. Lus. Hũa pedra dura como marmore brãca, & transparente. Iap. Xiroqu suqi touoru cataqi ixi.

Phéretrum, vide Feretrum.

Phíala, æ. Lus. Garrafa, ou copo. Iap. Binno taguy, l, sacazzuqi.

Phiditia, orum. Lus. Ceas, ou banquetes. Iap. Buisui, l, Furumaino na. ¶ Itẽ, Bãquetes moderados. Iap. Taiqua naqi motenaxi, furumai.

Philanthrópia, æ. Lus. Amor, & beneuolencia pera com os homens. Iap. Fitoni taixi teno taixet, aixirai.

Philanthrópium, ij. Lus. Liberalidade. Iap. Quŏqi. Vlpianus.

Philánthropus, i. Lus. Hũ genero de labaça erua. Iap. Aru cusano na.

Philáutia, æ. Lus. Amor proprio. Iap. Mino taixet.

Philargyria, æ. Lus. Cobiça de ouro, ou prata. Iap. Qinguinno midarinaru nozomi, l, yocuxin.

Philetæria, l, Phileteria, æ. Lus. Hũa erua. Iap. Cusano na.

Phillyra, vide Philyra.

Philochares. Lus. Marroyo erua. Iap. Aru cusano na.

Philogræcus, i. Lus. O que he amigo de vsar palauras Gregas. Iap. Gregono cotobauo suqu mono.

Philogynia, æ. Lus. Amor, ou afeição a molheres. Iap. Vonnauo vomô taixet.

Philológia, æ. Lus. Desejo, ou estudo da eloquencia. Iap. Benuo conomu cotouo yŭ, l, benjetni naru michiuo manabu coto uo yŭ.

Philólogus, i. Lus. Amigo, ou estudioso da eloquencia. Iap. Bẽjetni monouo yŭ michiuo narŏ, l, suqu mono.

Philomúsus, i. Lus. O que he amigo das musas, ou canto. Iap. Musato yŭ vôna botoqe uo xingŏ suru mono, l, vtauo suqu mono.

Philosophaster, tri. Lus. O que imita os filosophos. Iap. Filosophoto yŭ gacuxauo manabu mono.

Philosóphia, æ. Lus. Amor, e estudo da sciẽcia, ou filosophia. Iap. Gacumonno suqi, l, banmotno riuo aqiramuru gacumon.

Philosóphicus, a, um. Lus. Cousa que pertence a filosopho. Iap. Cano gacuxani ataru coto.

Philosóphor, aris. Lus. Estudar filosophia, ou disputar como filosopho. Iap. Filosophia to yŭ gacumonuo suru, l, cano gacuxano gotoqu mondŏ suru.

Philósophus, i. Lus. Filosopho, ou amador da sabedoria. Iap. Cano gacumonuo suru mono, l, suqu mono.

Philostorgia, æ. Lus. Mimo, e amor grande dos pays pera com os filhos. Iap. Voyano coni taisuru taixet, l, ayamacaxigoto.

Philotheoros, i. Lus. O q̃ se dà a especulação. Iap. Gacumonno cufŭni conzuru mono.

Philtrum, tri. Lus. Beberagem, ou mezinha pera causar amor. Iap. Taixetuo susumuru cusuri. ¶ Item, per transl. Graça, ou boa composição do corpo, & bons costumes. Iap. Yoqi jinbut, l, yoqi ninai, l, jinjŏnaru catagui.

Philyra, æ. Lus. Hũa aruore. Iap. Aru qino na. ¶ Item, Cascas delgadas de aruores em que se escreuia antigamẽte. Iap. Mucaxi monouo caqitaru viuqi qino caua.

Phle-

Phlebotómia, æ. Lus. Sangria. Iap. Chiuo toru cotouo yŭ.
Phlebótomon. Lus. Lanceta da sangria. Iap. Chiuo toru fari.
Phlegma, atis. Lus. Freima, humor. Iap. Mi no vchioi aru vruuoi.
Phlegmatici. Lus. Freimaticos em que predo mina humor freimatico. Iap. Mizzuqeno suguitaru mono.
Phlegontis, tidis. Lus. Hũa pedra preciosa. Iap. Tamano na.
Phleos. Lus. Hũa erua. Iap. Cusano na.
Phlyctænæ. Lus. Empolas. Iap. Fibucure, mizzubucure. (vôcame.
Phoca, æ. Lus. Lobo marinho. Iap. Vmino
Phœbe, es. Lus. Lũa. Iap. Tçuqi.
Phœbus, i. Lus. Sol. Iap. Nichirin. Apud poëtas.
Phœnicea, æ. Lus. Hũa erua. Iap. Cusano na.
Phœniceus, a, um. Lus. Côr ruiua, ou castanha. Iap. Curiiro.
Phœnicobalânus, i. Lus. Fruito das palmeiras de Egipto. Iap. Yaxiuono qino mi.
Phœnicópterus, i. Lus. Hũa aue. Iap. Tori no na.
Phœnix, icis. Lus. Aue fenis. Iap. Torino na. ¶ Item, Palmeira. Iap. Yaxiuono qi.
Phonascus, i. Lus. Mestre q̃ ensina o modo, e pronunciação das palauras, &c. Iap. Cotobano tenifauo voxiyuru xixŏ.
Phósphorus, i. Lus. Estrela dalua. Iap. Miŏjŏ.
Phrasis, is. Lus. Modo de falar. Iap. Iucugo, vomoxiroqi cotoba. (suru yamai.
Phrenîtis, idis. Lus. Frenesis. Iap. Qiŏran
Phrenéticus, i. Lus. Doente de frenesis. Iap. Yamaini vocasarete qiŏran suru mono.
Phronêsis. Lus. Prudencia. Iap. Funbet, xirio, yenrio.
Phrygiones. Lus. Brosladores, ou os q̃ fazem obras de bastidor. Iap. Nuimonoxi.
Phrygia vestis. Lus. Vestido de bastidor. Iap. Nuimono xitaru yxŏ. ¶ Phrygius lapis. Lus. Hũa pedra como pedra q̃ serue pera tingir. Iap. Monouo somuru ixino na.
Phrygianus, a, um. vt phrygianæ vestes. Lus. Vestidos de bastidor. Iap. Nuimono xitaru yxŏ.

Phrynos. Lus. Hum genero de manduco, ou sapo. Iap. Fiqigayeru.
Phthiriasis. Lus. Doença de piolhos. Iap. Xiramino dequru yamai.
Phthisis. Lus. Tisica. Iap. Faino zŏni idequru xumot yori vocoru vazzurai.
Phthongus, i. Lus. Som, ou voz que não he articulada. Iap. Voto, l, cotouarino qicoyezaru coye. ¶ Item, Som vniforme da musica. Iap. Quanguen no voto aji chôxi. ¶ Item, Principio, ou começo da consonancia. Iap. Ichibanni aguru chôxi.
Phy. Interiectio mirantis est.
Phycis. Lus. Hum peixe. Iap. Vuono na.
Phycites. Lus. Hũa pedra preciosa. Iap. Tamano na.
Phylaca, æ. Lus. Carcere. Iap. Rŏ.
Phylacista, æ. Lus. Carcereiro, ou alcaide. Iap. Rôno yacuxa, l, tçuifucuno quanin.
Phylacterium, ij. Lus. Contra peçonha. Iap. Docuno qexigusuri. ¶ Item, Carcere. Iap. Rŏ. ¶ Item, Hũa maneira de rotolo q̃ os fariseos traziam na testa, ou nos braços cõ a ley escrita nelle. Iap. Fariseoto yŭ mono Deusno gŏ voqiteuo ca qitçuqetemo ini voxitçuqetaru fuda.
Phylarchus, i. Lus. Nome de hũa dinidade na milicia dos caualeiros. Iap. Qiba no taixŏ.
Phyllira. vide Philyra.
Phyllon, i. Lus. Espinha. Iap. Ibara.
Physa, æ. Lus. Hum peixe de concha. Iap. Vuono na.
Physêter, eris. Lus. Balea. Iap. Cujira.
Physica, orum, siue Physica, æ. Lus. Filosophia natural. Iap. Bamotno rino aqiramuru gacumon. ¶ Item, Obra que trata da natureza das cousas. Iap. Cano gacumô no furu qiŏjacu.
Physicè, adu. Lus. Naturalmente, ou filosoficamente. Iap. Xŏtocu, l, miguino gacumonuo manabiyetaru fitono gotoqu.
Physicus, i. Lus. Filosopho, ou o que aprendeo filosophia. Iap. Banmotno riuo aqiramearu gacuxŏ.
Physicus, a, um. Lus. Cousa natural, ou q̃

pertence a filosophia. Iap. Xŏtocunaru coto, l, miguino gacumonni ataru coto.

Physiognomia, æ. Lus. Arte com que se conhece a natureza dos homens pola aparencia do corpo, ou rosto. Iap. Menteŏuo mite sono fitono xŏuo xiru narai.

Physiógnomus, i, l, Physiógnomon, onis. Lus. O que tem esta arte, ou sciencia. Iap. Miguino narauo manabiyetaru fito.

Physiológia, æ. Lus. O inquirir, ou disputar da natureza das cousas. Iap. Banbutno rino rondan.

Physiólogus, i. Lus. O que inquire, ou escudrinha a natureza das cousas. Iap. Miguino gacumonuo suru fito.

Physis, is. Lus. Natureza. Iap. Xŏtocu, vmaretçuqi.

P ANTE I.

PIábilis, e. Lus. Cousa que se pode alimpar, ou purificar. Iap. Qiyomeraruru mono.

Piaculáris, e. Lus. Cousa q̃ pertẽce a purificar cõ sacrificio, etc. Iap. Tamuqeuo naxite zaiyeuo nozoquni ataru coto. ¶ Piacularia auspicia. Lus. Agouros que significauam algum caso triste aos que sacrificauam. Iap. Tamuqeno vchini vocoru yŏ quai, l, quaiy.

Piáculum, i. Lus. Sacrificio, ou culto que seruia por satisfação dos pecados. Iap. Togano fujŏuo qiyomuru tameni xitaru tamuqe, voconai. ¶ Aliqñ. Pecado. Iap. Zaiqua.

Piâmen, inis, siue Piamentum. i. Lus. Purificação. Iap. Qiyome.

Piator, oris. Lus. O que faz purificação de pecados, &c. Iap. Zaiyeuo qiyomuru mono.

Piátrix, icis. fœmin. Idem.

Pica, æ. Lus. Pega. Iap. Torino na. ¶ Itẽ, Desejo de molherprenhe. Iap. Vonnano tçuuari.

Picâtus, a, um. Lus. Breado de pez. Iap. Matçuyaniuo nuritaru mono.

Piciatus, a, um. Idem.

Picia, æ. Lus. Pinheiro de que se tira o pez. Iap. Yaniuo toru matçuno qi.

Piciaster, tri. Lus. Pinheiro brauo. Iap. Yamani voyetaru matçu.

Pico, as. Lus. Brear com pez. Iap. Matçuyaniuo nuru.

Picris. Lus. Hum genero de alface, ou almeroẽs do campo. Iap. Chixa, l, nazzunano taguy.

Pictor, oris. Lus. Pintor. Iap. Yecaqi, yexi.

Pictûra, æ. Lus. Arte de pintar. Iap. Yeno fippŏ. ¶ Item, Pintura. Iap. Ye.

Picturatus, a, um. Lus. Ornado de varias pinturas. Iap. Iroyete cazaritaru mono, l, iacuxiqino ye.

Pictus, a, um. Lus. Cousa pintada. Iap. Ye ni caqitaru mono. ¶ Aliqñ. (Nomen) Lus. Cousa ornada. Iap. Xŏgon xitaru mono.

Picumnus, i. Lus. Hũa aue. Iap. Torino na.

Picus, i. Lus. Picanço aue. Iap. Torino na. ¶ Item, Grifo. Iap. Qedamonono na.

Pierius a, ũ. vt dies pierij. Lus. Dias q̃ ẽpregamos no estudo. Iap. Gacumonuo suru fi.

Piè, adu. Lus. Pia, & sanctamente. Iap. Tattoqu, xuxŏni. ¶ Itẽ, Piadosa, e benignamente. Iap. Renminuo motte, itauatte.

Pietas, atis. Lus. Culto, ou honra pera com Deos, patria, & pays. Iap. Deus, coqiŏ, voyani tailuru vyamai. ¶ Item, amor dos filhos pera com os pays, e parentes, ou patria. Iap. Voya cŏcŏ, l, xinrui, coqiŏuo vomô taixet.

Pigéndus, a, um. Lus. Cousa de que se hade ter pesar. Iap. Cuyaxiqi coto, cuyamu beqi coto.

Pigeo, es. Lus. Ter pesar, ou enfadamento. Iap. Cuicanaximu, taicut suru, qiguruxij.

Piget, piguit, & pigitum est. imperson. Idẽ. ¶ Item, Pigere. Lus. Deter. Iap. Todomuru. ¶ Interd. Ter dôr, e arrependimẽto. Iap. Cuicanaximu.

Piger, gra, grum. Lus. Remisso, ou priguiçoso. Iap. Nibuqi mono, l, buxŏnaru mono. ¶ Aliqñ. Cousa lenta, e que não he fluida. Iap. Nebaqi mono.

Pigmentarius, ij. Lus. O que faz, ou vende postu-

postursas pera os rostos das molheres. Iap. Vonnano qexŏno guuo tçucuri vru mono. ¶ Item, Boticairo. Iap. Cusuriya.

Pigmentarus, a, um. Lus. Cousa ornada cõ confeições, e posturas. Iap. Qexŏuo xita su mono.

Pigmentum, i. Lus. Postura do rosto das molheres. Iap. Vonnano qexŏno gu. ¶ Itẽ, per transl. Mentiras, e enganos. Iap. Itçuuari, tabacari. ¶ Qñq;. Tintas de pintores. Iap. Yenogu. ¶ Aliqñ. Confeição q̃ se faz de diuersos cheiros. Iap. Auaxegŏ. ¶ Qñq;. Pro coloribus Rhetoricis ponitur.

Pigneratitius, a, um. Lus. Cousa dada em penhor. Iap. Xichini voqitaru mono. ¶ Pigneratitius creditor. Lus. O que tẽ aução, e direito pera tomar o penhor. Iap. Nagasu xichiuo qenbŏno vye yori gamotni nasu mono. ¶ Pigneratitia actio, quæ ad pignus persequendum est instituta apud iuris consultos.

Pignerator, oris. Lus. O que toma penhor. Iap. Xichiuo toru mono.

Pignero, as. aut Pigneror, aris. Lus. Empenhar algũa cousa. Iap. Monouo xichini voqu. ¶ Aliqñ. Tomar o penhor. Iap. Xichi uo toru.

Pignus, oris, l, eris. Lus. Penhor. Iap. Xichi. ¶ Aliqñ. Cousa que se poem em aposta. Iap. Xŏbuno caqemono. ¶ Item, per transl. Prendas que se deixam por lembrãça, ou sinal de amor. Iap. Catami. ¶ Coërcere pignoribus captis. Lus. Constranger a alguem penhorandoo, ou tomando lhe os bens. Iap. Xichiuo totte sucumete monouo sasuru. ¶ Item, Pignora. Lus. Filhos. Iap. Codomo.

Pigrè, adu. Lus. Priguiçosamente. Iap. Buxŏni.

Pigreo, es. Lus. Ser priguiçoso. Iap. Buxŏ nari.

Pigresco, is. Lus. Fazerse remisso, e priguiçoso. Iap. Buxŏni naru.

Pigritia, æ. Lus. Priguiça, negligencia. Iap. Nibuia, buxŏ.

Pigrities, ei, Pigredo, I, Pigritudo, inis, & Pigritas, atis. Idem.

Pigro, as. Lus. Deterse, ou tardar. Iap. Todomaru, vosonauaru. antiq.

Pigror, aris. Idem.

Pila, æ. Lus. Gral, ou pilam em que os antigos pilauam o trigo. Iap. Mugaxino fitono mugiuo tçuqitaru vsu. ¶ Item, Gral em que fazem tisanas, &c. Iap. Vŏmugui uo tçuqu ixino vsu. ¶ Item, Pilar, ou coluna. Iap. Faxira. ¶ Item, Hũa maneira de muros, ou repairos que fazem nos portos do mar pera defender as naos das ŏdas. Iap. Tçuni cacaritaru funeuo namino sonzasazaru tameni tçuqu ixitçuigi. ¶ Item, Pila, penult. correp. Lus. Pela de jugar. Iap. Temari. ¶ Item, Qualquer cousa redonda como pela. Iap. Temarino gotoquni marugi mono.

Pilani. Lus. Soldados que peleijauam com armas de arremesso como dardo. Iap. Naguezzuqino yariuo motte tatacŏ buxi.

Pilarij. Lus. Iugadores de passa passe que mostram aos olhos que metem dentro dalgũ vaso, ou tiram pelas. Iap. Tedama xinadamauo toru fŏca.

Pilatim, adu. Lus. Por pilares, ou colunas. Iap. Faxiragotoni.

Pilatus, a, um. Lus. Armado com dardo. Iap. Nagueutçu buguuo mochitaru mono.

Pileatus, a, um. Lus. O que tem barrete, ou chapeo na cabeça. Iap. Zzuqin, l, casauo cazzuqitaru mono.

Pilentum, i. Lus. Hũ genero de andas de molheres. Iap. Vonnano noritaru coxino taguy.

Pileus, ei, & Pileum, ei. Lus. Barrete, ou chapeo. Iap. Zzuqin, l, casa. ¶ Qñq;. Liberdade. Iap. Iiyŭ, guedat.

Pileolus, & Pileolum, i. dimin. Idem.

Pilicrepus, i. Lus. O que botaua hũas pelas, ou nouelos breados no fogo dos banhos, ou estufas pera se não apagar. Iap. Furoyano fino qiyezaru tameni tamaya tçuguriui marçuyaniuo nutte cubetaru mono.

Pilo, as, (priori producta) Lus. Aplanar. Iap. Feigini nasu, tairacani nasu.

Pilo, as. (priori correpta) Lus. Sarem, ou na

cerẽ

cetam os cabelos. Iap. Qega voyuru.

¶ Interd. Tirar, ou arrancar os cabelos. Iap. Qeuo nuqu.

Pilosus, a, ũ. Lus. Cabeludo. Iap. Qedaraqe naru mono.

Pilosiora foria. Lus. Folhas que tem na superficie como pelos nacidos. Iap. Qeno aru qicusano fa.

Pilum, i. Lus. Arma de arremesso como dar do. Iap. Nagueutçu bugu. ¶ Item, Maõ do gral. Iap. Nhŭbŏ.

Pilus, i. Lus. Pelo, ou cabelo. Iap. Qe.

¶ pili non facere. Lus. Estimar em nada. Iap. Monouo cazutomo yomouazu.

Pilula, æ. Lus. Pela pequena. Iap. Chijsaqi te mari. ¶ Item, Pirola. Iap. Guanyacu.

Pina. Vide Pinna.

Pinacothêca, æ. Lus. Caixão, ou arca em q̃ se guardaua prata, vestidos ricos, &c. Iap. Guinxen, l, yxŏnadouo iretaru nagabitçu.

Pinaster, tri. Lus. Pinheiro brauo. Iap. Yama ni idequru matçuno qiŏbocu.

Pincerna, æ. Lus. Escanção. Iap. Xacutori.

Pinêtum, i. Lus. Pinheral. Iap. Matçuno qibayaxi.

Pineus, a, um. Lus. Cousa feita de pinho. Iap. Matçuno qinite tçucuritaru mono.

Pingo, is, xi, ctum. Lus. Pintar, ou debuxar. Iap. Yeuo caqu, l, yaqifudeuo motte xitayeuo caqu. ¶ Pingere humũ varijs floribus. Lus. Espalhar pelo chão variedade de flores. Iap. Iroirono fanauo chinichirasu. ¶ Aliqñ. Descreuer. Iap. Comacani monouo caqu.

Pinguêdo, inis, & Pinguitûdo. Lus. Gordura. Iap. Iqimonono abura, xicŏ, firâ.

Pinguefacio, is. Lus. Engordar a outro. Iap. Coyasu.

Pingueo, es. Lus. Estar gordo. Iap. Coyetari.

Pinguesco, is. Lus. Engordar, ou fazerse gordo. Iap. Coyuru.

Pinguiarius, ij. Lus. Amigo de cousas gordas. Iap. Coyetaru monouo suqu mono.

Pinguis, e. Lus. Cousa gorda. Iap. Coyetaru mono, fiman xitaru mono. ¶ Aliqñ. Fertil, & abundante. Iap. Tacusan naru

mono, sacayuru mono. ¶ Aliqñ. Ignorante & rude. Iap. Guchinaru mono. ¶ Itẽ, Pingue. Lus. Gordura q̃ esta entre a carne, & pele. Iap. Finicuno aidani aru abura. ¶ Pingui mineruа aliquid agere. Lus. Fazer algũa cousa groseira, e toscamẽte. Iap. Buchôfŏni, l, sosŏni monouo suru.

Pinguiter, adu. Lus. Gorda, ou grossamente. Iap. Coyete, fiman xite.

Pinifer, a, um. Lus. Cousa que da, ou produze pinheiros. Iap. Matçuno qinovoyuru tocoro.

Pinna, æ. Lus. Pena dura de aue. Iap. Torino fane. ¶ Item, Qualquer cousa aguda. Iap. Surudonaru mono. ¶ Pinnæ muro rum. Lus. Ameas dos muros. Iap. Ixiguraно vyeni mata tacaqu ixiuo casaneta ru tocoro. ¶ Item, Pinna. Lus. Hũ peixinho de concha. Iap. Caino taguy.

¶ Item, Figura deste peixinho que trazia hum dos que se acotilauão sobre a cimeira do capacete por diuisa. Iap. Qiriyŏ aiteno cabutono tatemononi xitaru miguino caino catachi. ¶ Item, Pinnæ. Lus. Barbatanas dos peixes. Iap. Vuono fire.

Pinnáculum, i. Lus. Pinaculo, ou curucheo. Iap. Yaneno muneno tacaqu togaritaru tocoro.

Pinnatus, a, um. Lus. Cousa que tem penas, ou asas. Iap. Faneno aru mono.

¶ Pinnata folia. Lus. Folhas agudas na ponta. Iap. Saqino togaritaru cono fa.

Pinnirapus, i. Lus. Hũ dos que pelejauam em desafio, e apanhaua ao outro o remate da cimeira do capacete. Iap. Qiriyŏ aiteno cabutono tatemonouo torayetaru mono.

Pinnula, æ. dimin. Lus. Parte de cima da orelha. Iap. Mimino vyeno cara. ¶ Aliqñ. Pena dura pequena do passaro. Iap. Torino chijsaqi fa, l, cobane. ¶ Aliqñ. Barbatana com que nadão os peixes. Iap. Vuono fire.

Pinso, is, sui, pistum, pinsum, & pinsitum Lus. Pisar, ou moer. Iap. Tçuqi cudaqu. ¶ Aues pinsere. Lus. Picarem as aues cõ o bico em algũa cousa a miude. Iap. Toriga

f * mo-

monouo xiguequ tçutçuqu.

Pinso, as. Idem.

Pinsito, as. freqüent. à pinso. Idem.

Pinsor, oris. Lus. O que pila trigo em gral, ou pilão. Iap. Vsunite muguiuo tçuqu mono. ¶ Item, O que amassa, & faz pão. Iap. Pãouo cone tçucuru fito.

Pinus, i, Pinia, æ. Lus. Pinheiro. Iap. Matçu.

Pio, as. Lus. Honrar piamente. Iap. Vyamô. ¶ Aliqn. Contaminar, & sujar. Iap. Qegasu. ¶ Aliqn. Amar. Iap. Taixetni vomô. ¶ Aliqn. Purgar, ou purificar de pecados, &c. Iap. Togano qegareuo qiyomuru.

Pipatio, onis, siue Pipatus, us. Lus. Clamor, ou voz do que chora. Iap. Naqigoye.

Piper, eris. Lus. Aruorezinha que da pimenta, ou a mesma pimenta. Iap. Chijsaqi coxônoqi, l, coxô.

Piperatus, a, um. Lus. Cousa apimentada Iap. Coxôuo majiyetaru mono.

Piperitis, is. Lus. Hũa erua. Iap. Cusano na.

Pipilo, as. Lus. Chiar dos pardais. Iap. Suzumega naqu.

Pipio, is. Lus. Piar dos pintaõs. Iap. Niuatorino fiyocoga naqu.

Pipiones. Lus. Pombinhos. Iap. Fatono co.

Pipo, as. Lus. Chorar com queixumes. Iap. Naqicudoqu. ¶ Item, Cantar das galinhas. Iap. Niuatoriga naqu.

Pipulum, i. Lus. Injuria de palaura. Iap. Cotobano chijocu, accô, zôgon.

Pirata, æ. Lus. Cosairo do mar. Iap. Caizocu suru mono.

Piraterium, ij. Lus. Acolheita de cosairos. Iap. Caizocuno fiqicomoru tocoro.

Piratica, æ. Lus. Roubo que se faz por mar. Iap. Caizocu.

Piraticus, a, um. Lus. Cousa que pertence a cosairo do mar. Iap. Caizocuni ataru coto.

Piscaria, æ. Lus. Praça, ou outro lugar onde vendem peixe. Iap. Vuouo vru tocoro.

Piscarius, ij. Lus. O que vende peixe. Iap. Vuouo vru mono.

Piscator, oris. Lus. Pescador. Iap. Guiojin.

Piscatrix, icis. fœmi. Idem.

Piscatorius, a, um. Lus. Cousa que pertence a pescador, ou a pescar. Iap. Guiojinni ataru coto, l, reôni ataru coto.

Piscarius, a, um. Idē. ¶ Piscariũ forũ. Lus. Praça do peixe. Iap. Vuouo vru tocoro.

Piscatus, us. Lus. Pescaria, ou o pescar. Iap. Riô, sunadori.

Piscina, æ. Lus. Viueiro de peixes. Iap. Vuono iqesu. ¶ Item, Piscina, ou tanque de agoa pera nadar, &c. Iap. Vuyogu abu ru tameni yu, l, mizzuuo tametaru cuiqe. Item, Hũ vaso de pao pera ter agoa. Iap. Qinito tçucuritaru mizzubune.

Piscinalis, e. Lus. Cousa que pertence a tanque, ou viueiro de peixes. Iap. Vuono iqesu, l, iqeni ataru coto.

Piscinarius, ij. Lus. O que tem viueiros de peixes, ou o que folga de criar peixes. Iap. Vuono iqesuuo mochitaru fito, l, vuouo cô coroni suqitaru fito.

— Piscis, is. Lus. Peixe. Iap. Vuo. ¶ Itē, Hũ signo celeste. Iap. Foxino yadori.

Pisciculus, i. dimin. Idem.

Piscor, aris. Lus. Pescar. Iap. Reôuo suru, sunadoriuo suru.

Piscosus, a, um. Lus. Lugar abundante de peixes. Iap. Vuono vouoqi tocoro.

Pisculentus, a, um. Idem.

Piso, is, pisi. Lus. Alimpar, ou tirar a casca. Iap. Nogô, l, monono cauauo muqu.

Piso, as. Idem.

Pissasphaltus, i. Lus. Hũa especie de breu entre pez, e bitume. Iap. Matçuyanino taguy.

Pisselæon. Lus. Azeite feito de hũ pao. Iap. Aru qi yori neri idaxitaru abura.

Pissocéron. Lus. Segundo fundamento sobre que as abelhas fundão os fauos, que consta de pez, cera, resina, &c. Iap. Mitçuuo tçucuru tocoroni matçuyani, rô nado nite tçuru nibanmeno xitagi.

Pistacium, ij. Lus. Hũ genero de noz. Iap. Curumino taguy.

Pistillum, i. Lus. Mão do gral. Iap. Nhũbô, qine.

Pistolóchia, æ. Lus. Hũa erua. Iap. Cusano na.

Pistor, oris. Lus. Padeiro. Iap. Pão yaqi.

¶ Item

¶ Item, apud antiq. O que pila trigo. Iap. Muguiuo tçuqu fito.

Piſtóricus, a, um. Lus. Couſa que pertence a padeiro, ou a arte de fazer pão. Iap. Pão yaqu mono, l, ſono yaqiyŏni ataru coto.

Piſtorius, a, um. Idem.

Piſtûra, æ. Lus. Arte de pilar trigo. Iap. Muguiuo tçuqu narai.

Piſtrina, æ. Lus. Mó em que ſe moe. Iap. Muguiuo fiqu ixiuſu.

Piſtrilla, æ. Idem.

Piſtrinenſis, e. Lus. Couſa que pertence atafona, ou acenha. Iap. Muguiuo fiqu tocoroni ataru coto.

Piſtrînum, i. Lus. Moinho, ou atafona. Iap. Ixiuſunite muguiuo fiqu tocoro. ¶ Itē, Caſa onde ſe fazia pão mimoſo. Iap. Qeccōnaru pãouo tçucuru tocoro. ¶ Item, per transl. Obra, ou officio de grande moleſtia, e trabalho. Iap. Nangui, xinrŏna ru xoſa, l, yacu.

Piſtrix, îcis. Lus. Molher que moe trigo, ou que faz pão. Iap. Muguiuo fiqu vonna, l, pãouo yaqu vonna. ¶ Item, Hũ peixe grande do mar. Iap. Vmino taiguio. ¶ Item, apud antiquos, Atafona. Iap. Muguiuo fiqu tocoro. ¶ Item, Hũ ſigno celeſte. Iap. Fŏxino yadori.

Piſum, i. Lus. Hũ genero de legume. Iap. Mame nadono taguy.

Pithecus, i. Lus. Bugio. Iap. Saru.

Pithesia, æ. Feſtum erat Dionyſij tota Græcia celebratum.

Pitiſſo, as. Lus. Ir bebendo, ou goſtando o vinho pouco apouco. Iap. Sucoxizzutçu ſaqeuo agiuaimiru.

Pittacium, ij. Lus. Pedaço de pano vntado cõ algũa mezinha que ſe poem pera mitigar algũa dôr. Iap. Itamiuo yauaraguru tameni cuſuriuo nutte mini atçuru momē no qire.

Pituîta, æ. Lus. Freima humor. Iap. Tã, mino vchini aru vruuoi. ¶ Item, Hũa doença que nace delte humor. Iap. Tan yori voco ru yamai. ¶ Item, Hũ humor lento que ſaye das aruores. Iap. Qi yori izzuru nebaqi xiru.

Pituitaria, æ. Lus. Hũa erua. Iap. Cuſano na.

Pituitoſus, a, um. Lus. Freimatico. Iap. Mizzuqeno vouoqi mono, l, vruuoino ſugui taru fito.

Pitylisma, atis. Lus. Hũ genero de exercicio de muita velocidade. Iap. Saſocuuo qica-ſuru mino fataraqi.

Pityocampæ. Lus. Bichos que nacē do pinheiro. Iap. Matçuno qi yoriidequru muxi.

Pityónices. Vide Pythionices.

Pius, a, um. Lus. O que ama, ou honra a Deos, patria, & pays. Iap. Deus, l, voya, coqióuo vyamŏ mono, l, taixetni vomŏ mono.

Pix, cis. Lus. Pez. Iap. Curoqi matçuyani.

Pixacanthũ. vide Pyxacanthum.

P ANTE L.

Placábilis, e. Lus. Couſa que facilmente ſe abranda, ou aplaca. Iap. Nadame yaſuqi mono.

Placabilitas, atis. Lus. Brandura, & clemencia. Iap. Nhŭua, l, renmin.

Placâmen, inis, & Placamentum, i. Lus. Couſa com que ſe hum aplaca. Iap. Fitono cocorouo nadamuru mono, l, nadameto naru mono.

Placatè, adu. Lus. Branda, & quietamente. Iap. Vonbinni, nhŭuani.

Placatio, onis. Lus. O abrandar, ou aquietar. Iap. Nadame.

Placatus, a, um. Lus. Brando, & aplacado. Iap. Nadameraretaru mono, nhŭuani naritaru mono.

Placendus, a, um. Lus. Couſa que deue agradar. Iap. Qini vŏbeqi mono. Plaut.

Placenta, æ. Lus. Hum genero de pão, ou manjar, feito da varias confeiçoẽs. Iap. Iroirono monouo majiyetaru xocubut.

Placeo, es, cui, itum. Lus. Agradar, ou contentar. Iap. Qini vŏ. ¶ Aliqñ. Gloriarſe, ou ſentir de ſi manificamente. Iap. Iman ſuru. Vt ego placeo mihi. ¶ Placet. Lus. Parece. Iap. Miyetari, vomouaruru nari.

Plácidè, adu. Lus. Quietamente, ſem eſtrondo. Iap. Xizzucani, votomo xeide.

Placiditas, atis. Lus. Quietação, brandura. Iap. Ancan, buji, l, nhǔua.

Plácidus, a, ũ. Lus. Máso, quieto. Iap. Nhǔ uataru mono. ❡ Arbor placida. Lus. Aruore domestica. Iap. Iumocu.

Placitis. Lus. Ferrugem, ou faisca q̃ saye das fornalhas dos ferreiros. Iap. Cagiyano fui gǒno fibana, susu, canacuso.

Plácito, as. frequent. Lus. Contentar, ou agradar. Iap. Qini vǒ.

Plácitum, i. Lus. Decreto, ou estatuto. Iap. Voqite, fatto.

Plácitus, a, um. Lus. Cousa que contentou e agradou. Iap. Qini aitaru mono.

Plæríq; plæræq; plæraq;, l, potiùs Pleriq;, &c. Lus. Os mais, ou a mayor parte. Iap. Taitacu, vǒcata, tabun. ❡ Aliqñ. Algũs. Iap. Fitoni yotte.

Plaga, æ. Lus. Ferida, ou pancada. Iap. Qizu, l, chǒchacu. ❡ Infligere, imponere, l, inijcere plagam. Lus. Ferir. Iap. Qizuuo tçuquru, teuo vǒsuru. ❡ Itẽ, per trãsl. Golpe que dam nas aruores pera que saya algum humor. Iap. Xiruuo idasu tameni qini tçuquru qizu.

Plágula, æ. dim. Idem.

Plagæ, arum. Lus. Redes de malhas grandes com que armam ás feras. Iap. Qedamonouo toru tameno araqi ami. ❡ Item, Na diuisam do ceo, ou da terra certos espaços, ou climas. Iap. Xecaiuo facari vaquru itçu tçuno tugi, l, tenni voite fantoqizzutçuno fedateuo arauasu tugi. ❡ Item, apud vet. Hũa maneira de lençol com que cubriam as camas. Iap. Monmennite xitaru guaguno vouoi.

Plágulæ, arũ. dim. Lus. Redes pequenas. Iap. Chijsaqi ami. ❡ Item, Lençol pequeno. Iap. Monmennite xitaru guaguno chijsaqi vouoi.

Plagiarius, ij. Lus. O que compra, ou vende algum homem por seruo, ou possue por tal sabendo que he liure. Iap. Iiyǔno monoto xitinagara vricaini xi, l, tçucǒ mono. ❡ Item, O que persuade a algum escrauo, ou escraua que fuja a seu senhor. Iap. Yatçuconi xujinno moto yori nigueyoto yqenuo suru mono. ❡ Item, O que contra vontade, ou ás escondidas do senhor tem preso o escrauo, ou o compra, ou vende. Iap. Xujinno yatçucu naqu xite, l, cacuxite yatçucouo toraye, l, vricai ni suru mono.

Plágiger, ri. Lus. Quasi nacido pera leuar, ou receber feridas, & pancadas. Iap. Qizuuo cǒmuri, l, chǒchacuuo vquru tame ni vmaretaru mono.

Plagosus, a, um. Lus. Chagado, ou cheo de feridas. Iap. Qizuno vouoqi mono. ❡ Aliqñ. O que da muitos açoutes, ou feridas, Iap. Xigueqr chǒchacu xi, l, amatano qizuuo tçuquru mono.

Plagusia, æ. Lus. Hũa especie de peixe. Iap. Vuono raguy.

Planarius, a, um. Vt planaria interpellatio pro compellatione magistratus, quæ fit de plano.

Plancæ. Lus. Taboas planas. Iap. Firaita.

Planci. Lus. Os que tem os pés demasiadamente planos, ou espalmados. Iap. Cuuabira axiuo mochitaru mono.

Planctus, us. Lus. Pranto que hum faz dando se de pancadas, & carpindose. Iap. Modaye cogaruru xǔtan.

Planè, adu. Lus. Decerto, ou totalmente. Iap. Xicato, cotogotocu.

Planetæ. Lus. Planetas. Iap. Planetato yǔ foxi.

Plango, is, xi, ctũ. Lus. Dar punhadas, ou pancadas. Iap. Vtçu, l, chǒchacu suru. ❡ Itẽ, Lamẽtar, & fazer prãto cõ ferir os peitos & fazer outros sinais exteriores. Iap. Modaye cogarete xǔtan suru, naqi cudoqu.

Plangor, oris. Lus. Pancada, ou açoute. Iap. Chǒchacu. ❡ Item, Choro, ou prãto. Iap. Modaye cogaruru xǔtan.

Planíloquus, a, um. Lus. O que fala clara, & liuremente o que sente. Iap. Aqiracani vomǒ zonbunuo jiyǔni yǔ mono.

Plánipes, edis. Lus. O que tem os pès planos. Iap. Axino firaqi fito. ❡ Item, O que entraua na tragedia, ou comedia com os os pés descalços. Iap. Fadaxi nite nôno butaini idetaru mono. ¶ Planipedia. Lus. Comedia em q̃ se entraua sem calçado nos pés. Iap. Fitono fadaxi nite idetaru nô.

Planities, ei. Lus. Planicia. Iap. Fara, nobara, l, tairacasa.

Planitudo, inis. Idem.

Planta, æ. Lus. Planta do pé. Iap. Axino vra. ¶ Item, Planta, ou vergontea que se tira da aruore, e se enxerta em outra, ou transpoem com as raizes em outra parte. Iap. Vyetaru vacaqi, l, tçuguibo.

Plantâgo, ginis. Lus. Tanchagem erua. Iap. Cusano na.

Plantaria, orum. Lus. Plantas que se transpoem cõ as raizes, & terra em outro lugar. Iap. Bechino tocoroni tçuchi tomoni vyeçayuru vacaqi. ¶ Item, Lugares onde ha plantas. Iap. Vacaqino xŏjitaru tocoro.

Plantaris, e. Lus. Cousa que pertence a plãta do pé. Iap. Axino vrani ataru coto.

Plantarius, a, um. Lus. Cousa que se deue plantar, ou he acomodada pera se plãtar. Iap. Vyubeqi mono, l, vyete niaitaru mono.

Plantatio, onis. Lus. O plantar. Iap. Vyuru coto nari.

Plântiger, a, um. Lus. Cousa que traz, ou gẽra vergonteas. Iap. Vacabayeno idequru mono, midorino tatçu mono.

Planto, as. Lus. Plantar aruores. Iap. Qiuo vyuru.

Planus (priori correpta.) Lus. Enganador. Iap. Tabacarite. Laber.

Plânus, a, um. Lus. Cousa igual, ou plana. Iap. Tairacanaru mono, muramonaqi mono. ¶ De plano, l, è plano aliquid facere. Lus. Fazerem, ou ordenarem os juizes algũa cousa sem subir ao tribunal. Iap. Tadaxite tacaqi vtenani agarazuxite monouo qetgiacu suru. ¶ Plani pisces. Lus. Peixes planos como lingoados. Iap. Yei, careino yŏnaru firaqi vuo. ¶ Item, Planus, a, um. Lus. Claro, e manifesto. Iap. Aqiracanaru coto, funmiŏnaru coto. ¶ Planũ facere. Lus. Declarar, ou deslindar algũa cousa dificil, e duuidosa. Iap. Qicoyecanuru cotouo aqiracani yauaraguru.

Plasma, tis. Lus. Fingimento. Iap. Tçucuri mono. ¶ Item, Cousa feita de barro. Iap. Tçuchi nite tçucuritaru mono. ¶ Item, Hũa mezinha como lambedor que serue pera a voz. Iap. Coyeno cusuri. Persius.

Plastes, æ. Lus. Oleiro. Iap. Fôrocuxi.

Plâstice, es. Lus. Arte de oleiro, ou de fazer imagens que seruem de modelo a os fundidores, ou escultores. Iap. Fôrocuxino narai, l, tçuchinite tçucuritaru icata, fon.

Platâlea, æ. Lus. Hũa aue. Iap. Torino na.

Platanêtum, i. Lus. Lugar de platanos. Iap. Platanoto yŭ qiuo vyetaru tocoro.

Platanînus, a, um. Lus. Cousa de platano. Iap. Miguino qini ataru coto.

Platanista, æ. Lus. Hum peixe. Iap. Vuo no na.

Plátanus, i, vel, us. Lus. Platano aruore. Iap. Platanoto yŭ qino na.

Plátea, æ. Lus. Praça, ou terreiro grande en de se ajunta gente. Iap. Fitono atçumaru vôqinaru ba. ¶ Item, Rua larga das cidades. Iap. Vôqinaru chŏ, l, machi. ¶ Item, Hũa aue. Iap. Torino na.

Platycerótes. Lus. Animais de grãdes cornos. Iap. Tçunono vôqinaru qedamono.

Platyophthalmus, i. Lus. Hũa pedra de escuma branca. Iap. Xiroqi auano izzuru ixi.

Plaudens, entis. vt columba plaudens. Lus. Pomba que vai voando com estrondo das asas. Iap. Fauotouo tacŏ xite tobu fato.

Plaudo, is, si, sum. Lus. Dar os para bẽs mostrando aplauso, e alegria com as mãos, e pés. Iap. Yorocobino moyŏuo arauaxite fitoni reiuo yŭ. ¶ Plaudere sibi. Lus. Contentarse de si, ou amar muito sua s cousas. Iap. Mino fijqiuo xite jiman suru. ¶ Plaudite, verbum addi solitum in fine comœdiarum.

Pláusito, as. frequent. Idem.

Pláuditur. impers. Idem.

Plausibilis, e. Lus. Cousa que se recebe com ale

alegria,& aplauſo do pouo. Iap. Banmin no itami yorocôde xôji motenaſu mono.
Plauſor, oris. Lus. O q̃ moſtra alegria, e faz aplauſo. Iap. Yorocobu furiuo arauaxite reiuo naſu fito.
Plauſus, us. Lus. O moſtrar fauor, ou fazer aplauſo a alguem. Iap. Fitoni chiſôſuru coto, l, yorocobino furiuo arauaſu coto nari. ❡ Aliq̃n. O bater como com as aſas fazendo ſom, ou eſtrondo. Iap. Tori no fadataqi.
Plauſtrum, i. Lus. Carro. Iap. Caruma. ❡ Itẽ, Carro, ou barca do norte. Iap. Focutono mauarini aru foxi.vt, xixxô nado. ❡ Item, Andas, ou coche em que vá mo lheres. Iap. Vonnano noru coxi, l, curuma.
Plebêius, a,um. Lus. Couſa de pouo. Iap. Banminni ataru coto. ❡ Aliq̃n. Couſa ordinaria, ou pobre. Iap. Buriocu naru mono, yonotçuneno coto.
Plebícola, æ. Lus. O que houra,ou defende o pouo. Iap. Tamiuo mochij, fijqi ſuru mono.
Plebiſcitum,i. Lus. Eſtatuto, ou ordenação do pouo. Iap. Tamino fatto, ſadame.
Plébitas, atis. Lus. Baixeza de geração. Iap. Axiqi zocuxô.
Plebs, bis, l, Plebes, ei. Lus. Pouo, ou vulgo. Iap. Banmin, l, tami.
Plebécula, æ. dim. Idem.
Pléctilis, e. Lus. Couſa caſtigada. Iap. Xeccã no vqetaru mono.
Plecto, is, xi, ctum, vel potiùs xui, xum. Lus. Caſtigar, ou dar em alguem pancadas, &c. Iap. Fitouo xeccan ſuru, l, chôchacu ſuru.
Plectrum, i. Lus. Inſtrumẽto de tãger pſalteiro, cytara, &c. Iap. Biua nadono bachi. ❡ Item, Eſporão de metal que antigamente calçauam aos gallos pera peleijar. Iap. Niuatorino qezzumeni facaxete qe aua xerari qen.
Plene, adu. Lus. Chea, e acumuladamente. Iap. Iûman xite, taxxite.
Plenilunium, ij. Lus. Lũa chea. Iap. Mangura.
Plenitûdo, inis. Lus. Enchimẽto. Iap. Iûman. ❡ Item, Groſſura, ou corpulencia. Iap. Futoſa, l, fiman.
Plenus, a, um. Lus. Couſa chea, & abundante. Iap. Iûman xitaru mono, tacuuan naru coto. ❡ Aliq̃n. Rico, e afazẽdado. Iap. Vtocunin, buguẽxa. ❡ Plena manu dare. Lus. Dar liberal, & francãmente. Iap. Quôqini monouo atayuru. ❡ Pleno gradu ingredi. Lus. Começar, ou acometer algũa couſa com grãde feruor, e deſejo. Iap. Xôjin yumiôni monouo xifajimuru, l, xicacaru.
Pleonaſmos, i. figura eſt, quæ fit, quoties ver bis ſuperuacuis oneratur oratio.
Plethron, i. Lus. Eſpaço de terra que ſe laura em hum dia com hũa junta de boys. Iap. Vxi nifiqi nite ichijitno aidani tagayeſu bun. Valla. ❡ Item, Hũa medida de cem pés. Iap. Fiacu axi aru xacuzzuye. Suidas.
Pleuríticus. Lus. Doente de prioriz. Iap. Vaqino itami aru fito.
Pleurîtis, tidis. Lus. Prioriz. Iap. Miguino yamai.
Plicâtilis, e. Lus. Couſa dobradiça. Iap. Tatami yaſuqi mono. ❡ Nauis plicatilis. Lus. Embarcação feita de couro que ſe tem dobrada, & ſerue pera paſſar algum rio. Iap. Cauanite tçucuri tatami voite iru toqiua notte cauauo vataru fune.
Plicatûra, æ. Lus. Dobradura. Iap. Tatôdaru cotouo yû.
Plico, as, aui, atum, & vi, itum. Lus. Dobrar. Iap. Tatamu.
Piſtolóchia, æ. Lus. Maluaiſco. Iap. Auoi.
Plodo, is, ſi, ſum. Lus. Batendo as mãos, ou os pés fazer algum ſom. Iap. Te, axiuo vtte votouo ſuru.
Plorabundus, a, um. Lus. O que chora muito. Iap. Vôqini naqu mono.
Plorator, oris. Lus. O que chora. Iap. Naqu mono.
Plorâtus, us. Lus. Choro, lamentação. Iap. Naqi, cudoqi, xûtan.
Ploratus, a, ũ. Lus. Couſa chorada, ou lamentada. Iap. Naqi canaximaretaru coto.
Plo-

Ploro, as. Lus. Chorar, lamentar. Iap. Naqi cudoqu.
Plostrum, i. Lus. Carro. Iap. Curuma.
Plostellum, i. dim. Idem. ¶ Item, Plóstellum Pœnicum. Lus. Hũa maneira de taboa com dentes em que desfaziáo, & debulhauam o trigo. Iap. Nocoguirino gotoqu naru tçuqete comuguiuo coqu ita.
Pluma, æ. Lus. Pena miuda, & branda. Iap. Torino qe.
Plúmula, æ. dim. Idem.
Plumarius, ij. Lus. O que pinta com pena. Iap. Qeuo fudeni xite ye caqu fito.
Plumarius, a, um. Lus. Cousa que se faz de pena. Iap. Qe nite tçucuritaru mono. ¶ Plumaria culcitra. Lus. Colchão cheo de pena. Iap. Vchini qeuo iretaru futon.
Plumácilis, e. Idem.
Plumatus, a, um. Lus. Cuberto de penas. Iap. Qeno voyetaru mono.
Plumbâgo, inis. Lus. Vea comum de chũbo, & prata. Iap. Namarito xirocanene majiritaru canayamano sugi. ¶ Item, Hũa erua. Iap. Cusano na.
Plumbarius, ij. Lus. Oficial que faz obra de chumbo. Iap. Namarinite monouo tçucuru saicuxa, l, suzuya.
Plumbarius, a, um. Lus. Cousa que pertence a chumbo. Iap. Namarini ataru coto.
Plumbatæ. Lus. Pelas, ou pelouros de chumbo. Iap. Namarino tama.
Plumbatûra, æ. Lus. Solda, ou liga que se faz com chumbo. Iap. Rŏtçugui.
Plumbeus, a, um. Lus. Cousa de chumbo. Iap. Namari nite tçucuritaru mono. ¶ Plumbeo iugulare gladio. Lus. Conuẽcer alguem com sutil, & leue argumento. Iap. Riconni xite tayasuqi dŏriuo motte fitouo iytçumuru. ¶ Plumbeum ingenium. Lus. Engenho boto, e rudo. Iap. Donchi. ¶ Plumbeum esse in re aliqua. Lus. Ser rude, & ignorante em algũa cousa. Iap. Cotoni yotteua don nari. ¶ Plumbeæ iræ. Lus. Agastamentos muito graues, & impressos no coração. Iap. Vomoi comecaru icari, l, fucaqi xiny.
Plũbo, as. Lus. Ligar, ou soldar cõ chũbo. Iap. Namarinite mono uo tçugui auasuru.
Plumbosus, a, um. Lus. Cousa que tem mistura de muito chumbo. Iap. Namariuo vouoqu majiyetaru mono.
Plumbum, i. Lus. Chumbo. Iap. Namari. ¶ Item, Hũ certo mal, ou doença dos olhos. Iap. Meno vazzuraino na.
Plumesco, is. Lus. Cobrirse, ou vestirse de pena. Iap. Qega voyuru.
Plumeus, a, um. Lus. Cousa de pena. Iap. Torino qeni ataru coto.
Plumo, as. Lus. Nacerem as penas. Iap. Qega voyuru. ¶ Item, Fazer obra de broslado, ou bastidor. Iap. Qinxinite nuimonouo suru.
Pluo, is. Lus. Chouer. Iap. Amega furu.
Pluralis, l, Plurale, & Pluratiuus, a, um. apud grámaticos. Lus. Cousa de muitos. Iap. Amatani ataru coto. ¶ Pluratiuus numerus. Idem apud Macrobium.
Plurifariam, adu. Lus. De muitas, & varias maneiras. Iap. Xuju samazamani.
Plurifarius, a, um. Lus. Cousa varia, & de muitas layas. Iap. Iroironaru coto.
Plurimùm, adu. Lus. Muito, ou em grande maneira. Iap. Vôqini. ¶ Qñq;. Pola mór parte. Iap. Vôcata, tabun.
Plurimus, a, um. Lus. Muito em grande numero. Iap. Itatte vouoqi mono. ¶ Qñq. Cousa longa, & estendida. Iap. Nagaqu nobitaru mono. ¶ Plurimi æstimare. Lus. Ter em grande conta. Iap. Vôqini mochiyru. ¶ Plurimum ætatis. Lus. Grande parte da idade. Iap. Youaino tabun.
Plus, pluris. Lus. Mais. Iap. Nauo vouoqi coto. ¶ Aliqñ. Aduerb. temp. Lus. Mais tẽpo. Iap. Nauo fisaxiqu. ¶ Plus satis. Lus. Em abundancia, e mais do necessario. Iap. Tacusanni, iru yorimo nauo vouoqu.
Plúsculus, a, um. dim. Idem.
Plusminus, Plusminus ve, Plus ve, minus ve. Lus. Pouco mais, ou menos. Iap. Tairiaca, voyoso. ¶ Plus, plusq;. Lus. Cada dia, e cada vez mais. Iap. Yomi maxi, fimi maxi.
Pluteals, e. Lus. Cousa que pertence ataboa.

boa, ou caixa. Iap. Qezzuritaru ita, l, ita nite xitaru monono iyeni ataru coto.
¶ Sigilla pluteália. Lus. Imagens metidas em caixas. Iap. Iremononi iretaru ye.

Pluteus, ei. Lus. Hũa machina de combater os muros. Iap. Camayeuo cuzzusu caracuri. ¶ Item, Caixa onde se guardam liuros, imagens, &c. Iap. Mononoiye, l, fa co. ¶ Item, Liuro de lembranças. Iap. Voboyeno tameni mononoxiruxi voqu xo. ¶ Item, Espaço que diuide ao compri do as colũnas de baixo das de cima. Iap. Vye xitano faxirano auai. ¶ Item, Taboas com que se cerca algũa cousa. Iap. Fataita.

Pluuia, æ. Lus. Chuua. Iap. Ame.

Pluuialis, & Pluuiatilis, e. vt aqua pluuialis. Lus. Agoa de chuua. Iap. Amamizzu.

Pluuius, a, um. Idem.

Pluuiosus, a, ũ. vt annus pluuiosus. Lus. Ano chuuoso. Iap. Ame xigueqi toxi.

Plynteria, orum. Dies festi erant apud Athe nienses Cæreri sacri.

P ANTE N.

Pneumáticus, a, um. Lus. Cousa espiritu al, ou de vento. Iap. Xiqisǒnaqi mono, l, cajeni ataru coto. ¶ Pneumatica orga na. Lus. Engenhos de vento com que tirão agoa de poços, ou rios. Iap. Inomo to, l, daiga yori caje nite mizzuuo cumi aguru caracuri. ¶ Pneumatica ratio. Lus. Parte da musica que se faz cõ frautas, ou orgaós asoprados do vento. Iap. Fuqimono nite suru gacu.

Pneumónia, æ. Lus. Inflamação, ou chaga do bofe com febre aguda, & dificuldade de respirar. Iap. Faino zǒno xumotni yotte necqi voçoriiqiuo tçuqicanuru yamai.

Pneumonici. Lus. Doentes desta infirmida de. Iap. Miguino yamaiuo motçu fito.

P ANTE O.

Pocillator, oris. Lus. Escanção, ou copeiro. Iap. Saqeno qiũji suru mono, xacuuo toru mono, l, sacabuguiǒ.

Pocillum, i. Lus. Copo pequeno. Iap. Chijsa qi sacazzuqi, l, monouo nomu chijsaqi vtçuuamono.

Poculentus, a, um. Lus. Cousa que se pode beber. Iap. Nomimono.

Póculum, i. Lus. Copo, vaso pera beber. Iap. Sacazzuqi, l, monouo nomu vtçuuamono. ¶ Item, Beberagem. Iap. Nomimono. ¶ Poscere maioribus poculis. Lus. Incitar a os conuidados abeber muito. Iap. Qiacuraini vǒzaqeuo xijru.

Pódager, a, um. Lus. Gotoso dos pés. Iap. Axino fuxibuxiuo itamu mono.

Pódagra, æ. Lus. Gota dos pees. Iap. Miguino yamai.

Podágricus, & Podagrosus. Lus. Gotoso dos pees. Iap. Miguino biǒja.

Podêris, is. Lus. Hũ vestido que daua pollo artelho. Iap. Axicubino fuximade todoqu yxǒno na.

Podex, icis. Lus. Pousadeiro. Iap. Daichǒno qet.

Podium, ij. Lus. Palanque pera ver jogos, &c. Iap. Sajiqi, l, qenbutuo suru yagura.

Podíolum, i. dimi. Idem.

Poëma, atis, & Poëmatum, i. Lus. Poesia, fic ção poetica. Iap. Caxo, vta, l, cajinno sacu.

Pœna, æ. Lus Pena, castigo. Iap. Quatai, xeccan. ¶ Item, Interesse, ou vsura. Iap. Ribai, rixen. ¶ Petere pœnas. Lus. Castigar. Iap. Xeccásuru. ¶ Pẽdere, l, luere pœnas. Lus. Ser castigado. Iap. Xeccá xeraruru, curuxi meraruru. ¶ Cõstituere pœná alicui, l, in ali qué. Lus. Impór pena, ou castigo a algué. Iap. Fitoni quataiuo caqe, xeccanuo suru. ¶ Consurgere in pœná. Lus. Castigar a al guem por força. Iap. Sucumete quataiuo idasasuru, l, xeccan suru. ¶ Exigere, l, expetere pœnam. Lus. Dar castigo. Iap. Xeccanuo atayuru. ¶ Effugere pœnam. Lus. Escapar do castigo. Iap. Xeccanuo nogaruru. ¶ Expendere pœnas, ferre, per soluere, dependere pœnas. Lus. Ser castiga do. Iap. Xeccáuo vquru. ¶ Persequi pœnas alicuius. Lus. Vingarse de alguem. Iap. Atauo xicayesu.

Pœnalis, e. Lus. Cousa que pertence a pena.

na, ou castigo. Iap. Quatai, xeccan, curuximini ataru coto.

Pœnarius, a, um. Idem.

Pœnica pauimenta. Lus. Solho da casa de certa pedra. Iap. Aru ixiuo xiqitaru tocoro.

Pœnitens, étis. Lus. O que se arrepende, ou té arrependimento. Iap. Xempiuo cũ mono, côquai suru mono.

Pœnitendus, a, um. Lus. Cousa que se deue ter em pouco. Iap. Iyaximubeqi coto, l, mochiyũ majiqi coto.

Pœnitentia, æ, & Pœnitudo, inis. Lus. Pesar, arrependimento. Iap. Côquai, cuyami. ¶ Aliqñ. Desprezo, pouca estima. Iap. Iyaximuru cotouo yũ.

Pœnitet, ebat, tuit. Lus. Arrependerse. Iap. Côquai suru, cuyamu. ¶ Aliqñ. Enfadarse, ter pejo. Iap. Taicut suru, aqu, fazzuru. ¶ Interd. Parecer de pouco momento. Iap. Sucoxino coto miyuru. ¶ Pœnitet me hominis. Lus. Não faço ca so dalgum homem. Iap. Fitouo monoto mo xezu, nanitomovomouazu.

Pœniturus, a, um. Lus. O que se ha de arrepender. Iap. Cuyamubeqi mono.

Poësis, is. Lus. Poesia. Iap. Caxo, vta.

Pœphagus, i. Lus. Hum animal. Iap. Aru qedamonono na.

Poëta, æ. Lus. Poeta. Iap. Cajin, cadŏxa.

Poëticè, adu. Lus. Poeticamente, como poeta. Iap. Cajinno cataguino gotoqu.

Poëtice, es, l, Poëtica, æ. Lus. Arte de com por versos. Iap. Vtano yomiyŏ, l, cadŏ.

Poëticus, a, um. Lus. Cousa pertencente a poeta. Iap. Cajinni ataru coto.

Poëtificus, a, um. Lus. Cousa que faz poeta. Iap. Fitouo cajinni nasu mono.

Poëtor, aris. Lus. Exercitarse na poesia. Iap. Vtauo yomu, vtano qeicouo itasu, l, vtano narajuo tçutomuru.

Poëtria, æ, & Poëtis, idis. Lus. Molher poeta. Iap. Vonnano cajin.

Pogonia, æ. Lus. Certo cometa. Iap. Qiacuxei.

Pol, iurantis aduerbium, i. per Pollúcem.

Polenta, æ. Lus. Certa farinha que se fazia de ceuada primeiro molhada, & depois torrada. Iap. Vôbacuuo ximexi nochini yrite fiqitaru co.

Polentarius, a, ũ. Lus. Cousa pertécente a esta farinha, ou feita della. Iap. Miguino coni ataru coto, l, cono conite tçucuritaru coto.

Poli, orum. Lus. Dous polos do mundo. Iap. Tennó Nanbocuno gicu.

Polia, æ. Lus. Gado de caualos. Iap. Noni cŏ amatano vma, l, maqini aru vmano mure.

Polimenta, orum. Lus. Tubaras que tirão a os porcos quando os castram. Iap. Buta yori toritaru qinno tama.

Polio, is, iui, l, ij, itum. Lus. Polir, ornar. Iap. Migaqu, cazaru, xŏgon suru. ¶ Item, Cultiuar o campo. Iap. Denbacuuo tçucuru. ¶ Item lugar á pela. Iap. Temariuo tçuqu. Antiq ¶ Politi campi. Lus. Campos cultiuados. Iap. Tçucuritaru denbacu.

Polis, is. Lus. Cidade. Iap. Iŏri.

Politia, æ. Lus. Republica, ou gouerno da cidade, &c. Iap. Tagaino dácŏuo motte vosamuru jŏri, cuni, l, cunino vosameyŏ.

Politica, orum. Lus. Liuros escritos accrca do gouerno da cidade. Iap. Cunino vosameyŏuo caqi xiruxitaru xo.

Politè, adu. Lus. Polida, & ornadamente. Iap. Cazatte, migaite.

Politicus, a, um. Lus. Cousa ciuil, ou que pertence a cidadão. Iap. Iŏri, l, sonogiũ ninni ataru coto.

Polities, ei. Lus. Elegancia, ornato. Iap. Cazari, xŏgon.

Politio, onis. Vt politio operis. Lus. Derradeira mão que se dà a obra. Iap. Xiagueuo suru coto nari.

Politor, oris. Lus. Official de polir, ou ornar algũa cousa. Iap. Migaqite, cazarite. ¶ Politores agrorum. Lus. Os que diligẽtemante cultiuão os campos. Iap. Xeiuo irete, l, saicàni dẽbacuuo tçucuru mono.

Politus, a, um. Lus. Cousa polida, ornada. Iap. Migaqitaretaru coto, l, xŏgonxitaru coto. g * Poli-

Polítulus, a, um. dimi. Idem.
Politûra, æ. Lus. Opolir, ou ornar. Iap. Migaqu, l, cazaru cotouo yŭ.
Pollen, inis. Vide Pollis.
Pollentia, æ. Lus. Potencia, poder. Iap. Chicara, l, canŏ cotouo yŭ.
Polleo, es. Lus. Poder, valer. Iap. Canŏ, chicara aru. ¶ Item, Ser melhor, e mais excellente. Iap. Masaru, sugururu.
Pollex, icis. Lus. Dedo polegar. Iap. Axi, te no vôyubi.
Pollicâris, e. Lus. Cousa larga, ou grossa como hum dedo polegar. Iap. Vôyubi fitotçubuxe fodonaru mono, l, vôyubi fodona mono.
Polliceor, êris, licitus sum. Lus. Prometer. Iap. Yacusocu, l, qeiyacusuru. Itẽ, Ser prometido. Iap. Yacusocu xeraruru, l, yacudacu xeraruru. ¶ Aliqñ. Affirmar. Iap. Tessuru, iycatamuru.
Pollicitor, aris. frequent. Idem.
Pollicitatio, onis. Lus. Promessa. Iap. Yacusocu, yacudacu.
Pollicitum, i. Idem.
Pollicitus, a, um. Lus. Cousa prometida. Iap. Yacusocu xeraretaru coto.
Pollinarius, a, um. Vt cribrum pollinarium. Lus. Peneira basta. Iap. Qiunburui, l, comacanaru xôbacuno conofurui.
Pollinceo, es. Lus. Maquiar afarinha. Iap. Xôbacuno couo fiqu mono sono vchi yori vaga chinni ataru bunuo toru.
Pollincio, is. Lus. Ter cuidado de lauar, amortalhar, e sepultar o corpo morto. Iap. Xigaiuo mocuyocu suru, l, toriuoqu.
Pollinctio, onis. Lus. O maquiar afarinha. Iap. xôbacuno couo fiqu mono sono vchi yori vaga chinni ataru bunuo toru coto nari.
Pollinctor, oris. Lus. Moleiro, ou o que peneira afarinha. Iap. Comuguino couo fiqu mono.
Pollinctor, oris. Lus. O que laua, amortalha &c. o corpo morto. Iap. Xigaini yuuo abixe toriuoqu mono.
Pollinctura, æ. Lus. O lauar, ou amortalhar corpos mortos. Iap. Xigaini yuuo abixe toriuoqu cotouo yŭ.
Pollis, inis, & Pollen, inis. Lus. Flor, ou olho da farinha. Iap. Comuguino ichibango.
Pollubrum, i. Lus. Prato, ou bacio de agoa as mãos. Iap. Chôzzudarai. ¶ Item, Bacia de lauar os pés. Iap. Axiuo arŏ tarai.
Polluceo, es, uxi, luctum. Lus. Sacrificar, dedicar. Iap. Tamuquru, cuyŏzuru. ¶ Item, Celebrar esplendidos bãquetes em algum sacrificio. Iap. Tamuqeno toqi qeccônaru furumaiuo suru.
Pollucibilis cœna. Lus. Cea, ou banquete esplẽdido. Iap. Quareinaru băsui, chinbutuo tçucuxitaru yŭmexi. Macrob.
Pollucibiliter, adu. Lus. Esplendida, e magnificamente. Iap. Quareini, bibixiqu.
Polluctum, i. Lus. Cea esplendida. Iap. Quareinaru bansui. ¶ Polluctum sacrificiũ. Lus. Hũ sacrificio que se fazia a Hercules. Iap. Hercules toyŭ butjinni naxitaru tamuqe.
Póllulum, i. Lus. Hũ genero de vaso. Iap. Aru vtçuuamonono na.
Polluo, is, lui, lutum. Lus. Sujar, contaminar. Iap. Qegasu, yogosu.
Pollutio, onis. Lus. Pollução que vem no sono. Iap. Muchŭni inuo morasu cotouo yŭ.
Pollûtus, a, um. Lus. Cousa contaminada, ou suja. Iap. Fujŏnaru mono, qegarauaxiqi mono, qegasaretaru mono.
Polulæ, l, Polæ, arum. Lus. Hũa maneira de pelas de jugar. Iap. Temarino taguy.
Pólulus, a, um. Lus. Cousa pequena, ou pouca. Iap. Chijsaqi coto, l, sucoxiqi coto. Antiq.
Polyanthemon, i. Lus. Hũa erua que tem virtude de inflamar. Iap. Fitono qecquo facanni nasu cusa.
Polyarna, l, Polyarnes, æ. Lus. O que tem, ou possui muitos cordeiros. Iap. Amatano fitçujino couo mochitaru mono.
Polychronius, a, um. Lus. Cousa de muito tempo. Iap. Fisaxiqi coto, toxi furitaru coto.
Polygalon, l, Polygala, æ. Lus. Hũa erua. Iap. Cusano na.

Poly-

Polygónum, i. Lus. Erua sanguinha. Iap. Aru cusano na.

Polyhistor, oris. Lus. Homem de muito saber. Iap. Chixa, xeqigacuno fito, gacuxǒ.

Polymitus, a, um. Lus. Cousa tecida com fi os de varias côres. Iap. Iro ironi vorivaqetaru mono. ❡ Polymita, orum. Lus. Ves tidos tecidos com fios de varias côres. Iap. Miguino vorimononite totonoyetaru yxǒ.

Polymixos, i. Lus. Candieiro de muitas torcidas. Iap. Amatano fiuo tobosu tǒdai.

Polyplusios. Lus. Rico, que tem muito dinheiro. Iap. Fucujin, buguenxa.

Polypodium, ij. Lus. Polipodeo erua. Iap. Aru cusano na.

Polyptoton, apud Rhetores figuræ nomen est, quæ fit, quoties diuersis casibus eiusdem dictionis oratio variatur.

Pôlypus, i, & odis. Lus. Poluo peixe. Iap. Taco. ❡ Item, per metaph. Ladrão. Iap. Nusubito. ❡ Item, Homem que se sabe acomodar aos tempos, e condições alheas. Iap. Iibun, l, fitono qiguenuo vcagai te monouo suru fito. ❡ Item, Hũa doẽ ça dos narizes. Iap. Fanano vazzurai.

Polyposus, a, um. Lus. O que tem certa doẽ ça nos narizes. Iap. Fanani vazzurai aru mono.

Polysindeton, figura est, cùm sermo multis coniunctionibus concatenatur.

Polytrichon. Lus. Auéca. Iap. Aru cusa no na.

Polytrix, icis. Idem.

Pomarium, ij. Lus. Pomar. Iap. Minoru jubocuuo vyetaru sono. ❡ Aliqñ. Lugar de guardar fruita. Iap. Conomiuo tacuuaye voqu tocoro.

Pomarius, ij. Lus. O que vende fruita. Iap. Conomiuo vru mono.

Pómifer, a, um. Lus. Cousa que daa, ou pro duz fruita. Iap. Miuo nasu jumocu, l, mi uo xǒzuru mono.

Pomeridianus, a, um. Lus. Cousa quese faz depois de meyo dia. Iap. Firu suguite xitaru coto.

Postmeridianus, a, um. Idem.

Pomilio, l, Pumilio, onis, l, Pomilius, ij. Lus. Anão. Iap. Issunbǒxi, l, vonorega xǒtocu yorimo chijsaqu xǒjitaru mono.

Pomilius, a, um. Lus. Cousa de anão. Iap. Issunbǒxini ataru coto.

Pomœrium, ij. Lus. Barbacaã, ou espaço q̃ ha entre os muros, & casas, ou caua da cidade. Iap. Iǒrino tçuigito fori, l, tçuigito iyeno ai.

Pomosus, a, um. Lus. Cousa chea de fruita. Iap. Conomino vouoqi mono.

Pompa, æ. Lus. Pompa, aparato solẽne. Iap. Yorocobi, l, vreino toqino vǒqinaru guixiqi. ❡ Pompa nuptiarum. Lus. Solẽnida de, e aparato de vodas. Iap. Tçumauo mucayuru xǔguino vǒqinaru guixiqi. ❡ Pópa funerum. Lus. Aparato de enterramẽ to. Iap. Sǒrei, toburaino guixiqi. ❡ Itẽ, per transl. Magnificencia. Iap. Vobitataxisa, bibixisa.

Pómpholyx, icis. Lus. Empola da agoa. Iap. Mizzutama. ❡ Itẽ, Ferrugẽ brãca que sae da fornalha dos caldeireiros, &c. Iap. Acaganezaicuno fuigǒno vyeni todomaru xiroqi susu.

Pómpilus, i. Lus. Hum peixe. Iap. Aru vuo no na.

Pomponiana pyra. Lus. Hũa casta de peras. Iap. Arinomino taguy.

Pomum, i. Lus. Pomo, ou fruita de aruore que se come. Iap. Fitono xocu suru fodo no conomi, quaxi.

Pomus, i. Lus. Aruore de fruito de comer. Iap. Xocuto naru conomiuo xǒzuru qi.

Pondéritas, atis. Lus. Peso. Iap. Vomosa. antiquum est.

Póndero, as. Lus. Pesar com peso. Iap. Ten bin, l, facarini caquru. ❡ Item, per trãsl. Considerar, ponderar. Iap. Xian, l, cufǔ suru.

Ponderosus, a, um. Lus. Cousa pesada. Iap. Vomoqi coto. ❡ Póderosa epistola. Lus. Carta difusa, e q̃ contẽ muitas cousas. Iap. Nagaqi fumi, amatano cotouo caqitaru jǒ.

Pondo, indeclinab. Lus. Peso de doze onças Iap. Fiacume fodono vomosa. ❡ Item.

g * 2 Pe-

Peſo. Iap. Vomori, vel vomoxi, vomoſa.

Pondus, eris. Lus. Peſo de qualquer couſa. Iap. Monono vomoſa. ¶ Item, Peſo q̃ ſe peſa na balança. Iap. Tenbin, l, facarini caqetaru monono vomoſa, l, caqetaru mono. ¶ Interd. Multidão. Iap. Amata, vouoſa, vôjei. ¶ Aliqn̄. Autoridade. Iap. Mochij, xingô, yquô. ¶ Item, Carga, ou peſo. Iap. Vomoni.

Pondúſculum, i. dim. Idem.

Ponè, adu. Lus. De tras. Iap. Ato, vxiro, xiriye. ¶ Qn̄q;. præpoſ. Depois de. Iap. Suguite nochi.

Pono, is, ſui, ſitum. Lus. Pór. Iap. Voqu, ſonayuru. ¶ Aliqn̄. Ceſſar, ou deixar algũa couſa. Iap. Saxivoqu, yamuru. ¶ Item, Edificar, aleuantar edificio. Iap. Zôyei, l, conriũ ſuru. ¶ Ponere ferocia corda. Lus. Deixar a ferocidade. Iap. Qendon fôitnaru cocorouo aratamuru, caiyeqi ſuru. ¶ Aliqn̄. Pór diante. Iap. Mayeni voqu, l, ſonayuru. ¶ Interd. Pintar, ou eſculpir. Iap. Ye caqu, l, forimono ſuru. ¶ Item, Eſcreuer. Iap. Monouo caqu.

Pons, tis. Lus. Ponte. Iap. Vataru faxi. ¶ Item, Prancha de embarcação, ou eſcada de embarcar, ou deſembarcar. Iap. Funeno noriuorino toqi caquru faxi.

Ponticulus, i. dim. Idem.

Póntifex, icis. Lus. Prelado, ou miniſtro do culto diuino. Iap. Igreja niteno tçucaſa zzucaſa, l, butjinni tçucayetaru ſô.

Pontificalis, e. Lus. Couſa pertencente a prelado, ou miniſtro de couſas diuinas. Iap. Igrejano tçucaſazzucaſa, l, butjinni tçucayetaru mononi ataru coto. ¶ Pontificalis coena. Lus. Cea eſplendida. Iap. Quareinaru banſui. ¶ Pontificales libri. Lus. Liuros em q̃ eſtam eſcritas as cerimonias ſagradas. Iap. Voconai, guiôjino yôſuuo caqi xiruxitaru xo.

Pontificatus, us. Lus. Dignidade de prelado, ou miniſtro de couſas diuinas. Iap. Igrejano tçucaſazzucaſa, l, butjinni miazzucô monono curai.

Pontificium, ij. Lus. Autoridade, & oficio de prelado. Iap. Miguino fitcbitono yacu, l, curai.

Pontificius, a, um. Lus. Couſa pertẽcẽte a prelado, ou miniſtro de couſas diuinas. Iap. Igrejano tçucaſazzucaſa, l, butjinni tçucayetaru mononi ataru coto. ¶ Ius pontificium. Lus. Direito canonico. Iap. Igrejano vchino voſameni ataru fatto.

Pontónes. Lus. Barcas que ſeruem pera paſſar os rios. Iap. Vataxibune.

Pontus, i. Lus. Certo mar. Iap. Aru vmino na. ¶ Item, Qualquer mar. Iap. Vmi.

Popa, æ. Lus. O que vendia animaes pera ſacrificios, e os amarraua, & feria diante do altar. Iap. Tamuqeno qedamonouo vri butjennite coroxitaru mono. ¶ Item, per metaph. Goloſo, comilão. Iap. Tôjiqi naru mono.

Popánum, i. Lus. Certo bolo que os antigos offereciã aos deoſes. Iap. Cojinno butjinni tamuqetaru mochi. ¶ Item, Certas iguarias, ou doces. Iap. Amaqi xocu, l, tçuqemonono taguy.

Popellus, i. Lus. Pouo miudo. Iap. Tamino vchino iyaxiqi monodomo.

Popina, æ. Lus. Eſtalagem, ou venda. Iap. Tabiñtoya, xucu, fatagoya. ¶ Item, Caſa particular em q̃ os da familia ſe dá a demaſiados comeres. Iap. Qẽzocuno atçumatte bôxocu ſuru tocoro. ¶ Item, Comeres delicados q̃ ſe vendem nas tauernas. Iap. Fatagoyani vru bixocu.

Popinalis, e. Lus. Couſa pertẽcente a venda, ou eſtalagem. Iap. Xucu, l, fatagoyani ataru coto.

Popinatio, onis. Lus. O darſe a demaſiados comeres, e gaſtos. Iap. Tôjiqiſuru, l, caneuo tçucai vxinô coto nari.

Popino, onis. Lus. Comilão, e tragador q̃ anda pollas vendas, e tauernas. Iap. Sacaya, fatagoyani ſaiſai cayoite tonjiqi ſuru mono.

Popinor, aris. Lus. Darſe a demaſiados comeres, e andar pollas tauernas. Iap. Tonjiqi ſuru, l, ſacaya, fatagoyani yuite xocu ſuru.

Po-

Poples, itis. Lus. Curua da perna. Iap. Axino voricagami, l, ficcagami.
Poppysma, atis. Lus. Hum som que se faz com a boca afagando com as mãos caualos indomitos. Iap. Aravmauo nade fadaqe naxçuqen totefuqu vso, xitaçuzzumi nado.
Poppysmus, i. Idem.
Pópula, æ. Lus. Verruga. Iap. Ibo.
Populabilis, e. Lus. Cousa que se pode saquear, ou roubar. Iap. Ranbô xeraruru coto canô mono.
Populabundus, a, um. Lus. O que rouba, e destrue campos, &c. Iap. Rãbô, rôjeqi furu mono, gôdô, l, denbacuni aru mononouo nusumi toru mono.
Popularia, ium. Lus. Lugares onde se o pouo custumaua assentar no theatro. Iap. Xibaini voite tamino tameni sadamaritaru tocoro. ¶ Itẽ, Meninices, cousas de pouco momento. Iap. Varabetaxiqi coto, mimonaqi coto. ¶ Popularia sacra. Lus. Festas, ou sacrificios q̃ todos os cidadoẽs em comum celebram. Iap. Iôrino giũnin yori naxitaru tamuqe, l, iuai.
Popularis, e. Lus. Cousa de pouo. Iap. Tami, l, banminni ataru coto. ¶ Interd. Amado, & bem quisto do pouo. Iap. Banminno qini aitaru mono. ¶ Item, Baixo, plebeyo. Iap. Iyaxiqi mono, feijin. ¶ Item, Homem do mesmo estado, sorte, ou geração. Iap. Vonajiichimô, tôsai naru mono. ¶ Aliqñ. Cidadão. Iap. Iôrino giũnin. ¶ Interd. Subdito, vasallo. Iap. Guenin, qenin, tçuqi xitagô mono. ¶ Populari nomine vocare. Lus. Nomear, ou chamar algũa cousa pollo nome comũ do vulgo. Iap. Vchifayaru monono nauo yũ. ¶ Popularia verba. Lus. Palauras comuãs q̃ o pouo vsa. Iap. Guerôno cotoba, feiia.
Popularitas, atis. Lus. Afabilidade com que hum procura ganhar a vontade do pouo. Iap. Tamino qiguenuo toru tameni aisuru coto uo yũ. ¶ Itẽ, Vnião, e amizade que deue auer entre os da mesma nação. Iap. Dôcocuno monono nacani arubeqi xitaxumi.
Populariter, adu. Lus. Affabelmente, agradando ao pouo. Iap. Nhũmanni, tamino qini vôte. ¶ Aliqñ. Conforme ao costume do pouo. Iap. Tamino cataguino gotoqu. ¶ Populariter loqui, l, scribere. Lus. Falar, ou escreuer popularmẽte. Iap. Feiuani monouo yũ, l, vchifayaru buntaini monouo caqu.
Populatim, adu. Lus. De pouo em pouo, l, por todo o pouo. Iap. Zaizai, xoxono tamini, l, banminni. ¶ Aliqñ. Vniuersalmente, juntamente. Iap. Voxinabete, amanequ.
Populatio, onis. Lus. Roubo, destruição. Iap. Ranbô, faccô, l, cuzzusu coto nari.
Populatus, us. Idem.
Populator, oris. Lus. Roubador, destroidor. Iap. Ranbô, l, faccô suru mono.
Populatrix, icis. fœm. Idem.
Populatus, a, um. Lus. Cousa roubada, destruida. Iap. Ranbô xerareraru mono, l, cuzzusaretaru mono.
Populeus, a, um. Lus. Cousa feita de alemo. Iap. Aru qinite tçucuritaru coto. ¶ Itẽ, Cousa que pertence a alemo. Iap. Sono qini ataru coto.
Populneus, l, Populnus, a, um. Idem.
Populêtum, i. Lus. Lugar plantado de alemos. Iap. Aru qino fayaxi.
Pópulo, as, & Populor, aris. Lus. Roubar, saquear, destroir. Iap. Rambô suru, faccô suru, cuzzusu.
Popúlitor, aris. Idem. Papir.
Populosus, a, um. Lus. Lugar, ou cidade populosa, ou chea de pouo. Iap. Tamino vouoqi tocoro.
Pópulus, i. Lus. Pouo. Iap. Tami. ¶ Item, Gentes, e nações de diuersas cidades. Iap. Cuniguni, l, jôri jôrino xu, l, banmin. ¶ Item, Enxame de abelhas. Iap. Fachino fitomure. Columel.
Pópulus, i. fœm. Lus. Alemo. Iap. Aru qino na.
Porca, æ. Lus. Porca. Iap. Mebuta. ¶ Itẽ, Ca-

Camalham terra leuantada entre dous regos da lauoura. Iap. Denbacuno vne.
¶ Item, Regos pera vazar agoa. Iap. Den bacuno mizzuuo dasu mizo.
Porcarius, a, um. Lus. Cousa de porca. Iap. Mebutani ataru coto.
Porcarius, ij. Lus. Porqueiro. Iap. Butacai.
Porceo, es. Lus. Prohibir. Iap. Vosayuru, ima ximuru. antiq.
Porcetra, æ. Lus. Porca q̃ pario hũa soo vez. Iap. Ichido couo vmitaru mebuta.
Porcinarius, ij. Lus. O que vende carne de porco. Iap. Butano nicuuo vru mono.
Porcinus, a, um. Lus. Cousa de porco. Iap. Butani ataru coto.
Porculatio, onis. Lus. O criar, ou pacêtar por cos. Iap. Butauo cŏ coto nari.
Porculator, oris. Lus. O que ceua, ou engor da porcos. Iap. Butauo cai coyasu mono.
Porculetum, i. Lus. Camalham da lauoura. Iap. Vne.
Pórculum, i. Lus. Hũ instrumento, ou engenho. Iap. Aru caracuri, l, dŏgu.
Porcus, i. Lus. Porco. Iap. Buta.
Porcus marinus. Lus. Toninha. Iap. Yuruca.
Pórculus, & Porcellus, i. dimi. Lus. Leitão. Iap. Butano co, cobuta.
Pori, orum. Vide Porus.
Porocela, æ. Lus. Hũa especie de hernea, ou inchação dos testiculos. Iap. Qinno cata qu faruru yamai.
Porphyra, æ. Lus. Purpura. Iap. Xŏjŏfiuo somuru cai, l, acaqi iro.
Porphyréticus, a, ũ. Lus. Cousa feita de certa pedra. Iap. Aru ixinite tçucuritaru mono.
Porphyriacus, a, um. Lus. Cousa de côr carmesi, ou vermelha. Iap. Acaqi iro naru mono.
Porphyrio, onis. Lus. Hũa aue. Iap. Aru torino na.
Porphyris, idis. Lus. Vestido de graã. Iap. Acaqi xŏjŏfino yxŏ.
Porphyrítes. Lus. Hũa pedra vermelha com pintas brancas. Iap. Tocorodocoroni xiro qi irono aruacaqi ixi.
Pórphyrus, i. Lus. Hũa serpente. Iap. Aru ja.
Porraceus, a, um. Lus. Cousa de porro. Iap. Nobiruni ataru coto.
Porrectio, onis. Lus. O estender. Iap. Saxi noburu, l, firoguru coto nari.
Porrectus, a, um. Lus. Cousa estendida. Iap. Saxidaxitaru coto, firogaritaru coto, l, firo maritaru coto. ¶ Aliqñ. Alegre, ledo. Iap. Isamaxiqi mono, yorocobaxiqi mono. ¶ Frons porrecta. Lus. Sembrante alegre. Iap. Yorocobaxiqi qixocu.
Porricio, is. Lus. Offerecer, ou estender. Iap. Tamuquru, sasaguru, l, saxidasu.
Porriginosus, a, um. Lus. O que tem muita caspa na cabeça, ou barba. Iap. Bin pin gueni acano aru mono.
Pórrigo, exi, ectum. Lus. Estender. Iap. Saxinoburu, firoguru. ¶ Qñq;. Offerecer estendendo as mãos. Iap. Teuo saxinobete sasaguru. ¶ Item, Matar. Iap. Xŏgai suru, corosu. ¶ Porrigere manum, siue dexteram. Lus. Ajudar, ou socorrer a alguem. Iap. Cŏriocu suru, caxei suru. ¶ Porrigere herbam. Lus. Darse por vencido. Iap. Maqetarito facujŏ suru.
Porrîgo, inis. Lus. Certa caspa da cabeça, ou barba. Iap. Bin pingueno acano taguy.
Porrò, adu. Lus. Em verdade, certamente. Iap. Macotoni, xinjitni. ¶ Qñq;. Muito depois. Iap. Soreyori toxi furite, l, fisaxiqu. ¶ Aliqñ. Ao diante. Iap. Iigon igo, imayori nochi, igoni. ¶ Interd. Auãte. Iap. Saqiye. ¶ Interd. Longe. Iap. Touoqu aidauo fedatete. ¶ Item, Mas, porem. Iap. Saredomo, sarinagara. ¶ Item, Expletiua particula est ornatus tantùm gratia interposita. ¶ Item, Aduerbium hortantis. Lus. Orasus, ea. Iap. Iza, saraba.
¶ Porrò autem. Lus. E alẽ disto. Iap. Sonovye, amassaye. ¶ Neque porrò. Lus. Nem tambem. Iap. Nimo arazu, demonai. ¶ Porrò minima mala. Lus. Males muito pequenos. Iap. Icanimo vazzucanaru acuji. ¶ Aliqñ. Muito. Iap. Vôqini. ¶ Aliqñ. Est aduerbium ordinis.
Porrum, i. In plural. Porri, orum. Lus. Porro. Iap. Nobiru.

Poi-

Portus, i, l, Porrina, æ. Idem.

Porta, æ. Lus. Porta de cidade, ou de algũ lugar cercado. Iap. Zaixo jŏquacu nado no mon. ¶ Porta prætoria. Lus. Porta do arrayal por onde saye os soldados á peleija. Iap. Gindorini voite caxxenno ta meni izzuru camayeno cuchi, l, vôte. ¶ Porta decumana. Lus. Porta que esta ua nas costas do arrayal por onde entraua a vitualha, & mantimento. Iap. Ginxoye fiŏrŏ nadouo iruru vrano mon, l, cara mete. ¶ Item, Garganta, ou boca estrei ta dealguns valles. Iap. Tanino icanimo xebaqi iricuchi.

Portatus, us. Lus. O leuar, ou acarretar. Iap. Morçu, l, facobu coto nari.

Portendo, is. Lus. Significar, ou dizer dantes o futuro. Iap. Ygono cotouo yui arauasu, xirasuru.

Portentosus, a, um. Lus. Cousa monstruosa, ou que pronostica algũa cousa. Iap. Miraino cotono zuisŏto naru mono.

Portentum, i. Lus. Pronostico, ou cousa q̃ denuncia algum sucesso futuro. Iap. Miraino cotono zui[illegible], l, miraiuo arauasu xiruxi. ¶ Aliqñ. Ficções, ou quimeras. Iap. Xŏtocu naqi monono catachi nadouo coroni fuzucuritaru cotouo yŭ. ¶ Item, Bom agouro. Iap. Yoqi cotouo zuisŏ. Virg.

Porthmeus, ei. Lus. Barqueiro de barca de passagem. Iap. Vataximori, l, cuga yori voqinaru funeye monouo vatasu mono.

Porticatio, onis. Lus. Alpendre, ou lugar onde se recolhem por amor da chuua, ou sol. Iap. Rôca, l, ame, cajeuo xinogu tameni tachiyoru tocoro.

Pórticus, us. Idem. ¶ Item, Tenda que se arma por amor do sol, ou chuua. Iap. Cariya, l, ame, cajeuo xinogu tameni momenuo fattaru cariya.

Porticula, æ. dimin. Idem.

Portio, onis. Lus. Parte, porção. Iap. Bun, vaqebun.

Portiúncula, æ. dimin. Idem.

Portisculus, i. Lus. Comitre. Iap. Funaceno vyeuo saiban xi, isame, xeccan xite ro uo vosasuru mono. ¶ Item, Vara, ou re bem do comitre. Iap. Miguino yacu xa no morçu buchi, tçuye.

Pórtitor, oris. Lus. Barqueiro que passa á gente nos rios, ou da praya pera as naos. Iap. Vataxi mori, l, cuga yori funeye monouo vatasu fito. ¶ Item, Rendeiro das portagens, ou direitos que se pagão nos portos. Iap. Xeqi mori, l, cujiuo toru yacu. ¶ Item, O que acarreta, ou leua algũa cousa. Iap. Facobite, mochite.

Porto, as. Lus. Trazer, leuar. Iap. Morçu, facobu, cataguru, ninŏ. ¶ Item, Leuar consigo em embarcação, ou jumento algũa cousa. Iap. Funeni tçumi, l, vmani vôxe yuqu. ¶ Portare auxilium. Lus. Ajudar. Iap. Caxei, l, côriocu suru.

Pórtito, as. frequent. Idem.

Portorium, ij. Lus. Frete da ẽbarcação. Iap. Xenchin. ¶ Item, Portagem, ou direitos que se pagão aos rendeiros. Iap. Xeqimorini idasu cane, l, cujiuo toru yacuxani dasu cane.

Pórtula, l, Portella, & Porticula, æ. Lus. Porta pequena de cidade, ou lugar cercado. Iap. Iôri, l, camayeno aru zaixono chijsa qi mon.

Portulâca, æ. Lus. Beldroega. Iap. Suberibiu.

Portuosus, a, um. Lus. Lugar de muitos portos. Iap. Tçu, minatono vouoqi tocoro.

Portus, us. Lus. Porto. Iap. Tçu, minato. ¶ Item, per metaph. Lugar seguro, ou refugio nas cousas aduersas. Iap. Taxicanaru tocoro, nanguino toqino niguedocoro. ¶ In portu res est. Lus. O negocio esta seguro. Iap. Taxicanari, ayauqi coto naxi. ¶ In portu nauigare. Lus. Estar seguro, & fora de perigo. Iap. Nangui, ayauqi coto naxi. ¶ Impingere in portu. Lus. Errar no principio da obra. Iap. Monono fajmeni xi socenŏ, ayamaru.

Porus, i. Lus. Hũa maneira de neruo, ou carne dura que solda, & ajunta o osso quebrado, &c. Iap. Fone nadono voretaru toqi, xidaini carame auasuru icanimo couaqi nicu. ¶ Item, Hũa laya de marmore. Iap. Facuxeqino taguy. ¶ Item, Hũ inchaço que nace nos nòos, ou junturas dos mẽbros. Iap. Gotaino tçugaitçugaini dequ ru xumotno taguy. ¶ Itẽ, Poros do corpo. Iap. Axeno izzuru ana, l, qeno voyuru ana.

Posca, æ. Lus. Beberagem de vinagre, e agoa. Iap. Suto mizzurouo majiyetaru nomimono.

Posco, is, poposci. Lus. Pedir oq̃ se lhe deue. Iap. Vareni ataru cotouo cô. ¶ Aliqñ. Prouocar. Iap. Vobiqi idasu, l, susumuru. ¶ Item, Taxar, ou pôr Preço a cousas de vẽda. Iap. Vrimonono neuo tatçuru, neuo sadamuru. ¶ Aliqñ. Requerer, pedir. Iap. Mini sôuô xitaru cotouo cô.

Positio, onis. Lus. Sitio. Iap. Vcqidocoro, andocoro, vocaretaru tocorouo yũ. ¶ Item, A dialecticis, & rhetoribus positiones apellantur ipsa veluti fundamenta, quibus argumenta innituntur. ¶ Item, apud Iuris consult. Herdade, suma. Iap. Chiguiô, riôchi, l, tçugô, ficqiô, ijô.

Positûra, æ. Idem.

Pósitus, us. Idem.

Positiuus, a, um. Quod primo positum est, nec aliunde deriuatur.

Pósitor, oris. Lus. Fundador. Iap. Conriũ, l, zôyei suru mono, caisan.

Pósitus, a, um. Lus. Cousa Situada. Iap. Vocaretaru coto, l, suyeraretaru coto. ¶ Itẽ, Cousa deixada, ou posta a parte. Iap. Saxi sute, l, saxivocaretaru coto. ¶ Aliqñ. Morto. Iap. Xixitaru mono. ¶ Positus super armamentariũ. Lus. Prefeito, ou guarda do almazẽ. Iap. Bugu, l, funadôguuo azzuqe voqu tocorono buguiô, l, yacuxa.

Possessio, onis. Lus. Possessão. Iap. Monouo xindai suru, l, motçu cotouo yũ. ¶ Possessio fiduciaria. Lus. Possessão, ou posse que se nos daa com códiçãc de a tornar a restituir aoutro. Iap. Igoni cayesubeqitono ya cusocuuo motte monouo vqetori xindai suru cotouo yũ. ¶ Interd. Herdade, ou bens de raiz. Iap. Chiguiô, riôchi.

Possessiuncula, æ. dimi. Idem.

Possessiuus, a, um. Lus. Cousa q̃ significa possessão, Iap. Fito monouo xindai suruto yũ cocorono comoritaru coteba.

Possessor, oris. Lus. Possessor. Iap. Xindai suru mono.

Possestrix, icis. fœmi. Idem.

Possessus, a, um. Lus. Cousa possuida. Iap. Xindai xeraretaru coto.

Possibilis, e. Lus. Cousa possiuel. Iap. Canô coto naru coto.

Possideo, es. Lus. Possuir. Iap. Xindai suru. ¶ Possidere bona ex edicto. Lus. Possuir algũs bens por sentença, ou decreto do juiz, &c. Iap. Tadaxiteno qetgiacuni yotte monouo xindai suru.

Possum, tes, tui. Lus. Poder. Iap. Canô, naru. ¶ Item, Estar bem desposto. Iap. Socusai nari. ¶ Potest fieri, l, potest. Lus. Hè cousa possiuel. Iap. Canô coto nari. ¶ Hic apud principem plurimum potest. Lus. Este he mui cabido pera com o principe. Iap. Cono fitoua xujin yori mochijraruru, l, xonô, l, yũ cotouo canayeraruru.

Post, præpos. Lus. Depois. Iap. Nochi, igo. ¶ Item, De tras. Iap. Ato, vxiro.

Posteà. Lus. Depois. Iap. Nochi, sono nochi, sono tçuguini.

Posteaquàm, l, Postquàm. Lus. Depois que. Iap. Yori, cara, nochi.

Posterior, & hoc posterius. Lus. O q̃ se segue logo, ou o q̃ vem atras. Iap. Tçuguni, l, atoni mairu mono. ¶ Item, Cousas que estam de tras das costas, ou derradeiras. Iap. Vxironi aru coto, l, suyeni aru coto. ¶ Interd. Cousa vil, e de pouca estima. Iap. Iyaxiqi coto, l, votoritaru coto, monono cazu naranu coto. ¶ Posteriora. Lus. Cousas de baixo, ou inferiores. Iap. Xitayeni aru coto, nochini aru coto, l, xitani aru coto.

Postéritas, atis. Lus. Idade futura, ou tempo vindouro. Iap. Maxxe, matdai, côtei.

Posterius, adu. Lus. Depois. Iap. Nochi, l, tçuguini.

Pósterus, a, um. Lus. Tempo, ou cousa que

que ſe ſegue a outra. Iap. Tçuguinaru coto, tçuzzuqu coto. ¶ Poſteri, orũ. Lus. Deſcendentes, vindouros. Iap. Xiſon, baſſon. ¶ In poſterum proſpicere. Lus. Prouér o futuro. Iap. Yenrio ſuru. ¶ In poſterum differre. Lus. Differir pera diante. Iap. Nochini noburu. ¶ Poſteri pedes. Lus. Pees traſeiros do animal, &c. Iap. Vxiro axi, l, vxiro yeda. ¶ Poſtero. Lus. No dia ſeguinte. Iap. Tçuguino fi, yocujit.

Poſtes, ium. Lus. Ombreiras da porta. Iap. Iricuchino monno faxira.

Póſtfero, fers. Lus. Poſpor, eſtimar em menos. Iap. Tçuguini ſuru, dainini ſuru.

Poſthabeo, es. Idem.

Poſtgeniti. Lus. Deſcendentes, vindouros. Iap. Xiſon, baſſon, maxxeno firo.

Poſthàc. Lus. Daqui pordiante. Iap. Igon igo, imayori nochi, qiǒcǒ.

Póſthumus, i. Lus. O que nace depois de morto o pay. Iap. Voya xixite nochini vmaretaru mono. ¶ Item, O que naceo derradeiro. Iap. Baxxi.

Póſthumus, a, um. Lus. Couſa futura, ou vindoura. Iap. Igoni arubeqi coto.

Póſticæ, arum. Lus. Portas interiores dos templos. Iap. Guenquan.

Póſticum, i, l, Póſtica, æ. Lus. Porta traueſſa, ou que eſta detras das caſas. Iap. Vrano mon. ¶ Item, Poſtica. Parte ſeptentrional. Iap. Qitano fǒ, l, cata. ¶ Itẽ, Poſtica. Lus. Linha, ou diuisão que reparte os campos de leſte a oeſte. Iap. Nixi figaxi ye touoritaru denbacuno age.

Poſtícula, æ, l, Poſtículum, i. dim. Idem.

Póſticus, a, um. Lus. Couſa que eſtaa detras. Iap. Vra, l, vxironi aru coto.

Poſtidea. Lus. Depois diſſo. Iap. Sono tçugui, ſono nochi.

Poſtilêna, æ. Lus. Atafal. Iap. Xirigai.

Poſtilla. Lus. Depois. Iap. Nochi.

Poſtliminium, ij. Vt poſtliminio aliquid redire. Lus. Tornar a noſſo poder, ou juriſdição aquillo que nos foi tomado dos imigos. Iap. Teqi yori vbauaretaru mono futatabi micatano xindaini naru. ¶ Item, Poſt liminium, eſt ius amiſſæ rei recipiendæ ab extraneo, & in ſtatum priſtinum reſtituẽdæ inter nos, & liberos, populos, regeſq; moribus, ac legibus conſtitutum. ¶ Poſt liminio quietis. Lus. Depois da quietação. Iap. Cutçuroguite nochi. Apul. ¶ Poſt liminio mortis. Lus. Depois da morte. Iap. Xixite nochi.

Poſtmeridianus. vide Pomeridianus.

Poſtmitto, is. Lus. Poſpor, fazer pouco caſo. Iap. Carǒzuru, caroximuru.

Póſtmodùm, l, Póſt modo. Lus. Depois. Iap. Nochi.

Póſtomis, idis. Lus. Aziar q̃ poẽ aos caualos. Iap. Arauma no fanauo xemuru dǒgu, fiǒxi.

Poſtpôno, is, poſui, poſitum. Lus. Poſpor, eſtimar em menos. Iap. Daini, l, tçugu ni ſuru, caronzuru. ¶ Aliqñ. Deixar, ou interromper. Iap. Saxiuoqu, yamuru.

Poſtprincipia. Lus. Progreſſo da couſa que ſe ſegue logo no principio, ou começo della. Iap. Fajimetaru cotono facano yuqu cotouo yŭ.

Poſtquàm, & Poſteaquàm. Lus. Depois q̃. Iap. Nochi, yori, cara.

Poſtrémò, adu. Lus. Vltimamente, finalmente. Iap. Xoxen, ficqiǒ, vouarini.

Poſtrêmum. Lus. A derradeira vez, vltimamẽte. Iap. Caguiri, l, fateni.

Poſtrêmus, a, um. Lus. Vltimo, derradeiro. Iap. Suyeno mono, fateno mono, vouarino mono. ¶ Poſtremi homines. Lus. Homens eſtragados, e perdidos. Iap. Acuguiacu burǒ naru mono.

Poſtremiſſimus, apud veteres. Idem.

Poſtridiè, adu. Lus. O dia ſeguinte. Iap. Yocujit, aquru fi, tçuguino fi.

Poſtulatio, onis. Lus. Queixume, querela. Iap. Vrami, xucquai, vttaye. ¶ Item, Petição. Iap. Soxô, xomǒ. ¶ Vacare, l, reſpondere poſtulationibus. Lus. Deſpachar petições de queixumes. Iap. Fitono xucquai, l, zanſôuo qiŭmei ſuru. ¶ Item, Rogos, ou interceſſam que fazem os auogados, ou procuradores nas demandas. Iap.

h * Cuji

Cuji ſatano bani voiteno toriauaxe. ¶ Itẽ,
Purificaçã queſe fazia com ſacrificios, &c.
por fazer pouco caſo de algum agouro.
Iap. Qizui, l, yǒqetuo mite qini caqezaru
ni yotte, tamuqe nadouo xite miuo qiyomuru cotouo yŭ. ¶ Poſtularia oſtenta, l,
prodigia. Lus. Pronoſticos, ou ſinaes que
por ſe não fazer caſo delles he neceſſario
purgarſe com ſacrificios, &c. Iap. Qini ca
qezu xite fugoxitaruni voiteua, igo tamuqe nadouo motte faraimo xezu xite
canauazaru yǒquai, qizui.

Poſtulatum, i. Idem.

Póſtulo, as. Lus. Requerer, ou pedir com inſ
tancia, & direito. Iap. Dǒrino vye yori, l,
riunni monouo cô. ¶ Res, l, tempus hoc
poſtulat. Lus. O negocio, ou tempo pede iſto. Iap. Daimocu, l, jibunni sǒuô xi
tari. ¶ Item, Acuſar em juizo. Iap. Qen
danno mayeni vttayuru. ¶ Interd. Pedir o que ſe lhe deue. Iap. Mini ataru cotouo cô. ¶ Item, Declarar ſeu deſejo, ou
o do amigo ao juiz. Iap. Vaga zonbun, l,
chijnno zonbunuo qendanni arauaſu.
¶ Item, Contra dizer, ou reſiſtir em juizo
ao intento de alguem. Iap. Tadaxiteno
mayenite fitono nozomini teqitǒ. ¶ Poſ
tulare quæſtionem. Lus. Queixarſe da
injuria recebida. Iap. Rǒjeqi nadouo vttayuru.

Potandus, a, um. Lus. Couſa que ſe hade
beber. Iap. Nomarubeqi mono.

Potatio, onis. Lus. O beber. Iap. Nomu
coto nari

Potator, oris. Lus. Grande bebedor. Iap.
Vôzaqenomi, l, vouoqu moneuo nomu mono.

Potatus, a, um. Lus. Couſa bebida. Iap.
Nomaretaru mono.

Potens, entis. Lus. Poderoſo. Iap. Canǒmono,
yxei aru mono. ¶ Potens imperij. Lus.
O que tem o mãdo, ou gouerno. Iap. Voſamuru mono, tçucaſadoru mono. ¶ Potẽs
regni. Lus. O que tẽ ja idade pera reynar.
Iap. Cunino matçurigotouo ſubeqi nenrei
naru mono. ¶ Potens viri virgo. Lus. Dõ
zella ja de idade pera poder caſar. Iap. Yo-
meirisubeqi nenrei naru mono. ¶ Item,
Potens, ſubſtant. Homem principal, & po
deroſo. Iap. Daimiǒ, cǒqe.

Potentatus, us. Lus. Poderio, principado.
Iap. Tçucaſadori, l, tôriǒto naru cotouo yŭ.

Potenter, adu. Lus. Poderoſamente. Iap.
Yquǒ, chicarauo motte.

Potentia, æ. Lus. Potentia, dominio, força.
Iap. Tçucaſadori, chicara, yxei, yquǒ.
¶ Item, Autoridade, & riquezas. Iap. Mo-
chij, xingǒ, fucqi.

Poteſtas, atis. Lus. Poder, faculdade, dominio. Iap. Chicara, yxei, tçucaſadoru coto
uo yŭ. ¶ Item, Poteſtates. Lus. Homẽs
que tem poder de juſtiçar mal feitores, ou
que gouernão cidades, &c. Iap. Tǒriuo
voſame, xeibai nadouo iy tçuquru fito.
¶ Item, Rezão, juizo. Iap. Chiye, funbet.
¶ Exire de poteſtate. Lus. Perder o juizo, ou ficar fora deſy cõ ira, &c. Iap. Icari
ni yotte jeſſuo vaqimayezu. ¶ Dare, de
ferre, facere poteſtatem alicui alicuius rei.
Lus. Dar poder, ou licença a alguem pe
ra algũa couſa. Iap. Menqio, menjouo ata
yuru. ¶ Habere poteſtatem alicuius rei.
Lus. Ter poder, ou licença ſobre algũa
couſa. Iap. Monono yuruxi, menqio ari.
¶ In poteſtate alicuius eſſe. Lus. Obedecer a alguem, e ſeguir ſeu conſelho. Iap.
Fitoni xitagǒ, l, fitono yqenni tçuqu. ¶ Re
digere aliquem in ſuam poteſtatem. Lus.
Someter de baixo de ſeu poder. Iap. Xita
gayuru, vaga fataxitani zocu ſaſuru. ¶ Poteſtas tua eſt. Lus. Em tua mão eſtá. Iap.
Nangino mama nari, ſonofǒ xidai. ¶ Ma
lefaciendi eſt mihi poteſtas. Lus. Poſſo
fazer mal. Iap. Atauo naſu coto canǒ.

Poteſtam, pro poteſtate veteres vſurparunt.

Poterium, ij. Lus. Copo, vaſo de beber. Iap.
Sacazzuqi, monouo nomu vtçuuamono.
¶ Item, Hũa erua. Iap. Aru cuſano na.

Poteſſum. Lus. Poder. Iap. Canǒ. antiq.

Potin? i, potes ne? Lus. Podes porventura?
Iap. Moxi canǒ beqiya?

Potio, onis. Lus. Beberagem. Iap. Nomi
mono.

Po-

Potiôno,as. Lus. Dar beberagem. Iap. Mononomasuru.

Potior, & hoc potius. Lus. Milhor. Iap. Nauo yoxi, suguretari.

Potior, iris, itus sum. Lus. Alcançar o deseja do, ou vẽcer. Iap. Nozomiuo toguru, mo tomeuru, xindai suru, l, xitagayuru. ¶ Itẽ, Gozar. Iap. Tanoximu. ¶ Rerum potiri. Lus. Reynar, dominar. Iap. Cuniuo vosamuru, maçurigotouo suru.

Potis, e. Lus. Poderoso. Iap. Canõ mono, chicara aru mono. ¶ Pote apud veter. Lus. Cousa q̃ se pode fazer. Iap. Naru mono.

Potissimus, a, um. Lus. Milhor, e principal. Iap. Nauo suguretari, ichidan, dai ichinaru mono.

Pótito,as. Lus. Beber muito, e ameude. Iap. Saisai nomu, nomisugosu.

Potitus hostium. Lus. Sometido ao poder dos imigos. Iap. Teqino xindaino xitani naritaru mono, teqini iqedoraretaru mono. Antiq.

Potiùs, potissimũ, l, potissimè. Lus. Antes, mais, ou principalmente. Iap. Nauo, yori mo, bexxite, dai ichi, toriuaqe.

Poto, as, aui, atum, l, otũ. Lus. Beber muito. Iap. Vouoqu nomu. ¶ Itẽ, Chupare as aruores, ou atrahirem a agoa que se lhes deita nas raizes. Iap. Neni caquru mizzuuo vouo qiga fiqu, l, aguru. ¶ Lanæ colores potant. Lus. Tingiremse as lããs, ou tomar, & embeber a tinta. Iap. Fitçujino qega somu.

Potor, oris. Lus. Bebedor. Iap. Vouoqu nomu mono.

Potorium, ij. Lus. Vaso de beber. Iap. Monouo nomu vtçuuamono, sacazzuqi.

Potorius, a, um. Lus. Cousa pertencẽte a beber. Iap. Nomimononi ataru coto, l, nomuni ataru coto. ¶ Vasa potoria. Lus. Vasos de beber. Iap. Monouo nomu vtçuuamono, l, sacazzuqi.

Potulentus, a, ũ. Lus. Bebado. Iap. Chinsui xitaru mono. ¶ Interd. Cousa acomodada pera se beber. Iap. Nomutameni niataru mono.

Potûrus, a, um. Lus. Cousa que ha de beber. Iap. Monouo nomubeqi mono.

Potus, us. Lus. Beberagem. Iap. Nomimono.

Potus, a, ũ. Lus. Bebado ou o que bebeo demasiadamente. Iap. Chinsui xitaru mono, l, nomisugoxitaru mono. ¶ Item, Cousa bebida. Iap. Nomaretaru mono.

P ANTE R.

Práticus, a, um. Lus. Cousa pratica, ou q̃ se ocupa ẽ obra, ou acção. Iap. Xosani ataru coto. ¶ Praticæ artes. Lus. Artes praticas que consistẽ na obra exterior. Iap. Nôgueino narai.

Præ, præposit. Lus. Antes, primeiro, diante. Iap. Mayeni, saqini. ¶ Item, Por causa, por amor. Iap. Yotte, taixite, yuyeni. ¶ Interd. Tirando a fora. Iap. Noqete, nozoqite. ¶ Præ quã. Idẽ. ¶ Præ cunctis. Lus. Mais que todos. Iap. Fitoni coyete, yojin yorimo.

Præacceptatio, figura est, cùm poëta aliquid narrando præuertit, quod eo tempore, quo res, quas describit, gestæ sunt, in rerum natura non fuit.

Præaccipio, is. Lus. Tomar anticipandose. Iap. Canete, l, saiguitte toru, l, vquru.

Præacuo, is. Lus. Fazer agudo, ou aguçar a parte diãteira. Iap. Saqiuo surudeni nasu, saqiuo togu.

Præacûtus, a, ũ. Lus. Muito agudo. Iap. Saqi no surudonaru mono, l, fabayaqi mono.

Præaltus, a, um. Lus. Cousa muito alta, ou funda. Iap. Icanimo tacaqi coto, l, fucaqi coto.

Præbenda, orum. Lus. Lenha, e sal que certos officiaes Romanos eram obrigados a mandar aos embaixadores que vinham a Roma. Iap. Romaye noboru chocuxini yacuxa yori vatasu taqigui, xiuo igue.

Præbeo, es, bui, bitum. Lus. Dar. Iap. Atayuru, fodocosu. ¶ Aliqñ. Amostrar, manifestar. Iap. Arauasu, misuru. ¶ Præbere cibum de manu. Lus. Meter o comer na boca com a mão. Iap. Xocuuo tenite cucumuru. ¶ Præbere accessum. Lus, Dar en-

entrada. Iap.Mayeni izzuru yuruxiuo ida su. ¶ Præbere aurem. Lus. Escutar. Iap. Mimiuo sobadatete qiqu, cocorouo tcme te qiqu. ¶ Præbere auxilium alicui.Lus. Socorrer,ajudar a alguem. Iap. Cŏriocu suru. ¶ Præbere iter ad aliquid alicui. Lus. Abrir caminho pera algũa cousa.Iap. Michiuo fumiaquru, michibiqu. ¶ Præbere metum. Lus. Pór medo. Iap. Vodosu. ¶ Præbere operam. Lus. Aplicarse, ou pór diligencia em algũa cousa. Iap.Xei uo ituru,cocorogaquru. ¶ Præbere se strenuum hominem. Lus. Mostrarse varonil, e esforçado. Iap. Vomoteni yuqiuo arauasu. ¶ Præbere se facilem alicui. Lus. Sojeitarse, ou obedecer a alguem. Iap. Fitoni tçuqi xitagŏ. ¶ Præbere sonitum. Lus. Fazer estrondo, ou soido. Iap. Nari fibiqu. ¶ Præbere vicem alicuius. Lus. Estar em lugar, ou ter as vezes de alguem. Iap. Miŏdai suru. ¶ Præbere sponsalia. Lus. Dar banquete nos desposórios. Iap. Yenpen, qeiyacuno toqi furumaiuo suru.

Præbia, orum. Lus. Remedio contra peçonha, ou feitiços. Iap. Ducuno qexigusuri, l, majutuo munaxiqu nasu cusuri. apud veteres.

Præbibo, is. Lus. Beber dantes. Iap. Mayeni nomu.

Præbitere. Lus. Matar. Iap. Corosu. ¶ Itẽ, Passar. Iap. Touoru, suguru. Plaut.

Præbitor, oris. Lus. Dador, ou o que daa. Iap. Atayuru, l, fodoçosu mono.

Præbitus, a, um. Lus. Cousa dada. Iap. Ataierare, l, fodocosaretaru coto. ¶ Præbita, substant. Lus. Prouimento, ou cousas necessarias que se dam aos seruos, e trabalhadores. Iap. Guenin, l, yatouarebitoni atayetaru yxocuno taguy.

Præcaluus. Lus. Caluo da parte dianteira da cabeça. Iap. Fitaino qeno nuqetaru mono.

Præcantatio, onis. Lus. Encantamento. Iap. Majutuo voconŏ cotouo yŭ.

Præcantrix, icis. Lus. Encantadora, ou feiticeira. Iap. Majutuo voconŏ vonna, l, facaxeno vonna, majinaiuo suru vonna.

Præcanus, a, um. Lus. Homem que tem cans antes de tempo. Iap. Vacaxiragano aru mono.

Præcarus, a, um. Lus. Cousa muito amada, e querida. Iap. Fucaqu romonuxiqi coto, l, taixetnaru coto.

Præcaueo, es. Lus. Precatarse, ou prouer dante mão. Iap. Canete yôjin suru, mitçucurŏ.

Præcautor, oris. Lus. O que se precata, ou vigia dante mão. Iap. Canete yôjin suru mono.

Præcautus, a, ũ. Lus. Cousa anticipada, ou prouida dante mão. Iap. Sayeguiritaru coto, l, mitçucuroitaru coto.

Præcedo, is. Lus. Preceder, ou adiantarse. Iap. Saqidatçu, saqini yuqu. ¶ Itẽ, per trásl. Exceder. Iap. Sugururu, masaru, coyuru. ¶ Præcedere sapore, & suauitate. Lus. Ser mais suaue, e saboroso. Iap. Caniga sugururu.

Præceler, eris, & hoc præcelere. Lus. Cousa mui ligeira, e apressada. Iap. Icanimo faya qi mono, socuxitnaru mono.

Præcelero, as. Lus. Apressar antes. Iap. Mayeni isogu.

Præcellens, entis. Lus. Cousa excellente, ou que excede a outra. Iap. Masaritaru coto, suguretaru coto.

Præcello, is, lui, elsum. Lus. Auentajarse, sobrepujar. Iap. Sugururu, coyuru, masu.

Præcelsus, a, um. Lus. Cousa muito alta, ou excellente. Iap. Icanimo tacaqi coto, cŏjŏnaru coto, suguretaru coto.

Præcentio, onis. Lus. Principio, ou preparação do canto. Iap. Vtaino fajime, l, chôxiuo toru cetouo yŭ. ¶ Item, Exordio, ecmeço. Iap. Fajime, saixo.

Præcentor, eris. Lus. O que dá o tom, e faz o compaso. Iap. Vondouo toru mono.

Præceps, ipitis. Lus. Cousa, ou lugar fragoso, & alto dóde se pode botar cabeça a baixo. Iap. Qeuaxiqi tocoro, qensonaru coto. ¶ Item, O que cae de algum lugar alto, & fragoso. Iap. Qenso, qeuaxiqi tocoro yori vochitaru mono. ¶ Item, per trásl. Ho-

Homem precipitado, & inconsiderado ẽ suas cousas. Iap. Ximonaqi mono, buxiannaru mono. ¶ Præcipites palmites. Lus. Certas varas novas da vide que dão muito fruito. Iap. Miuo vouoqu naru budóno vacadachi. ¶ Agere præcipitem, dare aliquem præcipitem. Lus. Derrubar, ou botar cabeça abaixo. Iap. Massacasamani votosu. ¶ Item, per transl. Lançar fora com pressa. Iap. Fayaqu voi idasu. ¶ Abire, deferri præcipitem, decidere in præceps. Lus. Cair, ou ir de cabeça a baixo. Iap. Massacasamani votçuru, l, votoroye yuqu. ¶ Committere se in locum præcipitem. Lus. Præcipitarse de lugar alto. Iap. Tacaqi tocoro yori miuo nagu ru. ¶ Amentia cæcum, ac præcipitem ferri. Lus. Arremesarse a algũa cousa como desatinado, & fora desy. Iap. Xiannomo xezu qiôjinno gotoqu toricacaru. ¶ Præcipitem ferri in hostem. Lus. Arremeter, edar nos inimigos com furia. Iap. Iqiuoiuo motte teqini cacaru. ¶ Præcipitẽ trahere. Lus. Derrubar, ou fazer cair junta mente consigo. Iap. Tomoni fiqiuotosu, tçurete tomoni votçuru. ¶ In præcipiti esse. Lus. Estar em grande risco, & perigo. Iap. Daijini voyobu. ¶ Præceps senectus. Lus. Idade decrepita, & cansada. Iap. Gocurô.

Præceptio, onis. Lus. Preceito, ou doutrina do mestre. Iap. Xixôno voxiye.

Præceptor, oris. Lus. Mestre. Iap. Xixô.

Præceptrix, icis. Lus. Mestra. Iap. Xixôno vonna.

Præceptum, i. Lus. Mandado, preceito. Iap. Guegi, guioy, vôxe, fatto. ¶ Aliqñ. Documento, ou regra de bem viuer. Iap. Miuo yoqu vosamuru voxiye, fatto. ¶ Dare, siue tradere præcepta de aliqua re. Lus. Dar regras, & preceitos. Iap. Fattouo sadamuru, monono xiyô, iyyô voxiyuru.

Præceptus, a, um. Lus. Cousa anticipada, ou tomada dantes. Iap. Canete torii aru coto, l, saiguiritaru coto. ¶ Aliqñ. Cousa mandada. Iap. Iytçuqerare, l, guegi xe raretaru coto.

Præcerpo, is. Lus. Colher, ou tomar antes. Iap. Cancte, l, mayec higuiru, tçumu, voru.

Præcertatio, onis. Lus. Correço da peleija, ou contenda. Iap. Caxxen no fajime, l, jôronno fajime.

Præcidaneus, a, um. Lus. Cousa que se corta antes, ou primeiro que outra. Iap. Izzu re yorimo saqini qiraruru mono. ¶ Præcidaneæ feriæ. Lus. Certos dias de festa q̃ precedião a outras festas solẽnes, & proprias. Iap. Xucunichino mayeni mochij iuô fi. ¶ Præcidaneæ hostiæ. Lus. Sacrificios que se offerecião hum dia antes do sacrificio solẽne. Iap. Xiqixôno tamuqe no ichijit mayeni nasu tamuqe. ¶ Præcidanea porca. Lus. Porca que sacrificaua a quelle que não fazia exequias a algum morto. Iap. Xininno toburaiuo zezaru ni yorte, tamuqetaru mebuta. ¶ Item, Præcidaneus. Lus. Cousa que se ha de cortar. Iap. Qirarubeqi mono. Nonius.

Præcîdo, is. Lus. Matar, ou sacrificar antes. Iap. Mayeni corosu, l, tamuquru. ¶ Itẽ, Cortar, desmembrar. Iap. Qirisanasu, mu curoni nasu. ¶ Præcidere spem alicui rei. Lus. Cortar, ou tirar as esperanças a alguem. Iap. Tanomoxiqiuo vxinauasuru. ¶ Item, Asinalar, determinar. Iap. Sadamuru, xirusu. ¶ Aliqñ. Negar obstinadamente. Iap. Xiqirini amgô. ¶ Præcidi os. Lus. Ser quebrada, ou pisada a boca de alguem com punhadas, ou pancadas. Iap. Cuchiuo vchisacaruru, l, cudacaruru.

Præcinctus, a, um. Lus. Cingido. Iap. Vobiuo xitaru mono, matoitaru mono.

Præcingo, is, xi, ctum. Lus. Cingir, rodear. Iap. Vobiuo suru, maqu.

Præcino, is, inui, entum. Lus. Cantar antes. Iap. Saqi, l, mayeni vtô. ¶ Interd. Dizer dantes, adeuinhar. Iap. Canete tçuguru, l, yû, l, miraino cotono tçuguru.

Præcipio, is. Lus. Preuenir, ou tomar antes. Iap. Saiguiru, saqini toru, toriecsu. ¶ Itẽ, Ver dantes o que ha de soceder. Iap. Canete miru, yentio suru. ¶ Item, Mandar. Iap. Guegi suru, iytçuquru. ¶ Item, Instruir,

ſtruir, enſinar. Iap. Voxiyuru, xinanſuru.

Præcepto, as. frequent. apud antiquos. Idẽ.

Præcípitans, antis. Lus. O que derriba, ou deita a outro de cabeça abaixo. Iap. Maſſacaſamani tçuqi votoſu mono. ¶ Item, O que cae de cabeça a baixo. Iap. Maſſacaſamani votçuru mono. ¶ Præcipitans ſol. Lus. Sol queſe vai pondo. Iap. Nixi ni catamuqu fi. ¶ Ætas præcipitans. Lus. Idade que vai deſcaindo, e chegandoſe ja pera a morte. Iap. Xŏnenuo ſuguitaru nẽrei, tairei, l, xiſuruni chicaqi yovai.

Præcipitanter, adu. Lus. Precipitada, e incõſideradamente. Iap. Buxianni, buxirioni.

Præcipitatio, onis, & Præcipitantia, æ. Lus. O cair, ou ſer lançado de algum precipicio, ou lugar alto. Iap. Tacaqi tocoro yori votçuru, l, tçuqi votoſaruru coto uo yũ.

Præcipitium, ij. Lus. Precipicio, ou lugar aſpero, & fragoſo donde facilmente ſe cae. Iap. Tacaqu ſobiyete qeuaxiqi tocoro, l, miuo naguru qenſo naru tocoro.

Præcípito, as. Lus. Precipitar, ou deitar dalto cabeça a baixo. Iap. Sacaſamani tçuqi votoſu, qenſo naru tocoro yori naguru. ¶ Præcipitare ſe in flumen. Lus. Deitarſe no rio. Iap. Cauani, l, fuchini miuo naguru. ¶ Præcipitare palmitem, flagellum, &c. Lus. Dobrar, ou torcer pera baixo o ramo nouo da vide. Iap. Budŏno vacadachiuo tauomuru. ¶ Præcipitare ad mortem. Lus. Apreſſar, ou acelerar a morte. Iap. Xiuo iſogu. ¶ Præcipitare moras. Lus Apreſſarſe muito. Iap. Iſogu. ¶ Aliqñ. abſolutè. Cair, ou ir de cabeça a baixo. Iap. Saſacamani votçuru, votoroye yuqu. ¶ Præcipitat hyems. Lus. Vẽ de repẽte a tẽpeſtade. Iap. Niuacani taiv, taifũ xiqirinari, xiqirini ſuru. ¶ Præcipitat flumen. Lus. Caye o rio dalto. Iap. Cauaga tacaqi tocoro yori nagare votçuru. ¶ Præcipitant curæ. Lus. Os cuidados incitão, aguilhoam. Iap. Naguequ, tanzocu ſuru. ¶ Aliqñ. Fazer algũa couſa precipitada, & inconſideradamente. Iap. Buxianni, l, buxirioni monouo itaſu.

Præcipuè, adu. Lus. Principalmente. Iap. Bexxite, toriuaqe.

Præcipuus, a, um. Lus. Particular, principal. Iap. Bexxiteno coto, daiichinaru coto.

Præcisè, adu. Lus. Breue, & compendioſamente. Iap. Riacu xite, tçuzzumete.

Præciſio, onis. Lus. Talho, cortadura. Iap. Qiru coto nari, qirime.

Præcîſus, a, um. Lus. Couſa cortada. Iap. Qiri fanaſaretaru coto. ¶ Item, Couſa esfarrapada, ſem ordẽ, & conexão. Iap. Cotoba, l, cotouarino tçuzzucazaru coto. ¶ Præciſum. Lus. Certa parte, ou poſta de carne que eſta junta das entranhas. Iap. Zŏfuno atarini aru nicu. ¶ Item, Præciſus. Lus. Sodomita paciente. Iap. Nhacudŏuo tatçuru mono.

Præclâmo, as. Lus. Clamar, ou gritar diante. Iap. Saqini ſaqebu, l, ſaqini tatte yobauaru.

Præclámito, as. frequent. Idem.

Præclámitor, oris. Lus. O que hia diante do ſacerdote de Iupiter clamando que ceſſaſſem os que trabalhauam. Iap. Xoſauo yameyoto Iupiterno Sacerdoteno ſaqini tatte yobauaru mono.

Præclârè, adu. Lus. Excellentemente. Iap. Sugurete, yoqu, ichidan.

Præclârus, a, um. Lus. Couſa muito clara, e reſplandecente. Iap. Cacayaqi vataru coto, aqiracanaru coto. ¶ Item, per tras l. Couſa celebre, e afamada. Iap. Cacure naqi coto, bioſŏnaqi. ¶ Item, Couſa boa, ou bella. Iap. Itçucuxiqi coto, qeccŏnaru coto, ſugiretaru coto.

Præclauium, ij. Lus. Parte de hum certo veſtido. Iap. Aru yxŏno vchini ſadamaritaru tocoro.

Præclûdo, is, ſi, ſum. Lus. Cerrar, fechar. Iap. Fuſagu, tozzuru, touo ſaſu.

Præco, onis. Lus. Pregueiro. Iap. Furecuchi. ¶ Item, Os que liam publicamente no ſenado cartas, &c. Iap. Quaixoni voite fumiuo firŏ ſuru mono. ¶ Item, Porteiros que vendem os bens ẽ almoeda. Iap. Mononeuo furete daiichi tacaqu cauanto

yũ

yŭ fitoni vru fito. ¶ Præcones laudũ nostrarum. Lus. Os que louuando diuulgam, e espalham nossos louuores. Iap. Vareraga meiyouo iy furasu mono.

Præcogito, as. Lus. Cuidar dantes. Iap. Canete xian suru.

Præcognitus, a, um. Lus. Cousa conhecida dãte mão. Iap. Canete yori xiretaru coto.

Præcognosco, is. Lus. Conhecer dãtes. Iap. Canete xiru, l, mixiru.

Præcolo, is. Lus. Preparar, ou ornar antes. Iap. Canete, l, saqini totono yuru, l, cazaru.

Præcompositus, a, um. Lus. Cousa preparada, e composta dantes. Iap. Yôy xitaru coto, l, cacugo xitaru coto.

Præconceptus, a, um Lus. Cousa concebida, ou recebida dantes. Iap. Canete yori vomoi ireraretaru coto, l, vomoi ximeraretaru coto, l, mayeni vqetaru coto.

Præconium, ij. Lus. Pregão, ou officio de pregoeiro. Iap. Fure, l, furetenо coye, l, fururu yacu. ¶ Qñq;. Fama, e louuor. Iap. Fomare, meiyo.

Præconius, a, um. Lus. Cousa de pregoeiro. Iap. Fureteni ataru coto.

Præconsumo, is. Lus. Consumir, ou gastar dantes. Iap. Saqi, l, mayeni tçuiyasu, l, tçucai tçucusu. ¶ Item, Gastar. Iap. Tçucusu, tçuiyasu. Ouid.

Præconsumptus, a, um. Lus. Cousa gastada, ou consumida dantes. Iap. Saqi, l, mayeni tçuiyetaru coto.

Præcontrecto, as. Lus. Tocar, ou tratar dãtes entre as maos. Iap. Canete sauaru, l, teni fururu.

Præcoquo, is, xi, ctum. Lus. Fazer amadurecer ante tempo. Iap. Ixet yorimo fayaqu jucu sasuru. ¶ Itẽ, Cozer muito, ou de masiadamente. Iap. Ni sugosu. ¶ Aliqñ. Cozer dantes, ou primeiro. Iap. Canete, l, mayeni niru, xenzuru.

Præcordia, orum. Lus. Entranhas, ou partes vizinhas ao coração. Iap. Zŏfu, l, xinno zŏno atariuo yŭ.

Præcorrumpo, is. Lus. Corromper, ou sobornar dãtes. Iap. Canete, l, saqini sonzasu, socŏnŏ, l, canete vairouo idaxite fitouo nabiquru.

Præcorruptus, a, um. Lus. Corrompido, ou sobornado dantes. Iap. Canete sonji, l, so conŏtaru mono, l, canete vairouo motte nabiqeraretaru mono.

Præcox, ocis. Lus. Cousa, ou fruita temporaã eque madurece antes das outras. Iap. Ixet yorimo, l, yono conomi yorimo fayaqu jucu xitaru mono. ¶ Præcocia, l, Præcoqua poma. Lus. Albicorques. Iap. Anzu. ¶ Præcox ingenium. Lus. Engenho, ou juizo maduro, e pesado antes de tempo. Iap. Nenrei yorimo fayaqu, l, toxinimo tarazuxite monouo yoqu funbet suru mono no chiye. ¶ Præcox fuga. Lus. Fugida apressada, ou fora de tempo. Iap. Canete yori, l, jibun fazureni niguru cotouo yŭ.

Præcoquis, e. Idem.

Præcrassus, a, um. Lus. Cousa muito grossa, & espessa. Iap. Icanimo atçuqi coto, futoqi coto, xigueqi coto.

Præcurrens, entis. Lus. Cousa q̃ se anticipa, ou vai diante. Iap. Saqidatçu mono, saqini faxiru mono.

Præcurro, is. Lus. Correr diante, ou adiantar se com presteza. Iap. Saqidatçu, saqini faxiru, fayaqu saqini yuqu.

Præcursio, onis, Lus. O correr diante, ou adiantarse. Iap. Saqi datçu, l, saqini faxiru coto nari.

Præcursus, us. Idem.

Præcursor, oris. Lus. Precursor, ou o que corrediante. Iap. Iengu, saqibaxiri.

Præda, æ. Lus. Presa, ou roubo. Iap. Bundori, l, vbai toritaru cotouo yŭ, bocu, ran bŏni toritaru coto. ¶ Item, Penhor que se daua quando se alugaua, ou arrendaua algũa cousa. Iap. Xichi, xichimot.

Prædabundus, a, um. Lus. O que muito rouba, ou faz preias. Iap. Rambŏ suru mono, bocu, l, bundori suru mono.

Prædaceus, a, ũ. Lus. Cousa de presa, ou roubo. Iap. Rãbŏ, bocu, bũdorini ataru coto.

Prædatitius, a, um. Idem.

Prædamno, as. Lus. Condenar a alguem por seu

seu proprio parecer, e juizo antes de se dar a sentença. Iap. Tadaxite yori qetgiacu xe rareuu mayeni, vatacuxini qetgiacu suru.
¶ Item, Condenar antes, ou no primeiro lugar. Iap. Canete, l, saixoni zaiquani fusuru.

Prædator, oris. Lus. Roubador. Iap. Ranbŏsuru mono, tŏzocu.

Prædatrix, icis. fœmin. Idem.

Prædatorius, a, um. Lus. Cousa pertencente a roubador. Iap. Rambŏ suru mono, l, tŏzocuni ataru coto. ¶ Prædatoria nauis. Lus. Naos de cossairos. Iap. Zocuxen.

Prædelasso, as. Lus. Cansar, ou debilitar dantes. Iap. Maye yori cutabire sasuru, l, tçucaresasuru.

Prædensatus, a, um. Lus. Cousa feita mui espessa. Iap. Icanimo xigueraxaretaru mono.

Prædensus, a, um. Lus. Cousa muito espessa, ou densa. Iap. Icanimo xigueritaru mono, catamaritaru mono, coqi mono.

Prædes. vide Præs.

Prædestinatio, onis. Lus. Predestinação diuina. Iap. Deus muxi yori tasucaru beqi monouo xiri tamŏ coto uo yŭ.

Prædéstino, as. Lus. Predestinar, ou determinar dantes. Iap. Canete sadamuru.

Prædiator, oris. Lus. O que he versado nas leys, & direitos pertecentes a herdades, & bens de raiz. Iap. Chiguiŏni tçuiteno cuji satano gacumonuo xitaru mono.

Prædiatorius, a, um. Lus. Cousa pertencente a herdade, ou bens de raiz. Iap. Chiguiŏ, nŏchini ataru coto.

Prædiatus, a, um. Lus. O que tem muitas herdades, & bens de raiz. Iap. Chiguiŏ vouoqu mochitaru mono.

Prædicabilis, e. Lus. Cousa digna de ser publicada, & louuada. Iap. Fôbi xeraru beqi mono, qicoyubeqi mono, firomaru beqi mono.

Prædicamenta, à dialecticis dicuntur, circa quæ versari videtur omnis quæstio.

Prædicatio, onis. Lus. O diuulgar, ou engrãdecer algũa cousa. Iap. Monouo fôbi suru coto nari, xŏsan suru, l, iy firomuru coto nari.

Prædicator, oris. Lus. O que louua, ou publica a virtude, & façanhas alheas. Iap. Fitono fomareuo ninjenni sandã suru fito.

Prædicatum, i. dialectici dicunt, quod grammatici appositum vocant, quod prædicatur, i, dicitur de subiecto.

Prædico, as. Lus. Publicar, ou louuar algũa cousa. Iap. Roqen sasuru, firomuru, fomuru. ¶ Itẽ, Apregoar, ou diuulgar algum mandado do senado, &c. Iap. Se nadono sadameuo iy fururu.

Prædico, icis. Lus. Dizer dantes. Iap. Canete, l, mayeni yŭ.

Prædictio, onis. Lus. Prophecia, ou o dizer antes o futuro. Iap. Miraino cotouo canete iy arauasu coto nari.

Prædictus, a, um. Lus. Cousa dita antes, ou sobre dita. Iap. Miguini, l, canete iy arauasaretaru coto.

Prædiolum, i. Lus. Herdade pequena. Iap. Sucoxino chiguiŏ.

Prædisco, is. Lus. Aprender, ou enuestigar dantes. Iap. Canete narŏ, tazzune saguru.

Præditus, a, um. Lus. Dotado, ou ornado de algũa cousa. Iap. Monouo gusocu suru mono, l, cazararetaru mono. ¶ Prauis moribus, l, peruersa indole præditus. Lus. Homem de maos, e peruersos costumes, e de mà criação. Iap. Acuguiacu butŏnaru mono, l, axiqu sodachitaru mono. ¶ Morbo præditus. Lus. Doente. Iap. Vazzurŏ, l, yamu mono. ¶ Gloria ingenij sum mi præditus. Lus. Homem de grande habilidade. Iap. Cacuremo naqi ricconja, l, chixa. ¶ Adolescens rectissim is studijs, atque optimis artibus præditus. Lus. Mancebo ornado de letras, e boas artes. Iap. Xeqigacuno fito. ¶ Homo singulari cupiditate, audacia, scelere præditus. Lus. Homem muito cobiçoso, ousado, e peruerso. Iap. Tonyocu, l, gaini xite mŏacu butŏnaru mono. ¶ Lacrymis, ac mœrore præditus. Lus. Cheo, de lagrimas, e tristeza. Iap. Xŭtan firuini xizzumitaru mono.

Prædiues, itis. Lus. Muito rico. Iap. Fucujin, l, fucqi fucutacu naru mono.

Præ-

Prædiuinatio, onis. Lus. O adeuinhar, ou preuer dante mão o futuro. Iap. Miraiuo sator u, l, cangayuru coto nari.
Prædiuino, as. Lus. Adeuinhar, ou ver dantes o q̃ ha de acontecer. Iap. Miraiuo satoru, l, cangayuru.
Prædiuinus, a, um. Lus. Cousa muito diuina. Iap. Suguretetattoqi coto.
Prædium, ij. Lus. Herdade, ou bens de raiz. Iap. Riǒchi, chiguiǒ.
Prædo, onis. Lus. Cosairo, ou salteador de caminhos. Iap. Tǒzocu, caizocu, sanzocu. ¶ Item, O que com asaltos, e roubos faz danos lugares, ou terras quietas. Iap. Buji, l, feian naru cunini rannuuxite monouo torichirasu mono. ¶ Item, O que injustamente possue o alheo. Iap. Fidǒni taninno monouo xindai suru fito.
Prædonius, a, um. Lus. Cousa pertencente a cosairo, ou salteador. Iap. Miguino caizocu, sanzocu nadoni ataru coto.
Prædónulus, i. dimi. Idem. Cato.
Prædomo, as. Lus. Domar, ou amansar dantes. Iap. Maye, l, saqini natçuquru, xitaga yuru.
Prædor, aris. Lus. Saltear, roubar, ou saquear. Iap. Rambǒ, l, gǒdǒ suru.
Præduco, is. Lus. Guiar diante. Iap. Michibiqu. ¶ præducere fossam homini obsesso. Lus. Vallar, ou cercar. Iap. Tçurçumi, l, doiuo tçuqimauasu.
Prædulcis, e. Lus. Cousa muito doce. Iap. Icanimo amaqi, l, canmi aru coto.
Prædûro, as. Lus. Fazer muito duro. Iap. Icanimo catamuru, l, cataqu nasu.
Prædûrus, a, um. Lus. Cousa muito dura. Iap. Ichidan cataqi, l, couaqi coto.
Præeo, is. Lus. Ir diante, adiantarse. Iap. Saqidatçu, saqini yuqu. ¶ Præire verba. Lus. Ditar, ou ir dizendo a outro certa forma de palauras em juramentos, &c. as quais o que jura verbalmente vai referindo. Iap. Cuchiutçuxini xeimonuo tatesasu ru tameni monouo iy idasu. ¶ Præire verba de scripto. Lus. Ir algum escriuão, ou notario dizendo ao pregoeiro o pregão quando leuão a justiçar a alguem. Iap. Mexitono saqini tachifururu mononi furu beqi daimocuuo yomiqicasuru.
præfácilis, e. Lus. Cousa muito facil. Iap. Icanimo tayasuqi coto.
Præfari. Lus. Falar antes, ou fazer prologo. Iap. Saqini, l, caneteyŭ, l, xomotno jouo caqu. ¶ Præfari diuos. Lus. Inuocar os sanctos. Iap. Beatotachino nauo yobu.
¶ Præfari honorem. Lus. Tomar a salua antes de dizer algũa cousa mal soante, e que offende as orelhas. Iap. Zachǔni niyauazaru cotouo iuantoxite mazzu sǒye xamenuo cô.
Præfatio, onis. Lus. Prologo, proemio. Iap. Xomotno jo, l, sonno cotouariuo iyarauasu mayeni, sucoxi monouoyŭ coto nari.
Præfatiuncula, æ. dimi. Idem.
Præfectorius, a, um. Lus. O que teue superintendencia, ou presidió em algũ cargo, ou officio. Iap. Monono buguiǒ, saibanxitaru mono.
Præfectura, æ. Lus. Cargo, ou officio de presidente, ou que tem super intendencia ẽ algum negocio. Iap. Yacu, buguiǒ, saibã. ¶ Item, Præfecturæ. Lus. Certos lugares de Italia quese gouernauão polas leys dos gouernadores Romanos. Iap. Italiano vchi Romayorino xugouo motte vosamerareta ru zaixo.
Præfectus, i. Lus. Prefeito, ou superintendẽte ẽ algũ officio, ou cargo. Iap. Yacuxa, buguiǒ, tçucasa. ¶ Præfectus morib⁹, l, præfectus prætorio. Lus. O que tem cuidado de emendar os costumes alheos. Iap. Fitono fitono mite isameuo naxi xeccanuo nasu yacuxa. ¶ Præfectus vigilum. Lus. O que tẽ cuidado de repartir as estancias as vigias da cidade. Iap. Banuo furu tocorouo vatasu fito. ¶ Dux, præfectus q; classis. Lus. Capitão mór da armada. Iap. Fiǒxenno sǒdaixǒ. ¶ Præfectus vrbi. Lus. Gouernador da cidade. Iap. Iǒri no xugo, l, xoxidai.
Præfericulum, i. Lus. Hum vaso de metal de q̃ vsauão nos sacrificios. Iap. Tamuçeno

tçuqi,tçucàitaru caracaneno vrçuuamono.

Præfero, ers. Lus. Leuar diante. Iap. Saqini motte yuqu, tazzusaye yuqu. ¶ Aliqn. Præferir, antepor. Iap. Daiichini mochijru, vomoi cayuru. ¶ Itē, Mostrar algũ affectos do animo nas palauras, gesto, ou obra. Iap. Xinjiũni aru cocouo gongo, xindaini arauasu.

Præferox, ocis. Lus. Cruel, eferoz. Iap. Icanimo taqeqi mono, l, nasaqe naqi mono, qendonnaru mono.

Præferratus, a, um. Lus. Cousa ferrada, ou q̃ tem ferro na ponta. Iap. Saqini curoganeno aru mono.

Præféruidus, a, um. Lus. Cousa mui acesa, e feruéte. Iap. Icanimo moyetatçu mono, l, fanafadai taguiru mono.

Præfestinatim, adu. Lus. Com grande pressa. Iap. Quaqiũni.

Præfestinè, adu. Idem.

Præfestîno, as. Lus. Apressarse antes de tempo. Iap. Iibunno mayeni isogu.

Præfica, æ. Lus. Molher alugada pera chorar, e louuar os mortos. Iap. Xininno vyeuo naqi, sono fomareuo cacaguru tameni yatouaretaru vonna.

Præficio, is. Lus. Dar cargo, ou superintendē cia de algũa cousa. Iap. Yacuuo ategō, l, tçucasani nasu.

Præfido, is. Lus. Ter demasiada confiança, ou confiarse muito. Iap. Fucaqu tanomu, l, tanomiuo caqesugosu.

Præfigo, is. Lus. Pregar, ou fincar diante. Iap. Mayeni vchitçuquru, l, tçuqi tatçuru. ¶ Itē, Cerrar, fechar. Iap. Tozzuru, fusagu.

Præfigûro, as. Lus. Representar. Iap. Mononofugata, l, nariuo arauasu, mononi nisuru.

Præfinio, is, iui, itũ. Lus. Limitar, determinar. Iap. Caguiriuo sadamuru.

Præfinitò, adu. Lus. Determinada, ou limitadamēte. Iap. Caguiriuo sadamete, caguitte.

Præfixæ fenestræ. Lus. Ianelas fechadas. Iap. Fusaguitaru, l, tateraru mado.

Præfloreo, es. Lus. Florecer antes, ou primeiro. Iap. Ichiban, l, saixoni sacayuru, l, fanaga firaqu.

Præflôro, as. Lus. Tomar a primeira flor, ou enfeitar. Iap. ichibanno fanauo tçumu, l, ichibāni monono fatçuuouo çocoromiru.

Præfluo, is, xi. Lus. Correr o rio, &c. diante, ou ao lōgo de algum lugar. Iap. Mayeni, l, vaqini nagaruru.

Præfluxus, us, & Prefluuiũ, ij. Lus. O correr o rio, &c. diante, ou ao longo de algũ lugar. Iap. Mayeni, l, vaqini nagaruru cotouo yũ.

Præfocationes vuluæ. Lus. Certa doença que dá a molheres com desmayo. Iap. Vonna no xetji suru yamai.

Præfôco, as. Lus. Afogar, ou abafar a outro. Iap. Iqiuo tomete coroxi, nodouo ximete corosu.

Præfodio, is, odi, ossum. Lus. Cauar antes, ou diante. Iap. Mayeuo foru, l, canete foru.

Præfœcundus, a, um. Lus. Muito fertil. Iap. Miuo vouoqu nasu mono.

Præformîdo, as. Lus. Ter grāde medo. Iap. Vôqini vojoruru.

Præformo, as. Lus. Dar antes, ou primeiro forma, ou modelo. Iap. Canete nari, catachi, l, saxizzuuo sadamuru.

Præfractè, adu. Lus. Obstinadamente. Iap. Iōgouani, jōxiqini.

Præfractus, a, um. Lus. Cousa quebrada. Iap. Vore, l, varetaru mono. ¶ Item, Cousa quebrada antes, ou primeiro. Iap. Canete, l, mayeni vore varetaru mono. ¶ Item, Contumaz, & dificultoso de se dobrar. Iap. Iōno couaqi mono, tanome domo tanomarenu mono, tanomigai naqi mono.

Præfrígidus, a, um. Lus. Cousa muito fria. Iap. Fanafada tçumetaqi, l, samuqu faguexiqi coto.

Præfringo, is, egi, actum. Lus. Quebrar, ou quebrar a parte dianteira. Iap. Varu, voru, l, saqiuo varu, l, voru.

Præfulcio, is. Lus. Fortificar, sostentar. Iap. Cacayuru, camayuru, tçuyen uru.

Præfulgeo, es. Lus. Resplandecer muito. Iap. Fanafada cacayaqi vataru. ¶ Item, Resplandecer, ou dar claridade diante. Iap. Ma-

Mayeni, l, saqiuo cacayacasu, l, terasu.

Præfulguro, as. Lus. Fazer resplandecer. Iap. Cacayacasu, terasu.

Præfurnium, ij. Lus. Boca de forno, ou da fornalha. Iap. Camadono cuchi.

Prægêlidus, a, um. Lus. Cousa muito fria, ou congelada. Iap. Fanafada tçumetaqi coto.

Prægérmino, as. Lus. Brotar ãtes, ou primeiro aruores, eruas, &c. Iap. Saqini, l, fayaqu medatçu.

Prægestio, is. Lus. Desejar muito. Iap. Fucaqu nozomu. ¶ Item, Com gestos do corpo mostrar alegria. Iap. Xingiñno yorocobiuo moyôuo motte arauasu.

Prægigno, is. Lus. Gérar antes, ou primeiro. Iap. Ichiban, l, saqini xôzuru.

Prægnans, antis. Lus. Prenhe. Iap. Quainin xitaru mono, l, faramitaru mono.

¶ Prægnans arbor. Lus. Aruore que tem chupado o humor, ou alimento necessario, mas ainda não deitou flor, nem folha. Iap. Quayôua naxito iyedomo, vruuoi uo quabunni fucumitaru qi.

Prægnatio, onis. Lus. Prenhidão. Iap. Faramitaru cotouo yǔ.

Prægrado, as. Lus. Ir diante. Iap. Saqidatçu, l, saqini yuqu. Antiq.

Prægrandis, e. Lus. Cousa muito grande. Iap. Sugurete vôqinaru coto.

Prægrauis, e. Lus. Cousa muito pesada. Iap. Icanimo vomoqi coto.

Prægrauo, as. Lus. Fazer muito pesado, ou agrauar. Iap. Ichidan vomoqu nasu.

¶ Item, Ser molesto, e penoso. Iap. Taicut sasuru, mutçucaxigarasuru. ¶ Item, Pesar, ou montar mais. Iap. Nauo fucaqu, l, vomoqu naru.

Prægrediens, entis. Lus. O que vai diante. Iap. Saqidatçu mono, jengu.

Prægredior, eris. Lus. Ir diante. Iap. Saqidatçu, l, mayeni yuqu. ¶ Item, Passar por algum lugar. Iap. Tocorouo touoru.

¶ Prægredi alios. Lus. Leuar ventagẽ a outros. Iap. Fitoni masaru, l, coyuru, suguruṙu.

Prægressio, onis. Lus. O ir, ou andar diante. Iap. Saqidatçu coto nari.

Prægustator, oris. Lus. O que toma a salua dos manjares q̃ se poẽ na mesa do senhor. Iap. Xujinno mayeni mairu xocubut ou ichibanni coccromuru mono.

Prægusto, as. Lus. Tomar a salua do comer. Iap. Xocubutuo ichibanni cocoromuru.

Prehendo, l, Prændo, is, di, sum. Lus. Tomar, aferrar. Iap. Torayuru, toru.

Prehenso, & Prænso, as. frequent. Lus. Tomar. Iap. Saisaitoru, l, torayuru. ¶ Itẽ, Os que pretendem algum officio apertar as mãos em sinal de pedir fauor a aquelles em cujos votos está a eleição. Iap. Curai nadoni agueraruru yǒni, dancǒninno teni sugarite tanomu. ¶ Prænsare consilium. Lus. Tomar conselho. Iap. Yqenuo cô, l, dancǒ suru, xian suru.

Prehensatio, l, Prænsatio, onis. Lus. O pedir ajuda, ou fauor pera algum officio, &c. Iap. Quanxocu nadoni sonayeraruru yǒni, teni sugarite tanomu coto nari.

Præiaceo, es. Lus. Iacer, ou estar diante. Iap. Mayeni fuxite yru, l, aru.

Præiacio, is. Lus. Lançar, ou pôr diante. Iap. Mayeni sute voqu, l, mayeni voqu.

Præiens, euntis. Lus. O que vai diante. Iap. Saqi, l, mayeni yuqu mono.

Præitor, oris. Idem.

Præiudicatio, onis. Lus. O julgar antes de tẽpo, ou vltima sentença. Iap. Ninjennite qiŭmei naqi mayeni tacugiacu suru coto nari.

Præiudicatus, a, um. Lus. Cousa julgada dãtes. Iap. Canete, l, mayeni tacugiacu xeraretaru coto.

Præiudicium, ij. Lus. Cousa determinada ẽ juizo que serue de exemplo aos que hamde julgar semelhantes causas. Iap. Qiŭmeino tefonto naritaru qiŭmei. ¶ Item, (apud Val. Sentença, ou parecer que o juiz dá antes da vltima sentença. Iap. Ninjẽnite qiŭmei naqi mayeni naigui nite cuji uo fitan suru cotouo yǔ.

Præiúdico, as. Lus. Iulgar antes de tempo. Iap. Sadamaritaru jibunno mayeni tacugiacu furu. ¶ Item, Iulgar antes, ou primeiro que outros, &c. Iap. Ichiban, l, mayeni qiŭmei furu.

Præiuratio, onis. Lus. O ir ditando a forma do juramento ao que ha de jurar. Iap. Coto ba vtçuxini xeimonuo tatçuru fitoni xicaxicato yui qicafuru coto nari.

Præiurator, oris. Lus. O que vai dizendo, ou ditando a outro a forma có que ha de jurar. Iap. Cotoba, l, cuchi vtçuxini xeimonuo tatçuru fitoni yui qicafuru fito.

Præiuratrix, icis. fœm. Idem.

Præiûro, as. Lus. Ir ditando a forma do juramento ao que hade jurar. Iap. Fitono cuchi vtçuxini xeimonuo tatçuru fitoni xicaxicato yui qicafuru.

Præiuuo, as. Lus. Ajudar dante mão. Iap. Canete, l, faqini cŏriocu furu.

Prælâbor, eris. Lus. Correr rio, &c. por diante, ou ao longo. Iap. Maye, l, fobani nagaruru.

Prælambo, is. Lus. Lamber primeiro, ou tomar o gosto. Iap. Mazzu neburu, l, agiuŏ.

Prælargus, a, um. Lus. Cousa muito larga, ou abundante, e copiosa. Iap. Icanimo firoqi coto, l, tacuuannaru coto.

Prælâtus dies. Lus. Dia anticipado. Iap. Toni coxitaru fi, apud Iuris consultos.

Prælectio, onis. Lus. O lér, ou explicar aos discipulos algũa cousa. Iap. Dexino maye nite yomi danzuru coto nari.

Prælector, oris. Lus. Mestre, lênte. Iap. Danzuru fito, l, xixŏ.

Prælego, is. Lus. Lér em presença de alguem. Iap. Fitono maye nite yomu, l, dănzuru. ¶ Item, Passar ao longo, ou por algum lugar. Iap. Tououru, l, fobauo tououru.

Prælêgo, as. Lus. Deixar a algum dos herdeiros mais algũa cousa do que lhe cabia por herança. Iap. Sono fitoni ataru bun yori mo fuguite yuzzuru. ¶ Item, Dar, ou restituir algũa cousa a alguem, aqué pertence. Iap. Sono fitoni ataru cotouo vatasu. ¶ Prælegare dotem dicitur maritus, cùm eam purè legat, propterea quod eã âte solui iubet, quàm ab hærede debeatur.

Prælians, antis. Lus. O q peleija em guerra. Iap. Caxxen furu mono.

Præliaris, e. Lus. Cousa pertencente a batalha, ou peleija. Iap. Caxxé, l, tatacaini ataru coto. ¶ Præliares dies. Lus. Dias em que era licito fazer guerra aos inimigos, ou pedirlhes o que tinhão tomado. Iap. Caxxenno qichinichi, l, teqiyori vbaitoritaru cotouo coi cayesu fi.

Prælibo, as. Lus. Gostar antes, ou tomar a salua. Iap. Mazzu agiuŏ, l, cocoromiru.

Prælicenter, adu. Lus. Com demasiada liberdade, e soltura. Iap. Issai fabacarinaqu, l, jiyŭnio.

Præliganeum vinum. Lus. Vinho primeiro que se faz, de vuas temporaãs. Iap. Fayaqu jucuxitaru budŏ nite ichibanni tçucuritaru faqe, saqe.

Præligo, as. Lus. Amarrar, ou atar na parte dianteira. Iap. Saqini, l, mayeni musubi tçuquru, yuitçuquru.

Prælior, aris. Lus. Peleijar, ou dar batalha. Iap. Caxxen furu, tatacŏ. ¶ Item, per transl. Contender de palaura. Iap. Caragacai, jŏron furu.

Prælium, ij. Lus. Peleija, ou batalha. Iap. Caxxen, tatacai. ¶ Item, apud Virg. per metaph. Ajuntamento do macho com femea. Iap. Cacon.

Prælongo, as. Lus. Alongar, fazer muito lógo. Iap. Noburu, nagaqu nasu.

Prælongus, a, um. Lus. Cousa muito longa, ou comprida. Iap. Icanimo nagaqi coto.

Præloquor, eris. Lus. Falar antes, ou primeiro. Iap. Ichibanni monouo yŭ, canete, l, saqini monouo yŭ.

Præluceo, es. Lus. Luzir, ou resplandecer antes. Iap. Mazzu, l, saqini cacayaqu, l, terasu. ¶ Prælucere alicui. Lus. Leuar diante dalguem tocha, ou facha acesa. Iap. Fitono saqini tatte taimatçu nadouo motçu. ¶ Item, per metaph. Com sua fama e nobreza esclarecer, & sobrepujar a outros. Iap. Vaga meiyouo motte fitono nauo ague

ague soreuo motte cani iuguruta.

Prælúcidus, a, um. Lus. Cousa muito clara, ou luzente. Iap. Coreno foca, l, vôqini ficari cacayaqu coto.

Prælúdium, ij. Lus. Cantiga com que o tangedor de viola capta a beneuolencia dos ouuintes antes de começar. Iap. Biua fiua zachûno fitono qiguenuo toru tameni tçuifaraini vtŏ, l, biuauo fiqu cotouo yŭ. ¶ Item, Principio de cousa graue, ou importante. Iap. Daiji, canyô naru cotono fajime.

Prælusio, onis. Idem.

Prælûdo, is. Lus. Ensayarse pera apeleija, ou outra cousa. Iap. Qeicouo suru. ¶ Item, Começar, ou dar principio a algũa cousa graue. Iap. Daiji, l, canyô naru cotouo xifajimuru.

Prælum, i. Lus. Freixe de lagar. Iap. Abura nadouo xiboru dôgu, l, voxiuo caquru dôgu.

Prælumbo, as. Lus. Derrear, quebrar as costas. Iap. Xenacauo vchi cudaqu.

Prælúo, is. Lus. Lauar antes, ou primeiro. Iap. Saqini, l, ichibanni arŏ. ¶ Item, Correndo o rio, &c. passar por algum lugar. Iap. Sobauo nagaruru.

Prælustris, e. Lus. Cousa muito illustre, ou luzente. Iap. Cacure naqi coto, l, icanimo cacayaqu coto.

Præmando, as. Lus. Mandar antes, ou primeiro. Iap. Canete, l, saqini tçucauasu, l, guegi suru.

Præmanibus. Lus. Entre maõs, á mão. Iap. Temotoni, temayeni, l, teni.

Præmaturè, adu. Lus. Antes de tempo. Iap. Iixet yorimo mayeni. ¶ Præmaturè vita carere. Lus. Morrer cedo, e de pouca idade. Iap. Nenrei yorimo fayaqu xisuru, sŏxi suru.

Præmatûrus, a, um. Lus. Cousa madura antes de tempo, ou fruita temporaã. Iap. Iibun yori mayeni, l, fayaqu jucu xitaru coto. ¶ Præmatura senectus. Lus. Velhice antes de tempo. Iap. Nenrei yorimo toxi yoritaru cotouo yŭ. ¶ Præmatura mors. Lus. Morte que vem antes de tẽpo na mocidade. Iap. Nenrei yorimo fayaqu xisuru cotouo yŭ, sŏxei.

Præmedicatus, a, um. Lus. O que tomou desensiuos de mezinhas, ou feitiços. Iap. Yŏ, ô gusuriuo mochijtu fito, l, canete majinauaretaru mono.

Præmeditatio, onis. Lus. O considerar, ou descorrer antes. Iap. Canete xian suru coto nari.

Præméditor, aris. Lus. Cuidar, ou descorrer antes. Iap. Canete xian suru.

Præme fero, prætefers. Lus. Mostrar algũa cousa nas palauras, gesto, ou obra. Iap. Gongo, xindaini monouo arauasu.

Præmensus, a, um. Lus. Cousa medida dantes. Iap. Canete facaritaru coto.

Præmercor, aris. Lus. Mercar, ou comprar primeiro. Iap. Mayeni monouo caitoru.

Præmessum, i. Lus. Cousa que se segaua por começo, ou principio da ceifa. Iap. Goco cunotaçuuouo caritaru cotouo yŭ.

Præmetior, iris. Lus. Medir antes. Iap. Canete facaru, l, sauo vtçu.

Præmetuo, is. Lus. Temer dantes. Iap. Canete, l, fajime yori voforuru.

Præmigro, as. Lus. Passar antes de hum lugar a outro. Iap. Canete yado, l, tocorouo cayuru.

Præmior, aris. Lus. Premiar, remunerar. Iap. Fôja suru, fôzuru.

Præmiosus, a, um. Lus. Rico. Iap. Fucuyŭ naru mono, vtocu naru mono.

Præmissus, a, um. Lus. Mandado diante. Iap. Saqini yararetaru mono.

Præmitto, is. Lus. Mandar, ou enuiar diante. Iap. Saqini yaru, l, tçucauasu.

Præmium, ij. Lus. Premio, galardão. Iap. Fempô, xôrocu. ¶ Item, Premio que se poem aos vencedores nos jogos, & festas. Iap. Caqemono, fiqidemono. ¶ Aliqñ. Pago, ou castigo pollo mal feito. Iap. Acuno mucui. ¶ Item, apud poëtas. Preço que se da por algũa cousa comprada. Iap. Monouo caitaru atai, l, chin. ¶ Aliqñ. Dinheiro. Iap. Tçucaigane.

Præ

Præmóderor, aris. Lus. Gouernar dantes, ou primeiro. Iap. Canete, l, mazzu vosamuru.
Præmodum. Lus. Sobremodo, em grande maneira. Iap. Cotonofoca, taiquani.
Præmolestia, æ. Lus. Molestia, ou afflição q̃ se toma de algum mal que se teme. Iap. Qitarubeqi acujino vrei, canaximi.
Præmolior, iris. Lus. Aparelhar, ou machinar dantes. Iap. Canete cotonoyuru, yôy suru, l, tacumu.
Præmollio, is, iui, itum. Lus. Amolentar, ou abrandar dantes, ou primeiro. Iap. Maye yori yauaraguru, l, yauaracani nasu.
Præmollis, e. Lus. Cousa muito molle, e brã da. Iap. Ichidan yauaracanaru coto.
Præmollitus, a, um. Lus. Cousa mollificada dantes. Iap. Fajime yori yauaraguetareta-ru coto.
Præmoneo, es. Lus. Amoestar, ou auisar dã-te mão. Iap. Canete xirasuru, tçuguru.
Præmónitus, a, um. Lus. Auisado dantes. Iap. Canete yori tçugue xirasaretaru fito.
Præmónitus, us. Lus. Auiso anticipado. Iap. Canete tçuguexiraxetaru cotouo yũ.
Præmonstrator, oris. Lus. O que dantes aui-sa, ou instrue o que se ha de fazer. Iap. Canete tçuguexirasuru, l, voxiyuru fito.
Præmonstro, as. Lus. Amostrar, ou auisar dã-te mão. Iap. Canete tçuguexirasuru, l, voxiyuru.
Præmordeo, es. Lus. Espedaçar com os den-tes. Iap. Cuisaqu.
Præmorior, reris. Lus. Morrer antes, ou pri-meiro. Iap. Ichiban, l, saqini ximuru, l, vouaru.
Præmortuus, a, um. Lus. Morto, ou acabado primeiro. Iap. Ichibanni xixi, l, fatetaru mono.
Præmunio, is. Lus. Fortificar, ou fortalecer antes, ou primeiro. Iap. Canete yôgaiuo suru, camayuru. ¶ Item, per transl. Pre-parar. Iap. Yôy, l, cacugo suru.
Præmunitio, onis. Lus. Proemio, ou cousa q̃ se diz antes de vir á materia principal. Iap. Dôri, l, cotouariuo nobenu saqini, suçoxi monouo yũ coto nari.
Prænarro, as. Lus. Contar antes. Iap. Canete cataru.
Prænato, as. Lus. Nadar diante. Iap. Saqiuo voyogu. ¶ Aliqñ. Correr o rio ao lon-go, ou por algum lugar. Iap. Soba, l, va-qiuo nagaruru.
Prænáuigo, as. Lus. Nauegar ao longo, ou junto dalgũa parte. Iap. Qiua, l, vaqiuo funeni noru.
Prænimis. Lus. Muito. Iap. Vôqini, fanafada, taiquani.
Prænitens luna. Lus. Lũa muito resplande-cente. Iap. Icanimo aqiracanaru tçuqi, cu-manaqi tçuqi.
Præniteo, es. Lus. Resplandecer muito. Iap. Cotonofoca ficaricacayaqu.
Prænítidus, a, um. Lus. Cousa muito resplan decente. Iap. Vôqini cacayaqu coto.
Prænômen, inis. Lus. Alcunha que se antepo em ao nome proprio da pessoa. Iap. Miô-jino mayeni tçuqete yobitaru na.
Prænosco, is. Lus. Conhecer, ou adeuinhar dantes. Iap. Canete xiru, l, satoru.
Prænotio, onis. Lus. O anticipar, ou conheci mẽto que se tẽ dãtes. Iap. Saiguiru, l, cane-te xiru coto nari.
Prænoto, as. Lus. Escreuer diante, ou pôr ti-tolo. Iap. Guedaiuo vtçu, l, vemoteni ca-qi xirusu.
Prænúbilus, a, um. Lus. Muito enuuado, e escuro. Iap. Icanimo cumoritaru coto, l, curaqi coto.
Prænuntio, as. Lus. Denunciar antes. Iap. Canete xirasuru, tçuguru.
Prænuntius, a, um. Lus. Cousa que denun-cia, ou pronostica dantes. Iap. Canete xirasuru, tçuguru, l, arauasu mono.
Præóccido, is. Lus. Porse os planetas, &c. antes, ou primeiro. Iap. Iitguetxei maye, l, ichibanni nixini iru.
Præoccupatio, onis. apud Rhetores schema est, cùm id, quod ab aduersario nobis obijci posset, ipsi præripimus, diluimusq;.
Præóccupo, as. Lus. Anticipar, tomar antes. Iap. Saiguiru, saqidatçu, saqini toru.
Præopto, as. Lus. Desejar hũa cousa mais q̃ outra.

outra. Iap. Nauo, l, yorimo nozomu.

Præpando, is. Lus. Abrir antes. Iap. Saqini aquru, l, firaqu. ¶ Item, Eſtender diante. Iap. Mayeni, l, ſaqini firoguru.

Præparcus, a, um. Lus. Muito parco, ou moderado nos gaſtos. Iap. Içanimo chŏyŏuo mamotte monguô tçucŏ fito.

Præparatio, onis. Lus. Preparação, aparelho. Iap. Cacugo, yôy.

Præparatus, us. Idem.

Præparatò, adu. Lus. Com aparelho. Iap. Yôyuo xite, cacugo xite.

Præparatus, a, um. Lus. Couſa preparada. Iap. Totonoyetaru çoto.

Præparo, as. Lus. Aperceber, ou aparelhar dantes. Iap. Yôy, l, cacugo ſuru, totonoyuru.

Præpedimentum, i. Lus. Impedimento. Iap. Samatague, xŏgue.

Præpedio, is. Lus. Impedir. Iap. Xŏgue, l, ſamatagueuo naſu, ſamataguru. ¶ Morbo præpeditus. Lus. Impedido da doença. Iap. Yamaini ſaſayeraretaru mono.

Præpendeo, es. Lus. Eſtar dependurado diante. Iap. Saqi, l, mayeni ſagatte aru, l, tçurte aru.

Præpes, etis. Lus. Couſa ligeira. Iap. Içanimo fayaqi coto. ¶ Item, Aue que nos agouros voaua, ou pouſaua em boa parte. Iap. Vranaiuo ſuru toqi, yoqi fŏni tobiſuuaru tori. ¶ Item, apud alios. Aue que voa com aſas grandes, & eſtendidas. Iap. Vôqinaru tçubaſauo nobete tobu tori.

Præpeto, as. Lus. Ir diante, ou primeiro. Iap. Saqini yuqu.

Præpilatus, a, um. Lus. Couſa de ponta aguda. Iap. Saqino ſurudonaru mono. ¶ Præpilatæ haſtæ. Lus. Aſtes que tem ferro na ponta. Iap. Yari.

Præpinguis, e. Lus. Muito gordo. Iap. Icanimo coyetaru mono, fiman xitaru mono.

Præpoleo, es. Lus. Poder muito, ou mais q̃ os outros. Iap. Vôqini, l, nauo canŏ.

Præpóndero, as. Lus. Peſar mais. Iap. Nauo vomoxi. ¶ Item, per tranſl. Ser de mais eſtima, e momento. Iap. Nauo mochijraruru.

Præpôno, is. Lus. Antepor, preferir. Iap. Dai ichiço ſuru, l, nauo mochijru. ¶ Item, Pôr antes, ou primeiro. Iap. Fajime, l, ſaqini voqu. ¶ Aliqñ. Dar a alguem a ſuper intendencia de algum cargo, ou officio. Iap. Yacuuo vataſu, l, caxirani naſu.

Præporto, as. Lus. Trazer, ou leuar diante. Iap. Saqini tatte motçu. ¶ Interd. Moſtrar com algum ſinal exterior o affecto do animo. Iap. Vchini aru cocoro qixccuni arauaſu.

Præpóſitus, i. Lus. O que preſide, ou tem ſuperintendencia em algũa couſa. Iap. Tçucaſa, l, buguiŏ.

Præpoſſum, tes. Lus. Poder mais. Iap. Nauo canŏ.

Præpóſterè, adu. Lus. Ás aueſas. Iap. Sacaſamani, guiacuni.

Præpóſterus, a, um. Lus. Couſa fora de ordem, ou feita ás aueſas. Iap. Sacaſamanaru coto, l, guiacunaru coto.

Præpotens, entis. Lus. Muito poderoſo, & rico. Iap. Ixei aru mono, fucuyŭ naru mono.

Præprópere, adu. Lus. Mui aceleradamente. Iap. Icanimo fayaqu.

Præpróperus, a, um. Lus. Couſa muito acelerada. Iap. Icanimo fayaqi coto, l, iſogauaxiqi coto, qiǔnaru coto.

Præputium, ij. Lus. Pelle da ponta do membro viril. Iap. Guiocqeino ſaqini aru caua.

Præradio, as. Lus. Dar luz, ou reſplandecer diante. Iap. Mayeni cacayaqu, ſaqini ficaru.

Prærâdo, is. Lus. Raſpar. Iap. Coſoguru, qezzuru. ¶ Item, Cortar. Iap. qiru.

Prærâncidus, a, um. Lus. Couſa muito rāçoſa. Iap. Xocu ſureba ſono axiqi agiuai nodoni nocoru aburaqeno mono, l, tatagaraqi mono. ¶ Item, per transl. Couſa ja deſuſada, & que não agrada. Iap. Sutaritaru mono, mochijzaru mono.

Prærápidus, a, um. Lus. Couſa muito ligeira, & apreſſada. Iap. Icanimo fayaqi coto.

Præripio, is. Lus. Tomar, ou arrebatar dantes. Iap. Saqi, l, mayeni vbaitoru. ¶ Præ-

ripere

ripere hostium consilia. Lus. Preuenir, ou anticipar os conselhos dos imigos. Iap. Teqino buriacuuo canete xiri yôjin suru.
Prærôdo, is. Lus. Roer. Iap. Cabuiu.
Prærogatiua, æ. Lus. Excelencia com que hum sobrepuja a outro. Iap. Tani suguretaru cotouo yŭ, qetacasa.
Prærogatiuus, a, um. Lus. Aquele cujo parecer he preguntado primeiro que o dos outros. Iap. Zonbunuo ichibanni touaretaru mono.
Prærogo, as. Lus. Pagar a diuida antes do tempo limitado. Iap. Qeiyacuno jixet yorimo fayaqu fenben suru.
Prærumpo, is. Lus. Romper, ou arrancar. Iap. Fiqitaqu, voxiyaburu, l, fiqinuqu.
Præruptè, adu. Lus. Com altura como de rocha talhada. Iap. Gagato sobiyete, l, qeuaxiqu.
Præruptus, a, um. Lus. Lugar alto, e fragoso. Iap. Gagato sobiyetaru tocoro, qeuaxiqi tocoro. ¶ Prærupta. Lus. Lugares asperos, e fragosos. Iap. Nanjo, qensonaru tocoro.
Præs, dis. Lus. Fiador. Iap. Vqenin. ¶ Itẽ, Prædes. Lus. Bens, ou fazenda do fiador. Iap. Vqeni tatçu monono tacara, l, zaifô.
Præsagio, is, iui, itum. Lus. Adeuinhar, ou ver dantes o que ha de acontecer. Iap. Canete satoru, miru.
Præsagior, iris. deponens. Idem.
Præsagitio, onis. Lus. O adeuinhar, ou ver dãtes o que ha de acontecer. Iap. Canete satoru, l, miru coto nari.
Præsagium, ij. Idem.
Præsagus, a, um. Lus. O q̃ adeuinha, ou vee dantes o que ha de acontecer. Iap. Miraino satoru, l, xiru mono.
Præsanasco, is. Lus. Sarar primeiro, ou antes. Iap. Saqini, l, fajime quaiqi suru.
Præsanatus, a, um. Lus. Cousa que sarou dantes. Iap. Fajime yori quaiqi xitaru coto, nauoritaru coto.
Præscateo, es. Lus. Brotar, ou manar as fontes. Iap. Mizzuga vaqu. ¶ Itẽ, per trasl. Ser abundante. Iap. Tacusan nari, bentŏ nari.

Præscientia, æ. Lus. Noticia, ou conhecimẽto das cousas futuras. Iap. Miraino cotouo xiru coto yŭ.
Præscio, is. Lus. Saber dantes. Iap. Canete xiru.
Præscisco, is. Lus. Saber, ou sospeitar dantes. Iap. Suiriô suru, sassuru, canete xiru.
Præscitum, ij. Lus. Agouro, ou adeuinhação de cousa que ha de vir. Iap. Miraiuo xirinai xiru cotouo yŭ.
Præscius, a, um. Lus. O que sabe dantes as cousas futuras. Iap. Miraiuo xiru mono, canete xiru mono.
Præscribo, is. Lus. Escreuer antes, ou primeiro. Iap. Canete, l, fajime caqu. ¶ Interd. Intitular, por titolo. Iap. Guedaiuo vtçu. ¶ Item, Mãdar, ou determinar algũa cousa a outro. Iap. Guegiuo nasu, iy tçuqaru, atego. ¶ Interd. Limitar. Iap. Sadame, sadamaru. ¶ Aliqn̄. Por o reo replica, ou sospeição contra o autor. Iap. Soninno xomouo tçuo motte vosayuru.
Præscriptio, onis. Lus. Titolo, letreiro. Iap. Guedai, gacu. ¶ Item, Replica, ou sospeição que poem o reo. Iap. Soninno xomouo tçuo motte vosayuru coto nari. ¶ Item, Preceito, regra, ou ley. Iap. Voxe, guegi, fatto. ¶ Præscriptio rationis. Lus. O que dita a rezão. Iap. Dôrino vosu tocoro nari.
Præscriptum, i. Lus. Mandamento, ou ley. Iap. Guegi, fatto.
Præseco, as. Lus. Cortar antes, ou primeiro. Iap. Mazzu, l, fajime qiru. ¶ Item, Sacrificar animaes. Iap. Qedamonouo tamuquru.
Præsegmen, inis. Lus. Superfluidades que se cortam, & deitão fora como cabellos, &c. Iap. Amante qiri sutetaretaru mono. vt, tçume, qe nado.
Præsens, entis. Lus. Cousa presente, de agora. Iap. Genzaini aru mono, tôdaini aru coto, ima aru coto. ¶ Qnq;. Cousa que era presente no tempo passado, ou será no futuro. Iap. Arixi coto, l, ar beqi coto.
¶ Interd. Cousa efficaz. Iap. Chicara, l,

xei aru mono. ¶ Qñq;. Apercebido, Iap. Cacugo, l, yôy xitaru mono. ¶ Itẽ, Propicio, beneuolo. Iap. Cõriocu, l, tayorito naru mono, chisôsuru mono. ¶ In præsens, in presentia, & in præsentiarum. Lus. Em presença, no tempo presẽte. Iap. Ima, tôji, mocujenni. ¶ Venire in rem præsentem. Lus. Vir a tratar da cousa, ou pôto sobre que se alterca. Iap. Saxi ataru, l, canyônaru daimocuuo tori atçucô.

¶ Præsentissima medicina, præsentissimũ remedium. Lus. Mezinha, ou remedio eficaz, ou que obra logo. Iap. Rõyacu, meiyacu. ¶ Præsentissimum venenum. Lus. Peçonha que mata logo. Iap. Tachi machi gaisuru docu, yagate xisuru docu.

Præsensio, onis. Lus. O sentir, ou conhecer as cousas futuras. Iap. Miraiuo cangaye xiru coto nari, l, canete cocoroni voboyu ru coto nari.

Præsensus, a, um. Lus. Cousa adeuinhada, ou sentida dantes. Iap. Canete xiraretaru coto, l, cocoroni voboyeraretaru coto.

Præsentaneus, a, um. Lus. Cousa eficaz q̃ obra logo. Iap. Yagate xei, l, vonorega xô no arauasu mono.

Præsentarius, a, ũ. Lus. Cousa q̃ està prestes, e à mão. Iap. Temoto, l, temayeni aru co to. ¶ Præsentaria pecunia. Lus. Dinhei ro q̃ estaa prestes, e contado. Iap. Caqete motoni aru cane.

Præsente, pro præsentibus dixerunt antiqui.

Præsentia, æ. Lus. Presença. Iap. Mocujen, maye. ¶ Præsentia animi. Lus. Constãcia, & fortaleza de animo. Iap. Cocorono cõnaru cotouo yũ.

Præsentio, is. Lus. Sentir, ou adeuinhar ãtes. Iap. Canete xiru. ¶ Animo aliquid præsentire. Lus. Sentir no coração algũa cousa antes que soceda. Iap. Canete coco roni voboyuru. ¶ Præsentire futura. Lus. Adeuinhar, ou sentir dantes as cousas futu ras. Iap. Miraiuo cangaye xiru.

Præsentisco, is. Idem.

Præsento, as. Lus. Offerecer, apresentar. Iap. Mocujenni sonayuru, l, arauasu, sasa-

guru. ¶ Item, Representar, ou exprimir. Iap. Monono nari, catachiuo arauasu, l, nisuru.

Præsepe, is, & Præsepium, ij. Lus. Estrebaria. Iap. Vmaya. ¶ Item, Manjadoura. Iap. Vmabune. ¶ Item, Colmea, ou cortiço de abelhas. Iap. Fachino suuo tçucuru vtçuuamono. ¶ Item, Lugar cercado, ou fechado como curral, &c. Iap. Qeda monono voro. ¶ Item, apud Ciceronẽ. Lugar de molheres publicas. Iap. Qei xeiya. ¶ Item, Præsepia, orum. Lus. Hũa nuuensinha que aparece entre duas estrellas do sino cancro. Iap. Aru foxino yadori no atarini arauaruru cumo.

Præsepia, æ. Idem.

Præsepio, is. Lus. Cercar de sebe, valado, &c. Iap. Doiuo tçuqimauasu, l, caqiuo yui mauasu.

Præsertim, adu. Lus. Principalmente, l, especialmente. Iap. Bexxite, toriuaqi.

Præseruio, is. Lus. Fazer algum seruiço, ou ajudar a outro. Iap. Fôcô, l, chũxetsuru, cõriocu suru.

Præses, idis. Lus. Presidente, ou gouernador da prouincia. Iap. Cunino xugodai.

¶ Item, Official que tem protecção, ou superintendencia de algũa cousa. Iap. Yacuxa, buguiô, xugojin. ¶ Præses locus. Lus. Lugar seguro. Iap. Taxicanaru tocoro.

Præsideo, es. Lus. Presidir, ou ter algum cargo de autoridade. Iap. Tçucasadoru, l, tôriõni naru.

Præsideratio, onis. Lus. O entrar o inuerno mais cedo do custumado. Iap. Itçu yorimo fayaqu fuyuni naru cotouo yũ.

Præsidiarius, a, um. Lus. Cousa que serue de defensa, ou ajuda. Iap. Cõriocuto naru coto. ¶ Præsidiarij milites. Lus. Soldados de guarnição. Iap. Xugono buxi.

Præsidium, ij. Lus. Guarnição de soldados que guardam algum lugar, &c. Iap. Xugo, l, banno buxidomo. ¶ Præsidium statiuum. Lus. Guarnição de gente que se não muda do mesmo lugar. Iap. Fudan tçumuru, l, fibanno naqi banxu, l,

k * bu-

buxi domo. ¶ Itẽ, per transl. Ajuda, ou defenſa. Iap. Cŏriocu, tayori, tanomidocoro, xugo.

Præſignífico, as. Lus. Significar, ou dar ſinal dantes. Iap. Canete xiraſuru, xiruxiuo arauaſu.

Præſignis, e. Lus. Inſigne, excellente. Iap. Suguretaru coto, cŏjŏnaru coto.

Præſigno, as. Lus. Aſsinalar, ou pór ſinal dantes. Iap. Canete xiruxiuo ſuru.

Præſilio, is. Lus. Saltar diante. Iap. Mayeni, l, ſaqini tobu, l, vodoru.

Præſpargo, is. Lus. Eſpalhar, ou eſparzir diãte. Iap. Mayeni maqu, l, ſoſoqu.

Præſtabilis, e. Lus. Couſa illuſtre, e excellente. Iap. Suguretaru monó, maſaritaru mono.

Præſtandus, a, um. Lus. Couſa que ſe ha de amoſtrar, ou declarar. Iap. Arauaſu, l, miſubeqi coto.

Præſtans, antis. Lus. Excellente, eminente. Iap. Cŏjŏnaru mono, ſuguretaru mono, maſaritaru mono. ¶ Ingenio, iuſtitia, integritate omnibus præſtãs vir. Lus. Homẽ que em ſaber, juſtiça, e inteireza a todos excede. Iap. Chiye, qenbŏ, guiŏgui, tadaxiqi cotoni tçuite tani coyuru fito. ¶ Literis, doctrinaq; præſtans. Lus. Homem aſsinalado em doutrina, e letras. Iap. Gacumonni nauo yetaru fito. ¶ Præſtans animi vir. Lus. Varão de animo grãdioſo, e varonil. Iap. Cocorono qetacaqi fito.

Præſtantia, æ. Lus. Excellencia. Iap. Suguretaru cotouo yŭ, qetacaſa.

Præſtatio, onis. Lus. O pagar, ou reſtituir. Iap. Naſu cotouo yŭ, l, fenben.

Præſtega. Lus. Lugar cuberto por cima, e aberto ao derredor q̃ ſerue de recreação, como pera praticar, &c. Iap. Naguſamino tameni camaye voqitaru to, cabe naqi iye.

Præſterno, is. Lus. Derrubar, ou eſtender no chão diante. Iap. Mayeni tauoſu, xiqu. ¶ Aliqñ. per tranſl. Preparar, aperceber. Iap. Yŏy ſuru, totonoyuru.

Præſtes, titis. Lus. Prelado, ou preſidente. Iap. Eccleſia niteno tçucaſa zzucaſá, l, tŏriŏ, caxira. ¶ Item, Præſtites. Os deoſes que guardam as caſas conforme ao opinião dos gentios. Iap. Iyeno cami.

P ANTE R.

Præſtigiæ, arũ. Lus. Tregeitos que fazẽ parecer o que não he, ou jogo de paſſe paſſe. Iap. Fŏcano jut. ¶ Item, per tranſl. Engano. Iap. Bŏriacu, taraxi.

Præſtigiator, l, Præſtrictor, oris. Lus. O que faz cõ ẽgenhos ver hũa couſa por outra, ou o q̃ joga o jogo de paſſe paſſe. Iap. Fŏca, l, fŏcauo ſuru mono.

Præſtigiatrix, icis. fœm. Idem.

Præſtino, as. Lus. Mercar. Iap. Caitoru. Antiquum eſt.

Præſtituo, is. Lus. Determinar, ou aſsinalar dantes. Iap. Canete ſadamuru.

Præſto, as, titi, titum, & ſtatum. Lus. Exceder, leuar ventagẽ. Iap. Sugururu, coyuru, maſaru. ¶ Qñq;. Aſſegurar, ou ficar por fiador. Iap. Vqeni tatçu. ¶ Aliqñ. Prouer que não aconteça algũa couſa. Iap. Yŏjin ſuru. ¶ Aliqñ. Fazer o que deue. Iap. Tçutomuru, xuſuru. ¶ Interd. Dar. Iap. Atayuru, fodocoſu. ¶ Item, Amoſtrar, l, repreſentar. Iap. Miſuru, l, arauaſu. ¶ Item, Comprir. Iap. Toguru. ¶ Qñq;. Fazer beneficios. Iap. Vonuo qiſuru. ¶ Interd. imperſon. Lus. He melhor. Iap. Nauo ſuguretari. ¶ Præſtare culpã. Lus. Ter precato q̃ não ſoceda algũa couſa por noſſa culpa. Iap. Vaga ayamari ni yotte cotono ideqinu yŏni yŏjin ſuru. ¶ Præſtare alienum promiſſum. Lus. Ficar por fiador da promeſſa alhea. Iap. Fitono yacuſocuno vqeni tatçu. ¶ Præſtare dolum, l, culpam alienam. Lus. Aſegurar que não auera engano, ou culpa em alguem. Iap. Bŏriacu, l, ayamari arumajiqito vqeni tatçu. ¶ Præſtare aliquem. Lus. Ficar por fiador de alguem. Iap. Vqeni tatçu. ¶ Præſtare beneuolentiã. Lus. Amoſtrar amor. Iap. Taixetuo arauaſu. ¶ Præſtare diligentiã, & operam in re aliqua. Lus. Pór diligencia, e cuidado ẽ algũa couſa. Iap. Mononi xeiuo iruru, l, cocorogaquru. ¶ Præſtare acerrimũ propugnanatorem alicuius. Lus. Mostrarse grande defensor dalguem. Iap. Fucaqu fitono fij qi, l, catŏdouo suru. ¶ Præstare vicem alicuius rei. Lus. Seruir hũa cousa em lugar de outra. Iap. Sadamaritaru dŏguyo no yacuni tatçu. ¶ Præstare fidem alicui. Lus. Ser fiel, & leal a alguem. Iap. Fitoni taxicanaru, l, tanomoxiqi cocorouo araua su. ¶ Præstare sedulitatem alicui. Lus. Tratar os negocios de algué cuidadosa, & diligétemẽte. Iap. Fitono cotouo saicanni, l, cocorogaqeuo motte toriatçucŏ. ¶ Præstare aliquem ante ædes. Lus. Pôr alguem diante da porta. Iap. Fitouo monjenni voqu. ¶ Præstare aliquem alicui negotio. Lus. Pôr alguem em algum negocio, ou cargo. Iap. Yacu, atçucaiuo fitoni ategŏ. ¶ Præstare fidem promissi. Lus. Comprir sua palaura. Iap. Yacusocuuo toguru. ¶ Præstare rem publicam. Lus. Conseruar a republica liure de todo perigo, ou dano. Iap. Coccauo buji feianni mamoru. ¶ Præstare nihil debeo. Lus. Não deuo tomar a culpa sobre mim. Iap. Ayamariuo vômaji.

Præsto, adu. l, nomen indeclinab. omnis generis. Lus. Prestes, presente. Iap. Mayeni cacugo xite. ¶ Præsto adsum. Lus. Estou prestes, ou aparelhado. Iap. Mayeni yru, l, cacugo xite yru. ¶ Præsto esse. Lus. Ajudar, ou socorrer a alguem. Iap. Cŏriocu suru. ¶ Item, Præsto esse. Lus. Vir, aparecer. Iap. Mairu, qitaru.

Præstôlor, aris. Lus. Esperar por alguem. Iap. Matçu.

Præstringo, is, xi, ctum. Lus. Apertar, amarrar diante. Iap. Mayeni ximuru, yuitçuquru, carame tçuquru. ¶ Interd. Tocar breuemente, ou dizer em poucas palauras. Iap. Sucoxi sata suru, l, carugaruto yŭ. ¶ Item, Indo passando roçarse com algũa cousa. Iap. Touorisamani sauaru, l, suru. ¶ Interd. Botar o corte, ou fios. Iap. Faga fiquru, fauo xiramasuru, l, ficasu. ¶ Præstringere aciem oculorum, visum, aspectum. Lus. Cegar os olhos com muita luz, &c. Iap. Ficariuo motte fitono manacouo curamasu. ¶ Præstringere aciem ingenij. Lus. Botar o engenho. Iap. Funbetuo curamasu.

Præstructus, a, ũ. Lus. Cousa feita de proposito, ou deliberadamente. Iap. Vazato, l, canete cacugo xite totonoyetaru coto, l, xitaru coto. ¶ Item, Cousa fechada, ou cerrada. Iap. Fusagaritaru coto, togitaru coto.

Præstruo, is. Lus. Edificar antes, ou primeiro. Iap. Canete, l, fajime conriŭ suru, tatçuru. ¶ Aliqñ. Fechar, tapar. Iap. Fusagu, tozuru. ¶ Præstruere sibi fidem. Lus. Procurar, ou fazer dantes que lhe dem credito. Iap. Macotoni vquru yŏni canete totonoyuru.

Præsûdo, as. Lus. Suar antes. Iap. Canete axeuo caqu. ¶ Item, per transl. Ensayarse, ou exercitarse dantes. Iap. Canete qeico suru.

Præsul, ulis. Lus. Sacerdote principal do Deos Marte. Iap. Marteto yŭ fotoqeno xuzŏno tçucasa. ¶ Item, Prelado. Iap. Ecclesiano tçucasazzucasa.

Præsulto, as. Lus. Saltar, ou bailar diante. Iap. Saqi nite tobu, l, vodoru, furiŭni voite saqini tatte vodoru.

Præsultor, oris. Lus. Guia da dança. Iap. Furiŭni voite saqini tatte vodoru mono, vŏdotori.

Præsulsus, a, um. Lus. Cousa muito salgada. Iap. Cotonofoca xiuono caraqi mono.

Præsum, es. Lus. Ter cargo, ou cuidado de algũa cousa. Iap. Monono saiban suru, mononono yacuuo tçutomuru. ¶ Exercitui præesse. Lus. Ser capitam géral. Iap. Sŏdaixŏ nari. ¶ Item, apud iuris consult. significat, cùm litigatori autores erant, vt iure agerent.

Præsumo, is. Lus. Tomar antes, ou primeiro. Iap. Mazzu, l, fajimeni toru. ¶ Item, apud iuris consult. Presumir, ou julgar algũa cousa por conjecturas, e rezões prouaueis. Iap. Qiŭmeini voite dŏri, cotobano fabiuo motte jefiuo suiriŏ suru. ¶ Præ sumere

k * 2

sumere animo. Lus. Adeuinhar, ou sentir dantes o que hade ser. Iap. Miraino cotouo cocoroni voboyuru, l, canete xiru.

Præsumptio, onis. Lus. O anticiparse, ou tomar dantes. Iap. Canete, l, saqini toru coto nari. ¶ Item, apud Rhetores est, cùm id, quod in aduersarij causa, l, in iudicis opinione cõtrarium nobis esse, aut fore arbitramur, præocupamus dicere, & cum ratione dissoluere. ¶ Item, apud iuris consult. Parecer, ou juizo fundado em rezoẽs, ou sinais prouaueis. Iap. Qiñmeini voite dŏri, cotobano fabiuo motte jefiuo suiriŏ suru cotouo yŭ. ¶ Præsũpta opinio. Idẽ.

Præsumptus, a, um. Lus. Cousa tomada dantes. Iap. Saiguitte, l, canete torarętaru coto.

Præsuo, is, sui, sutum. Lus. Coser dantes. Iap. Mazzu, l, fajimeni nŭ, l, faxinsuru.

Prætego, is. Lus. Cobrir diante. Iap. Mayeni vouô, l, saqini vouoiuo suru.

Prætendo, is. Lus. Estender, ou pór diante. Iap. Mayeni voqu, firoguru, faru.

¶ Qñdq;. Leuar diante. Iap. Saqini tatte motçu. ¶ Item, Mostrar. Iap. Arauasu, misuru. ¶ Itẽ, Tecera roda, ou diãte. Iap. Cumi, l, vorimauasu. ¶ Prætendere excusationẽ. Lus. Escusarse. Iap. Cacotçuquru, cacotçuqeuo yŭ.

Prætener, a, um. Lus. Cousa muito tenra. Iap. Icanimo yauaracanaru mono.

Prætentatus, us. Lus. Otentar, ou experimentar primeiro. Iap. Mazzu cocoremiru, l, atari miru cotonari, cocoromi.

Prætẽto, as. Lus. Tẽtar, ou experimẽtar primeiro. Iap. Mazzu cocoromiru, l, atarimiru.

Prætenuis, e. Lus. Cousa muito delgada. Iap. Icanimo vsuqi, l, fosoqi coto.

Præte peo, es, pui. Lus. Fazerse morno antes. Iap. Atatamaru, nuruqu naru, l, nurumu.

Præter, præposit. Lus. Afora, tirando. Iap. Noqete, nozoite, foca. ¶ Aliqñ. Alem. Iap. Sonofoca. ¶ Aliqñ. Diante. Iap. Mayeni, mocujenni. ¶ Item, Sem. Iap. Naqute. ¶ Interd. Ao contrario, ou contra. Iap. Fiqicayete, l, chigŏte.

¶ Item, Adu. Saluo que, senão que. Iap. Tadaxi, no qete, saredomo. ¶ Præter hac Lus. Daquipordiãte. Iap. Iigon igo. Plaut. ¶ Præter modum. Lus. Sobre maneira. Iap. Vôqini, fanafada. ¶ Præter spem, l, opinionem. Lus. Fora do que se esperaua, ou cuidaua. Iap. Vomoinofoca, xozonnofoca.

Prætérabo, is. Lus. Constranger a ir, ou passar pordiante. Iap. Sucumete yaru, ayumasuru.

Prætérbito, as. frequent. Lus. Ir, ou passar por diante a meude. Iap. Saisai saqi ye yuqu.

Præterdûco, is. Lus. Guiar auante. Iap. Saqiye michibiqu.

Præterea, adu. Lus. Alem disso. Iap. Sonofoca, sono vye. ¶ Itẽ, Daqui pordiante, ou depois. Iap. Qiŏcô, nochi, igo.

Prætereo, is, iui, rij, ritum. Lus. Ir por diante. Iap. Saqiye touoru, l, yuqu. ¶ Itẽ, Fugir, escapar. Iap. Niguru, nogaruru, tasucaru. ¶ Aliqñ. Exceder, sobrepujar. Iap. Suguru, masaru, coyuru. ¶ Præterire aliquid, per metaph. Passar sem fazer mẽção de algũa cousa. Iap. Iuazu, l, sata xezuxite touoru. Præterire silentio aliquid. Idem. ¶ Præterit me hæc res. Lus. Não sei isto. Iap. Coreuo xirazu.

Prætereq uito, as. Lus. Passar acaualo. Iap. Vmani notte touoru.

Prætérferor, eris, latus sum. Lus. Passar, ou ser leuado alem. Iap. Yuqi touoru, l, touosaruru.

Præterfluo, is. Lus. Correr o rio, ou passar por algum lugar. Iap. Soba, l, vaqiuo nagaruru. ¶ Item, per metaph. Passarse. Iap. Sugui yuqu, l, vtçuri yuqu.

Prætergredior, eris. Lus. Passar. Iap. Touoru, yuqu, suguru.

Prætéritus, a, um. Lus. Cousa passada. Iap. Suguitaru coto. ¶ Præteriti. Lus. Defunctos, mortos. Iap. Xinin, mŏja.

¶ Item, Præteriti. Lus. Os que forão repudiados na petição de algum officio, ou cargo. Iap. Quanxocuni tçuiteno loxôuo cana yezaru fito.

Præterlábor, eris. Lus. Correr, ou passar junto.

to. Iap. Sobauo nagaruru, l, touoru.

Prætermeo, as. Lus. Ir, ou correr junto de algũa parte. Iap. Soba, l, vaqiuo nagaruru.

Prætermissio, onis. Lus. O deixar. Iap. Saxivoqu coto nari.

Prætermitto, is. Lus. Deixar a parte, ou passar sem fazer menção. Iap. Saxi voqu, l, sutçuru. ¶ Prætermittere silentio. Lus. Passar em silencio. Iap. Sata xezuxite voqu. ¶ Prætermittere pœnam sceleris. Lus. Perdoar a pena do delicto. Iap. Quataiuo yurusu.

Prætermonstro, as. Lus. Mostrar como de passagem. Iap. Touorigaqeni monouo misuru.

Præternauigatio, onis. Lus. O passar nauegando por algum lugar. Iap. Funeni notte touoru coto nari.

Præternáuigo, as. Lus. Passar nauegando por algũ lugar. Iap. Funeni notte touoru.

Prætero, is. Lus. Trilhar, ou moer antes. Iap. Saqini cudaqu.

Præterpropter. Lus. Por outra causa a fora da que se trata. Iap. Bechino xisaini yotte. ¶ Præter propter vitam viuere. Lus. Viuer não soo por causa da vida, mas pera acquirir honra, &c. Iap. Nagarayuru coto xinmeǒuo tamotçu nomini arazu, membocuuo fodocosu tame nari.

Præterquàm. Lus. Tirando, ou a fora. Iap. Noqete, nozoite. ¶ Item, Doutra maneira que. Iap. Tada. ¶ Præterquàm semper. Lus. Alem de sempre, ou como sempre. Iap. Feijeino coto naredomo, itçumo nagara. ¶ Hoc præterquàm capiti, etiam stomacho prodest. Lus. Isto não sómente he proueitoso pera a cabeça, mas tambem pera o estomago. Iap. Coreua cǒbeno tame nominarazu, fucuchǔno tamenimo yoxi. ¶ Præterquàm quod. Lus. Se não que, tirando que. Iap. Yorifocaua.

Præteruectio, onis. Lus. O leuar ẽ carro, ou embarcação, &c. por, ou ao longo de algũ lugar. Iap. Xaba, funenadoni noxe, tçumite touoru coto nari.

Præteruecho, is. Lus. Leuar em carro, ou em

barcação, &c. por, ou ao longo de algum lugar. Iap. Xaba, funenadoni noxe, tçumite touoru. ¶ Item, Nauegando passar por algũa parte. Iap. Funeni notte touoru. ¶ Oratio præteruecta scopulos, per trãsl. Lus. Oração na qual o orador tẽ ja tratado a parte mais difficultosa da causa. Iap. Nobe, yuigataqi tororouo suguitaru dangui.

Præteruerto, is. Lus. Anticipar, preuenir. Iap. Saiguiru, saqidatçu. ¶ Itẽ, pertransl. Dizer, ou falar primeiro. Iap. Fajime, l, ichibanni yǔ.

Præteruolo, as. Lus. Passar voando. Iap. Tobi touoru, l, yuqu. ¶ Item, per transl. Passar com velocidade. Iap. Fayaqu touoru.

Prætexo, is, texui, textum. Lus. Tecer diante, ou ao derredor de outra cousa. Iap. Voru, l, cumi mauasu, l, maye, l, mauarini vorisoyuru. ¶ Item, Buscar pretexto, ou dar escusa. Iap. Cacotçuquru, cacotçuqeuo yǔ. ¶ Item, Principiar, ou lançar os primeiros fundamentos de algũa cousa. Iap. Xifajimuru, xicaquru. ¶ Prætexere littora velis. Lus. Cobrir, ou encher o mar de naos. Iap. Caixǒni funeuo mitasu.

Prætextatus, a, um. Lus. Moços nobres que traziam hum certo vestido ate idade de dezasete anos. Iap. Iǔxichisai made sadamaritaru yxǒuo chacuxitaru saburaino jacunan. ¶ Prætextatus sermo. Lus. Pratica, ou palauras honestas, e limpas. Iap. Iinjǒnaru cotoba, l, monogatari. Festus. ¶ Item, apud alios, Palauras torpes. Iap. Yocoximana, l, midarinaru cotoba. ¶ Prætextati mores. Lus. Costumes torpes, e deshonestos. Iap. Ranguiǒ, fufǒnaru catagui. ¶ Prætextati anni. Lus. Anos da mocidade. Iap. Yǒxǒno aida. ¶ Prætextata ætas. Lus. Mocidade, ou menenice. Iap. Iacunen. ¶ Prætextatæ puellæ. Lus. Donzellas nobres por casar. Iap. Imada yomeiri xezaru saburaino musume.

Prætextum, i, l, Prætextus, us. Lus. Pretexto, ou escusa fingida. Iap. Cacotçuqe, l, ayamariuo iycasumuru cotouo yǔ.

Præ-

Prætextus, a, um. Vt prætexta toga, l, prætexta, æ. Lus. Certo vestido comprido que os moços nobres trazião por cima. Iap. Vacaqi sáburaino nagaqi vuagui. ¶ Item, Hũ genero de vestido deque vsauão os reys, e gouernadores. Iap. Qinin, côqeno chacuxitaru yxô. ¶ Prætextæ fabulæ, seu comœdiæ. Lus. Comedias em que se representauão os reys, e capitães Romanos. Iap. Romano teivô xôgunno xicatauo suru nô.

Prætimeo, es. Lus. Temer muito. Iap. Vôqini vosoruru.

Prætingo, is, tinxi, tinctum. Lus. Tingir, ou molhar dantes. Iap. Mayeni somuru, l, fitasu.

Prætor, oris. Lus. Gouernador, ou official de justiça. Iap. Xugodai, qendánin. ¶ Item, Capitão géral do excercito. Iap. Sôdaixô.

Prætoriani. Lus. Soldados da guarda do capitão géral. Iap. Sôdaixôuo xugo suru buxi.

Prætorium, ij. Lus. Casa em que pousa o gouernador, ou capitão mór. Iap. Xugodai, l, sôdaixôno tachi, iye. ¶ Item, Casas, ou lugar na quinta em que pousa o dono quando vai a ella. Iap. Sonomino chiguiô, denjani gitôno tçucuri voqitaru iye. ¶ Item, per transl. Ajuntamento de conselheiros q̃ se faz em casa do pretor. Iap. Sôdaixô, l, qêdanno tachini dancôninno atçumari. ¶ Dimittere prætorium. Lus. Despedir este ajuntamento. Iap. Miguino dancôninuo cayesu.

Prætorius, a, um. Lus. Cousa do pretor. Iap. Xugodai, sôdaixô, qendanni ataru coto. ¶ Prætoria porta. Lus. Porta, pola qual o exercito sae abatalha. Iap. Caxxenno tameni ninjuuo idaxitaru mon. ¶ Prætorium genus. Lus. Géração naqual ouue algum que teue officio de pretor. Iap. Ichimonno vchini qendan xugoxocuuo tçutometaru mono arixi cotouo yũ. ¶ Prætorius vir. Lus. Homem que foi pretor. Iap. Qendan, xugoxocuuo tçutometaru fito.

Prætoritius, a, um. Idem.

Prætortus, a, um. Lus. Cousa muito torta. Iap. Icanimo yugamitaru coto.

Prætrépidans, antis. Lus. O que tem muito medo. Iap. Vôqini vosoruru mono, l, furui vananaqu mono.

Prætrépido, as. Lus. Temer, ou ter grande medo. Iap. Vôqini vosoruru, furui vananaqu.

Prætrũco, as. Lus. Cortar, delmembrar. Iap. Qirifanasu, qiru.

Prætumidus, a, um. Lus. Muito inchado, ou soberbo. Iap. Vôqini faretaru mono, l, vôqini jimansuru mono.

Prætûra, æ. Lus. Dignidade de pretor. Iap. Xugoxocu.

Præualeo, es. Lus. Exceder, ou ser tido em mór estima. Iap. Sugururu, masaru, l, nauo mochijraruru. ¶ Aliqñ. Ser mais poderoso, ou robusto. Iap. Nauo canô, l, nauo chicara ari, l, tçuyoxi.

Præualesco, is. Idem.

Præualidè, adu. Lus. Poderosa, ou fortemente. Iap. Icanimo tçuyoqu, l, chicarauo motte.

Præualidus, a, um. Lus. Cousa poderosa, ou forte. Iap. Icanimo tçuyoqi coto, l, gôriqinaru mono.

Præuaricatio, onis. Lus. Acusação, ou defensão fingida. Iap. Vttayuru, l, iyfaruquru furiuo suru cotouo yũ.

Præuaricator, oris. Lus. O que fingidamente acusa, ou defende. Iap. Vttayuru, l, iyfaruquru furiuo suru mono. ¶ Apponere sibi præuaricatorem, est curare se per aliquem accusandum, quo colludente, facilè ille absoluatur.

Præuáricor, aris. Lus. Desuiarse de seu officio, ou obrigação. Iap. Vaga yacuuo tçutomenu, l, vagayacuni fazzurete monouo suru. ¶ Item, Fauorecer o acusador, ou odefensor a causa do aduersario deixando a sua propria. Iap. Cujini voite vaga riuo maguete, aiteno zonbunuo fonto suru.

Præuectus, a, um. Lus. O que he leuado diante em caualgadura, carro, &c. Iap. Mononi norite saqini yuqu mono.

Præueho, is. Lus. Leuar diante em carro, caualo, &c. Iap. Vma, curuma, fune nadoni noxete saqini facobu.

Præue-

Præuello, is. Lus. Arrancar antes, ou primeiro. Iap. Canete fiqinuqu.

Præuêlo, as. Lus. Cobrir dantes, ou primeiro. Iap. Mayeni, l, canete monouo vouô.

Præuélox, ocis. Lus. Cousa muito ligeira. Iap. Icanimo fayaqi coto.

Præuenio, is. Lus. Vir antes, anticiparse. Iap. Ichibanni yuqitçuqu, l, saiguiru.

Præu entus, a, um. Lus. Cousa preuenida, ou anticipada. Iap. Saqidachi, l, saiguiritaru coto.

Præuerto, is, & Preuertor, eris, depon. Lus. Passar, ou ir adiante. Iap. Saqye yuqu, sa qidatçu, saiguiru. ¶ Interdum, Preferir. Iap. Nauo mochijru, tani coyete xôquan suru. ¶ Item, Tornar a chamar. Iap. Yobicayesu. ¶ Item, Peruerter, ou mudar a ordem, ou tempo de algũa cousa. Iap. Xidaiuo midasu, l, cayuru. ¶ Præuersum fulgur. Lus. Relampago que não se sabe se foi de dia, se de noite. Iap. Firu ficaritaruca, yoru ficaritaruca xirezaru inazuma. ¶ Præuertere serio quod dictum est per iocum. Lus. Tomar de siso o que foi dito em zombaria. Iap. Iarecotoni yuitaru co touo jitnarito vomô. ¶ Præuertere alicui rei. Lus. Remediar, ou pôr remedio a algũa cousa. Iap. Reôqenuo cuuayuru.

Præueto, as. Lus. Vedar, ou prohibir dantes. Iap. Canete qinjeisuru, imaximuru, chôjisuru.

Præuidentia, æ. Lus. O ver dantes com os lhos, ou animo. Iap. Canete miru cotouo yŭ, l, suiriô, suisat.

Præuideo, es. Lus. Ver dantes. Iap. Canete miru, l, suiriô suru.

Præuincio, is. Lus. Liar, ou atar diante. Iap. Yui auasuru, musubu, l, mayeni yuitçuquru.

Præuisus, a, um. Lus. Cousa vista dantes. Iap. Caneteyori mi, l, vomoi facaritaru coto.

Præuitio, as. Lus. Corromper dantes. Iap. Canete qegasu, cusarasu, sonzasu.

Præuius, a, um. Lus. O que vai diante amostrando o caminho. Iap. Saqidatte annaixa suru mono, l, saqidatçu mono.

Præumbro, as. Lus. Cobrir, ou escurecer cô sombra, ou neuoa. Iap. Caguruo sasu, cumorasu.

Præuolo, as. Lus. Voar diante. Iap. Saqini tobu, sorauo caqeru.

Præúro, is, ussi, ustum. Lus. Queimar a pô ta, ou parte dianteira. Iap. Saqiuo yaqu, l, cogasu.

Præustus, a, um. Lus. Cousa de ponta queimada, ou tostada. Iap. Saqi, l, suyeuo yacare, l, cogasaretaru mono.

Pragmáticæ sanctiones. Lus. Cartas em que os principes respondem ao que lhes os gouernadores propuserão a cerca de negocios publicos. Iap. Sôbetni ataru cotouo yacuxa yori sômon xexi toqi, chocutôto xitecaqi idasaruru rinxi.

Pragmátici, orum, apud græcos. Lus. Homens de baixa sorte que pordinheiro seruião aos oradores nas causas judiciaes. Iap. Oradorno cuji satauo tori atçucô toqi, yatoite tçucaixi iyaxiqi mono. ¶ Item, Solicitadores, ou homens q̃ tratão causas, ou demandas. Iap. Cujisatauo tori atçucô mono, l, saisocu suru mono. ¶ Item, (secundum Budæum.) Homens que ensinão a outros o modo como se hão de auer na demanda. Iap. Cujisatano xiyôuo voxiyuru mono.

Pragmáticum, i. Lus. Cousa que socedeo, ou se fez na republica. Iap. Republicani arixi coto, l, sadamaritaru coto.

Pramnion. Lus. Hũa pedra preciosa de côr muito preta. Iap. Curoqi meixuno na.

Pramnium vinum. Lus. Hum vinho excellente. Iap. Aru suguretaru saqe, meixu.

Prandeo, es, di, & pransus sum. Lus. Iantar. Iap. Asamexiuo cŭ. ¶ Interd. actiuè. Comer ao jantar algũa cousa. Iap. Asamexi ni monouo cŭ.

Prandium, ij. Lus. Iantar. Iap. Asamexi, toqi.

Prandíolum, l, Prandiculum, i. dim. Lus. Almoço. Iap. Asabosa, asagianoco.

Pránsito, as. Lus. Iantar muitas vezes. Iap. Saisai asamexiuo cŭ, l, xiguequ monouo cŭ.

cũ. ¶ Item, Iantar ameude a mesma cousa. Iap. Vonaji xocubutuoasamexini xiguequ mochijru.

Pransor, oris. Lus. O que janta. Iap. Asame xiuo xocusuru mono. ¶ Item, Conuida do pera o jantar. Iap. Asamexiuo furumauaruru mono, l, asamexino tameni xŏdaj xeraruru mono.

Pransorius, a, um. Lus. Cousa pertencente a jantar. Iap. Asamexini ataru coto.

Pransus, a, um. Lus. O que tem jantado. Iap. Asamexiuo xocu xitaru mono. ¶ Itē, Homem abastado, ou aquē não falta na da. Iap. Mononi cotouo cacanu fito, vel mononobentŏnaru fito. apud veteres.

Prásinus, a, um. Lus. Cór verde. Iap. Moyegui. ¶ Prasinæ. Vestidos verdes de laã. Iap. Fitçujino qe nite voritaru moyegui no yxŏ.

Prasius, ij. Lus. Hũa pedra preciosa de cór verde. Iap. Moyegui ironaru tamano na.

Prasóides. Lus. Hum genero de esmeralda. Iap. Aru meixuno na.

Pratensis, e. Lus. Cousa de prado. Iap. No faruni ataru coto. ¶ Pratenses flores. Lus. Flóres de prado, ou campo. Iap. Noni arufana.

Pratum, i. Lus. Prado, ou campo donde se colhe feno. Iap. Nobara, cusabataqe. ¶ Item, Iardim, especialmente de buxos, e loureiros. Iap. Sono, l, xiqimino yŏnaru qi, l, tçugueno fayaxi.

Prauè, adu. Lus. Mal, e peruersamente. Iap Axiqu, raxxi naqu, midarini.

Práuitas, atis. Lus. Desproporção, ou compostura mà de algũa cousa. Iap. Axiqi caccŏ, monono sunauonarazaru cotouo yũ. ¶ Aliqñ. Malicia, maldade. Iap. Acu, fufŏ, acuguiacu. ¶ Item, Tortura. Iap. Magari, yugami.

Prauus, a, um. Lus. Cousa torta, ou trocida. Iap. Yugamitaru coto, magaritaru coto. ¶ Item, per transl. Cousa mâa, e peruersa. Iap. Fufŏnaru coto, axiqi coto. ¶ Tenax praui vir. Lus. Homem pertinaz no mal. Iap. Acuuo firugayesanu mono, l, acuni qiuamaritaru mono.

Praxíbulus, i. Lus. Hũ certo gouernador dos Athenienses. Iap. Athenasto yũ zaixono aru yacuxa. (xosa.

Praxis, eos. Lus. Obra, acção. Iap. Tçutome,

Precariò, loco aduerb. Lus. Por rogos. Iap. Tanôde, conbŏ xite.

Precarius, a, um. Lus. Cousa concedida por rogos a alguem pera queuse della em quanto lhe permite o que á cõcedeo. Iap. Conbôni yotte casaruru aida tçucŏ dŏgu. ¶ Precarium imperium. Lus. Mando, ou imperio q̃ tem alguem em quanto o permitem os que lho concederã. Iap. Yuru xitaru fitono nozomu aida, xindai suru cunino vosame, tçucasadori.

Precatio, onis. Lus. Rogo. Iap. Tanomi, qinen, inori.

Precator, oris. Lus. O que roga, ou intercede por outro. Iap. Toriauaxete.

Preciæ, arum. Lus. Vuas temporans. Iap. Fayaqu jucusuru budŏ.

Precis, preci, precē, etc. obliqui ab inusitato nomine Prex. Lus. Rogo. Iap. Qinen, qixei, tanomi.

Precium, & Preciesus. vide Pretium.

Precor, aris. Lus. Rogar, pedir. Iap. Tanomu, qixei, l, qinen suru. ¶ Precari alicui bene, l, malè. Lus. Rogar, ou desejar bem, ou mal a alguem. Iap. Fitono vyeni yoqu, l, axiqu areganato vomŏ. ¶ Dira precari alicui. Lus. Rogar pragas a alguem. Iap. Norŏ.

Prehendo, is. vide Præhendo.

Prelum, i. vide Prælum.

Premo, is, essi, essum. Lus. Calcar, apertar, ou espremer. Iap. Voxitçuquru, ximuru, xiboru. ¶ Qñq;. Oprimir. Iap. Xeitaguru, sainamu, xemuru. ¶ Qñq;. Desẽterrar, ou cauãdo botãr fora. Iap. Fori ida su. ¶ Itē, Ir perseguindo, e oprimindo. Iap. Xeme vô, voicaqete xemuru. ¶ Itē, Encobrir. Iap. Cacusu. ¶ Item, Deitar fora. Iap. Focaye voi idasu. ¶ Qñq;. Refrear, reprimir. Iap. Ficayuru, vosayuru. ¶ Item, Cerrar, fechar. Iap. Fusagu, tozzuru

zuru. ¶ Item, Ter ajuntamento carnal. Iap. Tasaiuo vocasu. ¶ Aliqñ. Destruir. Iap. Cuzzusu, forobosu. ¶ Item, Matar. Iap. Corosu, gaiuru. ¶ Interd. Soterrar, meter de baixo da terra. Iap. Vzzumu. ¶ Qñq;. Instar, ou deterse dizẽdo algũa cousa. Iap. Xetçuqu,l. nagaqu mo nouo yŭ. ¶ Qñq;. Reprehender, ou enjuriar de palaura. Iap. Modoqu, togamuru, accôuo furu. ¶ Ære alieno premi. Lus. Estar endiuidado. Iap. Xacuxen ari. ¶ Facta premunt annos. Lus. Os feitos excedem aos annos, e a idade. Iap. Tegarauanenreini suguretari. ¶ Angustijs premi. Lus. Estar em aperto. Iap. Meiuacu furu, nanguisuru.

Preuso, as. vide Pręnso.

Prepon. Lus. Fermosura, boa graça. Iap. Birei, jinjŏsa.

Presbiter, ri. Lus. Anciāo, velho. Iap. Vomovomoxiqi rŏjin, xucurŏ.

Pressatus, a, um. Lus. Oprimido. Iap. Xemetaretaru mono, xebiracasaretaru mono.

Pressè, adu. Lus. Breuemente. Iap. Riacuxite, tçuzzumete.

Presso, as. freqüent. Lus. Espremer, apertar. Iap. Ximuru, xiboru.

Pressor, aris. depon. Idem.

Pressorius, a, um. Lus. Cousa com que se espreme, ou aperta outra. Iap. Monouo ximuru, l, xiboru dŏgu. ¶ Pressorium vas. Lus. Vaso em q̃ se espreme algũa cousa. Iap. Monouo xiboru vtçuuamono.

Pressura, æ. Lus. O oprimir, ou apertar. Iap. Ximuru cotouo yŭ, l, xeme, nangui, xeccacu.

Pressus, us, siue Presio, onis. Idem.

Pressus, a, um. Lus. Cousa calcada, apertada, ou espremida. Iap. Voxitçuqe, l, fumitçuqetaru coto, ximetaru coto, xiboritaru coto. ¶ Aliqñ. Cousa breue, & resumida. Iap. Tçuzzume, l, riacuxitaru coto. ¶ Item, Cousa carregada, ou que traz carga. Iap. Niuo vôxe, l, tçumitaru coto. ¶ Presso gradu incedere. Lus. Caminhar com passo quieto, & cõ cautela. Iap. Xizucani aruqu, yôjin xite yuqu. ¶ Item, apud Ouid. Cousa marcada, ou sinalada. Iap. Inuo vositetaru mono.

Prester, eris. Lus. Hũa cobra. Iap. Ia, l, cuchinauano taguy. ¶ Item, Hũa exalação inflãmada. Iap. Cŭgiŭni moyuru fi.

Pretiosè, adu. Lus. Ricamente. Iap. Suguretc, cŏgiqini.

Pretiosus, a, um. Lus. Cousa preciosa, ou de muito preço. Iap. Suguretaru coto, atai tacaqi coto. ¶ Emptor pretiosus. Lus. O q̃ cõpra algũa cousa por grãde preço. Iap. Cŏgiqini monouo cŏ fito.

Pretium, ij. Lus. Preço, ou paga que se dà pola cousa comprada. Iap. Atai, xiro, daimot. ¶ Aliqñ. Premio, paga. Iap. Chin, fiqidemono. ¶ Item, Pena, ou castigo. Iap. Quatai. ¶ Item, Pretium, l, pretium operę, & Pretium curæ. Lus. Cousa conueniente, e prouei tosa. Iap. Tocu nari, moppara nari, sŏtŏ xeri. ¶ Capi pretio. Lus. Mouerse por cobiça da paga, ou preço. Iap. Cauari, l, ataini fuqeru.

Priapeia, carmen obscœnum, quod nonnulli Virgilio, alij alijs ascribunt.

Priapismus, i. Lus. Hũa doença do membro viril. Iap. Guiocqeino yamai.

Pridem. Lus. Pouco antes, l, pouco tempo ha. Iap. Cono aida, conogoro, l, xendo. ¶ Aliqñ. Muito antes, l, muito tempo ha. Iap. Farucani, fisaxiqu. ¶ Quam pridẽ. Idem.

Pridianus, a, um. Lus. Cousa feita hum dia antes. Iap. Ichijit mayeni aru coto, l, mayeno fino coto.

Pridiè, adu. Lus. No dia precedente, ou hũ dia antes. Iap. Mayeno fi. ¶ Pridie quã. Lus. Hum dia antes. Iap. Ichijit maye.

Primæ, arum. Lus. Ventagẽ, ou o primeiro lugar em qualquer cousa. Iap. Masaru cotouo yŭ, suguruu cotouo yŭ. ¶ Primas ferre, l, tenere. Lus. Sobrepujar, ou leuar a ventagẽ em algũa cousa. Iap. Suguruu, masaru, coyuru. ¶ Concedere, dare, deferre primas alicui. Lus. Dar a ventagẽ a alguem. Iap. Tani maquru.

l * Pri-

Primæuus, a, um. Lus. O que està na flor da idade. Iap. Toxizacarinaru mono. ¶ Item, O mais velho, ou primeiro na idade. Iap. Toxicasa, ani.

Primáni, orum. Lus. Soldados que hiam na primeira legiam. Iap. Saqiginno ninju, saqiteno xu, ichibázonayeno muxa. ¶ Primanus tribunus. Lus. O que escreuia, ou assentaua em rol o que se pagaua à primeira legiam. Iap. Ichibanzonayeno muxano fuchicatauo vataxi nicqiuo tçuquru mono.

Primarius, a, um. Lus. Cousa primeira, ou principal. Iap. Daiichi suguretaru mono, l, daiichi tacaqi curaino mono. ¶ Primarius lapis. Lus. Primeira pedra do fundamento do edificio. Iap. Ichibanni suyuru ixizuye. ¶ Primarius ciuis. Lus. Cidadão principal. Iap. Zaixoni voite daiichino xucurŏ. ¶ Primario loco esse. Lus. Ser principal, ou ter o primeiro lugar. Iap. Daiichi sugururu coto.

Primátes, um. Lus. Os principaes do pouo, ou cidade. Iap. Tocorono xucurŏ, l, caxira.

Primatus, us. Lus. Dignidade dos principaes da cidade. Iap. Miguino xuno quanxocu, l, tocoroni voite daiichi tacaqi curai. ¶ Primatum dare alicui rei. Lus. Dar ventagẽ, ou primeiro lugar a algũa cousa. Iap. Daiichito suru.

Primicerius, ij. Lus. O principal notario, ou escriuam do principe, ou senhor. Iap. Yŭfit, l, vôxegaqino caxira.

Primigenius, a, um. Lus. Cousa gérada primeiro. Iap. Ichibanni vmaretaru, l, xŏjitaru mono. ¶ Primigenia semina. Lus. Partes, ou cousas naturaes, como boa disposição do corpo, inteireza dos sentidos, &c. Iap. Vmaretçuqitaru yugon, rocconno taxxite vmareçuqitaru coto nadouo yŭ. ¶ Primigenia pecuaria. Lus. Ouelhas que nacem primeiro. Iap. Ichibanni vmaretaru fitçuji, l, fitçujino ichibango. ¶ Verba primigenia vocantur, quæ non sunt profecta ab alio, sed suas quasi radices miserunt, vt lego, scribo. ¶ Primigenius sulcus. Lus. Hũ rego com que se marcaua, ou jizaua o sitio de algũa cidade que se auia de fundar. Iap. Zaixouo fajimete toritatçuru toqi xiruxitoxite mauarini foritaru mizo. ¶ Item, Primigenia. Lus. Direito q̃ tem o filho morgado. Iap. Sôriŏ, l, chacuxino sôriŏxiqiuo vqetorubeqi dôri.

Primípara, æ. Lus. Femea que pare a primeira vez. Iap. Vygo, l, ichibágouo vmu mono.

Primípilaris, e. Lus. Homem que foi capitão de quatrocentos soldados da váguarda. Iap. Saqiginni voite xifiacqino taixŏ tarixi fito.

Primipîlus, i. Lus. Capitão de quatro centos soldados da váguarda. Iap. Saqiginni voite xifiacqino taixŏ.

Primiter, & Primitus, adu. Lus. Primeiro, primeiramẽte. Iap. Ichibanni, saixoni.

Primitiæ, arum. Lus. Primicias dos fruios, ou nouidade que se offerecem a Deos. Iap. Tamuqeni suru gococu qinomi nadono farçuuo. ¶ Primitiæ vitis. Lus. As primeiras varas nouas que deita a vide. Iap. Budŏ no ichibanni xŏzuru cazzura. ¶ Primitiæ lacrymarum. Lus. Lagrimas primeiras que se derramão. Iap. Ichibanni nagasu namida.

Primitius, a, um. Lus. Primeiro, ou principal. Iap. Daiichi, ichibannaru coto.

Primitiuus, a, um. Lus. Cousa que não traz origem, nem procede de outra parte. Iap. Tayori xŏjezaru mono. ¶ Primitiua verba dicuntur, quæ aliunde non deriuantur: vt Amo. ¶ Primitiui anni. Lus. Primeiros anos. Iap. Fajimeno toxi.

Primò, l, Primè, adu. Lus. Primeiro, no principio. Iap. Fajimeni, saixoni, ichibanni, mazzu.

Primodum. Idem.

Primogénitus, i. Lus. Primogenito, ou o primeiro filho. Iap. Sôreŏ chacuxi, l, ichibango.

Primordia, orum. Lus. Principios. Iap. Saixo, fajime. ¶ Gentis primordia. Lus. Principio, ou origem de algũa nação, ou lina

linhagem. Iap. Ichimonno xenzo, yurai.
Primores, um. adiectiu. vt primores vngues. Lus. Pontas, ou extremidade das vnhas. Iap. Tçumasaqi. ¶ Primores digiti. Lus. Pontas dos dedos. Iap. Yubino saqi.
¶ Primoribus labris aliquid gustare. Lus. Gostar leuemente algũa cousa. Iap. Namete miru. ¶ Item, Experimentar super ficialmente algũa cousa. Iap. Sucoxi cocoromiru. ¶ Primores viri. Lus. Varoens principaes em dignidade. Iap. Quãxocu aru fito, l, tocorono caxiragaxira.
¶ Item, Primores substant. Idem.
¶ Primores. Lus. Dentes dianteiros. Iap. Mucaba.
Primùm, adu. Lus. Primeiro, primeiramẽte. Iap. Mazzu, ichibanni, saixoni, fajimete.
Primolum, dimin. adu. Idem.
Primus, a, um. Lus. Primeiro em numero, ou em ordem. Iap. Ichiban, l, dai ichi.
¶ Item, Primeiro, ou principal. Iap. Dai ichi, l, ichiban naru coto. ¶ Qñq; Excelente, muito bõ. Iap. Suguretaru coto.
¶ Item, O primeiro entre outros. Iap. Yojin yorimo ichibãnaru mono. ¶ Prima, orũ. Lus. Principios. Iap. Saixo, cõguê.
¶ Prima quaque occasione. Lus. Tanto que se offerecer occasiáo. Iap. Tayori, tçuide, l, xiauaxe, xidai. ¶ Primis labris gustare. Lus. Gostar leuemente algũa cousa, l, experimentar. Iap. Namete miru, l, sucoxi cocoromiru.
Primulus, a, um. dim in. Idem.
Princeps, ipis. Lus. Primeiro, ou principal. Iap. Dai ichi, l, ichiban naru coto.
¶ Princeps mensis. Lus. Ianeiro. Iap. Xŏguat. ¶ Principem locum, l, gradum obtinere. Lus. Tero primeiro grao, ou lugar em dignidade, &c. Iap. Tçucasa, l, caxira to naru, daiichito naru. ¶ Item, Homem principal em autoridade, & dignidade. Iap. Mochij, l, quanxocuno aru fito.
¶ Item, Rey, ou principe. Iap. Cõqe, qinin, teivŏ, cocuxi. ¶ Principes. Lus. Soldados de idade robusta, & versados nas

armas que hiáo no segundo esquadráo dos exercitos Romanos. Iap. Romano gungei no vchinite roxi taqe, qiŭxenni cõno iritaru nibanzonayeno muxa. ¶ Octauum principem ducere. Lus. Ser capitáo da oitaua companhia, ou esquadra destes soldados. Iap. Fachibanzonayeno taixŏuo suru.
Principalis, e. Lus. Cousa principal. Iap. Dai ichi naru coto. ¶ Item, Cousa de principe, ou senhor. Iap. Teivŏ, cocuxi na doni ataru coto. ¶ Principalis apparatus. Lus. Aparato real, ou digno de principe. Iap. Teivŏ, cocuxi nadoni sŏuŏ xitaru guixiqi. ¶ Principales res. Lus. Cousas dignas de Rey, ou principe. Iap. Cŏqe, qinin, teivŏ, cocuxi nadoni sŏuŏ xitaru coto. ¶ Principalis porta castrorum. Lus. Porta do arrayal junto da qual se alojauáo os soldados do segundo esquadráo. Iap. Ginxoniuoite nibanzonayeno xu vaçini gindoritaru mon.
Principaliter, adu. Lus. Principal mẽte. Iap. Toriuaqi, bexxite, dai ichini.
Principatus, us. Lus. Dominio, mando. Iap. Xindai, quanreŏ, tçucasadoru cotouo yŭ. ¶ Item, Ventagẽ, ou o primeiro lugar em qual quer cousa. Iap. Dai ichino curai, tani coyuru, l, suguretu cotouo yŭ.
Principia, orum. Lus. Lugar no exercito Romano onde estauáo os soldados do segundo esquadráo. Iap. Romano gunjeino vchini voite nibanzonayeno buxino yru tocoro. ¶ Item, Soldados Romanos que hiáo no segundo esquadráo. Iap. Nibãzonayeno buxi. ¶ Post principia esse. Lus. Estar em lugar seguro, e fora de perigo. Iap. Ayaucarazaru tocoroni yru.
Principiò, adu. Lus. Primeiramente. Iap. Fajimeni, saixoni, ichibanni, mazzu.
Principium, ij. Lus. Começo, principio. Iap. Fajime, moto, saixo, yurai, innen, motoi, conbon. ¶ Principium dicendi. Lus. Exordio da oração. Iap. Danguino fajime.
¶ Interd. Fundamento, ou principios de algũa arte, ou sciencia. Iap. Xogacu, xorŏno giban, xitagi. ¶ Interd. Principio, ou

fonte donde manarão todas as cousas. Iap. Banbutno conguen, minamoto.

Prior, oris. Lus. Primeiro de dous. Iap. Ninanno vchi ichiban. ¶ Item, O primeiro de muitos. Iap. Amatano vchi ichiban.

¶ Priores nostri. Lus. Nossos antepassados. Iap. Vareraga xenzo.

Priscè, adu. Lus. A modo, & costume antigo. Iap. Inixiye, l, mucaxino gotoqu.

Priscus, a, um. Lus. Cousa antiga. Iap. Inixiye, l, mucaxino coto.

Pristinus, a, um. Lus. Cousa que aconteceo, ou foi nos anos, meses, e dias passados, ou em nossa idade. Iap. Qinnê, qinjit, conogoro, l, cǒdaini arixi coto. ¶ Item, Cousa antiga, ou dos tempos, e idades passadas. Iap. Inixiye, l, mucaxini arixi coto, jendaino coto. ¶ Aliqn. Cousa primeira que outra. Iap. Ichibanno coto.

Pristis, is. Lus. Hũ genero de peixe muito cõprido. Iap. Icanimo nagaqi vuono na. ¶ Itẽ, Embarcação comprida. Iap. Nagaqi fune.

Priuans, antis. Lus. O que priua, ou despoja a outro. Iap. Fagu, l, torinoquru mono.

Priuâtim, l, Priuatè, adu. Lus. Particularmente, especialmente. Iap. Toriuaqi, bexxite.

Priuatio, onis. Lus. Priuação, ou o despojar. Iap. Torifanasu, l, torinoquru coto nari.

Priuâtus, a, um, à priuus. Lus. Cousa propria, e particular de cada hum. Iap. Menmen, l, varacuxini ataru coto. ¶ Vita priuata. Lus. Estado de homem particular que não tem officio. Iap. Xocu, l, yacu nǒxite nagarayuru cotouo yŭ. ¶ Priuatæ feriæ. Lus. Festas que cada hum em particular celebraua, ou que se fazião em cada familia. Iap. Varacuxi iuai, l, ichimonno nacano iuai. ¶ Priuati homines. Lus. Homẽs que não tẽ officio de gouerno na republica. Iap. Xocuyacuno naqi fito.

Priuatus, a, um, à priuor. Lus. Priuado, despojado. Iap. Fagaretaru mono, l, monouo torifanasaretaru mono.

Priuignus, i. Lus. Enteado. Iap. Mamaco.

Priuigna, æ. fœmi. Idem.

Priuilegiarius, ij. Lus. Priuilegiado. Iap. Menqiouo cǒmuritaru fito.

Priuilegium, ij. Lus. Priuilegio. Iap. Menqio.

Priuo, as. Lus. Priuar, despojar. Iap. Noqu-ru, fanasu, fagu. ¶ Priuare oculis. Lus. Priuar a alguẽ da vista. Iap. Meuo nuqu, mǒmocuni nasu. ¶ Priuare vita, l, cõmuni luce. Lus. Matar. Iap. Gaisuru.

Prius. Lus. Primeiro. Iap. Ichiban. ¶ Item, Priùs, adu. Lus. Antes, mais cedo. Iap. Mazzu, saqini, fayaqu.

Priusquàm. Lus. Primeiro que, antes que. Iap. Saqi, mayeni, ijen.

Priuus, a, um. Lus. Cousa particular, ou propria de cada hũm. Iap. Meimei, vatacuxini ataru coto.

Pro, præpos. Lus. Ante, diante. Iap. Mayeni. ¶ Interd. Em. Iap. Ni, voite. ¶ Itẽ, Segundo, conforme. Iap. Xitagatte, vǒjite. ¶ Item, Por, por amor. Iap. Taixite. ¶ Interd. Em lugar. Iap. Cauarini, mio-daini. ¶ Pro meis viribus. Lus. Conforme a minhas forças. Iap. Vaga bunzaini xitagatte, l, chicarani vǒjite. ¶ Pro pocstate. Lus. Com poder. Iap. Ixei, iniquo motte. ¶ Pro aliquo stare. Lus. Defender a alguem. Iap. Fitono fijqi, l, catǒdouo suru. ¶ Pro turribus adstare. Lus. Resistir aos imigos em defensão dos muros. Iap. Yagurani ceqino chicazzucanu tameni fuxegui tatacǒ. ¶ Pro eo ac, l, Pro eo atq;. Lus. Assi como. Iap. Gotoqu, yǒni. ¶ Item, Est interiectio admirantis: vt Pro dij immortales. ¶ Itẽ, Est interiectio dolentis, seu indignantis: vt Pro Deum atq; hominum fidem.

Proædificatum apud veteres, quod ex priuato loco processerat in publicum solum.

Proagogion, i. Lus. O pór a molher no lugar das molheres publicas. Iap. Qeixeiyani vonnauo voqu cotouo yŭ.

Proauctor, oris. Lus. Cabeça, autor. Iap. Sacuxa, tçuqasa.

Proauia, æ. Lus. Visauǒ. Iap. Fivba.

Proauus, i. Lus. Visauô. Iap. Fiuôgi.

Probábilis, e. Lus. Cousa prouauel, ou verisimil. Iap. Macotoraxiqi coto, arisǒnaru co-

coto, dŏri nite texxerarubeqi coto, dŏri ni canaitaru coto.

Probabilitas, atis. Lus. Probabilidade, aparencia da verdade. Iap. Macotoraxisa, I, dŏrini canŏ cotouo yŭ.

Probabiliter, adu. Lus. Prouauelmente. Iap. Tairiacu, vôcata, macotoraxiqu, macoto sŏni.

Probandus, a, um. Lus. Cousa que ha de ser louuada, ou experimentada. Iap. Cocoromi, I, tamesarubeqi coto, fomerarubeqi coto.

Probatica piscina Hierosolymis erat, in qua sacerdotes oues immolandas abluebant.

Probatio, onis. Lus. Proua, ou experiencia. Iap. Cocoromi, I, dŏriuo motte tessuru cotouo yŭ.

Probator, oris. Lus. O que aproua, ou louua algũa cousa. Iap. Fomete, I, yoqini fusuru mono.

Probatus, a, ũ. Lus. Cousa prouada, I, experimẽtada. Iap. Cocoromirăretaru coto, I, tamesaretaru coto, dŏriuo motte texxerare taru coto. ❡ Aliqñ. Cousa boa, e aprouada. Iap. Yoqi coto, I, suguretaru coto.

Probè, adu. Lus. Bem, rectamente. Iap. Yoqu, sugurete, suguni, taxicani. ❡ Probè memini. Lus. Bem me lembro. Iap. Taxicani voboyuru. ❡ Probè potus. Lus. O que tem bem bebido. Iap. Saqeuo vouoqu nomitaru mono. ❡ Probè percutere. Lus. Espancar, ou ferir rijamente. Iap. Qibuqu vtçu, chŏchacu suru. Plaut.

Próbiter, adu. apud antiq. Idem.

Próbitas, tis. Lus. Bondade. Iap. Ien, cŏji.

Problêma, atis, & Problématum, i. Lus. Proposição que contem pregunta, ou em q̃ se pregunta algũa questão. Iap. Fuxin.

Probo, as. Lus. Louuar aprouar. Iap. Fomuru, fobisuru, yoqini fusuru. ❡ Qñq;. Prouar algũa cousa cõ rezoens. Iap. Dŏriuo motte arauasu, I, tessuru. ❡ Qñq;. Prouar, experimentar. Iap. Tamesu, cocoromiru. ❡ Interd. Permitir. Iap. Yurusu, xamen suru, saxiuoqu. ❡ Probar, & valere in vulgus, I, ad populum. Lus. Ser algũa cousa agradauel, ou aprouada do pouo. Iap. Banminni mochijraruru, I, fomeraruru. ❡ Homo sacrilegus probauit se pro innocente. Lus. O homem sacrilego prouou ser innocente. Iap. Acuguiacu burŏnaru mono xite, toga naqito arauasu.

Proboscis, idis. Lus. Tromba de elefante. Iap. Zŏno fana. ❡ Item, Ferram, ou aguilham da mosca, &c. Iap. Ca, I, faino cuchi.

Probrosus, a, um. Lus. Cousa ignominiosa, ou injuriosa. Iap. Chijocu, I, fagito naru coto.

Probrum, i. Lus. Estupro, adulterio, e semelhantes peccados. Iap. Tabon, micquai nado no toga. ❡ Aliqñ. Injuria de palaura. Iap. Accô, zôgon. ❡ Item, Infamia, ou deshonra que se segue de algum maleficio. Iap. Vaga xichigayeni yotte vquru chijocu.

Probus, a, um. Lus. Bom, aprouado. Iap. Yoqi fito, xŏtonaru fito. ❡ Item, per metaph. Cousa boa, e pura. Iap. Tadaxiqi coto, masaxiqi coto. ❡ Argentum probum. Lus. Prata pura que não he falsa. Iap. Yoqi, I, majinari, I, maguire naqi xirocane, I, nanreô. ❡ Proba merx. Lus. Mercadoria boa, e pura. Iap. Tabacari naqi xŏbaino mono.

Procácitas, atis. Lus. Desauergonhamento, ou desenfreamento demasiado pera cometer qualquer vicio. Iap. Acuuo vocasumi fazzucaxiguenaqi cotouo yŭ, burŏ, fufŏ.

Procaciter, adu. Lus. Desauergonhada, ou deshonestamente. Iap. Fazzucaxiguenaqu, burŏni, fufŏni, I, yocoximani.

Prócapis. Lus. Geração que procede de hũa cabeça. Iap. Fitotçuyori tçuzzuqu ichimon, nagare.

Procax, acis. Lus. Lasciuo, desauergonhado, ou prompto pera o mal. Iap. Acuuo vocaxite fagiuo cayerimizaru mono, I, burŏ, I, fufŏnaru mono, I, yocoximanaru mono. ❡ Procaces austri. Lus. Ventos furiosos. Iap. Taifŭ.

Procêdens, entis. Lus. O que passa, ou vai auan

auante. Iap. Saqiye yuqu mono. ¶ Tempore procedente. Lus. Pollo discurso do tempo. Iap. Toxi vtçuri, toqi satte, jicocuuo motte.

Procêdo, is. Lus. Passar, ou ir adiante. Iap. Saqiye yuqu. ¶ Aliquando, Soceder bẽ ou mal algũa cousa. Iap. Yoqu, l, axiqu naru, vocoru, xutrai suru. ¶ Procedere in pedes. Lus. Nacer com os pees pera diante. Iap. Sacagoni vmaruru. ¶ Procedere in philosophia. Lus. Aproueitar no estudo da filosophia. Iap. Philosophia no gacumóga agaru. ¶ Procedũt stipẽdia militibus. Lus. Irése pagádo os quarteis, ou estipendio aos soldados. Iap. Buxidomo ni fuchicatauo vorosu. ¶ Item, Valer, ter lugar. Iap. Dŏrigatatçu. ¶ Item, Procedere. Lus. Sair. Iap. Izzuru.

Proceleusmaticus, pes ex quatuor syllabis breuibus constans, vt pariete.

Procella, æ. Lus. Tempestade, tormenta. Iap. Taifŭ, taiv. ¶ Item, per transl. Perigo, aduersidade. Iap. Ayausa, daiji, nangui, xeccacu.

Procello, is. Lus. Destruir, desbaratar. Iap. Tafa sum, forobosu.

Procellosus, a, um. Lus. Tempestuoso. Iap. Taifŭ, taivno xigueqi tocoro, l, taiv uo xiguequ sasuru mono.

Procêrè, adu. Lus. Longe, longamente. Iap. Touoqu, l, nagaqu.

Próceres, um. Lus. Cabeças das traues que saem fora da parede. Iap. Cabe yori foca ni saxi izzuru vtçubarino saŏno faxi. ¶ Item, Cabeças, ou os principaes das cidades, e reynos. Iap. Cuni, zaixono xucurŏ, daimiŏ, cŏqe.

Procéritas, atis. Lus. Compridão, altura, ou estatura. Iap. Fito nadono xei, taqe, tacasa, nagasa.

Procérus, a, um. Lus. Cousa longa, ou comprida. Iap. Nagaqi coto, tacaqi coto, l, xei tacaqi mono.

Processus, us. Lus. O ir adiante. Iap. Saqi ye yuqu cotouo yŭ. ¶ Item, Progresso que se faz no estudo, &c. Iap. Faca. vt, facaga yuqu. ¶ Aliquando, Sucesso, acontecimento. Iap. Xutrai, vocori.

Procestrium, ij. Lus. Certo edificio que se fazia diante dos arrayais. Iap. Ginxono mayeni conriŭ xitaru mon nado.

Prochemasis, siue Prochimasis. Lus. Sinaes que denotam a tempestade que esta pera vir. Iap. Taifŭ, taivno arubeqi xiruxi.

Próchites, is. Lus. Hum vaso de que vsauão nos sacrificios. Iap. Tamuqeno toqi, tçucaixi vtçuuamono.

Proci, orum. Lus. Os que juntamente pedem a mesma molher pera se casar com ella. Iap. Vonna ichininuo vaga tçumano tameni arasoi cô fitobito.

Procidentia, æ. Lus. O cair, ou prostrarse no chão. Iap. Votçuru, l, firefusu cotouo yŭ.

Prócido, is, idi. Lus. Cair, ou prostrarse no chão, ou inclinarse muito. Iap. Votçuru, tauoruru, firefusu, l, fucaqu catamuqu.

Prociduus, a, um. Lus. Cousa que cae, ou caediça. Iap. Votçuru, l, tauoruru mono.

Procieo, es, iui, itum. Lus. Pedir. Iap. Cô, morŏ, xomŏ suru.

Procinctus, us. Lus. Aparelho de guerra. Iap. Qiŭxenno yôy. ¶ Item, Aparelho que fazem aquelles que ham de sair á guerra. Iap. Caxxenno tameni menmenni suru yôy. ¶ In procinctu facere. Lus. Fazer algũa cousa de pressa, e expeditamente. Iap. Tebayaqu, fayaqu monouo suru. ¶ In procinctu stare. Lus. Estar apercebido. Iap. Yôy, l, cacugo xite yru. ¶ In procinctu habere. Lus. Ter prestes, ou à mão algũa cousa. Iap. Tegicŏ, l, temotoni aru, voqu. ¶ Procinctum testamentum. Lus. Testamento que faziam os soldados antes de entrar na batalha. Iap. Caxxenni idenu mayeni, caqi voqitaru yuijŏ, vel caqivoqi.

Procinctus, a, um. Lus. Apercebido, aparelhado. Iap. Yôy, l, cacugoxite yru mono. ¶ Procincta classis. Lus. Exercito apercebido pera apeleija. Iap. Caxxenno tameni tate voqitaru ninju, gunjei.

Procingo, is. Lus. Aperceber, aparelhar. Iap. To-

Totonoyuru, yôy, l, cacugo furu.
Procio, is, iui, itũ. Lus. Romper, ou anular. Iap. Fiqisaqu, l, muyacu, l, munaxiqu na su. ¶ Procitum testamentum. Lus. Testamẽto roto, e anulado. Iap. Fiqisaqitaru, l, yacuni tatazaru yuijŏ, caqiuoqi.
Prócito, as. Lus. Chamar ameudo. Iap. Xiguequ yobu.
Proclamator, oris. Lus. O que grita, ou dà vozes em publico. Iap. Banminno mayeni saqebu mono.
Proclâmo, as. Lus. Gritar muito, ou dar vozes em publico. Iap. Banminno mayeni saqebu, côxŏni monouo yŭ.
Proclinatio, onis. Lus. Inclinação pera algũa parte. Iap. Catamuqu cotouo yŭ.
Proclinatus, a, um. Lus. Cousa inclinada pera algũa parte. Iap. Catamuqitaru coto.
Proclîno, as. Lus. Inclinar pera algũa parte. Iap. Catamuquru.
Procliuis, e. Lus. Cousa alamborada, ou ingreme. Iap. Cudarisacano aru tocoro, catamuqitaru coto. ¶ Item, per transl. Inclinado ao mal. Iap. Acuni catamuqu mono, l, suqu mono. ¶ Aliqn. Cousa facil de fazer. Iap. Xiyasuqi coto. ¶ In procliui esse. Lus. Ser facil algũa cousa. Iap. Tayasuqi nari.
Procliuitas, atis. Lus. Inclinação natural pera algũa cousa, e particularmente roim. Iap. Xŏrocuno suqi conomi, bexxite acuni catamuqu cotouo yŭ.
Procliuiter, Procliuius, Procliuissimè, adu. Lus. Facilmente. Iap. Tayasuqu.
Proco, as. Lus. Pedir desauergonhadamente. Iap. Fagiuo cayerimizu monouo cô, l, xomŏsuru, morŏ.
Procœton, onis. Lus. Lugar diante da camara dos principes, ou senhores em que està a gente de guarda quando elles dormem. Iap. Xinren, l, guioxinjono mayeni ban uo suru tocoro.
Proconsul, lis. Lus. O que era mandado cõ poder de consul pera gouernar algũa prouincia. Iap. Consultoyŭ curai aru fitono gotoquni cuniuo vosame, tçucasadoru xugodai.
Proconsularis, e. Lus. Cousa pertencente a proconsul. Iap. Miguino xugodaini ataru coto.
Proconsulatus, us. Lus. Dignidade de procõsul. Iap. Miguino xugodaino quanxocu.
Procrastinatio, onis. Lus. O dilatar de dia ẽ dia. Iap. Miŏnichi miŏnichito, noburu coto nari.
Procrástino, as. Lus. Dilatar de dia em dia. Iap. Miŏnichi miŏnichito noburu.
Prócreatio, onis. O criar, ou gérar filhos. Iap. Co nadouo xŏzuru coto nari.
Procreator, oris. Lus. Criador, ou o q̃ géra. Iap. Co nadouo xŏzuru mono, l, facuxa.
Procreatrix, icis. fœmi. dem.
Procreatus, a, um. Lus. Nacido, gérado. Iap. Xŏjitaru mono, vmaretaru mono.
Procreo, as. Lus. Gérar filhos. Iap. Couo xŏzuru.
Procresco, is. Lus. Crecer, aumentarse. Iap. Xeijŏ, xeijin suru, casanaru.
Procúbitor, oris. Lus. O que vigia de noite quãdo o exercito dos inimigos està perto. Iap. Teqigin chicaqi toqi, yaban suru buxi.
Prócubo, as, bui, itum. Lus. Abaixarse, ou jazer no chão. Iap. Fucaqu catamuqu, firefusu. ¶ Interd. Velar, ou vigiar. Iap. Yaban suru. ¶ Item, Inclinar, ou abaixar pera baixo. Iap. Fiqi tauomuru, fiqisaguru.
Procûdo, is. Lus. Estender batendo. Iap. Noburu, qitai neru. ¶ Item, Bater bem. Iap. Yoqu qitŏ.
Procul, adu.. Lus. Longe. Iap. Touoqu. ¶ Item, Não muito longe. Iap. Safodo touocarazu xite. ¶ Procul hinc. Lus. Lõge deste lugar. Iap. Cono tocoro yori touozacatte. ¶ Procul dubio. Lus. Em verdade. Iap. Macotoni. ¶ Procul vero. Lus. Longe da verdade. Iap. Macotoni arazu xite.
Proculco, as. Lus. Pisar. Iap. Fumitçuquru.
Procumbo, is. Lus. Abaixarse, ou jazer no chão. Iap. Fucaqu catamuqu, firefusu. ¶ Interd. Estar inclinado pera baixo. Iap. Sa-

Sagaru, xidaretearu.

Procuratio, onis. Lus. Cuidado, ou administração. Iap. Saiban, vosame. ¶ Item, O alimpar, ou purificar. Iap. Qiyome, xôjôni nasu coto nari.

Procurator, oris. Lus. Feitor, ou procurador dos negocios de outro. Iap. Daiquan.

Procuratorius, a, um. Lus. Cousa que pertẽce a feitor, ou procurador. Iap. Daiquãni ataru coto.

Procuratrix, icis. Lus. A que gouerna, ou tem cargo de algũa cousa. Iap. Monono saiban xi vosamuru vonna.

Procûro, as. Lus. Procurar, ou ter cuidado de negocios alheos. Iap. Daiquan suru, taninno monouo tori atçucô. ¶ Aliqñ. Ter bom, e diligente cuidado de algũa cousa. Iap. Xeiuo irete saibã suru. ¶ Aliqñ. Purificar, alimpar. Iap. Qiyomuru, qiyoqu nasu.

Procurrens, entis. Lus. O que corre, ou se estende diante. Iap. Mayeni faxiru, l, mayeni yocotauaru mono.

Procurro, is. Lus. Ir, ou correr diante apressuradamente. Iap. Saqini isoide yuqu, vel faxiru.

Procursus, us. Lus. O ir, ou correr diante apressadamente. Iap. Saqini isoide yuqu, l, faxiru coto nari.

Procursatio, onis. Lus. O acometer, ou dar assalto nos imigos. Iap. Teqini faxecacaru, l, tori caquru coto nari.

Procursio, onis. Lus. Digressão da causa, &c. Iap. Dangui, l, monogatarini voite bechino daimocuni vtçuru cotouo yũ.

Procurso, as. frequent. Lus. Correr amiudo. Iap. Xiguequ faxiru.

Procuruus, a, um. Lus. Cousa muito curua, ou arcada. Iap. Magaritaru mono, yugamicaru mono.

Procus, i. vide Proci.

Procyon, onis. Lus. Hũ sino celeste. Iap. Foxino yadori.

Prodeambulo, as. Lus. Passear fora, ou diante de algum lugar. Iap. Foca, l, mayeni guiôdô suru.

Prodeo, is, iui, ij, itum. Lus. Ir diante. Iap. Saqini yuqu. ¶ Item, Sair fora. Iap. Foca ye izzuru.

Pro ditur, impers. Idem.

Prodictator, oris. Lus. O que seruia em lugar de dictador. Iap. Romani voite daijini voyobu toqi, banjiuo sabacaruru vosametemo miôdai.

Pródigæ hostiæ. Lus. Sacrificios que se consumiam todos no fogo. Iap. Yaqi fataxitaru tamuqe.

Prodigè, adu. Lus. Prodigamente, l, abundantemente. Iap. Bentôni, tacusanni, caiquani.

Prodigentia, æ. Lus. Prodigalidade. Iap. Tacarauo tçucai vxinô cotouo yũ.

Prodigialis, e. Lus. Cousa que denota, ou pronostica algum mal futuro. Iap. Ygono acujiuo arauasu mono. ¶ Item, Cousa monstruosa. Iap. Vmarezoconai naru coto. ¶ Aliqñ. Cousa q̃ impede o mal q̃ se teme. Iap. Ygoni acujino xutraixenu yô ni suru mono.

Prodigialiter, adu. Lus. Fora do costume, l, contra natureza. Iap. Reinarazu xite, xôtocuni chigôte.

Prodigiosè, adu. Idem.

Prodigiator, oris. Lus. O q̃ vẽdo algũs sinaes pronostica o q̃ ha de acõtecer. Iap. Xiruxiuo mite ygono cotouo arauasu mono.

Prodigiosus, a, um. Lus. Cousa que denũcia, ou pronostica algum mal futuro. Iap. Ygono acujiuo arauasu mono. ¶ Item, Cousa monstruosa. Iap. Vmarezoconai naru mono, reinarazaru coto.

Prodigitas, atis. Lus. Prodigalidade. Iap. Tacarauo tçucai vxinô cotouo yũ.

Prodigium, ij. Lus. Monstro, ou sinal que pronostica algũa cousa futura. Iap. Vmarezoconai, l, ygono acujiuo arauasu xiruxi, zuisô.

Pródigo, is, egi. Lus. Gastar prodigamente. Iap. Monouo tçucai sugosu, l, tacarauo tçuiyasu. ¶ Aliqñ. Guiar pera algum lugar distante. Iap. Touoqi tocoroye voi yaru, l, michibiqu.

Pro-

Pródigus, i. Lus. Prodigo, & gastador. Iap. Tacarauo tçuiyasu mono, l, tçucai sugosu mono. ¶ Prodigus animæ, & sanguinis. Lus. O que desprezasua propria vida. Iap. Inochiuo iutçuru, l, meiuo caronzuru mo no. ¶ Locus prodigus multæ herbæ. Lus. Lugar viçoso que dá muita erua. Iap. Cusa no vouoqu xōzuru tocoro.

Prodinunt, antiqui pro prodeunt, dixêre.

Proditio, onis. Lus. Treição. Iap. Mufon.

Proditor, oris. Lus. Trêdor. Iap. Mufonnin.

Próditus, a, um. Lus. Entregado por treição, l, enganado. Iap. Mufonuo xeraretaru fito, l, tabacararetaru fito.

Prodius. Lus. Mais dentro, ou mais longe. Iap. Nauo voqu, l, nauo touoqu. Antiq.

Prodo, is, didi, ditum. Lus. Deitar fora, ex cluir. Iap. Voi idasu, touozaquru. ¶ Aliqñ. Diuulgar, publicar. Iap. Roqē sasuru, arauasu, firomuru. ¶ Item, Dilatar. Iap. Noburu. ¶ Item, Estender. Iap. Firomuru. ¶ Interd. Fazer treição, ou entregar aos imigos algum lugar. Iap. Mufon suru, l, teqini xiro nadouo vatasu. ¶ Aliqñ. Despedir. Iap. Idasu. ¶ Prodere posteris, l, prodere memoriam, l, pro dere, absolutè. Lus. Trespassar, ou deduzir algũa cousa até os vindouros. Iap. Xisoni tçutayuru, sōden suru. ¶ Aliqñ. Enganar, ou desemparar. Iap. Tabacaru, saxifanasu, misutçuru. ¶ Prodere memoriæ, l, memoria. Lus. Escreuer algũa cousa em liuros, &c. Iap. Xomotni caqi arauasu, l, cōqini todomuru. ¶ Fama prodit. Lus. Assi se pratica, ou he fama. Iap. Xejōni sata suru. ¶ Prodere exemplum. Lus. Dar exemplo. Iap. Fitono cagami, l, tefonni naru, l, cagamini naru cotouo suru. ¶ Prodere fidem. Lus. Quebrar o juramento. Iap. Xeimonuo yaburu. ¶ Prodere officii. Lus. Não fazer o que deue, ou fazer contra sua obrigação. Iap. Fonyuo somuqu. ¶ Prodere vitam. Lus. Porse a perigo de vida. Iap. Inochiuo matoni caquru. ¶ Prodere legē. Lus. Não guardar a ley. Iap. Fattouo mamorazu, l, yaburu. ¶ Prodere interregem. Lus. Nomear hũ q̃ gouerne até se aleuãtar Rey nouo. Iap. Vōno gotōcuy made sono go meŏdai to xite vosamuru fitouo yerabu.

Pródromus, i. Lus. O que corre diante. Iap. Iengu, l, saqibaxiri. ¶ Item, Figo lãpão. Iap. Fayaqu jucu suru aru qinomino na. ¶ Item, Pródromi. Lus. Huns certos ven tos. Iap. Aru cajeno na.

Productè, adu. Lus. Difusa mente. Iap. Nagaqu, l, comacani.

Prodúctile, is. Lus. Cousa estendida ao martello. Iap. Vchi noberaretaru mono.

Productio, onis. Lus. Dilatação. Iap. Noburu coto nari.

Prodûco, is. Lus. Prolongar, dilatar. Iap. Noburu, nagaqu nasu. ¶ Item, per transl. Deter. Iap. Todomuru. Terent. ¶ Aliqñ. Guiar pera fora, ou apresentar, & pôr diante de alguem. Iap. Tçure idasu, fiqi idasu, l, mayeni fiqi suyuru. ¶ Aliqñ. Pôr em vēda. Iap. Vrini idasu, l, mixetanani dasu. ¶ Itē, Pôr algũa molher ē lugar de molheres publicas, ou fazerlhe exercitar este mao officio. Iap. Vonnauo qeixeiyani voqu, l, qeixeini nasu. Plaut. ¶ Interd. Gērar, produzir. Iap. Xōzuru. ¶ Interd. Gastar. Iap. Tçuiyasu, l, tçucō. ¶ Aliqñ. Trazer a alguem honrada mente, & apresentalo diante de outro. Iap. Fōbi xite ninjenni fitouo fiqi idasu. ¶ Producere testes. Lus. Apresentar as testemunhas di ante do juiz pera que dem testemunho. Iap. Xōcouo facujō sasuru tameni tadaxite no mayeni xōconinuo fiqi idasu. ¶ Producere copias in aciem. Lus. Guiar, ou leuar os esquadroēs fora do arrayal pera dar batalha. Iap. Ginxo yori caxxenno tameni icusabani tçure idasu. ¶ Producere moram rei alicui. Lus. Differir, ou dilatar algũa cousa. Iap. Monouo noburu. ¶ Producere funera. Lus. Fazer as exequias. Iap. Toburai, l, sōreiuo suru.

Productus, a, um. Lus. Apresentado, ou trazido diante. Iap. Mayeni tçure, l, fiqi idasaretaru mono. ¶ Item, Cousa longa, e com-

& comprida. Iap. Nagaqi coto.

Profanatio, onis. Lus. O violar, ou profanar couſa ſagrada. Iap. Tattoqi cotouo qegaſu cotouo yŭ.

Profanatus, a, um. Lus. Couſa ſagrada que foi violada, ou profanada. Iap. Qegaſaretaru tattoqi coto. ❡ Profanatum templum. Lus. Templo queſe tornou em caſa, ou vſo ſecular. Iap. Zaiqeto naxitaru garan, tera. ❡ Item, Templo violado cõ algum maleficio. Iap. Aru acuuo motte qegaſaretaru garan.

Profâno, as. Lus. Profanar, ou violar as couſas ſagradas. Iap. Tattoqi dŏguuo tçuneno dŏguni mochijru, l, tattoqi cotouo qegaſu, tattoqi dŏguuo jŏgŭuo monoto naſu.

Profânus, a, um. Lus. Couſa profana, ou ſecular. Iap. Zocu, l, zoccăni ataru coto. ❡ Interd. Impio, e mao. Iap. Acuguiacu butŏnaru mono. ❡ Item, Couſa ſagrada queſe conuerteo em vſo comum dos homens. Iap. Tçuneno, l, zaiqeno dŏguni naſaretaru tattoqi dŏgu. ❡ Aliqñ. Profani. Lus. Homens leigos. Iap. Zocujin, zoccan. ❡ Item, Ignorantes, e ſem letras. Iap. Ichimonfutçŭna mono. ❡ Profanus vſus. Lus. Vſo de couſas que não ſam dedicadas ao culto diuino. Iap. Tçuneno dŏgunotçucaiyŏ.

Profari. Lus. Falar, dizer. Iap. Cataru, iy noburu. ❡ Itẽ, Dizer dantes o que ha de acontecer. Iap. Canete aru beqi cotouo arauaſu.

Profatus, us. Lus. O falar, ou dizer. Iap. Cataru, l, iy noburu coto nari. ❡ Item, Profecia. Iap. Miraiuo tçuguru coto nari.

Profectio, onis. Lus. Partida. Iap. Tocorouo tatçu, l, michiuo aruqu cotouo yŭ.

Profectitius, a, um, vt dos profectitia. Lus. Dote que o pay, ou parente das. Iap. Yome iriuo ſuru tameni voya, l, xinrui yori atayeraretaru zaifô.

Profectò, adu. Lus. Certamente. Iap. Xinjitni, macotoni.

Profectus, us. Lus. Aproueitamento, ou progreſſo. Iap. Gacumon nadoni facano yuqu cotouo yŭ. ❡ Item, Proueito. Iap. Tocu.

Profectus, a, um. Lus. Partido de algum lugar. Iap. Tocorouo tachitaru mono.

Prófero, ers. Lus. Manifeſtar, deſcobrir. Iap. Arauaſu, roqen ſaſuru. ❡ Item, Eſtender. Iap. Firoguru, noburu. ❡ Item, Tirar fora. Iap. Focani idaſu. ❡ Aliqñ. Alegar autoridade, &c. Iap. Gouo fiqu, l, fitono cŏxeqi nadouo fiqi idaſu. ❡ Proferre ſe. Lus. Louuarſe, ou fazerſe conhecido por ſi meſmo. Iap. Vaga meiyouo rufu ſaſuru.

Profeſsio, onis. Lus. O confeſſar algũa couſa claramente. Iap. Aqiracani monouo arauaſu, l, facujŏ ſuru coto nari.

Profeſſor, oris. Lus. O que enſina publicamente algũa arte liberal, ou ſciencia. Iap. Gacumonno xixŏ.

Profeſſorius, a, um. vt lingua profeſſoria homo. Lus. Homem que enſina Rhetorica, ou eloquencia por dinheiro. Iap. Chinuo totte monono iy yŏ, benjetuo voxiyuru fito.

Profeſtus, a, um, vt profeſtus dies. Lus. Dia de fazer. Iap. Xucunichini arazaru fi.

Proficio, is. Lus. Aproueitar, ou fazer progreſſo. Iap. Tocuuo toru, l, facaga yuqu, gacumonga agaru. ❡ Aliqñ. Ser proueitoſo. Iap. Tayori, l, tocuto naru.

Proficiſcor, eris, profectus. Lus. Partirſe, ou caminhar. Iap. Tocorouo tatçu, l, michiuo aruqu. ❡ Item, Trazer a origem, ou nacer de algũa couſa. Iap. Conbon, l, motoyori izzuru. ❡ Proficiſci obuiam. Lus. Ir ao encontro. Iap. Mucaini izzuru. ❡ Proficiſci ad reliqua. Lus. Depois de ter tratado de algũa couſa, tratar do que reſta. Iap. Catari ſaxetaru, l, catari caqetaru cotouo cataru.

Profindo, is, fidi, fiſſum. Lus. Fender, abrir. Iap. Firaqu, aquru.

Profiteor, eris. Lus. Prometer claramente. Iap. Arauarete monouo yacuſocu ſuru. ❡ Aliqñ. Amoſtrar, ou afirmar clara, & patentemente. Iap. Arauarete, l, aqiracani mi-

miſuru, atauaſu, l, teſſuru. ¶ Itẽ, Enſinar publicamente algũa ſciencia. Iap. Cugainite gacumonuo voxiyuru. ¶ Profiteri bona, cenſum, nomen. Lus. Aſſentar, ou eſcreuer ſeu nome, & bens no liuro do gouernador. Iap. Xugodaino chŏni vaga nato, chiguiŏuo tçuquru. ¶ Profiteri natales. Lus. Eſcreuerem os pays em hum certo liuro da republica os dias em que lhe nacem os filhos. Iap. Vaga cono tanjŏnichiuo cunino ſadamaritaru qiŏni xiruſu. ¶ Profiteri æs alienum. Lus. Deixar em teſtamento ſuas diuidas. Iap. Xacuxenno bunuo yuijŏni caqi cuuayuru.

Proflatus, us. Lus. O aſſoprar Iap. Fuqu coto nari.

Profligator, oris. Lus. O q̃ eſperdiça, & gaſta mal ſeus bens. Iap. Tacara nadouo tçuiyaſu fito.

Profligatus, a, ũ. Lus. Afligido, ou deſtruido. Iap. Xincu, xinrŏni xizzumde yru, l, nangui ni xemeraruru mono. ¶ Item, Couſa quaſi concluida, ou acabada. Iap. Vôcata, l, tairiacu totonouoritaru, l, jŏju xitaru coto. ¶ Profligatus exercitus. Lus. Exercito deſbaratado. Iap. Faigun, faiſocu xitaru gunjei. ¶ Profligatæ res. Lus. Couſas deſtruidas de que ja ſe não pode ter eſperança. Iap. Cuzzure farete tanomoxiqu naqi coto. ¶ Profligatus homo. Lus. Homem mao, e perdido. Iap. Acuguiacu butŏ naru mono, fuſónaru mono.

Profligo, as. Lus. Deſtroçar, desbaratar. Iap. Cuzzuſu, forobòſu, mecqiacu ſuru. ¶ Profligare bellum. Lus. Concluir, ou quaſi acabar a guerra. Iap. Qiñxenuo tairiacu fataſu, ſumaſu.

Proflo, as. Lus. Fundir, ou derreter aſſoprando. Iap. Caneuo fuqu, l, yru. ¶ Item, Aſſoprando botar fora. Iap. Fuqi farŏ, fuqi idaſu. ¶ Proflare pectore ſomnum. Lus. Resfolegar alto eſtando dormindo. Iap. Inete tacaqu fanaiqi ſuru. ¶ Proflare iras. Lus. Bufando, ou aſſoprando moſtrar a ira, e furia. Iap. Vpputo yĩite icariuo arauaſu.

Profluens, entis. Lus. Couſa que mana, ou corre abundantemente. Iap. Tacuſanni, l, juntacuni nagaruru mono. ¶ Aliqñ. Subſtant. Rio, ou corrente de agoa. Iap. Caua, nagare.

Profluenter, adu. Lus. Abundantemente. Iap. Tacuſanni, bentŏni, juntacuni.

Profluentia, æ. Lus. Abundancia, copia. Iap. Tacuſan, bentŏ, juntacu.

Profluo, is. Lus. Correr, ou manar abundantemente. Iap. Tacuſanni nagaruru, nagare izzuru. ¶ Profluere ad hominum famam, per transl. Lus. Diuulgarſe algũa couſa, ou vir a noticia dos homens. Iap. Fito no cuchino fani cacaru, toriſataxeraruru.

Profluuiũ, ij. Lus. Fluxo, ou o correr de couſa liquida. Iap. Mizzu, chi nado tari nagaruru cotouo yŭ. ¶ Profluuium alui. Lus. Deſenteria. Iap. Farano xaſuru coto nari, l, ribiŏ.

Profluus, a, um. Lus. Couſa perene que ſempre mana. Iap. Tayezu nagaruru mono.

Profore. Lus. Couſa que ha de ſer proueitoſa. Iap. Tocuto narubeqi coto.

Profugio, is. Lus. Fugir pera longe. Iap. Touoqu niguesaru. ¶ Itẽ, cũ accuſatiuo. Fugindo deſemparar. Iap. Miſutete niguru.

Profugium, ij. Lus. Refugio, couto. Iap. Fitono niguete taſucaru tocoro, l, niguedocoro, tanomidocoro.

Prófugus, a, um. Lus. O que fugio, ou ſe auſentou de ſua patria, ou lugar onde coſtumaua habitar. Iap. Coqiŏ yori niguetaru mono, l, fongocuuo ſatte taxoni yru mono, l, ſuminaretaru tocoro yori taxoye niguru mono.

Profundo, is. Lus. Derramar copioſa, e abũdantemente. Iap. Vôqini nagaſu. ¶ Aliquando, Ser prodigo, ou gaſtar demaſiadamẽte. Iap. Monouo tçucai ſugoſu. ¶ Sanguinem, l, vitam pro patria profundere. Lus. Dar o ſangue, ou a vida polla patria. Iap. Coqiŏni taixite xinmiŏuo fataſu. ¶ Profundere vota, & preces. Lus. Rogar muito, e com inſtancia. Iap. Fucaqu tanomu, l, qixei, qinenuo itaſu. ¶ Pro-

m ✻ 2 fun-

fundere vires animæ. Lus. Pór todas as forças, e cuidado. Iap. Xeijei, l, funcotuo tçucuſu.
Profundum, i. Lus. Mar alto. Iap. Vmi, vel voqi, daicai. ¶ Rubrum profundũ. Lus. Mar vermelho. Iap. Acaqi vmi. ¶ Indomito profundo iactari. Lus. Andar trabalhado, ou contrastado no mar. Iap. Caixŏnite nanguini vŏ. ¶ Pater profundi, i. Neptunus.
Profundus, a, um. Lus. Couſa muito funda. Iap. Icanimo fucaqi coto. ¶ Qñq;. Cousa alta. Iap. Tacaqi coto. ¶ Item, per transl Couſa grãde, ou demaſiada. Iap. Vô qinaru coto, caguiri naqi coto. ¶ Nox profunda. Lus. Alta noite. Iap. Fuqetaru yo.
Profusè, adu. Lus. Copioſa, e abundantemẽte. Iap. Bentŏni, tacuſanni, vouoqu.
Profusus, a, um. Lus. Couſa derramada, ou eſparzida copioſamente. Iap. Vôqini nagaſaretaru mono. ¶ Item, Prodigo, gaſtador. Iap. Vôqini tçuiyaſu mono. ¶ Itẽ, Abatido, ou afligido. Iap. Sague iyaximeraruru mono, fito yori miſuterare meiuacu ſuru mono.
Progemmo, as. Lus. Brotar as aruores. Iap. Medatçu, megumu.
Prógener, eri. Lus. Marido da neta. Iap. Magomuco.
Progeneratio, onis. Lus. O gérar. Iap. Xŏzuru coto nari, xuxxŏ.
Progénero, as. Lus. Gérar, produzir. Iap. Xuxxŏ ſaſuru, l, xŏzuru.
Progenies, éi. Lus. Géração, familia. Iap. Xiſon, ichimon.
Progérmino, as. Lus. Brotar as aruores. Iap. Megumu, medatçu.
Progénitor, oris. Lus. Auô. Iap. Vôgi.
Prógero, is, geſsi, geſtum. Lus. Tirar, ou leuar fora. Iap. Tori idaſu, l, mochi idaſu, tçure daſu.
Progigno, is, genui, genitum. Lus. Gérar. Iap. Xŏzuru, xuxxŏ ſaſuru.
Prognarè, adu. Lus. Claramente. Iap. Aqiracani, funmiŏni.
Prognariter. Lus. Ouſada, & fortemente. Iap. Gaini, cocoro cŏni.
Prognatus, a, um. Lus. Filho, ou filha. Iap. Xiſocu, co, ſocugio, muſume. ¶ Item, propriè, Neto, biſneto, &c. Iap. Mago, fimago. ¶ Prognati, ſubſtant. Filhos. Iap. Co, xiſocu.
Prognigeum. vide Propnigeon.
Prognôſis. Lus. O ver, ou adeuinhar dantemão o que ha de ſer. Iap. Igono cotouo canete vomonbacaru cotouo yũ, yenriŏ.
Prognósticum, i. Lus. Sinal de couſa futura. Iap. Zuisŏ, yôquai.
Progredior, eris, eſſus. Lus. Ir pordiante. Iap. Saqiye yuqu. ¶ Aliqñ. Ir diante. Iap. Saqini yuqu, ſaqidatçu. ¶ Progredi obuiam. Lus. Ir ao encontro. Iap. Mucaini izzuru, l, demucŏ. ¶ Progredi lõgius, per transl. Lus. Dilatar, ou eſtender apratica. Iap. Nagaqu iy noburu, cataru.
Progreſsio, onis. Lus. O ir adiante Iap. Saqiye yuqu coto nari. ¶ Item, Fruito, ou progreſſo que ſe recebe do que ſe aprende. Iap. Facano yuqu coto nari, gacumonno agaru, l, tocuuo vru cotouo yũ.
Progreſſus, us. Idem.
Progymnaſma, atis. Lus. Enſayo, ou exercicio que ſe faz pera algũa couſa. Iap. Monono qeico.
Proh. interiectio indignantis.
Prohibeo, es. Lus. Vedar, prohibir. Iap. Imaximuru, chŏji, l, qinjei ſuru, xeiſuru.
Proiecta, orum. Lus. Partes dos edificios q̃ ſaem pera fora como as beiras de telhado &c. Iap. Iyenonoqi nadouo yũ, iyeno daxi.
Proiectio, onis. Lus. O deitar, ou eſtender al gũa couſa. Iap. Naguevtçu coto nari, ſaxi noburu coto nari.
Proiectus, us. Idem.
Proiecto, as. frequent. Lus. Deitar, ou arremeſſar ameude. Iap. Xiguequ naguru.
¶ Probris aliquem proiectare. Lus. Injuriar a alguẽ de palaura. Iap. Accô, zôgonuo iy caquru.
Proiectura, æ. Lus. Cobertura que ſe poem porcima dos muros, ou paredes pera repairo das chuuas. Iap. Cabe, feino vouoi.

Pro-

Proiectus, a, ũ. Lus. Desemperado, deixado, arremessado. Iap. Saxivoqitaru, l, mi sutetaru mono, nague vchitaru mono. ¶ Item, Cousa estendida. Iap. Saxinoberaretaru, l, idaxitaru mono. ¶ Item, Des prezado, vil. Iap. Iyaxiqi mono, tçutana qi mono. ¶ Proiectus puer. Lus. Minino enjeitado. Iap. Sutego.

Proiectitius, a, um. Idem.

Projicio, is. Lus. Arremesar, ou tirar. Iap. Naguru, nague vtçu, sutçuru. ¶ Item, Esquecerse, ou deixar algũa cousa. Iap. Vasururu, l, bŏqiacu suru, sute voqu, saxi voqu. ¶ Item, Estender. Iap. Noburu, saxinoburu. ¶ Interd. Deitar fóra. Iap. Focaye sutçuru, voi idasu. ¶ Projicere se ad pedes. Lus. Deitarse aos pees de alguẽ. Iap. Aximotoni firefusu. ¶ Projicere lacrymas. Lus. Chorar. Iap. Namidauo nagasu, teiqiũ suru. ¶ Projicere se. Lus. Perder oanimo, ou a confiança. Iap. Tanomoxiqiuo vxinŏ, chicarauo votosu.

Proin, adu. Lus. Por tanto, ou poristo. Iap. Coreni yotte.

Proinde, adu. Idem. ¶ Qñq;. Como, assi como. Iap. Gotoqu, yŏni.

Prolâbor, eris. Lus. Ir, ou escorregar leuemente, & de vagar. Iap. Suberu, xizzucani yuqu, l, fŏ, farabŏ. ¶ Prolabi longiùs in oratione. Lus. Ser comprido, ou difuso na oração. Iap. Nagadanguiuo suru. ¶ Prolabi ad orationem aliquam. Lus. Chegarse, ou vir pouco a pouco atrar de algũa cousa na pratica, etc. Iap. Xidai xidaini dangui, monogatariuo daimo cuni vtçuri yuqu.

Prolapsio, onis. Lus. O escorregar, ou resuelar. Iap. Suberu cotouo yũ.

Prolapsus, a, um. Lus. Cousa caida, ou arruinada. Iap. Vochitaru coto, suberitaru coto, cuzzuretaru coto.

Prolatatio, onis. Lus. Dilatação. Iap. Noburu, l, firoguru cotouo yũ.

Prolatatus, a, um. Lus. Cousa dilatada. Iap. Noberare, l, firoguerarетaru coto.

Prolatio, onis. Lus. O diferir, ou dilatar. Iap. Noburu coto nari. ¶ Item, O referir. Iap. Monogatari, i y idasu, l, i y noburu cotouo yũ. ¶ Aliqñ. O estender, ou dilatar. Iap. Firoguru, l, noburu cotouo yũ.

Prolâto, as. Lus. Dilatar, estender. Iap. Noburu, firoguru, firoqu nasu. ¶ Interd. Diferir, prolongar. Iap. Iixetuo noburu, yennin suru. ¶ Vitam prolatare. Lus. Prolongar a vida. Iap. Naga iqisuru, chŏmeiuo tamotçu.

Prolatus, a, ũ. Lus. Cousa dilatada, ou prolõgada. Iap. Noberare, l, firogueraretaru coto. ¶ Item, Cousa trazida, ou tirada fora. Iap. Tori idasaretaru coto. ¶ Itẽ, Cousa estẽdida, ou dilatada. Iap. Firoqu naritaru coto.

Prolectibile, is. Lus. Cousa que tem força de atrahir, ou incitar com afagos. Iap. Aixi nabiquru, l, aitçuquru mono.

Prolecto, as. frequent. Lus. Atrahir cõ afagos. Iap. Aixi nabiquru, aitçuquru, sucaxi yosuru.

Prolepsis. Latinè præoccupatio est, cùm id, quod in aduersarij, aut iudicis opinione esse, aut fore arbitramur contrarium nobis, præoccupamus dicere, & ratione dissoluere.

Proles, is. Lus. Geração de homens, ou animais. Iap. Xison. ¶ Itẽ, per transl. Casta, ou propagação das aruores. Iap. Tane.

Proletarij. Lus. Homens baixos, e pobres. Iap. Finnaru tami, facuxei. ¶ Proletarius sermo. Lus. Palauras, ou lingua vil, e popular. Iap. Guerŏno cotoba.

Prolîbo, as. Lus. Gostar primeiro, ou tomar a salua. Iap. Cocoromuru, agiuŏte, l, namete miru.

Prolicio, cis. Lus. Induzir, atrahir. Iap. Susumuru, saisocu suru, fiqi iruru.

Prolixè, adu. Lus. Liberalmẽte, copiosamẽte. Iap. Vŏqini, tebiroqu, bentŏni. ¶ Aliqñ. Difusamente. Iap. Cudoqu, nagaqu.

Prolixitas, atis. Lus. Prolixidade, compridão. Iap. Cudosa, nagasa.

Prolixitudo, inis. apud veteres. Idem.

Pro-

Prolixus, a, um. Lus. Cousa longa, e prolixa. Iap. Nagaqi coto. ¶ Item, Liberal, beneuolo. Iap. Quòqinaru mono, l, cocoroyoqi fito.

Prologium, ij. Lus. Principio, ou começo. Iap. Fajime, saixo.

Prólogus, i. Lus. Prologo de liuro, ou representação de algũa comedia, ou farsa. Iap. Xomotno jo, l, nôno ai. ¶ Item, Representador. Iap. Nôno aiuo cataru mono.

Proloquium, ij. Lus. Prefacio, ou exordio da oração. Iap. Danguino fajime, l, xomotno jo. ¶ Accipitur item pro oratione veri, l, falsi significatiua.

Prolongo, as. Lus. prolongar, diferir. Iap. Noburu, yennin suru.

Próloquor, eris. Lus. Manifestar o que sentimos no animo com palauras claras. Iap. Xingiñni aru cotouo cotobani arauasu. ¶ Aliqñ. Vsar de prologo, ou preambulo. Iap. Io suru, l, yũ, saixoni sucoxi monouo yũ.

Prolubium, ij. Lus. Apetite, ou deleite. Iap. Nozomi, tacu, tanoximi. ¶ Item, secundum Nonium, Amizade, lealdade. Iap. Iuccon, xitaxími, yaxin, l, futagocoro naqi cotouo yũ.

Proludium, ij. Lus. Ensayo, ou principio da peleija, &c. Iap. Caxxen, l, tatacaino qeico. ¶ Item, per transl. Principio pequeno que ajuda, ou serue pera cousas grãdes. Iap. Vôqinaru cotono tayorito naru sucoxino fajime, l, taiguino cŏbinto naru ranxŏ.

Prolûdo, is, Lus. Ensayarse pera a batalha, ou contenda. Iap. Caxxen nadono qeico suru.

Prolugeo, es. Lus. Chorar, ou prantear mais do acostumado. Iap. Nagaqu naqi canaximu, l, naguequ, itçuyorimo canaximu.

Proluo, is. Lus. Lauar, alimpar, ou humedecer. Iap. Arŏ, qiyomuru, ximesu. ¶ Proluere cloacam. Lus. Deitar agoa nos canos, ou lugares onde se ajuntam as immũdicias pera os alimpar. Iap. Xexe nagui uo sôgi suru tameni mizzuuo nagasu.

¶ Proluere terram. Lus. Leuar a exurrada, ou agoa que corre a terra consigo. Iap. Tçucuiuo arai nagasu.

Prolusio, onis. Lus. O ensayarse antes do combate, ou contenda. Iap. Caxxen, l, tatacai nadono qeico.

Prolûtus, a, um. Lus. Cousa lauada. Iap. Arai qiyomeraretaru coto.

Proluuies, ei. Lus. Immundicia, ou sujidade de qualquer cousa. Iap. Mononofujŏ, qegare.

Proluuium, ij. Idem. ¶ Item per transl. Prodigalidade. Iap. Tacarauo tçucai vxinŏ cotouo yũ.

Promellere. Lus. Pór demanda. Iap. Cuji uo xicaquru. Antiq.

Promercalia. Lus. Cousas de venda. Iap. Aqinaimono, vrimono. ¶ Item, apud alios, Cousas que se comprão por pouco pera depois se venderem por mayor preço. Iap. Cŏjiqini vru tameni yasuqu caitaru mono. ¶ Promercales vestes. Lus. Vestidos de venda. Iap. Aqinaini iuru yxŏ.

Promercium, ij. Lus. Mercadoria, ou cousa de venda. Iap. Aqinai mono, vrimono.

Promereor, eris, deponens, & Promereo, es. Lus. Merecer bem, ou mal. Iap. Curiqini voyobu, vquru mito naru. ¶ Item, Fazer bem. Iap. Vonuo qisuru. ¶ Bene promereri de aliquo. Lus. Fazer beneficios a alguem. Iap. Vonxŏuo atayuru.

Proméritum, i. Lus. Merecimento, ou beneficio. Iap. Curiqi, chũcô, l, vonxŏ.

Prómico, as. Lus. Estender. Iap. Firoguru, firomuru. ¶ Item, Arremesar, ou deitar longe. Iap. Touoqu naguru.

Próminens, entis. Lus. Cousa alta, ou ergui da. Iap. Saxi izzuru coto.

Promineo, es. Lus. Aparecer, ou sair fora. Iap. Saxiagarite aru, saxiizzuru, nuqinzzuru. ¶ Prominere in memoriam, ac posteritatem. Lus. Diuulgarse, ou estenderse atee os vindouros. Iap. Côtaini nocoru.

Promiscuè, adu. Lus. Confusamente, sem diferença. Iap. Majiyete, sedate naqu.

Pro-

Promiſcuus, a, um. Lus. Couſa miſturada, ou confuſa. Iap. Majiyetaru coto, maguire midaretaru coto. ¶ Promiſcuum genus apud grãmaticos appellatur, quod & epicœnum dicitur. ¶ Operam promiſcuam dare. Lus. Ajudarſe huns aoutros. Iap. Tagaini cŏriocu ſuru.

Promiſsio, onis. Lus. Promeſſa. Iap. Yacuſocu, yacudacu, qeiyacu.

Promiſſum, i. Idem. ¶ Conficere, efficere, facere promiſſum alicui. Lus. Prometer algũa couſa. Iap. Yacuſocu ſuru. ¶ Exigere, expetere, flagitare promiſſum. Lus. Pedir quelhe cũprão apromeſſa. Iap. Yacuſocuuo togueyo to yŭ. ¶ Stare, manere, ſatisfacere promiſsis. Lus. Comprira promeſſa. Iap. Yacuſocuuo toguru. ¶ Soluere, implere, l, ſeruare promiſſa. Idem.

Promitto, is. Lus. Prometer. Iap. Yacuſocu, yacudacu, l, qeiyacu ſuru. ¶ Item, Eſtender, dilatar. Iap. Noburu, nagaqu naſu. ¶ Qñq;. Ameaçar. Iap. Vodoſu. ¶ Promittere barbam. Lus. Deixar crecer abarba. Iap. Figueuo tatçuru. ¶ Promittere ad cœnam. Lus. Prometer de ir ajantar com algũe. Iap. Yŭmexi xŏbã xeto yacuſocu ſuru.

Promneſtria, æ. Lus. Madrinha da noiua. Iap. Yomeiri ſuru toqi animano voyato naru vonna.

Promo, is, pſi, ptum. Lus. Tirar, ou trazer fora. Iap. Toriidaſu, fiqiidaſu. ¶ Promere conſilia. Lus. Deſcobrir, ou manifeſtar os cõſelhos. Iap. Dácŏno muneuo arauaſu.

Prompto, as. frequent. Idem.

Promonſtra. Lus. Monſtros, ou ſinais de couſa, que hade acontecer. Iap. Deqi ſoconai, vmareſoconaitaru mono, l, igori aru beqi cotono xiruxi, zuisŏ, yŏquai.

Promontorium, ij. Lus. Cabo, ou monte aleuantado ſobre o mar. Iap. Voqiye ſaxiidetaru yama.

Promótus, a, um. Lus. Couſa mouida, ou leuada por diante. Iap. Vgocaſaretaru mono, l, ſaqiye yuqitaru mono. ¶ Promotus ad dignitatem. Lus. Aleuantado em dignidade. Iap. Quanxocuni ninjeraretaru mono.

Promoueo, es. Lus. Mouer, ou leuar adiante. Iap. Vgocaſu, ſaqiye yaru. ¶ Item, Dilatar. Iap. Noburu, firoguru. ¶ Aliqñ. Aproueitar. Iap. Tocuuo vru, ſacaga yuqu.

Promptarius, l, Promptuarius, a, um. Lus. Lugar onde ſe guarda, ou donde ſe tira algũa couſa. Iap. Monouo tacuuaye voqu tocoro, l, tori idaſu tocoro. ¶ Promptuaria cella. Lus. Carcere. Iap. Rŏ. Plaut.

Promptè, aduer. Lus. Promptamente, diligentemente. Iap. Fayaqu, ſaicanni.

Promptitúdo, inis. Lus. Facilidade de engenho pera dizer couſas de repente. Iap. Qitenno qijtaru cotouo yŭ, l, tayaſuqu chiriacuuo meguraſu cotouo yŭ.

Promptuarium, l, Promptarium, ij. Lus. Deſpenſa. Iap. Cura.

Promptus, a, um. Lus. Prompto, apercebido. Iap. Cacugo, l, yŏy xite yrumono. ¶ Prõptus ingenio. Lus. O que tem o engenho aparelhado pera todas as couſas. Iap. Yorozzuuo tayaſuqu funbet ſuru mono. ¶ Res, eſt in promptu. Lus. A couſa eſta facil, e manifeſta. Iap. Tayaſuqi nari, l, aqiraca nari. ¶ Promptum eſſe. Lus. Ser facil algũa couſa Iap. Tayaſuqi nari. ¶ Prõptæ res. Lus. Couſas faciles de ſe achar. Iap. Mitçuqeyaſuqi mono.

Promulgatio, onis. Lus. Publicar, ou diuulgar algũa couſa. Iap. Rufu, roqen, l, arauaſu coto nari.

Promulgator, oris. Lus. O que publica, ou diuulga algũa couſa. Iap. Rufu ſuru mono, arauaſu mono, firomete.

Promulgatrix, icis. fœm. Idem.

Promulgátus, a, um. Lus. Couſa publicada. Iap. Roqen, l, rufu xitaru coto, firomaritaru coto.

Promulgo, as. Lus. Publicar, Iap. Rufu, roqen ſuru, l, firomuru, fururu.

Promulcidaria. Lus. Huns certos vaſos em que ſe guarda certo manjar doce. Iap. Aru amaqi monouo tacuuaye voqu vtçuuamono.

Promulſis, idis. Lus. Hum genero de manjar doce. Iap. Amaqi monono taguy.

Promurále, is. Lus. Barbacaã. Iap. Togamaye.
Promuscis, idis. Lus. Tromba do elefante. Iap. Zǒno fana.
Promuscondus, i. Lus. Despenseiro. Iap. Cura no daxi ireuo suru mono. ¶ Promus, absolutè. Idem.
Promutuum, ij. Lus. Dinheiro que se paga antes do tempo, ou dia determinado. Iap. Yacusocu yorimo fayaqu fenbẽ suru cane.
Pronecto, is. Lus. Atar, ou amarrar muitas cousas juntamente, ou ao comprido. Iap. Amatano cotouo fitotçuni yui auasuru, yui tçuquru, l, musubi tçugu.
Prónepos, otis. Lus. Bisneto. Iap. Fimago.
Proneptis, is. fœmi. Idem.
Prónitas, atis. Lus. Inclinação natural. Iap. Vmaretçuqini mononi suqi catamuqu cotouo yũ.
Pronómen, inis. vna ex octo orationis partibus ita dicta, quòd vice nominis fungatur.
Prónuba, æ. Lus. Madrinha da noiua. Iap. Yomeiri suru toqi Animano voyatonaru vŏna.
Pronûbo, is. Lus. Presidir no casamento, ou ser padrinho, ou madrinha dos casados. Iap. Casŭno xŭguino toqi monono saibã uo xi, Animano voyatonaru.
Prónubus, i. Lus. Padrinho dos casados. Iap. Yomeiri suru toqi Animano chichito naru mono.
Pronuntiatio, onis. Lus. Pronunciação, e meneos, ou gestos. Iap. Aqiracani monouo yũ coto nari, l, moyŏuo nasu coto nari, l, cotobano çaigǒ.
Pronuntiatus, us. Idem.
Pronuntiator, oris. Lus. O que pronuncia, ou conta algũa cousa. Iap. Monouo yũ, l, cataru fito.
Pronuntiatum, i. Lus. Proposição, ou oração perfeita. Iap. Rifi, funmiŏnaru iccu.
Pronuntiatus, a, um. Lus. Cousa pronunciada. Iap. Iy idaxitaru coto, jetnai yoqu iy idaxitaru coto.
Pronuntio, as. Lus. Pronunciar cõ voz clara, e decente acção. Iap. Gonbinzauaya cani monouo yũ, l, moyŏuo naxite aqiracani monouo yũ. ¶ Aliqñ. Dizer dantes as faltas que tem as cousas que se vendem. Iap. Vranu mayeni vrimonono qizu uo iy arauasu. ¶ Aliqñ. Nomear, eleger. Iap. Nazasu, yerabu. ¶ Itẽ, Determinar, julgar. Iap. Sadamuru, l, icqetsuru, qiŭmei suru. ¶ Aliqñ. Denunciar, ou apregoar publicamẽte cõ trombeta. Iap. Caiuo fuqite fururu. ¶ Interd. Prometer publicamente. Iap. Ninjenni yacusocu suru.
Pronuper. Lus. Muito pouco ha. Iap. Sucoxi maye.
Pronûrus, us. Lus. Molher do neto. Iap. Magono saigio.
Pronus, a, um, l, Pronis, e. Lus. Cousa inclinada, ou dobrada pera a parte diantei-ra. Iap. Mayeye catamuqu mono. ¶ Itẽ, per transl. Inclinado a bẽ, ou mal. Iap. Xŏtocu jẽ, l, acuni suqi catamuqu mono. ¶ Itẽ, O q̃ esta debruços. Iap. Vtçubuqu mono. ¶ Pronũ mare. Lus. Mar que esta junto da praya. Iap. Cuga chicaqi vmi.
Prooeconomia, æ. Figura poëtis familiaris, i, dispositio carminis.
Procemior, aris. Lus. Começar. Iap. Fajimuru.
Proœmium, ij. Lus. Exordio, principio. Iap. Fajime, xomotno jo, monogatari, l, danguino fajime. ¶ Item, propriè, Cantiga cõ que o tangedor de viola capta abeneuolencia dos ouuintes, antes de começar a musica. Iap. Biuafiqino zatçuqeni vtai fiqitaru cotouo yũ.
Propagatio, onis. Lus. O dilatarse, ou estenderse algũa cousa. Iap. Fanjŏ, l, firomaru cotouo yũ.
Propagator, oris. Lus. O q̃ dilata, ou aumẽta algũa cousa. Iap. Firomuru mono, fanjŏ sasuru mono, firomete.
Propagatus, a, ũ. Lus. Cousa estendida, ou dilatada. Iap. Firomaritaru mono, l, roquen, rusu, l, fanjŏ xitaru mono.
Propâgo, inis, & Propâges, is. Lus. Vide deitada de cabeça. Iap. Sacayuru tameni saca-samani saxitaru budŏ. ¶ Aliqñ. Geração, linhagem. Iap. Xison, sugime.
Propâgo, as. Lus. Deitar a vide de cabeça. Iap. Sacayuru tameni budŏuo sacasamani sasu. ¶ Itẽ,

¶ Item, per transl. Dilatar, estender. Iap. Fitonuru, noburu, roqen, rufu, l, fanjó safuru.

Própalam. Lus. Claramente, publicamente. Iap. Arauarete, voxi idaite.

Própalo, as. Lus. Manifestar, diuulgar. Iap. Arauasu, roqen furu.

Propatruus, ij. Lus. Irmão do visauô. Iap. Fivôgino qiôdai.

Propátulus, a, um. Lus. Cousa publica, ou manifesta. Iap. Arauaretaru tocoro, aqi racanaru coto. ¶ In propatulo. Lus. Paretemête, publicamête. Iap. Arauarete, aqiracani.

Prope, præp. Lus. Iunto, pegado. Iap. Soba, chicaqu, qinjoni. ¶ Item, adu. Quasi, pola mayor parte. Iap. Yǒyǒ, yǒyacu, vôcata, ¶ Interd. De perto. Iap. Chicaqi tocoro yori, qinpen yori.

Propecto, is, xui, xum. Lus. Pentear ao comprido. Iap. Camigueuo fuqu, qezzuru.

Propédiem, adu. Lus. Daqui apoucos dias. Iap. Qinjit.

Propello, is, puli, pulsum. Lus. Afastar, ou arredar longe. Iap. Touoqu voiyaru, l, touozaquru.

Propémodum. Lus. Quasi. Iap. Yǒyacu, taigai.

Propendens, entis. Lus. Cousa pendente, ou dependurada. Iap. Sagarite aru mono.

Propendeo, es. Lus. Pender, ou estar depêdurado, ou inclinarse pera hũa parte. Iap. Sagatte, l, tçutte aru, catamuqu, nabiqu. ¶ Propendêre in aliquem inclinatione voluntatis. Lus. Inclinarse a alguem com a vontade. Iap. Fitoni cocoroga catamuqu, nabiqu.

Propendo, is. Lus. Ponderar, ou examinar muito, e com diligencia. Iap. Fucaqu qiǔmei, xensacu, l, xian furu.

Propensè, adu. Lus. De coração. Iap. Xintei, l, xingiǔ yori.

Propensio, onis. Lus. Inclinação. Iap. Suqi, conomi, nabiqu, l, catamuqu cotouo yǔ.

Propensus, a, um. Lus. Muito inclinado. Iap. Fucaqu mononi suqi nabiqu, l, catamuqu mono. ¶ Aliqn. Cousa dependurada, ou estêdida. Iap. Sagatte, l, tçurite aru mono, l, firoguetaretaru mono.

¶ Propensa munera. Lus. Dadiuas, ou presentes manificos, e grandes. Iap. Quabunno xinmot, inbut.

Properanter, adu. Lus. Apressadamente. Iap. Isogauaxiqu, fayaqu, sôsǒ.

Properatim, adu. Idem.

Properiter. antiq. Idem.

Properatò, adu. Idem. ¶ Properato opus est. Lus. He necessario apressar. Iap. Isogu coto canyô nari.

Properè, adu. Idem.

Properantia, æ. Lus. Pressa. Iap. Isogauaxisa, fayasa.

Properatio, onis. Idem.

Própero, as. Lus. Apressarse. Iap. Isogu. ¶ Item, Dizer, ou fazer algũa cousa apressadamête. Iap. Fayaqu, l, isogauaxiqu mono uo furu, l, yǔ.

Próperus, a, um. Lus. Cousa apressada, ou ligeira. Iap. Isogu mono, l, fayaqi mono.

Própetro, as. Lus. Mandar que se acabe, ou perfeiçoe algũa cousa. Iap. Monono xutrai, l, jôju furu yǒni guegiuo nasu.

Propexus, a, um. Lus. Cousa penteada ao comprido. Iap. Suqi qezzuritaru camigue, figue, &c.

Prophêta, æ, & Prophetes, e. Lus Propheta. Iap. Tenchocuuo vqete miraiuo arauasu fito. ¶ Item, apud veteres, antistites phanorum, oraculorumq; interpretes, prophetæ dicebantur.

Prophetia, æ. Lus. Profecia. Iap. Miraiqi.

Prophetissa, æ Lus. Molher propheta. Iap. Go tçugueuo vqete miraiuo arauasu nhonin.

Propinatio, onis. Lus. O tomar primeiro a salua, & dar a outro o copo que beba. Iap. Sacazzuqiuo tçuqezaxini furu coto nari. ¶ Interd. O dar de beber. Iap. Nomasuru coto nari.

Propinator, oris. Lus. O que daa de beber a outro tomando primeiro a salua. Iap. Sacazzuqiuo tçuqezaxini furu fito.

Propino, as. Lus. Tomando a salua dar a ou-

n * ou-

outro o copo pera que beba. Iap. Sacazzuqiuo sçuqezaxini suru. ¶ Item, Dar de beber. Iap. Nomasuru.

Propinquè, adu. Lus. Perto. Iap. Chicaqu.

Propinquitas, atis. Lus. Parentesco. Iap. Xin ruino yen. ¶ Item, Vizinhança de lugar. Iap. Chicasa.

Propinquo, as. Lus. Chegarse perto. Iap. Chicazzuqu, chicayoru, chicaqu naru.

Propinquus, a, um. Lus. Cousa vizinha, ou que està perto. Iap. Qinpen, qinjoni aru coto. ¶ Item, Parente por sangue. Iap. Xinrui.

Propior, & hoc propius. Lus. Cousa mais chegada. Iap. Nauo chicaqi coto, l, xin rui. ¶ Propius. Lus. Cousa mais veri simil. Iap. Nauo macotosŏ naru coto.

Propiùs, adu. Lus. Mais perto. Iap. Nauo chicaqu. ¶ Nihil propiùs factum est. Lus. Pouco faltou que se não fizesse isto. Iap. Sucoxino chigaini yotte ideqizu.

Propitiabilis, e. Lus. Inclinado atèr misericordia, ou piedade. Iap. Airen, renmin, auaremini catamuqu mono. ¶ Propitiabilis hostia. Lus. Sacrificio acomodado pera aplacar. Iap. Deusno gonaixôuo nadamuru tameni sŏtŏ xitaru camuqe.

Propitiatorium, ij. Lus. Cousa que nos faz a alguem propicio, ou beneuolo. Iap. Airenuo taresasuru mono, l, conxet chisôuo sasuru mono. ¶ Item, Tabula quæ dam, qua cooperiebatur arca testamenti.

Propitio, as, siue Propitior, aris. Lus. Aplacar, fazer propicio a alguem. Iap. Renmin, airenuo taresasuru, conxet, l, chisô sasuru, fitono qiguenuo toru. ¶ Propitiare aliquid. Lus. Dar, conceder. Iap. Atayuru, fodocosu, chisô suru. ¶ Propitiare animi solicitudinem. Lus. Abrandar a inquietação, ou aflição do animo. Iap. Cocorono qizzucai, vrei, nagueqiuo nadamuru.

Propitius, a, um. Lus. Fauorauel, propicio. Iap. Renmin, l, airenuo taruru mono, cô xetni chisô suru mono, meuo caqeru fito, nasaqeuo caquru mono.

Propláſtice, es. Lus. Arte de fazer figuras de vulto de cera, ou barro pera tirarem depois por ellas outras de metal, ou barro. Iap. Cane, ixi nite ninguiŏno tçucuru tameni tçuchi, rŏuo motte catauo tçucuru narai. ¶ Item, As mesmas imagens feitas de barro, ou cera. Iap. Miguino ninguiŏno cata.

Propnigeon. Lus. Boca do forno. Iap. Furo, l, camadono cuchi.

Propôla, æ. Lus. Mercador que compra pera tornar a vender. Iap. Aqinaino tameni monouo cŏ fito.

Própolis, is. Lus. Materia como cera cŏm q̃ as abelhas tapam as gretas, ou fendas do cortiço. Iap. Fachino su aru vtçuuamono no suqimauo fachino fusagu rŏno taguy.

Propôno, is, sui, situm. Lus. Pôr diante algũa cousa de comer. Iap. Xocubutuo sona yuru, l, mayeni voqu. ¶ Aliqñ. Pôr em publico. Iap. Ninjeni voqu. ¶ Aliqñ. Pôr diante dos olhos. Iap. Ganjenni sonayuru. ¶ Interd. Expor, offerecer a perigos, &c. Iap. Nangui, xeccacuni auasuru. ¶ Item, Propor breuemente os oradores as cousas de que ham de tratar. Iap. Danguino vchini yŭbeqi cotouo saixoni tçuzzumete cataru, l, sata subeqi daimocuuo saixoni yŭ. ¶ Proponere præmium. Lus. Pôr premio. Iap. Caqemonouo sadamuru. ¶ Proponere animo. Lus. Determinar, deliberar. Iap. Vomoi sadamuru.

Proportio, onis. Lus. Proporção, ou comparação entre duas cousas. Iap. Caccŏ, l, futatçuno monouo curaburu cotouo yŭ.

Propositio, onis. à Rhetoribus appellatur pars orationis, ad cuius probationem omnia diriguntur argumenta. ¶ Item, Proposição dialectica. Iap. Rifi, funmiŏ naru iccu.

Propositum, i. Lus. Proposito, intenção. Iap. Cocoroate, vomoi sadame. ¶ Auerti à proposito. Lus. Ser tirado de seu parecer. Iap. Zonbunuo cayeyoto susumeraruru. ¶ Declinare, l, egredi à proposito. Lus. Mudar o parecer. Iap. Zonbunuo cayuru. ¶ Nulla re à proposito deterreri. Lus. Não se decer de sua opinião por nenhũa cousa. Iap.

Iap. Naniuo mottemo zonbunuo cayezu. ¶ Fugare aliquem à proposito alicuius rei. Lus. Fazer mudar o proposito a alguem. Iap. Zonbunuo cayesasuru.

Proporro, adu. Lus. Alem disto. Iap. Sono vye, sono foca.

Propraetor, oris. Lus. O que he mandado cõ autoridade de pretor a gouernar algũa pro uincia. Iap. Cunino xugodaino miŏdai.

Propriè, adu. Lus. Propriamente, particular mente. Iap. Bexxite, toriuaqi.

Propritim, apud antiq. Idem.

Proprietas, atis. Lus. Propriedade pertencen te a qualquer cousa. Iap. Xŏtocuno xei, xeitocu. ¶ Item, Dominio de algũa cou sa sem gozar o fruito della. Iap. Tocuuo torazu xite monouo xindai suru cotouo yŭ.

Proprius, a, um. Lus. Cousa propria, ou particular. Iap. Menmenno mono, menmen ni ataru mono, fonbonnaru coto. ¶ Aliquando, Cousa permanente, ou de muita dura. Iap. Fisaxiqu, l, nagaqu cotayuru coto. ¶ Item, Cousa propria que hum possue, &c. Iap. Ichinin, l, meimeini ataru coto. ¶ Proprium oratori. Lus. Cousa que conuem, e pertence a orador. Iap. Danguixani bexxite ataru coto.

Propter, praepos. Lus. Por amor, por causa. Iap. Yuyeni, ni yotte, taixite. ¶ Aliqñ. Pegado, perto. Iap. Sobani, qinpenni, chicaqu. ¶ Item, aduerb. Idem.

Propterea. Lus. Por esta causa, por isso. Iap. Soreniyotte, carugayuyeni. ¶ Propterea quòd. Lus. Porque. Iap. Niyotte.

Propudiosus, a, um. Lus. Cousa de que hũ deue ter vergonha, l, cousa infame. Iap. Fazzucaxiqi coto, l, chijocuto naru coto.

Propudium, ij. Lus. Vergonha, ou infamia. Iap. Fazzucaxisa, chijocu, fagi, acumiŏ.

Propugnaculum, i. Lus. Baluarte, ou forte. Iap. Xirono yagura, teqiuo fuxegutameni camayetaru tocoro.

Propugnatio, onis. Lus. Defensam, ou defensa. Iap. Teqiuo fuxegu coto nari, fuxegui tatacŏ coto nari.

Propugnator, oris. Lus. Defensor. Iap. Teqiuo fuxegu mono, fuxegui tatacŏ mono.

Propugno, as. Lus. Defender peleijando. Iap. Teqiuo fuxegu, l, fuxegui tatacŏ.

Propulsatio, onis. Lus. O deitar fora, ou afastar. Iap. Tçuifŏ, l, fanasu coto nari.

Propulsator, oris. Lus. O que deita fora algũa cousa. Iap. Tçuifŏ suru mono, l, tçuqifanasu mono.

Propulso, as. Lus. Afastar, deitar de si. Iap. Voi noquru, xirizoquru, tçuifŏ suru.

Propulsus, a, ũ. Lus. Cousa afastada, ou bota da. Iap. Tçuifŏ xeraretaru mono, xirizoqeraretaru mono.

Propylaeum, aei. Lus. Dianteira da porta, ou alpendre. Iap. Monjen, monguai, l, monno fisaxi.

Proquaestor, oris. Lus. Lugar tenente do questor em algũa prouincia. Iap. Teivŏno mi tçuqimonouo vosamuru monono miŏdaiuo suru fito.

Prora, ae. Lus. Proa da nao. Iap. Funeno fesaqi, vomote.

Prorêpo, is. Lus. Ir por diante de gatinhas. Iap. Fŏ, farabŏ. ¶ Item, Pouco a pouco sair fora, ou a luz. Iap. Sucoxizzutçu saxi izzuru.

Prorepta, ae. Lus. Contramestre, ou o que gouerna a proa da nao. Iap. Funeno vomoteni ite guegiuo nasu mono.

Proreus, ei. Idem.

Prorex, regis. Lus. Visorey. Iap. Teivŏno gomiŏdai, l, daiquan.

Proripio, is. Lus. Retirarse, ou tirar. Iap. Fiqixirizoqu, l, noquru. ¶ Aliqñ. Arrebatar, tomar por força. Iap. Vbaitoru, finbŏ.

Prorito, as. Lus. Prouocar, incitar. Iap. Vobiqi idasu, isame tatçuru. ¶ Aliqñ. Attrahir, conuidar. Iap. Aixi nabiquru, sucaxi yosuru.

Prorogatio, onis. Lus. Odilatar, ou prolongar. Iap. Noburu, l, firoguru, l, firoqu nasu coto nari.

Prórogo, as. Lus. Dilatar, prolongar. Iap. Noburu, firoguru, firoqu nasu. ¶ Item, Pagar a diuida ãtes do dia assinalado. Iap.

Yacusocu yorimo tayaqu fenbensuru.

Prorsus, & Prorsum, adu. Lus. Totalmente. Iap. Mattaqu, issai, ichiyen, isasaca. ¶ Interd. Direita, e verdadeiramente. Iap. Macotoni, massuguni. ¶ Item, Direito, justiça. Iap. Qenbô, renchocu, suguna naru cotouo yũ. ¶ Aliqñ. Geralmẽte. Iap. Sôjite, amanequ. ¶ Aliqñ. Caminho direito pera algum lugar. Iap. Massuguni. ¶ Prorsi limites. Lus. Limites do campo pera a parte do oriente. Iap. Tôzaiye touoritaru denbacuno sacaime.

Prorumpo, is. Lus. Romper, quebrar. Iap. Yaburu, cuzzusu, fiqisaqu. ¶ Item, absolutè. Entrar por força, ou com impeto. Iap. Voxite iru, rannhũ suru. ¶ Qñq;. Deitar fora. Iap. Idasu.

Prôruo, is. Lus. Fazer cair, ou derrubar. Iap. Tçuqitauosu, corobacasu, votosu. ¶ Itẽ, absolutè. Cair com impeto. Iap. Votçuru, tauoruru. ¶ Proruere se. Lus. Entrar, ou sair com impeto. Iap. Xeiuo idaxite xutnhũsuru.

Proruptus, a, um. Lus. Cousa que mana, ou corre. Iap. Nagaruru mono.

Prórutus, a, um. Lus. Cousa caida, ou derrubada. Iap. Tauosaretaru coto, cuzzusaretaru coto, forobitaru coto.

Prosa, æ. Lus. Prosa. Iap. Bun. Vt, bunxo, xomotno tçuzzuqi, monogatarini gocuuo tçuranuru cotouo yũ.

Prosaicus, a, um. Lus. Cousa composta em prosa. Iap. Bun, l, monogatarini gocuuo tçuranetaru coto.

Prosapia, æ. Lus. Linhagem, géração. Iap. Sugime, xison.

Prosapies, ei. Idem.

Prosapodôsis. figura est, cùm duabus, l, pluribus sententijs sua cuiq; ratio subiungitur.

Proscenium, ij. Lus. Hum lugar diante do theatro dôde sayão as figuras. Iap. Gacuya.

Proscindo, is. Lus. Fender, ou abrir fendendo. Iap. Saqu, varu, firaqu. ¶ Proscindere aliquem, per transl. Lus. Affrontar, ou injuriar a alguẽ de palaura. Iap. Chijocuuo iy caquru. ¶ Terram proscindere. Lus. Laurar, ou abrir de nouo a terra. Iap. Denbacuuo firaqu, tagayasu.

Proscissio, onis. Lus. O fender, ou abrir. Iap. Saqu, varu, l, firaqu coto nari.

Proscissum, i. Lus. Terra laurada. Iap. Tagayexitaru denbacu.

Proscissus, a, um. Lus. Lugar, ou terra laurada. Iap. Tagayaxitaru, l, suqi cayexitaru tocoro.

Proscrîbo, is. Lus. Pór escritos em sinal que algũa cousa se vende. Iap. Vrimono nari tono fudauo tatçuru. ¶ Item, Desterrar. Iap. Rŏnin sasuru, ruzai sasuru. ¶ Proscribere domum. Lus. Pór escrito na casa pera a vender, ou alugar. Iap. Couo iyeuo vru, l, casuto fudauo vtçu.

Proscriptio, onis. Lus. O confiscar os bens dalguem. Iap. Qexxo, moxxu.

Proscriptor, oris. Lus. O que poem em venda publica algũa cousa por escrito. Iap. Vrimono narito fudauo tatçuru mono. ¶ Itẽ, O que desterra. Iap. Ruzaini voconŏ fito, l, runintonasu fito.

Proscripturio, is. Lus. Desejar de vender por escrito, ou desterrar. Iap. Vrimono nari to no fudauo tatetagaru, l, runintonasu cotouo nozomu.

Proscriptus, a, um. Lus. Cousa posta em venda. Iap. Vrimono. ¶ Item, Desterrado. Iap. Runin, l, rurŏ suru mono.

Próseco, as. Lus. Cortar. Iap. Qiru, qirifanasu.

Prosecta, orum, l, Prosecta, æ. Lus. Entranhas de animaes que os antigos cortauam nos sacrificios. Iap. Mucaxi tamuqeni xitaru qedamonono qiriidaxitaru zŏfu.

Prósedæ, arum. Lus. Molheres publicas. Iap. Qeixei.

Prosedamum, i. Lus. O não poderem os carneiros, bodes, &c. fazer casta pollo muito trabalho. Iap. Fitçuji, yaguiũ nadono tçu carete totçugu coto canauazaru cotouo yũ.

Prosélytus, i. Lus. Estrangeiro. Iap. Ycocujin, tacocujin, anguia, tosũ.

Prosémino, as. Lus. Semear, espalhar. Iap. Taneuo maqu, l, chirasu.

Pro-

Prósequor, eris. Lus. Seguir. Iap. Xitŏ, atouo vô, voccaquru. ¶ Itẽ, Seguir de longe. Iap. Touoqu yori xitŏ. ¶ Interd. Leuar ao cabo, acabar. Iap. Iŏju suru, fatasu. ¶ Interd. Acompanhar. Iap. Dôdô suru. ¶ Prosequi aliquem amore, odio, &c. Lus. Amar, ou ter odio a alguem, &c. Iap. Fitouo taixetni vomô, l, nicumu. ¶ Prosequi præmio. Lus. Premiar a alguem. Iap. Guncôni yotte xŏrocuuo atayuru.

Prosérpo, is. Lus. Andar de gatinhas, ou cõ a barriga pollo chão como cobra. Iap. Fŏ, l, farabŏ.

Proseuche, es, l, Proseucha, æ. Lus. Oração, ou rogo que se faz a Deos. Iap. Qinen, tanomi.

Prósferor, aris. Lus. Ser alcançado. Iap. Motomeraruru. Antiq.

Prosilio, is, lui, fultum. Lus. Sair fora saltando, e de pressa. Iap. Fayaqu tobi izzuru.

Prosimurium, ij. Lus. Hum lugar onde os pontifices tomauão os agouros. Iap. Mucaxi xucqeno sôzzucasa vranaiuo xitaru tocoro.

Prositium, ij. Lus. Cousa cortada que se botaua fora nos sacrificios. Iap. Tamuqeno toqi qiri sutetaru qire.

Prósitum, i. Lus. Proposito. Iap. Cocoroate. Antiq.

Prólocer, eri. Lus. Auô de minha molher. Iap. Vaga saigiono vôgi.

Prosodia, æ. Lus. Acento, ou sonsonete das palauras. Iap. Cotobano caigŏ.

Prosonomásia est, quæ fit similitudine aliqua vocum, & vicinitate quadã verborũ.

Prosopopœia, est personæ confictio, cũ rebus inanimatis personam, orationemq; tribuimus.

Prospectè, adu. Lus. Consideradamẽte. Iap. Xian xite, goxite, yenriouo cuuayete.

Prospecto, as. freq. Lus. Ver muitas vezes, ou ao longe. Iap. Xiguequ miru, yenrio suru.

Prospectus, us. Lus. O ver de longe. Iap. Yenqen. ¶ Impedire prospectum. Lus. Tirar, ou impedir a vista. Iap. Miyenu yŏni suru, acariuo fusagu. ¶ Capere prospectum. Lus. Preuer algũa cousa cuidando, ou cõ a consideração. Iap. Yenrio suru.

Prosper, a, um. Lus. Cousa prospera, ou fauorauel. Iap. Quafônaru mono, sacayuru mono. ¶ Item, Cousa que faz ditoso. Iap. Quafôni nasu mono. ¶ Prospera valetudo. Lus. Boa disposição. Iap. Socusai, mubiŏ. ¶ Prospera fama. Lus. Fama inteira, pura. Iap. Caqinuo vqezaru meiyo.

Prósperus, a, um. Idem.

Prosperè, adu. Lus. Prospera mente. Iap. Sacannixite, quafôni, cocorono mamani.

Prospergo, is. Lus. Derramar, esparzir. Iap. Mizzuuo caquru, sosoqu.

Prospéritas, atis. Lus. Prosperidade, bom sucesso. Iap. Quafô, facaye, l, cocorono mama naru cotouo yŭ.

Próspero, as. Lus. Prosperar, ou fazer prospero a outro. Iap. Sacaye sasuru, quafô imijiqu nasu, cocorono mamani nasu.

Prósperor, aris. Lus. Ser prospero. Iap. Sacayuru, facannaru, cocorono mama naru.

Prospicienter, adu. Lus. Prouida, e cautelada mente. Iap. Yenriouo cuuayete, yôjin xite.

Prospicientia, æ. Lus. Cuidado, prouidencia. Iap. Cocorogaqe, yenrio.

Prospicio, is. Lus. Ver de longe. Iap. Touoqu yori miru. ¶ Item, per transl. Preuer. Iap. Yenrio suru. ¶ Cum datiuo, Prouer, ou ter conta dos bens de alguem. Iap. Fitono vyeni tocu aru yŏni cocorogaquru.

Prospicuus, a, um. Lus. Vigilante, cuidadoso. Iap. Cocorogaquru mono, yurucaxe naqi mono.

Prospiro, as. Lus. Assoprar longe. Iap. Touoqu iqiuo fuqu.

Próstasis, is, l, Prostasia, æ. Lus. O presidir em algum officio. Iap. Tçucasadori, sabaqu. ¶ Item, Prostasia. Lus. O por se em lugar de outro algũa demanda, e defender suas partes. Iap. Fitono cujiuo vqetotte saba-

ſabaqu cotouoyu.

Proſterno, is. Lus. Deitar por terra, ou derrubar. Iap. Tauoſu, forobosu. ¶ Abjice re ſe, atq; proſternere. Lus. Perder o animo. Iap. Chicarauo votoſu, tamaxijuo vxinŏ. ¶ Proſtratæ religiones. Lus. Religião, ou culto diuino deſtruido, e a cabado. Iap. Sutarefatetaru Deusno vyamai.

Próſteſis, figura eſt, qua litera aliqua principio additionis adijcitur.

Proſtíbula, æ. Lus. Molher publica. Iap. Qeixei, yŭgio.

Proſtíbulum, i. Lus. Lugar de molheres publicas. Iap. Qeixeiya, l, qeixeino arutocoro. ¶ Aliqn. Molher publica muito baixa. Iap. Iyaxiqi yŭgio.

Proſtituo, is. Lus. Ganhar com ſeu corpo, ou exercitar o officio de molher publica. Iap. Monouo motomuru tameni qeixeiuo tatçuru. ¶ Proſtituere pudicitiam. Lus. Pecar deſenfreadamente com qualquer. Iap. Cóxocuni chŏzuru. ¶ Proſtituere vocem foro. Lus. Ganhar com tratar demandas. Iap. Monouo mŏquru tameni cujino atçucŏ, ſabaqu.

Proſto, as, ſtiti, ſtatũ. Idem. ¶ Itẽ, Eſtar diante. Iap. Mayeni tatte yru. ¶ Anguli proſtantes. Lus. Cantos ſaidos pera fora. Iap. Saxi idetaru ſumicado.

Proſtitutus, a, um. Lus. Expoſto aganhar com ſeu corpo, como molher publica. Iap. Qeixeiuo tatetaru mono.

Proſúbigo, is. Lus. Cauar. Iap. Foru. ¶ Proſubigere terram pedibus. Lus. Cauar a terra com os pees. Iap. Axinite tçuchiuo fori caqu.

Proſum, des, profui. Lus. Ser proueitoſo, aproueitar. Iap. Tocu, l, tayoritonaru, cŏriocuni naru.

Proſumia, æ. Lus. Hũ nauio ligeiro de vigia. Iap. Qeigono fayafune, l, qẽminc fune.

Prótaſis, is. Lus. Enunciação, ou propoſição do argumento. Iap. Riſi, funmiŏnaru icu, mondŏno daimocu. ¶ Item, Apri meira parte da repreſentação das comedias. Iap. Ichibanno nŏ, l, nŏno fajime.

Protatica perſona. Lus. Repreſentador da comedia, ou auto. Iap. Nŏnoaiuo catatu mono.

Protectum, i. Lus. Lugar nos edificios ſaido pera fora donde ſe ve a rua, &c. Iap. Iyeno daxi.

Protectus, a, um. Lus. Couſa cuberta. Iap. Vouaretaru mono. ¶ Aliqn. Cauto, ou precatado. Iap. Yŏjin ſuru mono, nucarazaru mono, yudan naqi mono.

Prótego, is, exi, ectum. Lus. Cobrir, defender, ou guardar. Iap. Vouŏ, cazzuquru, l, fuxegu, mamoru, xugoſuru.

Protêlo, as. Lus. Afaſtar, ou apartar longe. Iap. Touozaquru, touoqu voinoquru. ¶ Protelare dictis. Lus. Perturbar com palauras. Iap. Cotobauo motte fitouo ſauagaſu.

Protélum, i. Lus. Modo, e teor continuo, ou cõtinuação de fazer algũa couſa. Iap. Vona ji yŏni mononouo ſuru cotouo yŭ. Antiq.

Protempore. Lus. Conforme a o tempo. Iap. Iibunni xitagatte, toqini vŏjite, jiguini yotte.

Protendo, is. Lus. Eſtender, ou alongar. Iap. Saxinoburu. ¶ Item, Diferir, ou dilatar. Iap. Noburu.

Protentus, a, um. Lus. Couſa eſtendida. Iap. Saxinobetaru coto.

Prótenus, adu. Lus. Longe, afaſtando. Iap. Touoqu, fanarete.

Protérmino, as. Lus. Prolongar o tempo, ou dilatar e alargar os termos. Iap. Noburu, l, tocorouo firoguru.

Prótero, is, triui, tritum. Lus. Calcar, ou piſar com os pees. Iap. Fumitçuquru.

Proterreo, es. Lus. Eſpátar de longe, ou fazer fugir cõ medo. Iap. Touoqu yori vodoſu, vodorocaſu, l, guiŏteſaxete xirizoquru.

Protervê, adu. Lus. Deſauergonhadamente, com ſoberba, e arrogancia. Iap. Fagiuo xirazuxite, gaini, manqini.

Proteruiter. Idem.

Proteruia, æ. Lus. Deſauergonhamento, del honeſtidade, ou arrogancia. Iap. Fagizaru cotouo yŭ, gai, manqi, cŏxocu. ¶ Item. Hũ

Hum ſacrificio no qual ſe queimaua tudo oque ſobejaua do comer. Iap. Amaritaru xocuuo yaqite ſuru tamuqe.

Proteruitas, atis. Idem.

Proteruio, is Lus. Ser deshoneſto, deſauergonhado, e ſoberbo. Iap. Cóxocuni miuo naſu, tonzuru, l, gainari, manzuru, l, fagiuo uo cayerimizu.

Proteruus, a, um. Lus. Deſauergonhado, deshoneſto, arrogãte. Iap. Fagiuo xirazaru mono, cŏxocunaru mono, gainaru mono.

Proteſtatio, onis. Lus. Proteſtação. Iap. Canete cotobauo tçucŏ, l, iyvataſu coto nari.

Proteſtor, aris. Lus. Proteſtar. Iap. Canete cotobauo tçucŏ, l, iyvataſu.

Próthesis, pars orationis eſt, quam latini præpoſitionem appellant. ¶ Item, eſt figura, qua litera, l, ſyllaba principio dictionis adijcitur.

Prothymia, æ. Lus. Promptidão, ou viueza. Iap. Ririxiſa, iſamaxiſa, iqiyacanaru coto uo yŭ.

Prócinus. Lus. Logo, ſem detença. Iap. Soccujini, ſumiyacani, tachimachini. ¶ Q̃ndq;. Daqui pordiante. Iap. Qiŏcó. ¶ Aliq̃n. Continuadamente. Iap. Iŏgiŭ, fudan, tayezu. ¶ Aliq̃n. Totalmente. Iap. Xiccai, mattaqu. ¶ Aliq̃n. Iuntamente, ou tambem. Iap. Dŏjenni, vonajiqu, mo.

¶ Aliq̃n. Direita, e immediatamente. Iap. Suguni, giqini. ¶ Quandoq;. Primeiramente, ou do principio. Iap. Ichibanni, fajime yori. ¶ Interd. No meſmo tempo. Iap. Vonajitoqini, dŏjini. ¶ Non procinus. Lus. Não por iſſo. Iap. Cono yuyeni arazu.

Prócinam, apud veteres. Idem.

Protocólum, i. Lus. O que o tabalião, ou eſcriuão eſcreue, e nota ſuccintamẽte, pera depois o eſcreuer diffuſamente. Iap. Yŭffit no riacuxitaru xitagaqi, sŏan.

Protógonos. Lus. Primogenito. Iap. Sŏreŏ, chacuxi.

Protollo, is. Lus. Diferir, prolongar. Iap. Nŏburu. ¶ Item, Eſtender. Iap. Saxiidaſu, firoguru.

Prótono, as. Lus. Gritar, dar vozes. Iap. Saqebu, cŏxŏni yobauaru.

Protomyſta, æ. Lus. Cabeça, ou o principal dos ſacerdotes. Iap. Xueqeno tçucaſa.

Protoplaſtus, i. Lus. Adão o primeiro homẽ. Iap. Guanſono Adão.

Protótoces. Lus. Molher que pario hũa ſoo vez. Iap. Tada firotabi co vmitaru nhonin. ¶ Item, Primogenito. Iap. Chacuxi.

Prototomus, a, um. Lus. Couſa que ſe corta primeiro. Iap. Ichibanni qiraruru mono. ¶ Item, Tallo tenro, ou grello das eruas. Iap. Yaſaino cuqitachi.

Protótypon. Lus. Modello, ou original. Iap. Fon, tefon.

Protótypus, a, um. Lus. Couſa primeira, ou de original que não procede de outra. Iap. Ta yori xŏjezaru mono.

Prótraho, is. Lus. Tirar fora, ou em publico. Iap. Foca, l, ninjenni idaſu. ¶ Item, Aumentar. Iap. Caſanuru. ¶ Item, Prolongar, diferir. Iap. Noburu. ¶ Protrahere ad iudicium. Lus. Leuar a juizo. Iap. Tadaxiteno mayeni fiqiidaſu.

Protrépticus, a, um. Lus. Couſa que inſtrue e exhorta. Iap. Voxiye, xinan, l, ſuſume to naru coto.

Protrimenta, orum. Lus. Comeres cortados meudamente como de carne. Iap. Comacani qiritaru xocubut.

Protrîtus, a, um. Lus. Couſa piſada aos pees. Iap. Fumi tçuqeraretaru mono.

Prótropum, i. Lus. Moſto, ou vinho que corre das vuas antes de as piſar. Iap. Budŏuo ſaqeni xiborazaru ijenni xitadaru xiru.

Protrûdo, is. Lus. Empuxar, ou rodar. Iap. Voxi noquru, voi yaru, l, cocaſu.

Proturbo, as. Lus. Lançar fora. Iap. Voi idaſu.

Prótypum, i. Lus. Couſa que eſtà em lugar de modello, ou original. Iap. Tefonno gotoqu mochijru mono.

Proueho, is. Lus. Leuar auante. Iap. Tazzuſaye yuqu, ſacobu. ¶ Prouehi longiùs in ſcribendo, l, orando. Lus. Ser mais cŏprido

prido em escreuer, ou orar. Iap. Nagaqu monouo yŭ, l, caqu. ¶ Prouectus ætate. Lus. O que declina pera velho. Iap. Yuuai catamuqu mono. ¶ Prudentia prouecta ad extremum spiritum. Lus. Prudencia que durou ates o fim da vida. Iap. Xisuru made aru chiye, funbet.

Prouenio, is. Lus. Sair fora, ou apereçer. Iap. Focani izzuru, l, arauaruru. ¶ Interd. Nacer. Iap. Vmaruru, xŏzuru. ¶ Aliqñ. Prosperar. Iap. Iyamaxini sacayuru.

Prouentus, us. Lus. Rendas, ou proueito. Iap. Ritocu, tocŏ. ¶ Item, Acontecimento, sucesso. Iap. Xuttai.

Prouerbialis, e. Lus. Cousa de prouerbio, ou rifam. Iap. Cotouazani ataru coto.

Prouerbium, ij. Lus. Prouerbio, ou rifam. Iap. Cotouaza.

Próuidè, adu. Lus. Prudẽte, e cauteladamẽte. Iap. Yenrio xite, caxicocu.

Prouidenter, adu. Idem.

Próuidens, entis. Lus. O que prouê de longe as cousas futuras. Iap. Yenrio suru mono, gotŭru mono.

Prouidentia, æ. Lus. Prouidencia, ou o prouer ao longe. Iap. Yenrio, facarai.

Prouideo, es. Lus. Ver dantes, ou preuer o futuro. Iap. Yenrio suru, canete vomóbacaru, facaru. ¶ Item, Euitar, ou guardar se. Iap. Yôjin suru. ¶ Item, Prouer. Iap. Cacugo suru. ¶ Prouidere rebus necessarijs. Lus. Aiuntar, ou aquirir as cousas necessarias. Iap. Canyônaru cotouo motomuru, tacuuayuru. ¶ Prouidere rei frumentariæ, l, rem frumentariam. Lus. Fazer prouisam de mantimentos. Iap. Fiŏrŏno cacugo suru. ¶ Prouisum est hoc legibus. Lus. Isto està ordenado, ou determinado pollas leys. Iap. Cono coto fatto nari.

Próuidus, a, um. Lus. Prouido, prudente, sagaz. Iap. Qentio, funbetno jin.

Prouincia, æ. Lus. Prouincia, ou reyno que os Romanos sojeitaram fora da Italia. Iap. Cuni, l, Roma yori qiri xitagayetaru cuni. ¶ Item, per transl. Cargo, ou officio. Iap. Yacu, xocu. ¶ Redigere regiones in prouinciæ formam. Lus. Sojeitar algum reyno ao imperio Romano, e mandar a elle algum q̃ o gouerne. Iap. Roma yori cunino qiri tori, xugouo tçucauasu. ¶ Habere prouinciam. Lus. Gouernar alguem a prouincia. Iap. Qiri xitagayetaru cuniuo vosamuru. ¶ Capere, l, suscipere prouinciam. Lus. Tomar algum cargo, ou officio. Iap. Yacuuo vqetoru.

Prouincialis, e. Lus. Cousa pertencente a prouincia. Iap. Cuni, l, qiri xitagayetaru cunini ataru coto. ¶ Scientia prouincialis. Lus. Sciencia que trata do gouerno das prouincias. Iap. Cunino marçurigotono gacumon. ¶ Prouinciales. Lus. Os que sam da prouincia, ou os que morã nella. Iap. Miguino cunino ginnin, l, soconi sumu mono.

Prouinciatim, adu. Lus. De prouincia ẽ prouincia. Iap. Cuniguni.

Prouisio, onis. Lus. O prouer, ou ver dantes. Iap. Yenrio, facarai, xirio.

Prouisus, us. Idem.

Prouiso, is. Lus. Ver, ou ir a ver. Iap. Miru, l, mini yuqu.

Prouîsor, oris. Lus. O que prouè. Iap. Yenrio suru mono, cacugo suru mono.

Prouîsus, a, um. Lus. Cousa preuista. Iap. Yenrio xitaru coto.

Prouîuo, is. Lus. Prolongar a vida. Iap. Inochiuo noburu.

Prouocatio, onis. Lus. O prouocar, ou desafiar. Iap. Vobiqi idasu coto nari, susume. ¶ Item, Apellação pera diante do juiz mayor. Iap. Vuate naru tadaxiteno mayeni futatabi cujiuo toritatçuru coto nari, l, vosso.

Prouocator, oris. Lus. O que desafia a outro. Iap. Vobiqi idasu mono.

Prouocatorius, a, um. vt Prouocatoria dona militaria. Lus. Dadiuas que merecco o que foi desafiado. Iap. Vobiqi idasaretaru monono toritaru inbut.

Prôuoco, as. Lus. Chamar pera fora. Iap. Yobi idasu. ¶ Aliqñ. Prouocar, ou desafiar a outro. Iap. Vobiqi idasu, susumetatçuru. ¶ Ali-

¶ Aliqñ. Apellar pera juiz superior. Iap. Vuatenaru tadaxiteno maye nite cujisata uo futatabi tori tatçuru, vosso furu. ¶ Aliqñ. Vencer. Iap. Xitagayuru, catçu. Budæus. ¶ Prouocare aliquem literis. Lus. In citar a outro que escreua, ou responda escreuendo lhe muitas vezes. Iap. Fenjiuo sasuru tameni saisai fumiuo caqu. ¶ Prouocare aliquem iniurijs. Lus. Prouocar a alguem com injurias. Iap. Chijocuuo xicaqete icarasuru. ¶ Prouocari in integrũ poteſt. Lus. Ter direito pera poder apellar. Iap. Vuatenaru tadaxiteno mayeni futatabi cuji satauo toritatçuru dŏri ari, vosso subeqi dŏri ari.

Próuolo, as. Lus. Voar avante. Iap. Saqiye tobu. ¶ Item, per transl. Correr com velocidade. Iap. Iloide faxiru.

Prouoluo, is. Lus. Rodar, ou reuoluer. Iap. Cocasu, corobacasu. ¶ Prouoluere se ad genua alicuius. Lus. Botar se aos pès de alguẽ pedindo misericordia. Iap. Fitono aximotoni firefuxi tçuxide auaremiuo cô.

Prout, adu. Lus. Assi como. Iap. Gotoqu, yŏni.

Proxenêta, æ. Lus. Corretor das cousas q̃ se vendem. Iap. Suuai, l, vrimonono fiqei suru mono.

Proxim è, l, Proximò, adu. Lus. Perto. Iap. Chicaqu, sobani.

Proximitas, atis. Lus. Parentesco da parte da molher, ou vizinhança. Iap. Yenjani musubouoretaru nacauo yŭ, l, chicasa.

Próximo, as. Lus. Chegarse perto. Iap. Chicazzuqu, chicayoru.

Próximum, i. Lus. Lugar perto. Iap. Chicaqi tocoro. ¶ In proximo. Lus. Não longe daqui. Iap. Core yori toꝛocarazu.

Próximus, a, um. Lus. Cousa muito chegada, ou vizinha. Iap. Icanimo chicaqi mono. ¶ Aliqñ. Muito propicio, ou fauorauel. Iap. Ichidan chisô, l, conxetni suru mono. ¶ Interd. Cousa que està perto, ou chegada. Iap. Chicaqi mono.

Prudens, entis. Lus. Prudente, sabio, sagaz. Iap. Caxicoqi mono, nucarazaru mono, côxa. ¶ Interd. O que faz algũa cousa sabedoo. Iap. Xirinagara monouo suru fito. ¶ Interd. O que sabe. Iap. Monouo xiru fito. ¶ Interd. Douto. Iap. Chixa, gacuxŏ. ¶ Iuris prudentes. Lus. Iuristas. Iap. Cunino matçurigotono gacumonuo xitaru fito.

Prudenter, adu. Lus. Prudente, e sabiamente. Iap. Caxicoqu.

Prudentia, æ. Lus. Prudencia. Iap. Caxicosa, chiye, funbet.

Pruîna, æ. Lus. Geada. Iap. Ximo.

Pruna, æ. Lus. Brasa. Iap. Voqi, sumibi.

Prunêtum, i. Lus. Lugar de ameixieiras. Iap. Vmeno qi, sumomono qi vcuoqi tocoro.

Prunum, i. Lus. Ameixa. Iap. Vme, sumomo.

Prunus, i. Lus. Ameixieira. Iap. Vme, sumomono qi.

Prurigo, inis. Lus. Comichão. Iap. Caigari.

Pruritus, us. Idem.

Prurio, is. Lus. Pruir, ou ter comichão. Iap. Cai, caigaru. ¶ Item, Significat genitalium partium pruritum excitare, & rei venereæ appetitum gignere.

Prymnesium, ij. Lus. Calaure, ou amarra cõ que o nauio està amarrado na terra. Iap. Tomozzuna.

Prytanis. Lus. Supremo gouernador de Athenas. Iap. Athenasto yŭ zaixono vosamete.

P ANTE S.

PSallo, is. Lus. Cantar, ou tanger instrumento musico. Iap. Vtŏ, l, tanzuru, fiqu.

Psallo citharista, æ. Lus. O q̃ canta, ou tange no salteiro. Iap. Salteiroto yŭ narimono uo fiqi vtŏ mono.

Psalma. Lus. Cantiga, ou canto. Iap. Vta, vtai.

Psalmodia, æ. Lus. O cantar a instrumento musico. Iap. Narimonouo fijte vtŏ, l, gacuno vchini vtŏ cotouo yŭ.

Psalmus, i. Lus. Canto. Iap. Vtai.

Psalteriũ, ij. Lus. Salteiro de dez cordas. Iap. Iicqenno biua.

Psaltes, æ. Lus. Cantor. Iap. Vtŏmono, vtaite. O * Psal-

Psaltria, æ. fœmi. Idem.

Psecas, adis. Lus. Gota dagoa, &c. Iap. Xizzucu, itteqi. ¶ Item, Hũs graos de area que reluzẽ entre os outros. Iap. Sunano nacani qiramequ suna. ¶ Item, Criada q̃ concerta os cabellos das molheres honradas com vnguentos, &c. Iap. Saburaino nhoninno camigueuo qezzuri cunyũuo nuru guegio.

Psegma, atis. Lus. Hũas areas de metal que saltam quando deitam agoa fria no metal ardẽte. Iap. Yaqetaru caneno vyeni mizzuuo caqete chiru suricuzzuno yŏnaru suna. ¶ Itẽ, Limadura do ouro, ou ouro em pó. Iap. Coganeno xencuzzu, qinxet, l, xaqin.

Psephisma, atis. Lus. Decreto, ou determinaçâo feita por votos do pouo. Iap. Bãnin no dôxinuo motte sadameraretaru fatto.

Pseudanchusa, æ. Lus. Hũa erua. Iap. Aru cusano na.

Pseudobonion, ij. Lus. Hũa erua. Iap. Aru cusano na.

Pseudómenos syllogismus. Lus. Hum genero de argumento sofistico. Iap. Aiteuo tabacaru macoto sŏnaru dŏri, l, maguiracaxi dŏri.

Pseudopórticus, us. Lus. Alpendre falso que serue a tempos. Iap. Fitono xirazaru cacureraru yen, l, fisaxino yŏnaru tocoro.

Pseudopropheta, æ. Lus. Profeta falso. Iap. Itçuuarite xiraino cotouo tçugueru mono.

Pseudos. Lus. Mentira, ou falsidade. Iap. Itçuuari, qiogon, tabacari.

Pseudóthyron, i. Lus. Porta falsa. Iap. Cacuremichi, cacureraru mon.

Pseudo vrbana ædificia. Lus. Edificios do cãpo feitos ao modo dos da cidade. Iap. Iŏ tono iyeno gotoqu dējani tçucuritaru iye.

Pseúdulus, i. Lus. Seruo falso, ou fingido. Iap. Yatçucono fitiuo suru mono.

Psilóthrum, i. Lus. Hum vnguento que faz cair os cabellos de q̃ vsam as molheres, e os homẽs. Iap. Mino qeno nuqururu cusuri. ¶ Item, Hũa vide branca. Iap. Xiroqi budŏno cazzura.

Psimmithium, ij. Lus. Aluayade. Iap. Tŏno tçuchi.

Psitta, æ. Lus. Hum peixe. Iap. Vuono na.

Psittacus, i. Lus. Papagayo. Iap. Incu.

Psora, æ. Lus. Hum genero de sarna. Iap. Cai gasa, xŏ¦ŏ.

Psychrolúthres, æ. Lus. O que laua o corpo com agoa fria. Iap. Mizzuuo aburu mono.

Psychomanteum, i. Lus. Hum lugar a onde se faziam certas adeuinhações. Iap. Aru vranaiuo itasu tocoro.

Psychotrophum. Lus. Hũa erua. Iap. Aru cusano na. ¶ Item, Hum peixe. Iap. Aru vuono na.

Psydracion. Lus. Hum genero de bostellas da cabeça. Iap. Cŏbeni idequru casano taguy.

Psythia, æ. Lus. Hum genero de vuas de q̃ se faz bom vinho de passas. Iap. Suguretaru saqeuo camoxiru budŏ.

P ANTE T.

PTe. Vide met.

Ptera, siue Pterómata. Lus. Dous muros altos que estam nos templos, cu ẽ outros edificios. Iap. Daigaran, l, dencacuno tacaqi reŏno cabe.

Pteris, is. Lus. Feto erua. Iap. Fotcru, xidano taguy.

Pterygium, ij. Lus. Carne nerucsa que nace nos cantos dos olhcs. Iap. Majiri, l, magaxirani dequru cataqi nicu. ¶ Item, Vnheiro. Iap. Tçumabarami.

Pterna, æ. Lus. Parte inferior do masto do nauio. Iap. Fobaxirano moto.

Ptípsana, æ. Lus. Tisana. Iap. Vŏmuguino cayu.

Ptisanariũ, ij. Lus. Vaso ẽ q̃ se coze atisana, ou o gral ẽ q̃ se pisa. Iap. Vŏmuguino cai uo niru nabe, l, tçuqicudaqu usu. ¶ Ptisanariũ oryzæ. Lus. Arroz cozido, ou tisana dearroz. Iap. Mexi, l, cayu.

Ptochotróphia, æ. Lus. Hospital de pobres. Iap. Iifiya.

Ptyas, adis. Lus. Hum genero de aspide serpente. Iap. Doçujano taguy.

Pty-

Prynt. Lus. Hũa aue de rapina que anda de noite. Iap. Yotacano taguy.

P ANTE V.

Pubeo, es. Lus. Ser mancebo, ou ser de idade de casar. Iap. Iŭxigoni naru yonuo musubu nenreini naru.

Pubertas, atis. Lus. Idade de doze, ou quatorze anos. Iap. Iŭni jŭxino coro.

¶ Itẽ, O começar a nacer a barba. Iap. Figueno voyesomuru cotouo yŭ.

Pubes, is. Lanugo, quæ maribus decimo quarto anno, fœminis duodecimo circa pudenda oriri incipit. ¶ Pubes, siue puber. Lus. Moço, ou moça de idade de gẽrar. Iap. Couo motçu nenreini naru nannho. ¶ Interd. Partes vergonhosas. Iap. Tamaguqi, guiocurnŏ. ¶ Interd. Mácebos. Iap. Vacaqi monodomo. ¶ Interd. Cousa crecida. Iap. Xeijŏ xitaru mono. vt pubentes herbæ.

Pubesco, is. Lus. Começar a barbar. Iap. Figuega voyesomuru. ¶ Interd. Crecer, amadurecer. Iap. Xeijŏ suru, l, jucusuru.

Publicanus, i. Lus. Rẽdeiro q̃ arrẽda, e arrecada as rẽdas da comunidade, ou do rey. Iap. Cunini ataru chiguiŏ, mitçuqimono uo caitoru mono.

Publicatio, onis. Lus. Confiscação de bens. Iap. Qexxo, moxxu.

Publicè, & Publicitus, adu. Lus. Publicamẽte manifestamẽte. Iap. Arauarete, ninjẽni, cugaini. ¶ Publicè dare sŭptus alicui. Lus. Dar o necessario a alguẽ do thesouro publico. Iap. Coccano tameni tatevoqitaru cura yori iru bunuo vatasu. ¶ Publicè aliquem deportare. Lus. Desterrar a alguem por decreto publico. Iap. Tadaxiteno guegini yotte ruzaini voconŏ.

Pŭblico, as. Lus. Publicar, diuulgar, manifestar. Iap. Arauasu, cugai sasuru. ¶ Item, Confiscar. Iap. Qexxo suru. ¶ Publicare librum aliquem. Lus. Tirar a luz algũ liuro. Iap. Qiŏuo cugaini idasu. ¶ Meretrix se publicat. Lus. Poese a meretriz ao ganho com seu corpo. Iap. Moncuo moquru tameni qeixeiuo tatçuru.

Publĭcola, æ. Lus. O que reuerencia a o pouo. Iap. Banmin, l, tamiuo vyamŏ, l, itauaru mono.

Públicum, i. Lus. Publico. Iap. Cugai. ¶ Carere publico. Lus. Não sair em publico. Iap. Cugaini idezu. ¶ Publica, orũ. Lus. Rendas, ou tributos publicos, ou do pouo. Iap. Mitçuqimono, l, cunino tameni vosamuru mono.

Públicus, a, um. Lus. Cousa publica, ou comum. Iap. Sôzŏni ataru coto. ¶ Publica fides. Lus. Saluo conduto. Iap. Nichiguenuo sadameraretaru itoma. ¶ Publica vectigalia. Lus. Rendas publicas, ou do Rey. Iap. Mitçuqimono, l, cunino tameni vosamuru mono. ¶ Iudicia publica, non omnia sunt in quibus vertitur, sed ea tantùm, quæ ex legibus iudiciorum publicorum vertuntur. ¶ Publica verba. Lus. Palauras que estão no comum vso. Iap. Banminno nacani tçucai naretaru cotoba. ¶ Publicum consilium. Lus. Senado. Iap. Tocorono xucurŏnoxuye.

Pucinum vinum. Lus. Hum vinho precioso de Italia. Iap. Italiani aru suguretaru saqe.

Pudesio, fis. Lus. Ter vergonha. Iap. Fazzuru, xeqimen iuru.

Pudenda, orum. Lus. Partes vergonhosas do homem, e molher. Iap. Guiocumon, guiocqei.

Pudendus, a, um. Lus. Cousa de pejo, ou vergonha. Iap. Fazzubeqi coto, fazzucaxiqi coto.

Pudens, entis. Lus. Vergonhoso. Iap. Mono fagi suru mono.

Pudenter, adu. Lus. Vergonhosamente, cõ vergonha, ou pejo. Iap. Fagite, fazzucaxiqu.

Pudet, duit, l, ditum est. Lus. Ter vergonha, ou pejo. Iap. Fazzuru, xeqimẽ suru.

Pudibundè, adu. Lus. Com vergonha, ou pejo. Iap. Fagite, xeqimen xite.

Pudibundus, a, um. Lus. Vergonhoso. Iap. Mono fagi suru mono. ¶ Dies pudibunda. Lus. Dia claro, e resplandecente. Iap. Aqiracanaru fi, facujit.

Pudicè, adu. Lus. Castamente. Iap. Isaguiyoqu, xŏjŏni.

Pudicitia, æ. Lus. Castidade. Iap. Fubon. ¶ Item, Pureza sancta. Iap. Cocorono isaguiyosa, tattosa.

Pudicus, a, um. Lus. Casto, puro. Iap. Fubon naru mono, xŏjŏ naru mono.

Pudor, oris. Lus. Vergonha, ou pejo. Iap. Fazzucaxisa, xeqimen. ¶ Item, Crime, maldade, ou deshonra. Iap. Zaiqua, caqin, acumiŏ.

Puella, æ. dim. Lus. Menina. Iap. Dônho.

Puéllula, æ. dim. Idem.

Puellâris, e. Lus. Cousa de moça, ou menina. Iap. Dônhoni ataru coto.

Puellariter, adu. Lus. Como menina. Iap. Dônhono gotoqu.

Puellasco, is. Lus. Fazerse molle, ou efeminado. Iap. Vonagoraxiqu naru. ¶ Aliqñ. Tornarse moça, ou menina. Iap. Vonnaga vacayagu.

Puellus, i. dim. Lus. Menino pequeno. Iap. Dôji, xôni.

Puer, eri. Lus. Seruo, ou criado. Iap. Fiquan, guenin. ¶ Item, Menino, moço. Iap. Varambe. ¶ Interd. Filho. Iap. Co. ¶ Regij pueri. Lus. Meninos, filhos de senhores que seruem ao Rey. Iap. Teivŏni miazzucŏ saburaino co.

Puérulus, i. dim. Idem.

Puerasco, is. Lus. Começar a entrar na mocidade. Iap. Varâbe yori voronaxiqu naru, vxiro fibono coro yori xidaini xeijin suru.

Puerîlis, e. Lus. Cousa de menino, ou moço. Iap. Varâbeni ataru coto, l, varâberaxiqi coto.

Puerilitas, atis. Lus. Meninice, ou inconsideração dos meninos. Iap. Varâberaxisa, l, varâberaxiqi funbet. ¶ Aliqñ. Idade de meninos. Iap. Yôxô, jacunen.

Pueriliter, adu. Como menino. Iap. Varâberaxiqu, varâbeno gotoqu.

Pueritia, æ. Lus. Mocidade. Iap. Yôxô, jacunen. ¶ Aliqñ. Castidade, ou pureza. Iap. Fubon, l, xŏjŏ.

Puêrpera, æ. Lus. Molher parida de pouco. Iap. Chicaqi coro sanuo xitaru vonna.

Puerperium, ij. Lus. Dôres do parto, ou otẽpo do parto, ou depois do parto. Iap. Nâzan, l, couo vmu jicocu, l, sango, sanjé, sango. ¶ Aliqñ. Criança, ou filho. Iap. Vmaretaru co.

Puérperus, a, um. Lus. Cousa que pertence aparida. Iap. Sanuo xitaru vonnani ataru coto.

Pugil, ilis. Lus. O que joga ás punhadas. Iap. Niguiricobuxi nite vchiyŏ mono.

Pugilatio, onis. Lus. Iogo das punhadas. Iap. Niguiricobuxinite vchiyŏ cotouo yŭ.

Pugilatus, us. Idem.

Pugílicè, adu. Lus. Amodo dos que jogam ás punhadas. Iap. Niguiricobuxinite vchiyŏ monono gotoqu.

Pugillares, ium, l, Pugillaria, rium. Lus. Taboas enceradas, ou de qualquer outra materia, em que se escreuia com estilo, ou ponteiro de ferro. Iap. Taganenite monjiuo foritçuqetaru rŏ nadouo fiqixi ita.

Pugillar, aris. Idem.

Pugillâris, e. Lus. Quanto se pode abarcar, ou cabe no punho. Iap. Teni niguiru fodono mono.

Pugillatorius, a, um. Lus. Cousa que se fere ás punhadas, ou em que se dá punhadas. Iap. Niguiricobuxinite vtaruru mono. ¶ Follis pugillatorius. Lus. Pella de vento. Iap. Cajeuo fuqi irete cucuritaru mari.

Pugillus, i. dim. Lus. Punho pequeno da mão. Iap. Chijsaqi niguiricobuxi.

Pugio, onis. Lus. Punhal. Iap. Vaqizaxi. ¶ Pugio plumbeus. Lus. Argumento fraco. Iap. Youaqi dŏri.

Pugiunculus, i. dimi. Idem.

Pugna, æ. Lus. Peleija, ou contenda. Iap. Caxxen, toriai, tatacai. ¶ Item, Estupro. Iap. Fubonno nhoninuo vocasu coto uo yŭ.

Pugnacitas, atis. Lus. Pertinacia, ou desejo de peleijar. Iap. Yumiŏ xŏjinni, l, sucoximo firumazu tatacŏ cotouo yŭ.

Pugnaciter, adu. Lus. Forte, e instantemente. Iap. Cŏni, firumazu, jŏgouani.

Pugna-

Pugnáculum, i. Lus. Forte, ou baluarte pera se defender dos inimigos. Iap. Teqiuo fuxegu tçuyoqi yagura.

Pugnans, antis. Lus. O que peleija, ou combate. Iap. Caxxen suru mono, tatacŏ mono. ¶ Item, Cousa contraria, ou repugnã te. Iap. Teqitŏ coto.

Pugnator, oris. Lus. O que peleija, ou combate. Iap. Caxxen suru mono, l, tatacŏ mono.

Pugnatus, a, um. Lus. Cousa combatida, ou debatida. Iap. Tatacauaretaru coto.

Pugnax, âcis. Lus. Belicoso, guerreiro. Iap. Buyũ aru mono. ¶ Interd. Forte, e pertinaz em peleijar, ou contender. Iap. Yumiŏ xŏjinni, l, firumazu tatacŏ mono, l, arasŏ mono.

Pugno, as. Lus. Peleijar. Iap. Caxxen suru. ¶ Aliqñ. Esforçarse. Iap. Xeiuo iruru, naguequ. ¶ Pugnatur, impers. Idem. ¶ Pugnare pugnã. Lus. Trauar a peleijã. Iap. Caxxenni voyobu. ¶ Interd. Contender, litigar. Iap. Arasŏ, caracŏ. ¶ Pugnare secum, l, inter se aliqua. Lus. Serem algũas cousas contrarias entre si. Iap. Tagaini sŏy suru, cocu suru.

Pugnus, i. Lus. Punho da mão. Iap. Niguricobuxi.

Pulcer, l, Pulcher, a, um. Lus. Cousa fermosa. Iap. Itçucuxiqi mono, bireinaru mono. ¶ Interd. Cousa boa. Iap. Yoqi mono. ¶ Aliqñ. Forte. Iap. Tçuyoqi mono.

Pulcralis. apud antiquos. Idem.

Pulcellus, a, um. dim. Idem.

Pulcrè, adu. Lus. Fermosamente, bem. Iap. Itçucuxiqu, yoqu. ¶ Aliqñ. Sabiamente. Iap. Saicanni, saicacuni, chiyeuo motte. ¶ Aliqñ. Muito fortemente. Iap. Vôqini, l, tçuyoqu.

Pulcritudo, inis. Lus. Fermosura. Iap. Itçucuxisa, birei.

Púlcritas, atis. apud antiq. Idem.

Pulegium, ij. Lus. Poejo. Iap. Aru cusano na. ¶ Item, per transl. Suauidade do falar. Iap. Cotobano xiuoraxisa, l, vomoxirosa.

Pulex, icis. Lus. Pulga. Iap. Nomi.

Pulicosus, a, um. Lus. Cheo de pulgas. Iap. Nomino vouoqi mono.

Pullarius, ij. Lus. O que toma agouros do pasto dos filhos dos animaes. Iap. Qedamonono cono monouo famuuo mite vranŏ fito.

Pullaster, tri, & Pullastra, æ. Lus. Frangão, ou galinha noua. Iap. Vacaqi niuatori, l, vondori.

Pullatio, l, Pullitio, onis. Lus. Geração dos filhos dos animaes. Iap. Qedamonono farami couo vmu cotouo yũ.

Pullicies, éi. Idem.

Pullatus, a, um. Lus. Vestido de preto, ou com doo. Iap. Cocuyeno fito, l, curoi iro, l, irouo qiru fito. ¶ Qñdq;. per transl. Pessoa baixa, e idiota. Iap. Iyaxiqu guchinaru mono.

Pullesco, is. Lus. Brotar. Iap. Medatçu, megumu.

Pullulasco, is. Idem.

Pullicênus, i. Lus. Frangam. Iap. Niuatorino fiyoco.

Pullîgo, inis. Lus. Côr fusca, ou baça. Iap. Vsuguroqi iro, vsuzumi iro.

Pullînus, a, um. Lus. Cousa que pertence a filhos de animaes. Iap. Qedamonono coni ataru coto. ¶ Pullini dentes. Lus. Primeiros dentes que nacẽ aos cauallos. Iap. Vmano ichibanni voye izzuru fa.

Púlluli. Lus. Ramos, ou vergonteas nouas q̃ nacem das raizes das aruores. Iap. Qino ne yori izzuru vacadachi.

Púllulo, as. Lus. Brotar as aruores, ou botarem nouas vergonteas das raizes. Iap. Medatçu, megumu, l, qino ne yori megumu.

Pullus, i. Lus. Filho de qualquer animal. Iap. Qedamonono co. ¶ Item, apud antiquos, est catamitus. i. puer meritorius.

Pullus, a, um. Lus. Cousa baça, ou que tira pera preto. Iap. Vsuguroqi mono, vsuzumi irono mono. ¶ Pullum olus. Lus. Hũa certa erua. Iap. Aru yasaino na.

Pulmentâris, e. Lus. Cousa que pertence a hum certo manjar. Iap. Aru xocubutni ataru coto.

Pul-

Pulmentarium, ij. Lus. Hum certo comer feito de farinha, ouos, agoa, &c. ou qual quer outra iguaria. Iap. Muguino co, caigo nadouo majiyete reôri xitaru xocubut, l, xiru, &c.

Pulmentum, i. Idem.

Pulmo, onis. Lus. Bofes. Iap. Faino zŏ. ¶ Item, Hum peixe que dá final certo de tempestade. Iap. Taifû aru bexitono xiru xiuo arauasu vuo.

Pulmonarius, a, um. Lus. Doente dos bofes. Iap. Faino zŏuo vazzurŏ mono. ¶ Pulmonarium. Lus. Doença dos bofes. Iap. Faino zŏno vazzurai. ¶ Item, Pulmonaria. Lus. Hũa erua. Iap. Cusa no na.

Pulmonea. Lus. Hũas certas fruitas. Iap. Aru conomino na.

Pulpa, æ. Lus. Polpa, ou carne sem osso. Iap. Nicu, fone naqi xixumura. ¶ Item, Veas das aruores. Iap. Qino mocu.

Pulpamentum, i. Lus. Carnes, ou outros comeres delicados. Iap. Yauaracanaru nicu, l, suguretaru xiru, sacana, bixocu.

Pulpitum, i. Lus. Hum lugar alto no theatro onde estauão os tangedores, e cãtores. Iap. Butaini voite gacuninno yru tacaqi tocoro. ¶ Item, Pulpito, ou catedra. Iap. Yusu, vtena.

Puls, ultis. Lus. Hum genero de manjar de farinha, ouos, &c. Iap. Muguino co, caigo nadouo majiyete reôri xitaru xocubut.

Pulticula, æ. dim. Idem.

Pultarius, ij. Lus. Vaso, ou panella em que se coze este manjar. Iap. Cano xocubut uo nitaru nabe.

Pulsandus, a, um. Lus. Cousa que se ha de bater. Iap. Tataqu beqi mono.

Pulsans, antis. Lus. O que bate. Iap. Tataqu mono, vtçu mono.

Pulsatiles venæ. Lus. Veas, ou arterias do pulso. Iap. Qinmiacu.

Pulsatio, onis. Lus. O bater, ou dar panca das. Iap. Tataqu coto nari.

Pulsator, oris. Lus. O que bate. Iap. Tataqu, l, vtçu mono.

Pulsatus, a, um. Lus. Cousa batida, ou va rejada. Iap. Vtaretaru mono.

Pulso, as. frequent. à pello. Lus. Bater, ou dar pancadas muitas vezes. Iap. Xigue qu vtçu, tataqu. ¶ Interd. Offender. Iap. Somuqu. ¶ Item, Tanger instrumentos musicos. Iap. Gacqi tazuru, fiqu.

Pulto, as. frequent. Idem.

Pulsus, us. Lus. O empuxar, ou bater. Iap. Tçuqiyaru, l, vtçu cotouo yũ. ¶ Item, Pulso. Iap. Miacu.

Pulueratio, onis. Lus. O esboroar a terra, e chegala ao pè das vides. Iap. Tçuchiuo cu daqi, budŏno neni cŏ coto nari.

Puluereus, a, um. Lus. Cousa de poo. Iap. Focorini ataru coto. ¶ Nubes puluerea. Lus. Nuuem quese a leuãta do poo. Iap. Focori yori ideqitaru cumo. ¶ Nonunquam, Cousa chea de poo. Iap. Focorino vouoqi mono. ¶ Æquor puluereum. Lus. Lugar onde se peleija. Iap. Xiaino ba.

Púluero, as. Lus. Esboroar torroens, e cubrir o semeado. Iap. Tçuchiuo cudaqi maqitaru taneni caquru.

Puluerulentus, a, um. Lus. Cousa chea de poo. Iap. Focorino vouoqi mono.

Puluinar, aris. Lus. Almofada, trauesseiro. Iap. Macura. ¶ Item, Puluinaria in templis dicebantur lectuli dijs dicati, in quibus illorum simulachra solebant reclinare. ¶ Item, Templos dos Idolos. Iap. Butjin no dŏ, garan. ¶ Item, Coxim. Iap. Coxiuo caqe, l, yori cacaru futon.

Puluinarium, ij. Idem.

Puluinatus, a, um. Lus. Cousa feita a modo de almofada. Iap. Macurano gotoqunaru mono.

Puluinus, i. Lus. Almofada, ou coxim. Iap. Macura. ¶ Item, Terra aleuantada que està entre dous regos nas hortas. Iap. Fata qeno vne.

Puluinulus. dim. Idem.

Puluillus, Idem.

Puluis, eris. Lus. Poo. Iap. Focori. ¶ Itẽ, Lugar onde se peleija. Iap. Xiaino ba. ¶ In suo puluere currere. Lus. Exercitarse na-

naquillo em que hum pode muito. Iap. Sonomino yxei,chicarani canŏ cotouo tori atçucŏ. ¶ Citra puluerem contingere. Lus. Alcançar algũa cousa facilmente sem nenhum trabalho. Iap. Tayasuqu mono uo motomuru. ¶ Puluer, apud antiquos Idem.

Puluisculus,i,dim. Idem. ¶ Item, Propriè, Aluayade de que vsam as molheres, ou certo poo com que alimpam os dentes. Iap. Voxiroi, l, fauo xiromuru monono co. ¶ Cum puluisculo aliquid conuerri. Lus. Tirarse tudo sem ficar nẽ ainda poo. Iap. Focori mademo farai dasaruru.

Pumex, icis. Lus. Pedra pomes. Iap. Caru ixi. ¶ Læuis pumice. Lus. Mole, e effeminado. Iap. Vonagoraxiqi mono. ¶ A pumice aquam quærere. Lus. Pedir algũa cousa de balde a aquelle que tem falta della. Iap. Motazaru mononi monouo cô. Plaut.

Pumicatus, a, um. Lus. Cousa polida com pedra pomes. Iap. Caru ixinite migaqitaru mono.

Pumiceus, a, um. Lus. Cousa de pedra pomes, ou seca como pedra pomes. Iap. Caru ixini ataru coto, l, caruixino gotoqu cauaqitaru mono, vruuoi naqi mono.

Púmico,as. Lus. Pulir,ou fazerliso com pedra pomes. Iap. Caruixinite migaqu,nameracani nasu.

Pumicôsus,a,um. Lus. Cousa chea de buracos pequenos como pedra pomes. Iap. Caruixino gotoqu anano vouoqi mono. ¶ Pumicosus locus. Lus. Lugar abundante de pedra pomes. Iap. Caruixino vouoqi tocoro.

Pumilio, onis. Lus. Anão homem de pequena estatura. Iap. Issunbôxi, l, xeino ficuqi mono. ¶ Item, Aues,ou animaes muito pequenos. Iap. Xôtocu yorimo chijsaqi chôrui, chicurui.

Púmilus,i, & Púmilo, onis, & Pumilius, ij. Idem.

Punctim, adu. Lus. De ponta, ou de estocada. Iap. Tçuite. ¶ Cæsim, & punctim aliquem petere. Lus. Acometer a alguem cô todas as forças. Iap. Xeiuo tçucuxite, l, chicarani macaxete tori cacaru.

Punctio, onis. Lus. Picadura. Iap. Saxitçuqu coto nari.

Punctum, i. Idem.

Punctus,us. Idem.

Punctiuncula,æ. dim. Idem.

Punctus,i, & Punctum,i. dicitur minima, in indiuiduaq; lineæ pars. ¶ Aliqñ. Momento de tempo. Iap. Ittanji. ¶ Itẽ, Pũcta. Lus. Votos dos q̃ julgão, ou dão seu parecer. Iap. Qendanninno zonbun, l, dancŏ xuno zonbun. ¶ Item, Pontos, com que se diuidem as clausulas da escritura. Iap. Xomotno cugiri.

Punctus,a,um. Lus. Cousa picada. Iap. Saxi tçucaretaru mono.

Pungens,entis. Lus. O que pica. Iap. Saxitçuqu mono.

Pungo, is, pupugi, punxi, punctum. Lus. Picar, Iap. Saxitçuqu. ¶ Item, per transl. Dar no coração. Iap. Qini cacaru.

Púnica mala. Lus. Romaãs. Iap. Zacuro. ¶ Punica fides. Lus. Fee fraca, e que facilmente se quebra. Iap. Taxicanarazaru cotouo yũ, firugayexi yasuqi yacusocu.

Puniceus,a, um. Lus. Cousa de côr roxa. Iap. Murasaqi ironaru mono.

Puniendus,a,um. Lus. O que ha de ser castigado. Iap. Xeccan vqubeqi mono.

Punio, is,iui, itum. Lus. Punir, ou castigar. Iap. Xeccan suru.

Punior, iris, passiui m, & depon. Idem.

Punitio, onis. Lus. Castigo. Iap. Xeccan.

Punîtor, oris. Lus. O que castiga. Iap. Xeccan suru mono.

Pupa, æ. Lus. Menina, ou moça pequena, e delicada. Iap. Dônho, l, bijacunaru nhonin. ¶ Item, Bonecas. Iap. Fina.

Pupilla,æ. Lus. Menina do olho. Iap. Fitomi.

Pûpula, æ. Idem.

Pupillâris,e. Lus. Cousa de menino orfão. Iap. Minaxigoni ataru coto. ¶ Pupillaris ætas. Lus. Idade de menino orfão. Iap. Minaxigono nenrei.

Pupi-

Pupillus, i. Lus. Orfão, sem pay. Iap. Minaxigo, chichinaqi co. ¶ Item, Filho emancipado. Iap. Voyani cacarazaru co.

Pupilla, æ. fœmi. Idem.

Puppis, is. Lus. Popa do nauio. Iap. Funeno tomo. ¶ Itẽ, Nao, ou nauio. Iap. Fune. ¶ Aliqñ. per trásl. Gouerno da republica. Iap. Coccano vosame, matçurigoto.

Pupus, i. Lus. Minino pequeno. Iap. Xôni.

Púpulus, i, & Púpula, æ. dimi. Idem.

Purgabilis, e. Lus. Cousa que facilmente se alimpa. Iap. Nogoi yasuqi mono, qiyomeyasuqi coto.

Purgâmen, inis, seu Purgamentum, i. Lus. Sujidade, ou immundicia que se tira de algũa cousa. Iap. Fujŏ, aca, ginnai.

Purgatio, onis. Lus. O alimpar. Iap. Nogô coto nari, sŏgi, qiyome. ¶ Aliqñ. Desculpa. Iap. Ayamarinaqi yoxiuo iyfiraqu cotouo yŭ. ¶ Purgationes fœminarum. Lus. Regra que vẽ ás molheres cada mes. Iap. Guatsui.

Purgo, as. Lus. Alimpar. Iap. Nogô, sŏgiuo suru, qiyomuru. ¶ Item, per trásl. Desculparse. Iap. Ayamari naqi yoxiuo iy fira qu. ¶ Purgari rationes. Lus. Liquidarẽse as cótas. Iap. Vqetoribunto, tçucai gata no sanyôga vŏ. ¶ Purgare fastidium. Lus. Tirar o fastio cõ remedios. Iap. Xocuno susumu yŏni suru. ¶ Purgare aluũ. Lus. Fazer camaras com mezinha. Iap. Cudaxiuo tçucŏ.

Purè, adu. Lus. Pura, e limpamẽte. Iap. Qireini, xŏjŏni.

Puriter, apud antiq. Idem.

Purificatio, onis. Lus. O alimpar. Iap. Nogô, l, qiyomuru coto nari.

Purifico, as. Lus. Alimpar, purificar. Iap. Nogô, qiyomuru.

Púritas, atis. Lus. Pureza, limpeza, castidade. Iap. Isaguiyesa, fi bon.

Púrpura, æ. Lus. Purpura peixe de concha com que se tinge a laã. Iap. Fitçujino qeuo acaqu somuru cai. ¶ Item, Hũa insinia dos gouernadores de Roma. Iap. Mucaxino Romano vosamẽteno xiru xi.

¶ Aliqñ. Os mesmos gouernadores. Iap. Romano vosamete.

Purpurarius, a, um. Lus. Cousa de purpura, ou de carmesim. Iap. Xŏjŏfini ataru coto. ¶ Officina purpuraria. Lus. Officina onde se tinge a graã, ou carmesim. Iap. Xŏjŏfiuo somuru tocoro.

Purpurasco, is. Lus. Tirar pera côr de carmesim. Iap. Xŏjŏfino ironi naru, l, niru.

Púrpuro, as. Idem.

Purpuratus, a, um. Lus. O que está vestido de graã, ou carmesim. Iap. Xŏjŏfino yxŏuo chacuxitaru mono. ¶ Purpurati. Lus. Os que diante dos principes precedem a outros em dignidades, e está vestidos de graã. Iap. Xŏjŏfino yxŏuo chacuxite, teivŏ xŏgunno mayeni yru curai aru fito.

Purpureus, a, um. Lus. Cousa de graã, ou carmesim. Iap. Xŏjŏfini ataru coto. ¶ Purpureus color. Lus. Cór de carmesim, ou vermelha. Iap. Xŏjŏfino iro, l, acaqi iro. ¶ Item, Cousa de cór azul. Iap. Mizzu iro, l, sora irono mono. ¶ Item, Fermoso. Iap. Itçucuxiqi mono.

Purpurisso, as. Lus. Tingir de cór de graã, ou carmesim. Iap. Xŏjŏfino ironi somuru, acaqu somuru.

Purpurissum, i. Lus. Hũ genero de vermelhão de que vsam os pintores, ou as molheres pera rebique. Iap. Acaqi yenogu, l, beni.

Purulentè, adu. Lus. Com materia. Iap. Nŏqetga atte.

Purulentia, æ. Lus. Abundancia de materia, ou chaga chea de materia. Iap. Vmichino vouoqi cotouo yŭ, l, vmichino vouoqi qizu.

Purulentus, a, um. Lus. Cousa chea de materia. Iap. Vmichino vouoqi mono.

Purus, a, um. Lus. Puro, limpo. Iap. Isaguiyoqi mono, qegare naqi mono, xŏjŏ naru mono. ¶ Pura vestimenta apud veteres. Lus. Vestidos chãos. Iap. Muni ó no yxŏ. ¶ Purum argentũ. Lus. Prata laurada chaamẽte sem releuo, ou lauores. Iap. Forimono uo xezaru xirocaneno vtçuuauamono. ¶ Purus locus. Lus. Lugar profano, ou que não he ſagrado. Iap. Tattocarazaru tocoro. ¶ Pura oratio. Lus. Oração pura que não tem miſtura de palauras barbaras. Iap. Iyaxiqi cotobano majitazaru dangui, l, monogatari. ¶ Pura haſta. Lus. Haſtea ſem ferro q̃ ſe daua em premio aos ſoldados que faziam algũa façanha. Iap. Guncôno xôni atayeraretaru yarino ye. ¶ Pura vaſa. Lus. Vaſos chãos ſem releuo, ou ornato poſtiço. Iap. Forimonono xezaru vtçuuamono. ¶ Purũ iudicium. Lus. Iuizo, ou ſentença juſta. Iap. Qenbŏnaru qiǔmei. ¶ Purum aurũ, l, putatum. Lus. Ouro ſem miſtura nenhũa. Iap. Fiacurenno vǒgon.

Pus, ris. Lus. Materia, ou podridão de chaga, ou poſtema. Iap. Xumot, qizu yori izzuru vmi chi. ¶ Mouere pus. Lus. Chamar a materia da chaga, ou poſtema. Iap. Suigǒyacu nadouo tçuqete vmi ichiuo ſuuaſuru.

Puſa, æ. apud antiq. Lus. Minina. Iap. Dônho.

Puſillanimitas, atis. Lus. Puſilanimidade, pouco animo. Iap. Xôqi, vocubiǒ.

Puſillanimiter, adu. Lus. Com pouco animo. Iap. Xôqini, l, vocubiǒni.

Puſillánimus, i. Lus. Puſilanime, de pouco animo. Iap. Xôqinaru mono, vocubiǒnaru mono.

Puſillus, a, um. Lus. Couſa pequena. Iap. Chijſaqi mono.

Puſillulus. dim. Idem.

Puſio, onis. Lus Menino, ou moço de pouca idade. Iap. Xǒni, varabe. ¶ Item, Sodomita paciente. Iap. Nhacudǒuo tatçuru mono.

Púſtula, æ. Lus. Boſtela de ſarna, &c. Iap. Caſa, fibucure.

Puſtulatum argentum. Lus. Prata muito fina. Iap. Majiuari naqi guinſu.

Púſula, æ. Lus. Certa doença como ſarna. Iap. Caſano taguy.

Puſulóſus, a, um. Lus. O que eſtà doente deſta doença. Iap. Cono yamai aru mono.

Puſus, i, & Puſa, æ. apud antiq. Lus. Minino, ou minina. Iap. Dôji, dônho.

Putâmen, inis. Lus. Caſca, ou aparo q̃ ſe corta de algũa couſa. Iap. Qezzuri cuzzu, muqitaru caua.

Putatio, onis. Lus. Podadura. Iap. Qiuo tçucuru, l, yedauo ſucaſu coto nari.

Putator, oris. Lus. O q̃ poda, ou corta os ramos ſuperfluos das aruores. Iap. Qiuo tçucuru, l, yedauo ſucaſu mono.

Púteal, lis. Lus. Lugar na caſa do conſelho onde eſtaua hũa certa eſtatua. Iap. Zaixono quaixoni aru mocuzǒuo tate voqitaru tocoro. ¶ Item, Cobertoura dos poços. Iap. Inomotono futa, ybuta.

Puteâlis, e. Lus. Couſa de poço. Iap. Inomotoni ataru coto.

Puteânus, a, um. Idem. ¶ Aqua puteana. Lus. Agoa do poço. Iap. Inomotono mizzu.

Puteárius, ij. Lus. O que caua poços. Iap. Inomotouo foru mono.

Puteo, es, tui. Lus. Feder. Iap. Cuſaxi, xǔqi ari.

Putéſco, is. Lus. Fazerſe fedorento, ou de roim cheiro. Iap. Cuſaqu naru.

Púteus, ei, & Puteum, ei. Lus. Poço. Iap. Inomoto.

Pútide, adu. Lus. Com roim cheiro. Iap. Cuſaqu.

Pútidus, a, um. Lus. Couſa fedorenta, ou de roim cheiro. Iap. Cuſaqi mono, xǔqi aru mono. ¶ Oratio putida. Lus. Oração deſengraçada, e de eſtilo baixo. Iap. Xiuonaqu, l, cotobano iyaxiqi dangui, l, monogatari.

Putidiuſculus. dim. Idem.

Putídulus. dim. Idem.

Putítius, ij. Lus. Paruo. Iap. Vçuqe, afô. Plaut.

Puto, as. Lus. Podar, ou alimpar as aruores. Iap. Qiuo tçucuru, yedauo ſucaſu. ¶ Itẽ, Cuidar, conſiderar. Iap. Vomô, zonzuru, cufǔ ſuru. ¶ Aliqñ. Apreçar. Iap. Neuo tçuquru. ¶ Interd. Acomodar, ou concertar. Iap. Sôuô ſaſuru, coxirayuru. ¶ Interd.

terd. Iulgar. Iap. Tadasu, qiûmei suru. ¶ Putare rationem. Lus. Fazer cõtas. Iap. Sanyô, l, cangiô suru.

Putor, oris. Lus. Fedor. Iap. Xûqi, cusasa.

Putrêdo, inis. Lus. Podridam, corrupção, ou fedor. Iap. Qiûfu, l, xûqi.

Putrefacio, is. Lus. Fazer apodrecer, corrõper. Iap. Cusaracasu, qiûfu sasuru.

Putreo, es. Lus. Apodrecer. Iap. Cusaru, cutçuru. (sari yuqu.

Putresco, is. Lus. Ir apodrecendo. Iap. Cu-

Pútridus, a, um. Lus. Cousa podre, ou corrupta. Iap. Cusari, l, cuchicaru mono, qiûfu xitaru mono.

Putris, e. Idem.

Purus, a, ũ. Lus. Cousa pura, ou limpa. Iap. Isaguiyoqi mono, majiuari naqi mono. ¶ Argentũ purum putum. Lus. Prata sem mistura nenhũa. Iap. Majiuarinaqi guinsu, nanriô.

P ANTE Y.

PYcnocomon. Lus. Hũa erua. Iap. Aru cusano na.

Pycnótica. Lus. Hũas certas mezinhas. Iap. Aru cusurino na.

Pycta, æ, l, Pyctes, æ. Lus. O que joga ás punhadas. Iap. Niguiricobuxi nite vchi yô mono. ¶ Item, Pyctes. Lus. Gallo que peleja. Iap. Qeyô niuatorino vondori.

Pyctacium, ij. Lus. Hũa taboa branca em que se escreuião os nomes dos juizes escolhidos. Iap. Yerabitçuru tadaxiteno nauo caqitçuqetaru xiroqi canban.

Pygargus, i. Lus. Cabra montés. Iap. Nicu. ¶ Item, Hum genero de aguia. Iap. Vaxino taguy.

Pylæ, arum. Lus. Portas. Iap. To, iricuchi, toguchi, mon. ¶ Item, Entradas estreitas dos montes. Iap. Tanino xebaqi iricuchi.

Pylorus, i. Lus. Boca inferior do estomago por onde decẽ ás tripas os escramẽtos do comer. Iap. Xocubutno casuuo daichôno vchi cudasu cuchi.

Pyra, æ. Lus. Fogueira. Iap. Cagari, taqibi.

P ANTE Y.

Pyralis, is, et Pyrausta, æ. Lus. Hum animalzinho tamanho como mosca q̃ tẽ penas. Iap. Faneno voyetaru fai fodono muxi.

Pyrama, l, Phyrama. Lus. Hum certo licor que corre de hũa aruore. Iap. Aru qino xiru.

Pyramis, idis. Lus. Piramide. Iap. Suyebosoni ixiuo xicacuni tçugui aguetaru tô.

Pyramidatus, a, um. Lus. Cousa feita amodo de piramide. Iap. Cidanno tôno narinaru mono, l, surudonaru mono.

Pyrausta, æ. Lus. Hum animal com penas do tamanho de mosca. Iap. Fai fodonaru faneno voyetaru muxi. ¶ Item, Hum genero de aranha. Iap. Cumono taguy.

Pyrenes. Lus. Caroços de cerejjas. Iap. Sacura, mucu, xendan nadono minosane.

Pyrethrum, i. Lus. Pelitre erua. Iap. Aru cusano na.

Pyretus, i. Lus. Febre. Iap. Necqi.

Pyrgus, i. Lus. Torre. Iap. Yagura, tenxu. ¶ Itẽ, Hũ vaso em que se baralhão os dados antes de deitar no taboleiro. Iap. Sugurocuno dô. ¶ Item, Hũ esquadrão de quatrocentos de caualo. Iap. Xifiacqino firosonaye.

Pyrites. Lus. Hũ genero de pederneira semelhãte a cobre. Iap. Acaganeni nitaru fiuchino ixi. ¶ Item, Pederneira pera ferir fogo. Iap. Fiuchino ixi. ¶ Item, Pedra de moer. Iap. Ixi vsu.

Pyróboli. Lus. Lanças de fogo, &c. Iap. Naguebiya.

Pyroporas. Lus. Hũa aue. Iap. Torinona.

Pyrois, pyrcentis. Lus. Planeta Marte. Iap. Martero yũ foxi.

Pyromancia, æ. Lus. Hũ genero de adeuinhação que se faz pello fogo. Iap. Fiuo mite vranai.

Pyrôpus, i. Lus. Carbunculo. Iap. Meixuno na.

Pyrrhicha, æ, siue Pyrrhiche, es. Lus. Hũ genero de balho, ou folguedo. Iap. Vodorifurino taguy.

Pyrrhicharij, siue Purrhicharij. Lus. Os que se exercitauão nestes jogos. Iap. Miguino

asobi

aſobiuo xitaru mono.
Pyropœcilus, i. Lus. Hũ genero de marmore. Iap. Meixeqino taguy.
Pyrrichius, pes metricus constans ex duabus ſyllabis breuibus: vt Deus.
Pyrum, i. Lus. Pera. Iap. Naxi.
Pyrus, i. Lus. Pereira. Iap. Naxinoqi.
Python, onis. Lus. Hũa ſerpente. Iap. Iano na. ¶ Item, Pythones. Lus. Eſpiritos maos que ſe metem nos corpos humanos, e dizẽ as couſas futuras. Iap. Fitoni tacu xite mitaino cotouo tçugue xiraſuru tengu.
Pythones, ſiue Pythonici. Lus. Homens em que entrão os eſpiritos maos, e adeuinhão as couſas futuras. Iap. Tenguno tacuxite miraiuo tçuguru fitoi
Pythoniſſa, æ. fœmin. Idem.
Pytiſma, atis. Lus. O molhar leue mẽte com cuſpo. Iap. Tçubaqiuo nuru cotouo yũ.
Pyulcos. Lus. Hum inſtromento de çurgiáo pera tirar a materia. Iap. Xumotno vmichiuo daſu gueqiǒno dǒgu.
Pyxis, idis. Lus. Vaſo, ou boceta feita de buxo. Iap. Tçuguenite ſiqitaru cǒbaco. ¶ Item, Pyxides. Lus. Iunturas concauas onde ſe ajuntão os oſſos das coxas. Iap. Momono foneno fuxitçugai.
Pyxidicula, æ. dim. Lus. Bocetinha de cheiro. Iap. Chijſaqi cǒbaco.
Pyxidatus, a, um. Lus. Couſa ſemelhante a boceta. Iap. Miguino cǒbacono narina mono.

DE INCIPIENTIBVS A LITERA Q.

Q VA, adu. Lus. Por que lugar. Iap. Yzzucuuo. ¶ Item, Em quanto. Iap. Tocorоua. Vt Chriſto fitonite maximaſu tocorоua, &c. ¶ Itẽ, parte por, I, a hũa. Iap. Catçũua. ¶ Qua gratia. Lus. Polla qual cauſa. Iap. Soreni yotte.
Quacunq; adu. Lus. Por qual quer parte q̃. Iap. Izzucuuo naritomo.
Quadantenus. Lus. Ate algũa parte, I, algũ tanto. Iap. Catafoˀgotoqu, voyoſo, vǒcata.
Quadra, æ. Lus. Talho de carne, peixe, &c. Iap. Manaita. ¶ Item, Hum modo de prato em que ſe poem os manjares na meſa. Iap. Torizara, vǒzarano taguy. ¶ Aliena quadra viuere. Lus. Viuer á cuſta alhea. Iap. Fitono xittçuiuo motte inochiuo tçugu.
Quadragenarius, a, um. Lus. Couſa que cõtem numero de quarenta. Iap. Xijũni tax xitaru moro.
Quadragenaria cohors. Lus. Eſquadrão de quarenta homens. Iap. Xijicqino muxano ſonaye.
Quadrageni, æ, a. Lus. De quarẽta em quarenta. Iap. Xijũzzutçu.
Quadrageſimus, a, um. Lus. Hum de numero de quarenta. Iap. Xijũno vchi fito tçu. ¶ Item, O vltimo de quarenta. Iap. Xijũni taſſuru fitotçuno cazu. ¶ Quadrageſima. Lus. A quadrageſima parte. Iap. Xijũbun ichi.
Quadraginta. Lus. Quarenta. Iap. Xijũ.
Quadragies. Lus. Quatro vezes dez, I, quarẽta vezes. Iap. Touozzutçu yotçu, I, xijũ.
Quadrangulus, a, um. Lus. Couſa de quatrocantos. Iap. Yotçuno ſumi aru mono.
Quadrans, antis. Lus. Quarta parte de hũ arratel. Iap. Yeqinno vchi xibũ ichi. ¶ Item, Hũa certa medida. Iap. Sadamari taru maſu, I, facarino na. ¶ Quadrans pedis. Lus. Medida de quatro dedos. Iap. Yotçubuxe.
Quadrantalis, e. Lus. Couſa de quatro dedos. Iap. Yotçubuxe, I, iſſocuno nagaſa, I, fitoſano mono.
Quadrantal, lis. Lus. Figura quadrada como dado. Iap. Sugurocuno ſaino gotoqu xicacu naru nari. ¶ Itẽ, Hũa certa medida. Iap. Saqe, aburauo facaru maſuno na.
Quadrantarius, a, um. Lus. Couſa da quarta parte de hũa certa moeda. Iap. Aru guin xenno xibun ichini ataru coto. ¶ Item: Couſa vil, e de pouco preço. Iap. Guegiqi

giqi naru coto, l, iyaxigi, açucanaqi mono, l, atai fanmon xenni mo ataraxaru mono.

Quadrarius, a, um. Lus. Cousa de quatro cantos. Iap. Yotçuno sumi aru mono.

Quadratarius, ij. Lus. Pedreiro que laura pedras de cantaria. Iap. Qiri ixiuo tçucuru ixiqiri.

Quadratûra, æ. Lus. Quadradura, ou o ser quadrada algũa cousa. Iap. Xicacu.

Quadratus, a, um. Lus. Cousa quadrada. Iap. Maxxicacunaru mono.

Quadricornium, ij. Lus. O que tem quatro cornos. Iap. Yotçuno tçuno aru mono.

Quádridens, tis. Lus. Cousa de quatro dentes. Iap. Yotçuno fano aru mono.

Quadriennium, ij. Lus. Espaço de quatro annos. Iap. Yonenno aida.

Quadrifariam. Lus. Em quatro maneiras, ou partes. Iap. Yosamani, l, yotçuni.

Quadrífidus, a, um. Lus. Cousa fendida em quatro partes. Iap. Yotçuni feguiuaqetaru mono. ¶ Item, Cousa que se pode fender em quatro partes. Iap. Yotçuni vaqu ru coto naru mono.

Quadríforis, e. Lus. Cousa de quatro portas, ou entradas. Iap. Yotçuno iricuchi aru mono.

Quadriformis, e. Lus. Cousa de quatro formas. Iap. Yotçuno catachi, l, yotçuno vomote aru mono.

Quadriga, æ. Lus. Carro de quatro cauallos. Iap. Ximeno curuma. ¶ Item, Os cauallos deste carro. Iap. Ximeno curumauo fiqu vma. ¶ Nauibus, atq; quadrigis. Lus. Com grande feruor, e presa. Iap. Bintatni, qissocuni.

Quadrigarius, ij. Lus. Cocheiro. Iap. Ximeno curumauo yari vosamuru mono.

Quadrigatus, i. Lus. Hũa moeda de prata q̃ tem impressa hũa imagem de coche. Iap. Ximeno curumano catachiuo iy tçuqetaru guinxennona.

Quadrigéminus, a, um. Lus. Cousa quatro vezes dobrada. Iap. Xiŏbai.

Quadrígula, æ. Lus. Carretinha de quatro cauallos. Iap. Chijsaqi ximeno curuma.

Quadríjugi, siue Quadrijuges. Lus. Quatro cauallos juntos em hũ jugo, ou que tiram o mesmo carro. Iap. Vonaji curumauo fiqu xifiqino vma.

Quadriláterum. Lus. Cousa de quatro faces ou lados. Iap. Yŏtŏnaru mono, ximennaru mono.

Quadrilibris, e. Lus. Cousa de quatro libras. Iap. Xiqin aru mono.

Quadrilinguis, e. Lus. O que tem quatro lingoas. Iap. Yotçuno xita aru mono. ¶ Item, O que fala em quatro lingoas. Iap. Yosamano cuchiuo tçucŏ mono.

Quadrimátus, us. Lus. Idade de quatro annos. Iap. Yonenno youai.

Quadrimembris, e. Lus. Cousa de quatro membros, ou partes. Iap. Yotçuno tçugai aru mono, l, yodan aru mono.

Quadrîmus, a, um. Lus. Cousa de quatro annos de idade. Iap. Yonenni naru mono.

Quadrímulus, i. dimin. Idem.

Quadrigenti, æ, a. Lus. Quatrocentos. Iap. Xifiacu.

Quadrigenties, adu. Lus. Quatrocentas vezes. Iap. Xifiacutabi.

Quadrigentésimus, a, um. Lus. Hũ de quatrocentos. Iap. Xifiacuno vchi fitotçu. ¶ Item, O vltimo de quatrocentos. Iap. Xifiacuni tassuru fitotçuno cazu.

Quadringénus, a, ũ, l, Quadrigenus, l, Quadricenus. Lus. Quatrocentos em numero. Iap. Xifiacu aru mono.

Quadrinoctium, ij. Lus. Espaço de quatro noites. Iap. Yoyono aida.

Quadrînus, a, um. Lus. Cousa de numero de quatro. Iap. Yotçu aru mono.

Quadripertior, iris. Lus. Diuidir em quatro partes. Iap. Yotçuni vaquru.

Quadripertitò, adu. Lus. Em quatro partes ou maneiras. Iap. Yotçuni, yosamani.

Quadrirêmis, is. Lus. Nauio de quatro ordens de remos. Iap. Yotouori caiuo tatçuru funeno taguy.

Quadriuium, ij. Lus. Lugar publico onde se encontrão quatro caminhos. Iap. Caidŏno yotçu tçuji.

Qua-

Quadro,as. Lus. Fazer quadrado, ou em quadro. Iap. Maxxicacuni nasu. ¶ Item, Conuír,ou concordar com outro. Iap. Ni yǒ, vǒ, cǔ, l, qini vǒ. ¶ Summa rationũ quadrat. Lus. Vem as contas justas. Iap. Sanyôga vǒ.

Quadrum, i, l, Quadratum, i. Lus. Quadrado. Iap. Maxxicacu.

Quadrúpedo,as. Lus. Andar em quatro pees. Iap. Xisocuuo motte ayumu, l, yotçu yedauo motte ayumu.

Quádrupes,dis. Lus. Animal de quatro pees. Iap. Xisocuno mono.

Quádruplator,oris. Lus. O que acusa alguẽ pera auer a quarta parte de seus bẽs. Iap. Bonninno zaifôno xibun ichiuo tamauaru beqi tono focuracuuo motte vttayeuo nasu fito.

Quádruplex,cis. Lus. Cousa de quatro ordens, ou dobras. Iap. Yoyenaru mono, l, yotouori naru mono. ¶ Item, Quatro vezes tanto. Iap. Xisǒbai.

Quadruplicatio, onis. Lus. O dobrar quatro vezes. Iap. Xisǒbaini nasu coto nari.

Quadruplicatò, adu. Lus. Quatro vezes tanto. Iap. Xisǒbaini.

Quadrúplico, as. Lus. Dobrar quatro vezes. Iap. Xisǒbaini nasu.

Quádruplò, adu. Lus. Quatro vezes tanto. Iap. Xisǒbaini.

Quádruplor, aris. Lus. Acusar a alguem pera auer a quarta parte de seus bẽs. Iap. Bǒninno zaifǒno xibun ichiuo tamauaru beqitono focuracuuo motte vttayeuo nasu.

Quádruplus, a, um. Lus. Cousa que contẽ quatro vezes tanto. Iap. Xisǒbai aru mono.

Quadrus, a, um. Lus. Cousa quadrada. Iap. Maxxicacunaru mono.

Quæ. fœm. à Quis.

Quærens, entis. Lus. O que busca. Iap. Monouo tazzunuru mono.

Quæro, is, siui, situm, l, quæstũ. Lus. Buscar. Iap. Tazzune motomuru. ¶ Itẽ, Ganhar. Iap. Mǒquru. ¶ Item, Perguntar. Iap. Monouo tǒ. ¶ Item, Inquirir judicialmẽte. Iap. Bonquauo tazzune saguru, l, bǒquano jippuuo qiǔmon suru. ¶ Item, Disputar. Iap. Ronzuru.

Quærito, as, freq. Idem. ¶ Item, Pedir por portas. Iap. Cotjiqi suru.

Quæsitum, i. Lus. O acquirido. Iap. Mǒqe raretaru mono. ¶ Item, Pergunta. Iap. Monjin, l, tǒ cotouo yǔ.

Quæsitor, oris. Lus. Iuiz de causas crimes. Iap. Qenmon, qenpei, qendan.

Quæsitus, a, um. Lus. Cousa buscada. Iap. Tazzune motomeraretaru coto.

Quæsticulus, i. dim. Lus. Ganho pequeno. Iap. Xǒri.

Quæstio, onis. Lus. O buscar. Iap. Tazzune motomuru coto nari. ¶ Item, Perguntas. Iap. Monjin, l, tǒ cotouo yǔ. ¶ Itẽ, Iuizo de causas crimes. Iap. Qendanno qiǔmei. ¶ Aliqñ. Tratos. Iap. Gǒmon. ¶ Item, Duuida. Iap. Fuxin.

Quæstiuncula, æ. dim. Idem.

Quæso, quæsumus. Lus. Rogar. Iap. Tanomu.

Quæstor, oris. Lus. Tesoureiro da fazenda publica. Iap. Cuni, couorino tameni tacuuaye vocaruru canено buguiǒ. ¶ Item, Iuiz de causas crimes. Iap. Qenmon, qendan.

Quæstorium, ij. Lus. Casa, ou lugar deste tesoureiro. Iap. Miguino cane buguiǒno iye.

Quæstorius, a, um. Lus. Cousa pertencente a este tesoureiro. Iap. Miguino cane buguiǒni ataru coto.

Quæstorius, ij. Lus. O que foi tesoureiro. Iap. Miguino cane buguiǒno yacuuo tçutometaru mono.

Quæstuarius, ij. Lus. Iornaleiro. Iap. Toxeino ionamito xite xocuuo tçutomuru mono. ¶ Quæstuariæ artes. Lus. Artes mecanicas. Iap. Guexocu.

Quæstûra, æ. Lus. Officio de tesoureiro publico. Iap. Cuni, couorino tameni tacuuaye voqu cane buguiǒno yacu, quan, xocu.

Quæstuosus, a, um. Lus. Cousa de muitos ganhos. Iap. Rino vouoqi mono.

¶ Quæstuosa ars. Lus. Arte de muito ganho. Iap.

Iap. VAqini rino aru xocu. ¶ Quæstuo sus homo. Lus. Homem que de tudo ti ra proueito, ou ganho. Iap. Ritocuuo fon to suru mono.

Quæstus, us. Lus. Ganho de dinheiro. Iap. Xôbaino michi yori toru canéuo ritocu. ¶ Item, Artificio pera acquirir dinheiro. Iap. Caneuo môquru tamëno tacumi.

Quálibet, l, Quáluber, adu. Lus. Por qual quer lugar. Iap. Izzucuuo naritomo.

Qualis, e. Lus. Qual. Iap. Fodo, gotoqu.

Qualis, is, l, Qualiscunq;. Lus. Qualquer q. Iap. Tarenaritomo, izzure naritomo.

Qualitas, atis. Lus. Qualidade. Iap. Fenxôni atazu xite sorefore no mononi sonauaru qixei igueno cotouo yũ.

Qualiter, adu. Lus. De maneira que. Iap. Gotoqu, yôni.

Qualitercunq, adu. Lus. De qualquer mo do que seja. Iap. Icayŏni naritomo.

Qualus, i, l, Qualum, i. Lus. Cesto por onde se coa o mosto no lagar. Iap. Budŏno ire te saqeni xiboru cago. ¶ Item, Cesto do fiado. Iap. Vonnano itouo curite ire voqu cago. ¶ Aliqñ. Cesto de guardar pão. Iap. Pamuo ire voqu cago. ¶ Item, Ninho em que as galinhas poem. Iap. Niua torino caigouo vmu tameni tçucuri voqitaru cago.

Quàm. Lus. Do q, l, q. Iap. Yorimo. ¶ Itẽ, Depois que. Iap. Iri, yori, nochi. ¶ Item, Quanto. Iap. Fodo. Vt, naru be qi fodo. ¶ Item, Muito. Iap. Icanimo. ¶ Item, Mais que. Iap. Yorimo.

Quamobrem. Lus. Pola qual causa. Iap. Co reni yotte, soreni yotte. ¶ Item, Por que causa. Iap. Najeni, icanareba.

Quampridem. Lus. Quanto tempo ha? Iap. Itçuyorizo?

Quamprimùm. Lus. Logo. Iap. Yagate.

Quandiu. Lus. Quanto tempo. Iap. Icafodono aida.

Quando. Lus. Quando. Iap. Itçu, l, toqi. ¶ Item, Algũa hora? Iap. Itçuzo? ¶ Itẽ, Ia que, l, pois. Iap. Vyeua, fodoni. ¶ Quando gentium? Lus. Em que tempo? l, quando? Iap. Itçuzo?

Quandoq;. Lus. Algũa vez. Iap. Toqidoqi, toqini yotte. ¶ Item, Depois de algum interualo. Iap. Zanji xite, fodo fete.

Quandóquidem. Lus. Pois que, l, ja q. Iap. Vyeua, l, fodoni.

Quandúdum? Lus. Quanto tempo ha? Iap. Itçucarazo?

Quantisper, adu. Lus. Em quanto tem po. Iap. Icafodono aida.

Quantópere. Lus. Quam grandemente. Iap. Nanbô fodo.

Quantulus, l, Quantillus, a, um. dim. Lus. Quam pequeno. Iap. Fodo chijsaq. Vt, fi ua miyuru fodo chijsaqini arazu.

Quantuluscunq;. dim. Lus. Por pequeno que seja. Iap. Sucoxinaritomo.

Quantum. Lus. Quanto. Iap. Fodo, nâbô.

Quantus, a, um. Lus. Quam grande. Iap. Fodo, l, icafodo.

Quantuscunq;. Lus. Tanto quanto. Iap. Fodo.

Quantùslibet. Lus. Por grande que seja. Iap. Icafodo vouoqutomo.

Quantumuis. Lus. Por muito que. Iap Icafodo.

Quamuis, l, Quamquam. Lus. Ainda que. Iap. Tatoi, to yŭtomo, iyedomo, naritomo. ¶ Item, Por grande que seja. Iap. Icafodo vouoqutomo.

Quapropter. Lus. Pollo que, ou pella qual causa. Iap. Soreni yotte, cocouo motte.

Quaquà, adu. Lus. Por onde quer que. Iap. Izzucuuo naritomo.

Quaqua versus, l, Quaqua versum. Lus. Por todas as partes. Iap. Xofôye, izzucataye.

Quarè, adu. Lus. Por que causa? Iap. Najeni? nanitote? ¶ Item, Polla qual causa. Iap. Soreni yotte.

Quartanarius, a, um. Lus. Doente de quartans. Iap. Yocca vocoriuo yamu mono.

Quartânus, a, um. Vt quartana febris. Lus. Febre quartam. Iap. Yocca vocori, futçucafazan ino vocori.

Quartarius, ij. Lus. Hũa medida de meya canada pouco mais, ou menos. Iap. Gŏgŏ fodo

fodo iru masuno nari.

Quartò, adu. Lus. No quarto lugar. Iap. Xibanmeni.

Quartùm, adu. Lus. A quarta vez. Iap. Yotabime.

Quartus, a, um. Lus. Quarto em ordem. Iap. Xiban.

Quasi, adu. Lus. Como, l, como se. Iap. Gotoqu. ¶ Item, Quasi. Iap. Tairiacu, yoppodo.

Quasillus, i. dim. Lus. Cestinho de guardar o fiado. Iap. Vonnano itouo curite ire voqu cocago.

Quasso, as. Lus. Abalar, ou bater ameude. Iap. Xiguequ vgocasu, dôyô sasuru.
¶ Item, Desbaratar. Iap. Vchicuzzusu, l, yaburu.

Quassus, a, um. Lus. Cousa destroçada, destruida. Iap. Vchicuzzusaretaru coto.

Quassas, us. Lus. Destruição, destroço. Iap. Famet, metbŏ.

Quatefacio, is. Lus. Abalar com violencia. Iap. Qibixiqu vgocasu, xindô sasuru.
¶ Item, Lançar fora. Iap. Voi vxinŏ, chicuten sasuru, fassuru.

Quátenus, adu. Lus. Ate quanto. Iap. Ica fodo, l, nanbô fodo, icafodo made. ¶ Itẽ, Com este intento. Iap. Cono cocoroateuo motte. ¶ Itẽ, Em quanto. Iap. Tocorouabunua. ¶ Aliqñ. De que modo. Iap. Icayŏni.

Quater, adu. Lus. Quatro vezes. Iap. Yotabi. ¶ Item, Muitas vezes. Iap. Saisai.

Quaternarius, a, um. Lus. Cousa de quatro. Iap. Yotçuni ataru coto.

Quaterni, æ, a. Lus. De quatro em quatro. Iap. Yotçuzzutçu. ¶ Item, Quatro. Iap. Yotçu.

Quaternio, onis. Lus. Quaderno de quatro folhas. Iap. Ximaigasaneno cucuri.
¶ Item, Cousa composta de quatro. Iap. Yotçuuo motte, tassuru coto.

Quátinus. Lus. porque. Iap. Yuyeni.

Quatio, is, ssi, ssum. Lus. Mouer com violencia. Iap. Xindô sasuru, vgocasu.
¶ Item, Lançar fora. Iap. Voi idasu, voi-

vxinŏ. ¶ Item, Molestar. Iap. Xemuru, sainamu.

Quatriduò, adu. Lus. Em quatro dias. Iap. Yoccani.

Quatriduum, ij. Lus. Espaço de quatro dias. Iap. Yoccano aida.

Quatuor. Lus. Quatro. Iap. Yotçu.

Quatuordecies, adu. Lus. Catorze vezes. Iap. Iŭyotabi.

Quatuordecim. Lus. Catorze. Iap. Iŭxi.

Quatoruiratus, us. Lus. Dignidade de quatro varões q̃ gouernauão ẽ Roma. Iap. Romano yottarino vosameteno curaino na.

Quatuóruiri, orum. Lus. Os quatro varões que tinhão esta dignidade. Iap. Miguino curaini sonauatta ru yonin.

Que, coniunctio. Lus. E. Iap. Mata, l, to.
¶ Item, Porque. Iap. Yuye icantonareba, yuyeni. ¶ Aliqñ. Ainda. Iap. Tatoi, qereŏ. ¶ Item, Ou. Iap. Arufua.

Quemadmodum. Lus. Assi como. Iap. Gotoqu. ¶ Item, De que modo? Iap. Icayŏni?

Queo, is, iui, itum. Lus. Poder. Iap. Canŏ, naru.

Quércerus, l, Querquerus, a, um. Lus. Cousa fria cõ tremor. Iap. Furuiaçuqu mono.
¶ Febris quercera. Lus. Febre que faz tremer. Iap. Furuiçuqu necqi.

Quercêtum, i. Lus. Azinhal. Iap. Xijnoqibayaxi.

Querceus, l, Quercius, a, um. Lus. Cousa de azinheira. Iap. Xijnoqini ataru coto.

Querneus, l, Quernus, a, um. Idem.

Quercus, us. Lus. Azinheira. Iap. Xijnoqi.

Querêla, æ. Lus. Queixume. Iap. Xucquai, cacochi, vrami.

Queribundus, a, um. Lus. O que muito se queixa. Iap. Xucquaigachinaru mono.

Querimonia, æ. Lus. Queixume. Iap. Xucquai.

Quéritor, aris. Lus. Queixarse ameude. Iap. Xiguequ vramuru, l, cacotçu.

Queror, eris, estus tum. Lus. Queixarse. Iap. Vramuru, l, cacotçu.

Querquédula, æ. Lus. Hũa aue dagoa. Iap. Mizzutorino taguy.

Que-

Querulus, a, um. Lus. Muito queixoso. Iap. Xucquai gachinaru mono. ¶ Item, Cousa de voz sonora. Iap. Neno yoqi mono, coyeno tacaqi mono.

Questus, us. Lus. Queixume. Iap. Vrami, cacochi.

Qui, quæ, quod. Lus. O qual, a qual, o que.

Quî. Lus. Como. Iap. Yŏni, icaga, l, icanitoxitê. ¶ Itẽ, Oxala. Iap. Negauacuua, l, auare. ¶ Aliqñ. Por q causa. Iap. Icadeca, l, najeni. ¶ Itẽ, Pera q. Iap. Tameni. ¶ Quidq;. Porquãto. Iap. Niyotte, l, fodoni. ¶ Itẽ, Qual. Iap. Nanitoxitaru mono. ¶ Item, Donde. Iap. Dorecara.

Quia. Lus. Porque. Iap. Yuyeni, fodoni.

Quianam, adu. Lus. Porque causa? Iap. Nanino yuyenica?

Quia ne. Lus. Certamente. Iap. Maçotoni.

Quicunque. Lus. Qualquer que. Iap. Izzurenitemoare. ¶ Aliqñ. De qualquer qualidade que. Iap. Icayŏnaru mononite mo.

Quid? Lus. Que cousa? Iap. Nanzo, l, nanigotozo? ¶ Item, Porque? Iap. Nanitote, l, najeni? ¶ Item, Em que. Iap. Nanini.

Quidam, quædã, quoddã. Lus. Hũ certo. Iap. Aru, saru.

Quidem, adu. Lus. Certamẽte. Iap. Maçotoni, gueni.

Quidnam? Lus. Que, l, que cousa? Iap. Nani, l, nanigotoca? ¶ Item, Por que? Iap. Nanixini, nanitote?

Quidni? Lus. Por que não? Iap. Icadeca arazaran?

Quicquid, l, Quidquid. Lus. Tudo o que. Iap. Fodono coto.

Quies, etis. Lus. Descanso. Iap. Cutçurogui, ancan. ¶ Item, Sono. Iap. Suimen. ¶ Aliqñ. Serenidade do tempo. Iap. Nodoca. ¶ Item, Quietes, um. Lus. Covas, ou couas dos animaes. Iap. Qedamonono fuxido, ana.

Quiesco, is, eui, etum. Lus. Descansar. Iap. Cutçurogu, yasumu, qiŭsocu suru. ¶ Itẽ, Dormir. Iap. Ineru, suimen suru. ¶ Aliqñ. Aquietarse, cessar. Iap. Xizzumaru, l, vodayacani naru, yamu, l, tomaru.

¶ Item, Permitir. Iap. Yurusu. ¶ Item, Aquietar a outro. Iap. Xizzumuru.

Quiêtè, adu. Lus. Quietamente. Iap. Xizzucani, l, xizzuxizzuto.

Quiêtus, a, um. Lus. Cousa quieta. Iap. Xizzucanaru coto. ¶ Reddere quietũ. Lus. Fazer que algum viua quietamente. Iap. Bujini inochiuo nagarayuru yŏni suru.

Quilibet. Lus. Qualquer que. Iap. Izzure nitemo. ¶ Item, Por hi quemquer. Iap. Arezzureno mono.

Quîmatus, us. Lus. Idade de cinco anos. Iap. Toxicoro itçutçu, l, gosai.

Quin. Lus. Por que não. Iap. Icade arazarã ya. ¶ Itẽ, pro Quod, seu Vt: vt nihil abest, quin sim miserrimus. Lus. Nada falta pera que eu seja miserauel. Iap. Sudeni bu quafŏni naranto xitari. ¶ Itẽ, Alem disto. Iap. Sorenominarazu, l, xicamo. ¶ Item, Não por que. Iap. Niua arazu. ¶ Item, Que não. Iap. Zaruua naxi: vt vomouazaruua naxi. ¶ Item, Antes. Iap. Qeccu, l, cayette. ¶ Item, Tanbẽ. Iap. Mo, mata. ¶ Item, Posto que. Iap. Fodoni, carugayuyeni. ¶ Item, Certamente. Iap. Maçotoni.

Quinarius, a, um. Lus. Cousa de cinco. Iap. Itçutçuni ataru coto.

Quincuncialis, e. Lus. Cousa de cinco onças. Iap. Xijŭme fodono vomosa aru mono.

Quincuncialis herba. Lus. Erua de cinco dedos de comprido. Iap. Issocu mitçubuxe nagaqi cusa.

Quincunx, cis. Lus. Peso, ou medida de cinco onças. Iap. Xijŭme fodono vomosa. ¶ Item, Ordem de aruores postas em ruas a modo de enxadrez. Iap. Sugicaini nami qiuo vyetaru cotouo yŭ. ¶ Quincunces vsuræ. Lus. Vsuras em que se toma cinco por cento. Iap. Facuni itçutçuno riuo toru ribai. ¶ Item, Hũa certa medida. Iap. Aru facarino na.

Quincupartitus, a, um. Lus. Cousa diuidida em cinco partes. Iap. Itçutçuni vaqetaru mono.

Quincupedal, alis. Lus. Regoa, ou medida

da de cinco pees. Iap. Goxacu fodono xacuzzuye.

Quíncuplex, cis. Lus. Cousa decinco dobras, oumaneiras. Iap. Itçuuorino coto, l, itçuxinano mono.

Quindecies, adu. Lus. Quinze vezes. Iap. Iŭgodo.

Quindecim. Lus. Quinze. Iap. Iŭgo.

Quindecimuiri. Lus. Nome de quinze magistrados de Roma. Iap. Romano Iŭgoninno yacuxano na.

Quindênus, a, um. Lus. De quinze em 15. Iap. Iŭgozzutçu l, jŭgo ate. ❡ Item, Quinze. Iap. Iŭgo aru mono.

Quin etiam. Lus. Alem disto. Iap. Amassa ye, sono vye.

Quingenarius, a, um. Lus. Cousa que contem quinhẽtos. Iap. Gofiacuni tassuru mono. ❡ Item, Cousa de quinhẽtos anos. Iap. Gofiacunenni naru mono.

Quingéni, æ, a. Lus. De quinhentos em quinhẽtos. Iap. Gofiacuzzutçu, l, gofiacu ateni. ❡ Itẽ, Quinhẽtos. Iap. Gofiacu.

Quingentésimus, a, um. Lus. Quinhentos em ordem. Iap. Gofiacuni ataru coto. Vt, gofiacu dai, gofiacuban, &c.

Quingenti, æ, a. Lus. Quinhẽtos. Iap. Gofiacu.

Quingenties, adu. Lus. Quinhentas vezes. Iap. Gofiacudo, l, gofiacu tabi.

Quin imo. Lus. Mas antes. Iap. Qeccu, l, cayette.

Quinquagenarius, a, um. Lus. Cousa de cincoenta anos. Iap. Gojŭnenni naru coto. ❡ Item, Cousa que cõtem cincoenta. Iap. Gojŭno cazu aru mono.

Quinquagésimus, a, um. Lus. Cincoẽta ẽ ordẽ. Iap. Gojŭni ataru coto. Vt, gojŭ ban, &c.

Quinquagies, l, Quinquageties, adu. Lus. Cincoenta vezes. Iap. Gojŭdo.

Quinquaginta. Lus. Cincoẽtã. Iap. Gojŭ.

Quinquatria, orũ. festa erant Ron æ Palladi sacra.

Quinquatrus, uum. Idem.

Quinq;. Lus. Cinco. Iap. Itçutçu.

Quinquefolium, ij. Lus. Hũa erua chamada cinco em rama. Iap. Goyôno cusano na.

Quinq; libralis, e. Lus. Cousa de cinco libras. Iap. Goqin fodono vomosane mono.

Quinquemestris, e. Lus. Cousa de idade de cinco meses. Iap. Itçutçuqini naru mono.

Quinquennâlis, e. Lus. Cousa que se faz de cinco em cinco anos. Iap. Gonenmegotoni nasu coto. ❡ Quinquennalis magistratus. Lus. Cargo q̃ durai a cinco anos. Iap. Gonenzzutçuni cauaru yacu.

Quinquénis, e. Lus. Cousa de idade de cinco anos. Iap. Gonenni naru mono.

Quinquénium, ij. Lus. Spaço de cinco anos. Iap. Gonenno aida.

Quinquepartitò, adu. Lus. Em cinco partes. Iap. Itçutçuni vaqete.

Quinquepartitus, a, um. Lus. Cousa partida em cinco partes. Iap. Itçutçuni vaqetaru coto.

Quinquerêmis, is. Lus. Nauio de cinco ordens de remos. Iap. Itçutouori rouo tatetaru fune.

Quinqueuiratus, us. Lus. Dignidade de cinco varoens que gouernauam a Roma. Iap. Romano goninno yacuxano curai.

Quinquéuiri, orũ. Lus. Magistrado de cinco homens em Roma. Iap. Romano goninno yacuxa.

Quinquies. Lus. Cinco vezes. Iap. Itçutabi.

Quintana porta. Lus. Porta do arrayal onde se vendiam varias cousas. Iap. Ginxo nite mono uo vru mon.

Quinrâonis, adu. Lus. A cada cinco. Iap. Itçu tçumeni.

Quintilis, is. Lus. Iulho. Iap. Europano xichiguachi.

Quintò, adu. Lus. No quinto lugar. Iap. Gobanmeni.

Quintùm, adu. Lus. A quinta vez. Iap. Itçutabimeni.

Quíntuplex, icis. Lus. De cinco dobras, ou maneiras. Iap. Itçuuori, l, itçuxina no coto.

Quintus, a, ũ. Lus. O vltimo de cinco. Iap. Itçu-

Itçutçumeni ataru coto.

Quinus, a, um. Lus. De cinco em cinco. Iap. Itçutçu zzutçu. ¶ Item, Cinco. Iap. Itçutçu aru mono.

Quípote, adu. Lus. Como he poſsiuel? Iap. Icadeca naranya?

Quippe. Lus. Por que. Iap. Yuyeni. ¶ Item, Certamente. Iap. Macotoni.

Quippinni, apud antiq. Lus. Por que não? Iap. Icadeca arazaranya?

Quiritatio, onis. Lus. Pranto. Iap. Xǔtá, naqi, nagueqi.

Quiritâtus, us. Lus. Clamor, choro. Iap. Naqi, ſaqebi.

Quirîtes, tum, l, tium. Lus. Romanos. Iap. Romajinno ſômiǒ nari.

Quirîto, as, l, Quirîtor, aris. depon. Lus. Chorar gritando. Iap. Naqi ſaqebu. ¶ Item, Pedir ſocorro. Iap. Cǒriocuuo tanomu.

Quis, qui, quæ, quod, l, quid. Lus. Quẽ, ou que couſa? Iap. Tarezo, nanizo? ¶ Item, O qual, a qual, o que ¶ Item, Qual. Iap. Nanitaru. ¶ Item, Quam grande. Iap. Icabacari, icafodo.

Quiſnam. Lus Que, l, quem he? Iap. Taſo, l, nanzo?

Quiſquam, l, quiſpiam. Lus. Algum. Iap. Izzurezo.

Quiſque. Lus. Cada hũ, l, qualquer. Iap. Fitogoto, l, monogoto.

Quiſquiliæ, arũ. Lus. Caſcas, folhas, e garauatos, &c que cayẽ das aruores. Iap. Cozuye yori vochi chiru careba igueno taguy. ¶ Itẽ, Lixo, ou ciſco. Iap. Gomocu, faqicuzzu.

Quinquilium, ij. Lus. Hũa aruore. Iap. Qi no na.

Quiſquis. Lus. Tudo o q̃. Iap. Izzuremo, tarenitemo.

Quiuis. Lus. Quemquerque. Iap. Izzurenitemo.

Quò. Lus. Quanto. Iap. Fodo. ¶ Item, Pera onde? Iap. Izzucuye? ¶ Aliqn̄. Pera que. Iap. Tame, nannoyôzo, l, nannoye qizo? ¶ Item, Porque. Iap. Niyotte.

Quo ad. Lus. Ate que. Iap. Made. ¶ Itẽ, Em quãto. Iap. Fodoua, l, aidaua, l, ataru tocoroua. ¶ Item, Ate quando? Iap. Itçumadeca? ¶ Item, Quanto? Iap. Icabacari, l, icafodoca?

Quoad eius. Lus. Quãto. Iap. Fodo. vt quo ad eius facere poſsis.

Quoaduſque. Lus. Ate que. Iap. Madeua.

Quoaxare. vide coaxare.

Quo circa. Lus. Portanto, l, poloque. Iap. Coreniyotte, conoyuyeni, fodoni.

Quod. Lus. O que, l, que couſa. Iap. Cotouo, l, uo. ¶ Item, Quanto ao que. Iap. Tocoroua. vt vareni ataru tocoroua. ¶ Item, Em que. Iap. Nanigotoni. ¶ Item, Porque. Iap. Niyotte. ¶ Item, Pera que. Iap. Tameni. ¶ Quod ſi. Lus. Mas ſe. Iap. Sarinagara.

Quodámodo, adu. Lus. Dalgũa maneira. Iap. Voyolo, yoppodo.

Quodcunque. Lus. Tudo o que. Iap. Fodono coto.

Quóminus. Lus. Que não, por q̃ não. Iap. Zu xiteua. vt yucazuxiteua canǒmaji.

Quómodo. Lus. De que modo? Iap. Icanto xiteca. ¶ Itẽ, Da maneira que, l, como. Iap. Icaga, naniyoyǒni.

Quomodocunque. Lus. De qualquer modo. Iap. Nanito naritomo, l, icayǒnimo.

Quonam. Lus. Pera onde. Iap. Izzucuye, l, dochiye.

Quondam. Lus. Antigamẽte. Iap. Sonocami, l, inixiye, mucaxi. ¶ Item, Em algum tempo. Iap. Itçuzo. ¶ Aliqn̄. Ao diante. Iap. Cono igo. ¶ Itẽ, Sempre. Iap. Itçumo. ¶ Item, Ao preſente. Iap. Tǒji.

Quoniam. Lus. Por q̃. Iap. Niyotte, yuyeni. ¶ Item, Depois que. Iap. Nochi, cara.

Quoquam. Lus. A algum lugar. Iap. Izzucuyemo.

Quoque. Lus. Tambem. Iap. Mo, l, momata. ¶ Itẽ, Semelhãtemẽte. Iap. Vonajiqu.

Quoquò, adu. Lus. A qualquer lugar. Iap Izzucuye naritomo.

Quoquoverſus, l, Quoquo verſum. Lus. Pera todas as partes. Iap. Izzucatayemo, l, xoſǒye.

Quor-

Quorſum. Lus. Pera onde. Iap. Izzucuye, l, dochiraye, l, dochiye. ¶ Item, A que propoſito? Iap. Nanoyuyenica? l, nanoyŏni?

Quorſus. Idem.

Quot. Lus. Quãtos, l, quãtas. Iap. Icura, icutçufodo, l, fodo, l, icutari.

Quotannis. Lus. Cada ano. Iap. Toxigoto, l, mainen.

Quotennis, e. Lus. De que anos? l, de que idade? Iap. Izzureno toxi? l, nannen? nanzai?

Quotênus, a, um. Lus. Quantos? Iap. Icaſo dono, l, içurano mono.

Quotidianus, a, um. Lus. Couſa de cada dia. Iap. Mainichino coto, fibino coto. ¶ Item, per transl. Couſa ordinaria. Iap. Tçuneno coto.

Quotidie. Lus. Cada dia. Iap. Mainichi, l, fibini, figotoni.

Quotidianò, l, Quotidio, apud veteres. Idẽ.

Quoties, l, quotiens, adu. Lus. Quantas vezes. Iap. Icutabi.

Quotieſcunq;. Lus. Todas as vezes que. Iap. Tabigotoni.

Quotquot, l, quotcunque, l, quotlibet. Lus. Todos quantos. Iap. Fodono. Vt, qitaru fodono fito. ¶ Item, Todos. Iap. Gotoni. ¶ Quotquot annis. Lus. Todos os anos. Iap. Toxigotoni.

Quŏtuplex, icis. Lus. De quãtas maneiras, ou modos. Iap. Icuſama, l, icuxina.

Quótuplus, a, um. Lus. Quanto em dobro? Iap. Nanzŏbai? ¶ Item, Quantos. Iap. Icáfodo, l, icura.

Quotus, a, um. Lus. Quantos? Iap. Icafodo? icutçufodo. ¶ Item, Quam grande. Iap. Nanbŏfodo.

Quotuſquiſque. Lus. Qué, quantos? Iap. Tarezo? icafodo, l, icura.

Quòuis, adu. Lus. Pera onde quer que. Iap. Izzucuye naritomo.

Quouſque. Lus. Ate quã lo. Iap. Itçumade. ¶ Item, Ate onde. Iap. Izzucumade.

Quum, adu. Lus. Quando. Iap. Toqini. ¶ Item, Porque. Iap. Niyotte. ¶ Aliqñ. Poſto que. Iap. Tatoi, toyŭtomo, toiyedomo.

Quum primùm. Lus. Tanto que. Iap. Totomoni, tachimachi, ſocujini.

DE INCIPIENTIBVS Á LITERA R.

Ábidè, adu. Lus. Raiuoſamẽte. Iap. Fanafada icatte, l, xinyuo motte.

Rábidus, a, um. Lus. Doente de raiua como cão. Iap. Xinuo moyaſu yamaiuo vqetaru mono. ¶ Item, Agaſtado, furioſo. Iap. Fanafada icaritaru mono.

Rabies, éi. Lus. Raiua doença de cães. Iap. Inuni tçuqu yamaino na. ¶ Item, Furioſo agaſtamento. Iap. Fanafadaxij icari.

Rabia, æ. apud antiq. Idem.

Rabio, is. Lus. Acenderſe em ira. Iap. Fanafada icaru.

Rabiosè, adu. Lus. Cõ raiua, e agaſtamento. Iap. Fanafada icatte.

Rabioſus, a, um. Lus. Raiuoſo como cão danado, ou mordido delle. Iap. Inuni tçuqu, l, aru yamaiuo vqetaru mono. ¶ Item, per transl. Agaſtado, furioſo. Iap. Fanafada icaritaru mono.

Rabióſulus, a, um, dimin. Idem.

Rábula, æ. Lus. Auogado na demanda. Iap. Fitoni yatouare, tano cujiſatauo vqetori atçucŏ fito.

Racemarius, a, um. Vt racemarius malleolus. Lus. Ramo de vide eſteril, ou que da pouco fruito. Iap. Mino narazaru budŏno yeda, ſafodo mino narazaru budŏno yeda. ¶ Item, Parra da vide. Iap. Budŏno vacadachi.

Racematio, onis. Lus. Rabiſco. Iap. Budŏno qirinocoxino fuſauo torucotouoyŭ.

Racematus, a, um. Lus. Couſa que tem cachos. Iap. Budŏno fuſano gotoqu naru mino arumono.

Racémifer, a, um. Lus. Couſa que dá, ou traz cachos de vuas, &c. Iap. Budŏno fuſano gotoqu naru miuo xŏzuru mono.

Racemŏſus, a, um. Lus. Couſa chea de cachos

chos de vuas, &c. Iap. Budŏno gotoqu naru mono.

Racêmus, i. Lus. Cacho de vuas, &c. Iap. Budŏ nadono fusa.

Racha. Vox est irati animi commotionem significans.

Radians, antis. Lus. Cousa que deita desi rayos. Iap. Ficariuo fanatçu mono, l, cacayaqu mono.

Radiatio, onis. Lus. O deitar desi rayos. Iap. Ficariuo fanatçu coto nari.

Radiatus, a, um. Lus. Cousa que tem, ou deita rayos. Iap. Ficariuo fanatçu mono.

Radicatus, a, um. Lus. Cousa arreigada. Iap. Neuo saxitaru coto.

Radícitus, adu. Lus. De raiz. Iap. Ne yori, l, necara. ¶ Item, per transl. Totalmente. Iap. Cotogotocu.

Radîco, as, l, Radîcor, aris. Lus. Deitar raizes. Iap. Neuo sasu.

Radicôsus, a, um. Lus. Cousa de muitas raizes. Iap. Neuo vouoqu sasu mono.

Radícula, æ. Lus. Raiz pequena. Iap. Fosoqi ne. ¶ Item, Hũa erua. Iap. Cusano na.

Radio, as. Lus. Resplandecer. Iap. Cacayaqu, l, ficariuo fanatçu.

Radior, aris. Lus. Ser allumiado, ou ornado cõ rayos. Iap. Teri cacayaqu.

Radiosus, a, ũ. Lus. Cousa que lãça muitos rayos. Iap. Fanafada ficariuo fanatçu mono.

Radius, ij, Lus. Rayo. Iap. Fiaxi. ¶ Item, Hũ instrumento dos geometras. Iap. Geometratoyũ gacumonni iru dŏguno na. ¶ Item, Linha, ou risca. Iap. Sumi nado nite fiqu sugi. ¶ Item, Lançadeira de tear. Iap. Fatauo votu fi. ¶ Item, As traues sas da roda do carro. Iap. Curumano vada chi. ¶ Item, Rasoura das medidas. Iap. Comeuo facaru tocaqi. ¶ Item, Hũ genero de azeitona. Iap. Aru qinomino na. ¶ Aliqñ. Hũ ossinho do cotouelo. Iap. Figino sobani aru chijsaqi fone. ¶ Item, per transl. Lume dos olhos. Iap. Me cara izzuru fi.

Radix, icis. Lus. Raiz. Iap. Sŏmocuno ne, ¶ Radices montis. Lus. Pé do monte. Iap. Yamano fumoto. ¶ Radices agere. Lus. Lançar raizes. Iap. Neuo saiu. ¶ Item, Corroborarse. Iap. Tçuyoru.

Rado, is, si, sũ. Lus. Alimpar, rapar, ou rapar. Iap. Cami, figuuo soru. Arayouo cosoguru, qiyomuru. ¶ Itẽ, Esgrauatar. Iap. Foru. ¶ Radere aures. Lus. Offender ás orelhas com algum dito mal soante. Iap. Mimini sacŏ cotouo yũ.

Rádula, æ. Lus. Rapadoura de ferro. Iap. Suqinarinixite saqini fauo tçuqe monouo cosoguru dŏguno na.

Rágades, vide Rhagades.

Raia, æ. Lus. Peixe raya. Iap. Yeino vuo.

Ralla, æ. Lus. Hũ certo vestido. Iap. Aru yxŏno na.

Rallum, i, Lus. Hum ferro pera alimpar a relha do arado. Iap. Carasuqini tçuitaru tçuchiuo votosu dŏguno na.

Ramâle, is. Lus. Ramo inutil que se corta da aruore. Iap. Yacuni tatazuxite qirisutetaruru jumocuno yeda.

Ramẽtũ, i. Lus. Raspadura de qualquer cousa. Iap. Qiricuzzu, suricuzzu. ¶ Itẽ, Aquillo que os rios comẽ, ou gastão dos lugares, por onde corrẽ. Iap. Mizzuni voxi nagasaruru tçuchi, suna, chirinadono taguy.

Rameus, a, um. Lus. Cousa de ramo. Iap. Qino yedani ataru coto. (sa.

Ramex, icis. Lus. Potra doẽça. Iap. Ximocu

Ramicosus, a, um. Lus. Doente desta doẽça. Iap. Ximocuuo vazzurŏ mono.

Ramosus, a, um. Lus. Cousa chea de muitos ramos. Iap. Yedano xigueqi qi nado.

Ramulosus, a, um. dimin. Idem.

Ramus, i. Lus. Ramo. Iap. Qino yeda.

Ramúsculus, i. dimin. Idem.

Rana, æ. Lus. Raã. Iap. Cairu, cauazzu. ¶ Itẽ, Sapo. Iap. Fiqigairu. ¶ Itẽ, Hũa doẽça debaixo da lingoa. Iap. Cojitano yamai.

Ranceo, es. Lus. Ser rançoso, ou podre. Iap. Xocubutu soconete nodo tatagaraxi, l, cusarite axiqu niuŏ.

Rancesco, is. Lus. Ir apodrecendo, ou fazerse rançoso. Iap. Cusariyuqu, tatagarŏnaru.

Ráncidè, adu. Lus. Rançosamẽte. Iap. Tatagaraqu

garaqu. ¶ Item, impropriamente. Iap. Busôuôni.

Rácidus, a, um. Lus. Cousa rançosa, e podre. Iap. Tatagaraqi coto, furũ narite axiqi niuoi, agiuaino cauoritaru coto. ¶ Item, Cousa desagradauel. Iap. Qimusaqi coto.

Rancidulus, a, um. dim. Idem.

Ranco, as. Lus. Bramar o tigre. Iap. Tora vôbuqu, l, foyuru.

Rancor, oris. Lus. Ranço. Iap. Xocuno furuqu, l, cusaricaru niuoi, agiuai.

Ranúnculus, i. Lus. Rãa pequena. Iap. Chijsaqi cairu. ¶ Item, Hũa erua. Iap. Cusa no na.

Rapa, æ. Lus. Nabo. Iap. Cabura, na.

Rapacia, orum. Lus. Grelos, ou nabiças. Iap. Cucutachi, l, yauaracanaru nano fa.

Rapácitas, atis. Lus. O arrebatar muito. Iap. Midarini monouo vbaitoru cotouo yũ.

Rapáciter, adu. Lus. Arrebatádo. Iap. Vbai totte.

Rapax, acis. Lus. O que muito arrebata, ou rouba. Iap. Monouo musabori toru cotouo suqu mono. ¶ Rapax procella. Lus. Tempestade furiosa, e desfeita. Iap. Taifũ.

Raphanitis, tidis. Lus. Hũa erua. Iap. Cusa no na.

Râphanus, i. Lus. Rabão. Iap. Daicon.

Rápidè, adu. Ligeiramente, arrebatadamente. Iap. Icanimo fayaqu, icanimo socuxit ni, tonni.

Rapiditas, atis. Lus. Velocidade. Iap. Socuxit.

Rápidus, a, um. Lus. Cousa ligeira, e de arrebatado impeto. Iap. Icanimo fayaqi coto. Vt, tenpi, inazzuma nado.

Rapîna, æ. Lus. Nabal, ou orta de rabaós. Iap. Nabataqe, daiconno fataqe. ¶ Item, Os nabos, ou rabaós que nacem juntos na mesma orta. Iap. Ixxoni vuaritaru na, l, daicon. ¶ Item, Roubo, ou cousa furtada. Iap. Nusumimono.

Rapinator, oris. Lus. Roubador. Iap. Monouo musabori toru mono, antiquum est.

Rapio, is, pui, ptum. Lus. Tomar por força, ou arrebatar. Iap. Vbaitoru. ¶ Item, Forçar ás virgens. Iap. Imada vottono michi uo xiranu nhoninuo sucumete vocasu. ¶ Rapere aliquem in ius. Lus. Forçar alguem que apareça em juizo. Iap. Fitoa uo qendanno mayeye idezu xite canaunu yôni suru. ¶ Rapere ad pœnam. Lus. Castigar a algué. Iap. Xeccan suru. ¶ Rapere aliquem in inuidiam. Lus. Fazer odioso a alguem. Iap. Nicumasuru. ¶ Rapere ad disciplinam. Lus. Atrahir ao conhecimento das sciencias. Iap. Gacumon ni fiqi iruru.

Rapo, onis. Lus. Roubador. Iap. Musaborı toru fito, zocu.

Raptim, adu. Lus. Arrebatando com presteza. Iap. Icanimo fayaqu vottotte. ¶ Itẽ, Ligeiramente. Iap. Icanimo fayaqu.

Raptio, onis. Lus. O roubar, ou tomar por força. Iap. Monouo musabori toru, l, nusumu coto nari.

Rapto, as. Lus. Arrastar. Iap. Ficozzuru. ¶ Itẽ, Arrebatar, ou tomar por força frequentemente. Iap. Xiguequ musabori toru, vottoru.

Raptor, oris. Lus. O que rouba, ou arrebata. Iap. Musabori toru mono, zocu.

Raptum, i. Lus. Cousa furtada, ou roubo. Iap. Nusumimono.

Raptûra, æ. Lus. O arrebatar. Iap. Monouo musabori toru cotouo yũ.

Rápulum, i. Lus. Nabo pequeno. Iap. Chijsaqi cabura.

Rapum, i. Lus. Nabo. Iap. Cabura, na.

Rapúnculus, i. Lus. Hũa erua. Iap. Cusano na.

Rarè, adu. Lus. Raramente. Iap. Mareni. ¶ Item, Ralamente. Iap. Mabarani, araqu.

Rarefacio, is. Lus. Fazer ralo. Iap. Vsuqu nasu, l, susasu.

Rarefactus, a, um. Lus. Cousa feita rala. Iap. Araqu, l, vsuqu nasaretaru mono.

Rarefio, is. Lus. Fazerse ralo. Iap. Vsuqu naru, l, suqu.

Rarenter, aduerb. Lus. Raramente. Iap. Mareni.

Ra-

Raresco, is. Lus. Fazerse ralo. Iap. Vsuqu naru, araqu naru.
Rarpilus, a, ũ. Lus. Cousa de cabelos ralos. Iap. Vsuqu, l, mabaraní qeno aru mono.
Raritas, atis. Lus. O ser raro, l, pouquidade. Iap. Marenaru cotouo yũ. ¶ Item, Raleza. Iap. Vsuqi cotouo yũ.
Raritudo, inis. Idem.
Raro, adu. Lus. Raramente. Iap. Mareni.
Raro, as. Lus. Fazer rala algũa cousa. Iap. Araqu, l, vsuqu nasu, l, sucasu.
Rarus, a, um. Lus. Cousa rara. Iap. Mare naru coto. ¶ Item, Cousa rala. Iap. Vsuqi coto.
Rasilis, le. Lus. Cousa facil de raspar, ou rapar. Iap. Sori, l, cosogui yasuqi mono. ¶ Item, Cousa lisa, ou polida. Iap. Teuo comete qezzuri migaqitaru coto.
Rasito, as. Lus. Rapar a meude. Iap. Xiguequ, l, tabitabi figue, cami nadouo soru, l, monouo cosoguru.
Rasores, orum. Lus. Barbeiros. Iap. Figue, camino sorite. ¶ Item, per transl. Tangedores de viola. Iap. Biua fiqi.
Rasorius, a, um. Lus. Cousa que pertence a rapar como naualha, &c. Iap. Figue, camiuo sotu cotoni ataru coto. vt camisori nado. ¶ Culter rasorius. Lus. Naualha. Iap. Camisori.
Rastrum, i. Lus. Ancinho. Iap. Vmaguua, l, sarai. ¶ Item, Hum instrumento de escauar as arbores. Iap. Iumocuno neuo coxirayuru cuuano ru.
Rastellum, i. diminut. Idem. ¶ Item, Sacho. Iap. Coguua, l, catateno tçucǒ cuua.
Rasura, æ. Lus. O rapar. Iap. Figue, cami nadouo soru coto nari.
Rasus, a, um. Lus. Cousa rapada, ou raspada. Iap. Qezzuri migaqitaru coto, l, soraretaru coto.
Ratiarius, ij. Lus. Barqueiro de jangada. Iap. Icadauo cudasu fito.
Ratifico, as. Lus. Aprouar, e cõfirmar o feito. Iap. Yoqito votoxi tçuquru.
Ratio, onis. Lus. Entendimento. Iap. Anima no xiannuo megurasu xei. ¶ Item, Rezão. Iap. Dǒri. ¶ Aliqñ. Cuidado, ou conta. Iap. Cocorogaqe. ¶ Itẽ, Causa. Iap. Yuye. ¶ Item, Maneira, & modo. Iap. Michi, yǒdai. ¶ Item, Conta. Iap. Sanyǒ. ¶ Item, Proporção de numeros, &c. Iap. Cazuno tagaini tçuriyǒ suru cotouo yũ. ¶ Habere rationem cum aliquo. Lus. Ter negocios que tratar com alguem. Iap. Yojinto tomoni sata, l, subeqi gui ari. ¶ Rationē inire. Lus. Achar modo de fazer algũa cousa. Iap. Monouo suru michi, l, yǒuo mitçuquru. ¶ Ratio constat. Lus. A rezão parece justa. Iap. Guonmona dǒri gia. ¶ Ad rationem nostrorũ temporum. Lus. Em comparação destes tempos dagora. Iap. Todaini curabete.
Ratiocinatio, onis. Lus. O arrezoar com o entendimento pera fazer, ou não fazer algũa cousa. Iap. Monouo xenca, xemajica to xiannuo megurasu coto nari. ¶ Itẽ, Syllogismo, ou argumento. Iap. Monouo ronji sadamuru cotouari.
Ratiocinatiuus, a, um. Lus. Cousa pertencente a raciocinio, ou fazer ento. Iap. Monouo ronji sadamuru cotouarini ataru coto.
Ratiocinator, oris. Lus. Contador. Iap. San canja, l, sanyǒxa.
Ratiocinium, ij. Lus. Conta. Iap. Sanyǒ.
Ratiocinor, aris. Lus. Arrazoar, ou por rezões colligir algũa cousa. Iap. Dǒriuo can gayete xianuo vachi ayuru. ¶ Item, Fazer contas. Iap. Sanyǒ suru.
Rationabilis, e. Lus. Cousa de rezão, ou racional. Iap. Iefiuo tadasu xeiuo mochitaru mono. ¶ Itẽ, Cousa conforme á rezão. Iap. Dǒrini canaitaru coto.
Rationale, is. Lus. Hum vestido sacerdotal de que vsauam os Pontifices dos Iudeos. Iap. Iudeono Sacerdoteno tçucasa gǒguiǒ no toqi chacuxitaru xǒzocuno na.
Rationalis, e. Lus. Rational, e capaz de rezão. Iap. Ien acuuo dǒriuo tadasu xeino sonauaritaru mono. ¶ Rationales officiales. Lus. Officiaes a que ainda se não tomou residencia do que fizeram no cargo. Iap. Xuxinno mayeni iisada cangio xe-

xezaru buguiŏ, daxeran.

Rationarium, ij. Lus. Liuro de contas. Iap. Nicqi, chŭmon.

Rationarius, a, um. Lus. Cousa de contas. Iap Sanyôni ataru coto.

Ratis, is. Lus. Iangada. Iap. Icada. ¶ Item, Huma nauio. Iap. Taixenno taguy.

Ratiuncula, æ. Lus. Rezão de pouco momento. Iap. Asaqi dôri, l, rini tataru fodono dôri. ¶ Item, Conta de pouco dinheiro. Iap. Cozanyô.

Ratus, a, ũ. Lus. Cousa firme, e estabil. Iap. Suuaritaru coto, sagirocazaru coto. ¶ Ratum aliquid habere. Lus. Aprouar. Iap. Yoqito susuru. ¶ Ratum facere. Idem. ¶ Pro rata, l, Pro rata parte. Lus. Proporcionadamente. Iap. Meimeini ataru bunni. ¶ Pro rata portione. Lus. Conforme à quãtidade da cousa. Iap. Bunrŏni xitagatte. ¶ Ratæ preces. Lus. Rogos ouuidos. Iap. Qiqivaqeraretaru soxô.

Rauca, æ. Lus. Bicho que come a raiz das arvores. Iap. Qino neuo curŏ muxino na.

Rauceo, es, cui. Lus. Estar rouco. Iap. Coye caretari.

Raucesco, is. Lus. Enrouquecer. Iap. Coyega caruru.

Raucisonus, a, um. Lus. Cousa de rouco som. Iap. Caretaru coyeuo idasu mono.

Raúcitas, atis. Lus. Rouquidão. Iap. Coyeno caretaru cotouo yù.

Raucêdo, inis. Idem.

Raucus, a, um. Lus. Rouco. Iap. Coyeno caretaru mono. ¶ Item, Cansado. Iap. Tçucaretaru mono.

Raudus, l, Rodus, l, Rudus, a, ũ. Lus. Cousa tosca, e imperfeta. Iap. Coxirayezaru mono, teuo tçucusazaru mono. ¶ Item, Metal por bater em moeda. Iap. Ienini yzaru cane.

Raudusculum, siue Rudusculum, i. dimi. Idem. ¶ Item, Moeda batida. Iap. Ieni ni ytaru cane.

Rauidus, a, um. Lus. Cousa de cór de ceo. Iap. Tenno iro, l, auoqi ironaru mono.

Rauiliæ, arum. Lus. Os que tem os olhos entremorados, e verdes. Iap. Neco manacouo mochitaru mono.

Rauio, is. Lus. Enrouquecer. Iap. Coyega caruru.

Rauis, is. Lus. Rouquidão. Iap. Coyeno caretaru cotouo yŭ.

Rauiscellus, a, um. dim. Lus. Cousa de cór entremorado, e verde. Iap. Vme, l, xibucha nadoni nitaru ironaru mono.

Rauus, a, um. Lus. Cousa rouca. Iap. Coyeno caretaru mono. ¶ Item, De cór entre loura, e preta, ou morada, e verde. Iap. Vme, l, xibucha nadonŏ ironi nitaru mono.

R ANTE E.

REædifico, as. Lus. Reedificar. Iap. Saicô suru. ¶ Reædificare meritum. Lus. Recompensar as boas obras. Iap. Vonuo fôxa suru.

Reapse. Lus. Na realidade. Iap. Macotoni, fitgiŏ.

Reatus, us. Lus. Estado, e condição do reo. Iap. Tadaxiteno mayeni ytta yeraretaru fitono xinxô.

Rebellator, oris. Lus. Rebelde. Iap. Mufonnin, l, guiacuxinuo cuuatatçuru mono.

Rebellatrix, icis. fœm. Idem.

Rebellio, onis. Lus. Rebelião. Iap. Mufon, guiacuxin. ¶ Item, O renouar a guerra. Iap. Futatabi yumiyauo vocosu coto nari.

Rebellis, e. Lus. Rebelde. Iap. Mufonjin, guiacuxinuo cuuatatçuru mono.

Rebellium, ij. Lus. Rebelião. Iap. Mufon, guiacuxin.

Rebello, as. Lus. Rebelar. Iap. Mufon suru, guiacuxinuo cuuatatçuru. ¶ Item, Renouarse as feridas, ou outros males. Iap. Saifot suru.

Rébito, as. Lus. Tornar dalgũa parte. Iap. Modoru, cayeru.

Réboo, as. Lus. Mugir o boy. Iap. Vxiga foyeru. ¶ Item, per transl. Retumbar. Iap. Voforoxiqu nari fibiqu, l, nari yataru.

Recálcitro, as. Lus. Tirar couces. Iap. Fanuru.

Recalco, as. Lus. Recalcar. Iap. Monouo co-

comi ituru, voxi iruru.

Recaleo, es. Lus. Estar quente. Iap. Atatamatte yru.

Recalesco, is. Lus. Aquentarse outra vez. Iap. Casanete atatamaru.

Recalfacio, is. Lus. Requentar. Iap. Casanete atatamuru.

Recaluus, a, um. Lus. Meyo caluo. Iap. Fan bun fodo camino nuqetaru fito.

Recaluaster, tri. dim. Idem.

Recandesco, is. Lus. Tornarse a acender, ou inflamar como fogo algũa cousa. Iap. Ixi, cane nado futatabi acaqu yaquru. ¶ Itẽ, Requentarse. Iap. Casanete atatamaru. ¶ Aliqñ. Fazerse branco. Iap. Xiroqu naru. ¶ Ira recandescere. Lus. Tornarse a agastar. Iap. Casanete icariuo vocosu.

Récano, is, cinui, centum. Lus. Cantar, ou responder ao que outro canta. Iap. Rongui suru, l, naqivŏ.

Recantatus, a, um. Lus. Cousa de que nos tornamos a desdizer por ser mal dita. Iap. Yoqu iy nauoxitaru coto.

Recanto, as. Lus. Desdizerse. Iap. Yoqu iy nauosu. ¶ Item, Responder ao que outro canta. Iap. Rongui suru, caqetçu, cayeitçu vtŏ. ¶ Item, Encantar. Iap. Majutuo voconŏ, l, majinaiuo motte docuja nadouo sucumu yŏni nasu. Plin.

Recêdo, is. Lus. Apartarse. Iap. Touozacaru, fanaruru. ¶ Item, Tornar. Iap. Modoru, cayeru. ¶ Aliqñ. Mingoar. I. p. Feru. Vt faraga feru. ¶ Itẽ, Desunirse. Iap. Cui chigŏ. ¶ Recedere ab officio. Lus. Não cõprir cõ sua obrigação. Iap. Vaga yacu, l, curaini niyauazaru furumaiuo nasu, l, vaga yacuuo tçutomezu, l, fonyuo somucu. ¶ Recedere à conditione. Lus. Mudar o stado. Iap. Xindaiuo cayuru. ¶ Recedere à vita. Lus. Morrer. Iap. Xisuru.

Recello, is. Lus. Tornar a tras a outra cousa. Iap. Fiqicayesu. ¶ Item, Deprimir, ou abaixar. Iap. Voxitçuquru, voxi saguru.

Recens, entis. Lus. Cousa fresca, ou noua. Iap. Ataraxiqi coto. ¶ Item, Descansado, ou o q̃ vẽ de refresco como soldados &c. Iap. Curçuroide yru mono. vt Recens miles. Lus. Soldado de refresco. Iap. Arateno buxi.

Recẽns, adu. Lus. De nouo, pouco ha. Iap. Ataraxŭ, chicŏ.

Recenseo, es. Lus. Coligir, ou resumir a summa dalgum numero. Iap. Cazuno tçugŏuo aguru. ¶ Itẽ, Contar, ou referir algũa cousa. Iap. Arixi cotouo cataru.

Recensio, onis. Lus. Alardo, ou resenha. Iap. Ninjuno tçugŏuo auasuru coto nari. ¶ Item, O aualiar das fazendas que se fazia em Roma cada cinco anos. Iap. Mucaxi Roma nite gonengotono qenchi, l, chiguiŏ, cazai, xindai, dŏgu igueuo chŏni tçuqexi coto nari.

Recensitus, a, um. Lus. Cousa reuista, ou recontada. Iap. Naicau xitaru coto, mimauaxitaru coto.

Recensus, a, um. Idem.

Recensus, us. Lus. O fazer alardo de gente, etc. Iap. Ninju nadono tçugŏuo auasuru coto nari.

Recenter, adu. Lus. De nouo, pouco ha. Iap. Ataraxŭ, chicŏ.

Recentor, aris. Lus. Renouarse. Iap. Aratamaru.

Receptáculum, i. Lus. Lugar onde se recolhe algũa cousa. Iap. Monouo vquru tocoro, l, vtçuuamono. ¶ Item, Lugar de refugio. Iap. Niguedocoro.

Receptator, oris. Lus. Encobridor de ladroens, ou furtos. Iap. Nusubito, l, nusumi monouo cacuxi voqu mono.

Receptio, onis. Lus. Recebimento. Iap. Vquru coto nari.

Receptitius, a, um. Lus. Cousa que o dono reserua pera si das cousas q̃ vẽde, ou aliena. Iap. Vrimonono vchi yori vaga tameni nocoxi voqu mono. ¶ Receptitius seruus. Lus. Escrauo que a molher casada retem pera si quando da o dote ao marido. Iap. Yome iriuo xitaru vonna vatacuxino yŏni tçuco yatçuco. ¶ Receptitia dos. Lus. Dote que hũ dá cõ cõdição que depois do do matrimonio, desfeito o tornem a sua mão. Iap. Votto xixitaruni voiteua, tori cayesinote, vonnano cata yori vatasu tacara.

Recepto, as. freq. Lus. Receber a meude. Iap. Xiguequ monouo vquru.

Receptor, oris. Lus. Encubridor de ladrões, & furtos. Iap. Nusubito, l, nusumi monouo cacuxi voqu mono.

Receptrix, icis. fœm. Idem.

Receptum, i. Lus. Promessa. Iap. Yacusocu, yacudacu.

Receptus, a, um. Lus. Cousa recebida. Iap. Vqetaretaru coto. ¶ Recepti in ciuitatem. Lus. Os q̃ por votos forã feitos cidadãos. Iap. Fitobitono dôxinni yotte zaixono giũninni nasaretaru mono.

Receptus, us. Lus. O retirarse da batalha. Iap. Gunginnite fiqixirizoqu cotouo yũ. ¶ Itẽ, Lugar seguro õde se recolhe o exercito. Iap. Xexxo, yôgaino yoqi tocoro. ¶ Receptui signũ dare, l, canere receptui. Lus. Dar final a recolher os soldados. Iap. Gunginnite fiqigai, l, vchijregaiuo fuqu. ¶ Itẽ, Canere receptui. Lus. Apartarse. Iap. Xirizoqu.

Recessus, us. Lus. O apartarse, ou retirarse. Iap. Tocorouo sari fanaruru cotouo yũ. ¶ Item, Retraimento, ou lugar retirado. Iap. Xizzucanaru tocoro, fitono cayoino sucunaqi tocoro. ¶ Recessus oculi. Lus. Concauidade do olho. Iap. Memoto. ¶ Recessus animi. Lus. Pensamentos recõditos. Iap. Nenrio, cocorono soconi vomô cotouo yũ.

Recidiuus, a, um. Lus. Cousa q̃ torna a cair. Iap. Futatabi votçuru mono. ¶ Febres recidiuæ. Lus. Febres em que tornamos a recair. Iap. Saifot suru necqi.

Récido, is, idi, casum. Lus. Tornar a cair. Iap. Futatabi votçuru, saifot suru, l, vochi cayeru. ¶ Itẽ, Cair pera tras. Iap. Auonoqini tauoruru.

Recîdo, is, idi, isum. Lus. Cortar. Iap. Qiru.

Recingo, is, xi, nctum. Lus. Descingir. Iap Vobi, l, fimouo toqu.

Recinium, ij. Lus. Hũ genero de vestido. Iap. Xôzocuno taguy.

Récino, is, nui, entum. Lus. Tornar a cantar. Iap. Vtai cayesu. ¶ Item, Cantar frequentemente. Iap. Xiguequ vtŏ.

Recipio, is, epi, eptum. Lus. Recobrar, ou tornar a tomar. Iap. Toricayesu, motome cayesu. ¶ Item, Receber. Iap. Vquru. ¶ Aliqñ. Tornar a chamar. Iap. Yobicayesu. ¶ Item, Pôr em saluo, liurar. Iap. Tasuquru, nogasu. ¶ Item, Recolherse, ou partirse. Iap. Vtatçu, l, fiqicomu. ¶ Item, Reseruar algũa cousa pera si do que vende. Iap. Vrimononó vchi yori nanninizemo are vaga tameni tacuuayuru. ¶ Itẽ, Prometer. Iap. Yacusocu suru. ¶ Qñq;. Aprouar. Iap. Yoqito qetgiacu suru. ¶ Itẽ, Prohibir ẽ particular. Iap. Bexxite qinjei suru, chôji suru. ¶ Recipere in se. Lus. Tomar sobre si. Iap. Vqetoru, fiqi vquru. ¶ Recipere se. Lus. Tornar em si. Iap. Qiga tçuqu, fitogocochininaru. ¶ Recipere seruum. Lus. Recolher, ou esconder o escrauo em sua casa. Iap. Yatçucouo vaga iyeni cacuxi voqu. ¶ Recipere ensem. Lus. Tornar a tirar a espada da ferida. Iap. Tçuqitatetaru qenuo nuqu.

Recíprocatio, onis. Lus. O tornar ao mesmo lugar pollo mesmo caminho. Iap. Vonaji michi yori cayeru cotouo yũ, cayô cotouo yũ.

Recíproco, as. Lus. Atrahir, e tornar alançar algũa cousa. Iap. Naguecayesu. ¶ Item, Seguirse, ou depender hũa cousa de outra. Iap. Fitotçuno coto aruni voiteua, yono coto naquxite canauazu. Vt, qemuriuo miteua fayaqu core finaru cotouo xiru.

Recíprocus, a, um. Lus. Cousa que toma ao lugar, donde sayo. Iap. Idetaru tocoroye cayeru mono.

Recisamentum, i. Lus. Pedacinho cortado dalgũa cousa. Iap. Monono qire.

Recisio, onis. Lus. O cortar. Iap. Qiru coto nari.

Recîsus, a, um. Lus. Cousa cortada. Iap. Qi

I * ra-

raretaru mono.

Recitatio, onis. Lus. O lérem alta voz. Iap. Cóxôni monouo yomu coto nari.

Recitator, oris. Lus. O que lee em alta voz algũa cousa. Iap. Cóxôni monouo yomu fito.

Recito, as. Lus. Lér em alta voz. Iap. Cóxôni monouo yomu. ¶ Item, Recitar de memoria. Iap. Sorani yũ.

Reclamatio, onis. Lus. O reclamar. Iap. Dôxin xenuto, saqebu coto nari.

Reclâmo, as. Lus. Reclamar. Iap. Dôxin xenuto, saqebu.

Reclámito, as. freq. Idem.

Reclinátus, a, um. Lus. Cousa reclinada, ou encostada. Iap. Yoricacari, necorobitaru mono.

Reclîno, as. Lus. Reclinar, ou encostar pera descansar. Iap. Qiŭsocuno tameni yoricacaraxe necorobasuru.

Reclîuis, e. Lus. Encostado. Iap. Yoricacari necorobitaru mono.

Reclûdo, is, si, sum. Lus. Abrir. Iap. Aqeru, firaqu.

Reclusus, a, um. Lus. Cousa aberta. Iap. Firaqitaru coto, aitaru coto.

Recoctus, a, um. Lus. Cousa recozida. Iap. Futatabini yaqi muxitaru mono.

¶ Scriba recoctus. Lus. Escriuão destro pollo muito vso. Iap. Côuo motte tappitnaru mono.

Recógito, as. Lus. Cuidar atentamente. Iap. Cocorouo tomete xian suru.

Recognitio, onis. Lus. O reconhecer. Iap. Mucaxi mitaru cotouo mixiru coto nari. ¶ Itẽ, Lembrança. Iap. Vomoi idasu cotouo yũ. ¶ Itẽ, O reuer, ou visitar algũa cousa. Iap. Fusocuno ari naxiuo mimô coto nari.

Recognosco, is, oui, itum. Lus. Reconhecer. Iap. Vomoi idasu, mucaxi mitaru cotouo mixiru. ¶ Item, Reuer, ou visitar curiosamente algũa cousa. Iap. Fusocu no ari naxiuo mimô. ¶ Item, Emendar. Iap. Xensacu suru, nauosu. ¶ Recognoscere equitũ turmas, l, exercitum. Lus. Fazer resenha dos soldados. Iap. Ninjuuo cazoyuru, l, chacutŏni fiqi auasuru.

Recólligo, is, egi, ectum. Lus. Recolher em hũ. Iap. Tori atçumuru, torivoqu. ¶ Recolligere animum alicuius. Lus. Aplacar o animo dalguẽ. Iap. Icaru monouo nadamuru. ¶ Recolligere se ab ægritudine. Lus. Recobrar as forças o doente. Iap. Chicarazzuqu, biôjaua motono chicarauo vru.

Récolo, is, lui, cultum. Lus. Laurar a terra outra vez. Iap. Futatabi tagayesu. ¶ Itẽ, per trásl. Polir outra vez, ou limar. Iap. Qi yomuru, migaqu. ¶ Item, Tornar algũa cousa a seu primeiro lustre. Iap. Motono birei, yquŏni nasu. ¶ Item, Recapacitar, ou considerar. Iap. Cocorouo todomete anzuru, cufŭ suru.

Recomminiscor, sceris. Lus. Tornar alembrarse. Iap. Vomoi idasu.

Recompono, is. Lus. Pór outra vez em ordem. Iap. Monono xidaiuo votte voqinauosu.

Recompósitus, a, um. Lus. Cousa posta em ordem outra vez. Iap. Xidaiuo votte voqi nauosaretaru mono.

Reconciliatio, onis. Lus. Reconciliação. Iap. Nacanauori, jugan.

Reconciliator, oris. Lus. O que reconcilia, ou faz amizades. Iap. Nacadachi, l, nacauo nauosu fito.

Reconciliatus, a, um. Lus. Cousa reconciliada. Iap. Naca nauosaretaru mono.

Reconcilio, as. Lus. Reconciliar, ou fazer amizades. Iap. Nacadachi suru, nacauo nauosu. ¶ Reconciliare existimationem. Lus. Cobrar a fama perdida. Iap. Chijocuuo susugui menbocuuo fodocosu.

Reconcinno, as. Lus. Renouar. Iap. Aratamuru.

Recónditus, a, um. Lus. Cousa oculta, ou escondida. Iap. Fucaqi coto, cacuretaru coto.

Recondo, is, di, tum. Lus. Esconder, ou guardar. Iap. Cacusu, tacuuayuru.

Recondûco, is, xi, ctum. Lus. Tornar a alugar algũa cousa. Iap. Mata yatô, l, caru.

Recon

Reconflo, as. Lus. Fundir denouo. Iap. Caneuo fuqinauosu. ¶ Item, per transl. Refazer, l, renouar. Iap. Aratame vru, saicô suru.

Reconuenio, is. Lus. Pôr demanda o reo ao acusador. Iap. Vtta yeraretaru mono vttayetaru mononi cujiuo xicaquru.

Récoquo, is, xi, ctum. Lus. Recozer. Iap. Futatabi niru. ¶ Item, per transl. Polir, & fundir de nouo. Iap. Caneuo fuqinauosu, aratamuru.

Recordans, antis. Lus. O que se lembra. Iap. Vomoidasu mono.

Recordatio, onis. Lus. Lembrança. Iap. Vomoidasu cotouo yŭ.

Recordor, aris. Lus. Lembrarse. Iap. Vomoidasu.

Recrástino, as. Lus. Dilatar de dia em dia. Iap. Miŏnichi miŏnichito monouo noburu.

Recreatio, onis. Lus. Recreação. Iap. Yusan, nagusami.

Recrementum, i. Lus. Fezes, ou excremẽtos de qualquer cousa. Iap. Monono cuzzu, aca.

Recreo, as. Lus. Recrear. Iap. Nagusamuru. ¶ Itẽ, Renouar. Iap. Aratamuru, saicôsuru.

Récrepo, as, pui, itum. Lus. Fazer estrondo, ou resoar. Iap. Votoga suru, naru, fibiqu.

Recresco, is. Lus. Tornar acrecer, ou renacer. Iap. Medatçu, l, futatabi fayuru.

Recrîminor, aris. Lus. Accusar a o accusador. Iap. Vttayeraretaru mono mononi cujiuo xicaquru.

Recrudesco, is, dui. Lus. Renouarse, ou encruecerse. Iap. Saifot suru. ¶ Item, per transl. Exasperarse, tomar força. Iap. Arŏnaru, l, tçuyoru.

Rectà, adu. Lus. Per caminho direito. Iap. Iunroni, suguni.

Rectángulus, a, um. Lus. Cousa de linhas direitas, & iguaes. Iap. Ichiyŏni amatano sugiuo fijtaru coto.

Rectè, adu. Lus. Bem. Iap. Yoqu. ¶ Item, justamente. Iap. Qenbŏni. ¶ Aliqñ. Direitamente. Iap. Suguni. ¶ Item, Si. Iap. Nacanaca, sonobun. ¶ Qñdq;. Seguramente. Iap. Taxicani. ¶ Item, Pacientemente. Iap. Canninxite. ¶ Rectè esse alicui. Lus. Estar bem desposto. Iap. Mubiŏni aru. ¶ Rectè párere. Lus. Não parir monstro. Iap. Catauamonouo vmanu.

Rectio, onis. Lus. Gouerno. Iap. Vosame, saiban, quanrei.

Rectitûdo, inis. Lus. Bondade, ou justiça. Iap. Qenbŏ, l, renchocu.

Rector, oris. Lus. Gouernador. Iap. Vosamete.

Rectrix, icis. fœmi. Idem.

Rectum, i. Lus. Obra perfeita. Iap. Sugurete taxxitaru xosa. ¶ Item, Iustiça, igualdade. Iap. Qenbŏ.

Rectus, a, um. Lus. Cousa direita. Iap. Sugunaru coto. ¶ Item, Cousa boa, & louuauel. Iap. Yoqi coto, fôbi xerarubeqi coto. ¶ Recta via rem narrare. Lus. Contar a cousa como passa. Iap. Arinomama ni mononoyŭ. ¶ Recta cœna, l, recta ab solutè. Lus. Mesa que se dá aos apaniguados & côuictores. Iap. Taijin yori qenin, yoriqini furumauaruru yŭmexi. antiq. ¶ Recta tunica. Lus. Hũ genero de vestido. Iap. Yxŏno raguy. ¶ Rectum intestinũ. Lus. Atripa por onde purgamos. Iap. Daichŏno fu.

Recúbitus, us. Lus. O encostarse, ou deitarse. Iap. Yori cacaru cotouo yŭ.

Récubo, as, bui, itum. Lus. Tornarse a deitar. Iap. Voqi agarite yori mata inuru. ¶ Item, Repousar, ou deitarse. Iap. Fusu, ne corobu.

Recûdo, is, si, sum. Lus. Rebater. Iap. Futatabi vchi neru.

Récula, æ dim. Lus. Cousinha. Iap. Chijsaqi coto, sucoxiqi coto, xôji. ¶ Item, Pouca fazenda. Iap. Xôchiguiŏ, sucoxiqi xotai.

Recumbo, is, bui, itum. Lus. Assentarse á mesa. Iap. Ienuo suuaru, mexino zani tçuqu. ¶ Item, Estar estir. do. Iap. Axiuo funzotte inuru. ¶ Item, Inclinarse. Iap. Catamuqu.

Recuperatio, onis. Lus. O recobrar a cousa perdida. Iap. Vxinaitaru cotouo mata motomuru coto nari.

Recuperatores, orum. Lus. Iuizes delegados. Iap. Tadaxiteno miŏdai.

Recuperatorius, a, um. Lus. Cousa pertencente a juizes delegados. Iap. Miguino yacuxani ataru coto.

Recúpero, as. Lus. Recobrar o perdido. Iap. Vxetaru cotouo motome vru.

Recupio, is, iui, itum. Lus. Desejar muito. Iap. Coi negŏ, fucŏ nozomu.

Recûro, as. Lus. Renouar, ou refazer com diligencia. Iap. Saicŏni saicŏ suru. ¶ Interdum, Curar, e sarar. Iap. Iyasu, nauosu.

Recurro, is. Lus. Tornar a correr. Iap. Mata faxiru, faxiri cayeru. ¶ Item, Correr pera tras. Iap. Faxiri xizaru.

Recurso, as. frequent. Idem.

Recursus, us. Lus. O correr pera tras. Iap. Faxiri xizaru cotouo yŭ.

Recuruatus, a, um. Lus. Cousa arcada, ou curua. Iap. Mague yugametaru coto.

Recuruo, as. Lus. Arcar, encuruar. Iap. Maguru, yugamuru.

Recuruus, a, um. Lus. Cousa muito curua. Iap. Icanimo yugŏdaru coto, magaritaru coto.

Recusatio, onis. Lus. O recusar. Iap. Iitai, xin xacu. ¶ Item, Defensa, ou escusa. Iap. Cacotçuqe, fuxegui.

Recûso, as. Lus. Recusar. Iap. Iitaisuru, iya garu. ¶ Item, Refutar a acusação. Iap. Zansôuo iy firaqu, iy faruquru.

Recussus, a, um. Lus. Cousa rebatida. Iap. Tobicayeritaru coto, atatte cayeritaru coto. ¶ Aliqñ. Cousa batida. Iap. Vtaretaru coto, tatacaretaru coto.

Recussus, us. Lus. Rebatimento, ou reuerberação. Iap. Atatte tobicayeru cotouo yŭ.

Recutio, is, ssi, ssum. Lus. Rebater. Iap. Futatabi vchicayesu.

Recutitus, a, um. Lus. Circuncidado. Iap. Xiji, l, tamaguqino cauauo sucoxi qirare taru mono. ¶ Aliqñ. Cousa esfolada, ou em carne viua. Iap. Vgue noitaru coto, nicuno miyuru nari.

Redabsoluo, is, ui, utum. Lus. Absoluer, ou desatar. Iap. Toqi yurumuru, l, yurusu.

Redactus, us. Lus. Dinheiro que se faz vendendo trigo, ortaliça, fruita, &c. Iap. Gococu, yasai, conomino taguy nadouo vri atçumetaru cane.

Redámbulo, as. Lus. Tornar. Iap. Cayeru.

Rédamo, as. Lus. Amar a quem o ama. Iap. Taixetni vomoi cayesu, vomoiyŏ.

Redandruo, as. Lus. Tornar. Iap. Cayeru. antiq.

Redardesco, is, si, sum. Lus. Tornarse a acender. Iap. Futatabi moye agaru.

Redarguo, is, gui, utum. Lus. Reprehender. Iap. Modoqu, togamuru.

Redaúspico, as. l, Redaúspicor, aris. Lus. Tornar a começar do principio. Iap. Mata ichiban yori fajimuru.

Redditio, onis. Lus. Restituição. Iap. Fenbẽ, l, cayesu coto nari.

Redditus, a, um. Lus. Cousa restituida, ou paga. Iap. Fenben, l, cayesaretaru coto.

Redditus, us. Lus. Renda. Iap. Reŏchi yori voiamuru nengu, l, tocô.

Reddo, is, didi, ditum. Lus. Restituir. Iap. Fenben suru, cayesu. ¶ Item, Dar. Iap. Atayuru. ¶ Aliqñ. Causar, fazer. Iap. Nasu, suru. ¶ Itẽ, Tornar a pôr. Iap. Casane voqu. ¶ Qñq;, Produzir. Iap. Xŏzuru. ¶ Item, Declarar. Iap. Iy arauasu. ¶ Interd. Contar, ou referir. Iap. Cataru, yŭ. ¶ Item, Representar. Iap. Nisuru. ¶ Reddere animam, l, anhelitum Lus. Resfolegar. Iap. Iqiuo tçuqu. ¶ Reddere animum. Lus. Esforçar, ou dar animo. Iap. Qiuo tçuquru, cocorouo tçuyomuru. ¶ Reddere beneficium. Lus. Recompẽsar o beneficio. Iap. Vonuo fôzuru. ¶ Latinè aliquid reddere. Lus. Traduzir algũa cousa ẽ latim. Iap. Latinno cuchini fonyacu suru. ¶ Reddere nomen alicui. Lus. Chamar por seu proprio nome. Iap. Nazaxi yobu.

Redemptio, onis. Lus. O redemir, ou resgatar. Iap. Fudaiuo nogaruru tameni atai uo uo idxfu cotonari. ¶ Item, compra, ou o soborno. Iap. Monouo caitoru coto nari, l, vairouo atayuru cotonari. ¶ Redemptio operis. Lus. O tomar de empreitada. Iap. Nanitemo are jōju furu ni voiteua, icafodono chinuo vqubeqito no yacufocu xite xofauo furu cotouo yũ. ¶ Redemptio vectigaliũ. Lus. O arrendar as fazendas do Rey, &c. Iap. Teivōno chiguiōno tocôuo caitoru coto nari.

Redemptor, oris. Lus. Resgatador, ou redentor. Iap. Ataiuo idaxite fudai yori jiyũni nafu fito. ¶ Item, O que aluga, ou arrenda algũa cousa pera vsar dela. Iap. Chinuo idaxite monouo caru fito. ¶ Itẽ, O q̃ toma de empreitada. Iap. Nanitemo are jōju furuni voiteua, icafodono chinuo vqubeqitono yacufocuuo xite xofauo furu fito. ¶ Redemptores vectigalium. Lus. Rendeiros das fazendas do Rey. Iap. Teivōno chiguiōno tocôuo caitoru fito.

Redeo, is, diui, l, dij, ditum. Lus. Tornar de algum lugar. Iap. Cayeru. ¶ Itẽ, Rẽder a fazenda, &c. Iap. Chiguiō nado yori tocuga izzuru. ¶ Redire in patrios mores. Lus. Tornar a sua liberdade. Iap. Futatabi jiyũuo vru. ¶ Redire in orbem. Lus. Tornar do fim ao principio. Iap. Fataxite yori mata fajimuru. ¶ Redire ad rem. Lus. Tornar ao proposito. Iap. Saxivoqitaru coto, l, monogatariuo mata furu, l, yũ.

Redhibeo, es, bui, itum. Lus. Engeitar a cousa comprada. Iap. Vriteni cayesu. ¶ Itẽ, Restituir. Iap. Cayesu, fenben furu.

Redhibitio, onis. Lus. Restituição. Iap. Cayesu coto nari. ¶ Est etiam Redhibitio actionis nomen, quæ & actio redhibitoria vocatur.

Redhostio, is. Lus. Dar os agradecimentos. Iap. Reiuo furu. antiq.

Rediens, euntis. Lus. O que torna. Iap. Cayeru mono.

Rédigo, is, egi, actum. Lus. Reduzir. Iap. Nasu, fiqinasu. Vt, mucaxino cataguini nasu. ¶ Item, Fazer retirar, ou tornar a tras. Iap. Xirizoquru. ¶ Item, Acumular. Iap. Tçumitatçuru. ¶ Redigere gentes in ditionem sui imperij. Lus. Sojeitar nações a seu imperio. Iap. Cuniuo xitagayuru, qiritairaguru.

Redimiculum, i. Lus. Atauio da cabeça. Iap. Caxirano cazarino gu.

Redimio, is, iui, itum. Lus. Enfeitar, ou ornar. Iap. Socutō, cazaru. ¶ Itẽ, Coroar. Iap. Camuriuo qisuru.

Rẽdimo, is, emi, emptũ. Lus. Resgatar. Iap. Ataiuo motte fudaiuo vquru. ¶ Itẽ, Tornar a comprar a cousa vendida, ou alienada. Iap. Vritaru monouo cai cayesu. ¶ In terd. Comprar. Iap. Caitoru. ¶ Item, Tomar de empreitada. Iap. Nanitemo are jōju furuni voiteua, icafodono chinuo vqubeqitono yacufocu xite xofauo furu. ¶ Redimere litem. Lus. Conceitarse com a parte da demanda ainda que seja com algũa perda. Iap. Vttayeraru beqi mono vttayuru mononi cujino daimocunaru zaifō igueno vchiuo sucoxi idaxite sumuru. ¶ Item, Redimere litem. Lus. Comprar a hum dos litigantes o direito que tẽ na demanda. Iap. Ataiuo idaxi fitono cujiuo vqetori, cujini catçuni voiteua cujino daimocunaru reōchi iguetuo toru. ¶ Redimere vectigalia. Lus. Arrendar as rendas dos Reys, &c. Iap. Teivōno chiguiō no tocôuo caitoru.

Redínteger, a, um. Lus. Cousa renouada. Iap. Saicô xeraretaru coto, l, futatabi vocosaretaru coto.

Redintegratio, onis. Lus. Renouação. Iap. Saicô furu coto, l, futatabi côguiō furu coto nari.

Redíntegro, as. Lus. Renouar. Iap. Saicô furu, l, aratamuru. ¶ Redintegrare animum. Lus. Cobrar animo. Iap. Chicarauo tçuyomuru, l, isamuru.

Redipiscor, eris, deptus sum. Lus. Recobrar a cousa perdida. Iap. Vxetaru cotouo mata motomuru.

Reditio, onis. Lus. Tornada. Iap. Cayeru cotouo yũ.

Rédito, as. freq. Lus. Tornar logo. Iap. Yagate cayeru.

Re-

Rediturus, a, um. Lus. Couſa q̃ hade tornar. Iap. Cayeru beqi mono.

Réditus, us. Lus. Tornada. Iap. Cayeru coto uo yŭ. ¶ Itē, Renda de cada ano. Iap. Chiguiŏ yorino tocô, l, mainenno nengu.

Rediuia, æ, l, Reduuia, æ. Lus. Reſpigão das vnhas. Iap. Yubino ſacamuqe.

Rediuius, ij. Lus. Carrapato. Iap. Tanito yŭ muxi.

Rediuiuus, a, um. Lus. Couſa que ſe renoua depois de velha. Iap. Furite nochi aratamerareruru coto. ¶ Item, O que depois de morto torna a viuer. Iap. Yomigayeru mono. ¶ Rediuiua, orum. Lus. Materiaes de edificio velho que podem ſeruir pera nouo. Iap. Araraxiqu zŏſacu ſuru tameni furuqi dŏguno vchi yori yerabitaru dŏgu.

Redoleo, es. Lus. Cheirar, ou recender bem. Iap. Cŭzuru, cauo faſſuru. ¶ Oratio redolens antiquitatem. Lus. Oração que moſtra ſciencia da antiguidade. Iap. Ima da mucaxino nauoino aru danguinado, l, mucaxino caragui ſucoxi aru monogatari.

Redôno, as. Lus. Tornar a dar. Iap. Vonajiqi cotouo mata atayuru, cayeſu.

Redordior, iris, orſus ſum. Lus. Deſtecer. Iap. ſeçi ſu.

Redormio, is, iui, itum. Lus. Tornar a dormir. Iap. Caſanete inuru, l, ſuimen ſuru.

Redormitio, onis. Lus. O tornar adormir. Iap. Mata ſuimen ſuru coto nari.

Redûco, is, xi, ctum. Lus. Reduzir, ou tornar a guiar. Iap. Cayerini annaixa ſuru, l, guxite cayeru. ¶ Item, Reuirar, ou redobrar. Iap. Tobicayeraſuru, l, aratte cayeraſuru yŏni ſuru. ¶ Item, Reconciliar. Iap. Quabocu ſuru, jiigai ſaſuru.

Reductio, onis. Lus. O reduzir, ou tornar a guiar. Iap. Cayerini annaixa ſuru coto nari.

Reductor, oris. Lus. O que torna a guiar. Iap. Cayerini annaixauo ſuru fito.

Reductus, a, um. Lus. Couſa reduzida, ou tornada a guiar. Iap. Cayerini annaixa xeraretaru mono. ¶ Reducta vallis. Lus. Vale ſecreto, e oculto. Iap. Iinxeqi tayetaru tani.

Rédux, ucis. Lus. O que torna á patria ſaluo de algum perigo. Iap. Nanguiuo nogarete coqiŏye cayeru mono. ¶ Item, O que torna. Iap. Cayeru mono.

Redúlcero, as. Lus. Chagar. Iap. Finicuuo yaburu, l, caſauo decaſu. ¶ Plaga redulceratur. Lus. Renouaſe a ferida. Iap. Qizuga ſaifot ſuru.

Reduncus, a, um. Lus. Couſa curua pera tras. Iap. Vxiroye magaritaru mono.

Redundans, antis. Lus. Couſa abũdante. Iap. Iuntacunaru coto.

Redundantia, æ. Lus. Abundancia, ou ſuperfluidade. Iap. Bentŏſa, iuntacuſà, l, tacuſan.

Redundatio, onis. Lus. O tresbordar. Iap. Afururu cotouo yŭ, michi coboruru.

Redundatus, a, um. Lus. Couſa que tresborda. Iap. Afuretaru coto.

Redundo, as. Lus. Tresbordar. Iap. Afururu, l, michi coboruru. ¶ Item, Auer abũdancia. Iap. Iuntacuni naru, tacuſanni naru. ¶ Item, Redundar em dano, ou proueito. Iap. Fitono ſonca, tocuni naru, l, vyeni cacaru.

Refacio, is. Lus. Tornar a fazer. Iap. Caſanete ſuru. antiq.

Refectio, onis. Lus. Renouação. Iap. Aratame, ſaicô.

Refector, oris. Lus. O que renoua. Iap. Saicô ſuru fito.

Refectus, a, um. Lus. Couſa renouada. Iap. Saicô xeraretaru mono.

Refectus, us. Lus. Refeição, ou paſto. Iap. Xocubut, famimono, cai. ¶ Item, Renda. Iap. Chiguiŏno tocô, l, nengu.

Refello, is. Lus. Refutar. Iap. Iyvaquru, iy fuxegu.

Refercio, cis, ſi, tũ. Lus. Encher. Iap. Mitaſu, tçumuru.

Referio, is. Lus. Tornar a ferir ao que ó ferio. Iap. Chŏchacu xicayeſu, vchicayeſu.

Réfero, ers, tuli, latum. Lus. Tornar a trazer. Iap. Mochite cayeru. ¶ Item, Relatar, ou pr-

propor. Iap. Iy noburu,iy arauasu. ¶ Aliqn. Contar. Iap. Cazoyuru. ¶ Item, Ajuntar ao numero de outros. Iap. Cuuayuru, junzuru. ¶ Interd. Renouar, ou tornar a introduzir. Iap. Aratame vocosu. ¶ Item, Produzir. Iap. Mi nadouo xozuru. ¶ Item, Denunciar, fazer a saber. Iap. Xirasuru, firô suru. ¶ Qnq;. Amostrar. Iap. Arauasu, misuru. ¶ Item, Respõnder. Iap. Irayuru, cotayuru. ¶ Item, Representar, ou exprimir. Iap. Nisuru. ¶ Item, Tornar a dar, ou restituir. Iap. Futatabi atayuru, l, cayesu. ¶ Item, Mudar, cõuerter. Iap. Caiyeqi suru. ¶ Referre omnia ad vnum. Lus. Atribuir tudo a hum. Iap. Bãjiuo fitorini ategõ. ¶ Referre pedẽ. Lus. Recirarse. Iap. Xirizoqu. ¶ Referre rem iudicatam. Lus. Tornar a julgar a cousa ja julgada. Iap. Qetgacu xeraretaru cotouo mata tadasu. ¶ Referre iusiurandũ. Lus. Transferir, ou cometer ao aduersario o juramento que lhe pediam. Iap. Vaga subeqi chicaiuo aiteni naguecaquru, l, ategõ. ¶ Referre gratiam. Lus. Pagar na mesma moeda. Iap. Fenpô suru, fôja suru. ¶ Referre acceptum. Lus. Dar conhecimento, ou escritura da cousa recebida. Iap. Xacujô suru.

Refert, ebat. imperf. Lus. Importa, releua. Iap. Canyô nari, moppara nari.

Refertus, a, um. Lus. Cousa chea. Iap. Michitaru coto, afuretaru coto.

Referueo, es. Lus. Feruer muito. Iap. Taguiru, niye cayeru. ¶ Item, Deixar de feruer. Iap. Taguiri yamu, niye xizzumaru. ¶ Referuens crimen, per transl. Lus. Crime grande, e atroz. Iap. Giũzai, giũbô, daibon.

Referuesco, is. Lus. Tornar a feruer. Iap. Futatabi taguiru.

Refibulo, as. est fibulam peni inductam soluere.

Reficio, is. Lus. Renouar, ou refazer. Iap. Aratamuru, caiyeqi suru. ¶ Itẽ, Recrear, ou deleitar. Iap. Nagusamuru, yorocobaximuru. ¶ Reficere vires cibo. Lus. Tomar forças com comer. Iap. Xocubutuo motte tçuyomuru.

Refigo, is, xi, xum. Lus. Arrancar cousa fincada. Iap. Fiqinuqu. ¶ Item, Fincar muito. Iap. Fixito vchicomu.

Reflágito, as. Lus. Pedir com instancia. Iap. Xiqirini monouo tanomu, l, cô.

Reflatus, us. Lus. Vento contrario. Iap. Guiacufũ, mucô caje.

Reflecto, is, xi, xum. Lus. Dobrar pera tras. Iap. Vxiroye fiqimuquru. ¶ Item, per transl. Reprimir. Iap. Ficayuru.

Reflexus, a, um. Lus. Cousa dobrada pera tras. Iap. Vxiroye fiqimuqeraretaru coto.

Reflo, as. Lus. Ventar vento cõtrario. Iap. Mucô cajega fuqu, l, guiacufũga fuqu. ¶ Fortuna nobis reflat. Lus. A fortuna nos dade rosto. Iap. Itçumo fuaxixi.

Refloreo, es, rui. Lus. Tornar aflorecer Iap. Futatabi fanaga saqu.

Refloresco, is. Lus. Florecer de nouo. Iap. Fajimete fanaga saqu.

Refluo, is, xi, xum. Lus. Correr cousa liquida pera tras. Iap. Sacasamani nagaruru, l, sacanoboru.

Refluus, a, um. Lus. Cousa liquida q̃ corre pera tras. Iap. Sacasamani nagaruru mono.

Refluxus, us. Lus. O correr o liquido pera tras. Iap. Atoye nagaruru cotouo yũ. ¶ Refluxus maris. Lus. A vazante da marẽ. Iap. Fiqixiuo.

Refocillo, as. Lus. Recrear, refocilar. Iap. Atatame sucasu, chicarauo tçuquru, nagusamuru.

Refodio, is, di, sum. Lus. Desenterrar. Iap. Fori idasu, fori vocosu.

Reformator, oris. Lus. Reformador. Iap. Aratamete.

Reformidatio, onis. Lus. Temor. Iap. Vosore, munasauagui.

Reformído, as. Lus. Temer muito. Iap. Fanafada vosoruru, qeôfu suru.

Reformo, as. Lus. Reformar. Iap. Aratamuru, xinauosu.

Refoueo, es, oui, otũ. Lus. Recrear, ou abrigar com moderado calor, e alimento. Iap. Su-

Sucaxi atatamuru, xocubut, l, yaxinaito naru monouo motte nagusamuru.
Refractarius, a, um. Lus. Contumaz, pertinaz. Iap. Iógouanaru mono, jôxiqinaru mono.
Refractariolus, a, um. dim. Idem.
Refractus, a, um. Lus. Cousa quebrada. Iap. Yabureretaru coto.
Refrænatio, onis. Lus. Refreamento. Iap. Ficaye.
Refrænatus, a, um. Lus. Cousa refreada. Iap. Ficayeraretaru coto, cutçuuauo motte todomeraretaru coto.
Refræno, as. Lus. Refrear. Iap. Cutçuuauo motte fiqitodomuru.
Refrâgor, aris, l, Refrâgo, as. Lus. Resistir, cõtradizer. Iap. Teqitõ, samataguru, xôgeuo nasu, sasayuru. ¶ Refragari ingenium alicui. Lus. Não poder alguem perceber algũa cousa com seu engenho. Iap. Funbetni voyobanu.
Réfrico, as, cui, ictum. Lus. Renouar. Iap. Futatabi vocosu, saicô suru. ¶ Item, Esfregar muito. Iap. Vôqini caqi yaburu, l, saifot sasuru.
Refrigeo, es, xi. Lus. Resfriarse. Iap. Fiyuru.
Refrigesco, is. Idem. ¶ Refrigescit res, per transl. Lus. Esfriase, ou cessa a cousa. Iap. Cotoga yamu, xizzumaru.
Refrigeratio, onis. Lus. Resfriamento, ou o refrescar. Iap. Monouo fiyasu coto nari, suzuximuru coto nari.
Refrigerator, oris. Lus. O que resfria, ou refresca. Iap. Suzuximete, fiyaxite.
Refrigeratrix, icis. fœm. Idem.
Refrigeratorius, a, um. Lus. Cousa que resfria, ou refresca. Iap. Fiyasu coto, l, suzuximuru coto.
Refrigeratus, a, um. Lus. Cousa resfriada, ou refrescada. Iap. Fiyasaretaru coto, suzuximeraretaru coto.
Refrigero, as. Lus. Resfriar, ou refrescar. Iap. Fiyasu, suzuximuru. ¶ Refrigeratur negotium. Lus. Resfriase o negocio. Iap. Cotoga yamu, xizzumaru. ¶ Refrigeratur rumor. Lus. Diminuese o rumor, e fama. Iap. Sata, l, zôxetga yamu.
Refriua, æ. Lus. Faua que se offerecia no sacrificio. Iap. Tamuqeni xitaru soramame no taguy.
Refringo, is, egi, actum. Lus. Abrir quebrãdo, ou arrobando. Iap. Voxiyabutte aqu ru, voxi cuzzusu.
Réfuga, æ. Lus. Fugitiuo, ou fugitiua. Iap. Niguru fito, fai focu suru fito.
Refugio, is. Lus. Fugir pera tras, ou fugir. Iap. Niguru, faifocu suru. ¶ Item, Recusar. Iap. Iitai suru.
Refugium, ij. Lus. Refugio. Iap. Niguedocoro, fitono niguete tasucaru tocoro.
Réfugus, a, um. Lus. Cousa que foge pera tras. Iap. Atoye niguru mono.
Refulgeo, es, si. Lus. Resplandecer muito. Iap. Teri cacayaqu.
Refundo, is, udi, usum. Lus. Derramar. Iap. Cobosu.
Refusè, adu. Lus. Copiosa, & abundantemẽte. Iap. Iuntacuni, tacusanni, afurete.
Refusus, a, um. Lus. Cousa que tresborda. Iap. Afururu coto.
Refutatio, onis. Lus. Confutação. Iap. Iy cuzzusu coto nari.
Refutatus, us. Idem.
Refûto, as. Lus. Refutar. Iap. Iy cuzzusu. ¶ Item, Desbaratar. Iap. Voicuzzusu, voichirasu.
Regaliolus, i. Lus. Picanço. Iap. Mozu.
Regâlis, le. Lus. Cousa real. Iap. Vôyni ataru coto.
Regaliter, adu. Lus. Regiamente. Iap. Vôyni sôuôxite. ¶ Item, Cruelmente. Iap. Araqenaqu.
Régelo, as. Lus. Derreter o enregelado. Iap. Côritaru monouo tocasu.
Regénero, as. Lus. Regenerar, ou gérar outra véz. Iap. Futatabi xôzuru, saifot saturu. ¶ Ité, per transl. Representar, ou ser semelhante a alguem. Iap. Xinjintomoni tatoni nisuru.
Regerminatio, onis. Lus. O tornar abrotar as aruores, plantas, &c. Iap. Casanete medachi sacayuru cotouo yũ.

Reg-

Regérmino, as. Lus. Tornar abrotar as aruores, plãtas, &c. Iap. Caſanete medachi ſacayuru.

Régero, is, ſſi, ſtum. Lus. Tornar a trazer, ou leuar. Iap. Caſanete ſacobu, l, caſanete mochi qitaru. ¶ Item, Eſcreuer o que ſe leo, ou aprendio. Iap. Yomi qiqitaru cotouo caqu.

Regeſtum, i. Lus. Terra aleuantada entre rego, e rego do laurado. Iap. Denbacuno vne. ¶ Item, Feitos, ou regiſtro dos eſcriuãos. Iap. Matdaino xŏmon, cujiſatano ſumeyŏuo xiruxitaru xo.

Regificus, a, um. Lus. Couſa real. Iap. Vŏyŋiataru coto.

Regia, æ. Lus. Paço real. Iap. Dairi, qinchŭ.

Regiè, adu. Lus. Splẽdidamẽte, regia mente. Iap. Quareini, teivŏno gotoqu. ¶ Item, Cruelmente. Iap. Araqenaqu.

Regificè, adu. Lus. Splẽdida, e regiamẽte. Iap. Quareini, teivŏno gotoqu.

Regigno, is, enui, enitum. Lus. Tornar a gérar. Iap. Mata xŏzuru.

Regilla, æ. Lus. Hum certo veſtido real. Iap. Vŏyni ſidamaritaru aru xŏzocuno na.
¶ Item, Nome de hum veſtido de molher. Iap. Vonnano yxŏno na.

Régimen, inis. Lus. Gouerno. Iap. Voſame, quanrei, l, cunino matçurigoto.

Regîna, æ. Lus. Rainha. Iap. Qiſaqi.
¶ Itẽ, Molher muito rica. Iap. Fucqi naru vŏna. ¶ Itẽ, Senhora. Iap. Xujinnaru vŏna.

Regio, onis. Lus. Região, prouincia. Iap. Cuni, côri. ¶ Itẽ, Hũa parte mayor da cidade. Iap. Iŏtono vchi vacaritaru vôqinaru bũ.
¶ Item, A raya, ou limite. Iap. Sacai, caguiri. ¶ Itẽ, Regiones. Lus. As quatro partes do mundo. Iap. Tôzai, nanbocu.

Regionatim, adu. Lus. De região ẽ região. Iap. Cuni gunini.

Regius, a, um. Lus. Couſa real. Iap. Teivŏni ataru coto. ¶ Regius morbus. Lus. Tiricia. Iap. Qiuŏdan.

Reglútino, as. Lus. Deſgrudar. Iap. Nicaua nadonite tçuqetaru monouo fanaſu.

Reglutinoſus, a, um. Lus. Couſa pegadiça como grude, &c. Iap. Nebaqi mono.

Regnator, oris. Lus. Regedor, ou gouernador. Iap. Voſamete. ¶ Item, Dono, poſſeſor. Iap. Nuxi, xindai ſuru mono.

Regnatrix, icis. fœm. Idem.

Regno, as. Lus. Reynar. Iap. Cuniuo voſame xindai ſuru. ¶ Item, Ter grande autoridade, e florecer. Iap. Mochijaru, ſacayuru.

Regnatur. imperſ. Idem.

Regnum, i. Lus. Reyno. Iap. Cuni. ¶ Item, Dominio. Iap. Xindai. ¶ Aliqñ. Caſa, ou herdade de cada hũ. Iap. Reŏchi, l, iye.

Rego, is, xi, ectum. Lus. Reger, ou gouernar. Iap. Voſamuru, tçucaſadoru.
¶ Itẽ, Ter direita algũa couſa. Iap. Sugu ni motçu.

Regredior, eris, eſſus. Lus. Tornar a tras. Iap. Atoni modoru.

Regreſſus, us. Lus. O tornar pera tras. Iap. Atoni modoru cotouo yŭ.

Régula, æ. Lus. Regoa. Iap. Giŏgui. ¶ Item, Põtalete pera ſuſtentar direita algũa couſa. Iap. Tçucayeno qi, ſoyegui. ¶ Aliqñ. Hũ modo de ſeira pera eſpremer o azeite. Iap. Aburauo xiboru fucurono na.
¶ Itam, per transl. Regra, ou preceito. Iap. Fatto, nori, qiſocu.

Regularis, e. Lus. Couſa regular, ou que guarda a regra. Iap. Fattono mamoraru coto, l, fattoni vozzuru fito. ¶ Regulare æs. Lus. Metal bom de bater. Iap. Neri qitaiyaſuqi cane. ¶ Itẽ, Certa ſpecie de metal puro. Iap. Yoqu neri qitaitaru caneno taguy.

Régulus, i. Lus. Reyzinho. Iap. Favŏ. ¶ Itẽ, Baſiliſco. Iap. Docujano na. ¶ Aliqñ. Pi canço. Iap. Mozu.

Reguſto, as. Lus. Goſtar outra vez. Iap. Futatabi agiuŏ. ¶ Item, Tornar a lér. Iap. Saiſan yomu.

Regyro, as. Lus. Virar em roda. Iap. Mauari cayeru.

Reiectanea, l, Reiecta, orũ. Lus. Males que os homens cõmũmente aborrecem como doẽça, pobreza, &c. Iap. Fitono qirai ſutçubeqi coto. Vt, fincu, biŏcu nado.

Reiectio, onis, et Reiectus, us. Lus. Vomito. Iap. Toqiacu.

ſ * Re-

Rejicio,is. eci,ectum. Lus. Deitar pera tras. Iap. Atoye naguru. ¶ Item, Afastar. Iap. Fiqinoquru, voinoquru. ¶ Aliqñ. Engeitar, ou desprezar. Iap. Qirai suteçuru, carōxi nuru. ¶ Item, Dilatar. Iap. Noburu. ¶ Qñq; Rematar. Iap. Naguemacasuru. ¶ Item, Vomitar. Iap. Toqiacasu suru.

Reiecto,as. frequent. Idem.

Rejículus, a, um. Lus. Cousa de pouco preço. Iap. Mochij naqi mono, sutemono. ¶ Rejiculæ oues. Lus. Ouelhas que se engeitão, ou deixão por algũa doença. Iap. Voiteca, yamiteca suterarutu tirçuji.

Reiteratio, onis. Lus. O reiterar, ou repetir. Iap. Fucusuru coto nari, caiānete aratamuru coto nari.

Reitero, as. Lus. Reiterar, ou repetir. Iap. Fucusuru, caiānete aratamuru.

Relâbor,eris, lapsus. Lus. Tornar a cair. Iap. Futabi votçuru. ¶ Itẽ, Tornar. Iap. Cayeru.

Relángueo, es, gui. Lus. Recair na doẽça. Iap. Yamicayeru. ¶ Itẽ, Ser effeminado, e remisso. Iap. Yuru yaxenaru, vonagoraxiqu naru.

Relanguesco, is. Idem.

Relatio,onis. Lus. Relação ou o referir. Iap. Aregó coto nari, l, catari coto nari.

Relâtor, oris. Lus. O que relata. Iap. Tçuguete, xiraxete.

Relâtus, a, um. Lus. Cousa tornada a trazer. Iap. Mochicayesaretaru coto.

Relâtus, us. Lus. Relação. Iap. Mi qiqitaru cotouo iyxirasuru cotouo yũ.

Relaxatio, onis. Lus. Relaxação, ou recreação. Iap. Qibaraxi, qiuo nobalu coto nari.

Relaxo, as. Lus. Affroxar. Iap. Yurumuru. ¶ Relaxare animum. Lus. Desenfadarse. Iap. Qiuo farafu, cocorouo nagusamuru.

Relaxus, a, um. Lus. Cousa froxa, ou desatada. Iap. Yurumitaru coto, yurucaxenaru coto, l, toqitaru coto.

Relegatio, onis. Lus. O desterrar. Iap. Fitouo nagasu coto nari.

Relegati. Lus. Desterrados. Iap. Runin.

Relêgo, as. Lus. Desterrar. Iap. Ruzaini voco nô, fairuno mitonatu. ¶ Item, Remeter, ou tornar a mandar. Iap. Cayesu, modosu.

¶ Item, Separar, apartar. Iap. Fanasu, touozaquru.

Rélego, is, egi, ectum. Lus. Tornar a lêr. Iap. Cayxite yomu. ¶ Item, Recolher, ajũtar. Iap. Atçumuru. ¶ Relegere iter. Lus. Tornar polo mesmo caminho. Iap. Vonajiqi michiuo cayeru.

Relenteſco, is. Lus. Tornarse a fazer lento. Iap. Ximericayeru. ¶ Item, per transl. Perder o vigor. Iap. Vororoyuru.

Rélcuo, as. Lus. Aliuiar. Iap. Carumuru. ¶ Item, Aleuantar. Iap. Aguru, vocosu.

Relicînus capillus. Lus. Cabellos da cabeça deitados pera tras. Iap. Vxiroye nade tçuqetaru cami.

Relicta loca. Lus. Deserta, ou lugares desertos. Iap. Nuxi naqi yama.

Relictio, onis. Lus. O desemparar. Iap. Saxi fanasu coto nari.

Relictus, a, um. Lus. Cousa desemparada, ou deixada. Iap. Saxi fanasaretaru coto, nocosaretaru mono. ¶ Relictus ab omni honestate. Lus. Homem viçoso, & maluado. Iap. Zôacu fujennaru mono.

Religatio, onis. Lus. O atar. Iap. Caramuru coto nari, l, musubitçuquru coto nari.

Religatus, a, um. Lus. Cousa atada. Iap. Caramearetaru coto.

Religio, onis. Lus. Religião, & reuerencia que se tem a Deos. Iap. Deus ye tai xitatematçurite moiçu xinjin, l, vyamai. ¶ Item, Scrupulo de consciencia. Iap. Cocoroni cacaru cotouo yũ. ¶ Item, Boa conciencia. Iap. Taxicanaru Conciencia, l, togano qegarenaqi cocoro. ¶ Aliqñ. Temor. Iap. Vosore. ¶ Item, Obrigação que cada hum tem conforme a seu officio. Iap. Vaga yacuni atatu tçutome. ¶ Iniicere, l, offerre religionẽ alicui. Lus. Meter scrupulo a alguẽ. Iap. Fitono cocoroni togano voicaieuo vocosasuru. ¶ Habere aliquid religioni. Lus. Ter scrupulo dalgũa cousa. Iap. Michini fazzururuya inayato cocoroni voloreuo vocosu. ¶ Soluere, l, liberare aliquem religione. Lus. Tirar o scrupulo a alguẽ. Iap

Iap. Togato narubeqiya inayatono cocoro vosoreuo faraſu. ¶ Itẽ, Religio, Cuidado penoſo. Iap. Qizzucai. ¶ Venire in religionem aliquid. Lus. Ser tida algũa cou ſa por ſanta. Iap. Tattoqu vomouaruru.

Religiosè, adu. Lus. Pia, & religioſamente. Iap. Xinjin fucŏ. ¶ Item, Temeroſa, & vergonhoſamente. Iap. Fagigauaxŭ. ¶ Aliqñ. Solicita, & diligentemente. Iap. Saicanni, cocorogaqete.

Religioſus, a, um. Lus. Homem religioſo, & temente a Deos. Iap. Deusuo voſore vyamai tatematçuru fito. ¶ Itẽ, Homẽ ſu perſticioſo. Iap. Fucaqu monouo imu fito. ¶ Loca religioſa. Lus. Lugares religioſos, e dignos de reuerencia. Iap. Vyamŏ beqi tocoro, xinjinuo motçu beqi tocoro. ¶ Religioſi dies. Lus. Dias azinhagos, e de roim agouro. Iap. Imibi.

Religo, as. Lus. Atar. Iap. Caramuru, caraguru. ¶ Religare religione bona alicuius. Lus. Dedicar os bens dalguem a Deos. Iap. Fitono xochi, zaifŏuo Deusye ſaſague tetematçuru.

Relino, is, eui, itum. Lus. Abrir, ou desbarrar. Iap. Tçuchiuo motte ſuſaguitaru vtçuuamonono cuchi nadouo aquru.

Relinquo, is, iqui, ictum. Lus. Deſemparar, ou deixar. Iap. Saxiſanaſu, l, nocoſu. ¶ Relinquitur. Lus. Reſta. Iap. Nocoru tocoroua. ¶ Relinquere animam. Lus. Morrer. Iap. Xiſuru. ¶ Relinquere æs alienum. Lus. Morrer ſẽ pagar as diuidas. Iap. Voitaru cotouo ſenben xezu xite xiſuru.

Reliquatio, onis. Lus. Diuida que fica depois de feitas as contas. Iap. Mixin.

Reliquator, oris. Lus. O que não acabou de pagar a diuida. Iap. Voitaru cotouo tax xite naſazaru fito.

Reliquiæ, arum. Lus. Reliquias, ou ſobejos. Iap. Amari nocoritaru mono.

Réliquor, aris. Lus. Ficar ainda deuendo algũa couſa depois de feitas as cõtas. Iap. Sanyŏ xiague, imada voi yru.

Réliquum, i. Lus. Diuida que fica depois de feitas as contas. Iap. Mixin.

Réliquus, a, um. Lus. Couſa reſtante. Iap. Nocoritaru coto. ¶ Reliquum eſt. Lus. O que reſta he. Iap. Nocoru tocoroua. ¶ De reliquo. Lus. Quanto o que toca ao de mais. Iap. Yoni ataru tocoroua. ¶ Reliquum facere. Lus. Deixar, e não tocar. Iap. Saxi voqu.

Réloco, as. Lus. Tornar a alugar o dono a meſma couſa. Iap. Caſanete chinuo torite monouo caſu.

Reluceo, es, xi. Lus. Reſplandecer. Iap. Cacayaqu.

Reluctatus, a, um. Lus. Couſa que reſiſte. Iap. Fuxegu mono.

Reluctor, aris. Lus. Reſiſtir. Iap. Fuxeguitacŏ.

Reluo, is, lui, utũ. Lus. Tornar a lauar. Iap. Caſanete arŏ. ¶ Item, Tornar apagar a pena. Iap. Ayamariuo mucui cayeſu.

Remacreſco, is, cui. Lus. Enmagrecer. Iap. Yaſuru.

Remaledico, is. Lus. Injuriar de palaura ao que o injuriou. Iap. Zŏgonuo iy cayeſu.

Remáncipo, as. Lus. Tornar a reſtituir o depoſito. Iap. Azzucaritaru cotouo ſon nuxiye cayeſu.

Remando, is, di, ſum. Lus. Rumiar. Iap. Neri camu.

Remaneo, es, ſi, ſum. Lus. Ficar, ou permanecer. Iap. Nocoru, l, todomaru.

Remâno, as. Lus. Correr pera tras o liquido. Iap. Mizzu nado ſacanoboru, l, ſacaſamani nagaruru.

Remanſio, onis. Lus. Demora, ou o ficar. Iap. Todomaru, l, nocoru cotouo yŭ.

Remeatus, us. Lus. Tornada. Iap. Cayeru cotouo yŭ.

Remedium, ij. Lus. Remedio. Iap. Reôqẽ, tedate, jucqei.

Remeligo, inis. Lus. Impedimento que detem a outro. Iap. Todocouori.

Remendo, as. Lus. Tornar a emendar. Iap. Caſanete nauoſu.

Remeo, as. Lus. Tornar. Iap. Cayeru, modoru.

Remetior, iris, enſus. Lus. Tornar a medir. Iap. Facari nauoxi, caſanete facaru. ¶ Itẽ, Reſti-

Reſtituir. Iap. Cayeſu, modoſu. ❡ Remetiri æquor. Lus. Tornar a nauegar a meſma viajem. Iap. Vonajiqi michiuo funeni nori modoru.

Remex, igis. Lus. Remeiro. Iap. Roteno mono, ſuixu.

Rémigatio, onis. Lus. O remar. Iap. Rouo voſu coto nari.

Remígero, as. Lus. Tornar. Iap. Cayeru, modoru.

Remigium, ij. Lus. O remar. Iap. Rouo voſu coto nari. ❡ Item, Chuſma de fuſta, ou galé. Iap. Rouo voſu monono atçumari.

Rémigo, as. Lus. Remar. Iap. Cogu, rouo voſu.

Rémigro, as. Lus. Tornar a ſua primeira morada. Iap. Suminaretaru tocoroni cayeru.

Remillũ, i. Lus. Couſa romba, e larga como remo. Iap. Rono ſaqino narinaru mono.

Reminiſcentia, æ. Lus. O lembrarſe dalgũa couſa eſquecida. Iap. Vaſuretaru cotouo vomoi idaſu cotouo yũ.

Reminiſcor, eris. Lus. Lembrarſe. Iap. Vomoi idaſu.

Remiſceo, es, cui. Lus. Tornar a miſturar. Iap. Caſanete mazuru. ❡ Item, Miſturar. Iap. Mazuru.

Remiſſa, æ. Lus. Perdão. Iap. Yuruxi.

Remiſſarius, a, um. Lus. Couſa que ſe pode afroxar, ou largar. Iap. Yurumi yaſuqi mono, l, cutçurogu mono.

Remiſsè, adu. Lus. Remiſſamente. Iap. Yurucaxeni. ❡ Item, Brandamente. Iap. Yauaracani.

Remiſsio, onis. Lus. Aliuio do trabalho, ou recreação. Iap. Xinrŏno cutçurogui, nagusami. ❡ Item, Perdão. Iap. Yuruxi. ❡ Interd. O afroxar couſa apertada. Iap. Ximetaru monouo yurumuru coto nari.

Remiſſus, a, um. Lus. Couſa remiſſa, ou froxa. Iap. Nuruqi mono, nibuqi mono, yurumitaru mono.

Remitto, is, ſi, ſſum. Lus. Tornar a mandar. Iap. Cayeſu. ❡ Interd. Mandar. Iap. Tçucauaſu, yaru. ❡ Item, Afroxar. Iap. Yurumuru. ❡ Aliqñ. Recrear. Iap. Cutçuroguru, cocorouo faraſu. ❡ Item, Perdoar. Iap. Yuruſu. ❡ Interd. Abaixar. Iap. Saguru, vnataruru. ❡ Item, Interrŏper, ou interpolar. Iap. Nacauo qiru, ſaxi voqu. ❡ Qñq;. Tornar a cõceder a couſa cõprada ao vẽdedor. Iap. Caitaru cotouo vrite cõni yotte, motono nuxini cayeſu. ❡ Remittere frænos dolori. Lus. Largar as redeas á triſteza. Iap. Aqumade cana ximu. ❡ Remittere librum. Lus. Deſpedir as aruores a cortiça, ou caſca. Iap. Qi vareto cauauo nugu. ❡ Remittere nuncium vxori. Lus. Repudiar à molher. Iap. Tçumani itomauo yaru, ribet furu.

Remolior, iris. Lus. Abalar, ou mouer com violencia algũa couſa de ſeu lugar. Iap. Zŏſauo motte vomoqi monouo taxoni vtçuſu. ❡ Item, Reſtaurar, ou repairar cõ gran de trabalho. Iap. Taisŏuo motte ſaicôxi toritatçuru. ❡ Aliqñ. Fazer mudar o propoſito. Iap. Iy tomuru, ſiqi tomuru, cocorouo cayeſaſuru, vomoi tomaraſuru.

Remolítus, a, um. Lus. Couſa mouida de ſeu lugar com violencia. Iap. Zŏſauo motte vgocaxi vtçuſaretaru mono.

Remolleſco, is. Lus. Amolecer. Iap. Yauaracani naru, nebaqunaru. ❡ Item, per transl. Abrandarſe, amanſarſe. Iap. Xizxumaru, yauaragu.

Remollio, is, iui, itum. Lus. Amolentar. Iap. Yauaraguru, cataqi monouo yauaraca ni naſu.

Remollítus, a, um. Lus. Couſa amolentada. Iap. Yauaracani naſaretaru coto.

Rémora, æ. Lus. Tardança. Iap. Voſonauari, todocouori. ❡ Item, Hum peixe. Iap. Vuono na.

Remorbeſco, is. Lus. Recair na doença. Iap. Yamaiga vochicayeru.

Remordeo, es, ordi, orſum. Lus. Morder a quem o mordeo. Iap. Cuivŏ. ❡ Item, per transl. Remorder, ou afligir. Iap. Cocoroni cuitçuqu.

Rémores, um. Aues in auſpicio dicebantur, quæ actutùm aliquid remorari compellebant.

Ré-

Rémoror, aris. Lus. Deter. Iap. Tomuru.

Remotio, onis. Lus. O afastar, ou remouer. Iap. Fanasu coto nari, l, xirizoquru coto nari.

Remôtus, a, um. Lus. Cousa apartada. Iap. Fanasaretaru coto, noqeraretaru coto. ¶ Item, Lugar remoto, & apartado. Iap. Yanrino sacaiuo fedatetaru tocoro, touoqi tocoro.

Remoueo, es, ui, tum. Lus. Apartar, afastar. Iap. Fanasu, noquru, touozaquru. ¶ Remouere se ab aliquo. Lus. Apartarse da côuersação dalguem. Iap. Nacauo saquru.

Remugio, is. Lus. Tornar a mugir o boy. Iap. Vxiga foyeyô. ¶ Item, per transl. Retumbar. Iap. Fibiqu.

Remulceo, es. Lus. Afagar. Iap. Aisuru, sucasu.

Remulco, as. Lus. Leuar a nao atoa com embarcaçoẽs pequenas. Iap. Taixenuo xôxen nite fiqu. ¶ Remulco nauem trahere. Idem.

Remuneratio, onis. Lus. Galardão, ou recõpensa. Iap. Xôrocu, l, vonxôno mucui.

Remúnero, as, l, Remúneror, aris. Lus. Recompensar, ou galardoar. Iap. Vonuo fôzuru.

Remuria olim dicta fuerũt festa, quibus mortuorum sepulchris epulæ inferebantur.

Remúrmuro, as. Lus. Murmurar, ou contradizer. Iap. Vramuru, soxiru, iy fuxegu.

Remus, i. Lus. Remo. Iap. Ro. ¶ Item, Hũa corda, ou correa que se ata nas trombetas. Iap. Caino vo.

Remûto, as. Lus. Mudar. Iap. Cayuru.

Ren, enis. Lus. Rin. Iap. Bôquô, meimon.

Renúnculus, i. dim. Idem.

Renarro, as. Lus. Contar. Iap. Cataru.

Renascor, eris, atus. Lus. Renacer. Iap. Mata xôzuru. ¶ Renascens annus. Lus. Prima vera. Iap. Faru.

Renáuigo, as. Lus. Tornar a nauegar pera donde veo. Iap. Vonajiqi tocoroye nori cayeru.

Renideo, es. Lus. Resplandecer. Iap. Cacayaqu, ficaru.

Reniteo, es. Idem.

Renîtor, eris, sus, l, xus. Lus. Resistir cõ trario cõ força. Iap. Chicarauo tçucuxite mucai fuxegu, l, tatacô.

Renixus, us. Lus. Resistencia. Iap. Chicarauo tçucuxite mucai fuxegu cotouo yũ.

Reno, as. Lus. Tornar nadando. Iap. Voyogui modoru, cayeru.

Renôdo, as. Lus. Dar nóo. Iap. Musubi auasuru.

Renónes, um. Lus. Hum certo vestido de pelles. Iap. Cauanite tçucuritaru yxôno taguy.

Renouatio, onis. Lus. Renouação. Iap. Aratame, saicô.

Renouello, as. Lus. Renouar. Iap. Aratamuru, saicô suru.

Rénouo, as. Idem.

Renúmero, as. Lus. Tornar a dar contando. Iap. Cazoyete cayesu.

Renunciatio, onis. Lus. Reposta que da, ou refere o mensajeiro do recado, ou embaxada. Iap. Tatôni tçucauaxitaru xixa cayerite sono fenjino vomomuqiuo yũ coto nari. ¶ Item, O não querer estar polo concerto feito. Iap. Qeiyacuuo tagayuru coto nari, l, yacusocuno fengai. ¶ Itẽ, Relação, ou informação q̃ damos mestres das obras, &c. ao juiz a cerca dalgũa obra que virão por seu mandado. Iap. Vaga xocuni ataru cotouo mite tadaxite ni firô suru coto nari. ¶ Item, Renunciatio est, quam processum verbalem vulgus appellat.

Renuncio, as. Lus. Dar reposta o mensajeiro, ou embaxador. Iap. Xixa, l, qenmino mono cayerite sono fenjiuo yũ. ¶ Item, Denunciar, ou fazer saber. Iap. Firô suru, roqen suru. ¶ Renunciare consulẽ. Lus. Nomear, ou declarar o consul. Iap. Consulto yũ curaini fitouo aguru toqi, sono nauo banminni furexirasuru. ¶ Renunciare alicui familiaritatem. Lus. Dar a entender a alguem que não ha de vsar mais de sua amizade. Iap. Qeôcô chijnno nacauo qiru bexito yũ.

Renuncius, ij. Lus. O que torna com a reposta.

posta do recado. Iap. Fenjiuo iy qitaru tçucai.

Renuo, is. Lus. Negar, ou não consentir dando alguns sinais. Iap. Iyagaru xiruxiuo arauasu.

Renûtus, us. Lus. O negar, ou não consentir meneando a cabeça. Iap. Caxirauo furte iyagaru cotouo yû.

Reor, reris, ratus. Lus. Cuidar, ter pera si. Iap. Vomô, zonzuru.

Repágulum, i. Lus. Tranca da porta. Iap. Quannuqi. ¶ Item, Tranqueira, ou cerca que se vsa nos corros, currais, &c. Iap. Rachi, guiŭyǒuo come voqu mauarino caqi. ¶ Itẽ, impedimẽto. Iap. Samatague. ¶ Perfringere repagula iuris, pudoris, &c. Lus. Quebrar as leys, &c. Iap. Rachiuo yaburu, rachiuo coyuru, noriuo coyuru.

Repandus, a, um. Lus. Cousa curua, e larga. Iap. Magarite faba firoqi mono.

Repango, is. Lus. Plantar. Iap. Qiuo vyuru.

Reparabilis, e. Lus. Cousa q̃ se pode refazer, ou repairar. Iap. Saicô suru coto canǒ mono, l, futatabi torono yuru cotono canǒ coto.

Reparâmen, inis, l, Reparatio, onis. Lus. Renouação, ou o repairar. Iap. Motono gotoqu xi nauosu coto, l, aratame.

Reparator, oris. Lus. Repairador, ou restaurador. Iap. Xinauoxite, aratamete.

Reparco, is. Lus. Perdoar. Iap. Yurusu, xamen suru. ¶ Item, Ser parco. Iap. Voximu.

Réparo, as. Lus. Repairar, ou renouar. Iap. Motono gotoquni xi nauosu, saicô suru, aratamuru.

Repastinatio, onis. Lus. O escauar. Iap. Denbacuuo futatabi vchicayesu coto nari.

Repástino, as. Lus. Escauar. Iap. Denbacuuo catanete vchicayesu.

Repecto, is. Lus. Tornar apentear. Iap. Futatabi camiuo qezzuru.

Répedo, as. Lus. Tornar. Iap. Cayeru, modosu.

Repello, is, puli, pulsum. Lus. Afastar, deitar de si. Iap. Tçuqifanasu, saxifanasu, voinoquru.

Rependo, is, di, sum. Lus. Recompẽsar. Iap. Fôzuru, fenpôsuru.

Repens, tis. Lus. Cousa repentina, & subita. Iap. Qiŭnaru coto, niuacanaru coto, furionaru coto. ¶ Item, Cousa que anda de peitos, ou gatinhas. Iap. Chixǒni fǒ mono.

Repenso, as. Lus. Recompensar. Iap. Fôzuru, fenpô suru.

Repensus, a, ũ. Lus. Cousa dada em recõpẽsa. Iap. Fôjato xite atayeraretaru coto.

Repentè, adu. Lus. De repente. Iap. Niuacani qiŭni, fatato, furioni.

Repentinò, adu. Idem.

Repentînus, a, um. Lus. Cousa repentina. Iap. Qiŭnaru coto, furionaru coto.

Repercussio, onis. Lus. O tornar aferir. Iap Vchicayesu coto nari, yamaxecayesu coto nari. ¶ Itẽ, O rebater, ou reuerberação. Iap. Atatte cayeru coto uoyǔ.

Repercussus, us. Idem.

Repercussium lumen. Lus. Lume que reuerbera. Iap. Mononi atatte cayeru ficari.

Repercutio, is. Lus. Rebater, ou tornar aferir a quem o ferio. Iap. Vchicayesu, l, tataqicayesu. ¶ Item, Reuerberar. Iap. Atatte cayeru. ¶ Repercutere alicuius dicta. Lus. Refutar os ditos dalguem. Iap. Iyqesu, iycuzzusu. ¶ Repercutere fascinationes. Lus. Desfazer o olhado. Iap. Fitono ganxeini atatte atato naru docuuo vqezaru yǒni qesu.

Reperio, is, eri, l, repperi, ertum. Lus. Achar. Iap. Mitçuquru, tazzune idasu. ¶ Reperire auxilium, causam, rationem alicui rei. Lus. Achar rezão por onde he conueniente fazer, ou não fazer algũa cousa. Iap. Nasu coto, l, nasazaru cotoni dǒri, riǒqenuo idasu.

Repertitius, a, um. Lus. Cousa achada. Iap. Tazzune idasaretaru coto.

Repertor, oris. Lus. O que acha, ou inuentor. Iap. Tazzune idaxite, tacumi idaxite.

Repertorium, ij. Lus. Tabeada, ou inuentario. Iap. Mocurocu, chǒ, nicqi.

Repetitio, onis. Lus. O tornar a pedir o seu. Iap.

Iap. Vaga monouo coicayesu coto nari. ¶ Itẽ, Repetição. Iap. Fucusuru coto nari.

Repetîtor, oris. Lus. O que torna a pedir o seu. Iap. Vaga monouo coicayesu fito.

Repetîtus, a, um. Lus. Cousa que se tornou a pedir. Iap. Coicayesaretaru coto. ¶ Itẽ, Cousa repetida. Iap. Saisan, l, curicayeite xeraretaru coto.

Répeto, is. Lus. Tornar a pedir o seu Iap. Vaga monouo coicayesu. ¶ Item, Pedir com instancia. Iap. Xiqirini monouo cô, l, tanomu. ¶ Aliqñ. Tornar a fazer, e repetir o mesmo. Iap. Vonaji cotouo curicayeite suru. ¶ Itẽ, Lembrarse, e cõsiderar. Iap. Vomoidasu, l, xianſuru. ¶ Interd. Tornar. Iap. Cayeru. ¶ Repetere pœnas ab aliquo. Lus. Castigar a alguem como merece. Iap. Sŏtŏno xeccanuo atayuru.

Repetundæ, arum, l, Pecuniæ repetundæ. Lus. Peitas, &c. que tomam officiaes de justiça. Iap. Daiquan bunno focani fidŏ ni toritaru coto.

Repignero, as. Lus. Dasempenhar o empenhado. Iap. Xichiuo vquru.

Replaudo, is, si, sum. Lus. Tornar a fazer aplauso. Iap. Tano vtte yorocobu.

Repleo, es. Lus. Encher. Iap. Mitasu.

Replêtus, a, um. Lus. Cousa chea. Iap. Michitaru coto.

Replicatio, onis. Lus. O mo ter, ou virar cis calarmente. Iap. Guraritto fiqimauasu coto nari. ¶ Item, Replica. Iap. Qendanno racugiacuni suxeraruru toqini, nogarento dŏriuo iy idasu coto nari.

Réplico, as. Lus. Desdobrar. Iap. Firoguru. ¶ Item, Dobrar. Iap. Tatamu, voru. ¶ Aliqñ. Arcar, ou entortar. Iap. Yugamuru, cagamuru. ¶ Item, Reuoluer liuros, cronicas, &c. Iap. Curicayexi curicayexi yomu, l, cufŭ suru. ¶ Item, Repetir a mesma cousa muitas vezes. Iap. Vonaji cotouo tabitabi yŭ.

Replicitus, l, Replicatus, a, um. Lus. Cousa dobrada. Iap. Tata nitaru mono.

Replumbo, as. Lus. Tirar o chumbo, ou outra qualquer cousa da soldadura. Iap. Rŏ azuqeuo fiqifanasu.

Repo, is, psi, ptum. Lus. Andar em gatinhas, ou rastejando como cobra. Iap. Fŏ ¶ Item, per transl. Estenderse as raizes. Iap. Nega fabicoru, firogaru.

Repolio, is, iui, itum. Lus. Tornar a polir, ou alimpar. Iap. Casanete migaqu, qiyomuru.

Repôno, is. Lus. Tornar a pôr. Iap. Casanete voqu. ¶ Itẽ, Recolher, ou encerrar. Iap. Vosame voqu, irevoqu. ¶ Item, Pôr. Iap. Voqu, sonayuru. ¶ Qñq;. Restituir. Iap. Cayesu, fenben suru. ¶ Reponere gratiam. Lus. Recompensar o beneficio. Iap. Vonuo fôzuru. ¶ Reponere aliquid alicui. Lus. Botar em rosto algũa cousa. Iap. Xicqiaigocoro nite fitono acumiŏ nadouo yŭ. ¶ Reponere aliquid. Lus. Tornar a tratar a materia que outro tratou em liuro. Iap. Vonaji daimocuno xouo amitatçuru. ¶ Reponere poma in vetustatem. Lus. Guardar a fruita pera o diante. Iap. Nochino tameni conomiuo tacuuaye voqu.

Reporto, as. Lus. Tornar a leuar. Iap. Futatabi catagete yuqu. ¶ Reportare aliquid ad aures alicuius. Lus. Fazer saber algũa cousa. Iap. Tçugue xirasuru, firô suru. ¶ Reportare laudem ex hostibus. Lus. Ganharfama, ou nome na guerra. Iap. Yumiyani nauo aguru.

Reposco, is, poposci. Lus. Tornar a pedir o emprestado, ou a diuida. Iap. Xacumotuo cô, l, voimonouo coicayesu. ¶ Reposcere aliquem ad supplicium, l, ad pœnas. Lus. Pedir que castiguem a alguem. Iap. Fitono vyeni xeccanuo cô, l, tanomu.

Repositorium, ij. Lus. Copa, l, lugar ẽ q̃ se guarda o aparato da mesa. Iap. Iendana, caguuo irevoqu tocoro.

Repósitus, l, Repostus, a, um. Lus. Cousa tornada a pôr. Iap. Futatabi voqi, l, sonayeraretaru coto.

Reporia, orum. Lus. Banquete q̃ dá o noiuo hum dia depois de casar. Iap. Xŭguino aquru fino votto yorino furumai.

Repræsentatio, onis. Lus. Representação. Iap.

Iap. Misuru coto nari.

Repræsento, as. Lus. Apresentar. Iap. Mayeni voqu. ¶ Item, Retribuir. Iap. Fôzuru. ¶ Aliqñ. Represẽtar. Iap. Nisuru. ¶ Item, Pagar antes do dia determinado. Iap. Iibunno mayeni voimonouo nasu.

Reprehendo, is, di, sum. Lus. Reprender. Iap. Modoqu. ¶ Item, Puxar pera tras. Iap. Fiqimodosu, fiqitomuru.

Reprehensio, onis. Lus. Reprensão. Iap. Modoqi.

Reprehenso, as. Lus. Reprender a meude. Iap. Xiguequ modoqu.

Reprehensor, oris. Lus. Reprensor. Iap. Modoqite. ¶ Item, Emendador. Iap. Nauoxite.

Repressor, oris. Lus. O que reprime. Iap. Yamete, l, todomuru fito.

Repressus, a, um. Lus. Cousa reprimida. Iap. Vosaye todomeraretaru coto, yameraretaru mono.

Réprimo, is, essi, essum. Lus. Reprimir. Iap. Vosaye todomuru.

Réprobo, as. Lus. Reprouar. Iap. Fucanarito sadamuru.

Réprobus, a, um. Lus. Cousa maa, l, inutil. Iap. Varuqi mono, l, yeqinaqi mono.

Repromissio, onis. Lus. O tornar a prometer obrigando se. Iap. Yacusocuuo futatabi catamuru coto nari.

Repromitto, is. Lus. Tornar a prometer ao q̃ prometeo. Iap. Tagaini yacusocu suru. ¶ Item, Prometer. Iap. Yacusocu suru.

Réptile, is. Lus. Cousa que anda de peitos, ou rastejando. Iap. Axi naqute tçuchiuo fŏ mono.

Reptatus, us. Lus. O andar de peitos. Iap. Axi naqute tçuchiuo fŏ cotouo yŭ.

Repticius, a, um. Lus. Cousa que ocultamente entra, ou se deixa meter. Iap. Suberi iru mono.

Repto, as. Lus. Andar sempre, ou a meude de peitos. Iap. Tçuneni axi naqute fŏ. ¶ Item, Andar de vagar, e quietamente. Iap. Nette ayumu.

Repubesco, is. Lus. Tornarse mancebo. Iap. Vacaqu narica yeru.

Repudiatio, onis. Lus. O engeitar, ou repudio. Iap. Riber, l, qirai noquru coto nari.

Repudio, as. Lus. Repudiar a molher, ou marido. Iap. Tçumauo ribet suru. ¶ Item, Engeitar. Iap. Qirai noquru. ¶ Aliqñ. Não admitir. Iap. Qioyô xezu, l, vqetçuqenu.

Repudiosus, l, Repudiatus, a, ũ. Lus. Cousa engeitada. Iap. Qirai noqeraretaru coto.

Repudium, ij. Lus. Repudio. Iap. Fŭfuno ribet.

Repuerasco, is. Lus. Tornarse menino. Iap. Varanbeni narica yeru. ¶ Item, Tornar a meninices. Iap. Varaberaxiqu nari cayeru.

Repugnanter, adu. Lus. Repugnádo, resistindo. Iap. Iyagari, qiròte.

Repugnantia, æ. Lus. Repugnancia, ou cõtradição. Iap. Xubino auanu cotouo yŭ, l, tçucanu cu. ¶ Item, Auersão. Iap. Iyagari, qirŏ cotouo yŭ.

Repugnax, acis. Lus. Contumaz. Iap. Iŏxiqi naru mono, iunei mono.

Repugno, as. Lus. Repugnar, ou resistir. Iap. Mucai tegitŏ, l, qirai iyagaru.

Repullulasco, is. Lus. Tornar a nacer as aruores, ou eruas. Iap. Futatabi moye izzuru, l, medatçu.

Repúllulo, as. Idem.

Repulsa, æ. Lus. O ser escusado, ou excluido na petição do cargo, ou officio. Iap. Quanxocuno xôsouo qioyô xeraraezaru cotouo yŭ.

Repulso, as. Lus. Engeitar, ou deitar de si a meude. Iap. Xiguequ voi noquru. ¶ Item, Rebater, ou rechaçar. Iap. Vchimodosu, l, vchicayesu.

Repulsus, us. Lus. O rebater, ou rechaçar. Iap. Vchicayesu cotouo yŭ.

Repumicatio, onis. Lus. O alimparense os olhos, ou gomos das aruores. Iap. Qino medachi izzuru toqini, cazzuqitaru vuacauauo nugu cotouo yŭ.

Repúmico, as. Lus. Tornar a limpar com pedra pomes. Iap. Caruixi nite futatabi migaqu.

Re-

Repungo, is, pupugi, l, punxi, ctum. Lus. Tornar a picar. Iap. Futatabi togaritaru mono nite tçuqi sasu.

Repurgo, as. Lus. Alimpar bẽ. Iap. Yoqu qiyomuru, migaqu, sõgi suru.

Reputatio, onis. Lus. Pensamento, e considera;ão. Iap. Xian, cufũ.

Reputo, as. Lus. Considerar. Iap. Yoqu xian suru, xiyui suru. ¶ Item, De sũma grande tirar hũa pequena. Iap. Vouoqi cotono naca yori sucoxiuo tori vaquru.

Requies, ei, l, etis. Lus. Descanso. Iap. Cutçurogui, l, qiũsocu.

Requiesco, is. Lus. Descansar. Iap. Cutçurogu, qiũsocu suru, ando suru. ¶ Item, Dar descáso a outro. Iap. Cutçuroguru, yasumuru. ¶ Requiescere in spe cujuspiam. Lus. Ter esperança ẽ alguem. Iap. Fitoni tanomiuo caquru.

Requiro, is. Lus. Buscar, ou inquirir com diligencia. Iap. Tazzune motomuru, l, tazzune saguru. ¶ Item, Preguntar. Iap. Tô. ¶ Aliqñ. Desejar. Iap. Negŏ, nozomu. ¶ Item, Ter necessidade. Iap. Iru, l, yô aru.

Requisito, as. frequent. Idem.

Res, rei. Lus. Cousa. Iap. Coto, l, mono. ¶ Item, Fazenda. Iap. Xochi, zaisŏ. ¶ Aliqñ. Negocio, ou cõtenda. Iap. Sata, ron. ¶ Interd. Imperio, dominio. Iap. Xocanno chi, cŏbun. ¶ Item, Experiencia. Iap. Tamexi. ¶ Qñdq. Perigo. Iap. Daiji, nangui. ¶ Itẽ, Proueito. Iap. Tocu, yeqi. ¶ Item, Modo, maneira. Iap. Michi, xiyŏ. ¶ Itẽ, Ajuntamento carnal. Iap. Cacon. ¶ Res alias agis. Lus. Não estais atento ao q̃ fazeis. Iap. Xosani cocorouo tçuqenu. ¶ Res cõperẽdinata. Lus. Demanda dilatada pera o terceiro dia. Iap. Miccamenito nobetareta cuji, sata. ¶ Reuera. Lus. Em verdade. Iap. Macotoni. ¶ Pro re nata. Lus. Conforme ao negocio. Iap. Mononi yôt ôxite. ¶ Res Romana. Lus. Exercito Romano. Iap. Romano gumjei. ¶ Ad rem verba conferre. Lus. Fazer o que diz. Iap. Yŭtaru cotouo

xosani tçuto muru.

Resalûto, as. Lus. Tornar a saudar ao que o saudou. Iap. Ichireiuo xicayesu.

Resarcio, is, si, tum. Lus. Coser o descosido, ou remendar. Iap. Voguinŏ, tçuzzuru, l, tçuguiuo suru, l, focorobiuo nŭ.

Resarrio, is. Lus. Tornar a sachar. Iap. Futatabi chijsaqi cuuanite fataqeuo vtçu.

Rescindo, is, di, ssum. Lus. Cortar, quebrar, e destruir. Iap. Qiricuzzusu, vchiyaburu. ¶ Item, Anular. Iap. Fattouo cuzzusu.

Rescisco, is, Rescio, is. Lus. Saber o que se fez em oculto, ou cousa insperada. Iap. Fisocani xitaru cotouo xiru, l, vomoi mo yoranu cotouo xiru. ¶ Qñq;. Saber a cousa depois de feita. Iap. Coto suguite nochini xiru.

Rescribo, is. Lus. Responder por escrito ao que outro escreue. Iap. Fumino fenjiuo suru. ¶ Item, Escreuer contra os escritos dalguem. Iap. Fitono caqitatetaru cotouarini taixite teqitô cotouo caqu. ¶ Rescribere argentum. Lus. Pagar recebendo o conhecimento do acrédor. Iap. Xacujôuo toricayexi fumotuo fenben suru.

Rescriptum, i. Lus. Reposta, ou letras do Rey, ou principe. Iap. Teivŏ, taicanŏ so jŏno fenxo.

Réseco, as, cui, ctum. Lus. Cortar. Iap. Qiru. ¶ Resecare ad viuũ. Lus. Fazer algũa cousa cõ demasiado rigor, e exacção. Iap. Sumizzumo tçuite monouo suru.

Resectio, onis. Lus. O cortar. Iap. Qiru coto nari.

Resectus, a, um. Lus. Cousa cortada, cu rapada. Iap. Qiraretaru coto, soraretaru mono.

Résecro, as. Lus. Tornar a rogar. Iap. Casanete tanomu.

Réseda, æ. Lus. Hũa erua. Iap. Cusano na.

Resegmen, inis. Lus. Aparos, ou cortaduras dalgũa cousa. Iap. Qiricuzzu, xencuzzu.

Reseratus, a, um. Lus. Cousa aberta. Iap. Firacaretaru coto.

Résero, as. Lus. Abrir. Iap. Firaqu, aquru.

Résero, is, eui, itum. Lus. Tornar a semear. Iap.

Iap. Futatabi taneuo maqu. ¶ Item, Tornar a plantar. Iap. Vye nauosu.

Reseruo, as. Lus. Guardar pera o diante. Iap. Tabô, ygono tameni taxinami voqu.

Reses, idis. Lus. Froxo, e priguiçoso. Iap. Cocoro nuruqi mono, buxôna mono.

¶ Reses aqua. Lus. Agoa encharcada. Iap. Tamarimizzu.

Resex, ecis. Lus. Vide noua podada. Iap. Yedauo qiri tçucuritaru budôno vacaqi çazzura.

Resideo, es. Lus. Assentarse, ou aquietarse. Iap. Suuaru, xizzumaru. ¶ Residere esuri ales ferias. Lus. Passar algum tempo sem comer. Iap. Monouo xocuxezu xite yru.

Resido, is. Idem.

Residuus, a, um. Lus. O restante. Iap. Noco ritaru mono. ¶ Item, Cousa deixada. Iap. Nocosaretaru mono.

Resignatio testamentorũ. Lus. O abrir os testamentos. Iap. Yuzzurijôuo firaqu coto nari.

Resignatum æs. Lus. Soldo que se não paga ao soldado em pena dalgum delicto. Iap. Votdoni yotte buxini ficayuru qiûbun.

Resigno, as. Lus. Abrir o selado. Iap. Fûjimeuo toqu. ¶ Item, Fechar. Iap. Fusagu, tozzuru. ¶ Aliqñ. Tornar a dar. Iap. Xô fiô suru, l, cayesu. ¶ Item, Sellar, ou asinalar. Iap. Voxiteuo tçuqu, inuo vosu. ¶ Aliqñ. Anular. Iap. Fatto nadouo cuzzusu.

Resilio, is, lui, ultum. Lus. Saltar pera tras. Iap. Vxiroye tobu. ¶ Item, Tornar a tras. Iap. Tobi cayeru. ¶ Resilit mamma. Lus. Secase o leite da teta. Iap. Chibusano chiga tomaru. ¶ Resilire crimẽ ab aliquo. Lus. Não cair, ou quadrar o crime naquelle a quẽ foi imposto. Iap. Iy tçuqetaru togaua sono fitoni niyauazu.

Resimus, a, um. Lus. Cousa de nariz rombo, e esmagado. Iap. Saqiuo voxi firametaru yônaru fanauo mochitaru mono.

Resina, æ. Lus. Resina. Iap. Qino yani.

Resinaceus, a, ũ. Lus. Cousa q̃ pega como resina. Iap. Yanino yôni nebaqi mono.

Resinatus, a, um. Lus. Cousa enresinada. Iap. Yaniuo nuritaru mono. ¶ Item, Cousa que tem mistura de resina. Iap. Yaniuo majiyetaru mono.

Resinosus, a, ũ. Lus. Cousa q̃ da muita resina. Iap. Yaniuo vouoqu idasu mono.

Resipio, is, pui, l, iui. Lus. Ter resaibo, ou saber a algũa cousa. Iap. Fonno fũmino focani betno agiuaiga aru. Vt vinum resipit picem. ¶ Item, Tornar em seu siso. Iap. Fonxôni naru. ¶ Aliqñ. Emendarse. Iap. Acuuo jenni fiqi cayuru.

Resipisco, is. Lus. Tornar em seu siso. Iap. Fonxôni naru.

Resisto, is. Lus. Resistir. Iap. Fuxegui tatacô. ¶ Item, Parar. Iap. Tachi todomaru.

Resoluo, is. Lus. Desatar. Iap. Toqu, fodoqu. ¶ Item, Amolentar. Iap. Yauaraguru. ¶ Aliqñ. Desfazer, ou destruir. Iap. Farasu, l, farô, cuzzusu. ¶ Itẽ, Pagar. Iap. Fenben suru, l, cayesu. ¶ Q̃nq;. Refutar. Iap. Iy cuzzusu.

Resolutus, a, um. Lus. Cousa desatada. Iap. Toqe fodoqetaru mono.

Resonans, antis. Lus. Cousa q̃ retũba. Iap. Nari fibiqu mono, naru mono.

Resono, as, nui, itum. Lus. Resoar, ou retũbar. Iap. Nari fibiqu. ¶ Item, Soar. Iap. Naru, l, votoga suru.

Resonus, a, um. Lus. Cousa que retumba. Iap. Nari fibiqu mono.

Resorbeo, es, bui, l, psi, ptum. Lus. Tornar asoruer. Iap. Futatabi suicomu.

Respectio, onis. Lus. O olhar pera tras. Iap. Micayeru coto nari.

Respecto, as. Lus. Olhar a meude atras. Iap. Iap. Saisai atouo miru. ¶ Item, per transl. Ter compaixão, ou misericordia. Iap. Auaremu, airenuo nasu.

Respectus, us. Lus. O olhar pera tras. Iap. Micayeru cotouo yů. ¶ Item, Respeito, ou causa. Iap. Xisai, iuare. ¶ Aliqñ. Spectaculo, ou cousa que se vee. Iap. Mimono.

Respergo, is, si, sum. Lus. Espargir. Iap. Sosoqu.

Re

Respersio, onis, l, Respersus, Lus. O espargir, rociar. Iap. Sosocçu coto nari.

Respersus, a, um. Lus. Cousa Rociada. Iap. Sosocaretaru mono.

Respicio, is, exi, ectum. Lus. Olhar pera tras. Iap. Micayeru. ¶ Item, Lembrarse do passado. Iap. Suguixi cotouo vomoi idasu. ¶ Item, Fauorecer. Iap. Fubinuo cuuayuru, chisô suru, meuo caquru. ¶ Respicere se. Lus. Ter conta consigo. Iap. Mino vyeuo tçucô, l, cocorogaquru.

Respiramen, inis. Lus. O cano por onde respiramos. Iap. Iqiuo cayouasu michi. ¶ Item, Folego. Iap. Iqi.

Respiratio, onis. Lus. O respirar. Iap. Iqiuo cayouasu coto nari, l, iqiuo tçuqu coto nari. ¶ Item, O euaporar. Iap. Doqi, sui qino tatçu cotouo yû.

Respiratus, us. Idem.

Respiro, as. Lus. Respirar. Iap. Iqiuo tçuqu. ¶ Item, Euaporar. Iap. Doqiga agaru. ¶ Item, per transl: Descansar. Iap. Cutçurogu, l, qiŭsocu suru.

Resplendeo, es. Lus. Resplandecer. Iap. Cacayaqu, ficariuo fanatçu.

Respondeo, es, di, sum. Lus. Responder. Iap. Cotayuru, fentô suru. ¶ Itẽ, Corresponder hũa cousa com outra. Iap. Vô, l, xubi suru, tçuisuru. ¶ Aliqñ. Ser igual, ou semelhante. Iap. Voyobu, niru, taitô suru. ¶ Item, Estar de fronte. Iap. Mucô.

Responsio, onis. Lus. Reposta. Iap. Fenji, fentô.

Respónsito, as. Lus. Responder a cousas duuidosas. Iap. Fuxinuo firaqu, l, fanzuru, caigue suru.

Responso, as. frequent. Lus. Responder ameude. Iap. Xigueqe cotayuru, fentô suru. ¶ Responsat palato cibus. Lus. He comer duro, e roim de mastigar. Iap. Couaqu xite camarenu xocubut.

Responsor, oris. Lus. Fiador. Iap. Vqenin, vqecacarite.

Responsum, i. Lus. Reposta. Iap. Fẽji, fentô.

Responsus, us. Lus. Correspondencia, ou conueniencia. Iap. Caccô.

Respublica, æ. Lus. Republica. Iap. Vonajiqi matçurigotoni xitagô cocca.

Respuens, entis. Lus. O que enjeita, ou despreza. Iap. Sague iyaximuru mono, qirai sutçuru mono.

Respuo, is, pui, utum. Lus. Enjeitar, ou desprezar. Iap. Sague iyaximuru, qiraisutçuru. ¶ Respuere auribus aliquem per trãsl. Lus. Não querer dar audiencia a alguem. Iap. Qiqimo irenu. ¶ Respuunt aures aliquid. Lus. Offender algũa cousa ás orelhas. Iap. Mimini sacô. ¶ Respuere ictus. Lus. Resistir, ou desuiar os golpes. Iap. Fajiqicayesu. Vt, tamexino guso cuua yano fajiqicayesu. ¶ Respuit lignũ secures. Lus. Não se corta bem o pao por ser duro. Iap. Qiga amarini cataqu xite vo nono faga tatazu. ¶ Respuere imperiũ. Lus. Detrectar o dominio, ou não querer sugeitarse. Iap. Xitagauazu, teni amaru.

Restagnatio, onis. Lus. Enchente, ou chea. Iap. Cauano mizzucasa.

Restagno, as. Lus. Sair da madre o rio, ou tresbordar. Iap. Cauaga zzuru, l, afururu, mizzucasaga masaru.

Restauro, as. Lus. Restaurar, ou renouar. Iap. Aratamuru, saicô suru.

Restiarius, ij. Lus. Cordoeiro. Iap. Nauano naite, tçunano vchite.

Restíbilis, e. Lus. Cousa que cada ano se refaz, ou renoua, como sementeira, &c. Iap. Toxigotoni xôzuru mono, l, aratamaru mono. ¶ Restibilis fœcunditas. Lus. Fecundidade que nunca cessa. Iap. Todaye naqi fanjô, l, sacaye.

Restícula, æ. Lus. Cordinha. Iap. Fosonaua, fosobiqi.

Restinctio, onis. Lus. O apagar, ou extinguir. Iap. Qesu coto nari.

Restinctus, a, ũ. Lus. Cousa apagada. Iap. Qesaretaru coto.

Restingo, is, xi, nctum. Lus. Apagar, extinguir. Iap. Qesu, yamuru.

Restio, onis. Lus. Cordoeiro. Iap. Nauano naite. ¶ Itẽ, O que se enforca asi mesmo. Iap. Vareto cubiuo cucuru, l, jibacu suru mono.

t ★ 2 Resti-

Reſtipulatio,onis. Lus. O pedir alguem q̃ lhe prometa algũa couſa cõ certa ſolẽnidade de palauras aquelle a quem prometemos da meſma maneira. Iap. Yacuſocu xitaru mono mata vareni ſadamaritaru cotobano motte yacuſocu xeyoto tanomu coto nari.

Reſtipulor, aris. Lus. Pedir alguem que lhe prometa algũa couſa com certa ſolẽnidade de palauras, &c. Iap. Yacuſocu xitaru mono mata vareni ſadamaritaru cotobano motte yacuſocu xeyoto tanomu.

Reſtis, is. Lus. Corda. Iap. Naua. ¶ Ad reſtim res rediit. Lus. Não ha remedio ſe não enforcarſe. Iap. Cubiuo cucuru yori focani reôgen naxi. ¶ Item, Reſte de alhos. Iap. Ninnicuno neuo cumitçucunetaru cotouo yũ. ¶ Reſtim ducere in choreã. Lus. Dançar trauadas as mãos. Iap. Teuo cumi tçuranarite vodoru.

Reſtito, as. Lus. Deterſe muito. Iap. Voſonauaru.

Reſtituo, is. Lus. Reſtituir. Iap. Fenben ſuru. ¶ Item, Renouar. Iap. Saicô ſuru, aratamuru. ¶ Reſtituere aliquem natalibus. Lus. Ennobrecer a alguem. Iap. Fitouo curaini aguru. ¶ Reſtituitur ſibi vinum. Lus. Tornaſe a concertar o vinho. Iap. Soconetaru ſaqega nauoru.

Reſtitutio, onis. Lus. Reſtituição. Iap. Fenben, l, fonpucu. ¶ Reſtitutio natalium. Lus. O ennobrecer. Iap. Fitouo curaini aguru coto nari.

Reſtitutor, oris. Lus. O que reſtitue. Iap. Fẽbenno xite, l, fonpucuno ſaxete.

Reſto, as, titi, tatum, itum. Lus. Reſtar. Iap. Nocoru, amaru. ¶ Item, Diſtar. Iap. Fedataru. ¶ Aliqñ. Parar, ou ficar em algũ lugar. Iap. Todomaru, nocoru. ¶ Q̃ñq;. Reſiſtir, repugnar. Iap. Sacŏ, jitai ſuru.

Reſtrictè, adu. Lus. Apertadamente, cõ eſcaſeça. Iap. Fitçumete, tçumaxiqu, rinjacuni.

Reſtrictim. Idem.

Reſtrictus, a, um. Lus. Couſa apertada, ou eſcaſa. Iap. Tçumaritaru coto, xiuaqi mono.

Reſtringo, is, xi, ctum. Lus. Atar, ou reſtringir. Iap. Ximuru, yui caraguru. ¶ Item, Reprimir. Iap. Ficayuru. ¶ Item, Deſatar. Iap. Toqifanaſu. ¶ Aliqñ. Tornar atar. Iap. Futatabi tçunagu, yuitçuquru.

Reſulto, as. Lus. Saltar pera tras. Iap. Atatte cayeru, l, tobicayeru. ¶ Item, Fazer eco. Iap. Yamabico, l, cotamaga fibiqu.

Reſumo, is, ſi, ptum. Lus. Recobrar, ou tornar a tomar. Iap. Motomecayeſu, tori cayeſu.

Reſuo, is, ſui, utum. Lus. Tornar a coſer. Iap. Focorobiuo nŏ, l, nuinauoſu. ¶ Aliqñ. Deſcoſer. Iap. Nuimeuo fodoqu, l, toqu.

Reſupino, as. Lus. Virar a outro com a boca a riba. Iap. Auonoquru. ¶ Item, Perturbar, ou peruerter. Iap. Midarcaſu, ſanran ſaſuru.

Reſupinus, a, um. Lus. Couſa deitada de coſtas. Iap. Auonoite yru mono.

Reſurgo, is, exi, ectũ. Lus. Tornar aleuãtarſe. Iap. Voqiagaru. ¶ Itẽ, Tornar abrotar eruas, ou aruores, &c. Iap. Futatabi moye izzuru.

Reſuſcito, as. Lus. Reſuscitar a outro. Iap. Yomigayeſu. ¶ Item, Tornar a deſpertar. Iap. Toriyocoſu, mata vocoſu.

Retæ, arum. Lus. Aruores que eſtã ſobre os rios. Iap. Cauani vouoicacaru qi.

Retardatio, onis. Lus. Detença. Iap. Yennin. ¶ Item, O deter a outro. Iap. Yocurŭſuru, l, todomuru coto nari.

Retardatus, a, um. Lus. Couſa detida. Iap. Todomeraretaru coto.

Retardo, as. Lus. Deter. Iap. Todomuru.

Retaxo, as. Lus. Tornar a reprender a quem o reprendeo. Iap. Modoxi cayeſu, xicari cayeſu. ¶ Itẽ, Tachar, ou notar. Iap. Modoqu, l, ſuoiruru, ſiſoxiru.

Rete, is. Lus. Rede. Iap. Ami. ¶ Itẽ, Creſpina. Iap. Amino gotoquni xite vonnano cami ni vocŏ cazari no dŏgu.

Retectus, a, um. Lus. Couſa deſcuberta. Iap. Vouoitaru monouo nogeraretaru coto.

Retego, is, exi, ctum. Lus. Deſcobrir. Iap. Vouoitaru monouo noquru.

Retendo, is. Lus. Afroxar o enteſado. Iap. Tarumuru, yurumuru.

Retentio, onis. Lus. O deter a outro. Iap. Yocurifuxi, todomuru coto nari.

Retento, as. Lus. Deter muitas vezes. Iap. Xiguequ todomuru. ¶ Item, Tornar a tentar, ou experimentar. Iap. Futatabi cocoromuru, tameſu.

Retentus, a, um. Lus. Couſa detida. Iap. Todomeraretaru mono.

Rétero, is, triui, itum. Lus. Trilhar de nouo. Iap. Gococuno taguyuo imaichido tçuqi ſuri, cauaxo nocuru.

Retexo, is, xui, extum. Lus. Deſtecer. Iap. Vorimonouo farçuſu. ¶ Item, Anular, re uogar. Iap. Mayeno fatto nadouo cuzzuſu. ¶ Item, Mudar ẽ contrario, ou re formar. Iap. Aratamuru, caiyeqiſuru.

Retiarius, ij. Lus. Hũ dos gladiadores q̃ trazia hũa rede pera ẽredar o aduerſario. Iap. Qiriuŏ aiteni amiuo vchi caqento morçu mono.

Reticentia, æ. Lus. O calar o que ſe deuia de dizer. Iap. Yǔbeqi cotouo yuazaru cotouo yŭ.

Reticeo, es, cui. Lus. Calar algũa couſa. Iap. Monouo yuazuxite faxi vequ.

Reticulatus, a, um. Lus. Couſa feita a modo de rede. Iap. Amino yŏni ſuqitaru mono.

Reticulum, i. Lus. Redezinha. Iap. Chijſaqi ami. ¶ Item, Creſpina. Iap. Amino gotoquni xite vonnano camini vouŏ dŏgu. ¶ Aliqñ. Hum modo de ceuadeira, ou alforge. Iap. Coxibucuro, vchigaye. ¶ Item, Certo modo de rebuço que ſe poem pera não ſer conhecido. Iap. Fŭtŏ, l, focumẽ. ¶ Item, Palheta de jugar a pella. Iap. Fagoitano gotoquni xite temari uo vtçu dŏgu.

Reticulus, i. Lus. Redezinha. Iap. Chijſaqi ami.

Retináculum, i. Lus. Couſa cõ que algũa ſe ata, ou amarra. Iap. Yuiſo, yorozzuno mononouo yui caraguru nauanadono taguy. ¶ Retinacula nauium. Lus. Amarras das naos. Iap. Funeno tomozzuna. ¶ Retinacula equorum. Lus. Freos, ou redeas de caualo. Iap. Tazzuna.

Rétinens, entis. Lus. O que terẽ, ou conſerua algũa couſa. Iap. Moncuo mamori taxinamu mono.

Retineo, es. Lus. Deter. Iap. Todomuru. ¶ Item, Deprimir. Iap. Voſayuru, ficayuru. ¶ Aliqñ. Ter. Iap. Motçu. ¶ Quãdoq;. Ter mão que não caya. Iap. Forayuru, tçucamayuru. ¶ Retinere officiũ. Lus. Comprir com ſua obrigação. Iap. Yacu, l, mini ataru cotouo yoqu tçutomuru.

Retingo, is, nxi, nctum. Lus. Tornar a tingir. Iap. Irouo aguru, l, mata ſomuru.

Reto, as. Lus. Alimpar o rio das aruores que empedem as barcas. Iap. Cauani vouoi cacaru qiuo qiri, michiuo aquru.

Retondeo, es, di, ſum. Lus. Tornar a troſquiar. Iap. Mata qeuo ſaſamu. ¶ Item, Troſquiar. Iap. Qeuo ſaſamu.

Rétono, as. Lus. Reſoar, ou retumbar. Iap. Fibiqu, narivataru.

Retorqueo, es, ſi, tum. Lus. Tornar a arremeſar o que lhe outro arremeſou. Iap. Nague cayeſu. ¶ Item, Virar pera tras. Iap. Atoye muquru.

Retorreo, es, rui, oſtum. Lus. Torrar, toſtar. Iap. Cogaſu, yru.

Retorreſco, is. Lus. Torrarſe. Iap. Cŏguru.

Retorridè, adu. Lus. Torradamente. Iap. Coguete, yrarete.

Retórridus, a, um. Lus. Couſa torrada ao ſol. Iap. Finitçeri caraqaretaru mono.

¶ Retorrida zona. Lus. Zona torrida. Iap. Danqi fanafadaxiqi ni yotte, ſumigataqi tocoro.

Retortus, a, um. Lus. Couſa torcida, ou virada pera tras. Iap. Atoye muqitaru mono.

Retractatio, onis. Lus. O recuſar algũa couſa. Iap. Iyagaru coto nari.

Retractatus, a, um. Lus. Couſa tratada, ou emendada outra vez. Iap. Futatabi xenſacu, l, ſata xeraretaru coto.

Retra-

Retracto, as. Lus. Tratar, ou emendar outra vez. Iap. Xensacu xinauosu, cafanete fata furu. ¶ Itẽ, Renouar a dór, tristeza, etc. Iap. Itami, canaximi faifot furu. ¶ Item, Recusar. Iap. Iyagaru.

Retractus, a, um. Lus. Cousa Trazida por fcr ça pera tras. Iap. Fiqicayesaretaru mono. ¶ Retracti. Lus. Os que indo fugindo sam trazidos outra vez ao lugar dõde fugiram. Iap. Niguete motono tocoroye fiqicayesaretaru mono.

Retraho, is, xi, ctum. Lus. Tornar a trazer pera tras. Iap. Fiqicayesu.

Retribuo, is, bui, utũ. Lus. Retribuir, recõpẽsar. Iap. Fôzuru.

Retributio, onis. Lus. Retribuição. Iap. Fenpô.

Retrimentum, i. Lus. Fezes, ou excrementos de qualquer cousa. Iap. Monono vori, cuzzu, casu, &c. ¶ Item, Excrementos dos animaes. Iap. Daiben, xôben.

Retro, adu. Lus. De tras. Iap. Atoni, xiriyeni. ¶ Item, Pera tras. Iap. Atoye.

Retroago, is, egi, actum. Lus. Guiar, ou leuar pera tras. Iap. Atoye michibiqu, ato ye muquru.

Retrocêdo, is. Lus. Tornar a tras. Iap. Atoye cayeru, modoru.

Retróeo, is. Lus. Ir pera tras. Iap. Atoye yuqu.

Retrófero, ers. Lus. Trazer pera tras. Iap. Ato ye mochi cayeru.

Retrogradior, eris. Lus. Tornar pera tras. Iap. Atoye cayeru.

Retrógradus, a, ũ. Lus. Cousa q̃ anda pera tras. Iap. Atoye yuqu mono, l, atoye ayumu mono.

Retrorsus, a, um. Lus. Cousa que está de tras. Iap. Atoni aru mono. ¶ Item, Virado pera tras. Iap. Atoye muqitaru mono.

Retrorsus, l, Retrorsum. Lus. Pera tras. Iap. Atoye, vxiroye.

Retrũdo, is. Lus. Empuxar pera tras. Iap. Atoye voximodosu, voxicayesu.

Retundo, is, tudi, tusum. Lus. Botar o corte, ou ponta de qualquer cousa. Iap. Catana no fauo soconõ, l, yari nadono saqiuo chibi sasuru. ¶ Gladios retundere. Lus. Impedir guerra, ou outro mal. Iap. Yumiya, acuji nadouo todomuru, yamuru. ¶ Improbitatem alicuius retundere. Lus. Refrear a maldade de alguẽ. Iap. Tano acujiuo vosayuru.

Retûro, as. Lus. Abrir. Iap. Aquru, firaqu.

Retusus, a, um. Lus. Cousa bota. Iap. Fano soconetaru bugu. ¶ Retusi m ingenium. Lus. Engenho rudo. Iap. Cumoritaru chiye, l, donchi.

Reualesco, is. Lus. Conualecer. Iap. Yamai fonpucuno mochi chicarazzuqu.

Reuanesco, is. Lus. Tornar a desaparecer. Iap. Futatabi qiye vsuru.

Reueho, es, exi, ectum. Lus. Tornar a leuar em nao, carro, jumento, &c. Iap. Fune curuma nadoni tçumimodosu.

Reuello, is. Lus. Arrancar. Iap. Fiqinuqu.

Reuêlo, as. Lus. Descubrir. Iap. Arauasu, roqen suru.

Reuenio, is. Lus. Tornar a vir. Iap. Cayeri qitaru.

Reuera, Reipsa. Lus. Em verdade. Iap. Macotoni.

Reuerendus, a, um. Lus. Cousa digna de reuerencia. Iap. Vyavyaxiqi coto, vyamauaru beqi coto.

Réuerens, entis. Lus. O que faz reuerencia a outro. Iap. Sôqiŏ suru mono, vyamŏ mono.

Reuerenter, adu. Lus. Com reuerencia. Iap. Vyamatte, tçuxxinde.

Reuerentia, æ. Lus. Reuerencia, ou acatamẽto. Iap. Vyamai, sôqiŏ.

Reuereor, eris, itus. Lus. Reuerẽciar, acatar. Iap. Agamuru, vyamŏ, sôqiŏ suru.

Reuersio, onis. Lus. Tornada. Iap. Cayeri.

Reuerror, eris, l, Reuerto, is. Lus. Tornar. Iap. Modoru, cayeru. ¶ Item, Vir, l, chegar. Iap. Qitaru, chicazzuqu.

Reuilesco, is. Lus. Fazerse vil, e baixo. Iap. Mochijrarenu, iyaxiqu naru.

Reuincio, is, xi, nctum. Lus. Atar fortemẽte. Iap. Qibixiqu yuiximuru. ¶ Item, Atar

Atar a tras. Iap. Vxirodeni xibaru.

Reuinco, is, ci, ctum. Lus. Conuencer. Iap. Iy tçumuru.

Reuireſco, is, rui. Lus. Reuerdecer. Iap. Medatçu, moye izzuru. ¶ Item, Recobrar as forças. Iap. Chicarazzuqu. ¶ Item, Tornar a nacer. Iap. Futatabi xŏzuru, idequru.

Reuîſo, is, ſi, ſum. Lus. Tornar aver. Iap. Caſanete mimŏ, l, miru.

Reuiſito, as. freq. Idem.

Reuiuiſço, is, xi. Lus. Tornar a viuer, reſur gir. Iap. Yomigayeru. ¶ Item, Cobrar alento. Iap. Andoxi, iqiuo tçuqu.

Reunctor, oris. Lus. O que cura com esfregaduras, e vncturas. Iap. Cuſuriuo ſuri nuru fito.

Reuocabilis, e. Lus. Couſa que ſe pode tornar a chamar, ou çobrar. Iap. Toricayeſaruru coto, yobicayeſaruru mono.

Reuocatio, onis, l, Reuocamen, inis. Lus. O tornar a chamar. Iap. Yobi cayeſu coto nari.

Réuoco, as. Lus. Tornar a chamar. Iap. Yobi cayeſu. ¶ Item, Retrahir, ou apartar. Iap. Fiqicayeſu, fiqitanaſu. ¶ Item, Renouar, tornar a introduzir. Iap. Futatabi fayaraſuru, l, futatabi tori tatçuru. ¶ Aliqñ. Mandar repetir outra vez a leitura. Iap. Futatabi yomaſuru, yomiſoconaitaru fitoni curicayexi yomaſuru. ¶ Reuocare pedem. Lus. Tornar a tras. Iap. Atoye cayeru, xiriaxiuo fumu. ¶ Reuocare rem ad manus. Lus. Vir a as mãos. Iap. Côron yori tôjŏni voyobu. ¶ Reuocare ſe. Lus. Deſdizerſe. Iap. Fengaiſuru, iycayuru. ¶ Reuocare aliquem ad vitam. Lus. Reſucitar a outro. Iap. Yomigayeſu.

Réuolo, as. Lus. Voar pera tras. Iap. Tobicayeru.

Reuolubilis, e. Lus. Couſa que ſe pode reuoluer. Iap. Corobacaxite vgocaſaruru mono, l, cocaxi yaſuqi mono.

Reuoluo, is, ui, utum. Lus. Reuoluer. Iap. Corobacaſu, l, cocaſu. ¶ Reuoluere libros. Lus. Reuoluer os liuros. Iap. Qiŏ, mononofonuo curicayeſu. ¶ Reuoluere

faxum. Lus. Tornar a pedra ao lugar donde adeitaram. Iap. Ixiuo motono tocorŏ ye cocaxi nauoſu.

Reuolûtus, a, um. Lus. Couſa reduzida, ou tornada. Iap. Voyobitaru mono, l, naritaru mono. Vt, finni voyobitaru mono. ¶ Item, Couſa aberta. Iap. Firacaretaru coto.

Réuomo, is, mui, itum. Lus. Tornar a vomitar. Ipa. Caſanete toqiacu ſuru.

Reus, ei. Lus. Reo, acuſado em juizo. Iap. Vttayeraruru mono, l, bonnin. ¶ Reus voti. Lus. O que ſe obrigou com voto. Iap. Riŭguanni fodaſaruru mono, qetguãuo imada guexezaru fito. ¶ Reus promittendi. Lus. O que promete. Iap. Yacuſocuuo ſuru mono. ¶ Reus agitur. Lus. He acuſado. Iap. Vttayeraruru. ¶ Reus peragitur. Lus. He condenado. Iap. Zaiquani fuxeraruru.

Reuulſio, onis. Lus. O arrancar. Iap. Fiqinuqu coto nari.

Reuulſus, a, um. Lus. Couſa arrancada. Iap. Fiqi nucaretaru coto.

R ANTE H.

RHacinus, i. Lus. Hum peixe. Iap. Vuo no na.

Rhacoma, æ. Lus. Hũa erua. Iap. Cuſano na.

Rhagas, dis, l, Rhagadia, orum. Lus. Fendas, ou gretas dos pés, ou outras partes. Iap. Fibi, acagari.

Rhagion, ij. Lus. Hum genero de aranhas. Iap. Cumo, l, chichŭno taguy.

Rhagóides, dum. Lus. Terceira tunica do olho. Iap. Fitomino vyeno caua.

Rhamnus, i. Lus. Hum genero de moura, ou çarça. Iap. Ibaraguirono taguy.

Rháphanus, i. Lus. Rabão. Iap. Daicon. ¶ Item, Hũa erua. Iap. Cuſano na.

Rhaphius, ij. Lus. Hum animal. Iap. Aru qedamononona.

Rheda, æ. Lus. Coche. Iap. Vmano fiqu curuma.

Rhedarius, a, um. Lus. Couſa de coche. Iap. Miguino curumani ataru coto.

Rhedarius, ij. Lus. Cocheiro. Iap. Miguino curuma tçucai.

Rhe-

Rhenones, um. Lus. Veſtidos feitos de pelica. Iap. Cauagoromo.

Rhetor, oris. Lus. O que enſina retorica. Iap. Rifiuo aqirame, bẽjetni monouo yũ yǒuo voxiyuru mono, l, bunja.

Rhetórica, æ, l, Rethórice, es. Lus. Retorica. Iap. Rifiuo vacachi benjetni monouo yũ yǒuo voxiyuru gacumon.

Rhetórica, orum. Lus. Liuros de retorica, ou preceitos. Iap. Miguino gacumonno xo, l, fumo.

Rhetórici, orum. Idem.

Rhetórice, adu. Lus. Retoricamente. Iap. Benjetni, riuo aqiramete.

Rhetóricor, aris. Lus. Falar retoricamente. Iap. Riuo aqirame benjetni monouo yũ.

Rhetoriſſo, as. Idem.

Rhetóricus, a, um. Lus. Couſa pertencente a retorico, ou retorica. Iap. Rifiuo vacachi benjetni monouo yũ yǒuo voxiyuru gacumon, l, fitoni ataru coto.

Rheuma, atis. Lus. Reima, ou humor que cae do miolo. Iap. Cǒbeno nǒ yori cudaru xicqe.

Rheumáticus, a, um. Lus. Reimoſo, ou doente de reimas. Iap. Miguino xicqe yori vocoru yamaiuo vqeru mono.

Rheumatiſmus, i. Lus. Catarro. Iap. Gaiqi, gaisǒ.

Rhinóceros, otis. Lus. Abada. Iap. Saito yũ qedamono.

Rhizias, æ. Lus. Çumo de raiz de aſſa fetida erua. Iap. Aru cuſano ne yori xibori idaſu xiru.

Rhódinum oleum. Lus. Azeite roſado. Iap. Fanauo tçugetaru abura, l, cunyu, l, aru cuſurino abura.

Rhódinum vnguentum. Lus. Vnguento q̃ ſe faz de azeite roſado. Iap. Miguino aburauo motte auaxetaru cuſuri.

Rhodites, is. Lus. Hũa pedra precioſa. Iap. Aru meixuno na.

Rhodóra, æ. Lus. Hũa erua. Iap. Cuſa no na.

Rhoeas, adis. Lus. Hũa pelezinha vermelha do canto mayor do olho. Iap. Majirino acaqi tocoro.

Rhoica, æ. Lus. Molher que padece fluxo de ſangue, &c. Iap. Qetbǒuo vazzurǒ vonna, chi nadouo nagaſu vonna.

Rhoites, is. Lus. Vinho de romaãs. Iap. Zacurouo motte camoſuru ſaqe.

Rhombus, i. Lus. Sinoçamão. Iap. Facaxeno majinaino tameni naxitaru xicacuno xiruxi, l, xeimeigafan. ¶ Item, Fuſo de fiar. Iap. Itouo yoru tçumu. ¶ Item, Rodoualho peixe. Iap. Aru iuono na.

Rhomphéa, æ. Lus. Montante. Iap. Vôdachi.

Rhonchiſonus, a, um. Lus. Couſa que ronca. Iap. Vôibiqino caqu mono.

Rhonchiſſo, as. Lus. Roncar. Iap. Ibiqiuo caqu.

Rhonchus, i. Lus. Ronco. Iap. Ibiqi. ¶ Itẽ, per transl. Eſcarnio. Iap. Azaceri.

Rhyparógraphus, i. Lus. Pintor de couſas de pouco momento. Iap. Iyaxiqi cotono yecaqi.

Rhytion, ij. Lus. Hum vaſo de feição de lũa. Iap. Micazzuqinarino vtçuuamono.

Rhythmicus, i. Lus. O que compoem cantigas. Iap. Coutano tçucurite.

Rhythmus, i. Lus. Conſonancia, armonia. Iap. Chôxino ſoroitaru coeuo yũ, l, vtaino xǒ. ¶ Item, Verſo. Iap. Couta.

R ANTE I.

Rica, æ. Lus. Hum genero de veſtido. Iap. Yxǒno taguy.

Rícula, æ. dim. Idem.

Ricinus, i. Lus. Carrapato. Iap. Tanito yũ muxi. ¶ Item, Hum veſtido. Iap. Yxǒno na. ¶ Item, Hũa aruorezinha. Iap. Coguino taguy.

Rictus, us, l, Rictum, i. Lus. Abertura & rugas da boca quãdo nos rimos. Iap. Varǒ toqi aitaru cuchi, l, cuchiuaqino xiua. ¶ Itẽ, A boca areganhada, & feroz dos animais, &c. Iap. Igamu cuchimoto. ¶ Itẽ, Bico de paſſaro. Iap. Torino cuchibaxi, l, faxi. ¶ Contrahere rictum. Lus. Eſtar carrancudo, & penſatiuo. Iap. Rǒſai yuyeni mononuo iuazu cuſunde yru. ¶ Diducere rictum. Lus. Abrir a boca. Iap. Cuchiuo fiuo firaqu. ¶ Item, Alegrar a outro. Iap. Yorocobasuru.

Ridendus, a, um. Lus. Cousa ridicula. Iap. Monouarai, varaigusani naru mono.

Ridens, entis. Lus. O que ri. Iap. Varŏ mono.

Rideo, es, si, sum. Lus. Rir. Iap. Varŏ. ¶ Item, Estar viçosas as plantas, & eruas. Iap. Midorito moye idete meuo yorocobaximuru.

Ridibundus, a, um. Lus. O que muito ri. Iap. Xiguequ varŏ mono.

Ridica, æ. Lus. Chantão da videira. Iap. Budŏuo faicacarasuru cuije.

Ridiculè, adu. Lus. Ridiculosamente. Iap. Ajarani, zarete.

Ridiculum, i. Lus. Dito, ou feito gracioso que causa riso. Iap. Qiocugamaxij coto, l, vocaxiqi cotoba, l, xosa.

Ridiculus, a, um. Lus. O q̃ causa riso. Iap. Vocaxiqi coto. ¶ Itẽ, Chocarreiro. Iap. Qiŏguenxa, l, vocaxiqi qiocuuo suru mono.

Ridicularius, a, um. Idem.

Rigatio, onis. Lus. O regar. Iap. Denbacuni mizzuuo caquru coto nari.

Rigeo, es, gui. Lus. Enregelarse. Iap. Côri cagamaru. ¶ Item, Estar duro, e irto. Iap. Sucumu. ¶ Rigẽtes oculi. Lus. Olhos q̃ estã immoueis. Iap. Suuaritaru manaco.

Rigesco, is. Idem.

Rigidus, a, um. Lus. Cousa irta, ou enregelada. Iap. Cogoye sucumitaru mono. ¶ Itẽ, per trãsl. Cousa aspera, seuera. Iap. Qibixiqi coto, qitçuqi coto. ¶ Rigida caligo. Lus. Espesura, ou obscuridade grande. Iap. Tocoyami, jŏya. ¶ Rigida innocentia. Lus. Virtude seuera, e inteira. Iap. Iŏxin, dôten naqi cocoro.

Rigo, as. Lus. Regar. Iap. Denbacuni mizzuuo caquru, sosoqu.

Rigor, oris. Lus. Frio. Iap. Canqi, canten. ¶ Item, Dureza. Iap. Catasa, gengo. ¶ Rigor naturæ. Lus. Seueridade de natureza. Iap. Qĕdŏnaru cocoro. ¶ Rigor orationis. Lus. Teor da oração sempre vniforme. Iap. Vonaji meyŏuo cayezaru dangui.

Riguus, a, um. Lus. Cousa facil de regar. Iap. Mizzugacarino yoi denbacu. ¶ Itẽ, Cousa regada. Iap. Mizzuuo caqecaqetaru dẽbacu. ¶ Itẽ, Cousa q̃ tẽ força de regar. Iap. Monouo vruuosu xei arumono.

Rima, æ. Lus. Fenda. Iap. Suqima, itama, vareme. ¶ Inuenire rimam. Lus. Achar por onde escapolir. Iap. Nogarefauo tazzune idasu xujuni chinpŏ suru. ¶ Rimas explere. Lus. Acumular palauras na oração, &c. Iap. Danguini cotobauo tacusanni yŭ. ¶ Carminum rimas explere. Lus. Encher, ou supprir as faltas do verso cõ algũas palauras. Iap. Vtano cotobano fusocuuo tçuzzuru. ¶ Rimas agere. Lus. Fender. Iap. Vararu.

Rimor, aris. Lus. Escudrinhar. Iap. Nẽgoroni tazzune motomuru, l, tadaxi tazzunuru. ¶ Itẽ, Fender, talhar. Iap. Varu, vaquru.

Rimosus, a, um. Lus. Cousa chea de fendas. Iap. Suqimano vouoqi mono.

Ringo, is, xi, ctum, l, Ringor, eris. Lus. Torcer a boca, l, arreganhar os dentes como os caẽs. Iap. Inuno gotoquni igamu, l, fagamisuru. ¶ Itẽ, Ringor. Lus. Agastarse. Iap. Icaru, xinyuo vocosu.

Ripa, æ. Lus. Borda do rio. Iap. Cauaguixi, cauabata.

Ripula, æ. dim. Idem.

Riparenses. Lus. Soldados q̃ vigiam os cõfins do reino. Iap. Sacaimeuo qeigo suru buxi.

Riparius, a, um. Lus. O que habita nas bordas do rio. Iap. Cauabatani sumu mono.

Riscus, i. Lus. Canastra encourada. Iap. Cauauo qixetaru saneca vago.

Risio, onis. Lus. O rir. Iap. Varŏ coto nari.

Risor, oris. Lus. Zombador. Iap. Naburite, azaqerite.

Risus, us. Lus. Riso. Iap. Varai. ¶ Tenere risum. Lus. Reprimir o riso. Iap. Varaiuo vosayuru. ¶ Concitare risum. Lus. Mouer a riso. Iap. Varauasuru. ¶ Edere risus. Lus. Dar risadas. Iap. Vôvaraiuo suru.

Ritè, adu. Lus. Bem, direitamente. Iap. Yoqu, taxicani, taxxite.

Ritus, us. Lus. Costume, vsança. Iap. Cata-

V * gui,

gui, fitizocu. ¶ Rituales libri, Hetruscorum libri erant, in quibus scriptum erat, quo ritu vrbes condantur, aræ, &c.

Riuális, is, l, Riuinus, i. Lus. O que compete com outro no amor de hũa mesma molher. Iap. Vonaji vonnauo coi xitŏ mono domo.

Riualis, e. Lus. Cousa de ribeiro. Iap. Tanigaua, l, cogauani ataru coto. ¶ Itẽ, Cousa que nace na ribeira. Iap. Cogauani idequru mono. ¶ Item, Riuales. Lus. Os que contendem sobre leuar a agoa da mesma ribeira. Iap. Vonaji mizo yori miz zuuo toranto arasŏ monodomo. ¶ Sine riuali diligere. Lus. Amar algũa cousa que ninguem deseja. Iap. Fitono nozomanu cotouo nozomu, xũxin suru.

Riualitas, atis. Lus. Competencia dos que amam a mesma molher. Iap. Vonaji vonnauo coixitŏ monodomono arasoi.

Riuus, i. Lus. Regato, ribeira. Iap. Chijsaqi nagare, cogaua.

Riuulus, i. dimin. Idem.

Rixa, æ. Lus. Briga, contenda. Iap. Qenqua, côron.

Rixor, aris. Lus. Brigar, contender. Iap. Qenquauo suru, côron suru.

Rixosus, a, um. Lus. O que briga, ou contẽde muito. Iap. Qenquazuqi, côronzuqi.

R ANTE O.

Robigalia, siue Rubigalia, dies festus erat, quo Robigo deo sacra fiebant.

Robîgo, l, rubîgo, inis. Lus. Ferrugẽ dos paens. Iap. Gococuno cuchi, cabi.

Roboreus, a, um. Lus. Cousa de carualho, ou feita de carualho. Iap. Caxino qini ataru coto, l, caxino qinite tçucuritaru coto.

Roboraria. Lus. Cercas, ou currães de animaes. Iap. Qedamonono voro. Antiq.

Róboro, as. Lus. Fortificar, esforçar. Iap. Qẽgoni nasu, chicarauo soyuru.

Robur, l, Robor, oris. Lus. Carualho. Iap. Caxinoqi. ¶ Item, Firmeza, ou fortaleza. Iap. Giŏbu, sucuyacasa. ¶ Item, Hũ certo tronco, ou prisão. Iap. Rôno taguy, gocuxo.

Roburneus, a, um. Lus. Cousa que nace de carualho. Iap. Caxinoqi yori xŏzuru coto.

Robus, i. Lus. Ruiuo, ou vermelho. Iap. Acaqi iro, l, qiirona mono. ¶ Item, Hũ genero de trigo. Iap. Comugui, xôbacuno taguy.

Robusteus, a, ũ. Lus. Cousa pertẽcẽte a carualho. Iap. Caxino qini ataru coto.

Robustus, a, um. Lus. Cousa forte, & robusta. Iap. Sucuyaca, yugonnaru coto.

Rodo, is, si, sum. Lus. Roer. Iap. Caburu.

Rogâlis, e. Lus. Cousa de fogueira, onde se queimauã os corpos mortos. Iap. Xigaiuo yaqu fini ataru coto.

Rogandus, a, um. Lus. Cousa que ha de ser rogada. Iap. Tanomarubeqi mono.

Rogans, antis. Lus. O que roga. Iap. Tanomite, tanomu mono.

Rogatio, onis. Lus. Rogo. Iap. Tanomi, qinen. ¶ Item, Ley feita com aprouação do pouo. Iap. Banminno dôxinuo motte sadametaru fatto. ¶ Item, Ley que não està ainda aprouada do pouo. Iap. Banminno dôxin xezaru fatto. ¶ Ferre rogationem. Lus. Fazer ley. Iap. Fattouo sadamuru.

Rogatus, us. Idem.

Rogatiuncula, æ. dim. Idem.

Rogatos, oris. Lus. O que roga. Iap. Tanomite, tanomu mono.

Rogatus, a, um. Lus. Cousa perguntada. Iap. Touaruru coto. ¶ Item, Cousa rogada. Iap. Tanomaretaru coto.

Rogitatio, onis. Lus. Ley feita com aprouação do pouo. Iap. Banminno dôxinuo motte sadameraretaru fatto.

Rogo, as. Lus. Rogar. Iap. Tanomu. ¶ Itẽ, Pergũtar. Iap. Tô, Tazzunuru. ¶ Rogare sacramento milites. Lus. Juramentar os soldados. Iap. Buxini xeimonuo taresasuru. ¶ Rogare aliquem sententiam. Lus. Perguntar a alguẽ seu parecer. Iap. Fitono zonbunuo tazzunuru. ¶ Rogare legem. Lus. Constituir ley. Iap. Fattouo sadamuru.

Rógito, as. freq. Idem.

Rogus, i. Lus. Fogueira de queimar os corpos mortos.

mortos. Iap. Xigaiuo yaqu fi.
Rorans, antis. Lus. O q̃ rocia, ou orualha. Iap. Tçuyuuo furasuru mono, cudasu mo no, sosoqu mono.
Rorarius, ij. Lus. Soldado ligeiro que come ça a escaramuça. Iap. Axigaruno buxi.
¶ Rorarium vinum. Lus. Vinho quese dá a estes soldados. Iap. Axigaruni nomasu- ru saqe.
Roratio, onis. Lus. Hũ certo viço, ou mal que da nas vides. Iap. Budǒni tçuqu ya- maino na.
Roratus, a, um. Lus. Cousa orualhada, ou rociada. Iap. Tçuyu, l, mizzuuo vtaretaru mono.
Roresco, is. Lus. Estar orualhado, ou rocia- do. Iap. Tcuyuuo fucunde yru, l, mizzu uo sosocaretari.
Rórifer, a, um. Lus. Cousa que traz rocio. Iap. Tçuyuuo sosoqu mono.
Roro, as. Lus. Orualhar. Iap. Tçuyuga vo- qu. ¶ Item, per transl. Gotejar, l, estar distilando. Iap. Xitadaru, axeuo caqu.
Rorulentus, a, um. Lus. Cousa chea de orua lho, ou rocio. Iap. Tçuyuno voqitaru mono, l, tçuyuni noyefusu mono.
Ros, ris. Lus. Orualho. Iap. Tçuyu.
Rosa, æ. Lus. Rosa. Iap. Ibaraxǒbino taguy.
¶ Item, Azeite rosado. Iap. Xǒbino ta- guyuo auaxetaru abura.
Rosáceus, a, um. Lus. Cousa feita de rosas. Iap. Ibaraxǒbino taguyuo motte, tçucuri taru mono.
Rosarium, ij, l, Rosetum, i. Lus. Rosal. Iap. Ibaraxǒbino taguyno quadan.
Roseus, a, um. Lus. Cousa de cór de rosas. Iap. Xǒbino ironi nitaru mono.
Rosio, onis. Lus. O roer. Iap. Caburu coto {nari.
Ros marinus, i. Lus. Rosmarinho. Iap. Cu- sano na. ¶ Item, apud alios, Alecrim. Iap. Yoqi niuoi aru chisaqi qino na.
Ros maris, is. Idem.
Rostellum, i. Lus. Bico pequeno de passaro. Iap. Torino chijsaqi cuchibaxi.
Rostratus, a, ũ. Lus. Cousa q̃ tem bico. Iap. Cuchibaxino aru mono. ¶ Rostratæ na- ues. Lus. Naos de esporão. Iap. Fesaqini to rino cuchibaxino yǒnaru monouo curoga nenite tçucuri tçuqetaru fune. ¶ Corona rostrata. Lus. Coroa q̃ se daua ao primeiro que saltaua na nao dos imigos. Iap. Ichibã ni teqino funeni tobinoritaru buxini ata yeraruru camuri. ¶ Rostratus impetus. Lus. Impeto que se faz dando com o espo rão. Iap. Funeno fesaqiuo teqino funeni tçuqicaquru toqino iqiuoiuo yũ.
Rostro, as. Lus. Meter o bico dentro. Iap. Cuchibaxiuo iruru.
Rostrum, i. Lus. Bico de passaro. Iap. Torino cuchibaxi. ¶ Itẽ, Focinho. Iap. Xǒruino cuchi. ¶ Item, Esporão do nauio. Iap. Funeno fesaqi.
Rota, æ. Lus. Roda. Iap. Xarin, curuma.
¶ Item, Carro. Iap. Noru curuma.
¶ Item, Hum genero de tormento. Iap. Fitouo xemuru dǒgu. ¶ Item, Hũ peixe. Iap. Vuono na. ¶ Aliqñ. Roda do olei- ro. Iap. Tçuchino monouo fiqu rocuro.
¶ Rota fortunæ. Lus. Incóstácia da fortu- na. Iap. Funo sadamaranu cotouo yũ.
Rótula, æ. dimin. Idem.
Rotans, antis. Lus. O que vira em roda. Iap. Monouo tenite furimauasu mono.
Rotatus, a, um. Lus. Cousa virada em ro- da. Iap. Furimauasaretaru mono.
Roto, as. Lus. Virar em roda. Iap. Furima- uasu. ¶ Rotare se pauonẽ. Lus. Esten- der o pauão em roda o rabo. Iap. Cujacu ua xarino gotoqu vo fauo firoguru.
Rotundatio, onis. Lus. O fazer redondo. Iap. Marumuru coto nari.
Rotundè, adu. Lus. Apta, e elegantemẽte. Iap. Gonbinzauayacani, niyǒte.
Rotũditas, atis. Lus. Redódeza. Iap. Marusa.
Rotundo, as. Lus. Fazer redondo. Iap. Ma- rumuru, maruqu nasu. ¶ Item, per transl. Perfeiçoar. Iap. Iǒju suru.
Rotundus, a, um. Lus. Cousa redóda. Iap. Marucimono. ¶ Ore rotundo loqui. Lus. Falar polida, e elegante mente. Iap. Gonbinzauayacani monouo yũ, l, vomo xiroqu cobite yũ. ¶ Rotundæ clausulæ. Lus.

Lus. Clausulas em que se contem algũas sentenças não dependentes do que se segue. Iap. Bunjo, mata cotobanimo atosaqini tçuzzucazu fiqicotono gotoqu yũ iccu.

R ANTE V.

Rubédo, inis. Lus. Vermelhão, cór verme lha. Iap. Acala, acairo.

Rubefacio, is. Lus. Tingir de vermelho. Iap. Acamuru, acaqu somuru.

Rubefactus, a, um. Lus. Cousa tinta de ver melho. Iap. Acaqu somitaru mono.

Rubellio, onis. Lus. Hum peixe. Iap. Vuono na.

Rubellus, a, um. Lus. Cousa hum pouco vermelha. Iap. Vsucôbainaru mono.

Rubens, entis. Lus. Cousa vermelha. Iap. Acairo naru mono.

Rubeo, es, bui. Lus. Ser vermelho. Iap. Acaxi. ¶ Item, Fazerse vermelho com vergonha. Iap. Xeqimen suru.

Ruber, a, um. Lus. Cousa vermelha. Iap. Acaqi mono.

Rubesco, is. Lus. Fazerse vermelho. Iap. Acaqu naru.

Rubêta, æ. Lus. Sapo. Iap. Fiqigayeru.

Rubêtum, i. Lus. Lugar de muitas çarças. Iap. Ibaragurono vouoqi tocoro.

Rúbeus, a, um. Lus. Cousa vermelha, ou ruiua. Iap. Acaqi mono, qi iro naru mo no. ¶ Item, Cousa de mata, ou çarça. Iap. Curo, l, ibaraguroniataru coto.

Rubia, æ. Lus. Ruiua erua. Iap. Cusano na.

Rubicundulus, a, um. Lus. Cousa algum tãto vermelha. Iap. Vsu acaqi coto.

Rubicundus, a, um. Lus. Cousa vermelha. Iap. Acaqi coto.

Rúbidus, a, um. Lus. Cousa ruiua. Iap. Cô iro, l, qi iro naru mono. ¶ Item, Cousa escabrosa. Iap. Aramena mono.

Rubíginor, aris. Lus. Tomar ferrugem. Iap. Saburu.

Rubiginosus, a, um. Lus. Cousa ferrugenta. Iap. Sabitaru coto.

Rubîgo, inis. Lus. Ferrugem. Iap. Sabi. ¶ Item, Ferrugem das sementeiras. Iap. Nichi. ¶ Rubigalia sacra, festi dies amo liédæ rubigini instituti ab antiquis.

Rubor, oris. Lus. Cór vermelha. Iap. Acaqi iro. ¶ Rubor virgineus. Lus. Vergonha. Iap. Mono fagite caouo acamuru cotouo yũ.

Rubrîca, æ. Lus. Almagra. Iap. Ni aru acaqi mono, l, ni.

Rubricatus, a, um. Lus. Cousa almagrada. Iap. Niuo nuritaru mono.

Rubricêta, æ. Lus. Rebique. Iap. Beni.

Rubricosus, a, um. Lus. Lugar de muita almagra. Iap. Nino vouoqi tocoro. ¶ Item, Cousa semelhante a almagra. Iap. Nini nitaru mono.

Rubus, i. Lus. çarça. Iap. Ibaraguro.

Ructator, oris. Lus. O que da arrotos. Iap. Vocubiuo tçuqu mono.

Ructatrix, icis. fœm. Idem.

Ructatus, a, um. Lus. Cousa deitada fora com arroto. Iap. Vocubini tçuqiidasareta ru mono.

Ructo, as, l, Ructor, aris. Lus. Arrotar. Iap. Vocubiuo tçuqu.

Ructuosus, a, um. Lus. Cousa de arroto. Iap. Vocubini ataru coto.

Rudens, entis. Lus. O que ornea, l, zurra como asno. Iap. Inanaqu roba.

Rudens, entis. Lus. Calabre, l, corda grossa da nao. Iap. Funeno vôzzuna, cagasu.

Ruderatio, onis. Lus. O acafelar, ou refazer a parede com caliça, & materiaes de edificio velho. Iap. Cobochitaru furuqi iyeno cabe tçuchiuo motte ataraxiqu mata nurinauosu coto nari.

Ruderarium cribrum. Lus. Ciranda de joeirar terra, &c. Iap. Furui, touoxi.

Ruderatus ager. Lus. Campo cheo de materiaes de edificios velhos. Iap. Mucaxino qiñxeqi, furuqi dôgu nadono qireguireno aru nobara.

Rúdero, as. Lus. Acafelar, ou refazer a parede cô caliça, ou materiaes de edificios velhos. Iap. Cobochitaru furuqi iyeno cabe tçuchiuo motte ataraxiqu mata nurinauosu.

Rudêtum, i. Lus. Lugar cheo de cascalho, ou cali-

caliça de edificios velhos. Iap. Furuqi iye no dōgu nadono qireguire aru tocoro.

Rudiarij, sunt qui impetrarunt missionem artis gladiatoriæ, donati rude. ¶ Item, Rudiarij. Lus. Os que dão lustre a vestidos de pano grosseiro. Iap. Sŏ yeuo qeccŏ ni toronoyuru mono.

Rudicula, æ. Lus. Pao de mexer o que se coze. Iap. Nabecamanite niru monouo majemauasu qi.

Rudimentum, i. Lus. Principios de algũa arte. Iap. Yorozzuno cotono irofa, fajimeni narŏ coto. ¶ Rudimentum lucis. Lus. Principio da vida. Iap. Vmarevotçuru fajime. ¶ Ponere rudimentum alicui rei. Lus. Principiar algũa cousa. Iap. Monouo xifajimuru. ¶ Rudimenta, & incunabula virtutis. Lus. Principios da virtude. Iap. Guiŏguiuo yoqu vosame fajimuru cotouo yŭ.

Rudis, is. Lus. Vara que se daua antigamente em sinal de algum priuilegio, e isenção. Iap. Menqiono xiruxitoxite mucaxi atayetaretaru muchi. ¶ Item, O pao de mexer cousas cozidas. Iap. Niru monouo majemauasu qi. ¶ Aliqñ. Hũ pao com que peleijauão os gladiadores. Iap. Aru tataqivŏbŏ. ¶ Ad rudem compellere. Lus. Forçar a peleijar. Iap. Iyagaru monouo susumete tatacauasuru. ¶ Rude donatus, per transl. Lus. Priuiligiado pola idade. Iap. Toxiyori taruni yotte menqio cŏmuritaru mono. ¶ Item, Liberdade. Iap. Iiyŭ. ¶ Item, Fim desejado. Iap. Xoguã jŏju.

Rudis, e. Lus. Cousa tosca. Iap. Imada arazzucuriuomo xenu mono. ¶ Item, per transl. Rude, ou grosseiro de engenho. Iap. Donchinaru mono, guchinaru mono. ¶ Item, Homem não exercitado em sciencias, ou artes. Iap. Imada yorozzuno nŏguiuo manabazaru mono. ¶ Aliqñ. Duro, & inhumano. Iap. Nasaqenaqi mono, qendonna mono. ¶ Item, Rustico. Iap. Denbuyajin.

Rúditas, atis. Lus. Rudeza, & ignorancia. Iap Guchi, muchi.

Rudo, is, di. Lus. Ornear, l, zurrar o asno. Iap. Robaga inanaqu, ibŏ.

Rudus, eris. Lus. Cascalho, ou caliça de edificios velhos. Iap. Coboretaru furuqi iyeno tçuchi, dŏguno qireguire. ¶ Nouum rudus. Lus. Calamasada cõ pedra, ou telhas moidas pera argamasar a casa. Iap. Ixito, cauarauo cudaite ixibaini majiyetaru xiccui.

Rudusculum, I, Raudusculum, i. Lus. Metal por lautar. Iap. Imada naninimo tçucuraretaru aracane. ¶ Item, Moeda batida. Iap. Ienini yraretaru cane.

Rufeo, es. Lus. Ser ruiuo. Iap. Qi ironaru.

Rufesco, is. Lus. Fazerse ruiuo. Iap. Qi ironi naru.

Rufo, as. Lus. Fazer ruiuo. Iap. Qi ironi nasu.

Rúfuli, orum. Appellati sunt tribuni militum, non à populo, sed à consule facti.

Rufus, a, um. Lus. Cousa ruiua. Iap. Qi iro naru mono.

Ruga, æ. Lus. Ruga. Iap. Xiua. ¶ Item, Pregas do vestido. Iap. Fida, l, mo.

Rugio, is, iui, ij, itum. Lus. Bramar o lião. Iap. Xixivŏga foyuru.

Rugitus, us. Lus. Bramido do lião. Iap. Xixivŏno foyuru coye.

Rugo, as. Lus. Arrugarse. Iap. Xiuaga yoru.

Rugôsus, a, um. Lus. Cousa chea de rugas. Iap. Xiuadaraqenaru mono.

Rúdus, a, um. Lus. Cousa tosca, & escabrosa. Iap. Aramenaru mono.

Ruîna, æ. Lus. Ruina, ou queda. Iap. Daracu. ¶ Item, Morte. Iap. Xi, xiqio. ¶ Aliqñ. Calamidade, destruição. Iap. Nangui nangan, botracu. ¶ Cæli ruina. Lus. Trouão. Iap. Raiden, raimei, fatatagami. ¶ Subducere caput ruinæ. Lus. Por se a perigo. Iap. Nanguini voyobu.

Ruinosus, a, um. Lus. Cousa que ameaça ruina, ou que esta pera cair. Iap. Cuzzuresŏnaru coto, tauoresŏna coto, qeifaini voyobu mono.

Rulla, æ. Lus. Instrumento de ferro com q̃ se alimpa o arado. Iap. Carasuqino ferani tçuqu tçuchiuo farŏ dŏguno na.

Ruma, æ. Lus. Teta. Iap. Chimo, chibusa. Item,

¶ Item, O lugar donde tornão atrazer à boca o comer os animaes que rumião. Iap. Qedamonono nirecamu tameni xocuuo tacuuaye voqu tocoro

Rumen, inis. Idem. ¶ Item, per transl. Esta mago. Iap. Fucuchŭ nite vonjiqino vosamaru tocoro.

Rumex, icis. Lus. Labaça erua. Iap. Cusa no na.

Rumífero, as. Lus. Espalhar nouas. Iap. Fŭjetuo iychirasu.

Rumígero, as. Idem.

Rúmigo, as. Lus. Rumiar. Iap. Nirecamu.

Ruminales hostiæ. Lus. Sacrificios de animaes querumiam. Iap. Tamuqeni xitaru nirecamu qedamono.

Ruminatio, onis. Lus. O rumiar. Iap. Nirecamu coto nari. ¶ Item, O tornar a renouar a memoria dalgũa cousa. Iap. Fucu furu, l, faiguin furu coto nari.

Rúmino, as, l, Rúminor, aris. Lus. Rumiar. Iap. Nirecamu. ¶ Item, Renouar a memoria. Iap. Fucufuru, faiguin furu.

Rumis, is. Lus. Teta, mama. Iap. Chibusa.

Rumo, as. Lus. Dar de mamar. Iap. Chiuo nomasuru.

Rumor, oris. Lus. Rumor, fama. Iap. Fŭjet. ¶ Item, Fauor. Iap. Yorocobi, nono meqi fitouo fomuru cotouo yŭ, l, chisŏ.

Rumpi, orum. Lus. Varas com que as parreiras trepam nas aruores. Iap. Qinifai matouaretaru budŏno cazzura.

Rumpo, is. Lus. Quebrar, esfedaçar. Iap. Fiqiyaburu, fiqi chiguiru, vchicudaqu. ¶ Itẽ, Cansar a outro. Iap. Tçucaracasu, cutabiracasu. ¶ Rumpere silentium. Lus. Falar o que se tinha em silencio. Iap. Tçutçumitaru cotouo tçuiniarauasu. ¶ Rũpere fidẽ. Lus. Quebrar a fidelidade. Iap. Yacusocuuo tagayuru, yaburu, chŭxinuo vxinŏ. ¶ Rumpere moras. Lus. Apressarse. Iap. Isogu, qissocuni furu, funiyaca ni suru. ¶ Rũpi inuidia. Lus. Comerse cõ eueja. Iap. Fucaqu netamu, sonemu.

Rumpotinum arbustum. Lus. Hũa aruorezinha. Iap. Chiisaqi qino na.

Rumpotinẽtum, i. Lus. Lugar destas aruorezinhas. Iap. Miguino qino fayaxi.

Rumpotinæ arbores. Lus. Aruores polas quaes se estendem as vides. Iap. Budŏ nifai matouaretaru qi. ¶ Rumpotinæ vites. Lus. Vides que se poem aos pés das aruores. Iap. Qinifai matouaruru budŏno cazzura.

Ruptor, oris. Lus. O que quebra, ou rompe. Iap. Monono yaburite.

Ruptus, a, um. Lus. Cousa quebrada, ou rota. Iap. Yaburaretaru coto. ¶ Itẽ, Cousa cansada. Iap. Cutabiretaru, l, tçucaretaru mono. ¶ Aliqñ. O que traz vestidos rotos, & esfarrapados. Iap. Tçuzzureuo qitaru mono. ¶ Ruptum testamentum. Lus. Testamẽto anullado. Iap. Yeqi naqi yuijo.

Rumusculus, i. Lus. Pouco rumor, ou fama. Iap. Fonocaniqicoyuru sŏ, fŭjet.

Runa, æ. Lus. Hũa certa lança. Iap. Yari no taguy.

Runatus, a, um. Lus. Armado com esta lãça. Iap. Miguino yariuo taixitaru mono.

Runcatio, onis. Lus. O mondar eruas. Iap. Denbacuno cusauo toru coto nari.

Runcator, oris. Lus. Mondador. Iap. Denbacuno cusauo toru mono.

Runcina, æ. Lus. Hum instrumento de carpinteiros. Iap. Banjŏno dŏguno na.

Runco, as. Lus. Mondar. Iap. Denbacuno cusauo toru.

Rupes, is. Lus. Rocha, penha. Iap. Qiriqixi, banjacu.

Rupicapra, æ. Lus. Cabra montes Iap. Nicu, l, reiyŏno taguy.

Rurális, e. Lus. Cousa do campo que se laura. Iap. Denbacuni ataru coto.

Rurestris, e. Lus. Cousa do campo, ou de rusticos. Iap. No, l, noninni ataru coto.

Rurícola, æ. Lus. O que cultiua o campo. Iap. Nonin, cŏsacunin.

Rurígena, æ. Lus. Nacido no campo. Iap. Denjani vmaretaru mono.

Ruro, as, l, Ruror, aris. Lus. Viuer no campo. Iap. Cata inacani sumai suru.

Rur-

Rursus, l, Rursum. Lus. Outra vez. Iap. Ima ichido, futatabi. ¶ Item, Ao contrairo. Iap. Qeccu, cayette.

Rus, ris. Lus. Campo que se laura. Iap. Dē Bacu.

Ruscum, l, Ruscus, i. Lus. Gil barbeira. Iap. Cusano na.

Ruspor, aris. Lus. Inquirir diligentemente, Iap. Nengoroni tazzunuru. apud antiq. ¶ Item, (Propriè) Esgrauatar as galinhas pera achar o comer. Iap. Niuatoriga yeuo tçumenite sagasu.

Russus, & Russeus, a, um. Lus. Cousa de côr entre vermelho, e amarelo. Iap. Cuchiba irono mono. ¶ Russati. Lus. Os que estam vestidos desta côr. Iap. Cuchiba irono yxôuo qitaru mono.

Rustica vinalia, quarto decimo calendas Septembris celebrabantur, quo die primum in vrbem vinum deferebant.

Rusticatio, onis. Lus. O habitar no campo. Iap. Catainacani sumai furu coto nari.

Rusticânus, a, um. Lus. Cousa de aldea. Iap. Catainacani ataru coto.

Rusticarius, a, um. Lus. Cousa pertencente a aldea, ou aldeão. Iap. Inaca, l, inacôdoni ataru coto.

Rusticátim, adu. Lus. Rusticamente. Iap. Inacaraxiqu.

Rusticè, adu. Idem.

Rusticitas, atis. Lus. Rusticidade. Iap. Inacaraxisa. ¶ Itẽ, Vergonha timida, e impertinẽte. Iap. Niyauazu, l, muyacu naru fagi.

Rústicor, aris. Lus. Habitar no campo. Iap. Inacano sumai furu.

Rústicus, a, um. Lus. Cousa do campo, ou que habita no campo. Iap. Inacani ataru coto, l, inacano sumai furu mono. ¶ Itẽ, Rustico, ou barbaro. Iap. Tachi y furumai, jingui nadouo xiranu mono.

Rusticulus, a, um. dim. Idem.

Rústicus, i. Lus. Rustico, aldeão. Iap. Inacôdo. ¶ Item, Laurador. Iap. Cõsacunin.

Ruta, orum. Lus. Materiaes de edificios. Iap. Zôsacuni iru dôgu. Vt tçuchi, ci, taqe nado. ¶ Ruta cesa. Lus. O q̃ o vendedor refere pera si da quillo que vende. Iap. Vrite vru monono vchi yori sonomino tame ni nocoxi voqu bun.

Ruta, æ. Lus. Ruda erua. Iap. Cusano na.

Rutábulum, i. Lus. Pao com que concertam o fogo no forno. Iap. Camano fi na douo taqu matagui, sasuri atano taguy.

Rutaceus, a, um. Lus. Cousa feita de ruda. Iap. Aru cusa nite tçucuritaru mono.

Rutâtus, a, um. Lus. Cousa mesturada cõ ruda. Iap. Miguino cusano majiyetaru mono.

Rutilesco, is. Lus. Fazerse ruiuo, ou louro. Iap. Qiironi naru.

Rútilo, as. Lus. Fazer ruiuo, ou louro a outro. Iap. Qiironi nasu. ¶ Item, Ser ruiuo, ou louro. Iap. Qiiro nari.

Rútilus, a, um. Lus. Cousa ruiua, ou loura. Iap. Qiironaru mono.

Rutrum, i. Lus. Instrumento de cauar, ou arrancar eruas, pedras, &c. Iap. Cusa, ixi nadouo foru cuuano taguy.

Rutêlum, i. dim. Idem.

Rutuba, æ. Lus. Perturbação. Iap. Sôdô. Antiquum est.

DE INCIPIENTIBVS Á LITERA S.

SABBAthaij. Lus. Iudeos. Iap. Iudeoxu.

Sabbathismus, i. Lus. Festa do sabado. Iap. Sabatoto yũ fino iuai.

Sabbathízo, as. Lus. Guardar o sabado. Iap. Sabadoto yũ fiuo tçutome mamoru.

Sábbathum, i. apud Hebreos. Lus. Septimo dia da somana. Iap. Ixxinichini manzuru fi. ¶ Item, Somana. Iap. Ixxichinichi.

Sabîna, æ. Lus. Hũa erua. Iap. Cusano na. ¶ Item, Hum genero de arma. Iap. Buguno taguy.

Sabûcus, l, Sambûcus, i. Lus. Sabugueiro. Iap. Vtçugui.

Sabulêtum, i. Lus. Lugar de muita area grossa.

sa. Iap. Masagono vouoqi tocoro.

Sabulosus, a, um. Lus. Cousa chea de area grossa. Iap. Masagono vouoqi tocoro.

Sábulum, i, & Sábulo, onis. Lus. Area grossa. Iap. Masago. ¶ Itẽ, apud Apuleiũ. Lus. Hũ instrumẽto musico. Iap. Gacuqi, fiqimono. ¶ Item, Sabulo. Tangedor de frauta. Iap. Fuyefuqi.

Saburra, æ. Lus. Lastro da nao. Iap. Funeno xitazzumini ituru ixi.

Saburratus, a, um. Lus. Cousa que leua lastro. Iap. Xitazzumini ixiuo iretaru mono. ¶ Item, per transl. Cousa chea. Iap. Ippai xitaru coto.

Saburro, as. Lus. Meter lastro na nao. Iap. Funeno xitazzumini ixiuo iruru.

Sacal. apud Ægiptios. Lus. Alambre. Iap. Cofacu.

Saccaria, æ. Lus. Mercadoria de saco, ou burel. Iap. Araqi nunobucuro, l, araqi nuno no aqinai.

Saccarius, ij. Lus. Mariola que leua sacos ás costas. Iap. Nunobocurouo cataguru ninsocu.

Sáccharum, i. Lus. Açucar. Iap. Satŏ.

Sacciperium, ij. Lus. Bolsa grande que tem dentro bolsinhos. Iap. Vchini chijsaqi fuchibucurouo iretaru fucuro.

Saccularij, orum. Lus. Enganadores, ou ẽbaidores. Iap. Tabacarite, maisu.

Saccus, i. Lus. Saco, ou burel. Iap. Nunobucuro, l, sofu. ¶ Saccus frumentarius. Lus. Saco de trigo. Iap. Muguino iretaru fucuro, muguibucuro. ¶ Saccus niuarius. Lus. Hũ certo coadouro de pedra espójosa pera coar agoa que se desfaz da neue. Iap. Caruixinite tçucuritaru yuqixiruuo cosu fuinŏ.

Sacellum, i. dim. Lus. Capela da Igreja. Iap. Dendŏno vocuni danjŏuo camaye voqu tocoro.

Sacer, a, ũ. Lus. Cousa sagrada, e sancta. Iap. Tattoqi coto, voconauaretaru coto. ¶ Item, Cousa mà, e abominauel. Iap. Axiqi mono, vôqini qirai nicumaruru mono. ¶ Sacer homo. Lus. Homem que depois de muitas pragas se sacrificaua a algũ deos por algũa peste, &c. Iap. Yequiei rŏno acujiuo nogaruru tameni noroi tçuqete tamuqeni xitaru firo. ¶ Item, per transl. Homem mao, e abominauel. Iap. Qirai nicumararu acuguiacu butŏnaru mono. ¶ Sacer ignis. Lus. Fogo de sam Marçal, ou de sancto Antão. Iap. Aru yamaino na. ¶ Item, Sacer ignis. Lus. Hum genero de postema, ou erisipula. Iap. Moyecusa, l, cazaboroxi. ¶ Sacer morbus. Lus. Gotacoral. Iap. Cutçuchi, tencan. ¶ Sacer locus. Lus. Lugar publicamente dedicado. Iap. Banninno maye nite qixin xitaru tocoro. ¶ Sacer serpens. Lus. Hũa especie de cobra, cu biuora muito peçonhenta. Iap. Docuja, l, cuchifamino taguy. ¶ Sacra certamina. Lus. Certos jogos que se faziam em Grecia. Iap. Greciato yŭ cunini xitaru asobi, l, marçuri.

Sacerdos, otis. Lus. Sacerdote. Iap. Sacerdoteto yŭ xucqe.

Sacerdotissa, æ. fœmi. Idem.

Sacerdotalis, e. Lus. Cousa pertẽcẽte a sacerdote. Iap. Miguino xucqeni ataru coto.

Sacerdotium, ij. Lus. Officio, e dignidade de sacerdote. Iap. Miguino xucqeno yacu, l, curai. ¶ Item, Beneficio, ou renda ecclesiastica. Iap. Miguinoxucqeno jinŏ.

Sacondios. Lus. Hũa pedra preciosa. Iap. Tamano na.

Sacóma, atis. Lus. Contrapeso que se poem pera equilibrio da balança. Iap. Monouo caqe auasuru tameni soyuru fundŏ.

Sacramentum, i. Lus. Dinheiro que se depositaua por dous homens q̃ contendiam com tal condição que o que vencia tomaua sua parte, e o vencido a perdia pera o tesouro publico. Iap. Arasôiuo xiteriŏbŏ caneuo idaxi voqi, cachitaru mono ua vaga bunuo tori, maqetaru monoua cocano tameni nasanto caqe voqitaru cane. ¶ Item, Qualquer cousa que se faz com juramento. Iap. Nani nitemo are xeimonuo taete suru fodono coto. ¶ Sacracramentum militare. Lus. Iuramento cõ q̃ os soldados na milicia se obrigauam a seu capitão. Iap. Vaga taixõni xitagauan to buxino tatetaru xeimon. ❡ Item, Sacramenta, per transl. Soldados ajuramentados. Iap. Miguino xeimonuo tatetaru buxi. Iuuenal. ❡ Teneri sacraméto. Lus. Ser obrigado por juramento. Iap. Xeimõuo chigayuru coto naranu. ❡ Sacramento rogari. Lus. Ser alguem obrigado, ou constrangido a jurar com certas palauras. Iap. Sadamaritaru cotobauo motte xeimonuo tatesaxeraruru.

Sacrarium, ij. Lus. Lugar onde se guardam cousas sagradas. Iap. Tattoqi monouo vosamuru tocoro. ❡ Item, Lugar que auia nas casas particulares, onde estauam os pagodes. Iap. Gibutdõ.

Sacratus, a, um. Lus. Cousa dedicada, ou cõsagrada. Iap. Qixin xitaru mono, sasague taru mono. ❡ Sacratæ leges. Lus. Leys é q̃ estaua affetado q̃ aquele q̃ as quebrasse fosse sacrificado cõ sua familia, e fazẽda a algum pagode. Iap. Coreuo yaburuni voiteua, sonomiuo sajime qenzocu tomoni butjinni sasaguento sadametaru fatto.

Sacres porci. Lus. Porcos limpos, e que logo é deixádo de mamar se determinauam pera o sacrificio. Iap. Chiuo fanaxite tamuqeno tameni sadametaru butano co.

Sacrícola, æ. Lus. Ministro de cousa sagrada, ou sacrificios. Iap. Tattoqi cotouo tori atçucõ, l, sasaguemonouo suru fito.

Sácrifer, a, um. Lus. O que leua cousas sagradas. Iap. Tattoqi cotouo mochi facobu mono.

Sacrificâlis, e. Lus. Cousa pertencente a sacrificio. Iap. Tamuqeni ataru coto.

Sacrificatio, onis. Lus. Sacrificio. Iap. Tamuqe.

Sacrificium, ij. Idem.

Sacrificus, i. Lus. O que faz sacrificio, ou sacerdote. Iap. Tamuqeuo nasu mono.

Sacrificulus, i. dim. Idem.

Sacrificus, a, um. Lus. Cousa pertencente a sacrificios. Iap. Tamuqeni ataru coto.

Sacrilegium, ij. Lus. Furto de cousas sagradas. Iap. Tattoqi monono nusumi.

Sacrílegus, i. Lus. O que furta cousas sagradas. Iap. Tattoqi monouo nusumu fito.

Sacrílegus, a, um. Lus. Cousa sacrilega. Iap. Tattoqi cotono nusumini ataru coto.

Sacrimum, i. apud antiq. Lus. Mosto que se offerecia a Deos Bacho pola cõseruação das vinhas, vinho, &c. Iap. Budõno fataqe, l, saqe nadouo mamoru tameni Bachoto yũ fotoqeni sasaguetaru budõno saqe.

Sacrium, ij. Lus. Alambre. Iap. Cofacu.

Sacro, as. Lus. Dedicar, ou cõsagrar a Deos. Iap. Deusni sasaguru. ❡ Aliqñ. Rogar pragas aborrecendo, & offerecendo a alguem de tal maneira a morte que quem quer o possa matar sem culpa. Iap. Chôbucu xite nochi sono fitouo tarenaritomo coroxitemo, curuxicarazuto iy acasuru.

❡ Sacrare votum Deo. Lus. Obrigarse cõ voto a Deos. Iap. Deusye riũguan mõsu.

Sacrosanctum, i. Lus. Cousa determinada com juramento demaneira que aquele q̃ o quebrasse fosse condenado a morte. Iap. Somuqumi voiteua, meiuo tataru bexito xeimonxite sadametaru coto. ❡ Sacrosanctus tribunus plebis. Lus. Hũ certo magistrado do pouo Romano em que ninguem podia pór as mãos sem pena de morte. Iap. Cono fitoni teuo caqurumi voiteua, inochiuo tatarubeqito sadamerare taru curaino fito.

Sæpe, adu. Lus. Frequentemente, muitas vezes. Iap. Xiguequ, tabitabi.

Sæpenumerò. Idem.

Sæpiculè. dimin. Idem.

Sæpiùs, adu. Lus. Mais vezes. Iap. Nauo xiguequ.

Sæpiusculè. dimin. Idem.

Sæuio, is, sæuiui, & sæuij, sæuitum. Lus. Ser cruel contra alguem. Iap. Qendonni furu. ❡ Aliqñ. Auerse forte, e valerosamẽte. Iap. Taqequ naru, gõxeini naru.

❡ Sæuire animis. Lus. Irarse grandemente. Iap. Xinyuo vocosu.

Sæuiter, adu. Lus. Cruelmente. Qendonni, ara-

X *

araqenaqu.

Sæuitia,æ. & Sæuitudo, inis. Lus. Crueldade. Iap. Qendon.

Sæuus ,a ,um. Lus. Aspero,e cruel. Iap. Qen donnaru mono, qitçuqi mono. ¶ Qndq;. Forte. Iap. Goxeinaru mono. ¶ Aliqñ. Agastado. Iap. Xinyuo vocoxitaru mono. ¶ Aliqñ. Grande, afamado. Iap. Mei yonaru mono, fomare aru mono. ¶ Aliqñ. Poderoso. Iap. Ixei aru mono.

Saga, æ. Lus. Velha superstíciosa, ou feiticeira. Iap. Mico.

Sagácitas, atis. Lus. Sagacidade, ou faro sutil dos cains. Iap. Inuno fanano qiqitaru cotouo yû. ¶ Item, per transl. Astucia, sagacidade. Iap. Vadacamari, riconsa, l, susudoia.

Sagáciter, adu. Lus. Prudente, e sagaz mẽte. Iap. Susudocu, riconni.

Ságana, æ. Lus. Hum vaso como gral em que se pisã algũa cousa. Iap. Monouo tçuqi cudaqu vtçuuamono.

Sagapénum, i. Lus. çumo de hũa erua. Iap. Aru cusano xiru.

Sagaria, æ. Lus. Exercicio, ou trato de vẽder huns certos vestidos que se vsauão na guerra. Iap. Mucaxi ginno toqi qitaru fauorino xôbai.

Sagarius, ij. Lus. O que ganha tratando nesse genero de vestido. Iap. Miguino yxôuo xôbai xite riuo môquru mono.

Sagatus, a , um. Lus. O que traz este vestido. Iap. Miguino fauoriuo qitaru mono.

Sagax, âcis. Lus. O que tem agudo o sentido de cheirar. Iap. Fanano qiqitaru mono. ¶ Item, Sagaz, e diligente. Iap. Ricon, susudoqi mono.

Sagda, æ. Lus. Hũa pedra preciosa. Iap. Meixuno na.

Sagêna, æ. Lus. Certa rede de pescar. Iap. Vuono toru ami.

Sagîna, æ. Lus. Comer esplendido, e apto pera engordar. Iap. Fiman sasuru xocu, l, jô xocu, bixocu. ¶ Aliqñ. Gordura sobeja. Iap. Taiqua xitaru fiman. ¶ Sagina dicendi, apud Quintil. Lus. Copia de falar. Iap. Benjet.

Saginarium, ij. Lus. Lugar onde se ceuão, e engordão aues. Iap. Toriuo cay coyasu tocoro.

Saginatio , onis. Lus. O engordar. Iap. Coyasu coto nari.

Saginâtus, a, um. Lus. Cousa ceuada, ou ẽgordada. Iap. Fiman xitaru mono, coyasaretaru mono.

Sagîno, as. Lus. Engordar, ou ceuar a algũ animal. Iap. Qedamonouo coyasu.

Sagio, is, iui, itum (propriè) Lus. Irem os cains na caça bũscando pelo rasto, ou faro dos animaes. Iap. Caribano inu qedamonouo atouo motomete cagui mauaru. ¶ Item, per transl. Presentir algũa cousa sagaz, e astuta mente. Iap. Susudocu ygeno cotouo suiriô suru, l, satoru.

Sagitta, æ. Lus. Seta, ou frecha. Iap. Ya. ¶ Item, Ponta da vergontea que está na aruore. Iap. Qino vacadachino suye. ¶ Item, Hũa erua. Iap. Cusano na. ¶ Item, Hum signo celeste que tem cinco estrelas. Iap. Foxino yadori.

Sagittarius, a, um. Lus. Cousa que pertence a setas, ou accomodada pera dela se fazerem setas. Iap. Yani ataru coto, l, yani faguite niaytaru mono.

Sagittarius, ij. Lus. Bésteiro, ou que atira cõ arco. Iap. Fuxinqiù, l, yauo yru mono. ¶ Item, Hum signo celeste. Iap. Foxino yadori.

Sagíttifer, a, um. Lus. O que traz setas. Iap. Yauo taisuru mono.

Sagittípotens, entis. Lus. Hum signo celeste. Iap. Foxino yadori.

Sagitto, as. Lus. Despedir a seta do arco. Iap. Yauo yru, fanatçu.

Sagma, atis. Lus. Lugar como caixa, &c. ẽ q̃ se mete o escudo. Iap. Tateno iremono. ¶ Item, Albarda. Iap. Nigura.

Ságmina. Lus. Grama com que se coroauam huns officiais Romanos quando auiam de ir a denunciar guerra, ou paz. Iap. Romajin qiûxen, l, vayono tçucaini yuqu toqi, camurini xite itadaqitaru xibacusa.

Sagum, i. Lus. Hum genero de vestido como

mo gabam curto de que vsauá os Romanos no tẽpo da guerra. Iap. Romajinno gunginni qitaru fauori. ¶ Itẽ, Hũ genero de vestido grosseiro. Iap. Sŏye.

Ságulum. dim. Idem.

Sal, alis. Lus. Sal. Iap. Xiuo. ¶ Aliqñ. Sabedoria. Iap. Chiye, saicacu. ¶ Aliqñ. Graça, e zombaria. Iap. Xiuoraxisa, l, jarecoto. ¶ Aliqñ. Mar. Iap. Vmi.

Sal Ammoniacus. Lus. Hum humor salgado da terra que ferue com a crescente da lũa nos areais de Libia. Iap. Libiato yũ cunino sunauarani manguatno jixetni vaqi izzuru xiuo.

Salacitas, atis. Lus. Lasciuia, e inclinação a luxuria. Iap. Cŏxocu.

Salacónes. Lus. Homens presumtuosos, e arrogantes. Iap. Iiman furu fito.

Salacónia. Lus. Arrogancia, e presunção. Iap. Iiman, icatçu.

Salamandra. Lus. Salmantica. Iap. Tocagueni nitaru docuchũ.

Salariarius, ij. Lus. Homem a quem se paga salario. Iap. Temachinuo toru fito.

Salarium, ij. Lus. Salario, ou paga que se dá por algũa obra. Iap. Xigotono temachin.

Salarius, ij. Lus. O que vende sal, ou cousas salgadas. Iap. Xiuo, l, xiuo xitaru mono uo vru fito.

Salarius, a, um. Lus. Cousa que pertence a sal. Iap. Xiuoni ataru coto.

Salax, âcis. Lus. Luxurioso. Iap. Cŏxocu nin, ranguiŏnaru mono. ¶ Salaces cibi. Lus. Comeres que prouocão a sensualidade. Iap. Inranuo vocosu xocu.

Sálebræ, arum, l, Salebra, æ. num. sing. Lus. Lugares asperos, e fragosos. Iap. Nanjo, ganjeqino vouoqi tocoro. ¶ Item, per transl. Difficuldade, ou aspereza. Iap. Cataqi coto, tayasucarazaru cotouo yũ.

Salebrosus, a, um. Lus. Cousa de muitas pedras, ou altibaxos. Iap. Ixiuarano tacabicunaru tocoro. ¶ Salebrosa oratio. Lus. Oração aspera, e escabrosa. Iap. Qicçuqu yauaracanarazaru dangui. ¶ Salebrosus scriptor. Lus. Historiador, ou autor de stilo duro, e pouco suaue. Iap. Ixiuarano gotoqu couaracani monouo caqu fito.

Salgama. Lus. Cóseruas. Iap. Tçuqe mono.

Salgamarius, ij. Lus. O que vende cousas feitas de conserua. Iap. Tçuqemonouo vru fito.

Sali. Lus. Hũas auezinhas. Iap. Cotorino na.

Salicastrum, i. Lus. Hum genero de vuas de balsa. Iap. Yamani idequru budŏno taguy.

Salicêtum, i. vel Salictum, i. Lus. Lugar de salgueiros, ou sinceiral. Iap. Yanaguiuara.

Salientes. Lus. Tornos, ou esguichos de agoa. Iap. Mizzubuneno nomi, l, fino cuchi.

Salignus, a, um. Lus. Cousa feita de salgueiro. Iap. Yanaguino qinite tçucuritaru coto.

Saligneus, a, um. Idem.

Salina, æ. Lus. Marinha de sal, ou lugar na terra donde se tira o sal. Iap. Xiuobama, l, xiuouo foriidasu tocoro.

Salînum, i. Lus. Saleiro. Iap. Xiuozara. ¶ Item, Qualquer vaso de barro que se poem na mesa do pobre. Iap. Finjano jenni suy uru cauaraqe doqino taguy.

Salillum, i. dim. Idem.

Salio, is, iui, l, ij, l, lui, saltum. Lus. Saltar, ou bailar. Iap. Tobu, l, mŏ. ¶ Salire è terra. Lus. Sair da terra. Iap. Gi yori izzuru. ¶ Salit mihi cor, per trãsl. Lus. Pula me o coração de alegria. Iap. Quangui yuyacu suru, l, cocoroga yorocŏde vqi tatçu. ¶ Salire animalia. Lus. Fazerem os animais machos ajuntamento com as femeas. Iap. Qedamonono totçugu.

Salio, is. siue Sallio, is. Lus. Salgar. Iap. Xiuo uo suru.

Sallo, is, salli, salsum. Idem.

Salîtor, oris. Lus. O que arrecada tributo do sal. Iap. Volamaru xiuouo vqetoru fito, l, xiuono cujiuo vqetoru mono.

Salitûra, æ. Lus. O salgar. Iap. Xiuouo suru coto uo yũ.

Saliunca, æ. Lus. Azeure. Iap. Cusano na.

Saliuarius, a, um. Lus. Cousa que pertence a cuspi-

X * 2

a cuſpinho. Iap. Tçubaqini ataru coto.
Salíuo, as. Lus. Cuſpir. Iap. Tçubaqiuo ſuru. ¶ Aliqñ. Vntar. Iap. Nuru.
Saliuoſus, a, um. Lus. Couſa que tem ſeme lhança, ou goſto de cuſpo. Iap. Tçubaqi ni nitaru mono, l, ſono agiuai aru mono.
Saliuum, i, & Saliua, æ. Lus. Cuſpo. Iap. Tçubaqi. ¶ Aliqñ. Saliua. Lus. Goſto, ou ſabor. Iap. Agiuai.
Salix, icis. Lus. Salgueiro, ou ſinceiro. Iap. Yanagui.
Salmo, onis. Lus. Salmão peixe. Iap. Vuono na.
Salnîtrum, i. Lus. Salitre. Iap. Yenxô.
Salpa, æ. Lus. Hum peixe. Iap. Vuono na.
Salſamentarius, ij. Lus. O que vende couſas de ſalmoura. Iap. Xiuoxitaru monouo vru fito.
Salſamentarius, a, um. Lus. Couſa que per tence áſalmoura, ou couſa ſalgada. Iap. Xi uouo tçuqetaru mono, l, xiuoxiruni ata ru coto.
Salſamentum, i. Lus. Salmoura, ou couſa feita de ſalmoura pera durar. Iap. Xiuoxiru, l, xiuouo xitaru mono.
Salsè, adu. Lus. Gracioſamente. Iap. Xiuo raxiqu.
Salsêdo, inis. Lus. Sabor de ſal. Iap. Xiuo no agi.
Salſicortex, icis. Lus. Sóuaro, ou ſouereiro. Iap. Aru qino na.
Salſilago, inis. Lus. Humor, ou liquor ſalgado. Iap. Xiuomizzu, xiuoxiru.
Salſitûdo, inis. Lus. Humor, ou liquor que tem ſabor de ſal. Iap. Xiuafai mizzu, l, xiru.
Salſûgo, inis. Lus. Humor, ou liquor ſalga do. Iap. Xiuomizzu, xiuoxiru.
Salsûra, æ. Lus. Couſa feita cum ſalmoura. Iap. Xiuozzuqeni xitaru coto. ¶ Item, Salmoura. Iap. Xiuoxiru.
Salſus, a, um. Lus. Couſa que tem ſabor de ſal, ou que eſtá ſalgada. Iap. Xiuofai mono, l, xiuoxitaru mono. ¶ Item, per transl. Gracioſo, e prazenteiro. Iap. Xiuoraxiqi mono.
Saltatio, onis. Lus. O dançar, ou bailar. Iap. Vodori, mai.
Saltatus, us. Idem.
Saltator, oris. Lus. Dançador, ou bailador. Iap. Vodoru, l, mô mono.
Saltatrix, icis. fœm. Idem.
Saltatricula, æ. dim. Idem.
Saltatorius, a, um. Lus. Couſa que pertence adança, ou bailo. Iap. Vodori, l, maini ataru coto. ¶ Saltatorius ludus. Lus. Eſ cola onde ſe enſina a bailar. Iap. Vodori, maiuo voxiyuru tocoro.
Saltem. Lus. Ao menos. Iap. Xemete.
Saltim, apud antiq. ſiue Saltuatim. Lus. De ſalto, em ſalto. Iap. Tonde, vodotte. ¶ Saltuatim ſcribere. Lus. Eſcreuer como ſe offerece ſem leuar ordem cõtinuada. Iap. Monouo vomoi idaxi xidainicaqu.
Salto, as. Lus. Bailar, ou dançar. Iap. Mô, vodoru. ¶ Saltare laudes alicuius. Lus. Dizer louuores dalguem bailando. Iap. Fitono fomareuo iyte mô.
Saltuarius, ij. Lus. Monteiro que guarda mato, ou boſque. Iap. Yamamori, l, mori, fayaxino ban.
Saltuoſus, a, um. Lus. Couſa de muitos ma tos, ou boſques. Iap. Mori, l, fayaxino vouoqi tocoro.
Saltûra, æ. Lus. Bailo, ou dança. Iap. Vodori, mai.
Saltus, us. Lus. O ſaltar, ou bailar. Iap. Tobu, l, mô coto nari.
Saltus, us, l, i. Lus. Mato. Iap. Mori, fayaxi.
Saluator, oris. Lus. Saluador. Iap. Tasuqete.
Salûber, bris, bre. Lus. Couſa ſadia, ou ſalutifera. Iap. Mubiô, ſocuſaini naſu mono, quaiqi ſaſuru mono. ¶ Aliqñ. São, e bê deſpoſto. Iap. Yugon naru mono, l, ſocuſai naru mono.
Salûbritas, atis. Lus. Saude. Iap. Mubiô, ſocuſai.
Salubriter, adu. Lus. Com ſaude, ou ſauda uelmente. Iap. Mubiôni, ſocuſaini.
Salue. Lus. Deos te ſalue. Iap. Reiuo naſu cotoba nari. ¶ Iubeo te ſaluere. Lus. Rogo, e deſejo te ſaude. Iap. Nangino ſocu-

socusaiuo negò.

Saluia, æ. Lus. Salua erua. Iap. Cusano na.

Saluiatum, i. Lus. Hũ genero de mezinha de que vsão os alueitares na cura das bestas. Iap. Facuracuno tçucŏ cusuri.

Saluio, as. Lus. Curar com esta mezinhar ou dala a beber. Iap. Miguino cusuriuo nomasuru, l, cususu.

Saluo, as. Lus. Saluar. Iap. Tasuquru.

Salum, i. Lus. Mar. Iap. Vmi.

Salus, lutis. Lus. Saude. Iap. Socusai. ¶ Aliqñ. Remedio. Iap. Reôqen. ¶ Salutem dicere alicui rei. Lus. Deixar algũa cousa, ou dizerlhe que se fique em boa. Iap. Sarabato itomagoiuo suru, itomauo yaru, l, saxivoqu. ¶ Nũciare, adscribere, dicere salutem. Lus. Saudar. Iap. Reiuo nasu.

Salutaris, e. Lus. Cousa salutifera, ou saudauel. Iap. Mubiŏni naru coto, socusaini naru coto. ¶ Salutares literæ. Lus. Cartas de consolação. Iap. Fitouo nadamuru fumi. ¶ Item, Salutaris litera à Cicerone dicitur, A, quæ absolutionis nota erat. ¶ Salutaris digitus. Lus. Dedo indice. Iap. Fitosaxi yubi.

Salutariter, adu. Lus. Com saude, ou por causa da saude. Iap. Socusaini, l, socusaino tameni.

Salutatio, onis. Lus. O saudar, ou visitar a alguem. Iap. Fitoni reiuo nasu, l, votozzururu coto nari.

Salutator, oris. Lus. O que sauda. Iap. Reiuo nasu fito, l, cotozzuteuo suru fito.

Salutatorius, a, um. Lus. Cousa pertencente a saude, ou saudação. Iap. Socusai, l, reini ataru coto.

Salutifer, a, um. Lus. Cousa saudauel, ou que traz saude. Iap. Socusai, l, tasuqeni naru coto.

Salutiger, a, um. Lus. O que sauda, ou dà encom ndas da parte de outro. Iap. Fitono miŏdaini reiuo xi, l, cotozzuteuo suru mono.

Salutigérulus, a, um. Idem.

Salûto, as. Lus. Saudar, ou visitar a alguem. Iap. Votozzururu, reiuo nasu, cotozzuteuo suru. ¶ Item, Reuerenciar. Iap. Vyamŏ, agamuru.

Saluus, a, um. Lus. São, e saluo. Iap. Bujini aru mono, nanguiuo nogaretaru mono, l, yugon, mubiŏnaru mono.

Sambûca, siue Sambyca, æ. siue, Sambyx, ycis. Lus. Instrumẽto musico. Iap. Fiqimonono taguy. ¶ Item, Maquina de combater cidades. Iap. Camayeuo vchicuzzusu dŏzuqino taguy.

Sambúcina, æ. Lus. Molher que tange este instrumento musico. Iap. Cano fiqimonouo tanzuru vonna.

Sambucistria, æ. Idem.

Sambûcus, i. Lus. Sabugueiro aruore. Iap. Vtçugui.

Sambuceus, a, um. Lus. Cousa de sabugueiro. Iap. Cano qini ataru coto.

Samera, æ. Lus. Semente de olmo. Iap. Aruqino tane.

Sampsa, siue Sansa, æ. Lus. Carouço da azeitona. Iap. Azeitonato yŭ qinomino sane. ¶ Item, Carne da azeitona que cobre o carouço. Iap. Azeitonato yŭ conomino mi.

Sampsúchinus, a, um. Lus. Cousa de manjerona. Iap. Cŏbaxiqi cusani ataru coto.

Sampsuchum, siue Sampsychum. Lus. Manjerona. Iap. Cŏbaxiqi cusano na.

Sanábilis, e. Lus. Cousa que se pode sãrar. Iap. Riŏgini cacauaru mono.

Sanatio, onis. Lus. O sãrar, ou cobrar saude. Iap. Quaiqiuo vru, l, iyasu coto nari.

Sancio, is, iui, itum, l, xi, ctum. Lus. Estabelecer, ou determinar. Iap. Sadamuru, l, qetgio suru.

Sancte, adu. Lus. Sãctamente. Iap. Tattoqu. ¶ Aliqñ. Firmemente. Iap. Tçuyoqu, qengoni.

Sanctio, onis. Lus. Estabilecimento, ou ratificação. Iap. Qetgiacu suru, l, catagu sadamuru cotouo yŭ. ¶ Aliqñ. Parte da ley que determina pena aquem a quebrar. Iap. Fattouo yaburu monono quataino sadame.

Sanctimonia, æ. Lus. Sãctidade. Iap. Tattosa.

Sanctitas, atis. Idem.

San-

Sanctitudo, inis. Idem.

Sanctor, oris, l, Sancitor. Lus. Legislador. Iap. Fattouo sadamuru fito.

Sanctuarium, ij. Lus. Sanctuario, ou lugar secreto que està no interior do templo. Iap. Naijin. ¶ Item, Segredo. Iap. Fimit. Plinius.

Sanctus, a, um. Lus. Cousa ordenada, ou determinada. Iap. Sadameraretaru coto, qetgiacu xitaru coto. ¶ Item, Cousa sancta, e inuiolauel. Iap. Somuqu, l, yaburu coto canauanu coto. ¶ Item, Cousa pura, e se magoa. Iap. Xŏjŏ qeppacunaru coto. ¶ Sācta loca. Lus. Lugares sanctos isētos de toda a força, ou injuria q̃ se lhes pode fazer. Iap. Niguecomitaru mononi atauo nasu coto canauazaru tocoro, l, fitono rŏjeqiuo nasu coto canauazaru tocoro.

Sánctulus, a, um. dim. per contemptum. Idem.

Sandálides, um. Lus. Hũ genero de palmeira. Iap. Yaxiuono qino taguy.

Sandaligérula, æ. Lus. Molher que anda em chapins. Iap. Tacaqi cutçuuo faqitaru vonna.

Sandalium, ij. Lus. Chapim de molher. Iap. Vonnano tacaqi cutçu.

Sándalum, i. Lus. Hũa laya de trigo. Iap. Muguino taguy.

Sandápila, æ. Lus. Hũa maneira de tumba ẽ que se ēterrauão os pobres. Iap. Finjanogā.

Sandapilarij. Lus. Homens que enterraṽão aos pobres naquela tumba, ou caixão. Iap. Miguino gāniirete finjauo vzzumu mono.

Sandaracha, æ. Lus. Hũ genero de vermelhão, que se acha nas minas douro, e prata. Iap. Canayamanite foriidasu xu. ¶ Sandaracha factitia. Lus. Vermelhão que se faz de aluayade feruido ao fogo. Iap. Yaqitaru voxiroi faraya nite tçucuritaru xu. ¶ Item, Hũa erua de que comem bem as abelhas. Iap. Fachino conomu cusano na.

Sandaracharus, a, um. Lus. Cousa que tem mestura deste vermelhão. Iap. Miguino xuuo majiyetaru mono.

Sandarachinus, a, um. Lus. Cousa que tem côr deste vermelhão, ou semelhāça de côr de fogo. Iap. Miguino xuno iro, l, fino ironaru mono.

Sandaltros. Lus. Hũa pedra preciosa. Iap. Mei xuno na.

Sandix, cis. Lus. Hũa côr vermelha que se faz de aluayade muito queimado. Iap. Yaqitaru voxiroi faraya nite coxirayetaru xu.

Sanè, adu. Lus. Por certo, em verdade. Iap. Macotoni. ¶ Aliqñ. Muito. Iap. Vôqini. ¶ Aliqñ. Asaz. Iap. Tairiacu, vôcata. ¶ Sit sanè vt vis. Lus. Seja asi como tu queres. Iap. Nangino vomoino mamani are.

Sanesco, is. Lus. Ir sarando. Iap. Xidaini iyeyuqu, l, quaiqi suru.

Sanguículus, i. Lus. Sangue de cabrito, ou porco feito em manjar. Iap. Riŏrixitaru yaguiŭno conochi, l, butano chi.

Sanguinalis, e. vt sanguinalis herba. Lus. Erua sanguinha. Iap. Cusano na.

Sanguinaria, æ. Idem.

Sanguinarius, a, um. Lus. Cruel. Iap. Nasaqe naqi mono, qēdōnaru mono. ¶ Sāguinarius homo. Lus. Homem cru, amigo de sangue humano. Iap. Fitouo coroxi tagaru araqenaqi fito. Seneca.

Sanguineus, a, um. Lus. Sanguinho. Iap. Cŏqetno tçucaladoru mono. ¶ Aliqñ. Cousa de sangue. Iap. Chinaru mono. vt, chino namida, &c. ¶ Interd. Cousa chea de sangue, ou ensanguentada. Iap. Chino michitaru mono, l, chini somitaru mono. ¶ Itē, Cruel. Qēdonnaru mono. ¶ Sanguineus frutex. Lus. Pao sanguinho. Iap. Chino ironaru qi.

Sánguino, as. Lus. Deitar sangue. Iap. Chiuo nagasu, taratu.

Sanguinolentus, a, um. Cousa chea de sangue. Iap. Chino michitaru mono, l, chini somitaru mono. ¶ Litera sanguinolenta. Lus. Pasquim, ou libelo infamatorio. Iap. Raquxo, l, fitono soxiru xenjot. ¶ Sanguinolenti. Lus. Crianças enjeitadas. Iap. Sutego.

Sanguis, inis. Apud antiquos, Sanguen, inis. Lus. Sangue. Iap. Chi, l, qet. ¶ Item,

Vigor

Vigor, e força. Iap. Xeiriqi. ¶ Item, Géra ção, ou progenie. Iap. Xiſon, ſugime.

¶ Sanguine mittere, et ſanguine detrahe re. Lus. Sangrar. Iap. Chiuo toru. ¶ Sã guis ærarij. Lus. Fazenda, ou riqueza q̃ eſtà no teſouro publico. Iap. Coccano ta meni tatetaru curani aru zaifô. ¶ Plenus ſanguinis. Lus. Cruel. Iap. Qendon naru mono.

Sanguiſuga, æ. Lus. Sambixuga. Iap. Firu to yŭ muxi.

Sanies, ei. Lus. Sague corrupto, ou mate ria. Iap. Vmichi, nôqet. ¶ Aliqñ. Tinta de laã. Iap. Fitçujino qeuo ſomuru cotouo yŭ. ¶ Sanies oleæ. Lus. Agoa ru ça do azeite. Iap. Aburano qino mino docqi, nigaqi xiru.

Sanioſus, a, um. Lus. Cheo de materia, ou ſangue roim. Iap. Vmichino michitaru mono, l, acqetno vouoqi mono.

Sánitas, atis. Lus. Saude, ou boa deſpoſição. Iap. Mubiô, ſocuſai. ¶ Item, per transl. O eſtar em ſeu perfeito juizo. Iap. Fonxônaru cotouo yŭ. ¶ Redire ad ſanitatem. Lus. Tornar em ſeu ſiſo. Iap. Fon xôni tçuqu.

Sanna, æ. Lus. Eſcarneo, ou zombaria que ſe faz com eſgares da boca. Iap. Iùmen no tçucutte ſuru azaqeri, naburi.

Sannatores. Lus. Os que zombã deſta mane ira. Iap. Miguino gotoqu azaqeru mono.

Sannio, onis. Lus. O que com riſadas, e geſ tos do corpo moue a riſo zombando, e arremedando a outros. Iap. Yguiô yrui no nariuo xi monomaneuo xite, ficouo azaqeri varauaſuru mono. ¶ Item, per transl. O que tem o roſto torto. Iap. Cauono yugamitaru mono.

Sano, as. Lus. Sarar, ou dar ſaude. Iap. Iya ſu, yamaiuo nauoſu. ¶ Vulnera Reip. ſanare. Lus. Curar os males da Repub. Iap. Coccano qizuuo nauoſu.

Sanqualis, is. Lus. Hũa aue. Iap. Torino na.

Sanſa. vide Sampſa.

Sanſucus. vide Sampſuchum.

Sántalum, i. Lus. Sandalo. Iap. Biacudã.

Santerna, æ. Lus. Hum genero de liga, ou ſolda de que vſam os ouriues pera ſoldar o ouro. Iap. Coganezaicuno cogane no tçucuru rôno taguy.

Santónica, æ. Lus. Hũa eſpecie de loſna. Iap. Cuſano na.

Sanus, a, um. Lus. São, bem deſpoſto. Iap. Mubiô, ſocuſainaru mono. ¶ Item, O que eſtà em ſeu juizo. Iap. Fonxônaru mono.

Sapa, æ. Lus. Arobe. Iap. Budôxuuo ſanbunni xenji feraxite amene yôni naxitaru mono.

Saperda, æ. Lus. Hum peixe. Iap. Vuono na. ¶ Item, per tranſl. Sabio, fermoſo. Iap. Chiye taqe, jinbut yoqi mono. Nonius.

Sápidus, a, um. Lus. Couſa q̃ tem bõ ſabor. Iap. Fŭmi yoqi mono, vmaqi mono.

Sapiens, entis. Lus. Sabio, prudente. Iap. Chi xa, côxa, ſaicacuxa.

Sapienter, adu. Lus. Sabiamente. Iap. Saican ni, l, caxicoqu.

Sapientia, æ. Lus. Sabedoria, ou ſciencia. Iap. Chiye, chitocu, gacuxitaru chiye.

Sapientípotens, entis. Lus. O q̃ muito pode em ſaber. Iap. Chiyeni canôtaru mono.

Sapînos, i. Lus. Hũa pedra precioſa. Iap. Meixuno na.

Sapînus, i. Lus. Tronco ſem noos de hũa ar uore de que fazem os maſtos. Iap. Aru qi no motono fuxi naqi tocoro uo yŭ.

Sapineus, a, um. Lus. Couſa feita do tronco deſta aruore. Iap. Miguino qino motocu chinite tçucuritaru mono.

Sapio, is, piui, l, pij, ſapîtum, l, ſapui, ſápitũ, pen. correpta. Lus. Ter ſabor. Iap. Agiga ſuru, agiga aru. ¶ Item, Ser ſabio, ou eſtar em ſeu juizo. Iap. Chiyega aru, fonxô na ri. ¶ Item, Dar moſtra, ou repreſentar. Iap. Nixe arauaſu. ¶ Liber hic ſapit hereſim. Lus. Eſte liuro cheira a heregia. Iap. Cono qiôua Heregia cuſaxi.

Sapo, onis. Lus. Sabão. Iap. Yxô nadono acauo votoſu mono.

Sapor, oris. Lus. Goſto, ou ſabor. Iap. Agi- uai

uai, fumi. ¶ Aliqn. per transl. Graça no falar. Iap. Monogatarino xiuoai.

Sapphîrus, i. Lus. Safira. Iap. Meixuno taguy.

Sapphiratus, a, um. Lus. Ornado destas pedras preciosas. Iap. Miguino tamauo tçurane xŏgon xitaru mono.

Sapphirinus, a, um. Lus. Cousa de safira. Iap. Miguino meixuni ataru coto.

Saprum, i. Lus. Hũa laya de queijo. Iap. Qe damonono chiuo xiborite totonoyetaru xocubutno taguy.

Sapsa, à veteribus dictum est pro ipsa, vel se ipsa.

Sarcimen, inis. Lus. Custura. Iap. Nuime, tçuguime.

Sárcina, æ. Lus. Trouxa, ou carga de cousas que hum leua pera o caminho. Iap. Cata guru nimot. ¶ Item, Fato que està meti do em caixóis, ou cestos. Iap. Vtçuuamononi ire voqu xotaino dŏgu. ¶ Itẽ, per transl. Carga, ou trabalho inutil. Iap. Ye qi naqi xinrŏ, vomoni. ¶ Sarcinas colligere. Lus. Aperceberse o exercito pera se mudar. Iap. Gingayeno yŏyuo suru. ¶ Cõponere sarcinas. Lus. Entrouxar o fato pera se mudar. Iap. Yadogayeno yŏyuo suru.

Sarcinula, æ. dim. Idem.

Sarcinarius, a, um. Lus. Cousa que pertence a carga, ou trouxa. Iap. Nimotni ataru coto. ¶ Sarcinarium iumentum. Lus. Besta de carga. Iap. Conida, buda.

Sarcinator, oris. Lus. Alfayate. Iap. Faxinja.

Sarcinatrix, icis. fœm. Idem.

Sarcinatus, a, um. Lus. Carregado com carga. Iap. Niuo xeuoitaru mono.

Sárcino, as. Lus. Entrouxar, ou enfardelar. Iap. Nizzuquru. ¶ Interd. Coser. Iap. Nũ.

Sarcio, is, sarsi, sartum. Lus. Coser vestidos. Iap. Yxŏuo nũ. ¶ Item, Refazer, ou renouar, Iap. Saicô suru, aratamuru. ¶ Itẽ, per transl. Restituir, refazer a perda. Iap. Sonxitaruo naoxi voguinŏ.

Sarcion. Lus. Hũa vea com o carne sã que se

as pedras preciosas. Iap. Tamano vchino cumoritaru tocorouo yũ.

Sarcocella, æ. Lus. Humor que nace de hũa certa aruore. Iap. Aru qi yori nagare izzuru xiru.

Sarcóphagus, i. Lus. Hum genero de marmore em que enterrauam os corpos mortos. Iap. Xixeqi, quâuo tçucuru facuxeqino taguy. ¶ Item, Sepultura. Iap. Xigaiuo vosamuru quan.

Sarculatio, onis. Lus. O sachar, ou mondar das eruas. Iap. Cumadeno yŏnaru dŏgu nite denbacuno cusauo caqitoru coto nari.

Sárculo, as. Lus. Sachar, ou mondar das eruas. Iap. Miguino dŏgu nite cusauo caqitoru.

Sárculum, i. Lus. Ansinho de mondar as sementeiras das eruas. Iap. Denbacuno cusauo toru cumadeno yŏnaru dŏgu. ¶ Item, (vt alij) Enxada, ou sacho. Iap. Cuua, l, tçuruno faxi.

Sarda, æ. Lus. Hũa pedra preciosa. Iap. Meixuno na. ¶ Item, Hum peixe. Iap. Vuono na.

Sardoa, æ. Lus. Hũa erua. Iap. Cusano na.

Sárdonyx, ichis. Lus. Hũa pedra preciosa. Iap. Meixuno na.

Sardonychatus, a, um. Lus. Ornado com esta pedra preciosa. Iap. Miguino meixu nite xŏgon xitaru mono.

Sargus, i. Lus. Peixe sargo. Iap. Vuono na.

Sarissa, æ. Lus. Lança, ou pique. Iap. Nagayeno yari.

Sarmenta, orum. Lus. Vides cortadas. Iap. Qiri fanaxitaru budŏno cazzura. ¶ Itẽ, Sarmentum. Lus. Vara que està na vide. Iap. Budŏno cazzura.

Sarmentitius, a, um. Lus. Cousa de vides cortadas. Iap. Qiri fanaxitaru budŏno cazzurani ataru coto.

Sarmentosus, a, um. Lus. Cousa de muitos sarmentos. Iap. Budŏno cazzurano vouoqi coto.

Sarpa, æ. Lus. Vinha podada. Iap. Tçurũ tçuci ritaru budŏno fataqe.

Sarracum, i. Lus. Hum genero de carro em

que

que acarretão lenha, e pedras. Iap. Ixi, taqiguiuo facobu curuma.

Sarrio, is, iui, itum. Lus. Sachar com facho, ou anfinho, e mondar as eruas das femẽteiras. Iap. Cumade, l, farayenite denba cuno cusauo toru.

Sarritor, oris. Lus. O que facha, ou monda. Iap. Miguino gotoqu cusauo toru fito.

Sarritura, æ. Lus. Mondadura. Iap. Migui no gotoqu cusauo toru cotouo yŭ.

Sartago, inis. Lus. Sartẽ de frigir. Iap. Abura nite mononuo aguru xenban.

Sartatecta. Lus. Obras, ou edificios publicos q̃ se dauão pera se restaurarẽ, e concertarẽ. Iap. Xuriuo fasuru tameni chinuo idaxite vatasu cocca, l, vôzŏnoiye.

Sartè, adu. Lus. Inteiramente. Iap. Taxxite, jenbi xite.

Sartor, oris. Lus. O que monda as sementeiras. Iap. Denbacuno cusauo toru fito.
¶ Item, Alfayate. Iap. Faxinja.

Sartrix, icis. Lus. Alfayata. Iap. Faxin furu venna.

Sartûra, æ. Lus. Mondadura das eruas. Iap. Denbacuno cusauo toru cotouo yŭ.

Sartus, a, um. Lus. Cousa cosida. Iap. Nuitaru mono.

Sat, adu. Lus. Asaz. Iap. Vôuoqu.

Sátago, is, egi, actum. Lus. Estar solicito cõ afliçăo sobre a dificuldade de algũa cousa que se hade fazer. Iap. Anji vazzurŏ.
¶ Aliqñ. Ser diligente, ou apressarse. Iap. Xeiuo ireru, qimoiru, l, isogu.

Satanas, æ. Lus. Aduersario. Iap. Teqitŏ mono. ¶ Item, Diabo. Iap. Tengu, tẽma.

Satellex, itis. Lus. Biliguim, ou soldado de guarda. Iap. Qeigono xu, l, toganin uo carame toru yacuxa.

Satellitium, ij. Lus. Soldados de guarda, ou biliguins que acompanhão. Iap. Qeigono buxixu.

Satiabilis, e. Lus. O que se pode fartar facilmente. Iap. Tannu xiyasuqi mono.

Satiatus, a, um. Lus. Cheo, farto. Iap. Tannu xitaru mono.

Satietas, atis. Lus. Fartura. Iap. Tannu.
¶ Item, Fastio que nace do muito vso de algũa cousa. Iap. Bôman.

Satias, atis, l, Saties, ei. Idem.

Satio, as. Lus. Fartar, encher. Iap. Tannu fasuru, mitasuru.

Satio, onis. Lus. O semear, ou plantar. Iap. Taneuo maqu, l, voyuru coto nari.

Satis, adu. Lus. Em abundancia. Iap. Iuntacuni, tacusanni. ¶ Non satis est æstimare. Lus. Não pode alguẽ julgar bem quanto he necessario. Iap. Xirioni voyobi gataqi nari. ¶ Non satis habeas semel circuire. Lus. Não vos contenteis somente de dar hũa volta. Iap. Fitomeguri nite yôxito furu coto nacare. ¶ Satis superq;. Lus. Basta, e rebasta. Iap. Chŭgiô xeri. ¶ Satin? Lus. Basta porventura? Iap. Coremade nariya?

Satis acceptio, onis. Lus. O tomar fiança do que promete, ou se obriga. Iap. Vqeninuo tatesaxete vqegauasuru coto nari.

Satis accipio, is. Lus. Tomar fiança, ou fiadores em algum contrato. Iap. Fazuuo tori vqeninuo tatesasuru.

Satisdatio, onis. Lus. Dar fiança. Iap. Vqeninuo tatçuru coto nari.

Satisdatum, i. Lus. Fiança. Iap. Xichi, l, vqe.

Satisdo, as. Lus. Asegurar ao acredor dando fiador. Iap. Vqeninuo tatete ando fasuru.

Satisfacio, is. Lus. Pagar, ou satisfazer. Iap. Vqeuoitaru mononuo fenben suru. ¶ Interd. Cõtẽtar. Iap. Qinivŏ. ¶ Item, Escusarse. Iap. Toga naqi yoxiuo iy firaqu.

Satisfactio, onis. Lus. Escusa. Iap. Iy firaqu cotouo yŭ.

Satispræsto, as. Lus. Dar fiador por algũa cousa que se pede. Iap. Vqeninuo tatçuru.

Satius. Lus. Melhor. Iap. Masarite, nauoyoqu.

Satiuus, a, um. Lus. Cousa que se semea, ou he boa pera se semear. Iap. Maqu mono, tanuy, l, maite niuitaru mono.

Sator, oris. Lus. O que semea, ou plãta. Iap. Maqu, l, vyuru fito. ¶ Sator cælestium. Lus. Criador das cousas celestiaes. Iap. Ten

y *

Tenniaru monono sacuxa.
Satorius,a, um. Lus. Cousa que pertence a semeador. Iap. Taneno maqiteni atatu coto.
Sátrapa,l, Sátrapes, æ. Lus. Prefeito, ou gouernador da prouincia. Iap. Cunino tada xite, xugo.
Satrapia, æ. Lus. Administração, ou cargo de hũa prouincia. Iap. Cuniuo xugo xi vosamuru cotouo yŭ.
Satur, a, um. Lus. Farto, ou cheo de comer. Iap. Xocuni bŏman xitaru mono.
¶ Interd. Cousa abundante. Iap. Iuntacu naru coto. ¶ Satur color. Lus. Côr intensa. Iap. Coqi iro.
Saturatus, a, um. Lus. Cousa farta, ou chea. Iap. Bŏman, l, tannu xitaru mono.
Satureia, æ. Lus. Segurelha erua cheirosa. Iap. Cŏbaxiqi cusano na.
Satúritas, atis. Lus. Fartura em cousas de comer, e beber. Iap. Vonjiqino bŏman. ¶ Aliqñ. Fertilidade. Iap. Iucuginaru cotouo yŭ.
Sáturo, as. Lus. Fartar. Iap. Tannu sasuru, l, bŏman sasuru. ¶ Per transl. Satura te odium. Lus. Satisfazer ao odio. Iap. Iconno sanzuru, l, qidouoriuo yasumuru.
Satullo, as. apud antiq. Idem.
Satus, a, um. Lus. Cousa semeada. Iap. Denbacuni maqitaru mono. ¶ Item, per transl. Nacido, ou gèrado. Iap. Xŏjitaru mono, ideqitaru mono.
Satus, us. Lus. O semear, ou plantar. Iap. Taneuo maqu, l, vyuru coto nari.
¶ Aliqñ. Semente. Iap. Tane.
Sátyra, æ. Lus. Verso, ou poesia em q̃ se mor de, ou reprède. Iap. Fitouo soxiru xijca.
Satyra auis, l, Satyria, æ. Lus. Hũa aue. Iap. Torino na.
Satyria, æ. Lus. Comer feito de varias eruas. Iap. Xinajinano yasaiuite reôri xitaru xocubut.
Satyriasis, is, l, Satyrismus, i. Pulsus testium, & velut singultus quidam inguinis.
Satyricè, adu. Lus. Azeda mente mordendo, ou murmurando. Iap. Qibixiqu, nigaxiqu soxirite.
Satyricus, a, um. Lus. Cousa que pertence a verso, ou poesia em que se murmura. Iap. Fitouo soxiru xijcani ataru coto.
¶ Item, Poeta que compoem estes versos. Iap. Miguino xijcano sacuxa.
Satyrion. Lus. Hũa erua. Iap. Cusano na.
Sauciatio, onis. Lus. O ferir, ou chagar. Iap. Teuo vôsuru, qizuuo xitcuquru coto nari.
Sauciatus, a, um. Lus. Ferido, ou chagado. Iap. Teuo voitaru mono.
Saucius, a, um. Idem. ¶ Amore saucius. Lus. Ferido de amor. Iap. Vomoini yamu mono. ¶ Saucius fatigatione. Lus. Cansado. Iap. Tçucaretaru mono, cutabiretaru mono.
Saucio, as. Lus. Ferir, chagar. Iap. Teuo vôsuru, qizuuo tçuquru.
Sauior, Sauium. Vide Suauium.
Saura, æ. Lus. Lagartixa. Iap. Tocague.
¶ Item, Hum peixe. Iap. Vuono na.
Saurites. Lus. Hũa pedra preciosa. Iap. Meixuno na.
Saxátilis, e. Lus. Cousa que mora, ou viue nas pedras. Iap. Iuaya, ixino aini sumu mono. ¶ Piscatus saxatilis. Lus. Pescaria que se faz entre as pedras. Iap. Ixino aiini nite suru sunadori.
Saxetanus, a, um. Idem.
Saxêtum, i. Lus. Lugar pedregoso onde ha muitos penedos. Iap. Ixiuara, l, iua, ganjeqi no vouoqi tocoro.
Sáxeus, a, um. Lus. Cousa feita de pedra. Iap. Ixinite tçucuri totonoyetaru coto.
Saxíficus, a, um. vt os saxificũ. Lus. Vulto q̃ conuerte aos q̃ o olham em pedra. Iap. Miru mononuo ixini nasu monono vomote.
Saxífragum, i, l, Saxifraga, æ, l, Saxifragia, æ. Lus. Hũa erua. Iap. Cusano na. ¶ Saxifragæ vndæ. Lus. Ondas que quebrão as pedras. Iap. Iuauo cudaqu nami.
Saxosus, a, um. Lus. Cousa que tem muitas pedras. Iap. Ixiuara, l, ixino vouoqi mono.
Saxum, i. Lus. Pedra, ou penedo. Iap. Ixi, l, iua. ¶ Aliqñ. Penha, ou rocha. Iap. Iuauo, ganjeqi. ¶ Saxulum, i. dim. Idem.

Sca-

Scabellum, i. Lus. Banco, ou eſcabello pequeno. Iap. Chijſaqi tçucuye, l, axitçugui. ¶ Item, De grao poronde ſubimos ao catre. Iap. Neyano yucaye agaru ichidanno qizafaxi.

Scabîle, is. Idem.

Scaber, a, um. Lus. Couſa aſpera, eſcabroſa. Iap. Araqi coto. ¶ Item, Couſa toſca. Iap. Aramenaru mono, ſosŏnaru mono.

Scabies, ei. Lus. Sarna, ou ronha. Iap. Caigaſano na. ¶ Item, Goſto, e deleitação como da carne, &c. Iap. Mino tacu, jaracu,

Scabioſus, a, um. Lus. Sarnoſo. Iap. Caſacaqi.

Scabo, is, bi. Lus. Coçar, ou esfregar. Iap. Caqu, l, ſuru.

Scabratus, a, um. Lus. Couſa feita aſpera, e eſcabroſa. Iap. Gino araqu naritaru mono.

Scabrêdo, inis. Lus. Aſpereza. Iap. Gino araqi cotono yŭ.

Scabritia, æ, & Scabrities, ei. Idem. ¶ Aliqñ. Sarna. Iap. Caigaſa.

Scabroſus, a, um. Lus. Couſa aſpera, eſcabroſa. Iap. Gino araqi coto.

Scabrum, i. Lus. Aſpereza. Iap. Gino araqi cotouo yŭ.

Scæua, æ. Lus. Eſquerdo. Iap. Fidarigiiqi.

Scæuus, a, um. Lus. Couſa boa, ou de bom agouro. Iap. Yoqi coto, l, qichiji.

Scala, æ, & Scalæ, arum Lus. Eſcada. Iap. Noborifaxi, qidafaxi.

Scalmus, i. Lus. Tolete onde joga o remo. Iap. Funeno roguy.

Scalpellum, i, dim. Lus. Lanceta do barbeiro, ou ſurujião. Iap. Fari, texxin. ¶ Item, Inſtrumento como naualha pera cortar a carne podre. Iap. Gueqiŏno nicuuo qiru cogatana.

Scalper, pri. Lus. Inſtrumento de ſurujião cõ que ſe corta a carne, ou oſſo podre. Iap. Gueqiŏno nicuuo qiri, foneuo coſoguru dŏgu.

Scalpo, is, pſi, ptum. Lus. Coçar, ou esfregar. Iap. Caqu, l, ſuru. ¶ Item, Eſgarauatar das galinhas, ou outras aues. Iap. Toriga giuo caqi vgatçu.

Scalpratus, a, um. Lus. Couſa feita a ſemelhãça de inſtrumẽto com que o ſurujião corta a carne, &c. Iap. Gueqiŏno nicuuo qiru dŏguno narini xitaru mono.

Scalprum, i. Lus. Inſtrumento de ferro de cortar algũa couſa. Iap. Monouo qiru caneno dŏgu, l, famono. ¶ Scalprũ librariũ. Lus. Hum inſtrumẽto de que vſão os eſcriuães pera raſpar os borroins. Iap. Qexitaru caqimonouo coſoguru dŏgu. ¶ Fabrile ſcalprum. Lus. Hũ inſtrumento com que matauão os elefantes. Iap. Zŏuo coroſu dŏgu. ¶ Itẽ, A parte do podão direita cõ que cortão. Iap. Budŏuo qiru camano mune ni idetaru cata. ¶ Scalprũ ſutorium. Lus. Trinchete. Iap. Cauazaicuno tçucŏ mayeganano yŏnaru mono.

Scalptor, oris. Lus. Eſcultor, ou entretalhador. Iap. Forimonoxi.

Scalptûra, æ. Lus. O eſculpir, ou entretalhar. Iap. Forimonouo ſuru coto nari.

Scalpturatus, a, um. Lus. Couſa eſculpida, ou ẽtretalhada. Iap. Forimono. ¶ Pauimentũ ſcalpturatũ. Lus. Solhado feito de obra de moſaico, ou entretalho. Iap. Ixi, cauaranite monouo tçuguiauaxe, foricometaru dodan. ¶ Itẽ, (ſecundum alios) Solhado ladrilhado de varias pedras entretalhadas. Iap. Xinajinano iroiroxi cauarauo xiqitaru dodan.

Scalpturio, is, iui, itum. Lus. Ter deſejo de ſe coçar. Iap. Caigaru, caqitagaru.

Scammónia, l, Scammonea, æ. Lus. Eſcamonea erua. Iap. Xayacuni naru cuſanona.

Scamnum, i. Lus. Scabelo, ou banco pera ſubir à cama. Iap. Tocoye noboru xocu. ¶ Item, Scabelo ſobre que deſcanſão os pees dos que eſtão aſſẽtados. Iap. Coxiuo caqete axiuo motaſuru mono. ¶ Item, Camalhão da terra que fica entre dous regos. Iap. Denbacuno vne. ¶ Aliqñ. Banco em que ſe aſentão. Iap. Coxiuo caqui tçucuye. ¶ Itẽ, Scamna. Lus. Ramos, ou braços das aruores q̃ ſeruẽ de aſſentos.

Iap. Coxicaqeni naru qino yeda.

Scandálides palmæ. vide Sandalides.

Scãdalizo,as. Lus. Escãdalizar, ou dar occasião a alguẽ de cair. Iap. Fitouo tçumazzuca furu, l, togani votçuru dãimocuuo dasu, l, somuqu.

Scándalum, i. Lus. Escandalo, ou tropeço. Iap. Togano michini tçumazzuqu, l, tçumazzucasuru coto, l, corobasuru mono.

Scandix, icis. Lus. Hũ genero de ortaliça braua. Iap. Yamani vouoru yasaino na.

Scando, is, di, sum. Lus. Subir. Iap. Noboru, agaru. ¶ Scandere in subrectũ. Lus. Trepar como gato. Iap. Necono gotoqu fai noboru.

Scanduláca, æ. Lus. Hũa erua que faz nojo às sementeiras. Iap. Gococuno atani naru cusanona.

Scándulæ, arum. Lus. Taboas com que se cobrião as casas. Iap. Fuqiita, l, cure. ¶ Tectum scandulare. Lus. Telhado cuberto com estas taboas. Iap. Miguino itani te fuqitaru yane.

Scandularius, ij. Lus. Official que cobre as casas com taboas. Iap. Miguino itayano fuqite.

Scánsilis, e. Lus. Cousa porõde se sobe facilmente. Iap. Mononi nobori yasuqi dõgu. ¶ Scansilis annorũ lex, dicitur ea, perquam ad ætatẽ veluti quibusdam annorum gradibus ascendimus. Plinius.

Scantiana poma. Lus. Hũa laya de fruita. Iap. Conomino na.

Scapha, æ. Lus. Batel, ou esquife da nao. Iap. Teyasu, yedafune.

Scaphium, ij. Lus. Vaso de ourinas, ou fazer camara. Iap. Daixôbenno vtçuuamono. ¶ Item, Enxada cõ q̃ os lutadores cauauão pera exercitar as forças. Iap. Sumôtori no miuo fucuyacani nasu tameni tçuchiuo foru cuua. ¶ Item, Hũa maneira de relogio de sol. Iap. Fino tocei. ¶ Item, Hum instrumento em que se acende fogo com os rayos do sol. Iap. Fino toru tama. Plutar. ¶ Item, Hũa maneira de trosque se. Iap. Qenofasami, ǒ. Suidas. ¶ Item, Hum vaso de beber. Iap. Monouo nomu vtçuuamono.

Scapilium, ij. apud veteres. Lus. Costas, cu espadoas. Iap. Vxiro, xenaca.

Scápulæ, arum. Lus. Espadoas. Iap. Cariganeno fone. ¶ Item, Costas. Iap. Xenaca.

Scapularis, e. Lus. Cousa que pertence ás costas, ou espadoas. Iap. Cariganeno fone, l, xenacani ataru coto. ¶ Scapularis seruus. Lus. Escrauo cujas costas se despem pera os açoutes, e que tem os vergões dos continuos açoutes. Iap. Xiguequ vxirouo chõchacu xerare, buchi atono tayezaru yatçuco. ¶ Scapularis vestis. Lus. Vesti do que cobre as espadoas. Iap. Xenacauo vouô yxõ.

Scapus, i. Lus. Corpo da coluna que està entre a base, e o chapitel. Iap. Yezato, masugatano ainaru faxira. ¶ Item, Talo das eruas. Iap. Cusano cuqi. ¶ Scapus cardinalis. Lus. Hum pao que se poem nas costas das portas sobre q̃ jogam as couceiras. Iap. Tobirano gicu. ¶ Item, Pé por onde està pendurado o cacho da vua. Iap. Budôno fusano tçuqitaru cuqi.

Scarabeus, ei. Lus. Escarauelho. Iap. Abuno tagny.

Scarificatio, onis. Lus. O dar ferida leue, ou lancetada pera que saya algũ humor. Iap. Monono xiruuo idasu tameni qiimeuo tçuqurucoto nari.

Scarífico, as. Lus. Dar golpe, ou lancetada pera sair algum humor. Iap. Monono xiruuo idasu tameni qirimeuo tçuquru, l, fariuo tçucǒ. ¶ Scarificare dolorem. Lus. Tirar a dôr cõ sangria, ou cousa semelhante. Iap. Fariuo tçucôte itamiuo yamuru.

Scarites, æ. Lus. Hũa pedra preciosa. Iap. Meixuno na.

Scarus, i. Lus. Hum peixe muito prezado. Iap. Xôquan suru vuono na.

Scátebra, æ. Lus. O manar, ou arrebẽtar da fonte. Iap. Mizzuno vaqi izzuru cotouo, y8.

Scateo, es. Lus. Arrebentar, ou manar age

agoa. Iap. Mizzuga vaqi izzuru. ¶ Item, per transl. Abundar. Iap. Tacusan nari, juntacu nari. ¶ Aliqñ. Estar perturbado, ou aceso como com ira, &c. Iap. Xiny, l, vomoini moyecatçu.

Scatinea lex. Lus. Ley em que se prohibia o peccado nefando. Iap. Nhacudŏuo imaximuru fatto.

Scaturiginosus, a, um. Lus. Lugar de muitas fontes, e agoas que manão. Iap. Vaqi izzuru mizzuno vouoqi tocoro.

Scaturigo, inis. Lus. Origem, ou fonte da agoa que mana. Iap. Izzumi.

Scaturio, is. Lus. O arrebentar a fonte. Iap. Mizzuga vaqi izzuru. ¶ Itẽ, per transl. Auer abastança de qualquer cousa. Iap. Monoga juntacuniaru.

Scauri. Lus. Os que tem os artelhos grandes e saidos pera fora. Iap. Axino vottorino fuxi tacaqu idetaru fito. ¶ Item, Os que andão vagarosamente por causa dos artelhos tortos. Iap. Axicubino yugamitaru ni yotte, vosoqu ayumu mono.

Scazon, ontis. Carminis iambici trimetri genus est.

Sceleratus, a, um. Lus. Mao, peruerso. Iap. Acuguiacu butŏnaru mono. ¶ Item, apud veteres, Inficionado com algum vicio, ou maldade. Iap. Acuni qegaretaru mono, l, tocoro. ¶ Item, Cousa nociua. Iap. Atani naru mono.

Scelerosus, a, um. Idem.

Scelestus, a, um. Idem.

Scélero, as. Lus. Macular, ou contaminar. Iap. Acunite qegasu.

Scelestè, adu. Lus. Mas, e peruersamente. Iap. Acuguiacu butŏni.

Scelotyrbe, es. Lus. Hũa doença dos joelhos. Iap. Fizani idequru yamaino na.

Scelus, eris. Lus. Grande peccado, ou maldade. Iap. Giŭqua, giŭzai. ¶ Aliqñ. Maluado. Iap. Giŭzainin.

Scena, æ. Lus. Casa, ou choupana feita de ramos pera sombra. Iap. Ficagueno tameni caritomeni xibanite fuqitaru iuori. ¶ Itẽ, Teatro de comedia. Iap. Butai. ¶ Produci in scenam. Lus. Sairem as figuras no auto alugadas, ou induzidas pello que faz as festas. Iap. Xucunichino tônin yori yatouarete nôni izzuru. ¶ Reduci in scenam. Lus. Tornarem a sair as figuras ao teatro. Iap. Nôno yacuxa casanete butaini izzuru. ¶ Seruire scenæ. Lus. Accomodarse ao tempo. Iap. Iiguini xitagŏ.

¶ Scena totius rei hæc est. Lus. Aqui consiste todo o negocio. Iap. Banji coreni qiuu. ¶ Scena minore aliquid agere. Lus. Fazer algũa cousa cõ menos aparato. Iap. Saxeru moyouoxi naqute monouo suru.

Scenâlis, e. Lus. Cousa que pertence a teatro de comedia. Iap. Butaini ataru coto.

Scenátilis, e, & Scenaticus, a, um. Idem.

Scénicus, a, um. Idem. ¶ Scenicus, i. Lus. Representador, ou figura da comedia. Iap. Nôno xite, l, yacuxa.

Scénicè, adu. Lus. Representando. Iap. Monomaneuo xite.

Scenográphia, æ. Lus. Pintura em que se encobre o rosto, e lados com algũa sombra. Iap. Ninguiŏno yeno vomoteo, vaqiuo casucani misuru cuma.

Scenoma, atis. Lus. Tabernaculo, ou tenda. Iap. Cariya, l, ginya.

Scenopegia, dicta sunt festa quædam Hebræorum.

Scéptica, æ. Lus. Hũa certa seita de filosophos. Iap. Philosophono ixxŭno na.

Scéptrifer, a, um. Lus. O que traz o ceptro. Iap. Teivŏno xacuuo tazzusaye motçu mono.

Sceptrum, i. Lus. Ceptro. Iap. Teivŏno xacu.

Scheda, æ. Lus. Taboa pequena, ou papel de hũa certa aruore em que se escreuia antigamente. Iap. Mucaxi monouo caqitaru canban, l, qi nite suqitaru cami.

¶ Aliqñ. Papel tosco, ou liurinho em que se escreue a primeira vez pera se tornar a reuer. Iap. Sŏuanno cami, l, chijiaqu togi voqitaru cami.

Schédula, æ. dimi. Idem.

Schédicus, a, um. Lus. Cousa feita de repente, e sem exação. Iap. Tonnaru coto, sosŏ.

ſosǒni xitaru coto.

Schema, atis. Lus. Forma, ornato, modo. Iap. Xiqiſǒ, xǒgon, moyǒ. ¶ Item, Ornato de ſentẽças, e palauras da oração. Iap. Bunxǒ, goncuno cazari.

Schema, æ. fœm. Idem. apud antiq.

Schidia, æ. Lus. Cauacos q̃ ficaõ da madeira que ſe laura. Iap. Coqera. ¶ Item, Cunha com q̃ ſe fendem paos. Iap. Qino varu cuſabi.

Schiſma, atis. Lus. Diuisão, ou ſeparação. Iap. Saqi vaquru cotouo yŭ. ¶ Item, Sciſma. Iap. Eccleſiano membro nite ari nagara caccacuno xiriǒuo ſuyete mochiyuru cotouo yŭ.

Schiſton lac, in quo pars caſeoſa quodam coctur æ genere à ſero eſt ſeparata.

Schiſtus, ſiue Schiſtos. Lus. Hũa pedra de cór amarela. Iap. Qijrono ixino na.

Schœnobates, æ. Lus. Volteador que anda por cima das cordas. Iap. Cumomai.

Schœnóbática, æ. Lus. Arte de voltear ſobre cordas. Iap. Cumomaino narai.

Schœnos. Lus. Corda, ou junco. Iap. Naua, l, y. ¶ Item, Certa medida de medir os campos. Iap. Denbacuuo vtçu xacuzzuye.

Schola, æ. Lus. Eſcola, ou eſtudo de aprender letras. Iap. Tenaraijo, l, gaccǒ. ¶ Itẽ, Hum certo lugar onde eſtauam eſperando os que auião de entrar nos banhos. Iap. Furono aganba. ¶ Itẽ, Scholæ. Diſputas, e altercaçóis que ha entre o meſtre, e diſcipulos. Iap. Xi, dexino aidano rǒgui. ¶ Explicare ſcholam. Lus. Declarar os preceitos de algũa ſciencia. Iap. Xodǒno narai coppǒuo voxiye arauaſu.

Scholaris, e. Lus. Couſa que pertence a eſtudo, ou eſcola. Iap. Gaccǒni ataru coto.

Scholáſticus, a, um. Idem.

Scholaſticus, i. Lus. O que ſe exercita em declamaçóis. Iap. Fitono maye nite monouo iynobubeqi yǒuo naigueico ſuru fito.

Scholium, ij. Lus. Groſa, ou breue interpretação. Iap. Xomotno chǔxacu.

Sciagráphia, æ. Lus. Debuxo q̃ ſe faz antes da pintura verdadeira. Iap. Xitaye.

Sciamáchia, æ, ſiue Sciomachia, æ. Lus. Peleija feitiça q̃ ſe faz pera exercicio das forças. Iap. Mino ſaſocuuo qicaſuru tameni teiſôſuru cotouo yŭ.

Sciathéricum horologium. Lus. Relogio de ſol. Iap. Fino toqei.

Sciatheras, æ, l, Sciotheron. Lus. Eſtilo de relogio de ſol. Iap. Finotoqeini tatçuru xin.

Sciens, entis. Lus. O que ſabe. Iap. Monouo xiru fito. ¶ Aliqñ. Sabẽdo, e de propoſito. Iap. Xirinagara, l, vazato. ¶ Sciens latinæ linguæ. Lus. Sabedor da lingoa latina. Iap. Latinno cotobano manabi yetaru mono.

Scienter, adu. Lus. Sabendo, e de induſtria. Iap. Xirinagara, vazato. ¶ Aliqñ. Sabia, ou doutamente. Iap. Chibunuo furŭte, l, chitocuuo arauaxite.

Scientia, æ. Lus Sciencia. Iap. Chitocu.

Scilicet, adu. Lus. Conuẽ a ſaber, ou como agora. Iap. Tatoyeba, l, mono naraba. ¶ Item, Certamente. Iap Macotoni.

Scilla, æ. Lus. Cebola albarraã. Iap. Yamani idequru fitomojino taguy.

Scillînus, a, um. Lus. Couſa feita de cebola albarraã. Iap. Miguino fitomojinite tçucuritaru mono.

Scilliticus, a, um. Idem.

Scillitesacetum. Lus. Vinagre em que ſe deitã de molho eſtas cebolas. Iap. Miguino fitomojiuo tçuqevoqu ſu.

Scimpodion, dij. Lus. Leito, ou catre pequeno em que ſe dorme entre dia. Iap. Firune no chijſaqi toco.

Scincus, i. Lus. Hũ genero de crocodilo da terra. Iap. Gini ſumu riǒ, tatçuno taguy.

Scindo, is, di, ſsũ. Lus. Fender, ou quebrar. Iap. Varu, qirivaquru. ¶ Scindere dolorẽ ſuũ. Lus. Manifeſtar ſua dǒr cõtãdoa. Iap. Vaga canaximi, itamito catari arauaſu. ¶ Penulam ſcindere. Lus. Deter o hoſpede pera o agaſalhar puxãdolhe muito pola capa. Iap. Tamotoni ſugatte todomuru, xiqirini yocuriǒ ſuru. ¶ Scindere ſententiã. Lus. Mudar o parecer. Iap. Zonbunuo fen-

fengai furu.

Scintilla, æ. Lus. Faiſca q̃ſae da pederneira. Iap. Fiuchinofi. ❡ Item, per transl. Particula pequena de luz, ou de outra couſa. Iap. Sucoxino ficari, l, monono qirifaxi. ❡ Scintilla belli. Lus. Reliquias da guerra. Iap. Yumiyano nagori.

Scintillula, æ. dim. Idem.

Scintillatio, onis. Lus. O ſcintilar, ou reluzir. Iap. Qirameqi coto nari.

Scintillo, as. Lus. Reluzir, ou ſcintilar. Iap. Qiramequ, ficaru.

Scio, is, iui, itum. Lus. Saber. Iap. Xiru.

Sciolus, i. Lus. Homem pouco letrado. Iap. Sucoxi gacuxitaru firo.

Sciomántia, æ. Lus. Adeuinhação que ſe faz por ſombra. Iap. Cagueuo mite furu vranai.

Scipio, onis. Lus. Bordão. Iap. Tçuqu tçuye. ❡ Item, Pee com que ſe ſuſtenta o cacho das vuas. Iap. Budŏno fuſano tçuitaru cuqi.

Scírpea, æ. Lus. Ceſto, ou ſeira de júcos. Iap. Y, fucuy nadonite cumitaru cago.

Scirpeus, a, um. Lus. Couſa feita de juncos, ou buinho. Iap. Y, fucuy nadonite tçucuritaru mono.

Sirpi, orum. Lus. Iuncos, ou buinho. Iap. Y, fucuy.

Scirpículæ, arum. Lus. Podão com que cortam, ou podam as vinhas. Iap. Budŏno cazzuratuo qiru cama.

Scirpículum, i. Lus. Ceſto, ou canaſtra. Iap. Cago, cauago.

Scirrhus, i. Lus. Certo inchaço duro. Iap. Cataqi xumotno taguy.

Scíſcitor, aris. Lus. Preguntar, ou inquirir. Iap. Tazzunuru, qiuamuru.

Scitor, aris. Idem.

Scíſcito, as. Idem.

Sciſco, is. Lus. Entender, ou trabalhar por ſaber. Iap. Vaqimayuru, l, vaqimayento ſuru. ❡ Aliqñ. Determinar, ordenar. Iap. Sadamuru.

Scíſsilis, e. Lus. Couſa que ſe pode fender, ou que eſtá fendida. Iap. Vari, l, vaqe yasuqi mono, l, varetaru mono.

Sciſſura, æ. Lus. Cortadura, ou fenda. Iap. Qirime, l, vareme.

Sciſſus, us. Idem.

Sciſſus, a, um. Lus. Couſa raſgada, ou fendida. Iap. Qiri, l, vari, l, ſaqitaru mono.

Scitamenta, orum. Lus. Comeres de bom ſabor. Iap. Chinbut, bixocu. ❡ Item, per tranſl. Ornamentos da oração. Iap. Bunxŏ, goncuno cazari, iroye. Gelius.

Scitè, adu. Lus. Bem, e doutamente. Iap. Yoqu, chitocuuo arauaxite.

Scitum, i. Lus. Decreto, ou mandado. Iap. Sadame, fatto.

Scitus, a, um. Lus. Sabio, ſutil. Iap. Chixa, ſuſudoqi mono. ❡ Interd. Fermoſo, e ornado. Iap. Vtçucuxiqi mono, cazaritaru mono.

Scítulus, a, um. dim. Lus. Algum tanto fermoſo. Iap. Sucoxi jinbut yoqi mono.

Sciurus, i. Lus. Hum certo animal. Iap. Qedamonono na.

Scloppus, pi. Lus. Som que ſe faz com as bochechas. Iap. Fôuo fucuracaxite naraſu voto.

Scnipes. Lus. Huns bichinhos que comem os olhos das vides. Iap. Budŏno meguminuo curŏ chijſaqi muxi.

Scobîna, æ. Lus. Limadura, ou pós que cayem da madeira com ſerra, ou com a lima. Iap. Suricuzzu, nocoguiricuzzu.

Scobs, bis. Idem.

Scolecia, æ. Lus. Azinhaure de cobre, ou metal. Iap. Acagane, chŭjacu yori izzuru rocuxŏ.

Scoletium, ij. Lus. Hum genero de graã pera tingir. Iap. Xŏjŏfiuo ſomuru cuſa no mi.

Scolopendra, æ. Lus. Hum bicho cabeludo de muitos pees. Iap. Qemuxi. ❡ Itẽ, Hum peixe. Iap. Aru vuo.

Scolopendrion. Lus. Douradinha erua. Iap. Cuſano na.

Scólymus, i. Lus. Hum genero de cardo. Iap. Azamino taguy.

Scombrus, i. Lus. Arenque. Iap. Conoxiro.

Scom-

Scomma, atis. Lus. O dizer mal, ou mo tejar gracejando. Iap. Ajaragacatte atecuuo yŭ cotouo yŭ.

Scopæ, arum. Lus. Vassoura. Iap. Fŏqi.

¶ Scopæ manuales herbarum. Lus. Molho, ou feixe de eruas que cabem em hũa mão. Iap. Fitoniguiri fodono cusano fitotçucane.

Scópula, æ, dim. Idem.

Scoparij, orum. Lus. Seruos que tem por oficio varrerem as casas. Iap. Iyeuo faqu guenin.

Scopa regia, æ. Lus. Hũa erua. Iap. Cusano na. ¶ Item, Violeta flor. Iap. Sumŏtori gusa, l, sumireno fana.

Scopes. Lus. Bufo que nocturna. Iap. Yotaca.

Scópula operta. Lus. Dous ossos que decem do pescoço ate as espadoas. Iap. Cubino fone.

Scopulosus, a, um. Lus. Lugar de muitos penedos. Iap. Yuauono vouoqi tocoro. ¶ Item, per transl. Cousa difficultosa, ou perigosa. Iap. Xigataqi coto, l, nangui naru coto.

Scópulus, i. Lus. Penedo, ou penha, ou rocha alta. Iap. Sobiyetaru ganjeqi.

¶ Interd. Aluo pequeno a que atirão os besteiros. Iap. Chijsaqi mato.

Scopus, i. Lus. Aluo, ou final a que se atira com setas. Iap. Nerai mono, l, mato. ¶ Item, per metaph. Fim, ou intēto. Iap. Monono meate, atedocoro. ¶ Itē, Engaço em que estão pegados os bagos das vuas. Iap. Budŏno cuqi.

Scordiũ, ij. Lus. Hũa erua. Iap. Cusano na.

Scoria, æ. Lus. Escoria, ou fezes do metal. Iap. Cana cuso. ¶ Interd. Miseria, ou tristeza. Iap. Vrei, canaximi, quafŏ, tçutanaqi cotouo yŭ.

Scórodon, i. Lus. Alho. Iap. Ninnicu, firu.

Scorpæna, æ. Lus. Hum peixe. Iap. Vuo no na.

Scorpites, is. Lus. Hũa pedra preciosa. Iap. Meixuno na.

Scorpius, ij, & Scorpio, onis. Lus. Escorpião. Iap. Docuchŭno taguy. ¶ Item, Hum signo celeste. Iap. Foxino yadori.

¶ Item, Hum instrumento de guerra. Iap. Buguno na. ¶ Item, Hum genero de tormento. Iap. Firouo xemuru dŏguno na.

¶ Item, Hũa erua. Iap. Cusano na.

¶ Item, Hum peixe. Iap. Vuono na.

Scortator, oris. Lus. O que anda com molheres publicas. Iap. Qeixeino motoni cayŏ mono.

Scórteus, a, um. Lus. Cousa de couro, ou pelle. Iap. Qedamonono cauani ataru coto.

Scortor, aris. Lus. Andar com molheres publicas. Iap. Qeixeino motoni cayŏ.

Scortum, i. Lus. Molher publica. Iap. Qeixei, yuigio. ¶ Item, Homem com quē se faz o peccado nefando. Iap. Nhacudŏ uo tatçuru yonoco, vacaxu. ¶ Itē, Couro, ou pelle grossa de animal. Iap. Qedamono no atçuqu couaqi caua.

Scotôma, atis. Lus. O andar a cabeça a roda, ou hirse olume dos olhos. Iap. Meno mō cotouo yŭ, tachigurami.

Scrancliæ. Lus. Molheres publicas chamadas asi por desprezo. Iap. Qeixei, yuigio iyaximete yŭ ymiŏ.

Screábile, is. Lus. Cousa que se pode cuspir, ou escarrar. Iap. Cuchi, nodo yori faqi idasaruru mono.

Screator, oris. Lus. O que escarra, ou cuspe com força. Iap. Xeiuo idaxite monouo faqi idasu fito.

Screatus, us. Lus. O escarrar com força. Iap. Xeiuo idaxite faqi idasu cotouo yŭ.

Screo, as. Lus. Escarrar, ou cuspir com força. Iap. Xeiuo idaxite faqi idasu.

Scriba, æ. Lus. Escriuão, notario. Iap. Fixxa, yŭfit.

Scriblita, æ. Lus. Hum genero de comer. Iap. Xocuno taguy.

Scribo, is, psi, tum. Lus. Escreuer, ou fazer algũa obra. Iap. Caqu, l, monono fonuo amitatçuru. ¶ Aliqn. Pintar. Iap. Yeuo caqu. ¶ Scribere notis. Lus. Escreuer cō breues, ou notas. Iap. Riacujini moncuo caqu.

caqu. ¶ Scribere leges. Lus. Fazer leis. Iap. Fattouo sadamuru. ¶ Scribere hæredē. Lus. Instituir herdeiro. Iap. Atotçugui uo sadamuru.

Scriptito, as. frequent. Idem.

Scriniarius, ij. Lus. O que guarda cousas secretas. Iap. Daijinaru monouo tacuuaye voqu fito.

Scrinium, ij. Lus. Caixa, ou arca em que se guardam cousas preciosas, e secretas. Iap. Atai tacaqu fisônaru monouo tacuuaye voqu vçuuamono.

Scriniolum, i. dim. Idem.

Scriptio, onis. Lus. O escreuer algũ liuro, ou obra que se escreue, ou cōpoem. Iap. Mono no fonuo caqitatçuru coto nari, l, amita tetaru xomot. ¶ Itē, Escritura, ou o escreuer. Iap. Xomot, l, monouo caqu coto nari.

Scriptor, oris. Lus. Autor, ou escriptor de algũa obra. Iap. Xomotno sacuxa. ¶ Itē, apud veteres, O que escreue. Iap. Mono no caqite. ¶ Scriptor legum. Lus. Legislador. Iap. Fattouo tate sadamuru fito.

Scriptorius, a, um. Lus. Cousa apta pera se escreuer com ella. Iap. Caqu tameni yoqi mono. vt atramentum scriptorium. ¶ Itē, Cousa que pertence a escriptor. Iap. Mono no fonuo amitatetemi ataru coto.

Scriptum, i. Lus. Escriptura que se compoē. Iap. Amitatçuru xomot. ¶ Scriptum facere. Lus. Ganhar de comer com escreuer, ou compor algũa obra. Iap. Ficcôuo tot te youo vataru, l, xomotuo amitatçuruuo motte toxeino itonamiuo suru.

Scriptus, us. Idem.

Scriptura, æ. Idem. ¶ Item, Estilo de escreuer, ou o compor algũa obra. Iap. Bunxôno tei, l, buntei, l, monono fonuo amitatçuru cotouo yŭ. ¶ Aliqñ. Renda, ou direitos q̃ se arrecadam dos portos, ou passos. Iap. Tçuzzu, vraura, xeqixono cuji, l, no yamano cusaqi yori, vosamuru ritocu. ¶ Item, Conta dos rendeiros de sisas, ou portagens. Iap. Xeqimori, l, yamamorino cangiŏ. ¶ Scripturæ magister. Lus. Rēdeiro, ou escriuam de portagens, direitos

&c. Iap. Xeqicuji igueno vosameuo tori atçucŏ mono.

Scripturarij. Lus. Escriuāis que escreuiam as cousas das cidades em liuros. Iap. Cuni, zaixoni aru cotouo qirocu suru fito.

¶ Scripturarius ager. Lus. Campo publico de q̃ se paga ao rēdeiro algũa cousa por apaçentar nelle o gado. Iap. Xujin yori vqete mata fitoni voroxite fitçuji nadouo cauasuru no, yama.

Scrobs, bis. Lus. Couas em que se plantā vides, ou aruores. Iap. Budŏ, l, qiuo vyuru tameni foritaru ana. ¶ Item, Coua que se faz pera se tirarem metais, ou outras cousas. Iap. Cane nadouo fori ida su ana.

Scrobiculus, i. dim. Idem.

Scropha, æ. Lus. Porca que se cria pera fazer geração. Iap. Fanjŏ sasuru tameni caivoqu mebuta.

Scrophipascus, i. Lus. O que apacenta estas porcas. Iap. Miguino mebutauo caitatçuru mono.

Scrophulæ. Lus. Alporcas. Iap. Ro to yŭ yamai.

Scrotum, i. Lus. Bolsa dos testiculos. Iap. Qinno tçutçumu caua.

Scrūpedus, i. Lus. O que āda com trabalho vagarosamente. Iap. Ayumicanuru mono.

Scrūpeus, a, um. Lus. Cousa de muitas pedrinhas. Iap. Xaxeqino vouoqi tocoro.

Scruposus, a, um. Idem.

Scrupularis, e. Lus. Cousa que pertence a escrupulo, ou certo peso. Iap. Aru facarime, l, qigacarini ataru coto.

Scrupulātim, adu. Lus. Meudamente, e por peso. Iap. Comacani, l, facarini caqete.

Scrupulosè, adu. Lus. Escrupulosa, e duuidosamente. Iap. Qini caqete, vtagauaxiqu.

Scrupulositas, atis. Lus. Cuidado penoso. Iap. Qizzucai, qigacari.

Scrupulosus, a, um. Lus. Cousa chea de pedrinhas. Iap. Comacanaru ixino vouoqi coto. ¶ Item, per transl. Triste, solicito, ou pensatiuo. Iap. Vomoivazzurŏ mono.

qizzucai suru mono.

Scrupus, i. Lus. Pedrinha, ou seixinho que pica nos pees dos que andam. Iap. Ayumu ficono axini atari xaxeqi. ¶ Item, Enima, ou questam dificultosa. Iap. Nazo, l, firaqi gataqi cotouari. ¶ Item, Scrupi. Lus. Penedos asperos. Iap. Fadano araqiixi, l, iua.

Scrupulus i. dim. Idem. ¶ Item, Cuidado penoso, ou escrupulo. Iap. Qizzucai, qiga carinaru cotouo yŭ. ¶ Item, Scrupulus, l, Scrupulum, i. Lus. Hum genero de peso pequeno. Iap. Fundô, l, vomosino taguy. ¶ Itẽ, Vara de medir terras. Iap. Xacuzzuye.

Scruta, erum. Lus. Vestidos velhos, almofaças quebradas, pedaços de ferraduras, &c. Iap. Tçucai sozaxitaru furuqi yxô, vmano cutçu nado.

Scrutarius, ij. Lus. O que vende estas cousas velhas. Iap. Miguino furuqi dôguuo vru fito.

Scrutaria, æ. Lus. O vender estas cousas. Iap. Miguino taguyuo vru cotouo yŭ.

Scrutator, oris. Lus. O que busca, ou escudrinha. Iap. Monouo tazzune saguru fito.

Scrutinium, ij. Lus. O buscar, ou escudrinhar. Iap. Tazzune saguri qiuamuru cotouo yŭ.

Scrutor, aris. Lus. Inquirir, ou enuestigar. Iap. Tazzune saguru, tandayuru.

Scruto, as. apud antiquos. Idem.

Sculna, æ. apud veteres. Lus. Depositario em cuja mão se deposita algũa cousa sobre q̃ ha controuersia. Iap. Cujisatano daimocuni naritaru cotouo azzucari voqu chŭbunin.

Sculpo, is, psi, ptum. Lus. Esculpir. Iap. Xeqi bocu igueni forimonouo suru.

Sculponeæ, arum. Lus. çapatos feitos de laã. Iap. Fitçujino qenite tçucuritaru cutçu, tabino taguy.

Sculponeatus, a, ũ. Lus. O q̃ traz calçados estes çapatos. Iap. Miguino cutçuuo faqitaru mono.

Scúlptile. Lus. Cousa esculpida. Iap. Foritçuqetaru mono.

Sculptor, oris. Lus. O que esculpe, ou entretalha. Iap. Forimonoxi.

Sculptûra, æ. Lus. Obra de esculturá, ou entre talho. Iap. Forimono, l, foritçuqetaru monouo yŭ.

Scurra, æ. Lus. Chocarreiro pouco honesto nas palauras, e dictos. Iap. Vôguchina cotouo yŭte fitouo varauasuru mono.

Scurrilis, is. Idem.

Scurrilitas, atis. Lus. Chocarrice fora de tempo, e cõ pouco decoro dos presentes. Iap. Niyauazaru tocoro, l, jixetni yŭ vôguchi.

Scurriliter, adu. Lus. Com chocarice, e dissolutamente. Iap. Qiôguenni, fagixirazuni, vôguchini.

Scurror, aris. Lus. Dizer chocarrices desta laya. Iap. Miguino qiôguẽ, cuiguiuo faqu, l, vôguchiuo yŭ.

Scutâle, is. Lus. Pernas de hũa certa funda. Iap. Futizunbaino ixiuo fasamu tocorono ito.

Scutarius, ij. Lus. O que faz escudos. Iap. Tateuo tçucuru saicu.

Scutarius, a, um. Lus. Cousa que pertence a escudos. Iap. Tateni ataru coto.

Scutatus, a, um. Lus. Armado com escudo, ou adarga. Iap. Tateuo tçuqitaru mono.

Scutella, æ. Lus. Escudela. Iap. Monouo xocu suru goqi, chauanno taguy.

Scútica, æ. Lus. Açoute feito de couro. Iap. Cauanite tçucuritaru qeibẽ. ¶ Rubere scutica. Lus. Estar vermelho de pois de açoutado cõ este açoute, ou latego. Iap. Miguino qeibennite chôchacu xeraretc acaqu naru.

Scutigérulus, i. Lus. Pagem q̃ leua o escudo. Iap. Xujinno tateuo mochi aruqu mono.

Scutriscum, i. Lus. Hũ genero de vaso. Iap. Vtçuuamonono taguy.

Scútula, æ. Lus. Hũa forma redonda a maneira de tea de aranha. Iap. Cumono yno naru maruqi catachi. ¶ Item, Escudela. Iap. Monouo xocusuru goqi, chauanno taguy. ¶ Item, Garfo de exerto de escudo. Iap. Cauatçuguini xitaru vyeqino yeda.

Scutulata figura. Lus. Figura que se parece cõ tea de aranha. Iap. Cumono yuo faritaru ni-

ninitaru sugita. ❡ Scutulata vestis. Lus. Vestido distincto, e variado de circulos a maneira derea de aranha. Iap. Faritaru cumo no yno gotoqu naru vauo tçuqetaru yxô. ❡ Scutulatus color. Lus. Hũa certa côr prezada nos cauallos. Iap. Fucaqu mochijru vmano qeno na.

Scylax, acis. Lus. Cachorro. Iap. Yenoco.

Scylla, æ. Lus. Hũ genero de peixe. Iap. Vuo no taguy.

Scyllæ:a, orum. Lus. Lugares em que se tomã estes peixes. Iap. Miguino vuouo toru tocoro.

Scymnus, i. Lus. Filho de lião. Iap. Xixivô no co.

Scyphus, i. Lus. Hũ genero de copo, ou taça. Iap. Sacazzuqino taguy.

Scyricum, i. Lus. Hũa certa côr. Iap. Irono na.

Scytala, æ, l, Scytale, es. Lus. Musaranho animal. Iap. Qedamonono na. ❡ Item, Scitale. Lus. Hũ genero de carta de segredo. Iap. Mitjiuo caqu fumino taguy.

S ANTE E.

Sebaceus, a, um. Lus. Causa de seuo. Iap. Qedamonono aburanite tçucuritaru coto.

Sebo, as. Lus. Enseuar, ou vntar com seuo. Iap. Qedamonono aburauo mononi nuritçuquru.

Sebum, i, l, Seuum, i. Lus. Seuo. Iap. Qedamonono abura.

Secâle, is. Lus. Hum genero de legume cõ que os pobres matão a fome. Iap. Fininno vyeuo tasuquru zacocu.

Secamentum, i. Lus. Pao serrado, ou que se poda serrar, ou cortar. Iap. Qirivaçu beqi zaimocu, l, qirivaqitaru qi. ❡ Item, Cousa feita deste pao serrado, ou cortado. Iap. Migu no qinite tçucuritaru mono.

Secêdo, is, ssi, ssum. Lus. Apartarse do ajuntamento dos homens. Iap. Fitono cunju xitaru naca yori fanare izzuru.

Secerno, is, creui, cretum. Lus. Diuidir, apartar. Iap. Fiqivaquru, ficiroquru.

Secêspita, æ. Lus. Hũa faca, ou cutelo cõ cabo de marfim. Iap. Zôgueuo tçucani xitaru catana.

Secessio, onis. Lus. O apartarse, ou retirarse pera algum lugar mais secreto. Iap. Fitodouoqu cacuretaru tocoro ye fiqicomoru coto nari. ❡ Aliqñ. Dissensão do pouo quãdo se diuide ẽ bãdos. Iap. Vchiuano vararu cotouo yũ.

Secessus, us. Idem. ❡ Item, Lugar secreto e apartado da gente. Iap. Ninjuni fanaretaru tocoro, l, cacurega.

Seciuium, ij. Lus. Certo comer q̃ se cortaua no sacrificio com hum certo cutelo. Iap. Tamuqemonono tocj,aru fôchô nite qiritaru xocibut.

Secius, adu. Lus. De outra maneira, ou tarde. Iap. Teuo cayete, l, vosoqu. ❡ Qñdq;. Menos, ou mais tarde, e vagarosamente. Iap. Nauo sucunaqu, l, nauo vosoqu.

Secludo, is. Lus. Apartar. Iap. Fiqivaquru. ❡ Item, Encerrar, ou fechar aparte. Iap. Mõni rogicomuru. ❡ Qñdq;. Lançar fora. Iap. Suçuru, voi idasu. ❡ Secludere vitã corpore. Lus. Matar. Iap. Corosu, l, gaisuru. Plaut.

Seclusa sacra. Lus. Sacrificios que se faziam em oculto. Iap. Cacuxite xitaru tamuqe, l, voconai.

Seclusorium, ij. Lus. Lugar emque se encerra, ou fecha algũa cousa. Iap. Monouo togicomuru tocoro.

Seco, as, cui, ectum. Lus. Cortar. Iap. Qiru. ❡ Item, Diuidir, ou repartir. Iap. Faitô suru, faibun suru. ❡ Secare viam, per trasl. Lus. Partirse, ou caminhar de presa. Iap. Faiaqu tocorouo tatçu, l, ayumu. ❡ Item, Seguir. Iap. Xitô.

Secordia, & Socordia, æ. Lus. Priguiça, ou couardia. Iap. Fuyô, l, vocubió.

Secorditer, siue Socorditer, adu. Lus. Negligẽte, ou remissamente. Iap. Yurucaxeni. ❡ Item, Couardemente. Iap. Vocubiôni.

Secors, & Socors, dis. Lus. Remisso, ou negligẽte em prouer, ou fazer algũa cousa. Iap. Yurucaxenaru mono, buxônaru mono.

Secretio, onis. Lus. Apartamento, ou diuisão. Iap. Fiqifanasu, l, fiqivaquru coto nari.

 Secre-

Secretum,i. Lus. Lugar retirado, ou apartado. Iap. Iinrin fanaretaru tocoro, l, cacurega. ¶ Aliqñ. Segredo. Iap. Fimit.

Secrêtus, a, um. Lus. Cousa apartada. Iap. Fiqivaqetaru coto. ¶ Item, Cousa selecta, escolhida. Iap. Yeri vaqetaru coto.

Secta, æ. Lus. Seita, ou opinião que cada hũ segue. Iap. Xuxxi, xũjũ, l, ixxet.

Sectarius veruex. Lus. Carneiro principal q̃ vai diante das ouelhas. Iap. Amatano fitçujiuo michibiqu vofitçuji.

Sectator, oris. Lus. O que segue, ou accompanha ordinariamente a alguem. Iap. Tçuneni tomosuru mono. ¶ Sectatores philosophorum. Lus. Discipulos de philosophos que sempre andauam em sua companhia. Iap. Filosophono xixŏno sobauo fanarezaru dexi.

Séctile, is. Lus. Cousa cortada, que se corta, ou he facil de se cortar. Iap. Qiritaru mono, l, qiriyasuqi mono. ¶ Sectile porrũ, l, sectiuũ porrum. Lus. Porro cujas folhas se cortã muitas vezes pera crecer mais na raiz. Iap. Neno futoru tameni xigueçu fauo caru firu.

Sectio, onis. Lus. O cortar. Iap. Qiru coto nari. ¶ Aliqñ. Bens confiscados, ou despojos de enemigos que se vendem em almoeda. Iap. Moxxu, l, qiŭxenni torite bani idaxi, xŏbai suru zaifŏ.

Sectîuus, a, um. Lus. Cousa cortada, ou que se costuma a cortar. Iap. Qiritaru meno, l, qiri naretaru qi nado.

Sector, oris. Lus. O que corta, ou aparta algũa cousa. Iap. Monouo qiru, l, fiqi vaqaru fito. ¶ Item, O que compra em almoeda bens confiscados pera depois ganhar cõ elles tornando os a vender. Iap. Moxxuno zaifŏuo vqete xŏbai xi, rijunuo toru fito. ¶ Item, Acusador que espera, e pretẽde a metade, ou certa parte dos bẽs confiscados daquelle aquem elle acusou. Iap. Fitouo vttayete sono moxxuno zaifŏ nofanbun, l, sucoxi fŏbini toranto suru fito.

Sectrix, icis. fœm. Idem.

Sector, aris. Lus. Seguir, ou acompanhar a alguem sempre. Iap. Tçuneni tomo suru. ¶ Sectari belluas, apros, ceruos, &c. Lus. Andar amonteria, ou caça de porcos monteses, veados, &c. Iap. Yamauo caru, l, xixi nadouo caru.

Sectûra, æ. Lus. Cortadura, ou corte. Iap. Qirime, l, qiru cotouo yŭ. ¶ Item, Minas donde tiram metal. Iap. Caneuo foru ana.

Sectus, a, um. Lus. Cousa cortada. Iap. Qiritaru coto.

Secúbitus, us. Lus. O Iazer, ou deitarse a dormir separadamente. Iap. Cacubetni fusu, l, nuru coto nari.

Sécubo, as. Lus. Iazer, ou deitarse a dormir a parte. Iap. Cacubetni fusu, l, inuru.

Sécula, æ. Lus. Fouce de segar. Iap. Cusauo qiru cama.

Secularis, e. Lus. Cousa que se ver oua cada cem anos. Iap. Fiacunenni ichidozzutçu arawaru coto.

Séculum, i. Lus. Idade, ou vida de hum homem. Iap. Fitono ichigo. ¶ Item, Espaço de cem anos. Iap. Fiacunenno aida. ¶ Item, apud Lucretium, Seculum, siue Seclum. Lus. Genero, l, especie dalgũa cousa. Iap. Rui, tagui. ¶ Item, Tẽpo. Iap. Ixxet, jidai. ¶ Item, (secundum alios) Espaço de trinta, ou mil anos. Iap. Sanjŭnen, l, ixxénenno aida.

Secum. Lus. Consigo. Iap. Varetemoni.

Secundæ, arum. Lus. Pelle em que a criãça saye euolta do ventre. Iap. Acagono tçu tçumarete izzuru fucuro.

Secundáni. Lus. Soldados da secunda legiáo. Iap. Nibanzonayere buxi.

Secundarius, a, um. Lus. Cousa da secũda ordem. Iap. Nibandonorino mono. ¶ Panis secundarius. Lus. Pão segundo, ou de rala. Iap. Nibango nite tçucuritaru pão. ¶ Itẽ, Secũdariũ. Lus. Parte da farinha, ou rolão de que se faz o pão de rala. Iap. Xŏbacuno nibãgo. ¶ Aliqñ. Cousa que està mais perto, ou no segundo lugar. Iap. Nibanmeni aru coto, l, tçuguini aru coto.

Secundò, adu. Lus. No ſegundo lugar, ou a ſegunda vez. Iap. Nibanmeni.

Secundo, as. Lus. Fazer proſpero a outro. Iap. Ficouo fucuyǔni naſu, ſacayeſaſuru.

Secundum. præp. Lus. Conforme, ou ſegũdo. Iap. Mononi xitagatte, l, mononi yotte. ¶ Item, Depois. Iap. Nochini, tçuguini. ¶ Interdum, Por. Iap. Tameni, taixite. ¶ Aliqñ. In, vt ſecundum quietem. Lus. No deſcanſo. Iap. Curçurogui yaſumu vchini. ¶ Aliqñ. Sobre, ou a cerca de, &c. Iap. Tçuite.

Secundus, a, ũ. Lus. Segundo em ordẽ, ou numero. Iap. Nibãdonori, l, nibanmeno mono. ¶ Itẽ, per transl. Proſpero. Iap. Sacayuru mono, ſacannaru mono. ¶ Secundo lumine. Lus. No ſegundo dia. Iap. Tçuguino fini, fucçucameni. ¶ Secundæ menſæ. Lus. Fruita, ou doces de ſobre meſa. Iap. Quaxi.

Secúricla, æ. Lus. Preſa, ou gato com que ſe amatram fortemente dous paos entre ſi. Iap. Monouo tçugui auaſuru tameni arini xite iraru qi, l, reôgo narino vmeqi.

Securidaca, æ. Lus. Hũa erua. Iap. Cuſano na.

Secúrifer, a, um. Lus. O que traz machado. Iap. Vono, l, maſacariuo tazzuſaye motçu mono.

Secúriger, a, um. Idem.

Secûris, is. Lus. Machado, Iap. Vono, maſacari. ¶ Item, Machadinha que leuauão diante de ſi os magiſtrados Romanos. Iap. Romano qendanno yacuxa fitono xeibai no tameni motaxetaru vonono taguy. ¶ Infligere reipub. ſecurim, per transl. Lus. Fazer grãde mal, ou nojo á repub. Iap. Coccani fucaqu xǒgue, l, atauo naſu.

Securicula, æ. dim. Idem.

Securitas, atis. Lus. Paz, e tranquilidade. Iap. Buji anxen.

Secûrus, a, um. Lus. Seguro, quieto, e liure de cuidados. Iap. Tçurçuga naqi fito, l, buji ancannigiǔſuru mono. ¶ Aliqñ. Deſprezador, l, negligente. Iap. Cotouo cocotomo xezaru mono, l, yurucaxenaru mono.

Secus. Lus. Apar, ou junto. Iap. Sobani, l, fotorini. ¶ Aliqñ. De outra maneira. Iap. Teuo cayete, betni. ¶ Item, Secus, nomen, Seixo, ou natureza cõ que ſe diſtingue o macho da femea. Iap. Meto votono cacubetnaru xǒ.

Sed. Lus. Mas, porem. Iap. Tadaxi, l, ſaredomo. ¶ Aliqñ. Mas tambem. Iap. Xicamo. ¶ Aliqñ. Incipientis particula eſt.

Sedatè, adu. Lus. Quietamente, e ſem perturbação. Iap. Xincanni, l, xizzucani, ancanni.

Sedatio, onis. Lus. Quietação, ou moderação. Iap. Ancan, l, xizzumuru, yauaraguru cotouo yǔ.

Sedatus, a, um. Lus. Quieto, ſoſegado. Iap. Bujinaru mono, xizzucanaru mono.

Sedenim. Lus. Mas, porem. Iap. Sarinagara, xicarito iyedomo. ¶ Aliqñ. Porque, ou certamente. Iap. Sono yuyeua, vel macotoni.

Sedens, entis. Lus. O q̃ eſtà aſſentado. Iap. Anza xite yru mono. ¶ Sedens lactuca. Lus. Alface que parece eſtar aſſentada. Iap. Chixǒni fabicorite yru chixa.

Sedeo, es. Lus. Eſtar aſſentado, ou aſſentarſe. Iap. Anza ſuru, l, coxi caqete yru. ¶ Item, Eſtarem as aues nas aruores, &c. Iap. Toriga qini tomaru, ſuuaru. ¶ Aliqñ. Eſtar ocioſo, e remiſſo. Iap. Itazzurani yru, qedai gachi nari. ¶ Item, Contentar. Iap. Qini vǒ, cocoroni canǒ. ¶ Aliqñ. Ficar, ou deterſe. Iap. Todomaru, l, tôriǔ ſuru. ¶ Item, Tomar agouros. Iap. Vranǒ. ¶ Sedere in ouis. Lus. Eſtar ſobre os ouos chocando. Iap. Torino caigouo atatamuru. ¶ Veſtis ſedet. Lus. O veſtido quadra, ou vem juſto. Iap. Yxǒga niyǒ, l, ſun xacuga vǒ. ¶ Imperium alicuius humeris bene ſedere. Lus. Cais bem, ou quadrar o imperio a alguem. Iap. Coccano voſame cano mononi niyǒ.

Sedentarius, ij. Lus. O que aſſentado faz algũa obra como çapateiro, &c. Iap. Anza xite ſaicu ſuru xocunin.

Sedentarius, a, um. Lus. Couſa que ſe faz aſſentaſentado. Iap. Anza xite ſuru xoſa.

Sedes, is. Lus. Cadeira, ou aſſento. Iap. Qiocuroccu, coxi caqe. ¶ Interd. Habitação, ou morada. Iap. Sumica, l, giůxo. ¶ Interd. Sepultura. Iap. Beôxo. ¶ Aliqñ. Pouſadeiro. Iap. Daicŏno qet. ¶ Sedes luxuriæ, per tranſl. Lugar em que principalmente a luxuria tem vigor. Iap. Mino vchini jinſui ſacannaru tocoro.

Sedicula, æ. dim. Idem.

Sedîle, is. Lus. Aſſento, ou lugar apto pera ſe aſſentar. Iap. Coxicaqe.

Sedimentum, i. Lus. Couſa que carrega, ou ſe vai a baixo. Iap. Xitaye xizzumi cudaru mono.

Seditio, onis. Lus. Reboliço, ou aluoroço do pouo. Iap. Sôdô, rangueqi. ¶ Item, Aleuantaméto contra ſeu capitam, ou ſenhor. Iap. Muron, ycqi.

Seditiosè, adu. Lus. Reuoltoſamente, ou a maneira de reuoltoſos, e aluorotadores. Iap. Midare cacatte, sôdô xite, l, ranguegi ſuru fitono gotoqu.

Seditioſus, a, um. Lus. Reuoltoſo, aluorotador. Iap. Rannuo conomu mono.

Sedûco, is. Lus. Apartar, ou deſuiar. Iap. Fiqiſanaſu, fiqinoquru. ¶ Item, Enganar. Iap. Tabacaru, taburacaſu, vchi nuqu.

Sedúctilis, e. Lus. O que facilmente ſe pode enganar. Iap. Tabacarare yaſuqi mono.

Seductio, onis. Lus. Apartamento. Iap. Fiqiſanaſu coto nari.

Seductus, us. Idem.

Sedúculum, i. Lus. Hum genero de açoute, ou azorrague. Iap. Xippei, qeiben.

Sédulè, adu. Lus. Inſtáte, e diligẽtemẽte. Iap. Mameni, qedainaqu. ¶ Itẽ, Simplexmẽte, e ſem malicia. Iap. Fiôrinaqu, xôgiqini.

Séduló, adu. Idem.

Sedulitas, atis. Lus. Cuidado, e diligencia. Iap. Cocorogaqe, qimoiru coto no yŭ.

Sédulus, a, um. Lus. Diligente, cuidadoſo. Iap. Mamenaru fito, qimo iru fito.

Sedum, i. Lus. Hũa erua que ſempre eſtà verde. Iap. Toconatçuno cuſano na.

Seges, etis. Lus. Sementeira de trigo, ceuada, &c. Iap. Xôbacu, daibacu nadono taguy. ¶ Item, Terra ſemeada, e lauurada. Iap. Tagayexite mononuo maqitaru denbacu. ¶ Aliqñ. Sementeiras de legumes. Iap. Vyetçuqetaru zacocu. ¶ Ferrea ſeges telorum. Lus. Quantidade de lanças. Iap. Yarino vouoqu atçumaritaru coto uo yŭ.

Segmen, inis. Lus. Couſa que ſe corta de outra. Iap. Qiriſanaſaretaru mono.

Segmentum, i. Idem. ¶ Item, Segmenta. Lus. Fios de ouro, ou retalhos de graam de que ſe faziam veſtidos precioſos. Iap. Yxôni nuitçuqe, icanin o xôgen xitaru xôjôfino qireguire, qinguinno ito. ¶ Itẽ, Eſtes meſmos veſtidos precioſos. Iap. Miguino cotoqu cazaritaru yxô. ¶ Item, Circulos, ou partes em que ſe diuide o mũdo. Iap. Ixxecaiuo vaqivaqetaru bunbun. ¶ Item, (vt alij) Colares de ouro, e pedras precioſas. Iap. Qinguin, xuguiocuuo tçuranete cubini caquru yôracu.

Segmentatus, a, um. Lus. Ornado de ouro e purpura. Iap. Qinguin, xôjôfi nite xôgon xitaru mono. ¶ Item, Couſa feita de pedaços. Iap. Monono qireguire nite tçucuritatetaru mono. ¶ Segmentatæ cunæ. Lus. Berços feitos de peças de varias côres, e pinturas. Iap. Xinajinano mono nite tçucuritate, xôgon xitaru varabeno guaxo. ¶ Item, (ſecundum alios) Berços cubertos de veſtido recamado de ouro com graã. Iap. Qinguin, xôjôfiuo motte nuitatetaru xitoneuo vouoitaru varabeno guaxo.

Ségnipes, edis. Lus. O q̃ anda vagaroſamẽte. Iap. Nibuqu, voſoqu ayumu mono.

Segnis, e. Lus. Tardo, remiſſo. Iap. Nibuqu, buxônaru mono. ¶ Interd. Eſteril, e inutil. Iap. Minoranu mono, yeqinaqi mono.

Ségniter, adu. Lus. Frouxa, ou negligentemente. Iap. Nibuqu, yurucaxeni.

Segnities, ei, ſiue Segnitia, æ. Lus. Priguiça, negligencia. Iap. Yurucaxe, buxô. ¶ Qñq;. Segnities. Lus. Eſterilidade. Iap. Minorazaru coto uo yŭ.

Segni-

Segnitas, atis. Idem.

Segrego, as. Lus. Apartar, ou diuidir de ou tro. Iap. Cunjuno naca yori fiqifanasu.

Segrex, gis. Lus. Apartado do rebanho. Iap. Cunju yori fiqifanasaretaru mono. ¶ Segrex vita. Lus. Vida solitaria. Iap. Canqiono sumai.

Segullum, i. Lus. Laya de terra que està na superficie pollaqual os mineiros conhecem estar de baixo vea de ouro. Iap. Dochùni coganeno sugi aru cotouo mixiru tçuchi.

Séiugi, l, Séiuges. Lus. Seis caualos que tirão, ou puxão hum carro. Iap. Curuma uo ficasuru roppiqino vma.

Séiugo, as. Lus. Apartar. Iap. Fiqifanasu, fiqivaquru.

Seiungo, is. Idem.

Selago, inis. Lus. Hũa erua. Iap. Cusano na.

Selectio, onis. Lus. O escolher à parte, ou separar. Iap. Yerivaquru coto nari.

Selectus, a, um. Lus. Cousa selecta, ou separada. Iap. Yerabi vaqetaru coto. ¶ Selecti iudices. Lus. Iuizes da orde dos caualeiros Romanos. Iap. Romano vmamuxa no naca yori yerabi idasaretaru tadaxite.

Selenites, is. Lus. Hũa pedra preciosa. Iap. Meixuno na.

Selibra, æ. Lus. Hũa meya libra. Iap. Facarino vomotino taguy.

Séligo, is. Lus. Escolher à parte. Iap. Yerabi vaquru.

Seliquastra. Lus. Huns assentos da laya antiga. Iap. Mucaxi fayaritaru coxicaqe.

Sella, æ. Lus. Cadeira, ou assento. Iap. Qiocuroca, coxicaqe.

Sellaria, æ. Lus. Lugar em que estam cadeiras, ou assentos por ordem. Iap. Qiocu rocu, coxicaqeuo narabe voqu tocoro.

Sellariola, æ. dim. Idem.

Sellularij, orum. Lus. Officiais que trabalhão assentados. Iap. Anza xite saicu suru xocunin.

Sembella, æ. Lus. Meya libra. Iap. Facari no vomoxino taguy.

Semel, adu. Lus. Hũa vez. Iap. Fitotabi. ¶ Aliqñ. Sumariamente. Iap. Ficqiŏ xite, tçuzzumete. ¶ Aliqñ. Totalmente, ou irreuocauelmente. Iap. Mattacu, xiccai, l, toricayesarezu xite.

Semen, inis. Lus. Semente. Iap. Mononotane. ¶ Itẽ, Vergonteas, ou garfos. Iap. Qino vacabaye, suuai, l, tçuguibo. ¶ Itẽ, Hũa specie de trigo. Iap. Xôbacuno rui. ¶ Item, per transl. Causa, e autor de algũa cousa. Iap. Monono conguen, l, motoi. ¶ Aliqñ. Gèração, ou linhagem. Iap. Xison, sugime.

Seménticus, a, um. Lus. Cousa que se pode semear. Iap. Maqu mono.

Sementînus, a, um. Lus. Cousa que dà mui tas sementes, ou que dura ate o tempo de se semear, ou plantar. Iap. Taneno vouoqi mono, l, maqu jibũ made cotayuru mono. ¶ Sĕmĕtinæ feriæ fuerũt institutæ, quã si exhis fruges grãdescere possent. ¶ Dies sĕmĕtina, festũ fuit antiquis celebratũ, postquam terræ mandassent semina agricolæ.

Sementis, is. Lus. O plantar, ou semear. Iap. Maqu, l, vyuru cotouo yũ. ¶ Aliqñ. Tẽpo de semear, ou plantar. Iap. Maqu, l, vyuru jixet. ¶ Aliqñ. Sementeira. Iap. Imada denbacuni aruine, muguitô.

Semento, as. Lus. Produzir sementes. Iap. Taneuo xôzuru.

Semestris, e. Lus. Cousa de seis meses. Iap. Mutçuqini naru mono.

Semesus, a, um. Lus. Cousa meya comida. Iap. Fanbun xocuxeraretaru mono.

Semiánimis, e, l, Semiánimus, a, um. Lus. Cousa meya viua, ou meya morta. Iap. Fan jifanjŏ naru mono.

Semiapertus, a, um. Lus. Cousa meya aberta. Iap. Fanbun firaqitaru mono.

Semiassus, a, um. Lus. Cousa meya assada. Iap. Fanbun aburitaru mono.

Sémibos, uis. Lus. Meyo boy. Iap. Fanbũ vxinaru mono.

Semícaper, pri. Lus. Meyo bode. Iap. Fanbun voyaguiñ naru mono.

Semicintium, ij. Lus. Hum vestido curto q̃ cobre da cinta ate o joelho. Iap. Qiafu.

Semicircularis, e. Lus. Cousa que tem forma

ma de meyo circulo. Iap. Micázzuqinarino mono, l, yensǒno nacaba naru mono.

Semicirculus, i. Lus. Meyo circulo. Iap. Yensǒno fanbun.

Semicoctus, a, um. Lus. Meyo cozido. Iap. Fanbun niyetaru coto.

Semicrudus, a, um. Idem.

Semicrematus, a, um. Lus. Meyo queimado. Iap. Fanbun yaqetaru mono.

Semideus, i. Lus. Meyo Deos. Iap. Nacaba Deus naru mono.

Semidoctus, i. Lus. Meyo douto, ou mediocremẽte douto. Iap. Fan fuçǔno gacuxǒ.

Semiermis, e. Lus. Meyo armado. Iap. Fanbun yoroitaru mono.

Semifactus, a, um. Lus. Meyo feito. Iap. Fansacu naru mono.

Sémifer, l, semiferus, a, ũ. Lus. Cousa ametade fera, ou braua. Iap. Fanbun araqi mono, l, natçucazaru mono.

Semiformis, e. Lus. Cousa meyà formada. Iap. Fanbun nari tachitaru mono.

Semifulcus, a, um. Lus. Meyo estribado, ou sostentado. Iap. Fanbun sacayetaru mono, l, cacaritaru mono.

Semigrauis, e. Lus. Meyo graue, e carregado. Iap. Fanbun vomoqi mono.

Sémigro, as. Lus. Irse a morar a outra parte. Iap. Taxoye vtçuru.

Semihomo, inis. Lus. Meyo homem. Iap. Fanbun fito naru mono.

Semihora, æ. Lus. Meya hora. Iap. Fanji, catatoqi.

Semijúgerum, i. Lus. Meya jeira de terra. Iap. Catasuqi jechǒ vxi nifiqinite fanjit suqitaru bun.

Semilacer, a, um. Lus. Cousa meya espedaçada. Iap. Fanbun çaqi yaburitaru mono.

Semilîber, eri. Lus. Meyo liure. Iap. Fanbun jiyǔni naritaru mono.

Semilixa, æ. Lus. Meyo agoadeiro, ou meyo seruo. Iap. Fábun guenin, l, yatçuco naru mono.

Semimádidus, a, um. Lus. Meyo molhado. Iap. Fanbun nuretaru mono.

Semimarînus, a, um. Lus. Meyo marinho. Iap. Fanbun vminiaru, l, sumu mono.

Semimas, aris. Lus. Castrado. Iap. Tamano toritaru vonoco. ¶ Item, O que tẽ natureza de homem, e de molher. Iap. Futanari guiocqei, guiocumonno sonauaritaru mono.

Semimortuus, a, um. Lus. Meyo morto. Iap. Fanji, fanjǒ naru mono.

Seminalis, e. Lus. Cousa que pertence a semear, ou plantar. Iap. Monouo maqi vyurumi ataru coto.

Seminarius, a, um. Idem.

Seminarium, ij. Lus. Seminario de plantas pera trasporem em outra terra. Iap. Sǒmocuno nayeuo tçucuru tocoro. ¶ Itẽ, per transl. Causa, e origem de algũa cousa. Iap. Monono conguen, raireqi, xuxxo.

Seminatio, onis. Lus. O semear, ou plãtar. Iap. Maqi vyuru coto nari.

Seminator, oris. Lus. O que planta, e semea. Iap. Monouo maqu, l, vyuru mono.

Semineces. Lus. Meyo mortos. Iap. Nacara jini xitaru mono, xinicacaritaru mono.

Seminiũ, ij. Lus. Semẽte, ou planta. Iap. Tane, l, naye. ¶ Qñq;. Proueito, ou ganho de semẽte. Iap. Tane yori izzuru toccu.

Sémino, as. Lus. Semear, ou plantar. Iap. Maqu, vyuru. ¶ Item, Gerar, ou produzir. Iap. Monouo xǒzuru. ¶ Item, per transl. Espalhar, diuulgar. Iap. Firomuru, rufu sasuru.

Seminûdus, a, um. Lus. Meyo despido. Iap. Fanbun fadayeuo cacuxitaru mono, catanugui xitaru mono.

Semióbolus, i. Lus. Ametade de hũ peso, ou de hũa certa moeda. Iap. Aru jeni, l, facarimeno fanbun. ¶ Item, per transl. Cousa vilissima. Iap. Icanimo iyaxiqi mono.

Semipagânus, i. Lus. Meyo aldeão. Iap. Fãbun inacǒdo.

Semipedâlis, e. Lus. Cousa que tem comprimento de meyo pee. Iap. Axino taqe fanbunno nagasa naru mono.

Sémipes, dis. Lus. Medida de meyo pé de oito dedos. Iap. Nisocu, l, yatçubuxe fodo aru xacu.

Se-

Semiplagium, ij. Lus. Hũa rede pequena. Iap. Chijsaqi ami.

Semiplenus, a, um. Lus. Meyo cheo. Iap. Fanbun michitaru mono.

Semiplosia, æ. Lus. Hũa maneira de calçado como alparcas q̃ vsauão oscaçadores na ca ça. Iap. Cariŭdono faqu fanagayaxi.

Semiputatus, a, um. Lus. Meyo cortado, ou podado. Iap. Fanbun qiritaru mono.

Semiquinaria diuisio, cæsuræ genus est, cùm post duos pedes relinquitur syllaba partem orationis terminans.

Semirâsus, a, um. Lus. Meyo rapado. Iap. Fanbun soritaru mono.

Semireductus, a, um. Lus. Meyo reduzido, ou retirado. Iap. Fanbũ fiqitoritaru mono, l, fiqicayesaretaru mono.

Semirefactus, a, um. Lus. Cousa meya refei ta. Iap. Fanbun saicô xitaru mono.

Semirutus, a, um. Lus. Meyo destruido, ou arruinado. Iap. Fãbun cuzzuretaru mono.

Semis, issis. Lus. Ametade de qualquer cou sa. Iap. Mononofanbun. ¶ Item, Peo de seis onças. Iap. Facarimeno na.

Semisenex, l, semiseneus, antiq. Lus. Meyo velho. Iap. Fanbũ toxiyoritaru mono.

Semiseptennaria diuisio dicitur, cùm post tres pedes relinquitur syllaba, partem ora tionis terminans.

Semisepultus, a, um. Lus. Meyo sepultado. Iap. Fanbun vzzumitaru mono.

Semisomnis, e. Lus. Meyo acordado, ou so nolento. Iap. Neiricacaritaru mono.

Semisomnus, a, um, Idem.

Semisopîtus, a, um. Idem.

Semispathium, ij. Lus. Meya espada, ou espa da curta. Iap. Mijicaqi qen, tçurugui.

Semissalis, e. Lus. Cousa de seis onças. Iap. Aru facarimeni ataru coto. ¶ Semissales vsuræ. Lus. Ganho de seis cruzados por cento cada ãno. Iap. Ichinéni fiacuni rocu uari tçuqu ribai.

Semissarius, a, um. Idem.

Semissis, is. Lus. Seis onças. Iap. Facarime no na. ¶ Semissis homo. Lus. Homem baixo de pouco preço. Iap. Mochijnaqu iyaxiqi mono. ¶ Semissis vsura. Lus. Ganho de seis por cento cada ãno. Iap. Fiacuuo caxite rocuuari tçuquru ribai.

Semisupînus, a, um. Lus. Meyo virado cõ o rosto pera cima. Iap. Fanbun aucnoqi taru mono.

Sémita, æ. Lus. Caminho estreito. Iap. Xebaqi michi. ¶ Item, Via, ou modo. Iap. Michi, l, yŏdai.

Semitarius, ij. Lus. O que anda, ou corre por caminhos estreitos. Iap. Xebaqi michiuo yuqiqi suru mono.

Sémito, as. Lus. Pôr limites, ou marcos. Iap. Xiji, fŏjiuo sadamuru.

Semitogium, ij. Lus. Hum certo vestido que vsauam os Romanos curto. Iap. Roma no xu chacu xitaru migicaqi yxŏno na. ¶ Semitogatus. Lus. O q̃ trazia este vesti do. Iap. Miguino yxŏuo chacuxitaru fito.

Semitrîtus, a, um. Lus. Meyo pisado, ou tri lhado. Iap. Fanbun tçuqi cudaqitaru mono.

Semiuiêtus, a, um. Lus. Mole, murcho. Iap. Yauaracanaru mono, l, xiuoretaru mono.

Semiuir, ri. Lus. Efeminado, l, castrado. Iap. Vonagoraxiqi mono, l, tamauo toritaru fi to. ¶ Item, Meyo homem. Iap. Fanbũ vonoconaru mono.

Semiuîuus, a, um. Lus. Meyo morto. Iap. Fanji fanjŏnaru mono.

Semiuncia, æ. aut potiùs Semuncia. Lus. Meya onça. Iap. Facarimeno na.

Semiuocales dictæ sunt octo literæ è numero consonantium.

Semiustulandus, a, um. Lus. Cousa que se ha de queimar a metade. Iap. Fanbun ya qu beqi mono.

Semiustulatus, a, um. Lus. Meyo queima do. Iap. Fanbun yaqetaru mono.

Semiustus, a, um. Idem.

Semizonarius, ij. Lus. O que faz vestidos curtos que cobrem da cinta a te o joelho. Iap. Qiafuuo xitatçuru mono.

Semodius, ij. Lus. Meyo alqueire. Iap. Aru masuno fanbun.

Semoueo, es. Lus. Retirar, ou apartar. Iap.

Noquru, xirizoquru.
Semper, adu. Lus. Sempre. Iap. Itçumo, fudan.
Sempiternè, adu. Idem.
Semperuîuum, i. Lus. Hũa erua que sempre està verde. Iap. Toconatçuno cusano na.
Sempiternò, adu. Lus. Pera sempre. Iap. Vouarinaqu, fatexinaqu.
Sempiternus, a, um. Lus. Cousa perpetua. Iap. Fatemo naqi coto.
Semuncialis, e. Lus. Cousa de peso, ou va lia de meya onça. Iap. Onçato yũ facarime fanbunfodono mono.
Semunciarius, a, um. Idem.
Senáculum, i. Lus. Lugar do conselho dos senadores. Iap. Xuyeno xu atçumaru quaixo.
Senarius, a, um. Lus. Cousa que consta de seis. Iap. Cazu mutçu aru mono. ¶ Senarius, l, senariolus versus. Iap. Rocugô no xijca.
Senatores, um. Lus. Senadores. Iap. Xuyeno xu.
Senatorius, a, um. Lus. Cousa de senador. Iap. Xuyeno xuni ataru coto.
Senatus, us, & ti. Lus. Senado, ou lugar de cõselho. Iap. Xuyeno quaixo, l, xuyeno xu. ¶ Cogere senatum, conuocare, l, vocare senatum. Lus. Iuntar, ou conuocar os senadores. Iap. Xuye suru, l, atçumuru. ¶ Efficere frequentem senatum. Lus. Ajuntar quasi todos os senadores. Iap. Xuyeno xu voyoso mina atçumuru. ¶ Senatum haberi. Lus. Ajuntarse o senado. Iap. Xuyeno xu ai atçumaru. ¶ Senatum cooptare. Lus. Constituir senado. Iap. Xuyeuo sadamuru. ¶ In senatum legere aliquem. Lus. Fazer a algue senador. Iap. Xuyeno xuni junzuru. ¶ In senatum venire. Lus. Vir ao senado, ou ser feito senador. Iap. Xuyeno zani izzuru, l, cuuauaru. ¶ Senatum extinguere. Lus. Abater, ou tirar a autoridade, ou dignidade do senado. Iap. Xuyeno xu no yquôuo naigaxironi suru, l, forobosu. ¶ Senatum consilij in cor conuocare. Lus. Cuidar consigo o que hade fazer. Iap. Na sübeqi xosauo cufũ, l, xiansuru. Plaut.
Senatus consultum, i. Lus. Parecer do senado. Iap. Xuyeno xuno menmen iy idasu zonbun.
Senecio, onis. Lus. Hũa erua. Iap. Cusano na.
Senectus, utis, & Senecta, æ. Lus. Velhice. Iap. Voi, rŏ. ¶ Item, Senectus. Pelle que despem as cobras na primauera. Iap. Iafi, cuchinauano qinu. ¶ Senectutem exuere. Lus. Despirem as cobras a pelle. Iap. Cuchinauano qinuuo nugu.
Senectus, a, um. Lus. Cousa de velho. Iap. Toxiyorini ataru coto.
Seneo, es, nui, & senesco, is. Lus. Fazerse velho. Iap. Voiyuqu, toxiyoru. ¶ Senescit ciuitas otio. Lus. Danase a cidade com ociosidade. Iap. Zaixono mono quacqueini fuqette suibi suru. ¶ Senescunt consilia. Lus. Os conselhos com muito tempo e tardança ficam em vão. Iap. Vosoqu tçu tomurunі yotte, yqen, dancô ga musocuni naru. ¶ Senescit fama. Lus. Diminuese a fama com o tempo. Iap. Toxiuo furuni yotte qicoyega votoroyuru, l, torisataga samuru. ¶ Senescit hyems. Lus. O inuerno vai declinando. Iap. Fuyuga sugui yuqu. ¶ Senescit laus. Lus. O louuor, ou hõra se acaba, ou descae. Iap. Fomareno sacariga suguru, l, votoroye yuqu. ¶ Senescit morbus. Lus. A doença se abrãda, ou diminue. Iap. Yamaiga vsuqu naru, l, yauaragu. ¶ Senescunt vitia. Lus. Os vicios se tirão, e estinguẽ. Iap. Acuga tayuru.
Senex, is. Lus. Velho. Iap. Toxiyori, rŏjin. ¶ Seniores. Lus. Os mais velhos, ou anciãos, ou senadores. Iap. Sôno nacani nauo toxi taqetaru xu, l, xuyeno xu.
Seni, æ, a. Lus. Seis. Iap. Mutçu.
Senîlis, e. Lus. Cousa que pertence a velho. Iap. Rŏjinni ataru coto.
Senîliter, adu. Lus. De velhice, ou como velho. Iap. Toxi fuqete, l, rŏjinno yŏni.
Senio, onis. Lus. Parte do dado que tem seis pontos. Iap. Sainome no rocu.

Senium, ij. Lus. Velhice. Iap. Voi, rŏ.
¶ Senium lunæ. Lus. Curso da lũa. Iap. Tçuqino meguri, l, toxi. ¶ Qnq;. Enfadamento, tristeza. Iap. Taicut, l, vrei.
Sensibilis, e. Lus. Cousa que se pode sentir, ou perceber com algũ sentido. Iap. Rocconni voboyuru mono. ¶ Aliqn. Cousa que tem potēcia sensitiua. Iap. Mononi fure voboyuru xei aru mono.
Sénsifer, a, um. Lus. Cousa que tem sentido. Iap. Mononi fure voboyuru xei aru mono.
Sensificus, a, um. Lus. Cousa que faz sentir. Iap. Monouo fure voboyesasuru mono.
Sénsile, is. Lus. Cousa q̃ se pode sentir. Iap. Rocconni voboyeraruru mono.
Sensim, adu. Lus. Pouco a pouco, vagarosamente. Iap. Xidai xidaini, l, xizzucani.
Sensus, us. Lus. Sentido, ou potēcia de sentir. Iap. Rocconno xei, l, rocconxiqi. ¶ Itē, Sensa. Lus. Cousas que se percebem com o sentido. Iap. Rocconni taisuru qiŏgai. ¶ Itē, Sensa. Lus. Conceitos do entendimēto. Iap. Tacumi voqitaru vomocague. ¶ Sensus communis. Lus. Sentido commum. Iap. Monono vomocagueuo vquru tocoro. ¶ Item, Sensus communis. Lus. Noticia acquirida da comunicação, & trato com muitos homens. Iap. Amatano fitoni majiuari tachiyŏuo motte mo tome yetaru chiyeno cŏ.
Sensiculus, i. dimin. Idem.
Sententia, æ. Lus. Iuizo, parecer. Iap. Zonbũ. ¶ Sic sententia est. Lus. Assi assentei cōmigo. Iap. Conobunni vomoi sadametari. ¶ Res posita est in sētētijs. Lus. Ha varias opiniões sobre esta cousa. Iap. Coreni tçuite yxet nari, xetjet nari ¶ Dicere sētētiam. Lus. Pronunciar sentença de tal maneira que desistā os litigantes da demanda. Iap. Sonin tagaini cuji satauo vomoi tomaru yŏni qendanuoxite iy idasu. ¶ Itē, Sentētia. Lus. Ornamēto da oração. Iap. Danguino cazarito naru cogo, fongo nado.
Sententíola, æ. dim. Idem.
Sententiosè, adu. Lus. Sentenciosamente. Iap. Cotouari vomoxiroqu, yŭgenni.
Sententiosus, a, ũ. Lus. Cousa chea de sentenças, e ditos. Iap. Sacuy vouoqi coto.
Sēticētũ, i. Lus. Lugar de muitos espinhos. Iap. Ibara caratachino vouoqi tocoro.
Senticosus, a, um. Lus. Espinhoso, e aspero. Iap. Ibarano vouoqi mono, l, araqi mono.
Sentina, æ. Lus. Bomba da nao. Iap. Funeno acama. ¶ Itē, per transl. Lugar onde se ajuntam, ou recolhē homens peruersos. Iap. Acutŏno atçumaru tocoro.
Sentīno, as. Lus. Ser solicito, e fugir com diligēcia, e industria do perigo. Iap. Cocoro uo, l, nenuo tçucŏ, qizzucaiuo furu, saicā, l, chŏriacuuo motte nanguiuo nogaruru.
Sentio, is, si, sum. Lus. Sentir, ou perceber com algum sentido. Iap. Rocconni sono qiŏgaiuo vquru. ¶ Interd. Entender. Iap. Nattocu suru. ¶ Item, Iulgar, ou ter pera si. Iap. Vomŏ, zonzuru. ¶ Interd. Aduertir. Iap. Vomoiyoru. ¶ Sētire pro aliquo, siue ab aliquo. Lus. Fauorecer a alguem com seu parecer. Iap. Vaga zonbũ uo aratuaite chisŏ suru, fijqi suru. ¶ Sētire grauiter de aliquo. Lus. Ter maa opinião, ou julgar mal de alguē. Iap. Fitono vyeuo axiqi samani vomoinasu. ¶ Sētire medicinam. Lus. Sentir melhoria com a mezinha. Iap. Cusuriuo motte guēqi vru. Celsus. ¶ Sentire cariem. Lus. Fazerse a madeira carunchosa. Iap. Zaimocuga cuchi yuqu. ¶ Sentire vetustatem. Lus. Fazer se velho. Iap. Toxiyoru, voi iru.
Sentisco, is. Idem.
Sentis, is. Lus. Espinho. Iap. Ibara, caratachi. ¶ Sentis canis. Lus. Hũa aruorezinha do mato. Iap. Yamani aru chijsaqi qino na.
Sentus, a, um. Lus. Cabeludo, e aspero. Iap. Qebucaqi mono, araqi mono. ¶ Item, Cousa suja, ou chea de mofo. Iap. Qegarauaxiqu cabitaru mono.
Seorsum, & Seorsus, adu. Lus. Separadamēte. Iap. Fanarete, caccacuni.
Seorsus, a, um. Lus. Apartado. Iap. Fanaretaru mono.
Separábilis, e. Lus. Cousa que se pode apartar.

aa * Iap.

Iap. Fanafaturu mono.

Separatim, & Separatè, adu. Lus. Separada méte. Iap. Fanarete, caccacuni, cacubetni ❡ Item, Em particular, ou cada hum por si. Iap. Firotçuzzutçuni.

Separatus, a, um. Lus. Cousa apartada, ou diuidida. Iap. Fanafaretaru mono, l, fiqi noqetaru mono.

Séparo, as. Lus. Diuidir, apartar. Iap. Fiqi vaquru, fiqinoquru, fanasu.

Sepelibilis, e. Lus. Cousa que se deue, ou pode enterrar. Iap. Vzzumu beqi mono, l, vzzumaturu mono.

Sepelio, is, liui, pultum. Lus. Sepultar. Iap. Xigaiuo vosamuru. ❡ Itē, pertransl. Sepe lire doloré. Lus. Deixar, ou encubrir a dôr. Iap. Itamiuo yamuru, l, cacusu.

Sepes, is. Lus. Sebe, oucerca. Iap. Caqi, maxegaqi.

Sepia, æ. Lus. Siba peixe. Iap. Ica.

Sepíola, æ. dim. Idem.

Sepimentum, i. Lus. Cousa com que se cerca, ou cobre outra. Iap. Monono vuacaua, l, menono vouoi tçutçumu mono, l, caqi.

Sepio, is, piui, itū, l, epsi, eptū. Lus. Cercar com sebe, &c. Iap. Tçuigi, caqiuo ximauasu.

Seplasiarius, ij. Lus. O que faz, e vende vnguentos cheirosos. Iap. Cunyacu chŏgŏ xite vru mono. ❡ Item, Efeminado. Iap. Vonagoraxiqi mono.

Sepôno, is. Lus. Apartar, ou pôr a parte. Iap. Fiqi vaqete v oqu, fanasu.

Sepósitus, a, um. Lus. Afastado, ou apartado. Iap. Fanaretaru mono, touozacarita ru mono.

Seps, pis. Lus. Hũa cobra pequena. Iap. Chijsaqi cuchinauano na.

Septa, orum. Lus. Lugares cercados de sebe, valo, &c. Iap. Tçuigi, caqiuo ximauaxitaru tocoro. ❡ Item, Currais de ouelhas, ou outro gado. Iap. Vxi, fitçuji tŏuo voicomuru tocoro. ❡ Itē, Lugares cercados em que o pouo Romano daua os votos. Iap. Romano xuyeno xu menmenno zonbunuo iy arauasu tameni tçuqi mauaxitaru quaixo. ❡ Septa villæ. Lus. Cerca, ou sebe da quinta. Iap. Chiguiŏni n otçu iye, yaxiqiuo camaye mauasu caqi, tçuigi. ❡ Septum transuersum. Lus. Teas com que se aparta o coração, e os bofes das outras partes que não sam vitais. Iap. Xinto, faitouo yono zŏfu yori fedatçuru caua.

Septángulus, a, ū. Lus. Cousa que tem sete cantos. Iap. Xichicacunaru mono.

Septem. Lus. Sete. Iap. Nanatçu.

September, bris. Lus. Mes de Setembro. Iap. Europano xichiguat. ❡ Aliqñ. (adiectiuè) Cousa de Setembro. Iap. Miguino xichiguatni ataru coto.

Septemfluus, a, um. Lus. Cousa que corre por sete bocas, ou regos. Iap. Nanacuchi yori nagare izzuru mono.

Septemgéminus, a, um. Lus. Cousa que tẽ sete partes, ou membros. Iap. Nanatçuni vaqetaru mono, vel nanatçuno yeda aru mono.

Septempedâlis, e. Lus. Cousa q̃ tem compridão de sete pés. Iap. Axino taqe nanatçu fodo nagaqi mono.

Septemplex, icis. Lus. Cousa diuidida em sete partes, ou dobras. Iap. Nanatçuni vacaretaru mono, l, nanaye aru mono.

Septemuir, ri. Lus. Hum de sete homens que tinham officio de gouernar em Roma. Iap. Roma niccaru xichininno yacuxano vchino fitori.

Septemuiralis, e. Lus. Cousa pertencente a estes sete officiaes. Iap. Miguino yacuxani ataru coto.

Septemuiratus, us. Lus. Dignidade destes sete officiaes. Iap. Miguino xichininno quaxocu.

Septennarius, a, um. Lus. Cousa q̃ consta de sete. Iap. Cazu nanatçu aru mono.

Septéndecim. Lus. Dezasete. Iūxichi.

Septennis, e. Lus. Cousa de sete anos. Iap. Xichisaimaru mono.

Septennius, a, um. Lus. Sete. Iap. Nanatçu.

Septentriones. Lus. Hũas sete estrellas que está na parte do norte. Iap. Xisônofox.

Sep-

Septentrio, onis, & Septentrionalis ventus. Lus. Vento do norte. Iap. Qitano caje.

Septentrionarius. Idem.

Septiana mala. Lus. Hũa certa fruita. Iap. Conomino na.

Septicollis. Vrbis Romæ epitheton à septem collium numero impositum.

Sépticus, a, um. Lus. Cousa que faz apodrecer. Iap. Tajiuo cusarasuru mono.

Septies, adu. Lus. Sete vezes. Iap. Nanatabi.

Septifariam. Lus. De sete maneiras. Iap. Nanasamani, nanaxinani.

Septimùm, adu. Lus. Setima vez. Iap. Xichidome.

Septimus, a, um. Lus. Setimo. Iap. Xichibanme.

Septingenarius, a, um. Lus. Cousa de sete cẽtos. Iap. Cazu xichifiacu aru mono.

Septingentesimus, a, um. Lus. Vltimo de sete centos, ou hum de sete centos. Iap. Xichifiacubanme, vel xichifiacuno vchi fitotçu.

Septigenti, æ, a. Lus. Sete centos em numero. Iap. Xichifiacu.

Septuagênus, a, um. Lus. De setenta em setenta. Iap. Xichijŭzzutçu. ¶ Item, Setẽta. Iap. Xichijŭ.

Septuaginta. Lus. Setenta. Iap. Xichijŭ.

Septuncialis, e. Lus. Cousa de sete onças, ou partes. Iap. Onçato yŭ facarime nanatçu aru mono, l, nanayeda aru mono.

¶ Septuncialis satio, qua seritur semiiugerum, & duodecima iugeri pars.

Septũx, cis. Lus. Medida, ou peso de sete onças. Iap. Onça nanatçu auaxetaru facarime, l, vomori. ¶ Item, Sete partes de hũa geira de terra diuidida em doze. Iap. Carasuqi icchŏ vxi nifiqi nite ichijit suqitaru dĕbacuno bũuo jŭnini vacte nanatçu bũ. ¶ Item, Sete copos, ou vasos de vinho. Iap. Sacazzuqini saqe xichifai.

Septuosè. Lus. Escuramente. Iap. Curaqu.

Sepulchralis, e. Lus. Cousa que pertence a sepultura. Iap. Quanni ataru coto.

Sepulchrĕtum, i. Lus. Adro, ou lugar cheo de sepulturas. Iap. Biŏxo, facadocoro.

Sepulchrum, i. Lus. Sepultura. Iap. Xigaiuo vosamuru quan.

Sepultura, æ. Idem. ¶ Item, Enterramento. Iap. Sŏrei, l, fŏmuru cotouo yŭ.

Sepultus, a, um. Lus. Sepultado. Iap. Vzzumoraru mono. ¶ Vino sepultus. Lus. Farto, ou atordoado com vinho. Iap. Saqeni yei fitatte yru mono. ¶ Sepultus sũm. Lus. Acabei, ou pereci. Iap. Faretari, mexxitari.

Sepum, vide Seuum, & Sebum.

Sequax, acis. Lus. Cousa facil, ou apta de se menear, ou leuar. Iap. Atçucai yasuqi mono, l, fiqi yasuqi mono. ¶ Aliqñ. Cousa que se estende, ou dilata como hera, &c. Iap. Fai fabicoru mono. ¶ Item, O que segue, e acompanha a outro. Iap. Tçunemi fitouo xitai tomonŏ mono.

¶ Lanæ sequaces. Lus. Laã que obedece facilmente amão do que fia. Iap. Itoni yoru monono teni xitagŏ xinayacanaru fitçujino qe. ¶ Sequaces capreæ. Lus. Cabras que vam hũas apos as outras. Iap. Xitai tçuranari yuqu yaguiŭ.

Sequêla, æ. Lus. O seguir a outro. Iap. Xitŏ cotouo yŭ. ¶ Item, Cousa que se segue, ou depende de outra. Iap. Tani chinamitaru coto nari.

Sequester, is, e, & Sequestris, e, & Sequester, a, um. Lus. Pessoa em cuja mão se depositaalgũa cousa sobre que ha demanda, ou contenda entre muitos. Iap. Cujisatane daimocuto naru cotouo azzucari voquchŭbunnin. ¶ Pax sequestra. Lus. Tregoas que se fazem na guerra. Iap. Qiuxẽno aiaini suru vadan, yadome. ¶ Item, Sequester. Lus. O que tem por officio de corromper, ou sobornar ao pouo. Iap. Bãminuo axiqu fiqi nabiquru cotouo vagayacuno yŏni suru mono. ¶ Item, Homẽ instruido do litigante pera informar ao procurador. Iap. Sonit no mŏxibũuo qijite sŏxaye firŏ suru sacano qiqitçugui.

Sequestrò, adu. Lus. Em deposito. Iap. Azzuqe voqite. ¶ Sequestro se ponere. Lus. Apar-

Apartarse daquelle cõ que estaua junto, ou vnido. Iap. Chinamitaru monono teuo fanaruru.

Sequestropositus, a, um. Lus. Cousa depositada na mão de alguem pera vsar della, e possuir por algũ tẽpo. Iap. Xibaraqu jiyŭ ni tçucŏ tameni azzucari voqitaru mono.

Sequestrarius, a, um. Lus. Cousa que pertence a este depositario. Iap. Miguino azzucariteni ataru coto.

Sequor, ris. Lus. Seguir. Iap. Xitŏ. ❡ Sequi fidem alicuius. Lus. Ser fiel a alguẽ. Iap. Tani taixi chŭxin ari. ❡ Sequi suam fortunam. Lus. Vsar do sucesso, e ocasião da fortuna. Iap. Fuui macasuru. ❡ Sequi naturam ducem. Lus. Fazer como a natureza nos inclina. Iap. Vmaretçuqini macaxete xosauo nasu. ❡ Sequi verbum aliquod. Lus. Apegarse muito à superficie de algũa palaura deixando o sentido della. Iap. Iimen, cumenuo fonto xite sono cocoroni camauazu.

Sequutor, oris. Lus. O q̃ segue, ou vai detras de outro. Iap. Fitono atouo xitŏ mono.

Sera, æ. Lus. Fechadura das portas. Iap. Mõ cono jŏ.

Seraphim. Lus. Afogueado, ou ardente. Iap. Yaqetatetaru mono. ❡ Item, Serafins. Iap. Anjono caiguiŭ.

Serapias. Lus. Hũa erua. Iap. Cusano na.

Serenatus, a, um. Lus. Cousa clara, e serena. Iap. Nodocani aqiracanaru mono.

Serenitas, atis. Lus. Serenidade do ár. Iap. Xeiten, l, nodocanaru sora.

Serêno, as. Lus. Fazer a algũa cousa clara e serena. Iap. Nodoyacani nasu, aqiracani nasu.

Serênus, a, um. Lus. Cousa serena, e clara. Iap. Nodocanaru coto, cumanaqi coto, aqiracanaru coto. ❡ Item, Cousa seca. Iap. Cauaqitaru mono. ❡ Serena frons, pertransl. Rosto alegre. Iap. Yemigauo, vrexiqi cauo. ❡ Serenus color. Lus. Côr clara, e resplandecente. Iap. Ficari cacayaqu iro. ❡ Serenum, substant. Lus. Serenidade. Iap. Nodoca naru sora, xeiten. ❡ Sereno. Lus. Em tempo sereno, e claro. Iap. Nodocani, aqiracanaru jixetni.

Seresco, is. Lus. Secarse. Iap. Cauaqu, caruru. ❡ Aliqñ. Fazerse em soro o leite. Iap. Qedamonono chiga sumu, l, yru.

Sergia, æ. Lus. Hum genero de oliueira, ou azeitona. Iap. Aburauo xiboru mino naru qi, l, sono mi.

Seria, æ. Lus. Hum vaso de vinho feito de barro. Iap. Saqeuo iruru doqi, tçubo. ❡ Seriæ olearię. Lus. Vasilhas de azeite. Iap. Aburauo iruru vtçuuamono.

Seriola, æ. dim. Idem.

Seria, orum. Lus. Cousas graues, e de tomo. Iap. Qetacaqi coto, jichinaru coto.

Sericarius textor. Lus. Tecelão de seda. Iap. Qinu ya, vodonoya.

Sericâtus, a, ũ. Lus. O que està vestido de seda. Iap. Qinxano yxŏuo qitaru mono.

Séricum, i. Lus. Seda. Iap. Xira ito, qinu. ❡ Item, Hũa laya de laã que se tiraua das aruores pera fazer vestidos ricos. Iap. Suguretaru yxŏuo vori tatçuru tameni qiyori toru vatano taguy.

Séricus, a, um. Lus. Cousa feita de seda, ou desta laã preciosa. Iap. Miguino vata, l, xiraganite voritaru qinu. ❡ Item, Serica, l, serica vestimenta. Lus. Vestidos de seda. Iap. Qinxano yxŏ.

Series, éi. Lus. Ordem, e desposição de algũa cousa continuada. Iap. Tçuzzuqitaru cotono xidai, teitŏ.

Serilla, æ. Lus. Huns certos nauios que se fazião de linho, e esparto. Iap. Asato, fucuy nite cumi auaxetaru fune.

Seriò, adu. Lus. Desiso, sem zombaria. Iap. Iitni, macotoni.

Seriphium absynthium. Lus. Losna. Iap. Cusano na.

Seris, is. Lus. Serralha, ou endibia erua. Iap. Nazzunano taguy.

Serius, a, um. Lus. Cousa graue, e desiso. Iap. Iitnaru coto.

Sermo, onis. Lus. Pratica, ou fala. Iap. Monogatari. ❡ Ordiri sermonẽ. Lus. Inuentar

tar

tar pratica, ou palauras. Iap. Monogatari, l, cotobauo tacumu. ¶ Habere sermonem. Lus. Falar. Iap. Cataru, monogatariuo suru. ¶ Tribuere alicui sermonem. Lus. Introduzir a alguem falando. Iap. Fitono monogatariuo suru yŏni xouo amitatçuru, l, fitono monogatarino maneuo sasuru.

Sermunculus, i. dim. Idem.

Sermocinatrix, icis. Lus. Molher que fala. Iap. Monouo yŭ vonna.

Sermócinor, aris. Lus. Praticar, ou falar. Iap. Monouo cataru, monogatariuo suru.

Sero, as. Lus. Fechar. Iap. Tozzuru, tatçuru.

Sero, is, eui, satum. Lus. Semear, ou plantar. Iap. Taneuo maqu, l, vyuru. ¶ Qñq;. per transl. Gerar. Iap. Xŏzuru, xuxxŏ sasuru. ¶ Serere bella, & certamina. Lus. Mouer guerras, e peleijas. Iap. Qiŭxen, l, tatacaiuo vocosu. ¶ Serere bella ex bellis. Lus. Acabada hũa guerra começar outra. Iap. Qiŭxenuo mata tori tatçuru.

Serò, adu. Lus. Tarde. Iap. Vosoqu. ¶ Aliqñ. A tarde, ou o sol posto. Iap. Yŭ beni nozonde. ¶ Aliqñ. Fora de tempo. Iap. Iibun fazzureni.

Serótinus, a, um. Lus. Cousa da tarde. Iap. Bangueini ataru coto. ¶ Aliqñ. Cousa tardia, ou serodia. Iap. Iibun fazzure naru coto, l, vosoqi coto.

Serpens, entis. Lus. Cobra, serpente, ou bicho que anda como cobra. Iap. Cuchinaua, l, cuchinauano yŏnifŏ muxi. ¶ Itẽ, Cousa que se estende, ou trepa. Iap. Fai fabicoru mono. ¶ Serpentia secla ferarum. Lus. Genero de cobras, ou serpentes. Iap. Cuchinauano taguy, iarui.

Serpentígena, æ. Lus. Nacido de serpentes. Iap. Cuchinaua yori vmaretaru mono.

Serpéntiger, a, um. Lus. O que tem, ou traz serpentes. Iap. Cuchinaua, iauo tazzusaye motçu mono.

Serpentînus, a, um. Lus. Cousa da cobra, ou serpente. Iap. Cuchinaua, iani ataru coto.

Serperastra, æ. Lus. Instrumento que amarrão nas pernas dos meninos que aprendem a andar pera se lhes não entortar as pernas. Iap. Ayuminarŏ cono axino yugamazaru tameni fizabuxini yuitçuquru dŏgu.

Serpo, is, psi, ptum. Lus. Andar de gatinhas, ou cõ a barriga polo chão. Iap. Fŏte ayumu. ¶ Item, Cairem no chão as plantas ou eruas que tem o tronco fraco. Iap. Cazzura nadono taguyno coxi youaqini yotte, xitaye cudari fŏ. ¶ Item, Dilatarse, ou espalharse. Iap. Firomaru, chiru. ¶ Serpere humi. Lus. Vsarem os escriptores de estilo baixo. Iap. Iyaxiqi bŭxŏuo mochijru.

Sérpula, æ, apud veteres. Lus. Serpente, ou cobra. Iap. Cuchinaua, ia.

Serpyllum, i. Lus. Erua vsa, ou serpão. Iap. Cusano na.

Serra, æ. Lus. Serra de serrar. Iap. Nocoguiri. ¶ Item, Peixe serra. Iap. Sauara.

Sérrula, æ. dim. Idem.

Serrata, æ. Lus. Hũa aruorezinha do mato. Iap. Yamani xŏzuru chijsaqi qino na.

Serrátula, æ. Lus. Hũa erua. Iap. Cusano na.

Serratus, a, um. Lus. Cousa que tem dentes como serra. Iap. Nocoguirino gotoqu fano aru mono. ¶ Serrati nŭmi. Lus. Hũas moedas que tinham esculpida hũa serra. Iap. Nocoguiriuo monni vchitçuqetaru guinxenno na.

Serro, as. Lus. Serrar. Iap. Nocoguiri nite fiqi varu.

Sértula campana. Lus. Hũa erua chamada coroa de rey. Iap. Cusano na.

Sertum, i, l, serta, æ. fœm. Lus. Cappella feita de folhas de eruas, ou flores. Iap. Cusano yeda, fanite vague cazaxitaru camuri.

Sertus, a, um. Lus. Cousa feita, ou composta. Iap. Cumi tçurane auaxetaru mono.

Serua, æ. Lus. Criada, ou escraua. Iap. Guegio.

Seruula, æ. dim. Idem.

Seruabibilis, e. Lus. Cousa que se pode guardar, ou defender. Iap. Mamori fuxegaruru mono.

Seruáculum, i. Lus. Ancora. Iap. Funeno icari. Vlpian.

Ser-

Seruans, tis. Lus. O que guarda, ou defende. Iap. Mamorifuxegu mono.

Seruator, oris. Lus. Liurador, ou conſeruador. Iap. Mamorite, nogaxite.

Seruatrix, icis. fœm. Idem.

Seruatus, a, um. Lus. Couſa guardada, ou defendida. Iap. Mamorare fuxegaretaru mono.

Seruia, æ. Lus. Capella feita de flores. Iap. Sŏmocuno fananite vaguetaru camuri.

Seruilis, e. Lus. Couſa ſeruil, ou que pertence a eſcrauos. Iap. Guenin, l, yatçuconi ataru coto.

Seruiliter, adu. Lus. Seruilmente, ou como eſcrauo. Iap. Guenin, yatçucono gotoqu.

Seruio, is, iui, itum. Lus. Seruir, ou ſer catiuo. Iap. Tçucayuru, l, yatçucoto naru. ¶ Interd. Obedecer. Iap. Xitagŏ. ¶ Itẽ, Eſtar entregue, ou amarrado com algũa couſa. Iap. Mononi xŭgiacu ſuru. ¶ Seruire rei. Lus. Ocuparſe, ou trabalhar em acrecentar a fazenda. Iap. Zaifôuo moto me caſanento naguequi çimono iru. ¶ Seruire prædia. Lus. Deuerem, ou eſtarẽ obrigadas as herdades a algũ ſeruiço, ou foro. Iap. Chiguiŏni tçuite qinyacu, quayacu no tçutomuru. ¶ Seruire poſteritati, valetudini, &c. Lus. Ter conta com os vindouros, cõ a ſaude, &c. Iap. Igono coto no goturu, yŏjŏ nadouo cocorogaquru. ¶ Seruire tẽpori, l, ſcenæ. Lus. Acomodarſe ao tempo. Iap. Iiguini macaſuru, l, xitagŏ.

Seruitium, ij. Lus. Catiueiro. Iap. Yatçuconi naru cotouo yŭ. ¶ Seruitia, l, ſeruitiũ. Lus. Criados, ou eſcrauos. Iap. Gueninra, yatçucora.

Séruitus, utis. Idem. ¶ Item, Seruiço, ou foro que ſe paga dalgũa herdade. Iap. Gixi, l, giniataru cuyacu.

Serum, i. Lus. Soro do leite. Iap. Qedamonono chino vuazumi. ¶ Item, Atarde. Iap. Bangue.

Seruo, as. Lus. Liurar, guardar, ou defender. Iap. Mamoru, fuxegu, cagoſuru. ¶ Item, Aduertir ſolicita, e diligentemente. Iap. Nenuo tçucŏ. ¶ Item, Poſuir. Iap. Xindai ſuru. ¶ Itẽ, Ter. Iap. Motçu, xoji ſuru. ¶ Aliqñ. Recuperar. Iap. Motome cayeſu. ¶ Seruare de cælo, eſt nuntiare aut pluiſſe, aut intonuiſſe, & ideo diruptũ eſſe auſpicium. ¶ Seruare fidem. Lus. Guardar a palaura, ou comprir a promeſſa. Iap. Yacuſocuuo chigayezu, cotobaga xubi ſuru. ¶ Seruare in vetuſtatem. Lus. Guardar algũa couſa, ou pola em algum lugar pera que dure muito tempo. Iap. Monono fiſaxiqu cotayuru yŏni taxinami voqu.

Serus, a, um. Lus. Couſa tardia, ou vagaroſa. Iap. Voſoqi coto. ¶ Item, Couſa graue, e triſte. Iap. Daiji, canaxiqi coto. ¶ Serus conuiua tonantis. Lus. O q̃ morre tarde. Iap. Voſoqu xiſuru mono. ¶ Seræ frondes. Lus. Folhas que caem tarde. Iap. Voſoqu chiru fa. ¶ Serum lumen. Lus. Luz, ou claridade propinqua á noite. Iap. Quŏcon.

Seruus, i. Lus. Eſcrauo. Iap. Yatçuco.

Séruulus, i. dim. Idem.

Seruus, a, um. Lus. Obrigado, e ſubjeito ao ſeruiço de alguem. Iap. Fôcô ſubeqini ſadamaritaru mono.

Seſama, æ. ſiue Seſamũ, i. Lus. Gergelim. Iap. Goma.

Seſáminus, a, um. vt Seſaminum oleum. Lus. Azeite de gergelim. Iap. Gomano abura.

Seſamis, idis. Lus. Gergelada. Iap. Gomato, mitçuuo auaxete riôri xitaru mono.

Seſamoides, dis. Lus. Hũa erua. Iap. Cuſano na.

Seſcunx, cis, l, Seſcuncia, æ. Lus. Onça e meya. Iap. Facarimeno na.

Seſcuncialis, e. Lus. Couſa de peſo, ou medida de onça e meya. Iap. Miguino facarimeno vomoſa aru mono.

Séſcuplum, i. Lus. Couſa que tem numero, peſo, ou medida inteira, e mais a metade. Iap. Yono facarime, cazuno fitotçu nacara fodo aru mono.

Séſelis, ſiue Séſeli. Lus. Hũa erua. Iap. Cuſano na.

Seſ-

Sesqui. Lus. Outro tanto, e ametade. Iap. Fitotçu fanbun.

Sesquialtera proportio. Lus. Porpcrção de ou tro tanto, e ametade. Iap. Fitotçu tanbũ aru mono, yono caccôni auaxetexa fitotçu fan fodo aru mono.

Sesquiculeare dolium. Lus. Cousa que tem hũa certa medida, e a metade della. Iap. Aru facarimeno fitotçu fan aru mono.

Sesquihora, æ. Lus. Hũa hora, e meya. Iap. fitotoqi fan.

Sesqui iúgerum, i. Lus. Hũa geira, e meya de terra. Iap. Carasuqi icchô, vxi nifiqi nite ichijit fanno aida tçuqitaru denbacuno bũ.

Sesquilibra, æ. Lus. Hũa libra, e meya. Iap. Librato yũ facarimeno fitotçu fan.

Sesquimensis, is. Lus. Hum mes, e meyo. Iap. Fitotçuqi fan.

Sesquimodius, ij. Lus. Alqueire, e meyo. Iap. Aru masu fitotçu fanbun.

Sesquióbolus, i. Lus. Hum obolo, e meyo. Iap. Aru jenino fitotçu fan.

Sesquioctáuus, a, um. Lus. Cousa q̃ tẽ a oita ua parte dalgũa cousa, & ametade della. Iap. Yatçuni vattesono vchino fitotçufanbun aru mono.

Sesqui opera, æ. Lus. Obra, ou trabalho de hum dia, e meyo. Iap. Ichijit fanno xosa, xigoto.

Sesquipedalis, e. Lus. Cousa de hum pee, e meyo. Iap. Axino taqe fitotçu fanbun aru mono.

Sesquipedalia verba. Lus. Palauras graues, e inchadas. Iap. Vomouomoxiqu yno aru cotoba, tezzuyoqi iucugo.

Sésquipes, dis. Lus. Medida de hum pee, e meyo. Iap. Axino taqe fitotçu fanno sun.

Sésquiplum, i, l, Sesquiplex, icis. Lus. Cousa que tem outro tanto, e ametade. Iap. Fitotçu fanbun aru mono.

Sesquitertius, a, um. Lus. Cousa que tem a terceira parte, e ametade. Iap. Mitçuni vatte sono fitotçu fan aru mono.

Sessíbulum, i. Lus. Assento, ou cadeira. Iap. Coxicaqe, qiocuroçu.

Séssilis, e. Lus. Cousa que està assentada, ou

parece que està assentada. Iap. Anza xite yru mono, coxicaqete yru mono, l, anza xitaru yôni miyuru mono. ¶ Tergum séssile. Lus. Costas em que se podenassentar. Iap. Coxiuo caqeru fodo cagamitaru xenaca.

Sessio, onis. Lus. O assentarse, ou estar assentado. Iap. Coxiuo çaquru, l, anza suru coto nari. ¶ Item, Assento. Iap. Coxicaqe, qiosu.

Séssito, as. frenquent. Lus. Assentarse a meude. Iap. Xiguequ anza suru.

Sessor, oris. Lus. O que se assenta, ou està assentado. Iap. Anza suru mono, coxi caqetaru mono.

Sextans, antis, l, Sextas. Lus. Duas onças. Iap. Facarimeno na. ¶ Item, Hũa moeda de cobre. Iap. Ienino na. ¶ Aliqñ. Hũa medida que tem a sexta parte de hũa geira de terra. Iap. Ichijitni suqitaru denbacuno rocubun ichi.

Sextantarius, a, um. Lus. Cousa que tem peso, ou medida de duas onças. Iap. Miguino facarime fodo aru mono.

Sestertius, ij. Lus. Hũa certa moeda de prata. Iap. Guinxenno na. ¶ Nummus sestertius. Idem. ¶ Sestertium, ij, & Sestertia, in plurali. Lus. Dez mil reis. Iap. Guinsu nijũgomonme. ¶ Item, Hum genero de veo tecido de tres fios de maneira q̃ o terceiro fio fique desigual dos dous. Iap. Tatesugiuo vori tçuqetaru vsuguinuno na.

Sestertíolus, l, Sestertíolum, i. dimin. Idem.

Sestiana mala. Lus. Hũa certa fruita. Iap. Conomino na.

Seta, æ. Lus. Cabelos hirtos, ou sedas como de porco. Iap. Sorasamani voyetaru qe, l, couaqi qe.

Sétiger, a, ũ. Lus. Cousa q̃ tẽ cabelos duros, ou sedas. Iap. Miguino couaqi qeuo mochitaru mono.

Setôsus, a, ũ. Lus. Cheo de sedas, ou cabelos duros. Iap. Miguino qeno fucaqi mono.

Seu. Lus. Ou. Iap. Aruiua, ca. vt, sorecą, areca.

Seuêrè, adu. Lus. Graue, e asperamente. Iap. Araqu, qibixiqu,

b b * Se-

Seueriter, adu. Idem.
Seuerina pyra. Lus. Nome de hũas peras. Arinomino taguy.
Seueritas, atis. Lus. Grauidade, e seueridade e julgar, ou mãdar. Iap. Monono guegi furu vomouomoxisa, l, faxitanasa. ¶ Itẽ, Grauidade, e seueridade do rosto, ou costumes. Iap. Xiuorenu cauo, l, furi, l, mentei no qitçuqi cotouo yũ.
Seueritudo, inis. Idem.
Seuerus, a, um. Lus. Graue, e seuero. Iap. Xiuorenu furuno sũrũ mono, l, menteino qitçuqi mono. ¶ Item, Cousa que mete espanto, e horror a vista. Iap. Fitouo vodorocasu, l, vobiyesasuru mono.
Seuo, as, seu Sepo, as. Lus. Ensebar, ou fazer cadeas de seuo. Iap. Qedamonono aburauo nuru, l, sono abura nite rassocuuo tçucuru.
Seuoco, as. Lus. Apartar, ou chamar a parte. Iap. Fiqiyoquru, yobivaquru. ¶ Seuocare ad se de communi. Lus. Furtar algũa cousa da communidade. Iap. Sõmotno zaifono vchiuo nusumu. ¶ Seuocare animũ ab omni negotio. Lus. Descansar, e cesar de tudo. Iap. Banjiuo yasume sugite fiqicomoru.
Seuõsus, a, um. Lus. Seuoso, ou gordo como vnto. Iap. Qedamonono aburano yõnaru mono.
Seuum, l, sue Sebum, & Sepum, i. Lus. Seuo. Iap. Qedamonono abura.
Sex. Lus. Seis. Iap. Mutçu.
Sexagênus, a, ũ. Lus. De sesenta ẽ sesenta. Iap. Rocujũzzutçu. ¶ Itẽ, Sesenta. Iap. Rocujũ.
Sexagies, adu. Lus. Sesenta vezes. Iap. Rocujũtabi.
Sexaginta. Lus. Sesenta. Iap. Rocujũ.
Sexangulus, a, um. Lus. Cousa que tem seis cantos. Iap. Roccacunaru mono.
Sexcentênus, a, um. Lus. De seis centos em seis centos, ou seis cẽtos a cada hum. Iap. Roppiacuzzutçu, l, monogotoni roppiacu.
Sexcentesimus, a, um. Lus. Seiscentesimo. Iap. Roppiacubanme naru mono.
Sexcenti, æ, a. Lus. Seis centos. Iap. Roppiacu.
Sexcenties, adu. Lus. Seis centas vezes. Iap. Roppiacutabi.

Sexcentóplagus, i. Lus. O q̃ recebeo seis centas feridas. Iap. Roppiaccaxono qizuuo cõmuritaru mono. Plaut.
Sexcênus, a, um. Lus. De seis centos em seis centos, ou cada seiscentos. Iap. Roppiacuzzutçu.
Sexcuplus. vide Sescuplus.
Sexdecies, adu. Lus. Dezaseis vezes. Iap. Iũrocutabi.
Sexies, adu. Lus. Seis vezes. Iap. Rocudo.
Sextans, antis. vide Sestans.
Sextarius, ij. Lus. Sexta parte de hũa medida que tẽ noue quartilhos. Iap. Sanjô iri no masuno rocubũ ichi. ¶ Ducere sextarium. Lus. Beber toda esta medida. Iap. Miguino masumite monouo yxxô nomu.
Sextilis, is. Lus. Mes de Agosto. Iap. Europano rocuguat.
Sextula, æ. Lus. Sexta parte de hũa onça. Iap. Aru facarimeno rocubun ichi.
Sextus, a, um. Lus. Sexto. Iap. Rocubanme naru mono.
Sexus, us. Lus. Sexo, ou natureza de macho, e femea. Iap. Nannhono fedateuo naſu xŏ. ¶ Mentiri sexum. Lus. Cõtra fazer macho, e femea. Iap. Vottoua vonna, vonnaua vot tono furuuo suru.

S ANTE I.

Si, coniunctio. Lus. Se. Iap. Naraba, niuoite ua. ¶ Interd. Oxalá. Iap. Auare, negauacu ua. ¶ Interd. Depois que. Iap. Yori, cara, nochi. ¶ Aliqñ. Por q̃, ou pois q̃. Iap. Yuyeua. ¶ Aliqñ. Ainda que. Iap. Xicare domo, aricomo. ¶ Aliqñ. Se porventura. Iap. Moxi, xijen, l, ca?
Sialochi. Lus. Os que falando juntamente cõ as palauras deitã cuspinho. Iap. Monouo yũ toqi tçufaqiuo tobasuru mono.
Sibilo, as. Lus. Asouiar. Iap. Vsouo fuqu.
Sibilus, i. Lus. Asouio. Iap. Vso. ¶ Item, per transl. Soido de vento brando. Iap. Cajeno soyogu voto.
Sibilum, i. Idem.
Sibilus, a, um. Lus. Cousa que asouia. Iap. Vsouo fuqu mono.
Sibylla, æ. Lus. Molher que profetiza. Iap. Mi-

Miraiuo tçuguru vonna.

Sibus, a, um. apud veteres. Lus. Agudo, astuto, sagaz. Iap. Vadaçamantaru mono, susudoqi mono.

Sic, adu. Lus. Assi, ou dessa maneira. Iap. Conobunni, l, sono gotoqu. ¶ Aliqñ. Si. Iap. O, nacanaca. ¶ Qñdq;. Assi, oxala. Iap. Auare, negauacuua. ¶ Aliqñ. Assi que. Iap. Xicareba. Aliqñ. Muito. Iap. Vôqini. ¶ Aliqñ. Demonstrati uum est: vt sic per flabellum aspecto. ¶ Aliqñ. Tanto, ou tam. Iap. Cafodo.

Sica, æ. Lus. Adaga, ou punhal. Iap. Vaqizaxi.

Sicula, æ. dimin. Idem.

Sicarius, ij. Lus. O que mata com adaga, ou outra arma, ou o que traz adaga pera fazer algum maleficio. Iap. Vaqizaxi nadorite fitouo corosu mono, l, atauo nasan tote vaqizaxiuo cacuxi motçu mono.

Siccaneus, a, um. Lus. Cousa seca de sua natureza, ou cousa de sequeiro, e que não se rega. Iap. Xŏtocu cauaqitaru mono, l, vruuoi naqi mono.

Siccè, adu. Lus. Seca mente. Iap. Cauaqite. ¶ Siccè dicere. Lus. Falar esteril, e secamẽte. Iap. Fubenni monouo yŭ.

Siccesco, is. Lus. Secarse. Iap. Cauaqu, caruru.

Siccine? Lus. Assi porventura? Iap. Sŏca?

Siccitas, atis, & siccitudo, inis. Lus. Secura. Iap. Cansŏ, cauaqi. ¶ Aliqñ. Firmeza, ou força. Iap. Tacumaxisa, tçuyesa.

Sicco as. Lus. Secar, ou enxugar. Iap. Cauacasu, fosu.

Siccóculus, i. Lus. O que tẽ os olhos secos, ou enxutos. Iap. Namidamo naqu manaconο cauaqitaru mono. Plaut.

Sicelion. Lus. Hũa erua. Iap. Cusano na.

Sicera, æ. Lus. Vinho, ou outra beberagem que pode embebedar. Iap. Fitouo youasu ru fodono nomimono.

Sicileo, es, lui, l, Sicilio, is, liui, litum. Lus. Segar a segunda vez o campo, ou prado. Iap. Nono cusauo futatabi caru.

Sicilimentum, i. Lus. Erua que se sega a segunda vez. Iap. Futatabi caru nojo cusa.

Sicilisso, as. Lus. Falar a lingoa dos de Sicilia. Iap. Sicilia coyŭ cunino cuchiuo tçucŏ.

Sicilices, um. Lus. Ferros largos das lanças. Iap. Firaqi yarino mi.

Sicilicum, i, pars assis quadragesima octaua.

Sicimina. Lus. Hũas aruores. Iap. Qino na.

Sicinnis, is, l, Sicinniũ, ij. Lus. Hũ genero de bailo, ou dança. Iap. Furiuno na.

Siclus, i. apud Hebræos. Lus. Hũa onça. Iap. Facarimeno na. ¶ Item, apud Græcos, & Latinos. Quarta parte de hũa onça. Iap. Miguino vomorino xibun ichi.

Sicubi, adu. Lus. Se em algum lugar. Iap. Moxi izzucunica.

Sicundè, adu. Lus. Se de algũ lugar. Iap. Moxi izzucu yori.

Sicut, & Sicuti, adu. Lus. Assi como. Iap. Yôni, gotoqu.

Siderális, e. Lus. Cousa que pertence a estrella. Iap. Foxini ataru coto. ¶ Item, Cousa pertencente a sino celeste, ou ajuntamento de muitas estrellas. Iap. Foxino yadorini ataru coto.

Sideratio, onis. Lus. Mal que dana as aruores por muita secura. Iap. Yentenni yotte sŏmocuni idequru yamai. ¶ Item, Doença que dà nos animais quando algũa parte do corpo se seca ferida cõ algũa constelação roim. Iap. Foxino xeini yotte qedamonono mino caruru yamai.

Sidereus, a, um. Lus. Estrellado, ou cheo de estrellas. Iap. Foxino vouoqi mono. ¶ Aliqñ. Cousa alta. Iap. Tacaqi coto. ¶ Aliqñ. Cousa clara, e resplandecente. Iap. Ficari cacayaqu mono.

Siderion. Lus. Hũa erua. Iap. Cusano na.

Siderites, is. Lus. Hũa pedra preciosa. Iap. Meixuno na.

Siderites, is. Lus. Hũa erua. Iap. Cusano na. ¶ Item, Pedra de ceuar. Iap. Iixacu.

Síderor, aris. Lus. Ser tocado de algũa estrella, ou constellação danosa. Iap. Acuxeino qiuo vquru.

Sido, is, sedi, sessum. Lus. Hirse, ou decer pera baixo. Iap. Xitaye cudaru. ¶ Item, Abaixarse pera se assentar, ou pousar. Iap.

Suuaru tameni cudaru, l, ſuuaru, tomaru.

Sidus, eris. Lus. Signo celeſte, ou eſtrella, Iap. Foxino yadori, l, foxi.

Sifilatores. Lus. Os que aſſuuião. Iap. Vſo uo fuqu mono. apud veteres.

Sigillaris, e. Lus. Couſa de ſelo, figura, ou imagem. Iap. Inban, l, chijſaqi yezǒni ataru coto. ❡ Sigillaria opera. Lus. Imagens, ou eſtatuas pequenas de metal. Iap. Canenite ytaru monono catachi.

Sigillatim. Vide Singillatim.

Sigillatus, a, um. Lus. Fechado, e ſelado. Iap. Inuo voxitaru mono. ❡ Aliqñ. Couſa ornada de obra de imaginaria. Iap. Comonuo toritçuqetaru mono.

Sigillo, as. Lus. Pòr ſelo, ou emprimir ſinal. Iap. Inuo voſu.

Sigillum, i. Lus. Pequena imagem, ou eſtatua. Iap. Chijſaqi yezǒ, mocuzǒ. ❡ Itẽ Sinete, ou figura que ſe emprime nos ſelos das cartas. Iap. Fumini voſu inban.

Sigma. Lus. Hum lugar onde ſe comia. Iap. Iiqidǒ.

Signatores. Lus. Os que ſe aſignam em teſtamentos, ou em outras eſcrituras. Iap. Yuijo nadoni fanuo ſuyuru mono.

Signatorius, a, um. Lus. Couſa que poem ſinal, ou de que vſamos pera pòr ſinal. Iap. Inbanni ataru coto. ❡ Signatorius anulus. Lus. Anel que ſerue de ſinete. Iap. Inbanuo xitçuqetaru yubigane.

Signatus, a, um. Lus. Couſa aſinalada, ou cunhada como moeda, &c. Iap. Inuo voſaretaru mono. ❡ Aliqñ. Couſa inſigne. Iap. Suguretaru mono. apud veteres.

Signifer, eri. Lus. Alferez de bandeira. Iap. Fataſaxi. ❡ Item, Circulo do zodiaco em que anda o ſol. Iap. Nichirinno mauaru touori, ſugi.

Signifex, icis. Lus. O q̃ faz eſtatuas. Iap. Mocuzǒuo tçucuru mono, l, buxxi.

Significans, tis. Lus. Couſa clara, e euidente. Iap. Funmiǒnaru coto.

Significanter, adu. Lus. Clara, e manifeſtamente, Iap. Funmiǒni, aqiracani.

Significatio, onis. Lus. Significação, indicie. Iap. Monouo arauaſu coto nari, l, xiruxi.

Significatus, us. Idem.

Significo, as. Lus. Moſtrar, declarar. Iap. Arauaſu, miſuru.

Signinum opus. Lus. Obra que ſe fazia cõ telhas quebradas, e cal. Iap. Ixibaito cauarano varenite tçucuritaru mono.

Signo, as. Lus. Pòr ſinal, ou firmar com ſelo. Iap. Inuo voſu, l, xiruxiuo tçuquru. ❡ Interd. Moſtrar com algum ſinal, ou nota. Iap. Xiruxi, l, moyǒuo motte monouo arauaſu. ❡ Interd. Eſcreuer. Iap. Mononuo caqu. ❡ Item, Aſinalar, ou deſcreuer. Iap. Caqi xiruſu.

Signum, i. Lus. Sinal, ou nota. Iap. Xiruxi. ❡ Item, Marca, ou ferro com que ſe aſinalão os animaes. Iap. Guiñba nadoni faxitaru in. ❡ Item, Bandeira. Iap. Fata. ❡ Item, Sinete de ſelar, cõ pòr ſinal. Iap. Inban. ❡ Item, Sinal q̃ ſe poem nas portas das tauernas. Iap. Sacabayaxi, xuqi. ❡ Item, Marauilha, milagre. Iap. Qidocu, fuxigui. ❡ Itẽ, Signa. Lus. Os doze ſignos celeſtes. Iap. Zodiaco to yñ tenno fugini aru iñnino foxino yadori. ❡ Item, Imagens de eſcultura, ou fundição. Iap. Ymono, l, forimono. ❡ Signa ad ſalutem. Lus. Sinaes ſignificadores da ſaude, ou remedio. Iap. Mubiǒ, ſocuſai naru xiruxi, l, mononorioguenuo naſubeqitoteno xiruxi. ❡ Dare ſignum militibus. Lus. Dar ſinal de batalha. Iap. Teqini cacaretono xiruxiuo naſu. ❡ Pocula aſpera ſignis, l, ſigillata. Lus. Copos, ou taças de baſtiões, ou obra de imaginaria. Iap. Mononuo ytçuqetaru ſacazzuqi.

Sil, is. Lus. Hũ genero de côr, ou poſtura de molheres. Iap. Yenogu, l, qexǒno gu.

Silaceus color. Lus. Côr ruiua, ou amarela. Iap. Acaqi, l, qina iro.

Silatũ, i. apud antiq. Almorço. Iap. Aſaboſa.

Sile, is. Lus. Hũa erua. Iap. Cuſano na.

Silens, tis. Lus. O que ſe cala. Iap. Mugon ſuru mono, monouo iy yamu mono. ❡ Silens cælum. Lus. Tempo ſereno e tra e tranquilo. Iap. Nod canaru tenqi.

¶ Silens flos. Lus. Flor que ja não crece, e q̃ se começa a murchar. Iap. Sacari sugui, vtçuroi yuqu fana. ¶ Silens luna. Lus. Lũa noua. Iap. Tçugomori, tçuitachino coro. ¶ Silentes vineæ. Lus. Vinhasque ainda não brotão. Iap. Imada medatazaru budŏ. ¶ Silentes. Lus. Mortos. Iap. Xinin, mŏja.

Silentiarij. Lus. Homens que tinhão por officio procurar a paz nos paços do emperador. Iap. Dairino vchini fuuagaxiqi coto naqi yŏni voſamuru yacuxa. ¶ Item, apud Accurs. Secretarios. Iap. Daijino mitjiuo caqu qinin, cŏqeno yũfit.

Silentium, ij. Lus. Silencio. Iap. Mugon. ¶ Silentium agere de re aliqua. Lus. Calar algũa cousa. Iap. Tçutçũde monouo acaſanu. ¶ Silentio aliquid ferre. Lus. Dissimular algũa cousa sẽ se queixar. Iap. Xucquai xezuxite tonosu. ¶ Descendere in silentium. Lus. Começar a ser homẽ calado. Iap. Mugon xiſajimuru. ¶ Silentium, in auspicijs est, quod omni vitio caret. ¶ Silentium noctis. Lus. Meya noite, ou alta noite. Iap. Yafan, xincŏ.

Silicernium, ij. Lus. Conuite funeral que se daua aos velhos. Iap. Sŏreino toqi xucurŏxuye xitaru furumai. Nonius.

¶ Item, apud Festum, est genus farciminis quo familia in luctu à fletu purgatur.

¶ Item, apud Terentium. Velho de crepito, e alcorcouado. Iap. Gocurŏ, l, coxino caganitaru toxiyori.

Sileo, es. Lus. Calarse. Iap. Mugon suru, iyyamuru.

Siler, ris. Lus. Amieiro aruore do mato. Iap. Yamani idequru qinona.

Silesco, is. Lus. Calarse, ou aquietarse. Iap. Mugon suru, xizzumaru.

Silex, cis. Lus. Pederneira. Iap. Fiuchino ixi. ¶ Item, Pedra, ou marmor. Iap. Ixi, l, facuxeqi.

Siliceus, a, um. Lus. Cousa de pederneira, ou de outra pedra. Iap. Fiuchino ixi, l, ixini ataru coto.

Silicea, siue silicula, æ. Lus. Hũa erua. Iap. Cuſano na.

Siliginarius, ij. Lus. O que vende, ou destribue trigo candil. Iap. Suguretaru comugui uo vru, l, cubaru mono.

Siligineus, a, um. Lus. Cousa feita deste trigo. Iap. Miguino comuguinite tçucuritaru mono.

Siligo, inis. Lus. Trigo candil. Iap. Sugureta ru comuguino na.

Siliqua, æ. Lus. Folhelho, ou bainha em que estão os graõs de legumes, &c. Iap. Mame, aua nadono caua. ¶ Item, Bolota, ou lande. Iap. Ichij, caxij nadono taguy. ¶ Item, Hũa certa aruore. Iap. Qino na. ¶ Item, Hũ peso pequeno. Iap. Cofundŏ no na.

Siliquastrum, i. Lus. Hũa erua que nace nas hortas. Iap. Yaſaino na.

Siliquor, aris. Lus. Estar cuberto de caſca, ou bainha, como legumes. Iap. Cara, l, cauani tçutçumaruru.

Sillographus, i. Lus. Escriptor de murmuraçõis, e zombarias. Iap. Fitouo fofen xi azaqeru daimocuuo caqitaçuru fito.

Silo, onis. Lus. O q̃ tẽ as sobrancelhas altas, e faidas pera fora. Iap. Mayuno saxiidetaru mono. ¶ Item, O que tem nariz curuo, ou reuolto pera cima. Iap. Fanano vyeni soritaru mono.

Silulus, i. Lus. Hũ peixe grande. Iap. Taiguio no na.

Silus, a, ũ. Lus. O q̃ tem nariz reuirado, ou reuolto pera cima. Iap. Fanano vyeni soritaru mono. ¶ Galeæ silæ. Lus. Capacetes que tem bordas reuiradas pera cima. Iap. Mabisaxino vyeni soritaru cabuto.

Simbella, æ. Lus. Meya libra pequena. Iap. Facarime, l, vomorino na.

Simia, æ, & Simius, ij. Lus. Bugios. Iap. Saru. ¶ Item, per transl. O que arremeda a outro ridiculoſamente. Iap. Fitono maneuo vocaxũ suru mono.

Simiolus, i. dimin. Idem.

Simila, æ. Lus. Olho da farinha. Iap. Furui taru comuguino ichibango.

Si

Similago, inis. Idem.

Similagineus, a, um. Lus. Cousa feita desta farinha. Iap. Miguino muguinite tçucuritaru mono.

Similis, e. Lus. Cousa semelhante. Iap. Nitaru mono.

Similiter, adu. Lus. Semelhantemẽte, igualmente. Iap. Nite.

Similitúdo, inis. Lus. Semelhança. Iap. Nitaru cotouo yŭ.

Similitas, atis. apud antiquos. Idem.

Similo, as. Lus. Representar, ou parecerse a outro. Iap. Nisuru.

Simitu, apud antiquos. Lus. Iuntamente. Iap. Tomoni.

Simones. Lus. Os que tem os narizes largos e baixos. Iap. Firaqu icaritaru fanauo mochitaru mono.]

Simonía, æ. Lus. Simonia. Iap. Deusno vyamaini ataru cotouo xŏbaini suru cotouo yŭ.

Simplarius, a, um, l, Simplaris, e. Lus. Cousa vnica, e singella. Iap. Fitoxina, l, fitoyenaru mono. ¶ Simplariæ venditiones. Lus. Vẽdas ẽ q̃ o vendedor não se obriga a tornar do brado ao comprador. Iap. Ichibaimo nuo tçuqete cayesu coto ari majiqito ǔy yacusocuuo motte monouo vru cotouo yŭ.

¶ Simplares armaturæ. Lus. Armas pollas quais se daua hũa soo paga. Iap. Cafi chiuo vqezaru yoroi. Core yoroini yotte fuchino qiŏgiŭ aritaru yuyenari. ¶ Torquarij simplares. Lus. Os que recebião hũa soo paga conforme ao merecimento da guerra. Iap. Miguiro yoroini ataru fuchiuo vqetaru mono.

Simplus, a, um. Idem.

Simplex, icis. Lus. Cousa singela, ou sem cõposição. Iap. Fitoyenaru mono, l, majiuari naqi mono. ¶ Aliqñ. Simples, e sincero. Iap. Xŏgiqinaru mono, fidŏrinaqi mono.

¶ Argumentum simplex, quod in plures partes non est diuisum. ¶ Anni simplices. Lus. Idade pura, e alhea de malicia. Iap. Vadacamari coto naqi, xŏgiqinaru nenrei. ¶ Simplex cibus. Lus. Comer singelo, sem mistura, ou tẽpera de outra cousa. Iap. Yono cotouo majiyezu xujuni nŏri xezaru xocubut.

Simplicitas, atis. Lus. Simplicidade, ou singeleza. Iap. Xŏgiqi, xŏro.

Simpliciter, adu. Lus. Simples, e puramẽte. Iap. Xŏgiqini, isaguiyoqu. ¶ Simpliciter oberrare. Lus. Desuiarse do caminho sem saber. Iap. Xirazuxite michini mayŏ.

Simplicitus, apud antiquos. Idem.

Símpulum, li. Lus. Hũ vaso de barro em que sacrificauão vinho. Iap. Saqeuo sasaguetaru tamuqeno vtçuuamono.

Simul, adu. Lus. Iuntamente. Iap. Tomoni. ¶ Aliqñ. Alẽ disso, ou depois disso. Iap. Sono nochi, l, sonofoca. ¶ Aliqñ. Tanto que. Iap. Naraba, niuoiteua.

Simulac, & Simul atque. Lus. Tanto que, ou depois que. Iap. Xitecara, xite nochi.

Simulac primum, & Simul vt, & Simul primum. Idem.

Simulácrum, i. Lus. Imagem, ou estatua feita a semelhança de outra cousa. Iap. Yeçuxiye. ¶ Simulacrum ciuitatis, per transl. Lus. Sinal, ou aparencia de cidade. Iap. Zaixono ato, catachi. ¶ Simulacrum virtutis. Lus. Indicio, e rasto de virtude. Iap. Ienno ato, xiruxi.

Simulámen, inis, l, Simulamen. Lus. Representação fingida, ou dissimulação de cousa que não he. Iap. Naqi cotouo aru yŏni misuru cotouo yŭ.

Simulatio, onis. Idem.

Simulatè, adu. Lus. Fingidamente. Iap. Xirazugaoxite, itçuuatte.

Simulator, oris. Lus. O que finge, ou dessimula algũa cousa. Iap. Naqi cotouo aru yŏni misuru fito.

Símulo, as. Lus. Fingir, ou contra fazer o que não he. Iap. Naqi cotouo aru yŏni misuru. ¶ Simulo non sentire. Lus. Mostro que não sinto. Iap. Vcboyenu furiuo suru.

Simultas, atis. Lus. Inimizade, ou discordia. Iap. Fuquai, fuua.

Simulter, adu. apud antiquos. Lus. Semelhante

lhantemente. Iap. Nite.

Simus, a, um. Lus. O que tem os narizes planos, e rasos. Iap. Firaquicaritaru fanauo mochitaru mono.

Simulus, a, um. dim. Idem.

Sin. Lus. Mas se. Iap. Sarinagara, xicaraza runi voiteua.

Sinápi, indeclin. l, Sinapis, is. Lus. Mostarda. Iap. Caraxi.

Sinceraſtum. vide Synceraſtum.

Sinciput, pitis. Lus. Parte diãteira da cabeça. Iap. Cŏbeno mayeno cata.

Sindon, onis. Lus. Lençol. Iap. Xitoneno vyeni xiqu fitoye naru mono.

Sine. præp. Lus. Sem. Iap. Naqute.

Singilatim, l, Singulatim, adu. Lus. Em particular, ou cada hũ por si. Iap. Fitotçuzzu tçuni, me imeini, bunbunni.

Singularis, e. Lus. Vnico, ou particular. Iap. Taguy naqi mono, iiyoni conjenu mono. ¶ Aliqñ. Excelente, ou insigne. Iap. Suguretaru mono.

Singularius. apud antiq. Idem.

Singulariter, adu. Lus. Singularmente, excelentemente, marauilhosamente. Iap. Sugurete, fuxiguini.

Singuli, æ, a. Lus. Cada hum porsi. Iap. Fitorizzutçu, fitotçuzzutçu.

Singultim, adu. Lus. Soluçando. Iap. Xacuriuo xite.

Singultio, is. Lus. Soluçar. Iap. Xacuriuo suru.

Singulto, as. frequent. Idem.

Singultus, us. Lus. Soluço. Iap. Xacuri.

Singulus, a, um. apud antiq. Lus. Vnico, e singular. Iap. Taguy naqi coto, fitotçu naru mono.

Sinister, a, um. Lus. Cousa que pertence a mão esquerda. Iap. Fidarino teni ataru coto. ¶ Item, Cousa de bom agouro. Iap. Yoqi zuisŏ naru coto. ¶ Aliqñ. Cousa maa de roim agouro. Iap. Fucqit no sŏ.

Sinistimus, a, um. apud antiq. Idem.

Sinisteritas, atis. Lus. Peruersidade, ou maldade. Iap. Yocoxima, acuguiacu.

Sinistra, æ. Lus. Mão esquerda. Iap. Fidarino te. ¶ Aliqñ. Parte esquerda. Iap. Fidarino cata. ¶ Itẽ, Sinistrà, adu. Lus. Da parte esquerda. Iap. Fidarino cata yori.

Sinistrò, adu. Lus. Mal, infelizmente. Iap. Axiqu, buquafôni.

Sinistrorsum, siue Sinistrorsus, adu. Lus. Pera a parte esquerda. Iap. Fidarino cataye muqete.

Sino, is, iui, itum. Lus. Deixar, ou permitir. Iap. Macasuru, yurusu.

Sinôpis, idis. Lus. Hum genero de terra vermelha muito excelente. Iap. Sugure taru acatçuchino taguy.

Sinuo, as. Lus. Arcar, ou dobrar. Iap. Vaguru, l, tatamu, voru.

Sinuosus, a, um. Lus. Cousa que tem muitas dobras, e voltas. Iap. Magari, l, vorimeno vouoqi mono. ¶ Vela sinuosa. Lus. Velas enfunadas, ou que leuão os seos cheos de vento. Iap. Cajeuo motte fucuretaru fo.

Sinus, us. Lus. Seo. Iap. Futocoro. ¶ Itẽ, per transl. Enseada. Iap. Iriye. ¶ Item, Concauidades dos olhos onde primeiro saem, e se detém as lagrimas. Iap. Magaxira, majiri. ¶ Item, Regaço, ou aba do vestido. Iap. Yxŏno tçuma. ¶ Aliqñ. Redes de caçadores. Iap. Riôxino ami. ¶ Aliqñ. Vela enfunada com vento. Iap. Cajeuo motte fucuretaru fo. ¶ Item, Hum vaso. Iap. Vtçuuamonono na. ¶ Sinus vestiũ. Lus. Dobras do vestido. Iap. Yxŏno fida. ¶ E sinu alicuius esse. Lus. Ser algũa cousa muito intima, e familiar a alguẽ. Iap. Cocorouo nocosazu xitaxiqu naru. ¶ In sinu suo habere. Lus. Ter em seu poder. Iap. Vaga teni aru, l, vaga xindaini aru. ¶ Sinus solutus. Lus. Liberalidade, e copia. Iap. Quŏqi, bentŏ.

Sion, ij. Lus. Hũa erua. Iap. Cusano na.

Siparium, ij. Lus. Vela que vsauão pera cubrir o teatro. Iap. Butaino vouoini suru fo.

Siphónes. Lus. Canos, ou esguichos por onde sae a agoa da fonte. Iap. Minacuchi, toi, l, fino cuchi.

Siphunculus, i. dim. Idem.
Sipo, as. apud antiq. Lus. Derramar, ou espalhar. Iap. Chirasu, nagasu.
Siquando. Lus. Se em algum tempo, ou hora. Iap. Moxi jibunuo motte.
Siquidem. Lus. Pois que. Iap. Vyeua, ni yotte. ¶ Item, Se certamente. Iap. Macotonaraba.
Siquis, siqua, siquod, l, siquid. Lus. Se alguē, &c. Iap. Moxi fitoatte, moxi nanzo atte.
Siriasis. Lus. Inflamação das teas, ou partes propinquas aos meolos. Iap. Cōbeno nŏno atarini idequru y. mai.
Sirus, siue Sirrus. Lus. Hũa coua soterranea de guardar trigo. Iap. Comuguiuo tacuuaye voqu anagura.
Sis, apud veteres. Lus. Sequereis. Iap. Nangi nozomaba.
Sisaron. Lus. Hũa erua semelhante a cinoura. Iap. Ninjinni nitaru cusa.
Siser, ris. Idem.
Sison. Lus. Hũa erua. Iap. Cosaro na.
Sisto, is, sisti. Lus. Deter, reprimir. Iap. Todomuru, ficayuru. ¶ Qñq;. Apresentarse, ou aparecer. Iap. Mamiyuru, mayeni izzuru. ¶ Item, Estar em pé. Iap. Tatte yru. ¶ Qñq;. Corroborar, fortalecer. Iap. Tçuyomuru, camayuru.
Sistratus, a, um. Lus. O que tem sestro, ou pandeiro. Iap. Tobiŏxiuo motçu mono.
Sistrum, i. Lus. Sestro, ou pandeiro. Iap. Tobiŏxi. (sano na.
Sisymbrium, ij. Lus. Enxadrea erua. Iap. Cu-
Sitanion, ij. Lus. Hũ genero de trigo. Iap. Comuguino taguy. ¶ Sitanius panis. Lus. Pão feito deste trigo. Iap. Miguino comugui nite tçucuritaru pão.
Sitarchia, æ. Lus. Cargo, ou officio de ter cuidado dos mantimentos. Iap. Fiŏrŏ, fanmaino yacu.
Sitarchus, i. Lus. Official, ou prefeito dos mātimentos. Iap. Fiŏrŏbuguiŏ.
Sitella, æ. Lus. Vaso pequeno pera tirar agoa. Iap. Mizzuuo cumu chijsaqi tçuribe. ¶ Item, Vaso de que tirauão as sortes. Iap. Dancŏno toqi nincumenno zenacuuo xiruxi irete nochi tori idasu.
Sitibūdus, a, ū. Lus. Muito sequioso. Iap. Vŏqini nodono cauaqu mono. ¶ Item, per transl. Seco sem nenhum humor. Iap. Vruuoimo naqu cauaqitaru mono.
Siticines. Lus. Os que cantauão aos sepultados. Iap. Quanni vosamerareraru xininno sobanite vtauo vtaitaru mono.
Siticulosus, a, um. Lus. Cousa que faz sede. Iap. Nodouo cauacasu mono. ¶ Item, Cousa seca, ou sequiosa. Iap. Cauaqitaru mono, l, nodono cauaqu mono.
Sitiens, tis. Lus. O que tem sede. Iap. Cauaqu mono, catui voyobu mono. ¶ Item, Muito desejoso. Iap. Fucaqu monouo nozomu fito.
Sitienter, adu. Lus. Ardentemente, ou com grande desejo. Iap. Tainŏ vo motte.
Sitio, is. Lus. Desejar de beber, ou ter sede. Iap. Catui voyobu. ¶ Aliqñ. per transl. Desejarem as plātas, ou terem necessidade de agoa. Iap. Sŏmocuga vruuoiuo nozomu. ¶ Item, Aliqñ. Desejar muito. Iap. Fucaqu nozomu.
Sitis, tis. Lus. Sede. Iap. Cassuru, l, mizzuuo nozomu cotouo yŭ. ¶ Itē, per transl. Grande desejo. Iap. Taimŏ, fucaqi nozomi.
Sitocōmia, æ. Lus. Cargo, ou officio dos que tinhão cuidado do trigo, e mais mantimentos. Iap. Fiŏrŏ, fanmaiuo saibasuru yacu.
Sítula, æ. Lus. Vaso, ou balde pera tirar agoa. Iap. Mizzuuo cumu tçurube. ¶ Aliqñ. Vaso donde tirão as sortes. Iap. Cuji, fudauo irete toru vtçuuamono.
Situs, a, um. Lus. Cousa posta. Iap. Vocaretaru mono. ¶ Item, Sepultado. Iap. Quanni vosameraretaru mono. ¶ Item, Cousa situada. Iap. Suyeraretaru mono, l, tateraretaru mono.
Situs, a, um. Lus. Permitido, ou deixado. Iap. Yurusaretaru mono, l, gaini macaxeraretaru mono.
Situs, us. Lus. Mofo, ou bolor. Iap. Cabi. ¶ Item, Cheiro de mofo, ou humidade. Iap. Cabitaru nioi, xiqeno nioi. ¶ Item, Sugidade, ou cheiro roim do corpo que não se

ſelhua, nê atalua. Iap. Minocafifa, xiuaracufaſa. ¶ Item, Muſgo que nace nas copas das vides. Iap. Budŏno motoni ide quru coqe. ¶ Aliqñ. Preguiça, ou rónçaria que nace de muita ocioſidade. Iap. Fiſa xiqu muxoſani yruni yotte, buxŏni naru cotouo yũ. ¶ Item, Sitio, ou diſpoſição de algum lugar. Iap. Tatazumai, tocoro no yŏdai.

Siue, coniunct. Lus. Ou. Iap. Aruiua, ca.

S ANTE M.

Smaragdites, æ. Lus. Eſmeralda pedra precioſa. Iap. Moyegui irono tamano na.

Smaragdus, ri. Idem.

Smaris, idis. Lus. Hũ peixe pequeno. Iap. Xŏguiono na.

Smegma, tis. Lus. Sabão, ou outra couſa que ſerue de alimpar, ou de tirar a ſujidade. Iap. Acauo votoſu mono.

Smegmáticus, a, um. Lus. Couſa que tem virtude de alimpar, & tirar ſujidade. Iap. Acauo votoſu xeiaru mono.

Smécticus, a, um. Idem.

Smilax, acis. Lus. Freixo aruore. Iap. Qino na. ¶ Smilax ortenſis. Lus. Feijóis. Iap. Mameno taguy. ¶ Item, Hũa aruorezinha ſemelhante a eras. Iap. Tçutani nitaru cazzura. ¶ Smilax læuis. Hũa erua como era. Iap. Tçurano taguy.

Smyrnium, ij. Lus. Hũa erua. Iap. Cuſanona

S ANTE O.

Sóboles. Lus. Geração, deſcendentes. Iap. Xiſon.

Soboleſco, is. Lus. Nacer, ou crecer. Iap. Vmaruru, l, xeigiŏ, l, xeijin ſuru.

Sobriè, adu. Lus. Temperadamente. Iap. Chŭyŏuo mamotte.

Sobrini. Lus. Primos filhos de Irmãos. Iap. Aneto, imoto yori vmaretaru itoco.

Sobrius, a, um. Lus. Sobrio, e temperado no beber. Iap. Saqeuo nomiſugoſazaru mono. ¶ Rura ſobria. Lus. Cápos em que dantes não colhião vinho. Iap. Mayeua budŏni xŏjezarixi fataqe.

Soccus, i. Lus. Hum genero de calçado. Iap. Cutçuno taguy.

Sócculus, i. dim. Idem.

Socer, eri. Lus. Sogro. Iap. Nhŏbŏno xŭto. ¶ Socer magnus. Lus. Avô da molher, e ſogro ſegundo do marido. Iap. Vaga nhŏbŏno vôgi.

Sócerus, i. Idem.

Sociabilis, e. Lus. Couſa que ſe ajunta, e amiga facilmente com outro. Iap. Mononi tomonai yaſuqi mono.

Socialis, e. Lus. Couſa de companheiro. Iap. Fŏbaini ataru coto. ¶ Sociale bellum. Lus. Guerra feita com companheiros. Iap. Fŏbaino aidani arixi qiŭxen, vatacuxidoriai.

Socialitas, atis. Lus. Companhia. Iap. Tomodachino yoriai. ¶ Item, Comunicação, ou parçaria nos bens, ou trabalhos. Iap. Zaifô, xintŏ yguetio morotomoni vqeyŏ cotouo yũ.

Societas, atis. Idem.

Socialiter, adu. Lus. Como companheiro, amigauelmente. Iap. Fŏbaino gotoqu, l, xitaxiqu.

Sociandus, a, um. Lus. Couſa que ſe hade ajuntar. Iap. Tomonauarubeqi mono, auaxerarubeqi mono.

Socians, tis. Lus. O que ajunta, ou faz concordar hũa couſa com outra. Iap. Auaſuru mono.

Sociatrix, icis. fœm. Lus. A que ajunta. Iap. Auaſuru mono.

Sociatus, a, um. Lus. Couſa ajuntada, ou acompanhada. Iap. Auaxetaru mono, tomonauaretaru mono.

Socio, as. Lus. Ajuntar. Iap. Auaſuru, yori auaſuru.

Socius, ij. Lus. Companheiro, ou parceiro. Iap. Fŏbai, tomo.

Socienus, i. apud antiq. Idem.

Socia, æ. fœm. Idem. ¶ Tori ſocia. Lus. Molher caſada. Iap. Votto aru vonna.

Socius, a, um. Lus. Couſa comũa, ou de companheiros. Iap. Fŏbaini ataru coto, ſŏni ataru coto.

Socors, ſocordia. vide Secors.

Socrus, us. Lus. Sogra. Iap. Xŭtome.

Sodalis, is. Lus. Companheiro em conuites, e prazeres. Iap. Yusan, yŭyentno tomo.

Sodalitas, atis. Lus. Companhia, ou familiaridade de muitos que viuem, ou tratão juntamente. Iap. Ichimi xitaru monono atçumari.

Sodalitium, ij. Idem.

Sodes. quidam aduerbium precationem, l, exhortationem denotans arbitrantur, vel secundum Priscianũ, verbũ defectiuũ est.

Sol, is. Lus. Sol. Iap. Fi, nichirin. ¶ A primo sole. Lus. Logo em saindo o sol. Iap. Nixxutno coroni. ¶ Niger sol. Lus. Sol triste, e infelice, e de rói agouro. Iap. Fuqitno fi, acunichi. ¶ Soles in plu. Lus. Dias. Iap. Ficazu, supr. ¶ Item, Soles. Rayos, ou resplandor do sol. Iap. Fiaxi, nichirinno quŏmiŏ. ¶ Itẽ, Soles. Lus. Calma, ou ardor do sol. Iap. Yenten. ¶ Sole noto. Lus. Nacendo o sol. Iap. Fi idete.

Solâmen, inis. Lus. Consolação. Iap. Nadame, nagusami.

Solanum, i. Lus. Hũa erua. Iap. Cusano na.

Solaris, e. Lus. Cousa de sol. Iap. Nichirinni ataru coto. ¶ Solaris herba. Lus. Erua gigante, ou gira sol. Iap. Nichirinni muco fana.

Solarius, a, um. Idem.

Solarium, ij. Lus. Relogio de sol. Iap. Fino toqei. ¶ Item, Soalheiro da casa, ou eirado. Iap. Nicaino vyeni fini morouo fosu tocoro, l, finataboccô suru tocoro. ¶ Item, Renda, ou foro que se paga por algum chaõ. Iap. Yaxiqino gixi.

Solati. Lus. Torrados, ou feridos do sol. Iap. Nichirinno xeini ateraretaru mono.

Solatium, ij. Lus. Consolação. Iap. Nadame, nagusami. ¶ Aliqñ. Paga, ou salario. Iap. Chin, fuchi.

Solatiolum, i. dim. Idem.

Soldum, i. Lus. Cousa solida, e firme. Iap. Tçuyoqu, sumaritaru mono.

Soldurij. apud Gallos. Lus. Amigos muito intimos. Iap. Fucaqu xitaximu monodomo.

Solea, æ. Lus. Alparca, ou chapim. Iap. Cutçuno tagui. ¶ Item, Ferraduras das bestas. Iap. Vmano canagutçu. ¶ Itẽ, Hũ instrumento com que se esprimia o azeite das azeitonas. Iap. Aburauo xiboru dŏgu. ¶ Item, Linguado peixe. Iap. Carei. ¶ Item, Madeira de carualho sobre que se edificaua hũa certa parede. Iap. Cabeuo tçucuru taxinoqino dodai. ¶ Item, Sola do çapato. Iap. Cutçuno vra.

Solearij. Lus. çapateiros deste calçado. Iap. Miguino cutçunui, cutçutçucuri.

Soleatus, a, um. Lus. O que traz este calçado. Iap. Miguino cutçuuo faqitaru mono.

Solenes. Lus. Hum genero de marisco. Iap. Caino tagui.

Solenistæ. Lus. Os que pescam este marisco. Iap. Miguino caiuo toru mono.

Solenne, is, & Solennia, ium. Lus. Festas q̃ cada ano se fazem em certo tempo. Iap. Mainé sadamaritaru jibũ i suru matçuri iuai.

Solennis, e. Lus. Cousa que se faz cada ano. Iap. Mainen suru coto. ¶ Aliqñ. Cousa acostumada, e recebida. Iap. Xitçuqetaru coto, l, fuyaru coto.

Solennitas, atis. Lus. Solenidade. Iap. Niguiyacanaru guixiqi.

Solenniter, adu. Lus. Com solenidade. Iap. Xiqixŏni, niguiyacani, taisŏnaru guixiqiuo motte.

Solennitus. apud veteres. Idem.

Solens, tis. Lus. Acostumado. Iap. Xitçuqetaru mono.

Soleo, es. Lus. Costumar, ou ter por costume. Iap. Xinaruru. ¶ Solere cum viro, aut cum muliere. Lus. Ter conta, ou amizade com molher, ou homem. Iap. Cacô suru, l, nannho sanquaito suru.

Solers, tis. Lus. Homem industrioso, habil, e destro. Iap. Saican naru mono, ricô naru mono.

Solerter, adu. Lus. Engenhosa, e sagasmente. Iap. Susudoqu, ricôni.

Solertia, æ. Lus. Agudeza, industria, ou astucia pera algũa cousa. Iap. Ricon, saicacu.

Solicitatio, onis. Lus. Cuidado penoso. Iap. Qizzucai. ¶ Item, O ensinar, ou solicitar tanpera algũa couſa. Iap. Suſumetatçuru coto nari.

Solicitator, oris. Lus. O que tenta, ou ſoliſita. Iap. Yocoximanaſuſumuru mono.

¶ Solicitator alieni lecti. Lus. O q̃ procura vencer a caſtidade da molher caſada. Iap. Fitono tçumauo vocaſanto nagi equ mono.

Solicitè, adu. Lus. Soliſita, e cuidadoſamente. Iap. Qizzucai xite, cocorogaqe te, qimouo itte.

Solicito, as. Lus. Inquietar, ou dar cuidado, e trabalho a alguem. Iap. Qizzucaiuo ſaſuru, nangui xiurǒ ſaſuru. ¶ Aliqñ. Solicitar, ou attrahir alguem com promeſſas, ou medo. Iap. Vodoxi, ſucaite nabiqu yǒni ſuru. ¶ Solicitare pudicitiã mulieris. Lus. Procurar de vencer a molher na caſtidade. Iap. Nhǒbǒuo vocaſanto nagueqi. ¶ Solicitare militum animos. Lus. Trabalhar de induzir os ſoldados a treição. Iap. Buxini mufonuo vocoxeto ſuſumuru. ¶ Terram ſolicitare. Lus. Laurar a terra. Iap. Tagayeſu. ¶ Solicitare aquas, l, mare. Lus. Nauegar. Iap. Funauatari ſuru. ¶ Solicitare forem. Lus. Abrir a porta. Iap. Touo aquru.

Solicitudo, inis. Lus. Cuidado, e aflição. Iap. Qizzucai.

Solicitus, a, um. Lus. Inquieto, e ſolicito. Iap. Qizzucaiuo ſuru mono, anji vazzurǒ mono. ¶ Interd. Couſa que da cuidado, e fadiga. Iap. Qizzuchiuo ſaſuru mono, fitono cocorouo nayamaſu mono.

Solidè, adu. Lus. Inteiramente por todas as vias. Iap. Taxxite, mattacu.

Solideſco, is. Lus. Ajuntarſe, ou ſoldarſe. Iap. Voriyǒ, michiyǒ, tçugaruru.

Solidipes, edis. Lus. O que tem os pees redondos; ou que não tem vnha fendida. Iap. Fizzumeno varezaru mono.

Soliditas, atis. Lus. Firmeſa, e eſtabilidade. Iap. Tçuyoſa, dǒtennaqi cocoro yǔ.

Sólido, as. Lus. Fazer firme, e ſolido. Iap. Tçuyomuru, catamuru. ¶ Item, Pegar, ou ſoldar couſa quebrada, ou rota. Iap. Vaxetaru monouo tçugu.

Solidus, a, um. Lus. Couſa ſolida, e maciça. Iap. Suno naqi mono, vtçuuo naqi mono. ¶ Itẽ, Couſa perfeita, e inteira. Iap. Taxxitaru coto. ¶ Solidus annus. Lus. Ano inteiro, e porincheo. Iap. Manmaru ichinen. ¶ Solida lætitia, aut fælicitas. Lus. Alegria, ou felicidade ſem contraſte. Iap. Canaximino maji uarazaru yorocobi. ¶ In ſolidum aliquid promittere. Lus. Prometerem os fiadores, e ucedores algũa couſa tomando cada hum a obrigação, ou fiança ſobreſi de tudo porencheo. Iap. Monouo vqetoru amatano fito, l, vqeni tattaru mono domo fenben xezuua, ichinin xite naſubexito menmen yacuſocu ſuru.

Solidus, i. Lus. Hũa moeda de ouro de q̃ vſauão os Romanos. Iap. Romajinno tçucaixi qinxenno na.

Sólifer, a, um. Lus. Couſa que tras ſol. Iap. Nichirinuo taiſuru mono.

Soliferreũ, ei. Lus. Hũa arma toda de ferro. Iap. Mina curoganenite tçucuritaru bugu.

Solifuga, æ. Lus. Hum genero de formiga peçonhẽta. Iap. Docqino fucumitaru ari.

Soligena, æ. Lus. Nacido do ſol. Iap. Nichirinyori xǒjitaru mono.

Solipunga. vide ſolifuga.

Soliſgemma, æ. Lus. Hũa pedra precioſa. Iap. Meixuno na.

Soliſtimum tripudium dicebatur cum in auſpicando, eſca ex ore pulli decidens ſolum pauiebat. i. terram feriebat.

Solitanæ cochleæ. Lus. Hum genero de caracois. Iap. Cataçuburi, ninano taguy.

Solitarius, a, um. Lus. Solitario, ou o que viue ſoo. Iap. Ichinin canquio ſuru mono. ¶ Solitarius locus. Lus. Lugar deſerto, e ſolitario. Iap. Iinxeqi tayetaru tocoro.

Solitaurilia, orum. Solennia apud Romanos ſacrificia erant diuerſi generis.

Sólito, as. Lus. Coſtumarſe frequentemente. Iap. Saſai naruru.

Solito, vt ſolito magis. Lus. Mais do acoſtumado. Iap. Reini ſuguite.

Solitudo, inis. Lus. Lugar deſerto. Iap.

linxeqitayetaru tocoro.

Solitas, atis. apud antiq. Idem.

Solitus, a, um. Lus. Cousa acostumada. Iap. Xinaretaru coto. ¶ Item, apud antiq. Soo. Iap. Fitori.

Soliuagus, a, um. Lus. O que anda de cà pera là soo. Iap. Coco caxiconi fitori ma doi ariqu mono.

Solium, ij. Lus. Cadeira, ou trono real. Iap. Teivŏno vtena. ¶ Item, Hum vaso de certo pao como tina pera trasfegar vinho, ou outros licores, ou pera fazer barrela. Iap. Voqeno taguy. ¶ Item, Vaso em que se lauauão asentados no banhos. Iap. Furoyani tçucŏ voqe, l, tarai. ¶ Aliqñ. Caixão em que metem os corpos de defuntos. Iap. Can, l, quan.

Solo, as. Lus. Asolar, ou destruir algum lugar. Iap. Tocorouo metbŏ sasuru.

Solœcifrans, i. Lus. Solecismo. Iap. Tenifa no chigaime. ¶ Item, per transl. Erro, ou desordem em fazer algũa cousa. Iap. Ayamari, voccdo.

Solœcophanes, quidquid speciem habet solœcismi, & ratione aliqua potest excusari.

Solor, aris. Lus. Consolar, ou tomar consolação. Iap. Nagusamu, l, nadamu. ¶ Solari laborem, l, famé. Lus. Aliuiar o trabalho, ou fome. Iap. Xintŏ, l, vyeuo tasuquru.

Solox, ocis. Lus. Laã grosseira, ou ouelhas de laã grosseira. Iap. Fitçujino couaqi qe, l, qeno couaqi fitçuji.

Solpuga, vide Solifuga.

Solstitium, ij. Lus. Solsticio do inuerno, ou verão. Iap. Nichirinno natçu fuyu sadamaritaru tocoro madeni meguri yuqi, cayeritçuqu cotouo yŭ.

Solstitialis, e. Lus. Cousa pertencente a solsticio. Iap. Miguino nichirinno megu riyŏni ataru coto. ¶ Solstitialis herba. Lus. Hũa erua. Iap. Cusano na.

Solum, i. Lus. Cousa que sustenta a outra como fundamento della. Iap. Giban, dodai, l, mononó sutaridocoro. ¶ Itẽ, Sola do pee. Iap. Axino vra. ¶ Itẽ, Terra, ou chão. Iap. Tçuchi, gi. ¶ Natale solum. Iap. Xŏcocu, xŏjiŏ. ¶ Vertere solum. Lus. Mudar lugar, ou habitação. Iap. Qiouo cayuru. ¶ Solum fossæ. Lus. Fundo da coua. Iap. Anano soco. ¶ Item, apud Virgil. Mesa. Iap. Fandai.

Solùm, adu. Lus. Somente. Iap. Bacari, nomi.

Soluo, is, ui, utum. Lus. Desatar. Iap. Toqu, fodoqu. ¶ Item, Partir do porto, ou dela marrar a nao. Iap. Tomozzunauo toqu, xuxxen suru. ¶ Item, Pagar. Iap. Fumot uo fenben suru. ¶ Soluere ab aliquo. Lus. Pagar por meio de alguem ao acredor. Iap. Vuga xacumotuo fitoni tenben sasuru. ¶ Item, Satisfazer. Iap. Fôja suru. ¶ Soluere ebrietatem. Lus. Desembebedar se. Iap. Yoiuo samasu. ¶ Soluere aliquẽ legibus. Lus. Desobrigar alguem das leys. Iap. Fattouo menjiouo idasu. ¶ Soluere iusta funeri. Lus. Fazer as exequias. Iap. Sôreiuo suru. ¶ Aliqñ. Liurar. Iap. Yurusu, nogasu. ¶ Soluere religione. Lus. Liurar de escrupulo, ou purificar. Iap. Qigacari naru cotouo farasu, togauo qiyomci no nasu. ¶ Soluitur à igni, l, sole. Lus. Amolecer, ou derreterse acera có fogo, ou sol. Iap. Rŏga fini toqu, l, yauaragu. ¶ Hyemem solui. Lus. Abrandar o inuerno. Iap. Fuyuga nodocani naru. ¶ Soluere fidem. Lus. Não comprir a palaura, ou promesa. Iap. Yacusocuuo chigayuru. ¶ Soluere venam. Lus. Abrir a vea, ou sangrar. Iap. Fariuo sasu, chiuo toru. ¶ Soluendo non sum. Lus. Não posso pagar, ou comprir com o que deuo. Iap. Fenben suru, l, fôzuru coto canauanu.

Solus, a, um. Lus. Soo, e sem companhia. Iap. Fitori yru mono, tomo naqi mono. ¶ Aliqñ. Solitario, e deserto. Iap. Iinin fanaretaru tocoro.

Solutè, adu. Lus. Sem cuidado, e diligencia. Iap. Qizzucai naqute, yudan xite, yurucaxent.

Solutilis, e. Lus. Cousa que facilmente se pode desmanchar, ou desfazer quando for necessario. Iap. Toqi, l, cuzzuxiyasuqi mono.

Sol-

Solutio, onis. Lus. Desatar, ou desmanchar a cousa que está atada, ou vnida. Iap. Bũsan, toqu, I, cuzzzu coto nari. ¶ Solutio stomachi. Lus. Relaxação do estamago. Iap. Fucuchũno youari soconetaru cotouo yũ. ¶ Item, Paga, ou liuramẽto de qualquer cousa. Iap. Fenben, yuruxi, I, nogasu coto nari.

Solutus, a, um. Lus. Seguro, & liure de cuidado. Iap. Qizzucaino faraxita u mono, nã guiuo nogaretaru mono. ¶ Terra soluta. Lus. Terra fofa, ou solta. Iap. Focomequ tçuchi, vqitçuchi. ¶ Soluti agri. Lus. Cãpos cujos limites senão podem achar. Iap. Sacaimeno xirenu denbacu.

Somatopœia, æ. Figura affinis prosopopæiæ, qua rei incorporeæ corpus tribuimus.

Somnicu'osè, adu. Lus. Negligentemente. Iap. Yurucaxeni.

Somniculosus, a, um. Lus. Dorminhoco, e negligente. Iap. Vôneuo suru mono, buxônaru mono. ¶ Interd. Cousa que faz dormir. Iap. Nemuriuo susumuru mono.

Sómnifer, a, um. Lus. Cousa que causa sono. Iap. Nemuriuo susumuru mono.

Somníficus, a, um. Idem.

Somnio, as. Lus. Sonhar. Iap. Yumeuo miru. ¶ Item, Dizer patranhas, ou enganar. Iap. Musato xita cotouo yũ, I, taburacasu.

Somniosus, a, um. Lus. O que he molestado de frequentes sonhos. Iap. Xujuno yume ni xeôuaruru mono.

Somnium, ij. Lus. Sonho. Iap. Yume.

Somnolentus, a, um. Lus. Dorminhoco, ou preguiçozo. Iap. Vôneuo suru mono, buxônaru mono.

Somnorinus, a, um, apud antiq. Lus. Cousa que se ve dormindo. Iap. Yumeni miru coto.

Somnus, i. Lus. Sono. Iap. Nemuri, suimen.

Sonábilis, e. Lus. Cousa sonora. Iap. Naru mono, fibiqu mono.

Sonandus, a, um. Lus. Cousa que hade ser soada, ou celebrada. Iap. Qicoyevataru beqi mono, rufu subeqi mono.

Sonans, antis. Lus. Cousa que soa. Iap. Naru mono, fibiqu mono.

Sonchos. Lus. Serralha erua. Iap. Cusano na.

Sónipes, edis. Lus. Cauallo ligeiro. Iap. Xũme.

Sónitus, us. Lus. Som, ou soido. Iap. Fibiqi, voto.

Sono, as, nui, itum, & aui, atum. Lus. Soar, fazer som. Iap. Naru, fibiqu. ¶ Aliqñ. Mostrar, ou representar co n o som, ou voz. Iap. Monouo coyeno nisuru. ¶ Sonant idem hæc verba. Lus. Estas palauras significam o mesmo. Iap. Cono cotobaua vonaji cocoro nari.

Sono, is. Idem. Antiq.

Sonor, oris. Lus. Estrondo, ou rogido. Iap. Vôqinaru fibiqi, voto.

Sonórus, a, um. Lus. Cousa que muito soa, ou faz estrondo. Iap. Vôqini fibiqu mono.

Sons, tis. Lus. Culpado, ou malfeitor. Iap. Toganin.

Sónticus, a, um. Lus. Cousa graue, e nociua. Iap. Acani naru mono, vomoqi coto, fucaqi coto. ¶ Sonticus morbus. Lus. Doença graue que empede fazer algũ seruiço, ou officio. Iap. Banjino tçuarini naru vomoqi yamai.

Sonus, i. Lus. Som, ou soido. Iap. Fibiqi, voto.

Sophia, æ. Lus. Sabedoria, ou sciencia. Iap. Chiye, gacumon.

Sophisma, atis. Lus. Engano, ou argumento sotil, e engenhoso. Iap. Tabacaru, ricouo monouo iycasumuru dôri.

Sophista, siue Sophistes, æ. Lus. O que argumenta, e concluye com rezões sophisticas, e aparẽtes. Iap. Miguino gotoqu fitouo iyrçumuru mono. ¶ Item, apud antiq. Homens insignes em algũas sciencias, ou artes. Iap. Nôgueino taxxitaru mono.

Sophística, æ. Lus. Parte da dialectica que ensina argumentar sofisticamente. Iap. Fitouo iytçumuru dôriuo voxiyuru gacumon.

Sophus, i. Lus. Sabio. Iap. Chixa, gacuxǒ.

Sophronistæ. Lus. Officiaes de Republica q̃ auia em Athenas. Iap. Atenas toyũ zaixo

no

no xugono na.

Sophroniſteres. Lus. Dentes do ſiſo. Iap. Voyaxirazuno fa.

Sophróſyne, es. Lus. Temperança, modeſtia, caſtidade. Iap. chŭyô, fubon.

Sopio, is, iui, itum. Lus. Cauſar ſono, ou adormentar. Iap. Nemuriuo ſuſumuru, neiraſuru, xibiruru yǒni naſu.

Sopor, oris. Lus. Sono. Iap. Nemuri, ſuimen.

Soporatus, a, um. Lus. Adormecido. Iap. Nemuri ytaru mono. ¶ Dolor ſoporatus. Lus. Dor mitigada. Iap. Nadamaritaru itami. ¶ Offa ſoporata melle. Lus. Pedaço de pão, ou de outra couſa enſopado em mel. Iap. Mitçuni firaxitaru pão nadono qire.

Sopórifer, a, um. Lus. Couſa que faz dormir. Iap. Nemuriuo ſuſumuru mono.

Sopitus, a, um. Lus. Adormecido. Iap. Nemuru mono. ¶ Ignis ſopitus. Lus. Fogo quaſi apagado, ou coberto de cinza. Iap. Qiyecacaritaru fi, l, vzzumibi. ¶ Sopitus ictu. Lus. Alienado, ou fora de ſi com algum golpe, ou ferida. Iap. Vtarete fonxŏuo vxinaitaru mono.

Sopôro, as. Lus. Cauſar ſono, ou adormentar. Iap. Nemuriuo ſuſumuru, neiraſuru, xibiruru yǒni naſu.

Sopôrus, a, um. Lus. Couſa que faz dormir. Iap. Nemuraſuru mono. ¶ Sopora nox. Lus. Meya, ou alta noite. Iap. Yafan, l, xincŏ.

Sorbeo, es, bui, itum, l, ſorpſi, ptum. Lus. Soruer, ou ingulir algũa couſa liquida. Iap. Xiruqi monouo sŭ, l, ſuicomu, ſuſuru. ¶ Sorbere odia alicuius. Lus. Sofrer o odio de alguem. Iap. Fitono nicuxiuo corayuru.

Sórbilis, e. Lus. Couſa que facilmente ſe ſorue. Iap. Sui, l, ſuſuriyaſuqi mono.

Sorbillo, as. dim. Lus. Soruer pouco a pouco. Iap. Biobito ſuſuru.

Sorbillum, i. Lus. Beberagem pouca, ou ſeruo. Iap. Suſi ſore nomu mono, l, ſucoxino ſuſurimono, l, fito ſuſuri.

Sorbitio, onis. Lus. O ſoruer, ou potagem

apta pera ſe ſoruer. Iap. Sŭ, l, ſuſuru coto nari, l, ſuſuru nomimono.

Sorbiuncula, æ. dim. Idem.

Sorbum, i. Lus. Sorua fruita. Iap. Conomino na.

Sorbus, i. Lus. Soruei[r]a aruore. Iap. Qino na.

Sordeo, es, dui. Lus. Eſtar ſujo. Iap. Qegarete yru. ¶ Sordere alicui rem aliquã. Lus. Deſprezar alguem, e fazer pouco caſo de algũa couſa. Iap. Iyaximuru, mono tomo xenu.

Sordes, is. Lus. Sujidade, immundicia. Iap. Fujó, chiri, acuta. ¶ Item, Demaſiada eſcaceza, e auareza. Iap. Xiuaia, rinjacu. ¶ Iacere in ſordibus. Lus. Eſtar com grandes ſentimento, e dor. Iap. Canaximini xizzunde yru. ¶ Sordes vrbis. Lus. Fezes do pouo. Iap. Zaixonovchini daiichi iyaxiqi mono, l, firocuzzu naru mono.

Sordin[ô]do, inis. Idem.

Sordeſco, is. Lus. Sujarſe, ou contaminarſe. Iap. Qegaruru.

Sordidatus, a, um. Lus. O que traz veſtido groceiro, e ſujo. Iap. Soye, l, qegaretaru yxŏuo qitaru mono.

Sórdidè, adu. Lus. Ciuilmente, e com muita eſcaceza, e auareza. Iap. Xiuaqu, rinjacuni, tonyocuni.

Sórdidus, a, um. Lus. Couſa ſuja, e contaminada. Iap. Qegaretaru mono. ¶ Sordidus homo. Lus. Homem eſcaſo, auarento, e que de couſas viliſsimas tira ganho. Iap. Xiuaqi mono, yocuxin naru mono, iyaxiqi aqinaiuo xite, rino mŏquru fito. ¶ Sordidò loco natus. Lus. Homem de baixa geração. Iap. Sugimeno iyaxiqi mono. ¶ Sordida lingua. Lus. Lingoa ſuja, e mẽtiroſa. Iap. Qegaraua xiqi cotoba, vel qiogouo yŭ cuchi.

Sordidulus, a, um. dim. Idem.

Sorex, icis. Lus. Hum genero de rato. Iap. Nezumino taguy.

Soriceus, a, um. Lus. Couſa que pertence a eſte rato. Iap. Miguino nezumini ataru coto.

Sori-

Soricinus, a, um. Idem.

Soriculata vestis. Lus. Hum vestido feito de diuersas côres. Iap. Iroironi irodoritaru yxô.

Sorilla. Lus. Huns certos nauios feitos de linho, e esparto. Iap. Afato, fitcuyuo motte, tçucuritaru fune.

Sorites, is. acervus, & multiplex argumentandi genus, in quo ex vno concessu ad multas conclusiones connexas assurgitur.

Sorix, aut sorex, icis. Lus. Hũa aue. Iap. Tomo [illegible].

Soror, oris. Lus. Irmaã. Iap. Vonnaqiôdai, ximai. ¶ Sorores palmidæ. Lus. Palmeiras que sam muito semelhantes como gemeas. Iap. Palma toyũ aiuomo vacayeda.

Sororicida, æ. Lus. O q̃ mata a sua irmaã. Iap. Ximaiuo gaisuru mono.

Sororiare mammis. Lus. Crecerem igualmente as duas tetas das donzelas. Iap. Vacaqi vonnano chibusa vonajiyôni yôqiu naru.

Sororius, a, um. Lus. Cousa de irmaã. Iap. Ximaini ataru coto. ¶ Sororium tigillũ, appellabatur locus sacer in honorẽ Iunonis.

Sors, tis. Lus. Sorte, ou acontecimento. Iap. Funoni xuttai suru cotouo yũ, l, cujidori. ¶ Item, Cargo, ou officio. Iap. Yacu, quã xocu. ¶ Aliqñ. Dinheiro que se mete por cabedal em companhia pera ganhar. Iap. Yoriyôte daite, aqinaiuo suru cane. ¶ Item, Fatal necessidade. Iap. Sadamarigoto, jicocu. ¶ Item, Iuizo. Iap. Qiûmei. ¶ Sortes. Lus. Oraculos, ou repostas que dauam os deozes dos gentios por si, ou por seus sacerdotes. Iap. Tacuxen. ¶ Itẽ, Geração, ou casta. Iap. Xisôn, xezo.

Sorticula, æ. dim. Idem.

Sorti, adu. Lus. Por sorte. Iap. Cujidorini.

Sortitò, adu. Idem. ¶ Item, apud Horatium, naturalmente, ou com occulta maneira de fado. Iap. Iinenni, jôgôni.

Sortilegium, ij. Lus. O tirar sortes. Iap. Cujidori. ¶ Item, apud Plin. Lus. Supersticiosas magicas. Iap. Majinai.

Sortilegus, i. Lus. O que adiuinha, ou escolhe por sortes. Iap. Cujiuo totte mirauo tçuguru mono, l, yerabu fito.

Sortior, ris. Lus. Deitar sortes. Iap. Cujidoriuo suru. ¶ Item, Tomar, ou alcançar por sortes. Iap. Cujini toriataru. ¶ Sortiri laborem. Lus. Diuidir entre si o trabalho, ou officio. Iap. Xinrô, l, yacuuo tagaini vaquru. ¶ Sortiri iudices. Lus. Escolher juizes por sortes. Iap. Cujiuo motte tadaxiteuo yerabu. ¶ Sortiri prouinciam. Lus. Deitar sortes sobre cuja ha de ser a prouincia. Iap. Cuniuo cujidorini suru. ¶ Sortiri prouincias. Lus. Distribuir, ou repartir as prouincias por sortes. Iap. Cuniguniuo cujidorini xite vaqeru. ¶ Sortiri filium. Lus. Auer, ou gerar filho. Iap. Couo môquru. ¶ Aliqñ. Sortiri. Dispor, ou ordenar. Iap. Facarô, sadamuru. ¶ Item, Sostituir, ou dar em lugar de outro. Iap. Mono no cauarini dasu.

Sortitio, onis. Lus. O deitar sortes. Iap. Cujidoriuo suru coto nari.

Sortitus, us. Idem.

Sory. Lus. Hum genero de metal. Iap. Canano taguy.

Sospes, itis. Lus. Sam, e saluo. Iap. Buji annon naru mono. ¶ Item, apud antiq. Saluador, ou liurador. Iap. Tasuqete, vel nogaxite.

Sóspita, æ. Lus. O que liura, ou salua. Iap. Tasuqete, nogaxite, fœm.

Sospitalis, e. Lus. Cousa salutifera, ou saudauel. Iap. Socusaino tayorito naru mono.

Sóspito, as. Lus. Guardar, ou saluar alguem. Iap. Tasuquru, nogasu, bujini mamoru.

Sotadéum carmen, pedes habet septem.

Soter, ēris. Lus. Saluador, ou liurador. Iap. Nogaxite, tasuqete.

Soteria, orum. Lus. Ofertas que se dauam aos deozes polla conualecẽça, ou saude. Iap. Anuô, socusaino tameni butjinni sasaguetaru mono.

Spadiceus, a, um. Lus. Cousa de côr loura, ou baya. Iap. Qiiro naru mono.

Spadix, icis. Lus. Ramo com fruito cortado da palmeira. Iap. Mitomoni toraretaru ru yaxitono qino yeda. ¶ Item, Cordoura, ou tuiua. Iap. Qi iro. ¶ Item, Hum instrumento musico. Iap. Fiqimono, l, gacuqino taguy.

Spado, onis. Lus. Capado. Iap. Qinno tamauo toraretaru fito. ¶ Item, Ramo, ou vergontea esteril da aruore. Iap. Mino naranu vacaqi yeda.

Sparganion. Lus. Hũa erua. Iap. Aru cusa no na.

Spargo, is. Lus. Espargir, derramar abundãtemente. Iap. Chirasu, quabunni nagasu. ¶ Spargere aquam. Lus. Agoar, ou rociar com agoa. Iap. Mizzuuo sosoqu, l, mizzuuo vtçu. ¶ Insulæ sparsæ per æquor. Lus. Ilhas espalhadas pollo mar. Iap. Vmino vchini voite coco caxiconi aru ximajima. ¶ Spargere humum folijs. Lus. Cobrir o chão de folhas. Iap. Chixoni qino fauo xiqu, l, qino fauo motte vouô. ¶ Spargere se in aristas, l, brachia. Lus. Dilatarse as eruas, ou lãçare varios raminhos. Iap. Cusaga coco caxicoye yedauo sasu.

Sparsim, adu. Lus. Em muitos, e varios lugares, ou espalhadamente. Iap. Chirigirini, coco caxiconi.

Sparsus, a, um. Lus. Cousa espalhada por muitos lugares. Iap. Coco caxiconi chitte aru mono. ¶ Alicn. Cousa derramada, ou espargida. Iap. Sosocaretaru coto, chiraxitaru coto. ¶ Os sparsum. Lus. Boca demasiadamente grande, e larga. Iap. Firouiguchitaru cuchi.

Spartarium, ij. Lus. Lugar de muita giesta. Iap. Faguini nitaru coguino vouoqu aru tocoro. ¶ Item, Lugar de muito esparto. Iap. Aru yno vouoqi tocoro.

Sparteus, a, um. Lus. Cousa feita de giesta, ou esparto. Iap. Miguino cogui, l, yni te tçucuritaru mono.

Spartum, i, siue Spartium, ij. Lus. Giesta. Iap. Faguini nitaru coguino taguy. ¶ Item, Esparto. Iap. Aru yno taguy.

Sparus, seu Sparum, i. Lus. Hũa arma, ou dardo de que vsam os lauradores, e homẽs do campo. Iap. Nôninno tçucô yarino taguy. ¶ Item, Hum peixe do mar. Iap. Vmino aru vuono na.

Spasmus, i. siue spasma, atis. Lus. Espasmo que da encolhendose, ou estendendose, e inteiriçãdose os mẽbros. Iap. Getaino suginio tçucumi, chijimi yamai, xeedo, chũbuqe.

Spasticus, i. Lus. Doente de espasmo. Iap. Xeedo, l, chũbuqe naru mono.

Spatha, æ. Lus. Hũ genero de espada. Iap. Qenno taguy. ¶ Item, Hum pao de mexer o que se coze. Iap. Nabe cama nite niru mono uo maje nagasu gi. ¶ Ité, Escumadeira. Iap. Mononi tçuqi vyeno auauo cumi sutçuru dôgu. ¶ Item, Spathæ. Lus. Ramos de palmeira de q se estão dependuradas as tamaras. Iap. Aru conomino narite aru yeda.

Spathalion. dim. Lus. Ramo de palmeira com tamaras. Iap. Aru conomino narite aru yeda. ¶ Item, Certo atauio, ou ornato de molheres. Iap. Vonnano aru cazarino dôgu.

Spathe, es. Lus. Capa, ou casca de tamara, cu coco quádo está em flor. Iap. Imada mino irazaru aru conomino caua.

Spathula, æ. dim. à spatha, l, spathe. Idem. ¶ Item, Hum instrumento de surgião. Iap. Guegiono tçucô dôguno na.

Spatians, antis. Lus. O que passea, ou se estende. Iap. Ayomu mono, l, firogaru, tabicoru mono.

Spatiator, oris. Lus. Vagabunde. Iap. Samayô mono, faiquai suru mono.

Spatiatus, a, um. Lus. O que anda vagueando, ou passeando. Iap. Samayô mono, coco caxicouo ariqu mono, guiôcô suru mono.

Spatior, aris. Lus. Andar, passear. Iap. Ayomu, fôcô, l, guiôcô suru.

Spatiose adu. Lus. Espaçosa, e largamente. Iap. Firoqu, l, quôqini.

Spatiosius, & Spatiosissimè. Idem.

Spatiosus, a, ũ. Lus. Lugar capaz, e espaçoso. Iap. Firoi tocoro. ¶ Spatiũ n tempus. Lus. Tempo largo. Iap. Fisaxiqi aida.

Spa-

Spatium, ij. Lus. Interualo, ou espaço de tempo. Iap. Ibun, l, aida. ¶ Item, Interualo de lugar. Iap. Tocorono aida. ¶ Itẽ, Medida, ou sillabas dos pees de que se cõpoem os versos. Iap. Vtani cotobauo tçumuru ficazu. ¶ Aliqñ. Dilação. Iap. Ii-xetuo noburu cotouo yũ.

Specialis, e. Lus. Cousa propria, e particular. Iap. Bexxitenaru coto, l, meimeini ataru coto

Specialiter, adu. Lus. Especialmente, particularmente. Iap. Bexxite, toriuaqi.

Speciatim, adu. Idem.

Species, ei. Lus. Forma, ou imagem. Iap. Sugata, menmeõ. ¶ Qñdq;. Vista, ou cousa que se vee. Iap. Manaconi saiguiru, l, miraruru coto. ¶ Item, Fermosura. Iap. Birei, itçucuxisa. ¶ Qñdq;. Fealdade, defor midade. Iap. Minicusa. ¶ Item, Species est quæ dicitur de pluribus differentibus numero. ¶ Aliqñ. Contenda, controuersia. Iap. Sata, ron. ¶ Qñdq;. Species in plurali. Lus. Especiarias, drogas, &c. Iap. Coxô, nicqei, chôji, l, cunyacuno taguy.

¶ Speciarius vicus. Lus. Rua onde se vendem especias aromaticas. Iap. Miguino cũyacuno taguyuo vru machi. ¶ Aliqñ. in plur. Lus. Sementeiras, ou fruitos da terra. Iap. Giyori izzuru xotocu, l, gococuno taguy. ¶ In speciem. Lus. Fingida, e dissimuladamente. Iap. Naqi cotoni arufuriuo xite, l, damatte.

Specillum, i. Lus. Têta do surgião. Iap. Gueqiõno qizuno fucasa, asasauo xiru dõgu. ¶ Item, Hum instrumento de vntar os olhos. Iap. Manaconi monouo nuru dõgu. ¶ Auricularium specillũ. Lus. Hũ instrumento de curar as orelhas. Iap. Mimino yamaiuo cususu dõguno na. ¶ Item, Specilla. Lus. Oculos. Iap. Megane.

Spécimen, inis. Lus. Mostra do que se vende. Iap. Vrimonono vchi yori sucoxi caitenimisuru bun, l, cõ fitoni cocoromito xite misuru mono. ¶ Item, per transl. Experiencia, ou exemplo, pello qual conjeituramos algũa cousa. Iap. Monono suiriouo suru daimocu. ¶ Dare, l, præbere specimẽ sui. Lus. Dar esperanças de sy fazendo algũa cousa insigne. Iap. Sugurebitoni naruбeqi tono xiruxiuo canete suguretaru xosanuo arauasu. ¶ Specimen innocentiæ, prudentiæ, virtutis, &c. Lus. Exemplo, espelho de prudencia, virtude. &c. Iap. Ienno miõqiõ.

Specio, is, xi, ctũ. apud antiq. Lus. Ver. Iap. Miru.

Spécito, as. frequent. Idem, apud. antiq.

Speciosè, speciosius, speciosissimè, adu. Lus. Fermosamente, ornada mẽte. Iap. Itçucuxiqu, cazatte. ¶ Speciosè ingredi. Lus. Andar ataviado, ou ornado. Iap. Socurai detatte, l, miuo xõgonxite aruqu.

Speciosus, a um. Lus. Cousa fermosa, e polida. Iap. Itçucuxiqi mono, fanayaca naru mono.

Specium, ij. Lus. Tenta do surugião. Iap. Gueqiõno qizuno fucasa, asasauo xiru dõgu.

Spectábilis, e. Lus. Cousa insigne, e digna de ser vista. Iap. Suguretaru mono, mottomo mirarubeqi mono, cacure naqi coto.

Spectáculum, i. Lus. Iogos, ou festas de gladiadores. Iap. Tagaini xiaiuo xi, l, qiriyõ asobi. ¶ Item, Espectaculo, ou festa. Iap. Banminno mayeni suru nagusami, asobi. ¶ Item, Over, ou espectaculo. Iap. Qenbut suru coto nari, l, mimono. ¶ Aliqñ. Palanque, ou lugar donde se vem as festas. Iap. Xibai, sajiqi.

Spectamen, inis. Lus. Mostra de qualquer cousa. Iap. Monouo arauasu, l, misuru cotouo yũ. ¶ Spectamen bono seruo. Lus. Seruo que guarda, e procura bẽ a fazenda do senhor. Iap. Xujinno zaifôuo yoqu saiban suru yatçuco.

Spectamentum, i. Lus. Espectaculo, ou cousa que se vee. Iap. Qenbut, l, miraruru mono.

Spectandus, a, um. Lus. Cousa digna de ser vista. Iap. Mottomo mirarubeqi mono, l, qenbut xeraruru mono.

Spectatè, adu. Lus. Felizmente, muito bem. Iap. Quafô imijiqu, l, fugurete.

Spectatio, onis. Lus. Over. Iap. Monouo mi ru coto nari. ¶ Itẽ, O aprouar amoeda por boa. Iap. Guinxen, l, jeniuo yoqito sadamuru coto nar.

Spectatiuus, a, um. Lus. Especulatiuo, ou cõ templatiuo. Iap. Quannen, l, cufŭ suru mono.

Spectator, oris. Lus. O que vé festas, ou jogos. Iap. Asobi, nagusamiuo qenbut suru mono. ¶ Spectatores rerum cælestium. Lus. Os que contemplam as cousas do ceo. Iap. Tenno cotouo cufŭ suru mono. ¶ Spectator pugnæ. Lus. O que vee de fora a peleija não se metendo nella. Iap. Caxxen, l, ta:acaiuo vaqi yoriqenbut su ru mono. ¶ Spectator formarum. Lus. O que julga de fermosura, ou feições, &c. Iap. Fitono menmiŏno cŏacuuo qiŭmei suru fito. ¶ Spectator. Lus. O que aproua. Iap. Monouo yoqito fusuru mono.

Spectatrix, icis. Lus. A que vee algũa cousa. Iap. Monouo miru, l, qenbut suru vonna.

Spectatus, a, um. Lus. Aprouado, e de virtu de conhecida. Iap. Tamesaretaru fito, tax xa. ¶ Spectatæ integritatis vir. Lus. Varão de inteireça, ou virtude aprouada. Iap. Yoqi guiŏguini tçuite tamexino aru fito, jenno miŏqiŏuo arauaxitaru fito.

Spectio, onis. Lus. O olhar as aues, &c. pera adeuinhar. Iap. Vranaiuo suru tameni tori uo miru coto nari.

Specto, as. frequent. Lus. Olhar muito, e com os olhos fitos. Iap. Saisai miru, meuo tomete miru. ¶ Item, Iulgar, ponderar, ou prouar. Iap. Tadasu, xianxite miru, l, tame su. ¶ Interd. Atentar, ou inquirir com diligencia. Iap. Cangayuru, l, tçucuzzucu xian xite miru. ¶ Item, Pertencer. Iap. Ataru, sŏuŏ suru.

Spectatur, impers. Idem.

Spectrum, i. Lus. Imagem, que se representa aos olhos. Iap. Cague, vtçuxi. ¶ Item, Visão, ou fantasma. Iap. Fégueno mono, yŭrei, bŏcon.

Spécula, æ. Lus. Lugar alto donde se vee algũa cousa que está longe. Iap. Touoqi mo notuo miru tacaqi tocoro, touomiuo suru tocoro.

Spécula, æ. dim. à spe. Lus. Pequena esperāça. Iap. Sucoxino tanomoxisa.

Speculâre, is, siue Specular, aris, siue Specularium, ij. Lus. Fresta, ou janella de vidraças, &c. pera receber a luz, e impedir a chuua, e vento. Iap. Ame, cajeuo fuxegu tame ni suixŏuo fuxetaru mado. ¶ Item, Certa cerca que se punha nas ortas nos lugares de paliçar. Iap. Sonono vchini guiŏ dŏ surutameni coxirayetaru camaye.

Specularis lapis. Lus. Hũa certa pedra transparente, de que antigamente faziāo as vidraças. Iap. Mucaxi madoni tatetaru suixŏ no gotoqunaru ixi.

Specularis, e. Vt specularis significatio. Lus. Sinal que dà a atalaya com fogo, &c. Iap. Qenmi suru tacaqi tocoro yori ;l, xirurixini tatçuru qemuri, noroxi.

Specularius, ij. Lus. Vidreiro, ou o que faz vidraças. Iap. Suixŏuo tçucuru mono, l, suixŏ uo motte monouo tçucuru fito.

Speculator, oris. Lus. Atalaya que està em lugar alto. Iap. Tacaqi tocoro yori qenmi suru mono. ¶ Item, Espias que vão diante do exercito. Iap. Qenmino tameni gũ jeino saqini tatçu mono.

Speculatrix, icis. fœm. Idem.

Speculatorius, a, um. Lus. Cousa acomodada, ou pertencente a espia, ou atalaya. Iap. Qenmini ataru coto, l, sŏtŏxitaru coto. ¶ Speculatoria nauigia. Lus. Nauios de vigia. Iap. Qenmi, l, qengomino fune.

Speculatus, us. Lus. O atalayar, ou vigiar. Iap. Qenmi, l, qengomi suru coto nari.

Spéculor, aris. Lus. Vigiar, ou olhar attentamente. Iap. Qenmi suru, qengouo miru, l, fucaqu quannen suru. ¶ Item, per transl. Escudrinhar, ou considerar com atenção. Iap. Tçucuzzucuto xian suru, tazzune saguru.

Spéculum, i. Lus. Espelho. Iap. Cagami.

Specus, us, l, oris. Lus. Cauerna, ou coua. Iap. Fora, tçuca ana.

Spelæum, æi. Lus. Lapa, ou concauidade soter-

soterranea. Iap. Dochũni aru fora. ¶ Itẽ, Concauidade de algum monte. Iap. Yamano fora, l, tçuca ana.

Spelunca, æ. Idem.

Sperabilis, e. Lus. Cousa que se pode esperar. Iap. Tanomoxiqu vomô beqi coto.

Speratus, a, um. Lus. Cousa esperada. Iap. Tanomoxiqu vomouaretaru coto.

Speratus, i. apud antiq. Lus. O que pede algũa por molher. Iap. Vaga tçumani fitono musumeuo cô mono. ¶ Sperata virgo. Lus. Dózella pedida em casamento. Iap. Tçumani couaruru vacaqi nhonin.

Spermólogos, i. Lus. Hum passaro. Iap. Cotorino na.

Spernax, acis. Lus. Desprezador. Iap. Iyaximete, l, caronzuru mono.

Sperno, is, spreui, etum. Lus. Desprezar, e ter em pouco. Iap. Iyaximuru, caronzuru, naigaxironi suru. ¶ Item, apud antiquos. Apartar. Iap. Tçuqi fanasu, fiqinoquru.

Spero, as. Lus. Ter esperãça, esperar. Iap. Tanomoxiqu vomô. ¶ Aliqñ. Ter pesa si, ou confiar. Iap. Zonzuru, vomô, tanomiuo caquru. ¶ Item, Temer. Iap. Vosoruru, vozzuru. ¶ Qñq;. Alegrarse. Iap. Yorocobu, isamu.

Spes, ei. Lus. Esperança de algum bẽ. Iap. Tanomoxisa, suyedanomoxiqu vomô coto uo yŭ. ¶ Aliqñ. Alegria. Iap. Yorocobi, isami.

Spétile, is. Lus. Carne de polpa a baixo do embigo do porco. Iap. Butano fesono xitanaru fone naqi nicu.

Speustici panes. Lus. Paẽs feitos, e cozidos depressa. Iap. Isoide tçtonoye yaqitaru xôbacuno mochi.

Sphacelismus, i. Lus. Hũa certa doença, ou mal que da nas plantas, ou animaes. Iap. Q damono, l, qini tçuqu yamaino na.

Sphacelus, i. Lus. Doença que faz corõper os ossos. Iap. Foneno cusaru yamai.

Sphæra, æ. Lus. Globo, bola, &c. Iap. Tama, temari nadonogotoqu maruqi mono.

Sphærula, æ. dimi. Idem.

Sphærica, æ. Lus. Certo páo. Iap. Xôbacu no mochino taguy.

Sphæristelium, ij. Lus. Hum lugar que se fazia nos banhos pera jugar ápella. Iap. Yocuxitno atarini temari nadouo tçuqu temeni coxirayetaru tocoro.

Sphæromáchia, æ. Lus. Iogo de pela. Iap. Temariuo tçuqu asobi.

Sphagitides. Lus. Duas veas grandes do pescoço. Iap. Nodoni aru futatçuno futoqi sugi.

Sphins, gis, l, gos. Est monstrũ apud Thebas, cuius caput, & manus puellæ, corpus canis, alæ auis, vox hominis, vngues leonis, cauda draconis similitudinẽ referebat.

Sphragis, idis. Lus. Hũa laya de almagra. Iap. Ni, l, acaqi yenoguno taguy. ¶ Item, Hũa pedra preciosa de cor verde. Iap. Moyegui iro naru aru meixuno na.

Sphygmos, i. Lus. Mouimento, ou alteração da arteria, ou pulso. Iap. Meacuno vtçu cotouo yŭ, l, qecqino cayô sugino vodoru cotouo yŭ.

Sphyræna, æ. Lus. Hum animal do mar. Iap. Vmini aru qedamonono na.

Spica, æ, l, Spicus, & Spicum, i. apud antiq. Lus. Espiga. Iap. Gococuno fo. ¶ Item, Hum sino celeste. Iap. Foxino yadori. ¶ Seges est in spica. Lus. A sementeira esta madura. Iap. Gococu carixiuoni naritari. ¶ Spica mutica. Lus. Espiga sem praganа. Iap. Nogui naqi fo.

Spicatus, a, um. Lus. Cousa espigada, ou que tem espigas. Iap. Foni idetaru gococu, cusa nado, l, fono aru mono. ¶ Spicatum. Lus. Hum vnguento cheiroso. Iap. Cunyacuno taguy.

Spiceus, a, um. Lus. Cousa feita de espigas. Iap. Gococuno fonite tçucuritaru mono.

Spicifer, a, um. Lus. Cousa que dá, ou traz espigas. Iap. Fouo xôzuru mono.

Spicilegium, ij. Lus. O respigar, ou ajuntar as espigas que os segadores deixarão. Iap. Cari nocoxitaru fouo firô, l, vochibouo firô cotouo yŭ. ¶ Item, Tempo de colher, ou ajuntar as espigas. Iap. Fouo cari firô jibun. ¶ Spicilegium facere. Lus. Ir de tras dos ceifões colhendo as espigas que elles deixam. Iap. Carinocosu fouo aro yori firô.

Spico, as. Lus. Espigar. Iap. Foni izzuru.

Speculatores. Lus. Soldados de guarda dos principes, e senhores. Iap. Teivô, xôgunno xugono quannin, buxi.

Spículo, as. Lus. Fazer a ponta á lança, seta, &c. Iap. Bugu nadoni saqiuo tçuquru.

Spículum, i. Lus. Dardo, ou lança pequena. Iap. Nague yari, mijicaqi yari. ¶ Item, Seta. Iap. Ya. ¶ Aliqñ. Ponta, ou ferro da seta. Iap. Yano ne, yarino mi. ¶ Itẽ, Aguilhão de abelha, &c. Iap. Abu, fachi nadono fari.

Spina, æ. Lus. Espinho. Iap. Igui. ¶ Spinam facere asparagum. Lus. Lançar o espargo espinhas de pois que crece. Iap. Espargoto yũ cusa ibarauo xôzuru. ¶ Item, Espinhaço do homem, ou animal. Iap. Xebone. ¶ Itẽ, Aguilhão, ou ferrão de abelhas, &c. Iap. Abu, fachi nadono fari, l, vuo, cuchinaua nadono cuchi baxi. ¶ Aliqñ. per transl. Dificuldade. Iap. Xigatasa, zôsa, tema.

Spineus, a, um. Lus. Cousa feita de espinhos. Iap. Igui nite tçucuritaru mono.

Spinêtum, i. Lus. Lugar de espinhos, ou espinhal. Iap. Qeiqiocu, l, iguino vouoqi tocoro.

Spínifer, a, um. Lus. Cousa que dà, ou produze espinhos. Iap. Igui, qeiqiocuuo xôzuru mono.

Spinosus, a, ũ. Lus. Lugar cheo de espinhos. Iap. Igui, qeiqiocu vouoqu xôzuru tocoro. ¶ Spinosa oratio, per transl. Lus. Oraçã escabrosa, e insuaue aos ouuidos. Iap. Qiqi nicuqi dangui, l, mimini sacô dangui

Spinter, eris. Lus. Bracelete, ou manilha de q vsauam as molheres no braço esquerdo. Iap. Vonna fidarino cainani cazarito xite saxitaru vdegane.

Spintriæ. dicti sunt repertores monstrosæ libidinis, nouiq; conci bitus.

Spinturnix, icis. Lus. Hũa certa aue de mao pronostico. Iap. Ygonoacujino zuisôto naru tori.

Spinus, i, l, Spinu, indeclin. b. Lus. Abrunheiro, ou amexieira braua. Iap. Yamani aru sumomono qi.

Spionia, l, Spinea, æ. Lus. Hũa laya de vide. Iap. Budôno cazzurano taguy.

Spiónicus, a, um, vt Spionicus gustus. Lus. Gosto, ou sabor de certas vuas. Iap. Aru budôno agiuai.

Spirabilis, e. Lus. Cousa q dà, ou conserua a vida, ou com que respiramos, e viuemos. Iap. Inochiuo tamotasuru mono, l, inochiuo nagarayeiqiuo tçugasuru mono.

Spiráculum, i. Lus. Lugar por onde euapora, ou sae cheiro, ar, &c. Iap. Iqi, niuoino xuruhũ suru ana, tocoro.

Spirâmen, inis. Lus. Lugar por onde sae o bafo, ou folego. Iap. Iqino cayô tocoro. ¶ Naris spiramina. Lus. Ventas do nariz. Iap. Fanano ana.

Spiramentum, i. Idem. ¶ Item, Spiramenta. Poros do corpo, terra, &c. Iap. Axe, çeno zzuru ana, l, tçuchi nadoni cajeno cayô ana.

Spiræ, arum. Lus. Voltas, ou circulos como de cadea, colar, &c. Iap. Cubini caqetaru cusari nadono fitomaqi, futamaqi. ¶ Itẽ, Nastros, ou cousa semelhante que as molheres enrodilham na cabeça por ornamento. Iap. Vonnano côbeni maqu cazarino dôgu. ¶ Item, Voltas da cobra enroscada. Iap. Cuchinauano vadacamari. ¶ Itẽ, Cordas da nao apanhadas, ou colhidas em roda. Iap. Vague voqitaru funeno tçuna. ¶ Item, Spira. Lus. Cordão com que se amarra o chapeo de baixo da barba. Iap. Casano ximevo. ¶ Item, Basa de certa laya de colunas. Iap. Aru faxirano ixizuye, l, yenza. ¶ Item, Spira. Hum genero de pão doce. Iap. Aru amaqi xôbacuno mochino taguy. ¶ Itẽ, apud Ennium. Multidão de homens. Iap. Fitono atçumari.

Spirarchus, i. Lus. Capitão de cem soldados da vanguarda. Iap. Saqiginno fiacuinno taixô.

Spi-

Spirillum, i. Lus. Barba de bode. Iap. Yaguiňno figue. antiq.

Spiritualis, e, l, per syncop. Spiritalis. Lus. Cousa que deita folego,ou bafo. Iap. Iqi, l,suidono qi nadouo idasu mono. ¶ Spiritales auræ. Lus. Ar, ou folego que conserua a vida. Iap. Inochiuo tamotasuru caje, iqi. ¶ Spiritalis fistula. Lus. Cano da garganta por onde respiramos. Iap. Iqino cayô fuye.

Spiritus, us. Lus. Bafo, ou folego. Iap. Iqi. ¶ Auferre spiritum sine sensu doloris. Lus. Matar sem dar dor. Iap. Itami voboyesaxezu xite corosu. ¶ Aliqn. Vento. Iap. Caje. ¶ Interd. Altiueza de animo. Iap. Iiman, cocorono vogori.

Spiro, as. Lus. Respirar, resfolegar. Iap. Iqiuo tçuqu, l, cayo uasu. ¶ Interd. Assoprar, ventar. Iap. Cajega fuqu. Aliqn. Deitar de si cheiro. Iap. Cauo fassuru, niuô. ¶ Exta spirantia. Lus. Entranhas que estam palpitando. Iap. Bicubicu suru zôfu. ¶ Spirantia signa Lus. Estatuas, ou medalhas de animais, &c. feitas tam artificiosamente que parecem viuas. Iap. Iqitaru gotoquni tçucuritaru qedamono nadono catachi.

Spissamenta. Lus. Cousas que se botam nas conseruas de azeitonas, &c. pera que não andem em riba da agoa. Iap. Xiuozzuqeno conomino vcanu tameni tnajiyuru, l, ire voqu mono.

Spissè, adu. Lus. Densa, e espessamente. Iap. Coqu, catamatte, xiguequ.

Spissesco, is. Lus. Fazerse espeso. Iap. Xiguem, l coqunaru.

Spissigradus, a, um. Lus. O que anda, ou passea com paso vagaroso. Iap. Xizzucani ayumu, l, guiôdô suru mono.

Spissitas, atis. Lus. Espessura. Iap. Xigueri, l, coqi cotouo yŭ.

Spisso, as. Lus. Fazer basto, ou espesso. Iap. Xiguerasu, catamuru, coqu nasu. ¶ Dentes pectinatim spissari. Lus. Dentes bastos a maneira de pentem. Iap. Cuxino fano gotoquni xiguequ narabitaru fa.

Spissus, a, um. Lus. Cousa espessa, ou basta. Iap. Xigueritaru mono, coqi mono. ¶ Qñq. Cousa vagarosa. Iap. Vosoqi mono, vosonauaru mono. ¶ Spissius. Lus. Com mais vagar. Iap. Nauo vosoqu, nauo vosonauatte.

Spithama, æ. Lus. palmo que consta de doze dedos. Iap. Sanzocuno sun.

Splen, enis. Lus. Baço. Iap. Canno zô.

Splendeo, es, dui. Lus. Resplandecer. Iap. Ficari cacayaqu.

Splendesco, is. Lus. Fazerse resplandecente. Iap. Cacayaqi yuqu.

Splendidè, adu. Lus. Esplendida, ou magnificamente. Iap. Quareini, quatdatni.

Splendidus, a, um. Lus. Cousa clara, e resplandecente. Iap. Ficari cacayaqu mono. ¶ Item, Cousa esplêdida, e magnifica. Iap. Quarei naru coto, quatdat naru coto. ¶ Splendidus homo. Lus. Homem rico, e liberal. Iap. Fucqini xite quôqi naru mono.

Splendor, oris. Lus. Claridade, resplandor. Iap. Ficari, quômiô. ¶ Item, per transl. Nobreza, dignidade, ou excelencia. Iap. Meiyo, fomare, vzzutacasa. ¶ Splendor nominis. Lus. Fama, ou gloria do nome. Iap. Biyo, fôxei.

Spleneticus, a, um. Lus. O que tem algũa inchação, ou dureza no baço. Iap. Canno zôno cataqu faretaru mono.

Spleniatus, a, um. Lus. O que tem posto hum certo emprasto comprido. Iap. Nagaqu tçuqegusuriuo tçuqe voqitaru mono.

Splenium, ij. Lus. Hũ genero de emprasto cõprido pera dor de cabeça, ou pera outras partes. Iap. Cŏbe nadono itamiuo yamuru tameni nagaqu nobe tçuqetaru cusuri.

Spodos, l, Spodium, ij. Lus. Certa cinza q̃ se leuanta das fornalhas de cobre, e torna a cair no solhado. Iap. Acaganezaicuno fuigono cuchiyori tatte xitaye cudaru fai, focori.

Spoliariũ, ij. Lus. Lugar diante dos banhos onde se despem os que nelles entrão. Iap. Yocuxit vôxanni yxôuo nugui voqu tocoro.

coro. ¶ Item, Lugar onde algum foi despojado dos vestidos, dinheiro, ou outra cousa pollos ladroes. Iap. Tǒzocuni yxǒ nadouoragaretaru tocoro.

Spoliatio, onis. Lus. O despojar, ou roubar. Iap. Ranbǒ, faccǒ, I, voifagui.

Spoliator, oris. Lus. O que despoja, ou rouba. Iap. Ranbǒ, I, voifagui furu mono.

Spoliatrix, icis. fœm. Idem.

Spolio, as. Lus. Roubar, despojar. Iap. Rãbǒ furu, voi faguino furu. ¶ Item, Despir. Iap. Nugu.

Spolior, aris. apud antiq. Idem.

Spolium, ij. Lus. Presa, ou despojo que se toma aos inimigos. Iap. Teqi yori vbai toraruru fodoно mono, I, bundori.

¶ Spolia opima. Lus. Despojos que hum capitão toma a outro. Iap. Micatano taixǒ teqino taixǒ yori vbai toraretaru mono.

Sponda, æ. Lus. Lado, ou ilharga do leito. Iap. Fusu tocono vaqi.

Spondeo, es, spepondi, onsum. Lus. Prometer. Iap. Yacusocu, I, qeiyacu suru.

¶ Spondére puellam. Lus. Prometer de dar a donzella em casamento a alguẽ. Iap. Musumeuo yome ni iaxento yacusocu suru.

Spódeus. Pes duabus syllabis longis constãs: vt montes.

Spondilion, siue Sphondylion, ij. Lus. Hũa erua que nace nas alagoas. Iap. Iqeni xǒzurucusano na.

Spóndylis, idis. Lus. Hũa cobra. Iap. Cuchinauano taguy.

Spóndylus, siue Sphóndylus, i. Lus. Noo, ou engonço do espinhazo. Iap. Xeboneno tçugai tçugai. ¶ Item, Spondylus. Lus. Hum animal do mar. Iap. Vmini aru ce damono. ¶ Item, Spondylus. Lus. Hũ pelourinho de cobre com que os juizes de Athenas dauão seu voto. Iap. Athenas to yũ jǒtono tadaxite sono mino zonbun uo arauaxite idaxitaru acagane no tama.

¶ Item, Carne do peixe de concha. Iap. Cai, yebi nadono mi. ¶ Item apud Mart. Olsinho de animal. Iap. Qedamonono

chijsaqi fone. ¶ Item, Coçouro do fuzo. Iap. Tçumuno fa.

Spongia, æ. Lus. Esponja. Iap. Famazauara. ¶ Item, Raiz de espargo de horta. Iap. Sononi aru cusano neno taguy.

Spongiola, æ. dim. Idem. ¶ Itẽ, Hũa cousa a maneira de esponja que nace em hũ certo lirio vermelho. Iap. Aru caqitçubatani idequru famazauarani nitaru mono. ¶ Item, Spongiolæ. Lus. Raizes de espargos trauadas entre si. Iap. Tagaini cami chigayetaru aru cusano ne.

Spongiator, oris. Lus. O que toma, ou colhe esponjas. Iap. Famazauarauo toru mono.

Spongio, as. Lus. Alimpar com esponja. Iap. Famazauarani te monouo nogǒ.

Spongiosus, a, um. Lus. Cousa esponjosa, ou semelhante a esponja. Iap. Famazauarani nitaru mono, I, famazauarano gotoqu monouo sũ mono.

Spongítes, is. Lus. Hũa pedra preciosa. Iap. Aru meixuno na.

Sponsa, æ. Lus. Donzella prometida em casamento. Iap. Yémpenno qeiyacu aru nhonin.

Sponsalia. Lus. Esposorios, ou promessa que fazem dous hum ao outro de auerem de casar. Iap. Igofǔfuni naribexitono tagaino yacusocu, iynazzuqe.

Sponsális, e. Lus. Cousa pertencente a promessa. Iap. Yacusocuni ataru coto. ¶ Sponsalis dies. Lus. Dia em que a donzella he prometida em casamento. Iap. Yomeni mucayento yacusocu xitaru fi.

Sponsio, onis. Lus. Promessa. Iap. Yacusocu, yacudacu. ¶ Item, Promessa de certa soma de dinheiro que o autor da demanda prometia de pagar senão vencesse. Iap. Cujiuo xicaqetaru mono, maqurunivoiteua, idasubeqito yacusocuxitaru cane. ¶ Spõsio voti. Lus. Voto. Iap. Guan.

Sponso, as. frequent. Lus. Pedir algũa molher em casamento, ou celebrar esposorios. Iap. Vonnauo tçumani xento cô, I, fǔfuni naranto tagaini yacusocu furu.

Sponsor, oris. Lus. Fiador, ou o que promete. Iap.

Iap. Vqeni tatçu mono, I, yac ocu furu mono. ¶ Item, O que promete de dar a donzella em casamento a algum homem. Iap. Yomi iri saxento yacusocu suru mono.

Sponsum, i. Lus. Fiança, ou promessa. Iap. Yacusocu, I, vqeni tatçu cotouo yŭ.

Sponsus, us. Idem.

Sponsus, a, um. Lus. Cousa prometida. Iap. Yacusocu xeraretaru coto.

Sponsus, i. Lus. Esposo. Iap. Vottoni xen to yacusocu xeraretaru mono.

Spontalis, e. Lus. Cousa voluntaria, ou natural. Iap. Vaga nozomino vye yori xitaru mono, I, xŏtocu naru mono.

Spontaneus, a, um. Idem.

Sponte. Lus. Dasua propia vontade, voluntariamente. Iap. Vaga nozomino vye yori, vonoreto, vonozzucara.

Sporta, æ. Lus. Seira, ou cesto feito de vimes, junco, ou esparto. Iap. Y, cazzura nado nite cumitaru cago.

Sportula, æ. dim. Idem. ¶ Item, Salario, ou ração que os grandes do pouo dauão cada dia aquelles que os acompanhauão, &c. Iap. Iŏtono xucurŏ sonomino tomo uo xitaru mononi mainichi atayetaru fan mai, chin.

Sportella, æ. dim. Lus. Hum genero de cousas doces. Iap. Amaqi tçuqemonono taguy.

Spretor, oris. Lus. Desprezador. Iap. Iyaximete.

Spudastes, æ. Lus. O que fauorece, ou he afeiçoado a alguem. Iap. Catŏdo, I, fijqi suru mono.

Spuma, æ. Lus. Escuma. Iap. Mizzuno aua.

Spumans, antis. Lus. O que deita escuma. Iap. Auauo tatçuru mono.

Spumatus, a, um. Lus. Cousa esparzida cõ escuma. Iap. Auauo sosocaretaru mono.

Spumatus, us. Lus. O deitar escuma. Iap. Auano tatçu coto, I, auauo fuqu; I, camu cotouo yŭ.

Spumesco, is. Lus. Encherse de escuma, ou fazer escuma. Iap. Auano tatçu mono to naru, I, auauo tatçuru.

Spumeus, a, um. Lus. Cousa chea de escuma. Iap. Auano vouoqi mono.

Spumosus, a, um. Idem.

Spúmifer, a, um. Idem.

Spúmiger, a, um. Idem.

Spuo, is, ui, utum. Lus. Cuspir. Iap. Tçubaqiuo faqu.

Sputo, as. frequēt. Idem.

Spurçè, adu. Lus. Deshonesta, e sujamente. Iap. Yocoximani, fujŏni, qegarauaxiqu.

Spurcídicus, a, um. Lus. O que fala cousas torpes. Iap. Yocoxima naru cotouo cataru mono.

Spurcíficus, a, um. Lus. O que faz cousas torpes, e feas. Iap. Yocoximanaru coto, I, qegarauaxiqi cotouo suru mono.

Spurcitia, æ. & Spurcities, ei. Lus. Torpeza, sujidade. Iap. Yocoxima, fujŏ, qegarauaxisa.

Spurco, as. Lus. Contaminar, sujar. Iap. Yogosu, qegasu. ¶ Spurcum vinum. Lus. Vinho agoado. Iap. Mizzuuo majiyetaru saqe. Antiq.

Spurcus, a, um. Lus. Cousa torpe, ou suja. Iap. Yocoximanaru mono, qegarauaxiqi coto, cŏxocu naru mono. ¶ Aliqn̄. Cousa fedorenta. Iap. Cusaqi mono, xŭqi aru mono, I, axiqu niuŏ mono. ¶ Item, Cousa aspera, e vehemente. Iap. Qibixiqi mono, qitçuqi mono, faguexiqi mono. ¶ Aliqn̄. Cruel, e sanguinolento. Iap. Araqenaqi mono, bŭtŏnaru mono, xetgai uo conomu mono.

Spurius, ij. Lus. Filho bastardo, ou nacido de pay incerto. Iap. Guexacubarano co, I, chichino xirezaru co, I, tete naxigo. ¶ Item, per transl. Cousa falsa, ou falsificada. Iap. Tçucuricoto, I, nixemono.

Sputatílicus, a, um. Lus. Cousa suja, ou digna de ser cuspida. Iap. Qegarauaxiqi coto, tçubaqiuo fubeqi mono. Inusitatum.

Sputator, oris. Lus. O que cuspe a meude. Iap. Xiguequ tçubaqiuo faqu mono.

Sputum, i. Lus. Cuspo. Iap. Tçubaqi.

S ANTE Q.

SQualda vestis. Lus. Vestido sujo. Iap. Cuye, yogoretaru yxŏ. antiq.

Squa-

Squaleo, es, lui. Lus. Ser, ou estar sujo. Iap. Qegaraaxiqi nari, l, yogoretari. ¶ Tunica auro squalens. Lus. Tunica, ou vesti do tecido com ouro a modo de escamas. Iap. Vrocono gotoqu qinxi nite vorita ru yxŏ.

Squalidè, adu. Lus. Incultamente, grosseira mente. Iap. Atiqu, ioŏni, butŏni.

Squalidus, a, um. Lus. Cousa suja, ou grosseira. Iap. Qegarauasiqi, l, qitanaqi mono, susŏnaru mono.

Squalor, oris. Lus. Immundicia, sujidade. Iap. Fujŏ, qegarauaxisa.

Squalus, i. Lus. Hum peixe do mar. Iap. Vmini aru vuono na.

Squamæ, arum. Lus. Escamas de peixe, ou cobra. Iap. Vroco. ¶ Item, Malhas de q se fazem as sayas, ou cotas de malha. Iap. Cusaritaru yoroino cusarigane. ¶ Squama æris. Lus. Escoria do cobre. Iap. Acaganeno canacuso.

Squameus, a, um. Lus. Cheo de escamas. Iap. Vroco vouoqi mono.

Squamatim, adu. Lus. A semelhança de escamas. Iap. Vrocono narini.

Squamiger, a, um. Lus. Cousa que tem escamas. Iap. Vrocono aru mono. ¶ Squamigerum genus. Lus. Peixes. Iap. Guiorui.

Squamosus, a, um. Lus. Cheo de escamas. Iap. Vrocono vouoqi mono.

Squarosus, a, um. Lus. O que tem a pelle aspera, e leuantada pol'a muita sujidade. Iap. Cauano yutaitaru mono, aca vouoquxite fadayeno araqi mono.

Squatina, æ. Lus. Lixa peixe. Iap. Same.

Squilla, æ. Lus. Cebola albarrã. Iap. Yamano firomojino rui. ¶ Item, Hum peixe pequeno. Iap. Aru chijsaqi vuono na.

S ANTE T.

ST. Vox est silentium indicentis.

Stabilimen, inis. et Stabilimentum, i. Lus. Firmeza, estabilidade. Iap. Tçuyosa, chicara.

Stabilio, is. Lus. Fortalecer, firmar. Iap. Tçuyomuru, qengoni nasu, catamuru.

Stabilis, e. Lus. Cousa firme, e constante. Iap. Cauaraazu coto, tçuyoqi mono, dôyô xezaru mono. ¶ Stabile est. Lus. He certo, e determinado. Iap. Fitgiŏ nari. ¶ Mala stabilia. Lus. Pomo, ou fruita, q estaa muito tempo madura na aruore. Iap. Iucu xite fisaxiqu qini aru conomi. ¶ Item, Pomo, ou fruita que dura muito tempo. Iap. Fisaxiqu cotayuru conomi.

Stabilitas, atis. Lus. Firmeza. Iap. Tçuyosa, qengo.

Stabularius, ij. Lus. Estalajadeiro. Iap. Fatagoyano, teixu. ¶ Itẽ, O q tẽ cuidado da estrebaria, curral, ou outros lugares onde estão animaes. Iap. Vmaya, l, guiŭyŏ no vorouo saiban suru mono. ¶ Stabulariæ mulieres. Lus. Estalajadeiras. Iap. Tabiutoni xucuchinuo totte yadouo caxi, fatagouo cuuasuru vonna.

Stabulatio, onis. Lus. O apousentarse na estalajem. Iap. Fatagoyani tomaru coto uo yŭ. ¶ Item, O recolherse no curral, estrebaria, &c. Iap. Vma, vxino vmaya ni tomaru cotouo yŭ.

Stábulo, as. Lus. Receber na estalajem. Iap. Tabiutoni yadouo casu. ¶ Itẽ, Meter na estrebaria, ou curral cauallos, gados, &c. Iap. Vma, guiŭ yŏuo vmayani fiqi iru ru, yasumuru.

Stábulor, aris. Lus. Apousentarse, ou recolherse na estalajem, ou curral, estrebaria, &c. Iap. Tabiutoyani tomaru, l, vma guiŭ yŏ vmaya, l, voroni tomaru, l, yasumu.

Stábulum, i. Lus. Estalajem, ou venda. Iap. Ritoxucu, fatagoya. ¶ Item, Estrebaria, ou curral. Iap. Vmaya, l, guiŭyŏno voro. ¶ Item, Pousada, habitação. Iap. Sumica, gioxo, sumidocoro. ¶ Stabulum flagitij, & nequitiæ. Lus. Homem mao, e cheo de todos os vicios. Iap. Acuguiacu butŏnaru mono.

Stachys, chyos. Lus. Hũa aruorezinha. Iap. Aru chijsaqi qino na.

Stacte, es. Lus. Seuo, ou grossura da myrrha quando he fresca. Iap. Aru qino yani yonizzaru xiru.

Stacteus, a, um. vt myrrha stactea. Lus. Mirrha

sha de que se espreme esta grossura. Iap. Miguino xiruuo idaxitaru yani.

Stadiâlis ager. Lus. Campo de cento, e vinte e cinco passos. Iap. Fiacu nijŭgo axi aru denbacu.

Stadiódromi, orum. Lus. Os que contendê aquem corre mais. Iap. Faxiri coguranuo suru mono. ¶ Item, Stadiódromus. Lus. Lugar onde se celebram jogos, ou se exercitam em correr. Iap. Asobino ba, l, faxiri cogura suru tocoro.

Stadium, ij. Lus. Lugar em que se exercitam em correr, ou lutar. Iap. Faxiricogura uo suru tocoro, l, sumŏno ba, l, baba. ¶ Item, Espaço de cento, e vinte cinco passos. Iap. Fiacu nijŭgo axino aida.

Stagnatus, a, um. Lus. Cousa que tresborda ou sae da madre como rio, alagoa, &c. Iap. Mizzuno masaritaru caua, iqe nado.

Stagno, as. Lus. Fazer o mar, ou rio algũa alagoa tresbordando, ou saindo fora da ma dre. Iap. Caua nadoga afurete iqega dequ ru. ¶ Aliqñ. (actiuè) Alagar o rio os cãpos, &c. Iap. Casui denbacu nadoni afururu. ¶ Item, Não embeber a terra, ou os campos a agoa. Iap. Denbacuua mizzuuo ficanu.

Stagnum, i. Lus. Agoa encharcada, ou represada. Iap. Tamari mizzu, iqe. ¶ Itẽ, Parte do mar muito funda. Iap. Caiteino vxiuo. Virg.

Stalagmus, i. Lus. Hũ genero de orelheira. Iap. Mimini caquru yŏracu. ¶ Item, Est purissimum genus calcanthi.

Stamen, inis. Lus. Fiado, ou fio que se fia na roca. Iap. Aru dŏguuo motte yoru, l, tçumugu ito. ¶ Item, Ordidura da tea. Iap. Tateno ito. ¶ Item, Hũa maneira de fios, ou barbas que tem algũas eruas, &c. Iap. Sŏmocuni tçuqite aru ito, figue nado no yŏnaru mono.

Stamineus, a, um. Lus. Cousa de vrdume. Iap. Tateno itoni ataru coto.

Stanneus, a, um. Lus. Cousa feita destanho. Iap. Suzunite ytaru, l, tçucuritaru mono.

Stannum, i. Lus. Estanho. Iap. Suzu.

Stáphylæ. Lus. Certa vide branca. Iap. Budŏno xiroqi cazzura.

Staphylinus, i. Lus. Cinoura. Iap. Ninjin.

Staphylodendros. Lus. Hũa aruore. Iap. Aru qino na.

Staphys, idis. Lus. Hum genero de vide. Iap. Aru budŏno cazzura.

Statarius, a, um. Lus. Cousa firme, e immo uel. Iap. Tagirocazaru mono, sufennaru mono, tçuyoqi mono. ¶ Statariæ fabulæ. Lus. Farsas, ou autos que se represen tá estando as figuras em pè sem se mouerem. Iap. Tocorouo sarazu xite suru qiŏguen. ¶ Statarius orator. Lus. Orador que vsa de gestos, e meneos moderados. Iap. Yoqi coroni moyŏuo xitaru danguixa. ¶ Pugna stataria. Lus. Batalha que se traua cõbatẽdose dous esquadrões. Iap. Ichidoni xogunjei iri midarete suru caxxen. ¶ Statarij ordines. Lus. Esquadrões postos em ordem pera esta peleija. Iap. Miguino caxxenno tameni sonayetaru itte itte.

Stater, ẽris. Lus. Hũ genero de moeda. Iap. Aru guinxenno na.

Statêra, æ. Lus. Balança sem conchas. Iap. Tenbin, l, facarino taguy. ¶ Itẽ, Hũ certo vaso de prata. Iap. Xirocane nite tçucuritaru vtçuuamonono taguy.

Stathmus, i. Lus. Estalajem, ou venda. Iap. Riŏxucu, fatagoya. ¶ Item, Hũa certa medida geometrica. Iap. Geometria to yũ gacuxano tçucaitaru xacuzzuye, giŏjacu.

Státice, es. Lus. Hũa erua. Iap. Aru cusa no na.

Statículum, i. Lus. Hum genero de carro, ou andor. Iap. Coxi, curumano taguy. ¶ Item, Staticuli. Lus. Gestos, ou mene os dos que bailão acomodandose ao som da musica, ou do instrumento. Iap. Vodorino fuxi, fiŏxini xitagatte nasu moyŏ, l, furi. Plaut.

Statim, adu. Lus. Constante, e perseuerante mente. Iap. Fudan tagirocazu. ¶ Itẽ, Logo, de pressa. Iap. Fatato, yagate, qissocuni.

Statio, onis. Lus. Enseada, ou baya em que as naos podem estar por algum tempo. Iap. Funeno carisomeni cacaru iriumi, fune no tomari. ¶ Item, Arrayal, ou estancia de soldados. Iap. Ginxo, l, xugono buxino yru tocoro. ¶ Item, Lugar onde està a atalaya, ou vigia. Iap. Qenmi suru mono no yru tocoro. ¶ Item, Lugar em Roma onde se fazia rolação. Iap. Romani voite qiŭmeino tameni sadamaritaru tocoro. ¶ Item, Certas estrellas que aparecem pola manhaã, ou atarde. Iap. Sŏchŏto, curegata ni miyuru foxino na. ¶ Item, per metaph. Morada, ou habitação de emprestado, ou por algũ tẽpo. Iap. Carino sumai, l, yadori. ¶ Itẽ, (propriè) O estar ẽ pee, ou direito. Iap. Tatçu, l, suguni yrucotouo yŭ.

Statiuncula, æ. dim. Idem.

Stationalis, e. Vt stationales milites. Lus. Soldados que tem determinada estancia pera vigiar, ou velar. Iap. Banyauo vqetoritaru buxi. ¶ Stationales stellæ. Lus. Estrellas que pollam nhaã desaparecem derradeiras e àtarde aparecẽ primeiras. Iap. Axitani ichi vosoqu cacururu foxi, yŭbeni ichi banni arauaruru foxi.

Stationarij milites. Lus. Soldados que tem determinadas estancias pera vigiar. Iap. Banyauo vqetoritaru buxi. ¶ Itẽ, Guarnição, ou presidio que se poem pera defender, ou guardar alguns lugares. Iap. Cuni, l, tocorono vosayetoxite vocaretaru buxixu

Statiua, orum. Lus. Arrayaes, valos, ou fortes de soldados. Iap. Ginxo, l, ginxono camaye, l, yagura.

Statiuus, a, ũ. Vt præsidiũ statiuũ. Lus. Presidio, ou guarnição que se poem pera guardar algum lugar. Iap. Tocorono xugotoxite vocaruru buxi domo. ¶ Castra statiua, l, statiua absol. Lus. Valos, ou tranqueiras dos arrayaes. Iap. Ginxono camaye, yagura. ¶ Statiuæ aquæ. Lus. Agoas encharcadas, e que não correm. Iap. Tamarimizzu, nagarenu mizzu.

Stator, oris. Lus. Porteiro, ou ministro que assiste junto aos officiaes da justiça pera chamar os que lhe elles mandarem. Iap. Fitouo yobu tameni qendanninno coximoto ni yru mono. ¶ Stator item Iouis cognomen fuit apud Romanos.

Statua, æ. Lus. Estatua de metal que se punha em lugar publico em honra de alguẽ. Iap. Meiyotoxite machitçujini tateuoqitaru meijinno caneni tçucuritaru catachi.

Statuaria, æ. Lus. Arte de fazer estatuas de cobre, ou outro metal. Iap. Acagane nado nite ninguiŏuo tçucuru narai.

Statuarius, ij. Lus. O q̃ funde, ou faz estatuas de cobre, ou outro metal. Iap. Acagane nadonite ninguiŏuo yru, l, tçucuru mono.

Statuarius, a, um. Lus. Cousa pertencente a arte de fazer estas estatuas. Iap. Miguino ninguiŏuo tçucuru narai ni ataru coto.

Statûmen, inis. Lus. Estaca, ou pao de empar as vides. Iap. Budŏno soyegui. ¶ Itẽ Pontalete, ou pontão de soster, e ter mão em algũa cousa. Iap. Tçucaye, cŏbari.

Statúmino, as. Lus. Sostentar, ou fortalecer com pontão, &c. Iap. Tçucayeuo cŏ, l, soyeguiuo yŭ.

Statuo, is, ui, utum. Lus. Pór, ou aleuantar. Iap. Voqu, sonayuru, l, aguru, voccsu. ¶ Item, Deliberar, determinar. Iap. Vomoi sadamuru. ¶ Aliqñ. Iulgar, ordenar. Iap. Vomŏ, zonzuru, l, sadamuru. ¶ Itẽ, Dedicar. Iap. Sasaguru, cuyŏzuru, qixin suru. ¶ Item, apud Terent. Abalar, ou mouer com violencia. Iap. Qitçuqu yusuru, l, vgocasu. ¶ Item, Prouer dante mão. Iap. Yenriouo cuuayuru, l, gosuru. ¶ Item, Persuadir se, ou ter pera sy. Iap. Vomoitoru. ¶ Exemplum statuere in homine. Lus. Pór exemplo em alguem. Iap. Tatoye, l, cagamini fitouo fiqu.

Statûra, æ. Lus. Estatura, ou grandeza do corpo. Iap. Xei, taqe. ¶ Item, Compridão de vides, &c. Iap. Budŏ cazzura nado no nagasa.

Status, a, um. Lus. Cousa firme, e immouel. Iap. Tagirocazaru coto, fenyeqi naqi coto, cauarazaru coto. ¶ Statis vicibus aliquid facere. Lus. Fazer algũa cousa em certos, e dee determinados tempos. Iap. Sadamaritaru toqi xosauo nasu. ¶ Status dies cum host te. Lus. Dia determinado pera acabar a demãda, ou cõtenda conforme ao parecer de hũ terceiro. Iap. Fitannınno zonbunni xitagatte cujiuo sumuru tameni sadama ritaru fi. ¶ Stata sacra. Lus. Festas, ou sacrificios immoueis que se fazião sempre em certos dias. Iap. Itçumo vonajijibunni mochijtaru xucunichi, l, tamuqe. ¶ Stata forma. Lus. Fermosura mediocre. Iap. Taigai naru jinbut. Ennius.

Status, us. Lus. Estado, sorte, condição. Iap. Xindai, xinxŏ, caiguiũ. ¶ Item, idade perfeita, e robusta de vinte, e cinco anos. Iap. Nijũgono nenrei. ¶ Deducere aliquē de statu vitæ. Lus. Apartar alguem de sua custumada maneira de viuer. Iap. Imamadeno cŏxeqiuo cayesasuru. ¶ Item, apud Rhetores status dicitur, summa causæ constitutio, ad quā totius orationis argumenta referuntur.

Statutus, a, um. Lus. Cousa determinada. Iap. Sadameraretaru coto.

Steatites. Lus. Hũa pedra preciosa. Iap. Aru meixuno na.

Steatoma, atis. Lus. Hum inchaço. Iap. Fatemonono taguy, xumotno taguy.

Stega, æ. Lus. Cuberta da nao, ou lugar cuberto na nao. Iap. Funeno fangaino vchi cacuretaru tocoro.

Stelæ, arum. Lus. Colunas aleuantadas em que esta algum letreiro pera memoria de algũa cousa. Iap. Sotoba, l, cŏqini tomubeqi cotouo caqitçuqe tatevoqitaru xiruxino ixi.

Stella, æ. Lus. Estrella. Iap. Foxi.

Stellatura, æ. Lus. Engano q se faz em dano de outro, &c. Iap. Fitono ataro naru tabacari, bŏriacu.

Stellatus, a, um. Lus. Cheo de estrellas. Iap. Foxino vouoqi tocoro. ¶ Item, Cousa malhada, ou de varias pintas. Iap. Madara naru mono, iroironi fuqiritaru mono.

Stéllifer, a, um. Lus. Cousa que traz estrellas. Iap. Foxino sonauaru mono.

Stélliger, a, um. Idem.

Stellio, onis. Lus. Hum genero de lagattixa. Iap. Tocagueno taguy.

Stellionatus, us. Lus. Engano, ou trapaça que se faz vēdēdo a cousa alhea, &c. Iap. Iap. Xŏbaini tçuiteno bŏriacu, l, nuqi.

Stemma, atis. Lus. Coroa. Iap. Camuri. ¶ Item, Stemmata. Iap. Estatuas, ou imagens dos antepassados q̃ os homēs nobres tem em suas salas pera mostrar sua nobreza. Iap. Cŏqeno xiruxini vomoteni tatevoqitaru xezono yezŏ, mocuzŏ. ¶ Itē, Nobreza de geração. Iap. Cŏqe. ¶ Aliqñ. Stēma. Lus. Façanha, ou feito eroico. Iap. Tegara. ¶ Itē, Letreiro que se poem em marmores, &c. Iap. Ixini forițçuqetaru monji.

Stephanítæ vites. Lus. Vides, ou parras traua das entre si a modo de coroa. Iap. Camurino gotoquni cumichigayetaru budŏno cazzura.

Stephanŏma, atis. Lus. Cousa de que se fazem coroas, ou capellas como flores, ramos, etc. Iap. Camuri, l, fanagasano xitagi.

Stephanóplocus, i. Lus. O que faz coroas, ou capellas. Iap. Camuri, l, fanagasauo tçucuru mono.

Stephanópolis, is. Lus. Molher que vēde capellas, ou coroas. Iap. Camuri, l, fanagasauo vru vonna.

Stéphanus, i. Lus. Coroa, ou capella. Iap. Camuri, fanagasa.

Stephanium, Stephaniscus, & Stephanicidium, ij. Dim. Idem.

Stercorarius, a, um. Lus. Cousa pertencente a esterco. Iap. Fun, coyeni ataru coto.

Stercoratio, onis. Lus. O estercar. Iap. Denbacuni coyeuo voqu coto nari.

Stercoratus, a, um. Lus. Sujo de esterco. Iap. Coye, funnite qegasaretaru mono. ¶ Itē, Estercado. Iap. Coyeuo vocaretaru denbacu.

Stercoreus, a, ũ. Lus. Cousa feita de esterco. Iap. Coye, funto nite tçucuritaru mono. ¶ Item, Cousa vil, e de nenhum preço. Iap. Monono cazunaranu mono, iyaxiqimo-

c c * 2 no,

no, nádemo naqi mono.

Stércoro, as. Lus. Estercar a terra. Iap. Coyeuo voqu, l, suru.

Stercorosus, a, ũ. Lus. Cousa chea de esterco. Iap. Coye, l, funtono vouoqi mono.

Stercus, coris. Lus. Estereo. Iap. Fun, coye.

Sterilesco, is. Lus. Fazerse esteril. Iap. Minorazaru qini naru, l, denbacuga aruru, l, cangini naru.

Stérilis, e. Lus. Cousa esteril, ou maninha. Iap. Minarazaru coto, l, vmazume.

¶ Stérilis veri. Lus. O que não sabe a verdade. Iap. Macotouo xirazaru mono.

¶ Sterilis pecunia. Lus. Dinheiro que nenhum proueito traz ao dono, ou que não anda ao ganho. Iap. Rino naqi cane, l, tocũni narazaru cane, xõbai xezuxite itazzurani voqitaru cane.

Sterílitas, atis. Lus. Esterilidade. Iap. Minorazaru cotouo yũ, l, vmazume naru cotouo yũ.

Sternax equus. Lus. Caualo que derriba a quem vai encima. Iap. Noriteuo tacuba saiuru vma.

Sterno, is, straui, stratum. Lus. Derribar, ou prostar por terra. Iap. Tauosu, corobacasu, cuzzusu. ¶ Aliqn. Matar. Iap. Gai suru, corosu. Qñdq;. per transl. Estender. Iap. Fipparu, firoguru. ¶ Itẽ, Cobrir. Iap. Vouô, cazzuquru. ¶ Itẽ, Aplanar, igualar. Iap. Feigini nasu, tairacani nasu, giuo narasu. ¶ Sternere equum. Lus. Selar o caualo. Iap. Vmani curauo voqu. ¶ Sternere mesam. Lus. Preparar a mesa. Iap. Ienuo coxirayuru. ¶ Sternere lectũ. Lus. Fazer a cama. Iap. Yoruno xitoneuo coxirayuru. ¶ Sternere se. Lus. Deitarse, e acomodarse pera descãsar. Iap. Cutçuroguini ynuru, fusu.

Sternuo, is, ui, utum. Lus. Espirrar. Iap. Fanauo fiqu.

Sternûto, as. freq. Idem.

Sternutatio, onis. Lus. Espirro, ou o espirrar. Iap. Fanauo fiqu coto nari, l, cuxxame.

Sternutamentum, i. Idem.

Sterquilinium, ij. Lus. Monturo. Iap. Suimon. ¶ Item, Lugar onde se guarda esterco. Iap. Coye, l, funuo tacuuaye voqu tocoro, iremono.

Sterrhogónia, æ. Lus. Hum genero de encenso. Iap. Nhũcõno taguy.

Sterto, is, stertui. Lus. Dormir, ou roncar. Iap. Suimen suru, neyru, l, ibiqiuo caqu.

Stesichorites, is. Lus. Numero de oito pontos dos dados. Iap. Suguroçuno saino yatçuno meuo yũ.

Stibadium, ij. Lus. Catre, ou banco de eruas ou folhas. Iap. Sômocuno fanite coxirayetaru xõgui, l, toco. ¶ Item, Catre feito de taboas ornadas cõ ouro, e marfim. Iap. Vôgonto, zõguenite cazaritaru toco.

Stíbinus, a, ũ. Lus. Cousa de côr de hũ certo metal. Iap. Aru caneno iro naru mono.

Stibium, ij, siue stibi, & stimmi. Lus. Hum certo metal. Iap. Aru caneno taguy.

Stigma, atis. Lus. Marca, ou sinal que se poem com ferro quente. Iap. Yaqijiruxi, in. ¶ Item, per transl. Infamia. Iap. Acumiô.

Stigmátici, orum. Lus. Homens maos, e per uersos ferrados por seus maleficios. Iap. Yaqijiruxiuo aterararetaru toganin. ¶ Item, (secundum alios.) Stigmatias, æ. Idem.

Stigmosus, a, um. Idem.

Stilla, æ. Lus. Goteira. Iap. Xizzucu.

Stillans, antis. Lus. Cousa que goteja. Iap. Xizzucuno taru mono, xitadaru mono.

Stillatio, onis. Lus. O gotejar, ou estilar. Iap. Xitadaru, l, moru cotouo yũ.

Stillatus, a, um. Lus. Cousa estillada. Iap. Xitadaritaru mono.

Stillatitia resina. Lus. Hũa laya de goma, ou resina. Iap. Aru qino yani.

Stillicidium, ij. Lus. Lugar onde dão as gotas que caem do telhado. Iap. Amadareno votçuru tocoro.

Stillo, as. Lus. Estillar, gotejar. Iap. Xitadaru, xizzucuga votçuru.

Stimmi, ios. Lus. Hum certo metal. Iap. Aru caneno taguy.

Stimulatio, onis. Lus. O aguilhoar, ou incitar a alguẽ. Iap. Fari nite tçuqiyaru coto nari, l, susumetatçuru, moyouosu, l, isamuru coto nari.

Sti-

Stimulator, oris. Lus. O que excita, ou agui lhoa. Iap. Vocoxite, ſuſumete.

Stimulatrix, icis. fœm. Idem.

Stimulatus, a, um. Lus. Mouido, incitado. Iap. Suſumeraretaru mono, vocoſaretaru mono. ❡ Rabia furenti ſtimulatus animus. Lus. Animo incitado, ou arrebatado de ira, e furor. Iap. Xinyuo moyaſu cocoro.

Stimûleus, a, um. vt ſupplicium ſtimuleum. Lus. Caſtigo que ſe da picando com agui lhadas, ou aguilhoẽs. Iap. Fari nado nite tçuqu xeccan.

Stimulo, as. Lus. Aguilhoar, excitar. Iap. Fari nite tçuqu, ſuſumuru, iſamuru, moyouoſu.

Stímulus, i. Lus. Aguilhada. Iap. Vxiuo tçuqiyaru togaritaru buchi. ❡ Item, per transl. Couſa que nos oprime, ou da opreſſão. Iap. Vaga nanguito naru fodono coto. ❡ Stimulus carnis, & vitiorum. Lus. Eſtimulo da carne, e dos vicios. Iap. Xiqixin, l, cŏxocu, l, acuji yori vocoru ſuſume, ſaiſocu.

Stingo, is, l, Stinguo, is, tinxi, tinctum. Lus. Apagar. Iap. Qeſu.

Stipatio, onis. Lus. O rodear, ou cercar a al guem pera o defender. Iap. Xugo ſuru tameni fitono torimauaſu coto nari.

Stipatores. Lus. Arrumadores das naos. Iap. Funeno vchinite niuo tçumu yacuxa. ❡ Item, Homens da guarda dalgum principe, ou ſenhor. Iap. Teivŏ, xŏgunno xugono quannin, buxi.

Stipatus, a, um. Lus. Acompanhado de gente de guarda a roda. Iap. Mauariyori xugo xeraruru mono.

Stipendialis, e. Lus. Tributario. Iap. Mainẽ mitçuqi monouo ſaſaguru mono.

Stipendiarius, a, um. Idem.

Stipendiarij, orum. Lus. Moradores de cidade tributaria. Iap. Mainen mitçuqi monouo ſaſaguru jŏcono giŭnin.

Stipendiarium, ij. Lus. Tributo certo, e determinado. Iap. Sadamaritaru mitçuqi mono.

Stipendior, aris. Lus. Merecer ſoldo. Iap. Buxiuo ſuru, l, buxini natte fuchiuo toru.

Stipendium, ij. Lus. Soldo, ou premio que ſe daa aos ſoldados. Iap. Buxîni atayuru fuchi, l, qiŭbun. ❡ Item, Hum genero de tributo que cada hum he obrigado a pagar ao principe, ou republica pera a ſuſtentação dos ſoldados. Iap. Buxiuo cacayuru tameni teivŏye ſaſaguru mitçuqi mono. ❡ Explere ſtipendia. Lus. Vencer ſoldo. Iap. Fuchiuo vqubeqi dŏri aru, l, fuchi qirimaiuo toru. ❡ Facere ſtipẽdia pedibus. Lus. Ganhar ſoldo ſendo ſoldado de pee. Iap. Cachidachino buxi, l, cachi muxani natte fuchiuo toru. ❡ Emeritis ſtipendijs, l, confectis eſſe. Lus. Eſtarẽ ja os ſoldados liures do juramẽto de pois de ter andado muito tempo na milicia. Iap. Guiacuximuo cuuatatçumajiqito chicai xitaru buxi, fiſaxiqu buxiuo xite nochi ſono chicaiuo yuruſaruru.

Stipes, tis. Lus. Tronco, ou eſtaca fincada no chão. Iap. Qĭricabu, l, tçuchini foricomitaru faxira, l, cui. ❡ Item, per transl. Paruo. Iap. Vtçuqe mono.

Stipo, as. Lus. Calafetar, ou tapar as fendas. Iap. Monono ſuqimauo fuſagu, voxĩ catamuru. ❡ Item, Ajuntar em hum. Iap. Fitotçuni atçumuru. ❡ Item, Stipari. Lus. Andar acompanhado de gente de guarda. Iap. Buxini xugo xeraruru. ❡ Item, Eſtar cercado de ſeus amigos, ou companheiros. Iap. Chiin, fŏbaini catara uararu, tomonauaruru.

Stípticus. vide Stypticus.

Stips, ipis, l, Stipis, is. Lus. Certa moeda que ſe recolhe, ou ajunta de fintas, &c. Iap. Ninbetni atçumetaru cane. ❡ Item, Dinheiro que ſe guardaua no theſouro, ou ſe offerecia aos deoſes. Iap. Coccano curani voſametaru cane, l, butjinni ſaſaguetaru cane. ❡ Item, Dinheiro que ſe daua de eſmola aos pedintes. Iap. Cotjiqini atayetaru cane. ❡ Stipem magnam confert hæc res. Lus. Eſta couſa traz grande proueito. Iap. Coreua vôqinaru tocu nari. ❡ Con. fertere ſtipem. Lus. Dar eſmola. Iap. Cotjiqiũi monouo fodocoſu, xeguiðuo fiqu.

Stipula, æ. Lus. Palha de trigo, ceuada, &c. Iap. Vara, gococuno vara. ¶ Item, Reſtolho. Iap. Gococuno caricabu. ¶ Item, Stipulæ. Lus. Eſpigas q̃ os pobres vão apanhando de tras dos ſegadores. Iap. Denbacuni aru vochibo.

Stipulatio, onis. Lus. Certa forma de palauras com que alguem responce que ha de dar, ou fazer aquilo de que he preguntado. Iap. Touaruru cotoni tçuite ſubexi, l, atayu bexito fenji ſuru ſadamaritaru cotoba.

Stipulatus, us. Idem.

Stipulatiuncula, æ. dim. Idem.

Stipulator, oris. Lus. O que com preguntas obriga ao que promete algũa couſa. Iap. Monouo tôte yacuſocu ſaſuru mono.

Stipulor, aris. Lus. Pedir com certa forma de palauras a outro que lhe prometa algũa couſa ſolenemente. Iap. Sadamaritaru cotobauo motte vareni yacuſocu xeraredyoto ſadamaritaru cotobauo motte tanomu.

Stiria, æ. Lus. Candeas de caramello que eſtam dependuradas, ou agoa congelada q̃ eſtá gotejando. Iap. Tçurara, couorite xitadaru mizzu.

Stipeſco, is. Lus. Engroſſarſe a aruore, ou ir fazendo tronco. Iap. Iumocuga xidaini futoqu naru.

Stirpitus, adu. Lus. Totalmente, de raiz. Iap. Cotogotocu, ne yori.

Stirps, ipis. fœm. Lus. Origem, geração. Iap. Yurai, conbon, ſugime. ¶ Item, Maſcul. vel fœm. Tronco de aruore. Iap. Qino moto. ¶ Stirps quæſtionis, per tráſl. Lus. Fundamento da queſtam. Iap. Fuxinno conbon, l, vocoricocoro.

Stiua, æ. Lus. Rabiça do arado. Iap. Caraſuqino tçuca, caxe.

Sclata, æ. Lus. Hum genero de embarcação larga. Iap. Firaqitaru, vel firaqi funeno taguy.

Sclatarius, ij. Lus. O barqueiro deſta embarcação. Iap. Miguino funeno vataximori.

Sclatarius, a, um. Lus. Couſa trazida por mar. Iap. Vmino vyeyori funenite facobaruru mono.

Sclemſbus, a, um. Lus. Peſado, e vagaroſo. Iap. Mi vomoqu xite voſoqi mono.

Sclitibus iudicandis, dicebant veteres pro litibus.

Sclopus, i. Lus. Soido que ſe faz com as bochechas inchadas. Iap. Fôuo fucuracaxite cuchi yori idaſu voto.

Sto, as. Lus. Eſtar direito, ou empee. Iap. Suguni yru, tatte yru. ¶ Item, Parar, ou eſtar quedo. Iap. Tomaru, todomaru. ¶ Item, Satisfazer. Iap. Toguru, tçutomuru, jôju ſuru. ¶ Item, Perſeuerar, permanecer. Iap. Tocoqu, cotayuru. ¶ Aliqn̄. Ser aſpero, e fragoſo, ou eſtar hirto. Iap. Araqu naru, l, ibara nadoga tçuttatte xiguerù. ¶ Item, Eſtar cheo. Iap. Michite aru. ¶ Aliqn̄. Eſtar mais alto, ou a parecer por cima. Iap. Micoxite miyuru, nuqinzzuru. ¶ Aliqn̄. Eſtar algũa couſa determinada, e certa. Iap. Sadamaritari. ¶ Item, Ter determinado conſigo algũa couſa. Iap. Vomoi ſadametari. ¶ Qñq;. Eſtar poſto, ou eſtribar em algũa couſa. Iap. Suuaru, cacatte aru. ¶ Aliqn̄. Deſcãſar. Iap. Curçurogu, cutçurogu ſuru. ¶ Itẽ, Permanecer em ſeu antigo eſtado. Iap. Mucaxino xidai, l, reini todoqu, cotayuru. ¶ Item, Ser comprado, ou cuſtar. Iap. Cauaruru, caitoraruru. ¶ Solem ſtare. Lus. Chegar o ſol a hum dos tropicos. Iap. Nichirin ſadamaritaru facaime made meguri tçuqu. ¶ Victoria multo ſanguine, ac vulneribus ſteterit. Lus. A vitoria cuſtou muitas feridas, e ſangue. Iap. Cono xôriuo vru tameni amatano ninju xixi, qizuuo cômuritari. ¶ Stare firmiter. Lus. Eſtar firme, e conſtante. Iap. Tagiroccazu xite yru. ¶ Stat per me. Lus. Em minha mão eſtà, ou eu ſou impedimento. Iap. Vare xidai nari, l, vareua ſamatague nari. ¶ Stare ab aliquo. Lus. Defender a alguem. Iap. Fitouo fijqi ſuru, catôdouo ſuru.

¶ Sta-

¶ Stare extrema fortuna. Lus. Estar em grande perigo. Iap. Vôqinaru nãguini vŏ.

Stæbe, es. Lus. Hũa erua espinhosa. Iap. Ibarano taguy.

Stæcas, adis. Lus. Hũa certa erua. Iap. Aru cusano na.

Stola, æ. Lus. Vestido. Iap. Yxŏ, qirumono. ¶ Item, Vestido de matronas honestas que chegaua ate o chão. Iap. Chiuo farŏ fodo nagaqi saburaino vonnano yxŏ. ¶ Item, per transl. Molher honesta, ou matrona. Iap. Saburaino musume, teigio. ¶ Item, veste Sacerdotal. Iap. Sacerdote no xŏzocu.

Stolatus, a, um. Lus. Vestido deste trajo. Iap. Miguino nagaqi yxŏuo qitaru mono. ¶ Stolata mulier. Lus. Molher rica e nobre. Iap. Fucqinaru saburaino musume. ¶ Stolatus pudor. Lus. Vergonha e honestidade de matrona. Iap. Saburaino musumeni nivŏte monofagi furu cotouo yŭ.

Stolidè, adu. Lus. Paruoamente. Iap. Vtçuqete, afŏni, taiguenni.

Stólidus, a, um. Lus. Tolo, paruo. Iap. Vtçuqete, taiguen, afŏ, vodoçemono.

Stolo, onis. Lus. Raminho, ou vara inutil que nace ao pee das aruores. Iap. Qino motoni izzuru yacuni tatazaru medachi.

Stomácace, es. Lus. Doença das genjiuas cõ que caem os dentes. Iap. Facusano taguy, l, faguqini dequru yamai.

Stómachans, antis. Lus. O que se agasta, ou encoleriza. Iap. Faradatçu mono, icariuo vocosu mono.

Stomáchicus, i. Lus. Doente do estamago q̃ não pode reter o comer. Iap. Fucuchũno yamaini yotte xocuuo tamochi yezaru mono.

Stómachor, aris. Lus. Indignarse, agastarse. Iap. Icaru, faradatçu.

Stomachosus, a, um. Lus. Agastado, colerico. Iap. Tanrionа mono. ¶ Item, O q̃ de tudo tem fastio, e asco. Iap. Arufodono cotouo aqi, taicut suru mono. ¶ Literæ stomachosæ. Lus. Carta que mostra a ira, e colera de quem a escreueo. Iap. Caqiteno xingiŭno icariuo arauasu fumi.

Stómachus, i. Lus. Cano por onde dece o comer ao estamago. Iap. Xocubutno fucuchũni cudaru fuye. ¶ Item, (Impropriè) Estamago. Iap. Inofu, xocuuo xŏsuru tocoro. ¶ Interd. Agastamento, indignação. Iap. Icari, tanrio. ¶ Item, Animo, vontade. Iap. Cocoro, zonbun. ¶ Item, Facilidade, mansidam, &c. Iap. Nhŭua, nhŭnan.

Stomáticus, i. Lus. O que tem a boca doẽte, ou chagada. Iap. Côchŭni vazzurai, l, xumot aru mono. ¶ Stomatica. Lus. Mezinhas que curam as chagas da boca. Iap. Miguino yamaiuo nauosu cusuri. ¶ Item, (secundũ Celsum.) Mezinhas que tem efficacia de fazer abrir inchaços, &c. Iap. Xumotuo cuchiuo aquru cusuri.

Stomoma, atis. Lus. Hũa certa maneira de escama muito fina que se tira do cobre. Iap. Acagane yori izzuru vrocono yŏnaru mono.

Stórea, æ. Lus. Esteira de junco, ou taboa que se estende no chão. Iap. Chixŏni xiqufucuy nado nite vchitaru muxiro.

Strabo, onis. Lus. Zanolho, ou vesgo. Iap. Finatame naru mono, figarame.

Strages, is. Lus. Matança, mortandade, ou destruição. Iap. Amatano fitono corosaretaru cotouo yŭ, l, famet, faigun. ¶ Itẽ, secundum Val. Multidam de corpos mortos. Iap. Amatano xigaino tçunde aru cotouo yŭ.

Strágulum, i, l, Stragula, æ. Lus. Hum genero de vestido. Iap. Yxŏno taguy. ¶ Itẽ, Colchão, ou cobertor. Iap. Xitone, l, yogui. ¶ Item, Cuberta de caualo. Iap. Vmaguinu. ¶ Item, Stragulæ vestes, l, stragula. Lus. Panos darmar. Iap. Qichŏ, cabeno cazarino taguy.

Stramen, inis, siue Stramentum, i. Lus. Colmo, ou palha de trigo. Iap. Muguiuara.

Stramentitius, a, ũ. Lus. Cousa feita desta palha. Iap. Muguiuara nite tçucuritaru coto.

Stramineus, a, um. Idem.

Str

Strangulatio, onis, l, Strangulatus, us. Lus. O afogar apertando agarganta. Iap. Nodouo ximete corosu cotouo yŭ. ¶ Strã gulatus vuluæ. Lus. Angustia, ou oflic ção do ventre. Iap. Farano couari itamu cotouo yŭ, l, fucutçŭ.

Strángulo, as. Lus. Afogar apertando agarganta. Iap. Nodouo xime corosu. ¶ Cu ra strangulari. Lus. Andar afogado com cuidados. Iap. Iroirono qizzucaini xemeraruru. ¶ Strágulare diuitias in arca. Lus. Gu ardar odinheiro na arca sem se aproueitar delle. Iap. Tocunaqu, muyacuni caneuo tacuuaye voqu. ¶ Nimia terræ lætitia seges strangulat. Lus. Agrosura, e vicio da ter ra afoga as sementeiras. Iap. Chi coyete gococuno decaxi sugosu.

Stranguria, æ. Lus. Angustia doença. Iap. Xibiribariuo tarurú yamai, rinbiŏ.

Satagêma, atis. Lus. Ardil de guerra. Iap. trBuriacu.

Strategia, æ. Lus. Capitania, ou cargo de capitanear hum exercito. Iap. Sôdaixŏno xocu, xoxei vosamuru xocu.

Stratêgus, i. Lus. Capitão do exercito. Iap. Sôdaixŏ.

Stratiotes, is. Lus. Hũa aruorezinha. Iap. Aru chijsaqi qino na.

Stratióticus, a, um. Lus. Cousa militar, ou de guerra. Iap. Buxi, l, yumiyani ataru coto.

Strator, oris. Lus. O que sela o caualo, e aju da a caualgar o senor. Iap. Vmani curauo voite xujinuo fiqi nosuru mono.

Stratus, a, um. Lus. Cousa derribada por terra. Iap. Tauosaretaru coto. ¶ Item, Stratum, substant. Leito. Iap. Toco. ¶ Item, Strata. Lus. Vestidos, cobertores, ou cubertas de besta. Iap. Yxŏ, yogui, vma guinu. ¶ Stratum mare. Lus. Mar leite. Iap. Vodayacana vmi. ¶ Strata via. Lus. Caminho, ou rua plana, ou calçada. Iap. Tairacanaru michi, ixidatamiuo xitaru machi coji.

Strébula. Lus. Postas de carne que se sacrificauão. Iap. Tamuqeni xitaru nicuno qire.

Strena, æ. Lus. Dom, ou presente que se manda em algum dia de festa em sinal de bom agouro. Iap. Xucu nichini bujini aretono xiruxito xite tagaini suru ficido mono.

Strenuè, adu. Lus. Forte, e diligentemente. Iap. Tçuyoqu, cŏni, saicanni, cocoroga qe uo motte.

Strenuitas, atis. Lus. Fortaleza, viueza. Iap. Tçuyosa, cocorono taqesa, l, iqiyacanaru cotouo yŭ.

Strenuus, a, um. Lus. Forte, e vigilante nas cousas. Iap. Qenaguenaru mono, cŏnaru mono, saicannaru fito, yurucaxe naqi fito.

Strépito, as. Lus. Fazer amiude hum soido baixo. Iap. Saisai fiqiqu naru, l, votouo suru.

Strépitus, us. Lus. Soido brando como de gente que vai andando, &c. Iap. Vôjeino yuqi tçururu axiuotono gotoqu naru voto. ¶ Item, Fausto, e pompa de homens ricos. Iap. Buguenxano yxei, l, yquŏ.

Strepo, is. Lus. Fazer estrondo com os pees, &c. Iap. Axiuotouo suru. ¶ Strepere aliquid. Lus. Murmurar, ou falar de algũa cousa em voz baixa. Iap. Sasayaqiyŏte monouo soxiru.

Striæ, & striaturæ, arum. Lus. Canais, ou regos como se vé nas colunas de meya cana, e é algũas eruas, &c. Iap. Faxira nadoni foritçuqetaru fino gotoquni aru sugi, l, cusa no cuqini tachitaru sugi.

Striatus, a, um. Lus. Cousa que tem estes vincos, ou canais. Iap. Miguino sugi aru mono. ¶ Frons striata. Lus. Carranca. Iap. Xicametaru maiay.

Strio, as. Lus. Fazer estes canaes, ou vincos. Iap. Miguino sugiuo fori tçucuru.

Stribligo, inis apud veteres. Lus. Solecismo. Iap. Tenifauo iysoconŏ cotouo yŭ.

Strictè, adu. Lus. Apertadamente, estreitaméte. Iap. Xebaqu, tçumaxiqu.

Strictim, adu. Lus. Breue, e sucintaméte. Iap. Tçuzumete, riacuxite.

Strictiuus, a, um. vt strictiuæ oleæ. Lus. Azei tonas que se colhem com amão. Iap. Tenite te toru azeitonato yŭ conomi.

Strictúræ, arum. Lus. Faiſcas que ſaltã do ferro quente quãdo o batem. Iap. Curoganeuo nen qitŏ toqi,tobu fonoco.

Strictus, a, um. vt ſtrictus gladius. Lus. Eſpada arrancada. Iap. Nuitaru catana.

Stridens, entis. Lus. O que faz eſtrondo, ou ſoido. Iap. Votouo ſuru mono, fibiqu mono.

Strideo, es, idui. Lus. Fazer eſtrondo, ou ſoido. Iap. Nari fibiqu, voto ſuru.

Strido, is. Idem.

Stridor, oris. Lus. Som áſpero como das portas que rangem quando ſe abrem. Iap. Mimini ſacŏ voto. vt tobirauo firaqu voto nado.

Strídulus, a, um. Lus. Couſa que faz ſom áſpero. Iap. Miguino votouo naſu mono.

Striga, æ. Lus. Ordem de couſas poſtas em fileira, ou iguaes. Iap. Monouo tate narabutu xidai. ❡ Item, ſecundũ Soſipat. Hum lugar do arrayal onde amarram os caualos. Iap. Ginxoni vmauo tatçuru tocoro. ❡ Itẽ, Compridam maior que a largura. Iap. Faba yorimo nagaqi cotouo yŭ.

Strigatus ager. Lus. Cãpo que correao comprido de norte a ſul. Iap. Qita yori minamini touoritaru denbacu.

Strigilécula, æ. dim. Lus. Hum inſtrumento com que rapam, e alimpam o ſuor, e ſujidade os que entram nos banhos. Iap. Furoni iru mono axe, acauo votoſu dŏgu.

Strígilis, is. Lus. Almofaça. Iap. Vmaguxi, vmano fadaqe gatana. ❡ Item, Hũ inſtrumẽto cõ que rapam o ſuor, e ſujidade os que entrã nos banhos. Iap. Furoni iru mono axe, acauo votoſu dŏgu. ❡ Itẽ, Strigiles. Lus. Faixas, ou tiras de pano cõ q̃ ſe cingiam, ou apertauam os lutadores depois da luta. Iap. Sumŏuo totte nochi vagamiuo maqitaru momen. ❡ Item, apud alios, Hũ vaſo. Iap. Aru vtçuuamonono na. ❡ Item, Strigil. Lus. Hũa laya de pedra vme. Iap. Dŏſeno taguy. ❡ Item, Hum peixe. Iap. Aru vuono na.

Strígilo, as. Lus. Apertar, amarrar. Iap. Ximuru, caraguru, yuitçuquru.

Strigium, ij. Lus. Hum veſtido. Iap. Aru yxŏno na.

Strigmentum, i. Lus. Sujidade q̃ ſe rapa, ou tira do corpo. Iap Miyori votoſaruru aca. ❡ Strigmenta olei. Lus. Sujidade que ſe tiraua dos corpos dos lutadores vntados cõ azeite. Iap. Aburauo miini nuritaru ſumŏtori yori izzuru aca.

Strigones, I, (ſecundum Feſtum) Strigores. Lus. Homens de grandes forças. Iap. Gŏriqinaru mono, gŏriqixa.

Strigoſus, a, um. Lus. Magro, e desfeito. Iap. Yaxe votoroyetaru mono, xôſui xitaru mono. ❡ Strigoſus orator, per trãſl. Lus. Orador ſeco, e deſengraçado. Iap. Xiuomo naqu, cotobanofubennaru danguixa.

Stringo, is, xi, ctum. Lus. Apertar, amarrar. Iap. Ximuru, caraguru. ❡ Item, per trãſl. Ferir. Iap. Qizuuo tçuquru, l, ataru. ❡ Qñq;. Colher. Iap. Monouo chiguiru. ❡ Interd. Rapar, ou roçar. Iap. Soru, l, ſuru. ❡ Item, Delgaçar. Iap. Monouo foſomuru. ❡ Stringere enſem. Lus. Arrancar a eſpada. Iap. Catana, l, qenuo nuqu.

Stritábilæ, arum. Lus. Molheres que eſcaſſamente podem andar por doença dos pees. Iap. Axino vazzurŏte focŏno canauanu vonna.

Stritare, l, Stribilare. Lus. Terſe em pee com dificuldade. Iap. Axino fumitate canuru.

Strix, igis. Lus. Hũa aue que anda de noite. Iap. Yoru tobu tori. ❡ Item, Bruxa, ou molher cujo tacto faz mal ás crianças. Iap. Majutuo motte yoru acago nadoni ate uo naſu vonna, l, teuo caquruuo motte acagoni gaiuo naſu vŏna. ❡ Item, Striges. Ortaliça vil, e de pouca eſtima. Iap. Iyaxi qi monodomo xocuſuru yaſaino taguy. ❡ Itẽ, Hũa caſta de trigo. Iap. Comuguino taguy.

Strŏbilus, i. Lus. Pinha. Iap. Matçuno chichiri, matçucaſa. ❡ Item, Cardo de orta. Iap. Fataqeni aru azami. ❡ Item, Pinheiro. Iap. Matçu. ❡ Item, Hum genero de bailo. Iap. Aru vodori yŏ.

Strobus, i. Lus. Hũa aruore cheiroſa. Iap. Aru cõbaxiqi qino na.

Stroma, atis. Lus. Alcatifa, cobertor, etc. Iap. Mâxen, yutan, vouoi. ¶ Item, Repoſteiros, ou panos d'armar de varias côres. Iap. Iroironi vori vaqetaru cabeno cazari.

Strombites, is. Lus. Hũa pedra. Iap. Ixino na.

Strombus, i. Lus. Hum peixe de concha. Iap. Caino tguy.

Stropha, æ. Lus. Aſtucia, engano. Iap. Bôriacu, tabacari, feôri.

Strophiarius, ij. Lus. O que faz coroas. Iap. Camuriuo tçucuru mono. ¶ Item, O que faz cintas com que as molheres apertão os peitos. Iap. Vonnano chibuſauo maqu monouo tçucuru fito.

Stróphium, ij. Lus. Faixa com que as molheres cingem o peito. Iap. Chibuſano vyeuo tçutçumu mono. ¶ Item, Coroa. Iap. Camuri.

Strophíolum, i, dim. Idem.

Strophos. Lus. Hũa dòr, ou doença que dá na barriga. Iap. Farauo itamu yamai.

Stroppus, i. Lus. Hũa inſignia que os ſacerdotes trazião na cabeça. Iap. Sacerdoteno cõbeni itadacaretaru curaino xiruxi, camuri.

Strúctilis, e. Lus. Couſa fabricada, ou feita de muitas pedras, &c. Iap. Amatano ixi nado nite tçucuritaru mono. ¶ Sepes ſtructiles. Lus. Sebes artificiaes, ou feitas de propoſito. Iap. Denbacuno mauarini tçuqitaru doi, l, yui mauaxitaru caqi. ¶ Structiles lapides. Lus. Pedras toſcas, e por laurar. Iap. Imada qirazaru, l, migacazaru ixi.

Structor, oris. Lus. Architecto, ou o que ordena, e poem em ordem algũa couſa. Iap. Daicu, xocunin, l, monouo xidaini voqu fito. ¶ Item, Copeiro, ou o que tem cuidado de cócertar a meſa, e pór as iguarias. Iap. Ienbuguiô. ¶ Item, Trinchante. Iap. Yaqitori nadono fôchô ſuru fito.

¶ Structores annonæ. Lus. Os q̃ tem cuidado de prouer a república de trigo. Iap. Zaixo, cunino tameni tacocu yori gococuuo facobu mono.

Structura, æ. Lus. Edificio, fabrica. Iap. Zôſacu, zôyei, conriũ. ¶ Item. O concertar, ou por em ordem. Iap. Xidaiuo voqu, monouo torivoqu, l, coxirayuru cotouo yũ.

Strues, is. Lus. Mõte de lenha. Iap. Taqiguiuo tçumi voqitaru cotouo yũ. ¶ Item, Hũ genero de comer doce de que vſauão nos ſacrificios. Iap. Tamuqeni xitaru amaqi xocubutno taguy.

Strufectarij. Lus. Os que leuauão aos ſacrificio huns certos manjares. Iap. Tamuqeno aru xocubutuo coxiraye mochite yuqitaru mono.

Strufertarij. Lus. Os que fazião certos ſacrificios junto de aruores feridas de coriſco. Iap. Raino vochicacaritaru qini tamuqeuo naxitaru mono.

Struices. Lus. Aparelho, ou concerto de qual quer couſa. Iap. Yôy, cacugo. Antiq.

Struma, æ. Lus. Alporca. Iap. Ro, xumot. ¶ Struma ciuitatis. Lus. Mal, ou couſa perjudicial à cidade. Iap. Zaixono yamai, cuzzure.

Strumea, æ. Lus. Hũa erua. Iap. Aru cuſano na.

Strumoſus, a, um. Lus. Doente de alporcas. Iap. Rouo vazzurô mono.

Struo, is, xi, ctum. Lus. Edificar, fabricar. Iap. Zôſacu ſuru, zôyei ſuru. ¶ Item, Pór em ordem. Iap. Xidaini ſonayuru. ¶ Struere aliquid. Lus. Machinar, ou traçar enganos, &c. Iap. Bôriacu nadouo tacumu, l, xi idaſu. ¶ Struere aciem. Lus. Aparelhar exercito. Iap. Ninjuzoroyeuo ſuru, xeiuo atçumuru. ¶ Struere dolos, l, inſidias. Lus. Vrdir treição, ou enganos. Iap. Mufonuo cuuatatçuru, bôriacuuo tacumu.

Struppi, vocabantur in puluinaribus faſciculi de verbenis facti, qui pro corona deorum capitibus imponebantur.

Struthia mala, et ſtruthiomela. Lus. Hũa laya de marmelos. Iap. Conomino taguy.

Struthium, ij. Lus. Erua ſaboeira. Iap. Acauo votoſu cuſano na.

Struthiocamelus, i. Lus. Ema. Iap. Curoganeuo curô vôqina tori.

Struthos. Lus. Pardal. Iap. Suzume. ¶ Itē, Ab antiquis mimorum ſcriptoribus vſurpabatur

batur pro viili membro.

Studeo, es, dui, itũ. Lus. Pór cuidado, ou diligencia em algũa cousa. Iap. Mononi coco rogaquru, xeiuo iruru. ¶ Interdum, Desejar, querer. Iap. Nozomu, conomu. ¶ Aliqñ. Amar, ou fauorecer. Iap. Taixetni vomô, chisô suru, conxetni suru. ¶ Itẽ, Trabalhar, pór asforças. Iap. Chicarauo tçuquru, naguequ. ¶ Item, Studar. Iap. Gacumon suru.

Studebatur, imperf. Idem.

Studiosè, adu. Lus. Cuidadosa, e diligẽtemẽte. Iap. Cocorogaqete, xeiuo irete, saicanni. ¶ Libenter, & studiosè audire aliquẽ. Lus. Ouuir a alguẽ de boa vontade, e cõ curiosidade. Iap. Cocoroyoqu, xeiuo irete, saicanni qiqu.

Studiosus, a, um. Lus. Diligente, perseuerante. Iap. Saicanna mono, taicutnaqu cotayuru mono. ¶ Aliqñ. Desejoso. Iap. Mono uo conomu, l, suqu fito. ¶ Item, Amigo, fauorecedor. Iap. Chijn, xitaximi, chisô nin. ¶ Item, Inclinado ao estudo das letras. Iap. Gacumonzuqi.

Studium, ij. Lus. Diligencia, e promptidão em algũa cousa. Iap. Xeiuo iruru cotouo yũ. ¶ Qñq;. Exercicio. Iap. Qeico, xuguiŏ. ¶ Qñq;. Fauor, ou amor. Iap. Chisô, taixet. ¶ Qñq;. Vontade, parecer. Iap. Nozomi, zonbun.

Stultè, adu. Lus. Paruoamente, imprudentemente. Iap. Vtçuqete, buxirioni.

Stultiloquẽntia, æ. Lus. Pratica, ou falas imprudente. Iap. Vtçuqetaru monogatari, buxiriona monogatari.

Stultiloquium, ij. Idem.

Stultitia, æ. Lus. Imprudencia, paruoice. Iap. Vtçuqe, buxirio.

Stultus, a, um. Lus. Imprudente, e de pouco saber. Iap. Buxirionaru mono, vtçuqetaru mono. ¶ Dies stulti. Lus. Idade de mancebo. Iap. Iacufaino nenrei, jacunen.

Stupa, l, stypa, æ. Lus. Estopa. Iap. Vocuzzu.

Stuparius, a, um. Lus. Cousa pertencente a estopa. Iap. Vocuzzuni ataru coto. ¶ Stuparius malleus. Lus. Malho de bater, ou

malhar linho. Iap. Asauo vchicudaqu tçuchi.

Stupefacio, is. Lus. Fazer dormente, ou priuar do sentido. Iap. Xibire nayete voboyenu yŏni suru. ¶ Item, Fazer pasmar. Iap. Vodorocasu.

Stupens, entis. Lus. Cousa que está como dormente, ou sem sentido. Iap. Xibirino qiretaru mono, l, nayetarumono.

Stupeo, es, pui. Lus. Estar como tolhido, e sem sentido. Iap. Xibiruru, nayuru. ¶ Item, Estar pasmado vendo algũa cousa. Iap. Aqiruru, mite guiŏtẽ suru. ¶ Hic stupet vitio. Lus. Este perde o siso por seus vicios. Iap. Coreua togani yotte qeŏqi xitari.

Stupesco, is. Lus. Espantarse. Iap. Aqiruru, guiŏten suru.

Stupeus, a, um. Lus. Cousa feita de estopa. Iap. Vocuzzu nite tçucuritaru mono.

Stupiditas, atis. Lus. Espasmo, ou o carecer de sentido. Iap. Xetdo, l, mino nayete voboyenu cotouo yũ. ¶ Item, Espanto, ou admiração causada de algũa noua marauilha. Iap. Qimeŏ fuxiguinaru cotoni tçuiteno vodoroqi.

Stupor, oris. Idem.

Stúpidus, a, um. Lus. Cousa tolheita, ou q̃ carece de sentido. Iap. Mino nayetaru mono. ¶ Qñq;. Paruo. Iap. Vtçuqe mono. ¶ Item, Pasmado. Iap. Vodoroqitaru mono, guiŏten xitaru mono.

Stuprator, oris. Lus. O que pecca com molheres. Iap. Vonnani micquaiuo nasu mono.

Stuprè, adu. apud antiquos. Lus. Torpemente. Iap. Fujŏni, yocoximani.

Stupro, as. Lus. Peccar com molheres. Iap. Vonnani micquaiuo nasu.

Stuprosus, a, um. Lus. O que muitas vezes pecca com molheres. Iap. Xiguequ micquaiuo nasu vonoco.

Stuprum, i. Lus. Ajuntamento carnal ilicito. Iap. Tabon, jain. ¶ Aliqñ. O violar a virgem, ou cometer peccado com viuua. Iap. Vottono michiuo xiranu nho

ff ✱ 2 ninnin, goqeni tauaburuiu cotouo yů. ¶ Itẽ, Ignominia, ou deshonra. Iap. Acumiŏ, chijocu.

Sturnus, i. Lus. Estorninho. Iap. Torino na.

Stylobates, is. Lus. Fundamento, ou base da coluna. Iap. Ixizuye, faxirano yenza.

Stylus, i. Lus. Coluna. Iap. Faxira. ¶ Itẽ, Estilo de ferro, &c. pera escreuer em taboas enceradas. Iap. Rŏuo fiqitaru itani monouo caqi tçuquru curoganeno fude. ¶ Item, Estylo, ou maneira de compor, escreuer, ou dizer. Iap. Bunxo. ¶ Itẽ, Cousa feita de pao, ferro, ou outra materia aguda na ponta. Iap. Nagaqu saqino togaritaru mono. ¶ Item, O murmurar, ou reprender algũa cousa fazendo inuectiuas, ou libellos infamatorios. Iap. Fito no acumiŏuo caqitçuqetaru qiŏuo tufu sasuru cotouo yů, l, racuxo. ¶ Item, Raiz direita, e comprida. Iap. Suguni nagaqi qino ne.

Stymma, atis. Lus. Confeição, ou vnguento cheiroso de varios materiaes. Iap. Aua xegŏ, l, cunyacuno taguy.

Stypteria, æ. Lus. Pedraume. Iap. Dŏsa.

Stypticus, a, um. Lus. Cousa estitica que tem virtude de apertar. Iap. Qexxi sasu ru mono, monouo chigimuru, l, ximuru xitaru mono.

Styrax, acis. Lus. Hũa aruore como marmeleiro. Iap. Aru qino na. ¶ Itẽ, Estoraque. Iap. Miguino qino yani.

S ANTE V.

SVadêla, æ. Lus. Persuasão. Iap. Susume, saisocu.

Suadeo, es, si, sum. Lus. Persuadir, induzir. Iap. Susumuru, moyouosu. ¶ Suadere legem. Lus. Amoestar o pouo a que rece ba a ley. Iap. Sadameraruru fattoni dôxin xeyoto banminiuo susumuru.

Suapte, & suopte. vt suapte spõte. Lus. De sua propria vontade. Iap. Nozomi yori.

Suasio, onis. Lus. Persuasão, amoestação. Iap. Susume, moyouoxi.

Suasor, oris. Lus. O que persuade, ou amoesta. Iap. Susumete, moyouoxite.

Suasorius, a, um. Lus. Cousa pertencente a persuadir, ou induzir. Iap. Susumeni ataru coto. ¶ Suasoriũ munus. Lus. Officio de persuadir. Iap. Susumuru yacu. ¶ Suasorium genus causæ rhetoribus idem est, quod deliberatiuum.

Suamet, i. Sua ipsius.

Suasus color, seu Suasum, substant. Lus. Cõr preta, e escura. Iap. Curo iro.

Suatim, adu. Lus. Como porco. Iap. Buta, l, inoxixino gotoquni.

Suauiloquẽs, entis. Lus. O que fala cõ suauidade. Iap. Xiuoraxiqu monouo yů fito.

Suauiloquus, a, um. Idem.

Suauiloquentia, æ. Lus. Suauidade no falar. Iap. Xiuoraxiqu monouo yů cotouo yů, l, monogatarino xiuoraxisa.

Suauior, & Sauior, aris. Lus. Beijar a alguẽ com alegria, e cõtentamento. Iap. Yorocobino xiruxito xite, l, yorocôde fitouo sů.

Suauis, e. Lus. Cousa doce, ou suaue ao gosto, ou ao cheiro. Iap. Amaqi mono, agiuai yoqu, niuoi yoqi mono. ¶ Item, Cousa agradauel, e aceita. Iap. Qini aitaru coto.

Suauitas, atis. Lus. Suauidade, doçura, ou brãdura. Iap. Canmi, nhŭua, nianicu.

Suauitudo, inis. Idem.

Suauitatio, onis. Lus. O beijar com alegria, e contentamẽto. Iap. Yorocobino xiruxito xite, l, yorocôde fitouo sů coto nari.

Suauiter, l, Suauè, adu. Lus. Suauemẽte. Iap. Amaqu, l, cocoro yoqu.

Suauium, l, Sauium, ij. Lus. Beijo que se dà com alegria, e contentamento. Iap. Yorocôde fitono sů cotouo yů.

Suauiolum, i. dim. Idem.

Sub. præp. Lus. Debaixo. Iap. Xitani. ¶ Aliqñ. Em. Iap. Ni, niuoite. ¶ Aliqñ. Hum pouco antes, ou quasi no mesmo tempo, &c. Iap. Sucoxi mayeni, tairiacu vonajiqi jibunni. vt sub idem tempus. Lus. No mesmo tempo. Iap. Vonaji jibunni. ¶ Item, Diante. Iap. Mayeni. ¶ Item, Pegado, junto. Iap. Sobani, l, chicaqui, qinjoni. ¶ Item, Depois, l, no se-

seguinte lugar. Iap. Sono nochi, l, fono tçugui ini. ¶ Sub corona vænundari. Lus. Serem vendidos os escrauos coroados. Iap. Fudaiga camuriuo qite vraruru.

¶ Sub dio. Lus. Ao sereno. Iap. Noju-cuni. ¶ Sub diuo, l, sub Ioue. Idem.

¶ Sub iugo mitti. Lus. Passare os soldados vencidos por baixo de hũas traues amanei ra de força em sinal de deshonra. Iap. Iqe dorino buxiuo chijocuno tameni torij,mõ nado yõnaru monono xitauo touosaruru.

¶ Sub manu. Lus. Logo, de repente. Iap. Yagate, issocuni, sassocuni. ¶ Sub vinea iácere. Lus. Arremesarem os soldados lanças, ou tiros de arremeso estando escon didos debaixo da manta da guerra. Iap. Xiyorino dõguno xita yori yariuo nagaru.

¶ Sub vmbra. Lus. Com pretexto, ou com capa. Iap. Cacotçuqete, irouo catte.

Subabsurdè, adu. Lus. Algum tanto fora de proposito, ou desengraçadamente. Iap. Sŏ uŏ xezu, buxiuoni.

Subabsurdus, a, um. Lus. Cousa algum tan to inconueniente, ou sem proposito. Iap. Sucoxi niauazaru coto, buxiuonaru coto.

Subaccūso, as. Lus. Acusar, ou reprehender. Iap. Vttayuru, fiuo iruru.

Subácidus, a, um. Lus. Cousa algum tanto azeda. Iap. Sucoxi suqi mono.

Sbácidulus, a, um. dim. Idem.

Subactio, onis. Lus. Exercicio, ou o cultiuar a terra, &c. Iap. Qeico, l, denbacuuo tagayesu cotouo yŭ, l, cŏsacu.

Subactus, us. Idem.

Subactus, a, um. Lus. Terra cultiuada, ou bem laurada. Iap. Yoqu sacu xeraruru dẽ bacu. ¶ Aliqñ. Vencido, subiugado. Iap. Qiri xitagayeraretaru mono. ¶ Aliqñ. Constrangido. Iap. Sucumeraretaru mono. ¶ Ingenium subactum, per transl. Lus. Engenho polido, e exercitado. Iap. Gacumonni migacaretaru chiye.

Subæratum aurum. Lus. Ouro sobre cobre. Iap. Acaganeuo tçutçumitaru cogane.

Subágito, as. Lus. Cauar, ou laurar. Iap. Foru, tagayesu. ¶ Subagitare dictis aliquẽ,

per transl. Lus. Mouer, ou atrahir a alguẽ com palauras brandas, ou com lisonjas. Iap. Cotobauo amanŏte fitouo nabiquru.

Subagrestis, e. Lus. Cousa algum tanto sel uatica, ou domato. Iap. Sucoxi araqi mono, l, sucoxi inacafaxiqi mono.

Subalâris, e. Lus. Cousa que està de baixo das asas. Iap. Fagaino xitani aru mono.

Subálbico, as. Lus. Ser hum pouco branco. Iap. Na najiroqu naru.

Subálbidus, a, ũ. Lus. Cousa algũ tăto brăca. Iap. Namajiroqi mono, vsujiroqi mono.

Subamârus, a, um. Lus. Cousa amargosa tã malaues. Iap. Sucoxi nigaqi mono.

Subáqueus, a, um. Lus. Cousa escondida de baixo da agoa. Iap. Mizzuno soconi cacururu mono.

Subáquilus, a, um. Lus. Cousa hum pouco sobre opreto. Iap. Vsuguroqi mono, vaxi no ironaru mono.

Subaratio, onis. Lus. O laurara terra por bai xo. Iap. Xitauo foru, l, suqu coto nari.

Subarator, oris. Lus. O que laura a terra por baixo. Iap. Tauo foru, l, suqu mono.

Subargûtus, a, um. Lus. Hum pouco sutil e engenhoso. Iap. Sucoxi ricon naru mono, rifat naru mono, coricon naru mono.

Subargútulus, a, um. dim. Idem.

Súbaro, as. Lus. Laurar a terra por baixo. Iap. Tauo foru, l, suqu.

Subárrogans, antis. Lus. Algum tanto presumptuoso, e altiuo. Iap. Sucoxi iguen suru mono, l, gaman naru mono.

Subarrogancer, adu. Lus. Cõ algũa presũção. Iap. Sucoxi iguenxite, l, gamanni.

Subatio, onis. Lus. Cio dos porcos, e outros animais. Iap. Buta nadono sacaru coto uo yŭ.

Subausculto, as. Lus. Escutar léue mente, e como de caminho. Iap. Carisomeni qiqu, totorisamani qiqu.

Subbasilicânus, a, um. Lus. O que frequenta de boa vontade os lugares de rolação, ou audiencia. Iap. Cŭji satauo qicaruru tocoroye saisai coccro yoqu cayô mono.

Súbbibo, is. Lus. Beber algum tanto demasiadaſiadamente, e quaſi embebedarſe. Iap. Saqeno ſucoxi nomi ſugoſu, ſan ſui ſuru.

Subblandior, iris. Lus. Fazer alguns afagos, ou meiguices. Iap. Sucoxi amayacaſu, l, tçuixô ſuru.

Subcærulus, a, um. Lus. Couſa algum tan to azul. Iap. Vſu aſagui naru mono.

Subcándidus, a, um. Lus. Couſa algum tan to branca. Iap. Namajiroqi, l, ſucoxi xiroqi mono.

Subcenturio, onis. Lus. O lugar tenente do capitão de cem homens. Iap. Fiacqino taixŏno miŏdai.

Subcerniculum, i. Lus. Peneira baſta. Iap. Vmano vodeveritaru furui.

Subcinericius panis. Lus. Pão, ou bolo de ſo borralho. Iap. Atçuſaino xita nite yaqitaru comuguino mochino taguy.

Subcingulum, i. Lus. Talabartes. Iap. Coxiate, l, vobitori.

Subcontumeliosè, adu. Lus. Algum tanto afrontoſamente. Iap. Sucoxi chijocuuo xicaqete.

Subcontumelioſus, a, um. Lus. Hum pou co injuriador de palaura. Iap. Sucoxi chijocuuo iy caquru, l, xicaquru mono.

Subcriſpus, a, um. Lus. O que tem os cabelos hum pouco creſpos. Iap. Camigue no ſucoxi chigimitaru mono.

Subcrudus, a, um. Lus. Couſa meya crua. Iap. Namaniye, namayaqi naru mono.

Subcruentus, a, um. Lus. Couſa algum tã to enſangoentada. Iap. Sucoxi chini ſomitaru mono.

Subcurator, oris. Lus. O que eſtaa em lugar de procurador, ou titor, ou he ſeu ajudâte. Iap. Saibannin, l, ſabaqiteno miŏdai, l, buguiŏ, ſabaqiteni cŏriocu ſuru mono.

Subcuſtos, odis. Lus. O que vigia, ou guarda em lugar de outro. Iap. Fitono miŏdaini ban, l, ſaibanuo ſuru mono.

Subcutaneus, ſiue Subtercutaneus morbus. Lus. Mal, ou doença que daa entre a pelle. Iap. Finicuno aidani aru yamai.

Subdebilitatus, a, um. Lus. Algum tanto debilitado, ou fraco. Iap. Sucoxi votoroyetaru mono, l, youaqi mono.

Subdialis, e. Lus. Couſa que eſtaa ao ar, e ſereno ſẽ telhado. Iap. Iyeno ſocani aru mono, nojucu toru mono. ¶ Subdialia pauimẽta, l, Subdiales deãbulationes. Lus. Terra do, ou eirado, &c. Iap. Guiŏdŏ ſuru yane.

Subdifficilis, e. Lus. Couſa algum tanto di ficultoſa. Iap. Sucoxi xigataqi coto, xinrŏ naru coto.

Subditicius, a, um. Lus. Couſa poſta em lu gar de outra como o filho alheo que ſe po em em lugar do verdadeiro falſamente. Iap. Vadacamatte ire cayetaru coto. vt, Iixxino cauarini vocaretaru tano co.

Subditiuus, a, um. Idem.

Súbditus, a, um. Lus. Couſa poſta, ou me tida debaixo. Iap. Xitani vocaretaru mono. ¶ Interd. Sojeito, ou ſometido ao imperio de alguem. Iap. Qirixitagayetaru mono, tçuqixitagŏ mono. ¶ Sub ditus partus. Lus. Filho que hũa molher pario tomado, e poſto a outra. Iap. Iixxino cauarini vocaretaru tano co. ¶ Subditum teſtamẽtum apud iuris conſultos. Lus. Teſtamẽto ſurreticio poſto em lugar do verdadeiro. Iap. Fonno yuijono cauarini tçucurite voqitaru yuijo, l, bôxo. ¶ Subditus iudex. Lus. Iuiz ſuſtituido em lugar de outro. Iap. Tadaxiteno miŏdai.

Subdiu. Lus. Dedia. Iap. Firu, facuchũ.

Subdo, is. Lus. Pór, meter debaixo, ou ſome ter. Iap. Xitani voqu, l, ireru, qirixitagayuru. ¶ Aliqñ. Ajuntar, acrecentar. Iap. Tçugu, ſoyuru. ¶ Interd. Suſtituir, ou pór hum em lugar de outro. Iap. Miŏdaini ſadamuru. ¶ Subdere equo calcaria. Lus. Incitar o caualo a carreira dando lhe de eſporadas. Iap. Coxi abumiuo vtte vmauo iſamuru, ſuſumuru. ¶ Item, Sub dere calcaria, per transl. Lus. Aguilhoar, e incitar a alguem. Iap. Xetçuqu, ſuſumetatçuru. ¶ Subdere ignem, ac materiam ſeditioni, per transl. Acrecentar, e fomentar os motins, e reuoltas do pouo. Iap. Bãmin sôdôno tçunoru yŏni ſuru.

Subdoceo, es. Lus. Eſtar em lugar de meſtre. Iap.

Iap. Xixŏho miŏdai suru. ¶ Item, Ensinar, ou ser mestre em horas desocupadas, e extraordinarias. Iap. Gacumonno suqini voxiyuru, l, fimano suqizuqini voxiyuru.

Súbdolè, adu. Lus. Cauta, l, enganosamente. Iap. Tabacatte, damatte, l, yŏjinxite.

Súbdolus, a, um. Lus. Falso, ou sagaz. Iap. Vadacamaritaru mono, feŏriaru mono, l, nucarazaru mono.

Subdúbito, as. Lus. Ter algũa duuida, ou duuidar algũ tanto. Iap. Sucoxi vtagŏ, l, ayaximu, vsanni vomŏ.

Subdúco, is. Lus. Tirar de de baixo. Iap. Xitayori torinóqeru. ¶ Interd. Aleuantar. Iap. Aguru. ¶ Item, Furtar, ou tomar ás escondidas, ou dissimuladamente. Iap. Mo nouo nusumu, cacuite toru. ¶ Subducere naues. Lus. Tirar as naos a oestaleiro. Iap. Funeuo cugani fiqiaguru. ¶ Subducere rationem, l, calculum. Lus. Fazer contas por numeros. Iap. Sanyŏ suru, l, san nado nite monouo cazoyuru ¶ Subducere se ex aliquo loco. Lus. Sairse de algum lugar ás escondidas sem ser visto de alguem. Iap. Tocorouo xinobi izzuru. ¶ Subducere a liquem dictis. Lus. Enganar a alguem có palauras. Iap. Cotobauo motte damasu, l, tabacaru.

Subductarius, a, um. vt funis subductarius. Lus. Corda de aleuantar qualquer peso. Iap. Vomoniuo fiqi aguru naua.

Subductio, onis. Lus. Computação, ou conta. Iap. Sanyŏ, cangiŏ. ¶ Item, O aleuã tar. Iap. Fiqi aguru coto nari.

Subdulcis, e. Lus. Cousa hũ pouco doce. Iap. Sucoxi amaqi mono.

Súbedo, is. Lus. Comer por de baixo. Iap. Xitauo ciburu, curŏ.

Subeo, is, iui, ij, itum. Lus. Entrar, subir. Iap. Fairu, noboru, agaru. ¶ Aliqñ. Sofrer, padecer. Iap. Xinogu, corayuru. ¶ Subire periculum. Lus. Porse a perigo. Iap. Nanguini vŏ. ¶ Aliqñ. Crecer eruas, &c. Iap. Cusa nado ga xŏzuru, voye izzuru. ¶ Itẽ, Aleuantarse em alto. Iap. Chŭni, l, tacaqu agaru. ¶ Qñq;. Soceder. Iap. Tçugu, tçuzzuqu, tçurauaru. ¶ Itẽ, Responder, ou resistir. Iap. Fenji suru, cotayuru, l, fuxegu. ¶ Item, Pór, ou meter de baixo. Iap. Xitani voqu, l, iruru. ¶ Subijt me pœnitẽtia. Lus. Arrepẽdime, tiuepesar. Iap. Côquai xitari. ¶ Subijt mihi cura. Lus. Tiue cuidado. Iap. Cocoroga qetari, saiban xitari. ¶ Subire onus do s . Lus. Tomar, ou leuar a carga ás costas. Iap. Vomoniuo vô. ¶ Subire iudicem. Lus. Subornar, ou induzir ocultamente o juiz pera que seja por nos. Iap. Tadaxite va reni fijqi xeraruru yŏni caguenite tanomu, susumuru. ¶ Subire ad hostes. Lus. Ir su bindo contra os imigos. Iap. Teqini mucŏte noboru. ¶ Subire aleam. Lus. Esta em perigo, ou offerecerse a perigo. Iap. Nãguini vo, l, vqimeuo miru, daijini miuo caquru.

Suber, eris. Lus. Souereiro. Iap. Caxino çino taguy.

Subereus, a, ũ. Lus. Cousa de souereiro. Iap. Miguino qini ataru coto.

Suberro, as. vt suberrare mótibus. Lus. Andar errado por entre os montes. Iap. Xinzanni samayô, madoiaruqu.

Subferuefio, is. Lus. Feruer hum pouco. Iap. Sucoxi taguiru.

Subferuefactus, a, um. Lus. Hum pouco feruente. Iap. Sucoxi taguiru mono.

Subfibulum, siue Suffibulum, i. Lus. Hũ certo vestido branco, ou cobertura com que as Virgens Vestaes cubrião a cabeça quando sacrificauão. Iap. Mucaxi Romani te tamuqeuo xitaru Virgennaru aru nhoninno xiroqi cazzuqi.

Subfrigidè. Lus. Algum tanto friamente. Iap. Sucoxi nuruqu, l, yurucaxeni.

Subfrigidus, a, um. Lus. Cousa algum tanto fria. Iap. Sucoxi tçumetaqi mono.

Subgrandis, e. Lus. Algum tanto grande. Iap. Sucoxi furoqi mono.

Súbgrauis, e. Lus. Algum tanto pesado, ou molesto. Iap. Sucoxi vomoqi mono, l, taicutni naru mono.

Sub-

Subgrũda, æ, l. Suggrũda. Lus. Partes do telha do q saẽ mais pera fora. Iap. Iyeno noqi.

Subgrundia, orum, Idem.

Subgrundatio, onis. Lus. O fazer, ou edificar estas partes saidas pera fora. Iap. Iyeno noqiuo tçucuru coto nari, l, iye yorimonouo tçucuri idasu cotouo yŭ.

Subhasto, as. Lus. Vender em almoeda. Iap. Fitouo atçume vrimonono neuo furete dai ichi cõjiqini cauanto yŭ fitoni vru.

Subhórridus, a, um. Lus. Cousa algum tanto aspera, ou espantosa. Iap. Sucoxi araqi mono, l, ibuxeqi mono.

Subiaceo, es, cui. Lus. Estar deitado de baixo de algũa cousa. Iap. Monono xitani fuxete yru.

Subiacto, as. Lus. Deitar pera riba. Iap. Na-(gueaguru.

Subículum, i. Lus. O que sempre, ou muitas vezes he açoutado. Iap. Saisai xeccāxe raruru mono, l, xippei nite vtaruru mono.

Subiectio, onis. Lus. O representar, ou descreuer ao viuo algũa cousa. Iap. Yoqu maneuo suru, l, tocoro nadono yŏsuuo arino mama ni caqu coto nari. ¶ Item, O pòr, ou meter algũa cousa falsa por verdadeira. Iap. Nixemononi cacuxite toriçayuru coto nari.

Subiecto, as. Lus. Arremesar pera riba. Iap. Nagueaguru, vchiaguru. ¶ Aliqñ. Meter, ou pór de baixo frequẽtemẽte. Iap. Xiguequ xitani iruru, voqu.

Subijcito, as. frequent. Idem.

Subiector, oris. Lus. O que poem cousas falsas por verdadeiras, ou falsario. Iap. Cacuxite nixemononi toriçayuru fito, l, bôxouo caqu fito.

Subiectus, us. Lus. O meter, ou pôr de baixo. Iap. Xitani iruru, l, voqu cotouo yŭ.

Subiectus, a, um. Lus. Sojeito, ou subdito dalguem. Iap. Tçuqixitagŏ mono.

¶ Aliqñ. Exposto, ou sojeito a perigos, &c. Iap. Nanguj nadoni vŏ coto canŏ mono.

Subigo, is, egi, actum. Lus. Constranger, induzir. Iap. Susumuru. ¶ Qñq;. Sojeitar, domar. Iap. Xitagayuru, l, xitagaiuru. ¶ Itẽ. Amolar, afiar. Iap. Togu, togaracasu.

¶ Item, Mesturar. Iap. Auasuru, majiyuru. ¶ Aliqñ. Laurar, e cultiuar bẽ a terra, &c. Iap. Yoqu tagayasu, cŏsacu suru. ¶ Item, per transl. Exercitar. Iap. Qeico sasuru. Qñq;. Cauar, ou minar por baixo. Iap. Xitauo foru. ¶ Itẽ, Mouer, ou attrahir cõ mafagos. Iap. Cotobauo motte aiyayacasu, tçuixôuo yŭ. ¶ Qñq;. Leuar, ou guiar pera riba. Iap. Nobosuru, aguru.

Súbijces. Lus. Sojeitos, vasalos. Iap. Tçuqixitagŏ mono.

Subijcio, is, eci, ectum. Lus. Meter, ou pôr debaixo. Iap. Xitani voqu, l, iruru. ¶ Aliqñ. Sometter, ou sojugar a seu imperio. Iap. Qirixitagayuru. ¶ Interd. Lançar, ou arremesar pera riba. Iap. Nagueaguru, vchiaguru. ¶ Item, Falsificar, ou pôr cousa falsa em lugar da verdadeira. Iap. Cacuxite nixemononi toricayuru, bôxouo caqu. ¶ Itẽ, Aleuantar em alto. Iap. Tacaqu aguru. ¶ Subijcere causam alicuius rei. Lus. Dar materia, ou causa de algũa cousa. Iap. Monono damocuuo xi idasu.

Subimpetrandus, a, um. Lus. Cousa que se ha de alcançar escondidamente. Iap. Cacuxi motomu beqi coto.

Subímpudens, entis. Lus. Algum tanto desauergonhado. Iap. Sucoxi fagi xirazu, vel fabacarinaqi mono.

Subinânis, e. Lus. Cousa hum pouco vazia, ou homem de pouco saber. Iap. Sucoxi vtçuronaru coto, l, vtçuqetaru mono.

Subinde, l, Subin. Lus. Logo, depois. Iap. Yagate, sono tçugui. ¶ Interd. Frequentemente. Iap. Xiguequ, tabitabi.

Subingerere arietem. Lus. Dar, ou offerecer carneiro pera que seja sacrificado em seu nome. Iap. Vagamino tameni tamuqeni nasu vofitçujiuo yaru.

Subinsulsus, a, um. Lus. Cousa algum tanto enxabida. Iap. Xiuono namazzuqe naru mono.

Subinuideo, es. Lus. Ter algũa pouca de enueja. Iap. Sucoxi sonemu, netamu.

Subinuisus, a, um. Lus. Cousa algum tanto aborrecida. Iap. Sucoxi nicuqi mono, l, nicuteiraru mono. Su-

Subinuîto, as. Lus. Prouocar, ou conuidar algum tanto. Iap. Sucoxi susumuru, l, moyouosu.
Subirascor, eris. Lus. Irarse, ou agastarse algum tanto. Iap. Sucoxi icaru, l, farauo tatçuru.
Subis. Lus. Hũa aue que quebra os ouos da aguia. Iap. Vaxino caigouo varu torino na.
Subitaneus, a, um. Lus. Cousa subita, ou repentina. Iap. Fureona coto, niuacagoto.
Subitarius, a, um. Idem. ¶ Qñq;. Cousa feita derepente, sem cuidar. Iap. Toriaye zuni, l, torini xitaru coto. ¶ Subitarij mi lites. Lus. Soldados que derepente vem em socorro. Iap. Niuacanaru caxei.
Subitò, adu. Lus. Derepente, logo. Iap. Yagate, futto, niuacani.
Súbitus, a, um. Lus. Cousa subita, e repentina. Iap. Niuacanaru coto, fureonaru coto.
Subiugia lora. Lus. Correas com que atão o jugo ao pescoço do boy. Iap. Cubicaxeuo vxini yui tçuquru vo, naua.
Súbiugis, e. Lus. Costumado a trazer jugo. Iap. Cubicaxeuo voi naretaru mono.
Subiugalis, e. Idem.
Súbiugo, as. Lus. Someter, ou sojeitar a seu imperio. Iap. Qiri xitagayuru, qiritoru.
Subiunctiuus modus dictus est, quia subiungitur alteri verbo, sine quo sententiam explere non potest.
Subiungo, is. Lus. Ajuntar, ou pór de baixo. Iap. Xitani voqu, iruru, l, atçumuru.
¶ Aliqñ. Sojeitar por força darmas. Iap. Qiri tairaguru, qiri xitagayuru.
Sublábor, eris. Lus. Passar. Iap. Touoru, suguru. ¶ Itẽ, Correr pera baixo, ou fugir escõdidamente. Iap. Xinôde, l, cacurete faxiri cudaru, nagaruru, niguru.
Súblabro, as. Lus. Meter o comer na boca. Iap. Xocuuo cuchini iruru.
Sublatè, adu. Lus. Altamente. Iap. Tacaqu, cõjôni.
Sublateo, es. Lus. Estar escondido debaixo de algũa cousa. Iap. Monono xitani cacurete yru.

Sublatio, onis. Lus. O aleuantar. Iap. Taca qu aguru coto nari. ¶ Sublatio animi. Lus. Altiueza, ou presunção. Iap. Cocoro no vogori, jiman.
Sublâtus, a, um. Lus. Cousa aleuantada, ou alta. Iap. Tacaqi mono, aguetaretaru mono. ¶ Itẽ, Cousa tirada. Iap. Tori noqetaru, l, torifanasaretaru coto. ¶ Aliqñ. Soberbo, e arrogante. Iap. Iiman, l, gaman naru mono.
Sublêgo, as. Lus. Sustituir, ou pór hum em lugar de outro. Iap. Miôdaini tadamuru.
Súblego, is. Lus. Furtar lorrateiramente algũa cousa. Iap. Cacurete monouo nusumu. ¶ Item, Lér de pressa, e como de caminho. Iap. Sosôni yomu, cocorouo tçuqezu xite yomu. ¶ Itẽ, Colher. Iap. Firô, tçumu. ¶ Sublegere in locum alicuius. Lus. Escolhẽdo a alguem polo em lugar de outro. Iap. Yerôde miôdaini sadamuru. ¶ Sublegere sermonem. Lus. Escutar, ou espreitar o q̃ outro fala. Iap. Monogatarino tachigiqiuo suru.
Sublestus, a, um. Lus. Fraco, debilitado. Iap. Youaqi mono, fiuazzunaru mono. ¶ Itẽ, Cousa leue, e friuola. Iap. Nandemo naqi coto, caroqi coto. ¶ Vinum sublestissimum. Lus. Vinho que tem grande efficacia pera debilitar. Iap. Fitouo vôqini youarasuru saqe.
Súbleuo, as. Lus. Aleuantar em alto. Iap. Saxiaguru, mochi aguru. ¶ Item, per trãsl. Aproueitar, ajudar. Iap. Tayori, l, côriocuuo naru, rocuto naru. ¶ Subleuare testimonio aliquem. Lus. Ajudar, ou fauorecer a alguẽ com seu testemunho. Iap. Xôconi tatte cõriocu suru.
Sública, æ. Lus. Esteo de madeira que se finca no rio pera fazer algũa ponte. Iap. Cauani foritatçuru faxiguy, faxibaxira.
Sublicium, ij. Idem.
Sublicius pons. Lus. Ponte de madeira. Iap. Qinite caqetaru cauano faxi.
Subligáculum, i. Lus. Ceroulas, calções, &c. Iap. Facama.
Súbligar, aris. Idem.

Subligo, as. Lus. Atar por baixo. Iap. Xita uo yŭ, l, yui tçuquru.

Sublîmè, adu. Lus. Altamente. Iap. Tacaqu, cŏjŏni.

Sublimiter, adu. Idem.

Sublîmis, e. Lus. Cousa alta, ou aleuantada. Iap. Tacaqicoto, cŏjŏnaru coto. ¶ Sublimem abire. Lus. Irse pera o ceo. Iap. Tenye agaru. ¶ Sublimé rapere. Lus. Arrebatar, ou leuar por esses ares. Iap. Tor te chŭni aguru.

Sublimitas, atis. Lus. Altura. Iap. Tacasa

Sublîmo, as. Lus. Enxalçar, ou aleuãtar ẽ alto. Iap. Tacaqu aguru, agamuru, cacaguru.

Súblino, is. Lus. Vntar leuemente. Iap. Yauaracani nuru. ¶ Sublinere os. Lus. Enganar a alguem com brandas palauras. Iap. Yauaracanaru cotobauo motte damasu.

Sublitio, onis. Lus. Cór primeira que se dà pera depois assentar outra sobre ella. Iap. Yeno xitanuri.

Sublíuidus, a, um. Lus. Cousa algum tanto preta, ou de cór de vergoens. Iap. Qei benno atono gotoqu sucoxi tçuximi guroqi mono.

Sublucânus, a, um. Lus. Cousa dante manhaã. Iap. Bimei, l, fuqiôni ataru coto.

Subluceo, es. Lus. Luzir, ou resplandecer hũ pouco. Iap. Sucoxi cacayaqu, l, ficaru.

Sublúco, as. Lus. Desbastar, ou decotar os ramos das aruores. Iap. Yedauo sucasu.

Subludies, éi. Lus. Sujidade, immundicia. Iap. Aca, fujŏ, qegare. ¶ Item, Doença que dà nas vnhas das ouelhas. Iap. Fitçujino tçumeno aini dequru yamai. Columela.

Subluo, is. Lus. Lauar, alimpar. Iap. Arŏ, qiyomuru, migaqu.

Sublúridus, a, um. Lus. Cousa hum pouco amarela, ou de cór verde negro. Iap. Vrumi iro, l, murasaqino irono mono.

Sublustris, e. Lus. Cousa escura, mas que tẽ ainda algũa pouca de luz. Iap. Foxizzuqi yono gotoqu sucoxi acaqi coto.

Submergo, is, si, sum. Lus. Mergulhar, ou meter de baixo da goa. Iap. Mizzuni xizzumuru.

Submerum, i. Lus. Cousa quasi pura, e sem mistura. Iap. Sucoxi mononi majiuarita ru mono.

Subminia, æ. Lus. Certo vestido de cór hũ pouco vermelha. Iap. Vsucôbaino yxŏno taguy.

Subministrator, oris. Lus. Seruidor, ou o que ministra. Iap. Tçucauaruru mono, l, miazzucŏ mono. ¶ Itẽ, Dador. Iap. Atayete.

Subministro, as. Lus. Dar, ministrar. Iap. Atayuru, tçucauaruru.

Submissè, adu. Lus. Baixa, e humilmente. Iap. Sagarite, guexenni, fericudarite.

Submissim, adu. Idem.

Submissio, onis. Vt submissio vocis. Lus. O abaixar a voz. Iap. Coyeuo fiqiqu nasu, l, saguru cotouo yŭ. ¶ Aliqn. O abater, ou abaixar. Iap. Saguru, l, iyaximuru coto nari.

Submissus, a, um. Lus. Cousa posta, ou metida de baixo. Iap. Xitani vocaretaru mono, ireraretaru mono. ¶ Item, Cousa abatida, ou baixa. Iap. Sagaritaru mono, iyaxiqi mono. ¶ Submissa voce loqui. Lus. Falar em voz baixa. Iap. Couabiqiqu monouo yŭ.

Submitto, is, siue Summitto, is. Lus. Meter, ou pór de baixo. Iap. Xitani voqu, l, iruru. ¶ Item, Someter, sojeitar. Iap. Qiri xitagayuru. ¶ Item, Subornar ás escondidas. Iap. Cacuite vairouo torasuru.

¶ Submittere fasces ianuæ. Lus. Mandarẽ os magistrados, e officiaes Romanos abaixar diante da porta dalguem huns feixes de varas que traziam em sinal de amor, e beneuolencia pera com o que ali pousaua. Iap. Romano qĕdá yosoye yucaruru toqi, saqini qino yedano buchiuo tçucanete motaxe, sitouo xŏquanno xiruxinite, sono iyeno mayeni cano buchiuo sague sasuru.

¶ Submittere genua. Lus. Porse de joelhos. Iap. Fizauo voru, fizauo tatçuru.

¶ Submittere animos. Lus. Perder o animo. Iap. Chicara votosu, qiuo vxinŏ, tanomoxiqiuo vxinŏ. ¶ Submittere pretia. Lus. Diminuir o preço. Iap. Ataiuo saguru, neuo ferasu.

Sub

Submoleſtè, adu. Lus. Com algum trabalho, e moleſtia. Iap. Sucoxino xinrǒuo motte, l, taicutuo xite.

Submoleſtus, a, um. Lus. Couſa que cauſa algũa pena, e moleſtia. Iap. Sucoxi qizzucai ſuru mono, l, taicutni naru mono.

Submoneo, es. Lus. Amoeſtar, ou auiſar breuemente, e com poucas palauras. Iap. Mijicaqu, l, cotobazucunani monouo yçaguru, l, xiraſuru.

Submoroſus, a, ũ. Lus. Algũ tanto dificultoſo, e enfadonho de condição. Iap. Qi mijicaqi mono, xeuaxiqi mono.

Submoueo, es, ui, tum. Lus. Arredar, afaſtar. Iap. Fanaſu, voxinoquru. ¶ Item, Diuidir, apartar. Iap. Fedatçuru.

Subnaſcor, eris. Lus. Crecer de baixo. Iap. Caſa nado xitani voye izzuru.

Subnecto, is. Lus. Amarrar, ou atar por baixo. Iap. Xitacara yuitçuquru, musubu.

Súbnego, as. Lus. Quaſi negar, ou em algũa maneira. Iap. Sucoxi chinpô ſuru.

Súbniger, a, um. Lus. Couſa hum pouco ſobre o preto. Iap. Vſuguroqi mono.

Subnîtor, eris, ſubnixus. Lus. Eſtribarſe, ou ſoſtentar ſe em algũa couſa. Iap. Funbaru, ſugaru. ¶ Subnixus. Lus. Soberbo, e arrogante. Iap. Vogotu mono, manqinaru mono.

Súbnoto, as. Lus. Aſsinarſe. Iap. Fanuo ſuyuru.

Subnúbilus, a, um. Lus. Couſa hum pouco eſcura, ou nublada. Iap. Sucoxi curoqi tocoro.

Subo, as. Lus. Andarem os porcos, ou outros animaes com o cio. Iap. Buta nadoga ſacaru.

Subobſcœnus, a, um. Lus. Couſa algum tãto deshoneſta, e torpe. Iap. Sucoxi yocoximanaru mono, l, fujŏna coto.

Subobſcûrus, a, ũ Lus. Couſa algũ tanto eſcura, ou eſcondida. Iap. Sucoxi curaqi coto, cacuretaru coto. ¶ Item, per tranſl. Couſa algum tanto difficultoſa de entender. Iap. Qicoyegataqi coto, funbet xigataqi coto.

Subodioſus, a, um. Lus. Couſa algum tanto odioſa. Iap. Sucoxi nicuteina mono, nicuqi mono.

Suboffendo, is. Lus. Empecer, ou offender a alguem. Iap. Atauo naſu, ſomuqu.

Suboleo, es. Lus. Cheirar leuemente algũa couſa. Iap. Sucoxi cauo cagu, qiqu. ¶ Item, per tranſl. Sentir dante mão, ou ter ſoſpeita. Iap. Suiriŏ, l, ſuiſat ſuru.

Suborior, iris. Lus. Nacer, aleuantarſe. Iap. Xŏzuru, idequru.

Suborno, as. Lus. Honrar, louuar. Iap. Xŏquan ſuru, fôbi ſuru. ¶ Item, Subornar. Iap. Curai nadoni xôxin ſuru yŏni, vairouo idaxi cacuxite conbŏ ſuru.

Subpállidus, a, um. Lus. Couſa hum pouco amarella. Iap. Qibamitaru iro naru mono.

Subpinguis, e. Lus. Algum tanto gorde. Iap. Sucoxi coyetaru mono, fimá xitaru mono.

Subráncidus, a, um. Lus. Couſa algum tanto rançoſa. Iap. Sucoxi tatagaraqi mono, yeguqi mono.

Subraucus, a, um. Lus. Algum tanto rouco. Iap. Sucoxi coyeno caretaru mono.

Subrectus, l, Surrectus, a, um. Lus. Couſa aleuantada em alto. Iap. Tacaqu agueraretaru mono.

Subrémigo, as. Lus. Remar indo à vela. Iap. Fuuo farinagara rouo voſu.

Subrêpo, is. Lus. Entrar, ou meterſe ás eſcondidas, e manſamente. Iap. Cacurete iru, votonno xezu yuqu. ¶ Subrepere animo alicuius, per metaph. Lus. Captar a beneuolencia, ou fazerſe bem quiſto dalguem eſcondidamente. Iap. Cacuite qiguenuo toru, qini iru. ¶ Obliuio ſubrepit. Lus. Eſqueçome. Iap. Vaſururu, xitnen ſuru.

Subreptio, onis. Lus. O furtar ás eſcondidas. Iap. Cacuxite nuſumu coto nari.

Subreptitius, a, um. Lus. Couſa furtada, ou tomada âs eſcondidas. Iap. Cacuxite nuſumitaru mono, l, toraretaru mono. ¶ Subreptitiæ literæ. Lus. Cartas falſas. Iap. Bôxo.

Subrideo, es. Lus. Sorrirſe. Iap. Azauarŏ.

Subridícule,adu. Lus. Sorrindose, zombando. Iap. Azauarŏte, azaqette.

Súbrigo,siue Surrigo,is. Lus. Aleuantar em alto. Iap. Tacaqu aguru.

Subriguus,a,um. Lus. Cousa de regadio, ou que tẽ agoa. Iap. Mizzugacarinaru den bacu, mizzugi.

Subripio,is. Lus. Furtar, tomar às escondidas. Iap. Nusumu, cacuxite toru.

Súbrogo, as. Lus. Sustituir, ou pór hum ẽ lugar de outro. Iap. Miódaini tadamuru.

Subrostrarij. Lus. Ociosos, e vadios que gastauã o tẽpo em hũ certo lugar publico de Roma inquirindo nouas, efingindo nouos rumores. Iap. Romano ichiba, machitçuji ni voite mezzuraxiqi sôuo tazzune, qiqi, mata sonomimo zŏxetuo tçucuri idaxite itazzurani fiuo curasu mono.

Subrubeo, es. Lus. Ser hum pouco ruiuo, ou vermelho. Iap. Vsucôbai nari, vsuqu qiiro nari.

Subrubicundus, a, um. Lus. Algum tanto vermelho. Iap. Vsucôbai naru mono.

Subrufus, a, um. Lus. Cousa algum tanto ruiua. Iap. Vsuqu qinaru mono, cuchiba ironaru mono.

Subrúmi. Lus. Cordeiros que a inda mamão. Iap. Imada chiuo nomu fitçujino co.

Subrûmor, aris, I, Subrûmo, as. Lus. Meter os cordeiros de baixo das mamas pera que mamem. Iap. Fitçujino couo chiuo nomasuru tameni, chibusano xitani yosuru.

Súbruo, is. Lus. Cauar em baixo. Iap. Xitauo foru. ¶ Item, Cauando o fundamento derribar por terra. Iap. Ixizuye yori fori cuzzusu. ¶ Aliqñ. Tirar fora cauando. Iap. Fori idasu.

Subrústicus, a, um. Lus. Cousa rustica, grosseira. Iap. Inacaraxiqi coto, denbu yajin ni ataru coto.

Subrútilus, a, ũ. Lus. Cousa de cór entre amarello e vermelho. Iap. Conjiqinaru mono.

Subsalsus, a, um. Lus. Cousa que tem sabor de sal, ou que tem pontinha de sal. Iap. Xiuafayui mono.

Subsanno, as. Lus. Zombar, escarnecer. Iap. Azaqeru, ajaru.

Suscribo, is. Lus. Assinar se em baixo. Iap. Fanuo suyuru. ¶ Item, Fauorecer, ou aprouar. Iap. Chisŏ suru, meuo caquru, l, yoxito suru. ¶ Aliqñ. apud iurisconsultos. Dar, ou ajuntar alguem ao acusador pera o ajudar, &c. Iap. Tadaxite nado yori cujiuo xi caqetaru mononi cŏriocuto xite ichininuo soyuru.

Subscriptio, onis. Lus. O assinar se. Iap. Fãuo suyuru coto nari. ¶ Item, O dar, ou ajuntar alguem ao acusador pera o ajudar, &c. Iap. Tadaxite nado yori cujiuo xicaqetaru menoni cŏriocuto xite ichininuo soyuru coto nari. ¶ Item, Escrito em que se responde em presença a aquelle que toma conselho, ou pede por escrito. Iap. Qiricami nite monouo tazzunuru fitoni qiricami nite fenji suru coto nari.

Subcriptor, oris. Lus. Hum que se daua ao acusador por guarda pera que se não deixasse corromper com peitas. Iap. Ronnin aite yori vairouo torauu tameni, banto xite soyeraretaru fito.

Subscus, ũdis. Lus. Hũa taboinha com que se ajuntam, e apertam as taboas hũa com outra. Iap. Itauo fagui auasuru atini xite iruru qi, l, rũg ono gotoqunaru vmeqi.

Súbseco, as. Lus. Cortar polla raiz. Iap. Necara qiru.

Subsecundarius, a, um. Lus. Cousa conseguinte, ou que se faz segundariamente. Iap. Niban tçugunaru coto.

Súbsequor, eris. Lus. Seguir logo, ou ira tras de algũ. Iap. Xitŏ, atoni tçuite yuqu.

Súbsero, is. Lus. Semear, ou plantar em baixo. Iap. Xitani maqu, l, vyuru.

Subseruio, is. Lus. Seruir, ou obedecer com diligencia. Iap. Saicanni miyazzucŏ, vel xitagŏ. ¶ Subseruire orationi alicuius. Lus. Dizer cousas que confirmã o que outro disse em pratica, pregação, &c. Iap. Fitono dangui, l, monogatariuo dŏji, l, cotouariuo motte tessuru.

Subsellia, orum. Lus. Assentos, ou escabellos baixos. Iap. Coxiuo caquru mono, l, tçu-

tçucuye. ¶ Item, Hum lugar na praça de Roma a onde em publico se julgauão as causas. Iap. Romani cujiuo qiŭmei xe raruru tocorono na. ¶ Item, Assentos dõ de no theatro viáo as festas. Iap. Xibaini te coxiuo caquru tocoro. ¶ Item, Assẽtos onde se assentauam o reo, acusador, e testemunhas. Iap. Cujiuo suru monodomono coxiuo caqetaru tocoro. ¶ Item, Iuizes. Iap. Tadaxite, qendan.

Subsessiuus. vide Succisiuus.

Subsessor, oris. Lus. Salteador de caminhos, ou o que mata alguẽ esperando em silada. Iap. Yamadachi, l, michini fuxite ite fito uo corosu mono. ¶ Subsessor alieni matrimonij. Lus. O que pretende, ou procura de cometer adulterio com molher alhea. Iap. Tano tçumani tauamurento tacumu mono.

Subsessæ, arum. Lus. Siladas, ou treiçoẽs com que nos caminhos são asalteados os exercitos descuidados. Iap. Machibuxe. ¶ Subsesii. Lus. Os que cairão nas siladas dos imigos. Iap. Machibuxeni võtaru mono.

Subsideo, es. Lus. Estar assentado, ou decer se. Iap. Coxiuo caqete yru, zaxite yru, l, tomaru, todomaru. ¶ Item, Chegar hũa cousa que se bota na agoa ao fundo. Iap. Xizzunde socoi i tomaru. ¶ Item, Estar escondido em silada, &c. Iap. Machibuxeuo suru.

Subsidiarius, a, um. Lus. Cousa que se apparelha pera socorro. Iap. Caxeino tameni yôy suru ninju, l, côriocuno tameni torono yeraruru coto. ¶ Subsidiarius palmes. Lus. Vide noua que se poda pera que de fruito. Iap. Minoru tameni cirita ru vacaqi budŏno cazzura.

Subsidi or, aris. Lus. Socorrer aquem està trabalhado. Iap. Nanguini voyobu mono ni cõriocu suru.

Subsidium, ij. Lus. Ajuda pera soccorrer a algũs trabalhados. Iap. Nãguini voyobu mononi suru cõriocu, l, cõriocuno tameni tonoyetaru cotouo yŭ, l, caxei. ¶ Subsidio venire. Lus. Socorrer ao trabalhado. Iap. Nãguini võtaru mononi cõriocu suru. ¶ Sub sidium sen ctutis. Lus. Refugio da velhice. Iap. Rŏgono nagusamidocoro, l, vono tanomidocoro.

Subsido, is. Lus. Inclinarse, ou decer pera se assentar. Iap. Zasuru, l, suuaru tameni cudaru. ¶ Item, Socorrer, ajudar. Iap. Caxei, l, cõriocu suru. ¶ Aliqñ. Acometer, ou entrar com impeto. Iap. Icquiouo motte toricaquru, qiuoi cacaru, l, fairu. ¶ Item, Irse ao fundo. Iap. Socoye xizzumu.

Subsigno, as. Lus. Asinarse, ou pór sello. Iap. Fanuo suyuru, inuo vosu.

Subsilio, is, iui, ultum. Lus. Saltar pera riba. Iap. Tobi agaru.

Subsulto, as. freq. Idem.

Subsilles. Lus. Certas laminazinhas que seruião nos sacrificios. Iap. Tamuqeno toqi tçucaitaru chijsaqi itagane.

Subsimus, a, um. Lus. O que tem algum tanto o nariz baixo, ou esmagado. Iap. Fanano sucoxi fiqiqi mono, fanano fiqiqu icaritaru mono.

Subsisto, is. Lus. Parar, estar quedo. Iap. Tomaru, todomaru. ¶ Subsistere feras. Lus. Ter o impeto, e não virar as costas ás bestas feras quando arremetem. Iap. Voi caquru mŏjuni tachi mucŏte yru. ¶ Subsistere in aliquo loco. Lus. Deterse em algum lugar. Iap. Tŏriŭ suru. ¶ Lingua substitit timore. Lus. Não pode falar com medo. Iap. Amareno voforeni xita sucumitari.

Subsolânus, i. Lus. Vento soão, ou leste. Iap. Figaxi yori fuqu caje, l, cochi.

Subsortior, iris. Lus. Eleger por sortes algũ pera sustituir a outro. Iap. Cujiuo totte miŏdaiuo sadamuru.

Subsortitio, onis. Lus. Eleição que se faz por sortes. Iap. Cujiuo totte miŏdaiuo sadamuru coto nari.

Substantia, æ. Lus. Sustancia, sojeito dos accidentes. Iap. Taiyŏno tai. ¶ Qñq;. Materia principal, ou substancia de qual quer cousa. Iap. Dai ichino daimocu.

¶ Qñq;.

¶ Qñdǭ. Enxoual, fazenda, &c. Iap. Tacara, zaitŏ, xotai.

Substantiuus, a, um, l, Substantialis, e. Lus. Cousa substancial. Iap. Xŏtaini ataru coto.

Substerno, is, aui, atũ. Lus. Estender debaixo. Iap. Xitani xiqu. ¶ Substernere animo omnia. Lus. Sojeitar tudo ao animo. Iap. Bájiyorimo cocorouo dai ichini furu.

Substillum, i. Lus. Tempo, ou espaço antes ou depois da chuua que está humido por começar a chuuiscar, ou ter chuuiscado. Iap. Amenofuru mayeto, furitenochino xeqen no vruuoitaru jibun uo yŭ. ¶ Itẽ, Doẽça de angurna. Iap. Xibiribariuo taruru yamai, rinbiŏ.

Sũbstituo, is. Lus. Sustituir, ou pôr hum em lugar de outro. Iap. Miŏdaiuo sadamuru.

Substitutio, onis. Lus. O pôr hum em lugar de outro. Iap. Miŏdaiuo sadamuru coto nari.

Subsito, as. Lus. Estar firme, e constante. Iap. Tagirocazu iuuatte yru.

Substrâmen, inis. Lus. Palha, ou outra cousa que se estende por cama aos animaes. Iap. Qedamononofuxidoni xiqu vara nado.

Substratus, a, um. Lus. O estender algũa cousa de baixo. Iap. Mononuo xitani xiqu coto nari.

Substrictus, a, um. Lus. Cousa apertada, ou amarrada. Iap. Caramerareta coto, ximetaretaru coto. ¶ Item, Cousa estreita, e encolhida. Iap. Chijimeraretaru coto, tçuzzumerareraru coto, xebaqi coto.

Substringo, is. Lus. Estreitar, ou encolher. Iap. Chijimuru, mijicamuru, tçuzzumuru.

Substructio, onis. Lus. O lançar os fundamẽtos, ou o edificar desdo fundamento. Iap. Giban, l, ixizuyeuo suyuru, l, ixizuye yori fajimurucoto nari.

Substruo, is. Lus. Lançar os fundamentos, ou edificar desdo fundamento. Iap. Gibã, l, ixizu ye yori fajimuru.

Subsultim, adu. Lus. Saltando. Iap. Tobi agatte.

Subsulto, as. frequent. Lus. Saltar de baixo pera riba. Iap. Saisai tobiagaru.

Subsum, es. Lus. Estar debaixo de algũa cousa. Iap. Monono xitani yru, l, cacururu. ¶ Aliqñ. Estar encerrado, ou pegado ocultamẽte. Iap. Cacurete mononi comotte aru. ¶ Aliqñ. Ajudar. Iap. Cõriocu suru.

Subsuo, is. Lus. Coser hũa cousa na borda de outra. Iap. Nuitçugu, l, tçuguru.

Subtal, alis. Lus. Alma do pee. Iap. Axino vrano cubomitaru tocoro. ¶ Item, Palma da mão. Iap. Teno vra, tanagocoro.

Subtegmen, inis. Lus. Fio de tecer. Iap. Nuqino ito.

Subtegulaneus, a, um. Lus. Cousa, ou lugar feito, ou cuberto de telha em algũa parte. Iap. Suçoxi cauarano fuqitaru tocoro.

Subtendo, is. Lus. Estender de baixo. Iap. Xitani xiqu.

Subtento, as. Lus. Tentar, experimentar. Iap. Cocoromiru, tamesu.

Subtenuis, e. Lus. Cousa algum tanto delgada, ou sutil. Iap. Sucoxi fosoqi mono.

Subter, præp. Lus. Debaixo. Iap. Xitani. ¶ Item, Adu. Idem.

Subtercũco, is. Lus. Fugir, ou irse escondidamente. Iap. Xinŏde noqu, niguru.

Subtérfluo, is. Lus. Correr rio, &c. por baixo. Iap. Caua nadoga xitani nagaruru.

Subterfugio, is. Lus. Fugir secreta, e escondidamente. Iap. Xinŏde niguru. ¶ Subterfugere laborem. Lus. Recusar o trabalho. Iap. Xinrŏuo iyagaru, qirŏ.

Subterlâbor, eris. Lus. Fugir, ou escapar ocultamente. Iap. Xinŏde vorçuru, nogaruru.

Subtérlino, is. Lus. Vntar a borda, ou extremidade de algũa cousa. Iap. Monono qiua, l, faxiuo nuru.

Subtermeo, as. Lus. Passar por baixo. Iap. Xitauo touoru, l, vataru.

Súbtero, is. Lus. Esmiuçar, quebrar. Iap. Vchicudaqu, l, cudaqu.

Subterraneus, a, um. Lus. Cousa de baixo da terra. Iap. Dochŭni aru coto.

Subtexo, is, xui, extum. Lus. Ajuntar, aplicar. Iap. Auasuru, tçuguru.

Subtilis, e. Lus. Cousa sutil, e delgada. Iap. Foso-

ſoqi mono, vſuqi mono. ¶ Item, Engenhoſo. Iap. Ricon naru mono, rifatnaru mono. ¶ Subtile conſilium. Lus. Conſelho, ou parecer abſtruſo, e ſutil. Iap. Yojinnŏ fuubet xigataqi yqen, l, zonbun.
¶ Subtile iudicium. Lus. Iuizo, ou parecer agudo. Iap. Riconnaru zonbun. ¶ Subtile palatum. Lus. Pádar que julga bem dos ſabores. Iap. Gomiuo yoqu voboyuru vtaagi.
Subtilitas, atis. Lus. Delgadeza, ſutileza. Iap. Foſoſa, vſuſa. ¶ Item, Agudeza de engenho. Iap. Ricon, ſômei.
Subtiliter, adu. Lus. Sutil, e engenhoſa mente. Iap. Riconni, rifatni.
Subtimeo, es. Lus. Temer, ou arreçear algum tanto. Iap. Sucoxi voſoruru, fabacaru.
Subtraho, is. Lus. Tirar do meyo, ou dentre outros. Iap. Vchi naca yori toru. ¶ Item, Furtar. Iap. Nuſumu.
Subtriſtis, e. Lus. Couſa algum tanto triſte. Iap. Sucoxi canaxiqi coto.
Subtrîtus, a, um. Lus. Couſa esmiuçada. Iap. Vchi cudacaretaru coto.
Subtundo, is. Lus. Bater, piſar. Iap. Vtçu, tataqu.
Subturpis, e. Lus. Couſa hum pouco torpe, e fea. Iap. Sucoxi fujônaru coto, qegarauaxi qi coto.
Subturpiculus, a, um, dim. Idem.
Subtus, adu. Lus. De baixo. Iap. Xitani.
Subúcula, æ. Lus. Camiſa. Iap. Fadagui fa da catabira. ¶ Item, Hũa iguaria que ſe offerecia aos Idolos. Iap. Butjinni tamuqetaru xocubutno taguy.
Subuculatus, a, um. Lus. Veſtido com camiſa. Iap. Fadacatabirauo qitaru mono.
Subuectio, onis. Lus. O leuar em embarcação polo rio ariba. Iap. Cauauo noboſuru coto nari. ¶ Item, O trazer em carro, em barcação, &c. Iap. Fune, curumani tçumite facobu cotonari.
Subuectus, us. Idem.
Subueho, is. Lus. Leuar em embarcação pollo rio a riba. Iap. Nibuneuo caua yori noboſuru. ¶ Item, Trazer em carro, embarcação, &c. Iap. Fune, curumani tçumite facobu.
Subuecto, as. freq. Idem.
Subuenio, is. Lus. Socorrer, ajudar. Iap. Cŏriocu, l, caxei ſuru.
Subuenitur, imperſ. Idem.
Subuento, as. frequent. Idem.
Subuerbuſtus, a, um. Lus. Couſa aſſada em eſpeto. Iap. Cuxini ſaxite aburitaru mono.
Subuereor, eris. Lus. Ter algum pouco de medo, ou receo. Iap. Sucoxi voſoruru, l, fabacaru.
Subuerto, is. Lus. Deſtruir, desbaratar. Iap. Foroboſu, cuzzuſu. ¶ Item, Peruerter cõ enganos, &c. Iap. Tabacatte firugayeſu. ¶ Subuertere fruges, legumina, &c. Lus. Laurando enterrar os legumes, eſteua, &c. pera eſterco. Iap. Denbacuuo tagayeſu toqi gococuno caricabu, xibacuſa nadouo ſuqicayexite coyeto naſu.
Subuerſo, as. frequent. Idem.
Subexus, a, um. Lus. Couſa arcada, ou curua. Iap. Nijigatanaru mono.
Subuiridis, e. Lus. Couſa algum tanto verde. Iap. Sucoxi moyegui iro naru mono.
Súbula, æ. Lus. Souela. Iap. Meuchi.
Subulcus, i. Lus. Porqueiro. Iap. Butacai.
Súbulo, onis. Lus. Tangedor de frauta, ou charamela. Iap. Xacufachi, l, fuye fuqi. ¶ Item, Ueado que tem os cornos direitos ſem eſgalhos. Iap. Yedanaqu ſugu naru tçunono aru canoxixi.
Súbuolo, as. Lus. Voar pera riba. Iap. Vyeye tobu.
Subuoluo, is. Lus. Virar, ou reuoluer pera riba. Iap. Cocaxiaguru.
Suburbia, orum. Lus. Arrabaldes da cidade. Iap. Zaixono camayeno focani aru iyedomo.
Suburbanitas, atis. Lus. O eſtar perto, ou vizinho de algũa cidade. Iap. Zaixono qinpenni yru cotouo yŭ.
Suburbanum, i. Lus. Herdade, ou fazenda junto da cidade. Iap. Zaixono qinpenni aru denbacu, chiguiŏ.
Suburbânus, a, um. Lus. Couſa que eſtà perto, ou junto da cidade. Iap. Zaixono qinpenni aru coto.

Sub-

Subûro, is. Lus. Queimar leuemente. Iap. Sacoxi yaqu.
Suburranus, a, um. vt regio suburrana. Lus. Lugar, ou bairro de molheres publicas. Iap. Qeixeino aru machi. ¶ Itẽ, Suburranæ. Lus. Molheres publicas. Iap. Qeixei.
Subuulurius, a, um. Lus. Cousa que arrebata como abutre. Iap. Tacano gotoqu mono uo tçucamitoru mono.
Succedaneus, l, Succidaneus, a, um. Lus. O q̃ socede a outro, ou o q̃ he posto ẽ lugar de outro. Iap. Atouo tçugu mono, tçuzzuqu, l, miôdaini sadameraretaru mono.
Succêdo, is. Lus. Subir, entrar. Iap. Noboru, fairu. ¶ Aliq̃n. Soceder a outro. Iap. Atouo tçugu, tçuzzuqu. ¶ Itẽ, Soceder algũa cousa prosperamente. Iap. Saiuaini xutrai suru. ¶ Succesſit. Lus. Aconteceo. Iap. Ideqitari, xutrai xitari.
Succendo, is. Lus. Pôr fogo, acẽder. Iap. Fiuo tçuquru, moyasu.
Succenseo, es. Lus. Agastarse ẽ cousa graue, e com justa causa. Iap. Daijino cotoni dórino vye yori icaru.
Succensus, a, um. Lus. Cousa acendida, ou ateada. Iap. Tobosaretaru coto, moyosaretaru coto.
Succentor, oris. Lus. Contrabaixa. Iap. Fiqiçu nodo yori gigoyeni vtŏ mono.
Succenturiati milites. Lus. Soldados do segundo esquadrão que seruião de fazer siladas. Iap. Machibuxeno nibanteno buxi ¶ In succenturijs aliquem collocare. Lus. Por alguem em silada. Iap. Machibuxeuo vogu.
Succenturio, as. Lus. Meter, ou sustituir algũs soldados pera ẽcher o numero de cẽto. Iap. Fiacqino fito sonayeno cazuuo tassuru tameni fitouo yerabi cuuayuru.
Succerda, l, Sucerda, æ. Lus. Esterco de porcó. Iap. Butano fun.
Succerno, is. Lus. Diuidir, apartar. Iap. Vaqu ru, fedatçuru.
Succesſio, onis. Lus. Suceſsão. Iap. Atouo tçûgu, l, tçuzzuqu cotoco yũ.
Successor, oris. Lus. Socessor. Iap. Atotçugui.

Successorius, a, um. Lus. Cousa pertencente a sucesſão. Iap. Atotçuguini ataru coto. ¶ Successorium edictum. Lus. Prouisão, ou mandado do gouernador polla qual concede que socedao na posseſsão dos bẽs aquelles, aquem pertencem. Iap. Atouo tçugui, l, soriŏxiqi nadouo toretono cocuxi, riŏqe yorino guegi, yuruxi.
Successus, a, um. Lus. Cousa que socedeo prosperamente. Iap. Saiuaini, l, quafôni xutrai xitaru coto.
Successus, us. Acontecimento. Iap. Xutrai, vocori.
Succidaneæ hostiæ dicebantur, quæ secundo loco cædebantur.
Succidia, æ. Lus. Carne de porco salgada. Iap. Xiuo xitaru butano nicu.
Súccido, is. Lus. Cair com cansaço, ou cõ o peso. Iap. Cutabire, tçucarete corobu, l, vomoniuo vôte corobu.
Succîdo, is. Lus. Cortar. Iap. Qiru.
Súccidus, a, um. Lus. Cousa suja. Iap. Qegasaretaru coto, qitanaqi coto. ¶ Lana succida. Lus. Laã suja, e por lauar. Iap. Qegarete, l, imada arauazaru fitçujino qe.
Succiduus, a, um. Lus. Cousa que esta pera cair. Iap. Vochicacarisŏna coto, l, corobi sônaru coto.
Succinctus, a, um. Lus. Cingido por de baixo. Iap. Xitayori macaretaru mono, vobi uo xitaru mono. ¶ Item, Cousa apanhada, estreita. Iap. Xebaqi coto, chigimetaru coto.
Succingo, is. Lus. Pôr as abas na cinta pera trabalhar mais expeditamente, &c. Iap. Iiyŭni monouo suru tameni yxŏno tçumauo coxini fasamu. ¶ Item, Cingir, ou rodear. Iap. Tori mauasu, torimaqu, cacomu. ¶ Vrbs succincta portubus. Lus. Cidade cercada de muitos portos. Iap. Minatono vouoqi jŏto. ¶ Pectora succincta curis. Lus. Peitos cercados de cuidados. Iap. Qizzucaini xemeraretaru cocoro.
Succingulum, l, Subcingulum, i. Lus. Talabartes. Iap. Coxiate, vobitori.
Súccino, is. Lus. Ir cantando com o que canta,

ta, ou cantar no ſegundo lugar. Iap. Vtŏ mononi tçuite vtŏ, l, nibanmeni vtŏ. ¶ Item, Cantar contrabaixa, ou em vos baixa. Iap. Fiqiqu vtŏ, fiqiqu nodo yori gigoyeni vtŏ.

Sûccinum, i. Lus. Alambre. Iap. Coſacu.

Súccinus, a, um. Lus. Couſa feita de alambre. Iap. Coſacu nite tçucuraretaru coto.

Succiſiuus, a, um, l, Subceſiuus. Lus. Couſa ſuperflua que ſe deita fora. Iap. Qiricuzzu, l, amarite ſuteraruru mono. ¶ Succiſiuum tempus. Lus. Tempo que furtamos a couſas de mais importancia pera fazer qualquer couſa. Iap. Daijino cotouo naſu vchini fimauo nuſumite tajiuo ſuru jibun. ¶ Succiſiuæ operæ. Lus. Couſas que ſe fazem em tempos deſocupados de negocios importantes. Iap. Daijino atçucaino vchini ſuqiuo nerŏte naſu xoſa. ¶ In ſucciſiuum eſſe vnciam agri. Lus. Ficar algũa parte do campo por medir. Iap. Denbacuno xacuzzuyeuo vchi nocoxitaru bunari. ¶ Succiſiua, orum. Lus. Pedaços do cãpo, que ficam fora da linha, ou eſquadra com que ſe endereita. Iap. Suguni naſu tameni faritaru nauano focani naritaru denbacuno bun.

Succlamatio, onis. Lus. O dar vozes, ou clamar. Iap. Saqebu, l, coyeuo aguru coto nari.

Succlâmo, as. Lus. Aclamar, ou dar vozes quando outro diz algũa couſa. Iap. Saqebu, l, fitono monouo yŭ toqi, coyeuo aguru.

Succollo, as. Lus. Leuar ás coſtas, ou no peſcoço. Iap. Monouo ninŏ, cataguru.

Succotus, l, Succulentus, a, um. Lus. Couſa çumarenta. Iap. Xiruno vouoqi mono. ¶ Locus ſuccoſus. Lus. Lugar humido, e de agoas. Iap. Xicqi, l, mizzuno voucqi tocoro.

Succreſco, is. Lus. Crecer, ou nacer eruas, &c. Iap. Cuſa nadoga xŏzuru. ¶ Item, Crecer junto de algũa couſa mais alta. Iap. Vôqina monono xitani xŏzuru, xeigiŏ ſuru. ¶ Succreſcere ætati alicuius, per tranſl. Lus. Soceder, ou vir depois da ida de de alguẽ. Iap. Iidai, l, nêreini tçuzzuqu.

Súccuba, æ. Lus. Molher adultera. Iap. Tabonno vocaxitaru vonna, mauotocouo xitaru vonna.

Succuboneum, ei. Idem.

Súccubi. Lus. Demonios que tomando figuras de molher tem ajuntamento carnal com os homens. Iap. Vonnani qexite vottoni tauamureuo naſu tengu.

Sûccubo, as. Lus. Cair, ou eſtar de baixo. Iap. Xitani voçuru, l, yru. ¶ Item, Ter ajuntamẽto carnal com o macho. Iap. Vŏnaga micquai ſuru.

Succûbo, is, bui, itũ. Lus. Ser vẽcido, cãſar, ou não poder com a carga. Iap. Maqeru, cutabiruru, l, vomoniuo vô coto canauanu. ¶ Itẽ, Ter o animo fraco, e debilitado pera ſofrer couſas aduerſas. Iap. Cocoroga vocuxite nanguiuo xinrŏuo corayuru chicara naxi.

Succurro, is. Lus. Socorrer, ajudar. Iap. Cŏriocu, l, caxei ſuru. ¶ Item, Ocorrer, ou vir ao penſamento. Iap. Vomoi idaſu.

Succurritur, imperſ. Idem.

Succus, i. Lus. Çumo, ou humido radical cõ que ſe ſuſtẽta a vida dos animaes, plãtas, &c. Iap. Xiru, l, vruuoi, ninchicu, sŏmocuno xŏuo tamotçu tameno vruuoi, l, xinyeqi. ¶ Succus pomorũ. Lus. Sabor da fruita. Iap. Conomino fŭmi.

Succuſſo, as. freq. Lus. Sacudir, ou mouer como os cauallos que andam de galope aos que vão em cima delles. Iap. Vodoru vmano noriteuo vgocaſu gotoqu, monouo vgocaſu.

Succuſſor, oris, l, Succuſſarius, ij, l, Succuſſator, oris. Lus. Cauallo que anda de galope. Iap. Vodoru vma, catavoroxini yuqu vma.

Succuſſus, us. Lus. O ſacudir, ou mouer. Iap. Vgocaſu, l, furuacaſu cotouo yŭ.

Suctus, us. Lus. O chupar. Iap. Sŭ coto, l, ſuitoru cotouo yŭ.

Súcula, æ. Lus. Porca pequena. Chijſaqi mebuta. ¶ Itẽ, Hum genero de veſtido interior. Iap. Xitani qiru yxŏno na.

h h a ¶ Itẽ,

¶ Item, Torno, ou machina de aleuantar peso. Iap. Daimotuo fiqu caracuri.
Suculæ, arum. Lus. Hũas certas estrellas. Iap. Aru foxino na.
Sudabundus, a, um. Lus. O que sua por to das as partes. Iap. Sômi yori axeuo caqu mono.
Sudarium, ij. Lus. Lenço. Iap. Axenogoi.
Sudatio, onis. Lus. O suar. Iap. Axeuo caqu coto nari.
Sudator, oris. Lus. O que sua. Iap. Axeuo caqu mono.
Sudatrix, icis. fœm. Idem.
Sudatorium, ij. Lus. Lugar, ou estufa pera suar. Iap. Axeuo caqu tameni coxiraye ta ru tocoro, l, furo.
Sudatorius, a, um. Lus. Cousa que faz suar. Iap. Axeuo cacasuru mono.
Sudatus, a, um. Lus. Cousa suada, ou que custou trabalho. Iap. Xinrŏuo motte xi taru coto, l, axeuo nagaxite xitaru coto.
Sudes, is. Lus. Pao tostado. Iap. Saqiuo yaqi tçuyometaru qiyari.
Sudis, is. Lus. Hum peixe grande, e de bom gosto. Iap. Agiuaino yoqi taiguio.
Sudo, as. Lus. Suar. Iap. Axeuo caqu, l, nagasu. ¶ Item, per metaph. Trabalhar muito, e com vehemencia. Iap. Xeiuo irete fataraqu, l, xinrŏ suru.
Sudor, oris. Lus. Suor. Iap. Axe. ¶ Itẽ, Trabalho. Iap. Xinrŏ, tema.
Sudum, i. Lus. Parte clara, e serena do ceo, que aparece porentre as nuues. Iap. Cumoma yori miyuru tenno bun. ¶ Itẽ, Tempo sereno, e seco, ou sem chuua. Iap. Nodocanaru tenqi, yoqi tenqi.
Sueo, es. Lus. Acostumar. Iap. Catagui nari. Antiq.
Sueres. Lus. Postas de carne de porco. Iap. Butano qire.
Suesco, is, eui, etum. Lus. Vsarse, acostumarse. Iap. Fayaru, l, naruru.
Suetus, a, um. Lus. Cousa acostumada. Iap. Fayaritaru coto, naretaru coto.
Suffarcinatus, a, um. Lus. Carregado com qualquer peso. Iap. Vomoniuo voitaru mono.
Suffaraneus, ei. Lus. O que vem a vender trigo, etc. ao arrayal. Iap. Ginni gococu uo vru mono.
Suffero, ers. Lus. Sofrer, padecer. Iap. Corayuru, cannin suru.
Suffertus, a, um. Lus. Cousa chea, ou recheada. Iap. Michitaru coto, ippaini naritaru coto.
Sufferuefacio, is. Lus. Fazer feruer hum pouco. Iap. Sucoxi taguiracasu.
Sufferueo, es. Lus. Feruer hum pouco. Iap. Sucoxi taguiru.
Sufferuesio, is. Idem.
Suffes, etis. Lus. Hũ summo magistrado de Carthago. Iap. Carthagotoyũ jŏtono vchini dai ichino tçucasa.
Suffibulum, i. Lus. Hũa maneira de vestido, ou cobertura que tinham as virgens Vestaes na cabeça quando sacrificauam. Iap. Tamuqeno toqi bicunino cazzuqi.
Sufficienter, adu. Lus. Asaz, abundantemẽte. Iap. Bentŏni, tacusanni, jũtacuni, taxxite.
Sufficio, is. Lus. Abastar, ser sufficiente. Iap. Tannu suru, mo nari. ¶ Aliqñ. Dar, e ministrar. Iap. Atayuru, fodocosu. ¶ Qñq;. Sustituir, ou pôr hum em lugar de outro. Iap. Sŏzocu sasuru, l, miŏdaini sadamuru. ¶ Aliqñ. Manchar, sujar. Iap. Qegasu, yogosu. ¶ Suffecti magistratus. Lus. Officiaes de justiça, ou gouernadores eleitos em lugar dos que morreram, ou acabaram seu tempo. Iap. Qendan, xugodaino xeiqio xi, l, yacu xôfiôno ygo sono cauarini yerabaretaru fito.
Suffigo, is, xi, xum. Lus. Fixar, ou pregar é alto. Iap. Vchitçuquru, voxicomu, l, tacaqu vchitçuquru.
Suffimen, inis. Lus. Perfume, ou o defumar. Iap. Moneuo fusuburu dŏgu, l, fusuburu coto uo yũ.
Suffimentum, i. Idem.
Suffio, is, iui, l, ij, itum. Lus. Defumar, per fumar. Iap. Fusuburu, niuoiuo tomuru.
Suffitio, onis. Lus. Perfume. Iap. Fusuburu coto nari.

Suf-

Suffitus, us. Idem.

Suffitus, a, um. Lus. Cousa perfumada, ou defumada. Iap. Fusuberaretaru coto, niuoiuo tomeraretaru coto.

Suffiscus, i. Lus. Bolso dos testiculos do carneiro que seruia de bolsa antigamente. Iap. Mucaxi canebucuroni xitaru vofitçu jino fenocono caua.

Sufflâmen, inis. Lus. Hum certo instrumẽto pera deter a roda do carro, &c. Iap. Fayaqi curumauo tomuru dõgu.

Sufflâmino, as. Lus. Deter a roda com este instrumento. Iap. Miguino dõguuo motte curumauo tomuru.

Sufflatio, onis. Lus. Inchação, ou o inchar asoprando. Iap. Fucuretaru coto, l, fucu racasu cotouo yũ.

Sufflâtus, a, um. Lus. Cousa algum tanto loura, ou ruiua. Iap. Sucoxi qijronaru mono, cõjiqinaru mono.

Sufflo, as. Lus. Inchar, ou aleuantar asoprando. Iap. Fucuracasu, l, fuqitatçuru. ¶ Sufflare buccas. Lus. Encher as bochechas com vento. Iap. Fôuo fucuracasu.

Suffocatio, onis. Lus. O afogar. Iap. Iqiuo todomuru coto nari, l, nodouo ximecoro su coto nari.

Suffôco, as. Lus. Afogar. Iap. Iqiuo tomuru, nodouo ximecorosu. ¶ Item, Matar. Iap. Gaisuru, corosu.

Suffodio, is. Lus. Tirar cauando. Iap. Foriidasu, forivocosu. ¶ Suffodere equum. Lus. Matar o caualo estando o dono em cima delle. Iap. Notte yrumonono vmauo corosu.

Suffossio, onis. Lus. O cauar. Iap. Foru coto nari.

Suffrænatio, onis. Lus. Trauadura, ou liga com que as pedras dos edificios se vnem e ajuntão. Iap. Zõsacuni ixiuo tçugu casugai, xiccô nadono taguy.

Suffragatio, onis. Lus. Fauor, ou ajuda que se dà dando seu voto por alguem em algũa eleição. Iap. Fitouo dancõuo motte curaini aguru toqi, fijqisuru coto nari.

Suffragator, oris. Lus. O que dà seu voto por alguem na eleição dos officiaes do pouo. Iap. Qendan, tadaxite nadouo yerabu toqi, vaga zonbunuo iy idasu fito, l, fijqi suru fito.

Suffragatorius, a, um. Lus. Cousa que se declara, ou determina por votos. Iap. Amatano fitono zonbunuo motte sadame raretaru coto.

Suffraginosi equi. Lus. Caualos que tem algũa doença nos joelhos, ou junturas dos pees. Iap. Vxiro axino fuxiuo vazzurô vma.

Suffragium, ij. Lus. Voto, ou parecer que se dà na eleição de alguns officiaes. Iap. Fitouo yacu, l, xocuni sadamuru toqi, iy arauasu zonbun.

Suffrâgo, inis. Lus. Iuntura dos pees traseiros dos animais. Iap. Chicuruino vxiro axino fuxi. ¶ Item, Vide noua que nace na raiz da cepa. Iap. Budôno ne yori izzuru vacadachi.

Suffrâgor, aris. Lus. Dar seu voto, ou parecer em algũa eleição. Iap. Fitouo dancô nadouo motte curaini aguru toqi, zonbunuo arauasu, l, fijqi suru. ¶ Itẽ, per trãsl. Fauorecer, ajudar. Iap. Chisôsuru, cõriocu suru, meuo caquru. ¶ Item, Fazer a vontade de alguem. Iap. Fitonu nozomiuo canayuru.

Súffrico, as. Lus. Esfregar leuemente. Iap. Yauaracani momu, l, suru, sasuru.

Suffringo, is. Lus. Quebrar. Iap. Voru, cudaqu, varu.

Súffrio, as. Lus. Esmiuçando poluorizar. Iap. Finericaquru.

Suffugio, is. Lus. Acolherse debaixo de algũa cousa. Iap. Monono xitani nigue iru. ¶ Item, apud Suet. Fugir pera tras. Iap. Atoye niguru.

Suffugiũ, ij. Lus. Lugar aonde hum se acolhe. Iap. Niguedocoro, tanomi docoro.

Suffulcio, is. Lus. Soster, sostentar. Iap. Cacayuru, motçu.

Suffûmigo, as. Lus. Defumar, ou asoprando fazer sair fumo. Iap. Fusuburu, l, qemuriuo fuqitatçuru.

Suffundo, is. Lus. Esparzir, derramar. Iap. So soqu, chirasu. ¶ Suffundi rubore. Iap. Fazerse vermelho có vergonha. Iap. Fagite xeqimen suru. ¶ Animus maleuolentia suffusus in aliquem. Lus. Animo auerso, e que tem rancor contra alguem. Iap. Tani iconuo fucumu cocoro.

Suffundo, as. Lus. Pôr algũa cousa por fundamento. Iap. Gibanni monouo suru.

Suffûror, aris. Lus. Tomar, ou furtar ás escondidas. Iap. Cacuxite toru, nusumu.

Suffusio, onis. Lus. Hũa doença dos olhos. Iap. Meno vazzuraino na.

Súggero, is, essi, estum. Lus. Dar, ministrar. Iap. Atayuru, tçucauasu. ¶ Item, Lembrar a outro, ou trazerlhe á memoria algũa cousa. Iap. Vomoi idasasuru.

Suggestus, I, Suggestum, i. Lus. Pulpito, ou lugar alto donde se prega. Iap. Côza, yusu. ¶ Item, apud Varroné, Hum lugar alto, ou poleiro que está na casa de criar aues. Iap. Toyaniaru torino yasumi.

Suggredior, eris. Lus. Andar, ou chegarse escondidamente. Iap. Xinobi yoru. ¶ Suggredi hostes. Lus. Dar nos imigos escondidamente. Iap. Xinôde teqini voxi yosuru.

Suggrundaria, æ. Lus. Sepulturas de meninos q̃ ainda não erão de quaréta dias. Iap. Vmaretaru xijŭnichino imino vchinaru varabeno quan.

Suggrundia, orum, I, Suggrundæ, & Suggrũdatio. Vide Subgrundia.

Sugillatio, onis. Lus. Mancha, vergão, ou sinal de pancada. Iap. Mimizugata. ¶ Item, per transl. Ignominia, afronta. Iap. Chijocu, accô, zongon.

Sugillo, as. Lus. Fazer vergoês, ou pisar a carne com pancadas. Iap. Mimizugataguo tçuquru. ¶ Item, per transl. Murmurar, dizer mal dalguem, ou ter em pouca conta. Iap. Fitô iuru, accô, zongonuo yŭ, iyaximuru, naigaxironi suru. ¶ Item, apud veteres, Cerrar, fechar. Iap. Feisocu suru, tozzuru.

Sugo, is, xi, ctum. Lus. Chupar. Iap. Sŭ, I, susuru.

Sugeo, es. apud antiq. Idem.

Sui. Vide Suus.

Suîle, is. Lus. Corte, ou curral de porcos. Iap. Butano voro.

Suînus, a, um. Lus. Cousa de porco, ou feita de carne de porco. Iap. Butani ataru coto, I, butano nicunite tçucuritaru coto.

Suillus, a, um. dim. Idem.

Sulcatim, adu. Lus. Por regos feitos com arado. Iap. Carasuqinite suqi aguetaru mizonogotoqini.

Sulcator, oris. Lus. Laurador que faz regos cõ arado. Iap. Carasuqi nite suqu mono.

Sulcatus, a, ũ. Lus. Terra laurada em regos. Iap. Carasuqi nite sucaretaru denbacu.

Sulco, as. Lus. Laurar a terra, fazer regos com arado. Iap. Denbacuuo tagayesu, I, carasuqinite mizouo tçucuru. ¶ Sulcare mare. Lus. Cortar o mar, ou nauegar. Iap. Namiuo varu, funeuo noru.

Sulcus, i. Lus. Rego do arado. Iap. Carasuqiuo suqitaru atono mizo. ¶ Item, La uoura. Iap. Denbacuuo tagayesu coto nari.

Súlculus, i. dim. Idem.

Sullaturio, I, Syllaturio, desideratiuum à Sylla formatum, idé valens, quod Syllæ proscriptioné imitari.

Sulphur, I, Sulfur, uris. Lus. Enxofre. Iap. Yuŏ. ¶ Item, Corisco. Iap. Raiqua.

Sulphuraria, æ. Lus. Mina de enxofre. Iap. Yuŏuo fori idasu tocoro. ¶ Item, Lugar onde se faz, ou coze enxofre. Iap. Yuŏuo niru, I, tçucuru tocoro.

Sulphuratio, onis. Lus. O defumar com enxofre. Iap. Yuŏuo motte fusuburu.

Sulphuratus, a, um. Lus. Cousa misturada com enxofre. Iap. Yuŏuo majiyetaru coto. ¶ Sulphurata. Lus. Mecha de enxofre pera acender fogo. Iap. Tçuqedaqe.

Sulphúreus, a, um. Lus. Cousa de enxofre, ou feita de enxofre. Iap. Yuŏni ataru coto, I, yuŏnite tçucuritaru coto. ¶ Item, Cousa que tem a qualidade, ou natureza de ẽxofre. Iap. Yuŏno xeitocu aru mono.

Sum

Sum, es, est. Lus. Ser, ou estar. Iap. De aru, l, yru. ¶ Item, Ter preço, ou valia. Iap. Atai nari. ¶ Qñdq;. Cum datiuo. Ter. Iap. Motçu, xindai suru. ¶ Est mihi minus cum illo. Lus. Sou menos seufamiliar. Iap. Safodono chijn niteua naxi. ¶ Item, in tertia persona singularis numeri. Lus. Conuem, ou acontece. Iap. Niyǒtari, sǒrǒxitari, l, xutrai suru. ¶ Est in bonis. Lus. Està de posse da fazenda, ou riquezas. Iap. Zaifǒuo xindai suru. ¶ Esse in aliquo numero, atque honore. Lus. Estar posto em algum grao, ou honra. Iap. Curai aru, l, caiguinni junjeraru. ¶ Est. Lus. He possiuel. Iap. Canǒ, naru. ¶ Item, Es. Lus. Acostumas. Iap. Naruru. ¶ Esto, adu. Lus. Seja assi. Iap. Sono bun are, cacuno bun are.

Sumanalia. Lus. Hum certo bolo redondo de farinha. Iap. Firaqi xǒbacuno mochi.

Sumen, inis. Lus. Parte da barriga do porco abaixo do embigo. Iap. Butano feso yori xitano nicu.

Sũma, æ. Lus. Sũma de contas, ou de qualquer cousa. Iap. Monono tçugǒ, ficqiǒ. ¶ In sũmã proficere. Lus. Aproueitar, ou fazerse summo ẽ algũa arte, &c. Iap. Nǒguei, gacumonno gocuyni itaru. ¶ Summa rerum. Lus. Cousa em que estriba a principal parte do negocio. Iap. Monono qiuame, vel giban, l, canameto naru coto.

Sũmmula, æ. dim. Idem.

Summarium, ij. Lus. Summario. Iap. Nuqigaqi.

Summátes. Lus. Homens principaes da cidade. Iap. Taijin, taimei, l, jǒtono xucurǒ, caxira.

Summátim, adu. Lus. Summaria, e breuemente. Iap. Ficqiǒjite, riacu xite. ¶ Item, Porriba, ou pollas estremidades. Iap. Vuacauani. ¶ In summa, & ad summam. Idem. ¶ Ad summum, l, Summum. Lus. Quando muito, ou ao summo. Iap. Vouoqunba, suguiba. vt Vouoqunba, core fodo arubexi.

Summatus, us. Lus. Imperio, senhorio supremo. Iap. Quanrei, xindai.

Summè, adu. Lus. Grandissimamente, excellentemente. Iap. Bacutaini, quǒdaini, l, itatte, suguretè.

Summissè, l, Submissè, adu. Lus. Baixa, e humilmente. Iap. Fiqiqu, iyaxiqu, asama xiqu, tçuxxinde.

Summissim. Idem. ¶ Item, Em voz baixa. Iap. Couabiqini.

Summissio, onis. Lus. O alargar o entesado. Iap. Yurumuru coto nari.

Summissus, a, um. Lus. Cousa curua, ou inclinada. Iap. Cagamitaru mono, magaritaru mono. ¶ Item, Cousa baixa, e desprezíuel. Iap. Iyaxiqi mono, asamaxiqi mono. ¶ Summissa vox. Lus. Voz baixa. Iap. Fiqiqi coye.

Súmmitas, atis. Lus. Cume em que se remata qualquer cousa. Iap. Mine, itadaqi.

Summitto, is. Lus. Subornar, ou meter às escondidas. Iap. Vairo nite cocorouo nabiquru, l, cacuxite inbutuo idasu, l, cacuite vchiye iruru. ¶ Aliqñ. Determinar, ou mandar sucesor em lugar de outro. Iap. Miǒdaini sadamuru, l, miǒdaiuo tçucauasu. ¶ Itẽ, Sujugár, ou meter de baixo do jugo. Iap. Cubicaxeuo caquru, l, xitagayuru. ¶ Aliqñ. Abaixar. Iap. Saguru. ¶ Qñq;. Afroxar o que estaua teso. Iap. Yurumuru. ¶ Barbam, capillumq; summittere. Lus. Deixar crecer a barba, e cabello. Iap. Figue, camigueuo tatçuru, l, voyasu.

Summœnium, ij. Lus. Hum lugar junto dos muros no qual estão molheres publicas. Iap. Iǒtono camayeno qiuani aru qeixeiya.

Summœnianus, a, um. Lus. Cousa pertencente a este lugar. Iap. Miguino tocoroni ataru coto.

Summoneo. vide Submoneo.

Summopere, adu. Lus. Grandemente. Iap. Vôqini.

Summus, a, ũ. Lus. Altissimo, summo, grãdissimo. Iap. Sugurete tacaqi coto, l, vôqinaqinaru coto. ❡ Itē, derradeiro. Iap. Vouarimi aru coto. Summū,& ad summum. Lus. Ao summo,ou quando muito. Iap. Vouocuua, amaraba. ❡ Item, Ad summū. Lus. Muito bē. Iap. Sugurete,ichidā.

Summûto, as. Lus. Trocar, ou mudar hũa cousa por outra. Iap. Toricayuru.

Sumo, is, psi, tum. Lus. Tomar a seu cargo. Iap. Toru, vqetoru. ❡ Aliqn̄. Atribuir a sy. Iap. Vagaminiategō. ❡ Item, Esco lher. Iap. Yerabu, suguru, yeri idasu. ❡ Qn̄q;. Tomar de aluguer, ou alugar. Iap. Chin nite yatō, caru. ❡ Aliqn̄. Consumir, gastar. Iap. Tçuiyasu, tçucai fatasu. ❡ Aliqn̄. Gastar, despēder. Iap. Tacarauo tçucō, tçuiyasu. ❡ Sumere obsequium animo. Lus. Darse a boa vida. Iap. Vaga cocoreno mamani furumō, I, quacqei uo suru. ❡ Sumere operam. Lus. Trabalhar de balde. Iap. Cônaqi xinrō suru. ❡ Sumere supplicium. Lus. Castigar. Iap. Xeccan suru.

Sumptifacio, is. Lus. Fazer gastos, ou despesa. Iap. Tacarauo tçucō, tçuiyasu.

Sumptio, onis. Lus. O tomar. Iap. Toru coto nari.

Súmptito, as. frequent. Lus. Tomar a miude. Iap. Xiguequ toru.

Sumptuarius, a, um. Lus. Cousa pertencente a gasto, ou despesa. Iap. Zaifō, qinguin uo tçucōni ataru coto.

Sūptuosè, adu. Lus. Cō grandes gastos, ou despesa. Iap. Quabūni zaifōuo tçucōte, I, irete.

Sumptuosus, a, um. Lus. O que faz demasiados gastos. Iap. Midareni qinguinuo tçucō mono. ❡ Sumptuosa cœna. Lus. Cea em que se fez muito gasto. Iap. Quabunni zaifôuo tçucaitaru yǔmexi, bansui.

Sumptus, a, um. Lus. Cousa tomada, ou escolhida. Iap. Toraretaru coto, yerabaretaru coto.

Sumptus, us. Lus. Gasto, despesa. Iap. Irime, xittçui.

Suo, is, ui, utum. Lus. Coser. Iap. Nū, faxi nuru. ❡ Item, Ajuntar, trauar. Iap. Tçugu, auasuru.

Supellex, ctilis, I, hæc Supellectilis, & apud āntiquos, hoc Supellectile. Lus. Enxoual, ou alfaya da casa. Iap. Cazai, xotai dōgu.

Super, præpos. Lus. Sobre, encima. Iap. Vyeni. ❡ Aliqn̄. De, acerca. Iap. Tçuite, vyeni. ❡ Aliqn̄. Muito. Iap. Vôqini. ❡ Itē, Por, por amor. Iap. Taixite, niyotte, yuye. ❡ Itē, Cū accusat. pro Vltra. Lus. Alē. Iap. Sore yori foca, sono vyeni, I, saqi. Qn̄q;. Alē disto, mais. Iap. Cotosara, co toni, sono faca, I, iyoiyo. ❡ Nocte super media. Lus. Atee depois de meyanoite. Iap. Yafā sugui made. ❡ Super somnum. Lus. Seruo que tem cuidado de concertar a cama. Iap. Yoguiuo xiqu yatçuco. ❡ Item, Super, adu. Idē.

Superabilis, e. Lus. Cousa que facilmente se pode vencer. Iap. Maqeyasuqi mono. ❡ Item, Cousa que se pode subir. Iap. Noboraruru mono.

Superabundo, as. Lus. Tresbordar, sobejar. Iap. Afururu, michi coboruru, I, amaru.

Superaddo, is, didi, ditū. Lus. Acrecentar, ou pôr de mais. Iap. Casanuru, mata soyuru.

Superagnáta tunica. Lus. A primeira tunica ou pelle do olho. Iap. Manacono vyeni fiqi vouoitaru ichibanno caua.

Superálligo, as. Lus. Amarrar, ou atar em riba. Iap. Vyeni yuitçuquru, I, caraguru.

Superamentum, i. Lus. Superfluidade, ou sobejo. Iap. Amari, amaru bun.

Superatus, a, um. Lus. Cousa vencida. Iap. Maqetaru mono.

Superbè, adu. Lus. Soberbamente. Iap. Māqini, jimanni.

Superbia, æ. Lus. Soberba, arrogancia. Iap. Manqi, jiman, gaman, qiôman.

Supérbibo, is. Lus. Beber depois de comer, ou depois deter ja bebido. Iap. Xocugoni monouo nomu, I, casanete nomu.

Superbíficus, a, um. Lus. Cousa que faz ao homē soberbo. Iap. Manqijinni nasumono.

Superbiloquentia, æ. Lus. Pratica, ou fala soberba, e arrogante. Iap. Manqinaru monogatari, I, cotoba.

Superbio, is. Lus. Ensoberbecerse. Iap. Iimā suru.

furu, manzuru. ¶ Item, Ser excellente. Iap. Sugi turu, masaru.

Superbiter, adu. Lus. Soberbamente. Iap. Mã jite, manqini. Antiq.

Superbus, a, um. Lus. Soberbo, arrogante. Iap. Manqinaru mono, l, gamannaru mo no. ¶ Aliqñ. Cousa nobre, e excellente. Iap. Suguretaru coto, cacuremonaqi mono. ¶ Item, Cousa alta. Iap. Tacaqi coto. ¶ Aliqñ. Cousa ornada. Iap. Cazaritaru coto, xŏgonxitaru coto. ¶ Qñq;. Rico, abundante. Iap. Fucuyŭnaru mono, tano xiqi mono. ¶ Aliqñ. Cousa injusta. Iap. Fidŏnaru coto. ¶ Item, Defunto, morto. Iap. Xinin, mŏja. Antiq.

Supercalco, as. Lus. Pisar com os pees. Iap. Fumi tçuquru.

Supercerno, is. Lus. Cirandar a terra em riba de algũa cousa. Iap. Tçuchiuo furuicaquru.

Supércido, is. Lus. Cair encima de algũa cou sa. Iap. Corobicacaru, vochicacaru.

Supercilium, ij. Lus. Sobrancelha. Iap. Maigue. ¶ Item, Soberba. Iap. Manqi, jimã, qiôman. ¶ Item, Cume, ou lugar mais alto de qualquer cousa. Iap. Mine, itadaqi. ¶ Supercilium censorium. Lus. Grauidade digna de censor. Iap. Censorto yũ curai aru fitoni niaitaru vomouomoxisa.

Superclaudo, is. Lus. Fechar de riba. Iap. Vye yori fusagu, tozzuru.

Supercóntego, is. Lus. Cobrir por riba. Iap. Vye yori vouô, cazzuquru.

Supercórruo, is. Lus. Cair encima. Iap. Vye ni corobicacaru.

Supercresco, is. Lus. Nacer, ou crecer sobre algũa cousa. Iap. Monono vyeni xŏzuru, idequru.

Supércubo, as. Lus. Iazer, ou dormir em riba de algũa cousa. Iap. Vyenifusu, inuru.

Supercurro, is. Lus. Correr, e ir diante. Iap. Faxiri nuquru. ¶ Ager supercurrit vectigali. Lus. O campo rendeo mais do accustumado. Iap. Içuyorimo cono denbacu ua deqitari, miuo xŏjitari.

Superdíco, is. Lus. Ajuntar algũa cousa ao que tinha dito. Iap. Iysoyuru.

Superdo, as. Lus. Pór, ou meter encima. Iap. Vyeni voqu, atçuru, l, iruru.

Superdûco, is. Lus. Trazer algũas cousas de pois de ter trazido outras. Iap. Mochi soyuru.

Superédo, is. Lus. Comer depois de ter ja comido. Iap. Casanete xocu suru.

Superemineo, es. Lus. Aparecer sobre os outros, ou ser mais aleuantado. Iap. Nuqinzzuru, saxi izzuru.

Superérogo, as. Lus. Dar, ou destribuir alem do que tinha dado. Iap. Atayetaru vyeni mata atayuru, fodocosu.

Superexcurro, is. Lus. Estenderse por cima. Iap. Monono vyeni nobiru.

Superexto, as. Lus. Aparecer porcima, ou ser mais alto. Iap. Nuqinzzuru, saxiizzuru, l, focaye amarite izzuru, saxiagaru.

Supérfero, ers. Lus. Trazer encima de algũa cousa. Iap. Monono vyeni motte quru.

Superficiarius, ij. Lus. O que tem casa, ou chão em lugar alheo, de que paga ao dono algũa cousa. Iap. Taninno riŏbun yaxiqini iyeuo tçucurite, yaxiqino nengu gixiuo fa caru mono. ¶ Superficiariæ ædes. Lus. Casas que estão em chão alugado. Iap. Nẽ qiuo sadamete caitaru yaxiqini tatetaru iye.

Superficies, ei. Lus. Superficie, ou aparencia exterior de qualquer cousa. Iap. Vuamote, vuacaua, vuatçura. ¶ Item, Chão, ou terreiro sem casas. Iap. Iyeno naqi yaxiqi, aqiyaxiqi. (amaru.

Superfit. Lus. Restar, sobejar. Iap. Nocoru,

Superfloresco, is. Lus. Florecer de pois. Iap. Vosoqu, l, nochini fanauo xŏzuru, l, sacayuru.

Superfluitas, atis. Lus. Superfluidade, ou abundancia. Iap. Taiqua, bentŏsa.

Superfluo, is. Lus. Auer abundancia. Iap. Tacusanni ari, bentŏ nari.

Supérfluus, a, um. Lus. Cousa superflua, ou abundante. Iap. Amaritaru coto, suguitaru coto, l, bentŏnaru coto.

Superfœtatio, onis. Lus. O parir hũ filho depois de outro como os animaes q̃ parem muitos. Iap. Ichidoni amatano couo vmu coto nari.

Superfoeto, as. Lus. Parir, ou conceber depois de ter ja parido, ou concebido no mesmo tempo. Iap. Xidaini mata faramu, l, ichidoni amatano couo vmu.

Superforaneum,ei. Lus. Cousa sobeja. Iap. Suguitaru coto, amaritaru coto.

Superfulgeo, es. Lus. Resplandecer de riba. Iap. Vye yori cacayaqu, l, ficaru.

Superfundo, is. Lus. Deitar, ou derramar em riba. Iap. Ire soyuru, tçugu. ❡ Superfusus amnis. Lus. Rio que sayo fora da madre. Iap. Afuretaru caua. ❡ Gēs superfusa montibus. Lus. Gēte que habita espalhada pollos montes. Iap. Sanchŭni voite muramurani sumu mono.

Supérgero, is. Lus. Botar, ou acumular hũa cousa sobre outra como terra, etc. Iap. Tçuchi nadouo tçuqi aguru, casanuru.

Supergrádior, l, Super gredior, eris. Lus. Passar porcima. Iap. Vyeuo touoru. ❡ Supergrediomnem laudem. Lus. Sobre pujar, ou ser muito excellente. Iap. Suguru ru, masaru.

Súperi, orum. Lus. Celestiaes, ou os que estão nos ceos. Iap. Tennin, l, tenni aru fito. ❡ Item, Os que viuem nesta vida. Iap. Xŏuo tamotçu fito.

Superiacio, is. Lus. Pôr, ou estēderem riba. Iap. Vyeni voqu, l, firoguru.

Superiacto, as, frequent. Idem.

Superiectus, us. Lus. O botar, ou estender ē riba. Iap. Vyeni voqu, l, firoguru coto nari.

Superíllígo, as. Lus. Atar por cima. Iap. Vye yori yuitçuquru.

Superílino, is. Lus. Vntar por cima. Iap. Vyeuo nuru.

Superimpendens, entis. Lus. Cousa que està dependurada de riba. Iap. Vye yori sagari taru mono.

Superimpôno, is. Lus. Pôr em cima. Iap. Vyeni voqu.

Superíncido, is. Lus. Cair sobre algũa cousa. Iap. Corobi cacaru.

Superíndico, is. Lus. Denúnciar, ou manifestar hũa vez, e outra. Iap. Saisai xirasuru, tçuguru, arauasu.

Superindúco, is. Lus. Botar, ou pôr em cima. Iap. Vyeni voqu, l, firoguru.

Superinduo, is. Lus. Vestir em cima dos outros vestidos. Iap. Vyeni qiru.

Superíngero, is. Lus. Acumular, ou amontoar em cima. Iap. Monono vyeni tçumi casanuru.

Superinjicio, is. Lus. Deitar, ou estender em cima. Iap. Monono vyeni naguru, xiqu, l, firoguru.

Superíntego, is. Lus. Cobrir por cima. Iap. Vyeni vouô, futauo suru.

Superíntono, as. Lus. Toar, ou fazer som de cima. Iap. Vye yori naru, fibiqu.

Superiniungo, is. Lus. Vngir, ou vntar por cima. Iap. Vyeuo nuru.

Superior, oris. Lus. Mais alto, mais excellente. Iap. Nauo tacaqi coto, l, suguretaru mono. ❡ Vita superior. Lus. Vida passada. Iap. Suguixi ichimei. ❡ Superior rex. Lus. Rey que foi primeiro, ou mais antigo. Iap. Xenvô, suguitaru teivô. ❡ Superiores. Lus. Nossos ante passados fora ja do sexto grao de nossa geração. Iap. Vare yori fajimete voya, vôgi rocudai mayeno xinrui uo yǔ. ❡ Item, Superiores, Os antigos que viueram antes de nos. Iap. Mucaxino fitobito, cojin. ❡ Item, O que vence a outros. Iap. Catçu mono. (Vmacata.

Superiumentarius, ij. Lus. Azemel. Iap.

Superlacrymo, as. Lus. Derramar lagrimas sobre algũa cousa. Iap. Mononi namida uo nagaxi caquru.

Superlatio, onis. Lus. Excesso, ou exageração demasiada. Iap. Taiqua, macotoni vçe gataqi cotouo yǔ.

Superlátus, a, um. Lus. Cousa aleuantada. Iap. Vyetaru coto. ❡ Superlata verba. Lus. Palauras que se dizem na oração pera acrecentar, ou exagerar mais. Iap. Monono xei uo arauasu tameni yǔ gingon.

Superliminare, is. Lus. Lumieira da porta. Iap. Camoi, l, monno cabuqi.

Supérlino, is. Lus. Vntar por cima. Iap. Vye uo nuru.

Supérlitus, a, um. Lus. Cousa vntada por cima

cima. Iap. Vyeuo nuritaru mono.

Supermando,is.Lus.Mastigar hũa cousa de ta pois de ter mastigada outra. Iap. Monouo mite nochi mata bechino monouo camu. ¶ Item, Comer depois de ter ja comido. Iap. Xocuxite nochi mata xocu suru.

Supérmeo, as. Lus. Correr, ou passar por cima. Iap. Vyeuo nagaruru, touoru.

Supernas, atis. Lus. Cousa que traz sua origem de lugar alto. Iap. Tacaqi tocoro yori xõzuru mono.

Supérmico, as. Lus. Luzir, ou resplandecer de cima. Iap. Vye yori cacayaqu. ¶ Itẽ, Sobrepujar, auentajarse. Iap. Sugururu, masaru, coyuru.

Supérnato, as. Lus. Andar em riba dagoa, ou de qualquer outro licor. Iap. Mizzu nadono vyeni vqu.

Supernâtus, a, um. Lus. Cousa nacida depois de outra. Iap. Yono coto yorimo nochini xõjitaru mono, vmaretaru mono.

Supernè, adu. Lus. De cima. Iap. Vye yori.

Supernus, a, um. Lus. Cousa de cima que está em alto. Iap. Vyeni aru tacaqi coto.

Súpero, as. Lus. Subir, passar alem. Iap. Noboru, aguru, touori, l, vatari fatasu, l, yama nadouo coyuru. ¶ Aliqñ. Vencer. Iap. Catçu. ¶ Item, Auer copia, e abastãça. Iap. Monodacusan nari. ¶ Item, Estar viuo, e bem desposto. Iap. Imada zõmei suru, l, yugon nari. ¶ Qñq;. Sobejar. Iap. Amaru. ¶ Item, Matar. Iap. Corosu, gaisuru.

Superobruo, is. Lus. Cobrir de terra, ou outra cousa. Iap. Tçuchi nadouo qisuru.

Superpendeo, es. Lus. Estar dependurado de riba. Iap. Vyecara tçutte aru.

Superpingo, is. Lus. Pintar sobre o pintado, ou acrecentar algũa cousa á pintura. Iap. Yeni mononuo caqi soyuru.

Superpôno, is. Lus. Pór em cima. Iap. Vyeni voqu, l, soyuru.

Superrâdo, is, rasi, rasum. Lus. Raspar, ou cortar leuemente por cima algũa cousa. Iap. Vuacauauo cosoguru, l, qezzuru.

Superpendium, ij. Lus. Sobrecarga, ou con trapeso. Iap. Voi, l, tçumu fodo tçumitaru vma, fune nadoni sucoxi soyuru bũ.

Superscando, is. Lus. Subir. Iap. Noboru, agaru.

Superscríbo, is. Lus. Escreuer em cima. Iap. Vyeni mononuo caqu.

Supersedeo, es. Lus. Desistir do começado. Iap. Fajimetaru cotouo yamuru.

Supersilio, is. Lus. Saltar sobre algũa cousa. Iap. Tobi agaru.

Superspargo, is. Lus. Espargir, derramar por riba. Iap. Vyeni sosoqu, l, chirasu.

Superstagno, as. Lus. Tresbordar, encher. Iap. Afururu, michi coboruru.

Supersterno, is. Lus. Estẽder por cima. Iap. Vyeni firoguru, xiqu.

Superstes, titis. Lus. O q̃ fica viuo depois de outro morto. Iap. Atoni iqi nocoru mono. ¶ Item, O q̃ viue são, e saluo. Iap. Tçutçuga naqu nagarayuru mono. ¶ Interd. O que està presente. Iap. Mayeni aru mono. ¶ Item, apud antiq. Teste munha. Iap. Xôconin.

Superstitio, onis. Lus. Superstição, ou erro no culto diuino. Iap. Michini fazzurete Deusuo tattomi tatematçuru cotouo yũ.

Superstitiosè, adu. Lus. Superstitiosamente. Iap. Fidõni Deusuo tattomi tatematçurite.

Superstitiosi. Lus. Supersticiosos, e que tem nimio temor de Deos ẽ cousas onde não ha que temer. Iap. Fidõni Deusuo voga mi tatematçuru mono, l, vosoremajiqi cotoni Deusuo vosoretatematçuru mono.

Supérstito, as. frequent. Lus. Estar saluo, e de saude. Iap. Yugonni, l, mubiõni yru. ¶ Itẽ, apud antiquos. Conseruar, ou guardar. Iap. Bujini tamotçu, mamoru.

Supersto, as. Lus. Estar em pee sobre algũa cousa. Iap. Monono vyeni tatte yru. ¶ Qñq;. Restar, ficar. Iap. Amaru, nocoru.

Superstruo, is. Lus. Edificar ẽ cima de outra cousa. Iap. Monono vyeni zõsacu, l, conriũ suru.

Supersum, es. Lus. Ter copia, e abũdancia Iap. Mononi fucqi, jũman suru, l, tacusan ni motçu. ¶ Interd. Restar, ficar. Iap. Nocoru

j i ★

coru. ¶ Interd. Estar são, e saluo. Iap. Yugon, mubiǒnaru. ¶ Aliqñ. Vecer, exceder. Iap. Catçu, l, ſugururu, coyuru. ¶ Qñq;. Ser ſuperfluo. Iap. Amaru, ſuguru. ¶ Item, apud Suet. Apreſentarse em juizo. Iap. Tadaxiteno mayeni izzuru. ¶ Supereſſe ſuis rebus, apud iuris conſultos. Lus. Olhar, e ter conta com ſuas couſas. Iap. Vaga cotouo ſaibanſuru, cocorogaquru. ¶ Interd. Durar, perſeuerar. Iap. Todoqu, cotayuru. ¶ Item, Estar viuo, ou neſta vida. Iap. Imada zómei ſuru.

Superuacaneus, a, ũ. Lus. Couſa ſuperflua, não neceſſaria. Iap. Suguitaru coto, amaritaru coto, l, irazaru coto, canyônarazaru coto.

Superuacuus, a, um. Idem.

Superuacuò, adu. Lus. Inutil, e ſuperfluamẽte. Iap. Amarite, ſuguite, l, canyô narazu xite.

Superuâdo, is. Lus. Subir, ou paſſar alẽ. Iap. Saqiye touoru, l, coyuru.

Superuaganeus, a, um. Vt auis ſuperuaganea. Lus. Aue que nos agouros cantaua do mais alto cume. Iap. Vranaino toqi, mine mine nite naqu tori.

Supéruagor, aris. Lus. Andar vagueando demaſiadamente. Iap. Faiquai xitçugoſu. ¶ Item, Serem as aruores muito viçoſas, ou botarem ramos ſuperfluos. Iap. Sômocu fabicori ſuguru.

Supérueho, is. Lus. Leuar, ou acarretar em nao, carro, &c. Iap. Fune, curuma nado nite monouo facobu.

Superuenio, is. Lus. Sobreuir, ou vir derepente. Iap. Vomoigaqemo nai jibunni, l, fureoni quru. ¶ Item, Cum accuſat. Subir. Iap. Agaru, noboru.

Superuentus, us. Lus. Vinda inſperada. Iap. Vomoigaqe naqini quru cotouo yũ.

Superueſtio, is. Lus. Veſtir por cima. Iap. Vyeni qiru, l, qiſuru.

Superuîuo, is. Lus. Tornar a viuer, ou tomar forças o que ja parecia que eſtaua morto. Iap. Xini cacaritaru monoga chicarauo vru.

Superungo, is. Lus. Vntar por cima. Iap. Vyeuo nuru.

Supéruolo, as. Lus. Voar por cima de algũa couſa. Iap. Vyeuo tobu, l, tobicoſu.

Superuólito, as. frequent. Idem.

Superuoluo, is. Lus. Virar, ou voluer pera riba. Iap. Vyeye maguru, l, cagamu.

Súperus, a, um. Lus. Couſa de riba. Iap. Vyeni aru coto, tacaqi coto. ¶ Supera, orum. Lus. Ceos. Iap. Ten.

Supinatus, a, um. Lus. Couſa virada com a boca pera riba. Iap. Auonoqetaru coto.

Supîno, as. Lus. Virar, ou pôr com a boca pera riba. Iap. Auonoquru.

Supînum à quibuſdam dicitur verbum participiale, ſicut gerundia participialia nomina appellantur.

Supînus, a, um. Lus. Couſa que eſtà de coſtas, ou com a boca pera riba. Iap. Auonoqite yru mono. ¶ Item, Mole, ocioſo, e negligente. Iap. Vonagoraxiqi mono, muxoſani yru mono, buxônaru mono. ¶ Item, Lugar ingreme, ou môtuoſo. Iap. Qeuaxiqi tocoro, ſagaxiqi tocoro, l, yamano vouoqu aru tocoro. ¶ Item, apud Perſium, Soberbo. Iap. Manqi, l, gamannaru mono. ¶ Supinas manus ad cælum tendere. Lus. Aleuantar ambas as mãos ao ceo. Iap. Tenni mucǒte gaxxǒuo ſuru.

Suppar, aris. Lus. Quaſi igual. Iap. Taitiacu taiyǒnaru mono, vel vonaji fodo aru mono.

Supparasîtor, aris. Lus. Seruir, ou fazer a võtade a alguem como chocarreiro, &c. Iap. Qiǒguen, qiguiouo yũte fitoni nagusamuru monono gotoqu qiguenuo toru, l, fôcô ſuru.

Súpparus, l, Súpparum, i. Lus. Hum veſtido leue, e eſtreito. Iap. Caruqu, xebaqi yxǒno na. ¶ Item, apud Feſtum, Camiſa, ou certo veſtido de donzella. Iap. Vacaqi nhoninno ſadacatabira. ¶ Item, Súpparum. Lus. Vela da gauia. Iap. Funeno xeirǒno vyeni aru fo.

Suppedâneum, ei. Lus. Couſa que metemos de baixo dos pees quando eſtamos aſſentados. Iap. Coxiuo caquru toqi fumayuru mono. Sup-

Suppeditatio, onis. Lus. O dar, ou ministrar algũa cousa. Iap. Monouo atayuru, l, fodocosu coto nari.

Suppédito, as. Lus. Dar, ministrar. Iap. Atayuru, fodocosu. ¶ Item, neutrum. Abasta. Iap. Mŏ nari, taxxitari. ¶ Interd. Enganar. Iap. Tabacaru, damasu.

Suppéditor, aris. deponens. Idem.

Suppello, is, puli, pulsum, verbũ modò honestũ, modò turpe.

Suppetiæ, arum. Lus. Socorro, ajuda. Iap. Cŏriocu, caxei. ¶ Suppetias venire. Lus. Ajudar, ou socorrer ao necessitado. Iap. Daijini voyobu mononi cŏriocu suru.

Suppetior, aris. Lus. Ajudar, socorrer. Iap. Cŏriocu, l, caxei suru.

Súppeto, is. Lus. Pedir enganosamente. Iap. Bŏriacuuo motte monouo cô. ¶ Suppetit. Lus. Està prestes, ou à mão. Iap. Temo toni aru. ¶ Item, Abasta. Iap. Mŏ nari, taxxitari. ¶ Suppetat supèrstes vitæ tuæ. Lus. Viua depois de vos. Iap. Sonata xin de nochi are iqiyeгana.

Suppîlo, as. Lus. Furtar às escondidas, e pouco a pouco. Iap. Cacuxite sucoxizzutçu nusumu.

Supplanto, as. Lus. Derribar dando camba pee, ou alçaperna. Iap. Axiuo fumi ta uosu. ¶ Item, Plantar de baixo de algũa cousa. Iap. Monono xitani qiuo vyuru. ¶ Item, Enganar. Iap. Tabacaru, damasu. ¶ Supplantare verba, et vocem. Lus. Abaixar, e encurtar as palauras. Iap. Coye uo fiqiqu yŭ, l, cotobauo riacu xite yŭ.

Supplementum, i. Lus. Suplemento. Iap. Monono cazuuo tassuru tameni soyuru cotouo yŭ.

Suppleo, es. Lus. Suprir. Iap. Monono cazuuo tassuru tameni soyuru. ¶ Item, Igualar. Iap. Taiyŏni nasu. ¶ Aliqñ. Encher. Iap. Mitasu, ippai iruru.

Supplex, icis. Lus. O que humilmente se lança aos pees de alguem pedindo misericordia. Iap. Aximotoni firefuxite auaremiuo cô mono, l, cŏsan suru mono. ¶ Libelli supplices. Lus. Petições. Iap. Sojŏ.

Supplicari. impers. Lus. Fazerense petições a Deos, etc. Iap. Deusye monouo tanomi tatematçuru.

Supplicatio, onis. Lus. O pedir humilmente misericordia, &c. Iap. Aximotoni firefuxite monouo cô coto nari. ¶ Item, Supplicationes dicebãtur, quando re feliciter gesta, ex senatus consulto templa apperiebantur, diuorũq; simulachra in lectis collocabantur, populo certatim ad puluinaria confluente, &c. ¶ Item, Procissão. Iap. Banmin guiŏdŏ xite dŏ, teraye sanqei suru cotouo yŭ.

Suppliciter, adu. Lus. Humilmente. Iap. Tçuxxinde, fericudatte.

Supplicium, ij. Lus. O pedir humilmente. Iap. Tçuxxinde monouo tanomu cotouo yŭ. ¶ Item, Castigo, ou pena. Iap. Quatai, xeccan, bat. ¶ Item, Supplicia. Lus. Certos sacrificios. Iap. Tamuqeno taguy.

Súpplico, as. Lus. Pedir, ou rogar humilmẽte. Iap. Tçuxxinde monouo tanomu.

Supplôdo, is. Lus. Fazer som batendo com os pès. Iap. Axiuo fuminarasu.

Supplosio, onis. Lus. O fazer som com os pès. Iap. Axiuo fuminarasu coto nari.

Suppœnitêre. Lus. Ter algum arrependimẽto. Iap. Sucoxi côquai suru, cuyamu.

Suppôno, is. Lus. Pór, ou meter de baixo. Iap. Xitani voqu, l, iruru. ¶ Itẽ, Falsificar, ou pór cousa falsa ẽ lugar da verdadeira. Iap. Nixemonouo xite toricayuru. ¶ Supponere colla iugo. Lus. Offerecer, ou meter o pescoço de baixo do jugo. Iap. Cubicaxeno xitani cubiuo iruru. ¶ Supponere aliquid iudicio alicuius. Lus. Sometter algũa cousa, ou deixala ao parecer de alguem. Iap. Monouo fitono zonbunni macasuru. ¶ Supponere falcem aristis. Lus. Segar. Iap. Camanite caru. Virg.

Supporto, as. Lus. Trazer, ou acarretar. Iap. Facobu, mochi qitaru.

Suppositio, onis. Lus. O pór, ou meter de baixo. Iap. Monouo xitani voqu, l, iruru coto nari.

Suppositicius,a, um. Lus. Cousa falsa posta em lugar da verdadeira. Iap. Toricayetaru nixemono.

Suppósitus, et Suppostus,a, um. Lus. Cousa posta,ou metida de baixo de outra. Iap. Monono xitani ire vocaretaru coto. ¶ Item, Cousa posta falsamente em lugar de outra. Iap. Tabacatte toricayeraretaru coto,l,toricayetaru nixemono. ¶ Saxa suppostа cælo. Lus. Rochedo tã alto que parece que chega ao ceo. Iap. Cumouo tçuqu fodo sobiyetaru ganjeqi.

Suppostor, oris. Lus. O que poem hũa cousa falsa por outra verdadeira. Iap. Nixemonouo xite toricayuru fito.

Suppostrix,icis. fœmi. Idem.

Suppresio, onis. Lus. O esconder, ou emcubrir. Iap. Monouo cacusu coto nari. ¶ Suppressiones nocturnæ. Lus. O abafar, ou não poder respirar liuremente quãdo daa o pesadelo, &c. Iap. Muchũni mononi vosouarete iqiuo tçuqi canuru cotouo yũ.

Suppressus, a, um. Lus. Cousa posta em baixo, ou no fundo. Iap. Xitani vocaretaru coto, xizzumitaru coto. ¶ Fuga suppressa. Lus. Fugida empedida, ou detida. Iap. Todomeraretaru faifocu,l, chicuten. ¶ Mentum suppressum. Lus. Queixo de baixo apanhado, e pequeno. Iap. Mijicaqi votogai. ¶ Voce suppressa dicere. Lus. Orar,ou falar em voz baixa. Iap. Fiqiqi coyenite dangui suru ,l, cataru.

Supprimo, is. Lus. Reprimir, deter. Iap. Vosayuru ,ficayuru. ¶ Item, Esconder. Iap. Cacusu. ¶ Supprimere iter. Lus. Dilatar a partida. Iap. Yuqu cotouo noburu. ¶ Nummos, l, pecuniã supprimere. Lus. Encobrir o dinheiro , ou retello enganosamẽte. Iap. Caneuo cacusu,l, fidõni caneuo tacuuaye motçu.

Supprômo, is . Lus. Tirar fora. Iap. Focani dasu, l, tori idasu.

Supprômus, i. Lus. O q̃ tem cuidado de tirar o vinho da adega. Iap. Sacabuguiô ,l, sacabeya yori saqeuo tori idasu yacunin.

Suppudet,ebat. Lus. Ter algum pejo,ou vergonha. Iap. Sucoxi fazzucaxiqu vomô.

Suppúllulo, as. Lus. Nacerem das raizes vergonteas. Iap. Neyori vacadachiga izzuru.

Suppuratio, onis. Lus. O apostemarse, ou criar materia. Iap. Xumot,qizunadono vmu cotouo yũ.

Suppuratorius,a, um. Lus. Cousa pertencente a postema. Iap. Xumot ,l, faremononi ataru coto. ¶ Item, Cousa que faz criar materia. Iap. Vmiuo xôzuru mono.

Suppuratus, a, um. Lus. Cousa apostemada, ou conuertida em materia. Iap. Vmini naritaru coto.

Suppûro, as. Lus. Apostemarse, ou conuerterse em materia. Iap. Vmini naru.

Súpputo, as. Lus. Podar, ou cortar os ramos desnecessarios. Iap. Qiuo tçucuru, l ,iranu yedauo qiru. ¶ Aliqñ. Contar, ou fazer contas por numeros. Iap. Sanyô suru,l, san nadonite monouo cazoyuru.

Supra, præpofit. Lus. Em cima. Iap. Vye. ¶ Aliqñ. Mais do necessario, muito. Iap. Vôqini, l, taiquani, suguite. ¶ Interd. aduerb. Idẽ. ¶ Supera ,apud antiquos, pro Supra. ¶ Supra quàm credibile est. Lus. Mais do q̃ ninguem pode creer, ou imaginar. Iap. Fitono xinzubeqi yorimo,bonrioni voyobanu fodo.

Suprémò, adu. Lus. Vltimamente. Iap. Vouarini, aguecuni.

Suprêmus,a, um. Lus. Vltimo, derradeiro. Iap. Vouarinaru mono, fatenaru mono. ¶ Aliqñ. Cousa muito alta, ou grande. Iap. Sugurete vôqinaru coto, l, tacaqi coto. ¶ Honores supremi . Lus. Exequias. Iap. Toburai,sôrei. ¶ Sole supremo. Lus. Pondose o sol. Iap. Figa itte. ¶ Supremũ supplicium. Lus. Pena, ou castigo de morte. Iap. Xizai. ¶ Suprema mulcta. Lus. Certa pena que antigamẽte se pagaua. Iap. Inixi ye idaxitaru quatainocane. ¶ Suprema alicuius, i, fata. Lus. Derradeiro tempo da vida de alguem. Iap. Xisuruni chicaqi jixet. ¶ Suprema. Lus. Morte. Iap. Xeiqio, xi. ¶ Suprema sua ordinare. Lus. Fazer testa-

testamento, e declarar sua vltima vontade. Iap. Yuijouo caqi yuigonuo suru. ❡ Soluere alicui suprema. Lus. Fazer as exequias a alguẽ. Iap. Sŏreiuo suru, toburaiuo suru.

Supum, antiqui dicebant, quod nunc supinũ dicimus.

Sura, æ. Lus. Barriga da perna. Iap. Cobura. ❡ Qñq;. Perna. Iap. Sune. ❡ Qñq;. Suræ. Lus. Greuas. Iap. Suneate.

Surculáceus, a, um. Lus. Cousa semelhante ao ramo nouo da aruore. Iap. Qino vacadachini nitaru mono.

Surcularis, e. Lus. Cousa q̃ géra, ou produze vergonteas. Iap. Vacadachiuo xŏzuru mono.

Surcularius, a, um. vt surcularia cicada. Lus. Cegarrega que viue nas vergonteas, ou ramos nouos da aruore. Iap. Vacadachini sodatçu xemi. ❡ Item, Cegarrega que aparece no tempo quando as aruores brotão. Iap. Qino medatçu jibũni, izzuru xemi. ❡ Surcularius ager. Lus. Campo plantado de varas nouas, ou vergonteas. Iap. Qino vacayedauo sasaretaru fataqe.

Súrculo, as. Lus. Cortar os ramos desnecessarios da aruore pera que creça mais. Iap. Qino xeigiŏsuru tameni, qino yedauo qirifarŏ.

Surculosè, adu. Lus. Per varas nouas, ou vergonteas. Iap. Vacadachini.

Surculosus, a, ũ. Lus. Cousa chea de vergõteas, ou varas nouas. Iap. Vacadachino vouoqi mono.

Súrculus, i. Lus. Vara noua, ou vergontea de aruore. Iap. Vacadachi.

Surdaster, a, um. Lus. O que ouue mal, ou he hum pouco surdo. Iap. Voyoso, l, tairiacu tçunbo naru mono.

Surdè, adu. Lus. Surdamente. Iap. Tçunboni, riŏquaini.

Súrditas, ati. Lus. Surdeza. Iap. Riŏquai.

Surdus, a, um. Lus. Surdo. Iap. Tçunbo, mimi xijtaru mono. ❡ Item, Cousa cujo cheiro se não sente. Iap. Niuouanu mono, l, niuoino qicoyenu mono. ❡ Item, Cousa que perdeo ogosto. Iap. Fũmino vxetaru mono. ❡ Surda buccina. Lus. Bozina que senão ouue, ou de pequeno som. Iap. Qicoyezaru cai. ❡ Locus surdu. Lus. Lugar onde facilmente se não ouue. Iap. Monouotono qicoyenicuqi tocoro.

Surgo, is, rrexi, ectum. Lus. Aleuantarse. Iap. Tachiagaru. ❡ Item, Nacer, ou crecer. Iap. Xŏzuru, l, xeigiŏ suru. ❡ Item, Acrecentarse, aumẽtarse. Iap. Casanaru, masaru. ❡ Itẽ, Irse aleuantádo pouco a pouco o edificio atè chegar ao telhado. Iap. Ixizuye yori xidaini zŏsit suru. ❡ Surgũt venti. Lus. Começa a vẽtar. Iap. Caje ga fuqi vocoru, l, tatçu.

Surpículus, i. vide Scirpiculus.

Súrrego, pro Surgo, & Surregit pro Surgit, scripsere veteres.

Surrêpo, is. Lus. Entrar, ou meterse às escondidas. Iap. Cacuxite iru, l, fairu.

Surreptitius, a, um. Lus. Cousa escondida, escreta. Iap. Cacuretaru coto, fimitnaru coto. ❡ Itẽ, Cousa furtada ás escondidas. Iap. Cacurete nusumaretaru coto.

Súrrigo, is, exi, ectum. Lus. Aleuantar em alto. Iap. Vyeye aguru.

Surripio, is. Lus. Furtar às escondidas. Iap. Cacurete nusumu. ❡ Surripere se alicui. Lus. Esconderse pera não ser visto dalguem. Iap. Fitoni cacururu, fitomeuo xinobu.

Súrrogo. vide Súbrogo.

Sursum. Lus. Pera riba. Iap. Vyeye. ❡ Sursum versum. Idem.

Sus, suis. Lus. Porco, ou porca. Iap. Buta, inoxixi.

Susceptio, onis. Lus. O receber, ou aceitar. Iap. Monouo vquru, l, vqetoru coto nari.

Susceptum, i. Lus. O que se recebe, ou aceita. Iap. Vqetoraretaru mono.

Susceptus, a, um. Lus. Cousa aceitada, ou começada. Iap. Vqetoraretaru mono, l, fajimeraretaru mono.

Suscio, is, iui. Lus. Saber, conhecer. Iap. Xiru, mixiru, vaqimayuru. Antiq.

Suscipio, is. Lus. Receber, aceitar. Iap. Vquru, vqetoru. ❡ Item, Sofrer. Iap. Xinogu, corayuru. ❡ Item, Tomar a mão ao ao que estaua falando, e continuar com a pratica. Iap. Fitono monogatarino nacauo qitte catari tçuzzuquru. ¶ Suscipere liberos. Lus. Gérar filhos. Iap. Couo xôzuru, mǒquru. ¶ Suscipi in lucem. Lus. Nacer. Iap. Vmaruru, xôzuru.

Suscitábulum, i. Lus. Motiuo, e incentiuo. Iap. Susume, l, moyouoxi.

Súscito, as. Lus. Despertar, excitar. Iap. Su sumetatçuru, moyouosu, saisocu suru, voco su. ¶ Item, per transl. Renouar a ira, &c. Iap. Futatabi icariuo vocosu. ¶ Suscitare ignem. Lus. Tornar a acender o fogo que estaua ja quasi apagado. Iap. Qiyuru fiuo taqi, l, vocoxi tatçuru. ¶ Suscitare mortuum. Lus. Resuscitar ao morto. Iap. Xininuo yomigayeîu, saiquat sasuru.

Suscus, vide Subscus.

Susinum, i. Lus. Hum vnguento cheiroso feito de lirio. Iap. Caqitçubatanite auaxe taru cunyacu, l, abura.

Suspectio, onis. Lus. Sospeita. Iap. Suiriô, suisat, fuxin, ayaximi.

Suspecto, as. frequent. Lus. Olhar pera riba. Iap. Saisai vyeuo miru. ¶ Interd. Ter por sospeito. Iap. Vxiroguraqu, l, vxiro beta nô vomô, l, fuxinni vomô, vxirometaqu vomô.

Suspectus, us. Lus. O olhar pera riba. Iap. Vyeuo miru coto nari. ¶ Itê, Altura. Iap. Tacasa. ¶ Itê, Admiração, espanto. Iap. Guiôten, vodoroqi, l, aqiruru coto uo yů.

Suspectus, a, um. Lus. Cousa sospeitosa. Iap. Vxirobetanai mono, ayaxiqi mono.

Suspendeo, es, l, Suppendeo. Lus. Estar dependurado. Iap. Tçurte aru, sagattea ru.

Suspendium, ij. Lus. O ser dependurado, ou enforcado. Iap. Tçuraruru, l, cubiuo cucuraruru cotouo yů.

Suspendiosus, a, um. Lus. Enforcado. Iap. Cubiuo cucutte corasaretaru mono.

Suspendo, is. Lus. Dependurar, ou atar a algũa cousa. Iap. Tçuru, saguru, l, mononi caram e tçuqiru, l, musubi tçuqi ru. ¶ Qñq;. Aleuantar pera riba. Iap. Vyeye aguru. ¶ Qñq;. Enforcar. Iap. Cubiuo cucutte corosu. ¶ Suspendere rem aliquam. Lus. Diferir, ou prolongar algũa cousa. Iap. Fi nadouo noburu. ¶ Suspendere aliquê. Lus. Ter a alguem suspê so. Iap. Fitono cocorono vcaruru yǒni su ru, l, anji vazzurauasuru. ¶ Suspendere spiritum. Lus. Descansar hum pouco, ou parar de quando em quando estando lêndo. Iap. Yomu vchini sucoxizzutçu iqiuo tçugu. ¶ Ædificium suspendere. Lus. Fazer edificio de abobada. Iap. Maru tenjôuo tçucuru, nijigatano tenjôuo tçucuru.

Súspicans, antis. Lus. O que tem sospeita. Iap. Fuxinni vomô fito.

Suspicio, is. Lus. Olhar pera riba. Iap. Vyeuo miru. ¶ Suspicere aliquê. Lus. Acatar, e venerar a alguê. Iap. Agame vyamô, xôquâ suru. ¶ Itê, Ter a alguê por sospeito. Iap. Fitouo ayaximu.

Suspicio, onis. Lus. Sospeita. Iap. Suiriô, suisat, fuxin, ayaximi.

Suspiciosè, l, Suspiciosiũs, adu. Lus. Com sospeita. Iap. Ayaxiqu, ibucaxiqu.

Suspiciosus, a, um. Lus. O que tem sospeita, ou he muito sospeitoso. Iap. Ayaximu mono, l, ayabumu mono. ¶ Itê, Aquelle de quem se tem sospeita. Iap. Ayaxiqi mono.

Súspicax, acis. Idem.

Súspicor, aris. Lus. Sospeitar, ou ter sospeita. Iap. Suiriô, l, suisat suru, l, ayaximu, ayabumu.

Suspiratus, us. Lus. O suspirar. Iap. Toiqiuo tçuqu coto nari.

Suspiriosi, orum. Lus. Asmaticos. Iap. Ienso cuqena mono.

Suspirium, ij. Lus. Suspiro. Iap. Toiqi. ¶ Item, Asma. Iap. Iensocu.

Suspîro, as. Lus. Suspirar. Iap. Toiqiuo tçuqu. ¶ Item, per transl. Desejar. Iap. Nozomu.

Susque deque fero, vel Susquedeque habeo. Lus. Sofrer pacientemête algũa cousa. Iap. Cocoro yoqu cannin suru, l, tçuyoqu corayuru. ¶ Interd. Desprezar, ou fazer pouco caso. Iap. Monotomo xezu, nai itomo vo-

vomouanu.

Susilio, is. vide Subsilio.

Sustendo, is, di, sũ. Lus. Meter algũa cousa de baixo pera enganar, ou vrdir algum engano. Iap. Taburacasu tameni xicani monouo voqu, l, bôriacuuo tacumu.

Sustentáculum, i. Lus. Cousa que sostenta, ou tem mão em outra. Iap. Mochi cacayuru mono.

Sustentatio, onis. Lus. Detença, ou demora. Iap. Chichi, yennin. ¶ Item, O esperar. Iap. Matçu cotouo yũ.

Sustento, as. frequent. Lus. Sostentar, ou ter mão em algũa cousa pera que não caya. Iap. Tauoreno yŏni cacayuru.
¶ Aliqñ. Sofrer cõ paciencia. Iap. Cocoroyoqu corayuru. ¶ Interd. Sostentar, ou manter pobres, &c. Iap. Fininuo yaxinŏ, sodatçuru. ¶ Sustentare se. Lus. Mostrar animo varonil nas cousas aduersas. Iap. Daijino toqini yŭqiuo arauasu.

Sustineo, es. Lus. Soster, ou ter mão no que està pera cair. Iap. Corobicacaru monouo cacayuru. ¶ Itẽ, Sofrer, padecer. Iap. Xinogu, corayuru. ¶ Aliqñ. Sostentar, manter. Iap. Yaxinŏ, sodatçuru.
¶ Qñq; Reprimir, refrear. Iap. Ficayuru, vosayuru. ¶ Itẽ, Defender. Iap. Fuxegu, mamoru, fijqi suru. ¶ Itẽ, Dilatar como tẽpo, &c. Iap. Fi nadouo noburu. ¶ Nõ sustineo. Lus. Não posso, não ouso. Iap. Canauazu, narazu, voyobazu. ¶ Sustinere personam. Lus. Representar bem o cargo que tem. Iap. Sono xocuni ataru guiŏguiuo yoqu tçutomuru. ¶ Sustinere gradum. Lus. Parar indo andando. Iap. Tachitomaru. ¶ Sustinere dicitur Deus, quando retrahit manum suam.

Sustollo, is. Lus. Aleuantar em alto. Iap. Vye ye aguru. obsoletum est. ¶ Sustulit liberos ex aliqua muliere. Lus. Oue filhos de algũa molher. Iap. Vonna yori couo mŏqetari. ¶ Item, Sustuli. Lus. Criei, dei de mamar. Iap. Sodatetari, chiuo nomaxetari. ¶ Item, Matei, destrui. Iap. Gaixitari, cuzzuxitari, l, metbŏ saxetari.

Susum. Lus. Pera cima. Iap. Vyeye. Apud antiq.

Susurratio, onis. Lus. O falar em voz baixa. Iap. Sasayaqu, l, fiqiqu monouo yŭ cototari. ¶ Itẽ, O fazer hum baixo som como de agoa que corre. Iap Riŭsuino gotoqu naru cotouo yŭ.

Susurro, onis. Lus. O que diz mal de outro por de tras. Iap. Soxirite.

Susurro, as. Lus. Falar em voz baixa, ou soar brãdamẽte como agoa, &c. Iap. Sasayaqu, l, fiqiqu monouo yŭ, l, riŭsuino gotoqu naru. ¶ Aliqñ. Falar baixo, ou escondidamente. Iap. Fisocani, l, couabiqiqu monouo yŭ.

Susurrus, l, Susurrum, i. Lus. Soido, ou som baixo. Iap. Xôuon, fiqiqi coye, l, fibiqi.

Susurrus, a, ũ. Lus. Cousa q̃ faz som brãdo, e baixo como de agoa, &c. Iap. Fiqiqu naru mono, riŭsuino gotoqu naru mono.

Sutares. Lus. çapateiro. Iap. Cutçutçucuri.

Sutêla, æ. Lus. Engano, astucia. Iap. Fiôri, bôriacu.

Suterna, æ. Lus. Custura. Iap. Nuime.
¶ Item, Cousa cosida. Iap. Nuitaru mono.

Sũtilis, e. Lus. Cousa cosida. Iap. Nuitaru mono.

Sutor, oris Lus. çapateiro. Iap. Cutçutçucuri.

Sutorius, a, um. Lus. Cousa pertencente a çapateiro. Iap. Cutçutçucurini ataru coto. ¶ Sutorium atramentum. Lus. Tinta de çapateiros. Iap. Cutçuuo nuru sumi.

Sutrîna, æ. Lus. Tenda de çapateiro. Iap. Cutçuno tana, mixe.

Sutûra, æ. Lus. Custura. Iap. Nuime. ¶ Itẽ, Iunturas do casco. Iap. Cŏbeno fachino nuime.

Suus, a, um. Lus. Seu. Iap. Sonomino mono, menmenno mono. ¶ Aliqñ. Cousa propria. Iap. Vaga mini, menmenni ataru coto. ¶ Ille semper est in disputando suus. Lus. Aquelle no disputar vsa da propria inuenção de argumentos. Iap. Mondŏno vchini sonomino tacumitaru dŏriuo yŭ. ¶ Suum esse. Lus. Estar em seu juizo. Iap. Fonxŏni naru. ¶ Suamet, l, suapte cul-

culpa. Lus. Por sua mesma culpa. Iap. Sonomino ayamarini yotte. ¶ Suopte nutu. Lus. Por sua vontade. Iap. Sonomi no zonbunni yotte.

S ANTE Y.

Sycites, is. Lus. Hũa pedra preciosa. Iap. Aru meixuno na. ¶ Item, Hũa laya de vinho. Iap. Aru saqeno na.

Sycomorus, i. Lus. Hũa laya de figueira. Iap. Aru qino na.

Sycophanta, æ. Lus. Calũniador, & falso acusador. Iap. Zannin, zanxa, vel, cujisatanivoite fidõuo suru fito. ¶ Itẽ, O q̃ come figos. Iap. Figotoyũ conomiuo xocusuru mono.

Sycophántia, æ. Lus. Mentira, engano. Iap. Feôri, bôriacu, tabacari.

Sycophantiosè, adu. Lus. Maliciosa, ou enganosamente. Iap. Damarite, tabacatte, l, feôrini. Aimiq.

Sycophantor, aris. Lus. Acusar falsamente, ou vrdir enganos. Iap. Muxit, l, qioxetuo iycaquru, l, bôriacuuo tacumu, l, tabacaru.

Sycophantisso, as. Idem.

Sydus, & Syderatio, vide Sidus.

Syllaba, æ. est comprehensio literarum, l, vnius vocalis enuntiatio, vnius, aut duorũ temporum capax.

Syllabatim, adu. Lus. Per syllabas. Iap. Cotoba fitotçuzzutçuni. Vt, y, ro, fa.

Syllaturio, vide Sullaturio.

Syllepsis, figura est orationis, cùm duabus diuersisq; sẽtentijs verbũ accomcdatur alteri nõ conueniens, aut cũ pro multis vnus ponitur, aut pro vno multi.

Syllogismus, i. Argumenti firmissimi genus ex duobus pronuntiatis conclusionem necessariò inferens.

Sylua, æ. Lus. Mato de aruores, ou eruas. Iap. Sõ mocuno xigueritaru yama. ¶ Item, (propriè) Mato de cortar lenha, ou madeira. Iap. Taqigui, l, zaimocuuo qiru yama. ¶ Qnq; Escritura, ou obra feita de repente, ou apressadamente sem exacção. Iap. Tonsacuni amitatetaru xo.

Syluula, æ. dim. Idem.

Syluaticus, a, um. Lus. Cousa pertencente a mato, ou bosque. Iap. Yama, l, fayaxini ataru coto. ¶ Syluatica laurus. Iap. Louro brauo. Iap. Yamani dequru xiqimini nitaru qi. ¶ Syluaticus mus. Lus. Rato do mato. Iap. Yamanezumi.

Syluesco, is. Lus. Encherse de mato, ou fazerense as eruas, ou plantas muito viçosas. Iap. Yamani naru, l, sõmocuga xigueru, l, fabicori suguru.

Syluester, tris, tre, l, hic, & hæc Syluestris, & hoc syluestre. Lus. Lugar cheo de mato, ou de aruores espessas. Iap. Sõmocuno xigueritaru tocoro. ¶ Item, Cousa rustica, ou grosseira. Iap. Sanyani xõzuru coto, l, sanyani ataru coto, l, sosõnaru mono.

Syluícola, æ. Lus. O que habita nos matos, ou bosques. Iap. Sanrinni sumu mono.

Syluicultrix, icis. fœm. Idem.

Syluífragus, a, um. Lus. O que quebra as aruores dos matos, &c. Iap. Yamano sõmocuuo vchicudaqu, l, voru mono.

Syluiger, a, um. Lus. Lugar cuberto de mato, ou abastecido de aruores. Iap. Sõmocuno xigueritaru, l, cusa fucaqi tocoro.

Syluosus, a, um. Idem.

Symballota. Lus. Vestidos que não sam tecidos como de feltro, &c. Iap. Môxenno gotoquni tçtonoyetaru yxõ.

Symbolus, i. Lus. Anel. Iap. Yubigane. ¶ Item, Sinal com que os soldados na guerra se distinguem dos imigos. Iap. Teqi, micatauo xiru aijiruxi. ¶ Item, Escrito da propria mão em fee de algũa cousa. Iap. Iifitno xixô.

Symbolum, i, l, apud antiquos, Symbola, æ. Lus. Sinal. Iap. Xiruxi. ¶ Item, Escote em que muitos entram dando cada hũ algũa cousa pera comprar a cea. Iap. Fatago nadouo cũ moncno daxi auaxetaru cane. ¶ Item, Sinal com que os soldados na guerra se distinguem dos imigos. Iap. Teqi, micatauo xiru aijiruxi. ¶ Item, Certos sinaes que algũas cidades dauam a homens seus amigos pera serem benignamẽte hospedados de outros lugares cõfederados. Iap. Cano zaixoto ichimi xitaru

zai-

zaixouo touoru toqi, chisô xeraruru tameni vqetoru xiruxi, qiojô. ¶ Item, Hũa moeda pequena. Iap. Aru chijsaqi jeni. ¶ ké, apud Aristot. Etimologia, ou origẽ de algum vocablo. Iap. Cotobano dedocoro, yurai. ¶ Itẽ, Sinal, ou cousa significatiua de algum misterio, ou sentido oculto. Iap. Yiguennaru cocorono comoritaru xiruxi. ¶ Item, Sẽtença breue, e escura que significa algũa cousa oculta. Iap. Cotouarino yũyennaru mijicaqi go, nazo. ¶ Itẽ, Letras que dão os banqueiros pera se dar dinheiro, &c. Iap. Cauaxino canano vqetoru jô. ¶ Symbolum apostolorum. Lus. O credo. Iap. Xochristanno xinzubeqi cotono comoritaru Oratio.

Symmetria, æ. Lus. Proporção conueniente dos membros, ou partes. Iap. Caccô.

Symmista, æ. Lus. Secretario. Iap. Mitjiuo qiqu, l, cagu mono, l, toriatçucô mono.

Symmonianum, i, l, Symmoniacũ, i. Lus. Treup. Iap. Mitçubano cusano taguy.

Sympathia, æ. Lus. Conueniencia, ou semelhança. Iap. Tagaini monono niru coto no yũ. ¶ Item, Compaixão. Iap. Fito no vyeuo auaremu, l, canaximu cotouo yũ.

Symphónia, æ. Lus. Consonancia, e armonia da musica. Iap. Fiôxi, l, chôxino forôtaru cotouo yũ. ¶ Item, Hũa erua. Iap. Aru cusano na.

Symphoníaca, herba. Lus. Hũa erua. Iap. Aru cusano na.

Symphoníaci pueri. Lus. Seruos que cantauão nos banquetes, &c. Iap. Furumaino nacani dete vtaitaru yatçuco.

Symphreatedes. Lus. Os que bebem, ou tirão agoa do mesmo poço. Iap. Vonaji ino motono mizzuuo tçucô mono.

Sympinium, l, Sympullum (secundum alios) Lus. Hum vaso de vinho de q̃ vsauão nos sacrificios. Iap. Tamuqeni tçucaitaru saqeno vtçuuamono.

Symposiastes, æ. Lus. O que da banquete. Iap. Furumaiuo surufito.

Sympósium, ij. Lus. Banquete, beberete. Iap. Furumai, xuyen.

Sympôta, æ. Lus. Conuidado. Iap. Furumauaretaru mono.

Sympótria, æ. fœm. Idem.

Synagôga, æ. Lus. Ajuntamento de gente. Iap. Atçumaritaru ninju.

Synalœphe, absumptio vocalis dictionem finientis, sequenti dictione incipiente à vocali.

Synanche, es. Lus. Esquinencia. Iap. Cônotoyũ yamai.

Synathrœsmus, figura est, quam nos congeriem vertere possumus.

Syncategoréma, atis. i. vox consignificatiu.

Syncategorematicus, a, um. i. consignificatiuus.

Syncerastium, ij. Lus. Conduto que se come com pão. Iap. Xiru, sai, quaxi, &c. Antiq.

Syncérè, adu. Lus. Pura, e inteiramente. Iap. Matocani, l, taxxite, yenmanni.

Synceriter, adu. Idem.

Synceritas, atis. Lus. Synceridade, inteireza. Iap. Tadaxisa, l, renchocu.

Syncêrus, a, um. Lus. Cousa inteira, ou q̃ não recebeo dano. Iap. Mattaqi coto, tadaxiqi mono, l, atauo vqezaru mono. ¶ Item, Cousa pura, e incorrupta. Iap. Tadaxiqi coto, cusarazaru mono. ¶ Item, Cousa verdadeira, e pura. Iap. Matocana coto, masaxiqi coto.

Synchronos. Lus. Cousa do mesmo tempo, e idade. Iap. Vonaji jidaino mono.

Synchysis, is. Lus. Confusão, ou perturbação da ordem. Iap. Xidai teitôno midare. ¶ Item, figura, seu vitium orationis, cùm ordo perturbatus est.

Syncipur. vide Sinciput.

Syncopa, æ. Lus. O abreuiar as syllabas de algũa palaura. Iap. Cotobano riacu, l, cotobauo mijicaqu yũ cotouo yũ.

Syncrisis, figura est, cùm fit cõparatio rerum, atque personarum inter se contrariarum.

Syndicus, i. Lus. Auoga[illegible] ou o que ajuda a outro na demanda. Iap. Cujisatano catôdo, fijqi. ¶ Item, Deputados que defendem o direito, e causas de cidadãos.

Iap. Totono giūmnuo cujitatą nadŏno atçucaiuo furu fito.

Synecdoche, figura locutionis, qua à parte totum, l, à toto pars intelligitur, vt. puppis pro naue.

Synedrus, i. Lus. Conselheiro. Iap. Yqē, l, xi nanuo furu mono, vel yqenuo cuuayuru mono.

Synephebi. Lus. Mancebos a quem juntamente vai pungindo a barba. Iap. Vonaji jibunni figuenofayuru mono domo.

Synephites, is. Lus. Hũa pedra precioſa brãca. Iap. Xiroqi meixuno na.

Syngrapha, æ, l, Syngraphus, & Syngraphũ, i. Lus. Conhecimento, ou eſcritura da propria mão em fee de algum contrato. Iap. Yacuſocuno toqi idaſu jifitno xômõ.

Synochites. Lus. Hũa pedra precioſa. Iap. Meixuno na.

Synódia, orum. Lus. Conuerſação, ou pratica de hum com outro. Iap. Sanquai, vel tagaino monogatari.

Synódicus, a, um. Lus. Couſa pertencente a ajuntamento de gente. Iap. Cunjuni atataru coto.

Synodus, untis. Lus. Hum peixe. Iap. Aru vuono na.

Synodus, i. Lus. Ajuntamento, ou conuento de multos. Iap. Fitotocoroni atçumantaru ninju, l, cunju.

Synónyma. Lus. Palauras que todas ſignificão a meſma couſa. Iap. Cocorono chigauazaru amatano cotoba.

Synonymia, figura eſt, quæ communio nominis interpretatur.

Synæreſis, figura eſt, qua duæ ſyllabæ in vnã contrahuntur, nullo ſublato elemento.

Syntaxis, is. Lus. Compoſição, ou conexão. Iap. Amitatçuru, l, tçuranuru. cotoua yũ.

Syntéctici, orum. Lus. Os que eſtam muito desfeitos, & gaſtados de algũa doença comprida. Iap. Nagaqi vazzurainı yotte xôſui xitaru mono.

Syntexis. Lus. Podridam, ou magreza cauſada de prolongada doença. Iap. Nagaqi vazzurai yuyeno xôſui.

Synthema, atis. Lus. Sinal que ſe dà na guerra. Iap. Yumiyano toqino xiruxi. ¶ Itẽ, Hũa taboinha eſcrita de que vſauam as vigias pera conhecer quaes eram imigos, e quaes de ſua parte. Iap. Bantio furu monono micatano xiruxini mochitaru fuda.

¶ Item, Hum ſinal, ou ſe'lo das cartas que manifeſtam quem as eſcreueo. Iap. Caqiteuo arauaſu fumino fan, in. ¶ Itẽ, Patente que ſe dà aos correos publicos. Iap. Zaixo nadono fiqiacuno yacuuo furu monoui idaſu qiejŏ. ¶ Item, Sentença breue, e eſcura como enigma. Iap. Cotoba mijicaqu xite cocorono fucaqi go, l, nazo.

Synthesis. Lus. Compoſição, ou ordem. Iap. Auaſuru cotouo yũ, xidai teitŏ.

¶ Item, apud Serenum, Miſtura. Iap. Majiuari, conzŏ. ¶ Item, Couéniente, e elegante compoſição, e artificio da oração. Iap. Daiguino cotobauo yoqu tçuranete mijicaqu yũ cotouo yũ. ¶ Item, Hũ genero de veſtido curto. Iap. Mijicaqi yxŏ no taguy. ¶ Item, Todos os veſtidos que eſtão guardados na guardaroupa. Iap. Nando, l, yruiuo voqu tocoroni vocaretaru codono yxŏ.

Syricum, i. Lus. Hũa certa tinta, ou cór. Iap. Auaxetaru aru yenogu.

Syringites, is. Lus. Hũa pedra precioſa. Iap. Aru meixuno na.

Syrinx, gis. Lus. Frauta. Iap. Xacufachi, fuye.

Syriscus, i. Lus. Hum cabaz de vimes em que guardauão figos. Iap. Figotoyũ conomiuo tacuuayuru yanaguino yeda nite cumitaru cago, côri.

Syrites, is. Lus. Hũa pedra que nace na bexiga do lobo. Iap. Vôcameno ibari bucuroni idequru ixi.

Syrma, atis. Lus. Hum veſtido de que vſauão os repreſentadores de tragedias. Iap. Nôno yxŏno taguy. ¶ Item, Fralda, ou rabo dos veſtidos das molheres. Iap. Vonnano yxŏno chiuo, fiqizzuru bun. ¶ Sumitur interdum pro longa tragicæ oratio nis ſerie, tenorem ſuum vſque in vltimum protrahente.

Sys-

Syrmea, æ. Lus. Hũa iguaria. Iap. Aru xocubutno na. ❡ Item, Certo jogo, ou festa. Iap. Aru asobino na. ❡ Interd. Hũa laya de tabão. Iap. Daiconno taguy.

Syrus, siue potiùs Sirus. Lus. Coua em que se conserua o trigo debaixo da terra. Iap. Muguiuo tacuuaye voqu dochũno ana, l, anagura. ❡ Item, Vassoura. Iap. Fôqi.

Systole, figura est, qua longa syllaba contra naturam corripitur.

Syzigia, æ. Lus. Ajuntamento. Iap. Auasuru coto nari, l, vagô.

DE INCIPIENTIBVS À LITERA T

T ANTE A.

Tabanus, i. Lus. Mosca de cauallo, &c. Iap. Vxi, vmani tçuqu fai.

Tabefacio, is. Lus. Corromper, ou fazer tisico. Iap. Cusacasu, l, xôsui sasuru.

Tabella, æ. Lus. Taboa pequena. Iap. Chijsaqi ita. ❡ Item, Hũa taboinha em que o pouo, ou juiz escreuia seu parecer, cu voto. Iap. Banminto, tadaxiteno menmenno zonbunuo caqi arauaxitaru ita.

❡ Item, Cartas. Iap. Fumi, jô. ❡ Tabellis obsignatis cum aliquo agere. Lus. Cõuencer a alguem cõ seus mesmos escritos. Iap. Aiteno amiratetaru xouo motte aiteuo iytçumuru.

Tabellarius, ij. Lus. Portador de cartas. Iap. Fumizzucai, fiqiacu. ❡ Itẽ, O que escreue no rol das cõtas oque deu, e o q recebeo. Iap. Vqetorito, tçucai gatauo nicqini tçuquru mono.

Tabellarius, a, um. Lus. Cousa pertencente a taboinha. Iap. Chijsaqi itani ataru coto.

Tabellio, onis. Lus. Notario, ou escriuão publico. Iap. Coccani ataru coto, l, cu ji sataauo caqixirusu cotouo xocuto suru mono.

Tabeo, es. Lus. Secarse, cu consumirse com algũa doença do corpo, con o tisica, ou angustia do animo. Iap. Vazzurai yuye ni xôsui suru, l, fixô suru, l, cocorono qizzucaini yotte yasuru. ❡ Itẽ, Botar de sy podridão, &c. Iap. Vmiga taru.

Taberna, æ. Lus. Casa, ou edificio pera morar. Iap. Sumica, sumidocoro, iye. ❡ Item, Tenda. Iap. Mixe, tana, tenya. ❡ Item, Officina onde se faz algũa obra. Iap. Xocuuo tçucomuru iye. ❡ Taberna diuersoria. Lus. Estalagẽ. Iap. Rioxucu, fatagoya.

Tabernáculum, i. Lus. Tenda de guerra, ou ramada que se faz contra o sol, chuua, &c. Iap. Ginya, l, fiuouoi, ameuo fuxegu cariya.

Tabernarius, a, um. Lus. Cousa pertencente a venda, ou tenda. Iap. Mixe, tana, l, tenya ni ataru coto. ❡ Comœdiæ tabernariæ. Lus. Comedias em que se representauão pessoas baixas, como tendeiros, &c. Iap. Xocunin, l, mixe, tanani monouo vru maneuo suru nô.

Tabernarius, ij. Lus. Tendeiro, ou estalajadeiro. Iap. Mixe, tanani monouo vru fito, l, fatagoyano teixu.

Tabes, is. Lus. Corrupção, ou magreza que nace de doença prolongada. Iap. Qiŭfu, l, chôbiŏni yotte xôsui suru cotoue yŭ. ❡ Item, Tisica doença. Iap. Fixô suru yamai. ❡ Arborum tabes. Lus. Mal com que as aruores não chupando o alimento se murchão, e secão. Iap. Sômocuno caruru yamai. ❡ Item, Podridão, ou materia. Iap. Nôqet, vmi chi. ❡ Tabi, & tabo in genitiuo, & ablatiuo tantùm. Idem.

Tabitudo, inis. Idem.

Tabesco, is. Lus. Cõsumirse cõ tisica, ou algũa doença prolongada. Iap. Chôbiŏni yotte xôsui suru, l, fixô suru. ❡ Itẽ, Em magrecer cõ algũa aflição, e angustia. Iap. Qizzucaini yotte yasuru, yaxe votoroyuru. ❡ Tabescit sal. Lus. Derretese o sal botando o em algũa cousa humida. Iap. Xiuoua xicqe aru mononi vchini toquru.

Tábidus, a, um. Lus. O que està gastado, ou consumido cõ algũa doença, ou angustia. Iap. Vazzurai, qizzucaini yotte xôsuixitaru mono. ❡ Itẽ, Cousa podre, ou corrupt.

ta. Iap. Cusaritaru mono. ❡ Aliqñ. Cousa que deita de sy podridão, ou q̃ està cheade sangue podre. Iap. Acuchino taru mono, l, vmino vouoqi mono. ❡ Tabidalues. Lus. Peste, ou mal que causa corrupção. Iap. Monouo cusarasu yamai. ❡ Nix tabida, Lus. Neue que se derrete abrandando se o frio. Iap. Sucoxi danqini narite qiyuru yuqi.

Tabíficus, a, um. Lus. Cousa que faz apodrecer, ou corrompe outra. Iap. Cusaracasu mono.

Tabificabile, apud antiq. Idem.

Tablinum, i. Lus. Cartorio, ou lugar em que se guardão escrituras publicas. Iap. Nendaiqi, vôdaiqi, l, cumino chôsôto naru xomotuo. volame voqu tocoro.

Tábula, æ. Lus. Taboa. Iap. Ita. ❡ Itẽ, Tabulæ. Lus. Hũas taboinhas enceradas ẽ que átigamẽte escreuião testamẽtos, ou actos publicos. Iap. Mucaxi yuzzurijŏ, l, cujisata nadouo caqu tameno rŏuo fiqitaru ita. ❡ Itẽ, Taboleiro do enxadrez, tabolas, &c. Iap. Suguroqu, xŏguino ban. ❡ Itẽ, Liuro de lẽbranças. Iap. Finicqi. ❡ Itẽ, Rol de diuidas q̃ começãdepois de por algũ edicto serem perdoadas as passadas. Iap. Tocuxei uo yatte nochini tçuqeru nicqi. ❡ Item, Venda que se faz ẽ almoeda. Iap. Fitouo atçume vrimonouo neuo fusete dai ichi cŏ giqini cauanto yŭ fitoni vru cotouo yŭ. ❡ Item, Taboa acepilhada, e polida pera pintar, ou escreuer, etc. Iap. Ye, l, monouo caqitçuqeru tameni coxirayetaru ita. ❡ Itẽ, Tabulæ. Lus. Testamentos, ou escrituras publicas. Iap. Yuzzurijŏ, l, cujisata nadono caqimono. ❡ Tabulæ accepti, & expensi. Lus. Liuros de receita, ou daspesa. Iap. Voqeorito, tçucaiganeno nicqi.

Tabularia, ium. Lus. Hũa especie de tormẽto. Iap. Aru xemedŏgu.

Tabularis, e. Lus. Cousa de que se podem fazer taboas, ou laminas, &c. Iap. Itani fica ruru qi, l, itaganeni naru cane.

Tabularium, ij. Lus. Cartorio, ou lugar em que se guardão escrituras publicas. Iap. Nẽdaiqi, vôdaiqi, l, cumino chôsôto naru xomotuo volame voqu tocoro.

Tabularius, ij. Lus. Notario, ou escriuão publico. Iap. Coccani ataru coto, l, cuji sata uo caqixirusu cotouo xocuto suru mono.

Tabulata, orum. Lus. Solhado da casa. Iap. Zaxiqi, itajiqi. ❡ Item, Ramos de aruores direitos que se estendem pera as ilhargas. Iap. Vaqiye suguni fabicoru yeda.

Tabulatio, onis. Lus. O entaboar. Iap. Itauo fagu, l, xiqu coto nari.

Tàbulo, as. Lus. Entaboar, ou fabricar de taboas. Iap. Itauo fagu, l, itauo motte monouo tçucuru.

Taceo, es, cui, citum. Lus. Calarse, não falar. Iap. Mugon suru. ❡ Qñq;, Estar quieto sẽ fazer nenhũ estrõdo. Iap. Xizzucanari, votomoxezu. ❡ Interd. Estar seguro. Iap. Cocoroyasŭ yru, l, taxicanari. ❡ Tacere aliquid. Lus. Calar, ou encobrir algũa cousa. Iap. Cacuxite iuazu. ❡ Res tacenda. Lus. Cousa indigna de louuar. Iap. Fomubeqi xinaqi mono. ❡ Res non tacẽda. Lus. Cousa digna de se louuar. Iap. Fomera rubeqi mono.

Tácitè, adu. Lus. Secretamente, ás escondidas. Iap. Ximôde, cacurete. ❡ Habere aliquid tacitè. Lus. Encobrir, ou sofrer algũa cousa dentro no animo. Iap. Cocorono vchini cacuxite cotayuru.

Taciturnitas, atis. Lus. Silencio, ou o estar muito calado. Iap. Mugon, l, monouo iuanu cotouo yŭ.

Taciturnus, a, um. Lus. Homem de pouco falar. Iap. Xŏcoeu monouo sucoxi yŭ fito. ❡ Ripa taciturna. Lus. Ribeira dono quieta, e sem estrõdo. Iap. Icanimo xizzucanaru monouotomo xenu cauabata.

Tacitúrnulus, a, um. dimi. Idem.

Tácitus, a, um. Lus. O que està calado. Iap. Mugon suru mono. ❡ Aliqñ. Cousa calada, ou secreta. Iap. Tonifatatuo xenu coto, cacuretaru coto, fimitnaru coto. ❡ Tacitũ mel. Lus. Mel liquido, e excellẽte. Iap. Xiruqu suguretaru mitçu. ❡ Tacitum

os

os alicui praebere. Lus. Não responder na da a alguem. Iap. Ichiyen fenji, fentŏxezu.

Tactici, orum. Lus. Mestres do campo, ou sargentos. Iap. Gunginnite ninjuuo tçucŏ fito.

Tactus, a, um. Lus. Cousa tocada. Iap. Saua ritaru mono, teuo caqeraretaru mono. ¶ Item, Ferido de corisco, ou rayo. Iap. Rai quani ataritaru mono. ¶ De caelo, l, è caelo tactus. Idem.

Tactus, us. Lus. Tocamento. Iap. Sauaru, l, teuo caqeru coto nari. ¶ Item, Tactus, l, Tactio, onis. Lus. Sentido do tacto. Iap. Socuŏuo voboyuru xei.

Taeda, ae. vide Teda.

Taedet, taeduit, l, taesum est. Lus. Ter fastio, ou asco. Iap. Qirŏ, iyagaru, l, mononi taicut surt, aqu.

Taedium, ij. Lus. Fastio. Iap. Taicut, qitai.

Taedulus, a, um. Lus. Enfadonho que a todos causa fastio. Iap. Taicutsasuru mono.

Taenia, ae. Lus. Tira longa, e estreita como fita, &c. Iap. Fosonagaqi momen nadono qire. ¶ Item, Fita. Iap. Firaqi vobino taguy. ¶ Item (propriè) Faixa. Iap. Muneuo maqu firaqi vobino taguy. ¶ Item, Penedo comprido, e grande que està brãquejando de baixo da agoa. Iap. Mizzuno soconi xirami vatarite nagaqu miyuru taixeqi. ¶ Item, Hum peixinho. Iap. Chijsaqi vuono na.

Taeníola, ae. dim. Idem.

Tagax, acis. Lus. Ladranzinho. Iap. Conusubito.

Tago, is. apud veteres. Lus. Tocar. Iap. Sauaru, teuo caquru.

Talaria, ium. calceamenta alata Mercurij.

Talâris, e. Lus. Cousa pertencente a artelho. Iap. Axicubino fuxini ataru coto. ¶ Talaris vestis. Lus. Vestido que dà pelo artelho. Iap. Axicubini todoqu yxŏ.

Talarius, a, um. Lus. Cousa pertencente a dados. Iap. Sugurocuno saini ataru coto. ¶ Talarius ludus. Lus. Iogo de dados. Iap. Bacuchi.

Talasio, onis. Lus. Verso, ou cantiga que se cantaua nas vodas. Iap. Fŭfu xŭguino toqini vtŏ vta. ¶ Item, Hum cestinho. Iap. Aru cocago.

Tálea, ae. Lus. Estaca pera plantar. Iap. Sasu yeda.

Taléola, ae. dim. Idem.

Talentum, i. Lus. Hũa certa laya de moeda. Iap. Aru guin xenno na.

Talio, onis. Lus. Pena com que o delinquẽte paga tanto por tanto, ou membro por membro. Iap. Naxitaru atano gotoquni vqu ru quatai.

Talipedo, as. Lus. Estar ẽ pè vacilando, e pera cair. Iap. Tatte ycanuru, l, tadayŏ.

Talis, e. Lus. Tal. Iap. Cacunogotoqu naru mono.

Táliter, adu. Lus. Em tal modo, ou maneira. Iap. Cacuno bunni, cacunogotoquni.

Talitrum, i. Lus. Paparote. Iap. Tçuma fajiqi.

Talpa, ae. Lus. Toupeira. Iap. Vguromochi.

Talus, i. Lus. Artelho, ou osso laico pera fora dos pees dos animaes de vnha fendida. Iap. Fizzumeno varet.. ru qedamonono axini saxi idetaru fone. ¶ Itẽ, Artelho do pè do homem. Iap. Fitono axi cubino fuxi. ¶ Item, Dado. Iap. Bacuchino sai.

Tam. Lus. Tanto. Iap. Fodo. ¶ Tam modo, apud antiq. Lus. Agora. Iap. Ima, tadaima.

Tama. Lus. Inchação causada do sangue que pollo muito trabalho do caminho dece às pernas. Iap. Roxino tçucareni yotte chi sagari suneno faruru cotono yŭ.

Támarix, icis. Lus. Tamariz aruore. Iap. Chijsaqi qino na.

Tamen. Lus. Porem, com tudo. Iap. Sarinagara, saredomo, xicaredo. ¶ Aliqñ. Logo. Iap. Yagate, tachimachi, socujini. ¶ Interd. Finalmente. Iap. Tçuini, nacqu. ¶ Aliqñ. Sòmente. Iap. Nomi, bacari.

Tametsi. Lus. Ainda que, posto que. Iap. Saredomo, attemo. ¶ Item, Com tudo, mas. Iap. Sarinagara.

Taminia. Lus. Hũa casta de vuas. Iap. Budŏno taguy.

Tandem. Lus. Finalmente, por derradeiro. Iap.

Iap. Tçuini, xoxen. ¶ Itẽ, Algũas vezes. Iap. Toqini yotte. ¶ Interd. Ao menos. Iap. Xemete.

Tandiu. Lus. Tanto tempo. Iap. Aida, vel fodoni.

Tango, is, tetigi, tactum. Lus. Tocar. Iap. Sauaru, teuo caquru. ¶ Qñq; Mouer, excitar. Iap. Vgocasu, vocosu. ¶ Interd. Ferir cõ corisco, ou rayo. Iap. Raiquauo motte xemuru, l, atauo nasu. ¶ Aliqñ. Enganar. Iap. Tabacaru, l, damasu. ¶ Item, Tocar leuemente. Iap. Caroqu sauaru, l, teuo caquru. ¶ Tangere aliquid. Lus. Escreuer, ou fazer mẽçao de passagem de algũa cousa. Iap. Monogatari, xomotno vchi ni yono cotouo sucoxi cataru, caqi iruru.

Tanos. Lus. Hũa pedra preciosa. Iap. Aru meixuno na.

Tanquam, adu. Lus. Como, asi como. Iap. Gotoqu, no gotoqu.

Tantidem. Lus. Em tanto preço. Iap. Vonaji ataini, vonaji neni.

Tantisper. Lus. Tanto, l, entretanto. Iap. Aida, sono migurini.

Tantò, adu. vt tantò magis. Lus. Tanto mais. Iap. Fodo.

Tantopere. Lus. Em tã gram maneira. Iap. Sore fodo vôqini.

Tantulum, & Tantillum, adu. Lus. Tamalaues. Iap. Sucoxino fodo, l, sucoxi.

Tantulus, a, um. Lus. Tam pequeno. Iap. Fodo chijsaqi mono.

Tantillus, a, um. dim. Idem.

Tantum, adu. Lus. Somente. Iap. Bacari, nomi. ¶ Aliqñ. Em tanto, l, em tam grã maneira. Iap. Sore fodo, l, vôqini.

¶ Tantum non. Lus. Quasi. Iap. Yôyô, yôyacu. ¶ Tantum abest. Lus. Tam longe está, ou não somente não he. Iap. Nominarazu, l, bacarini arazu. ¶ Tantũ quantum. Lus. Tanto quãto. Iap. Fodo. ¶ Tantummodo. Lus. Somente. Iap. Bacari, nomi. ¶ Tantundem, genit. tantidem. Lus. Outro tanto. Iap. Fodo.

Tantus, a, um. Lus. Cousa tã grande. Iap. Fodono vôqinaru mono, l, vôqi mono.

¶ Aliquid non esse tanti. Lus. Não ser algũa cousa digna por amor da qual se faça outra cousa. Iap. Xutai xitaru cotoua dai mocuni sôtôxezu. ¶ Alterum tantum. Lus. Outro tanto. Iap. Ichizôbai.

Tapêtum, i, l, Tapetium, ij, l, Tapes, etis. Lus. Tapete, alcatifa, pano de armar. Iap. Môxen, l, cabeno cazari dôgu, qinchô.

Tapinôsis, figura est orationis, seu potiùs vitium, cùm rei dignitas verborum humilitate deprimitur.

Tamandus, i. Lus. Hum animal tamanho como boy. Iap. Vxi fodonaru qedamono no na.

Taratantara. (apud Ennium.) Lus. Voz, ou som da trombeta. Iap. Caino coye.

Tardans, antis. Lus. O que detem, ou faz tardar. Iap. Vosonauarasuru mono, tomuru mono.

Tardâtus, a, um. Lus. Empedido, detido. Iap. Todomeraretaru mono.

Tardè, adu. Lus. Tarde, vagarosamẽte. Iap. Vosoqu, nibuqu. ¶ Aliqñ. A boca da noite, ou de noite. Iap. Curegatani, l, yoru, banguei.

Tardesco, is. Lus. Fazerse vagaroso. Iap. Nibuqu naru, vosoqu naru.

Tardigradus, a, um. Lus. O que anda de vagar. Iap. Xizzucani ayomu mono.

Tardiloquus, a, um. Lus. O que fala vagarosamente. Iap. Nebaqu monouo yũ fito.

Tarditas, atis. Lus. Detença, demora. Iap. Tôriũ, vosonauari. ¶ Item, Priguiça. Iap. Nibusa, buxô. ¶ Tarditas ingenij. Lus. Rudeza de engenho. Iap. Bufunbet, donchi.

Tarditudo, inis, l, Tardities, ei. Apud antiquos. Idem.

Tardo, as. Lus. Deter a outro. Iap. Chichisasuru, tôriũsasuru. ¶ Item, Reprimir. Iap. Vosayuru, ficayuru. ¶ Item, (absolutè) Tardar, deterse. Iap. Vosonauaru, chichisuru. ¶ Itẽ, Fazer vagaroso, ou debilitar. Iap. Nibuqu nasu, yowarasuru.

Tardus, a, um. Lus. Negligente, remisso, ou ripriguiçoſo. Iap. Buxŏnaru mono, ni buqi mono. ¶ Item, Vagaroſo. Iap. Vo ſonauaru mono. ¶ Item, per transl. Homem rudo, egroſſeiro. Iap. Guchinaru mo no, dôninaru mono. ¶ Item, Couſa per ſeuerante, e que dura muito. Iap. Fiſaxiqu cotayuru mono. ¶ Interd. Couſa den ſa, ou eſpeſſa. Iap. Xigueqi mono, atçuqi mono. ¶ Noctes tardæ. Lus. Noites do eſtio. Iap. Natçuno yo.

Tardiuſculus, a, um. dim. Idem.

Tarmes, etis. Lus. Hum bichinho que come carne. Iap. Nicuuo curŏ chijſaqi muxi.

Tartareus, a, um. Lus. Couſa do inferno. Iap. Gigocuni ataru coto. ¶ Item, Couſa terribel, e medonha. Iap. Voſoroxiqi mono, ibuxeqi mono.

Tartarium, ij. (apud veteres) Lus. Couſa horrenda, e terribel. Iap. Voſoroxiqi mono, ibuxeqi mono.

Tártarus, i. Lus. Inferno. Iap. Gigocu.

Taſconium, ij. Lus. Certa laya de barro, ou terra branca. Iap. Xiratçuchino taguy.

Tata, æ. vox puerorum. Lus. Palauras com que os meninos chamam o pay. Iap. Varabeno chichiuo yobu cotoba.

Tatæ. Lus. Cantiga com que ſe reſpondē os que cantam huns a outros. Iap. Rongui no vta. ¶ Aliqn. eſt admirantis particula.

Taura, æ. Lus. Vaca eſteril que não pare. Iap. Vmazumeuaru mevji.

Taurea, æ. Lus. Azorrague, ou latego feito de couro de boy. Iap. Vxino caua nite tçucuritaru chŏchacuno dŏgu.

Taurifer, a, ū. Lus. Lugar q̃ produze, ou cria muitos touros. Iap. Cottoiuo amata xŏzuru tocoro.

Tauriformis, e. Lus. Couſa que tem forma de touro, ou boy. Iap. Vxino nari aru mono.

Taurinus, a, um. Lus. Couſa de touro. Iap. Cottoi, l, vxini ataru coto. ¶ Tergum taurinũ. Lus. Couro de boy. Iap. Vxino caua.

Taurus, i. Lus. Touro, ou boy de caſta. Iap. Cottoi. ¶ Item, Boy forte, e robuſto. Iap. Tçuyoqi vxi. ¶ Item, Hum ſino do zodiaco. Iap. Foxino yadori, xinxucu. ¶ Item, Raiz da aruore. Iap. Qino ne. ¶ Item, Hum paſſaro. Iap. Cotorino na.

Tautológia. eſt eiuſdem ſententiæ per alias, atq; alia verba repetitio.

Tax. (apud Plautum) Lus. Som de pancada, ou açoute. Iap. Chŏchacu no voto.

Taxatio, onis. Lus. O aualiar, ou taixar. Iap. Neuo tçuquru, l, neuo ſaſu coto nari.

Taxatores. Lus. Os que ſe tratam mal de palaura hum ao outro. Iap. Tagaini accô, zŏgon ſuru fito.

Taxo, as. Lus. Tachar, notar, ou reprehender. Iap. Fiuo iruru, micadomuru. ¶ Itē, Aualiar, taixar. Iap. Neuo tçuquru.

Taxus, i. Lus. Teixo aruore. Iap. Aru qino na.

T ANTE E.

Techna, æ. Lus. Artificio, arte. Iap. Caracuri, tacumi. ¶ Item, Falacia, engano. Iap. Bŏriacu, tabacari. ¶ Itē, Offenſa. Iap. Vrai.

Technóphyon. Lus. Eſcola, ou officina de artes. Iap. Gacumonjo, l, gaccŏ.

Tectè, adu. Lus. Eſcondidamente. Iap. Cacurete, xinôde.

Tector, oris. Lus. O que caya, ou acafela as paredes. Iap. Cabeni vuanuriuo ſuru mono, l, xiracabeuo nuru mono.

Tectorium, ij. Lus. Cal, ou outra materia com que ſe acafelão as paredes, &c. Iap. Ixibai, l, vuanurino tçuchino taguy. ¶ Tectorium linguæ. Lus. Pratica diſsimulada, e fingida. Iap. Cocoroni naqi cotouo cataru monogatari.

Tectoriolum, i. dim. Idem.

Tectum, i. Lus. Telhado da caſa. Iap. Yane. ¶ Item, Caſa. Iap. Iye.

Tectus, a, um. Lus. Couſa cuberta. Iap. Vouoiuo xitaru mono. ¶ Interd. Couſa oculta, e ſecreta. Iap. Fimit naru coto, cacuretaru coto. ¶ Tectæ oues. Lus. Ouelhas de laã fina que andauão pellas embrulhadas em pelles pera não ſujaro vello. Iap. Qeno yogoreuu tameni cauauo qixetaru fitçuji. Te-

Tecum. Lus. Contigo. Iap. Sonata tomoni.

Teda, æ. Lus. Hũa aruore que dá muita resina como pinheiro, &c. Iap. Yanino vouoqu xŏzuru qino na. ¶ Item, Facha. Iap. Taimatçu. ¶ Item, Vodas, eu casamento. Iap. Yome iri, caiŭno xŭgui.

Tédifer, a, um. Lus. O que traz, ou leua facha. Iap. Taimatçuuo motçu mono.

Teges, etis. Lus. Esteira de taboa, esparto, &c. Iap. Yoxi nadonite vchitaru muxiro, tacamuxiro.

Tegeticula, æ. dim. Idem.

Tegillum, i. Lus. Cobertura pequena. Iap. Chijsaqi vouoi. ¶ Item, Hũa cordinha de junco de amarrar hum certo vestido. Iap. Aru yxŏno vyeni suru ynite tçucuritaru vobi.

Tegmen, inis, l, Tegimen, inis. Lus. Cobertura. Iap. Vouoi.

Têgumen, inis. Idem.

Tegumentum, i. Idem.

Têgulum, i. Idem.

Tego, is, xi, ctum. Lus. Cobrir. Iap. Vouô, cazzuquru. ¶ Item, per transl. Encobrir, esconder. Iap. Cacusu. ¶ Interd. Defender, conseruar. Iap. Fuxegu, mamoru, cacayuru.

Tégula, æ. Lus. Telha do telhado. Iap. Cauara.

Tela, æ. Lus. Tea. Iap. Monmen, l, donsu nadono maqimono.

Telamones. Lus. Figuras, ou estatuas de homens que sostentão nos edificios ás costas algum peso. Iap. Iyeno cazarito xite faxira nadono xitani suyetaru ixi, qino ninguiŏ.

Telinum vnguentum. Lus. Certo vnguento cheiroso. Iap. Cunyacuno taguy.

Télifer, a, um. Lus. O que tras armas como lanças, dardos, &c. Iap. Nagueyari nadouo mochite ariqu fito.

Teto, onis. Lus. Hum instrumẽto de tirar agoa do poço. Iap. Inomoto yori mizzuuo cumu dŏgu.

Telonium, ij. Lus. Mesa dos rendeiros, ou almoxarife. Iap. Mitçugi menouo vosamuru ficono ychigura.

Telos, i. Lus. Fim. Iap. Vouari, fate. ¶ Item, Honra. Iap. Fomare, curai. ¶ Aliqñ. Legião de soldados. Iap. Rocuxẽ roppiacu rocujŭ rocuninno buxino fitosonaye. ¶ Item, Tributo. Iap. Mitçugi mono, nengu.

Telum, i. Lus. Lança, ou tiro de arremesso. Iap. Nagueyari, l, nague vtçu bugu. ¶ Item, Arma offensiua, l, defensiua. Iap. Bugu, fiŏgu. ¶ Intendere telum in iugulum nocentis. Lus. Procurar a morte do delinquente diãte do juiz. Iap. Xizaini voconauaruru yŏni tadaxiteni vttayuru. ¶ Telum reuellere. Lus. Arrãcar a lança pregada. Iap. Tçuqi comitaru yariuo fiqi nuqu.

Temerator, oris. Lus. Falsario. Iap. Bôxouo caqu mono, l, bôtanuo suyuru mono.

Temerarius, a, um. Lus. Inconsiderado, arremessado. Iap. Buxian, l, buxirionaru mono. ¶ Item, Cousa feita sem causa nenhũa. Iap. Xisai, daimocu naxini suru coto.

Temeratus, a, um. Lus. Cousa contaminada, ou corrupta. Iap. Qegasaretaru coto.

Témere, adu. Lus. Inconsideradamente, paruoamente. Iap. Buxiriôni, afôni. ¶ Item, secondum aliquos. Quasi, ou polla mayor parte. Iap. Yŏyacu, l, vôcata. ¶ Item, Sem causa. Iap. Xisai, l, daimocumo nŭ xite. ¶ Aliqñ. Facilmente, sem perigo. Iap. Tayasuqu, daiji, l, nangui naqute.

Temériter, adu. Idem.

Temeritas, atis, & Temeritudo, inis. Lus. Imprudencia, inconsideração. Iap. Buxirio, l, yenrio naqi cotouo yŭ. ¶ Item, Acontecimento, ou caso. Iap. Vomoino foca ni idecitaru cotouo yŭ.

Témero, as. Lus. Contaminar, corromper. Iap. Qegasu, fujŏni nasu. ¶ Item, Violar a virgem. Iap. Virgem naru nhoninuo vocasu.

Temetum, i. Lus. Vinho. Iap. Saqe.

Temno, is, tempsi, temptum. Lus. Desprezar. Iap. Sagues iyaximuru.

Te-

Temo, onis. Lus. Temão do carro. Iap. Curumano nagaye. ❡ Item, Estaca, ou pao comprido. Iap. Fiso, nagaqi.

Temperamentum, i. Lus. Moderação, mediocridade, ou modo. Iap. Chūyô, taigai, l, michi, xiyŏ. ❡ Item, Tempera, ou proporção das quatro qualidades que ha nos corpos misticos. Iap. Xidai vagŏno mononi aru caguen. ❡ Temperamẽtum linguæ. Lus. O refrear a lingoa. Iap. Cotobauo ficayuru cotouo yŭ.

Témperans, antis. Lus. Homem continente, e que refrea seus apetites. Iap. Chūyŏuo mamoru fito, l, jaracuno nozomiuo ficayuru fito.

Temperanter, adu. Lus. Temperadamente, moderadamente. Iap. Chūyôuo mamotte.

Temperantia, æ. Lus. Temperança, moderação. Iap. Chūyôuo mamoru cotouo yŭ, l, ficaye.

Temperatè, adu. Lus. Temperadamente, cõ moderação. Iap. Chūyôuo mamorite, ficayete.

Temperatio, onis. Lus. Moderação, temperança. Iap. Chūyô, ficaye. ❡ Item, Gouerno. Iap. Vosame. ❡ Temperatio æris. Lus. Mistura de cobre. Iap. Acaganeno majiuaritaru cotouo yŭ.

Temperator, oris. Lus. Gouernador. Iap. Vosamete.

Temperatûra, æ. Lus. Proporção, ou tempera das quatro qualidades dos corpos mistos. Iap. Xidai vagŏno monono vchini aru caguen. ❡ Item, Mistura. Iap. Majiuari, conzŏ. ❡ Temperatura cæli. Lus. Tempera, ou clima do ceo. Iap. Tenno yoqi caguen.

Temperatus, a, um. Lus. Moderado, temperado. Iap. Chūyôuo mamoru mono, l, taigaino coto.

Temperies, ei. Lus. Tempera, ou clima do ceo. Iap. Tenno caguen. ❡ Qñq;. Temperança. Iap. Chūyô, ficaye. ❡ Interd. Boa occasião, ou comodidade de tempo pera fazer algũa cousa. Iap. Monouo suru yoqi xiauaxe, saiuai. ❡ Itẽ, Temperança. Iap. Chūyô.

Témpero, as. Lus. Gouernar. Iap. Vosamuru, tçucasadoru. ❡ Item, Temperar, misturar. Iap. Yoqi coroni majiyuru. ❡ Tẽperare vinum aqua. Lus. Agoar o vinho. Iap. Saqeni mizzuuo vri e majiyuru.

❡ Temperare iram. Lus. Temperar a colera. Iap. Icariuo nadamuru. ❡ Temperare calamum. Lus. Aparar a pena. Iap. Fudeuo tçucuru. ❡ Temperare sibi. Lus. Refrearse, reprimirse. Iap. Ficayuru.

❡ Temperare alicui. Lus. Não injuriar a alguem. Iap. Chijocuuo xicaquru cotouo ficayuru. ❡ Temperare vino. Lus. Absterse do vinho. Iap. Saqeuo ficayuru.

❡ Temperatum est, i. abstinuerunt.

Tempestas, atis. Lus. Idade, tempo. Iap. Ii dai, jibun, yo. ❡ Interd. Tormenta, tẽpestade de vento, chuua, &c. Iap. Vôcaje, vôame. ❡ Idonea, siue clara tempestas. Lus. Tempo brando, e sereno. Iap. Nodocanaru tenqi, xeiten, facujit. ❡ Tempestates subire. Lus. Sofrer, ou passar perigos. Iap. Nangui, nanganuo xinobu, corayuru, l, daijini voyobu.

Tempestiuè, adu. Lus. Emboa conjunção. Iap. Saiuai, l, yoqi jibunni.

Tempestiuitas, atis. Lus. Oportunidade, boa conjunção. Iap. Yoqi jibun, saiuai, l, yoqi xiauaxe.

Tempestiuus, a, um. Lus. Cousa oportuna, ou que vem a bom tempo. Iap. Saiuai, l, yoqi xiauaxe naru coto, yoqi jibũ naru coto.

Tempestus, a, um. apud antiq. Idem.

Tempestuosus, a, um. Lus. Tempestuoso. Iap. Vôcaje, vôame xigueqi tocoro.

Templum, i. Lus. Lugar no ceo, ou na terra notado, ou assinalado do agoureiro. Iap. Mucaxi vranaiuo xitaru menono sẽto, chini xiruxi voqi sadametaru tocoro. ❡ Item, Ceo. Iap. Ten. ❡ Item, Lugar dedicado, e consagrado. Iap. Qixin xitaru tocoro, sasaguetaru tocoro. ❡ Item, lugar donde liuremente se pode ver qualquer parte do ceo. Iap. Tenno tôzai, nãbocuno miyuru tocoro. ❡ Item, Templo,

plo, Igreja. Iap. Dŏ, garan. ¶ Item, Hũa traue que sostéta o tecto dos templos. Iap. Dŏ, garanno côriŏ, fiqi mono. ¶ Item, Sepultura. Iap. Bantŏ, quan. ¶ Mentis templa. Lus. Secretos interiores do animo. Iap. Vocunen.

Temporâlis, e. Lus. Cousa que dura por algum tempo. Iap. Caguiri atte cotayuru mono. ¶ Item, Cousa feita de emprestado, e por algum tempo. Iap. Carini tçucuritaru coto.

Temporáneus, a, um. Lus. Cousa pertencente a tempo. Iap. Iibun, l, Iicocuni ataru coto. ¶ Item, Cousa que se faz de repente. Iap. Tori ayezu, l, niuacani suru coto, consacunaru coto.

Temporariè, adu. Lus. De emprestado, por algum tempo. Iap. Carini, sadamaritaru jibun made.

Temporarius, a, um. Lus. Cousa que dura atè certo tempo. Iap. Sadamaritaru jibun made cotayuru mono, l, carini tçucuritaru coto.

Tempori. Lus. Em boa conjunção. Iap. Saiuai, l, yoqi jibunni.

Temporiùs. Lus. Mais cedo, ou amelhor tempo. Iap. Nauo fayaqu, l, nauo yoqi xiyauaxeni.

Tempus, oris. Lus. Tempo. Iap. Iibun, jicocu, jixet. ¶ Aliqñ. Condição, ou esta do dos tempos. Iap. Iibunno arisama, l, teitaracu. ¶ Item, Autoridade, ou poder. Iap. Mochij, xingŏ, l, yquŏ. ¶ Aliqñ. Proueito que dura por certo tempo. Iap. Caguiri atte toru tocu. ¶ Interd. Necessidade. Iap. Canyŏ, moppara. ¶ Itẽ, Tẽpo determinado. Iap. Sadamaritaru jibũ. ¶ Itẽ, Fontes da cabeça. Iap. Come cami. ¶ Tempus ætatis. Lus. Flor, ou vigor da idade. Iap. Toxizacari, vacazacari. ¶ Pro tempore. Lus. Conforme o tempo requere. Iap. Iibunni vôjite. ¶ Cum tempore. Lus. Com detença, ou tardança. Iap. Chichi xite. ¶ In tempore. Lus. Em boa conjũção. Iap. Saiuai, yoqi xiyauaxeni. ¶ Ex tempore. Lus. Logo, de repente.

Iap. Toriayezu, niuacani, l, yagate.

Temulenter, adu. Lus. Com bebecice. Iap. Chinsuixite.

Temulentia, æ. Lus. Bebedice. Iap. Chinsui.

Temulentus, a, um. Lus. Bebado. Iap. Chinsui xitaru mono, l, saqeni yeitaru fito.

Tenacia, æ. Lus. Escaseza, auareza. Iap. Rinjacu, xiuasa. ¶ Item, Moderação nos gastos. Iap. Zaifôuo tçucŏni chũyôuo mamoru cotouo yũ. ¶ Aliqñ. Dureza, l, perseuerança. Iap. Tçuyosa, l, dôten xezaru cotouo yũ, l, cotayuru cotouo yũ.

Tenácitas, atis. Idem. ¶ Aliqñ. Firmeza ẽ ter mão, ou ter algũa cousa. Iap. Monouo tçucamitoru tçuyosa, l, monouo motçu chicara.

Tenáciter, adu. Lus. Constantemente, ou com pertinacia. Iap. Tçuyoqu tagirocazu, l, jŏgouani.

Tenasmus, i. Lus. Doença que causa puxos sem poder fazer camara. Iap. Ximobaraqe.

Tenax, acis. Lus. Cousa viscosa, e que tem mão naquillo a que se apega. Iap. Nebaqi mono. ¶ Memoria tenax. Lus. Memoria boa. Iap. Tçuyoqi voboye. ¶ Morbus tenax. Lus. Doença molesta, e dificultosa de sarar. Iap. Nanguini xite nŏgini cacauarigataqi yamai. ¶ Homo tenax. Lus. Homem auarento, e escaso. Iap. Rinjacunaru mono, xiuaqi mono. ¶ Item, Constante, perseuerante. Iap. Tagirocazaru mono, cotayuru mono.

Tendo, is, tetendi, tensum, & tentum. Lus. Estender, entesar. Iap. Fireguru, fipparu. ¶ Item, Procurar, e pretender com efficacia algũa cousa. Iap. Nagueqi nozonu, l, monouo motomento faguemasu. ¶ Aliqñ. Ir, andar. Iap. Ayumu, aruqu. ¶ Interd. Offerecer, ou dar estendendo a mão. Iap. Teuo saxinobe sasaguru, l, atayuru. ¶ Tendere rete. Lus. Estender, e armar a rede. Iap. Amiuo faru. ¶ Tendere insidias. Lus. Vrdir treições contra alguem. Iap. Fitoni taixite mufonuo cuuatatçuru, l, fitouo corosanto tacumu. ¶ Tendere

ad

ad eloquium. Lus. Estudar Rhetorica, ou ter a eloquencia por fim, e aluo. Iap. Mononoiy yǒ, l, rino vacachi yǒuo narǒ, l, meateni furu. ¶ Tendere alicui metũ. Lus. Pòr medo a alguem. Iap. Vodosu. ¶ Tẽdit res eò. Lus. A isto atira, aqui vai dar a cousa. Iap. Atedocoroua core nari. ¶ Tẽdere spem alicui. Lus. Dar esperança a alguem. Iap. Tanomoxiqu vomouasuru.

Tendícula, æ. Lus. Armadilha, ou laço pera tomar feras, ou passaros. Iap. Tori, qeda monono vana. ¶ Tendicula literarum. Lus. O querer conuencer o aduersario no tandolhe os vocablos, e palaurinhas que diz. Iap. Cotobano fibiqiuo qiqitogamete tçumento naguequ cotouo yǔ.

Tendónes. Lus. Huns neruos que ajuntam, e atam os musculos com os ossos. Iap. Foneto, nicuuo xibariauasuru sugi.

Ténebræ, arum. Lus. Treuas, escuridade. Iap. Yami, curasa. ¶ Item, Noite. Iap. Yoru. ¶ Aliqñ. per metaph. Escuridade de qualquer cousa. Iap. Curasa, qicoyegatasa.

Tenebresco, is. Lus. Escurecerse. Iap. Curaqu naru, yamini naru.

Tenebricosus, a, um. Lus. Cousa escura, ou chea de treuas. Iap. Curaqi coto, yaminaru coto, cumoritaru coto.

Tenébricus, a, um. Idem.

Tenebrio, onis. Lus. Mentiroso, e enganador. Iap. Qiogonjin, tabacarite, taraxite. ¶ Item, apud alios, O que foge a luz. Iap. Ficariuo qirai niguru mono.

Tenellus, a, um. dimi. Lus. Cousa hum pouco tenra. Iap. Sucoxi yauaracanaru mono.

Tenéllulus, a, um. dim. Idem.

Teneo, es, tenui, tentum. Lus. Ter, guardar. Iap. Motçu, tacuuaye voqu. ¶ Item, Deter. Iap. Tomuru. ¶ Aliqñ. per transl. Habitar, l, possuir. Iap. Giuqio suru, sumu, l, xindai suru. ¶ Item, Saber, entender, ou lẽbrarse. Iap. Xiru, funbet suru, l, vomoiidasu. ¶ Qñq;. Encerrar, amarrar. Iap. Tatecomuru, caramuru, ximuru. ¶ Interd. Cobrir. Iap. Vouǒ, cazzuquru. ¶ Aliqñ. Defender, guardar. Iap. Fuxegu, mamoru, l, xugosuru. ¶ Item, Ocupar, tomar, entrar. Iap. Toru, fairu, xitagayuru. ¶ Item, Durar. Iap. Cotayuru. ¶ Item, Arrimarse, estar estribado. Iap. Sugaru, l, sauaru. ¶ Teneri. Lus. Ser cõuencido. Iap. Iytçumeraruru. ¶ Tenere iter. Lus. Caminhar ou ir pera algũa parte. Iap. Ayomu, l, axiuo facobu, l, muite yuqu. ¶ Tenere se castris. Lus. Defenderse com o valo do arrayal. Iap. Ginxono mauarino camayeuo motte inochiuo mamoru, teqiuo fuxegu. ¶ Tenere cursum naues. Lus. Fazerem as naos gouernadas com leme seu curso. Iap. Funega caje non, iuo motte vosamatte faxiru. ¶ Teneri furti. Lus. Estar cõprehendido no furto. Iap. Nusubitoio figiǒ xitari, l, nusubitoni natte yru. ¶ Teneri. Lus. Estribar, ou constar de partes, &c. Iap. Qisuru, qiuamaru, comoru.

Tener, a, um. Lus. Cousa tenra, molle, ou delicada. Iap. Yauaracanaru mono, fiyouaqi mono, fiuazzunaru mono.

Tenerasco, l, Tenerésco, is. Lus. Fazerse tẽro. Iap. Yauaracani naru. ¶ Item, Amãsarse, ter misericordia. Iap. Natçuqu, nhŭuani naru, l, nasaqe, auaremiuo caquru.

Ténerè, & Teneriter, adu. Lus. Tenramente. Iap. Yauaracani.

Tenéritas, atis, l, Teneritudo, inis. Lus. Brãdura, ou tenrura. Iap. Yauaracasa.

Tenor, òris. Lus. Acento, ou sonsonete das palauras. Iap. Cotobano caigǒ. ¶ Interdum, Teor, ou ordem continuada. Iap. Vonaji yǒni tçuzzuqu xidai. ¶ Tenor pugnæ. Lus. Teor, ou maneira da peleija. Iap. Tatacai yǒ.

Tentabundus, a, um. Lus. O que tenta, ou proua ora hũa cousa, ora outra. Iap. Are coreuo cocoromiru, l, tamesu mono.

Tentamentum, i. Lus. Proua, experiencia. Iap. Tamexi, cocoromi.

Tentatio, onis. Idem.

Tentator, oris. Lus. O que tenta, ou experimenta. Iap. Cocoromi, tamesu mono.

Tentaturus, a, um. Lus. O que ha de tẽtar, ou experimentar. Iap. Cocoromiteqi, l, tameſu beqi mono.

Tentatus, a, um. Lus. Couſa experimentada, ou prouada. Iap. Tameſaretaru coto, cocoromitaretaru coto.

Tentipellium, ij. Lus. Hũ calçado ferrado. Iap. Curogane nite tçutçumitaru cutçuno taguy. ¶ Item, (apud alios.) Hũa mezinha que tira, e desfaz as rugas. Iap. Xiua uo nobaſu cuſuri.

Tento, as. Lus. Prouar, experimentar. Iap. Tameſu, cocoromiru. ¶ Item, Inquirir. Iap. Tazzunuru, ſagaſu. ¶ Tentari morbo. Lus. Eſtar doente. Iap. Vazzurŏ. ¶ Tentare pudicitiam alicuius. Lus. Procurar de corromper a caſtidade de alguem. Iap. Taninno fubonno xŏjŏuo yaburanto naguequ. ¶ Tentare ſenectutem, l, ſolitudinem alicuius. Lus. Procurar de deſtruir algum homem por ſer velho, ou falto dos amigos. Iap. Toxiyori nari, mata chijnnaqi fitouo forobosanto ſuru.

Tentorium, ij. Lus. Tenda, ou pauelhão q̃ ſe arma pera reſiſtir aquentura do ſol, chuua, &c. Iap. Momenno amauoi, fiuouoi.

Tentoríolum, i. dim. Idem.

Tentus, l, Tenſus, a, um. Lus. Couſa eſtendida, ou entesada. Iap. Firoguetaru coto, l, fipparitaru coto.

Tenuatus, a, um. Lus. Couſa adelgaçada. Iap. Foſoqu naſaretaru coto.

Tenuis, e. Lus. Couſa delgada, ou ſutil. Iap. Foſoqi mono, vſuqi mono. ¶ Item, Couſa pouca, ou pequena. Iap. Xŏbũnaru coto, vazzucanaru coto. ¶ Item, Pobre. Iap. Finnin, buriocujin.

Tenuículus, a, um. dim. Idem.

Tenúitas, atis. Lus. Delgadeza, ſutileza. Iap. Foſoſa, vſuſa. ¶ Item, Pobreza. Iap. Finſa, toboxiſa.

Tenúiter, Tenuiùs, Tenuiſsimè, adu. Lus. Sutilmente. Iap. Vſuqu, foſoqu.

Tenuo, as. Lus. Adelgaçar, deminuir. Iap. Feraſu, foſomuru. ¶ Item, Debilitar, gaſtar. Iap. Xeſſuru, yaxe ſaſuru.

Tenus, us. Lus. Laço. Iap. Vana.

Tenus, præpoſ. Lus. Ate. Iap. Made. ¶ Quodam tenus prodire. Lus. Fazer algum progreſſo, ou aproueitar algum pouco em algũa couſa. Iap. Gacumon nadoga ſucoxi agaru. ¶ Titulo tenus cóſul. Lus. O que he conſul sò no nome. Iap. Cóſulto yŭ na bacariuo tçuqitaru mono.

Tepefacio, is. Lus. Fazer morno, ou aquẽtar. Iap. Nuruqu naſu, ſucoxi atatamuru.

Tepeo, es. Lus. Eſtar morno. Iap. Nuruqu naru, l, ſucoxi atatamaritari.

Tepeſco, is. Lus. Fazerſe morno. Iap. Nuruqu naru, l, atatamaru.

Tepidarium, ij. Lus. Lugar dos banhos em que ſe lauão com agoa morna. Iap. Yocu xit nite nuruqi yuuo aburu tocoro.

Tepídulus, a, um. dim. Lus. Couſa hum pouco morna. Iap. Sucoxi nuruqi mono, atatamaritaru mono.

Tépido, as. Lus. Regar com agoa morna. Iap. Nuruqi yuuo caquru.

Tépidus, a, um. Lus. Couſa morna, ou entre frio, e quente. Iap. Nuruqi mono. ¶ Interd. Couſa quente. Iap. Atatacana coto. ¶ Aliqñ. Frio, remiſſo. Iap. Fiyaqi mono, tçumetaqi mono, nuruqi, l, buxŏnaru mono.

Tepor, oris, & Tepiditas, atis. Lus. O eſtar morno, ou entre frio, e quente. Iap. Nuruſa, l, namanuruna cotouo yŭ.

Tepôro, as. Lus. Fazer morno, ou aquentar. Iap. Nuruqu naſu, ſucoxi atatamuru.

Ter, adu. Lus. Tres vezes. Iap. Mitabi. ¶ Aliqñ. Muitas vezes, hũa vez e outra. Iap. Tabitabi, ſaiſai.

Tercentum. Lus. Trezentos. Iap. Sanbiacu.

Tercenténi. Idem.

Tercenti, æ, a. Idem.

Tercenties, adu. Lus. Trezentas vezes. Iap. Sanbiacudo.

Terdéni, æ, a. Lus. Trinta. Iap. Sanjŭ.

Tergémini. Lus. Tres que nacerão todos do meſmo parto. Iap. Ichidoni vmaretaru ſanninno qiŏdai.

Tergéminus, a, um. Lus. Couſa tres vezes dobrada. Iap. Sanzŏbainaru coto, miyenaru mono. ¶ Ius tergéminæ prolis. i. ius trium liberorum.

Te-

Terebellum, i. Lus. Hũ instrumẽto dos surugiões com q̃ tiram os pedaços do casco quebrados. Iap. Cõbeno fachino cudaqe taru toqi, soreuo tori idasu gueqiŏno dŏgu.

Terebinthina, æ. Lus. Resina de hũa certa aruore. Iap. Aru qino yani.

Terebinthus, i. Lus. Hũa aruore. Iap. Aru qino na.

Térebra, æ. Lus. Trado, ou verruma. Iap. Qiri, mogirino taguy.

Terebratio, onis. Lus. O furar com verruma. Iap. Miguino dŏgu nite anauo momu coto nari.

Térebro, as. Lus. Furar com verruma, ou trado. Iap. Qiri, vel mogiri nite anauo aquru.

Terêdo, inis. Lus. Bicho que nace na madeira, e a roe. Iap. Qiyori xŏjite qiuo curŏ muxi. ¶ Item, Traça que come os vestidos. Iap. Yxŏuo curŏ muxi.

Terentîni ludi, dicti sunt qui centesimo quoque anno tribus diebus continuis, tribusq; noctibus celebrabantur.

Teres, etis. Lus. Cousa longa, e redonda, ou roliça. Iap. Nagaqu maruqi mono, l, nametacanaru mono.

Tergînus, a, um. vt tergînum lorum. Lus. Azorrague de couro de animal. Iap. Qedamonono cauanite tçucuritaru chŏchacu no dŏgu.

Tergiuersatio, onis. Lus. O repugnar, ou recusar. Iap. Iyagaru coto nari, l, jitai.

Tergiuersor, aris. Lus. Mudar o proposito, e não querer vir ao de que se trata. Iap. Aiteno yŭ cotoni toriauazu xite bechino cotouo yŭ, l, aiteno dŏriuo iy maguiracasu. ¶ Item, Dissimular, virar as costas. Iap. Xiranu furiuo suru. ¶ Item, (apud iuriscõsult.) Desistir totalmente da acusação. Iap. Zansŏ, l, vttayeuo yamuru.

Tergo, is, & Tergeo, es, si, sum, &(secundũ antiq.) te tum. Lus. Alimpar, polir. Iap. Qiyomuru, nogŏ, migaqu.

Tergum, i. Lus. Costas. Iap. Xenaca. ¶ Itẽ, Auesso, ou parte traseira de qualquer cousa. Iap. Monono vra. ¶ Aliqñ. Couro das costas do animal. Iap. Qedamonono xenacano caua. ¶ Item, Escudo, rodela. Iap. Tedate. ¶ Terga vertere. Lus. Fugir. Iap. Niguru, vxirouo misuru. ¶ Dare terga, l, præbere terga fugæ. Idem.

Tergus, oris. Lus. Couro de animal, &c. Iap. Qedamonono caua. ¶ Itẽ, (propriè) A parte do couro mais grosso, que cobre as costas, e lombos. Iap. Xebonno vyeno caua.

Termentarium, ij. Lus. Lenço, ou toalha de linho com que se alimpa o corpo, &c. Iap. Miuo nogŏ tenogoi.

Termentum, i. Lus. Perda, ou dano. Iap. Son, ata.

Termes, itis. Lus. Ramo cortado da aruore com fruito. Iap. Conomi tomoni qitaretaru yeda. ¶ Itẽ, (propriè.) Ramo de oliueira. Iap. Oliueirato yŭ qino yeda.

Terminalia, orum. festa erant, quæ in honorem Termini dei celebrabãtur mense Februario.

Terminatio, onis. Lus. Fim, limite. Iap. Vouari, fate, sacaime.

Terminatus, a, um. Lus. Cousa limitada. Iap. Caguiri, l, sacaino aru mono.

Término, as. Lus. Limitar, pôr termo. Iap. Caguiri, l, sacaiuo sadamuru. ¶ Item, Acabar. Iap. Fatasu, jŏju suru.

Términus, i. Lus. Limite do cãpo. Iap. Fôji. ¶ Item, per transl. Fim. Iap. Fate, vouari.

Ternarius, a, um. Lus. Cousa que contem numero de tres. Iap. Mitçu aru mono.

Ternus, a, um. Lus. De tres em tres. Iap. Mi tçuzzutçu. ¶ Item, Tres. Iap. Mitçunaru mono.

Tero, is, triui, tritum. Lus. Esfregar, pisar, gastar. Iap. Suru, vchicudaqu, tçuiyasu. ¶ Terere iter. Lus. Caminhar. Iap. Michiuo ayomu. ¶ Terere tempus, l, otium. Lus. Gastar o tempo. Iap. Fimauo tçucŏ.

Terra, æ. Lus. Terra. Iap. Daigi, tçuchi. ¶ Terræ filij. Lus. Homens de vil, e baixa geração. Iap. Guexennaru mono. ¶ Terram videre. Lus. Chegar ao fim de algũ molesto, e enfadonho trabalho. Iap. Xinrŏ rô, nanguiuo fatasu.

Terræ motus. Lus. Tremor da terra. Iap. Gixin, naye.

Terraneola, æ. Lus. Hũa aue. Iap. Torino na.

Terrefacio, is. Lus. Espantar, meter medo. Iap. Vodorocasu, vodosu.

Terrênum, i. Lus. Terra acomodada pera se cultiuar. Iap. Denbacuno tamenі yoqi tçuchi.

Terrênus, a, um. Lus. Cousa nacida da terra. Iap. Tçuchiyori xôjitaru mono. ¶ Item, Cousa que viue na terra. Iap. Tçuchino vyeni nagarayuru mono. ¶ Item, Cousa pertencente à terra. Iap. Tçuchini ataru coto. ¶ Aliqñ. Cousa feita de terra. Iap. Tçuchinite tçucuritaru mono.

Terrestris, e. Idem.

Terreo, es. Lus. Espantar, ou meter medo. Iap. Vodosu, vodorocasu.

Térreus, a, um. Lus. Cousa feita de terra. Iap. Tçuchi nite tçucuritaru mono.

Terríbilis, e. Lus. Cousa medonha, e espantosa. Iap. Vosoroxiqi coto, ibuxeqi mono.

Terrícola, æ. Lus. O que habita na terra. Iap. Daigino vyeni sumu mono.

Terriculamenta, orum. Lus. Fantasmas que metem medo. Iap. Fitono vosoruru yŭrei, fenguеno mono.

Terrículum, i. Lus. Cousa que mete medo. Iap. Vosoresasuru mono.

Terrícrepus, a, um. Lus. Cousa que faz estrondo, ou som medonho. Iap. Vosoroxiqu nari fibiqu mono. Apud poëtas.

Terrífico, as. Lus. Meter medo. Iap. Vodosu.

Terríficus, a, um. Lus. Cousa que causa medo, ou espanto. Iap. Vodosu, l, vodorocasu mono, l, ibuxeqi mono.

Terrígena, æ. Lus. Gerado, ou nacido da terra. Iap. Tçuchi yori xôjitaru mono.

Térrito, as. frequent. Lus. Espantar, meter medo. Iap. Vodosu, vodorocasu.

Territorium, ij. Lus. Termo, ou territorio de algũa cidade. Iap. Iôto, zaixo yori xindai suru denbacuno bun.

Térritus, a, um. Lus. Espantado, amedrentado. Iap. Vodosaretaru mono, vodorocasaretaru mono.

Terror, oris. Lus. Medo, ou espanto. Iap. Vosore, guiŏten. ¶ Item, O meter medo. Iap. Vosore sasuru cotouo yŭ.

Tertiani, orum. Lus. Soldados da terceira legião. Iap. Sanbanzonayeno buxi.

Tertiânus, a, um. Lus. Terceiro. Iap. Sanban. ¶ Tertiana, l, tertiana febris. Lus. Febre de terçãs. Iap. Ichijit fazamino vocori.

Tertiarium, ij. Lus. Quatro onças. Iap. San jŭnimonme fodono vomosa aru mono.

Tertiarius, a, um. Lus. O que recebeo a terceira parte de algũa cousa. Iap. Sanbun ichi toritaru mono. ¶ Tertiarium stannum. Lus. Estanho que tem duas partes de chumbo. Iap. Daime, l, nibun namariuo majiyetaru suzu.

Tertiata verba. Lus. Palauras imperfeitas, e cortadas que falão os que estão com algũ grande medo, ou espanto. Iap. Vosore guiŏten xite yŭ catacoto gudomeite yŭcotoba.

Tertiatio, onis. Lus. O repetir, ou fazer tres vezes a mesma obra. Iap. Vonaji cotouo mitabi suru coto nari. ¶ Item, apud Columel. O espremer a terceira vez o azeite. Iap. Sanban aburauo xiboru coto nari.

Terciò, adu. Lus. A terceira vez. Iap. Mitabime.

Tertio, as. Lus. Repetir, ou fazer a mesma obra tres vezes. Iap. Vonaji xosauo mitabi suru. ¶ Tertiare agrum. Lus. Laurar a terceira vez o campo. Iap. Denbacuuo mitabi tagayesu.

Tertiùm, adu. Lus. A terceira vez. Iap. Sandeni.

Tertius, a, um. Lus. O vltimo de tres. Iap. Sanbanme. ¶ Item, Hum de tres. Iap. Mitçuno vchi fitotçu. ¶ Tertiæ notæ herbæ. Lus. Eruas que em dignidade tem o terceiro lugar. Iap. Sanbanni suru, l, mochijru cusa.

Teruncius, ij. Lus. Moeda de hum real. Iap. Aru jenino na.

Tesqua, orum. Lus. Lugares fragosos, e desertos. Iap. Vosoroxiqu jinxeqi tayetaru ri tocoro, vel qenſonaru tocoro.

Teſſaracoſton, tempus dierum quadraginta ante partum, & totidem poſt partum, quibus mulieres à ſacris arcebantur.

Teſſella, æ. dim. à Teſſera. Lus. Couſa quadrada. Iap. Xiçacunaru mono.

Teſſellatus, a, um. Lus. Couſa ladrilhada de ladrilhos quadrados. Iap. Xiçacunaru cauaraixiuo xiqitaru tocoro. ¶ Teſſellatæ. Lus. Hũa laya de veſtidos que tinhão hũas figuras quadradas. Iap. Xicacunaru mon aru yxŏ.

Téſſera, æ. Lus. Figura quadrada de todas as partes. Iap. Xicacunaru mono, l, xicacu. ¶ Item, Sinal comque os ſoldados conhecem quaes são de ſua parte, ou inimigos. Iap. Teqi micatano aijiruxi. ¶ Item, Sinal daguerra, ou paz futura. Iap. Yumiya, l, bujino xiruxi. ¶ Aliqñ. Hum certo ſinal de chumbo conforme ao qual recebiāo trigo os que o amoſtrauão. Iap. Gococuuo caitoru tameni yacuxa yori vqetoritaru namarinofuda. ¶ Item, Hum pao em que ſe fazem algũas mŏças que ſeruem de numero pera contar algũa couſa. Iap. Monono cazuuo qizami tçucuru qi. ¶ Teſſeræ collybiſticæ. Lus. Letras que dão os banqueiros pera por ellas ſe pagar algum dinheiro em outra parte. Iap. Cauaxiganeuo ſuru mono, l, cono fitoni caneuo vataſu bexito tçucauaxitaru jŏ. ¶ Teſſera hoſpitalis. Lus. Hum ſinal que ſe daua pera os hoſpedes ſerem agaſalhados. Iap. Ichimino xiruxini tabiitoni idaxitaru fuda, qeojŏ. ¶ Teſſeram hoſpitalem confringere. Lus. Não ter entrada em algũa caſa por algũa couſa mal feita. Iap. Ayamari nadoni yotte xuxxiuo yamuru, l, fito yori xŏdai xerarezu. ¶ Itẽ, Teſſeræ. Certas figuras quadradas que ſe faziam nos veſtidos. Iap. Yxŏni tçuqetaru xicacunaru mon.

Teſſerarius, a, um. Lus. Couſa pertencente a couſa, ou figura quadrada. Iap. Xicacunaru mononi ataru coto.

Teſſerarius, ij. Lus. O que vai denunciando pollas tendas dos ſoldados o ſinal, e deuiſa pera conhecer os de ſua parte. Iap. Micata narito xiru tameno aicotoba, aijiruxi uo giuyauo mauarite tçuguru fito.

Teſſérula, æ. Lus. Hum ſinal que daua, o almotacel do trigo conforme ao qual o recebia o q̃ o amoſtraua. Iap. Fudanixitagatte gococuuo vqetoru tameni yacuxa yori idaſaretaru fuda. ¶ Item, Hũas pedras pequenas quadradas, e polidas com que ſe ladrilhauam as caſas. Iap. Iyeni xiqitaru xicacunaru chijſaqi qiri ixi.

Teſta, æ. Lus. Vaſo de barro. Iap. Tçuchino vtçuuamono, doqi. ¶ Item, Teſtos, ou pedaços de vaſo de barro quebrado. Iap. Tçuchino vtçuuamonono vare, caqe. ¶ Aliqñ. Caſca, ou codea dura de qualquer couſa. Iap. Monono couaqi caua. ¶ Item, Oſtra, ou qualquer mariſco. I à Cai, canino taguy. ¶ Itẽ, Caſca de ouo. Iap. Caigono cara. ¶ Item, A caſa, ou caſca do caracol. Iap. Catatçuburino cai. ¶ Teſtu, apud veteres. Idem.

Téſtula, æ. dim. Idem.

Teſtábilis. Lus. O que tem direito pera dar teſtemunha. Iap. Xŏconi tatçu beqi yuruxi, l, dŏri aru mono.

Teſtáceus, a, um. Lus. Couſa de telha, ou terra cozida. Iap. Yaqe tçuchinite tçucuritaru mono. ¶ Item, Couſa dura como barro cozido. Iap. Yaqetçuchino gotoqu cataqi mono. ¶ Teſtacea pyra. Lus. Hũa caſta de peras. Iap. Arinomino taguy.

Teſtamentum, i. Lus. Teſtamento. Iap. Yuijŏ, yuzzurjiŏ.

Teſtamentarius, a, um. Lus. Couſa pertencente ateſtamento. Iap. Yuijŏni ataru coto. ¶ Adoptio teſtamentaria. Lus. Adopção pella qual em teſtamento alguem he perfilhado. Iap. Yuijŏni yotte fitouo yŏji ni ſuru cotouo yŭ.

Teſtamentarius, ij. Lus. O que faz teſtamentos falſos. Iap. Tçucuri yuijŏuo caqu mono. ¶ Item, Eſcriuão de teſtaméto. Iap Yuijŏro fixxani naru mono.

Teſtatim, adu. Lus. Em pedacinhos. Iap. Qi-

Qireguireni, ſunzunni. Antiq.

Teſtatio,onis. Lus. Teſtemunho. Iap. Xôco.

Teſtator,oris. Lus. Teſtador que faz teſtamento. Iap. Yuijôuo caqi voqu mono, l, caqi uoqiuo ſuru fito.

Teſtatus,a,ũ. Lus. O que têfeito teſtamẽto. Iap. Yuijôuo caqi voqitaru mono.

❡ Item, Couſa manifeſta. Iap. Cacuremo naqi coto, l, funmiô naru coto.

Teſticulus, i. Lus. Teſticulo. Iap. Qinno tama.

Teſtificatio, onis. Lus. Proua feita com teſtemunhas. Iap. Xôconinuo fijte dôriuo arauaſu cotouo yũ. ❡ Item, Teſtemunho. Iap. Xôco. ❡ Interd. O declarar, ou afirmar algũa couſa. Iap. Monouo arauaſu, l, iy catamuru coto nari.

Teſtificatus, a, um. Lus. Couſa prouada cõ teſtemunhas, ou manifeſta. Iap. Xôcouo motte texxeraretaru coto, l, arauaſaretaru coto.

Teſtificor, aris. Lus. Teſtemunhar, ou cõfirmar com teſtemunhas. Iap. Xôconi tatçu, l, xôconinuo morte teſſuru. ❡ Itẽ, Declarar, ou fazer notorio. Iap. Funmiôni naſu, arauaſu. ❡ Teſtificari Deũ. Lus. Tomar a Deos por teſtemunha. Iap. Deus uo xôconi fiqitatematçuru.

Teſtimonium, ij. Lus. Teſtemunho. Iap. Xôco, l, xeimonuo tatete xôconi tatçu cotouo yũ. ❡ Aliqñ. Teſtemunho, ou couſa que ſe traz pera confirmar. Iap. Monouo teſſuru, l, tçuyomuru tameni tayoriẽo naru coto, texxo, ❡ Interd. Parecer que ſe daa acerca de algũa couſa. Iap. Mononi tçuite zôbũ uo arauaſu cotouo yũ.

Teſtis, is. Comun gen. Lus. Teſtemunha. Iap. Xôconin. ❡ Itẽ, Maſcul. gen. Teſticulo. Iap. Qinno tama. ❡ Teſtibus præſentibus facere aliquid. Lus. Fazer algũa couſa patente, e manifeſta mẽte. Iap. Arauarete, l, ninjenni monouo ſuru.

Teſtiuilicium, ij. Lus. Couſa de baixiſsimo preço Iap. Monono cazunaranu coto.

Teſtor, aris. Lus. Teſtemunhar, affirmar, Iap, Xôconi tatçu, l, iy catamuru.

T ANTE E.

❡ Aliqñ. Tomar por teſtemunha. Iap. Fitouo xôconi tatçuru. ❡ Interd. Rogar affectuoſamente, ou pedir inuocãdo algũa couſa ſancta. Iap. Tçuxxinde monouo tanomu, l, tattoqi cotoni caqete tanomu. ❡ Item, Fazer teſtamento. Iap. Yuijôuo caqi voqu.

Teſtuaceum libum, l, teſtuaceus panis. Lus. Manjar, ou pão cozido em forno de barro. Iap. Camadono vchini yaqitaru mochi, l, xocubut.

Teſtudineatus,a, um. Lus. Couſa abobadada, ou arcada, e feita a modo de abobada. Iap. Maru tenjô faritaru tocoro, l, nijinarini tçucuritaru mono.

Teſtudineus, a, um. Lus. Couſa pertencente a cágado, ou tartaruga. Iap. Ixigameni ataru coto. ❡ Item, Couſa feita a modo de arco, e abobada. Iap. Nijinarini tçucuritaru mono.

Teſtûdo,inis. Lus. Cágado, ou tartaruga. Iap. Ixigame, l, vmigame. ❡ Itẽ, Vaiuem, ou hum inſtrumento de guerra de derrubar muros. Iap. Dôzzuqi, l, teqino camayeuo cuzzuſu dôgu. ❡ Item, Multidão de ſoldados junta, e vnida entre ſi que ſe repaira com os eſcudos juntos das pedras, ou tiros que vem de riba. Iap. Menmenni tedateuo tçuqi cazaxitaru buxino ſonaye. ❡ Item, Abobada. Iap. Ixino maru tenjô, l, nijinarini tçucuritaru tenjô. ❡ Interd. Alaude. Iap. Vrano catauauo ixigameno cônarini tçucuritaru biua.

Teſtus, us, ui, l, Teſtum, i. Lus. Forno de barro, metal, &c. em que ſe cozem bolos, &c. Iap. Mochi nadouo yaqu acagane, l, tçuchi nabe.

Tetánothra. Lus. Mezinha pera desfazer, e eſtender as rugas. Iap. Xiuauo nobaſu cuſuri.

Tetánici. Lus. Os que tem as juncturas do eſpinhaço, peſcoço, &c. inteiriçadas de modo que não ſe podem dobrar. Iap. Xeboneno tçugai tçugaino ſucumite jiyũnaſazaru vazzurai aru mono.

Tetarteus, a, um. Lus. Couſa de quatro. Iap.

Iap. Yotçu aru mono.

Teter, a, um. Lus. Cousa horrenda, e cruel. Iap. Araqenaqi mono, ibuxeqi mono.

Tetrachordum, i. Lus. Hum instrumento musico de quatro cordas. Iap. Xiqenno biua.

Tetracôlon. Lus. Cousa que consta de quatro membros. Iap. Yotçuno tçugai aru mono, l, yotçuni vacaru mono.

Tetradôron. Lus. Hum genero de ladrilho de quatro pés, ou dezaseis mãos trauessas em comprido. Iap. Nagasa jûrocusocu aru xiqigauara.

Tetradrachma, æ, l, Tetradrachmum, i. Lus. Hũa moeda. Iap. Aru guinxenno na.

Tetragnathij. Lus. Certas aranhas. Iap. Cumo no taguy.

Tetragônus, a, um. Lus. Cousa de quatro cantos. Iap. Yotçuno sumiaru mono. ¶ Itẽ, Cousa quadrada. Iap. Xicacunaru mono.

Tetragrámmaton, i. Lus. Cousa que consta de quatro lêtras. Iap. Yotçuno monji nite caqu cotoba. Vnde Dei nomen dictum est tetragrãmaton.

Tetrámetron, genus carminis quatuor constás mésuris maioribus, idest, pedibus octo.

Tetrapharmacum, i. Lus. Hum certo genero de emprasto. Iap. Tçuqegusurino taguy. ¶ Itẽ, Hũa iguaria, ou manjar que cõsta de quatro cousas estimadas. Iap. Yotçuno chinbutuo motte camoxitaru xocubut.

Tetrarcha, æ. Lus. O que he senhor da quarta parte de hum reyno. Iap. Cuni xibun ichino nuxi.

Tetrarchia, æ. Lus. O mando, ou senhorio sobre a quarta parte de hũ reyno. Iap. Cuni xibun ichino vosame, l, tçucasadori.

Tetrásticon, i. Lus. Quatro versos em que se conclue, ou encerra algũa sentença. Iap. Gono comoritaru yotçuno vta.

Tetrasyllabum, quod est quatuor syllabarum: vt Imperator.

Tetrè, tetrius, teterrimè, adu. Lus. Fea, e cruelmente. Iap. Tçurenaqu, araqenaqu.

Tetricitas, atis. Lus. Seueridade, rigor. Iap. Qibixisa, qibusa, qitçusa.

Tetritûdo, inis. apud antiq. Idem.

Tétricus, a, um. Lus. Homem rigurcso, aspero. Iap. Qibixiqi mono, qitçuqi mono.

Tetro, as. Lus. Sujar, inficionar. Iap. Qegasu, yogosu.

Tettigómetra, æ. Lus. Hum folhelho de que nacem as cegarregas. Iap. Xemino nuqegara.

Tettigoniæ, arum. Lus. Hũas cegarregas pequenas. Iap. Chijsaqi xemino taguy.

Teuchites, is. Lus. Hũa especie de juncos cheirosos. Iap. Cõbaxiqi yno rui.

Teucrion, ij. Lus. Hũa erua. Iap. Aru cusano na.

Teuthis, idis. Lus. Hum peixe. Iap. Aru vuo no na.

Texo, is, xui, extũ. Lus. Tecer. Iap. Voritatçuru. ¶ Item, per transl. Fabricar, compor, escreuer. Iap. Monouo tçucuru, caqitatçuru. ¶ Texere nidos. Lus. Fazer ninhos. Iap. Suuo cũ, l, caqu ru. ¶ Texere epistolas. Lus. Escreuer cartas. Iap. Iõuo caqu.

Téxtilis, e. Lus. Cousa tecida. Iap. Vorimono. ¶ Textilis pictura. Lus. Pinturas, ou imagens que se entretecem nas alcatifas, ou panos de armar. Iap. Cazaridõguni vorirçuqetaru monono catachi. ¶ Textilis vmbra palmitis. Lus. Sombra q̃ fazẽ as parras, ou ramos da vide trauados entre sy. Iap. Musubôre cumichigayetaru budõno cazzura yori sasu cague.

Textor, oris. Lus. Tecelão. Iap. Fata voru mono.

Textris, icis. fœmi. Idem.

Textrina, æ, l, Textrinum, i. Lus. Tenda, ou officina de tecelão. Iap. Fatauo voruiye, vodonoya.

Textum, i. Lus. Cousa tecida, ou feita de algũa cousa. Iap. Vorimono, l, mononite tçucuritaru mono. ¶ Textũ orationis. Lus. Estilo da oração. Iap. Danguino cotoba, l, cotouarino tçuraneyõ.

Textûra, æ. Lus. Tecedura, ou arte de tecer. Iap. Fatauo voru narai, l, voriyõ.

Textus, a, um. Lus. Cousa tecida. Iap. Cumi, l, vontacetaru mono.

mm * Tex-

Textus, us. Lus. Tecedura. Iap. Voriyŏ, cumiyŏ.

T ANTE H.

Thalamêgos, i. Lus. Hum genero de nauio. Iap. Funeno rui.

Thálamus, i. Lus. Camara em que dormem os caſados. Iap. Fǔfuno neya. ¶ Item, per transl. Caſamento, matrimonio. Iap. Yempen, caſŭno xŭgui. ¶ Aliqñ. Colmea. Iap. Fachino ſuuo tçucuru vtçuuamono.

Thaláſsicus color. Lus. Côr do mar. Iap. Mizzuiro, ſorairo.

Thaláſsinus, a, um. Lus. Couſa azul, ou de côr do mar. Iap. Aſagui, l, mizzuiro naru mono.

Thalaſsio. Vide Talaſio.

Thalaſſómele. Lus. Hũa certa mezinha. Iap. Aru cuſurino na.

Thalaſſómetra, æ. Lus. O que ſonda, ou deita o prumo no mar. Iap. Vmini tçurubeuo vete miru mono.

Talli. Lus. Tallos dos alhos, ou cebolas. Iap. Ninnicu, fitomojino cuqi.

Thallóferi. Lus. Os que em Athenas em certa feſta trazião ramos de oliueiras. Iap. Athenas toyŭ zaixenite xucunichini Oliua no yedauo mochitaru mono. ¶ Item, per iocum, Os q̃ não preſſão pera ter cargos. Iap. Yacuuo tçutomuru coto naranu, l, canauanu mono.

Thapſia, æ. Lus. Hũa aruorezinha. Iap. Aru chijſaqi qino na. ¶ Item, Hum licor que ſae deſta aruore. Iap. Miguino qi yori izzuru xiru.

Theamædes, is. Lus. Hũa pedra que tem efficacia de afaſtar de ſy o ferro. Iap. Curogane uo xirizoquru xei aru ixi.

Theatrâlis, e. Lus. Couſa pertencẽte a theatro. Iap. Xibai, l, butaini ataru coto.

Theátricus, a, um. Idem.

Theatridium, ij. Lus. Theatro pequeno. Iap. Xebaqi butai, xibai.

Theâtrum, i. Lus. Theatro. Iap. Butai, xibai. ¶ Aliqñ. Eſpectaculo como de comedias, &c. Iap. Qenbut, mimono. Vt nô nado. ¶ Interd. Ajũtamento de gente que eſtà vendo algũa comedia, repreſentação, &c. Iap. Nô, nadouo qenbut ſuru monono cũju. ¶ Verſari in theatro, per transl. Lus. Eſtar em algũ lugar publico, e manifeſto. Iap. Fitono meni cacaru tocoro, l, mijyuru tocoroni yru.

Thebáides, ſiue Thebaicæ. Lus. Hũa eſpecie de tamaras. Iap. Aru conomino taguy.

Theca, æ. Lus. Boceta, ou caixinha em que ſe mete algũa couſa. Iap. Cibaco, chijſaqi vtçuuamono. ¶ Theca caamaria. Lus. Cano da eſcriuaninha. Iap. Fudebaco, fudezzutçu.

Thelygónium, ij. Lus. Hũa erua. Iap. Cuſano na.

Thelypteris. Lus. Hũa eſpecie de feito. Iap. Fotoro, l, xidano taguy.

Thema, atis. Lus. Thema. Iap. Dangui nado no daimocu to naru go. ¶ Itẽ, Themata, ſunt affectiones natalitiæ, & quaſi poſituræ cæli.

Thenſæ, arũ. Lus. Charola. Iap. Coxi, l, butjin nadono yezŏ mocuzŏuo voſamuru coxi.

Theogonia, æ, i. origo deorum.

Theológia, æ. Lus. Theologia. Iap. Deusno von cotoni tçuiteno gacumon.

Theólogus, i. Lus. Theologo. Iap. Deusno von cotouo gacuſuru mono.

Theombrótios. Lus. Hũa erua. Iap. Aru cuſano na.

Theorêma, atis. Lus. Eſpeculação, contemplação. Iap. Fucaqi quannen, l, cuffŭ.

Theoria, æ. Idem.

Theorética, es. Lus. Arte, ou ſciencia eſpeculatiua. Iap. Quannen, cuffŭno gacumon, l, funbet nomini ataru gacumon.

Theótocos. Lus. May de Deos. Iap. Deusno von faua ſancta Maria.

Theriáce, es, ſiue Theriaca, æ. Lus. Triaga. Iap. Docuno qexiguſuri.

Theriotróphion, ij. Lus. Lugar onde ſe criã beſtas feras. Iap. Mŏju, l, taqeqi qedamonouo caivoqu tocoro.

Thenôma, atis. Lus. Hũa chaga, ou poſtema que nace nas partes ſecretas, e outros lugares

res. Iap. Rayacu, l, guioqei nadoni dequru acusô, xumot.

Therionarca, æ. Lus. Hũa aruorezinha. Iap. Chisaqi qino na.

Theristrum, i. Lus. Hum veo, ou vestido fino de q̃ vsauão as molheres de Palestina. Iap. Palestinato yũ tocorono vonnano vsuqi yxô.

Thermæ, arum. Lus. Banhos de agoa quente. Iap. Vonxẽ, yocuxit. ¶ Itẽ,(propriè) Banhos de tomar suadouros. Iap. Furo.

Thérmulæ, arum. dim. Idem.

Thermopolium, ij. Lus. Venda em que se vẽdem potagens quentes. Iap. Yu, canzaqe nadouo vru tocoro.

Thermopótæ. Lus. Os que bebem agoa quẽte. Iap. Yuuo nomu mono.

Thermopóto, as. Lus. Beber agoa quente. Iap. Yuuo nomu. Plaut.

Thesaurarius, a, um. Lus. Cousa pertencẽte a thẽsouro. Iap. Tacuuaye voqitaru zaifô, l, caneniataru coto.

Thesaurizo, as. Lus. Enthesourar. Iap. Zaifôuo tacuuaye voqu.

Thesaurus, i. Lus. Thesouro escondido que ja não tem dono. Iap. Nuxiua vxete tacuuayete aru tacara. ¶ Item, Riquezas, ou dinheiro que se enthesoura. Iap. Tacuuaye voqitaru tacara. ¶ Item, per transl. Prouisão, ou copia de cousas guardadas. Iap. Tacuuaye voqitaru corono tacusása.

Thesis, is. Lus. Questão, ou argumento q̃ propomos pera tratar, ou disputar. Iap. Mondô, satano dai, daimocu. ¶ Item, (propriè) est quæstio generalis, & finita, nullis personæ, loci, aut temporis circunstantijs limitata.

Tesmothetæ. Lus. Certos officiaes de justiça que auia em Athenas. Iap. Athenasto yũ jôcono qendan.

Theta, nomen est literæ Græcæ, quæ apud nos valet, th, aspiratum.

Thlaspi, siue Thlaspidion, siue Thlaspe, es. Lus. Masturço erua. Iap. Aru cusano na.

Thlasias, æ, l, Thladias, æ. (apud iuris consult.) O que tem os testiculos quebrados, ou pisados. Iap. Cudaqetaru qinno tamano aru fito.

Thlibias, æ. Idem.

Tholos. Lus. Lugar no meyo da abobada dos tẽplos onde se depẽdurauão as offertas. Iap. Dô, terani qixinno mono, l, sasaguemono nadouo caqe voqu tocoro.

Thoracatus, i. Lus. Armado de peito, ou couraça. Iap. Muneuo yoroitaru mono.

Thorax, âcis. Lus. Peito. Iap. Mune. ¶ Item, Gibão, ou qualquer outra cousa com que cobrimos o peito. Iap. Muneni atçuru yxô. ¶ Item, Peito darmas. Iap. Muneni atçuru yoroi.

Thracias, l, Thracius lapis. Lus. Hũa especie de pederneira. Iap. Cataqi ixino taguy.

Threnodia, æ. Lus. Canto triste. Iap. Vrei no vta.

Thrips, phis. Lus. Hum bicho que roe a madeira. Iap. Qiuo curô muxi.

Thronus, i. Lus. Throno, ou cadeira. Iap. Vtena, qiocurocu. ¶ Qñq;. in scripturis sacris throni accipiuntur pro virtutibus aliquibus cælestibus.

Thryallis, is. Lus. Hũa erua. Iap. Aru cusano na.

Thuriânus, i. Lus. Hum peixe do mar. Iap. Vmino vuono na.

Thus, turis. Lus. Encenso. Iap. Nhŭcô.

Thya, æ. Lus. Cedro. Iap. Finoqini nitaru qi.

Thyatus, i. Lus. Dança, ou bailo que se fazia a Bacho. Iap. Bachoto yũ fotoqeni taixite xitaru vodori, furiû.

Thyites. Lus. Hũa pedra muito dura de que se fazem graes. Iap. Monouo tçuqicudaqu dôguuo tçucuru ixi.

Thymallus, i. Lus. Hum peixe precioso. Iap. Suguretaru vuono na.

Thymbra, æ. Lus. Cigurelha. Iap. Aru côbaxiqi cusano na.

Thymele. Lus. Pulpito, ou hum lugar alto no theatro. Iap. Butaino vchini aru tacaqi tocoro, l, yusu.

Thymélici. Lus. Trejeitadores que neste lugar alto alegrauão, e entretinhão o pouo com meneos. Iap. Miguino tacaqi tocoro

mm ✱ 2 coro

coroni agatte teyǒ,moyǒuo xite banmin uo nagusamuru mono.

Thymiama, atis. Lus. Perfume. Iap. Xǒcǒ.

Thymiaterium,ij. Lus. Thuribulo, perfumador. Iap. Furigǒro, l, cǒro. ❡ Item, Lugar onde se offerece perfume, ou encenso. Iap. Xǒcǒuo suru tocoro.

Thyminus, a, um. Lus. Cousa feita de erua vsa. Iap. Aru cusanite tçucuritaru mono.

Thymites. Lus. Vinho confeitado, ou temperado com erua vsa. Iap. Miguino cusauo majiyetaru saqe.

Thymus, l, Thymum, i. Lus. Erua vsa. Iap. Aru cusano na. ❡ Item, Hum genero de verrugas. Iap. Ibono taguy.

Thynneum, sacrũ erat, quo piscatores Neptuno thynnum immolabant.

Thynnus, i. Lus. Atum peixe. Iap. Xibi no vuo.

Thyrsus, i. Lus. Talo da erua. Iap. Cusano cuqi. ❡ Item,(apud Lucret.) Furor, l, impulso. Iap. Iqiuoi, l, susume. ❡ Item, Hũa certa lançaentamada com era de que vsauão nas festas de Bacho. Iap. Bachoto yŭ fotoqeno xucunichi, marçurini mochitaru tçutauo maqitaru yari.

T ANTE I.

Tiăra, æ. Lus. Ornamento da cabeça das molheres de Persia. Iap. Persiano vonnano atamano cazari. ❡ Item, Mitra de Sacerdote, ou Bispo, ou coroa del rey. Iap. Papa, Bispono fǒjino toqi cazzuqi tamǒ zzuqin, l, teivǒno camuri.

Tibia, æ. Lus. Canela da perna. Iap. Mucǒzuneno fone. ❡ Item, Frauta, ou charamela. Iap. Fuye, xacufachi.

Tibialia, ium. Lus. Meascalças. Iap. Qiafan, l, fabaqi. ❡ Item, Greuas. Iap. Suneate.

Tibiâlis, e. Lus. Cousa acomodada pera fazer frauta, ou charamela. Iap. Xacufachi, l, fuyeuo tçucuruni niyǒtaru mono.

Tibicen, inis. Lus. Tangedor de frauta, ou charamela. Iap. Fuye, l, xacufachiuo fuqu mono. ❡ Item, Pontão cõ que se sustentão os edificios que estão pera cair. Iap. Iye nadono tçucaye. ❡ Itẽ, O que sustenta, ou tem mão na tea. Iap. Fatani aru momenno cacayuru mono. ❡ Item, Particulæ, quibus versuum hiatus replentur, alioqui nihil facientes ad sententiam, tibicines à grammaticis appellantur.

Tibícina, æ. Lus. Molher que tange frauta, ou charamela. Iap. Xacufachi, l, fuyeuo fuqu vonna.

Tignarius, a, um. vt tignarius faber. Lus. Carpinteiro. Iap. Daicu, banjǒ. ❡ Tignarius. (absolutè) Idem.

Tignus, l, Tignum, i. Lus. Viga, ou traue do edificio. Iap. Fiqimono, l, vtçubari, cǒriǒ. ❡ Item, (propriè.) Traue q̃ sustenta o telhado. Iap. Qeta. ❡ Item, Madeira. Iap. Zaimocu. ❡ Item, Instrumentos necessarios pera hũa vinha. Iap. Budǒbataqe ni irufodono dǒgu.

Tigillus, & Tigillum, i. dim. Idem.

Tigris, is, l, idis. Lus. Tigre. Iap. Tora.

Tigrînus, a, um. vt tigrînæ mensæ. Lus. Mesas q̃ tẽ muitas veas semelhantes ás malhas do tigre. Iap. Torano qeno gotoquni mocuno aru qinite tçucuritaru fandai.

Tilia, æ. Lus. Aruore til. Iap. Aru qino na. ❡ Itẽ, Tiliæ. Lus. Cordas feitas de hũa casquinha fina q̃ se tira desta aruore. Iap. Miguino qino amafadauo motte naitaru naua.

Tiliâceus, a, um. Lus. Cousa feita desta aruore. Iap. Miguino qinite tçucuritaru mono.

Timeo, es. Lus. Temer, auer medo. Iap. Vosoruru, vozzuru. ❡ Timeo tibi. Lus. Tenho medo que vos não venha algum mal. Iap. Sonatano vyeni sainanga citaru beqicato vosoruru. ❡ Timeo mihi abs te. Lus. Tenho medo q̃ me façais algũ mal. Iap. Nangiua vareni sainanuo caqu beqicato vosoruru. ❡ Timeo furẽ tauro. Lus. Arreceo q̃ o ladrã furte o touro. Iap. Nusubito cottoiuo nusumubeqicato vosoruru. ❡ Timeo pro amico. Lus. Arreceo q̃ não venha algũ mal a meu amigo. Iap. Vaga chijn novyeni vazauaiga arubeqicato vosoruru.

Timide, adu. Lus. Com temor. Iap. Voso rete.

Ti-

Timiditas, atis. Lus. Pusilanimidade, temor. Iap. Vosore, vocubiŏ.

Timidus, a, um. Lus. Medroso, de pouco animo. Iap. Vosore aru mono, vocubiŏnaru mono.

Timor, oris. Lus. Medo, temor. Iap. Vosore. ¶ Facere alicui timorem. Lus. Causar receo, ou temor. Iap. Vosoreno daimocuto naru. ¶ Affici timore de aliquo. Lus. Ter medo que não venha mal a alguem. Iap. Fitono vyeni sainanga qitarancato voso turu. ¶ Injicere timorem alicui. Lus. Meter medo. Iap. Vosoresasuru.

Tin. Antiqui pro eum dixerunt.

Tina, æ. Lus. Tina, ou dorna de vinho. Iap. Sacavoqe.

Tinca, æ. Lus. Hum peixe do rio. Iap. Caua vuo.

Tinctilis, e. Lus. Cousa tingida. Iap. Some taru mono.

Tinctura, æ. Lus. O tingir. Iap. Somuru cotouo yŭ.

Tinctus, us. Idem.

Tinctus, a, um. Lus. Cousa tinta, ou molhada. Iap. Sometaru mono, l, nuretaru mono. ¶ Tinctus literis. Lus. O q̃ sabe algũas letras. Iap. Sucoxi gacu xitaru mono.

Tinea, æ. Lus. Traça que roe vestidos, ou liuros. Iap. Yxŏ, l, mononofŏuo cuŏ mu xi. ¶ Item, Lombrigas. Iap. Fitono fucuchŭniaru muxi. ¶ Item, Huns bichos das colmeas danosos às abelhas. Iap. Fachino suuo tçucuru vtçuuamonono vchi nite fachini atauo nasu muxi.

Tineosus, a, um. Lus. Cheo de traça, ou bichos que comem as colmeas. Iap. Migui no muxi vouoqu aru mono.

Tingens, entis. Lus. Tintureiro. Iap. Some monoxi.

Tingo, is, l, Tinguo, is, xi, ctum. Lus. Tingir, molhar, mergulhar. Iap. Somuru, l, nurasu, ximesu, l, xizzumuru.

Tinia, orum. Lus. Tinas, ou vasilhas de vinho. Iap. Aru saqeno vtçuuamono.

Tinnimentum, i. Lus. O soar, ou tinir do metal. Iap. Caneno naru cotouo yŭ.

Tinnio, is, iui, itum. Lus. Tinir, ou soar o metal. Iap. Canega naru, l, fibiqu. ¶ Itē, Tinir as orelhas. Iap. Mimiganega naru. ¶ Item, Ter, ou trazer dinheiro. Iap. Caneuo motçu, l, tazzusaye qitaru.

Tinnitus, us. Lus. Tinido, ou som do metal. Iap. Caneno coye, fibiqi. ¶ Item, O tinir as orelhas. Iap. Mimiganega naru cotouo yŭ.

Tinnulus, a, um. Lus. Cousa que tem som agudo, ou retine como metal. Iap. Caneno gotoqu naru mono.

Tinnúnculus, i. Lus. Hũa aue. Iap. Aru tori no na.

Tintinábulum, i. Lus. Campainha, ou instrumento de cobre com que chamauam a gēte aos banhos pera se lauarem. Iap. Rei, l, furoye fitouo yobi atçumuru cane. ¶ Itē, Carro em que se acarretam, e deitam fora as immũdicias, esterco, &c. Iap. Ginnai, l, fujŏnadouo noxete surçuru curuma.

Tintináculi. Lus. Os que açoutam com lategos aos delinquentes. Iap. Vxino caua nite tçucuritaru dŏguuo motte toganinuo chŏchacu suru mono.

Tintino, as. Lus. Soar, retinir. Iap. Naru, fibiqu.

Tintinio, is, iui. Idem.

Típula, æ. Lus. Hum bichinho de seis pees que anda saltando por cima dagoa. Iap. Mizzuno vyeuo faxiru muxi, l, caizocu.

Tithymalus, i. Lus. Erua leiteira. Iap. Aru cusano na.

Titi. Lus. Pombas brauas. Iap. Yamabato.

Titillatio, onis. Lus. O fazer cocegas. Iap. Fitouo cosoguru coto nari. ¶ Item, Suauidade, deleitação. Iap. Tanoximi, yorocobi.

Titillatus, us. Idem.

Titillo, as. Lus. Fazer cocegas. Iap. Fitouo cosoguru. ¶ Itē, per transl. Deleitar, ou mouer cõ suauidade. Iap. Tanoximasuru, amayacasu.

Titio, onis. Lus. Tição. Iap. Moyecui.

Titiuilitium, ij. Lus. Fios podres que caem das teas. Iap. Momenuo voru toqi votçuru cusaritaru ito. ¶ Item, Cousa sem valor,

lor, e estima. Iap. Monono cazuni ataritu mono, l, yacuni tatanu mono.

Titubanter, adu. Lus. Inconstante, ou duuidosamente. Iap. Suuatazu, l, vtagauaxiqu.

Titubantia, æ. & Titubatio, onis. Lus. O não se poder ter em pè, ou estar pera cair. Iap. Tatte yru coto canauazaru cotouo yŭ.

Titubatus, a, um. Lus. Cousa que està vacilã do, ou pera cair. Iap. Suuarazaru mono, l, tatçu coto canauazaru mono.

Titubo, as. Lus. Vacilar, não poder estar em pè. Iap. Tatte yru coto canauazu, tajitajito suru. ¶ Item, per transl. Dizer cousa contraria do q̃ sente no coração. Iap. Cocoroni naqi coto, l, vomouanu cotouo yŭ. ¶ Item, Embaraçarse a lingoa, ou titubar. Iap. Vosore fabacatte gudomequ.

Titulus, i. Lus. Titolo de liuro, ou de estatua, &c. Iap. Guedai, gacu. ¶ Item, per transl. Louuor, dignidade. Iap. Fomare, curai, meiyo. ¶ Aliqn̄. Cousa que nos a moesta, ou traz algũa outra á memoria. Iap. Monouo vomoi idasasuru coto.

¶ Tituli. Lus. Soldados. Iap. Buxi.

Tityrus, i. Lus. Carneiro castiço, ou mayor do rebanho. Iap. Fitomureno vchini daiichi vôqinaru vofitçuji.

T ANTE M.

TMesis, is. est vnius verbi compositi, l, simplicis sectio, vna dictione, l, pluribus interiectis.

T ANTE O.

Toga, æ. Lus. Vestido que vsauam os Romanos. Iap. Romajinno yxŏ. ¶ Item, Pax. Iap. Buji, ancan. ¶ Toga candida. Lus. Vestido branco que traziam os pretẽ sores de magistrados. Iap. Quanxocuno nozomu fitono qitaru yxŏ. ¶ Pura toga, l, virilis. Lus. Vestido que vestiáo os mancebos no dia que entrauão a primeira vez no senado. Iap. Fajimete cadaxiteno vchini cuuauaritaru vacaqi fitono qitaru yxŏ. ¶ Toga prætexta, l, puerilis. Lus. Vestido ornado ao derredor da fralda com barra de purpura. Iap. Xŏ jŏfinite fusoni feriuo toritaru yxŏ.

¶ Toga palmata. Lus. Vestido com que triumfauão os vencedores. Iap. Riunuo firaqite qiracu suru toqi qitaru yxŏ.

¶ Toga picta. Lus. Vestido que vsauão os emperadores, e magistrados. Iap. Mucaxino teivŏ, l, xugono yxŏ. ¶ Toga pulla. Lus. Vestidos de que se vsaua nos enterramentos. Iap. Sôreino yxŏ.

¶ Item, Toga, per transl. Officio de acompanhar os mayores. Iap. Yxei aru firouo gubu suru yacu.

Tógula, æ. dim. idem.

Togati. Lus. Vestidos, e ornados deste vestido. Iap. Miguino yxŏuo qitaru mono. ¶ Itẽ, Os que acompanhauão aos principais da cidade. Iap. Qininuo gubu suru mono. ¶ Turba togata. Lus. Gente cõ este vestido ornada. q̃ por amizade acõpanhaua aos principais da cidade. Iap. Miguino yxŏ nite qininni tomonai yuqitaru ninju. ¶ Togatæ comœdiæ. Lus. Comedias q̃ se fazião, ou escreuião cõforme ao ritu, e costume dos Romanos. Iap. Romajinno cataguino gotoqu caqi xituxitaru nô. ¶ Togatæ tabernariæ. Lus. Comedias em q̃ entraua soomẽte gẽte baixa. Iap. Yyaxiqi mono bacari xitaru nô.

Togátuli. dim. Idem.

Tolerábilis, e. Lus. Cousa que se pode tolerar, ou sofrer. Iap. Corayeraruru coto.

Tolerabiliter, adu. Lus. Facil, l, toleraueImente. Iap. Cannin xite, l, tayasuqu.

Tólerans, antis. Lus. Paciente. Iap. Cánin suru mono.

Toleranter, adu. Lus. Pacientemente. Iap. Cannin xite.

Tolerantia, æ. Lus. Sofrimẽto, ou paciẽcia. Iap. Cannin.

Toleratio, onis. Lus. O sofrer, ou padecer. Iap. Cannin suru, l, corayuru coto nari.

Tólero, as. Lus. Sofrer, ou padecer. Iap. Cannin suru, xinogu. ¶ Interd. Sostentar. Iap. Yaxinŏ, fagocumu. ¶ Tolerare vitã Lus. Viuer, sostentarse. Iap. Inochiuo tçugu, nagarayuru. ¶ Aliqn̄. Leuar como

cas

carga, &c. Iap. Mochifacobu.

Tollenon, onis. Lus. Hum genero de machina, ou engenho de tirar agoa. Iap. Fane tçurube.

Tolles. Lus. Hũa inchação da garganta. Iap. Côfino taguy.

Tollo, onis. Lus. O que tira agoa do poço. Iap. Ynomoto yori mizzuuo cumu fito.

Tollo, is, sustuli, sublatum. Lus. Aleuantar, ou alçar. Iap. Mochiaguru, saxi aguru. ¶ Aliqñ. Tomar. Iap. Toru. ¶ Aliqñ. Criar, ou sostentar. Iap. Yaxinai, sodatçuru. ¶ Aliqñ. Tirar fora, ou apartar. Iap. Noquru, fanasu. ¶ Item, Gérar, ou auer filhos. Iap. Couo môquru. Vt tollere filiũ. ¶ Aliqñ. Differir. Iap. Noburu. ¶ Tollere de medio. Lus. Matar. Iap. Xôgai suru. ¶ Tollere minas. Lus. Ameaçar, ou fazer medo. Iap. Vodosu, vosore fasuru. ¶ Tollere gradum. Lus. Andar. Iap. Ayomu, axiuo facobu. ¶ Tollere se altiùs à terra. Lus. Crecerem as eruas, ou aruores. Iap. Sômocu xeigiô suru. ¶ Tollere animos. Lus. Ensoberbecerse, ou ser mais atreuido. Iap. Miuo manzuru, icatçu, gaini naru. ¶ Tollere animos dictis. Lus. Dar animo, e esforço com palauras. Iap. Cotobauo mottechicarauo soyuru, qiuo tçuquru. ¶ Tollere cachinnũ. Lus. Dar grandes risadas. Iap. Vôuaraiuo suru. ¶ Tollere clamorem. Lus. Bradar em alta voz. Iap. Vômeqi saqebu. ¶ Tollere aliquem in cælum humeris. Lus. Louuar, e engrãdeçer a alguem. Iap. Ten made ficouo fome aguru. ¶ Tollere in cælum fama aliquẽ, & tollere laudes alicuius in astra. Idẽ. ¶ Tollere manus. Lus. Aleuãtar as mãos em sinal de alegria, e acção de graças. Iap. Rei, l, yorocobino xiruxitoxite teuo auasuru. ¶ Tollere aliquem ab officio. Lus. Priuar a alguem do officio. Iap. Yacuuo mexifanasu. ¶ Tollere aliquem de oratione suá. Lus. Não nomear, ou não fazer mais menção de alguem. Iap. Fitono satauo xenu. ¶ Tollere legem. Lus. Anular a ley. Iap. Fattouo yameru. ¶ Tollere moram. Lus. Apressarse. Iap. Isogu. ¶ Tollere aliquẽ testimonio. Lus. Conuencer demaneira a alguem com prouas, e testemunhas que seja condenado, ou castigado. Iap. Zaiquani fuxerare, l, xeccã xeraru ruyŏni xôcouo motte iytçumuru. ¶ Tollere aliquem ferro, aut veneno. Lus. Matar a alguem a ferro, ou com peçonha. Iap. Fitouo qiricorosu, l, docugaisuru.

Tolutarij, siue tolutares equi. Lus. Cauallos que andão de galope. Iap. Fayamichi.

Toluriloquentia, æ. Lus. Pratica apressada, e corrẽte. Iap. Fayaqi monogatari, cuchibayaqi monogatari.

Tolútim, adu. Lus. De galope. Iap. Fayamichini.

Tomacinæ. Lus. Comeres feitos de figado de porco cortado meudamente. Iap. Butano firaguimouo fosoo meni qitte totonoyetaru xocubut.

Tomácula, l, tomácla. Idem.

Tomentum, i. Lus. Penajem, ou lãa meuda q̃ se tira dos vestidos quando lhes dão lustro. Iap. Yxôuo suri momu toqini noquru qe. ¶ Item, Panha, ou pena, &c. que se mete nos colchões, e trauesseiros. Iap. Xitone, l, macurani iruru vatano taguy.

Tómice, ces, siue Tomix, cis. Lus. Corda de linho, canimo, ou esparto. Iap. Vônaua, l, fucuyno naua. ¶ Item, Molhelhas dos boys. Iap. Monouo fiqu vxi, vma nadono cubi, l, fitaini nauazurino ideqizaru yŏni atçuru yauaraca naru mono.

Tomus, i. Lus. Pedaço, ou parte de algũa obra. Iap. Qiôgiri no bunbun. ¶ Item, Tomo, ou volume. Iap. Ichibu, l, ichiquan.

Tondeo, es, totondi, tonsum. Lus. Trosquiar. Iap. Qeuo fasamu. ¶ Interdum, Pacer, ou pacendo consumir. Iap. Cusauo famu, l, famitçucusu. ¶ Aliqñ. Cortar, ou segar. Iap. Caru. ¶ Tondére aliquem auro. Lus. Despojar a alguem de ouro comardil. Iap. Facaricotouomotte fitono vôgonuo vbaitoru.

Tonescit. Lus. Soa. Iap. Nari fibiqu.

Tonitruũ, i. Lus. Trouão. Iap. Caminari, raimei.

Tónitrus, us,& Tónitru, u. Idem.
Tono, as, aui, atum, & nui, itum. Lus. Fazer trouões. Iap. Caminariga furu, l, narafuru. ¶ Tonare laudes alicuius. Lus. Louuar grandemente a alguem. Iap. Vôqini fôbifuru. ¶ Tonare murmure, & verberibus. Lus. Soar cõ estródo, e açoutes. Iap. Chôchacuno votoga furu, l, fibiqu.
Tonsæ. Lus. Pâs dos remos. Iap. Rocaino fa.
Tónsilis, e. Lus. Cousa trosquiada, ou aparada. Iap. Fasamitaru mono, qirimauaxitaru mono.
Tonsillæ. Lus. Cãpainha da boca. Iap. Nodono qêyô. ¶ Item, Inchação, ou inflamação da garganta. Iap. Côfino tsguy.
Tonso, as, siue Tónsito, as. frequent. Lus. Trosquiar a meude. Iap. Xiguequ fasamu.
Tonsor, oris. Lus. Barbeiro, ou trosquiador. Iap. Yxxenzori, l, qeuo fasamu mono.
Tonsorius, a, um. Lus. Cousa que pertence a trosquiar, ou barbear. Iap. Qeuo soru, l, fasamuni ataru coto. ¶ Culter tonsorius. Lus. Naualha. Iap. Camisori.
Tonstrina, æ. Lus. Oficina do barbeiro. Iap. Yxxenzorino iye.
Tonstrix, icis. Lus. Molher que faz officio de barbeiro. Iap. Yxxenzori furu vonna.
Tonstrícula, æ. dim. Idem.
Tonsûra, æ. Lus. O trosquiar, ou barbear. Iap. Qeuo soru, l, fasamu cotouo yũ.
Tonsus, a, ũ. Lus. Trosquiado, ou barbeado. Iap. Sori, l, fasamitaru mono. ¶ Tonsæ valles. Lus. Valles despojados de aruores, e matos. Iap. Qiuo qiri farautaru tani.
Tonus, i. Lus. Acento, ou tom das palauras. Iap. Cotobano caigŏ. ¶ Item, Espaço que ha entre a terra e o ceo da lũa. Iap. Vchũ, tenchino aida. ¶ Itẽ, Resplandor, ou matiz entresachado entre o claro, e sôbra das pinturas. Iap. Yeno cague finatano aini aru ficari. ¶ Item, Toni. Lus. Hũs neruos que estão nas ilhargas do estamago. Iap. Inofuno matuarini aru sugi.
Toparcha, æ. Lus. O que gouerna algũa Região, ou lugar. Iap. Cuni, tocorouo vosamuru mono.

Toparchía, æ. Lus. Territorio, ou comarca. Iap. Riŏnai, l, buncocu.
Topazius, ij. Lus. Topazio pedra preciosa. Iap. Meixuno na.
Tophus, i. Lus. Hum genero de pedra aspera que facilmente se desfaz em area. Iap. Sunani narucauari yasuqi ixi.
Tóphinus, & Tophaceus, a, um. Lus. Cousa feita desta pedra. Iap. Cono ixinite tçucuritaru mono.
Topiarium, ij. Lus. Laçada, ou obra de laçaria feita cõ ramos de aruores, e eruas, &c. Iap. Qino yeda, xiba nadouo cumi auaxete tçucuritaru ficague nadono yŏnaru coto.
Topiaria, æ. Lus. Arte de fazer esta laçaria. Iap. Miguino gotoqu monouo tçucuru narai.
Topiarius, ij. Lus. O que faz esta laçada, ou laçaria. Iap. Miguino fiucuoi nadouo tçucuru mono.
Tópica, orum. Lus. Liuros que tratão de como se hão de achar os argumentos. Iap. Mōdŏno riuo tacumi idasu michiuo voxiyuru qiŏ.
Tópice, es. Lus. Arte de inuentar argumentos. Iap. Môdŏno riuo tacumi idasu narai.
Tópicus, a, um. Lus. Cousa de lugar. Iap. Tocoroni ataru coto.
Topográphia, æ. Lus. Descripção de lugar. Iap. Tocorono teiuo caqixirusu cotouo yũ.
Topos, i. Lus. Lugar. Iap. Tocoro.
Topothésia, æ. Lus. Sitio, ou descripção de lugar. Iap. Tocorono tei, cacari, l, tocorono teiuo caqixirusu cotouo yũ.
Toral, lis. Lus. Cobertor da cama. Iap. Guguno vouoi.
Torculâre, is, l, Torcûlar, aris. Lus. Lagar de vinho, ou de azeite. Iap. Voxiuo caqete xiboru abura, l, sacabune.
Torcularium, ij. Idem.
Tôrculum, i. Idem.
Torcularius, a, ũ. Lus. Cousa q̃ pertẽce a este lagar. Iap. Miguino dŏguni ataru coto.
Tôrculus, a, um. Idem.
Torcularius, ij. Lus. Lagareiro. Iap. Miguino dŏguuo motte saqeuo xiboru fito.
Tores, apud antiq. Lus. Colares de ouro, ou

paprata, &c. Iap. Cubini caqeru qinguinno yǒracu.

Toréuma,atis,& Toréumatũ,i.Lus. Vaso,ou outra obra feita a otorno laurada, ou esculpida artificiosamente. Iap. Rocuroni caqete fiqi monuo tçuqetaru mono.

Toréutice,es.Lus. Arte defazer esta obra ao torno, ou laurar.Iap. Rocurofiqi,l,forimo noxino narai.

Tormentum,i. Lus. Tormento,ou tratos. Iap. Gǒmon, l, caxacu. ¶ Item, Tiro, ou outra machina pera atirar pedras,pilouros, &c. Iap. Ixibiya, l, ixiyumi nadono taguy.

Tormina, um. Lus. Doença de camaras com puxos, ou fluxo de sangue. Iap. Xiborifarano vazzurai.

Torminosi. Lus. Os que padecem esta doença. Iap. Miguino yamaiuo vqetaru mono.

Torminális,e. Lus. Cousa que causa estas camaras. Iap. Miguino yamaiuo motoito naru mono.

Tornátilis,e. Lus. Cousa torneada, ou feita ao torno. Iap. Rocuroni caqete fiqitaru mono.

Torno, as. Lus. Fazer, ou laurar ao torno Iap. Rocuroni caqete monouo fiqu. ¶ Versus malè tornati. Lus. Versos feitos cõ pouca exacção. Iap. Sosǒni yomitaru vta.

Tornus, i. Lus. Torno de tornear obra. Iap. Rocuro.

Torosus, a, um. Lus. Neruoso, e robusto. Iap. Vde sugi fatte chicaracobuno tatçumono.

Torpêdo, inis. Lus. Tremelga peixe que adormenta os outros peixes que passão por cima della pera os comer. Iap. Vonorega vyeuo voyogu vuouo curǒ tameni, naye sucumasuru vuono na. ¶ Item, Priguiça, deleixamento. Iap. Buxǒni miuo nayaxi yru cotouo yũ.

Torpeo, es, pui. Lus. Estar estupido, priguiçoso, ou deleixado. Iap. Buxǒni miuo nayaxi yru, l, nayamu.

Torpesco, is. Lus. Fazerse priguiçoso, ou estupido. Iap. Buxǒni naru, miuo nayasu mononi naru.

Tórpidus,a,um. Lus. Froxo, remisso, ou estupido. Iap. Buxǒnaru mono, nayamumono.

Torpor, oris. Lus. O adormentarse, ou ficar insensiuel. Iap. Mino naye xibiruru cotouo yũ.

Torpôro, as. Lus. Fazer dormente, ou estupido. Iap. Nayasu, xibiresasuru.

Torquatus,a,ũ. Lus. O q̃ tẽ ornado cõ colar o pescoço. Iap. Yǒracuuo cubini caqete miuo cazaritaru mono. ¶ Palumbus torquatus. Lus. Pomba troquaz que tem hum circulo no colo. Iap. Cubino mauarino tori cacayaqu yamabato. ¶ Torquati milites. Lus. Soldados que por seus feitos alcançarão colar dos capitães. Iap. Guncônno xǒni cubino yǒracuuo tamauaritaru buxi.

Torqueo, es, si, sum, & tortum. Lus. Dobrar, ou arcar. Iap. Maguru, tauomuru. ¶ Aliqñ. Rodear, ou virar ás voltas. Iap. Gururito monouo fiqimauasu. ¶ Aliqñ. Brandindo lançar, ou arremessar. Iap. Yuricaqete monouo nague yaru. ¶ Aliqñ. Gouernar. Iap. Vosamuru. ¶ Aliqñ. Sostentar, ou ter ás costas. Iap. Vô, l, cacayuru. ¶ Qñq;. Dar tratos, ou atormentar. Iap. Caxacu suru, gǒmon suru. ¶ Itẽ, per transl. Affligir, ou molestar. Iap. Cocorouo nayamasu, curuximuru. ¶ Aliqñ. Fiar. Iap. Itouo yoru. ¶ Aliqñ. Leuar, ou menear. Iap. Fiqu, l, mauasu. ¶ Torquere funem. Lus. Fazer cordas. Iap. Nauauo nǒ. ¶ Torquere ius. Lus. Torcer, ou peruerter a justiça. Iap. Qenbǒuo maguru, l, riuo casumuru.

Torques, & Torquis, is. Lus. Colar de ouro, &c. Iap. Cubini caquru yǒracu.

Torrefacio, is. Lus. Torrar, ou secar Iap. Fosu, cauacasu.

Torrens, entis. Lus. Ribeiro, ou regato que se seca no verão. Iap. Natçu firu cogaua. ¶ Item, Particip. Lus. Rapido, impetuoso. Iap. Minaguiru caua, qitçuqu nagaruru mono.

Torreo, es, rui, tostum. Lus. Secar a o fogo, ou sol. Iap. Fini fosu, cauacasu.

nn * ¶ Aliqñ.

¶ Aliqñ. Queimar o sol, ou frio. Iap. Yentēni monouo teri carasu, l, cáténi yte cara su. ¶ Itē, Asar. Iap. Aburu. ¶ Aliqñ. Tornar, ou virar. Iap. Cayesu.

Torresco, is. Lus. Secarse, ou torrarse. Iap. Cogaruru, cauaqu, firu.

Tórridus, a, um. Lus. Cousa que seca, ou queima. Iap. Cauacasu, l, cogasu mono. ¶ Aliqñ. Cousa seca, ou queimada ao sol, ou fogo. Iap. Fini cogasaretaru mono. ¶ Zona torrida est, quæ inter duos tropicos sita, assiduo æstu torretur. ¶ Torridus macie. Lus. Magro, e macilento. Iap. Xôsui xitaru mono. ¶ Torridus frigore. Lus. Tostado, ou queimado do frio. Iap. Yte carasaretaru mono.

Torris, is. Lus. Tiçáo. Iap. Moyecuy.

Torsio, onis. Lus. O torcer, ou atormentar. Iap. Miguru, l, curuximuru cotouo yŭ. ¶ Torsio stomachi. Lus. Dôres do estamago, ou aflição causada de humores rijos. Iap. Fucutçŭno yamai.

Tortè, adu. Lus. Torta, ou trocidaméte. Iap. Magarite.

Tórtilis, e. Lus. Cousa torcida, ou reuolta. Iap. Magaritaru mono, l, negimaguetaru mono.

Tortiuum mustum. Lus. Agoa pee. Iap. Budŏno nibanzaqe.

Torto, as. Lus. Retrocer. Iap. Saisan nezzuru, maguru.

Tortor, oris. Lus. O que dá tratos. Iap. Gŏmon suru fito. ¶ Item, Algoz, ou atormentador. Iap. Caxacu suru mono. ¶ Item, O que atira com bésta, trabuco, &c. Iap. Fuxinqiŭ nadouo yru mono.

Tortuosè, adu. Lus. Torcamente. Iap. Yugŏde, magarite.

Tortuosus, a, um. Lus. Cousa torta, e de muitos rodeos. Iap. Yugamitaru mono, magarino vouoqi mono. ¶ Tortuosa vrina. Lus. Ourina que corre por muitos meatos, ou rodeos. Iap. Xôchŏno fuyori meguttę izzuru xôben.

Tortus, a, um. Lus. Atormentado. Iap. Caxacuuo vqetaru mono, l, curuximeraretaru mono. ¶ Item, Torto, e enuiasado. Iap. Yugamitarumono, magaritaru mono. ¶ Tortus vino, l, ira. Lus. O que por causa do vinho, ou colera não pode reprimir o que deue de calar. Iap. Suiqiŏ, l, tanrioni yotte yŭmajiqi cotouo yŭ mono.

Tortus, us. Lus. O torcer, ou entortar. Iap. Nezzuru, l, yugamuru coto nari.

Toruè, Toruùm, & Toruà, adu. Lus. Feroz, e cruelmente. Iap. Araqenaqu, icatte, taqequ.

Tóruitas, atis. Lus. Fiereza, ou sanha. Iap. Araqenasa, taqesa.

Torus, i. Lus. Loro feito de correas torcidas. Iap. Caua nite naitaru naua. ¶ Itē, Leito, ou mesa de comer. Iap. Toco, ne docoro, l, fandai. ¶ Consors tori. Lus. Molher casada. Iap. Fitono tçumani naritaru vonna. ¶ Itē, Tori, Partes do corpo carnosas, e neruosas. Iap. Chicaracobu, futoqu tacumaxiqi sugi. ¶ Item, Partes eminentes que ha nas plantas, e eruas como calos. Iap. Qi, cusani idequru cobu.

Tórulus, i. dim. Lus. Leito, ou catre pequeno. Iap. Chijsaqi guaxŏ. ¶ Item, Ornamento, ou touçado da cabeça da molher. Iap. Vonnano canzaxi.

Toruus, a, um. Lus. Feroz, asanhado. Iap. Araqenaqi mono, taqeqi mono. ¶ Torua vina. Lus. Vinhos fortes, ou malmaduros. Iap. Qitçuqi saqe.

Tostus, a, um. Lus. Cousa tostada, ou seca, Iap. Cogaretaru mono, cauaqitaru mono.

Tot. Lus. Tantos. Iap. Sorefodo.

Tótidem. Lus. Outros tantos. Iap. Sorefodo vouoqi mono.

Toties, adu. Lus. Tantas vezes. Iap. Sono tabigotoni.

Totus, a, um. Lus. Todo, ou inteiro. Iap. Cotogotocu.

Tóxicum, ci. Lus. Hũa laya de peçonha. Iap. Docuyacu.

T ANTE R.

TRabâlis, e. Lus. Cousa grande como traue. Iap. Côriŏno gotoqu vôqinaru mono.

Trá.

Trábea,æ. Lus. Hum genero de vestido. Iap. Yxōno taguy.

Trabeati. Lus. Os que trazem este vestido. Iap. Miguino yxǒuo qitaru mono.

Trábica,æ. Lus. Embarcação, ou nauio. Iap. Fune.

Trabs, bis, & Trabes, is. Lus. Viga, ou traue. Iap. Cǒriǒ, vtçubari. ¶ Item, Aruore. Iap. Qi. ¶ Aliqñ. Nauio feito, e armado de traues. Iap. Aru qinite tçucuritaru fune.

Trachali. Lus. As partes de cima, ou casca de hum peixinho de que se faz a purpura. Iap. Xǒjǒfiuo somuru caigara.

Tráchea, siue Tráchia, æ. Lus. Arteria, ou cano por onde respiramos. Iap. Iqino cayô fuye.

Trachêlus, i. Lus. Espinhaço. Iap. Xebone.

Tractábilis, e. Lus. Cousa que se pode tratar, ou menear. Iap. Tori atçucaiyasuqi mono. ¶ Tractabile pelagus. Lus. Mar q̃ se pode nauegar. Iap. Tocaino yasuqi vmi. ¶ Tractabilis homo. Lus. Homem manso, e trataual. Iap. Nhŭnannaru mono, ninai yoqi mono. ¶ Nõ tractabile cælum. Lus. Tẽpo tempestuoso, e inquieto. Iap. Nodocanarazaru tenqi, faguexiqi tenqi.

Tractatio, onis. Lus. O tratar, ou vsar algũa cousa. Iap. Monono toriatçucai. ¶ Itẽ, O tratar, ou esplicar algũa cousa. Iap. Rǒzuru, l, satasuru coto nari.

Tratactus, a, um. Lus. Cousa tratada, ou declarada. Iap. Toriatçucaitaru coto, sataxitaru coto. ¶ Item, Tratado, ou agasalhado. Iap. Motenaxaretaru mono.

Tractatus, us. Lus. O tratar, ou disputar. Iap. Toriatçucǒ, l, satasuru cotouo yŭ. ¶ Itẽ, Tratado, ou parte de algum liuro. Iap. Fitotçuno cotouarino vyeuo sataxi, ronzuru qiǒgiran.

Tractim, adu. Lus. Dilatando pera longe, ou por muito tempo. Iap. Fisaxiqu nobete, l, farucani.

Tracto, as. frequent. Lus. Tocar, ou ter nas mãos. Iap. Teni fururu, l, sagiru. ¶ Itẽ, Conuidar a alguem. Iap. Furumaini xǒdai suru. ¶ Item, Disputar, ou tratar. Iap. Ronzuru, satasuru. ¶ Item, Exercitar. Iap. Toriatçucǒ, l, tçutomuru. ¶ Item, Gouernar. Iap. Vosamuru. ¶ Item, Auer se bem, ou mal em algũa cousa. Iap. Tçutomuru, sabaqu, faguemasu. ¶ Tractare bibliothecam alterius. Lus. Ter cuidado da liuraria de alguẽ. Iap. Fitono qiǒzŭno saibanuo suru.

Tractoria organa. Lus. Machinas como guindaste, &c. pera aleuantar pesos grandes. Iap. Vǒmoqi monouo fiqi aguru caracuri.

Tractus, us. Lus. Região, termo, ou espaço. Iap. Cuni, cǒri, l, aida, nŏbun, fiŏnai. ¶ Itẽ, o andar da cobra ẽ voltas. Iap. Cuchinauano yugami sugitte fǒcǒ coto yŭ.

Traditio, onis. Lus. O dar, ou entregar. Iap. Vatasu coto nari. ¶ Item, Tradição, ou doutrina. Iap. Denju, voxiye.

Trado, is, didi, itum. Lus. Entregar, ou dar. Iap. Vatasu, atayuru. ¶ Itẽ, Ensinar. Iap. Voxiyuru. ¶ Itẽ, Cometer a alguẽ, ou fiar delle. Iap. Macasuru, tanomu. ¶ Interd. Contar, ou escreuer pera os vindouros. Iap. Cǒqini nosuru, l, satasuru. ¶ Tradere aliquid memoriæ. Idem. ¶ Item, Tradere aliquid memoriæ. Lus. Fixar algũa cousa na memoria de maneira q̃ se não esqueça. Iap. Ichigerio aica vasuresu yǒni, tçuyoqu voboyeni todomuru. ¶ Traditur, l, traditum est. Lus. Dizese, ou esta escrito. Iap. Sata ari, fŭbun xeri, l, qirocuni noxetari.

Tráduces. Lus. Ramos, ou varas das vides cõ q̃ se estẽdẽ de hũa aruore a outra. Iap. Yono qini fai vtçuru budǒno cazzura. ¶ Item, per transl. Cousa que se vai estẽdendo, e transfirindo de hum em outro. Iap. Fabicoru mono, firori aru mono. ¶ Item, Semente humana. Iap. Fitono tane, in. ¶ Item, Fama. Iap. Voboye, fomare.

Tradúco, is, xi, ctum. Lus. Leuar por algũ lugar, ou de lugar em lugar. Iap. Facobi vtçusu, fiqu, l, fiqi tçururu. ¶ Interd. Passar de outra parte do mar, ou rio. Iap. Vmi,

Vmicauano mucaiye monouo vatasu.
¶ Aliqñ. Estender. Iap. Fiqinoburu.
¶ Aliqñ. Traduzir de hũa lingoa em outra. Iap. Cotobauo fonyacu suru. ¶ Aliqñ. Espalhar roim fama de alguem. Iap. Acumiŏuo tatçuru. ¶ Aliqñ. Estender as vides de hũa aruore em outra trauandoas entresi. Iap. Budŏuo conatano qi yori anatano qini fauasuru. ¶ Item, Mudar, ou traspassar algũa cousa do lugar natural pera outro. Iap. Xŏjitaru tocoro yori mo nouo bexxoni vtçusu. ¶ Traducere vitam, l, tempus. Lus. Gastar, ou passar a vida, ou tempo. Iap. Quŏinuo vocuru.

Tragacantha, æ. Lus. Hũa aruorezinha siluestre. Iap. Yamano cogui.

Tragémata, um. Lus. Doce, ou fruita de sobre mesa. Iap. Amaqi mono, quaxi.

Trágicè, adu. Lus. A maneira de tragedia, triste, graue, e cruelmente. Iap. Nôno gotoqu qetacaqu, canaxiqu, qendonni.

Trágicus, i. Lus. O que compoem tragedias, ou as representa. Iap. Nôno tçucurite, l, xite.

Trágicus, a, um. Lus. Cousa que pertence a tragedia. Iap. Miguino nôni ataru coto.
¶ Aliqñ. Cousa triste, cruel, e mà. Iap. Canaxiqi coto, mŏacu butŏnaru coto.

Tragœdia, æ. Lus. Tragedia. Iap. Nôno taguy. ¶ Tragœdias agere, l, excitare. Lus. Fazer reboliços, e traquinhada. Iap. Sŏdŏ sasuru.

Tragœdus, i. Lus. Representador de tragedia. Iap. Nôno xite.

Tragónia, æ. Lus. Hũa erua. Iap. Cusano na.

Tragos, i. Lus. Bode. Iap. Voyaguiǔ.
¶ Item, Hum genero de legume, ou semẽte. Iap. Zacocuno taguy. ¶ Item, Hum genero de esponja. Iap. Famazauara.
¶ Item, Hũa erua semelhante a junco marinho. Iap. Vmini xŏzuru yno gotoqu naru mo.

Trágula, æ. Lus. Hũa arma como lança. Iap. Yarino taguy. ¶ Item, Hum genero de rede. Iap. Amino taguy.

Traha, æ. Lus. Hum genero de carros sem rodas. Iap. Vano naqi curumano taguy.

Trahax, acis. Lus. O que tudo apanha, cubiçoso. Iap. Tonyocunaru mono, vbaitori tagaru mono.

Traho, is, xi, ctum. Lus. Leuar, ou trazer por força. Iap. Sucumete ficozurô. ¶ Originem trahere ab aliquo. Lus. Trazer origẽ, ou descender de alguem. Iap. Mono yori qeizzuuo tçuru, l, faiimaru. ¶ Aliqñ. Leuar, ou attrahir. Iap. Nabiquru, catamuquru. ¶ Aliqñ. Tirar agoa, &c. Iap. Mizzu nadouo cumu. ¶ Aliqñ. Dilatar, ou diferir. Iap. Noburu. ¶ Item, Apartar. Iap. Fanasu, fiqinoquru. ¶ Trahere noctem sermone. Lus. Passar a noite em praticas. Iap. Youo catari acasu. ¶ Itẽ, Arrastar. Iap. Chixŏuo ficozurô. ¶ Trahere se cum aliquo. Lus. Deterse com alguẽ. Iap. Fitotomoni todomaru. ¶ Trahere ad defectionẽ. Lus. Prouocar, ou induzir a alguem que se rebele. Iap. Musonuo susumuru. ¶ Trahere aliquem secum in calamitatem. Lus. Fazer a alguẽ participante de seus trabalhos, e miserias. Iap. Fitouo sainanno tomoto nasu. ¶ Trahere candorẽ. Lus. Aquirir brãcura. Iap. Xirequ naru. ¶ Trahere dictum aliquod in voluntatem. Lus. Interpretar algum dicto a sua vontade. Iap. Nozomino mamani gouo xacusuru. ¶ Trahere tutam fortunam. Lus. Passar, ou viuer prosperamẽte. Iap. Medetaqu nagarayuru. ¶ Diuersum, siue in diuersum trahere. Lus. Fazer a alguem duuidoso, ou perplexo. Iap. Cocoromotonaqu vomouasuru.

Traiectio, onis. Lus. O traspassar, ou leuar de hũa parte pera outra. Iap. Taxoye vtçusu, l, vatasu coto nari. ¶ Traiectio verborum. Lus. O tomar, ou vsurpar hũa palaura noutro sentido. Iap. Nazoraye, l, tatoye te yŭ coto nari. ¶ Traiectio stellarum. Lus. Curso, ou mudança das estrellas. Iap. Foxino junquan, l, xenquai.

Traiectus, us. Idem.

Traiectitius, a, um. Vt traiectitia pecunia. Lus.

Lus. Dinheiro que passa omara risco do acredor. Iap. Michi nite vxinai,ayamachi aruni voiteua vaga sonni subexito iyte casu cane.

Traiectus, a, um. Lus. Cousa passada, ou leuada pera outra parte. Iap. Taxoye vtçu siretaru mono. ¶ Aliqñ. Traspassado co mo cõ espada, &c. Iap. Tçuranucaretaru mono.

Trajicio, is. Lus. Passar, ou leuar de hũa par te pera outra. Iap. Taxoye vtçusu, vata su. ¶ Item, Passar o rio, &c. Iap. Vataru. ¶ Aliqñ. Traspassar com algũa arma o corpo, ou membro. Iap. Buguuo motte miuo tçuranuqu. ¶ Murum iaculo trajicere. Lus. Passar alem do muro com arma de arremesso. Iap. Tçuigino vye voba yariuo nague cosu. ¶ Trajicere in alia vasa. Lus. Trasfegar, ou mudar de hum vaso noutro. Iap. Bechino vtçu uanmononi vtçusu. ¶ Trajicere in alium culpam, aut quippiam. Lus. Lançar a cul pa, ou outra cousa em alguẽ. Iap. Vaga ayamariuo fitoni nuru. ¶ Trajicere rem ad magistratus. Lus. Remeter o negocio aos officiaes da justiça. Iap. Xugodaini atçucaiuo nague macasuru.

Tralatio, onis, l, Translatio, onis. Lus. Vso, ou apropriação de hũa palaura em senti do menos proprio. Iap. Nazorayete yũ coto nari.

Tralatitius, a, um, siue Translatitius, aut Trãs latiuus. Lus. Cousa tirada, ou deduzida de outra. Iap. Nazorayete iytaru coto. ¶ Aliqñ. Cousa cotidiana, e vulgar. Iap. Feijeino coto, jõgiũno coto. ¶ Translatitium edictũ. Lus. Edicto, ou mandado que não he nouo, mas tomado, e deduzi do doutros edictos passados. Iap. Yono fatto yori idetaru fatto, l, guegi.

Tralucco, es. Lus. Transluzir, ou ser transparente. Iap. Suqi touoru.

Tralúcidum, i. Lus. Claro, e trãsparẽte. Iap. Suqi touoru coto.

Trama, æ. Lus. Fio de tecer que se atraue sa na ordidura. Iap. Nuqi yocono ito.

¶ Trama figuræ. Lus. Figura, ou aparen cia de hum corpo muito desfeito, e gastado. Iap. Caguerõno gotoqu yaxe votoro yetaru catachi.

Trames, itis. Lus. Atalho. Iap. Chicamichi.

Tramitto, is. Lus. Passar, ou nauegar de ou tra parte. Iap. Taxoye vtçusu, vatasu, l, vataru.

Trano, as. Lus. Passar da outra banda a nado. Iap. Mucaini voyogui vataru. ¶ Item, Passar alem voando. Iap. Tobi vataru, tobi cosu. ¶ Item, Penetrar, ou traspassar. Iap. Tçuqi touosu, tçuranuqu.

Tranquillè, adu. Lus. Quieta mente, e sem perturbação. Iap. Xizzucani, nodocani.

Tranquillitas, atis. Lus. Tranquilidade, ou serenidade do mar, e do ceo. Iap. Nodocanaru tenqi, l, naguitaru vmi. ¶ Itẽ, per trásl. Quietação, e sosego. Iap. Buji, ancã.

Tranquillum, i. Idem.

Tranquillo. Lus. Em tempo quieto, e tranquilo. Iap. Nodocanaru tenqini.

Tranquillo, às. Lus. Aquietar, e sosegar. Iap. Xizzumuru, nodocani nasu.

Tranquillus, a, um. Lus. Quieto, e sereno. Iap. Nodocanaru coto. ¶ Item, per trásl. Quieto, e manso. Iap. Buji, nhũua naru mono. ¶ Tranquilla res est. Lus. Está a cousa inteira, e sãa. Iap. Mattaqi coto nari.

Trans. præp. Lus. Alem. Iap. Mucai, l, vye, l, anata.

Transabeo, is. Lus. Passar alem, ou traspassar. Iap. Mucai ye vataru, l, buguuo motte tçuranuqu.

Transactor, oris. Lus. Homem por cuja via, ou industria negoceamos algũa cousa. Iap. Sabaqite, daiquan, macanaixa.

Transactus, a, um. Lus. Cousa passada. Iap. Suguisaritaru coto. ¶ Aliqñ. Cousa acabada. Iap. Iõju xitaru coto.

Transádigo, is, egi, actum. Lus. Traspassar com arma. Iap. Buguuo motte tçuranuqu.

Transcendo, is. Lus. Sobre pujar, passar, ou subir alem. Iap. Yuqi vataru, nobori cosu.

Tran-

Transcindo, is, di, ssum. Lus. Rasgar, ou despedaçar. Iap. Qiri saqu, fiqi saqu.

Transcribo, is. Lus. Trasladar. Iap. Xoxa suru, caqi vtçusu. ¶ Interd. Traspassar nossa fazenda no dominio dalguem. Iap. Vaga monouo fitono mononi nasu.

¶ Transcribi nomina dicũtur in rationibus, cùm id, quod mihi expensum latum est, inaliud nomen transfertur, & nomen meum ex rationibus eximitur. ¶ Transcribere aliquẽ actorẽ sui. Lus. Tirar de outro autor o que serue pera nossa obra, e ajudar monos de seus escritos como nossos. Iap. Vaga amitaçuru xomotno tayorito naru cotouo nuqigaite, vaga saqurio gotoqu mochijsasuru.

Transcriptio, onis. Lus. Escusa, ou pretexto. Iap. Cacotçuqe.

Transcurro, is. Lus. Yrse pera algũa parte. Iap. Faxiri yuqu. ¶ Aliqñ. Acabar o curso, ou carreira. Iap. Faxiri vouaru, faxiri tçuqu. ¶ Aliqñ. Sair, ou fazer digresão, Iap. Yoqusu, bechino cotoni vtçuru.

¶ Aliqñ. Tocar breuemente, e como de passajem. Iap. Riacusuru, tçuzzumuru, tçuide ni iuru, l, yũ.

Transcursus, us. Lus. Passajem, ou corrida. Iap. Faxiriyuqu cotouo yũ. ¶ In transcursu aliquid facere. Lus. Fazer algũa cousa de corrida, ou de passajem. Iap. Caisome, l, tçuideni suru.

Transdo, is. apud veteres. Lus. Dar, ou entregar. Iap. Atayuru, vatasu.

Transduco, is Lus. Leuar, ou guiar pera outra parte. Iap. Taxoye vtçusu, mochifacobu, l, michibiqu. ¶ Transducere arbores. Lus. Transpantar as aruores. Iap. Qi uo vtçuxi vyuru.

Transenna, æ. Lus Gelosia, ou grades de pao ferro, &c. quese poem nas portas. Iap. Rengi, côxi. ¶ Cñqĵ. Gayola de passaros. Iap. Toricago. ¶ Item, Laço, ou lousa de tomar aues. Iap. Toriuana.

Transeo, is, iui, & transij, situm. Lus. Passar. Iap. Touoru, yuqi sugiru. ¶ Aliqñ. Yr. Iap. Yuqu. ¶ Aliqñ. Tocar leuemente. Iap. Carisomeni yũ. ¶ Transire silentio aliquid. Lus. Calar algũa cousa. Iap. Monouo sata xezuxite touoru. ¶ Transire quædam in legendo. Lus. Deixar algũas cousas sem as leer. Iap. Yominocosu. ¶ Trãsijt dies. Lus. Passouse o dia. Iap. Fiua suguisaritari. ¶ Transire ad vitam. Lus. Tornar a viuer. Iap. Yomigayeru, iqicayeru. ¶ Transire in multos colores. Lus. Mudarse em varios côres por interualos. Iap. Toqitoqini irega cauaru.

¶ Transire legẽ. Lus. Traspassar a ley. Iap. Fattouo somuqu, noriuo coyuru.

¶ Transire ad hostes. Lus. Rebellãdo passarse aos inimigos. Iap. Vragayeru, teqini naru. ¶ Transire lineas. Lus. Passar, ou sair dos limites. Iap. Sacaimeuo coyuru.

Trãnsero, is. Lus. Mudar as aruores pera outro lugar. Iap. Qiuo vtçuxi vyuru.

Tránsfero, is, tuli, latum. Lus. Leuar, ou passar algũa cousa de hũa parte pera outra. Iap. Taxo ye vtçusu, mochi facobu.

¶ Item, Traduzir de hũa lingoa em outra. Iap. Cotobauo fonyacu suru. ¶ Transferri nomina, aut verba. Lus. Mudarense, ou tomarense os nomes, e verbos noutro sentido metaforico. Iap. Cotobano cocorouo bechini naxite yũ, l, nazoraye te yũ.

¶ Transferre iudicia. Lus. Passar a causa, ou juizo de hũ tribunal a outro. Iap. Tadaxiteuo cayete cujino tadauo suru.

Trásfigo, is, xi, xũ. Lus. Passar de parte a parte cõ ferro. Iap. Buguuo motte tçuranuqu.

Transfiguratio, onis. Lus. Transformação, ou mudança de hũa figura em outra. Iap. Fengue.

Transfiguro, as. Lus. Mudar noutra forma, ou figura Iap. Fenguesasuru, fenjisasuru.

Transfixus, a, um. Lus. Passado de parte a parte. Iap. Tçuranucaretaru mono.

Transfluo, is, xi, xum. Lus. Correr cousa liquida, ou passar alem. Iap. Moriizzuru, nagare yuqu. ¶ Transfluxẽre dies. Lus. Passarão os dias. Iap. Ficazuuo fetari.

Transfodio, is. Lus. Traspassar com lança, &c. Iap. Tçuqitouosu, tçuranuqu.

Trans-

Transformis, e. Lus. Cousa que recebe qual quer forma, ou figura. Iap. Yorozzuno catachiuo vtçusaruru mono.

Transformo, as. Lus. Mudar noutra forma. Iap. Fenguesiuru, bechino catachini nasu.

Tránsforo, as. Lus. Furar de parte a parte. Iap. Momitouosu.

Tránsfreto, as. Lus. Passar o mar da banda dalem. Iap. Tocai suru.

Tránsfuga, æ. Lus. O que rebelou, ou fugio pera os inimigos. Iap. Vragayeritaru mono, teqini naritaru mono.

Transfugio, is. Lus. Fugir pera os inimigos. Iap. Vragayeru, teqini naru.

Transfugium, ij. Lus. O deitarse cõ os inimigos. Iap. Mufon, l, vragayeru cotouo yũ.

Transfûmo, as. Lus. Passar como fumo. Iap. Qemurino gotoqu qiye yuqu.

Transfundo, is. Lus. Botar, ou vazar de hũ vaso noutro. Iap. Bechino vtçuuamono ni vtçusu. ¶ Suas laudes trásfundere ad alterũ. Lus. Aplicar seus louuores, e hõnras a outro. Iap. Vaga fomareuo tani yuzzuru.

Transfusio, onis. Lus. O vazar de hũ vaso noutro. Iap. Bechino vtçuuamononi vtçusu coto nari.

Transgredior, eris. Lus. Passar, ou caminhar alem. Iap. Touoru, yuqi suguru. ¶ Aliqñ. Vencer, ou ficar de cima. Iap. Catçu.

Trangressio, onis. Lus. O passar, ou yr auante. Iap. Touoru, l, yuqisuguru coto nari. ¶ Item, apud Rhetores est, cùm ab ea sententia, quam proposuimus, conuertimus sermonem ad aliquã personam, aut rem, &c.

Transiectio, & Traiectio, onis. Lus. Mudança, ou transposição. Iap. Vtçusu, l, cayuru coto nari.

Transiectus, a, ũ. Lus. Cousa passada, ou fura da de parte a parte. Iap. Vra vomoteye nuqetouoritaru mono.

Tránsigo, is, egi, actum. Lus. Acabar de fazer Iap. Xifatasu, jôju suru. ¶ Item, Concluir, e aueriguar algum negocio, ou demanda. Iap. Cujiuo bujini sumasu. ¶ Aliqñ. Concertarse, ou fazer concerto. Iap. Fazu uocoru, qeiyacuuo suru. ¶ Trãsigere vitã. Lus. Passar a vida. Iap. Inochiuo sugosu, curasu, youo vataru.

Transilio, is. Lus. Saltar alem. Iap. Tobicosu. ¶ Item, per transl. Passar em silencio. Iap. Satanaxini touoru.

Tránsilis palmes. Lus. Vara de vide que sobrepuja ás outras que estão enlaçadas nas aruores. Iap. Qini faicacaritaru yono cazzu tani nuqindete nagaqu naru cazzura.

Transitio, onis. Lus. O passar, ou yr alem. Iap. Touoru, l, yuqisuguru coto nari. ¶ Aliqñ. O passarse da parte dos inimigos. Iap. Mufon, fonguiacu.

Tránsitus, us. Idem. ¶ Intransitu. Lus. De passagem, ou de corrida. Iap. Carisomeni, tçuideni.

Transiungo, is. Lus. Mudar o lugar dos cauallos que vão e hũ jugo. Iap. Vonaji cubica xeuo caqetaru vmauo fidari miguini cayuru.

Translâbor, eris. Lus. Passar alem. Iap. Cosu, vataru.

Translatitius. vide Tralatitius.

Translatiuè, l, Translatitiè, adu. Lus. De passagem, ou remissamente. Iap. Carisomeni, sosôni, l, xaiuo irezu.

Tránslego, is. Lus. Passar, ou correr lendo. Iap. Yomi touosu.

Transluceo, es. Lus. Ser transparente. Iap. Suqitouoru.

Translúcidus, a, um. Lus. Transparente. Iap. Suqitouoru mono.

Transmarinus, a, um. Lus. Cousa q̃ está alẽ do mar, ou que veo dalá. Iap. Vmino mucaini aru mono, l, soco yori qitaru mono.

Tránsmeo, as. Lus. Passar alem. Iap. Touoru, cosu, vataru.

Tránsmigro, as. Lus. Mudar a casa, ou habitação. Iap. Qioxeuo cayuru.

Transmissio, onis. Lus. Passagem. Iap. Touoru, l, suguiyuqu coto nari.

Transmissus, us. Idem. ¶ Item, Espaço que se passa, ou atrauesa. Iap. Touoru, l, vataru aida nari.

Transmi-

Transmitto, is. Lus. Dar passajem, ou passar a outro. Iap. Tocai iasuru, vatasu. ¶ Aliqñ. Passar mar, rio, &c. Iap. Vmi, l, cauauo vataru. ¶ Transmittere campos. Lus. Correr depresa o campo ate o fim. Iap. No barano suyemade faxiri yuqu. ¶ Transmittere aliquem. Lus. Mandar a alguem com presa. Iap. Fayaqu fitouo yaru. ¶ Transmittere tectum lapide. Lus. Lançar a pedra por cima do telhado. Iap. Yaneno vyeuo baixiuo nague cosu. ¶ Trãsmittere bellum, l, aliquod munus alicui. Lus. Dar cuidado a alguem de administrar a guerra, ou outro cargo. Iap. Icusa bu guiŏuo sadamuru, l, menono sabacuo fitoni macasuru. ¶ Transmittere aliquid in formas. Lus. Dar forma a algũa cousa. Iap. Mononi catachiuo tçuquru. ¶ Transmittere menses. Lus. Passar os meses. Iap. Tçuqiuo furu. ¶ Transmittere discrimen. Lus. Escapar de perigo. Iap. Nanguiuo nogaruru. ¶ Transmittere hæreditatem fratri. Lus. Traspassar a erança ao irmão. Iap. Vareni ataru yuzzuriuo qiŏdaini yaru.

Transmontanus, a, um. Lus. O que habita, ou vem de tras dos montes. Iap. Yamano anatani sumu mono, l, anata yori qitaru mono.

Transmôtus, a, um. Lus. Cousa mudada de hum lugar pera outro. Iap. Taxoye vtçusaretaru mono.

Transmoueo, es. Lus. Mouer, ou mudar de hum lugar pera outro. Iap. Taxoye vtçusu.

Transmûto, as. Lus. Mudar, ou trocar. Iap. Cayuru.

Trânsnato, as. Lus. Nadar alem, ou passar nadando. Iap. Mucaiye voyogui vataru.

Transno, as. Idem.

Tansnômino, as. Lus. Mudar, ou trocar o nome. Iap. Nauo cayuru.

Transnûmero, as. Lus. Contar mais, ou de ventajem. Iap. Cazuye cosu.

Transpectus, us. Lus. O ver por grades, ou por corpo transparente. Iap. Cŏxi yori mitouosu, l, suqi touoru monouo fedatete miru cotouo yũ.

Transpicio, is. Lus. Ver por grades, ou por corpo transparente. Iap. Cŏxi yori mito uosu, l, suqitouoru monouo fedatete miru.

Transpôno, is. Lus. Mudar, ou traspassar de hum lugar a outro. Iap. Bexxoni vtçusu.

Transporto, as. Lus. Leuar, ou passar de hũ lugar pera outro. Iap. Taxoye mochifacobu, l, mochi vtçusu. ¶ Transportare copias, l, exercitum. Lus. Passar a gente, ou o exercito em embarcaçóis. Iap. Funeni nite gũjeiuo vatasu.

Transquietus, a, um. Lus. Muito quieto. Iap. Icanimo xizzucanaru mono.

Transtra, orum. Lus. Bancos dos remeiros. Iap. Caiuo caqu mononó coxiuo caquru tocoro. ¶ Item, Traues, ou tirâtes q̃ atrauesão de hũa parte a outra da casa. Iap. Mucaino cabe made vataru vtçubari.

Transuectio, onis. Lus. Leuar, ou passar da outra parte. Iap. Taxoye vtçusu, l, vatasu coto nari. ¶ Item, Resenha dos de cavalo. Iap. Qibanoninjuuo atçumete miuatasu cotouo yũ.

Trânsueho, is. Lus. Passar, ou leuar em embarcação, ou em carro, &c. de hum lugar pera outro. Iap. Fune, l, guiũbani meno uo noxete facobu, l, vatasu. ¶ Tempus transuectum. Lus. Tempo passado. Iap. Suguisaritaru jixet.

Transuérbero, as. Lus. Passar de parte a parte cõ armas. Iap. Tçuranuqu, tçuqi tcuosu.

Transuersà, adu. Lus. Torta, ou enuiesada mente. Iap. Yugŏde, magatte.

Transuersarius, a, um. Lus. Cousa que se poem atrauesada. Iap. Yoconi voqitaru mono.

Transuersus, a, um. Lus. Cousa torta, ou atrauesada. Iap. Yugamitaru mono, yoco ni vataxitaru mono. ¶ Transuersum agi, per metaph. Lus. Ser tirado por força de seu proposito. Iap. Cuuatatçuru cotouo xiqirini yamesaxeraruru.

Transulto, as. Lus. Saltar doutra parte, ou em outra cousa. Iap. Mucaiye tobu, l, tobivtçuru.

Transsûmo, is. Lus. Tomar de outro. Iap. Tanin, l, yoso yori toru.

Tran-

Transumpta. Lus. Cousas trasladadas do primeiro original com solenidade de direito. Iap. Sadamaritaru fattouo motte fonjo yori caqi vtçuxitaru coto.

Transumptio, onis. Lus. O trasladar do proprio original algũa cousa com solenidade. Iap. Miguino gotoqu xitefonjo yori caqi vtçusu coto nari. ¶ Itẽ, Est figura, cùm abeo, quod præcedit, id, quod sequitur, paulatim insinuatur.

Tránsuo, is. Lus. Coser passando da outra parte. Iap. Nuitouosu.

Tránsuolo, as. Lus. Passar voando. Iap. Tobi cosu, l, vataru. ¶ Item, pertransl. Correr pera algũa parte, chegar de repente, yr depressa. Iap. Faxe yuqu, l, fucco tçuqu, l, yuqu. ¶ Item, Fugir pera aparte dos inimigos. Iap. Teqino cataye niguru. Plaut.

Trapes, tis. Lus. Moo de moer azeitonas. Iap. Aburauo xiboru qinomiuo fiqu ixi-vsu.

Trapêtum, i. Idem.

Trapêtus, i. apud antiq. Idem.

Trapezítæ. Lus. Banqueiros. Iap. Guinxenno xŏbai, l, rixen suru fito.

Trapezóphoros, i. Lus. Pees da mesa como estatua. Iap. Fandaiuo suyuru ninguiŏno curacaqe. ¶ Item, Copeira. Iap. Iendana.

Traulo, as. Lus. Yr, ou passar alem. Iap. Tôuoru, vataru. Antiq.

Trauli. Lus. Gagos, ou tartamudos. Iap. Iejecuri, l, domori.

Trecéni, æ, a. Lus. Trezentos. Iap. Sanbiacu.

Trecenti, æ, a. Idem.

Trechedipni. Lus. Os que se ajuntauão, ou vinhão tarde á cea. Iap. Vosoqu banfuino zaxi detaru mono.

Tredecies, adu. Treze vezes. Iap. Iŭsando.

Tremebundus, a, um. Lus. O que muito treme, ou tem medo. Iap. Vôqini furui vananaqu, l, vosoruru mono.

Tremefacta libertas. Lus. Liberdade mouida, ou abalada. Iap. Voxinauŏ toxitaru jiyŭ.

Tremefacio, is. Lus. Meter medo, ou fazer medo. Iap. Vosoreiasuru, furuuasuru.

Tremêdus, a, ũ. Lus. Cousa pera se temer, e espantosa. Iap. Vosoru beqi mono, l, vosoroxiqi mono.

Tremens, tis. Lus. O que treme, ou teme. Iap. Furui vananaqu, l, vosoruru mono.

Tremisco, is. Lus. Ter medo, ou tremer. Iap. Vosoruru, furui vananaqu.

Tremo, is. Idem.

Tremor, oris. Lus. Tremor de sezão, ou de medo. Iap. Vosore, l, yamai nite furŭ corouo yŭ, l, fadataqe.

Trémulus, a, um. Lus. Cousa que muito treme, ou bole. Iap. Fanatadaxiqu yuru, l, furŭ mono.

Trepidanter, adu. Lus. Com medo. Iap. Vosorete.

Trepidatio, onis. Lus. O temer, ou perturbarse de medo. Iap. Vosore, l, dôten.

Trépidè, adu. Lus. Com medo, e pressa. Iap. Vosorete, l, fayaqu.

Trépido, as. Lus. Temer, ou tremer de medo. Iap. Vosoruru, l, furui vananaqu. ¶ Item, Apressarse. Iap. Isogu.

Trépidus, a, um. Lus. Timido, ou medroso. Iap. Vocubiŏnaru mono. ¶ Item, Apressado. Iap. Isogu mono.

Trepídulus, a, um. dim. Idem.

Trepondo. Lus. Peso de tres libras. Iap. Vomori, l, facarimeno na.

Tres, & Tria. Lus. Tres. Iap. Mitçu. ¶ Trium literarum homo. i. fur. Lus. Ladram. Iap. Nusubito. ¶ Tribus verbis. Lus. Breuemente, ou em duas palauras. Iap. Riacu xite, l, ficocuchini.

Trésuiri, orum. Lus. Tres officiais que gouernauam a Republica. Iap. Coccauo vosamexi sanninno xugo.

Tressis, e. Lus. Cousa vil, e de pouco preço. Iap. Iyaxiqi mono, guegiqinaru mono.

Triambi. Lus. Os que de tres em tres layam de hum certo lugar do teatro. Iap. Gacuya yori sanninzzutçu izzuru fito.

Triángulus, i. Lus. Triangulo. Iap. Sancacu.

Triángulus, a, um. Lus. Cousa que tem figura triangular. Iap. Sancacunaru mono, l, irocogatana mono.

Triangulâris, e. Idem.
Triarij, orum. Lus. Soldados velhos, e espe rimentados. Iap. Côno iritaru butenxa.
Tríbrachus, i, siue Tríbrachys, is. pes metricus ex tribus syllabis breuibus constans, vt, Dominus.
Tribuarius, a, um. Lus. Cousa que pertence a tribu, ou quadrilha. Iap. Tribu to yŭ nin ju, l, ichimonni ataru coto.
Tríbula, æ, & Tríbulum, i. Lus. Trilho de de bulhar o trigo na eira. Iap. Muguiuo cachi vtçu dôgu.
Tribulatio, onis. Lus. Tribulação. Iap. Nangui, xeccacu, sainan.
Tribûlis, is. Lus. O que he do mesmo tribu, ou familia. Iap. Ichimon dôxôno fito.
Tríbulo, as. Lus. Afflizir, ou atribular. Iap. Nangui sasuru, l, xebamuru.
Tríbulus, i. Lus. Espinho, ou abrolho. Iap. Qeiqiocu. ¶ Item, Abrolhos de ferro que se vsam na guerra de forma quadrangular. Iap. Yumiyano toqini maqivoqu curumabixi.
Tribûnal, lis. Lus. Tribunal, ou assento judicial. Iap. Qiŭmeino toqi tadaxiteno zasuru vtena.
Tribunatus, us. Lus. Dignidade de tribuno do pouo Romano. Iap. Romano tamino vyeuo saibân xitaru xocuno na.
Tribûni. Lus. Officiais que gouernauã o pouo Romano. Iap. Romano tamiuo vosamuru yacuxa. ¶ Tribuni militares, siue tribuni militum. Lus. Capitãis dos soldados da guerra. Iap. Buxino taixôxu.
¶ Tribuni ærarij. Lus. Officiais q̃ faziam paga aos soldados. Iap. Buxixuni fuchino caneuo vatasu yacuxa.
Tríbunitius, ij. Lus. O que foi tribuno do pouo Romano. Iap. Romano tamiuo vosametaru xenyacunin.
Tribunitius, a, um. Lus. Cousa pertencente a este tribuno, ou conseruador do pouo. Iap. Miguino yacuxani ataru coto.
Tribuo, is, bui, utum. Lus. Dar. Iap. Atayuru. ¶ Aliqñ. Atribuir, ou imputar. Iap. Ategô. ¶ Interd. Distribuir. Iap. Cubaru, l, vaquru. ¶ Item, Fauorecer a alguem. Iap. Fitoni chisô suru, fijqi suru. ¶ Tribuere misericordiam. Lus. Ter misericordia. Iap. Auaremu. ¶ Tribuere aliquid valetudini. Lus. Fazer algũa cousa por causa da indisposição q̃ doutra maneira não ouueramos de fazer, ou deixar algum proposito começado. Iap. Vazzurauini yotte sumajiqi cotouo suru, l, vomoi tachitaru cotouo saxivoqu.
Tribus, us. Lus. Tribu, ou familia de certa gente. Iap. Tribu to yŭ ninju, l, ichimon.
Tributarius, ij. Lus. O que esta obrigado a pagar tributo. Iap. Mitçuqimonouo sasaguezuxite canauanu mono.
Tribútim, adu. Lus. Por cada tribu, ou familia. Iap. Tribu to yŭ ninju, l, ichimon gotoni.
Tributio, onis. Lus. O dar. Iap. Atayuru coto nari.
Tributarius, a, um. Lus. Cousa pertencente a tributo. Iap. Mitçuqimononi ataru coto.
Tribútum, i, & Tributus, i. Lus. Tributo. Iap. Mitçuqimono.
Tricæ, arum. Lus. Fios, ou cabelos q̃ se érodilhão nos pés dos pintaõs. Iap. Fioycono axini matouaruru itosugi, l, qe. ¶ Item, Cousas de zombaria, e de pouco ser. Iap. Nandemo naqi coto, l, vocaxiqi coto. ¶ Item, Impedimento, embaraço. Iap. Xôgue, samatague, torimidaxi.
Tricenarius, a, um. Lus. Cousa que pertence a trinta. Iap. Sanjŭno cazuni ataru coto.
Tricéni, æ, a. Lus. Trinta. Iap. Sanjŭ.
Tricenténi, æ, a. Lus. Trezentos. Iap. Sanbiacu.
Tricéphalus, i. Lus. O que tem tres cabeças. Iap. Atama mitçu aru mono.
Triceps, ipis. Idem.
Tricésimus, a, um. Lus. Vltimo de trinta, ou trigesimo. Iap. Sanjŭbanmeno mono.
Trichias, æ. Lus. Sarda peixe. Iap. Vuono na.
Trichíasis, is. Lus. Doença dos peitos das molheres. Iap. Vonnano chibusano vazzurai.

Trí-

Trichila, orum. Lus. Hũs certos vasos. Iap. Vtçuuamonono taguy.

Trichitis, is. Lus. Hum genero de pedraume. Iap. Dŏsa, miŏbanno taguy.

Tricies, adu. Lus. Trinta vezes. Iap. Sanjŭtabi.

Tricliniaria, orum. Lus. Panos darmar, ou tapeceria com que armauam a camara, ou sala onde comiam. Iap. Iiqidŏni caquru qinchŏ, l, suichŏno taguy.

Tricliniarius, a, um, & Tricliniaris, e. Lus. Cousa pertencente a esta casa onde comiam. Iap. Miguino jiqidŏni ataru coto.

Triclinium, ij. Lus. Refeitorio, ou casa de comer. Iap. Iiqidŏ. ¶ Item, Leitos, ou mesas, e outro apararo que serue na mesa. Iap. Fandai, l, yoricacari, l, necacatte monouo xocu suru toco, l, sono coxiraye, yŏy, l, yosouoini ataru coto.

Tricoccus, i. Lus. Hum genero de erua. Iap. Cusano na.

Tricólon. Lus. Cousa de tres membros. Iap. Mitçuno tçugai aru mono.

Tricónes. Lus. Porfiosos, ou brigosos. Iap. Saisai côron, isacaiuo suru mono.

Tricor, aris. Lus. Fazer, ou dizer cousas leues, e de zombaria, ou paruoices. Iap. Ajara, l, vocaxiqi cotouo yŭ, l, suru. ¶ Itẽ, Brigar. Iap. Arasô, isacŏ.

Tricornis, e. Lus. Cousa que tem tres cornos. Iap. Mitçuno tçuno aru mono.

Tricorpor, oris. Lus. Cousa que tem tres corpos. Iap. Dôtaino mitçu aru mono.

Tricuspis, idis. Lus. Cousa de tres pontas. Iap. Mitçuno qissaqi aru mono.

Tridagna, æ. Lus. Hũa ostra do mar muito grande. Iap. Vôqinaru vmino caino taguy.

Tridens, entis. Lus. Garfo, ou outro instrumento de tres pontas. Iap. Mitçumatano dŏgu.

Triduanæ induciæ. Lus. Tregoas feitas por tres dias. Iap. Miccano aidano vayo.

Triduum, i. Lus. Espaço de tres dias. Iap. Miccano aida.

Triennalis, e. Lus. Cousa de tres anos, ou q̃ se faz cada tres anos. Iap. Sannenni ataru coto, l, sannenni ichidozzutçu xeraruru coto.

Triennis, e. Lus. Cousa de tres anos. Iap. Sansai, l, sannennaru mono.

Triennium, ij. Lus. Espaço de tres anos. Iap. Sannenno aida.

Triens, tis. Lus. Quatro onças. Iap. Facarime, l, vomorino na. ¶ Item, Hũa moeda. Iap. Ienino na. ¶ Item, Hum genero de copo, ou taça. Iap. Sacazzuqino na. ¶ Item, (apud Vitruuium.) Terceira parte de hum pee. Iap. Axino taqe sanbun ichi.

Triental, alis. Lus. Hum vaso. Iap. Vtçuuamonono na.

Trientalis herba. Lus. Erua de altura da terceira parte de hum pee, ou quatro dedos polegares. Iap. Axino taqe sanbun ichi fodo tacaqi cusano na.

Trientalis materia. Lus. Madeira que tem de grosura quatro dedos polegares, ou terceira parte de hum pee. Iap. Axino taqe sanbun ichi, l, vôyubi yotçubuxeno atçusanaru zaimocu.

Trientarius, a, um. Lus. Cousa de quatro onças, ou certa moeda. Iap. Aru facarime, l, jenini ataru coto.

Trierarchus, chi. Lus. Prefeito, ou capitão de gale. Iap. Galeto yŭ funeno taixŏ, l, xendô.

Triêris, is. Lus. Gale, ou embarcação cõprida de tres ordens de remos. Iap. Cai mitouori tatçu nagaqi fune.

Trietericus, a, um. Lus. Cousa de tres anos, ou que se faz cada tres anos. Iap. Sanéni ataru coto, l, sannéni ichido zzutçu xeraru ru coto. ¶ Trieterica sunt sacra Bacchi, quæ tertio quoq; anno sumptuosiora annuis eius orgijs agitabantur.

Trietêris, idis. Lus. Tres anos. Iap. Sannen.

Trifariam, adu. Lus. De tres maneiras, ou em tres partes. Iap. Mixinani, mi ironi.

Trifarius, a, um. Lus. Cousa de tres layas, ou maneiras. Iap. Mixinano mono.

Trifaux, cis. Lus. Cousa que tem tres bocas, ou gargãtas. Iap. Cuchi mitçu aru mono.

Triferus, a, um. Lus. Cousa q̃ dá tres vezes fruito no ano. Iap. Ichinenni sando minaru mono.

Trifidus, a, um. Lus. Cousa que se pode diuidir em tres partes. Iap. Mitçuni vaquru coto naru mono. ¶ Flamma trifida. Lus. Rayo de tres pontas. Iap. Mitçuno fonouo atte votçuru caminari, raiqua.

Trifinium, ij. Lus. Lugar em que està marco, ou limite de tres campos. Iap. Mitçu no fataqeno facaimeno tatçu tocoro.

Trifolium, ij. Lus. Treuo erua. Iap. Mitçubagusa.

Triformis, e. Lus. Cousa que tem tres formas, ou figuras. Iap. Mitçuno catachi aru mono.

Trifur, uris. Lus. Ladram insigne. Iap. Cacure naqi nusubito.

Trifurca semina. Lus. Sementes que tẽ tres pontas. Iap. Mitçuno caxira aru tane.

Trifurcifer, eri. Lus. Seruo, ou catiuo insigneq̃ por delicto trazia no pescoço hum modo de forquilha. Iap. Tçumino quataito xite mataguino yŏnaru dŏguuo cubini caqe saxe carameraru cacuremo naqi yatçuco. ¶ Item, Insigne, ou grande ladram. Iap. Cacuremo naqi dai nusubito.

Trifurcus, a, um. Lus. Forquilha, ou cousa de tres pontas Iap. Mitçu mata aru mono, l, saqi mitçu aru mono.

Triga, æ. Lus. Carro, ou coche de tres cauallos. Iap. Vma sanbiqi nite fiqu curuma.

Trigarius, ij. Lus. Carreiro que gouerna este carro. Iap. Miguino curumayari.

Trigamus, i. Lus. O que casou tres vezes. Iap. Nhôbŏuo mitabi mucaitaru mono.

Trigemini. Lus. Tres gemeos. Iap. Ichidoni sannin vmaretaru co.

Trigemmis, e. Lus. Cousa que tem tres pedras preciosas. Iap. Tama mitçu aru mono.

Trigesimus, a, um. Lus. Trigesimo, ou vltimo de trinta. Iap. Sanjŭbanmeno mono.

Triginta. Lus. Trinta. Iap. Sanjŭ.

Trigla, æ. Lus. Salmonete. Iap. Benzai.

Triglites, is. Lus. Hũa pedra preciosa que tẽ côr de salmonete. Iap. Miguino vuo ironaru meixu.

Trigon, onis. Lus. Lugar onde jugauam à pela nos banhos. Iap. Yudonono sobani arixi temarino cacari. ¶ Item, Trigon, l, Trigonalis pila. Lus. Hum genero de pela muito pequena. Iap. Icanimo chijsaqi temarino na.

Trigonus, i. Lus. Figura de tres cantos. Iap. Sancacu, irocogata.

Trigônus, a, um. Lus. Cousa triangular. Iap. Sancacunaru mono.

Trilibris, bre. Lus. Cousa de tres libras. Iap. Librato yŭ facarimeno aru mono.

Trilinguis, e. Lus. Cousa que tem tres lingoas, ou fala em tres lingoas. Iap. Xita mitçu aru mono, l, sangocuno cuchiuo tçucŏ mono.

Trilix, icis. Lus. Cousa que consta de tres fios. Iap. Ito misugi nite tçucuritaru mono. ¶ Interd. Cousa de tres layas, ou dobras. Iap. Miiro, l, mixinano mono, l, miyeno mono. ¶ Trilîces vestes. Lus. Vestidos de tecedura de tres fios de diuersas côres. Iap. Irono cauaritaru misugino itonite voritaru yxŏ.

Trimaclus, pes metricus constans ex tribus longis: vt Virtuti.

Trimestris, stre. Lus. Cousa de tres meses. Iap. Mitçuqini naru mono.

Trimetron, i. Carminis genus, ex tribus cõstans mensuris maioribus.

Trimma. Lus. Esperimentado em algũa arte. Iap. Monono côxa.

Trimódia, æ. Lus. Hum vaso que leua tres alqueires. Iap. Masu sanjŭ iru vtçuua mono.

Trimodium, ij. Lus. Cousa que contem, ou leua tres alqueires. Iap. Alqueireto yŭ masu sanjŭ iritaru mono.

Trimus, a, um. Lus. Cousa de tres anos. Iap. Sanzaini naru mono.

Trimulus, a, um. dim. Lus. Cousa de tres anos que ainda pode crecer. Iap. Xidai ni xeigiŏsuru sannenni naru mono.

Trimyxos. Lus. Candea de tres lumes. Iap. Mi-

Mitocoroni tobosu tôdai.

Trinepos, otis. Lus. Terceiro neto. Iap. Tçuruno co.

Trinoctialis, e. Lus. Cousa que pertence a tres noites. Iap. Sanya, l, miyŏsarini ataru coto.

Trinoctium, ij. Lus. Espaço de tres noites. Iap. Sanyano aida.

Trinôdis, e. Lus. Cousa que tem tres noos. Iap. Miruxi aru mono.

Trinúndinum, i. Lus. Espaço de vinte e sete dias. Iap. Nijŭxichinichino aida.

¶ Trinundino promulgari. Lus. Declarar se, ou diuulgarse algũa cousa por espaço de vinte e sete dias em q̃ se celebrauão em Roma tres feiras por espaço de noue dias cada hũa. Iap. Romajin nijŭ xichini chini mitabi tatetaru ichino aidani monoño iy furasu.

Trinus, a, um. Lus. Tres. Iap. Mitçu.

¶ Trini. Lus. De tres em tres. Iap. Mi tçuzzutçu, sanninzzutçu.

Triobolaris, e. Lus. Cousa de baixo preço. Iap. Guejiqinaru mono.

Trióbolus, i. Lus. Hũa certa moeda. Iap. Ieri no na. ¶ Trióboli homo. Lus. Homem baixo, e de pouco ser. Iap. Iyaxiqi fito, mochij naqi fito.

Triónes. Lus. Boys de laurar. Iap. Chiuo suqi cayesu, l, tagayesu vxi. ¶ Item, Sete estrellas que estam da parte do norte. Iap. Foppŏno xixxŏ.

Triorches, is. Lus. Hũa aue de rapina. Iap. Tacano taguy.

Triparcus, a, um. Lus. Muito parco, ou escasso. Iap. Icanimo xiuaqi fito.

Tripartitò, adu. Lus. Em tres partes. Iap. Mitçuni vaqete.

Tripatinum, i. Lus. Summo aparato, e lim peza das ceas Romanas. Iap. Romajinno banfuino suguretaru qeccŏsa, l, quarei.

Tripéctorus, a, um. Lus. Cousa que tem tres peitos. Iap. Muneno mitçu aru mono.

Tripedális, e. Lus. Cousa do tamanho de tres pees. Iap. Axi mitaqe aru mono.

Tripedáneus, a, um. Idem.

Tripertitus, iris. Lus. Diuidir em tres partes. Iap. Mitçuni vaquru.

Tripertîtus, a, um. Lus. Cousa diuidida em tres partes. Iap. Mitçuni vaqetaru mono.

Tripes, edis. Lus. Cousa que tem tres pees. Iap. Mitçu axino mono.

Triplex, icis. Lus. Cousa tres dobrada. Iap. Miyenaru mono. ¶ Item, Cousa de tres maneiras. Iap. Misamano mono.

Triplicatio, onis. apud iurisconsultos, est secunda actoris defensio cótra rei duplicationem oppositam.

Triplices. Lus. Hũas taboas enceradas de tres folhas em q̃ se escreuia. Iap. Monono caqitçuqurutameni rŏuo nuritaru sanmaino ita.

Tríplico, as. Lus. Tres dobrar. Iap. Miyeni nasu.

Triplus, a, um. Lus. Cousa tres dobrada, ou de tres maneiras. Iap. Miyenaru mono, l, mixinano mono.

Tripólium, ij. Lus. Hũa erua que nace junto do mar. Iap. Caifenni xŏzuru cusa.

Triptôta. nomina sunt, quæ tribus tantùm casibus declinantur: vt scamnum.

Tripudio, as. Lus. Bailar, ou dançar. Iap. Vodoru, mŏ.

Tripudium, ij. Lus. Bailo, ou dança. Iap. Mai, vodori. ¶ Tripudia solístima. Lus. Agouros em que os pintaós comião tão sofregamente, e de presa q̃ lhes caya algũa parte do comer no chão. Iap. Fioycono cuchibayaqu monouo tçuiramite yeuo cobosu toqino vranai.

Tripundium, ij. Lus. Peso de tres libras. Iap. Librato yŭ facarino mitçuno vomoxi.

Tripus, odis. Lus. Vaso, ou outro instrumẽto de tres pees. Iap. Axi mitçu aru vtçuuamono, l, dŏgu. ¶ Item, Mesa, ou tripeça de tres pees. Iap. Mitçu axino tana, l, fandai. ¶ Item, Hũa mesa que estaua no templo de Apolo donde se dauão as repostas. Iap. Apoloto yŭ fotoqeno dŭni arixi fandai.

Triquêtrũ, i. Lus. Figura de tres cãtos. Iap. Sancacu, irocogata.

Tri-

Triquêtrus, a, um. Lus. Cousa que tem forma triangular. Iap. Saucacu naru mono.

Trirêmis, is. Lus. Gale, ou nauio comprido de tres ordens de remos. Iap. Cai mitouori tatçu nagaqi fune.

Tris, apud veteres, in plur. accusat. Lus. Tres Iap. Mitçu.

Triscurria. Lus. Huns jogos de grande escarneo, e zombaria indignos de homem de bem. Iap. Yoqi fitoni niauanu carugaruxiqi asobi, azaqeri.

Trissâgo, inis. Lus. Hũa erua. Iap. Cusanona.

Tristega, orum. Lus. Casas, ou edificios de tres sobrados. Iap. Sangaino iye.

Tristículus, a, um. dim. Lus. Hum pouco triste. Iap. Sucoxi canaximu mono.

Tristíficus, a, um. Lus. Cousa que causa, ou traz tristezas. Iap. Canaximino motoito naru mono, l, canaximasuru mono.

Tristis, e. Lus. Cousa triste. Iap. Canaximu mono, vrei aru mono. ¶ Itẽ, Cruel, graue, irado, &c. Iap. Nasaqe naqi mono, l, vo mouomoxiqu, niganigaxiqu tanrio naru mono. ¶ Item, Cousa dificultosa. Iap. Narigataqi coto. ¶ Aliqñ. O q̃ faz contra sua vontade algũa cousa. Iap. Fuxõ buxõni monouo suru fito. ¶ Tempus triste. Lus. Tẽpo trabalhoso, e calamitoso. Iap. Nanguino jixet. ¶ Tristis succus. Lus. çumo amargo. Iap. Nigaqi xiru.

Tristitia, æ. Lus. Tristeza. Iap. Canaximi, vrei, xũtan.

Tristo, as. apud antiq. Lus. Entristecer a outro. Iap. Fitouo canaximasuru.

Tristor, aris. Lus. Estar triste. Iap. Canaximu, l, vreiuo fucumu.

Trisulcus, a, um. Lus. Cousa que tem tres pontas, ou farpas. Iap. Mitçu matano aru mono, l, saqi mitçu aru mono.

Trítauus, i. Lus. Quinto auô. Iap. Fiuôgino vôgi.

Tritáuia, æ. fœm. Idem.

Triticeus, a, um. Lus. Cousa de trigo. Iap. Comuguini ataru coto.

Tríticum, i. Lus. Trigo. Iap. Comugui.

Tritor, oris. Lus. O que pisa, ou moe. Iap. Fiqu, l, tçuqicudaqu fito. ¶ Tritor stimulorum. Lus. O que com as costas quebra, ou esmiuça a vara com que o açoutão. Iap. Qeibenno vore cudaquru made chŏchacuuo vqetaru mono.

Tritûra, æ. Lus. O debulhar o trigo. Iap. Muguiuo tumi coqu cotouo yũ.

Tritus, us. Lus. O quebrar, ou desfazer hũa cousa com outra. Iap. Monouo momi cudaqu coto nari. ¶ Item, Vsar muito, ou gastar algũa cousa. Iap. Monouo tçucai cuzzusu, l, ferasu coto nari.

Tritus, a, um. Lus. Cousa gastada, e desfeita com vso. Iap. Tçucai feraxitaru coto, l, cuzzuxitaru coto. ¶ Trita via, seu tritum iter. Lus. Caminho seguido. Iap. Fitono xiguequ cayô michi. ¶ Tritum prouerbium. Lus. Prouerbio muito vsado, e trazido na pratica. Iap. Fitono iy narauasu cotouaza.

Triuenéfica, æ. Lus. Insigne feiticeira. Iap. Cacuremo naqi mico.

Triuialis, e. Lus. Cousa que se faz em encruzilhada de caminhos, ou de que se vsa a neste lugar. Iap. Caidŏno chimata nite suru coto, l, sono tocoroni tçucŏ dŏgu. ¶ Item, Cousa vulgar, e pouco exquisita. Iap. Yono tçuneno coto, touorinamino coto, l, xixxezaru coto. ¶ Triuialis scientiæ magistri. Lus. Mestres de grâmatica q̃ ensinauã em lugares publicos. Iap. Machino tçuji, l, yotçu tçujinite Grammaticauo voxiyuru xixõ.

Triuialiter, adu. Lus. Commũmente, vulgarmẽte, pouco exactamente. Iap. Touori naminixite, l, xixxezuxite.

Triuium, ij. Lus. Encruzilhada de tres, ou quatro caminhos, ou ruas. Iap. Caidŏno chimata, l, machino yotçu tçuji.

Triumphalia, ium. Lus. O triunfar. Iap. Riunuo firaqu coto nari.

Triumphatus, us. Idem.

Triumphalis, e. Lus. Cousa que pertence a triunfo. Iap. Riunni ataru coto. ¶ Triumphalis corona. Lus. Coroa cõque coroauão os capitãis que triunfauão. Iap.

Iap. Riunuo firaqitaru taixõni qixetaru camuri. ¶ Triumphalis vir. Lus. Homẽ que ja triunfou. Iap. Riunuo firaqitaru fito. ¶ Triumphalis prouincia. Lus. Reyno, ou prouincia, deque se alcançaua triunfo. Iap. Tairaguruuo motte nauo ague, l, riunuo firaqitaru cuni. ¶ Triumphalis porta. Lus. Porta ẽ Roma por onde entrauão os que triunfauão. Iap. Riunuo firaqitaru monono juracu xitaru mon.

Triumphator, oris. Lus. O que alcançou triunfo vencendo os inimigos. Iap. Teqiuo tairague xôriuo yetaru mono.

Triumphatus, a, um. Lus. Cousa deque se alcançou triunfo, ou victoria. Iap. Riunuo yetaru tocoro, l, mono.

Triũpho, as. Lus. Triũfar. Iap. Riũuo firaqu. ¶ Aliqñ. Alegrarse muito, e cõprazerse de si. Iap. Iiman xite yorocobu.

Triũphus, i. Lus. Triunfo, ou victoria. Iap. Riun, xôri.

Triumuiralis, e. Lus. Cousa que pertence a cargo de tres varões que gouernauão. Iap. Sanninno xugoninni ataru coto.

Triumuiratus, us. Lus. Dignidade destes tres varões. Iap. Miguino xugoninno curai.

Triumuir, ri. Lus. Hũ de tres gouernadores da Republica. Iap. Sanninno xugono ichinin.

Triuncis. Lus. Moeda de cobre. Iap. Acagane no jeni.

Trochæus, pes metricus syllabis duabus, priori longa, altera breui constans. Vt, Iste.

Tróchlea, æ. Lus. Polé. Iap. Monouo fiqi aguru curumaqi. ¶ Tróchleis pituitam adducere, per transl. Lus. Escarrar cõ dificuldade. Iap. Xinrôxite, l, yôyôtoxite tanuo faqi idasu.

Trochus, i. Lus. Piam. Iap. Coma, l, vchigoma.

Tróchulus, i. dim. Idem.

Trochiscus, i. dim. Idem. ¶ Item, Pequena roda. Iap. Chijsaqi curuma. ¶ Item, Huãs confeições de forma redonda como pastilhas que fazem os medicos. Iap. Guanyacu.

Tropæi. Lus. Ventos terrenhos. Iap. Giaraxi. ¶ Itẽ, Os que em certo jogo bilíscam, e molestão aos outros. Iap. Aru asobino vchini fitouo tçumette nangui sasuru mono.

Trophæum, i. Lus. Troféo que se leuãtta em final de victoria. Iap. Teqini catçu toco roni tatetaru riunno xiruxi. ¶ Item, Victoria, ou despojos q̃ se tomão na guerra. Iap. Riun, l, bocudori.

Trópici. Lus. Os dous tropicos de Cãcro, e Capricornio. Iap. Nichirinno meguritçuqi, meguricayeru nanbocuno sacaime.

Trópicus, a, um. Lus. Cousa metafórica. Iap. Nazoraye, taguyete yũ coto.

Tropis, is, seu Tropios. Lus. Quilha da nao. Iap. Funasoco. ¶ Item, Vinho deque vsauão nos banhos pera lauatorio, ou pera vomitar. Iap. Miuo arai, l, toqiacu suru tame yocuxitni tçucaixi saqe.

Tropológia, æ. Lus. Pratica metaforica que pertence a emenda dos costumes. Iap. Fito no cataguiuo nauosu tameni tatoyeuo fijte yũ monogatari.

Tropus, i. Lus. Vso metaforico de algũa palaura mudada noutro sentido menos proprio. Iap. Catadorite, tatoyete monouo yũ cotouo yũ.

Tróximos, i. Lus. Hũa Casta de vuas q̃ serue soomẽte pera comer. Iap. Quaxi bacarini mochijru budônotaguy.

Trua. Lus. Hũ certo vaso. Iap. Vtçuuamonono na.

Trulla, æ. dimin. Idem. ¶ Item, Hũ vaso de que se vsaua na cozinha. Iap. Curi, miyedononi tçucô vtçuuamonono na. ¶ Item, Hũ vaso àmaneira de copo que seruia na mesa. Iap. Firoqu fucaqi sacazzuqino taguy. ¶ Item, Colher de pedreiro. Iap. Cabeuo nuru cote.

Trucidatio, onis. Lus. Matança cruel. Iap. Xetgai.

Trucido, as. Lus. Matar cruelmente. Iap. Xetgaisuru.

Truculenter, adu. Lus. Cruelmente. Iap. Qẽdonni, araqenaqu.

Truculentia, æ. Lus. Crueldade. Iap. Araçenasa, qendon.

Truculentitas, atis. apud antiq. Idem.

Tru

Triuculentus, a, um. Lus. Cruel, feroz. Iap. Araqenaqi mono, qendonnaru mono.

Trudes. Lus. Hum genero de instrumento q̃ serue pera empuxar algũa cousa. Iap. Tacugi.

Trudo, is, si, sum. Lus. Empuxar com violẽcia. Iap. Xeiuo daite voxiyaru. ¶ Aliqñ. Pôr diante, ou estender. Iap. Mayeni voqu, firoguru.

Trúlleum, i. Lus. Hũ vaso de lauar as mãos. Iap. Chôzudarai.

Trullisso, as. Lus. Cafelar parede, &c. Iap. Cote nite cabeuo nuru.

Trunco, as. Lus. Cortar, ou estroncar. Iap. Qirifanasu, l, fiqisaqu.

Truncus, i. Lus. Tronco de aruore. Iap. Qino moto, l, dôgui. ¶ Truncus corporis. Lus. Corpo sem cabeça. Iap. Mucuro. ¶ Item, per transl. Homem agreste, e estupido. Iap. Bocuxeqino gotoqunaru fito.

Trúnculus, i. dim. Idem.

Truncus, a, um. Cousa estroncada, ou cortada. Iap. Qirifanasaretaru mono.

Truo, onis. Lus. Hũa aue semelhante a cisne. Iap. Facuchôni nitaru tori.

Trusátilis, e. vt mola trusatilis. Lus. Moo q̃ com a mão se pode menear, ou virar. Iap. Tenite fiqiyasuqi ixiusu.

Trútina, æ. Lus. Balança. Iap. Tenbin. ¶ Item, (secũdũ Cornutũ.) Espaço, on de està metido o fiel da balança. Iap. Tenbinno fariguchino vŏ toccro. ¶ Item, per transl. Iuizo, ou exame. Iap. Tadaxi, xensacu.

Trútino, as. Lus. Pesar em balança. Iap. Tẽbinni caquru. ¶ Item, Examinar, ou julgar. Iap. Tadasu, xensacu suru.

Trútinor, aris, deponens. Idem.

Trux, cis. Lus. Feroz, cruel. Iap. Araqenaqi mono, tçuracuxeno axiqi mono.

Tryginon, i. Lus. Hũa tinta de escreuer feita de fezes de vinho feruido. Iap. Xenjitaru saqeno casu nite xitaru suzuri no sumi.

Trygon. Lus. Hum peixe peçonhento. Iap. Docuguio.

Trycalis, is. Lus. Grilo. Iap. Qiriguirisu, l, côrogui.

TV. Lus. Tu. Iap. Nangi. ¶ Tute, l, Tutemet. Lus. Tu mesmo. Iap. Vareto.

Tuatim. Lus. A teu modo, ou costume. Iap. Nangino cataguini. Nonius.

Tuba, æ. Lus. Trombeta. Iap. Canenite tçucurite fuqu cai.

Tuber, eris. Lus. Polmão, lobinho, ou calo. Iap. Cobu, l, faretaru tocoro, taco, mame. ¶ Item, Calo duro, e aleuantado que ha nas aruores. Iap. Qino cobu. ¶ Item, Tubara da terra. Iap. Xôro. ¶ Item, Hũa aruore. Iap. Qino na. ¶ Tuber terræ. Lus. Hũa erua. Iap. Cusano na.

Tubérculum, i. dim. Idem.

Túbero, as. Lus. Inchar, ou fazerse em polmão, ou calo. Iap. Faruru, l, cobuga dequru, l, taconi naru, mamega dequru.

Túbicẽ n is. Lus. Trombeteiro. Iap. Caifuqi.

Tubilustrium, ij. Dies erat, quo acrā tubæ lustrabantur.

Tuburcinor, aris. Lus. Comer apressada, e sofregamente. Iap. Isogui futameite monouo cũ.

Tubus, i. Lus. Cano por onde corre agoa. Iap. Caqefi, toy. ¶ Item, per transl. Apud Mart. sumitur pro pôdice, & pudendo muliebri.

Túbulus, i. dim. Idem. ¶ Item, Canos pollos quais subia a quentura da fornalha, e aquẽtaua os lugares propinquos. Iap. Fiuo taqite soba atariye quaqiuo yarite atatamuru michi.

Tucéta, æ. Lus. Carne de vaca concertada, e deitada em molho com certas temperas. Iap. Xujuno monouo tçuqete tacuuaye voqu guiǔnicu. ¶ Item, A mesma tempera, ou conserua com que concertauão esta carne. Iap. Guiǔnicuuo tacuuaye voqu tame tçuqetaru dôgu.

Tudes, itis. Lus. Martelo, ou maço. Iap. Tçuchi, l, canazzuchi.

Tudícula, æ. Lus. Instrumento com que se esculpé, ou imprimem sinais em vasos. Iap. Vtçuuamononi monuo tçuquru dôgu. ¶ Item, Colher mexedora. Iap. Monouo neri auasuru vôqinaru xacuxi. ¶ Item, Hũ

Hũa maneira de moo, com que moem azeitona. Iap. Aburauo xiboru qinomiuo fiqu vsu.

Tudiculo, as. Lus. Imprimir, ou esculpir. Iap. Xiruxiuo voxitçuquru, l, foritçuquru. ¶ Item, per transl. Mouer, ou aleuantar como males, &c. Iap. Acuji, sainanuo vocosu.

Túdito, as. Lus. Fazer algũa cousa de negocio, ou trabalho. Iap. Taisŏnaru cotouo suru.

Tueor, eris. Lus. Defender, guardar. Iap. Mamoru, xugosuru.

Tugurium, ij. Lus. Choupana, ou choça. Iap. Iuori.

Tuguriolum, i. dim. Idem.

Tuitio, onis. Lus. Guarda, ou defensão. Iap. Xugo, mamori.

Tullij. Lus. Regatos. Iap. Cogaua. ¶ Itẽ, (secundum alios) Fluxos vehementes do sangue que saem arcados. Iap. Nijigatani faxiri izzuru chi.

Tum. Lus. A hũa. Iap. Catçũua. ¶ Item, E. Iap. Mata, to. ¶ Aliqñ. Alem disso. Iap. Cotoni, sonovye. ¶ Tum demum. Lus. Por derradeiro, ou no cabo. Iap. Su yeni. ¶ Aliqñ. Então, finalmente. Iap. Xoxen, sonotoqi. ¶ Tum denique. Lus. Finalmente, ou por derradeiro. Iap. Xoxen, ficqiŏ. ¶ Tum verò. Lus. Depois disso. Iap. Nochi, sono tçuguini.

Tumba, æ. Lus. Lugar concauo de baixo da terra. Iap. Dochŭni aru fora, l, vtçuro. ¶ Item, Sepultura. Iap. Quan.

Tumefacio, is. Lus. Fazer inchar a outro. Iap. Fucuracasu, farasu.

Tumeo, es, mui. Lus. Inchar, ou estar inchado. Iap. Fucururu, faruru. ¶ Aliqñ. Ensoberbecerse. Iap. Manzuru. ¶ Tument negocia. Lus. Leuantanse guerras, ou motins. Iap. Qiŭxen, l, sŏdŏga idequru.

Tumesco, is. Lus. Ir inchando. Iap. Fareyuqu.

Tumidus, a, um. Lus. Inchado. Iap. Faretaru mono. ¶ Item, per transl. Soberbo. Iap. Manqinaru mono.

Tumor, oris. Lus. Inchação, ou inchaço. Iap. Xumot, faremono. ¶ Item, per transl. Ira. Iap. Tanrio, icari.

Túmulo, as. Lus. Sepultar. Iap. Vazumuru, dosŏ suru.

Tumulosus, a, um. Lus. Cousa chea de mõtezinhos. Iap. Tçucano vouoqu aru tocoro.

Tumultuariò, adu. Lus. Com reboliço, e perturbação. Iap. Sŏdŏ xite, sauagaxiqu.

Tumultuarius, a, um. Lus. Cousa feita de pressa, e sem consideração. Iap. Isogauaxiqu, buxirioni xitaru coto. ¶ Tumultuarius dux. Lus. Capitam eligido em tempo de reuolta. Iap. Sŏdŏ, l, buisŏnaru toqi yerabi idaxitaru taixŏ. ¶ Tumultuarius exercitus. Lus. Exercito feito sem eleição e de pressa. Iap. Qiŭni, l, niuacani atçumetaru gunjei.

Tumultuatio, onis. Lus. Perturbação, ou reuolta. Iap. Sŏdŏ, buisŏ.

Tumúltuo, as. Lus. Estar, ou andar em perturbação, e reuoltas. Iap. Sŏdŏno vchini yru, l, sauagu.

Tumultuor, aris, Idem.

Tumultuosè, adu. Lus. Perturbada, e reuoltosamente. Iap. Sŏdŏ xite. buisŏni.

Tumultuosus, a, um. Lus. Reuoltoso, e inquieto. Iap. Xiguequ sŏdŏ suru mono. ¶ Item, Cheo de reuolta, e perturbação. Iap. Vŏqini sauagaxiqi mono.

Tumultus, us. Lus. Grande medo. Iap. Fucaqi vosore. ¶ Item, (propriè) Guerra subita que causa grãde medo. Iap. Niuacanaru daijino qiŭxen, l, vosoreuo idaqu qiŭxen. ¶ Item, Rebuliço, ou perturbação. Iap. Sŏdŏ, buisŏ.

Túmulus, i. Lus. Montezinho de terra, ou lugar algum tão aleuãtado da terra. Iap. Tçuca. ¶ Aliqñ. Sepultura. Iap. Quan, faca, beŏxo. ¶ Tumulus honorarius. Lus. Sepultura vazia que se aleuantaua aos q̃ morrião no mar, ou cujos corpos não se podiam achar. Iap. Taxonite xixi xigaimo naqi fitono tameni tatetaru quanquacu, rantŏ.

Tunc, adu. Lus. Entam, ou nesse tempo. Iap. Sono toqi, sono miguiri, sono iixet. ¶ Tunc temporis. Idem. ¶ Tunc demũ. Lus. Finalmente, ou por derradeiro. Iap. Xoxen, tçuini.

Tundo, is, tutudi, tunsum. Lus. Pisar, ou bater. Iap. Tçuqicudaqu, l, vtçu. ¶ Item, Repetir hũa cousa muitas vezes. Iap. Cuncotouo yũ.

Túnica, æ. Lus. Ham vestido interior sem mágas que vsauam os Romanos. Iap. Romajinno sode naqi fadagui. ¶ Item, Camisa. Iap. Fadacatabira. ¶ Item, Casca delgada das fruitas, ou aruores. Iap. Cono mi, vel, qino vsuqi caua. ¶ Tunica molesta. Lus. Hum vestido embreado, ou cuberto de outra materia apta pera se atear o fogo que se vestia aos que se condenauam. Iap. Zaiquaninni matçuyani nadouo nutte qixetaru yxŏ. ¶ Tunicæ oculorum. Lus. Pelezinhas, ou tunicas dos olhos. Iap. Manacono vsuqi caua.

Tunicatus, a, um. Lus. O que não tem vestido mais que tunica sem outro vestido por cima. Iap. Fadagui bacariuo qitaru mono.

Túnico, as. Lus. Vestir tunica. Iap. Migui no yxŏuo qiru.

Tuor, eris. Lus. Ver. Iap. Miru.

Turarius, ij. Lus. O que concerta, e vende encẽso. Iap. Nhŭcŏuo totonoye vru mono.

Turba, æ. Lus. Multidão, reboliço. Iap. Cũju, l, sŏdŏ. ¶ Turba prunorum. Lus. Varias especies de ameixas. Iap. Vme, sumomono xinajinano vouosa. ¶ Turba vulnerum. Lus. Copia de feridas. Iap. Sucaxono qizu.

Turbella, æ. dim. Idem.

Turbamentum, i. Lus. Perturbação, ou reuolta. Iap. Sŏdŏ, midare.

Turbatio, onis. Idem.

Turbatè, adu. Lus. Perturbada, e confusamente. Iap. Bussŏni, midarete.

Turbator, oris. Lus. Perturbador. Iap. Sŏdŏ sasuru mono, l, sauagaxete.

Turbatus, a, um. Lus. Cousa perturbada. Iap. Sŏdŏ xitaru mono, midaretaru mono.

Túrbidè, adu. Lus. Turbada, e reuoltamẽte. Iap. Sŏdŏ xite, midarete.

Túrbidus, a, um. Lus. Perturbado, e confuso. Iap. Midaretaru mono, sauaguitaru mono. ¶ Item, Cousa turba. Iap. Nigoritaru mono. ¶ Turbidus dies. Lus. Dia tempestuoso. Iap. Taifũ, taivno xiqirinaru fi.

Turbinatio, onis. Lus. O aguçar, ou fazer ponta como de ferrão de pião. Iap. Comano xirini vchitaru cuguino gotoqu toguru coto nari.

Turbinatus, a, um. Lus. Cousa aguda no cabo a feição da ponta de pião. Iap. Comano xirini vchitaru cuguino gotoqu togaritaru mono.

Turbineus, a, um. Idem.

Túrbino, as. Lus. Fazer a ponta aguda como de pião. Iap. Comano xirini vchitaru cuguino gotoqu togu.

Turbo, inis. Lus. Vento que vem em redo moinho. Iap. Tçujicaje. ¶ Turbo pacis, per transl. Lus. Perturbador, e destruidor da paz. Iap. Bujiuo midasu mono. ¶ Item, Pião. Iap. Vtçu coma. ¶ Item Qualquer cousa larga no principio, e aguda na ponta. Iap. Motoba futoqu saqino togaritaru mono.

Turbo, as. Lus. Perturbar, confundir. Iap. Midasu, sŏdŏ sasuru.

Turbulentè, adu. Lus. Com perturbação, e reboliço. Iap. Bussŏni, sauagaxiqu.

Turbulenter, adu. Idem.

Turbulento, as. Lus. Perturbar. Iap. Midasu, sauagasuru.

Turbulentus, a, um. Lus. Perturbado, ou irado. Iap. Sauaguitaru mono, icaritaru mono.

Turdarium, ij. Lus. Lugar onde se crião, e ceuão tordos. Iap. Tçugumiuo cai coyasu tocoro.

Turdus, i. Lus. Tordo. Iap. Tçugumi. ¶ Item, Hum peixe. Iap. Vuonona.

Tureus, a, um. Lus. Cousa de encenso. Iap. Nhŭcŏni ataru coto.

Tur-

Turgeo, es, tursi. Lus. Inchar, ou estar inchado. Iap. Fucururu, l, fucuretari, faretari.

¶ Turgere alicui. Lus. Agastarse contra alguem. Iap. Fitoni taixi icariuo nasu.

Turgesco, is. Lus. Inchar, ou fazerse inchado. Iap. Fucure yuqu, faturu.

Túrgidus, a, um. Lus. Cousa inchada. Iap. Fucuretaru mono, faretaru mono.

Turgidulus, a, um. dim. Idem.

Turibulum, i. Lus. Turibulo, ou outro vaso em que se queima o encenso. Iap. Furigôro, côro.

Turicremus, a, um. Lus. O que qŭeima encenso. Iap. Nhŭcôuo taqu mono.

¶ Aræ turícremæ. Lus. Altares em que se queima encenso. Iap. Xôcôni nhŭcôuo suru danjô.

Túrifer, a, um. Lus. Cousa que daa, ou produze encenso. Iap. Nhŭcôuo xôzuru mono.

Turilegus, a, um. Lus. O que colhe, ou apanha encenso. Iap. Nhŭçôuo toru mono, l, foru mono.

Turiones, um. Lus. Gomos das aruores, ou eruas. Iap. Sômocuno midori, medachi.

Turma, æ. Lus. Companhia de gente de caualo. Iap. Qibano gunjei.

Turmáles. Lus. Os da mesma companhia de caualo. Iap. Qibano fitosonayeno xu.

Turmâlis, e. Lus. Cousa que pertence a esta companhia. Iap. Miguino fitosonayeni ataru coto. ¶ Aliqn. Cousa de caualeiro. Iap. Qibano ninjuni ataru coto.

Turmatim, adu. Lus. Por companhias de gẽte de caualo. Iap. Qibano xuno fitosonaye gotoni, l, soresoreno sonayeni.

Turpífico, as. Lus. Afear, ou macular. Iap. Qegasu, l, minicuqu nasu.

Turpis, e. Lus. Cousa fea, ou torpe. Iap. Minicuqi mono, l, qegarauaxiqi mono. ¶ Interd. Grande. Iap. Vôqinaru mono.

¶ Item, Cruel. Iap. Qendonnaru mono.

Turpículus, a, um. dim. Idem.

Turpiter, adu. Lus. Fea, ou torpemente. Iap. Miguruxiqu, tçuranaqu.

Turpitudo, inis. Lus. Deformidade, torpeza. Iap. Fujô, tçuranasa.

Turpo, as. Lus. Afear, ou contaminar. Iap. Qegasu, fujôni nasu.

Turricula, æ, diminut. Lus. Torre pequena. Iap. Chijsaqi yagura, l, xeirô. ¶ Item, Hum genero de vaso a semelhança de torre. Iap. Aru vtçuuamono.

Túrriger, l, Turrifer, a, ũ. Lus. O q̃ leua, ou tẽ torres. Iap. Yaguraauo xeuô mono, l, yagura no aru tocoro.

Turris, is. Lus. Torre. Iap. Tenxu, yagura, xeirô, rô.

Turritus, a, um. Lus. Cousa ornada, ou fortalecida de torres. Tenxu, yagura nadono camaye aru tocoro. ¶ Interd. Cousa alta, e aleuãtada a maneira de torre. Iap. Tẽxuno gotoqu tacaqi mono, sobiyetaru mono.

Tursio, onis. Lus. Hum peixe semelhante a golfinho. Iap. Iiucani nitaru vuo.

Turtur, ris. Lus. Rola. Iap. Tçuchicurebato. ¶ Item, Hum peixe. Iap. Vuono na.

Turũda, æ. Lus. Sopa, ou bocados de comer cõq̃ ceuão às aues. Iap. Toriuo coyasu iye. ¶ Item, Mecha que se mete na fenda. Iap. Qizuno nuqi. Cato.

Tus, ris. Lus. Encenso. Iap. Nhŭcô.

Tuscánicum, i. Lus. Hum Lugar cauado, ou concauo dentro da casa. Iap. Iyeno vchini aru anagura, l, cuboqi tocoro.

Tûsculum, i. diminut. Lus. Hum pedaço de encenso. Iap. Nhŭcôno fitotçubu, l, qire.

Tussilago, inis. Lus. Hũa erua. Iap. Cusano na.

Tussis, is. Lus. Tosse. Iap. Suuabuqi.

Tussêdo, inis. Idem.

Tussícula, æ. dimi. Idem.

Tussio, is, siui, itum. Lus. Tosir, ou ter tosse. Iap. Suuabuqiuo suru.

Tutamentum, i, l, Tutamen, inis. Lus. Guarda, ou defensão. Iap. Xugo, mamori.

Tutêla, æ. Idem. ¶ Item, Direito, e poder q̃ tem o titor determinado em direito; era defender ao q̃ por causa da idade não pode defenderse. Iap. Xôjinno xindaiuo vosamuru tameni tadaxite yori tçuqetaru ru morini atayetaruru yuruxi.

Tuto. Lus. Tumesmo. Iap. Sonata va-rero.

Tutelaris, e. Lus. O que tem algũa cousa em sua guarda, ou proteição. Iap. Xugo suru mono, l, ban suru mono. ❡ Tutelaris prætor. Lus. Pretor que tinha por officio dar tutores aos orfaõs. Iap. Minaxigoni mori uo tçuquru yacuuo mochitaru fito.

Tutelarius, ij. Lus. Sancristam, ou outra guarda de casas publicas. Iap. Tera, l, zaiqeuo ban xi mamoru fito.

Tutò, adu. Lus. Sẽ perigo, seguramẽte. Iap. Taxicani, tçutçuganǒ.

Tuto, as. Lus. Defender, guardar. Iap. Mamoru, xugo suru. Apud antiquos.

Tutor, aris. Idem.

Tutor, oris. Lus. Tutor, ou defensor dos orfaõs, ou dos de menoridade. Iap. Xǒjin, l, minaxigono mori. ❡ Tutor finium. Lus. Defensor das arrayas, ou frõteiras. Iap. Sacaimeuo xugo suru fito.

Tutorius, a, um. Lus. Cousa que pertence a tutor, ou defensor. Iap. Miguino mori, l, xugoni ataru coto.

Tutulati. Lus. Os que traziáo hũa certa caraminhola no tempo do sacrificio. Iap. Tamuqeno toqi fosonagaqi zzuqinuo cazzuqitaru fito.

Tútulus, i. Lus. Ornamento da cabeça como touca que trazia a molher que fazia sacrificios. Iap. Tamuqeuo xitaru vonnano canzaxi.

Tutus, a, um. Lus. Cousa segura, e forte. Iap. Taxicanaru tocoro, l, mono, qẽgo naru mono. ❡ Item, Cousa guardada, defendida, e sem perigo. Iap. Xugo xeraretaru mono, l, ygui naqi mono. ❡ Tutum consiliũ. Lus. Conselho firme, e seguro. Iap. Tadaxiqi yqen.

Tuus, a, um. Lus. Teu, ou tua. Iap. Nangini ataru coto. ❡ Tuum est. Lus. A ti pertence, ou a teu oficio. Iap. Nangino yacu nari. ❡ Tuapte, et tuopte: vt tuapte spõte, tuopte consilio. Lus. De tua vontade, por teu parecer. Iap. Nangino nozomi, l, zonbunyori.

T ANTE Y.

TYmbades. Lus. Bruxas, ou feiticeiras. Iap. Mico.

Tymbos, bi. Lus. Lugar onde se queimauão, e sepultauão os corpos mortos. Iap. Fiya, facadocoro. ❡ Item, Sepultura. Iap. Quan, l, fantǒ.

Tympaniates margaritæ. Lus. Hũas pedras preciosas. Iap. Meixuno na.

Tympanista, æ. Lus. O que tanje tambor, ou atabales. Iap. Tçuzzumi, l, taicono vchite.

Tympanistria, æ. fœm. Idem.

Tympanites. Lus. Hum genero de hidropesia. Iap. Suixuno chǒmanno taguy.

Tympanìticus, i. Lus. Doente desta hidropesia. Iap. Miguino yamaiuo vqetaru mono.

Tympanizo, as. Lus. Tanger atambor, ou atabales. Iap. Tçuzzumi, taico, caccono vtçu.

Tympanotriba, æ. Lus. O que tange estes instrumentos. Iap. Tçuzzumi, taico, caccouo vtçu mono.

Tympanum, i. Lus. Atambor, ou atabale. Iap. Tçuzzumi, taico, caceo. ❡ Item, Cobertura, ou testo de carro. Iap. Curumano vyeni faru cai. ❡ Item, Guindaste de aleuantar pesos, ou nora de tirar agoa. Iap. Vomoqi monouo fiqi aguru caracuri, l, fanetçurube. ❡ Item, Hum vaso. Iap. Vtçuuamonono na.

Typhon, onis. Lus. Tufão, vento que vem em redomoinho. Iap. Vǒcaje, l, tçujicaje.

Typicus, a, ũ. Lus. Cousa mistica, ou alegorica. Iap. Tatoye, l, xitayeni ataru coto.

Typus, i. Lus. Forma imperfeita, ou debuxo de algũa cousa. Iap. Mocuzǒ nadono arazzucuri, vel xitaye. ❡ Item, Figura, ou sombra da verdade. Iap. Macotono vomocague. ❡ Itẽ, Typi. Lus. Descripçõis, ou difiniçõis imperfeitas em que se declara algũa cousa. Iap. Monono xǒuo voyosoni arauasu go, cotouari, l, monono yezzu.

Ty-

Tyrânnicè, adu. Lus. Cruelmente, tyranicamente. Iap. Qendonni, butŏni.
Tyrannicîda, æ. Lus. O que mata ao tyranno. Iap. Tenca, l, cocugunuo fidŏni vbaitori taru monouo corosu fito.
Tyrannoctonus, i. Idem.
Tyrannicidium, ij. Lus. Matança de tyranno. Iap. Miguino butŏjinuo corosu cotouo yŭ.
Tyránnicus, a, um. Lus. Cousa cruel, ou de tyranno. Iap. Qendonnaru coto, butŏnaru mono.
Tyrânnis, idis. Lus. Tyrannia, ou dominio injusto, e cruel. Iap. Tenca, l, cocugonno vŏriŏ.
Tyrannus, i. apud veteres. Lus. Rey, ou monarcha. Iap. Teivŏ, xŏgun. ¶ Item, Tyrano. Iap. Tenca, l, cocugunno vŏriŏ xitaru fito.
Tyriamethystus, i. Lus. Cór de robim pedra preciosa com tinta de graam por cima. Iap. Acaqi cimano ironaru monono vyeuo curenaini sometaru iro.
Tyrianthinæ. Lus. Vestidos tintos de cór roxa, e graam por cima. Iap. Murasaqino vyeuo curenaini sometaru yxŏ.
Tyriánthinus, a, um. Lus. Cousa de cór de graam sobre roxo. Iap. Murasaqino vyeuo curenaini sometaru mono.
Tyro, onis. Lus. Soldado nouo, e forte pera a milicia. Iap. Cŏnaru xoxinno buxi. ¶ Item, Nouo em algũa arte. Iap. Xogueini xoxinnaru mono. ¶ Item, Mancebo quando a primeira vez vestia vestido de senador, e começaua a orar em publico Iap. Fajimete Sanadorno curaino yxŏuo chacuxite banminno maye nite danguiuo xitaru vacaqi mono.
Tyrúnculus, i. dim. Idem.
Tyrúncula, æ. fœm. Idem.
Tyrocinium, ij. Lus. Primeiros principios de algũa arte. Iap. Xogueino y ro fa, l, xitagi. ¶ Item, Primeira vez que os mancebos Romanos vestião toga, e orauã. Iap. Romajinno vacaqi fito miguino gorŏqu dangui uo xi fajimetaru cotouo yŭ. ¶ Tyrocinium nauium. Lus. O sayrem as naos a primeira vez ao mar, ou fazerem a primeira viagem. Iap. Xinzŏ fajimete vmi ye vorosaruru, l, tocai suruuo yŭ.
Tyroneitis. Lus. Ralo de ralar pão, queijo, &c. Iap. Pão, queijo, l, daiconno voroxi.
Tyrotárichus, i. Lus. Hum certo manjar feito de queijo, e de cousas salgadas. Iap. Aru xocubutno na.

DE INCIPIENTIBVS Á LITERA V.

Vacans, antis. Lus. O que está ocioso, ou desocupado. Iap. Fimano aru mono, l, muxosani yru mono. ¶ Vacans mulier. Lus. Viuua. Iap. Goqe.
Vacanter, adu. Lus. Sem causa, de balde, ou supe fluamente. Iap. Xisai naqu, yuyemo naqu, munaxiqu, l, musocuni, taiquani, amarite.
Vacatio, onis. Lus. Ferias, ocio, ou descanso. Iap. Muxosa, cutçurogui, xinrŏuo yamuru coto nari. ¶ Item, Izenção. Iap. Men qio. ¶ Habere vacationem. Lus Cessar, enterrõper. Iap. Yamuru, saxivoqu. ¶ Dare vacationem alicui. Lus. Dar ferias a alguem, ou fazello izento. Iap. Xinrŏuo yamete cutçurogasuru, l, mẽqiouo atayuru.
Vacca, æ. Lus. Vaca. Iap. Meuji.
Váccula, æ. dim. Idem.
Vaccinus, a, um. Lus. Cousa de vaca. Iap. Meujini ataru coto.
Vacinium, ij. Lus. Hũa casta de violetas. Iap. Fanano na.
Vacerra, æ. Lus. Estaca fincada no chão pera cercar o arrayal, ou ortas. Iap. Ginxono mauarino sacuno qi, l, sonono mauarino caqino qi. ¶ Item, (apud alios.) Estaca aonde se amarrã os caualos. Iap. Vmano tçunagu faxira. ¶ Item, Doudo, e sem juizo Iap. Qiŏqijin.
Vacillans, antis. Lus O que vacilla, ou está pera cair. Iap. Vochi tçucazaru mono, cosa

corobi sŏnaru mono, suuarazaru mono.

Vacillatio, onis. Lus. O vacillar, ou estar pera cair. Iap. Vochi tçucazaru, l, corobi sŏnaru cotouo yŭ.

Vacillo, as. Lus. Estar pera cair. Iap. Vochi tçucazu, l, corobi sŏnari. ¶ Item, Estar perplexo, e duuidoso. Iap. Vtagŏ, l, xi ãuo xiuazzurŏ, sadamarazaru cotouo yŭ.

Vaco, as. Lus. Occuparse, ou trabalhar em algũa cousa. Iap. Mononi xeiuo iruru, cocorogaquru. ¶ Interd. Estar vazio. Iap. Aite ari, nanimo naxi. ¶ Itẽ, Carecer. Iap. Gusocuxezu, mótazu. ¶ Aliqñ. Estar ocioso, e desocupado. Iap. Muxosani yru, fima ari. Qñq; . Ter cuidado de algũa cousa. Iap. Mononi cocorogaquru, qizzucai suru. ¶ Vacant agri. Lus. Não aproueitão os campos, ou não são laurados. Iap. Denbacuua yacuni tatazu, l, aretari. ¶ Vacare à scribendo. Lus. Cessar de escreuer. Iap. Monocaqu cotouo yamuru. ¶ Vacare animo. Lus. Estar com o animo quieto, e fora de cuidados. Iap. Cocorono qizzucai naqute yru. ¶ Vacat mihi, l, vacat. Lus. Tenho tempo, estou desocupado. Iap. Suqi, l, fimaga aru. ¶ Vacare populo. Lus. Ajudar, e fauorecer ao pouo. Iap. Tamiuo nade yaxinŏ, l, tamiuo auaremu. ¶ Item, Vacare populo. Lus. Estar liure, e desocupado do juizo, ou officio do pouo, &c. Iap. Tamino vyeno saiban, l, yacuuo xezuxite yru.

Vacũitas, atis. Lus. O estar vazio, ou carecer de algũa cousa. Iap. Nanimo naqi cotouo yŭ, aqitaru cotouo yŭ, l, monono fusocu.

Vácuo, as. Lus. Vazar. Iap. Vchiaquru, vtçusu.

Vacuus, a, um. Lus. Vazio. Iap. Aqitaru mono. ¶ Item, O que carece, ou não tem algũa cousa. Iap. Gusocuxenu mono. ¶ Item, Liure, desocupado. Iap. Muxosani yru mono, jiyŭni yru mono. ¶ Aliqñ. Largo, e espaçoso. Iap. Firoqi tocoro. ¶ Vacua pecunia. Lus. Dinheiro que está sem dar ganho a seu dono. Iap. Rino tçucenu gane. ¶ Vacuus animo. Lus. Animo desocupado, e liure de cuidados. Iap. Qizzucai naqi cocoro. ¶ Vacuos habere dies. Lus. Ter os dias desocupados. Iap. Vatacuxino figa aru, l, fibanno suqiga aru. ¶ Vacuus equus. Lus. Caualo vazio sem caualeiro. Iap. Norite naqi vma. ¶ Vacuũ remũ trahere. Lus. Remar sem proueito. Iap. Muyacuni rouo vosu.

Vadimonium, ij. Lus. Prometimento, e obrigação de aparecer em dia assinalado diante do juiz por sy, ou por outrem. Iap. Tadaxiteno mayeni sadamaritaru fini giqini izzuruca, miŏdaiuo idasubeqicatono yacusocu. ¶ Vadimonium promittere. Lus. Prometer de aparecer em juizo por sy, ou por outrem em dia assinalado. Iap. Tadaxiteno mayeni sadamaritaru fini giqini izzuruca, miŏdaiuo idasubeqicato yacusocu suru. ¶ Vadimonium constituere. Lus. Assinalar o dia em que hum hade aparecer diante do juiz. Iap. Tadaxiteno mayeni izzuru fiuo sadamuru. ¶ Vadimonium deserere. Lus. Não aparecer em juizo no dia assinalado. Iap. Sadamaritaru fini tadaxiteno mayeni idezu. ¶ Vadimonium missum facere. Lus. Remitir, ou perdoar a alguem a obrigação de aparecer em juizo. Iap. Tadaxiteno mayeni ideide canauazaru cotouo yurusu. ¶ Vadimonio obstricti. Lus. Os que sendo chamados dos juizes por seus crimes são soltos sobre fiança pera aparecerem em juizo em dia certo, ou quando o juiz mandar. Iap. Tadaxiteno mayenite mexiidasaruru toqi, izzubexitono vqeninuo tatçuru toganin. ¶ Cõcipere vadimonium. Lus. Prometer com certas palauras solenes de aparecer diante do juiz no dia assinalado. Iap. Sadamaritaru cotobauomotte sadamaritaru fini izzubexito yacusocu suru.

Vadis, is. apud antiq. Lus. Fiador. Iap. Vqenin.

Vado, is. Lus. Yr, caminhar. Iap. Aruqu, focŏsuru. ¶ Item, per transl. Correr os rios. Iap. Cauaga nagaruru.

Vado, as. Lus. Passar o rio. Iap. Cauauo vataru.

Va-

Vador, aris. Lus. Denunciar ao aduersario que apareça em juizo, e receber fiança disto. Iap. Cujino aite tadaxiteno mayeye saisocuxi sono vyeni macariizzubexitono vçe uo tatesasuru.

Vadôsus, a, um, vt vadosus amnis. Lus. Rio que em muitos lugares se passa a vaô. Iap. A natano tocoroni vatarije aru caua.

Vadum, i. Lus. Vao. Iap. Cauano vatarije. ❡ Item, Mar. Iap. Vmi, sôcai. ❡ Emergere è vado. Lus. Vencer algũa grande difficuldade. Iap. Xigataqi cotouo xifatasu, jôjusuru.

Væh, l, væ, interiect. vt væh misero mihi. Lus. O coitado de mim. Iap. Aa fubinnaru vare cana.

Vænio, is, iui. Lus. Ser vendido. Iap. Vraruru.

Væsanus. vide Vesanus.

Vafer, a, um. Lus. Astuto, sagaz. Iap. Vadacamaxitaru mono, nucarazaru mono, l, damarimono. ❡ Vafrum ius. Lus. Iuizo, ou direito sutil, ou astuto. Iap. Vadacamaritaru qiŭmei, cotouarino fucaqi qiŭmei.

Vaframent um, i. Lus. Astucia, sagacidade. Iap. Vadacamari, feôri, bôreacu.

Vafrè, adu. Lus. Astutamente. Iap. Vadacamarite, damatte.

Vagabundus, a, ũ. Lus. Vagabũdo q̃ não tem lugar certo em que habite. Iap. Giŭxo naqute cococaxicouo samayô mono.

Vagans, antis. Lus. O que anda vagueando. Iap. Faiquaisuru mono.

Vagatio, onis. Lus. O andar vagueando. Iap. Faiquai, l, samayô cotouo yŭ.

Vagè, adu. Lus. Vagueando, l, espalhadamente. Iap. Faiquaixite, chiriginni.

Vagîna, æ. Lus. Bainha. Iap. Saya. ❡ Vagina frumenti. Lus. Hũa maneira de bainha em que a espiga està metida antes de sair fora. Iap. Fo fatamitaru focano caua.

Vagínula, æ, dimi. Idem.

Vagio, is, iui, itum. Lus. Chorar o menino. Iap. Acagoga naqu.

Vagitus, us. Lus. Choro de menino de mama. Iap. Acagono naqigoye.

Vagor, oris. Idem.

Vagor, aris, l, Vago, as. Lus. Andar vagueando. Iap. Faiquaisuru, cococaxicouo samayô, l, mayoi aruqu. ❡ Vagatur animus Lus. Esta o animo instauel, e inconstante. Iap. Cocoroga dochinimo vochitçu cazu, suuarazu.

Vagus, a, um. Lus. Cousa incerta, instauel, ou que anda vagueando. Iap. Sadamarazaru, l, suuarazaru coto, l, faiquai suru mono. ❡ Vagum nomen herbæ. Lus. Nome de erua incerto. Iap. Qiqui machimachini nazzuquru cusano na.

Vah. interiectio. Lus. Interjeição do q̃ despreza, ou faz insultos a outro. Iap. Fitouo iyaximuru nabiuru coye. ❡ Interd. Interjeição de espanto. Iap. Vodoroqu coye. ❡ Aliqñ. De alegria. Iap. Yorocobino coye.

Vaha. Lus. Interjeição do que se alegra, ou ri. Iap. Yorocobu, l, varô coye.

Valdè, adu. Lus. Muito, grandemente. Iap. Vôqini, fanafada.

Valdius, adu. Lus. Mais. Iap. Nauo vôqini, fanafada.

Valens, entis. Lus. São, bem desposto. Iap. Mubiô, yugonnaru mono. ❡ Aliqñ. Cousa efficaz, e proueitosa. Iap. Xeiriqi aru mono, tçuyoqi mono, l, tocutonaru mono.

Valéntulus, a, um, dim. Idem.

Valenter, adu. Lus. Fortemente, com todas as forças. Iap. Tçuyoqu, tacumaxiqu, l, xeiconuo tçucuxite.

Valéntia, æ. Lus. Fortaleza, potencia. Iap. Tçuyosa, qengo, iriqi. Antiq.

Valeo, es, lui, litum. Lus. Estar são, e bem desposto. Iap. Mubiô, l, yugon nari. ❡ Aliqñ. Ter poder, forças, e autoridade. Iap. Canô, yquô, mochijrari. ❡ Itẽ, Ter vigor. Iap. Xei, l, xeiriqi, xeitocu ari. ❡ Itẽ, Valer, ter preço. Iap. Atai ari. ❡ Valere, à pecunia. Lus. Ter falta de dinheiro. Iap. Canega fusocu nari. ❡ Valere autoritate apud plebem. Lus. Ter autoridade pera cõ o pouo. Iap. Bamminni yori mochijraruru. ❡ Valere ingenio. Lus. Ter bom engenho. Iap. Sugureta funbet ari. ❡ Vale. Lus. Ficaiuos embora. Iap. Saraba.

Valet.

Valeſço, is. Lus. Yr tomando forças, ou conualecer. Iap. Chicarazzuqu tçuyônaru.

Valetudinarium, ij. Lus. Enfermaria. Iap. Biŏjano yru tocoro.

Valetudinarius, ij. Lus. Maldeſpoſto, que adoece muitas vezes. Iap. Saiſai vazzuro fito, l, biója. ¶ Valetudinarius medicus. Lus. Medico que cura os doentes em hoſpitaes, enfermarias, &c. Iap. Biójano atçumari yru tocoroni ſadamaritaru yxa.

Valetûdo, l, Valitudo, inis. Lus. Saude, boa deſpoſição. Iap. Mubiŏ, focuſai. ¶ Item, Doença. Iap. Vazzurai, yamai. ¶ Bona valetudo. Lus. Saude. Iap. Socuſai, yugen. ¶ Mala valetudo. Lus. Doença. Iap. Vazzurai.

Validè, adu. Lus. Muito, em gram maneira. Iap. Vôqini, fanafada.

Validius, adu. Lus. Mais, com mayor vehemẽcia. Iap. Nauo, l, nauo vôqini. ¶ Validiſſimè. Lus. Grandemente. Iap. Icanimo vôqini.

Válidus, a, um. Lus. Robuſto, forte. Iap. Tçuyoqi, l, tacumaxiqi mono. ¶ Item, São, bem deſpoſto. Iap. Yugonna mono, mubiŏnaru mono. ¶ Validæ opes. Lus. Grãdes riquezas. Iap. Quabunno zaifô. Plaut. ¶ Validum vinum. Lus. Vinho forte. Iap. Tçuyoqi ſaqe, l, qitçuqi ſaqe.

Valgus, i. Lus. Zambio, ou que tem as pernas tortas pera fora. Iap. Axino facacaſitaru mono.

Vallaris, e. Lus. Couſa pertencente a vallo, ou tranqueira, baluarte, &c. Iap. Yagura, ginxono camaye nadoni ataru coto. ¶ Vallaris corona. Lus. Coroa q̃ ſe daua ao primeiro q̃ entraua no vallo, ou muro dos inimigos. Iap. Teqino yagura, l, camayeni ichibanni noritaru mononi chŭcôto xite atayeraretaru camuri.

Valles, is, & Vallis, is. Lus. Valle. Iap. Tani.

Vallécula, æ. ſecundum Feſt. Idem.

Vallicula, æ. dim. Idem.

Vallo, as. Lus. Fortificar, fortalecer. Iap. Camayuru, qengoni naſu, tçuyomuru. ¶ Vallare armis. Lus. Defender, ou guardar alguem com armas. Iap. Buguuo tai xite fitouo xugoſuru. ¶ Vallare aliquid ratione differendi. Lus. Confirmar, ou corroborar algũa couſa com argumentos dialecticos. Iap. Dialecticato yŭ gacumŏno dŏriuo motte teſſuru, catamuru.

Vallum, l, Vallus, i. Lus. Baluarte, vallo, ou tranqueira. Iap. Yagura, ginxono camaye.

Vallus, i. Lus. Pao, ou eſtaca cõ q̃ ſe empa a vide. Iap. Budŏno cazzurano ſoyegui. ¶ Item, Eſtaca com que ſe faz o vallo, ou eſtacada do arrayal. Iap. Ginxono mauarino ſacuno qi. ¶ Item, dim. à vanno. Lus. Ioeira pequena. Iap. Chiſaqi furui.

Valor, oris. Lus. Preço, valor. Iap. Ne, atai, l, mochij.

Valuæ, arum. Lus. Portas que ſe abrem, e fecham juntas hũa com a outra. Iap. Rŏni tobirano aru mon, l, to.

Válualí. Lus. Concauidades, ou repartiçoẽs que ha na bainha, ou eſpigas dos legumes em que eſtam os graõs cada hum ſobre ſi. Iap. Mame nadono carani tçubuno fitotçu buzzutçu aru fedate.

Vaneſco, is. Lus. Perecer, deſaparecer. Iap. Vſuru, mamiyezu, qiyuru.

Vanídicus, a, um. Lus. Mentiroſo que fala couſas vaãs. Iap. Qiogonjin, yeqi naqi cotouo cataru mono.

Vaniloquus, a, um. Idem.

Vaniloquentia, æ. Lus. O falar couſas vaãs. Iap. Yeqinaqi cotouo cataru cotouo yŭ.

Vánitas, atis. Lus. Vaidade. Iap. Mimonaqi cotouo yŭ. ¶ Item, Mentira, engano. Iap. Qiogon, itçuuari.

Vanitudo, inis. Idem.

Vanno, is. Lus. Ioeirar o trigo, ou legumes. Iap. Gococuuo furŭ, touoſu.

Vannus, i. Lus. Ioeira, ou ciranda. Iap. Furui, touoxi.

Vano, as. apud antiq. Lus. Enganar. Iap. Damaſu, taburacaſu.

Vanus, a, um. Lus. Couſa oca, ou vazia. Iap. Vtçuronaru coto, cŭqionaru coto. ¶ Itẽ, Homem necio, doudo. Iap. Guchinaru momono, gudon naru mono. ¶ Aliqñ. Mẽtiroso, e fingidor de cousas falsas. Iap. Qio gonjin, l, itçuuariuo tacumi, l, tçucuri ida su fito. ¶ Item, Cousa que nem he verisimil, nem possiuel. Iap. Macotoxicaranu coto, narigataqi coto. ¶ Vana, loco aduerbij. Lus. Vaamente. Iap. Facanaqu, mimonaqu.

Vápidus, a, um. Lus. Cousa chea de vapores, ou que deita muitos vapores. Iap. Xicqino vouoqu agaru tocoro, l, aguru tocoro. ¶ Vapidum pectus, per transl. Lus. Peito cheo de enganos, e vicios. Iap. Acu, feôriuo tacumu cocoro.

Vapor, oris. Lus. Vapor que se aleuanta do mar, ou da terra. Iap. Vmi, l, tçuchi yori agaru xicqe. ¶ Aliqñ. Calor, quentura. Iap. Atatacasa, danqi, atçusa.

Vaporarium, ij. Lus. Lugar dos banhos, ou chamine por onde say a quentura. Iap. Yocuxit nado yori iqiuo dasu tocoro.

Vaporatio, onis. Lus. O aleuantar vapores. Iap. Xicqeuo aguru coto nari.

Vaporiferus, a, um. Lus. Cousa que deita muitos vapores. Iap. Xicqeuo vouoqu aguru mono.

Vapôro, as. Lus. Deitar vapores. Iap. Xicqiga agaru. ¶ Aliqñ. (actiuè) Perfumar. Iap. Fusuburu. ¶ Item, Secar, ou chupar. Iap. Cauacasu, carasu, l, suidasu.

Vappa, æ. Lus. Vinho que ja não tem cheiro, nem sabor. Iap. Niuoimo, agiuaimo vxetaru saqe. ¶ Item, per transl. Homẽ desnazelado, e sem industria. Iap. Busaicacu, l, chôrô naqi mono.

Vapularis, is. Lus. O q̃ sempre he açoutado. Iap. Tçuneni chôchacu xeraruru mono.

Vápulo, as. Lus. Ser castigado, ou açoutado. Iap. Chôchacu xeraruru, l, xeccanuo vquru. ¶ Vapulare sermonibus. Lus. Ser mal tratado, ou injuriado de palaura. Iap. Accô, zôgonuo iy caqeraruru.

Variæ, arum. Lus. Hum genero de onça animal. Iap. Feôno taguy.

Varians, antis. Lus. Cousa que se muda, ou varia. Iap. Cauari yasuqi mono. ¶ Varians cælum. Lus. Ceo, ou tempo incôstante, e que não esta assentado. Iap. Sadamarazaru tenqi. ¶ Variantes adhuc, & acerbæ vuæ. Lus. Vuas que começão apintar, e não estão ainda maduras. Iap. Irozzuqu budô, l, mijuqu naru budô.

Variatim, adu. Lus. De diuersas maneiras. Iap. Xuju samazama, iroironi.

Várices, cum. Lus. Veas mayores, e aleuantadas das fontes, coxas, &c. Iap. Gotaino vchini tacaqu miyuru futoqi sugi.

Varícula, æ. dim. Idem.

Varícitus, adu. Lus. Escanchado, ou com as pernas largas. Iap. Mataguete.

Várico, as, l, Váricor, aris. Lus. Escanchar se, ou alargar as pernas. Iap. Mataguru, l, fatacaru.

Varicosus, a, um. Lus. O que tem as veas inchadas, ou grossas nas pernas, &c. Iap. Suneto, côbe nadoni futoqi sugino aru mono.

Váricus, a, um. Lus. O que anda com passos largos, ou tem as pernas largas. Iap. Vômatagueni ayomu mono, vôaxini ayomu mono.

Variè, adu. Lus. Variamente, de diuersas maneiras. Iap. Xuju samazama, iroironi.

Variegatus, a, ũ. Lus. Cousa variada, ou distinta de muitas pinturas, e côres. Iap. Iroironi cazaritaru mono, l, iroironi someuaqetaru mono.

Variego, as. Lus. Distinguir, ou ornar com varias côres. Iap. Iroironi someuaquru, l, cazaru.

Varíetas, atis. Lus. Variedade de côres. Iap. Iroironaru cotouo yŭ. ¶ Item, Diuersidade, ou variedade. Iap. Iroiro, samazama. ¶ Voluptas varia. Lus. Recreação, ou deleite q̃ se toma de diuersas cousas. Iap. Samazamano coto yori vquru yorocobi.

Variantia, æ. apud antiq. Idem.

Vario, as. Lus. Variar, mudar. Iap. Cauasu gauasu monouo suru, l, iro xinauo cayuru. ¶ Item, Variar no parecer, ou differir na opinião. Iap. Qigui machimachi nari, zonbunga chigô, l, dôxin xezu. ¶ Item,

99* Ab-

(Absol) Lus. Ser incõstãte auẽdose ora de hũa maneira ora da outra. Iap. Mononi to docanu, sadamaranu. ❡ Aliqñ. Ser algũa cousa duuidosa. Iap. Fuxin nari, vtagaua xiqi nari.

Variatur, impers. Idem.

Varius, a, um. Lus. Cousa varia, diuersa, ou de muitas maneiras. Iap. Samazama naru coto, ai chigaitaru coto, xina vouoqi mono. ❡ Varix vuæ Lus. Vuas que começam a pintar. Iap. Irozzuqu budó. ❡ Itẽ, O que no rosto he differente, ou se não parece com outro. Iap. Vomoteno yejin ni ninu mono.

Varus, i. Lus. Zambro, ou que tem as pernas arcadas. Iap. Vaniaxi. ❡ Item, Cousa torta, ou torcida. Iap. Yugamitaru coto, l, negitaru coto. ❡ Varæ manus. Lus. Mãos tortas. Iap. Magaritaru te. ❡ Item, Hũa maneira de verrugas duras que nacem no rosto. Iap. Cauoni idequru ibono taguy.

Vas, asis. Lus. Vaso. Iap. Iremono, vtçuuamono.

Vasum, i. apud antiq. Idem.

Vas, adis. Lus. O que fica por fiador de outro que aparecera em juizo. Iap. Yono fito tadaxiteno mayeni izzubexitono vqeni tateraruru mono, l, ratçu fito.

Vasarium, ij. Lus. Alfaya de vasos. Iap. Xotaini tçucŏ fodono vtçuuamono. ❡ Itẽ, Prouimento de vasos, caualos, dinheiro, &c. que se daua aos gouernadores, ou officiaes quando hiã as prouincias. Iap. Cunino xugoto natte yuqu fitoni cocuchŭ yori idasu vma, curuma, cane, vtçuuamono nado.

Vascularius, ij. Lus. O que faz vasos douro, ou prata. Iap. Qinguinno vtçuuamono no tçucuru fito.

Vasculum, & Vasillum, i. Lus. Vaso pequeno. Iap. Chijsaqi vtçuuamono.

Vastatio, onis. Lus. Destruição, roubo. Iap. Ranbŏ, faccŏ, l, metbŏ.

Vastator, onis. Lus. Roubador, destruidor. Iap. Ranbŏ suru mono, faccŏ suru mono, cuzzuxite.

Vastatrix, icis. fœm. Idem.

Vastatus, a, um. Lus. Cousa destruida, roubada. Iap. Ranbŏ xeraretaru coto, l, cuzzusaretaru coto.

Vastè, adu. Lus. Excessiuamente, sem medida. Iad. Vôqini, fŏnŏni o naqu.

Vastesco, is. Lus. Ser roubado, ou destruido. Iap. Ranbŏ, l, faccŏ xeraru ru, vel cuzzusaruru.

Vastificus, a, um. Lus. Cousa que causa destruição. Iap. Cuzzure, fametno daimocu to naru mono.

Vastitas, atis. Lus. Immensidade, demasiada grandeza. Iap. Quŏdai, l, vobitataxisa. ❡ Item, Destruição, roubo. Iap. Ranbŏ, fametç. ❡ Item, Deserto, ermo. Iap. Inxe qi tayetaru tocoro. (antiq.

Vastitudo, inis, l, Vastities, ei. Idem. apud

Vasto, as. Lus. Destruir, roubar. Iap. Cuzzusu, torobosu, l, ranbŏ suru. ❡ Vastare agros cultoribus. Lus. Catiuando, ou tomãdo os lauradores tornar os cãpos desertos, e incultos. Iap. Fiacuxŏuo torayc voqite denbacuuo arasu.

Vastus, a, um. Lus. Cousa muito grande, ou espaçosa. Iap. Vôqinaru coto, vobitataxiqi coto, l, quŏdainaru coto, l, bŏbŏtoxitaru coto. ❡ Aliqñ. Cousa deserta, ou destruida. Iap. Ranbŏ xeraretaru tocoro, l, aretaru coto.

Vates, is. Lus. Propheta, adeuinho. Iap. Miraiuo cangayuru, l, tçuguru mono.
❡ Item, Poëta. Iap. Cajin.

Vaticinatio, onis. Lus. Prophecia, ou o adeuinhar o que hade vir. Iap. Miraiuo satoru, l, cangayuru coto nari.

Vaticinator, oris. Lus. Propheta, adeuinho. Iap. Miraiuo cangayuru, l, tçuguru mono.

Vaticinium, ij. Lus. O adeuinhar, ou dizer dantes o que hade acontecer. Iap. Miraiuo satoru, l, tçuguru cotoi o yŭ.

Vaticinor, aris. Lus. Profetizar, ou adeuinhar. Iap. Miraiuo satoru, cangayuru, l, vranŏ.
❡ Aliqñ. Delirar. Iap. Forueru, afŏni nari, vtçuqeru.

Vaticinus, a, um. Lus. Cousa pertencente a ad

a adiuinhação. Iap. Miraiuo satoru, l, tçu gu uni ataru coto.

Vatius, ij. Lus. O que tem as pernas tortas pera fora. Iap. Axino focaye fatacaritaru mono.

Vatrax, acis, l, Vatricosus, a, um. Idem.

V ANTE B.

Vber, eris. Lus. Cousa fertil, e abundãte. Iap. Iũtacu naru coto, sacayuru mono, jucugi, jucudẽ. ¶ Aliqñ. substanti. Lus. Vbre, ou teta. Iap. Chibusa. ¶ Item, substanti. Lus. Fertilidade, abundancia. Iap. Bentŏsa, juntacu, l, jucugino sŏmocu gococuuo yoqu xŏzuru cotouo yũ.

Vbero, siue Hubero, as. Lus. Fazer fertil. Iap. Sacayesasuru, jucugini nasu. ¶ Aliqñ. Neutru. Lus. Ser fertil. Iap. Sacayuru, fanjŏ suru, l, jucugini naru.

Vbertas, atis. Lus. Fertilidade, abundancia. Iap. Bentŏsa, juntacu, l, jucugino sŏmocu gococuuo yoqu xŏzuru cotouo yũ.

Vbertim, l, Hubertim, adu. Lus. Fertil, e abũdantemente. Iap. Iuntacuni, bentŏni, tacusanni.

Vbertus, siue Hubertus, a, um. Lus. Cousa fertil, e abundante. Iap. Fanjŏ suru mono, saçayuru mono, l, bentŏ naru mono.

Vbi, adu. Lus. Onde? em que lugar? Iap. Izzucunizo? doconizo? ¶ Item, A onde. Iap. Tocoroni. ¶ Qñq;. Depoisque, tanto que. Iap. Nochini. ¶ Inted. Quando. Iap. Toqi, l, toqini. ¶ Vbigentium, vbi loci, vbi terrarum. Lus. A onde, em que lugar. Iap. Izzucuni, doconi. ¶ Vbi primum. Lus. Tanto que. Iap. Tomoni, canteqini.

Vbicunq;, adu. Lus. Onde quer q̃. Iap. Izzucunitemo are.

Vbiq;, adu. Lus. Em toda a parte. Iap. Izzureno tocoronimo, ¶ Vbiq; locorum, vbiq; gentium. Idem.

Vbiubi, adu. Lus. Onde quer que. Iap. Izzucunitemo are.

Vbiuis, adu. Lus. Em qualquer lugar. Iap. Izzucu nitemo are.

Vdo, onis. Lus. Hum genero de calçado. Iap. Cutçu, l, faqimonono taguy.

Vdus, a, um. Lus. Cousa humeda, ou molhada. Iap. Ximeritaru mono, xicqi aru mono, l, nuretaru coto.

V ANTE E.

Ve. Lus. Ou. Iap. Aruiua.

Vecordia, æ. Doudice, paruoice. Iap. Qiŏqi, qiŏran, guchi.

Vecors, ordis. Lus. Doudo, nescio, paruo. Iap. Qiŏqijin, gudon naru mono, guchi naru mono.

Vectábulum, i. Lus. Carro. Iap. Curuma.

Vectarius, a, um. Lus. Cousa acomodada pera carretar como carro, nao, besta, &c. Iap. Monouo facobu cameni sŏtŏ xitaru mono, vt curuma, fune nado.

Vectatio, onis. Lus. O ser leuado em carro, embarcação, &c. Iap. Curuma, funenite facobaruru cotouo yũ.

Vectiarius, ij. Lus. O que espreme com o feixe do lagar algũa cousa. Iap. Vôqinaru voxiuo caquru qinite abura, saqe nadouo xiboru fito.

Vectíbilis, e. Lus. Cousa que pode ser leuada em carro, nao, &c. Iap. Curuma, fune nadonite facobi yasuqi mono.

Vecticularius, a, um. Lus. O que quebra as fechaduras, ou rompe a parede pera furtar. Iap. Monouo nusumu tameni cabeuo qiri, jŏ nadouo vchicuzzusu mono.

Vectigal, alis. Lus. Tributo, portagem, ou renda. Iap. Mitçuqimono, xeqiya, cujixo nado nite dasu cane, nicuji, l, nengu. ¶ Publica vectigalia. Lus. Fazenda publica, ou thesouro del Rey. Iap. Coccano tameni tacuuayeraretaru tacara, l, teivŏno gomotz. ¶ Vectigalia priuata. Lus. Renda particular de cada hum. Iap. Menmenno chiguiŏ yori toru tocu. ¶ Imponere vectigal. Lus. Pór tributo, ou pençáo. Iap. Mitçuqimonouo caquru. ¶ Pendere vectigal. Lus. Pagar tributo. Iap. Mitçuqimonouo aguru. ¶ Exigere vectigal. Lus. Pedir, ou arrecadar tributo. Ipa. Mitçuqimonouo vosamuru. ¶ Facere populos vecti-

vectigales. Lus. Fazer alguns pouos tributarios. Iap. Zaixoni mitçuqimonouo nasasuru.

Vectigâlis, e. Lus. Tributario, ou o que paga pensão. Iap. Mitçuqimonouo nasu mono, l, nenguuo dasu mono.

Vectis, is. Lus. Aldraua, ferrolho, &c. Iap. Monno quannuqi, sasu, caqigane, xemi. ¶ Itẽ, Alauanca, ou hum pao de mouer, e aleuãtar pesos. Iap. Qi, l, curogane nite tçuciitaru tacojino taguy. ¶ Item, Mariola, ou pao em que dous leuam ás costas algũ peso. Iap. Monouo nacaninô vôco. ¶ Itẽ, Instrumento acomodado pera quebrar, ou destruir algũa cousa. Iap. Monouo vchi cuzzusu dôgu.

Vecto, as. frequent. Lus. Acarretar a miude algũa cousa em carro, embarcação, &c. Iap. Vma, curuma, funenite xiguequ monouo facobu.

Véctito, as. frequent. Idem.

Vector, oris. Lus. Passageiro, ou nauegante. Iap. Funeni noru mono, l, funenite vataru mono. ¶ Item, O que acarreta, ou leua algũa cousa em nao, carro, &c. Iap. Vma, curumanite monouo facobu fito. ¶ Item, per transl. Vectores. Lus. Cidadãos. Iap. Iôtono giũnin.

Vectoria nauigia. Lus. Nauios de carga, ou barcas de passagem. Iap. Quaixen, vataxibune.

Vectûra, æ. Lus. O leuar, ou acarretar algũa cousa em embarcação, caualo, &c. Iap. Vma, fune nite monouo facobu coto nari. ¶ Item, Frete, ou aluguer. Iap. Xenchin, dachin, xariqi. ¶ Facere vecturam. Lus. Ganhar sua vida leuando, ou acarretando em nao, cauallo, &c. Iap. Fune nadonite monouo facobite suguru, l, ichimeiuo tçuzuquru.

Vehiatura, æ. apud antiq. Idem.

Vegetatio, onis. Lus. O corroborar, e fazer prompto pera qualquer acção. Iap. Tçuyomuru coto nari, l, monouo suru tameni tayasuqi mononi nasu coto nari.

Végeto, as. Lus. Corroborar, e fazer prompto pera qualquer acção. Iap. Tçuyomuru, l, monouo suru tameni tayasuqi mononi nasu.

Vegeo, es. apud antiq. Idem. ¶ Item, Estar bem desposto. Iap. Yugonnaru.

Vegetatiua anima. Lus. Alma vegetatiua como das plantas, &c. Iap. Sŭmocu nadono xeigiô suru xei.

Végetus, a, um. Lus. Bem desposto, e prõto pera qualquer acção. Iap. Yugonna mono, l, sugaruqi mono, mamenaru mono.

Veges, etis. Idem.

Vegrandis, e. Lus. Cousa pequena, ou não muito grande. Iap. Chijsaqi mono, fosoqi mono, amari vôqini naqi mono.

Veha, æ. apud veteres. Lus. Estrada larga, ou de carretas. Iap. Caidô, daidô.

Véhemens, entis. Lus. Cousa vehemente, ou forte. Iap. Tçuyoqi mono, xeiriqi aru mono. ¶ Item, Feroz, ou cousa demasiada. Iap. Araqenaqi mono, l, suguitaru coto.

Vehementer, adu. Lus. Cem efficacia, e vehemencia. Iap. Xeiriqiuo motte, fanafadaxiqu. ¶ Item, Asperamente. Iap. Qibixiqu, couaqu, l, qibuqu.

Vehementia, æ. Lus. Graueza, vehemencia. Iap. Qibixisa, xeiriqi, vomesa.

Vehes, is, l, Veis. is. Lus. Carro. Iap. Curuma. ¶ Itẽ, Feno, esterco, ou qualquer outra cousa q̃ pode fazer carga de hũ carro. Iap. Curuma ichiriôni, l, fitotabini facobaruru vara, coye nado.

Véhia, æ. Lus. Carro. Iap. Curuma.

Vehiculâris, e. Lus. Cousa pertencente a carro. Iap. Curumani ataru coto.

Vehicularius, ij. Lus. Carreiro, ou cocheiro. Iap. Curumano vcsamete, curumatçucai.

Vehículum, i. Lus. Carro, ou carreta. Iap. Monouo facobu curuma.

Veho, is, exi, ectum. Lus. Leuar, ou acarretar em nao, carro, cauallo, &c. Iap. Fune, vma, curuma nite facobu.

Vehio, as. apud antiq. Idem.

Vel. Lus. Ou. Iap. Arujua. ¶ Interd. Assi, &c. Iap. To, mo, vt maximè mecibi amicum

cum facit, vel virtus vel doctrina tua. Lus. Assi vossa virtude como saber me fazem vosso amigo. Iap. Sonatano jento, gacumonua sonatani vareuo xitaximasuru.

¶ Aliqñ. Pro etiam. Lus. Tambem, ou ainda. Iap. Mo, nimo, l, made. ¶ Qñq;. Muito. Iap. Vôqini, fanafada. ¶ Interd. Principalmente. Iap. Bexxite, toriuaqi. ¶ Item, Assi como. Iap. Gotoqu, yŏni. ¶ Interd. Ao menos. Iap. Xemete.

Velâbrum, i. Lus. Hum lugar em Roma toldado de velas em que se vendia azeite, &c. Iap. Romani voite funeno fo, momen nadouo vyeni farite abura nadouo vru tocoro.

Velabrensis, e. Lus. Cousa pertencẽte a este lugar. Iap. Miguino tocoroni ataru coto.

Velâmen, inis. Lus. Cobertura, vestido. Iap. Vouoi, yxŏ.

Velamentum, i. Idem. ¶ Velamenta. Lus. Cousas q leuauão diante os q̃ pedião misericordia como ramos de oliueira, &c. Iap. Cŏsan suru monono auaremiuo tate sasuru tameni saqini tazzusaye yuqu mono.

Velaria, ium. Lus. Velas com que se cobre o theatro por riba. Iap. Butai nadono vye ni faritaru fo, momen. ¶ Item, Theatro, ou outro lugar cuberto com velas. Iap. Momen, funeno fo nadouo faritaru butai, l, tocoro.

Velatus, a, um. Lus. Cousa toldada, ou cuberta de vela. Iap. Momen, funeno fo nadouo faritaru coto. ¶ Item, Cousa ornada. Iap. Cazaritaru mono. ¶ Velati. Os que sem armas seguião o exercito. Iap. Gŭjinnite yoroi, buguuo taixezaru mono.

Veles, itis. Lus. Soldado de pé, l, de caualo de armas leues. Iap. Cogusocu xitaru vmanori, l, buxi. ¶ Item, per transl. Homem leue, e inconstante. Iap. Funbetno sadamaranu mono.

Vélifer, a, um. Lus. Cousa que tem, ou traz vela. Iap. Fono aru mono: vt fune, fobaxira, &c.

Velificatio, onis. Lus. Nauegar, ou dar a vela. Iap. Funeuo noru, l, fouo xicaquru coto nari.

Velificatus, a, um. Lus. O que nauegou. Iap. Funeuo noritaru mono. ¶ Item, Lugar junto do qual se nauega. Iap. Funeuo noraruru tocoro.

Velífico, as. Lus. Nauegar, dar a vela. Iap. Funeuo noru, fouo xicaquru.

Velíficor, aris, depon. Idem. ¶ Velificari honori suo. Lus. Trabalhar com todas as forças por aquirir, e conseruar a honra. Iap. Meiyo caraiuo motomuru tameni xei uo itaru, naguequ.

Velíficus, a, um. vt velificus cursus. Lus. Curso de nao que vai a vela. Iap. Funeno faxiru michi.

Velitâris, e. Lus. Cousa pertencente a caualo ligeiro, ou a soldado de armas leues. Iap. Cogusocu xitaru buxi, l, vmanorini ataru coto. ¶ Velitaria arma. Lus. Armas leues. Iap. Cogusocu, caroqi yoroi.

Velitatio, onis. Lus. Escaramuça, ou conflito leue, e de pouco momento. Iap. Sucoxizzuçu yaauaxeuo suru cotouo yŭ. ¶ Item, Contenda de palauras injuriosas. Iap. Tagaini accô, zŏgon suru coto nari, côron.

Vélitor, aris. Lus. Peleijar leuemente. Iap. Sucoxizzuçu tatacŏ. ¶ Item, per transl. Contender com palauras injuriosas. Iap. Tagaini accô, zŏgon suru.

Veliuolantes naues. Lus. Naos que vam a vela. Iap. Faxiru fune.

Veliuolus, a, um. Lus. Cousa que nauega com vela. Iap. Fouo motte faxiru mono. ¶ Mare veliuolum. Lus. Mar que se nauega. Iap. Funeuo noru vmi. Virg.

Vellatûra, æ. Lus. O guiar o carro. Iap. Curumauo tçucŏ cotouo yŭ. ¶ Item, Ganho que se tira de acarretar algũa cousa em carro. Iap. Curumanite monouo facobu coto yori toru tocu. ¶ Vellaturam facere. Lus. Ganhar sua vida acarretando em carro. Iap. Curuma nite monouo facobite suguru.

Vellicátim, adu. Lus. Esfalhadamente, ou apedaços tomando de ca, e de la. Iap. Chiriginini, l, qireguireni, coco caxico yori yeritorite.

Vellicatus, us. Lus. O arrancar, ou tirar a miudo. Iap. Xiguequ monouo fiqinuqu, l, toru coto nari.

Véllico, as. freq. Lus. Tirar, ou arrancar a miudo. Iap. Xiguequ fiqinuqu, l, toridasu. ¶ Item, per transl. Dizer mal, ou murmurar. Iap. Soxiru, fifŏ suru. ¶ Item, Beliscar. Iap. Tçumeru.

Vello, is, velli, vulsi, vulsum. Lus. Arrancar, tirar fora. Iap. Fiqinuqu, nebiqini suru, nuqidasu. ¶ Aliqn. Asolar, por por terra. Iap. Cuzzusu, forobosu, curorçuchi ni nasu. ¶ Vulsa corpora. Lus. Corpos que tem os cabellos arrancados. Iap. Qeuo nucaretaru xiqitai.

Vellus, eris. Lus. Vello, ou laam da ouelha. Iap. Fitçujino qe, l, marumetaru fitçujino qe. ¶ Item, Vello de laam da ouelha antes de ser trosquiada. Iap. Fitçujini voyete aru qe. ¶ Aliqn. Pelle da ouelha tirada juntamente com a laam. Iap. Qe tomoni fagaretaru fitçujino caua, yŏfi. ¶ Item, apud Virg. Algodam, ou laam de hũa certa aruore. Iap. Aru qi yori xŏzuru qiuata. ¶ Item, Folhas, ou ramo da aruore. Iap. Qino fa.

Velo, as. Lus. Cobrir. Iap. Vouô, cazzuquru. ¶ Item, Vestir. Iap. Qiru, qisuru. ¶ Item, Esconder, encobrir. Iap. Cacusu, vonmitsuru. ¶ Vellanda corporis. Lus. Partes vergonhosas. Iap. Guiocumon, guiocqei. ¶ Vellatis manibus orare. Lus. Pedir misericordia leuando nas mãos algũa cousa, como ramo de oliueira, &c. Iap. Bujino xiruxinaru qino yeda nadouo mochite cŏsan suru, cŏninni naru.

Velócitas, atis. Lus. Velocidade, ligeireza. Iap. Fayasa.

Velóciter, adu. Lus. Ligeiramente. Iap. Fayaqu, sŏsŏ, qitto.

Velóx, ôcis. Lus. Cousa ligeira. Iap. Fayaqi mono. ¶ Item, Ligeiramente. Iap. Fayaqu.

Vélum, i. Lus. Cubertura, ou cousa com que se embrulha outra. Iap. Vouoi, firazzutçumi, yutan. ¶ Item, Vela de embarcação. Iap. Funeno fo. ¶ Dare, l, facere vela. Lus. Nauegar, dar a vela. Iap. Funeuo dasu, funeuo noru. ¶ Dare vela retrorsũ. Lus. Mudar o parecer, ou estado, e maneira de vida. Iap. Zonbunuo cayuru, l, xindaiuo aratamuru. ¶ Vela dare famæ suæ. Lus. Não ter deuer cõ sua fama. Iap. Guaibũ j tguini cacauaranu. ¶ Vela facere per transl. Acometer, ou começar algũa cousa cõ todas as forças. Iap. Xeiriqiuo idaxite mononi vomoicacaru, l, fajimuru. ¶ Velis, equisque. Lus. Com todas as forças, ou por mar, e por terra. Iap. Xeicŏuo tçucuxite, cairicuuo caqete. ¶ Velis, remis que. Idem.

Velut, & veluti. Lus. Assicomo. Iap. Gotoqu, yŏni.

Vena, æ. Lus. Vea do corpo. Iap. Chisugi. ¶ Aliqn. Arteria. Iap. Qecqino cayô sugi. ¶ Incidere venam. Lus. Sangrarse. Iap. Chiuo toru. ¶ Item, Vea das aruores. Iap. Qini aru sugi. ¶ Aliqn. Vea, ou engenho acomodado pera compor algũa cousa. Iap. Monouo amitatçuru tameni niaitaru chiye, funbet. ¶ Itẽ, per transl. Veas da terra por onde mana agoa, ou outro licor. Iap. Dochŭni aru mizzusugi nado. ¶ Vena auri, l, argenti. Lus. Vea de ouro, ou prata. Iap. Dochŭni aru qinguinno sugi. ¶ Concidunt venæ. Lus. O pulso vai desfalecendo. Iap. Miacuga youaru. ¶ Tenere venas alicuius. Lus. Conhecer a natureza, e cõdição de alguem. Iap. Fitono vmaretçuqi, xŏtocuuo mixiru.

Venábulum, i. Lus. Dardo, ou lança de caçadores. Iap. Cariŭdono mochitaru yari.

Venâle, is. Lus. Cousa de venda. Iap. Vrimono.

Venâlis, e. Lus. Cousa posta em venda. Iap. Mixedanani idaxitaru mono, l, vrimono. ¶ Venales. Lus. Seruos postos em almoeda. Iap. Vru tameni dasu yatçuco. ¶ Venalis ascriptor. Lus. O que peitado com dinheiro se assina aprouando o feito de alguem. Iap. Vairouo torite, renbâuo si yuru fito.

Venalitiarius, ij. Lus. O q̃ vende, ou trata é escra-

escrauos nouos. Iap. Ataraxiqi yatçuccuo vru mono. ❡ Item, O que emfeita os escrauos velhos pera que pareçam moços, e asi os vender melhor. Iap. Toxiyorino yatçucouo tacaqu vru tameni micaqeuo yoqu naxi, iubutuo tçucuru mono.

Venalitius, ij. Idem. ❡ Venalitius, a, ũ. Lus. Cousa de venda. Iap. Vraruru mono.

Venalitium, ij. Lus. Lugar onde se vendem escrauos. Iap. Yatçucouo vru tocoro.
❡ Item, Multidão de seruos postos em vẽda. Iap. Vraruru yatçucodomono atçumari.

Venaticus, a, um. Lus. Cousa pertencente a caça de feras. Iap. Carini ataru coto.
❡ Venaticus canis. Lus. Cão de caça. Iap. Carino inu.

Venatio, onis. Lus. Caça de bestas feras. Iap. Cari. ❡ Venationes. Lus. Festas nas quaes pelejauão homens com feras. Iap. Fito qedamono tomoni tatacŏ asobi.

Venâtor, oris. Lus. Monteiro, ou caçador de feras. Iap. Carŭdo.

Venâtrix, icis. fœmi. Idem.

Venatorius, a, um. Idem. ❡ Venatorius ludus. Lus. Festa em q̃ pelejauão homens com bestas feras. Iap. Fito qedamono tomoni tatacŏ asobi.

Venâtus, us. Lus. Montaria, ou caça de feras. Iap. Cari.

Vendax, âcis. Lus. O que vende facilmente, e de boa vontade. Iap. Cocoroyoqu, l, tayasuqu monouo vru fito.

Vendîbilis, e. Lus. Cousa vendauel, ou que facilmente se vende. Iap. Vriyasuqi mono. ❡ Item, Cousa probauel. Iap. Macotoraxiqi coto. ❡ Itẽ, pertransl. Cousa popular, e agradauel ao pouo. Iap. Tamini faculxeino qini ataru mono. ❡ Aliqñ. Cousa quotidiana, e comũa. Iap. Tçuneni aru coto.

Vendico, as. Lus. Apropriarse, ou atribuir a si algũa cousa. Iap. Vaga mini monouo ategŏ. ❡ Interd. Libertar, eximir. Iap. Nogaru, fiqiuaqeru.

Venditarius, a, um. Lus. Cousa posta em venda. Iap. Vruni dataretaru mono.

Venditatio, onis. Lus. Ostentação. Iap. Iiman.

Venditio, onis. Lus. Venda. Iap. Monouo vru coto nari.

Vendito, as. Lus. Vender muitas vezes, ou cõtinuamẽte. Iap. Saisai, l, tçudan monouo vru. ❡ Aliqñ. Ter algũa cousa posta em venda. Iap. Vru tameni monouo daite voqu. ❡ Venditare se cuiquam. Lus. Cõ lizonjas prometer sua ajuda, ou lançarse com alguem. Iap. Tçuixŏni cŏriocu subexito yacusocu suru, l, cun isuru.

Vendo, is. Lus. Vẽder. Iap. Vru, coqiacu suru.

Veneficium, ij. Lus. O dar peçonha. Iap. Docugai. ❡ Aliqñ. Arte de feiticeiro, ou magico. Iap. Facaxeno narai.

Venéficus, a, um. Lus. Cousa que empeçonhenta. Iap. Docuuo motte monouo qegasu coto.

Venéficus, i. Lus. O q̃ dá peçonha. Iap. Docugaiuo suru mono. ❡ Item, Feiticeiro, e que vsa de outras maas artes. Iap. Facaxe, l, majutuo voconŏ mono.

Venefica, æ. fœmi. Idem.

Venenarius, ij. Lus. O q̃ aparelha, ou faz peçonha. Iap. Docuuo auasuru mono. ❡ Itẽ, O que vende peçonha. Iap. Docuuo vru mono.

Venenatus, a, ũ. Lus. Cousa empeçonhentada, ou chea de peçonha. Iap. Docuuo majiyetaru mono. ❡ Venenatæ sagittæ. Lus. Setas eruadas. Iap. Neni docuuo nuritaru ya.

Venénifer, a, um. Lus. Cousa que tem peçonha. Iap. Docuno aru mono.

Venêno, as. Lus. Empeçonhar. Iap. Docuuo majiyuru, l, nuru.

Venenosus, a, ũ. Lus. Cousa peçonhenta. Iap. Docuno aru mono.

Venênum, i. Lus. Peçonha. Iap. Docu.
❡ Itẽ, Cousa contraria, ou danosa a natureza de alguem. Iap. Fitoni ataru cusuri nado. ❡ Item, Feitiços. Iap. Majut, majinai.

Veneo, is, iui ij, enum. Lus. Ser vendido. Iap. Vraruru. ❡ Veneor apud antiq. Idẽ.

Venerábilis, e. Lus. Cousa digna de acatamento, e veneração. Iap. Agame vyamauru beqi mono.

Ve.

Venerabundus, a, um. Lus. O que faz algũa cousa cõ reuerencia, e acatamento. Iap. Agame vyamaite mono uo suru fito.

Venerandus, a, um. Lus. Cousa veneraueI, e digna de reuerencia. Iap. Agame vyamauarubeqi coto.

Venerans, antis. Lus. O que venera, ou acata. Iap. Agame vyamŏ mono.

Veneranter, adu. Lus. Com reuerencia. Iap. Vyamaite, sŏqiŏ xite.

Veneratio, onis. Lus. Reuerencia, acatamento. Iap. Cuguiŏ, vyamai.

Venerator, oris. Lus. O que acata, ou tem reuerencia. Iap. Agame vyamŏ mono.

Veneratus, a, um. Lus. Cousa venerada, e acatada. Iap. Agame vyamauaruru mono. ¶ Item, Cousa veneraueI. Iap. Agame vyamauarubeqi mono.

Venereus, siue Venerius, a, um. Lus. Torpe, deshonesto. Iap. Cŏxocu naru mono. ¶ Venerea res. Lus. Torpeza, deshonestida de. Iap. Iain, inran.

Veneris gemma. Lus. Hũa pedra preciosa. Iap. Aru meixuno na.

Veneror, aris. Lus. Venerar, acatar. Iap. Agame vyamŏ, sŏqiŏsuru. ¶ Item, Rogar, ou pedir. Iap. Tanomu.

Venetus, a, um, vt venetus color. Lus. Cór azul, ou do mar. Iap. Auoqi iro, mizzuiro.

Venia, æ. Lus. Perdão. Iap. Yuruxi, xamen. ¶ Qñq;. Priuilegio, permisão. Iap. Menqio, l, yuruxi. ¶ Cum venia legere. Lus. Lér sem examinar com demasiado rigor. Iap. Xometuo safodono xensacumo xezu xite yomu. ¶ Cum bona venia audire. Lus. Ouuir leuando em conta algũa cousa que lhe não agrada. Iap. Mimini ataru, l, sacŏ cotouo camauazuxite qiqu. ¶ Habere veniam. Lus. Perdoar. Iap. Yurusu, xamen suru.

Venialis, e. Lus. Cousa digna de perdão. Iap. Xamen xerarubeqi coto.

Veniens, entis. Lus. O que vem. Iap. Qitaru mono.

Venio, is, eni, entum. Lus. Vir, chegar. Iap. Qitaru, tçuqu. ¶ Aliqñ. Yr. Iap. Yuqu, vomomuqu. ¶ Item, apud Poëtas. Estar pera vir. Iap. Qisoiqitaru, qicacaru. ¶ Item, Crecer, nacer. Iap. Xŏzuru, xeigiŏ suru. ¶ Item, Ser trazido. Iap. Tazzusayeraruru. ¶ Venire ab aliquo. Lus. Vir da casa dalguem. Iap. Fitono iye yori modoru, cayeru. ¶ Venire aduersum. Lus. Sair ao encontro a alguem. Iap. Mucaini izzuru, idemucŏ. ¶ Venire in cognitionem. Lus. Chegar a ter noticia de algũa cousa. Iap. Monouo xiru, l, vaqimayuru. ¶ In confessum venit. Lus. He cousa notoria, e manifesta. Iap. Fŭmiŏ nari, cacuremo naxi. ¶ Venire in crimẽ. Lus. Ser acusado. Iap. Vttayeraruru. ¶ Venire in fidẽ alicui⁹. Lus. Entregarse, ou rẽderse a alguẽ. Iap. Cŏsan suru. ¶ Venire in flãmam. Lus. Meterse em perigo. Iap. Daijini miuo caquru. ¶ Venire. Lus. Soceder, acontecer. Iap. Xutrai suru, idequru. ¶ Vsus venit, l, vsu venit. Lus. Socedeo. Iap. Xutrai xitari. ¶ Venit in religionem res hæc. Lus. Tenho escrupulo disto. Iap. Coreua cocoroni cacaru, qini cacaru. ¶ Venire in mẽtẽ. Lus. Lẽbrarse, ou cuidar algũa cousa. Iap. Monouo vmoi idasu, xiã suru. ¶ Venire ad manus, l, ad arma. Lus. Vir ás mãos, ou abrigar. Iap. Ixxen, l, tatacaini voyobu. ¶ Venitur. imperf. Idem.

Venor, aris. Lus. Caçar feras. Iap. Caru, cari uo suru. ¶ Item, per transl. Lus. Buscar com artificio, e sagacidade. Iap. Saicanni monouo tazzunuru, l, naguequ. ¶ Item, (Passiuè) Lus. Ser enganado. Iap. Tabacararuru, damasaruru.

Venosus, a, um. Lus. Cousa chea de veas grandes ou inchadas. Iap. Futoqi sugiuo vouoqi mono. ¶ Liber venosus. Lus. Liuro de estilo aspero, e escabroso. Iap. Bunuo cataqu amitatetaru xo.

Venter, tris. Lus. Ventre, barriga. Iap. Fara. ¶ Item, Estamago. Iap. Yno fu. ¶ Item, Bucho. Iap. Daichŏnofu. ¶ Vẽtrẽ ferre. Lus. Estar prenhe. Iap. Quainin xitari, faramitari.

Ven

Ventilabrum, i. Lus. Paa com que padejão o trigo, &c. Iap. Gococuuo firu dōgu.

Ventilatio, onis. Lus. O excitar, ou aleuantar vento. Iap. Cajeuo vocosu coto nari. ¶ Item, O padejar o trigo. Iap. Miguino dōgu nite gococuuo firu, gococuno nogui, varauo cajeni tatçuru cotoue yŭ.

Ventilator, oris. Lus. O que padeja trigo, &c. Iap. Miguino dōgu nite gococuuo firu mono. ¶ Item, Trejeitador, ou que joga jogo de passepasse. Iap. Fōca nado uo xite fitoni qidocugarasuru mono. Quintil.

Véntito, as. Lus. Vira miude. Iap. Xiguequ qitaru, quru.

Ventosus, a, um. Lus. Cousa chea de vento. Iap. Cajeno ippai aru mono. ¶ Fornax ventosa. Lus. Forno, ou fornalha virada, ou exposta ao vento. Iap. Cazamucaina ru camado. ¶ Item, per transl. Soberbo, e vão. Iap. Manqinaru mono, vtçuqetaru mono, mino naqi coto. ¶ Ventosa natio. Lus. Nação leue, e vaã. Iap. Carugaruxi qi dōcocuno mono.

Ventrâle, is. Lus. Vestidura, ou faixa que cobre a barriga. Iap. Farani maqu yxōno taguy.

Ventrículus, i. Lus. Estomago. Iap. Inofu.

Ventriosus, a, um. Lus. O que tem grande barriga. Iap. Farano futoqi mono.

Ventrosus, l, (apud aliquos) Vẽtricosus, a, ũ. Idem.

Véntulus, i. dim. Lus. Vento brando, e pequeno. Iap. Xizzucani, l, sorosoroto fuqu caje.

Ventûrus, a, um. Lus. O que ha de vir. Iap. Qitarubeqi mono.

Ventus, i. Lus. Vento. Iap. Caje. ¶ Vẽtus operam dat. Lus. O vento he prospero. Iap. Yoqi cajega fuqu. Plaut. ¶ Ventum popularem quærere. Lus. An dar buscando o fauor, e aplauso do pouo. Iap. Banmin yori mochijraruru yōni na guequ. ¶ Quatuor venti. Lus. Quatro partes do ceo. Iap. Tōzai, nanbocu. ¶ Ventus secundus. Lus. Fortuna prospera. Iap. Yoqifu. ¶ Item, Tormenta. Iap. Taifŭ.

Venúcula, æ, l, (secundũ alios) Venicula, l, Venuncula. Lus. Hũa casta de vuas que durá muito tempo metidas em panelas. Iap. Fórocu nadono vchi nite fisaxiqu corayuru budō. ¶ Venúnculum. Lus. Hum genero de trigo. Iap. Comuguino taguy. ¶ Vermiculum, l, Vernaculum. apud alios. Idem.

Venum, vt Venum ire. Lus. Ser vendido Iap. Vraruru.

Venundatio, onis. Lus. Venda. Iap. Monouo vru coto nari, coqiacu.

Venundo, as. Lus. Vender, pôr em venda. Iap. Vru, l, vrini dasu.

Venus, eris. Lus. Hum planeta. Iap. Miō jō, l, sanbanno tenni sonauaru foxi. ¶ Item, Luxuria, ou ajuntamento carnal. Iap. Iain, cacon. ¶ Interd. Fermosura, ornato. Iap. Itçucuxisa, fanayacasa, jinjō, cazari. ¶ Itẽ, Sete pótos dos dados. Iap. Saino nanatçuno me.

Venustas, atis. Lus. Fermosura, ou gentileza de molher. Iap. Vonnano birei, itçucuxisa. ¶ Item, Graça, e suauidade no orar, ou prégar. Iap. Danguiuo suru toqi no jinjōsa, xiuoraxisa. ¶ Item, Fermosura. Iap. Itçucuxisa, jinjō.

Venustè, adu. Lus. Com graça, e ár. Iap. Xiuoraxiqu, jinjōni, aisōraxiqu.

Venusto, as. Lus. Ornar, fermosear. Iap. Xōgon suru, cazaru, itçucuxiqu nasu.

Venustus, a, um. Lus. Cousa fermosa q̃ tem graça, e ár. Iap. Itçucuxiqi mono, aisōraxiqi mono, jinjōnaru mono. ¶ Venusta oratio. Lus. Oração elegante, e que tem graça. Iap. Iinjōni xiuoraxiqi dāgui, l, cotoba.

Venústulus, a, um. dim. Idem.

Vepres, is. Lus. Hũa maneira de espinhos, ou tojos. Iap. Qeiqiocuno taguy.

Veprécula, æ. dim. Idem.

Veprêtum, i. Lus. Tojal, ou lugar de muitos espinhos. Iap. Igui, l, qeiqiocuno vouoqi tocoro.

II * Ver-

Ver, eris. Lus. Verão. Iap. Faru. ¶ Ver nouum, siue primum. Lus. Prima vera, ou primeiro mes do verão. Iap. Faruno fajimeno tçuqi. ¶ Ver adultum. Lus. Meyo do verão, ou segundo mes do verão. Iap. Faruno futatçuqimeno jibun. ¶ Ver præceps. Lus. Verão que vai acabando, ou o terceiro mes do verão. Iap. Faruno suyeno tçuqino jibun, l, faruno suyetçucata. ¶ Ver sacrum. Lus. Hum genero de sacrificio vsado em Italia. Iap. Italiani voite xitaru tamuqeno taguy.

Verácitas, atis. Lus. O falar sempre verdade. Iap. Fudan macotouo yũ cotouo yũ.

Vératrum, i. Lus. Erua de besteiro, ou purga do eleboro que serue pera purgar maos humores. Iap. Fucuchǒno acumotno cudaxini naru cusano na.

Verax, acis. Lus. Homem que sempre trata, e fala verdade. Iap. Fudan macotouo yũ fito.

Verbâlis, e. Lus. Cousa, ou nome que nace de verbo. Iap. Verbo yori izzuru cotoba.

Verbascum, i. Lus. Verbasco erua. Iap. Aru cusano na.

Verbêna, æ. siue Verbeneca, æ. Lus. Hũa erua. Iap. Aru cusano na.

Verber, eris. Lus. Vara, azorrague, ou pao de açoutar, ou espancar. Iap. Xippei, qeiben, l, chǒchacuno dǒgu. ¶ Item, Verbera. Lus. Varas nouas, ou vergòteas cóptidas, e tenras de parreiras, ou aruores. Iap. Budǒno qino nagaqu yauaracanaru meda chi. ¶ Verbera. Lus. Açoutes, pancadas. Iap. Chǒchacu, xeccan. ¶ Ventorum verbera vitare. Lus. Euitar, ou repairarse dos embates do vento. Iap. Cajeno iqiuoi, l, fùriocuuo fuxegu. ¶ Linguæ verbera. Lus. Reprehensam de palaura. Iap. [illegible] modoqi, l, xicaru cotouo yũ.

Verberabilis, e. Lus. Digno de ser espancado, ou açoutado. Iap. Motte mo xippei, qeibenite vtaru beqi mono, xeccan xeraru beqi mono.

Verberatio, onis. Lus. O açoutar, ou espancar. Iap. Xippei nadonite chǒchacu suru coto nari.

Verberatus, us. Idem. ¶ Item, Persuasam. Iap. Susume, l, saisocu.

Vérbero, as. Lus. Espancar, açoutar. Iap. Xippei, qeibennite chǒchacu suru. ¶ Verberari verbis. Lus. Ser reprehendido de palaura. Iap. Xicararuru, qimeraruru. ¶ Verberare aliquem conuitio, l, iniuria. Lus. Prouocar a alguem cõ injuriosas palauras. Iap. Accô, zôgon nite fitouo vobiqi idasu, qixecaqu u.

Vérbero, onis. Lus. Digno de ser açoutado, ou espancado. Iap. Xeccá, chǒchacu xeraru beqi mono. ¶ Item, O que muitas vezes he açoutado. Iap. Saisai chǒchacu xeraruru mono.

Verbígero, as. Lus. Falar, ou contender de palaura. Iap. Cataru, l, côron suru. Inusitatum est.

Verbosé, adu. Lus. Com muitas palauras. Iap. Amatano cotobauo motte.

Verbosus, a, um. Lus. Palrador, ou lingua raz. Iap. Cuchitataqi, l, vôguchiuo qiqu mono.

Verbum, i. Lus. Palaura, ou dição. Iap. Cotoba. ¶ Aliqñ. Est pars orationis, quæ per tempora, & personas declinatur. ¶ Itẽ, Palaura que se fala. Iap. Cataru cotoba. ¶ Item, Sentença insigne, ou prouerbio trilhado, e comũ. Iap. Suguretaru go, l, tçuneni fayaru cotouaza. ¶ Verba dare. Lus. Enganar, mentir. Iap. Cotoba nite danasu, tabacaru, l, qiogonuo yũ. ¶ Verbo alicui mandata dare. Lus. Mandar algum recado a alguem por palaura. Iap. Côjô ni iy fucumete tçucaiuo yaru. ¶ Meis verbis. Lus. De minha parte, em meu nome. Iap. Vaga cata yori, vaga miǒdaini. ¶ Verbi causa, l, verbi gratia. Lus. Como agora. Iap. Tatoyeba. ¶ Verba facere. Lus. Praticar, disputar, ou fazer menção. Iap. Cataru, mondô suru, l, sata suru. ¶ Verba mortuo facere. Lus. Querer persuadir algũa cousa a alguem que nem a cuue, nem a quer ouuir. Iap. Iyesanu, l, qi-

I, qiqitǒmonagaru fitoni lufumuru. ¶ Verbum de verbo, I, ex verbo exprimere. Lus. Traduzir palaura por palaura. Iap. Cotobauo cayezu xite fonyacu furu.

¶ Verbum pro verbo reddere, I, verbũ red dare verbo. Lus. Traduzir algũa cousa com outras tantas palauras. Iap. Cotoba uo noqezu fonyaca suru. ¶ Verba ad rem conferre. Lus. Confirmar as palauras com obra. Iap. Cotobano xubiuo auasuru, I, cotobauo xolauo motte tessuru.

Verè, adu. Lus. Verdadeiramente, em verdade. Iap. Macotoni, xinjitni.

Verecundè, adu. Lus. Com vergonha. Iap. Fagite, fabacatte.

Verecundia, æ. Lus. Vergonha, modestia. Iap. Mono fazzucaxigariuo suru cotouo yŭ, fagi.

Verecũdor, aris. Lus. Ter vergonha, enuergonharse. Iap. Fazzucaxiqu vomô, fazzuru.

Verecundus, a, um. Lus. Vergonhoso, modesto. Iap. Fazzucaxigaru mono, mono fagifuru mono, fericudaritaru mono.

¶ Verecundus, & parcus in transferendo. Lus. Moderado, e parco em traduzir algũa cousa vsando de metaphoras não muito duras, nem peregrinas. Iap. Xojacuuo fonyacu suru toqi, chŭyôuo mamori niaua nu tatoyeuo ficanu mono. ¶ Verecũda translatio. Lus. Translação hum pouco desuiada, mas não muito differente. Iap. Mauatte cocorouo yauaraguru domo, safodo cotobano chigauazaru fonyacu.

Veredarius, ij. Lus. Correo da posta de caualo. Iap. Fayavmani noritaru fayavchi. ¶ Veredarius vrbis, apud Hierony. Lus. Gouernador da cidade. Iap. Iŏtono vosamete.

Verêdus, i. Lus. Caualo muito ligeiro. Iap. Faya vma. ¶ Item, Caualo da posta. Iap. Faya vchino noru vma.

Verenda, orum. Lus. Partes vergonhosas. Iap. Guiocumon, guiocqei.

Verendus, a, um. Lus. Cousa digna de veneração, e acatamento. Iap. Mottomo vyamauarubeqi mono.

Verens, entis. Lus. O que teme, ou tem medo. Iap. Vosoruru mono, vozzuru mono.

Vereor, eris. Lus. Ter arreceo, ou medo cõ reuerencia. Iap. Vyamaini yotte vosoruru, fabacaru. ¶ Vereor te. Lus. Arreceo me de vos. Iap. Sonatauo vozzuru, vosoruru. ¶ Vereor tibi. Lus. Arreceo que vos soceda algũa cousa. Iap. Nangiga vye ni sainanga qitaru beqicato vosoruru.

¶ Vereri ab aliquo. Lus. Ter medo, ou arrecear que alguẽ lhe faça mal. Iap. Vaga vyeni vazauaiuo caqerarubeqi cato vosoruru.

Veretrum, i. Lus. Membro viril. Iap. Tamaguqi.

Vergens, entis. Lus. Cousa que està virada, ou inclinada pera algũa parte. Iap. Mono ni muite aru, I, catamuite aru coto.

Vergiliæ, arum. Lus. Sete estrellas juntas q̃ estão no sino Tauro. Iap. Aru xinxucu no vchini aru nanatçuno foxi.

Vergo, is, si, I, xi, sum. Lus. Estar virado, ou inclinado pera algũa parte. Iap. Mononi muite aru, I, mononi catamuite aru. ¶ Venenum vergere alicui. Lus. Dar peçonha a alguem. Iap. Docuguiuo furu.

Veridicus, a, um. Lus. O que fala verdade. Iap. Macotouo yŭ mono. ¶ Item, Cousa verdadeira, e que não he enganosa. Iap. Xinjit naru coto, feôri naqi coto.

Veriloquium, ij. Lus. Etimologia, ou origem do nome. Iap. Cotobano inyen.

Verimonia, æ. Lus. Verdade. Iap. Macoto, xinjit. Antiq.

Verisimilis, e. Lus. Cousa prouauel, e que tem aparencia de verdade. Iap. Macotoraxiqi coto, macoto sŏnaru coto, I, xinjenaru coto.

Verisimiliter, adu. Lus. Prouauel mente, e com aparencia de verdade. Iap. Macotoraxiqu, macotosŏni. ¶ Verisimiliter mentiens. Lus. O que conta cousa falsa como se fosse verdadeira. Iap. Itçuuariuo macotono yŏni cataru fito.

Veritas, atis. Lus. Verdade. Iap. Macoto, xinjit.

Veriuerbium, ij. Lus. Pratica verdadeira. Iap. Macoto naru monogatari, l, xinjit naru cotoba.

Vermiculatio, onis. Lus. Mal, ou vicio das aruores, madeira, ou fruita quando lhe dá o bicho. Iap. Sŏmocu, l, conomini muxino tçuqu yamai.

Vermiculatus, a, um. Lus. Couſa marchetada, ou feita de obra mosaica. Iap. Muxi no gotoqu naru iroirono monouo cazari tçuqetaru mono. ¶ Opus vermiculatum. Lus. Obra feita de ladrilhos pequenos trauados entre ſi de maneira que fazẽ varias figuras de bichos, &c. Iap. Chijſaqi cauarauo xiqi iroiro vyeni qedamono, muxino narini ye caqitaru tocoro, l, mono.

Vermiculor, aris. Lus. Criar a madeira, plantas, ou fruita bicho. Iap. Sŏmocu, l, conomi yori muxiga xŏzuru.

Vérmina. Lus. Dôres da barriga. Iap. Fucutçŭ, fucuchŭno vazzurai.

Verminatio, onis. Lus. Doença que dá nas beſtas quando tem hum certo bicho. Iap. Guiŭbani muxino tçuqu yamai.

Vérmino, as. Lus. Ser infeſtado, ou maltratado de bichos, ou lombrigas. Iap. Muxini xemeraruru, l, muxiga tçuqu, muxiqeni naru. ¶ Item, Ter comichão. Iap. Xiramino cŭ yŏni caixi.

Vérminor, aris. Lus. Ser moleſtado cõ dôres de barriga. Iap. Farano itamini xemeraruru.

Verminoſus, a, um. Lus. Cheo de bichos, ou o que tem bichos. Iap. Muxino vouoqi mono, muxino aru mono.

Vermis, is. Lus. Bicho. Iap. Muxi.

Vermículus, i. dim. Idem.

Verna, æ. Lus. Eſcraua, ou eſcrauo nacido em caſa, ou nacido de noſſa criada, ou eſcraua. Iap. Xujinno iyenite vmareraru yatçuco, l, vaga guegio yori vmareraru yatçuco. ¶ Item, apud antiq. Os que nacião em hum tempo emque ſe fazia hum certo ſacrificio. Iap. Aru tamuqeno ſuru toqi vmareraru mono.

Vérnula, æ. dim. Idem.

V ANTE E.

Vernáculus, a, um. Lus. Couſa domeſtica, ou propria de noſſa patria. Iap. Iyeni ataru coto, genaino mono, l, vaga coqioni ataru coto. ¶ Itẽ, Nacido ẽ noſſa patria, ou caſa. Iap. Vareto dŏcocuno mono, l, vaga iyeni vmaretaru mono. ¶ Vernacula lingua. Lus. Lingoa natural, ou de noſſa patria. Iap. Vaga xŏcocuno cotoba. ¶ Sapor vernaculus. Lus. Sabor, ou tempera particular de ſua patria. Iap. Vaga xŏcocuno monono agiuai, fŭmi.

Vernâlis, e. Lus. Couſa de veram. Iap. Faruni ataru coto.

Vernaliter, adu. Lus. Como ſeruo. Iap. Yatçucono gotoqu. ¶ Item, Brandamente, cõ liſonjas. Iap. Tçuixôuo xite, fetçurŏte.

Vernans cælum. Lus. Ceo, ou clima temperado, ou que repreſenta a temperie do veram. Iap. Nodocana tenqi, faruno fino yŏ naru tenqi. ¶ Vernans ager. Lus. Campo florido, e verde. Iap. Soqi ano ſacannaru no, yama.

Vernatio, onis. Lus. A pelle velha que as cobras mudam no veram. Iap. Cuchinausno qinu. ¶ Item, O mudarem as cobras a pelle. Iap. Cuchinauano qinuuo nuguecouo yŭ.

Vernîlis, e. Lus. Couſa de ſeruo, ou eſcrauo. Iap. Yatçuconi ataru coto.

Vernílitas, atis. Lus. Aſtucia, ſagacidade de ſeruos. Iap. Yatçuconi niyŏtaru vadacamari, damari.

Vernîliter, adu. Lus. Com liſonjas, brandamente. Iap. Tçuixô xite, fetçurŏte, amayacaite.

Verno, as. Lus. Florecer, ou eſtar viçoſas eruas, plãtas, &c. Iap. Sŏmocuga ſacayuru. ¶ Tenera lanugine vernant malæ. Lus. Começa apungir a barba. Iap. Figuega voye izzuru. ¶ Aliqñ. Cantar. Iap. Vtŏ. ¶ Interd. Reſplandecer. Iap. Ficaru, cacayaqu.

Vernus, a, um. Lus. Couſa de veram. Iap. Faruni ataru coto. ¶ Vernum æquinoctium. Lus. Equinoctio do veram. Iap. Faruno yoru, firu vonaji nagaſa naru jibun.

Verò, adu. Lus. Em verdade, mas. Iap. Macoto-

cetocotoni, sarinagara, taredon o. ¶ Aliqñ. Porem. Iap. Iyedomo. ¶ Accipitur item pro interiectione stomachantis. ¶ Aliqñ. Particula est ironiam adiuuans. ¶ item, Antes, mas antes. Iap. Qeccu, cayette.

Vero, as. Lus. Falar verdade. Iap. Macotouo yû. ¶ Item, Representar na verdade, ou ao viuo. Iap. Arinomamani mononuo nisuru.

Verpa, æ Lus. Membro viril. Iap. Tamaguqi, xiji.

Verpus, i. Lus. Circuncidado. Iap. Xiji, tama guqino saqino cauauo sucoxi qiritaru fito.

Verres, is. Lus. Porco por castrar. Iap. Fenocono tamauo torazaru buta.

Verriculatus, a, um. Lus. Cousa feita a manei ra de rede varredoura. Iap. Vuouo toru amino narini tçucuritaru mono.

Verriculum, i. Lus. Rede varredoura. Iap. Vuouo fiqu amino taguy.

Verrinus, a, um. Lus. Cousa de porco que não he castrado. Iap. Qinno tamauo torazaru butani ataru coto.

Verro, is, si, sum. Lus. Tomar, trazer por força. Iap. Fiqi yosuru, fiqi tatçuru, fiqitçuru. ¶ Item, Virar, voluer. Iap. Firugayesu, cayuru. ¶ Aliqñ. Varrer, alimpar. Iap. Faqu, sôgisuru, qiyomuru.

Verrûca, æ. Lus. Cabeço, ou lugar mais alto do monte. Iap. Yamano mine, itadaqi, l, yamano vaqiye tçuzzuqu vosaqi. ¶ Itẽ, Verruga. Iap. Ibo. ¶ Item, Ponto, ou certo vicio das pedras preciosas. Iap. Mei xuni aru cumoritaru tocoro, l, tamano qizu.

Verrúcula, æ. dim. Idem.

Verrucaria, æ. Lus. Girasol erua. Iap. Aru cusano na.

Verrucosus, a, um. Vt verrucosus mons. Lus. Monte cheo de outeiros, ou cabeços. Iap. Tçucano vouoqi yama. ¶ Verrucosus homo. Lus. Homem que tem no corpo muitas verrugas. Iap. Mini ibono vouoqi fito. ¶ Item, per transl. Aspero, duro, e agreste. Iap. Araqi mono, araqenaqi mono.

Verrunco, as. Lus. Afastar, lançar fora. Iap. Noquru, voiidasu, tçuifôsuru.

Versatilis, e. Lus. Cousa que se vira pera hũa parte, e pera outra. Iap. Cocoro caxico ye vgoqu, l, mauaru mono. ¶ Item, Cousa apta pera se menear, ou virar pera algũa parte. Iap. Furiyasuqi mono, vgocaxiyasuqi mono. ¶ Versatile ingenium, per transl. Lus. Engenho, ou natural acomodado pera qualquer cousa. Iap. Banjini sôtôxitaru vmaretçuqi.

Versatio, onis. Lus. O virar, ou reuoluer. Iap. Vgocasu, l, mauasu coto nari.

Versicolor, oris. Lus. Cousa que vista de varias partes representa varias côres. Iap. Miru tocoroni xitagatte caccacuno irouo arauasu mono. ¶ Versicolores vestes. Lus. Vestidos tecidos de varias côres. Iap. Iro ironi voritatetaru yxô. ¶ Item, secundum alios. Vestidos tintos de outra côr sobre a natural. Iap. Mononi sometaru yxô.

Versiculus, i. dim. Lus. Verso breue, ou baixo. Iap. Mijicaqi vta, iyaxiqi vta. ¶ Itẽ, Escritura, ou regra breue. Iap. Mijicaqi caqi mono, l, mijicaqi cudari.

Versificatio, onis. Lus. O compor versos. Iap. Vtauo yomu coto nari.

Versificator, oris. Lus. O que compoem, ou escreue versos. Iap. Vtauo yomu fito.

Versífico, as, l, Versificor, aris. Lus. Compor versos. Iap. Vtauo yomu.

Versíficus, a, um. Lus. Cousa composta, e ordenada como versos. Iap. Vtano gotocu caqitatetaru xo nado.

Versipellis, e. Lus. Astuto, malicioso, e que sabe fingir, ou dissimular algũa cousa. Iap. Vadacamaritaru mono, l, aru coto o naqiyôni l, naqi cotouo aruyôni motenasu mono.

Verso, as, freq. Lus. Virar, ou menear. Iap. Vgocasu, mauasu. ¶ Aliqñ. Virar em roda ou rodear. Iap. Cocasu, mauasu. ¶ Aliqñ. Reuoluer na imaginação, ou considerar. Iap. Chiyeuo megurasu, xian suru.

¶ Aliqñ. Instruir, ou exercitar. Iap. Voxiyuru, ximesu. ¶ Versare libros. Lus. Reuolueros liuros. Iap. Xouo curicayexite yomu.

¶ Ver-

¶ Versare aliquem. Lus. Zombar, ou enganar a alguem. Iap. Anadoru, tabacaru. ¶ Versat animũ cupido regni. Lus. A ãbição de reynar desuia o animo do direito, e da justiça. Iap. Midarinaru cunino nozomiga cocorouo iendŏ, l, genbŏ yori fiqi fanasu. ¶ Animum muliebrem versare in omnes partes. Lus. Procurar por todas as vias ora com rogos, ora com ameaças de dobrar o animo dalgũa molher. Iap. Vodoitçu, sucaitçu, l, xujuno michiuo motte vonnano cocorouo catamuqento naguequ. ¶ Versare dolos. Lus. Vrdir, ou machinar enganos. Iap. Chŭ facuuo megurasu. ¶ Versare oues. Lus. Pastar ouelhas. Iap. Fitçujiuo cŏ. ¶ Versare terram. Lus. Laurar, ou cauar a terra. Iap. Denbacuuo tagayesu, suqu, l, foru.

Versor, aris. Lus. Deterse, andar, ou viuer em algũa parte. Iap. Tŏriŭ suru, tomaru, yuqu, yru, giŭqio suru. ¶ Versari in suo munere. Lus. Exercitarse eu officio. Iap. Yacuuo tçutomuru. ¶ Versari ante oculos. Lus. Andar diante dos olhos. Iap. Itçumo ganjenni aru. ¶ Versari in aliquo errore. Lus. Estar em algum erro. Iap. Mayoini giŭsuru.

Versorius, a, um. Lus. Cousa que se torna. Iap. Cayeru mono, modoru mono. ¶ Versoriam capere. Lus. Tornar pera tras. Iap. Atoye modoru, cayeru.

Versura, æ. Lus. Mudança, ou conuersam. Iap. Naricauaru cotouo yŭ, fengue. ¶ Item, Lugar, ao qual tanto que hum chega torna a virar. Iap. Yuqi tçuite yagate cayeru tocoro. ¶ Item, Dobra, ou tortura dos cantos dos edificios da banda de fora. Iap. Iyeno cado, sumi. ¶ Item, O tomar dinheiro a onzena pera pagar ao acredor. Iap. Rixeno caritesenbé suru tameni yono fitoni mata vonaji rixenuo caru coto uo yŭ. ¶ Versuram facere. Lus. Pedir dinheiro emprestado a onzena pera pagar algũa diuida. Iap. Rixenuo catte xacumot uo fenben suru.

Versus, a, um. Lus. Cousa virada, ou varrida e limpa. Iap. Vchicayesaretaru coto, vel sŏgi xitaru coto.

Versus, præpos. Lus. pera algũa parte. Iap. Mucatte, muqete. ¶ Quoquo versus. Lus. Pera qualquer parte. Iap. Docoye muqete naritomo. ¶ Quaqua versus. Lus. Por qualquer parte. Iap. Izzucuuo naritomo. ¶ Vtroque versus. Lus. Pera ambas as partes. Iap. Riŏbŏni muite. ¶ Sursum versus. Lus. Pera riba. Iap. Vyeye muqete.

Versus, us. Lus. Verso. Iap. Vta. ¶ Item, Espaço do cãpo, ou herdade de cem pees em quadro. Iap. Axi fiacutaqe yofŏno denbacu. ¶ Aliqñ. Regra do liuro, &c. Iap. Xomotno cudari. ¶ Item, Ordem, ou fileira. Iap. Tçuori. ¶ Item, Canto, ou cantiga. Iap. Vtai, vta. ¶ Fundere versus ex tẽpore. Lus. Fazer versos de repente. Iap. Tonsacuni vtauo yomu. ¶ Versus facere, l, scribere. Lus. Compor versos. Iap. Vtauo yomu.

Versus, a, um. Lus. Cousa virada. Iap. Cayesaretaru coto, modosaretaru mono. ¶ Item, Cousa mudada, ou conuertida. Iap. Naricauaritaru mono. ¶ Item, Propenso, e inclinado a algũa cousa. Iap. Mononi catamuqu, l, suqu mono. ¶ Risus versus est in luctũ. Lus. A alegria se conuerteo em tristeza. Iap. Yorocobiga canaximini naricauatta.

Versutè, adu. Lus. Astuta, e maliciosamente. Iap. Damatte, vadacamatte.

Versutia, æ. Lus. Astucia, malicia. Iap. Damari, vadacamari.

Versutiloquus, a, um. Lus. O que fala astuta, e maliciosamente. Iap. Vadacamatte monouo yŭ fito.

Versutus, a, um. Lus. Astuto, e malicioso, e que dissimula as cousas como quer. Iap. Vadacamaritaru mono, banjini vadacamarite vomoino mamani monouo suru fito. ¶ Item, Engenhoso, e de viuo entendimento. Iap. Riconnaru mono, chiyeno fayaqi mono.

Vertagus, i. Lus. Cão que por si mesmo vai a çaa caça, e torna com a presa pera casa. Iap. Vonoreto yamani iri cui coroxitaru qedamonouo sonomino iyeni cuuayete qitaru inu.

Vertebræ, arum, siue Vertibula. Lus. Os engonços, ou nos dos ossos do espinhaço. Iap. Xebonenotçugaitçugai. ¶ Item, per transl. Engonços, ou partes por onde se meneam, e dobram os bichos que não tẽ sangue. Iap. Chino naqi muxino tçugai.

Vertebratus, a, um. Lus. Cousa feita à maneira de engonços, ou ossos do espinhaço. Iap. Xeboneno tçugaino gotoqu tçucuritaru mono.

Vertex, icis, l, Vortex, icis. Lus. Tufam, ou pè de vẽto que venta e redemoinho. Iap. Tçuji caje, vô caje. ¶ Itẽ, Redomoinho dagoa. Iap. Vzzu. ¶ Vertices dolorũ, per transl. Lus. Dôres que em roda viua a tormentam, e molestam o coração. Iap. Tayema naqicocorono vrei, canaximi.

¶ Item, Cume, ou lugar da cabeça onde se rematam os cabelos. Iap. Caxirano tçuji, zzuchô. ¶ Item, Cume do monte. Iap. Yamano mine, itadaqi. ¶ Aliqñ. Polos do ceo. Iap. Tenno nanbocuno gicu.

¶ Item, Vento norte. Iap. Qitano caje.

Verticella, æ. Lus. Hum bicho sem sangue. Iap. Chinaqi muxino taguy.

Verticillatus, a, um, l, Vertibulatus. Lus. Cousa feita a modo das junturas, ou engonços dos ossos do espinhaço. Iap. Xeboneno tçugainoyŏni tçucuritaru mono.

Verticôsus, a, um. Lus. Cousa de muitos redomoinhos. Iap. Vzzuno vouoqu mô tocoro, l, tçujicajeno xigueqi tocoro.

Vertículum, i. Lus. Mainça que se poem no fuso pera que se vire mais facilmente. Iap. Tçumuno fa.

Verticillum, et Verticillus, i. dim. Idem.

Vertigo, inis. Lus. Vagado, ou esuaimento da cabeça. Iap. Meno mŏ yamai.

Vertius, ij. Lus. Homem de grandes forças. Iap. Gôriqi naru mono.

Verto, is, ti, sum. Lus. Virar, voluer. Iap. Mauasu, megurasu, voximuquru. ¶ Itẽ,

Traduzir hũa cousa de hũa lingoa em outra. Iap. Tacocuno cotobani fonyacu suru. ¶ Aliqñ. Conuerter, aplicar. Iap. Fiqicayuru, firugayesu, yosuru, atego. ¶ Aliqñ. Pedir dinheiro emprestado a onzena pera pagar algũa diuida. Iap. Rixenuo catte xacumotuo fenben suru. ¶ Interd. Considerar, reuoluer na imaginação. Iap. Tçucuzzucuto xian suru, chiriacuuo megurasu. ¶ Bene vertere. Lus. Soceder bem. Iap. Saiuaini xutrai suru. ¶ Vertere omnia. Lus. Destruir, e perturbar todas as cousas. Iap. Banjiuo midarasu, l, cuzzusu. ¶ Vertere terram, seu agros. Lus. Cultiuar, ou laurar a terra. Iap. Denbacuuo tagayesu, cŏsacu suru. ¶ Vertitur causa in hac re. Lus. A demanda, ou ò negocio consiste nisto. Iap. Cuji satana coreni qiuamaru, l, cotoga coreni qiuuru. ¶ Vertunt cratêras ahenos. Lus. Emborcão, ou esgotão taças de cobre cheas de vinho. Iap. Acaganeno sacazzuqi nite ippai nomu, nomi fosu. Virg. ¶ Verte omnes tete in facies. Lus. Transformai uos em quaes quer formas, ou figuras. Iap. Nanitaru catachinimo fenjeba fenjeyo. ¶ Vertere se in formam alicuius. Lus. Cõuerterse na forma de alguem, ou fingir ser outro. Iap. Mononi fengue suru, l, bechino sugatani cayuru. ¶ Vertere aliquem in fugam. Lus. Fazer fugir a alguem. Iap. Fitouo nigasu, faifocu sasuru. ¶ Vertere se in selectionem alicuius partis. Lus. Escolher, ou lançarse dalgũa parte. Iap. Ippŏno micatani naru, l, ippŏno yerabu. ¶ Vertere omnium in se oculos. Lus. Leuar apus sy os olhos de todos. Iap. Yojinni suguretè miraruru, l, meuo caqeraruru yŏni suru. ¶ Quò me vertam nescio, l, non habeo. Lus. Não sei que faça, ou que conselho tome. Iap. Nanto xite yocarŏzo xiranu. ¶ Vertitur res in meo foco. Lus. Tratase sobre minha pele, ou de cousa que ha de cair sobre mim. Iap. Vaga vyeni tçuite sataxeraruru, l, vaga vyeni cacaru beqi cotouo sata xeraruru. ¶ Vertere sen-

sententiam retro. Lus. Mudar o parecer. Iap. Zonbunuo cayuru. ❡ Vertere stylum in tabulis. Lus. Riscar, ou borrar o escrito, ou reuogar, e retratar o q̃ tinhamos escrito. Iap. Caqitaru cotouo qesu, l, xomẽni noxetaru cotouo firugayesu. ❡ Vertere terga. Lus. Fugir. Iap. Niguru, vxirouo misuru, faifocu suru. ❡ Vertere stultitiæ. Lus. Atribuir a paruoice. Iap. Vtçuqe ni fusuru. ❡ Vertere vitio. Lus. Atribuir a vicio. Iap. Ayamari, l, acuni fusuru. ❡ Male vertere. Lus. Soceder mal, e infeliz mente. Iap. Axiqu idequru. ❡ Vertere solum. Desterrarse por diuidas, ou por delitos. Iap. Xacuxenuo fenben suru coto canauazu xite coqiŏ ycri niguru, l, xacuxẽ uo xite rŏnin suru, vel ruzai suru.

Vertunalia, l, Vertumnalia, Vertumni festa, quæ fiebant mése Octobri.

Veru, indeclin. in singul. & Verua, ruũ, in plural. Lus. Espeto. Iap. Monouo aburu cuxi. ❡ Itẽ, Hũa lança comprida, e delgada. Iap. Fosonagaqi yarino taguy.

Veruactum, i. Lus. Campo laurado hũa vez no veram, e deixado assi atè o outono no qual se torna a laurar. Iap. Faruni tagayexite, aqimade giuo yasume, mata aqi tagayesu dẽbacu.

Veruculum, i. Lus. Hum instrumento de ferro com que os que fundem, ou apúram o metal tiram a escuma, ou escoria. Iap. Caneuo fuqu, l, migaqu mono canacuso uo noqunu curŏganeno dŏgu.

Veruécceus, a, um. Lus. Cousa feita a semelhança de carneiro castrado. Iap. Qinno ta mauo toraretaru fitçujino narini tçucurare taru mono. ❡ Statua veruecea. Lus. Escratio bestial, e que tem pouca difereça de hũ carneiro. Iap. Fenocono tamauo toraretaru vofitçujini fitoxiqi yatçuco. Plaut.

Veruecînus, a, um. Lus. Cousa de carneiro castrado. Iap. Miguino vofitçujini ataru coto.

Veruex, ecis. Lus. Carneiro capado, ou castrado. Iap. Qinno tamauo toraretaru fitçuji. ❡ Sectarius veruex. Lus. O carneiro que guia o rebanho. Iap. Saqini tatte yono fitçujiuo michibiqu vofitçuji.

Verùm. Lus. Mas, porem. Iap. Saredomo, sarinagara. ❡ Verùm enim. Lus. Por que, mas porem. Iap. Sonoyuyeua, najeni nare ba, l, saredomo. ❡ Verùm enim verò. Lus. Mas, com tudo. Iap. Sarinagara.

Verùntamen. Lus. Toda via. Iap. Sasuga, sarinagara.

Verus, a, ũ. Lus. Cousa solida, e verdadeira. Iap. Matocana coto, l, masaxiqi coto, maco to naru coto. ❡ Aliqñ. Cousa boa, ou justa. Iap. Yoqi coto, l, qẽbŏnaru coto, tadaxiqi coto. ❡ Qñq;. O q̃ fala verdade. Iap. Ma cotouo yũ fito. ❡ Simile vero. Lus. Cousa verisimil. Iap. Macotoraxiq coto. ❡ Similitudo veri. Lus. Probabilidade, aparencia de verdade. Iap. Macotoraxisa. ❡ Verum mordax. Lus. Verdade liure que offende as orelhas dos que se acham cõprehendidos em algum vicio, &c. Iap. Vaga vocaxitaru toga nadouo qijte cocoroni caquru, l, mimini sacŏ macoto.

❡ Verus color. Lus. Côr natural. Iap. Xŏ tocuno iro. ❡ Verus labor. Lus. Trabalho que cada hum por si padeceo, ou passou. Iap. Iixin xitaru xinrŏ.

Verutum, i. Lus. Zarguncho, ou dardo cujo ferro he da feição de espeto. Iap. Xica cuni togaritaru yarino mino taguy.

Verutus, a, um. Lus. Armado com zarguncho. Miguino yariuo taixitaru mono.

Vesania, æ. Lus. Doudice, pouco siso. Iap. Qiŏqi, vtçuqe.

Vesanio, is. Lus. Endoudecer, ou ser doudo. Iap. Qiŏqini naru, qiŏqi suru, mononi curŭ. ❡ Aliqñ. Fazerse brauo, cu feroz. Iap. Taqequ naru, araqeraqu, l, qi bixiqu naru.

Vesânus, a, um. Lus. Doudo, sem siso. Iap. Qiŏqijin, vtçuqeta mono. ❡ Item, Cruel, ou furioso. Iap. Nasaqe naqi mono, qẽ don fŏitnaru mono, qiŏran suru mono.

Vescor, eris. Lus. Comer, pacer. Iap. Xocu suru, famu. ❡ Aliqñ. Vcr. Iap. Miru, ❡ Vesci ex manu hominis. Lus. Comer da mão

mão dalguem. Iap. Xocuuo cucumeraruru. ¶ Vesci aura æthereа. Lus. Viuer. Iap. Zonmei suru. ¶ Item, (passiuè) apud Comutum. Idem.
Vesculi. Lus. Homens magros, mal criados. Iap. Yaxetaru mono, l, yaxinaino fusocuni yotte yaxetaru mono.
Vescus, a, um. Lus. Cousa boa, e acomodada pera comer Iap. Xocubutni yoqi mono. ¶ Item, Cousa pequena, e miuda. Iap. Chijsaqi mono, comacana mono.
Vesica, æ. Lus. Bixiga. Iap. Ibaribucuro.
Vesicula, æ. dim. Idem. ¶ Vesicula fellis. Lus. Bolso é que se recolhe o fel. Iap. Inofu. ¶ Item, Vesiculæ. Lus. Folhelhos, ou bainhas de certas eruas em que està recolhida a semente. Iap. Cusa nadono mino caua.
Vesicaria, æ. Lus. Hũa aruorezinha. Iap. Chijsaqi qino na.
Vespa, æ. Lus. Abespa. Iap. Abu.
Vesper, eris, l, Vesperus, i. Lus. Estrella boeira. Iap. Yŭbeni ichibanni miyuru foxi. ¶ Item, Tarde, ou boca danoite. Iap. Yŭben on tocoredoqi, iriaino coro.
Vespera, æ. fœm. Idem.
Vesper, a, um. Lus. Cousa da tarde. Iap. Banguemi ataru coto. ¶ Vesperum. Lus. Tépo da tarde. Iap. Banguei.
Vespertàlis, e. Idem.
Vesperascit. Lus. Vaise fazendo tarde, ou anoitece. Iap. Figa cururu, bangueini naru.
Vésperi, vel Véspere. Lus. Á tarde. Iap. Bangueini.
Vesperna, æ. Lus. Cea. Iap. Yŭmexi, bãsui.
Véspero, as. Lus. Fazerse tarde, anoitecer. Iap. Figa cururu, bangueini naru.
Vespertilio, onis. Lus. Morcego. Iap. Cŏmuri. ¶ Item, per transl. Lus. Homem que por estar muito endiuidado có medo dos acredores està de dia é casa, e sae de noite. Iap. Xacuxenni xemeraretе firuua iyeni y, yoruua cocoroáxiconi aruqu mono.
Vespertinus, a, um. Lus. Cousa pertencente á tarde. Iap. Bangueini ataru coto. ¶ Vespertinæ literæ. ~~Lus.~~ Cartas que foram dadas, ou escritas a tarde. Iap. Bangueini cacare, l, vatasaretaru fumi.
Vesperŭgo, inis. Lus. Planeta venus. Iap. Miŏjŏ, l, yŭbeni ichibanni miyuru foxino na.
Vespillo, onis. Lus. O que tem por officio enterrar gẽte pobre, e vil. Iap. Iyaxiqi mono no xigaiuo vosamuru vonbŏ, l, vosamuru mono.
Vesta, æ. Aliqñ. Accipitur pro terra. Lus. Terra. Iap. Daigi. ¶ Interd. Fogo. Iap. Fi.
Vestales virgines. Lus. Virgens dedicadas a oculto da deosa Vesta. Iap. Vesta toyŭ fotoqeni sçucayetaru Virgem naru bicuni.
Vester, a, ũ. Lus. Cousa vossa, ou de voscutros. Iap. Vonouononi ataru coto.
Vestiarium, ij. Lus. Lugar onde se guardam, ou vendẽ vestidos. Iap. Yxŏuo tacuuaye voqu tocoro, l, vru tocoro. ¶ Aliqñ. Prouiméto de vestidos q̃ basta pera hũ. Iap. Fitorino tame irubeqi fodono yxŏno yŏy.
Vestiarius, ij. Lus. O que tem cuidado da guardaroupa. Iap. Yxŏuo tacuuaye voqu tocorono saibansuru mono. ¶ Item, O q̃ vende vestidos. Iap. Yxŏuo vru mono.
Vestiarius, a, um. Lus. Cousa pertencente a vestidos. Iap. Yxŏni ataru coto. ¶ Vestiaria arca. Lus. Arca de guardar vestidos. Iap. Yxŏuo irevoqu carŏto.
Vestíbulum, i. Lus. Dianteira, ou lugar que fica entre o lumiar da porta, e a rua comũa. Iap. Cugaino caidŏ to, iyeno aida no bun. ¶ Item, Entrada da casa, ou portal. Iap. Iyeno iricuchi, l, to.
Vésticeps, ipis. Lus. Mancebo aquem cemeça apungir a barba. Iap. Figueno voye fajimuru jacunin.
Vestigator, oris. Lus. Caçador de feras. Iap. Cariŭdo.
Vestigium, ij. Lus. Pegada. Iap. Axiato, axigata. ¶ Qñq;. Sola do pè. Iap. Axino tanaura. ¶ Ite, per transl. Rasto, ou final de algũa cousa. Iap. Mono no ato, qizaxi, xiruxi. ¶ Fallere vestigium. Lus. Ser algum lugar escorregadiço. Iap. Tocoro ga suberu. ¶ Ponere vestigia leuiter. Lus. Andar demaneira que escasamente deixe rasto

Ff 5 *

rasto,ou pegadas. Iap. Axiatono nocoranu yõoi ayumu. ¶ Imprimere vestigium,I, facere vestigia in aliquo loco. Lus. Deixar impressas pegadas, ou sinal em algum lugar. Iap. Atouo nocosu, I, axi atouo nocosu. ¶ Occumbere in vestigio. Lus. Morrer logo na estancia, ou lugar que o capitão lhe determinou. Iap. Taixõ yori vocaretaru tocoronite vchijini suru.

¶ Vestigia corporis. Lus. Sinal do corpo impresso em algũa cousa. Iap. Mononi tçuqitaru xiqitaino ato. ¶ Vestigium equi. (Aliqñ.) Ferradura do caualo. Iap. Vmano canaguçu.

Vestigo, as. Lus. Seguir pollo rasto, ou buscar cõ diligencia. Iap. Axi atouo xitõ,I, tçunagu, I, nengoroni tazzunuru,I, tandayuru.

Vestimentum,i. Lus. Vestido. Iap. Yxõ. ¶ Aliqñ .(apud iuris consultos.) Pano. Iap. Momen, nuno.

Vestio, is, iui, itum. Lus. Vestir, ornar, cubrir,ou cercar. Iap. Yxõuo qisuru, cazaru, vouoiuo suru,maqu. ¶ Arbores se frondibus vestiunt, per transl. Lus. As aruores se vestẽ de folhas. Iap. Qiga fauo xõzuru. ¶ Vestire agrum vineis. Lus. Encher o cãpo de vides, ou pòr bacello. Iap. Fatageni budõuo tçucuru. ¶ Gramina ripas vestiunt. Lus. Aerua veste as ribeiras, ou bordas do rio. Iap. Cauabatani xibacusaga voye xigueru. ¶ Vestiti montes syluis. Lus. Montes abastecidos de aruoredos syluestres. Iap. Qino voye xigueritaru yama. ¶ Vestire parietes tabulis. Lus. Ornar as paredes com paineis, &c. Iap. Fiõgu xitaru ye nite cabeuo cazaru.

Vestis, is. Lus. Vestido. Iap. Yxõ. ¶ Aliquando, Barba. Iap. Figue.

Vestispicus,i. Lus. Seruo que guarda os vestidos. Iap. Yxõuo tacuuaye voqi saiban suru yatçuco, guenin.

Vestispica, æ. fœmi. Idem.

Vestitissimus, a, um. Lus. Cousa muito bẽ arroupada,ou vestida. Iap. Qirumonouo vouoqu qitaru mono.

Vestitus, us. Lus. Vestido. Iap. Yxõ. ¶ Orationis vestitus. Lus. Ornato da oração. Iap. Danguino cazarito narugo,cotoba na do. ¶ Montiũ vestitus densissimi. Lus. Vestidura, ou aruoredos espessos com que os montes estão cubertos. Iap. Yamano cazarito naru voye xigueritaru jumocu.

¶ Riparum vestitus viridissimi. Lus. Eruas, ou verdes prados que vestem as ribeiras do rio. Iap. Cauano cazarito naru cauabatani voye xigueritaru cusa.

Vestras, atis. Lus. Cousa de vossa patria,ou região. Iap. Nangitaga dócocu, I, dôçiŏ no mono.

Vetans, antis. Lus. O que prohibe. Iap. Qinjei suru mono, imaximuru mono.

Vetatio, onis. Lus. Prohibição. Iap. Qinjei, imaxime.

Veter, eris. Lus. Cousa velha, ou ãtiga. Iap. Furuqi mono, mucaxino mono.

Veteramentarius sutor. Lus. çapateiro remendão. Iap. Furuqi cutçuni tçuguiuo suru yacuxa.

Veterânus, a, um. Lus. Cousa velha, ou antiga. Iap. Furuqi coto, fisaxiqi coto.

¶ Veterana, orum. Lus. Eirados que ainda não tinhã seruido hũ ano. Iap. Imada maruni ichinen fôcô xezaru yatçuco.

¶ Veterani milites. Lus. Soldados velhos isentos de toda obrigação tirando de resistir aos imigos. Iap. Yono yacuuo noga re,fuchiuo torite teqiuo fuxegu cotouo nomi yacuto suru furuqi buxi. ¶ Veteranæ vites. Lus. Vides velhas. Iap. Furuqi budõno cazzura.

Veterasco, is. Lus. Enuelhecer. Iap. Furuqu naru.

Veterator, oris. Lus. Homem exercitado ẽ astucias, e enganos. Iap. Fiôrixa, bôriacujin. ¶ Item, Escrauo astuto, e malicioso que seruia a muitos senhores. Iap. Amatano xujinni tçucauaretaru damatta yatçuco. ¶ Aliqñ. Auogado, ou procurador das demandas que pollo muito exercicio sabe todos os enganos, e cousas que ha nellas. Iap. Cujino côxa,I, cujini narete cujino jinofeôri, tabacariuo xiritaru mono.

Veteratoriè,adu. Lus. Astuta, e maliciosa mẽ te. Iap. Damarite, vadacamarite.

Veteratorius, a, um. Lus. Astuto, enganador. Iap. Tabacarite, bôriacujin.

Veterátrix,icis. Lus. Molher exercitada em enganos, e astucias. Iap. Bôriacuni cóno iritaru vonna.

Veterinarius, a, um. Lus. Cousa pertencente a bestas de carga. Iap. Niuo vô guiŭbani ataru coto.

Veterinarius, ij. Lus. Almocreue, ou homẽ que aluga a outros bestas de carga. Iap. Vmacata, vxicai, l, dachinuo totte guiŭbauo casu mono. ¶ Item, Alueitar. Iap. Facuracu.

Veterînus, a, um. Vt veterina animalia. Lus. Bestas de carga, ou accomodadas pera carga. Iap. Niuo vô guiŭba, l, niuo vô tameni sôtô xitaru qedamono. ¶ Veterinum(substant.) Idem.

Veternosus,a,ũ.Lus. Doẽte de modorra. Iap. Vônemurino yamaiuo vazzurô mono. ¶ Item, per transl. Priguiçoso. Iap. Buxô mono. ¶ Item, apud Catonē. Hidropico. Iap. Suixuno biôja.

Veternus, i. Lus. Modorra doença. Iap. Vônemurino yamai. ¶ Qñq;. Priguiça, ociosidade. Iap. Buxô, itazzura. ¶ Interd. O dormir demasiada mẽte. Iap. Vôneuo suru cotouo yŭ.

Vétero, as. Lus. Enuelhecer. Iap. Furuqu naru.

Véritum, i. Lus. Cousa prohibida. Iap. Imaximeraretaru cotouo yŭ.

Véritus, a, um. Lus. Cousa prohibida. Iap. Imaximeraretaru coto.

Veto, as, tui, titum, l, taui, tatum. Lus. Vedar, prohibir. Iap. Qinjei suru, imaximuru, chôji suru.

Vetónica. vide Betonica.

Vetrale, vide Ventrale.

Vetus, eris. Lus. Cousa velha, ou antiga. Iap. Furuqi coto, fisaxiqi coto. ¶ Itẽ, Apud veteres. Os antigos, homens de autoridade. Iap. Mochij aru cojin. ¶ Interd. Cousa comida, ou danificada da velhice. Iap. Furubite soconetaru coto. ¶ Item, Cousa rançosa por ser ja velha. Iap. Furuqu soconete tatagaraqi mono. ¶ Vetus vinũ. Lus. Vinho velho q̃ tẽ mais vigor. Iap. Furuini yotte tçuyoqi saqe, coxu.

Vétulus, dim. Idem.

Vetustas, atis. Lus. Antiguidade, velhice. Iap. Mucaxi, l, toxi furitaru cotouo yŭ.

Vetustè, adu. Lus. Antigamente, ou por mui to tempo. Iap. Inixiyeni, toxi furite.

Vetustesco, is. Lus. Enuelhecer. Iap. Furuqu naru.

Vetustus, a, ũ. Lus. Cousa antiga, ou velha. Iap. Fisaxiqi coto, furuqi coto, inixiyeno coto. ¶ Liberorum vetustissimus. Lus. O filho mais velho. Iap. Sôriô, chacunan.

Vexatio, onis. Lus. Roubo, ou destruição. Iap. Rambô, famet, cuzzure. ¶ Item, Avexaçam, opressam. Iap. Sainan, xeme.

Vexator, oris. Lus. O que oprime, ou molesta. Iap. Xemete, l, sainanuo caquru fito.

Vexillarius, ij. Lus. Alferez. Iap. Fatasaxi.

Vexillifer, eri. Idem.

Vexillatio, onis. Lus. Companhia, ou bandeira de gente de caualo. Iap. Ichininno taixôni xitagô vmamuxano fitosonaye.

Vexillum, i. Lus. Bandeira. Iap. Fata.

Vexo, as. Lus. Molestar, perturbar, oprimir. Iap. Sainanuo caquru, xemuru, l, midara su. ¶ Item, Saquear, roubar. Iap. Ranbôsuru, faccô suru. ¶ Item, Arrebatar, ou arastar por diuersas partes. Iap. Coco caxi couo ficozzuru.

V ANTE I.

Via, æ. Lus. Estrada, ou rua por onde pode yr hũ carro. Iap. Curuma ichiriô to uoru fodo firoqi michi, curuma michi, chô. ¶ Item, Caminho. Iap. Caidô, michi. ¶ Aliqñ. O yr, l, caminhar. Iap. Michiuo yuqu coto nari. ¶ Itẽ, Forma, maneira, ou modo. Iap. Monono xiyô, yôdai, michi. ¶ Item, Intento. Iap. Monono atedocoro, meate. ¶ Via publica. Lus. Caminho, ou estrada publica. Iap. Caidó. ¶ Viæ vicinales. Lus. Caminhos que vão pera as aldeas

deas, ou herdades, &c. Iap. Denja ye cayǒ michi. ¶ Priuatæ viæ, seu agrariæ. Lus. Caminhos que vão adar em algum campo, ou herdade de algum particular. Iap. Sonomino chiguiǒ ye yuqu michi.

¶ Item, Priuatæ, seu agrariæ viæ. Lus. Caminhos q̃ de hũ campo vão a dar em outro. Iap. Denbacu yori bechino denbacuye cayǒ michi. ¶ Aperire viam. Lus. Conçertar de nouo o caminho tornando o afazer tão largo como dantes era. Iap. Mayeno firosani michiuo tçucurinauosu. ¶ Purgare viam. Lus. Alimpar o caminho. Iap. Michiuo sǒgisuru. ¶ Reficere viam. Lus. Alimpar o caminho, ou refazelo como dantes era. Iap. Michiuo sǒgi suru, l, motono gotoquni coxirayuru. ¶ Exigere viam. Lus. Manderem os magistrados a alguem que a sua custa concerte o caminho que vai por junto de sua casa, ou herdade. Iap. Vaga iyeno atari, chiguiǒno qiuanaru michiuo sonomino zǒsauo motte tçucuraeto vǒsamerǒ yori guegi suru.

¶ Via prima. Lus. Primeiro encontro. Iap. Ichibanno yoriai, sanquai. ¶ In viam dare se. Lus. partir se, ou caminhar. Iap. Tcco rouo tatçu, michiuo yuqu. ¶ Inuenire viam. Lus. Achar saida, ou modo. Iap. Michiuo tazzune idasu. ¶ Viam facere. Lus. Abrir caminho de nouo. Iap. Atarаxiqu michiuo tçucuru, l, fumi aquru. ¶ Viam munire. Lus. Refazer, ou concertar os caminhos. Iap. Michiuo tçucuri nauosu.

¶ Item, Viam munire, l, sternere. Lus. Calçar a rua, ou caminho. Iap. Michini ixi datamiuo suru. ¶ Item, Munire viam, per transl. Mostrar maneira, ou modo breue pera algũa cousa. Iap. Monono chicamichiuo voxiyuru.

Viarius, a, um. Lus. Cousa pertencente a caminho. Iap. Caidǒ, l, michini ataru coto.

Viaticatus, a, um. Lus. Apercebido de despesa, e viatico pera o caminho. Iap. Michino yǒyuo xitaru mono.

Viáticum, i. Lus. Viatico, ou mātimēto, e dinheiro que se leua pera o caminho. Iap. Michino fiǒrǒ, roxen. ¶ Aliqñ. Aparato, magnificencia. Iap. Yxei, l, yquǒ, quaici. ¶ Viatica cœna. Lus. Cea que se dà ao que hade partir. Iap. Detachini cuuasuru mexi.

Viaticulum, i. dim. Idem.

Viator, oris. Lus. Caminhante. Iap. Michiyu qibito. ¶ Viatores. Lus. Homẽs q̃ tinhã por officio chamar ao senado os senadores que estauão nos cãpos, ou herdades. Iap. Déja, l, sonomino chiguiǒni itaruru Senadoresuo quaixoni yobi atçumuru mono.

Viatorius, a, um. Lus. Cousa pertencente a caminho. Iap. Michi, l, caidǒni ataru coto, l, michiuo aruquni ataru coto. ¶ Viatorium vas. Lus. Vaso em que os caminhantes leuam agoa, ou vinho pera o caminho. Iap. Tabiuo suru monono mizzu saqeuo ireru sasaye, l, iremono.

Vibex, îcis. Lus. Vergam, ou sinal que fica no corpo da pancada. Iap. Mimizugata.

Vibǒnes. Lus. Certas flores. Iap. Fanano taguy.

Vibrans, antis. Lus. Cousa que se moue, ou menea. Iap. Saisai fataraqu, l, vgoqu mono.

Vibratus, a, um. Lus. Cousa arremesada. Iap. Nague vtaretaru mono.

Vibratus, a, um. Lus. Crespo. Iap. Chigimi taru mono. ¶ Item, Cousa crespa artificiosamente. Iap. Chigimeraretaru mono.

Vibrissæ. Lus. Cabelos que nacem nas ventas dos narizes. Iap. Fanague.

Vibrisso, as. Lus. Gargantear, ou fazer passos de garganta. Iap. Vonguiocuuo suru.

Vibro, as. Lus. Vibrar, mouer, ou brandir. Iap. Furu, vgocasu. ¶ Aliqñ. (Neut). Lus. Reluzir. Iap. Qirameqi, ficameqi. ¶ Itẽ, Decer, ou ser leuado com impeto arrebatado. Iap. Xeiriqiuo motte cudaru, yuqu.

Vibulnum, i. Lus. Hum genero de vimen. Iap. Xidareyanaguino taguy.

Vicani, orum. Lus. Os que viuem, ou morã nas aldeas. Iap. Denjani sumu mono.

Vicarius, a, um. Lus. O que tem as vezes de alguẽ, ou socedeo em seu lugar. Iap. Miǒdaiuo suru mono, atouo tçugu mono.

Vica-

Vicarius, ij. Lus. Seruo q̃ na familia tẽ as vezes do seruo principal. Iap. Fiquanno nacanite caxirauo suru monono miǒdai.

Vicátim, adu. Lus. Por aldeas, bairros, ou ruas. Iap. Zaizaini, l, chǒchǒni, inacainacani.

Vicem, & in ablat. Vice. Lus. Vez. Iap. Tabi. Vt couotabi. ¶ Item, Perigo, peleija. Iap. Nangui, caxxen. ¶ Aliqñ. Trabalho, incomodo. Iap. Xinrǒ, sonxit. ¶ Vices. Lus. O reuezarse. Iap. Cauarigauari suru cotouo yŭ. ¶ Vice mutua. Lus. Ás reuezes. Iap. Cauarigauari. ¶ Item, Officio, ou vezes dalguem. Iap. Yacu miǒdai. ¶ Vice alterius fungi. Lus. Suplir por alguem, ou ter suas vezes. Iap. Fito no miǒdai suru. ¶ Nostram vicẽ vltus est ipse perie se. Lus. Elle se anticipou, e tomou o castigo q̃ nos lhe auiamos de dar. Iap. Nochi iytçuqetarubeqi quatai, l, xeccanuo sonomi saiguitte idaxi, vqetari. ¶ Reposcere vicẽ. Lus. Pedir recõpensa do beneficio que fez a outro. Iap. Taninni qixetaru vonno fôjauo cǒ. ¶ Reddere vicem. Lus. Recompensar o beneficio recebido com outro beneficio. Iap. Vǒuo vǒ uo motte fôzuru.

Vicenarius, a, um. Lus. Cousa que contem numero de vinte. Iap. Nijŭno cazu aru mono. ¶ Grex vicenarius. Lus. Gado q̃ contem vinte cabeças. Iap. Yaguiǔ, fitçuji no jippiqino atçumari. ¶ Vicenarius lapis. Lus. Pedra que pesa vinte libras. Iap. Aru vomosa aru ixi. ¶ Lex quina vicenaria. Lus. Ley polla qual se prohibia que ninguem entregase nada a mancebos de menos de vinte e cinco anos, so pena de não poder requererem juizo o que lhe ẽtregou, ou emprestou. Iap. Nijŭgo yori vchino fitoni cane nadouo vataxi casu be catazu, moxi caxitaruni voiteua, caro fito cayesazuto yŭtomo, caxite tadaxiteni vt tayurni coto canauazaru fatto.

Viceni, æ, a. Lus. De vinte em vinte. Iap. Nijŭzzutçu. ¶ Item, Vinte. Iap. Nijŭ.

Vicésima, æ. Lus. Hum genero de tributo, ou pensão em que se pagaua cinco por

cento. Iap. Fiacu yori itçutçu, l, nijŭbun ichi idasu mitçuqi mono.

Vicesimarius, a, um. Lus. Cousa pertencẽte a esta pensam, ou tributo. Iap. Miguino mitçuqimononi ataru coto.

Vicésimus, a, um. Lus. Vltimo de vinte. Iap. Nijŭbanme. ¶ Ætas vicesima. Lus. Vigesimo áno. Iap. Nijŭnenme.

Vicia, æ. Lus. Eruilha. Iap. Bŭdǒ, l, facusenzuno tagny.

Viciarius, a, um. Lus. Cousa pertence nte a eruilha. Iap. Bŭdǒ, l, facusenzzuni ataru coto.

Vicies, adu. Lus. Vinte vezes. Iap. Nijŭtabi.

Vicinalis, e. Lus. Cousa pertencente a vezinhãça. Iap. Qinpen, vel tonarini ataru coto.

Vicinia, æ. Lus. Vezinhança de lugar, ou de moradores. Iap. Tocorono chicasa, tonari. ¶ Item, Vezinhos. Iap. Rincano monodomo.

Vicinitas, atis. Lus. Vezinhança. Iap. Tonari. ¶ Item, Multidam, ou ajuntamento de vezinhos. Iap. Rincano monodomono atçamari. ¶ Vicinitas syluæ. Lus. Vezinhãça de algum mato. Iap. Yamaguiuani sumu cotouo yŭ. ¶ Vicinitas nominis, &c. Lus. Semelhança, ou vezinhança do mesmo nome. Iap. Nano sucoxizzutçu nitaru cotouo yŭ.

Vicinium, ij. Idem.

Vicinus, a, um. Lus. Cousa vezinha, ou que està perto. Iap. Tonarino mono, qinpenni aru mono, l, qinqinni qitarubeqi mono. ¶ Item, Pasente. Iap. Xinrui.

Vicînus, i. Lus. Vezinho, ou que pousa na mesma rua. Iap Rincani yru mono, vonaji chǒni sumu mono.

Vicîna, æ. fœm. Idem.

Vicissim. Lus Ás reuezes. Iap. Cauarigauari. ¶ Qñq;. No segundo lugar. Iap. Sono tçuguini, nibanmeni. ¶ Item, Semelhãtemẽte, da mesma maneira. Iap. Nite, vonaji yǒni. ¶ Aliqñ. De outra parte. Iap. Tafǒ yori, ippǒ yori.

Vicissatim. Idem.

Vi-

Vicissitúdo, inis. Lus. Alternação, ou mudança varia das cousas. Iap. Monono vtçuri cauari, tenben.

Vicissitas, atis. apud antiq. Idem.

Victima, æ. Lus. Sacrificio, ou animal q̃ se sacrificaua. Iap. Tamuqe, l, tamuqeni xitaru qedamono. ¶ Item (proprie) Animal q̃ o capitão géral depois do triũpho por sua mão mataua. Iap. Riunuo firaqite lôdai xŏ jixin tamuqetaru qedamono.

Victimarius, ij. Lus. Ministro que amarraua os animaes que se auião de sacrificar, e preparaua as de mais cousas pera o sacrificio. Iap. Tamuqeni suru qedamonouo carame, iru fodouo dŏguuo totonoyuru yacuxa. ¶ Item, O que compraua os animaes do sacrificio pera depois os vender. Iap. Tamuqeni suru qedamonouo cai voqite xŏbaini suru mono.

Víctito, as. Lus. Sostentarse, vsar de mantimento. Iap. Xocuuo mochijru, yaxinai sodateraruru.

Victor, oris. Lus. Vencedor. Iap. Catçu mono. ¶ Aliqñ. O que alcança o que deseja. Iap. Fonmŏuo toguru mono. ¶ Itẽ, O que està com inteiro juizo. Iap. Chiye no midarezaru mono.

Victoria, æ. Lus. Victoria. Iap. Riun, xôri. ¶ Consequi, l, reportare victoriam. Lus. Alcançar victoria. Iap. Xôriuo vru. ¶ Victoriam in manu habere. Lus. Ter a victoria certa, e como na mão. Iap. Xôriuo vru çotoua teno vchini aru. ¶ Eripere, l, extorquere victoriam de manibus. Lus. Empedir, ou estoruar a victoria que hum tinha ja como na mão. Iap. Teni totta yŏ ni vomô xôriuo samataguru.

Victoriatus, i. Lus. Hũa certa moeda de prata. Iap. Aru guinxenno na.

Victoriosus. Lus. Acustumado a vencer, ou o que alcançou muitas victorias. Iap. Dodo ni vnuo firaqitaru mono.

Victrix, icis. Lus. Vencedora. Iap. Fitoni catçu vonna. ¶ Item, A que comprio o desejo. Iap. Nozomiuo toguru vonna. ¶ Item, In plural. adiect. Cousa que venceo. Iap. Catçu mono. ¶ Victrices literæ. Lus. Cartas que denunciam, ou dam nouas da victoria. Iap. Xôriuo yetaritono chŭxinjŏ.

Victus, us. l, apud Plaut. Victus, i. Lus. Todo o necessario pera sostẽtar a vida, como mantimento, vestidos, &c. Iap. Ichimei no tçugu tãmeno yxocu.

Victus, a, um. Lus. Vencido. Iap. Maqetaru mono, qirixitagayeraretaru mono. ¶ Aliqñ. O que não alcançou o que desejaua. Iap. Fonmŏuo toguezaru mono. ¶ Interd. O que se aparta, ou deixa seu proposito. Iap. Vomoi sadametaru cotouo cayuru mono.

Vicus, ci. Lus. Lugar, ou bairro de casas baixas, ou terreas. Iap. Coiyeno vouoqi chŏ. ¶ Item, Rua. Iap. Chŏ, machi. ¶ Vicj pagani. Lus. Aldeas. Iap. Denja, inaca.

Viculus, i. Lus. Aldea pequena. Iap. Catainaca.

Videlicet, adu. Lus. Em verdade, l, conuem a saber. Iap. Xinjitni, macotoni, l, toippa, to yŭua. ¶ Aliqñ. Ironiæ vim habet, & ponitur pro scilicet.

Video, es, di, sum. Lus. Ver. Iap. Miru. ¶ Item, per transl. Entender, considerar. Iap. Funbet, l, xian suru. ¶ Aliqñ. Vigiar, estar desperto. Iap. Banuo suru, l, yabanuo suru, voqite yru. ¶ Interd. Conhecer, ou ver dantes. Iap. Canete sassuru l, xiru. ¶ Vide tibi. Lus. Olhai por vos. Iap. Camayete, yŏjin xeyo. ¶ Me vide, apud Comicos. Lus. Tomo isto sobre mim, ou tenho isto por certo. Iap. Vareni macaxeyo, vare vqetoru, l, fitgiŏ xiritari. ¶ Videre somnum. Lus. Dormir. Iap. Neiru, suimen suru. ¶ Videro. Lus. Guardarme ei, e considerarei atentamente. Iap. yŏjin subexi, tçucuzzucuto xian subexi. ¶ Vide sis. Lus. Vede se quereis. Iap. No zomaba xian xeyo, yenrio subexi. ¶ Tu videris. Lus. La vos auinde. Iap. Sonotŏ xidai, sonotŏ coso xiru beqere.

Videor, eris, passiu. Idem. ¶ Item, Aparecer. Iap. Miyuru, arauaruru. ¶ Videor

videre

videre. Lus. Pareceme que vejo. Iap. Vare areuo miruto vomô. ¶ Si videtur. Lus. Se vos contenta. Iap. Gu naixôni auabà, l, qini iraba, tarcutni narazuua.

Vidua, æ. Lus. Viuua. Iap. Goqe.

Viduatus, a, um. Lus. Cousa priuada, ou que carece. Iap. Monouo vbaitoraretaru, l, gusocu xezaru mono.

Viduitas, atis. Lus. Estado de viuua. Iap. Goqeno xinxô. ¶ Aliqn. Pobreza. Iap. Finsa, tobôxisa.

Viduertas, atis. apud antiq. Idem.

Vidulus, i. Lus. Bolsa, ou mala em que os caminhantes leuão dinheiro, ou outras cousas de estima. Iap. Riocôno fitono roxen fitôno mono nadouo irevoqu fucuro.

Viduo, as. Lus. Priuar a alguem de algũa cousa. Iap. Fagu, vchitoru.

Viduus, a, um. Lus. Priuado, despojado dalgũa cousa. Iap. Monouo fagaretaru, l, toraretaru mono. ¶ Item, Cousa deixada, desemparada. Iap. Fanasaretaru mono. ¶ Viduus lectus dicitur, qui altero coniugum careat. ¶ Arbor vidua. Lus. Aruore a cujo pee não està plantada nẽhũa parreira. Iap. Neni budǒno cazzura naqi qi.

Vieo, es, eui, etum. Lus. Atar, ou dobrar. Iap. Caramuru, tauomuru.

Vietores. Lus. Tanoeiros, ou os que concertão vasos, ou pipas de vinho. Iap. Taruuo yũ mono.

Viêtus, a, um. Lus. Mole, deleixado. Iap. Youaqi mono, nayamu mono. ¶ Item, Cousa priuada das forças, ou vigor natural. Iap. Chicarauo votoxi, l, xeitocuno vxetaru mono.

Vigens, entis. Lus. Vigoroso, e que tem força. Iap. Xei, l, chicara aru mono, tçuyoqi mono.

Vigeo, es, gui. Lus. Florecer, e estar em seu vigor, e frescura. Iap. Sacari nari, saichũ nari, sacayuru, chicara ari.

Vigesco, is. Lus. Yr tomando vigor, ou forças. Iap. Chicarazzuqu.

Vigesima, æ. Lus. Hum genero de tributo em q̃ se pagaua cinco por cento. Iap. Fiacu yori itçutçu idaxitaru mitçuqimono.

Vigesimarium aurum. Lus. Ouro que se recolhe deste tributo. Iap. Miguino mitçuqimono yori atçumetaru cogane.

Vigêsimus, a, um. Lus. Vigesimo de vinte. Iap. Nijũme, nijũbanme.

Vigessis. Lus. Cousa q̃ val quatro vintens. Iap. Ichimonme to cono atai aru mono.

Vigil, lis, adiect. Lus. O que està desperto, ou vigilante. Iap. Voqite yru mono, saicannaru mono, nezaru mono.

Vigil, lis. Substant. Lus. O que vigia de noite. Iap. Yaban suru mono.

Vigilandus, a, um. Lus. Cousa que deue, ou ha de ser vigiada. Iap. Yabanuo xerarubeqi mono. ¶ Aliqn. Cousa que se deue fazer ou prouer com muita diligencia, e cuidado. Iap. Saicanni, yudannaqu cocorogaqubeqi mono.

Vigilans, antis. Lus. O que està desperto, ou vigia. Iap. Voqite yru mono, l, nenu mono. ¶ Aliqn. Prouido, diligente. Iap. Saicannna mono, yurucaxe naqi mono.

Vigilanter, adu. Lus. Com diligencia, e cuidado. Iap. Saicanni, cocorogaqete.

Vigilantia, æ. Lus. Diligencia, e cuidado. Iap. Saican, cocorogaqe.

Vigilarius, ij. Lus. O que vigia, ou vela de noite. Iap. Yaban suru mono.

Vigilax, âcis. Lus. O que vela, ou vigia muito, e com cuidado. Iap. Saicanni yabanuo suru mono.

Vigilia, æ, siue Vigiliæ, arum. Lus. O não dormir, ou vigiar de noite. Iap. Yoru nezaru cotouo yũ, l, yaban. ¶ Interd. Vigiliæ. Lus. Guardas, ou vigias. Iap. Yaban suru mono. ¶ Vigiliæ Cereris, dicuntur nocturna sacra, quibus in æde Cereris pervigilabãt mulieres. ¶ Prima vigilia. Lus. O quarto da prima que vigiam os soldados. Iap. Ichiyauo xibãni vottе suru ichibanno ban. ¶ Vigilia secunda. Lus. Quarto da modorra. Iap. Nibanno ban. ¶ Vigilia tertia. Lus. O quarto da antalua. Iap. Sanbanno ban. ¶ Quarta vigilia. Lus. Quar-

Quarto dálua. Iap. Xibanno ban.
Vigiuum, ij. apud veteres. Idem.
Vigilo, as. Lus. Não dormir, ou vigiar de noite. Iap. Youo nezu, l, yaban suru.
¶ Item, (per metaph.) Pôr grande cuidado, e diligencia pera que nos não tome algũa cousa derepête. Iap. Niuacagotono naiyŏni canete saicanni cacugo suru.
Vigilatur, impers. Idem.
Viginti. Lus. Vinte. Iap. Nijŭ.
Vigintiuiratus, tus, tui. Lus. Dignidade, ou cargo de vinte varoens que auia em Roma. Iap. Romani arixi nijŭninno vosame teno quanxocu.
Viginti viri. Lus. Vinte varoens magistrados que auia em Roma. Iap. Romani ari xi nijŭninno vosamete.
Vigor, oris. Lus. Força, vigor. Iap. Tçuyosa, chicara, xei.
Vilesco, cis. Lus. Fazerse vil, ou valer menos. Iap. Iyaxiqu naru, ataiga sagaru.
¶ Aanona vilescit. Lus. Valem mais baratos os mantimentos. Iap. Fiŏrŏ, fanu atno nega sagaru, l, yasuqu naru. ¶ Gratiam vilescere. Lus. Ser estimado o beneficio em pouco. Iap. Vonxŏga caroxime rasuru.
Vilis, e. Lus. Cousa vil, desprezivel, ou de pouco preço. Iap. Iyaxiqi coto, sagaritaru mono, guexenaru mono. ¶ Itẽ, Cousa popular, leue, ou vulgar. Iap. Atai naqi coto, asaqi coto. ¶ Itẽ, Cousa que val barata. Iap. Yasuqu cauaruru mono. ¶ Interd. Cousa abũdãte, e copiosa. Iap. Bentŏnaru mono, tacusãnaru mono. ¶ Pericula vilia habere. Lus. Não fazer muita conta dos perigos. Iap. Nanguiuo monotomo xezu. ¶ Vilis oratio. Lus. Oração grosseira, e tosca. Iap. Soŏni dangui. ¶ Vili vendere. Lus. Vender barato. Iap. Yasuqu monouo vru.
Vilitas, atis. Lus. O ser algũa cousa barata. Iap. Guegiqi. ¶ Vilitas sui. Lus. O fazer pouco caso de sua vida metendose em perigo, &c. Iap. Inochiuo caronzuru coto uo yŭ.
Vilito, as. Lus. Fazer, ou tornar vil, e de pouca estima. Iap. Naudemo naqi mono ni nasu.
Vilissime, adu. Lus. Por minimo preço. Iap. Icanimo guegiqini.
Vilius, adu. Lus. Em menor preço. Iap. Nauo yasuqu, l, guegiqini.
Villa, æ. Lus. Casa do campo que serue, ou de habitar, ou de recolher nella a nouidade. Iap. Nenguuo vosamuru, l, sumu tame chiguiŏni tatevoqitaru iye. ¶ Villa rustica. Lus. Parte desta casa onde mora o laurador, vinhateiro, &c. e tem os instrumentos do campo. Iap. Miguino iyeno vchini denbacuuo tçucuru monono sumu, l, nŏguuo voqu bun. ¶ Villa vrbana. Lus. Parte desta casa a onde se agasalha o senhor quando vai ver a herdade. Iap. Miguino iyeno vchini gitŏno sumu bun.
¶ Villa fructuaria. Lus. Parte desta casa onde se recolhe o fruito, ou nouidade. Iap. Miguino iyeno vchini nenguuo voiamuru bun.
Villula, æ. dim. Idem.
Villãnus, i. Lus. Aldeão, ou o que habita nesta casa. Iap. Miguino iyeni sumu mono, l, nŏnin.
Villãris, e. Lus. Cousa pertencente a casa do campo. Iap. Miguino iyeni ataru coto.
Villãticus, a, um. Idem. ¶ Villatica pastio. Lus. Alimento, ou pasto de animais que se criam no campo. Iap. Noni yaxinauaruru chŏrui, chicuruino ye, l, fammono. ¶ Villaticus canis. Lus. Cão que guarda a casa do campo. Iap. Chiguiŏni tatevoqitaru iyeni yŏjinno tameni cŏ inu. ¶ Villaticæ gallinæ. Lus. Galinhas caseiras. Iap. Niuatori.
Villica, æ. Lus. Molher do caseiro, ou do que tem cuidado da herdade, ou casal. Iap. Chiguiŏno saibanuo suru monono nhŏbŏ.
Villicatio, onis. Lus. O ter cuidado da herdade, e do recolher os fruitos, &c. Iap. Dêbacuuo tagayexi tocoro̊uo saiban suru coto nari.
Villico, as, l, Villicor, aris. depon. Lus. Viuer

no campo, e ter cuidado da herdade, &c. ou yr ao campo pera se recrear. Iap. Debacuni iyeuo tçucutte sumi saiban suru, l, qibaraxini denbacuni zzuru.

Villicus, i. Lus. Abegão, ou o que tem cuidado de grãgear as herdades, quintas, &c. Iap. Denbacuno saiban suru mono.

Villico, onis. Idem.

Villôsus, a, um. Lus. Cousa felpuda, ou cabeluda. Iap. Qebucaqi mono.

Villum, i. Lus. Vinho sem força, nem vigor. Iap. Nibuqu youaqi saqe.

Villus, i. Lus. Guedelhas, ou monte de cabelos juntos como se ve nos pescoços dos lioẽs. Iap. Fitofusazzutçu chigimitaru qe. ¶ Item, Hũa maneira de cadilhos, ou frãja que se pegam nos vestidos por ornato. Iap. Yxôni tçucuru fusano taguy.

Vimen, inis. Lus. Vime, ou qualquer vara brãda, e acomodada pera atar, ou amarrar qual quer cousa. Iap. Monouo caraguru fugicazzura nado.

Viminalia. Lus. Todas as aruores que dão varas delgadas, e brandas com que se pode amarrar, ou atar qualquer cousa. Iap. Mono no caraguerareru yedauo xôzuru fodono qi. ¶ Viminalis collis. Lus. Hum monte dos sete de Roma. Iap. Roma nite nanatçuno yamano vchi fitotçu. ¶ Viminalis porta. Lus. Hũa porta de Roma. Iap. Romano aru mon no na.

Viminalis, e. Lus. Cousa pertencente a vime, ou vara branda com que se pode amarrar algũa cousa. Iap. Monono caraguerareru qino yedani ataru coto. ¶ Item, Cousa cõ que se pode amarrar outra. Iap. Mono uo caraguru tameni niyôtaru mono.

Vimíneus, a, um. Lus. Cousa feita, ou tecida de vimes, ou varas brandas. Iap. Yauaracanaru qino yeda nite cumitaru mono.

Vinácea, orum. Lus. Bagulho da vua. Iap. Budôno sane. ¶ Item, Bagaço da vua que fica depois de espremer o vinho. Iap. Budôno saqeno casu.

Vinacei, l, Vinaceæ, arum. Idem.

Vináceus, a, um. Vt acinus vinaceus. Lus. Bago de vuas. Iap. Budôno mi.

Vinalia, lium, l, orum. Lus. Hum dia de festa em que os antigos offereciam vinho no uo a Iupiter. Iap. Mucaxino fitono Iupiter to yũ fotoqeni xinxuuo tamuqete mochijtaru xucunichi.

Vinarius, ij. Lus. O que vende vinho. Iap. Saqeuo vru mono. ¶ Item, O que se embebeda muitas vezes. Iap. Vôzaqezuqi, l, tabitabi chinsui suru mono.

Vinarius, a, um. Lus. Cousa pertencente a vinho. Iap. Saqeni ataru coto. ¶ Taberna vinaria. Lus. Tauerna. Iap. Sacaya. ¶ Vas vinarium. Lus. Vaso de vinho. Iap. Saqeno vtçuuamono. ¶ Lacus vinarius. Lus. Tina, ou dorna a onde caye o mosto do lagar. Iap. Sacabuneni suqetaru voqe.

Vinatorius, a, um. Lus. Cousa pertencente a vinheiro. Iap. Budôno fataqeuo tçucuru mononi ataru coto.

Vinca, æ. Lus. Hũa erua que se estende pollo chão. Iap. Chixôni fabicoru cusano na.

Vinca peruinca. Lus. Hũa erua que sempre està verde. Iap. Toconatçuno cusa.

Vincíbilis, e. Lus. Cousa que pode ser vencida. Iap. Maqu beqi coto naru mono. ¶ Itẽ, Cousa q̃ pode vencer. Iap. Catçu coto canô mono.

Vincio, is, inxi, inctum. Lus. Atar, amarrar. Iap. Caraguru, caramuru.

Vinco, is, ci, ictum. Lus. Vencer, sair vencedor. Iap. Catçu, riunuo firaqu, xôriuo vru. ¶ Item, per transl. Exprimir, e declarar de todo algũa cousa difficultosa. Iap. Iy arauaxi gataqi coto uo aqiracani iy arauasu. ¶ Item, Estar senhor de si, ou com inteiro juizo. Iap. Xônenni xite yru, fumbet taxica nari. ¶ Aliqñ. Conuencer, ensinar, ou prouar. Iy tçumuru, voxiyuru, iy tçuyomuru, tessuru. ¶ Vincere cibum. Lus. Digerir o comer. Iap. Xocu uo xôsuru. ¶ Vincere expectationé. Lus. Fazer mais do que se esperaua. Iap. Fitono siguesumi yorimo monouo suru. ¶ Vincere sua fata. Lus. Ficarem viuos os pays depoisde mortos seus filhos. Iap. Voyaua coni vocururu, l, coua xinde voyaua zonmei suru.

Vinctûra, æ. Lus. Atadura, Iap. Monouo yui tçuquru cotouo yŭ, l, qebacu.

Vinctus, a, um. Lus. Cousa atada, ou amarrada. Iap. Caramerarerar u mono, carague rarerarn mono. ¶ Aliqñ. Catiuo. Iap. Iqedorino mono, toriconi xerarerar u mono. ¶ Item, Escrauo que estando cõ grilhões, ou metido no tronco trabalha. Iap. Qingocu xerare, l, axigaxeuo irerare te, xosauo suru yatçuco.

Vinctus, us. Lus. Atadura, ou liame. Iap. Monouo caramuru naua nado.

Vinculum, i. Idem. ¶ Item, Vimes com q̃ se amarrão as vides. Iap. Budǒuo tana nadoni yui tçuquru cazzura, naua. ¶ Vinculum iugale. Lus. Matrimonio. Iap. Yẽpen, l, cayen. ¶ Vincula. Lus. Carcere, ou cadea de malfeitores. Iap. Rô.

¶ In vinculis esse. Lus. Estar preso no carcere, ou tronco. Iap. Rôxa suru.

Vindemia, æ. Lus. Vindima. Iap. Fataqeno budǒuo ichidoni mina toru cotouo yŭ. ¶ Item, per transl. Colheita de qualquer outra cousa. Iap. Conomi, mitçu nadouo ichidoni toru cotouo yŭ. ¶ Item, Vuas. Iap. Budǒno fusa.

Vindemiola, æ. dim. Idem.

Vindemiator, oris. Lus. Vindimador. Iap. Fataqeno budǒuo ichidoni toru mono.

¶ Item, Hum signo celeste. Iap. Foxino yadori.

Vindemiatorius, a, um. Lus. Cousa pertẽcẽte a vindima. Iap. Fataqeno budǒuo ichi doni toruni ataru coto.

Vindémio, as. Lus. Vindimar. Iap. Budǒuo ichidoni toru.

Vindex, icis. Lus. O que vinga a injuria. Iap. Chijocuuo susugu, l, rǒjeqiuo xi cayesu mono. ¶ Item, Defensor, libertador. Iap. Mamorite, tasuqete.

Vindicatio, onis. Lus. Vingança da injuria. Iap. Chijocuuo susugu, l, chijocuuo xicayesu cotouo yŭ.

Vindiciæ, arum. Vt vindiciæ secundum libertatem. Lus. Liuramento q̃ alcança o seruo por via de justiça. Iap. Tadaxite no qiŭmeini yotte yatçucono jiyŭuo vru cotouo yŭ. ¶ Vindiciæ secũdũ seruitutem. Lus. O ser julgado por escrauo por sentença de juiz. Iap. Tadaxiteno racugiacuni yotte fudaino yatçuconi nafaru ru. ¶ Decernere vindicias secundum libertatem. Lus. Dar a alguẽ por liure em juizo. Iap. Tadaxiteno racugiacuni yotte jiyŭuo yesasuru. ¶ Dare vindicias secũdum seruitutem. Lus. Dar o juiz a alguẽ por catiuo ate que conste de certo se o he, ou não. Iap. Fudaino yatçucoca, yatçuconite naqicatono cujino sumu made, tadaxiteno racugiacuno motte yatçuconi nasu. ¶ Postulare à prætore vindicias secundum libertatem. Lus. Pedir o seruo ao juiz, ou gouernador que o deixe estar em sua liberdade em quanto a demanda se não deslinda. Iap. Fudaica, fudaide naica tono xesacuno sumu made, jiyŭni vocaru ru yǒni tadaxiteuo tanomu. ¶ Itẽ, Postulare vindicias à prætore. Lus. Pedir hũ dos litigantes ao juiz, ou gouernador a posse da cousa sobre que contẽdem ate que por sentẽça se auerigue cuja he, dãdo fiança ao aduersario de pagar os danos se ficar vencido na demanda. Iap. Cujino aite cujino daimocuto naricaru cotouo cono cuji racugiacu aru made, vareni azzuqe vocareyoto tadaxiteuo tanomi, mata cuji no aitenimo coreuo sǒcǒ majiqito vqeuo tatçuru. ¶ Vindiciarum lis. Lus. Demanda em que se pede a posse da cousa sobre que se contende ate se auerigua cu ja he. Iap. Cuji satano jippu arauaruru made, cujino daimocuto naru cotouo tadaxite yori azzucaru yǒni tanomu cuji.

Víndico, as. Lus. Vingar, punir, castigar. Iap. Chijocuuo susugu, feupǒ, l, xeccan suru. ¶ Vindicatum est, imperi. Lus. Ia se tomou o castigo. Iap. Faya xeccan xi tari. ¶ Vindicare aliquem ab iniuria, l, contumelia. Lus. Defender, ou liurar a alguem

guem da injuria, ou infamia. Iap. Chijocu, rŏjeqi yori fitouo nogasu. ¶ Vindicare aliquem in libertatem. Lus. Libertar a alguem, e pollo em sua liberdade. Iap. Yatçuconi jiyŭuo yesasuru.

Vindicta, æ. Lus. Vingança, ou castigo. Iap. Rŏjeqino fempôuo suru cotouo yŭ, l, xec can. ¶ Itẽ, O forrar os escrauos pódolhes hũa varinha na cabeça. Iap. Fudaino mono ni itomauo torasuru xiruxitoxite cŏbeni muchiuo atçuru cotouo yŭ. ¶ Itẽ, Hũa certa vara que punhão na cabeça do seruo quando o forrauá. Iap. Mucaxi fudaino monouo jiyŭni nasu xiruxitoxite cŏbeni atetaru muchi.

Vinea, æ. Lus. Vinha. Iap. Budŏbataqe. ¶ Item, Manta de guerra. Iap. Xiro nadoni xiyorino dŏgu.

Vineâlis, e. Lus. Cousa acomodada pera vinha. Iap. Budŏbataqeni niaitaru coto, budŏtçucurini niyŏtaru coto.

Vineàrius, a, um. Lus. Cousa pertencente a vinha. Iap. Budŏbataqeni ataru coto.

Vineáticus, a, um. Idem.

Vinêtum, i. Lus. Lugar de muitas vinhas. Iap. Budŏbataqeno vouoqi tocoro.

Vingum, i. Lus. Hũa erua. Iap. Aru cusanona.

Vinipôtor, oris. Lus. Bebedor de vinho. Iap. Vŏzaqenomi.

Vinîtor, oris. Lus. Vinheiro, ou o que cultiua a vinha. Iap. Budŏ bataqeuo tçucuru mono, l, saiban suru mono.

Vinnulus, a, um. apud antiq. Cousa fermosa, e que tem graça, e afabilidade. Iap. Vtçucuxiqi coto, aisŏraxiqi coto.

Vinolentia, æ. Lus. Bebedice. Iap. Chinsui.

Vinolentus, a, um. Lus. O que se embebeda muitas vezes, ou grande bebedor. Iap. Vŏzaqenomi, l, suiqiŏjin.

Vinôsus, a, um. Lus. Bebedor, ou dado a vinho. Iap. Vŏzaqezuqi, l, saqeuo suqu mo no. ¶ Vinosus succus. Lus. çumo quesa be a vinho. Iap. Sacafayui mono.

Vinum, i. Lus. Vinho. Iap. Saqe. ¶ Vinũ tortiuum. Lus. Vinho que foi espremido na derradeira. Iap. Vouani xiboritaru saqe. ¶ Vina. Lus. Copos, ou vasos de vi nho. Iap. Sacazzuqi, saqeno vtçuuamono. ¶ In vino, & alea, &c. Lus. No beberete, ou jogo q̃ se fazia depois da mesa. Iap. Mexi suguite nochino sacamori, l, atobini voite.

Viola, æ. Lus. Violeta flor. Iap. Sumŏtorigusa, sumireno fana.

Violàbilis, e. Lus. Cousa apta pera ser violada ou contaminada. Iap. Somucarubeqi coto, qegasarubeqi coto.

Violáceus, a, um. Lus. Cousa roxa, ou de côr de violeta. Iap. Murasaqi ironaru mono.

Violandus, a, um. Lus. Cousa que ha de ser quebrantada, ou offendida. Iap Sŏy xerarubeqi mono, somucarubeqi mono.

Violaria, orum. Lus. Lugar de muitas violetas. Iap. Sumireno fanano vouoqi tocoro.

Violarius, ij. Lus. O que tinge de côr de vio leta. Iap. Murasaqiuo somuru mono.

Violatio, onis. Lus. Violar, ou profanar algũa cousa. Iap. Somuqu, qegasu.

Violator, oris. Lus. O que corrompe, ou que branta concertos, &c. Iap. Yacusocuuo chigayuru, l, fattouo yfai suru mono, somuqu, l, qegasu mono.

Violatus, a, um. Lus. Cousa violada, ou cor rompida. Iap. Somucaretaru coto, qegasaretaru coto.

Violens, entis. Lus. Cousa violenta, ou que faz força. Iap. Sucumuru mono, vosayuru mono. ¶ Item, Cousa injuriosa. Iap. Rŏjeqiuo xicaquru mono.

Violenter, adu. Lus. Violentamente, por for ça. Iap. Sucumete, vosayete, l, rŏjeqi nite. ¶ Item, Cruelmente. Iap. Araqenaqu, nasaqenaqu. ¶ Violenter tolerare. Lus. Sofrer algũa cousa mal, e contra sua vontade. Iap. Sucumete corayuru.

Violentia, æ. Lus. Violencia, impeto. Iap. Sucumuru cotouo yŭ, monono iqiuoi, xeiriqi.

Violentus, a, um. Lus. O que faz força, ou cousa violenta. Iap. Sucumuru, l, vosayu ru mono. ¶ Qñq;. Soberbo. Iap. Man qinaru mono, gamannaru mono. ¶ Itẽ, O que injuriou. Iap. Rŏjeqiuo xicaquru mono.

Violo, as. Lus. Violar, offender, manchar. Iap. Qegaſu, ſomuqu, ſôy ſuru. ¶ Violare amicitiam, l, fœdus. Lus. Quebrar a amizade, ou concerto. Iap. Xitaxiqi nacauo iyſaquru, guijet ſaſuru, l, yacuſocuuo tagayuru. ¶ Violare fidem coniugij. Lus. Não guardar a lealdade do matrimonio. Iap. Tabonni yotte fûfuno chiguiriuo tagayuru. ¶ Violare famam. Lus. Pór no doa, ou magoa na fama. Iap. Cameini qizuuo tçuquru, nauo qegaſu.

Vípera, æ. Lus. Bibora. Iap. Cuchiſami.

Vipéreus, a, um. Lus. Couſa de bibora. Iap. Cuchiſamini ataru coto.

Viperînus, a, um. Idem.

Vipiónes, um. Lus. Grous menores. Iap. Chijſaqi tçuru.

Vir, ri. Lus. Homem, varão. Iap. Voncogo. ¶ Item, Homem de perfeita idade. Iap. Sanjǔ fodono nenrei naru mono. ¶ Item, Macho de qualquer animal. Iap. Qedamononono vorocо. ¶ Aliqñ. Home de animo grandioſo, e esforçado. Iap. Cô naru mono, l, quôçinaru mono. ¶ Itê, Marido. Iap. Votto. ¶ Semiuir. Lus. Eunuco, ou efeminado. Iap. Qinno tamano toritaru fito, l, vonagura xiqi mono.

Virágo, inis. Lus. Molher varonil que faz obras de varão. Iap. Votocoraxiqi vôna.

Virens, entis. Lus. Couſa que està verde. Iap. Sacayuru sômocu nado.

Vireo, onis. Lus. Hũa aue. Iap. Torino na.

Vireo, es, rui. Lus. Eſtar verde, ou deitar folhas. Iap. Sômocuga ſacayuru, yocu yn to naru.

Vires, virium. vide Vis.

Vireſco, is. Lus. Fazerſe verde, ou enuerdecer, e deitar folhas. Iap. Auoqunaru, auomu, ſacayuru.

Vireſco, is. (prima producta) Lus. Acquirir forças. Iap. Chicarazzuqu, tçuyoru.

Virêtum, l, Virectum, i. Lus. Lugar, ou prado cheo de aruores, e de eruas verdes. Iap. Sacayetaru sômocuno vouoqi tocoro.

Virga, æ. Lus. Vime, ou vara que serue de atar, ou de açoutar. Iap. Mononuo yuitçuquru cazzura, l, chôchacuno muchi.

Virgula, æ. dim. Idem.

Virgator, oris. Lus. O que açouta com varas. Iap. Buchinite chôchacu ſuru mono.

Virgatus, a, um. Lus. Couſa variada de mui tas liſtras. Iap. Sugino vouoqi yxô nado, l, madaranaru mono.

Virgêtum, i. Lus. Lugar plantado de vergas, ou vimes pera amarrar as vides. Iap. Budôuo yui tçuquru cameni cazzurauo vye voqitaru tocoro.

Virgeus, a, um. Lus. Couſa feita de vergas, ou varas. Iap. Cazzura nite tçucuritaru, l, cumitaru coto. ¶ Flamma virgea. Lus. Chama, ou labareda que ſe faz de varas aceſas. Iap. Cazzura, l, buchino moyuru fi, l, quayen.

Virginalis, e. Lus. Couſa digna de virgem, ou que pertence a virgem. Iap. Virgemni sôtô xitaru coto, l, ataru coto.

Virgineus, a, um. Idem.

Virgindémia, æ. Lus. O colher as varas, ou vimes pera açoutar, ou amarrar. Iap. Chôchacu, l, monouo yuitçuquru tameni buchi, l, cazzurauo toru cotouo yǔ.

Virgínitas, atis. Lus. Virgindade, ou caſtidade de molher que nunca conheceo varão. Iap. Vonnano vottono michiuo xiranu cotouo yǔ.

Virgo, inis. Lus. Donzella virgem. Iap. Vottono michiuo xiranu nhonin. ¶ Item, Femea dos animaes que ainda não teue ajuntamento com macho. Iap. Imada totçugazaru qedamonono me. ¶ Item, per transl. Couſa inteira, ou intacta. Iap. Tadaxiqi coto, mattaqi mono, qegare naqi coto. ¶ Item, Hum ſino do zodiaco. Iap. Foxino yadori. ¶ Item, Hũa fonte. Iap. Aru ximizzuno na, l, izzumino na.

Virgúncula, æ. dim. Idem.

Virgulta, orum. Lus. Multidão, ou mata de varas, ou vimes. Iap. Suuai, buchino tocorodocoroni vouoqi cotouo yǔ.

Viria, æ. ſiue Viriola, æ. Lus. Ornamento do peſcoço feito de eſmeralda. Iap. Moyegui irono tamauo tçuranetaru cubino yôracu.

Vi-

Viriatus, i Lus. Homem esforçado, e de grande esforço. Iap. Gŏriqixa, cŏno mono. Antiq.

Viriculæ, arum. dim. Lus. Forças fracas, e pequenas. Iap. Binocu, youaqi chicara. ¶ Patrimonij viculæ. Lus. Patrimonio, ou fazenda pouca, e pobre. Iap. Vazzucanaru ixxeqi, chiguiò.

Viaticulum, i. Lus. Hũa laya de dardo, ou lança de arremeſo. Iap. Naguezzuqini ſuru yarino taguy. ¶ Item, apud Plin. Hum instrumento de laurar mafim. Iap. Zŏgueuo qiru dŏgu.

Viridans, antis. Lus. Couſa verde, ou que està verde. Iap. Moyegui ironaru mono, ſacayuru mono, midorino tatçu mono.

Viridarij, orum. Lus. Seruos que tem cuidado dos jardins. Iap. Fanazono, l, quadanno ſaiban ſuru yatçuco.

Viridarium, ij. Lus. Iardim. Iap. Fanazono.

Viridicatus, a, um. Lus. Couſa verde, ou florente. Iap. Moyegui iro naru mono.

Viridis, e. Lus. Couſa de côr verde. Iap. Moyegui ironaru mono. ¶ Itẽ, Couſa florẽte, ou que està em ſeu vigor. Iap. Sacayuru mono, ſacari naru mono. ¶ Viridis ætas. Lus. Idade florente. Iap. Xŏnen, toxizacari.

Viriditas, âtis. Lus. Côr verde, ou verdura. Iap. Moyegui, l, midorino tatçu cotouo yŭ. ¶ Item, per transl. Flor, ou vigor de qualquer couſa. Iap. Monono ſacari.

Virilia, ium. Lus. Partes vergonhoſas do homem. Iap. Tamaguqi.

Viripotens, entis. Lus. Donzela caſadoura. Iap. Yomeirino jibunnaru vacaqi nhonin.

Virilis, e. Lus. Couſa de macho, ou de varão. Iap. Vonocogo, l, vottoni ataru coto. ¶ Item, per transl. Forte, e magnanimo. Iap. Cocorono cŏnaru, l, yŭqi aru mono. ¶ Proles virilis. Lus. Filho macho. Iap. Nanxi. ¶ Stirps virilis. Idem. ¶ Pars virilis. Lus. Forças, ou fortaleza de animo. Iap. Chicara, yŭqi.

Virilitas, atis. Lus. Vergonhas, ou partes vergonhoſas do homem, &c. Iap. Tamaguqi.

Viriliter, adu. Lus. Forte, e varonilmente. Iap. Tçuyoqu.

Viritim, adu. Lus. Por cada cabeça, ou por cada homem. Iap. Ichininzzutçun, ninbetni. ¶ Aliqñ. Apartadamente, ou ſobre ſy. Iap. Betbetni, caccacuni.

Vitor, oris. (Apud aliquos.) Lus. Côr verde. Iap. Moyegui.

Viroſus, a, um. Lus. O que apetece companhia, ou ajuntamento de varão. Iap. Vottono ſanquai, l, qiŏquaiuo conomu mono.

Viroſus, a, um. (prima producta.) Lus. Couſa de roim cheiro. Iap. Cuſaqi mono, xŭqino aru mono. ¶ Item, (ſecundum Seruium.) Couſa peçonhenta. Iap. Docuno aru mono.

Virtus, utis. Lus. Virtude, inteireza. Iap. Ien, dŏri, tadaxiſa, renchocu. ¶ Item, Fortaleza, ou esforço nas couſas de guerra. Iap. Buyŭ, yŭqi. ¶ Item, Fortaleza de animo digna de varam. Iap. Votoconi sŏtŏ xitaru cocorono tçuyoſa, tagcſa.

¶ Virtus item apud Romanos pro Dea colebatur. ¶ Aliqñ. Virtutes, per ironiã. Lus. Vicios. Iap. Acuguiacu. ¶ Interd. Virtude, ou propriedade natural de qualquer couſa. Iap. Monono xeitocu, chicara. ¶ Qñq;. Socorro, ajuda. Iap. Caxei, cŏriocu. ¶ Item, Merecimento, ou excellencia. Iap. Curiqi, cudocu, l, ſugure, vzzutacaſa.

Virulentus, a, um. Lus. Couſa peçonhenta. Iap. Docuno aru mono, docuuo fucumitaru mono.

Virus, i. Lus. Peçonha. Iap. Docuyacu. ¶ Aliqñ. Roim cheiro. Iap. Xŭqi. ¶ Aliqñ. Amargor, ou aſpereza do ſabor. Iap. Aguiuaino nigaſa, caraſa. ¶ Item, Aſpereza da côr. Iap. Irono araſa. ¶ Item, Semente humana, &c. Iap. Inſui. ¶ Interd. Virtude natural. Iap. Xeitocu. ¶ Itẽ, Cheiro ſuaue de couſas aromaticas. Iap. Cũyacuno ca. ¶ Virus acerbitatis euómere, per transl. Lus. Vomitar, ou mostrar fora o furor, ou crueldade. Iap. Xinyuo focani arauaſu.

Vis.

Vis, I, Vi es. Lus. Força, violencia, impeto. Iap. Xe I qi, iqiuoi, xei. ¶ Item, Poder. Iap. Ixei, yriqi. ¶ Aliqñ. Copia, multidam. Iap. Vouosa, bětŏsa, tatan. ¶ Qñq;. Impeto arrebatado. Iap. Fayaqi iqiuoi. ¶ Summa vi aliquid facere. Lus. Fazer algũa cousa com todas as forças. Iap. Xeiuo tçucuxite monouo suru. ¶ Vis diuina, seu maior. Lus. Tempestade causada por algũa estrella, que danifica semēteiras, &c. Iap. Foxino xeiyori vocoru gococuno atani naru vŏcaje, vŏame, arare nado.

Viscatus, a, um. Lus. Cousa vntada com visco. Iap. Torimochiuo nuritaru mono. ¶ Viscata munera. Lus. Presentes que se dão pera pescar outros mayores. Iap. Qua bunno fenreiuo vqětameni suru xinmot.

Visceratim, adu. Lus. Pollas entranhas, de pedaço ĕpedaço. Iap. Zŏfuno funzunni qitte, I, qireguireni.

Visceratio, onis. Lus. Diuisão, ou repartição de carne crua, que se fazia em algũa solene festa, ou ĕterramento dalgũa pessoa nobre. Iap. Xucunichi, I, tuijinno toburaino fi banminni namanicuuo cubaru coto no yŭ.

Viscetor, aris. apud antiq. Lus. Repartir carne ao pouo. Iap. Banminni nicuuo cubaru.

Viscosus, a, um. seu Viscidius, a, um. Lus. Cousa viscosa, ou pegadiça. Iap. Torimochino yŏni nebaqi mono.

Viscus, I, Viscum, i. Lus. Visco de tomar passaros. Iap. Torimochi. ¶ Item, Viscum. Hũa aruorezinha q̃ se cria do esterco do tordo. Iap. Tçugumino fun yori dequru chijsaqi qi. ¶ Item, Viscum. Lus. Rede. Iap. Ami. antiq.

Viscus, eris. Lus. Tripas, entranhas. Iap. Zŏfu, farauata. ¶ Item, A carne que està entre a pelle, e o osso. Iap. Cauato, foneno aini aru nicu. ¶ Viscera terræ. Lus. Entranhas, ou partes interiores da terra. Iap. Gichŭ. ¶ Viscera montis. Lus. Partes de hum monte. Iap. Yamano qire, bun.

Visendus, a, um. Lus. Cousa digna de ser vista. Iap. Mottomo mirarubeqi mono.

Visibilis, e. Lus. Cousa visiuel, ou que se pode ver. Iap. Manaco, I, meni cacaru coto, I, miyuru coto naru mono.

Visio, onis. Lus. O ver. Iap. Monouo miru coto nari. ¶ Item, Visão, fantasma. Iap. Yŭrei, bŏcon, fenguenomono. ¶ Item, Imagens, ou conceitos que representam ao entendimento as cousas ausentes. Iap. Mocujenni naqi monono cocoroni aru vomocague.

Visitatio, onis. Lus. O ver, ou visitar amiude algũa cousa. Iap. Saisai monouo miru, I, mimŏ coto nari.

Visito, as. Lus. Ver, ou visitar a miude. Iap. Saisai miru, I, mimŏ.

Viso, is, si, sum. Lus. Yr pera ver, ou visitar a alguem. Iap. Mini yuqu, mimŏ. ¶ Itē, Ver. Iap. Miru.

Visula, æ. Lus. Hũa laya de vide. Iap. Budŏno cazzurano taguy.

Visum, i. Lus. Visam, ou fantasma. Iap. Yŭrei, fengueno mono. ¶ Item, Imagens que se nos representam, ou parece que vemos quando estamos dormindo. Iap. Nuru toqi miru yŏni vomŏ vomocague. ¶ Item, Espectaculo, ou cousa que se poẽ pera ser vista. Iap. Miru tameni vocaretaru coto, mimono.

Visus, a, um. Lus. Cousa vista, ou considerada. Iap. Miraretaru coto, I, xian xeraretaru coto. ¶ Interd. Cousa que imaginamos, ou que nos parece. Iap. Zonzuru, I, vomŏ coto.

Visus, us. Lus. O ver. Iap. Miru coto nari. ¶ Item, Sentido, ou potencia de ver. Iap. Guenxiqi, miru xei. ¶ Aliqñ. Visam, fantasma. Iap. Fenguenomono, yŭrei, vomocague. ¶ Item, Especie, ou semelhāça. Iap. Sugata menmeŏ, cague, vtçuxi.

Vita, æ. Lus. Vida. Iap. Inochi. ¶ Itē, Costumes. Iap. Catagui, guiŏgui. ¶ Aliqñ. Alimento, sustentação. Iap. Yaxinai, feŏrŏ. ¶ Interd. Instituto, ou maneira de viuer. Iap. Xinxŏ, xindai.

Vitabundus, a, um. Lus. Cousa esquiua, ou q̃ foge, ou se desuia. Iap. Fitono sanquai, I, yori yomiuo qirŏ, l, niguru mono, l, michiuo yoquru mono.

Vitălis, e. Lus. Cousa que pode viuer, ou cu ja vida se pode esperar que dure por mais tempo. Iap. Iquru coto canŏ mono, l, nauo iqu bexito vomouaruru mono. ¶ Interd. Cousa que nos conserua, e sostenta a vida. Iap. Inochiuo sodatçuru, l, cacayuru mono. ¶ Vitalis calor. Lus. Quentura q̃ tem os corpos ẽ quanto estam viuos. Iap. Iquru aidano mino atatacasa. ¶ Vitale æuum. Lus. Vida. Iap. Inochi.

Vitalitas, atis. Lus. Vida, espirito. Iap. Inochi, l, iqi nagarayuru xei.

Vităliter, adu. Lus. Com vida, viuendo. Iap. Iqinagarayete, inochiuo tamotte.

Vitans, antis. Lus. O que se desuia, ou guarda. Iap. Yoquru mono, niguru mono, l, yôjin suru mono.

Vitatio, onis. Lus. O euitar, guardarse, ou fugir de algũa cousa. Iap. Monouo yoquru, l, xirozoqu, yôxin suru.

Vitellînus, a, um. Lus. Cousa de bezerro, ou vitela. Iap. Vxino coni ataru coto. ¶ Vitellina bilis. Lus. Colera adusta. Iap. Vŏzui.

Vitellus, i. Lus. Gema douo. Iap. Caigono vchino qiuaru mono.

Viteus, a, um. Lus. Cousa de vide. Iap. Budŏno cazzurani ataru coto. ¶ Pocula vitea. apud Virg. Lus. Vinho. Iap. Saqe.

Vitex, icis. Lus. Hũa aruore que nace nas bordas do rio chamada pimento. Iap. Caua no fotorini idequru qino taguy.

Vitiariũ, ij. Lus. Seminario, ou lugar plãtado de vides. Iap. Budŏno nayeuo aru tocoro, l, budŏno cazzurauo vyetaru tocoro.

Vitícula, æ. dim. Lus. Vide pequena. Iap. Chijsaqi budŏno cazzura. ¶ Viticulæ. Lus. Ramos tenros a maneira de vides de algũas eruas como abobara, &c. que se estendem, ou trepão, e aferrão no que achão diante. Iap. Fiŏran, vri nado chijsaqi tçuruno aru cazzura.

Vitifer, a, um. Lus. Lugar que dá vides, ou onde nacẽ vides. Iap. Budŏno cazzurauo xŏzuru tocoro.

Vitigóneus, a, um. Lus. Cousa feita de vides. Iap. Budŏno cazzura nite tçucuritaru coto.

Vitilia, orum. Lus. Vimes com que se atão as vides. Iap. Budŏno cazzurauo mono ni yuitçuquru fugi cazzura.

Vitiligo, inis. Lus. Hũa maneira de manchas brancas que nacem pollo corpo. Iap. Xironamazzu.

Vítilis, e. Lus. Cousa branda que facilmente se pode dobrar. Iap. Mague yasuqi mono.

Vitiligatores. Lus. Murmuradores, ou homens maos que de preposito buscão demandas, ou contendas. Iap. Soxiru mono, l, xine axiqu cujigamaxiqi mono.

Vitiligo, l, Vitilitigo, as. Lus. Reprehender, acusar, ou dizer mal. Iap. Modoqu, l, togamuru, vttayuru, soxiru.

Vitio, as. Lus. Danar, destruir, corromper. Iap. Sonzasu, cusaracasu, soconŏ, qegasu. ¶ Vitiata virgo. Lus. Virgẽ que perdeo a castidade. Iap. Fubŏno yaburitaru nhonin.

Vitiose, adu. Lus. Mal, viciosamente. Iap. Axiqu, rachi, l, michimi fazzurete. ¶ Vitiose se habere aliquod membrum. Lus. Estar algum membro mal tratado. Iap. Tçugaiga nayuru, vazzurŏ, l, tçugaini yemai ga aru.

Vitiositas, atis. Lus. Vicio, ou malicia. Iap. Acu, aeuguiacu.

Vitiosus, a, um. Lus. Cheo de vicios. Iap. Acuguiacu butŏna mono. ¶ Item, Cousa danada, ou corrupta. Iap. Socone, sonjitaru coto. ¶ Vitiosa nux. Lus. Noz podre. Iap. Cusaritaru curumi. ¶ Vitiosum suffragium. Lus. Voto que se deu por soborno. Iap. Vairouo vqete iy idaxitaru zonbun. ¶ Vitiosæ oues. Lus. Ouelhas doẽtes. Iap. Yamaini vocasaretaru fitçuji. ¶ Vitiosi magistratus. Lus. Magistrados eleitos sẽ as deuidas solenidades, ou em cuja eleição socedia algum roim agouro. Iap. Xiqixŏno guixiqi naquxite sonayeraretaru tandai, vosamete, l, xocuni sonauaru toqi, fuqitno sŏno arauaretaru tadaxite.

Vitis, is. Lus. Vide. Iap. Budŏno cazzura.

¶ Item,

¶ Item, Hũa certa vara que trazia o capitam de cem soldados com que os castigaua por leues delictos. Iap. Fiacqino taixŏ sucoxino vordoni yotte buxiuo xeccan xitaru buchi.

Vitisator, oris. Lus. O que planta vides. Iap. Budŏuo vyuru mono.

Vitium, ij. Lus. Vicio. Iap. Acu. ¶ Item, Vicio, ou enfermidade continua como cegueira, manqueira, &c. Iap. Itçumademo mini nocoru cataua. ¶ Item, Vicio, ou tacha de qualquer cousa. Iap. Monono qizu, fusocu. ¶ Item, O que impede, corrompe, ou he inutil. Iap. Samataguru, qegasu, cusaracasu mono, l, yacuni tatazaru mono. ¶ Interd. Culpa. Iap. Fugui, ayamari. ¶ Aliqñ. Estupro. Iap. Virgem nhoninuo vocasu cotouo yŭ. ¶ Vitium parietes facere. Lus. Estarem as paredes pera cair. Iap. Cabega corobicacaru, corobisŏnaru. ¶ Offere vitium virgini, l, pudicitiæ afferre vitium, L us. Corromper á virgem. Iap. Virgemnaru nhoninuo vocasu. ¶ Vitium addere. Idem. ¶ Vertere vitio aliquid. Lus. Attribuir a vicio algũa cousa. Iap. Acu, l, togani susuru. ¶ Vitio dare. Lus. Culpar, ou vituperar. Iap. Togamuru. ¶ Ponere in vitio. Lus. Tomar em mà parte. Iap. Varuqu torinasu, vomoinasu.

Vito, as. Lus. Euitar, guardarse. Iap. Yoquru, xirizoqu, yŏjin suru. ¶ Se ipsum vitare. Lus. Descontentarse de si por se ver com peccados. Iap. Togauo cuyerimite miuo susamu.

Vitrarius, ij. Lus. Vidreiro. Iap. Suixŏuo tçucuru mono.

Vitreamina. Lus. Vasos pequenos de vidro que seruem de ornato. Iap. Cazarini suru chijsaqi suixŏno vtçuuamono.

Vitreus, a, um. Lus. Cousa feita de vidro. Iap. Suixŏnite tçucuritaru mono. ¶ Item, Cousa de côr de vidro. Iap. Suixŏno iro naru mono. ¶ Fons vitreus. Lus. Fonte clara, ou cristalina. Iap. Xeiqet naru mizzu, l, xeixen. ¶ Interd. Cousa quebradiza, ou fragil. Iap. Suixŏno gotoqu vareyasuqi mono, l, adani moroqi coto.

Vitriarius, ij. Lus. Vidreiro. Iap. Suixŏuo tçucuru mono.

Vitricus, i. Lus. Padrasto. Iap. Mamachichi.

Vitrum, i. Lus. Vidro. Iap. Suixŏno taguy.

Vitta, æ. Lus. Fita, ou hũa maneira de faixa de amarrar a cabeça, &c. Iap. Cŏbeuo tçutçumu monono taguy.

Vittatus, a, um. Lus. O que tẽ a cabeça, ou cabelos amarrados com esta faixa. Iap. Miguino dŏgu nite cŏbeuo maqitaru mono.

Vitula, æ. Lus. Vitela que não chegou ainda a hum ano. Iap. Vmarete ichinenno vchinaru mevji. ¶ Aliqñ. Vaca, nouilha Iap. Vacaqi mevji.

Vitulinus, a, um. Lus. Cousa de bezerro, ou nouilho. Iap. Imada ichinenni tarazaru vxino coni ataru coto.

Vitulor, aris. Lus. Alegrarse dãdo vozes. Iap. Coyeuo aguete yorocobu. Antiq.

Vitulus, i. Lus. Bezerro que não chega ainda a hum ano. Iap. Vmarete ichinenno vchi ni naru coxei. ¶ Item, Boy, nouilho. Iap. Vacaqi vovji. ¶ Aliqñ. Filho de qualquer animal grande de quatro pees como elefante, &c. Iap. Zŏ nadono yŏnaru qedamonono co. ¶ Item, Potro. Iap. Vma no co. Virgil. ¶ Item, Filhos das baleas. Iap. Cujirano co. Plin. ¶ Vitulus marinus, Lus. Lobo marinho. Iap. Vmino vŏcame.

Vituperabilis, e. Lus. Cousa digna de ser vituperada, ou reprehendida. Iap. Mottomo iyaximeraru beqi coto, modocarubeqi coto, l, soxirarubeqi mono.

Vituperatio, onis. Lus. O vituperar, ou reprehender algũa cousa. Iap. Monouo iyaximuru, l, modoqu coto nari, l, fifŏ.

¶ Venire in vituperationem hominum. Lus. Fazerse sogeito a tacha, e reprehẽsam dos homens. Iap. Togameraruru, l, modocaruru mito naru. ¶ Esse alicui vituperationi. Lus. Ser algũa cousa infamia, ou deshonra a alguem. Iap. Chijocu, caqinni naru.

Vitupe-

Vituperator, oris. Lus. O que he inclinado atachar, ou vituperar algũa cousa. Iap. Mónouo iyaxime togamenteagaru fito.

Vitúpero, onis. Idem.

Vituperium, ij. Lus. Vituperio, infamia, desonra. Iap. Chijocu, caqin, acumiŏ.

Vitúpero, as. Lus. Vituperar, culpar, ou detrahir da autoridade de alguem. Iap. Iyaximuru, togamuru, ayamarino caquru, l, meiyouo iy qesu.

Viuarium, ij. Lus. Viueiro de peixes, ou lugar onde se criáo aues, ou animaes pera comer. Iap. Xocuno tameni chôrui, chicurui, guioruiuo cai voqu tocoro.

Viuácitas, atis. Lus. Muita idade, ou vida cõprida. Iap. Nagaqi youai, l, chŏmei, l, nagaiqiuo suru cotouo yŭ.

Viuax, âcis. Lus. Cousa que viue muito. Iap. Nagaqi youaiuo tamotçu mono.

Viuerra, æ. Lus. Forão. Iap. Itachini nitaru qedamono.

Viuidus, a, ũ. Lus. Cousa de muito vigor, ou forte. Iap. Qiconno tçuyoqi mono, xeino toueritaru mono. ¶ Interd. Cousa q̃ viue. Iap. Inochiuo tamotçu mono.

¶ Viuida signa. Lus. Esculturas, ou imagens feitas com tanto artificio que parecẽ viuas. Iap. Iqiuçuxini tçucuritaru yezŏ, mocuzŏ.

Viuiradix, icis. Lus. Planta que despoem juntamente com a raiz. Iap. Vyetaru qi.

Viuisco, is. Lus. Tomar vida, ou começaré a viuer as cousas que eram inanimadas. Iap. Muxinno monoga xŏxuito qexŏ suru. ¶ Item, per transl. Cobrar forças, e vigor. Iap. Chicarazzuqu, tçuyoru.

Viuo, is, ixi, ictum. Lus. Viuer. Iap. Iquru, iqinagarayuru, xŏuo tamotçu.

¶ Interd. Viuer em prazeres, e contentamentos, ou alegremente. Iap. Racu tacuco vqiyouo vataru, l, nagarayuru.

¶ Viuere felicem vitam. Lus. Viuer vida ditosa. Iap. Quafô, imijiqu nagarayuru.

¶ Viuere studijs. Lus. Sostentar a vida com estudo das letras. Iap. Gacumonuo motte inochiuo sodatçuru, cacayuru. ¶ Ita viuam. Lus. Asi viua eu. Iap. Sonobũni nagarayeyogaxi. ¶ Viuendo vincere aliquẽ. Lus. Ficar viuo depois que alguem faleceo. Iap. Yo, inua xixite nochi vareua iquru. ¶ Viuitur. impers. Lus. Viuese. Iap. Icinagarayetaruru. ¶ Viuere in diem. Lus. Ganhalo, e comelo sem cuidado do que està por vir. Iap. Ichinichi, ichinichito mino faguccmiuo motte inochiuo tçugu.

Viuus, a, um. Lus. Cousa viua. Iap. Iquru mono, xŏuo tamotçu mono. ¶ Qñq;. Cousa natural que não he artificiosa. Iap. Xŏtocuno coto. ¶ Interd. Cousa vehemente. Iap. Tçuyoqi coto, xei aru coto. ¶ Viua sepes. Lus. Sebe tecida, ou feita de espinhos nacidos no mesmo lugar. Iap. Fataqe nadono mauarino qeiqiocuno iqegaqi. ¶ Viua aqua. Lus. Agoa natural, e q̃ nace. Iap. Ximizzu. ¶ Vultus viuos ducere. Lus. Fazer vultos, ou rostos q̃ viuamẽte representem algũa cousa. Iap. Iqiuçuxini mocuzŏ nadouo tçucuru.

Viuus pyrites. Lus. Pederneira de ferir fogo. Iap. Fiuchi ixi.

Vix, adu. Lus. Apenas, escasamente. Iap. Yŏyŏ, xicaxica. ¶ Item, Difficultosamẽte. Iap. Xigataqu, mutçucaxiqu. ¶ Aliqñ. Logo, depois que. Iap. Yagate, nochi. ¶ Item, Pouco ha. Iap. Qinjit. ¶ Aliqñ. Não. Iap. Ina. ¶ Vix tandem. Lus. Depois de muito tempo. Iap. Yaya, xibaracu, nochi.

V ANTE L.

VLceratio, onis. Lus. O chagar, ou chaga. Iap. Qizuuo tçuquru, l, xumotuo decasu coto nari, l, xumot, qizu.

Vlcero, as. Lus. Chagar, ou fazer chaga. Iap. Qizuuo tçuquru, l, xumotuo decasu.

Vlcerôsus, a, um. Lus. Cousa chagada, ou chea de chagas. Iap. Qizu, l, xumotno vouoqi mono.

Vlciscor, eris, ultus sum. Lus. Vingar. Iap. Chijocuuo susugu, fempô suru.

Vlcus, eris. Lus. Chaga. Iap. Xumot.

Vlcúsculum, i. dim. Idem.

uu Vl-

Vlex, icis. Lus. Vrs aruorezinha do mato. Iap. Yamano chijsaqi qino na.

Vliginósus, a, um. Lus. Cousa que sempre està humida, ou agoacenta. Iap. Fudan ximeru mono, l, vruuoi aru mono.

Vligo, inis. Lus. Humor natural da terra. Iap. Tçuchino vruuoi, xicqe.

Vllus, a, um. Lus. Alguem. Iap. Fitoni yotte.

Vlmarium, ij. Lus. Lugar plantado de olmos. Iap. Aru qino fayaxi.

Vlmeus, a, um. Lus. Cousa de olmo. Iap. Aru qini ataru coto.

Vlmitriba, æ. Lus. O que he açoutado frequentemente com varas de olmo. Iap. Aru qino funaiuo motte fudan vtaruru mono. Plaut.

Vlmus, i. Lus. Olmo aruore. Iap. Aru qi no na.

Vlna, æ. Lus. Braço. Iap. Vde. ¶ Item, Medida de hũa braçada. Iap. Fitofirono xacu.

Vlophonum, i. Lus. Hũa especie de cardo siluestre. Iap. Voniazamino taguy.

Vlpicum, i. Lus. Hũa especie de alho grande. Iap. Futoqi ninnicuno taguy.

Vls. Lus. Alem. Iap. Nauo saqi, l, sonofoca. apud Antiq.

Vlterior, et us. Lus. Cousa mais alem, ou auante. Iap. Nauo saqini aru mono.

¶ Vlterior ripa. Lus. Praya, ou ribeira q̃ està da banda dalem do rio. Iap. Mucai no cauabata.

Vltio, onis. Lus. Vingança. Iap. Fagiuo susugu cotouo yũ, fenpô.

Vltimò, adu. Lus. Por derradeiro, ou no cabo. Iap. Suyeni, vouarini.

Vltimùm. Idem.

Vltimus, a, um. Lus. Derradeiro, ou vltimo. Iap. Vouarinaru mono, l, suyenaru mono. ¶ Aliqñ. Primeiro. Iap. Ichiban.

Vltor, oris. Lus. O que se vinga. Iap. Fagiuo susugu mono, l, fenpôuo suru mono.

Vltrix, icis. fœm. Idem.

Vltra, præp. Lus. Alem, ou a fora. Iap. Nauo saqi, sono vye. ¶ Item, aduerb. Alem disso. Iap. Sono foca, sono vye. ¶ Aliqñ. Mais, ou mais tempo. Iap. Nauo, l, nauo fisaxiqu. ¶ Vltra famam. Lus. Mais do que se cuida. Iap. Bonriono focani.

Vlteriùs, aduerb. comparatiu. Idem.

Vltro. Lus. Alem, ou afora. Iap. Sono vye, sono foca. ¶ Item, De sua propria vontade. Iap. Cocoro yori, vareto.

Vltro citroq;. Lus. De hũa parte pera outra, ou de cà pera là. Iap. Asoco coco, l, xifôuo caqete. ¶ Aliqñ. De hum pera outro, ou reuezandose. Iap. Tagaini.

Vlua, æ. Lus. Labaça erua de alagoa. Iap. Mizzucusano na.

Vlula, æ. Lus. Curuja. Iap. Fucurô.

Vlulatus, us. Lus. Vyuo. Iap. Niyô, l, vmequ, l, foyuru cotouo yũ.

Vlulo, as. Lus. Vyuar. Iap. Vmequ, niyô. ¶ Item, Lamentar, ou gemer a maneira de lobos. Iap. Vôcameno gotoqu foyuru, vmequ, naqu.

V ANTE M.

VMbella, æ. dimi. Lus. Sombra pequena. Iap. Vsuqi cague, chijsaqi cague. ¶ Itẽ, Sombreiro de sol das molheres. Iap. Vonna no qigasa, caracasa. ¶ Item, Espiga do funcho, ou de outras eruas semelhãtes. Iap. Vyqiô nadono fana.

Vmbilicatim, adu. significat per vmbilicos.

Vmbilicatus, a, um. Lus. Cousa que tẽ embigo. Iap. Fesono aru mono. ¶ Item, Cousa feita a semelhança de embigo. Iap. Fesono yônitçucuritaru mono.

Vmbilicus, i. Lus. Meyo de algũa cousa. Iap. Mcnono mannaca. ¶ Item, Embigo. Iap. Feso. ¶ Item, Hũ circulo pequeno que se faz na terra pera conhecer os ventos. Iap. Cajeno fôgacuuo xiru tameni tçuchino vyeni caqu chijsaqi va. ¶ Item, Vmbilici. Lus. Seixinhos redondos, e lisos. Iap. Curi ixi. ¶ Item, Guarnição como pontas, ou crauos com que se ornão os liuros. Iap. Monono fonno cazarini tçucuru mon. ¶ Itẽ, Buraco do anel, ou colar em que se engasta a pedra. Iap. Tamauo yericomu yôracu, l, yubiganeno ana.

ana. ¶ Vmbilicus veneris. Lus. Hũa erua. Iap. Cusano na.

Vmbilisseca, æ. Lus. Parteira que corta a tripa do embigo das crianças. Iap. Acagono fesono vouo tçugu vonna.

Vmbo, onis. Lus. Parte do meyo mais alto do escudo. Iap. Tedateno mannaca. ¶ Item, Escudo. Iap. Tedate. ¶ Item, Engaste da pedra do anel, ou colar douro. Iap. Tamauo yeri comu yŏracu, l, yubiganeno ana. ¶ Itẽ, Partes mais altas, e eminẽtes como morros que ha nos montes. Iap. Yamano mune, l, vonoye.

Vmbra, æ. Lus. Sombra. Iap. Cague. ¶ Itẽ, Vmbræ. Lus. Sombras que fazem os pintores nas imagens. Iap. Yeno cuma. ¶ Item, Vmbræ. Lus. Almas dos finados. Iap. Yŭrei, bǒcô. ¶ Itẽ, O que antiga mẽte vinha ao côuite a sombra de outro sẽ ser chamado. Iap. Yobarezaru furumaini fuisan suru mono. ¶ Vmbra veritatis. Lus. Sombra, ou aparencia da verdade. Iap. Macotono vomocague. ¶ Vmbra luxuriæ. Lus. Sinal, ou rasto muito pequeno da luxuria. Iap. Irouo conomu sucoxiqi xiruxi.

Vmbraculum, i. Lus. Tenda, ou toldo que se faz pera sombra. Iap. Fivouoi. ¶ Item, Sombreiro de que vsam as molheres contra o sol. Iap. Vonnano figasa, caracasa.

Vmbraticus, a, um. Lus. Cousa de sombra, ou a maneira de sombra. Iap. Cagueni ataru coto, l, cagueni nitaru coto. ¶ Vmbraticus homo. Lus. Banqueiro que està sempre á sombra, ou em casa ocioso. Iap. Fudanmonono cagueni yte sǒgiǔno cane uo azzucari xǒbai suru mono. ¶ Artes, vel negotia vmbratica. Lus. Negocios, ou artes com que hum està ocioso ẽ casa por lhe darem pouco que fazer. Iap. Xinrǒxezu xite quacqeini yru xocu.

Vmbratilis, e. Lus. Cousa que està, ou se passa em ocio, ou em casa. Iap. Cagueni yru mono, l, quacqeini sugosu mono. ¶ Res vmbratiles. Lus. Cousas que se fazem aparentes, e contra feitas. Iap. Nixecoto.

Vmbrifer, a, um. Lus. Cousa que traz, ou faz sombra. Iap. Cagueuo sasu mono.

Vmbro, as. Lus. Cobrindo fazer sombra. Iap. Fivouoiuo suru.

Vmbrosus, a, um. Lus. Cousa sombria. Iap. Cague aru mono.

V ANTE N.

VNà, adu. Lus. Iuntamente, igualmente. Iap. Tomoni, vonaji yǒni.

Vnânimis, e. & Vnanimus, a, um. Lus. Côforme, e de hum mesmo parecer com outros. Iap. Dǒxin, l, ichimi suru mono.

Vnanimitas, atis. Lus. Consentimento, e cõformidade no parecer, &c. Iap. Dǒxin, ichimi.

Vncia, æ. Lus. Hũa onça. Iap. Facarimeno na. ¶ Item, Duodecima parte de hum pè geometrico. Iap. Geometriato yǔ gacumonni toriatçucǒ axidaqe jǔnibun ichi.

Vnciola, æ. dim. Idem.

Vnciàlis, e. Lus. Cousa de hũa onça. Iap. Miguino facarimeno vomosa aru mono. ¶ Vncialis herba. Lus. Hũa erua. Iap. Cusano na. ¶ Vnciales literæ. Lus. Letras escritas de grosura do dedo polegar. Iap. Vǒyubino futosani caqitaru ji.

Vnciarius, a, um. Lus. Cousa pertencente a hũa onça. Iap. Miguino facarimeni ataru coto. ¶ Fœnus vnciarium. Lus. Vsura de hum cruzado por cẽto. Iap. Icquanmeni jǔmonmeno riuo cǔuasuru xen. ¶ Vnciaria stips. Lus. Hũa moeda que auia em Roma mais baixa de todas. Iap. Romanite dai ichi guexennaru guinxẽ. ¶ Vnciariæ vites. Lus. Vides de tal maneira despostas que entre hũa, e outra auia de espaço a duodecima parte de hũa geira de terra. Iap. Carasuqi icchǒni te ichijit suqitaru jǔbun ichino aidauo veqite vye narabetaru budǒ.

Vnciatim, adu. Lus. Por cada onça. Iap. Miguino riǒmei gotoni.

Vncinatus, a, um. Lus. Cousa que tem farpas, ou ganchos na ponta. Iap. Cumadeno yǒnaru monono saqini tçuqitaru mono.

Vnctio, onis. Lus. O vntar. Iap. Nuru coto nari.

Vnctito, as. Lus. Vntar muitas vezes. Iap. Xiguequ nuru.

Vnctiúſculus, a, um. Lus. Hum pouco mais vntado. Iap. Nauo ſucoxi nuritaru mono. ¶ Pulmentum vnctiúſculum. Lus. Comer melhor, ou mais temperado. Iap. Nauo ſucoxi reôri xitaru xocubut.

Vnctor, oris. Lus. O que vnta. Iap. Nuru mono.

Vnctórius, a, um. Lus. Couſa que ſerue pera vntar. Iap. Mononi nuru mono. ¶ Hypocauſtum vnctorium. Lus. O lugar em q̃ ſe vntauam depois de tomarem ſuadouros e ſe lauarem. Iap. Cunyacuuo mini nuru furono agariba.

Vnctum, i. Lus. Vnto de toucinho do lombo do porco. Iap. Butano xenacano abura.

Vnctûra, æ. Lus. Vntura. Iap. Nuru coto uo yŭ.

Vnctus, a, um. Lus. Couſa vntada com vnguéto cheiroſo. Iap. Cunyacuuo nuritaru mono. ¶ Item, per metaph. Couſa limpa, ou reſplandecente. Iap. Qireinaru mono, qirabiyaca naru mono. ¶ Item, Sujo, e ſeuoſo, ou engraſſado. Iap. Miguruxiqi mono, acazzuqitaru mono. ¶ Olera vncta. Lus. Verças temperadas com toucinho, azeite, &c. Iap. Abutanite reôri xitaru yaſai.

Vncus, i. Lus. Gancho, ou garfo. Iap. Cumade, l, cagui.

Vncinus, i. Idem.

Vncus, a, um. Lus. Couſa torta, ou reuolta. Iap. Magaritaru mono, cagamitaru mono.

Vnda, æ. Lus. Onda. Iap. Nami. ¶ Aliqñ. Agoa. Iap. Mizzu. ¶ Item, Multidão de homens. Iap. Fitono cunju. ¶ Vndæ comitiorum, per transl. Lus. Multidão, e variedade de pareceres. Iap. Qigui machimachinaru cocouo yŭ.

Vndula, æ. dim. Idem.

Vndabundus, a, um. Lus. Couſa de muitas ondas, e tempeſtades. Iap. Nanpŭno xigueqi tocoro.

Vndans, tis. Lus. Couſa que faz ondas. Iap. Namiuo tatçuru mono. ¶ Vndantem chlamydem facere. Lus. Fazer varias dobras, e rugas a capa andando. Iap. Ayomu toqi fauoriuo mini vchimaçi nado xite xiuauo yoſuru.

Vndátim, adu. Lus. A maneira de ondas. Iap. Namino gotoqu.

Vnde, adu. Lus. Donde, de que lugar. Iap. Izzucu yori. ¶ Item, Vnde gentium. Idem.

Vndecéni, æ, a. Lus. Nouenta e noue. Iap. Cujŭcu.

Vndecentum. Idem.

Vndecies, adu. Lus. Onze vezes. Iap. Iŭichido.

Vndécimus, a, um. Lus. O derradeiro de onze. Iap. Iŭichiban me.

Vndecirêmis, is. Lus. Embarcação que tem onze ordens de remos. Iap. Iŭichi tcuori caiuo tateraru fune.

Vndecunque, adu. Lus. De qualquer lugar. Iap. Izzucu yori naritomo.

Vndeunde. Idem.

Vndéni, æ, a. Lus. Onze. Iap. Iŭichi.

Vnde octoginta. Lus. Setenta e noue. Iap. Xichijŭ cu.

Vndequadragies, adu. Lus. Trinta e noue vezes. Iap. Sanjŭ cudo.

Vndequadraginta. Lus. Trinta e noue. Iap. Sanjŭcu.

Vnde quinquageſimus, a, um. Lus. Quadrageſimo nono. Iap. Xijŭ cubanme naru mono.

Vnde quinquaginta. Lus. Quarenta e noue. Iap. Xijŭ cu.

Vnde ſexaginta. Lus. Cinquoenta e noue. Iap. Gojŭ cu.

Vndetrigeſimus, a, um. Lus. Vigeſimo nono. Iap. Nijŭ cubanme naru mono.

Vndeuigéſimus, a, um. Lus. Decimo nono. Iap. Iŭ cubanme naru mono.

Vndeuiginti. Lus. Dezenoue. Iap. Iŭcu.

Vndeuis, & vndélibet. Lus. De qualquer lugar. Iap. Izzucu yori naritomo.

Vndique, adu. Lus. De todas as partes. Iap. Xofŏ yori. ¶ Item, De toda laya. Iap. Yorozzuno xinajina yori.

Vn-

Vndísonus, a, um. Lus. Cousa que soa como ondas. Iap. Namino gotoqu voto suru mono. ¶ Item, Cousa que soa, ou faz estrondo com as ondas. Iap. Namino voto uo tatçuru mono.

Vndiuomus, a, um. Lus. Cousa que deita pol la boca agoa. Iap. Cuchi yori mizzuuo idasu mono.

Vndo, as. Lus. Ondejar, ou andar ás voltas com as ondas. Iap. Namiga tatçu, l, namini yuraruru, tadayô. ¶ Item, Feruer a agoa é burbulhões. Iap. Yuga taguiru, yudamaga tatçu. ¶ Aliqñ. Abundar. Iap. Tacusan nari. ¶ Itẽ, (actiuè) Encher, ou alagar. Iap. Mizzu nadoga deabacuni afururu.

Vndôsus, a, um. Vt, Vndosum mare. Lus. Mar cheo de ondas, ou tempestuoso. Iap. Nanpû xiguequ, namino tacaqi vmi.

Vndulatus, a, um. Vt, Vndulata vestis. Lus. Vestido pintado de ondas como chamalote de agoas. Iap. Namino monuo tçuqetaru yxô.

Vnêdo, onis. Lus. Medronho fruita do mato. Iap. Yamamomono taguy.

Vngentum, i, & Vnguentum, i. Lus. Vnguento cheiroso. Iap. Cunyacu, cuncô.

Vngo, is, xi, ctum, & Vnguo, is. Lus. Vntar. Iap. Nuru.

Vnguen, inis. Lus. Qualquer gordura pera vntar. Iap. Mononi nuru abura.

Vnguentarius, ij, l, potiùs Vngentarius, ij. Lus. O que faz, e vende vnguentos cheirosos. Iap. Cunyacuuo chôgô xite vru mono.

Vnguentaria, æ. fœm. Idem. ¶ Item, Arte de fazer estes vnguentos. Iap. Cunyacuuo chôgô suru narai. ¶ Vnguentariam facere. Lus. Exercitar esta arte. Iap. Miguino narauo tçutomuru.

Vnguentarius, a, um. Lus. Cousa apta, ou pertencente a vnguentos cheirosos. Iap. Cunyacuni ataru, l, niyôtaru coto.

Vnguentatus, a, um. Lus. Vntado de vnguentos cheirosos. Iap. Cunyacuuo nuritaru mono.

Vnguinosus, a, um. Lus. Cousa gorda, ou vntuosa. Iap. Aburano aru mono.

Vnguis, is. Lus. Vnha. Iap. Tçume, l, fizzume. ¶ Item, Hũas manchas que ha em hũa certa aruore. Iap. Aru qino n.ocu. Plin. ¶ Item, Belida que nace nos olhos. Iap. Manacoui idequru xirozzuqi. ¶ Vngues ferrei. Lus. Hum instrumento de ferro de vindimar as vuas. Iap. Budôuo mogu curoganeno dôgu.

Vnguiculus, i. dim. Idem. ¶ A teneris vnguiculis, l, de tenero vngui. Lus. Desde criança. Iap. Yôxô yori.

Vngula, æ. Lus. Vnha de caualo, ou de outros animais. Iap. Fizzume. ¶ Injicere vngulas. Lus. Arrebatar, ou furtar. Iap. Moguitoru, nusumu.

Vngulatus, a, um. Lus. O que tem as vnhas grandes, e escabrosas. Iap. Tçumeno araqemaqi vôqinaru mono.

Vngulum, i. Lus. Anel. Iap. Yubigane. Antiq.

Vnicaulis, e. Lus. O que tem hum soo talo, ou cana. Iap. Cuqi fitotçu aru mono.

Vnicálamus, a, um. Idem.

Vnicè, adu. Lus. Vnica, l, singularmente. Iap. Sugurete, fitoyeni.

Vnicolor, oris. Lus. Cousa de hũa cór. Iap. Fitoiro naru mono.

Vnicornis, is. Lus. Vnicorne, ou bada. Iap. Iccacuno qedamono, l, sai.

Vnicornis, e. Lus. Cousa que tem hum corno. Iap. Iccacuno aru mono.

Vnicus, a, um. Lus. Cousa singular, ou hũa soo. Iap. Taguy naqi mono.

Vnígena, æ. Lus. Filho vnico. Iap. Fitorigo.

Vnigénitus. (apud Ecclesiast. script.) Idem.

Vnijugæ vineæ. Lus. Vinhas que tem as cepeiras de hũa soo latada. Iap. Torijno gotoqu tanauo xite budôuo fauasuru fataqe.

Vnimanus, a, um. Lus. O que tem hũa soo mão. Iap. Catate aru mono.

Vnio, is, iui, itum. Lus. Ajuntar, ou fazer em hum. Iap. Atçumuru, auasuru, l, fitotçuni nasu.

Vn-

Vnio, onis. Lus. Vnião, concordia. Iap. Ichimi, dôxin. ¶ Aliqñ. Perola. Iap. Caino tama. ¶ Item, Hum genero de cebolas. Iap. Fitomojino taguy.

Vnióculus, siue Vnóculus. Lus. O que tem hum soo olho. Iap. Catame, canda.

Vnistirpis, e. Lus. O que tem hum soo pao, ou tronco. Iap. Moto cuchi fitotçu aru qi.

Vnitas, atis. Lus. Vnidade. Iap. Fitotçu naru cotouo yŭ. ¶ Item, Omnimoda semelhança. Iap. Xiccai nitaru cotouo yŭ.

Vniter, adu. Lus. Concorde mente. Iap. Ichimi xite, chigŭ xite.

Vniuersalis, e. Lus. Cousa que pertence a todos em géral. Iap. Sôbetni ataru coto.

Vniuersè, adu. Lus. Géral mente. Iap. Sôbet, vo xinabete.

Vniuersim, adu. Idem.

Vniuérsitas, atis. Lus. Generalidade, ou communidade. Iap. Sôbet, l, sôzŏni ataru cotouo yŭ.

Vniuersus, a, um. Lus. Todo, ou total. Iap. Cotogotocu xiccai. ¶ Item, Vniuersi in plural. Lus. Todos juntamẽte. Iap. Mina yoriyŏte.

Vniuocè, adu. Lus. Vniuocamente. Iap. Cotobato cocorouo fitotçuni xite.

Vníuocus, a, ũ. Lus. Cousa q̃ no nome, e natureza comuem a muitos. Iap. Cocoro fitotçuni xite amatani ataru cotoba.

Vniúsmodi. Lus. De hũa maneira, ou laya. Iap. Fitoxina naru mono.

Vnoise, adu. Lus. Iuntamente. Iap. Tomoni Antiq.

Vnquam, adu. Lus. Em algum tempo, ou em todo tempo. Iap. Itçumo, fudan, l, toqini yotte.

Vnus, a, um. Lus. Hum. Iap. Fitotçu, fitori. ¶ Aliqñ. Só, e sem companhia. Iap. Tomo naqi mono. ¶ Itẽ, Hũa mesma cousa. Iap. Vonaji coto. ¶ Aliqñ. Primeiro. Iap. Ichibannaru mono. ¶ Vnus, & alter. Lus. Dous. Iap. Futari.

Vnusquilibet, & Vnusquiuis. Lus. Qualquer. Iap. Izzurenaritomo.

Vnusquispiam. Idem.

Vnusquisque, Vnaquæque, Vnum quodque, &c. Lus. Cada hum. Iap. Fitorizzutçu, l, ichi ichi.

V ANTE O.

Vocábulum, i. Lus. Palaura, ou dição. Iap. Cotoba.

Vocâlis, e. Lus. Cousa sonora, e de alta voz, &c. Iap. Fibiqu mono, coyeno tacaqi mono. ¶ Itẽ, O que tẽ voz, e pode falar. Iap. Coyeuo idaxi, monouo yŭ fito. ¶ Vocales dictæ sũt quinque illæ apud Latinos literæ, quia per se voces faciunt, & sine his vox proferri non potest.

Vocalitas, atis. Lus. Consonancia. Iap. Chôxino sorô cotouo yŭ.

Vocâmen, inis. Lus. Nome, apelação. Iap. Monono na, l, nazzuqeru cotouo yŭ.

Vocatiuè, adu. Idest, per vocatiuum.

Vocatiuus, a, um. Apud grámaticos, vt vocatiuus casus. Lus. Caso polo qual chamamos a alguem. Iap. Fitouo yobu cotobano tenifa.

Vocátor, oris. Lus. O que chama. Iap. Yobite. ¶ Vocatores. Lus. Homens aquem se encarregaua chamar os conuidados. Iap. Furumaino tameni fitouo yobu yacuxa.

Vocatus, us. Lus. Rogo, ou inuocação. Iap. Qixei, l, tanomi, qinen.

Vocatus, a, um. Lus. Chamado. Iap. Yobaretaru mono.

Vociferatio, onis. Lus. O bradar, ou brado. Iap. Saqebi.

Vocíferor, aris. Lus. Bradar. Iap. Saqebu, yobauaru.

Vocífero, as. Idem.

Voco, as. Lus. Chamar. Iap. Yobu. ¶ Vocare aliquem ad calculos. Lus. Chamar a alguem pera que dé seu voto. Iap. Vaga zonbunuo iy idasu tameni fitouo yobu. ¶ Vocare seruos ad libertatem. Lus. Incitar os catiuos pera que se libertem. Iap. Jiyŭuo vru tameni yatçuconi yqenuo suru. ¶ Vocare aliquem in crimen. Lus. Accusar a alguem de algum crime. Iap. Fitono zaiquauo vttayuru. ¶ Vocare aliquẽ ad testimonium. Lus. Alegar a alguẽ por

por testimunha. Iap. Fitouo xôconi tatçuru. ¶ Vocare in discrimen. Lus. Pôr a perigo. Iap. Nanguini voyobasuru.

¶ Vocare aliquem in inuidiam. Lus. Estar mal, ou quebrado com alguem. Iap. Fito to nacauo tagŏ. ¶ Vocare rẽ aliquã in medium. Lus. Propor algũa cousa pera se tratar, ou deslindar. Iap. Ritio sumasu tameni sono cotouariuo iy tatçuru. ¶ Vocare aliquid ad calculos. Lus. Fazer as contas meudamente. Iap. Comacani monono sanyôuo suru. ¶ Vocare Deum in vota. Lus. Pedir a Deos soccorro com votos, e depracaçôes. Iap. Riñguã xite Deusno go côriocuuo tanomu. ¶ Vocare aliquem à mœstitia. Lus. Mandar, ou dizer a alguem que esteja alegre. Iap. Fitoni yorocobi isameto yũ. ¶ Vocare aliquẽ ad vitã. Lus. Fazer com alguem que tenha bõ animo, e cobrando melhores esperanças deixe dese matar. Iap. Iigaiuo yamete cocoroyasuqu vomoyetono yqen suru. ¶ Vocare aliquem in partem. Lus. Chamar a alguem pera ser participante dalgũa cousa. Iap. Mono uo faibun sasuru tameni fitouo yobu.

Vócito, as. frequent. Idem.

Voconia. Lus. Hũa casta de peras. Iap. Naxi no taguy.

Vócula, æ. dim. Lus. Pequena voz. Iap. Chijsaqi coye, xôuon.

Vola, æ. Lus. Palma da mão, ou planta do pee. Iap. Teno vra, l, axino vra.

Volans, tis. Lus. O que voa. Iap. Tobicaqeru mono. ¶ Volantes. Lus. Aues. Iap. Tori.

Voláticus, a, um. Lus. Ligeiro. Iap. Tobu fodo fayaqi mono. ¶ Item, per transl. Inconsiderado, e inconstante. Iap. Buxirio naru mono, todocazaru mono, cauariyasuqi mono.

Volátilis, e. Lus. Ligeiro, veloz. Iap. Fayaqi mono. ¶ Ferrum volatile. Lus. Seta que vai espedida do arco. Iap. Y fanaxitaru ya. ¶ Volatilis ætas. Lus. Idade fluida, e caduca. Iap. Facanaqu adanaru youai.

Volatûra, æ. Lus. Voo. Iap. Tobu cotouo yũ.

Volátus, us. Idem. ¶ Item, O voar. Iap. Tobicaqeru coto nari.

Volema. Lus. Peras pardas, ou da cor de noz. Iap. Naxino taguy.

Volens, tis. Lus. O que quer, ou querendo. Iap. Nozomu mono, l, nozonde. ¶ Volenti animo. Lus. De boa vontade. Iap. Cocoroyoqu.

Volentia in compositione idem esse videtur, quod voluntas.

Volgiolum, i. Lus. Hum instrumento rustico. Iap. Nôgu.

Vólito, as. Lus. Voar frequentemente. Iap. Xigueq

u tobicaqeru. ¶ Aliqñ. Descorrer e andar de hũa parte pera outra com arrogancia. Iap. Iimanno furiuo xite cococaxicouo meguru. ¶ Volitare cupiditate gloriæ. Lus. Ser leuado do apetite da honra, e gloria. Iap. Fucaqu guaibunuo conomu, l, fomareno nozomini ficaruru. ¶ Volitare in re aliqua insolentiùs. Lus. Iactarse, ensoberuecerse. Iap. Iiman xite vogoru.

Volo, as. Lus. Voar. Iap. Tobicaqeru.

¶ Nauis volat, fama volat, &c. Lus. Corre muito a nao, voa a fama. Iap. Funega faxiru, sôga fayaqu qicoye vataru.

Volo, vis. Lus. Querer. Iap. Nozomu.

¶ Item, Desejar. Iap. Cononiu, negŏ.

¶ Aliqñ. Ter para si. Iap. Vomô, zonzuru.

¶ Volo te verbis paucis. Lus. Quero vos hũa palaura. Iap. Fitocoto sonatani iytai.

¶ Volo omnia tua causa. Lus. Em tudo te desejo, ou quero bem. Iap. Sonata banji yocarecaxito nozomu.

Volones. Lus. Seruos, os quais porque em hũa guerra por falta de homens liures se apostarão a peleijar pollos senhores forão feitos cidadãos. Iap. Aru caxxenni xujinni taixite tçuyoqu tatacaitaru yacusocu suruni yotte, quaixeno giñinno menqiouo cômuritaru yatçuco.

Volsella, æ, siue Vulsella, æ. Lus. Tenazes de tirar os cabelos do corpo. Iap. Qenuqi.

¶ Item, Hum instrumento de surugião com que aferram da carne que hade cortar nas chagas. Iap. Gueqiôno cusariuo nicouo fasami aguru dôgu.

Volua,

Volua, æ. Lus. Cousa ẽ q̃ se ẽburulba, ou en uolue outra. Iap. Monouo tçutçumu dŏgu. ¶ Item, Hũa casca branca a maneira de ouo q̃ naçe nos cogumelos. Iap. Caigo no yŏnaru cusabirano xiroqi caua. Plin. ¶ Item, Apud antiq. Ventre, ou madre on de se concebe a criança. Iap. Vonnano co uo yadosu cobuçoro, l, tainai.

Volubilis, e. Lus. Cousa que se vira em circu lo facilmente. Iap. Mauaxiyasuqi mono. ¶ Volubilis fortuna. Lus. Fortuna varie, e inconstante. Iap. Sadamarazaru fu.

Volubilitas, atis. Lus. Facilidade de se mouer ou virar ẽ voltas. Iap. Vgoqi, l, mauaxiyasusa. ¶ Volubilitas fortunæ. Lus. Variedade e incõstácia da fortuna. Iap. Funo sadamenaqi cotouo yŭ. ¶ Volubilitas linguæ. Lus. Prontidão, e ligeireza da lingoa. Iap. Cuchino qiqitaru cotouo yŭ, benjet.

Volubiliter, adu. Lus. Ligeiramente, e espedidamente. Iap. Fayaqu, jiyŭni.

Volucer, cris, cre. Lus. Cousa ligeira, ou que voa. Iap. Tobicaqeru mono, figuiŏjizainaru mono.

Volucra, æ. Lus. Hũ bicho q̃ roe os gomos, ou varas nouas da vide. Iap. Budŏno vacayeda, medachiuo cuiqiru muxino na.

Volucris, is. Lus. Aue, abelha, ou outro bicho q̃ voa. Iap. Tori, fachi, sonoſoca tobicaqeru mono.

Voluendus, a, um. Lus. Cousa que se vira em roda facilmente. Iap. Mauaxi yasuqi mono.

Volumen, inis. Lus. Volume, ou parte de algum liuro. Iap. Qiŏno maqi, l, bu. ¶ Item, Volta, ou mouimento circular. Iap. Meguru cotouo yŭ, xenten. ¶ Itẽ, Variedade, ou pouca firmeza. Iap. Fugiŏ, sadamenasa.

Voluntariè, adu. Lus. De sua vontade, e prõtamente. Iap. Zonbuncara, l, cocorocara.

Voluntarius, a, um. Lus. Cousa feita de võtade, ou per proprio parecer, e apetite. Iap. Cocorocara xitaru coto, l, zonbunno mamani xitaru coto. ¶ Voluntarij milites. Lus. Soldados que de sua propria vontade se escriuião na milicia. Iap. Cocorocara chacutŏni tçuqu buxi.

Voluo, is. Lus. Virar, ou mouer em circulo. Iap. Mauasu. ¶ Item, Cuidar, e reuoluer no pensamẽto. Iap. Vomoi mauasu, xian suru.

Voluox, ôcis. Lus. Hum bicho que roe as folhas das vides. Iap. Budŏno fauo curŏ muxi.

Voluptabilis, e. Lus. Cousa agradauel, e aprazíuel. Iap. Qini aitaru mono, cocoromaxiqi mono, yorocobaxiqi mono.

Vólupe, l, Volup. Idem. Plaut.

Voluptarius, a, um. Lus. Cousa que da gosto, e prazer. Iap. Yorocobasuru mono. ¶ Voluptarius homo. Lus. Homem dado a boa vida. Iap. Quacqei, l, buicuni chôzuru mono.

Voluptas, atis. Lus. Alegria, prazer. Iap. Mãzocu, yorocobi. ¶ Item, (In malam partem) Lus. Deleite, ou contentamento proprio do corpo. Iap. Xiqixinno yorocobi, buicu, quacqei. ¶ Voluptati esse. Lus. Ser grato, e aprazíuel. Iap. Qinivŏ.

Voluptuosus, a, ũ. vt voluptuosus homo. Lus. Homem delicioso, e amigo de deleites. Iap. Xŏrocu quacqei, buicuuo nozomu mono. ¶ Voluptuosa res. Lus. Cousa que dà gosto e contentamento. Iap. Yorocobi, l, quacqeitonaru mono.

Volutâbrum, i. Lus. Lamaçal de porcos. Iap. Butano tçuneni samari yru dorono vchi, l, tocoro.

Volutæ. Lus. Folhagens, ou ramaes que abração o capitel da coluna a maneira de elos que nacem das eruas. Iap. Faxirano masugatani foritçuqetaru caracusa.

Volutátim, adu. Lus. Virãdo, ou reuoluẽdo hũa vez, e outra. Iap. Casanegasane mauaite.

Volutatio, onis. Lus. O dar voltas, ou o reuoluer. Iap. Mauasu coto, l, fuxi marobu coto nari.

Volutatus, us. Idem.

Volutatus, a, ũ. Lus. Muitas vezes virado, e reuoluido. Iap. Tabitabi mauasaretaru mono.

Volu

Vo'ûto, as. Lus. Dar muitas voltas, ou reuoluer muitas vezes. Iap. Fabitabi cayesu, l, mauasu, l, fuxi marobu. ❡ Item, Consi dar, e ponderar diligentemente. Iap. Xei uo irerecufŭ furu.

Volûtus, a, um. Lus. Cousa virada, ou reuoluida. Iap. Mauasaretaru mono, corobacasaretaru mono.

Vomer, l, Vomis, eris. Lus. Ferro do arado. Iap. Carasuqino fera.

Vômica, æ. Lus. Postema, ou chaga que deita muita materia. Iap. Vmichiuo xitataca ni nagasu xumot. ❡ Item, apud Plinium, per transl. Vea deazougue q̃ sépre mana. Iap. Itçumo nagaruru mizzucaneno sugi.

Vomitio, onis. Lus. Vomito. Iap. Toqiacu.

Vômitus, us. Idem.

Vómitor, oris. Lus. O que vomita. Iap. Toqiacu suru mono.

Vomitorius, a, um. Lus. Cousa que causa vomito. Iap. Toqiacu sasuru mono.

Vomo, is, mui, itũ. Lus. Vomitar. Iap. Toqiacu suru.

Vómito, as. freq. Idem.

Vopiscus, i. Lus. Hum dos dous gemeos que nace viuo. Iap. Futagono vchini iqite vmaretaru ichinin.

Vorácitas, atis. Lus. Desejo insaciauel de comer. Iap. Aqugomo naqi vye.

Voraginosus, a, um. Lus. Lugar de muitas voragens, ou redomoinhos dagoa. Iap. Vzzuno vouoqu maqu tocoro.

Vorâgo, inis. Lus. Voragem, ou redomoinho dagoa. Iap. Vzzu. ❡ Item, per trãsl. Prodigo, e consumidor da fazenda em cousa de gula. Iap. Tonjiqini zaifôuo tçuiyasu mono.

Vorax, acis. Lus. Tragador que se não farta. Iap. Aqugomo naqi mono, tonjiqinaru mono.

Voro, as. Lus. Tragar, ou ingolir, ou correr mal mastigado. Iap. Namagamini xite mono uo cũ, l, nomicomu. ❡ Item, per trãsl. Tomar algũa cousa com desejo, e sofregamente. Iap. Fucaqu nozonde vbaitoru, tçucamitoru.

Vorsûra. vide Versura.

Vortex, vide Vertex.

Vorto, is. vide Verto.

Vos, Vostrum, l, Vestri. Lus. Vosoutros. Iap. Nangira.

Vóticus, a, ũ. Lus. Cousa prohibida, ou interdita por ser sagrada. Iap. Tattosani yotte rŏjeqiuo xeiqin suru mono. Nonius.

Votiuus, a, um. Lus. Cousa que se promete de dar por voto. Iap. Monouo sasaguěto riŭguã xitaru mono. ❡ Item, Cousa per técete a voto. Iap. Riŭguanni ataru coto. ❡ Aliqñ. Cousa desejada por voto. Iap. Riŭguan xite coitaru coto, l, nozomitaru coto. ❡ Ludi votiui. Lus. Festas que se faziam por algum voto. Iap. Riŭguan ni yotte xeraretaru iuai. ❡ Thura votiua. Lus. Sacrificios de encensos, que se compriam por causa de algum voto. Iap. Riŭguanni yotte salaguru nhŭcŏ. ❡ Legatio votiua. Lus. Embaixada que se toma, ou aceita por rezão de algũ voto. Iap. Riŭguanni yotte vqeraruru xixa. ❡ Votiuæ aures. Lus. Ouuidos q̃ desejã ouuir algũa cousa. Iap. Monouo qiqitagaru mimi.

Votũ, i. Lus. Voto, ou promessa feita a Deos. Iap. Riŭguã. ❡ Item, Desejo. Iap. Nozomi, catmŏ. ❡ Compos voti. Lus. O que alcançou o que desejaua. Iap. Fonmŏuo toguetaru mono. ❡ Pro voto succedere Lus. Soceder conforme ao desejo, Iap. Vomoino mamani naru. ❡ Facere vota. Lus. Desejar, ou fazer voto. Iap. Monouo nozomu, l, riŭguã suru. ❡ Voto aliquem fingere. Lus. Fingir a alguem cõforme o desejo. Iap. Nozomino mamani monouo fiqinasu. ❡ Nuncupare vota pro imperio. Lus. Prometer algũa cousa pola Republica pera se comprir depois de se liurar de algum perigo. Iap. Tencano nanguiuo nogaru tameni riŭguan suru. ❡ Voto teneri. Lus. Estar obrigado por algum voto. Iap. Riŭguanni musuboruru. ❡ Vota soluere, l, reddere. Lus. Comprir o que hum votou. Iap. Riŭguanuo jŏju suru, l, toguru. ❡ Liberare se voto, l, voti. Lus.

Liurar se da obrigação de comprir o voto. Iap. Riŭguanuo yurusaruru. ¶ Reus voti. Lus. Obrigado com voto. Iap. Qetguanno fito. ¶ Damnatus voti, l, voto. Lus. O que alcançou ja aquillo por que vo tou. Iap. Xoguan jŏju xitaru mono.

Vox, cis. Lus. Voz. Iap. Coye. ¶ Itẽ, Voces. Lus. Vozes, ou soidos de cousas inanimadas. Iap. Voto, ne.

V ANTE P.

Vpilio, onis. vide Opilio.

Vpupa, æ. Lus. Poupa aue. Iap. Aru torino na. ¶ Item, Molher publica. Iap. Qeixei. Plaut.

V ANTE R.

Vrachus, i. Lus. Cano que sae do fundo da bexiga da criança pello qual vai a ourina á bexiga commũa. Iap. Tainaino va rǎbeno ibaribucuroyori fauano xôchŏno fuye xôbenuo cudasu cuchi.

Vranóscopus, i. Lus. Hum peixe. Iap. Vuono na.

Vrbanè, adu. Lus. Cortes mẽte, ou cõ graça. Iap. Iinjŏni, xiuoraxiqu.

Vrbanatim, adu. Idem.

Vrbánicus, a, um. Lus. Cousa pertencente a cidade. Iap. Iŏtoni ataru coto. ¶ Vrbanici milites. Lus. Soldados postos por guarnição de algũa cidade. Iap. Zaixono banni voqu buxi.

Vrbicus, a, um. Idem.

Vrbánitas, atis. Lus. Graça, e policia no falar. Iap. Cotobano xiuoraxisa, l, jinjŏsa. ¶ Aliqñ. Cousas da cidade, ou vida, e costumes que passam na cidade. Iap. Iŏrini ataru coto, l, jŏrino fŭzocu.

Vrbânus, a, um. Lus. Cousa de cidade. Iap. Iŏrini ataru coto. ¶ Vrbana prædia. Lus. Casas, ou edificios de cidade, lugar, ou do campo de que se paga algum foro, e aluguer. Iap. Tojŏ, l, fendo nite gixi, l, xucuchinuo toru iye, l, yaxiqi. ¶ Item, per transl. Cousa politica, cortes, e graciosa. Iap. Iinjŏnaru coto, l, richigui naru mono.

Vrbina, æ. Lus. Hum genero de arma com prida. Iap. Nagayeno bugu, l, naga dŏgu.

Vrbs. Lus. Cidade, ou villa cercada de muro. Iap. Tçuigiuo tçuqi mauaxitaru jŏri, quaixo. ¶ Item, (propriè) Casas, ou edificios da cidade. Iap. Iŏtono iye, cauocu.

Vrceolaris herba. Lus. Hũa erua que nace nos muros, ou nas paredes. Iap. Ixigura, tçuigi nadoni idequru cusano na.

Vrceus, ei. Lus. Pucaro, ou vaso dagoa Iap. Mizzuno vtçuuamono.

Vrcéolus, i. dim. Idem.

Vrédo, inis. Lus. Mal, ou seca que da nas aruores, e eruas. Iap. Sŏmocuuo carasu yamai. ¶ Itẽ, Ardor com comichão como de vrtiga. Iap. Iragusano tachitaru yŏ naru caisa.

Vreteres. Lus. Canos, ou veas pellos quais dece a ourina dos rins á bexiga. Iap. Bŏquŏ, meimon yori ibaribucuroni tçuru sugi.

Vrgeo, es, si, sum. Lus. Pór força em algũa cousa. Iap. Chicarauo dasu. ¶ Item, Cóstranger, ou forçar. Iap. Sucumuru, xiqiri nisasuru. ¶ Item, Insistir. Iap. Xiqirini suru. ¶ Item, Cobrir. Iap. Vouô. ¶ Itẽ, Apressarse. Iap. Isogu.

Vrica, æ. Lus. Mangra, ou outro mal que dà nas semẽteiras. Iap. Gococuni idequru yamai.

Vrigo, inis. Lus. Inflamação que se causa de algũa mezinha que tem virtude de abrasar. Iap. Vnyacu yori vgetaru necqi.

Vrina, æ. Lus. Ourina. Iap. Xôben. ¶ Vrinam facere, l, reddere. Lus. Ourinar. Iap. Xôben suru. ¶ Vrina genitalis. Lus. Semente natural do homem, é animal. Iap. Fito, l, qedamonono tane, insui.

Vrinatores. Lus. Mergulhadores que nadão de baixo da agoa. Iap. Suin, l, suirenuo suru fito. Varro.

Vrino, as. siue Vrinor, aris. depon. Lus. Mergulhar na agoa, e tornar a sair fora. Iap. Xizzunde mata vcamu.

Vrinum, i. Lus. Ouo por galar que não serue pera casta. Iap. Vondoriuo tçuqe yqezu xite vmitaru torino caigo.

Vrion, l, Vrium, ij. Lus. Hũa laya de terra de

ra de que se guardão muito os mineiros do ouro em huns regos que fazem dagoa. Iap. Vǒgonno fori idaxi arǒ mizzuno sobani aru axiqi tçuchi.

Vrna, æ. Lus. Vaso comque se tira agoa dos poços, e rios. Iap. Inomoto, l, caua yori mizzuuo cumu vtçuuamono. ¶ Item, Hum vaso em que se ajuntauam os votos dos juizes. Iap. Tadaxiteno zonbunuo caqitaru fudauo atçumeiruru vtçuuamono. ¶ Item, Hum genero de medida que leua noue canadas. Iap. Fanqi, nijǔ xichifai iru masu.

Vrnula, æ. dim. Idem.

Vrnâlis, e. Lus. Cousa que leua esta medida. Iap. Miguino masu nite facaru mono uo iruru mono.

Vrnarium, ij. Lus. Hũa taboa quadrada, ou cantareira em que punhão cantaros, ou outras vasilhas dagoa. Iap. Mizzuuo cumu vtçuuamonouo voqu tana, l, mizzutana.

Vrens, tis. Lus. Cousa q̃ queima. Iap. Yaqu mono.

Vro, is, vssi, vstum. Lus. Queimar, ou danar com quentura, ou frio. Iap. Yaqu, l, tericarasu, l, itecarasu. ¶ Item, per transl. Cruciar, ou afligir. Iap. Xebamuru, cumuximuru. ¶ Vri virgis. Lus. Ser açoutado. Iap. Chǒchacuuo xeraruru. ¶ Calceus angustior vrit pedem. Lus. O çapato muito apertado lastima. Iap. Xebàqi cutçuga axiuo cũ. ¶ Vrere hominem, per transl. Constranger com dôr algum homẽ ou afligilo. Iap. Itamete fitouo fucumuru, l, nayamasu. ¶ Vri. Lus. Consumirse, ou abrasarse com amor. Iap. Vomoini cogaruru, taixetni moyuru.

Vrito, as. frequent. Idem.

Vropygium, siue (vt apud Pollucem legitur) oropygium, ij. Lus. Rabada das aues. Iap. Torino toxiri.

Vrpix, icis. Lus. Hum instrumento dos lauradores. Iap. Nǒgu.

Vrruncum, i. Lus. Grão do trigo, ou outra semente falido que está no principio da espiga. Iap. Mugui nadono fono motoni aru ichi yaxetaru tçubu.

Vrsa, æ. Lus. Vrsa animal fero. Iap. Cuma. ¶ Item, Vrsæ. Lus. As duas vrsas do norte. Iap. Qitano catani aru foxino yaderi.

Vrsus, i. masc. Idem.

Vrsulus, li, & Vrsula, æ. fœm. dim. Idem.

Vrsinus, a, um. Lus. Cousa de vrso. Iap. Cumani ataru coto.

Vrtica, æ. Lus. Vrtiga erua. Iap. Iragusa. ¶ Item, Hum peixe. Iap. Vuono na.

Vruo, as. Lus. Rodear, ou cercar. Iap. Mauasu. ¶ Item, Deitarse de maneira que se tome a leuantar pera cima. Iap. Yagate tatçu yǒni miuo naguru, l, corobu.

Vrus, i. Lus. Boy siluestre, ou brauo. Iap. Yamavji.

Vruus, a, um. Lus. Cousa reuolta pera a parte de cima. Iap. Vyeye soritaru mono. Antiq. ¶ Vruum, i. Lus. Curuadura do arado. Iap. Carasuqino ferano magaritaru tocoro.

V ANTE S.

Vsia, æ. Lus. Sustancia, ou essencia. Iap. Monono xǒtai.

Vsio, onis. Lus. Vso. Iap. Tçucǒ, l naruru cotouo yũ.

Vsitatè, adu. Lus. Segundo o costume, ou vso. Iap. Fayaru cataguini, l, tçuneno gotoqu.

Vsitatus, a, um. Lus. Cousa vsada, ou recebida em costume. Iap. Xinaretaru coto, cataguini naritaru coto.

Vsitor, aris. Lus. Vsar frequentemente. Iap. Xiguequ tçucǒ, l, xitçuquru.

Vspiam, adu. Lus. Em algum lugar. Iap. Izzucuni, icanaru tocoroni.

Vsquam, adu. Idem.

Vsquam gentium. Idem.

Vsque, præp. Lus. Ate. Iap. Made. ¶ Qñq;. Aduerbium. Lus. Sempre, ou continuamente. Iap. Itçumo, fudan. ¶ Vsque ad hunc. Lus. Excepto este. Iap. Coreuo nozoite. ¶ Vsque affatim. Lus. Ate fartar. Iap. Aqumade. ¶ Vsque adhuc. Lus. Ate agora. Iap. Ima made. ¶ Vsquedũ. Lus. Ate quando, ou em quãto. Iap. Itçu made,

made, aidani. ❡ Vsque admodum. Lus. Tanto tempo. Iap. Safodo fisaxiqu. Catô. ❡ Vsque adeò. Lus. Em tanto. Iap. Safodo. ❡ Item, Vsque adeò. Lus. Tanto tẽpo. Iap. Sorefodo, sono aida. ❡ Vsque ante hæc. Lus. Antes que. Iap. Saqini. ❡ Vsque eò. Lus. Em tanto. Iap. Fodo, l, made.

Vsquequaque, adu. Lus. A cada passo, ou continuamente. Iap. Izzucunimo, l, fudã.

Vsque quò. Lus. Ate que, ou ate quãdo. Iap. Itçumade, l, made.

Vstio, onis. Lus. O queimar, ou tostar. Iap. Yaqu, l, carasu coto nari. ❡ Item, Cauterio, l, botam de fogo. Iap. Yaito, qiũgi, l, quaxin.

Vstor, oris. (propriè) Lus. O que tinha por officio queimar corpos mortos no lugar õde se enterrauam. Iap. Xigaiuo yaqu von bõ. ❡ Item, O que queima. Iap. Yaqite.

Vstrîgo, inis. Lus. Mangra, ou bicho que dà nas sementeiras. Iap. Gococuni tçuqu muxi, l, yamai. Ambros.

Vstrîna, æ. Lus. Fornalha, ou fragoa em q̃ se abrasa o metal pera ser batido, ou laura do. Iap. Caneuo neri, qitai, l, monouo tçucuru fuigono fi. ❡ Item, Lugar de queimar os corpos mortos. Iap. Xigaiuo yaqu tocoro, l, fiya.

Vstulo, as. Lus. Queimar, ou chamuscar. Iap. Yaqu, cogasu.

Vstus, a, um. Lus. Cousa queimada, ou chamuscada. Iap. Botto yaqitaru coto, l, coga saretaru coto.

Vsualis, e. Lus. Cousa de que vsamos. Iap. Tçucô coto, l, dôgu.

Viuarius, a, um. Idem.

Vsuarius, ij. Lus. O que tem vso de algũa cousa. Iap. Monouo tçucô fito.

Vsucapio, is. Lus. Tomar, ou apropiar a si algũa cousa pello vso, e posse que tẽ della. Iap. Fisaxiqu tçucaitaruni yotte sono monouo vaga mononi nasu.

Vsucaptio, siue Vsucapio, onis. Lus. O acquirir o dominio de algũa cousa pola posse q̃ tẽ de muito tempo bastante pera sper screuer. Iap. Sadamaritaru nẽqi fodo tçucaitaru mono, l, vaga mononi nasu coto uo yũ.

Vsura, æ. Lus. Vso. Iap. Iuyô, xitçuqe. ❡ Itẽ, Vsura, ou ganho q̃ se dà a onzeneiro. Iap. Ribai, rixen. ❡ Item, Amizade, ou conuersação. Iap. Chijn, xitaximi.

Vsurarius, a, um. Lus. Cousa pertencente a vso, ou vsura. Iap. Iuyô, vel, ribaini ataru coto. ❡ Vsuraria vxor. Lus. Molher de q̃ hũ vsa e lugar da propria. Iap. Tecaqe.

Vsurpatio, onis. Lus. Frequente vso. Iap. Fisaxiqu monouo tçucaitaru cotouo yũ. ❡ Itẽ, (apud iuris cõsult.) O enterróper, ou discontinuar a posse, e dominio de algũa cousa. Iap. Sadamaritaru nencuno nacauo qitte monouo tçucô coto nari.

Vsurpo, as. Lus. Ter vso frequente de algũa cousa. Iap. Tçuneni monouo tçucô. ❡ Vsurpare oculis. Lus. Ver. Iap. Miru. Lucret. ❡ Vsurpare ciuitatem. Lus. Terse por cidadão. Iap. Tojõno qiũninno goto qu furumô. ❡ Vsurpare ius. Lus. Tomar posse. Iap. Vqetoru, xhĩbu suru.

Vsus, us. Lus. Vso, l, exercicio. Iap. Xitçuqe, iuyô, qeico. ❡ Interd. Conuersação, ou familiaridade. Iap. Tagaino chijn, l, xitaximi. ❡ Itẽ, Fruito, e proueito que se tira de algũa cousa. Iap. Tocu, l, rijun. ❡ Aliqñ. Costume. Iap. Cataguì, narai. ❡ Ex vsu esse. Lus. Ser proueitoso, e acomodado. Iap. Tocuni naru, niyô. ❡ Vsus venit. Lus. He necessario. Iap. Iru, l, canyô nari. Vsu venit. Lus. Acontece. Iap. Vocoru, idequru.

Vsus fructus, us. Lus. Vso fruito de algũa cousa. Iap. Tçucô mono yori tocu, l, miuo toru cotouo yũ.

V ANTE T.

Vt, l, Vti, coniunctio. Lus. Pera que. Iap. Yõni, tameni. ❡ Interd. Aduerbium temporis. Lus. Depois que. Iap. Naraba, l, nochi. ❡ Interd. Particula est admirantis. Lus. Como, ou quanto! Iap. Yõ, icafodo. ❡ Non nunquam interrogantis. Vt vales? Lus. Com o te vay? Iap.

Iap. Nanto aruzo? nanigetomo naica? ¶ Item, Como, ou aſsi como. Iap. Goto qu, yŏni. ¶ Itẽ, Demaneira q̃, l, polla qual cauſa. Iap. Xicareba, ſaruni yotte, coreni yotte. ¶ Itẽ, Oxala. Iap. Auare, negauacu-ua. ¶ Aliqñ. Ainda q̃. Iap. Saaritomo, l, xicaredomo. ¶ Aliqñ. Quanto. Iap. Fodo, l, made. ¶ Item, Que não, ou nem ainda. Iap. Naqi yŏni.

Vtcunque. Lus. De qual quer maneira que ſeja. Iap. Icayŏni naritomo.

Vtendus, a, um. Lus. Couſa pera ſe vſar. Iap. Tçucŏbeqi mono.

Vtenſilia, pluralis tantùm numeri. Lus. Quais quer couſas neceſſarias pera o vſo. Iap. Tçuneni tçucŏ canyŏnaru mono.

Vter, eri, l, Vterus, i. Lus. Ventre, ou madre da molher. Iap. Tainai, l, cobucuro. ¶ Qñq;. Barriga. Iap. Fara. ¶ Vterum ferre. Lus. Eſtar prenhe. Iap. Farŏde yru.

Vtérculus, i. dim. Idem.

Vter, tris. Lus. Odre. Iap. Saqe nadouo iruru cauabucuro.

Vter, a, um. Lus. Qual dos dous. Iap. Riŏninno vchi izzurezo. ¶ Item, Hum de dous. Iap. Futarino vchi fitori, l, futatçu no vchi fitotçu. ¶ Itẽ, Ou hum, ou outro. Iap. Riŏninno vchi izzure naritomo.

Vtercunque. Vteruis, ſiue Vterlibet. Lus. Qualquer dos dous. Iap. Riŏninno vchi izzurenaritomo.

Vter nam. Idem.

Vterque. Lus. Ambos de dous. Iap. Riŏnin nagara, morotomoni.

Vterini fratres. Lus. Irmãos nacidos de hum ventre. Iap. Ippucu, ixxŏno qiŏdai.

Vti. Lus. Aſsi como. Iap. Gotoqu. ¶ Aliqñ. Como que. Iap. Yŏni, fodo. ¶ Aliqñ. Pera que. Iap. Yŏni, l, tameni.

Vtilis, e. Lus. Couſa proueitoſa, ou cómoda. Iap. Tocuni naru coto, tayorini naru coto, l, niyŏtaru coto.

Vtibilis, e. Antiq. Idem.

Vtilitas, atis. Lus. Proueito, fruito, ou ganho. Iap. Rijun, tocu, nŏ, e. ¶ Vtilitas belli. Lus. Couſas proueitoſas pera a guerra. Iap. Qiŭxenno tameni tayorito naru coto, l, córiocuni naru coto.

Vtiliter, adu. Lus. Proueitoſamẽte, comodamẽte. Iap. Tayorini natte, cŏriocuni natte.

Vtinam, adu. Lus. Oxala. Iap. Negauacŭua.

Vtique, adu. Lus. Certa mente, totalmente. Iap. Macotoni, xicato.

Vtor, eris. Lus. Vſar. Iap. Tçucŏ. ¶ Vti poteſtate, munere, & eiuſmodi ad quæſtũ. Lus. Exercitar o poder, officio, &c. pera ganhar com elle. Iap. Ixei, l, yacuuo yecuno tameni mochijru. ¶ Vti re aliqua ad ſpeciem. Lus. Ter, ou vſar de algũa couſa pera amoſtrar. Iap. Fitome, l, vomotemuqi bacarini monouo tçucŏ, l, motçu. ¶ Vti inuidia minore. Lus. Ser menos enuejado. Iap. Nauo ſucoxi ſonemaruru. ¶ Vti aliquo. Lus. Ter familiaridade com alguem. Iap. Fitoni xitaximu. ¶ Vti valetudine minùs cómoda. Lus. Eſtar algũ tãto mal deſpoſto. Iap. Sucoxi vazzurŏ. ¶ Vti via populi. Lus. Conſentir com algum parecer mais pello que dizem que polla verdade como faz o pouo. Iap. Tamino gotoqu monono jippuuo tadaſazu fitono yŭ mamani dŏxin ſuru.

Vtpote, adu. Lus. Pois que, l, porque. Iap. Yuyeni, l, ſoreni yotte. ¶ Item, Aſsi como, ou como. Iap. Tatoyeba, gotoqu.

Vtputa. Lus. Aſsi como. Iap. Tatoyeba, ſonogotoqu.

Vtquid. Lus. Por que cauſa, ou peraque? Iap. Nanino yuyeni, najeni?

Vtrarius, ij. Lus. O que leua agoa, vinho, &c. em odre. Iap. Mizzu, ſaqe nadouo cauabucuroni irete mochite yuqu mono.

Vtribi, adu. Lus. Em q̃ lugar. Iap. Izzucatanica.

Vtriculares tibiæ. Lus. Gaitas de fole. Iap. Arufuqi mono.

Vtricularius, ij. Lus. Gaiteiro. Iap. Aru narimonono fuqite.

Vtriculus, i. dim. Lus. Madre da molher. Iap. Vonnano cobucuro. ¶ Item, Caſca, ou eſpiga de algũas ſementes. Iap. Goçocuno taneno tçutçumaruru caua, l, fucuro. Plin. ¶ Item,

¶ Item, Botam da flor, ou roſa. Iap. Fanano tçubomi.

Vtrinque, adu. Lus. De ambas as partes, ou lados. Iap. Riŏbŏ yori.

Vtrò, adu. Lus. Pera algũa de duas partes. Iap. Riŏbŏno vchi izzureno cataye muite.

Vtrobîque, adu. Lus. Em ambos os lugares, ou partes. Iap. Riŏbŏni, l, futato coroni.

Vtróque, adu. Lus. Pera ambas as partes, ou lugares. Iap. Riŏbŏye, l, futatocoroye.

Vtrum, adu. Interrogantis. Lus. Qual de dous. Iap. Futatçuno vchi izzurezo. ¶ Item, Dubitátis. Lus. Se poruẽtura. Iap. Xijen, narubeqica, l, arubeqica.

Vt vt. Lus. De qualquer maneira, ou como quer que ſeja. Iap. Icayŏni naritomo.

V ANTE V.

VVa, æ. Lus. Vuas. Iap. Budŏ. ¶ Itẽ, Fruita qualquer que nace em cacho. Iap. Fuſani naru conomi, cuſanomi. ¶ Item, Campainha da garganta. Iap. Nodono qenyŏ. ¶ Item, Enxame de abelhas que eſtam juntas hũas ſobre outras como cacho. Iap. Fuſano gotoquni mono ni toritçuqitaru fachino mure.

Vueſco is. Lus. Humedeçer. Iap. Vruuaxiqu naru, l, ximeru.

Vueus, a, um. Lus. Couſa que ſe faz de vuas. Iap. Budŏnite tçucuritaru mono.

Vuidus, a, um. Lus. Couſa humida, ou que tem algum humor, ou çumo dentro de ſi. Iap. Vonozzucara xicqeno aru mono, l, vruuaxiqi mono.

Vuifer, a, um. Lus. Couſa que dà, ou produze vuas. Iap. Budŏuo xŏzuru mono.

Vulcanalia, orum. feſta Vulcano dedicata.

Vulga, æ. Lus. Bolſa, ou ſaco de couro, ou de outra mateiia em que ſe mete dinheiro ou outras couſas neceſſarias pera o caminho. Iap. Roxen nadouo iruru caua, l, nunobucuro. ¶ Aliqñ. Ventre, ou madre da molher. Iap. Vonnano tainai, cobucuro.

Vulgáris, e. Lus. Couſa cotidiana, e vulgar. Iap. Feijei, l, jŏgiũno coto, yonotçuneno coto.

Vulgariter, adu. Lus. Vulgarmente, ou ordinariamente. Iap. Feijeini, tçuneni, cataguini natte.

Vulgator, oris. Lus. O que publica, ou manifeſta. Iap. Iy firomuru fito, l, iy arauaſu fito.

Vulgatus, a, um. Lus. Couſa commũa, e ordinaria. Iap. Feijei, l, yonotçuneno coto. ¶ Nauis vulgata omnibus. Lus. Nauio expoſto ao vſo de todos. Iap. Banminno yŏni tatçu fune.

Vulgíuagus, a, um. Idem.

Vulgo, as. Lus. Manifeſtar, ou publicar. Iap. Roqenſuru, iy furaſu. ¶ Interd. Pór algũa couſa ẽ publico pera todos vſarẽ della. Iap. Bãminno yŏni tatçu tameni monouo idaſu. ¶ Vulgare corpus. Lus. Expor ſeu corpo torpe mente ao ganho. Iap. Monouo mŏquru tameni yŭgiono nagareuo tatçu. ¶ Vulgare morbos. Lus. Inficionar o pouo cõ algũa doẽça cõtagioſa. Iap. Banminni yamaiuo vtçuxi firoguru.

Vulgò, adu. Lus. A cada paſſo, ou ſempre. Iap. Itçumo, tçuneni, izzucunimo. ¶ Vulgò concepti, ſiue Vulgò quæſiti. Lus. Filhos ilegitimos, ou baſtardos. Iap. Mauotocono co, l, tetenaxigo.

Vulgus, vulgi. Lus. Pouo baixo, ou gente plebea. Iap. Tocoro nite ichi iyaxiqi xitajitano ninju. ¶ Item, apud Virg. Rebanho de ouelhas. Iap. Fitçujino mure, gunyŏ.

Vulnerarius, ij. Lus. Surugião. Iap. Gueqiŏ.

Vulnerarius, a, um. Lus. Couſa que tem efficacia de ſarar feridas. Iap. Qizuuo iyaſu xei aru mono. ¶ Vulnerarium emplaſtrũ. Lus. Empraſto que poem nas feridas. Iap. Qizuno tçuqeguſuri.

Vulneratio, onis. Lus. O ferir. Iap. Qizuuo tçuquru, l, teuo vôſuru coto nari.

Vúlnero, as. Lus. Ferir, ou fazer chaga. Iap. Qizuuo tçuquru, l, teuo vôſuru. ¶ Vulnerare voce. Lus. Ofender de palaura. Iap. Qini ataru cotouo yŭ. ¶ Vulnerari ictu fortunæ. Lus. Ser ferido, ou contraſtado da fortuna. Iap. Funo axiſani nanguni ſuru. ¶ Vulnerare aures nuntio. Lus. Ofender ás orelhas com triſtes nouas. Iap.

Ca-

Canaxiqi sŏuo motte mimiuo itamaximaru.

Vulnificus, a, um. Lus. Cousa que pode ferir ou fazer chaga. Iap. Feuo vôsuru coto canŏ mono, l, qizuuo tçuquru mono.

Vulnus, eris. Lus. Ferida. Iap. Qiriqizu, l, tçuqi qizu. ¶ Item, per transl. Tisteza, ou angustia do animo. Iap. Qizzucai, curuxini. ¶ Æternum vulnus. Lus. Odio eterno. Iap. Tayexenu nicuxin. Virg. ¶ Vulnus orbitatis. Lus. Dôr, ou tristeza que nace de orfandade. Iap. Minaxigono canaxi mi.

Vulpes, is. Lus. Raposa. Iap. Qitçune.

Vulpécula, æ. dim. Idem.

Vulpînor, aris. Lus. Peruerter a verdade, ou fugir della cõ éganos, e méntiras. Iap. Soragoto uo iy, tabacatte xinjitno dôriuo caslumuru.

Vulpînus, a, um. Lus. Cousa pertencente a raposa. Iap. Qitçunen ataru coto.

¶ Item, Malicioso, e astuto. Iap. Vadacamaritaru mono.

vulsûra, æ. Lus. O arrancar. Iap. Fiqi nuqu coto nari.

Vultículus, i. dim. Lus. Seueridade de rosto. Iap. Vomoteno qitçusa.

Vultur, ris. Lus. Abutre aue. Iap. Xibitouo curai, nicujiqiuo suru torino na.

Vulturis, ris. apud antiq. Idem.

Vulturius, ij. Idem. ¶ Item, Homé de insaciauel desejo de apanhar, ou roubar. Iap. Monouo vbai toru cotoni aqugomo naqi mono. ¶ Item, Certa parte, ou lado do dado Iap. Aru saino me.

Vulturinus, a, um. Lus. Cousa de abutre. Iap. Miguino torini ataru coto.

Vultuosus, a, um. Lus. Triste, seuero, ou carrancudo. Iap. Tçura cuxeno varui mono, menteino canaxiqi mono. ¶ Item, O que faz elgares, ou gestos com o rosto. Iap. Iŭmenuo tçucuru mono.

Vultus, us. Lus. Sembrante, ou vulto. Iap. Vomote, qixocu. ¶ Item, apud poëtas, Face, ou rosto. Iap. Fô, cauo.

Vultum, i. apud antiq. Idem.

Vulua, æ. Lus. Ventre, ou madre da molher, ou dos animaes. Iap. Vonna, l, qedamonono tainai, gobucuro. ¶ Qñq; Pro ipso pudendo muliebri accipitur.

V ANTE X.

Vxor, oris. Lus. Molher casada. Iap. Vottono motçu vonna, fitono tçuma.

Vxórcula, æ. dim. Idem.

Vxórius, a, um. Lus. Cousa de molher casada. Iap. Fitono tçumani ataru coto.

¶ Aliqñ. O que faz muito a vontade, ou serue demasiadamente á molher. Iap. Vônani macasuru votto. ¶ Vxoria forma. Lus. Fermosura meaã, ou mediocre. Iap. Chûgoro naru jinbut.

DE INCIPIENTIBVS A LITERA X.

X ANTE A.

Xantenes, is. Lus. Hũa pedra preciosa. Iap. Meixuno na.

Xánthcon. Lus. Hũa erua. Iap. Cusano na.

X ANTE E.

Xenium, ij. Lus. Dadiua, ou presente q̃ se daua aos amigos, ou hospedes. Iap. Chisŏ, l, qiacujinyeno fiqidemono.

Xeníolum, i. dim. Idem.

Xenodochium, ij. Lus. Hospital. Iap. Iifiya, l, anguiano monouo yadosu tocoro.

Xenopárochi. Lus. Officiaes que prouião de sal, e lenha aos embaixadores, ou outros homens nobres que vinhão de fora a Roma. Iap. Tacocu yori Romaye qitaritaru xixa, l, taijinni xiuo, taqiguiuo vocuru yacunin.

Xelampélinus color. Lus. Côr meya entre graam, e escarlata. Iap. Vsucôbai iro.

¶ Xelampélinæ vestes. Lus. Vestidos desta côr. Iap. Miguino iro naru yxŏ.

Xeria. Lus. Emprastos secos. Iap. Côyacuno tagny.

Xerophia, æ. Lus. Vntura seca. Iap. Canaqitaru nurigusuriuo nuru cotouo yũ.

Xip-

Xiphia, æ. Lus. Peixe espada. Iap. Tachiuuo, xachifoco. ¶ Item, Hũ genero de comeţa. Iap. Qiacuxei.

Xiphion. Lus. Hũa erua. Iap. Cusano na.

X ANTE Y.

Xylinum, i. Lus. Hum genero de linho muito fino. Iap. Fosoqu yauaracanaru ficufuuo voru asano taguy.

Xylobalsamum, i. Lus. Aruorezinha de que mana o balsamo. Iap. Balsamo toyũ cũyacuuo xǒzuru chijsaqi qi.

Xylocinnamum, i. Lus. Hũa aruorezinha de que se estila hum licor precioso. Iap. Cunyacuo xǒzuru qino na.

Xylon. Lus. Pao, ou madeira. Iap. Qi, zaimocu. ¶ Item, Aruorezinha, ou erua que daa algodão. Iap. Qiuata.

Xylóphagus, i. Lus. Hum biche branco. Iap. Xiroqi muxino na.

Xyris, idis. Lus. Lirio brauo. Iap. Yamani idequru caqitçubata.

Xystici. Lus. Lutadores, ou esgrimidores. Iap. Sumǒtori, l, fejrǒjin.

Xystios. Lus. Hũa pedra preciosa. Iap. Meixu no na.

Xystus, i. Lus. Alpendre. Iap. Fisaxi, rǒca, quairǒ. ¶ Item, Lugar de passear na horta cõ repartimentos de aruores, e eruas. Iap. Namiqino vyetaru guiǒdǒno baba.

DE LITERA Y.

Græcorum vocalis est, qua in illorum dictionibus scribendis tantùm vtimur.

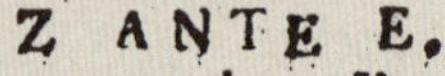

DE INCIPIENTIBVS A LITERA Z.

Z ANTE E.

Zea, æ. Lus. Hum genero de trigo. Iap. Muguino tagu y.

Zelotypia, æ. Lus. Ciumes. Iap. Rinqi.

Zelotypus, i. Lus. Cioso, sospeitoso. Iap. Rinqi suru mono.

Z ANTE E.

Zelus, i. Lus. Zelo, ou enueja. Iap. Cocoroga qe, l, sonemi. ¶ Itẽ, Amor, ou emulação. Iap. Taixet, l, gaximi.

Zephirius, vt zephiria oua. Lus. Ouuos estereles. Iap. Cayeru coto naqi caigo, l, iumori.

Zéphirus, i. Lus. Vento oeste. Iap. Nixino caje.

Zeros. Lus. Hũa pedra preciosa. Iap. Meixu no na.

Zeta, & Zetácula, æ. dim. Lus. Lugar capaz de hum catre cõ duas cadeiras. Iap. Gua xoto qiocurocu futatçu suuaru toccro.

Zeugitæ. Lus. Varinhas de visco pera tomar passaros. Iap. Merçubuxi, cozaue, fago.

Zeugma, atis, est figura dictionis, cùm plures sensus vno connectuntur verbo.

Zeus, i. Lus. Hum peixe muito excelente. Iap. Biguiono na.

Z ANTE I.

Zignis, dis. Lus. Lagartixa pequena. Iap. Chijsaqi tocague.

Zinziber, eris. Lus. Gingibre. Iap. Xǒga, fajicamį.

Zizania, æ, & Zizanium, ij. Lus. Ioyǒ. Iap. carasumugui.

Ziziphus, i. Lus. Hũa aruore. Iap. Qino na.

Z ANTE M.

Zmilaces. Lus. Hũa pedra preciosa. Iap. Meixuno na.

Z ANTE O.

Zodiacus, i. Lus. Zodiaco por onde faz seu curso o sol. Iap. Nichirinno meguru touori, l, sugi.

Zona, æ. Lus. Cinto, ou fita. Iap. Vobi.

¶ Zonæ itẽ dicuntur circuli quidam lati, cælum, terráque veluti cingula quadã ambientes.

Zónula, æ. dim. Idem.

Zonarius, ij. Lus. O que faz cintas, ou çorreas de cingir. Iap. Vobiuo voru ni cuo, l, tçucuru mono.

Zonarius, a, um. Lus. Cousa q̃ pertence a cinto, ou cingidouro. Iap. Vobini ataru coto. ¶ Sector zonarius. Lus. Corta bolsas. Iap. Canebucuro uo qiri nusumu mono.

Zo

Z ANTE O.

Zonârim,adu. Apud.antiq. Lus. Aoredor, ou em circulo. Iap. Mauarini,l, gururito.

Zoophtalmos, i. Lus.Hũa erua que nace nos telhados. Iap. Yaneni xŏzuru cusa.

Zoóphyta. Lus. Viuẽtes meyos entre plãtas, e animaes. Iap. Vjŏ fijŏno aino mono.

Zopissa,æ. Lus. Pez que se tira da nao. Iap. Curofune yori cosogue taru matçuyani. ¶ Item,(propriè)Resina de pinheiro. Iap. Matçuyani.

Zóphiron. Lus. Hũa erua. Iap. Cusano na.

Zoronycius, ij. Lus. Hũa pedra preciosa. Iap. Meixuno na.

Zoster,aris. Lus. Hum genero de erisipula. Iap. Moyacusano taguy.

Z ANTE V.

ZVra,æ. Lus. Hum genero de cardo. Iap. Azamino taguy.

Z ANTE Y.

ZYgæna, æ. Lus. Hum peixe. Iap. Vuono na.

Zygia,æ Lus. Hũa certa aruore. Iap. Aruqino na.

Zygitæ. Lus. Remeiros que se assentauam no lugar do meyo. Iap. Narŏde caiuo caqu mannacani yru mono.

Zygóstatæ. Lus. Homens que tinhão por officio examinar os pesos, e medidas pera q̃ não ouuesse enganos. Iap. Facari, l,masuno vyeni nuqinaqi yŏni saiban suru mono.

Zymites. Lus. Pão com formento. Iap. Cŏjiuo irete tçucuru pão.

Zythum, I, Zythus, i. Lus. Beberagẽ feita de ceuada que embebeda como vinho. Iap. Vômugui nite tçucuritaru saqeno taguy.

Y y •

FINIS.

LAVS DEO, ET VIRGINI MATRI.

Ad lectorem.

IN FINE HVIVS DICTIONARIJ aliqua vocabula attexuimus, quæ inter ciderũt, dũ Calepini immẽsã verborũ segetẽ alphabetico ordine digerere conaremur. Vale.

A

Abaptistum, i. Lus. Hum instrumento de surugião. Iap. Gueqiŏno dŏgu.

Abaptistus, i. Lus. O que não pode mergulhar. Iap. Xizzumu coto canauanu mono.

Agea. Lus. Caminho que hã em riba da embarcação. Iap. Funeno vchini fitono touoru michi.

B

Biblo, is. Lus. Fazer som como quando se mete algũa cousa dentro dalgum vaso. Iap. Vcguamononi monouo iruru toqi no gotoqu votoga suru.

Botanomantia, æ. Lus. Hum certo feitiço que se faz vendo as eruas. Iap. Cusauo mite suru vranai.

C

Campsor, oris. Lus. Cambiador. Iap. Cauaxiuo suru mono.

Calorificus, a, um. Lus. Cousa que causa calma, ou quentura. Iap. Atatamuru xei aru mono, atçuqu nasu mono.

Chartularij. Lus. Os que punhão em rol o que recebião, e gastauão. Iap. Vqedori gatato, tçucaigatano bunuo nicqini caqi xirusu mono.

Circumscriptus dolo. Lus. O que por engano perdeo seu direito. Iap. Vaga qei bŏ uo calumniarataru mono

Circumuolatus, a, um. Lus. Cousa por onde voo ao redor algũa aue. Iap. Torino tobi mauaritaru coto.

Citreus, a, ũ. Lus. Cousa feita de cidreira. Iap. Buxxucáno qinite tçucuritaru coto.

Citreus, a, um. vt citrea malus. Lus. Cidreira. Iap. Buxxucãno qi.

Citrinus color. Lus. Cor semelhante a cidra. Iap. Buxxucãnoironi nitaru mono.

Citrus, i. Lus. Cidreira. Iap. Buxxucãno qi.

Citta. Lus. Desejo de molher prenhe. Iap. Quainínno tçuuari.

Clarisonus, a, ũ. Lus. Cousa q̃ da som claro. Iap. Fibiqu coye, l, fieuo idasu mono.

Cliuius, a, um. Lus. Cousa difficil. Iap. Xigataqi coto, narigataqi coto. ¶ Cliuia auspicia (secundum Festum) Lus. Agouros que prohibiam fazerse algũa cousa. Iap. Monouo imaximuru vranai.

Clostrum, i. Lus. Porta, ou outra cousa com que se fecha algũa cousa. Iap. To, mon, l, michiuo fusagu to, tategu.

Clypeo, as. Lus. Armar com capacete. Iap. Cabutouo qisuru.

Coacum, i. Lus. Hum certo emprasto preto. Iap. Curoqi cŏyacuno taguy.

Coctiatoria vasa. Lus. Vasos pera cozer. Iap. Monouo niru vtçuuamono.

Coctilitia taberna. Lus. Lugar onde se vendia lenha cozida pera não fazer fumo. Iap. Qemurino tatazaru yŏni nitaru taqiguiuo vru mixe, tana.

Collapsus, a, um. Lus. O q̃ polas dores tẽ perdido o animo. Iap. Itamini yotte qiuo vxinaitaru mono.

Cólicus, a, um, vt colicus dolor. Lus. Dor das tripas. Iap. Farauatano itami.

Combennones. Lus. Os que hirão juntos ẽ hum certo carro. Iap. Dôxa suru mono.

Commitigo, as. Lus. Abrandar. Iap. Yauaraguru, nadamuru.

Conformis, e. Lus. Cousa conforme, ou semelhãte. Iap. Niaitaru coto, l, nitaru coto.

Conglómero, as. Lus. Enuoluer, ou ajuntar. Iap. Maqu, curu, l, tçugu, soyuru.

Coniugialis, e. Lus. Cousa de casados. Iap. Fũfu, l, yenpenni ataru coto.

Cóniugus, a, um. Lus. Ajuntado. Iap. Tçugui auaxetaru coto.

Consequiæ, arum. Lus. Cousas que se seguem, ou dependem doutra. Iap. Tani chinamitaru coto, l, tayori izzuru coto.

Consedo, is. Lus. Assentarse apar dalgũa cousa

sa. Iap. Monono sobani anza suru.

Consponsores. Lus. Os que prometẽ, ou dão fiança de hũa mesma cousa. Iap. Vonaji cotouo yacusocu suru, l, vqeni tatçu amatano mono.

Contemnificus, i. Lus. Desprezador. Iap. Iyaximete.Lucil.

Coopto, as. Lus. Escolher, elegir. Iap. Yerininzuru.

Cortynius, a,ũ. vt cortynia vestis. Lus. Vestido de caçador. Iap. Cariñdono yxô, cari xôzocu.

Criminalis, e. Lus. Cousa que pertence a crime. Iap. Zaiquani ataru coto.

Crusto, as. Lus. Fazer codea. Iap. Futazuquru, futa, l, cauaga dequru.

Custoditum, i. Lus. Cousa que esta guardada, e vigiada. Iap. Mamoraretaru coto, banxeraretaru coto, l, tabaitaru coto.

D.

Defetiscor, eris. depon. Lus. Enfraquecer polo trabalho. Iap. Xinrôni tçucaruru.

Deliro, as, Lus. Desuariar, ou yr fora do caminho. Iap. Foruru, l, mayô.

Derioco, as. Lus. Chamando fazer tornar. Iap. Yobicayesu.

Dextella, æ. dim Lus. Mão direita pequena. Iap. Chijsaqi miguino te.

Dilatio, onis. Lus. O prolongar. Iap. Noburu coto nari.

Dilator, oris. Lus. O que prolonga, ou tarda. Iap. Noburu, l, vosonauaru mono.

Diræctarij fures. Lus. Os que entrão na sala de cear pera furtar. Iap. Monouo nusuman tote fitono yûdôni iru mono.

Discrimino, as. Lus. Diuidir, apartar. Iap. Vaquru, fanasu.

Discors, dis. Lus. O que não cõsente, ou o q̃ discorda. Iap. Dôxin xezaru mono, l, au zaru mono.

Dispessus, a, um. Lus. Cousa estendida. Iap. Firoguetaru coto.

Diuinipotens, entis. Lus. O que tem potestade pas cousas diuinas. Iap. Deus no voncotouo tori atçucŏ coto caruô mono.

Doliola. Lus. Talhas, ou pipas pequenas. Iap. Chijsaqi sacatçubo, codaru.

Doliarium, ij. apud iurisconsult. Lus. Talhas grandes, ou pipas pera vinho. Iap. Vôqinaru sacatçubo, vôdaru.

E

Encaustus, a, um. Lus. Cousa pintada cõ hũa certa tinta. Iap. Aru yenogunite caqitaru coto.

Encliticus, a, ũ. vt encliticæ cõiũctiones, que, ve, ne, quoniã inclinant ad se accentum.

Enunciatrix, icis. fœm. gen. Lus. A q̃ faz saber. Iap. Xirasuru mono.

Equitium, ij. Lus. Rebanho de cauallos. Iap. Vmano atçumari.

Excusor, oris. Lus. O q̃ martelando faz algũa cousa. Iap. Qitôte monouo tçucuru fito.

Exercitio, onis. Lus. Exercicio, trato. Iap. Tçutome, voconai, qeico.

Explementum, i. Lus. O encher, ou perfeiçoar. Iap. Mitçuru coto, l, jôju suru cotouo yŭ. (Faqu coto nari.

Expuitio, onis. Lus. O cuspir. Iap. Tçuuo

F

Falsum habere. Lus. Enganar. Iap. Damasu, taburacasu.

Febrilis, e. Lus. Cousa pertencente a febre. Iap. Necqini ataru coto.

Felleus, a, um. Lus. Cousa de fel. Iap. Nigaqimo, l, y ni ataru coto.

Fellico, as. i, (apud Non.) fello, as. Lus. Mamar. Iap. Chiuo nomu.

Ferox, ocis. Lus. Feroz, e cruel. Iap. Taqeqi mono, qendon naru mono.

Ferrum, i. Lus. Ferro. Iap. Curogane. ¶ Item, Espada. Iap. Qen, catana, tachi. ¶ Ferro, l, ad ferrum damnari. Lus. Os condenados a pelejar com os que se acutilão. Iap. Xaiuo saxete corosu monc.

Festra, æ. Lus. Portinha do lugar onde se guardão cousas sagradas. Iap. Tattoqi mononuo vosamuru tocoro no tomon.

Figuli opes. Lus. Cousas incertas, que sô go se acabão. Iap. Fugiŏ fa anaqi coto.

Flammula, æ. dim. Lus. Labareda pequena. Iap. Chijsaqi quayen.

Fœtor, oris. Lus. Roim cheiro. Iap. Xiuqi, acqi

Foruli, orum dim. Lus. Almarios pequenos, em

em que se guarda algũa cousa. Iap. Chijsaqi voxi ire, codana.

Foriculi, orum. dim. Lus. Portas pequenas. Iap. Chijsaqi to, comon.

Forsan, adu. Lus. Porventura. Iap. Icasama, xijen.

Frigorificus, a, um. Lus. Cousa que causa frio. Iap. Fiyeuo vocosu mono.

Frugiona. Lus. Vestidos recamados. Iap. Nuimonono yxŏ.

Frúticor, aris. depon. Lus. Reuerdecerem as aruores, e deitarem pampolos. Iap. Qi ga medatçu, midoru.

Fugitor, oris. Lus. O que fege. Iap. Nigu ru mono, chicuten suru mono.

Fullonius, a, um. Lus. Cousa que pertence a lauãdeiro. Iap. Xendacu suru mononi ataru coto.

Funeta. arcus sunt in vitibus, cùm breuiores palmites sarmento iunguntur inter se funium modo.

G.

Gestor, oris. Lus. O que traz algũa cousa. Iap. Mochi atiqu, l, facobu mono.

H.

Hébeto, as. Lus. Embotar a outra cousa, Iap. Fauo xiramasuru.

I.

Iliosus. Lus. Doente das ilhargas. Iap. Co xiuaqiuo itamu mono.

Illitus, us. O vntar. Iap. Nuru coto nari.

Immolitus, a, um. Lus. Cousa edificada. Iap. Conrĭũ xitaru coto.

Imputator, oris. Lus. O que atribue, ou refere algũa cousa aly, ou a outro. Iap. Iitani monouo ategŏ fito.

Inauro, as Lus. Dourar. Iap. Qinbacuuo vosu.

Indigestè, adu. Lus. Confusa, e desordenada mente. Iap. Xidai naqu, midarete.

Inhæresco, is. Lus. Apegarse. Iap. Toritçuqu, l, tçuqu.

Iniuriosè, adu. Lus. Injustamente. Iap. Muri, idŏni, l, chijocuuo caqete.

Insitium, ij. Lus. Hum certo comer feito de carne cortada miuda. Iap. Nicuuo comacaqu qizamu reôri xitaru xocubut.

Interpolatio, onis. Lus. O renouar algũa cousa velha. Iap. Furuqi mononuo aratamuru coto nari.

Interus, a, um. Lus. Cousa de dentro. Iap. Vocuni aru coto.

Iocosus, a, um. Lus. Cousa de zõbaria, ou ridiculosa. Iap. Ajaranaru coto, l, vocaxiqi coto.

Iuridicialis, e. Lus. Cousa que pertence a juizo. Iap. Qiũmeini ataru coto.

L.

Læuor, oris. Lus. Brandura de cousa macia. Iap. Nameracasa, mononoyauaracasa. ¶ Item, O ser escorregadio. Iap. Suberu monono nameracasa.

Lapicida, æ. Lus. Pedreiro, ou cauouqueiro. Iap. Ixiqiri, l, ixiuo foriidasu fito.

Latitudo, inis. Lus. Largura, ou superficie. Iap. Firosa, faba.

Lectè, adu. Escolhidamente. Iap. Yeriidaxite. ¶ Lectiùs, lectissimè aduerb. Idem.

Libidinosus, a, um. Lus. Homem de deseio desordenado, ou luxurioso. Iap. Cŏxocuni suqitaru mono, irogonomi, l, midari naru nozomi naru fito.

Libido, inis. Lus. Apetite, ou deseio desordenado. Iap. Iamŏ, l, midari naru nozomi.

Linum, i. Lus. Linho. Iap. Asano taguy.

Ludificatus, a, um. Idem quod Ludificans.

M.

Mansito, as. freq. à Mando, is. Idem.

Meridies, ei. Lus. Meio dia. Iap. Nicchŭ, mappiru.

Militia, æ. Lus. Guerra, ou milicia. Iap. Yumiya, bufen.

Minutio, onis. Lus. Diminuição. Iap. Ferasu, l, fosomoru coto nari.

Mistura, æ. Lus. Mistura, ou tempera. Iap. Majiyetaru, l, chŏgŏ xitaru cotouo yŭ.

Mistus, a, um. Lus. Cousa misturada, e cõfusa. Iap. Majiyetaru coto, chŏgŏ xitaru, l, midaxitaru coto.

Multiplico, as. Lus. Multiplicar. Iap. Casanuru, cazu vouoqu nasu.

Mutito, as. Lus. Celebrar conuites entre si. Iap. Tagaini furumaiyŏ.

Negligens, entis. Lus. Negligente. Iap. Buxôna mono, yurucaxenaru mono.

O.

Obstétrico, as, l, obstetricor, aris. Lus. Ajudar a parir, ou fazer officio de parteira. Iap Ninzan suru vonnani cuturi nadouo tçuquru, l, sanuo suru vonnani côriocu suru.

Obstetrix, icis. Lus. Parteira. Iap. Coumaxe, coxiuo daqu vonnago, cozoy.

Onerosus, a, um. Lus. Cousa molesta, graue, e pesada. Iap. Mutçucaxiqi coto, taicut naru coto, couaqi coto, vomoqi coto.

Ostreatus, a, um. Lus. Cousa dura, e aspera. Iap. Cataqi coto, couaqi coto, araqi coto.

P.

Partus, a, um. Lus. Nacido. Iap. Vmareta ru mono, xôjitaru mono. ¶ Item, Cousa acquirida com trabalho. Iap. Nangui, xinrôuo motte motome yeraretaru coto.

Poëma, atis, & Poëmatũ, i. Lus. Poesia. Iap. Caxo, vta.

Præterrado, is. Lus. Roendo passar. Iap. Caburi nuqu.

Q.

Quãtus quãtus. Lus. Tãto quãto. Iap. Fodo.

R.

Redempto, as, siue Redemptito, as. freq. à Redimo, is.

Redostio, is. Lus. Recompensar. Iap. Fôzuru, fôza suru, mucũ.

Régestus, a, um. vt regesta crapula. Lus. O comer, e beber demasiado que se vomitou. Iap. Toqiacu xitaru vonjiqi. ¶ Terra regesta. Lus. Terra que se tornou ao mesmo lugar donde se tirou. Iap. Fori idaxitaru tocoroye mata facobitaru tçuchi.

Rex, gis. Lus. Rey. Iap. Teivô.

Regíficus, a, um. Lus. Cousa pertencente a rey. Iap. Teivôni ataru coto.

Rémoror, aris. Lus. Deter. Iap. Todomuru, yocunũ iuru.

Rorat. Lus. Orua ha. Iap. Tçuyuga voqu.

Róscidus, a, um. Lus. Cousa cuberta de orualho. Iap. Tçuyuno voqitaru mono. ¶ Roscida nox. Lus. Noite chea de orualho. Iap. Tçuyuno xigueqi yo, l, voquyo.

Ructus, us. Lus. Arroto. Iap. Vocubi.

Rúfulus, a, um. dim. Lus. Cousa algum tanto ruiua. Iap. Sucoxi qiiro naru mono.

Ruo, is, rui, rutũ, l, ruitũ. Lus. Cair, derrubarse. Iap. Votçuru, corobu, tauoruru. ¶ Itẽ, Sair. Iap. Yzzuru. ¶ Aliqñ. Ser enganado. Iap. Damasaruru. ¶ Item, Ajuntar. Iap. Casanuru. ¶ Qñq;. Yr de pressa, ou acometer a alguem sem consideração. Iap. Isoide yuqu, l, buxitçuni fitoni tori cacaru. ¶ Qñq;. Induzir, incitar. Iap. Susumuru. ¶ Aliqñ. Tirar fora. Iap. Tori ida su. ¶ Aliqñ. Estalar, ou soar. Iap. Mo noga naru, voto suru. ¶ Ruere nubem. Lus. Deitar de sy nuuem. Iap. Cumo, l, vnqiuo idasu.

S.

Sacrifico, as. Lus. Sacrificar. Iap. Tamuqu ru, tamuqeuo nasu. ¶ Item, Pedir perdão offerecẽdo sacrificio. Iap. Tamuqeuo nasite ayamarino yuruxiuo cô.

Sedo, as. Lus. Amansar, aplacar. Iap. Nadamuru, natçuquru, xizzumuru.

Siccus, a, um. Lus. Cousa seca. Iap. Caretaru coto, vruuoi naqi mono. ¶ Item, per transl. Homem exercitado. Iap. Xin rôni naretaru mono. ¶ Item, Sobrio. Iap. Chũyôuo mamoru mono, ficaye aru mono.

Sirpea vehes. Lus. Carro feito de vimens. Iap. Qino vacayeda nite tçucuritaru curuma.

Sirpicula, æ. dim. Idem.

Sirpo, as. Lus. Ajũtando atar. Iap. Tçuguri, l, auaxe musubu.

Spumo, as. Lus. Fazer escuma, ou deitar de sy escuma. Iap. Auauo tatçuru.

Stello, as. Lus. Reluzir, ou fazer claridade como estrella. Iap. Ficaru, l, foxino gotoqu ficariuo fassuru.

Stupefio, is. Lus. Estar pasmado, ou sem sentido. Iap. Aqirete yru, bôzuru, l, fonxôuo voboyezu.

Suffitor, oris. Lus. O que perfuma. Iap. Niuoiuo tomuru, l, côuo taqu mono.

Su-

Sucres. L us. Partes de carne de porco. Iap. Butano nicuno qireguire.

Suspensus,a,um. Lus. Cousa dependurada. Iap. Tçuraretaru coto. ¶ Item, Incerto e duuidoso. Iap. Vtagauaxiqu von ô mo no,voborçucanô zôzuru n.cno. ¶ Suspẽsus somnus. Lus. Sonno inquieto,e cheo de cuidados. Iap. Qizzucaixite xicaxica neirazaru cotouo yŭ. ¶ Suspensus gradus. Lus. Passo quieto,e calado. Iap. Xizzucaniayumu cotouo yŭ, nuqi axi.

Suspensio, onis. Lus. Incerteza, e duuida. Iap. Vtagauaxisa, fuxin, vobotçucanasa.

T.

Tectorius,a,um. Lus. Cousa que pertence a carelar, ou cayar parede,&c. Iap. Cabe nadono vuanurinitaru coto.

Tenebrosus,a, um. Lus. Cousa chea de treuas. Iap. Yamino vouoqi tocoro.

Tertus,a, um. Lus. Cousa alimpada. Iap. Nogoitaru, l, migaqitaru coto.

V.

Venditor, oris. Lus. Vendedor. Iap. Vrite.

Ventio, onis. Lus. Vinda. Iap. Qitaru cotouo yŭ, ide.

Ventilo,as. Lus. Excitar, ou aleuantar vento. Iap. Cajeuo vocosu. ¶ Item, Padejar o trigo. Iap. Aru dŏgu nite gococuno nogui, varauo cajeni tatçuru. ¶ Ventilari populum. Lus. Ser o pouo aluoroçado e mouido com a pratica, e pre;açâo dalguem. Iap. Danguiuo mette banmin sauagasaruru, moyouosaruru.

Votus,a, ũ. Lus. Cousa prometida,ou vota da a Deos. Iap. Riŭguã xeraretaru coto.

Voueo, es, voui, votum. Lus. Fazer voto, ou promessa a Deos. Iap. Deusye guan uo tatçuru. ¶ Votere caput pro salute patriæ. Lus. Porse a perigos pollo bem da patria. Iap. Cocca feiyanno tameni inochiuo maroni caquru.

ERRATA

ERRATA	SIC CORRIGE.
A	
Abaces. Iap. Cõjiqi.	Cŏgiqi.
Abagio. Lus. Adagio, refão.	Adajo,rifão.
Aberratio.(Adde.)	Item,pertransl. Refugio, aliuio. Iap. Qizzucaiuo farasu cotouo yŭ.
Aberro. ¶ Itẽ,per transl. Refugio,&c.	Coreua irazaru nari.
Archetypus, & Arcchtypũ.	Archetypum,
Asulla.	Assula.
B	
Bostrychus. Iap. Camigui.	Camigue.
Bucca. Iap. Cuchiuo futaide, &c.	(Adde) l, cuchi.
C	
Chenoprophia.	Chenotrophia.
Circumuolito. Iap. Xiguequ mirrŏ.	Faxiyaqumimŏ.
Circŭcidaneus, l, circŭsitius.	Circŭsitius.
Citerior. Lus. Mais dalẽ.	Cousa que esta mais dalem.
Cisiarius.	Cisiarius. (netameni.
Clyster. Iap. Xayacuno toqi, &c.	Xayacunetameni.
Commentatiuus.	Commentitius.
Cópressus. Lus. Ajũtaméto,l,copula carnal.	
Comprimo.	¶ Cóprimere virginẽ. Lus. Forçar à donzella.
Concalectorius.	Concalefactorius.
Cócamero. Iap. Nijigatao ynŏ naru.	Nijigarano yŏ naru, &c.
Condormio. Iap. Yxxni.	Yxxoni.
Coniugalis.	Coniugialis.
Conscindo. Lus. Escarnecer, &c.	Escarnecer, e zombar dalguem asuuiando.
Cósto. ¶ Cóstare animo. Iap. Chiye taxica naru cotouo yŭ.	Chiyega taxicanari.
Coxédix. Lus. Hũa erua,&c.	Idẽ cũ coxa.
Crudaria. Iap. Xirocane, &c.	Ichibanni fori idasu xirocaneno tçutu.
Crusta. Iap. Qeniguinu, &c.	Qinguinno vtçuuamono, &c.
Curator. Iap. Baguiŏ.	Buguiŏ.
Curuamen. Lus. Cousa curua, &c.	Curuadura, ou arcadura.
Cynomyia.	Cynomyia.

De-

ERRATA	SIC CORRIGE

D

Démoror. Iap. Tôreô. Tôriů.
Depono. Iap. Xŏfiŏ. Xŏfeô.
Depfinticus. Depfiticus.
Defertus. ¶ Deferta promifsio. Lus. Pro meffa não comprida. Iap. Tuguerarezaru yaculocu.
Dexteritas. Iap. Qirŏ. Qiriŏ.
Diacopij. Diacopi.
Difcedo. Lus. Exceptar. Exceituar.
Diftingo. Diftinguo. (xiguini.
Diuinitus. Iap. Qimeô, &c. Qimeô fu-

E

Echinus. ¶ Ité, Hũ certo vafo, &c. (Adde, ou rodoma de criftal.
Ecliticus. Eclipticus.
Effœtus. ¶ Effœta tellus. Iap. Vrumi,&c. Vrruoi cauaqi tçuqitaru denbacu.
Elæentoria. Elæemptoria.
Electus, i. Electus, a, um.
Emifsitius, a, um. Iap. Qennai. Qenmi.
Empletion. Empletron.
Enno. Eno.
Enfifer. Iap. Catanauo faxu. Catanauo fafu.
Efcarius. Iap. Xicacu anru. Xicacu naru.
Euallefco. Eualefco.
Exæuo. Exeuio.
Axoculaffo. Exoculaffo.

F

Femur. Iap. Soto, momŏ. Sotomomo.
Furio. Furo.

H

Habeffet. Habefsit.
Hærefis. Iap. Voxitçuqetaru, &c. Votoxi tçuqetaru, &c.
Hecticæ, es. Iap. Xidai daini. Hectice, es. Iap. Xidaixidaini.
Hemiolus. Hemiolius.
Hidrocelicus. Iap. Xenqe. Xenqi.
Horofpicus. Horofcopicus.
Homufius. Homoufius.
Horcaiitius. Iap. Nicaru. Niaytaru.

I

Igniculus. dimin. Idem cum igne.
Inanis. Iap. Cŏqio. Cŏqio.
Infirmus. Lus. Coua fraca. Cousa fraca.
Inhabitabilis. Iap. Sumaigataqi. Sumigata qi, i, fumai xigataqi.
Interfundo. Iap. Nafuru. Nagafu.
Interminatus. Lus. Coufa fem temo. Sem termo.
Intercarmium. Iap. Rongui. Intercalmiũ. Iap. Rogui.
Irinum. Iap. Chŏgo. Chôgŏ.
Iubatus. Iap. Tataqu. Tacaqu.
Iugata vitis. Iap. Budŏno tçuru. Budŏno cazzura.
Iutticulus. Iap. Budŏno tçuru. Budŏno cazzura.
Incibilia. Inciuilia.
Infuau. Infuauis.
Ipfulces. Ipfullices.
Irreuolctus. Irreuolutus.

L

Lacteo. ¶ Lactét frumẽta. Iap. Irozzuqita rumugui nado. Mugui nado irozzuqu.
Laruatus. ¶ Item, Indominhiado. Endemoninhado.
Libella. ¶ Item, Plumbo. Prumo.
Libellus. ¶ Libellos proponere. Iap. Xeifat, tçuji fuda. Xeifat, tçuji fudauo tatçuru.
Libens. Iap. Coroyoqu. Cocoroyoqu.
Lictus, us. Linctus, us.
Limito, as. Lus. Refhingnir. Reftringir.
Locus. ¶ Item, Iap. Yôpai. Yôdai.

M

Minialia. Miniaria.
Morbofus. Iap. Vazzurai gachinamu mono. Vazzurai gachinaru mono.
Multo tanto. Iap. Yroiro, famazama naru mono. Yroiro, famazamani.

N

Nautipibate. Lus. O que &c. Nautipibatæ. Lus. Os que, &c.
Niualis. ¶ Niuale cælum. Iap. Saifaino yuqino furu. Saifai yuqino furu.
Nolbis. Nobilis.
Nyctalops. Nyctalophs.
Nycteris. Nycteris.
Nicticorax. Nycticorax.

O

Obfideo, es. Iap. Tomoru. Tomuru.
Obfigno, as. Iap. Fanuo foyete. Suyete
Obftitus, us. Lus. Opihar. O pifar.

ERRATA	SIC CORRIGE.
Obtrudo, is. Iap. Tadadasu.	Taredasu.
Oleatius.	Oleaceus.

P

Pappi. Iap. Azani.	Azami.
Pascha, æ.	Pascha, atis.
Pensionarius. Iap. Chiuou.	Chinuo.
Peruino. Iap. Sadamaritaru caguiri.	Sada maritaru caguiri made.
Petere tactum.	Petere tactu.
Philostorgia. Iap. Ayamaxi coto.	Ayama xigoto.
Philotocriaforia.	Philosicrafolia.
Plenilunium. Iap. Manguta.	Manguat.
Pompholix. Iap. Fuigǒ.	Fuigo.
Portentum. Iap. Yoqi cotouo, &c.	Yoqi cotono zuisǒ.
Postpono. Iap. Tçuguni suru.	Tçuguini suru.
Postomis.	Postomos.
Præterabo.	Præterago.
Prægustator. Iap. Xocubutouo.	Xocubutuo.
Præiudium. Iap. Biua fiua.	Biua fiqi.
Procresco. Iap. Xeijǒ.	Xeigiǒ.
Pteris. Iap. Fotoru.	Fotoro.
Pubes. Iap. Xeijǒ.	Xeigiǒ.
Putitius.	Puticus.
Pyroperas.	Pyrocorax.

Q

Qualis, I, Qualiscunq;.	Qualis qualis, Qualiscunq;.
Quatoruiratus.	Quatuoruiratus.
Quicunq;. Iap. Ycayǒni naritoom.	Yca-yǒni naritomo.
Quippinni.	Quippini.
Quotidianus. Lus. Cousa dorinaria.	Cousa ordinaria.

R

Recriminor. Iap. Vttayeraretaru mono mo noni, &c.	Vttayeraretaru mono vtta-yetaru mononi, &c.
Redundatio. Iap. Afururu, &c.	Afururu, I, michi coboruru cotouo yǔ.
Retinco, es. Lus. Deprimir.	Reprimir.
Reuincio. Lus. Atar atras.	Atar as maós atras.

S

Sabucus. Iap. Vtçugui.	Tazzu.
Satio. Iap. Voyuru.	Vyuru.
Sor, oris. (post satiuus)	Sator, oris.
Senarius. ❡ Senariolus versns. Lus. Verso que consta de seis pes.	
Scrocdon.	Scorodon.
Semicintium.	Semicinctium.
Soboles. Lus. Desed entes.	Descendentes.
Solum. ❡ Natale solum. (Adde) Lus. Patria. Iap. &c.	
Soror. Sorores palmidæ.	Sorores palmulæ.
Specularis. Iap. Tataqi coto.	Tataqi coto.
Satagema. Iap. tr Buriacu.	Stratagema. Iap. Buriacu.
Sbidulus.	Subacidulus.
Subsisto. Iap. Amarino.	Amarino.
Subulurius.	Subuulturius.
Supermando. Lus. Mastigar hũa cousa de ca, &c. Iap. Monoto camite nohi, &c.	

T

Tẽplũ. ❡ Itẽ, Sepultura. Iap. Bátǒ.	Rátǒ.
Teneo. ❡ Tenere cursum naues. Iap. Cajeuo mitu o motte.	Caginomiuo motte, &c.
Terdeni. Iap. Sanjǔ.	Sanjǔ.
Theca. ❡ Theca caamaria.	Theca calamaria.
Thelygenium.	Thelygonum.
Timiditas. Lus. Temro.	Temor.
Tratactus.	Tractatus.
Tremefacta libertas. Iap. Voxinauǒ.	(nauǒ, &c.
Vxi-Tricæ. Iap. Fioyco.	Fiyoco.
Trilibris. Iap. Libra toyǔ, &c.	Libratoyǔ facarume mirçu aru mono.
Tripudium. Iap. Fioyco.	Fiyoco.

V

Vacinium. ij.	Vaccinium, ij.
Valuali.	Valuuli.
Verbero. Iap. Qixecaquru.	Qexicaquru.
Villa. ❡ Villa rustica. Lus. Vinhateiro.	Vinheiro.
Vinum. ❡ Vinum tortiuum. Iap. Vouani.	(Vouarini.
Viratio, onis. Iap. Yǒxin.	Yǒjin.
Virigoneus.	Virigineus.
Vitium. Iap. Corobisǒnarri.	nari.

Z

Zephirius. Lus. Ouuos.	Ouos.
Zinziber. Iap. Fejicame.	Fajicami.
Zonarim. Iap. Guiririto.	Gururito.

FINIS.

フランス学士院図書館所蔵

キリシタン版『羅葡日対訳辞書』

解　　説

岸本　恵実

0．はじめに

この解説は羅葡日対訳辞書（以下、「ラポ日」とも記す）について、主に日本語研究資料として活用されることを念頭に、近年の研究成果をも取り入れながらまとめたものである。学士院本の書誌的解説は三橋健氏にお任せし、本稿では学士院本を底本として、諸本の違いには原則として言及しない。なお、この学士院本は裏うつりなどで判読困難な箇所があるが（例えばpp. 18-19など）、その場合の引用は他の諸本を参照した。本影印を利用する方々には、このような箇所については、過去公刊された北堂本・ボドレイ本の影印（後述）と対校していただき、なお不明な場合は、データベースLatin glossaries with vernacular sources（対訳ラテン語語彙集、後述）にて公開されている、ロンドン大学SOAS本を底本とする本文データも参照していただければと思う。

この辞書の資料的価値は、(A) キリシタン資料のうち現存する最初の辞書であり、かつ日本語とヨーロッパの言語の対訳で現存最古の、規模の大きな辞書であること、(B) 原典がほぼ明らかであり、対照研究によって編纂・翻訳の手順を推測したり訳文を検討したりできること、の大きく二点があげられるだろう。日本語に絞って言い換えると、(A)’２万以上の異なり語数を収めるという規模の大きさ、(B)’原典のラテン語、ポルトガル語訳および併置された日本語訳との対照に基づき、日本語の語義を多角的に明らかにできるという二点が有用である。

本解説では、「0. はじめに」「1. 辞書の概要」で（A）の点を踏まえながら辞書の基本事項について述べ、「2. 辞書の内容」では主として（B）に焦点をあてて記述を進める。さらに、(A)(B) の点を辞書史全体から捉え直し、この辞書の研究の発展性を示すため「3. 他のキリシタン書との関係」「4. ヨーロッパ辞書史および宣教言語学の資料として」の二点について述べる。

ヨーロッパの言語と日本語の直接の接触は、16世紀のポルトガル人来日に始まる。16～17世紀に来日したカトリックミッションおよびその他の、ポルトガル語およびスペイン語（厳密にはカスティーリャ語）を使う人々が関わった辞書で、まとまった形で現存しているものを年代順に並べると、成立時期の明らかなものではラポ日が最も古い。

キリシタン辞書一覧

刊行年・地、書名（日本での通称）の順に記す。

・カトリックミッションによる辞書

Ｊはイエズス会、Ｄはドミニコ会によるもの。

1595 天草刊 *Dictionarium Latino Lusitanicum, ac Iaponicum*（『ラポ日対訳辞書』）Ｊ

　ラテン文字印刷のラテン語・ポルトガル語・日本語対訳辞書。

1598（長崎？）刊『落葉集』J

漢字・ひらがな印刷の漢字字書。

1603-04 長崎刊 *Vocabulario da lingoa de Iapam*（『日葡辞書』）J

ラテン文字印刷の日本語・ポルトガル語対訳辞書。

1606-07（長崎？）写 *Vocabulario Lusitanico Latino*（『葡羅辞書』）J

Manoel Barreto マノエル・バレト自筆、ラテン文字で書かれたポルトガル語・ラテン語辞書。

1630 マニラ刊 *Vocabulario de Iapón*（『日西辞書』）D

ラテン文字で印刷された日本語・スペイン語辞書。

1631 マドリッド写 *Vocabulario de la lengua Iapona*（『西日辞書』）D

Diego Collado ディエゴ・コリャード自筆、ラテン文字で書かれたスペイン語・日本語辞書。

1632 ローマ刊 *Dictionarium sive Thesauri Linguae Iaponicae Compendium*（『羅西日辞書』）D

コリャード著、ラテン文字印刷のラテン語・スペイン語・日本語辞書。

・その他の関連辞書

Vocabulario da lingua Portugueza（写本『葡日辞書』）

ラテン文字で書かれたポルトガル語・日本語辞書。

『南詞議解』

漢字・カタカナで書かれた日本語・ポルトガル語辞書。南蛮通事用。

ラポ日についての本格的な研究は Satow（1888: 27）に始まるといってよい。Satow がこの目録でオックスフォード大学ボドレイ本・フランス学士院本・ライデン大学本・マースデン文庫本（現ロンドン大学 SOAS 本）を紹介したあと、ラウレス（1937）が他のキリシタン版と共に北堂文庫本の発見を報告し、このうちの一本の影印が東洋文庫より 1953 年に刊行された。この刊行後の大きな成果が、高羽五郎氏の指導のもと作成された 1967-1973 年の金沢大学法文学部国文学研究室による日本語索引の刊行である。これは、ラポ日に基づいて後年編纂された『羅日辞書』(1872)（後述）とラポ日とを対照させ、ラテン語見出し・日本語訳を載せた本文篇と、日本語に漢字・かなを当てた語句索引である索引篇からなり、研究資料として今なお価値が高い。そののち 1979 年には福島邦道氏・三橋健氏の解説を付したボドレイ本の影印が世に出、多くの文献にラポ日が引用されている。特に日本語の語義を考察するうえで、『日葡辞書』(以下、単に「日葡」とも記す）には遠く及ばないけれども、ラポ日が利用された辞書や論文は枚挙に暇がないほどである。

また今世紀になってから、後述のように、原典との対照研究が始まっている。2011 年 4 月には、豊島正之氏によるデータベース Latin glossaries with vernacular sources（対訳ラテン語語彙集）によって全文検索も可能となり、同時期に出版されたラテン語辞書類との比較も容易になってきた。このデータベースによると、ラポ日のラテン語見出しは約 2 万 6 千、ポルトガル語訳・日本語訳の箇所はそれぞれ約 3 万 6 千、日本語の延べ語数は約 12 万 7 千語、異なり語数は約 2 万語という。

先行研究を概観するために、本解説末尾に「参考文献目録」を付した。「一次資料」は本稿（岸本担当分）で言及したもののみとし、「二次資料」は数多くの先行研究のうち、(一) 本稿で言及したもの、

（二）基本文献（1979 年ボドレイ本影印の解説にて言及されたものを含む）、（三）比較的近年の研究、（四）日本語以外で書かれた研究については原典であるカレピーノのラテン語辞書だけでなくラポ日にも言及しているもの、という四つの基準によって選んだ。遺漏が少なからずあることを恐れるが、参考になれば幸甚である。

なお、以下の引用において、翻刻は誤植や現代語とのつづりの違いを含め底本のままとし、（　）は筆者による現代日本語訳または注記、［　］はローマ字綴りの日本語を漢字・カナ交じりに改めた翻字を表す。行や頁の変わり目は、一部を除き記していない。また、現代日本語訳・翻字のさい参考にしたラテン語・ポルトガル語・日本語辞書のうち主なもののみを、末尾の参考文献目録に「主要参考辞書」として添えた。

1．辞書の概要

辞書本体を分析的に解説するにあたり、この辞書の全体構成と、日本イエズス会が、何のために又どのようにこの辞書を作ったかを書名や序文をもとに確認しておきたい。

全体構成は以下のようになっている。

標題紙（一葉　裏は白紙）
序文・注記（一葉）
本文（p. 1-（901））・補遺（p. 902-906）・正誤表（p. 906-（908））

この辞書の成立に関する基本情報は、以下引用するように、標題と序文に盛り込まれている。標題・序文・補遺のラテン語の日本語訳は、原田（2011: 25-30）を使わせていただいた（ただし日本語部分は、原文のラテン文字のままとした）。

標題
アンブロシウス・カレーピヌスの一巻より抜粋したラテン語・ポルトガル語・日本語の辞典。地名・人名を含む固有名詞と他の用例の少ない語を割愛したうえ、語の全ての意味と模範的用法を付け加えた。ラテン語を学ぶ日本の若者および日本語の習得に努めるヨーロッパ人の使用と便宜のために。
序文
読者へ
日本にあるイエズス会の師父らは、日本人がいまだ深刻な過ちに捕らえられ、神の御世を全く知らない惨状にあるのを見て、彼らをこのおぞましき迷妄の闇から救い出し、真正なる信教の光へ導くことを目指して、大いなる努力と情熱を傾けつつ、その実現に取り組んでいる。師父らは熟慮と思案を重ねた結果、一つの方法がこの目的を達成するために適切かつ有益であると判断した。すなわち、非凡かつ優秀な資質に恵まれていると師父らが認めた日本の少年たちに、感受性豊かな年頃から早期の教育を受けさせるのである。正統の信仰の何たるかを彼らにしかと認識させるのみならず、聖人伝などで彼らをつとめて良き品行へと教導し、さらにはラテン語の勉学に打ち込ませる。それというのも、少年たちはラテン語で書かれた書物から、高潔な人格を養成し彼らの信仰を護持するために最も役立つ事柄を、あたかも深奥の泉から湧き出る水のごとく汲み上げることができるのである。そしてその結果、師父らは、少年たちが確固たる年齢の域に達したとき、彼らを栄光に満ちたこの職務の同僚かつ伴侶として自らの一員に加えることができるのである。この方針は神の指令と督励のもとに実行に移され、きわめて実り多い結果を得ることとなった。というのも、既に多くの者たちが我らの会に入会し、その優れた才能と勉学の進歩の結果、並々ならぬラテン語の知識を身につけ、キリストの信仰を布教するに必要な事柄を熟知するに至ったのである。また多くの者たちが現在ラテン語を学んでおり、将来さらに上級の諸学科を修得し、同国人たちの心からの多神の邪念を取り除き、偶像崇拝の漆黒の闇をこの上なく甘美な真理の光で追い払うであろう。そのことの確かな証拠と根拠は何よりも彼らの勤勉な学習ぶりに示されている。会の上長らはこのことを見て取ったがゆえに、日本人が人文教養の書物を容易に理解できるよう手助けし、始まったばかりの彼らの学問を後押しできるよう、また日本語の修得に尽力するヨーロッパ人が学習の進歩を得られるよう、思案をめぐらした。その結果、上長らは、もしラテン語の単語がポルトガル語と日本語で置き換えられる辞書を編纂せしめたならば、それは上記の目的にとってきわめて有益であろうと判断した。そこで彼らは、ラテン語と日本語に通じた数人の師父や、日本人修道士のうちで自国語の文語面にも詳しい者たちに、この辞書編纂の仕事を託したのである。そして仕事を託された者たちは、少なからぬ苦労もいとわず、アンブロシウス・カレピーヌスの辞典から抜粋してこの書物を編纂した。この書においては、単語の全ての意味、適切な用法、模範的訳文を付け加えた一方で、地名・人名を含む固有名詞や他の用例の少ない語は収録せず、さらに、カレピーヌスに豊富かつ雄弁に見出される、原典からの大量の例文も省略した。それというのも、この書が巨大な冊子に膨れ上がることのないよう、また、魂の救済とキリストの信仰の布教のために日本のさまざまな地へ足を運ぶ者たちが、これを難なく携行できるよう配慮したのである。敬白。

このように、複数の日本イエズス会士によって、日本の若者のラテン語学習とヨーロッパ人の日本語学習のために、カレピーノの著書から固有名詞や用例の少ない語と大量の例文は除き、語のすべての意味、適切な用法と模範的訳文を収めたのがこの辞書であるという。

　序文に続く注記では、主に日本語訳についての凡例が示されている。

注記

¶ この辞書の規則を理解するため、次のことに留意せよ。

動詞から派生した名詞で、元の動詞の所作を意味するものは、その大部分が日本語に相当するものがないゆえに、coto nari を伴う不定詞で説明した。たとえば、auctio は casanuru coto nari となる。

¶ 日本語に見出せない名詞類もまた、cotouo yŭ を伴う不定詞で解説した。例えば、Temperantia は chŭyŏuo mamoru cotouo yŭ となる。

¶ ラテン語の見出しには様々な訳語を付した。その理由は、往々にしてラテン語の単語が幅広い意味を含むことにもよるが、他方、さまざまな同義語を示すことで、日本語を話そうとするヨーロッパ人が、より豊富な語彙力を得られるようにするためである。
¶ 日本語による語釈の中に、時おりあまり丁寧でなく品の良くない言い回しが見られることがあるが、それはラテン語の単語の意味の本質をはっきりと、分かりやすく説明するためである。

さらに、本文末の FINIS. LAVS DEO, ET VIRGINI MATRI.（終。神と、乙女なる母に栄光あれ）のあとに151見出しからなる補遺が付され、冒頭に以下のようにある。

辞書の補遺
読者へ
われわれがカレピーヌスの膨大な語彙群をアルファベット順に配列し直す過程で脱落してしまった単語を、この辞書の末尾に付け加えた。敬白。

906ページは補遺末尾が上段、正誤表が下段に印刷されており、補遺と正誤表の印刷が同時に行われたことがわかる。正誤表は164見出しある。

正誤表のほか、現存諸本はいずれも書入れを含む。これらは正誤表によらない訂正も多く含み、しかも複数の諸本に共通の訂正も見られるため、印刷後のかなり早い段階で書き入れが行われたと推測される（岸本（2002））。

2．辞書の内容

2．1．原典

標題および序文に書かれているアンブロシウス・カレピーヌスの書とは、イタリアのベルガモ出身のアウグスチヌス会士、Ambrogio Calepino アンブロージョ・カレピーノ（1435?-1509/1510）が作ったラテン語辞書を指している。以下、カレピーノが作ったラテン語辞書と後継の諸版を「カレピヌス」と記す。

原著者カレピーノと彼が著した辞書については、最近では原田（2011）のほか Bravi, Ceresoli e Lo Monaco（2002a, b）などイタリアにおける研究が詳しく、その後200年以上続く200版以上の書誌は Labarre（1975）が詳しいので、ここでは要点を記すにとどめる。

ベルガモ郊外に城を構えていたトルッサルドス・カレピオ伯の次男でアウグスチヌス会に入ったアンブロージョ・カレピーノは、ギリシャ語とラテン語に長け、それまでにないラテン語辞書を編み、その辞書は1502年やはりイタリア北部の都市レッジオ・エミーリアの印刷業者ディオニージにより出版された。これは、見出しの数、見出しをアルファベット順にしたことによる引きやすさ、引用の数など、それまでにない大規模かつ有用なラテン語辞書であった。著者による改訂増補版が著者の死後1510年に出され、その後、ギリシャ語のほかヨーロッパの諸言語の対訳が付され、各地で印刷されて、1590年バーゼル版で言語数最大の11言語（ラテン語、ヘブライ語、フラマン語、ギリシャ語、スペイン語、フランス語、ポーランド語、イタリア語、ハンガリー語、ドイツ語、英語）となり、辞書本体も2000ページ近くに達している。

カレピーノ辞書の言語数（16世紀の諸版より抜粋）

刊行年・刊行地		言語数	言語の種類
1502	レッジオ・エミーリア	1	羅
1545	アントワープ	5	羅・希・独・フラ・仏
1545/46	ヴェネチア	3	羅・希・伊
1559	リヨン	4	羅・希・伊・西
1565	リヨン	5	羅・希・伊・仏・西
1568	バーゼル	6	羅・希・伊・仏・西・独
1570	バーゼル	7	羅・希・伊・仏・西・独・フラ
1570	リヨン	7	羅・へ・希・仏・伊・西・独
1584	バーゼル	8	羅・へ・希・仏・伊・独・フラ・西
1585	リヨン	10	羅・へ・希・仏・伊・独・西・ポ・ハ・英
1590	バーゼル	11	羅・へ・フラ・希・西・仏・ポ・伊・ハ・英・独
1595	**天草**	**3**	**羅・葡・日**

＊言語の種類（五十音順）伊＝イタリア語、英＝英語、希＝ギリシャ語、西＝スペイン語、独＝ドイツ語、日＝日本語、ハ＝ハンガリー語、仏＝フランス語、フラ＝フラマン語、ヘ＝ヘブライ語、ポ＝ポーランド語、葡＝ポルトガル語、羅＝ラテン語

したがってカレピヌスという時、初版から増補改訂された諸版を含んでおり、Labarre（1975）によるとラポ日以前に160種類の版が確認されている。このうちラポ日の原典について、16世紀後半ごろのカレピヌスは内容から凡そ、ヴェネチア版、バーゼル版、リヨン・パリ版の三系統に分けられ、さらにその中で増補・改訂の内容により分類される。このうち、近年原田（2011）により、1570年リヨン版の系統である1580年リヨン版または同一本文をもつ1581年リヨン版が、原典に最も近いことが明らかにされた。

天草版はいつごろ編纂が開始されたのだろうか。Alexandro Valignano アレッサンドロ・ヴァリニャーノによる1589年9月25日付マカオ発の書簡には以下のようにある。

私は日本に着いたら直ちに、全力を傾注してある種のカレピノ―それによってラテン語と日本語を同時に学ぶことが出来る―、および文法書を作らせようと決心した。というのは、これら二冊の書籍は今のところ、われわれヨーロッパ人が日本語を容易に学ぶためにも、日本人がわれわれのラテン語を学ぶためにも、作り得る最も必要なものだからである。私がそれに取り組むよう命じたのはもう八年以上前であって、最後の段階に入ったのであるから、もしもわれらの主の御加護があれば、私が日本に着いて二年以内には、これら二冊の書籍を印刷することが出来るものと私は主を信じている。（ローマ・イエズス会文書館 Jap. Sin. 11, I 158 原文スペイン語、高瀬（2013: 17））

上の記述から、ヴァリニャーノが編纂を命じたのは遅くとも1581年ごろであり、1592年ごろの刊行を目指していたと考えられ、1580年または1581年版カレピヌスの将来と利用は時期の点でも符合する。

1580年リヨン版・1581年リヨン版について、原田（2011）およびLabarre（1975）によりながら簡単に紹介する。この版は標題紙・序文各1葉と辞書本文1374頁からなり、ラテン語見出しにヘブライ語・ギリシャ語・フランス語・イタリア語・ドイツ語・スペイン語の対訳付である。1580年版には3種類の標題紙（ギョーム・ルーエGuillaume Rovilleの名のあるもの、フィリップ・ティンギPhilippe Tinghiの名のあるもの、印刷者名のないもの）があるが、標題紙のマークと名前が異なる以外、本文は同一であり、また1581年版も、1580年版と標題紙と序文が異なるが、辞書本体の部分は同一であるという。1580年版の辞書本体は、1578年リヨン版を元に見出しの綴りを変えたり、頁数の誤植を訂正したりしているが、微修正の範囲のようである。筆者が参照した1580年版はバーゼル大学図書館本（標題紙に印刷者名のない版）、1581年版はミラノ・ブライダ図書館本である。

原田（2011）には、後述のように、カレピヌス以外の辞書も用いられたとの指摘があり、この辞書編纂の基礎となる典拠研究はこれからさらに固める段階にある。

2．2．編纂方法

2．2．1．基本形式

ラポ日辞書は、見出し以下、基本的に以下のような形式をとっている。

（1）

ラポ日（p. 230）

Ebur, oris.（ラテン語：象牙）Lus. Marfim.（ポルトガル語：象牙）Iap. Zǒgue.（日本語：［象牙］）¶ Item, Vasos, ou outras cousas feitas de marfim.（同じ語の別義で、象牙でできた器やその他のもの）Iap. Zǒgue vomotte tçucuritaru vtçuuamono.［象牙ヲモッテ作リタル器物］

Eburatus, a, ũ.（象牙で飾られた）Lus. Cousa cuberta de marfim.（象牙で覆われたもの）Iap. Zǒgue nite tçutçumitaru mono.［象牙ニテ包ミタル物］

ラテン語見出し、Lus.（Lusitanice「ポルトガル語で」の略）以下のポルトガル語訳、Iap.（Iaponice「日本語で」の略）以下の日本語訳が並ぶ。そのあと ¶ で小見出しを立て、ポルトガル語で他の語義を記したり、熟語の例を示したりする場合も多い。小見出し以下は（語句の場合はラテン語が示されたあと）、Lus. の表示が略されたポルトガル語訳、Iap. 以下の日本語訳、という順になっている。

またラポ日では、（1）の Ebur, oris. に見える Item（同じく）のようなラテン語注記がしばしば用いられている。これらはItemのほか、Idem（同じもので）、Interdum（しばしば）、Aliquando（時々）、Vt（例えば）や、apud -（～によると　例えばapud veteres古代の人々によると）などであるが、原典のカレピヌスなど当時ヨーロッパで刊行された辞書で広く用いられていた様式である。

基本的な形式は上の通りであるが、ラテン語見出しのあと、上の見出しと同義であることを示すIdem. のみであったり、ラテン語文だけでポルトガル語訳・日本語訳がなかったりする場合も少なくない。（1）の続きの箇所である（2）で示そう。Ebur, oris の派生語が続く中、Eburneolus, a, um については Idem. によって上の Eburneus, a, um と同義であることだけ示されている。また、Ecastor, Ecbasis の見出しにはラテン語文だけしかない。この二つの見出しを 1580 年リヨン版カレピヌス（以下「カレピヌス 80L」と記す）と対照させると、ラポ日のラテン語文は原典のを簡略にまとめたものであることがわかる。このようなラテン語文だけの見出しは基本語には少なく、原典でも多言語訳や用例がないなど、記述内容の少ない語や語句に多い。

（2）

ラポ日（p. 230）

Eburneus, a, um.（象牙の）Lus. Cousa de marfim.（象牙でできたもの）Iap. Zŏgue nite tçucuritaru coto.［象牙ニテ作リタル事］¶ Itē, cousa alua como marfim.（同じ語で、象牙のように白いもの）Iap. Zŏgueno gotoqu xiroqi mono.［象牙ノ如ク白キ物］

Eburneolus, a, um. dim.（象牙の。指小辞）Idem.（上の見出しに同じ）

E ANTE C.（C の前の E）

ECastor, adu. iurandi apud antiq.（カストルに誓って、副詞。古代の人たちによる誓いに用いられる）

Ecbasis figura est rhetorica, quae latinè excursus dici potest.（逸脱、修辞学の様式で、ラテン語で excursus（脱線）とも呼ばれる）

カレピヌス 80 L（p. 409）

Ēcāstŏr, aduerbium iurandi.（誓う時の副詞）Donatus, Ecastor, per Castorem & Pollucem, ornatiua sunt iurandi, apta foeminis.（ドナートゥス「Ecastor と per Castorem & Pollucem（Castor と Pollx によって）は、女性が誓う時の飾った言い方である」）Plautus in Amph. Ecastor te ... Terent. In Andr. Perecastor ...（以下、プラウトゥス『アンピトゥルオー』、テレンティウス『アンドロス島の女』より引用）

Ēcbăsĭs, ἔκβασις, penultima correpta, figura est, quae Latinè dici potest excursus, παρὰ τὸ ἐκβαλειν, quod egredi siue expatiari.（語末から二番目は短音節。ラテン語で excursus（脱線）とも言う様式で、ギリシャ語は出ていくこと、逸脱することをいう）Exemplum est apud Virgilium libro 1. Georgic. ...（例は、ウェルギリウス『農耕歌』巻 1、…）

2.2.2. 見出しの改変

次に、カレピヌスとの対照から浮き彫りになる編纂方法を、見出しと見出し以下に分けて述べる。多くは先にあげた標題や序文の中で記されていることであるが、必ずしもその通りになっていると言い難いところもあるので、実際の例に基づいて見て行きたい。

見出しについて、取捨選択、変化形の提示、アルファベット順への並べ替えという点で、原典からかなり手が加えられている。見出しの選択では、標題や序文にあったように地名・人名の固有名詞（カレピヌスでは見出しの文字が全て大文字になっている）は大部分省いてあるが、その他の普通名詞はかなり網羅的に採用されている。例えば上の（1）（2）の Ebur, oris 以下の見出しを、1580 年リヨン版

409 ページと対照させると以下（3）のようになる。ラポ日では、原典にはあったはずの大文字で印刷された地名 ĔBV̄RĂ（エヴォラ）などの固有名詞と Ĕbūrnŭs, a, um（象牙製の）が省略され、Ĕbūrātŭs, a, um が上に移されてアルファベット順が徹底されている。Ĕbŏrĕŭs, a, um（象牙製の）の語も、アルファベット順に従い Ebur, oris より上に移されている。

（3）

カレピヌス80 L （p. 409）　　　　　　　　　　　ラポ日（p. 230）

Ebóreus, a, um. …

Ĕbŭr, eboris,　　　　　　　　　　　　　Ebur, oris.

Ĕbūrnĕŭs, a, um,　　　　　　　　　　　Eburatus, a, ū.

Ĕbūrnĕŏlŭs, a, um,　　　　　　　　　　Ebumeus, a, um.

Ĕbūrnŭs, a, um,　　（無）　　　　　　　Ebumeolus, a, um.

Ĕbūrātŭs, a, um,　　　　　　　　　　　E ANTE C.

Ĕbŏrĕŭs, a, um,　　　　　　　　　　　ECastor, adu.

ĔBV̄RĂ,　　　　（無）　　　　　　　　Ecbasis

EBV̄RONES,　　　（無）

EBV̄RONICES,　　（無）

EBV̄RVM,　　　　（無）

ĔBV̄SV̄S,　　　　（無）

E ante C.

E. C.　　　　　　（無）

ECAMEDA,　　　　（無）

Ēcāstŏr,

Ēcbăsīs,

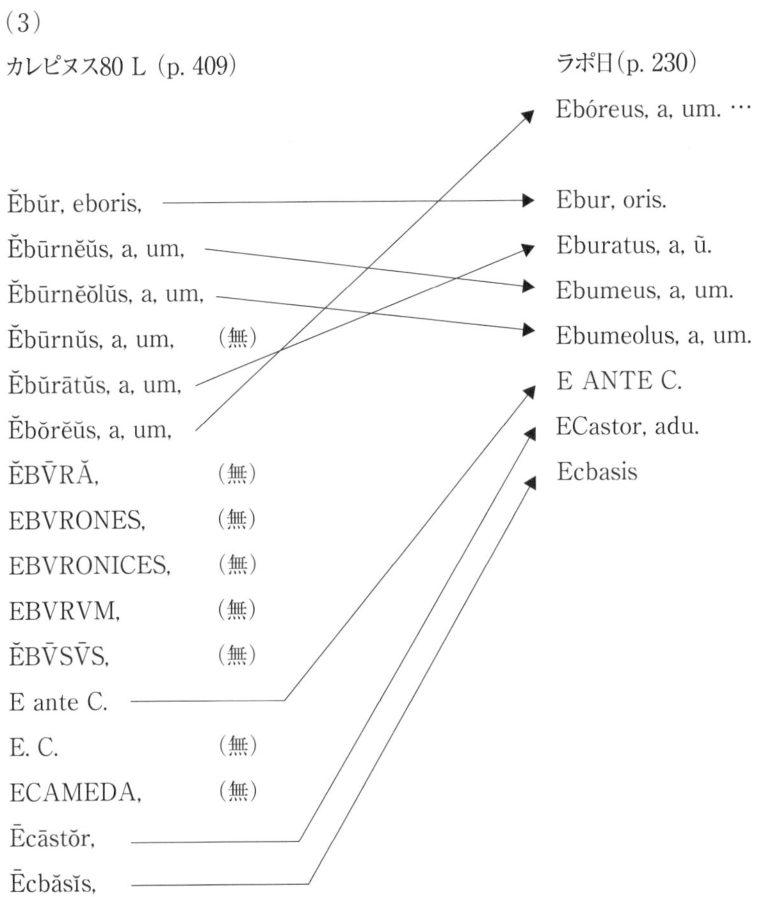

　　見出しを省略することと逆に、原典の小見出しをラポ日で大見出しにした語もある。以下のMaxilla, ae では、原典で Maxilla の見出し内にあったはずの Maxillare や Maxillares dentes を独立の見出しに立てている。

（4）

カレピヌス 80L （p. 760）

Māxīllă, lae,（あご、顎骨）… ¶ Est autem Maxilla, in qua fixi sunt dentes（また Maxilla は、歯が固定される場所でもある）… ¶ Hinc Maxillaris, & hoc re, quod ad maxillam pertinet（またここから、Maximillaris で、あごに属するものをいう）: vt dentes maxillaris, γομφίος, qui etiam dicitur Molaris.（また dentes maxillaris、γομφίος で臼歯のことを言い、Molaris とも言われる）Plin. lib. 11. cap. 37,

Maxillarésque ita sanari dentes praecipuè putant.（プリニウス巻11、37章、とりわけ臼歯はこのようにするのが良いとみなされる）

ラポ日（p. 448）

Maxilla, ae. Lus. Queixo, ou queixada.（顎、または下顎）Iap. Aguito.［アギト］

Maxillare, is. Lus. Cousa q̃ pertẽce a queixo, ou queixada.（顎、または下顎に属する物）Iap. Aguitoni ataru coto.［アギトニ当ル事］

Maxillares dẽtes. Lus. Dẽtes queixais.（臼歯）Iap. Vocuba.［奥歯］

このMaxillare, isやMaxillares dentesを含め、ラポ日には標題や序文にいう「用例の少ない語」と思われるものが見出しに採られていることが少なくない。原典から見出しを削るよりむしろ、初学者がラテン語を読むとき、固有名詞以外のどんなラテン語に遭遇しても困らないようできるだけ多くの語を見出しに立てる意向が強いようにも見える。

次に、見出しの形について述べる。次のMachina, aeは、原典の見出しでは語形変化が記されていないが、ラポ日では明示されている。

（5）

カレピヌス80 L（p. 737）

Māchĭnă,（機械、装置）pen. corr.（語末から二番目は短音節）Molitio, inuentum, opus, instrumentum.（工作、発見、作品、道具）…

ラポ日（p. 435）

Máchina, ae. Lus. Artificio, machina.（技術、道具　machinaは現代ポルトガル語の綴りではmaquina）Iap. Caracuri, tacumi.［絡繰リ、工］

このように原典では語形変化・活用は記されないことがしばしばあり、記される場合も様式は定まっていないが、ラポ日では、名詞ならば「単数主格、同属格」、動詞ならば「直説法現在形一人称単数、同二人称単数、完了形一人称単数、目的分詞」と、定型で明示する方針が認められる。これによって例文がなくても、見出しのラテン語の語形変化・活用の種類がわかるようになっている。一方アクセントについては、原典には見出しに符号の付いた活字を用いたり、pen. prod.あるいはpen. corr.（語末から二番目の音節が長い、あるいは短い）と注記したりして丁寧に示されているが、ラポ日では必ずしも付されていない。これは主に、逐一長短のアクセント符号を付ける（あるいはアクセント付活字を作る）ことが技術上困難であったためと考えられ、注意すべき位置にアクセントがある語のみ、ポルトガル語にも用いられたàやáなどのアクセント付活字でもって示すという簡略化された方法がとられている。例えば(5)のMáchina, aeは、三音節語であり末から二番目の音節iが長母音であればそこにアクセントがあるはずだが、長母音かどうか判断する根拠はなく、この語のアクセントの位置は不明である。そこで、その前の音節のaに符号を付すことで、iが長母音でなく短母音であり、アクセントはaにあることが示されているのである。

2．2．3．見出し以下の訳出

2．2．3．1．ラテン語箇所

見出し以下では、カレピヌスのラテン語語釈を要約してポルトガル語訳・日本語訳にするのが基本的な訳出方法である。原典の多言語訳部分と古典からの引用のほとんどは省いてある。例文の省略は序文にあった通りであるが、語釈では、標題や序文で言われていることと異なり、「語の全ての意味を載せている」とは言い難い。ラポ日ではカレピヌスにおいて見出し近くに書かれている主要な語義をとることが多く、原典に多くの語義・語句があげられている場合、末の方に書かれた語義や語句はしばしば省略される。以下の例では、引用が全て省略され、原典の小見出し五つのうち、第一のAliquando tamen…と第三のMater mellis... とが採用され、第二のSumitur…、第四のTransfertur…・第五 Luxueris…・第六 Sapientia…は省略されている。

（6）

カレピヌス 80 L（p. 757）

Māter, huius matris, Notae significationis nomen est,（属格は matris、周知の意味の名詞）à Graeco μήτηρ. {אם em. Gall. Mere. ITAL. & HISP. Madre. Ger. Ein muter.} Cic. pro A. Cluent.（キケロ『クルエンティウス弁護』）Nam Sassia mater ... Virgil. 8. AEclog.（ウェルギリウス『牧歌』8歌）crudelis… Carentes … Horat. 3. Carm. Ode 24.（ホラティウス『カルミナ』巻3、24歌）¶ Aliquand tamen pro nutrice vsurpatur.（しかし時々乳母の意味で用いられる）Plautus vtrāque significationē complexus est,（プラウトゥスは一つの語を二つの意味で用いた）Ita forma smili pueri, vt mater sua Non internosse posset, quae mammam dabat. Neque adeò mater ipsa, quae illos pepererat.（姿形がそっくりの息子たち、乳をあげていた彼らの乳母も区別が付かない。彼らを産んだ母親でさえ区別が付かない）¶ Sumitur etiã hoc nomen latius, vt & de brutis animantibus dicatur, quae foetum ediderunt.（この語はより広い意味で、子を産むけものについても言われる）Mater, inquit Nonius, quae quoduis animal partu edit.（ノニウスが言うには、Mater は何であれ生き物を産むものである）Virgl. 3. Georg.（ウェルギリウス『農耕詩』巻3）excretos… ¶ Mater mellis, apis.（蜂蜜の母、ミツバチ）Varro 2. de Re rust. cap. 5.（ウァロ『農事考』巻2、5章）Denique ex hoc putrefacto nasci dulcissimas apes, mellis matres.（さらにこの腐ったものから大変甘いミツバチたち、蜂蜜の母たちが生まれる）¶ Transfertur & ad arbores, quae matres dicuntur ob propagines, quae ex ipsis nascuntur.（樹木にも転用される。芽（若木 propagines）に対して母と呼ばれる。芽は母親から生まれるからだ）Plin. lib. 12 cap. 5（プリニウス『博物誌』巻12、5章）Superiores ... ¶ Luxuries auaritiae mater.（贅沢は貪欲の母である）Cicer. 2. de Orat.（キケロ『雄弁家論』巻2）¶ Sapientia omnium bonarum rerum mater.（知恵は全ての良いものの母である）Idem 2. de Legibus.（同じく、『法律論』巻2）

ラポ日（p. 446）

Mater, tris. Lus. May.（母）Iap. Faua, fibo.［母、悲母］¶ Itē, Ama.（同じ語で、乳母）Iap. Vochi.［ヲ乳］¶ Mater mellis.（蜂蜜の母）Lus. Abelha.（ミツバチ）Iap. Mitçuno fachi, mippô.［蜜ノ蜂、蜜蜂］

原典の小見出しを省略するだけでなく、原典にない小見出しを新たに立てることも少なくない。（7）のラポ日の小見出し ¶ Item, Coalhar, & indurecer. …は、原典のウェルギリウスの例をもとに立てられたとみられる独自のものである。

（7）

カレピヌス 80L（p. 123）

Āspĕro, as, pen. corr.（語末から二番目は短音節）Asperum facio.（ざらざらにする）{חקשה hik soháh המר hemár. τραχύνω. Gal. Faire aspre & rude. ITAL. Inasprire. Ger. Rauch und grob machen. HIS. Asperear, hazer aspero.} Colum. lib. 9, Iunctis parieti modicis asserculis, qui paulum formatis gradibus asperantur, ne sint volantibus lubrici.（コルメッラ『農業論』巻 9、壁に適当な棒をつけるが、それは（鶏が）飛んできた時すべらないよう、少し踏んでざらざらにする）Virgil. pro Coagulo, siue durum facio, posuit, AEneid. 3, Et glacialis hyems, Aquilonibus asperat vndas.（ウェルギリウスに、凝固させる、固くするの意味でも使われた。『アエネイス』巻 3、氷のような冬が北風を吹きつけ、波を固くする）

ラポ日（p. 68）

Aspero, as. Lus. Fazer aspero.（粗くする）Iap. Araqu nasu, arasu.［粗クナス、荒ラス］¶ Item, Coalhar, & indurecer.（同じ語で、凝固させる、固くする　indurecer は現代ポルトガル語で endurecer）Iap. Catamuru, couorasuru.［固ムル、凍ラスル］Virg.（ウェルギリウス）

原典で引用されている例文はほぼ全て省くが、（7）の Virg. のように作家名や注記を残している場合がある。Kishimoto（2010）で考察したことがあるが、作家名でもっとも多いのは Plautus（Plaut. などと略記、少なくとも 80 見出しに注記される）、続いて Vergilius（Virg. などと略記、少なくとも 29 見出し）、Plinius（Plin. などと略記、少なくとも 22 見出し）、Festus（Fest. などと略記、少なくとも 11 見出し）、などである。プリニウス（『博物誌』）の注記の多さはカレピヌスにおいて言及が多いことを反映していると思われるが、対照的にキケロは、カレピヌスで頻繁に引用されているにもかかわらずラポ日で名が注記された例がほとんどない。他の注記で apud veteres（古代の人々によると、古語で）や apud poetas（詩人たちによると、詩語で）を多く用いていることを考え合わせると、Plautus や Vergilius は、それぞれ apud veteres, apud poetas と類似した注記で、やや特殊な語あるいは語義であることを示す意図があったようである。上の（7）では叙事詩『アエネイス』における特殊な意味として Virg. の注記を付したと考えられるし、下の（8）Grandigro, as については、カレピヌスにおいて antiquum verbum（古語）としたうえでプラウトゥスの喜劇『トルクレントゥス』から引用し（‘Quid, … Expellam.’）、語釈を加えている。ラポ日はこれに基づき、古語の意味で Plaut. と注記したと考えられる。

(8)

カレピヌス 80 L（p. 545）

Grāndigro, as,（大股で歩く）Antiquum verbum est, quo Plautus in Trucul. vsus est, pro grandi gradu eo, magnum gradum facio.（古語であり、プラウトゥスが『トルクレントゥス』で、大きな歩幅で歩くことの意味で使った）Quid, inquit, clamitas insane? Abire hinc ni properè grandigras, iam ego istos fictos, Compositos, crispos, cinnos tuos vnguentatos vsque ex cerebro Expellam.（(『トルクレントゥス』より、アスタピウムのせりふ）なぜ狂ったように叫ぶのか。（トルクレントゥスのせりふ）さあさっさと帰れ。さもなければ、私はお前の香油で濡らした巻き毛のかつらを頭のてっぺんから引き抜くぞ。）

ラポ日（p.316）

Grandigro, as. Lus. Andar a passo largo.（大股で歩く）Iap. Matagatte ayumu.［跨ッテ歩ム］Plaut.（プラウトゥス）

2．2．3．2．ポルトガル語訳と日本語訳の関係

ポルトガル語訳は、Verdelho（1995）や Messener（1999）が述べたようにカレピヌスのラテン語の逐語訳または抄訳が多いが、原田（2011）ははじめて、カレピヌスの諸版に見られない Antemurale, is や Aurifodina, ae などの見出しを根拠に、Jeronimo Cardoso ジェロニモ・カルドーゾの『羅葡辞書』が利用されたことを指摘した。カルドーゾの『羅葡辞書』は印刷されたラテン語・ポルトガル語辞書として最も古いもので、1569-70 年に印刷され、1595 年より前では 1587 年、1588 年、1592 年と版を重ねたが、原田氏はこれらの版のうち、綴りの違いから 1592 年版より前の版の使用を想定している。一方、カルドーゾより百年近く古い 1492 年頃に印刷された、著名なネブリハの『羅西辞書』の参照については確証がないとのことである。原田氏の指摘は大変興味深く、カレピヌス以外の典拠の利用については今後さらに探究が必要である。

なお、ラポ日にポルトガル語訳が含まれていることには、標題や序文にほとんど言及がない。宣教師による書簡などにも明記されていないため推測の域を出ないが、岸本（2013）では、印刷されたポルトガル語辞書としてはまだ簡略なカルドーゾのものしかなく、カレピヌスにもポルトガル語訳が含まれていなかった 16 世紀末、ポルトガル人のラテン語学習および日本人のポルトガル語学習というごく実用的な二つの理由から、ポルトガル語訳が削除されることなく印刷された可能性を指摘した。

日本語訳はポルトガル語訳と密接な関係を持っており、ポルトガル語訳の逐語訳のように見える場合が多いけれども、以下の Asteriscus, i の例では、ポルトガル語訳にない原典に基づく日本語訳（「言葉相違アル所カ、アルイワ言葉ノ足ラザル所ニ」）が見られ、カレピヌスが直接参照されたことがわかる。

(9)

カレピヌス 80 L（p. 127）

Āstērīscūs, ἀςτερίσκος, diminutiuum, Signum est ad paruae stellae similitudinem, quo vtimur quum aliquid in scribendo omissum est, vel quum variant exemplaria. ((ギリシャ語) 縮小形であり、小さな星の形として使う記号で、書く際に何かが省略される時、又は複数ある写本が異なっている時に使う) Hieronymus, Qui editioni antiquae Theodosionis miscuit asteriscos & obelos. (ヒエロニムス、彼はテオドシウスの古い写本にアステリスク(*)とオベルス(†)を混ぜた)

ラポ日(p. 71)

Asteriscus, i. Lus. Estrellinha que se poẽ nos liuros pera nota. (書物の注記のために置かれる小さな星) Iap. Xomotni cotoba sǒy aru tocoroca, aruiua cotobano tarazaru tocoroni xiruxito xite voqu chijsaqi foxi. [書物ニ言葉相違アル所カ、アルイワ言葉ノ足ラザル所ニ印トシテ置ク小サキ星]

ポルトガル語訳・日本語に訳出する際、原典の多言語訳のスペイン語やイタリア語を参照したかとみられる以下のような例もある。しかし、原典では多言語訳が省略されている見出しが少なくなく、やはり上述のように原典のラテン語に拠るのが原則であって、このような例は少ない。

(10)

カレピヌス 80 L(p. 400)

Dŏmă, tis, (家、屋根) {גג ghagh. δόμα, δόμος. Gall. Troict, couuert. ITAL. Tetto piano. Ger. Ein Tach das eben vnd nit haldecht oder stoerzig ist. HISP. Casa ò tejado de casa.} Hieronymo vsitatum verbum. ((多言語訳) ヒエロニムスによって使われた言葉)

ラポ日(p. 224)

Doma, tis. Lus. Telhado da casa. (家の屋根) Iap. Yane. [屋根] S. Hiero. (聖ヒエロニムス)

以上のように、基本的な訳出方法は次の手順であったと考えられる。

しかし、日本語訳はラテン語の逐語訳に近いポルトガル語訳と比べると、ポルトガル語(時にはラテン語)の逐語訳とは言えない箇所が多い。次節では日本語に焦点を絞り、どのような翻訳態度で、どのような位相の日本語が選択されたか、またどのような綴りが用いられたかについて詳しく述べる。

2.3. 日本語の特徴

2.3.1. 訳出の方針

日本語箇所には、序文に記された二種類の対象者である、ラテン語を学習する日本人・日本語を学習する外国人の、それぞれへの配慮が窺える。

日本人ラテン語学習者向けの配慮としては、ラテン語・ポルトガル語からの逐語訳ではわかりづらい場合、説明的・追加的な訳、または日本人にわかりやすい語への置き換えがなされていることである。凡例の第一・第二項では、動詞から派生した名詞で日本語にないものを - coto nari で説明する方法、そのほか日本語にない名詞を - cotouo yŭ で説明する方法があげられているが、このような分析的な訳出法だけではなく、原典からやや離れた独自の翻訳も行われている。Kishimoto（2005b）では、逐語訳が困難な場合の訳出方法として以下三種類、（i）訳語を与えず、- no na［ノ名］, - no taguy［ノ類］のように大きな分類だけ示す、（ii）説明的な日本語訳を加える、（iii）日本にある別のものに置き換える、をあげた。

三種類のうち、用例数では（i）が - no na だけで 800 例以上と多数を占めると思われるが、これらは動植物などの自然物がほとんどである。一方、（ii）（iii）は風俗、文化に関する語が多い。以下（11）（12）（13）が、それぞれ（i）（ii）（iii）に当たる例である。

（11）

カレピヌス 80 L（p. 781）

Miliaria,（ハタホオジロ、キビを枯らす草）Auis ita dicta, quòd milio vescatur, & pinguescat.（このように呼ばれる鳥で、milium（キビ）を食べ、太っている）κεδχείς.（ギリシャ語）Huius meminit Varro lib. 3. de Re rust. cap. 5.（ウァロ『農業論』巻 3、5 章がこのことを言っている）¶ Miliaria etiam herba est, quae milium necat. Plin. lib. 22. cap. 25.（また Miliaria はキビを枯らす草である。プリニウス巻 22、25 章）

ラポ日（p. 460）

Miliaria, ae. Lus. Hũa aue.（ある鳥）Iap. Torino na.［鳥ノ名］¶ Item, Hũa erua.（同じ語で、ある草）Iap. Cusano na.［草ノ名］

次の Históricus, i（歴史家）では、カレピヌスに典拠のない、ポルトガル語訳とも異なる説明的な日本語訳になっている。元の Historia, ae（歴史）の訳自体、以下のように「由来、故事、来歴、伝記、縁起」の五語が列挙されており、類語列挙の方針があったとはいえ、訳すのは容易でなかったようである。なお「歴史」の語は、明治以降に History の訳語として定着したとみられる（鈴木貞美（2007）「日本における「歴史」の歴史—ひとつのプロブレマティクとして」、『日本研究』第 35 集）。

（12）

カレピヌス 80 L（p. 572）

Hīstŏrĭcŭs, Historiarum scriptor.（歴史を記述する者）{ἱςτοριογράφος, Gallic. Historien. ITAL. Historico, scrittor d'historie. Germ. Ein geschichtschreiber. Hisp. Historiador.} Cicero. pro Muraena, Tua verò nobilitas Serui Sulpiti …（キケロ『ムーレーナ弁護』「セルウィウス・スルピキウス、あなたの家柄は大変高貴だが、教養ある人々や歴史家にはよく知られているものの、国民や投票者たちにはあまり知られてない」）Idem in Topicis, Philosophi, Poëtae, & historici.（同じくキケロ『トピカ』「哲学者、詩人、歴史家」）

ラポ日（p. 331）

Históricus, i. Lus. Historiador. Iap. Mucaxi arixi cotouo qirocu xi, coji raireqiuo caqi xirusu mono. ［昔アリシ事ヲ記録シ、故事来歴ヲ書キ記ス者］

ラポ日（p. 331）

Historia, ae. Lus. Historia. Iap. Yurai, coji, raireqi, denqi, yengui. ［由来、故事、来歴、伝記、縁起］ ¶ Item, Declaração de qualquer cousa.（同じ語で、どんなものであれ、それについての解釈）Iap. Monono fonyacu, chǔ. ［物ノ翻訳、注］

以下のLucta, ae（レスリング）は、同じ格闘技であっても、起源の古代ギリシャと、古代ローマ、16世紀のポルトガルのLuta、16世紀日本の相撲とでそれぞれ異なる競技であったはずだが、ポルトガル語も日本語も説明を加えず一語のみの訳に置き換えている。

（13）

カレピヌス80 L（p. 724）

Lūctă, luctae,（レスリング）Certaminis genus, vnum ex Graecorum pentathlo, quo alius alium prosternere in terram nititur.（競技の一つであり、ギリシャの五種競技の一つで、一人が相手を地面に押し倒すもの）{נפתול naphtúl. πάλη. Gal. Luicte. ITAL. Lotta. Ger. Ein spyl inn dem man mit einanderen ringt. HISP. Lucha.}

ラポ日（p. 430）

Lucta, ae. Lus. Luta.（レスリング）Iap. Sumǒ. ［相撲］

また、カレピヌスと明らかに異なる特徴として、宣教意識に基づいた改訳が行われている（岸本2008）。キリスト教に関する語句が追加されたり、異教を表現するのに「仏神」などの日本の宗教の語があえて訳語として用いられたりといった手法がみられる。以下のOecuménicus, a, um.（全世界の）では、小見出しOecumenicum concilium.（教会会議、シノドス）が独自に立てられ、さらに日本語訳には説明が追加されたと考えられる。続くÈthnicus（異教徒）では、「仏神ヲ拝ム」の語句はラポ日で独自に加えられたものである。

（14）

カレピヌス80 L（p. 858）

Ōecūmĕnĭcŭs, οἰκουμενικὸς, Latinè Vniuersalis, & ad totum orbem pertinens: vnde Oecumenicum concilium dicimus. οἰκουμένη enim idem est, quod orbis terrarum, terra habitabilis.
（Oecumenicus,（ギリシャ語）ラテン語でVniuersalis、全世界に渡る。それで私たちはOecumenicum cōcilium という。ギリシャ語も同じで、地球、人が住んでいる土地のこと。）

ラポ日（p. 518）

Oecuménicus, a, um. Lus. Cousa vniuersal, pertencente atodo o mundo.（普遍的なこと、全世界に当たること）Iap. Amaneqi coto, issai xecaini ataru coto. ［普キ事、一切世界ニ当ル事］ ¶ Oecumenicum concilium. Lus. Concilio, ou sinodo géral. (全教会会議) Iap. Sancta Igrejano vōsadameni ataru godancŏ, l, sôdancŏ. [Sancta Igreja ノ御定メニ当ル御談合、又は、総談合]

(15)

カレピヌス 80 L (p. 441)

Ēthnĭcŭs, pen. corr. {גוי goi. ἐθνικός.} Gentilis: ab ἔθνος, quod gentem significat. (語末から二番目は短音節。(ヘブライ語・ギリシャ語) 異教徒。民族を意味するギリシャ語からきている) Hieronymus contra Iouinianum, Et si ducendae essent vxores, Christianas tantùm accipi iuberet, an & Ethnicas? (ヒエロニムス『ヨビニアヌス論駁』「妻をめとるとしても、キリスト教徒の妻だけ受け入れるように命じるのか、それとも異教徒の妻も受け入れるのか?」)

ラポ日 (p. 249)

Èthnicus. Lus. Gentio. (異教徒) Iap. Christãoni arazu butjinuo vogamu xu. [Christão ニアラズ仏神ヲ拝ム衆]

カレピヌスとラポ日では目的と対象者が大きく異なるから、説明が異なってくるのはむしろ当然であろう。そのうえさらに、宣教師たちの知識や意向を取り入れて翻訳する際、当時ヨーロッパで新しく広まった科学的知識、議論が行われていた神学的・哲学的内容などと関連する場合もあったと考えられる。1580年リヨン版カレピヌスとの対照においてラポ日の訳とずれがある場合、カレピヌスの他の版を参照するだけでなく、ヨーロッパの各種文献および日本の他のキリシタン書に見られる科学や思想の記述内容とも比較して、ずれの背景と理由を考察しなければならない。

ただし、注意しなければならないのは、ラポ日の訳出態度が一貫しているとは限らないことである。後で述べる綴りの場合と同じように、辞書全体で見た時訳語のゆれが認められることがある。Kishimoto (2014) では、以下 (16) のように Aprîlis, is (四月) の「南蛮ノ四月」と Februarius mensis (二月) などの「Europa ノ二月」の日本語訳から、「南蛮」がポルトガル語の Europa と同義であるとみなせる一方、Ìndicus, a, um (インドの) などの見出しでは India の訳語に当てられていることを指摘した。後者のような「南蛮」を India とする用法は、『サントスのご作業』(1591刊) や日葡など他のキリシタン版でも見られるが、キリシタン独特の用法とみられ、ポルトガル船来航以降一般にヨーロッパからの人・物が「南蛮 (人・物)」と呼ばれるようになった変化とは、流れを異にしている。

(16)

ラポ日 (p. 57)

Aprîlis, is. (四月) Lus. Mes de Abril. (四月) Iap. Nanbanno xiguat. [南蛮ノ四月]

ラポ日 (p. 280)

Februarius mensis. (二月) Lus. O mes de feuereiro. (二月) Iap. Europano niguat. [Europa ノ二月]

ラポ日 (p. 365)

Ìndicus, a, um.（インドの）Lus. Cousa da India.（インドのこと）Iap. Nanbanni ataru coto.［南蛮ニ当ル事］

サントスのご作業（vol.1, p.127）

cono Apostolo ua Nanban ye vatari tamŏ ni,［コノ Apostolo ワ南蛮へ渡リ給ウニ］（使徒聖バルトロマイがインドに渡り布教したことをいう）

日葡（260 v.）

Tŏ nanban.［唐南蛮］China, & India.（中国とインド）

2．3．2．語彙・語法

日本語を学ぶ外国人向けの大きな特色は、凡例の第三項にあるように、ラテン語の多義を表すだけでなく日本語の語彙を増やす目的で、日本語訳において二つ以上の類語をあげていることである。カレピヌスと比較すればその意図がより明らかになる。以下の例では日本語の例文も追加している。

（17）

カレピヌス 80 L（p. 141）

Aūtem,（しかし）pro sed, siue, verùm, Coniunctio est tantùm subiunctiua.（sed, siue, verùm と同義で、あとに続けるかたちでのみ使う接続詞）{אכל ט ן aħál. δέπου, δέτοι. Gallic. Mais, or, ains. ITAL. Ma. German. Aber. HISPAN. Mas.}

ラポ日（p. 78）

Autem, Lus. Mas. Iap. Va, sarinagara, ni voiteua, vt fitoua yuqu, vareua cayeru, l, fitoua yuqutomo, vareni voiteua cayerŏ.［ワ、サリナガラ、ニヲイテワ、例えば、人ワ行ク、我ワ帰ル、又は、人ワ行クトモ、我ニヲイテワ帰ロウ］

日本語のもう一つの大きな特徴は、凡例の第一項にもあるように文末表現は - nari が基本であって、書き言葉の文体が主体となっていることである。同時期に天草で印刷された他のローマ字本と比べると『ドチリナキリシタン』（1592 刊）や『ヒイデスの導師』（1592 刊）などに近く、会話でも地の文でも文末に - gia や - gozaru が多用される口語的な『天草版平家物語』（1592 刊）や『エソポのハブラス』（1593 刊）の文体とは一線を画している。

また、ラテン語教育のため本書に先立ち刊行されたアルバレス『ラテン文典』（1594 刊）では、ラテン語例文には口語的な日本語訳が付されることが多く、ラポ日とは異なる翻訳方針であったように見える。以下の『ラテン文典』の例文は、例えば「我、汝を守護代と思はんや」などと訳すことはせず、口語的な訳となっている。

（18）

ラポ日（p. 341）

Ignoratio, onis.（無知）Lus. O não saber algũa cousa.（何かを知らないこと）Iap. Monouo xirazaru coto nari.［物ヲ知ラザル事ナリ］

ラポ日（p. 668）

Quidni?（なぜ～でないか）Lus. Por que não?（なぜ～でないか）Iap. Icadeca arazaran?［如何デカアラザラン？］

ラテン文典（22 v.）

Cic. 3. de Orat. Ego te consulem putem？（キケロ『雄弁家論』巻3、私が君を執政官と思うだろうか、いや思わない）Sonatauo xugodaito vomouŏca？［ソナタヲ守護代ト思ヲウカ？］

ただしラポ日の書き言葉で訳す方針も必ずしも徹底されておらず、助動詞 - tari よりも口語的な - ta が用いられたり、形容動詞の連体形でも - naru - に交じって - na - が用いられたりもしている。以下の例では、冒頭の基本語義では「返ラレタル事、戻サレタル物」と書き言葉で使う「タル」を使いながら、小見出しの例文文末は「成リ変ッタ」と口語的な形にしている。また Vigil, lis と Vigilans, antis という連続した見出しで、「才幹ナル者」「才幹ナ者」の両形が見られる。

（19）

ラポ日（p. 866）

Vesrus, a, um.（向きを変えた）Lus. Cousa virada.（向きを変えたこと）Iap. Cayeraretaru coto, modosaretaru mono.［返ラレタル事、戻サレタル物］…¶ Risus versus est in luctũ.（笑いが悲しみに変わった）Lus. A alegria se conuerteo em tristeza.（喜びが悲しみに変わった）Iap. Yorocobiga canaximini naricauatta.［喜ビガ悲ミニ成リ変ッタ］

ラポ日（p. 875）

Vigil, lis, adiect.（眠らない、形容詞）Lus. O que està desperto, ou vigilante.（目覚めている、または見張っている者）Iap. Voqite yru mono, saicannaru mono, nezaru mono.［起キテ居ル者、才幹ナル者、寝ザル者］

Vígilans, antis.（眠らない）…¶ Aliqñ. Prouido, diligente.（時々、用心深い、勤勉な）Iap. Saicanna mono, yurucaxe naqi mono.［才幹ナ者、忽セナキ者］

またさらにラポ日の口語的・俗語的といえる要素として、九州方言とみられる語の混在が指摘できる（岸本（2012））。次の「ハエノ風」については、日葡によると「ハエノ風」が Ximo の語 ,「マゼ」が非 Ximo の語である。ラポ日全体では「ハエノ風」2 例、「マゼ」の用例は無い。また「南ノ風」も以下 Auster, ri の 1 例のみで、他に南風を表すラテン語見出しはないようであるから、ラポ日では、後年の日葡で Ximo 注記が付される「ハエノ風」が基本訳語として採用されていたことになる。

（20）

ラポ日（p. 78）

Auster, ri.（南風）Lus. Vento sul.（南の風）Iap. Minamino caje, fayeno caje.［南ノ風、ハエノ風］

ラポ日（p. 496）

Notus, i.（南風）Lus. Vento sul. Iap. Fayeno caje.［ハエノ風］

日葡（150）

Maje. Vento sul. No Ximo se diz, fayeno caje.（Ximoでは、fayeno cajeという）

日葡（347 補遺）

Faye. Fayeno caje. Vento Sul.

このように散見される口語的な語法や語彙がどの程度含まれているか、またこれらが、凡例第四項に言われる日本語訳の「時おり見られる」「あまり丁寧でなく品の良くない言い回し」を指しているのかは明らかではない。今後辞書全体を見てさらに検証すべき点である。

２．３．３．表記

日本語のローマ字綴りは、いわゆる日本イエズス会式が用いられている（『時代別国語大辞典 室町時代篇 第一巻』や『邦訳日葡辞書』などに一覧で示されている）。ジョアン・ロドリゲス独自のdzu［ヅ］やカ行にkを使うことなどはなく、不統一に見えるゆれについても他のキリシタン版と傾向が似ていることが多い。ここでは、ゆれのある綴りのうち主要なものを、日葡と比較しながら列挙するにとどめる。

まず母音について言うと、単独の母音イはiが多く、yはyxa［医者］、cǒy［高位］のように漢語で単独のイに用いられる傾向はあるが、厳密な区別はないようである。イイと続く場合は原則として、iyfirqau［言イ開ク］のようにiyと綴られる。jも、xij［椎］のように和語の語中語尾にイイと続く場合ijと用いられるが、形容詞連体形が原則としてイ音便化した - xij でなく書き言葉の - xiqi の形をとるために用例は多くない。

グイとよませる綴りは、日葡の序文で「ウグイス」をVguysu, Vgvuis, Vgu-isu, Vgu isuと綴って「ウギス」と読み誤ることを防ぐ工夫が示されているが、ラポ日では主に、taguy［類］のようにyを用いる方法がとられている。

vとuの区別については、大文字にはUの活字がヨーロッパでもまだ使用されない時代であるためVを用い、小文字はvがvuo［魚］、vouoi［被］のように語頭に用いることが多い。

子音については、カ行についてのみ述べる。キ・ケはqi, qeが主であり、qui, queはごく少ない。クはcuが主でありquは活用語尾に多く用いられる。

撥音は原則としてnで表される。b, pの前では以下のようにmが用いられている場合があるが数はnよりも少ない。例えば、「乱妨」では -nb- 38例に対し -mb- 6例、「縁辺」では -np-20例に対し -mp-2例である。

（21）

ラポ日（p. 612）

Praedator, oris.（略奪者）Lus. Roubador.（盗賊）Iap. Ranbǒ suru mono, tǒzocu.［乱妨スル者、盗賊］

Praedatorius, a, um.（略奪を事とする）Lus. Cousa pertencente a roubador.（略奪者に当たること）Iap. Rambŏ suru mono, l, tŏzocuni ataru coto.［乱妨スル者、または、盗賊ニ当ル事］

n, m の代わりにティルが用いられることもある。ティルはおもに、一行・一ページ内に語を収めるため、すなわち版面調整用に使われたと考えられる。次の Praedaceus, a, ũ. は（21）のすぐ上の見出しであるが、「乱妨」が Rãbŏ とティルを用いて綴られており、Ranbŏ, Rambŏ, Rãbŏ の間に音韻的区別は認められない。また、以下の Anser, eris や Xylobalsamun, i の例のように行末に用いられることが比較的多く、このことは、千葉（2013）が報告したキリシタン版文学作品類で見られる傾向と共通性が認められる。以下の例では行末を / で示す。

（22）

ラポ日（p. 611）

Praedaceus, a, ũ.（略奪に当たること）Lus. Cousa de presa, ou rou / bo.（捕獲、または盗みに当たること）Iap. Rãbŏ, bocu, bũdorini ataru coto.［乱妨、ボク、分捕ニ当ル事］/

ラポ日（p. 50）

Anser, eris.（ガチョウ）Lus. Gãso, ou pato.（鵞鳥、または鴨）Iap. Ga, gã.［鵞、雁］/

ラポ日（p. 900）

Xylobalsamum, i.（バルサムを分泌する木）Lus. Aruorezinha de que mana o balsamo.（バルサムを生じる小さい木）Iap. Balsamo to yŭ cũ / yacuuo xŏzuru chijsaqi qi.［バルサモト云ウ薫薬ヲ生ズル小サキ木］

拗長音について、開音には qiŏdai［兄弟］のような -iŏ が多く、合音には qeôman［驕慢］のような - eô が多い傾向が認められる。

日本語史上、この時期混乱が生じていた四つ仮名とオ列長音の開合については、福島（1979）も述べたように他のキリシタン版と同様、混乱例は多くない。またいくつかは、Xeijŏ［成長］（p. 635, 655、正誤表 にて Xeigiŏ と訂正）、Bŏxo［謀書］・bŏfan［謀判］（いずれも p. 345、諸本書入れにて ô と訂正）のように正誤表や書入れで訂正されていることから、上述の他のゆれとは違い明らかに正誤の意識が認められる。ただし、規範に反した「誤り」も散見される。開合についてはそもそも、以下の fofen［褒貶］のように符号そのものがない例が少なくない。

（23）

giŏmŏ［焼亡］（正しくは jŏ、p. 358、ラポ日のうちこの 1 例のみ）

chijimuru［縮ムル］（正しくは gi、p. 422 など、23 例中 4 例が誤り）

cuzzuya［葛屋］（正しくは zu、p. 73, 105, 176、3 例中 3 例が誤り）

nazuna［薺］（正しくは zzu、p. 394（2 例）、6 例中 2 例が誤り）

(24)
sŏdŏ、sôdô［騒動］（正しくは sŏdô、それぞれ p. 510, 482、40 例中各 1 例）
bŏriacu［謀略］（正しくは bôriacu、p. 276（2 例）, 562、39 例中 3 例）
sôrei［葬礼］（正しくは sŏrei、p. 752, 826、27 例中 2 例）
fofen［褒貶］（正しくは fôfen、p. 20（2 例）, 745、4 例中 3 例、ただし p.20 の 2 例は不鮮明）

分かち書きについていえば、ガ、ノ、ヲ、ニ、ハなどの助詞は Acagono chichiuo yobu cotoba［赤子ノ父ヲ呼ブ言葉］（p. 2 Abbà）、Imada ichinenni tarazaru / vxino coni ataru coto.［未ダ一年ニ足ラザル牛ノ子ニ当ル事］（p. 884 Vitulînus, a, um）のように、原則としてその直前の語と離さず続けて植字される。これは 1592 年から 1593 年の間に行われたキリシタン版の方針変更の一つを受け継いだものと考えられる（豊島（1989））。ただ千葉（2009）も指摘するように、現存する国内出版の日本語ローマ字本のうち最も刊行年が下る『スピリツアル修行』（1607 刊）まで助詞の前に空白を設ける様式は残っており、ラポ日においても以下のような分かち書きの例が混在している。

(25)
Suzuxisa, / biqei ni yorocobu cotouo yŭ.［涼シサ、美景ニ喜ブ事ヲ云ウ］（p. 44 Amoenitas, atis）
Torino coyeuo qijte qicquiŏ uo vranŏ coto / uo yŭ.［鳥ノ声ヲ聞イテ吉凶ヲ占ウ事ヲ云ウ］（p. 535 Óscinum, i）

3．他のキリシタン書との関係

この章ではラポ日をさらに広い視点から見るために、ラポ日と成立上関係があることが明らかなキリシタン書５種を成立年代順にとりあげる。具体的な用例比較に基づく考察はまだ少なく、今後多くのことが明らかにされるはずである。

3．1．『ラテン文典』

イエズス会学校のラテン語教科書に定められたマノエル・アルバレス Manoel Alvarez のラテン語文法書を日本での使用に合わせた抄本であり、一部にポルトガル語・日本語で説明を付して印刷されたものである。2012 年に新しい解説を付した複製が公刊され、内容と印刷術に関する研究が急速に進んだ。しかしラポ日との関係の点についていえば、日本でのラテン語教育のためにほぼ同時期に印刷されたこと、ヨーロッパ将来の原典に手を加えたものであること、ポルトガル語と日本語を含むこと、学校で生徒が辞書と合わせて利用できるよう編纂されたと推測されること、などラポ日と成立上の密接な関係があったことが予想されるものの、原典についても抄本である天草版同士についても、具体的な共通点および相違点の研究はまだほとんどないようである。

活字の点でこの本においてはじめて、複数言語の印刷において重要な機能を果たすイタリック体活字が日本キリシタン版に導入された。しかし豊島（2013: 150）によると、日本語とポルトガル語に既存のローマン体を、主であるラテン語に新鋳のイタリック体をと使い分けようとしたものの技術的に失敗し、ラポ日本文はローマン体のみの印刷に戻ってしまっている。

3.2.『日葡辞書』

日葡の序文に、先行辞書であるラポ日がイエズス会内でヨーロッパ人の日本語学習と日本人イルマンや同宿たちのラテン語学習に大きな助けとなっていたこと、例言に、日葡の見出しをラポ日と同様アルファベット順にしたことが明記されている。また森田（1993: 7-8）には、A ～ F 部の冒頭の飾り文字が共通であることなど、印刷様式の襲用が指摘されている。しかし辞書本文を比べてみるとラポ日のポルトガル語・日本語部分と、日葡の日本語・ポルトガル語の対訳は重ならない場合が多く、見出しがラテン語か日本語かという根本的な違いがあることを差し引いて考えても、ラポ日の対訳データを日葡辞書編纂時に参照したとみなせる根拠は少ない（Kishimoto (2014)）。しかし印刷技術面だけでなく、両方の辞書編纂に関わった人物の存在など編纂上の関わりがあったことが推測されるため、今後も特に内容面での検討が必要である。

3.3. バレト自筆『葡羅辞書』

ポルトガル出身のイエズス会士マノエル・バレトは1590年に来日し、1592年11月当時天草コレジオでラテン語教師を務めており、ラポ日の編者の一人であった可能性も従来から指摘されている（Schütte (1962: 11) など）。

さらに自筆写本『葡羅辞書』三巻では、ラポ日は、カルドーゾの『葡羅辞書』、ヴェネチア版のカレピヌス、Mario Nizzoli マリオ・ニッゾーリの『キケロ用例辞典』とともに主要典拠の一つとして活用されている（岸本・豊島（2005））。また、『葡羅辞書』におけるラポ日の引用がラポ日の誤植・訂正と必ずしも一致しないことから、バレトが参照したのが草稿段階のラポ日であった可能性がある（岸本（2008））。

このように、バレトの著作物とラポ日の比較分析はラポ日の成立を考える上でも重要である。バレトはラテン語文集『フロスクリ』（*Flosculi*, 別名「聖教精華」、1610 刊）の編者でもあり、この書のラテン語引用文がカレピヌス、ラポ日、および『葡羅辞書』とどのような関係にあるかも、今後の調査課題のひとつである。

3.4. コリャード『羅西日辞書』

『羅西日辞書』は正篇・補遺（Praetermissa）・続編（Additiones）からなるが、補遺の跋文と続編の序文（いずれもラテン語）にそれぞれ、additiones iuxta Calepini dictionarij copiam perficere curabo（カレピヌスの辞書より不足しているのでそれを補う補遺を作るつもりである）、seu additions eorum, quae iuxta Calepini dictionarium in Iaponico typis iam mandato defiderabantur（すでに印刷された日本語辞書（すなわち正篇）には、カレピヌスにはあるのに欠けている見出しがあり、それを補う補遺）という文言があり、正篇ではカレピヌスの辞書に比べて不足している語があり、それを追加するというコリャードの意図を表しているように見える。この辞書の稿本であるコリャード自筆『西日辞書』の跋文（スペイン語）が刊本補遺の跋文に近い内容をもっているが、ここでは、quando tenga lugar hare addiciones por el orden de el Calepino con los vocablos que aqui faltan que seran muchos（機会があれば、この辞書で欠けていると思われる多くの語彙をカレピヌスの順序に従って追加することができればと思う）という文言がある。これら稿本・刊本で言及されているカレピヌスがどんな辞書を指しているのか明らかではない。

スペイン語稿本の方では、正篇で不足している語彙を、カレピヌスをアルファベット順にチェックして追加したい意図があったように読めるが、ラテン語刊本の方では、正篇では語が不足していることを言うための比較対象としてカレピヌスに言及しているだけである（原田（2013: 288））。実際に続編がどのように作られたかについて、ラポ日と羅西日続編の一部の比較から「両者間の関係を積極的にみとめるわけには行かない（p. 280）」と述べた大塚（1996）、ラポ日・羅西日続編から抽出した1000の見出しの日本語訳を比較し「語彙の上で先行の羅葡日辞書の影響がある（p. 271）」と推定した松岡（1991）、これらの研究を受けてネブリハの羅西辞書と羅西日続編のAの項目を比較し、ネブリハの影響を受けた可能性が低いと推測した堀田（2011: 99-116）の各研究があるが、今後さらに内容を検証し、編纂方法を解明する必要がある。

3．5．プチジャン版『羅日辞書』

上の4書と比べ、大幅に時代が下るという点でも、ラポ日を直接の典拠とした転載本といえる点でも、別格の資料である。パリ外国宣教会のBernard Thadée Petitjeanベルナール・プチジャンは、1869年ローマに行く途中、マニラでラポ日の一本を入手した。そこからポルトガル語部分を省き、凡例・ラテン語・日本語部分にも細かく手を入れ、新たに序文を付け加えてローマで出版したのがこの辞書である。ラポ日・ラ日の日本語の異同は『ラホ日辞典の日本語 本文篇』に対校されている。変更にはラポ日の誤字を適切に訂正した箇所も多い一方、ラポ日のzǒgon［雑言］をzôgonとする（p. 439 Maledicè, Maledîco, is, xi, ctum, Malédicus, a, um）など誤りも含んでいる。

プチジャンが参照したラポ日原本は火事で焼失したらしく（Laures（1940: 760））、その後の所在は知られていない。『羅日辞書』原本は日本国内だけでも多数存在しているが、1945年宮越太陽堂による複製もある。

上の5種のキリシタン書以外にも、ラポ日に見える科学や思想に関して、コレジオの教科書として書かれたPedro Gomezペドロ・ゴメスの『講義要綱』（*Compendium catholicae veritatis*, 1593頃成立）と、『ヒイデスの導師』（1592刊）や2009年に再発見された『ひですの経』（1611刊）などの邦訳されたLuis de Granadaルイス・デ・グラナダの著作が注目される。

キリシタン書に見られる科学や思想については、近年、歴史学と哲学の両方の視点を有する「インテレクチュアル・ヒストリー」分野の一翼として、ヨーロッパ側との比較研究が進んでいる。平岡（2013）は『講義要綱』のうちの『天球論』についての原典的研究を収め、ルイス・デ・グラナダの著作については折井（2010）において、厳密な原典研究をふまえた日欧思想比較研究が展開されている。ヨーロッパのどのような知識が日本イエズス会によってどのように伝えられたか、これらの書とカレピヌスおよびラポ日の記述内容との共通点・相違点を探っていくことが今後の課題となろう。

4．ヨーロッパ辞書史および宣教言語学の資料として

これまでにも随所で見てきたように、ラポ日は日本語辞書史以外に、①ヨーロッパで編纂されたラテン語対訳辞書との関係、②宣教活動に伴って編纂された非ヨーロッパ圏現地語辞書との関係、という二種類の辞書史からも捉えられる資料である。さらに大きくは辞書史・言語史の範囲に留まらず、ラテン語・ポルトガル語・日本語の担うそれぞれの文化が接触したところに生まれた文化史資料と見るべきであるが、ここではその前提としてまず、辞書史の範囲で考えることにする。

ラポ日とその日本語という個別辞書研究の範囲でも、ラポ日内の用例検討とカレピヌスとの対照は必要であるが、どこにも記されていないカルドーゾの利用が認められることからもわかるように、カレピヌス・ラポ日二書の分析からだけでは見えない面があることは明らかである。最終章では日本語学の枠に留まらず、近年のヨーロッパ辞書史・宣教言語学の学界動向とともにこの辞書の研究のさらなる広がりを示す。

上の①②と密接に関わる対訳辞書として、ヨーロッパにおいてラテン語と並ぶ古典語であったギリシャ語・ヘブライ語の辞書、そして8～15世紀にかけてのイスラム教徒のイベリア半島征服を背景とするアラビア語の辞書が重要であるが、本稿ではラポ日とより近い関係にあると思われる①②に範囲を限定した。ただ来日宣教師も、個人差こそあれギリシャ語･ヘブライ語･アラビア語の知識を持っていたであろうから、今後これらの言語の辞書とのかかわりについても考察する必要がある。

さらに、①②に含まれる辞書は現存するものだけでも種類が多いため、ここでは写本を割愛し、16世紀から17世紀にかけて印刷された、ある程度まとまった分量をもつ辞書を中心に述べる。

4．1．ヨーロッパで編纂されたラテン語対訳辞書との関係

ヨーロッパで刊行されたラテン語対訳辞書（いずれも初版の年を示す）

1492	Nebrija ネブリハのラテン語・スペイン語辞書
1495?	ネブリハのスペイン語・ラテン語辞書
（1502	カレピヌスのラテン語辞書）
1545	カレピヌスの多言語対訳辞書（ラテン語・ギリシャ語・ドイツ語・フラマン語・フランス語、ラテン語・ギリシャ語・イタリア語）
（1531	R. Estienne エティエンヌのラテン語辞書）
1539	エティエンヌのフランス語・ラテン語辞書
1562	カルドーゾのポルトガル語・ラテン語辞書
1569-1570	カルドーゾのポルトガル語・ラテン語、ラテン語・ポルトガル語辞書

15世紀の活字印刷開始の後、ラテン語単独の辞書に続いて、ヨーロッパの諸言語との対訳辞書も編纂・印刷されるようになった。ラポ日との関係で特に重要なものはカレピヌスのほか、これまでも触れたポルトガルのカルドーゾ、スペインのネブリハと、フランスのエティエンヌの辞書であろう（ネブリハは堀田（2011）・岡本（2011）、エティエンヌはLepschy（1998）、カルドーゾはVerdelho e Silvestre（2007）を主に参照した）。ネブリハ・エティエンヌとラポ日の間にまだ明確な関係は認められないが、

ラポ日編者が参照していた可能性は十分ある（豊島（2015: 54-55））。これらの辞書の研究は日本語史におけるラポ日・日葡の場合と似て、主に各言語史の中で進められてきており、研究の層は厚い。スペイン語よりやや遅れていたポルトガル語の辞書史研究も近年活発に行われるようになっている。

4．2．宣教活動に伴って編纂された現地語辞書との関係

宣教活動に伴って刊行された非ヨーロッパ圏現地語辞書

1555, 1571	Molina モリーナのスペイン語・ナワトル語辞書、ナワトル語・スペイン語辞書（1571 版で追加）
1559	Gilberti ジルベルティのスペイン語・タラスコ語、タラスコ語・スペイン語辞書
1560	Santo Thomas サント・トマスのケチュア語・スペイン語辞書
1574	Lagunas ラグナスのタラスコ語・スペイン語辞書
1578	Cordoua コルドバのスペイン語・サポテック語辞書
1586	ケチュア語・スペイン語辞書
1593	Aluarado アルアラドのスペイン語・ミシュテック語辞書
1595	**ラテン語・ポルトガル語・日本語辞書（ラポ日）**
1603	日本語・ポルトガル語辞書
1608	Gonçalez Holguin ゴンサレス・オルギンのケチュア語・スペイン語辞書
1611	Arenas アレナスのスペイン語・ナワトル語、ナワトル語・スペイン語辞書
1612	Bertonio ベルトニオのスペイン語・アイマラ語、アイマラ語・スペイン語辞書
1613	San Buena Ventura サン・ブエナベントゥラのタガログ語・スペイン語辞書
1637	Méntrida メントリーダのセブアノ語（ビサヤ語）・スペイン語辞書
1638	Wemmers ウェマーのゲエズ語・ラテン語辞書
1639	Ruiz de Montoya ルイス・デ・モントーヤのワラニー語・スペイン語辞書
1651	Rhodes ロードのヴェトナム語・ポルトガル語・ラテン語辞書
1661	Ludolf ルドルフのゲエズ語・ラテン語辞書
1679	Proença プロエンサのタミル語・ポルトガル語辞書

次に、編纂目的と対象者の面でラポ日とごく近い位置にある、カトリック宣教に伴って編纂された現地語辞書、すなわち、「宣教言語学」の辞書について述べる。これは、当時のヨーロッパにおける共通素養として習得していたラテン語と、日常使用する俗語（ポルトガル語やスペイン語）を使用していた宣教師たちが、未知のアジア・アフリカ・アメリカの現地語と接触し、彼らの教義を伝えようとした結果生まれた辞書であって、ラポ日もまさしくその一つである。

ポルトガル語・スペイン語・ラテン語と現地語の対訳辞書について、刊行年順に見ると上の現存が知られている（主に Zwartjez（2011）と Smith-Stark（2007）によった）。ポルトガル語（下線を付

している）を含む辞書は、日本のラポ日と日葡のほか、イエズス会のアレクサンドロ・ド・ロードによるヴェトナム語・ポルトガル語・ラテン語辞書 *Dictionarium Annamticum, Lusitanum et Latinum*（1651）と、やはりイエズス会士アンタン・デ・プロエンサによるタミル語・ポルトガル語辞書 *Vocabulario tamulico com a significaçam portugueza*（1679）のみのようである。

スペイン語とメキシコ現地語との対訳刊行辞書にはナワトル語・タラスコ語・サポテック語・ミシュテック語を含むものが現存し（Smith-Stark（2007: 20））、メキシコ以外のラテンアメリカの現地語では、パラグアイのワラニー語（グアラニ語）、ペルーのケチュア語、ペルー・ボリビアのアイマラ語の辞書が刊行されている。その他の地域では、フィリピンのタガログ語・セブアノ語のもの（García-Medall（2007））、エチオピアのゲエズ語とラテン語の対訳辞書が知られている（Zwartjez（2011: 209））。

日本ではポルトガル語がイエズス会で広く用いられていたのに対し、フランシスコ会やドミニコ会ではスペイン語が用いられていたのであるが、ポルトガル人イエズス会士のバレトが葡羅辞書を編纂する際ネブリハの辞書を参照していたり、ドミニコ会が日葡辞書を利用して日西辞書を作ったりしていたように、宣教地でもポルトガル語・スペイン語間の辞書参照の確かな証拠はいくつも認められる。今後ポルトガル語辞書だけでなくスペイン語のものについても本文比較を行うことが研究を深めることになろう。

このような現地語辞書の視点でみるラポ日の研究は、Missionary Linguistics（宣教に伴う言語学、宣教言語学）と新たに名づけられた研究分野と連動するものである。この分野では、いわゆる大航海時代におけるカトリックの世界宣教の際作成された、現地語を含む資料を主たる研究対象とし、個別言語の研究に貢献するだけでなく、宣教師たちによる近代言語学成立以前の言語研究史を明らかにすることを目指している。国際会議としては2003年オスロでの第一回から2012年第七回（於ブレーメン）、2014年第八回（於リマ）、2016年第九回（於マニラ）が開催されており、会議論文集はすでに第五巻が刊行されたところである。第二回以降、会議・論文集ともゆるやかなテーマ設定があり、第二巻 Orthography and Phonology、第三巻 Morphology and Syntax、第四巻 Lexicography、第五巻 Translation Theories and Practices となっている。さらに、会議の中心人物である Otto Zwartjez 氏による、ポルトガル語文献中心の「宣教言語学」の概要および研究の現状・展望をも示した Zwartjez（2011）と、その後さらに詳しく総合的な研究概況としてまとめられた Zwartjez（2012）とを合わせて見ることによって、現地語辞書の研究状況を知ることができる。

日本では、宣教言語学国際会議以前から、丸山（1993）など丸山徹氏による先駆的研究があり、近年は国際会議の成果も含む、日本語史・日本史の枠にとどまらない幅広い内容を収めた豊島編（2013）が刊行された。このことは、「宣教言語学」的な視点が日本においても確実に定着しつつあることを示しているといえよう。

「宣教言語学」の分野では、これまで繰り返し言われているように、個々の資料の分析を深めるだけでなくそれらの共通性と多様性を明らかにしていくため、各言語史の専門家間のネットワークが必須である。さまざまな言語を含む膨大な量の資料を研究対象とする中、とりわけ重要なコーパスの構築においては、本稿の冒頭でふれた豊島正之氏によるオンライン・リソースが世界的に注目されている。2016年現在、ラポ日や日葡辞書、カルドーゾのラテン語・ポルトガル語、ポルトガル語・ラテン語辞書、1626年成立の写本コンカニ・ポルトガル対訳辞書などを含む、9種類の辞書が検索可能になっている。

辞書分野ではこれまでにも Smith-Stark（2009）や Zimmermann（2009）, Villavicencio Zarza（2014）などヨーロッパの辞書と新大陸における複数の現地語辞書の関係を詳しく論じた、いわば言語横断的な研究もいくつか現れてはいる。しかし辞書は分量が膨大であることから、範囲がまだ一辞書（例えばラポ日のみ）あるいは一現地語を含む複数の辞書（例えば、ラポ日と日葡のみ）に留まりがちで、現地語辞書同士（例えばラポ日とアレクサンドロ・ド・ロードの辞書）の比較はまだほとんどなされていないといってよい。リソースの集積と活用は、技術の躍進により可能となった、辞書を総合的・体系的に捉えるための強力な手段であるから、筆者もその構築に主体的に協力していきたい。

この度のラポ日の影印公刊は、過去の二回と同様解説は日本語のみであって、手にとられるのも日本語史研究に関わる方々が多いことと思う。Latin glossaries with vernacular sources（対訳ラテン語語彙集）などのデータベースの利用とこの度の刊行により、日本語部分に限定された研究ばかりでなく、原典およびラテン語・ポルトガル語部分とを含めた活用が強く望まれる。本稿では多くの課題を提示するばかりとなったが、筆者自身さらにこの辞書の調査を続け、より詳細な研究としてまとめる所存である。

（謝辞）

本解説の執筆に当たり、お声をかけてくださった三橋健先生、ご著書からの日本語訳の引用をお許し下さった原田裕司先生のほか、多くの方々からお力添えを賜った。特に、丸山徹先生、豊島正之先生、白井純氏、鳴海伸一氏には、貴重なお時間を割いて御助言いただき、厚く御礼申し上げる。

本稿は、科学研究費補助金 JP21720163, JP23320093, JP24720209, JP15K02573 の成果の一部である。

書誌解題

三橋　健

はじめに

ここにフランス学士院図書館（Bibliothèque de l'Institut de France）所蔵のキリシタン版『羅葡日対訳辞書』（*Dictionarivm Latino Lvsitanicvm, ac Iaponicvm* 1595年天草刊、以下「ラポ日」と略す）を影印公刊するにあたり、私に課せられたのは書誌解題である。

すっかり黄ばんでしまった「訪書ノート」を開いて見ると、私が初めてフランス学士院図書館を訪ねたのは「1973年8月31日（金）の午後13時」と記してある。あれから43年の星霜を経たことになり、感慨無量なものがある。

この図書館は現在もあの時と変わりなく、パリ6区のコンティ岸（23, quai de Conti 75006 PARIS）に所在している。当時の開館時間は月曜日から金曜日の10：00～18：00、土曜・日曜が閉館日であったので、私は引き続き9月3日（月）から6日（木）まで、主として「ラポ日」の書誌的な調査を行ない、そのマイクロフィルムを日本に持ち帰ることができた。

1979年10月30日、「キリシタン資料集成（7）」として、勉誠社から「ラポ日」が影印公刊された。これはオックスフォード大学ボドレイアン図書館所蔵本を108％に拡大したもので、巻末には福島邦道氏の「羅葡日対訳辞書　解題」（以下「福島（1979）」と略す）と三橋の「羅葡日対訳辞書―その書誌的解説―」（以下「三橋（1979）」と略す）を付してある。

私としてはフランス学士院図書館所蔵本（以下「学士院本」と略す）の影印公刊を所望していたが、諸般の事情で見送りとなった。そのとき、恐らく学士院本の影印公刊は、今後も難しいと思われたので、三橋（1979）では学士院本の解説も少し詳しく記しておいた。そのようなことで、このたびの解題は、三橋（1979）と重複するところがあることを予めお断りしておきたい。

また三橋（1979）は、今から見れば杜撰なところがあり、諸氏により誤謬も指摘されている。2002年3月と2011年9月の2回にわたり学士院本を調査した岸本恵実氏から、当時、私が確認できなかった製本屋（人）のこと、学士院本を以前に所蔵していたサン・ジェルマン・デ・プレ修道院図書館（以下、サン・ジェルマン図書館と略す）のこと、書き入れのこと等の御教示を賜った。また2003年10月30日に学士院本を閲覧した原田裕司氏は「フランス学士院図書館蔵キリシタン版『羅葡日辞書』の閲覧」（以下「原田（2011）」と略す）[(1)]のなかで、三橋（1979）の誤謬を指摘し、杜撰な調査を補足されておられる。

そのような次第で、老生のごときが再び学士院本の書誌解題を試みようとすれば、かつての古瑕に触れるのみならず、恥の上塗りをすることになるのである。しかし、これも学者の運命とあきらめて重い筆を執ることにした。

伝　本

「ラポ日」の版本で、世界に現存するのは以下に掲げる七本である。重複を厭わず、所蔵図書館と【　】内に、現在の請求記号を掲げ、また略称を記しておく。

1・オックスフォード大学ボドレイアン図書館【Arch. Be. 41】（以下「ボドレイ本」）

2・フランス学士院図書館【4° O 18 L Réserve】（以下「学士院本」）

3・ライデン大学図書館【OOSHSSKLUIS 21521 D】[(2)]（以下「ライデン本」）

4・ロンドン大学東洋アフリカ研究院図書館【EB59.16/11382】（以下「東洋アフリカ本」）

5・中国国家図書館（旧北堂図書館）(a)【No. 3050】（Catalogue, 1181）（以下「北堂本(a)」）

6・中国国家図書館（旧北堂図書館）(b)【No. 3051 】（Catalogue, 1182）[(3)]（以下「北堂本(b)」）

7・ロシア国立サンクトペテルブルグ図書館（旧・レニングラード国立大学図書館）（請求番号は不明）（以下「レニングラード本」）

また、ポルトガルのアジュダ図書館には、版本を書写した写本2冊【46-XIII-11】【46-XIII-12】（以下「アジュダ写本」）が所蔵される[(4)]。

これらのうちで私が親しくて手にとって閲覧したのは、1・ボドレイ本、2・学士院本、3・ライデン本、そしてアジュダ写本である。

学士院本の長所と「ラポ日」影印公刊

現存する「ラポ日」七本の版本のうち、影印公刊されたのは二本である。その一本は1950～52年に東洋文庫が影印した北堂本である。ただ、前記したように、北堂本は(a)と(b)の二本があり、そのうちのどちらを影印したのか、実際に閲覧していない私には断定できない。ただ、影印本に添付された解説によれば、岩井大慧氏が、1937年7月16日から18日にかけて撮影した写真を、東京の大塚巧藝社がコロタイプ版とし、東洋文庫から300部限定出版したとある。恐らく保存状態の良好な方を影印公刊したであろうから、仮にそれを北堂本(a)と呼ぶこととする。

次の一本は、前記したように、1979年10月、勉誠社からボドレイ本を108％に拡大したもので、巻末に福島（1979）と三橋（1979）の解題を付してある。

このたびの学士院本の影印公刊は、北堂本(a)、ボドレイ本に続くものである。なかには同じ版本の「ラポ日」を再三にわたり影印公刊する意味は何であるかと思われる方もおられるであろう。そこで、少し学士院本の長所を説明しておく必要がある。

そもそも「ラポ日」のような稀覯の古書は、版本であっても、全く同じものは存在しないのであり、したがって、各伝本は世界にただ一つと言っても過言でない。なかでも学士院本は保存状態が良好で、印刷も他本と比べると鮮明である。

一例を示すと、ボドレイ本の3頁右欄39行～42行と44行～46行には、印刷されていない部分がある。ところが学士院本を見ると、その個所は完全に印刷されている。つまり学士院本の影印公刊により、ボドレイ本の印刷されていない部分を補うことができるのである。このようなことは学士院本にも言えるのであり、要するに北堂本(a)・ボドレイ本・学士院本の三本を比較することにより、「ラポ日」はより完本に近づくこととなるのである。

つぎに学士院本が伝本中で最も書き入れの多いことも長所の一つであろう。書入れには誤謬を訂正したものが少なくないからである。なお、詳しくは岸本（2002）「キリシタン版『羅葡日対訳辞書』諸本の書き入れについて」（『日本語・日本文化』28、123-135頁）を参照されたい。

さらに書誌的観点からすれば、学士院本は、遊び紙に、Hoc libro utitur Antonius（アントーニウスがこの書物を用いている）とペン書きされていること、Langlèsの自署がなされていること、さらに標題紙に、サン・ジェルマン図書館とフランス学士院図書館の蔵書印を捺してあることなどが注目される。これらにより1595年に日本の天草で刊行された「ラポ日」が、どのようなルートを経てフランス学士院図書館に帰属することになったのかという、いわば学士院本のおおよその伝来史を知ることができるものであり、これなども他本には見られない長所の一つである。なお、詳しくは後述するであろう。

また、学士院本が1859年にレオン・パジェス（M. Léon Pagès 1814-1886）により初めて世間に知らされたことも注目される一つである。ちなみに、1859年は幕末の安政六年にあたり、日本では各地で大地震が連発し、また安政の大獄により吉田松陰・橋本左内ら八名が処刑されるなど不安定な時代であった。

パジェスはキリシタン版『日葡辞書』（*Vocabvlario da Lingoa de Iapam* 1603～04年 長崎刊、以下「日葡」と略す）を仏訳した『日仏辞書』（*Dictionnaire Japonais-Français,* Paris 1868）を明治元年に著しており、その際、必ずや学士院本を参照したことはまちがいなく、興味を惹かれるところである。

学士院本の発見

学士院本の存在を最初に紹介したのは、前記したようにパジェスである。彼は1859年にパリで『日本図書目録』（*Bibliographie Japonaise ou Catalogue des Ouvrages Relatifs au Japon,* Paris 1859, 以下「パジェス（1859）」と略す）を刊行した。本書の9頁・54番に、「ラポ日」を解説している。そこに掲げる伝本は学士院本だけである。

パジェス（1859）で興味を惹く一つは、Venda 650 fr., Langlèsと記すことである。これは「ラングレ蔵書売立目録」によれば、「ラポ日」の売り立て金額は650フランという意味である。換言すれば、学士院本はラングレ蔵書から650フランで購入したとなるが、これに関しては後述するであろう。

ついでにパジェスのプロフィールを簡単に紹介すると、彼はパリ生まれのフランスの外交官であるが、日本研究家としても有名で、前掲書の他に『聖ザベリオ書簡集』（*Lettres de Saint François-Xavier de la Compagnie de Jésus,* Volium 1.2. Paris 1855）、そして前記した『日仏辞書』など、日本語や日本キリシタン史に関する著作が多い。わが国では『日本切支丹宗門史（上、中、下巻）』（吉田小五郎訳、1938年、岩波文庫）が広く知られている。

つぎに注目されるのは、アーネスト・メイソン・サトウ（Ernest Mason Satow 1843-1929）の『日本イエズス会刊行書誌』（*The Jesuit Mission Press in Japan, 1591-1610,*〔London〕privately printed, 1888. 以下「サトウ（1888）」と略す）である。サトウはヨーロッパ諸国に現存するキリシタン版を調査し、その書誌を1888年（明治21）にロンドンで出版した。本書の27頁の第5番に「ラポ日」の書誌解説がある。伝本として掲げるのは、ボドレイ本、学士院本、ライデン本、東洋アフリカ本の四本で、学士院本は2番目に記してある。また、26頁と27頁の間に、ボドレイ本の標題紙の図版を挿入してある。サトウはイギリスの外交官であるが、日本研究家として多くの業績を残した。日本で知られている著作では『一外交官の見た明治維新（上、下巻)』(坂田精一訳、1960年、岩波文庫）が有名である。

言うまでもなく、ラウレス・ヨハネス（Laures, Johannes）編『吉利支丹文庫』（Laures, Johannes. *Kirishitan Bunko: A Manual of Books and Documents on the Early Christian Missions in Japan* Tokyo: Sophia Univ., 1957.）(以下「ラウレス（1957）と略す」）は、キリシタン版書誌研究の結集である。「ラポ日」の解説は50頁15（11）に見える。伝本は学士院本、ライデン本、ボドレイ本、東洋アフリカ本、北堂本(a)、北堂本(b)、そしてアジュダ写本の順に掲げてある。つまりラウレス（1957）は、サトウ（1888）の掲げた四本のほかに、北堂本(a)(b)の二本とアジュダ写本を追加しているが、まだ、レニングラード本の存在は知らなかった。

レニングラード本は、1965年7月13日に、順天堂大学の村山七郎教授によってレニングラード国立大学図書館で見出された。詳しくは、村山七郎（1965）「レニングラードの拉葡日辞典」(『順天堂大学体育学部紀要』第8号、138-139頁）を参照されたい。なおレニングラード本は、ロシアの外交官・東洋研究家のヨシフ・アントノヴィチ・ゴシケウィチ（Iosif Antonovich GOSHKEVICH. 1814-1875）旧蔵本である。

上記したように、「ラポ日」は1859年（安政6）から1965年（昭和40）までの約一世紀あまりの間に、七本の版本と写本一部の伝存が確認された。これらのなかで最も早くから注目されてきたのは、このたび影印公刊した学士院本である。それだけに学士院本の伝来史や体裁などをたずねてみることは重要となるのである。

構成

学士院本の全体の構成は、以下のようである。

1）表表紙……1葉（見返しに、製本屋の名前をBOZERIAN LEJ. REL.と金箔で押す）
2）遊び紙……4葉（遊び紙1葉目の裏にLanglèsの自署、3葉目の表にAntoniusのペン書き）
3）標題紙……1葉（2頁）(表面に標題、エンブレム、刊記、請求記号、蔵書印二顆を捺す）
4）序　文……1葉（2頁）
5）注　記……半葉（序文の2頁目10行から13行まで）
6）本　文……450.5葉（1頁から901頁まで）
7）補　遺……2.25葉（902頁から906頁まで。4頁半に151の見出し語からなる補遺）
8）正誤表……1.25葉（906頁から908頁まで。2頁半）
9）遊び紙……4葉
10）裏表紙……1葉

装丁

1・表紙

装釘は原装のままでなく、改装されている。表紙は表・裏とも華美な意匠となっている。このような華美で豪華な装釘・装飾は17・18世紀には類例が少なく、19世紀における製本の特長といわれている。

表紙の芯には厚手の紙を用いてある。全体を真紅の山羊革（モロッコ革）でくるむという上製本で、大きさは、たて23.9 cm. よこ16.2 cm. 厚さ0.4 cm. である。全体の厚さは4.1 cm. であり、表紙以外の中身の厚さは3.3 cm. である。

表紙の平に印刷・箔押しなどによる平文字はないが、周囲を二重の金線で飾り、その中に幾何学風の模様を金箔で押すなどの装飾を施してある。表紙の厚さわずか0.4 cm. のところにも金線による波状の模様が見られる。中身の背と表紙の背とを密着させる溝付けもなされており、天・地・前小口に金箔を貼るいわゆる三方金という豪華本である。さらに絹製の緑色の栞紐を付すなどの繊細な心配りもみられる。

見返しは、表・裏とも墨流しの技法で、黄・青・黒・朱の色模様を染めつけた厚手のマーブル紙が用いられている。また見返しのチリの部分を二本の金線で装飾してある。

注目されるのは、表見返しチリの上部中央に、金箔でBOZERIAN LEJ.REL.との14文字を押すことである。この文字が製本屋を示すことを岸本恵実氏から御教示賜った。その詳細は後述する。

さて、背表紙は丸みをつけた丸み出しとなっており、背面は金箔押しによる鎖状連続模様のバンドで六区画に仕区られている。第一区画目には赤丸型のラベルを貼ってあり、そのなかに黒でRÉSERVEと記してある。第二区画目には、DICTIONNARIUM/LATINO/JAPONICUMと三行にわたって背文字を金箔で押してある。これはDICTIONARIUM LATINO LUSITANICUM AC IAPONICUMと記すべきだが、LUSITANICUMが抜けている。

三・四・五区画には、いずれも同じ装飾を施してある。それは真中にやや大きな輪を置き、その周囲を小さな八つの輪が取り巻くという文様である。わが国の梅鉢紋に似ているが、梅鉢紋の場合は五つの円を梅の花弁に見立てているが、ここでの輪は八つである。しかもそれぞれの輪の上に十字を立ててある。なお真ん中の八弁花紋を守るかのように四隅に小さな輪を一つずつ配置してある。

六区画目には、白い丸型のラベルを貼り、そのなかに現行の請求番号4° O*|18^{L}を黒インクで書いてある。そのすぐ下に、金箔でAMACUSA 1595（天草1595）の十一文字を押し、最下部は菱形の連続模様で装飾されている。

2．料紙と印刷インク

料紙は雁皮紙である。厚さにムラがあり、例えば、28頁、285頁などは薄手で文字が透けて見える。また両面印刷であるので、裏面の文字が表に写り、全体に読みづらくなっている。このような頁は少なからずある。

つぎに各伝本の半葉の寸法を掲げておこう。

学士院本……………………縦22.5 cm.、横15.5 cm.

ボドレイ本…………………縦21.3 cm.、横15.5 cm.

ライデン本…………………縦21.7 cm.、横16.0 cm.

北堂本(a)……………………縦23.5 cm.、横16.2 cm.

レニングラード本………縦20.5 cm.、横15.5 cm.

各本により寸法が相違するのは、改装の際に裁断したことによるものである。現存する伝本はいずれも改装を経ているので、原本の寸法は、上記したものよりもやや大きかったことがわかる。

ところで、どのような印刷インクが用いられたのかは、浅学にして知りえない。例えば、38頁などの文字はやや盛り上がって光って見えるので、あるいは木炭にニカワをまぜた墨のようなインクのようにも思われるが、今後の調査研究を俟つことにする。

3．判型

判型は四折（quarto）である。折り記号は、奇数頁の右欄最下部に、ローマン体文字で印刷してある。序文表のA2に始まり、903頁のyy*2で終っているが、5頁以降は奇数頁右欄の最下部中央に印刷されている。折り記号は、何台目の折丁であるかを示しているので、落丁や乱丁の予防に役立ち、また、製本で間違えずに丁合いするために重要である。

4．活字

活字はローマン体文字を大小六種、イタリック体文字の小形一種を使用してある。ただし、イタリック体文字は標題紙の標題を記した中に2行と、Ad Lectorem（読者へ）という序文の表に25行、裏に9行、留意事項（*Ad huius dictionarij ordinem intelligendum,/aduerte ea quae sequuntur.*）の11行、そして902頁の補遺の4行だけで、残りは全てローマン体を使用してある。

5．飾り文字と装飾小模様

見出し語はA、B、C順に配列してあり、各部最初の語頭の一字を飾り文字にしてある。飾り文字は六行どりの大文字で、正方形の飾り枠で囲われている。このような飾り文字が以下の頁に見られる。

Aは1頁左欄4行目、Bは80頁左欄1行目、Cは90頁右欄30行目、Dは182頁右欄3行目、Eは230頁左欄3行目、Fは272頁左欄36行目、Gは305頁左欄37行目、Hは321頁右欄3行目、Iは338頁左欄3行目、Kは405頁左欄38行目、Lは405頁右欄3行目、Mは435頁右欄3行目、Nは480頁右欄30行目、0は502頁左欄50行目、Pは538頁左欄36行目、Qは663頁左欄36行目、Rは671頁右欄6行目、Sは707頁右欄29行目、Tは807頁左欄17行目、Vは849頁右欄13行目、Xは899頁右欄18行目、Yは900頁左欄32行目、Zは900頁左欄38行目である。

ちなみに、「ラポ日」の飾り文字の一部は、そのまま「日葡」に踏襲されている。「日葡」にE部はないが、「ラポ日」と「日葡」の飾り文字を比較すると、両者はF部まで全く同じものを用いている。これに関して土井忠生・森田武・長南実 編訳（1980）『邦訳日葡辞書』（岩波書店）の解題に、飾り文字は「G部以下のは、F部までのが簡素なのに比べて、格段の精巧さを増している。ここに、F部からG部へ進む間において、一つの進展があったことが認められる」（23頁）と記してある。これは飾り文字や活字の変化の中に、編纂過程の転機が認められ、随時改善の方途が講じられていたとの説であるが、「ラポ日」の飾り文字には、そのような変化が認められない。

さて、飾り文字や装飾小模様は、ささいなものまで含めれば10種類を数える。上掲の飾り文字のほかに、装飾小模様が標題紙、序文の表・裏、1頁、901頁、906頁、908頁に見られる。なお、これらの飾り文字や装飾小模様は、他のキリシタン版にも用いられている。

遊び紙

見返しの遊びは前後とも見られないが、中身の前に四葉の遊び紙を入れてある。四葉のうち前の二葉と後の二葉とは紙質を異にする。前の二葉の遊び紙は、やや薄手の和紙であり、これらは本書を改装した際に付したものと思われる。また後の二葉は雁皮紙で、年月とともに黄ばんでおり、恐らく原装当時のものと思われる。

注目されるのは最初の遊び紙の裏左上端に、黒インクでLanglès とペン書きしてあることである。これは東洋学者として知られたラングレの自署であり、学士院本がラングレ旧蔵本であったことを示す確かな証拠の一つとなっている。ラングレが三種ものキリシタン版を所蔵していたこと、また彼の略歴などは後述することにしよう。

ところで、第三葉目の遊び紙の表に、スペイン語と思われる文書がある。岸本恵実氏によれば、ヘブライ文字も混じっているようでもあるという。文書の文末に署名らしき筆跡もあり、「ラポ日」刊行当時の書翰の一端とも推測される。残念なのは、この遊び紙に直に書いた文書でなく、恐らくインクが乾かぬうちに裏写りしたもので、したがって文字がさかさまになっている。そのうえインクも薄く判読は困難である。そのとき司書は私を洗面所の鏡の前に連れて行き、その文書を映してみせたが、やはり判読できなかったことを覚えている。

この判読困難な文書の下方に、黒インクでHoc libro utitur Antoniusとのラテン語を書いてあるが、それは抹消されている。私はノートに、その部分を臨写したが、ラテン語に自信がなかったので、三橋（1979）では「黒インクで4語ばかりラテン語と思われる文字を異筆でメモしてあるが、抹消されており、その上文字も転倒している」（23頁）と書いた。この不十分な私の調査に対し、原田（2011）は、「アントーニウスがこの書物を用いている」という項目を立てて補足されておられる。これについても後述するであろう。

中身の後に四葉の遊び紙を入れてある。前の二葉は本文と同質だが、後の二葉はやや厚手であり、紙質を異にする。いずれも原装当時のままの遊び紙と思われる。

留意しておきたいのは、一葉目の遊び紙表の中央よりやや下部に、一行だけであるが、判読困難な文書がある。これは前の遊び紙第三葉目表にある文書の一部と考えられる。

標題紙

標題紙（扉）の版面の寸法は、縦18.9 ㎝. 横13.1 ㎝. で、上段に標題、中段にエンブレム、下段に刊記を印刷する。

1. 標題

標題はラテン語で九行にわたって、ローマン体文字とイタリック体文字で、次のように印刷してある。

DICTIONARIVM/ LATINO LVSITANICVM, AC/ IAPONICVM EX AMBROSII CALE-/pini volumine depromptum: in quo omiſsis no-/minibus proprijs tam locorum, quàm homi-/*num, ac quibuſdam alijs minùs vſitatis, omnes vocabulorū/ſignificationes, elegantioreſq̃; dicendi modi apponuntur:*/in vſum, & gratiam Iaponicæ iuuentutis, quæ Latino idiomati ope-/ram nauat, nec non Europeorũ, qui Iaponicũ ſermonem addiſcunt.

このラテン語の邦訳を原田（2011）から掲げると、以下のようである。

「アンブロシウス・カレーピヌスの一巻より抜粋したラテン語・ポルトガル語・日本語の辞典。地名・人名を含む固有名詞と他の用例の少ない語を割愛したうえ、単語の全ての意味と模範的用法を付け加えた。ラテン語を学ぶ日本の若者および日本語の習得に努めるヨーロッパ人の使用と便宜のために。」（25～26頁）

この標題から「ラポ日」の編纂方法や刊行目的などのおおよそを知ることができる。それを箇条書きにすると、（一）カレーピヌスの一巻から抜粋した、（二）用例の少ない語は割愛した、（三）単語の意味と模範的用法を付加した、（四）ラテン語を学ぶ日本の若者と日本語を習得するヨーロッパ人の使用と便宜のため、となる。

ちなみに、原田（2011）は、標題の「カレーピヌスの一巻から抜粋」との一文に注目し、これは「ラポ日」がカレーピヌスの、ただ一つの版を原典としたとの意味であると解された。次いで原田氏は「ラポ日」が刊行された1595年までの100版を越えるカレーピヌスのラテン語辞書の系譜を綿密に調査・研究され、その結果、「ラポ日」の原典になったのは1580年リヨン（Lyon）版のカレピーヌスであることが明らかとなったと述べておられる。なお、詳しくは、原田（2011）を参考されたい。

2．エンブレム

標題紙の中央にエンブレムを置いてある。その寸法は縦9.0 cm. 横7.5 cm. という大きなもので、図案は変楕円形のなかに装飾した楕円形をはめ込み、その中心にイエズス会のモノグラムを据え置くというものである。なお、楕円形の周囲をIESV/ NR̃A/ REDẼ-/ PTIO. の十四文字が巡っている。これはラテン語でIESV NOSTRA REDEMPTIO（イエズス／我らが／救世主）という意味である。

イエズス会のモノグラムは、真ん中にIHSの大きな文字を横にならべ置き、H文字の上には花クルスを立て、下方に三本の矢印を配し、これらを光線のような縁飾りが取り巻いている。このうち三本の矢印はイエスが十字架にかけられた際に打たれた釘を表すといわれるが、一説にイエズス会の清貧・貞潔・服従の三誓願を示すともいう。また光線のような縁飾りはイエスが処刑される時にかぶせられた茨の冠を表しており、いずれも受難と栄光のシンボルであると説明されている。

つぎのIHSの解釈にも諸説が見られる。ラテン語のIesus Hominum Salvator（人類の救い主イエス）の頭文字を取ったとの説、あるいはIesum Habemus Socium（イエスは我らとともにあり）の頭文字を取ったとの説、有力なのはギリシャ語のイエス・キリスト Ἰησοῦς Χριστός をラテン文字に転写したIhsouz Xristozの最初の3文字のＩＨＳを取ったとの説である。

また、大きな変楕円形の左右に、アラベスク風の装飾小模様を配してあり、四隅にはハート形の小さな草花模様を置いてある。

なお、「ラポ日」のエンブレムと同じ図案をキリシタン版の『落葉集』（1598年 長崎刊か）、『こんてむつす・むん地』（1610年 京都刊）の標題紙にも見ることができる。さらに左右のアラベスク風の装飾小模様は『ヒイデスの導師』（1592年 天草刊）、『ラテン文典』（1594年 天草刊）をはじめ、ほとんどのキリシタン版に見られる。そして四隅に置いてあるハート形の小さな草花模様は、『ドチリナキリシタン』（1592年 天草刊）、『ヒイデスの導師』（1592年 天草刊）、『どちりなきりしたん』（1600年 長崎刊）、『金言集』（1603年 長崎刊か）、『日葡辞書』（1603～04年 長崎刊）にも用いられている。

3．刊記

エンブレムの下部に、ローマン体文字で四行にわたり、次のような刊記を印刷してある。

IN AMACVSA IN COLLEGIO/IAPONICO SOCIETATIS IESV/cum facultate Superiorum. / ANNO M.D.XCV.」（天草のイエズス会日本学林において、上長たちの許可のもとに、1595年。）

この刊記は「ラポ日」が1595年に天草のイエズス会日本学林において、上長たちの許可のもとに刊行されたことを示している。なお、補説すれば、この刊記は日本イエズス会における最初の大辞書の完成を意味している。

なお、「ラポ日」を編集し、それを刊行するまでの過程については、三橋（1979）に少し詳しく述べておいたので、多くはそれに譲るが、特記しておきたいのは、「ラポ日」の印刷完了予定日は1595年10月15日であったが、実際は10月13日ないし14日には刷り上っていたということである。さらに「ラポ日」編纂の開始などに関しては、岸本恵実氏の解説も参照されたい。

4．請求記号と蔵書印

標題紙には請求記号、蔵書印なども見える。請求記号は、現行のものがエンブレムの右肩に、黒インクで O.18$^{L.*}$/4°とペン書きしてある。その下に Dd. 154とあり、その下にやや太く86. と記し、さらにその下に、大きなＪのような線がある。これらはペン書きされているが、インクは茶褐色に酸化している。また、154は横線三本で抹消され、Ｊのような線も、数本の縦線で抹消してある。これらは旧請求記号とも思われる。

次に蔵書印はエンブレムの左右に一顆ずつ捺してある。いずれもアラベスク風の装飾小模様の下方に捺してある。向かって左側の蔵書印は、径3.1 cm. の円形の朱印であり、中に、BIBLIOTHEQUE / DE / L´INSTITUT / ROYAL / DE /FRANCEの文字を配置してある。いうまでもなく、これは現在所蔵するフランス〔王立〕学士院図書館の蔵書印である。

一方、右側の蔵書印は黒印で、サイズはおよそ縦3.4 cm. 横2.9 cm. である。楕の上部に王冠（？）を戴き、その左上に教会の鐘楼らしき建物が立つという図案である。なお、楕の周りをBIBL. S. GERMANIA PRATISの十九字が巡っている。ここにS. GERMANIA PRATISとは、パリのセーヌ川左岸の第六区にあるサン・ジェルマン・デ・プレ修道院（L'abbaye Saint Germain des Prés）のことである。この蔵書印は学士院本がラングレ所蔵となる前に、サン・ジェルマン・デ・プレ修道院図書館に所蔵されていたことを示している。なお、学士院本の伝来史は後でまとめて述べることにする。

序文

標題紙の裏は白紙で、続いてAd Lectorem（読者へ）と題する序文一葉（2頁）を印刷してある。Ad Lectoremの文頭のＣは飾り文字であり、次のVMの二字まではローマン体文字であるが、後はすべてイタリック体文字を使用してある。

版面の寸法は、表面が縦18.7 cm. 横13.4 cm. 裏面が縦19.0 cm. 横13.1 cm. でわずかであるが相違している。

なお、Ad Lectorem（読者へ）と題する序文の邦訳を、福島（1979）は7頁に、原田（2011）は28～29頁に掲げてある。本書では、岸本氏が原田（2011）の邦訳を掲げて内容を解説してあるので、すべてはそれに譲ることにする。

注記

序文の裏面の十行目からイタリック体文字で *Ad huius dictionarij ordinem intelligendum,/aduerte ea quae sequuntur.*（この辞書の規則を理解するため、次のことに留意せよ）」とあり、主に日本語訳についての凡例を四ヶ条にわたって示してあるが、その内容は私の能力を超えたところであるので、これも岸本氏の解説に委ねたいと思う。

製本屋

続いて本文の解説へと進むべきであるが、その前に先送りにしてきた課題を解決しておく必要があろう。その課題とは（一）製本屋のこと、（二）旧蔵者ラングレのこと、（三）「アントーニウスがこの書物を用いている」こと、（四）伝来史のことなどである。

前記したように、表見返しのチリのところに金箔でBOZERIAN LEJ.REL.との14文字を押してあるのが製本屋である[(5)]。

BOZERIAN LEJ.REL.のLEJ.はLE JEUNE（「若い」）の略称、またREL.もRELIEUR（製本屋）の略称である。それゆえ、RELIE PAR BOZERIAN LE JEUNEとなり、その意味は「若いボゼリアンによる製本」となるが、このBOZERIAN LE JEUNEは通称であり、正式名はフランソア・ボゼリアン（François Bozerian）である。

ちなみに、私は東京神田神保町にある田村書店のCATALOGUE No.66 Juillet 2014のなかに、フランソア・ボゼリアンが装丁した1807年刊『パルニー詩集』の写真を見たことがある。その装丁の解説に、総赤色モロッコ革、1807年当時の装丁、背と平に金箔飾り、見返し革縁金箔飾りで紫色絹布張り、三方金とあり、学士院本の装丁と頗る類似していることに心を引かれたものである。

なお、そのカタログに「ボゼリアン・ジュンヌ　1805年工房を開く、腕の確実性と金箔押し仕上げ極上さで当時の巨匠の一人。背の飾りの豪華さと平の軽さのアンバランスに少々難点。1820年閉鎖。（フリス「フランス製本装幀家事典」32頁）」と解説するが、DICTIONNAIRE DE BIOGRAPHIE FRANÇAISE, tome 7（1956）125頁のBOZÉRIANの項には、ボゼリアン製本屋は、フランス帝国と密接な関係を持って1805年に設立されたが、1818年には製本業から手を引いたとある。閉鎖した年代は田村書店のカタログと相違しているが、これは1818年が正しいのである。

私の知るところでは、ボゼリアンは1765（一説に、1762年とも）年2月17日に生まれ、1818年頃に死去している。パリ6区のトゥルノン通り（rue de Tournon 75006 PARIS）で製本屋を営んでいたが、1801ないし1802年頃より台頭し、有名になった。ボゼリアンの装丁は複雑な装飾を施してあり、色彩は真紅のバラのような赤、ほとんど黒に近い青、明るめの緑、シトロンのような黄色、これらの四色を基調にしており、表紙の装飾は豪華で、題名・著者名・発行所などは繊細に表してあり、表紙の周囲を金色で飾るという特徴がある。世間からは価値の高い製本と評価されていた。

旧蔵者ラングレとキリシタン版

初めて学士院本を閲覧した時、その装丁の意匠がパリ国立図書館所蔵のキリシタン版『日葡辞書』、ボドレイアン図書館所蔵のキリシタン版『日本文典』などとあまりにも似ているのに驚いた。

キリシタン版『日本文典』（1976, 勉誠社）の「書誌解説」（513-514頁）で述べたように、学士院本の遊び紙に記すLanglès の自署と同じものを、私はオックスフォード大学ボドレイアン図書館所蔵本『日本文典』の遊び紙でも見ていた。だから、学士院本を手に取ったとき、直感的に、これはラングレ旧蔵本であることがわかった。

つまり、これら三書のキリシタン版は、いずれもフランスの東洋学者ルイ・マチュ・ラングレ（Louis-Mathieu Langlès　1763～1824）旧蔵本なのである。恐らく、ラングレは三書のキリシタン版を入手すると、信頼できる製本屋フランソア・ボゼリアンに改装を依頼したものと思われる。つまり三書は同じ製本屋による改装であったので、その装丁のデザインが類似しているのは当然なことなのである。

それではラングレが「ラポ日」を入手したのは何時であろうか。確かなことは分からないが、1792年頃ではなかろうかと考えられる。

周知のように、フランス革命により修道院の膨大な蔵書・文書類が没収された。それらの多くは後に国立図書館の帰属となったが、なかには焼却処分にされたものも少なくなかった。例えば、1792年にヴァンドーム広場で2500箱もの家系図や文書類が焼き捨てられたと伝えている。

そこで「ラポ日」を所蔵するサン・ジェルマン図書館の場合をみてみよう。平凡社『世界大百科事典』改訂新版24-16（2007）「ビブリオテーク・ナシヨナル Bibliothèque nationale」（松原秀一執筆）の項によれば、蔵書類は没収されたものの、焼却をまぬがれて国立図書館に帰属した。その時、中心となって尽力したのが、有名な東洋学者でパリ大学学長も務めたシルベストル・ド・サシ（Silvestre de Sacy 1758-1838）であった。サシはポアリェ師と協力して、東洋語写本880、ギリシア語写本400、ラテン語写本1800を含む9000点とベネディクト会修道士の原稿や使用していた文献をフランス国立図書館に入れたとある。フランス革命により王立図書館は国立図書館と改称したが、「ラポ日」はそこに入ることなく、東洋学者のラングレが入手したのである。ちなみに、サシはラングレの師匠である。

それはともかく、学士院本がラングレ旧蔵本である確かな証拠は、「ラングレ蔵書売立目録」（1825）（*Catalogue des livres, imprimés et manuscrits, composant la bibliothèque de Feu M. Louis-Mathieu Langlès*）に「ラポ日」が掲載されていることである。

ラングレの蔵書は、彼が死去した翌年の1825年3月24日（木）に、パリ1区のボンザンファン（Bons Enfants）通り30番地のメゾン・シルベストル（Maison Sylvestre）で、売立てが行なわれた。その時に作成されたのが「ラングレ蔵書売立目録」であり、その125頁［9］に日本語関係の書目を掲げてある。そのなかの1075番に *Dictionarivm latino-lvsitanicvm, ac Japonicvm.*（1595年　天草刊「ラポ日」）が見える。この「ラポ日」がフランス学士院図書館の所蔵となったのである。

ついでながら、「売立目録」の1072番は、*Arte da lingoa de Japam.*（1604-08年　長崎刊『日本大文典』）であり、1073番は、*Vocabvlario da lingoa de Japam.*（1603-04年　長崎刊『日葡』）である。繰り返すようだが、ラングレは三書のキリシタン版を所蔵していたことがわかる。

また1074番に *Vocabvlario de Japon.*（1630年　マニラ刊『日西辞書』）がみえる。この辞書は行方不明といわれているが、装釘の意匠からして、私はパリ国立図書館所蔵本（書函番号【INV。RESERVE/X 973】）だと考えている。

なお、興味深いのは、「売立目録」の各番号の頭に、算用数字でペン書きがなされていることで、例えば、1072番には640、1073番には639、1075番には650、1074番には599とある。このペン書きは売立金額を示している。学士院本は1075番であるから、650フランで売却されたことになる。このことは、前記したパジェス（1859）の9頁・54番の学士院本の解説に、Venda 650 fr., Langlès と記すのと一致している。

ついでにラングレのプロフィールを簡単に述べてみよう。ラングレは1763年8月23日にフランス国オワーズ県（Oise）のペレンヌ（Pérennes）で生れ、1824年1月28日にパリで死去した。享年81歳であった。墓地はペール＝ラシェーズにある。多くの肩書きを持つが、東洋学者、司書として知られている。なかでも王室図書館（Bibliothèque Impériale）におけるラングレのインド関係文献の整理と目録化は特記すべき業績であり、これによりフランスのインド研究が進展を見たといっても過言ではない。なお、王室図書館は1994年に名称をフランス国立図書館（Bibliothèque nationale de France）と改め、現在に至っている。

1795年、東洋言語特別学校（École spéciale des langues orientales）が設立されると、ラングレはファウンダー・ディレクターとなった。なお、当校は紆余曲折を経て現在の国立東洋言語文化研究所（Institut national des langues et civilisations orientales（略称、INALCO））となるのである。

さらにラングレはフランス有数の高等教育・研究機関のコレージュ・ド・フランス（Collège de France）と密接な関係をもち、翌1796年から1824年まで、そこのペルシャ学の教授を務めている。これは師のサシの推挙によるものといわれている。

アントーニウスがこの書物を用いている

第三葉目の遊び紙の表に、黒インクで記してある Hoc libro utitur Antonius とのラテン語を解せなかったので、三橋（1979）では「黒インクで4語ばかりラテン語と思われる文字を異筆でメモしてあるが、抹消されており、その上文字も転倒している」と記した。これに対して原田（2011）は、このラテン語は「アントーニウスがこの書物を用いている」という意味で、「内容的には、アントーニウスという霊名を持つキリシタンの人物が、この書の使用者ないし所有者が自分であることを示すためにこれを書き込んだものと考えられる」と述べ、「その書体は、私の見るところ、『羅葡日辞書』の出版時と同時代のものと思われ、また三橋氏が指摘するように、褐色ではなく黒色のインクで書かれていることから、恐らく墨汁を主成分とする日本製のインクで日本で記されたものではなかろうか」と述べておられる。さらに三橋（1979）が、単に「抹消されており」と書いたところを、原田（2011）は「書き込みに用いられた黒インクとは異なる褐色のインクで、4語の文字列の上にバネ状に輪を連ねる曲線が乱雑に上書きされている」（以上、283頁）などと、抹消の仕方まで詳細に説明されている。

さらに原田（2011）は、抹消の意味や第三葉目の遊び紙の天地が転倒していることにも言及しておられる。その要点を述べると、まず褐色インクでの抹消は、「ラポ日」がヨーロッパへ渡った後に、旧蔵者が無効であることを示すためになされたものであり、また遊び紙の天地転倒は、19世紀にこの書を改装したラングレが意図的になしたもので、その理由もやはり旧蔵者が無効であること、しかし原装の遊び紙を破棄するに忍びなかったので、このように天地を転倒することで折り合いをつけたのであろうとなる。

このように原田（2011）は、三橋（1979）の調査の不足を補うものであり、まずは原田氏に敬意と感謝を表したい。なお、その後に判明したことなどを参考にしながら、いささか付記してみたいと思う。その一つはラングレが製本屋のボゼリアンに「ラポ日」の改装を依頼したのは、彼が東洋言語特別学校のファウンダー・ディレクターに就任した1795年ごろから1818年までの間だと考えられることである。次に改装を依頼されたボゼリアンは優れた製本屋であったので、必ずや原装の遊び紙などを破棄するようなことをしなかったと思われることである。

それはともかく、ここで重要なのは「アントーニウスがこの書物を用いている」とのラテン語である。この最初の所有者と思われるアントーニウスなる人物について、原田（2011）は「彼が誰であるかを特定することはほとんど不可能であろう」と前置きしながらも「ラテン語でこの文を記していることから考えると」「ラテン学習に主眼を置く日本人であった可能性が高い」と想定し、「三箇アントニヨ」「石田アントニオ」「ペトルス・アントーニウス荒木」の三人を掲げて考証を加えている（以上、284頁）。なかでもペトルス・アントーニウス荒木については四頁余にわたって詳述されておられるが、いずれも学士院本を用いたと思われるアントーニウスなる人物を確定するには余りにも材料が不足しているとの結論である。

ここで私見が許されるならば、私はこのアントーニウスを日本人に限定する必要はないように思う。例えば、高瀬弘一郎（2013）「キリシタン時代イエズス会コレジオ（山口・平戸・生月・千々石・有家・加津佐・天草）について（上）」（『史学』第八二巻・第三号、三田史学会）15頁に、エドゥアルド・デ・サンデ編『天正年間遣欧使節見聞対話録』の出版に際し、ヴァリニャーノは卓越したラテン語の学識を備えた三人の神父にラテン語訳を検閲させたとあり、その一人にポルトガルで生まれたディエゴ・アントゥネス（Diego Antunes）神父がいたと記すことに私は心を惹かれる。この神父の生涯は必ずしも確かでないが、「Wickiに拠ると、一五八七～八八年までマカオに滞在、一六一一年日本で死亡した」（61頁）という。

つまり、ヴァリニャーノがラテン語を検閲させたほど卓越したラテン語の学識を備えたアントゥネス神父が「ラポ日」を用いていたと考えるのはごく自然だと思う。しかし、この私見は確かな根拠があるわけでなく、あくまでも憶測による憶説であることを断っておく。しかも、ここではAntunesとあり、原田（2011）が記すようにAntoniusではない。ちなみに私のノートにはAntuniusと記してある。

ところで、所有者が署名をする場合は、このような遊び紙でなく、標題紙に記すのが一般的のようである。ただ、Langlèsのように遊び紙に署名をする場合もあり、これもまた一概には決めつけられないのであり、「アントーニウスがこの書物を用いている」のアントーニウスは、今後の調査に俟つこととしたい。

学士院本の伝来史

学士院本がラングレ所蔵となる以前は、サン・ジェルマン図書館に所蔵されていたことを標題紙に捺された蔵書印で知っていたが、それがいつ如何なる経緯で、同図書館に帰属したのか、またラングレ所蔵となったのは何時なのかなどの疑問を追究しないまま時が過ぎていた。

ところが、2011年9月19日のこと、フランス学士院図書館で再三にわたる「ラポ日」の調査をされていた岸本恵実氏から、「サン・ジェルマン・デ・プレ修道院図書館蔵書のことなども調査中である」との知らせが届いた。ついで9月28日、帰国して間もない岸本氏から「ラポ日とサン・ジェルマン・デ・プレ修道院についての調査経過報告のメモ」が送られてきた。さらに10月1日、サン・ジェルマン・デ・プレ修道院の「ラポ日」収集に関わった可能性の大きい人物は、根拠がないものの、17世紀において同修道院の資料収集の中心的立場にいたアシェリ（Luc d'Achery 1609-1685）[(6)]と弟子のマビヨン（Jean Mabillon 1632-1707）[(7)]の二人が注目され、これに関しては佐藤真一（2009）『ヨーロッパ史学史—探究の軌跡—』（知泉書院）が参考になるとの知らせがあった。

そこで岸本恵実氏のご教示を参考にしながら、私なりにサン・ジェルマン図書館に、何時、誰が「ラポ日」を入れたかを考えてみたいと思う。

平凡社『世界大百科事典』改訂新版11-487（2007）「サン・ジェルマン・デ・プレ修道院」（今野國雄執筆）の項に「カロリング朝時代のルートウィヒ1世（敬虔王）の時代（814-840）には8万エーカーの所領と1万人を超える農民を擁する大土地所有者となり、帝国行政にも大きな役割を演じた」と記すように、サン・ジェルマン・デ・プレ修道院は繁栄を極めた時代もあった。ところが、フランス革命（1789～99）により修道院は破壊され、修道士らは処刑された。さらにサン・ジェルマン図書の蔵書類は没収され、後に多くは国立図書館に移管され、今日に至っているが、前述したように「ラポ日」はラングレが入手したのであり、それは1792年頃と考えられる。

したがって、「ラポ日」がサン・ジェルマン図書館に入ったのは、それが天草で刊行された1595年からラングレが入手したと思われる1792年までの間ということになるが、さらに時代を絞り込むために、佐藤（2009）の「マビヨンの調査旅行」を参照しながら推測してみよう。

マビヨンはヨーロッパ各地へ旅をして図書館と文書館を訪問したが、なかでも注目されるのはイタリア調査旅行である。その任務は王立図書館のために書物や写本を入手することにあったからで、そのためマビヨンはローマでのほとんどの時間を図書館と文書館で費やし、さらにモンテ・カッシノとスピアコの図書館なども訪問している。

その時のことを、佐藤（2009）は、マビヨンは「一五ヶ月の旅で貴重な写本や書物を数多くパリへ送り、また持ち帰った。その数三〇〇〇以上と推定される。建設中の王立図書館はこれにより貴重な蔵書を確保することができた。サン・ジェルマン・デ・プレ修道院では調査旅行の成果について聞くことをデュ・カンジュたちがまちわびていた。」（189～90頁）と記している。

このように見てくると、この時の調査旅行でマビヨンは「ラポ日」を入手し、サン・ジェルマン図書館に入れたとも憶測されるが、これはもとより確証があるわけでなく、そもそもマビヨンが「ラポ日」を入手したか否かも不詳なのである。

次にフランス革命で没収されたサン・ジェルマン図書館の蔵書がどのように処理せられたかを見てみよう。前にも少し触れておいたように、それらの殆どはサシを中心とする人々の尽力によりフランス国立図書館へ入れられたのであるが、ここに問題としている「ラポ日」は、その時、ラングレの所蔵するところとなったのである。

したがって、標題紙に捺されている二顆の蔵書印や遊び紙一葉目裏のLanglèsの自署は、「ラポ日」の伝来史を知る上ではなはだ重要な意味をもつのである。

ここまでを小括すると、1595年に天草で刊行された「ラポ日」はアントーニウスが用いるところとなり、その後、サン・ジェルマン図書館に入るが、それはフランス革命により没収され、その後、恐らく1792年頃にラングレが入手し、彼が死去すると、売立てにかけられ、1825年3月にフランス学士院図書館の所蔵となり、現在に至っているとなるであろう。

本文

1・内容構成

標題に記すように、本文の内容はラテン語を見出し語として、それにポルトガル語（Lus.）と日本語（Iap.）の説明を付すというかたちをとっている。

1頁の最上段に、DE INCIPIENTI/ BVS A LITERA A（A字で始まるものについて）と記してあり、このようなやり方は、900頁左欄35行目のDE INCIPIENTIBVS A LITERA Z.（Z字で始まるものについて）まで続いている。

また1頁右欄22行目に、A ANTE B（Bの前のA）と記してあり、このようなやり方は、901頁左欄17行のZ ANTE Y（Yの前のZ）まで続いており、全ての頁の左右欄最上部にも記されている。本文はアルファベット順に並べてあり、以下のように構成されている。

A = 1頁左欄1行～79頁右欄43行
B = 80頁左欄1行～90頁右欄27行
C = 90頁右欄28行～182頁左欄41行
D = 182頁右欄28行～229頁右欄48行
E = 230頁左欄1行～272頁左欄33行
F = 272頁左欄34行～305頁左欄34行
G = 305頁左欄35行～321頁左欄46行
H = 321頁右欄1行～337頁右欄47行
I = 338頁左欄1行～405頁左欄36行
K = 405頁左欄37行～405頁左欄44行
L = 405頁右欄1行～435頁左欄43行
M = 435頁右欄1行～480頁右欄27行
N = 480頁右欄28行～502頁左欄37行
O = 502頁左欄38行～538頁左欄32行
P = 538頁左欄33行～663頁左欄33行
Q = 663頁左欄34行～671頁右欄3行
R = 671頁右欄4行～707頁右欄26行
S = 707頁右欄27行～807頁左欄13行
T = 807頁左欄14行～849頁右欄10行
V = 849頁右欄11行～899頁右欄15行
X = 899頁右欄16行～900頁左欄34行
Y = 900頁左欄31行～900頁左欄34行
Z = 900頁左欄35行～901頁右欄17行

最後は、901頁の中央にFINIS.（完）とあり、その下にLAVS DEO, ET VIR/GINI MATRI.（デウ

スと聖母マリアに栄光あれ）との大文字が置かれている。

2．組版

本文はローマン体文字で横組、両面印刷である。印刷面の外郭を枠線で囲んである。これを匡郭というが、「ラポ日」の場合はやや複雑であるので、少し説明をする必要がある。

各頁は二欄（段）組で、欄（段）と欄（段）の間を二本の罫線で表示してある。一段に48行を詰めてある。私は学士院本の全頁の版面寸法（罫で囲まれた部分）を計測したが、それらを掲げると煩雑になるので省略する。おおよそを記すと、縦の寸法は最小13.0 cm. 最大13.4 cm. まで、横の寸法は最小18.9 cm. 最大19.4 cm. までである。このように各匡部の寸法が相違するのは、あらかじめ枠線だけを植字版に固定したというやり方でないことを示している。補説すれば、活字を配列した後で、枠線を装着したので、匡郭の四隅の先端は接合しない場合が多いのである。

3．頁付とつなぎ語（捕語）

頁付は、奇数頁は各頁右欄の右肩に、偶数頁は各頁左欄の左肩に、アラビヤ数字で打ってある。頁付に誤植が見られる。詳しくは三橋（1979）に掲げておいたので省略するが、例えば、以下のような誤植がある。

42を24、60を70、79を76、101を107、124を421、126を226、132を123、140を104、142を147、177を1( )7、225を252、308を830、338を383、372を272、378を( )78、518を( )18、541を415、579を5( )9、586を856、634を6( )4、732を273、739を7( )9、763を637、788を7( )8、808を880、814を804などである。また822、901、907、908の頁付はなされていない。

頁付けだけであるが、学士院本、ボドレイ本、ライデン本、北堂本（a）を比較すると、北堂本（a）だけが、308、338、518、541、579、586、634、732、739、763、788、808は正しく頁付けがなされている。これは伝本のなかで、北堂本（a）が最後に印刷されたことを示すものとも考えられるが、これについては今後の調査研究を俟つことにする。

なお、次頁の冒頭の単語を予知させるつなぎ語（捕語＝catch word）は、各頁の右欄下端に印刷してあり、1頁のraに始まり906頁のdeで終っている。

4．書き入れ

本文に見られる書き入れについては、三橋（1979）でも少し触れたが、岸本（2002）は、ボドレイ本、学士院本、ライデン本、東洋アフリカ本、北堂本（a）のすべての書入れを調査、比較してある。詳しくは岸本（2002）に譲るが、末尾に付された「『羅葡日対訳辞書』諸本の書き入れ一覧」によれば、学士院本の書き入れが最も多く41ヶ所である。これに対し北堂本（a）は最も少なく25ヶ所である。北堂本（a）の書き入れが他の伝本に較べて極端に少ない。頁付の誤植でも述べたように、ここでも北堂本（a）は特異な存在となっている。

補遺

902頁左欄1行から906頁右欄21行までは、この辞書の補遺（SVPPLEMENTVM DICTONARII./Ad lectorem. /IN FINE HVIVS DICTI/*onarij aliqua vocabula attexuimus, / quae interciderũt, dũ Calepini immẽ /ſã verborũ ſegetẽ alphabetico ordine / digerere conaremur. vale.*）を印刷してある。原田（2011）

の邦訳によれば、これは「辞書の補遺。読者へ。我々がカレピーヌスの膨大な語彙群をアルファベット順に配列し直す過程で脱落してしまった単語を、この辞書の末尾に付け加えた」となる。

補遺の項目数は、A = 3、B = 2、C = 34、D = 13、E = 8、F = 19、G = 1、H = 1、I = 13、L = 8、M = 8、N = 1、O = 4、P = 3、Q = 1、R = 11、S = 13. T = 3、V = 5の合計151項目である。

正誤表

906頁22行から908頁（頁付けなし）右欄のFINIS（完）までは､この辞書の正誤表（ERRATA SIC CORRIGE）を印刷してある。

訂正項目は、A = 6、B = 2、C = 21、D = 9、E = 13、F = 2、H = 8、I = 15、L = 8、M = 3、N = 6、O = 5、P = 20、Q = 5、R = 4、S = 15、T = 11、V = 8、Z = 3の合計164項目である。

謝辞

この解題を成すにあたり、岸本恵実氏から懇切なご教示をたまわり、また原田裕司氏の著作および豊島正之編『キリシタンと出版』（2013、八木書店）から多大な学恩に浴したことを特記し、謝意を表する。

注

（1）原田裕司（2011）『キリシタン版『羅葡日辞書』の原典「カレピーヌス」ラテン語辞典の系譜』（私家版）の第11章を参照。

（2）ちなみに、私が調査した1973年8月の時点の請求記号は、860/C25であった。サトウ（1888）『日本イエズス会刊行書誌』も同じである。

（3）北堂本（a）・北堂本（b）の請求記号及びCatalogueの番号は、川村信三（2007）「北京の『キリシタン版』再訪―中華人民共和国におけるキリスト教史研究の現況―」（『キリシタン文化』研究会会報、129号、キリシタン文化研究会、2007年5月）11頁による。

（4）シュールハンメルは1929年にアジュダ写本の存在を報告した。詳しくはSchurhammer, Georg（1929）“Die Schätze der Jesuitenarchive in Makao und Peking”, *Die Katholischen Missionen*. 57, 224-229頁。

（5）これにより、三橋（1979）の「表表紙の散(ちり)の右上端に、金箔でBDZERIANLEJ・BELの14文字を押してあるけれども、それがどんな意味なのか、浅学にして理解できない」との疑問は解消された。なお「BDZERIANLEJ・BEL 」は「BOZERIAN LEJ.REL.」の誤記である。この場を借りて訂正しておく。

（6）アシェリはフランスのベネディクト会員、古文書学者。1637年にサン・ジェルマン・デ・プレ修道院に入り、同修道院の図書館長を四十五年も務め、その間、ベネディクト会史と教会史の研究に専念した。有名な『フランスの諸図書館､特にベネディクト会図書館に保管された古文書拾遺集』全十三巻などを編纂した。

（7）マビヨンはフランスのベネディクト会員、古文書学者、歴史学者。1664年7月にサン･ジェルマン･デ・プレ修道院に入り、アシェリの助手となる。1672年より1685年まで、ヨーロッパの各地を旅して、貴重な写本や書物を収集した。歴史考証学の基礎を築き、多くの著作を残した。ちなみにサン・ジェルマン・デ・プレ教会内のサン＝ブノワ祭室に、マビヨンの胸像と墓碑がある。また、教会の近くには彼の業績を記念したメトロのマビヨン（Mabillon）駅がある。

参考文献目録

一次資料

解説で引用したものを、本文が日本の文字で書かれたもの・ラテン文字のものに分け、それぞれを出版／成立年順に並べた。

（日本イエズス会編）（1598）『落葉集』（長崎か）、Collegio Iaponico Societatis Iesu.（影印 1978 小島幸枝 編『耶蘇会板落葉集総索引』笠間書院など）

グラナダ、ルイス・デ原著（1611）『ひですの経』長崎、Officina Goto Thomae Soin Typographi Societatis Iesu.（影印 2011 折井善果、白井純、豊島正之 釈文解説『ひですの経』八木書店）

魏龍山 写（1789- 1801 頃）『南詞譔解』（旧蔵館長崎県立図書館の写真による）

Nebrija, Elio Antonio de（1492）*Lexicon hoc est dictionarium ex sermone latino in hispaniensẽ*. Salamanca.（影印 1979 Colón, Germán y Soberanas, Amadeu-J ed. Barcelona, Puvill Editor）

Nebrija, Elio Antonio de（1495?）*Vocabulario español-latino. Salamanca.*（影印 1989 Madrid, Real Academia Española）

Calepino, Ambrogio（1502）*Calepinus*. Reggio Emilia, impssum Rhegii lingobardiae idustria presbyteri Dionysii Bertochi impssoris.（バイエルン州立図書館本画像による http://reader.digitale-sammlungen.de/resolve/display/bsb11057537.html）

Estienne, Robert（1531）*Dictionarium Seu Latinae Linguae Thesaurus*. Paris, ex officinal Roberti Stephani.（ツールーズ大学図書館本画像による http://www.bvh.univ-tours.fr/Consult/index.asp?numfiche=238）

Estienne, Robert（1539）*Dictionaire Francoislatin*. Paris, De l'imprimerie de Robert Estienne.（フランス国立図書館本画像による http://gallica.bnf.fr/ark:/12148/bpt6k505878/）

Molina, Alonso de（1555）*Aqui comiença un vocabulario en la lengua castellana y mexicana.*（影印 2001 Manuel Galeote ed, Málaga, Universidad de Málaga）

Gilberti, Maturino（1559）*Vocabulario en lengua de Mechuacan. Mexico*, Iuan Pablos Bressano.（影印 1989 Warrren, J Benedict ed. Morelia, Michoacán, Fimax Publicistas）
（ジョン・カーター・ブラウン図書館本画像による https://archive.org/details/vocabularioenlen00gilb）

Santo Thomas, Domingo de（1560）*Grammatica o arte de la lengua general de los indios de los reynos del Peru*. Valladolid, Francisco Fernández de Córdova.（影印 1951 Barrenechea, Raúl ed. Lima, Imprenta de Santa María）
（ジョン・カーター・ブラウン図書館本画像による https://archive.org/details/grammaticaoarted00domi）

Cardoso, Jeronimo（1562）*Hieronymi Cardosi Lamacensis Dictionarium ex Lusitanico in Latinum Sermonem*, Lisboa, exofficina Ioannis Aluari typographi Regij.（リスボン国立図書館本画像による　http://purl.pt/15192）

Cardoso, Jeronimo（1569-70）*Dictionarium Latino Lusitanicum & vice versa Lusitanico latinũ*, Coimbra, excussit Ioan Barrerius.（リスボン国立図書館本画像による　http://purl.pt/14265）

Molina, Alonso de（1571）*Vocabulario en lengua castellana y mexicana. Vocabulario en lengua Mexicana y castellana.*（影印 1944 Madrid, Ediciones Cultura Hispánica）
（ジョン・カーター・ブラウン図書館本画像による　https://archive.org/details/vocabularioenlen00moli）

Lagunas, Juan Bautista de（1574）*Arte y dictionario: con otras en lengua mechoacana, Mexico*, Pedro Balli.（影印 1983 Warren, J. Benedict ed. Morelia, Michoacán, Fimax Publicistas）

Cordoua, luan de（1578）*Vocabulario en lengua çapoteca.* Mexico, Pedro Charte & Antonio Ricardo.（影印 1987 México, D. F. Ediciones Toledo）
（ジョン・カーター・ブラウン図書館本画像による　https://archive.org/details/vocabularioenlen00juan）

Calepino, Ambrogio（1580）*Ambrosii Calepini Dictionarium*. Lyons.（バーゼル大学図書館本マイクロフィルムによる）

Calepino, Ambrogio（1581）*Ambrosii Calepini Dictionarium*. Lyons.（ミラノ・ブライダ図書館本マイクロフィルムによる）

Anonymous（1586）*Arte, y vocabulario en la lengua general del Peru llamada Quichua, y en la lengua Española.* Los Reyes, Antonio Ricardo.（影印 2009 Madrid, Agencia Española de Cooperación Internacional para el Desarrollo）
（ジョン・カーター・ブラウン図書館本画像による　https://archive.org/details/arteyvocabulario00unkn）

Anonymous（1591）*Sanctos no gosagueono uchi nuqigaqi.* Cazzusa, Iesus no Companhia no Collegio.（影印 1976 H. チースリク、福島邦道、三橋健 解説『サントスの御作業』勉誠社）

Anonymous（1592）*Nippon no Iesus no Companhia no Superior yori Christan ni sŏtŏ no cotouari uo tagaino mondŏ no gotoqu xidai uo vacachi tamŏ Doctrina.* Amacusa, Iesus no Companhia no Collegio.（影印 1983 橋本進吉『天草版ドチリイナキリシタン キリシタン教義の研究 別冊』岩波書店）

Granada, Luis de（1592）*Fides no dŏxi.* Amacusa, Iesus no Companhia no Collegio.（影印 1985 鈴木博 編『キリシタン版ヒイデスの導師』清文堂出版）

Fucan, Fabian（1592）*Nifon no cotoba to historia uo narai xiran to fossuru fito no tameni xeua ni yavaraguetaru Feiqe no monogatari.* Amacusa, Iesus no Companhia no Collegio.（影印 1994 再版 福島邦道 解題『天草版平家物語』勉誠社など）

Aluarado, Francisco de（1593）*Vocabulario en lengua misteca.* Mexico, Pedro Balli.（テキサス A&M 大学本画像による　http://hdl.handle.net/1969.1/94154）

Anonymous（1593）*Esopo no fabulas.* Amacusa, Iesus no Companhia no Collegio.（影印 1976 福島邦道 解説『天草版イソポ物語』勉誠社など）

Gomez, Pedro（1593）*Compendium catholicae veritatis.*（影印 1997 上智大学キリシタン文庫 監修・編集『Compendium catholicae veritatis イエズス会日本コレジヨの講義要綱』大空社）

Alvares, Manuel（1594）*Emmanuelis Alvari e Societate Iesu de Institutione Grammatica Libri Tres.* Amacusa, in Collegio Amacusensi Societatis Iesu.（影印 2012 カルロス・アスンサン、豊島正之 翻刻・解説『天草版ラテン文典』八木書店）

Anonymous（1595）*Dictionarium Latino Lusitanicum, ac Iaponicum.* Amacusa, in Collegio Iaponico Societatis Iesu.（影印 オックスフォード大学本は 1979 福島邦道・三橋健 解題『羅葡日対訳辞書』勉誠社、北京本は 1951 東洋文庫、ロンドン大学本・ライデン大学本・パリ学士院本はマイクロフィルムによる）

Nizzoli, Mario（1595）*Marius Nizolius sive Thesaurus Ciceronianus.* Basel, per Sebastianum Henricpetri.（個人蔵本マイクロフィルムによる）

Anonymous（1603-1604）*Vocabulario da lingoa de Iapam.* Nangasaqui, Collegio de Iapam da Companhia de Iesus.（影印 1998 大塚光信 解説『エヴォラ本日葡辞書』清文堂出版）

Rodriguez, Ioão（1604-1608）*Arte da lingoa de Iapam.* Nangasaqui, Collegio de Iapão da Companhia de Iesu.（影印 1976 土井忠生 解題・三橋健 書誌解説『日本文典』勉誠社、邦訳 1955 土井忠生『日本大文典』三省堂）

Anonymous（1605）*Ambrosii Calepini dictionarium, in quo restituendo, atque exornando haec praestitimus.* Venice, apud Marcum Antonium Zalterium.（リスボン国立図書館本マイクロフィルムによる）

Barreto, Manoel（1606-1607）*Vocabulario Lusitanico Latino.*（リスボン科学アカデミー図書館本マイクロフィルムによる）

Gonçalez Holguin, Diego（1608）*Vocabulario de la lengua general de todo el Peru llamada lengua Qquichua o del Inca.* Ciudad de los Reyes, Francisco del Canto.（影印 1952 Barrenechea, Raúl Porras ed. Lima, Imprenta de Santa María）
（ジョン・カーター・ブラウン図書館本画像による　https://archive.org/details/vocabulariodelal01gonz）

Barreto, Manoel（1610）*Flosculi ex veteris ac Novi Testamenti.* Nangasaqui, in Collegio Iaponico Societatis Iesu.（影印 2015 豊島正之 解説『聖教精華 FLOSCVLI』勉誠出版）

Arenas, Pedro de（1611）*Vocabulario manual de las lenguas castellana, y mexicana.* Mexico, Henrico Martinez.（影印 1982 México, D.F., Universidad Nacional Autónoma de México）
（ジョン・カーター・ブラウン図書館本画像による　https://archive.org/details/vocabulariomanua04aren）

Bertonio, Ludouico（1612）*Vocabulario de la lengua aymara*. Iuli, Pueblo en la Prouincia de Chicuito, Francisco del Canto.（ジョン・カーター・ブラウン図書館本画像による https://archive.org/details/vocabulariodelal00bert）

San Buena Ventura, Pedro（1613）*Vocabulario de lengua tagala*. Pila, Tomas Pinpin y Domingo Loag.（影印 1994 Valencia, París-Valencia）

Esquivél del Rosario, Jacinto（1630）*Vocabulario de Iapón*. Manila.（影印 1978 天理図書館）

Collado, Diego（1631）*Vocabulario de la lengua Iapona*.（影印 1985 大塚光信、小島幸枝 編『コリャード自筆西日辞書 複製・翻刻・索引および解説』臨川書店）

Collado, Diego（1632）*Dictionarium sive Thesauri Linguae Iaponicae Compendium*. Rome, typis & impensis Sacr. Cogr. de Prop. Fide.（影印 1966 大塚光信 解題・索引『羅西日辞典』臨川書店）

Méntrida, Alonso de（1637）*Vocabulario de la lengua visaya, hiligueyna y haraia de la isla de Panay y Sugbu y par alas demas islas*. Manila, Colegio de Santo Tomás de Aquino por Luís Beltrán y Andrés de Belén.（影印 2004 García-Medall, Joaquín ed, Universidad de Valladolid）

Wemmers, Jacob（1638）*Lexicon Aethiopicum ad eminentiss*. Roma, Sac. Congreg. de Propaganda Fide.

Ruiz de Montoya, Antonio（1640）*Arte, y bocabulario de la lengua guarani*. Madrid, Iuan Sanchez.（影印 1994 Madrid, Ediciones de Cultura Hispánica）

Anonymous（ca.17c）*Vocabulario da lingua Portugueza*.（影印 1999 京都大学文学部国語学国文学研究室 編『ヴァチカン図書館蔵葡日辞書』臨川書店）

Rhodes, Alexandro de（1651）*Dictionarium Annamiticum Lusitanum, et Latinum*. Rome, typis & sumptibus eiusdem Sacr. Congreg.（東京外国語大学図書館本画像による http://hdl.handle.net/10108/24102）

Ludolf, Hiob（1661）*Lexicon aethiopico-latinum, accessit eiusdem Grammatica Aethiopica*. London, Thomas Roycroft.（バイエルン州立図書館本画像による http://reader.digitale-sammlungen.de/resolve/display/bsb10521851.html）

Proença, Antão de（1679）*Vocabulario tamulico com significaçam portugueza*, Ambalacat, na imprenssa Tamulica da Prouincia do Malabar.（影印 1966 Thani Nayagam, Xavier S. ed. Kuala Lumpur, University of Malaya）

Petitjean, Bernardus（1870）*Lexicon Latino-Iaponicum*. Rome, typis S.C. de propaganda fide.

二次資料

日本語で書かれたものは著者名の五十音順、日本語以外の言語は著者名のアルファベット順に並べた。

石井米雄 編（2008）『世界のことば・辞書の辞典　ヨーロッパ編』、三省堂。

井手勝美（1995）『キリシタン思想史研究序説―日本人のキリスト教受容』、ぺりかん社。

大塚光信（1996）『抄物きりしたん資料私注』、清文堂出版。

岡本信照（2011）『「俗語」から「国家語」へ―スペイン黄金世紀の言語思想史』、春風社。

小川早百合（1998）「欧文史料にみる宣教師シドッティ」、『キリスト教史学』第52集、11-32頁。

尾原悟（1983）「キリシタン版について―イエズス会日本年報を中心に（１）」『上智史学』28、50-71頁。

鮲沢千鶴（1996）「『羅葡日対訳辞書』の日本語―『日葡辞書』の見出し語にない日本語について」、『語彙・辞書研究会第10回研究発表会予稿集』、語彙・辞書研究会、10-19頁。

鮲澤千鶴（1998）「「羅葡日対訳辞書」の成立―カレピーノをめぐって」、『清泉女子大学キリスト教文化研究所年報』第6号、209-227頁。

折井善果（2010）『キリシタン文学における日欧文化比較―ルイス・デ・グラナダと日本』、教文館。

片岡千鶴子（1970）『八良尾のセミナリヨ』、キリシタン文化研究会。

金沢大学法文学部国文学研究室 編（1967-1973）『ラホ日辞典の日本語』、ラホ日辞典索引刊行会（2005再刊、勉誠出版）。

川上蓁（1958）「天草版ラ・ポ・日辞書の表記」、『國學院雑誌』第59巻第2号、20-29頁。

川村信三（2006）「北京の「キリシタン版」再訪―中華人民共和国におけるキリスト教史研究の現況」、『キリシタン文化研究会会報』第129号、1-13頁。

岸本恵実（2002）「キリシタン版『羅葡日対訳辞書』諸本の書き入れについて」、『大阪外国語大学留学生日本語教育センター 日本語・日本文化』第28号、123-135頁。

岸本恵実（2005）「キリシタン版『羅葡日辞書』とその原典」、『国語語彙史の研究』第24集、国語語彙史研究会編、和泉書院、45-61頁。

岸本恵実・豊島正之（2005）「バレト著『葡羅辞書』のキリシタン語学に於ける意義」、『日本学・敦煌学・漢文訓読の新展開』、石塚晴通教授退職記念会編、汲古書院、247-306頁。

岸本恵実（2008）「宣教を意識した『羅葡日辞書』の日本語訳」、『訓点語と訓点資料』第121輯、訓点語学会、

1-12 頁。

岸本恵実（2009）「『羅葡日辞書』の錯誤と製作工程」、『京都大学国文学論叢』第 20 号、1-16 頁。

岸本恵実（2011）「原典との対照によるキリシタン版『羅葡日辞書』日本語研究の試み」、『語彙・辞書研究会第 39 回研究発表会予稿集』、語彙・辞書研究会、9-16 頁。

岸本恵実（2012）「キリシタン版羅葡日辞書の方言語彙」、『和漢語文研究』第 10 号、京都府立大学国中文学会、1-15 頁。

岸本恵実（2013）「キリシタン語学の辞書」、豊島正之 編『キリシタンと出版』、八木書店、224-245 頁。

岸本恵実（2015）「日葡辞書の優劣注記を通して見た羅葡日辞書の日本語訳」、『国語国文』第 84 巻第 5 号、臨川書店、494-474 頁。

小島幸枝（1994）「『ラポ日辞典』よりみた「美し」の周辺」、*Portuguese Voyages to Asia and Japan in the Renaissance Period, Proceedings of the International Conference, Sophia University, Tokyo, September 24-26, 1993.* Tokyo, Embassy of Portugal in Japan.

高瀬弘一郎（2012a）「キリシタン時代イエズス会の府内コレジオについて（上）」、『史学』第 81 巻第 1・2 号、1-59 頁。

高瀬弘一郎（2012b）「キリシタン時代イエズス会の府内コレジオについて（下）」、『史学』第 81 巻第 3 号、1-48 頁。

高瀬弘一郎（2013）「キリシタン時代イエズス会コレジオ（山口・平戸・生月・千々石・有家・加津佐・天草）について（上）」、『史学』第 82 巻第 3 号、1-75 頁。

高瀬弘一郎（2014）「キリシタン時代イエズス会コレジオ（山口・平戸・生月・千々石・有家・加津佐・天草）について（下）」、『史学』第 82 巻第 4 号、45-144 頁。

千葉軒士（2009）「キリシタン文献・ローマ字本の分かち書きについて―体言と助詞の関係から」『名古屋言語研究（Nagoya Linguistics）』第 3 号、25-34 頁。

千葉軒士（2013）「キリシタン・ローマ字文献の撥音表記について」、『訓点語と訓点資料』第 131 輯、左 1-12 頁。

土井忠生（1963）『吉利支丹文献考』、三省堂。

土井忠生（1971）『吉利支丹語学の研究 新版』、三省堂。

土井忠生（1982）『吉利支丹論攷』、三省堂。

土井忠生・森田武・長南実 編訳（1980）『邦訳日葡辞書』、岩波書店。

所雄章（2004）「『天草辞典』との出会い」、『図書』第664号、岩波書店、28-31頁。

豊島正之（1989）「キリシタン版は何故印刷されたか」、『刷りものの表現と享受』、北大国文学会編、7-20頁。

豊島正之（2013）「日本の印刷史から見たキリシタン版の特徴」、同編『キリシタンと出版』、八木書店、89-155頁。

豊島正之（2015）「キリシタン版の辞書」、『文学』第16巻第5号、岩波書店、48-60頁。

原田裕司（2011）『キリシタン版『羅葡日辞書』の原典「カレピーヌス」ラテン語辞典の系譜』、私家版。

原田裕司（2013）「キリシタン版のラテン語」、豊島正之 編『キリシタンと出版』、八木書店、286-289頁。

平岡隆二（2013）『南蛮系宇宙論の原典的研究』、花書院。

堀田英夫（2011）『スペイン語圏の形成と多様性』、朝日出版社。

松岡洸司（1991）『キリシタン語学―16世紀における』、ゆまに書房。

丸山徹（1993）「『大航海時代の語学書』としてのキリシタン文献」、『南山国文論集』第17号、1-63頁。

丸山徹（2000）「『古典』としてのキリシタン文献―その語学書について」、『古典学の再構築』第8号、59-65頁。（www.classics.jp/RCS/NL08/NL08Maru.pdf）

村山七郎（1965）「レニングラードの拉葡日辞典」、『順天堂大学体育学部紀要』第8号、138-189頁。

室井努（1993）「羅葡日対訳辞書の数詞における和語・漢語の混用について」、『金沢大学国語国文』第18号、31-40頁。

森田武 編（1989）『邦訳日葡辞書索引』、岩波書店。

森田武（1993）『日葡辞書提要』、清文堂出版。

ラウレス、ヨハネス（1937）「北平北堂図書館発見の日本耶蘇会出版にかゝはる七冊」、『歴史地理』第70巻第4号、11-32頁。

Alvarez-Taladriz, J. L.（1958）「ラウレス先生の『こんぺえ糖』」、『ビブリア』第11号、6-12頁。

Laures, Johannes（1940）「日本イエズス会刊行書誌」、『カトリック大辞典I』、冨山房、751-762頁。

Schütte, Josef Franz（1962）「ヴァチカン図書館所蔵バレト写本について」、『キリシタン研究』第7輯、キリシタン文化研究会編、吉川弘文館、3-29 頁。

Bravi, Giulio Orazio, Ceresoli Maria Giuseppina e Lo Monaco, Francesco (2002a) *Ambrogio Calepio detto il Calepino e il suo dizionario*. Bergamo, Provincia di Bergamo.

Bravi, Giulio Orazio, Ceresoli Maria Giuseppina e Lo Monaco, Francesco (2002b) *Manoscritti ed edizioni a stampa del Calepino nella Civica Biblioteca A. Mai*. Bergamo, Civica Biblioteca Angelo Mai de Bergamo.

Cordie, Henri (1912) *Bibliotheca Japonica. Dictionnaire Bibliographique des ouvrages relatifs à l'Empire japonais ranges par ordre chronologique jusqu'è 1870 suivi d'un appendice renfermant la liste alphabétique des principaux ouvrages parus de 1870 à 1912*. coll. 192-193.

Freitas, Jordão A. de (1905) *Subsidios para a Bibliographia Portuguesa Relativa ao Estudo da Lingua Japonesa e para a Biographia de Fernão Mendes Pinto*. Coimbra, Imprensa da Universidade.（邦訳 1929 岡本良知 訳注『初期耶蘇教徒編述日本語学書研究』日葡協会」)

García-Medall, Joaquín (2007) "La traducción codificada: las artes y vocabularios hispano-filipinos (1610-1910)", *Hermēneus. Revista de Traducción e Interpretación*, Universidad de Valladolid, Núm. 9, 1-21. (dialnet.unirioja.es/descarga/articulo/2528187.pdf)

Green, Jonathon (1996) *Chasing The Sun: Dictionary-Makers and the Dictionaries They Made*, New York, Henry Holt & Company.（ジョナサン・グリーン著・三川基好 訳（1999）『辞書の世界史』、朝日新聞社）

Kishimoto, Emi (2005a) "The Adaptation of the European Polyglot Dictionary of Calepino in Japan." In Zwartjes, Otto & Cristina Altman eds. (2005), 205-223.

Kishimoto, Emi (2005b) "Translation of *Dictionarium Latino Lusitanicum, ac Iaponicum* (1595)." *Congresso Internacional A Presença Portuguesa no Japão nos séculos XVI e XVII*, Lisboa, Tipografia Lobão, 47-52.

Kishimoto, Emi (2006a) "The Process of Translation in *Dictionarium Latino Lusitanicum, ac Iaponicum*." *Journal of Asian and African Studies* 72, Tokyo University of Foreign Studies, 17-26. (http://repository.tufs.ac.jp/handle/10108/28712)

Kishimoto, Emi (2006b) "Função do Português no *Dictionarium Latino Lusitanicum, ac Iaponicum*, o dicionário trilingue publicado pelos missionários jesuítas no Japão." *Revista de Letras II Série*, n.º5, Universidade de Trás-os-Montes e Alto Douro, 49-58.

Kishimoto, Emi (2009) "*Dictionarium Latino Lusitanicum, ac Iaponicum* (1595) as a Learners' Dictionary." *ASIALEX 2009*, CD-ROM.

Kishimoto, Emi (2010) "Annotations in *Dictionarium Latino Lusitanicum, ac Iaponicum* (1595) in the Context of Latin Education by the Jesuits in Japan." *Proceedings of the XIV EURALEX International Congress*, CD-ROM, 1020-1025.

Kishimoto, Emi (2014) "Translation of Anatomic terms in two Jesuit Dictionaries of Japanese." In Zwartjes, Otto, Zimmerman, Klaus & Schrader-Kniffki, Martina eds. (2014), 251–272.

Kishimoto, Emi (2014) "Two Latin Dictionaries compiled by the Jesuits in Japan: *DICTIONARIUM LATINO LUSITANICUM, AC IAPONICUM and VOCABULARIO LUSITANICO LATINO.*" In *Whilom Worlds of Words Proceedings of the 6th International Conference on Historical Lexicography and Lexicology (Jena, 25-27 July 2012)*, Verlag Dr. Kovač, Hamburg, 87–94.

Labarre, Albert (1975) *Bibliographie du Dictionarium d'Ambrogio Calepino (1502–1779).* Baden-Baden, Valentin Koerner.

Laures, Johannes (1957) *Kirishitan Bunko.* Tokyo, Sophia University, 3rd ed.

Lepschy, Giulio ed. (1998) *History of Linguistics, Volume III: Renaissance and Early Modern Linguistics.* London, Longman.

McArthur, Tom (1986) *Worlds of Reference: lexicography, learning and language from the clay tablet to the computer.* Cambridge, Cambridge University Press. (トム・マッカーサー著・光延明洋 訳 (1991)『辞書の世界史―粘土板からコンピュータまで』、三省堂)

Merlin, J. S. (1825) *Catalogue des livres, imprimés et manuscrits, composant la bibliothèque de feu M. Louis-Mathieu Langlès.* Paris, J. S. Merlin.

Messner, Dieter (1999) "Ist das *Dictionarium Latino Lusitanicum, ac Iaponicum* ein Wörterbuch der portugiesischen Sprache? Zur Rezeption Calepinos in Portugal." *Lusorama* 38, März, 48–52.

Pagès, Léon (1859) *Bibliographie japonaise ou catalogue des ouvrages relatifs au Japon qui ont été publiés depuis le XVe siècle jusqu'a nos jours.* Paris, B. Duprat.(影印 1998 ゆまに書房『日本図書目録 1496-1859』ほか)

Radul-Zatulovski, Y. B. (ラードゥリ＝ザトゥロフスキー) (1945) "Filosofskaja terminologija v *Dictionarium Latino-Lusitanicum ac Iaponicum* (羅葡日辞書における哲学用語)", *Soveckoe Vostokovedenie* (ソヴィエト東洋学) 3、260–264.

Satow, Ernest Mason (1888) *The Jesuit Mission Press in Japan, 1591–1610.* private printing. (複製 1926 警醒社書店・1976 天理図書館)

Schurhammer, Georg (1929) "Die Schätze der Jesuitenarchive in Makao und Peking." *Die Katholischen Missionen* 57, 224–229.

Serrurier. L. (1896) *Bibliothèque Japonaise: catalogue raisonné des livres et des manuscrits japonais enrégistrés à la Bibliothèque de l'Université de Leyde.* Leyde, E. J. Brill.

Silva Rego, António da (1966) *Manuscritos da Ajuda (Guia) I.* Lisboa, Centro de Estudos Históricos

Ultramarinos.

Smith-Stark, Thomas C. (2009) "Lexicography in New Spain (1492-1611)." In Zwartjes, Otto, Ramón Arzápalo Marín & Thomas C. Smith-Stark eds. (2009), 3-82.

Sommervogel, Carlos and De Backer, Aloys and Augustin (1890-1930) *Bibliothèque de la Compagnie de Jésus*, Bruxelles and Paris: Oscar Schepens & Alphonse Picard, 12 vols. v. IX, coll. 1024-1025.

Streit, Robert and Dindinger, Johannes (1916-1955) *Bibliotheca Missionum*, Internationales Institut für Missionswissenschaftliche Forschung, 29 vols. v. IV, 514.

Toyoshima, Masayuki (2008) Latin glossaries with vernacular sources (対訳ラテン語語彙集 http://joao-roiz.jp/LGR/)

Verdelho, Telmo (1995) *As Origens da Gramaticografia e da Lexicografia Latino-Portuguesas*. Aveiro, Instituto Nacional de Investigação Científica.

Verdelho, Telmo (1999-2000) "O Calepino em Portugal e a obra lexicográfica de Amaro Reboredo." In *Revista Portuguesa de Filologia*, Vol. XXIII, Universidade de Coimbra, 125-149.

Verdelho, Telmo (2002) "Dicionários portugueses, breve história", In *História do saber lexical e constituição de um léxico brasileiro*." José Horta Nunes e Margarida Petter (Orgs.), São Paulo, Humanitas / FFLCH / USP: Pontes, 15-64.

Verdelho, Telmo e Silvestre, João Paulo eds. (2007) *Dictionarística Portuguesa. Inventariação e estudo do património lexicográfico*. Universidade de Aveiro.

Verdelho, Telmo (2008) *O encontro do português com as línguas não europeias. Exposição de textos interlinguísticos*. Lisboa, Biblioteca Nacional de Portugal.

Villavicencio Zarza, Frida (2014) "Formas de percibir y nombrar nuevas realidades El Dictionarito en lengua de Michuacan (1574) de Juan Baptista de Lagunas." In Zwartjes, Otto, Zimmerman, Klaus & Schrader-Kniffki, Martina eds. (2014), 131-159.

Zimmerman, Klaus (2009) "La construcción discursiva del léxico en la Lingüística Misionera: Interculturalidad y glotocentrismo en diccionarios náhuatl y hñähñu-otomí de los siglos XVI y XVII (Alonso de Molina, Alonso Urbano y autor anónimo 1640)." *Revista Internacional de Lingüística Iberoamericana* 7: 1 (13), 161-186.

Zwartjes, Otto (2011) *Portuguese missionary grammars in Asia, Africa and Brazil, 1550-1800*. Amsterdam, John Benjamins.

Zwartjes, Otto (2012) "The Historiography of Missionary Linguistics: Present state and further research opportunities." *Historiographia Linguistica* 39:2/3, 185-242.

Zwartjes, Otto & Even Hovdhaugen eds. (2004) *Missionary Linguistics.* Amsterdam, John Benjamins.

Zwartjes, Otto & Cristina Altman eds. (2005) *Missionary Linguistics II: Orthography and Phonology.* Amsterdam, John Benjamins.

Zwartjes, Otto, Gregory James & Emilio Ridruejo eds. (2007) *Missonary Linguistics III: Morphology and Syntax.* Amsterdam, John Benjamins.

Zwartjes, Otto, Ramón Arzápalo Marín & Thomas C. Smith-Stark eds. (2009) *Missionary Linguistics IV: Lexicography.* Amsterdam, John Benjamins.

Zwartjes, Otto, Zimmerman, Klaus & Schrader-Kniffki, Martina eds. (2014) *Missionary Linguistics V: Translation theories and practices.* Amsterdam, John Benjamins.

主要参考辞書

見出し語がラテン語・ポルトガル語・日本語の順に並べた。

『羅和辞典 改訂版』(2009) 水谷智洋 編、研究社。

A Latin Dictionary. (1879) Founded on Andrews' edition of Freund's Latin dictionary. revised, enlarged, and in great part rewritten by. Charlton T. Lewis, and. Charles Short, Oxford, Clarendon Press.

『現代ポルトガル語辞典　改訂版』(2005) 池上岑夫 ほか共編、白水社。

Dicionário eletrônico Houaiss da língua portuguesa. (2009) Antônio Houaiss ed. Rio de Janeiro, Instituto Antônio Houaiss.

『時代別国語大辞典 室町時代編』(1985-2001) 室町時代語辞典編修委員会 編、三省堂。

『日本国語大辞典 第二版』(2000-2002) 日本国語大辞典第二版編集委員会・小学館国語辞典編集部 編、小学館。

フランス学士院本　羅葡日（ラポニチ）対訳辞書

2017（平成29）年1月27日発行

解　説　　岸本恵実©
書誌解題　三橋　健©
発行者　　前田博雄

〒542-0082　大阪市中央区島之内2丁目8番5号
発行所　清文堂出版株式会社
電話　06-6211-6265　FAX　06-6211-6492
http://seibundo-pb.co.jp　振替　00950-6-6238

製版・印刷：西濃印刷　製本：渋谷文泉閣

ISBN978-4-7924-1434-4 C3581